JUS PRIV

Beiträge zum

Band

Matthias Wendland

Vertragsfreiheit und Vertragsgerechtigkeit

Subjektive und objektive Gestaltungskräfte im Privatrecht am Beispiel der Inhaltskontrolle Allgemeiner Geschäftsbedingungen im unternehmerischen Geschäftsverkehr

Mohr Siebeck

Matthias Wendland, geboren 1975; Studium der Rechtswissenschaft an der Humboldt-Universität zu Berlin und an der Katholieke Universiteit Leuven (Belgien). Masterstudium an der Harvard Law School (2005–2006), Visiting Researcher an der Harvard Law School (2006–2007), Teaching Fellow am Harvard Government Department (2006–2007). Promotion an der Ludwig-Maximilians-Universität München (2015), Auszeichnung der Promotion mit dem Fakultätspreis der Juristischen Fakultät und dem Promotionspreis der Münchner Juristischen Gesellschaft, Habilitation an der Ludwig-Maximilians-Universität München (2016). Venia legendi für die Fächer Bürgerliches Recht, Zivilverfahrensrecht, Internationales Privatrecht und Rechtsvergleichung sowie Rechtsphilosophie und Rechtssoziologie.
orcid.org/0000-0002-1834-9361

Gedruckt mit Unterstützung des Förderungs- und Beihilfefonds Wissenschaft der VG WORT.

ISBN 978-3-16-978-3-16-154817-8 / eISBN 978-3-16-155248-9
DOI 10.1628/978-3-16-155248-9

ISSN 0940-9610 / eISSN 2568-8472 (Jus Privatum)

Die Deutsche Nationalbibliothek verzeichnet diese Publikation in der Deutschen Nationalbibliographie; detaillierte bibliographische Daten sind im Internet über *http://dnb.dnb.de* abrufbar.

Das Buch wurde von epline in Böblingen aus der Stempel Garamond gesetzt, von Gulde Druck in Tübingen auf alterungsbeständiges Werkdruckpapier gedruckt und von der Buchbinderei Spinner in Ottersweier gebunden.

Printed in Germany.

Vorwort

Pacta sunt servanda. Das Prinzip der Vertragstreue bildet die Grundlage des synallagmatischen Leistungsaustausch im Gefüge der Privatrechtsordnung. Dieser Grundsatz gilt freilich nicht unbeschränkt. Grenzen der Bindungswirkung vertraglicher Vereinbarungen ergeben sich aus dem Zusammenspiel objektiver und subjektiver Gestaltungskräfte, insbesondere der Prinzipien der Vertragsfreiheit und der Vertragsgerechtigkeit. Ihr Wechselspiel ist grundlegend von *Walter Schmidt-Rimpler* in seiner *Theorie der Richtigkeitsgewähr des Vertragsmechanismus* als dem bis heute maßgeblichen Vertragsmodell beschrieben worden. Der Ansatz *Schmidt-Rimplers* stößt indes zunehmend an seine Grenzen. Bekannte Phänomene wie die wachsende *Materialisierung* im Privatrecht, neue Erkenntnisse im Bereich *behavioral economics* sowie der Befund der *interdisziplinären Verhandlungsforschung* erfordern eine dogmatische Neujustierung des geltenden Vertragsmodells. Dies gilt vor allem mit Blick auf die Bedeutung des Vertragszwecks und die dogmatische Begründung der Inhaltskontrolle Allgemeiner Geschäftsbedingungen. Insbesondere die Auswirkungen des *Harvard Modells* interessenorientierter Verhandlung auf die Dogmatik des Vertragsmodells sind bislang noch wenig erforscht.

Die vorliegende Arbeit will diese Lücke schließen. Sie legt auf der Grundlage einer Neubestimmung des Verhältnisses der Grundsätze der Vertragsfreiheit und der Vertragsgerechtigkeit eine Weiterentwicklung des Schmidt-Rimplerschen Vertragsmodells vor, die den Befund der verhaltensökonomischen wie auch der verhandlungstheoretischen Forschung integriert und für die Privatrechtsdogmatik fruchtbar macht. Ein solches Unternehmen bedarf der Vergewisserung mit Blick auf die sie bestimmenden Grundlagen. Erforderlich war daher eine Konturierung, Konkretisierung und Standortbestimmung der Prinzipien der Vertragsfreiheit und der Vertragsgerechtigkeit. Dabei wurde ein Konzept der Vertragsgerechtigkeit vorgelegt, das den römisch-rechtlichen Grundsatz des *suum cuique tribuere*, die klassische *regula aurea* sowie die *aristotelisch- thomistische Gerechtigkeitslehre* in einer Gesamtsynthese integriert.

Privatrechtsdogmatik ist kein Glasperlenspiel, sie steht letztlich im Dienst konkreter Rechtsanwendung. Vor allem im Kontext heftig umstrittener Fragen aktueller Rechtspolitik vermag der Blick auf die dogmatischen Grundlagen häufig Wege zu sachgerechten Lösungen aufzuzeigen. Entsprechend wird der Befund der im ersten Teil des Werkes erarbeiteten dogmatischen Untersuchung im sodann folgenden zweiten Teil der Arbeit auf ein Problem angewendet, in dem das Verhältnis von Vertragsfreiheit und Vertragsgerechtigkeit für die Bestimmung der Reichweite der Vertragstreue auf beispielhafte Weise relevant wird: Die dogmatische Begründung der Inhaltskontrolle Allgemeiner Geschäftsbedingungen. Im dritten und letzten Teil der Arbeit geht die Untersuchung schließlich der rechtspolitisch lebhaft diskutierten Frage nach, welche Auswirkungen sich aus dem bis dahin entwickelten Befund für die Bestimmung der Reichweite der Inhaltskontrolle im unternehmerischen Geschäftsverkehr ergeben.

Die vorliegende Arbeit wurde im Wintersemester 2016/2017 von der Juristischen Fakultät der Ludwig-Maximilians-Universität München als Habilitationsschrift angenommen. Rechtsprechung und Literatur befinden sich auf dem Stand Juni 2018. Herzlicher Dank gilt meinem verehrten akademischen Lehrer Herrn *Prof. Dr. Dr. h. c. Peter Kindler*, der auch das Erstgutachten zu dieser Arbeit verfasst hat. Für seine Ratschläge, die umsichtige persönliche und fachliche Förderung, seine stete Hilfs- und Gesprächsbereitschaft sowie die wissenschaftlich inspirierende und schöne Zeit am Lehrstuhl bin ich von Herzen dankbar. Großen Dank schulde ich Herrn *Prof. Dr. Stephan Lorenz*, der nicht nur das Zweitgutachten erstellt, sondern mich auch mit seinem Rat auf vielfältige Weise gefördert hat. Herrn *Prof. Dr. Armin Engländer* danke ich für den fruchtbaren Austausch zu den rechtsphilosophischen Fragestellungen der Arbeit. Herzlich gedankt sei Herrn *Prof. Dr. Stefan Arnold* sowie *Dr. David Paulus* für den spannenden und ertragreichen wissenschaftlichen Diskurs. Frau Mira Jahani, Frau Stefanie Nitsche, Frau Carolin Scheuer sowie Herr Florian Kalbfleisch haben mir bei der Erstellung des Sachregisters geholfen. Hierfür sei ihnen herzlich gedankt. Großer Dank gilt der VG Wort für die äußerst großzügige Förderung der Arbeit im Rahmen eines Druckkostenzuschusses.

Ganz herzlich danke ich meinen Eltern, meiner Familie, Christine und allen Freunden und Kollegen, die während der Zeit der Habilitation und der Drucklegung eine stete Stütze waren. Größter Dank gilt schließlich Maria für die treue Begleitung, Inspiration und fortwährende Unterstützung der Arbeit. Ohne Dich wäre sie nicht möglich gewesen. Ganz herzlichen Dank!

München, im Januar 2019 Matthias Wendland

Inhaltsübersicht

Inhaltsverzeichnis

Abkürzungsverzeichnis

a. A.	andere Ansicht
A. B. A. Rep.	American Bar Association Reports
a. E.	am Ende
a. F.	alte Fassung
ABGB	Allgemeines Bürgerliches Gesetzbuch
ABl.	Amtsblatt
Abs.	Absatz
AbzG	Abzahlungsgesetz
AcP	Archiv für die civilistische Praxis
ACQP	Principles of Existing EC Contract Law (Acquis Principles)
ad ed.	ad edictum
ADHGB	Allgemeines Deutsches Handelsgesetzbuch
ADR Currents	ADR Currents: The Newsletter of Dispute Resolution Law and Practice
ADSp	Allgemeine Deutsche Spediteurbedingungen
AEUV	Vertrag über die Arbeitsweise der Europäischen Union (konsolidierte Fassung, ABl. EU 2012 C 326, S. 47 ff.)
AG	Amtsgericht, Die Aktiengesellschaft (Zeitschrift)
AGB	Allgemeine Geschäftsbedingungen
AGBG	Gesetz zur Regelung des Rechts der Allgemeinen Geschäftsbedingungen
AGBG-E	Entwurf eines Gesetzes zur Regelung des Rechts der Allgemeinen Geschäftsbedingungen
AJP	Aktuelle Juristische Praxis
AK	Alternativkommentar
ALR	Allgemeines Landrecht für die Preußischen Staaten
Am. Econ. Rev.	American Economic Review
Am. Soc'y Int'l L. Proc.	American Society of International Law Proceedings
Anh.	Anhang
Anm.	Anmerkung
AnwBl.	Anwaltsblatt
AnwBl. Online	Anwaltsblatt Online
AO	Abgabenordnung
AÖR	Archiv für öffentliches Recht
ARSP	Archiv für Rechts- und Sozialphilosophie
Art.	Artikel
AT	Allgemeiner Teil
Aufl.	Auflage
AuR	*Arbeit und Recht*

AVB	*Allgemeine Versicherungsbedingungen*
b2b	business to business (Geschäfte zwischen zwei Unternehmern)
b2c	business to consumer (Geschäfte zwischen einem Unternehmer und einem Verbraucher)
BAnz AT	Bundesanzeiger, Amtlicher Teil
BauR	Baurecht
BB	Betriebs-Berater
Bd.	Band
BeckOK	Beck'scher Online-Kommentar
BeckRS	Beck Rechtssache
Begr.	Begründer
BGB	Bürgerliches Gesetzbuch
BGBl.	Bundesgesetzblatt
BGBl. NdB.	Bundesgesetzblatt des Norddeutschen Bundes
BGH	Bundesgerichtshof
BGHZ	Entscheidungen des Bundesgerichtshofs in Zivilsachen
BMJ	Bundesministerium der Justiz
BR-Drucks.	Drucksache des Deutschen Bundesrates
BSK	Basler Kommentar zum Schweizerischen Privatrecht
Bsp.	Beispiel
BT-Drucks.	Drucksache des Deutschen Bundestages
BuschA	Archiv für Theorie und Praxis des Allgemeinen Deutschen Handels- und Wechselrechts
BVerfG	Bundesverfassungsgericht
BVerfGE	Entscheidungen des Bundesverfassungsgerichts
BVerwG	Bundesverwaltungsgericht
BVerwGE	Entscheidungen des Bundesverwaltungsgerichts
BW	Burgerlijk Wetboek
bzw.	Beziehungsweise
C.	Codex Iustinianus
c2c	consumer to consumer (Geschäfte zwischen zwei Verbrauchern)
ca.	Circa
CC/2002	Código Civil 2002 (brasilianisches Zivilgesetzbuch von 2002)
CSLE	Center for the Study of Law and Economics, Universität des Saarlandes
d. h.	das heißt
DAR	Deutsches Autorecht
DAV	Deutscher Anwaltverein
DAV-Vorschlag	Stellungnahme des Zivilrechtsausschusses des Deutschen Anwaltvereins Nr. 23/2011 (AnwBl. 2012, 402 ff.)
DB	Der Betrieb (Zeitschrift)
DCFR	Draft Common Frame of Reference
DGWR	Deutsches Gemein- und Wirtschaftsrecht
Dig.	Digesten
DJT	Deutscher Juristentag

DJZ	Deutsche Juristen-Zeitung
DNotZ	Deutsche Notar-Zeitung
DR	Deutsches Recht
DRiZ	Deutsche Richterzeitung
DStR	Deutsches Steuerrecht
dt.	Deutsch
DVBl	Deutsches Verwaltungsblatt
DZWir	Deutsche Zeitschrift für Wirtschafts- und Insolvenzrecht
Econ. Theor.	Economic Theory
Ed.	Edition
EG	Europäische Gemeinschaft; Einführungsgesetz
EGBGB	Einführungsgesetz zum Bürgerlichen Gesetzbuche
EGMR	Europäischer Gerichtshof für Menschenrechte
EGV	Vertrag zur Gründung der Europäischen Gemeinschaft in der Fassung des Vertrags von Nizza (ABl. EG 2001 C 80, S. 1 ff.)
Einl.	Einleitung
EMRK	Europäische Menschenrechtskonvention
endg.	Endgültig
ErwG	Erwägungsgrund
etc.	et cetera
EU	Europäische Union
EuGH	Europäischer Gerichtshof
EuGRZ	Europäische Grundrechte-Zeitschrift
EUV	Vertrag über die Europäische Union in der Fassung des Vertrages von Lissabon (konsolidierte Fassung, ABL. EU 2010 C 83, S. 1 ff.)
EuZPR	Europäisches Zivilprozessrecht
EuZW	Europäische Zeitschrift für Wirtschaftsrecht
EWiR	Entscheidungen zum Wirtschaftsrecht
EWS	Europäisches Wirtschafts- und Steuerrecht
f.	folgende
FamRZ	Zeitschrift für das gesamte Familienrecht mit Betreuungsrecht, Erbrecht, Verfahrensrecht, Öffentlichem Recht
FAZ	Frankfurter Allgemeine Zeitung
FernUSG	Fernunterrichtsschutzgesetz
FF	Forum Familienrecht
ff.	fortfolgende
Fn.	Fußnote
Front. Hum. Neurosci.	Frontiers in Human Neuroscience
FS	Festschrift
GEK	Gemeinsames Europäisches Kaufrecht
GEK-E	Vorschlag der Kommission für eine Verordnung über ein Gemeinsames Europäisches Kaufrecht v. 11. 10. 2011, KOM(2011) 635
GewO	Gewerbeordnung
GG	Grundgesetz

ggf.	gegebenenfalls
GmbHG	Gesetz betreffend die Gesellschaften mit beschränkter Haftung
GOZ	Gebührenordnung für Zahnärzte
GPR	Zeitschrift für Unionsprivatrecht
GRCH	Charta der Grundrechte der Europäischen Union (ABl. EU 2010 C 83, S. 389ff.)
GWB	Gesetz gegen Wettbewerbsbeschränkungen
GWR	Gesellschafts- und Wirtschaftsrecht
h. L.	herrschende Lehre
h. M.	herrschende Meinung
Harv. L. Rev.	Harvard Law Review
Harv. Negot. L. Rev.	Harvard Negotiation Law Review
HdbVerfR	Handbuch des Verfassungsrechts
HGB	Handelsgesetzbuch
HKK	Historisch-kritischer Kommentar zum BGB
Hrsg.	Herausgeber
IBR	Immobilien- und Baurecht
ICC	International Chamber of Commerce
IHR	Internationales Handelsrecht
Inst.	Institutionen
IPR	Internationales Privatrecht
IPRG	Bundesgesetz über das Internationale Privatrecht
iSd.	im Sinne des
iSv.	im Sinne von
ITRB	Der IT-Rechts-Berater
iVm.	in Verbindung mit
J. Confl. Resol.	Journal of Conflict Resolution
J. Econ. Behav. Organ.	Journal of Economic Behavior and Organization
J. Pers. Soc. Psychol.	Journal of Personality and Social Psychology
J. Pol. Econ.	Journal of Political Economy
J. L. & Econ.	Journal of Law & Economics
JA	Juristische Arbeitsblätter
Jh.	Jahrhundert
JhJb	Jahrbücher für die Dogmatik des heutigen römischen und deutschen Privatrechts
JR	Juristische Rundschau
Jura	Juristische Ausbildung
JuS	Juristische Schulung
JW	Juristische Wochenschrift
JZ	Juristenzeitung
KG	Kammergericht
KJ	Kritische Justiz
Klausel-RL	Klauselrichtlinie = Richtlinie 93/13/EWG über missbräuchliche Klauseln in Verbraucherverträgen v. 5.4.1993 (ABl. EG 1993 L 95, S. 29ff.)
KMU	kleine und mittlere Unternehmen
KNVO	Kartellnotverordnung

KOM	Dokument der Europäischen Kommission
KritV	Kritische Vierteljahresschrift für Gesetzgebung und Rechtswissenschaft
KSzW	Kölner Schrift zum Wirtschaftsrecht
KVO	Kartellverordnung
KZfSS	Kölner Zeitschrift für Soziologie und Sozialpsychologie
LG	Landgericht
Lk	Lukasevangeliun
LMK	Lindenmaier-Möhring – Kommentierte BGH-Rechtsprechung
M. Q.	Mediation Quarterly
MDR	Monatsschrift für Deutsches Recht
Mich. L. Rev.	Michigan Law Review
MieterschutzVO	Mieterschutzverordnung
MittBayNot	Mitteilungen des Bayerischen Notarvereins, der Notarkasse und der Landesnotarkammer Bayern
MMR	MultiMedia und Recht
Motive	Motive zu dem Entwurfe eines bürgerlichen Gesetzbuches für das deutsche Reich (1888)
MSchG	Mieterschutzgesetz
Mt.	Matthäusevangelium
Mugdan	Mugdan, Benno (Hrsg.), Die gesammten Materialien zum Bürgerlichen Gesetzbuch für das Deutsche Reich, Bd. 1 Einführungsgesetz und Allgemeiner Theil, 1899.
MünchKomm	Münchener Kommentar
mwN.	mit weiteren Nachweisen
N.	Note
n. Chr.	nach Christus
n. F.	neue Fassung
Negotiation J.	Negotiation Journal
Nev. L. J.	Nevada Law Journal
NJ	Neue Justiz
NJOZ	Neue Juristische Online-Zeitschrift
NJW	Neue Juristische Wochenschrift
NJW-RR	NJW-Rechtsprechungsreport
No.	Number
Nr.	Nummer
NZA	Neue Zeitschrift für Arbeitsrecht
NZG	Neue Zeitschrift für Gesellschaftsrecht
NZM	Neue Zeitschrift für Miet- und Wohnungsrecht
ÖAR	Ökonomische Analyse des Rechts
OGH	Oberster Gerichtshof (Österreich)
Ohio St. J. on Disp. Resol.	Ohio State Journal on Dispute Resolution
ÖJZ	Österreichische Juristenzeitung
OLG	Oberlandesgericht
OLGE	Entscheidungen der Oberlandesgerichte in Zivilsachen
OR	Obligationenrecht
Organ. Behav. Hum.	Organizational Behavior and Human Decision

Decis. Process.	Processes
Ox.Econ.P.	
Oxford Econ. Pap. N. S.	Oxford Economic Papers New Series
PECL	Principles of European Contract Law
PflVG	Gesetz über die Pflichtversicherung für Kraftfahrzeughalter
pr.	principium
PreußVersZ	Preußische Versicherungszeitschrift
Psychol. Bull.	Psychological Bulletin
q.	quaestio
Q. J. Econ.	Quarterly Journal of Economics
RabelsZ	Rabels Zeitschrift für ausländisches und internationales Privatrecht
RdA	Recht der Arbeit,
RdV	Recht der Datenverarbeitung
RdW	Recht der Wirtschaft
RegE	Regierungsentwurf
Rev. Econ. Stud.	Review of Economic Studies
RG	Reichsgericht
RGBl.	Reichsgesetzblatt
RGZ	Entscheidungen des Reichsgerichts in Zivilsachen
RIW	Recht der Internationalen Wirtschaft
RL	Richtlinie
RMG	Reichsmietengesetz
Rn.	Randnummer
ROHGE	Entscheidungen des Reichsoberhandelsgerichts
Rom I-VO	Verordnung (EG) Nr. 593/2008 über das auf vertragliche Schuldverhältnisse anzuwendende Recht v. 17.6.2008 (ABl. EU 2008 L 177, S. 6)
RPostG	Reichspostgesetz
Rs.	Rechtssache
Rspr.	Rechtsprechung
RuS	Recht und Schaden
RW	Recht der Wohnungswirtschaft
S.	Satz, Seite
S. Cal. L. Rev.	Southern Californian Law Review
SAE	Sammlung arbeitsrechtlicher Entscheidungen
SchiedsVZ	Zeitschrift für Schiedsverfahren
SchuldRModG	Schuldrechtsmodernisierungsgesetz
SeuffBl.	J. A. Seuffert's Blätter für Rechtsanwendung
SJZ	Schweizerische Juristen-Zeitung Süddeutsche Juristen-Zeitung
Slg.	Sammlung
sog.	sogenannte
ST	Der Schweizer Treuhänder
st.	ständige
Stan. L. Rev.	Stanford Law Review

SZ	Entscheidungen des Österreichischen Obersten Gerichtshofes in Zivilsachen
SZW	Schweizerische Zeitschrift für Wirtschaftsrecht
TarifvertragsVO	Tarifvertragsverordnung
Tob.	alttestamentliches Buch Tobit
TranspR	Transportrecht
u. a.	und andere
u. U.	unter Umständen
UPr	Unidroit-Principles of International Commercial Contracts
UrhG	Gesetz über Urheberrecht und verwandte Schutzrechte
Urt.	Urteil
UWG	Bundesgesetz gegen den unlauteren Wettbewerb
v.	vom, von
v. Chr.	vor Christus
v. a.	vor allem
VAG	Versicherungsaufsichtsgesetz
Verbraucherrechte-RL	Verbraucherrechte-Richtlinie = Richtlinie 2011/83/EU über die Rechte von Verbrauchern v. 25. 10. 2011 (ABl. EU 2011 L 304, S. 64 ff.)
VersR	Versicherungsrecht
VerwArch	Verwaltungsarchiv
VG	Verwaltungsgericht
vgl.	vergleiche
VOB/B	Vergabe- und Vertragsordnung für Bauleistungen
Vor	Vorbemerkung
Vorb.	Vorbemerkung
VS	Vorsokratiker, in: *Diels, Hermann/Kranz, Walther* (Hrsg.), Die Fragmente der Vorsokratiker: griechisch und deutsch, Band. 1–3, 6. Aufl. 1951–1952
VuR	Verbraucher und Recht
VVG	Versicherungsvertragsgesetz
VW	Versicherungswirtschaft
WiB	Wirtschaftsrechtliche Beratung
Wis. L. Rev.	Wisconsin Law Review
WM	Wertpapier-Mitteilungen
WMG	Wohnungsmangelgesetz
WuB	Entscheidungssammlung zum Wirtschafts- und Bankrecht
WuM	Wohnungswirtschaft und Mietrecht
z. B.	zum Beispiel
Zahlungsverzugs-RL	Zahlungsverzugs-Richtlinie = Richtlinie 2011/7/EU zur Bekämpfung von Zahlungsverzug im Geschäftsverkehr (Neufassung) v. 16. 2. 2011 (ABl. EU 2011 L 48, S. 1 ff.)
ZBJV	Zeitschrift des bernischen Juristenvereins
ZEuP	Zeitschrift für Europäisches Privatrecht
ZfBR	Zeitschrift für deutsches und internationales Baurecht
ZFE	Zeitschrift für Familien- und Erbrecht

ZfRV	Zeitschrift für Rechtsvergleichung, Internationales Privatrecht und Europarecht
ZfSch	Zeitschrift für Schadensrecht
ZfV	Zeitschrift für Versicherungswesen
ZGB	Schweizerisches Zivilgesetzbuch
ZGPÖR	Zeitschrift für Gesetzgebung und Praxis auf dem Gebiete des deutschen öffentlichen Rechtes
ZGR	Zeitschrift für Unternehmens- und Gesellschaftsrecht
ZGRBay	Zeitschrift für Gesetzgebung und Rechtspflege des Königreichs Bayern
ZGS	Zeitschrift für das gesamte Schuldrecht
ZHR	Zeitschrift für das gesamte Handels- und Wirtschaftsrecht
ZIP	Zeitschrift für Wirtschaftsrecht
ZJS	Zeitschrift für das Juristische Studium
ZMR	Zeitschrift für Miet- und Raumrecht
ZphF	Zeitschrift für Philosophische Forschung
ZPO	Zivilprozessordnung
ZRG Rom. Abt.	Zeitschrift der Savigny-Stiftung für Rechtsgeschichte, romanistische Abteilung
ZRP	Zeitschrift für Rechtspolitik

§ 1

Einführung

„Aufgabe der Zivilrechtsdogmatik wird es nun sein, in Anlehnung an diese Vorgänge schrittweise die Erkenntnis auszubilden, wie sich rechter Gebrauch vom Mißbrauch der Vertragsfreiheit als eines Rechtsinstituts der rechtlich verfaßten Marktwirtschaft unterscheiden läßt und wo es gilt, dem Mißbrauch die Anerkennung zu versagen, um der Vertragsgerechtigkeit zum Sieg zu verhelfen.“[1]

Volenti non fit iniuria. Dem Einwilligenden geschieht kein Unrecht.[2] Diese im 19. Jh. durch Umformulierung eines in den Digesten überlieferten Fragments aus

---

[1] *Raiser*, FS 100 Jahre DJT (1960), S. 101, 134.

[2] Bei dem Rechtssprichwort *volenti non fit iniuria*, das sich so bei keinem antiken Autor findet, handelt es sich um die erst sehr spät nachweisbare sprichwörtliche Umformulierung eines Satzes, der in der Digestenstelle eines Ediktskommentars von *Ulpian* seinen Ursprung hat: Dig. 47.10.1.5 (Ulpianus 56 ad ed.) „Usque adeo autem iniuria, quae fit liberis nostris, nostrum pudorem pertingit, ut etiamsi volentem filium quis vendiderit, patri suo quidem nomine competit iniuriarum actio, filii vero nomine non competit, quia *nulla iniuria est, quae in volentem fiat.*“ Übersetzung nach *Sintenis,* in: Otto/Schilling/Sintenis (Hrsg.), Corpus Juris Civilis (1831), S. 811, 879: „Unseren Kindern widerfahrene Iniurien berühren unsere Ehre sogar soweit, dass, wenn jemand einen Sohn mit seinem Willen verkauft hat, seinem Vater im eigenen Namen die Iniurienklage zusteht, namens des Sohnes aber nicht, *weil jemandem mit seinem Willen keine Iniurie widerfährt.*“ Der Satz wird in seiner ursprünglichen Bedeutung erst verständlich, wenn er im Kontext der genannten Digestenstelle gelesen wird, und kann daher keinesfalls dogmatisch als Ausdruck eines generellen Prinzips angesehen werden. Wie *Ohly*, Volenti non fit iniuria (2002), S. 25 eingehend gezeigt hat, bezieht sich der Begriff *iniuria* nicht auf das Unrecht im Allgemeinen, sondern lediglich auf den Tatbestand der Persönlichkeitsverletzung nach dem klassischen römischen Deliktsrecht. Die griffige Formel des *volenti non fit iniuria* kann sich daher nicht auf die Autorität antiker Autoren berufen. Sie wird darüber hinaus weder im Naturrecht, insbesondere den großen Naturrechtskodifikationen, noch bei *Kant* oder *Hegel* näher erörtert. Vgl. *Ohly*, Volenti non fit iniuria (2002), S. 26 ff. Sie findet sich erst im Anschluss an die Entstehung des subjektiv-rechtlichen Denkens und die Unterscheidung zwischen Vermögensrechten und unveräußerlichen Persönlichkeitsrechten in den partikularrechtlichen Kodifikationen und Kodifikationsentwürfen der zweiten Hälfte des 19. Jh., wie etwa dem sächsischen Bürgerlichen Gesetzbuch von 1863 (§ 118: „Wer von seinem Recht Gebrauch macht oder mit der Einwilligung des Verletzten handelt, begeht keine Rechtsverletzung.“, § 780: „Willigt der Verletzte in die Rechtsverletzung ein, so hat er keinen Anspruch auf Schadenersatz.“) sowie dem Entwurf eines bürgerlichen Gesetzbuches für das Königreich Bayern von 1861/1864 (Art. 221: „Jeder muss den Schaden selbst tragen, welchen er sich selbst zugezogen oder welchen ihm mit seiner Einwilligung ein anderer zugefügt hat.“) Nach *Ohly*, Volenti non fit iniuria (2002), S. 31 ff. mwN. Kritisch zu dieser Regel *Schmidt-Rimpler*, FS Raiser (1974), S. 3, 22. Hervorhebungen durch den Autor.

dem Ediktskommentar des *Ulpian*[3] hervorgegangene Maxime scheint das Verhältnis zwischen *Freiheit* und *Gerechtigkeit* in einer griffigen Formel prägnant auf den Punkt zu bringen. Danach verwirklicht sich *Gerechtigkeit* stets in der *Freiheit* des Einzelnen. Wer frei verantwortlich handelt, hat auch die Folgen seiner Entscheidung zu tragen. Dies gilt vor allem im Bereich des Rechts und hier insbesondere im Hinblick auf die rechtsgeschäftliche Bindung durch Vertrag. *Pacta sunt servanda.* Der Grundsatz der *Vertragstreue* als unabdingbare Voraussetzung jeder Privatrechtsordnung findet seine Rechtfertigung in der Relevanz des Willens und damit in der eigenverantwortlichen Freiheitsbetätigung des Einzelnen.[4]

Allerdings ist mit der Anerkennung einer vertraglichen Bindung noch keine Aussage über die *Gerechtigkeit* des Vereinbarten oder die tatsächliche *Freiheit* getroffen, in der die Vertragspartner gehandelt haben. Die Tatsache, dass die Rechtsordnung selbst sowohl mit Verweis auf die inhaltliche Unangemessenheit der Vereinbarung als auch auf die mangelnde *Freiheit* der Handelnden die vertragliche Bindung in einer Vielzahl von Fällen wieder aufhebt[5] zeigt, dass die scheinbar griffige Faustformel des *volenti non fit iniuria,* die sich in dieser Form keineswegs auf *Ulpian* berufen kann, dem Problem des Spannungsverhältnisses zwischen *Vertragsfreiheit* und *Vertragsgerechtigkeit* nicht gerecht zu werden vermag. Wahre *Freiheit* ist nur im Dienst der *Gerechtigkeit* denkbar.[6] Denn je mehr der Einzelne das Gute tut, desto freier wird er. Und weil das Recht in seinem Kern auf die Verwirklichung der Gerechtigkeit gerichtet ist,[7] so steht auch die von der

---

[3] Dig. 47.10.1.5 (Ulpianus 56 ad ed.).

[4] Vgl. zu dem ursprünglich aus dem *kanonischen Recht* stammenden Grundsatz der *Vertragstreue* und seiner Beziehung zu *Selbstbestimmung* und *Selbstverantwortung* der Parteien eingehend *Weller*, Vertragstreue (2009), S. 37 ff., 153 ff., 157 ff. (der die Selbstbindung als „ethisches Korrelat der Selbstbestimmung" charakterisiert) sowie *Auer*, Materialisierung (2005), S. 13 ff. (zu Selbstbindung und Selbstverantwortung als notwendigenotwendiger Kehrseite der Selbstbestimmung); *Larenz/Wolf*, BGB AT (9. Aufl. 2004), S. 481 f., 769 f.; *Lorenz*, Schutz (1997), S. 1; *Bydlinski*, System und Prinzipien (1996), S. 154; *Larenz*, Richtiges Recht (1979), S. 57 ff.; *Wolf*, Entscheidungsfreiheit (1970) ff; *Bydlinski*, Privatautonomie (1967), S. 53 ff. Zu den Grenzen der Selbstverantwortung sowie zu Geltung und Reichweite der Vertragstreue vgl. *Bydlinski*, Privatautonomie (1967), S. 109 ff.

[5] Neben den Vorschriften der §§ 134, 138, 242 BGB und der Inhaltskontrolle von AGB gem. §§ 305 ff. BGB gehören hierzu vor allem die zahlreichen Regelungen des Verbraucherschutzrechts wie etwa §§ 312 ff., 474 BGB, §§ 1 ff. FernUSG oder § 8 VVG.

[6] Zum Verhältnis von *Freiheit* und *Gerechtigkeit* vgl. nur die klassischen Überlegungen bei *Thomas von Aquin*, Summa Theologica, II^{a}–II^{ae} q. 58 11 f.; II^{a}–II^{ae} q. 117, 5 f.

[7] Vgl. nur BVerfGE 3, 225 = NJW 1954, 65, 66: „In entschiedener Abkehr von einer Haltung, die in Recht und Gerechtigkeit keine Werte zu sehen vermochte, war er [der Parlamentarische Rat] bemüht, im GG *die Idee der Gerechtigkeit zu verwirklichen.* Dieses Prinzip [das rechtsstaatliche Prinzip] seinerseits gehört zu den im GG getroffenen Grundentscheidungen, die *echte Gerechtigkeitspostulate verwirklichen wollen.*" Hervorhebungen durch den Autor. Vgl. zuletzt auch BVerfGE 34, 269 = NJW 1973, 1221, 1225 sowie BVerfGE 95, 96 = NJW 1997, 929, 931. Vgl. zur Diskussion *Wiegand*, Unrichtiges Recht (2004), S. 143 ff. und vor allem *Radbruch*, Rechtsphilosophie (1963), S. 146 ff., 280, der zwar in der *Gerechtigkeit* einen maßgeblichen Zweck des Rechts sieht, ihr jedoch ebenfalls *Zweckmäßigkeit* und *Rechtssicherheit* als komplementäre „Seiten der Rechtsidee" beistellt.

Rechtsordnung mit Geltungskraft versehene vertragliche Bindung des Einzelnen unter dem Vorbehalt materieller Gerechtigkeit. Daher behält sich die Rechtsordnung ausdrücklich die Befugnis vor, eine bereits eingegangene vertragliche Bindung wieder zu lösen, wenn dem tatsächlich oder auch nur scheinbar Einwilligenden gleichwohl Unrecht geschieht.[8]

Und so ist es bezeichnenderweise nicht der Grundsatz der Freiheit, sondern jener der Gerechtigkeit, den die römischen Juristen ihren Darstellungen des Rechts vorangestellt haben: Nicht *volenti non fit iniuria*, sondern *ius est ars boni et aequi*[9] und *iustitia est constans et perpetua voluntas ius suum cuique tribuens*[10] sind die Maximen, die danach das *Wesen* des Rechts kennzeichnen. Es ist das *Primat der Gerechtigkeit*, die sich freilich durch die Freiheit des Einzelnen verwirklicht, die das Recht in seinem Zweck bestimmt und damit erst konstituiert. *Freiheit in Gerechtigkeit* ist damit die Formel, mit der sich das Spannungsverhältnis zwischen beiden Rechtsprinzipien am treffendsten kennzeichnen lässt. Die Dichotomie zwischen *Recht* und *Billigkeit, Law* und *Equity*, *Formalität* und *Materialität* ist Ausdruck jenes Spannungsverhältnisses, zwischen dessen Polen sich das geltende Recht im Gang der Geschichte seit jeher bewegt.[11]

I. Gegenstand der Untersuchung: Vertragsfreiheit und Vertragsgerechtigkeit als Grunddeterminanten der Privatrechtsordnung

Die Grundsätze der *Vertragsfreiheit* und der *Vertragsgerechtigkeit* gehören zu den tragenden Rechtsprinzipien der Privatrechtsordnung. Mit der Bestimmung ihres Verhältnisses zueinander und ihrer Verwirklichung durch das geltende Recht sind zentrale Fragen des Privatrechts aufgeworfen. Ihr Hauptanwendungsfeld findet die Frage nach dem rechten Verhältnis von *Vertragsfreiheit* und *Vertragsgerechtigkeit* in der materiellen Korrektur formal wirksamer Verträge im Rahmen der *richterlichen Inhaltskontrolle.* Hier ist in letzter Zeit vor allem die *Inhaltskontrolle* allgemeiner Geschäftsbedingungen im *unternehmerischen Geschäftsverkehr* vermehrt in den Mittelpunkt des wissenschaftlichen Interesses gerückt.[12] Anlass hierfür bildete zum einen die wachsende Bedeutung allgemeiner Geschäftsbedingungen im Wirtschaftsleben, zum anderen die strenge Rechtspre-

[8] Vgl. hierzu bereits oben S. 2, Fn. 5.

[9] Dig. 1.1.1 pr. (Ulpian): „Das Recht ist die Kunst des Guten und Gerechten".

[10] Inst. 1, 1. pr. „Die Gerechtigkeit ist der unwandelbare und ewige Wille, jedem das Seine [das ihm Zustehende, sein Recht] zukommen zu lassen." Vgl. hierzu näher unten S. 110f., 261f.

[11] Vgl. zur Oszillation zwischen den beiden Polen der Formalität und Informalität *Hager*, Konflikt und Konsens (2001), S. 40 sowie schon *Pound*, 29 A. B. A. Rep. 395, 397f. (1906) (Neuabdruck in *Pound*, in: Levin/Wheeler (Hrsg.), The Pound Conference (1979), S. 377ff.).

[12] Für einen Überblick über die aktuelle Diskussion vgl. nur Staudinger/*Wendland*, Eck-

chung des BGH mit Blick auf die Voraussetzungen des *Aushandelns* iSd. § 305 Abs. 1 S. 3 BGB, die auch Vereinbarungen zwischen Unternehmern regelmäßig einer umfassenden Inhaltskontrolle unterwirft.[13] Verschärft wird die Problematik durch die höchstrichterliche Judikatur zur Indizwirkung der im Rechtsverkehr zwischen Unternehmern nicht unmittelbar anwendbaren Klauselverbote der §§ 308, 309 BGB. Es war jene Indiz-Rechtsprechung, die dem BGH den Vorwurf eingetragen hatte, die inhaltliche Angemessenheit von AGB im unternehmerischen Verkehr weitgehend an den gleichen Maßstäben zu messen, die auch für den Verkehr zwischen Unternehmern und Verbrauchern gelten.[14]

1. Die aktuelle Diskussion um die Reichweite der AGB-Kontrolle im unternehmerischen Geschäftsverkehr

Diese Entwicklung ist auf erhebliche Kritik gestoßen: Die weitgehende Gleichbehandlung von *business-to-business* (b2b) und *business-to-consumer* (b2c) Geschäften werde den *Besonderheiten des unternehmerischen Geschäftsverkehrs* nicht gerecht und schränke die Vertragsfreiheit der Parteien unverhältnismäßig ein.[15] Darüber hinaus widerspreche sie dem gesetzlichen *Differenzierungsgebot* des § 310 Abs. 1 S. 2 Hs. 2 BGB, das von einer grundsätzlich geringeren Schutzbedürftigkeit der Parteien im unternehmerischen Geschäftsverkehr ausgeht.[16] Die Ausweitung der Inhaltskontrolle im Geschäftsverkehr zwischen Unternehmen, so die Befürchtung, werde zu erheblichen Nachteilen für die *Wettbewerbsfähigkeit* des deutschen Rechts im internationalen Vergleich führen und eine Flucht in liberalere ausländische Rechtsordnungen – wie etwa das schweizerische Recht[17] – zur Folge haben. „*Law made in Germany*“ werde so unattraktiv.

---

pfeiler des Zivilrechts (6. Aufl. 2018), Rn. 25b–e. Eingehend hierzu unten 713 ff. mwN. Zur Diskussion vor Inkrafttreten des AGBG 1976 vgl. unten S. 695 ff. mwN.

[13] Vgl. nur die empirische Untersuchung von *Leuschner*, Abschlussbericht (2014), S. 2 ff., 9 ff., 43 ff., 137 ff., 287 ff.

[14] Eingehend hierzu unten S. 828 ff. m. w. N.

[15] So etwa *Dauner-Lieb/Axer*, ZIP 2010, 309, 309 („massive Einschränkung der Vertragsgestaltungsfreiheit“); *Brauch*, FS v. Westphalen (2010), S. 31, 31 („Abschied von der Vertragsfreiheit“); *Bruns*, JZ 2007, 385, 389, 394 ff. („Movement from Contract to Status“); *Berger*, ZIP 2006, 2149, 2156 („Abschied von der Privatautonomie“). Zur Diskssion im schweizerischen Recht *Wildhaber*, SJZ 2011, 537, 537 („Gefahr für die Vertragsfreiheit?“). Vgl. hierzu eingehend unten S. 717 ff. mwN.

[16] *Dauner-Lieb/Axer*, ZIP 2010, 309, 310 ff.; *Dauner-Lieb*, AnwBl. 2013, 845, 845; *Oetker*, AcP 212 (2012), 202, 250; *Berger*, NJW 2010, 465, 469 f.; *Berger*, FS v. Westphalen (2010), S. 13, 22, 25 ff.; *Berger/Kleine*, NJW 2007, 3526, 3527; *Berger*, ZIP 2006, 2149, 2151 ff. Zurückhaltender und für eine Lösung durch die Rechtsprechung plädierend dagegen *Kaeding*, BB 2016, 450, 452 ff.

[17] Vgl. nur *Lischek/Mahnken*, ZIP 2007, 158, 163; *Berger*, ZIP 2006, 2149, 2149; *Brachert/Dietzel*, ZGS 2005, 441, 441; *Hobeck*, DRiZ 2005, 177, 178; *Hobeck*, SchiedsVZ 2005, 112, 112. Kritisch hierzu bereits *Axer*, AGB-Kontrolle (2012), S. 159 ff. Zu den tatsächlichen Risiken eines *forum shopping* und der „Flucht in das schweizerische Recht“ vgl. eingehend unten

Es drohe gar ein „*Abschied von der Privatautonomie im unternehmerischen Geschäftsverkehr*“[18]. Auftrieb erhält die Diskussion vor dem Hintergrund verstärkter *Materialisierungstendenzen* durch Rechtsetzungsakte auf *europäischer Ebene*, die eine Ausweitung und Intensivierung der Inhaltskontrolle zur Folge haben.[19] In diesem Zusammenhang wird eine systematische Zurückdrängung der *Vertragsfreiheit* im europäischen Privatrecht sowie ihre Einschränkung durch europäisches Sekundärrecht festgestellt.[20] Zugleich zeigt der empirische Befund, dass etwa die Vereinbarung wirksamer Haftungsbeschränkungen in AGB häufig an den vom BGH entwickelten Maßstäben scheitert.[21]

2. *Das Verhältnis von Vertragsfreiheit und Vertragsgerechtigkeit*

Der Gang der Diskussion legt nahe, dass die Frage nach Maßstab und Reichweite der Inhaltskontrolle allgemeiner Geschäftsbedingungen im unternehmerischen Geschäftsverkehr über die isolierte Diskussion der Tatbestandsvoraussetzungen der §§305, 310 Abs. 1 S. 2 Hs. 2 BGB deutlich hinausgeht. Hinter dem aufgeworfenen Problem verbirgt sich eine Problematik von grundlegender dogmatischer Bedeutung: die Frage nach der *Rechtsnatur* und dem *Geltungsgrund* allgemeiner Geschäftsbedingungen. Und um die Suche nach einer tragfähigen *Legitimation materieller Vertragskorrektur* durch *richterliche Inhaltskontrolle.*

Angesprochen ist damit zugleich eine Kernfrage des Privatrechts, die auf eine Vielzahl weiterer Einzelprobleme ausstrahlt: Die Frage nach dem rechten Verhältnis der Gestaltungskräfte der *Vertragsfreiheit* und der *Vertragsgerechtigkeit* im Gefüge der Privatrechtsordnung. Die Frage nach dem notwendigen, aber auch zulässigen Maß der *Materialisierung*, nach Inhalt und Stellung der *Vertragsfreiheit* und ihrer Beziehung zum Rechtsprinzip der *Vertragsgerechtigkeit* ist ein juristischer „Dauerbrenner“ und betrifft das *Wesen des Rechts* selbst: Unser Verständnis davon, was Recht *ist* und was Recht sein *soll.* Das Ringen um das „richtige“ Verhältnis von Vertragsfreiheit und Vertragsgerechtigkeit berührt damit eine der zentralen Grundfragen des Vertragsrechts.

S. 729ff. Ausgeklammert wird bei entsprechenden Überlegungen allerdings die rechtspolitische Diskussion in der Schweiz um eine Verschärfung der AGB-rechtlichen Inhaltskontrolle vgl. nur jüngst *Rehmann*, SJZ 2017, 129, 138 sowie *Schwenzer*, Obligationenrecht AT (7. Aufl. 2016), Rn. 46.06. Entsprechende Überlegungen gab es bereits im Kontext der UWG-Reform 2012, hierzu *Thouvenin*, BSK, UWG 8 N. 68ff.; *Brunner,* in: Brunner/Schnyder/Eisner-Kiefer (Hrsg.), AGB nach neuem Schweizer Recht (2014), S. 13; *Vischer*, AJP 2014, 964; *Ehle/Brunschweiler*, RIW 2012, 262, 271; *Hess/Ruckstuhl*, AJP 2012, 1188; *Schmid*, ZBJV 2012, 1; *Thouvenin*, Jusletter 29. 10. 12; *Wildhaber*, SJZ 2011, 537, 537.

[18] So *Berger*, ZIP 2006, 2149, 2149.

[19] Hierzu eingehend *Riesenhuber,* in: Riesenhuber/Karakostas (Hrsg.), Inhaltskontrolle (2009), S. 49, 53ff.

[20] Vgl. die Nachweise oben Fn. 15.

[21] *Leuschner*, Abschlussbericht (2014), S. 2f., 43ff.

Vor dem Hintergrund der Diskussion um die Reichweite der Inhaltskontrolle allgemeiner Geschäftsbedingungen im b2b-Verkehr hat die aufgeworfene Problematik nun an Aktualität gewonnen und dogmatischen Klärungsbedarf aufgedeckt. Denn die Diskussion hat gezeigt, dass ein Grundkonsens über *Geltungsgrund* und *Legitimation* der *Inhaltskontrolle* wie auch über die Bedeutung der *Vertragsfreiheit* in ihrem Verhältnis zur *Vertragsgerechtigkeit*, den man lange Zeit als gesichert annehmen konnte, in dieser Form wohl nicht (mehr) uneingeschränkt besteht. Verschärft wird die aktuelle rechtspolitische Diskussion durch überlagernde Entwicklungen auf europäischer und nationaler Ebene. So sehen die rechtsvereinheitlichenden Kodifikationsprojekte, wie etwa der *DCFR*[22] sowie der hierauf gründende – und letztlich gescheiterte – Verordnungsvorschlag für ein *Gemeinsames Europäisches Kaufrecht (GEK)*[23] weitreichende Möglichkeiten der Inhaltskontrolle auch im b2b-Verkehr vor, die zwar teilweise einen flexibleren Maßstab als das geltende deutsche AGB-Recht enthalten, zum Teil jedoch auch über das derzeitige Schutzniveau deutlich hinausgehen.[24] Darüber hinaus hat der deutsche Gesetzgeber in Umsetzung der *Zahlungsverzugs-Richtlinie*[25] das deutsche AGB-Recht in § 308 Nr. 1a Hs. 2, Nr. 1b Hs. 2 BGB erstmals um eigene Klauselverbote für den unternehmerischen Geschäftsverkehr ergänzt[26] und damit jendefalls zum Teil jene Rechtsprechung des BGH bestätigt, die in das Zentrum der Kritik geraten war.[27] Die Auswirkungen dieser Entwicklung sind umso erheblicher, als der Gesetzgeber über die Mindestanforderungen der *Zahlungsverzugs-Richtlinie* deutlich hinausgegangen ist und – in Anlehnung an die höchstrichterliche Rechtsprechung – etwa in § 308 Nr. 1b Hs. 2 BGB die zulässige Höchstdauer für die Vereinbarung einer Überprüfungs- und Abnahmefrist in AGB im unternehmerischen Geschäftsverkehr von 30 auf 15 Tage halbiert hat.[28] Mit dem damit für AGB-Klauseln geltenden strengeren Maßstab erkennt der Gesetzgeber damit faktisch eine besondere Schutzbedürftigkeit der – vor allem dem Bereich der kleinen und mittleren Unternehmen (KMU) zugehörigen[29] – unter-

---

[22] *v. Bar/Clive/Schulte-Nölke (Hrsg.)*, DCFR (Outline Edition) (2009); *Schulze/Zimmermann*, Europäisches Privatrecht: Basistexte (2016), III.25. Vgl. hierzu eingehend unten S. 801 ff.

[23] Vorschlag für eine Verordnung über ein Gemeinsames Europäisches Kaufrecht vom 11.10.2011, KOM(2011) 635 endg. Vgl. hierzu eingehend unten S. 806 ff.

[24] Vgl. hierzu eingehend unten S. 801 ff., 806 ff.

[25] Zum Umsetzungsgesetz vgl. BGBl. I 2014, S. 1218 ff. (Gesetz zur Bekämpfung von Zahlungsverzug im Geschäftsverkehr) sowie BT-Drucks. 18/1309. Vgl. hierzu auch *Haspl*, BB 2014, 771; *Spitzer*, MDR 2014, 933; *v. Westphalen*, BB 14/2014, Die erste Seite; *Pfeiffer*, BB 2013, 323; *v. Westphalen*, BB 2013, 515.

[26] Art. 3 Abs. 3 b) iv) der Richtlinie 2011/7/EU sah hier noch eine Höchstfrist von 30 Tagen vor. Zur Begründung vgl. BT-Drucks. 18/1309, S. 10.

[27] Bei der Bestimmung der Höchstfrist für den Zahlungsverzug orientierte sich der Gesetzgeber an der bestehenden Rechtsprechung, vgl. BT-Drucks. 18/1309, S. 21.

[28] Vgl. BT-Drucks. 18/1309, S. 20 f.

[29] Hierauf weisen sowohl der deutsche Gesetzgeber als auch der europäi-

nehmerischen Klauselgegner an: Eine Frage, die im Rahmen der aktuellen rechtspolitischen Diskussion als nach wie vor hoch umstritten gelten darf.[30] Schließlich vollzieht sich auch in der *Schweiz*, dessen verwenderfreundliches AGB-Recht[31] die gefahr einer Rechtsflucht heraufbeschworene hatte[32], eine Entwicklung hin zu einer verstärkten Inhaltskontrolle vorformulierter Vertragsklauseln.[33] Zwar war die mit der UWG-Reform 2012 verbundene Verschärfung des AGB-Rechts auf den b2c-Verkehr beschränkt.[34] Allerdings sah der ursprünglich vom Bundesrat vorgelegte Entwurf eine deutliche Erhöhung des Schutzniveaus auch für unternehmerische Kunden im b2b-Verkehr und damit einen *umfassenden persönlichen Anwendungsbereich* entsprechend dem deutschen Modell vor.[35] Auch wenn sich die geplante Ausweitung der Inhaltskontrolle im unternehmerischen Geschäftsverkehr im schweizerischen Recht vorerst politisch noch nicht durchzusetzen vermochte, so sind doch deutliche Entwicklungstendenzen hin zu einem umfassenderen Kontrollregime unverkennbar.[36] Die Vorlage für die ursprünglich geplanten Änderungen des schweizerischen Gesetzgebers bildete dabei ausdrücklich gerade jenes Schutzmodell des deutschen AGB-Rechts, das im Mittelpunlt der aktuellen Debatte steht.[37]

Das aufgeworfene Problem offenbart damit einen erheblichen *Diskussionsbedarf*, der *drei grundlegende Abstraktionsebenen* betrifft: 1) auf der Ebene *des materiellen Rechts* die Frage nach der Zulässigkeit, der Reichweite und dem Maßstab der *AGB-Kontrolle im unternehmerischen Geschäftsverkehr*, 2) auf der nächsthöheren Ebene der AGB-rechtlichen Dogmatik die Frage nach Rechtsnatur, Gel-

---

sche Verordnungsgeber hin, vgl. BT-Drucks. 18/1309, S. 8, 16 sowie ErwG Nr. 6 der Zahlungsverzugs-RL.

30 Hierzu eingehend unten S. 759 ff.

31 Zu den *Vorteilen* des *schweizerischen Rechts* für die *Verwenderseite* eingehend unten S. 731 ff.

32 Vgl. zum Rechtsfluchtargument eingehend unten S. 729 ff. sowie die unten S. 729 Fn. 286 genannten Nachweise.

33 Eingehend hierzu unten S. 744 ff.

34 *Wildhaber*, SJZ 2011, 537, 541 mwN. Vgl. hierzu auch *Ehle/Brunschweiler*, RIW 2012, 262, 267 sowie eingehend unten S. 744 ff.

35 *Wildhaber*, SJZ 2011, 537, 541.

36 Vgl. aus dem aktuellen Schrifttum nur *Rehmann*, SJZ 2017, 129, 138, die Kriterien für eine allgemeine vertragliche Inhaltskontrolle vorlegt. Für einen stärkeren Schutz der KMU ebenfalls *Schwenzer*, Obligationenrecht AT (7. Aufl. 2016), Rn. 46.06. Zur Diskussion um die UWG-Reform 2012 eingehend *Ferrari Hofer/Vasella*, in: Amstutz/Roberto/Trüeb (Hrsg.), Handkommentar zum Schweizer Privatrecht, (3. Auflage 2016), Art. 8 UWG Rn. 1 mwN; *Thouvenin*, BSK, UWG 8 N. 68 ff.; *Brunner*, in: Brunner/Schnyder/Eisner-Kiefer (Hrsg.), AGB nach neuem Schweizer Recht (2014), S. 13; *Vischer*, AJP 2014, 964; *Ehle/Brunschweiler*, RIW 2012, 262, 271; *Hess/Ruckstuhl*, AJP 2012, 1188; *Schmid*, ZBJV 2012, 1; *Thouvenin*, Jusletter 29. 10. 12; *Wildhaber*, SJZ 2011, 537, 537. Zur Systematik des schweizerischen AGB-Rechts eingehend *Schwenzer*, Obligationenrecht AT (7. Aufl. 2016), Rn. 44.01 ff. Näher hierzu unten S. 744 ff.

37 Hierzu näher *Wildhaber*, SJZ 2011, 537, 538 ff.; *Ehle/Brunschweiler*, RIW 2012, 262, 268.

tungsgrund und Legitimation der *Inhaltskontrolle* allgemeiner Geschäftsbedingungen und 3) auf der Ebene des *Vertragsmodells* schließlich das Verhältnis von *Vertragsfreiheit* und *Vertragsgerechtigkeit* in der Privatrechtsordung. Gegenstand der Untersuchung ist damit das dogmatische Verhältnis von *Vertragsfreiheit* und *Vertragsgerechtigkeit* sowie seine Umsetzung im AGB-Recht, insbesondere im Rahmen der Inhaltskontrolle im unternehmerischen Geschäftsverkehr.

II. Eingrenzung des Themas: Die Inhaltskontrolle von AGB im unternehmerischen Geschäftsverkehr als dogmatisches Problem

Diesem Untersuchungsprogramm folgend, sind auf der Ebene des *materiellen Rechts* daher zunächst *Voraussetzungen*, *Reichweite* und *Maßstab* der *Inhaltskontrolle* allgemeiner Geschäftsbedingungen *im unternehmerischen Geschäftsverkehr* zu klären. Dabei ist insbesondere die Frage zu untersuchen, ob die aktuelle Rechtsprechung des BGH vor dem Hintergrund der *Besonderheiten* des Rechtsverkehrs zwischen Unternehmern und der Anforderungen des *Differenzierungsgebotes* des § 310 Abs. 1 S. 2 Hs. 2 BGB tragfähig oder vielmehr eine Änderung geboten ist. Auf der Ebene der Dogmatik des *AGB-Rechts* erscheint eine Vergewisserung über den *Geltungsgrund* der Inhaltskontrolle angezeigt. Auf der Ebene des allgemeinen Vertragsrechts ist schließlich eine Klärung des Verhältnisses von *Vertragsfreiheit* und *Vertragsgerechtigkeit* als zentralen Gestaltungskräften der Privatrechtsordnung geboten.

III. Gang der Untersuchung: Vom Vertragsmodell zur AGB-Kontrolle

Den aufgeworfenen Fragen soll im Folgenden aus dogmatischer Perspekive nachgegangen werden. Dabei wird das zunächst Verhältnis von *Vertragsfreiheit* und *Vertragsgerechtigkeit* eingehend untersucht. Anschließend werden die Ergebnisse auf das Recht der allgemeinen Geschäftsbedingungen und die Bestimmung von *Voraussetzungen*, *Reichweite* und *Maßstab* der *Inhaltskontrolle* im *unternehmerischen Geschäftsverkehr* angewendet und für die aktuelle Reformdiskussion *fruchtbar* gemacht. Durch diesen Ansatz soll gewährleistet werden, dass das konkrete Rechtsproblem auf gesicherter dogmatischer Grundlage gelöst wird. Die Arbeit nähert sich dem Problem dabei, der Bewegung vom *Allgemeinen* zum *Besonderen* folgend, in einem *Dreischritt:*

In einem ersten Schritt wird in einem *Allgemeinen Teil* das Verhältnis von *Vertragsfreiheit* und *Vertragsgerechtigkeit* im Privatrecht dogmatisch geklärt. Hierzu werden in jeweils eigenen Kapiteln die privatrechtlichen Gestaltungskräfte der Vertragsfreiheit (§2) und der Vertragsgerechtigkeit (§3) im Hinblick auf die drei Kategorien ihrer *Grundlagen, Funktion* und *Form* untersucht und einer grundlegenden Klärung unterzogen. Anschließend werden die Ergebnisse der Untersuchung in einer Synthese zusammengeführt und für die Bestimmung des Verhältnisses beider Prinzipien herangezogen. Dabei wird auf die unterschiedlichen *dogmatischen Begründungsansätze* zum Ausgleich des Spannungsverhältnisses zwischen Vertragsfreiheit und Vertragsgerechtigkeit eingegangen und auf interdisziplinärer Grundlage in Weiterentwicklung des klassischen Ansatzes von *Walter Schmidt-Rimpler* ein eigener Ansatz für ein tragfähiges Vertragsmodell im Privatrecht vorgestellt (§4).

In einem zweiten Schritt wendet sich die Arbeit in einem *Besonderen Teil* dem Problem der Inhaltskontrolle allgemeiner Geschäftsbedingungen zu, das sie ausgehend von der Klärung ihrer *Funktion* und *Rechtsnatur* (§5), der *geschichtlichen Entwicklung der Inhaltskontrolle* (§6), ihrer *verfassungsrechtlichen Grundlagen* (§7) und ihres *rechtlichen* und *dogmatischen Rahmens* (§8) näher untersucht, um schließlich ihre *Legitimation* vor dem Hintergrund eines zu entwickelnden *vertragstheoretischen Begründungsmodells* in den Blick zu nehmen (§9). In einem letzten Kapitel wird der Ertrag der Untersuchung auf das Problem der Reichweite der *Inhaltskontrolle* allgemeiner Geschäftsbedingungen *im unternehmerischen Geschäftsverkehr* angewendet und die Rechtsprechung des BGH einer umfassenden Kritik unterzogen. Auf der Grundlage des so herausgearbeiteten Befundes werden schließlich Inhalt wie Reichweite der Inhaltskontrolle im b2b-Verkehr näher bestimmt und es wird abschließend zur Erforderlichkeit einer gesetzlichen Neuregelung Stellung genommen (§10). Vor dem Hintergrund des damit umrissenen Untersuchungsprogramms erweist sich eine nähere Auseinandersetzung mit grundlegenden Systemfragen des Privatrechts als unausweichlich. Neben der Klärung des Problems der *Legitimation* und *Reichweite* der Inhaltskontrolle allgemeiner Geschäftsbedingungen im unternehmerischen Geschäftsverkehr wird die Untersuchung daher gleichsam *en passant* drei Grundsatzfragen des Privatrechts eingehend in den Blick nehmen und hierzu eigene Lösungsansätze vorlegen:

1. Die *Dichotomie* von *Vertragsfreiheit* und *Vertragsgerechtigkeit* als Grunddeterminanten der Privatrechtsordnung.

2. Die dogmatische Klärung der *Vertragsgerechtigkeit* und die Entwicklung eines eiegnständigen Konzeptes der Vertragsgerechtigkeit, das mit dem römischrechtlichen Grundsatz des *suum cuique tribuere*, der *regula aurea* und der *aristotelisch-thomistische Gerechtigkeitslehre* die drei wesentlichen, die europäische Privatrechtsentwicklung wie auch die Rechtsphilosophie prägenden Entwicklungslinien in einer Gesamtsynthese integriert.

3. Die Fortentwicklung des auf der Theorie der *Richtigkeitsgewähr des Vertragsmechanismus* beruhenden *Schmidt-Rimplerschen Vertragsmodells* unter Rückgriff auf das *Harvard-Modell* interessenorientierter Verhandlung.

Die Ergebnisse werden durch den Befund der *interdisziplinären Forschung* auf dem Gebiet der Verhaltensökonomik (*behavorial economics*) und der empirischen Gerechtigkeitsforschung abgesichert. Die Arbeit folgt damit methodisch einem *interdisziplinären* Ansatz und greift auf *rechtsvergleichende*, *rechtshistorische*, *rechtsphilosophische* sowie *verfassungsrechtliche Untersuchungen* zurück, um auf diese Weise ein möglichst verlässliches Fundament für die Beantwortung der untersuchten Forschungsfragen zu legen. Darüber hinaus werden ergänzend aktuelle Ansätze aus dem Bereich der Verhandlungsforschung (*Harvard Modell* interessenorientierter Verhandlung) sowie der Entwicklungspsychologie (*Kohlbergs Stufenmodell)* herangezogen und für die Fortentwicklung des Vertragsmodells fruchtbar gemacht.

Allgemeiner Teil

Bevor die Beziehung zwischen *Vertragsfreiheit* und *Vertragsgerechtigkeit* näher in den Blick genommen wird, soll zunächst eine Bestandsaufnahme beider Rechtsprinzipien unternommen werden. Die kaum überschaubare Fülle an Einzelaspekten fordert indes eine Beschränkung. Im Folgenden sollen daher in einem gleichsam holzschnittartigen Überblick in systematischer Weise die prägenden Strukturmerkmale der *Vertragsfreiheit* auf der einen und der *Vertragsgerechtigkeit* auf der anderen Seite aus der Perspektive ihrer jeweiligen *Grundlagen*, *Funktion* und *Form* herausgearbeitet und gegenübergestellt werden, um in einem dritten Schritt sodann ihr *Verhältnis* zueinander näher zu bestimmen.

§ 2

Vertragsfreiheit: Grundlagen, Funktion und Form

I. Grundlagen: Menschenwürde und Freiheit

Die *Vertragsfreiheit* bildet als *Rechtsprinzip* die tragende Grundlage der Privatrechtsordnung. In ihrer Vielgestaltigkeit lässt sie sich allein vor dem Hintergrund der sie prägenden geschichtlichen Entwicklung und ihrer geistesgeschichtlichen Grundlagen angemessen erfassen. Im Folgenden sollen daher – nach der notwendigen begrifflichen Klärung – die *dogmatischen* Grundlagen der Vertragsfreiheit umrissen werden, um nach einem Blick auf ihre Bezüge zum geltenden Recht sodann aktuelle Entwicklungstendenzen im europäischen Rechtsraum näher zu untersuchen.

1. Dogmatische Grundlagen

Vertragsfreiheit ist die *Freiheit zum Vertrag.* Sie bezeichnet die Möglichkeit der Beteiligten zur selbstbestimmten Gestaltung ihrer Rechtsverhältnisse.[1] Als bedeutendste Ausprägung der *Privatautonomie* findet sie ihre Grundlage in der durch die *Menschenwürde* grundgelegten *menschlichen Freiheit.*[2] Die Vertragsfreiheit ermöglicht dem Einzelnen die Verwirklichung seiner Interessen durch die selbstbestimmte *rechtliche* Gestaltung seiner Lebensverhältnisse.[3] Als *Freiheit von Fremdbestimmung* schützt sie den Einzelnen vor Beeinträchtigungen seiner eigenverantwortlichen Privatrechtsgestaltung, und zwar unabhängig davon, ob diese ihren Ursprung in *staatlichen Eingriffen* oder im *privaten Handeln* des jeweiligen Vertragspartners haben. Zwar wird der Begriff der Vertragsfrei-

---

[1] *Heinrich*, Formale Freiheit (2000), S. 43; *Lorenz*, Schutz (1997), S. 17; *Enderlein*, Rechtspaternalismus (1996), S. 71 ff.; *Hönn*, Vertragsparität (1982), S. 298; *Flume*, BGB AT II (3. Aufl. 1979), S. 12; *Wolf*, Entscheidungsfreiheit (1970), S. 19; *Dilcher*, NJW 1960, 1040 sowie auch schon *Stoll*, in: Nipperdey (Hrsg.), Grundrechte und Grundpflichten (1930), S. 175, 175. Eingehend zum *Begriff der Vertragsfreiheit* und seinen unterschiedlichen Bedeutungsvarianten *Fischer*, Vertragsfreiheit (1952), S. 27 ff.

[2] Vgl. hierzu nur *Larenz/Wolf*, BGB AT (9. Aufl. 2004), S. 2; *Busche*, Privatautonomie (1999), S. 24; *Canaris*, JZ 1983, 993, 994; *Lorenz*, Schutz (1997), S. 15, der in der durch die Privatautonomie verwirklichten freien Selbstbestimmung des Menschen in Selbstverantwortung das „Herzstück seiner Würde" sieht.

[3] So auch *Lorenz*, Schutz (1997), S. 15; *Zöllner*, AcP 176 (1976), 221, 223; *Wolf*, Entscheidungsfreiheit (1970), S. 23 ff.

heit herkömmlich als *Nichteinmischung des Staates* in die eigenverantwortliche Privatrechtsgestaltung und damit gleichsam als Abwehrrecht gegenüber staatlichen Eingriffen verstanden.[4] Allerdings ist im Zuge der verbraucherschützenden Rechtsprechung auf der einen und der Fortentwicklung des Verbraucherschutzrechts durch den nationalen und europäischen Gesetzgeber auf der anderen Seite verstärkt der *Schutz der schwächeren Partei vor der Fremdbestimmung* durch ihren verhandlungsstärkeren Vertragspartner in den Mittelpunkt der Aufmerksamkeit gerückt. Daher erscheint es aus dogmatischer Sicht kaum mehr gerechtfertigt, den Begriff der Vertragsfreiheit lediglich auf den Schutz der rechtlichen Selbstbestimmung des Einzelnen vor Risiken durch staatlichen Eingriff zu beschränken.

Dies gilt umso mehr, als das Spannungsverhältnis zwischen dem Schutz vor der *Fremdbestimmung durch den Staat* – der durch eine geringe rechtliche Kontrolldichte gewährleistet werden soll – auf der einen und dem Schutz vor *Fremdbestimmung durch den Verhandlungspartner* – in dem gerade die hohe rechtliche Kontrolldichte ihre Rechtfertigung findet – auf der anderen Seite zum Gegenstand einer intensiven rechtspolitischen Diskussion geworden ist, in deren Verlauf der *Begriff der Vertragsfreiheit* nicht selten eine *Verkürzung* zugunsten einer seiner beiden *Zielrichtungen* erfahren hat.[5] Ein derartiges eingeschränktes Begriffsverständnis führt indes zu dem widersprüchlichen Ergebnis, dass entsprechend der jeweiligen rechtspolitischen Auffassung dieselbe Handlung entweder als *Beeinträchtigung* oder als das Gegenteil, als *Gewährleistung* der vertraglichen Selbstbestimmung gewertet wird. Wird die Vertragsfreiheit lediglich auf den Schutz vor staatlichen Eingriffen reduziert und damit das Risiko der Fremdbestimmung durch den stärkeren Verhandlungspartner ausgeblendet, so muss in jeder Maßnahme der Rechtsordnung zum Schutz der schwächeren Vertragspartei notwendig eine Beeinträchtigung der Vertragsfreiheit durch staatlichen Eingriff gesehen werden. Die Bedeutung des Schutzes vor Fremdbestimmung durch Missbrauch eines bestehenden Machtungleichgewichts wird dabei auf Null reduziert. Ein einseitiges Verständnis der Vertragsfreiheit, das diese rechtspolitisch instrumentalisiert und damit zugleich in ihr Gegenteil verkehrt, ist mit der Bedeutung der tatsächlichen eigenverantwortlichen Gestaltung der Rechtsverhältnisse als Kern des Begriffs der Vertragsfreiheit nicht vereinbar. Vertragsfreiheit muss, soll sie nicht zu einer Leerformel werden, beide Zielrichtungen und damit sowohl den

---

4 Vgl. hierzu nur *Busche*, Privatautonomie (1999), S. 14 mwN; *Lorenz*, Schutz (1997), S. 15.

5 Zum Themenkomplex der „Krise der Privatautonomie" vgl. nur *Bruns*, JZ 2007, 385, 391ff.; *Lorenz*, Schutz (1997), S. 22ff.; *Singer*, Selbstbestimmung (1995), S. 12ff.; Exemplarisch ist hierbei nicht zuletzt die Diskussion um die Reichweite der AGB-Kontrolle im unternehmerischen Geschäftsverkehr, vgl. nur *Schiffer/Weichel*, BB 2011, 1283; *v. Westphalen*, BB 2011, 195; *Dauner-Lieb/Axer*, ZIP 2010, 309; *Leuschner*, JZ 2010, 875; *v. Westphalen*, ZIP 2010, 1110; *v. Westphalen*, ZIP 2007, 149; *Leuschner*, AcP 207 (2007), 491, 877ff.; *Berger*, ZIP 2006, 2149. Zum Wandel des Verständnisses der Vertragsfreiheit eingehend *Knobel*, Wandlungen (2000), S. 20ff.

Schutz vor *staatlichen* als auch vor *privaten* Risiken für die Selbstbestimmung des Einzelnen umfassen.

Mit dem Spannungsverhältnis zwischen der *privaten* und der *öffentlichen* Dimension der Privatautonomie ist zugleich die Beziehung der *Vertragsfreiheit* zur *Vertragsgerechtigkeit* angesprochen. Indem die Parteien ihre eigenverantwortlich getroffenen Regelungen dem geltenden Recht unterstellen und damit zugleich die Autorität des Rechts und des staatlichen Instrumentariums seiner Durchsetzung in Anspruch nehmen, verlassen sie den Bereich des rein Privaten. Der ausgehandelte Vertrag wird der unbeschränkten Verfügungsgewalt und „Selbstherrlichkeit“[6] der Parteien entzogen, gleichsam an das Licht der Öffentlichkeit gebracht und damit nicht nur ethisch-moralisch, sondern auch rechtlich dem Maßstab materieller Gerechtigkeit zugänglich. *Vertragsfreiheit* und *Vertragsgerechtigkeit* sind auf diese Weise untrennbar miteinander verwoben. Weil die Inanspruchnahme der Vertrags*freiheit* als von der Rechtsordnung gewährte Befugnis, die Lebensverhältnisse nicht nur selbstbestimmt, sondern auch *rechtlich*, d. h. mit von der Rechtsordnung versehener staatlicher Autorität, zu gestalten, die private Vereinbarung der Parteien in den Rang des jedenfalls *inter partes* verbindlich geltenden Rechts erhebt und ihr damit überhaupt erst Rechtsqualität verleiht[7], ist dem Begriff der Vertragsfreiheit jener der sie begrenzenden Vertragsgerechtigkeit von vornherein denknotwendig immanent.[8] Denn die Transformation von Realakten in geltendes Recht muss notwendig ein wertender Akt sein, weil das Recht als Gesamtheit gesellschaftlicher Normen bereits von seinem Begriff her a *priori* nur normativ und damit als materiellen Wertungen zugänglich verstanden werden kann.[9] Mit der Verwirklichung materieller *Gerechtigkeit* als *Zweck des* Rechts haben die das Recht konstituierenden Normen auch eine klare Ziel-

---

[6] So sehr weitgehend *Flume*, BGB AT II (3. Aufl. 1979), S. 6ff. Zur Kritik von *Flumes* Verständnis der Vertragsfreiheit als einer jeglicher ethischen Fundierung entbehrenden willkürlichen und selbstherrlichen Freiheit des Einzelnen näher *Busche*, Privatautonomie (1999), S. 101f. mwN.

[7] Das bedeutet freilich nicht, dass in der privatautonomen Gestaltung von Rechtsverhältnissen durch die Parteien ein Akt der *Rechtsetzung* und in der vertraglichenvertragliche Vereinbarung eine *Rechtsquelle* gesehen werden kann. *Kelsens* rechtspositivistische Lehre vom Vertrag als normerzeugendem Tatbestand hat sich mit Recht nicht durchsetzen können. Privatautonomie bedarf der Rechtsordnung notwendig als *Korrelat*. Dem vertraglich Vereinbarten wird erst durch die Rechtsordnung rechtlich verbindliche Geltung verliehen. Vgl. hierzu eingehend unten S. 26ff. sowie *Larenz/Wolf*, BGB AT (9. Aufl. 2004), S. 642; *Lorenz*, Schutz (1997), S. 15f.; *Singer*, Selbstbestimmung (1995), S. 6ff.; *Canaris*, AcP 184 (1984), 201, 217ff.; *Flume*, BGB AT II (3. Aufl. 1979), S. 1ff.

[8] Zum Verhältnis von *Vertragsfreiheit* und *Vertragsgerechtigkeit* vgl. eingehend unten S. S. 159ff., 174f., 234ff.

[9] Vgl. zum *Begriff des Rechts* grundlegend *Radbruch*, Rechtsphilosophie (1963), S. 123ff. Vgl. zum Thema aus der kaum noch überschaubaren Fülle des Schrifttums nur *Zippelius*, Rechtsphilosophie (6. Aufl. 2011), S. 3ff.; *Rüthers/Fischer/Birk*, Rechtstheorie (2011) sowie prägnant *Dreier*, NJW 1986, 890. Zum soziologischen Rechtsbegriff vgl. nur *Raiser*, Rechtssoziologie (2009), S. 160ff.

richtung, so dass die Vertragsfreiheit, wenn sie rechtliche Geltung beanspruchen will, auf einen *gerechten Ausgleich der Interessen* der Vertragspartner und damit ihrerseits auf die Verwirklichung materieller Gerechtigkeit ausgerichtet sein muss. Weil jeder Vertrag auf dem *Konsens* der Parteien und damit auf einer selbstbestimmten, freiverantwortlichen Entscheidung der Vertragspartner beruht, die sich nicht selbst Schaden zufügen wollen, sondern ihrerseits regelmäßig an einem gerechten Ausgleich ihrer Interessen interessiert sind, ist das Prinzip der Vertragsgerechtigkeit auch vom Gedanken der freiverantwortlichen Entscheidung her dem Prinzip der Vertragsfreiheit a *priori* immanent. Wurde mit dieser Annäherung an den *Begriff der Vertragsfreiheit* das Problem in seinen Grundzügen und in seinem Verhältnis zur Vertragsgerechtigkeit zunächst im Überblick grob umrissen, sollen nun einzelne Aspekte der Vertragsfreiheit schlaglichtartig näher in den Blick genommen werden.

a) Privatautonomie und menschliche Freiheit

Die Vertragsfreiheit ist die bedeutendste Ausprägung des Prinzips der *Privatautonomie*, die als eines der *grundlegenden Ordnungsprinzipien* der Privatrechtsordnung insgesamt zugrunde liegt.[10] Aufgrund ihrer gegenüber den übrigen Erscheinungsformen privatautonomen Handelns – der Vereinigungs- und Satzungsfreiheit, der Eigentumsfreiheit und der Testierfreiheit – herausgehobenen Bedeutung wird sie häufig *pars pro toto* mit dem Begriff der Privatautonomie gleichgesetzt und in diesem Sinn soll sie auch hier verwendet werden.[11] Der Begriff der Privatautonomie bezeichnet „das Prinzip der Selbstgestaltung der Rechtsverhältnisse durch den Einzelnen nach seinem Willen."[12] Diese Möglichkeit, die eigenen Lebensverhältnisse nicht lediglich *tatsächlich*, sondern auch *rechtlich* selbst zu gestalten, ist Ausdruck der *freien Selbstbestimmung* des Einzelnen und damit Spiegelbild der *Freiheit* und *Würde* des Menschen.[13] Als ver-

---

[10] *Larenz/Wolf*, BGB AT (9. Aufl. 2004), S. 646; *Lorenz, Schutz (1997)*, S. 17 f.; *Flume*, BGB AT II (3. Aufl. 1979), S. 12 f.; *Zöllner*, AcP 176 (1976), 221, 223; *Wolf*, Entscheidungsfreiheit (1970), S. 19.

[11] Ebenso *Lorenz*, Schutz (1997), S. 17 f.; *Flume*, BGB AT II (3. Aufl. 1979), 12 f., *Zöllner*, AcP 176 (1976), 221, 229 ff.; *Raiser*, Zukunft des Privatrechts (1971), S. 8. Vgl. hierzu auch *Busche*, Privatautonomie (1999), S. 13; MünchKomm/*Busche*, BGB (7. Aufl. 2015), Vor §§ 145 ff., Rn. 3 mwN; Staudinger/*Dilcher*, (12. Aufl. 1979), Einl. zu §§ 104–185, Rn. 5.

[12] So klassisch im Anschluss an *Flume*, BGB AT II (3. Aufl. 1979), S. 1 sowie BVerfGE 72, 155, 170 (Handelsgeschäft) = NJW 1986, 1859, 1860 einhellig das Schrifttum. Vgl. nur *Larenz/Wolf*, BGB AT (9. Aufl. 2004), S. 26; *Busche*, Privatautonomie (1999), S. 13 mwN; *Lorenz*, Schutz (1997), S. 15; *Singer*, Selbstbestimmung (1995), S. 1; *Wolf*, Entscheidungsfreiheit (1970), S. 19; *Bydlinski*, Privatautonomie (1967), S. 173; *v. Hippel*, Privatautonomie (1936), S. 62 sowie aus der Rechtsprechung BVerfG NJW 2006, 596, 598 (Künstlervertrag); BB 1994, 16, 20 (Generalklauseln); BVerfG NJW 1996, 2021 (Bürgschaft III); NJW 1994, 2749, 2750 (Bürgschaft II); BVerfGE 89, 214 = NJW 1994, 36, 38 (Bürgschaft I); BGHZ 140, 395 = NJW 1999, 2372, 2372 (Bürgschaft); BAG NZA 1998, 145, 148.

[13] Vgl. hierzu bereits die Nachweise oben S. 13, Fn. 2.

nunftbegabtes Wesen, das über die in Verstand und Willen wurzelnde Fähigkeit frei zu handeln und daher über personale Freiheit verfügt, ist dem Menschen die Würde einer Person verliehen. Indem die Privatautonomie den Menschen als selbständig handelndes Wesen, als freiverantwortliche Einzelpersönlichkeit, als mit personaler Freiheit ausgestattete Person anerkennt und ihm ermöglicht, seine Rechtsbeziehungen als zentralen Teil seiner Lebensverhältnisse selbst mitzugestalten, ist die Privatautonomie so gleichsam das rechtliche Korrelat zur Anerkennung der menschlichen Freiheit.[14] Sie ist für die Rechtsordnung konstitutiv und in Art. 2 Abs. 1 GG auch verfassungsrechtlich gewährleistet.[15] Aus der engen Beziehung der Privatautonomie zur Freiheit und Würde des Menschen ergeben sich zwei wesentliche Konsequenzen: die *überpositive* Verankerung der Privatautonomie auf der einen[16] und die besondere Bedeutung des *Willens* als Ausdruck personaler Freiheit auf der anderen Seite[17].

aa) Die naturrechtliche Begründung der Privatautonomie

Wenn die Privatautonomie die *rechtliche* Dimension des freien Handelns der menschlichen Person umfasst und die Rechtsordnung auf diese Weise mit konstituiert, dann kann sie als *grundlegendes Prinzip* nicht gleichzeitig in der Rechtsordnung selbst begründet sein, sondern muss diese transzendieren.[18] Die Privatautonomie findet in ihrem Kern ihre Grundlage damit nicht lediglich in den ihr vom Gesetzgeber eingeräumten Befugnissen oder selbst in verfassungsrechtlichen Gewährleistungen. Vielmehr kann sie ihre letzte Begründung nur in jenen überpositiven Wertvorstellungen finden, die der Rechtsordnung selbst zugrunde liegen, „die der verfassungsmäßigen Rechtsordnung immanent, aber in den Texten der geschriebenen Gesetze nicht oder nur unvollkommen zum Ausdruck gelangt sind."[19]

(1) Überpositive Wertgrundsätze als Grundlage

Dass das Prinzip der Privatautonomie als tragende Grundlage der Rechtsordnung in seinem Kern der Disposition des Gesetzgebers als unverfügbar entzo-

---

[14] *Heinrich*, Formale Freiheit (2000), S. 67; *Lorenz*, Schutz (1997), S. 15; Staudinger/*Dilcher*, (12. Aufl. 1979), Einl. zu §§ 104–185, Rn. 5.

[15] BVerfG NJW 2006, 596, 598 (Künstlervertrag); BB 1994, 16, 20 (Generalklauseln); BVerfG NJW 1996, 2021 (Bürgschaft III); NJW 1994, 2749, 2750 (Bürgschaft II); BVerfGE 89, 214 = NJW 1994, 36, 38 (Bürgschaft I) im Anschluss an BVerfGE 72, 155, 170 (Handelsgeschäft) = NJW 1986, 1859, 1860.

[16] Dazu sogleich unten aa).

[17] Vgl. hierzu unten bb), S. 21 ff.

[18] Anders jedoch *Lorenz*, Schutz (1997), S. 16, der die *Privatautonomie* als ein „der Rechtsordnung unbeschränkbar vorgegebenes, naturrechtliches Prinzip" ausdrücklich ablehnt. Nach der hier vertretenen Auffassung ist die *Privatautonomie* indes freilich der Rechtsordnung nicht „unbeschränkbar", sondern lediglich in ihrem *Kerngehalt* als Institution vorgegeben und wird in ihrem Umfang von ihr näher bestimmt.

[19] So eindrücklich BVerfGE 34, 269 = NJW 1973, 1221, 1225.

gen sein muss, bedeutet indes nicht, dass den privatautonomen Vereinbarungen der Parteien Normcharakter zukommen würde. Die Privatautonomie bedarf der Rechtsordnung als Korrelat und kann nur in dem von der Rechtsordnung zur Verfügung gestellten Rahmen gewährt werden.[20] Sie muss aber – und das ist der entscheidende Gesichtspunkt – als Ausdruck unveräußerlicher menschlicher Freiheit und Würde und als tragende Grundlage jeder gerechten Ordnung in nennenswertem Umfang überhaupt gewährleistet werden. Und daher muss sie, wenn sie an die menschliche *Freiheit* und die *Würde* der Person anknüpft und der Verfügungsgewalt des Gesetzgebers entzogen sein soll, ihre Grundlage allein in jenen die Rechtsordnung transzendierenden und damit naturrechtlich begründeten überpositiven Wertgrundsätzen finden, die der Rechtsordnung selbst zugrunde liegen.

Sieht man von der Verankerung in unterschiedlichen Begründungsquellen – *Verfassungsrecht* auf der einen und *Naturrecht* auf der anderen Seite – ab, so ergibt sich ein Gleichlauf mit dem Verständnis der verfassungsrechtlichen Gewährleistung der Privatautonomie, die gleichsam als Institution der Rechtsordnung in ihrem Wesensgehalt zwar gewährleistet, in ihrem Umfang indes von dieser wieder beschränkt wird.[21] Insofern ergibt sich aus der Verortung des letztendlichen Geltungsgrundes der Privatautonomie im Naturrecht vom Grundgedanken her im Vergleich zu ihrer verfassungsrechtlichen Gewährleistung nichts Neues. Angesichts der jedenfalls *tatsächlichen* Disponibilität selbst des Verfassungsrechts erweitert der Blick auf die überpositive Begründung der Privatautonomie als Ausdruck menschlicher Freiheit und Würde jedoch den Blick über den Bereich des vom Gesetz- und Verfassungsgeber Verfügbaren hinaus. Die überpositive Gewährleistung der Privatautonomie ist aus der Perspektive eines naturrechtlichen Verständnisses zwangsläufig und damit selbstevident.

(2) Untauglichkeit positivistischer Begründungsansätze

Dafür, dass dies auch gar nicht anders sein kann, mag ein Blick auf die jüngere Geschichte und die Versuche der Verkrüppelung der Privatautonomie unter dem nationalsozialistischen Unrechtsregime genügen. So verwehrte *Karl Larenz* 1935 gerade mit der Begründung, dass die Möglichkeit, Rechtsverhältnisse zu gestalten, nicht dem Menschen als Individuum, sondern ihm lediglich als Glied der „Volksgemeinschaft" zukomme, Bürgern jüdischer Abstammung die Möglichkeit zur privatautonomen Regelung ihrer Lebensverhältnisse und stellte sie damit praktisch völlig rechtlos.[22] Die von ihm vorgeschlagene Änderung des

---

[20] Vgl. nur *Larenz/Wolf*, BGB AT (9. Aufl. 2004), S. 642; *Lorenz*, Schutz (1997), S. 15 f.; *Singer*, Selbstbestimmung (1995), S. 6 ff.; *Canaris*, AcP 184 (1984), 201, 217 ff.; *Flume*, BGB AT II (3. Aufl. 1979), S. 1 ff.

[21] Zur verfassungsrechtlichen Verankerung der Vertragsfreiheit vgl. näher unten S. 359 ff.

[22] Vgl. hierzu die berüchtigte Stelle von *Larenz*, in: Larenz (Hrsg.), Grundfragen (1935), S. 225, 241: „Nicht als Individuum, als Mensch schlechthin oder als Träger einer abstrakt-all-

§1 BGB, die allen, die sich nicht auf eine „deutsche Herkunft“ berufen konnten, die Rechtsfähigkeit insgesamt absprach, sie als Rechtssubjekte disqualifizierte und damit aus der Rechtsgemeinschaft ausschloss, ist die letzte Konsequenz eines lediglich im positiven Recht und nicht in der personalen Würde und Freiheit des Menschen begründeten Verständnisses der Privatautonomie.

Dass eine auf der Negation menschlicher Freiheit und Würde gegründete Herrschaft keine Rechtsordnung im eigentlichen Sinne zu konstituieren vermag, ihr die Geltung als Recht überhaupt abgesprochen werden muss, dass die *corruptio* des Rechts durch positive Normen nicht das letzte Wort haben kann, ist seit *Gustav Radbruch*, der wie kaum ein zweiter die Notwendigkeit einer überpositiven Begründung des Rechts deutlich gemacht hat, heute Allgemeingut.[23] Als Befund ist damit festzuhalten, dass die Privatautonomie ihre letzte Begründung weder in den einfachgesetzlichen Normen des positiven Gesetzesrechts noch in den verfassungsrechtlichen Gewährleistungen der Freiheitsgrundrechte, sondern allein in den der Rechtsordnung zugrunde liegenden, unveräußerlichen überpositiven Wertgrundsätzen und damit letztlich in der *Freiheit* und *Würde* der menschlichen Person findet.

(3) Untauglichkeit ökonomischer Zweckmäßigkeitsüberlegungen

Mit der Verortung des letzten Geltungsgrundes der Privatautonomie im Naturrecht ist zugleich auch all jenen Versuchen der Boden entzogen, die Privatautonomie mit *Zweckmäßigkeitsgesichtspunkten* oder aus *ökonomischen Erwägungen* heraus zu rechtfertigen.[24] Zwar ist es richtig, dass die Parteien als Betroffene sowie aufgrund ihrer engeren Sachnähe am besten zur Regelung ihrer eigenen Angelegenheiten in der Lage sind.[25] Auch werden hoheitliche Eingriffe aufgrund der Vielfalt der Rechtsbeziehungen und der Vielgestaltigkeit möglicher Lösungsvarianten für die infrage stehenden Probleme schon aus praktischen Gesichtspunkten regelmäßig kaum in Betracht kommen.[26] Der gerade in der jüngsten Zeit zu be-

gemeinen Vernunft habe ich Rechte und Pflichten und die Möglichkeit, Rechtsverhältnisse zu gestalten, sondern als Glied einer sich im Recht ihre Lebensform gebenden Gemeinschaft, der Volksgemeinschaft. Nur als in der Gemeinschaft lebendes Wesen, als Volksgenosse ist der Einzelne eine konkrete Persönlichkeit. Nur als Glied der Volksgemeinschaft hat er seine Ehre, genießt er Achtung als Rechtsgenosse. ... Rechtsgenosse ist nur, wer Volksgenosse ist; Volksgenosse ist, wer deutschen Blutes ist. Dieser Satz könnte an Stelle des die Rechtsfähigkeit ‚jedes Menschen‘ aussprechenden §1 BGB an die Spitze unserer Rechtsordnung gestellt werden.“

[23] Vgl. nur *Radbruch*, SJZ 1946, 105ff. Nachgedruckt in: *Radbruch*, in: Hassemer/Kaufmann (Hrsg.), Gesamtausgabe III (1990), S. 83ff. sowie aus der Rechtsprechung *EGMR* NJW 2001, 3035, 3040; BVerfGE 95, 96 = NJW 1997, 929, 931; BVerfGE 6, 132 = NJW 1957, 579, 883. Zur jüngeren Diskussion vgl. statt vieler nur *Dreier*, FS Winkler (1997), S. 193ff.

[24] *Lorenz*, Schutz (1997), S. 15; *Wolf*, Entscheidungsfreiheit (1970), S. 19f. Vgl. hierzu auch *Busche*, Privatautonomie (1999), S. 17f.

[25] So aus dem älteren Schrifttum *Pawlowski*, Rechtsgeschäftliche Folgen (1966), S. 222f.; *Enneccerus*, Rechtsgeschäft (1889), S. 50. Vgl. zum Ganzen *Wolf*, Entscheidungsfreiheit (1970), S. 19f.

[26] Vgl. zu diesem Aspekt eingehend *Busche*, Privatautonomie (1999), S. 20ff., 30ff. (mit

obachtende weltweite Trend zur privatautonomen Beilegung von Konflikten im Rahmen der *Mediation*[27], die Entwicklung vom hoheitlich agierenden *Eingriffs-* zum kooperativen *Verhandlungsstaat*[28] sowie die Tendenz zu weitgehender *Entformalisierung* und *Delegation von Verantwortung*[29] sind hierfür eindrucksvolle Belege.[30]

Und selbstverständlich trägt die privatautonome Gestaltung der Lebensverhältnisse durch die Ausübung der Vertragsfreiheit ganz wesentlich zur freien Entfaltung der Produktivkräfte als Grundbedingung jeder Marktwirtschaft und damit zum ökonomischen und gesellschaftlichen Fortschritt bei.[31] Darin erschöpft sich die Bedeutung der Privatautonomie jedoch nicht.[32] Zweckmäßigkeit und ökonomische Erwägungen sind positive *Wirkungen*, nicht jedoch *Geltungsgrund* privatautonomen Handelns. Sie sind die Frucht der freien Entfaltung der Person. In ihr allein findet die Privatautonomie ihre Rechtfertigung, und zwar auch dann, wenn ein hoheitliches Handeln plötzlich zweckmäßiger erscheinen sollte oder sich die Bewertung aus der Perspektive ökonomischer Effizienz verändert. Die Privatautonomie findet als Ausdruck der Selbstbestimmung des Menschen ihre Grundlage in der Freiheit und Würde des Menschen und bedarf damit selbst keiner Rechtfertigung mehr.[33]

---

einer Gegenüberstellung privatautonomer und heteronomer Rechtsordnungen und Anmerkungen zu staatsinterventionstischen Wirtschaftsverfassungen) sowie *Pawlowski*, Rechtsgeschäftliche Folgen (1966), S. 222; *Schmidt-Rimpler*, AcP 147 (1941), 130, 166 f. (mit Anmerkungen zu Praktikabilitätserwägungen); *v. Hippel*, Privatautonomie (1936), S. 62 (mit Anmerkungen zur rechtsgeschäftslosen Rechtsordnung); *Enneccerus*, Rechtsgeschäft (1889), S. 50. Zum Ganzen *Wolf*, Entscheidungsfreiheit (1970), S. 19 f.

[27] Hierzu grundlegend *Duve/Eidenmüller/Hacke,* Mediation in der Wirtschaft (2011); *Hopt/Steffek*, Mediation (2008) und *Fisher/Ury/Patton*, Getting to Yes (1991). Zur geographischen Verbreitung der Mediation in den USA und den *Mediation Receptivity Index Prause*, 13 Harv. Negot. L. Rev. 131 (2008); *Sander*, 22 Ohio St. J. On Disp. Resol. 599 (2007); *Prause*, 22 Ohio St. J. on Disp. Resol. 610 (2007).

[28] *Mehde*, AöR 127 (2002), 655; *Frick*, Der freundliche Staat (2001), S. 7 ff.; *Hoffmann-Riem*, JZ 1999, 421; *Schulze-Fielitz*, in: Voigt (Hrsg.), Abschied vom Staat – Rückkehr zum Staat? (2. Aufl. 1998), S. 95; *Schneider*, VerwArch (87) 1996, 38 ff.; *Voigt*, Der kooperative Staat (1995), passim. *Röhl*, Rechtssoziologie (1987), S. 561; *Ritter*, AÖR (104) 1979, 389.

[29] Zur *Entformalisierung* durch *Mediatisierung* und *Prozeduralisierung* näher *Röhl*, Rechtssoziologie (1987), S. 559 f.

[30] Zum Wandel staatlichen Handlens eingehend *Wendland*, Mediation und Zivilprozess (2017), S. 51 ff.

[31] Zum Zusammenhang zwischen der Wirtschaftsverfassung und dem Gestaltungsplan der Privatrechtsordnung eingehend *Busche*, Privatautonomie (1999), S. 30 ff. Dazu auch *Wolf*, Entscheidungsfreiheit (1970), S. 19.

sowie *v. Hippel*, Privatautonomie (1936), S. 80 mit Verweis auf *Hobbes.*

[32] So eindringlich *Wolf*, Entscheidungsfreiheit (1970), S. 20.

[33] So im Hinblick auf die *Selbstbestimmung* ausdrücklich *Wolf*, Entscheidungsfreiheit (1970), S. 20.

bb) Die tragende Bedeutung des Willens für das Rechtsgeschäft

Die zweite Konsequenz aus der engen Beziehung der Privatautonomie zur Freiheit und Würde des Menschen besteht in der tragenden Bedeutung des *Willens* für die Konstituierung des Rechtsgeschäfts und die Bestimmung seiner Folgen. Weil der Wille der Parteien Ausdruck ihrer *Selbstbestimmung* und damit letztlich in der menschlichen *Freiheit* und *Würde* grundgelegt ist, kommt ihm auch für die Gestaltung der Rechtsbeziehungen innerhalb der Rechtsordnung eine tragende Bedeutung zu. Entsprechend besteht heute Einigkeit darüber, dass der Wille das *beherrschende Element* und die *bestimmende Kraft* rechtsgeschäftlicher Folgen ist.

(1) Der Wille im Wettbewerb mit objektiven Gestaltungskräften

Die Tragweite dieser Schlussfolgerung für die rechtsgeschäftliche Verwirklichung der Selbstbestimmung wird erst auf den zweiten Blick deutlich: Erscheint die konstitutive Bedeutung des *Willens* in einer auf Privatautonomie gegründeten Rechtsordnung zunächst als Selbstverständlichkeit, so zeigt die heftige, mittlerweile klassische Diskussion zwischen den Verfechtern der Willens-, Erklärungs- und Geltungstheorie Ende des 19. Jh., dass die Frage, welche Bedeutung dem *tatsächlichen* Willen für die Konstituierung rechtsgeschäftlicher Folgen im Einzelnen zukommt, heute offenbar nicht mehr ohne weiteres zu beantworten ist. Und tatsächlich gerät der rechtsgeschäftliche Wille der Parteien als Ausdruck des Prinzips der Selbstbestimmung zunehmend in Wettbewerb mit *objektiven Gestaltungskräften*, wie etwa dem *Verkehrs-* und *Vertrauensschutz* oder *materiellen Wertungen*, die gleichberechtigt neben das Selbstbestimmungsprinzip treten.[34]

Die wieder neu aufgeflammte Diskussion[35] über den Geltungsgrund von AGB wie auch über Bedeutung und Umfang richterlicher Inhaltskontrolle und damit über die Reichweite der Vertragsfreiheit, über ihren Inhalt, ihre Voraussetzungen und ihre Grenzen sowie über ihr Verhältnis zu Verkehrsschutz und Vertragsgerechtigkeit zeigt, dass das Spannungsverhältnis zwischen *Wille* und *Erklärung*, das der Kontroverse zwischen Willens- und Erklärungstheorie im Kern zugrunde liegt, kaum an Aktualität verloren hat. Und seit die wirtschaftlichen und sozialen Voraussetzungen tatsächlicher Selbstbestimmung vermehrt in den Mittelpunkt des Interesses gerückt sind, mehren sich auch die Zweifel am Realitätsbezug eines auf dem Ideal lediglich *fingierter Selbstbestimmung* und dem Modell des *freien Spiels der Kräfte* gegründeten Vertragskonzeptes.[36] Mittlerweile ist von der „Krise des liberalen Vertragsdenkens"[37], vom „Abschied von der Pri-

---

[34] *Singer*, Selbstbestimmung (1995), S. 1 f., 23 ff.

[35] Vgl. nur Staudinger/*Wendland*, Eckpfeiler des Zivilrechts (6. Aufl. 2018), Rn. 25, 25a, 25c sowie eingehend unten S. 713 ff.

[36] *Singer*, Selbstbestimmung (1995), S. 1.

[37] *Kramer*, Krise (1974), S. 9.

vatautonomie"[38] die Rede. In der Tat scheint vor allem durch die Rezeption der kombinatorischen Lehre *Franz Bydlinskis*[39], in der das Willensmoment als eine von mehreren das Rechtsgeschäft konstituierenden Gestaltungskräften verzichtbar, bisweilen sogar auf Null reduziert scheint, die *tatsächliche Selbstbestimmung* der Parteien zur bloßen Fiktion zu werden. In dem Bemühen, die Prinzipien des Verkehrs- und Vertrauensschutzes in die Rechtsgeschäftslehre zu integrieren, erscheint die *Selbstbestimmung* der Parteien austauschbar, droht die eigentlich auf den Willen der Parteien gegründete Vertrags- zu einer bloßen Vertrauenshaftung zu schrumpfen. Und so wird mittlerweile bereits offen von „halber Privatautonomie"[40], von „Privatautonomie im weiten Sinne"[41] und von Zonen „verdünnter Freiheit"[42] gesprochen.

Die bisweilen paradoxe Argumentationsstruktur der aktuellen Debatte[43], in der beide Seiten zugleich mit jeweils entgegengesetzter Stoßrichtung vermeintliche Übergriffe auf die Vertragsfreiheit beklagen, lässt erahnen, dass hier im Kern das Problem des rechten Verständnisses der Vertragsfreiheit und damit des jeweils zugrunde gelegten *Begriffs* der Vertragsfreiheit angesprochen ist: Während etwa der AGB-Verwender mit Verweis auf die bei Vertragsschluss gegebene Zustimmung des Vertragspartners zu dem Vereinbarten auf Vertragserfüllung besteht und eine nachträgliche Inhaltskontrolle als Eingriff in seine Vertragsfreiheit ablehnt, so wird sich der Verwendungsgegner zum Schutz seiner Selbstbestimmungsfreiheit gerade mit der Begründung auf die Notwendigkeit einer Inhaltskontrolle berufen, dass er das angeblich „Vereinbarte" eben nicht gewollt habe. Während diese Partei in der richterlichen Inhaltskontrolle ein Instrument zum *Schutz* ihrer rechtlichen Freiheit zur Selbstbestimmung vor fremdbestimmenden Beeinträchtigungen durch den Vertragspartner erblickt, sieht jene in ihr eine *Gefährdung* der eigenen Selbstbestimmungsfreiheit durch Fremdbestimmung seitens des Staates. Die aufgeworfene Problematik zeigt, dass das Verhältnis von *Wille* und *Erklärung* wie auch die grundsätzliche Beziehung des Selbstbestimmungsprinzips zu Verkehrsschutz und Vertragsgerechtigkeit vorab der näheren Klärung bedürfen. Und sie zeigt zugleich, dass sich hinter dem angesprochenen Konflikt in Wirklichkeit die Dichotomie zwischen *Formalität* und *Materialität*

[38] *Berger*, ZIP 2006, 2149; *Medicus*, Abschied von der Privatautonomie (1994).

[39] Hierzu *Bydlinski*, System und Prinzipien (1996), S. 156 f.; *Bydlinski*, Privatautonomie (1967), S. 173 f.

[40] *Bydlinski*, Privatautonomie (1967), 120. Zustimmend hierzu *Kramer*, Grundfragen (1972), S. 150, ablehnend dagegen *Singer*, Selbstbestimmung (1995), S. 87 ff.

[41] *Bydlinski*, Privatautonomie (1967), S. 127.

[42] *Bydlinski*, FS Kastner (1972), S. 45, 60; *Bydlinski*, Privatautonomie (1967), S. 106, 123; *Raiser*, FS 100 Jahre DJT (1960), S. 101, 126. Ähnlich *Kramer*, FS Canaris I (2007), S. 665, 670. Vgl. hierzu aus der österreichischen Rechtsprechung OGH SZ 56, 62 sowie OGH RdW 2008, 382 („verdünnte Willensfreiheit") sowie unten S. 321, Fn. 234 mwN.

[43] Hierzu näher Staudinger/*Wendland*, Eckpfeiler des Zivilrechts (6. Aufl. 2018), Rn. 25, 25a, 25c sowie unten S. 713 ff. mwN.

verbirgt, die auch dem Spannungsverhältnis zwischen *Rechtssicherheit* und *Vertragsgerechtigkeit* zugrunde liegt.

(2) Die zentrale Bedeutung des Selbstbestimmungsprinzips

Wie auch immer die Diskussion letztendlich zu entscheiden ist: Sie zeigt, dass das Rechtsgeschäft Ergebnis des komplexen Zusammenwirkens unterschiedlicher *subjektiver* wie *objektiver Gestaltungskräfte* ist,[44] die in das rechte Verhältnis zu setzen die zentrale Aufgabe der Rechtswissenschaft bleibt. Das Selbstbestimmungsprinzip tritt dabei in der Tat neben objektive *Gestaltungskräfte*, wie etwa die Prinzipien des *Verkehrs- und Vertrauensschutzes*, und *materielle Wertungen*, etwa jene der *Vertragsgerechtigkeit*. Dies kann auch gar nicht anders sein, weil die Parteien mit ihrem Willen, rechtlich erhebliche Folgen herbeizuführen, den Bereich des ausschließlich Privaten verlassen und ihre Vereinbarung der Rechtsordnung unterstellen. Weil aber die Selbstbestimmung ihre Grundlage in der Freiheit und Würde des Menschen als Person findet, wird dem Selbstbestimmungsprinzip im Widerstreit mit den das Rechtsgeschäft ebenfalls bestimmenden objektiven Gestaltungskräften – wie etwa jenen des Verkehrsschutzes – eine besondere, eine herausgehobene Bedeutung jedenfalls insoweit zukommen müssen, als der freiheitlichen Selbstbestimmung des Einzelnen überhaupt ein substantieller Kernbereich der Entfaltung verbleiben muss. Von einem solchen substantiellen Kernbereich kann dann nicht mehr ausgegangene werden, wenn – etwa bei Bestehen eines *strukturellen Machtungleichgewichtes* – die auf Selbstbestimmung gegründete Vertragsfreiheit zur bloßen *Fiktion* wird, weil die unterlegene Partei aus wirtschaftlichen, sozialen oder situativen Gründen überhaupt nicht in der Lage ist, ihre rechtlichen Angelegenheiten auch tatsächlich eigenverantwortlich selbst zu gestalten.[45]

(3) Selbstbestimmung und ihr Verhältnis zu Verkehrsschutz und Vertragsgerechtigkeit

Dabei kommt dem *Selbstbestimmungsprinzip* im Vergleich zu den einzelnen objektiven Gestaltungskräften ein jeweils unterschiedliches Gewicht zu: So wird etwa der *Verkehrsschutz*, weil es sich um hierbei lediglich um ein gleichsam technisches *Ordnungsprinzip* und nicht um den *Zweck* der Rechtsordnung selbst handelt, bereits auf einer abstrakten Wertungsebene hinter die *Vertragsgerechtigkeit* zurücktreten müssen, die als Zweck des Rechts alle übrigen Prinzipien der Rechtsordnung und damit auch das Selbstbestimmungsprinzip transzendiert und gestaltend mitbestimmt.[46] *Zweck des Rechts* ist nicht die Verwirklichung

---

[44] Vgl. hierzu *Hönn*, Vertragsparität (1982), S. 36ff.; *Reinhardt*, FS Schmidt-Rimpler (1957), S. 115.

[45] Zu der Problematik aus verfassungsrechtlicher Perspektive eingehend unten S. 359ff.

[46] Hierzu eingehend unten S. 128ff., 266ff.

der „Selbstherrlichkeit"[47] der Parteien, sondern die materielle Gerechtigkeit als Grundlage einer jeden Gesellschaftsordnung, in der die Individuen aufeinander angewiesen und zueinander hin ausgerichtet sind.[48] Aus diesem Grund sind auch die übrigen die Rechtsordnung konstituierenden Gestaltungsprinzipien in ihrem letzten Ziel auf die Verwirklichung einer gerechten Wirtschafts- und Sozialordnung, auf die Verwirklichung materieller Gerechtigkeit hin ausgerichtet. Dies gilt in besonderer Weise auch für die Selbstbestimmung des Menschen, die gerade deshalb nur im Dienst der *Gerechtigkeit* denkbar ist, weil der Einzelne eben nicht als Monade im Vakuum einer fiktiven Scheinwelt lebt, sondern als *homo socialis* in ein dichtes Gefüge von Beziehungen zu anderen Menschen eingebettet ist und damit schon von seinem Wesen her nur als soziale, auf andere Menschen angewiesene und ihrer bedürftige Person zu existieren vermag. Die *Selbstbestimmung* steht damit in einem engen inneren Zusammenhang zur *Gerechtigkeit*. *Vertragsfreiheit* und *Vertragsgerechtigkeit* sind auf das Engste, untrennbar miteinander verknüpft. Ist die Rechtsordnung insgesamt auf *Gerechtigkeit* ausgerichtet, so findet sie gerade im Prinzip der vertraglichen *Selbstbestimmung* ihre konkrete, individuelle Verwirklichung in der Rechtswirklichkeit des Einzelnen. Denn weil die vertragliche Bindung stets der Zustimmung des Anderen bedarf und sich die eigenverantwortliche Gestaltung der Rechtsverhältnisse stets in der Ausrichtung auf den Anderen hin und damit im Rahmen einer rechtlichen *Beziehung* vollzieht, ist dem Begriff der Privatautonomie und seiner Konkretisierung in der Vertragsfreiheit bereits von vornherein der Gedanke des *äquivalenten Güteraustauschs* und des *angemessenen Interessenausgleichs* immanent.

Der *rechtsphilosophische* Rekurs auf das der Rechtsordnung und damit auch dem herrschenden Vertragsmodell zugrunde liegende Menschen- und Weltbild erscheint an dieser Stelle in besonderer Weise notwendig, weil die bewusst oder unbewusst in Dienst genommene rechtsphilosophische Grundanschauung die *Beziehung* von *Vertragsfreiheit* und *Vertragsgerechtigkeit* zueinander wie auch den *Inhalt* beider Rechtsprinzipien entscheidend mitbestimmt und auf diese Weise einen wesentlichen Beitrag zur dogmatischen Klärung der aufgeworfenen Problematik leistet. Erst die Perspektive auf die von der dogmatischen Diskussion überhaupt erst vorausgesetzte Meta-Ebene des zugrunde liegenden Menschen- und Weltbildes macht den Blick frei auf den eigentlichen Kern der Diskussion und vermag den Gang der aktuellen Debatte zumindest teilweise zu erklären. Sie soll hier über die dargestellten Überlegungen hinaus nicht weiter vertieft werden. Sie wird im weiteren Verlauf der Untersuchung noch einmal näher in den Mittelpunkt der Betrachtung rücken.[49]

---

[47] *Flume*, BGB AT II (3. Aufl. 1979), S. 6 ff. Zur Kritik vgl. *Busche*, Privatautonomie (1999), S. 101 f. mwN. Vgl. hierzu eingehend unten S. 181 ff.

[48] Hierzu näher S. 128 ff., 140 ff., 261 ff.

[49] Vgl. hierzu unten S. 81 f., 111 ff., 151, 165 ff., 170 f., 185 ff., 248 ff., 250 ff., 478 ff., 521 ff., 526 ff., 555 ff.

Festzuhalten ist an dieser Stelle der Befund, dass dem Prinzip der *Selbstbestimmung*, weil es in der *Freiheit* und *Würde* des Einzelnen selbst angelegt ist, im Widerstreit mit den das Rechtsgeschäft bestimmenden *objektiven Gestaltungskräften* eine besondere, tragende Bedeutung zukommt. Dabei vermag es sich gegenüber dem *Verkehrsschutz* als Ordnungsprinzip in grundsätzlich in größerem, gegenüber der *Vertragsgerechtigkeit* als Zweck des Rechts in deutlich geringerem Maße durchzusetzen. Zu letzterer steht sie in einem engen inneren Zusammenhang: Weil der Einzelne in ein Geflecht *sozialer* Beziehungen eingebettet ist und damit auch seine *rechtlichen* Verhältnisse nur im Zusammenwirken mit anderen zu gestalten vermag, ist auch die Vertragsfreiheit materiellen Beschränkungen unterworfen. *Selbstbestimmung* als Ausdruck *wahrer Freiheit* vermag sich daher nur in Ausrichtung auf den Anderen hin und damit allein im Dienst der Gerechtigkeit zu vollziehen.[50] Wie dieses Grundparadigma auf der Ebene der Rechtsgeschäftslehre umzusetzen ist, soll im Folgenden näher in den Blick genommen werden.

b) Rechtsgeschäftslehre: Selbstbestimmung durch Willenserklärung

Damit die Privatautonomie die ihr von der Rechtsordnung zugedachte Funktion erfüllen kann, den Parteien die eigenverantwortliche Gestaltung ihrer Rechtsverhältnisse nach ihrem Willen zu ermöglichen, bedarf der *Wille* der Parteien der *Transformation* in verbindliches *Recht*.

aa) Die Verwirklichung des Willens in der Erklärung

Das für diesen Transformationsakt erforderliche Mittel, mit dessen Hilfe sich die Selbstbestimmung rechtlich entfalten kann, ist die *Willenserklärung*.[51] Sie verleiht dem Willen der Parteien als Ausdruck der ihnen zukommenden Selbstbestimmung rechtliche Gestalt und führt zum Eintritt der von der Rechtsordnung für das entsprechende Rechtsgeschäft vorgesehenen verbindlichen Rechtsfolgen. Für den Eintritt der Rechtsfolgen maßgeblich und damit auch für die Willenserklärung allein konstituierend ist dabei ausschließlich der auf eine rechtliche Bindung gerichtete *Wille* als psychische Kraft der Entscheidung. Motive, Wünsche, subjektive Zwecke oder geheime Vorbehalte sind dabei irrelevant. Die Willenserklärung ist somit *Geltungserklärung*, in der allein sich der rechtsgeschäftliche Wille verwirklicht.[52] Weil der Wille der Parteien auf rechtliche Geltung und daher die Anerkennung des Vereinbarten durch die Rechtsordnung gerichtet ist, wirken die Prinzipien der Rechtsordnung als objektive Gestaltungskräfte jedenfalls mittelbar auf die Willensbildung der Parteien ein.

---

[50] Vgl. hierzu näher oben S. 3 sowie unten S. 159ff.
[51] *Wolf*, Entscheidungsfreiheit (1970), S. 23.
[52] *Larenz/Wolf*, BGB AT (9. Aufl. 2004), S. 443.

bb) Anerkennung durch die Rechtsordnung

Seine rechtliche Geltung erhält der rechtsgeschäftliche Wille indes erst durch die *Anerkennung* seitens der Rechtsordnung, die das notwendige Korrelat zur Privatautonomie bildet und in der allein sich diese zu entfalten vermag.[53] Sie bestimmt zugleich die nähere Ausgestaltung der dem Geltungswillen der Parteien entsprechenden Rechtsfolgen und damit sowohl den *Inhalt* wie auch die *Form*, in der sich die Selbstbestimmung der Parteien vollzieht. Zwar gewährt die Privatautonomie dem Einzelnen grundsätzlich die Möglichkeit, seine Rechtsverhältnisse eigenverantwortlich zu gestalten. Um Rechtsqualität zu erlangen, kann sich das privatautonome Handeln der Parteien jedoch notwendigerweise allein in dem Rahmen und den Rechtsfiguren entfalten, welche die Rechtsordnung zur Verfügung stellt. Die „Selbstherrlichkeit"[54] der Parteien wird dabei sowohl ihrer *Form* als auch ihrem *Inhalt* nach von der Rechtsordnung begrenzt. In *formeller* Hinsicht gibt die Rechtsordnung den Rahmen vor, in dem sich das privatautonome Handeln der Parteien vollziehen kann.

Inhaltlich wird die „Willkür" der Parteien durch die Schranken von *Treu und Glauben* (§ 242 BGB), der *guten Sitten* (§ 138 BGB), des *gesetzlichen Verbotes* (§ 134 BGB) sowie eine Reihe weiterer materieller Wertungen begrenzt, die dem Schutz der *Äquivalenz des Leistungsaustauschs* wie der *Verhandlungsparität* und damit der *tatsächlichen Entscheidungsfreiheit* der Parteien dienen. Die Ordnung

[53] Die Tatsache, dass der rechtsgeschäftliche Wille zu seiner Verwirklichung der Anerkennung durch die Rechtsordnung, die *Privatautonomie* daher der *Rechtsordnung* als *Korrelat* bedarf, steht dabei keineswegs im Widerspruch zur überpositiven Begründung der Privatautonomie als *Rechtsprinzip*. Wie bereits gezeigt wurde, ist die Privatautonomie als *Institution* der Rechtsordnung übergesetzlich vorgegeben. Sie muss es auch sein, weil sich andernfalls kaum begründen lässt, warum der gesetzliche Ausschluss bestimmter Personengruppen vom Rechtsverkehr als Unrecht abzulehnen ist. Das einzige Mittel gegen gesetzliches Unrecht bleibt der Rückgriff auf die das geschriebene Gesetzesrecht übersteigenden überpositiven Wertgrundsätze materieller *Gerechtigkeit*. Dieses Verständnis – überpositive Gewährleistung der Privatautonomie als Institution, nähere Ausgestaltung durch das positive Gesetzesrecht – entspricht im Übrigen der verfassungsrechtlichen Systematik des Nebeneinanders von grundgesetzlichem Kerngehaltsschutz und einfachgesetzlicher Schrankenbestimmung. Vgl. hierzu unten S. 30ff. Dem Grunde nach ähnlich *Lorenz*, der ebenfalls anerkennt, dass Geltungsverleihung und Reichweite der Privatautonomie nicht dem Belieben des Privatrechtsgesetzgebers überlassen bleiben kann, die Grundlage der Privatautonomie indes nicht im überpositiven Naturrecht, sondern im Verfassungsrecht verortet. Offen bleibt hier indes die Frage, wie die Privatautonomie gewährleistet werden soll, wenn auch der verfassungsrechtliche Schutz versagt. Hierbei ist mit Nachdruck darauf hinzuweisen, dass in den Unrechtsregimen des 20. Jh. – der nationalsozialistischen Herrschaft wie auch den sozialistischen Staaten – von einem wirksamen – Grundrechtsschutz durch die Verfassung, die stets der Verfügungsgewalt der jeweiligen Machteliten überlassen war, in keinster Weise die Rede sein konnte. Insofern ist logisch folgerichtig der Rückgriff auf das Naturrecht unausweichlich, auch wenn er – ungeachtet der prägenden Bedeutung des Naturrechts für die europäische Rechtsentwicklung – in der derzeitigen vorwiegend rechtsökonomisch geprägten Diskussion wenig *en vogue* erscheint. Konsequent dagegen BVerfGE 95, 96 = NJW 1997, 929, 931 (Mauerschützen) sowie EGMR NJW 2001, 3035, 3040 (Mauerschützen).

[54] Flume, BGB AT II (3. Aufl. 1979), S. 6ff.

des rechtserheblichen Handelns der Rechtssubjekte durch den formalen Rahmen rechtlicher Handlungsformen ist bereits aus Gründen der Funktionsfähigkeit der Rechtsordnung als *conditio sine qua non* einer jeden rechtlichen Ordnung notwendig. Aber auch in materieller Hinsicht muss die Rechtsordnung, weil sie nicht etwa dem ausschließlich auf sich selbst bezogenen Willen in einer fiktiven Scheinwelt lebender Individuen zur Geltung verhelfen, sondern das soziale Zusammenleben realer, in ein Geflecht von Beziehungen eingebundener Individuen regeln soll, verbindliche Vorgaben zur inhaltlichen Qualität jener Vereinbarungen machen, die sie mit rechtlicher Verbindlichkeit versehen und damit sich selbst zu eigen machen will.

Privatautonomie existiert über die Gewährleistung ihres Kerngehaltes hinaus daher überhaupt nur und insoweit, als dies von der Rechtsordnung bestimmt wird.[55] Ihr sind die von der Rechtsordnung gezogenen Schranken von ihrem Wesen her immanent. An der materiellen Regelungsbefugnis der Rechtsordnung können daher im Grunde keine vernünftigen Zweifel bestehen.[56] Weil die Parteien dann, wenn sie ihre Vereinbarung dem Recht unterstellen, für sie rechtliche Geltung und damit Anerkennung durch die Allgemeinheit in Anspruch nehmen und sich zu ihrer Realisierung der Autorität des Rechts und des von ihr zu Verfügung gestellten Durchsetzungsinstrumentariums bedienen wollen, den Bereich des rein Privaten verlassen und in die normative Sphäre des Rechts eintreten, müssen sie auch die vom Recht gesetzten Rahmenbedingungen sowie die der Rechtsordnung immanenten materiellen Wertungen als für sie geltend akzeptieren. Zweck der Rechtsordnung ist es nicht, der Willkür der Parteien unbesehen zur Durchsetzung zu verhelfen, sondern vielmehr jenen normativen Rahmen zur Verfügung zu stellen, in dem sich die Selbstbestimmung des Einzelnen entfalten kann. Privatautonome Regelung der Lebensverhältnisse durch Vertrag ist keine Rechtsetzung. Sie erlangt Verbindlichkeit erst aus der Anerkennung durch die Rechtsordnung, die jedoch die privatautonomen Gestaltungsakte der Parteien vor dem Hintergrund der tragenden Bedeutung der Privatautonomie als Ausdruck menschlicher Freiheit und Würde um ihrer selbst willen anerkennt, wenn und soweit sie sich in dem von der Rechtsordnung vorgegebenen Rahmen bewegen.

---

[55] Vgl. nur *Larenz/Wolf*, BGB AT (9. Aufl. 2004), S. 642; *Lorenz*, Schutz (1997), S. 15 f.; *Singer*, Selbstbestimmung (1995), S. 6 ff.; *Canaris*, AcP 184 (1984), 201, 217 ff.; *Flume, BGB AT II (3. Aufl. 1979)*, S. 1 ff.; *Flume*, FS 100 Jahre DJT (1960), S. 135, S. 136.

[56] Zur sehr weiten Einschätzungsprärogative des vgl. nur BVerfGE 81, 242, 255 = NJW 1990, 1469, 1470 (Handelsvertreter); *Bechtold*, Grenzen (2012), S. 339; *Tamm*, Verbraucherschutzrecht (2011), S. 177 ff.; *Lange*, Grundrechtsbindung (2010), S. 218 ff.; *Bumke*, Ausgestaltung (2009), S. 16 ff.; *Leistner*, Richtiger Vertrag (2007), S. 290; *Cornils*, Ausgestaltung (2005), S. 13 ff.; *Canaris*, Grundrechte und Privatrecht (1999), S. 20 f.; *Drexl*, Selbstbestimmung (1998), S. 221 ff.; *Kind*, Grenzen (1998), S. 10; *Lorenz*, Schutz (1997), S. 19 ff.; *Singer*, Selbstbestimmung (1995), S. 33 ff.; *Fastrich*, Inhaltskontrolle (1992), S. 76; *Höfling*, Vertragsfreiheit (1991), S. 54.

Darüber, dass die Privatautonomie die Rechtsordnung als Korrelat erfordert, besteht weitgehend Einigkeit.[57] Gleichwohl scheint das konstitutive Abhängigkeitsverhältnis privatautonomer Gestaltung von dem sie erst ermöglichenden rechtlichen Rahmen, den die Rechtsordnung vorgibt, im Gang der aktuellen Debatte weitgehend in den Hintergrund zu treten, wenn mit Verweis auf die Geltung der Privatautonomie die sie eigentlich immanent begrenzenden rechtlichen Schranken als nicht mehr hinnehmbare, die Privatautonomie in ihr Gegenteil verkehrende Beeinträchtigungen der Vertragsfreiheit zurückgewiesen werden. Bisweilen drängt sich der Eindruck auf, dass gleichsam jegliches In-Erscheinung-Treten rechtlicher Prinzipien außer jenem der Privatautonomie – freilich in der Lesart der diese jeweils in Anspruch nehmenden Partei – einen reflexartigen Aufschrei sowie die Forderung nach Begrenzung staatlicher Übergriffe auf die freie Selbstbestimmung der Parteien nach sich zieht.

Und in der Tat hat die aktuelle Debatte über die Reichweite *richterlicher Inhaltskontrolle* im unternehmerischen Geschäftsverkehr eine Tendenz offengelegt, die durch eine deutliche Betonung *formaler Vertragsfreiheit* und ein *Zurückdrängen* anderer die Rechtsordnung prägender Prinzipien – wie etwa jenes der Vertragsgerechtigkeit – gekennzeichnet ist.[58] Ihr liegt offenbar die Vorstellung zugrunde, dass sich die Funktion der Rechtsordnung darauf beschränkt, privatautonomen Regelungen nahezu unbesehen, unabhängig ihres Inhaltes und der Art und Weise ihres Zustandekommens mit staatlicher Autorität versehene rechtliche Geltung zu verschaffen. Die Rechtsordnung würde dabei auf die Rolle eines weitgehend wertneutralen und Gerechtigkeitserwägungen gleichgültig gegenüberstehenden Durchsetzungsmechanismus für autonome Regelungen der Parteien, auf die Funktion eines bloßen *Notars* reduziert. Wäre dies der Fall, so käme der Parteivereinbarung tatsächlich jedenfalls faktisch originär rechtsetzende Qualität zu. Das Verhältnis von *Rechtsordnung* und *Privatautonomie* würde in ihr Gegenteil verkehrt. Aus dogmatischer Sicht wird daher die Engführung der Perspektive durch Überbetonung *formaler Vertragsfreiheit* und das Ausblenden der übrigen Rechtsprinzipien[59] der Stellung und Bedeutung der Privatautonomie im Gefüge der Rechtsordnung nicht gerecht. Freilich ist auch im Rahmen der Debatte über Geltungsgrund und Umfang richterlicher Inhaltskontrolle die Frage zu diskutieren, ob die *Intensität* der materiellen Überprüfung allgemeiner Geschäftsbedingungen insbesondere im Geschäftsverkehr zwischen Unternehmern der Bedeutung entspricht, welche der Privatautonomie als Ausdruck der Selbstbestimmung des Einzelnen zukommt. Dabei werden indes die übrigen die

---

[57] Vgl. hierfür nur *Larenz/Wolf*, BGB AT (9. Aufl. 2004), S. 642; *Stoffels*, Schuldverträge (2001), S. 104; *Lorenz*, Schutz (1997), S. 15 f.; *Singer*, Selbstbestimmung (1995), S. 6 ff.; *Canaris*, AcP 184 (1984), 201, 217 ff.; *Flume*, BGB AT II (3. Aufl. 1979), S. 1 ff.; *Flume*, FS 100 Jahre DJT (1960), S. 135, 147 ff.

[58] Vgl. hierzu eingehend unten S. 722 ff.

[59] Zu diesem Phänomen eingehend unten S. 150 ff., 722 f.

Rechtsordnung prägenden Prinzipien wie der Vertrauensschutz und vor allem die *Vertragsgerechtigkeit* als Zweck des Rechts angemessen zu berücksichtigen sein.

cc) Machtungleichgewichte und Informationsasymmetrien

Selbstbestimmung entfaltet sich im Privatrecht im rechtsgeschäftlichen Willen der Parteien, der in der Willenserklärung als Geltungserklärung rechtlich Gestalt annimmt. Dem Willen der Parteien kommt, wie gezeigt worden ist, für die Bestimmung rechtsgeschäftlicher Folgen eine tragende Bedeutung zu. Wie insbesondere *Manfred Wolf* herausgearbeitet hat[60], sind *Wille* und *Selbstbestimmung* indes keineswegs identisch. Zwar ist Selbstbestimmung kaum ohne Willen denkbar, weil sich die eigenverantwortliche Entfaltung der Persönlichkeit regelmäßig im Willen der Person konkretisiert. Umgekehrt kann der Wille aber durchaus ohne Selbstbestimmung existieren.[61] Das ist insbesondere dann der Fall, wenn die Parteien zwar formal einer Vereinbarung zustimmen, jedoch durch *Drohung*, *Zwang* oder aufgrund einer *strukturellen Unterlegenheit* zu ihrer Zustimmung gedrängt werden. Defekte der tatsächlichen Selbstbestimmung der Parteien können aber auch dann gegeben sein, wenn sich der rechtsgeschäftliche Wille infolge eines *Informationsdefizits* nicht hinreichend konkretisieren konnte. Das ist regelmäßig bei der Einbeziehung von AGB der Fall, bei der die Rechtsordnung auf die tatsächliche Kenntnisnahme und damit eine reale Willensbildung bewusst verzichtet und stattdessen die Zustimmung zur Kernvereinbarung in Kenntnis des Vorhandenseins von AGB sowie die Möglichkeit ihrer Kenntnisnahme genügen lässt.[62]

Die genannten Beispiele zeigen, dass das geltende Recht in vielfältiger Weise auf Defekte der rechtsgeschäftlichen Willensbildung reagiert. Neben der Anordnung der *Nichtigkeit* etwa bei Ausbeutung einer Zwangslage, einer Unerfahrenheit, des Mangels an Urteilsvermögen oder der erheblichen Willensschwäche des Vertragspartners (§138 Abs.2 BGB) und der Anordnung der *Unwirksamkeit*, wie dies etwa die Regelungen zum Schutz vor benachteiligenden AGB vorsehen (§305ff. BGB), wird der Schutz der tatsächlichen Selbstbestimmung der Parteien darüber hinaus auch durch *Formvorschriften*, *Widerrufs- und Anfechtungsrechte* (§123 BGB) sowie mittelbar durch *zwingend bestimmten Vertragsinhalt* gewährleistet.[63] Dabei ist insbesondere seit der zweiten Hälfte des 20. Jh. ein deutlicher Wandel des Verständnisses der Vertragsfreiheit erkennbar: Das auf dem idealistischen Freiheitsbegriff des 19. Jh. beruhende Verständnis *formaler Verhandlungsparität* ist mittlerweile einer differenzierteren Sichtweise gewichen,

---

[60] Vgl. nur *Wolf*, Entscheidungsfreiheit (1970), S.27.

[61] *Ebenda.*

[62] Zur Problematik der *Informationsasymmetrie* als Ursache *situativer Unterlegenheit* des Verwendungsgegners vgl. eingehend unten S.511ff., 569ff.

[63] Für einen Überblick über die Kompensationsmittel des BGB zum Ausgleich gestörter Vertragsparität vgl. eingehend *Hönn*, Vertragsparität (1982), S.134ff.

die zunehmend die *tatsächlichen Voraussetzungen* rechtsgeschäftlicher Entscheidungsfreiheit der Parteien wie auch die *wirtschaftlichen* und *sozialen* Risiken für die Selbstbestimmung der Parteien in den Blick nimmt. Dabei wurde vor allem die Bedeutung der *Vertragsgerechtigkeit* und hier insbesondere der Leistungsäquivalenz als Indikator für das Bestehen *materieller* Vertragsfreiheit herausgearbeitet.

2. *Rechtliche Grundlagen*

Nachdem die *dogmatischen Grundlagen* der Vertragsfreiheit in ihren wesentlichen Linien umrissen wurden, sollen nun ihre *rechtlichen Grundlagen* als Ausdruck ihrer *Form* in den Blick genommen werden.

a) *Verfassungsrechtliche Gewährleistung der Vertragsfreiheit*

Die Vertragsfreiheit ist im Grundgesetz, im Gegensatz zu Art. 152 der Weimarer Reichsverfassung und einigen Landesverfassungen, zwar nicht *expressis verbis* als grundrechtliche Gewährleistung benannt. Sie ist aber nach nahezu allgemeiner Auffassung als Teil der allgemeinen Handlungsfreiheit nach Art. 2 Abs. 1 GG geschützt, soweit durch ihre Inanspruchnahme nicht speziellere Grundrechte einschlägig sind.

Aus der *Nichterwähnung* des Begriffs der Vertragsfreiheit lassen sich keine Rückschlüsse auf die verfassungsrechtliche Stellung von Vertragsfreiheit und Privatautonomie innerhalb der Rechtsordnung ziehen. Sie ist wie das ebenfalls nicht ausdrücklich erwähnte Grundrecht der *allgemeinen Handlungsfreiheit* in dem umfassenderen Oberbegriff der *freien Entfaltung der Persönlichkeit*, den die Redaktoren für die Vorschrift des Art. 2 Abs. 1 GG gewählt haben und der auch die Freiheit der Entfaltung im *wirtschaftlichen* und *rechtsgeschäftlichen Bereich* umfasst, enthalten[64]: „Freie Entfaltung umfaßt alles."[65] Wie die Entstehungsgeschichte der Vorschrift im Hinblick auf die Diskussion der Frage, ob die allgemeine Handlungsfreiheit als Begriff in Art. 2 Abs. 2 GG aufgenommen werden sollte, zeigt, hat der Verzicht auf die ausdrückliche Einbeziehung der Vertragsfreiheit wie auch der übrigen speziellen Ausformungen der freien Entfaltung der Persönlichkeit offensichtlich rein sprachliche Gründe.[66]

Aus ihr ist weder eine Minderung noch eine Stärkung der Bedeutung der Vertragsfreiheit gegenüber der Weimarer Verfassung zu entnehmen.[67] Eine ausdrückliche Regelung der Vertragsfreiheit wäre zwar, anders als dies insbesondere *Flume* annimmt[68], durchaus möglich und auch sinnvoll gewesen. Denn das Ge-

[64] Soergel/*Wolf*, (13. Aufl. 1999), Vor § 140 Rn. 41.
[65] *Bundestag/Bundesarchiv*, Parlamentarischer Rat, Bd. 5 II (1993), S. 607.
[66] Vgl. zum Gang der Beratungen im parlamentarischen Rat *ebenda, S. 607 ff.*
[67] *Flume*, BGB AT II (3. Aufl. 1979), S. 19. Ebenso *Lorenz*, Schutz (1997), S. 18.
[68] Vgl. *Flume*, BGB AT II (3. Aufl. 1979), S. 19f., der darauf hinweist, dass „eine besondere

genüber von institutioneller Gewährleistung und einfachgesetzlicher Ausgestaltung trifft, wie *Canaris* gezeigt hat, in gleicher Weise auf die ebenfalls verfassungsrechtlich gewährleisteten Institutsgarantien des Eigentums, des Erbrechts, der Vereins- und Koalitionsfreiheit sowie von Ehe und Familie zu.[69] Allerdings hat der Verfassungsgeber – von den genannten Institutsgarantien abgesehen – bewusst auf eine sprachliche Ausdifferenzierung der weiteren, sehr vielfältigen Ausformungen und verfestigten Gewährleistungsgehalte der allgemeinen Handlungsfreiheit verzichtet. Als Teil der Selbstbestimmung in eigenen Angelegenheiten ist die Vertragsfreiheit von dem in Art. 2 Abs. 1 GG gewährleisteten Schutz der freien Entfaltung der Persönlichkeit umfasst.

aa) Individual- und Institutsgarantie

Das Grundrecht der allgemeinen Handlungsfreiheit (Art. 2 Abs. 1 GG) stellt die freie Entfaltung seiner Persönlichkeit und damit auch das Selbstbestimmungsrecht des Einzelnen im wirtschaftlichen und rechtlichen Bereich unter den umfassenden Schutz der Verfassung.[70] Aufgrund ihres engen Bezuges zu der in Art. 1 Abs. 1 GG gewährleisteten Menschenwürde und dem sich aus der Verfassung insgesamt und insbesondere aus Art. 2 Abs. 2 GG ergebenden Bekenntnis zur Freiheit des Individuums geht die Bedeutung der in Art. 2 Abs. 1 GG verankerten allgemeinen Handlungsfreiheit über die eines bloßen Auffanggrundrechts hinaus.[71] Aus der Vorschrift lässt sich vielmehr eine verfassungsrechtliche Grundwertung zum Selbstbestimmungsrecht des Individuums entnehmen, das sowohl subjektiv- als auch objektiv-rechtlich ausgeformt ist.[72]

Entsprechend schützt das Grundgesetz die Vertragsfreiheit in Art. 2 Abs. 1 GG auf zweifache Weise: durch die Gewährung einer zugunsten des Einzelnen wirkenden *Individualgarantie* und durch ihre objektiv-rechtliche Gewährleistung im Rahmen einer die Rechtsordnung als Ganzes bestimmenden *Institutsgarantie*. Die Vorschrift erfasst dabei drei Wirkbereiche: die Abwehr unzulässiger Eingriffe des Staates in die Vertragsfreiheit des Individuums (*subjektives Abwehrrecht*), den Schutz der Selbstbestimmung des Einzelnen durch den Staat (*objektives Schutzrecht*) sowie die Schaffung und Sicherung des notwendigen Rahmens der Privatrechtsordnung als Bedingung zur Entfaltung der Vertragsfreiheit (*Institutsgarantie*).

Statuierung der Vertragsfreiheit und die Gegenüberstellung der Rechtsordnung etwa in der Weise, dass Inhalt und Schranken der Vertragsfreiheit durch die Gesetze bestimmt würden ... nur dazu führen [würde], daß die eigentümliche Verschränkung der Vertragsfreiheit mit der Privatrechtsordnung verdeckt wird."

[69] *Canaris*, JZ 1987, 993, 995.

[70] Maunz/Dürig/*Di Fabio*, GG (83. EL. 2018), Art. 2 Abs. 1 Rn. 1 ff., 101 ff. *Höfling*, Vertragsfreiheit (1991), S. 20 ff.

[71] *Busche*, Privatautonomie (1999), S. 25.

[72] *Busche*, Privatautonomie (1999), S. 25; *Canaris*, AcP 184 (1984), 201, 225 ff.; *Singer*, 1995, 1133, 1138 f.

In ihrer Funktion als *Individualgarantie* wirkt die Vertragsfreiheit zunächst als *klassisches Abwehrgrundrecht*, das den Einzelnen vor verfassungsrechtlich nicht gerechtfertigten staatlichen Eingriffen in die eigenverantwortliche rechtliche Gestaltung seiner Lebensverhältnisse schützt. Aufgrund der Weite des Schutzbereiches und der Vielgestaltigkeit der Erscheinungsformen rechtlicher Persönlichkeitsentfaltung ist der Inhalt des Abwehranspruchs indes nur schwer zu konkretisieren.[73] Da die Vertragsfreiheit darüber hinaus lediglich unter dem einfachen Gesetzesvorbehalt der verfassungsmäßigen Ordnung steht und zu ihrer Effektuierung überhaupt erst der Ausgestaltung durch den Gesetzgeber bedarf, liegt der Schwerpunkt der verfassungsrechtlichen Diskussion hier weniger auf der Bestimmung des Schutzbereiches als auf den Schranken und ihrer Rechtfertigung. Neben der abwehrrechtlichen Funktion der Vertragsfreiheit als grundrechtliche Gewährleistung des Schutzes *von Selbstbestimmung* enthält Art. 2 Abs. 1 GG auch eine objektiv-rechtliche Dimension, die auf den Schutz des Einzelnen vor Fremdbestimmung durch Dritte gerichtet ist.

Aus dem umfassenden Schutz des Selbstbestimmungsrechts, den die allgemeine Handlungsfreiheit gewährleistet, ergibt sich nämlich zugleich eine Handlungspflicht des Staates, die rechtlichen Rahmenbedingungen der Privatrechtsordnung so zu gestalten, dass dem Selbstbestimmungsprinzip des Einzelnen effektiv Geltung verschafft und er wirksam vor Fremdbestimmung im Vertragsrecht geschützt wird. Der *Schutz vor Fremdbestimmung* und die Gewährleistung eines *gerechten Interessenausgleichs* durch die Herstellung tatsächlicher *Vertragsparität*[74] ist insbesondere im Zuge der Bürgschaftsentscheidungen des Bundesverfassungsgerichts im zweiten Viertel des 20. Jh. vermehrt in den Mittelpunkt der Diskussion gerückt.[75] Dem Staat ist damit die Aufgabe zugewiesen, durch die Gestaltung der rechtlichen Rahmenbedingungen der Privatrechtsordnung zu gewährleisten, dass sich sowohl die Selbstbestimmung des Einzelnen im jeweils weitest möglichen Umfang verwirklichen kann, zugleich aber auch die nebeneinanderstehenden und zum Teil miteinander in Wettbewerb tretenden Selbstverwirklichungsbedürfnisse unterschiedlicher Grundrechtsträger im Wege praktischer Konkordanz so zu einem angemessenen Ausgleich gebracht werden, dass das Selbstbestimmungsprinzip für jeden der Beteiligten effektiv zum Tragen kommt.[76] Zwar wird die Vertragsfreiheit des Einzelnen durch jene der anderen begrenzt. Allerdings muss jedem Grundrechtsträger ein elementarer, substantieller Bereich eigener Freiheitsbetätigung verbleiben.[77]

---

[73] Soergel/*Wolf*, (13. Aufl. 1999), Vor § 140 Rn. 43.

[74] Eingehend grundlegend BVerfGE 81, 242, 255 = NJW 1990, 1469, 1470 sowie Maunz/Dürig/*Di Fabio*, GG (83. EL. 2018), Art. 2 Abs. 1 Rn. 107 ff.; *Hönn*, Vertragsparität (1982), S. 9 ff., 88 ff., 134 ff.; *Preis*, Vertragsgestaltung (1993), S. 216 ff. Vgl. auch unten S. 256 ff., 268 ff., 472 ff., 508 ff.

[75] Vgl. hierzu unten S. 341 ff., 374 ff.

[76] *Busche*, Privatautonomie (1999), S. 27.

[77] *Busche*, Privatautonomie (1999), S. 106.

Im Kern geht es hierbei um die Bedingungen, unter denen Störungen des *Verhandlungsgleichgewichts* auszugleichen sind. Dabei sind insbesondere die Wertungen, die sich aus der Sozialpflichtigkeit des Eigentums (Art. 14 Abs. 2 GG) und dem Sozialstaatsprinzip (Art. 20 Abs. 1, 28 Abs. 1 GG) ergeben und die über die zivilrechtlichen Generalklauseln (§§ 138, 242 BGB) in die Privatrechtsordnung einstrahlen, zu berücksichtigen. In der Folge nimmt das Bundesverfassungsgericht eine Handlungspflicht des Staates insbesondere in Fällen *typisierbarer Fallgestaltungen* an, die eine *strukturelle Unterlegenheit* des einen Vertragsteils erkennen lassen und zu ungewöhnlich belastenden Folgen für die unterliegende Partei führen.[78] Die in Art. 2 Abs. 1 GG verankerte Vertragsfreiheit enthält neben einer subjektiv-rechtlichen Individual- zugleich eine objektiv-rechtliche Institutsgarantie. Sie verpflichtet den Gesetzgeber die Privatrechtsordnung so auszugestalten, dass dem Einzelnen für die eigenverantwortliche Gestaltung seiner Rechtsverhältnisse ein substantieller Betätigungsraum verbleibt. Dass es sich dabei um keine rein akademische Frage handelt, ist bereits mit Blick auf Tendenzen zur Beschränkung der Rechtsfähigkeit ganzer Personengruppen unter der nationalsozialistischen Herrschaft deutlich geworden.

bb) Verfassungsmäßige Ordnung und Grundrechte anderer als Schranken

Der Weite des Schutzbereiches der Vertragsfreiheit entspricht die Weite der Schranken, denen sie unterliegt. Die rechtliche Selbstbestimmung des Einzelnen steht unter dem Vorbehalt der *Rechte anderer*, des *Sittengesetzes* und vor allem der *verfassungsmäßigen Ordnung*, in der sie sich entfaltet und die sie überhaupt erst ermöglicht. Der Verweis auf die *verfassungsmäßige Ordnung* und damit auf die Gesamtheit der Normen, die formell und materiell verfassungsgemäß sind,[79] macht deutlich, dass es sich bei der Vertragsfreiheit – anders als bei anderen Grundrechtsgewährleistungen – nicht um ein apriorisches Freiheitsrecht handelt, zu dessen Beschränkung zunächst besondere Hürden der Rechtfertigung überwunden werden müssten.[80] Da sich die Vertragsfreiheit überhaupt erst in dem Rahmen einer ausdifferenzierten Privatrechtsordnung vollziehen kann und damit auch der näheren Ausgestaltung durch den Gesetzgeber bedarf, ist ihr die notwendige Begrenzung durch die Rechtsordnung von vornherein immanent. Die Geschichte der Vertragsfreiheit ist daher die Geschichte ihrer Begrenzung[81], auch wenn der Begriff der „Begrenzung" dem komplexen Wechselspiel von er-

---

[78] BVerfGE 89, 214, 232 = NJW 1994, 36, 39 (Bürgschaft I). Vgl. hierzu eingehend unten S. 438f.

[79] BVerfGE 111, 54.

[80] *Lorenz*, Schutz (1997), S. 19.

[81] So plastisch *Busche*, Privatautonomie (1999), S. 66 unter Verweis auf *Hackl*, Vertragsfreiheit und Kontrahierungszwang (1980), S. 14; *Leisner*, Grundrechte und Privatrecht (1960), S. 323 sowie *Schwerdtner*, Persönlichkeitsrecht (1976), S. 131.

möglichendem Rahmen und den immanenten Grenzen der Rechtsordnung nur ansatzweise gerecht wird.

Im Kern geht es weniger um die Begrenzung der Vertragsfreiheit durch staatliche Maßnahmen als vielmehr um die Frage, in welchem Maße die Rechtsordnung die rechtliche Selbstbestimmung des Einzelnen verwirklicht, in welchem Umfang sie die Gestaltung der Rechtsverhältnisse dem freien Spiel der Kräfte überlassen kann und wann sie, gerade um die eigenverantwortliche Selbstbestimmung beider Parteien zu gewährleisten und sie vor einseitiger Fremdbestimmung zu schützen, notwendig auf flankierende rechtliche Rahmenregelungen zurückgreifen muss.[82] Dabei wiederholt sich auf verfassungsrechtlicher Ebene die zwischen den Polen eines *formalen* und eines *materiellen* Verständnisses der Vertragsfreiheit oszillierende Diskussion um *Inhalt*, *Reichweite* und *Grenzen* der Vertragsfreiheit, die bereits aus dogmatischer Sicht näher in den Blick genommen wurde.[83] Allerdings erleichtert der verfassungsrechtliche Rahmen[84] ganz erheblich die Klärung des rechten Verhältnisses der Privatautonomie zur Vertragsgerechtigkeit, das im Kontext der zu Einseitigkeiten neigenden aktuellen Diskussion der richterlichen Inhaltskontrolle von AGB im unternehmerischen Geschäftsverkehr[85] offensichtlich in grundsätzlicher Weise wieder infrage gestellt zu sein scheint. Das Verständnis der wechselseitigen Verschränkung von Vertragsfreiheit und Rechtsordnung, das sich aus seiner verfassungsrechtlichen Dogmatik ergibt, soll daher im Folgenden immer wieder in den Mittelpunkt gerückt und für die angemessene Lösung der Einzelfragen fruchtbar gemacht werden.

cc) Der Rahmen für die Ausgestaltung der Privatrechtsordnung durch den Gesetzgeber

Aus dem Nebeneinander von objektiv-rechtlicher Institutsgarantie und den weiten Schranken der verfassungsmäßigen Ordnung ergibt sich eine umfassende *Einschätzungsprägrogative des Gesetzgebers* für die nähere Ausgestaltung der Privatrechtsordnung.[86] Zwar ist der Staat verpflichtet, durch Anerkennung und Geltungsverleihung privatautonomer Rechtsakte und die Schaffung eines rechtlichen Rahmens dem Einzelnen einen substantiellen Betätigungsraum zu öffnen,

[82] Vgl. hierzu aus dogmatischer Perspektive unten S. 269ff., sowie aus verfassungsrechtlicher Sicht unten S. 360ff., 374ff.

[83] Hierzu bereits oben S. 4ff., 23ff., 31.

[84] Hierzu eingehend unten S. 359ff.

[85] Hierzu näher unten S. 692ff., 713ff.

[86] BVerfGE 81, 242, 255 = NJW 1990, 1469, 1470 (Handelsvertreter); *Canaris*, Grundrechte und Privatrecht (1999), S. 20f. Speziell zur Bestimmung des Ausgleichs von materieller und formeller Vertragsfreiheit *Drexl*, Selbstbestimmung (1998), S. 221ff.; *Lorenz*, Schutz (1997), S. 19ff.; *Singer*, Selbstbestimmung (1995), S. 33ff.; *Fastrich*, Inhaltskontrolle (1992), S. 76; *Höfling*, Vertragsfreiheit (1991), S. 54. Vgl. auch *Bechtold*, Grenzen (2012), S. 339; *Tamm*, Verbraucherschutzrecht (2011), S. 177ff.; *Lange*, Grundrechtsbindung (2010), S. 218ff.; *Bumke*, Ausgestaltung (2009), S. 16ff.; *Leistner*, Richtiger Vertrag (2007), S. 290; *Cornils*, Ausgestaltung (2005), S. 13ff.; *Kind*, Grenzen (1998), S. 10.

in dem sich seine rechtliche Selbstbestimmung zu entfalten vermag. In dem *Wie* der Ausgestaltung ist er indes weitgehend frei, solange die von ihm errichtete Privatrechtsordnung den Grundentscheidungen der Verfassung – einschließlich der Grundsätze der Rechtsstaatlichkeit und des Sozialstaatsprinzips – entspricht, Beschränkungen der Vertragsfreiheit *verhältnismäßig* sind und ihr *Wesensgehalt* nicht angetastet wird. Bei der ihm aufgetragenen Ausfüllung des Selbstbestimmungsprinzips durch die Normen des einfachen Gesetzesrechts wird der Gesetzgeber vor allem die in das Privatrecht einstrahlenden Grundrechte zu beachten haben.[87] Neben den die Vertragsfreiheit flankierenden und sie effektuierenden Spezialgrundrechten wie der Eigentumsgarantie und der Testierfreiheit (Art. 14 Abs. 1 GG), der Berufsfreiheit (Art. 12 Abs. 1 GG) sowie der Vereinigungsfreiheit (Art. 9 Abs. 1 GG) kommt hier vor allem dem angemessenen Ausgleich zwischen den kollidierenden Ansprüchen des Selbstbestimmungsrechts der beteiligten Vertragsparteien besondere Bedeutung zu.[88]

Dabei lässt sich bereits aus dem gebotenen Ausgleich kollidierender Grundrechte im Wege der praktischen Konkordanz die Forderung an den Gesetzgeber entnehmen, die Privatrechtsordnung so auszugestalten, dass der Einzelne effektiv vor Fremdbestimmung auch im Vertragsrecht geschützt ist und sich die Selbstbestimmung beider Parteien möglichst weitgehend entfalten kann.[89] Da die Vertragsfreiheit ohne hinreichende Fürsorge des Gesetzgebers die „Gefahr zur Selbstaufhebung in sich trägt“[90], ergibt sich aus den ebenfalls zu beachtenden objektiv-rechtlichen Vorgaben des Sozialstaatsprinzips eine *Schutzpflicht des Staates*, die Durchsetzung des Rechts des Stärkeren, die Ausnutzung ungleicher Machtverhältnisse und damit letztlich die Fremdbestimmung des schwächeren Vertragspartners durch die verhandlungsstärkere Partei, die regelmäßig im Gewand der Vertragsfreiheit daherkommt und sich durch Verweis auf die formale Zustimmung der übervorteilten Partei legitimiert, zu verhindern. Die Sicherung der Grundbedingungen tatsächlicher Selbstbestimmung der Parteien ist damit zum wesentlichen Inhalt der verfassungsrechtlichen Gewährleistung der Vertragsfreiheit geworden. Sie wird im einfachen Recht auf mannigfaltige Weise gewährleistet, wobei der *Vertragskontrolle* eine zentrale Bedeutung zukommt. Aus verfassungsrechtlicher Perspektive geht es hierbei nicht um die *Begrenzung* der Vertragsfreiheit, sondern um ihre *Verwirklichung* und *Effektuierung*.

Soll der verfassungsrechtliche Rahmen, in dem sich die Vertragsfreiheit entfaltet, zum Zweck unserer Untersuchung in ihren Grundzügen *zusammenfas-*

---

[87] Zur Grundrechtsbindung des Gesetzgebers bei der Ausgestaltung der Privatrechtsordnung Maunz/Dürig/*Di Fabio,* GG (83. EL. 2018), Art. 2 Abs. 1 Rn. 106 sowie *Cornils*, Ausgestaltung (2005), S. 186 ff., 633 ff.

[88] Hierzu eingehend unten S. 378 f.

[89] Zur grundrechtlich gewährleisteten Schutzpflicht des Gesetzgebers Maunz/Dürig/*Di Fabio,* GG, (83. EL. 2018), Art. 2 Abs. 1 Rn. 61 ff., 106; *Cornils*, Ausgestaltung (2005), S. 180 ff.; *Isensee,* in: Isensee/Kirchhof (Hrsg.), HBStR IX (3. Aufl. 2011), S. 413, 533 ff.

[90] MünchKomm/*Busche*, BGB (7. Aufl. 2015), Vor § 145 Rn. 3.

send umrissen werden, so ergibt sich der Befund der engen Verschränkung des Schutzes rechtlicher Selbstbestimmung mit der sie erst konstituierenden und zugleich begrenzenden Rechtsordnung. Als Teil der *allgemeinen Handlungsfreiheit* ist die Vertragsfreiheit durch die Gewährleistung der freien Entfaltung der Persönlichkeit in Art. 2 Abs. 1 GG geschützt, wobei der grundrechtliche Schutz sowohl als subjektiv-rechtliche *Individualgarantie* als auch als objektiv-rechtliche *Institutsgarantie* ausgestaltet ist.[91] Sie unterliegt den Schranken der verfassungsmäßigen Ordnung, die mit dem rechtlichen Rahmen der Privatrechtsordnung überhaupt erst die konstitutive Voraussetzung zur substantiellen Verwirklichung der Vertragsfreiheit bildet. Der Gesetzgeber ist bei der Ausgestaltung der Privatrechtsordnung weitgehend frei[92], hat jedoch neben der *Verhältnismäßigkeit* und der *Wesensgehaltsgarantie* vor allem kollidierende Grundrechte und Verfassungsprinzipien, hier vor allem das *Selbstbestimmungsrecht* anderer Vertragspartner sowie das *Sozialstaatsprinzip*, zu beachten. Die miteinander in Wettbewerb stehenden Ansprüche der Beteiligten auf Selbstbestimmung sind im Wege praktischer Konkordanz in der Weise zum Ausgleich zu bringen, dass sich das Selbstbestimmungsrecht des Einzelnen im weitest möglichen Umfang verwirklichen kann. Dabei kommt aufgrund der zentralen Bedeutung des Schutzes vor Fremdbestimmung und der Sicherung der Grundbedingungen tatsächlicher Selbstbestimmung der Parteien der *Kompensation von Verhandlungsimparitäten* eine zentrale Bedeutung zu. Der Gesetzgeber hat bei der Ausfüllung des einfachen Rechts daher in besonderer Weise der Kompensation ungleicher Verhandlungsmacht Rechnung zu tragen. Er hat dies für den Bereich der AGB mit den Vorschriften der §§ 305 ff. BGB getan. Die Auslegung dieser Regelungen durch die Rechtsprechung hat sich dabei an der Grundentscheidung der Verfassungsordnung zur *Selbstbestimmung des Individuums* auf der einen und dem *Schutz vor Fremdbestimmung* auf der anderen Seite auszurichten. In welchem Maße dies vor dem Hintergrund der geltenden Rechtslage gelungen ist, soll im weiteren Verlauf der Untersuchung nun näher in den Blick genommen werden.[93]

b) Europarechtliche Gewährleistung der Vertragsfreiheit

Die Vertragsfreiheit gehört, wenngleich sie in den grundlegenden Vertragstexten als subjektiv-rechtliche Gewährleistung nicht ausdrücklich geregelt ist, zu den

---

[91] Maunz/Dürig/*Di Fabio*, GG (83. EL. 2018), Art. 2 Abs. 1 Rn. 101 ff., 107 ff. *Höfling*, Vertragsfreiheit (1991), S. 6 ff., 20 ff., 25 ff.

[92] Vgl. BVerfGE 81, 242, 255 = NJW 1990, 1469, 1470 (Handelsvertreter); *Bumke*, Ausgestaltung (2009), S. 16 ff.; *Leistner*, Richtiger Vertrag (2007), S. 290; *Cornils*, Ausgestaltung (2005), S. 13 ff.; *Canaris*, Grundrechte und Privatrecht (1999), S. 20 f.; *Drexl*, Selbstbestimmung (1998), S. 221 ff.; *Lorenz*, Schutz (1997) S. 19 ff.; *Singer*, Selbstbestimmung (1995), S. 33 ff.; *Fastrich*, Inhaltskontrolle (1992), S. 76; *Höfling*, Vertragsfreiheit (1991), S. 54.

[93] Hierzu eingehend unten S. 811 ff.

wesentlichen Grundsätzen des europäischen Unionsrechts.[94] Vom Unionsrecht stillschweigend vorausgesetzt, bildet sie den Ausgangspunkt, den gemeinsamen Kern und das Fundament der europäischen Wirtschaftsordnung und gehört damit zu den tragenden Säulen des unionalen Binnenmarktkonzepts. *Marktwirtschaft* und *freier Wettbewerb*, die der europäische Binnenmarkt als prägende Merkmale der europäischen Wirtschaftsverfassung voraussetzt, bedürfen der Privatautonomie als notwendige Grundlage. Die Vertragsfreiheit bildet den eigentlichen, gemeinsamen Kern der Ausübung der Grundfreiheiten, die letztlich auf nichts anderes gerichtet sind als darauf, dem Einzelnen innerhalb des europäischen Binnenmarktes die eigenverantwortliche Gestaltung seiner Rechtsverhältnisse auch über die Grenzen der einzelnen Mitgliedstaaten hinaus zu ermöglichen.[95] Weil die *Grundfreiheiten* als spezielle Ausformungen der Privatautonomie die grenzüberschreitende, rechtliche Selbstbestimmung des Einzelnen im europäischen Wirtschaftsraum ermöglichen, ist es angemessen, in der Privatautonomie die der europäischen Wirtschaftsordnung im Kern zugrunde liegende „wahre Grundfreiheit“[96] zu sehen. In der Tat wäre der europäische Binnenmarkt ohne die Vertragsfreiheit nicht denkbar. Mit dem Befund, dass dem Unionsrecht das Konzept der Vertragsfreiheit als konstitutives Gestaltungsprinzip immanent zugrunde liegt, ist indes noch nichts über ihre *subjektiv-rechtliche Gewährleistung*, ihren *Inhalt* und die rechtstatsächlichen Möglichkeiten ihrer *Durchsetzung* gesagt.

Eine Antwort auf diese Fragen wird dadurch erschwert, dass die Vertragsfreiheit – von der Erwähnung in einigen europäischen Richtlinien[97], rechtspolitischen Dokumenten der Kommission[98] und weiterer EU-Institutio-

---

[94] Vgl. nur *Riesenhuber*, Europäisches Vertragsrecht (2. Aufl. 2006), Rn. 131 ff.; *Schulze*, GPR 2005, 56, 57; *Canaris*, FS Lerche (1993), S. 874, 889 f.; *Rittner*, JZ 1990, 838, 840 f.

[95] *Riesenhuber*, Europäisches Vertragsrecht (2. Aufl. 2006), S. 62.

[96] *Mülbert*, ZHR 159 (1995), 2, 8 in Anlehnung an *Müller-Graff*, Privatrecht und europäisches Gemeinschaftsrecht (2. Aufl. 1991), S. 17 f.

[97] Deutlich etwa Art. 18 Abs. 2 e) RL 2014/66/EU v. 15.5.2014 (Unternehmensinterne Transfers) („unbeschadet der *Vertragsfreiheit* gemäß *Unionsrecht* und *nationalem Recht*“); ErwG Nr. 14 RL 2004/113/EG v. 13.12.2004 (Gleichbehandlungs-Richtlinie) („Für jede Person gilt der *Grundsatz der Vertragsfreiheit*, der die freie Wahl des Vertragspartners für eine Transaktion einschließt.“) sowie ErwG Nr. 16 RL 93/83/EWG v. 27.9.1993 (*Schutzdauer-Richtlinie*) („der Grundsatz der *Vertragsfreiheit*, auf den sich diese Richtlinie stütz“). Vgl. auch Art. 23 Abs. 1 e) RL 2014/36/EU v. 26.2.2014 (Saisonarbeitnehmer-Richtlinie); Art. 6 Abs. 4 RL 2012/28/EU v. 25.10.2012 (Richtlinie über die Nutzung verwaister Werke); Art. 12 Abs. 1 g) RL 2011/98/EU v. 13.12.2011; Art. 14 Abs. 2 b) RL 2009/50/EG (Hochqualifizierten-Richtlinie) v. 25.5.2009; ErwG Nr. 18 RL 2000/35/EG v. 29.6.2000 (Zahlungsverzug-Richtlinie); ErwG Nr. 8 RL 1999/44/EG v. 25.5.1999 (Verbrauchsgüterkauf-Richtlinie). Hervorhebungen durch den Verfasser.

[98] Vorschlag für eine Verordnung über ein Gemeinsames Europäisches Kaufrecht, KOM(2011) 635 endg., S. 14, 21, 23 („Das Gemeinsame Europäische Kaufrecht sollte vom Grundsatz der Vertragsfreiheit geleitet sein.“, ebenda, S. 23); Mitteilung der Kommission, Grünbuch der Kommmission: Optionen für die Einführung eines Europäischen Vertragsrechts für Verbraucher und Unternehmen, KOM(2010) 348 endg., S. 13; Mitteilung der Kom-

nen[99] sowie in einigen Urteilen des EuGH[100] abgesehen – im geltenden Unionsrecht bislang kaum normativen Niederschlag gefunden hat. Lediglich im – 2014 wohl aufgrund mangelnder Unterstützung im Rat von der Kommission wieder zurückgezogenen[101] – Verordnungsvorschlag für ein Gemeinsames Europäisches Kaufrecht (GEK-E) als freilich optionalem unionsrechtsrechtlichem Instrument ist sie, hier indes an prominenter Stelle in Art. 1 Abs. 2 GEK-E – als explizite Gewährleistung enthalten.[102] Davon abgesehen ist sie weder in den grundlegenden europäischen Rechtstexten wie dem AEUV, dem EUV, der Grundrechtecharta oder dem Entwurf einer EU-Verfassung noch in der EMRK *ausdrücklich* geregelt, wenn auch die Richtliniengesetzgebung wie selbstverständlich von ihrer Geltung ausgeht.[103] Ein *europäisches Grundrecht der Vertragsfreiheit* lässt sich daher nur *mittelbar* aus einer Gesamtschau des normativen Corpus des Unionsrechts, der Rechtsprechung des EuGH und der Äußerungen der Kommission herleiten. Dabei besteht freilich stets die Gefahr, das verfassungsrechtliche Verständnis der Vertragsfreiheit auf der Grundlage des deutschen Grundgesetzes bewusst oder unbewusst auf die in ihrer Struktur völlig andersartige Dogmatik des europäischen Unionsprivatrechts zu übertragen und auf diese Weise wünschenswerte Wertungen hineinzulesen, die in den europäischen Rechtsquellen so nicht enthalten sind und weder vom europäischen Gesetzgeber noch von den Gerichten intendiert wurden.

---

mission, Ein gemeinsames europäische Kaufrecht zur Erleichterung grenzübergreifender Geschäfte im Binnenmarkt, KOM(2011) 636 endg., S. 8 („Dieser Vorschlag ist als Beitrag zu mehr Wachstum und Handel im Binnenmarkt gedacht. Er ist auf *Vertragsfreiheit* und ein hohes Verbraucherschutzniveau gestützt … Getreu dem *Grundsatz der Vertragsfreiheit* hat ein Unternehmer die Wahl …"); Mitteilung der Kommission, Die Funktionsweise der Lebensmittelversorgungskette in Europa verbessern, KOM(2009) 591, S. 8 („Die Kommission wird gemeinsam mit den Mitgliedstaaten darauf hinarbeiten, die *vertraglichen Beziehungen* auf eine sicherere Grundlage zu stellen, damit die Vertragsparteien unter *Wahrung ihrer Vertragsfreiheit* die Vorteile des Binnenmarkts in vollem Umfang nutzen können."). Hervorhebungen durch den Verfasser.

[99] Vgl. nur Stellungnahme des Europäischen Wirtschafts- und Sozialausschusses v. 19./20. 1. 2011, ABl. EU 2011 C 84, S. 1, 2, 5; Stellungnahme des Europäischen Wirtschafts- und Sozialausschusses v. 16./17. 12. 2009, ABl. EU 2010 C 255, S. 42, 42, 45 f.; Stellungnahme des Europäischen Wirtschafts- und Sozialausschusses v. 24./25. 10. 2007, ABl. EU 2008 C 44, S. 27, 31.

[100] Vgl. etwa EuGH, Urt. v. 19. 4. 2012, Rs. C-213/10, Rn. 45 (*F-Tex SIA ./. Lietuvos-Anglijos UAB „Jadecloud-Vilma"*); EuGH, Urt. v. 22. 3. 2007, Rs. C-437/04, Slg. 2007, I-2513, Rn. 51 (*Kommission ./. Rat & Belgien*); EuGH, Urt. v. 21. 1. 1999, Rs. C-215/96, Slg. 1999, I-135, Rn. 45 f. (*Carlo Bagnasco u. a. ./. Banca Popolare di Novara soc. coop. arl. (BNP)*).

[101] Vgl. das am 16. 12. 2014 bekannt gegebene Arbeitsprogramm der *Kommission* für das Jahr 2015: Ein neuer Start, KOM(2014) 910 endg., Anhang 2, Nr. 60 (Liste der zurückzuziehenden oder zu ändernden Vorschläge).

[102] Art. 1 Abs. 1 GEK-E: „Den Parteien steht es, vorbehaltlich einschlägiger zwingender Vorschriften, frei, einen Vertrag zu schließen und dessen Inhalt zu bestimmen." Vorschlag für eine Verordnung über ein Gemeinsames Europäisches Kaufrecht, KOM(2011) 635 endg., S. 40.

[103] Vgl. nur die Nachweise oben S. 37, Fn. 98.

Die Begründung ungeschriebener Unionsgrundrechte bedarf daher einer umfassenderen Perspektive, die den Horizont des nationalen Verfassungsverständnisses übersteigt und die doch sehr unterschiedlichen Rechtstraditionen in den einzelnen Mitgliedstaaten berücksichtigt. Die Frage, wie diese Aufgabe auf methodisch angemessene Weise bewältigt werden kann, bleibt eine der zentralen Herausforderungen der europäischen Rechtswissenschaft bei der weiteren Entwicklung des Unionsprivatrechts. Das Problem der Begründung einer subjektivrechtlichen Gewährleistung der Vertragsfreiheit im Unionsprivatrecht ist allein europarechtlich-autonom vor dem Hintergrund der europäischen Rechtstradition und Privatrechtsdogmatik zu lösen. Dabei ist der – zumeist unbewussten – Tendenz zu widerstehen, unbesehen verfassungsrechtliche Grundsätze des nationalen Rechts auf die europäische Ebene zu übertragen. Im Folgenden ist daher zu untersuchen, ob und in welchem Umfang sich aus den Rechtsquellen des Unionsprivatrechts eine subjektiv-rechtliche Gewährleistung der Vertragsfreiheit als ungeschriebenes Unionsgrundrecht induktiv herleiten lässt.

aa) Objektiv-rechtliche Anknüpfungspunkte

(1) Wirtschaftsverfassung und Grundfreiheiten

Mit dem Bekenntnis der Europäischen Union zu einer Wirtschaftsverfassung, die „dem Grundsatz einer offenen Marktwirtschaft mit freiem Wettbewerb verpflichtet ist" (Art. 119 Abs. 1 AEUV), ist zugleich die Anerkennung der Privatautonomie als tragendes Prinzip des Unionsrechts verbunden.[104] Denn *Marktwirtschaft* und *freier Wettbewerb* setzen die Möglichkeit der eigenverantwortlichen Gestaltung der Rechtsverhältnisse und damit Privatautonomie voraus. Der Unionsgesetzgeber geht daher in Art. 119 und 120 AEUV stillschweigend von der selbstverständlichen Geltung der Vertragsfreiheit im europäischen Binnenmarkt aus.[105] Um die für die Etablierung eines solchen Binnenmarktes erforderliche effektive Wirksamkeit im europäischen Rechtsraum zu entfalten, darf sich die Vertragsfreiheit nicht in der Anerkennung eines bloß objektiv-rechtlichen Gestaltungsprinzips erschöpfen. Vielmehr bedarf sie zu ihrer Effektivierung der Ausprägung als subjektiv-rechtliche Individualgarantie, auf die sich die Bürger im Einzelfall auch effektiv berufen können.

Eine normative, subjektiv-rechtliche Ausformung hat die Privatautonomie im europäischen Primärrecht in Gestalt der vier *Grundfreiheiten*, der Personen-,

---

[104] *Heiderhoff*, Europäisches Privatrecht (3. Aufl. 2012), Rn. 223. Ähnlich bereits *Lorenz*, Schutz (1997), S. 22; *Canaris*, FS Lerche (1993), S. 874, 890; *Schmidt-Leithoff*, FS Rittner (1991), S. 596, 604.

[105] Zur Gründung des EU-Privatrechts auf der Vertragsfreiheit *Heiderhoff*, Europäisches Privatrecht (3. Aufl. 2012), Rn. 223; *Riesenhuber*, Europäisches Vertragsrecht (2. Aufl. 2006), Rn. 131; *v. Vogel*, Verbrauchervertragsrecht (2006), S. 260; *Schulze*, GPR 2005, 56, 57; *Remien*, Zwingendes Vertragsrecht (2003), S. 178; *Reich*, ZEuP 1994, 381, 381 ff.; *Canaris*, FS Lerche (1993), S. 874, 890; *Hommelhoff*, AcP 192 (1992), 71, 105; *Rittner*, JZ 1990, 838, 840.

Waren- und Kapitalverkehrs- sowie der Dienstleistungsfreiheit, erfahren. Sie stellen bestimmte, für den Bestand des europäischen Binnenmarktes und den grenzüberschreitenden Handel notwendige Ausübungsformen privatautonomen Handelns unter den Schutz der Union und bilden dabei nichts anderes als spezielle Ausprägungen der Vertragsfreiheit, in der sie in der Form von Teilfreiheiten als Minus mit enthalten sind. Da sie in der Privatautonomie ihre gemeinsame Wurzel haben, kann man in der Vertragsfreiheit zu Recht die „wahre Grundfreiheit“[106] sehen, die vom Unionsrecht notwendigerweise als selbstverständlich vorausgesetzt wird.

Da der Unionsgesetzgeber des europäischen Primärrechts schon aus kompetentiellen Gründen der Subsidiarität die Schaffung eines europäischen Wirtschaftsraumes und nicht die umfassende Kodifizierung eines Unionsprivatrechts im Blick hatte und sich infolgedessen auch auf die Beseitigung zwischenstaatlicher Hindernisse für den freien Personen-, Waren-, Kapital- und Dienstleistungsverkehr beschränken musste, war die besondere normative Gewährleistung umfassender Vertragsfreiheit nicht nur entbehrlich, sondern ihm auch von Rechts wegen verwehrt. Sie wäre für den Bereich der Verträge auch nur im Kontext eines umfassend kodifizierten europäischen Unionsprivatrechts sinnvoll, für das ungeachtet der entsprechenden Vorarbeiten[107] derzeit weder die notwendige Kompetenz noch aktueller Handlungsbedarf besteht. Es ist daher nicht nur verständlich, sondern auch folgerichtig, dass sich das europäische Primärrecht notwendig auf die normative Gewährleistung der für die Schaffung des europäischen Binnenmarktes erforderlichen Teilfreiheiten beschränkt. Diese sind freilich nur unter der zwar ungeschriebenen, indes a *priori* logisch notwendigen, konzeptionellen Voraussetzung der grundsätzlichen Anerkennung des Prinzips der Privatautonomie als tragendem Gestaltungsgrundsatz der Unionsrechtsordnung denkbar.

(2) Europäische Menschenrechtskonvention

Sind die Verträge aufgrund ihrer auf Etablierung des europäischen Binnenmarktes und nicht auf die Schaffung eines kodifizierten Unionsprivatrechts gerichteten Zwecks für die normative Verankerung einer subjektiv-rechtlichen Gewährleistung der *allgemeinen* Vertragsfreiheit wenig geeignet, so kommen als originärer Ort hierfür vor allem jene Texte des „Europäischen Verfassungsrechts“ in Betracht, die wie die *EMRK*, die europäische *Grundrechtecharta* oder der Entwurf einer *EU-Verfassung* bereits auf europarechtlicher Ebene ausdrücklich kodifizierte Garantien der Grund- und Menschenrechte enthalten. Umso mehr erstaunt der Befund, dass auch die grundrechtlichen Texte für die normative Verankerung der Vertragsfreiheit wenig ergiebig sind. In der EMRK, deren grund-

---

106 So *Mülbert*, ZHR 159 (1995), 2, 8 unter Verweis auf *Müller-Graff*, Privatrecht und europäisches Gemeinschaftsrecht (2. Aufl. 1991), S. 17f.

107 Hierzu eingehend unten S. 44ff., 796ff.

rechtliche Gewährleistungen über Art. 6 Abs. 3 EUV „als allgemeine Grundsätze Teil des Unionsrechts" sind, wird die Vertragsfreiheit nicht erwähnt. Ein Menschenrecht auf Vertragsfreiheit wird von der EMRK damit nicht ausdrücklich gewährt. Auch aus der in Art. 5 Abs. 1 S. 1 EMRK iVm. Art. 1 Abs. 1 S. 1 des Ersten Zusatzprotokolls verankerten Eigentumsgarantie lässt sich ohne weitere Anhaltspunkte ein allgemeines Grundrecht der Vertragsfreiheit nur schwer herleiten. Zwar hat der EGMR, wie das Beispiel der französischen *propriété commerciale* zeigt[108], in einigen wenigen Einzelfällen auch zu vertragsrechtlichen Problemen Stellung genommen.[109] Über die von der Rechtsprechung behandelten miet- und eigentumsrechtlichen Fragen (Mietzinsbeschränkungen[110], Räumung bei Eigenbedarfskündigung[111], soziales Wohnrecht[112]) hinaus, in denen der Gerichtshof den betroffenen Vertragsstaaten im Übrigen einen sehr weiten rechtlichen Gestaltungsspielraum einräumt[113], hat die EMRK indes für den Bereich des Vertragsrechts kaum Wirkung entfalten können.[114] Damit bleibt es für die EMRK bei dem Befund, dass sie „dem Vertragsrecht im Wesentlichen doch fremd gegenüberzustehen, für es also fast nichts herzugeben"[115] scheint.

(3) Grundrechtecharta der EU

Deutlichere Anknüpfungspunkte ergeben sich dagegen aus der im Jahr 2000 erstmals feierlich verkündeten und 2009 gemeinsam mit dem Vertrag von Lissabon verbindlich verabschiedeten *Grundrechtecharta der EU*, die gem. Art. 6 Abs. 1 EUV als primäres Unionsrecht gleichrangig neben die Verträge tritt. Zwar enthält auch sie keine ausdrückliche Gewährleistung der Vertragsfreiheit, doch sieht sie mit der Anerkennung der *Berufsfreiheit*, der *unternehmerischen Freiheit* und des *Eigentumsrechts* in den Art. 15–17 GRCH klassische Wirtschaftsgrundrechte vor, aus denen sich ein allgemeines, ungeschriebenes Grundrecht der Vertragsfreiheit als *Annexfreiheit* herleiten ließe. Für die Anerkennung eines derartigen Annexgrundrechts spricht auch die Entstehungsgeschichte der Charta: So ging etwa das Präsidium des Grundrechtekonvents ganz selbstverständlich davon aus, dass die Vertragsfreiheit in der Rechtsprechung des EuGH – der sie in einen funktionellen Zusammenhang mit der Berufsfreiheit stellte – anerkannt sei[116]. Danach ist die Vertragsfreiheit im Rahmen der in Art. 16 GRCH veranker-

---

108 Eingehend *Remien*, Zwingendes Vertragsrecht (2003), S. 438 ff.

109 Vgl. hierzu *Remien*, Zwingendes Vertragsrecht (2003), S. 174 f. mwN.

110 EGMR, Urt. v. 21.2.1986, A 169, ÖJZ 1990, 150 (*Mellacher ./. Österreich*).

111 EGMR, Urt. v. 28.9.1995, A 315-B (*Spadea und Scalabrino ./. Italien*) sowie EGMR, Urt. v. 21.11.1995, A 334 (*Velosa Barreto ./. Portugal*).

112 EGMR, Urt. v. 21.2.1986, A 98, EuGRZ 1988, 341 (*James ./. Vereinigtes Königreich*).

113 *Remien*, Zwingendes Vertragsrecht (2003), S. 177 („den Vertragsstaaten größte Freiheit gelassen").

114 *Remien*, Zwingendes Vertragsrecht (2003), S. 174.

115 So treffend *Remien*, Zwingendes Vertragsrecht (2003), S. 174.

116 *Bernsdorff*, in: Meyer, GRCH (4. Aufl. 2014), Art. 16 Rn. 12.

ten unternehmerischen Freiheit geschützt.[117] Allerdings ist auf der Grundlage von Art. 16 GRCH die induktive Herleitung eines allgemeinen, sowohl für das rechtsgeschäftliche Handeln Privater als auch für unternehmerische Tätigkeit geltenden Annexgrundrechts kaum möglich, weil die Vorschrift lediglich den unternehmerischen Geschäftsverkehr erfasst. Ein umfassender Schutz der Privatautonomie könnte allenfalls mit Verweis auf das in Art. 6 GRCH verankerte *allgemeine Freiheitsrecht* begründet werden. Jedoch begegnet auch dieser Ansatz Bedenken, da die Vorschrift in ihrem Kern die persönliche Freiheit im Blick hat und daher thematisch eigentlich nicht einschlägig ist.

Damit ergibt sich auch für die EMRK, die Grundrechtecharta der EU sowie den gleichlautenden Entwurf eines europäischen Verfassungsvertrages[118] der Befund, dass sich eine verfassungsrechtliche Gewährleistung der Vertragsfreiheit allenfalls auf der Grundlage eines *ungeschriebenen Unionsgrundrechts* herleiten lässt[119], das aus der Anerkennung bestimmter Teilfreiheiten rechtsgeschäftlichen Handelns abgeleitet werden muss. Ob dies vor dem Hintergrund eines erst kürzlich entworfenen Grundrechtstextes ohne weiteres angenommen werden kann, mag zu Recht hinterfragt werden. Allerdings ist in diesem Zusammenhang zu bedenken, dass die Vertragsfreiheit auch im deutschen Grundgesetz keine ausdrückliche Erwähnung findet, ihre Begründung im Einzelnen umstritten ist[120] und sie als ungeschriebenes Grundrecht ebenfalls aus wechselnden normativen Anknüpfungspunkten hergeleitet wird[121]. Für die Vertragsfreiheit ergibt sich damit die paradoxe Situation, dass ihre grundrechtliche Gewährleistung zwar sowohl auf europäischer als auch auf nationaler Ebene als allgemein anerkannt gelten kann, sie sich gleichwohl einer exakten Verortung zu entziehen scheint. Von ihrer Geltung wird offensichtlich so selbstverständlich ausgegangen, dass ihre konkrete normative Verankerung als zweitrangig erachtet wird.

(4) Rechtsprechung des EuGH

Die Rechtsprechung des EuGH bestätigt den normativen Befund: Sie ist im Hinblick auf die ausdrückliche Gewährleistung eines Unionsgrundrechts der Vertragsfreiheit wenig ergiebig. So wird die Vertragsfreiheit nur in vergleichsweise wenigen Entscheidungen überhaupt thematisiert.[122] Allerdings weisen die ent-

---

[117] *Bernsdorff*, in: Meyer, GRCH (4. Aufl. 2014), Art. 16 Rn. 10; *Jarass*, GRCH (3. Aufl. 2016), Art. 16 Rn. 9; *Ruffert*, in: Calliess/Ruffert, EUV/AEUV (5. Aufl. 2016), Art. 16 GRCH Rn. 2. Ebenso *Miethaner*, AGB-Kontrolle (2010), S. 126.

[118] Vertrag über eine Verfassung für Europa v. 29. 10. 2004, ABl. EU 2004 C 310, S. 1.

[119] Hierfür etwa *Weischer*, Vertragsfreiheit und Inhaltskontrolle (2013), S. 75; *Heinrich*, Formale Freiheit (2000), S. 158 ff., 160.

[120] Vgl. hierzu und zur verfassungsrechtlichen Herleitung der *Vertragsfreiheit* oben S. 30 ff. sowie unten S. 359 ff.

[121] Vgl. oben S. 30 ff.

[122] Vgl. exemplarisch EuGH, Urt. v. 19. 4. 2012, Rs. C-213/10, EuZW 2012, 427, Rn. 45 (*F-Tex SIA ./. Lietuvos-Anglijos UAB „Jadecloud-Vilma“*); EuGH, Urt. v. 22. 3. 2007, Rs.

sprechenden Urteile darauf hin, dass auch der EuGH stillschweigend von der selbstverständlichen Anerkennung grundrechtlich geschützter Vertragsfreiheit ausgeht.[123] So wird etwa die Tatsache, dass der EuGH für Eingriffe in das rechtsgeschäftliche Handeln die Beachtung des *Gesetzesvorbehaltes* sowie des *Verhältnismäßigkeitsgrundsatzes* fordert als Indiz für die indirekte Anerkennung grundrechtlich geschützter Vertragsfreiheit gewertet, da es sich dabei um klassische Schranken-Schranken handelt, die nur bei Eingriffen in Grundrechte zu beachten sind.[124] Darüber hinaus hat der EuGH in jüngeren Entscheidungen auf die Vertragsfreiheit der Parteien *expressis verbis* Bezug genommen[125], so dass die Annahme des grundrechtlichen Schutzes der Vertragsfreiheit im Unionsprivatrecht vor dem Hintergrund der Rechtsprechung des EuGH in der Tat als gesichert gelten kann.[126] Noch deutlicher als die Entscheidungen des EuGH sind insoweit die *Schlussanträge der Generalanwälte*, die ausdrücklich von der grundrechtlichen Anerkennung des Grundsatzes der Vertragsfreiheit im Unionsrecht ausgehen[127]

C-437/04, Slg. 2007, I-2513, Rn. 51 (*Kommission ./. Rat & Belgien*); EuGH, Urt. v. 21. 1. 1999, RS-C-215/96, Slg. 1999, I-135, Rn. 45 f. (*Carlo Bagnasco u. a. ./. Banca Popolare di Novara soc. coop. arl. (BNP)*).

[123] Vgl. die in Fn. 122 genannten Urteile sowie *Heinrich*, Formale Freiheit (2000), S. 158 ff.

[124] So insbesondere *Miethaner*, AGB-Kontrolle (2010), S. 125 mit Verweis auf EuGH, Urt. v. 16. 1. 1979, Rs. C-151/78, Slg. 1979, 1, Rn. 19 f. (*Sukkerfabriken Nykøbing Limiteret ./. Landwirtschaftsministerium Dänemark*) sowie EuGH, Urt. v. 22. 4. 1999, Rs. C-161/97 P, Slg. 1999, I-2057, Rn. 124, 126 (*Kernkraftwerke Lippe-Ems ./. Kommission*).

[125] Vgl. nur EuGH v. 22. 3. 2007, Rs. C-437/04, Slg. 2007, I-2513, Leitsatz 2 (*Kommission ./. Belgien*): „Diese Abwälzung entspricht nämlich, wenn sie im Wege einer im Mietvertrag enthaltenen Klausel erfolgt, notwendig dem Willen der Vertragsparteien, da es unter deren *Vertragsfreiheit* fällt, eine solche Klausel in den Vertrag aufzunehmen. Außerdem fällt die Abwälzung der genannten Steuer auch dann unter die *Vertragsfreiheit* der Parteien, wenn sie in Form einer Mieterhöhung erfolgt …", vgl. auch Rn. 51; EuGH v. 7. 9. 2006, Rs. C-125/05, Slg. 2006, I-7637, Rn. 47 (*Vulcan Silkeborg ./. Skandinavisk Motor Co.*), („… in diese Verordnung eine bloße Möglichkeit einzuführen, die die Vertragsfreiheit der Parteien, so wie sie im Rahmen des geltenden nationalen Rechts besteht, vorbehaltlich der Beachtung der in der genannten Bestimmung ausgeführten Anwendungsvoraussetzungen, nicht einschränkt").

[126] Ebenso *Weischer*, Vertragsfreiheit und Inhaltskontrolle (2013), S. 73 ff.; *Miethaner*, AGB-Kontrolle (2010), S. 124 ff.; *Heinrich*, Formale Freiheit (2000), S. 158 ff. sowie *Heiderhoff*, Europäisches Privatrecht (3. Aufl. 2012), Rn. 223; *Riesenhuber*, Europäisches Vertragsrecht (2. Aufl. 2006), Rn. 131; *v. Vogel*, Verbrauchervertragsrecht (2006), S. 260; *Schulze*, GPR 2005, 56, 57; *Remien*, Zwingendes Vertragsrecht (2003), S. 178; *Reich*, ZEuP 1994, 381, 381 ff.; *Canaris*, FS Lerche (1993), S. 874, 890; *Hommelhoff*, AcP 192 (1992), 71, 105; *Rittner*, JZ 1990, 838, 840.

[127] Generalanwältin *Trstenjak*, Schlussantrag v. 29. 10. 2009, Rs. C-484/08, Slg. 2010, I-4785, Rn. 39 (*Caja de Ahorros y Monte de Piedad de Madrid ./. Asociación de Usuarios de Servicios Bancarios*): „Es geht um den Widerstreit zwischen der Privatautonomie auf der einen und dem Schutz des schwacheren Vertragspartners, des Verbrauchers, auf der anderen Seite."; Generalanwältin *Kokott*, Schlussantrag v. 17. 9. 2009, Rs. C-441/07, Slg. 2010 I-5949, Rn. 225 f. (*Kommission ./. Alrosa Company Ltd.*): „Die Vertragsfreiheit gehört zu den allgemeinen Rechtsgrundsätzen des Gemeinschaftsrechts. Sie ist Ausfluss der Handlungsfreiheit von Personen. Auch mit der grundrechtlich geschützten unternehmerischen Freiheit ist sie untrennbar verbunden. In einer Gemeinschaft, die dem Grundsatz der offenen Marktwirtschaft mit freiem Wettbewerb verpflichtet ist, ist die Gewährleistung von Vertragsfreiheit unerlässlich.

und mittlerweile auch auf das entsprechende deutschsprachige Schrifttum Bezug nehmen[128]. In die gleiche Richtung weisen die *Dokumente der Kommission*[129] sowie die verschiedene Richtlinien[130], die ein ausdrückliches Bekenntnis zur Gewährleistung der Vertragsfreiheit auf europäischer Ebene enthalten.

(5) Vorarbeiten für ein gemeinsames Europäisches Vertragsrecht

Ein klares Bekenntnis zur normativen Verankerung der Vertragsfreiheit enthalten dagegen die rechtsvereinheitlichen Kodifikationsprojekte als Vorarbeiten für ein *Gemeinsames Europäisches Privatrecht*. So enthalten die *Restatements* wie etwa die 1995 in ihrem ersten Teil veröffentlichten *Grundregeln des Europäischen Vertragsrechts (Principles of European Contract Law, PECL)* der Lando-Kommission sowie die *UNIDROIT-Principles of International Commercial Contracts (UPr)* aus dem Jahr 2010 eine nahezu wortgleiche Verankerung der Vertragsfreiheit: „The parties are free to enter into a contract and to determine its content" (Art. 1.1. UPr).[131] Die *Principles of the Existing EC Contract Law* der *Acquis-Gruppe* (*Acquis Principles, ACQP*) sehen als eines von fünf fundamentalen Grundprinzipien des Vertragsrechts, die den *Acquis Principles* vorangestellt werden sollen, ebenfalls eine ausdrückliche Gewährleistung der Vertragsfreiheit vor.[132] Und der 2009 vorgelegte Rahmenentwurf für ein einheitliches europäi-

Auch die Rechtsprechung des Gerichtshofs erkennt an, dass den Wirtschaftsteilnehmern Vertragsfreiheit zusteht. Beim Erlass wettbewerbsrechtlicher Entscheidungen muss die Kommission dem Grundsatz der Vertragsfreiheit bzw. der unternehmerischen Freiheit Rechnung tragen."; Generalanwalt *Geelhoed*, Schlussantrag v. 31.1.2002, Rs. C-334/00, Slg. 2002 I-7357, Rn. 55, 61, 65 (*Fonderie Officine Meccaniche Tacconi SpA ./. Heinrich Wagner Sinto Maschinenfabrik GmbH*); Generalanwalt *Jacobs*, Schlussantrag v. 28.5.1998, Rs. C-7/97, Slg. 1998, I-7791, Rn. 56 (*Oscar Bronner GmbH & Co. KG ./. Mediaprint Zeitungs- und Zeitschriftenverlag GmbH & Co. KG ua*).

[128] So etwa Generalanwältin *Trstenjak*, Schlussantrag v. 29.10.2009, Rs. C-484/08, Slg. 2010, I-4785, Rn. 39 Fn. 9 (*Caja de Ahorros y Monte de Piedad de Madrid ./. Asociación de Usuarios de Servicios Bancarios*): „In der Rechtswissenschaft wird die Vertragsfreiheit als wichtigster Ausfluss der Privatautonomie und damit als individualrechtliche Verbürgung verstanden."

[129] Vgl. oben S. 37 Fn. 98.

[130] Vgl. oben S. 37 Fn. 97.

[131] Vgl. hierzu die weitgehend textidentische Bestimmung in Art. 1:102 PECL: „ Parties are free to enter into a contract and to determine its contents, subject to the requirements of good faith and fair dealing, and the mandatory rules established by these Principles. (2) The parties may exclude the application of any of the Principles or derogate from or vary their effects, except as otherwise provided by these Principles."

[132] *Acquis Group*, Acquis Principles: Contract I (2007), S. XII: „(4) Freedom of Contract and its Restriction: Freedom of contract is a fundamental right of European citizens and enterprises. As a rule, natural and legal persons are free to both draw up and agree on terms of their contract. Restrictions on this freedom, whether by way of mandatory rules, avoidance of unfair contract terms or in any other form, may be justified in relation to certain situations or types of contract, particularly where there is, or may be, inequality of bargaining power, knowledge or understanding (examples being contracts involving consumers, SMEs and investors)."

sches Vertragsrecht (Gemeinsamer Referenzrahmen), der *Draft Common Frame of Reference* (DCFR), sieht nicht nur in Art. II. – 1:102 DCFR eine ausdrückliche, subjektiv-rechtliche Gewährleistung der Vertragsfreiheit vor[133], sondern erblickt in ihr darüber hinaus ein derart zentrales Grundprinzip des Vertragsrechts, dass sie die Vertragsfreiheit zum Ausgangspunkt der Darstellung europäischer Vertragsprinzipien gemacht hat („Freedom of contract the starting point")[134].

Dieser Linie folgen auch die Vorarbeiten der Kommission zu einem *optionalen europäischen Vertragsrecht*. So wurde die bereits im DCFR verankerte Kodifizierung eines subjektiven Rechts der Vertragsfreiheit durch Art. 7 der *Feasibility Study*[135] übernommen, die im Auftrag der Kommission von einer Expertengruppe auf der Grundlage des DCFR erarbeitet worden ist und die zum Ausgangspunkt für ein gemeinsames *Europäisches Vertragsrecht* gemacht werden sollte.[136] In dem Verordnungsentwurf für ein *Gemeinsames Europäisches Kaufrecht* (GEK), den die Kommission Ende 2011 der Öffentlichkeit vorgestellt hatte, ist der Grundsatz der Vertragsfreiheit schließlich an den Beginn des Regelungswerks gerückt und nimmt damit bereits im Normtext eine deutlich herausgehobene Stellung ein.[137] Art. 1 Abs. 1 GEK-E beginnt daher mit einem deutlichen Bekenntnis zum Grundsatz der „Vertragsfreiheit: Den Parteien steht es, vorbehaltlich einschlägiger zwingender Vorschriften, frei, einen Vertrag zu schließen und dessen Inhalt zu bestimmen. Die Parteien können die Anwendung von Bestimmungen des *Gemeinsamen Europäischen Kaufrechts* ausschließen, davon abweichen oder ihre Wirkungen abändern, sofern in diesen Bestimmungen nichts anderes bestimmt ist."[138]

Nach alldem kann auf der Grundlage des objektiv-rechtlichen Befundes kein Zweifel daran bestehen, dass die Vertragsfreiheit auf europäischer Ebene als *un-*

---

[133] Vgl. II. – 1:102 DCFR: „Party autonomy: (1) Parties are free to make a contract or other juridical act and to determine its contents, subject to any applicable mandatory rules. (2) Parties may exclude the application of any of the following rules relating to contracts or other juridical acts, or the rights and obligations arising from them, or derogate from or vary their effects, except as otherwise provided. (3) A provision to the effect that parties may not exclude the application of a rule or derogate from or vary its effects does not prevent a party from waiving a right which has already arisen and of which that party is aware."

[134] *v. Bar/Clive/Schulte-Nölke (Hrsg.)*, DCFR (Outline Edition) (2009), S. 62.

[135] A European contract law for consumers and businesses: Publication of the results of the feasibility study carried out by the Expert Group on European contract law for stakeholders' and legal practitioners' feedback. Abgedruckt in *Schulze/Zimmermann*, Europäisches Privatrecht: Basistexte (2016), III.29. Vgl. auch Staudinger/*Gsell*, Eckpfeiler (6. Aufl. 2018), L. Rn. 4; *Lehmann*, GPR 2011, 218; *Reich*, EuZW 2011, 736; *Reich*, ZfRV 2011, 196.

[136] „Article 7: Freedom of contract: (1) Parties are free to conclude a contract and to determine its contents, subject to any applicable mandatory rules. (2) Parties may exclude the application of any of the following rules, or derogate from or vary their effects, except as otherwise provided."

[137] KOM(2011) 635 (Vorschlag für eine Verordnung des Europäischen Parlaments und des Rates über ein Gemeinsames Europäisches Kaufrecht v. 11. 10. 2011).

[138] Art. 1 Abs. 1 GEK-E.

geschriebenes Unionsgrundrecht anerkannt ist. Eine *Gesamtschau* auf das geltende Unionsprivatrecht, insbesondere die *Wirtschaftsverfassung*, die *Grundfreiheiten*, die *Rechtsprechung des EuGH* sowie auch die *EMRK* wie die *Grundrechtecharta der EU* zeigt, dass die Vertragsfreiheit von der Unionsrechtsordnung als selbstverständlich vorausgesetzt wird.[139] Der Mangel, dass das geltende Unionsrecht bislang keine ausdrückliche subjektiv-rechtliche Gewährleistung der Vertragsfreiheit enthält, sollte mit der Geltung des Gemeinsamen Europäischen Kaufrechts, dem der Grundsatz der Vertragsfreiheit der Parteien *expressis verbis* an herausgehobener Stelle vorangestellt ist, behoben werden. Mit dem Scheitern des GEK im Jahr 2014 ist dieser Anstoß unvollendet geblieben. An der Geltung der Vertragsfreiheit als ungeschriebener Grundsatz des Unionsrechts vermag dies freilich nichts zu ändern.

bb) Gewährleistungsinhalte

Unklar erscheint vor dem Hintergrund des geltenden Unionsrechts jedoch der *Gewährleistungsinhalt* eines ungeschriebenen Unionsgrundrechts der Vertragsfreiheit. Er lässt sich für den bestehenden *Acquis* lediglich aus der wertenden Zusammenschau des Primär- und Sekundärrechts, der Rechtsprechung des EuGH, der Schlussanträge der Generalanwälte sowie der Stellungnahmen und Mitteilungen der Kommission induktiv herleiten. Erst vor dem Hintergrund der rechtsvereinheitlichenden Kodifikationsprojekte (PECL, ACQ, DCFR), die in einem zweiten Schritt näher in den Blick genommen werden sollen, hat die Vertragsfreiheit als Rechtsprinzip auch dogmatisch klarere Konturen gewonnen.

Allerdings ergibt sich bereits auf der Grundlage des bislang geltenden Unionsrechts ein in seinen Grundzügen doch erstaunlich klar umrissenes Bild: Ebenso wie das deutsche Privatrecht geht auch das Unionsrecht zunächst vom *Vorrang formaler Vertragsfreiheit* aus. Privatautonomie wird dabei vor allem als Nichteinmischung des Staates in die eigenverantwortliche Gestaltung der Rechtsverhältnisse verstanden.[140] Staatliche Eingriffe sind gem. Art. 52 Abs. 1 GRCH möglich,

---

[139] Vgl. hierzu eigehend oben S. 37 ff. mwN.

[140] Deutlich insoweit EuGH (Große Kammer), Urt. v. 22.1.2013, Rs. C-283/11, EuZW 2013, 347, 349 Rn. 42 f. (*Sky Österreich GmbH ./. Österreichischer Rundfunk*): „Der durch Art. 16 gewährte Schutz umfasst die Freiheit, eine Wirtschafts- oder Geschäftstätigkeit auszuüben, die Vertragsfreiheit und den freien Wettbewerb ... Ferner umfasst die Vertragsfreiheit u. a. die freie Wahl des Geschäftspartners ... sowie die Freiheit, den Preis für eine Leistung festzulegen ...“; EuGH, Urt. v. 5.10.1999, Rs. C-240/97, Slg. I-6571, Rn. 99 (*Spanien ./. Kommission*): „Vorab ist festzustellen, daß das Recht der Parteien, von ihnen geschlossene Verträge zu ändern, auf dem Grundsatz der Vertragsfreiheit beruht und daher nicht eingeschränkt werden kann, wenn es keine Gemeinschaftsregelung gibt, die in dieser Beziehung besondere Beschränkungen festlegt.“; Generalanwältin *Kokott*, Schlussantrag v. 17.9.2009, Rs. C-441/07, Slg. 2010, I-5949, Rn. 226 f. (*Kommission ./. Alrosa Company Ltd.*): „Beim Erlass wettbewerbsrechtlicher Entscheidungen muss die Kommission dem Grundsatz der Vertragsfreiheit bzw. der unternehmerischen Freiheit Rechnung tragen. Die Vertragsfreiheit beinhaltet allerdings nicht nur die Freiheit, Verträge zu schließen (positive Vertragsfreiheit), sondern auch die Frei-

soweit die Voraussetzungen eines *Gesetzesvorbehaltes* sowie der *Verhältnismäßigkeit* gewahrt sind.[141] Zugleich – und zwar in deutlich weiterem Umfang als dies im deutschen Privatrecht der Fall ist – nimmt das europäische Unionsrecht jedoch den Schutz der *materiellen Vertragsfreiheit* in den Blick.[142] Es folgt damit einer Entwicklung zunehmender Materialisierung, die im Zuge der rechtsfortbildenden Judikatur des BGH und des BVerfG auch das deutsche Privatrecht prägt und die verstärkt die Gewährleistung der tatsächlichen Voraussetzungen rechtsgeschäftlicher Entscheidungsfreiheit in den Blick nimmt.[143]

Ein deutlicher Schwerpunkt liegt dabei vor allem im *Verbraucherschutzrecht*, das vor dem Hintergrund der Erleichterung des grenzüberschreitenden Waren- und Dienstleistungsverkehrs darauf gerichtet ist, durch den Ausgleich der strukturellen Informations- und Verhandlungsimparitäten eine annähernd ausgewogene Verhandlungsstärke und damit Waffengleichheit herzustellen.[144] Der Verbraucherschutz, der in Art. 38 GRCh als politisches Unionsziel auch in der Grundrechtecharta verankert ist, wird dabei nicht als *Beschränkung* der Vertragsfreiheit, sondern im Gegenteil als Mittel ihrer *Gewährleistung* durch den Schutz der tatsächlichen rechtsgeschäftlichen Entscheidungsfreiheit beider Parteien betrachtet.[145] Das Unionsrecht folgt auch hier der Entwicklung, die von der höchstrichterlichen Rechtsprechung in Deutschland sowie durch das Schrifttum – etwa die Vorarbeiten von *Manfred Wolf*[146] – vorgezeichnet worden ist: Eine Perspektive auf die Vertragsfreiheit, die in der richterlichen Inhaltskontrolle weniger eine Beschränkung der Privatautonomie der strukturell stärkeren Partei als ein notwendiges Mittel zum Schutz vor *Fremdbestimmung*[147] und damit ein *wirksames*

heit, keine Verträge zu schließen (negative Vertragsfreiheit)." Ebenso *Miethaner*, AGB-Kontrolle (2010), S. 127.

[141] EuGH v. 17.10.2013, Rs. C-101/12, AuR 2014, 22, Rn. 27 (*Schaible ./. Baden-Württemberg*); EuGH (Große Kammer), Urt. v. 22.1.2013, Rs. C-283/11, Rn. 48 (*Sky Österreich GmbH ./. Österreichischer Rundfunk*). Speziell zum Gesetzesvorbehalt vgl. nur EuGH, Urt. v. 5.10.1999, Rs. C-240/97, Slg. 1999, I-6571, Rn. 99 (*Spanien ./. Kommission*).

[142] Vgl. hierzu eingehend unter dem Aspekt der AGB-Kontrolle unten S. 790ff.

[143] Vgl. nur BVerfG NJW 2011, 1339 (Preisanpassungsklausel); BVerfG NJW 2007, 286 (Arbeit auf Abruf); BVerfG NJW 2006, 1783 (Rückkaufswert); BVerfG VersR 2006, 961 (Unfallversicherungsprämie); BVerfGE 114, 73 = NJW 2005, 2376 (Überschussbeteiligung); BVerfGE 114, 1 = NJW 2005, 2363 (Bestandsübertragung); BVerfG NJW 2001, 2248 (Unterhaltsverzicht II); BVerfGE 103, 89 = NJW 2001, 957 (Unterhaltsverzicht I); BVerfG NJW 1996, 2021 (Bürgschaft III); BVerfG NJW 1994, 2749 (Bürgschaft II); BVerfGE 89, 214 = NJW 1994, 36 (Bürgschaft I); BVerfGE 81, 242 = NJW 1990, 1469 (Handelsvertreter). Vgl. hierzu eingehend unten S. 374ff.

[144] Hierzu grundlegend *Denkinger*, Verbraucherbegriff (2007), S. 75ff.; *Dauner-Lieb*, Verbraucherschutz (1983), S. 63ff.

[145] Vgl. zur Klausel-RL sowie zum Vorschlag einer Verbraucherrechte-Richtlinie eingehend unten S. 790ff.

[146] Vgl. nur *Wolf*, Entscheidungsfreiheit (1970), S. 31ff., 69ff., 113ff., 118f., 123f., 141, 255, 2,84ff. 292ff. sowie unten S. 197ff.

[147] BVerfGE 89, 214, 234 = NJW 1994, 36, 39 (Bürgschaft I). Hierzu eingehend unten S. 382ff. Hervorhebungen durch den Verfasser.

Instrument zur Verwirklichung tatsächlicher Entscheidungsfreiheit des schwächeren Verhandlungspartners erblickt.

Vertragsfreiheit durch Inhaltskontrolle, Privatautonomie durch zwingendes Recht: Das Unionsrecht hat sich den Schutz strukturell schwächerer Parteien vor Fremdbestimmung als zentrales rechtspolitisches Ziel zu eigen gemacht und sieht in ihr dogmatisch weniger ein Problem *materieller Gerechtigkeit* als eine Frage der *tatsächlichen* Voraussetzungen der *Vertragsfreiheit* selbst. Insofern unterscheidet sich der europäische Ansatz doch deutlich von der im deutschsprachigen Schrifttum ebenfalls wirkungsmächtigen Strömung, die Vertragsfreiheit auf der Grundlage eines liberalistischen Gesellschaftsmodells vor allem als *formale Vertragsfreiheit* versteht und in nahezu jedweder Beschränkung des freien Gestaltungsspielraumes der Parteien, des freien Spiels der Kräfte, einen Eingriff in die Privatautonomie der Parteien sieht, der *per se* zunächst verdächtig ist und nur im Ausnahmefall gerechtfertigt werden kann.

Soll dagegen der europarechtliche Gewährleistungsinhalt der Vertragsfreiheit *zusammenfassend* gekennzeichnet werden, so lässt er sich am Treffendsten mit der *Einheit formaler und materieller Vertragsfreiheit* umreißen: Der formalen Vertragsfreiheit muss schon aus Gründen der Rechtssicherheit im Grundsatz Vorrang zukommen. Zugleich ist mit der Frage nach der Gewährleistung der tatsächlichen Voraussetzungen der Privatautonomie der Parteien die *materielle Vertragsfreiheit* in den Mittelpunkt des unionsrechtsrechtlichen Schutzes der Selbstbestimmung gerückt, der vor allem für die typisierte Fallgruppe der *Verbraucher* eine umfassende rechtliche Ausgestaltung erfahren hat.[148]

Damit ist jedenfalls auf europäischer Ebene die Wende im Verständnis der Vertragsfreiheit und des Verhältnisses ihrer formalen und materiellen Dimension vollzogen: Während das deutsche BGB in seiner ursprünglichen Gestalt im Nachgang der Industrialisierung und vor dem Hintergrund der Euphorie der Gründerjahre noch von der liberalistischen Ideologie eines doch weitgehend streng formalen Begriffs der Vertragsfreiheit geprägt war, der die Bestimmung des Vertragsinhaltes dem freien Spiel der Kräfte und damit letztlich dem Diktat der strukturell stärkeren Partei überließ[149], und sich das *materielle Verständnis* der Vertragsfreiheit im deutschen Privatrecht trotz deutlicher Fortschritte immer noch gegenüber einer eher liberal-formalistischen Strömung im Schrifttum zu behaupten hat, geht das europäische Unionsrecht offensichtlich von einem umfassenderem Verständnis der Vertragsfreiheit aus, das ihre *formale* wie ihre *ma-*

---

[148] Vgl. hierzu *Denkinger*, Verbraucherbegriff (2007), S. 241 ff.; *Heiderhoff*, Grundstrukturen (2004), S. 41 ff. Vgl. nur zur Klausel-RL sowie zum Vorschlag einer Verbraucherrechte-Richtlinie unten S. 790 ff.

[149] Klassisch *v. Gierke*, Soziale Aufgabe (1889), S. 28 f. Eingehend hierzu MünchKomm/*Kramer*, BGB (5. Aufl. 2006), Vor §§ 145–157 Rn. 2; *Heinrich*, Formale Freiheit (2000), S. 39; *Wieacker*, Privatrechtsgeschichte der Neuzeit (2. Aufl. 1967), S. 480 ff.; *Raiser*, JZ 1958, 1, 2 sowie unten S. 164 ff.

terielle Seite gleichermaßen mit dem ihnen jeweils zukommenden Gewicht angemessen berücksichtigt.

cc) Vertragsfreiheit im Draft Common Frame of Reference

Dogmatisch ausformuliert und weiterentwickelt findet sich dieser Ansatz in den *Vorarbeiten zu einem Gemeinsamen Europäischen Vertragsrecht*, die sich eingehend mit der Vertragsfreiheit und ihrem Verhältnis zu den übrigen Prinzipien des Unionsrechts auseinandergesetzt haben und ihr eine herausgehobene Position im Gefüge der Unionsrechtsordnung zuweisen. Am eingehendsten hat sich bislang der DCFR zur Frage der Vertragsfreiheit geäußert, der zugleich die Grundlage der im Auftrag der Kommission erarbeiteten Feasibility Study[150] als Vorlage für den späteren Verordnungsentwurf für ein Gemeinsames Europäisches Kaufrecht (GEK) bildet.

(1) Die Rechtsprinzipien der Freiheit, Sicherheit, Gerechtigkeit und Effizienz

Der DCFR formuliert mit den Grundsätzen der *Freiheit*, *Sicherheit*, *Gerechtigkeit* und *Effizienz* vier Rechtsprinzipien, die dem neu zu gestaltenden europäischen Vertragsrecht zugrunde liegen sollen und denen in ihrem Verhältnis zueinander jeweils eine unterschiedliche Relevanz und unterschiedliches Gewicht zukommt.[151] Während die Grundsätze der *Sicherheit, Gerechtigkeit* und *Effizienz* in allen Bereichen des Unionsrechts gleichermaßen von Bedeutung sind, ist *Freiheit* als Rechtsprinzip vor allem für Verträge und den Bereich einseitiger Rechtsgeschäfte relevant. Das Konzept der *Effizienz* liegt zwar einer Vielzahl von Regelungen in unterschiedlichen Rechtsbereichen zugrunde. Ihm kommt jedoch aufgrund ihres eher technischen, zweckmäßigkeitsorientierten Charakters deutlich geringeres Gewicht zu als den Rechtsprinzipien der Freiheit, Gerechtigkeit und Sicherheit, die nach Auffassung der Autoren des DCFR selbst letzte Ziele im Sinne eines Selbstzwecks sind.[152]

Im Kontext des Unionsprivatrechts stehen die Prinzipien der Freiheit, Gerechtigkeit und Sicherheit im Dienst der Förderung des Wohlstandes (*promotion of welfare*) sowie der Gewährleistung der Privatautonomie (*empowering*) als unabdingbare Voraussetzungen der Entfaltung der Persönlichkeit des Einzelnen. Es liegt in der Natur der Sache, dass Rechtsprinzipien und so auch die vier Grundprinzipien des DCFR auf vielfältige Weise miteinander und sogar mit sich selbst in Konflikt geraten können, weshalb sich eine formale und rigide Anwendung von

---

[150] A European contract law for consumers and businesses: Publication of the results of the feasibility study carried out by the Expert Group on European contract law for stakeholders' and legal practitioners' feedback. Abgedruckt in *Schulze/Zimmermann*, Europäisches Privatrecht: Basistexte (2016), III.29.

[151] *v. Bar/Clive/Schulte-Nölke (Hrsg.)*, DCFR (Outline Edition) (2009), S. 60ff.

[152] *v. Bar/Clive/Schulte-Nölke (Hrsg.)*, DCFR (Outline Edition) (2009), S. 60.

vornherein verbietet.[153] Darüber hinaus weist der DCFR darauf hin, dass sich die vier Prinzipien häufig überschneiden, was insbesondere im Hinblick auf das komplexe Zusammenspiel zwischen Freiheit und Gerechtigkeit zutrifft.[154]

Der Vertragsfreiheit weist der DCFR eine zentrale Bedeutung im Gefüge des Unionsprivatrechts zu und betrachtet sie als Ausgangspunkt, der auch normativ den Regelungen des Vertragsrechts vorangestellt ist.[155] Dabei wird allerdings bereits von Beginn an klargestellt, dass die Vertragsfreiheit in einem umfassenden Sinn sowohl in ihrer *formalen* wie auch in ihrer *materiellen* Dimension verstanden wird. Sie erschöpft sich daher nicht in der Abwesenheit zwingender Vorschriften oder dem Verzicht auf richterliche Vertragskontrolle, sondern umfasst auch die Gewährleistung der tatsächlichen Voraussetzungen ihrer Ausübung. Neben der Abwehr *ungerechtfertigter Eingriffe* in die rechtsgeschäftliche Gestaltungsfreiheit der Parteien ist die Vertragsfreiheit eben auch gerade darauf gerichtet, den Parteien die Wahrnehmung des ihnen *formal* zukommenden rechtsgeschäftlichen Selbstbestimmungsrechts *materiell* und damit auch *tatsächlich* zu ermöglichen (*enhancing capabilities/empowerment*).

(2) Grundannahme zugunsten formaler Vertragsfreiheit

Entsprechend geht der DCFR von einer Grundannahme zugunsten der Privatautonomie und damit vom *Primat formaler Vertragsfreiheit* aus, die grundsätzlich umfassend zu gewährleisten ist und in die nur dann eingegriffen werden darf, wenn hierfür ein vernünftiger Grund besteht.[156] Dabei sind formale wie prozedurale Hindernisse auf ein Minimum zu reduzieren. Die zentrale Bedeutung, die der DCFR der Vertragsfreiheit zuweist, entspricht der Gerechtigkeitsfunktion, die sie unter der Voraussetzung einer ungestörten Funktion des Vertragsmechanismus erfüllt. Der DCFR weist auf den Zusammenhang zwischen Vertragsfreiheit und -gerechtigkeit und die Kompatibilität beider Prinzipien in „normalen Situationen" eines ausgewogenen Informations- und Machtgleichgewichtes hin: Sind die Parteien umfassend informiert und befinden sie sich in einer annähernd gleichen Verhandlungsposition, so könne davon ausgegangen werden, dass der Inhalt der ausgehandelten Vereinbarung den Interessen beider Parteien entspricht und damit zugleich gerecht und effizient sei.[157] Da beide Parteien an der Maximierung ihres eigenen Gewinns interessiert sind, führt der Vertragsmechanismus zu einer wertschöpfenden, im besten Fall pareto-optimalen Vermehrung des gegenseitigen Nutzens, wobei die annähernd gleiche Verhandlungsstärke zu einer ausgewogenen Verteilung des von den Parteien geschaffenen Wertes füh-

[153] *v. Bar/Clive/Schulte-Nölke (Hrsg.)*, DCFR (Outline Edition) (2009), S. 60f.

[154] *v. Bar/Clive/Schulte-Nölke (Hrsg.)*, DCFR (Outline Edition) (2009), S. 60f.

[155] Art. II. – 1:102 Abs. 1 DCFR.

[156] *v. Bar/Clive/Schulte-Nölke (Hrsg.)*, DCFR (Outline Edition) (2009), S. 62f., 68f. (freedom of contract the starting point, minimum intervention).

[157] *v. Bar/Clive/Schulte-Nölke (Hrsg.)*, DCFR (Outline Edition) (2009), S. 62f.

ren soll.[158] Insofern enthält der DCFR deutliche Anklänge an *Schmidt-Rimplers Theorie der Richtigkeitsgewähr des Vertragsmechanismus*[159] wie auch an die rechtsökonomischen Erwägungen der *ökonomischen Analyse des Rechts*.[160] Das wesentliche derartiger idealtypischer Vertragsverhandlungen bildet dabei lediglich die Vermeidung von Kosten zulasten Dritter (*externalities*).[161]

(3) Gewährleistung materieller Vertragsfreiheit

Zugleich sind sich die Autoren des DCFR bewusst, dass die idealtypischen Voraussetzungen *umfassender Information* und annähernd *gleicher Verhandlungsmacht* der Parteien in der Rechtswirklichkeit häufig nicht anzutreffen sein werden. Der DCFR enthält daher umfangreiche Regelungen zum Ausgleich von *Informations- und Machtasymmetrien*. Er setzt sich in seinem rechtsdogmatischen Teil darüber hinaus derart eingehend mit den Fragen *gestörter rechtsgeschäftlicher Entscheidungsfreiheit* auseinander[162], dass das Problem der Gewährleistung materieller Vertragsfreiheit zu einem der zentralen Themen des gemeinsamen *Europäischen Vertragsrechts* gezählt werden kann. Dem entspricht der Befund, dass auch das geltende europäische Sekundärrecht das *europäische Verbraucherschutzrecht* zu einer umfassenden und mittlerweile eigenständigen Regelungsmaterie ausgeformt hat, das den *Schutz der rechtsgeschäftlichen Entscheidungsfreiheit* über die im klassischen Vertragsrecht bislang anerkannten Fälle des Irrtums, der Drohung und der Täuschung hinaus deutlich erweitert.

So sieht der DCFR eine Vertragskontrolle nicht nur in den Fällen negativer gesellschaftlicher Auswirkungen oder Beeinträchtigungen der Rechte Dritter[163], sondern auch dann vor, wenn die Voraussetzungen einer umfassenden *Information*[164] sowie einer annähernd gleichen *Verhandlungsstärke*[165] nicht gegeben sind und die *strukturell stärkere* Partei ihre Verhandlungsposition zulasten ihres schwächeren Vertragspartners ausnutzt. Dabei weisen die Autoren des DCFR darauf hin, dass diese Fragen zwar bislang häufig im Kontext der Vertragsgerechtigkeit im Sinne einer materiellen Korrektur formaler Vertragsfreiheit diskutiert worden sind, sie indes ebenso als Problem materieller Vertragsfreiheit betrachtet werden können, bei der es um die Frage geht, ob die Parteien von der ihnen formal zustehenden Vertragsfreiheit auch tatsächlich und damit materiell überhaupt Gebrauch machen können.[166] Auf dieser Grundlage nimmt der DCFR das Problem

---

[158] *v. Bar/Clive/Schulte-Nölke (Hrsg.)*, DCFR (Outline Edition) (2009), S. 63.

[159] *Schmidt-Rimpler*, FS Raiser (1974), S. 3, 5ff. Vgl. hierzu *Schmidt-Rimpler*, AcP 147 (1941), 130, 151ff. sowie eingehend unten S. 208ff. und zur Kritik unten S. 221ff.

[160] Eingehend hierzu unten S. 517ff. sowie zur Kritik unctn S. 532ff.

[161] *v. Bar/Clive/Schulte-Nölke (Hrsg.)*, DCFR (Outline Edition) (2009), S. 63.

[162] *v. Bar/Clive/Schulte-Nölke (Hrsg.)*, DCFR (Outline Edition) (2009), S. 65ff., 87ff.

[163] *v. Bar/Clive/Schulte-Nölke (Hrsg.)*, DCFR (Outline Edition) (2009), S. 64f.

[164] *v. Bar/Clive/Schulte-Nölke (Hrsg.)*, DCFR (Outline Edition) (2009), S. 66f.

[165] *v. Bar/Clive/Schulte-Nölke (Hrsg.)*, DCFR (Outline Edition) (2009), S. 67f.

[166] *v. Bar/Clive/Schulte-Nölke (Hrsg.)*, DCFR (Outline Edition) (2009), S. 65: „These

materieller Vertragsfreiheit im Sinn tatsächlicher rechtsgeschäftlicher Entscheidungsfreiheit im Rahmen der vier Fallgruppen der *Diskriminierung*, der *AGB* sowie des Ausgleichs *vorvertraglicher Informationsdefizite* und *ungleicher Verhandlungsstärke* in den Blick.

1. Diskriminierung. Die erste Fallgruppe betrifft die dogmatisch weitgehend unproblematische Frage der Beschränkung der Wahl des Vertragspartners und den Schutz vor geschlechtlicher oder ethnischer Diskriminierung. Hier verbietet Art. II-2:101 DCFR die Diskriminierung aus den genannten Gründen für Verträge oder Rechtsakte, welche der Öffentlichkeit den Zugang zu oder die Versorgung mit bestimmten Wirtschaftsgütern vermitteln.[167]

2. Inhaltskontrolle von AGB. Die zweite Fallgruppe umfasst das auch im deutschen Recht als eigenständiges Rechtsgebiet ausgeformte *AGB-Recht*. Hier führen die wachsende Komplexität rechtlicher Vereinbarungen und die Zunahme vorformulierter Vertragsbedingungen, die im Massenverkehr zur Regel geworden sind, regelmäßig zu *Informationsdefiziten* zulasten der dadurch strukturell benachteiligten Verwendungsgegner, zur *Durchsetzung verwenderfreundlicher AGB* sowie zu einer häufig *fehlenden Verhandelbarkeit* vorformulierter Vertragsbedingungen.[168] Die damit verbundenen Probleme mangelnder rechtsgeschäftlicher Entscheidungsfreiheit betreffen vor allem die Rechtsbeziehung zwischen *Verbrauchern* und *Unternehmern*, die schon von vornherein regelmäßig durch eine deutlich ungleiche Verteilung von Verhandlungsmacht geprägt sind und in der sich die Verwendung von AGB zugleich verschärfend auswirkt.

Allerdings macht auch der DCFR mit Verweis auf die Rechtslage in zahlreichen Mitgliedstaaten der EU deutlich, dass die Problematik keineswegs auf Verbraucherverträge beschränkt ist, sondern in gleicher Weise den *unternehmerischen Geschäftsverkehr* betrifft.[169] So treten die AGB-typischen Probleme mangelnder Information sowie fehlender Verhandelbarkeit nachteiliger und einseitig belastender Vereinbarungen auch und gerade im Verkehr zwischen Un-

grounds for invalidity are often explained in terms of justice but equally it can be said that they are designed to ensure that contractual freedom was genuine freedom; and in theDCFR, as in the laws of the Member States, they are grounds for the invalidity of a contract."

167 Art. II.-2:101 DCFR: „Right not to be discriminated against. A person has a right not to be discriminated against on the grounds of sex or ethnic or racial origin in relation to a contract or other juridical act the object of which is to provide access to, or supply, goods, other assets or services which are available to the public."

168 *v. Bar/Clive/Schulte-Nölke (Hrsg.)*, DCFR (Outline Edition) (2009), S. 67. Vgl. hierzu eingehend unten S. 297 ff., 508 ff.

169 *v. Bar/Clive/Schulte-Nölke (Hrsg.)*, DCFR (Outline Edition) (2009), S. 67: „Particularly when one party is a small business that lacks expertise or where the relevant term is contained in a standard form contract document prepared by the party seeking to rely on the term, the other party may not be aware of the existence or extent of the term." Zur *Schutzbedürftigkeit* des *unternehmerischen Klauselgegners* vgl. unten S. 759 ff., 763 ff., 765 ff., 779 ff.

ternehmen auf.[170] Dies ist etwa der Fall, wenn kleinere Unternehmen aufgrund mangelnder Expertise, Erfahrung oder Ressourcen die ihnen vorgelegten Vereinbarungen ohne die – im täglichen Geschäftsverkehr häufig nur zu prohibitiv hohen Transaktionskosten mögliche – Inanspruchnahme professionellen Rechtsrats kaum mehr überblicken, geschweige denn rechtlich adäquat bewerten können oder sich ein wirtschaftlich vom AGB-Verwender abhängiger Zulieferer nach dem Grundsatz *„take it or leave it"* dem Diktat vorgefertigter Lieferbedingungen beugen muss, um überhaupt einen Auftrag zu erhalten. Entsprechend unterwirft der DCFR sowohl Verbraucherverträge als auch Verträge im unternehmerischen Geschäftsverkehr einer AGB-Kontrolle, wobei im letztgenannten Fall eine geringere Kontrolldichte zur Anwendung gelangt.[171]

3. Ausgleich vorvertraglicher Informationsdefizite. Privatautonomie setzt Information voraus. Nur auf der Grundlage einer umfassenden Information können die Parteien eine auch in tatsächlicher Hinsicht selbstverantwortete Einigungsentscheidung treffen. Vor dem Hintergrund immer komplexer werdender Wirtschafts- und Rechtsbeziehungen sind auch die Anforderungen an die Information der Vertragsparteien deutlich gewachsen. Die auf einfache Verbrauchsgüter zugeschnittenen Informationspflichten des klassischen Zivilrechts der nationalen Rechtsordnungen reichen hierfür nicht aus. Die gegenwärtige Wirtschaftspraxis setzt deutlich umfassendere Informationspflichten sowohl im Hinblick auf die Eigenschaften der betreffenden Wirtschaftsgüter als auch auf weitere vertragsrelevante Umstände voraus. Der DCFR sowie verschiedene verbraucherschützende europäische Rechtsakte sehen daher eine Reihe positiver Informationspflichten vor, um die verhandlungsschwächere Partei in die Lage zu versetzen, eine hinreichend informierte Entscheidung zu treffen. Diese Regelungen betreffen in erster Linie Verbraucherverträge, jedoch können auch die Parteien im unternehmerischen Geschäftsverkehr zur Offenlegung bestimmter Informationen verpflichtet sein, wenn die andere Partei nach den jeweils geltenden Handelsbräuchen darauf vertrauen durfte, dass entsprechende Informationen zur Verfügung gestellt werden.

4. Ausgleich ungleicher Verhandlungsmacht. Die vierte Fallgruppe betrifft den Ausgleich ungleicher Verhandlungsmacht im eigentlichen Sinn, soweit nicht bereits der Anwendungsbereich der übrigen Fallgruppen wie die Korrektur von Informationsasymmetrien oder die AGB-Kontrolle betroffen ist. Hier hat das DCFR mit Art. II.–7:207 DCFR eine Regelung geschaffen, die den Schutz der rechtsgeschäftlichen Entscheidungsfreiheit der Parteien erheblich erweitert und damit deutlich über das im deutschen Privatrecht bestehende Schutzniveau hinaus-

---

170 Eingehend unten S. 779 ff.

171 Zum Kontrollmaßstab im Vergleich zum deutschen AGB-Recht des § 307 BGB, der Klausel-RL sowie den übrigen rechtsvereinheitlichenden Kodifikationsprojekten unten S. 801 ff.

geht. So steht den Parteien auch dann das Recht zu, sich von einem abgeschlossenen Vertrag wieder zu lösen, wenn ein *Abhängigkeits- oder Vertrauensverhältnis* vorlag, wenn sich die betreffende Partei zum Zeitpunkt des Abschlusses des Vertrages in *wirtschaftlichen Schwierigkeiten* befand oder auf den Vertrag *dringend angewiesen* war und wenn sie *unbedacht, unwissend, unerfahren* war oder über *wenig Verhandlungsgeschick* verfügt.[172] Voraussetzung hierfür ist allerdings das Vorliegen eines *Ausnutzungstatbestandes*: Eine Lösung von der eingegangenen vertraglichen Verpflichtung ist in den genannten Fällen daher nur dann möglich, wenn die andere Partei dies wusste oder wissen musste und vor dem Hintergrund der Umstände des Vertrages und seiner Ziele die schwächere Partei ausnutzt, indem sie sich selbst einen *stark überhöhten Gewinn* oder einen *grob ungerechten Vorteil* verschafft. Neben der Möglichkeit des Rücktritts steht der geschädigten Partei darüber hinaus das Recht der korrigierenden Vertragsanpassung zu. Gem. Art. II.–7:207 Abs. 2 DCFR kann auf Antrag der betroffenen Partei der Vertrag gerichtlich so abgeändert werden, dass sein Inhalt mit dem übereinstimmt, was die Parteien vereinbart hätten, wenn der Vertrag nach Treu und Glauben und auf faire Weise ausgehandelt worden wäre.

Bei sämtlichen Eingriffen der *materiellen Inhaltskontrolle* und *Vertragskorrektur* ist dabei der Grundsatz der *Verhältnismäßigkeit* zu beachten: Eingriffe sind nur insoweit zulässig, als sie zur Gewährleistung materieller Vertragsfreiheit erforderlich sind, und müssen sich auf das am wenigsten beeinträchtigende Mittel bei gleicher Wirksamkeit beschränken.[173] Eingriffe in die Vertragsfreiheit müssen daher auf das absolut erforderliche Mindestmaß begrenzt sein. Aus diesem Grund ist zunächst auf *Informationspflichten* zurückzugreifen, bevor weitreichendere Instrumente wie etwa gesetzliche Rücktrittsrechte zur Anwendung gelangen.

(4) Die Bedeutung des gemeinsamen Europäischen Vertragsrechts für die Dogmatik der Vertragsfreiheit

Die Regelungen des DCFR haben im Wesentlichen Eingang in die 2011 im Auftrag der Kommission von einer Expertengruppe ausgearbeitete *Feasibility Study*[174] gefunden und sind schließlich auch in den *Verordnungsentwurf für ein Gemeinsames Europäisches Kaufrecht*[175] übernommen worden. Dogmatisch ist

---

[172] *v. Bar/Clive/Schulte-Nölke (Hrsg.)*, DCFR (Outline Edition) (2009), S. 87.

[173] Zur Grundregel der „minimum intervention" *v. Bar/Clive/Schulte-Nölke (Hrsg.)*, DCFR (Outline Edition) (2009), S. 68 f.

[174] A European contract law for consumers and businesses: Publication of the results of the feasibility study carried out by the Expert Group on European contract law for stakeholders' and legal practitioners' feedback. Abgedruckt in *Schulze/Zimmermann*, Europäisches Privatrecht: Basistexte (2016), III.29. Vgl. auch Staudinger/*Gsell*, Eckpfeiler (6. Aufl. 2018), L. Rn. 4; *Lehmann*, GPR 2011, 218; *Reich*, EuZW 2011, 736; *Reich*, ZfRV 2011, 196.

[175] Vorschlag für eine Verordnung über ein Gemeinsames Europäisches Kaufrecht vom 11. 10. 2011, KOM(2011) 635 endg. Näher hierzu *Gsell*, in: Gebauer (Hrsg.), Gemeinsames Europäisches Kaufrecht (2013), S. 105, 111 f.; *Wendelstein*, GPR 2013, 70; *Flessner*, ZEuP 2012,

damit jedenfalls auf europäischer Ebene die Wende zu einem *umfassenden Verständnis der Vertragsfreiheit* eingeleitet und ein wichtiger Meilenstein in der wissenschaftlichen Durchdringung der Vertragsfreiheit erreicht worden, auch wenn nach dem Scheitern des Gemeinsamen Europäischen Kaufrechts eine rechtlich verbindliche normative Verankerung noch aussteht. Den Regelungsvorschlägen liegt ein Begriff der Vertragsfreiheit zugrunde, der die *formale* wie die *materielle* Dimension der Privatautonomie zu einem angemessenen Ausgleich bringt und damit sowohl den Anforderungen der *Rechtssicherheit* wie auch der Gewährleistung der tatsächlichen *rechtsgeschäftlichen Entscheidungsfreiheit* der Parteien im Sinne eines Schutzes des strukturell schwächeren Verhandlungspartners gerecht wird.

Vertragsfreiheit und *Vertragsgerechtigkeit* werden gerade dadurch zu einem angemessenen Ausgleich gebracht, dass die Parteien zu einer informierten und damit auch tatsächlich selbstbestimmten Entscheidung befähigt und damit überhaupt die Voraussetzungen für eine sachgerechte und faire Vereinbarung geschaffen werden. Indem es die Bemühungen um einen effektiven Schutz der rechtsgeschäftlichen Entscheidungsfreiheit konsolidiert und ihm rechtliche Gestalt verleiht, setzt das gemeinsame europäische Vertragsrecht einen ersten Schlusspunkt unter eine Entwicklung, die mit der *Reformgesetzgebung* zum BGB bereits in der ersten Hälfte des 20. Jh. begonnen, durch die *Bürgschaftsrechtsprechung* des BGH und des BVerfG fortgeführt und schließlich im *europäischen Verbraucherschutzrecht* seinen Abschluss gefunden hat.[176] So folgerichtig diese Entwicklung aus dogmatischer Hinsicht ist, so bemerkenswert erscheint sie zugleich vor dem Hintergrund des Chores jener Stimmen, die mit Blick auf die europäische wie auch die nationale Rechtsentwicklung eine „Krise des liberalen Vertragsdenkens“[177], einen „Abschied von der Privatautonomie“[178] befürchten.

(5) Vom formalen zu einem umfassenden Verständnis der Vertragsfreiheit

Die Arbeiten der internationalen Expertengruppen, die unter Berücksichtigung der Rechtsentwicklung in den einzelnen europäischen Jurisdiktionen und Rechtstraditionen im DCFR[179] und der *feasibility study*[180] Gestalt angenommen haben

---

726; ff; *Kindler*, JZ 2012, 712, 712ff., 716; *Leible*, RabelsZ 76 (2012), 374, 396ff. sowie eingehend unten S. 806ff.

[176] Eingehend zur Materialisierungsentwicklung unten S. 171 ff.

[177] *Kramer*, Krise (1974), S. 9.

[178] *Berger*, ZIP 2006, 2149; *Medicus*, Abschied von der Privatautonomie (1994).

[179] *v. Bar/Clive/Schulte-Nölke (Hrsg.)*, DCFR (Outline Edition) (2009), S. 60ff., 131ff. sowie unten S. 801 ff.

[180] A European contract law for consumers and businesses: Publication of the results of the feasibility study carried out by the Expert Group on European contract law for stakeholders' and legal practitioners' feedback. Abgedruckt in *Schulze/Zimmermann*, Europäisches Privatrecht: Basistexte (2016), III.29. Vgl. auch Staudinger/*Gsell*, Eckpfeiler (6. Aufl. 2018), L. Rn. 4; *Lehmann*, GPR 2011, 218; *Reich*, EuZW 2011, 736; *Reich*, ZfRV 2011, 196.

und die dem Verordnungsentwurf der Kommission zu einem *Gemeinsamen Europäischen Kaufrecht*[181] zugrunde liegen, zeigen indes, dass eine einseitige, in ihrer Radikalität bisweilen befremdende Betonung formaler Vertragsfreiheit, die auf jedwede Korrektur des freien Spiels der Kräfte gleichsam reflexhaft reagiert und dabei die materiellen Voraussetzungen rechtsgeschäftlicher Entscheidungsfreiheit der Parteien nahezu vollständig ausblendet, dogmatisch nicht haltbar ist. Die Vertragsfreiheit ist als Ausdruck der in Freiheit und Würde gegründeten Privatautonomie des Menschen und als Mittel der rechtsgeschäftlichen Entfaltung seiner Persönlichkeit eine der tragenden Säulen der europäischen Rechtstradition. Sie ist jedoch nicht ihr alleinbestimmendes Merkmal, sondern tritt neben die übrigen Prinzipien, wie etwa das der Gerechtigkeit, welche die Rechtsordnung gleichermaßen prägen und die Vertragsfreiheit wiederum begrenzen. Die Aufgabe der Rechtswissenschaft besteht nicht darin, der (formal verstandenen) Vertragsfreiheit als einem von mehreren die Rechtsordnung prägenden Prinzipien allein zu größtmöglicher Geltung zu verhelfen, sondern vielmehr darin, die Rechtsordnung so zu gestalten, dass die sie prägenden Prinzipien zu einem ihrer Bedeutung entsprechenden, angemessenen Ausgleich gelangen. Dabei muss auch das Verständnis der Vertragsfreiheit vor dem Hintergrund der ihm eigentlich zukommenden Funktion – nämlich dem Einzelnen die eigenverantwortliche rechtsgeschäftliche Gestaltung seiner Lebensverhältnisse zu ermöglichen – immer wieder neu auf den Prüfstand gestellt werden.

Insofern war es unausweichlich, den Blick auf die *tatsächlichen*, materiellen Voraussetzungen rechtsgeschäftlicher Entscheidungsfreiheit der Parteien zu richten und gerade dadurch der den Parteien zustehenden Vertragsfreiheit zu tatsächlicher Geltung zu verhelfen. Aus der Perspektive des Unionsprivatrechts dient die verbraucherschützende Gesetzgebung gerade dem Schutz der (materiellen) Vertragsfreiheit der Parteien. Hat bereits die höchstrichterliche Rechtsprechung in Deutschland den Blick von der *formalen* hin zur *materiellen* Dimension der Vertragsfreiheit geweitet[182], so ist das *umfassende Verständnis der Vertragsfreiheit* in seiner formalen und materiellen Dimension auf europarechtlicher Ebene mit seiner Kodifizierung im Rahmen des gemeinsamen Europäischen Vertragsrechts nun endgültig zum Durchbruch gelangt. Bemerkenswert ist dabei, dass die Anerkennung des Schutzes materieller Vertragsfreiheit keineswegs zulasten formaler Vertragsfreiheit erfolgt. Das aus den Erfordernissen der Rechtssicherheit erwachsende Primat formaler Vertragsfreiheit wird nicht in Frage gestellt.[183] *Zusammenfassend* ergibt sich der Befund, dass die aktuellen Entwicklungen des Unionsprivatrechts nicht nur in rechtlicher, sondern auch in dogmatischer Hinsicht zu einem entscheidenden Motor auf dem Weg zu einem *umfassenden* Verständnis der Vertragsfreiheit insbesondere in ihrer Beziehung zur *Vertragsgerechtigkeit* ge-

---

181 Hierzu eingehend unten S. 806 ff.

182 Zur verfassungsrechtlichen Judikatur eingehend unten S. 374 ff.

183 *v. Bar/Clive/Schulte-Nölke (Hrsg.)*, DCFR (Outline Edition) (2009), S. 62 f.

worden sind.[184] Dabei bleibt zu untersuchen, inwieweit dem europäischen Modell auch für das deutsche Privatrecht systembildende Funktion zukommt.

c) Gewährleistung der Vertragsfreiheit im BGB

Wie schon auf der Ebene der Verfassungsordnung und des europäischen Unionsrechts ist die Vertragsfreiheit als „privatautonomes Funktionsprinzip" auch auf der einfachrechtlichen Ebene des bürgerlichen Rechts nicht ausdrücklich geregelt. Durch die Gewährleistung ihrer Ausübungsformen wird sie indes als das die gesamte Privatrechtsordnung durchziehende und sie konstituierende Rechtsprinzip vom bürgerlichen Recht als selbstverständlich vorausgesetzt.[185] So ist die Vertragsfreiheit im deutschen Privatrecht in den Vorschriften der §§241 Abs. 1, 311 Abs. 1 BGB verankert, während ihre Außenschranken vor allem durch die §§134, 138, 242 BGB sowie im Bereich des AGB-Rechts durch die §§305 ff. BGB geregelt werden. Die das *Ob* der vertraglichen Bindung regelnde *Abschlussfreiheit* einschließlich ihrer speziellen Ausübungsformen (Vertragsbegründungs-, Abänderungs- und Beendigungsfreiheit) wird durch §311 Abs. 1 BGB, die das *Wie* der vertraglichen Bindung regelnde *Inhalts-* bzw. *Gestaltungsfreiheit* durch §241 Abs. 1 BGB näher konkretisiert. Die Gewährleistung der Formfreiheit ergibt sich *e contrario* aus §125 BGB.

Entsprechend seiner Grundkonzeption geht das BGB aus Gründen der Rechtssicherheit vom *Vorrang formaler Vertragsfreiheit* aus, die jedoch vielfältigen materiellen Schranken unterliegt. Dabei sind insbesondere im Zuge der Bürgschaftsrechtsprechung des BGH und des BVerfG in zunehmendem Maße die tatsächlichen Voraussetzungen rechtsgeschäftlicher Entscheidungsfreiheit und damit Fragen des Schutzes der materiellen Vertragsfreiheit in den Mittelpunkt der Aufmerksamkeit gerückt. *De lege lata* ergibt sich damit für das geltende deutsche Privatrecht der Befund, dass die Vertragsfreiheit nicht lediglich in ihrer *formalen,* sondern darüber hinausgehend auch in ihrer *materiellen* Dimension durch die Privatrechtsordnung gewährleistet wird. Im Hinblick auf ihren Umfang und ihre positiv-rechtliche Konkretisierung scheint dabei der Schutz der *materiellen Vertragsfreiheit* vor dem Hintergrund der verbraucherschützenden europäischen Gesetzgebung und der Spezialregelungen, die die – freilich rechtlich unverbindlichen – Vorarbeiten für ein gemeinsames europäisches Vertragsrecht vorsehen, ein wenig hinter dem europarechtlichen Schutzniveau zurückzustehen. Ist mit diesem holzschnittartigen Überblick der Rahmen der einfachgesetzlichen Gewährleistung der Vertragsfreiheit im bürgerlichen Recht in seinen Grundzügen umrissen, so soll nun die *Funktion* der Vertragsfreiheit naher in den Blick genommen werden.

---

[184] Zur Bewertung speziell aus AGB-rechtlicher Perspektive näher unten S. 810 f.

[185] So auch *Busche*, Privatautonomie und Kontrahierungszwang (1999), S. 64.

II. Funktion: Vertragsfreiheit als Grunddeterminante der Privatrechtsordnung

Der Vertragsfreiheit kommt als Ausfluss der Privatautonomie im Gefüge der Privatrechtsordnung eine diese selbst *konstituierende*, tragende Bedeutung zu.[186] Sie ist Basis und Grunddeterminante einer jeder liberalen Rechtsordnung und *conditio sine qua non* einer auf marktwirtschaftlichen Strukturen beruhenden Wirtschafverfassung.[187] Ohne Vertragsfreiheit wäre die selbstbestimmte Entfaltung der Persönlichkeit des Einzelnen nur Makulatur, wäre ein effektiver Güter- und Leistungsaustausch kaum denkbar, wäre das Recht seiner schöpferischen Innovationskraft beraubt. Die Vertragsfreiheit erfüllt daher nicht nur für das Privatrecht, sondern auch für die Gesellschafts-, Wirtschafts- und Verfassungsordnung unabdingbar notwendige *Funktionen*. Daher muss die Bestimmung des *Inhalts* und der *Grenzen* der Vertragsfreiheit notwendig auch eine Perspektive auf jene Funktionen mit einschließen, die der Vertragsfreiheit im Gefüge der Rechtsordnung im Einzelnen zukommen.

Eine Betrachtung der funktionalen Dimension der Vertragsfreiheit erlaubt es darüber hinaus, den *Motiven* und *Wertvorstellungen* nachzuspüren, die dem die bestehende Privatrechtsordnung prägenden Verständnis der Vertragsfreiheit und ihrer Grenzen zugrunde liegen. Freilich ist damit bereits ein erstes methodisches Problem einer funktionalen Untersuchung aufgeworfen: Ist die Funktion, die der Vertragsfreiheit zugewiesen wird, stets mit einer bestimmten „ideologischen" Grundhaltung verknüpft, so scheint ihre *objektive* Bestimmung nur schwer möglich. Und in der Tat ist die Frage nach der Funktion regelmäßig eine wertende, die nicht in erster Linie darauf gerichtet ist, welche Funktion die Vertragsfreiheit im Gefüge der Rechts-, Wirtschafts- und Staatsordnung tatsächlich *erfüllt*, sondern die vielmehr darauf abzielt, welche Funktion sie sinnvollerweise *erfüllen sollte*. Der entsprechende Untersuchungsgegenstand ist daher nur begrenzt objektivierbar. Allerdings lässt sich jedenfalls im Hinblick auf einige zentrale Funktionen vertraglicher Privatautonomie – wie etwa das Selbstbestimmungsrecht sowie die innovationsfördernde und rechtsfortbildende Funktion – ein weitgehend objektivierbarer Kernbereich funktionaler Zwecke eingrenzen, über den Einigkeit besteht und der kaum ernsthaft bestritten wird. Ist damit der Untersuchungsgegenstand in seinen Grundzügen umrissen, sollen nun die funktionalen Dimensionen der Vertragsfreiheit im Einzelnen näher betrachtet werden.

---

186 Vgl. hierzu eingehend oben S. 16 ff., 21 ff.

187 Zum Zusammenhang zwischen *Vertragsfreiheit*, *Marktwirtschaft* und *Wettbewerb Wolf/Neuner*, BGB AT (11. Aufl. 2016), S. 2; *Isensee*, in: Isensee/Kirchhof (Hrsg.), HBStR VII (3. Aufl. 2009), S. 150, 208 („Privatautonomie ist das rechtliche Fundament der Marktwirtschaft …"); *Canaris*, FS Lerche (1993), S. 874, 876, 881; *Fastrich*, Inhaltskontrolle (1992), S. 74; *Rittner*, JZ 1990, 838, 839 f., 845 sowie aus europäischer Perspektive *Leistner*, Richtiger Vertrag (2007), S. 347; *v. Vogel*, Verbrauchervertragsrecht (2006), S. 260 f.; *Riesenhuber*, Europäisches Vertragsrecht (2. Aufl. 2006), Rn. 131; *Remien*, Zwingendes Vertragsrecht (2003), S. 178.

1. *Individuelle Funktionen der Vertragsfreiheit*

Die Vertragsfreiheit entfaltet ihre Wirkung zunächst im unmittelbaren Bereich der Parteien als Urheber der vertraglichen Vereinbarung und als Regelungsadressaten. Dem entspricht ihre primäre verfassungsrechtliche Stellung als individualschützendes, *subjektives Abwehrrecht*. Die Vertragsfreiheit wird nicht in erster Linie aus Gründen der Staatsräson, sondern zugunsten des Einzelnen als Individuum gewährt.[188] Alle überindividuellen Funktionen, die der Vertragsfreiheit als verfassungsrechtlich geschützter Institutsgarantie zukommen, sind damit Reflexe und Folgen ihrer individualrechtsschützenden Bestimmung.

a) Selbstbestimmungsfunktion: Instrument rechtlicher Persönlichkeitsentfaltung

Die zentrale Funktion der Vertragsfreiheit liegt ohne Zweifel in der rechtlichen Effektuierung der *Selbstbestimmung* des Einzelnen als Ausdruck seines in *Freiheit* und *Würde* gründenden Anspruchs auf freie *Entfaltung seiner Persönlichkeit*.[189] Die Vertragsfreiheit ist von ihrem Wesen und ihrem Zweck her in erster Linie darauf gerichtet, dem Einzelnen durch die Eröffnung eines entsprechenden Freiheitsraumes die selbstbestimmte Gestaltung der Rechtsverhältnisse nach seinem Willen zu ermöglichen.[190] Sie lässt sich daher nicht auf die Gewährleistung eines rein technischen Mechanismus des Vertragsschlusses reduzieren, sondern ist vielmehr Instrument der Persönlichkeitsentfaltung. Aufgrund des damit verbundenen engen Bezuges zu Freiheit und Würde des Einzelnen kommt der Selbstbestimmungsfunktion der Vertragsfreiheit auch im Gefüge der Privatrechtsordnung sowie im Vergleich mit anderen Funktionen ein besonderes Gewicht zu. Weil die Vertragsfreiheit zunächst die Selbstbestimmung des Einzelnen schützt, bedürfen staatliche Eingriffe der besonderen Rechtfertigung. Weil die Vertragsfreiheit die Selbstbestimmung des Einzelnen schützt, sind staatliche Eingriffe jedoch zugleich zwingend erforderlich. Das Paradoxon der Beschränkung zum Zweck ihrer Effektuierung ist der Vertragsfreiheit immanent und prägt auch die gegenwärtige Reformdiskussion.[191] Angesichts der Bedeutung der Selbstbestimmungsfunktion bewegt sich die Vertragsfreiheit somit im *Spannungsfeld*

---

[188] Zur Verknüpfung der Vertragsfreiheit mit der *Menschenwürde* vgl. oben S. 16ff., 23ff., 56f., 59ff. sowie zur *verfassungsrechtlichen Dimension* unten S. 409ff. Hierzu grundlegend BVerwGE 8, 274, 328; BVerfGE 74, 129, 152; 12, 87, 91.

[189] *Isensee*, in: Isensee/Kirchhof (Hrsg.), HBStR VII (3. Aufl. 2009), S. 150, 233f., 242.

[190] Zur begrifflichen Bestimmung und zum Inhalt der Vertragsfreiheit vgl. *Heinrich*, Formale Freiheit (2000), S. 43; *Lorenz*, Schutz (1997), S. 17; *Enderlein*, Rechtspaternalismus (1996), S. 71ff.; *Hönn*, Vertragsparität (1982), S. 298; *Flume*, BGB AT II (3. Aufl. 1979), S. 12; *Wolf*, Entscheidungsfreiheit (1970), S. 19; *Dilcher*, NJW 1960, 1040 sowie oben S. 13ff.

[191] Vgl. hierzu Staudinger/*Wendland*, Eckpfeiler des Zivilrechts (6. Aufl. 2018), Rn. 25, 25a, 25c sowie unten S. 713ff. mwN.

zwischen gebotener *Zurückhaltung* des Staates mit Blick auf mögliche Eingriffe und staatlichen *Schutzpflichten*.

Da die Vertragsfreiheit als Instrument der Persönlichkeitsentfaltung vor allem der Effektuierung individueller Selbstbestimmung dient, ist ihre *materielle* Dimension von besonderer Bedeutung. Ein ausschließlich formales Verständnis der Vertragsfreiheit, das sich auf den ersten Blick zunächst zu Recht auf die Selbstbestimmung des Einzelnen zu berufen vermag, ist angesichts der Tatsache, dass wahre Selbstbestimmung die *tatsächliche* rechtsgeschäftliche Entscheidungsfreiheit der Beteiligten erfordert, im Grunde mit ihrer Selbstbestimmungsfunktion unvereinbar. Insofern hat die *Selbstbestimmungsfunktion* der Vertragsfreiheit sowohl im Zuge der Bürgschaftsrechtsprechung des BVerfG[192] und des daraufhin einsetzenden intensiveren Schutzes der *tatsächlichen* Entscheidungsfreiheit[193] strukturell schwächerer Parteien als auch infolge der *verbraucherschützenden Gesetzgebung* auf europäischer Ebene[194] und der Vorarbeiten für ein gemeinsames *Europäisches Vertragsrecht*[195] (DCFR, GEK) eine deutliche Effektuierung erfahren. Sie steht daher im Zentrum der Diskussion um Reichweite und Grenzen der Inhaltskontrolle von AGB im unternehmerischen Geschäftsverkehr[196].

b) Gerechtigkeitsfunktion: Richtigkeitsgewähr des Vertragsmechanismus

Über die Effektuierung der rechtlichen Selbstbestimmung des Einzelnen hinaus kommt der Vertragsfreiheit unter der Bedingung der durch annähernde Vertragsparität vermittelten tatsächlichen rechtsgeschäftlichen Entscheidungsfreiheit regelmäßig auch eine *gerechtigkeitsstiftende Funktion* zu. Das Verständnis, dass durch den Mechanismus des freien Aushandelns der Vertragsbedingungen in der Regel ein angemessener und damit gerechter Ausgleich der gegenseitigen Interessen der Parteien gewährleistet wird, lag im Ansatz bereits der liberalistischen Grundkonzeption des BGB zugrunde, freilich ohne die Notwendigkeit des Bestehens eines *tatsächlichen* Verhandlungsgleichgewichts und damit die materiellen Voraussetzungen rechtsgeschäftlicher Entscheidungsfreiheit in den Blick zu nehmen.

Diese Lücke wurde erst später, insbesondere durch die Arbeit *Schmidt-Rimplers* und seine *Lehre von der Richtigkeitsgewähr des Vertragsmechanismus*[197] geschlossen. Danach kommt dem Vertrag, weil er von den Beteiligten gleicher-

[192] Grundlegend BVerfGE 89, 214, 234 = NJW 1994, 36, 39 (Bürgschaft I). Hierzu eingehend unten S. 382 ff. Vgl. auch BVerfG NJW 1996, 2021 (Bürgschaft III); BVerfG NJW 1994, 2749 (Bürgschaft II), hierzu unten S. 387 ff.

[193] Zum Wandel des Privatrechts von einer *liberalen Freiheitsethik* in eine *materiale Ethik der sozialen Verantwortung* eingehend unten S. 172 ff. mwN.

[194] Hierzu unten S. 790 ff.

[195] Hierzu unten S. 796 ff.

[196] Zur Diskussion unten S. 695 ff., 713 ff., 747 ff.

[197] *Schmidt-Rimpler*, AcP 147 (1941), 130, 151 ff. sowie eingehend unten S. 208 ff. und zur Kritik unten S. 221 ff.

maßen gewollt ist und damit ein objektiv unrichtiger Wille durch die jeweils entgegengesetzten Interessen der anderen Partei korrigiert wird, eine jedenfalls näherungsweise Gewähr der objektiven Richtigkeit zu.[198] Der dieser Lehre zugrunde liegende Gedanke, dass der rationale Interessenausgleich jedenfalls in der Tendenz regelmäßig zu objektiv gerechten Ergebnissen im Sinne einer fairen Güterverteilung führt, ist zu Recht auf breite Zustimmung gestoßen und bildet die Grundlage der nach wie vor wirkungsmächtigsten Theorie zum Verständnis der Vertragsgerechtigkeit.[199] Da die Parteien an der möglichst weitgehenden Verwirklichung ihrer jeweiligen Interessen interessiert sind und regelmäßig keiner für sie benachteiligenden und ungerechten Einigung zustimmen werden, gewährleistet das Verhandlungsverfahren unter den Bedingungen *rationaler Entscheidung*, *hinreichender Information* und *annähernder Verhandlungsparität* in der Regel einen angemessenen Interessenausgleich. Das egoistisch bedingte ungerechte Wollen beider Parteien wird durch die hierfür notwendige Zustimmung des jeweils anderen Vertragspartners einer Art „Inhaltskontrolle" und damit einer materiellen Korrektur unterworfen und auf diese Weise neutralisiert. Das Verhandlungsergebnis ist somit nicht *per se* gerecht, weil die Parteien es so wollen[200], sondern weil sich die Parteien aufgrund der Tatsache, dass ihr jeweiliger Verhandlungspartner dem Einigungsvorschlag zustimmen muss, regelmäßig auf ein Ergebnis einigen, das jedenfalls im Grundsatz die Gewähr dafür bietet, dass es den Kriterien objektiver Gerechtigkeit entspricht.[201]

Die Tatsache, dass jedes Vertragsangebot von der jeweils anderen Partei einer Prüfung im Hinblick auf ihre Zustimmungsfähigkeit unterzogen wird, setzt einen generalpräventiv wirkenden *Verhaltensanreiz* zu materiell ausgewogenen Einigungsvorschlägen, der die Parteien dazu motiviert, die Interessen ihres jeweiligen Vertragspartners bei der Formulierung ihres Angebotes mit zu berücksichtigen.[202] Indem die regelmäßig nur einseitig ausgeprägten Erwartungen im Blick auf ein – freilich jeweils für sich selbst – gerechtes Ergebnis für eine den gesamten Vertrag umfassende materielle Gerechtigkeitskontrolle in Dienst genommen werden, wird eine Neutralisierung der jeweiligen „Egoismen" der Parteien durch gegenseitiges Abschleifen möglich.[203] Die wechselseitige Kontrolle der Par-

---

198 Dazu *Fastrich*, Inhaltskontrolle (1992), S. 51 f.

199 So *Canaris*, AcP 200 (2000), 273, 284.

200 So aber *Flume*, BGB AT II (3. Aufl. 1979), S. 6; *Flume*, FS 100 Jahre DJT (1960), S. 135, 141, 143. Eingehend hierzu unten S. 181 ff. sowie zur Kritik 183 ff.

201 Diese Sichtweise ist freilich nur unter der Voraussetzung möglich, dass man überhaupt die – indes in Rechtsprechung wie in der Rechtstradition seit jeher im Grundsatz vorausgesetzte – Existenz objektiver Gerechtigkeitskriterien anerkennt.

202 Zur entsprechenden Rechtspflicht des Verwenders vgl. in st. Rspr. BGH VersR 2013, 197, 198; NJW 2012, 2501, 2502; NJW 1981, 1211, 1211.

203 Vgl. hierzu *Schmidt-Rimpler*, AcP 147 (1941), 130, 162 Fn. 41. Parallel verwendete *Schmidt-Rimpler* das Bild des *Paralysierens* der gegenseitigen Ansprüche vgl. *Schmidt-Rimpler*, FS Raiser (1974), S. 3, 5; *Schmidt-Rimpler*, FS Nipperdey (1955), S. 1, 28; *Schmidt-Rimpler*, AcP 147 (1941), 130, 155.

teien im Sinne einer *peer review* und die Annahme, dass die Parteien einer für sie ungerechten Einigung in der Regel ihre Zustimmung versagen, bieten so eine objektive Richtigkeitsgewähr, die nicht nur dem Willen und den Interessen der Parteien, sondern regelmäßig auch den Gerechtigkeitsanforderungen der Rechtsordnung an eine angemessene Güterverteilung entspricht.[204]

2. *Überindividuelle Funktionen der Vertragsfreiheit*

Die Funktion der Vertragsfreiheit bleibt indes nicht auf den unmittelbaren Bereich der Parteien beschränkt, sondern wirkt auf die Rechtsordnung, die sie als *Korrelat* erfordert, in die sie *eingebettet* ist und durch die sie erst *konstituiert* wird, auf vielfältige Weise zurück.

a) Ordnungsfunktion: Gerechte Güterverteilung durch Vertrag

So kommt dem Vertrag eine über die Beziehung zwischen den Parteien hinausgehende *objektive Ordnungsfunktion* zu, die sich letztlich aus der Einbettung der Privatautonomie in das Gefüge der *Rechtsordnung* ergibt. Weil sich die Interessenverwirklichung der Parteien nicht im beziehungslosen Raum eines ideal gedachten Urzustandes, sondern vielmehr vor dem Hintergrund des Geflechts einer konkreten Sozialordnung vollzieht, in der die einzelnen Individuen aufeinander angewiesen und aufeinander hin ausgerichtet sind, kann sich die Funktion der Privatautonomie als Rechtsinstitut nicht in der unterschiedslosen Anerkennung der Parteivereinbarung erschöpfen. Privatautonomie als Form *sozialer Ordnung* ist zwar als Ausdruck der in Freiheit und Würde verwurzelten Entfaltung der Persönlichkeit des Einzelnen gegenüber hoheitlicher Steuerung grundsätzlich vorzugswürdig. Sie muss jedoch auf die Verwirklichung materieller *Gerechtigkeit* als grundlegendem Strukturprinzip einer jeden Privatrechtsordnung gerichtet sein und hat – jedenfalls im Grundsatz und unter Außerachtlassung der Rechtssicherheit – nur insoweit, als sie die Verwirklichung der Gerechtigkeit im Blick hat, Anspruch auf Anerkennung durch das Recht.[205]

In dieser Verknüpfung zwischen *Freiheit* und *Gerechtigkeit*, zwischen *subjektiver Selbstbestimmungs-* und *objektiver Ordnungsfunktion* sieht auch *Schmidt-Rimpler* den Kern seiner Lehre von der Richtigkeitsgewähr des Vertragsmechanismus, wenn er darauf hinweist, dass er zwar „die Freiheit der Persönlichkeit als eine Grundlage des Vertrages“[206] ansieht, „aber nicht als die alleinige, sondern,

---

[204] Vgl. zum Vertragsmechanismus *Schmidt-Rimpler*, FS Raiser (1974), S. 3, 5 ff.; *Schmidt-Rimpler*, FS Nipperdey (1955), S. 1, 6 ff.; *Schmidt-Rimpler*, AcP 147 (1941), 130, 151 ff. sowie eingehend unten S. 208 ff., zur Kritik unten S. 221 ff.

[205] Vgl. hierzu oben S. 3, 26 ff. Zur Bindung der Vertragsfreiheit an die Vertragsgerechtigkeit oben S. 9 sowie eingehend unten S. 128 ff., 179 ff., 241 ff., 262 ff., 269 ff.

[206] *Schmidt-Rimpler*, FS Raiser (1974), S. 3, 10.

da der Wille niemals Gerechtigkeit gewährleistet, nur in einer Bindung an die Gerechtigkeit, wie sie eben der Vertragsmechanismus mit der Übereinstimmung zweier gegenteilig interessierter Willen bietet."[207] Der Zweck des Vertrages besteht nach *Schmidt-Rimpler* nicht darin, der Willkür, der Willensherrschaft der Parteien durch „Ermächtigung zur Selbstrechtsetzung"[208] unbesehen Geltung zu verschaffen, sondern vielmehr darin, auf privatautonomem Weg, ohne hoheitliches Eingreifen, materiell richtige Regelungen herbeizuführen und so staatliche Intervention zu vermeiden. Gesellschaftliche *Steuerung durch Privatautonomie* bei gleichzeitiger Bindung an die *objektive Rechtsordnung*: Mit dieser Kurzformel lässt sich die auf die materielle Gerechtigkeit des Vereinbarten gegründete Ordnungsfunktion der Vertragsfreiheit zusammenfassen. In Anerkennung der Freiheit und Würde des Einzelnen soll die größere *Sachnähe*, *Kreativität* und *Eigenverantwortung* der Parteien für das Ziel der gesellschaftlichen Ordnung in Dienst genommen werden.[209]

Dies setzt freilich die vorherige Läuterung des zunächst egoistischen Willens und die Mobilisierung des gleichwohl vorhandenen, jedoch durch den Egoismus einseitig verdunkelten *Gerechtigkeitsempfindens* der Parteien voraus, das durch die Überprüfung des Verhandlungsergebnisses darauf, ob es für die betroffene Partei selbst gerecht ist, aktiviert und für die Vertragskontrolle nutzbar gemacht wird.[210] Insoweit soll im Vergleich zur hoheitlichen Regelung das gleiche Ergebnis, jedoch auf privatautonome und damit im Hinblick auf die *Freiheit* und *Würde* des Einzelnen *angemessenere*, aufgrund der größeren Sachnähe und Kreativität der Parteien *effektivere* und qualitativ *bessere* Art und Weise herbeigeführt werden.[211]

Mit einer solchen *Ordnungsfunktion des Privatrechts* geht zugleich eine erhebliche *Entlastung des Staates* von einer flächendeckenden Regelung der Güterverteilung einher, die ohnehin weder möglich noch wünschenswert ist. Die ordnungspolitische Dimension der Vertragsfreiheit ist dabei zugleich *Legitimation* und *Begrenzung* der auf sie gegründeten Inhaltskontrolle: Ebenso wie die Richtigkeitsgewähr des Vertragsmechanismus ein richtiges Ergebnis nicht in jedem Einzelfall, sondern nur über die *Gesamtheit* aller Verträge hinweg gesehen

---

[207] *Schmidt-Rimpler*, FS Raiser (1974), S. 3, 10.

[208] *Schmidt-Rimpler*, AcP 147 (1941), 130, 156.

[209] Hier klingen bereits Parallelen zu *Lon L. Fullers* Lehre von den Verfahren gesellschaftlicher Steuerung (*processes of social order*) an, zu denen neben hoheitlicher Intervention vor allem der Vertrag als Instrument eigenverantwortlicher Selbstbestimmung gehört. Vgl. hierzu *Fuller*, in: Fuller/Winston (Hrsg.), The Principles of Social Order (1981), S. 169, 170ff.; *Winston*, in: Fuller/Winston (Hrsg.), The Principles of Social Order (1981), S. 11, 27 sowie eingehend unten S. 236f.

[210] Zu dieser Problematik eingehend auf der Grundlage der *regula aurea* unten S. 111ff., 244ff.

[211] Zur Bedeutung der Verhaltensökonomik und interdisziplinären Verhandlungsforschung für das Vertragsmodell eingehend unten S. 144ff., 244ff.

zu gewährleisten vermag, so indiziert ein Versagen des Vertragsmechanismus ein staatliches Eingreifen aus ordnungspolitischer Sicht nicht bereits dann, wenn ein richtiges Ergebnis im Einzelfall verfehlt wird, sondern erst dann, wenn die Ordnungsfunktion des Vertrages insgesamt beeinträchtigt ist.[212] Die Dominanz der Ordnungs- gegenüber der Gerechtigkeitsfunktion ist im deutschen Privatrecht der maßgebliche Grund dafür, dass – anders als in anderen Jurisdiktionen – etwa eine richterliche Inhaltskontrolle auf AGB beschränkt bleibt und Individualvereinbarungen über die allgemeinen Grenzen der §§ 134, 138, 242 BGB hinaus keiner besonderen materiellen Vertragskontrolle unterworfen werden.

Einen anderen Weg ging insoweit der Verordnungsentwurf für ein *Gemeinsames Europäische Kaufrecht* mit seinem Tatbestand der *unfairen Ausnutzung* nach Art. 51 GEK-E. Weil hier nicht nur die Ordnungs-, sondern mit dem Schutz der schwächeren Vertragspartei auch die Gerechtigkeitsfunktion des Vertrages im Mittelpunkt steht, wurde folgerichtig die Inhaltskontrolle über den Bereich der vorformulierten Vertragsbedingungen hinaus auf Individualverträge ausgedehnt. Dass der damit bewirkte Schutz der rechtsgeschäftlichen Entscheidungsfreiheit der schwächeren Vertragspartei zugleich der *Selbstbestimmung* dient, macht deutlich, dass die Selbstbestimmungs-, Gerechtigkeits- und Ordnungsfunktion des Vertrages auf das Engste miteinander verknüpft sind. Wahre, tatsächliche Selbstbestimmung der Parteien führt aufgrund der durch den Vertragsmechanismus bewirkten gegenseitigen „Inhaltskontrolle" durch die Vertragspartner regelmäßig auch zu materiell gerechten Ergebnissen und damit über den Einzelfall hinaus über die Gesamtheit der Verträge gesehen zu einer insgesamt gerechten Ordnung im Sinne einer angemessenen Güterverteilung. Der Vertragsfreiheit kommt daher eine für die Rechtsordnung zentrale, überindividuelle Dimension zu, die in ihrer individuellen, auf Selbstbestimmung und Gerechtigkeit ausgerichteten Funktion Grund gelegt ist.

b) Ökonomische Funktion: Effizienter Güteraustausch durch Vertrag

Eng verknüpft mit ihrer Bedeutung als Ordnungsfaktor ist die *ökonomische Funktion* der Vertragsfreiheit im Gefüge des Gesellschafts- und Wirtschaftssystems. Die Vertragsfreiheit ermöglicht interessengerechte, individuelle Entscheidungen im Hinblick auf den Güteraustausch und damit ein System von Angebot und Nachfrage, das durch Angebotsvielfalt, Wahlfreiheit und wettbewerbliche Strukturen gekennzeichnet ist.[213] Sie ist daher die Grundlage einer jeden auf

[212] Entsprechend hatte auch Schmidt-Rimpler hoheitliche Eingriffe nur in Fällen in Fällen typischer Unrichtigkeit gefordert, nicht dagegen, wenn die Unrichtigkeit Ausnahme bleibt. Vgl. *Schmidt-Rimpler*, FS Raiser (1974), S. 3, 23; *Schmidt-Rimpler*, AcP 147 (1941), 130, 166 f., 171. Näher hierzu unten S. 216 f.

[213] *Denkinger*, Verbraucherbegriff (2007), S. 26 f.; MünchKomm/*Busche*, BGB (7. Aufl. 2015), Vor §§ 145 ff. Rn. 5.

Wettbewerb basierenden, marktwirtschaftlichen Wirtschaftsverfassung.[214] Ein solches Wettbewerbssystem ermöglicht eine effiziente Verteilung von Ressourcen, eine effiziente Produktionsstruktur sowie die Realisierung pareto-optimaler Kooperationsgewinne und somit die Erhöhung des gemeinsamen Nutzens.[215]

Die Vertragsfreiheit ist dabei auch aus ökonomischer Perspektive eng mit der Vertragsgerechtigkeit verknüpft: So erhöhen gerechte, faire Verträge bei einem rationalen Verhalten der Parteien den beiderseitigen Nutzen, durchbrechen die Logik des Wertschöpfungen behindernden Verständnisses des Vertrages als Nullsummen-Spiel[216] und fördern so den materiellen Wohlstand der Gesellschaft.[217] Vertragsfreiheit führt im Idealfall in der Folge zu einem gesamtgesellschaftlichen Zustand, in dem niemand besser gestellt werden kann, ohne dass ein anderer schlechter gestellt wird (Pareto-Effizienz), jedermann besser steht, als in einer Wirtschaft ohne Vertragsfreiheit und keine Koalition von Individuen existiert, die in diesem Zustand durch eine Veränderung des Handelns untereinander ihre Lage verbessern könnte.[218] Die gesamtwirtschaftlichen Vorteile der Vertragsfreiheit – etwa im Vergleich zu den merkantilistischen Planwirtschaften des Feudalismus – sind durch die geschichtliche Entwicklung überzeugend belegt. Vor diesem Hintergrund erweist sich die Vertragsfreiheit als zentrale, unabdingbare *Grundlage der Marktwirtschaft*.

Zugleich wird durch die *ökonomische Funktion* der *Vertragsfreiheit* die überindividuelle Bedeutung der *Vertragsgerechtigkeit* deutlich, die schon im Kontext der ordnungspolitischen Funktion der Vertragsfreiheit aufgeschienen ist: Wenn faire Verträge zugleich Ausdruck einer effizienten Güterallokation im Sinne einer pareto-optimalen Verteilung von Ressourcen durch Wettbewerb sind, dann gewinnt die Vertragsgerechtigkeit über ihre rechtliche, ethische und individualschützende Bedeutung für den Einzelnen hinaus eine ökonomische, auf den Wohlstand einer Gesellschaft gerichtete Dimension. Der ökonomische Nutzen für die Gesellschaft ist damit umso größer, je gerechter die Verteilung der zur Verfügung stehenden Ressourcen durch Vertrag erfolgt. Dabei kommt dem *Kooperationsprinzip*, das mit der Gerechtigkeitsfrage eng verknüpft ist, eine zentrale Bedeutung zu. So hat insbesondere die internationale *Verhandlungsforschung* nachgewiesen, dass durch die Ausrichtung der Parteien aufeinander hin, die Wie-

214 *Ebenda*, S. 27.

215 S. 365 ff.

216 Zur Problematik des Nullsummenspiels *Duve/Eidenmüller/Hacke*, Mediation (2. Aufl. 2011), S. 49 f., 59; *Bühring-Uhle/Eidenmüller/Nelle*, Verhandlungsmanagement (2009), S. 6 f.; *Schelling*, The Strategy of Conflict (1980), S. 83 ff.; *Breidenbach*, Mediation (1995), S. 71 ff. Zum empirischen Nachweis des Nullsummenmythos (*zero sum bias*) in Verhandlungssituationen *Thompson*, 59 J. Pers. Soc. Psychol. 82, 87 (1990); *Thompson/Hastie*, 47 Organ. Behav. Hum. Dec. Proc. 98, 102, 116 ff. (1990).

217 *Schäfer/Ott*, Ökonomische Analyse (5. Aufl. 2012), S. 365.

218 Vgl. hierzu eingehend auch *Schäfer/Ott*, Ökonomische Analyse (4. Aufl. 2005), S. 367; *Sen*, in: Sen (Hrsg.), Choice, Welfare and Measurement (1982), S. 86.

derherstellung ihrer Beziehung zueinander und die dadurch mögliche problemlösungsorientierte Kooperation beiderseits interessengerechte, objektiv faire und pareto-optimale Verhandlungslösungen entwickelt werden können, die eine wertschöpfende Vergrößerung des überhaupt in der Vertragsverhandlung zu verteilenden Wertes ermöglichen.[219]

c) Soziale Funktion: Der Vertrag als Institut einer gerechten Sozialordnung

Die aus der Perspektive der ökonomischen Funktion des Vertrages vorausgesetzten Verhandlungsbedingungen eines annähernden Machtgleichgewichtes sowie umfassender Information bilden in der realen Wirtschaftspraxis indes die Ausnahme. Die Realität des Wirtschaftslebens wird stattdessen von deutlichen *Verhandlungsimparitäten* sowie regelmäßigen *Informationsasymmetrien* gekennzeichnet.[220] Das Idealbild der freien, selbstverantwortlichen und umfassend informierten Persönlichkeit, das – der Euphorie der Gründerjahre entsprechend – dem formal-liberalistischen Grundmodell des BGB zugrunde liegt, beruht weitgehend auf einer Fiktion, die mit der realen Lebenswirklichkeit kaum in Einklang zu bringen ist.[221] Rechts-, Wirtschafts- und Sozialbeziehungen sind stattdessen von einer Vielzahl *struktureller Abhängigkeitsverhältnisse*, einer *ungleichen Verteilung von Ressourcen* sowie erheblichen *Informationsdefiziten* gekennzeichnet. Zugleich hat sich mit dem Einfluss des Massenverkehrs der Charakter vertraglicher Vereinbarungen grundlegend verändert.[222] An die Stelle des individuell ausgehandelten Vertrages sind weitgehend vorformulierte Vertragsbedingungen getreten. Das *Aushandeln* wurde durch die bloße Möglichkeit, die angebotenen Bedingungen anzunehmen oder abzulehnen, ersetzt und die *Vertragsgestaltungsfreiheit* damit jedenfalls im Massenverkehr, aber auch für weite Teile des unternehmerischen Geschäftsverkehrs auf ein Minimum, wenn nicht sogar auf Null reduziert.[223] War die Vertragsfreiheit von ihrer Entstehungsgeschichte her im Zuge der Entwicklung *from status to contract* zunächst Abwehrrecht gegenüber einem merkantilen Eingriffsstaat, so wendet sich heute „der

---

[219] Grundlegend *Fisher/Ury/Patton*, Getting to Yes (1991), S. 81 ff. Vgl. auch *Duve/Eidenmüller/Hacke*, Mediation (2. Aufl. 2011), S. 41 ff., 167 ff., 187 ff.; *Bühring-Uhle/Eidenmüller/Nelle*, Verhandlungsmanagement (2009), S. 11 ff., 54 ff., 131 ff.; *Patton*, in: Moffitt/Bordone (Hrsg.), The Handbook of Dispute Resolution (2005), S. 279, 288 ff. Vgl. hierzu näher *Wendland*, Mediation und Zivilprozess (2017), S. 149 ff., 299 ff.

[220] Vgl. nur BVerfGE 89, 214, 233 = NJW 1994, 36, 38 f.; *Singer*, Selbstbestimmung (1995), S. 10; *Hönn*, Vertragsparität (1982), S. 298. Grundlegend zur Bedeutung der Vertragsparität *Hönn*, Vertragsparität (1982), S. 9 ff., 88 ff., 134 ff.

[221] Hierzu eingehend unten S. 144 ff., 170 ff., 248 ff., 555 ff.

[222] Zur massenhafte Verwendung von AGB *Ulmer/Habersack*, in: *Ulmer/Brandner/Hensen*, AGB-Recht (12. Aufl. 2016), Einl. Rn. 6 f.; *Wolf/Neuner*, BGB AT (11. Aufl. 2016), S. 552; „); *Bork*, BGB AT (4. Aufl. 2016), Rn. 1743 f.; *Medicus/Petersen*, BGB AT (11. Aufl. 2016), Rn. 398; *Stoffels*, AGB-Recht (3. Aufl. 2015), Rn. 1; *Kötz*, Gutachten (1974), S. A 9, S. A 12 ff.; *Eberstein*, Ausgestaltung von AGB (1974), S. 17 f. Näher hierzu unten S. 286 ff.

[223] Vgl. hierzu eingehend unten S. 568 ff.

von anonymen Mächten abhängig gewordene Bürger ... nicht mehr gegen den Staat, sondern ruft ihn zu Hilfe."[224]

Vor diesem Hintergrund sieht die *Theorie der sozialen Vertragsfunktion* im Vertrag das *Institut einer gerechten Sozialordnung*, der in seinem Zweck auf die Herstellung gerechter Sozial- und Wirtschaftsverhältnisse hin ausgerichtet ist. Ausgangspunkt dieser von *Ludwig Raiser* begründeten Lehre ist dabei der Gedanke, dass subjektive Rechte und damit auch die Vertragsfreiheit durch die *soziale Funktion* begrenzt werden, die ihnen im Gefüge der Sozialordnung zukommt.[225] Da das Recht in seinem *Zweck* letztlich auf die Verwirklichung einer *gerechten Sozialordnung*, auf eine *angemessene Güterverteilung* und damit auf *materielle Gerechtigkeit* hin ausgerichtet ist, so muss auch der Vertrag als zentrales Strukturelement der Privatrechtsordnung[226] diesem Zweck des Rechts dienen und in ihm naturgemäß seine Grenzen finden. Das Verständnis, dass die Vertragsfreiheit ihre Grenzen in der Rechtsordnung findet, die sie überhaupt erst konstituiert und der sie als Korrelat bedarf, ist nicht neu und entspricht insoweit der gängigen Dogmatik.[227] Indem die Frage nach dem Schutz des sozial schwächeren Verhandlungspartners in den Mittelpunkt rückt und in ihm eine zentrale Aufgabe der Privatrechtsordnung aufscheint, gewinnt die Gerechtigkeitsfrage indes eine neue Dimension.

Zur Bestimmung des konkreten Inhalts der Vertragsfreiheit geht *Raiser* von einem *dualen Verhandlungsmodell* aus, in dem die *Vertragsfreiheit* als in Art. 2 Abs. 1 GG verankertes freiheitliches Element einerseits und die *Gerechtigkeit* als im Sozialstaatsprinzip des Art. 20 Abs. 1, 28 Abs. 1 GG verankertes ordnungspolitisches Element andererseits in einem dialektischen Prozess von *These* und *Antithese* zu einem Ausgleich gebracht werden sollen.[228] Zwar bildet die eigenverantwortliche Selbstbestimmung der Parteien die Grundlage eines jeden freiheitlichen Rechtssystems. Dennoch muss das freie Spiel der wirtschaftlichen Kräfte „vom Recht gestützt, eingegrenzt und gegen Missbrauch gesichert werden, um leistungsfähig zu bleiben"[229], da sich die Vertragsfreiheit sonst in ihr Gegenteil verkehrt, wenn sich eine Partei dem Wettbewerb entzieht. Daher ist „Verträgen die Anerkennung zu versagen, die nach der Art ihres Zustandekommens oder nach ihrem Inhalt den von der Rechtsordnung geschützten Werten zuwiderlaufen."[230] Aufgrund des tiefgreifenden Strukturwandels der Wirtschaftsordnung ist

---

[224] *Raiser*, JZ 1958, 1, 3.

[225] *Raiser*, Zukunft des Privatrechts (1971), S. 13 ff.; *Raiser*, in: Summum ius, summa iniuria (1963), S. 145 ff.; *Raiser*, FS 100 Jahre DJT (1960), S. 101 ff; *Raiser*, JZ 1958, 1 ff.

[226] *Raiser*, JZ 1958, 1, 1.

[227] *Larenz/Wolf*, BGB AT (9. Aufl. 2004), S. 642; *Lorenz*, Schutz (1997), S. 15 f.; *Singer*, Selbstbestimmung (1995), S. 6 ff.; *Canaris*, AcP 184 (1984), 201, 217 ff.; *Flume*, BGB AT II (3. Aufl. 1979), S. 1 ff. Vgl. hierzu auch oben S. 18 f.

[228] *Raiser*, JZ 1958, 1, 5 f.

[229] *Raiser*, JZ 1958, 1, 3.

[230] *Ebenda.*

die Begrenzung der Vertragsfreiheit durch die soziale Gerechtigkeitsfunktion des Vertrages keine vorübergehende Ausnahme vom Grundsatz der Privatautonomie der Parteien, sondern Ausdruck einer permanenten Schranke, die sich aus ihrem Zweck ergibt. Die im freien Spiel der Kräfte ausgehandelten Verträge stehen damit vor ihrer Anerkennung durch die Rechtsordnung unter dem Vorbehalt einer grundsätzlichen inhaltlichen Vertragskontrolle, in deren Rahmen sie danach beurteilt werden, ob sie Ausdruck eines gerechten Ausgleichs zwischen den Parteien oder lediglich Ergebnis einseitiger Fremdbestimmung sind. Die Vertragsfreiheit wird damit durch den sozialen Zweck des Vertrages als Instrument zur Herstellung einer gerechten Sozialordnung begrenzt: Seine Geltung steht unter dem Vorbehalt der Kongruenz mit den Grundsätzen materieller Gerechtigkeit und den zentralen, von der Rechtsordnung geschützten Werten.

Eine rechtliche Ausformung hat die *soziale Funktion* des Vertrages im brasilianischen Zivilgesetzbuch in Art. 421 CC/2002[231] gefunden. Die – soweit ersichtlich – weltweit einzigartige Vorschrift stellt die Vertragsfreiheit unter einen grundsätzlichen Vorbehalt der *sozialen Funktion des Vertrages*, die indes der näheren Konkretisierung durch die Rechtsprechung bedarf: „Die Freiheit zu kontrahieren kann aufgrund und in den Grenzen der sozialen Funktion des Vertrages ausgeübt werden."[232] Die Vorschrift ist im brasilianischen Schrifttum auf stark divergierende Reaktionen gestoßen – von begeisterter Zustimmung bis hin zu vehementer Ablehnung.[233] Ihr *materieller Gehalt*, ihre *dogmatische Bedeutung* sowie ihre *normative Wirkung* sind trotz intensiver und im Ergebnis durchaus fruchtbringender Bemühungen vonseiten der Rechtswissenschaft um eine „Domestizierung" noch nicht endgültig geklärt. Sind Gesetzesmaterialien wie Entstehungsgeschichte für eine Klärung der materiellen Bedeutung der Vorschrift weitgehend unergiebig, so wird die Regelung doch vor allem mit den Arbeiten *Rudolf von Jherings*, *Léon Duguits, Enrico Cimbalis* und insbesondere *Emilio Bettis* in Zusammenhang gebracht.[234]

Mit dem Werk *von Jherings,* weil dieser Ende des 19. Jh. die soziale Dimension des Rechts des Vertrages als Zweck des Rechts wieder verstärkt in den Mittelpunkt gerückt und zum Maßstab der teleologischen Interpretation der großen Zivilrechtskodifikationen gemacht hat.[235] Mit dem Denken *Duguits,* weil dieser die Perspektive des Vertragsrechts von der Befriedigung der egoistischen Interessen des Einzelnen auf die Verantwortung für die soziale Solidarität hin

[231] *Código Civil Brasileiro* (Lei 10.406 de 10 de janeiro de 2002).

[232] Übersetzung nach *Schmidt*, Zivilrechtskodifikation in Brasilien (2009), S. 471. Art. 421 CC/2002: „A liberdade de contratar será exercida em razão e nos limites da *função social* do contrato." Hervorhebungen durch den Verfasser.

[233] Vgl. zur Diskussion eingehend *Schmidt*, Zivilrechtskodifikation in Brasilien (2009), S. 477 mwN.

[234] Vgl. hierzu eingehend *Schmidt*, Zivilrechtskodifikation in Brasilien (2009), S. 473 f.

[235] *Schmidt*, Zivilrechtskodifikation in Brasilien (2009), S. 473.

geweitet hat.[236] Und mit den Schriften *Cimbalis,* weil dieser mit der Unterscheidung zwischen der *wirtschaftlichen* und der *juristischen* Funktion des Vertrages die Grundlage für eine dogmatische Klärung des bislang weitgehend diffus gebliebenen Begriffs der „sozialen Dimension" gelegt hat.[237] Entscheidender Einfluss auf die Vorschrift wird indes *Emilio Bettis* „Lehre von der wirtschaftlich-sozialen Funktion des Rechtsgeschäfts"[238] zugeschrieben, die von der Prämisse ausgeht, dass Akte der wirtschaftlichen Gestaltung der Lebensverhältnisse, um rechtliche Wirksamkeit zu entfalten, eines sozial bedeutsamen Verkehrszwecks, einer wirtschaftlich-sozialen Funktion im Sinne einer *sozialen Nützlichkeit* als *causa* bedürfen.[239] Entsprechend unterliegen Rechtsgeschäfte der Inhaltskontrolle nicht nur im Hinblick auf ihre Vereinbarkeit mit den Anforderungen der Generalklauseln der *öffentlichen Ordnung* sowie der *guten Sitten*, sondern darüber hinaus auch im Hinblick auf die Frage, ob sie von ihrer Zweckrichtung her von einer sozialen Bedeutung sind, die es rechtfertigt, ihnen rechtliche Wirksamkeit zu verleihen.[240]

Die mit der Weite einer solchen Prüfung auf „soziale Nützlichkeit" eines Vertrages verbundene *Rechtsunsicherheit* wie auch die Risiken für die *Selbstbestimmung* der Parteien sind offenkundig, so dass die Vorschrift von einem Teil des brasilianischen Schrifttums, unter anderem mit Verweis auf ein nationalistisches, totalitäres oder gar faschistisches Vertragsverständnis, entschieden abgelehnt wird.[241] Insofern überrascht es kaum, dass der Entwurf der Vorschrift auf die Zeit der brasilianischen Militärdiktatur zurückgeht und eine erstaunliche Parallele in den nationalsozialistischen Versuchen einer Neudefinition des Vertragsbegriffs findet, wonach die Wirksamkeit des Vertrages seine Rechtfertigung nicht ausschließlich dem *Willen* der Parteien, sondern als Instrument zur Verwirklichung von *Unionszielen* darüber hinaus auch in der „Ordnung des Volksganzen"[242] finden sollte.[243] Und es waren bezeichnenderweise insbesondere die Arbeiten *Schmidt-Rimplers*, die diesen Angriff auf die Vertragsfreiheit gerade durch die Indienstnahme der *Selbstbestimmung* zum Zweck der *Gerechtigkeit* abzuwehren versuchten: Nicht dadurch, dass der Vertrag um seiner selbst und der „Selbstherrlichkeit"[244] der

---

236 *Schmidt*, Zivilrechtskodifikation in Brasilien (2009), S. 473 f.

237 *Schmidt*, Zivilrechtskodifikation in Brasilien (2009), S. 474.

238 Hierzu *Betti*, FS Wenger I (1944), S. 249 ff., 279 f. sowie *Schmidt*, Zivilrechtskodifikation in Brasilien (2009), S. 474 ff.

239 *Schmidt*, Zivilrechtskodifikation in Brasilien (2009), S. 474 f.

240 *Schmidt*, Zivilrechtskodifikation in Brasilien (2009), S. 475.

241 Vgl. hierzu die bei *Schmidt*, Zivilrechtskodifikation in Brasilien (2009), S. 477 genannten Nachweise.

242 *Schmidt*, Zivilrechtskodifikation in Brasilien (2009), S. 478.

243 *Schmidt*, Zivilrechtskodifikation in Brasilien (2009), S. 478 mit Verweis auf *Larenz*, Vertrag und Unrecht (1936), S. 33. Vgl. hierzu und zur überpositiven Begründung der Privatautonomie oben S. 18 ff.

244 So *Flume*, BGB AT II (3. Aufl. 1979), S. 6 ff. Kritisch *Busche*, Privatautonomie (1999), S. 101 f. mwN. eingehend zur *Selbstbestimmungstheorie Flumes* unten S. 181 ff.

Parteien willen als richtig gilt, sondern dadurch, dass er durch die notwendige Zustimmung der jeweils anderen Partei bereits gleichsam einer privatautonomen „Inhaltskontrolle“ durch die Parteien selbst auf der Grundlage eines materiellen Gerechtigkeitsmaßstabes unterworfen wird und damit jedenfalls in der Tendenz die Gewähr der materiellen Richtigkeit in sich trägt.[245] Damit hat *Schmidt-Rimpler* nicht nur die Vertragsfreiheit gegen ideologische Übergriffe eines totalitären Regimes verteidigt, sondern zugleich auch das liberalistisch-individualistische Vertragsverständnis mit seiner durchaus radikalen Verabsolutierung des Willens der Parteien überwunden und das Gerechtigkeitsgebot als Zweck des Rechts in das Selbstbestimmungsprinzip integriert.

Entsprechend hat sich das brasilianische Schrifttum wie auch die Judikatur durch eine einhegende Interpretation darum bemüht, die Risiken der Vorschrift, die so vage und unklar ist, dass man in sie nahezu jegliches Verständnis der Vertragsfreiheit hineinlesen kann,[246] zu begrenzen und sie auf bekannte Rechtsfiguren zurückzuführen.[247] So wird die soziale Funktion des Vertrages vor allem darin gesehen, dass dieser den Austausch von Wirtschaftsgütern ermöglicht bzw. den Rahmen absteckt, innerhalb dessen sich der Güteraustausch vollziehen kann.[248] Der Grundsatz der Vertragstreue des *pacta sunt servanda* werde durch die Vorschrift nicht angetastet, sondern von der sozialen Funktion des Vertrages gerade vorausgesetzt, da der Vertrag als Rechtsinstitut sonst seinen Sinn verlieren würde.[249] Der Vertrag sei damit nicht Instrument zur Verwirklichung sozialer Gerechtigkeit durch Umverteilung von Gütern im Sinne einer karitativen Funktion oder der Sozialhilfe, sondern vielmehr gerade Mittel zur Verwirklichung der Privatautonomie.[250] Allerdings fehlen auch hier nicht die Stimmen, die auf die *gesellschaftliche Verantwortung* und auf die *Gemeinwohlbindung* der Parteien bei der Ausübung ihrer Vertragsfreiheit hinweisen.[251] So habe der Vertrag als Instrument des gesellschaftlichen Zusammenlebens eine soziale Dimension und diene nicht lediglich der Verfolgung privater Interessen.[252] Individual- und Gemeinschaftsinteressen dürften nicht als Widerspruch gesehen werden, sondern müssten in einer „solidarischen Autonomie“[253] miteinander integriert werden.[254] Den Parteien stehe es nicht frei, ausschließlich ihren persönlichen Vorteil zu suchen, der auf Kosten des Vertragspartners und der Allgemeinheit erlangt wird. Vielmehr seien

---

245 Vgl. dazu *Schmidt*, Zivilrechtskodifikation in Brasilien (2009), S. 478.
246 So *Schmidt*, Zivilrechtskodifikation in Brasilien (2009), S. 479.
247 *Schmidt*, Zivilrechtskodifikation in Brasilien (2009), S. 479.
248 *Schmidt*, Zivilrechtskodifikation in Brasilien (2009), S. 479.
249 *Schmidt*, Zivilrechtskodifikation in Brasilien (2009), S. 479.
250 *Schmidt*, Zivilrechtskodifikation in Brasilien (2009), S. 479.
251 *Schmidt*, Zivilrechtskodifikation in Brasilien (2009), S. 480.
252 Vgl. hierfür die bei *Schmidt*, Zivilrechtskodifikation in Brasilien (2009), S. 480 Nachweise.
253 *Schmidt*, Zivilrechtskodifikation in Brasilien (2009), S. 481.
254 *Schmidt*, Zivilrechtskodifikation in Brasilien (2009), S. 481.

sie im Sinne einer immanenten Schranke der Privatautonomie bei Ausübung ihrer Vertragsfreiheit mit Blick auf das Allgemeinwohl sittlich gebunden.[255]

Zur Konkretisierung der weitgehend vagen Norm hat das brasilianische Schrifttum eine Reihe von Fallgruppen entwickelt, die etwa mit den Rechtsfiguren der *Zweckverfehlung*, der *Anpassung* oder *Beendigung* des Vertrages bei *geänderten Umständen*, der Heilung des *Schuldnerverzuges*, der *Umdeutung* nichtiger Rechtsgeschäfte, der *Verträge zugunsten Dritter* und der Beschränkung der Vertragsfreiheit bei *Beeinträchtigung von Interessen Dritter* oder der Allgemeinheit sowie bei Verstoß gegen ein *gesetzliches Verbot*, bei *Sittenwidrigkeit* oder *Umgehungsgeschäften* jene Rechtsinstitute umfassen, die – anders als zum Teil im brasilianischen Recht – im deutschen Recht seit Langem anerkannt und entwickelt sind.[256]

Vor diesem Hintergrund erscheint die „soziale Funktion" des Vertrages weniger als ein das Privatrecht gleichsam revolutionierender Fremdkörper im Gefüge der zivilrechtlichen Dogmatik, sondern vielmehr als Ausdruck jenes Prinzips der *Billigkeit*, die im anglo-amerikanischen Recht etwa in der dem *Law* gegenüberstehenden *Equity* ihren Ausdruck gefunden hat und mit Blick auf die Verwirklichung materieller Gerechtigkeit als Zweck des Rechts die radikale Schärfe der Selbstherrlichkeit der Parteien begrenzt und durch die dem Gebot der Einzelfallgerechtigkeit entsprechende Flexibilität ausgleicht. Freilich lässt sich die Bedeutung des Begriffs der „sozialen Funktion des Rechts" nicht allein auf eine Billigkeitskorrektur reduzieren. Entsprechend der Entwicklung, die das deutsche Privatrecht insbesondere in der zweiten Hälfte des 20. Jh. genommen hat, ist mit der *sozialen Funktion* des Rechts zugleich die Problematik der *Austauschgerechtigkeit*, der *tatsächlichen* rechtsgeschäftlichen *Entscheidungsfreiheit*, der benachteiligenden Ausnutzung von *Machtungleichgewichten* und des Schutzes der strukturell *schwächeren Partei* angesprochen. Dass es dabei keineswegs um staatliche Umverteilung und damit ausschließlich um einen Eingriff in die Vertragsfreiheit, sondern vielmehr um ihre Gewährleistung geht, hat die rechtswissenschaftliche Diskussion in Deutschland vor dem Hintergrund insbesondere der Bürgschaftsrechtsprechung des BVerfG[257] und den darauf folgenden Entscheidungen[258] deutlich gemacht. Entsprechend ist die „soziale Frage" im Kontext der Bemühungen um einen Schutz der tatsächlichen Entscheidungsfreiheit der Parteien verstärkt zum Gegenstand gesetzlicher Regelung auf *europäischer Ebene* geworden.[259] Seine unmittelbarste Ausprägung hat dieser Gedanke im Tatbestand der unfairen Ausnutzung des Art. 51 GEK-E gefunden.

---

[255] *Schmidt*, Zivilrechtskodifikation in Brasilien (2009), S. 481.

[256] *Schmidt*, Zivilrechtskodifikation in Brasilien (2009), S. 491 f.

[257] Grundlegend insoweit BVerfGE 89, 214, 231 = NJW 1994, 36, 38 (Bürgschaft I). Vgl. hierzu eingehend unten S. 374 ff.

[258] Vgl. nur BVerfGE 81, 242, 254 = NJW 1990, 1469, 1470 (Handelsvertreter).

[259] Vgl. hierzu *Wagner*, ZEuP 2007, 180, 184 ff. sowie eingehend unten S. 790 ff., 806 ff.

Versucht man den Topos der „sozialen Funktion des Vertrages“ dogmatisch zu fassen, so scheint vor allem die Frage nach der *Austauschgerechtigkeit*[260] und das damit verbundene Problem der *materiellen Korrektur* frei ausgehandelter Verträge auf. Im Kern geht es daher um die Frage, auf welche Art und Weise und in welchem Umfang *materielle Gerechtigkeit* als *Zweck des Rechts*[261] im Rahmen des Vertragsrechts unter den Bedingungen eigenverantwortlicher *Selbstbestimmung* verwirklicht werden kann. Angesprochen ist damit das Verhältnis zwischen *Freiheit* und *Gerechtigkeit*, das der „sozialen Frage“ im Privatrecht seit jeher zugrunde lag.[262] Dass beide Rechtsprinzipien nicht im Widerspruch zueinander stehen, sondern vielmehr einander bedingen und sich die Freiheit des Einzelnen nur mit Blick auf die Freiheit des anderen und damit vor dem Hintergrund echter Vertragsgerechtigkeit zu entfalten vermag, kann als zentraler Befund der jüngeren Materialisierungsentwicklung im Privatrecht auf nationaler wie auch auf europäischer Ebene gelten. Weil nicht davon ausgegangen werden kann, dass sich die Parteien regelmäßig durch sie einseitig benachteiligende vertragliche Regelungen selbst schädigen wollen, sondern die in Art. 51 GEK-E angesprochene *unfaire Benachteiligung* regelmäßig Ausdruck einer benachteiligenden *Fremdbestimmung* der strukturell überlegenen Partei ist, sind Äquivalenzstörungen zugleich regelmäßig Indikator für ein voluntatives Defizit der schwächeren Partei. In rechter Weise verstanden ist die *soziale Funktion* des Vertrages damit auf das Engste mit seiner *Selbstbestimmungsfunktion* verknüpft: Wenn *Schmidt-Rimplers* These von der *Richtigkeitsgewähr des Vertragsmechanismus*[263] zutrifft, dann muss eine unter den Bedingungen *tatsächlicher Selbstbestimmung* getroffene vertragliche Vereinbarung jedenfalls mit hinreichender Wahrscheinlichkeit regelmäßig zumindest auch den Grundsätzen *materieller Austauschgerechtigkeit*[264] entsprechen.

Dass dieser Zusammenhang von tatsächlicher *Selbstbestimmung* und *Vertragsgerechtigkeit* vor dem Hintergrund des doch recht radikalen liberalen Dogmas von der formalen Willensherrschaft der Parteien lange Zeit ignoriert worden ist und stattdessen unbesehen von der bloßen *Fiktion* des tatsächlichen Willens ausgegangen wurde[265], ist ein Versäumnis der Privatrechtslehre, das überhaupt erst dazu geführt hat, dass die Gerechtigkeitsfrage unter dem Topos der „sozialen Funktion des Vertrages“ neu aufgeworfen und diskutiert werden konnte. Es be-

---

[260] Hierzu eingehend unten S. 122 ff.

[261] Hierzu unten S. 140 ff.

[262] Hierzu eingehend unten S. 159 ff., 174 ff.

[263] Vgl. hierzu *Schmidt-Rimpler*, FS Raiser (1974), S. 3, 5 ff.; *Schmidt-Rimpler*, FS Nipperdey (1955), S. 1, 6 ff.; *Schmidt-Rimpler*, AcP 147 (1941), 130, 151 ff. sowie eingehend unten S. 208 ff., zur Kritik unten S. 221 ff.

[264] Zu den Grundsätzen der *Austauschgerechtigkeit* grundlegend *Thomas v. Aquin*, Summa Theologica, II^{a}–II^{ae} q. 61 a. 2 co., q. 77 sowie unten S. 122 ff.

[265] Zur geschichtlichen Entwicklung vgl. *Wieacker*, Privatrechtsgeschichte der Neuzeit (2. Aufl. 1967), S. 479 ff.; *Wieacker*, Industriegesellschaft und Privatrechtsordnung (1975), S. 9 ff. sowie unten S. 166 ff. mwN.

durfte erheblicher dogmatischer Anstrengungen, des korrigierenden Wortes der Rechtsprechung und der unvoreingenommenen, von dogmatischen „Vorbelastungen" weitgehend freien Bemühungen um einen effektiven Schutz der tatsächlichen Entscheidungsfreiheit der Parteien auf europäischer Ebene, um die historisch bedingte Engführung auf ein lediglich formales Verständnis der Selbstbestimmung ohne Berücksichtigung ihrer tatsächlichen Voraussetzungen zu überwinden. Vor diesem dogmengeschichtlichen Hintergrund erscheint die „soziale Funktion des Vertrages" als etwas nahezu Selbstverständliches: Die Anerkennung, dass der Vertrag, weil er die Gestaltung der Lebensverhältnisse im Gefüge einer gesellschaftlichen Ordnung im Blick hat und die Autorität der Rechtsgemeinschaft einschließlich des hierfür erforderlichen Durchsetzungsmechanismus in Anspruch nehmen will, nicht Privatsache der Parteien ist und ihrer „Selbstherrlichkeit" überlassen bleiben darf, sondern eine soziale, gerechtigkeitsrelevante Dimension besitzt, weil das Recht in seinem letzten Zweck gerade nicht der Durchsetzung der atomistischen Eigeninteressen dient, sondern auf die Verwirklichung materieller Gerechtigkeit ausgerichtet ist.

Dem Vertrag kommt damit tatsächlich eine zentrale *soziale Funktion* zu: Indem er dem Einzelnen die selbstbestimmte Gestaltung seiner Lebensverhältnisse durch Austausch von Rechten, Gütern und Leistungen ermöglicht, bildet er die Grundlage und den Rahmen, innerhalb dessen sich die soziale Interaktion innerhalb des Gefüges der Rechtsgemeinschaft und damit ein zentraler Teil des gesellschaftlichen Zusammenlebens vollzieht. Weil sich dieses Zusammenleben nur im Wege der *Kooperation*, in Ausrichtung auf den Anderen hin zu vollziehen vermag und eine gerechte Verteilung von Rechten, Gütern und Leistungen Grundlage jeder Privatrechtsordnung bildet, muss auch der einzelne Vertrag jedenfalls im Grundsatz auf die Verwirklichung *materieller Gerechtigkeit* hin ausgerichtet sein. Dass die Gewährleistung materieller Gerechtigkeit nicht zwangsläufig des externen staatlichen Zwanges im Sinne dirigistischer Umverteilung bedarf, diese für die Gewährleistung materieller Gerechtigkeit im Ergebnis sogar schädlich wäre, sondern sich in der Regel gerade durch *Selbstbestimmung* vollzieht – die freilich nicht lediglich fingiert werden darf, sondern auch *tatsächlich* vorliegen muss – hat die rechtspolitische Diskussion sowohl in Deutschland[266] als auch auf europäischer Ebene gezeigt.[267] Damit ergibt sich der Befund, dass die *soziale Funktion des Vertrages* dogmatisch zum einen in der Berücksichtigung der die soziale Frage bedingenden Gewährleistung *materieller Austauschgerechtigkeit,* zum anderen in der einen gerechten vertraglichen Ausgleich voraussetzenden Sicherung der *tatsächlichen Selbstbestimmung* Ausdruck findet.

---

[266] Zur AGB-rechtlichen Diskussion vgl. unten S. 695 ff., 713 ff., 747 ff.

[267] Instruktiv hierzu mit Blick auf den DCFR *Wagner*, ZEuP 2007, 180, 184 ff. mwN.

d) Demokratische Funktion: Emanzipation from status to contract

Die Vertragsfreiheit wird indes nicht nur in dem von der „sozialen Funktion des Vertrages" angesprochenen Bereich der wirtschaftlichen Selbstbestimmung wirksam, sondern wirkt darüber hinaus auch in die Sphäre der politischen Willensbildung hinein. Als Ausdruck der durch das Recht auf freie Entfaltung der Persönlichkeit gewährleisteten Selbstbestimmung des Menschen ist sie Grundbedingung der freiheitlichen Demokratie.[268] *Vertragsfreiheit* und *Demokratie* entspringen dabei derselben Wurzel: Sie finden ihren Ursprung in dem in seiner Freiheit und Würde gründenden Recht des Menschen auf freie Entfaltung der Persönlichkeit, die sowohl die durch die Vertragsfreiheit gewährleistete *wirtschaftliche* Selbstbestimmung als auch die durch die Demokratie garantierte *politische* Selbstbestimmung umfasst. Während die wirtschaftliche *Selbstbestimmung* vor allem in der Ausübung der Vertragsfreiheit ihre maßgebliche Ausprägung erfährt, vollzieht sich die politische Selbstbestimmung in Form der demokratischen *Mitbestimmung*, die unter der Herrschaft des Grundgesetzes als Beteiligung des Einzelnen an der politischen Willensbildung durch Wahlen in einem System der repräsentativen Demokratie ausgeformt ist.

Der Zusammenhang von *Vertragsfreiheit* und *Demokratie*, der sich aus den unterschiedlichen Wirkbereichen der Selbstbestimmung des Einzelnen dogmatisch herleiten lässt, wird auch durch den *rechtsgeschichtlichen* Befund gestützt: So ist es bezeichnend, dass die *Entwicklung der Vertragsfreiheit* regelmäßig mit der *demokratischen Entwicklung* der Staaten einhergeht, während umgekehrt totalitäre Regime gerade durch Tendenzen zur Beschränkung der Vertragsfreiheit gekennzeichnet sind.[269] So kam der Vertragsfreiheit in den ehemaligen sozialistischen Staaten aufgrund der planwirtschaftlichen Lenkung der Wirtschaft nur eine untergeordnete Bedeutung zu. Eine ähnliche Entwicklung lässt sich für die Zeit des nationalsozialistischen Regimes in Deutschland feststellen. Die Bemühungen der nationalsozialistischen Lehre, Verträge unter den grundsätzlichen Vorbehalt der Nützlichkeit für das „Volksganze" bzw. für die Volksgemeinschaft zu stellen und der weitgehende Ausschluss jüdischer Bürger von einer Teilnahme am wirtschaftlichen Verkehr durch faktischen Entzug ihrer Rechtsfähigkeit[270] gehören zu den dunkelsten Kapiteln der deutschen Rechtswissenschaft. Privatautonomie und Demokratie sind auf das Engste miteinander verknüpft: Ohne die von staatlichen Eingriffen weitgehend freie Möglichkeit der eigenverantwortlichen Regelung der *Rechtsverhältnisse* und der selbstbestimmten Ordnung der *Wirtschaftsbeziehungen* bleibt auch die *politische Mitbestimmung* weitgehend Makulatur. Der Vertragsfreiheit kommt damit eine zentrale Funktion im Prozess

---

[268] *Bruns*, JZ 2007, 385, 390.

[269] Zu diesem Zusammenhang eingehend *Bruns*, JZ 2007, 385, 390.

[270] Vgl. nur *Rüthers*, Die unbegrenzte Auslegung (7. Aufl. 2012), S. 333 ff. sowie bereits oben S. 18 f., insbesondere S. 18, Fn. 22.

der *politischen Emanzipation* des Einzelnen zu, wie sie sich etwa im westlichen Kulturkreis im Rahmen der gesellschaftlichen Entwicklung vom feudalistischen Stände- zum demokratisch verfassten Rechtsstaat, im *„movement from status to contract“*[271] vollzogen hat.[272]

e) Stabilitätsfunktion: Ausgleich sozialer Spannungen

Die dem Einzelnen durch die Vertragsfreiheit eröffnete Möglichkeit, seine Rechtsverhältnisse eigenverantwortlich zu regeln, ist für die Rechts- und Sozialordnung aber auch in einem weiteren Bereich von besonderer Bedeutung. Sie stellt den Parteien einen Raum der freien Entfaltung der Persönlichkeit zur Verfügung, in dem sie ihre Wirtschaftsbeziehungen wie auch ihre Rechtsverhältnisse nach ihren individuellen Bedürfnissen und Wünschen frei gestalten und damit zugleich möglicherweise bestehende Spannungen abbauen und ausgleichen können.[273] Der Vertragsfreiheit kommt damit eine bedeutende gesellschaftliche *Stabilitätsfunktion* zu, indem sie den Gliedern der Gesellschaft einen Freiheitsraum zur Verfügung stellt, in dessen Rahmen sie – vermittelt durch das Instrumentarium des Rechts – unmittelbaren Einfluss auf ihre eigene Lebenssituation nehmen und diese aktiv gestalten können. Die damit verbundene *Ventilfunktion* begünstigt den Abbau sozialer oder rechtlicher Spannungen und fördert die Bewältigung von *Konflikten* mit Mitteln des Rechts und damit die *Akzeptanz des Rechts* insgesamt. Dabei kommt im Konfliktfall die *legitimierende Wirkung* des gerichtlichen Verfahrens zur Geltung, das die Parteien in das Rollenspiel des Verfahrens verstrickt und so zur Hinnahme auch für sie ungünstiger Entscheidungen motiviert.[274]

f) Konfliktbeilegungsfunktion: Privatautonome Streitbeilegung durch Vergleich

Eng verbunden mit der Stabilitäts- ist die *Konfliktbeilegungsfunktion*, die der Vertragsfreiheit als Instrument eigenverantwortlicher Regelung der Rechtsverhältnisse einschließlich der Bewältigung von Konflikten zukommt. Zwar werden Konflikte regelmäßig auf rechtlichem Wege im Rahmen eines zivilgerichtlichen Verfahrens ausgetragen, doch ist die einvernehmliche, privatautonome Streitbeilegung durch Vergleich der heteronomen Konfliktbeilegung durch gerichtliches Urteil strukturell überlegen. Sie ermöglicht nicht nur flexiblere, auf die Bedürf-

---

[271] Der mittlerweile zum geflügelten Wort gewachsene Begriff geht ursprünglich auf den maßgeblichen Begründer der Rechtssoziologie und Rechtsanthropologie, den britischen Juristen *Henry Sumner Maine* zurück, *Maine*, Ancient Law (1870), S. 170. Vgl. zur Rezeption aus der Fülle des Schrifttums nur *Bruns*, JZ 2007, 385, 385.

[272] Vgl. hierzu *Bruns*, JZ 2007, 385, 390.

[273] *Bruns*, JZ 2007, 385, 390.

[274] Eingehend hierzu *Luhmann*, Legitimation durch Verfahren (1969), S. 85, 87, 134 sowie näher *Wendland*, Mediation und Zivilprozess (2017), S. 34 ff.

nisse der Parteien individuell zugeschnittene Lösungen, sondern vermag darüber hinaus durch die Einbeziehung der unmittelbar Konfliktbeteiligten den Streit auch auf der Grundlage der ihm eigentlich zugrunde liegenden *Interessen* und damit nicht nur *symptomatisch*, sondern auch *ursächlich* beizulegen.[275] Die privatautonome Streitbeilegung durch vertraglichen Vergleich hat im Rahmen der weltweiten *ADR-Bewegung* in den vergangenen Jahrzehnten erheblich an Bedeutung gewonnen und gehört vor allem in Form der *interessenorientierten Verhandlung* sowie der *Mediation* mittlerweile zum Standardrepertoire des Instrumentariums gerichtlicher wie außergerichtlicher Konfliktbewältigung.[276] Die *interdisziplinäre Verhandlungsforschung* hat die Vorzüge privatautonomer Streitbeilegung gegenüber autoritativer Konfliktlösung durch gerichtliches Urteil sowohl theoretisch als auch auf der Grundlage empirischer Untersuchungen nachgewiesen[277] und damit die zentrale Rolle der Vertragsfreiheit bei der Bewältigung von Konflikten aufgezeigt.

g) *Rechtsfortbildungsfunktion: Gewährleistung rechtlicher Innovation*

Die Fähigkeit der Parteien, durch Ausübung ihrer Vertragsfreiheit schnell und flexibel auf veränderte Umstände und aktuelle Problemlagen zu reagieren, ist jedoch nicht nur für den Bereich der Konfliktbeilegung, sondern auch für die Weiterentwicklung des Rechts von zentraler Bedeutung.[278] Die Gewährleistung der Privatautonomie eröffnet den Parteien überhaupt erst den Freiraum, in dem sich rechtliche Innovation zu entfalten vermag. So sind die heute von der Rechtsprechung im Privatrecht anerkannten Rechtsinstitute wie etwa die Haftung aufgrund eines Verschuldens bei Vertragsschluss (*culpa in contrahendo*), der *Wegfall der Geschäftsgrundlage* oder die *positive Forderungsverletzung* nicht am „Reißbrett des Gesetzgebers" entstanden, sondern entstammen der realen Rechtspraxis des „gelebten Rechts" und sind auf der Grundlage realer Fälle von Rechtswissenschaft und Lehre über einen längeren Zeitraum hinweg entwickelt worden, bis sie schließlich vom Gesetzgeber positivrechtlich kodifiziert worden sind. Noch

---

[275] Vgl. hierzu nur *Duve/Eidenmüller/Hacke*, Mediation (2. Aufl. 2011), S. 41 ff., 167 ff., 187 ff.; *Bühring-Uhle/Eidenmüller/Nelle*, Verhandlungsmanagement (2009), S. 11 ff., 54 ff., 131 ff.; *Patton*, in: Moffitt/Bordone (Hrsg.), The Handbook of Dispute Resolution (2005), S. 279, 288 ff.; *Fisher/Ury/Patton*, Getting to Yes (1991), S. 81 ff. sowie unten S. 81 ff., 115 ff., 244 ff., 256 ff.

[276] Vgl. für eine empirische Untersuchung zur Verbreitung der Mediation in den USA eingehend *Prause*, 13 Harv. Negot. L. Rev. 131 (2008); vgl. dazu auch die theoretischen Vorarbeiten bei *Sander*, 22 Ohio St. J. On Disp. Resol. 599 (2007); *Prause*, 22 Ohio St. J. on Disp. Resol. 610 (2007). Zu gerichtsverbundenen Mediationsprogrammen in Deutschland vgl. nur *Spindler*, Gerichtsnahe Mediation in Niedersachsen (2006), S. 5 ff.; *Greger*, Abschlussbericht (2007), S. 1 ff., 82 ff., 95 ff., 103 ff.; *Greger*, NJW 2007, 3258, 3258 ff.; *v. Bargen*, Gerichtsinterne Mediation (2008), S. 47 ff., 70 ff.

[277] Vgl. hierzu die in Fn. 275 genannten Nachweise mwN.

[278] Vgl. hierzu *Bruns*, JZ 2007, 385, 390.

deutlicher wird die durch die *Vertragsfreiheit* freigesetzte *Innovationskraft des Privatrechts* im Bereich gemischter Vertragstypen wie dem *Leasing*, *Factoring* und *Franchising*, mit denen die Parteien durch das Instrumentarium des Rechts auf neue Geschäftsformen reagieren.[279] Die Vertragsfreiheit ist damit für die *Innovations- und Entwicklungsfähigkeit* der Privatrechtsordnung von zentraler Bedeutung und eine der wesentlichen Voraussetzungen für die *Fortbildung des Privatrechts*.

III. Form: Erscheinungsformen der Vertragsfreiheit

Die eigenverantwortliche Gestaltung der Lebensverhältnisse als Ausdruck der in *Würde* und *Freiheit* der Person gründenden *Entfaltung der Persönlichkeit* des Einzelnen vollzieht sich im Privatrecht durch den *Vertrag*. Er ist das von der Rechtsordnung zur Verfügung gestellte Mittel zur rechtlichen Selbstbestimmung und Interessenverwirklichung und dient der Transformation des rechtsgeschäftlichen Willens der Parteien in geltendes Recht durch staatliche Geltungsverleihung. Die Parteien üben die ihnen zukommende Vertragsfreiheit durch die Abgabe korrespondierender Willenserklärungen aus, in denen sich ihr rechtsgeschäftlicher *Wille* als konstitutives funktionales Element des Vertrages verwirklicht. Die Vertragsfreiheit bedarf daher notwendig der Mitwirkung des jeweiligen Vertragspartners. Sie kann nur kooperativ, nicht einseitig ausgeübt werden. Vertragsfreiheit ist damit vor allem auch Freiheit *für* den Anderen und *zu* einer gemeinsamen rechtlichen Gestaltung der Zukunft. Wird sie dagegen als Freiheit *gegenüber* dem Anderen und dessen Anspruch auf Verwirklichung seiner Interessen und Entfaltung seiner Person verstanden, verkehrt sie sich in ihr Gegenteil. Es entstünde ein verzerrtes Bild, das ihrem Wesen und ihrer Natur nicht gerecht wird. Die Vertragsfreiheit ist eine Form der Selbstbestimmung, die der Einzelne keineswegs *selbst*, sondern ausschließlich gemeinschaftlich, im kooperativen Zusammenwirken, im „Sich-Vertragen"[280] mit dem Anderen auszuüben vermag.

1. Ausübungsformen der Vertragsfreiheit

a) Vertragsverhandlungen

Die Parteien üben ihre Vertragsfreiheit vor allem in den dem Vertragsschluss vorgelagerten Vertragsverhandlungen aus. Diese bilden den zentralen Ort, an dem

---

[279] So auch *Bruns*, JZ 2007, 385, 390.

[280] Zur *etymologischen* Bedeutung des *Vertragsbegriffs Busche*, Privatautonomie (1999), S. 88 Fn. 220. Zum Aspekt des *Sich-Vertragens* auch *Hellwege, AGB und Rechtsgeschäftslehre (2010)*, S. 184; *Heinrich*, Formale Freiheit (2000), S. 54; *Haffke*, in: Duss-von Werdt/Mähler/Mähler (Hrsg.), Mediation (1995), S. 65, 108; *Hönn*, Vertragsparität (1982), S. 91.

sich die eigentliche privatautonome Gestaltung der Rechtsverhältnisse als Inhalt der Vertragsfreiheit vollzieht. Die *Vertragsverhandlung* ist dabei jener kommunikative Prozess, in dem sich die Parteien darum bemühen, durch Austausch von Vorschlägen, Argumenten und Informationen eine rechtsverbindliche Einigung im Hinblick auf die rechtliche Gestaltung eines Lebenssachverhaltes durch einen Vertrag als zweiseitiges Rechtsgeschäft herbeizuführen.[281] Für lange Zeit von der Privatrechtslehre unbeachtet geblieben, ist die *Verhandlung* als zentrales Verfahren der Rechtsgestaltung im Vorfeld des Vertragsschlusses vor allem in den vergangenen Jahrzehnten im Zuge der vermehrten Hinwendung zu Verfahren der außergerichtlichen Streitbeilegung in den Mittelpunkt des wissenschaftlichen Interesses gerückt.[282] So wurden das *Verhandlungsverhalten* der Parteien und die ihm zugrunde liegenden *Mechanismen* und ihre vielfältigen *Erscheinungsformen* von der *interdisziplinären Verhandlungsforschung* systematisch und empirisch untersucht. Als Ergebnis der mittlerweile umfangreichen Forschung auf dem Gebiet der Verhandlungstheorie, die über die juristische Ausbildung, die anwaltliche und richterliche Fortbildung sowie durch die allgemeine Hinwendung zu kooperativen Formen der Konfliktsteuerung auf vielfältige Weise auf die Rechtspraxis zurückwirkt, ergibt sich ein inzwischen recht klares Bild der Verhandlung als kommunikativer Prozess der Rechtsgestaltung und der sie bestimmenden Mechanismen. Zwar können die Verhandlungen zwischen den Parteien je nach Zielrichtung und dem zugrunde liegenden *Verhandlungsverständnis* ganz unterschiedliche Formen annehmen. Dennoch lassen sich mit der *intuitiven*, *konfrontativen*, *positionsorientierten* und damit ausschließlich *wertbeanspruchenden* herkömmlichen Verhandlung im Sinne des „Feilschens" auf der einen und der *strategischen*, *kooperativen*, *interessenorientierten* und damit *wertschöpfenden* Verhandlung auf der anderen Seite zwei Grundmodelle des Verhandelns unterscheiden.[283]

aa) Positionsorientiertes Verhandeln

Das herkömmliche Verhandlungsverhalten, das die Parteien ihrer Einigungsentscheidung regelmäßig intuitiv zugrunde legen, ist vor allem durch die *konfrontative Grundhaltung* und aus dieser Haltung folgende einseitig sich selbst

---

[281] Vgl. zu den vielfältigen Versuchen, den Bedeutungsgehalt des Verhandlungsbegriffs durch Definition zu erfassen, etwa *Bühring-Uhle/Eidenmüller/Nelle*, Verhandlungsmanagement (2009), S. 4 („Verhandeln ist … ein komplexes Zusammenwirken von Vorschlägen und Entscheidungen, strukturierter Vorbereitung und Kommunikation im Hinblick auf eine mögliche Einigung zwischen den Beteiligten.").

[282] Eingehend hierzu *Wendland*, Mediation und Zivilprozess (2017), S. 29 ff., 82 ff., 196 ff., 221 ff.

[283] Hierzu grundlegend *Fisher/Ury/Patton*, Getting to Yes (1991), S. 5 ff., 9 ff., 18 ff., 40 ff., 57 ff., 81 ff. sowie eingehend *Duve/Eidenmüller/Hacke*, Mediation in der Wirtschaft (2011), S. 43 ff., 58 ff.; *Bühring-Uhle/Eidenmüller/Nelle*, Verhandlungsmanagement (2009), S. 3 ff., 24 ff., 54 ff. Eingehend hierzu bereits *Wendland*, Mediation und Zivilprozess (2017), S. 367 ff., 685 f.

begünstigende Verhaltensmuster geprägt. Auch wenn der Einzelne auf die Zustimmung des anderen Vertragspartners notwendig angewiesen ist, wird dieser als Gegner, als Störung für die eigene Interessenverwirklichung, als notwendiges Übel, als Mittel zur Verwirklichung der eigenen Zwecke und damit letztlich als *Objekt* betrachtet. Das Ziel einer solchen Verhandlungsstrategie besteht in der *Maximierung des eigenen Gewinns* und damit in der weitest möglichen Durchsetzung der eigenen *Positionen*, nicht in der beide Vertragsparteien integrierenden Verwirklichung der hinter den Positionen stehenden eigentlichen *Interessen*. Das Verhandlungsgeschehen wird als *Nullsummen-Spiel*[284] betrachtet, bei dem jedem Gewinn für den einen ein Verlust für den anderen als Kehrseite zugeordnet wird. *Wertschöpfende Kooperationsgewinne* im Sinne beiderseits interessengerechter *win-win-Lösungen* sind dabei nicht vorgesehen.[285] Da die Parteien jeweils für sich selbst einen maximalen Anteil an dem zu verteilenden Wertkuchen und damit einen größtmöglichen Vorteil auf Kosten ihres Vertragspartners für sich beanspruchen, zugleich jedoch auf dessen Zustimmung angewiesen sind, ist intuitives Verhandeln vor allem durch *aggressive*, auf *Zwang*, *Drohung* und *Täuschung* beruhende Taktiken geprägt. Weil sich die Parteien einerseits nicht freiwillig selbst schädigen wollen, ein Vertrag jedoch zumindest eines formalen, rechtsgeschäftlich wirksamen Zustimmungsakts auch der benachteiligten Partei bedarf, kann ein solches Ergebnis nur durch *Beugung des Willens* herbeigeführt werden.

Dabei wird die übervorteilte Partei entweder durch das Ausnutzen von *Informationsasymmetrien* im Wege der Täuschung zu einem Vertragsschluss bestimmt, den sie bei Kenntnis der tatsächlichen Sachlage so nicht abgeschlossen hätte.[286] Oder sie wird durch *Drohung* oder sonstigen *Zwang* – etwa infolge eines *dringenden Bedarfs* oder eines bestehenden *Vertrauens- und Abhängigkeitsverhältnisses* oder durch *Ausnutzung* ihrer strukturell schwächeren Position – z. B. infolge ihrer *Unbedarftheit*, *Unerfahrenheit* oder ihres *mangelnden Verhand-*

---

[284] Hierzu näher *Duve/Eidenmüller/Hacke*, Mediation (2. Aufl. 2011), S. 49 f., 59; *Bühring-Uhle/Eidenmüller/Nelle*, Verhandlungsmanagement (2009), S. 6 f.; *Schelling*, The Strategy of Conflict (1980), S. 83 ff.; *Breidenbach*, Mediation (1995), S. 71 ff. sowie *Thompson/Hastie*, 47 Organ. Behav. Hum. Dec. Proc. 98, 102, 116 ff. (1990).

[285] Vgl. zu den Kriterien eines guten Verhndlungsergebnisses bereits *Wendland*, Mediation und Zivilprozess (2017), S. 207 ff.

[286] Die vielfältigen *Informationspflichten* vor allem des europäischen Verbraucherschutzrechts, die vor dem Hintergrund der steigenden Komplexität der Wirtschaftsgüter auf der einen und den häufig nur schwer verfügbaren Informationen im grenzüberschreitenden bzw. im Fernabsatzverkehr auf der anderen Seite stetig an Bedeutung gewinnen, haben in der Abwehr gerade jener Beschränkungen der tatsächlichen Vertragsfreiheit durch das Ausnutzen von Informationsdefiziten ihren Ursprung. Vgl. hierzu etwa *Vogel*, Anlegerschutz (2005), S. 43 ff., 62 ff., 74 ff., 149 ff., 190 ff., 231 ff., 278 ff. Zum damit verbundenen Problem der *Informationshypertrophie* Tamm, Verbraucherschutzrecht (2011), S. 376 ff. Zum liberalen Informationsmodell Drexl, Selbstbestimmung (1998), S. 26 ff.; Singer, Selbstbestimmung (1995), S. 27 ff. sowie grundlegend Dauner-Lieb, Verbraucherschutz (1983), S. 62 ff.

lungsgeschicks – zu einem Vertragsschluss gedrängt, den sie tatsächlich nicht oder jedenfalls nicht in dieser Form gewollt hat. Die *typischen Fallgruppen* einer Verletzung der materiellen Vertragsfreiheit im Kontext *struktureller Machtungleichgewichte* sind mittlerweile Gegenstand gesetzlicher Bemühungen um den Schutz der rechtsgeschäftlichen Entscheidungsfreiheit der Parteien während der Vertragsverhandlungen im Vorfeld des Vertragsschlusses. So werden die typischen Fälle der Übervorteilung strukturell schwächerer Parteien auf europäischer Ebene durch den Tatbestand der *unfairen Ausnutzung* nach Art. 51 des freilich im Entwurfsstadium steckengebliebenen Verordnungsvorschlags für ein Gemeinsames Europäisches Kaufrecht (GEK-E) systematisch erfasst. Dass ein derartiges Verhalten in Vertragsverhandlungen, das durch die gezielte Schädigung des Verhandlungspartners zugunsten der Maximierung des eigenen Vorteils geprägt ist, in eklatanter Weise der gebotenen Gerechtigkeit und den minimalsten ethischen Grundsätzen menschlichen Zusammenlebens widerspricht und daher schon aus Gründen der Generalprävention eine *Sanktionierung* durch die Rechtsordnung verlangt, ist offenkundig und bedarf keiner weiteren Erörterung.

Bemerkenswert ist in diesem Zusammenhang indes der Befund der *empirischen Verhandlungsforschung*, dass sich positionsorientiertes, antagonistisches Verhandlungsverhalten auch für den scheinbar Begünstigten als ineffizient erweist und durch die Blockade der nur durch Kooperation der Parteien möglichen Vergrößerung des zu verteilenden „Wertkuchens" durch Wertschöpfung erhebliche Verhandlungswerte für beide Parteien verloren gehen.[287] Egoistische Verhandler agieren somit ineffektiv, schaden sich vor allem selbst und erreichen damit regelmäßig gerade das Gegenteil dessen, was eigentlich ursprünglich beabsichtigt war: Statt auf pareto-optimale *win-win-Lösungen* einigen sich die Parteien häufig auf beiderseits nachteilige *lose-lose* Vereinbarungen.[288] Aggressive Taktiken führen zudem zu erheblichen Schädigungen in den über die unmittelbare Vertragsverhandlung und den konkreten Vertragsgegenstand hinausgehenden Lebensbereichen und können gegebenenfalls zu erheblichen zivil- oder sogar strafrechtlichen Konsequenzen führen.[289]

Zusammenfassend ergibt sich damit der Befund, dass intuitives Verhandlungsverhalten im Sinne positionsorientierter Verhandlung durch die Verhinderung wertschöpfender Kooperationsgewinne bereits aus ökonomischer Perspektive zu ineffizienten Ergebnissen, Wertverlusten für beide Parteien und darüber hinaus zu erheblichen Schädigungen im außerrechtlichen Bereich führt. Da die Parteien für sich selbst einen maximalen Anteil an den zu verteilenden Werten beanspru-

---

[287] Zur Ineffizienz *positionsorientierten* Verhandelns *Duve/Eidenmüller/Hacke,* Mediation in der Wirtschaft (2011), S. 43ff.; *Bühring-Uhle/Eidenmüller/Nelle*, Verhandlungsmanagement (2009), S. 5ff.; *Fisher/Ury/Patton*, Getting to Yes (1991), S. 3ff.

[288] *Duve/Eidenmüller/Hacke,* Mediation in der Wirtschaft (2011), S. 43; *Thompson/Hrebec*, 120 Psychol. Bull. 396, 406 (1996).

[289] *Duve/Eidenmüller/Hacke,* Mediation in der Wirtschaft (2011), S. 51.

chen, der Vertrag jedoch zugleich von der Zustimmung des jeweiligen Verhandlungspartners abhängig ist, bestehen erhebliche *Verhaltensanreize* für willensbeugende Verhandlungstaktiken. *Positionsorientiertes Verhandeln* ist von seiner Grundstruktur her auf die Maximierung des eigenen Freiheitsraumes und damit die Begrenzung der materiellen Vertragsfreiheit des als Gegner wahrgenommenen anderen Vertragspartners ausgerichtet.

bb) Interessenorientiertes Verhandeln

Die deutlichen Nachteile intuitiven, positionsorientierten Verhandelns und die Gefahren für die rechtsgeschäftliche Gestaltungsfreiheit der strukturell schwächeren Partei sind seit längerer Zeit Gegenstand wissenschaftlicher Untersuchungen der Verhandlungsforschung und bilden den Ausgangspunkt für eine Neukonzeption des Verhandlungsmodells. Mit dem klassischen *Harvard Modell interessenorientierter Verhandlung* haben *Roger Fisher*, *William Ury* und *Bruce Patton* 1981 ein solches Verhandlungsmodell vorgelegt, das die Schwächen positionsorientierter Verhandlung vermeidet, die Beziehung der Parteien durch Ausrichtung der Verhandlungspartner aufeinander hin erneuert und ihnen so eine wertschöpfende Realisierung pareto-optimaler Kooperationsgewinne ermöglicht.[290] Das *Harvard Modell* ist zur Grundlage der modernen Verhandlungstheorie geworden und mittlerweile auch für die Rechts- und Wirtschaftspraxis von erheblicher, stetig wachsender Bedeutung. Es geht von einer Grundhaltung und damit einem Welt- und Menschenbild aus, das sich von dem Verständnis der positionsorientierten Verhandlung als „Kampf ums Recht"[291] im freien Spiel der Kräfte deutlich unterscheidet. Die Parteien werden dabei nicht mehr als sich antagonistisch gegenüberstehende Gegner im Wettstreit um die Verteilung eines in seiner Größe fixierten Wertkuchens als Verhandlungsmasse (*fixed pie*), sondern als gleichberechtigte Partner bei der Lösung eines gemeinsamen Problems betrachtet (*problemlösungsorientierte Perspektive*). Die Verhandlung wird somit nicht lediglich auf die Verteilung des Verhandlungsgegenstandes im Sinne eines Nullsummen-Spiels reduziert. Stattdessen steht die wertschöpfende Vergrößerung des zu verteilenden Wertkuchens (*enlarging the pie*) durch kreative Problemlösung im Wege der Kooperation im Vordergrund.

Möglich wird dies durch die Überwindung des *Nullsummenmythos* (*zero sum bias*)[292] als Einigungshindernis und den Schritt von den geltend gemachten, not-

---

[290] Grundlegend *Fisher/Ury/Patton*, Getting to Yes (1991), S. 3ff. Vgl. hierzu auch *Duve/Eidenmüller/Hacke*, Mediation in der Wirtschaft (2011), S. 58ff.; *Bühring-Uhle/Eidenmüller/Nelle*, Verhandlungsmanagement (2009), S. 24ff., 54ff. Eingehend bereits *Wendland*, Mediation und Zivilprozess (2017), S. 159ff., 913ff.

[291] *Jhering*, Der Kampf um's Recht (1992).

[292] Zum empirischen Nachweis des Nullsummenmythos (zero sum bias) in Verhandlungssituationen Thompson, 59 J. Pers. Soc. Psychol. 82, 87 (1990); Thompson/Hastie, 47 Organ. Behav. Hum. Dec. Proc. 98, 102, 116ff. (1990). Vgl. auch *Duve/Eidenmüller/Hacke*, Mediation (2. Aufl. 2011), S. 49f., 59; *Bühring-Uhle/Eidenmüller/Nelle*, Verhandlungs-

wendig unvereinbar antagonistischen *Positionen* zu den dahinterstehenden, häufig miteinander kompatiblen eigentlichen *Interessen* der Parteien.[293] Der Schritt von den *Positionen* zu den *Interessen* bildet dabei den Kern des *Harvard Modells* und ist deshalb von entscheidender Bedeutung, weil er erst die Möglichkeit der verschränkenden Integration der Interessen beider Parteien und damit der kooperativen Wertschöpfung eröffnet. Haben die Parteien erst einmal den gedanklichen Schritt vom *Positionendenken* hin zum Verständnis ihrer gegenseitigen Interessen vollzogen, so wird häufig deutlich, dass die der Verhandlung eigentlich zugrunde liegenden Parteiinteressen regelmäßig miteinander vereinbar sind, sie sich gegenseitig integrieren lassen und darüber hinaus im Wege von *Synergien*, dem *Pooling von Ressourcen*, *Interessenunterschieden* und *-gemeinsamkeiten* sowie *Größenvorteilen* erhebliche, im Idealfall *pareto-optimale Wertschöpfungsgewinne* möglich sind.[294] Der auf diese Weise strukturierte Verhandlungsprozess vollzieht sich in einer *konstruktiven*, *beziehungsschonenden* und auf den Anderen hin ausgerichteten Gesprächsatmosphäre, die die Beziehung der Parteien stärkt und sie gegebenenfalls wiederherstellt. Dadurch werden nicht nur negative Auswirkungen und insbesondere Schädigungen der über den unmittelbaren Verhandlungsgegenstand hinausreichenden Lebensbereiche vermieden, sondern die Verhandlung entfaltet über ihren sachlichen und rechtlichen Kernbereich hinaus auch positive Wirkungen auf die Parteien, ihr Umfeld und auf weitere Lebensbereiche.

Das eigentliche „Geheimnis" interessenorientierter Verhandlung als zentrale Ausübungsform der Vertragsfreiheit und damit auch der Mediation besteht daher darin, die *Beziehung* der Parteien zueinander so wiederherzustellen und zu festigen, dass echte Kooperation im Sinne einer gemeinsamen Problemlösung möglich wird und so erst die im Verhandlungsgegenstand ruhenden Wertschöpfungspotentiale zum gemeinsamen Nutzen beider Parteien gehoben und effektiv realisiert werden können. Nahezu alle Verhandlungen enthalten derartige Wertschöpfungspotentiale, deren Realisierung durch intuitives, herkömmliches antagonistisches Verhandlungsverhalten blockiert wird. Der Schlüssel zu einem guten, d. h. beiderseits *interessengerechten*, *fairen*, *dauerhaften*, *nachhaltigen und wertschöpfenden* Verhandlungsergebnis[295], das darüber hinaus in einem *zeit-* und *kosteneffizienten* Verhandlungsverfahren auf *beziehungsschonende* Weise erzielt

---

management (2009), S. 6 f.; Schelling, The Strategy of Conflict (1980), S. 83 ff.; *Breidenbach*, Mediation (1995), S. 71 ff. Eingehend hierzu bereits *Wendland*, Mediation und Zivilprozess (2017), S. 18.

[293] *Fisher/Ury/Patton*, Getting to Yes (1991), S. 40 ff.; *Duve/Eidenmüller/Hacke*, Mediation (2. Aufl. 2011), S. 46 f., 58 ff.; *Bühring-Uhle/Eidenmüller/Nelle*, Verhandlungsmanagement (2009), S. 5 ff., 30 ff. Eingehend bereits *Wendland*, Mediation und Zivilprozess (2017), S. 161 ff.

[294] *Duve/Eidenmüller/Hacke*, Mediation (2. Aufl. 2011), S. 174 ff., 188 ff., 188 ff., 194, 206 ff., 279; *Bühring-Uhle/Eidenmüller/Nelle*, Verhandlungsmanagement (2009), S. 54 ff., 63, 131 ff., 159 f.

[295] Zu den Kriterien eines guten Verhandlungsergebnisses vgl. *Fisher/Ury/Patton*, Getting to Yes (1991), S. 4; *Patton*, in: Moffitt/Bordone (Hrsg.), The Handbook of Dispute Re-

wird, die *Parteien aufeinander hin ausrichtet* und so die Grundlage der Zusammenarbeit auch für die Zukunft bildet, ist die *Kooperation.* Kooperation wiederum ist nur durch eine vollständige, gleichsam paradigmatische Veränderung der Grundeinstellung der Parteien zueinander, ihres Verhandlungsverständnisses und vor allem einer erneuerten Perspektive ihrer gemeinsamen Beziehung denkbar. Das *Harvard Modell* begnügt sich daher nicht mit der bloßen Vermittlung bestimmter *Verhandlungstechniken*, sondern setzt bereits bei der *Grundhaltung* und damit bei der Beziehung der Parteien zueinander an.[296] Weil die Vergrößerung des zu verteilenden Wertkuchens durch gemeinsame Wertschöpfung und somit die Lösung des „Verhandlungsproblems“ notwendig der Kooperation der Parteien bedarf, müssen sie zunächst durch Wiederherstellung oder Intensivierung ihrer Beziehung wieder aufeinander hin ausgerichtet werden. Erst auf der Grundlage einer auf diese Weise neugestalteten Arbeitsbeziehung können die Parteien die wertschöpfende, kreative Lösung des zur Verhandlung stehenden Verteilungsproblems bewältigen. Die *interdisziplinäre Verhandlungsforschung* hat die Wirksamkeit und die Effizienz des *Harvard Modells* in *empirischen Untersuchungen* nachgewiesen.[297]

Aus dogmatischer Perspektive bildet das *Harvard Modell* damit ein Instrument der Effektuierung der materiellen Vertragsfreiheit der Parteien und damit des Schutzes ihrer rechtsgeschäftlichen Entscheidungsfreiheit, weil es die Vertragspartner gerade zu einer umfassend *informierten* und damit auch in *tatsächlicher* Hinsicht *eigenverantwortlichen* rechtlichen Gestaltung der Lebensverhältnisse im Wege der Verhandlung befähigt. Das gesamte Verhandlungsverfahren hat damit letztlich die tatsächliche *Selbstbestimmung* der Parteien als Grundvoraussetzung effektiver *Kooperation* und *wertschöpfender Bewältigung* des betreffenden Lebenssachverhaltes zum Ziel. Die Parteien sollen durch die Überwindung von *Wahrnehmungsbarrieren*, fehlerhaften *Grundhaltungen* und sonstigen in der Person der Parteien gründenden *Einigungshindernissen*[298] überhaupt erst in die Lage versetzt werden, von der ihnen formal zustehenden Vertragsfreiheit

---

solution (2005), S. 279, 285; *Bühring-Uhle/Eidenmüller/Nelle*, Verhandlungsmanagement (2009), S. 11 ff.

[296] *Fisher/Ury/Patton*, Getting to Yes (1991), S. 18 („Negotiators are people first“). Vgl. auch ebenda, S. 21 ff., 29 ff., 32 ff. 37 ff. sowie *Duve/Eidenmüller/Hacke,* Mediation (2. Aufl. 2011), S. 22 ff., 52, 128 ff., 133 ff., 140 ff., 160 f.; *Bühring-Uhle/Eidenmüller/Nelle*, Verhandlungsmanagement (2009), S. 13, 17 ff., 62 f.

[297] Vgl. nur *Thompson*, Negotiator (5. Aufl. 2014), S. 5 ff.; *Thompson/Hrebec*, 120 Psychol. Bull. 396, 406 (1996) sowie *Duve/Eidenmüller/Hacke,* Mediation in der Wirtschaft (2011), S. 28 f., 43 f.; *Bühring-Uhle/Eidenmüller/Nelle*, Verhandlungsmanagement (2009), S. 15 f., 19 f., 38 ff., 113 ff., 138 ff., 166 ff. jeweils mwN.

[298] Hierzu *Duve/Eidenmüller/Hacke,* Mediation in der Wirtschaft (2011), S. 51 f., 111; *Bühring-Uhle/Eidenmüller/Nelle*, Verhandlungsmanagement (2009), S. 9, 38 ff., 169 sowie *Mnookin*, 8 Harv. Negot. L. Rev. 1 (2003); *Mnookin*, 8 Ohio St. J. on Disp. Resol. 235 (1993); *Golann*, 6 ADR Currents 6 (2001); *Arrow/Mnookin/Ross/Tversky/Wilson*, Barriers to Conflict Resolution (1995); *Ross*, 7 Negotiation J. 389 (1991).

auch tatsächlich effektiv Gebrauch zu machen, ihr Leben auf selbstbestimmte Weise rechtlich zu regeln und so ihre Persönlichkeit in *Freiheit* und *Würde* wirksam zu entfalten.[299] Die Bedeutung der interessenorientierten Verhandlung geht dabei deutlich über die freiheitsermöglichende Funktion im Sinne einer effektiven Ausübung der materiellen Vertragsfreiheit hinaus. Indem sie im Kontrast zum *positional bargaining* die Freiheit und Würde der Person achtet und ihre tatsächliche Selbstbestimmung fördert, hat sie aufgrund der ihr dadurch zukommenden zentralen funktionalen Stellung im Gefüge der Privatrechtsordnung eine bedeutende, auch verfassungsrechtlich relevante Dimension. Die interessenorientierte Verhandlung ist im Gefolge der weltweiten ADR-Bewegung längst zur prägenden Größe für die Rechtspraxis geworden.[300] Ihre Relevanz für den effektiven Schutz der materiellen Vertragsfreiheit ist indes bislang kaum dogmatisch erschlossen. Ihr wird in der Diskussion um die effektive Förderung der Selbstbestimmung im Kontext materieller Vertragsfreiheit in der Zukunft eine stetig wachsende Bedeutung zukommen.

Soll das interessenorientierte Verhandeln als wesentliche Ausübungsform der Vertragsfreiheit *zusammenfassend* gekennzeichnet werden, so ergibt sich der Befund, dass durch die Ausrichtung der Parteien aufeinander hin, die Wiederherstellung und Erneuerung ihrer Beziehung zueinander und die Vermittlung einer neuen Perspektive auf die Verhandlung als gemeinsame Problemlösung der Weg zu einer kooperativen, wertschöpfenden und beiderseits interessengerechten vertraglichen Vereinbarung geöffnet wird. Da die wertschöpfende Realisierung pareto-optimaler Kooperationsgewinne notwendig die Kooperation der Parteien als *conditio sine qua non* voraussetzt, bestehen erhebliche Verhaltensanreize zu kooperativem Verhandlungsverhalten und zur Vermeidung aggressiver Taktiken.[301] Die Wiederherstellung der *Beziehung*, die gemeinsame *Problemlösungsperspektive* und die *Kooperation* der Parteien ermöglicht nicht nur eine den eigentlichen Interessen der Parteien entsprechende Vereinbarung, sondern hat darüber hinaus erhebliche positive Auswirkungen auf die über den Vertragsgegenstand hinausgehenden Lebensbereiche der Parteien. Integratives, interessenorientiertes Verhandeln führt damit zu effizienten Ergebnissen, zu kreativer Wertschöpfung und

---

[299] Vgl. hierzu und zur Verfahrensgerechtigkeit im Mediationsverfahren bereits *Wendland*, Mediation und Zivilprozess (2017), S. 238 ff., 558 ff.

[300] Vgl. etwa zu gerichtsverbundenen Mediationsprogrammen in Deutschland *Spindler*, Gerichtsnahe Mediation in Niedersachsen (2006), S. 5 ff.; *Greger*, Abschlussbericht (2007), S. 1 ff., 82 ff., 95 ff., 103 ff.; *Greger*, NJW 2007, 3258, 3258 ff.; *v. Bargen*, Gerichtsinterne Mediation (2008), S. 47 ff., 70 ff. Zur Verbreitung der Mediation in den USA aus empirischer Perspektive *Prause*, 13 Harv. Negot. L. Rev. 131 (2008); vgl. dazu auch die theoretischen Vorarbeiten bei *Sander*, 22 Ohio St. J. On Disp. Resol. 599 (2007); *Prause*, 22 Ohio St. J. on Disp. Resol. 610 (2007).

[301] Zur Bedeutung der Beziehungsebene bei Verhandlungen *Fisher/Ury/Patton*, Getting to Yes (1991), S. 18, 21 ff., 29 ff., 32 ff. 37 ff. sowie *Duve/Eidenmüller/Hacke*, Mediation (2. Aufl. 2011), S. 22 ff., 52, 128 ff., 133 ff., 140 ff., 160 f.; *Bühring-Uhle/Eidenmüller/Nelle*, Verhandlungsmanagement (2009), S. 13, 17 ff., 62 f.

zur Vergrößerung des gemeinsamen Nutzens für beide Parteien. Sie ermöglicht ein gutes, d. h. ein *interessengerechtes, faires, dauerhaftes, nachhaltiges und wertschöpfendes* Verhandlungsergebnis[302] in einem *zeit-* und *kosteneffizienten* sowie *beziehungsschonenden* Verfahren, in dem die *Parteien aufeinander hin ausrichtet* und dadurch auch zu einer effektiven Zusammenarbeit in der Zukunft befähigt werden. Interessenorientiertes Verhandeln ermöglicht so eine effektive, optimale Ausübung der Vertragsfreiheit und ist damit schon in seinem Grundansatz auf die Herstellung und Förderung materieller Vertragsfreiheit und somit den Schutz der rechtsgeschäftlichen Entscheidungsfreiheit der Parteien gerichtet. Durch umfassende Information und kooperatives Zusammenwirken werden die Parteien dazu befähigt, ihre Interessen auch in tatsächlicher Hinsicht eigenverantwortlich und dadurch auch tatsächlich privatautonom wahrzunehmen (*empowerment*). Interessenorientiertes Verhandeln ist letztlich Hilfe zur Selbsthilfe, ein Katalysator der Selbstbestimmung, ein effektives Instrument zum Schutz der materiellen Vertragsfreiheit und ihre optimale Ausübungsform.

b) Rechtliche Erscheinungsformen der Vertragsfreiheit

Betreffen die *Vertragsverhandlungen* den vorrechtlichen Bereich der Ausübung der Vertragsfreiheit, so wird mit den drei klassischen Begriffen der *Abschluss-, Inhalts-* und *Formfreiheit* der Bereich der rechtlichen *Ausübung der Vertragsfreiheit* umrissen.[303] Das bedeutet freilich nicht, dass rechtliche Fragen im Rahmen des vorvertraglichen Verhandlungsprozesses keine Rolle spielen und damit weitgehend ausgeblendet würden. Sie sind im Rahmen der *Nichteinigungsalternativen*, als *Einigungsoptionen*, als *Kriterien* für eine Einigung und schließlich als *rechtlicher Rahmen* für die rechtlich verbindliche Fixierung des Verhandlungsergebnisses auch in der Verhandlung von zentraler Bedeutung. Die Verhand-

---

302 *Fisher/Ury/Patton*, Getting to Yes (1991), S. 4; *Patton,* in: Moffitt/Bordone (Hrsg.), The Handbook of Dispute Resolution (2005), S. 279, 285; *Bühring-Uhle/Eidenmüller/Nelle*, Verhandlungsmanagement (2009), S. 11 ff. Vgl. zu den Kriterien eines guten Verhndlungsergebnisses bereits *Wendland*, Mediation und Zivilprozess (2017), S. 207 ff.

303 Im Schrifttum finden sich je nach Schwerpunktsetzung dabei ganz unterschiedliche Klassifikationen der Ausübungsformen der Vertragsfreiheit. Während bisweilen lediglich zwischen *Inhalts- und Gestaltungsfreiheit* differenziert wird, finden sich an anderer Stelle Unterscheidungen zwischen *Vertragsbegründungsfreiheit* (Abschluss- und Kontrahentenwahlfreiheit), *Vertragsgestaltungsfreiheit* (Inhaltsfreiheit), *Formfreiheit*, *Abänderungs-* und *Vertragsbeendigungsfreiheit.* Vgl. hierzu exemplarisch etwa *Busche*, Privatautonomie (1999), S. 67 ff.; *Lorenz*, Schutz (1997), S. 17 f. einerseits und MünchKomm/*Busche*, BGB (7. Aufl. 2015), Vor §§ 145 ff. Rn. 10 andererseits. Für die Differenzierung in die drei Grundkategorien der *Abschluss-*, *Inhalts-* und *Formfreiheit* vgl. *Heinrich*, Formale Freiheit (2000), S. 55 ff. Aus systematischen Gründen wird in dieser Arbeit die Dreigliederung in das *Ob* (*Abschluss- bzw. Vertragsbegründungsfreiheit),* das inhaltliche *Wie* (*Inhalts- bzw. Vertragsgestaltungsfreiheit*) sowie die Form (*Formfreiheit*) bevorzugt. Die *Abänderungs-* und die *Vertragsbeendigungsfreiheit* fallen dabei als spezielle Formen des *Ob* des Vertragsschlusses unter den Oberbegriff der *Abschluss- bzw. Vertragsbegründungsfreiheit.*

lung geht jedoch über die Diskussion ausschließlich rechtlicher Fragen hinaus und bezieht vor allem die dem Sachverhalt zugrunde liegende Interessen- und Beziehungsebene in das Verfahren ein. Die Abgrenzung zwischen der dem vorrechtlichen Bereich zuzuordnenden Vertragsverhandlung und den rechtlichen Ausübungsformen der Vertragsfreiheit markiert dabei die Grenze zwischen *rechtsgeschäftlicher Willensbildung* und dem *eigentlichen Rechtsgeschäft*. Während die Vertragsverhandlungen der Willensbildung der Parteien, der Ausübung ihrer rechtsgeschäftlichen Entscheidungsfreiheit und damit der Vorbereitung des Vertragsschlusses als dem eigentlichen Rechtsgeschäft dienen, bezeichnen die drei rechtlichen Ausübungsformen der *Abschluss-*, *Inhalts-* und *Formfreiheit* das *Ob* sowie das materielle und formelle *Wie* des Vertrages als Rechtsgeschäft.

aa) Abschlussfreiheit

Die in § 311 Abs. 1 BGB vom Gesetzgeber vorausgesetzte Abschluss- bzw. Vertragsbegründungsfreiheit gewährleistet das Recht frei darüber zu entscheiden, *ob* und mit *wem* eine vertragliche Rechtsbeziehung eingegangen werden soll. Sie umfasst in ihrer *positiven* Dimension das Recht zum Vertragsschluss (*Abschlussfreiheit* im engeren Sinn, *Antrags- und Annahmefreiheit*) mit einer beliebigen Person (*Kontrahentenwahlfreiheit*) sowie in ihrer *negativen* Dimension das Recht, diesen zu unterlassen (im Grundsatz kein *Kontrahierungszwang*). Dem Einzelnen steht damit die Befugnis zu, mit jeder Partei seiner Wahl eine vertragliche Bindung einzugehen. Die Vertragsparteien sind frei, den Ort und die Zeit des Vertragsschlusses selbst zu bestimmen. Zugleich ist niemand verpflichtet, sich gegen seinen Willen rechtsgeschäftlich zu binden. Die Befugnis, den Vertragspartner aus dem Kreis mehrerer möglicher Parteien frei zu wählen, die *Kontrahentenwahlfreiheit*, setzt dabei einen *Vertragswettbewerb* und damit *wettbewerbliche Strukturen* voraus, die für die Ausübung der Vertragsfreiheit als Ausprägung vertraglicher Selbstbestimmung des Einzelnen von zentraler Bedeutung sind.[304] Denn da jeder einzelne potentielle Vertragspartner ganz unterschiedliche Interessen verfolgt, der Inhalt des abzuschließenden Vertrages und somit auch die Wahrscheinlichkeit der Einigung ganz erheblich von der Person des Vertragspartners abhängt, kann von tatsächlich privatautonomer Gestaltung der Lebensverhältnisse durch Vertrag als Rechtsgeschäft nur dann die Rede sein, wenn der Einzelne über die Person des Kontrahenten und damit mittelbar auch über den Inhalt des Vertrages und seine Bedingungen frei entscheiden kann.[305] Die Abschlussfreiheit ist somit auf das Engste mit der *Inhalts-* und der *Wahlfreiheit* verknüpft und findet in ihnen ihre Effektuierung. Vertragsfreiheit setzt daher *Wettbewerbsfreiheit* voraus.[306] Aufgrund ihrer freiheitsermöglichenden Funktion für

[304] Eindringlich insoweit *Busche*, Privatautonomie (1999), S. 69 sowie MünchKomm/*Busche*, BGB (7. Aufl. 2015), Vor §§ 145 ff. Rn. 12.
[305] *Busche*, Privatautonomie (1999), S. 69.
[306] *Busche*, Privatautonomie (1999), S. 68 f.

die rechtliche Selbstbestimmung des Einzelnen kann die Wahlfreiheit deshalb nicht auf den Aspekt des Wettbewerbes reduziert werden.[307] Ihr kommt vielmehr grundlegende Bedeutung für die effektive Ausübung der Abschlussfreiheit als Ausprägung rechtlicher Persönlichkeitsentfaltung zu.[308]

Die Abschlussfreiheit ist darüber hinaus für die übrigen Ausübungsformen der Vertragsfreiheit – die Inhalts- und die Formfreiheit – und damit auch für die Vertragsfreiheit als solche konstitutiv.[309] Weil die Parteien unterschiedliche Interessen verfolgen, hat die Wahl des konkreten Vertragspartners mittelbar Einfluss auf die rechtliche Gestaltung des Vertrages und die möglichen Vertragsbedingungen als zur Verfügung stehende Einigungsoptionen. Substantielle Inhaltsfreiheit setzt demnach Abschlussfreiheit und insbesondere Kontrahentenwahlfreiheit voraus. Darüber hinaus sind mit Eingriffen in die Abschlussfreiheit regelmäßig auch Eingriffe in die Inhaltsfreiheit verbunden. Denn die etwa durch einen gesetzlichen *Kontrahierungszwang* begründete Pflicht, überhaupt einen bestimmten Vertrag abzuschließen oder mit einer bestimmten Partei zu angemessenen, gleichen und üblichen Bedingungen zu kontrahieren, begrenzt notwendig die möglichen Einigungsoptionen und damit die inhaltliche Gestaltungsfreiheit der Parteien. So verpflichten etwa §§ 1, 6 PflVG KFZ-Halter zum Abschluss einer KFZ-Haftpflichtversicherung, dessen Mindestinhalt gesetzlich bestimmt ist. Ähnlich unterwirft § 42a Abs. 1 S. 1 UrhG Urheber musikalischer Werke einer Lizenzierungspflicht gegenüber Tonträgerherstellern und verpflichtet sie, diesen ein Nutzungsrecht mit einem bestimmten Inhalt zu angemessenen Bedingungen einzuräumen, wenn bereits anderen Tonträgerherstellern ein Nutzungsrecht gewährt worden ist. Der zentralen Bedeutung der Abschlussfreiheit entspricht ihre rechtsgeschichtliche Stellung: Sie hat historisch die längste Tradition – wurde doch die Vertragsfreiheit zunächst überhaupt nur als Abschlussfreiheit verstanden – und ist damit die „ursprünglichste Form der Vertragsfreiheit".[310]

Die *Abschlussfreiheit*, im weiteren Sinn als freie Entscheidung über das *Ob* einer vertraglichen Bindung verstanden, enthält neben der eigentlichen *Vertragsbegründungsfreiheit* im engeren Sinn auch die *Vertragsänderungs-* und *Vertragsbeendigungsfreiheit*. Sind die Parteien frei über den Abschluss eines Vertrages zu entscheiden, so muss ihnen als *actus contrarius* erst recht auch die Befugnis zustehen, den geschlossenen Vertrag an veränderte Umstände anzupassen und ihn einvernehmlich durch Aufhebungsvertrag wieder zu beenden. Darüber hinaus besteht bei Dauerschuldverhältnissen die Möglichkeit der einseitigen Kündigung, welche unter bestimmten Bedingungen die Bindungsfreiheit durch den

---

[307] So im Anschluss an *Hönn*, Vertragsparität (1982), S. 116 auch *Busche*, Privatautonomie (1999), S. 69.

[308] *Busche*, Privatautonomie (1999), S. 69.

[309] So auch *Busche*, Privatautonomie (1999), S. 68.

[310] So *Busche*, Privatautonomie (1999), S. 68 und MünchKomm/*Busche*, BGB (7. Aufl. 2015), Vor §§ 145 ff. Rn. 12 im Anschluss an *Nipperdey*, Kontrahierungszwang (1970), S. 4 f.

Schutz eines Kernbereichs negativer Abschlussfreiheit begrenzt.[311] Dabei handelt es sich nicht um eine externe Begrenzung, sondern vielmehr um eine *immanente Schranke der Vertragsfreiheit*, weil im Fall unangemessen langer vertraglicher Bindungen die eingegangene Verpflichtung „nicht mehr als Ausübung von Abschlussfreiheit, sondern als deren Preisgabe angesehen werden"[312] muss. Insgesamt gewährleistet die Abschlussfreiheit den Parteien damit einen *umfassenden Dispositionsschutz*, der es ihnen erlaubt, eigenverantwortlich über die Verfolgung ihrer Interessen und die für diesen Zweck in Anspruch genommenen vertraglichen Instrumente zu entscheiden.[313]

Die vertragliche Abschlussfreiheit wird indes nicht schrankenlos gewährt, sondern unterliegt wie die Privatautonomie insgesamt den von der Rechtsordnung selbst vorgesehenen *Grenzen*. Sie wird insbesondere von den übrigen Gestaltungsprinzipien der Privatrechtsordnung begrenzt, mit denen sie in einen angemessenen Ausgleich zu bringen ist.[314] Von besonderer Bedeutung ist in diesem Zusammenhang vor allem die Statuierung von Abschlusspflichten sowie von Änderungs- und Beendigungsverboten auf der Grundlage eines gesetzlichen oder allgemeinen *Kontrahierungszwangs*.[315] Aufgrund der Erfordernisse des gesellschaftlichen Zusammenlebens kann dabei die Abschlussfreiheit zum Zweck der Leistungssicherung im Wege der Daseinsvorsorge, der Gleichbehandlung sowie aus wirtschaftspolitischen oder sonstigen Gründen begrenzt und etwa ein Anbieter bestimmter Leistung verpflichtet werden, mit grundsätzlich allen Interessenten einen entsprechenden Vertrag zu angemessenen Bedingungen abzuschließen. Ihm ist es in diesen Fällen grundsätzlich verwehrt, eine vertragliche Bindung gegenüber einzelnen Vertragspartnern abzulehnen.[316] Für bestimmte Bereiche findet darüber hinaus ausnahmsweise auch eine kartellrechtliche Preiskontrolle statt, die es marktbeherrschenden Anbietern verbietet, für die von ihnen angebotenen Leistungen eine unangemessen hohe Vergütung zu verlangen.[317]

---

[311] *Heinrich*, Formale Freiheit (2000), S. 57.

[312] *Heinrich*, Formale Freiheit (2000), S. 57.

[313] *Busche*, Privatautonomie (1999), S. 69 und MünchKomm/*Busche*, BGB (7. Aufl. 2015), Vor §§ 145 ff. Rn. 12.

[314] MünchKomm/*Busche*, BGB (7. Aufl. 2015), Vor §§ 145 ff. Rn. 12.

[315] Instruktiv zur Thematik auch MünchKomm/*Busche*, BGB (7. Aufl. 2015), Vor §§ 145 ff. Rn. 20, der im *gesetzlichen* Kontrahierungszwang eine *Außenschranke*, im *allgemeinen* Kontrahierungszwang dagegen eine *immanente Begrenzung* der Vertragsfreiheit erblickt. Vgl. hierzu umfassend auch MünchKomm/*Busche*, BGB (7. Aufl. 2015), Vor §§ 145 ff. Rn. 12 ff., 20 ff. In der handelsrechtlichen Zustimmungswirkung des § 362 Abs. 1 S. 1 HGB bei Schweigen auf ein *kaufmännisches Bestätigungsschreiben* liegt dabei kein die Abschlussfreiheit begrenzender Kontrahierungszwang vor, da stets die Möglichkeit besteht, eine vertragliche Bindung durch eine entsprechende ablehnende Willenserklärung zu verhindern. So auch MünchKomm/*Busche*, BGB (7. Aufl. 2015), Vor §§ 145 ff. Rn. 11.

[316] Zum Kontrahierungszwang vgl. *Busche*, Privatautonomie (1999), S. 123 ff., 142 ff., 236 ff., 277 ff., 299 ff., 405 ff., 489 ff., 575 ff., 603 ff.; MünchKomm/*Busche*, BGB (7. Aufl. 2015), Vor §§ 145 ff. Rn. 20 ff.

[317] Vgl. nur *Martini*, DVBl 2008, 21, 21 ff.

bb) Inhaltsfreiheit

Neben der Entscheidung über das *Ob* einer vertraglichen Bindung gewährt die Vertragsfreiheit den Parteien zugleich das Recht der freien Disposition über das inhaltliche *Wie* der rechtsgeschäftlichen Gestaltung ihrer Lebensverhältnisse durch Vertrag. Diese in §241 Abs. 1 BGB verankerte *Inhalts- bzw. Vertragsgestaltungsfreiheit* erlaubt den Parteien, den Inhalt der von ihnen eingegangenen Verträge grundsätzlich frei und eigenverantwortlich zu gestalten. Auch wenn sie sich durch Anerkennung des römisch-rechtlichen *nudum pactum*[318] erst relativ spät entwickelt hat, ist sie neben der Abschlussfreiheit die wichtigste rechtliche Ausübungsform der Vertragsfreiheit und wie jene für die effektive Wahrnehmung der Vertragsfreiheit konstitutiv und unabdingbar erforderlich. Vertragsfreiheit realisiert und effektuiert sich erst im Zuammenspiel von Abschluss- und Inhaltsfreiheit: Während die *Abschlussfreiheit* den Parteien überhaupt den Freiheitsraum rechtlicher Interessenverwirklichung eröffnet, stellt ihnen die *Inhaltsfreiheit* das Instrumentarium zur Verfügung, mit dessen Hilfe sie ihre jeweiligen Interessen in geltendes Recht gießen, ihnen so verbindliche Geltung verleihen und diese damit effektiv verwirklichen können.[319] Ebenso wenig wie die Vertragsfreiheit ohne den Freiheitsraum der Abschlussfreiheit denkbar ist, so erfordert sie zu ihrer effektiven Ausübung notwendig die rechtlichen Gestaltungsmöglichkeiten der Inhaltsfreiheit. Denn die vertragliche Bindung als solche ist für die Parteien *kein Selbstzweck*, sondern *Mittel* ihrer *Interessenverwirklichung*. Die hierfür notwendige Transformation der Parteiinteressen in eine rechtlich verbindliche Vereinbarung und damit in geltendes Recht bedarf des hierfür erforderlichen, von der Rechtsordnung zur Verfügung gestellten Gestaltungsspielraumes und rechtlichen Instrumentariums.[320]

Um den Parteien eine effektive rechtliche Verwirklichung ihrer Interessen zu ermöglichen, gewährt das *Schuldrecht* im Gegensatz zum Sachen-, Familien- und Erbrecht den Parteien mit dem Recht zum Abschluss von Verträgen beliebigen Inhalts *Typenfreiheit* als Ausfluss vertraglicher Gestaltungsfreiheit.[321] Die Parteien können damit grundsätzlich von dem standardisierten Regelungsprogramm der Typenverträge des besonderen Schuldrechts abweichen, sie inhaltlich verändern oder auch völlig neue Vertragstypen entwickeln. Das *dispositive Schuld-*

---

[318] Hierzu näher *Placentinus*, Summa Cum Essem Mantue, 1,1,11: „id autem quod naturaliter tantum debetur, id est per nudum pactum." Zitiert nach *Dilcher*, ZRG Rom. Abt. (77) 1960, 270, 278. *Azo*, Summa Codicis, C. 2, 3 Nr. 2, 14; C. 4, 64 Nr. 2; C. 8, 37 Nr. 16. Ebenso bereits das römische Recht, vgl. Dig. 2, 14, 1 pr; Dig. 46, 3, 5, 2. Hierauf verweisend *Dilcher*, ZRG Rom. Abt. (77) 1960, 270, 273 Fn. 28, 279 Fn. 42.

[319] Zum Aspekt der *Interessenverwirklichung* als *Zweck* des Vertrages eingehend oben S. 141 ff., 236 ff., 242 ff., 453 ff.

[320] *Busche*, Privatautonomie (1999), S. 70; MünchKomm/*Busche*, BGB (7. Aufl. 2015), Vor §§ 145 ff. Rn. 24.

[321] Vgl. hierzu *Stoffels*, Schuldverträge (2001), S. 357 ff., zur geschichtlichen Entwicklung der Typenfreiheit *Dilcher*, ZRG Rom. Abt. (77) 1960, 270, 270 ff.

recht stellt somit lediglich einen „Werkzeugkasten“ (*tool box*) mit vorgefertigten „Werkzeugen“ zur Verfügung, die für die Behandlung typischer, besonders regelungsbedürftiger Sachverhalte geeignet sind. Sind diese für die Behandlung der zu regelnden Lebenssachverhalte – etwa typische Kauf-, Werk- und Dienstverträge – in der Regel völlig ausreichend, so gibt es doch aufgrund der wachsenden Vielgestaltigkeit und Komplexität der zu regelnden Lebenssachverhalte stets Situationen, in denen das bestehende rechtliche Instrumentarium nicht ausreicht, sondern auf die speziellen Bedürfnisse der Parteien und die Anforderungen des konkreten Einzelfalls hin maßgeschneidert werden muss. Auf diese Weise sind beispielsweise mit dem *Factoring-*, *Franchise-* und *Leasingvertrag* durch die Modifizierung normierter und die Kombination verschiedener Vertragstypen über die fest umrissenen verkehrstypischen Verträge des besonderen Schuldrechts hinaus völlig neue Vertragstypen in Form *atypischer* oder *gemischter* Verträge entstanden. Während das Schuldrecht den Parteien *Typenfreiheit* gewährt, gilt im Sachen-, Familien- und Erbrecht das Prinzip des *Typenzwangs*.

Allerdings finden sich auch im Schuldrecht eine Vielzahl *zwingender Vorschriften* zum Schutz der rechtsgeschäftlichen Entscheidungsfreiheit der schwächeren Partei, die damit letztlich wiederum im Dienst der Gewährleistung materieller Vertragsfreiheit stehen und somit eine immanente Schranke der Vertragsfreiheit bilden. Daneben treten Schutzvorschriften, die als Außenschranken der Vertragsfreiheit aufgrund der Kollision mit anderen Rechtsprinzipien wie dem der Vertragsgerechtigkeit, spezifischen Schutzinteressen etwa zum Schutz von Behinderten oder sonstigen öffentlichen Interessen die individuelle Vertragsfreiheit begrenzen. Zu den besonderen inneren und äußeren Schranken der Vertragsfreiheit zählen etwa die Vorschriften zum *Verbrauchsgüterkauf* (§ 475 Abs. 1, § 478 BGB), zum *Mieterschutz* (§§ 551 Abs. 4, 553 Abs. 3, 554 Abs. 5, 554 a BGB), zum *Arbeitnehmerschutz* (§§ 617 ff., 619 BGB) oder zum *Reisevertragsrecht* (§ 651 m BGB). Darüber hinaus unterliegt auch die Inhaltsfreiheit, da sie wie die Privatautonomie insgesamt nur in dem von der Rechtsordnung zugewiesenen Rahmen gewährt wird, den *allgemeinen Inhaltsschranken* des bürgerlichen Rechts, wie den §§ 134, 138, 242, 311 b Abs. 2, 315 Abs. 1 BGB. Insbesondere die Vorschrift des § 138 BGB hat sich vor dem Hintergrund der *Bürgschaftsrechtsprechung* des BVerfG[322] zu einer Vorschrift entwickelt, die für den umfassenden Schutz der materiellen Vertragsfreiheit der strukturell unterlegenen Partei in Dienst genommen wird und damit als immanente Inhaltsschranke fungiert. Grundlage richterlicher *Inhaltskontrolle* vertraglicher Vereinbarungen bilden darüber hinaus die Regelungen der §§ 315 und 242 BGB, die Störungen des Vertragsmechanismus durch Defekte in der rechtsgeschäftlichen Entscheidungsfreiheit der Parteien erfassen, bei denen eine Partei

---

[322] BVerfG NJW 1996, 2021 (Bürgschaft III); NJW 1994, 2749 (Bürgschaft II); BVerfGE 89, 214 = NJW 1994, 36 (Bürgschaft I) sowie eingehend unten S. 382 ff.

durch Ausnutzen einer Verhandlungsimparität versucht, sich einseitig rechtliche Vorteile zu verschaffen.

So wird die Vorschrift des § 315 BGB in der Rechtsprechung vor allem zur Kontrolle einseitiger Vertragsgestaltungsspielräume und hier insbesondere zur *Preiskontrolle* bei Monopolisten in Fällen herangezogen, in denen sich eine strukturell stärkere Partei aufgrund einer Monopolstellung – etwa bei Energielieferungsverträgen – einen Vertragsgestaltungsspielraum schafft, ohne ihrem jeweiligen Verhandlungspartner ein entsprechendes Recht zu gewähren.[323] Daneben wird die Generalklausel des § 242 BGB zu einer situationsabhängigen *Ausübungskontrolle* zur Abwehr sittenwidriger Ausnutzung von Verhandlungsungleichgewichten herangezogen.[324] Eine der für die Rechtspraxis bedeutsamsten Schranken inhaltlicher Gestaltungsfreiheit bildet schließlich die Inhaltskontrolle von AGB nach den §§ 307 ff. BGB, die aufgrund der Dominanz vorformulierter Vertragsbedingungen im Massenverkehr von stetig wachsender Bedeutung ist. Mit dem Instrumentarium des AGB-Rechts versucht der Gesetzgeber durch die Einbeziehungs- und Inhaltskontrolle am Maßstab des dispositiven Rechts als gesetzliches Leitbild die rechtsgeschäftliche Entscheidungsfreiheit der Vertragspartner des Verwenders zu schützen, die häufig mit in der Regel nicht verhandelbaren AGB konfrontiert und damit in ihrer gesetzlichen Gestaltungsfreiheit beschränkt werden. Die richterliche Inhaltskontrolle dient dabei regelmäßig, wie auch in anderen Fällen, dem Schutz der tatsächlichen Vertragsfreiheit der Parteien und wirkt insoweit als immanente Schranke der Vertragsfreiheit.[325]

cc) Formfreiheit

Steht den Parteien mit der *Abschlussfreiheit* das Recht zu, über das *Ob* und mit der *Inhaltsfreiheit* über das inhaltliche *Wie* einer vertraglichen Bindung frei zu entscheiden, so gewährt die *Formfreiheit* den Parteien das Recht, das formale *Wie* und damit die Art und Weise, in der ihr Vertrag zustande kommt, selbst zu bestimmen. Da sich vor allem vor dem Hintergrund der geschichtlichen Erfahrungen des römisch-rechtlichen Aktionendenkens und des Formularprozesses der Formzwang als erhebliches Hindernis für die freie Entfaltung des rechtsgeschäftlichen Willens der Parteien erwiesen hat, gewährt das BGB den Parteien grundsätzlich *Formfreiheit*. Die Parteien sind somit frei, ihren rechtsgeschäftlichen Willen in beliebiger Weise – *mündlich*, *schriftlich* oder *konkludent* – zum Ausdruck zu bringen. Die Rechtsordnung muss den Parteien eine möglichst unkomplizierte und hindernisfreie Abwicklung von Rechtsgeschäften ermögli-

---

323 Hierzu MünchKomm/*Busche*, BGB (7. Aufl. 2015), Vor §§ 145 ff. Rn. 25; MünchKomm/*Armbrüster*, BGB (7. Aufl. 2015), § 135 Rn. 22.

324 MünchKomm/*Busche*, BGB (7. Aufl. 2015), Vor §§ 145 ff. Rn. 25. *Ebenda*.

325 Eine der richterlichen Inhaltskontrolle ähnliche Schranke der Inhaltsfreiheit bildet die kartellrechtliche Inhaltskontrolle nach §§ 19, 20 GWB bzw. Art. 102 AEUV. Vgl. hierzu näher MünchKomm/*Busche*, BGB (7. Aufl. 2015), Vor §§ 145 ff. Rn. 27 mwN.

chen.[326] Es gilt das *Primat des* Willens und des Konsenses, dem die Form, in der dieser Wille rechtlich Gestalt annimmt, untergeordnet ist.[327] Gesetzliche Formzwänge erschweren dagegen regelmäßig die Entfaltung des rechtsgeschäftlichen Willens der Parteien, weil sie die rechtliche Wirksamkeit des abgeschlossenen Rechtsgeschäfts von zusätzlichen Voraussetzungen und bestimmten Handlungen der Parteien abhängig machen.

Allerdings wird den Parteien die Last bestimmter Formerfordernisse nicht ohne Grund auferlegt. Die mit gesetzlichen Formvorschriften notwendig einhergehende Beschränkung des privatautonomen Handlungsspielraums der Parteien wird bewusst in Kauf genommen, um gerade die *rechtsgeschäftliche Entscheidungsfreiheit* im Vorfeld des Vertragsschlusses zu schützen oder – wie dies etwa im Hinblick auf die *Beweisfunktion* der Fall ist – den rechtsgeschäftlichen Willen der Parteien zu *effektuieren*, indem etwa seine rechtliche Durchsetzbarkeit erleichtert wird.[328] So erfüllt das Schriftformerfordernis eine wichtige *Warn-* und *Klarstellungsfunktion*, indem sie durch die *Thematisierung des Rechts*[329] den Parteien die *Verbindlichkeit* und die *Konsequenzen* des geplanten Rechtsgeschäfts deutlich macht, in Abgrenzung zu bloßen Verhandlungen klargestellt, dass es sich überhaupt um ein *Rechtsgeschäft* handelt, dass der Bereich des lediglich Unverbindlichen verlassen und die Grenze zur endgültigen und dauerhaften rechtlichen Bindung überschritten wird. Die Parteien werden auf diese Weise vor einer übereilten vertraglichen Bindung geschützt, zu reiflicher Überlegung, zu Besonnenheit und juristischer Wachsamkeit angehalten und damit zu einer tatsächlich selbstbestimmten Entscheidung befähigt. So soll gewährleistet werden, dass die Vereinbarung tatsächlich in umfassender Kenntnis der rechtlichen Konsequenzen und im vollen Bewusstsein der Tragweite und der Ernsthaftigkeit des ins Auge gefassten Rechtsgeschäfts abgeschlossen wird und daher von einem hinreichend qualifizierten *rechtsgeschäftlichen Willen* getragen ist. Die Formvorschriften wirken so auf eine *informierte* und auch in *tatsächlicher* Hinsicht materiell *selbstbestimmte* Entscheidung hin und dienen auf diese Weise der Verwirklichung der Abschlussfreiheit. Insoweit bilden sie regelmäßig eine immanente Grenze der Vertragsfreiheit. Deutlich wird dies insbesondere in den *Motiven*:

> „Die Notwendigkeit der Beobachtung einer Form ruft bei den Beteiligten eine *geschäftsmäßige Stimmung* hervor, weckt das *juristische Bewusstsein*, fordert zu *besonnenen Überlegungen* heraus und gewährleistet die *Ernstlichkeit* der gefassten Entschließung. Die beobachtete Form stellt ferner den *rechtlichen Charakter* der Handlung klar,

---

[326] *Heinrich*, Formale Freiheit (2000), S. 61.

[327] *Ebenda.*

[328] Vergleiche zu den unterschiedlichen Formzwecken eingehend MünchKomm/*Einsele*, BGB (7. Aufl. 2015), § 125 Rn. 9.

[329] Zur Eskalationsgefahr der *Thematisierung des Rechts Luhmann*, in: Luhmann (Hrsg.), Ausdifferenzierung des Rechts (1999), S. 53, S. 60, 71; *Goffman*, Interaction Ritual (1982), S. 139 ff.; *Bierbrauer/Falke/Koch*, in: Bierbrauer/Falke/Giese u. a. (Hrsg.), Zugang zum Recht (1978), S. 141, 186 ff.; *Luhmann*, Legitimation durch Verfahren (1969), S. 115.

dient, gleich dem *Gepräge einer Münze*, als *Stempel des fertigen juristischen Willens* und setzt die *Vollendung des Rechtsaktes* außer Zweifel. Die beobachtete Form sichert endlich den *Beweis* des Rechtsgeschäftes seinem Bestande und Inhalte nach für alle Zeit; sie führt auch zur Verminderung oder doch zur Abkürzung und Vereinfachung der Prozesse."[330]

Die Bedeutung des Formzwangs[331] würde entscheidend verkürzt, wenn man in ihm lediglich ein Hindernis für die freie Ausübung der Vertragsfreiheit erblickt. Da sie die rechtsgeschäftliche Entscheidungsfreiheit der Parteien im Vorfeld des Vertragsschlusses schützt, kommt ihm eine zentrale freiheitsermöglichende Funktion zu. Durch den mit der Warnfunktion verbundenen Übereilungsschutz[332] dient er gerade dem Schutz strukturell schwächerer Parteien im Fall von Machtungleichgewichten. Er vermeidet auf diese Weise zugleich mögliche zukünftige Konflikte, die sich regelmäßig dann ergeben, wenn ein Vertrag nicht von einem hinreichend qualifizierten, tatsächlichen rechtsgeschäftlichen Willen als Ergebnis einer informierten Entscheidung getragen ist und sich die übervorteilte Partei gegen einen Vertrag zu Wehr setzt, den sie so nicht wollte, der ihr möglicherweise aufgedrängt wurde und bei dem sie gleichsam „über den Tisch gezogen" worden ist. Für insoweit verdächtige Rechtsgeschäfte, bei denen aufgrund einer deutlichen Äquivalenzstörung das Vorhandensein eines hinreichenden rechtsgeschäftlichen Willens fraglich erscheint, sieht das Gesetz daher zur Risikoverringerung und zur Gefahrenabwehr die Einhaltung der Formvorschriften als „verbrieftes Recht des kleinen Mannes" vor.

Entsprechend verlangt das BGB etwa für die Erteilung einer *Bürgschaftserklärung* (§766 BGB) oder für das *Leibrentenversprechen* (§761 BGB) die Einhaltung der Schriftform, für die schuldrechtliche *Übertragung des Vermögens* (§311 b Abs. 3 BGB) sowie für das *Schenkungsversprechen* (§518 BGB) eine notarielle Beurkundung. Im Rahmen der notariellen Beurkundung tritt aufgrund der Beratungspflicht des Notars neben die Warn- zugleich auch die *Beratungs- und Belehrungsfunktion*, wie dies etwa im Hinblick auf die Übertragung von Grundstücken der Fall ist (§311 b Abs. 1, 3 BGB). *Warn-*, *Klarstellungs-*, *Beratungs-* und *Belehrungsfunktion* dienen vor allem der Gewährleistung der tatsächlichen Voraussetzungen rechtsgeschäftlicher Entscheidungsfreiheit der Parteien und damit dem Schutz der materiellen Vertragsfreiheit. *Vertragsfreiheit* durch *Formzwang*: Mit dieser prägnanten Formel lässt sich in diesem Zusammenhang die dienende, *freiheitsermöglichende Funktion* der Formvorschriften für die Vertragsfreiheit zusammenfassen.

---

330 Motive I, S. 179 = Mugdan I, S. 451. Hervorhebungen durch den Verfasser.

331 Hierzu eingehend MünchKomm/*Einsele*, BGB (7. Aufl. 2015), §125 Rn. 12 ff.; *Wolf/Neuner*, BGB AT (11. Aufl. 2016), S. 507 ff.; *Flume*, BGB AT II (3. Aufl. 1979), S. 244 ff.

332 Hierzu *Wolf/Neuner*, BGB AT (11. Aufl. 2016), S. 510; *Bachmann*, Private Ordnung (2006), S. 293.

Darüber hinaus können gesetzliche Formerfordernisse darauf gerichtet sein, den Inhalt des Vertrages durch schriftliche Niederlegung dauerhaft zu fixieren und klarzustellen sowie seine Beweisbarkeit zu erleichtern. Die damit verbundene Klarstellungs- und Beweisfunktion dient hier weniger dem Schutz der Entscheidungsfreiheit als der effektiven *Durchsetzung* des Vereinbarten, der *Dauerhaftigkeit* und *Nachhaltigkeit* des geschlossenen Vertrages und der Vermeidung zukünftiger *Konflikte*. Daneben können Formvorschriften schließlich den Zweck verfolgen, eine behördliche Überwachung zu ermöglichen (*Kontrollfunktion*) oder bestimmte, vom Gesetzgeber nicht gewünschte Rechtsgeschäfte zu behindern (*Abschreckungsfunktion*), wie dies etwa zur Erschwerung eines spekulativen Handels im Hinblick auf die Verpflichtung zur notariellen Beurkundung der Abtretung von GmbH-Geschäftsanteilen gemäß § 15 Abs. 4 S. 1 GmbHG der Fall ist.[333]

Gesetzliche Formvorschriften sind aufgrund ihrer *doppelfunktionellen Natur* damit beides: normativer *Ordnungsfaktor* und Instrument *privatautonomer Rechtsgestaltung*.[334] Die mit ihrer Nichtbeachtung verbundene Nichtigkeitsandrohung setzt einen Verhaltensanreiz zur Beachtung, jedoch nicht mit dem Ziel einer Beschränkung der Privatautonomie, sondern im Gegenteil zu ihrer Effektivierung. *Beschränkung der Vertragsfreiheit* zum Zweck ihrer *größeren Wirksamkeit*.[335] Mit dieser Faustformel lassen sich das Regelungskonzept der Formvorschriften und ihre Beziehung zur Vertragsfreiheit zusammenfassend umreißen. Dabei sollte nicht übersehen werden, dass mit der rechtsgeschäftlichen Entscheidungsfreiheit, die durch die Formvorschriften in erster Linie flankierend geschützt werden soll, ein hohes Gut auf dem Spiel steht, das die Einhaltung bestimmter Formalia rechtfertigt. Insofern sind Formvorschriften das Ergebnis einer Güterabwägung: Dem Schutz der tatsächlichen, materiellen Entscheidungsfreiheit der Parteien stehen die mit der Einhaltung von Formvorschriften verbundene Mühe sowie ihr finanzieller und zeitlicher Aufwand gegenüber. Dem aufgrund des Verhältnismäßigkeitsgrundsatzes geforderten Gebot des möglichst schonenden Eingriffs ist der Gesetzgeber dadurch gerecht geworden, dass er die Erfordernisse der Schriftform sowie der notariellen Beurkundung erkennbar auf besonders heikle, riskante Fälle weitgehend *einseitig begünstigender Rechtsgeschäfte* – wie etwa Schenkungsversprechen, Vermögensübertragungen und Bürgschaften – sowie Rechtsgeschäfte mit regelmäßig *hohen Vertragswerten* und einem besonderen Bedürfnis nach *Dokumentation* und *Rechtsklarheit*[336] – wie etwa Grundstücksgeschäfte – beschränkt hat.

---

333 Vgl. hierzu MünchKomm/*Einsele*, BGB (7. Aufl. 2015), § 125 Rn. 10.

334 *Heinrich*, Formale Freiheit (2000), S. 61 f. *Häsemeyer*, Form (1971), S. 162 spricht insoweit gar von einem „in die Privatautonomie zwangsintegrierten objektiven Ordnungsfaktor".

335 Zu diesem Aspekt im Kontext der Schutzzweckdiskussion eingehend untenm *S.* 440 *sowie aus verfasungsrechtlicher Perspektive unten S.* 374 ff.

336 Hierzu *Wolf/Neuner*, BGB AT (11. Aufl. 2016), S. 509.

Dass damit auch Rechtsgeschäfte einer Formpflicht unterworfen werden, die im Einzelfall im Hinblick auf die rechtsgeschäftliche Entscheidungsfreiheit *prima vista* als unproblematisch erscheinen, ist hinzunehmen und entspricht der generalpräventiven Funktion des Gesetzesrechts. Die „Leistungsbilanz" der Formvorschriften ist dagegen erheblich: Für vergleichsweise „kleine Münze" wird ein hohes Gut effektiv geschützt. Insoweit fällt es schwer, in den Formvorschriften in erster Linie Beschränkungen der Vertragsfreiheit, als vielmehr in ihnen ihre Gewährleistung zu erkennen. Dies gilt umso mehr, als sich der „Wert" der rechtsgeschäftlichen Entscheidungsfreiheit als Ausdruck der selbstbestimmten Entfaltung der Persönlichkeit sowie aufgrund seines Menschenwürdegehaltes[337] und seines Freiheitsbezuges einer Quantifizierung grundsätzlich entzieht und daher in besonderer Weise schützenswert ist.[338]

Weil die Vertragsfreiheit als Ausfluss der Privatautonomie wie diese selbst ohnehin nur in dem Rahmen gewährt wird, den die Rechtsordnung vorgibt, ist ihre (scheinbare) Beschränkung daher das wirksamste Mittel ihrer Verwirklichung. Dieser Grundsatz, der den Formvorschriften zugrunde liegt, lässt sich ohne weiteres auch auf andere *Wirkbereiche* der Vertragsfreiheit und Instrumente des *Schutzes rechtsgeschäftlicher Entscheidungsfreiheit* übertragen. Er liegt als verallgemeinerungsfähiger Rechtssatz der *Bürgschaftsrechtsprechung*[339] ebenso zugrunde wie der *Inhaltskontrolle von AGB*, den *verbraucherschützenden Vorschriften* des deutschen bürgerlichen sowie des europäischen Rechts und der sicherlich derzeit umfassendsten – wenngleich als Verordnungsvorschlag unverbindlich gebliebenen – Regelung zum Schutz der materiellen Vertragsfreiheit im Tatbestand des *Schutzes vor unfairer Ausnutzung* nach Art. 51 GEK-E.[340]Er verändert die Perspektive von einem *einseitig formalen* Verständnis hin zu einem *umfassenden* Verständnis der Vertragsfreiheit, das sowohl ihre *formale* wie auch ihre *materielle* Dimension in den Blick nimmt. Im weiteren Gang unserer Betrachtung ist daher zu untersuchen, inwieweit sich dieser Grundsatz auch auf weitere Wirkbereiche der Vertragsfreiheit wie etwa die *Inhaltskontrolle von AGB* im *unternehmerischen Geschäftsverkehr*[341] übertragen lässt.

---

[337] Hierzu eingehend oben S. 13 ff., 31 f. sowie unten S. 263 ff.

[338] Zum verfassungsrechtlichen Schutz *materieller Vertragsfreiheit* vgl. unten S. 374 ff.

[339] BVerfG NJW 1996, 2021 (Bürgschaft III); NJW 1994, 2749 (Bürgschaft II); BVerfGE 89, 214 = NJW 1994, 36 (Bürgschaft I) sowie eingehend unten S. 382 ff.

[340] Vorschlag für eine Verordnung über ein Gemeinsames Europäisches Kaufrecht vom 11. 10. 2011, KOM(2011) 635 endg. Vgl. hierzu *Gsell*, in: Gebauer (Hrsg.), Gemeinsames Europäisches Kaufrecht (2013), S. 105, 111 f.; *Wendelstein*, GPR 2013, 70; *Flessner*, ZEuP 2012, 726; ff; *Kindler*, JZ 2012, 712, 712 ff., 716; *Leible*, RabelsZ 76 (2012), 374, 396 ff. sowie eingehend unten S. 806 ff.

[341] Hierzu unten S. 691 ff.

2. *Formale und materielle Vertragsfreiheit*

In der Betrachtung der Formfreiheit als Ausübungsform der Vertragsfreiheit ist bereits angeklungen, dass die Vertragsfreiheit neben ihrer äußeren Form auch eine innere Struktur aufweist, die in der Unterscheidung zwischen ihrer *formalen* und ihrer *materiellen* Dimension dogmatisch fassbare Gestalt annimmt. Den beiden Begriffen liegt die Differenzierung zwischen der *rechtlichen* und der *faktischen* Perspektive auf die Vertragsfreiheit und damit die alte Frage nach der Divergenz von *Faktizität* und *Recht* und somit nach dem *tatsächlichen rechtspraktischen Wert* formaler Rechtsgewährleistungen als zentraler Gerechtigkeitsfrage zugrunde.

a) Formale Vertragsfreiheit als normativ konstituierte Rechtsgestaltungskompetenz

Als rechtlicher Begriff lässt sich die Vertragsfreiheit auf der Grundlage ihres formal-juristischen Gehaltes zunächst rein *normativ* bestimmen.[342] Danach bezeichnet der Begriff der *formalen Vertragsfreiheit* die *rechtliche Befugnis* des Einzelnen zur Verwirklichung seiner Interessen im Wege der rechtlichen Gestaltung seiner Lebensverhältnisse durch Vertrag.[343] Im Mittelpunkt steht dabei der von der Rechtsordnung eröffnete Raum zu rechtlich verbindlicher und damit gegebenenfalls auch staatlich durchsetzbarer Gestaltung der eigenen Rechts- und Lebensverhältnisse. Da rechtliche Verbindlichkeit die *Anerkennung* des Vereinbarten und damit die *Geltungsverleihung* durch die Rechtsordnung voraussetzt, handelt es sich bei der formalen Vertragsfreiheit notwendig um eine *normativ konstituierte* Kompetenz zu eigenverantwortlicher Rechtsgestaltung.[344]

Auf die reale Möglichkeit, von der durch die Rechtsordnung eingeräumten Rechtsgestaltungsbefugnis auch *tatsächlich* Gebrauch zu machen, kommt es da-

---

[342] Vgl. hierzu *Hellwege*, AGB und Rechtsgeschäftslehre (2010), S. 5 f.; *Miethaner*, AGB-Kontrolle (2010), S. 23 ff.; *Denkinger*, Verbraucherbegriff (2007), S. 35 ff.; *Auer*, Materialisierung (2005), S. 25 ff.; *Becker*, Der unfaire Vertrag (2003), S. 41 ff.; *Heinrich*, Formale Freiheit (2000), S. 53 f.; *Canaris*, AcP 200 (2000), 273, 277 ff.; *Busche*, Privatautonomie (1999), S. 99 ff.; *Drexl*, Selbstbestimmung (1998), S. 293 ff.; *Lorenz*, Schutz (1997), S. 498; *Oechsler*, Gerechtigkeit (1997), S. 127 f.; *Bydlinski*, System und Prinzipien (1996), S. 93 f.; *Enderlein*, Rechtspaternalismus (1996), S. 93 f.; *Höfling*, Vertragsfreiheit (1991), S. 20 ff., 44 ff.; *Hönn*, Vertragsparität (1982), S. 289 ff.; *Kramer*, Krise (1974), S. 20 ff.; *Wolf*, Entscheidungsfreiheit (1970), S. 101 ff., 125 ff., 146 ff., 195 ff.; *Schmidt-Rimpler*, AcP 147 (1941), 130, 19 ff. Instruktiv sind in diesem Zusammenhang auch die Ausführungen von *Singer*, Selbstbestimmung (1995), S. 8 ff., 18 ff., 27 ff.; *Fastrich*, Inhaltskontrolle (1992), S. 36 ff., 44 ff. sowie bereits *Fischer*, Vertragsfreiheit (1952), S. 55, der die Problematik der tatsächlichen rechtsgeschäftlichen Entscheidungsfreiheit im Kontext der „faktischen Schranken" der Vertragsfreiheit erörtert. Zum Zusammenhang von *Vertragsfreiheit* und *Vertragsgerechtigkeit* vgl. näher *Remien*, Zwingendes Vertragsrecht (2003), S. 150 ff.

[343] Ähnlich auch *Leuschner*, JZ 2010, 875, 880; *Heinrich*, Formale Freiheit (2000), S. 53; *Höfling*, Vertragsfreiheit (1991), S. 21 ff.

[344] *Höfling*, Vertragsfreiheit (1991), S. 21 ff.

bei nicht an. Maßgeblich ist allein, dass den Parteien formal-rechtlich die Kompetenz zur Regelung ihrer eigenen Lebensverhältnisse zusteht. Vor dem Hintergrund eines solchen formalen, rein normativen Verständnisses der Vertragsfreiheit muss jede Form *materieller Korrektur* nicht mehr nur als immanente *Schranke*, sondern vielmehr als *Beeinträchtigung* der Vertragsfreiheit oder sogar als ihre *„partielle Aufhebung“*[345] erscheinen.[346] Und tatsächlich kehrt diese Argumentationsstruktur regelmäßig in jenen Diskussionen wieder, in denen es um materielle Vertragskorrektur durch richterliche Inhaltskontrolle und damit um Reichweite und Grenzen formaler Vertragsfreiheit geht.

Sein wesentliche geistesgeschichtliche Grundlage findet ein ausschließlich formales Verständnis der Vertragsfreiheit im *Liberalismus*[347], und so ist es auch nicht überraschend, dass eben jener Geist eines formal-liberalen Verständnisses der Privatautonomie zumindest den Kodifikationsprozess des BGB entscheidend mitgeprägt hat.[348] Auch wenn die nachfolgenden *Novellen* und schließlich auch die *Rechtsprechung* des RG und des BGH zu einer deutlichen *Materialisierung* des bürgerlichen Rechts beigetragen haben, so ist doch die formal-liberale Grundausrichtung des BGB – obgleich im Vergleich zu seiner ursprünglichen Gestalt deutlich abgemildert – im geltenden Recht durchaus noch erkennbar. Freilich gilt das Paradigma der *Normativität* auch im Rahmen des formalen Freiheitsverständnisses nicht absolut, sondern wird seinerseits durch materielle Elemente ergänzt.[349]

b) Materielle Vertragsfreiheit als tatsächlich verfügbare Rechtsgestaltungsfähigkeit

Daher ist bereits früh die Einsicht gewachsen, dass ein rein formales Verständnis der Vertragsfreiheit weder dem eigenen *Anspruch der Privatautonomie* an die effektive *Selbstverwirklichung* des Einzelnen noch dem *Anspruch des Rechts* als Instrument zur Verwirklichung materieller Gerechtigkeit gerecht zu werden vermag und der Begriff der Vertragsfreiheit einer Ergänzung durch die Freilegung des Blicks auf seine materielle Dimension bedarf.[350] Denn die theoretisch bestehende rechtliche Befugnis zu eigenverantwortlicher Rechtsgestaltung bleibt in der Rechtspraxis ohne Wirkung, wenn der Einzelne von der ihm lediglich for-

---

[345] So – indes mit Blick auf die durch *Kontrahierungszwang* verbundenen Eingriffe in die Vertragsbegründungsfreiheit – *Busche*, Privatautonomie (1999), S. 75.

[346] Ähnlich, jedoch in Bezugt auf die Vertragsbegründungsfreiheit.

[347] Hierzu näher *Kramer*, Krise (1974), S. 22 ff.

[348] Hierzu eingehend *Wieacker*, Privatrechtsgeschichte der Neuzeit (2. Aufl. 1967), S. 478 ff., 480 f. sowie unten S. 165 ff.

[349] *Heinrich*, Formale Freiheit (2000), S. 54 mwN.

[350] Zu dieser Entwicklung eingehend *Hellwege*, AGB und Rechtsgeschäftslehre (2010), S. 5 ff.; *Denkinger*, Verbraucherbegriff (2007), S. 35. Vgl. hierzu *Wendland*, Mediation und Zivilprozess (2017), S. 240 ff.

mal zustehenden Rechtsgestaltungskompetenz tatsächlich keinen Gebrauch machen kann. Die *normative* Perspektive der *formalen* bedarf daher der Ergänzung durch die *faktische* Dimension der *materiellen Vertragsfreiheit.*

Zielt die *formale Vertragsfreiheit* auf die *normativ* konstituierte Rechtsgestaltungskompetenz, so bezeichnet der Begriff der *materiellen Vertragsfreiheit* die *tatsächliche Möglichkeit* des Einzelnen zur Verwirklichung seiner Interessen im Wege der rechtlichen Gestaltung seiner Lebensverhältnisse durch Vertrag.[351] Anders gewendet: Betrifft die formale Vertragsfreiheit die *rechtliche*, so nimmt die materielle Vertragsfreiheit die *tatsächliche* Entscheidungsfreiheit der Parteien in den Blick. Sie steht somit nicht nur im Dienst materieller *Vertragsgerechtigkeit*, sondern soll gerade die Verwirklichung *selbstbestimmter* Entscheidung und damit die eigenverantwortliche Entfaltung der Persönlichkeit gewährleisten.[352] Entscheidend ist daher nicht lediglich die Existenz eines verbrieften Rechts, sondern die empirisch nachprüfbare Möglichkeit für die Parteien, den von der Rechtsordnung zur Verfügung gestellten Rahmen auch tatsächlich durch eigenverantwortliches Handeln ausfüllen zu können.

Diese Möglichkeit kann in der Rechtspraxis auf vielfältige Weise eingeschränkt sein: durch *strukturelle Machtungleichgewichte* und *Informationsasymmetrien*, insbesondere in Form einer finanziellen, wirtschaftlichen oder situativen *Überlegenheit* einer Partei, eines *Defizites* an kognitiven oder rhetorischen Fähigkeiten, aufgrund *gesellschaftlicher Zwänge* oder *sonstiger Hindernisse.*[353] So wird die mit der Vertragsfreiheit eigentlich gewährleistete Selbstbestimmung zur Makulatur, wenn einer Partei zwar *formal* das Recht zusteht, den Abschluss eines Vertrages mit für sie ungünstigen AGB abzulehnen, sie sich jedoch tatsächlich gezwungen sieht, dem Vertrag notgedrungen zuzustimmen, weil sie entweder auf die Leistung angewiesen ist oder weil ihr aufgrund der – etwa durch ein Marktversagen bewirkten – Marktüblichkeit der benachteiligenden AGB keine zumutbare Alternative zur Verfügung steht.[354] In diesem Fall ist die der strukturell unterlegenen Partei zustehende formale Freiheit nur eine *theoretische*, irreale Möglichkeit ohne praktische Bedeutung. Der eigentliche Zweck der Vertragsfreiheit, die in ihrem Kern auf Entfaltung der Selbstbestimmung ausgerichtet ist, wird in ihr Gegenteil verkehrt. So stellte schon das BVerfG in seiner Bürgschaftsentscheidung fest: „Hat einer der Vertragsteile ein so starkes *Übergewicht*, daß er den

---

[351] Ebenso *Denkinger*, Verbraucherbegriff (2007), S. 37; *Canaris*, AcP 200 (2000), 273, 277 f.; *Heinrich*, Formale Freiheit (2000), S. 54 mwN; *Hönn*, Vertragsparität (1982), S. 298 f.

[352] Hierzu *Canaris*, AcP 200 (2000), 273, 277, der darauf hinweist, dass *Privatautonomie* und *Vertragsfreiheit* nicht um ihrer selbst willen gewählt werden, sondern vor allem der *Selbstbestimmung* des Einzelnen dienen. Vgl. auch *Gsell*, JZ 2012, 814, 815 zum Verhältnis von *formaler* und *materieller* Vertragsfreiheit im Verbraucherrecht.

[353] Vgl. für einen systematischen Überblick bei *Larenz/Wolf*, BGB AT (9. Aufl. 2004), S. 766.

[354] Ebenso für AGB *Denkinger*, Verbraucherbegriff (2007), S. 37.

Vertragsinhalt faktisch einseitig bestimmen kann, bewirkt dies für den anderen Vertragsteil *Fremdbestimmung* ....“[355]

Formale und *materielle* Vertragsfreiheit stehen indes nicht beziehungslos nebeneinander:[356] So setzt materielle Vertragsfreiheit die formale Vertragsfreiheit notwendig voraus, da die tatsächliche Wahrnehmung rechtsgeschäftlicher Entscheidungsfreiheit als Grundvoraussetzung eines sie überhaupt erst normativ konstituierenden rechtlichen Rahmens bedarf, um sich auch in tatsächlicher Hinsicht entfalten zu können.[357] Umgekehrt enthält auch das Verständnis formaler Vertragsfreiheit materielle Aspekte.[358]

Die Frage nach dem rechten Verhältnis zwischen formaler und materieller Vertragsfreiheit ist nicht nur von zentraler dogmatischer Bedeutung, sondern wirkt sich auf eine Vielzahl von Einzelproblemen aus. So steht sie etwa auch im Mittelpunkt der Frage nach Umfang und Reichweite materieller Vertragskorrektur und insbesondere der richterlichen Inhaltskontrolle von AGB. Aus dem damit angesprochenen Zusammenhang von *Selbstbestimmung* und *materieller Vertragsfreiheit* wird zweierlei deutlich: Zum einen die Tatsache, dass mit dem Problem der Rechtfertigung richterlicher AGB-Kontrolle nicht nur die *Gerechtigkeits-*, sondern in grundlegender Weise auch die *Freiheitsfrage* thematisiert ist. Weil es bei der Inhaltskontrolle damit nicht mehr primär um das Problem der Vertragskorrektur auf der Grundlage externer Gerechtigkeitsmaßstäbe, sondern um die Verwirklichung tatsächlicher Selbstbestimmung geht, ist zugleich jenen Argumentationssträngen der Boden entzogen, die in der Inhaltskontrolle eine unzulässige Beeinträchtigung der Vertragsfreiheit erblicken. Zum anderen wird durch den inneren Zusammenhang von *materieller Vertragsfreiheit* und *Selbstbestimmung* deutlich, dass Freiheit und Gerechtigkeit auf das Engste in der Weise verknüpft sind, dass wahre Freiheit nur im Dienst der *Gerechtigkeit* denkbar ist.[359] Die Entwicklungen insbesondere auf europäischer Ebene sind dabei rechtspraktischer Beleg für den bereits von der Rechtsphilosophie erarbeiteten Befund.[360] In dem Verhältnis von *formaler* und *materieller* Vertragsfreiheit ist somit zugleich auch immer die Grundfrage der Beziehung von *Vertragsfreiheit* und *Vertragsgerechtigkeit* angesprochen. Ihr soll im Folgenden mit Blick auf das Prinzip der *Vertragsgerechtigkeit* weiter nachgegangen werden[361], um einen dogmatisch gesicherten Rahmen für die Inhaltskontrolle zu erarbeiten, der in einem zweiten Schritt sodann auf die AGB-Kontrolle im unternehmerischen Geschäftsverkehr angewendet wird.[362]

---

[355] BVerfGE 89, 214, 234 = NJW 1994, 36, 39 (Bürgschaft I). Hierzu eingehend unten S. 382ff. Hervorhebungen durch den Verfasser.

[356] Dazu näher *Heinrich*, Formale Freiheit (2000), S. 54 mwN.

[357] *Heinrich*, Formale Freiheit (2000), S. 54 mwN.

[358] *Heinrich*, Formale Freiheit (2000), S. 54 mwN.

[359] Vgl. hierzu schon oben S. 3.

[360] Vgl. hierzu näher unten S. 790ff.

[361] Vgl. S. 100ff.

[362] Hierzu eingehend unten S. 439ff., 462ff., 858ff., 933ff.

IV. Zusammenfassung

1. Vertragsfreiheit ist die *Freiheit* zum *Vertrag* als Möglichkeit der Beteiligten zur selbstbestimmten Gestaltung ihrer Rechtsverhältnisse. Als bedeutendste Ausprägung der *Privatautonomie* findet sie ihre Grundlage in der durch die *Menschenwürde* grundgelegten *Freiheit* des Menschen. Sie ermöglicht dem Einzelnen die Verwirklichung seiner Interessen durch die selbstbestimmte *rechtliche* Gestaltung seiner Lebensverhältnisse.

2. Als *Freiheit von Fremdbestimmung* schützt sie vor Beeinträchtigungen der eigenverantwortlichen Privatrechtsgestaltung, und zwar unabhängig davon, ob diese ihren Ursprung in *staatlichen Eingriffen* oder im *privaten Handeln* des jeweiligen Vertragspartners haben. Ursprünglich auf die Abwehr staatlicher Eingriffe gerichtet, tritt heute verstärkt der Schutz der strukturell schwächeren Partei vor Fremdbestimmung durch überlegene Vertragspartner in den Vordergrund. Neben der *formalen* gewinnt damit die *materielle* Vertragsfreiheit zunehmend an Bedeutung. Eine einseitige Verkürzung der Vertragsfreiheit auf ihre formale Dimension – wie sie in der gegenwärtigen Reformdiskussion aufscheint – ist mit dem Wesen der Vertragsfreiheit unvereinbar.

3. Dem Begriff der *Vertragsfreiheit* ist jener der sie begrenzenden *Vertragsgerechtigkeit* immanent. Denn durch die Unterstellung der Vereinbarung unter die Autorität des Rechts und ihre Anerkennung durch die Rechtsordnung wird der Vertrag der unbeschränkten Verfügungsgewalt der Parteien entzogen. Sein Inhalt ist an jenen Wertmaßstäben zu messen, die die Rechtsordnung an die Vereinbarung der Parteien als Voraussetzung der rechtlichen Anerkennung anlegt: Die Herstellung eines angemessenen *Interessenausgleichs* und damit die Verwirklichung *materieller Gerechtigkeit* als *Zweck des Rechts.*

4. Die Vertragsfreiheit ist die bedeutendste Ausprägung des Prinzips der *Privatautonomie*, die als eines der *grundlegenden Ordnungsprinzipien* der Privatrechtsordnung insgesamt zugrunde liegt. Die Privatautonomie ist das rechtliche Korrelat zur Anerkennung menschlicher Freiheit, für die Privatrechtsordnung konstitutiv und verfassungsrechtlich gewährleistet. Aus ihrer engen Beziehung zu Freiheit und Würde des Menschen ergeben sich ihre *überpositive Begründung* und die besondere *Bedeutung des Willens* als Ausdruck personaler Freiheit.

5. Die Privatautonomie findet ihre letzte Begründung nicht in der Rechtsordnung, die sie selbst gerade konstituiert und daher auch transzendieren muss, sondern in der *Freiheit* und *Würde*, im *Person-Sein* des Menschen selbst und bedarf damit keiner weiteren Rechtfertigung. Sie kann ihre letzte Begründung nur in jenen überpositiven Wertvorstellungen finden, die der Rechtsordnung selbst zugrunde liegen, „die der verfassungsmäßigen Rechtsordnung immanent, aber in

den Texten der geschriebenen Gesetze nicht oder nur unvollkommen zum Ausdruck gelangt sind."[363]

6. Zwar bedarf sie der Rechtsordnung als *Korrelat* und kann nur in dem von dieser zur Verfügung gestellten Rahmen gewährt werden. Allerdings muss sie als Ausdruck unveräußerlicher menschlicher Freiheit und Würde des Menschen und als tragende Grundlage jeder gerechten Ordnung überhaupt in nennenswertem Umfang gewährleistet werden. Ihr Ursprung kann daher nur außerhalb des staatlich positiven Rechts und damit allein naturrechtlich verortet sein.

7. Der *Wille* ist das beherrschende Element und die bestimmende Kraft rechtlicher Gestaltungsmacht. Weil er Ausdruck der Selbstbestimmung der Parteien und damit in der Freiheit und Würde des Menschen grundgelegt ist, kommt ihm für die Gestaltung der Rechtsbeziehungen eine tragende Bedeutung zu. Das in ihm verwirklichte *Selbstbestimmungsprinzip* steht im Wettbewerb mit objektiven Gestaltungskräften – wie etwa dem *Verkehrs-* und *Vertrauensschutz* – sowie der *Vertragsgerechtigkeit*, wobei ihm insoweit ein je unterschiedliches Gewicht zukommt.

8. So wird dem *Verkehrsschutz* als technischem *Ordnungsprinzip* ein geringeres Gewicht zukommen müssen als der *Vertragsgerechtigkeit* als *Zweck des Rechts.* Auch aus dieser Perspektive ergibt sich eine enge Verknüpfung zwischen dem *Selbstbestimmungsprinzip* und der *Vertragsgerechtigkeit.* Zugleich entspricht die für die aktuelle Reformdiskussion charakteristische Überbetonung formaler Vertragsfreiheit einer Fokussierung auf den *Verkehrsschutz*, der damit in ein Spannungsverhältnis zu dem durch die *materielle Vertragsfreiheit* gewährleisteten Selbstbestimmungsprinzip tritt. In der Reformdiskussion bricht damit ein Spannungsverhältnis auf, das auch in weiteren Bereichen des Privatrechts Ausdruck gefunden hat: In dem Verhältnis von *Wille* und *Erklärung*, dass dem Streit zwischen Willens-, Erklärungs- und Geltungstheorie zugrunde lag, in der Dichotomie zwischen *Formalität* und *Materialität* sowie in dem Spannungsverhältnis zwischen *Rechtssicherheit* und *Vertragsgerechtigkeit.*

9. Der *Wille* bedarf der *Transformation* in verbindliches *Recht* durch *Willenserklärung*, die ihm rechtliche Gestalt verleiht und zum Eintritt der von der Rechtsordnung vorgesehenen Rechtsfolgen führt. Rechtliche *Verbindlichkeit* erhält das Vereinbarte indes erst durch die *Anerkennung* seitens der Rechtsordnung. Hiermit sind zugleich Anforderungen an *Inhalt*, *Form* und *Art und Weise* des Zustandekommens des Vereinbarten geknüpft. Der Privatautonomie ist, weil sie auf Rechtsverbindlichkeit und damit die Anerkennung des Vereinbarten durch die Rechtsordnung gerichtet ist, daher von vornherein die Notwendigkeit der *In-*

[363] So BVerfGE 34, 269 = NJW 1973, 1221, 1225 (Soraya).

haltskontrolle des Vertrages immanent, die etwa in den Vorschriften der §§ 134, 138, 242, 305 ff. BGB Ausdruck gefunden hat.

10. *Verfassungsrechtlich* ist die im Grundgesetz nicht *expressis verbis* benannte Vertragsfreiheit als Teil der allgemeinen Handlungsfreiheit nach Art. 2 Abs. 1 GG geschützt. Sie ist dabei sowohl subjektiv- als auch objektiv-rechtlich ausgeformt und umfasst drei Wirkbereiche: Die Abwehr unzulässiger Eingriffe des Staates (*subjektives Abwehrrecht*), den Schutz der Selbstbestimmung durch den Staat (*objektives Schutzrecht*) sowie die Schaffung und Sicherung des notwendigen Rahmens der Privatrechtsordnung als Bedingung zur Entfaltung der Vertragsfreiheit (*Institutsgarantie*). Sie unterliegt insbesondere den *Schranken* der *Rechte anderer* und der *verfassungsmäßigen Ordnung*, wobei dem Gesetzgeber im Rahmen einer umfassenden Einschätzungsprärogative ein weiter Ermessensspielraum bei der Gestaltung der Privatrechtsordnung und damit der Bestimmung der Schranken der Vertragsfreiheit zukommt.

11. Auch im *europäischen Primärrecht* hat die Vertragsfreiheit keine ausdrückliche Normierung erfahren. Aus der Wirtschaftsverfassung (Art. 119 Abs. 1, 120 AEUV) und den vier Grundfreiheiten der Personen-, Waren- und Kapitalverkehrs- sowie der Dienstleistungsfreiheit geht indessen hervor, dass sie als „wahre Grundfreiheit" vom Unionsrecht als selbstverständlich vorausgesetzt wird. Ist die EMRK für die Gewährleistung der Vertragsfreiheit weitgehend bedeutungslos geblieben, wird in der Grundrechtecharta der EU von ihrer Geltung selbstverständlich ausgegangen. Hinweise auf die selbstverständliche Geltung der Vertragsfreiheit ergeben sich darüber hinaus aus der Rechtsprechung des EuGH, den Schlussanträgen der Generalanwälte, dem europäischen Richtlinienrecht sowie rechtspolitischen Dokumenten der Kommission und weiterer EU-Institutionen. Die *Vorarbeiten für ein* gemeinsames *Europäisches Vertragsrecht* sowie internationales Einheitsrecht sehen dagegen eine ausdrückliche Verankerung der Vertragsfreiheit an prominenter Stelle vor (Art. 1.1. UPr., Art. II. – 1:102 DCFR, Art. 1 Abs. 1 GEK-E). Sie gehen zwar von einem Vorrang formaler Vertragsfreiheit aus, sehen jedoch zahlreiche Möglichkeiten materieller Korrektur unangemessener Vertragsinhalte, insbesondere in Fällen ungleicher Verhandlungsmacht vor.

12. Im deutschen Privatrecht ist die Vertragsfreiheit insbesondere in den Vorschriften der §§ 241 Abs. 1, 311 Abs. 1 BGB verankert, während ihre Schranken durch die §§ 134, 138, 242 BGB sowie im Bereich des AGB-Rechts durch die §§ 305 ff. BGB konkretisiert werden.

13. Der Vertragsfreiheit kommen als Grunddeterminante der Privatrechtsordnung *individuelle* und *überindividuelle* Funktionen zu. In *individueller* Hinsicht von Bedeutung sind die *Selbstbestimmungsfunktion* (Vertragsfreiheit als Instrument rechtlicher Persönlichkeitsentfaltung), die *Gerechtigkeitsfunktion* (Vertragsfreiheit als Voraussetzung der Richtigkeitsgewähr des Vertragsmecha-

nismus) sowie in *überindividueller* Hinsicht die *Ordnungsfunktion* (gerechte Güterverteilung durch Vertrag), die *ökonomische* Funktion (effizienter Güteraustausch durch Vertrag), die *soziale* Funktion (Vertrag als Institut einer gerechten Sozialordnung), die *demokratische* Funktion (Emanzipation *from status to contract*), die *Stabilitätsfunktion* (Ausgleich sozialer Spannungen) sowie die *Rechtsfortbildungsfunktion* (Gewährleistung rechtlicher Innovation).

14. Im vorvertraglichen Bereich tritt die Vertragsfreiheit zunächst im Rahmen von *Vertragsverhandlungen* in Erscheinung, wobei die interdisziplinäre Verhandlungsforschung die Leistungsfähigkeit interessenorientierter gegenüber positionsorientierter Verhandlung nachgewiesen hat. Im vertraglichen und damit rechtlichen Bereich ist zwischen Abschluss-, Inhalts- und Formfreiheit zu unterscheiden, wobei für die Entwicklung eines vertragstheoretischen Begründungsmodells der Inhaltskontrolle vor allem die Abschluss- und Inhaltsfreiheit von Bedeutung sind. Strukturell ist zwischen der *formalen* Vertragsfreiheit als normativ konstituierte Rechtsgestaltungskompetenz und der *materiellen* Vertragsfreiheit als tatsächlich verfügbarer Rechtsgestaltungsfähigkeit zu differenzieren, womit zugleich das zentrale Spannungsverhältnis angesprochen ist, das der rechtspolitischen Diskussion um Reichweite und Maßstab Inhaltskontrolle im unternehmerischen Geschäftsverkehr zugrunde liegt.

§3

Vertragsgerechtigkeit: Grundlagen, Funktion und Form

Der Grundsatz der Vertragsgerechtigkeit gehört neben der Vertragsfreiheit zu den zentralen Gestaltungskräften der Privatrechtsordnung. Mit dem Begriff der Gerechtigkeit ist die „Grundfrage aller Rechtsphilosophie“[1] angesprochen: Die Frage nach der *Hauptaufgabe*, dem *Ziel*, dem *Zweck*, ja dem *Inbegriff* allen *Rechts*. Sie ist idealtypisch Zweck jeden *Vertrages*, Maßstab jeder *Gesetzgung* und Grundlage jeder *gerichtlichen Entscheidung*. Die Suche nach der Gerechtigkeit begleitet die menschliche Existenz seit Anbeginn. Und sie ist es, auf die letztlich jedes Ringen um das, was *Recht* sein soll, ausgerichtet ist: *„ius est ars boni et aequi“*[2] und *„iustitia est constans et perpetua voluntas ius suum cuique tribuens“*.[3]

I. Grundlagen: Gerechtigkeit als Rechtsprinzip

1. *Vertragsgerechtigkeit und aktuelle Privatrechtsdogmatik*

Umso mehr mag die Tatsache erstaunen, dass die Urfrage nach der Gerechtigkeit im zivilistischen Schrifttum jedenfalls als unmittelbarer Forschungsgegenstand vergleichsweise wenig Niederschlag gefunden hat. Erst in jüngerer Zeit ist eine Tendenz zur vermehrten Beschäftigung mit Fragen der Vertragsgerechtigkeit erkennbar[4]. Im Hinblick auf den Umfang der Darstellung und das Maß der dogmatischen Durchdringung steht die *Vertragsgerechtigkeit* indes weit im Schatten der *Privatautonomie*, die in der Vielgestaltigkeit ihrer Fragestellungen bis heute Gegenstand intensiver wissenschaftlicher Auseinandersetzung geblieben ist.[5]

---

[1] *Messner*, Naturrecht (5. Aufl. 1966), S. 425.

[2] Dig. 1.1.1 pr. (Ulpian): „Das Recht ist die Kunst des Guten und Gerechten“.

[3] Inst. 1, 1. pr. „Die Gerechtigkeit ist der unwandelbare und ewige Wille, jedem das Seine [das ihm Zustehende, sein Recht] zukommen zu lassen.“

[4] Vgl. nur beispielhaft *Köhler*, Recht und Gerechtigkeit (2017); *Bäcker*, Gerechtigkeit im Rechtsstaat (2015); *Arnold*, Vertrag und Verteilung (2014); *Baldus/Kronke/Mager (Hrsg.)*, Heidelberger Thesen zu Recht und Gerechtigkeit (2013); *Schmoeckel*, Die Jugend der Justitia (2013) sowie *Osterkamp*, Juristische Gerechtigkeit (2004).

[5] Vgl. nur *Busche*, Privatautonomie (1999), S. 14 ff.; *Heinrich*, Formale Freiheit (2000), S. 43; *Lorenz*, Schutz (1997), S. 17; *Enderlein*, Rechtspaternalismus (1996), S. 71 ff.; *Hönn*, Vertragsparität (1982), S. 298; *Flume*, BGB AT II (3. Aufl. 1979), S. 12; *Wolf*, Entscheidungsfreiheit (1970), S. 19; *Fischer*, Vertragsfreiheit (1952), S. 27 ff.

Dieser Befund verwundert umso mehr, als die Frage nach der *aequitas* im *Gemeinen Recht* und damit für die gesamte europäische Rechtsentwicklung von grundlegender Bedeutung gewesen war. Aus rechtsgeschichtlicher und rechtsvergleichender Perspektive gehört es heute zum Gemeingut, dass die Frage nach der Gerechtigkeit zu den Grundfragen des Rechts schlechthin gehört, letztlich die *eine* Kernfrage des Rechts überhaupt betrifft. Jene Frage, die mit *Thomas von Aquin*[6] letztlich auch darüber enstscheidet, ob Normen überhaupt Rechtsqualität beanspruchen dürfen.

Dass sie auch rechtspolitisch an Aktualität kaum eingebüßt hat, zeigen nicht zuletzt die Entwicklungen auf europäischer Ebene, wie etwa der – 2014 gescheiterte – Verordnungsvorschlag der Kommission für ein Gemeinsames Europäisches Kaufrecht, der mit dem Tatbestand der *unfairen Ausnutzung* des Art. 51 GEK-E eine sehr weitgehende Inhaltskontrolle auch von Individualverträgen vorsah. Und der damit nicht nur eines der schärfsten denkbaren Instrumente materieller Vertragskorrektur enthielt, sondern den streng formal-liberalen Grundansatz, mit dem das BGB ursprünglich die Bühne der Geschichte betreten hatte, geradezu in sein Gegenteil verkehren sollte.

Hatten sich die Schöpfer des BGB – wenngleich im Gegensatz zu den meisten anderen Zivilrechtskodifikationen wie dem französischen *Code Civil* oder dem österreichischen *ABGB* – im Vertrauen auf die regulierenden Kräfte des Marktes dazu entschlossen, den noch im Gemeinen Recht weithin anerkannten Grundsatz der *laesio enormis* aus dem Corpus des bürgerlichen Rechts zu entfernen, so wäre mit dem Tatbestand der *unfairen Ausnutzung* des Art. 51 GEK-E ein Instrument der Vertragskorrektur zur Geltung gelangt, das der *leasio enormis* als Verkörperung des Primats materieller Vertragsgerechtigkeit gegenüber formaler Vertragsfreiheit kaum nachstehen dürfte. Die Entwurf gebliebene Vorschrift des GEK markiert damit gleichsam den vorläufigen Endpunkt einer Materialisierungsentwicklung, die nicht nur auf europäischer Ebene sichtbar wird, sondern auch das deutsche Privatrecht grundlegend überformt hat.

Es bedurfte weniger als 100 Jahre, um diese kopernikanische Wende zu vollziehen. Nimmt man darüber hinaus die Novellengesetzgebung sowie den Prozess fortschreitender Materialisierung in den Blick, so drängt sich die Frage geradezu auf, ob der bis heute nicht ohne Kritik gebliebene Materialisierungsschub nicht die begründungsbedürfte Ausnahme, sondern eigentlich den idealtypischen Normalfall darstellt. Und ob sich nicht vielmehr der in der Euphorie der Gründerjahre aufgebrochene streng formal-liberale Grundansatz des ursprünglichen BGB als Engführung, als Irrweg, als Fußnote der Geschichte erweist, über den die Nachwelt in einer Mischung aus Verwunderung und Nachsicht hinweggeht.

---

[6] *Thomas von Aquin*, Summa Theologica, I^{a}–II^{ae} q. 95 a. 2 co.: „Unde omnis lex humanitus posita intantum habet de ratione legis, inquantum a lege naturae derivatur. Si vero in aliquo, a lege naturali discordet, iam non erit lex sed legis corruptio.“

Es scheint, als würde sich die Privatrechtsordnung – allen Tendenzen zur Verdrängung der Gerechtigkeitsfrage zum Trotz – den sie unmerklich bestimmenden Eigengesetzlichkeiten kaum entziehen können, als würde sich der in den Kanal strenger Formalität gezwungene Strom des Rechts wieder seinen natürlichen Weg suchen und in die seit Jahrhunderten in die Geschichte eingegrabenen Bahnen zurückfinden. Es hat dabei schon etwas – im positiven Sinne – „Unheimliches", wenn man sich der Tatsache bewusst wird, dass die Rechtsprechung, gleichsam wie von einer unsichtbaren Hand geführt, etwa bei der Auslegung des Wuchertatbestandes des § 138 Abs. 2 BGB und der Schaffung des *wucherähnlichen Geschäfts* nach § 138 Abs. 1 BGB im Grunde heute wieder bei den Grundsätzen der *laesio enormis ultra dimidum*[7] des römischen und des Gemeinen Rechts und damit dem *iustum pretium*, dem *duplum* des Marktwertes, angelangt ist.[8] Das gilt umso mehr, als allerorten zu lesen ist, dass die römische Läsionshaftung nicht in das BGB übernommen worden war[9], sich die gemeinrechtliche Lehre vom gerechten Preis zu Recht nicht durchzusetzen vermochte[10] und sich die entsprechende Diskussion als wenig fruchtbar erwiesen hätte.[11]

Wie aussichtslos Versuche gewesen waren, eine Privatrechtsordnung außerhalb der geschichtlich eingefahrenen Bahnen der Vertragsgerechtigkeit zu errichten, zeigt bereits ein Blick auf die Entwicklung des Zivilrechts nach Inkrafttreten des BGB: Waren Rechtsprechung und Gesetzgeber gezwungen, schon nach we-

---

[7] Zur Entwicklung der *laesio enormis* eingehend *Armgardt,* in: Riesenhuber/Karakostas (Hrsg.), Inhaltskontrolle (2009), S. 3 ff.; *Langer,* laesio enormis (2009), S. 45 ff., 73 ff., 95 ff.; *Denkinger,* Verbraucherbegriff (2007), S. 31 f.; *Emmert,* Leistungspflichten (2001), S. 178 ff.; *Heinrich,* Formale Freiheit (2000), S. 18 ff.; *Oechsler,* Gerechtigkeit (1997), S. 62 ff.; *Becker,* laesio enormis (1993), S. 25 ff.; *Kalb,* laesio enormis (1992); *Mayer-Maly,* FS Larenz (1983), S. 395 ff.; *Schulze,* laesio enormis (1973); *Scherrer,* Geschichte der Vertragsfreiheit (1948), S. 14, 27 ff., 45. Zur *Preisgerechtigkeit* im römischen Recht *Göttlicher,* Gerechter Preis (2004), S. 25 ff.

[8] Vgl. nur BGH NJW-RR 2016, 1251, 1251; NJW 2014, 1652, 1652; NJW 2001, 1127, 1128; NJW 1995, 2635, 2636; NJW 1992, 899, 900. Instruktiv hierzu *Bergmann,* Ungerechter Vertrag (2014), S. 32 ff., 62. Ähnlich *Medicus/Petersen,* BGB AT (11. Aufl. 2016), Rn. 711 („Damit ist die Rechtsprechung über § 138 I doch sehr nahe an die laesio enormis … herangekommen."); *Becker,* WM 1999, 709, 711 („Die Läsion ist damit nicht gegenstandslos, sondern in § 138 BGB aufgegangen"); *Hönn,* JZ 1983, 677 („namentlich für die Inhaltskontrolle im Gesellschafts- und Arbeitsrecht und eventuell im Vorfeld des AGBG, dürfte freilich § 138 I BGB die Norm des positiven Rechts sein … in der Aspekte der laesio enormis über die Generalklausel ins Recht zurückkehren."). Differenzierend *Martini,* DVBl 2008, 21, 23 f. Unzutreffend insoweit *Wolf,* Entscheidungsfreiheit (1970), S. 33; *Singer,* Selbstbestimmung (1995), S. 25.

[9] *Schön,* FS Canaris I (2007), S. 1191, 1192; *Raiser,* FS 100 Jahre DJT (1960), S. 101, 130.

[10] Vgl. nur *Miethaner,* AGB-Kontrolle (2010), S. 49. Hierzu eingehend unten S. 173 ff. Kritisch zu dieser Entwicklung bereits *v. Gierke,* Soziale Aufgabe (1889), S. 29 Fn. 20.

[11] So etwa *Teichmann,* Gestaltungsfreiheit (1970), S. 34; *Canaris,* FS Lerche (1993), S. 874, 884. Ähnlich *Bruns,* JZ 2007, 385, 386; *Canaris,* AcP 200 (2000), 273, 286; *Singer,* Selbstbestimmung (1995), S. 25; *Habersack,* Vertragsfreiheit und Drittinteressen (1992), S. 48, Fn. 42; *Raiser,* FS 100 Jahre DJT (1960), S. 101, 129. Kritisch gegenüber derartigen Wertungen *Bergmann,* Ungerechter Vertrag (2014), S. 32 ff., 63. Differenzierend aus der Perspektive der Ökonomischen Analyse *Schäfer/Ott,* Ökonomische Analyse (5. Aufl. 2012), S. 481 ff., 485.

nigen Jahrzehnten korrigierend einzugreifen, so ist ein halbes Jahrhundert nach seinem Inkrafttreten vom radikalen formal-liberalen Charakter des ursprünglichen BGB, das der Gewährleistung materieller Vertragsfreiheit kaum Raum eingeräumt hatte, wenig übrig geblieben. Zwar ist das geltende Zivilrecht zu Recht dem Grundsatz der *Privatautonomie* verpflichtet. Die *Radikalität* der *formal-liberalen Grundhaltung* des BGB wurde jedoch in eine *materiale Ethik der sozialen Verantwortung* zurückverwandelt[12], in der die Vertragsgerechtigkeit wieder einen anerkannten Platz neben der Vertragsfreiheit eingenommen hat. Überraschend war diese Entwicklung freilich nicht: Sie wurde in der Entwicklung des deutschen Wucherverbotes seit Beginn des 19. Jh. bereits exemplarisch vorgezeichnet, das letztlich durch einen stetigen Wechsel zwischen Tendenzen zur Zinsfreiheit und ihrer Begrenzung gekennzeichnet war, zu der sich der Gesetzgeber insbesondere in wirtschaftlichen Krisenzeiten genötigt sah.[13] Der Frage nach der Vertragsgerechtigkeit vermag die Privatrechtsordnung daher offensichtlich nicht zu entrinnen: Sie stellt sich mit unvermeidbarer Schärfe immer wieder neu und zwingt die Rechtsordnung jedenfalls auf lange Sicht wieder in ebenjene Bahnen, die durch die Geschichte vorgezeichnet sind. Im Ergebnis, so scheint es, muss daher jede noch so feinsinnige Argumentation, die den Begriff der Gerechtigkeit als unbrauchbare, „inhaltsleere ad-hoc-Formel[n]"[14] zu verneinen sucht, vor der stets unvermeidbar drängenden Aktualität der Gerechtigkeitsfrage für das Recht kapitulieren.

Was sich inhaltlich einer präzisen Definition zu entziehen scheint, ist einem jeden zugleich unendlich nah: Denn mag der Einzelne die Existenz objektiver Gerechtigkeitsmaßstäbe noch sehr leugnen, so wird er doch mit umso größerem Eifer die ihm vermeintlich zustehenden Rechte einfordern, sobald er sie verletzt sieht und umso empfindlicher reagieren, umso mehr er selbst betroffen ist.[15] Dies auch und gerade mit Blick auf die *Vertrags-* und insbesondere die *Preisgerechtigkeit.*[16] Es gibt, so stellte bereits *Emile Durkheim* fest, „in jeder Gesellschaft … zu jedem Zeitpunkt ihrer Geschichte ein dunkles, aber lebendiges *Gefühl* für den *Wert* der verschiedenen sozialen Dienste und Dinge, die in den Tausch gelangen."[17] Und es war nicht zuletzt die empirische Gerechtigkeitsforschung die vor allem in jüngster Zeit den Nachweis für die Relevanz materieller Gerechtig-

---

[12] *Wieacker*, Sozialmodell (1953), S. 18. Vgl. hierzu unten S. 172 f.

[13] Eingehend hierzu HKK/*Haferkamp*, (2003), § 138 Rn. 4 ff.; *Oechsler*, Gerechtigkeit (1997), S. 32 ff., 62 f.; *Luig*, FS Coing (1982), S. 171, 176 ff.; *Mayer-Maly*, FS Demelius (1973), S. 139, 140 f.; *Schmidt*, Sittenwidrigkeit (1973), S. 135 ff.

[14] *Adams*, BB 1989, 781, 782.

[15] Vgl. hierzu eingehend unten S. 144 f.

[16] Zum Maßstab der *Tauschgerechtigkeit*, insbesondere der *Preisgerechtigkeit* aus der Perspektive der *aristotelisch-thomasischen Gerechtigkeitstheorie* näher unten S. 123 ff. Vgl. zur Preisgerechtigkeit aus rechtsphilosophischer Perspektive bereits eingehend *Wendland*, Mediation und Zivilprozess (2017), S. 220 ff., 266 ff., 273 ff.

[17] *Durkheim*, Physik der Sitten und des Rechts (1991), S. 289.

keit als Grunddeterminante menschlichen Handelns Menschen erbracht hat.[18] Mit der Gerechtigkeit scheinen damit jene *Grundnormen* richtigen Handelns angesprochen, die in das Herz eines jeden Menschen, auch des ungerecht handelnden, eingeschrieben sind. Die Einsicht, dass die Herstellung materieller Vertragsgerechtigkeit zu den zentralen Aufgaben der Rechtsordnung gehört, kann daher als allgemein anerkannte Grundlage des Privatrechtsdenkens gelten. Allein die Frage, *wie* Vertragsgerechtigkeit herzustellen ist, ob sie sich im Vereinbarten und damit in der *Vertragsfreiheit* erschöpft oder ob und inwieweit sie diese *immanent begrenzt*, gehört zu den umstrittensten Fragen der Privatrechtsdogmatik.

Man mag die Tendenz der Zivilistik, die eingehende Thematisierung der Gerechtigkeitsfrage weitgehend zu vermeiden, mit dem nach wie vor starken Einfluss des *Liberalismus* auf das Privatrechtsdenken erklären.[19] Die eigentliche Ursache hierfür dürfte indes tiefer liegen und wohl darin zu sehen sein, dass das Wechselspiel zwischen *Freiheit* und *Gerechtigkeit*, zwischen *Selbstbestimmung* und *angemessener Interessenausgleich* und damit das Wesen der Vertragsgerechtigkeit, wie es in der klassischen Gerechtigkeitsphilosophie aufscheint, heute kaum noch in seiner ganzen Tiefe verstanden, durchdrungen und rezipiert wird.[20] Als umso dringender erweist sich eine Standortbestimmung aus der Perspektive der Rechtsphilosophie als Grundlagenwissenschaft.

2. *Rechtsphilosophische Grundlagen*

Das bis heute für die Privatrechtsdogmatik maßgebliche System der Vertragsgerechtigkeit beruht auf der klassischen *aristotelischen Gerechtigkeitstheorie.* Die von *Aristoteles* formulierten Einsichten in die Natur, Qualität und Funktion der unterschiedlichen Arten der Gerechtigkeit sind von derart grundlegender Bedeutung und zeitloser Aktualität, dass sie die jeweils zeitlich bedingte Gestalt der Privatrechtsordnungen überschreiten, gleichsam transzendieren, und damit auch für das geltende Privatrecht von systembildender Bedeutung sind. Allerdings wäre ein Überblick über die Wurzeln der Vertragsgerechtigkeit unvollständig, würde man den Grundsatz des *suum cuique* des römischen Rechts sowie die *regula aurea* als universales Prinzip richtigen Handelns unberücksichtigt lassen. Beide Ansätze sollen daher im Folgenden mit der klassischen *aristotelisch-thomistischen Gerechtigkeitstheorie* verbunden und so in ein fortentwickeltes *Modell der Vertragsgerechtigkeit* integriert werden. Die thematische Beschränkung ist notwendig, soll angesichts der Fülle unterschiedlicher Konzeptionen der Umfang der Arbeit nicht gänzlich gesprengt werden. Der zu entwickelnde Ansatz folgt daher der Traditionslinie, die in ihren Kernelementen bereits von *Aristoteles*

[18] Hierzu näher unten S. 144ff.
[19] Hierzu näher unten S. 156ff.
[20] Eingehend hierzu unten S. 150ff.

und *Thomas von Aquin* vorgezeichnet wurde. Denn es ist jene Entwicklungslinie, die auf die Rechtsprechungspraxis nach wie vor den stärksten Einfluss auszuüben vermochte

a) Der Grundsatz des suum cuique tribuere als Ausgangspunkt

Der Satz, mit dem die *Institutiones Iustiniani*, das wohl wirkungsmächtigste Rechtslehrbuch der westlichen Rechtstradition, beginnt, ist ein Zitat des römischen Juristen *Ulpian*: *„iustitia est constans et perpetua voluntas ius suum cuique tribuens“*[21] – Gerechtigkeit ist der beständige und andauernde Wille, jedem das Seine zukommen zu lassen. Es ist jener Satz, den auch der *Aquinat* an den Beginn seiner Erläuterung der Gerechtigkeit gestellt hat[22] und dessen Geltung er bejaht, wenngleich mit der Einschränkung, dass er die Gerechtigkeit nicht auf einen bloßen Willensakt (*voluntas*) beschränkt wissen will, sondern in ihr im Grunde eine dauernde sittliche Grundhaltung (*habitus*) erblickt.[23] Entsprechend definiert er Gerechtigkeit als *„habitus secundum quem aliquis constanti et perpetua voluntate ius suum unicuique tribuit“*,[24] als eine sittliche Grundhaltung, aufgrund derer der Einzelne mit beständigem und andauerndem Willen jedermann sein Recht zukommen lässt, und knüpft dabei an eine ähnliche Formulierung des *Aristoteles* aus dem Fünften Buch der Nikomachischen Ethik an: *„iustitia est habitus secundum quem aliquis dicitur operativus secundum electionem iusti“* – Gerechtigkeit ist die sittliche Grundhaltung, aufgrund derer von einem Menschen gesagt wird, dass er tätig ist, gemäß der Wahl dessen, was gerecht ist.[25]

Lässt man die – im Grundsatz keineswegs unerheblichen, jedoch hier zu vernachlässigenden – thomistischen Differenzierungen zwischen *voluntas* und *habitus* außer Betracht, so lässt sich der Inhalt der Gerechtigkeit auf die bekannte Faustformel des *suum cuique tribuere* reduzieren: Gerechtigkeit besteht darin,

[21] I Inst. 1, 1. pr. „Die Gerechtigkeit ist der unwandelbare und ewige Wille, jedem das Seine [das ihm Zustehende, sein Recht] zukommen zu lassen.“ Vgl. hierzu näher oben S. 3 f. sowie unten S. 261 f.

[22] *Thomas v. Aquin*, Summa Theologica, II^{a}–II^{ae} q. 58 a. 1 arg. 1.: „Videtur quod inconvenienter definiatur a iurisperitis quod *iustitia est constans et perpetua voluntas ius suum unicuique tribuens.*“ Übersetzung nach *Thomas v. Aquin*, Summa Theologica Bd. 18 (1953), S. 19: „Ist die Gerechtigkeit dadurch sinnvoll bestimmt, daß man sagt: sie ist der beständige und ewige Wille, einem jeden sein Recht zu geben?“ Vgl. zum *suum cuique tribuere*-Grundsatz mit Blick auf das Mediationsverfahren bereits eingehend *Wendland*, Mediation und Zivilprozess (2017), S. 218 ff. Hervorhebungen durch den Verfasser.

[23] *Thomas v. Aquin*, Summa Theologica, II^{a}–II^{ae} q. 58 a. 1 co.: „Et ideo praedicta *definitio* est *completa* definitio iustitiae, nisi quod *actus ponitur* pro *habitu*, qui per *actum specificatur*, *habitus* enim *ad actum dicitur.* „ Übersetzung nach *Thomas v. Aquin*, Summa Theologica Bd. 18 (1953), S. 21: „Und so ist die genannte Wesensbestimmung eine vollständige Wesensbestimmung der Gerechtigkeit, außer daß der Akt für das Gehaben gesetzt ist, welches durch den Akt seine Artbestimmung erhält …“. Vgl. auch *Utz,* in: Deutsche Thomas-Ausgabe, Bd. 18 (1953), S. 423, 453. Hervorhebungen durch den Verfasser.

[24] *Thomas v. Aquin*, Summa Theologica, II^{a}–II^{ae} q. 58 a. 1 co.

[25] *Aristoteles*, Nikomachische Ethik (2006), V 9, 1135a, S. 176.

jedem das Seine zu geben. Gerechtigkeit ist für *Thomas* eine Friedensordnung[26], die den Einzelnen im Hinblick auf die Dinge ordnet, die den anderen angehen – *„ut ordinet hominem in his quae sunt ad alterum“*.[27] Ihr Ziel ist es, den menschlichen Handlungen ihr Maß, ihre Richtung zu geben, sie zu reinigen, zu bessern, zu korrigieren und so auf das Gute hin auszurichten (*actus humanos rectificare*).[28] Sie ist – wie er mit Blick auf den Wortsinn *aequalitas* (Gleichheit) als Synonym der Gerechtigkeit betont[29] – auf einen gewissen *Ausgleich* (*aequalitatem quandam*) gerichtet und setzt damit den Begriff der *Gleichheit* voraus, der so zum wesentlichen Kriterium des Inhalts der Gerechtigkeit wird.[30] Die Gerechtigkeit besteht daher darin, dem Einzelnen das zu geben, was ihm aufgrund der *Gleichheit* der *Verhältnisse* geschuldet ist (*quod ei secundum proportionis aequalitatem debetur*).[31] Was ihm aufgrund der Gleichheit der Verhältnisse indes *konkret* geschuldet ist und worin der aus dem Gerechtigkeitsgebot erwachsende Inhalt der Handlungspflicht besteht, ergibt sich aus dem *suum cuique*-Grundsatz dagegen nicht. Er bleibt ein Prinzip von hoher *Abstraktion* und nur *geringer Operationalisierbarkeit.* Allerdings ist mit dem Begriff der *aequalitas*, der zugleich *Gerechtigkeit* wie auch *Gleichheit* bedeutet[32], ein Aspekt angesprochen, der auf ein Handlungsprinzip weist, das sehr viel effektivere Möglichkeiten der Konkretisierung in Form spezifischer Handlungsgebote ermöglicht: Das Reziprozitätsprinzip der *regula aurea*, der Goldenen Regel.

b) Die Goldene Regel als universaler Maßstab der Gerechtigkeit

Damit tritt ein Handlungsprinzip in den Mittelpunkt, das – Raum und Zeit gleichsam überschreitend – seit ältesten Zeiten in den unterschiedlichsten Kulturen bekannt ist und damit geradezu als *universales Verhaltensgebot* gelten kann.[33]

---

[26] So *Utz*, in: Deutsche Thomas-Ausgabe, Bd. 18 (1953), S. 423, 453 f.

[27] *Thomas v. Aquin*, Summa Theologica, II^{a}–II^{ae} q. 57 a. 1 co.

[28] *Thomas v. Aquin*, Summa Theologica, II^{a}–II^{ae} q. 58 a. 2 co.: „Et quia ad iustitiam pertinet actus humanos rectificare ...“

[29] *Thomas v. Aquin*, Summa Theologica, II^{a}–II^{ae} q. 57 a. 1 co, q. 58 a. 2 co.

[30] *Thomas v. Aquin*, Summa Theologica, II^{a}–II^{ae} q. 57 a. 1 co.: „Respondeo dicendum quod *iustitiae* proprium est *inter alias virtutes* ut *ordinet hominem* in his *quae sunt ad alterum.* Importat enim *aequalitatem quandam*, ut *ipsum nomen demonstrat*, dicuntur enim vulgariter ea quae *adaequantur iustari. Aequalitas* autem ad *alterum est.*“ Übersetzung nach *Thomas v. Aquin*, Summa Theologica Bd. 18 (1953), S. 4 f.: „Die *Gerechtigkeit* hat gegenüber den anderen Tugenden das Eigentümliche, daß sie den *Menschen* in den *Dingen ordnet*, die den *anderen angehen.* Sie *bedeutet* nämlich einen *gewissen Ausgleich*, wie der *Name selbst* zeigt. Im Volksmund nämlich heißt es von den Dingen, die *einander angeglichen* werden, daß sie *gerecht gemacht werden. Ausgleich* aber besteht immer *in bezug* auf *einen anderen.*“ Hervorhebungen durch den Verfasser.

[31] *Thomas v. Aquin*, Summa Theologica, II^{a}–II^{ae} q. 58 a. 11 co.

[32] Hierzu bereits *Thomas v. Aquin*, Summa Theologica, II^{a}–II^{ae} q. 57 a. 1 co, q. 58 a. 2 co. Vgl. zum Text oben Fn. 30.

[33] Eingehend zur goldenen Regel *Singer*, in: Borchert (Hrsg.), Encyclopedia of Philosophy, Bd. 4 (2. Aufl. 2006), S. 144; *Mayer-Maly*, FS Söllner (2000), S. 755, 755 ff.; *Wattles*, Gol-

aa) Ursprung und Bedeutung der regula aurea

Im antiken griechischen Schrifttum bis in das 7. Jh. v. Chr. nachweisbar[34], bilden die entscheidende und für ihre Rezeption wirkungsmächtigste Quelle der *regula aurea* indes die Texte des Alten und Neuen Testaments, insbesondere das um das Jahr 200 v. Chr. entstandene Buch Tobit sowie das Matthäus- und Lukasevangelium[35]. Das Buch *Tobit* enthält bereits die auch heute noch sprichwörtliche Wendung „Was du nicht willst, dass man dir tu, das füg auch keinem andern zu."[36], die in ihren lateinischen Fassungen *„Quod ab alio odis fieri tibi vide ne alteri tu aliquando facias"*[37] und *„Quod tibi fieri non vis, alteri ne feceris"*[38] die geistesgeschichtliche und rechtliche Entwicklung Europas wie auch des gesamten westlichen Kulturkreises entscheidend prägte. Ihre *hortative* Form findet sie dagegen in der Bergpredigt Jesu: „Alles, was ihr also von anderen erwartet, das tut auch ihnen!"[39]

bb) Die regula aurea als universeller Maßstab richtigen Handelns

Die *regula aurea* ist ein *universales Prinzip* richtigen Handelns, in dem alle übrigen Sollensvorschriften bereits enthalten und aus ihr im Wege der *Konkretisierung* ableitbar sind. Vor diesem Hintergrund und angesichts ihrer universalen, Raum und Zeit transzendierenden Geltung liegt es nicht nur nahe, sondern ist nahezu unvermeidbar, die *regula aurea* für die Bestimmung der Vertragsgerechtigkeit fruchtbar zu machen. Der Wirkmechanismus der *regula aurea* im Einzelnen kann an dieser Stelle nur in groben Zügen nachgezeichnet werden. Er wird

---

den Rule (1996); *Hruschka*, FS Kaufmann (1993), S. 129; *Hoche*, in: Ritter/Gründer (Hrsg.), Historisches Wörterbuch der Philosophie (1992), S. 450, 450 ff.; *Hruschka*, JZ 1987, 941, 941 ff.; *Schrey*, in: Müller (Hrsg.), Theologische Realenzyklopädie, Bd. 13 (1984), S. 575, 575 ff.; *Brülisauer*, Kant-Studien 71 (1980), 325, 325 ff.; *Hoche*, ZphF 32 (1978), 355, 355 ff.; *Spendel*, FS Hippel (1967), S. 491, 491 ff.; *Blackstone*, 3 SJP 172 (1965); *Reiner*, ZphF 3 (1948), 74, 74 ff.; *Cadoux*, 22 Int. J. Ethics 272 (1912) sowie aus religionswissenschaftlicher und theologischer Perspektive *Heiligenthal*, in: Müller (Hrsg.), Theologische Realenzyklopädie, Bd. 13 (1984), S. 573, 573 ff.; *Philippidēs*, Forschungsberichte (1933); *Philippidēs*, Goldene Regel (1929). Vgl. hierzu bereits eingehend mit Blick auf das Mediationsverfahren *Wendland*, Mediation und Zivilprozess (2017), S. 299 ff.

[34] So etwa bei *Thales von Milet* (ca. 625–545 v. Chr.), „Worüber du beim Nächsten unwillig wirst, das tue selbst nicht", *Diogenes*, Leben und Lehre der Philosophen (2. Aufl. 2010), S. 53 (Thales) = VS 11, A 1, 36.

[35] Lk 6, 31; Mt 7, 12. Vgl. hierzu eingehend *Wendland*, Mediation und Zivilprozess (2017), S. 303 ff.

[36] Tob. 4, 15. Vgl. die im Wortlaut etwas abweichende Einheitsübersetzung: „Was dir selbst verhasst ist, das mute auch einem anderen nicht zu!"

[37] Tob. 4, 16 der lateinischen *Vulgata*, vgl. für den Text etwa *Fischer/Weber/Gryson/Weber (Hrsg.)*, Vulgata (5. Aufl. 2007).

[38] So die umgangssprachliche vulgar-lateinische Fassung. Vgl. zu Verbreitung und Ursprung *Reiner*, ZphF 3 (1948), 74, 104 mwN. Vgl. dazu die Vulgata-Fassung von Lk 6, 31 („et prout vultis ut faciant vobis homines et vos facite illis similiter") und Mt 7, 12 („omnia ergo quaecumque vultis ut faciant vobis homines et vos facite eis haec est enim lex et prophetae").

[39] Mt. 7, 12.

im Kontext der Entwicklung eines leistungsfähigen Vertragsmodells im Mittelpunkt der Betrachtung stehen.[40] Ein Überblick über die *regula aurea*, der hier nur holzschnittartig skizziert werden kann, ergibt dabei das Bild eines äußerst flexiblen und effektiven Regelungsmechanismus von verblüffender Einfachheit und hoher Wirksamkeit.[41]

Die *regula aurea* ist ein allgemeiner, universeller Maßstab richtigen Handelns, der aufgrund seines allgemeinen Charakters alle nur denkbaren Fallkonstellationen zu erfassen vermag und aufgrund seiner hohen Konkretisierbarkeit zugleich in der Lage ist, den Inhalt des dem Einzelnen gebotenen Handelns konkret und praktisch umsetzbar zu bestimmen. Die Konkretisierung der Handlungsgebote erfolgt jeweils in der Konfrontation und Interaktion des Einzelnen mit seiner Umgebung, wodurch die jeweiligen Handlungsgebote entsprechend thematisch aktualisiert werden. Die *regula aurea* verlangt vom Einzelnen, sich anderen gegenüber so zu verhalten, wie man selbst behandelt werden möchte, d. h. entsprechend der eigenen *Erwartungen* an das Verhalten anderer zu handeln. Somit wird der *Maßstab*, den der Einzelne an das Verhalten anderer anlegt, zur Richtschnur des eigenen Handelns. Entscheidend ist dabei, dass es nicht zur Projektion der eigenen Interessen und Bedürfnisse auf den anderen kommt und ihre Verwirklichung damit gleichsam spiegelbildlich zum Ziel des eigenen Handelns gemacht wird. Auf diese Weise würden dem anderen die eigenen Interessen gleichsam aufoktroyiert und der ihm zustehende Freiheitsraum beschränkt. Vielmehr geht es – im vertraglichen Bereich – vor allem darum, dem anderen gerade jenen *Freiheitsraum* zur *Verwirklichung* der eigenen *Interessen* und damit zur *Entfaltung* seiner *Person* zu eröffnen, den man für sich selbst in Anspruch nimmt.

cc) Bedeutung der regula aurea für die Privatrechtsdogmatik

Die Konsequenzen, die sich aus dieser Forderung für die Privatrechtsdogmatik ergeben, sind weitreichend und bislang noch wenig durchdrungen. Wie im weiteren Gang der Untersuchung im Kontext der Entwicklung eines die Prinzipien der Vertragsfreiheit und Vertragsgerechtigkeit integrierenden Vertragsmodells gezeigt werden wird[42], lassen sich auf diese Weise jedoch einige Erscheinungsformen und aktuelle Probleme des Vertragsrechts dogmatisch schlüssig erklären. So entspricht es etwa gerade dem Gegenseitigkeitsprinzip der *regula aurea*, wenn der BGH vom AGB-Verwender verlangt, „von vornherein die *Interessen seines Partners* hinreichend *zu berücksichtigen* und ihm einen *angemessenen Ausgleich* zuzugestehen."[43] Mit dem ursprünglichen formal-liberalen Grundansatz des BGB ist ein solches Rücksichtnahmegebot kaum vereinbar. Denn es ist grund-

---

[40] Vgl. hierzu unten S. 244 ff., 250 ff.

[41] Zu Inhalt, Struktur und Interpretation der goldenen Regel mit Blick auf das Mediationsverfahren bereits eingehend *Wendland*, Mediation und Zivilprozess (2017), S. 306 ff.

[42] Vgl. hierzu unten S. 234 ff., 244 ff.

[43] BGH VersR 2013, 197, 198. Ebenso die st. Rspr. BGH NJW 2016, 2489, 2490; NJW

sätzlich Sache der Parteien, für die Verwirklichung ihrer Interessen Sorge zu tragen. Erst vor dem Hintergrund des Versagens des Vertragsmechanismus in Fällen struktureller Vertragsimparität und mit Blick auf die *regula aurea* lässt sich diese Rechtsprechung ohne größere dogmatische Verwerfungen erklären.

Dogmatisch bedeutsamer sind jedoch die Auswirkungen der *regula aurea* auf das Vertragsmodell selbst. Musste sich *Schmidt-Rimpler* bei der Begründung der Richtigkeitsgewähr des Vertragsmechanismus – dessen Wirkungsweise er insoweit nur schemenhaft zu umreißen vermochte – mit einem Hinweis auf das wechselseitige „*Abschleifen*“[44] und „*Paralysieren*“[45] der gegenseitigen Interessen begnügen, so ergeben sich aus dem prozeduralen Mechanismus der *regula aurea* als universalem Prinzip materieller Gerechtigkeit die Begründung der Richtigkeit des auf der Grundlage der Regel vereinbarten Vertragsinhalts. Hier kann ein die *regula aurea* berücksichtigendes Vertragsmodell an *Schmidt-Rimplers* Theorie der Richtigkeitsgewähr anknüpfen und es in einem zentralen Punkt – dem Mechanismus der Bestimmung des Vertragsinhalts – weiterentwickeln.[46] Denn warum der Vertragsinhalt in *sich* richtig und damit gerecht ist, vermochte auch *Schmidt-Rimpler* nicht zu erklären.[47]

Da seine Theorie der Richtigkeitsgewähr eine *Vertrags*- und keine *Gerechtigkeitstheorie* war, musste er sich mit dem Hinweis darauf begnügen, dass der Einzelne ein ungerechtes Ergebnis nicht akzeptieren würde, denn „bekanntlich hat man niemals ein feineres Gerechtigkeitsgefühl, wägt man niemals sorgsamer die individuelle Zweckmäßigkeit ab, als wenn es um eigene Nachteile oder Lasten geht. Es ist also damit zu rechnen, daß niemand eine ihm *nachteilige* Rechtsfolge will, die er nicht aus irgendwelchen Gründen als gerecht und richtig wertet ....“[48] Die *regula aurea* indes vermag diese Lücke der Theorie der Richtigkeitsgewähr zu füllen, weil sie selbst unmittelbar *Gerechtigkeitsprinzip* ist.[49] Denn der Kern, der eigentliche „Clou“ der *regula aurea* besteht in dem geradezu genialen Mechanismus, dass der Egoismus des Einzelnen dadurch überwunden und neutralisiert werden kann, dass er aufgrund des Reziprozitätsprinzips zum Maßstab des eigenen Handelns anderen gegenüber gemacht und damit *umfunktioniert* wird. Er wird gleichsam geläutert, vor den *Karren der Gerechtigkeit* gespannt und damit zur Verwirklichung des Vertragszwecks in den Dienst genommen. Je mehr Freiheitsraum der Einzelne für sich selbst in Anspruch nimmt, umso mehr muss er

2016, 1230, 1232; NJW 2015, 928, 928; VersR 2013, 197, 198; NJW 1984, 1182, 1182. Hervorhebungen durch den Verfasser.

[44] So plastisch *Schmidt-Rimpler*, AcP 147 (1941), 130, 162 Fn. 41.

[45] *Schmidt-Rimpler*, FS Raiser (1974), S. 3, 5; *Schmidt-Rimpler*, FS Nipperdey (1955), S. 1, 28; *Schmidt-Rimpler*, AcP 147 (1941), 130, 155.

[46] Vgl. hierzu eingehend unten S. 244 ff., 250 ff.

[47] Zum Konzept der *Richtigkeit* und der *Richtigkeitsgewähr* bei Schmidt-Rimpler eingehend unten S. 209, 210 ff., 221 f.

[48] *Schmidt-Rimpler*, AcP 147 (1941), 130, 151.

[49] Hierzu eingehend oben S. 112 ff. mwN.

seinem Vertragspartner gewähren. Würde die *regula aurea* von den Parteien umgesetzt, würde sich die Frage nach der Herstellung der Vertragsgerechtigkeit so nicht mehr stellen.

dd) Der multilaterale Rollentausch und die moderne Verhandlungsforschung

Aber auch in einem weiteren Punkt ist die *Goldene Regel* von bemerkenswerter Aktualität: Denn indem sie vom Einzelnen verlangt, die Erwartungen an die Verwirklichung der eigenen Bedürfnisse spiegelbildlich auf den jeweiligen Vertragspartner zu übertragen, das eigene Verhalten daran auszurichten und ihm so eine entsprechende Verwirklichung seiner Interessen zu ermöglichen, setzt sie einen *Perspektivwechsel* voraus.[50] Der Einzelne muss, um eine Projektion des *Maßstabs* der eigenen Interessenverwirklichung auf den anderen überhaupt erst zu ermöglichen, in die Rolle seines Vertragspartners schlüpfen, sich in ihn hineinversetzen, den Lebenssachverhalt, der dem Vertrag zugrunde liegt, in der Fülle seiner Dimensionen und damit auch aus der Perspektive seines Vertragspartners erfassen und sein Verhalten daran ausrichten. Ein solches Gedankenexperiment eines *multilateralen Rollentauschs* bildet jedoch nicht nur den Kern der *regula aurea*, sondern ist auch für ein weiteres Verfahren von zentraler Bedeutung: Die *interessenorientierte Verhandlung* nach dem *Harvard Modell*.[51]

Die mit ihr verbundene Erkenntnis, dass ein Wechsel von den *Rechtspositionen* zu den dahinterstehenden *Interessen* überhaupt erst eine gemeinsame *Problemlösung* und damit wertschöpfende, pareto-optimale *Kooperationsgewinne* ermöglicht und auf diese Weise die Schwächen des üblichen *positionsorientierten Verhandelns* im Sinne des *Feilschens* überwindet[52], steht im Mittelpunkt der *ADR-Bewegung* und insbesondere der *Mediation*, die auch in Deutschland in den vergangenen Jahren zunehmend an Bedeutung gewonnen hat.[53] Dabei ist es gerade jener multilaterale Rollentausch, der die für ineffiziente Verhandlungs-

---

[50] Zum Gedankenexperiment des multilateralen Rollentauschs mit Blick auf das Mediationsverfahren bereits eingehend *Wendland*, Mediation und Zivilprozess (2017), S. 315 ff.

[51] Zum Rollentausch beim *Harvard Modell* vgl. nur *Fisher/Ury/Patton*, Getting to Yes (1991), S. 23 f. („put yourself into their shoes") sowie *Duve/Eidenmüller/Hacke,* Mediation (2. Aufl. 2011), S. 180 f., 186, 202; *Bühring-Uhle/Eidenmüller/Nelle,* Verhandlungsmanagement (2009), S. 108 ff.

[52] Hierzu eingehend *Fisher/Ury/Patton*, Getting to Yes (1991), S. 5 ff., 9 ff., 18 ff., 40 ff., 57 ff., 81 ff. sowie eingehend *Duve/Eidenmüller/Hacke,* Mediation in der Wirtschaft (2011), S. 43 ff., 58 ff.; *Bühring-Uhle/Eidenmüller/Nelle*, Verhandlungsmanagement (2009), S. 3 ff., 24 ff., 54 ff.

[53] Eingehend zum Mediationsverfahren und zur ADR-Bewegung *Wendland*, Mediation und Zivilprozess (2017), S. 82 ff., 138 ff., 691 ff. Vgl. zur gerichtsverbundenen Mediation in Deutschland vgl. nur *Spindler*, Gerichtsnahe Mediation in Niedersachsen (2006), S. 5 ff.; *Greger*, Abschlussbericht (2007), S. 1 ff., 82 ff., 95 ff., 103 ff.; *Greger*, NJW 2007, 3258, 3258 ff.; *v. Bargen*, Gerichtsinterne Mediation (2008), S. 47 ff., 70 ff. Zur rechtsphilosophischen Begründung des Mediationsverfahrens eingehend *Wendland*, Mediation und Zivilprozess (2017), S. 145 ff., 216 ff., 320 ff. sowie im Überblick *Wendland,* in: Kriegel-Schmidt (Hrsg.), Mediation (2017), S. 131, 131 ff.

ergebnisse verantwortlichen *Wahrnehmungs-* und *Rationalitätsdefizite*[54] und damit zugleich die immanenten Schwächen des Verhaltensmodells des *homo oeconomicus*[55] sowie des *formal-liberalen Vertragsdenkens*[56] zu überwinden vermag. Damit ist der Bogen geschlagen von der *regula aurea* als dem seit ältesten Zeiten bekannten universalen Gerechtigkeitsprinzip über die Ergänzung des Vertragsmodells der *Schmidt-Rimplerschen* Theorie der Richtigkeitsgewähr bis zur modernen Verhandlungsforschung. Es scheint, dass den Erscheinungsformen des modernen, über den Ansatz *Schmidt-Rimplers* hinausgehenden Vertragsmodells[57], wie es in der Judikatur des BGH zu den Rücksichtnahmepflichten des AGB-Verwenders anklingt[58] wie auch dem *Harvard-Modell* interessenorientierter Verhandlung letztlich dasselbe Prinzip zugrunde liegt. Es ist jenes „elementare Gesetz allen Rechts schlechthin"[59], das seit jeher für die Bestimmung gerechten Handelns herangezogen wird: Die Goldene Regel.

ee) *Die regula aurea und die kognitive Entwicklungspsychologie*

Dafür, dass mit der *regula aurea* tatsächlich ein universaler Mechanismus gerechten menschlichen Handelns und damit ein grundlegendes Gestaltungsprinzip vertraglichen Handelns gefunden ist, spricht auch ein weiterer Gesichtspunkt. Denn der von der Regel vorausgesetzte multilaterale Rollentausch ist nicht nur für die *Richtigkeitsgewähr des Vertragsmechanismus* sowie für die interessenorientierte Verhandlung nach dem *Harvard Modell* von Bedeutung.[60] Nach *Kohlbergs Stufenmodell* entspricht er zugleich der höchsten Stufe moralischer Urteilsfähigkeit und markiert damit den Schlusspunkt der moralischen und kognitiven Entwicklung des Menschen, wie sie die moderne Entwicklungspsychologie auf der Grundlage empirischer Untersuchungen nachgewiesen hat.[61] So hat der US-amerikanische Psychologe *Lawrence Kohlberg* festgestellt, dass die höchste Stufe moralischer Urteilsfähigkeit, die regelmäßig im Alter von 13 bis 16 Jahren erreicht wird, eine „‚second-order' interpretation"[62] der Goldenen Regel, eben

---

[54] Vgl. für einen Überblick *Thompson*, Negotiator (5. Aufl. 2014), S. 5 ff. sowie sowie eingehend *Duve/Eidenmüller/Hacke,* Mediation in der Wirtschaft (2011), S. 29 f., 62 f., 156 ff., 239 ff.; *Bühring-Uhle/Eidenmüller/Nelle*, Verhandlungsmanagement (2009), S. 10 f., 38 ff., 41 ff., 71 ff., 86. Hierzu bereits eingehend *Wendland*, Mediation und Zivilprozess (2017), S. 320 ff., 369 ff., 981 ff.

[55] Hierzu unten S. 144 ff., 170 ff., 248 ff., 555 ff.

[56] Hierzu unten S. 165 ff., 170 ff.

[57] Vgl. hierzu eingehenden unten S. 234 ff.

[58] St. Rspr. BGH NJW 2016, 2489, 2490; NJW 2016, 1230, 1232; NJW 2015, 928, 928; VersR 2013, 197, 198; NJW 1984, 1182, 1182.

[59] *Fechner*, Rechtsphilosophie (1956), S. 101.

[60] Vgl. hierzu bereits eingehend *Wendland*, Mediation und Zivilprozess (2017), S. 320 ff. mwN.

[61] *Kohlberg*, The Philosophy of Moral Development (1981), S. 204. Hierzu bereits eingehend *Wendland*, Mediation und Zivilprozess (2017), S. 317 ff., 319, 342, 352, 973, 1020, 1025.

[62] *Kohlberg*, The Philosophy of Moral Development (1981), S. 204.

jenen vollständigen multilateralen Rollentausch erfordert, den sowohl die *regula aurea* als auch das *Harvard Modell* voraussetzen.[63]

Damit war gleichsam der empirische Nachweis für die von der Naturrechtslehre stets vertretene Auffassung erbracht, dass grundlegende Gerechtigkeitsgebote und insbesondere die *regula aurea* gleichsam „in das Herz des Menschen" geschrieben, ihm eingestiftet sind.[64] Ein Ergebnis, das durch aktuelle Befunde der *empirischen Gerechtigkeitsforschung* belegt wird. Insbesondere die Arbeiten von *Martin Nowak*[65] und *Axel Ockenfels*[66] haben nachgewiesen, dass menschliches Verhalten ganz wesentlich von jenen grundlegenden Prinzipien bestimmt wird, die auf der Ebene der Rechtsphilosophie von der klassischen aristotelisch-thomasischen Gerechtigkeitstheorie beschrieben werden. Und dass das für die *regula aurea* kennzeichnende *Reziprozitätsprinzip* wie auch das *Prinzip der Kooperation* zu den wesentlichen, für das menschliche Leben konstitutiven Gestaltungsprinzipien gehört.[67]

Bereits der *rechtsgeschichtliche* und *rechtsvergleichende* Befund hatte ein solches Ergebnis angedeutet, da die weltweite und epochenüberschreitende Verbreitung und universale Geltung ähnlicher bzw. funktionsäquivalenter Rechtsinstitute und Rechtsgrundsätze gar nicht anders erklärt werden kann.[68] Allerdings fehlte bislang der empirische Nachweis vonseiten der Naturwissenschaften. Für die Privatrechtsdogmatik dürfte damit die *regula aurea* als prozeduraler Mechanismus der Konkretisierung materiell gerechter Verhaltensanforderungen mit Blick auf die Entwicklung des Vertragsmodells deutlich an Bedeutung gewinnen.[69]

c) Die aristotelische Gerechtigkeitstheorie

Die Anwendung der *regula aurea* auf bestimmte Lebensbereiche hat typischerweise ganz spezifische Handlungsgebote zur Folge, die sich aus der Struktur der

---

[63] *Kohlberg*, The Philosophy of Moral Development (1981), S. 199ff., 204.

[64] Vgl. hierzu auch die aktuelle *Gerechtigkeitsforschung* aus der Perspektive der Verhaltensökonomik unten S. 159ff.

[65] Direktor des *Program for Evolutionary Dynamics* an der *Harvard University*. Vgl. nur *Rand/Dreber/Haque/Kane/Nowak/Coakley*, 4 Religion. Brain. Behav. 31 (2014); *Rand/Peysakhovich/Kraft-Todd u. a.*, 5 Nature Comm. 1 (2014) sowie zusammenfassend *Nowak/Highfield*, SuperCooperators (2011). Vgl. auch *Rand/Dreber/Ellingsen/Fuenberg/Nowak*, 325 Science 1272 (2009); *Nowak/Sasaki/Taylor/Fudenberg*, 428 Nature 646 (2004); *Sigmund/Nowak*, 414 Nature 403 (2001).

[66] Staatswissenschaftliches Seminar der Universität zu Köln. Zur empirischen Gerechtigkeitsforschung vgl. nur *Ockenfels/Raub*, KZfSS (Sonderheft 50) 2010, 119; *Bolton/Ockenfels*, in: Baurmann/Lahno (Hrsg.), Perspectives in Moral Science (2009), S. 199; *Bolton/Ockenfels*, in: Plott/Smith (Hrsg.), Handbook of experimental economics results I (2008), S. 531; *Ockenfels*, Fairneß, Reziprozität und Eigennutz (1999), S. 37ff., 131ff.

[67] Hierzu instruktiv *Nowak/Highfield*, SuperCooperators (2011), S, 125ff.

[68] Zum *Funktionsäquivalenzprinzip* in der Rechtsvergleichung vgl. *Zweigert/Kötz*, Rechtsvergleichung (3. Aufl. 1996), S. 11, 33ff., 43.

[69] Hierzu näher unten S. 234ff., 244ff., 250ff.

einzelnen Lebensbereiche ergeben und die jeweils eigenen Grundsätzen folgen. *Aristoteles* hat diese Handlungsgebote mit Blick auf ihren jeweiligen Anwendungsbereich – Ordnung der einzelnen Privatrechtssubjekte *zueinander* oder in Beziehung zum *Gemeinwesen* insgesamt – systematisiert.[70] Seine Gerechtigkeitsethik, die maßgeblich von *Thomas von Aquin* rezipiert worden ist[71], bildet das auch heute noch geltende Ordnungssystem der Gerechtigkeit. *Thomas* unterscheidet im Anschluss an *Aristoteles* zunächst zwischen allgemeiner bzw. Gesetzesgerechtigkeit (*iustitia generalis sive legalis*)[72] und der besonderen bzw. Einzelgerechtigkeit (*iustitia particularis*)[73], die entsprechend der Ausrichtung des Einzelnen auf das *Individuum* bzw. die *Gemeinschaft* wiederum in ihren beiden Formen der Verteilungsgerechtigkeit (*iustitia distributiva*) und der ausgleichenden oder Tauschgerechtigkeit (*iustitia commutativa)* in Erscheinung tritt. Lässt man die *iustitia particularis* als Oberbegriff außer Betracht, ergeben sich nach *Thomas* die drei grundlegenden Formen der Gerechtigkeit: Die *iustitia legalis, distributiva und commutativa.*

aa) Die Unterscheidung zwischen Gesetzes- und Einzelgerechtigkeit

Der Systematik des *Aristoteles* folgend unterscheidet *Thomas* zunächst zwischen *Gesetzes*- und *Einzelgerechtigkeit*. Die Unterscheidung beruht dabei nicht etwa auf einer unterschiedlichen Wesensfunktion des Rechts, sondern vielmehr auf der Unterschiedlichkeit des anderen als *Objekt* gerechten Handelns, dem das ihm zustehende, das *suum* zu gewähren ist, und auf den hin der Einzelne ausgerichtet wird.[74] Während es bei der Gesetzesgerechtigkeit *unmittelbar* um die Gerechtigkeit des *Einzelnen* gegenüber dem *Gemeinwohl*, mittelbar gegenüber dem anderen geht, steht bei der Einzelgerechtigkeit jene Gerechtigkeit im Mittelpunkt, die unmittelbar dem *Einzelnen* gegenüber gefordert ist. Im Fall der *besonderen* Gerechtigkeit tritt dabei als Subjekt gerechten Handelns entweder die Gemeinschaft als Ganzes dem Einzelnen gegenüber (*iustitia distributiva*) oder der Einzelne dem anderen gegenüber (*iustitia commutativa*) in Erscheinung. Beide Formen der Gerechtigkeit unterscheiden sich damit vom „Zielpunkt", auf den sie gerichtet sind.[75] *Thomas* bringt es auf den Punkt, wenn er feststellt, dass „die Ge-

[70] *Aristoteles*, Nikomachische Ethik (2006), V 1, S. 159 ff., V 3, S. 161 ff., V 6, S. 167 ff., V 8., S. 172 ff. Eingehend zur aristotelischen Gerechtigkeitstheorie mit Blick auf das Mediationsverfahren *Wendland*, Mediation und Zivilprozess (2017), S. 325 ff.

[71] Vgl. hierzu vor allem *Thomas v. Aquin*, Summa Theologica, II^{a}–II^{ae} q. 57–58, q. 61–62, q. 77.

[72] Im Folgenden *Gesetzesgerechtigkeit.*

[73] Im Folgenden *Einzelgerechtigkeit.*

[74] *Utz*, in: Deutsche Thomas-Ausgabe, Bd. 18 (1953), S. 423, 458.

[75] Mit Blick auf Gesetzesgerechtigkeit sowie die Verteilungsgerechtigkeit als besonderer Form der Einzelgerechtigkeit *Thomas v. Aquin*, Summa Theologica, II^{a}–II^{ae} q. 61 a. 1 ad 4: „… quod motus accipiunt speciem a termino ad quem. Et ideo ad iustitiam legalem pertinet ordinare ea quae sunt privatarum personarum in bonum commune, sed ordinare e converso bonum commune ad personas particulares per distributionem est iustitiae particularis."

setzesgerechtigkeit ... den Menschen in seiner Beziehung zum anderen *unmittelbar* [ordnet], soweit das *Gemeinwohl* in Frage steht; *mittelbar*, soweit das *Gut der anderen* Einzelperson in Frage steht. Deshalb muß es eine Einzelgerechtigkeit geben, die den Menschen *unmittelbar* ordnet in seiner Beziehung auf das Gut der anderen Einzelpersonen."[76]

Diese Aussage ist insoweit von entscheidender Bedeutung, als sich hieraus ein *Rangverhältnis* zwischen allgemeiner und besonderer Gerechtigkeit ergibt: Da die Gesetzesgerechtigkeit nicht nur unmittelbar die Rechtsverhältnisse des Einzelnen zum Gemeinwesen, sondern mittelbar *auch* jene zum anderen regelt, die Einzelgerechtigkeit jedoch *nur* die Verhältnisse des Einzelnen zum anderen zum Gegenstand hat, erweist sich Erstere als das umfassendere Ordnungsprinzip und steht damit über der Einzelgerechtigkeit und ihren beiden Erscheinungsformen, der Verteilungs- und Tauschgerechtigkeit.[77] Die Tauschgerechtigkeit muss sich daher der Gesetzesgerechtigkeit mit ihrem Bezug auf das *bonum commune* unterordnen, woraus sich für die Privatrechtsordnung die Gemeinwohlbindung individualrechtlicher Freiheit und damit auch der Vertragsfreiheit ergibt.[78]

bb) Die allgemeine oder Gesetzesgerechtigkeit (iustitia generalis sive legalis)

Die *iustitia generalis sive legalis* erfordert das Handeln des Einzelnen nach dem Gesetz, das selbst auf das Gemeinwohl (*bonum commune*) ausgerichtet ist.[79] Sie ordnet den Einzelnen *unmittelbar* auf das Gemeinwesen hin und legt ihm die Verpflichtung auf, auch dem Gemeinwesen das ihm zustehende *suum* zu geben und so dem Gemeinwohl, dem *bonum commune*, zu dienen. Da jeder Mensch Teil des Gemeinwesens ist, dient der Einzelne, indem er dem Gemeinwesen dient, *mittelbar* zugleich auch allen, die ihm angehören. Umgekehrt kommt jeder Akt der Gerechtigkeit dem Einzelnen gegenüber zugleich der Gemeinschaft insgesamt zugute und dient damit dem Gemeinwohl. Für das geltende Privat-

---

Übersetzung nach *Thomas v. Aquin*, Summa Theologica Bd. 18 (1953), S. 93 f.: „*Bewegungen* empfangen ihre Art von dem *Endpunkt*, auf den sie zulaufen. Deshalb ist es Sache der *Gesetzesgerechtigkeit*, das, was den *Privatpersonen gehört*, *auszurichten* auf das *Gemeinwohl*; aber *umgekehrt*: das *Gemeinwohl* durch die *Zuteilung auszurichten* auf die *Einzelperson* ist Sache der *Einzelgerechtigkeit*." Hervorhebungen durch den Verfasser.

[76] Übersetzung nach *Thomas v. Aquin*, Summa Theologica Bd. 18 (1953), S. 40. Vgl. hierzu *Thomas v. Aquin*, Summa Theologica, II^{a}–II^{ae} q. 57 a. 1 co, q. 58 a. 7 ad 1: „... quod iustitia legalis sufficienter quidem ordinat hominem in his quae sunt ad alterum, quantum ad commune quidem bonum, immediate; quantum autem ad bonum unius singularis personae, mediate. Et ideo oportet esse aliquam particularem iustitiam, quae immediate ordinet hominem ad bonum alterius singularis personae." Hervorhebungen durch den Verfasser.

[77] *Utz*, in: Deutsche Thomas-Ausgabe, Bd. 18 (1953), S. 401, 409.

[78] *Utz*, in: Deutsche Thomas-Ausgabe, Bd. 18 (1953), S. 401, 409. Hierzu näher oben S. 66 ff. Vgl. auch *Raisers* Ansatz der Begründung der AGB-Kontrolle unter Rückgriff auf die *Institutionenlehre* unten S. 622 ff. Zur Bindung der Vertragsfreiheit an die Vertragsgerechtigkeit vgl. oben S. 9 sowie eingehend unten S. 128 ff., 179 ff., 241 ff., 262 ff., 269 ff.

[79] Eingehend hierzu bereits mit Blick auf das Mediationsverfahren *Wendland*, Mediation und Zivilprozess (2017), S. 238 ff.

rechtsordnung lässt sich daraus die Erkenntnis ableiten, dass der Einzelne nicht als isoliertes Individuum verstanden werden kann, der keinen oder nur marginalen Bindungen an die Gemeinschaft unterliegt. Vielmehr ist der Mensch Teil eines *Gemeinwesens*, indem er sowohl auf den anderen hin als auch auf die Gemeinschaft insgesamt ausgerichtet und so überhaupt erst lebens- und überlebensfähig ist.

Für das *Vertragsmodell* wird man aus dieser Erkenntnis die Forderung ableiten müssen, dass sich die *Funktion* des Vertrages als Rechtsinstitut nicht auf die eines Instruments zur Durchsetzung *eigener* Interessen beschränken lässt.[80] Vielmehr steht auch das vertragliche Handeln des Einzelnen wie jedes menschliche Handeln *zugleich* im Dienst des *bonum commune* und des anderen, so dass sich hieraus spezifische Rücksichtnahme- und Förderungspflichten mit Blick auf die Verwirklichung und Berücksichtigung der Interessen des jeweils anderen Vertragspartners ergeben. Diese *prima vista* trivial erscheinende Aussage birgt in ihren Konsequenzen nicht unerhebliche Sprengkraft. Denn eine Berücksichtigung überindividueller Gemeinschaftsinteressen oder individueller Interessen gerade des Vertragspartners im Rahmen des Vertragsschlusses ist mit dem ursprünglichen formal-liberalen Ansatz des BGB schlichtweg unvereinbar. Hier ist es gerade nicht Aufgabe der Parteien, für die Verwirklichung der Interessen ihres Verhandlungspartners zu sorgen. Erst die bereits mit der Novellengesetzgebung einsetzende *Materialisierungsentwicklung* hatte zu einem langsamen aber stetigen Umdenken geführt. Dass der damit einhergehende Paradigmenwechsel die Auslegung und Anwendung des Rechts im Kern wieder auf altbewährte Bahnen zurückführt, die Entwicklung hin zu einem zunehmend materiellen Verständnis der Vertragsfreiheit aus rechtsphilosophischer Perspektive nichts anderes ist als „alter Wein in neuen Schläuchen" zeigt der Blick auf die Bedeutung des *bonum commune* im Zusammenspiel von *iustitia generalis* und *particularis*. Die vom BGH dem AGB-Verwender aufgegebene Verpflichtung, schon bei der Vorformulierung der von ihm verwendeten Klauseln die Interessen seiner zukünftigen Vertragspartner angemessen zu berücksichtigen[81], erwächst damit bereits aus der Ausrichtung des Einzelnen auf das *bonum commune* hin als Forderung der *iustitia generalis sive legalis*.

cc) Die Verteilungsgerechtigkeit (iustitia distributiva)

Während es bei der *iustitia legalis* um die Gerechtigkeit gegenüber dem Gemeinwesen, dem *bonum commune* geht, steht bei der *iustitia particularis* die Gerechtigkeit gegenüber dem Einzelnen im Mittelpunkt. Im Rahmen der Verteilungsgerechtigkeit, der *iustitia distributiva*, geht es dabei um jene Gerechtigkeit, die

---

[80] Vgl. hierzu die Aussagen zum Vertragszweck bei *Thomas v. Aquin*, Summa Theologica, II^{a}–II^{ae} q. 77 a. 1 co. Näher hierzu unten S. 122 f.

[81] BGH VersR 2013, 197, 198 sowie in st. Rspr. BGH NJW 2016, 2489, 2490; NJW 2016, 1230, 1232; NJW 2015, 928, 928; VersR 2013, 197, 198; NJW 1984, 1182, 1182.

dem Einzelnen gegenüber vonseiten des Gemeinwesens bei der Verteilung von Gütern zukommt: Es geht um die gerechte Verteilung von Gütern durch das Gemeinwesen.[82] Der Maßstab, nach dem sich die gerechte Verteilung der Güter an den Einzelnen bemisst, ist hier nicht, wie bei der *iustitia commutativa,* der Wert der zu verteilenden Güter, sondern vielmehr die „Würdigkeit" des Einzelnen, die entsprechenden Leistungen zu erhalten. Diese kann, je nach Art der Zuteilung, höchst unterschiedlich sein.

Als *Kriterien* kommen bestimmte *Eigenschaften* der Person, wie etwa die Interessen, die Bedürftigkeit, das Verdienst, die Leistung, besondere Fähigkeiten oder andere Kriterien, in Betracht. Da die Gerechtigkeit auf die Herstellung eines Ausgleichs ausgerichtet ist, erfolgt die Verteilung gleichwohl nach dem Grundsatz der *Gleichheit,* wobei jedoch nicht, wie im Rahmen der *iustitia commutativa,* die *arithmetische,* sondern die *geometrische* bzw. *proportionale* Gleichheit („*geometrica proportionalitate secundum proportionem*)"[83] des Verhältnisses der Würdigkeit zur Anwendung gelangt: Je größer die *Bedürftigkeit,* die *Leistung* oder das besondere *Interesse* des Einzelnen an einem Gut ist, desto mehr Güter werden ihm zugeteilt.

Den Anspruch des Einzelnen auf die Zuteilung eines bestimmten Gutes, das *suum,* begründet *Thomas* dabei mit dessen Teilhabe an den Gütern des Gemeinwesens: „Wie Teil und Ganzes in etwa dasselbe sind, so gehört auch das, was dem Ganzen gehört, in gewisser Weise dem Teil. Wenn daher aus den Gemeinschaftsgütern den Einzelnen etwas zugeteilt wird, so empfängt ein jeder in bestimmtem Sinne das, was sein ist."[84] Allerdings wird dem Einzelnen aus dem, was dem Ganzen gehört, nur das zugeteilt, was ihm als Teil des Ganzen aufgrund seiner Würdigkeit auch geschuldet ist – *„quod est totius est debitum parti"*.[85] Die Entscheidung hierüber obliegt dem Gesetzgeber, der im geltenden Recht davon in vielfacher Weise Gebrauch gemacht hat: Mit Blick auf die *Bedürftigkeit* im Sozialrecht, bei den Pflichtteilsansprüchen des Erbrechts oder etwa den Unterhaltsansprüchen der Kinder und Ehegatten sowie mit Blick auf die *Leistung* etwa im Rahmen des beamtenrechtlichen Leistungsprinzips nach Art. 33 Abs. 2 GG.

---

[82] Eingehend hierzu bereits mit Blick auf das Mediationsverfahren *Wendland,* Mediation und Zivilprozess (2017), S. 263 ff.

[83] *Thomas v. Aquin,* Summa Theologica, II^{a}–II^{ae} q. 61 a. 2 co.: „... *medium* est secundum *geometricam proportionalitatem,* in qua attenditur *aequale* non secundum *quantitatem,* sed secundum *proportionem.*" Übersetzung nach *Thomas v. Aquin,* Summa Theologica Bd. 18 (1953), S. 96: „... eine solche *Rechtsmitte* sei die auf Grund des *geometrischen Verhältnisses,* worin der *Ausgleich* nicht nach der *Menge* bemessen wird, sondern nach dem *Verhältnis.*" Hervorhebungen durch den Verfasser.

[84] Übersetzung nach *Thomas v. Aquin,* Summa Theologica Bd. 18 (1953), S. 93. Vgl. auch *Thomas v. Aquin,* Summa Theologica, II^{a}–II^{ae} q. 61 a. 1 ad 2: „... quod sicut pars et totum quodammodo sunt idem, ita id quod est totius quodammodo est partis. Et ita cum ex bonis communibus aliquid in singulos distribuitur, quilibet aliquo modo recipit quod suum est." Hervorhebungen durch den Verfasser.

[85] *Thomas v. Aquin,* Summa Theologica, II^{a}–II^{ae} q. 61 a. 2 co.

dd) Die Tauschgerechtigkeit (iustitia commutativa)

Die ausgleichende oder Tauschgerechtigkeit, die *iustitia commutativa*, betrifft das Verhältnis der Einzelnen zueinander.[86] Sie umfasst damit den eigentlichen Gegenstandsbereich der *Vertragsgerechtigkeit.*

(1) Das Äquivalenzprinzip als Maßstab der Tauschgerechtigkeit

Ziel der *iustitia commutativa* ist es, Wertverluste bei der Übertragung von Gütern von einer Person auf die andere auszugleichen und damit Rechtsverkürzungen im Rechtsverkehr zu verhindern. Im Mittelpunkt steht die Erhaltung des Eigentums und des Vermögens des Einzelnen, die durch Austauschgeschäfte nicht beeinträchtigt werden sollen. Der Tauschgerechtigkeit liegt somit der Gedanke zugrunde, dass der für das menschliche Dasein notwendige Austausch von Gütern letztlich zu einer ausgeglichenen Wertbilanz der beiden Parteien führen und nicht zur Quelle von Vermögensbeeinträchtigungen werden soll. Aus diesem Grund liegt der Tauschgerechtigkeit auch nicht der *Kauf*, sondern der *Tausch* zugrunde: Der Leistungsaustausch ist dabei im Grundsatz wertneutral. *Maßstab* der Tauschgerechtigkeit ist folglich die Äquivalenz (*aequalitas*)[87], die wertmäßige Gleichheit von Leistung und Gegenleistung, die *arithmetische* Mitte (*arithmetica medietate*)[88] zwischen dem Wertzuwachs des Empfangenden und dem Wertverlust des Gebenden. Der Ausgleich erfolgt durch die Hingabe des *suum*, das dem anderen zusteht: Die Leistung einer gleichen Gegenleistung, die dem Wert des empfangenen Gutes entspricht. Die Eigenschaften oder die Tauglichkeit der Person spielen im Rahmen der *iustitia commutativa* keine Rolle. Maßgeblich ist allein der Wert des Gutes, das ausgetauscht wird. Den Grundsatz der *Äquivalenz* von Leistung und Gegenleistung als Grundlage der Tauschgerechtigkeit begründet *Thomas* dabei mit der Goldenen Regel, der *regula aurea*: „Keiner aber will, daß ihm eine Sache teurer verkauft wird, als sie wert ist. Also darf keiner dem anderen eine Sache teurer verkaufen, als sie wert ist."[89]

(2) Gemeinsamer Nutzen (utilitas communis) als Vertragszweck

Vom Tausch ausgehend entwickelt *Thomas* sodann ein System der Vertragsgerechtigkeit für den Kauf und weitere Schuldverhältnisse. Bemerkenswert ist in diesem Zusammenhang sein Verständnis des Rechtsinstituts des Kaufvertrages, den er nicht etwa als Instrument zur Verwirklichung von Einzelinteressen ver-

---

[86] Eingehend hierzu bereits mit Blick auf das Mediationsverfahren *Wendland*, Mediation und Zivilprozess (2017), S. 263 ff.

[87] *Thomas v. Aquin*, Summa Theologica, II^{a}–II^{ae} q. 61 a. 2 co.

[88] *Thomas v. Aquin*, Summa Theologica, II^{a}–II^{ae} q. 61 a. 2 co.

[89] Übersetzung nach *Thomas v. Aquin*, Summa Theologica Bd. 18 (1953), S. 345. Vgl. hierzu mit Verweis auf Mt. 7, 12 *Thomas v. Aquin*, Summa Theologica, II^{a}–II^{ae} q. 77 a. 1 s. c.: „Sed contra est quod dicitur Matth. VII, omnia quaecumque vultis ut faciant vobis homines, et vos facite illis. Sed nullus vult sibi rem vendi carius quam valeat. Ergo nullus debet alteri vendere rem carius quam valeat." Hervorhebungen durch den Verfasser.

steht. Vielmehr dient der Kaufvertrag nach *Thomas* dem gemeinsamen Nutzen (*utilitas communis*)[90] der Parteien, da der eine die Sache des anderen nötig hat und umgekehrt – *„scilicet unus indiget re alterius et e converso"*.[91] Hieraus ergeben sich jedoch spezifische Gerechtigkeitspflichten der einzelnen Parteien ihren jeweiligen Vertragspartnern gegenüber, denn was „zum *gemeinsamen Nutzen* beider eingeführt ist, darf *nicht* zu *Lasten* mehr des *einen* als des *anderen* ausschlagen."[92] Der Kaufvertrag muss daher *„secundum aequalitatem rei inter eos"*[93], aufgrund des Gleichmaßes der Güter zwischen ihnen geschlossen werden.[94] Aus der *utilitas communis* als Vertragszweck lässt sich indes nicht nur die *Angemessenheit* des *Preises*, sondern auch die Forderung nach einem *gerechten Ausgleich* der vertraglichen *Chancen*, *Lasten* und *Risiken* und damit die Vertragsgerechtigkeit der *Nebenbedingungen* herleiten. Vor diesem Hintergrund finden das dem AGB-Verwender vom BGH auferlegte *Rücksichtnahmegebot* mit Blick auf die Interessen seiner zukünftigen Vertragspartner[95] sowie die Inhaltskontrolle von AGB ihre Grundlage bereits in dem von *Thomas* entwickelten Vertragszweck des *utilitas communis,* der eine Schädigung des jeweils anderen Vertragspartners durch den Vertrag selbst ausschließt.

(3) Preisgerechtigkeit

Mit der Forderung, dass der Kaufvertrag aufgrund des Gleichmaßes der Güter zu schließen ist, rückt die Frage nach der Preisgerechtigkeit, dem *iustum pretium*, in den Mittelpunkt.[96] Die Frage nach dem gerechten Preis beantwortet *Thomas* mit Verweis auf den *Nutzwert*. Denn der Wert einer Sache „wird nach dem berechnet, was die Sache im Gebrauch der Menschen bedeutet."[97] Dies wiederum wird danach bemessen, was die Käufer für gewöhnlich hierfür zu geben bereit sind – den bezahlten (*pretium datum*), den *Marktpreis*: „Die Werthöhe der Dinge aber, welche zum Gebrauch bei den Menschen in Umlauf sind, wird bemessen nach

---

90 *Thomas v. Aquin*, Summa Theologica, II^a^–II^ae^ q. 77 a. 1 co.

91 *Thomas v. Aquin*, Summa Theologica, II^a^–II^ae^ q. 77 a. 1 co.

92 Übersetzung nach *Thomas v. Aquin*, Summa Theologica Bd. 18 (1953), S. 345. Vgl. hierzu *Thomas v. Aquin*, Summa Theologica, II^a^–II^ae^ q. 77 a. 1 co.: „Quod autem pro *communi utilitate* est inductum, *non* debet esse *magis* in *gravamen unius* quam *alterius*." Hervorhebungen durch den Verfasser.

93 *Thomas v. Aquin*, Summa Theologica, II^a^–II^ae^ q. 77 a. 1 co.

94 *Thomas v. Aquin*, Summa Theologica, II^a^–II^ae^ q. 77 a. 1 co: „Et ideo debet secundum aequalitatem rei inter eos contractus institui." Vgl. zur Übersetzung *Thomas v. Aquin*, Summa Theologica Bd. 18 (1953), S. 345.

95 BGH VersR 2013, 197, 198.

96 Eingehend hierzu bereits mit Blick auf das Mediationsverfahren *Wendland*, Mediation und Zivilprozess (2017), S. 271 ff.

97 Übersetzung nach *Thomas v. Aquin*, Summa Theologica Bd. 18 (1953), S. 353. Vgl. hierzu *Thomas v. Aquin*, Summa Theologica, II^a^–II^ae^ q. 77 a. 2 ad 3: *„pretium rerum* venalium *non consideratur secundum gradum naturae* … sed consideratur secundum quod res in usum hominis veniunt." Hervorhebungen durch den Verfasser.

dem bezahlten Preis."[98] Es ist bemerkenswert, dass *Thomas* zur Bestimmung des gerechten Preises „keine Preislehre im eigentlichen Sinne"[99] formuliert, die etwa die Entstehungsbedingungen einer gerechten Preisordnung zum hätte, sondern stattdessen auf den vorhandenen Marktpreis verweist, ihn als insoweit *gerechten Preis* für die Bestimmung des Nutzwertes heranzieht und im Grunde lediglich die unterschiedlichen Formen der Abweichung vom Marktpreis behandelt.[100] Er setzt damit einen funktionierenden Markt, letztlich eine marktwirtschaftlich orientierte Wirtschaftsordnung voraus, wobei er die Problematik der Kompensation von Marktversagen aus seiner Betrachtung ausklammert. Angesichts der Tatsache, dass auch die Rechtsprechung dann, wenn es um die Bestimmung der Preisäquivalenz geht, regelmäßig vom *Marktwert* ausgeht, wird deutlich, dass das geltende Recht der Lehre vom *iustum pretium* in weitaus stärkerem Umfang entspricht, als es angesichts der insoweit häufig pauschalisierenden Kritik den Anschein hat.[101]

Dass sich der *Marktpreis* in der Regel nicht punktgenau feststellen lässt („*non est punctaliter determinatum*")[102], dass es sich somit eher um eine *Preisspanne* handelt, deren Umfang lediglich geschätzt werden kann, war freilich auch *Thomas* bewusst. Aufgrund der Elastizität des Preises heben daher *geringe* Abweichungen vom geschätzten Marktpreis die Äquivalenz des Austauschverhältnisses und damit die Tauschgerechtigkeit nicht auf: „... weil der *gerechte Preis* der Sache zuweilen nicht auf den *i-Punkt* genau festgelegt werden kann, sondern eher auf einer *gewissen Schätzung* beruht, so daß ein *mäßiges* Mehr oder Weniger das *Gleichmaß der Gerechtigkeit* nicht aufzuheben scheint."[103] Damit ergibt sich für die Bestimmung der *Vertragsgerechtigkeit* die *Grundregel* der Bindung des vereinbarten Preises an den *Marktpreis* als Ausdruck des *Nutzwertes* der Sache. Von den insoweit unvermeidbaren *geringen* Abweichungen vom geschätzten Marktpreis abgesehen, die sich aus der Variationsbreite bzw. der Preisspanne ergeben, ist dem Kaufvertrag daher stets der Marktpreis als *iustum pretium* zugrunde zu

[98] Übersetzung nach *Thomas v. Aquin*, Summa Theologica Bd. 18 (1953), S. 347f. Vgl. hierzu *Thomas v. Aquin*, Summa Theologica, II^{a}–II^{ae} q. 77 a. 1 co.: „*Quantitas* autem rerum quae in usum hominis veniunt mensuratur secundum *pretium datum*." Hervorhebungen durch den Verfasser.

[99] So zu Recht *Utz*, in: Deutsche Thomas-Ausgabe, Bd. 18 (1953), S. 423, 540.

[100] *Utz*, in: Deutsche Thomas-Ausgabe, Bd. 18 (1953), S. 423, 540.

[101] Vgl. zur Kritik am *iustum pretium* nur *Miethaner*, AGB-Kontrolle (2010), S. 49; *Bruns*, JZ 2007, 385, 386; *Schön*, FS Canaris I (2007), S. 1191, 1192; *Canaris*, AcP 200 (2000), 273, 286; *Singer*, Selbstbestimmung (1995), S. 25; *Canaris*, FS Lerche (1993), S. 874, 884; *Habersack*, Vertragsfreiheit und Drittinteressen (1992), S. 48, Fn. 42; *Teichmann*, Gestaltungsfreiheit (1970), S. 34; *Raiser*, FS 100 Jahre DJT (1960), S. 101, 129f.

[102] *Thomas v. Aquin*, Summa Theologica, II^{a}–II^{ae} q. 77 a. 1 ad 1.

[103] Übersetzung nach *Thomas v. Aquin*, Summa Theologica Bd. 18 (1953), S. 348. Vgl. hierzu *Thomas v. Aquin*, Summa Theologica, II^{a}–II^{ae} q. 77 a. 1 ad 1: „... quia *iustum pretium* rerum quandoque *non est punctaliter determinatum*, sed magis in quadam *aestimatione* consistit, ita quod modica *additio* vel *minutio* non videtur tollere *aequalitatem iustitiae*." Hervorhebungen durch den Verfasser.

legen: „Wenn also der Preis den Wert der Sache übersteigt oder umgekehrt die Sache den Preis übersteigt, ist das *Gleichmaß der Gerechtigkeit* aufgehoben. *Teurer* verkaufen oder *billiger* kaufen, als die Sache wert ist, ist also an sich ungerecht und unerlaubt.“[104]

Ist damit der von der Tauschgerechtigkeit geforderte angemessene, gerechte Preis, der *iustum pretium,* der die Äquivalenz (*aequalitas*) von Leistung und Gegenleistung sicherstellt, in dem durch Schätzung (*aestimatio*) zu ermittelnden gegebenen Marktpreis (*datum pretium*) zu sehen, so stellt sich nun die Frage, wie *Abweichungen* vom gerechten Preis zu behandeln sind. *Thomas* hält die Vereinbarung eines vom Marktpreis abweichenden höheren Preises nur in drei Fällen für gerechtfertigt:

1. Beidseitiges Interesse an der Sache. So ist ein höherer Preis dann zulässig, wenn aus dem Kaufvertrag „zufällig dem einen ein Vorteil, dem anderen ein Nachteil erwächst; zum Beispiel, wenn einer den Besitz einer Sache sehr nötig hat und der andere geschädigt würde, wenn er sie entbehren müßte.“[105] Denn dann hat die Sache für *beide* Parteien einen hohen Nutzwert, da beide Parteien ein Interesse an ihr haben, so dass sich die Übertragung der Sache in *besonderer Weise* für die eine Partei als Vorteil, für die andere als Verlust erweist. In diesem Fall ist ein höherer Preis als der Marktpreis zulässig: „Und so kann etwas erlaubterweise teurer verkauft werden, als es an sich wert ist, doch soll es auch nicht teurer verkauft werden, als es dem Besitzer wert ist.“[106]

2. Mäßiger Gewinn des Kaufmanns aus gerechtem Grund. Darüber hinaus ist ein *mäßiger* Gewinn im gewerblichen Handel mit Blick auf die Tauschgerechtigkeit erlaubt, sofern er auf ein notwendiges und ehrenhaftes Ziel (*„finis necessarius vel etiam honestus“*), d. h. einen sittlich guten Zweck ausgerichtet ist, der etwa in der Unterstützung *Bedürftiger*, der Förderung des *Gemeinwohls*, aber auch in der Sicherung des eigenen *Lebensunterhalts* liegen kann: „Deshalb steht nichts im Wege, daß man den Gewinn ausrichtet auf ein *notwendiges* oder *ehrenhaftes* Ziel. So, wenn einer den *mäßigen Gewinn*, den er im *Handel* sucht, ausrichtet auf

---

[104] Übersetzung nach *Thomas v. Aquin*, Summa Theologica Bd. 18 (1953), S. 346. Vgl. hierzu *Thomas v. Aquin*, Summa Theologica, II^{a}–II^{ae} q. 77 a. 1 co.: „Et ideo si vel pretium excedat quantitatem valoris rei, vel e converso res excedat pretium, tolletur iustitiae aequalitas. Et ideo carius vendere aut vilius emere rem quam valeat est secundum se iniustum et illicitum.“ Hervorhebungen durch den Verfasser.

[105] Übersetzung nach *Thomas v. Aquin*, Summa Theologica Bd. 18 (1953), S. 346. Vgl. hierzu *Thomas v. Aquin*, Summa Theologica, II^{a}–II^{ae} q. 77 a. 1 co.: „Alio modo possumus loqui de emptione et venditione secundum quod *per accidens* cedit in *utilitatem unius* et *detrimentum alterius*, puta cum *aliquis multum indiget habere* rem aliquam, et *alius laeditur* si ea careat.“ Hervorhebungen durch den Verfasser.

[106] Übersetzung nach *Thomas v. Aquin*, Summa Theologica Bd. 18 (1953), S. 346. Vgl. hierzu *Thomas v. Aquin*, Summa Theologica, II^{a}–II^{ae} q. 77 a. 1 co. „Et sic licite poterit aliquid vendi plus quam valeat secundum se, quamvis non vendatur plus quam valeat habenti.“

die *Erhaltung* seines *Hauses* oder auch darauf, den *Bedürftigen* helfen zu können; oder auch, wenn einer Handel treibt zum *öffentlichen Nutzen*, damit nicht die zum Leben des Vaterlandes nötigen Dinge fehlen, und wenn er dabei den *Gewinn nicht als Ziel* sucht, sondern als *Ertrag der Arbeit*."[107] Entscheidend ist für *Thomas* neben der Tatsache, dass es sich um einen *mäßigen* Gewinn (*lucrum moderatum*) handeln muss, somit vor allem die Intention (*intentio*), die Zielrichtung (*finis*) des Rechtsgeschäfts. Daher lehnt er den Gewinn als Selbstzweck und letztes Ziel (ultimus finis), den Gewinn um des Gewinnes willen, als ungerecht ab und lässt ihn nur insoweit zu, als er auf ein notwendiges und ehrenhaftes Ziel gerichtet ist, das entweder der eigenen Existenzsicherung, der Versorgung anderer oder der Förderung des Gemeinwohls dient: „Doch kann auch der Gewinn selbst erlaubterweise angestrebt werden, nicht zwar als *letztes Ziel*, sondern *wegen* eines anderen *notwendigen* oder *ehrenhaften Zieles*."[108]

Damit hatte *Thomas* der reinen *Spekulation*, dem Vertragsschluss um des übermäßigen Gewinnes wegen, der nicht durch eine besondere Leistung des Händlers oder eine Verbesserung des Kaufgegenstandes gerechtfertigt ist, den Kampf angesagt. In der Begrenzung des zulässigen Gewinns wird dabei in besonderer Weise jene Bindung der Parteien an den *Vertragszweck*, den Zweck des Rechtsinstitutes des Vertrages insgesamt, an das *bonum commune* deutlich, die sich aus dem bereits erörterten Vorrang der Gesetzesgerechtigkeit vor der Einzelgerechtigkeit ergibt.[109] Da sich der Einzelne gerade nicht in einem beziehungslosen Vakuum uneingeschränkt entfaltender Individualität bewegt, sondern vielmehr als Teil eines *Gemeinwesens* in ein Gefüge *wechselseitiger Beziehungen* eingebettet ist, trifft ihn nach der *iustitia legalis* die Pflicht, seine Handlungen jedenfalls *auch* am *bonum commune* auszurichten. Was für den Einzelnen gilt, muss daher auch für den Vertrag als gemeinschaftliches Handeln zweier Einzelpersonen gelten. Ebenso wie der Einzelne in seinem Handeln nach den Grundsätzen der *iustitia legalis* auf das Wohl des anderen sowie des Gemeinwesens ausgerichtet ist, kann auch der Vertrag als vom Gemeinwesen den Parteien zur Verfügung gestelltes Rechtsinstitut nicht dem Wohl, der Bereicherung nur einer der beiden Parteien

---

107 Übersetzung nach *Thomas v. Aquin*, Summa Theologica Bd. 18 (1953), S. 360 f. Vgl. hierzu *Thomas v. Aquin*, Summa Theologica, II^{a}–II^{ae} q. 77 a. 4 co.: „Unde *nihil prohibet lucrum ordinari* ad aliquem *finem necessarium*, vel etiam *honestum*. Et sic negotiatio licita reddetur. Sicut cum aliquis *lucrum moderatum*, quod negotiando quaerit, ordinat ad *domus suae sustentationem*, vel etiam ad *subveniendum indigentibus*, vel etiam cum aliquis negotiationi intendit propter *publicam utilitatem*, ne scilicet res necessariae ad *vitam patriae desint*, et *lucrum* expetit *non quasi finem*, sed *quasi stipendium laboris*." Hervorhebungen durch den Verfasser.

108 Übersetzung nach *Thomas v. Aquin*, Summa Theologica Bd. 18 (1953), S. 361. Vgl. hierzu *Thomas v. Aquin*, Summa Theologica, II^{a}–II^{ae} q. 77 a. 4 ad 1: „Quamvis et ipsum lucrum possit licite intendi, non sicut ultimus finis, sed propter alium finem necessarium vel honestum ...." Hervorhebungen durch den Verfasser.

109 Vgl. hierzu oben S. 117 f.

dienen. Vielmehr besteht sein *Zweck* nach *Thomas* im *gemeinsamen Nutzen* (*utilitas communis*) *beider* Parteien und damit zugleich im *bonum commune*.[110]

Beansprucht eine der Parteien für sich selbst einen übermäßigen Gewinn, der in keinem angemessenen Verhältnis zum Gegenwert der zu erbringenden Leistung steht, so ist der Vertrag für die insoweit geschädigte Partei von geringem *Nutzen*. Der Gewinn, den die überlegene Partei für sich selbst beansprucht und der gerade nicht aus einer Verbesserung, einem Wertzuwachs des Kaufgegenstandes erwächst, hat einen Preis, den die insoweit übervorteilte Partei zu zahlen hat, etwa indem sie einen Kaufgegenstand erhält, der in seinem Wert nicht der hingegebenen Gegenleistung entspricht. Ein solcher *Gewinn* ist somit nur auf *Kosten* und letztlich zum *Schaden* der übervorteilten Partei möglich. Zur Schädigung des Vertragspartners steht das Rechtsinstitut des Vertrages indes nicht zur Verfügung.[111] Es handelt sich im Grunde um einen *Missbrauch* des Vertragsinstituts, da er in einer die Tauschgerechtigkeit verletzenden Weise zum einseitigen Vorteil auf Kosten des Vertragspartners zur Anwendung gelangt. Die moderne Lehre vom institutionellen Rechtsmissbrauch, die etwa von *Ludwig Raiser* für die Begründung der AGB-Kontrolle herangezogen wurde[112], lässt sich damit letztlich auf die *thomasische Gerechtigkeitstheorie* stützen, die in ihrem Kern selbst auf die aristotelische Ethik der Gerechtigkeit zurückgeht.

3. Nichtgewerbliche Veräußerung. Schließlich hält *Thomas* einen *mäßigen* Gewinn dann für gerechtfertigt, wenn es sich um ein *nichtgewerbliches* Rechtsgeschäft handelt.[113] Davon ist immer dann auszugehen, wenn der Verkäufer eine Sache nicht bereits *deshalb* erwirbt, um sie später teurer zu verkaufen, sondern wenn er sie zum Gebrauch kauft und sich erst später eine Gelegenheit zum Verkauf ergibt. Ein Gewinn kann in diesen Fällen dann zulässig sein, wenn er etwa aus einer *Verbesserung*, den *Schwankungen des Marktpreises* oder einer Transportleistung des Verkäufers erwächst: „Nicht jeder, der eine Sache teurer verkauft, als er sie gekauft hat, treibt schon Handel; sondern der dazu einkauft, *um* sie teurer zu verkaufen. Wenn er aber eine Sache kauft, nicht um sie wieder zu verkaufen, sondern um sie *zu behalten*, und sie später aus *irgendwelchem Grunde* verkaufen will, so ist das kein Handel, auch wenn er sie jetzt teurer verkauft. Denn er kann das erlaubterweise tun, entweder weil er die Sache irgendwie *aufgewertet* hat, oder weil der *Preis* für die Sache sich nach der Verschiedenheit von Ort und Zeit *geändert* hat, oder um der *Gefahr* willen, der er sich aussetzt, wenn

[110] Zum Vertragszweck des *utilitas communis* vgl. *Thomas v. Aquin*, Summa Theologica, II^a–II^{ae} q. 77 a. 1 co. sowie oben S. 122f.

[111] Vgl. hierzu *Thomas v. Aquin*, Summa Theologica, II^a–II^{ae} q. 77 a. 1 co.

[112] V. a. *Raiser*, in: Summum ius, summa iniuria (1963), S. 145, 145ff. Vgl. hierzu eingehend unten S. 622ff.

[113] *Thomas v. Aquin*, Summa Theologica, II^a–II^{ae} q. 77 a. 4 ad 2 sowie unten S. 128 Fn. 114.

er die Sache *von einem zum anderen Ort bringt* oder bringen läßt. Und in dieser Hinsicht ist weder der Kauf noch der Verkauf ungerecht."[114]

In allen übrigen Fällen ist ein höherer Preis unangemessen und damit unzulässig. Dies gilt insbesondere für jene Fälle, in denen eine Partei die *Notlage* oder ein *besonderes Interesse* ihres Vertragspartners ausnutzt und einen höheren Preis verlangt, obwohl ihr aus der Weggabe des betreffenden Gutes kein besonderer Nachteil erwächst. Denn der höhere Nutzwert des Gutes für den Käufer beruht nicht auf dem Verdienst des Verkäufers, sondern resultiert aus den konkreten Umständen des Rechtsgeschäfts und der Situation des Käufers: „Wenn aber einem *sehr viel geholfen* ist mit der Sache des anderen, die er erhalten hat, der Verkäufer aber *keinen besonderen Schaden* aus ihrem Verlust hat, so darf er sie *nicht teurer* verkaufen. Denn der *Nutzen*, der dem anderen zuwächst, *stammt nicht vom Verkäufer*, sondern aus der *augenblicklichen Lage* des Käufers; keiner aber darf dem anderen verkaufen, was nicht *sein eigen* ist, wenn er ihm auch den Schaden ‚verkaufen' kann, den er erleidet. Jener aber, der aus der empfangenen Sache eine große Hilfe erfährt, kann aus eigenem Antrieb dem Verkäufer etwas dazugeben; das ist schicklich für ihn."[115]

ee) Gerechtigkeit und Recht: Die Frage der Inhaltskontrolle

Die *Gerechtigkeitstheorie* des *Aquinaten* betrifft das göttliche Gesetz (*lex divina*), den Bereich der *Moral*, des richtigen Handelns des Menschen. Es ist *Sollensordnung* mit einem für den Einzelnen verbindlichen Charakter und damit im eigentlichen Sinn des Wortes *Natur-Recht*. Über die konkrete Ausgestaltung des positiven, staatlich gesetzten *Rechts* (*lex humana*) ist damit indes noch nichts gesagt. Zwar bildet der Maßstab der Gerechtigkeit als naturrechtlich begründete Grundlage der moralischen Ordnung den Rahmen und den Maßstab für die Ausgestaltung des *positiven Rechts*, das selbst auf die Verwirklichung

---

[114] Übersetzung nach *Thomas v. Aquin*, Summa Theologica Bd. 18 (1953), S. 361. Vgl. hierzu *Thomas v. Aquin*, Summa Theologica, II^{a}–II^{ae} q. 77 a. 4 ad 2: „... quod non quicumque carius vendit aliquid quam emerit, negotiatur, sed solum qui ad hoc emit *ut* carius vendat. Si autem emit rem non ut vendat, sed *ut teneat*, et *postmodum* propter *aliquam causam* eam vendere velit, *non est negotiatio*, quamvis carius vendat. Potest enim hoc licite facere, vel quia in aliquo *rem melioravit*; vel quia *pretium rei est mutatum*, secundum *diversitatem loci vel temporis*; vel propter *periculum* cui se exponit *transferendo rem de loco ad locum*, vel eam ferri faciendo. Et secundum hoc, *nec* emptio *nec* venditio est *iniusta*." Hervorhebungen durch den Verfasser.

[115] Übersetzung nach *Thomas v. Aquin*, Summa Theologica Bd. 18 (1953), S. 346. Vgl. hierzu *Thomas v. Aquin*, Summa Theologica, II^{a}–II^{ae} q. 77 a. 4 ad 2: „Si vero aliquis multum iuvetur ex re alterius quam accepit, ille vero qui vendidit non damnificatur carendo re illa, non debet eam supervendere. Quia utilitas quae alteri accrescit non est ex vendente, sed ex conditione ementis, nullus autem debet vendere alteri quod non est suum, licet possit ei vendere damnum quod patitur. Ille tamen qui ex re alterius accepta multum iuvatur, potest propria sponte aliquid vendenti supererogare, quod pertinet ad eius honestatem." Hervorhebungen durch den Verfasser.

der Gerechtigkeit hin ausgerichtet ist. Jedoch ist sich auch *Thomas* sehr wohl der Tatsache bewusst, dass das *positive Recht* die *Moral* und damit auch die *Gerechtigkeit* nicht in vollkommener Weise abzubilden vermag. Das Recht ist auch *Friedensordnung*, die bis zu einem bestimmten Maße Ungerechtigkeiten in Kauf nimmt, um seine Ordnungsfunktion wahrnehmen zu können. Die Vorstellung, mit den Mitteln des Rechtes allein eine vollkommene Gerechtigkeit herzustellen, muss Illusion bleiben. Es bleibt Aufgabe der Moral – nicht durch Zwang, sondern durch eine Veränderung der inneren Einstellung des Einzelnen – die Handlungen des Menschen am Maßstab der Gerechtigkeit auszurichten. Das staatliche Recht (*lex humana*) muss hinter diesem Maßstab indes regelmäßig zurückbleiben:

„Das *menschliche Gesetz* wird dem (ganzen) Volke gegeben, in welchem es viele gibt, die an Tugend arm sind; nicht aber wird es nur für die Tugendhaften gegeben. Deshalb konnte das menschliche Gesetz *nicht alles verhindern*, was gegen die Tugend ist; sondern es genügt ihm, *das zu verhindern*, was das *Zusammenleben* der Menschen *unmöglich macht*; die anderen Dinge aber hält es *gewissermaßen für erlaubt*, *nicht* weil es sie *gutheißt*, sondern weil es sie *nicht bestraft*. So hält es auch *gleichsam für erlaubt*, *ohne* dafür eine *Strafe anzusetzen*, wenn der Verkäufer seine Sache *ohne Betrug über Preis verkauft* und der Käufer *unter Preis kauft*, solange der *Unterschied nicht zu groß* ist. Denn dann zwingt auch das menschliche Gesetz zur Wiedererstattung, zum Beispiel, wenn einer um *über die Hälfte* des gerechten Preises betrogen wurde. Das *göttliche Gesetz* aber läßt nichts ungestraft, was der *Tugend zuwider* ist. Deshalb wird es nach dem *göttlichen Gesetz* für *unerlaubt* gehalten, wenn bei Kauf und Verkauf *nicht* das *Gleichmaß der Gerechtigkeit* eingehalten wird. Und der, der *zuviel* hat, muß dem *ersetzen*, der *geschädigt wurde*, wenn es sich um einen *nennenswerten Schaden* handelt."[116]

Mit dem Verhältnis zwischen *Moral* bzw. *Gerechtigkeit* und *Recht*, *lex divina* und *lex humana*, spricht der Aquinat zugleich die Frage der *Inhaltskontrolle* und damit das Problem der Bestimmung der relevanten Kontrollschwelle an. Die von ihm formulierte Grundregel ist einfach und entspricht in ihrem wesentlichen Kern dem heute geltenden Recht: Jedes menschliche Handeln ist an die Grundsätze der Gerechtigkeit, der ethischen Ordnung der *lex divina* gebunden. Zwar muss auch das geltende Recht den ethischen Grundsätzen der Gerechtigkeit fol-

---

[116] Übersetzung nach *Thomas v. Aquin*, Summa Theologica Bd. 18 (1953), S. 347f. Vgl. hierzu *Thomas v. Aquin*, Summa Theologica, II^{a}–II^{ae} q. 77 a. 1 ad 1 „... quod, sicut supra dictum est, *lex humana* populo datur, in quo sunt *multi a virtute deficientes*, *non autem* datur *solis virtuosis*. Et ideo *lex humana non* potuit *prohibere quidquid* est *contra virtutem*, sed ei *sufficit ut prohibeat* ea quae *destruunt hominum convictum*; alia vero habeat *quasi licita*, *non* quia ea *approbet*, sed *quia* ea *non punit*. Sic igitur habet *quasi licitum*, *poenam non inducens*, si *absque fraude* venditor rem suam *supervendat* aut emptor vilius emat, *nisi* sit *nimius excessus*, quia tunc etiam *lex humana* cogit *ad restituendum*, puta *si aliquis* sit deceptus *ultra dimidiam iusti pretii* quantitatem. Sed *lex divina nihil* impunitum relinquit quod *sit virtuti contrarium*. Unde *secundum divinam legem* illicitum *reputatur* si in emptione et venditione *non sit aequalitas iustitiae observata*. Et tenetur ille qui plus habet recompensare ei qui damnificatus est, si sit *notabile damnum*." Hervorhebungen durch den Verfasser.

gen: Die *lex humana* beruht *idealiter* auf der *lex divina*.[117] Allerdings vermag das positive staatliche Recht nicht jedes ungerechte Handeln des Menschen zu verhindern oder zu verbieten, solange das vereinbarte Verhältnis von Leistung und Gegenleistung von den Anforderungen an einen angemessenen Interessenausgleich nach den Grundsätzen der *iustitia commutativa* nicht allzu stark abweicht, solange der Unterschied nicht allzu groß ist – *„nisi sit nimius excessus"*[118]. Damit ist die Kontrollschwelle der Inhaltskontrolle nach *Thomas* – zumindest in ihrem Wortlaut – nicht mehr allzu weit entfernt vom Maßstab des „auffälligen Missverhältnis[ses]" des §138 Abs.2 BGB, der Unvereinbarkeit des Vertragsinhalts „mit wesentlichen Grundgedanken der gesetzlichen Regelung" des §307 Abs.2 Nr.1 BGB oder der vertragszweckgefährdenden Einschränkung „wesentliche[r] Rechte oder Pflichten, die sich aus der Natur des Vertrags ergeben" des §307 Abs.2 Nr.2 BGB als widerlegbare Indizien für eine unangemessene Benachteiligung iSv. §307 Abs.2 Hs.1 BGB.

Mit Blick auf die konkrete Ausgestaltung der Kontrollschwelle verweist *Thomas* auf das *duplum* der gemeinrechtlichen *laesio enormis*, d.h. auf jene Eingriffsschwelle, ab der die benachteiligte Partei, die *pars laesa*, die *querela laesionis* aus dem *remedium ex l. 2. C. de rescindenda venditione* geltend machen kann, „wenn einer um *über die Hälfte* des gerechten Preises betrogen wurde."[119] Dieser Maßstab des *duplum* der *laesio enormis ultra dimidum* findet sich auch im geltenden Recht. Er entspricht dem *auffälligen Missverhältnis* des §138 Abs.2 BGB, das der BGH in ständiger Rechtsprechung – nicht nur bei Grundstücksgeschäften – dann annimmt, „wenn der Wert der Leistung knapp doppelt so hoch ist wie der Wert der Gegenleistung"[120]. Tatbestandliche Reduktion durch Schaffung der Rechtsfigur wucherähnlichen Geschäfts, Rekurs auf die Generalklausel des §138 Abs.1 BGB und Orientierung des Maßstabes des auffälligen Missverhältnisses am *duplum* der *laesio enormis ultra dimidum* haben den Tatbestand des wucherähnlichen Geschäfts der *querela laesionis* immer mehr angenähert, so dass auch das geltende Recht – trotz des Hinweises, dass das BGB die *laesio enormis* nicht übernommen habe[121] – *de facto* heute wieder bei der Läsionshaftung des rö-

---

[117] *Thomas v. Aquin*, Summa Theologica, II^{a}–II^{ae} q. 91 a. 2 co.

[118] *Thomas v. Aquin*, Summa Theologica, II^{a}–II^{ae} q. 77 a. 4 ad 2.

[119] Übersetzung nach *Thomas v. Aquin*, Summa Theologica Bd. 18 (1953), S. 347. Vgl. hierzu *Thomas v. Aquin*, Summa Theologica, II^{a}–II^{ae} q. 77 a. 4 ad 2: „… *si aliquis* sit deceptus *ultra dimidiam iusti pretii* quantitatem." Hervorhebungen durch den Verfasser.

[120] BGHZ 146, 289, 302 = NJW 2001, 1127, 1128. Ebenso in st. Rspr. BGH NJW-RR 2016, 1251, 1251; NJW 2014, 1652, 1652; NJW 1995, 2635, 2636; NJW 1992, 899, 900. Vgl. auch MünchKomm/*Armbrüster*, BGB (7. Aufl. 2015), §138 Rn. 146; Staudinger/*Sack/Fischinger*, BGB (2017), §138 Rn. 208 („Faustregel: 100 %").

[121] Vgl. nur *Miethaner*, AGB-Kontrolle (2010), S. 49. Zur vermeintlichen Fruchtlosigkeit der Suche der nach dem *iustum pretium Schön*, FS Canaris I (2007), S. 1191, 1192; *Canaris*, AcP 200 (2000), 273, 286; *Singer*, Selbstbestimmung (1995), S. 25; *Canaris*, FS Lerche (1993), S. 874, 884; *Habersack*, Vertragsfreiheit und Drittinteressen (1992), S. 48, Fn. 42; *Teichmann*,

mischen Rechts sowie des *ius commune* und damit bei dem Grundsatz des thomasischen „*nisi sit nimius excessus*“ angelangt ist.[122]

d) Rechtliche Grundlagen

Sind mit den Grundsätzen der *regula aurea*, des *suum cuique* des römischen Rechts und der klassischen *aristotelisch-thomasischen Gerechtigkeitslehre* die wesentlichen rechtsphilosophischen Grundlagen der Vertragsgerechtigkeit umrissen, so stellt sich sodann die Frage nach ihrer normativen Gewährleistung durch die Rechtsordnung. Die Frage ob und in welcher Weise eine Rechtsordnung der *Gerechtigkeit* verpflichtet ist, erscheint zunächst als akademisches Glasperlenspiel: Denn das Gut der Gerechtigkeit ist für die menschliche Existenz, für das Mit-Mensch-Sein[123], für das Recht schlechthin derart grundlegend, dass allein die Vorstellung einer Rechtsordnung, die nicht der Gerechtigkeit verpflichtet ist, geradezu absurd erscheint. Dies gilt umso mehr, als die Gerechtigkeit – folgt man der klassischen Gerechtigkeitsphilosophie sowie den tragenden Erwägungen des Grundgesetzes[124] – das Recht nicht nur *transzendiert*, sondern auch *konstituiert*. *Recht* ohne *Gerechtigkeit* ist schlicht nicht möglich, weshalb auch der *Rechtsstaatsbegriff* selbst als *pleonastisch* charakterisiert worden ist, da „richtigerweise kein Staat diese Bezeichnung verdiene, der nicht den Willen zum *gerechten Ausgleich*, also zur *Gerechtigkeit* aufbringe“[125]. Grundsätze wie die der Gerechtigkeit, die überpositiver Natur sind, können schon aus Gründen der Sachlogik nicht durch das positive Recht begründet werden. Die Gerechtigkeit, die *iustitia commutativa* und *distributiva*, so stellte schon *Radbruch* fest, ist insbesondere „in diesen beiden Formen ein absoluter, durch nichts weiter begründbarer Wert, gleich dem Guten, dem Wahren und dem Schönen“[126]. Die Gerechtigkeit und Ungerechtigkeit menschlichen Handelns im vertraglichen Bereich bedarf – jedenfalls außerhalb der stets unvermeidbaren Abgrenzungsfälle –, so auch *Canaris* mit Blick auf die evidente Ungerechtigkeit der Geschäftsgrundlagenlösung

---

Gestaltungsfreiheit (1970), S. 34; *Raiser*, FS 100 Jahre DJT (1960), S. 101, 129 f. Vgl. auch oben S. 106 f.

[122] Hierzu instruktiv zuletzt *Bergmann*, Ungerechter Vertrag (2014), S. 32 ff., 63 sowie eingehend unten S. 148 f. Ähnlich *Medicus/Petersen*, BGB AT (11. Aufl. 2016), Rn. 711; *Becker*, WM 1999, 709, 711; *Hönn*, JZ 1983, 677. Insoweit differenzierend *Martini*, DVBl 2008, 21, 23 f. Vgl. oben S. 107. Vgl. zur Rechtsprechung nur BGH NJW-RR 2016, 1251, 1251; NJW 2014, 1652, 1652; NJW 2001, 1127, 1128; NJW 1995, 2635, 2636; NJW 1992, 899, 900.

[123] So der Titel einer instruktiven Arbeit von *Stefan Oster* über die Phänomenologie und Ontologie der Gabe bei *Ferdinand Ulrich*, vgl. *Oster*, Mit-Mensch-Sein (2004).

[124] Vgl. nur wie im Folgenden *Benda*, in: Benda/Maihofer/Vogel (Hrsg.), HdBVerfR (2. Aufl. 1994), S. 719, 723; *Wertenbruch*, FS Jahrreiß (1964), S. 487, 488.

[125] *Benda*, in: Benda/Maihofer/Vogel (Hrsg.), HdBVerfR (2. Aufl. 1994), S. 719, 723 mit Verweis auf *Wertenbruch*, FS Jahrreiß (1964), S. 487, 488. Hervorhebungen durch den Verfasser.

[126] *Radbruch*, Rechtsphilosophie (1963), S. 24.

des BGH, aufgrund ihrer hohen Plausibilität „wie jedes Evidenzurteil – eigentlich gar keiner Begründung."[127]

Umso mehr mag es verwundern, dass die Bindung der Rechtsordnung an die Grundsätze materieller Gerechtigkeit – in der Praxis der Rechtspflege wie auch der Lebenswirklichkeit des Einzelnen wohl kaum je in Zweifel gezogen – jedenfalls im rechtswissenschaftlichen Schrifttum durchaus auf Kritik stößt.[128] Insbesondere der Blick auf das Verhältnis von *Vertragsfreiheit* und *Vertragsgerechtigkeit* im Kontext der verschiedenen *Vertragsmodelle* wird zeigen, dass die Anerkennung einer Bindung der Parteien an die wesentlichen Grundsätze materieller Vertragsgerechtigkeit keineswegs unangefochten geblieben ist.[129] Insbesondere das formal-liberale Grundverständnis des ursprünglichen Ansatzes des BGB macht deutlich, dass die Bindung der Parteien an übergeordnete Grundsätze materieller Vertragsgerechtigkeit keineswegs zu allen Zeiten gleichermaßen anerkannt gewesen war. Allerdings zeigt der Blick auf die weitere Entwicklung des Privatrechts in Deutschland – die letztlich eine Entwicklung der zunehmenden Materialisierung gewesen war – zugleich, dass eine Privatrechtsordnung, die sich der Bindung an die wesentlichen Grundsätze materieller Gerechtigkeit zu entziehen sucht, auf Dauer nicht lebensfähig ist. Wenn es darüber hinaus eines Beweises bedurft hätte, dass eine Rechtsordnung ohne eine Bindung an Postulate materieller Gerechtigkeit, die sie *nicht selbst bestimmt*, sondern von denen sie *bestimmt wird*, letztlich undenkbar ist, so war er mit der Entstehung des nationalsozialistischen Unrechtsregimes sowie den Rechtsordnungen der sozialistischen Staaten erbracht. Es war die unmittelbare Erfahrung mit derartigen „Rechtsordnungen", die zwar den formalen Schein des Rechts aufrechterhalten, seinen Inhalt jedoch ins Gegenteil verkehrt hatten, die den entscheidenden Anstoß zur normativen Gewährleistung der Gerechtigkeit gaben und eine Renaissance naturrechtlichen Rechtsdenkens einleiteten.[130]

aa) Verfassungsrechtliche Gewährleistung

Das Versagen des *Rechtspositivismus*, der mit seiner Negierung einer überpositiven Bindung des staatlichen Rechts an die Grundsätze der Gerechtigkeit als Wegbereiter des nationalsozialistischen Unrechtsregimes angesehen wird[131], hatte weitreichende Folgen für das Staatsverständnis des Grundgesetzes. Im Mittelpunkt stand der *soziale Rechtsstaat* als „der auf Verwirklichung und Sicherung

---

[127] *Canaris*, FS Steindorff (1990), S. 519, 423. Vgl. hierzu eingehend *Oechsler*, Gerechtigkeit (1997), S. 55ff.

[128] Vgl. etwa *Becker*, AGB und Individualvereinbarung (2011), S. 16f.; *Adams*, BB 1989, 781, 782; *Säcker*, Gruppenautonomie (1972), S. 207f.

[129] *v. Münch*, Der Staat 33 (1994), 165, 171.

[130] Vgl. hierzu instruktiv *Kühl*, FS Söllner (1990), S. 331 sowie klassisch *Radbruch/Kaufmann*, Vorschule der Rechtsphilosophie (1965), S. 32f.; *Radbruch*, SJZ 1946, 105, 107ff.

[131] *Sommermann*, in: v. Mangoldt/Klein/Starck, GG (6. Aufl. 2010), Art. 20 Abs. 3 Rn. 231.

der Gerechtigkeit zielende Staat"[132]. In der Folge wurde die Gerechtigkeitsbindung des Staates und seiner Gewalten in der Verfassung selbst verankert. Finden sich Verweise auf die überragende Bedeutung der Gerechtigkeit für die Verfassungsordnung bereits in Art. 1 Abs. 2 GG, im Hinweis auf das Erfordernis einer gerechten Abwägung der Interessen der Allgemeinheit und der Beteiligten bei der Bestimmung der Enteignungsentschädigung nach Art. 14 Abs. 3 S. 2 GG und in der sich aus dem Amtseid des Bundespräsidenten nach Art. 56 GG ergebenden Verpflichtung, „Gerechtigkeit gegen jedermann" zu üben, so bildet die eigentliche normative Grundlage der Gerechtigkeitsbindung der Privatrechtsordnung indes das *Rechtsstaatsprinzip* (Art. 20 Abs. 3 und Art 28 Abs. 1 Satz 1 GG), insbesondere die Bindung der staatlichen Gewalt an *Recht* und *Gesetz* (Art. 20 Abs. 3 GG).[133]

Der vom Grundgesetz konstituierte Staat ist ein *Rechtsstaat*: „ein auf die Idee der Gerechtigkeit bezogener Staat"[134], ein „Gerechtigkeitsstaat"[135]. Entsprechend konnte *Ingo von Münch* feststellen: „*Rechtsstaat* und *Gerechtigkeit* sind voneinander nicht trennbar. Ein Rechtsstaat ohne Gerechtigkeit ist nicht denkbar: er wäre ziellos, eine Hülse ohne Inhalt."[136] Die Verknüpfung mit der Gerechtigkeit ist danach „das Wesen des materialen Rechtsstaates im Gegensatz zum formalen Rechtsstaat."[137] Entsprechend ist anerkannt, „daß Rechtsstaatlichkeit auch Gerechtigkeit bedeutet."[138] Der Begriff des Rechtsstaates lässt sich nicht allein auf einen rein *formalen Rechtsstaatsbegriff* reduzieren, der lediglich auf die Gewährleistung formaler Verfahrenspositionen – Gewaltenteilung, Unabhängigkeit der Justiz, Gesetzmäßigkeit der Verwaltung, gerichtlicher Rechtsschutz – beschränkt ist. Die Erfahrung des nationalsozialistischen Unrechtsregimes hat gezeigt, dass „sogar schwerstes Unrecht in das Gewand des Rechts gekleidet sein"[139] kann. Vielmehr ist Rechtsstaatlichkeit im Sinne eines *materiellen Rechtsstaatsbegriffs* zu verstehen, der auf die Herstellung einer gerechten Ordnung und damit die Gewährleistung materieller Gerechtigkeit gerichtet ist.[140] „Zur Rechtsstaatlichkeit gehört nicht nur die Voraussehbarkeit, sondern auch die Rechtssicherheit

---

[132] *Bachof*, VVDStRL 12 (1954), 37, 39 mit Verweis auf *ters*, in: Wandersleb/Traumann (Hrsg.), Recht – Staat – Wirtschaft, Bd. 3 (1951), S. 66, 67.

[133] Zur Bindung der Exekutive und Judikative an Gesetz und Recht als traditionellem Element des Rechtsstaatsprinzips BeckOK/*Huster/Rux*, GG (38. Ed. 2018), Art. 20 Rn. 169; Maunz/Dürig/*Grzeszick*, GG (83. EL. 2018), Art. 20 Rn. 59 ff.

[134] *Münch*, Staatsrecht I (6. Aufl. 2000), Rn. 330; *v. Münch*, Der Staat 33 (1994), 165, 171.

[135] So etwa *Katz*, Staatsrecht (18. Aufl. 2010), Rn. 164; *v. Arnim*, in: Randelzhofer/Süß (Hrsg.), Konsens und Konflikt (1986), S. 117, 117. Hierzu *Bachof*, VVDStRL 12 (1954), 37, 40.

[136] *v. Münch*, Der Staat 33 (1994), 165, 174. Hervorhebungen durch den Verfasser.

[137] *v. Münch*, Der Staat 33 (1994), 165, 175.

[138] *Benda*, in: Benda/Maihofer/Vogel (Hrsg.), HdBVerfR (2. Aufl. 1994), S. 719, 725.

[139] *Benda*, in: Benda/Maihofer/Vogel (Hrsg.), HdBVerfR (2. Aufl. 1994), S. 719, 721.

[140] So auch die h. L., vgl. nur *Katz*, Staatsrecht (18. Aufl. 2010), Rn. 164; *Benda*, in: Benda/Maihofer/Vogel (Hrsg.), HdBVerfR (2. Aufl. 1994), S. 719, 723 ff.; *v. Münch*, Der Staat 33 (1994), 165, 174 ff.; *Münch*, Staatsrecht I (6. Aufl. 2000), Rn. 330.

und die *materielle Richtigkeit* oder *Gerechtigkeit*"[141] stellte das BVerfG bereits 1957 fest. Der Gesetzgeber ist bei der Ausgestaltung des einfachen Rechts an die Grundsätze der Gerechtigkeit gebunden. „Ein Recht zu schaffen", so das BVerfG schon 1951, „das den Idealen der sozialen *Gerechtigkeit*, der *Freiheit*, *Gleichheit* und *Billigkeit* entspricht, ist eine *ewige Aufgabe* des Gesetzgebers, an welcher der einzelne Staatsbürger nur durch die Ausübung des Wahlrechts mittelbar Anteil hat."[142] Er folgt damit dem Auftrag des Verfassungsgebers, der „in entschiedener Abkehr von einer Haltung, die in Recht und Gerechtigkeit keine Werte zu sehen vermochte, ... bemüht [war], im Grundgesetz die Idee der Gerechtigkeit zu verwirklichen."[143]

Die Bindung der Rechtsordnung an die Gerechtigkeit gilt dabei nicht nur *allgemein*, sondern auch im *Einzelfall*. Sowohl der Grundsatz der Rechtssicherheit, so das Gericht, „wie das Prinzip der *Gerechtigkeit* im *Einzelfall* haben *Verfassungsrang*; die *Rechtssicherheit* ist ebenso wie die *Gerechtigkeit* wesentlicher *Bestandteil* des Rechtsstaatsprinzips, einer der *Leitideen* des Grundgesetzes."[144] Das OLG München brachte die verfassungsgerichtliche Judikatur auf den Punkt, wenn es feststellte: „Das Prinzip der Gerechtigkeit im Einzelfall, das vom Bundesverfassungsgericht auch ‚eigentlicher Gerechtigkeitswert', ‚materiale Gerechtigkeit', ‚materielle Richtigkeit oder Gerechtigkeit', ‚Rechtsschutz des Einzelnen', ‚Gerechtigkeitspostulat', ‚Idee der Gerechtigkeit', ‚Grundsatz der materiellen Gerechtigkeit' bezeichnet wird, entspringt dem Rechtsstaatsprinzip."[145]

Die Gerechtigkeitsbindung der Rechtsordnung als Verfassungsauftrag richtet sich zunächst an den *parlamentarischen Gesetzgeber*. Er ist verpflichtet, sein Handeln am Ziel der Verwirklichung materieller Gerechtigkeit auszurichten. Sie bindet jedoch auch die *Rechtsprechung*, die im Rahmen der Anwendung und Auslegung des einfachen Rechts sowie der Rechtsfortbildung nach Art. 20 Abs. 3 GG nicht nur an das *Gesetz*, sondern auch an das *Recht*, d. h. die *überpositiven* Grundsätze der *Gerechtigkeit* gebunden ist. Bedeutung erlangt die Gerechtigkeitsbindung des Richters aufgrund des grundsätzlichen *Vorrangs der Gesetzesbindung* dabei vor allem bei der Wahl unterschiedlicher Auslegungsvarianten: „Sollte deshalb eine *Gesetzesauslegung* die *Gerechtigkeit* unberücksichtigt lassen, eine andere Gesetzesauslegung jedoch der *Gerechtigkeit dienen*, so erfordert die *verfassungskonforme Auslegung*, die der *Gerechtigkeit dienende Auslegung* zu wählen, denn das Prinzip der *Gerechtigkeit im Einzelfall* hat *Verfassungsrang*."[146]

---

[141] BVerfGE 7, 89 = DVBl 1957, 642, Rn. 16. Hervorhebungen durch den Verfasser.

[142] BVerfGE 1, 97, Rn. 20. Hervorhebungen durch den Verfasser.

[143] BVerfGE 3, 225, Rn. 23.

[144] BVerfGE 7, 194, Rn. 5. Hervorhebungen durch den Verfasser.

[145] OLG München MDR 1977, 228, Rn. 87.

[146] OLG München MDR 1977, 228 mit Verweis auf BVerfGE 7, 194, 196 und BVerfGE 19, 150, 166. Hervorhebungen durch den Verfasser.

Der klassische Konflikt zwischen *Rechtssicherheit* und *Gerechtigkeit* wird dabei nach der *Radbruchschen Formel* gelöst: Grundsätzlicher *Vorrang* der Rechtssicherheit und damit des positiven Gesetzesrechts, Vorrang der materiellen Gerechtigkeit nur bei Überschreiten der „äußersten Grenzen der Gerechtigkeit“[147], wenn „der Widerspruch des positiven Gesetzes zur Gerechtigkeit ein so unerträgliches Maß erreicht, daß das Gesetz als ‚unrichtiges Recht‘ der Gerechtigkeit zu weichen hat.“[148] Allerdings geht das BVerfG selbst davon aus, dass – aufgrund der ausdrücklichen Orientierung des parlamentarischen Rates am Maßstab der Gerechtigkeit – „eine Verletzung äußerster Gerechtigkeitsgrenzen“[149] mit Blick auf das Grundgesetz zwar „nicht schlechthin unmöglich, aber doch schwer vorstellbar“[150] ist. Denn „in einem Gremium wie dem Parlamentarischen Rat, in welchem Vertreter der verschiedensten Geistesrichtungen und Weltanschauungen mit dem einmütigen Willen zusammenarbeiteten, bei der Schaffung einer neuen Staatsgrundordnung der *Gerechtigkeit* zu dienen, ... im Hinblick auf das Spannungsverhältnis zwischen dem *Ideal der Gerechtigkeit* und der Notwendigkeit, einer geschichtlich gegebenen politischen Situation gestaltend Herr zu werden“[151], war die Ausrichtung auf die Verwirklichung der *Idee der Gerechtigkeit* derart prägend, dass eine Verletzung wesentlicher Grundsätze der Gerechtigkeit kaum denkbar schien.[152] Tatsächlich hat das BVerfG eine derartige Überschreitung der äußersten Gerechtigkeitsgrenzen durch die Verfassung bislang nur in wenigen Ausnahmefällen angenommen.[153]

Ein unmittelbarer Rückgriff auf überpositive Gerechtigkeitspostulate ist darüber hinaus regelmäßig auch deshalb entbehrlich, weil die Frage nach der Gewährleistung der Gerechtigkeit im Grundsatz bereits durch die Verfassungsordnung selbst beantwortet ist: Die Gerechtigkeit ist durch die Regelungen der Verfassung umfassend *konstitutionalisiert*. Entsprechend wird auch die auf einen angemessenen Ausgleich der gegenseitigen Interessen ausgerichtete Privatrechtsordnung – das zwingende und dispositive Recht – als Ausdruck materieller Gerechtigkeit verstanden. Allerdings ist eine Verabsolutierung der Konstitutionalisierungsthese problematisch: Würde man sie konsequent anwenden, dann wäre man wieder bei jenem *Rechtspositivismus* angelangt, den das Grundgesetz gerade zu überwinden angetreten war. Darüber hinaus stünde eine Gleichsetzung des *Rechts* mit dem *Gesetz* im Widerspruch zur Verfassung selbst, die gerade mit ihrem Verweis auf die Bindung der Staatsgewalt an *Recht* und *Gesetz* nach herrschender Auffassung die „ewige Spannung zwischen Gesetz im Sinne von positi-

147 BVerfGE 3, 225, Rn. 20.
148 BVerfGE 3, 225, Rn. 20 mit Verweis auf *Radbruch*, SJZ 1946, 105, 107.
149 BVerfGE 3, 225, Rn. 23.
150 BVerfGE 3, 225, Rn. 23.
151 BVerfGE 3, 225 Rn. 23.
152 BVerfGE 3, 225m, Rn. 23.
153 Vgl. etwa BVerfGE 95, 96, 130ff. = NJW 1997, 929, 930ff. (Mauerschützen).

vem Recht und Recht im Sinne von materieller Gerechtigkeit"[154] zum Ausdruck bringen wollte. Dass selbst das Verfassungsrecht bisweilen am Ziel der Herstellung materieller Gerechtigkeit vorbeigehen kann, zeigt die korrigierende Judikatur des BVerfG, das – wenn auch nur in vereinzelten Ausnahmefällen – dem Anspruch auf Herstellung *materieller Gerechtigkeit* auch gegenüber *geltendem Gesetzesrecht*, selbst gegenüber *entgegenstehendem Verfassungsrecht* zur Durchsetzung verhalf. Nimmt man die vom Grundgesetz konstituierte Verfassungsordnung ernst, so kommt man an der Bindung des Rechts – des einfachen wie des Verfassungsrechts – an die überpositiven, naturrechtlich begründeten Postulate materieller Gerechtigkeit nicht vorbei.

Damit ist wiederum die Frage nach dem Inhalt materieller Gerechtigkeit, diesmal aus der normativen Perspektive des Verfassungsrechts, aufgeworfen. Geht man dieser Frage nach, so ergibt sich das gleiche Bild, das mit Blick auf die Vertragsgerechtigkeit auf privatrechtlicher Ebene deutlich geworden ist: Sichtbar wird eine „Scheu der Juristen, abstrakt über Gerechtigkeit zu sprechen."[155] Entsprechend gelangen auch Teile der Staatsrechtslehre zu dem Ergebnis: „Welche konkreten Handlungen oder Unterlassungen vom Rechtsstaatsprinzip geboten oder verboten sind, läßt sich nicht abstrakt und allgemeingültig sagen."[156] Dies muss umso mehr überraschen, als mit der *aristotelisch-thomasischen Gerechtigkeitslehre* ein klares, seit Langem bewährtes Ordnungssystem zur Verfügung steht, bei dem darüber hinaus davon ausgegangen werden kann, dass sowohl Gesetzgeber wie auch Rechtsanwender ihr Handeln jedenfalls *idealiter* an den aus ihm erwachsenden Grundsätzen ausrichten. Stattdessen ergibt sich auch hier das Bild, dass eine nähere Auseinandersetzung mit der Gerechtigkeitslehre *kaum*, in der Regel gar *nicht* stattfindet. Lediglich vereinzelt wird mit Blick auf die Privatrechtsordnung etwa auf die „aristotelische[n] Gerechtigkeitsform der *iustitia commutativa*"[157] Bezug genommen. Konkretisiert wird die Gerechtigkeitsbindung daher vor allem dann, wenn sie bei der Anwendung und Auslegung des Rechts von Bedeutung ist. So hat das BVerfG etwa in seiner Bürgschaftsentscheidung auf das Prinzip der Tauschgerechtigkeit im Sinne der Äquivalenz von Leistung und Gegenleistung Bezug genommen, wenn es feststellt:

„Ist aber der Inhalt des Vertrages für eine Seite ungewöhnlich belastend und als Interessenausgleich *offensichtlich unangemessen*, so dürfen sich die Gerichte nicht mit der Feststellung begnügen: ‚Vertrag ist Vertrag'. Sie müssen vielmehr klären, ob die Regelung

[154] *Sommermann*, in: v. Mangoldt/Klein/Starck, GG (6. Aufl. 2010), Art. 20 Abs. 3 Rn. 266.

[155] *v. Münch*, Der Staat 33 (1994), 165, 172 mit Verweis auf *Hollerbach*, in: Görres-Gesellschaft (Hrsg.), Staatslexikon II (7. Aufl. 1986), S. 889, 902.

[156] *v. Münch*, Der Staat 33 (1994), 165, 170.

[157] Maunz/Dürig/*Di Fabio*, GG (83. EL. 2018), Art. 2 Abs. 1 Rn. 105.

eine Folge strukturell ungleicher Verhandlungsstärke ist, und gegebenenfalls im Rahmen der Generalklauseln des geltenden Zivilrechts *korrigierend eingreifen.*"[158]

Bemerkenswert ist in diesem Zusammenhang die Integration der Vertragsgerechtigkeit in das Gefüge der Inhaltskontrolle: So bildete die offensichtliche Unangemessenheit des Vertragsinhaltes und damit die Verletzung der Vertragsgerechtigkeit als solche noch keinen Anlass für eine richterliche Korrektur des Vertrages. Vielmehr wurde sie als Indiz für ein Defizit an *tatsächlicher Vertragsfreiheit* gewertet und zum Anlass für eine eingehende Prüfung der *Umstände des Vertragsschlusses* genommen. Es wird sich zeigen, dass dieses Zusammenspiel zwischen *Vertragsfreiheit* und *Vertragsgerechtigkeit* dem System der Inhaltskontrolle von AGB nach den §§ 305 ff. BGB in besonderer Weise zugrunde liegt.

bb) Europarechtliche Gewährleistung

Ist eine *Rechts*ordnung im eigentlichen Sinn ohne Gerechtigkeit nicht denkbar, so muss dies in gleicher Weise auch für das europäische Unionsrecht gelten. Die *Rechtsstaatlichkeit* gehört nach Art. 2 S. 1 EUV daher zu den grundlegenden Werten, auf die sich die Europäische Union als Rechtsgemeinschaft gründet. Die *Gerechtigkeit* ist in Art. 2 S. 2 EUV als *wertendes Merkmal* der Unionsrechtsordnung genannt.[159] Die durch Art. 6 Abs. 1 EUV primärrechtlich inkorporierte Grundrechtecharta nimmt in ihrer Präambel Bezug auf die *Rechtsstaatlichkeit* und greift lediglich in Art. 31 GRCH das Topos der Vertragsgerechtigkeit mit Blick auf die Gewährleistung gerechter und angemessener Arbeitsbedingungen auf. Die in den Art. 47 ff. GRCH geregelten justiziellen Rechte beschränken sich dagegen auf die Gewährleistung bestimmter Verfahrenspositionen. Ähnlich nimmt auch die EMRK, deren Gewährleistungen nach Art. 6 Abs. 3 EUV „als allgemeine Grundsätze Teil des Unionsrechts" sind, vor allem in der Präambel Bezug auf die *Gerechtigkeit*, deren Grundlage die durch Konvention garantierten Grundfreiheiten sind.

Darüber hinaus findet sich lediglich im Anspruch auf eine gerechte Entschädigung im Fall einer Verletzung der Grundfreiheiten durch einen Vertragsstaat nach Art. 41 EMRK ein Verweis auf das Prinzip der Gewährleistung materieller Gerechtigkeit. Der Befund ist notwendige Folge des begrenzten Anwendungsbereiches der Kodifikationen sowie der Natur der Gerechtigkeit selbst als überpositivem, die Rechtsordnung transzendierendem und diese zugleich konstituierendem Prinzip. Zudem wirkt sich in diesem Zusammenhang die fehlende Kompetenz der Union mit Blick auf die verbindliche Gestaltung der Privatrechtsordnung aus. Lediglich vereinzelt, etwa im grenzüberschreitenden Verbraucherverkehr, bestehen entsprechende Gesetzgebungskompetenzen, die dann indes von erheblicher

[158] BVerfGE 89, 214, 234 = NJW 1994, 36, 39 (Bürgschaft I). Hervorhebungen durch den Verfasser.

[159] Hierzu näher *Hilf/Schorkopf*, in: Grabitz/Hilf, EUV/EG (62. El. 2017), Art. 2 EUV Rn. 40 ff.

rechtlicher und praktischer Bedeutung für die Rechtsordnungen der Mitgliedsstaaten sind. Welche konkreten Inhalte mit dem Verweis auf Rechtsstaatlichkeit und Gerechtigkeit verbunden werden, bleibt indes weitgehend unklar.

Ergiebiger ist dagegen eine Untersuchung der *sekundärrechtlichen Ebene.* Hier ist es gerade das Europarecht, das sich im Wege einer weitreichenden Materialisierung in besonderer Weise um den Ausgleich struktureller Machtungleichgewichte und damit um die Herstellung materieller Vertragsgerechtigkeit bemüht. Zwar lassen sich zahlreiche Regelungen, wie etwa die Inhaltskontrolle nach der *Klauselrichtlinie* oder etwa die verschiedenen *Widerrufsrechte für Verbraucher*, zugleich auch als Instrumente zur Gewährleistung materieller Vertragsfreiheit deuten. Insbesondere die Statuierung von Informationspflichten entspricht dem Anliegen der Herstellung von Vertragsparität durch Ausgleich von Informationsasymmetrien nach dem marktorientierten *Informationsmodell.* Aufgrund der inneren Verknüpfung von Vertragsfreiheit und Vertragsgerechtigkeit sind sie jedoch ebenfalls letztlich auf die Herstellung eines angemessenen vertraglichen Interessenausgleichs gerichtet, wobei der Ausgleich struktureller Machtungleichgewichte gleichsam den Ansatzpunkt entsprechender Maßnahmen der Vertragspartner bildet.[160] Deutliche Bezüge zur Vertragsgerechtigkeit finden sich auch in den Schlussanträgen der Generalanwälte beim EuGH. So hatte die Generalanwältin im Fall *Caja de Ahorros y Monte de Piedad de Madrid* vs. *Asociación de Usuarios de Servicios Bancarios* das Regelungsziel der Klauselrichtlinie im Ausgleich bestehender Machtasymmetrien zwischen Verwender und Verwendungsgegner gesehen: „Dies rechtfertige einen staatlichen Eingriff in die Vertragsfreiheit der Parteien, um eine möglichst weitgehende Vertragsgerechtigkeit zu gewährleisten."[161] In anderen Fällen wurde unmittelbar auf die Grundsätze der *iustitia commutativa* und *distributiva* verwiesen.[162]

Die Vertragsgerechtigkeit gehört darüber hinaus auch zu den anerkannten *Grundsätzen* des Europäischen Privatrechts, wobei für den Bereich der Austauschverträge insbesondere das *Äquivalenzprinzip* der *iustitia commutativa* von Bedeutung ist.[163] Verwiesen wird in diesem Zusammenhang häufig auf das Prinzip der *vertraglichen Solidarität*,[164] das – vergleichbar mit dem Prinzip von Treu

---

[160] Auf diesen Zusammenhang hinweisend *Weller*, Vertragstreue (2009), S. 296.

[161] Generalanwältin *Trstenjak*, Schlussantrag v. 29.10.2009, Rs. C-484/08, Slg. 2010, I-4785, Rn. 39 (*Caja de Ahorros y Monte de Piedad de Madrid ./. Asociación de Usuarios de Servicios Bancarios*).

[162] Generalanwältin *Trstenjak*, Schlussantrag v. 7.12.2010, Rs. C-484/09, Slg. 2011, I-1821, Rn. 66 (*Manuel Carvalho Ferreira Santos ./. Companhia Europeia de Seguros SA*). Zur *iustitia commutativa* Generalanwältin *Trstenjak*, Schlussantrag v. 11.5.2010, Rs. C-467/08, Slg. 2010, I-10055, Rn. 74 (*Padawan SL ./. Sociedad General de Autores y Editores de España*).

[163] *Lurger*, Vertragliche Solidarität (1998), S. 131. Vgl. auch *Riesenhuber*, Europäisches Vertragsrecht (2. Aufl. 2006), Rn. 950.

[164] *Riesenhuber*, Europäisches Vertragsrecht (2. Aufl. 2006), Rn. 951; *Lurger*, Vertragliche Solidarität (1998), S. 131.

und Glauben[165] – auf die Rücksichtnahme und Förderung der Interessen der anderen Partei gerichtet ist. Deutliche Bezüge zur Vertragsgerechtigkeit (*justice*) ergeben sich zudem im Rahmen der rechtsvereinheitlichenden Kodifikationsprojekte, wie etwa dem *DCFR* und dem darauf gründenden Verordnungsvorschlag für ein *Gemeinsames Europäisches Kaufrecht*. So gehört die Gerechtigkeit (*justice*) etwa zu den vier Grundprinzipien, die dem DCFR als Ganzem zugrunde liegen.[166] Der Begriff der Gerechtigkeit vereint dabei eine Vielzahl unterschiedlicher Aspekte, die vom Grundsatz der Gleichbehandlung der Parteien über die Sanktion rechtswidrigen, unehrlichen oder unvernünftigen Handelns sowie die Verhinderung unangemessener Vorteile gegenüber schwächeren Parteien bis zum Schutz vor exzessiven Äquivalenzstörungen reichen.[167] Darüber hinaus umfasst der Begriff der Gerechtigkeit die Verantwortung für eigenes Handeln und das Einstehen für selbstverursachte Risiken.[168] Mit der *Klauselkontrolle* nach Art. II. – 1:109f., II.-9:405ff. DCFR sowie dem Tatbestand der *unfairen Ausnutzung* nach Art. II. – 7:207 DCFR stehen effektive Instrumente zur Herstellung materieller Vertragsgerechtigkeit zur Verfügung.

Die Wirkungsweise entspricht dabei im Grundsatz derjenigen des deutschen AGB-Rechts und beruht auf einem Zusammenspiel von *Vertragsfreiheit* und *Vertragsgerechtigkeit*: Während Beeinträchtigungen der Vertragsfreiheit überhaupt erst den Anwendungsbereich der Norm und damit den Weg zur Inhaltskontrolle des Vertrages eröffnen, ist die Beeinträchtigung der Vertragsgerechtigkeit für die Bestimmung der Rechtsfolgen von entscheidender Bedeutung. Ob der Vertrag *nichtig*[169] oder *anfechtbar*[170] ist hängt dabei davon ab, ob die jeweiligen Vertragsbedingungen dem entsprechenden Gerechtigkeitsmaßstab des Tatbestandes genügen. So sieht die Klauselkontrolle der Art. II. – 9:403 DCFR bei Rechtsgeschäften zwischen Unternehmern und Verbrauchern sowie unter Verbrauchern eine Vereinbarung bereits dann als inhaltlich unangemessen an, wenn sie den Verbraucher entgegen Treu und Glauben *erheblich benachteiligt* („significantly disadvantages the consumer, contrary to good faith and fair dealing"). Für Rechtsgeschäfte zwischen Unternehmern liegt die Schwelle mit dem Maßstab der *groben Abweichung von guter unternehmerischer* Praxis entgegen Treu und Glauben nach Art. II. – 9:405 DCFR („grossly deviates from good commercial practice, contrary to good faith and fair dealing") dagegen deutlich höher. Für die Anfechtbarkeit wegen *unfairer Ausnutzung* nach Art. II. – 7:207 DCFR, die in die Vorschrift des *Art. 51 GEK-E* übernommen wurde, ist dagegen erforderlich, dass

[165] *Riesenhuber*, Europäisches Vertragsrecht (2. Aufl. 2006), Rn. 951.
[166] *v. Bar/Clive/Schulte-Nölke (Hrsg.)*, DCFR (Outline Edition) (2009), S. 60, 84ff.
[167] *v. Bar/Clive/Schulte-Nölke (Hrsg.)*, DCFR (Outline Edition) (2009), S. 84, 85ff.
[168] *v. Bar/Clive/Schulte-Nölke (Hrsg.)*, DCFR (Outline Edition) (2009), S. 91ff.
[169] So als Rechtsfolge der Klauselkontrolle nach Art. II. – 9:408 Abs. 1 DCFR.
[170] So als Rechtsfolge des Tatbestandes der *unfairen Ausnutzung* nach Art. II. – 7:207 Abs. 1 DCFR.

eine Partei ihren Vertragspartner „ausgenutzt hat, um sich einen *übermäßigen Nutzen* oder unfairen Vorteil zu verschaffen" („exploited the first party's situation by taking an excessive benefit or grossly unfair advantage"). In allen genannten Fällen wird zur Bestimmung der Beeinträchtigung der Vertragsgerechtigkeit eine Verletzung des Äquivalenzprinzips der *iustitia commutativa*[171] mit Blick auf die Verteilung der unternehmerischen Chancen und Lasten sowie auch des Preises zugrunde gelegt: *erhebliche Benachteiligung*[172], *grobe Abweichung*[173] von guter unternehmerischer Praxis, *übermäßiger Nutzen* und *unfairer Vorteil*[174]. Die – bislang lediglich als optionales Vertragsrechtsinstrument konzipierten und nach dem Scheitern des GEK 2014 vorest unverbindlich gebliebenen – Entwürfe für ein umfassendes europäisches Vertragsrecht sehen damit eine Reihe unterschiedlicher Instrumente zur Gewährleistung materieller *Vertragsgerechtigkeit* vor, wobei stets an eine relevante Beeinträchtigung materieller Vertragsfreiheit aufgrund eines strukturellen Machtungleichgewichts angeknüpft wird.

Ein ähnliches Ergebnis zeigt sich mit Blick auf die einzelnen nationalen Rechtsordnungen Europas: Es gibt keine Rechtsordnung, die nicht über Instrumente materieller Inhaltskontrolle von Verträgen am Maßstab der Vertragsgerechtigkeit verfügt. Vielfach wirkt sogar noch die gemeinrechtliche *laesio enormis* nach, die etwa in § 934 des österreichischen ABGB oder in Art. 118 des französischen Code Civil rezipiert worden ist. Allerdings reicht hier die bloße Äquivalenzstörung von Leistung und Gegenleistung für die Unwirksamkeit des Vertrages regelmäßig nicht aus. Hinzutreten müssen weitere Umstände, in denen typischerweise eine Verletzung *materieller Vertragsfreiheit* gesehen wird. So spiegelt auch das *ius commune* des europäischen Rechtsraums die enge funktionale Verknüpfung von *Vertragsfreiheit* und *Vertragsgerechtigkeit* wider: Eine Verknüpfung, die im weiteren Gang der Untersuchung im Kontext der Weiterentwicklung des *Schmidt-Rimplerschen* Vertragsmodells näher in den Blick genommen und im Anschluss daran für die Bestimmung der Reichweite der AGB-Kontrolle im unternehmerischen Geschäftsverkehr fruchtbar gemacht wird.

II. Funktion: Vertragsgerechtigkeit als Zweck des Rechts

Die Antwort auf die Frage nach der *Funktion der Vertragsgerechtigkeit* für die Privatrechtsordnung ist auf das Engste mit dem Verständnis seines *Wesens* verknüpft. Angesichts der überragenden ontologischen Bedeutung des Gerechtigkeitsbegriffs erscheint bereits der Versuch, die Gerechtigkeit in funktionale Kategorien pressen zu wollen vermessen, schwingt doch damit zugleich die

[171] Hierzu eingehend S. 122 ff.
[172] Art. II. – 9:403 DCFR.
[173] Art. II. – 9:405 DCFR.
[174] Art. II. – 7:207 DCFR; Art. 51 GEK-E.

Versuchung einer *Begrenzung*, vielleicht auch die Gefahr der *Verfügbarkeit* des Gerechtigkeitsbegriffs und damit der Gerechtigkeit selbst mit. Andererseits erscheint ein neuer Anlauf zur dogmatischen Durchdringung der Vertragsgerechtigkeit als einer der zentralen Gestaltungskräfte der Privatrechtsordnung heute wichtiger denn je. Insbesondere der Befund der empirischen Gerechtigkeitsforschung hat die Perspektive geweitet und den Blick auf die überindividuellen Funktionen der Vertragsgerechtigkeit und ihre Bedeutung für Privatrechtsordnung und Gemeinwesen freigelegt. Vor diesem Hintergrund und mit den erwähnten *caveats* soll nun eine Annäherung an die Bestimmung der einzelnen Funktionsebenen unternommen werden, die der Vertragsgerechtigkeit im Gefüge der Privatrechtsordnung zukommen – freilich stets in dem Bewusstsein, dass damit kein vollständiges Mosaik gezeichnet ist.

1. Funktionsebenen der Gerechtigkeit

Die Gerechtigkeit ist das zentrale und grundlegende Ordnungsprinzip menschlichen Zusammenlebens. Sie beschreibt die ideale Ordnung menschlichen Zusammenlebens und bestimmt die Anforderungen an das Handeln des Einzelnen anderen gegenüber sowie die Verteilung von Gütern, Chancen, Risiken und Lasten.

a) Friedens- und Befriedungsfunktion

Der Vertragsgerechtigkeit kommt für die Privatrechtsordnung zunächst eine entscheidende *Friedens-* und *Befriedungsfunktion* zu. In der Friedensaufgabe materieller Gerechtigkeit als Gestaltungskraft dürfte auch der eigentliche Grund für die Schaffung unterschiedlicher Instrumente materieller Vertragskorrektur wie der Inhaltskontrolle von AGB zu finden sein. Denn ein in sich ungerechter Vertrag vermag keinen Rechtsfrieden zwischen den Parteien zu stiften und bildet regelmäßig Anlass für eine Vielzahl weiterer Konflikte. Der häufig zitierte Grundsatz des *stat pro ratione voluntas*[175] hat sich daher in der Rechtspraxis auch nicht durchsetzen können[176], weil eine jeglicher Gerechtigkeit entkleidete Vereinbarung im Gefüge der Privatrechtsordnung Fremdkörper bleibt und nicht als Grundlage dauerhafter, nachhaltiger und fruchtbarer Rechtsbeziehungen taugt. Die Anerkennung inhaltlich ungerechter Verträge, die keinen angemessenen Ausgleich der gegenseitigen Interessen herzustellen vermögen kann daher allenfalls zu einer vertraglichen Bindung zu führen, die sich der Autorität des Gesetzes beugt.

---

[175] So *Flume*, BGB AT II (3. Aufl. 1979), S. 6; *Flume*, FS 100 Jahre DJT (1960), S. 135, 141. Zu *Flumes Selbstbestimmungstheorie* eingehend unten S. 181 ff.

[176] Näher *Wieacker*, Privatrechtsgeschichte der Neuzeit (2. Aufl. 1967), S. 514 ff., 543 ff., 586 ff. sowie unten S. 169 ff.

Wie brüchig ein auf diese Weise *erzwungener* Friede ist, hat der fortschreitende Prozess der Materialisierung nach Inkrafttreten des BGB auf eindrucksvolle Weise gezeigt. Zwar verleiht die Rechtsordnung auch inhaltlich unausgewogenen, ja ungerechten Verträgen staatlich gewährleistete Bindungskraft. Überschreitet das Vereinbarte jedoch eine Toleranzgrenze, ab der die Rechtsgemeinschaft das Maß einseitiger Interessenwahrnehmung auf Kosten der unterlegenen Partei nicht mehr hinzunehmen vermag, wird dem Vertrag die Anerkennung versagt.

b) Interessenverwirklichung, Persönlichkeitsentfaltung, Daseinsermöglichung

Die primäre Funktion der Vertragsgerechtigkeit ist eng dem Zweck vertraglicher Rechtsgestaltung selbst verknüpft. In seiner Zielrichtung ist die privatautonome Gestaltung der eigenen Angelegenheiten durch Vertrag auf die Verwirklichung der Interessen *beider* Parteien, die Entfaltung ihrer Persönlichkeit, die Gewährleistung ihrer Lebensbedingungen und damit letztlich auf *Daseinsermöglichung* gerichtet. Diese Dimensionen des Vertragszwecks setzen notwendig einen *angemessenen Ausgleich* der gegenseitigen Interessen voraus. Andernfalls wird der Zweck der Interessenverwirklichung als Instrument der Persönlichkeitsentfaltung und Grundlage der Daseinsvorsorge verfehlt, im äußersten Fall in sein Gegenteil verkehrt. Der Vertrag ist dann nicht mehr Instrument der Interessenverwirklichung, sondern der – im Extremfall existenziellen – Selbstschädigung. Die vom BVerfG entschiedenen Bürgschaftsfälle[177] wie auch in US-amerikanischen *Housing Courts* erzielten Vergleiche[178], in denen sich die Mieter ohne Not und im Widerspruch zur Rechtslage zur Zahlung von Wuchermieten verpflichteten oder der Räumung ihrer eigenen Wohnung zustimmten – häufig mit der unmittelbaren Folge der Obdachlosigkeit[179] – mögen hier als Beispiele dienen. Welchen Zweck solche ganz offensichtlich interessenwidrigen Vereinbarungen für die betroffene Partei erfüllen sollen, ist rational nicht mehr nachvollziehbar. Die Funktion der Vertragsgerechtigkeit als Instrument effektiver *Interessenverwirklichung, Persönlichkeitsentfaltung* und *Daseinsermög-lichung* ist eng mit ihrer *Friedens- und Befriedungsfunktion,* verknüpft. Nur ein Vertrag, der als Instrument des angemessenen Interessenausgleichs beider Parteien taugt, wird jene Befriedungswirkung entfalten können, die für die Integrität der Privatrechtsordnung konstitutiv ist.

---

[177] Vgl. nur BVerfG NJW 1996, 2021 (Bürgschaft III); NJW 1994, 2749, 2750 (Bürgschaft II); BVerfGE 89, 214 = NJW 1994, 36, 38 (Bürgschaft I); BGHZ 140, 395 = NJW 1999, 2372, 2372 (Bürgschaft). Eingehend hierzu unten S. 382 ff.

[178] Siehe hierzu die Entscheidungen 154 Misc.2d 301, 585 N. Y. S.2d 956 (6.4.1992) sowie 150 Misc.2d 1031 571 N. Y. S.2d 660 (9.5.1991). Vgl. zur Problematik auch *Fox*, 1 Harv. Negot. L. Rev. 85 (1996) sowie die Fallstudien bei *Wendland*, Mediation und Zivilprozess (2017), S. 429 ff.

[179] VCgl. Nur 154 Misc.2d 301, 304 f., 585 N. Y. S.2d 956 (6.4.1992) sowie *Wendland*, Mediation und Zivilprozess (2017), S. 432, 462 Fn. 218., 470 Fn. 237.

c) Ordnungsfunktion und Förderung des Gemeinwohls

Die Wirkung materieller Vertragsgerechtigkeit ist indes nicht auf die individuelle Ebene der beteiligten Parteien beschränkt. Ihr kommt darüber hinaus eine erhebliche überindividuelle Bedeutung für die Ordnung des Gemeinwesens und die Förderung des Gemeinwohls zu. Entsprechend hatte schon *Thomas* die *iustitia particularis* in engem Zusammenhang mit dem *bonum commune* gesehen: Jeder Akt der Gerechtigkeit dem Einzelnen gegenüber kommt zugleich dem Gemeinwesen insgesamt zugute und dient damit dem *bonum commune.*[180] Die gerechte Verteilung der Güter, die angemessene Verwirklichung der Interessen zum Zweck der Persönlichkeitsentfaltung und damit die Befriedung der Parteibeziehung wirkt zugleich auf das Gemeinwohl zurück. Der Rechtsgemeinschaft kann der Inhalt der von ihr mit verbindlicher Wirkung versehenen Vertragsverhältnisse schon deshalb nicht gleichgültig bleiben, weil sie das für die Durchsetzung privatautonomer Vereinbarungen notwendige rechtlichen Instrumentarium zur Verfügung stellt. Daher wäre es verfehlt, den Anspruch der Privatrechtsordnung auf materielle Inhaltskontrolle zur Durchsetzung eines Minimums angemessenen Interessenausgleichs als Ausdruck eines übergriffigen Paternalismus zurückzuweisen. Dies schon deshalb, weil ein Verzicht der Privatrechtsordnung auf den sie selbst konstituierenden Gerechtigkeitsanspruch einer Selbstaufgabe rechtsstaatlicher Identität gleichkäme. Vor diesem Hintergrund hatte der Gesetzgeber des AGBG von 1976 die Kodifizierung der bereits richterrechtlich anerkannten[181] Inhaltskontrolle allgemeiner Geschäftsbedingungen mit Verweis auf unabweisbare staatliche Handlungspflichten begründet.

„Die im BGB vorausgesetzte Funktion der Vertragsfreiheit, durch freies Aushandeln der Vertragsbedingungen zwischen Partnern mit annähernd gleichwertiger Ausgangsposition Vertragsgerechtigkeit zu schaffen, ist dort empfindlich gestört, wo die Vertragsfreiheit für das einseitige Diktat unbilliger oder gar mißbräuchlicher AGB in Anspruch genommen wird. Eine solche Entwicklung kann der soziale Rechtsstaat *nicht tatenlos hinnehmen*. Die Wertentscheidungen für die rechtsgeschäftliche Selbstbestimmung des Individuums als Teil der freien Persönlichkeitsentfaltung einerseits und die soziale Staatszielbestimmung unserer Verfassungsordnung andererseits verlangen, den weit verbreiteten Mißbräuchen der Gestaltungsfreiheit im Privatrechtsverkehr entgegenzutreten. Der Gesetzgeber *ist deshalb aufgerufen*, zum Schutze derjenigen, die unangemessenen und anstößigen AGB unterworfen werden, diese Rechtsmaterie zu regeln."[182]

---

[180] Hierzu schon *Thomas v. Aquin*, Summa Theologica, II^{a}–II^{ae} q. 61 a. 1 ad 4 vgl. oben S. 119ff.

[181] Vgl. hierzu eingehend unten S. 336ff., 342ff.

[182] RegE zum AGBG, BT-Drucks. 7/3919, S. 9. Hervorhebungen durch den Verfasser.

2. *Der Befund der interdisziplinären Gerechtigkeitsforschung*

Die schon bei *Thomas* aufscheinende Annahme, dass *gerechte Verträge* das *Gemeinwohl* fördern, die Herstellung von *Vertragsgerechtigkeit* damit über das Verhältnis der beiden Parteien hinaus auf das Gemeinwesen weist und vor diesem Hintergrund auch *Zweck* und *Funktion* des Vertrages in ihrer überindividuellen Dimension zu sehen sind, wird durch den Befund der *interdisziplinäre empirischen Gerechtigkeitsforschung* gestützt.

a) Verhaltensökonomik und Spieltheorie

In Deutschland hat insbesondere der Ökonom *Axel Ockenfels* das Verhalten der Parteien im Rahmen von Vertragsverhandlungen mit Blick auf die Vertragsgerechtigkeit untersucht und die Annahmen der klassischen aristotelisch-thomistischen Gerechtigkeitstheorie bestätigt.[183] Die Ergebnisse der Verhaltensökonomik sind für die Wirtschaftswissenschaften, die Zukunft des ohnehin seit Langem ins Wanken geratenen Verhaltensmodells des *homo oeconomicus* sowie für das Wirtschaftsleben insgesamt von großer Bedeutung. Entsprechende Auswirkungen ergeben sich auch für die Privatrechtslehre, wenngleich die Diskussion hier noch am Anfang steht. Die Konsequenzen der jüngeren Befunde der Verhaltensökonomik sind in der Rechtswissenschaft bislang nur vereinzelt rezipiert worden und dogmatisch kaum durchdrungen. Die mit ihnen verbundenen Fragen werden sich auch für die Privatrechtsdogmatik in den kommenden Jahren mit größerer Dringlichkeit stellen.

Im Kern konnten die Untersuchungen – vereinfacht ausgedrückt – die Aussage bestätigen, „dass nicht nur das eigene finanzielle Interesse, sondern auch das Thema Gerechtigkeit in Verhandlungen eine ganz entscheidende Rolle spielt."[184] Die dem Verhaltensmodell des *homo oeconomicus* und damit auch dem gängigen *Schmidt-Rimplerschen Vertragsmodell,* das von einem wechselseitigen Abschleifen der gegenseitigen Interessen ausgeht[185], zugrunde liegende Annahme, dass die Parteien ausschließlich egoistisch handeln, vor allem an der Durchsetzung der ei-

[183] *Halali/Bereby-Meyer/Ockenfels,* 7 Front. Hum. Neurosci. 1 (2013); *Ockenfels/Raub,* KZfSS (Sonderheft 50) 2010, 119; *Bolton/Ockenfels,* in: Baurmann/Lahno (Hrsg.), Perspectives in Moral Science (2009), S. 199; *Bolton/Ockenfels,* in: Plott/Smith (Hrsg.), Handbook of experimental economics results I (2008), S. 531; *Bolton/Ockenfels,* 25 Econ. Theor. 957 (2005); *Güth/Kliemt/Ockenfels,* 50 J. Econ. Behav. Organ. 465 (2003); *Bolton/Ockenfels,* 90 Am. Econ. Rev. 166 (2000) sowie eingehend *Ockenfels,* Fairneß, Reziprozität und Eigennutz (1999), S. 4 ff., 37 ff., 65 ff., 131 ff. Eingehend hierzu bereits mit Blick auf das Mediationsverfahren *Wendland,* Mediation und Zivilprozess (2017), S. 589 ff., 662 ff., 913 ff.

[184] *Ockenfels,* in: Greive, Menschen streben nach Gerechtigkeit, Die Welt (Online-Ausgabe) v. 10.7.2009.

[185] Zum Funktionsmodell des Vertragsmechanismus vgl. Vertragsmechanismus *Schmidt-Rimpler,* FS Raiser (1974), S. 3, 5 ff.; *Schmidt-Rimpler,* FS Nipperdey (1955), S. 1, 6 ff.; *Schmidt-Rimpler,* AcP 147 (1941), 130, 151 ff. sowie eingehend unten S. 208 ff., zur Kritik unten S. 221 ff.

genen Interessen interessiert sind und jenen ihres Vertragspartners gleichgültig gegenüberstehen, hat sich danach „als völlig falsch erwiesen"[186]. Vielmehr haben empirische Untersuchungen in Verhaltensexperimenten den Nachweis erbracht, dass Menschen vor allem *gerecht behandelt* werden und auch *gerecht handeln* wollen und dafür sogar bereit sind, auf die Verwirklichung eigener Interessen wie auch auf monitäre Vorteile zu verzichten.[187] Insbesondere die *Spieltheorie* hat mit dem *Ultimatum-Spiel* nachgewiesen, 1) dass Menschen ihr Verhalten am Maßstab materieller Gerechtigkeit ausrichten, d. h. gerecht handeln wollen und dies auch von anderen erwarten, 2) vor allem mit Blick auf die Tauschgerechtigkeit ein sehr konkretes Verständnis für die inhaltliche Gerechtigkeit einer Vereinbarung haben, 3) die Leistungsäquivalenz und damit der *gerechte Preis* erstaunlich genau bestimmbar sind und 4) die Parteien *unfaires Verhalten* sanktionieren und dafür auch bereit sind, wirtschaftliche Nachteile in Kauf zu nehmen.

Im *Ultimatum-Spiel* wird die Verteilung eines bestimmten Geldbetrages simuliert. Dabei kommt der einen Partei die Aufgabe zu, einen konkret zur Verfügung stehenden Betrag aufzuteilen und der anderen Partei den ihr damit zugewiesenen Betrag anzubieten. Lehnt diese ab, so verfällt der Betrag und beide Parteien gehen leer aus. Nimmt sie den ihr angebotenen Betrag an, so dürfen beide Parteien ihren jeweiligen Anteil entsprechend der Teilungsentscheidung behalten. Nach der Grundannahme des *homo oeconomicus-Modells* müsste jede Teilungsentscheidung, bei der die das Angebot empfangende Partei auch nur irgendeinen Anteil vom Wertkuchen erhält, angenommen werden. Denn bei einem rein nutzenorientierten Entscheidungsverhalten stellt jeder Anteil an dem zu verteilenden Betrag – und sei er auch noch so gering – für die betreffende Partei einen Vorteil dar. Aus der Perspektive des egoistisch handelnden *homo oeconomicus* wäre es daher völlig irrational, auch nur auf einen Teil des angebotenen Wertkuchens zu verzichten. Ebenso irrational wäre es unter der Prämisse eines ausschließlich an der Maximierung des Eigennutzens orientierten Verhaltens für die mit der Aufteilung des Betrages beauftragte Partei, mehr als das absolute Minimum anzubieten. Genau dies ist aber das Ergebnis empirischer Studien.[188] Dass dem anderen Vertragspartner das geringstmögliche Minimum angeboten wird, kommt praktisch kaum vor. Stattdessen wird der Betrag in der Regel hälftig geteilt, mit einer Abweichung von bis zu 20 % nach unten.[189] Der dem anderen Vertragspartner angebotene Teil beträgt damit regelmäßig zwischen 40 und 50 % des zu verteilenden Betrages.[190] Sinkt er auf unter 30 %, werden entsprechende Angebote ty-

[186] *Ockenfels*, in: Greive, Menschen streben nach Gerechtigkeit, Die Welt (Online-Ausgabe) v. 10. 7. 2009.

[187] *Greive*, Menschen streben nach Gerechtigkeit, Die Welt (Online-Ausgabe) v. 10. 7. 2009.

[188] Vgl. nur *Nowak/Page/Sigmund*, 289 Science 1773, 1773 (2000).

[189] *Nowak/Page/Sigmund*, 289 Science 1773, 1773 (2000).

[190] *Ebenda*.

pischerweise abgelehnt.[191] Mit dem Verhaltensmodell des *homo oeconomicus* ist ein solches Ergebnis unvereinbar.

Tatsächlich zeigt damit der empirische Befund, dass Menschen ihr Handeln nicht ausschließlich an der Maximierung eigener Interessen, sondern eben auch am Maßstab materieller Austauschgerechtigkeit und den Interessen anderer orientieren: Sie fühlen sich schlecht, wenn sie ihren jeweiligen Vertragspartner lediglich mit einem unangemessen geringen Anteil am Wertkuchen „abspeisen". Ist dies der Fall, so ist ihnen in der Regel durchaus bewusst, dass das eigene Angebot *ungerecht* war.[192] Zwar versuchen die Parteien durchaus, den größten Anteil am Wertkuchen für sich selbst zu beanspruchen.[193] Allerdings nicht um jeden Preis. Typischerweise geben sich die Parteien insoweit mit einem vergleichsweise mäßigen „Verteilungsgewinn" zufrieden und bieten ihrem Vertragspartner deutlich mehr an, als es das klassische Verhaltensmodell des *homo oeconomicus* erwarten lässt.[194] Für die Wirtschaftspraxis sind diese Ergebnisse – die letztlich die Ordnung richtigen Verhaltens nach der klassischen Gerechtigkeitslehre bestätigen – von erheblicher Bedeutung. Denn Verträge, die als gerecht empfunden werden, stärken dauerhafte *Geschäftsbeziehungen*, fördern die Bereitschaft zur *Kooperation*, diese wiederum fördert die *Effizienz* und führt durch die damit verbundenen Möglichkeiten *kooperativer Wertschöpfung* zu mehr Wohlstand.[195] *Gerechte Verträge* sind damit auf die Förderung des *Gemeinwohls* gerichtet, womit die Grundannahme des Aquinaten bestätigt ist: *„Iustitia autem dat alteri quod suum est quasi considerans bonum commune"*[196] – „Die Gerechtigkeit aber gibt dem anderen, was sein ist, indem sie gleichsam auf das Gemeinwohl schaut"[197].

Für die Privatrechtslehre haben die Befunde der experimentellen Verhaltensökonomik erhebliche Auswirkungen für eine Vielzahl aktueller Probleme: Sie reichen vom Verständnis des Verhältnisses von *Vertragsfreiheit* und *Vertragsgerechtigkeit* über die Ausgestaltung des *Vertragsmodells*, die Bestimmung der Kontrollschwelle bei der Inhaltskontrolle von Verträgen, die Frage nach dem *gerechten Preis*, dem *iustum pretium*, bis zur Frage nach der Grundausrichtung der Privatrechtsordnung im Spannungsfeld zwischen *formal-liberalem Vertragsdenken* und einer *materiellen Ethik sozialer Verantwortung*[198].

---

[191] *Ebenda.*

[192] *Greive*, Menschen streben nach Gerechtigkeit, Die Welt (Online-Ausgabe) v. 10. 7. 2009: „Ich fand mein eigenes Angebot ja schon ein bisschen ungerecht."

[193] *Greive*, Menschen streben nach Gerechtigkeit, Die Welt (Online-Ausgabe) v. 10. 7. 2009; *Nowak/Page/Sigmund*, 289 Science 1773, 1773 (2000).

[194] *Greive*, Menschen streben nach Gerechtigkeit, Die Welt (Online-Ausgabe) v. 10. 7. 2009; *Nowak/Page/Sigmund*, 289 Science 1773, 1773 (2000).

[195] *Greive*, Menschen streben nach Gerechtigkeit, Die Welt (Online-Ausgabe) v. 10. 7. 2009.

[196] *Thomas v. Aquin*, Summa Theologica, II^{a}–II^{ae} q. 58 a. 12 ad 1.

[197] Übersetzung nach *Thomas v. Aquin*, Summa Theologica Bd. 18 (1953), S. 55.

[198] Vgl. hierzu BVerfGE 89, 214, 233 = NJW 1994, 36, 38 f. (Bürgschaft I); *Wieacker*, Sozialmodell (1953), S. 18 sowie eingehend unten S. 172 f.

b) Auswirkungen auf die Theorie vom gerechten Preis und die laesio enormis

Insbesondere widerlegen sie die verbreitete Annahme, dass die Bestimmung eines *gerechten Preises* Utopie sei[199], eine befriedigende Antwort hierauf nicht gefunden werden könne und das Maß der Gerechtigkeit letztlich nicht bestimmbar sei.[200] Mit Blick auf den Befund der empirischen Gerechtigkeitsforschung, insbesondere das Ultimatum-Spiel, ist eine solche Aussage in dieser Pauschalität heute nicht mehr haltbar. Darauf, dass der *„gerechte Preis"* freilich nicht *punktgenau* zu bestimmen ist, es sich vielmehr um eine Wertspanne handelt, hatte schon *Thomas* hingewiesen.[201]

Gerade die Ergebnisse der empirischen Studien zeigen jedoch auch, wie erstaunlich genau die Trennlinie zwischen gerechten und ungerechten Vertragsinhalten von den Teilnehmern benannt wird: Die Schmerzgrenze liegt bei maximal 30 % des zu verteilenden Wertkuchens.[202] Ist damit der perfekte *gerechte Preis* bei vollständiger Verteilungsäquivalenz, d. h. bei 50 % erreicht, so entsprechen die 30 % des zu verteilenden Wertkuchens 60 % des gerechten Preises. Dies aber ist ziemlich genau das *duplum* der *laesio enormis ultra dimidum,* die Hälfte des Marktwertes, der dem gerechten Preises zugrunde gelegt wird. Dabei ist die viel gescholtene *laesio enormis* gegenüber der schädigenden Partei, der *pars laedens*, sogar noch großzügiger, indem sie die Grenze, ab der das Recht einschreitet, ein wenig weiter zieht und dem Schädiger damit gleichsam eine Toleranzgrenze von 10 % einräumt. Das ist aber nichts anderes als der von *Thomas* beschriebene Unterschied zwischen dem moralischen (*lex divina*) und dem rechtlichen Anspruch (*lex humana*) an das richtige Handeln des Einzelnen: „So hält [das menschliche Gesetz] es auch *gleichsam für erlaubt*, *ohne* dafür eine *Strafe anzusetzen*, wenn der Verkäufer seine Sache *ohne Betrug über Preis verkauft* und der Käufer *unter Preis kauft*, solange der *Unterschied nicht zu groß* ist. Denn dann zwingt auch das menschliche Gesetz zur Wiedererstattung, zum Beispiel, wenn einer um *über die Hälfte* des gerechten Preises betrogen wurde."[203]

---

199 So etwa *Schmitt Glaeser*, Freiheitlicher Staat (2. Aufl. 2012), S. 259; *Becker*, AGB und Individualvereinbarung (2011), S. 16. Kritisch zum *iustum pretium* auch *Miethaner*, AGB-Kontrolle (2010), S. 49; *Bruns*, JZ 2007, 385, 386; *Schön*, FS Canaris I (2007), S. 1191, 1192; *Canaris*, AcP 200 (2000), 273, 286; *Singer*, Selbstbestimmung (1995), S. 25; *Canaris*, FS Lerche (1993), S. 874, 884; *Habersack*, Vertragsfreiheit und Drittinteressen (1992), S. 48, Fn. 42; *Teichmann*, Gestaltungsfreiheit (1970), S. 34; *Raiser*, FS 100 Jahre DJT (1960), S. 101, 129 f. Zur Problematik ebenfalls oben S. 123 f.

200 So etwa *Becker*, AGB und Individualvereinbarung (2011), S. 16 f.; *Säcker*, Gruppenautonomie (1972), S. 207 f. Vgl. hierzu unten S. 223 ff.

201 *Thomas v. Aquin*, Summa Theologica, II^{a}–II^{ae} q. 77 a. 1 ad 1. Vgl. hierzu bereits oben S. 124 f.

202 *Nowak/Page/Sigmund*, 289 Science 1773, 1773 (2000).

203 Übersetzung nach *Thomas v. Aquin*, Summa Theologica Bd. 18 (1953), S. 347. Vgl. hierzu *Thomas v. Aquin*, Summa Theologica, II^{a}–II^{ae} q. 77 a. 4 ad 2: „Sic igitur habet *quasi licitum, poenam non inducens*, si *absque fraude* venditor rem suam *supervendat* aut emptor vilius emat, *nisi* sit *nimius excessus*, quia tunc etiam *lex humana* cogit *ad restituendum*, puta *si aliquis*

c) Die Wiederkehr der laesio enormis im Tatbestand des wucherähnlichen Geschäfts iSv. § 138 Abs. 1 BGB

Vor dem Hintergrund der aktuellen Forschung erscheint damit nicht nur die Lehre vom *gerechten Preis*, sondern auch das Rechtsinstitut der *laesio enormis* in neuem Licht. Mit dem *duplum* bezieht sich dieses uralte, seit frühester Zeit belegte Rechtsinstitut ganz offenkundig auf eine Toleranzgrenze des Gerechtigkeitsempfinden des Einzelnen, die – wie der empirische Befund nahelegt – tief im Wesen des Menschen verankert, ihm gleichsam „ins Herz geschrieben" ist und die er im Rahmen von Vertragsverhandlungen seinem Handeln und dem anderer *idealiter* zugrunde legt. Angesichts dieses Befundes kann es dann auch nicht mehr verwundern, dass auch der BGH bei der Bestimmung des *auffälligen Missverhältnisses* des § 138 Abs. 2 BGB letztlich wieder beim *duplum* der *querela laesionis* aus dem *remedium ex l. 2. C. de rescindenda venditione* angelangt ist und den Tatbestand des wucherähnlichen Geschäftes des § 138 Abs. 1 BGB durch die Indizierung einer *verwerflichen Gesinnung* bei einem *besonders groben* Missverhältnis – das letztlich bei einem *duplum* angenommen wird – der *laesio enormis* angeglichen hat.[204] Angesichts dieses Befundes kann man sich der Schlussfolgerung kaum entziehen, dass die – viel geschmähte und im Grunde wohl weitgehend unverstandene – *laesio enormis* im Tatbestand des wucherähnlichen Geschäftes fortbesteht oder genauer – wiederbelebt worden ist.[205]

Angesichts der Klarheit des Tatbestandes des § 138 Abs. 2 BGB ist es daher schon bemerkenswert, dass der BGH mit seinem Rekurs auf die allgemeinere Generalklausel des § 138 Abs. 1 BGB nicht etwa den Weg des geringsten Widerstandes gewählt hat und es bei einer bloßen Bestätigung des normativen Befundes bewenden liess. Stattdessen hat er sich offensichtlich dem aus der Konfrontation mit den Realitäten des konkreten Einzelfalls erwachsenen Druck des „lebenden Rechts"[206] nicht entziehen können und den Tatbestand des § 138 Abs. 2 BGB durch Rückzug auf die Generalklausel des § 138 Abs. 1 BGB – letztlich bis an die Wortlautgrenze hin – in einem Umfang tatbestandlich reduziert, dass letztlich praktisch allein das Merkmal des *auffälligen* bzw. besonders groben *Missverhältnisses* übrig geblieben ist. Ein derartiges Rechtsinstitut hat mit dem Wuchertatbestand des § 138 Abs. 2 BGB nicht mehr viel gemeinsam, entspricht indes jedoch einem anderen rechtlichen Instrument, das seit jeher im *ius commune* verankert

---

sit deceptus *ultra dimidiam iusti pretii* quantitatem. Sed *lex divina nihil* impunitum relinquit quod *sit virtuti contrarium*. Unde *secundum divinam legem* illicitum *reputatur* si in emptione et venditione *non sit aequalitas iustitiae observata*. Et tenetur ille qui plus habet recompensare ei qui damnificatus est, si sit *notabile damnum*." Hervorhebungen durch den Verfasser.

[204] Vgl. nur BGH NJW-RR 2016, 1251, 1251; NJW 2014, 1652, 1652; NJW 2001, 1127, 1128; NJW 1995, 2635, 2636; NJW 1992, 899, 900.

[205] Ähnlich *Bergmann*, Ungerechter Vertrag (2014), S. 32 ff., 63.

[206] So der Titel des Standardwerkes der Rechtssoziologie von *Raiser*, Das lebende Recht (3. Aufl. 1999). Zuletzt *Raiser*, Rechtssoziologie (6. Aufl. 2013).

war und in zahlreichen europäischen Rechtsordnungen bis heute lebendig ist: der *laesio enormis* des *remedium ex l. 2. C. de rescindenda venditione.*[207]

3. Gerechtigkeit als Strukturelement der Privatrechtsordnung

Die Angleichung des Tatbestandes des wucherähnlichen Geschäfts an die *laesio enormis* in der Rechtsprechung des BGH findet eine Parallele in einer weiteren Entwicklungslinie, die für die Privatrechtsordnung insgesamt von Bedeutung ist und im weiteren Gang der Untersuchung näher in Blick genommen wird: Die Umgestaltung der Privatrechtsordnung in Deutschland von einer dem formal-liberalen Vertragsdenken des 19. Jh. verpflichteten Dogmatik hin zu einer materialen Ethik sozialer Verantwortung als Ergebnis eines umfassenden Materialisierungsprozesses.[208]

Eine BGH-Rechtsprechung, die den Tatbestand des §138 Abs. 2 BGB durch Flucht in die deutlich weitere Generalklausel des §138 Abs. 1 BGB der *laesio enormis* angleicht[209], eine Privatrechtsordnung, die ebenfalls im Widerspruch zur eigentlichen Intention und Grundhaltung des historischen Gesetzgebers der Herstellung materieller Vertragsgerechtigkeit einen zunehmend größeren Stellenwert einräumt, entsprechende Entwicklungen auf europäischer Ebene, die – etwa mit Blick auf die Inhaltskontrolle im Fall *unfairer Ausnutzung* Art. 51 GEK-E – weit über die Regelungen des deutschen Rechts hinausgehen und schließlich empirische Untersuchungen, die Grundaussagen der klassischen Gerechtigkeitstheorie einschließlich des *gerechten Preises* und der Inhaltskontrollschwelle der *laesio enormis* bestätigen: Es scheint, dass das rechtliche Handeln des Menschen mit Blick auf die Vertragsgerechtigkeit Prinzipien folgt, die durch die Struktur seines Wesens bestimmt werden, die ihm eigen, ihm eingestiftet sind, und die in den Postulaten der klassischen Gerechtigkeitstheorie, hier insbesondere der *regula aurea*, dem *suum cuique-Grundsatz* und der klassischen *aristotelisch-thomasischen* Gerechtigkeitslehre mit ihrer Differenzierung zwischen *iustitia legalis, distributiva* und *commutativa* konkret fassbare Gestalt angenommen haben. Es scheint, dass diese Grundstruktur richtigen Handelns derart wirkungsmächtig, derart tief im Wesen des Menschen selbst verankert ist, dass sie die Privatrechtsordnung konstitutiv determiniert. Wenn sich diese Annahme als richtig erweist, dann kann die Gestalt einer Privatrechtsordnung, die diesen Prinzipien fundamental, d. h. in den sie wesensmäßig bestimmenden Grundsätzen, widerspricht auf Dauer keinen Bestand haben. Wird die innere Integrität einer Rechtsordnung dadurch be-

---

207 *Bergmann*, Ungerechter Vertrag (2014), S. 32ff., 63.

208 *Wieacker*, Sozialmodell (1953), S. 18. Vgl. hierzu oben S. 148f.

209 NJW-RR 2016, 1251, 1251; NJW 2014, 1652, 1652; NJW 2001, 1127, 1128; NJW 1995, 2635, 2636; NJW 1992, 899, 900. Vgl. auch MünchKomm/*Armbrüster*, BGB (7. Aufl. 2015), §138 Rn. 146; Staudinger/*Sack/Fischinger*, BGB (2011), §138 Rn. 208. Hierzu näher *Bergmann*, Ungerechter Vertrag (2014), S. 32ff.

einträchtigt, dass fundamentale Gestaltungsprinzipien wie etwa jenes der materiellen Vertragsgerechtigkeit nur eingeschränkt zur Geltung gelangen, so ist eine Gegenbewegung zu erwarten, die Abweichungen von der kohärenten Grundstruktur – insbesondere des Verhältnisses zwischen Vertragsfreiheit und -gerechtigkeit – korrigiert. Ebendiese Entwicklung lässt sich für die deutsche Privatrechtsordnung seit Inkrafttreten des BGB und verstärkt im letzten Viertel des 20. Jh. nachweisen.

4. *Rezeption durch die Privatrechtslehre*

Der Gedanke der Vertragsgerechtigkeit – wenngleich in Rechtsprechung und Gesetzgebung faktisch unangefochten – hat es in weiten Teilen der zivilistischen Diskussion indes nicht leicht. Seit dem Ende des 19. Jh., dem großen Zeitalter des *Liberalismus*, der Industrialisierung, des wirtschaftlichen Aufbaus und der politischen Emanzipation, steht die *Gerechtigkeit* im Schatten der *Privatautonomie*. Die Behandlung beider Rechtsgrundsätze in der Privatrechtsdogmatik könnte ungleicher nicht sein: Wird die Vertragsgerechtigkeit überhaupt behandelt, beschränkt sich die Darstellung – von einigen wenigen Ausnahmen abgesehen[210] – regelmäßig auf grobe Grundzüge, wobei typischerweise der Hinweis nicht fehlt, dass sich die Lehre vom *gerechten Preis* zu Recht nicht habe durchsetzen können, da ein gerechter Preis nicht bestimmbar sei, und die *laesio enormis* daher bewusst nicht in das BGB aufgenommen worden sei. Eine nähere Auseinandersetzung mit der klassischen aristotelisch-thomasischen Gerechtigkeitslehre, die etwa mit Blick auf das Äquivalenzprinzip zahlreichen Regelungen des bürgerlichen Rechts implizit zugrunde liegt, findet in der Regel nicht statt, ihre Anwendung auf das Privatrecht ist erstaunlicherweise kein Thema. Verwundern muss dieser Befund umso mehr, als trotz allem immer noch ein Konsens darüber bestehen dürfte, dass mit der *Gerechtigkeit* gerade der Zweck des *Rechts* selbst angesprochen ist. Es bleibt auch heute noch bei der zutreffenden Feststellung *Hollerbachs*:

„Obwohl *Gerechtigkeit* gewissermaßen ihre *Lebensluft* und ihr *Leitstern* ist, sprechen *Juristen* nicht gern in *abstracto* von Gerechtigkeit. Auch als *eigenständigem Argumentationstopos* räumen sie ihr *keinen hohen Stellenwert* ein. Gegenüber *materiellen Gerechtigkeitstheorien*, die nach Art eines geschlossenen *Naturrechts- oder Vernunftrechtssystems eindeutige Antworten* geben zu können glauben, sind sie *skeptisch*. Eher finden heute *prozedurale Gerechtigkeitstheorien* Anklang, gerichtet auf die Bedingungen und Regeln für die Erzeugung gerechten Rechts bzw. auf die rationale Begründung von Gerechtigkeitsurteilen (Dreier). Doch bleiben auch hier Zweifel und offene Fragen. Am ehesten aber sind Juristen überzeugt davon, daß Gerechtigkeit als *geschichtliches Rechtsprinzip* mit Hilfe sachhaltiger Gesichtspunkte *je und je neu* in Rechtssätzen, Rechts-

[210] Vgl. etwa *Heinrich*, Formale Freiheit (2000), S. 362 ff.; *Oechsler*, Gerechtigkeit (1997), S. 54 ff.

akten und Rechtssprüchen in ihrem Sinn auf ein konkretes Problem hin näher determiniert werden muß."[211]

In ähnlicher Weise hatte schon *Fechner*, freilich mit Blick auf die Rechtspraxis, der die Privatrechtsdogmatik in der Vermeidung der Gerechtigkeitsfrage *expressis verbis* jedoch kaum nachsteht, resümiert:

„Der *praktische Jurist* steht der *Rechtsphilosophie* oft fremd und ablehnend gegenüber. Sie enttäuscht ihn, weil sie ihm weder fertige Lösung gibt, noch eine sichere, risikolose Methode, sie zu finden. Er ist dem *geltenden Recht* und dem einzelnen *Streitfall* verpflichtet; das Recht aber soll Sicherheit gewähren. Daher schätzt er die Antwort der Präjudizien mehr als die Offenheit des Fragens. Und so erscheint ihm die *Rechtsmetaphysik* nebelhaft, lebensfremd und unbrauchbar. Das ist verständlich, nicht nur weil *Rechtssicherheit* eine der wichtigsten *Funktionen* jeder positiven *Rechtsordnung* ist, sondern auch wegen der Flut der *Alltagsarbeit*, die auf *Technisierung* und *Rationalisierung* des Betriebes drängt. Technisierung aber ist als Routinierung unmetaphysisch."[212]

Das Ausblenden der Gerechtigkeitsfrage in der Privatrechtsdogmatik, die nach einer freilich nur kurzzeitigen Renaissance der Naturrechtslehre in der Nachkriegszeit[213] in der gegenwärtigen Diskussion keine wesentliche Rolle mehr spielt, zeigt dabei erstaunliche Parallelen zur Diskussion des *homo oeconomicus-Modells* in den Wirtschaftswissenschaften.[214] Hier bedurfte es letztlich der ideologisch unverdächtigen experimentellen Verhaltenspsychologie, deren empirische Befunde sich nicht mehr wegargumentieren ließen, um die Grundannahmen des klassischen Verhaltensmodells des *homo oeconomicus* zu widerlegen und einen Prozess der Umorientierung einzuleiten. In ähnlicher Weise sind es *Verhaltensökonomik* und die *alternative Streitbeilegung* mit ihrem Bezug zur interdisziplinären Verhandlungsforschung, die das Zivilrecht für die Rezeption der Ergebnisse der modernen Verhaltenspsychologie öffnen[215] und zu einer Auseinandersetzung mit der Gerechtigkeitsfrage drängen.

Worin liegen jedoch die Ursachen für diese Entwicklung? Für die Frage nach der Vermeidung der Gerechtigkeitsfrage in der Zivilistik bieten sich drei Erklärungsansätze an: 1) ein defizitäres Verständnis des Gerechtigkeitsbegriffs aufgrund mangelnder Rezeption und Kenntnis der klassischen Gerechtigkeitstheo-

---

[211] *Hollerbach*, in: Görres-Gesellschaft (Hrsg.), Staatslexikon II (7. Aufl. 1986), S. 889, 902. Hervorhebungen durch den Verfasser.

[212] *Fechner*, Rechtsphilosophie (2. Aufl. 1962), S. 286. Hervorhebungen durch den Verfasser.

[213] Vgl. hierzu *Kühl*, FS Söllner (1990), S. 331 sowie klassisch *Radbruch/Kaufmann*, Vorschule der Rechtsphilosophie (1965), S. 32 f.; *Radbruch*, SJZ 1946, 105, 107 ff.

[214] Zu den Schwächen des *homo oeconomicus*-Modells vgl. oben S. 144 ff. sowie unten S. 170 ff., 248 ff., 555 ff.

[215] Vgl. nur *Thompson*, Negotiator (5. Aufl. 2014), S. 5 ff.; *Nadler/Thompson/Van Boven*, 49 Management Science 529 (2003); *Thompson/Hrebec*, 120 Psychol. Bull. 396, 406 (1996) sowie *Duve/Eidenmüller/Hacke*, Mediation in der Wirtschaft (2011), S. 28 f., 43 f.; *Bühring-Uhle/Eidenmüller/Nelle*, Verhandlungsmanagement (2009), S. 15 f., 19 f., 38 ff., 113 ff., 138 ff., 166 ff. jeweils mwN.

rie, 2) die Furcht vor einer Beschränkung der Privatautonomie und einer staatlich verordneten (Um-)Verteilungsgerechtigkeit sowie 3) die Tauglichkeit eines verzerrten Gerechtigkeitsbegriffs als vermeintlich leicht zu widerlegendes Topos im Sinne eines *argumentum ad absurdum*.

1. Defizitäre Rezeption der klassischen Gerechtigkeitstheorie. Ein erster Ansatzpunkt für die Suche nach Antworten könnte in der *Rezeption* der klassischen Gerechtigkeitstheorie und ihrem *Verständnis* in der modernen Privatrechtslehre zu finden sein. Wenn etwa im Rahmen der Diskussion um die Begründung der Inhaltskontrolle von AGB darauf verwiesen wird, dass „sich so beliebte Konzepte wie ‚Vertragsgerechtigkeit‘ oder ‚angemessener Ausgleich der beiderseitigen Interessen‘ als inhaltsleere ad-hoc-Formeln erweisen, da sie infolge ihres fehlenden Bezugs auf ein wohldefiniertes Referenzsystem beliebige Behauptungen, nicht jedoch begründete Aussagen darstellen“[216], sie „zur Beurteilung realer Vorgänge aufgrund ihrer Inhaltslosigkeit nicht brauchbar“[217] seien und es sich bei ihnen um „‚Begründungen‘ aus dem ‚methodischen Biedermeier‘“[218] handle, so ist eine solche Haltung charakteristisch für die weitverbreiteten Defizite in Kenntnis, Rezeption und Verständnis der Vertragsgerechtigkeit als rechtsphilosophisch bestimmter Kategorie. Dass mit der aristotelisch-thomistischen Gerechtigkeitslehre, insbesondere mit dem Äquivalenzprinzip der *iustitia commutativa*, konkrete Maßstäbe für die Beurteilung der Angemessenheit einer Vereinbarung zur Verfügung stehen, wird ausgeblendet. Mag hier auch das Problem der informationellen Überforderung angesichts der vermeintlichen Vielzahl unterschiedlicher Gerechtigkeitsmodelle eine Rolle spielen, so würde sich die Auswahl operabler Gerechtigkeitsmodelle schon nach kurzer Zeit des Nachforschens letztlich wieder auf die klassische Gerechtigkeitslehre reduzieren, die als dem *ius commune* insgesamt zugrunde liegende Gerechtigkeitsordnung immerhin für eine ganze Epoche prägend gewesen war und auch für das geltende Privatrecht von zentraler Bedeutung ist.

Dass es sich beim Rechtsprinzip der *Vertragsgerechtigkeit* sowie dem Begriff des *angemessenen Ausgleichs der beiderseitigen Interessen* – der im Übrigen auch weiten Teilen des geltenden Rechts zugrunde liegt – um „inhaltsleere ad-hoc-Formeln“[219] handeln soll, ist daher nicht nachvollziehbar. Hier scheint eine Vorstellung des Gerechtigkeitsbegriffs als Projektionsfläche unterschiedlichster Wertungen zugrunde zu liegen, die mit der Rechtswirklichkeit nicht in Einklang zu bringen ist. Ähnliches gilt für die Bezüge auf das *iustum pretium:* Wenn davon die Rede ist, „dass es in einer Marktwirtschaft kein *iustum pretium* und daher auch

[216] *Adams*, BB 1989, 781, 782.
[217] *Adams*, BB 1989, 781, 782.
[218] *Adams*, BB 1989, 781, 782 Fn. 18.
[219] *Adams*, BB 1989, 781, 782.

keine *laesio enormis* bei Missachtung des *iustum pretium* geben kann"[220], liegt dem ganz offenkundig ein Missverständnis, nämlich die Vorstellung von einer *objektiven Preislehre* zugrunde, bei der der gerechte Preis unabhängig vom Markt auf der Grundlage spezifischer Kriterien bestimmt wird. Mit der klassischen Lehre vom gerechten Preis, die auf den Marktwert verweist und damit gerade eine marktwirtschaftlich orientierte Wirtschaftsordnung voraussetzt, ist eine solche Vorstellung nicht vereinbar. Es scheint, als habe sich der Begriff des *iustum pretium* von seiner historisch gewachsenen *Bedeutung losgelöst* und zu einer *eigenständigen Argumentationsfigur* entwickelt, die – wie auch im genannten Fall[221] – gegen jedwede Instrumente materieller Inhaltskontrolle ins Feld geführt wird.

2. Gefahr der Beschränkung der Privatautonomie und staatlich verordneter (Um-) Verteilungsgerechtigkeit. Mit der Instrumentalisierung eines überzeichneten *iustum pretium* als eigenständiger, von ihrem historischen Vorbild losgelöster Argumentationsfigur ist ein weiterer Aspekt des Rezeptionsproblems angesprochen: Die Furcht vor einer übermäßigen Beschränkung der Privatautonomie zulasten einer materialen Vertragsethik, die mit der Vorstellung staatlich verordneter (Um-)Verteilungsgerechtigkeit verbunden ist. Deutlich wird dieser Zusammenhang bereits bei der Diskussion des Gerechtigkeitsproblems auf verfassungsrechtlicher Ebene. Hier wurde etwa dem – nach wie vor herrschenden – Verständnis der Rechtsstaatlichkeit als einer *materiellen,* auf Verwirklichung der *Gerechtigkeit* gerichteten *Rechtsstaatlichkeit* die Gefahr der Beliebigkeit und des möglichen Missbrauchs entgegengehalten:

„Dass der *Gerechtigkeitsbegriff* mit *unterschiedlichen Inhalten* gefüllt und daher *leicht missbraucht* werden kann, lässt sich noch an zahlreichen anderen Beispielen des In- und Auslandes belegen. Aus dem jüngeren deutschen Verfassungsleben sei nur an Art. 86 der *DDR-Verfassung* von 1968 erinnert, der auf die ‚*Verwirklichung der Verfassung im Geiste der Gerechtigkeit*' abhob und dabei in Übereinstimmung mit ‚*sozialistischen Wertmaßstäben*' interpretiert wurde. Die Aufnahme des *Gerechtigkeitsprinzips* in eine *Verfassung* in dem Sinne, dass die Gerechtigkeitsmaßstäbe auch *außerhalb des positiven Verfassungsrechts* zu suchen seien, trägt somit immer auch den Keim der Überwindung der positiven Verfassungsordnung in sich."[222]

Dass der Verweis auf die Herstellung materieller Gerechtigkeit als prägendes Gestaltungsprinzip der Privatrechtsordnung mit sozialistischen Rechtsvorstellungen in Verbindung gebracht und so zugleich diskreditiert wird, mag mit Blick auf den rechtsgeschichtlichen und rechtsphilosophischen Befund – Verwurzelung in der aristotelisch-thomasischen Moralphilosophie der Antike und des

---

[220] *Säcker*, FS Reuter (2010), S. 325, 331.

[221] Hier ging es um Pläne in der EU zur Ausweitung der Verbandsklagebefugnis auf die Kontrolle der Angemessenheit des Preises, *Säcker*, FS Reuter (2010), S. 325, 331.

[222] *Sommermann,* in: v. Mangoldt/Klein/Starck, GG (6. Aufl. 2010), Art. 20 Abs. 3 Rn. 236. Hervorhebungen durch den Verfasser.

Mittelalters, umfassende Geltung im *ius commune*, prägende Bedeutung für die europäische Rechtsentwicklung, Renaissance in der Nachkriegszeit durch *Radbruch* – verwundern. Als Argumentationstopos taucht dieser – freilich nur mühsam herzustellende – Konnex indes wiederholt auf.[223] Deutlich werden in diesem Zusammenhang zwei Aspekte: Zum einen die Befürchtung, dass unter dem Deckmantel der Herstellung materieller Vertragsgerechtigkeit staatliche Eingriffe in das Vertragsverhältnis legitimiert werden und so die Inhaltsfreiheit der Parteien außer Kraft gesetzt wird. Eng damit verbunden ist darüber hinaus die Furcht vor einer Beeinträchtigung der Privatautonomie.

Das Verhältnis zwischen Vertragsfreiheit und Vertragsgerechtigkeit wird dabei ganz offensichtlich im Sinn eines *Nullsummenspiels* verstanden, bei dem ein Mehr an *Vertragsgerechtigkeit* notwendig mit einem Weniger an *Vertragsfreiheit* einhergeht und umgekehrt. Die enge funktionale Verknüpfung beider Gestaltungskräfte in dem Sinn, dass Vertragsfreiheit in der Gerechtigkeit gebunden ist und sich diese durch die Vertragsfreiheit verwirklicht, wird dabei ausgeblendet. Beide Befürchtungen sind unbegründet. So kann sich etwa die Furcht vor einer Beschränkung der Vertragsfreiheit durch politisch bestimmte Wertungen nur auf die Verteilungsgerechtigkeit, die *iustitia distributiva* beziehen. Diese ist im Privatrecht zwar nicht gänzlich unbedeutend, spielt jedoch im Vergleich zur Tauschgerechtigkeit lediglich eine untergeordnete Rolle.

Das Äquivalenzprinzip der *iustitia commutativa* ist dagegen für politische Zwecke kaum instrumentalisierbar und darüber hinaus eng mit dem Vertragszweck und auf diese Weise mit der materiellen Vertragsfreiheit verknüpft. Beschränkungen sind allenfalls mit Blick auf die Absenkung der Kontrollschwelle denkbar. Sie werden typischerweise zur Gewährleistung der materiellen Vertragsfreiheit strukturell schwächerer Partei vorgenommen. Damit wird ein möglicher Konflikt mit der Privatautonomie aufgelöst und auf die Ebene der Antinomie zwischen materieller Vertragsfreiheit der unterlegenen und formeller Vertragsfreiheit der überlegenen Partei verlagert. Die Gewährleistung der Vertragsgerechtigkeit tritt demgegenüber in den Hintergrund.

3. Iustum pretium und „materiale Wertungen" als Argumentationsfigur. Blickt man auf den Kontext, in dem der Begriff des *iustum pretium* verwendet wird, so verdichtet sich der Eindruck, dass es sich dabei um eine verfremdete, eigenständige Argumentationsfigur handelt, die mit der historischen Lehre vom gerechten Preis im Sinne der klassischen Gerechtigkeitstheorie kaum mehr etwas gemein hat. Darauf deuten Äußerungen, die offenkundig von einem gerechten Preis im Sinne einer ausdifferenzierten Preislehre ausgehen, die den gerechten Preis objektiv auf der Grundlage spezifischer Kriterien zu bestimmen sucht.[224] Mit der

---

[223] *Canaris*, AcP 200 (2000), 273, 291. Hierzu *v. Westphalen*, in: v. Westphalen (Hrsg.), Deutsches Recht im Wettbewerb (2009), S. 127, 128.

[224] *Bruns*, JZ 2007, 385, 386 („Das Leitmotiv des mittelalterlichen Vertragsrechts, das den

klassischen Lehre vom *iustum pretium*, die auf den Marktpreis verweist, ist eine derartige Vorstellung nicht vereinbar.[225] Mag hier bisweilen auch die bewusste Verzerrung, Überzeichnung und Instrumentalisierung der klassischen Preislehre als offensichtliches „Feindbild" und leicht zu widerlegendes Argument im Sinne eines *argumentum ad absurdum* eine Rolle spielen, so scheint es doch wahrscheinlicher, dass sich der mittlerweile zum geflügelten Wort gewordene Begriff vom *iustum pretium* zu einer eigenständigen Argumentationsfigur verselbständigt hat. Entsprechend tauchen die Begriffe des *iustum pretium* und der *laesio enormis* als Schlagworte – in der Regel auch ohne nähere inhaltliche Auseinandersetzung – häufig dann auf, wenn es darum geht, die Unmöglichkeit der Bestimmung eines materiell gerechten Vertragsinhaltes argumentativ zu untermauern, wie dies insbesondere im Rahmen der aktuellen rechtspolitischen Diskussion um die Reichweite der Inhaltskontrolle von AGB im unternehmerischen Geschäftsverkehr der Fall ist.[226]

Verbunden wird der Einsatz beider Begriffe dabei häufig mit dem Verweis auf das vermeintliche historische Scheitern des *iustum pretium* oder der *laesio enormis*. Dass die Realität differenzierter ist, dass die auf der Lehre vom *iustum pretium* beruhende *querela laesionis* aus dem *remedium ex l. 2. C. de rescindenda venditione* für rund 1.500 Jahre geltendes Recht gewesen war, auch in moderne Zivilrechtskodifikation übernommen wurde und in Gestalt des wucherähnlichen Geschäftes iSd. § 138 Abs. 1 BGB *de facto* weiterlebt, gerät dabei in den Hintergrund. Selbst wenn man die Gemeinsamkeiten zwischen *wucherähnlichem Geschäft* nach § 138 Abs. 1 BGB und der *querela laesionis* verneint, so wird man mit Blick auf die Rechtsprechung des BGH[227] nicht an der Tatsache vorbeikommen können, dass sich der Tatbestand des *auffälligen Missverhältnisses* des § 138 Abs. 2 BGB am *duplum* der *laesio enormis ultra dimidum* orientiert.[228] Damit ist

als gerecht empfundenen Vertragsinhalt in Gestalt des iustum pretium weithin normativ vorgab …"). In die gleiche Richtung weisen Äußerungen, die eine fruchtlose Diskussion bzw. eine vergebliche Suche nach dem *iustum pretium* beklagen: *Schön*, FS Canaris I (2007), S. 1191, 1192; *Canaris*, AcP 200 (2000), 273, 286; *Singer*, Selbstbestimmung (1995), S. 25; *Canaris*, FS Lerche (1993), S. 874, 884; *Habersack*, Vertragsfreiheit und Drittinteressen (1992), S. 48, Fn. 42; *Teichmann*, Gestaltungsfreiheit (1970), S. 34; *Raiser*, FS 100 Jahre DJT (1960), S. 101, 129 f.

[225] Hierzu *Thomas v. Aquin*, Summa Theologica, q. 77 a. 1 co, a. 2 ad 3. sowie oben S. 123 ff.

[226] Vgl. nur *Miethaner*, AGB-Kontrolle (2010), S. 49 („Es lassen sich keine objektiven, allgemeingültigen Aussagen über das ‚richtige' Verhältnis von Leistung und Gegenleistung treffen, weil es in einer pluralistischen Gesellschaft keine allseits anerkannten Wertmaßstäbe gibt. Dass solche Versuche auch in der Vergangenheit stets gescheitert sind, zeigt das vergebliche Bemühen, die Figur des ‚iustum pretium' oder der ‚laesio enormis' zu etablieren.").

[227] Vgl. BGH NJW-RR 2016, 1251, 1251; NJW 2014, 1652, 1652; NJW 2001, 1127, 1128; NJW 1995, 2635, 2636; NJW 1992, 899, 900.

[228] *Bergmann*, Ungerechter Vertrag (2014), S. 32 ff., 63 sowie ähnlich *Medicus/Petersen*, BGB AT (11. Aufl. 2016), Rn. 711; *Becker*, WM 1999, 709, 711; *Hönn*, JZ 1983, 677. Insoweit differenzierend *Martini*, DVBl 2008, 21, 23 f. Eingehend oben S. 148 f.

aber zugleich der Kern des *iustum pretium*-Argumentes widerlegt, dass ein gerechter Preis „Utopie“[229] sei, sich schlichtweg nicht bestimmen lasse.[230]

Die Rezeptionsgeschichte der klassischen Gerechtigkeitstheorie ist damit eine Geschichte der Missverständnisse, inhaltlicher Verkürzungen und der Instrumentalisierung des Gerechtigkeitsbegriffes wie der Läsionshaftung. Konnten mögliche Ursachen hierfür mit Blick auf drei wesentliche Aspekte nachgezeichnet werden, so ergibt sich ein Schlüssel für das tiefere Verständnis aus der eingangs angedeuteten Einbettung der Problematik in den geistesgeschichtlichen Kontext des erstarkenden Liberalismus. Zwar war die rechtliche Geltung der *laesio enormis* bis in das 19. Jh. hinein nahezu unangefochten: Sie hatte ihren festen Platz im *usus modernus pandectarum*[231], war bis in das 19. Jh. hinein von Romanisten und Germanisten gleichermaßen anerkannt[232] und sowohl im preußischen ALR[233] von 1794, im französischen Code Civil[234] von 1804 wie auch im österreichischen ABGB[235] von 1815 enthalten. Allerdings setzte bereits mit dem ausgehenden 18. Jh. – mit Beginn des Liberalismus – erhebliche Kritik am Institut der *laesio enormis* ein.[236] Das Prinzip der ausgleichenden Gerechtigkeit wurde als Widerspruch zum freien Willen betrachtet, der am Vorabend des Liberalismus nun im Mittelpunkt des Interesses stand.[237] Ungeachtet der jahrhundertelangen Anwendung der Läsionshaftung in der Rechtspraxis stellte man plötzlich fest, dass sich der Wert der betreffenden Vertragsgegenstände nicht bestimmen lasse.[238] In der Folge wurde die *laesio enormis*, auf die man gleichwohl nicht verzichten wollte, mit der widerlegbaren Vermutung eines Irrtums begründet und damit der Widerspruch zu dem – insoweit gleichsam als unantastbar angesehenen – Vertragswillen aufgelöst.[239] Im Zuge der Rückbesinnung auf den historischen Rechtsbestand sowohl der romanistischen als auch der germanistischen Rechtsschule wurde die *laesio enormis* wieder aus ihrer Einbettung in die Irrtumsproblematik herausgelöst.[240]

---

[229] So *Schmitt Glaeser*, Freiheitlicher Staat (2. Aufl. 2012), S. 259; *Becker*, AGB und Individualvereinbarung (2011), S. 16.

[230] In diesem Sinne *Becker*, AGB und Individualvereinbarung (2011), S. 16 f.; *Adams*, BB 1989, 781, 782; *Säcker*, Gruppenautonomie (1972), S. 207 f. sowie *Miethaner*, AGB-Kontrolle (2010), S. 49; *Bruns*, JZ 2007, 385, 386; *Schön*, FS Canaris I (2007), S. 1191, 1192; *Canaris*, AcP 200 (2000), 273, 286; *Singer*, Selbstbestimmung (1995), S. 25; *Canaris*, FS Lerche (1993), S. 874, 884; *Habersack*, Vertragsfreiheit und Drittinteressen (1992), S. 48, Fn. 42; *Teichmann*, Gestaltungsfreiheit (1970), S. 34; *Raiser*, FS 100 Jahre DJT (1960), S. 101, 129 f.

[231] *Emmert*, Leistungspflichten (2001), S. 179.

[232] *Emmert*, Leistungspflichten (2001), S. 179.

[233] I, 11, §§ 58 f. ALR.

[234] Art. 1674–1685 Code civil.

[235] § 934 ABGB.

[236] *Emmert*, Leistungspflichten (2001), S. 179.

[237] *Emmert*, Leistungspflichten (2001), S. 179.

[238] Eindrücklich *Emmert*, Leistungspflichten (2001), S. 180 mwN.

[239] *Emmert*, Leistungspflichten (2001), S. 180.

[240] *Emmert*, Leistungspflichten (2001), S. 180.

Alle drei Rechtsinstitute – Wucher, Irrtum und *laesio enormis* – wurden nun wieder als eigenständige Rechtsinstitute behandelt.[241] Während Irrtum und Wucher in den §§ 119, 138 Abs. 2 BGB ihren Weg in das neu geschaffene BGB fanden, blieb die *laesio enormis* dagegen – wie schon beim Entwurf des ADHGB von 1857, des Bürgerlichen Gesetzbuches Sachsens von 1863 und des *Dresdner Entwurfs eines allgemeinen deutschen Obligationenrechts* von 1866 – unberücksichtigt. Hinweise auf die Gründe für den Verzicht auf die *laesio enormis* finden sich in den Gesetzesmaterialien kaum.[242] Bei der gesetzlichen Ausgangslage ist es bis heute geblieben. Die Angleichung des Tatbestandes des wucherähnlichen Geschäftes an die *laesio enormis* blieb in der Literatur zwar nicht unbemerkt und „hat emsiges Bemühen ausgelöst, Unterschiede zwischen beiden Rechtsinstituten aufzuzeigen."[243] Vom breiten Schrifttum wurde diese Entwicklung indes kaum rezipiert. Die *laesio enormis* als Rechtsinstitut galt als überholt. Damit sind es letztlich wohl doch die Nachwehen einer Entwicklung, die Ende des 18. Jh. mit dem Erstarken des Liberalismus begonnen hatte und die einen tiefgreifenden Widerspruch zwischen dem Freiheitsanspruch des Liberalismus und den Gerechtigkeitsanspruch der *laesio enormis* auszumachen meinte, die einen „Dornröschenschlaf" der Läsionshaftung zur Folge hatten.

Erst gegen Ende der zweiten Hälfte des 20. Jh. werden die dem Institut der *laesio enormis* zugrunde liegenden Fragen mit neuer Dringlichkeit aufgeworfen und im Rahmen der Entwicklung neuer Vertragsmodelle intensiv diskutiert.[244] Damit betrifft das verbreitete Unbehagen gegenüber den Ansprüchen materieller Gerechtigkeit offensichtlich weniger die Postulate der klassischen Gerechtigkeitstheorie selbst, als vielmehr das Verständnis des Verhältnisses von Vertragsfreiheit und Vertragsgerechtigkeit zueinander. Angesprochen ist insoweit eine Grundfrage des Privatrechts, die in jüngster Zeit vor allem im Rahmen der aktuellen rechtspolitischen Diskussion um die Bestimmung der Reichweite der Inhaltskontrolle im unternehmerischen Geschäftsverkehr im Mittelpunkt steht und die im folgenden Kapitel (§ 4) näher in den Blick genommen werden soll.

III. Form: Ausprägungen materieller Gerechtigkeit im Privatrecht

Ungeachtet der ursprünglich formal-liberalen Grundhaltung des Gesetzgebers des BGB kennt das positive Privatrecht eine Reihe von Instrumenten materieller Vertragskorrektur. Neben der Vorschrift des § 138 Abs. 1 BGB und dem Wuchertatbestand des § 138 Abs. 2 BGB zählt hierzu auch die Generalklausel des § 242

[241] *Emmert*, Leistungspflichten (2001), S. 181 mwN.

[242] Vgl. nur Mot. I, S. 321 = Mugdan II, S. 178. Eingehend *Emmert*, Leistungspflichten (2001), S. 181.

[243] So *Bergmann*, Ungerechter Vertrag (2014), S. 37.

[244] Vgl. hierzu eingehend unten S. 181 ff.

BGB. Darüber hinaus ist auch die AGB-rechtliche Inhaltskontrolle gem. §§ 305, 307 BGB nach dem Willen des Gesetzgebers eine Reaktion auf die elementare „Mißachtung der Grundsätze der *Vertragsfreiheit* und *Vertragsgerechtigkeit* zu Lasten derjenigen Vertragsteile, die solchen vorformulierten Bedingungswerken unterworfen werden."[245] Bereits im Wortlaut der Gesetzesbegründung klingt dabei die enge funktionale Verknüpfung der Herstellung materieller Vertragsgerechtigkeit und der Gewährleistung materieller Vertragsfreiheit an.

Diese funktionale Verknüpfung ist für die positivrechtliche Ausformung der privatrechtlichen Instrumente materieller Vertragskontrolle prägend. Deutlich wird dies etwa bei der Ausgestaltung des Wuchertatbestandes des § 138 Abs. 2 BGB, der zumindest *formal* mit den Kriterien der Zwangslage, Unerfahrenheit, dem Mangel an Urteilsvermögen oder einer erheblichen Willensschwäche zusätzlich ein die *tatsächliche* Vertragsfreiheit beschränkendes Element voraussetzt.[246] Erkennbar wird der Zusammenhang zwischen vertraglicher Freiheit und Gerechtigkeit aber auch mit Blick auf die normative Ordnung des Privatrechts insgesamt, worauf das BVerfG bereits in seiner *Bürgschaftsentscheidung* hingewiesen hatte:

„Die Schöpfer des Bürgerlichen Gesetzbuchs gingen zwar, auch wenn sie verschiedene Schutznormen für den im Rechtsverkehr Schwächeren geschaffen haben, von einem Modell *formal gleicher Teilnehmer* am Privatrechtsverkehr aus, aber schon das *Reichsgericht* hat diese Betrachtungsweise aufgegeben und ‚in eine *materiale Ethik sozialer Verantwortung* zurückverwandelt'. Heute besteht weitgehende Einigkeit darüber, daß die *Vertragsfreiheit* nur im Falle eines annähernd *ausgewogenen Kräfteverhältnisses* der Partner als Mittel eines angemessenen Interessenausgleichs taugt und daß der Ausgleich gestörter Vertragsparität zu den Hauptaufgaben des geltenden Zivilrechts gehört ... Im Sinne dieser Aufgabe lassen sich große Teile des Bürgerlichen Gesetzbuchs deuten ...."[247]

Hatte der Liberalismus in seiner euphorischen Überbetonung der Privatautonomie noch einen Widerspruch zwischen Freiheits- und Gerechtigkeitsanspruch der Privatrechtsordnung ausgemacht und war damit gleichsam über das Ziel hinausgeschossen, so beginnt sich die Einsicht in die funktionale Verknüpfung beider Rechtsprinzipien erst schrittweise durchzusetzen. Die Notwendigkeit einer eingehenderen Beschäftigung mit dem Verhältnis von vertraglicher Freiheit und Gerechtigkeit erweist sich dabei als umso drängender, als die Thematik im Mittelpunkt zentraler Institute des Privatrechts, wie etwa der AGB-rechtlichen Inhaltskontrolle steht. Ihm soll im Folgenden mit Blick auf die Entwicklung eines beide Gestaltungskräfte integrierenden Vertragsmodells nachgegangen werden.

---

245 Begründung des RegE zum AGBG, BT-Drucks. 7/3919, S. 9.

246 Zur Reduzierung des Tatbestandes beim *wucherähnlichen Geschäft* vgl. auch MünchKomm/*Armbrüster*, BGB (7. Aufl. 2015), § 138 Rn. 116 sowie eingehend oben S. 148f.

247 BVerfGE 89, 214, 233 = NJW 1994, 36, 38f. (Bürgschaft I). Hervorhebungen durch den Verfasser.

IV. Zusammenfassung

1. Die vergleichsweise marginale Bedeutung, die der *Vertragsgerechtigkeit* im zivilistischen Schrifttum eingeräumt wird, steht in deutlichem Gegensatz zu ihrer Rolle als prägende Gestaltungskraft im Gefüge der Privatrechtsordnung. Der *Begriff der Gerechtigkeit* berührt die „Grundfrage aller Rechtsphilosophie“[248]: Die Frage nach der *Hauptaufgabe*, dem *Ziel*, dem *Zweck*, dem *Inbegriff* allen Rechts schlechthin. Die *Vertragsgerechtigkeit* ist für die Rechtsordnung als tragendes Strukturelement *konstitutiv*, verläuft in *geschichtlich* eingefahrenen Bahnen und zeigt sich gegenüber grundlegenden *Überformungen* als widerstandsfähig.

2. In der *Privatrechtsdogmatik* spielt die Vertragsgerechtigkeit eine untergeordnete Rolle und steht im *Schatten* der *Vertragsfreiheit*. Ursachen hierfür sind 1) ein *defizitäres Verständnis* des *Gerechtigkeitsbegriffs* aufgrund mangelnder *Rezeption* und *Kenntnis* der *klassischen Gerechtigkeitstheorie*, 2) die Furcht vor einer *Beschränkung der Privatautonomie* und einer staatlich verordneten *(Um-)Verteilungsgerechtigkeit* sowie 3) die Tauglichkeit eines *verzerrten Gerechtigkeitsbegriffs* als leicht zu widerlegendes Ziel im Sinne eines *argumentum ad absurdum*.

3. Das bis heute maßgebliche Verständnis der Vertragsgerechtigkeit beruht auf der *aristotelisch-thomasischen Gerechtigkeitsethik*. Sie wurde zum Zweck der Untersuchung mit dem *suum cuique-Grundsatz* sowie der *regula aurea* verknüpft.

4. Die *Institutiones Iustiniani* wie auch die Erläuterungen der Gerechtigkeit bei *Thomas von Aquin* beginnen mit dem von *Ulpian* überlieferten *suum cuique-Grundsatz:* Gerechtigkeit ist der beständige und andauernde Wille, *jedem das Seine* zukommen zu lassen. Auf einen *Ausgleich* gerichtet, setzt sie den Begriff der *Gleichheit* als wesentlichen Inhalt voraus. Die Gerechtigkeit fordert, dem Einzelnen das zu geben, was ihm aufgrund der *Gleichheit der Verhältnisse* geschuldet ist. Worin das *suum* im Einzelnen besteht, lässt sich dem insoweit abstrakten *Grundsatz* indes nicht entnehmen.

5. Effektivere Möglichkeiten der *Konkretisierung* in Form *spezifischer Handlungsgebote* ermöglicht dagegen das *Reziprozitätsprinzip* der *regula aurea*, der *Goldenen Regel*. Dabei handelt es sich um ein Prinzip, das als „sittliche[n] Grundformel der Menschheit“[249] Raum und Zeit überschreitend in den unterschiedlichsten Kulturen seit ältesten Zeiten bekannt ist und damit als *universales Verhaltensgebot* gelten kann. Seine *prohibitive* Fassung ist im Buch Tobit überliefert: „Was du nicht willst, dass man dir tu, das füg auch keinem andern zu.“[250] Seine *hortative* Form findet sich in der Bergpredigt Jesu: „Alles, was ihr also von ande-

---

[248] *Messner*, Naturrecht (5. Aufl. 1966), S. 425.

[249] *Reiner*, ZphF 3 (1948), 74, 74.

[250] Tob. 4, 15. Vgl. die im Wortlaut etwas abweichende Einheitsübersetzung: „Was dir selbst verhasst ist, das mute auch einem anderen nicht zu!“

ren erwartet, das tut auch ihnen!"[251] Die *regula aurea* ist ein *universales Prinzip* richtigen Handelns, in dem alle übrigen Sollensvorschriften bereits enthalten und aus ihr im Wege der *Konkretisierung* ableitbar sind. In der Interaktion des Einzelnen mit seiner Umgebung konkretisiert, verlangt die *regula aurea* vom Einzelnen, sich anderen gegenüber so zu verhalten, wie dieser selbst behandelt werden möchte, so dass der *Maßstab*, den der *Einzelne* an das Verhalten *anderer* anlegt, zur Richtschnur des *eigenen* Handelns wird.

6. Aus der *regula aurea* ergeben sich weitreichende *Konsequenzen* für die *Privatrechtsdogmatik*. Sie ist für die Entwicklung eines tragfähigen *Vertragsmodells* von Bedeutung und kann *aktuelle Probleme* des Vertragsrechts dogmatisch schlüssig erklären. So entspricht es gerade dem Gegenseitigkeitsprinzip der *regula aurea*, wenn der BGH vom AGB-Verwender verlangt, „von vornherein die *Interessen seines Partners* hinreichend *zu berücksichtigen* und ihm einen *angemessenen Ausgleich* zuzugestehen."[252] Darüber hinaus vermag sie – weil sie selbst unmittelbar *Gerechtigkeitsprinzip* ist – Schwächen in *Schmidt-Rimplers Theorie der Richtigkeitsgewähr* zu überwinden, die nicht zu erklären vermag, *warum* ein bestimmtes Vertragsergebnis in sich richtig ist.

7. Das Reziprozitätsprinzips der *regula aurea* verlangt einen *multilateralen Rollentausch* und weist insofern Parallelen zur *interessenorientierten Verhandlung* nach dem *Harvard Modell* und zu *Kohlbergs Stufenmodell* der *kognitiven* und *moralischen Entwicklung* des Menschen auf. So erfordert die *wertschöpfende* Realisierung *pareto-optimaler Kooperationsgewinne* in Vertragsverhandlungen gerade jenen *multilateralen Rollentausch*, den die *regula aurea* voraussetzt. Zugleich hat die *Entwicklungspsychologie* nachgewiesen, dass der reife Gebrauch der *regula aurea* der höchsten Stufe moralischer Urteilsfähigkeit nach *Kohlbergs Stufenmodell* entspricht und damit den Schlusspunkt der moralischen Entwicklung des Menschen bildet.

8. Die sich aus der *regula aurea* ergebenden Handlungsgebote lassen sich für bestimmte Lebensbereiche systematisieren. Entsprechend unterscheidet die klassische Gerechtigkeitstheorie zunächst zwischen *allgemeiner bzw. Gesetzesgerechtigkeit* und *besonderer* bzw. *Einzelfallgerechtigkeit*, wobei Letztere die *Verteilungs-* und *Tauschgerechtigkeit* umfasst. Die hier relevante *Tauschgerechtigkeit* verlangt die *Äquivalenz*, die wertmäßige *Gleichheit* von *Leistung* und *Gegenleistung*, die durch die *arithmetische Mitte* zwischen dem Wertzuwachs des Empfangenden und dem Wertverlust des Gebenden bestimmt wird.

9. Die Frage nach dem *gerechten Preis* beantwortet *Thomas* mit Verweis auf den *Nutzwert* und damit den *Marktpreis*, der sich freilich nicht *punktgenau* feststel-

---

[251] Mt. 7, 12.
[252] BGH VersR 2013, 197, 198. Hervorhebungen durch den Verfasser.

len lässt, sondern im Sinne einer *Preisspanne* zu verstehen ist. Eine Abweichung vom Marktpreis ist dabei nur in drei Fällen gerechtfertigt: Bei *beiderseitigem Interesse* an der Sache, im Fall des *mäßigen Gewinns des Kaufmanns* aus gerechtem Grund sowie im Rahmen *nichtgewerblicher Veräußerung* bei Verbesserungen der Sache, Schwankungen des Marktpreises oder einer Transportleistung des Verkäufers.

10. Die Gerechtigkeitsgebote gehören zur *lex divina* und somit zum Bereich der *Moral.* Zwar basiert auch das positive Recht (*lex humana*) idealiter auf der moralischen Ordnung der *lex divina.* Allerdings vermag das *positive Recht* die *Moral* nicht vollkommen abzubilden, da es auch *Friedensordnung* ist und damit zur Gewährleistung seiner *Ordnungsfunktion* bis zu einem bestimmten Maße Ungerechtigkeiten in Kauf nimmt. Daher kann auch das positive Recht nicht *jedes ungerechte Handeln* des Menschen verhindern, solange der Vertrag von den Anforderungen der *Tauschgerechtigkeit* nicht allzu stark abweicht, solange der Unterschied „nicht allzu groß" ist. Hier ist bereits jener Maßstab der Inhaltskontrolle vorgezeichnet, der im „auffälligen Missverhältnis" des §138 Abs.2 BGB sowie in weiteren Vorschriften (z.B. §307 Abs.2 Nr.1, 2 BGB) Gestalt angenommen hat.

11. *Verfassungsrechtlich* ergibt sich die Gerechtigkeitsbindung der Privatrechtsordnung vor allem aus dem *Rechtsstaatsprinzip* (Art.20 Abs.3 und Art 28 Abs.1 Satz 1 GG), insbesondere aus der Bindung der staatlichen Gewalt an *Recht* und *Gesetz* (Art.20 Abs.3 GG). Das Spannungsverhältnis zwischen Rechtssicherheit und Gerechtigkeit wird dabei nach der *Radbruchschen Formel* gelöst.

12. *Europarechtlich* ist das Prinzip der Gerechtigkeit und damit auch die Vertragsgerechtigkeit im Gebot der *Rechtsstaatlichkeit* nach Art.2 S.1 EUV als grundlegender Wert verankert und zudem in Art.2 S.2 EUV als *wertendes Merkmal* der Unionsrechtsordnung genannt. Im Gegensatz zur insoweit unergiebigen EMRK nimmt die *Grundrechtecharta* in Art.31 GRCh auf die Vertragsgerechtigkeit Bezug. Auf *sekundärrechtlicher Ebene* gehört die Vertragsgerechtigkeit dagegen zu den *prägenden Gestaltungskräften* des *europäischen Vertragsrechts.* So sind etwa die Inhaltskontrolle nach der *Klauselrichtlinie*, die *Verbraucherrechte* und der Tatbestand der *unfairen Ausnutzung* nach Art.51 GEK-E Instrumente zur Herstellung *materieller Vertragsgerechtigkeit* in Fällen *struktureller Machtungleichgewichte.* Im *DCFR* gehört die Gerechtigkeit zu den *vier Grundprinzipien* und liegt zahlreichen *Spezialregelungen* zugrunde (Art. II. – 7:207, II. – 1:109f., II.-9:405ff. DCFR).

13. Für die *Vertragsgerechtigkeit* lassen sich drei wesentliche *Funktionsebenen* unterscheiden: 1) *Friedens-* und *Befriedungsfunktion*, 2) *Interessenverwirklichung, Persönlichkeitsentfaltung, Daseinsermöglichung* sowie 3) *Ordnungsfunktion* und *Förderung des Gemeinwohls.*

14. Die *empirische Gerechtigkeitsforschung* hat die Relevanz der Gerechtigkeit als Maßstab menschlichen Handelns und den Nutzen gerechter Verträge zur Förderung des Gemeinwohls nachgewiesen. Insbesondere das sog. *Ultimatum-Spiel* hat gezeigt, dass die Grenze, ab der ein Preis als ungerecht empfunden wird, im Wesentlichen dem *duplum* der *laesio enormis ultra dimidum*, der Hälfte des als gerecht empfundenen Preises, entspricht. Die Annahme, dass der Inhalt der Vertragsgerechtigkeit und somit der gerechte Preis nicht bestimmbar sei, ist damit widerlegt, der – auch vom BGH im Rahmen des § 138 Abs. 2 BGB aufgegriffene – Wertmaßstab der *laesio enormis* empirisch bestätigt.

15. Im *geltenden Recht* hat das Prinzip der Vertragsgerechtigkeit in einer Vielzahl von Vorschriften *normativ* Ausdruck gefunden, so etwa in den Regelungen der §§ 138, 242, 305 ff., 307 BGB. Darüber hinaus kommt dem *dispositiven Gesetzesrecht*, das auf die Herstellung eines angemessenen Interessenausgleichs gerichtet ist, insgesamt ein *immanenter Gerechtigkeitsgehalt* zu.

§ 4

Das Verhältnis von Vertragsfreiheit und Vertragsgerechtigkeit in der Privatrechtsordnung: Einheit in Komplementarität

Sind die *Vertragsfreiheit* und *Vertragsgerechtigkeit* als wesentliche Gestaltungskräfte der Privatrechtsordung in ihren Grundzügen umrissen, so stellt sich die „Fundamentalfrage"[1] ihres Verhältnisses zueinander.[2] Angesprochen ist damit eine der umstrittensten Fragen des Privatrechts. Die mit der aktuellen Diskussion der Reichweite der AGB-Kontrolle im unternehmerischen Geschäftsverkehr verbundene Fokussierung auf die Klärung dogmatischer Detailfragen mag dabei den Blick auf die Tatsache verdecken, dass mit dem Verhältnis von Vertragsfreiheit und Vertragsgerechtigkeit jene Grundantinomie berührt wird, die dem Recht seit jeher zugrunde liegt und die in jeder Epoche die ihr eigene Gestalt angenommen hat.

Die rechte Balance zwischen beiden Rechtsprinzipien mit Blick auf die jeweiligen Rechtsinstitute neu zu aktualisieren, ist die Aufgabe, die sich jeder Generation aufs Neue stellt. Vor diesem Hintergrund wird deutlich, dass sich die Bestimmung des Verhältnisses von Vertragsfreiheit und Vertragsgerechtigkeit nicht gleichsam im „luftleeren Raum" vollzieht, sondern nur mit Blick auf ihre geschichtliche Entwicklung und ihre Einbettung in die übergeordneten Entwicklungslinien des Rechts erfolgen kann. Die Thematik soll daher in einem Überblick zunächst in ihren historischen Kontext eingeordnet werden (I.), um sodann das Verhältnis beider Rechtsprinzipien zueinander mit Blick auf die Grundlinien der aktuellen Diskussion (II.) und die bestehenden *Ansätze* (III.) zu klären. Schließlich wird der Befund der bisherigen Untersuchung für die Entwicklung eines eigenen Vertragsmodells fruchtbar gemacht (IV.).

---

[1] So *Canaris*, FS Lerche (1993), S. 874, 874.

[2] Ein Spannungsverhältnis zwischen beiden Prinzipien annehmend *Raiser*, JZ 1958, 1, 8: „Damit fügt es sich als ein weiterer Baustein in das System einer Privatrechtsordnung ein, das von dem *Spannungsverhältnis* zwischen *Freiheit* und sozialer *Gerechtigkeit* beherrscht wird." Hervorhebungen durch den Verfasser.

I. Geschichtlicher Hintergrund

Die Bestimmung des Verhältnisses von Vertragsfreiheit und Vertragsgerechtigkeit vollzieht sich vor dem Hintergrund eines tiefgreifenden Wandels der Privatrechtsordnung, der allgemein mit dem mittlerweile zum geflügelten Wort gewordenen Begriff der Entwicklung von formaler *Freiheitsethik* zu einer *materialen Ethik sozialer Verantwortung* beschrieben wird.[3] Bedingt durch die gesellschaftlichen und sozialen Umwälzungen seit Ende des 19. Jh. wurde der – noch dem Denken jener Epoche verhaftete – liberale Grundansatz des BGB (1.) den gewandelten Anforderungen an das Privatrecht nicht mehr gerecht. Die idealisierten Erwartungen an die Kompensationsfähigkeit des Wettbewerbes und die ausgleichende Funktion des freien Spiels der Kräfte erwiesen sich schon bald als Illusion. Für die drängenden Probleme asymmetrischer Machtverhältnisse – bedingt durch die wachsende Schar der Lohnarbeiter und Mieter – und das Phänomen des durch AGB geprägten Massenverkehrs bot das BGB keine Lösung. Gesetzgeber und Rechtsprechung reagierten mit dem Erlass spezieller Vorschriften zum Schutz strukturell schwächerer Parteien sowie mit Instrumenten materieller Vertragskorrektur (2.). Die formale Vertragsfreiheit wurde zunehmend zugunsten des Schutzes materieller Vertragsfreiheit sowie der unmittelbaren Gewährleistung materieller Vertragsgerechtigkeit zurückgedrängt. Am Ende dieses Materialisierungsprozesses stand eine Privatrechtsordnung, die zwar ihre liberale Grundausrichtung nicht vollständig aufgegeben hatte, jedoch im Sinn einer materiellen Verantwortungsethik grundlegend umgestaltet war.

1. Der Ausgangspunkt: Der formal-liberale Grundansatz des BGB

Am Ausgangspunkt dieser Entwicklung stand mit dem am 1. Januar 1900 in Kraft getretenen BGB eine Zivilrechtskodifikation, die – aufgrund zahlreicher innerer Brüche zwar nicht ausschließlich[4], jedoch überwiegend – von einem formalliberalen *Vertragsdenken* geprägt war.[5] Fast ein Jahrhundert nach dem – noch dem Vernunftrecht der Aufklärung verpflichteten – *Code Civil* entstanden, war es als „spätgeborenes Kind des Liberalismus"[6] in Abkehr vom Naturrecht stark

[3] *Wieacker*, Industriegesellschaft und Privatrechtsordnung (1975), S. 24. Hierzu BVerfGE 89, 214, 233; *Denkinger*, Quo vadis, Europa? (2004), S. 44; *Canaris*, AcP 200 (2000), 273, 282; *Wackerbarth*, AcP 200 (2000), 45, 75; *Rittner*, AcP 188 (1988), 101, 129 sowie aus jüngerer Zeit grundlegend *Knobel*, Wandlungen (2000), S. 20 ff. Kritisch insbesondere *Zöllner*, Privatrechtsgesellschaft (1996), S. 33; *Reuter*, AcP 189 (1989), 199, 200.

[4] Vgl. hierzu *Wieacker*, Industriegesellschaft und Privatrechtsordnung (1975), S. 479 ff.

[5] *Wieacker*, Industriegesellschaft und Privatrechtsordnung (1975), S. 479 ff. Zur frühen Kritik am liberalen Vertragsdenken *Knobel*, Wandlungen (2000), S. 25 ff. sowie *Hönn*, Vertragsparität (1982), S. 5, 16 Fn. 72. Eingehend zur zeitgenössischen Diskussion *Hofer*, Freiheit ohne Grenzen (2001), S. 13 ff., 49 ff., 74 ff., 132 ff., 275 ff.

[6] So *Wieacker*, Industriegesellschaft und Privatrechtsordnung (1975), S. 9. Zur Ver-

von der *Pandektistik*[7], den wirtschaftsliberalen Ideen des *Laissez-faire*[8] sowie der Pflichten- und Freiheitsethik *Kants*[9] und seiner Forderung nach einer Trennung von *Recht* und *Moral* beeinflusst. Im Mittelpunkt der Vertragslehre stand die *Privatautonomie* des Einzelnen als Ausdruck der Freiheit des Menschen[10], die in der formalen *Gleichheit* und der formalen *Freiheit* der Privatrechtsubjekte ihre konkrete Ausprägung fand.[11] Geltungsgrund des Vertrages war der *formal* verstandene Wille der Parteien, die frei sind, Verträge mit beliebigem Inhalt abzuschließen – seien sie noch so unzweckmäßig, unvernünftig oder ungerecht. *Stat pro ratione voluntas*[12] – statt der Begründung bzw. der Vernunft gelte der Wille – und *qui dit contractuel dit juste*[13] – wer Vertrag sagt, meint Gerechtigkeit: Mit diesen Schlagworten lässt sich das formal-liberale Verständnis der Vertragsfreiheit des BGB am treffendsten charakterisieren.[14] Für die Gewährleistung der *Vertragsgerechtigkeit* blieb dagegen kaum Raum. Sie wurde – von den wenigen Ausnahmen der äußersten Schranken der Vertragsfreiheit etwa in den §§ 134, 138 und 242 BGB abgesehen – nahezu vollständig vom umfassend geltenden Prinzip formaler Vertragsfreiheit verdrängt.

a) Sozial- und Menschenbild des klassischen Liberalismus

Dem entsprach das *Menschenbild* eines „vernünftigen, selbstverantwortlichen und urteilsfähigen Rechtsgenossen“[15], letztlich das Verhaltensmodell des *homo oeconomicus*[16] als eines eigennützigen, abstrakten Einzelmenschen[17], „gemischt aus Bürger- und Kaufmannssinn“[18], der in der Lage ist, seine Angelegenheiten selbst in die Hand zu nehmen und für seine Interessen eigenverantwortlich ein-

---

ankerung des BGB im politischen und wirtschaftlichen Liberalismus auch *Raiser*, JZ 1958, 1, 2.

7 Hierzu *Hofer*, Freiheit ohne Grenzen (2001), S. 49 ff.; *Wieacker*, Privatrechtsgeschichte der Neuzeit (2. Aufl. 1967), S. 430 ff.

8 *Wieacker*, Industriegesellschaft und Privatrechtsordnung (1975), S. 14 ff.

9 *Denkinger*, Verbraucherbegriff (2007), S. 29, 32 Fn. 37; *Hönn*, Vertragsparität (1982), S. 5 sowie *Wieacker*, Privatrechtsgeschichte der Neuzeit (2. Aufl. 1967), S. 375 f., 431 f.; *Raiser*, JZ 1958, 1, 2: „… eine (vielfach ernüchterte und verdünnte) kantische Ethik durchwirkt auch unsere Zivilrechtskodifikation am Ende des 19. Jahrhunderts.“

10 Hierzu eingehend *Wieacker*, Privatrechtsgeschichte der Neuzeit (2. Aufl. 1967), S. 375 f., 431 f.

11 *Denkinger*, Verbraucherbegriff (2007), S. 29 f.

12 *Flume*, BGB AT II (3. Aufl. 1979), S. 6; *Flume*, FS 100 Jahre DJT (1960), S. 135, 141.

13 *Fouillée*, La science sociale contemporaine (1880), S. 410.

14 Hierauf hinweisend *Denkinger*, Verbraucherbegriff (2007), S. 31; *Taupitz*, Die Standesordnungen der freien Berufe (1991), S. 1000. Vgl. auch *Schmidt Salzer*, NJW 1971, 173, 173.

15 So prägnant *Wieacker*, Privatrechtsgeschichte der Neuzeit (2. Aufl. 1967), S. 482. Zum Menschen- und Sozialbild des BGB auch *Boehmer*, Einführung in das bürgerliche Recht (2. Aufl. 1965), S. 83 ff.

16 So *Boehmer*, Einführung in das bürgerliche Recht (2. Aufl. 1965), S. 83.

17 *Boehmer*, Einführung in das bürgerliche Recht (2. Aufl. 1965), S. 83.

18 *Boehmer*, Einführung in das bürgerliche Recht (2. Aufl. 1965), S. 83.

zustehen. Hatten das *Gemeine Recht* und selbst das klassische *Römische Recht* mit der Anfechtungsmöglichkeit der *laesio enormis*[19], den Zinsgesetzen[20] sowie weiteren Regelungen[21] noch spezielle Mechanismen zum Schutz strukturell schwächerer Parteien vor Übervorteilung sowie zur Gewährleistung materieller Vertragsfreiheit vorgesehen, so wurden diese – teilweise seit nahezu zwei Jahrtausenden im kontinentaleuropäischen Rechtskreis geltenden – Rechtsinstitute und Schutzinstrumente durch das BGB nahezu vollständig beseitigt.[22]

Die verbliebenen Schranken der Vertragsfreiheit wurden auf das Notwendigste beschränkt und blieben in ihrer Berücksichtigung „sozialer Belange" weit hinter dem auf anderen Gebieten erreichten Stand – etwa dem Schutzniveau der Bismarckschen Sozialgesetzgebung – zurück.[23] Dem Problem „der Gefährdung der sozialen Freiheit durch die Vertragsfreiheit"[24] hat sich das BGB nicht gestellt.[25] Sah das BGB Schranken der Vertragsfreiheit vor, so lag ihnen nicht etwa die Anerkennung einer eigenen *sozialen Aufgabe* des Privatrechts, sondern offensichtlich vor allem die Sorge des klassischen Liberalismus um die „Reinheit der moralischen Spielregeln des rechtsgeschäftlichen Verkehrs"[26] zugrunde.[27] Entsprechend hatte es etwa die zweite Kommission abgelehnt, die Vorschrift des § 138 BGB um die *öffentliche Ordnung* zu ergänzen, und stattdessen auf die *individuelle Verwerflichkeit* und damit das Topos der *immanenten* Begrenzung der Vertragsfreiheit[28] durch Missbrauch abgestellt.[29]

b) Soziale Harmonie durch vertraglichen Ausgleich als Grundprämisse des Vertragsmodells

Legitimiert wurde der weitgehende Verzicht auf effektive Mechanismen zur Gewährleistung eines angemessenen vertraglichen Interessenausgleichs durch einen

---

[19] Vgl. zur *laesio enormis* v. a. *Bergmann*, Ungerechter Vertrag (2014), S. 5 ff.; *Emmert*, Leistungspflichten (2001), S. 178 ff.; *Mayer-Maly*, FS Larenz (1983), S. 395 ff.; *Schulze*, laesio enormis (1973) sowie die übrigen oben S. 107 Fn. 7 genannten Nachweise.

[20] *Jüngster Reichsabschied v. 1654 (recessus imperii novissimus)*, § 174. Vgl. hierzu *Luig*, FS Coing (1982), S. 171, 173; *Caro*, Wucher (1893), S. 51 ff.

[21] Vgl. für einen Überblick *Luig*, FS Coing (1982), S. 171, 173.

[22] Eingehend hierzu *Wieacker*, Privatrechtsgeschichte der Neuzeit (2. Aufl. 1967), S. 482.

[23] *Wieacker*, Privatrechtsgeschichte der Neuzeit (2. Aufl. 1967), S. 481. Darauf, dass der Liberalismus des BGB mit seiner Fokussierung auf den persönlichen Unternehmer damit auch gegenüber der inneren Entwicklung der Unternehmergesellschaft und der Herausbildung von Personen- und Kapitalgesellschaften zurückblieb, weist ebenfalls *Wieacker*, Privatrechtsgeschichte der Neuzeit (2. Aufl. 1967), S. 483 hin.

[24] *Wieacker*, Privatrechtsgeschichte der Neuzeit (2. Aufl. 1967), S. 482.

[25] Ebenda.

[26] *Wieacker*, Privatrechtsgeschichte der Neuzeit (2. Aufl. 1967), S. 480.

[27] *Wieacker*, Privatrechtsgeschichte der Neuzeit (2. Aufl. 1967), S. 480 f.

[28] Hierzu auf der Grundlage der zeitgenössischen Diskussion *Hofer*, Freiheit ohne Grenzen (2001), S. 280 ff.

[29] *Wieacker*, Privatrechtsgeschichte der Neuzeit (2. Aufl. 1967), S. 480.

schon damals weitgehend wirklichkeitsfremden *Harmonieglauben*[30], „den optimistischen Glauben an die Möglichkeit einer sich quasi automatisch, naturwüchsig einstellenden sozialen Harmonie durch vertraglichen Ausgleich“[31]. Das weitgehend sich selbst überlassene freie Spiel der Kräfte, die „unsichtbare Hand“[32] des Wettbewerbs, sollte interessengerechte Ergebnisse gewährleisten. Indes entsprach diese – nur aus dem optimistischen Freiheits-, Markt- und Fortschrittsglauben der bestimmenden bürgerlichen Gesellschaftsschicht jener Epoche verständliche – Idealvorstellung der ausgleichenden Funktion eines sich selbst regulierenden Marktes sowie der Interaktion wohlinformierter, wirtschaftlich und strukturell gleich starker Akteure schon damals nicht der Lebenswirklichkeit.

Dass ein von derart unrealistischen Annahmen ausgehendes *Vertragsmodell* daher in der Praxis so nicht funktioniert, nicht funktionieren kann, wurde schon im Rahmen der die Kodifikation begleitenden Diskussion erkannt. So hatte vor allem *von Gierke* gefordert, „den Schwachen gegen den Starken, das Wohl der Gesamtheit gegen die Selbstsucht der Einzelnen zu schützen.“[33] Gebraucht werde, so *von Gierke*, „ein Privatrecht, in welchem trotz aller Heilighaltung der unantastbaren Sphäre des Individuums der Gedanke der Gemeinschaft lebt und webt. Schroff ausgedrückt: in unserem öffentlichen Recht muß ein Hauch des naturrechtlichen Freiheitsraumes wehen und unser Privatrecht muß ein Tropfen sozialistischen Öles durchsickern!“[34] Durchzusetzen vermochten sich die mahnenden Stimmen indes nicht. Die Kritik blieb weitgehend ungehört und fand im endgültigen Entwurf des BGB kaum Berücksichtigung.[35]

Verabschiedet wurde damit letztlich ein Gesetzeswerk, das zwar zu den größten, bleibendsten und wirkungsmächtigsten Leistungen der deutschen Jurisprudenz des 19. Jh. gehört, jedoch in seiner einseitig formal-liberalen Ausrichtung weitgehend die Ideenwelt der gesellschaftlichen Elite widerspiegelte, die diese Epoche prägte: das wirtschaftlich leistungsfähige und besitzende Bürgertum.[36] Anders als etwa der *Code Civil* oder das Schweizer Zivilgesetzbuch, die jeweils für eine ganze Nation *identitätsstiftend* geworden sind[37], konnten sich in ihm die älteren Stände und weite Teile der Gesellschaft – die Handwerker, die Bauern – ebenso wenig wiederfinden[38] wie auch gerade erst neu erwachsende gesell-

---

30 So plastisch MünchKomm/*Kramer*, BGB (5. Aufl. 2006), Vor §§ 145–157 Rn. 2.

31 Ebenda.

32 Prägend insoweit *Smith*, in: Campbell/Skinner (Hrsg.), Glasgow Edition II/1 (1976), S. 1, 456.

33 *v. Gierke*, Soziale Aufgabe (1889), S. 23.

34 Ebenda, S. 10.

35 *Heinrich*, Formale Freiheit (2000), S. 39; *Raiser*, JZ 1958, 1, 2.

36 *Raiser*, JZ 1958, 1, 3 (unabhängiges Besitzbürgertum).

37 *Wieacker*, Privatrechtsgeschichte der Neuzeit (2. Aufl. 1967), S. 483. Für den *Code civil* HKK/*Zimmermann*, (2003), vor § 1 Rn. 26. Ähnlich *Zweigert/Kötz*, Rechtsvergleichung (3. Aufl. 1996), S. 143.

38 So *Wieacker*, Privatrechtsgeschichte der Neuzeit (2. Aufl. 1967), S. 479.

schaftliche Gruppen – etwa das Heer abhängiger Lohnarbeiter. Es ist diese neue Gesellschaftsschicht und ihre systematische Benachteiligung im Vertragsrecht, deren Forderungen nach einem effektiven Schutz – letztlich ihrer materiellen Vertragsfreiheit – zu den ersten grundlegenden Reformen des gerade erst in Kraft getretenen BGB führen werden.

c) Politische Emanzipation und Industrielle Revolution als prägender Rahmen

Die aus historischer Perspektive geradezu radikale Einseitigkeit des BGB, das mit erstaunlicher Konsequenz mit zahlreichen bis dahin geltenden gemeinrechtlichen Rechtsinstituten wie etwa der *laesio enormis* brach und sich der Problematik des Missbrauchs der Vertragsfreiheit zulasten der Vertragsgerechtigkeit kaum zu stellen vermochte, erschließt sich nur vor dem Hintergrund der gesellschaftlichen, politischen und wirtschaftlichen Situation einer von massiven Umbrüchen gezeichneten Epoche. Sie war untrennbar mit der *politischen Emanzipation* des durch die Revolution von 1848 neu erstarkten Bürgertums verbunden, das gerade erst die Fesseln der feudalistischen Gesellschafts- und Wirtschaftsstrukturen abgeschüttelt hatte, das sich geradezu auf den Begriff der Freiheit stürzte[39] und für das *Freiheit* vor allem mit einem Rechtsinstitut unauflöslich verbunden war: dem *Vertrag*.[40]

Es war das Fortschreiten vom Status zum Vertrag, *from status to contract*[41], das für diese Epoche kennzeichnend gewesen ist. Es war eine Wirtschaftsordnung, die noch nicht von den *Konzentrationstendenzen* der späteren Industriegesellschaften und dem Phänomen standardisierter Vertragsbedingungen im *Massenverkehr* geprägt war. Es war eine Gesellschaft, in der jedenfalls innerhalb der Eliten des Bürger- und Unternehmertums, die jene Epoche entscheidend prägten, die Unterschiede an wirtschaftlicher Macht zwar nicht vollständig nivelliert wurden, jedoch ein Maß an annähernder wirtschaftlicher und individueller Freiheit, an aufbrechendem Unternehmergeist und Fortschrittsglauben herrschte, das noch vor Kurzem kaum vorstellbar gewesen war.[42]

Dass indes schon damals die Probleme des Monopolmissbrauchs, übermächtiger Großunternehmen und unverhandelbarer Standardbedingungen keineswegs unbekannt waren, hat die Untersuchung der geschichtlichen Entwicklung der Inhaltskontrolle am Beispiel der Eisenbahn-, Post- und Telegrafenreglements ge-

---

[39] So plastisch *Denkinger*, Verbraucherbegriff (2007), S. 31.

[40] Hierzu *Raiser*, JZ 1958, 1, 2.

[41] So die berühmte Formel von *Maine*, Ancient Law (1870), S. 170: „If then we employ Status, agreeably with the usage of best writers, to signify these personal conditions only, and avoid applying the term to such conditions as are the immediate or remote result of agreement, we may say that the movement of the progressive societies has hitherto been a movement from Status to Contract."

[42] *Denkinger*, Verbraucherbegriff (2007), S. 34.

zeigt.[43] Entsprechende Bedenken entsprachen indes wohl nicht der Euphorie der damaligen Epoche und wurden systematisch ausgeblendet. Das Gleiche wird in noch stärkerem Maße für den Schutz der Rechtspositionen strukturell unterlegener Parteien gegolten haben, die im freien Spiel der Kräfte von vornherein nicht zu bestehen vermochten. Im Kodifikationsprozess hatten sie kaum eine Stimme, ihre Interessen waren ganz offensichtlich ohne Belang und standen der freien Entfaltung des Unternehmertums im Weg. Vor diesem Hintergrund war der BGB-Entwurf letztlich ein Spiegel der Interessen jener neuen gesellschaftlichen Eliten, die – getragen „von großer wirtschaftlicher Sekurität"[44], von einem bis dahin nicht gekannten Wohlstand – von der Problematik wirtschaftlicher Unterlegenheit selbst nicht betroffen waren.

Wer sich im freien Spiel der Kräfte nicht durchzusetzen vermochte, so schien es, war hierfür auch selbst verantwortlich, denn die gerade erst gewonnene neue Freiheit und die Verheißungen des wirtschaftlichen Aufschwungs seit Mitte des 19. Jh. schienen nahezu unbegrenzt: Jeder hatte sein Schicksal selbst in der Hand, alles schien möglich, man musste das Glück ergreifen, die Türen standen offen. Das BGB, so scheint es, war damit zu dem Gesetz derer geworden, die als „Pioniere des gesellschaftlichen Fortschritts"[45] aus diesem Wettbewerb als Sieger hervorgegangen und verständlicherweise kaum bereit waren, die neu gewonnene Freiheit zu beschränken. Denn schrankenlose Vertragsfreiheit, so hatte schon *von Gierke* bemerkt, war eben nicht nur „ein stumpfes Werkzeug in der Hand des Schwachen"[46], sondern auch „eine furchtbare Waffe in der Hand des Starken"[47].

2. *Die weitere Entwicklung: Materialisierung durch Reformgesetzgebung und Rechtsprechung*

Dem Anspruch, das Privatrecht einer ganzen Gesellschaft zu ordnen und dabei die Interessen all ihrer Glieder zu berücksichtigen, vermochte der Entwurf aufgrund seiner einseitigen Ausrichtung somit kaum gerecht zu werden. Hinzu kam, dass das BGB mit seiner streng formal-liberalen Ausrichtung bereits zum Zeitpunkt seines Inkrafttretens eigentlich nicht mehr dem Denken jener Epoche entsprach. Denn spätestens seit der mit dem Börsenkrach 1873 einsetzenden *Gründerkrise* befand sich der Wirtschaftsliberalismus auch in Deutschland auf dem Rückzug. Die durch Spekulation, wirtschaftlichen Aufstieg und Überproduktion geprägte Epoche der industriellen Revolution hatte ihren Zenit längst überschritten. Die mit ihr verbundenen sozialen und gesellschaftlichen Probleme wurde immer deutlicher sichtbar und prägten nachhaltig die Wirtschafts- und

---

[43] Vgl. hierzu eingehend unten S. 335 ff.

[44] *Wieacker*, Privatrechtsgeschichte der Neuzeit (2. Aufl. 1967), S. 482.

[45] So *Denkinger*, Verbraucherbegriff (2007), S. 31 Fn. 62.

[46] *v. Gierke*, Soziale Aufgabe (1889), S. 23.

[47] Ebenda.

Sozialpolitik des ausgehenden 19. Jh. (*Neumerkantilismus*, *Sozialgesetzgebung*). Diese Entwicklung fand in dem letztlich verabschiedeten Entwurf des BGB indes kaum Niederschlag. *Wieacker* bringt es auf den Punkt, wenn er bemerkt, dass „das neue Gesetzbuch, wie eine Glocke mit ungleichmäßigem Guß, ein neues Zeitalter nicht einläuten“[48] konnte.

Bestimmend für die Weiterentwicklung des bürgerlichen Rechts wurden schließlich Grundtendenzen, die mit der Jahrhundertwende verstärkt in den Vordergrund traten und am Beginn des 20. Jh. immer stärker sichtbar wurden: (1) ein tiefgreifender *gesellschaftlicher Wandel*, (2) der Zusammenbruch der *Grundannahmen des Wirtschaftsliberalismus*, die sich in ihrer Radikalität zunehmend als Utopie erwiesen, (3) das Aufbrechen des *Konfliktes* zwischen *Freiheits- und Demokratieethos*, das dem BGB immanent zugrunde lag sowie (4) ein tiefgreifender *Funktionswandel des Vertrages*.

a) Gesellschaftlicher Wandel und Zusammenbruch der Grundannahmen des Wirtschaftsliberalismus

So hatte bereits in der zweiten Hälfte des 19. Jh. ein weitreichender *gesellschaftlicher Wandel* eingesetzt, der mit der Jahrhundertwende immer deutlicher zutage trat: Industrialisierung und rasantes Bevölkerungswachstum führten zur Entstehung einer neuen gesellschaftlichen Schicht abhängiger Lohnarbeiter, die in der Landwirtschaft oder in selbstständigen kaufmännischen oder handwerklichen Berufen kein Auskommen mehr fanden und nun in Scharen in die Städte strömten.[49] Wohnungsnot, ungleiche Machtverhältnisse, einseitige Interessenwahrnehmung zum eigenen Vorteil durch Großbetriebe und ungerechte Vertragsbedingungen zulasten der Angehörigen weiter Teile der Gesellschaft[50] machten eine Auseinandersetzung mit der bis dahin vermiedenen Gerechtigkeitsfrage unausweichlich. Die nun allerorten aufbrechenden sozialen Missstände erschütterten den allzu optimistischen Fortschrittsglauben und das Vertrauen in die Selbstregulierung durch den Markt.[51]

Die *Grundannahmen des Wirtschaftsliberalismus* von der Parität der Privatrechtssubjekte und der als selbstverständlich vorausgesetzten Existenz eines vollkommen funktionierenden Marktes, die auch dem BGB immanent zugrunde lagen, brachen zusammen und erwiesen sich zunehmend als Utopie.[52] Das wirtschaftsliberalistische Gesellschafts- und Menschenbild sowie das untrennbar mit ihm verbundene Vertragsmodell vermochten in der Konfrontation mit der Lebenswirklichkeit nicht zu bestehen. Die gravierenden Unterschiede in der

48 *Wieacker*, Privatrechtsgeschichte der Neuzeit (2. Aufl. 1967), S. 483.

49 *Larenz/Wolf*, BGB AT (9. Aufl. 2004), S. 31.

50 Ebenda.

51 *Denkinger*, Verbraucherbegriff (2007), S. 38; *Raiser*, FS 100 Jahre DJT (1960), S. 101, 131.

52 Ebenso *Denkinger*, Verbraucherbegriff (2007), S. 38.

Verhandlungsmacht und die damit einhergehende Fremdbestimmung führten die Vorstellung von der formalen Gleichheit der Privatrechtssubjekte ad absurdum und trafen gerade den Anspruch des *formalen Freiheitsdenken* an vertragliche *Selbstbestimmung* ins Mark. Hatte der klassische Liberalismus noch die umfassende Vertragsfreiheit des Einzelnen als zentralen Grundsatz der Privatrechtsordnung postuliert, so erwies sich dieser Freiheitsanspruch in der Lebenswirklichkeit als Phantom. Für weite Teile der Gesellschaft bedeutete die Teilnahme am Rechtsverkehr durch Vertrag insbesondere im Miet- und Arbeitsrecht vor allem *Fremdbestimmung*. Das Primat des Freiheitsanspruches des liberalen Denkens wurde in sein Gegenteil verkehrt. Die Realität des Privatrechts wurde zunehmend durch einen *Verlust an Freiheit* geprägt.

b) Konflikt zwischen Freiheits- und Gleichheitsethos und Funktionswandel des Vertrages

Hinzu kam, dass die Verbindung zwischen dem wirtschaftlichen *Freiheits-* und dem demokratischen *Gleichheitsethos* der bürgerlich geprägten Gesellschaft des späten 19. Jh. zerbrach, als sich die bis dahin übergangenen Teile der Gesellschaft, insbesondere die wachsende Schicht der Lohnarbeiter, mehr und mehr politisch emanzipierten.[53] Das Ethos des *Liberalismus* wurde durch jenes der *Solidarität* und der *Verantwortung* verdrängt.[54] Begleitet wurde diese Entwicklung durch einen tiefgreifenden *Funktionswandel* des Vertrages, der immer weniger ein Instrument der rechtlichen Fixierung *individuell ausgehandelter Austauschverhältnisse* darstellte und stattdessen immer mehr zum typisierten und standardisierten *Massenvertrag* wurde, auf dessen Inhalt der Verwender keinen Einfluss mehr hat.[55] Der im Einzelnen ausgehandelte Individualvertrag war damit zumindest im Massenverkehr schon bald zur Ausnahme, der standardisierte Massenvertrag dagegen zur Regel geworden.[56] Diese Entwicklung wurde – im Kontrast zur umgekehrten Entwicklung im 19. Jh. – als Schritt zurück vom Vertrag zum Status, *from contract to status*, beschrieben.[57] Zunehmend entdeckte man die *überindividuelle Dimension* des Vertrages, seine über den Rahmen des rein Individuellen hinausgehende soziale und wirtschaftliche Funktion für die Gesellschaft als Ganzes. Der Vertrag wurde damit zunehmend als „Funktionsprinzip der gesellschaftlichen Gesamtordnung“[58] anerkannt und in den größeren Rahmen des Gemeinwesens gestellt.[59]

---

[53] *Denkinger*, Verbraucherbegriff (2007), S. 38f., insbesondere Fn. 62. Grundlegend *Wieacker*, Sozialmodell (1953), S. 6ff.
[54] *Denkinger*, Verbraucherbegriff (2007), S. 38f.
[55] MünchKomm/*Kramer*, BGB (5. Aufl. 2006), Vor §§ 145–157 Rn. 4.
[56] Vgl. hierzu eingehend unten S. 286f.
[57] MünchKomm/*Kramer*, BGB (5. Aufl. 2006), Vor §§ 145–157 Rn. 4.
[58] *Denkinger*, Verbraucherbegriff (2007), S. 41.
[59] Ebenda.

c) Wandel von formaler Freiheitsethik in materiale Ethik sozialer Verantwortung

Diese Einsichten mussten sich auch auf die *Dogmatik* des Privatrechts auswirken. In Wissenschaft und Rechtsprechung trat die „Suche nach der Gerechtigkeit"[60] zunehmend in den Mittelpunkt, es wurde das „anfangs versäumte … weitgehend nachgeholt"[61]. Die formale Strenge des liberalen Grundansatzes des BGB wurde schon bald durch die Rechtsprechung korrigiert:[62] Die mit der Vertragsfreiheit einhergehenden sozialen Pflichten und Verantwortlichkeiten, der Schutz des schwächeren Vertragspartners, das Vertrauensprinzip, kurz die Herstellung der *Vertragsgerechtigkeit* stand nun im Mittelpunkt.[63] Die Rechte der Mieter und Lohnarbeiter wurden gestärkt. Im Rahmen der Monopolrechtsprechung begann das Reichsgericht, zunehmend gegen den *Konditionenmissbrauch* durch AGB vorzugehen.[64]

Und auch der Gesetzgeber machte es sich in der Weimarer Republik zur Aufgabe, im Rahmen der *Novellengesetzgebung* durch eine Reihe von Schutzvorschriften im BGB sowie Sondergesetze im Arbeitsrecht die existierenden Missstände schrittweise zu beseitigen. Nur wenige Jahrzehnte nach seinem Inkrafttreten war von der Einseitigkeit des streng formal-liberalen BGB kaum noch etwas übrig geblieben. Die Radikalität einer dem streng formalen Wirtschaftsliberalismus verpflichteten Privatrechtsordnung blieb damit aus geschichtlicher Perspektive eine Episode. Es schien, als wollte sich das Recht nicht in die Enge formaler Strenge zwingen lassen. Als müsse es gleichsam wie ein an seinem Extrempol festgehaltenes Pendel aus dieser nur mit unnatürlichem Kraftaufwand aufrechtzuerhaltenden und somit instabilen Position wieder an seinen angestammten, natürlichen Ruhepunkt der ausgeglichenen Balance zwischen *Freiheit* und *Gerechtigkeit* zurückschwingen.[65]

Darauf, dass die Rückbesinnung auf die *Vertragsgerechtigkeit* die Privatrechtsordnung wieder zurück in die Gleise der europäischen Rechtstradition geführt hat und dabei an eine fast zwei Jahrtausende währende Rechtsentwicklung anknüpfen konnte, die im römischen Recht ihren *Ursprung* hat und im Gemeinen Recht ihre *Fortsetzung* fand, hatte bereits *Wieacker* hingewiesen. Seine Formel von der Wandlung des Privatrechts von formaler Freiheitsethik in eine materiale Ethik sozialer Verantwortung, die später vom Bundesverfassungsgericht in der

---

[60] *Wieacker*, Privatrechtsgeschichte der Neuzeit (2. Aufl. 1967), S. 586 ff.

[61] So treffend *Larenz/Wolf*, BGB AT (9. Aufl. 2004), S. 32.

[62] Vgl. hierzu nur *Raiser*, FS 100 Jahre DJT (1960), S. 101, 131.

[63] *Raiser*, FS 100 Jahre DJT (1960), S. 101, 131.

[64] Vgl. nur RGZ 25, 104, 105, 107; 62, 264, 265; 94, 107, 109 f.; 99, 107; 102, 396; 103, 82; 106, 386; 115, 253, 258; 128, 92, 96; 133, 388, 391 sowie eingehend unten S. 342 ff.

[65] Zum Bedürfnis, „die rechte Mitte zwischen *Freiheit* und sozialer *Gerechtigkeit* als den beiden Polen unserer Rechtsordnung" zu finden, bereits *Raiser*, JZ 1958, 1, 7. Hervorhebungen durch den Verfasser.

Handelsvertreterentscheidung aufgegriffen worden ist, sollte für eine ganze Epoche prägend werden:

„Unter Führung des Reichsgerichts hat die *Rechtsprechung*, von der Öffentlichkeit kaum beachtet, im letzten halben Jahrhundert die *formale Freiheitsethik*, die der deutschen Privatrechtsordnung zugrunde lag, in eine *materiale Ethik sozialer Verantwortung zurückverwandelt*; zurückverwandelt, weil sie damit, meist unbewußt, zu den *ethischen Grundlagen* des *älteren europäischen Gemein-* und *Naturrechts* zurückkehrte."[66]

Mit der Wandlung des Privatrechts von einer formalen Freiheitsethik in eine materiale Ethik sozialer Verantwortung wurde somit eine bestehende Einseitigkeit der Rechtsordnung korrigiert, die letztlich zu einem Funktionsversagen des Vertrages auch als Instrument rechtsgeschäftlicher Selbstbestimmung geführt hatte. Mit der Wiederbelebung der Elemente materieller Gerechtigkeit des Vertragsrechts wurde die vor der Einführung des BGB bestehende Balance zwischen Vertragsfreiheit und Vertragsgerechtigkeit wiederhergestellt: Nicht etwa durch die Rückkehr zu den älteren gemeinrechtlichen Rechtsinstituten der Gewährleistung materieller Gerechtigkeit, sondern vielmehr auf ganz andere, neue Weise.

d) Effektuierung der Privatautonomie durch Gewährleistung materieller Vertragsfreiheit

So hatte die Materialisierung des Privatrechts nicht etwa das Zurückdrängen der Vertragsfreiheit zur Folge, sondern vielmehr ihre *Effektuierung*. Deutlicher und greifbarer hätte die innere Verknüpfung von *Vertragsfreiheit* und *Vertragsgerechtigkeit* nicht aufgezeigt werden können. Waren die Bemühungen von Gesetzgeber, Rechtsprechung und Wissenschaft zunächst auf die Herstellung *materieller Vertragsgerechtigkeit* gerichtet, so wurde zugleich die liberale, auf die Gewährleistung der Vertragsfreiheit ausgerichtete Grundhaltung des BGB nicht nur bewahrt[67], sondern durch die „Entdeckung" der *materiellen* Dimension der Vertragsfreiheit gerade *effektuiert*. Man erkannte, dass es für die effektive rechtsgeschäftliche Selbstbestimmung nicht lediglich auf das Bestehen *formaler Vertragsfreiheit* „auf dem Papier", sondern vielmehr auf die reale Möglichkeit ihrer tatsächlichen, materiellen Ausübung ankam.[68] Damit verbunden war die Einsicht, dass die Berücksichtigung der materiellen Dimension der Vertragsfreiheit, die Gewährleistung ihrer tatsächlichen Ausübungsmöglichkeiten darüber hinaus weit mehr dem liberalen Grundansatz des BGB entsprach, als es ein streng formal-liberales Verständnis jemals vermochte.

Die vor allem in der Nachkriegszeit verbreitete Deutung der Entwicklung als „Krise des liberalen Vertragsdenkens"[69], das sich als nicht tragfähig erwie-

---

[66] *Wieacker*, Sozialmodell (1953), S. 18.
[67] *Larenz/Wolf*, BGB AT (9. Aufl. 2004), S. 33.
[68] *Denkinger*, Verbraucherbegriff (2007), S. 45.
[69] Hierzu grundlegend *Kramer*, Krise (1974) sowie MünchKomm/*Kramer*, BGB (5. Aufl.

sen habe, kann aus heutiger Sicht daher nur für das zu enge *formal-liberale* Verständnis der Vertragsfreiheit des ursprünglichen BGB von 1900, nicht jedoch für die Vertragsfreiheit insgesamt gelten. In Wirklichkeit lag der Materialisierung nicht eine *Krise der Privatautonomie*, sondern vielmehr eine Krise des formalliberalen Vertragsdenkens zugrunde. Zwar war auch die Vertragsfreiheit, war die Privatautonomie als Gewährleistung rechtsgeschäftlicher Selbstbestimmung durch die Betonung *formaler Vertragsfreiheit* in die Krise geraten, weil dies faktisch *Fremdbestimmung* zur Folge hatte und sie damit als Rechtsprinzip für weite Teile des Rechtsverkehrs faktisch leer lief, letztlich bedeutungslos geworden war. Allerdings wurde sie damit nicht als *Gestaltungsprinzip der Privatrechtsordnung* infrage gestellt. Vielmehr forderte die Zurückdrängung der Privatautonomie durch Überbetonung formaler Vertragsfreiheit gerade dazu auf, Wege zu ihrer Effektuierung zu suchen. Diese fanden sich in der Rückbesinnung auf die Herstellung *materieller Vertragsgerechtigkeit* durch Gewährleistung *materieller Vertragsfreiheit*.

In der Folge wurde die Privatrechtsordnung im Zuge einer weitreichenden Materialisierung im Sinne einer *materialen Ethik sozialer Verantwortung* umgestaltet. Im deutschen Recht erhielt dieser Prozess durch das AGB-Recht sowie die *Handelsvertreterentscheidung*[70] und die *Bürgschaftsentscheidungen*[71] des BVerfG, auf europäischer Ebene durch das harmonisierte *Verbraucherrecht* entscheidende Impulse. Mit dem Entwurf für ein *Gemeinsames Europäisches Kaufrecht*[72], der als optionales Vertragsrechtsinstrument eine über das deutsche AGB-Recht hinausgehende Inhaltskontrolle vorsieht, wurde die bestehende Materialisierungstendenz weiter verstärkt.

II. Die dogmatische Diskussion: Ansätze zum Ausgleich des Spannungsverhältnisses zwischen Vertragsfreiheit und Vertragsgerechtigkeit

Die skizzierte geschichtliche Entwicklung hatte erhebliche Auswirkungen auf das dogmatische Verständnis des Vertrages und das jeweils zugrunde gelegte Vertragsmodell. In der Folge wurde intensiv die Frage diskutiert, in welchem Verhältnis die Prinzipien der Vertragsfreiheit und der Vertragsgerechtigkeit zueinander stehen und welche Auswirkungen sich daraus für das Verständnis des

---

2006), Vor §§ 145–157 Rn. 4; *Lorenz*, Schutz (1997), S. 22. Ebenso *Raiser*, JZ 1958, 1, 2 („Das BGB hat keine neue Blüte des liberalen Zeitalters eingeleitet, sondern steht an seinem Ende.").

70 BVerfGE 81, 242 = NJW 1990, 1469 (Handelsvertreter). Hierzu unten S. 379 ff.

71 Grundlegend BVerfGE 89, 214 = NJW 1994, 36 (Bürgschaft I) sowie BVerfG NJW 1996, 2021 (Bürgschaft III); NJW 1994, 2749 (Bürgschaft II). Eingehend hierzu unten S. 382 ff.

72 Vorschlag für eine Verordnung über ein Gemeinsames Europäisches Kaufrecht vom 11. 10. 2011, KOM(2011) 635 endg. Eingehend hierzu unten S. 806 ff.

Vertrages ergeben. Gilt das *Primat der Vertragsfreiheit*, ist die Vertragsgerechtigkeit höher zu bewerten oder sind die beiden Prinzipien auf eine andere Art miteinander verknüpft?[73] Entsprechend ist eine ganze Reihe von Vertragsmodellen entwickelt worden, die in ihrer Genese den Prozess der Materialisierung exemplarisch nachzeichnen: Gingen einige Vertreter ursprünglich noch von der umfassenden *formalen Vertragsfreiheit* im Sinne des Grundsatzes des *stat pro ratione voluntas* aus, so schlug vor allem in der Nachkriegszeit das Pendel in die entgegengesetzte Richtung aus, indem der – unmittelbar durch die Rechtsordnung zu gewährenden – Vertragsgerechtigkeit insoweit Vorrang zugesprochen wurde. Parallel hierzu entwickelte sich – in Reaktion auf die freiheitsbeschränkenden Tendenzen des nationalsozialistischen Regimes[74] – eine Strömung, die Vertragsgerechtigkeit mittelbar durch die Gewährleistung materieller Vertragsfreiheit herzustellen suchte und die letztlich, von der Rechtsprechung rezipiert, bis heute herrschend geblieben ist.[75]

1. Grenzen der Diskussion

Allerdings bleibt der Versuch, aus den insoweit entwickelten Vertragsmodellen Aussagen über das ihnen zugrunde liegende Verhältnis von Vertragsfreiheit und Vertragsgerechtigkeit abzuleiten, kein leichtes Unterfangen. Denn in der Regel handelt es sich hierbei nicht um präzise ausformulierte Theorien, sondern lediglich um Diskussionsbeiträge, die vieles offenlassen, die oft vage bleiben, die sich der Thematik nur tastend nähern und – wie etwa *Schmidt-Rimplers Theorie der Richtigkeitsgewähr* – über die Jahre hinweg selbst Veränderungen unterworfen waren und mit der Zeit fortentwickelt worden sind.[76] Erschwert wird eine Analyse dadurch, dass selbst über den Inhalt einzelner Beiträge keine Einigkeit besteht und sie in ganz unterschiedlicher Richtung gedeutet worden sind.[77] Vor diesem Hintergrund kann jede Diskussion der einzelnen Vertragsmodelle nur eine Annäherung an das sein, was ihre Vertreter vermutlich darunter verstanden

[73] So zum Diskussionsrahmen etwa *Heiderhoff*, Grundstrukturen (2004), S. 300.

[74] Zum regimekritischen Ausgangspunkt von *Schmidt-Rimplers* Theorie der *Richtigkeitsgewähr* des Vertragsmechanismus *Schmidt-Rimpler*, FS Raiser (1974), S. 3, 9 sowie 208f.

[75] Hierzu eingehend unten S. 208ff. mwN. Zur Theorie der *Richtigkeitsgewähr des Vertragsmechanismus* als „gemeinsame[r] Richtpunkt" und „gleichsam übergeordnete[s] Dach" der einzelnen Legitimationsmodelle der AGB-Kontrolle Staudinger/*Wendland*, BGB (2019), §307 Rn. 5; *Stoffels*, AGB-Recht (3. Aufl. 2015), Rn. 82 sowie unten S. 439f.

[76] Vgl. *Schmidt-Rimpler*, FS Raiser (1974), S. 3, 5ff.; *Schmidt-Rimpler*, FS Nipperdey (1955), S. 1, 6ff.; *Schmidt-Rimpler*, AcP 147 (1941), 130, 151ff. sowie eingehend unten S. 208ff., zur Kritik unten S. 221ff.

[77] Hierzu bereits *Schmidt-Rimpler*, FS Raiser (1974), S. 3, 4 („... der Gegensatz zum Teil auch auf Mißverständnissen beruht, an denen wohl meine ‚schwerfällige Terminologie' schuld ist: ich hatte freilich nur strengdefinierte und zum Teil neu gebildete Termini gerade deshalb gewählt, um die auf diesem Gebiet häufigen Mißverständnisse zu vermeiden") sowie ebenda, S. 8.

haben mögen und was ihnen in allen Einzelheiten und den sich daraus ergebenden Konsequenzen häufig wohl selbst nicht vollständig klar gewesen sein mag.

Diese inneren Brüche und Widersprüche in der Diskussion sind bis heute sichtbar und gewinnen im Kontext der Diskussion um die Reichweite der Inhaltskontrolle im unternehmerischen Geschäftsverkehr an Aktualität: So wird etwa von einer vereinzelt gebliebenen, rechtsökonomisch ausgerichteten Auffassung in der Literatur der Begriff der *Vertragsgerechtigkeit* als unbrauchbare „inhaltsleere ad-hoc-Formel[n]“[78] abgelehnt, zugleich aber das damalige AGBG aufgrund seines antidiskriminatorischen Charakters als Instrument zur Verwirklichung der „Einzelfallgerechtigkeit“[79] gewürdigt. In gleicher Weise wird der Grundsatz der Gewährleistung materieller Vertragsfreiheit auch von den Befürwortern einer AGB-Reform nicht infrage gestellt, was die Vertreter einer entsprechenden Auffassung jedoch nicht daran hindert, eine weitreichende Beschränkung der Inhaltskontrolle im b2b-Verkehr zu fordern: Dies ungeachtet der Tatsache, dass der unternehmerische Kunde in vielen Fällen von seiner formal bestehenden Vertragsfreiheit *tatsächlich* keinen Gebrauch machen konnte. Überwinden lässt sich der damit verbundene argumentative Spagat nur dadurch, dass gleichwohl vom Bestehen eines materiellen Vertragsrechts ausgegangen oder die Problematik von vornherein nicht thematisiert wird.

Ähnliche Mechanismen werden auch auf grundsätzlicherer Ebene sichtbar: So lassen sich einzelne Entscheidungen des Bundesverfassungsgerichts gar nicht anders als im Sinne eines naturrechtlichen Verständnisses der Privatrechtsordnung deuten. Dies zu konzedieren, wird freilich kaum gewagt, da die Naturrechtslehre – anders als etwa noch in der unmittelbaren Nachkriegszeit – derzeit an Bedeutung verloren hat und entsprechende Fragestellungen kaum wissenschaftlich diskutiert werden. Paradigmatisch hierfür erscheint die häufig anzutreffende Formel, dass sich die *Angemessenheit* des Vertragsinhaltes, das richtige Verhältnis von Leistung und Gegenleistung kaum bestimmen lasse, weil es in einer pluralistischen Gesellschaft keine allseits anerkannten Wertmaßstäbe gäbe, wobei auf „das vergebliche Bemühen, die Figur des ‚iustum pretium‘ oder der *‚laesio enormis‘* zu etablieren“[80], verwiesen wird. Damit ist indes kaum vereinbar, dass das Rechtsinstitut der *laesio enormis* in andere Rechtsordnungen wie etwa in Art. 1674 ff. des französischen Code Civil sowie § 934 des österreichischen ABGB übernommen wurde und auch die Rechtsprechung bei der Bestimmung des besonders groben Missverhältnisses iSv. § 138 Abs. 2 BGB letztlich wieder beim *duplum* der *leasio enormis* angelangt ist[81], das im Übrigen auf der Grundlage des *Marktpreises* und damit letztlich wiederum vom *Wettbewerb* bestimmt wird.

---

78 *Adams*, BB 1989, 781, 782.

79 *Adams*, BB 1989, 781, 787.

80 *Miethaner*, AGB-Kontrolle (2010), S. 49.

81 Vgl. nur BGH NJW-RR 2016, 1251, 1251; NJW 2014, 1652, 1652; NJW 2001, 1127, 1128;

2. *Das Verhältnis von Vertragsfreiheit und Vertragsgerechtigkeit als Grundkonstante der Privatrechtsordnung*

Deutlich wird angesichts dieses Befundes zweierlei: Zum einen scheint die wissenschaftliche Diskussion sehr viel stärker von übergreifenden gesellschaftlichen Entwicklungstendenzen und Denkmustern geprägt zu sein, als bislang vermutet wurde und es ihrem eigenen Anspruch entsprechen mag. War dies am Ende des 19. Jh. zunächst eine in ihrer Einseitigkeit sicherlich radikale *formal-liberale Grundausrichtung*, die mit der bisherigen europäischen Rechtstradition des Gemeinen Rechts brach und dem damaligen Zeitgeist des politisch emanzipierten *Wirtschaftsliberalismus* entsprach, so war es in der Zeit des nationalsozialistischen Regimes das *„völkische Rechtsdenken“*[82], in der Nachkriegszeit das Bemühen um eine umfassende, unmittelbare Verwirklichung der *Vertragsgerechtigkeit* und in der Gegenwart eine Gemengelage aus *Werterelativismus*, neoliberalen und Materialisierungstendenzen.

Zum anderen ist deutlich geworden, dass das Recht insgesamt offensichtlich ihm *eigenen* unverfügbaren *Grundsätzen* folgt, auf die selbst Gesetzgeber, Wissenschaft und Rechtsprechung nur sehr begrenzt Einfluss haben, die in ihren *grundsätzlichen Strukturen*, nicht jedoch in ihrer konkreten *Ausformung* über Zeiten und Rechtskreise hinweg weitgehend *konstant* sind und die sich einer historisch bedingten Verformung auf Dauer entziehen und gleichsam auf natürliche Weise wieder ihre ursprüngliche Gestalt annehmen. Auf überzeugende Weise haben *Rechtsgeschichte* und *Rechtsvergleichung* als Grundlagenwissenschaften diesen Zusammenhang nachweisen können: So hat etwa die *Rechtsvergleichung* gezeigt, dass die Rechtsordnungen trotz der Unterschiedlichkeit der ihnen zugrunde liegenden kulturellen Eigenheiten ähnliche Rechtsinstitute hervorgebracht haben, die sich zwar in der äußeren Gestalt ihrer Konstruktion unterscheiden, jedoch einander funktional weitgehend entsprechen und häufig auch zu ähnlichen Ergebnissen gelangen.[83] Ein ähnlicher Befund ergibt sich für die *Privatrechtsgeschichte*: So haben sich radikale Umformungen der Privatrechtsordnung – wie die mit dem Gemeinen Recht radikal brechende formal-liberale Einseitigkeit des BGB, das „völkische Privatrecht“ des nationalsozialistischen Regimes oder etwa das sozialistische Zivilgesetzbuch – auf Dauer nicht halten können, in einer freien Gesellschaft noch sehr viel kürzer als in Diktaturen. Innerhalb weniger Jahrzehnte ist das BGB etwa durch die korrigierende Rechtsprechung des Reichsgerichts, das sich aktiv um die Herstellung der Vertragsgerechtigkeit bemüht hatte, wieder zu

NJW 2000, 1254, 1255; NJW 1995, 2635, 2636; NJW 1992, 899, 900 sowie MünchKomm/*Armbrüster*, BGB (7. Aufl. 2015), § 138 Rn. 114.

[82] Hierzu bereits oben S. 18 ff. mwN.

[83] Zur *Funktionsäquivalenzprinzip* in der Rechtsvergleichung näher *Zweigert/Kötz*, Rechtsvergleichung (3. Aufl. 1996), S. 11, 33 ff., 43.

annähernd jenem Verhältnis von Vertragsfreiheit und Vertragsgerechtigkeit gelangt, das wohl auch schon im *Gemeinen Recht* bestanden hatte.[84]

Sicherlich mag sich das Gesicht der Privatrechtsordnung durch eine Vielzahl neuer Rechtsinstitute im Hinblick auf seine *äußeren Erscheinungsformen* radikal gewandelt haben. Indes lassen sich diese Entwicklungen sehr viel überzeugender als *Aktualisierungen* des Verhältnisses von *Vertragsfreiheit* und *Vertragsgerechtigkeit* deuten als im Sinne einer Neubestimmung dieses Verhältnisses. So bestand etwa im Gemeinen Recht der mittelalterlichen und frühneuzeitlichen Gesellschaft kein Bedürfnis nach einem Schutz vor standardisierten Klauseln sowie speziellen Widerrufsrechten der Verbraucher. Das *AGB-Recht* wie auch das *Verbraucherrecht* sind vielmehr notwendig geworden, weil aufgrund der rasanten gesellschaftlichen und wirtschaftlichen Entwicklung, insbesondere dem Massenverkehr mit standardisierten Vertragsbedingungen und Verbrauchsgütern, völlig neue, bis dahin in dieser Form nicht bestehende Situationen typisierter Schutzbedürftigkeit entstanden waren und sich die Balance zulasten der Vertragsgerechtigkeit verschoben hatte.[85] AGB- und Verbraucherrecht erweisen sich vor diesem Hintergrund nicht etwa als Erscheinungen einer umfassenden, das bisherige Verhältnis von Vertragsfreiheit und Vertragsgerechtigkeit umformenden *Materialisierung*. Vielmehr sind die ihnen zugrunde liegenden Regelungen erforderlich geworden, um die *ursprüngliche Balance* zwischen Vertragsfreiheit und Vertragsgerechtigkeit aufrechtzuerhalten und wiederherzustellen. Diese Balance, die im Vergleich der Rechtsordnungen und über die Epochen hinweg als weitgehend *konstant* erscheint und im Gang der Geschichte unterschiedliche Formen angenommen hat – als Dualismus von *ius honorarium* und *ius civile*, *Minne* und *Recht*, *strengem* und *billigem Recht*, *law* und *equity*, *Positivismus* und *Naturrecht*, von *Recht* und *Gerechtigkeit* – kann aus rechtsphilosophischer Perspektive kaum anders als *naturrechtlich* gedeutet werden.[86]

Bezeichnenderweise sind es daher auch die *rechtsvergleichend* ausgerichteten Bemühungen um die Entwicklung eines europäischen Vertragsrechts, von denen derzeit die wirkungsmächtigsten Impulse für eine einer materialisierende Aktualisierung des Verhältnisses von Vertragsfreiheit und Vertragsgerechtigkeit ausgehen und die mit entsprechenden Liberalisierungstendenzen auf nationaler Ebene in Konflikt geraten.[87] So mag der Blick auf den der *europäischen Rechtstradition* gemeinsamen *common core*, das *ius commune* freilegen, was aus der den aktuellen Entwicklungstendenzen weitaus stärker ausgesetzten nationalstaatli-

[84] Zum *Materialisierungsprozess* des deutschen Privatrechts *Wieacker*, Sozialmodell (1953), S. 18. Vgl. hierzu oben S. 172f.

[85] Zur *rechtgeschichtlichen* Entwicklung unten S. 329ff., zu den *rechtstatsächlichen* Grundlagen der AGB-Verwendung 286f.

[86] Eingehend hierzu bereits *Wendland*, Mediation und Zivilprozess (2017), S. 114ff.

[87] Zur Entwicklung auf *europäischer Ebene* im Bereich der Klauselkontrolle eingehend unten S. 790ff.

chen Perspektive noch verstellt bleibt: Die *Konstante* der Balance zwischen *Vertragsfreiheit* und *Vertragsgerechtigkeit* im Wandel der Geschichte und der unterschiedlichen Rechtsordnungen.

3. Der aktuelle Stand der Diskussion

So diffus das Bild im Hinblick auf den konkreten Inhalt der in der geschichtlichen Entwicklung vorgelegten Beiträge im Einzelnen bleibt, so klar zeigt sich der gegenwärtige Stand der Dogmatik jedenfalls im Hinblick auf die wesentlichen Grundfragen.[88] So besteht heute Einigkeit darüber, dass die Annahme einer nahezu uneingeschränkten Geltung *formaler* Vertragsfreiheit als primäres, die gesamte Privatrechtsordnung prägendes Gestaltungsprinzip nicht mehr haltbar ist.[89] Vielmehr ist allgemein anerkannt, dass das nach Art. 2 Abs. 1 GG verfassungsrechtlich gewährleistete Selbstbestimmungsrecht die *tatsächliche* Möglichkeit zur *rechtsgeschäftlichen Selbstbestimmung* und damit *materielle* Vertragsfreiheit voraussetzt, da andernfalls Selbstbestimmung in *Fremdbestimmung* umschlagen kann.[90] Entsprechend wird der Begriff der Vertragsfreiheit heute weitgehend im Sinne *materieller Vertragsfreiheit* verwendet.[91] Als weithin anerkannt dürfte darüber hinaus die Einsicht gelten, dass der Vertrag auf die Herstellung eines *angemessenen Ausgleichs* der gegenseitigen Interessen gerichtet ist und dass die Fähigkeit des Vertrages, diesen Ausgleich herzustellen, d. h. die *Richtigkeitsgewähr* des Vertragsmechanismus *Wettbewerb* und *Vertragsparität* und damit annähernd gleiche Verhandlungsmacht voraussetzt.[92] Vertragsfreiheit und Vertragsgerechtigkeit sind damit in der Weise funktional miteinander verknüpft, dass die Ausübung der Vertragsfreiheit auf die Herstellung eines angemessenen Interessenausgleichs, auf Vertragsgerechtigkeit ausgerichtet ist.[93] Damit hat sich die eingangs entwickelte These bestätigt, dass wahre Freiheit nur in Blick auf die Gerechtigkeit denkbar ist.[94]

Zugleich gilt das *Primat der Vertragsfreiheit*, das vor allem in dem Perspektivwechsel deutlich wird, der sich mit Blick auf das Verhältnis von Vertragsfreiheit und Vertragsgerechtigkeit vollzogen hat: Stand zunächst der *Inhalt* des Vertrages und damit die *unmittelbare* Herstellung *materieller Vertragsgerechtigkeit* im Vordergrund, so hat sich der Fokus auf die *Umstände* des Vertragsschlusses und da-

---

[88] Hierzu instruktiv *Heiderhoff*, Grundstrukturen (2004), S. 306 ff., 311 ff.

[89] *Heiderhoff*, Grundstrukturen (2004), S. 304, 307 f.

[90] *Heiderhoff*, Grundstrukturen (2004), S. 307.

[91] *Heiderhoff*, Grundstrukturen (2004), S. 307 f.

[92] Ebenso *Heiderhoff*, Grundstrukturen (2004), S. 306.

[93] *Heiderhoff*, Grundstrukturen (2004), S. 313.

[94] Vgl. oben S. 2. Ähnlich bereits *Raiser*, JZ 1958, 1, 3 („Die Freiheit steht nun unter dem Gebot der Gerechtigkeit, die es erlaubt und fordert, Verträgen die Anerkennung zu versagen, die nach der Art ihres Zustandekommens oder nach ihrem Inhalt den von der Rechtsordnung geschützten Werten zuwiderlaufen.").

mit die *Gewährleistung materieller Vertragsfreiheit* verschoben.[95] Der Schutz der strukturell unterlegenen Partei erfolgt heute weniger durch *unmittelbare* Herstellung materiell gerechter Ergebnisse, als vielmehr im Wege der „Hilfe zur Selbsthilfe“ *mittelbar* durch die Gewährleistung *materieller Vertragsfreiheit*.[96]

Dabei sind Vertragsfreiheit und Vertragsgerechtigkeit auf vielfache Weise miteinander verwoben: So stellt ein materiell ungerechter Vertrag regelmäßig ein *Indiz* dafür dar, dass die insoweit benachteiligte Partei bedingt von ihrer materiellen Vertragsfreiheit Gebrauch machen konnte.[97] Umgekehrt wird in Situationen, in denen die materielle Vertragsfreiheit einer Partei typischerweise beschränkt ist, das Vertragsergebnis entsprechend des Maßstabs materieller Gerechtigkeit korrigiert, wie dies etwa im AGB-Recht nach den §§ 305 ff. BGB der Fall ist. Im Mittelpunkt steht dabei die Gewährleistung *tatsächlicher* Selbstbestimmung als *Voraussetzung* materiell *gerechter* Verträge. Die Grundausrichtung der Privatrechtsordnung bleibt damit eine liberale, das Privatrecht dem Grundsatz der Vertragsfreiheit verpflichtet, die freilich auch *tatsächlich* bestehen muss und nicht lediglich formal unterstellt werden darf. Als Grundlage der Richtigkeitsgewähr des Vertrages ist sie jedoch auf die Erstellung der Vertragsgerechtigkeit gerichtet, so dass beide Grundsätze in der Weise miteinander verwoben sind, dass die Privatrechtsordnung zutreffend als *liberal* und *gerecht* zugleich zu qualifizieren ist.

III. Vertragsmodelle

Ist damit der dogmengeschichtliche Rahmen, in dem sich die Diskussion entfaltet, in seinen wesentlichen Entwicklungslinien umrissen, so sind nun die einzelnen Vertragsmodelle in den Blick zu nehmen, die sich mit dem „ewige[n] Dilemma der Privatautonomie“[98] auseinandergesetzt haben, durch ungleiche Verteilung von Verhandlungsmacht wieder infrage gestellt zu werden.[99]

1. Selbstbestimmungstheorie (Flume)

a) Überblick

Dem formal-liberalen Verständnis der Vertragsfreiheit, von dem noch die ursprüngliche Fassung des BGB durchdrungen war, kommt *Flume* am nächsten:

---

[95] *Heiderhoff*, Grundstrukturen (2004), S. 312.

[96] *Heiderhoff*, Grundstrukturen (2004), S. 312.

[97] Vgl. nur BVerfGE 89, 214, 231 = NJW 1994, 36, 38 (Bürgschaft I): („Bei dieser Sachlage mußte sich die Frage nach den Voraussetzungen und Gründen des Vertragsschlusses geradezu aufdrängen ....“).

[98] *Flume*, BGB AT II (3. Aufl. 1979), S. 10.

[99] So die vielzitierte Feststellung von *Flume*, ebenda.

Er begreift die *Privatautonomie*, das Prinzip der Selbstgestaltung der Rechtsverhältnisse durch den Einzelnen nach seinem eigenen Willen[100] als der Rechtsordnung vorgegebenen und von ihr zu verwirklichenden Wert[101], der ein Urteil über die Richtigkeit des Vereinbarten grundsätzlich ausschließt.[102] Die Selbstbestimmung entspricht dabei dem *Person-Sein* des Menschen und gehört zum Wesensgehalt des Staates als Gemeinschaft.[103] Im rechtsgeschäftlichen Bereich bedeutet Privatautonomie nach *Flume* die Anerkennung der „Selbstherrlichkeit" des Einzelnen in der Gestaltung der Rechtsverhältnisse[104] und damit die Geltung des Grundsatzes *stat pro ratione voluntas.*[105] *Geltungsgrund* des Vertrages ist allein die *Selbstbestimmung* der Parteien und ihre *Anerkennung* durch die Rechtsordnung.[106]

Der Vertrag als willentliche Entscheidung der Parteien gilt, weil sie von ihnen gewollt ist und ihr Wille als solcher respektiert wird.[107] Der Vertrag, die privatautonome Gestaltung, bedarf nach *Flume* – jedenfalls in dem Rahmen, in dem sie vom Recht anerkannt wird –, „keiner anderen Rechtfertigung, als daß der einzelne sie will."[108] Zwar ist der Vertrag als Ausdruck der Selbstbestimmung nicht selbst *Rechtsetzung*, sondern bedarf zu seiner rechtlich verbindlichen Wirkung der *Anerkennung* durch die Rechtsordnung als Korrelat der Privatautonomie.[109] Allerdings darf nach *Flume* die rechtliche Anerkennung nicht davon abhängig gemacht werden, ob die Parteien ihre Freiheit im *idealen Sinn* ausgeübt haben, denn dann würde die Privatautonomie negiert.[110]

Entsprechend wendet er sich gegen die Auffassung *Schmidt-Rimplers*, der den Vertrag als Mechanismus zur Gewährleistung richtiger Ergebnisse versteht und daher „in Gegensatz zur ‚Willensherrschaft' stellt".[111] Da *Flume* das Kriterium einer objektiven Richtigkeit des Vertragsinhaltes ablehnt[112], ist der Vertrag nach seiner Auffassung nur deshalb richtig, „weil und soweit er von der beiderseitigen Selbstbestimmung der Vertragschließenden getragen ist."[113] Nach *Flume* ist der Vertrag nicht im Gegensatz zur „Willensherrschaft", sondern gerade als Mittel der „Willensherrschaft" der Parteien richtig.[114] Lediglich im Hinblick auf die Art

---

100 *Flume*, BGB AT II (3. Aufl. 1979), S. 1; *Flume*, FS 100 Jahre DJT (1960), S. 135, 136.
101 *Flume*, FS 100 Jahre DJT (1960), S. 135, 136.
102 Ebenda, 142f.
103 *Flume*, FS 100 Jahre DJT (1960), S. 135, 136.
104 *Flume*, BGB AT II (3. Aufl. 1979), S. 6.
105 *Flume*, BGB AT II (3. Aufl. 1979), S. 6; *Flume*, FS 100 Jahre DJT (1960), S. 135, 141.
106 *Flume*, FS 100 Jahre DJT (1960), S. 135, 142.
107 *Flume*, FS 100 Jahre DJT (1960), S. 135, 141.
108 *Flume*, FS 100 Jahre DJT (1960), S. 135, 141.
109 *Flume*, FS 100 Jahre DJT (1960), S. 135, 141.
110 *Flume*, FS 100 Jahre DJT (1960), S. 135, 141.
111 *Flume*, FS 100 Jahre DJT (1960), S. 135, 142.
112 *Flume*, FS 100 Jahre DJT (1960), S. 135, 142f.
113 *Flume*, FS 100 Jahre DJT (1960), S. 135, 143.
114 *Flume*, FS 100 Jahre DJT (1960), S. 135, 142.

des Zustandekommens des Vertrages kann von einer Richtigkeit oder Unrichtigkeit gesprochen werden. Daher erkennt *Flume* die rechtlichen Schranken der Vertragsfreiheit, insbesondere jene, die wie § 138 BGB auf den Schutz vor *Fremdbestimmung* gerichtet sind, zwar an.[115] Innerhalb dieser Schranken sind die Parteien jedoch frei, Verträge mit beliebigen Inhalten abzuschließen.

Nicht vollständig geklärt ist, inwieweit *Flumes* Selbstbestimmungstheorie von einem formal-liberalen oder von einem materiellen Verständnis der Vertragsfreiheit ausgeht. Während teilweise darauf hingewiesen wird, dass *Flume* „unverblümt ein formal-liberales Selbstbestimmungsverständnis zum Ausdruck"[116] bringe, lassen sich indes einige seiner Aussagen im Sinne der Anerkennung materieller Vertragsfreiheit deuten. So weist er darauf hin, dass „Privatautonomie als Rechtsprinzip nur verwirklicht werden kann, wenn auch *tatsächlich* die Macht zur Selbstbestimmung besteht."[117] Denn der durch die Rechtsordnung eingeräumten Befugnis der Parteien zur eigenverantwortlichen Regelung liegt die Voraussetzung zugrunde, dass „die einzelnen sich mit der Macht zur Selbstbestimmung gegenüberstehen und nicht durch die Macht des einen statt der beiderseitigen Selbstbestimmung eine einseitige Fremdbestimmung eintritt."[118] Rollenzwang und Privatautonomie sind auch nach *Flume* unvereinbar.[119] Im Normalfall werden jedoch die Unterschiede in der wirtschaftlichen Macht der Parteien durch den Markt aufgehoben. Nur dann, wenn ein Ausgleich unterschiedlicher wirtschaftlicher Macht aufgrund eines Marktversagens nicht möglich ist, etwa im Fall der Verknappung wichtiger Güter, darf die Rechtsordnung zur Vermeidung von Missbräuchen einseitiger Zahlungsmacht im Wege autoritativer Entscheidung eingreifen. Hier – und dies mag angesichts des leidenschaftlichen Plädoyers *Flumes* für eine weithin unbeschränkte Vertragsfreiheit verwundern – hält *Flume* im Rahmen des § 138 BGB sogar Beschränkungen der Preisgestaltung sowie die bedürfnisabhängige Verteilung verknappter Güter für gerechtfertigt.[120] Allerdings bleiben derartige Eingriffe auf Ausnahmefälle beschränkt.[121]

Dass die Deutung der Selbstbestimmungstheorie im Sinne eines formal-liberalen Verständnisses der Vertragsfreiheit dem Ansatz *Flumes* nicht gerecht wird, zeigt vor allem seine Reaktion auf die Entwicklung des Privatrechts im beginnenden 20. Jh. So stellt er selbst fest, dass sich „die Fälle einseitiger Machtlagen erheblich vermehrt" haben und das Bewusstsein dafür gewachsen ist, „daß die Macht der Selbstbestimmung beider Vertragspartner die Voraussetzung der rechtlichen

---

[115] *Flume*, BGB AT II (3. Aufl. 1979), S. 2, 6; *Flume*, FS 100 Jahre DJT (1960), S. 135, 143 f., 146, 168 f.
[116] *Reymann*, Sonderprivatrecht (2009), S. 184.
[117] *Flume*, FS 100 Jahre DJT (1960), S. 135, 143. Hervorhebungen durch den Verfasser.
[118] *Flume*, FS 100 Jahre DJT (1960), S. 135, 143.
[119] *Flume*, FS 100 Jahre DJT (1960), S. 135, 143.
[120] *Flume*, FS 100 Jahre DJT (1960), S. 135, 144 f.
[121] *Flume*, FS 100 Jahre DJT (1960), S. 135, 144 f.

Anerkennung der privatautonomen Gestaltung durch Vertrag sein muß."[122] Die vielfältigen Beschränkungen der Vertragsfreiheit erklärt er damit „nicht aus einer Änderung des Wesens der Privatautonomie, sondern aus ihrem Wesen selbst"[123] und steht damit letztlich ganz auf dem Boden des herrschenden materiellen Verständnisses der Privatautonomie. Dem entspricht letztlich auch seine Haltung zur Inhaltskontrolle von AGB, die er gerade nicht grundsätzlich ablehnt, sondern – insoweit jedoch vom herrschenden Verständnis abweichend – mit der *Einseitigkeit* der Regelung begründet. Da er sie offensichtlich nicht als vertragliche Regelung anerkennt, kann durch sie auch kein Missbrauch der Vertragsfreiheit erfolgen, so dass der Verwender nach § 315 BGB zu einer Regelung nach billigem Ermessen verpflichtet ist.

b) Kritik

Allerdings vermag die Selbstbestimmungstheorie im Ergebnis nicht zu überzeugen, da sie die Dimension der *Vertragsgerechtigkeit* als irrrelevant ausblendet und daher auch die Schranke des § 242 BGB nicht zu erklären vermag. So versagt die Rechtsordnung Verträgen gerade nicht allein aufgrund von Mängeln hinsichtlich ihres *Zustandekommens* die Anerkennung, sondern auch mit Blick auf ihren *Inhalt*, wenngleich die Grenzen weit gesteckt sind und den Parteien grundsätzlich ein weiter Gestaltungsspielraum verbleibt. Warum jedoch die Rechtsordnung die Vertragsfreiheit der Parteien in diesen Fällen beschränkt, vermag die *Selbstbestimmungstheorie* nicht zu erklären. Darüber hinaus gerät sie in kaum überwindbare Widersprüche, wenn sie einerseits die Existenz objektiver Maßstäbe zur Bestimmung eines richtigen Ergebnisses verneint, der Rechtsordnung im Fall eines Marktversagens aber ausnahmsweise die Befugnis zuerkennt, im Hinblick auf den Preis ein „Diktat als *ungerecht* [zu] verwerfen"[124] und dabei den Wert des jeweiligen Gutes zugrunde zu legen. Damit scheint allerdings ein objektiv richtiges und gerechtes Ergebnis zu existieren, das einer richterlichen Vertragskorrektur zugrunde gelegt werden kann. An diesen Stellen wird deutlich, dass auch die Selbstbestimmungstheorie an der Anerkennung objektiver Gerechtigkeitsmaßstäbe nicht vorbeikommt, sich jedoch zugleich aus argumentativen Gründen gezwungen sieht, diese Tatsache zu verneinen, da dies sonst zu unüberbrückbaren Widersprüchen mit dem Dogma lediglich minimal begrenzter Vertragsfreiheit führen würde.

Dass ein derartiges Verständnis mit dem geltenden Recht kaum vereinbar ist, wird vor allem im Hinblick auf die Schwierigkeiten deutlich, die mit der Begründung der Inhaltskontrolle von AGB auf der Grundlage der Selbstbestimmungstheorie verbunden sind. Da die Selbstbestimmungstheorie lediglich sehr weite

---

[122] *Flume*, FS 100 Jahre DJT (1960), S. 135, 147.
[123] *Flume*, FS 100 Jahre DJT (1960), S. 135, 147.
[124] *Flume*, FS 100 Jahre DJT (1960), S. 135, 144. Hervorhebungen durch den Verfasser.

Schranken der Vertragsfreiheit im seltenen Ausnahmefall anerkennt, vermag sie eine Inhaltskontrolle von AGB nur dadurch zu begründen, dass sie eine rechtsgeschäftliche Geltung entsprechender Verträge verneint und mangels Vertrages daher auch keinen Missbrauch der Vertragsfreiheit zu erkennen vermag. Stattdessen sollen „die Allgemeinen Geschäftsbedingungen durch einseitige Setzung kraft Verweisung ein Bestandteil der im Übrigen vertraglich vereinbarten Regelung werden“[125], wobei *Flume* die Qualifizierung des BGB als Rechtsnormen gleichwohl ablehnt und ihnen „den gleichen Charakter wie … vertraglich vereinbarten Regelungen“[126] zuerkennt, von denen sie sich letztlich nur dadurch unterscheiden sollen, „daß sie einseitig gesetzt werden.“[127]

Worin der *Geltungsgrund* der insoweit einseitig gesetzten Regelungen, worin die *Rechtsnatur* der Verweisung als *aliud* zur vertraglichen Vereinbarung[128] bestehen soll, wenn es sich offensichtlich nicht um eine Ausübung der Vertragsfreiheit handelt, erklärt die Selbstbestimmungstheorie dagegen nicht. Denn entweder handelt es sich um Vertragsbedingungen, so dass man die Inhaltskontrolle als Schranke der insoweit vom Verwender missbrauchten Vertragsfreiheit anerkennen muss, was die Selbstbestimmungstheorie jedoch verneint. Oder es handelt es sich bei den „einseitig gesetzten“ Klauseln nicht um Vertragsbedingungen, sondern um Rechtsnormen, was mit der herrschenden Dogmatik der Privatrechtsordnung kaum vereinbar ist. Die hier entscheidende Frage nach der Rechtsnatur der Verweisung auf AGB, bei der es sich offensichtlich gerade nicht um eine rechtsgeschäftliche Einbeziehungsvereinbarung handeln soll, vermag die Selbstbestimmungstheorie daher nicht mit der erforderlichen Klarheit zu beantworten. Die Zwitterstellung, die sie offenkundig der Verweisung zuerkennt, die weder klassischer Vertrag noch Rechtsnorm sein soll, kennt die Privatrechtsordnung dagegen nicht.[129]

Auch die Vorschrift des § 315 BGB, auf die *Flume* zur Begründung der Inhaltskontrolle letztlich zurückgreift,[130] enthält letztlich nichts anderes als eine Ausnahme vom Bestimmtheitsgrundsatz, wenn einer der Parteien ein vertragliches Leistungsbestimmungsrecht eingeräumt worden ist, weil die Leistung zum Zeitpunkt des Vertragsschlusses noch nicht feststeht.[131] Keinesfalls gewährt die Vorschrift dem Verwender von AGB die Befugnis, vorformulierte Vertragsbedingungen gleichsam durch „einseitige Leistungsbestimmung“ zum Vertragsinhalt zu machen.[132] Denn weder handelt es sich um Leistungsbestimmungen, die der § 315 BGB eigentlich im Blick hat, noch steht der Inhalt der AGB zu Vertrags-

[125] *Flume*, FS 100 Jahre DJT (1960), S. 135, 168.
[126] *Flume*, BGB AT II (3. Aufl. 1979), S. 670.
[127] *Flume*, BGB AT II (3. Aufl. 1979), S. 670.
[128] So plastisch *Fastrich*, Inhaltskontrolle (1992), S. 38.
[129] Kritisch ebenfalls *Fastrich*, Inhaltskontrolle (1992), S. 38 f.
[130] *Flume*, FS 100 Jahre DJT (1960), S. 135, 169.
[131] *Fastrich*, Inhaltskontrolle (1992), S. 39.
[132] Ebenso *Fastrich*, Inhaltskontrolle (1992), S. 39.

schluss nicht fest.[133] Darüber hinaus soll dem Verwender auch nicht das Recht eingeräumt werden, die Vertragsbedingungen einseitig, ohne weitere Einwirkungsmöglichkeit des Verwendungsgegners zu bestimmen, da dies einer Blankett-Vollmacht bzw. einem Vertragsschluss „ins Blaue hinein" gleichkäme. Die Selbstbestimmungstheorie vermag daher keine überzeugende Antwort auf die Frage nach dem Verhältnis von Vertragsfreiheit und Vertragsgerechtigkeit zu geben.

2. *Theorie der sozialen Funktion des Vertrages (Raiser)*

In Reaktion auf die offensichtlich gewordenen Schwächen des formal-liberalen Grundansatzes des BGB hat *Ludwig Raiser* einen Diskussionsbeitrag vorgelegt, der die *soziale Funktion* des Vertrages und die sich hieraus ergebenden Begrenzungen der formalen Vertragsfreiheit in den Mittelpunkt stellt und diesen Ansatz im Sinne der Lehre vom *institutionellen Rechtsmissbrauch*[134] weiterentwickelt. *Raisers* Ansatz nimmt deutlich zum Verhältnis von Vertragsfreiheit und (sozialer) Gerechtigkeit Stellung und wird in seiner Vielschichtigkeit im Rahmen der aktuellen dogmatischen Diskussion bislang nur unvollständig wahrgenommen. So finden sich in seinem Ansatz etwa differenzierte Überlegungen zur Problematik der *tatsächlichen* Ausübung der Vertragsfreiheit, den *Ursachen* entsprechender Freiheitsdefizite und *Regelungsoptionen*, die sich bereits im Sinne einer Anerkennung *materieller Vertragsfreiheit* deuten lassen und sich auf diese Weise ohne weiteres in das herrschende dogmatische Verständnis der Vertragsfreiheit einfügen. Die Deutung seines Ansatzes als *materiale* oder *soziale* Vertragstheorie wird daher der Komplexität seines Beitrags nicht gerecht. Es war bezeichnenderweise *Ludwig Raiser*, der mit seiner grundlegenden Untersuchung des Rechts der Allgemeinen Geschäftsbedingungen[135] den Boden für das moderne AGB-Recht bereitet hat.

a) Überblick

Raiser stellte „die bisher vernachlässigte Frage nach der Funktion und Wirkung des Vertrags in der Gesamtrechtsordnung"[136] in das Zentrum seiner Überlegungen und leitete daraus Schranken *formeller Vertragsfreiheit* ab, die zugleich auf die Herstellung *materieller Vertragsgerechtigkeit* wie auch die Gewährleistung *materieller Vertragsfreiheit* gerichtet sind. Den Ausgangspunkt der Überlegungen bildet dabei die Einsicht, dass der mit Beginn des 20. Jh. einsetzende radikale Wandel *gesellschaftlicher Strukturen* mit einem tiefgreifenden Wandel des

---

133 *Fastrich*, Inhaltskontrolle (1992), S. 39.

134 Hierzu und zur Kritik eingehend unten S. 625 ff. sowie zur Kritik unten S. 632 ff.

135 *Raiser*, Das Recht der AGB (1935).

136 *Raiser*, FS 100 Jahre DJT (1960), S. 101, 104.

Verständnisses der Vertragsfreiheit und ihrer *Voraussetzungen* verbunden war: So hatte die Umformung der von einem unabhängigen Besitzbürgertum getragenen liberalen Wirtschaftsgesellschaft des 19. Jh. in eine „industrielle Massengesellschaft“[137] eine radikale Verringerung des dem Einzelnen verbleibenden autonomen Freiheitsraumes zur Folge.[138] *Subjekte* des politischen und wirtschaftlichen Handelns sind nicht mehr überwiegend einzelne Bürger, sondern vielmehr „Gruppen, Verbände und Unternehmen durch ihre Funktionäre.“[139]

Der Einzelne ist nunmehr auf vielfältige Weise „von den das Massendasein organisierenden Apparaten und ihren anonymen Machthabern abhängig, deren Leistungen er in Anspruch nehmen muß“[140], er ist plötzlich „ringsum von Mächten umstellt, denen er sich unterlegen fühlt.“[141] Die Aufgabe, so *Raiser*, „sich als Person zu behaupten, die Konsequenzen des eigenen Handelns zu übersehen und dafür einzustehen, ist ungleich schwieriger geworden.“[142] Diese neue „Bedrohungslage“ hinsichtlich der Privatautonomie des Einzelnen, die nunmehr weniger vom Staat als von übermächtigen organisierten Akteuren gefährdet wird, hat zu einem *funktionalen Rollenwechsel* des Staates in seiner Beziehung zum Einzelnen als Privatrechtssubjekt und damit auch zu einem neuen Verständnis der Vertragsfreiheit geführt:[143] War der Wirtschaftsliberalismus noch um eine möglichst weitgehende Abwehr staatlicher Eingriffe in die Vertragsfreiheit bemüht, so wird vom Staat nunmehr gerade der Schutz der vertraglichen Autonomie des Einzelnen durch Beschränkung formaler Vertragsfreiheit übermächtiger Akteure auf dem Markt erwartet.[144] Angesichts derartiger Machtkonstellationen muss, so stellt *Raiser* pointiert fest, „eine politische und wirtschaftliche Konzeption, die die Freiheit des autonomen Individuums gegen staatliche Eingriffe zu sichern verspricht“, notwendig verblassen.[145]

Aus diesem Befund, der auch zur damaligen Zeit so neu nicht war, zog *Raiser* indes weitreichende Konsequenzen: Das freie Spiel der wirtschaftlichen Kräfte darf „nicht sich selbst überlassen bleiben …, weil es nicht automatisch zu Gleichgewicht und Harmonie führt, sondern ständig durch die Übermacht einzelner Partner oder Gruppen von Partnern bedroht ist.“[146]

„Das System muß also vom Recht gestützt, eingegrenzt und gegen Mißbrauch gesichert werden, um leistungsfähig zu bleiben. Im Hinblick auf die Vertragsfreiheit bedeutet das,

[137] *Raiser*, JZ 1958, 1, 3. Ähnlich auch *Wolf*, Entscheidungsfreiheit (1970), S. 122 (Wandel der Gesellschaft in einen „industrialisierten Massenstaat sozialstaatlicher Prägung“).
[138] *Raiser*, JZ 1958, 1, 3.
[139] *Raiser*, JZ 1958, 1, 3.
[140] *Raiser*, JZ 1958, 1, 3.
[141] *Raiser*, JZ 1958, 1, 3.
[142] *Raiser*, JZ 1958, 1, 3.
[143] *Raiser*, JZ 1958, 1, 3.
[144] *Raiser*, JZ 1958, 1, 3.
[145] *Raiser*, JZ 1958, 1, 3.
[146] *Raiser*, JZ 1958, 1, 3.

daß sich ihre *wirtschaftliche Funktion* wesentlich verändert, wenn nicht ins *Gegenteil* verkehrt, sobald sich ein *Vertragspartner* dem Wettbewerb zu entziehen vermag. Der Vertrag wird dann zum Instrument der *Herrschaft* über den anderen Vertragsteil. In solchen Fällen kann sich die Rechtsordnung nicht länger auf die Rolle eines *neutralen Zuschauers* verweisen lassen, der das Ergebnis der Parteiverhandlungen zu sanktionieren hat, solange es nicht gegen die guten Sitten verstößt. Die *Freiheit* steht nun unter dem Gebot der *Gerechtigkeit*, die es erlaubt und fordert, Verträgen die *Anerkennung* zu *versagen*, die nach der *Art ihres Zustandekommens* oder nach ihrem *Inhalt* den von der Rechtsordnung geschützten Werten zuwiderlaufen."[147]

Beschränkung formeller Vertragsfreiheit zur Gewährleistung tatsächlicher, materieller Privatautonomie, Freiheitsbegrenzung zum Schutz vor Fremdbestimmung, Unterstellen der Vertragsfreiheit unter das Gebot der Gerechtigkeit, Inhaltskontrolle von Verträgen mit Blick auf ihr Zustandekommen und ihren Inhalt: Der Ansatz *Raisers* geht weit über den Rahmen des *formal-liberalen* Freiheitsverständnisses des ursprünglichen BGB hinaus, folgt in der Sache jedoch jener Spur, die bereits durch die Rechtsprechung und die Novellengesetzgebung vorgezeichnet worden ist. Entsprechend erteilt er Versuchen, den Vertrag – wie etwa in der Zeit des nationalsozialistischen Regimes – lediglich als abhängiges Glied der Gesamtrechtsordnung zu begreifen, Gerichte darüber entscheiden zu lassen, ob der Vertrag ökonomisch und sozial wertvoll sei oder nicht[148] oder – im Geist des *iustum pretium* – unmittelbar auf die Preisgestaltung einzuwirken, eine Absage.[149] *Raisers* Ansatz ist in seinen Auswirkungen damit weniger „revolutionär" als es auf den ersten Blick erscheinen mag. Anders verhält es sich mit dem dogmatischen Rahmen, den *Raiser* seinen Überlegungen zugrunde legt: Stand in der deutschen Pandektistik des 19. Jh., die auch das BGB entscheidend mitgeprägt hatte, noch „der Mensch als isoliertes, seiner geschichtlichen Besonderheiten und Bedingtheiten entkleidetes Individuum, als Rechtsperson und Rechtssubjekt"[150] im Mittelpunkt, so geht es nun um den Menschen als „Sozialperson"[151], als soziales Wesen, das in ein Geflecht von Beziehungen, in eine soziale und wirtschaftliche Gesamtordnung eingefügt ist.[152] Diesem Menschenbild entspricht eine neue Sicht auf das *Recht* und die *Funktion des Vertrages*, dessen „ökonomisch-soziale Funktion"[153] insoweit neue Bedeutung erlangt, „sie den Blick auf diese außerrechtlichen Erscheinungen lenkt, den einzelnen Vertrag in einen größeren sozialen Wirkungszusammenhang einordnet und die rechtstheoretische durch eine sozialwissenschaftliche Betrachtungsweise ergänzt."[154] Das Recht erschöpft sich

[147] *Raiser*, JZ 1958, 1, 3. Hervorhebungen durch den Verfasser.
[148] *Raiser*, FS 100 Jahre DJT (1960), S. 101, 120.
[149] *Raiser*, FS 100 Jahre DJT (1960), S. 101, 116f., 130f.
[150] *Raiser*, FS 100 Jahre DJT (1960), S. 101, 102.
[151] *Raiser*, FS 100 Jahre DJT (1960), S. 101, 104.
[152] *Raiser*, FS 100 Jahre DJT (1960), S. 101, 104f.
[153] *Raiser*, FS 100 Jahre DJT (1960), S. 101, 120.
[154] *Raiser*, FS 100 Jahre DJT (1960), S. 101, 120.

nun nicht mehr, wie im Pandektensystem, in der Gewährung von Geboten, Verboten sowie der Anerkennung und Begrenzung bestimmter Freiheiten, sondern ist vielmehr auf die „Ordnung zwischenmenschlicher Beziehungen“[155], auf das Verhältnis zum Mitmenschen, zum Rechtsgenossen gerichtet.[156] Entsprechend ist auch der Vertrag „als Rechtsinstitut an bestimmte historisch-politische Voraussetzungen gebunden“[157]. Er setzt Willensfreiheit und politische Freiheit, mithin einen „herrschaftsfreien Raum“[158] voraus, der nicht nur für das Verhältnis der Parteien zum Staat, sondern auch für ihr Verhältnis zueinander von Bedeutung ist.[159] Mit der damit angesprochenen *Vertragsparität* als Voraussetzung tatsächlicher Selbstbestimmung trat nun ein Problem in den Mittelpunkt des Interesses, das „lange unsichtbar gewesen“[160] ist:

„Erst in dem Maße, in dem deutlich wurde, daß sich hinter der ‚*Gleichheit vor dem Gesetz*‘ eine starke *wirtschaftliche Ungleichheit* der Vertragspartner verbergen konnte, und daß diese *Ungleichheit* die *Gerechtigkeit* der vertraglichen Ordnung in Frage stellte, hat das *Gleichheitsproblem* in einem neuen Sinne auch für das *Vertragsrecht* wieder Bedeutung erlangt.“[161]

Die *materielle Vertragsgerechtigkeit* als „Herzstück einer juristischen Vertragslehre“[162] war nun auf das Engste mit der tatsächlichen Vertragsparität, insbesondere mit der „wirtschaftlichen Gleichheit“[163] der Vertragspartner und damit auch mit der materiellen Vertragsfreiheit der Parteien als Voraussetzung eines herrschaftsfreien Raumes verknüpft. Es konnte nicht der Sittenordnung überlassen bleiben, sondern musste der Wirtschaftsverfassung zukommen, „auch die Voraussetzungen dafür zu schaffen, daß die Vertragsgerechtigkeit im Einzelfall verwirklicht wird.“[164], um „Freiheit und Gerechtigkeit im Vertragsrecht miteinander in Einklang zu bringen.“[165] Allerdings ist der Spielraum der Parteien auch hier grundsätzlich weit, denn die Anerkennung der Privatautonomie erfordert es, dass man Spannungen zwischen den Wertungen der Parteien und der Gesamtrechtsordnung, „Unebenheiten und Widersprüche getrost so lange in Kauf nehmen kann, als nicht Grundforderungen der Gerechtigkeit verletzt sind.“[166] Im Hinblick auf den Inhalt der Vertragsgerechtigkeit weist *Raiser* darauf hin, dass

---

155 *Raiser*, FS 100 Jahre DJT (1960), S. 101, 104.
156 *Raiser*, FS 100 Jahre DJT (1960), S. 101, 105.
157 *Raiser*, FS 100 Jahre DJT (1960), S. 101, 105.
158 *Raiser*, FS 100 Jahre DJT (1960), S. 101, 106.
159 *Raiser*, FS 100 Jahre DJT (1960), S. 101, 106.
160 *Raiser*, FS 100 Jahre DJT (1960), S. 101, 106.
161 *Raiser*, FS 100 Jahre DJT (1960), S. 101, 106.Hervorhebungen durch den Verfasser.
162 *Raiser*, FS 100 Jahre DJT (1960), S. 101, 129. Zustimmend *Schmidt-Rimpler*, FS Raiser (1974), S. 3, 24.
163 *Raiser*, FS 100 Jahre DJT (1960), S. 101, 106.
164 *Raiser*, FS 100 Jahre DJT (1960), S. 101, 131.
165 *Raiser*, FS 100 Jahre DJT (1960), S. 101, 132.
166 *Raiser*, FS 100 Jahre DJT (1960), S. 101, 119.

diese „wohl nach ihren verschiedenen Seiten beschrieben, aber nicht abschließend definiert werden“[167] kann, um sie sodann vor allem in der *Tauschgerechtigkeit* und den wirtschaftsverfassungsrechtlichen Instrumenten ihrer Umsetzung zu verorten.

Dabei handelt es sich überwiegend um Instrumente, die entweder auf die Herstellung von *Vertragsparität* gerichtet sind oder die *Störung der Vertragsparität* zum Anlass für eine materielle Korrektur nehmen, wie beispielsweise die – noch richterrechtlich ausgeformte – Inhaltskontrolle von AGB sowie das *Wettbewerbsrecht*.[168] So erblickt er etwa die Aufgabe des Wettbewerbsrechts darin, „das wirtschaftliche Gleichgewicht der Marktteilnehmer auf den von Vermachtung bedrohten Märkten wiederherzustellen oder zu sichern und dadurch die Voraussetzungen für eine nicht bloß formale, sondern wirkliche Freiheit aller Marktteilnehmer beim Abschluß privater Austauschverträge zu schaffen“[169] und erkennt damit das Problem der *materiellen* Vertragsfreiheit als zentralen Angelpunkt der Frage nach dem Verhältnis von Vertragsfreiheit und Vertragsgerechtigkeit. Im Kern geht *Raiser* damit von einem *dualen Vertragsmodell* aus, in dem *Vertragsfreiheit* und *Vertragsgerechtigkeit* „nicht wie Regel und beschränkende Ausnahme, sondern wie These und Antithese im dialektischen Prozeß“[170] einander gegenüberstehen. Sie lassen sich, so *Raiser*, „nicht isolieren, sondern sind einander zugeordnet zu einer spannungsreichen, nicht vorgegebenen, sondern uns allen aufgegebenen Einheit.“

b) Kritik

Raisers Ansatz ist im Schrifttum insbesondere mit der Begründung kritisiert worden, dass die Funktion sozialer Gerechtigkeitsverwirklichung, die er dem Vertrag zumisst, das Regel-Ausnahme-Verhältnis umkehre und daher weder dogmatisch noch praktisch überzeugend sei.[171] Darüber hinaus bleibe die *neutralisierende Funktion* des Wettbewerbs unberücksichtigt[172] und der geforderte *Ausgleich* der einander antagonistisch gegenüberstehenden Prinzipien der Vertragsfreiheit und sozialen Gerechtigkeit sei ohne präzise für Kriterien die Bestimmung ihres Verhältnisses zueinander kaum möglich.[173] Die Kritik vermag indes nur zum Teil zu überzeugen. Denn betrachtet man die Ausführungen *Raisers* genauer, so wird deutlich, dass sich die kritisierte Problematik nur dann ergibt, wenn man den Ansatz *Raisers* im Sinne eines umfassenden *sozialen Vertragsmodells* konsequent zu Ende denkt. Ein solches hat *Raiser* indes selbst nie formuliert. Seine Kernthe-

---

[167] *Raiser*, FS 100 Jahre DJT (1960), S. 101, 129.
[168] *Raiser*, FS 100 Jahre DJT (1960), S. 101, 132.
[169] *Raiser*, JZ 1958, 1, 6.
[170] *Heinrich*, Formale Freiheit (2000), S. 192.
[171] *Heinrich*, Formale Freiheit (2000), S. 192.
[172] *Heinrich*, Formale Freiheit (2000), S. 192.
[173] *Heinrich*, Formale Freiheit (2000), S. 193.

se, dass „die Vertragsfunktion nicht, oder jedenfalls nicht in erster Linie, von ihrer rechtlichen, sondern von ihrer wirtschaftlichen und sozialen Seite her gesehen werden müsse“[174], ist im Grunde so neu nicht, sondern zielt lediglich auf ein dogmatisch begründetes Fundament, was in der Rechtsprechung seit Inkrafttreten des BGB ohnehin anerkannt war. So konnte etwa das Reichsgericht im Rahmen seiner Monopolrechtsprechung in formal wirksame Verträge nur deshalb korrigierend eingreifen, weil es den Vertrag nicht nur rechtlich, wie er „auf dem Papier stand“, sondern auch aus wirtschaftlicher und sozialer Perspektive betrachtete. In gleicher Weise hatte der Gesetzgeber seine Rechtsprechung zum Arbeitnehmer- und Mieterschutz auf die wirtschaftliche Unterlegenheit, die existenzielle Bedeutung derartiger Vertragsverhältnisse für die Betroffenen und damit letztlich auf die *soziale Funktion* der jeweiligen Verträge gestützt.

Raisers Lehre bewegt sich damit auf dem gesicherten Boden dessen, was ohnehin bereits geltendes Recht gewesen ist. Dass ein Vertrag nur um seiner „für Gesamtwirtschaft und Gesellschaft unentbehrlichen Funktion willen ... Anerkennung und Rechtsschutz“[175] erhalte, jedoch nur insoweit, „als er seinem Inhalt nach wirtschaftlich wertvoll sei“[176], hat *Raiser* indes niemals behauptet, sondern im Gegenteil eine entsprechende Auffassung ausdrücklich abgelehnt.[177] Damit teilt sein Ansatz, der dem geltenden Recht ein dogmatisch tragfähiges Fundament verlieh, das Schicksal so manch anderer Beiträge, die im Sinne eines *argumentum ad absurdum* interpretierend weitergedacht, ins Extreme übersteigert und so angreifbar gemacht wurden.[178] Hierzu mag es passen, dass sein Beitrag häufig in den Zusammenhang mit *Zweigerts* Grundsatzkritik[179] an der als Utopie begriffenen Privatautonomie gestellt wird, obgleich er seinen Ursprung gerade in dem Grundanliegen der Gewährleistung materieller Vertragsfreiheit findet. Denn den Ausgangspunkt bildet auch für *Raiser* nach wie vor die Einsicht, „daß das Gestaltungsmittel des Vertrages auch der Unterdrückung der Freiheit dienen kann, dann aber in Widerspruch zum allgemeinen Freiheitsrecht des Art. 2 I gerät und keinen Schutz mehr verdient.“[180] Keinesfalls geht es ihm darum, die bestehende Dogmatik und die am Rechtssubjekt orientierte Rechtsgeschäftslehre des bürgerlichen Rechts „in Bausch und Bogen zu verwerfen.“[181]

Dem entspricht es, dass er im Hinblick auf die Konkretisierung seines Ansatzes kaum über die bereits anerkannten rechtlichen Institute und Instrumente

---

174 *Raiser*, FS 100 Jahre DJT (1960), S. 101, 112.

175 *Raiser*, FS 100 Jahre DJT (1960), S. 101, 119.

176 *Raiser*, FS 100 Jahre DJT (1960), S. 101, 120.

177 *Raiser*, FS 100 Jahre DJT (1960), S. 101, 119.

178 Vgl. zu entsprechenden Argumentationsmustern oben S. 155 ff. mwN. Zu entsprechenden Tendenzen im 19. Jh., für den gerechten Preis einen exakten Wert zu verlangen *Emmert*, Leistungspflichten (2001), S. 184.

179 So etwa bei *Heinrich*, Formale Freiheit (2000), S. 192.

180 *Raiser*, JZ 1958, 1, 6.

181 *Raiser*, FS 100 Jahre DJT (1960), S. 101, 103.

hinausgeht[182], und sich insbesondere in der Begründung der Inhaltskontrolle von AGB durch den BGH Anklänge an seine später – auch aus dem Gedanken der sozialen Vertragsfunktion heraus – entwickelte Institutionenlehre finden.[183] Als problematisch erweist sich daher weniger das, *was* gesagt, sondern vielmehr das, was *nicht* gesagt ist: So wird zwar die Vertragsgerechtigkeit neben den Grundsatz der Vertragsfreiheit gestellt und damit aus jener Bedeutungslosigkeit befreit, in die sie die formal-liberale Grundhaltung des ursprünglichen, noch vom Geist des 19. Jh. geprägten BGB verwiesen hatte. Ihr konkretes Verhältnis zueinander bleibt indes unklar und teilweise widersprüchlich.

So heißt es zwar, dass die Vertragsfreiheit unter dem Gebot der Gerechtigkeit stehe, so dass Verträgen im Konfliktfall die Anerkennung zu versagen ist.[184] Dies entsprach jedoch dem schon damals geltenden Recht mit Blick auf die äußersten Schranken der Vertragsfreiheit, wie etwa den §§ 138, 242 BGB, wo die Vertragsfreiheit – wenngleich nur im seltenen Ausnahmefall – zugunsten der Vertragsgerechtigkeit zurücktritt. Darüber, ob dieses Stufenverhältnis *generell* oder wie bei den §§ 138, 242 BGB nur im *Extremfall* gilt, ist aber damit noch nichts gesagt. Entsprechend geht auch *Raiser* an anderer Stelle von einem weiten Gestaltungsspielraum der Parteien aus, in den einzugreifen dem Staat verwehrt ist, solange „nicht Grundforderungen der Gerechtigkeit verletzt sind."[185] Indem *Raiser* den Blick auf die soziale Funktion des Vertrages richtete, hat er der *Vertragsgerechtigkeit* wieder einen zentralen Platz im Gefüge der Privatrechtsordnung zugewiesen. Auf die Frage, wie das Verhältnis zwischen Vertragsfreiheit und Vertragsgerechtigkeit im Einzelnen beschaffen ist, vermag sein Ansatz indes keine befriedigende Antwort zu geben.

3. *Soziale Vertragstheorien (Zweigert)*[186]

Eine deutliche Aussage zum Verhältnis von *Vertragsfreiheit* und *Vertragsgerechtigkeit* treffen die *sozialen Vertragstheorien*, die von einem grundsätzlichen Vorrang der Vertragsgerechtigkeit ausgehen.

---

182 *Raiser*, FS 100 Jahre DJT (1960), S. 101, 132 f.

183 Vgl. nur BGH VersR 1982, 164, Rn. 15 („Mißbrauch der dem AGB-Verwender vom anderen Teil eingeräumten Vertragsgestaltungsfreiheit"). So schon vor Inkrafttreten des AGBG BGH NJW 1965, 246, 246 („so mißbraucht er die Vertragsfreiheit") sowie BGH vom 20. 11. 1953 (I ZR 269/52) = JurionRS 1953, 12790, V. 1) („oder einer sonstigen im Mißbrauch der Vertragsfreiheit wurzelnden Gemeinschaftswidrigkeit"). Eingehend zur *Rechtsprechung des BGH* unten S. 347 ff. sowie unten S. 440 ff. Zur *Institutionenlehre* eingehend unten S. 622 ff. sowie zur Kritik unten S. 632 ff.

184 *Raiser*, JZ 1958, 1, 3.

185 *Raiser*, FS 100 Jahre DJT (1960), S. 101, 119.

186 Vgl. zur Diskussion *Heinrich*, Formale Freiheit (2000), S. 178; *Busche*, Privatautonomie (1999), S. 86; *Fastrich*, Inhaltskontrolle (1992), S. 44 ff.

a) Überblick

So hat insbesondere *Zweigert* auf das Problem mangelnder Vertragsparität als Voraussetzung zur tatsächlichen Ausübung der Vertragsfreiheit hingewiesen.[187] Auch er erkennt wie *Raiser* die Engführung auf ein rein rechtliches, legalistisches Verständnis der Vertragsfreiheit und das Ausblenden der sozialen Dimension als das zentrale Problem der Privatrechtsdogmatik.[188] Dadurch wurde die Tatsache ausgeblendet, dass mit Blick auf die Vertragsfreiheit „die ökonomischen und sozialen Fakten ihr entgegenstehen können und es tatsächlich immer schon taten."[189] Vertragsfreiheit setzt damit *ökonomische* und *soziale Gleichheit* voraus.[190] Da eine Gesellschaft, so *Zweigert*, „in der Gleichheit besteht, nirgends existiert ..., wahrscheinlich überhaupt eine Utopie ist und nie existieren wird, ist Vertragsfreiheit bei präziser Betrachtung ein *Traumschloß*, eine *Utopie* und keine *Realität*."[191] Allenfalls kann sie noch für Verträge zwischen *Großunternehmen* sowie im *kollektiven Arbeitsrecht* im Bereich der Tarifverträge angenommen werden.[192]

Aus dem angenommenen *Funktionsversagen* der Vertragsfreiheit zieht *Zweigert* radikale Konsequenzen: Nach seiner Ansicht sollte die Rechtswissenschaft „das mitgeschleppte Verfahren, das die Vertragsfreiheit als ein *Prinzip* verkündet und ihre Ausnahmen herausarbeitet, fallenlassen. Die moderne Aufgabe liegt darin, Kriterien und Verfahren für die Vertragsgerechtigkeit zu entwickeln, die herzustellen gerade deshalb nötig ist, weil es eine Vertragsfreiheit in Wahrheit nicht gibt."[193] Gefordert wird damit nicht weniger als die tiefgreifende Umformung der bestehenden, auf dem Grundsatz der Privatautonomie gegründeten Privatrechtsrechtsordnung im Sinne einer „‚Vergerechtigung' des als soziale Institution erkannten schuldrechtlichen Vertrags."[194] Aufgabe des Privatrechts ist damit nach *Zweigert* die *unmittelbare* Gewährleistung von Vertragsgerechtigkeit, für die er etwa vorsorgliche Verfahren vorschlägt, die neue *„kollektive Formen* der Vertragsfreiheit"[195] schaffen sollen.

Der Ansatz *Zweigerts* ist insbesondere in den 1970er und 1980er Jahren von einer Strömung im Schrifttum aufgegriffen und – auf freilich unterschiedlich hohem Abstraktionsniveau – weiterentwickelt worden.[196] In der Tendenz wird dabei das Zurückdrängen der *Privatautonomie* zugunsten sozialstaatlich legitimierter Zie-

[187] *Zweigert*, FS Rheinstein II (1969), S. 493, 503f.
[188] *Zweigert*, FS Rheinstein II (1969), S. 493, 503.
[189] *Zweigert*, FS Rheinstein II (1969), S. 493, 503.
[190] *Zweigert*, FS Rheinstein II (1969), S. 493, 503.
[191] Ebenda. Hervorhebungen durch den Verfasser.
[192] *Zweigert*, FS Rheinstein II (1969), S. 493, 504.
[193] *Zweigert*, FS Rheinstein II (1969), S. 493, 504.
[194] *Zweigert*, FS Rheinstein II (1969), S. 493, 504.
[195] *Zweigert*, FS Rheinstein II (1969), S. 493, 504. Hervorhebungen durch den Verfasser.
[196] Vgl. nur AK/*Hart*, BGB (1987), Vor §145 Rn. 27; AK/*Teubner* BGB (1980), §242 Rn. 19; *Assmann*, in: Assmann/Brüggemeier/Hart u. a. (Hrsg.), Wirtschaftsrecht als Kritik

le und der unmittelbaren Herstellung von Vertragsgerechtigkeit gefordert. So geht es etwa nach *Hart* aufgrund der Schwächen des liberalen Vertragsmodells zunehmend um die richterliche Kontrolle der Vertragsinhalte „und deren Korrektur nach Gesichtspunkten des ‚richtigen' vertraglichen Interessenausgleichs"[197], wodurch die „Vertragsgestaltungskompetenzen – ehemals per Privatautonomie den bürgerlichen Vertragssubjekten zugewiesen – auf die Justiz über[gehen], die damit die Kompetenz neuartiger Normproduktion als Autonomieverwaltung übernimmt."[198] Nach seiner Auffassung ist „Vertragsgerechtigkeit eine Funktion von Vertragsabschluß-, Vertragsgestaltungsfreiheit und richterlicher Kontrolle der Inhaltsgestaltung", so dass „eine Verlagerung vom Vertragsabschlußtatbestand zur vertragsinhaltlichen Richtigkeit, von der Komplementarität der Willenserklärungen zur Reziprozität der Leistungen und nicht nur der Leistungbeziehungen erfolgt."[199] *Assmann* erkennt als sich durchsetzende Tendenz im Privatrecht die durch den Sozialstaatsgedanken legitimierte „Sozialisierung des Privatrechts"[200]: „Das traditionelle Modell der formal rechtsgleichen Vertragspartner soll zugunsten eines Modells revidiert werden, das die unterschiedlichen sozialen Durchsetzungschancen von Rechtspositionen berücksichtigt. Recht soll jetzt in seinen Folgen an die differenzierten sozialen Positionen der Rechtsinhaber anknüpfen, die sozial Schwachen schützen und gleichzeitig die Leistungsbezogenheit der Rechtsposition ausbauen."[201] *Reich* möchte die Anwendung der „zivilrechtlichen Grundkategorie der Privatautonomie"[202] auf den Rechtsverkehr zwischen Unternehmern (b2b) und jenen zwischen Privaten (c2c) beschränken und im Bereich des Verbraucherrechtes (b2c) „nach anderen Lösungen ... suchen ..., um das Machtgefälle zwischen Unternehmen und Verbrauchern – das zwar nicht mit rechtlichen Mitteln aufgelöst werden kann – zu relativieren."[203] *Reifner* fordert, an die Stelle von Freiheit und Gleichheit die Prinzipien der *Sozialität* und *sozialen Rücksicht* zu setzen, da diese Voraussetzung für Freiheit und Gleichheit aller seien.[204] Nach der Auffassung *Teubners* schließlich geht es bei der Materialisierung des Vertragsrechts um die „Vergesellschaftung des Vertrages"[205], d.h. darum, „die Abhängigkeit vertraglicher Erwartungsstrukturen von vielfältigen nicht-konsensualen Steuerungsmechanismen, darunter auch staatsinterventionistischen,

---

des Privatrechts (1980), S. 239, 251; *Reifner*, Alternatives Wirtschaftsrecht (1979), S. 82 f.; *Hart*, KJ 1974, 274, 276; *Reich*, ZRP 1974, 187, 188 f.

197 *Hart*, KJ 1974, 274, 276.

198 *Hart*, KJ 1974, 274, 277.

199 AK/*Hart*, BGB (1987), Vor § 145 Rn. 27.

200 *Assmann*, in: Assmann/Brüggemeier/Hart/Joerges (Hrsg.), Wirtschaftsrecht als Kritik des Privatrechts (1980), S. 239, 251.

201 Ebenda.

202 *Reich*, ZRP 1974, 187, 188.

203 *Reich*, ZRP 1974, 187, 189.

204 *Reifner*, Alternatives Wirtschaftsrecht (1979), S. 82 f.

205 AK/*Teubner* BGB (1980), § 242 Rn. 19.

sichtbar zu machen und diese vertragsintern zu koordinieren."[206] Trotz der Vielfalt der unterschiedlichen Ansätze im Detail lässt sich zumindest in der Tendenz ein gemeinsames Motiv als tragende Grundlage der sozialen Vertragstheorien erkennen: Das Bemühen um eine tiefgreifende Umformung der bislang auf dem Selbstbestimmungsprinzip gegründeten Privatrechtsordnung, um den Vertrag zur Durchsetzung gesellschaftspolitischer, gesamtwirtschaftlicher oder sozialstaatlicher Ziele in Dienst zu nehmen.[207] Vor diesem Hintergrund verwundert es nicht, dass sich die Inhaltskontrolle auf der Grundlage der sozialen Vertragstheorien ohne weiteres begründen lässt, ist doch die materielle Vertragskontrolle wesentlicher Bestandteil des sozialen Vertragsverständnisses.[208]

b) Kritik

Der schlaglichtartige Überblick über das Kaleidoskop sozialer Vertragsmodelle offenbart eine weite Bandbreite unterschiedlicher Ansätze, die von der Forderung nach einer Berücksichtigung der *sozialen Dimension* des Vertrages bis hin zu einer von sozialistischen und marxistischen[209] Ideen inspirierten Umformung der gesamten Privatrechtsordnung reicht: Während einige Beiträge kaum über das hinausreichen, was mittlerweile mit Blick auf das unionsrechtsrechtlich harmonisierte *Verbraucherrecht* und den *Schutz materieller Vertragsfreiheit* ohnehin als geltendes Recht anerkannt ist und von der aktuellen Entwicklung sogar übertroffen werden dürfte, stellen andere durchaus die tragenden Grundprinzipien der geltenden Privatrechtsordnung infrage.[210] Wieder andere Beiträge bewegen sich auf einem derart hohen Abstraktionsniveau, dass man ihnen mit Blick auf die auch im geltenden Recht durchaus mögliche Inhaltskontrolle für einige Teilbereiche ohne weiteres zustimmen, im Übrigen jedoch kaum weiterführende Schlussfolgerungen entnehmen kann.[211] Das weitgehend uneinheitliche Bild erfordert damit eine differenzierte Bewertung und die Rückführung auf die wesentlichen Argumentationslinien.

Kaum auf Widerstand dürfte die zutreffende Beobachtung stoßen, dass eine ausschließlich formal-legalistische Perspektive auf das Phänomen der Privatautonomie und ein Ausblenden ihrer sozialen und wirtschaftlichen Bezüge weder dem Bedürfnis nach Vertragsgerechtigkeit noch den Ansprüchen an die Selbstbestimmung der Parteien gerecht wird. Entsprechend hat sich bis zum Ende des 20. Jh.

---

[206] Ebenda.
[207] Ähnlich bereits *Fastrich*, Inhaltskontrolle (1992), S. 44.
[208] Ebenso *Fastrich*, Inhaltskontrolle (1992), S. 45.
[209] So etwa *Reifner*, Alternatives Wirtschaftsrecht (1979), S. 66 ff.
[210] Insbesondere *Zweigert*, FS Rheinstein II (1969), S. 493, 504: „Die Rechtswissenschaft sollte das mitgeschleppte Verfahren, das die Vertragsfreiheit als ein Prinzip verkündet und ihre Ausnahmen herausarbeitet, fallenlassen. Die moderne Aufgabe liegt darin, Kriterien und Verfahren für die Vertragsgerechtigkeit zu entwickeln, die herzustellen gerade deshalb nötig ist, weil es eine Vertragsfreiheit in Wahrheit nicht gibt."
[211] So etwa AK/*Teubner* BGB (1980), § 242 Rn. 19.

die Erkenntnis der Notwendigkeit einer Berücksichtigung der *sozialen Funktion* des Vertrages und der Gewährleistung *materieller Vertragsfreiheit* sowohl auf mitgliedsstaatlicher als auch auf europäischer Ebene durchgesetzt. Ganze Teilrechtsbereiche wie das AGB-Recht, das Arbeits- und Mietrecht sowie das Verbraucherrecht sind nur vor dem Hintergrund ihres Bezuges zu der aus der sozialen Dimension der entsprechenden Rechtsverhältnisse erwachsenen besonderen Schutzbedürftigkeit bestimmter Personengruppen verständlich. In ihnen wird die *formale Vertragsfreiheit* der strukturell überlegenen Parteien durch zwingendes Recht oder Instrumente der *materiellen Vertragskontrolle* weitgehend eingeschränkt. Entsprechend können manche Aussagen der sozialen Vertragslehre kaum mehr als *revolutionär*, sondern allenfalls als *prophetisch* bezeichnet werden. Die aus ihnen erwachsenen Einsichten haben sich mittlerweile in breiter Linie, wenngleich – wie etwa im Verbraucherrecht – nicht gänzlich unbestritten, durchgesetzt oder sind von der Wirklichkeit sogar überholt worden. Dass Gleiche gilt für die Feststellung, dass „Vertragsfreiheit ökonomische und soziale Gleichheit der verhandelnden Partner voraussetzt."[212] Wenn etwa das BVerfG in seiner Bürgschaftsentscheidung darauf hinweist, dass „heute ... weitgehende Einigkeit darüber [besteht], daß die Vertragsfreiheit nur im Falle eines annähernd ausgewogenen Kräfteverhältnisses der Partner als Mittel eines angemessenen Interessenausgleichs taugt und daß der Ausgleich gestörter Vertragsparität zu den Hauptaufgaben des geltenden Zivilrechts gehört"[213], in dessen Sinne „sich große Teile des Bürgerlichen Gesetzbuchs deuten"[214] lassen, so sind damit jene Funktionsgrenzen der Privatautonomie angesprochen, die dem Reformanspruch der sozialen Vertragstheorie zugrunde liegen.

Allerdings besteht im Grundansatz gleichwohl ein erheblicher Unterschied, der sich umso stärker auswirkt, je stärker das Privatrechtsmodell der sozialen Vertragslehre konkretisiert wird. So stehen die Instrumente der *materiellen Vertragskontrolle* des *geltenden Rechts* gerade im Dienst der *Gewährleistung materieller Vertragsfreiheit*, die zentraler Angelpunkt der Privatrechtsdogmatik bleibt. In ihr geht es gerade nicht um das Zurückdrängen der *Privatautonomie* zugunsten einer *sozialen Ideologie*, deren konkreter Inhalt unklar bleibt und die aufgrund ihrer Nähe zu sozialistischen Konzepten ihrerseits berechtigten Anfragen ausgesetzt ist. Stattdessen steht die tatsächliche *Verwirklichung* der Selbstbestimmung im Mittelpunkt, die entweder durch Gewährleistung ihrer Funktionsvoraussetzungen oder durch Behebung der Folgen entsprechender Freiheitsdefizite durch Herstellung materieller Vertragsgerechtigkeit gesichert wird. Wenn die sozialen Vertragslehren diesen inneren Zusammenhang zwischen Vertragsfreiheit und Vertragsgerechtigkeit ausblenden und sich ausschließlich der Gewährleistung materiell „richtiger" Verträge zuwenden, werden sie der Bedeutung des *Selbst-*

[212] *Zweigert*, FS Rheinstein II (1969), S. 493, 503.
[213] BVerfGE 89, 214, 233 = NJW 1994, 36, 38f. (Bürgschaft I).
[214] BVerfGE 89, 214, 233 = NJW 1994, 36, 38f. (Bürgschaft I).

bestimmungsrechts als unbestrittener Grundlage der Privatrechtsordnung nicht gerecht. Statt die Privatautonomie durch Herstellung ihrer Funktionsvoraussetzungen zu stärken, wird mit der einseitigen Überbetonung der materiellen Vertragskontrolle gleichsam das „Kind mit dem Bade ausgeschüttet".

Die Ablehnung der Privatautonomie verkennt zudem den Wert, der ihr mit Blick auf die Aspekte der Richtigkeitsgewähr, der eigenverantwortlichen Selbstregulierung sowie der Abwehr totalitärer Machtansprüche zukommt.[215] Sie verkennt zudem die ausgleichende Funktion des *Wettbewerbs*,[216] der jedenfalls im Hinblick auf Qualität und Preis als Inhalt der Hauptleistungspflichten regelmäßig zu einem Ausgleich bestehender wirtschaftlicher Machtungleichgewichte führt, was im AGB-Recht etwa durch die Kontrollfreiheit von Preisabreden gem. §307 Abs. 3 S. 1 BGB anerkannt wird. Darüber hinaus besteht die Gefahr, dass der Gerechtigkeitsbegriff durch beliebige Inhalte ideologisch aufgeladen und so zum Instrument der Verwirklichung gesellschaftspolitischer Ziele missbraucht wird. Abgesehen von der Frage nach den *inhaltlichen Maßstäben* der geforderten materiellen Vertragskontrolle und ihrer *Legitimation*[217] erscheint es fraglich, ob eine auf ganz überwiegend heteronom vorgegebenen Vertragsinhalten gegründete Privatrechtsordnung überhaupt funktioniert.[218] Insbesondere im Hinblick auf die Gewährleistung hinreichender *Rechtssicherheit* und *Rechtsklarheit* ergeben sich insoweit erhebliche Zweifel.[219] In jedem Fall wäre ein entsprechendes Vertragsmodell mit der auf die Anerkennung der Privatautonomie gegründeten Privatrechtsordnung kaum vereinbar[220] und aufgrund der unvermeidbaren Brüche mit der Verfassungsordnung des Grundgesetzes auch für die Zukunft ausgeschlossen.[221] Die Frage nach dem Verhältnis von Vertragsfreiheit und Vertragsgerechtigkeit vermag die *soziale Vertragstheorie* aufgrund der mit Blick auf die Bedeutung des Selbstbestimmungsrechts unzureichenden Berücksichtigung der Privatautonomie daher nicht in befriedigender Weise zu beantworten.

4. *Theorie der rechtsgeschäftlichen Entscheidungsfreiheit (Wolf)*

Einen Ansatz, der sich um die Verknüpfung von Vertragsfreiheit und Vertragsgerechtigkeit auf der Grundlage der geltenden Privatrechtsordnung bemüht, hat *Wolf* mit seiner Theorie der *rechtsgeschäftlichen Entscheidungsfreiheit* vorgelegt.

---

[215] So überzeugend *Fastrich*, Inhaltskontrolle (1992), S. 45 f.

[216] *Heinrich*, Formale Freiheit (2000), S. 193.

[217] Zu Recht insoweit skeptisch *Fastrich*, Inhaltskontrolle (1992), S. 46.

[218] *Fastrich*, Inhaltskontrolle (1992), S. 46.

[219] *Fastrich*, Inhaltskontrolle (1992), S. 46.

[220] So übereinstimmend *Fastrich*, Inhaltskontrolle (1992), S. 45 f.; *Heinrich*, Formale Freiheit (2000), S. 193; *Busche*, Privatautonomie (1999), S. 86.

[221] Ähnlich wohl auch *Heinrich*, Formale Freiheit (2000), S. 193 („Absage an die Vertragsfreiheit").

a) Überblick

Er erblickt in den Prinzipien der *Selbstbestimmung* und *Selbstverantwortung* die Grundlagen des Vertragsrechts.[222] Aus der Geltung des Prinzips der Selbstbestimmung folgt nach *Wolf* die *rechtliche* Anerkennung der in Ausübung der Selbstbestimmung getroffenen Vereinbarungen, die der Verwirklichung eines gerechten Interessenausgleichs zwischen den Parteien dienen sollen.[223] Allerdings darf den Vereinbarungen nicht erst dann rechtliche Anerkennung zuteilwerden, wenn ein *gerechter* Interessenausgleich *tatsächlich* erreicht ist, da sonst das Prinzip der Selbstbestimmung aufgegeben werden würde.[224] Vielmehr muss sich die Rechtsordnung darum bemühen, die *Voraussetzungen* für einen selbstbestimmten und gerechten Interessenausgleich der Parteien zu schaffen.[225] Nur dort, wo diese Voraussetzungen nicht gegeben sind, kann die Rechtsordnung der vertraglichen Vereinbarung der Parteien die rechtliche Anerkennung versagen.[226] *Materielle Vertragsgerechtigkeit* soll damit nicht durch den unmittelbaren Zugriff auf den *Vertragsinhalt*, sondern vielmehr durch den Schutz des *Verhandlungsverfahrens*, insbesondere die Gewährleistung tatsächlicher *Selbstbestimmung* hergestellt werden. Ziel ist dabei die Balance zwischen Selbstbestimmung und angemessenem Interessenausgleich, zwischen Vertragsfreiheit und Vertragsgerechtigkeit als Grundlage der Rechtsordnung: Die „Verbindung zwischen Selbstbestimmung und gerechtem Interessenausgleich ist unverzichtbarer Minimalbestand einer um Gerechtigkeit bemühten Rechtsordnung."[227]

aa) Rechtsgeschäftliche Entscheidungsfreiheit als Tatbestandsmerkmal der Willenserklärung

Damit kommt der Frage entscheidende Bedeutung zu, wann von einer tatsächlichen Selbstbestimmung, die den Parteien einen „in freier Entscheidung gefundenen gerechten Interessenausgleich"[228] ermöglicht, ausgegangen werden kann. Hierfür möchte *Wolf* das Kriterium der „rechtsgeschäftlichen Entscheidungsfreiheit" als „unentbehrliche Gültigkeitsvoraussetzung rechtsgeschäftlicher Rechtsfolgen"[229] heranziehen und damit den Tatbestand der Willenserklärung um ein weiteres, ungeschriebenes Tatbestandsmerkmal ergänzen.[230] Denn die auf die *psychologischen Komponenten* des Willens begrenzten Voraussetzungen der Willenserklärung nach der Willens-, Erklärungs- und Geltungstheorie – Hand-

[222] *Wolf*, Entscheidungsfreiheit (1970), S. 292.
[223] *Wolf*, Entscheidungsfreiheit (1970), S. 292 f.
[224] *Wolf*, Entscheidungsfreiheit (1970), S. 293.
[225] *Wolf*, Entscheidungsfreiheit (1970), S. 293.
[226] *Wolf*, Entscheidungsfreiheit (1970), S. 293.
[227] *Wolf*, Entscheidungsfreiheit (1970), S. 293. Hervorhebungen durch den Verfasser.
[228] *Wolf*, Entscheidungsfreiheit (1970), S. 293.
[229] *Wolf*, Entscheidungsfreiheit (1970), S. 119.
[230] *Wolf*, Entscheidungsfreiheit (1970), S. 123 f.

lungswille, Erklärungsbewusstsein und Geschäftswille – werden der Bedeutung der in den *Motiven* zum BGB[231] „ausdrücklich als Gültigkeitsvoraussetzung und Tatbestandsmerkmal der Willenserklärung“[232] genannten *Entscheidungsfreiheit* nicht gerecht.[233]

Entscheidend für die rechtlich wirksame Zurechnung von Willenserklärungen als Ausdruck privatautonomer Entscheidung und der Selbstbestimmung der Parteien soll damit sein, dass der Einzelne „die Möglichkeit zu einer mit den Grundsätzen der Rechtsordnung übereinstimmenden“[234] und damit den „Grundsätzen der Gerechtigkeit entsprechenden Entscheidung“[235] hatte. Diese Voraussetzungen sind nicht bereits mit dem Einräumen von *Wahlmöglichkeiten* und der Abwesenheit von *Fremdbestimmung* gegeben[236], sondern bestehen vielmehr in der *Freiheit zur gerechten Entscheidung*[237], die ihrerseits die *Freiheit zur vernünftigen Entscheidung*[238] als Grundlage voraussetzt und als *Freiheit zur gerechten Interessenabwägung*[239] konkretisiert wird. Als Maßstab werden dabei die Wertungen der Rechtsordnung herangezogen, denn „nach den Vorstellungen der Rechtsordnung sollen bei der Vertragsgestaltung die Rechte und Pflichten der Beteiligten zu einem *gerechten* Ausgleich finden.“[240] Denn, so *Wolf*, „im Idealfall sollten die Parteien durch ihre rechtsgeschäftliche Entscheidung ihr Verhältnis so zu regeln vermögen, wie es der Gesetzgeber selbst regeln würde.“[241]

Zwar sind die Parteien grundsätzlich nicht an die Wertungen des Gesetzgebers gebunden, da sie in eigener Verantwortung über die Gestaltung ihrer Rechtsverhältnisse entscheiden.[242] Daher kann der Einzelne auch auf die Wahrnehmung bestimmter Interessen verzichten und ist nicht an die Prinzipien der materiellen Gerechtigkeit gebunden.[243] Erforderlich ist hierfür jedoch, dass der Verzicht auf einen gegenseitigen Ausgleich, d. h. die Inkaufnahme von Nachteilen durch einen ungerechten Vertrag freiwillig erfolgt, mithin „Freiheit zur Freigebigkeit“[244] besteht.[245] Dennoch ist für die Bestimmung der rechtsgeschäftlichen Entscheidungsfreiheit die gesetzgeberische Entscheidung von Interessenkonflikten zugrunde zu legen. Denn da der Gesetzgeber Interessenkonflikte durch Ausgleich

---

231 Mot. I, S. 204, 206 = Mugdan I, S. 465 f.
232 *Wolf*, Entscheidungsfreiheit (1970), S. 123.
233 *Wolf*, Entscheidungsfreiheit (1970), S. 123.
234 *Wolf*, Entscheidungsfreiheit (1970), S. 119.
235 *Wolf*, Entscheidungsfreiheit (1970), S. 138.
236 *Wolf*, Entscheidungsfreiheit (1970), S. 113 ff.
237 *Wolf*, Entscheidungsfreiheit (1970), S. 115 ff.
238 *Wolf*, Entscheidungsfreiheit (1970), S. 115 f.
239 *Wolf*, Entscheidungsfreiheit (1970), S. 118 f.
240 *Wolf*, Entscheidungsfreiheit (1970), S. 118.
241 *Wolf*, Entscheidungsfreiheit (1970), S. 118.
242 *Wolf*, Entscheidungsfreiheit (1970), S. 118.
243 *Wolf*, Entscheidungsfreiheit (1970), S. 118.
244 *Wolf*, Entscheidungsfreiheit (1970), S. 120.
245 *Wolf*, Entscheidungsfreiheit (1970), S. 120.

im Wege der Interessenabwägung zu lösen sucht, muss „diese Möglichkeit, die verschiedenen *Interessen* gegeneinander *abwägen* und zum *Ausgleich* bringen zu können, ... deshalb auch für den Inhalt der *rechtsgeschäftlichen Entscheidungsfreiheit* bestimmend sein."[246]

bb) Anforderungen an die rechtsgeschäftliche Entscheidungsfreiheit

Für die Frage, ob eine Beeinträchtigung der rechtsgeschäftlichen Entscheidungsfreiheit vorliegt, zieht *Wolf* die drei Merkmale der 1) *Kopplung*, 2) des *sachfremden Zusammenhangs* sowie 3) der *unzumutbaren Aufopferung des höherwertigen sachfremden Interesses* heran.[247] So muss „die Entscheidung über die sachgerechte Ausgestaltung einer Vertragsbedingung ... dadurch gestört sein, daß die Verfolgung anderweitiger Interessen von einem bestimmten Inhalt dieser Entscheidung abhängig gemacht wird (*Koppelung*); die Verfolgung dieser anderweitigen Interessen, bei denen es sich regelmäßig um die mit der Vertragsleistung verbundenen Interessen handelt, darf nicht zu den sachgerechten Erwägungen bei der Entscheidung über die Vertragsbedingung gehören (*sachfremder Zusammenhang*); der Wert dieser anderweitigen Interessen muß sich gegenüber den mit der Vertragsbedingung auf dem Spiel stehenden Interessen als stärker erweisen, so daß ein Verzicht darauf zwecks Abwehr einer ungerechten Vertragsgestaltung unzumutbar erscheint (*unzumutbare Aufopferung des höherwertigen sachfremden Interesses*)."[248]

Dies betrifft vor allem Fälle, in denen aufgrund eines Machtungleichgewichtes zwischen den Parteien bestimmte Vertragsbedingungen im Sinne eines „take it or leave it"-Angebotes unverhandelbar gestellt werden, so dass der unterlegenen Partei nichts anderes übrig bleibt, als die Vertragsbedingung zu akzeptieren oder vom Vertragsschluss Abstand zu nehmen.[249] Ist er jedoch auf den Vertrag angewiesen und erweist sich der Verzicht auf den Vertrag als nicht zumutbar, so wird der insoweit unterliegende Vertragspartner eher nachteilige Bedingungen in Kauf nehmen als auf den Vertragsschluss verzichten.[250] Im Ergebnis kann die überlegene Partei diese Situation ausnutzen und umso unangemessenere Bedingungen durchsetzen, je eher sich ein Verzicht auf den Vertragsschluss für den schwächeren Vertragspartner als unzumutbar erweist.[251] Die unterlegene Partei wird dabei zu einer Abwägungsentscheidung gedrängt, in der sie die Nachteile eines Vertragsverzichts jenen der Annahme der Vertragsbedingungen gegenüberstellt.[252] Ein Verzicht auf den Vertragsschluss ist dann *unzumutbar*, „wenn dadurch auf höher-

246 *Wolf*, Entscheidungsfreiheit (1970), S. 119. Hervorhebungen durch den Verfasser.
247 *Wolf*, Entscheidungsfreiheit (1970), S. 126ff., 293f.
248 *Wolf*, Entscheidungsfreiheit (1970), S. 295. Vgl. hierzu eingehend *Wolf*, Entscheidungsfreiheit (1970), S. 126f., 140ff. Hervorhebungen durch den Verfasser.
249 *Wolf*, Entscheidungsfreiheit (1970), S. 126f.
250 *Wolf*, Entscheidungsfreiheit (1970), S. 126.
251 *Wolf*, Entscheidungsfreiheit (1970), S. 126.
252 *Wolf*, Entscheidungsfreiheit (1970), S. 141.

wertige Interessen verzichtet werden müßte, als sie bei der Regelung der Nebenbedingungen auf dem Spiel stehen."[253]

In der Praxis kommt es daher maßgeblich auf die *Angemessenheit* der Vertragsbedingungen im Sinne ihres *Einklangs* mit dem dispositiven Recht an. Weicht etwa der Verwender von AGB in seinen Klauseln vom *dispositiven Recht* ab, so muss er – will er das Bestehen der rechtsgeschäftlichen Entscheidungsfreiheit des Verwendungsgegners darlegen – diese Abweichung vom geltenden *ius dispositivum* durch das Vorliegen *berechtigter Interessen* rechtfertigen.[254] Von *tatsächlicher* rechtsgeschäftlicher Entscheidungsfreiheit seines Vertragspartners kann daher nur dann ausgegangen werden, wenn es ihm gelingt nachzuweisen, „daß ein berechtigtes Interesse vorliegt, das bei Abwägung mit den Interessen des anderen Teils ein Abweichen von der gesetzlichen Wertung als angebracht erscheinen läßt und dadurch eine Beeinträchtigung der Entscheidungsfreiheit verhindert."[255]

Anknüpfungspunkt für die Unwirksamkeit von AGB ist damit nicht mehr die situative Unterlegenheit des Verwendungsgegners, sondern vielmehr die Unangemessenheit der Vertragsbedingungen.[256] Da die rechtsgeschäftliche Entscheidungsfreiheit Wirksamkeitsvoraussetzung jeder Willenserklärung ist, muss ihr Vorliegen und insofern auch relevante Abweichungen vom dispositiven Recht für jedes Vertragsverhältnis geprüft werden.[257] Die Wirksamkeit des Vertrages ist somit letztlich vom Ergebnis einer in jedem Einzelfall vorzunehmenden Interessenabwägung abhängig. Da die Unwirksamkeit das Rechtsgeschäft nur insoweit erfasst, wie der Unwirksamkeitsgrund reicht und etwa Vertragsbedingungen vom dispositiven Recht abweichen, kann ein Vertrag dabei durchaus in wirksame und unwirksame Bestandteile zerfallen, wobei die Vorschrift des § 139 BGB zur Anwendung gelangt.[258] Nur bei Fehlen der vertraglichen Mindestanforderungen kommt eine Gesamtnichtigkeit des Vertrages in Betracht.[259]

cc) Verhältnis von Vertragsfreiheit und Vertragsgerechtigkeit

Aus der Anerkennung des Merkmals der *rechtsgeschäftlichen Entscheidungsfreiheit* als Voraussetzung der Willenserklärung ergibt sich ein spezifisches Verhältnis von Vertragsfreiheit und Vertragsgerechtigkeit, das *Wolf* mit großer Klarheit formuliert.[260]

1. Herstellung von Vertragsgerechtigkeit als Grundanliegen der Rechtsordnung. Den Ausgangspunkt bildet dabei zunächst die Anerkennung der *Vertragsgerech-*

---

[253] *Wolf*, Entscheidungsfreiheit (1970), S. 141.
[254] *Wolf*, Entscheidungsfreiheit (1970), S. 255.
[255] *Wolf*, Entscheidungsfreiheit (1970), S. 255.
[256] Ebenso *Fastrich*, Inhaltskontrolle (1992), S. 40.
[257] *Wolf*, Entscheidungsfreiheit (1970), S. 195.
[258] *Wolf*, Entscheidungsfreiheit (1970), S. 284 ff.
[259] *Wolf*, Entscheidungsfreiheit (1970), S. 291 f.
[260] Eingehend hierzu *Wolf*, Entscheidungsfreiheit (1970), S. 31 ff., 35 f., 61 f., 73 f.

tigkeit als Grundanliegen der Rechtsordnung.[261] *Wolf* erkennt in der Herstellung eines *gerechten Ausgleiches* der gegenseitigen Interessen der Parteien die „eigentliche Aufgabe"[262] der Rechtsordnung.[263] Dies gilt nach der Ansicht *Wolfs* nicht nur insoweit, dass die Rechtsordnung insgesamt den Anforderungen der Gerechtigkeit genügen muss, sondern auch mit Blick auf den individuellen Vertrag.[264]

2. *Grundsätzlicher Vorrang der Selbstbestimmung.* Die Herstellung der Vertragsgerechtigkeit als Hauptaufgabe der Rechtsordnung erfolgt jedoch im Grundsatz nicht unmittelbar durch die Rechtsordnung selbst, sondern ist zunächst den Parteien aufgetragen, die in Selbstbestimmung einen gerechten Ausgleich ihrer gegenseitigen Interessen herbeiführen sollen.[265] Es gilt damit zunächst der *Vorrang der Selbstbestimmung*[266], da andernfalls den Parteien die Vertragsgestaltungsfreiheit völlig entzogen wäre.[267] Dies würde, so *Wolf*, den Parteien nicht nur die Möglichkeit entziehen, den Vertrag an ihre besonderen Verhältnisse *individuell anzupassen*, sondern hätte darüber hinaus eine *Bevormundung* durch die Rechtsordnung zur Folge, die ihnen die „richtige Wahrnehmung ihrer Interessen"[268] vorschreibt.[269] Hierfür besteht jedoch weder Anlass noch Notwendigkeit, da die Wahrnehmung privater Interessen Aufgabe der Träger dieser Interessen ist, solange nicht Gemeinschaftsinteressen betroffen sind.[270] Der Selbstbestimmung kommt damit ein „natürlicher Platz in der Gesamtrechtsordnung"[271] zu.

3. *Der Vertrag als Instrument eines gerechten Interessenausgleichs.* Die Selbstbestimmung besteht jedoch nicht beziehungslos neben der Vertragsgerechtigkeit, sondern ist *funktional* insoweit mit ihr verknüpft, als sie grundsätzlich auf die Herstellung eines gerechten vertraglichen Interessenausgleichs gerichtet ist.[272] Die Selbstbestimmung, so *Wolf*, „kann als Bestandteil der Rechtsordnung nicht losgelöst von der Aufgabe des Rechts gesehen werden, eine gerechte Ordnung zu verwirklichen."[273] Finden die Parteien daher zu einem *gerechten* Interessenausgleich, so werden beide Werte – Selbstbestimmung und Vertragsgerechtigkeit – gleichermaßen verwirklicht.[274] Das *Institut des Vertrages* schafft nach der Ansicht *Wolfs* „wohl die besten Voraussetzungen dafür, daß die Parteien durch

---

261 *Wolf*, Entscheidungsfreiheit (1970), S. 31 f.
262 *Wolf*, Entscheidungsfreiheit (1970), S. 31.
263 *Wolf*, Entscheidungsfreiheit (1970), S. 31.
264 *Wolf*, Entscheidungsfreiheit (1970), S. 31.
265 *Wolf*, Entscheidungsfreiheit (1970), S. 31.
266 *Wolf*, Entscheidungsfreiheit (1970), S. 35 f., 73 f.
267 *Wolf*, Entscheidungsfreiheit (1970), S. 35.
268 *Wolf*, Entscheidungsfreiheit (1970), S. 35.
269 *Wolf*, Entscheidungsfreiheit (1970), S. 35.
270 *Wolf*, Entscheidungsfreiheit (1970), S. 35 f.
271 *Wolf*, Entscheidungsfreiheit (1970), S. 36.
272 *Wolf*, Entscheidungsfreiheit (1970), S. 69 ff., 73 f.
273 *Wolf*, Entscheidungsfreiheit (1970), S. 67.
274 *Wolf*, Entscheidungsfreiheit (1970), S. 73.

ihr Aushandeln in Ausübung ihrer Selbstbestimmung den gerechten Interessenausgleich finden."[275] Denn im vertraglichen Einigungsprozess vermag sich die Selbstbestimmung durch Wahrnehmung der eigenen Interessen auf den gerechten Interessenausgleich hin zu entfalten.[276]

4. Möglichkeit eines gerechten Interessenausgleichs als Voraussetzung tatsächlicher Selbstbestimmung. Die Verwirklichung eines gerechten Interessenausgleichs als Ausdruck der Selbstbestimmung der Parteien setzt jedoch voraus, „daß der einzelne nach den Umständen auch die Möglichkeit hat, seine berechtigten Interessen zur Geltung zu bringen, bzw. unberechtigte Anforderungen abzulehnen."[277] Daher sieht *Wolf* die *Aufgabe der Rechtsordnung* darin, „die Voraussetzungen so zu bestimmen, daß der einzelne zur selbstbestimmten Wahrnehmung seiner berechtigten Interessen bzw. zur Abwehr unberechtigter Forderungen in der Lage ist"[278], um eine *funktionsgerechte Entfaltung der Selbstbestimmung* zu ermöglichen.[279] In der Gewährleistung tatsächlicher Selbstbestimmung, in der Sicherung materieller Vertragsfreiheit sieht *Wolf* den maßgeblichen *Berührungspunkt* zwischen *Selbstbestimmung* und *Vertragsgerechtigkeit*:

„In diesem Punkt, den *Grundlagen* für die *Entfaltung der Selbstbestimmung*, treffen sich *Selbstbestimmung* und *Vertragsgerechtigkeit*, indem die Voraussetzungen für die Entfaltung der Selbstbestimmung *an der Vertragsgerechtigkeit ausgerichtet* werden. Dabei handelt es sich aber nicht um Voraussetzungen für die Existenzberechtigung der Selbstbestimmung. Ziel ist es vielmehr, den *Kernbereich* zu bestimmen, der der Selbstbestimmung auf jeden Fall erhalten bleiben muß. Die Erzielung eines *gerechten Interessenausgleichs* ist nicht Voraussetzung der Selbstbestimmung. Vielmehr bestimmen die *Erfordernisse der Vertragsgerechtigkeit* die Voraussetzungen, unter denen die *Selbstbestimmung gegenüber Beeinträchtigungen* Schutz verdient. Nicht die *Bindung der Selbstbestimmung* an die *Vertragsgerechtigkeit*, sondern die *Sicherung eines Wegs*, der der freien Selbstbestimmung stets offen bleiben muß, kennzeichnet das Verhältnis zwischen *Selbstbestimmung* und *Vertragsgerechtigkeit*."[280]

5. Bindung der Selbstbestimmung an die Vertragsgerechtigkeit. Kommt der *Selbstbestimmung* gegenüber der unmittelbaren, heteronomen Herstellung von Vertragsgerechtigkeit zunächst Vorrang zu, so ist die Selbstbestimmung ihrerseits an Vertragsgerechtigkeit gebunden. Diese *untrennbare Verknüpfung* von Vertragsfreiheit und Vertragsgerechtigkeit, die funktionale Ausrichtung der Selbstbestimmung auf einen gerechten Interessenausgleich, ist für die Rechtsordnung unverzichtbar:[281]

---

[275] *Wolf*, Entscheidungsfreiheit (1970), S. 73.
[276] *Wolf*, Entscheidungsfreiheit (1970), S. 69.
[277] *Wolf*, Entscheidungsfreiheit (1970), S. 69 f.
[278] *Wolf*, Entscheidungsfreiheit (1970), S. 70.
[279] *Wolf*, Entscheidungsfreiheit (1970), S. 70.
[280] *Wolf*, Entscheidungsfreiheit (1970), S. 70. Hervorhebungen durch den Verfasser.
[281] *Wolf*, Entscheidungsfreiheit (1970), S. 70.

„Ohne die *Möglichkeit* zu einer in diesem Sinne *gerechten Entscheidung* würde die Rechtsordnung ein *Institut* zulassen, das sich mit den *Grundsätzen der Gerechtigkeit* in Widerspruch setzen würde, ohne zugleich der *Selbstbestimmung* Raum zu lassen, denn die *Selbstbestimmung zum gerechten Ausgleich* wäre unmöglich. Ein solches Institut, das weder die *Selbstbestimmung* noch die *Vertragsgerechtigkeit* verwirklicht und damit von *keinem Rechtsprinzip* mehr getragen wird, steht im *Widerspruch* zur *Ordnungsaufgabe der Rechtsordnung* und kann von ihr *nicht zugelassen* werden. Die *Moglichkeit zum gerechten Ausgleich* im Einzelvertrag muß auch im *Interesse der Gesamtordnung* gefordert werden. ... Die *Mindestanforderung*, die die Rechtsordnung an die *Anerkennung des Vertragsinstituts* knüpft, besteht deshalb darin, daß der *Selbstbestimmung* eine im Sinne der *Rechtsordnung gerechte* Entscheidung *möglich* ist."[282]

Aus der Bindung der vertraglichen Selbstbestimmung an die Vertragsgerechtigkeit ergibt sich eine *immanente Schranke*:[283] So wird „die Willensherrschaft des Stärkeren insofern eingeschränkt, als er mit dem anderen Teil nur noch unter Umständen verhandeln kann, die diesem eine angemessene Wahrung seiner Interessen ermöglichen."[284] Eine Beschränkung der Vertragsfreiheit im Verhältnis zur staatlichen Rechtsordnung ergibt sich für *Wolf* daraus indes nicht, da der Spielraum für vertragliche Vereinbarungen in vollem Umfang erhalten bleibt[285]. Eine Beschränkung erfolgt lediglich im Hinblick auf die *Mittel*, die der stärkeren Partei zur Durchsetzung ihrer Interessen zur Verfügung stehen:[286]

„Er darf sich solcher Mittel *nicht* bedienen, durch die er die *Selbstbestimmung* seines Partners *beeinträchtigt*. Diese Beschränkung ist eine der Vertragsfreiheit *immanente natürliche Schranke*, weil der Vertrag seine *Rechtswirkungen* nur auf Grund der *beiderseitigen Selbstbestimmung* entfalten kann. Dem überlegenen Teil kann nicht gestattet werden, eigenmächtig und nach freiem Belieben seinem Partner *Nachteile* aufzubürden, die sich nicht durch *objektive Gesichtspunkte der Vertragsgerechtigkeit* rechtfertigen lassen. Niemand braucht eine den Anforderungen eines *gerechten Interessenausgleichs* nicht entsprechende Vereinbarung *nur deshalb* hinzunehmen, weil der andere *der stärkere Partner* ist. Unsere Rechtsordnung *kennt keinen solchen Vorrang des Stärkeren* und darf ihn im Interesse der Gerechtigkeit nicht kennen. Der Stärkere darf, wenn er die *Selbstbestimmung* des Schwächeren mißachtet, seine *Stärke nur zur Durchsetzung* seiner berechtigten Belange einsetzen, die mit den Anforderungen des gerechten Ausgleichs übereinstimmen."[287]

Damit klingt ein Gedanke an, den die Rechtsprechung Mitte der 1960er Jahre im Kontext der Inhaltskontrolle von AGB entwickelt hatte, wonach der Verwender gemäß den Grundsätzen von „Treu und Glauben verpflichtet [ist], schon bei der Abfassung der allgemeinen Geschäftsbedingungen die Interessen seiner künftigen Vertragspartner angemessen zu berücksichtigen. Bringt er nur seine eigenen

282 *Wolf*, Entscheidungsfreiheit (1970), S. 70. Hervorhebungen durch den Verfasser.
283 *Wolf*, Entscheidungsfreiheit (1970), S. 71 f.
284 *Wolf*, Entscheidungsfreiheit (1970), S. 71.
285 *Wolf*, Entscheidungsfreiheit (1970), S. 71.
286 *Wolf*, Entscheidungsfreiheit (1970), S. 71.
287 *Wolf*, Entscheidungsfreiheit (1970), S. 71 f. Hervorhebungen durch den Verfasser.

Interessen zur Geltung, so mißbraucht er die Vertragsfreiheit. Insoweit ist die Vertragsfreiheit durch § 242 BGB eingeschränkt ....“[288] Dabei hat *Wolf* deutlich gemacht, dass hierin keineswegs eine unzulässige Beschränkung der Vertragsfreiheit, der „freien Bahn für den Tüchtigen“[289] gesehen werden kann: Denn, so *Wolf*, das Vertragsrecht ermöglicht „durchaus die Entfaltung des Tüchtigen. Es steht ihm offen, unter Achtung der Selbstbestimmung seines Partners eine inhaltlich gleiche Vereinbarung zu treffen. Er muß sich dazu nur statt unverständlicher und versteckter Klauseln einer klaren und verständlichen Sprache bedienen und die Ausnutzung von Zwangslagen unterlassen.“[290] Den Parteien steht damit in vollem Umfang eine weithin *unbeschränkte Vertragsgestaltungsfreiheit* zu, wenn und soweit tatsächliche Selbstbestimmung im Sinne der *Möglichkeit* zu einem *gerechten Interessenausgleich* gegeben ist. Nur dann, wenn die Selbstbestimmung einer der Parteien durch die Übermacht des stärkeren Vertragspartners beeinträchtigt ist, tritt die Vertragsgerechtigkeit an die Stelle der insoweit missbrauchten Vertragsfreiheit.[291]

6. Wirksamkeit des ungerechten, aber selbstbestimmten Vertrages. Aus der inneren Verknüpfung von Vertragsfreiheit und Vertragsgerechtigkeit, die im Kern darin besteht, „dass das Streben nach Vertragsgerechtigkeit die Voraussetzungen beeinflußt, unter denen sich die Selbstbestimmung entfalten kann“[292], zieht *Wolf* daher die Schlussfolgerung, dass auch ein den Anforderungen der Gerechtigkeit *nicht* entsprechender Vertrag gleichwohl *verbindlich* ist, wenn *tatsächliche* Selbstbestimmung bestand, d. h. eine im Sinne der Rechtsordnung gerechte Entscheidung jedenfalls möglich gewesen ist.[293]

„Verfehlen die Parteien den nach *objektiven* Maßstäben *gerechten Interessenausgleich*, so kann dies auch mit Rücksicht auf die *Belange der Gesamtordnung* hingenommen werden, solange es nur um die *Interessen des einzelnen* geht, auf die dieser ohne Schaden für die *Gesamtordnung verzichten* kann. Bei der Verfügung über die ausschließlich *eigenen Interessen* zeigt sich der *Vorrang* des Wertes der *Selbstbestimmung* vor der *Vertragsgerechtigkeit*.“[294]

7. Vorrang der Vertragsgerechtigkeit bei mangelnder Selbstbestimmung. Ein solcher Vorrang der Selbstbestimmung von Vertragsgerechtigkeit kann jedoch nur dann angenommen werden, „wenn der vertragliche Interessenausgleich unter Umständen zustande kam, die der Entfaltung der Selbstbestimmung eines jeden Beteiligten in Richtung auf einen gerechten Interessenausgleich Raum lie-

[288] BGH NJW 1965, 246, 246. Ebenso BGHZ 54, 106 = NJW 1970, 1596, 1597; BGHZ 51, 55 = NJW 1969, 230, 230 f.
[289] *Wolf*, Entscheidungsfreiheit (1970), S. 71.
[290] *Wolf*, Entscheidungsfreiheit (1970), S. 72.
[291] *Wolf*, Entscheidungsfreiheit (1970), S. 62, 74.
[292] *Wolf*, Entscheidungsfreiheit (1970), S. 71.
[293] *Wolf*, Entscheidungsfreiheit (1970), S. 71.
[294] *Wolf*, Entscheidungsfreiheit (1970), S. 74. Hervorhebungen durch den Verfasser.

ßen."[295] Ist dies nicht der Fall, sondern war die Selbstbestimmung einer der Parteien beeinträchtigt, „so ist die zum Nachteil des Beeinträchtigten vom gerechten Interessenausgleich abweichende Vereinbarung nicht mehr Ausdruck von dessen Selbstbestimmung und braucht deshalb nicht respektiert zu werden. Die Vertragsgerechtigkeit muß dann zum beherrschenden Element eines Rechtsverhältnisses werden, wo die Selbstbestimmung des Benachteiligten versagt."[296] Den Vorrang der Vertragsgerechtigkeit, die insoweit an die Stelle der defizitären Selbstbestimmung tritt, rechtfertigt *Wolf* mit dem Institut des Rechtsmissbrauchs als *immanenter Schranke*[297] der Vertragsfreiheit:

„Eine Zurückhaltung wegen des Eingriffs in die Vertragsfreiheit ist nicht geboten, denn die Ausnutzung der Vertragsfreiheit unter Beeinträchtigung der Selbstbestimmung des Partners hat sich als Mißbrauch der Vertragsfreiheit erwiesen. Die mißbrauchte Vertragsfreiheit vermag der Vertragsgerechtigkeit aber keine Schranken zu ziehen. Dadurch wird auch nicht die Selbstbestimmung des Unterlegenen beschränkt. Denn wo er sie unbeeinträchtigt ausüben kann, ist er nicht an die Vertragsgerechtigkeit gebunden. Die Vertragsgerechtigkeit tritt aber an die Stelle der Vertragsfreiheit, wenn diese ihre Funktion nicht mehr zu erfüllen vermag, weil sie durch Beeinträchtigung der Selbstbestimmung des Gegners in zweckwidriger Weise missbraucht wird. Vertragsgerechtigkeit und Selbstbestimmung ergänzen sich gegenseitig, wobei die Selbstbestimmung, solange sie sich verwirklichen kann, allein der Vereinbarung zur Geltung verhilft. Damit erweist sich die Selbstbestimmung nicht nur als anerkannter Wert in der Rechtsordnung, sondern bildet auch bei funktioneller Betrachtung das Kernstück der Vertragsfreiheit."[298]

b) Kritik

Mit seinem Beitrag hat *Wolf* das Verhältnis von *Vertragsfreiheit* und *Vertragsgerechtigkeit* mit einer bis dahin kaum anzutreffenden Klarheit skizziert. Seine Überlegungen verdienen weitgehend, wenngleich nicht uneingeschränkt Zustimmung. Sein besonderes Verdienst ist vor allem darin zu sehen, dass er die Bindung der Selbstbestimmung an die Vertragsgerechtigkeit herausgearbeitet und damit die Bedeutung der Herstellung eines angemessenen Interessenausgleichs als Hauptaufgabe der Rechtsordnung wieder in den Mittelpunkt der Diskussion gerückt hat. Das Gleiche gilt für die Dimension der tatsächlichen, der materiellen Vertragsfreiheit, die mit ihrer Aufwertung als Geltungsvoraussetzung der Willenserklärung zum entscheidenden Dreh- und Angelpunkt der Rechtsgeschäftslehre geworden ist.

Allerdings sind seine Schlussfolgerungen in beiden Bereichen problematisch. So ist etwa die Annahme eines uneingeschränkten Vorrangs der Vertragsfreiheit vor der Vertragsgerechtigkeit in den Fällen tatsächlich bestehender Selbstbestim-

[295] *Wolf*, Entscheidungsfreiheit (1970), S. 74.
[296] *Wolf*, Entscheidungsfreiheit (1970), S. 74.
[297] *Wolf*, Entscheidungsfreiheit (1970), S. 72.
[298] *Wolf*, Entscheidungsfreiheit (1970), S. 62. Hervorhebungen durch den Verfasser.

mung mit dem Regelungsansatz der §§ 138 Abs. 1, 242 BGB kaum vereinbar. Denn während *Wolf* materiell ungerechte Verträge als verbindlich anerkennen und jedenfalls dann einer Inhaltskontrolle entziehen will, wenn tatsächliche Selbstbestimmung im Sinne der Möglichkeit zu einem gerechten Interessenausgleich bestand, kennen die §§ 138 Abs. 1, 242 BGB eine solche (generelle) Einschränkung nicht. Stattdessen werden Verträge unabhängig vom Bestehen materieller Vertragsfreiheit einer materiellen Inhaltskontrolle unterworfen und unterfallen – wenngleich in weit gesteckten Grenzen – bei einem erheblichen Verstoß gegen die Grundsätze von Treu und Glauben dem Verdikt der Unwirksamkeit. Zwar mag es durchaus zutreffen, dass den beiden Regelungen implizit die Vorstellung zugrunde lag, ein erheblich sittenwidriger Vertrag gehe typischerweise mit einem Defizit an tatsächlicher Selbstbestimmung einher. Im Wortlaut des Gesetzestextes selbst hat ein solcher Ansatz indes keinen Niederschlag gefunden, eine entsprechende Beschränkung kennen die Vorschriften der §§ 138 Abs. 1, 242 BGB *de lege lata* nicht. Und auch die Rechtsprechung stellt bei der Auslegung des § 138 Abs. 1 BGB keineswegs maßgeblich auf das Bestehen von Freiheitsbeschränkungen ab, sondern nimmt in einer Vielzahl von Fällen selbst bei Bestehen tatsächlicher Vertragsfreiheit – etwa in Fällen der Schädigung Dritter oder schweren Äquivalenzstörungen – eine Sittenwidrigkeit an.[299]

Bedenken bestehen aber auch im Hinblick auf die rechtsgeschäftlichen Schlussfolgerungen, die *Wolf* aus dem skizzierten Verhältnis von Vertragsfreiheit und Vertragsgerechtigkeit gezogen hat. Hat sein Ansatz im Schrifttum zunächst vielfach Zustimmung erfahren[300], so hat er sich letztlich zu Recht nicht durchsetzen können. Als problematisch erweist sich etwa der Ansatz, die Wirksamkeit einer Willenserklärung vom – nur auf empirischem Wege nachweisbaren – Bestehen rechtsgeschäftlicher Entscheidungsfreiheit abhängig zu machen. Ein solcher Ansatz stößt nicht nur auf erhebliche *praktische* Schwierigkeiten und Bedenken im Hinblick auf *Rechtssicherheit* und *Rechtsklarheit*, sondern steht darüber hinaus weder mit der *Rechtsgeschäftslehre* das BGB noch mit dem *Willen des historischen Gesetzgebers* in Einklang. So werden die Fragen, ob die *Möglichkeit* zu einem *gerechten Interessenausgleich* bestand, die *rechtsgeschäftliche Entscheidungsfreiheit* eine der Parteien tatsächlich eingeschränkt war sowie ein Verzicht auf den Vertrag oder ein Ausweichen auf andere Anbieter zumutbar gewesen ist, in vielen Fällen selbst für die unmittelbar beteiligten Parteien kaum mit hinreichender Sicherheit zu beantworten sein. Probleme ergeben sich dabei vor allem für die in der Praxis häufigen unklaren Abgrenzungsfälle, bei denen – anders als in den eindeutigen Fällen der Beeinträchtigung der Selbstbestimmung – unklar bleibt,

[299] MünchKomm/*Armbrüster*, BGB (7. Aufl. 2015), § 138 Rn. 33, 36 f.

[300] So etwa *Hönn*, Vertragsparität (1982), S. 26 ff.; *Kramer*, Krise (1974), S. 58 ff.; *Fikentscher*, FS Hefermehl (1971), S. 41, 47 ff. zwar grundsätzlich positiv aber wegen Unvereinbarkeit mit dem geltenden Recht letztlich ablehnend MünchKomm/*Kramer*, BGB (5. Aufl. 2006), § 123 Rn. 52.

ob die Schwelle zur rechtsgeschäftlich relevanten Beeinträchtigung der Selbstbestimmung überschritten wird oder nicht. In jedem Fall wären die Gerichte gezwungen, für jeden Einzelfall die *tatsächlichen Umstände* des Vertragsschlusses festzustellen, dass nicht nur auf kaum überwindbare praktische Schwierigkeiten stoßen dürfte, sondern vor allem eine kaum überschaubare Kasuistik zur Folge hätte. Die Parteien würden vor die Herausforderung gestellt, im Zivilprozess den Nachweis dafür erbringen zu müssen, was die rechtsgeschäftliche Entscheidungsfreiheit tatsächlich beeinträchtigt war oder gerade nicht. Dass ein solcher Nachweis – außer in den Fällen absoluter Evidenz – in der Praxis kaum möglich ist, dürfte der Grund dafür sein, dass die Vorschriften der §§ 138 Abs. 1, 242 BGB auf ein solches Merkmal gerade verzichten.

Diese Schwierigkeiten lassen sich auch nicht dadurch umgehen, dass – wie von *Wolf* vorgeschlagen – der Begriff der Entscheidungsfreiheit *normativ* verstanden wird.[301] Denn wenn von tatsächlicher Entscheidungsfreiheit nur dann ausgegangen werden kann, wenn es etwa dem Verwender von AGB gelingt nachzuweisen, „daß ein berechtigtes Interesse vorliegt, das bei Abwägung mit den Interessen des anderen Teils ein Abweichen von der gesetzlichen Wertung als angebracht erscheinen lässt und dadurch eine Beeinträchtigung der Entscheidungsfreiheit verhindert"[302], so würden die Gerichte in eine umfassende, kaum zu bewältigende Interessenabwägung verstrickt, die mit den Anforderungen der Rechtssicherheit und Rechtsklarheit kaum mehr vereinbar ist. Denn da *Wolf* das Merkmal der rechtsgeschäftlichen Entscheidungsfreiheit als Geltungsvoraussetzung der Willenserklärung versteht, ist die Wirksamkeit und damit die Verbindlichkeit eines Vertrages letztlich vom Ergebnis einer – dem pflichtgemäßen richterlichen Ermessen überantworteten – umfassenden Interessenabwägung abhängig und bleibt damit praktisch bis zu einer rechtskräftigen Entscheidung unklar.

Der Rechtsverkehr wäre so mit einer Vielzahl gleichsam „schwebend unwirksamer Verträge" konfrontiert, deren Verbindlichkeit davon abhängt, zu welchem Ergebnis ein Gericht bei der in ihrem Ausgang völlig offenen Interessenabwägung kommen mag. Es ist offenkundig, dass dies mit den Anforderungen der Rechtssicherheit und Rechtsklarheit nicht zu vereinbaren ist.[303] Darüber hinaus würde auch ein redlicher Vertragspartner mit dem Risiko belastet, für Beeinträchtigungen der rechtsgeschäftlichen Entscheidungsfreiheit eines Vertragspartners einzustehen, auf die er selbst keinen Einfluss hat. So hat etwa *Fastrich* zu Recht darauf hingewiesen, dass von einer Partei nicht verlangt werden kann dafür einzustehen, dass ihr jeweiliger Vertragspartner nicht bei einem Konkurrenten günstigere Bedingungen erhalten hätte und ihm ein Ausweichen auch zumutbar gewesen ist.[304]

---

[301] *Fastrich*, Inhaltskontrolle (1992), S. 216.
[302] *Wolf*, Entscheidungsfreiheit (1970), S. 255.
[303] *Fastrich*, Inhaltskontrolle (1992), S. 40, 216.
[304] *Fastrich*, Inhaltskontrolle (1992), S. 216.

Aber auch *dogmatisch* und mit Blick auf den Willen des *historischen Gesetzgebers* – auf den sich *Wolf* gerade beruft[305] – vermag der Ansatz nicht zu überzeugen. So hatte der Gesetzgeber etwa in den *Motiven zum BGB* keineswegs die „Freiheit der Willensentscheidung"[306] zur Voraussetzung seiner Gültigkeit erklärt. Vielmehr sah er die Freiheit des Willens lediglich als Voraussetzung für die *Unanfechtbarkeit* der Willenserklärung im Fall des heutigen §123 BGB.[307] Nach dem Ansatz *Wolfs* wäre hier von einer Unwirksamkeit auszugehen.[308] *Wolfs* Lehre der rechtsgeschäftlichen Entscheidungsfreiheit ist daher mit dem geltenden Privatrecht, insbesondere den Vorschriften der §§123, 138 Abs.2 BGB nicht vereinbar.[309] Schließlich führt sein Ansatz auch im Hinblick auf die Inhaltskontrolle von AGB zu unbefriedigenden Ergebnissen. So wären unter der Verwendung von AGB geschlossene Verträge jedenfalls dann unwirksam, wenn die Vertragsbedingungen vom dispositiven Recht abweichen und der Verwender die Abweichung nicht zu rechtfertigen vermag. Ebenso wie die *Verweisungslehre Flumes* führt *Wolfs* Ansatz zu einer weiterreichenderen Unwirksamkeit von Verträgen, als dies nach geltendem AGB-Recht der Fall wäre.[310] Für die Frage nach dem Verhältnis von Vertragsfreiheit und Vertragsgerechtigkeit – insbesondere im Hinblick auf die Inhaltskontrolle von AGB – vermag daher auch *Wolfs Ansatz* keine überzeugende Antwort zu geben.

5. Theorie der Richtigkeitsgewähr des Vertragsmechanismus (Schmidt-Rimpler)

Das bislang wirkungsmächtigste und in Rechtsprechung wie Schrifttum bis heute herrschend gebliebene Vertragsmodell zur Beschreibung des Verhältnisses von Vertragsfreiheit und Vertragsgerechtigkeit hat *Schmidt-Rimpler* mit seiner Theorie der *Richtigkeitsgewähr des Vertragsmechanismus* vorgelegt.[311] Sein 1941 als Aufsatz veröffentlichtes Gutachten für die *Akademie für Deutsches Recht*[312] war ein Gegenentwurf zu der nationalsozialistischen Vertragslehre, die im Geist einer nationalsozialistisch inspirierten „Erneuerung des Vertragsrechts" versuchte, die Privatautonomie zugunsten eines Vertragsmodells zurückzudrängen, das den

305 *Wolf*, Entscheidungsfreiheit (1970), S.27, 123, jeweils unter Verweis auf Mot. I, S.204, 206 = Mugdan I, S.465f.

306 *Wolf*, Entscheidungsfreiheit (1970), S.27 („die Freiheit der Willensentscheidung war für den Gesetzgeber Voraussetzung für die Gültigkeit der Willenserklärung").

307 Zutreffend *Heinrich*, Formale Freiheit (2000), S.194.

308 *Heinrich*, Formale Freiheit (2000), S.194.

309 Ebenso *Heinrich*, Formale Freiheit (2000), S.194; *Busche*, Privatautonomie (1999), S.99; *Fastrich*, Inhaltskontrolle (1992), S.40.

310 Ähnlich *Fastrich*, Inhaltskontrolle (1992), S.40.

311 Grundlegend *Schmidt-Rimpler*, AcP 147 (1941), 130, 149ff., 156ff., 165ff. Ergänzend *Schmidt-Rimpler*, FS Raiser (1974), S.3, 5ff.; *Schmidt-Rimpler*, FS Nipperdey (1955), S.1.

312 Zur Entstehungsgeschichte instruktiv *Schmidt-Rimpler*, FS Raiser (1974), S.3, 9 Fn.33.

Vertrag nur insoweit als wirksam anerkannte, soweit er innerhalb der Gemeinschaftsordnung bleibt und sich positiv in die „völkische Ordnung" einfügt.[313] Es ist es das bleibende Verdienst *Schmidt-Rimplers*, die vertragliche *Selbstbestimmung* des Einzelnen, die *Privatautonomie* gegenüber den Ansprüchen des nationalsozialistischen Regimes verteidigt zu haben, um „den Vertrag vor dem Zugriff des autoritären Staates [zu] bewahren, dessen Streben, wie das eines jeden solchen, auf Ausschaltung, mindestens Zurückdrängung der Vertragsordnung zugunsten hoheitlicher Gestaltung gerichtet war und der dies Ziel schließlich weitgehend erreicht hat, wobei die Begründung stets darauf hinausläuft, daß der Vertrag als Willensherrschaft zu Willkür führe und keine Gerechtigkeit verbürgen könne, sondern dies nur der von der Gemeinschaft her wertende Staat – oder die Partei – durch hoheitliche Regelung vermöchte."[314]

a) Überblick

1. Herstellung einer gerechten Ordnung als Ausgangspunkt. Dieser aktuelle rechtspolitische Anlass traf sich mit dem rechtstheoretischen und rechtsdogmatischen Anliegen *Schmidt-Rimplers,* die fast in Vergessenheit geratene Grundfrage zu untersuchen, „wie der Vertrag als Mittel *gerechter Ordnung* möglich sei, obwohl bei ihm die Rechtsfolge an den interessenbestimmten Willen der Beteiligten anknüpft."[315] Ausgangspunkt seiner Überlegungen bildet dabei das Verständnis der *Rechtsordnung* als „einer nach Gerechtigkeit strebenden Ordnung"[316]. Die Rechtsordnung ist nach *Schmidt-Rimpler* auf die *Herstellung materieller Gerechtigkeit* gerichtet.[317] Ein rechtsfreier Raum ist damit auch ein gerechtigkeitsfreier Raum.[318] Da die Rechtsordnung insgesamt eine nach Gerechtigkeit strebende Ordnung ist[319], ergibt sich eine „für jedes Rechtsinstitut unbedingt erforderliche *Tendenz zur Gerechtigkeit*"[320]. Entsprechend geht *Schmidt-Rimpler* davon aus, dass „ein Rechtsinstitut sich nur dadurch legitimieren kann, daß es mindestens eine Tendenz zur Gerechtigkeit hat"[321]. Unter den Rechtsprinzipien der *Rechtssicherheit*, der *Verkehrssicherheit* sowie der *Zweckmäßigkeit* nimmt die *Gerechtigkeit* als „das beherrschende Prinzip"[322] den ersten Platz ein.[323] Vor

---

[313] Hierzu *Schmidt-Rimpler*, AcP 147 (1941), 130, 165f. mit Verweis auf *Larenz*, Vertrag und Unrecht (1936), S. 33.

[314] *Schmidt-Rimpler*, FS Raiser (1974), S. 3, 9.

[315] *Schmidt-Rimpler*, FS Raiser (1974), S. 3, 9. Hervorhebungen durch den Verfasser.

[316] *Schmidt-Rimpler*, FS Raiser (1974), S. 3, 22.

[317] *Schmidt-Rimpler*, FS Raiser (1974), S. 3, 22.

[318] *Schmidt-Rimpler*, FS Raiser (1974), S. 3, 20.

[319] *Schmidt-Rimpler*, FS Raiser (1974), S. 3, 22.

[320] *Schmidt-Rimpler*, FS Raiser (1974), S. 3, 8. Hervorhebungen durch den Verfasser.

[321] *Schmidt-Rimpler*, FS Raiser (1974), S. 3, 16.

[322] *Schmidt-Rimpler*, AcP 147 (1941), 130, 133.

[323] *Schmidt-Rimpler*, AcP 147 (1941), 130, 133.

diesem Hintergrund untersucht er das *Rechtsinstitut* des Vertrages im Kontrast zur hoheitlichen Gestaltung der Rechtsverhältnisse.

2. Der Wille des Einzelnen verbürgt noch keine Gerechtigkeit. Dabei gelangt er zunächst zu dem Ergebnis, dass „die Tatsache, daß eine Rechtsfolge von einem Einzelnen gewollt ist, … keinerlei Gewähr für ihre rechtliche Richtigkeit [bietet], wenn sie dem Wollenden *günstig* sei, eine nur schwache und der Gegenpartei nicht gerecht werdende, wenn sie ihm *ungünstig* sei."[324] *Selbstbestimmung* allein hat daher keine *Vertragsgerechtigkeit* zur Folge. Eine Rechtsfolge ist nicht bereits deshalb gerecht, weil ein Beteiligter sie will.[325] Im Mittelpunkt steht damit die Erkenntnis *Schmidt-Rimplers*, dass „der Wille niemals Gerechtigkeit gewährleistet".[326] Man kann, so *Schmidt-Rimpler*, „bei allem Optimismus nicht davon ausgehen …, daß der einzelne bei Gestaltung seiner Verhältnisse sich von dem Gedanken der Gerechtigkeit und Richtigkeit allein leiten lasse und diese Gedanken in seiner Gestaltung der Dinge verwirkliche."[327] Dies sei, „selbst bei stärksten Erfolgen einer Erziehung zum Gemeinschaftssinn niemals erreichbar"[328].

„Lediglich die Tatsache, daß eine Rechtsfolge von einem Rechtsgenossen *gewollt* ist in Ausübung seiner *Selbstbestimmung*, kann diese Rechtsfolge auch *niemals* als *richtig* erscheinen lassen, weil nach allgemeiner Erfahrung der Einzelne sich in seinem *Willen* oft *nicht* von der *Gerechtigkeit* bestimmen läßt, wenn dies seinen *Interessen widersprechen* würde. Könnten wir darauf *vertrauen*, daß alle gerecht handeln, *brauchten wir kein Recht*!"[329]

Die Ursache hierfür sieht *Schmidt-Rimpler* dabei zum einen in der *Unkenntnis* der Gemeinschaftsinteressen, etwa der Erfordernisse der Gesamtwirtschaft, die im Rahmen einer *richtigen* Entscheidung zu berücksichtigen sind.[330] Zum anderen in der *Fokussierung* auf die egoistische Verfolgung der *eigenen Interessen*, die dazu führt, dass er lediglich prüft, ob die Rechtsfolgen eines Vertrages *„ihm* gegenüber nicht rechtlich unrichtig, insbesondere ungerecht sind"[331].

„So kann der Gedanke der *Selbstbestimmung* des Einzelnen *niemals* als solcher ein *Prinzip einer Rechtsordnung* sein, d.h. einer nach *Gerechtigkeit strebenden Ordnung*, da dies Prinzip in der Tat zur *Herrschaft der Willkür* führen würde, die das Recht im Vertrage sanktionierte, und zwar auf einem besonders großen und bedeutenden Gebiet des sozialen Zusammenlebens, insbesondere dem wirtschaftlichen; *volenti non fit iniuria* ist *kein* auf *Gerechtigkeit* gerichteter Satz, wenn man ihn nicht so versteht, daß

[324] *Schmidt-Rimpler*, FS Raiser (1974), S. 3, 5. Vgl. hierzu *Schmidt-Rimpler*, AcP 147 (1941), 130, 151 f. Hervorhebungen durch den Verfasser.
[325] *Schmidt-Rimpler*, AcP 147 (1941), 130, 151.
[326] *Schmidt-Rimpler*, FS Raiser (1974), S. 3, 10.
[327] *Schmidt-Rimpler*, AcP 147 (1941), 130, 161.
[328] *Schmidt-Rimpler*, AcP 147 (1941), 130, 151.
[329] *Schmidt-Rimpler*, FS Raiser (1974), S. 3, 21. Hervorhebungen durch den Verfasser.
[330] *Schmidt-Rimpler*, AcP 147 (1941), 130, 151.
[331] *Schmidt-Rimpler*, FS Raiser (1974), S. 3, 5.

grundsätzlich *niemand Unrecht* für sich will, sondern so, daß der kraft Rechtens *Unrecht dulden muß*, der dem einmal *zugestimmt* hat."[332]

3. Gewisse Richtigkeitsgewähr mit Blick auf den Schutz eigener Interessen. Aus der Fokussierung des Einzelnen auf die Verfolgung der eigenen Interessen zieht *Schmidt-Rimpler* die Schlussfolgerung, dass – jedenfalls bei für den Einzelnen ungunstigen Rechtsfolgen – eine *„gewisse Gewähr* [333] für ihre Richtigkeit gegeben ist. Denn „bekanntlich hat man niemals ein feineres Gerechtigkeitsgefühl, wägt man niemals sorgsamer die individuelle Zweckmäßigkeit ab, als wenn es um eigene Nachteile oder Lasten geht. Es ist also damit zu rechnen, daß niemand eine ihm *nachteilige* Rechtsfolge will, die er nicht aus irgendwelchen Gründen als gerecht und richtig wertet ...."[334] Allerdings ist diese Richtigkeitsgewähr eng begrenzt und auf die jeweils *eigenen Interessen* des Einzelnen beschränkt.[335] Gemeinschaftsinteressen sowie die Interessen des Vertragspartners werden vom Einzelnen dagegen regelmäßig nicht berücksichtigt.[336]

4. Richtigkeitsgewähr des Vertrages durch übereinstimmenden Willen beider Parteien. Anders ist es dagegen beim Vertrag, der aufgrund seines Erfordernisses des „übereinstimmenden Willens zweier *gegensätzlich* interessierter Partner"[337] eine gewisse Gewähr für die Richtigkeit der vereinbarten Rechtsfolgen bietet. Der ihm eigene Mechanismus bewirkt, dass eine richtige Regelung auch gegen einen unrichtigen Willen herbeigeführt wird, „weil immer der durch die Unrichtigkeit Betroffene zustimmen muss"[338]. Denn, so *Schmidt-Rimpler*,

„jeder Partner prüft die Rechtsfolgen des Vertrages, in dem er primär freilich sein eigenes Interesse egoistisch verfolgt, ob sie *ihm* gegenüber nicht rechtlich unrichtig, insbesondere ungerecht sind; solche Prüfung ergibt sich in ihrer Notwendigkeit und Wirklichkeit aus der Natur eines *rechtlichen* Geschäfts, durch das man sich bindet oder verfügt, und *aus eigenem Interesse* wird jeder Partner Rechtsfolgen, mögen sie den Gegenstand des Vertrages oder seine Bedingungen betreffen, ablehnen, die ihm unrichtig erscheinen ... da nach aller Erfahrung jedermann sich gegen Ungerechtigkeit wehrt, ja, ein besonders empfindliches Gefühl für Ungerechtigkeit zu haben pflegt, wenn sie ihn selbst belastet. Da nun beide Vertragspartner im Vertrage sich einigen müssen, werden die Rechtsfolgen des Vertrages mit großer Wahrscheinlichkeit für keinen Partner nach seiner Wertung ungerecht sein, wird also ein richtiges Ergebnis in diesem Sinne zustande kommen, jedes egoistisch bedingte ungerechte Wollen paralysiert werden. Es ist also insofern durch den vertraglichen ‚Mechanismus' eine Richtigkeitsgewähr gegeben, und zwar ohne hoheitlichen Eingriff und unter Wahrung der Initiative und der persönlichen berechtigten Interessen der Vertragspartner. Erst dieser Gedanke stellt zwischen dem Willen der

332 *Schmidt-Rimpler*, FS Raiser (1974), S. 3, 22. Hervorhebungen durch den Verfasser.
333 *Schmidt-Rimpler*, AcP 147 (1941), 130, 151.
334 *Schmidt-Rimpler*, AcP 147 (1941), 130, 151.
335 *Schmidt-Rimpler*, AcP 147 (1941), 130, 151 f.
336 *Schmidt-Rimpler*, AcP 147 (1941), 130, 152.
337 *Schmidt-Rimpler*, FS Raiser (1974), S. 3, 5.
338 *Schmidt-Rimpler*, AcP 147 (1941), 130, 156.

Vertragspartner und der Gerechtigkeit eine Beziehung her, gibt so dem Vertrag einen rechtlichen Sinn und damit die Möglichkeit, Rechtsfolgen an ihn zu knüpfen."[339]

Im Vertrag findet damit der Wille jedes Vertragspartners im Willen des jeweils anderen seine Begrenzung und Beschränkung zum Richtigen hin.[340] Durch das gegenseitige *Abschleifen* der widersprechenden Interessen der Parteien[341] bietet der Vertragsmechanismus eine gewisse Gewähr für die Richtigkeit des Vereinbarten.

5. Richtigkeit als ethische Gerechtigkeit sowie als Rechts- und Verkehrssicherheit und Gemeinzweckmäßigkeit. Richtigkeit versteht *Schmidt-Rimpler* dabei als umfassenden Begriff, der „sowohl die mit der Ethik verbundene *Gerechtigkeit* i. e. S. als auch *Rechts- und Verkehrssicherheit* und *Gemeinzweckmäßigkeit*, d. h. eine bedingte, auf das zur Schaffung, Erhaltung und Durchführung des Daseins und Lebens und der Integration der Rechtsgemeinschaft, auch als Staat, Notwendige gerichtete Zweckmäßigkeit, umfaßt, was wohl kaum geleugnet werden kann."[342] Zweckmäßigkeit ist dabei „das, was erforderlich ist, um das Gemeinschaftsdasein und das Gemeinschaftsleben zu verwirklichen und in seiner konkreten Gestalt durchzuführen, einschließlich dessen, was notwendig ist, um bestimmte konkrete Gemeinschaftszwecke zu erreichen."[343] Das Problem, dass die einzelnen Elemente des Richtigkeitsbegriffs zueinander in einen Gegensatz treten können, löst *Schmidt-Rimpler* dadurch, dass er von einer *Rangordnung* der einzelnen Richtigkeitsprinzipien zueinander ausgeht und der *Gerechtigkeit* als *beherrschendem Prinzip*[344] dabei den Vorrang einräumt.[345]

Gerechtigkeit, insbesondere in Form der Vertragsgerechtigkeit, versteht *Schmidt-Rimpler* dabei im Sinne einer *objektiven Gerechtigkeit*, die dem Zugriff der *Parteien* wie des *Gesetzgebers* entzogen, deren Verwirklichung ihnen jedoch aufgetragen ist.[346] Den Gedanken einer *subjektiven*, lediglich *prozeduralen Gerechtigkeit* in dem Sinne, dass der Inhalt eines Vertrages schon deshalb als gerecht anzusehen ist, *weil* ihn die Parteien gewollt haben, lehnt er dagegen ausdrücklich ab.[347] So stellt er klar, dass das Recht die Rechtsfolge mit dem Willen zwar in besonderer Weise als Ausdruck einer *Wertung* verknüpft, jedoch „nicht, weil diese Wertung schlechthin richtig ist, sondern weil die beiderseitigen Wertungen unter

[339] *Schmidt-Rimpler*, FS Raiser (1974), S. 3, 5 f. Hervorhebungen durch den Verfasser.

[340] *Schmidt-Rimpler*, AcP 147 (1941), 130, 160.

[341] So plastisch *Schmidt-Rimpler*, AcP 147 (1941), 130, 162. Zum verwandten Begriff des Paralysierens der gegenseitigen Ansprüche bzw. des jeweiligen Wollens vgl. *Schmidt-Rimpler*, FS Raiser (1974), S. 3, 5; *Schmidt-Rimpler*, FS Nipperdey (1955), S. 1, 28; *Schmidt-Rimpler*, AcP 147 (1941), 130, 155.

[342] *Schmidt-Rimpler*, FS Raiser (1974), S. 3, 10.

[343] *Schmidt-Rimpler*, AcP 147 (1941), 130, 132 f.

[344] *Schmidt-Rimpler*, AcP 147 (1941), 130, 133.

[345] *Schmidt-Rimpler*, FS Raiser (1974), S. 3, 10; *Schmidt-Rimpler*, AcP 147 (1941), 130, 133.

[346] *Schmidt-Rimpler*, FS Raiser (1974), S. 3, 10. Insoweit indes widersprüchlich *Schmidt-Rimpler*, FS Raiser (1974), S. 3, 11.

[347] *Schmidt-Rimpler*, AcP 147 (1941), 130, 165.

gewissen Voraussetzungen und in gewissen Grenzen dazu führen, daß die richtige sich durchsetzt."[348] Die Richtigkeitsgewähr des Vertrages tritt damit nicht bereits deshalb ein, weil der Vertragsinhalt allein deshalb, weil die Parteien ihn wollen, richtig wäre. Vielmehr beruht die Gewähr der Richtigkeit des Vertrages darauf, dass die Parteien das vereinbaren, was auch objektiver Gerechtigkeit und damit – zumindest im Idealfall – den Wertungen der Rechtsordnung entspricht. Denn „da beide Parteien bei ihrem Gerechtigkeitsurteil im allgemeinen natürlich von den in ihrer Gesellschaft und Rechtsgemeinschaft geltenden Wertungen ausgehen werden, höchstens unter Außerachtlassung gemeinschafts- oder drittbezogener, die aber auch oft hineinspielen werden, wenn sie einer Partei günstig sind, ist die Erwartung begründet, daß das Ergebnis auch der Gemeinschaftsordnung weitgehend entspricht, ohne daß dies aber natürlich Voraussetzung für die Vertragswirkung wäre."[349]

Zwar räumt auch *Schmidt-Rimpler* ein, dass *objektive* Gerechtigkeit für den Menschen mangels fester Kriterien nicht feststellbar ist.[350] Aus diesem Grund hatte er „selbst dem Gesetzgeber ihre Erkenntnis abgesprochen und es als Gabe und Gnade des Schicksals bezeichnet, ob sein Gesetz ihr entspräche"[351] sowie die Ansicht verworfen, „im Vertrage offenbare sich gewissermaßen die objektive Gerechtigkeit"[352]. Dass der Inhalt objektiver Gerechtigkeit nicht eindeutig bestimmbar ist heißt indes nicht, dass es sie nicht gibt, dass sie nicht als Ziel der Rechtsordnung anerkannt werden kann. Entsprechenden Überlegungen tritt *Schmidt-Rimpler* mit Nachdruck entgegen: Denn „daß wir keine *zwingenden Kriterien* für *objektive Gerechtigkeit* haben, sollte uns nicht veranlassen, ein *Recht* ohne sie zu denken; letzten Endes haben wir auch kein zwingendes Kriterium für *naturwissenschaftliche Richtigkeit*."[353] Damit bleibt der Befund, dass die Rechtsordnung als „gerechte Ordnung" zwar auf die Herstellung objektiver, der Verfügbarkeit der Parteien wie auch des Gesetzgebers entzogener materieller Gerechtigkeit gerichtet ist, ihr konkreter Inhalt jedoch wie durch einen Schleier verborgen bleibt und erst in den extremen Fällen offenkundiger Evidenz die Grenzen der Vertragsgerechtigkeit mit Klarheit sichtbar werden. *Gesetzgebung*[354], *hoheitliche Gestaltung*[355] und vor allem der *Vertrag*[356] ermöglichen dabei auf-

[348] *Schmidt-Rimpler*, AcP 147 (1941), 130, 165.

[349] *Schmidt-Rimpler*, FS Raiser (1974), S. 3, 16.

[350] *Schmidt-Rimpler*, FS Raiser (1974), S. 3, 10 Fn. 28, 11.

[351] *Schmidt-Rimpler*, FS Raiser (1974), S. 3, 11.

[352] *Schmidt-Rimpler*, FS Raiser (1974), S. 3, 11.

[353] *Schmidt-Rimpler*, FS Raiser (1974), S. 3, 10 Fn. 28.

[354] Zum Richtigkeitsmechanismus bei der Gesetzgebung *Schmidt-Rimpler*, FS Raiser (1974), S. 3, 11 („Mechanismus ... der Stimmenmehrheit nur an ihr Gewissen, praktisch also ihre Rechtsüberzeugung gebundener entsprechend qualifizierter Personen"). Vgl. auch *Schmidt-Rimpler*, AcP 147 (1941), 130, 141, 142 Fn. 41.

[355] *Schmidt-Rimpler*, AcP 147 (1941), 130, 169 f.; *Schmidt-Rimpler*, FS Raiser (1974), S. 3, 8.

[356] *Schmidt-Rimpler*, AcP 147 (1941), 130, 151 ff., 156 f., 160; *Schmidt-Rimpler*, FS Raiser (1974), S. 3, 5 f.

grund der ihnen eigenen Mechanismen lediglich eine Annäherung an die Richtigkeit, weshalb *Schmidt-Rimpler* von einer Richtigkeits*gewähr* im Sinne einer – als „abstoßendes Wort"[357] freilich terminologisch abgelehnten – Richtigkeits*wahrscheinlichkeit* ausgeht[358]. Entsprechend beschränkt sich auch *Schmidt-Rimplers* Ansatz auf die Feststellung, „daß der Vertrag eine Richtigkeitsgewähr wenigstens in Grenzen mit gewisser Wahrscheinlichkeit bietet"[359].

6. Begrenzte Richtigkeitsgewähr. Bei der Richtigkeitsgewähr, die der Vertragsmechanismus bietet, handelt es sich daher „nicht um eine unbedingte und unbegrenzte, sondern eine an verschiedene Voraussetzungen gebundene und von Ausnahmen durchbrochene Gewähr"[360]. Daher ist „die Vertragsgerechtigkeit nur unter bestimmten Voraussetzungen und in bestimmten Grenzen durch den Vertragsmechanismus selbst gewährleistet"[361]. Zwar weist *Schmidt-Rimpler* darauf hin, dass man „nun nicht in bloßer Antithese meinen [könne], daß die Voraussetzungen nie oder nur ganz ausnahmsweise vorhanden und daß die Richtigkeitsgewähr auch nicht in Grenzen gegeben wäre. Das hieße das Kind mit dem Bade ausschütten"[362]. Jedoch besteht die *rechtspolitische Aufgabe* darin, „in sorgfältiger Analyse die *Voraussetzungen* festzustellen und die *Grenzen* zu erforschen und auf dieser Grundlage dann allerdings den V[ertrag] da auszuschalten, sei es im Einzelfall, sei es typisch, wo er *keine genügende Richtigkeitsgewähr* bietet, hier dann aber ehrlich und bewußt zu *hoheitlicher Gestaltung* zu schreiten."[363]

7. Voraussetzungen der Richtigkeitsgewähr. Die Richtigkeitsgewähr unterliegt daher bestimmten Voraussetzungen, deren Konkretisierung *Schmidt-Rimpler* einer zukünftigen – aufgrund der Kriegswirren und vorrangiger Forschungsinteressen nie erschienenen[364] – Abhandlung vorbehalten hatte, jedoch nicht ohne die in Betracht kommenden Fallkonstellationen zuvor kurz zu skizzieren.[365] Der Vertrag stellt nach der Auffassung *Schmidt-Rimplers* dann kein geeignet Ordensinstrument dar und muss der inhaltlichen Gestaltung weichen,

---

[357] *Schmidt-Rimpler*, FS Raiser (1974), S. 3, 12 („Ich müßte also von *Richtigkeitswahrscheinlichkeit* sprechen, ein *abstoßendes Wort*, und man gestatte mir so weiter den Ausdruck ‚*Richtigkeitsgewähr*' zu gebrauchen, der ja als *spezieller terminus* den Sinn hat, den ich ihm beigelegt habe."). Hervorhebungen durch den Verfasser.

[358] *Schmidt-Rimpler*, FS Raiser (1974), S. 3, 11.

[359] *Schmidt-Rimpler*, FS Raiser (1974), S. 3, 8.

[360] *Schmidt-Rimpler*, FS Raiser (1974), S. 3, 12.

[361] *Schmidt-Rimpler*, FS Raiser (1974), S. 3, 24.

[362] *Schmidt-Rimpler*, AcP 147 (1941), 130, 157. Hervorhebungen durch den Verfasser.

[363] *Schmidt-Rimpler*, AcP 147 (1941), 130, 157. Hervorhebungen durch den Verfasser.

[364] Hierzu *Schmidt-Rimpler*, FS Raiser (1974), S. 3, 24 Fn. 97 („Diese Fragen hatte ich dem 2. Teil meiner Arbeit vorbehalten ..., der leider, nicht ganz vollendet, den Kriegsereignissen zum Opfer gefallen ist und zu dessen erneuter Herstellung ich mich nicht mehr entschließen konnte, da ich mich dann anderen Fragen zuwenden wollte und die rechtspolitische Veranlassung ja inzwischen weggefallen war.").

[365] *Schmidt-Rimpler*, AcP 147 (1941), 130, 157 f. Fn. 34.

„1. wenn die Freiheit der Entscheidung typisch, insbesondere wegen *Abhängigkeit* einer Partei von der anderen oder wegen *Unterlegenheit* in der Wertungsfähigkeit fehlt;
2. wenn *typischerweise* eine *Wertung* und *Abwägung* der Rechtsfolge *nicht* auf *beiden Seiten stattfindet*, weil hier die Richtigkeitsgewähr entfällt. So insbesondere bei den *Massenverträgen* mit *allgemeinen Geschäftsbedingungen*, die natürlich zugleich unter 1 fallen können.
3. wenn in einem *bestimmten Lebensverhältnis* gewisse Gestaltungsmomente um seiner *Natur* willen schlechthin richtig sind: hier sind sie *hoheitlich* durch *Gesetz* oder anderweit festzulegen und nicht der *begrenzten Richtigkeitsgewähr* des Vertrages zu überlassen;
4. wenn die *Richtigkeit* sich nicht mit einer *möglichst günstigen Lage* für die *Gemeinschaftsglieder* begnügt, sondern *Gemeinschaftsbelange* auf *Kosten* der *Vorteile* einzelner Glieder verfolgt werden müssen; hier machen sich die *gesamtwirtschaftlichen Grundprinzipien* geltend …
5. wenn es sich um Richtigkeitserwägungen handelt, die der *Einzelne nicht anstellen* kann, weil sie eine *Gesamtübersicht* über die *Wirtschaftslage* erfordern oder der Durchführung *bestimmter gesamtwirtschaftlicher Pläne* dienen.
6. wenn es sich um die *Beeinflussung des vertraglichen Ordnungsprinzips* selbst handelt, insbesondere um *Ausschaltung seiner Funktionsvoraussetzungen* (z.B. Kartellbildung).

Im *Einzelfall* ist er insbesondere ungeeignet, abgesehen von der persönlichen Wertungsunfähigkeit (Geschäftsunfähigkeit)

a) wegen *fehlender Voraussetzungen des Mechanismus*, l. wenn die *Entscheidung unfrei* war (insbesondere Drohung, sachlich auch Notlage), 2. wenn die *Wertungsfähigkeit* in concreto beschränkt war (z.B. Mangel an Sachkenntnis, geistige Schwäche, Unerfahrenheit), 3. wenn die *Wertung auf falschen Grundlagen* ruhte (Motivirrtum, …, Täuschung über die Wertungsgrundlagen);
b) wegen *mangelhafter Funktion des Mechanismus* (unrichtiges Ergebnis, 1. bei Verstoß gegen das Gesetz, 2. bei offenbar grob unrichtigem Ergebnis (jetzt zu eng § 138);
c) wegen *mangelnder Verständigung*: *Irrtum* und *Täuschung* über die Erklärungshandlung …“[366]

Damit hatte *Schmidt-Rimpler* weitgehend die auch heute anerkannten *Schranken der Vertragsfreiheit* einschließlich der Problematik der strukturellen, insbesondere wirtschaftlichen Unterlegenheit sowie des Vertragsschlusses unter Verwendung von AGB umrissen. Entsprechend geht auch er davon aus, dass die Richtigkeitsgewähr des Vertragsmechanismus nur dann gewährleistet ist, wenn ein gewisses *Gleichgewicht* der Kräfte zwischen den Parteien besteht[367]. Konsequenterweise hat dies zur Folge, dass „bei typischer Machtungleichheit … [der] Vertrag als richtiges Ordnungsmittel abgelehnt“[368] und durch *hoheitliche Ge-*

[366] *Schmidt-Rimpler*, AcP 147 (1941), 130, 157f. Fn. 34.
[367] *Schmidt-Rimpler*, FS Raiser (1974), S. 3, 13; *Schmidt-Rimpler*, AcP 147 (1941), 130, 158 Fn. 34.
[368] *Schmidt-Rimpler*, FS Raiser (1974), S. 3, 13.

staltung – „sei es durch hoheitliche Modifizierung des Vertrages oder der Machtlage“[369] – ersetzt werden muss.

8. Subsidiärer Rückgriff auf hoheitliche Gestaltung nur bei Versagen der Richtigkeitsgewähr des Vertragsmechanismus. Der Rückgriff auf die hoheitliche Gestaltung der Privatrechtsverhältnisse ist gegenüber dem Vertrag indes *subsidiär* und nur dann zulässig, wenn die Richtigkeitsgewähr des Vertrages versagt und dieser daher seine Ordnungsfunktion nicht mehr zu erfüllen vermag.[370] Denn als *Rechtsinstitut* ist der *Vertrag* der *hoheitlichen Gestaltung* überlegen, weil er zum einen eine stärkere Richtigkeitsgewähr als diese bietet.[371] Zum anderen, weil durch die „Beschränkung auf die hoheitliche Gestaltung alle *Persönlichkeit* erstickt, die *persönliche Initiative* und *Wirkungskraft* unterdrückt, die *Verantwortungsfreude* gehindert und eine sich auf die Gemeinschaft *verlassende Verantwortungslosigkeit* gezüchtet werden würde und die *eigene Entwicklung der Persönlichkeit* (nicht des ‚Individuums‘), die letzten Endes zur Entwicklung der Gemeinschaft erforderlich ist, stark gehemmt werden würde.“[372]

9. Keine hoheitliche Gestaltung, wenn Versagen der Richtigkeitsgewähr die Ausnahme bleibt. Damit stellt sich die Frage nach der Bestimmung der „Eingriffsschwelle“, bei deren Überschreiten aufgrund des Versagens der Richtigkeitsgewähr eine hoheitliche Gestaltung der Rechtsverhältnisse – etwa präventiv durch zwingendes Recht bzw. Herstellung von Vertragsparität oder nachsorgend im Wege richterlicher Inhaltskontrolle – geboten ist. *Schmidt-Rimpler* selbst weist dabei auf die Problematik hin, dass bei einer zu weitreichenden hoheitlichen Gestaltung, etwa in der Weise, dass die Geltung von Rechtsgeschäften bis zu ihrer richterlichen oder verwaltungsmäßigen Entscheidung in der Schwebe bliebe, „der Vorteil, ohne Inanspruchnahme eines hoheitlichen Apparates zu einer Ordnung zu gelangen, sachlich aufgegeben werden“[373] würde.

Daher geht er von dem Grundsatz aus, dass jeweils zu prüfen ist, „ob geringere Unrichtigkeiten in Kauf genommen werden müssen, um ein Übermaß hoheitlicher Gestaltung zu vermeiden.“[374] Es ist deshalb die Gemeinschaft, welche „die Verantwortung auf sich nehmen muß, da, wo sie nicht von vornherein zu hoheitlicher Gestaltung schreiten will oder kann, die Gestaltung der Beteiligten für Ordnung zu erklären, auf die Gefahr hin, daß *gelegentlich unrichtige Fälle* mit

---

[369] *Schmidt-Rimpler*, FS Raiser (1974), S. 3, 13. Ähnlich *Schmidt-Rimpler*, FS Raiser (1974), S. 3, 18.

[370] *Schmidt-Rimpler*, AcP 147 (1941), 130, 165; *Schmidt-Rimpler*, FS Raiser (1974), S. 3, 13, 18.

[371] *Schmidt-Rimpler*, AcP 147 (1941), 130, 169. Ebenso *Schmidt-Rimpler*, FS Raiser (1974), S. 3, 8.

[372] *Schmidt-Rimpler*, AcP 147 (1941), 130, 170. Ebenso *Schmidt-Rimpler*, FS Raiser (1974), S. 3, 8. Hervorhebungen durch den Verfasser.

[373] *Schmidt-Rimpler*, AcP 147 (1941), 130, 166.

[374] *Schmidt-Rimpler*, AcP 147 (1941), 130, 171.

unterlaufen, nur unter *Ausschaltung offenbarer starker Unrichtigkeit*; *Bedingung* ist freilich, daß die vertragliche Ordnung auf Beziehungen beschränkt wird, in denen das *unrichtige Ergebnis seltene Ausnahme* ist, und im Übrigen offen zu hoheitlicher Gestaltung von vornherein geschritten wird."[375]

Aus Gründen der Rechtssicherheit und des Verkehrsschutzes sind somit nach Auffassung *Schmidt-Rimplers geringe Unrichtigkeiten* in Kauf zu nehmen, allerdings nur in Bereichen, in denen das Versagen der Richtigkeitsgewähr *Ausnahme* bleibt. Daher hat auch *Schmidt-Rimpler* – etwa für den Bereich des Vertragsschlusses unter Verwendung von AGB sowie sonstige, typischerweise von strukturellen Machtungleichgewichten geprägte Vertragsverhältnisse – ein regelmäßiges Versagen der Richtigkeitsgewähr und damit ein Bedürfnis nach hoheitlicher Gestaltung angenommen.[376] Bleibt ein solches Versagen der Richtigkeitsgewähr dagegen die Ausnahme, so „muß um der Gemeinschaft willen, die Ordnung braucht, der einzelne u. U. in Ausnahmefällen Unrichtigkeiten auf sich nehmen"[377]. Dass eine derartige Lösung notwendig defizitär bleiben muss, sieht indes auch *Schmidt-Rimpler*, indem er anerkennt: „So ist auch das Vertragsprinzip Ausdruck der ewigen rechtlichen Tragik, daß menschliche Ordnung nicht schlechthin richtig sein kann. Gewiß ist es schmerzlich, daß somit ein Bereich des ‚Helldunkels' bleibt, in dem der Böse unter Umständen auf Kosten des Harmlosen und Guten ungerechtfertigten Vorteil erreichen kann. ... praktisch sehe ich aber keine Möglichkeit, die mittlere Stufe, die eben nicht offenbar und stark unrichtig ist, zu erfassen, ohne zu einer Nachprüfung sämtlicher Geschäfte ... zu kommen. Es ist auch hier besser, in einzelnen Fällen, die natürlich durch die Gestaltung des V[ertrag]srechtes auf ein Minimum zurückgedrängt werden müssen, weniger schwerwiegende Unrichtigkeiten in Kauf zu nehmen, als die Sicherheit der Ordnung als Ganzen zu gefährden."[378]

10. Hoheitliche Gestaltung nur in Fällen typischer Unrichtigkeit. Ist das Versagen der Richtigkeitsgewähr dagegen nicht auf Ausnahmefälle beschränkt, sondern liegt ein Fall *typischer Unrichtigkeit* mit Blick auf bestimmte *Fallkonstellationen* und *Vertragsarten* vor, so stellt sich indes auch für *Schmidt-Rimpler* die Frage nach der Notwendigkeit hoheitlicher Gestaltung. So ist für ihn „problematisch ..., ob man nicht da, wo ein Fall typischer Unrichtigkeit vorliegt, aber das Vertragsprinzip noch nicht ausgeschaltet ist, hoheitliche Gestaltung durch das Gericht oder erleichterte Nichtigkeit bei auch nicht offenbarer und grober Unrichtigkeit eintreten lassen soll, weil hier das unrichtige Ergebnis nicht Ausnahme,

[375] *Schmidt-Rimpler*, AcP 147 (1941), 130, 167. Hervorhebungen durch den Verfasser.

[376] *Schmidt-Rimpler*, FS Raiser (1974), S. 3, 13 Fn. 58; *Schmidt-Rimpler*, AcP 147 (1941), 130, 158 Fn. 34.

[377] *Schmidt-Rimpler*, AcP 147 (1941), 130, 167.

[378] *Schmidt-Rimpler*, AcP 147 (1941), 130, 167f. Ebenso *Schmidt-Rimpler*, FS Raiser (1974), S. 3, 23.

sondern Typus sein wird."[379] Allerdings hatte er auf die Gefahr hingewiesen, „daß sich leicht, wenn man sich nicht auf Fälle ganz offenbarer und häufiger Fehlergebnisse stützen kann, daraus ein Nachprüfungsrecht der Gerichte bei allen Verträgen ergeben könnte."[380]

11. Der Vertrag gewährt nur Mitbestimmung, keine Selbstbestimmung. Bemerkenswert sind schließlich die Schlussfolgerungen, die *Schmidt-Rimpler* im Hinblick auf das Verhältnis von *Vertrag* und *Selbstbestimmung* zieht. So kam er zu dem – auf den ersten Blick überraschenden – Ergebnis, dass der Vertrag keine Selbstbestimmung gewährleistet, man sich vielmehr fragen muss, „ob *Selbstbestimmung*, wie sie als besonders hoher Wert in der Freiheit der *Entfaltung der Persönlichkeit* auch durch unser Grundgesetz zum staatlichen Fundament gemacht worden ist, *beim Vertrage überhaupt vorliegt*."[381] Denn da der Vertrag notwendig der *Zustimmung* der anderen Partei bedarf, ist das vertragliche Handeln zumindest *auch fremdbestimmt* und damit letztlich eher als *Mit*bestimmung, denn als *Selbst*bestimmung zu qualifizieren:

„*Selbstbestimmung* hat ja den Sinn, daß der Einzelne sein *Leben*, seine *Verhältnisse*, seine *Entwicklung*, sein *Weltbild*, seine *Gedanken*, seine *Bildung* selbst gerade ohne Einwirkung anderer bestimmt, d.h. nach *seinem Willen* gestalten kann und darum die Verantwortung des Einzelnen mit ihr verbunden ist. Es ist aber im *Vertrage* gerade *ausgeschlossen*, daß der Einzelne seine Verhältnisse, die ja hier als *Rechtsverhältnisse* solche zu einem anderen, also soziale Verhältnisse sind, selbstbestimmen kann, vielmehr bedarf er der *Zustimmung* des Vertragspartners, was schon deswegen logisch notwendig ist, weil sonst dessen Verhältnis zu ihm *fremdbestimmt* wäre. Freiheit als beliebiges Handeln kann rechtlich nur gelten, soweit nicht andere dadurch betroffen werden oder soweit es rechtlich indifferent ist, also in der gesellschaftlichen rechtsfreien Sphäre liegt. …

Ein Verhältnis zwischen zwei oder mehreren Rechtsgenossen wird also, nicht vom Einzelnen nach *seinem Willen*, sondern von den *Vertragspartnern zusammen* nach ihrem *gemeinschaftlichen Willen* bestimmt, ist also nicht nur selbstbestimmt, sondern auch fremdbestimmt. Dadurch wird erst die *Beziehung zur Richtigkeit* erzeugt, weil sie den Willen rechtlichen Wertungen der Parteien unterstellt, die ihn beeinflussen."[382]

12. Vertragsfreiheit und Vertragsgerechtigkeit. Mit der These, dass der Vertragsmechanismus im Idealfall eine Gewähr für die inhaltliche Richtigkeit des Vereinbarten bietet, werden nicht nur die beiden *Rechtsprinzipien* der *Vertragsfreiheit* und *Vertragsgerechtigkeit* angesprochen, sondern vielmehr ihr Verhältnis zueinander unmittelbar berührt. Denn, so *Schmidt-Rimpler*, erst der Gedanke der Richtigkeitsgewähr „stellt zwischen dem Willen der *Vertragspartner* und der

[379] *Schmidt-Rimpler*, AcP 147 (1941), 130, 159 Fn. 34 a. E. Ähnlich *Schmidt-Rimpler*, FS Raiser (1974), S. 3, 13 Fn. 58.
[380] *Schmidt-Rimpler*, FS Raiser (1974), S. 3, 13f. Fn. 58 a. E.
[381] *Schmidt-Rimpler*, FS Raiser (1974), S. 3, 19. Hervorhebungen durch den Verfasser.
[382] *Schmidt-Rimpler*, FS Raiser (1974), S. 3, 19f. Hervorhebungen durch den Verfasser.

Gerechtigkeit eine Beziehung her, gibt so dem Vertrag einen rechtlichen Sinn und damit die Möglichkeit, Rechtsfolgen an ihn zu knüpfen."[383] Der Gedanke der Richtigkeitsgewähr weist der *Vertragsfreiheit* jedoch eine *dienende Funktion* im Hinblick auf die Herstellung der Vertragsgerechtigkeit zu. Deutlich wird dies etwa darin, dass dem Vertrag als Ordnungsinstrument nur insoweit *Vorrang* gegenüber hoheitlicher Gestaltung zukommt, als grundsätzlich von einem *Funktionieren der Richtigkeitsgewähr* des Vertragsmechanismus ausgegangen werden kann und *unrichtige* Ergebnisse auf *Ausnahmefälle* beschränkt bleiben.[384]

Ist dies – wie etwa in den Fällen *typischer Unrichtigkeit* – indes nicht der Fall[385], so stellt sich das Problem des *subsidiären Eingreifens* hoheitlicher Gestaltung, weil nur auf diese Weise die Richtigkeit der Regelung der Privatrechtsverhältnisse gewährleistet werden kann.[386] Umgekehrt beruht der *Vorrang des Vertrages* gegenüber der hoheitlichen Gestaltung nicht etwa ausschließlich darauf, dass er der Selbstbestimmung der Parteien zur Entfaltung verhilft. Dass dies nicht der Fall ist, sondern allenfalls von einer *Mit*bestimmung der Parteien gesprochen werden kann, ergibt sich aus der Notwendigkeit der *Zustimmung* durch die andere Partei und der Tatsache, dass der Vertrag „von den Vertragspartnern zusammen nach ihrem gemeinschaftlichen Willen bestimmt"[387] wird. Vielmehr ist der Vorrang des Vertrages gegenüber der hoheitlichen Gestaltung vor allem in der insoweit höheren Richtigkeitsgewähr begründet.[388] Er erweist sich damit als das geeignetere Instrument zur Herstellung *materieller Vertragsgerechtigkeit* als *Hauptaufgabe der Rechtsordnung.*

Kommt damit der *Vertragsgerechtigkeit* im Verhältnis zur Vertragsfreiheit grundsätzlich *Vorrang* zu, so ist die Bedeutung der Vertragsfreiheit als Ausdruck der – zwar durch die Freiheit des Vertragspartners begrenzten, jedoch grundsätzlich gewährleisteten – Entfaltung der Persönlichkeit nicht ausgeschöpft. Auch wenn ihr mit Blick auf die Vertragsgerechtigkeit, an die sie gebunden ist, grundsätzlich eine *dienende* Funktion zukommt, so kann ihre Bedeutung keineswegs auf eine bloß instrumentelle Funktion reduziert werden. Vielmehr wächst ihr neben der Vertragsgerechtigkeit eine eigenständige Bedeutung als Ausprägung der Entfaltung der Persönlichkeit des Einzelnen zu. Auf diesen vertragsfreiheitsimmanenten Wert verweist *Schmidt-Rimpler*, wenn er auf die Gefahren hoheitlicher Gestaltung aufmerksam macht, die persönliche Initiative und Wirkungs-

---

[383] *Schmidt-Rimpler*, FS Raiser (1974), S. 3, 6. Hervorhebungen durch den Verfasser.

[384] *Schmidt-Rimpler*, AcP 147 (1941), 130, 167; *Schmidt-Rimpler*, FS Raiser (1974), S. 3, 23. Vgl. hierzu auch oben S. 238 f.

[385] *Schmidt-Rimpler*, AcP 147 (1941), 130, 159 Fn. 34 a.E; *Schmidt-Rimpler*, FS Raiser (1974), S. 3, 13 Fn. 58. Vgl. hierzu auch oben S. 216 f.

[386] *Schmidt-Rimpler*, AcP 147 (1941), 130, 159 Fn. 34 a.E; *Schmidt-Rimpler*, FS Raiser (1974), S. 3, 13 Fn. 58.

[387] *Schmidt-Rimpler*, FS Raiser (1974), S. 3, 20.

[388] *Schmidt-Rimpler*, AcP 147 (1941), 130, 169; *Schmidt-Rimpler*, FS Raiser (1974), S. 3, 8.

kraft unterdrücken, Verantwortungsfreude hindern und die „eigene Entwicklung der Persönlichkeit“[389] hemmen würden.[390]

Allerdings ist die *Freiheit* ihrerseits an die *Gerechtigkeit* gebunden und im Idealfall auf sie hin ausgerichtet. Dem Vertrag als Rechtsinstitut muss daher notwendig auch die Tendenz zur Gerechtigkeit innewohnen. Aus dieser Bindung der Freiheit an die Gerechtigkeit folgen ihre Schranken und ihr Zurücktreten hinter die hoheitliche Gestaltung in den Fällen, in denen der Vertrag keine Richtigkeitsgewähr zu bieten vermag. Denn, so *Schmidt-Rimpler*, „wenn der Vertrag nicht mit *Wahrscheinlichkeit* ... zu *richtigem* Ergebnis führen würde, sondern mit *Wahrscheinlichkeit* zu *unrichtigem* Ergebnis, könnte er nicht um der *Freiheit der Persönlichkeit* willen als geeignetes Mittel zur Herstellung einer richtigen, d. h. auf *Gerechtigkeit gerichteten Ordnung* anerkannt werden. Denn *Willkür ist niemals Recht.* Wohl aber kann der *Wert der Freiheit der Persönlichkeit* es gerechtfertigt erscheinen lassen, im Vertragssystem ein solches zu wählen, das in *der Regel* zu *richtigen* Ergebnissen führt, selbst wenn es ihm nicht in allen Fällen gelingt, zumal es *kein anderes System* gibt, das das Ziel der Richtigkeit in vollkommenerer Weise erreicht, sondern nur das hoheitliche zur Wahl steht, das es noch viel unvollkommener oder gar nicht erreicht.“[391]

Es sind damit *beide* Rechtsprinzipien, die *Schmidt-Rimpler* zur Grundlage des Vertragsmodells macht:

„So sehe auch ich die *Freiheit der Persönlichkeit* als eine *Grundlage des Vertrages* an, aber *nicht* als die *alleinige*, sondern, da der Wille niemals *Gerechtigkeit* gewährleistet, nur in einer *Bindung an die Gerechtigkeit*, wie sie eben der Vertragsmechanismus mit der Übereinstimmung zweier gegenteilig interessierter Willen bietet. ... Schließlich glaube ich mich in Übereinstimmung mit Raiser zu befinden, wenn er sich endgültig doch nicht mit der *Selbstbestimmung* zufriedengibt, sondern auch *Vertragsgerechtigkeit* verlangt, die nach ihm der Vertrag an sich ja nicht gewährleistet.“[392]

Die *materiale Vertragsgerechtigkeit* ist dabei als *Wesen* der Rechtsordnung gleichsam *Herzstück* des Vertragsmodells[393], die jedoch nicht im Wege *hoheitlicher Gestaltung*, sondern *selbstbestimmt* durch die Parteien selbst verwirklicht werden soll. Dass dies durch das *Rechtsinstitut* des Vertrages möglich ist, hat *Schmidt-Rimpler* mit seiner *Theorie der Richtigkeitsgewähr* aufgezeigt und damit beide Rechtsprinzipien *funktional* miteinander verknüpft.

---

389 *Schmidt-Rimpler*, AcP 147 (1941), 130, 170. Ebenso *Schmidt-Rimpler*, FS Raiser (1974), S. 3, 8.

390 *Schmidt-Rimpler*, AcP 147 (1941), 130, 170; *Schmidt-Rimpler*, FS Raiser (1974), S. 3, 8.

391 *Schmidt-Rimpler*, FS Raiser (1974), S. 3, 22. Hervorhebungen durch den Verfasser.

392 *Schmidt-Rimpler*, FS Raiser (1974), S. 3, 10.

393 *Schmidt-Rimpler*, FS Raiser (1974), S. 3, 24 unter Verweis auf *Raiser*, FS 100 Jahre DJT (1960), S. 101, 129.

b) Kritik

Obgleich *Schmidt-Rimplers* Theorie der Richtigkeitsgewähr in Schrifttum und Rechtsprechung heute als herrschend anerkannt ist[394] und jedenfalls ihr auf die funktionale Verknüpfung von Vertragsfreiheit und Vertragsgerechtigkeit weisender Kern mittlerweile nahezu als *allgemeine Auffassung* gelten kann[395], ist sie nicht unwidersprochen geblieben.[396]

aa) Richtigkeit und Richtigkeitsgewähr

So hat insbesondere *Raiser* den von *Schmidt-Rimpler* entwickelten Begriff der *Richtigkeit* als zu komplex kritisiert und auf das Problem hingewiesen, dass seine Elemente „leicht in Gegensatz zueinander geraten können“[397] und zudem „der Interessenausgleich immer zugleich ein Machtausgleich [ist], der nur gelingt, wenn ein gewisses Gleichgewicht der Kräfte gewährleistet ist.“[398] Der Kritik, die im Kern auf einem Missverständnis *seines* Ansatzes beruhte, ist *Schmidt-Rimpler* selbst entgegengetreten, indem er auf das *Stufenverhältnis* der einzelne Elemente des Richtigkeitsbegriff zueinander und das *Primat der Gerechtigkeit* hingewiesen hat[399] und darüber hinaus aufzeigte, dass die Richtigkeitsgewähr des Vertragsmechanismus begrenzt und an bestimmte Voraussetzungen, insbesondere ein annäherndes Machtgleichgewicht zwischen den Parteien, geknüpft ist.[400]

Vor diesem Hintergrund kann der Schlussfolgerung *Schmidt-Rimplers*, dass sich seine Auffassung mit der *Raisers* weit „stärker berührt, als es zunächst den Anschein hat, [und] vor allem in dem Bestreben, zur Vertragsgerechtigkeit zu gelangen, volle Einigkeit besteht“[401] nur zugestimmt werden.[402] Damit läuft auch der – etwa von *Wolf* – geäußerte Einwand weitgehend ins Leere, dass „statt von der Richtigkeitsgewähr des Vertrags von der Richtigkeitschance zu sprechen“[403] sei, denn *Schmidt-Rimpler* selbst hatte bereits deutlich gemacht, dass es sich bei der dem Vertragsmechanismus eigenen Richtigkeitsgewähr um keine „unbeding-

---

394 Hierzu im Kontext der Legitimation der Inhaltskontrolle von AGB insbesondere Staudinger/*Wendland*, BGB (2019), §307 Rn. 5; *Stoffels*, AGB-Recht (3. Aufl. 2015), Rn. 82 sowie unten S. 439f.

395 Ebenso *Busche*, Privatautonomie (1999), S. 79. Vgl. hierzu auch unten S. 439f.

396 Kritisch insbesondere *Wolf*, Entscheidungsfreiheit (1970), S. 74; *Raiser*, FS 100 Jahre DJT (1960), S. 101, 118. Zur Diskussion vgl. S. 221ff.

397 *Raiser*, FS 100 Jahre DJT (1960), S. 101, 118.

398 *Raiser*, FS 100 Jahre DJT (1960), S. 101, 118.

399 *Schmidt-Rimpler*, FS Raiser (1974), S. 3, 10. Vgl. bereits *Schmidt-Rimpler*, AcP 147 (1941), 130, 133.

400 *Schmidt-Rimpler*, FS Raiser (1974), S. 3, 13. Vgl. bereits *Schmidt-Rimpler*, AcP 147 (1941), 130, 158 Fn. 34.

401 *Schmidt-Rimpler*, FS Raiser (1974), S. 3, 26. Ähnlich schon *Schmidt-Rimpler*, FS Raiser (1974), S. 3, 4.

402 Ebenso *Habersack*, AcP 189 (1989), 403, 407.

403 *Wolf*, Entscheidungsfreiheit (1970), S. 74.

te und unbegrenzte, sondern eine an verschiedene Voraussetzungen gebundene und von Ausnahmen durchbrochene Gewähr"[404] handelt.

bb) Vorrang der Vertragsgerechtigkeit

Allerdings weist die Ansicht *Wolfs* zugleich in eine Richtung, die sich vom Ansatz *Schmidt-Rimplers* grundlegend unterscheidet: So besteht nach der Auffassung *Wolfs* die Richtigkeitsgewähr des Vertragsmechanismus nicht etwa darin, dass der Vertrag – innerhalb bestimmter Grenzen und unter bestimmten Voraussetzungen – jedenfalls in der überwiegenden Zahl der Fälle tatsächlich ein objektiv richtiges Ergebnis gewährleistet, sondern vielmehr darin, dass er den Parteien lediglich die „Chance zum gerechten Interessenausgleich"[405] eröffnet. Mehr als diese Chance soll der Vertrag nach der Ansicht *Wolfs* auch gar nicht verschaffen, so dass sich die „‚*Richtigkeit*' des Vertragsinstituts ... für die *Gesamtordnung* deshalb *nicht* aus dem *Inhalt* des Vereinbarten [ergibt], sondern dadurch [erweist], daß der Vertrag der *Selbstbestimmung* zur *Entfaltung* verhilft."[406]

Anders als bei *Schmidt-Rimpler* ist der Vertrag bei *Wolf* nicht Instrument zur Verwirklichung materieller *Vertragsgerechtigkeit*, sondern vielmehr der *Selbstbestimmung* der Parteien, die freilich ihrerseits nur bei Bestehen *tatsächlicher* rechtsgeschäftlicher Entscheidungsfreiheit gewährleistet ist.[407] *Wolf* erkennt daher – auch hier im Widerspruch zu *Schmidt-Rimpler* – den Vertragsinhalt auch dann als „richtig" an, wenn bereits eine *Chance* zur Richtigkeitsprüfung des Vertrages durch die Parteien bestand und nicht – wie *Schmidt-Rimpler* – „wenn eine erhebliche Wahrscheinlichkeit dafür gegeben ist, daß die Richtigkeitsprüfung stattgefunden hat und so ein richtiges Ergebnis gewährleistet wird"[408]. Aus der Perspektive *Wolfs*, wonach es lediglich auf die Gewährleistung der tatsächlichen rechtsgeschäftlichen Entscheidungsfreiheit im Sinne der *Möglichkeit* zu einem *gerechten Interessenausgleich* ankommt[409], ist diese Sichtweise nur konsequent. Entsprechend will *Wolf* daher auch auf eine Inhaltskontrolle von Verträgen am Maßstab objektiver Vertragsgerechtigkeit verzichten, sofern rechtsgeschäftliche Entscheidungsfreiheit tatsächlich bestand.

Darauf, dass eine solche Sichtweise im Widerspruch zum Regelungsansatz des geltenden Rechts, insbesondere der §§ 138 Abs. 1, 242 BGB steht, wurde bereits hingewiesen.[410] Sie offenbart jedoch zugleich, worum es der Kritik im Kern eigentlich geht: Infrage gestellt wird nicht nur das Kriterium der *Richtigkeit* als sol-

---

404 *Schmidt-Rimpler*, FS Raiser (1974), S. 3, 12. Vgl. hierzu bereits *Schmidt-Rimpler*, AcP 147 (1941), 130, 151, 157, 165.

405 *Wolf*, Entscheidungsfreiheit (1970), S. 74.

406 *Wolf*, Entscheidungsfreiheit (1970), S. 74. Hervorhebungen durch den Verfasser.

407 Auf diesen grundsätzlichen Unterschied hinweisend *Schmidt-Rimpler*, FS Raiser (1974), S. 3, 12.

408 *Schmidt-Rimpler*, FS Raiser (1974), S. 3, 12.

409 *Wolf*, Entscheidungsfreiheit (1970), S. 70. Vgl. hierzu eingehend oben S. 202 f.

410 Vgl. hierzu oben S. 205 ff.

ches, sondern vielmehr der von *Schmidt-Rimpler* vorausgesetzte Vorrang der Vertragsgerechtigkeit gegenüber der Selbstbestimmung der Parteien. Im Mittelpunkt steht damit wieder das Verhältnis der grundlegenden Rechtsprinzipien der Vertragsfreiheit und Vertragsgerechtigkeit zueinander und damit die Frage, ob – im Hinblick auf den Vertrag als Rechtsinstitut – der Vorrang der Selbstbestimmung oder jener der Vertragsgerechtigkeit gelten soll. Zwar ist damit neben der Vertragsfunktion notwendig die Frage nach der Hauptaufgabe der Rechtsordnung, dem *Zweck des Rechts* schlechthin aufgeworfen, doch stellt *Wolf* das Primat der Vertragsgerechtigkeit als Hauptaufgabe der Rechtsordnung überraschenderweise nicht infrage. Er sieht die Selbstbestimmung durchaus an die Vertragsgerechtigkeit gebunden[411], lehnt jedoch eine Überprüfung des Vertragsinhalts darauf hin, ob sich die Parteien auch tatsächlich von den Grundsätzen der Vertragsgerechtigkeit leiten lassen, bei Bestehen rechtsgeschäftlicher Entscheidungsfreiheit entschieden ab, da „sonst auf den Wert der Selbstbestimmung verzichtet werden müßte"[412].

cc) Konzept der Vertragsgerechtigkeit

Damit ist die Grundtendenz der bis heute nicht verklungenen Kritik[413] an *Schmidt-Rimplers* Theorie der Richtigkeitsgewähr angesprochen, die sich im Grunde weniger gegen den Ansatz selbst, sondern vielmehr gegen die Anerkennung der *Vertragsgerechtigkeit* insgesamt richtet. Die Kritik setzt dabei im Wesentlichen an zwei Punkten an: Zum einen bezweifelt sie, dass es überhaupt klare Kriterien zur Bestimmung materieller Gerechtigkeit gibt[414], womit letztlich das Rechtsprinzip der Vertragsgerechtigkeit insgesamt infrage gestellt ist. Zum anderen lehnt sie den Ansatz *Schmidt-Rimplers* mit der Begründung ab, „daß in dieser Konzeption dem Prinzip der Privatautonomie kein besonderer Stellenwert beigemessen wird und dem Vertrag sogar der Sinn der Willensherrschaft und Selbstrechtsetzung abgesprochen wird."[415] Sie geht daher davon aus, dass die Theorie der Richtigkeitsgewähr der überragenden Bedeutung des *Selbstbestimmungsrechts* als Ausdruck der Würde der Parteien nicht gerecht wird. Beide Einwände sind problematisch und vermögen im Ergebnis nicht zu überzeugen.

(1) Mangelnde Bestimmbarkeit des Inhalts der Vertragsgerechtigkeit

So ist etwa die Auffassung, dass es eine nach objektiven Maßstäben fassbare Gerechtigkeit nicht geben könne[416], die Inhalte abstrakt bestimmter Vertragsgerech-

---

411 *Wolf*, Entscheidungsfreiheit (1970), S. 31 f. Vgl. hierzu eingehend oben S. 201 f.

412 *Wolf*, Entscheidungsfreiheit (1970), S. 74.

413 Vgl. nur *Becker*, AGB und Individualvereinbarung (2011), S. 15 ff.; *Heinrich*, Formale Freiheit (2000), S. 190 f.; *Busche*, Privatautonomie (1999), S. 79 ff.

414 So etwa *Becker*, AGB und Individualvereinbarung (2011), S. 16 f.; *Busche*, Privatautonomie (1999), S. 83.

415 So *Busche*, Privatautonomie (1999), S. 77.

416 In diese Richtung *Becker*, AGB und Individualvereinbarung (2011), S. 16.

tigkeit aufgrund „der Dynamik rechtsethischer Überzeugungen“[417] einem stetigen Wandel unterworfen seien[418] und in einer pluralistischen Gesellschaft eine kaum überschaubare Fülle von „Richtigkeiten“ existiere, „so viele Richtigkeiten, wie es Rechtssubjekte und Instanzen gibt, die über die Richtigkeit bestimmen“[419], weder mit dem *geltenden Recht* noch mit dem *rechtsgeschichtlich* und *rechtsvergleichend* abgesicherten Befund der Rechtspraxis und Rechtswissenschaft vereinbar, die mit dem Recht stets oder doch weit überwiegend die Erwartung der Verwirklichung materieller Gerechtigkeit verbunden hatten.

So geht das *geltende Recht* überall dort, wo es um die materielle Korrektur von Vertragsinhalten geht, mit den Maßstäben der „unangemessene[n] Benachteiligung“ (§307 Abs.1 BGB), des „auffälligen Missverhältnis[ses]“ (§138 Abs.2 BGB) sowie des „billige[n] Ermessen[s]“ (§315 Abs.1 BGB) von einem objektiven, nicht lediglich der Verfügbarkeit der Parteien überlassenen Gerechtigkeitsmaßstab aus. Seit dem römischen Recht ist es – wie gezeigt wurde –[420] gerade nicht der Grundsatz des *volenti non fit iniuria*, sondern vielmehr jener des *ius est ars boni et aequi*[421] und des *iustitia est constans et perpetua voluntas ius suum cuique tribuens*[422], d.h. das *Primat der Gerechtigkeit*, das für die europäische Rechtsentwicklung prägend geworden ist. An der Überzeugung, dass die Aufgabe der Rechtsordnung in der Gewährleistung der Gerechtigkeit besteht, dass die Privatrechtsordnung „in jedem Fall gebiete, die Idee der Gerechtigkeit zu verwirklichen“,[423] hat sich bis heute nichts geändert. Die Geschichte des *Rechts* ist und bleibt die Geschichte des Ringens um *Gerechtigkeit*.

Darüber hinaus lässt sich die Vorstellung, dass aufgrund der Vielzahl unterschiedlicher „Richtigkeiten“ kaum mehr gesagt werden könne, was recht und unrecht sei – etwa angesichts der als gravierend empfundenen Missstände und Ungerechtigkeiten im Arbeits-, Miet- und schließlich auch im AGB-Recht, die Rechtsprechung wie Gesetzgeber zum Handeln zwangen, die so gravierend waren, dass sie „der soziale Rechtsstaat nicht tatenlos hinnehmen“[424] konnte und die letztlich zu einer tiefgreifenden *Materialisierung*[425] des Privatrechts geführt haben – nicht einmal annähernd mit der Rechtswirklichkeit in Einklang bringen. Im Gegenteil zeigt schon ein Blick auf die *geschichtliche* Entwicklung der Inhaltskontrolle von AGB, dass sich das mit der Verwendung von AGB verbun-

---

417 *Becker*, AGB und Individualvereinbarung (2011), S. 16.

418 *Becker*, AGB und Individualvereinbarung (2011), S. 16f.

419 *Säcker*, Gruppenautonomie (1972), S. 207f.

420 Vgl. oben S. 3f.

421 Dig. 1.1.1 pr. (Ulpian): „Das Recht ist die Kunst des Guten und Gerechten“.

422 Inst. 1, 1. pr. „Die Gerechtigkeit ist der unwandelbare und ewige Wille, jedem das Seine [das ihm Zustehende, sein Recht] zukommen zu lassen.“ Vgl. hierzu näher oben S. 3, 110f. sowie oben S. 261f.

423 BVerfG DVBl. 2007, 1435. Ebenso BVerfGE 3, 225.

424 RegE zum AGBG, BT-Drucks. 7/3919, S. 9.

425 *Wieacker*, Sozialmodell (1953), S. 18. Vgl. hierzu oben S. 172f.

dene Problem missbräuchlicher Klauseln im 19. Jh. und in der ersten Hälfte des 20. Jh. kaum anders dargestellt hat als heute. So stellte etwa *Jastrow* bereits 1892 fest, dass „der gewerbsmäßig handelnde Theil ... alle seine *Sorgfalt* [verwendet], um Formulare herzustellen, die *einseitig seine Interessen begünstigen.* Diese Formulare hat er in *Druckexemplaren* vorräthig. In anderer Weise *schließt er nicht ab*“[426]. *Pappenheim* sprach 1915 vom „Schutze der wirtschaftlichen Schwachen und daher gegen Wegbedingung ihrer gesetzlichen Rechte Wehrlosen“[427] und *Hedemann* schließlich von der „Vergewaltigung des schwächeren Teiles“[428].

Legt man die Auffassung der Kritik zugrunde, so müsste sich unwillkürlich die Frage stellen, was denn so missbilligenswert an der „Wegbedingung“[429] der gesetzlichen Rechte oder daran sei, dass der Verwender Formulare erstellt, „die *einseitig seine Interessen begünstigen*“[430]. Denn wenn es vermeintlich so viele Richtigkeiten gibt wie Parteien, so mag es ja für den Betroffenen gut und richtig gewesen sein, dass seine gesetzlichen Rechte wegbedungen werden und er einseitig benachteiligt wird. Wie stark eine derartige Vorstellung dem Rechts- und Gerechtigkeitsempfinden widerspricht und wie lebensfremd sie im Grunde ist, wird in der ganzen Deutlichkeit erst sichtbar, wenn man die entsprechende Auffassung konsequent zu Ende denkt. In letzter Konsequenz hätte sie die Abschaffung der Gerichte und letztlich des Recht selbst zur Folge. Wenn es keine objektive Gerechtigkeit gäbe, wäre das Recht überflüssig. Es bräuchte auch keine Gerichte, weil allein das gilt, was die Parteien formal vereinbart haben.

Selbst wenn man auf die *tatsächliche* Selbstbestimmung der Parteien abstellt, kommt man am Rückgriff auf Kriterien materieller Gerechtigkeit nicht vorbei, wie etwa die Vorschriften des § 138 Abs. 2 BGB sowie § 307 Abs. 1, 2 BGB zeigen. Dieser Befund lässt sich auch nicht dadurch wegargumentieren, dass man darauf abstellt, dass es für eine Partei durchaus sinnvoll sein kann, etwa im Rahmen umfassender Paketlösungen auf bestimmte Rechte zu verzichten, um im Gegenzug an anderer Stelle Vorteile zu erlangen.[431] Denn bei derartigen *package deals* kommt es gerade auf eine umfassende Gesamtbetrachtung an, bei der für beide Parteien ein angemessener Interessenausgleich herbeigeführt werden muss.[432] Die

---

[426] *Jastrow*, Gutachten (1892), S. 265, 284. Hierauf hinweisend *Hellwege*, AGB und Rechtsgeschäftslehre (2010), S. 156. Hervorhebungen durch den Verfasser.

[427] *Pappenheim*, FS Cohn (1915), S. 289, 295 f. Hierauf hinweisend *Hellwege*, AGB und Rechtsgeschäftslehre (2010), S. 297, 305.

[428] *Hedemann*, Das bürgerliche Recht und die neue Zeit (1919), S. 13. Hierauf hinweisend *Hellwege*, AGB und Rechtsgeschäftslehre (2010), S. 297, 305.

[429] *Pappenheim*, FS Cohn (1915), S. 289, 295 f. Hierauf hinweisend *Hellwege*, AGB und Rechtsgeschäftslehre (2010), S. 297, 305.

[430] *Jastrow*, Gutachten (1892), S. 265, 284. Hierauf hinweisend *Hellwege*, AGB und Rechtsgeschäftslehre (2010), S. 156. Hervorhebungen durch den Verfasser.

[431] Zur AGB-rechtlichen Zulässigkeit von *Paketlösungen* eingehend unten S. 431 f., 717 f., 848 ff., 851 f., 862 f. Hierzu aus rechtsökonomischer Perspektive *Bebchuk/Posner*, 104 Mich. L. Rev. 827, 830 ff. (2006) sowie eingehend unten S. 586 f.

[432] *Paketlösungen* stehen im Mittelpunkt modernen *Verhandlungsmanagements*, vgl.

Äquivalenzprüfung verlagert sich damit von der einzelnen Klausel auf die Ebene des gesamten Vertrages. Darüber hinaus betreffen die für die Beeinträchtigung der Vertragsgerechtigkeit relevanten Fälle gerade nicht die – in der Regel im Einzelnen ausgehandelten – Paketlösungen, sondern vielmehr Vertragsbedingungen, auf deren Inhalt die strukturell unterlegene Partei typischerweise keinen Einfluss hat.

(2) Defizitäre Rezeption des Gerechtigkeitsbegriffs als Grundlage der Kritik

Mögen sich entsprechende Auffassungen auch als zeitbedingtes Phänomen, als Reverenz vor dem weitverbreiteten Phänomen des *ethischen Relativismus* als Ausprägung des *herrschenden Zeitgeistes* erklären lassen, so offenbaren sie jedoch zugleich, dass das eigentliche Problem auf einer anderen Ebene zu verorten ist. Denn im Grunde liegt ihnen nicht primär ein abweichendes Verständnis des Verhältnisses von Vertragsfreiheit und Vertragsgerechtigkeit, sondern letztlich eine mechanische, eindimensionale und insoweit simplifizierende Vorstellung des Prinzips der Vertragsgerechtigkeit zugrunde, die der Tiefe und Komplexität des Gerechtigkeitsbegriffs in keiner Weise gerecht wird. Insofern mag es bezeichnend sein, dass im Kontext entsprechender Diskussionen der unbedingte Vorrang der Vertragsfreiheit vor der Vertragsgerechtigkeit mit dem – dann freilich nicht weiter erläuterten – Verweis auf die vermeintliche Unbestimmbarkeit *objektiver Gerechtigkeit* begründet wird. Dies verwundert umso mehr, als mit dem *Äquivalenzkriterium* –das sich im Kriterium der Angemessenheit in zahlreichen Normen des bürgerlichen Rechts wiederfindet – sowie den *distributiven Gerechtigkeitskriterien* sehr konkrete Anhaltspunkte für eine objektive Bestimmung vertraglicher Angemessenheit existieren.

Eine Auseinandersetzung mit diesen Kriterien findet dagegen in der Regel nicht statt. Angesichts der Tragweite einer Abkehr von der Vertragsgerechtigkeit als Rechtsprinzip mag daher die Leichtfertigkeit erschrecken, mit der im Grunde ein Rechtsprinzip verworfen wird, das bislang nahezu unangefochten als *Zweck des Rechts* schlechthin gegolten hatte[433] – und das letztlich weder von der herrschenden Lehre noch von der Rechtsprechung infrage gestellt wird. Dass Rechtsprechung und Gesetzgebung, die sich in grundlegender Weise mit Gerechtigkeitsfragen konfrontiert sehen, von entsprechenden Tendenzen kaum betroffen sind, sondern vielmehr eine *Katalysatorfunktion* mit Blick auf die fortschreitende *Materialisierung der Privatrechtsordnung*[434] übernommen haben, mag insoweit nur begrenzt zur Beruhigung beitragen. Vielmehr zeigt die – auch heute vielfach von Missverständnissen und Fehldeutungen geprägte – Diskussion die Notwen-

hierzu Verhandlungen *Duve/Eidenmüller/Hacke*, Mediation (2. Aufl. 2011), S. 193, 210, 255 ff., 262; *Bühring-Uhle/Eidenmüller/Nelle*, Verhandlungsmanagement (2009), S. 61; *Moore*, M. Q. no. 16, 87, 98 (1987); *Fuller*, 44 S. Cal. L. Rev. 305, 318 (1971).

[433] Hierzu eingehend oben S. 109 ff., 140 ff.

[434] Näher hierzu *Wieacker*, Sozialmodell (1953), S. 18 ff. sowie oben S. 172 f.

digkeit einer eingehenden und dogmatisch fundierten Auseinandersetzung mit den beiden Rechtsprinzipien der *Vertragsfreiheit* und der *Vertragsgerechtigkeit* sowie ihrem Verhältnis zueinander.

Im Hinblick auf den bereits betrachteten *Inhalt* der Vertragsgerechtigkeit[435] muss es in diesem Zusammenhang bei dem Hinweis bleiben, dass der Begriff der Vertragsgerechtigkeit nicht auf ein eindimensionales, mechanistisches Verständnis im Sinne einer heteronomen Oktroyierung staatlich reglementierter Zielvorstellungen reduziert werden kann. Die Vorstellung von einem durch Behörden diktierten *iustum pretium*, dessen Topos im Kontext der Diskussion trotz kaum vorhandener praktischer Relevanz erstaunlicherweise immer wieder aufgegriffen wird[436], gibt eher ein – freilich leicht zu widerlegendes – Zerrbild als ein reales Abbild der Vertragsgerechtigkeit wieder und wird der Problematik damit nicht gerecht. Zwar stand und steht etwa die Frage des gerechten Lohnes als Sonderfall des *iustum pretium*[437] immer wieder zu Recht im Mittelpunkt rechtspolitischer Bemühungen und zeigt damit, dass sich auch die Frage nach der *Angemessenheit* des Preises keineswegs erledigt hat. Kartell- und Tarifrecht sowie die aktuelle Debatte um die Einführung eines gesetzlichen *Mindestlohns* zeigen, dass die Privatrechtsordnung sehr wohl – und zu Recht – dort, wo es erforderlich ist, auf die Angemessenheit von Preisvereinbarungen Einfluss nimmt. Sie tut dies auf der Grundlage eines breiten gesamtgesellschaftlichen Konsenses, ohne dass dabei das Selbstbestimmungsrecht oder die geltende Privatrechtsordnung insgesamt infrage gestellt würden.

Hauptanwendungsfeld für die Frage nach der *Vertragsgerechtigkeit* ist mit Blick auf das *dispositive Recht* indes nicht die Bestimmung des *angemessenen Preises*, die weitgehend dem Wettbewerb überlassen bleibt. Vielmehr stehen in der Regel Fragen des Haftungsausschlusses, des Ausschlusses von Gewährleistungsrechten, die Vereinbarung von Vertragsstrafen sowie insgesamt die Verteilung vertraglicher Risiken und Lasten im Vordergrund. Gerade hier lässt sich jedoch die Angemessenheit des Vertragsinhaltes häufig ohne weiteres beurteilen, da es regelmäßig um die Abbedingung von Rechten geht, die die Aufrechterhaltung der ursprünglichen vereinbarten *Vertragsäquivalenz* – wie auch immer diese ausgestaltet worden ist – zum Gegenstand haben. Einem Käufer die Gewährleistungsrechte abzuschneiden wird daher im Regelfall kaum jemals mit dem Grundsatz der *Vertragsgerechtigkeit* in Einklang zu bringen sein, weil der Käufer entgegen der vertraglichen Vereinbarung und trotz entsprechender Gegenleis-

435 Hierzu eingehend oben S. 109ff.

436 Vgl. nur *Becker*, AGB und Individualvereinbarung (2011), S. 16; *Miethaner*, AGB-Kontrolle (2010), S. 49; *Busche*, Privatautonomie (1999), S. 76, Fn. 186. *Wolf*, Entscheidungsfreiheit (1970), S. 32f. („Deshalb ist es ausgeschlossen, das Problem des gerechten Preises isoliert als Problem der Vertragsgerechtigkeit zu behandeln.").

437 Hierzu grundlegend *Thomas v. Aquin*, Summa Theologica, q. 77 a. 1 co, a. 2 ad 3. Vgl. auch oben S. 123ff.

tung keine vertragsgemäße Leistung erhalten hat. Darauf, ob der *Preis* und damit das Verhältnis zwischen Leistung und Gegenleistung als *angemessen* zu beurteilen ist, kommt es hier gar nicht erst an, weil der Ausschluss der Gewährleistungsrechte den Käufer – unabhängig vom gezahlten Preis – um die vereinbarte Leistung und damit letztlich auch das vereinbarte Äquivalenzverhältnis aus dem Gleichgewicht bringt.

Vor diesem Hintergrund den Gerechtigkeitsbegriff als „inhaltsleere ad-hoc-Formel[n]"[438], die „zur Beurteilung realer Vorgänge aufgrund ihrer Inhaltslosigkeit nicht brauchbar"[439] sei oder als trügerischen Konsensbegriff[440] zu verwerfen, vermag nicht zu überzeugen. Die Dynamik der Vertragsgerechtigkeit ist damit *vielschichtiger*, als es angesichts einiger Stellungnahmen im Schrifttum erscheint. Mit dem *dispositiven Recht*, dem das Bemühen des Gesetzgebers um einen angemessenen Ausgleich der gegenseitigen vertraglichen Interessen in Anwendung des Äquivalenzprinzips der *iustitia commutativa* zugrunde liegt[441], stellt die Rechtsordnung darüber hinaus einen hinreichend konkreten Gerechtigkeitsmaßstab zur Verfügung. Das dispositive Recht dagegen lediglich als Ausdruck staatlicher Gemeinwohlbelange zu qualifizieren, würde der Bedeutung des ihm eigenen Gerechtigkeitsgehaltes indes nicht gerecht.

Geht es daher in der Regel um die angemessene Verteilung vertraglicher Chancen und Lasten, so wird mit Blick auf die Vertragsgerechtigkeit typischerweise keine Aussage über den absoluten Wert eines fiktiven *iustum pretium* getroffen, sondern stattdessen der durch – freilich als funktionsfähig unterstellten – Wettbewerb gebildete *Marktwert* zugrunde gelegt, der innerhalb eines notwendigen Spielraums ohne weiteres bestimmbar ist. Selbst die im extremen Ausnahmefall am tatsächlichen Bedarf ausgerichtete hoheitliche Festsetzung von Höchstpreisen – etwa in Kriegs- und Krisenzeiten – als Ausprägung *distributiver Gerechtigkeit* wird kaum ernsthaft als vollkommen sachwidrig verworfen werden können. Damit bleibt es bei dem – im Übrigen wohl von kaum einem Praktiker oder durch benachteiligende Vertragsbedingungen der betroffenen Parteien selbst infrage gestellten Befund –, dass die Privatrechtsordnung über geeignete Instrumente verfügt, die inhaltliche *Angemessenheit* des Vertragsinhaltes zu bestimmen.

dd) Konzept der Vertragsfreiheit

Der zweite grundsätzliche Einwand gegenüber der Theorie der Richtigkeitsgewähr betrifft den Stellenwert und damit das Konzept der Vertragsfreiheit und des Selbstbestimmungsrechts, das *Schmidt-Rimpler* seinem Ansatz zugrunde legt. So wird seinem Beitrag entgegengehalten, dass er der Bedeutung des Selbstbestimmungsprinzips nicht gerecht werde, da er dieses lediglich in-

438 *Adams*, BB 1989, 781, 782.
439 Ebenda.
440 *Becker*, AGB und Individualvereinbarung (2011), S. 17.
441 Zur Tauschgerechtigkeit vgl. oben S. 122 ff.

strumentell als *Mittel* zur Verwirklichung der *Gerechtigkeit* verstehe und damit „die Idee der Selbstbestimmung in ihr Gegenteil“[442] verkehre.[443] Dies bedeute aber „Fremdbestimmung statt Selbstbestimmung“[444]. Darüber hinaus verstelle der Ansatz *Schmidt-Rimplers* den Vorrang des Selbstbestimmungsprinzips, da dieser „das Selbstbestimmungsprinzip gleichsam im Gerechtigkeitsprinzip gefangen sieht“[445]. Zudem werde die Vertragsfreiheit in missverständlicher Weise mit dem Prinzip der Selbstbestimmung bzw. jenem der Privatautonomie gleichgesetzt, was zu der Annahme führe, die Gerechtigkeit sei der Selbstbestimmung immanent und würde ihr nicht lediglich punktuell äußere Schranken setzen.[446] Die Schranken der Vertragsfreiheit würden daher – da die immanenten Grenzen des Selbstbestimmungsprinzips nicht erkannt werden – in anderen Rechtsprinzipien gefunden, die zur Anreicherung und Umwertung des Selbstbestimmungsprinzips herangezogen werden.[447]

Die Kritik wird dem Ansatz *Schmidt-Rimplers* indes nicht gerecht und vermag daher in mehrfacher Hinsicht nicht zu überzeugen. So ging etwa *Schmidt-Rimpler* keineswegs von der Annahme der Identität von Selbstbestimmung und Vertragsfreiheit aus. Im Gegenteil stellte er die Frage, „ob *Selbstbestimmung*, wie sie als besonders hoher Wert in der Freiheit der Entfaltung der Persönlichkeit auch durch unser Grundgesetz zum staatlichen Fundament gemacht worden ist, *beim Vertrage überhaupt vorliegt*“[448], eine Frage, die er angesichts des notwendigen Zustimmungserfordernisses seitens des anderen Vertragspartners notwendig verneinen musste:[449] Der Selbstbestimmung, so *Schmidt-Rimpler*, „gibt der Vertrag doch insofern Raum, als der Einzelne die Vertragsregelung wenigstens *mit*bestimmen kann, freilich nur, soweit der andere Partner sie ebenso bestimmen will ...“[450]. Damit erkannte er die *immanenten Grenzen* des Selbstbestimmungsprinzips als *Schranken der Vertragsfreiheit* an, da der Wille des jeweils anderen Vertragspartners „als Grenze und Beschränkung des eigenen Willens zum Richtigen hin“[451] fungiert.

Aus diesem Grund geht auch der Einwand ins Leere, dass die Selbstbestimmung unmittelbar durch die Vertragsgerechtigkeit begrenzt, sie gleichsam *instrumentalisiert* und damit ihr eigenständiger Wert verkannt werde. Im Gegenteil

---

442 *Busche*, Privatautonomie (1999), S. 81.

443 *Busche*, Privatautonomie (1999), S. 81. Auf den Einwand der vermeintlichen *instrumentellen Funktion* der Selbstbestimmung kritisch eingehend *Fastrich*, Inhaltskontrolle (1992), S. 54.

444 *Busche*, Privatautonomie (1999), S. 81.

445 *Busche*, Privatautonomie (1999), S. 81.

446 *Busche*, Privatautonomie (1999), S. 80f.

447 *Busche*, Privatautonomie (1999), S. 80.

448 *Schmidt-Rimpler*, FS Raiser (1974), S. 3, 19. Hervorhebungen durch den Verfasser.

449 *Schmidt-Rimpler*, FS Raiser (1974), S. 3, 22.

450 *Schmidt-Rimpler*, FS Raiser (1974), S. 3, 22. Hervorhebungen durch den Verfasser.

451 *Schmidt-Rimpler*, AcP 147 (1941), 130, 160.

besteht der *„clou"* des von *Schmidt-Rimpler* aufgedeckten Vertragsmechanismus doch gerade darin, dass sich durch das Abschleifen[452] der jeweiligen Interessen die widersprechenden Willen der beiden Parteien gegenseitig paralysieren[453] und die Vertragsfreiheit jeder Partei in jener der jeweils anderen ihre Grenze findet.[454] Es ist damit letztlich die Vertragsfreiheit selbst, die sich – in dem Willen des anderen Vertragspartners – ihre eigenen Grenzen setzt und sich damit im Grunde selbst beschränkt. Dass auf diese Weise *Vertragsgerechtigkeit* hergestellt wird, ist das Ergebnis eines dem Vertrag eigenen Mechanismus und entspringt somit letztlich der Logik der Vertragsfreiheit selbst. Der Ansatz *Schmidt-Rimplers* würde zutiefst missverstanden, wenn man ihn von seiner Bindung an die Vertragsfreiheit der Parteien löst und lediglich als Legitimation heteronomer Überformung der Selbstbestimmung interpretiert. Vielmehr war es das Grundanliegen und zugleich das Verdienst *Schmidt-Rimplers*, die Privatautonomie und damit letztlich „den Vertrag vor dem Zugriff des autoritären Staates [zu] bewahren"[455] und aufzuzeigen, dass sich Vertragsgerechtigkeit nicht allein durch heteronome, hoheitliche Gestaltung, sondern gerade, primär und zugleich am besten, d. h. mit der höchsten Richtigkeitsgewähr, durch *Selbstbestimmung* der Parteien verwirklichen lässt.

Damit ist der Einschätzung *Fastrichs* zustimmen, der nachgewiesen hat, dass *Schmidt-Rimplers* Ansatz weder im Widerspruch zu der Theorie der Selbstbestimmung noch zur Theorie der institutionellen Schranken steht und daher „mit der auf liberalem Gedankengut fußenden Konzeption der Rechtsgeschäfts- und Vertragslehre des BGB nicht unvereinbar"[456] ist.[457] Denn, so *Fastrich*, zum einen hat *Schmidt-Rimpler* seine Lehre später dahingehend weiterentwickelt, dass er statt eines ausschließlich objektiven Richtigkeitsmaßstabes nunmehr auch die *subjektiven Wertungen* der Parteien unter dem Begriff der Richtigkeit verstanden wissen wollte.[458] Zum anderen umfasse die Richtigkeitsgewähr nicht jeden einzelnen Vertrag, sondern konstituiere vielmehr insgesamt „eine vernünftige und den beiderseitigen Interessen der Vertragspartner angemessene Ordnung"[459].

ee) Subjektiver Gerechtigkeitsmaßstab als Schwachpunkt der Theorie

Diese Einschätzung ist grundsätzlich richtig, allerdings zeigt sie zugleich einen entscheidenden Schwachpunkt der Theorie *Schmidt-Rimplers* auf, der bislang

---

[452] So *Schmidt-Rimpler*, AcP 147 (1941), 130, 162 Fn. 41.

[453] *Schmidt-Rimpler*, FS Raiser (1974), S. 3, 5; *Schmidt-Rimpler*, FS Nipperdey (1955), S. 1, 28; *Schmidt-Rimpler*, AcP 147 (1941), 130, 155.

[454] *Schmidt-Rimpler*, AcP 147 (1941), 130, 160.

[455] *Schmidt-Rimpler*, FS Raiser (1974), S. 3, 9.

[456] *Fastrich*, Inhaltskontrolle (1992), S. 54.

[457] *Fastrich*, Inhaltskontrolle (1992), S. 54.

[458] So *Fastrich*, Inhaltskontrolle (1992), S. 53 mit Verweis auf *Schmidt-Rimpler*, FS Raiser (1974), S. 3, 15; *Schmidt-Rimpler*, FS Nipperdey (1955), S. 1, 5 ff.

[459] So *Fastrich*, Inhaltskontrolle (1992), S. 53.

vor allem als Reverenz gegenüber der Kritik und damit gerade als Grund für die Zustimmungsfähigkeit seines Ansatzes betrachtet worden ist.[460] Denn wenn der Vertragsgerechtigkeit als Maßstab die „subjektive Wertung“[461] und damit der *gemeinsame Wille* der Parteien zugrunde liegt, so wird damit notwendig die Frage aufgeworfen, worin dann noch der Unterschied zum *volenti non fit iniuria* der Selbstbestimmungstheorie *Flumes* besteht. Denn die materielle Vertragskontrolle – sei es im Rahmen der §§ 138, 242 BGB, sei es im Rahmen des § 307 Abs. 1 BGB – setzt gerade implizit einen Eingriff in die – von der Rechtsordnung als unrichtig – verworfenen subjektiven Wertungen der Parteien voraus. Wenn nun die subjektiven Wertungen der Parteien als unrichtig gelten, muss es einen von ihnen zu unterscheidenden objektiven Maßstab geben, der über die Unrichtigkeit entscheidet. Damit gilt umgekehrt: Wenn das als richtig gelten soll, was den subjektiven Wertungen der Parteien und damit letztlich dem vereinbarten Vertragsinhalt entspricht, so ist damit gleichsam „durch die Hintertür“ die Selbstbestimmungstheorie *Flumes* wieder eingeführt.

Dass dies nicht funktioniert, nicht funktionieren kann, wird bereits dadurch deutlich, dass die Theorie in dieser Lesart nicht mehr zur Legitimation materieller Vertragskontrolle herangezogen werden kann. Denn wenn sich die Richtigkeit in den subjektiven Wertungen erschöpft, so vermag die Theorie nicht mehr zu erklären, warum ebendiese subjektiven Wertungen unrichtig sein sollen. Letztlich wäre eine Unrichtigkeit a *priori* kaum noch denkbar, da die Richtigkeit letztlich mit dem gemeinsamen Willen identisch wäre. Dieses Ergebnis lässt sich weder dadurch vermeiden, dass man den Begriff der Richtigkeit *prozedural* deutet und eine Richtigkeitsgewähr dann verneint, wenn ihre Voraussetzungen nicht gegeben sind, noch dadurch, dass man zwischen den *Wertungen* der Parteien und ihrem *Willen* unterscheidet. Denn im ersten Fall des lediglich *prozeduralen Verständnisses* der Richtigkeit wäre man wieder bei *Wolfs* Theorie der *rechtsgeschäftlichen Entscheidungsfreiheit* angelangt. Im zweiten Fall bestünde dagegen die Gefahr, dass der natürliche Wille der Parteien in einen „juristischen, d. h. wertungsfähigen Willen“[462] uminterpretiert und damit letztlich wieder mit objektiven Wertungen angereichert wird. Darüber hinaus bleibt unklar, worin das Spezifikum eines juristischen, wertungsfähigen Willens im Gegensatz zu einem lediglich natürlichen Willen überhaupt bestehen soll.[463] Statt eines Zuwachses an *Selbstbestimmung* wäre vielmehr der Möglichkeit Tür und Tor geöffnet, über das Instrument eines fiktiven juristischen Willens als „Kunstprodukt“ nunmehr verdeckt – und nicht

[460] Der Weiterentwicklung der Theorie *Schmidt-Rimplers* durch Anerkennung eines subjektiven Billigkeitsmaßstabes zustimmend etwa *Fastrich*, Inhaltskontrolle (1992), S. 53.

[461] *Schmidt-Rimpler*, FS Raiser (1974), S. 3, 15. Ähnlich *Schmidt-Rimpler*, FS Nipperdey (1955), S. 1, 9ff.

[462] So *Schmidt-Rimpler*, FS Nipperdey (1955), S. 1, 9.

[463] Hierauf vermag auch *Schmidt-Rimpler* keine befriedigende Antwort zu geben, vgl. *Schmidt-Rimpler*, FS Nipperdey (1955), S. 1, 9ff.

wie bei der Anwendung objektiver Gerechtigkeitskriterien offen und nachprüfbar – das Selbstbestimmungsrecht der Parteien tatsächlich zu beschränken.

Dass die Annahme eines lediglich subjektiven Gerechtigkeitsmaßstabs nicht zur Theorie der Richtigkeitsgewähr passt und eher als ein sehr weites, der Theorie eigentlich kaum entsprechendes Entgegenkommen gegenüber der Kritik gedeutet werden muss, zeigt sich auch deutlich in den letzten Äußerungen *Schmidt-Rimplers*, der immer wieder vom Grundsatz der *Vertragsgerechtigkeit* ausging[464] und die Rechtsordnung als eine „nach Gerechtigkeit strebende[r] Ordnung verstand"[465]. Der Verweis auf die Wertungen der Parteien trifft indes durchaus einen richtigen Kern. Denn völlig widersprüchlich ist die Bezugnahme auf die subjektiven Wertungen der Parteien keineswegs, wenngleich einem solchen Ansatz in dieser Radikalität nicht zugestimmt werden kann, da sich das Zusammenspiel zwischen den Grundsätzen objektiver Vertragsgerechtigkeit und den subjektiven Wertungen der Parteien als Ausdruck der Vertragsfreiheit sehr viel komplexer darstellt. So sind es selbstverständlich die Interessen der Parteien, ihre Wertungen und persönlichen Bedürfnisse, die im vereinbarten Vertragsinhalt ihren Ausdruck finden sollen.

Ob sich das Vereinbarte indes für beide Parteien als angemessener Interessenausgleich darstellt und ob der Vertrag damit überhaupt als Instrument zur Verwirklichung des mit ihm verfolgten Zwecks taugt, hängt von der Verwirklichung der Grundsätze objektiver Gerechtigkeit ab. *Selbstbestimmung* und *angemessener Interessenausgleich*, *Vertragsfreiheit* und *Vertragsgerechtigkeit* sind eng miteinander verwoben und wirken im Vertrag zusammen. Ihrem Verhältnis zueinander, soll daher im Folgenden in einer eigenen Stellungnahme nachgegangen werden. Da die in Rechtsprechung und Schrifttum als herrschend anerkannte *Schmidt-Rimplersche Theorie der Richtigkeitsgewähr* auch dem geltenden Verständnis der Inhaltskontrolle zugrunde liegt[466], wird sich die Untersuchung auch weiterhin auf sie stützen müssen.[467] Der im Folgenden vorgestellte eigene Ansatz soll dabei als Alternativvorschlag und Diskussionsgrundlage neben die *Theorie der Richtigkeitsgewähr* treten.

Der Vollständigkeit halber ist in diesem Zusammenhang auf einige weitere Ansätze hinzuweisen, die im Rahmen dieser Untersuchung nicht eingehend betrachtet werden können. So vermag etwa auch das *liberale Informationsmodell*[468], das sich um die Verwirklichung tatsächlicher Vertragsfreiheit durch Kompensation von Informationsasymmetrien bemüht, keinen überzeugenden Weg zur Bestim-

---

[464] *Schmidt-Rimpler*, FS Raiser (1974), S. 3, 22, 24 ff.

[465] *Schmidt-Rimpler*, FS Raiser (1974), S. 3, 22.

[466] Vgl. nur *Stoffels*, AGB-Recht (3. Aufl. 2015), Rn. 82 („gemeinsame[r] Richtpunkt"); Staudinger/*Wendland*, BGB (2019), § 307 Rn. 5 („übergeordnete[s] Dach") sowie eingehend unten S. 439 f.

[467] Zur *Theorie der Richtigkeitsgewähr* als *dogmatischer Rahmen* vgl. unten S. 439 f., 458 ff.

[468] *Dauner-Lieb*, Verbraucherschutz (1983), S. 62 ff.

mung des Verhältnisses von *Vertragsfreiheit* und *Vertragsgerechtigkeit* aufzuzeigen.[469] Denn gerade das Beispiel der Inhaltskontrolle von AGB hat eindrücklich gezeigt, dass sich eine durch Informationsdefizite bedingte Vertragsimparität nicht bereits durch Aufklärung der Parteien beheben lässt. Sie wäre zum einen mit unzumutbar hohen Informationsbeschaffungskosten als Transaktionskosten verbunden, die weder zu dem Vertragswert noch zu einem möglichen Nutzen in einem vernünftigen Verhältnis stünden.

Zum anderen lässt sich – auch das wird im Kontext der Inhaltskontrolle von AGB deutlich – die Problematik fehlender Vertragsparität nicht auf ein bloßes Informationsproblem reduzieren. Denn in der Praxis beruhen relevante Beeinträchtigungen der Vertragsgestaltungsfreiheit häufig nicht darauf, dass die Parteien unzureichend informiert wären, sondern vielmehr darauf, dass sich der jeweilige Verwender aufgrund seiner situativen, wirtschaftlichen oder sonstigen strukturellen Überlegenheit nicht auf eine Verhandlung seiner Vertragsbedingungen einlässt. Abzulehnen ist auch die positiv-rechtlich ausgebildete Paritätslehre *Hönns*[470], die Vertragsparität als vom positiven Recht eingeräumte Rechtsstellung versteht[471] und damit die *rechtlichen* und nicht die *tatsächlichen* Verhältnisse als Bezugspunkt wählt.[472] Fehlt eine entsprechende Regelung, so vermag das Modell das Fehlen *struktureller Unterlegenheit* nicht zu erfassen und geht damit an der Lebenswirklichkeit vorbei.[473]

Darüber hinaus liegt der Schwerpunkt des Ansatzes nicht in der Bestimmung des Verhältnisses von Vertragsfreiheit und Vertragsgerechtigkeit zueinander und bleibt damit weitgehend unergiebig. Schließlich bieten auch Ansätze, die in Ablehnung sogenannter „monokausaler"[474] Vertragslehren auf der Grundlage des beweglichen Systems von *Wilburg*[475] von einem *flexiblen Wertungssystem* ausgehen[476], keinen tauglichen Ansatz für die Bestimmung des Verhältnisses von Vertragsfreiheit und Vertragsgerechtigkeit.[477] Denn ein bewusst flexibel ausgestaltetes Wertungssystem, dessen einzelne Elemente entsprechend der für sie angenommenen Gewichtung mit- und gegeneinander abzuwägen sind, vermag schon den Ansprüchen an die *Rechtssicherheit* und den *Verkehrsschutz* kaum gerecht zu werden. Darüber hinaus setzt der Ansatz eine regelmäßig vom gelten-

---

[469] Ebenfalls ablehnend *Heinrich*, Formale Freiheit (2000), S. 195ff.; *Busche*, Privatautonomie (1999), S. 97f.

[470] *Hönn*, Vertragsparität (1982), S. 88ff.

[471] *Hönn*, Vertragsparität (1982), S. 99.

[472] Kritisch hierzu *Heinrich*, Formale Freiheit (2000), S. 199f.

[473] Ebenfalls ablehnend *Heinrich*, Formale Freiheit (2000), S. 199f.; *Busche*, Privatautonomie (1999), S. 91ff.

[474] So *Heinrich*, Formale Freiheit (2000), S. 190ff. („Das Dilemma der monokausalen Erklärungsversuche").

[475] *Wilburg*, Elemente (1941); *Wilburg*, Entwicklung (1951).

[476] Vgl. nur *Heinrich*, Formale Freiheit (2000), S. 205ff., 336ff.

[477] Ebenfalls ablehnend *Miethaner*, AGB-Kontrolle (2010), S. 61f.

den Recht bestimmte Gewichtung der einzelnen Elemente als *datum* voraus, vermag sie indes nicht dogmatisch zu erklären. Damit besteht die Notwendigkeit, das Verhältnis von Vertragsfreiheit und Vertragsgerechtigkeit neu in den Blick zu nehmen.

IV. Eigener Ansatz: Das vertragszweckorientierte Reziprozitätsmodell

Mit der Frage des Zusammenwirkens von *Vertragsfreiheit* und *Vertragsgerechtigkeit* im Vertrag, mit der Frage, wie „der Vertrag als Mittel gerechter Ordnung möglich sei, obwohl bei ihm die Rechtsfolge an den interessenbestimmten Willen der Beteiligten anknüpft“[478], „wie privatautonomes Handeln trotz bestehender, von der Rechtsordnung nur schrittweise bekämpfter Ungleichgewichtslagen eine gerechte Ordnung verwirklichen kann“[479] ist eine der Kernfragen des Privatrechts angesprochen. Es ist jene Grundfrage, deren Beantwortung sich jede Generation aufs Neue zu stellen hat.

Das *formal-liberale* Verständnis des Vertrages mit seiner idealisierenden Annahme einer sich gleichsam natürlich einstellenden Selbstregulierung der Interessen, das in weiten Teilen noch dem ursprünglichen BGB vom 1. Januar 1900 zugrunde lag, wird in dieser Form heute zu Recht nicht mehr vertreten.[480] Vielmehr kann weitgehend die Einsicht als allgemein anerkannt gelten, dass sich die Vertragsfreiheit nicht auf eine lediglich formale, „auf dem Papier“ bestehende Rechtsposition reduzieren lässt, sondern es stattdessen entscheidend auf die *tatsächliche Möglichkeit* ihrer Ausübung und damit die Gewährleistung *materieller Vertragsfreiheit* als Voraussetzung zur Herstellung *materieller Vertragsgerechtigkeit* ankommt. Dies setzt jedoch weitgehend Vertragsparität voraus. Damit verbunden ist die Erkenntnis, dass der „Ausgleich gestörter Vertragsparität zu den Hauptaufgaben des geltenden Zivilrechts gehört ... Im Sinne dieser Aufgabe lassen sich große Teile des Bürgerlichen Gesetzbuchs deuten ....“[481]

Die Überzeugung, dass sich korrigierende Eingriffe in den Vertragsmechanismus daher keineswegs pauschalisierend als unzulässige Beschränkung der Vertragsfreiheit qualifizieren lassen, sondern regelmäßig gerade der Gewährleistung ihrer Funktionsvoraussetzungen dienen, darf zu den großen Errungenschaften der Privatrechtslehre des 20. Jh. gezählt werden. Auch wenn sich über die Grenzziehung im Einzelfall trefflich streiten lässt, so hat der Prozess der *Materialisierung* des Privatrechts sicherlich dazu beigetragen, den Blick wieder auf die primäre Funktion des Vertrags als Instrument selbstbestimmter und gerechter

---

478 *Schmidt-Rimpler*, FS Raiser (1974), S. 3, 9.

479 *Singer*, Selbstbestimmung (1995), S. 17.

480 Ebenso *Singer*, Selbstbestimmung (1995), S. 12.

481 BVerfGE 89, 214, 233 = NJW 1994, 36, 38f. (Bürgschaft I). Vgl. hierzu eingehend oben S. 382ff.

Ordnung zu lenken und ihn entsprechend seines eigentlichen Zwecks im Gefüge der Privatrechtsordnung zu effektuieren.

Der *Zweck* des Vertrages als Bindeglied zwischen *Vertragsfreiheit* und *Vertragsgerechtigkeit* soll daher auch im Mittelpunkt des zu entwickelnden Ansatzes stehen, der hier freilich nur in seinen Grundzügen umrissen und nicht bis in alle Verästelungen nachgezeichnet werden kann. Entscheidend für das Verständnis des Vertrages ist danach die *Funktion* des Vertrages im Gefüge *sozialer Ordnung* und damit der *Vertragszweck.* Als Instrument zur Regelung der persönlichen Lebensverhältnisse des Einzelnen dient er der *Persönlichkeitsentfaltung* durch selbstbestimmte Verwirklichung der jeweiligen *Interessen* der Parteien. Da die *Selbstbestimmung* des Einzelnen jeweils in jener der anderen ihre Grenze findet, erfolgt die Interessenverwirklichung im Vertrag beschränkt und vermag sich als Ergebnis entsprechender Vertragsverhandlungen nur im *Ausgleich* der gegenseitigen Interessen zu vollziehen. Entscheidend für die *Gerechtigkeit* des Ausgleichs ist daher die Frage, inwieweit die getroffene Vereinbarung zur Verwirklichung der Interessen beider Parteien beiträgt, inwieweit der Vertrag daher für beide Parteien sinnvoll ist und damit den mit ihm verfolgten Zweck zu erfüllen vermag.

Den *Maßstab der Gerechtigkeit* bilden dabei Kriterien *kommutativer* und *distributiver* Gerechtigkeit. Für die Beschreibung des den Vertragsverhandlungen zugrunde liegenden *Vertragsmechanismus* kann somit auf das – durch den Befund der modernen Verhandlungsforschung bestätigte – *Harvard Modell* interessenorientierter Verhandlung als dem heute maßgeblichen Verhandlungsmodell zurückgegriffen werden. Das ihm eigene Prinzip der *Reziprozität* wiederum entspricht der *regula aurea* als universaler Verhaltensnorm und der mit ihr verbundene multilaterale Rollentausch der *höchsten Stufe* moralischer Urteilsfähigkeit nach *Kohlbergs Stufenmodell.*

Damit kann das vorgestellte Vertragsmodell *rechtsphilosophisch* und *anthropologisch* in einer universal geltenden Handlungsnorm, in der modernen *Verhandlungsforschung* sowie in den Erkenntnissen der modernen *Entwicklungspsychologie* verankert werden und bewegt sich so auch empirisch auf gesichertem Grund. Es vermag darüber hinaus auch die Forderung der Rechtsprechung im Bereich des AGB-Rechts zu begründen, die dem Verwender die Pflicht auferlegt, bei der Vorformulierung seiner Vertragsbedingungen „von vornherein die *Interessen seines Partners* hinreichend *zu berücksichtigen* und ihm einen *angemessenen Ausgleich* zuzugestehen."[482] Vertragsfreiheit und Vertragsgerechtigkeit werden dabei im Vertrag – vermittelt durch das der interessenorientierten Verhandlung eigene Reziprozitätsprinzip der *regula aurea* – in einer Synthese zusammengeführt.

---

[482] BGH VersR 2013, 197, 198. Hervorhebungen durch den Verfasser.

1. Zweck des Vertrages: Persönlichkeitsentfaltung durch selbstbestimmten und gerechten Interessenausgleich

Niemand schließt ohne Grund einen Vertrag. Die Parteien verfolgen mit dem Abschluss eines Vertrags einen bestimmten Zweck, dessen Verwirklichung den Maßstab für den „Erfolg" eines Vertrages bildet. Der Vertrag lässt sich nicht von dem ihm zugrunde liegenden Zweck trennen. Er ist kein Selbstzweck, sondern das von der Rechtsordnung den Parteien zur Verfügung gestellte Instrument zur rechtlichen Gestaltung ihrer Lebensverhältnisse durch Verwirklichung ihrer gegenseitigen Interessen. Für den US-amerikanischen Rechtsphilosophen und Professor an der Harvard Law School *Lon L. Fuller*[483] gehört der Vertrag zu den grundlegenden Verfahren sozialer Ordnung (*„principles of social order"*)[484]. In seiner *Institutionen- und Verfahrenslehre* entwickelt er aus den existentiellen *Zielen* und *Zwecken* menschlichen Lebens – etwa dem Überleben – und den natürlichen *Eigenschaften* des Menschen als sozialem Wesen einen Kanon rechtlicher Verfahren sozialer Ordnung, die – vermittelt durch die *Vernunft* – in jeder entwickelten menschlichen Gesellschaft typischerweise vorhanden sind, um die sozialen Beziehungen zu ordnen und ein geordnetes menschliches Zusammenleben zu ermöglichen.[485] Jedes dieser natürlichen Verfahren sozialer Ordnung legitimiert sich allein aus der Funktion, die es im Hinblick auf die Ordnung menschlichen Verhaltens erfüllt.

a) Selbstbestimmung und Persönlichkeitsentfaltung

Die primäre Funktion, der Zweck des Vertrages für die Parteien als Instrument sozialer Ordnung besteht in der Persönlichkeitsentfaltung durch selbstbestimmte Interessenverwirklichung. Zwar erfüllt der Vertrag, insbesondere die Vertragsfreiheit, wie im Allgemeinen Teil der Untersuchung gezeigt worden ist, vielfältige *individuelle* und *überindividuelle* Funktionen.[486] Für die Parteien stehen jedoch die individuellen Funktionen des Vertrages – *Selbstbestimmungs-* und *Gerechtigkeitsfunktion* – im Mittelpunkt, sie sind daher für die Legitimation der Bindungswirkung und damit auch die Rechtfertigung entsprechender materieller

---

[483] Vgl. nur *Fuller*, in: Fuller/Winston (Hrsg.), The Principles of Social Order (1981), S. 169; *Fuller*, 1963 Wis. L. Rev. 3, 33 ff. (1963); *Fuller*, 54 Am. Soc'y Int'l L. Proc. 1, 2 ff. (1960); *Fuller*, 92 Harv. L. Rev. 353, 393 ff. (1978).

[484] *Fuller*, in: Fuller/Winston (Hrsg.), The Principles of Social Order (1981), S. 169, 170 ff.; *Winston*, in: Fuller/Winston (Hrsg.), The Principles of Social Order (1981), S. 11, 27.

[485] Grundlegend *Fuller*, in: Fuller/Winston (Hrsg.), The Principles of Social Order (1981), S. 169, 170 ff. Hierzu *Wendland*, Mediation und Zivilprozess (2017), S. 145 ff., 612 ff. Zun den Grundzügen einer hierauf aufbauenden Konfliktbehandlungslehre *Wendland*, Mediation und Zivilprozess (2017), S. 646 ff. sowie im Überblick *Wendland*, in: Kriegel-Schmidt (Hrsg.), Mediation (2017), S. 171, 171 ff.

[486] Vgl. oben S. 58 f.

Korrekturen von entscheidender Bedeutung.[487] Die *Funktion* des Vertrages als Instrument der selbstbestimmten Interessenverwirklichung zum Zweck der Persönlichkeitsentfaltung ist für die Parteien von grundlegender, im eigentlichen Wortsinn lebensnotwendiger, existenzieller Bedeutung. Denn jeder Mensch hat bestimmt existenzielle Bedürfnisse – Ernährung, Wohnung, Gesundheitsvorsorge, Arbeit – die er, wenn man die subsidiär eingreifende sozialstaatliche Fürsorge ausklammert – nahezu ausschließlich durch den Abschluss von Austauschverträgen erfüllen kann.[488] Vor diesem Hintergrund wird auch der enge Bezug der *Privatautonomie* zu *Freiheit* und *Würde* des Menschen deutlich, der sich im Rahmen der Untersuchung der Vertragsfreiheit gezeigt hat[489] und der in der Verankerung der Vertragsfreiheit im Selbstbestimmungsrecht des Art. 2 Abs. 1 GG verfassungsrechtlich Ausdruck gefunden hat.

b) Vertragszweck und Bindungswirkung

Für die Parteien ist damit entscheidend, ob sich die an den Vertrag geknüpfte *Erwartung* erfüllt, ob er dem mit ihm verfolgten *Zweck* gerecht wird, ob er sich als Instrument zur Verwirklichung der für die Persönlichkeitsentfaltung der Parteien erforderlichen Interessen *eignet*. Tut er dies nicht oder erweist er sich sogar als *interessenwidrig*, so steht *seine* Legitimation und damit auch der Umfang seiner *Bindungswirkung* infrage, so dass sich das Problem der *materiellen Korrektur* des *Vertragsinhaltes* stellt. Hat ein Vertrag – so regelmäßig geschehen im Fall der Bürgschaft vermögensloser Familienangehöriger – etwa zur Folge, dass sich eine Partei derart hohen Zahlungsforderungen gegenüber sieht, dass sie „voraussichtlich bis an ihr Lebensende nicht in der Lage sein würde, sich aus eigener Kraft von der übernommenen Schuldenlast zu befreien“[490] und ihr lediglich die Aussicht verbleibt, ihr Leben – bis zu ihrem Tode – auf dem Niveau des Existenzminimums einzurichten[491], so hat der Vertrag den mit ihm eigentlich verbundenen Zweck, beiden Parteien zur Entfaltung ihrer Persönlichkeit durch Verwirklichung ihrer jeweiligen Interessen zu verhelfen, verfehlt. Vielmehr hat er sich auf geradezu tragische Weise letztlich zu einer Gefahr für die Interessenverwirklichung und Persönlichkeitsentfaltung des Einzelnen gewandelt. Statt der Verwirklichung hat er eine Schädigung der Interessen des Einzelnen zur Folge, die diesen im genannten Fall sogar in existenzieller Weise betreffen. Die Schädigung der betroffenen Parteien war in den dargestellten Beispielsfall dabei derart gravierend, dass neben der allgemeinen Handlungsfreiheit des Art. 2 Abs. 1 GG auch der nach Art. 1 iVm.

---

[487] Vgl. oben S. 59 ff.
[488] So schon *Singer*, Selbstbestimmung (1995), S. 14.
[489] Hierzu eingehend oben S. 13 ff., 31 f. sowie unten S. 263 ff.
[490] BVerfGE 89, 214, 230 f. = NJW 1994, 36, 38 (Bürgschaft I).
[491] *Singer*, Selbstbestimmung (1995), S. 37.

Art. 2 Abs. 1 GG gewährleistete Achtungsanspruch des Menschen als Person beeinträchtigt war.[492]

Dies kann und soll nicht Zweck des Vertrages sein. Verkehrt sich der eigentliche Zweck des Vertrages als Instrument sozialer Ordnung und als Mittel zur Persönlichkeitsentfaltung des Einzelnen durch Interessenverwirklichung in sein Gegenteil und wird damit geradezu pervertiert, so stellt sich mit besonderem Nachdruck die Frage, wie ein Festhalten an der Bindungswirkung des Vertrages bei einem derart gravierenden Verfehlen des Vertragszwecks überhaupt noch gerechtfertigt werden kann. Dies gilt umso mehr, als sich auch für die Banken als begünstigte Partei notwendig die Frage stellt, ob der Vertrag seine Funktion als Instrument zur Verwirklichung ihrer – rechtlich geschützten – geschäftlichen Interessen überhaupt noch in der von der Rechtsordnung vorgesehenen Weise erfüllt, da bezweifelt werden muss, dass die Bank über ein schützenswertes Interesse an der unbeschränkten Haftung vermögensloser – und zum Zeitpunkt des Vertragsschlusses in der freien Willensausübung typischerweise beschränkter – Bürgen haben kann.[493] Entsprechend hat das BVerfG in seiner Bürgschaftsrechtsprechung festgestellt, dass dann, wenn „der Inhalt des Vertrages für eine Seite *ungewöhnlich belastend* und als Interessenausgleich *offensichtlich unangemessen* [ist], ... sich die Gerichte nicht mit der Feststellung begnügen [dürfen]: ‚Vertrag ist Vertrag'. Sie müssen vielmehr klären, ob die Regelung eine Folge *strukturell ungleicher Verhandlungsstärke* ist, und gegebenenfalls im Rahmen der Generalklauseln des geltenden Zivilrechts korrigierend eingreifen."[494]

Es sind dann vor allem Erwägungen der *Rechtssicherheit* und des *Verkehrsschutzes*, letztlich das Vertrauen in die Bindungswirkung eines *Versprechens*, das die Aufrechterhaltung der vertraglichen Bindung noch zu rechtfertigen vermag.[495] Selbst auf das im vertraglichen Willen zum Ausdruck gelangte *Selbstbestimmungsrecht* der Parteien lässt sich die Bindungswirkung des Vertrages nicht mehr ohne weiteres stützen[496], da der Vertrag gerade dem Willen einer der beiden Parteien – nämlich der zu kurz gekommenen – widerspricht. Würde man nach dem *aktuellen Willen* der Parteien fragen und ihrer Selbstbestimmung freien Lauf lassen, so hätte dies notwendig in vielen Fällen die Aufhebung des Vertrages zur Folge. Auf das Selbstbestimmungsrecht ließe sich ein Festhalten an der ver-

---

[492] *Singer*, Selbstbestimmung (1995), S. 37.

[493] Ein derartiges Interesse der Bank verneinend *Singer*, Selbstbestimmung (1995), S. 38 f.

[494] BVerfGE 89, 214, 234 = NJW 1994, 36, 39 (Bürgschaft I). Hervorhebungen durch den Verfasser.

[495] Zu dieser Problematik näher *Schmidt-Rimpler*, FS Nipperdey (1955), S. 1, 8 f. („Wenn typischerweise in Verträgen unrichtige Rechtsfolgen vereinbart würden, könnte das Recht diese nicht nur um deswillen gewährleisten, weil niemand sein Versprechen brechen darf; auf der anderen Seite ist eine Rechtsfolge auch keinesfalls nur deswegen richtig, weil sie versprochen ist."

[496] Zur tragenden Bedeutung des Willens für das Rechtsgeschäft eingehend oben S. 21 ff., 23 ff.

traglichen Bindung nur noch dann stützen, wenn man auf den in der Vergangenheit liegenden, im vertraglichen *Konsens* zum Ausdruck gelangten *gemeinsamen* Willen der Parteien abstellt und diesen – entgegen einem möglicherweise geänderten Willen *eines* Vertragspartners – in die Zukunft hineinwirken lässt. Dies lässt sich jedoch nur dadurch begründen, dass man dem Einzelnen das Recht zur nachträglichen *Abänderung* seines vertraglichen Willens – und damit letztlich die *Aktualisierung* seines Willens durch Ausübung des Selbstbestimmungsrechts – mit Verweis auf die einmal getroffene Willenserklärung abspricht und ihn auf Dauer – im Vertragsrecht unbeschadet der Verjährungsvorschriften letztlich für *immer* – an seiner einmal getroffenen Entscheidung festhält.

Dass das Festhalten an der vertraglichen Bindung und damit der Grundsatz des *pacta sunt servanda* aus dieser Perspektive keinen unerheblichen Eingriff in das Selbstbestimmungsrecht des Einzelnen darstellt, ist offenkundig. Die vertragliche Bindung ist freilich unverzichtbar, da sonst keine privatautonome Regelung der Lebensverhältnisse möglich wäre.[497] Sie findet ihre letzte Rechtfertigung jedoch nicht unmittelbar im Selbstbestimmungsrecht des Einzelnen, sondern vielmehr in den Grundsätzen der *Rechtssicherheit* und des *Verkehrsschutzes* sowie in der Sachnotwendigkeit der *verbindlichen Regelung* der Lebensverhältnisse als Voraussetzung selbstbestimmter, privatautonomer Persönlichkeitsentfaltung. Auf das Selbstbestimmungsrecht vermag sich der Grundsatz vertraglicher Bindung daher lediglich *mittelbar* zu stützen.

Diese Erkenntnis hat erhebliche Auswirkungen auf die Rechtfertigung materieller Vertragskorrektur, die nun nicht mehr pauschalisierend als *Eingriff* in das *Selbstbestimmungsrecht* verstanden, sondern darüber hinaus gerade auf das Selbstbestimmungsrecht gestützt werden kann.[498] Dem entspricht der – im weiteren Gang der Untersuchung näher in den Blick zu nehmende – Befund, dass sich die Inhaltskontrolle von AGB im Spannungsfeld zwischen *formaler Vertragsfreiheit* des Verwenders und *materieller Vertragsfreiheit* des Verwendungsgegners bewegt.[499] Die allzu vereinfachende, gleichwohl gängige Formel „Inhaltskontrolle = Verletzung des Selbstbestimmungsrechts" ist damit aus dogmatischer[500] – und wie im weiteren Verlauf gezeigt werden wird auch aus verfassungsrechtlicher[501] – Perspektive widerlegt.

497 Hierzu oben S. 23 ff.

498 So auch die *verfassungsrechtliche Judikatur*, vgl. nur unten S. 374 ff.

499 Vgl. eingehend unten S. 374 ff., 468 ff., 722 ff. Zur Dichotomie von *formaler* und *materieller* Vertragsfreiheit vgl. auch oben S. 96 ff.

500 Eingehend hierzu unten S. 439 ff., 567 ff.

501 BVerfG NJW 2005, 1036, 1037 (Zahnarzthonorar). Vgl. hierzu eingehend unten S. 390 f.

c) Angemessenheit des Interessenausgleichs als Inhalt der Vertragsgerechtigkeit

Im Vertrag muss die zunächst unbeschränkte Interessenverwirklichung des Einzelnen in jener seines Vertragspartners eine notwendige Grenze finden. Dies entspricht der immanenten Grenze der *Selbstbestimmung*, die durch das Selbstbestimmungsrecht anderer beschränkt wird. Da dem Vertrag die jeweils andere Partei zustimmen muss, ist eine Verwirklichung der Interessen nur im gegenseitigen *Ausgleich* möglich. Die *Selbst*bestimmung des Einzelnen wird in die Möglichkeit vertraglicher *Mit*bestimmung transformiert.[502] Auch hier ist es der *Vertragszweck*, der entscheidend über die *Angemessenheit* des Interessenausgleichs Auskunft gibt. Vermag daher eine Partei ihre Interessen durch den Vertrag nicht oder nicht in sinnvoller Weise zu verwirklichen, so wird es in der Regel an der Angemessenheit des Interessenausgleichs als Inhalt der Vertragsgerechtigkeit fehlen.

Die Vertragsgerechtigkeit ist damit kein *externer Wertmaßstab*, der von außen an den Vertrag angelegt wird und „die Parteien" gleichsam zur Hinnahme heteronomer Wertungen „zwingt", sondern entspringt dem Wesen des Vertrages selbst und ist auf diese Weise untrennbar mit dem Vertragszweck verknüpft. Ob der Interessenausgleich gelungen, ob der Vertragsinhalt angemessen und damit auch gerecht ist, ist auf der Grundlage die Kriterien *kommutativer* und *distributiver* Gerechtigkeit zu entscheiden.[503] Ist im Austauschvertrag zunächst die Vertragsäquivalenz als Ausprägung kommutativer Gerechtigkeit von zentraler Bedeutung, so sind Fragen *distributiver Gerechtigkeit* und damit die Verwirklichung der spezifischen *Interessen* und *Bedürfnisse* der einzelnen Partei keineswegs unerheblich. Maßgeblich hierfür sind die Interessen der Parteien, die neben der am Gleichheitsgebot orientierten vertraglichen Äquivalenz die Angemessenheit des vertraglichen Ausgleichs wesentlich mitbestimmen.

Deutlich wird dies etwa mit Blick auf den Preis als Inhalt der Hauptleistungspflicht: Ist nach dem Grundsatz der Vertragsäquivalenz hier zunächst der Marktpreis zugrunde zu legen, so kann – abhängig von Erwägungen distributiver Gerechtigkeit – im Einzelfall durchaus ein höherer oder niedrigerer Preis gerechtfertigt sein. Sind etwa aufgrund eines Überangebotes an Arbeitskräften die Löhne derart niedrig, dass sie für die Deckung der existenziellen Grundbedürfnisse der Arbeitnehmer kaum ausreichen, so kann es die Gewährleistung *distributiver* Gerechtigkeit verlangen, die Angemessenheit des Vertragsausgleichs durch Mindestlöhne wiederherzustellen und damit die Voraussetzung dafür zu schaffen, dass der Vertrag den mit ihm verbundenen Zweck – Persönlichkeitsentfaltung durch Interessenverwirklichung – zu erfüllen vermag. In gleicher Weise wurde in Krisen- und Kriegszeiten mit Blick auf lebensnotwendige Lebensmittel verfahren: War der Marktpreis infolge allgemeiner Lebensmittelknappheit und ent-

---

[502] Deutlich hierauf hinweisend *Schmidt-Rimpler*, FS Raiser (1974), S. 3, 22.

[503] Eingehend hierzu oben S. 120ff. sowie unten S. 915ff.

sprechender Spekulationen ins Unermessliche gestiegen, so griff der Staat durch die gesetzliche Festsetzung von Höchstpreisen ein, um die Angemessenheit des vertraglichen Ausgleiches herzustellen. Das Beispiel zeigt deutlich die enge Verknüpfung von Erwägungen kommutativer und distributiver Gerechtigkeit: So beruhte der – insoweit auch notwendige – Eingriff der Rechtsordnung nicht nur auf den existenziellen Interessen der Kunden, sondern auch auf dem Versagen des Wettbewerbes durch Angebotsverknappung. Festzuhalten ist an dieser Stelle der Befund, dass eine Erfüllung des *Vertragszwecks* einen *angemessenen Interessenausgleich* und damit *Vertragsgerechtigkeit* voraussetzt.

d) Bindung der Vertragsfreiheit an die Vertragsgerechtigkeit

Soll der Vertrag entsprechend seiner *Funktion* als Instrument *sozialer Ordnung* die *Entfaltung der Persönlichkeit* des Einzelnen durch *Verwirklichung* seiner *Interessen* ermöglichen und ist dies aufgrund der notwendigen Zustimmung des jeweiligen Vertragspartners nur im Wege eines Interessenausgleichs möglich, so ergibt sich daraus die Bindung der Vertragsfreiheit an die Vertragsgerechtigkeit. Die Ausübung der Vertragsfreiheit ist damit final auf die Verwirklichung der Vertragsgerechtigkeit gerichtet, da nur so der Vertrag die ihm zugedachte Funktion zu erfüllen vermag. Sie kann somit nicht allein auf die Verwirklichung der eigenen Interessen beschränkt bleiben, sondern muss notwendig auch die des anderen Vertragspartners in den Blick nehmen. Die Erweiterung der Perspektive der beiden Parteien auf die Interessen des jeweils anderen Vertragspartners ergibt sich bereits aus der Notwendigkeit, dass dieser dem Vertrag auch zustimmen können muss.

Wer einem anderen ein Vertragsangebot unterbreitet tut daher gut daran, sein Angebot in einer Weise zu gestalten, dass der andere Vertragspartner, auf dessen Zustimmung der Antragende angewiesen ist, seine Interessen in der abzuschließenden Vereinbarung verwirklicht sieht. Eine solche Verpflichtung hat die Rechtsprechung etwa für den Verwender von AGB angenommen, indem sie von ihm verlangt, bei der Gestaltung der verwendeten Vertragsbedingungen „die *Interessen seines Partners* hinreichend *zu berücksichtigen* und ihm einen *angemessenen Ausgleich* zuzugestehen."[504] Tut er dies nicht und nimmt er die Vertragsgestaltungsfreiheit in missbräuchlicher Weise einseitig für sich allein in Anspruch, um seine eigenen Interessen auf Kosten seines Vertragspartners durchzusetzen, so führt dies zur Unwirksamkeit der Klausel wegen inhaltlicher Unangemessenheit nach § 307 Abs. 1 Satz 1 BGB.[505]

Damit bestatigt sich der Grundsatz, dass wahre Freiheit nur mit Blick auf und im Dienst der Gerechtigkeit denkbar ist.[506] Da die Freiheit in jener des anderen

504 BGH VersR 2013, 197, 198. Hervorhebungen durch den Verfasser.
505 BGH VersR 2013, 197, 198.
506 Vgl. hierzu schon oben S. 3.

ihre natürliche Grenze findet, die nicht ohne Verletzung der Gerechtigkeit überschritten werden kann, ist die Freiheit notwendig – um der Freiheit des anderen willen – in der Gerechtigkeit gebunden. Denn der wesentliche Inhalt der Gerechtigkeit besteht im angemessenen Ausgleich der jeweiligen Freiheitssphären der Privatrechtssubjekte, weshalb eine Beeinträchtigung der Gerechtigkeit notwendig auch eine Verletzung der Freiheit zur Folge hat. Wer seine eigenen Interessen auf Kosten jener seines Vertragspartners zu verwirklichen sucht, verhindert nicht nur einen angemessenen, dem Grundsatz der Vertragsgerechtigkeit genügenden Interessenausgleich, sondern beeinträchtigt darüber hinaus den anderen in der Möglichkeit, seine Persönlichkeit durch Verwirklichung der hierauf bezogenen Interessen zu entfalten. Damit beschränkt er indes die Selbstbestimmung seines Vertragspartners, deren Verwirklichung untrennbar an die Gerechtigkeit und damit an die Angemessenheit des Interessenausgleichs geknüpft ist.

2. *Instrumente zur Verwirklichung des Vertragszwecks: Selbstbestimmung und Richtigkeitsgewähr*

Die enge Verknüpfung von Vertragsfreiheit und Vertragsgerechtigkeit, individueller Interessenverwirklichung und gemeinsamem Interessenausgleich, die in der Selbstbestimmungs- und Gerechtigkeitsfunktion des Vertrages zum Ausdruck kommt, setzt sich im *Vertragsmechanismus* selbst fort, der durch das Mit- und Nebeneinander von *Selbstbestimmung* und *Richtigkeitsgewähr* als Instrumenten zur Verwirklichung des Vertragszwecks gekennzeichnet ist.

a) *Bedeutung der Selbstbestimmung für die Interessenverwirklichung*

Dient der Vertrag der Persönlichkeitsentfaltung des Einzelnen durch Verwirklichung der hierauf gerichteten Interessen[507], so setzt dies notwendig *Selbstbestimmung* voraus, die grundsätzlich eine überwiegend heteronome Gestaltung der Privatrechtsverhältnisse ausschließt. So hatte schon *Schmidt-Rimpler* darauf hingewiesen, dass der Vertrag der hoheitlichen Gestaltung insbesondere deshalb vorzuziehen ist, „weil die Feststellung, was der Einzelne ‚braucht' … größte Schwierigkeiten bereitet"[508] und sie keineswegs eine stärkere Richtigkeitsgewähr als der Vertrag zu bieten vermag, „sondern wegen der Unmöglichkeit einer Berücksichtigung aller individuellen Interessen eine schwächere"[509]. Gerade weil die Interessenverwirklichung auf das engste mit der Persönlichkeitsentfaltung des Einzelnen verknüpft ist und ihr dient, vermag allein der Betroffene die Interessen zu bestimmen, die er durch den Vertrag verwirklicht sehen will. Darüber hinaus ist es gerade Ausdruck der Freiheit und Würde der Person, seine – un-

[507] Eingehend hierzu oben S. 141 ff., 236 ff., 242 ff. sowie unten S. 453 ff.
[508] *Schmidt-Rimpler*, AcP 147 (1941), 130, 169.
[509] *Schmidt-Rimpler*, FS Raiser (1974), S. 3, 8.

mittelbare durch die eigene Persönlichkeit geprägten – Interessen in freier Selbstbestimmung selbst definieren zu können.[510] Es ist eine Würde und eine Aufgabe, die ihm von niemandem abgenommen werden kann und darf, wenngleich sie freilich den allgemeinen und besonderen Schranken der Rechtsordnung unterliegen muss und ihre Grenze daher in den Rechten anderer sowie gesetzlichen Verboten findet.

b) Richtigkeitsgewähr als privatautonome Gewährleistung der Vertragsgerechtigkeit

Diese Schranke der Rechte anderer wird im Vertragsmechanismus wirksam und bildet die Grundlage der ihm eigenen Richtigkeitsgewähr. Da beide Parteien mit dem Abschluss des Vertrages die Erwartung der Verwirklichung ihrer jeweiligen Interessen zum Zweck der Persönlichkeitsentfaltung verbinden, er zu seiner Geltung jedoch der Zustimmung der jeweils anderen Partei bedarf, bietet die Vereinbarung typischerweise die Gewähr für einen im Großen und Ganzen angemessenen Ausgleich der gegenseitigen Interessen.[511] Denn ein Vertrag, der seine Funktion, die mit ihm verbundenen Interessen in sinnvoller Weise zu verwirklichen, nicht zu erfüllen vermag, ist nicht zustimmungsfähig und kommt daher typischerweise nicht zustande. Die im gegenseitigen Interessenausgleich wirksam werdende Richtigkeitsgewähr wirkt jedoch mit Blick auf die Verwirklichung der individuellen Interessen der Parteien nicht nur *begrenzend*, sondern zugleich auch *ermöglichend*: Denn während sie die auf eine möglichst weitgehende Durchsetzung der eigenen Interessen zielenden „Egoismen" der einen Partei in die Schranken weist, schafft sie gleichsam spiegelbildlich jenen Freiraum, der dem jeweils anderen Vertragspartner die Entfaltung seiner Interessen ermöglicht. Sie verhindert damit zugleich, dass sich *Selbstbestimmung* in *Fremdbestimmung* umkehrt und sich der Vertrag auf diese Weise zu einem Instrument der „Selbstschädigung" wandelt. Die auf Herstellung eines angemessenen Interessenausgleichs, auf Vertragsgerechtigkeit zielende Richtigkeitsgewähr steht daher im Dienst des Vertragszwecks als Instrument gegenseitiger Interessenverwirklichung.

3. Das Reziprozitätsprinzip der regula aurea als Kern des Vertragsmechanismus

Der die Richtigkeitsgewähr ermöglichende Vertragsmechanismus lässt sich jedoch nicht lediglich auf die Logik des Abschleifens der gegenseitigen Interes-

[510] Zum *Menschenwürdegehalt* des Selbstbestimmungsrechts eingehend oben S. 13 ff., 31 f. sowie unten S. 263 ff.

[511] So schon *Schmidt-Rimpler*, AcP 147 (1941), 130, 151 ff. Ebenso später *Schmidt-Rimpler*, FS Raiser (1974), S. 3, 5 ff.; *Schmidt-Rimpler*, FS Nipperdey (1955), S. 1, 6 ff. Vgl. hierzu eingehend oben S. 209 ff.

sen[512] durch wechselseitige Zustimmungserfordernisse reduzieren. Vielmehr liegt ihm ein grundlegenderer Wirkmechanismus zugrunde, dessen Grundzüge durch die moderne *Verhandlungsforschung* aufgedeckt worden sind und der seinen Ursprung letztlich im *Reziprozitätsprinzip* der *regula aurea* als universaler Verhaltensnorm findet.

a) Das interessenorientierte Verhandlungsmodell (Harvard Modell) im Licht der modernen Verhandlungsforschung

Der wesentliche Ort, an dem die Parteien ihre Vertragsfreiheit ausüben, ist – zumindest in dem vom BGB vorausgesetzten *Normalfall* des Vertrages – die *Vertragsverhandlung.* Im Rahmen der Untersuchung der Vertragsfreiheit wurden mit dem positions- und interessenorientierten Verhandeln bereits die wesentlichen Erscheinungsformen der Verhandlung aus der Perspektive der modernen Verhandlungsforschung in den Blick genommen:[513] Während das durch konfrontative Verhandlungspraktiken geprägte und auf die möglichst weitgehende Durchsetzung der eigenen Interessen auf Kosten jener des Vertragspartners gerichtete antagonistische, *positionsorientierte Verhandeln* (*positional bargaining*) regelmäßig zu *ineffizienten* Ergebnissen führt, weil es die Verhandlung als Nullsummenspiel versteht und so die Entwicklung pareto-optimaler, kreativer win-win-Lösungen abschneidet, vermeidet die interessenorientierte Verhandlung nach dem *Harvard Modell* diese Nachteile.[514] Die Verhandlung wird hier gerade nicht als „Kampf ums Recht"[515] im freien Spiel der Kräfte verstanden, bei dem es um das Obsiegen im Streit um einen möglichst großen Anteil eines in seiner Größe unveränderbaren Wertkuchens (*fixed pie*) geht. Stattdessen wird der Blick von den *Positionen* auf die eigentlichen, hinter ihnen stehenden *Interessen* der Parteien geweitet, was eine Überwindung des Nullsummenmythos (*zero sum bias*) und die Realisierung *pareto-optimaler Kooperationsgewinne* durch *kreative Problemlösung* sowie die *wertschöpfende* Vergrößerung des zu verteilenden Wertkuchens (*enlarging the pie*) ermöglicht.

Schon mit Blick hierauf wird deutlich, dass das interessenorientierte Verhandeln nach dem *Harvard Modell* nicht nur der *Selbstbestimmung* der Parteien

---

[512] Hierzu eingehend *Schmidt-Rimpler*, FS Raiser (1974), S. 3, 5 ff.; *Schmidt-Rimpler*, FS Nipperdey (1955), S. 1, 6 ff.; *Schmidt-Rimpler*, AcP 147 (1941), 130, 151 ff. sowie eingehend oben S. 208 ff., zur Kritik oben S. 221 ff.

[513] Vgl. hierzu eingehend oben S. 78 ff. sowie *Wendland*, Mediation und Zivilprozess (2017), S. 169 ff.

[514] Zur Effizienz interessenorientierten Verhandelns nach dem *Harvard Modell* vgl. nur *Thompson*, Negotiator (5. Aufl. 2014), S. 5 ff.; *Thompson/Hrebec*, 120 Psychol. Bull. 396, 406 (1996) sowie *Duve/Eidenmüller/Hacke*, Mediation in der Wirtschaft (2011), S. 28 f., 43 f.; *Bühring-Uhle/Eidenmüller/Nelle*, Verhandlungsmanagement (2009), S. 15 f., 19 f., 38 ff., 113 ff., 138 ff., 166 ff. jeweils mwN.

[515] *Jhering*, Der Kampf um's Recht (1992). Kritisch daher *v. Gierke*, Soziale Aufgabe (1889), S. 23.

denkbar weiten Raum lässt, weil es nicht um die durch Täuschung, Zwang, Drohung oder Ausnutzung einer *strukturellen Überlegenheit* gleichsam erzwungene Zustimmung zu einer für den schwächeren Vertragspartner nachteiligen Vereinbarung geht. Darüber hinaus ermöglicht die *interessenorientierte Verhandlung* auch eine sehr viel effektivere und umfassendere *Verwirklichung der Interessen der Parteien*, weil durch den Wechsel von den Positionen zu den Interessen Freiräume für die möglichst weitgehende Entfaltung der Parteiinteressen geschaffen werden. Während sich die Positionen im Sinne eines Nullsummenspiels antagonistisch gegenüberstehen, sind die gegenseitigen Interessen der Parteien in vielen Aspekten häufig ohne weiteres miteinander vereinbar. Indem unnötige Konfliktpunkte auf ein Mindestmaß reduziert werden, erweitert sich so der zur Interessenverwirklichung verfügbare Raum in erheblichem Umfang.

b) Wertschöpfende Integration der Interessen durch Kooperation

Darüber hinaus wird im *Harvard Modell* ein zentraler Mechanismus wirksam, der dem positionsorientierten Verhandeln fehlt: Die Wirksamkeit *gemeinsamer Problemlösung*, die Kraft der *Kooperation*.[516] Da die Parteien in dem Bewusstsein, dass die Realisierung pareto-optimaler Kooperationsgewinne für *beide* Parteien von wesentlich größerem Nutzen ist als der Streit um eine in ihrem Wert fixierte Verhandlungsmasse, die Integration der gegenseitigen Interessen als gemeinsames Problem verstehen und die ihnen hierfür zur Verfügung stehenden *Ressourcen* mobilisieren, wird die Verwirklichung der eigenen Interessen nunmehr auch zur Sache des jeweiligen Vertragspartners. Indem die Parteien daher nicht mehr nur allein an der Verwirklichung ihrer Interessen beteiligt sind, sondern in diesem Bemühen von ihrem jeweiligen Vertragspartner unterstützt werden, ergeben sich völlig neue Dimensionen der Interessenverwirklichung, die für eine Partei allein häufig kaum realisierbar sind. So können etwa durch das *Poolen* von *Ressourcen,* die Aktivierung von *Skaleneffekten* und *Synergien* sowie das Ausnutzen von *Interessenunterschieden* und *-gemeinsamkeiten* vielfältige Möglichkeiten zur kreativen Wertschöpfung entstehen.[517] Darüber hinaus mag etwa eine der Parteien über günstige Finanzierungsmöglichkeiten oder Zugang zu speziellem Know-how verfügen, das der anderen Partei fehlt. Dass die *Verwirklichung* der gegenseitigen Interessen der Parteien zum Zweck der *Persönlichkeitsentfaltung*[518] so erheblich effektuiert wird und ein auf diese Weise ausgehandelter Vertrag seinen *Zweck* deutlich angemessener zu erfüllen vermag, ist offenkundig.

---

516 Zum Kooperationsprinzip vgl. *Wendland*, Mediation und Zivilprozess (2017), S. 179 ff., 575 ff.

517 Hierzu *Duve/Eidenmüller/Hacke,* Mediation (2. Aufl. 2011), S. 174 ff., 188 ff., 188 ff., 194, 206 ff., 279; *Bühring-Uhle/Eidenmüller/Nelle*, Verhandlungsmanagement (2009), S. 54 ff., 63, 131 ff., 159 f.

518 Zur Interessenverwirklichung als Zweck des Vertrages eingehend oben S. 141 ff., 236 ff., 242 ff. sowie unten S. 453 ff.

Daher mag es kaum überraschen, dass die interdisziplinäre Verhandlungsforschung die Überlegenheit und Wirksamkeit des *Harvard Modells* gegenüber dem üblichen positionsorientierten Verhandeln auch *empirisch* nachweisen konnte.[519] Dass *kooperative* Verhaltensweisen zudem auch prozedural ein *gerechteres*, dem Menschen und seinen natürlichen Anlagen einschließlich seiner neuronalen Korrelate deutlich besser entsprechendes Verfahren ermöglichen, liegt auf der Hand. Die bewusste, kooperative Integration der gegenseitigen Interessen erweist sich damit für beide Parteien im Hinblick auf die *Verwirklichung ihrer Interessen* als *Zweck des Vertrages* als deutlich effektiver und wirksamer als das konfrontative, mit Mühen und der Begrenzung des „gegnerischen Willens" verbundene *Abschleifen der Interessen* im Wege des Feilschens positionsorientierten Verhandelns.[520] Weil sich auf diese Weise die Interessen *beider* Parteien auf optimale Weise entfalten können, der Vertragsinhalt daher Ergebnis gemeinsamer Problemlösung im Wege der Kooperation ist und nicht einer Partei „abgerungen" wurde, folgt aus dem interessenorientierten Verhandeln auch eine *höhere Richtigkeitsgewähr* des Vertrages. Im Idealfall steht am Ende ein *interessengerechtes*, *faires*, *dauerhaftes*, *nachhaltiges und wertschöpfendes* Verhandlungsergebnis, das in prozeduraler Hinsicht in einem *zeit-* und *kosteneffizienten* Verhandlungsverfahren auf *beziehungsschonende* Weise erzielt worden ist, die *Parteien aufeinander hin ausrichtet* und so auch für die Zukunft eine solide Grundlage der Zusammenarbeit zu bilden vermag.

c) Korrektur von Wahrnehmungs- und Rationalitätsdefiziten

Mit dem Grundsatz der *Kooperation* als zentralem Handlungsprinzip interessenorientierten Verhandelns nach dem Harvard Modell, der an die Stelle des konfrontativen *Feilschens* positionsorientierter Verhandlung tritt, ist der Kern des *Harvard Modells* und damit zugleich des in der interessenorientierten Verhandlung wirksamen Vertragsmechanismus in den Mittelpunkt gerückt. Wesentlich für das kooperative Verhandeln ist dabei der Aspekt des Perspektivwechsels, der die Parteien überhaupt erst in die Lage versetzt, die *individuelle Situation* und *Interessenlage* des jeweiligen Vertragspartners zu verstehen und sie so befähigt, an der Verwirklichung dieser Interessen mitzuwirken.[521] Der hierfür erforderliche

---

[519] Instruktiv hierzu *Nadler/Thompson/Van Boven*, 49 Management Science 529 (2003); *Thompson/Hrebec*, 120 Psychol. Bull. 396, 406 (1996) sowie *Duve/Eidenmüller/Hacke*, Mediation in der Wirtschaft (2011), S. 28f., 43f.; *Bühring-Uhle/Eidenmüller/Nelle*, Verhandlungsmanagement (2009), S. 15f., 19f., 38ff., 113ff., 138ff., 166ff. jeweils mwN.

[520] Hierzu oben S. 79ff. Vgl. zur Ineffizienz *positionsorientierten* Verhandelns auch *Duve/Eidenmüller/Hacke*, Mediation in der Wirtschaft (2011), S. 43ff.; *Bühring-Uhle/Eidenmüller/Nelle*, Verhandlungsmanagement (2009), S. 5ff.; *Fisher/Ury/Patton*, Getting to Yes (1991), S. 3ff.

[521] Hierzu *Wendland*, Mediation und Zivilprozess (2017), S. 107ff., 141ff., 164ff., 462ff., 483ff., 511ff., 607ff.

multilaterale Rollentausch („perspective and role taking“[522], „put yourself into their shoes“[523]) setzt voraus, dass die Parteien in die Rolle des jeweils anderen schlüpfen, den im Vertrag zu regelnden Lebenssachverhalt aus der Perspektive der anderen Partei wahrnehmen und auf diese Weise die einer Einigung sowie einer wertschöpfenden Integration der gegenseitigen Interessen entgegenstehenden *Wahrnehmungsverzerrungen* und *Rationalitätsdefizite* überwinden.

Insbesondere die *Kognitionspsychologie* sowie die *experimentelle Verhaltensökonomik* (*behavioral economics*) haben eine Reihe wirkungsmächtiger Wahrnehmungs- und Rationalitätsbarrieren aufgedeckt, die im Kontext von Vertragsverhandlungen wirksam werden und eine sinnvolle Integration der gegenseitigen Interessen und damit letztlich auch eine effektive *Verwirklichung des Vertragszwecks* verhindern.[524] Die dabei wirkenden Mechanismen werden im weiteren Gang der Untersuchung im Rahmen der Bewertung des rechtsökonomischen Begründungsmodells der Inhaltskontrolle näher in den Blick genommen und können an dieser Stelle nur in einem kurzen Überblick angedeutet werden: Neben Überoptimismus (*overconfidence bias*), der Illusion der Überlegenheit (*superiority bias*) und der Gewissheit (*certainty bias*), dem Phänomen selbsterfüllender Prophezeiungen (*self-fulfilling prophecy*) sowie weiteren selbstwertdienlichen Wahrnehmungsverzerrungen (*self-serving bias*) sind in Vertragsverhandlungen Mechanismen wie der Rückgriff auf gerade verfügbare Informationen *(availability bias*), Rückschaufehler bei ex-post-Betrachtung (*hind sight bias*), *attributionelle Verzerrungen* und *Schubladendenken* (*Halo-Effekt*), Besitzeffekte (*endowment effects*), Verlustaversion (*loss aversion*), die Neigung zur Vermeidung versunkener Kosten (*sunk cost fallacy*), die Bevorzugung des *status quo* (*status quo bias*), die Abhängigkeit von der konkreten Formulierung der Entscheidungsparameter (*framing effect*), die Fehleinschätzung durch Orientierung an einem vorgegebenen Vergleichsstandard (*anchoring effect*), Schwierigkeiten im Umgang mit Wahrscheinlichkeiten (*probability neglect*), die Überwertung von Geldabflüssen gegenüber anderen *Opportunitätskosten*[525] sowie das Phänomen des vereinfachenden *Szenariodenkens* von Bedeutung.[526]

Kooperative Verhandlungsstrategien, die einen Perspektivwechsel, das Aufdecken der hinter den Positionen stehenden Interessen und einen intensiven, problemlösungsorientierten Austausch über den Verhandlungsgegenstand voraussetzen, wirken entsprechenden Wahrnehmungs- und Rationalitätsdefiziten

---

[522] *Menkel-Meadow*, 5 Nev. L.J. 347, 358 (2005).

[523] *Fisher/Ury/Patton*, Getting to Yes (1991), S. 23.

[524] Eingehend hierzu bereits mit Blick auf das Mediationsverfahren *Wendland*, Mediation und Zivilprozess (2017), S. 320 ff., 372 ff.

[525] *Schäfer/Ott*, Ökonomische Analyse (5. Aufl. 2012), S. 106.

[526] Vgl. zu den vielfältigen Formen der Wahrnehmungsverzerrungen *Duve/Eidenmüller/Hacke*, Mediation in der Wirtschaft (2011), S. 29 f., 62 f., 156 ff., 239 ff.; *Bühring-Uhle/Eidenmüller/Nelle*, Verhandlungsmanagement (2009), S. 10 f., 38 ff., 41 ff., 86; *Fisher/Ury/Patton*, Getting to Yes (1991), S. 22 ff.

entgegen und tragen so zu einer umfassenden *Integration der gegenseitigen Interessen*, zu einer effektiven Verwirklichung des *Vertragszwecks* und damit letztlich zu einer höheren *Richtigkeitsgewähr* und der Herstellung von *Vertragsgerechtigkeit* bei. Darüber hinaus werden durch die Überwindung entsprechender Information-, Wahrnehmungs-, und Rationalitätsdefizite die Voraussetzungen für eine informierte Entscheidung der Parteien geschaffen und diese – jedenfalls im Hinblick auf die Überwindung von Informationsdefiziten – in die Lage versetzt, von der ihnen zur Verfügung stehenden Vertragsfreiheit auch tatsächlich eigenverantwortlich Gebrauch zu machen. Damit wird jener Zustand hergestellt, den *Wolf* und *Schmidt-Rimpler* in ihren jeweiligen Ansätzen für das Funktionieren ihrer Vertragsmodelle vorausgesetzt hatten.

d) Die Überwindung des homo oeconomicus als Verhaltensmodell

Dieser Aspekt der Korrektur verzerrter Wahrnehmung und eingeschränkter Rationalität ist auch aus *rechtstheoretischer* und *dogmatischer* Perspektive von entscheidender Bedeutung, weil er einen entscheidenden Schwachpunkt des liberalistischen Vertragsmodells des BGB überwindet: Die Fixierung auf den *homo oeconomicus* als Verhaltensmodell.[527] Denn es ist gerade diese idealistische Vorstellung eines in der Realität nicht anzutreffenden fiktiven „Modellmenschen" – einer in Wirklichkeit schon aus damaliger Sicht die menschliche Natur als soziales und auf Kooperation angelegtes Wesen negierende Verzerrung des Menschen – und die Utopie einer sich naturwüchsig einstellenden Harmonie im freien Spiel der Kräfte, die letztlich für das Scheitern des BGB als formal-liberale Kodifikation und seine materialisierende Umformung verantwortlich gewesen waren.[528]

Zwar hatte es schon vor Inkrafttreten des BGB an entsprechenden Warnungen nicht gemangelt.[529] Und spätestens nachdem sich Rechtsprechung und Gesetzgebung kurz nach Inkrafttreten des BGB zum Eingreifen veranlasst sahen, hätte bereits Anlass bestanden, das Verhaltensmodell des *homo oeconomicus* in grundlegender Weise zu hinterfragen. Doch es bedurfte schließlich des nicht mehr wegzuargumentierenden Befundes der empirischen Untersuchungen der *Kognitionspsychologie* sowie der *experimentellen Verhaltensökonomik* und damit der Konfrontation mit der *Lebenswirklichkeit*, um die Grundannahmen des *homo oeconomicus* zu erschüttern, ihn als Wunschvorstellung zu entlarven und aufzuzeigen, dass Wissenschaft und anfangs auch der Gesetzgeber für Jahrzehnte

---

[527] Zu den Schwächen des *homo oeconomicus*-Modells eingehend oben S. 144 ff., 170 ff., 248 ff. sowie unten S. 555 ff. Zur Überwindung des *homo oeconomicus*-Modells durch die *behavioral economics*-Forschung im Kontext des Mediationsverfahrens eingehend *Wendland*, Mediation und Zivilprozess (2017), S. 589 ff.

[528] MünchKomm/*Kramer*, BGB (5. Aufl. 2006), Vor §§ 145–157 Rn. 2.

[529] Vgl. hierzu nur *Wieacker*, Privatrechtsgeschichte der Neuzeit (2. Aufl. 1967), S. 514 ff., 543 ff., 586 ff.; *Wieacker*, Sozialmodell (1953), S. 18 sowie unten S. 169 ff.

letztlich einer Illusion gefolgt waren. Zwar war der *homo oeconomicus* von vornherein nicht als reales Abbild des Menschen in seiner Würde und Freiheit, sondern lediglich als *Verhaltensmodell* gedacht. Doch ist mit dieser Feststellung noch nicht viel gewonnen: Denn der Verweis auf seinen Modellcharakter vermag seine Untauglichkeit als Modell gerade nicht zu überwinden.

War damit des Verhaltensmodell des *homo oeconomicus* gescheitert und letztlich das auf ihm beruhende Vertragsmodell infrage gestellt, so bedurfte es nun einen neuen Ansatzes, der die Fehler des formal-liberalen Ansatzes vermeidet und insbesondere die Erkenntnisse der *Kognitionspsychologie* und der *Verhaltensökonomik* berücksichtigt. Die insbesondere seit Mitte des 20. Jh. vorgelegten Vertragsmodelle, von denen *Schmidt-Rimplers Theorie der Richtigkeitsgewähr*[530] den bislang überzeugendsten Ansatz bietet, waren wichtige Meilensteine auf dem Weg des tieferen Verständnisses des Vertragsmechanismus. Doch sie vermochten jeweils nur einzelne Aspekte aufzugreifen und in den Vordergrund zu stellen, konnten das Vertragsphänomen nicht in seiner Gesamtheit, sondern lediglich eingeschränkt erfassen.

So bleibt auch der Ansatz *Schmidt-Rimplers* bei dem *Postulat* der *Richtigkeitsgewähr* stehen und konnte die Erkenntnisse der modernen Verhandlungsforschung, die sich erst in den vergangenen Jahrzehnten herauszubilden begann, naturgemäß noch nicht berücksichtigen. Vor diesem Hintergrund bietet sich die Chance, mit der Integration der Verhandlungsforschung in das Vertragsmodell das Verhaltensmodell des *homo oeconomicus* zu überwinden und auf der Grundlage des *Harvard Modells* interessenorientierter Verhandlung durch einen Ansatz zu ersetzen, der – abgesichert durch den empirischen Befund der interdisziplinären Verhandlungsforschung – der *Lebenswirklichkeit* und der *Natur* des Menschen weitaus besser entspricht, eine höhere Richtigkeitsgewähr bietet, den *Vertragszweck* durch möglichst weitgehende Interessenverwirklichung zum Zweck der Persönlichkeitsentfaltung in vollkommenerer Weise zu erfüllen vermag und schließlich praktikabel genug ist, um auch in der Praxis bestehen zu können.

Er ist damit zugleich geeignet, gerade jene Probleme des Vertrages angemessen zu erfassen, an denen das formal-liberale Vertragsmodell noch gescheitert war und die im Mittelpunkt der Inhaltskontrolle von AGB stehen: Gewährleistung *materieller Vertragsfreiheit*[531] und die damit verknüpfte Herstellung von Vertragsgerechtigkeit[532]. Denn durch den Mechanismus interessenorientierter Verhandlung wird gerade das erreicht, was das formal-liberale Vertragsmodell vergeblich herzustellen suchte: Der angemessene Ausgleich der gegenseitigen Interessen, der sich keineswegs als Resultat einer sich naturwüchsig einstellenden Harmonie im

---

[530] Vgl. hierzu *Schmidt-Rimpler*, FS Raiser (1974), S. 3, 5 ff.; *Schmidt-Rimpler*, FS Nipperdey (1955), S. 1, 6 ff.; *Schmidt-Rimpler*, AcP 147 (1941), 130, 151 ff. sowie eingehend oben S. 208 ff., zur Kritik oben S. 221 ff.

[531] Hierzu aus *verfassungsrechtlicher* Perspektive unten S. 374 ff.

[532] Eingehend hierzu oben S. 100 ff.

freien Spiel der Kräfte[533], sondern vielmehr als Ergebnis problemlösungsorientierter, kooperativer Verhandlung ergibt. Ein Ergebnis, das erst durch die Widerlegung des *homo oeconomicus* als Verhaltensmodell und die Überwindung des *formal-liberalen Vertragsdenkens* möglich wurde.

e) Die regula aurea als Kern des Harvard Modells

Mit dem Grundsatz der *Kooperation*, dem *multilateralen Rollentausch*, der den Parteien einen umfassenden *Perspektivwechsel*, das *Hineinversetzen* in die Situation des anderen und die Überwindung bestehender *Wahrnehmungs- und Rationalitätsdefizite* ermöglicht, sowie der damit verbundenen *Transformation der Parteibeziehung* durch *Ausrichtung der Parteien* aufeinander hin sind bereits die *wesentlichen Elemente* der *interessenorientierten Verhandlung* in den Mittelpunkt getreten.[534] Wendet man den Blick von der makroskopischen Gesamtschau des Geschehens auf die Beteiligten im Einzelnen und nimmt in gleichsam mikroskopischer Sicht die Interaktion der Parteien näher in den Blick, so zeigt sich ein weiteres Prinzip, das das Mit- und Füreinander der Parteien in besonderer Weise kennzeichnet: Das Prinzip der Gegenseitigkeit, das *Reziprozitätsprinzip*, in seiner entwickelten Form die *regula aurea*, die Goldene Regel.[535]

Ein Rechtsprinzip von einer solchen Universalität bietet sich in geradezu natürlicher Weise für die Beschreibung der Interaktion der Parteien im Verhandlungsprozess des Vertragsmodells an. Zwar wäre dies bereits im Rahmen der Entwurfsdiskussionen zum BGB möglich gewesen, jedoch hatte sich dies aufgrund des starken Einflusses des Liberalismus nicht durchsetzen können. So war es schließlich die moderne Verhandlungsforschung, die – freilich ohne einen Bezug zur *regula aurea* selbst herzustellen – der Sache nach entsprechende Parallelen aufzeigte und so den Weg zur Integration der Goldenen Regel in das Vertragsmodell ebnete.

f) Das Reziprozitätsprinzip der regula aurea und der Vertragsmechanismus

Die Wirksamkeit der in geradezu genialer Weise tiefgründigen wie einfachen Regel zeigt sich vor allem im Vertragsmodell.[536] Hier vermag die *regula aurea* jene umfassende Erklärung für die Richtigkeitsgewähr des Vertragsmechanismus zu liefern, den *Schmidt-Rimpler* in seiner Theorie der Richtigkeitsgewähr nur schemenhaft zu umreißen vermochte.

---

[533] Zum wirklichkeitsfremden *Harmonieglauben* der formal-liberalen Vertragslehre MünchKomm/*Kramer*, BGB (5. Aufl. 2006), Vor §§ 145–157 Rn. 2.

[534] Vgl. hierzu oben S. 81 ff., 115 f. Zur Bedeutung der Goldenen Regel für das Harvard-Modell eingehend mit Blick auf das Mediationsverfahren eingehend *Wendland*, Mediation und Zivilprozess (2017), S. 320 ff., 340 ff.

[535] Hierzu eingehend oben S. 111 ff.

[536] Zu Inhalt, Struktur und Interpretation der Goldenen Regel mit Blick auf das Mediationsverfahren bereits eingehend *Wendland*, Mediation und Zivilprozess (2017), S. 299 f.

1. Allgemeiner, universeller Maßstab. Die *regula aurea* ist ein allgemeiner, universeller Maßstab richtigen Handelns: Sie ist allgemein genug, um alle denkbaren Fallkonstellationen zu erfassen und zugleich konkret genug, um dem Einzelnen eine für jeden einsichtige, einfach wie praktisch umsetzbare Handlungsanweisung an die Hand zu geben. Entsprechend enthält sie keine konkreten Verhaltensnormen für bestimmte Einzelfälle, sondern vielmehr einen *allgemeinen Handlungsmaßstab*, an dem jeder Einzelne sein Verhalten anderen gegenüber in einer konkreten Situation auszurichten vermag. Ihre *Konkretisierung* erfolgt jeweils in der Konfrontation des Einzelnen mit seinen Mitmenschen und den daraus folgenden Verhaltensanforderungen, die den *Inhalt der Regel* jeweils thematisch aktualisieren. Entsprechend leiten etwa *Dürig* und *Scholz* aus der *regula aurea* als „Verhaltensnorm für das menschliche Miteinander von unmittelbarer Einsichtigkeit und großer Rationalität"[537] ein ganzes Bezugssystem der *Sozialverträglichkeit* ab, wie etwa das *Gewaltverbot*, den Grundsatz *pacta sunt servanda*, die *Einsicht der Interessen* anderer sowie die Einsicht in die Notwendigkeit ihres *Ausgleichs* durch die Rechtsordnung.[538]

2. Inhalt. Die *regula aurea* enthält als Verhaltensgebot für jeden Menschen den einfachen wie einsichtigen Grundsatz praktischer Ethik, sich gegenüber seien Mitmenschen ebenso zu verhalten, wie man selbst behandelt werden möchte.[539] Es ist die Forderung, entsprechend der eigenen Erwartungen an das Verhalten anderer zu handeln. Die Regel fordert vom Einzelnen damit gerade jenes Handeln, das dieser von anderen sich selbst gegenüber erwartet. Das *Maß* der eigenen Erwartungen an das Handeln anderer wird damit zum Maßstab eigenen Tuns. Sie werden gleichsam spiegelbildlich auf den Vertragspartner projiziert und so für die Konkretisierung des Verhaltensgebotes fruchtbar gemacht. Da der normative Gehalt der Regel ausschließlich den Bereich des eigenen Verhaltens betrifft, sind es nicht die eigenen Interessen, Bedürfnisse und Wünsche als solche, die auf den anderen übertragen werden, sondern vielmehr die Gebote freiheitsermöglichenden Verhaltens dem anderen gegenüber, diesem die eigenverantwortliche Bestimmung und Verwirklichung seiner Interessen zu gewährleisten. Dem jeweils anderen werden damit nicht etwa substantiell die eigenen Interessen aufoktroyiert. Vielmehr wird ihm gerade jener Freiheitsraum eröffnet, den der Einzelne selbst für sich zur Entfaltung seiner eigenen Persönlichkeit in Anspruch nimmt. Im Kern geht es daher vor allem um die gegenseitige Gewährleistung der Lebensbedingungen, die *gegenseitige Daseinserhaltung*, die auf eine Ermöglichung der Grundbedingungen sozialen Lebens und damit letztlich auf die volle Entfaltung der Persönlichkeit gerichtet ist: Weil der Einzelne selbst ein existenzielles Interesse an der Verwirklichung seiner Interessen hat, um zur vollen Entfaltung seiner

537 Maunz/Dürig/*Dürig/Scholz*, GG (70. EL 2013), Art. 3 Abs. 1 Rn. 160.
538 Maunz/Dürig/*Dürig/Scholz*, GG (70. EL 2013), Art. 3 Abs. 1 Rn. 161.
539 Eingehend hierzu bereits *Wendland*, Mediation und Zivilprozess (2017), S. 308 ff.

Person und seiner individuellen und sozialen Anlagen zu gelangen, muss er spiegelbildlich auch anderen die Verwirklichung ihrer jeweils zur Entfaltung ihrer Persönlichkeit erforderlichen Interessen ermöglichen.

Ebendiese Rücksichtnahme auf die Interessen des jeweiligen Vertragspartners fordert der BGH vom AGB-Verwender ein, wenn er von ihm verlangt, „von vornherein die *Interessen seines Partners* hinreichend *zu berücksichtigen* und ihm einen *angemessenen Ausgleich* zuzugestehen."[540] Die *regula aurea* bietet einen geeigneten Erklärungsansatz, um diese – mit dem formal-liberalen Vertragsmodell kaum vereinbare – Verantwortlichkeit nicht nur für die Verwirklichung der eigenen Interessen, sondern auch für die des anderen Vertragspartners zu begründen. Für das Vertragsmodell ergibt sich aus der *regula aurea* damit letztlich eine enge Bindung der *Vertragsfreiheit* an den *Vertragszweck* und die materielle *Vertragsgerechtigkeit*: Denn in dem Maße, in dem der Einzelne selbst die Verwirklichung seiner eigenen Interessen anstrebt, muss er darauf bedacht sein, das gleiche Maß an Interessenverwirklichung seinem jeweiligen Vertragspartner zu ermöglichen. Denn für beide Parteien erfüllt der Vertrag den gleichen Zweck als Instrument zur Verwirklichung ihrer jeweiligen Bedürfnisse, Interessen und Wünsche im rechtlichen Raum, um auf diese Weise zur Entfaltung ihrer Persönlichkeit zu gelangen. Vor dem Hintergrund der *regula aurea* wird damit auch der bereits im Zusammenhang mit der Betrachtung der Vertragsfreiheit herausgearbeitete Grundsatz verständlich, dass *wahre Freiheit* nur mit Blick auf die *Gerechtigkeit* denkbar ist.[541]

3. Die Richtigkeitsgewähr der regula aurea. Dass die gegenseitigen Interessen der Parteien im Vertragsverhältnis durchaus kollidieren können – dies indes nicht zwangsläufig tun müssen – ist unvermeidbar und berührt den Kern des Vertragsmodells: Die angemessene Abgrenzung der jeweiligen Freiheitssphären der einzelnen Privatrechtssubjekte. Und es ist dieser Punkt, an sich dem die Wirkungsmacht der *regula aurea* am deutlichsten zeigt. Indem damit letztlich der Egoismus des Einzelnen zur Richtschnur des dem anderen gegenüber zu gewährenden Freiheitsraumes wird, kann die destruktive Kraft egoistischer, ausschließlich einseitiger Interessenverwirklichung *neutralisiert* und für die Verwirklichung des Vertragszwecks im Wege der Kooperation nutzbar gemacht werden. Auf diese Weise wird der eigene Anspruch auf Interessenverwirklichung zum Maßstab des eigenen Handelns der anderen Partei gegenüber, dadurch zugleich begrenzt und so für die Herstellung eines angemessenen Interessenausgleichs, letztlich für die Verwirklichung der Vertragsgerechtigkeit fruchtbar gemacht. Es ist dieser Mechanismus, der nicht durch mühsames Abschleifen der gegenseitigen Interessen[542], sondern von innen her, durch Einsicht in das richtige Handeln die Par-

---

[540] BGH VersR 2013, 197, 198. Ebenso BGHZ 54, 106 = NJW 1970, 1596, 1597; BGHZ 51, 55 = NJW 1969, 230, 230f.; BGH NJW 1965, 246, 246.
Hervorhebungen durch den Verfasser.

[541] Vgl. hierzu schon oben S. 3.

[542] So aber *Schmidt-Rimpler*, AcP 147 (1941), 130, 162 Fn. 41 sowie zum *Paralysieren* der

teien zum Guten hin, zur Herstellung eines angemessenen Interessenausgleichs drängt und damit die Gewähr der Richtigkeit bietet. Garant für die Richtigkeit des Ergebnisses ist dabei die Regel selbst als wohl universellster Grundsatz der Gerechtigkeit, als die „Idee der Gerechtigkeit“[543] schlechthin.

4. Intersubjektivität durch multilateralen Rollentausch. Die Regel bedarf zu ihrer Wirksamkeit jedoch der operationalisierenden Anwendung durch die Parteien. Um jenen Maßstab der Verwirklichung der eigenen Bedürfnisse, Interessen und Erwartungen, die der Einzelne für sich selbst in Anspruch nimmt, auf seinen Vertragspartner zu übertragen, ist ein Perspektivwechsel erforderlich, der eine Projektion des Maßstabs der eigenen Interessen auf den anderen erst ermöglicht.[544] Der Einzelne muss den dem Vertrag zugrunde liegenden Lebenssachverhalt in der Fülle seiner Dimension angemessen erfassen und aus der Perspektive, mit den Augen seines Vertragspartners betrachten. Dieser Perspektivwechsel erfolgt durch das *Gedankenexperiment* des *multilateralen Rollentauschs*, in dem beide Parteien wechselseitig in die Position des jeweils anderen schlüpfen, sich in die Situation ihres jeweiligen Vertragspartners hineinversetzen, um die von ihm geltend gemachten Interessen in ihrer Bedeutung für die Persönlichkeitsentfaltung zu erfassen und das eigene Verhalten darauf auszurichten. Ein solcher Rollentausch ist indes genau das, was das *Harvard Modell* der interessenorientierten Verhandlung von beiden Parteien fordert und was zugleich die Effektivität dieses Verhandlungsverfahrens ausmacht, das seine Wirkungskraft letztlich aus der *regula aurea* als universalem Grundsatz richtigen Handelns bezieht. Und es ist gerade dieser Rollentausch, der es den Parteien überhaupt ermöglicht, die mit dem üblichen positionsorientierten Verhandeln im Sinne des Feilschens notwendig verbundenen *Wahrnehmungs- und Rationalitätsdefizite* und damit die Schwächen des Verhaltensmodells des *homo oeconomicus* sowie des darauf beruhenden *formal-liberalen Vertragsdenkens* zu überwinden.

Dass sowohl die *regula aurea* als universales, Raum und Zeit überschreitendes und damit letztlich die menschliche Entwicklung begleitendes „Naturgesetz“ gerechten Handelns als auch das – durch den Befund der Kognitionspsychologie und der experimentellen Verhaltensökonomik empirisch bestätigte – *Harvard Modell* die Forderung nach einem multilateralen Rollentausch in den Vordergrund stellen, ist kein Zufall. Denn ein solcher multilateraler Rollentausch, den der reife Gebrauch der *regula aurea* voraussetzt, entspricht – wie vor allem *Kohlberg* nachgewiesen hat – der höchsten Stufe moralischer Urteilsfähigkeit des

---

gegenseitigen Ansprüche vgl. *Schmidt-Rimpler*, FS Raiser (1974), S. 3, 5; *Schmidt-Rimpler*, FS Nipperdey (1955), S. 1, 28; *Schmidt-Rimpler*, AcP 147 (1941), 130, 155.

[543] *Radbruch*, Rechtsphilosophie (3. Aufl. 1932), S. 70; *Radbruch*, in: Kaufmann (Hrsg.), Gesamtausgabe II (1993), S. 206, 303.

[544] Zum Gedankenexperiment des multilateralen Rollentauschs mit Blick auf das Mediationsverfahren bereits eingehend *Wendland*, Mediation und Zivilprozess (2017), S. 315 ff.

Menschen.[545] Die *regula aurea* und das *Harvard Modell* bewegen sich damit auch entwicklungspsychologisch auf gesichertem Boden. Der US-amerikanische Psychologe und Professor an der Harvard University School of Education *Lawrence Kohlberg* hatte auf der Grundlage empirischer Studien ein *differenziertes Stufenmodell moralischer Urteilsbildung* entwickelt, wonach jeder Mensch – unabhängig von seiner kulturellen und sozialen Prägung – im Verlauf seines persönlichen und charakterlichen Reifungsprozesses insgesamt sechs Stadien moralischer Entwicklung durchläuft. Die höchste Stufe, die im Regelfall zwischen 13 und 16 Jahren durchlaufen[546], jedoch nur von 5 % der von ihm untersuchten Population erwachsener Amerikaner erreicht wird[547], setzt einen vollständigen multilateralen Rollentausch, eine „'second-order' interpretation"[548] der Goldenen Regel voraus. Hierfür ist erforderlich, dass sich jeder der Beteiligten in die Position des jeweils anderen hineinversetzt und dabei die sich aus einer solchen Perspektive ergebenen Interessen und Ansprüche berücksichtigt.[549]

Wenn der BGH vom AGB-Verwender bei der Vorformulierung der Vertragsbedingungen die Berücksichtigung der Interessen seines Vertragspartners fordert, verlangt er damit letztlich nicht mehr als den reifen Gebrauch der *regula aurea* und damit die Ausübung der höchsten Stufe moralischer Urteilsfähigkeit: Ein auf gegenseitige Rücksichtnahme ausgerichtetes Verhalten, das bereits von Kindern im Alter von 13–16 Jahren, umso mehr von erwachsenen Vertragspartnern verlangt werden kann. Dass die – jeweils strukturell überlegenen – Parteien diesen Anforderungen in der Praxis häufig nicht gerecht werden, sich die Rechtsprechung zum Eingreifen genötigt sieht und auch *Kohlberg* zu dem Ergebnis gelangt, dass lediglich ein geringer Teil von 5 % der von ihm untersuchten Bevölkerungsgruppe diesen Entwicklungsstand erreicht hatte, zeigt, dass einseitig benachteiligendes Verhandlungsverhalten im Sinne positionsorientierter Verhandlung nicht der Natur und Würde des Einzelnen entspricht, sondern letztlich eine Degeneration, einen Rückfall in primitive Verhaltensmuster darstellt. Vor diesem entwicklungspsychologischen Hintergrund kann es nicht verwundern, dass die weltweite ADR-Bewegung, die sich ganz wesentlich auf das *Harvard Modell* interessenorientierter Verhandlung stützt, in der Förderung kooperativer Streitbeilegungs- und Verhandlungsverfahren einen „Weg zur zivilisierten Gesellschaft"[550], eine „Zivilisierung"[551] der Gesellschaft erblickt.

---

545 *Kohlberg*, The Philosophy of Moral Development (1981), S. 199 ff., 204. Vgl. hierzu auch oben S. 116 ff. sowie mit Blick auf das Mediationsverfahren *Wendland*, Mediation und Zivilprozess (2017), S. 317 ff., 319 f., 342, 973.

546 *Kohlberg*, The Philosophy of Moral Development (1981), S. 192.

547 *Kohlberg*, The Philosophy of Moral Development (1981), S. 192.

548 *Kohlberg*, The Philosophy of Moral Development (1981), S. 204.

549 *Kohlberg*, The Philosophy of Moral Development (1981), S. 199 ff., 204*Kohlberg*, The Philosophy of Moral Development (1981), S. 199 ff., 204.

550 So *Duve/Eidenmüller/Hacke*, Mediation in der Wirtschaft (2011), S. 41.

551 *Gohl/Meister*, Politische Mediation (2012), S. 113.

Der durch einen reifen Gebrauch der *regula aurea* geprägte Vertragsschluss, der einen angemessenen Interessenausgleich, eine Berücksichtigung der Bedürfnisse und Interessen des jeweiligen Vertragspartners und damit einen Perspektivwechsel erfordert, ist damit auch aus entwicklungspsychologischer Perspektive die dem einzelnen Menschen, seiner Natur, Freiheit und Würde substantiell entsprechende, ihm eigene Form der Interessenverwirklichung durch Vertrag. Zugleich zeigt der gemeinsame Befund der *regula aurea*, der modernen Verhandlungsforschung auf der Grundlage des Harvard Modells sowie der Forschungen *Kohlbergs*, warum das Verhaltensmodell des *homo oeconomicus* und das mit ihm verbundene *formal-liberale Vertragsdenken* notwendig scheitern mussten[552]: Nicht, weil es die Freiheit in den Vordergrund stellte, sondern weil es Freiheit ohne Gerechtigkeit zu verwirklichen suchte[553] und damit jene innere Verknüpfung beider Rechtsprinzipien durchtrennte, die letztlich zur Verkümmerung der Freiheit führen musste, die nicht als Selbstzweck, sondern – aufgrund ihrer engen Beziehung zur Menschenwürde – nur als Instrument zur Entfaltung der Persönlichkeit denkbar ist.

Das formal-liberale Vertragsmodell musste notwendig scheitern, weil es Vereinbarungen sanktionierte, die mit dem Zweck des Vertrages, eine angemessene Verwirklichung der Interessen beider Parteien zur Entfaltung der Person zu gewährleisten, kaum mehr vereinbar und stattdessen zu Instrumenten der Fremdbestimmung und der Schädigung der eigenen Interessen degeneriert waren. Damit hat sich der Vertrag jedoch nicht etwa von philosophisch begründeten Idealen, sondern letztlich vom Menschen selbst, der ihm eigenen Ausrichtung aufeinander hin, seiner Tendenz zur Kooperation und der ihm eingestifteten *regula aurea* als höchster Stufe moralischer Urteilsfähigkeit und Vollendung des persönlichen Reifungsprozesses entfernt. Das Problem des formal-liberalen Vertragsdenkens war damit letztlich seine materielle Indifferenz: Indem es Falsches für richtig erklärte, nur weil ein formaler Vertragsschluss vorlag – den die unterlegenen Parteien zudem häufig gar nicht wollten –, entwertete es letztlich den Vertrag, den es mit seiner Überbetonung der Vertragsfreiheit eigentlich zu sichern suchte, und zwang die Rechtsordnung zum Eingreifen. Entsprechend sah sich das BVerfG genötigt klarzustellen, dass dann, wenn „der Inhalt des Vertrages für eine Seite *ungewöhnlich belastend* und als Interessenausgleich *offensichtlich unangemessen* [ist], … sich die Gerichte nicht mit der Feststellung begnügen [dürfen]: ‚Vertrag ist Vertrag'. Sie müssen vielmehr klären, ob die Regelung eine Folge *strukturell ungleicher Verhandlungsstärke* ist, und gegebenenfalls im Rahmen der Generalklauseln des geltenden Zivilrechts korrigierend eingreifen."[554] Derartige Ein-

[552] Zu den Schwächen des *homo oeconomicus-Modells* eingehend oben S. 144ff., 170ff., 248ff. sowie unten S. 555ff.

[553] Hierzu bereits oben S. 3.

[554] BVerfGE 89, 214, 234 = NJW 1994, 36, 39 (Bürgschaft I). Hervorhebungen durch den Verfasser.

griffe der Rechtsprechung werden dagegen vermieden, wenn die *regula aurea*, die Erkenntnisse der modernen *Verhandlungsforschung* wie auch die Befunde *Kohlbergs* im Rahmen des Vertragsmodells berücksichtigt werden. Ist dies der Fall, so entfaltet der von den Parteien geschlossene Vertrag eine *Richtigkeitsgewähr*, die materielle Eingriffe in den Vertrag von vornherein vermeidet und damit dem Institut des Vertrages deutlich besser gerecht wird, als es das formal-liberale Vertragsdenken je vermochte.

4. Vertragsparität als Voraussetzung der Richtigkeitsgewähr

Allerdings ist auch die Richtigkeitsgewähr des auf der *regula aurea* beruhenden Vertragsmodells an bestimmte Voraussetzungen gebunden.[555] Es setzt voraus, dass die Parteien ihr Verhalten tatsächlich an der *Goldenen Regel* als Verhaltensnorm ausrichten, einen *multilateralen Rollentausch* vollziehen und sich in einem Prozess *gemeinsamer Problemlösung* um die Verwirklichung eines *angemessenen Interessenausgleichs* bemühen. Dass dies in der Realität nur selten der Fall ist, haben bereits die *empirische Verhandlungsforschung* und das Bemühen der *ADR-Bewegung* um einen Paradigmenwechsel in der Lösung von Interessenkonflikten eindrucksvoll gezeigt. Auch hier behält die Einschätzung *Schmidt-Rimplers* ihre Gültigkeit, dass man „bei allem Optimismus nicht davon ausgehen kann, daß der einzelne bei Gestaltung seiner Verhältnisse sich von dem Gedanken der Gerechtigkeit und Richtigkeit allein leiten lasse und diese Gedanken in seiner Gestaltung der Dinge verwirkliche“[556]. Denn, so *Schmidt-Rimpler*: „Könnten wir darauf *vertrauen*, daß alle gerecht handeln, *brauchten wir kein Recht*!“[557] Oder um es mit *Thomas* zu sagen: *lex humana populo datur, in quo sunt multi a virtute deficientes, non autem datur solis virtuosis*[558] – „Das menschliche Gesetz wird dem [ganzen] Volke gegeben, in welchem es viele gibt, die an Tugend arm sind; nicht aber wird es nur für die Tugendhaften gegeben“[559].

a) Handlungsanreize für einen angemessenen Interessenausgleich

Entsprechend setzt auch das vorgestellte Vertragsmodell voraus, dass von der *regula aurea* tatsächlich Gebrauch gemacht wird. Handeln die Parteien *rational*, erkennen sie die Goldene Regel aus *Einsicht* als für sie geltende Verhaltensnorm an oder sind ihnen die Vorteile interessenorientierten Verhandelns nach dem *Harvard Modell* zumindest bekannt, so liegt hierin eine starke Motivation für die

[555] Zur Gleichheit der Personen als Wirksamkeitsvoraussetzung der *regula aurea* mit Blick auf das Mediationsverfahren vgl. *Wendland*, Mediation und Zivilprozess (2017), S. 311 ff.
[556] *Schmidt-Rimpler*, AcP 147 (1941), 130, 161.
[557] *Schmidt-Rimpler*, FS Raiser (1974), S. 3, 21. Hervorhebungen durch den Verfasser.
[558] *Thomas v. Aquin*, Summa Theologica, II^{a}–II^{ae} q. 77 a. 1 ad 1.
[559] Übersetzung nach *Thomas v. Aquin*, Summa Theologica Bd. 18 (1953), S. 347.

Beteiligten, einen angemessenen Ausgleich der gegenseitigen Interessen am Maßstab der *regula aurea* herbeizuführen. Allerdings zeigt auch hier in Blick in die Praxis, dass *Vernunft*, *Einsicht* und die *Vorteile* interessenorientierter Verhandlung als Handlungsanreize häufig nicht ausreichen, die Parteien zu einem entsprechenden Handeln zu bewegen. Daher wird es in der Regel letztlich der von *Schmidt-Rimpler* herausgearbeitete Mechanismus des Erfordernisses der Zustimmung des jeweils anderen Vertragspartners sein, der die Parteien am Ende zur Vereinbarung eines – im Großen und Ganzen – weitgehend angemessenen Vertragsinhaltes motiviert.

Denn da das Zustandekommen des Vertrages von der Zustimmung des jeweils anderen Vertragspartners abhängig, dieser jedoch an einer möglichst umfassenden Verwirklichung seiner Interessen interessiert ist, werden die gegenseitigen Egoismen gleichsam „paralysiert“[560], gegenseitig aufgehoben und durch Abschleifen[561] der wechselseitigen Interessen neutralisiert, so dass dem Vertrag eine gewisse Gewähr für die Richtigkeit im Sinne der Herstellung eines angemessenen Interessenausgleichs zukommt. Insoweit ergibt sich ein Gleichlauf mit *Schmidt-Rimplers* Theorie der Richtigkeitsgewähr. Dass ein an der *regula aurea* ausgerichtetes Vertragsmodell an bestimmte Funktionsvoraussetzungen gebunden ist und im Übrigen von einem Idealbild, von einem optimalen Vertragsmechanismus, von einer Sicht auf das Institut des Vertrages ausgeht, wie es sein *sollte*, verringert in keinster Weise seine Wirksamkeit. Denn seine Interpedenz von bestimmten Funktionsvoraussetzungen teilt es mit den übrigen Vertragsmodellen, seine Qualität als aus Einsicht zu verwirklichendes Ideal mit dem *Harvard Modell*, das – gerade aus Einsicht in die Notwendigkeit eines Neuansatzes – in der Praxis immer mehr an Boden gewinnt und etwa im Rahmen gerichtsverbundener Mediationsprogramme auch die Rechtspraxis in Deutschland mittlerweile in erheblichem Umfang prägt.

b) Würde und Gleichheit des Menschen als Ausgangspunkt

Voraussetzung für das Funktionieren des vorgestellten Vertragsmodells ist – wie bei *Schmidt-Rimpler*[562] – die tatsächliche Gleichheit der Parteien, eine annähernde strukturelle Vertragsparität. Die von *Schmidt-Rimpler* formulierte Einsicht, dass nur bei einem annähernden Machtgleichgewicht zwischen den Parteien der Vertragsmechanismus eine Gewähr der Richtigkeit zu bieten vermag, ist heute zu Recht allgemein anerkannt. Entsprechend hatte auch das BVerfG in seiner ersten Bürgschaftsentscheidung festgestellt, dass „heute ... weitgehende Einigkeit darüber [besteht], daß die *Vertragsfreiheit* nur im Falle eines annähernd *aus-*

---

[560] *Schmidt-Rimpler*, FS Raiser (1974), S. 3, 5; *Schmidt-Rimpler*, FS Nipperdey (1955), S. 1, 28; *Schmidt-Rimpler*, AcP 147 (1941), 130, 155.

[561] So plastisch *Schmidt-Rimpler*, AcP 147 (1941), 130, 162 Fn. 41.

[562] *Schmidt-Rimpler*, FS Raiser (1974), S. 3, 13 Fn. 58; *Schmidt-Rimpler*, AcP 147 (1941), 130, 158 Fn. 34 sowie oben S. 217 ff.

gewogenen Kräfteverhältnisses der Partner als Mittel eines angemessenen Interessenausgleichs taugt und daß der Ausgleich gestörter Vertragsparität zu den Hauptaufgaben des geltenden Zivilrechts gehört ... Im Sinne dieser Aufgabe lassen sich große Teile des Bürgerlichen Gesetzbuchs deuten ....“[563] Allerdings lässt sich das Erfordernis der Vertragsparität, das Gebot der „Waffengleichheit“ nicht auf eine lediglich *instrumentelle* Funktion reduzieren. Es reicht deutlich weiter und hat seinen Ursprung in der gleichen Würde und Freiheit des Menschen als Person. Denn die *regula aurea* setzt nicht nur voraus, dass sich die Parteien gegenseitig gleich *behandeln* und sie sich gegenseitig den gleichen Freiheitsraum zur Verwirklichung ihrer jeweiligen Interessen einräumen.[564] Indem die *regula aurea* vom Einzelnen verlangt, entsprechend der eigenen Erwartungen an das Verhalten anderer zu handeln und damit die Maßstäbe an das Verhalten anderer auf sich selbst zu übertragen, setzt sie nicht nur voraus, dass sich die Parteien gegenseitig gleich *behandeln*, sondern dass sie als Privatrechtssubjekte auch tatsächlich gleich *sind*.[565]

Diese *Gleichheit* als rechtliche Person erwächst dabei aus der gleichen *Freiheit* und *Würde* als Individuum. Darüber hinaus verweist das Gegenseitigkeitsprinzip der *regula aurea* auf die gleiche Bedürftigkeit, das gleiche Angewiesensein, das gleiche Bedürfnis jedes einzelnen Menschen nach der vollen Entfaltung der eigenen Person, seiner natürlichen individuellen und sozialen Anlagen und der Förderung und Achtung der hierfür erforderlichen Grundbedingungen.[566] Die Regel versteht den Menschen daher nicht als isoliertes, gleichsam in einem beziehungslosen Vakuum existierendes Wesen, sondern als eine in ein umfassendes Beziehungsgeflecht eingebettete Person, als Teil der menschlichen Schicksalsgemeinschaft, in der jeder einzelne zur Daseinserhaltung und zur Persönlichkeitsentfaltung auf tragfähige Beziehungen zu seinen Mitmenschen angewiesen ist. Vor diesem Hintergrund wird verständlich, warum wahre menschliche Freiheit nicht von der Gerechtigkeit gelöst werden kann und nur mit Blick auf die Gerechtigkeit denkbar ist. Die innere Verknüpfung von *Vertragsfreiheit* und *Vertragsgerechtigkeit* hat damit letztlich ihren Ursprung im Wesen und der Natur des Menschen selbst und erst aus dieser Perspektive werden aktuelle Entwicklungen des Privatrechts in ihrer Tragweite verständlich: Das Scheitern des *formal-liberalen Vertragsdenkens*, die umfassende *Materialisierungsentwicklung des Privatrechts* und die weltweite „ADR-Revolution“.

---

563 BVerfGE 89, 214, 233 = NJW 1994, 36, 38f. (Bürgschaft I). Hervorhebungen durch den Verfasser.

564 Vgl. zu diesem Aspekt bereits eingehend *Wendland*, Mediation und Zivilprozess (2017), S. 311ff.

565 *Ebenda.*

566 *Ebenda.*

c) Die Bedeutung tatsächlicher Vertragsparität für die Richtigkeitsgewähr

Die Verwurzelung der von der *regula aurea* vorausgesetzten rechtlichen Gleichheit der Parteien in ihrer natürlichen Gleichheit als Person trifft indes vor allem die normative und natürliche *Sollensordnung*. Das Maß, in dem sie von den ihnen gewährten Rechtspositionen auch *tatsächlich* Gebrauch machen können, in dem sich die Sollens- in der Seinsordnung verwirklicht, hängt dagegen von ihrer *tatsächlichen* Gleichheit und damit von der ihnen zur Verfügung stehenden Verhandlungsmacht ab. Ist diese nicht gegeben und „hat einer der Vertragsteile ein so starkes Übergewicht, daß er den Vertragsinhalt faktisch einseitig bestimmen kann, bewirkt dies für den anderen Vertragsteil *Fremdbestimmung*“[567]. In diesem Fall ist die Rechtsordnung nicht für berechtigt, sondern auch verpflichtet, korrigierend einzugreifen, um sowohl die *materielle Vertragsfreiheit* der strukturell unterlegenen Partei als auch den *Zweck des Vertrages* und damit die Vertragsgerechtigkeit zu gewährleisten. Entsprechend hat auch das BVerfG die Grundzüge der materiellen Vertragskontrolle umrissen:

> „Für die Zivilgerichte folgt daraus die Pflicht, bei der Auslegung und Anwendung der Generalklauseln darauf zu achten, daß Verträge nicht als Mittel der *Fremdbestimmung* dienen. Haben die Vertragspartner eine an sich zulässige Regelung vereinbart, so wird sich regelmäßig eine weitergehende Inhaltskontrolle erübrigen. Ist aber der Inhalt des Vertrages für eine Seite *ungewöhnlich belastend* und als Interessenausgleich *offensichtlich unangemessen*, so dürfen sich die Gerichte nicht mit der Feststellung begnügen: ‚*Vertrag ist Vertrag*‘. Sie müssen vielmehr klären, ob die Regelung eine Folge strukturell ungleicher Verhandlungsstärke ist, und gegebenenfalls im Rahmen der Generalklauseln des geltenden Zivilrechts korrigierend eingreifen.“[568]

Die Entscheidung des BVerfG ist bemerkenswert und bildet den vorläufigen Endpunkt einer *Materialisierungsentwicklung* des Privatrechts, die bereits in der 1. Hälfte des 20. Jh. begann und deren Schwerpunkt sich heute vor allem auf das europäische Unionsrecht verlagert hat. Sie enthält sowohl eine Absage an das *formal-liberale* Vertragsdenken des ursprünglichen BGB mit seinem Grundsatz des *stat pro ratione voluntas*[569], der Maxime „*Vertrag ist Vertrag*“[570], als auch einen Verweis auf die *Vertragsgerechtigkeit*, den *Maßstab* des „ungewöhnlich belastend[den] und als Interessenausgleich offensichtlich unangemessen[en]“[571] Vertragsinhaltes als Indiz für strukturell ungleiche Verhandlungsstärke und damit letztlich der Beeinträchtigung der materiellen Vertragsfreiheit der schwächeren Partei. Mit dem Hinweis, dass eine materielle Vertragskorrektur erst

---

567 BVerfGE 89, 214, 234 = NJW 1994, 36, 39 (Bürgschaft I). Hierzu eingehend unten S. 382 ff. Hervorhebungen durch den Verfasser.

568 BVerfGE 89, 214, 234 = NJW 1994, 36, 39 (Bürgschaft I). Hierzu eingehend oben S. 382 ff. Hervorhebungen durch den Verfasser.

569 *Flume*, BGB AT II (3. Aufl. 1979), S. 6; *Flume*, FS 100 Jahre DJT (1960), S. 135, 141.

570 Dies ablehnend BVerfGE 89, 214, 234 = NJW 1994, 36, 39 (Bürgschaft I).

571 BVerfGE 89, 214, 234 = NJW 1994, 36, 39 (Bürgschaft I).

bei *ungewöhnlich* belastenden und *offensichtlich* unangemessenen[572] Vertragsinhalten infrage kommt, scheint bereits ein Problem auf, das den Kern des Verhältnisses von *Vertragsfreiheit* und *Vertragsgerechtigkeit* berührt: Die Bestimmung der Vertragskontroll- und Eingriffsschwelle als zentralem Element eines Vertragskontrollmodells.

5. *Elemente eines Vertragskontrollmodells*

Die Frage nach der Schwelle, ab der eine materielle Korrektur des Vertragsinhaltes in Betracht kommt, die Rechtsordnung mithin die Bindungswirkung des Vertrages wieder aufhebt, wird in Literatur und Rechtsprechung zunächst mit Verweis auf das *Regel-Ausnahme-Verhältnis* von *formaler* Vertragsbindung und *materieller* Vertragskontrolle beantwortet. Grundsätzlich gilt danach das *Primat der Vertragsfreiheit*, in die nur im Ausnahmefall einer *gravierenden* oder *typisierten* Störung der Vertragsparität eingegriffen werden darf.[573] Teilweise wird dabei von einem Rangverhältnis zwischen *Vertragsfreiheit* und *Vertragsgerechtigkeit* ausgegangen, wobei der Vertragsfreiheit grundsätzlich der Vorrang zukommen soll.[574] Allerdings hat bereits *Schmidt-Rimpler* in seiner Theorie der Richtigkeitsgewähr gezeigt, dass eine derart vereinfachende Sicht der Komplexität des Verhältnisses zwischen Vertragsfreiheit und Vertragsgerechtigkeit nicht gerecht wird. So war er zwar einerseits davon ausgegangen, dass es besser sei, „weniger schwerwiegende Unrichtigkeiten in Kauf zu nehmen, als die Sicherheit der Ordnung als Ganzen zu gefährden."[575], was zunächst für einen Vorrang der formalen Vertragsfreiheit spricht. Andererseits sah er zugleich in der Gerechtigkeit „das beherrschende Prinzip"[576] unter den Richtigkeitsprinzipien, zu denen im Übrigen auch die Verkehrssicherheit gehört[577], und verstand die Rechtsordnung als eine „nach Gerechtigkeit strebende[n] Ordnung"[578], wonach eigentlich der Gerechtigkeit Vorrang zukommen müsste. Eine Lösung dieses letztlich nur scheinbaren Widerspruchs ergibt sich dann, wenn man die einzelnen Ebenen betrachtet, auf denen die einzelnen Rechtsprinzipien wirken, und die Qualität ihrer gegenseitigen Verknüpfung näher in den Blick genommen wird.

---

[572] So jeweils BVerfGE 89, 214, 234 = NJW 1994, 36, 39 (Bürgschaft I).
[573] Vgl. nur *Singer*, Selbstbestimmung (1995), S. 39ff.
[574] *Singer*, Selbstbestimmung (1995), S. 34.
[575] *Schmidt-Rimpler*, AcP 147 (1941), 130, 168.
[576] *Schmidt-Rimpler*, AcP 147 (1941), 130, 133.
[577] *Schmidt-Rimpler*, AcP 147 (1941), 130, 133.
[578] *Schmidt-Rimpler*, FS Raiser (1974), S. 3, 22.

a) Gerechtigkeit als Zweck des Rechts, Vertragsgerechtigkeit als Zweck des Vertrages

Den natürlichen Ausgangpunkt bildet – auf der obersten Abstraktionsebene der Privatrechtsordnung selbst – der Grundsatz der Gerechtigkeit als Aufgabe, Ziel und Zweck, letztlich als Inbegriff allen Rechts. So ist die Privatrechtsordnung im Grunde nicht anderes als ein Versuch, eine gerechte Ordnung im Sinne eines angemessenen Ausgleichs der gegenseitigen Güter und Interessen herzustellen. Schon im klassischen römischen Recht galt der Grundsatz: *Ius est ars boni et aequi*[579] und *iustitia est constans et perpetua voluntas ius suum cuique tribuens*[580] – das Recht ist die Kunst des Guten und Gerechten und die Gerechtigkeit ist der unwandelbare und ewige Wille, jedem das Seine – das ihm Zustehende, sein Recht – zukommen zu lassen. Vor diesem Hintergrund ist die gesamte Privatrechtsordnung einschließlich des dispositiven Rechts gar nicht anders zu deuten, als dass sie auf die Herstellung eines gerechten, eines angemessenen Ausgleichs der gegenseitigen Interessen gerichtet ist.

Die Ausrichtung auf die Herstellung der *gerechten* Ordnung gilt für alle *Rechtsinstitute* und damit auch für den *Vertrag*. Entsprechend stellte auch *Schmidt-Rimpler* eine „für jedes Rechtsinstitut unbedingt erforderliche Tendenz zur Gerechtigkeit fest“[581] und rückte das „Bestreben, zur Vertragsgerechtigkeit zu gelangen“[582] in den Mittelpunkt seiner Überlegungen. Seine Theorie der Richtigkeitsgewähr war letztlich nichts anderes als ein Versuch der Grundfrage nachzugehen, „wie der Vertrag als Mittel gerechter Ordnung möglich sei“[583]. Somit ergibt sich der Befund eines *Vorrangs* der *Vertragsgerechtigkeit* als Zweck und Aufgabe des Vertrages. Dieses – freilich richtig zu verstehende – Primat der Vertragsgerechtigkeit ergibt sich aus der Ausrichtung der Privatrechtsordnung auf die Gerechtigkeit als Zweck, Aufgabe und Inbegriff allen Rechts.

Die gesamte Privatrechtsordnung einschließlich des Rechtsinstitutes des Vertrages ist letztlich darauf gerichtet, „die Idee der Gerechtigkeit zu verwirklichen“[584], eine gerechte Ordnung herzustellen. *Schmidt-Rimpler* bringt diesen Zusammenhang treffend auf den Punkt, wenn er die Rechtsordnung als eine „nach Gerechtigkeit strebende[n] Ordnung“[585] versteht. Und *Radbruch* geht in seiner „Verleugnungsformel“ sogar soweit, Normen des positiven Rechts, die von

---

[579] Dig. 1.1.1 pr. (Ulpian): „Das Recht ist die Kunst des Guten und Gerechten“.

[580] Inst. 1, 1. pr. „Die Gerechtigkeit ist der unwandelbare und ewige Wille, jedem das Seine [das ihm Zustehende, sein Recht] zukommen zu lassen.“ Vgl. hierzu näher oben S. 3f., 110f. sowie mit Blick auf das Mediationsverfahren *Wendland*, Mediation und Zivilprozess (2017), S. 218ff.

[581] *Schmidt-Rimpler*, FS Raiser (1974), S. 3, 8.

[582] *Schmidt-Rimpler*, FS Raiser (1974), S. 3, 26.

[583] *Schmidt-Rimpler*, FS Raiser (1974), S. 3, 9.

[584] BVerfG DVBl. 2007, 1435. Ebenso BVerfGE 3, 225.

[585] *Schmidt-Rimpler*, FS Raiser (1974), S. 3, 22.

vornherein nicht auf die Gerechtigkeit ausgerichtet sind, die Rechtsqualität insgesamt abzusprechen, den „wo Gerechtigkeit nicht einmal erstrebt wird, wo die Gleichheit, die den Kern der Gerechtigkeit ausmacht, bei der Setzung *positiven Rechts* bewußt verleugnet wurde, da ist das Gesetz nicht etwa nur ‚unrichtiges' Recht, vielmehr entbehrt es überhaupt der Rechtsnatur. Denn man kann Recht, auch positives Recht, gar nicht anders definieren als eine Ordnung und Satzung, die ihrem Sinne nach bestimmt ist, der Gerechtigkeit zu dienen."[586]

b) Die Bedeutung der Vertragsfreiheit für die Herstellung materieller Vertragsgerechtigkeit

Steht das Institut des Vertrages damit im Dienst der Vertragsgerechtigkeit, so ist dieser – wie sich bereits im Gang der bisherigen Untersuchung gezeigt hat[587] – ebenfalls in der Gerechtigkeit gebunden und auf ihre Verwirklichung hin ausgerichtet. Die Anerkennung der Vertragsgerechtigkeit als maßgeblichem Zweck des Privatrechts bedeutet jedoch nicht, dass der Vertragsfreiheit als rechtsgeschäftlichem Selbstbestimmungsrecht keine wesentliche Bedeutung zukäme. Im Gegenteil vollzieht sich der von der Rechtsordnung vorgesehene Prozess der Herstellung *materieller Vertragsgerechtigkeit* durch gegenseitigen Interessenausgleich nicht im Wege heteronomer staatlicher Eingriffe, sondern vielmehr *privatautonom* durch *selbstbestimmten Interessenausgleich*. Der eigenverantwortliche Ausgleich der gegenseitigen Interessen durch Ausübung der Vertragsfreiheit ist damit die grundlegende *Art und Weise*, wie sich die Verwirklichung der Vertragsgerechtigkeit in der Rechtsordnung vollzieht.

Dass die Vertragsfreiheit durch das – auf die Herstellung materieller Vertragsgerechtigkeit gerichtete – geltende Recht begrenzt wird, stellt nicht das Prinzip der vertraglichen Selbstbestimmung insgesamt infrage, sondern bestimmt lediglich die *Art und Weise* sowie die äußeren *Grenzen*, in denen sich der vertragliche Interessenausgleich vollziehen muss, um die Anerkennung der Rechtsordnung zu erlangen.[588] Dass die Privatautonomie überhaupt nur soweit besteht, als sie von der Rechtsordnung überhaupt gewährt wird, ist allgemein anerkannt.[589] Allerdings muss ihr aufgrund ihrer Verwurzelung in der Freiheit und Würde des Einzelnen und als Grundlage einer gerechten Ordnung ein substantieller Anwendungsbereich verbleiben. Dogmatisch kommt ihr damit eine *zweifache* Bedeutung zu: So ist sie zum einen das von der Rechtsordnung vorgesehene In-

---

[586] *Radbruch*, SJZ 1946, 105, 107.

[587] Vgl. oben S. 15ff.

[588] Ähnlich schon *Singer*, Selbstbestimmung (1995), S. 43, der indes darauf hinweist, dass dies nur insoweit gilt, „wenn und soweit der Primat der Vertragsfreiheit in seinem Kern unangetastet bleibt."

[589] Vgl. nur *Larenz/Wolf*, BGB AT (9. Aufl. 2004), S. 642; *Lorenz*, Schutz (1997), S. 15f.; *Singer*, Selbstbestimmung (1995), S. 6ff.; *Canaris*, AcP 184 (1984), 201, 217ff.; *Flume*, BGB AT II (3. Aufl. 1979), S. 1ff.

strument zur Herstellung *materieller Vertragsgerechtigkeit*. Jedoch lässt sie sich nicht auf eine lediglich funktionelle Bedeutung reduzieren. Als Ausdruck der *Freiheit* und *Würde* des Einzelnen, der zur Entfaltung seiner Person notwendig der *Selbstbestimmung* bedarf, kommt ihr eine grundlegend *eigenständige Bedeutung* im Gefüge der Rechtsordnung zu. Mit Blick auf ihr Verhältnis zur Vertragsgerechtigkeit ist dabei zwischen ihrer *formalen* und ihrer *materiellen* Dimension zu unterscheiden.

c) Selbstbestimmung und materielle Vertragsfreiheit

Entscheidend für die Verwirklichung des *Selbstbestimmungsrechts* ist vor allem die *materielle*, die *tatsächliche* Vertragsfreiheit. Sie ist es auch, die am *Menschenwürdegehalt* des Selbstbestimmungsrechts Anteil hat und für die Entfaltung der Persönlichkeit des Einzelnen von maßgeblicher Bedeutung ist. So kommt es für die Parteien regelmäßig wenig darauf an, welche formalen Rechtspositionen ihnen zustehen, sondern vor allem darauf, ob sie von diesen Rechtspositionen auch tatsächlich Gebrauch machen können oder ob sie lediglich auf dem „Papier" bestehen. Entsprechend ist es auch die Anerkennung materieller Vertragsfreiheit, aus der sich notwendig die Gewährleistung annähernder Vertragsparität als Voraussetzung für das Funktionieren des Vertragsmechanismus ergibt. Vor diesem Hintergrund mag es kaum verwundern, dass Vertragsfreiheit heute vor allem im Sinne *materieller* Vertragsfreiheit verstanden wird.[590] Denn wenn materielle Vertragsfreiheit *Vertragsparität* voraussetzt und *fehlende* Vertragsparität daher der materiellen Korrektur durch die Rechtsordnung im Wege der Inhaltskontrolle bedarf, sich „im Sinne dieser Aufgabe ... große Teile des Bürgerlichen Gesetzbuchs deuten"[591] lassen, diese, „gar nicht anders zu erklären [sind], als daß sie die Unterlegenheit eines Vertragspartners kompensieren sollen"[592], dann lässt sich die Inhaltskontrolle nicht lediglich als Instrument zur Verwirklichung materieller *Vertragsgerechtigkeit* deuten, sondern muss vor allem als Mittel zur Herstellung materieller *Vertragsfreiheit* verstanden werden.

d) Auflösung des Spannungsverhältnisses von Vertragsfreiheit und Vertragsgerechtigkeit?

Wenn dem so ist, so wird das durch die Inhaltskontrolle vermeintlich heraufbeschworene Spannungsverhältnis zwischen *Vertragsfreiheit* auf der einen und *Vertragsgerechtigkeit* auf der anderen Seite weitgehend aufgelöst, weil sie sich letztlich als notwendiges Instrument zur Gewährleistung der (materiellen) Vertragsfreiheit der insoweit benachteiligten Partei erweist. Entsprechend wurde auch im Schrifttum zu Recht darauf hingewiesen, dass „der tiefere Grund

590 Vgl. hierzu oben S. 179f.
591 BVerfGE 89, 214, 233 = NJW 1994, 36, 39f. (Bürgschaft I).
592 *Singer*, Selbstbestimmung (1995), S. 12.

für die Aufstellung entsprechender Inhaltsschranken ... im Übrigen darin [besteht], daß die (materiale) Selbstbestimmung des jeweils geschützten Vertragspartners *typischerweise* oder im *Einzelfall* nicht ausreichend gewährleistet ist. Die Rechtsordnung zieht also nur die Konsequenz aus dem für die Anerkennung der Selbstbestimmung der Privatpersonen konstitutiven Konsensprinzip, wenn es die Vertragsfreiheit der einen Partei im Interesse der Selbstbestimmungsfreiheit der anderen begrenzt. Darin liegt nicht nur *kein Gegensatz* zur Privatautonomie, sondern im Gegenteil ihre *Verteidigung* gegen *einseitige Fremdbestimmung*."[593]

Nicht die Herstellung von *Vertragsgerechtigkeit* steht damit – unmittelbar – im Mittelpunkt der Inhaltskontrolle als Instrument materieller Vertragskorrektur, sondern vielmehr die Gewährleistung (materieller) *Vertragsfreiheit* im Sinne *tatsächlicher Selbstbestimmung*. Zwar dient die Inhaltskontrolle selbstverständlich auch der Vertragsgerechtigkeit: Sie ist wie jedes Rechtsinstitut, wie die Rechtsordnung insgesamt letztlich auf nichts anderes als auf die Herstellung einer gerechten Ordnung, eines angemessenen Ausgleichs der gegenseitigen Interessen, auf die Verwirklichung von Gerechtigkeit gerichtet. Auch ergibt sich die Ausrichtung der Inhaltskontrolle auf die Effektivierung der Vertragsgerechtigkeit bereits aus der Gerechtigkeitsbindung der Vertragsfreiheit und ihrer Beschränkung durch die – ihrerseits auf Gerechtigkeit hin geordnete – Privatrechtsordnung.

e) Das Spannungsverhältnis zwischen formaler und materieller Vertragsfreiheit

Die *Vertragsgerechtigkeit* ist für die Inhaltskontrolle jedoch insoweit eher im Sinne der Verwirklichung eines „letzten und höchsten" Zieles von Bedeutung, als auf sie zur Rechtfertigung der Inhaltskontrolle nicht zurückgegriffen werden braucht, weil bereits die *tatsächliche* Selbstbestimmung, die *materielle* Vertragsfreiheit als Mittel, mit dem dieses Ziel erreicht werden soll, für die Parteien nur eingeschränkt zur Verfügung steht. Damit ist jedoch das Spannungsverhältnis zwischen Vertragsfreiheit und Vertragsgerechtigkeit – jedenfalls im Kontext der Inhaltskontrolle – weitgehend aufgelöst. Wenn es einen Gegensatz gibt, dann ist es jener zwischen *formaler* Vertragsfreiheit der überlegenen und *materieller* Vertragsfreiheit der unterlegenen Partei. Und tatsächlich ist es jenes Spannungsverhältnis, das der Inhaltskontrolle sowohl auf verfassungsrechtlicher als auch auf dogmatischer Ebene zugrunde liegt.

Vor diesem Hintergrund mag es nicht verwundern, dass der BGH den Schutzzweck der Inhaltskontrolle gerade nicht ausschließlich im Zurückdrängen missbräuchlicher Klauseln, d. h. der Bekämpfung ungerechter Verträge, sondern vor allem darin sieht, „die einseitige Ausnutzung der *Vertragsgestaltungsfreiheit*

[593] *Singer*, Selbstbestimmung (1995), S. 44.

durch eine Vertragspartei zu verhindern"[594] bzw. „zum Ausgleich ungleicher Verhandlungspositionen und damit zur Sicherung der Vertragsfreiheit Schutz und Abwehr gegen die Inanspruchnahme einseitiger Gestaltungsmacht durch den Verwender zu gewährleisten."[595] Zwar geht es natürlich um den Schutz der AGB-Verwendungsgegner vor benachteiligenden Klauseln. Anknüpfungspunkt ist hierbei jedoch zunächst eine Beschränkung tatsächlicher Vertragsfreiheit durch ein typisiertes Machtungleichgewicht zwischen den Parteien aufgrund transaktionskostenbedingter situativer Unterlegenheit der Verwendungsgegner. Im Kern geht es bei der Inhaltskontrolle daher um die Beschränkung der Vertragsfreiheit zum Zweck ihrer effektiven Verwirklichung: Um die Begrenzung *formaler* Vertragsfreiheit durch Aufhebung der Bindungswirkung des Vertrages, um dem strukturell unterlegenen Vertragspartner eine tatsächliche Ausübung seiner *materiellen* Vertragsfreiheit und damit *effektive Selbstbestimmung* zu ermöglichen.

f) Inhaltskontrolle und Vorrang formaler Vertragsfreiheit

Damit ist die Frage nach dem Verhältnis zwischen *formaler* und *materieller* Vertragsfreiheit als der Inhaltskontrolle zugrunde liegendes Spannungsverhältnis aufgeworfen. Welchem der beiden Prinzipien kommt der Vorrang zu und auf welchen Ebenen wirkt sich dieser Vorrang aus? Aus dogmatischer und verfassungsrechtlicher Perspektive scheint die Antwort zunächst klar: Geht es um die Vertragsfreiheit als Ausdruck menschlicher *Selbstbestimmung* und *Entfaltung der Person*, als Ausprägung der *Freiheit* und *Würde* des Einzelnen, so ist damit vor allem die *materielle* Vertragsfreiheit angesprochen. Für das Selbstbestimmungsrecht und die Persönlichkeitsentfaltung kommt es – wie bereits gezeigt worden ist – nicht so sehr darauf an, ob dem Einzelnen eine bestimmte *rechtliche Position* zukommt, sondern vielmehr darauf, dass er von dieser Rechtsposition auch *tatsächlich* Gebrauch machen kann. Entsprechend wird die Vertragsfreiheit heute ganz überwiegend materiell verstanden.

Wenn gleichwohl vom *Primat formaler Vertragsfreiheit* die Rede ist und die materielle Vertragskontrolle auf Ausnahmefälle beschränkt bleiben soll, so kann die Rechtfertigung hierfür nicht in erster Linie im Selbstbestimmungsrecht zu finden sein. Denn die Rechtfertigung der Inhaltskontrolle beruht gerade darauf, dass formale und materielle Vertragsfreiheit auseinanderfallen, eine bestimmte Vereinbarung daher vom tatsächlichen Willen der Parteien nicht hinreichend gedeckt wird, auf einem „verdünnten Konsens"[596] beruht und letztlich die Ge-

---

594 BGHZ 184, 259 = NJW 2010, 1131, 1133. Ebenso BGHZ 126, 326, 333 = NJW 1994, 2825, 2826. Hervorhebungen durch den Verfasser.

595 BGH NJW 2010, 1277, 1278. Ebenso BGHZ 130, 50, 57 = NJW 1995, 2034, 2035. Hervorhebungen durch den Verfasser.

596 So *Canaris*, AcP 200 (2000), 273, 321. Vgl. auch *Bydlinski*, Privatautonomie (1967), S. 106, 123; *Raiser*, FS 100 Jahre DJT (1960), S. 101, 126 sowie aus der österreichischen Rechtsprechung OGH SZ 56, 62 sowie OGH RdW 2008, 382 („verdünnte Willensfreiheit").

fahr der – dem Selbstbestimmungsrecht entgegengesetzten – *Fremdbestimmung* in sich birgt.[597] Tatsächlich vermag sich der Vorrang formaler Vertragsfreiheit zu seiner Begründung vor allem auf Erwägungen der *Rechts- und Verkehrssicherheit* zu stützen, da mit dem formal bestehenden Konsens der *Rechtsschein* der Gültigkeit und damit ein Vertrauenstatbestand besteht, der mit Blick auf den Rechtsverkehr des Schutzes durch die Sicherung vertraglicher Bindung bedarf.

g) Das Spannungsverhältnis zwischen Rechtssicherheit und Gerechtigkeit

Angesprochen ist damit die insbesondere in der Rechtsphilosophie heftig diskutierte Grundfrage des Verhältnisses von *Rechtssicherheit* und *Gerechtigkeit*, die in der berühmten – insbesondere von der Rechtsprechung rezipierten[598] – *Radbruchschen Formel* ihren unmittelbarsten Ausdruck gefunden hat. Danach soll „der Konflikt zwischen der *Gerechtigkeit* und der *Rechtssicherheit* ... dahin zu lösen sein, daß das *positive*, durch Satzung und Macht gesicherte Recht auch dann den *Vorrang* hat, wenn es *inhaltlich ungerecht* und *unzweckmäßig* ist, es sei denn, daß der *Widerspruch* des *positiven Gesetzes* zur *Gerechtigkeit* ein so *unerträgliches Maß* erreicht, daß das *Gesetz* als *‚unrichtiges Recht‘* der *Gerechtigkeit* zu weichen hat“[599]. Allerdings bezieht sich die Radbruchsche Formel auf die Überwindung der Bindungswirkung des *positiven Rechts* selbst und kann nicht ohne weiteres auf die hier zu diskutierende Frage übertragen werden, ob und wann die Rechtsordnung berechtigt ist, gerade *durch* das positive Recht entweder im Wege von Generalklauseln oder durch spezielle Schutzvorschriften in bestehende *Vertragsverhältnisse* einzugreifen. Nicht die Überwindung ungerechter Gesetze durch die Rechtsprechung, sondern die materielle Kontrolle privatautonom geschlossener Verträge durch die Anwendung des positiven Rechts steht hier im Mittelpunkt der Überlegungen.

h) Das Spannungsverhältnis zwischen Rechtssicherheit und materieller Vertragsfreiheit

Darüber hinaus steht mit Blick auf ein zu bewältigendes Spannungsverhältnis der *Rechtssicherheit* nicht etwa die *Gerechtigkeit*, sondern vielmehr der Schutz *materieller Vertragsfreiheit* gegenüber. Diese Besonderheiten berücksichtigend ist das von *Radbruch* beschriebene *Regel-Ausnahme-Verhältnis* zwischen dem grundsätzlichen *Anwendungsvorrang* des positiven Rechts aus Gründen der Rechtssicherheit und der ausnahmsweisen Aufhebung ungerechter Vorschriften auf das hier zu diskutierende Problem der *Bestimmung der Eingriffsschwelle* materieller

[597] So deutlich BVerfGE 89, 214, 234 = NJW 1994, 36, 39 (Bürgschaft I). Hierzu eingehend unten S. 382ff.

[598] Vgl. nur BVerfGE 95, 96 = NJW 1997, 929, 931 (Mauerschützen; BVerfGE 35, 41 = NJW 1973, 1315, 1316; BVerfGE 3, 225, 232f.; BVerfGE 6, 389, 414f.

[599] *Radbruch*, SJZ 1946, 105, 107. Hervorhebungen durch den Verfasser.

Vertragskontrolle jedenfalls *im Grundsatz* übertragbar. Allerdings wird hier eine deutlich *niedrigere* Vertragskontroll- und Eingriffsschwelle eingreifen müssen, da nicht etwa die Geltung des positiven Rechts überhaupt infrage gestellt wird, sondern es vielmehr um die Frage geht, wann die Privatrechtsordnung selbst privatautonom geschlossene, formal gültige Vereinbarungen einer materiellen Vertragskontrolle unterwerfen darf.

Schmidt-Rimpler war der Frage des Verhältnisses von *Vertragskontrolle* und *Verkehrsschutz* bereits in seiner grundlegenden Abhandlung über die Theorie der Richtigkeitsgewähr nachgegangen und zu dem Ergebnis gelangt, dass „das Vertrauen auf den Schein ... nur geschützt [wird], soweit der Verkehr es erfordert, und nur, soweit der andere Teil berechtigtermaßen auf den Schein vertrauen darf."[600] Die Erfordernisse der *Rechtssicherheit* erweisen sich damit für die Privatrechtsordnung zwar als wichtig, doch ist ihre Bedeutung andererseits auch begrenzt, so dass die sich aus ihnen ergebenden Anforderungen nicht überspannt werden dürfen. Dies gilt umso mehr, als mit dem durch die Inhaltskontrolle vermittelten *unmittelbaren* Schutz materieller Vertragsfreiheit sowie der *mittelbaren* Gewährleistung der Vertragsgerechtigkeit gewichtige Rechtsprinzipien im Mittelpunkt stehen. Damit bleibt als Befund festzuhalten, dass auf einer *grundsätzlichen Ebene* zwar der *Vertragsgerechtigkeit* als „letztem und höchstem" Ziel, als Zweck und Inbegriff allen Rechts sowie der Gewährleistung *materieller Vertragsfreiheit* Vorrang zukommt. Auf der Ebene *praktischer Rechtsanwendung* bleibt es dagegen aufgrund der Erfordernisse der Rechtssicherheit zunächst bei dem grundsätzlichen Vorrang *formaler Vertragsfreiheit*.

Für das Verhältnis zwischen *Vertragsbindung* und materieller *Vertragskontrolle* im Wege der Inhaltskontrolle ergibt sich damit ein *Regel-Ausnahme-Verhältnis*:[601] Eine Inhaltskontrolle formal gültiger Vereinbarungen ist damit nur im Ausnahmefall und insbesondere dann zulässig, aber auch erforderlich, wenn es zu einem *Versagen der Richtigkeitsgewähr* kommt, was regelmäßig bei einer *Störung* der *Vertragsparität* anzunehmen ist. Dabei ist jedoch zu beachten, dass aus Gründen des Verkehrsschutzes das geforderte Regel-Ausnahme-Verhältnis insoweit nicht auf die Gesamtmenge der abgeschlossenen Verträge, sondern lediglich auf das *Funktionieren des Vertragsmechanismus* bzw. das Bestehen einer *Vertragsparität* bezogen ist. Ist etwa in typisierten Fallkonstellationen regelmäßig von einer strukturellen Vertragsimparität auszugehen, so kann sich das Regel-Ausnahme-Verhältnis in der Praxis und für diese Fallkonstellationen durchaus mit der Folge in sein Gegenteil verkehren, dass die Möglichkeit einer materiellen Vertragskorrektur für die Mehrheit der abgeschlossenen Verträge grundsätzlich

[600] *Schmidt-Rimpler*, AcP 147 (1941), 130, 134.

[601] So schon *Schmidt-Rimpler*, AcP 147 (1941), 130, 166, 171; *Schmidt-Rimpler*, AcP 147 (1941), 130, 159 Fn. 34 a. E. Ähnlich *Schmidt-Rimpler*, FS Raiser (1974), S. 3, 13 Fn. 58. Vgl. hierzu oben S. 238 ff. Vgl. auch rechtsphilosophischer Perspektive *v. Aquin*, Summa Theologica, II^{a}–II^{ae} q. 77 a. 1 ad 1 sowie oben S. 128 ff.

eröffnet ist. So liegt es etwa im gesamten Bereich des AGB-Rechts sowie des Verbraucherrechts, wo aufgrund typisierter Machtasymmetrien zwischen den Parteien die Richtigkeitsgewähr des Vertrages regelmäßig nicht mehr gewährleistet ist.[602] In der Regel wird in derartigen Fallkonstellationen auch die materielle Vertragsfreiheit der strukturell unterlegenen Partei Beschränkungen unterworfen sein, so dass vielfältige Instrumente materieller Vertragskorrektur – Inhaltskontrolle im AGB-Recht sowie zwingende Schutzvorschriften, Widerrufsrechte und Informationspflichten im Verbraucherrecht – eingreifen. Materielle Vertragskorrekturen durch Inhaltskontrolle sowie die Flankierung der Vertragsfreiheit durch entsprechende Schutzvorschriften sind hier die Regel, nicht die Ausnahme.[603]

i) Vertragsimparität und Vertragsinhalt als Anknüpfungspunkte

Erweist sich somit das Versagen der *Richtigkeitsgewähr des Vertragsmechanismus* als das entscheidende Kriterium für die Bestimmung der Eingriffs- und Kontrollschwelle materieller Vertragskorrektur, so ist damit zugleich die Frage nach den *Indizien* aufgeworfen, anhand derer ein Versagen der Richtigkeitsgewähr zu beurteilen ist. Setzt die Richtigkeitsgewähr des Vertragsmechanismus auf der *Tatbestandsseite* Vertragsparität voraus und hat sie auf der *Rechtsfolgenseite* einen inhaltlich *angemessenen Vertragsinhalt* zum Ergebnis, so bieten sich Vertragsimparität und Angemessenheit des Vertragsinhaltes als natürliche Anknüpfungspunkte für die Bestimmung der Vertragskontrollschwelle an. Umgesetzt wurde ein derartiges Vertragskontrollmodell etwa im AGB-Recht, wo für die Bestimmung des Anwendungsbereiches der Inhaltskontrolle nach §307 Abs. 1 BGB an die durch die situative Unterlegenheit des AGB-Verwendungsgegners bedingte *Vertragsimparität* zwischen den Parteien angeknüpft wird, sich der Maßstab der Inhaltskontrolle nach §307 Abs. 1 BGB indes an der Angemessenheit des Vertragsinhaltes und damit am Maß der *Vertragsgerechtigkeit* orientiert. Grund für die Schaffung AGB-rechtlicher Schutzvorschriften war dabei die Tatsache, dass es sich bei der Verwendung von AGB um eine typisierte Fallkonstellation handelt, bei der aufgrund der *situativen Unterlegenheit* der mit AGB konfrontierten Parteien regelmäßig von einem *Versagen der Richtigkeitsgewähr* des Vertragsmechanismus auszugehen ist.[604] Die Entscheidung, ob eine materielle Vertragskontrolle zulässig oder sogar geboten ist, ist daher im Rahmen einer *Abwägungsentscheidung* zu treffen, bei der die hierfür relevanten *Kriterien* entsprechend zu *gewichten* und zueinander in Verhältnis zu setzen sind.

---

[602] Vgl. zum AGB-Recht insoweit Staudinger/*Wendland*, BGB (2019), §307 Rn. 5; *Stoffels*, AGB-Recht (3. Aufl. 2015), Rn. 82 sowie eingehend unten S. 439 f.

[603] Dies gilt insbesondere aufgrund der weiten Verbreitung von AGB im Rechtsverkehr, vgl. hierzu unten S. 286 ff.

[604] Hierzu Staudinger/*Wendland*, BGB (2019), §307 Rn. 5; *Stoffels*, AGB-Recht (3. Aufl. 2015), Rn. 82 sowie eingehend unten S. 439 ff., 458 ff.

j) *Kriterien für die Ermittlung der Kontrollschwelle*

Den im Gang der bisherigen Untersuchung herausgearbeiteten Grundsätzen folgend, sind materielle *Vertragsfreiheit* und *Vertragsgerechtigkeit* auf der einen sowie die Erfordernisse der *Rechtssicherheit* bzw. des *Verkehrsschutzes* auf der anderen Seite mit- und gegeneinander abzuwägen.

aa) Vertragsfreiheit

Die Richtigkeitsgewähr des Vertragsmechanismus auf der Grundlage der *regula aurea* setzt voraus, dass *beide* Parteien von der ihnen rechtlich zustehenden Vertragsfreiheit auch tatsächlich Gebrauch machen können. Maßgeblich ist dabei insbesondere die Möglichkeit, auf die *Gestaltung des Vertragsinhaltes* Einfluss zu nehmen, d. h. die *Vertragsgestaltungsfreiheit* tatsächlich und effektiv auszuüben. Neben dem Erfordernis einer 1) *strukturellen Vertragsimparität* wird es darüber hinaus 2) auch auf das *Maß der Beeinträchtigung* der tatsächlichen *Selbstbestimmung* der Parteien durch Beschränkung ihrer *materiellen Vertragsfreiheit* ankommen. Ist diese in erheblichem Maß beschränkt oder sogar teilweise aufgehoben, so wird eine materielle Vertragskorrektur umso eher Betracht kommen. So liegt es etwa bei der Inhaltskontrolle von AGB, auf deren Inhalt der Verwendungsgegner typischerweise keinen Einfluss hat. Die Vertragsgestaltungsfreiheit ist hier regelmäßig auf Null reduziert und kann auch nicht durch Inanspruchnahme der Abschlussfreiheit kompensiert werden.[605] Entsprechend sehen die AGB-rechtlichen Vorschriften der §§ 305 ff. BGB in diesem Fall eine Inhaltskontrolle vor.

Allerdings ist bei der Bestimmung der für die Ermittlung der Kontrollschwelle relevanten Kriterien zu berücksichtigen, dass nicht bereits *jede* Vertragsimparität notwendig eine Beeinträchtigung der *tatsächlichen Selbstbestimmung* zur Folge hat. So können in einer marktwirtschaftlich orientierten *Wettbewerbsordnung*, wie sie dem deutschen Privatrecht zugrunde liegt, *Machtungleichgewichte* regelmäßig im Wege des *Wettbewerbes* kompensiert werden.[606] Entsprechend verzichtet das geltende Recht regelmäßig auf eine Preiskontrolle und setzt mit der Vorschrift des § 138 BGB der Vertragsfreiheit der Parteien insoweit lediglich äußere Grenzen. Selbst dort, wo typischerweise ein strukturelles Machtungleichgewicht besteht – etwa beim Vertragsschluss unter Verwendung von AGB oder im Rechtsverkehr zwischen Unternehmern und Verbrauchern – verzichtet die Rechtsordnung auf die Inhaltskontrolle des Preises und beschränkt sich weitgehend auf die Gewährleistung angemessener Vertragsnebenbedingungen.[607] Allerdings

---

[605] Vgl. zur *situativen Unterlegenheit* des Klauselgegners grundlegend *Fastrich*, Inhaltskontrolle (1992), S. 83 ff., 91, 93; *Lieb*, AcP 178 (1978), 196, 201 und *Raiser*, Das Recht der AGB (1961), S. 21 f. Vgl. auch *Ulmer/Habersack*, in: *Ulmer/Brandner/Hensen*, AGB-Recht (12. Aufl. 2016), Einl. Rn. 5, 48; *Fuchs*, in: *Ulmer/Brandner/Hensen*, AGB-Recht (12. Aufl. 2016), Vorb. v. § 307 Rn. 27. Eingehend hierzu unten S. 439 ff., 508 ff., 568 ff.

[606] Zur *Kompensationsfunktion des Wettbewerbes* vgl. eingehend unten S. 476 ff.

[607] Vgl. nur § 307 Abs. 3 S. 1 BGB.

vermag der Wettbewerb nur dort eine Kompensationsfunktion zu erfüllen, wo auch tatsächlich von *funktionierenden Marktmechanismen* ausgegangen werden kann. Das ist im Wirtschaftsverkehr in der Regel jedoch nur mit Blick auf *Preis* und *Qualität* als Inhalt der Hauptleistungspflichten der Fall.[608] Vertragliche Nebenbedingungen, wie etwa Gewährleistungsrechte, spielen für die Parteien typischerweise keine Rolle und werden beim Vertragsschluss regelmäßig ausgeblendet. Aber auch dort, wo entsprechende Vertragsbedingungen für die Parteien von erheblicher Bedeutung sind – etwa im unternehmerischen Geschäftsverkehr – kann aufgrund bestehender wirtschaftlicher Machtungleichgewichte häufig nicht von einem funktionierenden Wettbewerb ausgegangen werden.[609] Insbesondere aufgrund der zunehmenden Tendenz zur *Konzentration der Märkte*, in denen etwa zahlreiche Zulieferer nur wenigen Abnehmern gegenüberstehen, sind strukturell unterlegene unternehmerische Kunden häufig kaum in der Lage, auf den Inhalt der Vertragsbedingungen Einfluss zu nehmen. Entsprechend sieht das AGB-Recht in den §§ 305 ff. BGB umfassende Möglichkeiten der Inhaltskontrolle der Vertragsbedingungen sowohl für den unternehmerischen wie auch den nichtunternehmerischen Geschäftsverkehr vor.

Festzuhalten ist damit als Befund, dass auf *Tatbestandsseite* 1) regelmäßig Fälle *typisierter Vertragsimparität bzw. struktureller Machtungleichgewichte* für das Eingreifen einer Inhaltskontrolle erforderlich sind. Darüber hinaus ist für die Bestimmung der Kontrollschwelle 2) auch das Maß der *Beeinträchtigung tatsächlicher Selbstbestimmung* zu berücksichtigen. Ist daher die strukturell unterlegene Partei in besonders hohem Maße in der Ausübung ihrer materiellen Vertragsfreiheit beeinträchtigt, wie dies bei dem Verwender von AGB typischerweise der Fall ist, so spricht dies für ein typisches Versagen der Richtigkeitsgewähr des Vertragsmechanismus[610] und damit für die Notwendigkeit einer materiellen Vertragskorrektur im Wege der Inhaltskontrolle.

bb) Vertragsgerechtigkeit

Anhaltspunkte für ein Versagen des Vertragsmodells können sich aufgrund der engen Verknüpfung von *Vertragsfreiheit* und *Vertragsgerechtigkeit* jedoch nicht nur auf *Tatbestandsseite*, sondern auch auf der *Rechtsfolgenseite* aus dem Vertragsinhalt selbst ergeben. Denn wird die Vertragsgestaltungsfreiheit im Wesentlichen von einer Partei für sich selbst in Anspruch genommen, so dass sie den Inhalt des Vertrages weitgehend einseitig zu bestimmen vermag, so fehlen regelmäßig die Voraussetzungen für einen angemessenen Ausgleich der gegenseiti-

---

608 *Kötz*, Gutachten (1974), S. A 9, A 35; *Drexl*, Selbstbestimmung (1998), S. 330 sowie unten S. 549 f.

609 Zur *Schutzbedürftigkeit* unternehmerischer Klauselgegner vgl. S. 759 ff., 763 ff., 765 ff., 779 ff.

610 Hierzu schon *Schmidt-Rimpler*, AcP 147 (1941), 130, 159 Fn. 34 a.E; *Schmidt-Rimpler*, FS Raiser (1974), S. 3, 13 Fn. 58 sowie oben S. 240 ff.

gen Interessen. Entsprechend wird sich ein – regelmäßig durch *Vertragsimparität* bedingtes – Defizit *materieller* Vertragsfreiheit typischerweise auch 1) in einem ungerechten, unausgewogenen, letztlich *unangemessenen Inhalt* des Vertrages niederschlagen, der damit seinen Zweck als Instrument des angemessenen Interessenausgleichs und als Grundlage der Persönlichkeitsentfaltung *beider* Parteien nicht mehr zu erfüllen vermag. *Vertragsimparität*, Beeinträchtigung *materieller Vertragsfreiheit* und *Unangemessenheit des Vertrages* sind damit auf das Engste miteinander verknüpft und stehen in einem direkten *Kausalzusammenhang* zueinander.

Entsprechend hatte auch das BVerfG in seiner *Bürgschaftsentscheidung* den Gerichten die Pflicht auferlegt, im Fall eines *ungewöhnlich belastenden* und als *Interessenausgleich offensichtlich unangemessenen Vertrages* zu klären, unter welchen Umständen der Vertrag zustande gekommen ist: „Ist aber der Inhalt des Vertrages für eine Seite *ungewöhnlich belastend* und als *Interessenausgleich offensichtlich unangemessen*, so dürfen sich die Gerichte nicht mit der Feststellung begnügen: ‚Vertrag ist Vertrag'. Sie müssen vielmehr klären, ob die Regelung eine Folge *strukturell ungleicher Verhandlungsstärke* ist, und gegebenenfalls im Rahmen der Generalklauseln des geltenden Zivilrechts korrigierend eingreifen."[611] Ein Mangel in der *Vertragsgerechtigkeit* ist damit regelmäßig ein *Indiz* für eine Beeinträchtigung *materieller Vertragsfreiheit* der strukturell unterlegenen Partei und damit für das Versagen der Richtigkeitsgewähr des Vertragsmodells.

Darüber hinaus wird es 2) auch auf das *Maß der Schutzbedürftigkeit* des unterlegenen Vertragspartners ankommen[612], das entscheidend a) von der Bedeutung der *betroffenen Interessen* für die Persönlichkeitsentfaltung sowie b) damit verbunden von der Betroffenheit *grundrechtlich geschützter* Positionen bestimmt wird.[613] Ist der abzuschließende Vertrag für den Betroffenen und die Entfaltung seiner Persönlichkeit von *existenzieller Bedeutung*, etwa weil er – wie im Miet- und Arbeitsrecht – für die *Daseinserhaltung* notwendig ist, so wird eine Inhaltskontrolle eher in Betracht kommen als etwa im „gewöhnlichen" Rechtsverkehr.[614] Entsprechend sind es gerade die genannten Rechtsgebiete, die in besonderer Weise *Schutzvorschriften* zugunsten der Mieter und Arbeitnehmer als strukturell unterlegene Parteien vorsehen und auch aus rechtsgeschichtlicher Perspektive nach Inkrafttreten des BGB am Beginn der Materialisierungsentwicklung standen.[615]

---

611 BVerfGE 89, 214, 234 = NJW 1994, 36, 39 (Bürgschaft I). Hierzu eingehend unten S. 382ff.

Hervorhebungen durch den Verfasser.

612 So zutreffend *Singer*, Selbstbestimmung (1995), S. 34.

613 *Singer*, Selbstbestimmung (1995), S. 34.

614 *Singer*, Selbstbestimmung (1995), S. 34.

615 Hierzu eingehend *Wieacker*, Privatrechtsgeschichte der Neuzeit (2. Aufl. 1967), S. 514ff., 543ff., 586ff.; *Wieacker*, Sozialmodell (1953), S. 18 sowie oben S. 169ff.

Allerdings wird nicht jeder inhaltlich unangemessene Vertrag eine Aufhebung der Vertragsbindung im Wege der Inhaltskontrolle rechtfertigen können. Hinzutreten müssen auch hier qualifizierende Umstände, wie etwa eine besonders *intensive* oder *typische* Beeinträchtigung der tatsächlichen Selbstbestimmung im Sinne materieller Vertragsfreiheit oder aber eine besonders gravierende Unangemessenheit des Vertragsinhaltes.[616] Beide Aspekte finden sich etwa in den AGB-rechtlichen Vorschriften der §§ 305 ff. BGB, die zur Eröffnung des Anwendungsbereiches der Inhaltskontrolle eine *situative Unterlegenheit* voraussetzen, für den Kontrollmaßstab dagegen auf das Kriterium der Unangemessenheit zurückgreifen. In ähnlicher Weise kombiniert etwa das Wucherverbot des § 138 Abs. 2 BGB das Erfordernis der Beeinträchtigung materieller Vertragsfreiheit sowie die Voraussetzung gravierender Unangemessenheit, während es für Sittenwidrigkeit nach § 138 Abs. 1 BGB allein auf den Vertragsinhalt ankommt. Festzuhalten ist damit als Befund, dass auf der *Rechtsfolgenseite* 1) die *Unangemessenheit* des Vertragsinhaltes ein Indiz für das Versagen der Richtigkeitsgewähr des Vertragsmodells darstellt. Darüber hinaus sind weitere qualifizierende Elemente zu berücksichtigen, insbesondere das *Maß der Schutzbedürftigkeit*, das a) durch die besondere oder sogar existenzielle *Bedeutung* des Vertrages für die betroffene Partei oder b) durch die Berührung *grundrechtlich geschützter Rechtspositionen* bestimmt wird.

cc) Rechtssicherheit

Den Anforderungen an die Gewährleistung materieller Vertragsfreiheit sowie der Vertragsgerechtigkeit sind indes die einschränkenden Erwägungen der Rechtssicherheit bzw. des Verkehrsschutzes im Rahmen der gebotenen Abwägungsentscheidung gegenüberzustellen. So wird nicht bereits jede Beeinträchtigung tatsächlicher Selbstbestimmung wie auch der inhaltlichen Angemessenheit eine materielle Vertragskorrektur im Wege der Inhaltskontrolle rechtfertigen können. Andernfalls wäre die Ordnungsfunktion des Rechts und insbesondere des Vertrages gefährdet, weil sich weder die Parteien noch der Rechtsverkehr auf die Gültigkeit geschlossener Verträge verlassen könnten. Aus Gründen der Rechtssicherheit, insbesondere der Vorhersehbarkeit möglicher materieller Vertragskorrekturen, wird entweder ein typisiertes Versagen der Richtigkeitsgewähr in Form spezifischer Fallgruppen struktureller Vertragsimparität oder aber eine besonders hohe Intensität der Beeinträchtigung der Vertragsfreiheit (z. B. Reduzierung der Vertragsgestaltungsfreiheit auf Null) oder der Vertragsgerechtigkeit zu fordern sein (z. B. auffälliges Missverhältnis).

---

[616] Eine entsprechende Liste von Abgrenzungskriterien hatte bereits *Schmidt-Rimpler* vorgelegt, vgl. *Schmidt-Rimpler*, AcP 147 (1941), 130, 158 Fn. 34. Vgl. aus rechtsphilosophischer Perspektive *v. Aquin*, Summa Theologica, II^{a}–II^{ae} q. 77 a. 1 ad 1 sowie oben S. 128 ff.

Zur Fallgruppenbildung kann dabei entweder an die Form des Vertragsschlusses (z. B. AGB-Verwendung), die Art des Vertragsgegenstandes (Miet- bzw. Arbeitsrecht) oder aber den Status der Parteien (Unternehmer bzw. Verbraucher) angeknüpft werden. Darüber hinaus lässt sich ein Ausgleich zwischen der Gewährleistung materieller Vertragsfreiheit und der Vertragsgerechtigkeit auf der einen und den Erfordernissen der Rechtssicherheit auf der anderen Seite auch auf der Rechtsfolgenseite durch Steuerung der Intensität des vertragskorrigierenden Eingriffs bzw. die Auswahl der Kompensationsmittel herstellen.[617] So stellen Instrumente, die auf die Herstellung tatsächlicher Selbstbestimmung – etwa durch Stärkung informationeller Entscheidungsfreiheit (z. B. Aufklärungspflichten, Widerrufs- und Formvorschriften) – gerichtet sind, regelmäßig einen geringeren Eingriff in die Rechtssicherheit dar, als etwa die unmittelbar auf den Vertragsinhalt einwirkende Inhaltskontrolle.[618] Aus Gründen der Rechtssicherheit gilt daher grundsätzlich der Vorrang autonomienäherer Kompensationsinstrumente[619], die jedoch zur effektiven Herstellung der Richtigkeitsgewähr des Vertragsmodells auch geeignet sein müssen.

(1) Schutzwürdigkeit des Vertrauens

Allerdings dürfen auch die Erfordernisse der Rechtssicherheit keineswegs verabsolutiert und die sich hieraus ergebenden Anforderungen überspannt werden.[620] So wird auch die Rechtssicherheit nicht *absolut* gewährt, sondern folgt ihrerseits den durch das positive Recht vorgegebenen *Schranken* der Privatautonomie. Darüber hinaus ist bei der gebotenen Abwägungsentscheidung zu berücksichtigen, ob und in welchem Maße überhaupt ein *schützenswertes Interesse* an der Aufrechterhaltung der *Vertragsbindung* besteht. Da der Begriff der Rechtssicherheit zwar *auch* den Verkehrsschutz umfasst, in erster Linie jedoch auf das Vertrauen des jeweiligen Vertragspartners in die Bindungswirkung des Vertrages gerichtet ist, ist für die Bestimmung der Eingriffsschwelle auch die *Schutzbedürftigkeit* des jeweiligen Vertragspartners und die *Schutzwürdigkeit* seines *Vertrauens* zu berücksichtigen.

Dabei wird man von dem Grundsatz ausgehen können, dass ein schutzwürdiges Vertrauen in die Bindungswirkung des Vertrags umso weniger besteht, je intensiver die Vertragsgestaltungsfreiheit der anderen Partei beeinträchtigt wird und je unangemessener sich der Vertragsinhalt erweist. So wird man etwa ein schutzwürdiges Vertrauen der Bank in die Aufrechterhaltung von Bürgschaftsverträgen vermögensloser Familienangehöriger verneinen müssen, da kein schützenswertes Interesse an der unbeschränkten Haftung von Personen bestehen

617 So etwa *Singer*, Selbstbestimmung (1995), S. 35.

618 *Singer*, Selbstbestimmung (1995), S. 35.

619 So *Singer*, Selbstbestimmung (1995), S. 35 mit Verweis auf *Fastrich*, Inhaltskontrolle (1992), S. 76 f.; *Dauner-Lieb*, Verbraucherschutz (1983), S. 147 f.

620 Ebenso *Singer*, Selbstbestimmung (1995), S. 35.

kann[621], die voraussichtlich bis zu ihrem Lebensende nicht in der Lage sein werden, die „vertraglich vereinbarten" Leistungen aufzubringen.

Dies muss umso mehr gelten, wenn bereits die *Umstände des Vertragsschlusses* erhebliche Zweifel am Bestehen *tatsächlicher Entscheidungsfreiheit* und damit einer tatsächlich *informierten* und *selbstbestimmten* Ausübung der Vertragsfreiheit aufwerfen. Es kann kein berechtigtes Vertrauen in die Gültigkeit grob unangemessener, fremdbestimmter und damit letztlich sittenwidriger Verträge geben. Wer sich in solchen Fällen auf die Prinzipien des *Vertrauensschutzes* und der *Rechtssicherheit* beruft, handelt entgegen der Gebote von Treu und Glauben selbstwidersprüchlich, weil er sich mit seinem Verhalten selbst über grundlegende Prinzipien des Rechts – Gewährleistung der Vertragsfreiheit anderer, die von der *regula aurea* geforderte Berücksichtigung der Interessen des Vertragspartners und damit das Bemühen um Vertragsgerechtigkeit – hinwegsetzt und sich daher insoweit auch nicht auf die Geltung des Rechts berufen kann.

(2) Der Gedanke des Rechtsmissbrauchs sowie der Gefährdungshaftung bzw. der Zurechnung von Risikosphären

Wer die Institute der Privatrechtsordnung – die den Parteien die Verwirklichung ihrer zur Persönlichkeitsentfaltung erforderlichen Interessen und damit eine *gerechte* Ordnung ihrer Lebensverhältnisse ermöglichen sollen – zur einseitigen Durchsetzung seiner eigenen Interessen zulasten seines Vertragspartners missbraucht, stellt die insoweit instrumentalisierten Institute des Privatrechts sowie im Grund die Verbindlichkeit der Rechtsordnung insgesamt infrage und kann sich daher auch nicht auf ihre Geltung berufen. Dies gilt etwa für den Verwender missbräuchlicher AGB, der sich durch den Versuch, durch Reduzierung der Vertragsgestaltungsfreiheit seines Vertragspartners auf Null auf dessen Kosten einen einseitigen Vorteil zu erlangen, selbst ins Unrecht gesetzt hat und daher auch nicht erwarten kann, dass die Rechtsordnung einen auf diese *Art und Weise* zustande gekommenen Vertrag mit diesem *Inhalt* auch noch die Weihe die Gültigkeit verleiht. Vor diesem Hintergrund kann es nicht verwundern, dass die Inhaltskontrolle von AGB gerade in der Anfangszeit vor allem mit dem Gedanken des Rechtsmissbrauchs begründet worden ist.[622]

---

[621] Ebenso *Singer*, Selbstbestimmung (1995), S. 38f.

[622] So insbesondere *Raisers* Ansatz zur Rechtfertigung der Inhaltskontrlle unter Rückgriff auf die *Lehre vom Institutsmissbrauch, Raiser, in: Summum ius, summa iniuria (1963), S. 145*, 145ff. Vgl. hierzu unten S. 625ff. sowie zur Kritik unten S. 632ff. Ebenso die Rechtsprechung des BGH, vgl. nur BGH NJW 1965, 246, 246 („so mißbraucht er die Vertragsfreiheit") sowie BGH vom 20.11.1953 (I ZR 269/52) = JurionRS 1953, 12790, V. 1) („oder einer sonstigen im Mißbrauch der Vertragsfreiheit wurzelnden Gemeinschaftswidrigkeit"); BGH VersR 1982, 164 („Mißbrauch der dem AGB-Verwender vom anderen Teil eingeräumten Vertragsgestaltungsfreiheit"). Eingehend zur *Rechtsprechung des BGH* unten S. 347ff. sowie unten S. 440ff. Zur *Institutionenlehre* eingehend unten S. 622ff.

In ähnlicher Weise lässt sich der Gedanke der „Gefährdungshaftung“ bzw. der „Zurechnung von Risikosphären“ für die Bestimmung der Schutzwürdigkeit des Vertrauens und damit die Eingriffsschwelle der Inhaltskontrolle fruchtbar machen.[623] So muss etwa derjenige, der die Verwirklichung der Interessen seines Vertragspartners und damit die Realisierung des Vertragszwecks dadurch gefährdet, dass er die Vertragsgestaltungsfreiheit der anderen Partei auf Null reduziert und die vertraglichen Risiken einseitig auf den Vertragspartner verlagert, mit der Inhaltskontrolle die Folgen einer solchen Gefährdung seines Vertragspartners tragen. Denn wer durch das Inverkehrbringen missbräuchlicher Klauseln Rechtspositionen seiner zukünftigen Vertragspartner gefährdet, muss auch für die sich hieraus ergebenden negativen Folgen für die betroffenen Verwendungsgegner einstehen. Daher ist es nur konsequent, dass die Haftung für ein derartiges, auch den Rechtsverkehr insgesamt gefährdendes Verhalten[624] derjenige trägt, der für die Gefährdung verantwortlich ist und missbräuchliche Klauseln in Verkehr gebracht hat: Der AGB-Verwender. Die *Gefährdung* entspringt der von ihm beherrschten *Risikosphäre*, so dass er auch für die Beseitigung der entsprechenden Risiken im Wege der Inhaltskontrolle *verantwortlich* ist.

Darüber hinaus sollte der Grundsatz gelten, dass derjenige, der die *Vorteile* missbräuchlicher Klauseln für sich selbst in Anspruch nimmt, notwendig auch die sich hieraus ergebenden *Nachteile* einer Inhaltskontrolle in Kauf nehmen muss. Die Sanktion der Inhaltskontrolle erscheint dabei noch als ein vergleichsweise „harmloses“, wenig invasives Mittel, da ihr ein generalpräventiver Strafcharakter völlig fehlt und sie sich lediglich auf die Kompensation des eingetretenen „Schadens“ – der Benachteiligung des Vertragspartners des Verwenders – durch Unwirksamkeit der entsprechenden Vertragsbedingungen beschränkt.

dd) Vertragszweck als Maßstab einer Ergebniskontrolle

Einen *Anhaltspunkt* und *Maßstab* für die *Angemessenheit der Kontrollschwelle* und damit zugleich eine Art *Ergebniskontrolle* der Abwägungsentscheidung bietet dabei der *Vertragszweck*.[625] Hier muss es entscheidend darauf ankommen, ob der Vertrag *beiden* Parteien gleichermaßen eine *angemessene* und *selbstbestimmte* Verwirklichung ihrer für die *Persönlichkeitsentfaltung* erforderlichen *Interessen* ermöglicht oder ob er sich vielmehr als Instrument der *Fremdbestimmung* erweist, das nicht zu einer Verwirklichung, sondern vielmehr zu einer *Schädigung* der Interessen beider Parteien führt. Da es hierfür auf die Verwirklichung materieller Selbstbestimmung und die Existenz eines angemessenen Interessenausgleichs ankommt, wird das Verfehlen des Vertragszwecks bereits durch entspre-

---

[623] Hierzu unten S. 589 ff.

[624] Zur *überindividuellen* Rechtfertigung der Inhaltskontrolle vgl. eingehend unten S. 614 ff.

[625] Zur *Interessenverwirklichung* als Zweck des Vertrages eingehend oben S. 141 ff., 236 ff., 242 ff. sowie unten S. 453 ff. Aus *rechtsphilosophischer Perspektive* vgl. bereits *Thomas v. Aquin*, Summa Theologica, II^{a}–II^{ae} q. 77 a. 1 co. sowie oben S. 122 ff.

chende Defizite aufseiten der Vertragsfreiheit und Vertragsgerechtigkeit indiziert. Allerdings ist die Berücksichtigung dieser Defizite ihrerseits eine Wertungsfrage und abhängig vom *Maß* der Beeinträchtigung sowie dem Eingreifen zusätzlicher *qualifizierender Umstände*[626], so dass die Berücksichtigung einer möglichen Verfehlung des Vertragszwecks als Ergebniskontrolle der Abwägungsentscheidung keinesfalls entbehrlich ist.

ee) Grundzüge eines Vertragskontrollmodells

Mit den Elementen der *Vertragsfreiheit*, *Vertragsgerechtigkeit* und der *Rechtssicherheit* sowie dem *Vertragszweck* als *Ergebniskontrolle* ergibt sich damit ein umfassendes *Vertragskontrollmodell*, das einen angemessenen Ausgleich zwischen dem gebotenen Schutz *materieller Vertragsfreiheit* und *Vertragsgerechtigkeit* auf der einen Seite und der Berücksichtigung der Belange der *Rechtssicherheit* auf der anderen Seite gewährleistet:

1. Vertragsfreiheit
   a) strukturelle Vertragsimparität
   b) Maß der Beeinträchtigung der tatsächlichen Selbstbestimmung
2. Vertragsgerechtigkeit
   a) Angemessenheit des Vertragsinhaltes
   b) Maß der Schutzbedürftigkeit
      aa) *Bedeutung* der betroffenen *Interessen* für die Persönlichkeitsentfaltung
      bb) Betroffenheit *grundrechtlich geschützter Rechtspositionen*
3. Rechtssicherheit
   einerseits:
   a) *typisierte Fallgruppen* struktureller Unterlegenheit bzw. Vertragsimparität
      aa) Form des *Vertragsschlusses* (z. B. AGB-Verwendung)
      bb) Art des *Vertragsgegenstandes* (Miet- bzw. Arbeitsrecht)
      cc) *Status der Parteien* (Unternehmer bzw. Verbraucher)
   b) hohe Intensität der Beeinträchtigung
      aa) Vertragsfreiheit (z. B. Reduzierung der Vertragsgestaltungsfreiheit auf Null)
      bb) Vertragsgerechtigkeit (z. B. auffälliges Missverhältnis)
   andererseits:
   a) Schutzwürdigkeit des Vertrauens
   b) Rechtsmissbrauch sowie Gefährdungshaftung bzw. Zurechnung von Risikosphären
   Ausgleich auf Rechtsfolgenseite durch Auswahl der Kompensationsmittel *autonomiennahe* Kompensationsinstrumente vs. unmittelbare Einwirkung auf den *Vertragsinhalt*
4. *Ergebniskontrolle* am Maßstab des *Vertragszwecks*

---

[626] Hierzu bereits *Schmidt-Rimpler*, AcP 147 (1941), 130, 158 Fn. 34.

Im Ergebnis wird eine Inhaltskontrolle daher aufgrund des Versagens der Richtigkeitsgewähr des Vertragsmodells regelmäßig immer dann eingreifen, wenn eine typisierte Fallgruppe struktureller Unterlegenheit anzunehmen ist.[627] Zur Vermeidung von Schutzlücken im Einzelfall sollte eine Inhaltskontrolle jedoch auch dann möglich sein, wenn zwar kein Fall *typisierter Unterlegenheit* besteht,[628] jedoch entweder die *Vertragsfreiheit* im Einzelfall in nicht hinnehmbarem Maße beeinträchtigt ist oder der *Inhalt* des Vertrages den Anforderungen an einen angemessenen Interessenausgleich in erheblichem Maße widerspricht, so dass die Verwirklichung des Vertragszwecks – beiden Parteien letztlich die Entfaltung ihrer Persönlichkeit zu ermöglichen – gefährdet wird.[629] Auf diese Weise wird zugleich ein angemessener Ausgleich zwischen *Vertragsfreiheit* und *Vertragsgerechtigkeit* hergestellt. Beide Rechtsprinzipien laufen in der Goldenen Regel, der *regula aurea* als Kern des Vertragsmodells zusammen und erweisen sich damit als komplementäre, sich gegenseitig ergänzende Prinzipien des Rechts, ohne die eine Rechtsordnung weder denkbar ist noch Bestand haben kann.

V. Zusammenfassung

1. Die Bestimmung des Verhältnisses von *Vertragsfreiheit* und *Vertragsgerechtigkeit* vollzieht sich vor dem Hintergrund eines tiefgreifenden *Wandels der Privatrechtsordnung* von einer *formalen Freiheitsethik* hin zu einer *materialen Ethik sozialer Verantwortung.*

2. Am *Ausgangspunkt* dieser Entwicklung steht der *liberale Grundansatz* des BGB als „spätgeborene[m] Kind des Liberalismus“[630], das in Abkehr vom Naturrecht stark von den wirtschaftsliberalen Ideen des *Laissez-fair* sowie der Pflichten- und Freiheitsethik *Kants* beeinflusst war.

3. Dem *formal-liberalen Verständnis* der *Vertragsfreiheit* entsprach das Sozial- und Menschenbild eines „vernünftigen, selbstverantwortlichen und urteilsfähigen Rechtsgenossen“[631], letztlich das Verhaltensmodell des *homo oeconomicus* als eines eigennützigen, abstrakten Einzelmenschen. Seinem Anspruch, das Privatrecht einer ganzen Gesellschaft zu ordnen und dabei die Interessen all ihrer Glieder zu berücksichtigen, vermochte das BGB indes nicht gerecht zu werden. Auf die *sozialen* und *gesellschaftlichen Probleme* der Zeit konnte es keine befriedigende Antwort geben.

---

627 *Singer*, Selbstbestimmung (1995), S. 35.
628 So *Singer*, Selbstbestimmung (1995), S. 35 f.
629 Ähnlich *Singer*, Selbstbestimmung (1995), S. 35 f.
630 So *Wieacker*, Industriegesellschaft und Privatrechtsordnung (1975), S. 9.
631 So *Wieacker*, Privatrechtsgeschichte der Neuzeit (2. Aufl. 1967), S. 482.

4. Für die weitere Entwicklung des Privatrechts bestimmend wurden *Grundtendenzen*, die am Beginn des 20. Jh. immer stärker sichtbar wurden: (1) ein tiefgreifender *gesellschaftlicher Wandel*, (2) der Zusammenbruch der *Grundannahmen des Wirtschaftsliberalismus*, (3) das Aufbrechen des *Konfliktes* zwischen *Freiheits- und Demokratieethos* sowie (4) ein tiefgreifender *Funktionswandel des Vertrages.*

5. In der Folge wurde die formale Freiheitsethik des BGB im Rahmen der *Novellengesetzgebung* und *korrigierender Rechtsprechung* in eine *materiale Ethik sozialer Verantwortung* zurückverwandelt. Im Mittelpunkt stand dabei die *Effektuierung der Privatautonomie* durch Gewährleistung *materieller Vertragsfreiheit*, die *mittelbar* auch die Herstellung *materieller Vertragsgerechtigkeit* zur Folge hatte. Im deutschen Privatrecht erhielt dieser *Materialisierungsprozess* durch das AGB-Recht sowie die Rechtsprechung des BVerfG (Handelsvertreter- und Bürgschaftsrechtsprechung) maßgebliche Impulse.

6. Der *Wandel der Privatrechtsordnung* hatte weitreichende Auswirkungen auf das *dogmatische Verständnis* des *Vertrages.* In der Folge wurde die Frage nach dem Verhältnis von *Vertragsfreiheit* und *Vertragsgerechtigkeit* intensiv diskutiert und eine Reihe unterschiedlicher *Vertragsmodelle* entwickelt.

7. Als Ergebnis der wissenschaftlichen Auseinandersetzung sind die *wesentlichen Grundfragen* heute weitgehend geklärt: Das noch dem ursprünglichen Entwurf des BGB zugrunde liegende *formal-liberale* Verständnis der *Vertragsfreiheit* wird heute wohl nicht mehr vertreten. Stattdessen wird Vertragsfreiheit heute allgemein auch im Sinne *materieller Vertragsfreiheit* verstanden. Im Anschluss an *Schmidt-Rimpler* ist anerkannt, dass der Vertrag auf die Herstellung eines angemessenen Ausgleichs der gegenseitigen Interessen gerichtet ist und die *Richtigkeitsgewähr* weitgehende *Vertragsparität* voraussetzt. Zwar gilt das *Primat* der *Vertragsfreiheit*, doch bedarf es im Fall von Defiziten *materieller Vertragsfreiheit* aufgrund des *Versagens der Richtigkeitsgewähr* der *Vertragskorrektur* durch Herstellung *materieller Vertragsgerechtigkeit.*

8. Die *Selbstbestimmungstheorie Flumes*, der nach dem Grundsatz des *stat pro ratione voluntas* allein auf den im Vertrag zum Ausdruck gelangten *formalen* Willen der Parteien abstellt, ist abzulehnen, da sie die Dimension der *Vertragsgerechtigkeit* völlig ausblendet und schon mit Blick auf die Vorschriften der §§242, 315 BGB mit dem geltenden Recht kaum vereinbar ist. Diesen Mangel behebt zwar *Raiser* mit seiner Theorie der *sozialen Funktion des Vertrages*, mit der er der Frage nach der *Funktion* des *Vertrages* im Gefüge der *Gesamtrechtsordnung* nachgeht. Allerdings bleibt sein Ansatz, der sich im Übrigen auf der Grundlage des geltenden Rechts bewegt, mit Blick auf das konkrete Verhältnis von *Vertragsfreiheit* und *Vertragsgerechtigkeit* weithin unklar. Zu weitgehend und mit der Bedeutung des Selbstbestimmungsrechts unvereinbar ist indes die *soziale Vertrags-*

theorie Zweigerts, die Vertragsfreiheit für eine *Utopie* hält und daher von einem *Vorrang der Vertragsgerechtigkeit* ausgeht.

9. In die richtige Richtung weist dagegen der Ansatz *Wolfs*, der mit Blick auf die Gewährleistung *tatsächlicher* Vertragsfreiheit die Ergänzung des Tatbestands der Willenserklärung um das ungeschriebene Tatbestandsmerkmal der *rechtsgeschäftlichen Entscheidungsfreiheit* fordert. Allerdings ist diese Forderung mit dem geltenden Recht nicht vereinbar und würde darüber hinaus auf kaum überwindbare praktische Schwierigkeiten bei der empirischen Feststellung tatsächlicher Entscheidungsfreiheit stoßen. Am überzeugendsten bleibt daher *Schmidt-Rimplers Theorie der Richtigkeitsgewähr des Vertragsmechanismus*, die davon ausgeht, dass durch das *Abschleifen* der gegenseitigen Interessen jedenfalls bei annähernder *Vertragsparität* eine gewisse *Gewähr der Richtigkeit* des Vereinbarten gewährleistet ist. Als problematisch erweist sich jedoch das Fehlen geeigneter *Maßstäbe* zur Beurteilung der *Richtigkeit*. Der Verweis auf die *subjektiven Wertungen* der Parteien ist insoweit nicht tragfähig, würde dadurch doch *Flumes Selbstbestimmungstheorie* gleichsam „durch die Hintertür" wieder eingeführt. Die Frage, *warum* ein bestimmter Vertragsinhalt *richtig* und anhand welcher *Kriterien* dies konkret zu beurteilen ist, vermag *Schmidt-Rimpler* indes nicht zu beantworten.

10. Als Ansatz zur Klärung des aufgeworfenen Problems und zur Bestimmung des Verhältnisses von *Vertragsfreiheit* und *Vertragsgerechtigkeit* wurde das *vertragszweckorientierte Reziprozitätsmodell* vorgelegt. Im Mittelpunkt steht dabei der *Vertragszweck* als Bindeglied zwischen *Vertragsfreiheit* und *Vertragsgerechtigkeit*, der ausgehend von *Fullers Institutionen- und Verfahrenslehre* näher in den Blick genommen wird. *Fuller* erkennt im Vertrag eines der grundlegenden Verfahren *sozialer Ordnung*, das sich allein aus seiner *Funktion* im Hinblick auf die *Ordnung menschlichen Verhaltens* legitimiert. Die *primäre Funktion* des Vertrages als Instrument sozialer Ordnung besteht in der *Persönlichkeitsentfaltung* durch *selbstbestimmte Interessenverwirklichung*.

11. *Vertragszweck* und *Bindungswirkung* sind *funktional* miteinander *verknüpft*. Dient der *Vertrag* der *Verwirklichung* der *Interessen* der Parteien zum Zweck der *Persönlichkeitsentfaltung*, so ist für die Parteien entscheidend, ob der Vertrag diesen Zweck auch *tatsächlich* erfüllt. Vor diesem Hintergrund stellt sich die Frage, wie eine *Vertragsbindung* bei Verfehlen des *Vertragszwecks* gerechtfertigt werden kann. Da die *benachteiligte* Partei den Vertrag so nicht (mehr) will, an der einmal getroffenen Entscheidung indes festgehalten wird, lässt sich die Bindungswirkung lediglich mit Rückgriff auf den *Verkehrsschutz*, nicht jedoch durch Verweis auf das *Selbstbestimmungsrecht* legitimieren.

12. Die Erfüllung des *Vertragszwecks* setzt einen *angemessenen Interessenausgleich* und damit *Vertragsgerechtigkeit* voraus. Die *Vertragsfreiheit* ist insoweit

funktional an die *Vertragsgerechtigkeit* gebunden. *Selbstbestimmung* und *Richtigkeitsgewähr* des Vertragsmechanismus sind die zentralen Instrumente zur Verwirklichung des *Vertragszwecks*. Der die Richtigkeitsgewähr ermöglichende Vertragsmechanismus lässt sich nicht auf die Logik des *Abschleifens* der gegenseitigen Interessen durch wechselseitige Zustimmungserfordernisse reduzieren. Ihm liegt vielmehr ein *grundlegenderer Wirkmechanismus* zugrunde, dessen Grundzüge durch die moderne *Verhandlungsforschung* aufgedeckt worden sind und der seinen Ursprung letztlich im *Reziprozitätsprinzip* der *regula aurea* als universaler Verhaltensnorm findet.

13. Besteht der *Zweck des Vertrages* für die Parteien in der *Verwirklichung* ihrer gegenseitigen *Interessen*, so liegt es nahe, für den Vertragsmechanismus jenes Verfahren heranzuziehen, das in besonderer Weise auf die Herstellung eines *angemessenen Interessenausgleichs* ausgerichtet ist: Die *interessenorientierte Verhandlung* nach dem *Harvard Modell*. Danach erfordert eine beiderseitig vorteilhafte, effektive *Integration der gegenseitigen Interessen* und die damit verbundene wertschöpfende Realisierung *pareto-optimaler Kooperationsgewinne* und *win-win-Lösungen* einen *multilateralen Rollentausch*.

14. Ein solcher Rollentausch entspricht jedoch im Kern dem *Reziprozitätsprinzip* der *regula aurea* als *universaler Norm* gerechten Handelns und unmittelbarem *Gerechtigkeitsprinzip*. Die Integration der *regula aurea* in das Vertragsmodell ist damit nur folgerichtig. Denn ist der Vertrag von seinem Zweck her *idealiter* auf einen *angemessenen Interessenausgleich* und somit auf die *Herstellung materieller Vertragsgerechtigkeit* gerichtet, so liegt es nahe, hierfür gleichsam als Handlungsprinzip „prozeduraler Gerechtigkeit" jene Verhaltensnorm heranzuziehen, die als „elementare[s] Gesetz allen Rechts schlechthin"[632] über Rechtsordnungen und Epochen hinweg dem menschlichen Verhalten – auch im vertraglichen Bereich – als *universaler Maßstab* der *Gerechtigkeit* zugrunde gelegt worden ist.

15. Der Rückgriff auf die *regula aurea* und ihre Integration in das Vertragsmodell überwindet zugleich zwei zentrale Schwächen der *Schmidt-Rimplerschen Theorie der Richtigkeitsgewähr*: Zum einen beantwortet er die Frage nach dem *Maßstab* der Richtigkeit, indem er die *regula aurea* als universale Gerechtigkeitsnorm in den Vertragsmechanismus des Vertragsmodells integriert. Damit wird zugleich dem Einwand begegnet, dass es sich bei der *Gerechtigkeit* um eine „inhaltsleere ad hoc-Formel[n]"[633] handle, die „aufgrund ihrer Inhaltslosigkeit nicht brauchbar"[634] sei. Zum anderen stellt er mit der *regula aurea* einen universalen und praktisch handhabbaren Mechanismus zur Verfügung, der einen *angemessenen Interessenausgleich* und damit *materielle Gerechtigkeit* gewährleistet.

---

632 *Fechner*, Rechtsphilosophie (1956), S. 101.
633 *Adams*, BB 1989, 781, 782.
634 *Adams*, BB 1989, 781, 782.

16. Das *moderne Verhandlungsmanagement* nach dem *Harvard Modell* erweist sich dabei als effektives Verfahren, das auf der Grundlage der Erkenntnisse der modernen *Kognitions-* und *Verhaltenspsychologie* einen praktisch handhabbaren Weg zur Anwendung der *regula aurea* aufzeigt und Möglichkeiten zur Überwindung typischer Wahrnehmungsverzerrungen und Einigungshindernisse bietet. Die Folgerichtigkeit des Ansatzes zeigt nicht zuletzt der Gleichklang mit *Kohlbergs Stufenmodell* der *kognitiven* und *moralischen Entwicklung* des Menschen. Danach entspricht die höchste Stufe moralischer Handlungs- und Urteilsfähigkeit, die *idealiter* jedem menschlichen Verhalten und damit auch dem vertraglichen Handeln zugrunde zu legen ist, jenem reifen Gebrauch der *regula aurea*, den das *Harvard Modell* prozedural ermöglicht.

17. Der Rückgriff auf die *regula aurea*, die moderne *Verhandlungstheorie* sowie die *Kognitionspsychologie* zur Entwicklung eines effektiven *Vertragsmodells* entspricht einer vergleichbaren Entwicklung in der *Ökonomik*. Hier war es die *Verhaltensökonomik*, die unter Rückgriff auf den gleichen Forschungsbefund die Schwächen des bis dahin unangefochtenen Verhaltensmodells des *homo oeconomicus* aufgezeigt und den Weg zu einem realistischeren Verständnis menschlichen Handelns geebnet hatte. Heute sind die interdisziplinär ausgerichteten Methoden der *behavioral economics* – wie etwa die *Gerechtigkeits-* und *Kooperationsforschung* – selbstverständlicher Teil der Ökonomik. Die Umwälzungen auf dem Gebiet der Wirtschaftswissenschaften können für die Privatrechtslehre nicht ohne Folgen bleiben, beruht das *Vertragsmodell des BGB* doch auf ebenjenem *homo oeconomicus-Modell*, das durch die Verhaltensökonomik empirisch widerlegt worden ist.

18. Zwar haben sich Rechtspraxis und Wissenschaft schon seit Beginn des 20. Jh. darum bemüht, die negativen Auswirkungen des *homo oeconomicus-Modells* mit den Mitteln der Dogmatik zu bewältigen. Da mangels tauglicher Alternativen jedoch am Verhaltensmodell des *homo oeconomicus* festgehalten wurde, waren dogmatische Brüche unvermeidlich. Einen *Ausweg* bietet die *Rezeption* des *empirischen Befundes* der modernen *Verhandlungsforschung*, auf den sich auch die *Verhaltensökonomik* stützt. Die *regula aurea* als Kern des *interessenorientierten Verhandlungsmodells* und Angelpunkt der *klassischen Gerechtigkeitstheorie* bildet dabei eine geeignete *Brücke*, die eine sinnvolle *Integration* des aktuellen Forschungsstandes in das *Vertragsmodell* ermöglicht. Damit wäre zugleich ein Gleichklang mit der *Verhaltensökonomik* hergestellt, die sich längst vom *homo oeconomicus-Modell* verabschiedet hat und ihren Modellannahmen ein realistisches Verständnis menschlichen Verhaltens zugrunde legt. Für das *Vertragsmodell* des *Privatrechts* kann nichts anderes gelten.

Besonderer Teil

§ 5

Vertragsfreiheit und Vertragsgerechtigkeit im Kontext der Inhaltskontrolle allgemeiner Geschäftsbedingungen

In den vorangegangenen Abschnitten des *Allgemeinen Teils* der Untersuchung wurden *Vertragsfreiheit* (§ 2) und *Vertragsgerechtigkeit* (§ 3) als grundlegende Prinzipien der Privatrechtsordnung vor dem Hintergrund ihrer *Grundlagen*, *Funktion* und *Form* eingehend analysiert und ihr Verhältnis zueinander näher bestimmt (§ 4). Damit ist der Boden bereitet, um den Ertrag der rechtstheoretischen und rechtsdogmatischen Vorarbeiten nun in einem *Besonderen Teil* auf ein Rechtsproblem anzuwenden, das für die Rechtspraxis wie für die wissenschaftliche Diskussion gleichermaßen von zentraler Bedeutung ist: die *Inhaltskontrolle* von AGB im *unternehmerischen Geschäftsverkehr.* Für das Verhältnis von Vertragsfreiheit und Vertragsgerechtigkeit ist die Frage der AGB-Kontrolle im b2b-Verkehr *das* Anwendungsproblem *par excellence.* Denn wie bei kaum einem anderen rechtlichen Problem ist in ihm die Frage nach *Reichweite* und *Grenzen* der *Vertragsfreiheit* und ihrem Verhältnis zum Rechtsprinzip der *Vertragsgerechtigkeit* in den Mittelpunkt der aktuellen Diskussion gerückt. Damit ist zugleich deutlich geworden, dass eine verlässliche Aussage über *Legitimation* und *Umfang richterlicher Inhaltskontrolle* im Allgemeinen und insbesondere im Hinblick auf AGB ohne eine grundlegende Klärung ihrer rechtstheoretischen Grundlagen kaum möglich ist. Das Problem der Inhaltskontrolle ist so zum Kristallisationspunkt einer Diskussion geworden, in der die ihr im Kern zugrunde liegende Frage des rechten Verhältnisses von *Vertragsfreiheit* und *Vertragsgerechtigkeit* wie in einem Brennglas zusammenläuft. Ihr soll nun auf der Grundlage des *rechtstheoretischen* und *rechtsdogmatischen* Befundes näher nachgegangen werden.

I. Bedeutung und Funktion vorformulierter Vertragstexte

Die Verwendung vorformulierter Vertragstexte bildet heute den Normalfall rechtsgeschäftlicher Einigung. In nahezu allen Bereichen des Rechtsverkehrs ist das dem BGB jedenfalls für umfangreichere Vertragstexte ursprünglich zugrunde liegende Modell des im Einzelnen individuell ausgehandelten und ausformulierten Vertrags zur Ausnahme geworden.[1] Stattdessen greifen die Parteien re-

[1] Vgl. zur *rechtstatsächlichen* Verbreitung von AGB eingehend *Ulmer/Habersack,* in:

gelmäßig auf Musterverträge und formularmäßig vorformulierte Textbausteine zurück oder verweisen insbesondere im Massenverkehr auf standardisierte AGB. Hatte bereits im 19. Jh. der im Zuge der Industrialisierung einsetzende Massenverkehr zu einem wachsenden Bedürfnis nach der Verwendung einheitlicher Vertragsbedingungen geführt, zuerst im Bereich der Versicherungswirtschaft, der Verkehrsunternehmen und Banken, später auch im Bereich des Handels und der Dienstleistungen[2], so ist die Verwendung von AGB heute ein *Massenphänomen.*[3]

Ulmer/Brandner/Hensen, AGB-Recht (12. Aufl. 2016), Einl. Rn. 6 f., die darauf hinweisen, dass trotz unvollständiger Kenntnis sowohl Verbreitung wie auch wirtschaftliches Gewicht „für den modernen Massenverkehr außer Zweifel stehen" sowie *Kötz*, Gutachten (1974), S. A 9, S. A 12 ff. Verlässliche Zahlen über die Verbreitung von AGB bestehen trotz verschiedentlicher, heute wohl ohnehin überholter Schätzungen – vgl. nur die Begründung des RegE zum AGBG, BT-Drucks. 7/3919, S. 10 und *Eberstein*, Ausgestaltung von AGB (1974), S. 17 f., dazu *Ulmer/Habersack*, in: *Ulmer/Brandner/Hensen*, AGB-Recht (12. Aufl. 2016), Einl. Rn. 6 f. mwN. sowie *Stoffels*, AGB-Recht (3. Aufl. 2015), Rn. 1 – nicht. Lediglich für einzelne Branchen sind nähere Informationen verfügbar (z. B. 100 % Anteil an AGB in den Branchen Versicherungs-, Bank- und Kreditwesen, Touristik, Fernlehrgänge, Autohandel, Handelskauf; 90 % in den Branchen Bau, Makler und Möbel sowie Wohnungsmiete. *Ulmer/Habersack*, in: *Ulmer/Brandner/Hensen*, AGB-Recht (12. Aufl. 2016), Einl. Rn. 7 mwN.). Erschwert wird eine rechtstatsächliche Erhebung durch die Bestimmung des relevanten *Vergleichsmaßstabs*. Sind *explizite AGB* vor allem für den *Massenverkehr* typisch, so wird in der Praxis auch für *Einzelverträge* regelmäßig auf *Formularverträge*, *Textbausteine* oder *angepasste Vertragsmuster* zurückgegriffen. Damit sind auf vorformulierten Vertragstexten beruhende Verträge in der Wirtschaftspraxis die Regel. Der selbstständige Entwurf eines eigens ausformulierten Vertrages ohne substantiellen Rückgriff auf vorformulierte Klauseln dürfte in der Rechtspraxis dagegen die deutliche Ausnahme darstellen. So auch MünchKomm/*Basedow*, BGB (7. Aufl. 2016), Vor § 305 Rn. 1 („nur noch selten Verträge, deren Inhalt … nicht wenigstens teilweise durch AGB oder formularmäßige Klauseln festgelegt wäre"); Palandt/*Grüneberg*, BGB (77. Aufl. 2018), Überbl. v. § 305, Rn. 3; *Wolf/Neuner*, BGB AT (11. Aufl. 2016), S. 552 („dominieren das Rechts- und Wirtschaftsleben"); *Bork*, BGB AT (4. Aufl. 2016), Rn. 1743 f.; *Medicus/Petersen*, BGB AT (11. Aufl. 2016), Rn. 398 („das dispositive Recht weithin verdrängt"); *Stoffels*, AGB-Recht (3. Aufl. 2015), Rn. 1 („nahezu alle Verträge von einigem wirtschaftlichen Gewicht") und bereits deutlich *Koch/Stübing*, AGBG (1977), Einl. Rn. 8 („AGB-Verträge sind die Regel, reine Individualverträge mit durchgehend ausgehandeltem Inhalt die Ausnahme."). Für eine massenhafte Verbreitung ebenfalls Erman/*Hager/Roloff*, (15. Aufl. 2017), Vor §§ 305–310 Rn. 1; *Pfeiffer*, in: Wolf/Lindacher/Pfeiffer, AGB-Recht (6. Aufl. 2013), Einl. Rn. 1 („weite Teile der Wirtschaft"); MünchKomm/*Micklitz/Rott*, ZPO (5. Aufl. 2017), Vor. UKlaG Rn. 26; Soergel/*Stein*, (12. Aufl. 1991), Einl. AGBG Rn. 1 und bereits sehr deutlich *Koch/Stübing*, AGBG (1977), Einl. Rn. 7 f. Vgl. zur Verbreitung von AGB im Einzelnen auch die nach wie vor instruktive Analyse von *Raiser*, Das Recht der AGB (1961), S. 29 ff. Zur Abweichung des Vertragsschlusses unter AGB vom klassischen Vertragsmodell des bürgerlichen Rechts vgl. eingehend unten S. 512 f., 596, 643, 646 f., 668.

2 Zur geschichtlichen Entwicklung eingehend *Hellwege*, AGB und Rechtsgeschäftslehre (2010), S. 4 ff., 21 ff., 195 ff.; HKK/*Hofer*, (2007), §§ 305–310 (I) Rn. 2 ff. Vgl. hierzu auch *Ulmer/Habersack*, in: *Ulmer/Brandner/Hensen*, AGB-Recht (12. Aufl. 2016), Einl. Rn. 9; *Pohlhausen*, AGB im 19. Jh. (1978), S. 14 ff., 28 ff., 99 ff.; *Raiser*, Das Recht der AGB (1961), S. 26 ff. Vgl. für einen geschichtlichen Abriss auch die Begründung des RegE zum AGBG in BT-Drucks. 7/3919, S. 9 f.

3 Vgl. nur MünchKomm/*Basedow*, BGB (7. Aufl. 2016), Vor § 305 – § 310 Rn. 1; *Ulmer/Habersack*, in: *Ulmer/Brandner/Hensen*, AGB-Recht (12. Aufl. 2016), Einl. Rn. 6; *Stoffels*,

1. *Vorformulierte Vertragstexte in der Rechtspraxis*

Betroffen sind von dieser Entwicklung nicht nur der Verkehr *zwischen Unternehmen und Verbrauchern*, der als Massenverkehr für die standardmäßige Verwendung von AGB von vornherein besonders prädestiniert ist[4], und der *Rechtsverkehr zwischen Privaten*[5], sondern in weitem Umfang auch der *unternehmerische Geschäftsverkehr.*

a) Einfache Einzelverträge

Ist dies für den Bereich des *Handels-* und des *Dienstleistungsgewerbes* aufgrund seiner ebenfalls ganz wesentlich durch den Massenverkehr geprägten Wirtschaftsstruktur, der die Verwendung vorformulierter Einkaufs-, Liefer- und sonstiger Geschäftsbedingungen bedingt, noch ohne weiteres einsichtig,[6] so mag dies für die in der Praxis ebenfalls häufigen Einzelverträge im *unternehmerischen Geschäftsverkehr* auf den ersten Blick überraschen.[7] Denn anders als im regulären Handels- und Dienstleistungsverkehr, in dem aufgrund des massenhaften

---

AGB-Recht (3. Aufl. 2015), Rn. 1 sowie die Nachweise oben S. 285 Fn. 1. Ebenso bereits *Kötz*, Gutachten (1974), S. A 9, S. A 23.

[4] Hierzu näher *Ulmer/Habersack*, in: *Ulmer/Brandner/Hensen*, AGB-Recht (12. Aufl. 2016), Einl. Rn. 3, 26; *Denkinger*, Verbraucherbegriff (2007), S. 147 ff., 437 ff.; HKK/*Hofer*, (2007), §§ 305–310 (I) Rn. 20 ff. Der europäische Gesetzgeber hat auf diese Entwicklung mit der *EG-Richtlinie über missbräuchliche Klauseln in Verbraucherverträgen – Klauselrichtlinie* (Richtlinie 93/13/EWG vom 5. 4. 1993, ABl. EG Nr. L 95 vom 21. 4. 1993, S. 29 ff.) reagiert, deren Umsetzung die Erweiterung des Anwendungsbereiches des AGBG auf Verbraucherverträge zur Folge hat, womit die klare Abgrenzung zwischen Individualvereinbarungen und klassischen AGB weiter relativiert wurde. Vgl. hierzu *Ulmer/Habersack*, in: *Ulmer/Brandner/Hensen*, AGB-Recht (12. Aufl. 2016), Einl. Rn. 3 sowie unten S. 652 ff.

[5] Auch im Rechtsverkehr zwischen Privaten sind vorformulierte Vertragsmuster von zunehmender Bedeutung. Zwar werden Privatpersonen aufgrund der typischerweise fehlenden Mehrfachverwendungsabsicht bei Vertragsschluss in der Regel nicht auf einzubeziehende „klassische" AGB verweisen. Allerdings dürften die Parteien bei Rechtsgeschäften von einigem Gewicht schon aufgrund ihrer regelmäßig bestehenden Rechtsunkenntnis im Normalfall auf die für die meisten Typverträge im Handel erhältlichen oder im Internet verfügbaren vorformulierten Vertragsmuster (etwa bei der Wohnungsmiete oder beim Gebrauchtwagenkauf) zurückgreifen. Wird für die Erstellung des Vertragsentwurfes anwaltliche Beratung in Anspruch genommen, so ergibt sich auch hier nichts anderes, da die Rechtsanwälte typischerweise aus Gründen der *Rationalisierung* und der *Risikominimierung* ebenfalls auf bewährte Vertragsmuster entsprechender Formularhandbücher oder elektronische Datenbanken zurückgreifen.

[6] Zum geschichtlichen Ursprung der AGB im Massenverkehr des Handels- und Dienstleistungsgewerbes des 19. Jh. eingehend *Ulmer/Habersack*, in: *Ulmer/Brandner/Hensen*, AGB-Recht (12. Aufl. 2016), Einl. Rn. 10; HKK/*Hofer*, (2007), §§ 305–310 (I) Rn. 2 f.; *Raiser*, Das Recht der AGB (1961), S. 26 ff. Hierzu auch *Pfeiffer*, in: Wolf/Lindacher/Pfeiffer, AGB-Recht (6. Aufl. 2013), Einl. Rn. 1.

[7] Ähnlich *Leuschner*, JZ 2010, 875, 875 f., die verbreitete Vorstellung widerlegend, dass die AGB-Kontrolle im unternehmerischen Geschäftsverkehr nur eine untergeordnete Rolle spiele.

Austausches gleichartiger Güter oder Dienstleistungen ein Bedürfnis nach einer einheitlichen Vertragsabwicklung besteht[8], werden Einzelverträge in der Regel gerade *individuell* auf die Bedürfnisse eines konkreten Geschäftes zugeschnitten. Allerdings ist auch hier mittlerweile die Verwendung von *Musterverträgen* oder vorformulierten *Textbausteinen* die Regel.[9] So sind die Parteien selbst beim Abschluss wenig komplexer Einzelverträge mit dem eigenständigen Entwurf sinnvoller, auch mögliche Sekundäransprüche abdeckender Vertragsbedingungen regelmäßig überfordert und greifen daher häufig auf vorformulierte Musterverträge zurück.[10] Das ist insbesondere dann der Fall, wenn der Abschluss rechtlich nicht typisierter Verträge wie etwa von *Leasing-*, *Factoring-* oder *Lizenzverträgen* beabsichtigt wird, so dass kein dispositives Gesetzesrecht als Rückfallordnung zur Verfügung steht.[11] Dies gilt auch und gerade dann, wenn der Vertrag durch die Anwälte der Parteien entworfen wird: Auch hier ist die Verwendung vorformulierter Textbausteine oder in der Praxis bewährter Musterformulierungen die Regel.[12]

b) Komplexe Einzelverträge

Aber auch beim Abschluss komplexer und wirtschaftlich bedeutender Einzelverträge, etwa im Bereich des *Unternehmenskaufs*, des *Industrie-* und *Anlagenbaus* oder der *Lizenzierung*, die einer individuellen Anpassung an den konkreten Ein-

---

[8] Vgl. nur *Wolf/Neuner*, BGB AT (11. Aufl. 2016), S. 552; *Ulmer/Habersack*, in: *Ulmer/Brandner/Hensen*, AGB-Recht (12. Aufl. 2016), Einl. Rn. 4 f.; *Pfeiffer*, in: Wolf/Lindacher/Pfeiffer, AGB-Recht (6. Aufl. 2013), Einl. Rn. 1. Näher zur *Rationalisierungsfunktion* unten S. 293 ff. sowie zu der auf einer *Transaktionskostenasymmetrie* beruhenden *situativen Unterlegenheit* des Verwendungsgegners unten S. 508 ff., 541 ff., 574 ff. Insbesondere zum *Rationalisierungsvorteil* des Verwenders unten S. 509 f., 514 f., 671 f., 676 ff.

[9] Zur Verwendung vorformulierter Vertragsbedingungen in Form von Mustervertragstexten und elektronisch gespeicherten Textbausteinen im Kontext großvolumiger Einzelverträge *Berger/Kleine*, BB 2007, 2137, 2137; *Lischek/Mahnken*, ZIP 2007, 158, 158 ff. Vgl. auch *Leuschner*, JZ 2010, 875, 875 f.

[10] Vgl. für eine instruktive Stellungnahme aus der Praxis nur *Lischek/Mahnken*, ZIP 2007, 158.

[11] Zur *Typisierungs-* und *Lückenausfüllungsfunktion* von AGB näher unten S. 295 ff mwN.

[12] *Lischek/Mahnken*, ZIP 2007, 158, 159. Zum anwaltlichen Wissensmanagement auf der Grundlage elektronischer Wissensdatenbanken und Mustersammlungen vgl. *Leuschner*, AcP 207 (2007), 491, 517 mwN; *Schulz/Klugmann*, Wissensmanagement für Anwälte (2006); *Sassenberg*, Wissensmanagement in Anwaltskanzleien (2005), S. 17 ff., 182; *Schulz*, NJW 2005, 2049, 2051; *Schervier*, MittBayNot 2003, 442. Der Rückgriff auf Mustervertragstexte und vorformulierte Vertragsklauseln ist für die anwaltliche Praxis von derart großer Bedeutung, dass sich mittlerweile ein eigener Markt herausgebildet hat, auf dem eine Vielzahl unterschiedlicher Formularhandbücher und elektronischer Datenbanken angeboten wird. Vgl. hierfür nur das sechsbändige *Münchener Vertragshandbuch*, zuletzt erschienen *Schütze/Bartels (Hrsg.)*, Münchener Vertragshandbuch IV (7. Aufl. 2012), sowie darüber hinaus *Fuhrmann/Fuhrmann (Hrsg.)*, Formularbuch Gesellschaftsrecht (2012) oder *Schaub/Schrader (Hrsg.)*, Arbeitsrechtliches Formular- und Verfahrenshandbuch (9. Aufl. 2008).

zelfall bedürfen und für die der Einsatz genormter Einheitsverträge regelmäßig nicht in Betracht kommt, ist der Einsatz vorformulierter, meist in elektronischen Datenbanken gespeicherter Vertragsmuster und Textbausteine Standard in der Rechtspraxis.[13] Hier ist die *Komplexität* der vertraglich zu regelnden Sachverhalte regelmäßig derart hoch, dass die Parteianwälte oder Syndici der Unternehmen die oft mehrere hundert Seiten, bisweilen auch mehrere tausend Seiten umfassenden Vertragstexte in der Regel nicht „from scratch“ vollständig neu entwerfen.

Stattdessen liegt dem endgültigen Vertragswerk häufig ein Mustervertragstext zugrunde, der projektspezifisch verändert und an die Bedürfnisse der aktuellen Transaktion angepasst wird.[14] Der Rückgriff auf Mustertexte ist dabei in der Regel bereits aus *Rationalisierungsgründen*[15] geboten, da der mit dem eigenständigen Entwurf entsprechender Vertragstexte verbundene Aufwand auch bei umfangreichen Transaktionen in keinem angemessenen Verhältnis zu den Kosten der Rechtsberatung steht und daher häufig auch nicht sinnvoll ist.[16] Gerade umfangreiche Transaktionen weisen ein Maß an rechtlicher Komplexität auf, die einen eigenständigen Entwurf in der erforderlichen Qualität kaum in einem angemessenen Zeit- und Kostenrahmen möglich machen, so dass daher regelmäßig auf Musterverträge als Grundgerüst zurückgegriffen wird.[17] Dies gilt umso mehr, als gerade bei komplexen Transaktionen unterschiedliche Spezialgebiete des Rechts und häufig auch verschiedene Rechtsordnungen zu berücksichtigen sind. Hinzu kommt, dass der Entwurf sinnvoller vertraglicher Regelungen häufig erst vor dem Hintergrund langjähriger Transaktions- und Vertragspraxis möglich wird, da sich neue Regelungen erst in der Praxis bewähren müssen und sich Problemfälle häufig nicht antizipieren lassen, sondern erst im „Ernstfall“ relevant werden.

---

[13] Vgl. nur *Berger/Kleine*, BB 2007, 2137, 2137; *Lischek/Mahnken*, ZIP 2007, 158, 158.

[14] *Ebenda*. Zur strengen Rechtsprechung des BGH im Hinblick auf das Merkmal des *Aushandelns* gem. §305 Abs. 1 S. 3 BGB, der auch bei Verwendung elektronisch gespeicherter Textbausteine oder der Verwendung von Musterklauseln zur Anwendung des AGB-Rechts und damit grundsätzlich auch zur Inhaltskontrolle gelangt, vgl. BGHZ 184, 259, 263ff. = NJW 2010, 1131, 1132f. (Gebrauchtwagenkauf); BGHZ 143, 104, 106f. = NJW 2000, 1110, 111 sowie aus der umfangreichen Literatur *Axer*, AGB-Kontrolle (2012), S. 162ff.; *Becker*, AGB und Individualvereinbarung (2011), S. 5ff., 131ff.; *Ulmer/Habersack*, in: *Ulmer/Brandner/Hensen*, AGB-Recht (12. Aufl. 2016), §305 Rn. 40ff.; *Leuschner*, JZ 2010, 875, 875ff.; *Miethaner*, AGB-Kontrolle (2010), S. 83f., 106ff. Vgl. ebenfalls *v. Westphalen*, NJOZ 2012, 441, 441ff.; *Koch*, ZGS 2011, 62, 64ff.; *Lehmann-Richter*, NZM 2011, 57; *Niebling*, NJ 2011, 177; *Probst*, JR 2011, 213; *Schiffer/Weichel*, BB 2011, 1283, 1286ff.; *v. Westphalen*, NJW 2011, 2098; *Artz*, ZGS 2010, 209; *Diehl*, ZfSch 2010, 445; *Koch*, BB 2010, 1810, 1811ff.; *Kaufhold*, ZIP 2010, 631; *Lorenz*, DAR 2010, 314, 314ff.; *Niebling*, NJ 2010, 301; *Niebling*, ZMR 2010, 509; *Niebling*, ZfSch 2010, 482; *Rodemann/Schwenker*, ZfBR 2010, 419; *Pfeiffer*, LMK 2010, 304510; *Schmid*, Grundeigentum 2010, 741; *v. Westphalen*, ZIP 2010, 1110. Hierzu eingehend unten S. 427f.

[15] Hierzu näher unten S. 293ff.

[16] *Lischek/Mahnken*, ZIP 2007, 158, 159, der darauf hinweist, dass der starke Wettbewerb zu einer Senkung der Transaktionskosten durch Standardisierung zwingt.

[17] *Lischek/Mahnken*, ZIP 2007, 158, 158. Vgl. hierzu auch *Picot*, in: Picot (Hrsg.), Handbuch M&A (5. Aufl. 2012), S. 297, 299.

In der Praxis „getestete" und als „sicher" befundene Klauseln sind daher häufig das Ergebnis langjähriger *Erfahrungen* oder auch durchlittener *Prozesse*.[18] In ihrer Vertragspraxis greifen die Parteien deshalb entweder auf den eigenen Fundus des in langen Jahren gewachsenen, erprobten und unter Umständen auch gerichtsfesten *Know-how* des Unternehmens zurück, in das die Risikobewertungen des Management sowie die Kautelarpraxis der Anwälte auf der Grundlage realer Erfahrungen mit kontinuierlich verbesserten Vertragstexten eingeflossen sind.[19] Oder sie machen sich das in der Rechtspraxis kontinuierlich aufgebaute Know-how der mit der Vertragserstellung beauftragten Fachanwälte zu eigen, die ebenfalls regelmäßig auf Mustertexte zurückgreifen.[20] Neben der Bewältigung der hohen rechtlichen und sachlichen *Komplexität* dient der Rückgriff auf erprobte Mustertexte aber auch der *Vermeidung von Fehlern* und damit der Minimierung der erheblichen *Risiken*, die mit einer Transaktion verbunden sind.[21] Der wirtschaftliche Erfolg unternehmerischer Tätigkeit ist das Ergebnis eines angemessenen Verhältnisses zwischen *Risikohinnahme* und *Risikominimierung*.[22] Von den Unternehmen für den „Ernstfall" vorgehaltene, standardisierte Vertragstexte enthalten daher nicht nur das gesammelte rechtliche Know-how des Unternehmens, sondern sind zugleich Ausdruck der vom Management definierten *Risikopräferenzen* auf der Grundlage des unternehmensinternen *Risikomanagementsystems*.[23] Sind sie Gegenstand von Verhandlungen, so gewährleistet ihre Verwendung die möglichst zeitnahe und einfache Freigabe durch die zur Entscheidung berufenen Managementebenen.[24]

c) Vertragsschluss im Kontext umfangreicher Verhandlungen

Die Tatsache, dass – wie bei komplexen Transaktionen üblich – dem Vertragsschluss umfangreiche Vertragsverhandlungen vorausgehen, hat auf die Verwendung vorformulierter Vertragsbedingungen kaum einen Einfluss.[25] Denn in der Regel werden die Parteien den zukünftigen Vertrag nicht Klausel für Klausel individuell aushandeln, sondern sich stattdessen zunächst darauf verständigen,

---

[18] So auch *Lischek/Mahnken*, ZIP 2007, 158, 159, der in Mustertexten einen „Ausdruck der Erfahrungen und des Vertragsgestaltungs-Know-how des Unternehmens" erblickt.

[19] *Ebenda.*

[20] Dazu bereits oben S. 288 Fn. 12 mwN.

[21] Hierzu und zum *betrieblichen Risikomanagement* eingehend *Lischek/Mahnken*, ZIP 2007, 158, 158f.

[22] *Ebenda.*

[23] *Lischek/Mahnken*, ZIP 2007, 158, 159. Zur Bedeutung *betrieblicher Risikomanagementsysteme* vgl. *Brödermann*, NJW 2012, 971; *Pampel/Glage*, in: Hauschka/Besch (Hrsg.), Corporate Compliance (2. Aufl. 2010), S. 84ff.; *Wolf*, DStR 2009, 920; *Bernstorff*, Risikomanagement im Auslandsgeschäft (2008), S. 95ff.; *Preußner/Becker*, NZG 2002, 846; *Wolf*, DStR 2002, 1729.

[24] *Lischek/Mahnken*, ZIP 2007, 158, 159.

[25] Hierzu eingehend *Lischek/Mahnken*, ZIP 2007, 158, 159f.

welche Seite einen Vertragsentwurf vorlegt, der dann schließlich zur Grundlage der weiteren Verhandlungen gemacht wird.[26] Regelmäßig wird der zu entwerfende Vertragstext sodann von der damit betrauten Partei auf der Grundlage vorhandener Mustertexte und gegebenenfalls ausgehandelter Vorgaben als Ganzes erstellt.[27] Die im Rahmen der weiteren Verhandlungen erfolgenden vertraglichen Anpassungen betreffen dabei typischerweise nicht jede einzelne Klausel oder das gesamte Vertragswerk, sondern allenfalls die für die Parteien wesentlichen Aspekte.[28] Dies allein schon deshalb, weil die grundlegende Änderung eines häufig mehrere hundert Seiten umfassenden Vertragswerkes praktisch kaum möglich und aus Rationalisierungsgründen auch nicht sinnvoll wäre.[29] Darüber hinaus würde eine umfassende Vertragsanpassung abgesehen von der Frage, ob sie sich überhaupt im Verhandlungswege sinnvoll bewältigen lässt, die Verhandlungen erheblich belasten und den Erfolg der häufig auch zeitkritischen Transaktion gefährden.[30] In der Rechtspraxis beruhen damit auch komplexe Einzelverträge regelmäßig in erheblichem Umfang auf vorformulierten Mustertexten.

2. *Funktionen und Risiken*

Vorformulierte Klauseln erfüllen damit zwei wesentliche Funktionen, die zugleich den wirtschaftlichen Hintergrund für die Entstehung von AGB bilden: Im Hinblick auf die einheitliche Vertragsabwicklung und die effektive Vertragsgestaltung kommt ihnen zunächst eine *Rationalisierungsfunktion*, im Hinblick auf das Fehlen dispositiven Gesetzesrechts sodann eine *Typisierungs-* oder *Lückenausfüllungsfunktion* zu.[31] Diesen für die Parteien wie für die Rechtsordnung

---

[26] *Lischek/Mahnken*, ZIP 2007, 158, 159.

[27] *Ebenda* sowie oben S. 288 Fn. 12 mwN.

[28] *Ebenda.*

[29] *Ebenda.*

[30] *Ebenda.*

[31] Zu den *Funktionen* vorformulierter Vertragstexte vgl. eingehend *Ulmer/Habersack*, in: *Ulmer/Brandner/Hensen*, AGB-Recht (12. Aufl. 2016), Einl. Rn. 4 f.; *Grünberger*, Jura 2009, 249, 249; *Pfeiffer*, in: Wolf/Lindacher/Pfeiffer, AGB-Recht (6. Aufl. 2013), Einl. Rn. 1 ff.; *Stoffels*, AGB-Recht (3. Aufl. 2015), Rn. 67 ff. sowie bereits *Schmidt*, JuS 1987, 929, 931 und *Koch/Stübing*, AGBG (1977), Einl. Rn. 14. Grundlegend *Kötz*, Gutachten (1974), S. A 9, A 23 ff.; *Kliege*, Rechtsprobleme der AGB (1966), S. 17 f. sowie *Raiser*, Das Recht der AGB (1961), S. 19 ff. Vgl. hierzu auch die weitere umfangreiche Kommentarliteratur, etwa BeckOK BGB//*Hau/Poseck*, (47. Ed. 2018), Vor §§ 305 ff., Rn. 1; MünchKomm/*Basedow*, BGB (7. Aufl. 2016), Vor § 305 Rn. 2 f.; *Grüneberg*, BGB (77. Aufl. 2018), Überbl. v. § 305 Rn. 4 ff.; Erman/*Hager/Roloff*, (15. Aufl. 2017), Vor §§ 305–310 Rn. 1; Soergel/*Stein*, (12. Aufl. 1991), Einl. AGBG Rn. 2 sowie aus dem weiteren *Schrifttum* etwa *Wolf/Neuner*, BGB AT (11. Aufl. 2016), S. 552 f.; *Bork*, BGB AT (4. Aufl. 2016), Rn. 1743 f.; *Medicus/Petersen*, Bürgerliches Recht (26. Aufl. 2017), S. 28 f.; *Leuschner*, JZ 2010, 875, 880; *Medicus/Petersen*, BGB AT (11. Aufl. 2016), Rn. 395 f.; *Kessel/Jüttner*, BB 2008, 1350, 1350; *Schwab*, AGB-Recht (2. Aufl. 2014), S. 11; HKK/*Hofer*, (2007), §§ 305–310 (I) Rn. 1. Vgl. auch Palandt/*Grüneberg*, BGB (77. Aufl. 2018), Überbl. v. § 305 Rn. 4 ff., der zusätzlich eine *Rechtsfortbildungsfunktion* unterscheidet.

positiv wirkenden Funktionen vorformulierter Klauseln steht auf der anderen Seite die *negativ* zu bewertende Gefahr der *Risikoverlagerungstendenz* gegenüber.[32] Sie bildet eine zentrale *Legitimationsgrundlage richterlicher Inhaltskontrolle*.[33] Der systematische Zusammenhang dieser beiden zentralen Aspekte vorformulierter Vertragsbedingungen wird für die Bestimmung von Umfang und Grenzen der AGB-Kontrolle insbesondere im unternehmerischen Geschäftsverkehr von entscheidender Bedeutung sein. Ihm soll daher im Folgenden näher nachgegangen werden.

a) Rationalisierungsfunktion

Vorformulierte Vertragstexte ermöglichen den Beteiligten die Realisierung erheblicher *Rationalisierungsvorteile*: Die Mehrfachverwendung[34] als geeignet befundener Vertragsklauseln vermeidet zunächst die mit der Erstellung individueller Vertragstexte verbundenen wiederholten *Rechtsberatungskosten*.[35] Einmal erstellt, lassen sie sich ohne zusätzliche Kosten in beliebigem Umfang weiterverwenden.[36] Sinnvoll ist dies zunächst im Bereich des *Massenverkehrs*, wo aufgrund des massenhaften Austausches gleichartiger Güter oder Dienstleistungen ein erhebliches Bedürfnis nach einheitlicher Vertragsabwicklung besteht.[37] *Rationalisierungsvorteile* bestehen für die Parteien aber auch im Bereich einfacher oder komplexer Einzelverträge und damit in weiten Bereichen des unternehmeri-

[32] Zum Dualismus zwischen positiver *Rationalisierungs-*, *Typisierungs-* und *Lückenfüllungsfunktion* auf der einen und negativer *Risikoverlagerungstendenz* auf der anderen Seite eingehend *Ulmer/Habersack*, in: *Ulmer/Brandner/Hensen*, AGB-Recht (12. Aufl. 2016), Einl. Rn. 5; *Pfeiffer*, in: Wolf/Lindacher/Pfeiffer, AGB-Recht (6. Aufl. 2013), Einl. Rn. 3; *Grünberger*, Jura 2009, 249, 249; *Stoffels*, AGB-Recht (3. Aufl. 2015) Rn. 72 f.; *Raiser*, Das Recht der AGB (1961), S. 21 f. Vgl. auch BeckOK BGB/*Hau/Poseck*, (47. Ed. 2018), Vor §§ 305 ff., Rn. 1; *Wolf/Neuner*, BGB AT (11. Aufl. 2016), S. 552 f.; MünchKomm/*Basedow*, BGB (7. Aufl. 2016), Vor § 305 Rn. 3; Palandt/*Grüneberg*, BGB (77. Aufl. 2018), Überbl. v. § 305 Rn. 6; *Bork*, BGB AT (4. Aufl. 2016), Rn. 1744; Erman/*Hager/Roloff*, (15. Aufl. 2017), Vor §§ 305–310 Rn. 1; *Medicus/Petersen*, Bürgerliches Recht (26. Aufl. 2017), S. 28 f.; *Leuschner*, JZ 2010, 875, 880; *Medicus/Petersen*, BGB AT (11. Aufl. 2016), Rn. 395 ff.; *Schwab*, AGB-Recht (2. Aufl. 2014), S. 11; HKK/*Hofer*, (2007), §§ 305–310 (I) Rn. 1; Soergel/*Stein*, (12. Aufl. 1991), Einl. AGBG Rn. 3 sowie bereits *Kötz*, Gutachten (1974), S. A 9, S. A 23 ff.

[33] Hierzu näher unten S. 462 ff.

[34] Zur tatbestandlichen Bestimmung der Mehrfachverwendungsabsicht des § 305 Abs. 1 S. 1 BGB vgl. eingehend unten S. 421 f. sowie zur dogmatischen Bedeutung des Tatbestandsmerkmals unten S. 673 ff.

[35] Vgl. zum Aspekt der Kostenvermeidung und -senkung im Rahmen der Rationalisierungsfunktion MünchKomm/*Basedow*, BGB (7. Aufl. 2016), Vor § 305 Rn. 2; *Ulmer/Habersack*, in: *Ulmer/Brandner/Hensen*, AGB-Recht (12. Aufl. 2016), Einl. Rn. 4; *Grünberger, Jura 2009, 249*, 249; *Pfeiffer*, in: Wolf/Lindacher/Pfeiffer, AGB-Recht (6. Aufl. 2013), Einl. Rn. 3; *Stoffels*, AGB-Recht (3. Aufl. 2015), Rn. 67 ff.; *Raiser*, Das Recht der AGB (1961), S. 20 f.

[36] Vgl. zu dem damit aufgeworfenen Problem der *situativen Unterlegenheit* des Verwendungsgegners und der *Transaktionskostenasymmetrie* im Kontext der Rechtfertigung der Inhaltskontrolle unten S. 508 ff., 541 ff., 574 ff.

[37] *Pfeiffer*, in: Wolf/Lindacher/Pfeiffer, AGB-Recht (6. Aufl. 2013), Einl. Rn. 1.

schen Geschäftsverkehrs. Hier lässt sich die Erstellung umfangreicher Vertragswerke häufig nur mit Rückgriff auf bestehende Musterverträge bewältigen.

Die Verwendung vorformulierter Klauseln dient insoweit (1) *der Bewältigung von Komplexität* sowie (2) der *Sicherung der Qualität* durch *Risikominimierung*, der Erprobung der Klauseln im *Erfahrungstest der Lebenswirklichkeit* und der Anpassung an *individuelle Präferenzen* und veränderte wirtschaftliche, technische oder rechtliche Entwicklungen und Rahmenbedingungen.[38] Darüber hinaus ersparen sie dem Verwender vor allem im Massenverkehr den mit dem individuellen Aushandeln von Vertragsbedingungen verbundenen *Zeit- und Kostenaufwand* („Ersparnis an Aufmerksamkeit")[39] und erhöhen damit (3) die *Effizienz des Vertragsschlusses*.[40] Und schließlich wirken sie durch die mit ihnen verbundene *Klarstellung des Vertragsinhaltes* zukünftigen Rechtsstreitigkeiten entgegen[41] und dienen dadurch als „Inbegriff ersparter Prozesse"[42] der Schaffung von *Rechtssicherheit* und *Rechtsfrieden*.[43] Vertragstexte, die an die Bedürfnisse des Unternehmens oder der konkreten Transaktion angepasst und damit Ausdruck der praktischen Erfahrungen, des Know-how und der Präferenzen des Unternehmens sind[44], stellen somit einen erheblichen wirtschaftlichen Wert dar, der schon aus Rationalisierungsgründen eine Mehrfachverwendung nahelegt.

Die mit der Verwendung derartiger Klauseln verbundenen *Rationalisierungsvorteile* werden für *beide Parteien* wirksam. Sowohl für den Verwender als auch für den Verwendungsgegner entfallen zunächst die für die Erstellung sonst bei jedem einzelnen Rechtsgeschäft notwendigen *wiederholten* Rechtsberatungskosten.[45] Für den Verwender fallen sie lediglich einmalig an, für den Verwendungsgegner entfallen sie ganz.[46] Die Parteien können regelmäßig auf ein funktionierendes und auf die Transaktion zugeschnittenes Regelwerk zurückgreifen, das die mit dem jeweiligen Rechtsgeschäft verbundenen rechtlichen Probleme umfassend regelt. Allerdings sind die bestehenden Rationalisierungsvorteile *nicht gleichmäßig* auf beide Parteien verteilt: Da die Vertragsklauseln in der Regel auf die Bedürfnisse des Verwenders und dessen Präferenzen zugeschnitten sind und dieser die inhaltliche Qualität des Vertragswerkes von vornherein ohne die Not-

---

[38] Zu diesen Aspekten näher *Stoffels*, AGB-Recht (3. Aufl. 2015), Rn. 68; *Lischek/Mahnken*, ZIP 2007, 158, 158f.; *Raiser*, Das Recht der AGB (1961), S. 20f.

[39] So plastisch *Heck*, AcP 92 (1902), 438, 455. Vgl. *Stoffels*, AGB-Recht (3. Aufl. 2015), Rn. 67.

[40] *Stoffels*, AGB-Recht (3. Aufl. 2015), Rn. 67.

[41] *Stoffels*, AGB-Recht (3. Aufl. 2015).

[42] So im Hinblick auf die *Funktion des Vertrages* plastisch *Raiser*, Das Recht der AGB (1961), S. 20. Vgl. *Stoffels*, AGB-Recht (3. Aufl. 2015), Rn. 68, Fn. 48.

[43] Im Ergebnis ähnlich *Stoffels*, AGB-Recht (3. Aufl. 2015), Rn. 68.

[44] Hierzu näher *Lischek/Mahnken*, ZIP 2007, 158, 158f.

[45] Vgl. hierzu bereits eingehend oben S. 292, insbesondere die Nachweise in Fn. 35.

[46] Zur Problematik der *situativen Unterlegenheit* des Verwendungsgegners durch unzumutbar hohe Analysekosten vgl. unten. S. 508ff., 541ff., 574ff. sowie S. 673ff.

wendigkeit zusätzlicher Prüfung überblicken kann, ergibt sich für ihn eine *situative Überlegenheit*, die abhängig vom Umfang des Vertragswerkes wie auch von den übrigen Umständen des Rechtsgeschäfts erheblich sein kann.[47]

Denn um die Qualität der infrage stehenden Klauseln überhaupt angemessen bewerten zu können, müsste der Verwendungsgegner sie zunächst rechtlich prüfen, was mit zum Teil erheblichen Kosten verbunden wäre, die den finanziellen Rahmen des für die Transaktion angemessenen und für ihn zumutbaren Kostenaufwandes typischerweise weit übersteigen.[48] Diese *situative Überlegenheit* des Verwenders, die sich aus den für ihn höheren Rationalisierungsvorteilen einer Mehrfachverwendung ergibt, bildet einen wesentlichen Legitimationsgrund für die *richterliche Inhaltskontrolle* von AGB.[49] Wird diese Überlegenheit zulasten des Verwendungsgegners missbraucht, realisiert sich die Gefahr der *Risikoverlagerungstendenz* vorformulierter Vertragstexte.[50] Das Spannungsverhältnis zwischen *Rationalisierungsvorteil* und *Risikoverlagerungstendenz* steht damit im Mittelpunkt der Frage nach Umfang und Grenzen der Inhaltskontrolle von

---

[47] Zum Problem des *Machtungleichgewichts* aufgrund *einseitiger Gestaltungsmacht* des AGB-Verwenders und seiner damit verbundenen *situativen Überlegenheit* grundlegend *Fastrich*, Inhaltskontrolle (1992), S. 83 ff., 91, 93; *Lieb*, AcP 178 (1978), 196, 201 und *Raiser*, Das Recht der AGB (1961), S. 21 f. Eingehend hierzu *Ulmer/Habersack*, in: *Ulmer/Brandner/Hensen*, AGB-Recht (12. Aufl. 2016), Einl. Rn. 5, 48; *Fuchs*, in: *Ulmer/Brandner/Hensen*, AGB-Recht (12. Aufl. 2016), Vor § 307 Rn. 27; *Leuschner*, JZ 2010, 875, 879; *Hellwege*, AGB und Rechtsgeschäftslehre (2010), S. 554; *Grünberger*, Jura 2009, 249, 249 f.; *Pfeiffer*, in: Wolf/Lindacher/Pfeiffer, AGB-Recht (6. Aufl. 2013), Einl. Rn. 3; *Stoffels*, AGB-Recht (3. Aufl. 2015), Rn. 72 ff., 83 ff.; *Leuschner*, AcP 207 (2007), 491, 494 ff.; Staudinger/*Wendland*, BGB (2019), § 307 Rn. 3; *Canaris*, AcP 200 (2000), 273, 312 ff.; *Wackerbarth*, AcP 200 (2000), 45, 55 f., 82 f.; *Bunte*, FS Schimansky (1999), S. 19, 25 ff.; *Drexl*, Selbstbestimmung (1998), S. 332 ff.; *Bydlinski*, System und Prinzipien (1996), S. 758 f.; *Habersack*, AcP 189 (1989), 403, 414 f. Vgl. hierzu auch für die weitere umfangreiche Kommentarliteratur etwa BeckOK BGB/*Hau/Poseck*, (47. Ed. 2018), Vor §§ 305–310 Rn. 1; Soergel/*Stein*, (12. Aufl. 1991), Einl. AGBG Rn. 3 sowie aus dem weiteren *Schrifttum* etwa *Oetker*, AcP 212 (2012), 202, 217; *Wolf/Neuner*, BGB AT (11. Aufl. 2016), S. 552 f.; *Bork*, BGB AT (4. Aufl. 2016), Rn. 1744; *Medicus/Petersen*, Bürgerliches Recht (26. Aufl. 2017), S. 28; *Becker*, JZ 2010, 1098, 1101; *Medicus/Petersen*, BGB AT (11. Aufl. 2016), Rn. 397; *Schwab*, AGB-Recht (2. Aufl. 2014), S. 11; *Singer*, Selbstbestimmung (1995), S. 15 sowie bereits *Koch/Stübing*, AGBG (1977), Einl. Rn. 39. Zur geschichtlichen Entwicklung der Diskussion vgl. HKK/*Hofer*, (2007), §§ 305–310 (I) Rn. 21 ff. Vgl. hierzu auch eingehend unten S. 508 ff., 541 ff., 574 ff., 673 ff.

[48] Hierzu bereits klassisch *Fastrich*, Inhaltskontrolle (1992), S. 83 ff. (mit Verweis auf den Umstand, dass eine Analyse der Vertragsbedingungen weder ökonomisch sinnvoll noch real möglich sei); *Lieb*, AcP 178 (1978), 196, 202 (darauf hinweisend, dass der Verzicht auf die umfassende Überprüfung von AGB dem Verwendungsgegner nicht als Pflichtwidrigkeit angelastet werden könne) sowie aus dem neuerem Schrifttum *Pfeiffer*, in: Wolf/Lindacher/Pfeiffer, AGB-Recht (6. Aufl. 2013), Einl. Rn. 3; *Stoffels*, AGB-Recht (3. Aufl. 2015), Rn. 81 ff.; *Leuschner*, AcP 207 (2007), 491, 495 f.; Staudinger/*Wendland*, BGB (2019), § 307 Rn. 3; *Canaris*, AcP 200 (2000), 273, 312 ff.; *Habersack*, AcP 189 (1989), 403, 441 ff. In diesem Sinne auch schon *Raiser*, Das Recht der AGB (1961), S. 184. Vgl. hierzu eingehend auch die *Schutzzweckdiskussion* der Inhaltskontrolle unten S. 462 ff.

[49] Vgl. hierzu eingehend unten S. 508 ff., 541 ff., 574 ff. sowie S. 673 ff.

[50] Hierzu sogleich unten S. 297 ff.

AGB und dem anwendbaren Prüfungsmaßstab bei der AGB-Kontrolle im unternehmerischen Geschäftsverkehr.[51]

b) Typisierungs- oder Lückenausfüllungsfunktion

Neben der Realisierung von Rationalisierungsvorteilen dient die Verwendung vorformulierter Klauseln darüber hinaus überall dort, wo *dispositives Gesetzesrecht* fehlt, der *Typisierung* und *Lückenfüllung*[52], und ermöglicht so die Herausbildung eines „selbstgeschaffenen Rechts der Wirtschaft".[53] Als im Zuge der Industrialisierung und des im 19. Jh. beginnenden wirtschaftlichen Aufschwungs mit neuen Produktions-, Vertriebs- und Dienstleistungsformen zugleich auch *neue Vertragstypen* entstanden, boten einheitlich verwendete, standardisierte Vertragsklauseln ein geeignetes Instrument zur privatautonomen Gestaltung neuer Rechtsformen, für die bis dahin noch keine gesetzliche Regelung bestand.[54] So wurden von der Rechtspraxis eine Vielzahl atypischer Verträge, wie etwa der *Franchise-*, der *Leasing-* oder der *Lizenzvertrag* entwickelt, die ihre vertragliche Grundlage häufig in weitgehend einheitlichen Klauseln fanden. Gehören diese Verträge mittlerweile schon fast zu den klassischen, anerkannten atypischen Verträgen, haben in den vergangenen Jahren vor allem komplexe M&A-Verträge deutlich an Bedeutung gewonnen.[55]

Gerade im Bereich komplexer, internationaler Einzelverträge, wie etwa bei *Unternehmenskaufverträgen* im Rahmen von *M&A-Transaktionen* oder im *Industrie- und Anlagenbau* können die Parteien kaum auf gesetzlich geregelte Vertragstypen zurückgreifen. Stattdessen ist das von den Parteien angewandte und regelmäßig in englischer Sprache abgefasste Vertragsrecht häufig sehr stark von anglo-amerikanischen Regelungsmodellen und Rechtsfiguren geprägt, die im

---

[51] Dazu eingehend unten S. 691 ff.

[52] MünchKomm/*Basedow*, BGB (7. Aufl. 2016), Vor § 305 Rn. 2; Palandt/*Grüneberg*, BGB (77. Aufl. 2018), Überbl. v. § 305, Rn. 4; *Wolf/Neuner*, BGB AT (11. Aufl. 2016), S. 552; *Ulmer/Habersack*, in: *Ulmer/Brandner/Hensen*, AGB-Recht (12. Aufl. 2016), Einl. Rn. 4; *Bork*, BGB AT (4. Aufl. 2016), Rn. 1743; *Grünberger*, Jura 2009, 249, 249; *Pfeiffer*, in: Wolf/Lindacher/Pfeiffer, AGB-Recht (6. Aufl. 2013), Einl. Rn. 2; *Stoffels*, AGB-Recht (3. Aufl. 2015), Rn. 71 sowie *Joost*, ZIP 1996, 1685, 1685 f. und *Roth*, AcP 190 (1990), 292, 294 mit Verweis auf die Entwicklung des *Leasingvertrages* und den Beitrag des VIII. Zivilsenates des BGH, diesem neuen Vertragstyp im Wege der durch die Inhaltskontrolle möglichen *richterlichen Rechtsfortbildung* Gestalt zu verleihen.

[53] So der mittlerweile klassische, 1933 von *Grossmann-Doerth* mit dem Titel seiner gleichnamigen Antrittsvorlesung geprägte Begriff. Vgl. *Grossmann-Doerth*, Selbstgeschaffenes Recht der Wirtschaft (1933).

[54] *Pfeiffer*, in: Wolf/Lindacher/Pfeiffer, AGB-Recht (6. Aufl. 2013), Einl. Rn. 2. Vgl. auch *Ulmer/Habersack*, in: *Ulmer/Brandner/Hensen*, AGB-Recht (12. Aufl. 2016), Einl. Rn. 4; *Stoffels*, AGB-Recht (3. Aufl. 2015), Rn. 71; *Joost*, ZIP 1996, 1685, 1685 f.

[55] Zu den teilweise hochkomplexen Rechtsproblemen von M&A-Transaktionen vgl. *Picot*, in: Picot (Hrsg.), Handbuch M&A (5. Aufl. 2012), S. 297 sowie *Picot/Picot*, in: Picot (Hrsg.), Handbuch M&A (5. Aufl. 2012), S. 2 ff. Vgl. zur Entwicklung der ADR-Bewegung eingehend *Wendland*, Mediation und Zivilprozess (2017), S. 82 ff.

deutschen Privatrecht keine unmittelbare Entsprechung finden.[56] Auf vorformulierten Musterklauseln beruhende standardisierte Vertragsbedingungen sind daher in diesen Bereichen, in denen entweder kaum dispositives Gesetzesrecht vorhanden ist oder dispositive Regelungen den Anforderungen der Wirtschaftspraxis nicht gerecht werden, von besonderer praktischer Bedeutung.[57] Handeln die Parteien bei der privatautonomen Schaffung eigenen Vertragsrechts zunächst grundsätzlich in Ausübung der ihnen zustehenden Inhaltsfreiheit, so ist mit der Generierung eines „selbstgeschaffenen Rechts der Wirtschaft"[58] zugleich die Frage nach den Grenzen privatautonomer Vertragsgestaltungsmacht aufgeworfen. Denn das vom Verwender vorgelegte Vertragswerk muss sich daran messen lassen, inwieweit es mit den Grundwertungen des deutschen Privatrechts in Einklang steht.[59]

Stand der *Rationalisierungsfunktion* vorformulierter Klauseln das Problem situativer Überlegenheit und damit die Gefahr der *Risikoverlagerungstendenz* gegenüber[60], so ist die *Typisierungs-* wie auch die *Lückenausfüllungsfunktion* durch ein stets mögliches Spannungsverhältnis des formal von den Parteien „geschaffenen", tatsächlich indes häufig vom Verwender diktierten Individualvertragsrechts[61] zu den *Grundwertungen der Privatrechtsordnung* ge-

---

[56] Zur Bedeutung des anglo-amerikanischen Rechts für die M&A-Praxis vgl. nur *Picot*, in: Picot (Hrsg.), Handbuch M&A (5. Aufl. 2012), S. 297, 299 und *Picot/Picot*, in: Picot (Hrsg.), Handbuch M&A (5. Aufl. 2012), S. 2, 41 ff., die unter dem Stichwort der „Überwindung nationaler Rechtsordnungen" darauf hinweisen, dass sowohl nationale als auch internationale M&A-Transaktionen zunehmend vom anglo-amerikanischen Recht geprägt sind. Dabei unterliegen internationale M&A-Transaktionen mittlerweile *einheitlichen Usancen*, die auf eigenen, in sich geschlossenen vertraglichen Regelwerken beruhen, die selbstreferentiell als Muster für weitere Transaktionen herangezogen werden. Als *Handelsbrauch* erhält dieses international weitgehend einheitliche „M&A-Recht" langfristig den Charakter einer eigenständigen, verbindlichen *Rechtsquelle*. *Ebenda*, S. 44. An die Stelle nationaler Rechte tritt ein von Praktikern entwickeltes und wissenschaftlich nur unvollständig durchdrungenes international einheitliches *Transaktionsrecht*. Dazu *ebenda*, S. 44 f. Zum Transaktionsrecht als eigenständiger Rechtsmaterie *Menke*, KSzW 2011, 347.

[57] *Koch*, BB 2010, 1810, 1810; *Leuschner*, JZ 2010, 875, 876; *Lischek/Mahnken*, ZIP 2007, 158, 158 f. Zur AGB-rechtlichen Beurteilung von *Anlagenbauverträgen* vgl. eingehend *Schuhmann*, ZfBR 1999, 246, zur Inhaltskontrolle bei *Unternehmenskaufverträgen* vgl. näher *Schiffer/Weichel*, BB 2011, 1283, 1283 ff.; *Leuschner*, AcP 207 (2007), 491, 515 ff.

[58] So plastisch der Titel der Monographie von *Grossmann-Doerth*, Selbstgeschaffenes Recht der Wirtschaft (1933). Vgl. Hierzu oben S. 295, Fn. 53.

[59] Hierzu insbesondere unten S. 647 ff. Zur *unangemessenen Benachteiligung* des Vertragspartners entgegen den Geboten von *Treu und Glauben* (§ 307 Abs. 1 S. 1 BGB), der *Abweichung von wesentlichen Grundgedanken des dispositiven Gesetzesrechts* (§ 307 Abs. 2 Nr. 1 BGB) oder der *Einschränkung wesentlicher Rechte oder Pflichten*, die sich aus der Natur des Vertrages ergeben (§ 307 Abs. 2 Nr. 2 BGB), als Maßstab der *richterlichen Inhaltskontrolle* nach § 307 BGB vgl. eingehend *Fuchs*, in: *Ulmer/Brandner/Hensen*, AGB-Recht (12. Aufl. 2016), Vorb. v. § 307 Rn. 4; *Stoffels*, AGB-Recht (3. Aufl. 2015), Rn. 63 ff., 460 ff.; *Wolf* in: Wolf/Lindacher/Pfeiffer, AGB-Recht (6. Aufl. 2013), § 307 Rn. 77 f.

[60] Dazu eingehend unten S. 297 f. sowie die Nachweise oben S. 292, Fn. 32.

[61] Zum Diktat einseitig benachteiligender Vertragsbedingungen infolge *situativer Über-*

prägt.[62] Daher wird insbesondere die Frage zu untersuchen sein, in welchem Maße dem dispositiven Gesetzesrecht *Leitbild-* oder sogar *Ordnungsfunktion* zukommt und in welcher Weise es auf das vom Verwender vorgelegte Vertragswerk im Rechtsverkehr zwischen Unternehmen ausstrahlt.[63] Auch hier kann die Abweichung von den Grundwertungen des kodifizierten bürgerlichen Rechts, etwa im Hinblick auf Risikoverteilung, Haftungsmaßstäbe oder Beweislastvorschriften, zu einer einseitig benachteiligenden Risikoverlagerung vom Verwender auf den Verwendungsgegner führen.

c) *Risikoverlagerungstendenz*

Die Verwendung einseitig vorformulierter Vertragsbedingungen ermöglicht eine effektive und rationelle Vertragsgestaltung (*Rationalisierungsfunktion*), die eigenständige Regelung gesetzlich nicht normierter Vertragstypen (*Typisierungsfunktion*) sowie die Ausfüllung gesetzlicher Lücken (*Lückenfüllungsfunktion*). Die Tatsache, dass die Vertragsbedingungen vom Verwender weitgehend vorgegeben werden, birgt indes die Gefahr der einseitigen *Verlagerung der Risiken*

---

legenheit des AGB-Verwenders MünchKomm/*Busche*, BGB (7. Aufl. 2015), Vor § 145 Rn. 7 (zur Bedeutung der Inhaltskontrolle von AGB für die effektive Gewährleistung der Vertragsfreiheit); *Oetker*, AcP 212 (2012), 202, 225; *Schellhammer*, Schuldrecht (8. Aufl. 2011), Rn. 2096; *Denkinger*, Verbraucherbegriff (2007), S. 37 sowie grundsätzlich zum Problem des einseitig diktierten Vertrages als Risiko liberalistisch verstandener Vertragsfreiheit *Singer*, Selbstbestimmung (1995), S. 10. *Schlosser*, in: Schlosser/Coester-Waltjen/Graba, AGBG (1977), § 1 Rn. 27 spricht hier sogar plastisch vom „Kampf gegen die Denaturierung der Privatautonomie bei einseitig diktierten Vertragsbedingungen" als zentraler Aufgabe der richterlichen Inhaltskontrolle.

[62] In dem damit verbundenen *institutionellen Rechtsmissbrauch* erblickt die *Institutionenlehre* einen *überindividuellen* Schutzgrund der Inhaltskontrolle, vgl. hierzu eingehend unten S. 622 ff.

[63] Diese Frage ist insbesondere für das *neue Schuldrecht* und hier vor allem für die Umsetzung der *Verbrauchsgüterkaufrichtlinie* eingehend diskutiert worden, vgl. zur Diskussion *Pfeiffer*, in: Wolf/Lindacher/Pfeiffer, AGB-Recht (6. Aufl. 2013), Einl. Rn. 12 ff.; *Stoffels*, AGB-Recht (3. Aufl. 2015), Rn. 63 ff.; *v. Sachsen Gessaphe*, FS Sonnenberger (2004), S. 99, 116 ff.; *Pfeiffer*, in: Dauner-Lieb/Konzen/Schmidt (Hrsg.), Das neue Schuldrecht in der Praxis (2003), S. 225 sowie *Canaris*, FS Ulmer (2003), S. 1073. Vgl. hierzu im Übrigen auch *Axer*, AGB-Kontrolle (2012), S. 242 f.; *Fuchs*, in: *Ulmer/Brandner/Hensen*, AGB-Recht (12. Aufl. 2016), Vorb. v. § 307 Rn. 19, § 307 Rn. 233 ff.; *Dauner-Lieb/Axer*, ZIP 2010, 309, 310 ff.; *Berger/Kleine*, BB 2007, 2137, 2138; *Leuschner*, AcP 207 (2007), 491, 505 ff.; *Berger*, ZIP 2006, 2149, 2150; *Schubel*, JZ 2001, 1113; *Westermann*, JZ 2001, 530, 535 f. Zur Diskussion im Gesetzgebungsverfahren vgl. die Nachweise bei *Fuchs*, in: *Ulmer/Brandner/Hensen*, AGB-Recht (12. Aufl. 2016), Vorb. v. § 307 Rn. 19, insbesondere die Stellungnahme des Bundesrates, BR-Drucks. 338/01, S. 29 sowie die Begründung des RegE zum AGBG, BT-Drucks. 14/6040, S. 91. Allgemein zur *Leitbildfunktion des dispositiven Rechts* für die Inhaltskontrolle von AGB vgl. grundlegend *Hönn*, Vertragsparität (1982), S. 151, 189 ff.; *Fastrich*, Inhaltskontrolle (1992), S. 285 und *Raiser*, FS 100 Jahre DJT (1960), S. 101, 102 f., 293 ff. Vgl. hierzu auch Staudinger/*Wendland*, BGB (2019), § 307 Rn. 229 u. a. mit Verweis auf BGHZ 89, 206, 211; 60, 377, 380; 54, 106, 109 f.; 41, 151, 154; HKK/*Hofer*, (2007), §§ 305–310 (I) Rn. 27 mwN.

auf den Verwendungsgegner.[64] Vor dem Hintergrund der Lebenswirklichkeit der Rechtspraxis und der negativen Anreizsituation ist dieses Szenario nicht nur möglich, sondern auch wahrscheinlich. Besteht für den Verwender die Möglichkeit, sich von vertragstypischen Risiken einseitig auf Kosten des Verwendungsgegners zu entlasten, so ist davon auszugehen, dass er hiervon regelmäßig auch Gebrauch macht.[65] Entsprechend selten sind in der Praxis AGB, die eine angemessene und gerechte Verteilung der Chancen und Risiken des Vertrages vorsehen.[66] Abweichungen vom dispositiven Gesetzesrecht erfolgen vielmehr nahezu immer zum einseitigen Nachteil des Verwendungsgegners.[67]

Dies gilt umso mehr, als die *Korrekturfunktion* des Vertragsmechanismus des gegenseitiges Abschleifens der jeweiligen Interessen der Parteien im Fall vorformulierter Vertragsbedingungen aufgrund der *situativen Überlegenheit* des Verwenders regelmäßig nicht zum Tragen kommen kann und damit die von *Schmidt-Rimpler* postulierte *Richtigkeitsgewähr des Vertragsmechanismus* versagt.[68] Der

---

[64] Zur *Risikoverlagerungstendenz* vgl. eingehend *Ulmer/Habersack*, in: *Ulmer/Brandner/Hensen*, AGB-Recht (12. Aufl. 2016), Einl. Rn. 5; *Pfeiffer*, in: Wolf/Lindacher/Pfeiffer, AGB-Recht (6. Aufl. 2013), Einl. Rn. 3; *Grünberger*, Jura 2009, 249, 249; *Stoffels*, AGB-Recht (3. Aufl. 2015), Rn. 72 ff.; *Kötz*, Gutachten (1974), S. A 9, A 25 f.; *Raiser*, Das Recht der AGB (1961), S. 21 f. sowie die Begründung des RegE zum AGBG, BT-Drucks. 7/3919, S. 9. Hierzu auch MünchKomm/*Basedow*, BGB (7. Aufl. 2016), Vor § 305 Rn. 3; Palandt/*Grüneberg*, BGB (77. Aufl. 2018), Überbl. v. § 305 Rn. 6; Soergel/*Stein*, (12. Aufl. 1991), Einl. AGBG Rn. 3 sowie *Kötz*, Gutachten (1974), S. A 9, S. A 26 ff. Zu dem damit verbundenen Problem der *situativen Unterlegenheit* des Verwendungsgegners vgl. unten S. 508 ff., 541 ff., 569 ff. sowie der *institutionellen* Gefährdung der Vertragsgerechtigkeit unten S. 647 ff. Zum Problem der Verfehlung des Vertragszwecks vgl. unten S. 452 ff., 630 ff.

[65] Dieser auch empirisch abgesicherte Befund ist heute unstreitig. So deutlich *Stoffels*, AGB-Recht (3. Aufl. 2015), Rn. 73 mwN. Ebenso MünchKomm/*Basedow*, BGB (7. Aufl. 2016), Vor § 305 Rn. 3; *Pfeiffer*, in: Wolf/Lindacher/Pfeiffer, AGB-Recht (6. Aufl. 2013), Einl. Rn. 3; *Raiser*, Das Recht der AGB (1961), S. 21 f. sowie die Begründung des RegE zum AGBG, BT-Drucks. 7/3919, S. 9. So ebenfalls schon *Schmidt*, JuS 1987, 929, 931: „Diese Risikoabwälzungsfunktion, die keineswegs notwendige Folge jenes Rationalisierungsziels ist, prägt denn auch den wesentlichen Inhalt der einschlägigen Klauselwerke; und sie allein ist es schließlich gewesen, die den AGB-Gesetzgeber unter dem vorrangigen Gesichtspunkt des Verbraucherschutzes auf den Plan gerufen hat."

[66] MünchKomm/*Basedow*, BGB (7. Aufl. 2016), Vor § 305–310 Rn. 3, darauf hinweisend, dass derartige AGB in der Praxis kaum vorkommen.

[67] MünchKomm/*Basedow*, BGB (7. Aufl. 2016), Vor § 305–310 Rn. 3.

[68] Vgl. hierzu *Fuchs*, in: *Ulmer/Brandner/Hensen*, AGB-Recht (12. Aufl. 2016), Vorb. v. § 307 Rn. 26; *v. Westphalen*, BB 2011, 195, 195 f.; *Grünberger*, Jura 2009, 249, 249 f.; *Pfeiffer*, in: Wolf/Lindacher/Pfeiffer, AGB-Recht (6. Aufl. 2013), Einl. Rn. 3; *Becker*, JZ 2010, 1098, 1099 f.; *Stoffels*, AGB-Recht (3. Aufl. 2015), Rn. 82; *Denkinger*, Verbraucherbegriff (2007), S. 75 f.; *Leuschner*, AcP 207 (2007), 491, 497 f.; Staudinger/*Schlosser*, BGB (2013), Vor §§ 305 ff. Rn. 2 f. („Diesem Modell entsprach niemals die Wirklichkeit. Es verfehlt sie mehr denn je."); *Singer*, Selbstbestimmung (1995), S. 9 ff. („In der Tat ist die Vorstellung einer natürlichen, prästabilierten Harmonie durch vertraglichen Interessenausgleich utopisch."). So ebenfalls schon *Koch/Stübing*, AGBG (1977), Einl. Rn. 8, der darauf hinweist, dass es den Idealtyp des frei ausgehandelten Vertrages in den seltensten Fällen gibt und bereits zum Zeitpunkt des Erlasses des BGB auch kaum gab. Vgl. in diesem Zusammenhang auch *Raiser*, FS 100 Jahre DJT (1960), S. 101, 148, 279, der die letztlich bejahte Frage aufwirft, ob das Stellen von AGB überhaupt

Vertrag kann in diesem Fall seine Funktion als Instrument des *gerechten Interessenausgleichs nicht* mehr erfüllen und im schlimmsten Fall zu einem Mittel der *Fremdbestimmung* werden.[69] Das vom Verwender vorformulierte Vertragswerk wäre dann nicht mehr das Ergebnis konsensualer Ausübung der Vertragsfreiheit, sondern des einseitigen Diktats des *situativ* und häufig auch *wirtschaftlich* überlegenen Verwenders.[70] Die *Vertragsfreiheit* würde in ihr Gegenteil verkehrt, das Recht missbraucht.[71] Eine Rechtsordnung, die auf Gerechtigkeit und einen ausgewogenen Interessenausgleich ausgerichtet ist, kann dies nicht hinnehmen, ohne sich selbst in ihrer Integrität infrage zu stellen.[72] Da der Verwendungsgegner als schwächerer Vertragspartner regelmäßig nicht in der Lage ist, sich gegen ungerechte, ihn einseitig belastende Vertragsbedingungen und die Beeinträchtigung seiner rechtsgeschäftlichen Entscheidungsfreiheit zu schützen, muss ein materielle Vertragskontrolle von externer Seite, durch die Rechtsordnung und den sie gewährleistenden Staat selbst erfolgen.[73] Die richterliche Inhaltskontrolle von AGB findet ihre Rechtfertigung damit zunächst in der *Risikoverlagerungstendenz* vorformulierter Vertragsklauseln und dem *Versagen der Richtigkeitsgewähr* des Vertragsmechanismus, die selbst Ergebnis der sich aus der Rationalisierungsfunktion vorformulierter Vertragstexte ergebenden situativen Überlegenheit des Verwenders sind.[74]

Die Inhaltskontrolle ist dabei nicht als externe Beschränkung der dem Verwender zustehenden Gewährleistung umfassender Inhaltsfreiheit, sondern vielmehr als *immanente Grenze* eben jener Vertragsfreiheit zu verstehen, die durch die Rechtsordnung überhaupt erst konstituiert wird.[75] Da die *Inhaltsfreiheit*

---

noch als Vertrag herkömmlichen Sinn verstanden werden kann (S. 148) und einseitig belastende AGB als Missbrauch der Vertragsfreiheit qualifiziert (S. 279), was das Versagen der Richtigkeitsgewähr des Vertragsmechanismus impliziert. Vgl. hierzu auch die Begründung des RegE zum AGBG, BT-Drucks. 7/3919, S. 9. Eingehend hierzu unten S. 458ff.

[69] Zu diesem Aspekt *Pfeiffer,* in: Wolf/Lindacher/Pfeiffer, AGB-Recht (6. Aufl. 2013), Einl. Rn. 3. ZurZum Verfehlung des Vertragszwecks durch Fehlen eines angemessenen Interessenausgleichs vgl. eingehend unten S. 452ff., 630ff. Zum Umschlagen von *Selbstbestimmung* in *Fremdbestimmung* durch *Vertragsimparität* eindrücklich BVerfGE 81, 242, 254 = NJW 1990, 1469, 1470 (Handelsvertreter) sowie unten S. 380f.

[70] Zum Verzicht des § 305 Abs. 1 BGB auf das Merkmal der *wirtschaftlichen Unterlegenheit* als *Aufgreifkriterium* vgl. unten S. 472ff. Zur darüber hinausgehenden Bedeutung wirtschaftlicher Unterlegenheit für die Einschränkung der *Vertragsgestaltungs- und Abschlussfreiheit* des Verwendungsgegners unten S. 514ff., 592ff., 596ff.

[71] Zum Schutz vor einem *institutionellen Missbrauch* der Vertragsfreiheit als überindividuelle Rechtfertigung der Inhaltskontrolle vgl. eingehend unten S. 622ff.

[72] Ähnlich auch *Pfeiffer,* in: Wolf/Lindacher/Pfeiffer, AGB-Recht (6. Aufl. 2013), Einl. Rn. 3 sowie die Begründung des RegE zum AGBG, BT-Drucks. 7/3919, S. 9 („Eine solche Entwicklung kann der soziale Rechtsstaat nicht tatenlos hinnehmen").

[73] *Pfeiffer,* in: Wolf/Lindacher/Pfeiffer, AGB-Recht (6. Aufl. 2013), Einl. Rn. 4.

[74] Eingehend zum Schutzzweck der Inhaltskontrolle vgl. unten S. 462, 507ff.

[75] Vgl. zu den *immanenten Schranken* der Privatautonomie oben S. 26ff., 33ff., 57ff. sowie aus *verfassungsrechtlicher* Perspektive unten S. 367ff., 374ff. mwN.

ihre immanenten Grenzen in der Rechtsordnung selbst findet, die sie als Ausübung der *Privatautonomie* überhaupt erst konstituiert und die ihrerseits auf die Verwirklichung *materieller Gerechtigkeit* und eines ausgewogenen Interessenausgleichs zwischen ihren einzelnen Gliedern ausgerichtet ist[76], rechtfertigt sich die richterliche Inhaltskontrolle insbesondere auch aus der Wahrung der *Integrität der Rechtsordnung* selbst, die durch eine unbeschränkte Risikoverlagerung, die den materiellen Grundwertungen der Privatrechtsordnung widerspricht, erheblich beeinträchtigt würde.[77]

Sind *Legitimation*, *Umfang* und *Grenzen* richterlicher *Inhaltskontrolle* bereits im Grundsatz Gegenstand einer intensiven Diskussion[78], so gewinnt das Problem materieller Vertragskontrolle im Kontext des *unternehmerischen Geschäftsverkehrs* erheblich an Brisanz. Denn hier stellt sich in besonderer Weise die Frage, ob die Gefahr der *Risikoverlagerungstendenz* auch im Rechtsverkehr zwischen Unternehmen durch eine *situative* oder *wirtschaftliche Überlegenheit* des Verwenders in einer Weise begründet wird, die ein Einschreiten der Rechtsordnung zum Schutz des Verwendungsgegners gebietet. Oder ob nicht vielmehr ein geringerer Maßstab an das zu gewährleistende Schutzniveau anzulegen ist, weil möglicherweise Unternehmen regelmäßig sehr viel eher als Privatpersonen in der Lage sein werden, sich gegen sie einseitig benachteiligende Vertragsbedingungen zur Wehr zu setzen und damit als weniger *schutzwürdig* anzusehen wären.[79]

---

[76] Hierzu näher oben S. 26ff., 33ff., 57ff.

[77] Eingehend zur *überindividuellen* Rechtfertigung der Inhaltskontrolle auf der Grundlage der *Institutionenlehre* vgl. unten S. 647ff. sowie ergänzend auf der Grundlage eines *vertragstheoretischen* Begründungsmodells der Inhaltskontrolle unten S. 579ff. Zur *institutionellen* Gewährleistung der Vertragsfreiheit vgl. unten S. 622ff., 646f.

[78] Hierzu eingehend unten S. 462ff., 507ff. sowie umfassend *Axer*, AGB-Kontrolle (2012), S. 40ff.; *Oetker*, AcP 212 (2012), 202, 217ff.; *Becker*, AGB und Individualvereinbarung (2011), S. 9ff.; *Hellwege*, AGB und Rechtsgeschäftslehre (2010), S. 540ff.; *Miethaner*, AGB-Kontrolle (2010), S. 40ff.; *Leuschner*, JZ 2010, 875, 877; *Leyens/Schäfer*, AcP 210 (2010), 771, 779ff.; *Stoffels*, AGB-Recht (3. Aufl. 2015), Rn. 85ff.; *Leuschner*, AcP 207 (2007), 491, 493ff.; *Pres*, Inhaltskontrolle (2005), S. 42ff.; *Kötz*, JuS 2003, 209, 209ff.; *Wackerbarth*, AcP 200 (2000), 45, 48ff., 63ff.; *Bunte*, FS Schimansky (1999), S. 19, 25ff.; *Drexl*, Selbstbestimmung (1998), S. 329ff.; *Locher*, JuS 1997, 389, 390ff.; *Fastrich*, Inhaltskontrolle (1992), S. 79ff.; *Habersack*, Vertragsfreiheit und Drittinteressen (1992), S. 103ff.; *Coester-Waltjen*, AcP 190 (1990), 1, 14ff.; *Adams*, BB 1989, 781, 781ff.; *Lieb*, AcP 178 (1978), 196, 200ff. sowie MünchKomm/*Basedow*, BGB (7. Aufl. 2016), Vor §305 Rn. 4ff.; *Ulmer/Habersack*, in: *Ulmer/Brandner/Hensen*, AGB-Recht (12. Aufl. 2016), Einl. Rn. 47ff. und *Fuchs*, in: *Ulmer/Brandner/Hensen*, AGB-Recht (12. Aufl. 2016), Vorb. v. §307 Rn. 26ff. Vgl. auch, indes weniger umfassend *Koch*, BB 2010, 1810, 1811ff.

[79] Vgl. zur Diskussion der Reichweite richterlicher Inhaltskontrolle von AGB im unternehmerischen Geschäftsverkehr nur *Oetker*, AcP 212 (2012), 202, 229ff.; *Schiffer/Weichel*, BB 2011, 1283, 1283ff., 1285ff.; *v. Westphalen*, BB 2011, 195, 196ff.; *Dauner-Lieb/Axer*, ZIP 2010, 309, 310ff.; *Kaufhold*, ZIP 2010, 631, 632ff.; *Koch*, BB 2010, 1810, 1813ff.; *Leuschner*, JZ 2010, 875, 882ff.; *Leyens/Schäfer*, AcP 210 (2010), 771, 793ff.; *Günes/Ackermann*, ZGS 2010, 400, 402ff.; *Günes/Ackermann*, ZGS 2010, 454, 456ff.; *v. Westphalen*, BB 2010, 195, 195ff., 201f.; *v. Westphalen*, ZIP 2010, 1110, 1113ff.; *Vogt*, TranspR 2010, 15, 15ff.; *Kessel/Stomps*, BB 2009, 2666, 2668ff.; *Lenkaitis/Löwisch*, ZIP 2009, 441, 442ff.; *Müller/Griebeler/Pfeil*, BB 2009,

Verschärft wird die Problematik durch die weite *Verbreitung* vorformulierter Vertragstexte im Verkehr zwischen Unternehmen auf der einen und die strenge *höchstrichterliche Rechtsprechung* zum Tatbestandsmerkmal des Aushandelns im Sinne des §305 Abs. 1 S. 3 BGB[80] auf der anderen Seite.

Das Zusammentreffen von weitverbreitetem Gebrauch vorformulierter Klauseln und der Rechtsprechung des BGH führt im Hinblick auf die Abgrenzung zwischen Individualvereinbarungen und AGB zu dem Ergebnis, dass die im unternehmerischen Geschäftsverkehr getroffenen Vereinbarungen ganz überwiegend die Qualität von AGB aufweisen und damit der richterlichen Inhaltskontrolle unterliegen.[81] Die *Rationalisierungsvorteile* des Klauselverwenders, die Frage des Bestehens der *situativen Überlegenheit* auch im b2b-Verkehr und die *Schutzbedürftigkeit* des Verwendungsgegners im Hinblick auf die mit der Verwendung von AGB verbundene Risikoverlagerungstendenz bilden dabei in systematischer Hinsicht das Koordinatensystem, in dem sich die Diskussion vollzieht und in dem letztlich auch das Verhältnis von *Vertragsfreiheit* und *Vertragsgerechtigkeit* im konkreten Anwendungsfall der AGB-Kontrolle im unternehmerischen Geschäftsverkehr zu bestimmen sein wird. Damit ist der rechtstheoretische Rahmen abgesteckt, um im Folgenden die *Rechtsnatur* von AGB als Gegenstand richterlicher Inhaltskontrolle näher in den Blick zu nehmen.

II. Die Rechtsnatur von AGB

Geht es um *Legitimation*, *Umfang* und *Grenzen* der Inhaltskontrolle von AGB insbesondere im Geschäftsverkehr zwischen Unternehmen und die damit verbundene Auflösung des Spannungsverhältnisses von *formaler* und *materieller Vertragsfreiheit*, von *Vertragsfreiheit* und *Vertragsgerechtigkeit,* so begegnete die weitere Untersuchung zunächst dem vorgelagerten Problem, die *Rechtsnatur* jener Klauseln zu bestimmen, die den eigentlichen Gegenstand richterlicher Inhaltskontrolle bilden. Dass die Frage der dogmatischen Einordnung von AGB zumindest a *priori* nicht ohne weiteres mit eindeutiger Klarheit zu beantworten ist, zeigt bereits ein erster Blick auf die ihnen eigene Struktur. Regelmäßig *einseitige Gestaltung* durch den Verwender, *Unterwerfung des Verwendungsgegners*, *allgemeine Geltung* in einer Vielzahl von Fällen gegenüber einem grö-

---

2658, 2658ff., 2660ff.; *Kessel/Jüttner*, BB 2008, 1350, 1351ff.; *Berger/Kleine*, BB 2007, 2137, 2137ff., 2140ff.; *Leuschner*, AcP 207 (2007), 491, 515ff.; *Lischek/Mahnken*, ZIP 2007, 158, 160ff.; *Berger*, ZIP 2006, 2149, 2150ff.; *Langer*, WM 2006, 1233, 1233ff.; *v. Sachsen Gessaphe*, FS Sonnenberger (2004), S. 99, 115ff.; *Wackerbarth*, AcP 200 (2000), 45, 72ff. sowie eingehend *Axer*, AGB-Kontrolle (2012), S. 87ff., 122ff., 162ff., 265ff.; *Becker*, AGB und Individualvereinbarung (2011), S. 129ff.; *Miethaner*, AGB-Kontrolle (2010), S. 148f., 204f., 206f., und *Pres*, Inhaltskontrolle (2005), S. 171ff.

[80] Hierzu unten S. 427ff.

[81] So auch *Leuschner*, JZ 2010, 875, 875.

ßeren Adressatenkreis und schließlich die Möglichkeit der *Inhaltskontrolle:* Die offenkundige Ähnlichkeit mit Normen, die für gewöhnliche Vertragsbestimmungen zumindest befremdlich ist, legt zunächst eine Qualifikation von AGB als Rechtsnorm nahe.[82] Dass eine derartige Bewertung nicht ganz abwegig ist, wird mit Blick auf die geschichtliche Entwicklung deutlich. So war der normähnliche Charakter der als „Normativbedingungen"[83], „Normen"[84], „Vertragsgesetz"[85] und als „legislatorische Schöpfung"[86] beschriebenen AGB schon im 19. Jh. Allgemeingut, ohne dass freilich aus dieser Begrifflichkeit bereits zwingende dogmatische Schlussfolgerungen für die Rechtsnatur von AGB gezogen worden sind.[87]

---

[82] Vgl. zu dem seit dem 19. Jh. bestehenden Konsens der strukturellen *Rechtsnormähnlichkeit*, aus der allein freilich noch keine Schlussfolgerungen auf ihre dogmatische Einordnung gezogen werden können, nur *Hellwege*, AGB und Rechtsgeschäftslehre (2010), S. 122ff., 203ff. und HKK/*Hellwege,* (2007), §§305–310 (II) Rn. 8 jeweils mwN. sowie aus dem jüngeren Schrifttum *Ulmer/Habersack,* in: *Ulmer/Brandner/Hensen*, AGB-Recht (12. Aufl. 2016), Einl. Rn. 43f.; *Miethaner*, AGB-Kontrolle (2010), S. 41f. sowie *Fastrich*, Inhaltskontrolle (1992), S. 33.

[83] So *Falk*, Rechtsgrundsätze im Versicherungswesen (1885), S. VIf.; *Laband*, ZHR (17) 1872, 466 nach *Hellwege*, AGB und Rechtsgeschäftslehre (2010), S. 123.

[84] So das *Reichsoberhandelsgericht* in ROHGE 19, 184, 186f., zugleich jedoch mit dem Hinweis, dass diese Bedingungen gleichwohl als Vertragsbestimmungen und nicht als Rechtsnormen im strengen Sinn zu verstehen sind. *Hellwege*, AGB und Rechtsgeschäftslehre (2010), S. 123. Anders jedoch *Hermann*, Rechtscharakter (1858), S. 61f. für die Statuten der Aktiengesellschaften, die er im Gegensatz zu *v. Gerber*, JhJb 3 (1859), 411, 412f. auch dogmatisch als abstrakte Rechtsnormen versteht. Vgl. hierzu eingehend unten Fn. 86.

[85] So den Begriff der *lex contractus* übersetzend mit Bezug auf die AVB ROHGE 11, 271, 273 nach *Hellwege*, AGB und Rechtsgeschäftslehre (2010), S. 123.

[86] So mit Verweis auf die Statuten von Aktiengesellschaften und Korporationen *v. Gerber*, JhJb 3 (1859), 411, 412 nach *Hellwege*, AGB und Rechtsgeschäftslehre (2010), S. 122f., jedoch zugleich klarstellend, dass die Normähnlichkeit nur augenscheinlich eine Rechtsnormqualität derartiger Bedingungen vermuten lässt, die Vertragsqualität jedoch bei näherer Prüfung offensichtlich ist: „Die *Statuten* solcher Gesellschaften *erscheinen nur dem Auge des Laien* als ein *aus einem Gusse* geschaffenes Ganzes, als eine *legislatorische Schöpfung*; dem prüfenden Juristen stellt sich sofort die *äußere Einheit* als eine *nur scheinbare* und *formelle* dar, vor seinem Blicke *löst sich das Ganze* in eine *Summe einzelner vertragsmäßiger Bestimmungen* ganz *verschiedener Charakter* auf. Die *abstrakte Form* der einzelnen Positionen, deren praktischer Grund so nahe liegt, dass er kaum ausgesprochen zu werden braucht, kann über die *wahre Natur* derselben *keinen Augenblick täuschen.*" *v. Gerber*, JhJb 3 (1859), 411, 412f. A. A. *Hermann*, Rechtscharakter (1858), S. 62: „Betrachten wir aber den *Inhalt* und das *Wesen* der statuarischen Bestimmungen, so erscheinen dieselben *als wirkliche Rechtsregeln*, d. h. als *abstracte Normen*, nach denen die *in concreto* vorkommenden *thatsächlichen Verhältnisse geregelt*, beziehentlich entschieden werden. Es *unmöglich*, *Bestimmungen der Art ... als Vertragsbestimmungen aufzufassen*; denn sie enthalten *abstracte Festsetzungen*, deren Eintritt (Anwendung) durch concrete thatsächliche Verhältnisse bedingt ist." Hervorhebungen durch den Verfasser.

[87] *Hellwege*, AGB und Rechtsgeschäftslehre (2010), S. 123f. Allerdings gab es bereits im 19. Jh. Stimmen, die sich auch dogmatisch für eine Rechtsnormqualität von AGB aussprachen, so etwa in Bezug auf die Satzungen von Aktiengesellschaften ausdrücklich *Hermann*, Rechtscharakter (1858), S. 61f. Vgl. hierzu eingehend oben Fn. 86.

Dass dieser Schritt mit der Qualifizierung von AGB als Rechtsnorm in der ersten Hälfte des 20. Jh. tatsächlich vollzogen wurde und auch die Rechtsprechung des BGH mit ihrer Einordnung vorformulierter Klauseln als „fertig bereitliegende Rechtsordnung"[88] die Zweifel an der vertraglichen Qualität von AGB zumindest genährt hat zeigt, dass das Problem der *Rechtsnormähnlichkeit* von AGB und ihrer *dogmatischen Einordnung* als rechtstheoretische Vorfrage für die Legitimation der Inhaltskontrolle der Klärung bedarf.[89] Denn würde es sich bei AGB tatsächlich um Rechtsnormen und nicht um Vertragsbestandteile handeln, so wären die Konsequenzen für die Legitimierung der Inhaltskontrolle und damit auch für die Bestimmung des Verhältnisses von Vertragsfreiheit und Vertragsgerechtigkeit erheblich: AGB wären somit plötzlich außerhalb des Geltungsbereiches der *Vertragsfreiheit* zu verorten, der Widerspruch zwischen Vertragsfreiheit und ihrer vermeintlichen Begrenzung durch die richterliche Inhaltskontrolle aufgehoben und als Scheinproblem entlarvt.[90] Zwar hat sich diese –rechtshistorisch eine Episode, ein „kurzes Intermezzo"[91], „eine zu vernachlässigende Verwirrung"[92] ge-

---

[88] So mit Bezug auf ADSp bzw. AGNB zuletzt BGH NJW-RR 1997, 1253, 1255 sowie in ständiger Rechtsprechung BGHZ 127 275 (281) = NJW 1995 1490; BGHZ 129, 323, 327f. = NJW 1995, 2224, 2225; BGHZ 129, 345, 349 = NJW 1995, 3117, 3118; BGHZ 127, 275, 281 = NJW 1995, 1490; BGHZ 113, 55, 57 = NJW 1991, 976, 977; BGHZ 101, 307, 314 = NJW 1987, 2818; BGHZ 96, 136, 138 = NJW 1986, 1434, 1434; BGHZ 86, 135, 141; BGH NJW 1982, 1820, 1821; BGH VersR 1976, 286; BGH NJW 1973, 2154; BGH BB 1969, 463; BGHZ 17,1, 2 = WM 1955, 839; BGHZ 12, 136, 139, 142; BGHZ 9, 1, 3; BGHZ 6, 145, 147; BGHZ 3, 200, 203; BGHZ 2, 176, 183; BGHZ 1, 83, 85f. im Anschluss an RG DR 1941, 1210, 1211. Zuletzt dazu OLGR Hamburg 2003, 538, das die Frage, ob die ADSp i. d. F. 1999 als „fertig bereitliegende[r] Rechtsordnung" Geltung beanspruchen können, immerhin als *umstritten* qualifiziert. Bejahend Brandenburgisches OLG MDR 2001, 1423, 1424.

[89] Vgl. zu den teilweise umfangreichen Stellungnahmen aus dem neueren Schrifttum nur *Ulmer/Habersack*, in: *Ulmer/Brandner/Hensen*, AGB-Recht (12. Aufl. 2016), Einl. Rn. 39ff.; *Miethaner*, AGB-Kontrolle (2010), S. 41 ff.; *Pfeiffer*, in: Wolf/Lindacher/Pfeiffer, AGB-Recht (6. Aufl. 2013), Einl. Rn. 14ff.; *Stoffels*, AGB-Recht (3. Aufl. 2015), Rn. 99ff.; *Heinrich*, Formale Freiheit (2000), S. 187ff.; *Habersack*, Vertragsfreiheit und Drittinteressen (1992), S. 168 sowie die eingehenden rechtsgeschichtlichen Untersuchungen bei *Hellwege*, AGB und Rechtsgeschäftslehre (2010), S. 122ff., 203ff. sowie HKK/*Hellwege*, (2007), §§305–310 (II) Rn. 8. Grundlegend hierzu *Fastrich*, Inhaltskontrolle (1992), S. 29ff. sowie *Schmidt*, JuS 1987, 929; *Kramer*, AcP 188 (1988), 423 und *Pflug*, Kontrakt und Status (1986), passim, v. a. S. 187ff., 247ff.

[90] So eindrücklich *Miethaner*, AGB-Kontrolle (2010), S. 41. Dass sich aus der möglichen Qualifizierung von AGB als Rechtsnormen darüber hinaus nicht zwangsläufig der Schluss auf die einigungsunabhängige Geltung und damit der Verzicht auf eine rechtsgeschäftliche Einbeziehung durch Konsens der Parteien ergibt – und diese Schlussfolgerung von den Vertretern der Normentheorie bis auf einige wenige Ausnahmen in der Regel auch nicht gezogen wurde – hat bereits überzeugend *Hellwege* nachgewiesen, vgl. nur *Hellwege*, AGB und Rechtsgeschäftslehre (2010), S. 216ff., 218 sowie HKK/*Hellwege*, (2007), §§305–310 (II) Rn. 4ff. Erst einige wenige Obergerichte haben Anfang der 50er Jahre des 20. Jh. diesen Schluss gezogen, dem jedoch sogleich der BGH und die herrschende Lehre sogleich entschieden entgegengetreten sind. *Ebenda.*

[91] HKK/*Hellwege*, (2007), §§305–310 (II) Rn. 8.

[92] So mit Bezug auf die mit der Rechtsnormqualität von AGB begründete Ansicht, dass

bliebene – Ansicht zu Recht nicht durchsetzen können und der Gesetzgeber mit dem Erlass des AGBG die herrschende *Vertragstheorie* bestätigt, so dass die Auseinandersetzung heute deutlich an Schärfe verloren hat.[93] Verstummt ist sie indes nicht: Kann die Qualität von AGB als vertragliche Vereinbarungen heute als allgemeiner Konsens angesehen werden, so sieht sich das Schrifttum trotz des eindeutigen Gesetzeswortlautes nach wie vor gedrängt, zur Frage der Rechtsqualität von AGB eingehend Stellung zu nehmen.[94] Zum einen deshalb, weil die Diskussion – wenngleich im Ergebnis ohne durchgreifenden Erfolg – durch einige Beiträge in jüngerer Zeit wieder neu angestoßen worden ist.[95] Zum anderen, weil die Rechtsprechung eine eindeutige Klarstellung ihrer jedenfalls missverständlichen Aussagen, die teilweise als Plädoyer für ein normtheoretisches Verständnis von AGB gewertet werden konnten, vermieden hat.[96] Vor diesem Hintergrund erscheint eine Klärung dieser rechtstheoretischen Grundsatzfrage angebracht, zumal aus ihr gleichsam als Nebenertrag wichtige Erkenntnisse im Hinblick auf die *Struktur* und *Wirkung* von AGB sowie ihre materielle Kontrolle gewonnen werden können. Dabei soll die rechtstheoretische Untersuchung zunächst in den sie umgebenden *rechtsgeschichtlichen* Rahmen eingeordnet werden, um so holzschnittartig jene Entwicklungslinien nachzuzeichnen, aus denen der Diskurs zwischen *Normen- und Vertragstheorie* überhaupt erst verständlich wird.[97]

1. *Geschichtliche Ausgangslage*

Lassen sich die Wurzeln des modernen AGB-Rechts bis in das 19. Jh. zurückverfolgen[98], so war man sich der *Normähnlichkeit* von AGB und der sich daraus er-

---

diese unter Verzicht auf eine rechtsgeschäftliche Einbeziehung einigungsunabhängig gelten sollen HKK/*Hellwege*, (2007), §§305–310 (II) Rn. 2, 8.

[93] Ebenso *Ulmer/Habersack*, in: *Ulmer/Brandner/Hensen*, AGB-Recht (12. Aufl. 2016), Einl. Rn. 39; *Stoffels*, AGB-Recht (3. Aufl. 2015), Rn. 99, jeweils mit dem Hinweis, dass die Beiträge von *Schmidt*, JuS 1987, 929 und *Pflug*, Kontrakt und Status (1986) sowie die missverständlichen Äußerungen der Rechtsprechung (vgl. oben S. 302, Rn. 85) gleichwohl eine Stellungnahme erforderlich machen.

[94] Vgl. hierzu die Nachweise oben S. 303, Fn. 89.

[95] So vor allem die Beiträge von *Schmidt*, JuS 1987, 929; *Schmidt*, ZIP 1987, 1505; *Pflug*, Kontrakt und Status (1986), S. 187 ff., 247 ff.; *Reuter*, SAE 1983, 201, 202; *Helm*, FS Schnorr von Carolsfeld (1973), S. 125, 133 ff., 143 ff. sowie *Meyer-Cording*, Rechtsnormen (1971), S. 92 ff. Vgl. hierzu eingehend unten S. 311 ff.

[96] Hierzu näher *Stoffels*, AGB-Recht (3. Aufl. 2015), Rn. 102 mwN.

[97] Der rechtsgeschichtliche Hintergrund ist umfassend von *Hellwege* untersucht worden, dessen Arbeit dem folgenden historischen Exkurs zugrunde liegt. Vgl. hierzu die instruktiven Ausführungen bei *Hellwege*, AGB und Rechtsgeschäftslehre (2010), S. 28 ff., 66 ff., 100 ff., 122 ff., 203 ff. sowie HKK/*Hellwege*, (2007), §§305–310 (II) Rn. 3 ff.

[98] So überzeugend *Hellwege*, AGB und Rechtsgeschäftslehre (2010), S. 5, ff., 11, 21 ff., 199, 203, 333; HKK/*Hellwege*, (2007), §§305–310 (II) Rn. 3 ff., 24 ff., 29 ff.; *Pohlhausen*, AGB im 19. Jh. (1978), S. 14 ff. Ebenso *Schmidt*, JuS 1987, 929, 929, der die AGB als „Kind des im frühen 19. Jh. hierzulande beginnenden Wandels von einer Agrar- zur Industriegesellschaft" cha-

gebenden rechtlichen und praktischen Probleme schon zu dieser Zeit durchaus bewusst.[99]

a) Die Diskussion im 19. Jh.: Rechtsnormähnlichkeit und Vertragscharakter

Der normähnliche Charakter von AGB als soziologischer Befund der Rechtswirklichkeit, der den späteren Vertretern der Normentheorie den Anlass bot, AGB auch dogmatisch Rechtsnormen gleichzusetzen, war den Juristen des 19. Jh. nicht nur bekannt, sondern darüber hinaus der eigentliche Grund für die eingehende Auseinandersetzung der Rechtswissenschaft jener Zeit mit dem Phänomen von AGB sowie die Entwicklung rechtlicher Regelungen für den Umgang mit derartigen Bestimmungen.[100] So hat die Literatur des 19. Jh. die Gemeinsamkeiten zwischen AGB und Rechtsnormen sowie ihre tatsächliche Geltung durch *Unterwerfung* des Verwendungsgegners bereits umfassend herausgearbeitet[101] und auch begrifflich die *Normähnlichkeit* von AGB herausgestellt.[102] Den dogmatischen Schluss vom rechtstatsächlichen normähnlichen Charakter der AGB auf ihre Rechtsnatur vollzieht die Literatur des 19. Jh. bis auf wenige Ausnahmen[103] indes noch nicht, obwohl sie der Frage der dogmatischen Einordnung von AGB eine durchaus zentrale Bedeutung beimisst.[104] *Rechtsnatur* und *Geltung*

---

rakterisiert, sowie *Raiser*, Das Recht der AGB (1961), S. 26. Vgl. auch den kurzen rechtshistorischen Abriss in der Begründung des Einl. Rn. 10f.; *Stoffels*, AGB-Recht (3. Aufl. 2015), Rn. 16ff. sowie die weiteren RegE zum AGBG, BT-Drucks. 7/3919, S. 9f. Zum weiteren Schrifttum, das im Hinblick auf die Entstehung von AGB zwar ebenfalls auf das 19. Jh. verweist, für die geschichtliche Entwicklung jedoch vor allem die Literatur sowie die Rechtsprechung des 20. Jh. heranzieht, vgl. nur *Ulmer/Habersack*, in: *Ulmer/Brandner/Hensen*, AGB-Recht (12. Aufl. 2016), Nachweise bei *Hellwege*, AGB und Rechtsgeschäftslehre (2010), S. 1 Fn. 7.

[99] *Hellwege*, AGB und Rechtsgeschäftslehre (2010), S. 28ff., 122. Vgl. hierzu auch oben S. 303f. mwN.

[100] Zur rechtswissenschaftlichen AGB-Forschung des 19. Jh. umfassend *Hellwege*, AGB und Rechtsgeschäftslehre (2010), S. 28ff., 66ff., 97ff., 122ff., 195ff.

[101] Eingehend *Hellwege*, AGB und Rechtsgeschäftslehre (2010), S. 122f. mwN.

[102] Vgl. hierzu bereits oben S. 303f. mwN.

[103] So etwa *Hermann*, Rechtscharakter (1858), S. 62, der mit Blick auf die Statuten von Aktiengesellschaften vehement für die Qualifizierung als *abstrakte Normen* eintrat: „... so erscheinen dieselben als wirkliche Rechtsregeln, d. h. als abstracte Normen ... Es unmöglich, Bestimmungen der Art ... als Vertragsbestimmungen aufzufassen“. *Ebenda*. Vgl. hierzu und zur Auseinandersetzung mit der abweichenden Auffassung *v. Gerbers* in Korporationen *v. Gerber*, JhJb 3 (1859), 411, 412f. bereits oben S. 302, Fn. 86.

[104] Vgl. *Endemann*, BuschA 42 (1882), 191, 245f.: „Erwägt man, welch keineswegs einfacher juristischer Konstruktion es bedarf, um zu der Verbindlichkeit der Reglementsvorschriften für die Transportgeschäfte zu gelangen, so wird man begreifen, dass es stets seine großen Schwierigkeiten haben wird, die ganze Argumentation dem transportbedürftigen Publikum klarzumachen. Nur der Jurist wird im Durchschnitt im Stande sein, ihr zu folgen; nicht die Masse derjenigen, die mit den Eisenbahnen Transportgeschäfte abschließen, nicht einmal der größte Theil der routinierten Geschäftsleute. Ihnen allen ist das Reglement so gut wie Gesetz, weil sie das Eine wissen, dass die Eisenbahnen sich an dasselbe halten und anders auf Geschäfte sich nicht einlassen. Thatsächlich ist es Norm, der sich gefügt werden muss. Die

von AGB werden sowohl in der Literatur als auch in der Rechtsprechung vielmehr ganz überwiegend vertraglich erklärt.[105] Als Geltungsgrund wird dabei die rechtsgeschäftliche Einigung der Parteien über die Einbeziehung angesehen, wenngleich die Anforderungen an die tatsächliche Kenntnisnahme des Verwendungsgegners – wie im Übrigen schon im römischen Recht sowie nach der gegenwärtig geltenden Rechtslage – schon damals denkbar gering gewesen sind. Die Annahme des Rechtsnormcharakters von AGB blieb eine Mindermeinung.[106]

b) Erste Hälfte des 20. Jh.: Das Vordringen normtheoretischer Konzepte

Um die Jahrhundertwende und in den ersten Dekaden des 20. Jh., setzte indes im Zuge der Kodifizierung der Eisenbahn-, Post- und Telegrafenreglements und der damit verbundenen Ausbildung des *Wirtschaftsverwaltungsrechts* für diese Rechtsgebiete ein Meinungsumschwung ein.[107] Konnten am Rechtsnormcharakter der Betriebsreglements für die Eisenbahnen durch ihre Verabschiedung als Rechtsverordnung in Form der *Verkehrs-Ordnung für die Eisenbahnen Deutschlands* vom 1.1.1893 sowie die kurz darauf folgende *Eisenbahnverkehrsordnung* von 1899 keine Zweifel mehr bestehen[108], so wurde nun auch für das Post- und Telegrafenrecht – trotz der noch entgegenstehenden Gesetzeslage[109] – die vertragstheoretische Einordnung der entsprechenden Reglements zugunsten eines normativen Verständnisses aufgegeben.[110]

Mit der Verabschiedung der Postordnung von 1929 und der schon mit Einführung des neuen Handelsgesetzbuches am 1.1.1900 erfolgten Änderung der handelsrechtlichen Vorschriften, die in § 452 HGB – anders als noch Art. 421 ADHGB – keine subsidiäre Geltung des Frachtrechts für das Postwesen mehr vorsahen und dieses ausschließlich dem Reichspostgesetz und der Postordnung unterstellten, war die nun herrschende Meinung auch gesetzlich abgedeckt.[111] Eine ähnliche Entwicklung vollzog sich seit dem Ende des 19. Jh. im Arbeitsrecht, wo sich die zunächst nur vereinzelt vertretene Ansicht, bei den *Arbeitsordnungen* handele es sich um einigungsunabhängig geltende, autonome Rechtsnormen, immer mehr durchzusetzen vermochte und mit dem Betriebsrätegesetz von

---

Unterscheidung von Gesetz, Verwaltungsakt, Vertragsbedingung oder Vertragsproposition zu begreifen, wer mag sich dazu die Mühe geben? ... *Das kann freilich nicht erübrigen, in der juristischen Auffassung gleichwohl die Unterscheidung scharf aufrecht zu erhalten. Und dass dies bei der rechtlichen Beurtheilung gar mancher Fälle entschiedene Nothwendigkeit ist, lehren gerichtliche Entscheidungen zur Genüge.*" Hervorhebungen durch den Verfasser.

[105] *Hellwege*, AGB und Rechtsgeschäftslehre (2010), S. 28 ff., 66 ff., 97 ff., 122 f.

[106] So etwa *v. Gerber*, JhJb 3 (1859), 411, 412 f. Hierzu näher oben S. 302, Fn. 86. Vgl. auch *Hellwege*, AGB und Rechtsgeschäftslehre (2010), S. 122 mwN.

[107] *Hellwege*, AGB und Rechtsgeschäftslehre (2010), S. 205 f. mwN.

[108] *Hellwege*, AGB und Rechtsgeschäftslehre (2010), S. 204 mwN.

[109] Hierzu *Hellwege*, AGB und Rechtsgeschäftslehre (2010), S. 205 mwN.

[110] *Hellwege*, AGB und Rechtsgeschäftslehre (2010), S. 205 mwN.

[111] So *Hellwege*, AGB und Rechtsgeschäftslehre (2010), S. 205 f. mwN.

1920, das eine einigungsunabhängige Geltung kraft Gesetzes vorsah, ebenfalls eine gesetzliche Absicherung erfuhr.[112]

Mit der Ausbildung des Wirtschaftsverwaltungsrechts im Laufe des Ersten Weltkrieges, das etwa im Bereich des Lebensmittelhandels verbindliche Lieferbedingungen vorsah, die im Fall eines weitgehend ausgewogenen Zustandekommens im Wege der Rechtsverordnung für allgemeinverbindlich erklärt wurden, breiteten sich normativ geltende AGB auch auf andere Bereiche aus.[113] Zwar blieb diese Entwicklung auf jene Vertragsverhältnisse beschränkt, die aufgrund der öffentlich-rechtlichen Trägerschaft – etwa im Bereich der Eisenbahnen, der Post und der telegrafischen Kommunikation – rechtsverbindlich ausgestaltet worden waren oder deren Bedingungen – etwa im Bereich des Tarifvertragsrechts, der Arbeitsordnungen oder der Lieferbedingungen im Lebensmittelhandel – verbandlich ausgehandelt oder gesetzlich bestimmt wurden und damit die Vermutung einer gewissen Angemessenheit in sich trugen.[114] Eine Ausdehnung des normativen Verständnisses von AGB und der damit verbundenen Annahme ihrer einigungsunabhängigen Geltung auf andere Regelungsbereiche, wie etwa das Miet- und Versicherungsrecht, blieb trotz entsprechender Ansätze – die für das Mietrecht etwa in den 20er Jahren diskutiert wurden – vorerst aus.[115] Die Grundlagen für die weitere Entwicklung waren jedoch gelegt.

Zeitgleich mit der rechtsverbindlichen Geltung bestimmter AGB im Rahmen des Wirtschaftsverwaltungsrechts vollzog sich in der *Rechtswissenschaft* eine ähnliche Entwicklung, die im Ergebnis ebenfalls einen Wechsel vom *Vertrag* zur *Norm* zur Folge hatte.[116] Mit der Ausbildung der *Rechtssoziologie* als eigenständiger rechtswissenschaftlicher Disziplin am Beginn des 20. Jh. begann man verstärkt, AGB in ihrer Gesamtheit als rechtstatsächliches Phänomen wahrzunehmen und ihre rechtstatsächliche Geltung sowie ihre rechtliche Behandlung umfassend darzustellen.[117] Hatten die Juristen des 19. Jh. die Parallelen zwischen AGB und Rechtsnormen noch für den jeweiligen Kontext, in dem sie auftraten – etwa das Eisenbahn-, Post-, Telegrafen-, Aktien- oder Versicherungsrecht – herausgearbeitet und dabei auf dogmatische Konsequenzen weitgehend verzichtet, so wurden aus den offenkundigen Parallelen nun auch dogmatische Konsequenzen gezogen.[118] Und waren die dogmatischen Auswirkungen der rechtssoziologischen Normähnlichkeit von AGB zunächst auf die Legitimierung

---

[112] *Hellwege*, AGB und Rechtsgeschäftslehre (2010), S. 207f. Eine parallele Entwicklung ist auch im Bereich der Tarifverträge erkennbar, die gem. §2 TarifVO 1918 Allgemeinverbindlichkeit erlangten und damit in den einzelnen arbeitsvertraglichen Verhältnissen unmittelbare Geltung beanspruchten. *Hellwege*, AGB und Rechtsgeschäftslehre (2010), S. 206 mwN.

[113] *Hellwege*, AGB und Rechtsgeschäftslehre (2010), S. 206f.

[114] *Hellwege*, AGB und Rechtsgeschäftslehre (2010), S. 207f.

[115] *Hellwege*, AGB und Rechtsgeschäftslehre (2010), S. 208.

[116] *Hellwege*, AGB und Rechtsgeschäftslehre (2010), S. 213.

[117] *Hellwege*, AGB und Rechtsgeschäftslehre (2010), S. 213f. mwN.

[118] *Hellwege*, AGB und Rechtsgeschäftslehre (2010), S. 214.

besonderer Auslegungsregeln und der Inhaltskontrolle beschränkt, so wurde ab den 40er Jahren aus dem zunächst nur rechtssoziologisch gedeuteten *normähnlichen Charakter* der AGB nun auch auf ihre dogmatische *Rechtsnormqualität* geschlossen.[119] Damit trat die maßgeblich von *Herschel* vertretene *Normentheorie* in die wissenschaftliche Diskussion ein, die sich nicht darauf beschränkte, AGB und Rechtsnormen miteinander zu vergleichen, sondern sie einander gleichstellte.[120] Bezeichnenderweise vollzog indes auch sie nicht den Schritt zu einer einigungsunabhängigen Geltung, sondern beschränkte sich in ihrer Funktion auf die Begründung AGB-spezifischer, objektiver Auslegungsregeln.[121]

Begleitet wurde diese Entwicklung durch einen Prozess, der in weiten Teilen des Wirtschaftslebens zu einer Anerkennung standardisierter Geschäftsbedingungen als Rechtsnorm führte.[122] So begannen nach der Machtergreifung der Nationalsozialisten die gleichgeschalteten, der nationalsozialistischen Ideologie verpflichteten Wirtschaftsverbände, ganz im Sinne der Doktrin einer staatlichen, stark interventionistischen Wirtschaftslenkung, für ihre jeweiligen Wirtschaftszweige AGB auszuarbeiten und für allgemeinverbindlich erklären zu lassen.[123] Die Folge war eine verwirrende Vielfalt an für allgemeinverbindlich erklärten AGB, deren normative, einigungsunabhängige Geltung zumindest teilweise umstritten war.[124] In anderen Fällen wurde die staatliche Verwaltung ermächtigt, selbst verbindliche AGB zu erlassen.[125] Insgesamt ist für die Zeit des nationalsozialistischen Regimes eine deutliche Tendenz zu *normativ geltenden AGB* und die *Zurückdrängung* eines *vertraglichen Geltungsverständnisses* festzustellen.

Es verwundert nicht, dass sich im Kontext einer derartigen Entwicklung schließlich eine Auffassung entwickeln konnte, die tatsächlich den Schritt von der Rechtsnormqualität hin zur normativen Geltung von AGB vollzog.[126] So sprachen sich – ausgehend von der Qualifizierung der ADSp als Rechtsnorm – inmitten der Nachkriegswirren in den ausgehenden 40er und den beginnenden 50er Jahren einige Oberlandesgerichte – wie etwa das Berliner Kammergericht[127] sowie die Oberlandesgerichte Hamburg[128] und Kiel[129] – gemeinsam mit einem Teil der Literatur[130] nicht nur für die Rechtsnormqualität von AGB insgesamt,

[119] Ebenda.

[120] *Herschel*, DGWR 1942, 251; *Herschel*, DR 1941, 753. Vgl. hierzu eingehend *Hellwege*, AGB und Rechtsgeschäftslehre (2010), S. 216 f. mwN.

[121] *Hellwege*, AGB und Rechtsgeschäftslehre (2010), S. 217 f.

[122] Vgl. hierzu eingehend *Hellwege*, AGB und Rechtsgeschäftslehre (2010), S. 208 f. mwN.

[123] *Hellwege*, AGB und Rechtsgeschäftslehre (2010), S. 208 ff. mwN.

[124] *Hellwege*, AGB und Rechtsgeschäftslehre (2010), S. 212.

[125] *Hellwege*, AGB und Rechtsgeschäftslehre (2010), S. 211 mwN.

[126] Hierzu eingehend *Hellwege*, AGB und Rechtsgeschäftslehre (2010), S. 220 f. mwN.

[127] KG MDR 1950, 286.

[128] OLG Hamburg DB 1951, 977.

[129] OLK Kiel MDR 1950, 548.

[130] Vgl. nur *Hamann*, MDR 1949, 209; *Schmidt-Loßberg*, MDR 1949, 609 sowie die weiteren Nachweise bei *Hellwege*, AGB und Rechtsgeschäftslehre (2010), S. 220 Fn. 120.

sondern auch für ihre einigungsunabhängige, normative Geltung aus.[131] Einer rechtsgeschäftlichen Einbeziehung bedurfte es danach nicht mehr.[132]

c) Zweite Hälfte des 20. Jh.: Die Durchsetzung der Vertragstheorie

Dieser Ansicht, die sich freilich nie durchzusetzen vermochte, ist sowohl der BGH als auch die herrschende Lehre mit Entschiedenheit entgegengetreten, so dass sie insgesamt Episode geblieben ist.[133] Allerdings hat die Rechtsprechung, wenngleich sie die *rechtsgeschäftliche Geltung* von AGB nicht infrage gestellt hat, die Terminologie von den AGB als „fertig bereitliegender Rechtsordnung"[134] beibehalten und den normähnlichen Charakter von AGB unter anderem zur Herleitung spezifischer Auslegungsregeln herangezogen.[135] Die daraus erwachsenden Unsicherheiten im Hinblick auf die Positionierung der Rechtsprechung zwischen Norm- und Vertragstheorie bestehen bis heute fort.[136]

Ähnlich wie in der *Rechtsprechung* vermochte sich die Normtheorie auch in der *Literatur* nicht durchzusetzen. Sie wurde nur vereinzelt, so in den 70er Jahren insbesondere von *Meyer-Cording*, vertreten.[137] Als sich der Gesetzgeber 1976 mit dem AGBG und der in § 2 AGBG normierten rechtsgeschäftlichen Einbeziehung zur *Vertragstheorie* bekannte, war damit eigentlich ein Schlussstrich unter die bis dahin immer wieder aufflackernde Diskussion gezogen. Doch dauerte es nicht lange, bis sie mit den Beiträgen von *Schmidt*[138] und *Pflug*[139] und *Reuter*[140] noch einmal, wenngleich unter anderen Vorzeichen und nur für kurze Zeit aufbrach. Durchzusetzen vermochten sich diese Ansätze nicht, so dass sowohl der vertragliche Charakter als auch die rechtsgeschäftliche Geltung von AGB in der ganz herrschenden Lehre nicht mehr infrage stehen.[141]

---

[131] *Hellwege*, AGB und Rechtsgeschäftslehre (2010), S. 220 mwN.

[132] *Hellwege*, AGB und Rechtsgeschäftslehre (2010), S. 220 mwN.

[133] *Hellwege*, AGB und Rechtsgeschäftslehre (2010), S. 221 mwN.

[134] Vgl. nur BGHZ 1, 83, 86 sowie zuletzt BGH NJW-RR 1997, 1253, 1255. Vgl. hierzu auch die umfassenden Nachweise oben S. 303, Fn. 88.

[135] *Hellwege*, AGB und Rechtsgeschäftslehre (2010), S. 221 f.

[136] Vgl. hierzu bereits oben S. 303 f.

[137] *Meyer-Cording*, Rechtsnormen (1971). Vgl. hierzu *Hellwege*, AGB und Rechtsgeschäftslehre (2010), S. 222 mwN. Eingehend dazu unten S. 312 ff.

[138] *Schmidt*, JuS 1987, 929. Vgl. hierzu eingehend unten S. 317 ff.

[139] *Pflug*, Kontrakt und Status (1986). Vgl. hierzu eingehend unten S. 314 ff.

[140] *Reuter*, SAE 1983, 201, 202. Vgl. hierzu eingehend unten S. 318 ff.

[141] *Ulmer/Habersack*, in: *Ulmer/Brandner/Hensen*, AGB-Recht (12. Aufl. 2016), Einl. Rn. 42; *Miethaner*, AGB-Kontrolle (2010), S. 41 ff.; *Stoffels*, AGB-Recht (3. Aufl. 2015), Rn. 103 ff.; *Pfeiffer*, in: Wolf/Lindacher/Pfeiffer, AGB-Recht (6. Aufl. 2013), Einl. Rn. 15 ff.; Staudinger/*Wendland*, BGB (2019), § 307 Rn. 18; *Heinrich*, Formale Freiheit (2000), S. 203 f.; *Fastrich*, Inhaltskontrolle (1992), S. 33 ff.; *Habersack*, Vertragsfreiheit und Drittinteressen (1992), S. 168; Soergel/*Stein*, (12. Aufl. 1991), § 2 AGBG Rn. 1.

Kann von der *Normähnlichkeit* von AGB keineswegs auf ihren dogmatischen Charakter geschlossen werden[142], so ist umgekehrt auch eine völlige Negation der rechtsnormähnlichen Besonderheiten von AGB vor dem rechtsgeschichtlichen Hintergrund kaum vertretbar. Damit muss aber auch die – gerade für Rechtsnormen typische – Inhaltskontrolle von AGB ihre besondere Berechtigung behalten.[143] Vermochten sich die Normtheorien gegenüber einem vertragsrechtlichen Verständnis von AGB zu Recht nicht durchzusetzen, so wäre das gegenteilige Extrem, nämlich die idealisierende Umdeutung von AGB in individualvertragsähnliche Abreden sowie das Ausblenden der gerade für sie typischen besonderen Gefährdungslage für den Verwendungsgegner, ebenfalls nicht sachgerecht. Eine reflexartige Forderung nach einem Absenken der Kontrollschwelle der Inhaltskontrolle insbesondere im unternehmerischen Geschäftsverkehr, wie sie sich mit Berufung auf die Vertragsfreiheit der Parteien in einigen Stellungnahmen des Schrifttums andeutet[144], wird dem *normähnlichen Charakter* von AGB nicht gerecht. Dieser ist keineswegs ein ausschließlich für Verträge zwischen Unternehmern und Verbrauchern typisches Merkmal, sondern prägt in gleicher Weise auch AGB im Geschäftsverkehr zwischen Unternehmern.

Damit lässt sich, jedenfalls vor dem Hintergrund des rechtstatsächlichen Befundes, wie er in der rechtsgeschichtlichen Entwicklung der wissenschaftlichen Beschäftigung mit AGB aufscheint, eine Beschränkung der Inhaltskontrolle auf den nichtunternehmerischen Geschäftsverkehr kaum begründen. Ob die Besonderheiten des Geschäftsverkehrs zwischen Unternehmern im rechtstatsächlichen Bereich derart gravierend sind, dass sie eine differenzierte rechtliche Behandlung derartiger AGB und eine Beschränkung der Inhaltskontrolle rechtfertigen, bedarf daher der weiteren Untersuchung.[145] Sie lässt sich keineswegs a *priori* aus der Qualität von AGB als vertragliche Abreden herleiten. Der rechtsgeschichtliche Rückblick auf den Gang der Diskussion zwischen Norm- und Vertragstheorie[146] zeigt vielmehr, dass trotz ihrer vertragsdogmatischen Einordnung an der rechtstatsächlichen normähnlichen Qualität von AGB kaum Zweifel bestanden. Für eine allzu idealisierende Übertragung rechtsgeschäftlicher Grundsätze, welche die Beeinträchtigung der rechtsgeschäftlichen Entscheidungsfreiheit des Verwendungsgegners weitgehend ausblendet und die Inhaltskontrolle als unzulässigen Eingriff in die Vertragsfreiheit der Parteien ablehnt, bleibt daher gerade vor dem Hintergrund des rechtsgeschichtlichen Befundes kaum Raum.

---

[142] So schon für das 19. Jh. *Hellwege*, AGB und Rechtsgeschäftslehre (2010), S. 123.
[143] Vgl. hierzu eingehend unten S. 462 ff.
[144] Hierzu unten S. 717 ff., 722 ff. mwN.
[145] Vgl. hierzu eingehend unten S. 691 ff.
[146] Hierzu im Folgenden unten S. 311 ff.

2. Die Normtheorien

Ist damit der *rechtsgeschichtliche* Rahmen der Kontroverse um die Rechtsnatur von AGB abgesteckt, so soll im Folgenden die *dogmatische* und *rechtstheoretische* Dimension der Auseinandersetzung in den Blick genommen werden.[147] Die Auffassung, dass es sich bei AGB ihrer Rechtsnatur nach um Normen handelt, diese gegenüber dem Vertrag ein *aliud* darstellen und deshalb aus dem Anwendungsbereich der Privatautonomie herausfallen, ist in jüngerer Zeit vor allem von *Meyer-Cording*[148], *Pflug*[149], *Helm*[150], *Schmidt*[151] und in Bezug auf arbeitsvertragliche Einheitsregelungen von *Reuter*[152] vertreten worden.[153]

Gemeinsam ist den normtheoretischen Ansätzen, dass sie aus der rechtstatsächlichen *Normähnlichkeit* von AGB auf ihre *rechtsdogmatische Normgleichheit* schließen und mithin aus dem soziologischen Befund der weitgehenden Unterwerfung des Verwendungsgegners unter regelmäßig einseitig gestaltete Bedingungen die Schlussfolgerung ableiten, dass es sich bei AGB ihrer Rechtsnatur nach um *Normen* und nicht um *Vertragsbestandteile* handelt. Die „Normsetzungsbefugnis" des Verwenders wird dabei mangels einschlägiger Rechtsgrundlage vor allem *gewohnheitsrechtlich* hergeleitet[154], was freilich angesichts der vom Gesetzgeber gewählten vertraglichen Einbeziehungsregelung in § 305 Abs. 2 BGB

---

[147] Vgl. zur Diskussion nur *Ulmer/Habersack*, in: *Ulmer/Brandner/Hensen*, AGB-Recht (12. Aufl. 2016), Einl. Rn. 39 ff.; *Miethaner*, AGB-Kontrolle (2010), S. 41 ff.; *Pfeiffer*, in: Wolf/Lindacher/Pfeiffer, AGB-Recht (6. Aufl. 2013), Einl. Rn. 14 ff.; *Stoffels*, AGB-Recht (3. Aufl. 2015), Rn. 99 ff.; *Heinrich*, Formale Freiheit (2000), S. 187 ff.; *Fastrich*, Inhaltskontrolle (1992), S. 29 ff.; *Habersack*, Vertragsfreiheit und Drittinteressen (1992), S. 168. Zur rechtsgeschichtlichen Dimension vgl. nur *Hellwege*, AGB und Rechtsgeschäftslehre (2010), S. 122 ff., 203 ff. sowie HKK/*Hellwege*, (2007), §§ 305–310 (II) Rn. 8 sowie oben S. 305 ff.

[148] *Meyer-Cording*, Rechtsnormen (1971), passim, v. a. S. 92 ff. Vgl. hierzu eingehend unten S. 312 ff.

[149] *Pflug*, Kontrakt und Status (1986), passim, v. a. S. 187 ff., 247 ff. Vgl. hierzu eingehend unten S. 314 ff.

[150] *Helm*, FS Schnorr von Carolsfeld (1973), S. 125, 133 ff., 143 ff. Vgl. hierzu eingehend unten S. 316 ff.

[151] *Schmidt*, JuS 1987, 929. Vgl. hierzu eingehend unten S. 317 ff.

[152] *Reuter*, SAE 1983, 201, 202. Vgl. hierzu eingehend unten S. 318 ff.

[153] Vgl. hierzu *Heinrich*, Formale Freiheit (2000), S. 187 ff.; *Fastrich*, Inhaltskontrolle (1992), S. 29 ff. *Großmann-Doerth*, der in der 1930er Jahren mit dem Schlagwort vom „selbstgeschaffenen Recht der Wirtschaft" und dem Hinweis, dass sich der Verwender die Rolle des Gesetzgebers anmaße, den Normcharakter von AGB in den Mittelpunkt der Diskussion gerückt hatte, vollzog den Schritt zur Normtheorie noch nicht, sondern ging selbst vom Vertragscharakter der AGB aus. Vgl. hierzu *Grossmann-Doerth*, Selbstgeschaffenes Recht der Wirtschaft (1933), S. 5 ff. sowie *Hellwege*, AGB und Rechtsgeschäftslehre (2010), S. 214 f. und *Fastrich*, Inhaltskontrolle (1992), S. 30. Zum Normcharakter von AGB vgl. darüber hinaus die umfangreichen Nachweise bei *Fastrich*, Inhaltskontrolle (1992), S. 30 Fn. 4.

[154] So insbesondere *Meyer-Cording*, Rechtsnormen (1971), S. 43 sowie *Pflug*, Kontrakt und Status (1986), S. 3 ff., der jedoch verfassungsrechtliche Bedenken geltend macht. Vgl. hierzu *Ulmer/Habersack*, in: *Ulmer/Brandner/Hensen*, AGB-Recht (12. Aufl. 2016), Einl. Rn. 41 mwN.

erhebliche Schwierigkeiten bereitet.[155] Entsprechend wird der mit dem Wortlaut des Gesetzes kaum vereinbare Schritt hin zu einer einigungsunabhängigen, autonomen Geltung unter Verzicht auf die rechtsgeschäftliche Einbeziehung durch Konsens der Parteien nur von einem Teil der Normentheorien vollzogen.[156] Im Übrigen beschränken sich die verbleibenden Unterschiede zur Vertragstheorie hinsichtlich der Rechtsfolgen – von der Irrtumsanfechtung abgesehen – im Wesentlichen auf die fehlende Möglichkeit des Rückgriffs auf die Verkehrssitte gemäß § 157 BGB sowie die beschränkte Möglichkeit ergänzender Vertragsauslegung lückenhafter AGB.[157] Im Einzelnen bestehen zwischen den Ansätzen indes erhebliche Unterschiede.

a) Meyer-Cording: AGB als Wahlnormen

So gelangt etwa *Meyer-Cording* dadurch zu einer Qualifikation von AGB als Rechtsnorm, dass er seiner Subsumtion nicht den allgemeinen *Begriff der Rechtsnorm* im Sinne des Gesetzes im materiellen Sinn zugrunde legt, sondern den Rechtsnormbegriff unter Rückgriff auf die französische Institutionenlehre neu und entsprechend weit definiert.[158] Er geht davon aus, dass nicht nur staatliche Akteure – die Legislative, die Verwaltung und in Grenzen auch die rechtsprechende Gewalt –, sondern auch „institutionelle Regler" wie etwa Verbände, Unternehmen und öffentlich-rechtliche Anstalten als Normgeber in Erscheinung treten können,[159] „wenn das allgemeine Rechtsdenken ihren Regeln ein ähnliches Vertrauen entgegenbringt wie den Gesetzen".[160] Im Gegensatz zu den vom Staat auch gegen den Willen der Rechtsunterworfenen oktroyierten *Zwangsnormen* handele es sich bei AGB um *Wahlnormen* im Sinne *akzeptierter Rechtsnormen*, denen die Verwendungsgegner als für den institutionellen Bereich strukturell notwendige, „fertig bereitliegende" Rechtsordnung zustimmen und ihnen so Geltung verleihen.[161]

---

[155] *Ulmer/Habersack*, in: *Ulmer/Brandner/Hensen*, AGB-Recht (12. Aufl. 2016), Einl. Rn. 41 f.; *Miethaner*, AGB-Kontrolle (2010), S. 42; *Heinrich*, Formale Freiheit (2000), S. 204 f.; *Fastrich*, Inhaltskontrolle (1992), S. 34 sowie insoweit zutreffend *Pflug*, Kontrakt und Status (1986), S. 278 ff., 290. Vgl. hierzu auch unten S. 352.

[156] So hält etwa *Meyer-Cording* entsprechend seiner Konzeption von *AGB als Wahlnormen* im Sinne *akzeptierter Rechtsnormen* an der notwendigen *Zustimmung* des Verwendungsgegners als Voraussetzung ihrer Geltung und damit an der rechtsgeschäftlichen Einbeziehung von AGB fest. Vgl. hierzu *Meyer-Cording*, Rechtsnormen (1971), S. 47 f., 101 f., 133, 143.

[157] Vgl. hierzu *Ulmer/Habersack*, in: *Ulmer/Brandner/Hensen*, AGB-Recht (12. Aufl. 2016), Einl. Rn. 39 ff.

[158] *Meyer-Cording*, Rechtsnormen (1971), S. 23 ff., 45 ff., 84 ff., 92 ff., 97 ff., 101 ff., 131 ff.

[159] *Meyer-Cording*, Rechtsnormen (1971), S. 43, 92 ff., 98 ff. Vgl. hierzu auch *Ulmer/Habersack*, in: *Ulmer/Brandner/Hensen*, AGB-Recht (12. Aufl. 2016), Einl. Rn. 39 ff.; *Heinrich*, Formale Freiheit (2000), S. 188; *Fastrich*, Inhaltskontrolle (1992), S. 30 f.

[160] *Meyer-Cording*, Rechtsnormen (1971), S. 43.

[161] *Meyer-Cording*, Rechtsnormen (1971), S. 47, 101 f.

Bedürfen sie zu ihrer Geltung daher zunächst eines Willensakts des Verwendungsgegners, so gelten sie einmal in Kraft gesetzt wie Gesetze.[162] An der rechtsgeschäftlichen Geltung hält *Meyer-Cording* damit gleichwohl fest.[163] Um die als unbefriedigend empfundene „Trennung der soziologischen und dogmatischen Betrachtung“[164] zu überwinden und die rechtstatsächliche Normähnlichkeit auch rechtsdogmatisch zu berücksichtigen, dabei jedoch das gleichwohl vorhandene vertragliche Element der rechtsgeschäftlichen Einbeziehung zu integrieren, konzipiert er *Wahlnormen* als „Kombination von Norm und Vertrag“[165], die in einem schuldrechtlichen Teil im Hinblick auf die *essentialia negotii* „wirkliche Vereinbarungen“, in einem normativen Teil die „Unterwerfung unter die Normen der institutionellen Rechtsordnung“[166] enthalten. Weil das Gewicht dieses normativen Teils das Gepräge der Wahlnormen beherrscht, es sich bei ihnen im Grunde um Statusverträge handelt[167], in denen die Vertragsfreiheit für die Gestaltung des Inhalts ohnehin kaum noch besteht, sie als Unterwerfungsvertrag nur noch in geringem Umfang vertragliche Abreden enthalten und stattdessen auf AGB als institutionelle Normen Bezug nehmen[168], unterliegen sie der *Inhaltskontrolle*, die jedoch nicht über die Generalklauseln legitimiert, sondern vielmehr als Normenkontrolle ausgestaltet ist.[169] Die Qualifikation von AGB als Rechtsnormen wird damit vor allem für die Legitimierung der Inhaltskontrolle fruchtbar gemacht.

b) *Pflug: AGB als para-legales Recht*

Pflug, der mit *Kontrakt und Status*[170] eine umfassende Normentheorie der AGB vorgelegt hat, knüpft an das Konzept *Meyer-Cordings* an[171], vermag ihm jedoch in drei wesentlichen Punkten nicht zu folgen: dem Konstrukt der *Wahlnormen* als Kombination von Norm und Vertrag[172], ihrer ausschließlich *gewohnheits-*

---

[162] *Meyer-Cording*, Rechtsnormen (1971), S. 47, 101 f.

[163] So deutlich *Meyer-Cording*, Rechtsnormen (1971), S. 143: „Einer einseitigen Verbindlichkeitserklärung oder einem Diktat von *AGB*, weil sie der Verkehrssitte entsprechen und man sie hätte kennen müssen, ist im Prinzip entgegenzutreten. Die Unterwerfung unter die AGB hat grundsätzlich durch Vertrag zu erfolgen, der den Konsens beider Teile, also auch des Kunden erfordert ....“ Vgl. auch *Meyer-Cording*, Rechtsnormen (1971), S. 47 f., 101 f., 133, 143.

[164] *Meyer-Cording*, Rechtsnormen (1971), S. 97.

[165] *Meyer-Cording*, Rechtsnormen (1971), S. 97 ff.

[166] *Meyer-Cording*, Rechtsnormen (1971), S. 103.

[167] *Meyer-Cording*, Rechtsnormen (1971), S. 102 ff.

[168] *Meyer-Cording*, Rechtsnormen (1971), S. 113.

[169] *Meyer-Cording*, Rechtsnormen (1971), S. 113.

[170] *Pflug*, Kontrakt und Status (1986). Vgl. hierzu die Rezension von *Kramer*, AcP 188 (1988), 423 sowie aus dem jüngeren Schrifttum *Ulmer/Habersack*, in: *Ulmer/Brandner/Hensen*, AGB-Recht (12. Aufl. 2016), Einl. Rn. 41 f.; *Heinrich*, Formale Freiheit (2000), S. 188 f.; *Fastrich*, Inhaltskontrolle (1992), S. 31 f.; *Habersack*, Vertragsfreiheit und Drittinteressen (1992), S. 168.

[171] *Pflug*, Kontrakt und Status (1986), S. 214 ff.

[172] *Pflug*, Kontrakt und Status (1986), S. 225 ff.

rechtlichen Legitimation[173] sowie der rechtsgeschäftlichen *Geltung* von AGB[174]. Wie *Meyer-Cording* geht zwar auch *Pflug* von der Rechtsnormqualität von AGB aus, doch erteilt er dem Versuch, sie aus dem Prinzip der Vertragsfreiheit zu legitimieren, ein Absage. Die insoweit von *Meyer-Cording* getroffene Differenzierung zwischen einem schuldrechtlichen und einem normativen Teil von AGB als Wahlnormen lehnt er daher insbesondere mit der Begründung ab, dass eine solche Konstruktion dem heteronomen Charakter der Unterwerfung des Verwendungsgegners unter die AGB nicht gerecht werde.[175] Tatsächlich sei die Unterwerfung unter den Status als Verwender keine Wahl, „weil nichts zur Wahl steht"[176].

Folgerichtig verzichtet *Pflug* vollständig auf ein konstitutives Willenselement als Geltungsvoraussetzung und sieht die Verwendung von AGB als *einseitige Normsetzung*. Allerdings könne diese nicht gewohnheitsrechtlich legitimiert werden, da die hierfür notwendige Delegation einer Normsetzungskompetenz an den AGB-Verwender qua Gewohnheitsrecht durchgreifenden verfassungsrechtlichen Bedenken unterliege.[177] Weil allerdings die tatsächlich vorhandene Sanktionsbereitschaft staatlicher Organe im Hinblick auf AGB eine rechtstatsächlich anerkannte und daher faktisch geltende Delegationsnorm voraussetze, für eine entsprechende Ermächtigungsgrundlage jedoch wegen mangelnder Ableitbarkeit aus höheren Normen die juristische Geltung fehle, handele es sich hierbei um „‚paralegales' objektives Recht"[178] im Sinne der von *Mertens*[179] postulierten *leges praeter legem*.[180] Diese gelten als *Normen im funktionalen Sinn* kraft des faktisch vom Staat anerkannten und damit legitimierten Normsetzungsakts des Verwenders.[181] Einer rechtsgeschäftlichen und auf diese Weise in der Vertragsfreiheit gründenden Geltungsverleihung bedürfe es hierfür nicht.[182]

Angesichts des ausdrücklichen Bekenntnisses des Gesetzgebers in §2 AGBG (heute §305 Abs. 2 und 3 BGB) zur Vertragsqualität von AGB gelangt *Pflug* zu dem erstaunlichen Ergebnis, dass das AGBG an der Rechtsnormqualität von AGB nichts geändert habe, da der Gesetzgeber zum einen zur Klärung rechtstheoretischer Fragen nicht befugt sei, der gleichwohl zu respektierende Gesetzeswortlaut jedoch zum anderen der Normentheorie nicht nur nicht entgegen-

173 Eine gewohnheitsrechtliche Legitimation einseitiger Rechtsetzungsmacht des AGB-Verwenders würde nach *Pflug* den verfassungsrechtlichen Anforderungen nicht genügen. *Pflug*, Kontrakt und Status (1986), S. 278 ff., 290.

174 *Pflug*, Kontrakt und Status (1986), S. 187 ff., 248 ff., 290.

175 *Pflug*, Kontrakt und Status (1986), S. 225 ff., 247.

176 *Pflug*, Kontrakt und Status (1986), S. 227.

177 *Pflug*, Kontrakt und Status (1986), S. 278 ff., 290.

178 *Pflug*, Kontrakt und Status (1986), S. 289.

179 *Mertens*, AG 1982, 29.

180 *Pflug*, Kontrakt und Status (1986), S. 289.

181 *Pflug*, Kontrakt und Status (1986), S. 2 ff., 187 ff., 289 f., 312 ff.

182 Ebenda.

stehe, sondern sie im Gegenteil sogar stütze.[183] Denn weil der Schwerpunkt des §2 AGBG in der Normierung der Obliegenheit des Verwenders liege, den Verwendungsgegner auf die AGB hinzuweisen und ihm eine zumutbare Kenntnisnahme zu ermöglichen, sei das voluntative Substrat der Vorschrift gleichsam auf ein Minimum reduziert, so dass sie sich normentheoretisch plausibel als „Modus der ‚Verkündung' des Partikularrechts"[184] deuten lasse.[185] Und da aufgrund der zweifelhaften Herkunft der Normschöpfer als Träger partikularer Interessen und des durch einseitige Unterwerfung des Verwendungsgegners geprägten Modus der Normsetzung im Gegensatz zum staatlichen Recht eine Richtigkeit des auf diese Weise selbstgeschaffenen para-legalen Rechts nicht ohne weiteres gegeben sei, sei seine Tolerierung zeitlich und gegenständlich begrenzt und nur innerhalb des Rahmens des staatlichen *ius cogens* möglich.[186] Aus der fehlenden Richtigkeitsgewähr der unterhalb des staatlichen Gesetzes angesiedelten AGB als „Normen des objektiven Rechts"[187] ergebe sich damit die Legitimation der *materiellen Inhaltskontrolle*.[188]

Die Literatur ist dem weitgehenden Ansatz der Normentheorie *Pflugs*, insbesondere angesichts ihres mit dem Wortlaut des §2 AGBG nur schwer zu vereinbarenden Verzichts auf eine rechtsgeschäftliche Geltungsverleihung, indes – bis auf wenige Ausnahmen[189] – nicht gefolgt. Auch wenn im jüngeren Schrifttum aufgrund des rechtstatsächlichen Befundes AGB bisweilen jedenfalls eine Normqualität im *funktionalen Sinn* zuerkannt wird[190], so wird die vertragliche Einbeziehung als Geltungsgrund indes kaum infrage gestellt.[191]

c) *Helm: AGB als Normen mit bedingter Rechtsgeltung*

Entsprechend unterscheidet etwa *Helm* zwischen dem *funktionalen Normcharakter* von AGB und ihrer *rechtsgeschäftlichen Geltungsverleihung*.[192] AGB seien danach zwar Normen, da sie als verhaltensregulierende Regeln eine *normative Funktion* erfüllten, deren ordnende Wirkung in der Rechtswirklichkeit vielfach

---

183 *Pflug*, Kontrakt und Status (1986), S. 319f.

184 *Pflug*, Kontrakt und Status (1986), S. 320.

185 *Pflug*, Kontrakt und Status (1986), S. 319f.

186 *Pflug*, Kontrakt und Status (1986), S. 298f.

187 *Pflug*, Kontrakt und Status (1986), S. 298.

188 *Pflug*, Kontrakt und Status (1986), S. 289f. Darauf, dass diese damit als Normenkontrolle zu deuten ist, hat *Heinrich*, Formale Freiheit (2000), S. 189 hingewiesen.

189 So etwa *Schmidt*, JuS 1987, 929, 931, der ebenfalls auf eine rechtsgeschäftliche Geltungsverleihung verzichtet.

190 So etwa *Helm*, FS Schnorr von Carolsfeld (1973), S. 125, 129ff., 133.

191 Vgl. hierzu *Helm*, FS Schnorr von Carolsfeld (1973), S. 125, 129ff., 133. Zu den Ausnahmen vgl. eingehend *Schmidt*, JuS 1987, 929, 931; *Reuter*, SAE 1983, 201, 201 sowie eingehend unten S. 317ff.

192 *Helm*, FS Schnorr von Carolsfeld (1973), S. 125, 129ff., 133. Vgl. hierzu *Heinrich*, Formale Freiheit (2000), S. 189; *Fastrich*, Inhaltskontrolle (1992), S. 32f.

ausnahmsloser und strenger sei als jene dispositiver Gesetze.[193] Allerdings könne ihnen aufgrund des staatlichen Gesetzgebungsmonopols nicht die Qualität einer mit einem eigenen Geltungsanspruch ausgestatteten Rechtsnorm zuerkannt werden, die als materielles Gesetz *ipso iure* gelten würde.[194] Dies wäre nur dann der Fall, wenn sie von einer zuständigen staatlichen Stelle als Rechtsverordnung erlassen oder für allgemeinverbindlich erklärt worden wären, wie es etwa für die Eisenbahnverkehrsordnung oder Benutzungsregelungen im Bereich der öffentlichen Daseinsvorsorge geschehen sei.[195]

Allerdings könnten sich verhaltensregulierende Regeln der Zwangsgewalt des Rechts in mittelbarer Weise bedienen, auch ohne Rechtsnormen zu sein, wie dies etwa in §§138, 242, 826 BGB für einen Teil der *Sittennormen* sowie in §§157, 242 BGB, §346 HGB für *Verkehrssitte* und *Handelsbrauch* gesetzlich geregelt sei.[196] Das Gleiche gelte für Normen, die wie Vereinssatzungen und AGB ihre Wirkung der Privatautonomie verdankten und damit mit den Mitteln staatlicher Rechtspflege durchgesetzt werden könnten.[197] Diese seien daher als *Normen mit bedingter Rechtsgeltung* im Sinne eines weiten Normbegriffs zu qualifizieren.[198] Unabhängig von ihrer *normativen Funktion* erlangten AGB dagegen allein durch die vertragliche Vereinbarung der Parteien Geltung, auch wenn die Rechtsprechung die entsprechenden Anforderungen deutlich erleichtert habe.[199] Ihre Geltung erlangten AGB ausschließlich aufgrund der Privatautonomie.[200] Allerdings ergebe sich aus dem Befund der *normativen Wirkung* von AGB und ihrer *rechtsgeschäftlichen Geltungsverleihung* ein Widerspruch, weil damit Privatpersonen Normen setzten, die sich im Ergebnis wie staatlich durchsetzbare Rechtsnormen auswirkten.[201] Zwar sei die Normsetzung durch Private, wie ein Blick in das Verbands- und Vereinsrecht zeige, kein grundsätzlich neues Phänomen, das aufgrund der freiwilligen Unterwerfung unter die in den AGB statuierte Ordnung auch keinen grundsätzlichen Bedenken unterliege.[202]

Jedoch sei die Intervention des Staates durch Bereitstellung des Instrumentariums institutionalisierter Zwangsgewalt zur Durchsetzung der Vereinbarung bedenklich, da der damit einhergehende Tausch von Vertragsfreiheit in Exekutivgewalt grundsätzlich auf den Individualvertrag zugeschnitten sei, der regelmäßig ein höheres Maß an Vertragsgestaltungsfreiheit und damit an gegen-

---

193 *Helm*, FS Schnorr von Carolsfeld (1973), S. 125, 129.
194 *Helm*, FS Schnorr von Carolsfeld (1973), S. 125, S. 128.
195 *Helm*, FS Schnorr von Carolsfeld (1973), S. 125, S. 128.
196 *Helm*, FS Schnorr von Carolsfeld (1973), S. 125, S. 129.
197 Ebenda.
198 Ebenda.
199 *Helm*, FS Schnorr von Carolsfeld (1973), S. 125, 133.
200 Ebenda.
201 *Helm*, FS Schnorr von Carolsfeld (1973), S. 125, 133f.
202 *Helm*, FS Schnorr von Carolsfeld (1973), S. 125, S. 134.

seitiger Interessenwahrung erlaube.[203] Bei typischerweise *äquivalenzgestörten Verträgen*, wie etwa im Bereich des Arbeitsrechts, des sozialen Mietrechts oder des Kartellrechts, in denen sich ungleich starke Vertragspartner gegenüberstehen, übernehme der Staat die Regulierung durch zwingende Normen oder ergreife sonstige Maßnahmen zum Ausgleich bestehender *Machtungleichgewichte*.[204] Da alle liberalen Ordnungssysteme gezwungen seien, die Liberalität vor ihrer Selbstzerstörung zu bewahren, müsse der Staat in Fällen, in denen der Handlungsspielraum und damit die Vertragsfreiheit anderer durch die Verwendung zwangsweise durchsetzbarer Normen institutionalisiert werde, prüfen, ob er dem Normverwender die Inanspruchnahme staatlicher Gewalt zur Durchsetzung einseitig gesetzter Normen verweigern dürfe.[205] Dabei könne er die Nutzung staatlicher Zwangsgewalt zur Durchsetzung von AGB an Bedingungen knüpfen, um offenkundigen Ungleichgewichten des Inhalts entgegenzuwirken. Das hierfür geeignete Instrument sei die gerichtliche *Inhaltskontrolle* als *Korrelat* einer *Normsetzung durch Private* und der damit feststehenden zweifelhaften Tragfähigkeit der Privatautonomie.[206] Aufgabe der Gerichte sei es, die *ordnende Kraft der AGB* als Rechtsnormen zu unterstützen und *Äquivalenzstörungen* durch die Verweigerung staatlicher Durchsetzung entsprechender Klauseln rigoros zu bekämpfen.[207]

d) *Schmidt: AGB als faktische Normen*

Von den darüber hinaus entwickelten normtheoretischen Konzepten sei schließlich auf die Ansätze von *Schmidt* und *Reuter* hingewiesen, die den Diskurs um einige wesentliche Aspekte bereichert haben.

Ebenso wie *Meyer-Cording*, *Pflug* und *Helm* hält auch *Schmidt* die Vertragskategorie für nicht geeignet, das Phänomen der AGB angemessen dogmatisch zu erfassen.[208] Da sich die *Einverständniserklärung* als einziger überhaupt infrage kommender Individualakt mit privatautonomer Beteiligung in der Integration der AGB in den Vertrag erschöpfe und damit allein auf die *Geltungsverleihung*, nicht jedoch auf ihren regelmäßig überhaupt nicht zur Kenntnis genommenen oder verstandenen *Inhalt* gerichtet sei, könne an der Rechtsgeschäftskategorie nicht festgehalten werden.[209] Der in §2 AGBG geregelte *„Kunstgriff des Einbeziehens“*[210], der als Tatbestandsvoraussetzung einer wirksamen Einbeziehung von AGB lediglich die *Möglichkeit der zumutbaren Kenntnisnahme* ihres Inhalts

---

[203] *Helm*, FS Schnorr von Carolsfeld (1973), S. 125, S. 134f.
[204] *Helm*, FS Schnorr von Carolsfeld (1973), S. 125, S. 135.
[205] *Helm*, FS Schnorr von Carolsfeld (1973), S. 125, S. 135.
[206] *Helm*, FS Schnorr von Carolsfeld (1973), S. 125, S. 143.
[207] *Helm*, FS Schnorr von Carolsfeld (1973), S. 125, S. 136.
[208] *Schmidt*, JuS 1987, 929, 930f.; *Schmidt*, ZIP 1987, 1505, 1506.
[209] *Schmidt*, ZIP 1987, 1505, 1506.
[210] *Schmidt*, JuS 1987, 929, 932.

sowie das *Einverständnis* mit ihrer Geltung genügen lasse, weiche grundlegend von der in den §§145ff. BGB geregelten inhaltlichen Einigung ab, weil er im Gegensatz zum rechtsgeschäftlichen Konsens keine inhaltliche Einigung über jeden relevanten Einzelpunkt voraussetze, sondern bereits ohne vorherige Kenntnisnahme des Inhalts zustande komme.[211] Dieses *Defizit an tatsächlicher rechtsgeschäftlicher Einigung* werde auch nicht durch das Einverständnis des Verwendungsgegners kompensiert, weil sich dieses allein auf die *Geltung*, nicht jedoch auf den konkreten *Inhalt* der AGB beziehe und der Kunde damit keineswegs die konkrete Ausgestaltung der AGB billige.[212] Da nicht der inhaltliche *Konsens*, sondern die gegnerische *Unterwerfung* unter die AGB angestrebt werde, könne unter diesen Umständen von einem Gebrauch der – allenfalls responsiv zu denkenden Vertragsfreiheit – nicht einmal im Ansatz gesprochen werden.[213]

Auch die Annahme eines rein *formalen Einbeziehungsvertrages* sei nicht sachgerecht, da hier – im Gegensatz zu einem ausgehandelten Individualvertrag – die sonst eingreifende *Richtigkeitsgewähr* nicht gegeben sei und es damit an der klassischen *Vertragsfunktion* einer *Inhaltslegitimation durch Verfahren* fehle.[214] Angesichts ihrer Zielrichtung, ökonomische Bezüge überindividuell zu regeln, sowie ihrer *abstrakt-generellen Natur*, komme AGB jedoch *sachlich Normcharakter* zu.[215] Zwar fehlte es bis zum Erlass des AGBG grundsätzlich an einer rechtsbeständigen, verfassungsmäßig abgesicherten *Delegation zu privater Normsetzung*, die in Ermangelung einer ausdrücklichen gesetzlichen Ermächtigung auch nicht gewohnheitsrechtlich hergeleitet werden könne.[216] Jedoch habe der Gesetzgeber mit dem AGBG die *Faktizität privater Normsetzung* indirekt anerkannt und sie zum Schutz des Verbrauchers zugleich einer verschärften *Einbeziehungs- und Inhaltskontrolle* unterworfen und ihre Geltung damit der *gesetzgeberischen Disposition* unterstellt.[217] Das AGB-Gesetz bilde somit nicht nur die Rechtsgrundlage für die einseitige Normsetzung des AGB-Verwenders, sondern stehe zugleich einem Festhalten an der Rechtsgeschäftskategorie entgegen.[218]

e) *Reuter: Arbeitsrechtliche Einheitsregelungen als gesellschaftliche Normen*

Reuter überträgt schließlich die Problematik der Rechtsnormqualität allgemein geltender Regelungen privater Rechtssubjekte auf das Arbeitsrecht, indem er be-

---

211 *Schmidt*, JuS 1987, 929, 932.
212 *Schmidt*, JuS 1987, 929, 932.
213 *Schmidt*, JuS 1987, 929, 930.
214 *Schmidt*, ZIP 1987, 1505, 1506. Hierzu auch *Schmidt*, JuS 1987, 929, 930.
215 *Schmidt*, JuS 1987, 929, 931.
216 *Schmidt*, JuS 1987, 929, 931.
217 *Schmidt*, JuS 1987, 929, 932.
218 *Schmidt*, ZIP 1987, 1505, 1506f.

triebs- oder unternehmenseinheitliche Regelungen als Ergebnis gesellschaftlicher Normsetzung qualifiziert.[219] Maßgeblich hierfür sei dabei nicht die *Form*, sondern der *Inhalt* der Regelung, die darüber entscheide, ob die Beteiligten einen auf interprivaten Interessenausgleich gerichteten Vertrag oder ein auf Ordnung und Gerechtigkeit angelegtes Regelungswerk mit Geltungsanspruch auch gegenüber zukünftigen Belegschaftsmitgliedern geschaffen hätten.[220] Im Fall von betriebseinheitlichen Regelungen legten die Parteien nicht nur Leistung und Gegenleistung im Rahmen eines *Austauschverhältnisses* fest. Vielmehr errichteten sie eine *Ordnung*, welche die verschiedenen Arbeitsverhältnisse im Betrieb mit dem Anspruch einer sach- und gleichgerechten Verteilung von Rechten und Pflichten koordiniere.[221]

Zwar könne, wie ein Blick in das Vereinsrecht zeige, Normsetzung auch durch die Privatautonomie der Beteiligten legitimiert sein.[222] Allerdings fehle es im Betriebsverband, anders als regelmäßig im privaten Verein, an der *Freiwilligkeit* der Mitgliedschaft, so dass ein Rückgriff auf eine privatautonome Legitimation entfalle.[223] Dem stehe auch nicht das *Normsetzungsmonopol* des Staates entgegen,[224] da es sich um *gesellschaftliche Normsetzung* handele, die schon von Verfassung wegen zulässig bleiben müsse.[225] Denn zum einen würde die rechtliche Anerkennung eines Normsetzungsmonopols des Staates nichts an der tatsächlichen Existenz gesellschaftlicher Normsetzung ändern.[226] Zum anderen sei das staatliche Normsetzungsmonopol nachdrücklich zu bestreiten, weil die Grundrechte der Vereinigungs- und Berufsfreiheit entscheidend entwertet würden, wollte man gesellschaftliche Normsetzung schlechthin unterbinden oder lediglich unter der Bedingung privatautonomer Legitimation durch tatsächliche Freiwilligkeit dulden.[227] Es sei daher verfehlt, wenn man, wie es die herrschende Lehre tue, die *bedenkliche Normsetzung* in eine *unbedenkliche Vertragsregelung* umtaufe.[228] Der sinnvolle Betrieb eines Unternehmens bedürfe der Koordination der Arbeitsverhältnisse und der Abstimmung der Arbeitsbedingungen.[229] Entscheidend sei lediglich, dass sich die gesellschaftliche Normsetzung in den *Ordnungsrahmen des staatlichen Rechts* einfüge, indem es *gemeinverträgliche Ziele* verfolge sowie

---

219 *Reuter*, SAE 1983, 201, 202ff. Vgl. hierzu auch *Heinrich*, Formale Freiheit (2000), S. 189; *Fastrich*, Inhaltskontrolle (1992), S. 32.
220 *Reuter*, SAE 1983, 201, 202.
221 *Reuter*, SAE 1983, 201, 202.
222 *Reuter*, SAE 1983, 201, 202.
223 *Reuter*, SAE 1983, 201, 202.
224 *Reuter*, SAE 1983, 201, 203.
225 *Reuter*, SAE 1983, 201, 203.
226 *Reuter*, SAE 1983, 201, 203.
227 *Reuter*, SAE 1983, 201, 203.
228 *Reuter*, SAE 1983, 201, 203.
229 *Reuter*, SAE 1983, 201, 203.

die Rechte des Einzelnen in der verfassungsrechtlich vorgeschriebenen Intensität achte.[230]

3. *Die Vertragstheorie*

Die Normtheorien haben sich indes, unabhängig von ihrer jeweiligen Spielart, zu Recht nicht durchsetzen können.[231] Zu groß sind die dogmatischen Widersprüche, zu gravierend ist ihre Unvereinbarkeit mit dem Wortlaut des Gesetzes.

a) Kein Schluss vom rechtstatsächlichen Befund auf die rechtsdogmatische Begründung

Allerdings haben sie mit der *Normähnlichkeit* von AGB ein rechtstatsächliches Phänomen in den Mittelpunkt der dogmatischen Auseinandersetzung gerückt, dessen Berücksichtigung für die angemessene rechtliche Behandlung von AGB gerade vor dem Hintergrund eines vertragsrechtlichen Verständnisses vorformulierter Klauseln von zentraler Bedeutung ist.[232] Der von den Normentheorien vollzogene Schritt von der Norm*ähnlichkeit* zur Norm*qualität* von AGB ist dabei zunächst durchaus nachvollziehbar. Denn dass AGB im Hinblick auf ihre *äußere Struktur* wie auch ihre *Geltungsverleihung* eine starke *Ähnlichkeit* mit Rechtsnormen aufweisen, steht außer Frage.[233] Deutlich wird dies bereits mit Blick auf die Art und Weise ihrer *Entstehung*: Im Gegensatz zu individualvertraglichen Vereinbarungen wird ihr Inhalt entweder vollständig oder ganz überwiegend einseitig vom AGB-Verwender bestimmt. Sie sind damit – anders als der klassische Individualvertrag – nicht Ergebnis einer vorangegangenen *Verhandlung*, in der die Parteien im Wege des gegenseitigen Nachgebens um einen angemessenen Ausgleich ihrer jeweiligen Interessen ringen, sondern vielmehr Ausdruck der durch einseitiges Stellen geltend gemachten Interessen des AGB-Verwenders.

---

[230] *Reuter*, SAE 1983, 201, 203.

[231] *Ulmer/Habersack*, in: *Ulmer/Brandner/Hensen*, AGB-Recht (12. Aufl. 2016), Einl. Rn. 42; *Miethaner*, AGB-Kontrolle (2010), S. 41 ff.; *Stoffels*, AGB-Recht (3. Aufl. 2015), Rn. 103 ff.; *Pfeiffer*, in: Wolf/Lindacher/Pfeiffer, AGB-Recht (6. Aufl. 2013), Einl. Rn. 15 ff.; *Heinrich*, Formale Freiheit (2000), S. 203 f.; *Wackerbarth*, AcP 200 (2000), 45, 48; *Drexl*, Selbstbestimmung (1998), S. 348 f.; *Schmidt-Salzer*, JZ 1995, 223, 228 f., 230; *Fastrich*, Inhaltskontrolle (1992), S. 33 ff.; *Habersack*, Vertragsfreiheit und Drittinteressen (1992), S. 168 sowie aus der weiteren Kommentarliteratur Staudinger/*Wendland*, BGB (2019), §307 Rn. 18; Soergel/*Stein*, (12. Aufl. 1991), §2 AGBG Rn. 1.

[232] Vgl. zur *Normähnlichkeit* von AGB bereits oben S. 301 ff. Zum rechtsgeschichtlichen Wandel der dogmatischen Qualifikation der rechtstatsächlichen Normähnlichkeit von AGB vgl. oben S. 305 ff.

[233] *Ulmer/Habersack*, in: *Ulmer/Brandner/Hensen*, AGB-Recht (12. Aufl. 2016), Einl. Rn. 43 f.; *Miethaner*, AGB-Kontrolle (2010), S. 41 f.; *Fastrich*, Inhaltskontrolle (1992), S. 33 sowie die Nachweise oben S. 301, Fn. 82.

Da mit ihnen eine Vielzahl ähnlicher Rechtsgeschäfte einer einheitlichen Regelung unterworfen werden soll, gleichen sie im Hinblick auf ihre *äußere Struktur* sowie hinsichtlich ihrer *Zielsetzung* den auf abstrakt-generelle Regelung gerichteten Rechtsnormen. Und schließlich ist auch der Akt ihrer *Geltungsverleihung* durch ein derart geringes Maß an substantieller Selbstbestimmung des Verwendungsgegners, durch einen typischerweise nur „verdünnten Konsens“[234] geprägt, dass häufig von einer regelrechten *Unterwerfung* des Kunden unter von ihm kaum beeinflussbare und daher faktisch wie Rechtsnormen wirkende Bedingungen ausgegangen werden muss[235], die in der Tat eher an den *Zwang heteronomer Normsetzung* als an die *Freiheit konsensualer Einigung* denken lässt. Der auf den ersten Blick plausibel erscheinende Schluss von der Norm*ähnlichkeit* auf die Norm*gleichheit* ist daher durchaus nachvollziehbar.[236] Das damit verbundene Ergebnis einer nahezu mühelosen Begründung der richterlichen Inhaltskontrolle als Normenkontrolle erscheint daher umso verlockender.

Allerdings ist bereits der methodische Ansatz des Schlusses vom *rechtstatsächlichen Befund* auf die *dogmatische Qualifikation* problematisch.[237] Denn es würde vom *Sein* auf das *Sollen*, von der *Faktizität* auf das *Recht* geschlossen und auf diese Weise das *Primat des Rechts* als das maßgebende wirklichkeitsformende Gestaltungsprinzip entwertet und gleichsam auf den Kopf gestellt.[238]

b) Das Willenselement als zentrale Geltungsvoraussetzung

Darüber hinaus wäre aber ein solcher Schluss, selbst wenn man ihn für zulässig hielte, nicht überzeugend, weil es den AGB bereits an der einseitigen, *heteronomen Geltungsverleihung* und damit am *Zwangscharakter* als konstitutivem Merkmal normativ wirkender Regelungen fehlt, der gerade die *Normenkontrolle* legitimiert.[239] Zwar sind AGB tatsächlich durch ein hohes Maß an heteronomer

[234] *Kramer*, FS Canaris I (2007), S. 665, 670. Ebenso für Österreich OGH SZ 56, 62 sowie OGH RdW 2008, 382 (verdünnte Willensfreiheit). Ähnlich bereits *Bydlinski*, Privatautonomie (1967), S. 106, 123 im Anschluss an *Raiser*, FS 100 Jahre DJT (1960), S. 101, 126 (verdünnte Freiheit). Vgl. hierzu *Canaris*, AcP 200 (2000), 273, 321.

[235] Vgl. nur *Pfeiffer*, in: Wolf/Lindacher/Pfeiffer, AGB-Recht (6. Aufl. 2013), Einl. Rn. 7; *Stoffels*, AGB-Recht (3. Aufl. 2015), Rn. 72.

[236] Zu diesem Ergebnis gelangen auch *Miethaner*, AGB-Kontrolle (2010), S. 41 sowie *Fastrich*, Inhaltskontrolle (1992), S. 33.

[237] Für die Unzulässigkeit des Schlusses vom *soziologischen Befund* auf die *juristische Bewertung* ebenfalls *Stoffels*, AGB-Recht (3. Aufl. 2015), Rn. 103; *Heinrich*, Formale Freiheit (2000), S. 204; *Fastrich*, Inhaltskontrolle (1992), S. 33 mwN. sowie *Habersack*, Vertragsfreiheit und Drittinteressen (1992), S. 168.

[238] Ebenda.

[239] So mit ihrem Plädoyer für eine rechtsgeschäftliche Geltung von AGB im Ergebnis ebenfalls *Ulmer/Habersack*, in: *Ulmer/Brandner/Hensen*, AGB-Recht (12. Aufl. 2016), Einl. Rn. 41 f.; *Miethaner*, AGB-Kontrolle (2010), S. 42; *Pfeiffer*, in: Wolf/Lindacher/Pfeiffer, AGB-Recht (6. Aufl. 2013), Einl. Rn. 15 ff.; *Stoffels*, AGB-Recht (3. Aufl. 2015), Rn. 103 ff.; *Heinrich*, Formale Freiheit (2000), S. 204; *Fastrich*, Inhaltskontrolle (1992), S. 34.

Rechtsgestaltung seitens des Verwenders und eine entsprechend einseitige Berücksichtigung seiner Partikularinteressen geprägt.[240] Aufgrund des fehlenden *Kondiktionenwettbewerbs* sieht sich der Kunde als Verwendungsgegner in der Tat regelmäßig einer *situativen Überlegenheit* des AGB-Verwenders ausgesetzt, die ihm häufig kaum eine andere Wahl lässt, als den vom Verwender einseitig gestellten AGB notgedrungen zuzustimmen.[241]

Das geringe Maß an eigenverantwortlicher *Selbstbestimmung* des Verwendungsgegners, das bisweilen bis auf jenes Minimum an Freiheitssubstrat reduziert ist, bei dem der Begriff der Vertragsfreiheit überhaupt noch eine substantielle Bedeutung hat, ist *das* zentrale Problem des AGB-Rechts.[242] Es bildet den entscheidenden Legitimationsgrund richterlicher Inhaltskontrolle und war auch Anlass für das korrigierende Eingreifen des Gesetzgebers durch den Erlass des AGBG.[243] Jedoch vermag auch dieser – im Hinblick auf die Gewährleistung effektiver Vertragsfreiheit für den Verwendungsgegner durchaus bedenkliche – Befund nicht darüber hinwegzutäuschen, dass diesem die letzte Entscheidung über die Geltung der AGB verbleibt.[244] Wenn die lebhafte Diskussion um den adäquaten Schutz der rechtsgeschäftlichen Entscheidungsfreiheit des Verwendungsgegners eines gezeigt hat, so doch dies, dass AGB ihre Geltung gerade nicht einer Normsetzungsbefugnis kraft hoheitlicher Delegation oder etwa – was ohnehin verfassungsrechtlich bedenklich wäre[245] – einer gewohnheitsrechtlich begründeten Normsetzungsbefugnis, sondern vielmehr der *Zustimmung* des Verwen-

[240] Zur *Normähnlichkeit* von AGB vgl. bereits oben S. 301 ff., 305 ff., 320 ff.

[241] Vgl. hierzu nur *Ulmer/Habersack,* in: *Ulmer/Brandner/Hensen*, AGB-Recht (12. Aufl. 2016), Einl. Rn. 5, 48; *Fuchs,* in: *Ulmer/Brandner/Hensen*, AGB-Recht (12. Aufl. 2016), Vorb. v. § 307 Rn. 27; *Leuschner,* JZ 2010, 875, 879; *Hellwege*, AGB und Rechtsgeschäftslehre (2010), S. 554; *Pfeiffer,* in: Wolf/Lindacher/Pfeiffer, AGB-Recht (6. Aufl. 2013), Einl. Rn. 3; *Stoffels,* AGB-Recht (3. Aufl. 2015), Rn. 72 ff., 83 ff. sowie grundlegend *Fastrich*, Inhaltskontrolle (1992), S. 83 ff., 91, 93; *Lieb*, AcP 178 (1978), 196, 201 und *Raiser,* Das Recht der AGB (1961), S. 21 f. Vgl. hierzu auch die weiteren Nachweise oben S. 294, Fn. 47 sowie unten S. 507 ff. mwN.

[242] Vgl. nur *Fuchs,* in: *Ulmer/Brandner/Hensen*, AGB-Recht (12. Aufl. 2016), Vorb. v. § 307 Rn. 26; *Stoffels,* AGB-Recht (3. Aufl. 2015), Rn. 89. Die Besorgnis von *Schmidt*, JuS 1987, 929, 930, angesichts der Unterwerfung des Verwendungsgegners unter das einseitig gestellte Klauselwerk könne „von einem Gebrauch der … ausnahmslos responsiv zu denkenden … Vertragsfreiheit nicht einmal im Ansatz zu sprechen“ sein, illustriert das Problem auf plastische Weise, wenngleich seine Schlussfolgerung, die Vertragsfreiheit sei auf Null reduziert, in der Sache zu weit geht.

[243] Begründung des RegE zum AGBG, BT-Drucks. 7/3919, S. 10 f. Vgl. auch *Fuchs,* in: *Ulmer/Brandner/Hensen*, AGB-Recht (12. Aufl. 2016), Vorb. v. § 307 Rn. 26; *Miethaner*, AGB-Kontrolle (2010), S. 66 ff., 99; *Stoffels,* AGB-Recht (3. Aufl. 2015), Rn. 89 sowie grundlegend *Fastrich*, Inhaltskontrolle (1992), S. 88 ff.

[244] *Miethaner*, AGB-Kontrolle (2010), S. 42; *Heinrich*, Formale Freiheit (2000), S. 204; *Fastrich*, Inhaltskontrolle (1992), S. 34.

[245] Insoweit zutreffend *Pflug*, Kontrakt und Status (1986), S. 278 ff., 290. Ebenso *Ulmer/Habersack,* in: *Ulmer/Brandner/Hensen*, AGB-Recht (12. Aufl. 2016), Einl. Rn. 41 f.; *Miethaner*, AGB-Kontrolle (2010), S. 42; *Heinrich*, Formale Freiheit (2000), S. 204 f.; *Fastrich*, Inhaltskontrolle (1992), S. 34. Vgl. hierzu auch oben S. 314 f. sowie unten S. 322.

dungsgegners verdanken, auf welche Art und Weise diese auch immer zustande gekommen sein mag.[246]

Den Nachweis, dass die Rechtsordnung dem AGB-Verwender eine wie immer geartete Normsetzungsbefugnis zuweist und AGB als Rechtsnormen anerkennt, haben die Normtheorien – wie etwa *Pflug* mit seinem Versuch der Begründung der Geltung von AGB als para-legales Recht gezeigt hat[247] – nicht erbringen können.[248] Dass sich die Geltung von AGB nur rechtsgeschäftlich erklären lässt, hat auch *Meyer-Cording* mit seiner Konstruktion von AGB als *Wahlnormen* erkannt[249], jedoch wird seine normative Qualifikation von AGB durch den damit verbundenen Widerspruch zu ihrer vertraglichen Einbeziehung umso fraglicher.[250] Das im Hinblick auf den Schutz der Vertragsfreiheit des Kunden und die Wahrung der Vertragsgerechtigkeit in der Tat bedenkliche Problem der Heteronomität von AGB darf daher nicht dazu verleiten, eine Lösung durch Flucht in das Institut der *Normenkontrolle* und die Umqualifizierung rechtsgeschäftlich entstandener Vertragsbedingungen in Rechtsnormen herbeizuführen, sondern ist richtigerweise im Rahmen des Vertragsmodells zu bewältigen.[251] An der Tatsache, dass AGB ihre Geltung letztlich dem Konsens der Parteien verdanken, auch wenn dieser auf das für die Konstituierung der Vertragsfreiheit minimal erforderliche Substrat verdünnt ist, führt gerade bei Beachtung des rechtssoziologischen Befundes kein Weg vorbei.

c) Der Wortlaut des § 305 Abs. 2 BGB

Diesem rechtstatsächlichen Ergebnis entspricht auch der *einfachrechtliche Befund* der Regelung des § 305 Abs. 2 BGB, der gerade von der *Vertragsqualität* von AGB als Ergebnis rechtsgeschäftlicher Einbeziehung in den Vertrag ausgeht.[252] Die Umqualifizierung der in § 305 Abs. 2 BGB ausdrücklich angeordneten rechtsgeschäftlichen Einbeziehung der AGB in den Vertrag in eine normative

---

246 Ebenda. Zur fehlenden *Normsetzungskompetenz* des AGB-Verwenders *Ulmer/Habersack*, in: *Ulmer/Brandner/Hensen*, AGB-Recht (12. Aufl. 2016), Einl. Rn. 41 f.; *Miethaner*, AGB-Kontrolle (2010), S. 42; *Heinrich*, Formale Freiheit (2000), S. 204 f.; *Fastrich*, Inhaltskontrolle (1992), S. 34 sowie eingehend *Pflug*, Kontrakt und Status (1986), S. 278 ff., 289 f.

247 *Pflug*, Kontrakt und Status (1986), S. 278 ff., 290 sowie oben S. 314 ff.

248 *Fastrich*, Inhaltskontrolle (1992), S. 34.

249 *Meyer-Cording*, Rechtsnormen (1971), S. 47, 101 f. sowie oben S. 312 ff.

250 So auch *Fastrich*, Inhaltskontrolle (1992), S. 34.

251 So im Ergebnis ebenfalls *Ulmer/Habersack*, in: *Ulmer/Brandner/Hensen*, AGB-Recht (12. Aufl. 2016), Einl. Rn. 44; *Miethaner*, AGB-Kontrolle (2010), S. 43; *Stoffels*, AGB-Recht (3. Aufl. 2015), Rn. 103 ff.; *Pfeiffer*, in: Wolf/Lindacher/Pfeiffer, AGB-Recht (6. Aufl. 2013), Einl. Rn. 15; *Heinrich*, Formale Freiheit (2000), S. 205; *Fastrich*, Inhaltskontrolle (1992), S. 33 ff.

252 So ebenfalls *Ulmer/Habersack*, in: *Ulmer/Brandner/Hensen*, AGB-Recht (12. Aufl. 2016), Einl. Rn. 41 f.; *Miethaner*, AGB-Kontrolle (2010), S. 42; *Heinrich*, Formale Freiheit (2000), S. 204; *Fastrich*, Inhaltskontrolle (1992), S. 33; *Habersack*, Vertragsfreiheit und Drittinteressen (1992), S. 168.

Geltungsverleihung scheitert damit bereits an der *Wortlautgrenze*. Eine entsprechende dogmatische Einordnung von AGB in das Vertragsmodell kann dem Gesetzgeber nicht verwehrt werden, ohne die ihm von Verfassung wegen zustehende Gestaltungskompetenz für die Privatrechtsordnung zu beschädigen.[253] Dies gilt selbst dann, wenn man mit *Pflug* eine Befugnis des Gesetzgebers zur Entscheidung rechtstheoretischer Grundsatzfragen verneint[254], weil ihm jedenfalls die Kompetenz zustehen muss, die Geltung von AGB an bestimmte, auch rechtsgeschäftlich ausgestaltete Einbeziehungsvoraussetzungen zu knüpfen.[255]

Die von *Pflug* vorgeschlagene Umdeutung der Hinweisobliegenheit des Verwenders in eine Regelung des „Modus der ‚Verkündung' des Partikularrechts"[256] vermag nicht zu überzeugen, weil es sich bei der Verpflichtung zur Offenlegung von Informationen – wie etwa die Existenz vielfältiger vorvertraglicher Informationspflichten belegt – nicht um ein exklusives Merkmal objektiven Rechts, sondern vielmehr um eine genuin vertragsrechtliche Kategorie handelt.[257] Im Gegenteil ist objektives Recht gerade dadurch gekennzeichnet, dass es eben nicht jedem Normadressaten individuell zur Kenntnis gebracht werden muss und insbesondere deutlich geringeren Anforderungen an die Möglichkeit der zumutbaren Kenntnisnahme unterliegt, als sie nach § 305 Abs. 2 BGB für die Einbeziehung von AGB gelten.[258] Darüber hinaus ist auch die in § 310 Abs. 3 Nr. 2 BGB für Verbraucherverträge vorgesehene Inhaltskontrolle von sogenannten „Einmal-Klauseln", die lediglich zur einmaligen Verwendung bestimmt sind, nicht mit der Normtheorie in Einklang zu bringen.[259]

d) Unzulässigkeit des Rückgriffs auf „faktische Normen"

Dieser einfachgesetzliche Befund lässt sich auch nicht dadurch umgehen, dass die Begründung einer normativen Geltungsverleihung von AGB – wie es etwa *Pflug*[260], *Helm*[261] und *Schmidt*[262] vorschlagen – von der Ebene des positiven Rechts auf jene *faktisch* geltender Normen verlagert wird.[263] Zwar ist die rechts-

---

253 Im Ergebnis ebenso *Ulmer/Habersack*, in: *Ulmer/Brandner/Hensen*, AGB-Recht (12. Aufl. 2016), Einl. Rn. 41 f. Zur Frage der *Rechtsetzungskompetenz des AGB-Gesetzgebers* eingehend, jedoch unzutreffend *Pflug*, Kontrakt und Status (1986), S. 319 f.

254 Vgl. *Pflug*, Kontrakt und Status (1986), S. 319 f. sowie oben S. 314 ff.

255 *Ulmer/Habersack*, in: *Ulmer/Brandner/Hensen*, AGB-Recht (12. Aufl. 2016), Einl. Rn. 42.

256 *Pflug*, Kontrakt und Status (1986), S. 320 sowie oben S. 314 ff.

257 *Heinrich*, Formale Freiheit (2000), S. 204; *Kramer*, AcP 188 (1988), 423, 425.

258 *Kramer*, AcP 188 (1988), 423, 425.

259 *Miethaner*, AGB-Kontrolle (2010), S. 42 f.; *Stoffels*, AGB-Recht (3. Aufl. 2015), Rn. 104.

260 *Pflug*, Kontrakt und Status (1986), S. 2 ff., 187 ff., 289 f., 312 ff. Vgl. hierzu oben S. 314 ff.

261 *Helm*, FS Schnorr von Carolsfeld (1973), S. 125, 129, 132 f., 136, 143 ff. (Normen im funktionellen Sinn). Vgl. hierzu oben S. 316 ff.

262 *Schmidt*, JuS 1987, 929, 932. Vgl. hierzu oben S. 317 ff.

263 Vgl. hierzu *Heinrich*, Formale Freiheit (2000), S. 204; *Fastrich*, Inhaltskontrolle (1992), S. 35.

tatsächliche Beobachtung, dass AGB häufig faktisch wie Normen wirken, durchaus zutreffend.[264] Das ist insbesondere dann der Fall, wenn sie nicht nur Austauschverhältnisse, sondern – wie etwa im kollektiven Arbeitsrecht oder bei Gesellschaftsverträgen – Statusverhältnisse regeln.[265] Allerdings kann die Tatsache, dass AGB wie *Normen im funktionellen Sinn* wirken, nicht dazu führen, dass Verträge in Rechtsnormen umgedeutet werden. Kann eine *Ähnlichkeit* mit Rechtsnormen angesichts der gemäß §305 Abs.2 BGB nach wie vor notwendigen rechtsgeschäftlichen Einbeziehung nur im Hinblick auf ihre abstrakt-generelle *Wirkung*, nicht jedoch im Hinblick auf ihre – tatsächliche rechtsgeschäftliche – *Geltungsverleihung* angenommen werden[266], so scheitert eine Qualifizierung von AGB als „faktische Normen" bereits daran, dass das Privatrecht eine derartige Kategorie im Sinne einer Zwitterstellung zwischen Rechtsnormen und Vertrag nicht kennt.[267] Vielmehr behandelt sie auch faktisch wie Normen wirkende Klauseln als *Verträge*, wenn ihre Geltung auf dem Konsens der Parteien beruht.[268]

e) Sicherung der Vertragsgerechtigkeit durch strenge Inhaltskontrolle

Dass ein anderes Ergebnis insbesondere im Hinblick auf die *Vertragsgerechtigkeit* problematisch wäre und damit das eigentliche Anliegen der Normentheorien – nämlich die einseitige „Rechtsetzungsmacht" des Verwenders durch die Möglichkeit der „Normenkontrolle" zu begrenzen – entwertet, hat *Fastrich* überzeugend nachgewiesen.[269] Denn während die inhaltliche Begrenzung von Rechtsnormen durch Normenkontrolle ihre Begründung in ihrem Zwangscharakter findet, unterliegen faktische Normen derartigen rechtlichen Schranken gerade nicht.[270] Aufgrund ihres fehlenden rechtlichen Geltungsanspruches brauchen sie weder *gerecht* noch *richtig* im rechtlichen Sinne zu sein.[271]

Darüber hinaus mangelt es ihnen zugleich an der den Rechtsnormen aufgrund der Art ihres Zustandekommens eigenen *Richtigkeitsgewähr*, die im Fall von Parlamentsgesetzen bereits durch das parlamentarische Verfahren eine gewisse Wahrscheinlichkeit eines angemessenen Interessenausgleichs bietet. AGB fehlt dagegen – soweit sie nicht ausnahmsweise Ergebnis voriger Verhandlungen der jeweiligen Interessenverbände sind – in der Regel eine vergleichbare inhaltliche Ausgewogenheit. Sie sind im Gegenteil durch die typische Verlagerung von

---

[264] Zur *Normähnlichkeit* von AGB vgl. oben S. 301ff., 305ff., 320ff.

[265] Zum rechtstatsächlichen Befund *Fastrich*, Inhaltskontrolle (1992), S. 35 sowie insoweit zutreffend *Reuter*, SAE 1983, 201, 202f.

[266] Vgl. hierzu bereits oben S. 322ff.

[267] *Heinrich*, Formale Freiheit (2000), S. 204; *Fastrich*, Inhaltskontrolle (1992), S. 35.

[268] Ebenda.

[269] *Fastrich*, Inhaltskontrolle (1992), S. 35.

[270] *Fastrich*, Inhaltskontrolle (1992), S. 35.

[271] *Fastrich*, Inhaltskontrolle (1992), S. 35.

Risiken von der Verwender- auf die Verwendergegenseite geprägt.[272] Selbst wenn man sie einer „Normenkontrolle" unterwerfen würde, könnte eine Überprüfung lediglich am Maßstab einer *neutralen Gerechtigkeitskontrolle* erfolgen, welche gerade die für AGB typische *situative Überlegenheit* des Verwenders unberücksichtigt lassen müsste, weil die Überprüfung einer abstrakt-generell geltenden Norm nach unterschiedlichen Maßstäben kaum denkbar ist.[273]

Eine Qualifizierung des Stellens von AGB als Normsetzung wäre schließlich auch mit der Gewährleistung der verfassungsrechtlich garantierten *Vertragsfreiheit* des AGB-Verwenders kaum in Einklang zu bringen, weil die Inhaltskontrolle als Eingriff in dessen formale Vertragsfreiheit der verfassungsrechtlichen Rechtfertigung bedarf.[274] Die Notwendigkeit, die Inhaltskontrolle am Maßstab der zulässigen Beschränkung der formalen Vertragsfreiheit des AGB-Verwenders zu messen, würde nämlich entfallen, wenn das Stellen von AGB aus dem Schutzbereich der Vertragsfreiheit herausgelöst würde.[275] Dies ist mit dem verfassungsrechtlichen Schutz der Grundrechtsposition des AGB-Verwenders kaum vereinbar.[276] Umgekehrt bleibt bei einem rein normativen Verständnis, das den Verwendungsgegner gleichsam in die Position des Normadressaten zwingt, das Problem der Beschränkung seiner materiellen Vertragsfreiheit durch die vom AGB-Verwender erzwungene Unterwerfung unter einseitig gestellte AGB ungelöst.

Dem Anliegen, den situativ unterlegenen Verwendungsgegner effektiv zu schützen, kann im Rahmen des Vertragsmodells auf angemessenere und dogmatisch überzeugendere Weise entsprochen werden.[277] Dies gilt umso mehr, als sich der Gesetzgeber mit den Regelungen des AGB-Rechts gerade um eine gegenseitige Integration von *Vertragsfreiheit* und *Vertragsgerechtigkeit* bemüht hat.[278] Mit seiner Entscheidung für eine vertragsrechtliche Lösung des AGB-Problems, die sich im Wege der Inhaltskontrolle darum bemüht, über den Schutz der *rechtsgeschäftlichen Entscheidungsfreiheit* des Verwendungsgegners das für eine Rechtsordnung unabdingbar notwendige Maß der Verwirklichung materieller *Vertragsgerechtigkeit* zu gewährleisten, erkennt er dabei das Miteinander und

---

272 Zur *Risikoverlagerungstendenz* von AGB vgl. eingehend oben S. 297 ff. mwN.

273 *Pfeiffer,* in: Wolf/Lindacher/Pfeiffer, AGB-Recht (6. Aufl. 2013), Einl. Rn. 14 f.; *Stoffels,* AGB-Recht (3. Aufl. 2015), Rn. 104.

274 *Miethaner,* AGB-Kontrolle (2010), S. 43.

275 *Miethaner,* AGB-Kontrolle (2010), S. 43.

276 Ebenda.

277 Ebenso *Ulmer/Habersack,* in: *Ulmer/Brandner/Hensen,* AGB-Recht (12. Aufl. 2016), Einl. Rn. 44; *Miethaner,* AGB-Kontrolle (2010), S. 43; *Stoffels,* AGB-Recht (3. Aufl. 2015), Rn. 103 ff.; *Pfeiffer,* in: Wolf/Lindacher/Pfeiffer, AGB-Recht (6. Aufl. 2013), Einl. Rn. 15; *Heinrich,* Formale Freiheit (2000), S. 205; *Fastrich,* Inhaltskontrolle (1992), S. 33 ff.

278 Vgl. hierzu eingehend *Pfeiffer,* in: Wolf/Lindacher/Pfeiffer, AGB-Recht (6. Aufl. 2013), Einl. Rn. 14 ff. sowie *Fuchs,* in: *Ulmer/Brandner/Hensen,* AGB-Recht (12. Aufl. 2016), Vorb. v. § 307 Rn. 26 f.; *Miethaner,* AGB-Kontrolle (2010), S. 33 ff., 44 ff.; *Stoffels,* AGB-Recht (3. Aufl. 2015), Rn. 81 ff.; *Fastrich,* Inhaltskontrolle (1992), S. 93.

Gegenüber der Rechtsprinzipien der Vertragsfreiheit und der Vertragsgerechtigkeit an und bringt sie so zu einem angemessenen Ausgleich.[279] Indem die gesetzlichen Maßnahmen zur Sicherung der Vertragsgerechtigkeit auf den einseitigen Schutz des Verwendungsgegners beschränkt werden, bleiben darüber hinausgehende Gestaltungsmöglichkeiten insbesondere zugunsten des Verwendungsgegners erhalten.[280]

Die Inhaltskontrolle wird dabei auf jene Fälle beschränkt, in denen aufgrund typischer Äquivalenzstörungen die Beeinträchtigung der Vertragsgerechtigkeit regelmäßig eine Beschneidung der Vertragsfreiheit des Verwendungsgegners als situativ unterlegener Partei indiziert. Auf diese Weise wird zum einen die *Vertragsfreiheit* als Voraussetzung zur Verwirklichung materieller *Vertragsgerechtigkeit* anerkannt. Zum anderen wird durch die damit verbundene Beschränkung der Inhaltsfreiheit des AGB-Verwenders deutlich, dass umgekehrt wahre Vertragsfreiheit, ihrem Wesen als Instrument der Entfaltung des Einzelnen als Glied eines Gemeinwesens entsprechend, nur in Ausrichtung auf die Verwirklichung der Vertragsgerechtigkeit hin denkbar ist und sich in ihr realisiert.[281] Diese für die *Integrität der Privatrechtsordnung* zentrale Berücksichtigung der *Vertragsfreiheit* im Rahmen einer am Prinzip der *Vertragsgerechtigkeit* ausgerichteten materiellen Korrektur kann von den Normentheorien naturgemäß nicht geleistet werden.

f) Ergebnis

Insgesamt erweisen sich damit die Normentheorien für die Begründung der Inhaltkontrolle als nicht tragfähig.[282] Der aufgrund ihrer Normähnlichkeit durchaus naheliegende Schluss auf ihre Rechtsnormqualität bildet eine methodisch unzulässige Deduktion vom *rechtssoziologischen Befund* auf ihre *rechtsdogmatische Qualifikation* und damit vom *Sein* auf das *Sollen*.[283] Die Annahme des normähnlichen Charakters von AGB blendet nicht nur die Tatsache aus, dass sie ihre Geltung letztlich der *Zustimmung* des Verwendungsgegners verdanken[284], sondern ist auch mit dem eindeutigen *Wortlaut* des §305 Abs. 2 BGB unvereinbar[285], zu-

[279] Vgl. hierzu *Pfeiffer*, in: Wolf/Lindacher/Pfeiffer, AGB-Recht (6. Aufl. 2013), Einl. Rn. 16.

[280] *Pfeiffer*, in: Wolf/Lindacher/Pfeiffer, AGB-Recht (6. Aufl. 2013), Einl. Rn. 17.

[281] Vgl. hierzu bereits oben S. 3, zur Vertragsgerechtigkeit oben S. 100ff.

[282] Ebenso *Ulmer/Habersack*, in: *Ulmer/Brandner/Hensen*, AGB-Recht (12. Aufl. 2016), Einl. Rn. 42; *Miethaner*, AGB-Kontrolle (2010), S. 41 ff.; *Pfeiffer*, in: Wolf/Lindacher/Pfeiffer, AGB-Recht (6. Aufl. 2013), Einl. Rn. 15ff.; *Stoffels*, AGB-Recht (3. Aufl. 2015), Rn. 103ff.; *Heinrich*, Formale Freiheit (2000), S. 203f.; *Fastrich*, Inhaltskontrolle (1992), S. 33ff.; *Habersack*, Vertragsfreiheit und Drittinteressen (1992), S. 168 sowie aus der weiteren Kommentarliteratur Staudinger/*Wendland*, BGB (2019), §307 Rn. 18; Soergel/*Stein*, (12. Aufl. 1991), §2 AGBG Rn. 1.

[283] Oben S. 320f. mwN.

[284] Oben S. 322 mwN.

[285] Oben S. 324 mwN.

mal die Vorschrift des §310 BGB auch so genannte *Einmal-Klauseln* der Inhaltskontrolle unterwirft.[286]

Darüber hinaus ist weder eine ausdrückliche *Ermächtigung* des AGB-Verwenders zur Normsetzung noch eine *gewohnheitsrechtliche* Normsetzungskompetenz ersichtlich.[287] Dieses Ergebnis kann auch nicht mit Verweis auf die *funktionale Normqualität* von AGB umgangen werden.[288] Die Existenz „faktischer Normen" ist der Privatrechtsordnung als dogmatische Kategorie nicht bekannt, normativ wirkende Regelungen werden vielmehr als Verträge behandelt.[289] Erst eine vertragsrechtliche Qualifikation ermöglicht eine auf das Problem der *situativen Überlegenheit* des AGB-Verwenders zugeschnittene einseitige *Inhaltskontrolle* und die Berücksichtigung der grundrechtlich geschützten *Vertragsfreiheit* des Verwendungsgegners. AGB sind dogmatisch nicht als Rechtsnormen einzuordnen, sondern stellen *Vertragsbestandteile* dar, die *rechtsgeschäftlich* durch *Konsens* der Parteien in den Vertrag einbezogen werden.[290]

III. Zusammenfassung

1. AGB sind für die *Rechtspraxis* von zentraler Bedeutung. Der Vertragsschluss unter Verwendung von Musterverträgen oder vorformulierten Textbausteinen ist ein *Massenphänomen* und bildet heute den *Normalfall* rechtsgeschäftlicher Einigung. Der *individuell ausgehandelte* Vertrag ist dagegen zur *Ausnahme* geworden. Betroffen ist nicht nur der Verkehr zwischen *Unternehmern* und *Verbrauchern* sowie der *unternehmerische Geschäftsverkehr*, sondern auch der *Rechtsverkehr zwischen Privaten.*

2. Neben einfachen *Einzelverträgen* – z.B. vorformulierten Einkaufs-, Liefer- und sonstigen Geschäftsbedingungen – unterfallen aufgrund des Rückgriffs auf bewährte Klauseln und elektronisch gespeicherte Textmuster auch *komplexe Einzelverträge* dem AGB-Recht. Selbst *umfangreiche Vertragsverhandlungen* im Rahmen *komplexer Transaktionen* haben auf die AGB-Qualität kaum einen Einfluss, da die häufig sehr umfassenden Vertragswerke in der Regel nicht Klausel für Klausel individuell ausgehandelt werden, sondern Änderungen allenfalls punktuell erfolgen.

3. Mit der Verwendung von AGB sind erhebliche *Rationalisierungsvorteile* verbunden, die auf der Ersparnis wiederholter *Rechtsberatung*, der Bewältigung von Komplexität, der Sicherung der Qualität für den Verwender durch *Risikomini-*

---

[286] Oben S. 325 mwN.
[287] Oben S. 323 mwN.
[288] Oben S. 325 mwN.
[289] Ebenda.
[290] Oben S. 320ff. mwN., vgl. v. a. die Nachweise oben S. 320, Fn. 231.

mierung, der *Reduzierung* des *Zeit-* und *Kostenaufwandes* sowie der *höheren Effizienz des Vertragsschlusses* beruhen. Wo dispositives Gesetzesrecht fehlt, kommt den AGB eine wichtige *Typisierungs-* und *Lückenfüllungsfunktion* zu. Von Bedeutung ist dies insbesondere für neue Vertragstypen und atypische Verträge, wie etwa den *Franchise-*, *Leasing-* oder *Lizenzvertrag*.

4. Als für den Verwendungsgegner problematisch erweist sich indes die den AGB eigene *Risikoverlagerungstendenz*. Denn für den Verwender bieten AGB die Möglichkeit, sich von vertragstypischen Risiken *einseitig* auf *Kosten* seines Vertragspartners zu *entlasten*. Die *Richtigkeitsgewähr* des *Vertragsmechanismus* ist in diesen Fällen nicht mehr gewährleistet, so dass eine *materielle Korrektur* des Vertrages durch *Inhaltskontrolle* erforderlich wird. Die Frage, in welchem Umfang sich die *Risikoverlagerungstendenz* von AGB auch im *unternehmerischen Geschäftsverkehr* auswirkt und ob sie vom unternehmerischen Kunden auf zumutbare Weise abgewendet werden kann, steht im Mittelpunkt der Diskussion um Maßstab und Reichweite der Inhaltskontrolle im b2b-Verkehr.

5. Aus der den AGB eigenen Struktur – der *einseitigen Gestaltung* durch den Verwender, dem *Stellen* gegenüber dem Verwendungsgegner und ihrer *allgemeinen Geltung* in einer *Vielzahl von Fällen* gegenüber einem größeren Adressatenkreis – ergibt sich eine *rechtstatsächliche* Ähnlichkeit von AGB mit *Rechtsnormen*. Der *normähnliche Charakter* von AGB, die schon früh als „Normativbedingungen“[291], „Normen“[292], „Vertragsgesetz“[293] sowie als „legislatorische Schöpfung“[294] beschrieben worden sind, war schon im 19. Jh. nicht nur Allgemeingut, sondern der eigentliche Anlass zur eingehenden wissenschaftlichen Beschäftigung mit dem Phänomen der AGB. *Dogmatische Konsequenzen* wurden aus dem rechtstatsächlichen normähnlichen Charakter der AGB indes nicht gezogen. Bis auf wenige Ausnahmen wurden *Rechtsnatur* und *Geltung* von AGB in Literatur und Rechtsprechung überwiegend *vertraglich* erklärt. Die Deutung von AGB als *Rechtsnormen* blieb Mindermeinung.

6. Zu Beginn des 20. Jh. setzte indes ein *Meinungsumschwung* ein: Ausgehend von der Anerkennung des *Rechtsnormcharakters* der *Betriebsreglements der Eisenbahnen*, die tatsächlich als Rechtsverordnung erlassen worden waren, wurde trotz entgegenstehender Rechtslage auch für das *Post-* und *Telegrafenrecht* die *vertragstheoretische* Einordnung zugunsten eines *normativen Verständnisses* auf-

---

291 So *Falk*, Rechtsgrundsätze im Versicherungswesen (1885), S. VI f.; *Laband*, ZHR (17) 1872, 466 nach *Hellwege*, AGB und Rechtsgeschäftslehre (2010), S. 123.

292 So das *Reichsoberhandelsgericht* in ROHGE 19, 184, 186 f. Vgl. hierzu *Hellwege*, AGB und Rechtsgeschäftslehre (2010), S. 123.

293 So den Begriff der *lex contractus* übersetzend mit Bezug auf die AVB ROHGE 11, 271, 273 nach *Hellwege*, AGB und Rechtsgeschäftslehre (2010), S. 123.

294 So mit Verweis auf die Statuten von Aktiengesellschaften und Korporationen *v. Gerber*, JhJb 3 (1859), 411, 412 nach *Hellwege*, AGB und Rechtsgeschäftslehre (2010), S. 122 f.

gegeben. Mit der Verabschiedung der Postordnung 1929 war die insoweit herrschende Meinung nun auch gesetzlich abgedeckt. Im Rahmen des *Wirtschaftsverwaltungsrechts* zur Zeit des Ersten Weltkrieges verbreiteten *sich hoheitlich erlassene* verbindliche Lieferbedingungen – etwa für den Lebensmittelhandel – sowie im Wege der *Rechtsverordnung* für *allgemeinverbindlich* erklärte, *normativ geltende* AGB in weiten Bereichen des wirtschaftlichen Lebens.

7. Zugleich begann die *Rechtssoziologie*, AGB in ihrer Gesamtheit als *rechtstatsächliches* Phänomen zu erfassen und arbeitete Parallelen zwischen AGB und Rechtsnormen heraus. Die *dogmatische Einordnung* von AGB als Rechtsnormen erhielt während des *nationalsozialistischen Regimes* weitere Impulse: So konnten Wirtschaftsverbände für ihre jeweiligen Wirtschaftsbereiche AGB erstellen und für allgemeinverbindlich erklären lassen oder staatliche Behörden selbst verbindliche AGB erlassen. Den Schlusspunkt dieser Entwicklung bildet die *Rechtsprechung* einiger *Oberlandesgerichte* in den ausgehenden 1940er und beginnenden 1950er Jahren, die nicht nur die *Rechtsnormqualität* von AGB anerkannten, sondern auch von ihrer *einigungsunabhängigen*, *normativen Geltung* ausgingen.

8. Der BGH und die herrschende Lehre sind dieser Entwicklung entschieden entgegengetreten und haben sich für eine *vertragliche Einordnung* der AGB und ihre rechtsgeschäftliche Geltung ausgesprochen, wenngleich der *normähnliche Charakter* in der nach wie vor beibehaltenen Beschreibung der AGB als „fertig bereitliegender Rechtsordnung“[295] nachklingt.

9. In jüngerer *Zeit* ist die dogmatische Qualifikation der AGB als Rechtsnormen im Sinne einer *Normtheorie* insbesondere von *Meyer-Cording*[296], *Pflug*[297], *Helm*[298], *Schmidt*[299] und *Reuter*[300] vertreten worden. Sie schließen von der rechtstatsächlichen *Normähnlichkeit* auf die rechtsdogmatische *Normgleichheit* von AGB und qualifizieren sie ihrer Rechtsnatur nach als Normen im Sinne eines *aliuds* zum Vertrag. Die *Normsetzungsbefugnis* des Verwenders wird dabei mangels Rechtsgrundlage vor allem *gewohnheitsrechtlich* hergeleitet, jedoch wird der Schritt hin zu einer *einigungsunabhängigen Geltung* nur von einem Teil der Normtheorien vollzogen. Teilweise wird daher an der notwendigen *Zustimmung* des Verwendungsgegners als Voraussetzung der Geltung und damit der rechtsgeschäftlichen Einbeziehung festgehalten. Soweit nicht eine *einigungsunabhängige Geltung* angenommen wird, beschränken sich die Unterschiede zur Vertragstheorie weitgehend auf die fehlende Möglichkeit des *Rückgriffs auf die Verkehrssitte* nach §157 BGB und eingeschränkte Möglichkeiten *ergänzender Vertragsauslegung.*

---

295 Vgl. zuletzt nur BGH NJW-RR 1997, 1253, 1255 sowie BGHZ 1, 83, 86.
296 *Meyer-Cording*, Rechtsnormen (1971), passim, v. a. S. 92ff.
297 *Pflug*, Kontrakt und Status (1986), passim, v. a. S. 187ff., 247ff.
298 *Helm*, FS Schnorr von Carolsfeld (1973), S. 125, 133ff., 143ff.
299 *Schmidt*, JuS 1987, 929.
300 *Reuter*, SAE 1983, 201, 202.

10. In der *Privatrechtslehre* und der *Rechtsprechung* haben sich die Normtheorien zu Recht nicht durchsetzen können, so dass die *Vertragstheorie* herrschend geblieben ist. Neben der Unzulässigkeit des Schlusses vom *rechtstatsächlichen* Befund auf die *rechtsdogmatische* Begründung und der entgegenstehenden Vorschrift des §305 Abs.2 BGB spricht hierfür vor allem die Tatsache, dass AGB *tatsächlich* rechtsgeschäftlich Geltung erlangen. Dem Anliegen des effektiven Schutzes des *situativ unterlegenen Verwendungsgegners* kann im Rahmen der Inhaltskontrolle auf angemessenere und überzeugendere Weise als durch eine „Normenkontrolle" entsprochen werden.

11. Das der dogmatischen Diskussion zwischen *Norm-* und Vertragstheorie zugrunde liegende Phänomen der *rechtstatsächlichen Normähnlichkeit* von AGB bleibt für die aktuelle *rechtspolitische Diskussion* indes von Bedeutung. Vermag die *Normähnlichkeit* von AGB nichts an ihrem Charakter als *Vertragsbedingungen* zu ändern, so wird auch das gegenteilige Extrem, die idealisierende Umdeutung von AGB in individualvertragsähnliche Abreden, der *besonderen Gefährlichkeit* von AGB für den Kunden, die sich gerade aus ihrem normähnlichen Charakter als „diktierte" Vertragsbedingungen ergibt, kaum gerecht.

12. Ungeachtet ihrer dogmatischen Einordnung als Vertragsbestandteile bleibt es bei dem *rechtstatsächlichen* Befund ihrer *einseitigen Auferlegung*, ihres „Diktats" durch den Verwender. Daher ist es gerade *Normähnlichkeit* von AGB, die eine *materielle Korrektur* entsprechender Vertragsbedingungen im Wege der *Inhaltskontrolle* erforderlich macht. Die Frage, ob und in welchem Umfang die Normähnlichkeit auch im b2b-Verkehr durchschlägt, steht im Mittelpunkt der gegenwärtigen *rechtspolitischen Diskussion* um Maßstab und Reichweite der Inhaltskontrolle im *unternehmerischen Geschäftsverkehr.*

§6

Rechtsgeschichtliche Grundlagen der Inhaltskontrolle

Mit der Anerkennung der *Vertragsqualität* von AGB und ihrer *rechtsgeschäftlichen Geltungsverleihung*[1] rückt zugleich das Problem der dogmatischen *Begründung* der Inhaltskontrolle[2] von AGB in den Mittelpunkt des Interesses. Denn durch die Qualifizierung von AGB als Vertragsbestandteile ist es nun nicht mehr möglich, das Stellen vorformulierter Vertragsbedingungen außerhalb des Geltungsbereiches der Vertragsfreiheit zu verorten und die richterliche Inhaltskontrolle auf diese Weise von dem ihr zuwachsenden Begründungserfordernis zu entlasten.[3]

Die Frage nach dem dogmatischen *Geltungsgrund* der Inhaltskontrolle von AGB und ihrer Position im *System des Privatrechts* stellt sich damit mit neuer Dringlichkeit. Für die vorliegende Untersuchung ist die dogmatische Klärung der Legitimation der Inhaltskontrolle von AGB als *Schlüsselfrage* in zweifacher Hinsicht von besonderem Interesse: Zum einen ist sie Ausdruck jener *Grundantinomie* von *Vertragsfreiheit* und *Vertragsgerechtigkeit*, deren Verhältnis zueinander im *Allgemeinen Teil* der Untersuchung näher bestimmt wurde.[4] Die nun folgenden Überlegungen zur Bestimmung des Geltungsgrundes der Inhaltskontrolle knüpfen daher konkretisierend an die zuvor herausgearbeiteten Grundsätze an. Zum anderen bestimmt der *Schutzzweck der Inhaltskontrolle* maßgeblich ihren *Anwendungsbereich* und damit auch die Frage, ob und in welchem Umfang AGB auch im *unternehmerischen Geschäftsverkehr* einer richterlichen Überprüfung zu unterwerfen sind.[5]

Im Folgenden soll daher der Geltungsgrund der Inhaltskontrolle näher untersucht und sodann ein Legitimationsmodell entwickelt werden, das in der Lage ist,

---

[1] Vgl. für die insoweit ganz h. L. nur BeckOK BGB/*Hau/Poseck*, (47. Ed. 2018), §305 Rn. 8; MünchKomm/*Basedow*, BGB (7. Aufl. 2016), §305 Rn. 5 ff.; *Ulmer/Habersack*, in: *Ulmer/Brandner/Hensen*, AGB-Recht (12. Aufl. 2016), Einl. Rn. 42; *Pfeiffer*, in: Wolf/Lindacher/Pfeiffer, AGB-Recht (6. Aufl. 2013), Einl. Rn. 15 ff.; *Stoffels*, AGB-Recht (3. Aufl. 2015), Rn. 103 ff.; Staudinger/*Wendland*, BGB (2019), §307 Rn. 18; *Heinrich*, Formale Freiheit (2000), S. 203 f., *Drexl*, Selbstbestimmung (1998), S. 348 f.; *Fastrich*, Inhaltskontrolle (1992), S. 33 ff.; *Habersack*, Vertragsfreiheit und Drittinteressen (1992), S. 168; Soergel/*Stein*, (12. Aufl. 1991), §2 AGBG Rn. 1.

[2] Hierzu eingehend unten S. 462 ff.

[3] So aber die Vertreter der Normtheorien, vgl. oben S. 311 ff.

[4] Hierzu oben S. 159 ff.

[5] Eingehend hierzu unten S. 691 ff.

die richterliche Inhaltskontrolle von AGB *de lege lata* zu erklären.[6] Als Konkretisierung des Verhältnisses von *Vertragsfreiheit* und *Vertragsgerechtigkeit* für einen zentralen Bereich des Privatrechts knüpft die Untersuchung dabei an die Ergebnisse der im Allgemeinen Teil herausgearbeiteten Überlegungen an, entwickelt sie weiter und macht sie auf diese Weise für die Begründung der Inhaltskontrolle von AGB fruchtbar. Den Ausgangspunkt bildet auch hier zunächst die Klärung der *Grundlagen* (§ 6) durch die Bestimmung des *rechtsgeschichtlichen Hintergrundes.* In einem zweiten Schritt soll mit Blick auf die *verfassungsrechtlichen Grundlagen* (§ 7) sowie die *einfachgesetzliche Ausgestaltung der Inhaltskontrolle* und ihre rechtsdogmatische Herleitung (§ 8) sodann der *rechtliche und dogmatische Rahmen* der Untersuchung konkretisiert werden. Schließlich werden in einem dritten Schritt die *individuellen* und *überindividuellen* Ansätze zur Begründung der Inhaltskontrolle vor dem Hintergrund des geltenden Rechts einer eingehenden Untersuchung unterzogen und auf ihre Tauglichkeit überprüft (§ 9). Im Ergebnis wird auf der Grundlage der im Allgemeinen Teil erfolgten Bestimmung des Verhältnisses von *Vertragsfreiheit* und *Vertragsgerechtigkeit* ein Modell zur *Legitimation der Inhaltskontrolle von AGB* entwickelt, das im weiteren Verlauf der Untersuchung zur Bestimmung der Reichweite der Inhaltskontrolle im unternehmerischen Geschäftsverkehr herangezogen werden soll (§ 10).

Mit der Bestimmung des *rechtsgeschichtlichen Rahmens* sowie des *rechtsvergleichenden Befundes* sind zunächst die *Grundlagen* eines Legitimationsmodells der Inhaltskontrolle zu klären. Dabei werden in einem rechtsgeschichtlichen Rückblick holzschnittartig zunächst die Begründungsansätze näher untersucht, die von *Rechtsprechung*, *Verwaltung* und *Gesetzgebung* für eine materielle Korrektur von AGB im Laufe des geschichtlichen Wandels herangezogen wurden, um hieraus Impulse für die Entwicklung eines Legitimationsmodells der Inhaltskontrolle von AGB in der gegenwärtigen Diskussion zu gewinnen.[7] Der Rahmen des Untersuchungszeitraums soll dabei nicht auf die für die Entwicklung des gegenwärtigen AGB-Rechts prägenden letzten rund 80 Jahre – seit Erscheinen von *Raisers* „Recht der allgemeinen Geschäftsbedingungen“[8] – beschränkt bleiben, sondern mit der rechtswissenschaftlichen Aufarbeitung des AGB-Problems im 19. Jh. erheblich geweitet werden und so gerade jene Epoche erfassen, in der das moderne AGB-Recht seinen Ursprung hat“.[9]

---

[6] Dazu unten S. 462 ff.

[7] Auf eine umfassende Auswertung des zeitgenössischen, äußerst facettenreichen Schrifttums über den gesamten, fast zwei jahrhunderte umspannenden Untersuchungszeitraum musste hier verzichtet werden, da ein solches Unterfangen den Rahmen der vorliegenden Arbeit sprengen würde. Allerdings wird das ältere Schrifttum überall dort, wo es für die Darstellung von besonderem Interesse ist, in die Untersuchung einbezogen, um so jedenfalls einen schlaglichtartigen Überblick über die Entwicklung der rechtswissenschaftlichen Diskussion im Schrifttum zu erhalten. Vgl. beispielhaft nur oben S. 302, Fn. 86.

[8] *Raiser*, Das Recht der AGB (1935).

[9] Vgl. hierzu eingehend *Hellwege*, AGB und Rechtsgeschäftslehre (2010), S. 5 ff., 11, 21 ff.,

I. Das Kontrollinstrumentarium im 19. Jh.

Der Blick zurück auf die Diskussion des AGB-Problems im 19. Jh. und die vom Schrifttum jener Zeit vorgeschlagenen Lösungsansätze erfordert indes eine *Erweiterung des Untersuchungsgegenstandes.* Denn da eine dem AGBG und den heutigen §§305ff. BGB vergleichbare Sonderregelung zur rechtlichen Bewältigung der mit der Verwendung von AGB verbundenen Probleme im 19. Jh. fehlte, war die damalige Rechtswissenschaft darauf angewiesen, das durch die industrielle Revolution und den Massenverkehr in durchaus neuer Qualität aufkommende Problem der AGB mit dem damals verfügbaren Instrumentarium des *allgemeinen Rechts* zu bewältigen.[10] Dabei wurden als *Kontrollsubjekte* neben der *Rechtsprechung* auch die *Verwaltung* und der *Gesetzgeber* in das Bemühen um materielle Korrektur des weithin als Missstand empfundenen Problems einseitig benachteiligender AGB einbezogen.[11]

1. Inhalts- und Anwendungskontrolle durch die Rechtsprechung

Die Rechtsprechung suchte sich zunächst mit den Möglichkeiten der allgemeinen rechtsgeschäftlichen Inhaltskontrolle am Maßstab der allgemeinen Grenzen der Vertragsfreiheit – insbesondere der Verbotsgesetze, der öffentlichen Ordnung, des Grundsatzes von Treu und Glauben, der guten Sitten, des Wucherverbotes sowie unter Rückgriff auf die Natur des Vertrages – zu behelfen.[12] Kannte bereits das römische Recht mit der Trias von gesetzlichem *Verbot*, *Sittenwidrigkeit* und *Äquivalenzstörung* die klassischen allgemeinen Schranken der Vertragsfreiheit[13], so waren sie ebenso im Gemeinen Recht[14] wie auch in den partikularen Territorialrechten anerkannt, in denen sie eine teilweise näher ausdifferenzierende Kodifizierung erfahren haben.[15] Als von der Rechtsprechung zu konkretisierende

---

199, 203, 333; HKK/*Hellwege,* (2007), §§305–310 (II) Rn. 3ff., 24ff., 29ff.; *Pohlhausen*, AGB im 19. Jh. (1978), S. 14ff. und die Begründung des RegE zum AGBG, BT-Drucks. 7/3919, S. 9f. Ebenso *Schmidt*, JuS 1987, 929, 929 und *Raiser*, Das Recht der AGB (1961), S. 26. Vgl. auch oben S. 305.

[10] Hierzu eingehend *Hellwege*, AGB und Rechtsgeschäftslehre (2010), S. 138f. sowie S. 146ff., 155ff., 165ff., 172ff.

[11] Ebenda.

[12] *Hellwege*, AGB und Rechtsgeschäftslehre (2010), S. 146f.

[13] Zu den Schranken der *leges* und der *bonos mores* vgl. eingehend *Kaser/Knütel*, Römisches Privatrecht (2008), S. 67ff. und *Scherrer*, Geschichte der Vertragsfreiheit (1948), S. 11ff., 60f. Anm. 20f., zur *laesio enormis* vgl. *Bergmann*, Ungerechter Vertrag (2014), S. 5ff.; *Emmert*, Leistungspflichten (2001), S. 178ff.; *Mayer-Maly*, FS Larenz (1983), S. 395ff.; *Schulze*, laesio enormis (1973) sowie die übrigen oben S. 107 Fn. 7 genannten Nachweise.

[14] Vgl. hierzu *Scherrer*, Geschichte der Vertragsfreiheit (1948), S. 26.

[15] Vgl. hierzu die umfassenden Nachweise auf die einzelnen Partikularrechte bei *Hellwege*, AGB und Rechtsgeschäftslehre (2010), S. 146f., Fn. 41ff.

unbestimmte Rechtsbegriffe boten insbesondere *Treu* und *Glauben*, die *guten Sitten*, die *öffentliche Ordnung* sowie die *Natur des Vertrages* den Gerichten die Möglichkeit, zumindest den extremsten Auswüchsen unbilliger AGB entgegenzutreten und ihnen die Wirksamkeit zu versagen.[16]

Anerkannt war dies völlig unstreitig für den bereits nach dem Gemeinen Recht unwirksamen Ausschluss der Haftung für Vorsatz und grobe Fahrlässigkeit.[17] Ob darüber hinausgehende Haftungsbeschränkungen durch AGB – etwa im Wege von Betriebsreglements der Telegrafenanstalten, Eisenbahnen oder Dampfschifffahrtsgesellschaften – zulässig seien, war indes Gegenstand einer heftigen Kontroverse, dem *Reglementstreit*, in dem sich vor allem die weitgehend mit Kaufleuten als Handelsrichtern besetzten rheinischen Gerichte insbesondere mit Verweis auf das französische Recht (Art. 103 Code de Commerce, Art. 1784 Code Civil) entgegen der damals herrschenden Meinung für eine stärkere Inhaltskontrolle derartiger AGB aussprachen.[18] Teilweise wurde – etwa in dem viel beachteten Urteil des Landgerichts Düsseldorf als Handelsgericht vom 14. August 1857 – schon damals auf das bestehende Monopol der Eisenbahnen verwiesen und mit Hinweis auf das Eisenbahngesetz vom 3. November 1838 ein formularmäßiger Haftungsausschluss für unzulässig erklärt:

„In Erwägung, daß den Eisenbahnen *factisch* ein *Monopol* der Versendung und Beförderung gegeben ist, da der Verkehr eine solch Gestaltung gewonnen hat, daß das Publikum die Eisenbahn nicht wohl umgehen kann, vielmehr dieselbe *benutzen muß*; daß es daher Sache der *Gesetzgebung* war, das Publikum durch gesetzlich festgesetzte Garantien zu schützen und es zu verhindern, daß das den Eisenbahnen *factisch gegebene Monopol* nicht zum *Nachtheil* der Staatsangehörigen *ausgebeutet* und dieselben nicht gezwungen werden, sich irgend einer beliebten Bedingung zu *unterwerfen*; daß eine solche Garantie auch durch das Gesetz vom 3. November 1838 gegeben ist … daß daher eine derartige Clausel, da sie die durch das bezogene Eisenbahn-Gesetz dem Publikum gewährte Garantie, wenn nicht ganz aufhebt, doch sehr erheblich beschränkt, als zu Recht bestehend, nicht angesehen werden kann, vielmehr als dem Prohibitiv-Charakter des Gesetzes zuwider, jeder *rechtlichen Wirksamkeit entbehrt*."[19]

Das Urteil war für seine Zeit – Mitte des 19. Jh. – bahnbrechend, sprach es doch ungewöhnlich offen die Problematik der weithin als unbillig empfundenen AGB-

[16] *Hellwege*, AGB und Rechtsgeschäftslehre (2010), S. 146 f.

[17] *Hellwege*, AGB und Rechtsgeschäftslehre (2010), S. 147; *Kaser*, Römisches Privatrecht I (2. Aufl. 1971), S. 504 Fn. 6 mwN.

[18] Hierzu eingehend *Hellwege*, AGB und Rechtsgeschäftslehre (2010), S. 147 ff.; *Pohlhausen*, AGB im 19. Jh. (1978), S. 47 ff. mwN.

[19] *LG Düsseldorf* als Handelsgericht, Urteil vom 14. 8. 1857, abgedruckt in *Koch*, Deutschlands Eisenbahnen (1860), S. 308 f., der die Unzulässigkeit eines umfassenden Haftungsausschlusses jedenfalls für den *Güterverkehr* mit Verweis auf eine sonst drohende Existenzbedrohung für die Eisenbahngesellschaften und die Möglichkeit einer Haftungsübernahme durch Zahlung eines Zuschlages ablehnt und im Übrigen auf den Gesetzgeber verweist. Ebenda, S. 39 ff. A. A. *Beschorner*, Eisenbahnrecht (1858), S. 261 ff., 271. Hervorhebungen durch den Verfasser.

Praxis und die der Inhaltskontrolle eigentlich zugrunde liegenden Wertungen an, die in den vorangegangenen Urteilen lediglich in dem Vorbringen der Parteianwälte anklangen:[20] *faktisches Monopol*, *Benutzungszwang*, *Ausbeutung* zum Nachteil des Vertragspartners und *Unterwerfung* unter die AGB. Die Richter des Landgerichts Düsseldorf, die als Handelsrichter dem Kaufmannsstand entstammten und damit als Praktiker mit der Problematik bestens vertraut waren, haben damit bereits mehr als 150 Jahre vor Inkrafttreten des AGBG jene Probleme umrissen, die auch die heutige Diskussion beherrschen und erst im 20. Jh. umfassend dogmatisch durchdrungen worden sind. Durchzusetzen vermochte sich die Rechtsprechung der rheinischen Gerichte indes nicht. So kassierte das *Geheime Obertribunal* in seinem Urteil vom 6. Juli 1858 ebenjenes Urteil des Landgerichts Düsseldorf vom 14. August 1857[21], und auch außerhalb der Jurisdiktion der rheinischen Gerichte wie auch im Schrifttum fanden die frühen Versuche, die Verwendung unbilliger AGB im Wege richterlicher Inhaltskontrolle in umfassenderer Weise zu beschränken, zunächst wenig Gefolgschaft.[22]

Erst die Rechtsprechung des Reichsgerichts Ende des 19. Jh. führte hier zu einer Wende: Hatte der 1. Senat des Reichsgerichts 1883 noch im Fall einer Haftungsbeschränkung des Frachtführers durch AGB, die er selbst „als wenig billig und gerecht"[23] erachtet hatte, gleichwohl eine Sittenwidrigkeit der entsprechenden Klausel verneint, weil es „mangels einer gesetzlichen Einschränkung der Vertragsfreiheit, in dieser Beziehung an der Möglichkeit [fehle] der betreffenden Vereinbarung die Gültigkeit zu versagen"[24], so hielt er fünf Jahre später in einem vergleichbaren Fall einen Sittenverstoß grundsätzlich für möglich, auch wenn er ihn im konkreten Fall letztlich ablehnte. Als Voraussetzung sah er zum einen die unverhältnismäßige *Erschwerung der Interessenwahrnehmung* durch den Vertragspartner sowie zum anderen den durch besondere Umstände bedingten faktischen *Zwang* zur Zustimmung zu den vom Verwender gestellten AGB:

„Umgekehrt kann in der Beschränkung der Haftung des Frachtführers dann ein Verstoß gegen gute Sitten gefunden werden, wenn dem Publikum die Möglichkeit der *anderweiten Wahrung seiner Interessen nicht* oder nur *unter verhältnismäßig schweren Bedingungen* geboten wird, bezw. infolge *besonderer Umstände* (z.B. Bildung eines

---

[20] Dazu *Pohlhausen*, AGB im 19. Jh. (1978), S. 53.

[21] *Geheimes Obertribunal Berlin*, Urteil vom 7.7.1858, abgedruckt in *Koch*, Deutschlands Eisenbahnen (1860), S. 307 ff. Das Gericht stützte seine Entscheidung dabei vor allem auf die Erwägung, dass ein Monopol nicht bestehe, ein Verstoß gegen das Eisenbahngesetz von 1838 wie auch gegen die guten Sitten und die öffentliche Ordnung nicht feststellbar sei, und dem Vertragspartner schließlich darüber hinaus die Möglichkeit offen stehe, eine grundsätzliche Haftung durch Zahlung eines höheren Tarifes zu begründen, so dass in der Nichtigkeitsanordnung ein Verstoß gegen die „Vertrags- und Verfügungsfreiheit" der Eisenbahngesellschaften als AGB-Verwenderin zu sehen sei. Ebenda, S. 310 ff.

[22] Vgl. hierzu eingehend *Hellwege*, AGB und Rechtsgeschäftslehre (2010), S. 151 ff.; *Pohlhausen*, AGB im 19. Jh. (1978), S. 47 ff.

[23] RGZ 11, 100, 110.

[24] RGZ 11, 100, 110. Dazu *Raiser*, Das Recht der AGB (1935), S. 303.

sog. Ringes nach amerikanischem Vorgange) die Absender *gezwungen* werden, sich *dem Verlangen der Frachtführer zu fügen.*"[25]

Dieser Paradigmenwechsel in der Rechtsprechung des Reichsgerichts war indes zunächst noch nicht von langer Dauer. So verneinte derselbe Senat ein Jahr später im Schifffahrtsrecht die Sittenwidrigkeit eines umfassenden Haftungsausschlusses mit dem generellen Verweis auf die Vertragsfreiheit:

„Das Berufungsgericht fügt ganz richtig noch hinzu, daß, wenn auch die Freizeichnung von allen Folgen von negligence or default of Pilot, Master, Mariners ... eine außerordentlich weitgehende sei, ihr doch nach den Grundsätzen des deutschen Rechtes über die Vertragsfreiheit nichts entgegensteht."[26]

Die Entwicklung hin zu einer umfassenden richterlichen Inhaltskontrolle von AGB war jedoch nicht mehr aufzuhalten. Zu gravierend waren die Missstände, die durch die Abwälzung der vertraglichen Risiken vom Verwender auf den Vertragspartner im Wege unbilliger, einseitig belastender AGB entstanden waren. Zu Beginn des 20. Jh. ist es wieder der 1. Senat, der die Frage der Zulässigkeit umfassender Haftungsfreizeichnung erneut aufgreifen und mit seiner Monopolrechtsprechung die Grundlagen für eine deutlich weitergehende gerichtliche Überprüfung von AGB legen wird.[27]

Daneben griffen die Gerichte auch auf die *verdeckte Inhaltskontrolle* sowie die *Anwendungskontrolle* zurück, wenn die Möglichkeiten einer offenen Inhaltskontrolle für den jeweiligen Bereich noch nicht hinreichend entwickelt waren.[28] Bei der *verdeckten Inhaltskontrolle* erklärt das Gericht eine unbillige Vertragsbedingung nicht aufgrund einer Überschreitung der allgemeinen Schranken der Vertragsfreiheit – etwa eines Verstoßes gegen Treu und Glauben, die guten Sitten oder ein gesetzliches Verbot – für unwirksam, sondern versucht das gewünschte Ergebnis auf anderem Wege herbeizuführen, indem es etwa die rechtsgeschäftliche Einbeziehung der betroffenen Bestimmung verneint oder im Wege der Auslegung eine andere als die vom Verwender gewünschte Rechtsfolge annimmt.[29] Im Rahmen der Anwendungskontrolle geht das Gericht schließlich nicht gegen die als unbillig empfundene Vertragsbestimmung an sich, sondern lediglich gegen ihre Anwendung im konkreten Fall vor.[30]

---

[25] RGZ 20, 115, 117. Vgl. hierzu *Hellwege*, AGB und Rechtsgeschäftslehre (2010), S. 152; HKK/*Hofer*, (2007), §§ 305–310 (I), Rn. 9; *Raiser*, Das Recht der AGB (1935), S. 303. Hervorhebungen durch den Verfasser.

[26] RGZ 25, 104, 105. Ebenso RGZ 52, 396. Vgl. hierzu HKK/*Hofer*, (2007), §§ 305–310 (I), Rn. 9 sowie *Raiser*, Das Recht der AGB (1935), S. 303 f. Hervorhebungen durch den Verfasser.

[27] Vgl. hierzu unten S. 342 ff.

[28] *Hellwege*, AGB und Rechtsgeschäftslehre (2010), S. 139 f., 172 ff.

[29] *Hellwege*, AGB und Rechtsgeschäftslehre (2010), S. 139. Vgl. hierfür vertiefend auch die Fallbeispiele bei *Hellwege*, AGB und Rechtsgeschäftslehre (2010), S. 172 ff. mwN.

[30] *Hellwege*, AGB und Rechtsgeschäftslehre (2010), S. 138, 172 ff.

2. *Aufsichtsrechtliche Kontrolle durch die Verwaltung*

Neben den Gerichten, die im Wege der Inhalts- und Anwendungskontrolle unbillige AGB einer materiellen Korrektur unterwerfen konnten, bestand darüber hinaus für bestimmte Bereiche die Möglichkeit der *aufsichtsrechtlichen Kontrolle* durch die *Verwaltung*.[31] Dies betraf vor allem jene Bereiche des Wirtschaftslebens, in denen eine unternehmerische Tätigkeit einer *Konzessionspflicht* unterlag, wie dies etwa zur Mitte des 19. Jh. in zahlreichen deutschen Staaten für das *Versicherungs-* oder das *Eisenbahnwesen* der Fall war.[32] Mit Verweis auf eine solche aufsichtsrechtliche Kontrolle hat die Rechtsprechung bisweilen sogar eine eigene Inhaltskontrolle von AGB abgelehnt.[33] Allerdings war die aufsichtsrechtliche Kontrolle von AGB sowohl im Hinblick auf die erfassten Wirtschaftsbereiche als auch auf ihre geographische Verbreitung in den einzelnen deutschen Staaten höchst uneinheitlich geregelt und wurde zudem hinsichtlich der Intensität und des Maßstabs der Prüfung völlig unterschiedlich gehandhabt.[34]

Und auch für jene Territorien, in denen AGB etwa im Bereich des Versicherungswesens entweder im Rahmen des *Konzessionierungsverfahrens*, im Rahmen der *präventiven polizeilichen Genehmigung (polizeiliche Präventivkontrolle)* jedes einzelnen Versicherungsvertrages oder anlässlich einer polizeilichen Kontrolle nach Vertragsschluss (*Anzeigeverfahren*) einer inhaltlichen Überprüfung unterzogen wurden[35], bestehen erhebliche Zweifel an der Effektivität der aufsichtsrechtlichen Kontrolle durch die häufig nicht mit Juristen besetzten zuständigen Verwaltungen und selbst daran, ob eine solche Kontrolle von den Behörden überhaupt bezweckt war.[36] So war etwa die polizeiliche *Präventivkontrolle* ausschließlich auf Feuerversicherungsverträge beschränkt und auch von ihrem Zweck her nicht auf eine generelle Billigkeitskontrolle, sondern vor allem auf die Verhinderung einer Überversicherung gerichtet.[37]

Darüber hinaus war aber auch in den Fällen, in denen im Rahmen des *Konzessionierungsverfahrens* eine aufsichtsrechtliche Prüfung vorgenommen wurde, die Effektivität der Kontrolle höchst fraglich, wurde die Einseitigkeit der AVB in der Literatur doch zunächst verbreitet als Missstand wahrgenommen.[38] Erst später, gegen Ende des 19. Jh., scheint sich die aufsichtsrechtliche Kontrolle durch die

---

31 *Hellwege*, AGB und Rechtsgeschäftslehre (2010), S. 139, 165 ff.

32 Vgl. hierzu umfassend *Hellwege*, AGB und Rechtsgeschäftslehre (2010), S. 165 ff., 171 ff. mwN.

33 Vgl. etwa das bei *Hellwege*, AGB und Rechtsgeschäftslehre (2010), S. 154 ausführlich besprochene und im Original wiedergegebene Urteil des *Kreisgerichts Dessau* vom 2.2.1866, ZVersR 2 (1868), 308, 308 f.

34 *Hellwege*, AGB und Rechtsgeschäftslehre (2010), S. 165 ff.

35 Vgl. zu den unterschiedlichen Formen der aufsichtsrechtlichen Kontrolle eingehend *Hellwege*, AGB und Rechtsgeschäftslehre (2010), S. 66 ff.

36 *Hellwege*, AGB und Rechtsgeschäftslehre (2010), S. 169 ff.

37 *Hellwege*, AGB und Rechtsgeschäftslehre (2010), S. 166 f.

38 So *Hellwege*, AGB und Rechtsgeschäftslehre (2010), S. 169 f. mit Verweis auf zeitgenös-

Verwaltung zumindest für einige Bereiche als effektives Instrument der inhaltlichen Überprüfung von AGB durchgesetzt zu haben.[39] Im Bereich der Eisenbahnreglements scheinen durchaus vorhandene Möglichkeiten der inhaltlichen Überprüfung – etwa im Rahmen des Konzessionierungsverfahrens oder durch das mit der Wahrnehmung der Publikumsinteressen betraute preußische Eisenbahnkommissariat – zumindest bis Mitte des 20. Jh. wenig wirksam gewesen zu sein.[40] Erst mit der Möglichkeit der Einführung staatlich vereinheitlichter Betriebsreglements durch Verwaltungsakt, zunächst für den Norddeutschen Bund, dann für ganz Deutschland, scheint eine Besserung der Situation eingetreten zu sein.[41] In nennenswertem Umfang fand eine Inhaltskontrolle darüber hinaus schließlich im Bereich des Arbeitsrechts statt, wo nach § 134 f Abs. 1 GewO von 1891 die zwingend einzureichenden Arbeitsordnungen durch die unteren Verwaltungsbehörden auf ihre Gesetzmäßigkeit hin überprüft werden konnten.

Das Instrument der aufsichtsrechtlichen Kontrolle hat sich damit im Rückblick als nur begrenzt effizient erwiesen und vermochte aufgrund der Vielgestaltigkeit unterschiedlicher AGB und der betroffenen Regelungsbereiche allenfalls eine *punktuelle* Inhaltskontrolle zu gewährleisten.

3. *Zwingendes Recht durch den Gesetzgeber*

Schließlich konnte auch der *Gesetzgeber* durch den Erlass zwingenden Rechts auf Missstände durch die massenhafte Verwendung unbilliger, einseitig benachteiligender AGB reagieren. Derartige korrigierende Eingriffe waren zwar nicht im Rahmen einer konkret individuellen Kontrolle *ex post*, sondern lediglich *präventiv* im Rahmen abstrakt-genereller Regelungen denkbar. Angesichts der begrenzten Möglichkeiten einer allgemeinen rechtsgeschäftlichen Inhaltskontrolle bildete ein Eingreifen des Gesetzgebers indes häufig das einzige Mittel, um unbilligen AGB wirksam begegnen zu können.[42] So versagte die herrschende Meinung im Schrifttum wie auch weitgehend die Rechtsprechung den rheinischen Gerichten im Reglementstreit die Gefolgschaft und verwies stattdessen auf das notwendige Tätigwerden des Gesetzgebers, das für den Bereich der Transportanstalten mit der Einführung *zwingender Haftungsvorschriften* im Frachtrecht durch das ADHGB von 1861 auch erfolgte.[43] Allerdings ließ sich ein Einschrei-

---

sische Äußerungen in der Literatur, etwa PreußVersZ 1867 (1), 153 sowie PreußVersZ 1868 (2), 570. Eindrücklich auch *Tigges*, Versicherungsaufsicht (1985), S. 36 ff.

[39] *Hellwege*, AGB und Rechtsgeschäftslehre (2010), S. 170 f. mit Verweis auf *Schneider*, AcP 85 (1896), 295, 298.

[40] *Hellwege*, AGB und Rechtsgeschäftslehre (2010), S. 171.

[41] *Ebenda.*

[42] Vgl. hierzu *Hellwege*, AGB und Rechtsgeschäftslehre (2010), S. 139, 157 ff.

[43] *Hellwege*, AGB und Rechtsgeschäftslehre (2010), S. 147 ff., 157 f. mwN. Vgl. zum Reglementstreit auch *Pohlhausen*, AGB im 19. Jh. (1978), S. 47 ff.

ten des Gesetzgebers politisch wohl nur für jene Bereiche rechtfertigen, in denen – wie im Bereich der Eisenbahnen – ein faktisches Monopol bestand oder – wie im Gewerberecht oder bei Abzahlungsgeschäften – die Missstände offenkundig und gravierend waren.[44] Entsprechend finden sich zwingende Normen zum Schutz der Vertragspartner gegen unbillige AGB für Abzahlungsgeschäfte[45], im Versicherungs-[46] und Beherbergungswesen[47] sowie im Arbeitsrecht, wo die Gewerbeordnungen zwingende Mindeststandards zum Schutz der Arbeitnehmer enthielten.[48]

II. Das Kontrollinstrumentarium im 20. Jh.

Im 20. Jh. wurde das der Rechtsordnung zur Verfügung stehende Instrumentarium zur inhaltlichen Überprüfung und Korrektur von AGB – nicht zuletzt dank der wegbereitenden Weiterentwicklung des AGB-Rechts durch die Rechtswissenschaft – erheblich erweitert. Die bereits im 19. Jh. erkennbaren *Entwicklungslinien* wurden insbesondere im Bereich der Rechtsprechung und Gesetzgebung weitergeführt und fanden ihre Vollendung im geltenden Recht: Die *Gerichte* knüpften an die bereits Ende des 19. Jh. vom Reichsgericht mit der *Monopolrechtsprechung* entwickelten Grundsätze für eine richterliche Inhaltskontrolle von AGB an und formten sie in der zweiten Hälfte des 20. Jh. zu einer allgemeinen *Angemessenheitskontrolle* am Maßstab des § 242 BGB aus.[49]

Die *Verwaltung* wirkte – vor allem in der Zeit des Ersten Weltkrieges und des nationalsozialistischen Regimes – im Rahmen des gerade erst entstandenen *Wirtschaftsverwaltungsrechts* durch eine Vielzahl von Eingriffsbefugnissen zunehmend kontrollierend auf das Wirtschaftsgeschehen ein und unterwarf dabei auch AGB einer Inhaltskontrolle, die indes trotz hoher Eingriffsdichte und der Ausdehnung auf mehr und mehr Wirtschaftsbereiche insgesamt nur punktuell

---

[44] *Hellwege*, AGB und Rechtsgeschäftslehre (2010), S. 158, 163 f.

[45] AbzG von 1894, RGBl. 1894, S. 450.

[46] Hier wurden mangels deutschlandweiter einheitlicher Regelung vor allem einzelne Landesgesetzgeber, etwa in *Sachsen* und *Preußen*, tätig. *Hellwege*, AGB und Rechtsgeschäftslehre (2010), S. 160 f. Vgl. hierzu im Einzelnen mit weiteren Nachweisen *ebenda*.

[47] Beschränkungen des Haftungsausschlusses für die Gastwirte enthielten etwa § 1288 Sächsisches BGB, Art. 2069 des Entwurfes eines bürgerlichen Gesetzbuches für das Königreich Bayern von 1860 sowie Art. 751 Abs. 1 des Dresdener Entwurfes eines allgemeinen deutschen Gesetzes über Schuldverhältnisse von 1866, *Hellwege*, AGB und Rechtsgeschäftslehre (2010), S. 162 f.

[48] So z. B. § 50 der Preußischen GewO von 1849 (Barzahlungspflicht für Arbeitslohn) oder § 134b Abs. 1 GewO von 1891 (Mindestinhalt der Arbeitsordnung, Begrenzungen für Strafbestimmungen), *Hellwege*, AGB und Rechtsgeschäftslehre (2010), S. 163 ff. Vgl. hierzu eingehend *ebenda*.

[49] Dazu unten S. 347 ff. sowie *Hellwege*, AGB und Rechtsgeschäftslehre (2010), S. 288 f., 315 ff., 317.

blieb.[50] Der *Gesetzgeber* knüpfte mit einer Fülle von Spezialgesetzen zum Schutz sozial oder strukturell schwächerer Parteien – etwa im Miet- und Arbeitsrecht – zunächst an die bereits im 19. Jh. begonnene Entwicklung zur punktuell-präventiven Korrektur von AGB durch zwingendes Recht an, bis er mit dem AGBG von 1976 die Grundlage für die Inhaltskontrolle des geltenden Rechts legte. Begleitet und vorbereitet wurde diese Entwicklung durch eine intensive Diskussion in der *Rechtswissenschaft*, die sich in einer um die Jahrhundertwende spürbar zunehmenden Flut an Beiträgen darum bemühte, AGB als Rechtsproblem sowohl *dogmatisch* als auch *rechtssoziologisch* zu durchdringen.[51]

1. Rechtsprechung: Von der Monopolrechtsprechung des Reichsgerichts zur Angemessenheitskontrolle des Bundesgerichtshofs

Vor allem die Rechtsprechung ging im 20. Jh. neue Wege und wurde so zum Wegbereiter des modernen AGB-Rechts.[52]

a) Die Rechtsprechung des Reichsgerichts: Entwicklung der Monopolrechtsprechung

Hatte der 1. Senat des Reichsgerichts in seiner wegweisenden Entscheidung aus dem Jahr 1888[53] der Sache nach bereits die Grundsätze der *Monopolrechtsprechung* zur Sittenwidrigkeit umfassender Haftungsausschlüsse durch AGB herausgearbeitet, diesen Ansatz in den darauffolgenden Jahren indes zunächst nicht mehr weiterverfolgt,[54] so griff er diese Entwicklungslinie – die sich freilich bereits seit Mitte des 19. Jh. in der Rechtsprechung der rheinischen Gerichte findet[55] – im Jahre 1906 wieder auf[56], präzisierte sie und hielt in der Folge daran fest.[57] In seiner Entscheidung, bei der es um eine vollständige Haftungs-

[50] Dazu unten S. 353 ff. sowie *Hellwege*, AGB und Rechtsgeschäftslehre (2010), S. 287 ff., 315 ff., 317.

[51] Dazu bereits oben S. 307 sowie *Hellwege*, AGB und Rechtsgeschäftslehre (2010), S. 213 f. mwN.

[52] Hierzu näher Staudinger/*Gsell*, Eckpfeiler (6. Aufl. 2018), L. Rn. 20 Fn. 171, 172; *Hellwege*, AGB und Rechtsgeschäftslehre (2010), S. 287 ff., 313 ff.; *Stoffels*, AGB-Recht (3. Aufl. 2015), S. 20 ff.; HKK/*Hofer*, (2007), §§ 305–310 (I) Rn. 7 ff.; *Zweigert/Kötz*, Rechtsvergleichung (3. Aufl. 1996), S. 327 ff.; *Raiser*, Das Recht der AGB (1961), S. 302 ff.

[53] Urteil vom 11. 2. 1888, RGZ 20, 115, 117. Vgl. hierzu eingehend oben S. 337 f.

[54] Dazu bereits oben S. 336 ff.

[55] Dazu oben S. 336 ff.

[56] RGZ 62, 264, 265 f.

[57] Vgl. nur RGZ 79, 224, 229 („Allerdings würde es bei dem *tatsächlichen Monopol* der Beklagten bezüglich der Lieferung elektrischen Stromes und bei der großen wirtschaftlichen Bedeutung der Elektrizität auch für den einzelnen ein gegen die *guten Sitten* verstoßender *Mißbrauch der Vertragsfreiheit* sein, wenn die Beklagte den Abnehmern *unbillige* und *unverhältnismäßige Bedingungen* vorschreiben wollte."); RGZ 81, 316, 320 („Zwar hat der erkennende Senat in früheren Entscheidungen unter bestimmten Voraussetzungen einen solchen

freizeichnung seitens des Staates für Schiffsschäden bei der Durchfahrt des Kaiser-Wilhelm-Kanals ging, knüpfte er an die Grundsatzentscheidung aus dem Jahr 1888 an und konkretisierte dabei insbesondere den Gedanken des *Monopolmissbrauchs* zur Durchsetzung unbilliger oder unverhältnismäßiger Vertragsbedingungen:

„Die Rechtsordnung gestatte zwar, bei dem Abschluß eines Vertrags die Verpflichtung zum Schadensersatze auszuschließen, setze jedoch auch hierbei der Vertragsfreiheit Schranken ... in einem solchen Verfahren müßte aber auch ein Verstoß gegen die guten Sitten erblickt werden. Wo der einzelne ein ihm tatsächlich zustehendes *Monopol* oder den Ausschluß einer Konkurrenzmöglichkeit dazu *mißbraucht*, dem allgemeinen Verkehr *unbillige, unverhältnismäßige Opfer aufzuerlegen, unbillige und unverhältnismäßige Bedingungen vorzuschreiben*, da können dieselben rechtliche Anerkennung nicht finden. Dieser *allgemeine Grundsatz*, welchen das Reichsgericht wiederholt zur Geltung gebracht hat, trifft insbesondere auf den vertragsmäßigen Ausschluß einer *nach dem Gesetz bestehenden Haftung* dann zu, wenn dem Publikum die *anderweite Wahrung seiner Interessen* nicht möglich, und dasselbe daher *gezwungen* ist, sich *den gestellten Bedingungen zu unterwerfen*."[58]

Ging das Reichsgericht in seiner vorangegangenen, eine Sittenwidrigkeit grundsätzlich ablehnenden Entscheidung aus dem Jahr 1889 noch davon aus, dass einem explizit als „außerordentlich weitgehend[e]"[59] bewerteten Haftungsausschluss gleichwohl „nach den Grundsätzen des deutschen Rechtes über die Vertragsfreiheit nichts entgegensteht"[60], so stellt es nun – siebzehn Jahre später – fest, dass „die Rechtsordnung ... jedoch auch hierbei der Vertragsfreiheit Schranken"[61] setzt und dass nach „allgemeine[m] Grundsatz, welchen das Reichsgericht

---

Verstoß für die Fälle als möglich anerkannt, in welchen dem Verkehr der vertragsmäßige Ausschluß einer nach dem Gesetz an sich bestehenden Haftung ausfgedrängt werde. Als Voraussetzungen wurden bezeichnet, daß der eine Teil eine wenigstens *tatsächliche Monopolstellung* innehabe und dann, durch Wettbewerb unbehindert, seine Stellung dazu *mißbrauche*, dem anderen Vertragsteil *unbillige* und *unverhältnismäßige Bedingungen* vorzuschreiben. Hier trifft jedoch weder die eine noch die andere Voraussetzung zu."); RGZ, 81, 316, 320; RGZ 83, 9, 14 („Dem allgemeinen Satz, daß es gegen die *guten Sitten* verstoße, wenn der Inhaber einer *Monopolstellung* seine Macht dazu *mißbrauche*, anderen *unbillige* und *unverhältnismäßige* Bedingungen vorzuschreiben ... ist auch auf dem Gebiete des Patentrechts die Anerkennung nicht zu versagen.") RGZ 94, 107, 109f.; RGZ 99, 107; RGZ 102, 396; RGZ 103, 82; RGZ 106, 386; RGZ 115, 253, 258; RGZ 128, 92, 96; RGZ 133, 388, 391. Zum Haftungsausschluss für Schiffsschäden bei der Durchfahrt des Kaiser-Wilhelm-Kanals vgl. auch das Urteil des 3. Senat des Reichsgerichts in RGZ 68, 358, 367, der eine – freilich ebenfalls nicht vertraglich abdingbare – deliktische Haftung annahm. („Diese Haftung kann ... durch Vertrag nicht ausgeschlossen werden. Ein solcher Vertrag verstößt gegen das gesetzliche Verbot des Gesetzes vom 16. März 1886 und ist darum nach § 134 B. G. B. nichtig." *Ebenda.* Zum zeitgenössischen Schrifttum vgl. die umfassenden Nachweise bei *Hellwege*, AGB und Rechtsgeschäftslehre (2010), S. 289, Fn. 13. Hervorhebungen durch den Verfasser.

[58] RGZ 62, 264, 265 f. Hervorhebungen durch den Verfasser.

[59] RGZ 25, 104, 105, 107.

[60] *Ebenda.*

[61] RGZ 62, 264, 265.

wiederholt zur Geltung gebracht hat“[62], ein derartiger Haftungsausschluss unter den im Urteil genannten besonderen Voraussetzungen des Monopolmissbrauchs „rechtliche Anerkennung nicht finden [kann]“[63]. In einer der nachfolgenden Entscheidungen arbeitete das Gericht die *Grenzen* der *Vertragsfreiheit* des Verwenders noch deutlicher heraus und wertete derartige Haftungsausschlüsse als „gegen die guten Sitten verstoßende[n] Mißbrauch der Vertragsfreiheit“[64] – ein Gedanke, den der BGH nahezu ein halbes Jahrhundert später wieder aufgreifen[65] und auf seiner Grundlage die bis heute in der Rechtsprechung maßgebende Formel von der „einseitigen Inanspruchnahme der Vertragsgestaltungsfreiheit“[66] als maßgeblicher Rechtfertigung der richterlichen Inhaltskontrolle entwickeln wird.

Mit der Entscheidung des Reichsgerichts aus dem Jahr 1906 war die *Monopolrechtsprechung*, der nun auch die herrschende Meinung in der Literatur folgte, etabliert und wurde im Folgenden – vor allem im Hinblick auf die Voraussetzungen der Annahme eines Monopols und die daraus folgende Pflicht zur Berücksichtigung der allgemeinen Verkehrsinteressen – weiter präzisiert. So stellte das Reichsgericht etwa in seiner Differenzierung von *rechtlichem* und *tatsächlichem* Monopol klar, dass von einem Monopol insbesondere dann auszugehen ist, wenn für die Vertragspartner des AGB-Verwenders ein rechtlicher oder faktischer *Zwang zum Vertragsschluss* besteht, weil der AGB-Verwender ein für den Verkehr *unentbehrliches Gewerbe* betreibt oder ihm ein *rechtliches Monopol* eingeräumt worden ist.[67] Im Gegenzug trifft ihn die Pflicht, bei der Formulierung

[62] RGZ 62, 264, 266.

[63] *Ebenda*.

[64] RGZ 79, 224, 229.

[65] Klingt der Gedanke des *Missbrauchs der Vertragsfreiheit* – schon früh – bereits in der Entscheidung des 1. Senates BGH vom 20. 11. 1953 (I ZR 269/52) = JurionRS 1953, 12790, V. 1) an („Besondere Gründe, die hiernach etwa aus dem Gesichtspunkt des Mißbrauchs monopolartiger Machtstellungen oder einer sonstigen im Mißbrauch der Vertragsfreiheit wurzelnden Gemeinschaftswidrigkeit die hier in Betracht kommenden Freizeichnungsklauseln … rechtsungültig erscheinen lassen könnten, sind nicht ersichtlich.“), so wird er vollends in der Entscheidung des VIII. Senates des BGH vom 4. 11. 1964 = NJW 1965, 246, 246 entfaltet: „Wer allgemeine Geschäftsbedingungen aufstellt, nimmt die *Vertragsfreiheit*, soweit sie die Gestaltung des Vertragsinhalts betrifft, für sich allein in Anspruch. Bringt er nur seine eigenen Interessen zur Geltung, so *mißbraucht* er die *Vertragsfreiheit*. Insoweit ist die *Vertragsfreiheit* durch § 242 BGB eingeschränkt.“ Hervorhebungen durch den Verfasser.

[66] Vgl. nur BGHZ 184, 259 = NJW 2010, 1131, 1133 sowie BGHZ 126, 326, 333 = NJW 1994, 2825, 2826 („Maßgebend ist dabei der Schutzzweck des AGB-Gesetzes, die einseitige Ausnutzung der *Vertragsgestaltungsfreiheit* durch eine Vertragspartei zu verhindern …“). Hervorhebungen durch den Verfasser.

[67] RGZ 99, 107, 109 f. Spätere Entscheidungen legten dieses Merkmal extensiver aus und ließen für eine Monopolstellung genügen, dass nach der Anschauung des Verkehrs allein der AGB-Verwender die Gewähr für eine den Verkehrsanforderungen genügende Ausführung des Geschäfts bietet und zudem über ausreichende Solvenz verfügt, um im Fall des Haftungseintritts entsprechende Schadensersatzforderungen erfüllen zu können. RGZ 115, 218, 220: „Diese Erwägung muß gleichfalls durchgreifen, wenn zwar *kein absolutes Monopol* der in Betracht kommenden Unternehmen in Frage kommt, diese aber *eine Gruppe bilden*, auf deren Inanspruchnahmen einbestimmter Kreis der Geschäftswelt bei der Abwicklung sei-

der Vertragsbedingungen die Interessen des allgemeinen Verkehrs angemessen zu berücksichtigen. So erkennt das Reichsgericht in seinem Urteil 15. März 1920:

„Das Oberlandesgericht nimmt nun mit Recht an, daß in Fällen, in denen der Inhaber eines für den *Verkehr unentbehrlichen Gewerbes* die zu seinen Gunsten gegebene *Monopolstellung* oder den Ausschluß einer Konkurrenzmöglichkeit dazu mißbraucht, dem *allgemeinen Verkehr unbillig große Opfer aufzuerlegen*, die von ihm aufgestellten Bedingungen keine Anerkennung finden können. Es weist zutreffend darauf hin, daß da, wo ein rechtliches Monopol besteht ... dem Monopol als Gegenstück zu der eingeräumten ausschließlichen Gewerbeberechtigung ein Zwang zum Vertragsschluß entspricht ... Es ist danach die Auffassung des Oberlandesgerichts zu billigen, daß es dem Sinne der Rechtsordnung widerspricht, wenn in Fällen ähnlicher Art der Inhaber eines Monopols *ausschließlich seinen Nutzen verfolgt*. Aus der Monopolstellung des Unternehmers ergibt sich, sofern das Gewerbe für den Verkehr unentbehrlich ist, auch eine gewisse *Gebundenheit hinsichtlich der Vertragsbestimmungen* .... Er darf bei den Bedingungen, zu denen er Verträge abschließt, *nicht einseitig seine Interessen zugrunde legen*, sondern muß in einer Weise verfahren, die mit den *allgemeinen Verkehrsbedürfnissen* vereinbar ist. Tut er das nicht, so entsteht für den Verkehr ein Zustand, der nicht zugelassen werden kann. Damit rechtfertigt es sich, die Bedingungen, die eine übermäßige Ausnutzung der gegebenen Machtstellung enthalten, als nichtig anzusehen."[68]

Das Reichsgericht entwickelte seine *Monopolrechtsprechung* in den folgenden Jahren kontinuierlich weiter und bezog immer weitere Fallgruppen in die Inhaltskontrolle am Maßstab des § 138 BGB ein, wie dies etwa in der die bisherige Rechtsprechung zusammenfassenden Leitentscheidung vom 15. März 1933 deutlich wird, an die der BGH nahezu 20 Jahre später anknüpfen wird[69]:

„Als sittenwidrig ist es erachtet worden, wenn der ‚Monopolinhaber' durch Wettbewerb unbehindert, seine Vorzugsstellung dazu *mißbraucht*, willkürlich oder aus unlauteren Gründen den einzelnen von den Bedingungen auszuschließen, die der Allgemeinheit sonst dargeboten sind ... Ebenso ist es beurteilt worden, wenn der Monopolinhaber unter Mißbrauch seiner Machtstellung dem allgemeinen Verkehr unbillige, *unverhältnismäßige Opfer* auferlegt oder *unbillige, unverhältnismäßige* oder von den *allgemeinen* und *angemessenen abweichende Bedingungen*, etwa den Verzicht auf rechtmäßig begründete Ansprüche, vorschreibt ... Als Sittenverstoß ist es auch angesehen worden, wenn der Monopolinhaber mißbräuchlich bei den Bedingungen, zu denen er Verträge

---

ner Geschäfte *angewiesen* ist, weil die Angehörigen jener Gruppe nach der Anschauung des Verkehrs im Wesentlichen allein die *Gewähr* für eine den Anforderungen dieses Verkehrs entsprechende *Ausführung des Geschäfts* bieten und im Falle des *Haftungseintritts* ausreichenden *Vermögensrückhalt* besitzen, um *Ersatzforderungen nachkommen* zu können. In solchem Falle befindet sich eben der kaufmännische Verkehr gegenüber jener Unternehmergruppe in einer *Zwangslage*. Die Inanspruchnahme der Mitglieder dieser Gruppe erfolgt somit ... nicht aus freier Abwägung der damit verbundenen Vor- und Nachteile." Darüber hinaus sollte genügen, dass die überwiegende Anzahl oder lediglich die Mehrzahl der Anbieter einer bestimmten Leistung Verträge zu gleichen bzw. zu vergleichbaren Konditionen abgeschlossen haben." *Hellwege*, AGB und Rechtsgeschäftslehre (2010), S. 292. Hervorhebungen durch den Verfasser.

[68] RGZ 99, 107, 109f. Hervorhebungen durch den Verfasser.

[69] Vgl. nur BGHZ 22, 90, 97f.

abschließt, *einseitig seine Belange* zugrundelegt ohne Rücksicht darauf, ob dies mit den *allgemeinen Verkehrsbedürfnissen* vereinbar ist, oder unter Umkehrung der vom Gesetzgeber gewollten und vom Verkehr als billig empfun*denen Rechtslage* sich *unverhältnismäßige Vorteile ausbedingt*, zumal wenn hierdurch dem Verkehr besondere Fesseln aufgezwungen werden ...."[70]

Einzelne Gerichte gingen Anfang des 20. Jh. darüber hinaus dazu über, AGB wegen Verstoßes gegen § 138 BGB auch ohne Rückgriff auf ein bestehendes Monopol für nichtig zu erklären, wobei sie – in dieser Deutlichkeit durchaus wegbereitend – insbesondere auf das *wirtschaftliche Ungleichgewicht* zwischen den Parteien, den Missbrauch der *Vertragsfreiheit*, die vollständige *Rechtlosstellung* des Vertragspartners sowie die Gefahr der *Schikane* verwiesen.[71] Auf breiter Linie durchzusetzen vermochte sich diese Rechtsprechung indes noch nicht.[72] Die Gerichte hielten stattdessen weitgehend an den in der *Monopolrechtsprechung* entwickelten Grundsätzen fest.[73] Auch während der Zeit des nationalsozialistischen Regimes blieben durchgreifende Änderungen dieser Rechtsprechung aus – trotz verstärkter Versuche der Literatur, die Vertragsfreiheit zugunsten eines an der nationalistischen Ideologie ausgerichteten Zweckmäßigkeitsvorbehalts einzuschränken und dabei auch AGB einer weitgehenden Inhaltskontrolle zu unterwerfen.[74]

b) Die Rechtsprechung des Bundesgerichtshofs: Umfassende Angemessenheitskontrolle

Der BGH knüpfte zunächst an die Monopolrechtsprechung des Reichsgerichts an und stellte in einer Entscheidung des zweiten Senates vom 16. April 1952 noch fest:

„Einen solchen Umstand [Sittenwidrigkeit] hat das Reichsgericht vor allem in der *Ausnutzung* einer *Monopol-* oder *wirtschaftlichen Machtstellung* erblickt, unter deren *Druck* sich der andere Vertragspartner zu einer *unangemessenen* oder *unbilligen Haftungsbeschränkung* bereitfinden lässt. ... Es ist auch in diesem Fall *nicht möglich*, eine gesetzlich zulässige Haftungsverschärfung, die dem anderen Teil im vollen Umfang die

70 RGZ 143, 24, 28. Hervorhebungen durch den Verfasser.

71 So eindrücklich LG München, SeuffBl. (76) 1911, 218f. Vgl. AG München, DJZ 1911, 461. Hierzu eingehend mit umfangreichen Entscheidungszitaten *Hellwege*, AGB und Rechtsgeschäftslehre (2010), S. 292f.

72 *Hellwege*, AGB und Rechtsgeschäftslehre (2010), S. 294.

73 Vgl. nur RGZ 102, 396; RGZ 103, 82; RGZ 106, 386; RGZ 115, 253, 258; RGZ 128, 92, 96; RGZ 133, 388, 391; RGZ 143, 24, 28.

74 *Hellwege*, AGB und Rechtsgeschäftslehre (2010), S. 309 mwN. Eine Ausnahme bildet hierbei allerdings das Urteil des zweiten Senates des RG vom 14.8.1941, in dem das Gericht deutlich macht, dass neben § 138 BGB auch § 242 BGB als Maßstab für eine richterliche Inhaltskontrolle von AGB herangezogen werden kann – eine Entscheidung, an die der BGH in BGHZ 22, 90, 97f. wieder anknüpfen wird. Hierzu näher unten S. 347ff. Vgl. zu den diese Entwicklung begleitenden Versuchen, das Recht unter massiver Einschränkung der Vertragsfreiheit im Sinne der nationalsozialistischen Ideologie „umzuformen", *ebenda*, S. 307ff.

Gefahr für den zufälligen Untergang oder die zufällige Beschädigung einer Sache aufbürdet, *allein um ihres Inhalts willen* als sittenwidrig und daher als nichtig anzusehen."[75]

Allerdings waren die Grenzen der Monopolrechtsprechung mittlerweile offenkundig geworden: Als zu eng erwies sich die Begrenzung auf Fälle einer Monopolstellung des AGB-Verwenders, als zu hoch die Schwelle der Sittenwidrigkeit des § 138 BGB.[76] Begleitet von einer intensiven Diskussion des Schrifttums bemühte sich die Rechtsprechung schon bald um eine Neuorientierung und begann, sich zunehmend vom Erfordernis eines Monopolmissbrauchs zu lösen. So deutete bereits 1953 der erste Senat des BGH in seiner Entscheidung vom 20. November 1953 an, dass sich die Unzulässigkeit von AGB oder ihrer Geltendmachung nicht nur „aus dem Gesichtspunkt *des Mißbrauchs monopolartiger Machtstellungen*"[77], sondern vielmehr auch aus „einer sonstigen im *Mißbrauch der Vertragsfreiheit* wurzelnden Gemeinschaftswidrigkeit"[78] ergeben könne, wobei als Rechtsgrundlage neben der Sittenwidrigkeit gemäß § 138 BGB der deutlich weitere Maßstab des § 242 BGB heranzuziehen sei.[79] Nachfolgend wertete der erste[80] und ihm folgend sodann insbesondere der siebte Senat des BGH[81] die Berufung auf einen in AGB enthaltenen Haftungsausschluss als mit den Grundsätzen von Treu und Glauben nach § 242 BGB unvereinbare unzulässige Rechtsausübung, die den Vertragspartner gegenüber dem Verwender *rechtlos* stelle:

„... so kann sich doch die Werft dem Verlangen ... nicht entziehen, ohne sich durch Berufung auf die Freizeichnungsklausel dem Vorwurf *unzulässiger Rechtsausübung* auszusetzen ... Wollte sich die Beklagte unter Berufung auf das eingetretene Schadensereignis und die Freizeichnungsklausel der Verantwortung entziehen, so würde der Besteller der mangelhaften Vertragserfüllung gegenüber *rechtlos* sein."[82]

Die *Instanzgerichte* gingen indes deutlich weiter. So löste sich etwa *das Landgericht Göttingen* in seinem Urteil vom 1. Dezember 1955 ausdrücklich von der Monopolrechtsprechung des Reichsgerichts und stellte stattdessen auf das *soziale Ungleichgewicht*, die *Unentbehrlichkeit* der vom Verwender angebotenen Leistungen sowie auf die mit der Verwendung stark *unbilliger AGB* verbundene *Verletzung öffentlicher Interessen* ab:

---

[75] BGH DB 1952, 430. Hervorhebungen durch den Verfasser.

[76] Kritisch bereits *Raiser*, Das Recht der AGB (1961), S. 283 f. Vgl. hierzu auch *Hellwege*, AGB und Rechtsgeschäftslehre (2010), S. 291, 313 mwN; *Stoffels*, AGB-Recht (3. Aufl. 2015), Rn. 27; HKK/*Hofer*, (2007), §§ 305–310 (I) Rn. 2 ff.

[77] BGH, Urteil vom 20. 11. 1953 (I ZR 269/52), JurionRS 1953, 12790, V. 1.

[78] *Ebenda.*

[79] *Ebenda.*

[80] BGH BB 1956, 58.

[81] BGH MDR 1959, 750. Vgl. auch BGHZ 52, 171, 178; BGHZ 48, 264; BGH NJW 1963, 1148, 1149. Ebenso schon OLG München, OLG München NJW 1955, 1319, 1320.

[82] BGH BB 1956, 58. Hervorhebungen durch den Verfasser.

„Die umstrittenen AB wären übrigens der Kontrolle des Richters *auch ohne Monopolähnlichkeit* unterworfen. An ihnen finden sich alle die Kennzeichen, bei deren Vorliegen die Vertragsfreiheit eingeschränkt werden muß ... Sie sind einmal *typischer Natur*, weil für sämtliche Geschäfte bestimmt, die von den Mitgliedern des Verbandes abgeschlossen werden. Zum anderen sollen sie Anwendung finden auf Geschäfte mit einer *sozialen Schicht*, die des *Schutzes* bedarf: durchweg nämlich auf Geschäfte mit dem einzelnen *Verbraucher*, einer breiten Schicht von Kunden verschiedener *Vermögenslage*, *Bildung* und *Sachkunde*. Was schließlich der Garagenbetrieb an Leistungen bietet, trägt einen hohen Grad von *Unentbehrlichkeit*, vergleichbar fast normalem Wohnraum, dessen Bezieher sogar besonders gesetzlich geschützt ist; längst hat das Kraftfahrzeug seinen Luxuscharakter verloren.

Sind aber – in solchen allgemeinen Bedingungen – Klauseln von derart *starker Unbilligkeit* enthalten wie in diesem Fall der Haftungsausschluß, dann werden *öffentliche Interessen* verletzt, und es ist Aufgabe des Richters, dies zu verhindern. Darüber herrscht heute in Rspr. und Lehre weitgehend Einigkeit. Schon das RG ... beschränkt den früher gewährten Schutz nicht mehr nur auf die Kunden von Monopolen und monopolähnlichen Gebilden, sondern bekennt sich zur Pflicht des Richters, dann einzugreifen, wenn schlechthin die Vertragsfreiheit ‚über das zulässige Maß hinaus' eingeschränkt werde. Nach ihnen allen muß maßgebend sein die *gerechte Verteilung* der Rechte und Pflichten, die es notfalls erforderlich macht, von den AB abzuweichen. Ob man dahin gelangt über eine erweiternde Interpretation des § 138 unmittelbar ... eine entsprechende Auslegung, die auf das den §§ 138, 242, 826 zugrunde liegende Wertsystem zurückgreift, bleibt im Ergebnis gleich."[83]

Das *Landgericht Düsseldorf* beschritt dagegen einen anderen Weg und nahm eine Nichtigkeit von AGB nach § 138 Abs. 2 BGB insbesondere dann an, wenn „ein ‚auffälliges Mißverhältnis' der vertraglich ausbedungenen Leistungen"[84] besteht, ohne dass dies durch eine „entsprechende[n] Gestaltung des Kaufpreises"[85] kompensiert wird:

„Die vom Kl. aufgestellten Lieferungs- und Zahlungsbedingungen *benachteiligen* die Käufer in so starkem Maße, daß diesen im Verhältnis zum Verkäufer so gut wie *keine Rechte* belassen bleiben. Bei der Beurteilung des *Verhältnisses* zwischen *Leistung* und *Gegenleistung* ist davon auszugehen, daß bei einem *angemessenen*, *üblichen Kaufpreis* die vom Gesetz für den Regelfall eines Kaufvertrages gegebenen *rechtlichen Positionen der Vertragsparteien* ... grundsätzlich gewahrt bleiben. ... Werden demnach dem Verkäufer alle nur erdenklichen *Rechte* eingeräumt, ohne daß er noch irgendein *Geschäftsrisiko* hinsichtlich des einzelnen Verkaufs zu tragen hat, so ist ein *gesundes Verhältnis* zwischen *Leistung* und *Gegenleistung* nicht mehr gewahrt, wenn die unverhältnismäßige Stärkung der Rechtsposition des Verkäufers nicht gleichzeitig von einer entsprechenden *Gestaltung des Kaufpreises* zugunsten des Käufers begleitet wird."[86]

Diese Lösung begegnet indes dem praktisch nur schwer zu bewältigenden Problem, dass nichtmonetäre Leistungspflichten mit Kaufpreisforderungen in Bezie-

[83] LG Göttingen NJW 1956, 592, 593. Hervorhebungen durch den Verfasser.
[84] LG Düsseldorf NJW 1956, 304, 304.
[85] LG Düsseldorf NJW 1956, 304, 305.
[86] *Ebenda*. Hervorhebungen durch den Verfasser.

hung gesetzt werden müssten und eine Nichtigkeit auch massiv unbilliger AGB dann auszuscheiden hätte, wenn eine Prüfung zu dem hypothetischen Ergebnis gelangt, dass diese durch einen entsprechend niedrigeren Kaufpreis ausgeglichen werden: Ein auch im Ergebnis kaum befriedigender Zustand.[87] Nicht alle von den Instanzgerichten vorgeschlagenen Modelle zur Überwindung der als unzureichend erachteten Monopolrechtsprechung vermochten sich daher durchzusetzen. Die insoweit in die Rechtsprechung eingeführten Gesichtspunkte – etwa der Gedanke des sozialen und strukturellen *Machtungleichgewichts* oder die durch die Verwendung unbilliger AGB bewirkte Verletzung öffentlicher Interessen als Rechtfertigungsgrund einer richterlichen Inhaltskontrolle – waren jedoch vor dem Hintergrund der noch recht zögerlichen Judikatur des BGH, die erst allmählich begann, sich von der Monopolrechtsprechung des Reichsgerichts abzugrenzen, geradezu revolutionär, ebneten sie doch den Weg hin zu einer umfassenden, offenen AGB-Kontrolle. Sie sollten bei den später folgenden Diskussionen um den Schutzzweck der Inhaltskontrolle eine zentrale Rolle spielen.[88]

Auch wenn der BGH die diskutierten Lösungen nicht übernahm, so entwickelte er seine Rechtsprechung in Abkehr vom Reichsgericht hin zu einer umfassenden *Angemessenheitskontrolle* kontinuierlich weiter. Hatte er eine Nichtigkeit von AGB in einem ersten Schritt – wie es sich bereits in den letzten Entscheidungen des Reichsgerichts angedeutet hatte – neben dem *Monopolmissbrauch* gem. §138 BGB zunehmend auch auf eine Verletzung der Grundsätze von *Treu und Glauben* gem. §242 BGB gestützt, so gab er die Monopolrechtsprechung in der Leitentscheidung des zweiten Senates vom 29. September 1960 ausdrücklich auf und machte nun deutlich, dass „die Frage der sittenwidrigen Ausnutzung einer Monopolstellung nicht im Vordergrund steht.“[89] Stattdessen sei zu prüfen, ob die AGB – unabhängig vom konkreten Willen und der Absicht der Parteien des Einzelgeschäfts – von ihrem Inhalt her überhaupt als „von dem Willen verständiger und redlicher (gedachter) Vertragspartner“[90] getragen angesehen werden können:

„Die Tatsache, daß Allgemeine Geschäftsbedingungen *einseitig aufgestellt* sind, also nicht wie die Bedingungen eines Individualvertrages im Einzelnen *ausgehandelt* werden, und daher der bei zweiseitigen Vertragsverhandlungen in gewissem Umfang gegebenen *Gewähr der Berücksichtigung* der *beiderseitigen Interessen* entbehren, spielt auch für den Bereich der Rechtswirksamkeit der einzelnen Klauseln eine entscheidende Rolle ... der *Unterwerfungswille* des anderen Teils bezieht sich aber gemäß *§ 242 BGB* nur auf solche Bedingungen, mit deren Aufstellung er *billiger- und gerechterweise rechnen kann.* ... Dies erfordert eine *Abwägung* der *Interessen* der normalerweise für solche Geschäfte beteiligten Kreise. ... Ist eine unter diesen Gesichtspunkten geprüfte Klausel

[87] Ebenso auch *Hellwege*, AGB und Rechtsgeschäftslehre (2010), S. 315f.
[88] Vgl. hierzu eingehend unten S. 462ff., 567ff.
[89] BGHZ 33, 216.
[90] BGHZ 33, 216.

nicht zu beanstanden, so kann dennoch die Berufung auf sie im Einzelfall eine unzulässige Rechtsausübung darstellen ...“[91]

Zwei Jahre später wird derselbe Senat noch deutlicher, indem er feststellt:

„Die Frage der *Monopolstellung* ist hier *nicht von entscheidender Bedeutung*. Die Monopolstellung allein macht den Haftungsausschluß, den ein Geschäftspartner in seine allgemeinen Geschäftsbedingungen aufnimmt, *nicht unwirksam*. Nur wenn der Monopolinhaber seine *wirtschaftliche Machtstellung* ausnutzt, um seinem Vertragsgegner durch den Haftungsausschluß ein *unbilliges*, mit den Grundsätzen von Treu und Glauben nicht zu vereinbarendes *Opfer* auferlegt, ist der Haftungsausschluß nichtig ... Aber auch *wenn keine Monopolstellung vorliegt*, kann die Freizeichnung wegen Verstoßes gegen *Treu und Glauben* ... unwirksam sein.“[92]

Damit ist der Bruch mit der überkommenen reichsgerichtlichen Rechtsprechung endgültig vollzogen. Der Weg hin zu einer umfassenden richterlichen Inhaltskontrolle von AGB ist nun frei – und er wird Mitte der 1960er Jahre umgehend vollzogen. Der BGH folgt dabei zwei sich gegenseitig ergänzenden Argumentationssträngen – dem insbesondere vom *zweiten Senat* entwickelten Gedanken der rechtfertigungsbedürftigen Abweichung vom *dispositiven Recht* sowie dem vor allem vom *achten Senat* entwickelten Konzept der *einseitigen Inanspruchnahme der Vertragsgestaltungsfreiheit* –, die schließlich in späteren Entscheidungen zusammengeführt wurden. So stellt der zweite Senat in seinem Urteil vom 17. Februar 1964 klar, dass die Abweichung vom *dispositiven Recht* vor allem dann, wenn dieses nicht lediglich *Zweckmäßigkeitserwägungen*, sondern *Gerechtigkeitsgeboten* entspringt, der Rechtfertigung bedarf und dabei am Maßstab des von *billig* und *gerecht* Denkenden als angemessen Erachteten zu messen sei:

„Soweit Vorschriften des *dispositiven Rechtes* ihre Entstehung nicht nur *Zweckmäßigkeitserwägungen*, sondern einem aus der *Natur der Sache* sich ergebenden *Gerechtigkeitsgebot* verdanken, müssen bei einer abweichenden Regelung durch Allgemeine Geschäftsbedingungen Gründe vorliegen, die für die von ihnen zu regelnden Fälle das dem dispositiven Recht zugrunde liegende Gerechtigkeitsgebot in Frage stellen und eine abweichende Regelung als mit *Recht* und *Billigkeit* vereinbar erscheinen lassen. Der *Gerechtigkeitsgehalt* der vom Gesetzgeber aufgestellten *Dispositivnormen* kann verschieden groß sein. Je *stärker* er ist, ein desto *strengerer* Maßstab muß an die Vereinbarkeit von Abweichungen in Allgemeinen Geschäftsbedingungen mit dem Grundsatz von *Treu und Glauben* angelegt werden. ... Die Bedürfnisse des redlichen Geschäftsverkehrs, der sich unter der Herrschaft von Allgemeinen Geschäftsbedingungen abspielen soll, verlangen, daß diese Bedingungen sich im Rahmen dessen halten, was *billig* und *gerecht* denkenden Menschen *als angemessen erscheint*.“[93]

Noch im selben Jahr folgt der achte Senat, der in seiner Entscheidung vom 4. November 1964 den Schwerpunkt auf die einseitige *Inanspruchnahme der Vertrags-*

---

[91] BGHZ 33, 216. Hervorhebungen durch den Verfasser.
[92] BGH NJW 1962, 1195, 1196. Hervorhebungen durch den Verfasser.
[93] BGHZ 41, 151 = NJW 1964, 1123. Hervorhebungen durch den Verfasser.

gestaltungsfreiheit legt und damit die Grundlagen jener Formel begründet, die auch heute noch vom BGH zur Begründung der richterlichen Inhaltskontrolle nach den §§305 ff. AGB BGB herangezogen wird:

„Wer allgemeine Geschäftsbedingungen aufstellt, nimmt die *Vertragsfreiheit*, soweit sie die *Gestaltung des Vertragsinhalts* betrifft, für sich allein in Anspruch. Er ist daher nach *Treu und Glauben* verpflichtet, schon bei der *Abfassung* der allgemeinen Geschäftsbedingungen die *Interessen* seiner künftigen *Vertragspartner angemessen* zu *berücksichtigen*. Bringt er *nur seine eigenen Interessen* zur Geltung, so *mißbraucht* er die *Vertragsfreiheit*. Insoweit ist die Vertragsfreiheit durch §242 BGB eingeschränkt ... Allgemeine Geschäftsbedingungen können danach der *Rechtswirksamkeit* entbehren, soweit sie *unangemessene*, *überraschende* Klauseln enthalten, in denen sich die *mißbräuchliche Verfolgung einseitiger Interessen* auf *Kosten* des Geschäftspartners verkörpert und die daher bei *Abwägung der Interessen* der normalerweise an solchen Geschäften beteiligten Kreise der *Billigkeit* widersprechen ....“[94]

Schon vier Jahre später führt der achte Senat in seiner Grundsatzentscheidung vom 11. November 1968 beide Argumentationsstränge zusammen und formuliert zusammenfassend jene Grundzüge der richterlichen Inhaltskontrolle von AGB, die für die Judikatur des BGH nun für Jahrzehnte prägend sein werden[95]:

„Die Rechtsprechung des RG und des BGH über die Sittenwidrigkeit allgemeiner Geschäftsbedingungen, ... hat allerdings überwiegend ihren Ausgang von solchen Geschäftsbedingungen genommen, nach denen *Leistung* und *Gegenleistung* in einem auffälligen Mißverhältnis stehen und zusätzlich ein *Mißbrauch wirtschaftlicher Macht* vorliegt. Von diesem Gedanken hat sich der BGH aber *zunehmend gelöst*.

So hat der erkennende Senat ausgesprochen, wer allgemeine Geschäftsbedingungen aufstelle, nehme die *Vertragsfreiheit*, soweit sie die Gestaltung des Vertragsinhalts betreffe, *für sich allein in Anspruch*. Er sei daher nach *Treu und Glauben* verpflichtet, schon bei der *Abfassung* der allgemeinen Geschäftsbedingungen die Interessen seiner künftigen Vertragspartner *angemessen zu berücksichtigen*. ... Ähnlich hat der II. Zivilsenat ... die Auffassung vertreten, je stärker der *Gerechtigkeitsgehalt* der vom Gesetzgeber aufgestellten *Dispositivnormen* sei, ein desto *strengerer Maßstab* müsse an die Vereinbarkeit von Abweichungen in allgemeinen Geschäftsbedingungen mit dem Grundsatz *von Treu und Glauben* angelegt werden. Die Bedürfnisse des redlichen Geschäftsverkehrs, der sich unter der Herrschaft von allgemeinen Geschäftsbedingungen

---

[94] BGH NJW 1965, 246, 246. Hervorhebungen durch den Verfasser.

[95] Vgl. nur BGHZ 126, 326 („Maßgebend ist dabei der Schutzzweck des AGB-Gesetzes, die einseitige Ausnutzung der Vertragsgestaltungsfreiheit durch eine Vertragspartei zu verhindern ...“); BGH WM 1978, 723 („Bringt er nur seine eigenen Interessen zur Geltung, so mißbraucht er die Vertragsfreiheit, die insoweit durch §242 BGB eingeschränkt ist.“); BGH NJW 1976, 2345, 2346 („Die einseitige Inanspruchnahme der Vertragsgestaltung führt hier zu einer vom gesetzlichen Vertragstypus stark abweichenden Regelung, die die mißbräuchliche Verfolgung einseitiger Interessen auf Kosten des Geschäftspartners bezweckt.“); BGHZ 63, 256 („muß derjenige, der ... die Vertragsfreiheit allein für sich in Anspruch nimmt, von vornherein die Interessen seiner künftigen Geschäftspartner angemessen berücksichtigen ... Maßstab ... sind dabei ... die Vorschriften des dispositiven Rechts.“); BGHZ 60, 243; BGHZ 54, 106.

abspielen soll, verlangten, daß diese Bedingungen sich im Rahmen dessen hielten, was billig und gerecht denkenden Menschen als angemessen erscheint."[96]

Die Entwicklung von der begrenzten reichsgerichtlichen Monopolrechtsprechung hin zu einer umfassenden Angemessenheitskontrolle von AGB durch den BGH war damit im Wesentlichen vollendet. In seinen nachfolgenden Entscheidungen hat der BGH seine Rechtsprechung nicht grundlegend verändert, sondern lediglich im Hinblick auf Einzelaspekte – etwa das Bestehen eines „wirtschaftliche[n] und intellektuelle[n] Übergewicht[s]"[97], einer „wirtschaftlichen Überlegenheit und größeren Geschäftserfahrung"[98] sowie in der Anwendung auf den *kaufmännischen Geschäftsverkehr*[99] präzisiert und nach Inkrafttreten des AGBG zur Begründung des Schutzzwecks der nun gesetzlich normierten Inhaltskontrolle § 9 AGBG a. F.[100] bzw. § 307 BGB[101] herangezogen.

Die Entwicklung von der restriktiv gehandhabten Kontrolle am Maßstab der allgemeinen Schranken der Vertragsfreiheit über die ersten, zaghaften Versuche einer umfassender Inhaltskontrolle der rheinischen Gerichte Mitte des 19. Jh., die daran anschließende Monopolrechtsprechung des Reichsgerichts bis hin zur umfassenden richterlichen Inhaltskontrolle am Maßstab des § 242 BGB war für die weitere Ausformung des AGB-Rechts wegbereitend – und setzte auch im Rechtsvergleich Maßstäbe. Es handelt sich, so treffend *Zweigert* und *Kötz*, um „Richterrecht reinsten Wassers, und um eine hochanzuerkennende Leistung der deutschen Rechtsprechung dazu, die in anderen Ländern ohne Gegenstück geblieben ist."[102] Der Gesetzgeber wird später mit dem 1976 in Kraft getretenen AGBG an die Rechtsprechung des BGH anknüpfen und sie in ihren Grundzügen in die gesetzliche Form gießen. Damit hat ein über 150 Jahre währender Prozess der kontinuierlichen richterlichen Rechtsfortbildung zunächst seine Vollendung gefunden.

2. *Verwaltung: Von der Konzessionierung zum Wirtschaftsverwaltungsrecht*

Hatten sich im 19. Jh. aufsichtsrechtliche Maßnahmen der Verwaltung – insbesondere die *Präventivkontrolle* und die Genehmigung im Rahmen des *Konzes-*

---

[96] BGH NJW 1969, 230, 230 f. Hervorhebungen durch den Verfasser.

[97] BGH NJW 1976, 2345, 2346 sowie BGHZ 60, 243.

[98] BGH NJW 1976, 2345, 2346.

[99] Der mit Hinweis auf auch dort vorhandene *Machtungleichgewichte* bejaht wird, vgl. BGH NJW 1976, 2345, 2346.

[100] BGHZ 126, 326 („… Schutzzweck des AGB-Gesetzes, die einseitige Ausnutzung der Vertragsgestaltungsfreiheit durch eine Vertragspartei zu verhindern …").

[101] BGHZ 183, 220 („Zweck der AGB-rechtlichen Inhaltskontrolle ist es, zum Ausgleich ungleicher Verhandlungspositionen und damit zur Sicherung der Vertragsfreiheit Schutz und Abwehr gegen die Inanspruchnahme einseitiger Gestaltungsmacht durch den Verwender zu gewährleisten …").

[102] *Zweigert/Kötz*, Rechtsvergleichung (3. Aufl. 1996), S. 329. Darauf weist ebenfalls *Stoffels*, AGB-Recht (3. Aufl. 2015), Rn. 32 hin.

sionierungsverfahrens – zunächst nur als begrenzt effektives Mittel zur Bewältigung der mit der Verwendung unbilliger AGB verbundenen Missstände erwiesen und sich erst um die Jahrhundertwende langsam zu einem wirksamen Kontrollinstrument herausgebildet[103], so vollzog sich mit der Entwicklung im 20. Jh. eine entscheidende Wende: Staatlich regulierte Benutzungsbedingungen für *Versicherungen, Eisenbahnen* und *Post*, die Entstehung des *Wirtschaftsprivatrechts* nach dem Ersten Weltkrieg, weitreichende *kartellrechtliche* Eingriffsbefugnisse der Verwaltung im Rahmen der *Kartellgesetzgebung* sowie zunehmende Eingriffe etwa durch *Allgemeinverbindlicherklärung* branchenweit einheitlicher AGB und umfassende Kontrollbefugnisse der Verwaltung zur Zeit des nationalsozialistischen Regimes führen zu einer starken Zunahme der aufsichtsrechtlichen Kontrolldichte für AGB.[104]

Am Beginn dieser Entwicklung stehen zunächst die *Eisenbahn- und Postreglements*, die schon seit Mitte des 19. Jh. die Diskussion um eine effektive Inhaltskontrolle von AGB wesentlich mitbestimmt haben. An die Stelle einer aufsichtsrechtlichen Kontrolle bestehender AGB der Eisenbahngesellschaften und der Post treten bereits Ende des 19. Jh. staatlich vorgegebene Benutzungsordnungen: So das vom Bundesrat des Norddeutschen Bundes 1870 erlassene *Eisenbahnreglement*[105] und die darauffolgenden *Betriebsreglements für die Eisenbahnen Deutschlands* von 1871[106], die als Verwaltungsakte die Eisenbahngesellschaften verpflichteten, die in ihnen enthaltenen Bestimmungen den einzelnen Benutzungsverhältnissen zugrunde zu legen[107], sowie die *Postordnung* von 1867 und das darauffolgende *Reichspostgesetz* von 1871[108], das in § 50 die in ihm enthaltenen Regelungen zum „Bestandtheil des Vertrages zwischen der Postanstalt und dem Absender"[109] er-

[103] *Hellwege*, AGB und Rechtsgeschäftslehre (2010), S. 287.

[104] Vgl. zur Vertragsrechtsprechung des Reichsgerichts als Reaktion auf Preisturbulenzen auf den Rohstoffmärkten und Geldentwertung infolge des Ersten Weltkrieges *Gsell*, in: Stelmach (Hrsg.), Die Rolle des Rechts in der Zeit der wirtschaftlichen Krise (2013), S. 37 ff.

[105] BGBl. NdB. 1870, Nr. 23, S. 419.

[106] RGBl. 1871, Nr. 51, S. 473.

[107] So bestimmte die Präambel des *Betriebs-Reglement für die Eisenbahnen im Norddeutschen Bunde* vom 10. Juni 1870: „Die nachstehenden Bestimmungen ... kommen vom 1.10.1870 ab auf sämmtlichen Eisenbahnen im Norddeutschen Bunde ... zur Anwendung." BGBl. 1871, S. 419. Auch die h. M. sah in den Betriebsreglements Verwaltungsakte, vgl. nur *Hellwege*, AGB und Rechtsgeschäftslehre (2010), S. 45, 204, 287 mwN.

[108] RGBl. 1871, Nr. 42, S. 347 ff. Die darauffolgende *Bekanntmachung, betreffend Abänderungen des Betriebs-Reglements für die Eisenbahnen im Norddeutschen Bunde und dessen Ausdehnung auf die Eisenbahnen in Württemberg, Baden, Südhessen und Elsaß-Lothringen* vom 22.12.1871 dehnte diese Regelungen mit wenigen Änderungen auf weitere deutsche Staaten aus: „Mit den vorstehend bezeichneten Änderungen tritt das Betriebs-Reglement für die Eisenbahnen im Norddeutschen Bunde unter der Bezeichnung ‚Betriebs-Reglement für die Eisenbahnen Deutschlands' vom 1. Januar 1872 an auch in Württemberg, Baden, Südhessen und Elsaß-Lothringen in Kraft."

[109] § 50 RPostG von 1871: „Diese Vorschriften gelten als Bestandtheil des Vertrages zwischen der Postanstalt und dem Absender, beziehungsweise Reisenden."

klärte.[110] Spätestens mit der *Eisenbahnverkehrsordnung* von 1899[111] und der *Postordnung* von 1929[112] wurden die entsprechenden Regelungen in den Rang einer Rechtsverordnung erhoben und galten damit ohne rechtsgeschäftliche Einbeziehung.[113] Das Problem unbilliger, einseitig benachteiligender AGB wurde durch Vorgabe staatlich erlassener Einheitsbedingungen gelöst.[114] Im Versicherungswesen wurde mit dem *Versicherungsaufsichtsgesetz* (VAG)[115] von 1901 ein effektives Kontrollinstrument zur aufsichtsrechtlichen Inhaltskontrolle von AGB geschaffen.

In der *Kriegswirtschaft* zur Zeit des *Ersten Weltkrieges* erweiterten sich die Eingriffsbefugnisse der Verwaltung im Hinblick auf die Reglementierung von AGB vor allem für lebensnotwendige Güter wie etwa Lebens- und Futtermittel erheblich: So konnte die Verwaltung für bestimmte Wirtschaftsbereiche per Rechtsverordnung allgemeinverbindliche AGB erlassen, die ein Mindestmaß an inhaltlicher Ausgewogenheit garantierten und die von den Parteien den entsprechenden Geschäften zugrunde zu legen waren.[116] Die Begründung für derartige Maßnahmen lag auf der Hand: Sie diente dem Schutz der Bevölkerung vor der Ausnutzung der kriegsbedingten Mangelsituation durch Monopolisten und der Sicherstellung der Grundversorgung mit lebensnotwendigen Gütern. In der wirtschaftlichen Krise während des Ersten Weltkrieges fehlte es in vielen Wirtschaftsbereichen aufgrund des mangelbedingten Marktversagens an einem effektiven Konditionenwettbewerb, mit der Folge, dass sich Anbieter lebensnotwendiger Güter zunehmend mit stark benachteiligenden Vertragsbedingungen durchzusetzen vermochten.

Darüber hinaus konnte die Verwaltung mittels der ihr infolge der Kartellgesetzgebung zustehenden Befugnisse gegen den Missbrauch einer Monopolstellung zur Durchsetzung unbilliger AGB einschreiten, wenngleich derartige Maßnahmen im größeren Rahmen der Kartellkontrolle stehen und daher, wie *Raiser* zutreffend bemerkt, „die AGB zum Teil nur mittelbar mitbetreffende Nebenpro-

---

110 Vgl. hierzu auch *Hellwege*, AGB und Rechtsgeschäftslehre (2010), S. 205, 287.

111 RGBl. 1899, Nr. 41, S. 557 ff.

112 RGBl. 1929, S. 33 ff.

113 So bestimmten etwa die Eingangsbestimmungen der *Eisenbahnverkehrsordnung* von 1899 in Abschnitt I, Abs. 1: „Die Eisenbahn-Verkehrsordnung findet Anwendung auf die dem öffentlichen Verkehre dienenden Eisenbahnen Deutschlands ....“ Vgl. hierzu mit umfangreichen Verweisen auf das zeitgenössische Schrifttum eingehend *Hellwege*, AGB und Rechtsgeschäftslehre (2010), S. 44 ff., 204 ff. sowie oben S. 306 ff.

114 Der mit einer solchen Vermengung von öffentlichem und privatem Recht verbundene notwendige Konflikt mit der Vertragsfreiheit der AGB-Verwender wurde dadurch weitgehend entschärft, dass der Staat als alleiniger Betreiber von Eisenbahnen und Post in Erscheinung trat und damit die entsprechenden Benutzungsverhältnisse schon aus diesem Grund weitgehend öffentlich-rechtlich ausgestaltet waren. Vgl. hierzu *Hellwege*, AGB und Rechtsgeschäftslehre (2010), S. 206.

115 RGBl. 1901, S. 139 ff.

116 *Hellwege*, AGB und Rechtsgeschäftslehre (2010), S. 207.

dukte der Kartellgesetzgebung“[117] darstellen.[118] Ihrer Wirkung tat dies freilich keinen Abbruch: So konnte nach § 10 KVO v. 1923[119] der Reichswirtschaftsminister beim Kartellgericht die Untersagung unangemessener AGB beantragen. Im Fall bereits geschlossener Verträge konnte das Gericht auf Antrag der Verwaltung aussprechen, dass dem betroffenen Vertragspartner ein Rücktrittsrecht zusteht.[120]

Daneben standen mit § 4 KVO sowie den schärferen Vorschriften der KNVO von 1930[121] weitere Instrumente der aufsichtsrechtlichen AGB-Inhaltskontrolle zur Verfügung. Zur Rechtfertigung wurde bei diesen Maßnahmen dabei vor allem auf überindividuelle Gesichtspunkte, wie etwa den Schutz der *Gesamtwirtschaft* und das *Gemeinwohl*, verwiesen.[122] Waren AGB das Ergebnis umfassender Verhandlungen zwischen verbandlich organisierten Vertretern der Parteien, so konnten entsprechende Vertragsbedingungen – soweit hierfür eine gesetzliche Grundlage bestand – für allgemeinverbindlich erklärt werden und wurden so automatisch Inhalt entsprechender Einzelverträge, wie dies etwa für Tarifverträge in § 2 TarifvertragsVO von 1918 vorgesehen war.[123]

Während der Zeit des nationalsozialistischen Regimes nahm die Dichte verwaltungsrechtlicher Eingriffe und wirtschaftsverwaltungsrechtlicher Maßnahmen schließlich erheblich zu.[124] Ganz im Sinne einer ideologischen Gleichschaltung ganzer Wirtschaftszweige erarbeiteten die gleichgeschalteten Wirtschaftsverbände einheitliche AGB für ihre jeweiligen Branchen, die sie den entsprechenden ständischen Organisationen – wie etwa dem Reichsnährstand – oder den zuständigen Behörden – im Fall der ADSp etwa dem Reichsverkehrsministerium – vorlegen und für allgemeinverbindlich erklären lassen konnten.[125] Die Verwaltung erhielt gesetzliche Befugnisse zu Eingriffen in AGB und konnte schließlich selbst

---

[117] *Raiser*, Das Recht der AGB (1961), S. 296.

[118] Hierzu eingehend *Hellwege*, AGB und Rechtsgeschäftslehre (2010), S. 288; *Raiser*, Das Recht der AGB (1961), S. 296 ff.

[119] *Verordnung gegen Missbrauch wirtschaftlicher Machtstellungen* vom 2. 11. 1923, RGBl. 1923, S. 1067 ff.

[120] § 10 KVO v. 1923: „(1) Sind Geschäftsbedingungen oder Arten der Preisfestsetzung von Unternehmungen oder von Zusammenschlüssen solcher ... geeignet, unter Ausnutzung einer wirtschaftlichen Machtstellung die Gesamtwirtschaft oder das Gemeinwohl zu gefährden ..., so kann das Kartellgericht auf Antrag des Reichswirtschaftsministers allgemein aussprechen, daß die benachteiligten Vertragsteile von allen Verträgen, die unter den beanstandeten Voraussetzungen abgeschlossen sind, zurücktreten können. ... (5) Verträge die nach Bekanntmachung der Entscheidung unter den beanstandeten Voraussetzungen abgeschlossen werden, sind insoweit nichtig.“ RGBl. 1923, S. 1069.

[121] Verordnung des Reichspräsidenten zur Behebung finanzieller, wirtschaftlicher und sozialer Notstände vom 26. 7. 1930, Fünfter Abschnitt: Verhütung unwirtschaftlicher Preisbindungen, RGBl. 1930, S. 311, 328 ff.

[122] Vgl. nur den Wortlaut des § 10 KVO v. 1923, oben Fn. 120.

[123] Hierzu *Hellwege*, AGB und Rechtsgeschäftslehre (2010), S. 207 f., 290.

[124] *Hellwege*, AGB und Rechtsgeschäftslehre (2010), S. 208 ff., 309.

[125] *Hellwege*, AGB und Rechtsgeschäftslehre (2010), S. 208 ff.

an der Erstellung einheitlicher AGB mitwirken und diese für allgemeinverbindlich erklären. Historisch sind derart weitreichende Eingriffe indes die Ausnahme geblieben.[126]

Nach 1945 beschränkten sich aufsichtsrechtliche Maßnahmen der Verwaltung vor allem auf den Bereich der Kartellkontrolle, die zwar nicht in erster Linie auf die Verhinderung unangemessener AGB gerichtet war, jedoch bei Vorliegen eines Monopolmissbrauchs gleichsam als Nebeneffekt eine Inhaltskontrolle entsprechender Bedingungen durch die Verwaltung ermöglicht. Insgesamt erwies sich der Weg, das Problem unangemessener AGB durch verwaltungsrechtliche Eingriffe in den Griff zu bekommen, als unzureichend. Angesichts der Fülle unterschiedlicher AGB konnte eine derartige Verwaltungskontrolle nur fragmentarisch bleiben und stieß auch im Hinblick auf ihre Effektivität bald an ihre Grenzen: So konnte die Verwaltung lediglich *punktuell* und *zeitlich verzögert* reagieren und schoss häufig über das *Ziel hinaus*, wenn sie etwa auch entsprechende Individualvereinbarungen für unzulässig erklärte.[127] Rechtsprechung und Literatur suchten schon bald nach alternativen Wegen, um das AGB-Problem effektiv zu bewältigen.

3. *Gesetzgebung: Von der Sondergesetzgebung zum AGBG*

Ein bewährter Weg, den Missbrauch der Vertragsfreiheit durch einseitig benachteiligende AGB auf umfassendere Weise zu unterbinden, bestand im zwingenden Recht durch den Gesetzgeber. Bereits im 19. Jh. hatte die Legislative zum Schutz schwächerer Vertragspartner von der Möglichkeit gesetzlichen Einschreitens zunehmend Gebrauch gemacht und eine ganze Reihe an Schutzgesetzen erlassen, die von den AGB-Verwendern bei der Erstellung ihrer AGB zwingend zu berücksichtigen waren. Im 20. Jh. setzte sich diese Entwicklung zunächst weiter fort. So wurden vor allem für Rechtsverhältnisse, die von einem deutlichen strukturellen Machtungleichgewicht geprägt waren – wie etwa im Arbeitsrecht und im Mietrecht – im Rahmen der Sondergesetzgebung und der BGB-Novellen schon sehr bald zwingende Schutzvorschriften erlassen.

Zu offenkundig war in der Praxis das Versagen der Richtigkeitsgewähr des Vertragsmechanismus im freien Spiel der Kräfte, die von den Redaktoren des BGB – der Euphorie der Gründerjahre entsprechend – noch als selbstverständliche Grundannahme vorausgesetzt wurde, indes schon zur Zeit des Inkrafttretens des BGB nicht der Rechtswirklichkeit entsprach.[128] Wurden zunächst die zwar einheitlich vorgegebenen, aber noch rechtsgeschäftlich in Kraft gesetzten *Betriebsreglements* für *Eisenbahnen* und *Post* als Rechtsverordnung verbindlich in

[126] *Hellwege*, AGB und Rechtsgeschäftslehre (2010), S. 211 mwN.
[127] *Hellwege*, AGB und Rechtsgeschäftslehre (2010), S. 291, 322.
[128] Vgl. hierzu bereits oben S. 298, Fn. 68.

Kraft gesetzt[129], so folgten bald schon weitere Sonderregelungen wie etwa die *Seemannsordnung* (1902)[130], das *Kinderschutzgesetz* (1903)[131], das *Hausarbeitsgesetz* (1911)[132], die *Arbeitszeitverordnung* (1918)[133], die *vorläufige Landarbeitsordnung* (1919)[134], das *Mutterschutzgesetz* (1927)[135] sowie Sonderregelungen zum *Mieterschutz*.[136]

All diese Regelungen waren, wie schon die Eingriffsbefugnisse für die Verwaltung im Rahmen der Kartellgesetzgebung, nicht speziell gegen die Verwendung unangemessener AGB gerichtet, betrafen jedoch Rechtsverhältnisse, die in der Praxis in erheblichem Umfang durch AGB geregelt waren, und hatten auf diese Weise eine begrenzende Wirkung auf die Verwendung einseitig benachteiligender AGB. Im Mittelpunkt stand hier vor allem die individualschützende Funktion derartiger Schutzvorschriften, die ihre Rechtfertigung damit im Schutz vor der Ausnutzung struktureller Machtungleichgewichte und der damit verbundenen Verletzung zentraler Interessen des schwächeren Vertragspartners fand. Eine befriedigende Lösung für das AGB-Problem bot indes auch die Sondergesetzgebung nicht: Zu fragmentarisch und partiell war der Anwendungsbereich, zu kasuistisch die Herangehensweise, zu schwerfällig und langwierig ihr Einsatz. Eine umfassende Lösung ermöglichte erst das AGB-Gesetz vom 9. Dezember 1976.[137]

Zur Begründung der Inhaltskontrolle stützte sich der Gesetzgeber dabei vor allem auf den Gesichtspunkt des *Funktionsdefizits der Vertragsfreiheit* durch *Versagen der Richtigkeitsgewähr des Vertragsmechanismus*.[138] Dieser führt nach Auffassung des Gesetzgebers zu einer vom Rechtsstaat nicht tatenlos hinnehmbaren Gefährdung der rechtsgeschäftlichen Selbstbestimmung des schwächeren Vertragspartners durch Missbrauch der Vertragsfreiheit des AGB-Verwenders, so dass dieser „deshalb aufgerufen [ist], zum Schutze derjenigen, die unangemessenen und anstößigen AGB unterworfen werden, diese Rechtsmaterie zu regeln."[139] Mit dem AGBG war ein umfassender Schutz vor der missbräuchlichen Verwendung von AGB durch eine umfassende richterliche Inhaltskontrolle gewährleistet.

---

129 Vgl. hierzu oben S. 354 f.

130 RGBl. 1902, S. 175 ff.

131 RGBl. 1903, S. 113 ff.

132 RGBl. 1911, S. 97 ff.

133 RGBl. 1918, S. 1334 ff.

134 RGBl. 1919, S. 111 ff.

135 RGBl. 1927, S. 184 ff.

136 So die 1. *MieterschutzVO* v. 26.7.1917 (RGBl. 1917, S. 659 ff.), die 2. *MieterschutzVO* v. 23.9.1918 (RGBl. 1918, S. 1135), das *Reichsmietengesetz* (RMG) v. 24.3.1922 (RGBl. 1922, S. 273 ff.), das *Mieterschutzgesetz* (MSchG) v. 1.6.1923 (RGBl. S. 355 ff.) und das *Wohnungsmangelgesetz* (WMG) v. 26.7.1923 (RGBl., S. 754 ff.).

137 BGBl. I 1976, S. 3317 ff.

138 RegE zum AGBG, BT-Drucks. 7/3919, S. 9.

139 *Ebenda*.

Die nachfolgenden Novellen – etwa zur *Umsetzung der Klauselrichtlinie* 1996[140] sowie zur *Integration* des AGB-Rechts in das BGB durch das *Schuldrechtsmodernisierungsgesetz*[141] 2002 – führten keine grundlegende Änderung des Schutzkonzeptes des deutschen AGB-Rechts herbei, sondern enthielten – etwa mit der Integration des *Verbraucherschutzgedankens*[142] durch die Umsetzung der europäischen *Klauselrichtlinie*[143] – lediglich geringfügige Ergänzungen.[144] Mit Inkrafttreten des AGB-Gesetzes und seiner kontinuierlichen Fortschreibung war damit eine mehr als 200 Jahre umfassende Entwicklung zum Abschluss gekommen, in dessen Verlauf auch die Begründung der richterlichen Inhaltskontrolle von AGB stetig entfaltet und präzisiert worden ist. Die wesentlichen Ergebnisse dieser Entwicklung liegen auch der gegenwärtigen Schutzzweckdiskussion zugrunde.

III. Zusammenfassung

1. Trat das Phänomen der verbreiteten Verwendung von AGB durch die Zunahme des *Massenverkehrs* im Rahmen der *industriellen Revolution* erst im 19. Jh. in nennenswertem Umfang in Erscheinung, so waren die Möglichkeiten zum *Schutz des Verwendungsgegners* vor missbräuchlichen AGB zunächst äußerst begrenzt. Die Rechtsprechung behalf sich mit einer *Inhalts- und Anwendungskontrolle* am Maßstab der *allgemeinen Grenzen der Vertragsfreiheit*, insbesondere der Verbotsgesetze, der öffentlichen Ordnung, des Grundsatzes von Treu und Glauben, der guten Sitten, des Wucherverbotes sowie unter Rückgriff auf die Natur des Vertrages. Zwar war die Unwirksamkeit des schon nach dem Gemeinen Recht unzulässigen *Haftungsausschlusses* für *Vorsatz* und *grobe Fahrlässigkeit* allgemein anerkannt, doch bestand über die Wirksamkeit weitergehender Haftungsbeschränkungen – insbesondere in den *Betriebsreglements* der Telegrafenanstalten, Eisenbahnen und der Dampfschifffahrtsgesellschaften – weithin Uneinigkeit. Die Frage war Gegenstand einer in der Rechtsprechung intensiv ausgefochtenen Kontroverse: dem *Reglementstreit.*

---

[140] Durch das *Gesetz zur Änderung des AGB-Gesetzes und der Insolvenzordnung* v. 19.7.1996 (BGBl. I 1996, S. 1013 ff.).

[141] *Gesetz zur Modernisierung des Schuldrechts* v. 19.7.1996 (BGBl. I 2001, S. 3138 ff., 3143 ff.). Hierzu *Gsell/Ernst*, ZIP 2001, 1389, 1392, 1401.

[142] Hierzu grundlegend *Denkinger*, Verbraucherbegriff (2007), S. 35 ff.; Dauner-Lieb, Verbraucherschutz (1983), S. 60 ff., 96 ff., 133 ff., 241 ff., 349 ff.

[143] Richtlinie 93/13/EWG vom 5.4.1993 (Klauselrichtlinie), ABl. EG Nr. L 95 vom 21.4.1993, S. 29 ff. Hierzu näher unten S. 652 ff., 791 ff.

[144] Ebenso für den mit der *Umsetzung der Klauselrichtlinie* 1996 mit Gesetz v. 19.7.1996 (BGBl. I 1996, S. 1013 ff.) verstärkt in die Schutzzweckbestimmung einbezogenen *Verbraucherschutzgedanken Stoffels,* AGB-Recht (3. Aufl. 2015), Rn. 92.

2. Dabei sprachen sich die weitgehend mit Kaufleuten als Handelsrichtern besetzten *rheinischen Gerichte* entgegen der damals h. L. unter Verweis auf das *französische Recht* für eine strengere Inhaltskontrolle aus. So hielt etwa das *Landgericht Düsseldorf* als Handelsgericht schon 1857 unter Verweis auf das *faktische Monopol* der Eisenbahnen einen formularmäßigen Haftungsausschluss für unzulässig und entwickelte eine Argumentationslinie, die fast 50 Jahre später vom Reichsgericht in seiner *Monopolrechtsprechung* aufgegriffen wurde. Durchzusetzen vermochten sich die frühen Versuche einer umfassenderen AGB-Kontrolle indes nicht: Das Urteil des *Landgerichts Düsseldorf* wurde 1858 wieder aufgehoben. Und auch außerhalb der Jurisdiktion der rheinischen Gerichte sowie im Schrifttum fand der Vorstoß kaum Gefolgschaft. Selbst das *Reichsgericht* kehrte Ende des 19. Jh. nach einigen zaghaften Vorstößen wieder zur zurückhaltenden Linie der h. L. zurück.

3. Waren damit die Möglichkeiten einer offenen Inhaltskontrolle begrenzt, so bemühte sich die Rechtsprechung, dem Problem missbräuchlicher AGB im Wege der *verdeckten Inhaltskontrolle* zu begegnen. Dabei versuchten die Gerichte, auf anderem Wege zu dem gewünschten Ergebnis zu gelangen, etwa indem sie die *Einbeziehung* der Bestimmungen verneinten oder im Rahmen der *Auslegung* eine andere als die vom Verwender gewünschte Rechtsfolge annahmen. Darüber hinaus gingen sie im Rahmen der *Anwendungskontrolle* gegen missbräuchliche Bestimmungen vor, indem sie die Anwendung der Klauseln im konkreten Fall verneinten.

4. Mit Beginn des 20. Jh. vollzog insbesondere das *Reichsgericht* eine Neuorientierung und wurde so zum Wegbereiter des modernen AGB-Rechts: Hatte es zuvor eine weitergehende Inhaltskontrolle von AGB noch abgelehnt, so griff es 1906 den fast 50 Jahre zuvor von den *rheinischen Gerichten* entwickelten Gedanken des *Monopolmissbrauchs* auf, präzisierte ihn und hielt in der Folge daran fest. Unter Rückgriff auf § 138 Abs. 1 BGB erkannte das Gericht in entsprechenden Haftungsausschlüssen einen „gegen die guten Sitten verstoßende[n] Mißbrauch der Vertragsfreiheit“[145] und formulierte damit einen Gedanken, den der BGH ebenfalls nahezu 50 Jahre später wieder aufgreifen sollte. In der Folge gingen einzelne Gerichte Anfang des 20. Jh. dazu über, einen Verstoß gegen § 138 Abs. 1 BGB auch ohne Rückgriff auf ein Monopol, jedoch unter Verweis etwa auf das *wirtschaftliche Ungleichgewicht* und die *Rechtlosstellung des Vertragspartners* anzunehmen. Allerdings vermochten sich diese Vorstöße nicht auf breiter Linie durchzusetzen.

5. Der BGH knüpfte zunächst an die *Monopolrechtsprechung* des Reichsgerichts an, doch bemühte er sich schon bald um eine *Neuorientierung.* Als zu eng erwies sich die Begrenzung auf Fälle einer *Monopolstellung* des Verwenders, zu hoch war die Schwelle der *Sittenwidrigkeit* des § 138 Abs. 1 BGB. Entsprechend stützte er

---

[145] RGZ 79, 224, 229.

nun seine Entscheidungen nicht nur auf den Gedanken des *Monopolmissbrauchs*, sondern zusätzlich auf jenen des *Missbrauchs der Vertragsfreiheit* und zog neben §138 Abs.1 BGB zugleich den deutlich weiteren Maßstab des §242 BGB heran. Schon 1960 erfolgte mit der *Aufgabe der Monopolrechtsprechung* der Bruch mit der reichsgerichtlichen Rechtsprechung. In der Folge bildeten sich mit dem – vom zweiten Senat entwickelten – Gedanken der *rechtfertigungsbedürftigen Abweichung vom dispositiven Recht* und dem – vom achten Senat formulierten – Konzept der *einseitigen Inanspruchnahme der Vertragsgestaltungsfreiheit* zwei sich gegenseitig ergänzende Argumentationsstränge heraus, die der achte Senat 1968 in einer *Grundsatzentscheidung* zusammenführte.

6. Damit war die Entwicklung zu einer umfassenden *Angemessenheitskontrolle* von AGB am Maßstab des §242 BGB vollendet, die Mitte des 19. Jh. mit der Rechtsprechung der rheinischen Gerichten begann und durch die Monopolrechtsprechung des Reichsgerichts entscheidend vorbereitet wurde. In den folgenden Jahren hat der BGH seine Rechtsprechung – vor allem auf der Grundlage von Fallmaterial aus dem *kaufmännischen Geschäftsverkehr* – weiter präzisiert. Eine *Differenzierung* zwischen b2c- und b2b-Verkehr hat er insoweit nie vorgenommen. 1976 wurde die Judikatur mit *Inkrafttreten des AGBG* gleichsam in Gesetzesform gegossen. Die richterrechtliche Entwicklung der Inhaltskontrolle war für das AGB-Recht wegbereitend. Bei ihm handelt es sich um „Richterrecht reinsten Wassers, und um eine hochanzuerkennende Leistung der deutschen Rechtsprechung dazu, die in anderen Ländern ohne Gegenstück geblieben ist."[146]

7. Daneben erfolgte schon im 19. Jh. durch die *Verwaltung* eine – wenngleich wenig effektive – *aufsichtsrechtliche Klauselkontrolle*. Erfasst waren dabei vor allem Bereiche, in denen eine unternehmerische Tätigkeit einer *Konzessionspflicht* unterlag, wie dies etwa für das *Versicherungs-* und *Eisenbahnwesen* der Fall war. Hier erfolgte eine Inhaltskontrolle entweder im Rahmen des *Konzessionierungsverfahrens*, durch *präventive polizeiliche Genehmigung* oder nach Vertragsschluss im Rahmen eines *Anzeigeverfahrens*. Allerdings war sie regional *uneinheitlich* geregelt und wurde völlig *unterschiedlich* gehandhabt, so dass erhebliche Zweifel an der *Effektivität* einer derartigen Kontrolle bestehen. Erst gegen Ende des 19. Jh. scheint sich eine aufsichtsrechtliche Kontrolle durch die Verwaltung jedenfalls *in einigen Bereichen* als *effektives Instrument* der Inhaltskontrolle von AGB durchgesetzt zu haben. In anderen Bereichen, etwa den *Eisenbahnreglements*, war sie dagegen trotz bestehender rechtlicher Instrumente zumindest bis Mitte des 20. Jh. wenig wirksam. Von nennenswerter Bedeutung war die aufsichtsrechtliche Kontrolle dagegen im Arbeitsrecht, wo gem. §134 f Abs.1 GewO (1891) die zwingend einzureichenden *Arbeitsordnungen* einer In-

---

[146] *Zweigert/Kötz*, Rechtsvergleichung (3. Aufl. 1996), S. 329. Darauf weist ebenfalls *Stoffels,* AGB-Recht (3. Aufl. 2015), Rn. 32 hin.

haltskontrolle am Maßstab der Gesetzmäßigkeit durch die unteren Verwaltungsbehörden unterworfen waren.

8. Mit Beginn des 20. Jh. vollzog sich indes eine entscheidende Wende: Für Versicherungen, Eisenbahnen und Post wurden staatlich vorgegebene *Benutzungsordnungen* erlassen. Mit der Entstehung des *Wirtschaftsprivatrechts* zur Zeit des Ersten Weltkrieges wurden für bestimmte Wirtschaftsbereiche kraft Rechtsverordnung *allgemeinverbindliche AGB* erlassen. Hinzu kamen weitreichende Befugnisse im Rahmen der *Kartellgesetzgebung* nach der KVO (1923) und der KNVO (1930), wonach etwa der Reichswirtschaftsminister beim Kartellgericht die Untersagung unangemessener AGB beantragen und das Gericht im Fall bereits geschlossener Verträge den Vertragspartnern sogar ein Rücktrittsrecht einräumen konnte. Während des *nationalsozialistischen Regimes* kam es zu einer erheblichen Zunahme verwaltungsrechtlicher Eingriffe. So konnten Wirtschaftsverbände etwa *brancheneinheitliche AGB* erstellen und für allgemeinverbindlich erklären lassen. Allerdings blieb trotz der hohen Eingriffsdichte angesichts der Fülle und Vielfalt unterschiedlicher AGB die Verwaltungskontrolle nur *fragmentarisch* und stieß bald an die *Grenzen* ihrer *Effektivität.*

9. Blieben die Möglichkeiten der Bewältigung der Gefahren durch missbräuchliche Klauseln seitens der *Rechtsprechung* und der *Verwaltung* im 19. Jh. noch begrenzt, so kam den Maßnahmen des *Gesetzgebers* umso größere Bedeutung zu, der auf bestehende Missstände mit dem Erlass *zwingender gesetzlicher* Vorschriften reagierte. Nach verbreiteter Auffassung im damaligen Schrifttum bestand darin auch der vorzugswürdige Weg im Umgang mit dem neuen Phänomen missbräuchlicher AGB, so dass etwa die strenge Rechtsprechung der rheinischen Gerichte abgelehnt und stattdessen auf das Tätigwerden des Gesetzgebers verwiesen wurde. Dieser reagierte auf gravierende Missstände etwa mit der Einführung von *Haftungsvorschriften* im *Frachtrecht* durch das ADHGB von 1861 sowie entsprechende Vorschriften für *Abzahlungsgeschäfte*, für das *Versicherungs-* und *Beherbergungswesen* sowie im *Arbeitsrecht.* Allerdings war auf diese Weise nur eine *punktuelle* und *präventive* Reaktion auf missbräuchliche Klauseln möglich.

10. Mit Anbruch des 20. Jh. verstärkte sich die Aktivität des Gesetzgebers, der mit einer Fülle an – freilich nur punktuell wirkenden – Spezialgesetzen und Sonderregelungen dem Problem missbräuchlicher AGB zu begegnen suchte. Eine umfassende Lösung erfolgte erst 1976 mit dem AGBG, das in der Folge durch die *Umsetzung der Klauselrichtlinie* 1996 sowie die *Integration* des AGB-Rechts in das BGB durch das *Schuldrechtsmodernisierungsgesetz* 2002 lediglich geringfügige Änderungen erfahren hat.

§7

Verfassungsrechtliche Grundlagen der Inhaltskontrolle

In den vorangegangenen Abschnitten wurde die richterliche Inhaltskontrolle von AGB in den sie bestimmenden *rechtsgeschichtlichen* Kontext eingeordnet und die Entwicklung ihrer Erscheinungsformen wie auch der ihr zugrunde liegenden Begründungsansätze ausgehend vom 19. Jh. schlaglichtartig nachgezeichnet. Für die Frage der *Begründung der AGB-Kontrolle* im geltenden Recht ist indes der Rahmen des geltenden Rechts von entscheidender Bedeutung.[1] Im Folgenden sollen daher in einem ersten Schritt vor dem Hintergrund der Judikatur des BVerfG zunächst die verfassungsrechtlichen Grundlagen der Inhaltskontrolle als Maßstab für die Ausgestaltung, Anwendung und Auslegung des einfachen Rechts und damit die Frage nach den grundrechtlichen Bezügen eines Begründungsmodells der Inhaltskontrolle näher in den Blick genommen werden.[2]

Ist die richterliche AGB-Kontrolle mit den Vorgaben der Verfassung, insbesondere der grundrechtlich gewährleisteten *Vertragsfreiheit*, vereinbar oder durch sie sogar geboten? Welche *grundgesetzlichen Determinanten* bestehen dabei für die Begründung der Inhaltskontrolle? Und welche Konsequenzen ergeben sich daraus insbesondere für ihre Reichweite im *unternehmerischen Geschäftsverkehr*? In einem zweiten Schritt soll sodann untersucht werden, wie die verfassungsrechtlichen Anforderungen an eine Inhaltskontrolle von AGB in der Ausgestaltung des einfachen Rechts umgesetzt worden sind.[3] Der auf diese Weise

---

[1] Ebenso *Oetker*, AcP 212 (2012), 202, 215ff.; *Miethaner*, AGB-Kontrolle (2010), S. 6ff., 23ff.; *Leuschner*, JZ 2010, 875, 880ff.; *Stoffels*, AGB-Recht (3. Aufl. 2015), Rn. 76ff.; *Leuschner*, AcP 207 (2007), 491, 509ff.; *Zöllner*, AcP 196 (1996), 1, 1ff. A. A. *Wackerbarth*, AcP 200 (2000), 45, 50f., der davon ausgeht, dass sich aus der verfassungsgerichtlichen Judikatur keine Schlussfolgerungen für die einfachrechtliche Ausgestaltung der Inhaltskontrolle ableiten lassen.

[2] Vgl. zu den verfassungsrechtlichen Grundlagen der Inhaltskontrolle von AGB ebenfalls *Oetker*, AcP 212 (2012), 202, 215ff.; *v. Westphalen*, BB 2011, 195, 195ff.; *Miethaner*, AGB-Kontrolle (2010), S. 6ff., 23ff.; *Leuschner*, JZ 2010, 875, 880ff.; *Stoffels*, AGB-Recht (3. Aufl. 2015), Rn. 76ff.; *Leuschner*, AcP 207 (2007), 491, 509ff.; *Zöllner*, AcP 196 (1996), 1, 1ff. sowie – freilich ohne Berücksichtigung der später folgenden Rechtsprechung des BVerfG – *Höfling*, Vertragsfreiheit (1991), S. 43ff.; *Roscher*, Vertragsfreiheit (1974), S. 46ff. Ebenfalls hierzu *Becker*, AGB und Individualvereinbarung (2011), S. 9, 29, 46ff.; *Fuchs*, in: *Ulmer/Brandner/Hensen*, AGB-Recht (12. Aufl. 2016), Vorb. v. §307 Rn. 27; *Pres*, Inhaltskontrolle (2005), S. 68f., 101ff.; sowie knapp *Grünberger*, Jura 2009, 249, 250; *Becker*, WM 1999, 709, 710. Aus der verfassungsrechtlichen Kommentarliteratur vgl. nur Maunz/Dürig/*Di Fabio*, GG (83. EL. 2018), Art. 2 Abs. 1 Rn. 111ff.

[3] Vgl. hierzu unten S. 666ff.

konkretisierte Befund des rechtlichen Rahmens bildet den Ausgangspunkt, auf dessen Grundlage das Verhältnis von *Vertragsfreiheit* und *Vertragsgerechtigkeit* mit Blick auf den Schutzweck der Inhaltskontrolle von AGB im Weiteren näher bestimmt werden kann.

Das *Bundesverfassungsgericht* hat sich in seiner Rechtsprechung eingehend mit *Inhalt* und *Schranken* der *Vertragsfreiheit* als Ausdruck grundgesetzlich geschützter Privatautonomie auseinandergesetzt und dabei auch die AGB-Kontrolle näher in den Blick genommen.[4] In diesem Zusammenhang hat es die Inhaltskontrolle von AGB nicht nur als „verfassungsrechtlich unbedenklich"[5], sondern darüber hinaus vielmehr als „nötig"[6] angesehen, um gerade den Schutz der Vertragsfreiheit des grundsätzlich schwächeren Vertragspartners des AGB-Verwenders zu gewährleisten und seinen Mangel an Verhandlungsmacht zu kompensieren.[7] *Verfassungsdogmatisch* qualifiziert das Gericht die Inhaltskontrolle dabei bemerkenswerterweise vor allem als Problem der *Gewährleistung der Vertragsfreiheit* selbst, dessen Lösung weitgehend auf der Ebene der Privatautonomie verbleibt und die eines Rückgriffs auf zusätzliche rechtfertigende Rechtsprinzipien daher nicht notwendig bedarf.[8] *Eingriff* in die Vertragsfreiheit zum Zwecke ihrer größeren *Wirksamkeit*, *Schutz* der Vertragsfreiheit durch ihre *Beschränkung*: Mit dieser *prima facie* nur scheinbar paradoxen Formel lässt sich die Rechtsprechung des Bundesverfassungsgerichts in ihrem Kern zusammenfassen.[9] Die Be-

---

[4] Vgl. hierzu eingehend unten S. 376 ff.

[5] BVerfG NJW 2005, 1036, 1037 (Zahnarzthonorar). Vgl. hierzu eingehend unten S. 390 f.

[6] Ebenda.

[7] Ebenda.

[8] So schon BVerfGE 81, 242, 254 f. = NJW 1990, 1469, 1470 (Handelsvertreter): „Solche Schranken sind unentbehrlich, weil *Privatautonomie* auf dem Prinzip der *Selbstbestimmung* beruht, also voraussetzt, daß auch die Bedingungen freier Selbstbestimmung tatsächlich gegeben sind ... Hat einer der Vertragsteile ein so starkes Übergewicht, daß er vertragliche Regelungen *faktisch einseitig* setzen kann, bewirkt dies für den anderen Vertragsteil *Fremdbestimmung*." und BVerfGE 89, 214, 232 = NJW 1994, 36, 38 (Bürgschaft I): „Da alle Beteiligten des Zivilrechtsverkehrs den Schutz des Art. 2 I GG genießen und sich *gleichermaßen* auf die grundrechtliche Gewährleistung ihrer Privatautonomie berufen können, darf nicht nur das Recht des Stärkeren gelten." Deutlich insoweit auch zuletzt BVerfG NJW 2011, 1339, 1341: „Die Inhaltskontrolle Allgemeiner Geschäftsbedingungen zeichnet sich gerade dadurch aus, dass sie der Herstellung *praktischer Konkordanz* zwischen der jeweils grundrechtlich geschützten *Privatautonomie* des *Verwenders* wie der *anderen Vertragspartei* dient." Dass dies indes nicht den ergänzenden Bezug auf weitere Rechtsprinzipien wie das der *Vertragsgerechtigkeit* ausschließt, hat das BVerfG ebenfalls bereits in seiner Bürgschaftsentscheidung durch Verweis auf das *Sozialstaatsprinzip* (Art. 20 Abs. 1, Art. 28 Abs. 1 GG) gezeigt. Vgl. BVerfGE 89, 214, 232 = NJW 1994, 36, 38 (Bürgschaft I) und näher hierzu unten S. 382 f. Hervorhebungen durch den Verfasser.

[9] Zu dem Antagonismus der beiden Dimensionen der Vertragsfreiheit näher Maunz/Dürig/*Di Fabio*, GG (83. EL. 2018), Art. 2 Abs. 1 Rn. 112 mit Verweis auf *Kittner*, FS Dieterich (1999), S. 279, 282: „Schutz vor den Auswirkungen der Privatautonomie im Namen der Privatautonomie", das Phänomen jedoch mit dem Spannungsverhältnis zwischen den gegenläufigen Systemgedanken der „Selbstbestimmung" und der „Ordnungsaufgabe des Privatrechts" erklärend.

schränkung der Vertragsfreiheit des AGB-Verwenders durch richterliche Inhaltskontrolle rechtfertigt sich nach Auffassung des BVerfG damit gerade aus dem *Schutz der Vertragsfreiheit* seines Vertragspartners und stellt sich daher als klassische *Grundrechtskollision* dar, die das Gericht im Wege *praktischer Konkordanz* löst.[10]

Mit der vom AGB-Verwender in Anspruch genommenen *formalen*, *abwehrrechtlich* bestimmten und der vom Vertragspartner geltend gemachten *materiellen*, *schutzpflichtrechtlich* determinierten Vertragsfreiheit sind die beiden grundlegenden *Dimensionen der Privatautonomie* im Bereich individueller Rechtsgestaltung berührt, die als kollidierende Grundrechte im Wege *praktischer Konkordanz* zu einem angemessenen Ausgleich zu bringen sind.[11] Normativ verankert sieht das Gericht mit der herrschenden Lehre die Vertragsfreiheit dabei zutreffend zunächst im Grundrecht der *allgemeinen Handlungsfreiheit* nach Art. 2 Abs. 1 GG, soweit nicht der Schutzbereich eines *spezielleren Freiheitsrechts* betroffen ist.[12] In diesem Fall scheidet die insoweit subsidiäre allgemeine Handlungsfreiheit gegenüber den spezielleren Freiheitsgrundrechten, wie etwa der Berufsfreiheit nach Art. 12 GG, aus. In der verfassungsgerichtlichen Judikatur hat die Vertragsfreiheit eine dreifache Ausprägung erfahren: Als *Abwehrrecht* gegen Eingriffe des Staates in die privatautonome Gestaltung der Rechtsverhältnisse des Einzelnen, als *Schutzpflicht* gegenüber dem Staat zum Schutz vor Fremdbestimmung durch Dritte und schließlich als *Institutsgarantie*[13], die den Staat zur Schaffung und Si-

---

[10] Vgl. nur BVerfG NJW 2011, 1339, 1341 sowie eingehend unten S. 374 ff. Zur Rezeption in der Literatur und Kritik eingehend vgl. Maunz/Dürig/*Di Fabio*, GG (83. EL. 2018), Art. 2 Abs. 1 Rn. 114 ff. mwN.

[11] Zum Ausgleich der *formalen* Vertragsfreiheit des Verwenders mit der *materiellen* Vertragsfreiheit seines Vertragspartners im Wege praktischer Konkordanz im Licht der Rechtsprechung des BVerfG vgl. näher S. 374 ff. Zum dogmatischen Verständnis der beiden Dimensionen der Vertragsfreiheit vgl. näher *Oetker*, AcP 212 (2012), 202, 215 ff.; *v. Westphalen*, BB 2011, 195, 195 ff.; *Miethaner*, AGB-Kontrolle (2010), S. 14 ff., 23 ff.; *Leuschner*, JZ 2010, 875, 880 ff.; *Stoffels*, AGB-Recht (3. Aufl. 2015), Rn. 76 ff.; *Leuschner*, AcP 207 (2007), 491. Vgl. auch Maunz/Dürig/*Di Fabio*, GG (83. EL. 2018), Art. 2 Abs. 1 Rn. 111 f.

[12] BVerfG NJW 2011, 1339, 1340 („Zwar wird die Vertragsfreiheit auch durch das Grundrecht der allgemeinen Handlungsfreiheit gemäß Art. 2 Abs. 1 GG gewährleistet .... Betrifft eine gesetzliche Regelung jedoch die Vertragsfreiheit gerade im Bereich der beruflichen Betätigung, die ihre spezielle Gewährleistung in Art. 12 Abs. 1 GG gefunden hat, so scheidet die gegenüber anderen Freiheitsrechten subsidiäre allgemeine Handlungsfreiheit als Prüfungsmaßstab aus ....“; BVerfGE 117, 163, 181; BVerfGE 81, 242, 253 ff. = NJW 1990, 1469, 1469 ff. (Handelsvertreter). Vgl. auch Maunz/Dürig/*Di Fabio*, GG (83. EL. 2018), Art. 2 Abs. 1 Rn. 101 f. Eingehend hierzu und zu abweichenden Ansätzen der Verortung der Vertragsfreiheit oben S. 30 ff. sowie *Miethaner*, AGB-Kontrolle (2010), S. 7 ff. mwN; *Weller*, Vertragstreue (2009), S. 168 ff.; *Cornils*, Ausgestaltung (2005), S. 173; *Gellermann*, Grundrechte (2000), S. 133 ff.; *Ruffert*, Vorrang (2001), S. 287 ff.; *Lorenz*, Schutz (1997), S. 18 f.; *Höfling*, Vertragsfreiheit (1991), S. 4 ff.

[13] Vgl. hierzu nur BVerfGE 81, 242, 254 = NJW 1990, 1469, 1470 (Handelsvertreter): „Auf der Grundlage der *Privatautonomie*, die *Strukturelement einer freiheitlichen Gesellschaftsordnung* ist, gestalten die Vertragspartner ihre Rechtsbeziehungen eigenverantwortlich.“ sowie *Weller*, Vertragstreue (2009), S. 174 ff.; *Cornils*, Ausgestaltung (2005), S. 225 f.; *Geller-*

cherung des für die Ausübung der Privatautonomie notwendigen Rahmens der Privatrechtsordnung verpflichtet.[14]

I. Formale Vertragsfreiheit: Gewährleistung grundsätzlicher Autonomie vom Staat

Die *formale* Vertragsfreiheit betrifft die *Funktion* des Grundrechts als *subjektives Abwehrrecht* sowie als *Institutsgarantie.* Sie gewährleistet die *freie Entfaltung der Persönlichkeit* im wirtschaftlichen und rechtlichen Bereich und damit *Privatautonomie* als Befugnis des Einzelnen zur Gestaltung seiner Rechtsverhältnisse nach seinem Willen.[15] Die grundgesetzlich geschützte Privatautonomie als „Strukturelement einer freiheitlichen Gesellschaftsordnung"[16] eröffnet den Parteien dabei einen staatlichen Eingriffen grundsätzlich entzogenen, „angemessenen Betätigungsraum"[17], innerhalb dessen sie durch das rechtliche Instrument des Vertrages ihre Rechtsbeziehungen eigenverantwortlich gestalten und auf diese Weise selbst bestimmen können, wie sie ihre gegenläufigen Interessen zu einem angemessenen Ausgleich bringen.[18] Aus der verfassungsrechtlich gebotenen Gewährleistung dieses Freiheitsraumes erwächst die Pflicht des Staates, die von den Parteien getroffenen Regelungen grundsätzlich zu *respektieren.*[19] Dies gilt umso mehr, als der in der vertraglichen Regelung regelmäßig zum Ausdruck gebrachte gemeinsame Wille der Parteien auf einen angemessenen Ausgleich der gegenseiti-

mann, Grundrechte (2000), S. 148 ff.; *Ruffert*, Vorrang (2001), S. 304 ff.; *Heinrich*, Formale Freiheit (2000), S. 102 ff.; *Lorenz*, Schutz (1997), S. 18 f.; *Taupitz*, AcP 192 (1992), 341, 343; *Höfling*, Vertragsfreiheit (1991), S. 25 ff. Kritisch dagegen *Manssen*, Privatrechtsgestaltung (1994), S. 169 ff. Dabei führt die Anerkennung einer objektiv-rechtlichen Dimension der Vertragsfreiheit nicht zu einer Reduzierung des Kernbereichsschutzes, vgl. nur *Höfling*, Vertragsfreiheit (1991) S. 32 ff. Vgl. hierzu auch *Miethaner*, AGB-Kontrolle (2010), S. 14 ff., der indes die Institutsgarantie als bloßen Kernbereichsschutz versteht und mit *Manssen*, Privatrechtsgestaltung (1994), S. 185 f. einer Vermengung von Institutsverständnis und Prinzipienlehre kritisch gegenübersteht. Eingehend zum Verhältnis von Grundrecht und Institutsgarantie *Cornils*, Ausgestaltung (2005), S. 534 ff. Hervorhebungen durch den Verfasser.

[14] Hierzu eingehend Maunz/Dürig/*Di Fabio,* GG (81. EL. 2018), Art. 2 Abs. 1 Rn. 102 ff., 107 ff. (zum abwehr- und schutzpflichtrechtlichen Charakter der Vertragsfreiheit); *Höfling*, Vertragsfreiheit (1991), S. 25 ff. (insbesondere zur Vertragsfreiheit als Institutsgarantie) sowie unten S. 374 ff.

[15] Vgl. nur BVerfGE 89, 214, 231 = NJW 1994, 36, 38 (Bürgschaft I); BVerfGE 81, 242, 254 = NJW 1990, 1469, 1470 (Handelsvertreter) sowie zuletzt BVerfG NJW 2011, 1339, 1340 f.

[16] BVerfGE 81, 242, 254 = NJW 1990, 1469, 1470 (Handelsvertreter).

[17] BVerfGE 89, 214, 231 = NJW 1994, 36, 38 (Bürgschaft I).

[18] BVerfG NJW 2007, 286, 287 (Arbeit auf Abruf).

[19] BVerfG NJW 2011, 1339, 1340 (Preisanpassungsklausel); BVerfG NJW 2007, 286, 287 (Arbeit auf Abruf); BVerfG VersR 2006, 961, 962 (Unfallversicherungsprämie); BVerfGE 114, 73, 89 f. = NJW 2005, 2376, 2378 (Überschussbeteiligung); BVerfGE 114, 1, 34 = NJW 2005, 2363, 2365 (Bestandsübertragung); BVerfGE 103, 89, 100 = NJW 2001, 957, 958 (Unterhaltsverzicht I); BVerfGE 81, 242, 254 = NJW 1990, 1469, 1470 (Handelsvertreter).

gen Interessen schließen lässt und damit eine möglichst weitgehende Entfaltung der Persönlichkeit beider Parteien indiziert.[20]

Da die Parteien zur *rechtlichen* Gestaltung ihrer Lebensverhältnisse und der *Durchsetzung* der daraus erwachsenden Ansprüche notwendig auf die *Mitwirkung des Staates* angewiesen sind, bedarf die Privatautonomie im Gegensatz zu natürlichen Freiheitsrechten der *rechtlichen Ausgestaltung.*[21] Bei der Ausübung seines Gestaltungsauftrages ist der Staat dabei an die objektiv-rechtlichen Vorgaben der Grundrechte gebunden, doch steht ihm im Rahmen seiner *Einschätzungsprärogative* ein grundsätzlich weiter Gestaltungsspielraum zu, der es ihm erlaubt, zwingendes Recht zu erlassen und dabei auch der Privatautonomie Schranken zu setzen, deren Zulässigkeit insbesondere am Maßstab der *Verhältnismäßigkeit* zu messen ist. Diese Grundsätze hat das BVerfG zunächst in seiner *Handelsvertreterentscheidung*[22] herausgearbeitet:

> „Auf der Grundlage der Privatautonomie, die *Strukturelement einer freiheitlichen Gesellschaftsordnung* ist, gestalten die Vertragspartner ihre Rechtsbeziehungen eigenverantwortlich. Sie bestimmen selbst, wie ihre gegenläufigen Interessen angemessen auszugleichen sind, und verfügen damit zugleich über ihre grundrechtlich geschützten Positionen ohne staatlichen Zwang. Der Staat hat die im Rahmen der Privatautonomie getroffenen Regelungen grundsätzlich zu *respektieren.* ... Privatautonomie besteht nur im Rahmen der *geltenden Gesetze*, und diese sind ihrerseits an die *Grundrechte* gebunden. Das Grundgesetz will *keine wertneutrale* Ordnung sein, sondern hat in seinem Grundrechtsabschnitt *objektive Grundentscheidungen* getroffen, die für alle Bereiche des Rechts, also auch für das Zivilrecht, gelten. Keine bürgerlichrechtliche Vorschrift darf in Widerspruch zu den Prinzipien stehen, die in den Grundrechten zum Ausdruck kommen. Das gilt vor allem für diejenigen Vorschriften des Privatrechts, die zwingendes Recht enthalten und damit der Privatautonomie Schranken setzen."[23]

---

[20] BVerfG NJW 2011, 1339, 1340 (Preisanpassungsklausel): „Der zum Ausdruck gebrachte übereinstimmende Wille der Vertragsparteien lässt deshalb in der Regel auf einen durch den Vertrag hergestellten sachgerechten Interessenausgleich schließen, den der Staat grundsätzlich zu respektieren hat." Ebenso BVerfG NJW 2007, 286, 287 (Arbeit auf Abruf); BVerfG VersR 2006, 961, 962 (Unfallversicherungsprämie); BVerfGE 114, 73, 89f. = NJW 2005, 2376, 2378 (Überschussbeteiligung); BVerfGE 114, 1, 34 (Bestandsübertragung) = NJW 2005, 2363, 2365; BVerfGE 103, 89, 100 = NJW 2001, 957, 958 (Unterhaltsverzicht I); BVerfGE 89, 214, 232 = NJW 1994, 36, 38 (Bürgschaft I).

[21] Zum Gestaltungsauftrag des Staates und den damit notwendigen *immanenten Schranken* der Privatautonomie vgl. bereits oben S. 26ff., 33ff., 57ff. Zur verfassungsrechtlichen Gewährleistung der Privatautonomie als *Institutsgarantie* vgl. bereits oben S. 31ff., 360 sowie eingehend *Miethaner*, AGB-Kontrolle (2010), S. 14ff.; *Weller*, Vertragstreue (2009), S. 174ff.; *Cornils*, Ausgestaltung (2005), S. 225f.; *Gellermann*, Grundrechte (2000), S. 148ff.; *Ruffert*, Vorrang (2001), S. 304ff.; *Heinrich*, Formale Freiheit (2000), S. 102ff., *Lorenz*, Schutz (1997), S. 18f.; *Taupitz*, AcP 192 (1992), 341, 343; *Höfling*, Vertragsfreiheit (1991), S. 25ff. und zurückhaltend *Manssen*, Privatrechtsgestaltung (1994), S. 169ff.

[22] BVerfGE 81, 242 = NJW 1990, 1469 (Handelsvertreter). Vgl. hierzu eingehend unten S. 379ff.

[23] BVerfGE 81, 242, 254 = NJW 1990, 1469, 1470 (Handelsvertreter). Hervorhebungen durch den Verfasser.

In seiner *Bürgschaftsentscheidung*[24] und den darauf folgenden Entscheidungen wurden diese Grundsätze weiterentwickelt:

„Die *Privatautonomie* ist *notwendigerweise begrenzt* und bedarf der *rechtlichen Ausgestaltung.* Privatrechtsordnungen bestehen deshalb aus einem *differenzierten System* aufeinander abgestimmter Regelungen und Gestaltungsmittel, die sich in die verfassungsmäßige Ordnung einfügen müssen. Dies bedeutet jedoch nicht, daß die Privatautonomie zur beliebigen *Disposition* des Gesetzgebers stünde und ihre grundrechtliche Gewährleistung infolgedessen leerliefe. Vielmehr ist der Gesetzgeber bei der gebotenen Ausgestaltung an die *objektiv-rechtlichen Vorgaben* der *Grundrechte* gebunden. Er muß der Selbstbestimmung des Einzelnen im Rechtsleben einen *angemessenen Betätigungsraum* eröffnen. Nach ihrem Regelungsbescheid ist die Privatautonomie notwendigerweise auf *staatliche Durchsetzung* angewiesen. Ihre Gewährleistung denkt die *justitielle Realisierung* gleichsam mit und begründet daher die Pflicht des Gesetzgebers, *rechtsgeschäftliche Gestaltungsmittel* zur Verfügung zu stellen, die als rechtsverbindlich zu behandeln sind und auch im Streitfall durchsetzbare Rechtspositionen begründen."[25]

Aus den Erwägungen des Gerichts wie auch aus der Stellung der Vertragsfreiheit im Gefüge der Freiheitsgrundrechte wird bereits deutlich, dass der abwehrrechtliche Gehalt der Freiheitsgewährleistung des Grundrechts insbesondere im Hinblick auf die Ausgestaltung der Privatrechtsordnung durch den Gesetzgeber vergleichsweise schwach ausgeprägt ist.[26] Sie unterliegt – soweit nicht der Schutzbereich eines speziellen Freiheitsgrundrechts wie etwa der Berufsfreiheit (Art. 12 GG) betroffen ist – der *Schrankentrias* der *verfassungsmäßigen Ordnung*, des *Sittengesetzes* und kollidierender *Grundrechte Dritter.*[27] Der Gefahr des Leerlaufens der Grundrechtsgewährleistung durch die Bestimmung der Schranken

[24] BVerfGE 89, 214 = NJW 1994, 36 (Bürgschaft I). Vgl. hierzu die Besprechungen von *Fastrich*, RdA 1997, 65; *Wellenhofer-Klein*, ZIP 1997, 774; *Schimansky*, WM 1995, 461; *Bydlinski*, WuB I F 1 a Bürgschaft 4.94 (1994); *Emmerich*, JuS 1994, 251; *Grün*, 1994, 713; *Honsell*, EWiR 1994, 531; *Köndgen*, EWiR 1994, 23; *Rittner*, NJW 1994, 3330; *v. Westphalen*, MDR 1994, 5; *Wiedemann*, JZ 1994, 411; *Löwe*, ZIP 1993, 1759 sowie aus dem neueren Schrifttum *Wagner*, AcP 205 (2005), 715; *Teubner*, KritV 2000, 388; *Canaris*, AcP 200 (2000), 273, 276ff.; *Drexl*, Selbstbestimmung (1998), S. 266f. sowie die Kongressbeiträge von *Dieterich*, WM 2000, 11; *Habersack/Giglio*, WM 2000, 1100 und *Zöllner*, WM 2000, 1. Vgl. hierzu auch Maunz/Dürig/*Di Fabio*, GG (81. EL. 2018), Art. 2 Abs. 1 Rn. 108ff., 112ff.

[25] BVerfGE 89, 214, 231f. = NJW 1994, 36, 38 (Bürgschaft I). Hervorhebungen durch den Verfasser.

[26] Ebenso *Miethaner*, AGB-Kontrolle (2010), S. 23 („vergleichsweise großzügiger Spielraum bei der Ausgestaltung des Vertragsrechts"); *Heinrich*, Formale Freiheit (2000), S. 102 („breiter Korridor zwischen dem unerläßlichen Schutzminimum und der übermäßigen Einschränkung"). Zur Reichweite der privatrechtsausgestaltenden *Einschätzungsprärogative* des Gesetzgebers eingehend vgl. *Cornils*, Ausgestaltung (2005), S. 173ff.; *Ruffert*, Vorrang (2001), S. 107ff., 314ff.; *Lorenz*, Schutz (1997), S. 19f.; *Höfling*, Vertragsfreiheit (1991), S. 34ff. sowie Maunz/Dürig/*Di Fabio*, GG (81. EL. 2018), Art. 2 Abs. 1 Rn. 105ff.

[27] Vgl. hierzu bereits eingehend oben S. 33ff. sowie Maunz/Dürig/*Di Fabio*, GG (81. EL. 2018), Art. 2 Abs. 1 Rn. 37ff., 104ff.; *Miethaner*, AGB-Kontrolle (2010), S. 14ff.; *Heinrich*, Formale Freiheit (2000), S. 94ff.; *Ruffert*, Vorrang (2001), S. 103ff., 314ff.; *Lorenz*, Schutz (1997), S. 19ff.; *Höfling*, Vertragsfreiheit (1991), S. 32ff.

durch den Gesetzgeber selbst[28] ist dadurch hinreichend Rechnung getragen, dass dieser – worauf das BVerfG in diesem Zusammenhang ausdrücklich hinweist – seinerseits an die Grundentscheidungen der Verfassung – etwa an den *Gleichheitsgrundsatz* (Art. 3 Abs. 1 GG) und das *Sozialstaatsprinzip* (Art. 20 1, 28 Abs. 1 GG) – sowie insbesondere an das vom Verhältnismäßigkeitsgrundsatz geforderte Übermaßverbot gebunden ist.[29] Insoweit steht dem Gesetzgeber ein weiter *Ermessensspielraum* zur Verfügung, dessen Inanspruchnahme soweit ersichtlich von der verfassungsrechtlichen Judikatur in der Praxis bislang auch unbeanstandet geblieben ist.[30]

Dieser dem Gesetzgeber bei der Ausgestaltung der Vertragsfreiheit vom BVerfG eingeräumte „besonders weite[r] Beurteilungs- und Gestaltungsraum"[31] führt jedenfalls *prima facie* zu einem Spannungsverhältnis mit dem *Primat formaler Vertragsfreiheit*, das vom BVerfG trotz der Betonung des Aspekts der materiellen Vertragsfreiheit nie infrage gestellt worden ist. Denn obwohl „Privatautonomie ... nur im Rahmen der geltenden Gesetze"[32] besteht, „bestimmen [die Parteien] selbst, wie ihre gegenläufigen Interessen angemessen auszugleichen sind, und verfügen damit zugleich über ihre grundrechtlich geschützten Positionen ohne staatlichen Zwang. Der Staat hat die im Rahmen der Privatautonomie getroffenen Regelungen grundsätzlich zu respektieren."[33] Das *Spannungsverhältnis* zwischen Inanspruchnahme formaler Vertragsfreiheit auf der einen und staatlichem Eingriff auf der anderen Seite, zwischen grundsätzlicher Geltung des Vereinbarten bzw. formal als vereinbart Anerkanntem, steht letztlich auch im Mittelpunkt der Diskussion um Legitimation und Reichweite der *Inhaltskontrolle von AGB* im unternehmerischen Geschäftsverkehr[34] und ist damit zum Markstein für die Be-

---

[28] Diese Befürchtung hatten insbesondere *Roscher*, Vertragsfreiheit (1974), S. 53; *Wolf*, in: Emmerich (Hrsg.), Grundlagen (1974), S. 19, 29 f. sowie *Flume*, FS 100 Jahre DJT (1960), S. 135, 136 ff. geäußert. Vgl. hierzu auch *Gellermann*, Grundrechte (2000), S. 91; *Heinrich*, Formale Freiheit (2000), S. 95 f.; *Lorenz*, Schutz (1997), S. 20. Das BVerfG hat diese Bedenken bereits in seiner ersten Bürgschaftsentscheidung aufgegriffen und ihnen durch die umfassende Grundrechtsbindung des Gesetzgebers im Rahmen seiner Ausgestaltungskompetenz Rechnung getragen. BVerfGE 89, 214, 231 = NJW 1994, 36, 38 (Bürgschaft I).: „Dies bedeutet jedoch nicht, daß die Privatautonomie zur beliebigen Disposition des Gesetzgebers stünde und ihre grundrechtliche Gewährleistung infolgedessen leerliefe. Vielmehr ist der Gesetzgeber bei der gebotenen Ausgestaltung an die *objektiv-rechtlichen Vorgaben* der *Grundrechte* gebunden."

[29] Vgl. nur BVerfGE 89, 214, 231 = NJW 1994, 36, 38 (Bürgschaft I). Zur Ausgestaltungsprärogative und zur Grundrechtsbindung des Gesetzgebers vgl. *Miethaner*, AGB-Kontrolle (2010), S. 20 ff., 23; *Cornils*, Ausgestaltung (2005), S. 173 ff.; *Ruffert*, Vorrang (2001), S. 107 ff., 314 ff.; *Lorenz*, Schutz (1997), S. 19 f.; *Höfling*, Vertragsfreiheit (1991), S. 34 ff. sowie Maunz/Dürig/*Di Fabio*, GG (81. EL. 2018), Art. 2 Abs. 1 Rn. 105 ff.

[30] *Ruffert*, Vorrang (2001), S. 316; *Heinrich*, Formale Freiheit (2000), S. 102; *Krause*, JZ 1984, 711, 717.

[31] BVerfGE 81, 242, 255 = NJW 1990, 1469, 1470 (Handelsvertreter).

[32] BVerfGE 81, 242, 254 = NJW 1990, 1469, 1470 (Handelsvertreter).

[33] Ebenda.

[34] Vgl. zu den verfassungsrechtlichen Aspekten der Diskussion *Oetker*, AcP 212 (2012), 202, 215 ff.; *v. Westphalen*, BB 2011, 195, 195 ff.; *Miethaner*, AGB-Kontrolle (2010), S. 6 ff.,

stimmung des Verhältnisses von *Vertragsfreiheit* und *Vertragsgerechtigkeit* geworden.[35] Es steht zugleich im Zentrum der verfassungsgerichtlichen Judikatur, die vor allem den Ausgleich der sich gegenseitig bedingenden, zugleich aber auch widerstreitenden grundgesetzlichen Gewährleistungen *formaler* und *materieller* Vertragsfreiheit[36] im Rahmen *praktischer Konkordanz* zum Gegenstand hat.

Vor dem Hintergrund der Rechtsprechung des BVerfG wäre es indes verfehlt, aus dem Regel-Ausnahme-Verhältnis, das sich aus der Schrankensystematik, dem „Spiel von *Grund und Gegengrund*"[37], ergibt, einen Anspruch auf einen möglichst weitgehenden staatsfreien Freiheitsraum abzuleiten, der dem Einfluss des Gesetzgebers im Wesentlichen entzogen ist und damit letztlich dem „freien Spiel der Kräfte"[38] überlassen bleibt. Wäre dies bereits aus *rechtshistorischer* Perspektive ein Schritt zurück in ein Verständnis der Vertragsfreiheit, das durch die weitere Entwicklung des Privatrechts im 20. Jh., die Rechtsprechung des BVerfG und die neueren Entwicklungstendenzen in der europäischen Rechtsentwicklung mittlerweile längst überholt zu sein scheint[39], so sprechen gegen ein radikal antagonistisches Verständnis von *privatem* Freiheitsraum der Privatautonomie und *staatlichem* Eingriff vor allem jene dogmatischen Gründe, die das BVerfG in seiner Judikatur herausgearbeitet hat: (1) die Interpendenz zwischen *Vertragsfreiheit* und *Rechtsordnung*, die sich aus dem Verhältnis der rechtsgeschäftlichen Selbstbestimmung des Einzelnen zu seiner Einbettung in das gesellschaftliche Gefüge einer Werteordnung ergibt[40] und (2) das Verständnis der Vertragsfreiheit selbst, die immer auch die Freiheit des anderen und damit letztlich durch die *tatsächliche* Realisierung der Selbstbestimmung als ihrer wesensnotwendigen Funktionsvoraussetzung bedingt ist.[41] Beide Aspekte haben in Form der *Normprägung der Privatautonomie* sowie der Berücksichtigung der *materiellen Vertragsfreiheit* in der Judikatur des BVerfG ihre jeweils spezifische Ausformung erhalten.

So hat das BVerfG etwa mit Blick auf die *Gestaltungskompetenz* des Gesetzgebers bereits in seiner *Handelsvertreterentscheidung*[42] die Bedeutung der Rechtsordnung als notwendiges Korrelat der *Privatautonomie* herausgestellt:

23ff.; *Leuschner*, JZ 2010, 875, 880ff.; *Leuschner*, AcP 207 (2007), 491, 509ff. Vgl. allgemein zu verfassungsrechtlichen Aspekten der AGB-Kontrolle *Becker*, AGB und Individualvereinbarung (2011), S. 9, 29, 46ff.; *Fuchs*, in: *Ulmer/Brandner/Hensen*, AGB-Recht (12. Aufl. 2016), Vorb. v. § 307 Rn. 27; *Stoffels*, AGB-Recht (3. Aufl. 2015), Rn. 76ff.; *Pres*, Inhaltskontrolle (2005), S. 68f., 101ff.; *Zöllner*, AcP 196 (1996), 1, 1ff. sowie Maunz/Dürig/*Di Fabio*, GG (81. EL. 2018), Art. 2 Abs. 1 Rn. 111ff.

[35] Eingehend hierzu bereits oben S. 3ff., 99 ff, 159ff. sowie aus verfassungsrechtlicher Perspektive unten S. 382ff.

[36] Vgl. oben S. 96ff.

[37] *Alexy*, Theorie der Grundrechte (1985), S. 289.

[38] Vgl. zu diesem Aspekt BVerfG VersR 2006, 961, 962 (Unfallversicherungsprämie).

[39] Hierzu bereits oben S. 96ff.

[40] Hierzu oben S. 26ff., 33f., 66ff., 96ff.

[41] Hierzu oben S. 25, 33f., 51ff., 56f., 59, 97ff. sowie unten S. 374ff.

[42] BVerfGE 81, 242 = NJW 1990, 1469 (Handelsvertreter).

„Die Feststellung und Beachtung des *Vertragsinhalts* reicht jedoch nicht aus, um die Verurteilung zur Wettbewerbsunterlassung zu rechtfertigen. *Privatautonomie* besteht nur im *Rahmen der geltenden Gesetze*, und diese sind ihrerseits an die *Grundrechte* gebunden. Das Grundgesetz will *keine wertneutrale Ordnung* sein, sondern hat in seinem Grundrechtsabschnitt *objektive Grundentscheidungen* getroffen, die für alle Bereiche des Rechts, also auch für das *Zivilrecht*, gelten. Keine bürgerlichrechtliche Vorschrift darf in Widerspruch zu den Prinzipien stehen, die in den Grundrechten zum Ausdruck kommen. Das gilt vor allem für diejenigen Vorschriften des Privatrechts, die *zwingendes Recht* enthalten und damit der *Privatautonomie Schranken* setzen ... Solche *Schranken sind unentbehrlich*, weil Privatautonomie auf dem Prinzip der *Selbstbestimmung* beruht, also voraussetzt, daß auch die Bedingungen freier Selbstbestimmung *tatsächlich* gegeben sind."[43]

Neben dem Schutz der tatsächlichen *rechtsgeschäftlichen Entscheidungsfreiheit*, den das Gericht als materielle Dimension der Vertragsfreiheit im Rahmen seiner Judikatur entfaltet hat[44], ist hier vor allem die *konstitutive Bedingtheit* formaler Vertragsfreiheit durch die sie überhaupt erst ermöglichende und ausgestaltende *Rechtsordnung* angesprochen.[45] Weil die Parteien nicht als isolierte Monaden in einem rechtlichen und gesellschaftlichen Vakuum als wertfreiem Raum agieren, sondern vielmehr als Glieder in das konkrete gesellschaftliche und rechtliche Gefüge einer Werteordnung eingebettet sind, weil sie den Rahmen des rein Privaten überschritten, sich in den Bereich des Öffentlichen begeben und sich damit der Rechtsordnung als Werteordnung unterstellt haben, kann sich die rechtliche Gestaltung ihrer Lebensverhältnisse auch nur im Rahmen dieser Rechts- und Werteordnung vollziehen. Die Vertragsfreiheit gewährt keinen Anspruch auf Gewährung eines gleichsam staats- und rechtsfreien Raumes[46], in dem die Schaffung rechtlich verbindlicher Regelungen dem freien Spiel der Kräfte überlassen bleibt. Die Vertragsfreiheit wird *a priori* nur im Rahmen der vom Gesetzgeber ausgestalteten Rechtsordnung gewährt[47] und unterliegt, wie bereits gezeigt wurde[48], seit jeher den allgemeinen Schranken, zu denen insbesondere gesetzliche *Verbote*, *Sittenwidrigkeit* und Fälle erheblicher *Äquivalenzstörungen* gehören.[49]

Dass der Gesetzgeber bei der Ausübung seines *Gestaltungsauftrages* freilich selbst an die *Grundrechte* und die Wertentscheidungen der Verfassung gebunden

---

[43] BVerfGE 81, 242, 254f. = NJW 1990, 1469, 1470 (Handelsvertreter).

[44] Vgl. hierzu näher unten S. 374ff.

[45] Hierzu oben S. 26ff., 33f., 66ff., 96ff. mwN.

[46] Ebenso *Heinrich*, Formale Freiheit (2000), S. 81.

[47] Eingehend hierzu oben S. 26ff., 33f., 66ff., 96ff. mwN. sowie Maunz/Dürig/*Di Fabio*, GG (81. EL. 2018), Art. 2 Abs. 1 Rn. 105ff.

[48] Vgl. §134, 138 BGB sowie oben S. 26f.

[49] Zur *rechtsgeschichtlichen Entwicklung* der Trias der klassischen Schranken der Vertragsfreiheit vgl. *Kaser/Knütel*, Römisches Privatrecht (2008), S. 67ff. und *Scherrer*, Geschichte der Vertragsfreiheit (1948), S. 11ff., 60f. Anm. 20f., speziell zur *laesio enormis* vgl. *Bergmann*, Ungerechter Vertrag (2014), S. 5ff.; *Emmert*, Leistungspflichten (2001), S. 178ff.; *Mayer-Maly*, FS Larenz (1983), S. 395ff.; *Schulze*, laesio enormis (1973).

ist, hat das BVerfG stets deutlich gemacht.[50] Die grundgesetzlichen Gewährleistungen wirken dabei nicht nur *begrenzend*, sondern bestimmen aufgrund ihres *Leitbildcharakters* und gegebenenfalls ihres *Schutzauftrages* das gesamte Handeln des Gesetzgebers bei der Ausgestaltung der Privatrechtsordnung.[51] Wie das BVerfG im Rahmen seiner Rechtsprechung zum Schutz der rechtsgeschäftlichen Entscheidungsfreiheit in Fällen von Vertragsimparität sowie insbesondere zur Zulässigkeit der richterlichen Inhaltskontrolle von AGB herausgestellt hat, hat der Gesetzgeber nicht nur das Recht, sondern unter Umständen auch die *Pflicht*, eine nachträgliche Korrektur formal gültiger Verträge zu ermöglichen.[52] Er darf sich „nicht mit der Feststellung begnügen: ‚Vertrag ist Vertrag'"[53], er muss „gegebenenfalls im Rahmen der Generalklauseln des geltenden Zivilrechts korrigierend eingreifen"[54] und kann „offensichtlichen Fehlentwicklungen nicht tatenlos zusehen"[55]. *Die allgemeinen Schranken* der Vertragsfreiheit können dabei ohne Bedenken bereits als durch die Verfassung selbst determiniert gelten.[56]

Rechtsphilosophisch begründet finden sie ihren eigentlichen Geltungsgrund in den die Verfassung als positive Rechtsordnung transzendierenden, überpositiven Wertgrundsätzen *kommutativer* und *distributiver* Gerechtigkeit, die das Wesen des Rechts selbst konstituieren und um deren Umsetzung sich jede Rechtsordnung auf die ihr eigene Weise bemüht.[57] Bestätigt wird dieser Befund durch die *rechtsgeschichtliche Perspektive* auf das Institut der *Vertragsfreiheit*, die seit jeher den allgemeinen, immanenten Schranken unterworfen und dabei stets auf das Ziel der Vertragsgerechtigkeit hin ausgerichtet war.[58] Insofern stellt sich

---

[50] Vgl. nur BVerfGE 81, 242, 254 = NJW 1990, 1469, 1470 (Handelsvertreter); BVerfGE 89, 214, 231 = NJW 1994, 36, 38 (Bürgschaft I).

[51] Zur Grundrechtsbindung des Gesetzgebers vgl. eingehend *Miethaner*, AGB-Kontrolle (2010), S. 20 ff., 23; *Cornils*, Ausgestaltung (2005), S. 173 ff.; *Ruffert*, Vorrang (2001), S. 107 ff., 314 ff.; *Lorenz*, Schutz (1997), S. 19 f.; *Höfling*, Vertragsfreiheit (1991), S. 34 ff. sowie Maunz/Dürig/*Di Fabio*, GG (81. EL. 2018), Art. 2 Abs. 1 Rn. 105 ff. Zum Gedanken des Leitbildcharakters grundlegend *Häberle*, Wesensgehaltsgarantie (1962), S. 182 ff. sowie *Lenz*, Freiheitsrechte (2006), S. 107 ff.; *Cornils*, Ausgestaltung (2005), S. 502 ff.; *Mager*, Einrichtungsgarantien (2003), S. 75 ff.; *Gellermann*, Grundrechte (2000), S. 284 f.; *Grabitz*, Freiheit (1976), S. 228 ff., 232.

[52] Vgl. zum *Schutzpflichtcharakter* der *materiellen Vertragsfreiheit* ebenfalls unten S. 374 ff.

[53] BVerfGE 89, 214, 234 = NJW 1994, 36, 39 (Bürgschaft I).

[54] Ebenda.

[55] BVerfGE 81, 242, 255 = NJW 1990, 1469, 1470 (Handelsvertreter).

[56] Zur Verdichtung einer staatlichen Eingriffsberechtigung zur Schutzpflicht eingehend Maunz/Dürig/*Di Fabio*, GG (81. EL. 2018), Art. 2 Abs. 1 Rn. 107 ff., 110 ff. sowie eingehend unten S. 374 ff.

[57] Vgl. hierzu oben S. 18 f., 23 f.

[58] Vgl. für das römische Recht nur die *lex furia de sponsu – Gaius*, Institutiones, 4, 22. Vgl. *Kaser/Knütel*, Römisches Privatrecht (2008), S. 301–, die *lex Iulia de dote fundali – Gaius*, Institutiones, 2, 63; D. 23, 5, 1 pr. (Paulus 36 ad ed.); *Kaser/Knütel*, Römisches Privatrecht (2008), S. 321. –, die *lex Cincia de donis et muneribus – Kaser/Knütel*, Römisches Privatrecht (2008), S. 261 –, das *SC Hosidianum* und das das *SC Volusianum – Kaser/Knütel, Römisches*

die Rechtsprechung des BVerfG keineswegs als Beschränkung eines gleichsam naturgegebenen Freiheitsraumes weitgehender Parteiwillkür dar, der etwa aufgrund sozialpolitischer Erwägungen durch staatlichen Zwang eingeengt wird, sondern steht vielmehr ganz in der Linie der *europäischen Rechtstradition*, die individuelle Vertragsfreiheit stets im engen Zusammenhang, wenn nicht sogar unter dem Vorbehalt der *Vertragsgerechtigkeit* stehend verstanden hat. Insofern hat das BVerfG mit seiner Rechtsprechung tief im abendländischen Rechtsdenken verwurzelte Entwicklungslinien aufgegriffen, die im Verständnis der Vertragsfreiheit im Lichte der europäischen Rechtsentwicklung als *ius commune* seit Langem angelegt waren. Zudem hat es mit der Sicherung eines Mindestmaßes an Vertragsgerechtigkeit die radikale Schärfe des formal-liberalen Freiheitsverständnisses des ursprünglichen BGB-Entwurfes der Epoche der Industrialisierung und der Gründerzeit korrigiert und auf ein vernünftiges Maß zurückgeführt. In diesem Zusammenhang wäre es verfehlt, die insoweit verfassungsrechtlich gebotene Materialisierung des Vertragsrechts weitgehend einseitig als Krise der Vertragsfreiheit oder als „*movement from contract to status*"[59] zu verstehen.

Dass den Parteien ein „angemessene[r] Betätigungsraum"[60] zur freien Entfaltung ihrer Persönlichkeit und zur eigenverantwortlichen Verwirklichung ihrer jeweiligen individuellen Interessen zustehen muss, steht außer Frage und ist durch die Grundrechtsbindung des Staates hinreichend gewährleistet. Ihm muss es indes freistehen, auf der Grundlage der ihm legitimerweise zustehenden Wertentscheidungen insbesondere die *Schranken* privatautonomen Handelns durch entsprechende gesetzliche Regelungen oder im Wege der Rechtsprechung zu konkretisieren. Soweit der Staat den Parteien einen angemessenen Betätigungsraum zur rechtlichen Gestaltung ihrer Lebensverhältnisse einräumt, sind verfassungswidrige Eingriffe daher lediglich bei Verletzung des Über- oder Untermaßgebotes, soweit speziellere Freiheitsrechte einschlägig sind, bei Überschreitung der jeweils zulässigen Schranken denkbar.[61] Dies gilt erst recht, wenn Grundrechte Dritter beeinträchtigt sind und dem Staat eine entsprechende Schutzpflicht etwa zugunsten der tatsächlichen Entscheidungsfreiheit der am Rechtsgeschäft beteiligten übervorteilten Partei obliegt.[62]

Privatrecht (2008), S. 123 –, die *lex Falcidia* – D. 35, 2, 1 pr. (Paulus l. S. ad l. falcid.); Inst. 2, 22 pr. Vgl. hierzu *Kaser/Knütel*, Römisches Privatrecht (2008), S. 390 m. w. N. sowie zur laesio enormis C. 4, 44, 2, C. 4, 44, 8. Für das Mittelalter vgl. *Scherrer*, Geschichte der Vertragsfreiheit (1948), S. 27; *Schulze*, laesio enormis (1973), S. 17 ff. Eingehend zur Geschichte der Äquivalenzkontrolle *Emmert*, Leistungspflichten (2001), S. 171 ff.

[59] So aber *Bruns*, JZ 2007, 385, 385 ff.

[60] BVerfGE 89, 214, 231 = NJW 1994, 36, 38 (Bürgschaft I).

[61] Zu den Schranken der grundgesetzlichen Gewährleistung der formalen Vertragsfreiheit vgl. bereits oben S. 33 ff. sowie Maunz/Dürig/*Di Fabio*, GG (81. EL. 2018), Art. 2 Abs. 1 Rn. 37 ff., 104 ff.; *Miethaner*, AGB-Kontrolle (2010), S. 14 ff.; *Heinrich*, Formale Freiheit (2000), S. 94 ff.; *Ruffert*, Vorrang (2001), S. 103 ff., 314 ff.; *Lorenz*, Schutz (1997), S. 19 ff.; *Höfling*, Vertragsfreiheit (1991), S. 32 ff.

[62] Zur Verpflichtung des Staates zum Schutz der *materiellen Vertragsfreiheit* struktu-

Mit der insoweit betroffenen *materiellen Vertragsfreiheit* ist die zweite zentrale *Dimension* der Vertragsfreiheit angesprochen, die zugleich den Schwerpunkt der einschlägigen verfassungsgerichtlichen Rechtsprechung bildet.[63]

II. Materielle Vertragsfreiheit: Schutz tatsächlicher Selbstbestimmung durch den Staat

Betrifft die abwehrrechtlich bestimmte formale Vertragsfreiheit die aus staatlichen Eingriffen erwachsenden Gefahren *für* den Vertrag, nimmt die schutzpflichtrechtlich bestimmte *materielle* Vertragsfreiheit Gefahren *durch* den Vertrag in den Blick, die der schwächeren Partei aufgrund der Fremdbestimmung seitens des ihr überlegenen Vertragspartners erwachsen.[64] Mit der Ausgestaltung der materiellen Vertragsfreiheit als staatliche Schutzpflicht führt das BVerfG den Gehalt der Vertragsfreiheit auf ihren ursprünglichen Kern zurück: Gewährleistung rechtlicher *Selbstbestimmung* als Ausdruck menschlicher *Würde* und *Freiheit*[65], Entfaltung der *Persönlichkeit*[66] im rechtlichen und wirtschaftlichen Bereich, eigenverantwortliche *Verwirklichung* der individuellen *Interessen*[67] des Einzelnen. Eröffnet die grundgesetzlich gewährleistete Privatautonomie den Parteien einen Raum zur eigenverantwortlichen Gestaltung ihrer Lebensverhältnisse nach ihrem Willen[68] und ist der *gemeinsame Wille* der eigentliche Legiti-

---

rell schwächerer Vertragspartner als *zweiter Dimension* der Vertragsfreiheit eingehend unten S. 374 ff. sowie Maunz/Dürig/*Di Fabio*, GG (81. EL. 2018), Art. 2 Abs. 1 Rn. 107 ff., 110 ff.; *Miethaner*, AGB-Kontrolle (2010), S. 23 ff.; *Cornils*, Ausgestaltung (2005), S. 176 ff.; *Ruffert*, Vorrang (2001), S. 141 ff., 326 ff., 335 ff.; *Canaris*, AcP 200 (2000), 273, 278 ff., 282 ff.; *Gellermann*, Grundrechte (2000), S. 144 ff.; *Heinrich*, Formale Freiheit (2000), S. 109 ff.; *Canaris*, Grundrechte und Privatrecht (1999), S. 27 f.; *Lorenz*, Schutz (1997), S. 21; *Höfling*, Vertragsfreiheit (1991), S. 44 ff.; *Canaris*, AcP 184 (1984), 201, 228; *Roscher*, Vertragsfreiheit (1974), S. 70 ff.

[63] Zur *Rechtsprechung* im Einzelnen näher unten S. 379 ff.

[64] Vgl. zum Schrifttum die Nachweise oben Fn. 62, zur Rechtsprechung unten S. 379 ff.

[65] Zu diesem Aspekt eingehend oben S. 16 ff., 23 ff., 56 f., 59 ff.

[66] Vgl. hierzu oben S. 29, 36, 49 f., 56 f., 59 f., 62 ff., 97 f., 360 f.

[67] Zur Funktion des Vertrags als Instrument des gegenseitigen Interessenausgleichs vgl. BVerfG NJW 2011, 1339, 1340 (Preisanpassungsklausel): „Maßgebliches *rechtliches Instrument* zur Verwirklichung freien und eigenverantwortlichen Handelns in Beziehung zu anderen ist der *Vertrag*, mit dem die Vertragspartner selbst bestimmen, wie ihre *individuellen Interessen* zueinander in einen *angemessenen Ausgleich* gebracht werden." Ebenso BVerfG NJW 2007, 286, 287 (Arbeit auf Abruf); BVerfG VersR 2006, 961, 962 (Unfallversicherungsprämie); BVerfGE 114, 73, 89 f. = NJW 2005, 2376, 2378 (Überschussbeteiligung); BVerfGE 114, 1, 34 = NJW 2005, 2363, 2365 (Bestandsübertragung); BVerfGE 103, 89, 100 = NJW 2001, 957, 958 (Unterhaltsverzicht I). Vgl. auch BVerfGE 89, 214, 232 = NJW 1994, 36, 38 (Bürgschaft I); BVerfGE 81, 242, 255 = NJW 1990, 1469, 1470 (Handelsvertreter). Vgl. auch oben S. 24 f., 32 f., 59 ff., 64 ff., 75 ff., 299 f., 360 ff., 374 ff. sowie unten S. 379 ff. Zum *interessenorientierten Verhandeln* als wesentlicher Ausübungsform der Vertragsfreiheit eingehend oben S. 81 ff. Hervorhebungen durch den Verfasser.

[68] Zur klassischen Begriffsbestimmung der Privatautonomie vgl. oben S. 16 f. sowie im

mationsgrund der durch Vertrag vollzogenen rechtlichen *Bindung*, so muss diese Legitimation und mit ihr auch die Bindungswirkung des Vertrages entfallen, wenn dieser nicht auf einer tatsächlich freien Entscheidung beider Parteien beruht, sondern Ergebnis von *Fremdbestimmung* ist.[69] Entsprechend hat auch das BVerfG darauf hingewiesen, dass Privatautonomie *tatsächliche* Entscheidungsfreiheit *beider* Parteien voraussetzt.[70] Ist dies nicht gegeben, so ist die materielle Vertragsfreiheit und damit die grundgesetzlich geschützte Selbstbestimmung beeinträchtigt.

Auch hier wäre es vor dem Hintergrund der Diskussion um Inhalt und Reichweite der Inhaltskontrolle von AGB im unternehmerischen Geschäftsverkehr verfehlt, den Schutz der grundgesetzlich gewährleisteten Selbstbestimmung des schwächeren Vertragspartners als grundsätzlich unzulässige staatliche Intervention misszuverstehen, die zwar möglich, unter Umständen auch verfassungsrechtlich geboten, jedoch stets rechtfertigungsbedürftig ist und damit auf eng umgrenzte Ausnahmefälle begrenzt sein sollte. Ein derartiges Grundverständnis wird der freiheitsermöglichenden Funktion der materiellen Vertragsfreiheit und insbesondere der Bedeutung des Selbstbestimmungsrechts als Ausdruck rechtlicher Würde und Freiheit nicht gerecht. Zwar muss die materielle Korrektur formal wirksamer vertraglicher Vereinbarungen auf Ausnahmefälle beschränkt bleiben: Dies gebietet nicht nur die Rechtssicherheit, sondern – wie das BVerfG herausstellt – auch die Tatsache, dass die Parteien selbst am ehesten in der Lage sind, einen angemessenen Ausgleich ihrer gegenseitigen Interessen herbeizuführen.[71] Die mit der Willensübereinstimmung verbundene Richtig-

Anschluss an *Flume*, BGB AT II (3. Aufl. 1979), S. 1 BVerfGE 72, 155, 170 (Handelsgeschäft) = NJW 1986, 1859, 1860 und einhellig das Schrifttum. Vgl. nur Staudinger/*Schiemann*, Eckpfeiler (6. Aufl. 2018), C. Rn. 1 sowie die Nachweise oben S. 16 Fn. 12.

[69] Vgl. zum Zusammenhang zwischen *Privatautonomie* und *menschlicher Freiheit* oben S. 16ff., zur tragenden *Bedeutung des Willens* für das Rechtsgeschäft oben S. 21ff. sowie zur *Verwirklichung des Willens* in der rechtsgeschäftlichen Erklärung oben S. 25ff.

[70] Grundlegend BVerfGE 81, 242, 255 = NJW 1990, 1469, 1470 (Handelsvertreter): „Solche Schranken sind unentbehrlich, weil Privatautonomie auf dem Prinzip der Selbstbestimmung beruht, also voraussetzt, daß auch die Bedingungen freier Selbstbestimmung *tatsächlich gegeben* sind." Ebenso BVerfG NJW 2011, 1339, 1340 (Preisanpassungsklausel): „Die Privatautonomie setzt auch als Grundlage für das freie Aushandeln einer Vergütung zwischen *den Vertragsparteien voraus, dass die Bedingungen der Selbstbestimmung des Einzelnen* tatsächlich gegeben sind." BVerfG NJW 2007, 286, 287 (Arbeit auf Abruf); BVerfG VersR 2006, 961, 962 (Unfallversicherungsprämie); BVerfGE 114, 73, 89 = NJW 2005, 2376, 2377f. (Überschussbeteiligung); BVerfGE 114, 1, 34 = NJW 2005, 2363, 2365 (Bestandsübertragung); BVerfGE 103, 89, 100 = NJW 2001, 957, 958 (Unterhaltsverzicht I); BVerfGE 89, 214, 231 ff. = NJW 1994, 36, 38 (Bürgschaft I). Hervorhebungen durch den Verfasser.

[71] So bereits BVerfGE 81, 242, 254 = NJW 1990, 1469, 1470 (Handelsvertreter): „Sie *bestimmen selbst*, wie ihre gegenläufigen *Interessen angemessen auszugleichen* sind, und verfügen damit zugleich über ihre grundrechtlich geschützten Positionen ohne staatlichen Zwang." Ebenso BVerfG NJW 2005, 2376 BVerfGE 114, 1, 34 = NJW 2005, 2363, 2365 (Bestandsübertragung): „*Maßgebliches rechtliches Instrument* zur Verwirklichung freien und eigenverantwortlichen Handelns in Beziehung zu anderen ist der *Vertrag*, mit dem die Vertrags-

keitsgewähr legt dem Staat die Pflicht auf, das Vertragsergebnis „grundsätzlich zu respektieren“[72].

Allerdings ist in diesem Zusammenhang auf zwei wesentliche Gesichtspunkte hinzuweisen: Zum einen auf die Tatsache, dass sich der abwehrrechtliche Schutz formaler Vertragsfreiheit als Freiheit *vor* staatlichen Eingriffen in bestehende Vertragsverhältnisse letztlich nur deshalb und insoweit legitimiert, als der Vertrag tatsächlich Ausdruck eigenverantwortlicher *Selbstbestimmung* und nicht heteronomer *Fremdbestimmung* ist.[73] Die Rechtsordnung erkennt vertragliche Vereinbarungen nur deshalb an und versieht sie mit rechtlicher Durchsetzbarkeit, weil und insoweit sie auf einem gemeinsamen Willensentschluss beider Parteien beruhen und damit Ausdruck eigenverantwortlicher Selbstbestimmung sind.[74] Ist dies nicht der Fall, fehlt es bereits an der einen freiheitbeschränkenden Eingriff konstituierenden Legitimation: Ist ein Vertrag gerade nicht Ausdruck eigenverantwortlicher Selbstbestimmung, mangelt es an einem schützenswerten Rechtsgut, das eine Rechtfertigungslast begründen würde. Vor diesem Hintergrund sind Bedenken, die im Zusammenhang mit Materialisierung des Vertragsrechts und insbesondere der Inhaltskontrolle von AGB im unternehmerischen Geschäftsverkehr eine „Krise der Vertragsfreiheit“[75] oder gar einen „Abschied von der Privatautonomie“[76] konstatieren, nur schwer nachvollzieh-

partner *selbst bestimmen*, wie ihre *individuellen Interessen* zueinander in einen *angemessenen Ausgleich* gebracht werden. ... Der zum Ausdruck gebrachte *übereinstimmende Wille* der Vertragsparteien lässt deshalb *in der Regel* auf einen durch den Vertrag hergestellten *sachgerechten Interessenausgleich* schließen, den der Staat grundsätzlich zu respektieren hat.“ Vgl. zu diesem Aspekt auch BVerfG NJW 2011, 1339, 1340 (Preisanpassungsklausel); BVerfG NJW 2007, 286, 287 (Arbeit auf Abruf); BVerfGE 114, 73, 89f. = NJW 2005, 2376, 2378 (Überschussbeteiligung) sowie eingehend unten S. 382f. Hervorhebungen durch den Verfasser.

[72] So bereits grundlegend BVerfGE 81, 242, 254 = NJW 1990, 1469, 1470 (Handelsvertreter). Ebenso NJW 2011, 1339, 1340 (Preisanpassungsklausel); BVerfG NJW 2007, 286, 287 (Arbeit auf Abruf); BVerfG VersR 2006, 961, 962 (Unfallversicherungsprämie); BVerfGE 114, 73, 89f. = NJW 2005, 2376, 2378 (Überschussbeteiligung); BVerfGE 114, 1, 34 = NJW 2005, 2363, 2365 (Bestandübertragung); BVerfGE 103, 89, 100 = NJW 2001, 957, 958 (Unterhaltsverzicht I).

[73] Auf diesen Gesichtspunkt hat das BVerfG bereits in seiner *Handelsvertreterentscheidung* hingewiesen, BVerfGE 81, 242, 254f. = NJW 1990, 1469, 1470 (Handelsvertreter): „Solche Schranken sind unentbehrlich, weil Privatautonomie auf dem Prinzip der *Selbstbestimmung* beruht, also voraussetzt, daß auch die Bedingungen freier Selbstbestimmung *tatsächlich gegeben* sind. Hat einer der Vertragsteile ein so starkes *Übergewicht*, daß er vertragliche Regelungen *faktisch einseitig* setzen kann, bewirkt dies für den anderen Vertragsteil *Fremdbestimmung*. Wo es an einem annähernden *Kräftegleichgewicht* der Beteiligten *fehlt*, ist mit den Mitteln des *Vertragsrechts* allein *kein sachgerechter Ausgleich der Interessen* zu gewährleisten. Wenn bei einer solchen Sachlage über grundrechtlich verbürgte Positionen verfügt wird, müssen *staatliche Regelungen ausgleichend eingreifen*, um den Grundrechtsschutz zu sichern.“ Hervorhebungen durch den Verfasser.

[74] Vgl. hierzu eingehend oben S. 16ff., 21ff., 25ff.

[75] Zum Schlagwort der „Krise des liberalen Vertragsdenkens“ eingehend *Kramer*, Krise (1974) mwN.

[76] *Berger*, ZIP 2006, 2149.

bar.[77] Wo ein Vertrag nicht Ergebnis tatsächlicher *Selbstbestimmung* beider Parteien ist und es an der notwendigen Willensübereinstimmung fehlt, ist die Vertragsfreiheit als Form der Ausübung des individuellen Selbstbestimmungsrechts der Sache nach nicht beeinträchtigt. Gerade der Schutz der Vertragsfreiheit gebietet hier eine Überprüfung vertraglicher Vereinbarungen durch die Rechtsordnung darauf, ob sie tatsächlich auf einem freien, informierten und damit auch verantwortbaren Entschluss beider Parteien beruhen.[78]

Zum anderen ist das in diesem Zusammenhang häufig herangezogene antagonistische Argumentationsmuster des staatlichen Übergriffs auf die freie Selbstbestimmung der Parteien grundsätzlich zu hinterfragen. Denn im Gegensatz zu klassischen Grundrechtseingriffen durch unmittelbares staatliches Handeln, etwa im Bereich der Meinungsfreiheit, ist es bei der materiellen Korrektur formal gültiger Verträge nicht der Staat, sondern der am Vertrag unmittelbar beteiligte Vertragspartner selbst, der auf eine Aufhebung der Bindungswirkung des Vertrages dringt. Der Staat hat regelmäßig kein unmittelbares Interesse an der Aufhebung einzelner Verträge, sondern wird als Garant der rechtlichen Verbindlichkeit und Durchsetzbarkeit des Vereinbarten lediglich auf Initiative einer der Parteien aktiv und von ihr in Anspruch genommen.

Die in der Kritik an einer *Materialisierung des Vertragsrechts* immer wieder aufscheinende Vorstellung, dass der Staat in die eigenverantwortliche Rechtsgestaltung durch die Parteien in unzulässiger Weise eingreift, den Parteien die eigene Auffassung im Hinblick auf die Herstellung eines angemessenen Interessenausgleichs aufzwingt und damit die Vertragsfreiheit beschränkt, lässt dabei die tatsächliche Interessenlage der Parteien außer Betracht. Sie folgt einem unzutreffenden Antagonismus, der die Verantwortung an der Vertragskorrektur der Sphäre des Staates, das Interesse an der Aufrechterhaltung des Vertrages dagegen „den Parteien" zuweist. Stattdessen ist es in Wirklichkeit nur *eine* beider Parteien, nämlich regelmäßig die *begünstigte*, die an einer weiteren Bindungswirkung des Vertrages interessiert ist. Und es ist ebenfalls eine der Parteien, nämlich die *benachteiligte*, die sich um eine Korrektur des Vertrages bemüht, um wenigstens eine Angleichung an das Mindestmaß eines angemessenen, sachgerechten Interes-

---

[77] Vgl. zum Problemkomplex der „Krise des liberalen Vertragsdenkens" eingehend *Bruns*, JZ 2007, 385, 391ff.; *Lorenz*, Schutz (1997), S. 22ff.; *Singer*, Selbstbestimmung (1995), S. 12ff. Exemplarisch ist hierbei nicht zuletzt die Diskussion um die Reichweite der AGB-Kontrolle im unternehmerischen Geschäftsverkehr, vgl. nur *Schiffer/Weichel*, BB 2011, 1283; *v. Westphalen*, BB 2011, 195; *Dauner-Lieb/Axer*, ZIP 2010, 309; *Leuschner*, JZ 2010, 875; *v. Westphalen*, ZIP 2010, 1110; *v. Westphalen*, ZIP 2007, 149; *Leuschner*, AcP 207 (2007), 491, 877ff.; *Berger*, ZIP 2006, 2149; *Rehm*, Aufklärungspflichten (2003), S. 152ff.

[78] Entsprechend hat das BVerfG seine Rechtsprechung zur materiellen Vertragskorrektur im Fall von Verhandlungsimparitäten vor allem auf die Verletzung des Selbstbestimmungsrechts des schwächeren Vertragspartners gestützt und hieraus eine entsprechende Schutzpflicht abgeleitet, vgl. eingehend oben S. 358ff. sowie zuletzt BVerfG NJW 2011, 1339, 1341 (Preisanpassungsklausel) und grundlegend BVerfGE 89, 214, 232 = NJW 1994, 36, 38 (Bürgschaft I); BVerfGE 81, 242, 254f. = NJW 1990, 1469, 1470 (Handelsvertreter).

senausgleichs herbeizuführen. Sie tut dies, weil sie der Vertragsinhalt regelmäßig objektiv benachteiligt und weil – das Fehlen einer Selbstschädigungsabsicht vorausgesetzt – die getroffene Vereinbarung offensichtlich nicht von einem sie hinreichend legitimierenden Willen getragen war. Das Interesse an der *Aufrechterhaltung* wie auch an der *Aufhebung* der Vertragsbindung hat ihren Ursprung daher in der privaten Sphäre der Parteien selbst. Das Schlagwort vom staatlichen *Paternalismus*[79], das eine den Bürger gleichsam entmündigende Bevormundung seitens des Staates impliziert, führt insoweit nicht weiter. Denn es ist niemand anderes als die benachteiligte Partei selbst, die die Korrektur eines Vertrags begehrt, der in seiner Zweckbestimmung als Instrument eines sachgerechten Interessenausgleichs offensichtlich in sein Gegenteil, in ein Instrument der *Fremdbestimmung* und benachteiligenden Schädigung der übervorteilten Partei verkehrt geworden ist.

Das Aufhebungsverlangen ist dem Staat daher insoweit jedenfalls nicht unmittelbar „zurechenbar". Auch wenn das öffentliche Interesse ein Einschreiten des Gesetzgebers gebieten mag, „eine solche Entwicklung ... der soziale Rechtsstaat nicht tatenlos hinnehmen [kann]"[80] und die richterliche Inhaltskontrolle formwirksamer Vereinbarungen aufgrund überindividueller Rechtfertigungsgründe legitimiert werden kann, so werden die Gerichte im konkreten Einzelfall nur auf Initiative der Parteien tätig. Der Staat ist an dem Streit zweier Privater lediglich als Garant für die rechtliche Verbindlichkeit des Vertrages und seine prozessuale Durchsetzbarkeit beteiligt. Das antagonistische Argumentationsschema, das die Sphäre des Privaten und die des Staates als konfligierende Interessensphären gegenüberstellt, ist daher nicht aufrechtzuerhalten. Insoweit wird auch die bisweilen stark überzeichnende Kritik, die eine weitreichende Krise des liberalen Denkens bzw. der Vertragsfreiheit konstatiert, einer nüchternen Betrachtung weichen müssen.[81]

Indes gebietet – so das BVerfG – nicht bereits jede Beeinträchtigung tatsächlicher Selbstbestimmung ein Eingreifen des Staates.[82] Wie gezeigt wurde, erfordern *Vertrauensschutz* und *Rechtssicherheit* eine Begrenzung, soll die Gewährleistung formaler Vertragsfreiheit nicht zur bloßen Leerformel werden.[83]

---

[79] Vgl. nur *Enderlein*, Rechtspaternalismus (1996).

[80] Begründung des RegE zum AGBG, BT-Drucks. 7/3919, S. 9.

[81] Zur Diskussion der „Krise des liberalen Vertragsdenkens" vgl. eingehend die Nachweise oben S. 377, Fn. 77.

[82] So bereits ausdrücklich BVerfGE 89, 214, 232 = NJW 1994, 36, 38 (Bürgschaft I): „Allerdings kann die Rechtsordnung *nicht für alle Situationen* Vorsorge treffen, in denen das Verhandlungsgleichgewicht mehr oder weniger beeinträchtigt ist. Schon aus Gründen der *Rechtssicherheit* darf ein Vertrag *nicht bei jeder Störung des Verhandlungsgleichgewichts* nachträglich in Frage gestellt oder korrigiert werden." Ebenso BVerfG VersR 2006, 961, 962 (Unfallversicherungsprämie); BVerfG NJW 1994, 2749, 2750 (Bürgschaft II); BVerfG NJW 1996, 2021 (Bürgschaft III). Hervorhebungen durch den Verfasser.

[83] Darauf hat das BVerfG in seiner ersten Bürgschaftsentscheidung selbst hingewiesen,

Der Zielkonflikt zwischen *materieller* und *formaler* Vertragsfreiheit ist im Wege *praktischer Konkordanz* zu lösen.[84] Die für die Abwägung maßgeblichen Grundsätze hat das BVerfG dabei in einer Reihe von Entscheidungen schrittweise herausgearbeitet.

1. *Handelsvertreterentscheidung*

In seiner *Handelsvertreterentscheidung*[85] bricht das BVerfG die Strenge des bislang dominierenden rein formalen Freiheitsverständnisses auf und stellt klar, dass das Prinzip der Selbstbestimmung, das in der verfassungsrechtlich geschützten Privatautonomie grundgelegt ist, voraussetzt, „daß die Bedingungen freier Selbstbestimmung tatsächlich gegeben sind."[86] So verschafft es in grundlegender Weise der *materiellen* Dimension der Vertragsfreiheit und somit dem Schutz tatsächlicher *rechtsgeschäftlicher Entscheidungsfreiheit* gegenüber Beeinträchtigungen vonseiten Dritter Geltung.[87] Voraussetzung für tatsächliche vertragliche

---

BVerfGE 89, 214, 231 = NJW 1994, 36, 38 (Bürgschaft I). Vgl. hierzu eingehend oben S. 369 f. sowie Fn. 14 mwN.

[84] So grundlegend BVerfGE 89, 214, 232 = NJW 1994, 36, 38 (Bürgschaft I): „Mit der Pflicht zur Ausgestaltung der Privatrechtsordnung stellt sich dem Gesetzgeber ein Problem *praktischer Konkordanz*. Am Zivilrechtsverkehr nehmen *gleichrangige Grundrechtsträger* teil, die *unterschiedliche Interessen* und vielfach *gegenläufige Ziele* verfolgen. Da alle Beteiligten des Zivilrechtsverkehrs den Schutz des Art. 2 Abs. 1 GG genießen und sich *gleichermaßen* auf die grundrechtliche Gewährleistung ihrer *Privatautonomie* berufen können, darf nicht nur das Recht des Stärkeren gelten. Die *kollidierenden Grundrechtspositionen* sind in ihrer *Wechselwirkung* zu sehen und so zu begrenzen, daß sie für *alle Beteiligten* möglichst *weitgehend wirksam* werden." Vgl. zuletzt BVerfG NJW 2011, 1339, 1341: „Die Inhaltskontrolle Allgemeiner Geschäftsbedingungen zeichnet sich gerade dadurch aus, dass sie der *Herstellung praktischer Konkordanz* zwischen der jeweils grundrechtlich geschützten *Privatautonomie* des *Verwenders* wie der *anderen Vertragspartei* dient." Hervorhebungen durch den Verfasser.

[85] BVerfGE 81, 242 = NJW 1990, 1469 (Handelsvertreter). Vgl. hierzu die Besprechungen von *Medicus*, AcP 192 (1992), 35; *Hillgruber*, AcP 191 (1991), 69; *Schmidt*, DRiZ 1991, 81; *Sachs*, JuS 1990, 930; *Wiedemann*, JZ 1990, 695 sowie Maunz/Dürig/*Di Fabio*, GG (81. EL. 2018), Art. 2 Abs. 1 Rn. 108 ff.

[86] BVerfGE 81, 242, 255 = NJW 1990, 1469, 1470 (Handelsvertreter). Ebenso BVerfG NJW 2011, 1339, 1340 (Preisanpassungsklausel); BVerfG NJW 2007, 286, 287 (Arbeit auf Abruf); BVerfG VersR 2006, 961, 962 (Unfallversicherungsprämie); BVerfGE 114, 73, 89 = NJW 2005, 2376, 2377 f. (Überschussbeteiligung); BVerfGE 114, 1, 34 = NJW 2005, 2363, 2365 (Bestandsübertragung); BVerfGE 103, 89, 100 = NJW 2001, 957, 958 (Unterhaltsverzicht I); BVerfGE 89, 214, 231 ff. = NJW 1994, 36, 38 (Bürgschaft I).

[87] Zum Schutz der materiellen Vertragsfreiheit als *zweite Dimension* der Vertragsfreiheit und der Entwicklung einer entsprechenden staatlichen Schutzpflicht vgl. eingehend oben S. 374 ff. sowie Maunz/Dürig/*Di Fabio*, GG (81. EL. 2018), Art. 2 Abs. 1 Rn. 107 ff., 110 ff.; *Miethaner*, AGB-Kontrolle (2010), S. 23 ff.; *Cornils*, Ausgestaltung (2005), S. 176 ff.; *Ruffert*, Vorrang (2001), S. 141 ff., 326 ff., 335 ff.; *Canaris*, AcP 200 (2000), 273, 278 ff., 282 ff.; *Gellermann*, Grundrechte (2000), S. 144 ff.; *Heinrich*, Formale Freiheit (2000), S. 109 ff.

Selbstbestimmung ist daher ein annäherndes *Kräftegleichgewicht* zwischen den Parteien und damit Vertragsparität.[88]

Ist dies aufgrund einer Ungleichgewichtslage nicht der Fall, versagt der Vertrag als Instrument eines sachgerechten Interessenausgleichs: Ein angemessener Ausgleich der gegenseitigen Interessen der Parteien sowie ein hinreichender Grundrechtsschutz, insbesondere im Hinblick auf das Selbstbestimmungsrecht des schwächeren Vertragspartners, ist dann nicht mehr gewährleistet. Wiegt eine Ungleichgewichtslage so schwer, dass die durch sie bewirkte Beeinträchtigung der Vertragsfreiheit der dadurch weitgehend fremdbestimmten Partei von Verfassung wegen nicht mehr hingenommen werden kann, ist der Staat zum Eingreifen verpflichtet, um entsprechenden Grundrechtsschutz zu gewährleisten:

„Solche Schranken sind unentbehrlich, weil *Privatautonomie* auf dem *Prinzip der Selbstbestimmung* beruht, also voraussetzt, daß auch die *Bedingungen freier Selbstbestimmung tatsächlich* gegeben sind. Hat einer der Vertragsteile ein so starkes *Übergewicht*, daß er vertragliche Regelungen *faktisch einseitig* setzen kann, bewirkt dies für den anderen Vertragsteil *Fremdbestimmung*. Wo es an einem *annähernden Kräftegleichgewicht* der Beteiligten fehlt, ist mit den *Mitteln des Vertragsrechts* allein *kein sachgerechter* Ausgleich der Interessen zu gewährleisten. Wenn bei einer solchen Sachlage über grundrechtlich verbürgte Positionen verfügt wird, müssen *staatliche Regelungen ausgleichend eingreifen*, um den Grundrechtsschutz zu sichern. … Der Verfassung läßt sich nicht unmittelbar entnehmen, wann *Ungleichgewichtslagen* so schwer wiegen, daß die Vertragsfreiheit durch *zwingendes Gesetzesrecht* begrenzt oder ergänzt werden muß. Auch lassen sich die Merkmale, an denen etwa erforderliche Schutzvorschriften ansetzen können, nur *typisierend* erfassen. Dem Gesetzgeber steht dabei ein besonders *weiter Beurteilungs- und Gestaltungsraum* zur Verfügung. Allerdings darf er offensichtlichen Fehlentwicklungen nicht tatenlos zusehen. … Selbst wenn der Gesetzgeber davon absieht, zwingendes Vertragsrecht für bestimmte Lebensbereiche oder für spezielle Vertragsformen zu schaffen, bedeutet das keineswegs, daß die Vertragspraxis dem *freien Spiel* der Kräfte unbegrenzt ausgesetzt wäre. Vielmehr greifen dann ergänzend solche zivilrechtlichen *Generalklauseln* ein, die als *Übermaßverbote* wirken, vor allem die §§ 138, 242, 315 BGB. Gerade bei der Konkretisierung und Anwendung dieser Generalklauseln sind die Grundrechte zu beachten."[89]

---

[88] Grundlegend BVerfGE 81, 242, 255 = NJW 1990, 1469, 1470 (Handelsvertreter): „Wo es an einem annähernden Kräftegleichgewicht der Beteiligten fehlt, ist mit den Mitteln des Vertragsrechts allein kein sachgerechter Ausgleich der Interessen zu gewährleisten." mit Verweis auf *Hesse*, Verfassungsrecht und Privatrecht (1988), S. 37f. und *Badura*, FS Herschel (1982), S. 21, 34 sowie BVerfGE 89, 214, 231 ff. = NJW 1994, 36, 38 (Bürgschaft I): „Heute besteht weitgehende Einigkeit darüber, daß die Vertragsfreiheit nur im Falle eines annähernd ausgewogenen Kräfteverhältnisses der Partner als Mittel eines angemessenen Interessenausgleichs taugt und daß der Ausgleich gestörter Vertragsparität zu den Hauptaufgaben des geltenden Zivilrechts gehört … Im Sinne dieser Aufgabe lassen sich große Teile des Bürgerlichen Gesetzbuchs deuten." mit Verweis auf *Preis*, Vertragsgestaltung (1993), S. 216ff.; *Limbach*, JuS 1985, 10; *Hönn*, Vertragsparität (1982), S. 9ff., 92ff. Vgl. auch BVerfG NJW 2007, 286, 288 (Arbeit auf Abruf). Vgl. aus der Kommentarliteratur auch Maunz/Dürig/*Di Fabio*, GG (81. EL. 2018), Art. 2 Abs. 1 Rn. 107ff. Hervorhebungen durch den Verfasser.

[89] BVerfGE 81, 242, 254f. = NJW 1990, 1469, 1470 (Handelsvertreter). Hervorhebungen durch den Verfasser.

Wann die Schwelle überschritten ist, bei der sich die Gefährdungslage zu einer Schutzpflicht des Staates verdichtet, lässt sich nach Auffassung des Gerichts nur *typisierend* erfassen.[90] Im vorliegenden Fall hatte der Gesetzgeber – insoweit vom BVerfG bestätigt – den Erlass entsprechender Schutzvorschriften im HGB vor allem auf die *wirtschaftliche Unterlegenheit* und *Abhängigkeit* sowie die Problematik der *„allgemeinen schwächeren Stellung* der Handelsvertreter"[91] gestützt, die in wesentlichen Punkten des Vertragsverhältnisses erheblich benachteiligt werden, so dass sich der Grundsatz der Vertragsfreiheit vielfach zu ihrem Nachteil auswirkt.[92]

Damit war zunächst das Kriterium der *strukturellen Unterlegenheit* – hier in Form der „soziale[n] und wirtschaftliche[n] Ungleichgewichtslagen"[93] – als Indiz für eine die tatsächliche Selbstbestimmung der schwächeren Partei beeinträchtigende Gefährdungslage herausgearbeitet.[94] Anerkennung tatsächlicher, *materieller Vertragsfreiheit* als Voraussetzung und „zweite Dimension" grundgesetzlich geschützter *Selbstbestimmung*, Statuierung einer *staatlichen Schutzpflicht* und schließlich *Typisierung gestörter Vertragsparität* durch Anerkennung der Fallgruppe des *strukturellen Ungleichgewichts* als schutzpflichtauslösendes Kriterium: Mit seiner Handelsvertreterentscheidung leitete das BVerfG einen Paradigmenwechsel ein und stellte die Bemühungen von Gesetzgebung und Rechtsprechung um einen angemessenen Ausgleich von Vertragsfreiheit und -gerechtigkeit auf eine tragfähige verfassungsrechtliche Grundlage.[95]

2. *Bürgschaftsentscheidung*

Diesen Ansatz führte das BVerfG in seiner ersten und grundlegenden *Bürgschaftsentscheidung*[96] weiter und präzisierte dabei vor allem das Verhältnis von

---

[90] Ebenda.

[91] BT-Drucks. 1/3856, S. 11; BVerfGE 81, 242, 257 = NJW 1990, 1469, 1470 (Handelsvertreter). Hervorhebungen durch den Verfasser.

[92] BT-Drucks. 1/3856, S. 10f.; BVerfGE 81, 242, 256f. = NJW 1990, 1469, 1470 (Handelsvertreter).

[93] BVerfGE 81, 242, 255 = NJW 1990, 1469, 1470 (Handelsvertreter).

[94] Begrifflich spricht das BVerfG hier noch von einem *sozialen* und *wirtschaftlichen* Ungleichgewicht, doch ist der Sache nach bereits die insbesondere in den wirtschaftlichen Verhältnissen begründete Situation „strukturell ungleicher Verhandlungsstärke" angesprochen, die das Gericht in der nachfolgenden ersten Bürgschaftsentscheidung begrifflich weiter ausformt. Vgl. BVerfGE 89, 214, 234 = NJW 1994, 36, 39 (Bürgschaft I).

[95] Vgl. zur Rezeption im Schrifttum Maunz/Dürig/*Di Fabio*, GG (81. EL. 2018), Art. 2 Abs. 1 Rn. 108ff. mwN. sowie *Medicus*, AcP 192 (1992), 35; *Hillgruber*, AcP 191 (1991), 69; *Schmidt*, DRiZ 1991, 81; *Sachs*, JuS 1990, 930; *Wiedemann*, JZ 1990, 695.

[96] BVerfGE 89, 214 = NJW 1994, 36 (Bürgschaft I). In den nachfolgenden Entscheidungen BVerfG NJW 1996, 2021 (Bürgschaft III) und BVerfG NJW 1994, 2749 (Bürgschaft II) wendete das BVerfG die in der ersten Bürgschaftsentscheidung entwickelten Grundsätze auf weitere Fallkonstellationen an und präzisierte sie. Vgl. hierzu näher unten S. 422f.

formaler und *materieller* Vertragsfreiheit durch das Kriterium der *ungewöhnlich belastenden Folgen*[97] als maßgeblicher Schwelle für staatliches Einschreiten. Formale und materielle Vertragsfreiheit stehen danach in einem *Regel-Ausnahme-Verhältnis* zueinander, das sich freilich nicht aus der grundsätzlichen Überlegenheit eines formalen Freiheitsverständnisses, sondern lediglich aus der eher auf einer pragmatischen Ebene zu verortenden Rücksicht auf das Anliegen der *Rechtssicherheit* ergibt.[98] Die nachträgliche materielle Korrektur eines formal gültig geschlossenen Vertrages kommt dabei nicht bereits bei jeder Beeinträchtigung der Selbstbestimmung, sondern lediglich in typisierbaren Fallgestaltungen struktureller Unterlegenheit in Betracht, die zu ungewöhnlich belastenden Folgen für den schwächeren Vertragspartner führen:

„Allerdings kann die Rechtsordnung *nicht für alle Situationen* Vorsorge treffen, in denen das Verhandlungsgleichgewicht mehr oder weniger beeinträchtigt ist. Schon aus Gründen der *Rechtssicherheit* darf ein Vertrag nicht bei jeder Störung des Verhandlungsgleichgewichts nachträglich in Frage gestellt oder korrigiert werden. Handelt es sich jedoch um eine typisierbare Fallgestaltung, die eine *strukturelle Unterlegenheit* des einen Vertragsteils erkennen läßt, und sind die Folgen des Vertrages für den unterlegenen Vertragsteil *ungewöhnlich belastend,* so muß die Zivilrechtsordnung darauf *reagieren* und *Korrekturen ermöglichen.* Das folgt aus der grundrechtlichen Gewährleistung der *Privatautonomie* (Art. 2 Abs. 1 GG) und dem *Sozialstaatsprinzip* (Art. 20 Abs. 1, Art. 28 Abs. 1 GG)."[99]

Mit dem Verweis auf die Grundsätze der *Privatautonomie* (Art. 2 Abs. 1 GG) *und* des *Sozialstaatsprinzips* (Art. 20 Abs. 1, Art. 28 Abs. 1 GG) zog das Gericht dabei zur Rechtfertigung staatlicher Eingriffe in die formale Vertragsfreiheit sowohl die *Vertragsfreiheit* selbst – in ihrer materiellen Dimension – als auch den Grundsatz der *Vertragsgerechtigkeit* heran, der im Sozialstaatsprinzip auf der Ebene der Verfassung normativ Gestalt angenommen hat. Die Inanspruchnahme beider – *prima facie* unter Umständen sogar gegensätzlicher – Prinzipien ist dabei keineswegs willkürlich. Sie ist die notwendige Konsequenz aus der inneren Verknüpfung, die das BVerfG zwischen *Vertragsfreiheit* und *-gerechtigkeit* sieht: Vertragsgerechtigkeit setzt im Bereich des Zivilrechts Vertragsfreiheit im Sinne *tatsächlicher* Selbstbestimmung voraus.[100]

---

[97] BVerfGE 89, 214, 232, 234 = NJW 1994, 36, 38 f. (Bürgschaft I).

[98] So hatte das BVerfG den Ausnahmecharakter der materiellen Vertragskorrektur mit ausdrücklichem Verweis auf Belange der Rechtssicherheit begründet. BVerfGE 89, 214, 232 = NJW 1994, 36, 38 (Bürgschaft I): „Schon aus Gründen der *Rechtssicherheit* darf ein Vertrag *nicht bei jeder Störung des Verhandlungsgleichgewichts* nachträglich in Frage gestellt oder korrigiert werden." Hervorhebungen durch den Verfasser.

[99] BVerfGE 89, 214, 232 = NJW 1994, 36, 38 (Bürgschaft I).

[100] BVerfG NJW 2011, 1339, 1340 (Preisanpassungsklausel); BVerfG NJW 2007, 286, 287 (Arbeit auf Abruf); BVerfG VersR 2006, 961, 962 (Unfallversicherungsprämie); BVerfGE 114, 73, 89 = NJW 2005, 2376, 2377 f. (Überschussbeteiligung); BVerfGE 114, 1, 34 = NJW 2005, 2363, 2365 (Bestandsübertragung); BVerfGE 103, 89, 100 = NJW 2001, 957, 958 (Unterhalts-

Der sachgerechte *Interessenausgleich* ergibt sich aus dem übereinstimmenden *Willen* der Vertragspartner.[101] Dies gilt indes „nur im Falle eines annähernd ausgewogenen Kräfteverhältnisses der Partner“[102]. Ist dies nicht gewährleistet, so droht die einseitige *Fremdbestimmung* des *schwächeren Vertragspartners*[103] und die Geltung des *Rechts des Stärkeren*[104], die in einseitig benachteiligenden und damit ungerechten Vertragsbestimmungen zum Ausdruck kommt.

Mangelnde *Vertragsfreiheit* führt damit nach Auffassung des Gerichts, das insoweit implizit *Schmidt-Rimplers* Lehre von der *Richtigkeit des Vertragsmechanismus* folgt[105], zu einer Gefährdung der *Vertragsgerechtigkeit*, weil letztlich das Korrektiv des eigenverantwortlich handelnden anderen Vertragspartners als Vertreter seiner eigenen berechtigten Interessen fehlt. Aufgrund dieser engen Verknüpfung von – materieller und damit tatsächlicher – Vertragsfreiheit und Vertragsgerechtigkeit kommt nicht nur Defiziten der Vertragsfreiheit – etwa durch bestehende Machtungleichgewichte – eine *Indizwirkung* für die Vertragsgerechtigkeit beeinträchtigende vertragliche Vereinbarungen zu. Vielmehr ist die Beeinträchtigung der Vertragsgerechtigkeit regelmäßig ein sicheres Indiz für mangelnde Vertragsfreiheit im Zeitpunkt des Abschlusses des Vertrages.

Enthält ein Vertrag Bestimmungen, die eine Seite – etwa durch Übernahme *erheblicher Risiken* ohne *eigenes wirtschaftliches Interesse* – *außergewöhnlich hoch* belasten, ihr in weitem Umfang die nach dem *dispositiven Recht* üblicherweise bestehenden Rechte entziehen und sie auf diese Weise *benachteiligen*, während

verzicht I); BVerfGE 89, 214, 231 ff. = NJW 1994, 36, 38 (Bürgschaft I); BVerfGE 81, 242, 255 = NJW 1990, 1469, 1470 (Handelsvertreter). Vgl. hierzu oben S. 375 f.

[101] Vgl. oben S. 376 f. mwN.

[102] BVerfGE 89, 214, 233 = NJW 1994, 38 (Bürgschaft I).

[103] So bereits grundlegend BVerfGE 81, 242, 254 f. = NJW 1990, 1469, 1470 (Handelsvertreter): „Hat einer der Vertragsteile ein so starkes Übergewicht, daß er vertragliche Regelungen *faktisch einseitig* setzen kann, bewirkt dies für den anderen Vertragsteil *Fremdbestimmung*.“ Ebenso BVerfG NJW 2011, 1339, 1340 (Preisanpassungsklausel); BVerfG VersR 2006, 961, 962 (Unfallversicherungsprämie); BVerfGE 114, 73, 90 = NJW 2005, 2376, 2378 (Überschussbeteiligung); BVerfGE 114, 1, 34 = NJW 2005, 2363, 2366 (Bestandsübertragung); BVerfGE 103, 89, 100 = NJW 2001, 957, 958 (Unterhaltsverzicht I): „Ist jedoch auf Grund einer *besonders einseitigen Aufbürdung* von vertraglichen Lasten und einer *erheblich ungleichen Verhandlungsposition* der Vertragspartner ersichtlich, dass in einem Vertragsverhältnis ein Partner ein solches *Gewicht* hat, dass er den *Vertragsinhalt faktisch einseitig bestimmen* kann, ist es *Aufgabe des Rechts*, auf die *Wahrung der Grundrechtspositionen* beider Vertragspartner hinzuwirken, um zu verhindern, dass sich für einen Vertragsteil die *Selbstbestimmung* in eine *Fremdbestimmung* verkehrt.“; BVerfG NJW 1994, 2749, 2750 (Bürgschaft II); BVerfG NJW 1996, 2021, 2021 (Bürgschaft III); BVerfGE 89, 214, 232, 234 = NJW 1994, 36, 38 f. (Bürgschaft I). Hervorhebungen durch den Verfasser.

[104] So ausdrücklich BVerfG NJW 1994, 2749, 2750 (Bürgschaft II); BVerfG NJW 1996, 2021, 2021 (Bürgschaft III); BVerfGE 89, 214, 232 = NJW 1994, 36, 38 (Bürgschaft I): „Da alle Beteiligten des Zivilrechtsverkehrs den Schutz des Art. 2 I GG genießen und sich gleichermaßen auf die grundrechtliche Gewährleistung ihrer *Privatautonomie* berufen können, darf nicht nur das *Recht des Stärkeren* gelten.“ Hervorhebungen durch den Verfasser.

[105] Vgl. hierzu bereits oben S. 410 f. mwN.

dem anderen Vertragspartner *erhebliche Vorteile* aus dem Vertrag zufließen, so ist nach Auffassung des Gerichts äußerst zweifelhaft, dass eine solche Vereinbarung dem tatsächlichen Willen der benachteiligten Partei entspricht und somit Ausdruck selbstbestimmten Handelns ist.[106] Dies nicht zuletzt deshalb, weil der Vertrag damit seine Funktion als Instrument des angemessenen Interessenausgleichs verfehlt: Denn ein derart einseitig benachteiligender Vertrag behindert die schwächere Partei nicht nur in der mit ihm eigentlich bezweckten Wahrnehmung ihrer Interessen mit dem Ziel der Persönlichkeitsentfaltung, sondern ist regelmäßig geradezu *interessenwidrig*. Insoweit geht das BVerfG in dem von ihm zu entscheidenden Fall sogar davon aus, dass sich „bei dieser Sachlage ... die Frage nach den Voraussetzungen und Gründen des Vertragsschlusses geradezu aufdrängen“[107] musste:

„Die Bf. zu 1 übernahm darin ein *außerordentlich hohes Risiko*, ohne an dem gesicherten Kredit ein *eigenes wirtschaftliches Interesse* zu haben. Unter *Verzicht* auf nahezu alle *abdingbaren Schutzvorschriften des BGB* verbürgte sie sich selbstschuldnerisch für das Unternehmerrisiko ihres Vaters in einem Umfang, der ihre wirtschaftlichen Verhältnisse *weit überstieg*. Es war *von vornherein abzusehen* und für das Kreditinstitut auch *leicht feststellbar*, daß die Bf. im Haftungsfall voraussichtlich bis an ihr Lebensende nicht in der Lage sein würde, sich aus eigener Kraft von der übernommenen Schuldenlast zu befreien. Bei dieser Sachlage mußte sich die Frage nach den Voraussetzungen und Gründen des Vertragsschlusses geradezu aufdrängen, zumal sich der Parteivortrag hierauf konzentrierte ... Die Frage, ob und inwieweit beide Vertragspartner über den Abschluß und den Inhalt des Vertrages *tatsächlich frei entscheiden konnten*, stellte sich der BGH nicht. Darin liegt eine Verkennung der grundrechtlich gewährleisteten Privatautonomie.“[108]

Stand in der *Handelsvertreterentscheidung* die Fallgruppe der *wirtschaftlichen Unterlegenheit* und *Abhängigkeit* als Anwendungsfall des *strukturellen Ungleichgewichts* im Mittelpunkt, so beruhte die Vertragsimparität in der Bürgschaftsentscheidung vor allem auf der *geschäftlichen Unerfahrenheit* der betroffenen Partei, die von einem intellektuell weit überlegenen Kreditinstitut zum eigenen Vorteil ausgenutzt worden war. Damit erkannte das Gericht neben den

[106] Deutlich insoweit BVerfG NJW 1994, 2749, 2750 (Bürgschaft II): „Das *Haftungsrisiko*, das die Bf. mit den Bürgschaftsverträgen übernahmen, war in Anbetracht ihrer wirtschaftlichen Verhältnisse *außergewöhnlich hoch*. Ihr *Einkommen* im Zeitpunkt des Vertragsschlusses *reichte bei weitem nicht* einmal aus, um auch nur die auf den Kredit anfallenden Zinsen, für die sie über die Bürgschaftssumme hinaus haften, abzudecken. Nach ihrer *Ausbildung*, ihrem bisherigen beruflichen *Werdegang* und den voraussehbaren Möglichkeiten ihrer weiteren *beruflichen Entwicklung* war absehbar, daß sie im Fall der Inanspruchnahme aus der Bürgschaftsverpflichtung *bis an ihr Lebensende* nicht in der Lage sein würden, sich *aus eigener Kraft* von der übernommenen Schuldenlast zu befreien. Bei dieser Sachlage mußte sich den Gerichten die Frage nach den *Voraussetzungen und Gründen des Vertragsschlusses* aufdrängen.“ BVerfGE 89, 214, 231 = NJW 1994, 36, 38 (Bürgschaft I). Hervorhebungen durch den Verfasser.

[107] BVerfGE 89, 214, 231 = NJW 1994, 36, 38 (Bürgschaft I).

[108] BVerfGE 89, 214, 230f. = NJW 1994, 36, 38 (Bürgschaft I). Hervorhebungen durch den Verfasser.

jeweiligen *wirtschaftlichen Verhältnissen* auch die *persönlichen Eigenschaften* der Parteien, wie etwa die *intellektuellen Fähigkeiten*, die *Ausbildung* sowie das *Alter* als für die Bestimmung einer schutzpflichtauslösenden Vertragsimparität relevante Gesichtspunkte an[109]:

„Bedeutung und Ausmaß dieses Risikos hätten selbst *geschäftlich erfahrene* Personen kaum abschätzen können; für die erst 21jährige Bf. zu 1, die über *keine qualifizierte Berufsausbildung* verfügte, waren sie praktisch *undurchschaubar.* Bei so *ausgeprägter Unterlegenheit* eines Vertragspartners kommt es entscheidend darauf an, auf *welche Weise* der Vertrag zustandegekommen ist und wie sich insbesondere der *überlegene Vertragspartner verhalten* hat. Dennoch verneint der BGH jegliche Aufklärungs- und Hinweispflicht des Kreditinstituts. ... Sogar das Drängen des Bankangestellten mit dem Zusatz ‚Sie gehen keine große Verpflichtung ein', hält der BGH für unerheblich .... Das wird der Problematik des Ausgangsfalls nicht gerecht und verfehlt die grundrechtliche Gewährleistung der Privatautonomie so prinzipiell, daß die Entscheidung keinen Bestand haben kann."[110]

Hat sich die *Gefährdung der materiellen Vertragsfreiheit* zu einer *Schutzpflicht*[111] verdichtet, steht dem Staat im Hinblick möglicher Handlungsoptionen jedoch ein *weiter Ermessensspielraum*[112] zu Verfügung:

„Ist aber der Inhalt des Vertrages für eine Seite *ungewöhnlich belastend* und als Interessenausgleich *offensichtlich unangemessen*, so dürfen sich die Gerichte nicht mit der Feststellung begnügen: ‚Vertrag ist Vertrag'. Sie müssen vielmehr klären, ob die Regelung eine Folge *strukturell ungleicher Verhandlungsstärke* ist, und gegebenenfalls im Rahmen der Generalklauseln des geltenden Zivilrechts korrigierend eingreifen. Wie sie dabei zu verfahren haben und zu welchem Ergebnis sie gelangen müssen, ist in erster Linie eine Frage des einfachen Rechts, dem die Verfassung einen *weiten Spielraum* läßt. Ein Verstoß gegen die grundrechtliche Gewährleistung der Privatautonomie kommt aber dann in Betracht, wenn das Problem gestörter Vertragsparität *gar nicht gesehen* oder seine Lösung mit *untauglichen Mitteln* versucht wird."[113]

---

109 Ebenso *Leuschner*, JZ 2010, 875, 881 sowie *Leuschner*, AcP 207 (2007), 491, 511, der von einer „persönlich bedingten Unterlegenheit" ausgeht und die Ursache hierfür bei der *Handelsvertreterentscheidung* zutreffend in einer *wirtschaftlichen Abhängigkeit,* in der ersten *Bürgschaftsentscheidung* in einer Mischung aus „intellektuellen (geringes Alter und Bildungsniveau) und emotionalen (Verwandtschaft mit dem Hauptschuldner) Momenten" sieht. A. A. dagegen *Miethaner*, AGB-Kontrolle (2010), S. 38, der hier in den beiden Entscheidungen eine situative Anknüpfung der Ungleichgewichtslage aufgrund einer „typisierbaren, situativen Beeinträchtigung der Entscheidungsfreiheit" erblickt.

110 BVerfGE 89, 214, 235 = NJW 1994, 36, 39 (Bürgschaft I). Hervorhebungen durch den Verfasser.

111 Hierzu eingehend unten S. 374 ff. sowie Maunz/Dürig/*Di Fabio,* GG (81. EL. 2018), Art. 2 Abs. 1 Rn. 107 ff., 110 ff.; *Miethaner*, AGB-Kontrolle (2010), S. 23 ff.; *Cornils*, Ausgestaltung (2005), S. 176 ff.; *Ruffert*, Vorrang (2001), S. 141 ff., 326 ff., 335 ff.; *Canaris*, AcP 200 (2000), 273.

112 Zur *Ausgestaltungsprärogative* und zur *Grundrechtsbindung* des Gesetzgebers vgl. eingehend oben S. 369 ff. mwN.

113 BVerfGE 89, 214, 234 = NJW 1994, 36, 39 (Bürgschaft I). Hervorhebungen durch den Verfasser.

Zugleich präzisierte das Gericht den *dogmatischen Rahmen* der von ihm vorgenommenen Berücksichtigung der tatsächlichen Voraussetzungen rechtsgeschäftlicher Entscheidungsfreiheit und legte mit dem Bekenntnis zu einer *materialen Ethik sozialer Verantwortung* eine verfassungsdogmatisch fundierte Begründung für die Abkehr der Rechtsprechung und des Schrifttums vom ursprünglichen streng formalen Verständnis des BGB vor:

„Die Schöpfer des Bürgerlichen Gesetzbuchs gingen zwar, auch wenn sie verschiedene Schutznormen für den im Rechtsverkehr Schwächeren geschaffen haben, von einem Modell *formal gleicher Teilnehmer* am Privatrechtsverkehr aus, aber schon das *Reichsgericht* hat diese Betrachtungsweise aufgegeben und ‚in eine *materiale Ethik sozialer Verantwortung* zurückverwandelt'. Heute besteht weitgehende Einigkeit darüber, daß die *Vertragsfreiheit* nur im Falle eines annähernd *ausgewogenen Kräfteverhältnisses* der Partner als Mittel eines angemessenen Interessenausgleichs taugt und daß der Ausgleich gestörter Vertragsparität zu den Hauptaufgaben des geltenden Zivilrechts gehört ... Im Sinne dieser Aufgabe lassen sich große Teile des Bürgerlichen Gesetzbuchs deuten ....“[114]

Präzisierung der Beziehung von *formaler* und *materieller* Vertragsfreiheit im Sinne eines Regel-Ausnahme-Verhältnisses und Entwicklung konkreter *Kriterien* für das Auslösen einer staatlichen *Schutzpflicht*, *Begründung* der richterlichen Inhaltskontrolle durch Rückgriff auf die Grundsätze (materieller) *Vertragsfreiheit* und *Vertragsgerechtigkeit*, Bekräftigung der *inneren Verknüpfung* von Vertragsfreiheit und Vertragsgerechtigkeit und Anerkennung ihrer *gegenseitigen Indizwirkung*, Berücksichtigung *persönlicher Eigenschaften* der Parteien wie der *geschäftlichen Unerfahrenheit* als relevante Kriterien für die Bestimmung der Vertragsimparität sowie schließlich die fundierte Begründung einer *materiellen Korrektur* des bis dahin verbreiteten streng formalen Freiheitsverständnisses: Die *Bürgschaftsentscheidung* bildete einen entscheidenden Meilenstein auf dem Weg zu einer umfassenden verfassungsdogmatischen Begründung richterlicher Inhaltskontrolle.

In mehreren *Folgeentscheidungen* hat das BVerfG die in seiner Bürgschaftsentscheidung entwickelten Grundsätze auf weitere Fallgruppen angewendet und präzisiert.[115] So bestätigte es in einer Entscheidung aus dem Jahre 1994[116] die be-

[114] BVerfGE 89, 214, 233 = NJW 1994, 36, 38f. (Bürgschaft I). Hervorhebungen durch den Verfasser.

[115] BVerfG NJW 1996, 2021 (Bürgschaft III); BVerfG NJW 1994, 2749 (Bürgschaft II). In erstgenannter Entscheidung verneinte das Gericht – bemerkenswerterweise, gerade mit Verweis auf das enge *persönliche Näheverhältnis* zwischen Hauptschuldner und Bürgin – eine korrekturbedürftige Beeinträchtigung der rechtsgeschäftlichen Entscheidungsfreiheit. Denn als *Ehefrau* des Hauptschuldners, die zudem über ein *eigenes Einkommen* verfügte und *nicht gänzlich geschäftlich unerfahren* war, hatte sie ein *unmittelbares Interesse* an der Verlängerung des Kredites. Da beide Ehepartner gemeinsam Zinsen und Tilgung des Darlehens *mühelos bedienen* konnten und sich darüber hinaus aus den *Begleitumständen des Vertragsschlusses* kein Hinweis auf *unzulässigen Druck* seitens des Hauptschuldners ergab, war nach Auffassung des Gerichts eine richterliche Korrektur des Vertrages nicht erforderlich. BVerfG NJW 1996, 2021, 2021.

reits für die Fallgruppe der *geschäftlichen Unerfahrenheit* entwickelten Kriterien des geringen *Lebensalters*, fehlender qualifizierter *beruflicher Vorbildung*, geringer *Lebenserfahrung* sowie unzureichender „Gewandtheit und Erfahrung in Geldgeschäften“[117] und ergänzte sie durch das Kriterium des *engen persönlichen Näheverhältnisses* sowie der *mangelnden Überlegung*.[118]

Im zu entscheidenden Fall hatte das Gericht angenommen, dass sich die Beschwerdeführerin „als Tochter der Hauptschuldner aufgrund ihrer *familiären Bindung* gedrängt fühlen [konnte], ein nach ihren wirtschaftlichen Verhältnissen unvertretbar hohes Haftungsrisiko zu übernehmen, um ihren Eltern die Kreditaufnahme zu ermöglichen ...“[119]. Auch ihr Verlobter und späterer Ehemann „konnte aufgrund seiner engen Beziehung zur Bf. zu 1 mittelbar ebenfalls von diesem familiären Druck betroffen sein.“[120] Darüber hinaus war für das Gericht auch die Tatsache, dass die Beschwerdeführer die Bürgschaftsformulare „ohne weitere Verhandlung oder auch nur Rückfragen unterschrieben und an den Bauträger zur Weiterleitung an die Kl. zurückgaben“[121] ein Indiz dafür, dass sich diese „dem Bürgschaftsverlangen *ohne hinreichende Überlegung* unterworfen hatten.“[122]

Persönliche Eigenschaften und *individuelle intellektuelle Fähigkeiten* (z.B. Lebensalter, Ausbildung, Lebenserfahrung und geschäftliche Gewandtheit), das Bestehen eines engen *persönlichen Näheverhältnisses* (z.B. durch Abstammung, Verlöbnis oder Heirat) sowie das *Fehlen hinreichender Überlegung* sind für das Gericht insoweit deutliche Indizien für eine Vertragsunterlegenheit, die freilich für sich allein genommen noch keine materielle Korrektur des Vertrages zu begründen vermögen, die Instanzgerichte jedoch zu einer besonderen Inhaltskontrolle verpflichten.[123] Dabei ist von den Gerichten insbesondere zu prüfen, ob die jeweils schwächeren Vertragspartner „aufgrund *beeinträchtigter Entscheidungsfreiheit* eine Verpflichtung eingegangen sind, die unter Berücksichtigung der Interessenlagen aufseiten beider Vertragspartner ... als offensichtlich unangemessen zu beurteilen ist“[124].

3. *Unterhaltsverzichtsvertrag*

Mit der *Bürgschafts- und Handelsvertreterentscheidung* war die verfassungsdogmatische Gewährleistung materieller Vertragsfreiheit durch die Judikatur des

---

116 BVerfG NJW 1994, 2749, 2750 (Bürgschaft II).
117 Ebenda.
118 Ebenda.
119 Ebenda.
120 Ebenda.
121 Ebenda.
122 Ebenda. Hervorhebungen durch den Verfasser.
123 Ebenda.
124 Ebenda.

BVerfG in ihren Grundzügen im Wesentlichen ausgebildet. In seinen folgenden Entscheidungen hat das Gericht diese Grundsätze dogmatisch präzisiert, zusammengefasst und durch Fallgruppenbildung weiterentwickelt. So fasst es in seiner Entscheidung zum *Unterhaltsverzichtsvertrag*[125] aus dem Jahr 2001 die bislang entwickelten Grundlinien seiner Rechtsprechung zusammen:

„Die durch Art. 2 Abs. 1 GG gewährleistete *Privatautonomie* setzt voraus, dass die *Bedingungen der Selbstbestimmung* des Einzelnen auch *tatsächlich* gegeben sind … Maßgebliches Instrument zur Verwirklichung freien und eigenverantwortlichen Handelns in Beziehung zu anderen ist der *Vertrag*, mit dem die Vertragspartner *selbst bestimmen*, wie ihre individuellen Interessen zueinander in einen *angemessenen Ausgleich* gebracht werden. Wechselseitige Bindung und Freiheitsausübung finden so ihre Konkretisierung. Der zum Ausdruck gebrachte *übereinstimmende Wille* der Vertragsparteien lässt deshalb *in der Regel* auf einen durch den Vertrag hergestellten *sachgerechten Interessenausgleich* schließen, den der Staat *grundsätzlich zu respektieren* hat … Ist jedoch auf Grund einer besonders *einseitigen Aufbürdung* von vertraglichen Lasten und einer *erheblich ungleichen Verhandlungsposition* der Vertragspartner ersichtlich, dass in einem Vertragsverhältnis ein Partner ein solches Gewicht hat, dass er den Vertragsinhalt *faktisch einseitig bestimmen* kann, ist es Aufgabe des Rechts, auf die Wahrung der Grundrechtspositionen beider Vertragspartner hinzuwirken, um zu verhindern, dass sich für einen Vertragsteil die *Selbstbestimmung* in eine *Fremdbestimmung* verkehrt …“.[126]

Im Hinblick auf mögliche Indizien für eine korrekturbedürftige Störung der Vertragsparität zum Schutz vor Übervorteilung des schwächeren Vertragsteils hat das Gericht hier auf die besonderen *persönlichen Lebensumstände*, wie etwa die *Schwangerschaft*, die *Rechtsstellung* als ledige Mutter und die *bevorstehende Eheschließung*, abgestellt und im konkreten Fall eine besondere Schutzpflicht des Staates bejaht.[127] In diesem Fall, so das BVerfG, „obliegt es vornehmlich den Gerichten, bei der Inhaltskontrolle den verfassungsrechtlichen *Schutzauftrag* umzusetzen und der Schwangeren *Schutz vor Druck* und *Bedrängung* aus ihrem *sozialen Umfeld* oder seitens des Kindesvaters zu gewähren … insbesondere wenn sie dadurch zu Vertragsvereinbarungen gedrängt wird, die ihren *Interessen massiv zuwiderlaufen*.“[128] In einer Folgeentscheidung aus dem gleichen Jahr[129], die

---

125 BVerfGE 103, 89 = NJW 2001, 957 (Unterhaltsverzicht I). Vgl. hierzu die Besprechungen von *Hohmann-Dennhardt*, KritV 2005, 197; *Münch*, KritV 2005, 208; *Koch*, 2004, 147; *Koppenfels-Spies*, JR 2003, 221; *Dauner-Lieb*, FF 2002, 151; *Bergschneider*, FamRZ 2001, 1337; *Büttner*, FF 2001, 65; *Dauner-Lieb*, AcP 201 (2001), 295; *Rauscher*, DNotZ 2001, 751; *Röthel*, NJW 2001, 1334; *Schubert*, FamRZ 2001, 733; *Schwab*, FamRZ 2001, 349. Vgl. hierzu aus dem jüngeren Schrifttum *Hoppenz*, FamRZ 2011, 1697; *Langenfeld*, NJW 2011, 966; *Reinecke*, ZFE 2009, 168. Vgl. ebenfalls die nachfolgende Entscheidung BVerfG NJW 2001, 2248 (Unterhaltsverzicht II).

126 BVerfGE 103, 89, 100, 100 f. = NJW 2001, 957, 958. Hervorhebungen durch den Verfasser.

127 BVerfGE 103, 89, 100, 100 ff. = NJW 2001, 957, 958 ff.

128 BVerfGE 103, 89, 100, 102 = NJW 2001, 957, 958. Hervorhebungen durch den Verfasser.

129 BVerfG NJW 2001, 2248, 2248 (Unterhaltsverzicht II).

ebenfalls einen *Unterhaltsverzicht* durch Ehevertrag einer zum Zeitpunkt des Vertragsschlusses schwangeren Frau zum Gegenstand hatte, machte das Gericht darüber hinaus deutlich, dass die Freiheit der Lebensplanung des Ehemanns, die in der Ausübung der Vertragsfreiheit zu seinen Gunsten zum Ausdruck kam, „nicht die Freiheit zu einer unangemessenen einseitigen vertraglichen Interessendurchsetzung eröffnet."[130] Damit greift es bereits jene *immanente Begrenzung* der Vertragsfreiheit auf, die bereits der BGH in seiner Rechtsprechung zur Inhaltskontrolle von AGB und insbesondere zum Missbrauch der Vertragsfreiheit herausgearbeitet hat: Die Pflicht des AGB-Verwenders, bei der Ausübung seiner Vertragsfreiheit nicht ausschließlich auf die Durchsetzung der eigenen Interessen bedacht zu sein, sondern vielmehr auch die Interessen seiner Vertragspartner angemessen zu berücksichtigen.[131]

In den folgenden Entscheidungen ging das Bundesverfassungsgericht diesen Weg konsequent weiter und nahm dabei insbesondere auch zur richterlichen Inhaltskontrolle von AGB nach §9 AGBG bzw. §307 BGB Stellung.

---

130 BVerfG NJW 2001, 2248, 2248 (Unterhaltsverzicht II).

131 Vgl. nur BGH NJW 1965, 246, 246: „Wer allgemeine Geschäftsbedingungen aufstellt, nimmt die *Vertragsfreiheit*, soweit sie die *Gestaltung des Vertragsinhalts* betrifft, für sich allein in Anspruch. Er ist daher nach *Treu und Glauben* verpflichtet, schon bei der *Abfassung* der allgemeinen Geschäftsbedingungen die *Interessen* seiner künftigen *Vertragspartner angemessen* zu *berücksichtigen*. Bringt er *nur seine eigenen Interessen* zur Geltung, so *mißbraucht* er die *Vertragsfreiheit*. Insoweit ist die Vertragsfreiheit durch §242 BGB eingeschränkt." Ebenso BGH VersR 2013, 197, 198 („Eine Klausel ist *unangemessen* iSv. §307 Abs. 1 Satz 1 BGB, wenn der Verwender die *Vertragsgestaltung einseitig für sich in Anspruch nimmt* und *eigene Interessen* missbräuchlich *auf Kosten des Vertragspartners* durchzusetzen versucht, ohne von vornherein die *Interessen seines Partners* hinreichend *zu berücksichtigen* und ihm einen *angemessenen Ausgleich* zuzugestehen.") sowie BGH NJW 2012, 2501, 2502; BGHZ 191, 150, 154 = NJW 2012, 222, 223; NJW 2010, 677, 677; BGHZ 181, 179, 183 = NJW 2009, 2881, 2882; BGHZ 162, 39, 46 = NJW 2005, 1183, 1184; BGHZ 95, 39, 51 = NJW 1985, 2253, 2256 („Trägt der Leasinggeber als Verwender von AGB bei ihrer Abfassung oder bei der formularmäßigen Gestaltung der von ihm verwendeten Verträge auch *den berechtigten Belangen* seiner *künftigen Vertragspartner Rechnung*, nutzt er die *Vertragsfreiheit* also *nicht ausschließlich* zu *eigenem Vorteil*, so kann auch eine in AGB oder in vorformulierten Verträgen enthaltene Verpflichtung zur Leistung einer Ausgleichszahlung der Inhaltskontrolle nach §9 AGBG standhalten und muß nicht dem Verdikt des §10 Nr. 7 AGBG unterfallen."); BGH NJW 1983, 159, 160; BGH NJW 1982, 987, 987; BGH NJW 1981, 1211, 1211; BGH WM 1979, 918, 919; BGH WM 1978, 723, 723; BGHZ 65, 364, 365f. = NJW 1976, 672, 672; BGHZ 63, 256, 358 = NJW 1975, 163, 164; BGHZ 60, 243, 245f. = WM 1973, 611, 612; BGH NJW 1971, 1034, 1035; BGHZ 54, 106, 109 = NJW 1970, 1596, 1597; BGHZ 51, 55, 5 = NJW 1969, 230, 230. Ähnlich BGHZ 49, 84, 89; BGH NJW 1967, 1225, 1226; BGHZ 22, 109, 113ff. = NJW 1956, 1915, 1917. Vgl. auch *Fuchs*, in: *Ulmer/Brandner/Hensen*, AGB-Recht (12. Aufl. 2016), Vorb. v. §307 Rn. 26; *Pfeiffer*, in: Wolf/Lindacher/Pfeiffer, AGB-Recht (6. Aufl. 2013), Einl. Rn. 12ff.; *Stoffels*, AGB-Recht (3. Aufl. 2015), Einl. Rn. 29, 84. Hervorhebungen durch den Verfasser.

4. Zahnarzthonorarentscheidung

So bestätigte es in seiner *Zahnarzthonorarentscheidung*[132] aus dem Jahr 2004 die verfassungsrechtliche Zulässigkeit der AGB-rechtlichen Inhaltskontrolle mit Verweis auf den Mangel an Verhandlungsmacht aufseiten des Verwendungsgegners:

„Auch die Statuierung einer *Inhaltskontrolle* für *Formularverträge* zum Schutz der anderen Vertragspartei gegenüber den Verwendern von Allgemeinen Geschäftsbedingungen ist *verfassungsrechtlich unbedenklich*. Sie ist nötig, weil Allgemeine Geschäftsbedingungen der anderen Partei *regelmäßig verwehren*, eine *abweichende Individualvereinbarung* zu treffen. Die Kontrolle der Allgemeinen Geschäftsbedingungen *kompensiert den Mangel an Verhandlungsmacht*."[133]

Zugleich verneinte es jedoch im vorliegenden Fall die Anwendbarkeit des AGB-Rechts mit der Begründung, dass die von Instanzgerichten vorausgesetzten *hohen Anforderungen* an eine *Individualvereinbarung* dem grundrechtlichen Schutz des vermeintlichen AGB-Verwenders nicht gerecht werden.[134] Insbesondere beanstandete das BVerfG, dass die Gebührensätze nach Auffassung des OLG dem jeweiligen Vertragspartner vom Zahnarzt letztlich in der Weise ernsthaft zur *Disposition* gestellt werden müssen, dass um sie *gefeilscht* wird, wobei dem Arzt dabei einseitig die Beweislast für den Vorgang des Aushandelns auferlegt wird.[135] Dies war im vorliegenden Fall für den betroffenen Arzt nur im Wege des Zeugenbeweises möglich, da der Vorgang des Feilschens nach § 2 Abs. 2 S. 1 GOZ nicht

---

[132] BVerfG NJW 2005, 1036 (Zahnarzthonorar). Vgl. hierzu die Besprechungen von *Leuschner*, JZ 2010, 875, 881; *Miethaner*, AGB-Kontrolle (2010), S. 21 f., 27 f., 36, 168 ff.; *Leuschner*, AcP 207 (2007), 491, 527 f.; Staudinger/*Schlosser*, BGB (2013), § 305 Rn. 36a a. E. sowie *v. Westphalen/Thüsing*, Vertragsrecht und AGB-Klauselwerke (2013) Stromlieferverträge Rn. 74.

[133] BVerfG NJW 2005, 1036, 1037 (Zahnarzthonorar). Hervorhebungen durch den Verfasser.

[134] Ebenda.

[135] BVerfG NJW 2005, 1036, 1037 f. (Zahnarzthonorar): „Stattdessen fordert das OLG für das Vorliegen einer *Individualabrede zusätzliche Indizien*, für die es in den maßgeblichen Regelungen *keine Stütze* gibt und die auch *verfassungsrechtlich nicht gerechtfertigt* werden können. Der Zahnarzt soll das Überschreiten der Gebührenordnung *ernsthaft zur Disposition stellen* und dem Vertragspartner eine *Gestaltungsmöglichkeit* zur Wahrung der eigenen Interessen mit der *realen Möglichkeit* einräumen, die *inhaltliche Ausgestaltung* der Vertragsbedingungen zu beeinflussen. Zudem legt das Gericht dem Arzt *einseitig die Beweislast* für den *Vorgang des Aushandelns* auf, obwohl es *keine Möglichkeit zu vertraglicher Fixierung* des Vorgangs gibt. Mit diesen Maßstäben ist das OLG dem Sachverhalt nicht in der Weise gerecht geworden, die Art. 12 I GG verlangt. … Dem Bf. … ist darin Recht zu geben, dass dann – anders formuliert – die Verwendung vorformulierter Schriftsätze … nur noch erlaubt ist, wenn um die jeweils zu veranschlagenden Gebührensätze *gefeilscht* wird. Dabei darf der *Vorgang des Feilschens* allerdings *nicht im Vertrag* selbst *schriftlich festgehalten* werden …. Der Vorgang des Aushandelns müsste *vor Zeugen* geschehen. Dies stellt eine *gravierende Einschränkung* des von der *Berufsausübungsfreiheit* umfassten Preisbestimmungsrechts dar, höhlt es faktisch aus. Es ist nicht mehr gewährleistet, dass dem Bf. überhaupt noch Raum für *individuelle Vereinbarungen* bleibt …." Hervorhebungen durch den Verfasser.

im Vertrag selbst schriftlich festgehalten werden durfte.[136] Diese Aussage des Gerichts ist vielfach dahingehend interpretiert worden, dass sie eine verallgemeinerungsfähige Kritik an den strengen Anforderungen des BGH[137] im Hinblick auf die Auslegung des Tatbestandsmerkmals des Aushandelns nach § 305 Abs. 1 S. 3 BGB enthalte, die eine Umorientierung erforderlich mache[138] oder sogar die ständige Rechtsprechung des BGH für verfassungswidrig erkläre.[139]

Ob eine derartige, über den Einzelfall weit hinausgehende Verallgemeinerung aufgrund der gebührenrechtlichen Besonderheiten des zu entscheidenden Falls möglich ist, bleibt indes zweifelhaft. Denn das BVerfG stützte die Annahme einer Verletzung des Art. 12 Abs. 1 GG vor allem auf die Erwägung, dass das OLG dem Arzt „einseitig die Beweislast für den Vorgang des Aushandelns … [auferlegt], obwohl es keine Möglichkeit zu vertraglicher Fixierung des Vorgangs gibt"[140] und der Vorgang des Feilschens selbst damit nicht im Vertrag schriftlich festgehalten werden kann.[141] Damit sei nicht mehr gewährleistet, dass dem Arzt überhaupt noch Raum für individuelle Vereinbarungen verbleibe.[142] Der Ausschluss des Urkundenbeweises für die Vornahme von Verhandlungen ist allerdings eine Besonderheit des zahnärztlichen Gebührenrechts und damit nicht ohne weiteres auf andere Sachverhalte übertragbar. Gewichtiger erscheint vor dem Hintergrund der strengen Rechtsprechung des BGH dagegen die Aussage des Gerichts, dass die Vereinbarung unterschiedlicher Faktoren als Berechnungsgrundlage für die zu leistenden Gebühren „immerhin [als] ein Indiz gegen allgemeine, also immer gültige Geschäftsbedingungen"[143] anzusehen sei. Allerdings ist auch der verallgemeinerungsfähige Gehalt dieser Feststellung begrenzt, ging es hier doch nicht um ein komplexes Regelwerk vertraglicher Bedingungen, sondern ausschließlich um die Höhe des zu entrichtenden Leistungsentgelts.

Aus diesem Grund vermag auch jene Ansicht nicht zu überzeugen, die meint, dass das Gericht mit seinem Bezug auf die den Patienten stets freistehende Mög-

---

[136] BVerfG NJW 2005, 1036, 1038 (Zahnarzthonorar).

[137] Vgl. hierzu *eingehend* BGHZ 184, 259, 260 ff. = NJW 2010, 1131, 1132 f. (Gebrauchtwagenkauf) sowie *Axer*, AGB-Kontrolle (2012), S. 162 ff.; *Becker*, AGB und Individualvereinbarung (2011), S. 5 ff., 131 ff.; *Ulmer/Habersack*, in: *Ulmer/Brandner/Hensen*, AGB-Recht (12. Aufl. 2016), § 305 Rn. 40 ff.; *Leuschner*, JZ 2010, 875, 875 ff.; *Miethaner*, AGB-Kontrolle (2010), S. 83 f., 106 ff. Vgl. ebenfalls die Besprechungen bei *Koch*, ZGS 2011, 62, 64 ff.; *Lehmann-Richter*, NZM 2011, 57; *Probst*, JR 2011, 213; *Schiffer/Weichel*, BB 2011, 1283, 1286 ff.; *v. Westphalen*, NJW 2011, 2098; *Artz*, ZGS 2010, 209; *Koch*, BB 2010, 1810, 1811 ff.; *Kaufhold*, ZIP 2010, 631; *Lorenz*, DAR 2010, 314, 314 ff.; *Pfeiffer*, LMK 2010, 304510; *v. Westphalen*, ZIP 2010, 1110.

[138] So ausdrücklich Staudinger/*Schlosser*, BGB (2013), § 305 Rn. 36a. Ähnlich auch *Miethaner*, AGB-Kontrolle (2010), S. 171. A. A. *v. Westphalen*, NJW 2009, 2977, 2981.

[139] So *Leuschner*, JZ 2010, 875, 881.

[140] BVerfG NJW 2005, 1036, 1037 (Zahnarzthonorar).

[141] BVerfG NJW 2005, 1036, 1038 (Zahnarzthonorar).

[142] BVerfG NJW 2005, 1036, 1038 (Zahnarzthonorar).

[143] BVerfG NJW 2005, 1036, 1038 (Zahnarzthonorar).

lichkeit, „die Leistung eines anderen Anbieters ‚einzukaufen', wenn ihnen der Preis zu hoch erscheint"[144], der vom BGH entwickelten Rechtfertigung der Inhaltskontrolle mit der einseitigen Inanspruchnahme von Vertragsgestaltungsfreiheit eine Absage erteilt habe und Patienten lediglich insoweit für schutzwürdig halte, als es um die Kompensation einer Informationsasymmetrie im Hinblick auf den erhöhten Preis gehe.[145] Dem steht bereits die Aussage des BVerfG in der genannten Entscheidung selbst entgegen, in der das Gericht deutlich macht, dass die AGB-Kontrolle gerade den „Mangel an Verhandlungsmacht"[146] des Vertragspartners des Verwenders kompensiert.[147] Darüber hinaus stand im Mittelpunkt des vorliegenden Falls die Vereinbarung von Gebühren, für die von den Patienten in der Tat ohne weiteres Vergleichswerte am Markt ermittelt werden können. Dies ist aufgrund des fehlenden Konditionenwettbewerbs und der unvertretbar hohen Transaktionskosten eines Konditionsvergleichs bei Vertragsbedingungen aber gerade nicht der Fall.[148] Darauf, dass die Vertragspartner von AGB-Verwendern im Fall eines Marktversagens besonders schutzbedürftig sind, weist das BVerfG mit Blick auf das System der gesetzlichen Krankenversicherung, das „Marktmechanismen weitgehend ausschaltet"[149], in der Entscheidung selbst hin.[150] Angesichts der Komplexität der BGH-Rechtsprechung auf der einen und der besonderen Fallgestaltung des verfassungsgerichtlichen Judikats auf der anderen Seite steht eine verlässliche verfassungsrechtliche Bewertung der ständigen Rechtsprechung des BGH im Hinblick auf die Lösung des Abgrenzungsproblems zwischen Individualvereinbarung und AGB damit nach wie vor aus.

5. *Überschussbeteiligung*

In seiner Entscheidung zur *Überschussbeteiligung*[151] bei kapitalbildenden Lebensversicherungen aus dem Jahr 2005 hat das BVerfG ebenfalls zum Problem des *strukturellen Verhandlungsungleichgewichts* bei Verwendung von AGB Stel-

---

[144] BVerfG NJW 2005, 1036, 1038 (Zahnarzthonorar).

[145] So *Leuschner*, JZ 2010, 875, 881.

[146] BVerfG NJW 2005, 1036, 1037 (Zahnarzthonorar).

[147] BVerfG NJW 2005, 1036, 1037 (Zahnarzthonorar).

[148] Vgl. zum fehlenden Konditionenwettbewerb nur MünchKomm/*Basedow*, BGB (7. Aufl. 2016), Vor § 305 Rn. 5 f.; Staudinger/*Wendland*, BGB (2019), § 307 Rn. 4; *Fastrich*, Inhaltskontrolle (1992), S. 80, 86; *Habersack*, Vertragsfreiheit und Drittinteressen (1992), S. 107; *Baudenbacher*, Grundprobleme (1983), S. 217; *Kötz*, Gutachten (1974), S. A 9, S. A 33 ff. sowie eingehend unten S. 542 ff.

[149] BVerfG NJW 2005, 1036, 1038 (Zahnarzthonorar).

[150] BVerfG NJW 2005, 1036, 1038 (Zahnarzthonorar).

[151] BVerfGE 114, 73 = NJW 2005, 2376 (Überschussbeteiligung). Vgl. hierzu die Besprechungen von *Miethaner*, AGB-Kontrolle (2010), S. 26 f.; 32, 45; *Leuschner*, AcP 207 (2007), 491, 509 ff., 528; *Mülbert/Leuschner*, ZHR 170 (2006), 615. Vgl. zu dieser Entscheidung auch *Abel/Winkens*, EWiR 2008, 389; *Armbrüster*, ZGR 2006, 683; *Brömmelmeyer*, WuB IV F § 2 ALB 1.06 (2006); *Bäuerle*, VuR 2005, 401; *Baumann*, RuS 2005, 401; *Knappmann*, NJW 2005, 2892; *Lensing*, VuR 2006, 249; *Löwe*, EWiR 2005, 703; *Schwintowski*, VuR 2005, 305; *Schröder*, VW

lung genommen. Im Mittelpunkt stand dabei die Frage, ob und in welchem Umfang der Staat im Rahmen einer ihm obliegenden Schutzpflicht verpflichtet ist, durch hinreichende versicherungsrechtliche Mindestanforderungen sicherzustellen, dass bei der Ermittlung eines bei Vertragsende an die Versicherungsnehmer auszukehrenden Schlussüberschusses die durch die Prämienzahlungen geschaffenen stillen Reserven angemessen berücksichtigt werden. Das BVerfG hat eine entsprechende Pflicht zu staatlichem Eingreifen mit Blick auf das zwischen den Parteien bestehende Ungleichgewicht und das damit verbundene Versagen des Vertragsmechanismus bejaht.[152] Dabei stützte das Gericht die Feststellung der Vertragsimparität bemerkenswerterweise nicht auf den Nachweis einer persönlichen oder wirtschaftlichen Unterlegenheit der Versicherungsnehmer, sondern vor allem allgemein auf ihre Stellung als AGB-Verwendungsgegner sowie auf die Tatsache, dass die „Vertragsbedingungen der Lebensversicherer ... auch heute praktisch nicht verhandelbar [sind]“[153]. Damit fehlten „den Versicherungsnehmern praktisch realisierbare Möglichkeiten, selbst und eigenständig auf Änderungen der Praxis zu ihren Gunsten hinzuwirken.“[154]

Die Ursache für die fehlende Verhandelbarkeit der AGB sah das Gericht dabei zum einen in einer bestehenden *Informationsasymmetrie* zwischen Versicherungsnehmer und Versicherung, zum anderen in einem durch fehlenden Konditionenwettbewerb bedingten *Marktversagen*. So wies es darauf hin, dass den Versicherungsnehmern die Einzelheiten der Überschussbildung nicht bekannt waren und sie „keine effektiven Möglichkeiten [hatten], entsprechende Informationen, etwa als Folge des Wettbewerbs der Versicherungsunternehmen untereinander, zu erhalten“[155] und so auf eine Berücksichtigung ihrer Interessen hinzuwirken.[156] Darüber hinaus stellte das Gericht fest, dass der „Wettbewerb um das Produkt ‚Lebensversicherung‘“[157] für die Versicherten nur in beschränkter Weise funktioniert, weil die Möglichkeiten zur Einflussnahme auf das Vertragsverhältnis nach Vertragsschluss begrenzt sind und insbesondere die Kündigung einer Lebensversicherung und der damit für die Betroffenen verbundenen er-

---

2005, 1226; *Weber-Rey/Ressos/Mönnich*, ZfV 2005, 494 sowie die Beiträge in *Albrecht/Bartels/Heiss (Hrsg.)*, Das Urteil des Bundesverfassungsgerichts vom 26. Juli 2005 (2006).

[152] BVerfGE 114, 73 = NJW 2005, 2376, 2377 (Überschussbeteiligung): „Die in Art. 2I und 14I GG enthaltenen objektiv-rechtlichen *Schutzaufträge* verpflichten den Gesetzgeber, *Vorkehrungen* dafür zu treffen, dass die Versicherten einer kapitalbildenden Lebensversicherung mit Überschussbeteiligung an den durch die Prämienzahlung geschaffenen *Vermögenswerten* bei der Ermittlung des Schlussüberschusses *angemessen beteiligt* werden. Dieser *Pflicht* ist der Gesetzgeber nicht in hinreichender Weise nachgekommen.“ Hervorhebungen durch den Verfasser.

[153] BVerfGE 114, 73, 95 = NJW 2005, 2376, 2379 (Überschussbeteiligung).

[154] Ebenda.

[155] Ebenda.

[156] Ebenda.

[157] Ebenda.

heblichen Nachteile keine wirtschaftlich sinnvolle Option darstellt.[158] Die Entscheidung des BVerfG ist vor dem Hintergrund eines Legitimationsmodells der Inhaltskontrolle von AGB in mehrfacher Hinsicht bemerkenswert. So lässt das Gericht mit seinem Verzicht auf die gesonderte Feststellung einer persönlichen oder wirtschaftlichen Unterlegenheit und den Verweis auf die fehlende Verhandelbarkeit der allgemeinen Versicherungsbedingungen die durch das Stellen von AGB bedingte *situative Unterlegenheit* des Verwendungsgegners für die Annahme einer die materielle Vertragsfreiheit der Versicherungsnehmer beeinträchtigenden Vertragsimparität genügen.[159] Mit dem Verweis auf bestehende *Informationsasymmetrien* und das durch fehlenden *Konditionenwettbewerb* bedingte *Marktversagen* greift es darüber hinaus die in der Literatur diskutierten Begründungsansätze auf[160] und integriert sie in das von ihm entwickelte verfassungsdogmatische Begründungsmodell der Inhaltskontrolle.

6. *Rückkaufswert*

Bereits ein Jahr später hat das BVerfG in seiner Entscheidung zum *Rückkaufswert*[161] noch einmal ergänzend zum Problem der Verhandlungsimparität bei kapitalbildenden Lebensversicherungen Stellung genommen und dabei die in seiner Entscheidung zur Überschussbeteiligung entfalteten Grundsätze weiterentwickelt. Im Mittelpunkt der Entscheidung stand dabei die Frage, ob der Staat im Rahmen eines objektiv-rechtlichen Schutzauftrages verpflichtet ist, Vorkehrungen dafür zu treffen, dass die Versicherungsnehmer einer kapitalbildenden Lebensversicherung erkennen können, in welcher Höhe Abschlusskosten mit der Prämie verrechnet werden dürfen und dass sie bei vorzeitiger Vertragsbeendigung eine Rückvergütung erhalten, die unter Berücksichtigung der Abschluss- und Verwaltungskosten sowie des Risikoanteils in einem angemessenen Verhältnis zu den gezahlten Versicherungsprämien steht.[162]

---

[158] Ebenda.

[159] Vgl. zur *situativen Unterlegenheit* eingehend unten 508ff. Vgl. auch unten S. 409ff., 440ff., 468ff., 568ff., 759ff., 779ff. mwN. Grundlegend *Fastrich*, Inhaltskontrolle (1992), S. 83ff., 91, 93; *Lieb*, AcP 178 (1978), 196, 201 und *Raiser*, Das Recht der AGB (1961), S. 21f. Vgl. auch *Ulmer/Habersack*, in: *Ulmer/Brandner/Hensen*, AGB-Recht (12. Aufl. 2016), Einl. Rn. 5, 48; *Fuchs*, in: *Ulmer/Brandner/Hensen*, AGB-Recht (12. Aufl. 2016), Vorb. v. § 307 Rn. 27; *Leuschner*, JZ 2010, 875, 879; *Hellwege*, AGB und Rechtsgeschäftslehre (2010), S. 554; *Pfeiffer*, in: Wolf/Lindacher/Pfeiffer, AGB-Recht (6. Aufl. 2013), Einl. Rn. 3; *Stoffels*, AGB-Recht (3. Aufl. 2015), Rn. 72ff., 83ff.; *Leuschner*, AcP 207 (2007), 491, 494ff.; Staudinger/*Wendland*, BGB (2019), § 307 Rn. 3; *Canaris*, AcP 200 (2000), 273, 312ff.; *Wackerbarth*, AcP 200 (2000), 45, 55f., 82f. Vgl. auch die Nachweise oben S. 293 Fn. 47.

[160] Vgl. hierzu näher unten S. 462ff., 517ff., 567ff. mwN.

[161] BVerfG NJW 2006, 1783 (Rückkaufswert). Vgl. hierzu die Besprechungen bei *Miethaner*, AGB-Kontrolle (2010), S. 27, 32ff.; *Leuschner*, AcP 207 (2007), 491, 510f., 513ff., 528. Vgl. auch *Armbrüster*, NJW 2012, 3001; *Engeländer*, VersR 2009, 1308; *Neumann/Schwebe*, ZIP 2007, 981; *Grote*, VersR 2006, 957; *Lensing*, VuR 2006, 249.

[162] BVerfG NJW 2006, 1783, 1783 (Rückkaufswert).

Im Kern ging es damit um die Frage, ob der Staat korrigierend eingreifen muss, um bestehende *Informationsasymmetrien* und *Äquivalenzstörungen* der Vertragspartner auszugleichen. Im vorliegenden Fall hatte das BVerfG beide Fragen bejaht: Zum einen treffe den Staat ein objektiv-rechtlicher Schutzauftrag, die für eine „autonome Entscheidung unabdingbare Transparenz"[163] herzustellen und den Parteien auf diese Weise „effektive Möglichkeiten zur Durchsetzung ihrer Interessen"[164] an die Hand zu geben.[165] Zum anderen müsse er sicherstellen, dass die Versicherungsnehmer bei einer vorzeitigen Beendigung des Lebensversicherungsverhältnisses eine Rückvergütung erhalten, die bei Berücksichtigung aller Kosten in einem angemessenen Verhältnis zu den gezahlten Prämien steht.[166]

Mit seiner Forderung nach der Schaffung hinreichender *Transparenz* greift das Gericht zunächst den bereits in der Überschussbeteiligungsentscheidung[167] entwickelten Gedanken des Ausgleichs bestehender *Informationsasymmetrien* als Ursache eines das materielle Selbstbestimmungsrecht des Versicherungsnehmers beeinträchtigenden Ungleichgewichts zwischen den Vertragspartnern auf und entwickelt es weiter, indem es in ihm die für eine „autonome Entscheidung unabdingbare"[168] Voraussetzung erblickt. Sein Gebot, ein *angemessenes Äquivalenzverhältnis* zwischen bereits gezahlten Prämien und der Höhe der von der Versicherung zu zahlenden Rückvergütung sicherzustellen[169], knüpft darüber hinaus an die bisherige Rechtsprechung zur Kompensation struktureller Vertragsimparität an, die auf eine angemessene Berücksichtigung der Interessen des schwächeren Verhandlungspartners gerichtet ist[170], und überträgt sie auf den Fall vertraglicher Leistungsäquivalenz.[171]

Isoliert betrachtet, fügen sich beide Gesichtspunkte nahtlos in die bisherige Rechtsprechung des BVerfG zur Gewährleistung materieller Vertragsfreiheit in Fällen strukturellen Verhandlungsungleichgewichts zwischen den Parteien ein: Mit dem Aspekt der Kompensation von *Informationsasymmetrien* als typischer Ursache für strukturelle Ungleichgewichtslagen thematisiert das Gericht das Problem hinreichender Information als konstitutive Voraussetzung für tatsächlich

[163] BVerfG NJW 2006, 1783, 1785 (Rückkaufswert).

[164] Ebenda.

[165] Ebenda.

[166] Ebenda.

[167] BVerfGE 114, 73, 96f. = NJW 2005, 2376, 2379 (Überschussbeteiligung). Zum Ausgleich von *Informationasymmetrien* durch Herstellung von *Transparenz* eingehend oben S. 393f.

[168] Ebenda.

[169] BVerfGE 114, 73, 89ff. = NJW 2005, 2376, 2377 (Überschussbeteiligung).

[170] Vgl. nur BVerfG NJW 2011, 1339, 1341 (Preisanpassungsklausel) sowie grundlegend BVerfGE 89, 214, 232 = NJW 1994, 36, 38 (Bürgschaft I); BVerfGE 81, 242, 254f. = NJW 1990, 1469, 1470 (Handelsvertreter). Hierzu eingehend oben S. 97ff.

[171] Auf diesen Aspekt hatte das BVerfG bereits in seiner Entscheidung zur *Überschussbeteiligung* hingewiesen, BVerfGE 114, 73, 89ff. = NJW 2005, 2376, 2377f., 2381 (Überschussbeteiligung).

eigenverantwortliche, autonome Entscheidung und damit für *materielle Selbstbestimmung* des Einzelnen. Nur derjenige, der über den Vertragsgegenstand und die Konditionen, an die er sich endgültig binden soll, umfassend informiert ist und damit auch die Konsequenzen seiner Entscheidung realistisch einschätzen kann ist in der Lage, eine wirklich eigenverantwortliche Entscheidung in Freiheit zu treffen.[172]

Der Gesichtspunkt der Kompensation einer Störung der Leistungsäquivalenz durch Korrektur eines offensichtlich unangemessenen, den schwächeren Vertragspartner benachteiligenden Leistungsverhältnisses betrifft dagegen nicht die Schaffung der *Voraussetzungen* tatsächlicher Vertragsparität, sondern die Beseitigung der *Folgen* eines bestehenden Verhandlungsungleichgewichts durch materielle Korrektur des Ergebnisses. Das Ergebnis ist folgerichtig und die notwendige Konsequenz aus der inneren Verknüpfung von *formaler* und *materieller* Vertragsfreiheit, von *Vertragsfreiheit* und *Vertragsgerechtigkeit* im Sinne der vom Gericht implizit in Anspruch genommenen *Schmidt-Rimplerschen Theorie* von der Richtigkeitsgewähr des Vertragsmechanismus[173]: Sind die Voraussetzungen tatsächlicher Entscheidung aufseiten des benachteiligten Vertragspartner nicht gegeben, so ist auch der geschlossene Vertrag nur begrenzt von einem ihn legitimierenden übereinstimmenden Willen getragen. Er bedarf daher der *materiellen Korrektur*, soweit sich das Defizit tatsächlicher Selbstbestimmung in materiell unangemessenen Vertragsbestimmungen realisiert hat, welche die Interessen beider Vertragspartner nicht hinreichend berücksichtigen und aufgrund ihres benachteiligenden Charakters ihren Zweck als Instrument eines sachgerechten und angemessenen Interessenausgleichs nicht vollständig erfüllen können.[174]

Bemerkenswert ist nun, dass das Gericht beide Aspekte miteinander verknüpft und auch dann von der Notwendigkeit einer materiellen Korrektur des Vertragsinhaltes ausgeht, wenn die Versicherungsnehmer über die Versicherungsbedingungen hinreichend informiert sind. Diese Überlegungen des Gerichts sind

---

[172] Zur Bedeutung hinreichender *Information* für die effektive Ausübung des *Selbstbestimmungsrechts* vgl. eingehend oben S. 29ff.

[173] Das BVerfG erwähnt *Schmidt-Rimplers* Theorie der *Richtigkeitsgewähr des Vertragsmechanismus* – *Schmidt-Rimpler*, AcP 147 (1941), 130, 149ff., 156f. – zwar nicht ausdrücklich, legt sie ihren Entscheidungen indes der Sache nach zugrunde, vgl. nur BVerfG NJW 2011, 1339, 1340 (Preisanpassungsklausel); BVerfG NJW 2007, 286, 287 (Arbeit auf Abruf); BVerfGE 114, 73, 89f. = NJW 2005, 2376, 2378 (Überschussbeteiligung); BVerfGE 114, 1, 34 = NJW 2005, 2363, 2365 (Bestandsübertragung): „Der zum Ausdruck gebrachte *übereinstimmende Wille* der Vertragsparteien lässt deshalb *in der Regel* auf einen durch den Vertrag hergestellten *sachgerechten Interessenausgleich* schließen, den der Staat grundsätzlich zu respektieren hat.“, BVerfGE 81, 242, 254 = NJW 1990, 1469, 1470 (Handelsvertreter). Hierzu zur *Theorie der Richtigkeitsgewähr des Vertragsmechanismus Schmidt-Rimpler*, FS Raiser (1974), S. 3, 5ff.; *Schmidt-Rimpler*, FS Nipperdey (1955), S. 1, 6ff.; *Schmidt-Rimpler*, AcP 147 (1941), 130, 151ff. sowie eingehend oben S. 208ff., zur Kritik oben S. 221ff. mwN. Hervorhebungen Hervorhebungen durch den Verfasser.

[174] Eingehend hierzu unten S. 439ff., 458ff.

teilweise dahingehend interpretiert worden, dass damit die Loslösung der Inhaltskontrolle vom Erfordernis des Versagens des Vertragsmechanismus vollzogen worden sei und das Gericht eine unabhängig von einer Beeinträchtigung der tatsächlichen Entscheidungsfreiheit eingreifende allgemeine Angemessenheitskontrolle propagiere.[175] Für das Verhältnis von Vertragsfreiheit und Vertragsgerechtigkeit hätte dies die weitreichende Folge, dass die bisher anerkannte Annahme einer inneren Verknüpfung beider Rechtsprinzipien aufgegeben würde. Die richterliche Inhaltskontrolle würde sich damit ausschließlich aus einer Verletzung der Vertragsgerechtigkeit legitimieren, ohne dass es weiterhin auf eine Beeinträchtigung der materiellen Vertragsfreiheit infolge eines Defizits tatsächlicher rechtsgeschäftlicher Entscheidungsfreiheit ankäme.

Eine derartige Interpretation lässt sich indes der Entscheidung nicht entnehmen und würde ihr darüber hinaus auch widersprechen, stützt das Gericht seine Entscheidung doch gerade auf die Verletzung der Privatautonomie in Form tatsächlicher Selbstbestimmung.[176] Dass das Gericht auch im Fall hinreichender Information der Parteien von der Notwendigkeit einer materiellen Korrektur des Vertragsinhaltes ausgeht, bedeutet nicht, dass es damit zugleich auf das Erfordernis einer Beeinträchtigung materieller Vertragsfreiheit verzichtet, sondern belegt stattdessen, dass das Gericht in einer *Informationsasymmetrie* keineswegs die *einzige* Ursache für das Bestehen eines Ungleichgewichts zwischen den Parteien sieht. Entsprechend hat es bereits in der vorangegangenen Entscheidung zur *Überschussbeteiligung* darauf hingewiesen, dass AGB von Lebensversicherungen praktisch nicht verhandelbar sind und darüber hinaus kein funktionierender *Konditionenwettbewerb* besteht.[177]

Zwar ist vor diesem Hintergrund mit Recht zu fragen, warum das Gericht das Transparenzproblem so deutlich in den Vordergrund gestellt hat, ohne explizit auf weitere mögliche Ursachen für das Weiterbestehen eines Verhandlungsungleichgewichts einzugehen. Daran, dass es vom Weiterbestehen der Ungleichgewichtslage auch bei vollständiger Information ausgeht, können aufgrund des Verweises auf die Beeinträchtigung des Selbstbestimmungsrechts jedoch keine

---

[175] *Leuschner*, AcP 207 (2007), 491, 513.

[176] Dass das BVerfG seine Rechtsprechung auch auf Erwägungen der *Vertragsgerechtigkeit* stützt, hat bereits die *Bürgschaftsentscheidung* gezeigt, vgl. BVerfGE 89, 214, 232 = NJW 1994, 36, 38 (Bürgschaft I). Allerdings hat das Gericht mit dem Verweis auf „die grundrechtliche[n] Gewährleistung der *Privatautonomie* (Art. 2 Abs. 1 GG) und [das] *Sozialstaatsprinzip* (Art. 20 Abs. 1, Art. 28 Abs. 1 GG)" zugleich die innere Verknüpfung beider Rechtsprinzipien herausgestellt – BVerfGE 89, 214, 232 = NJW 1994, 36, 38 (Bürgschaft I). Bereits in der *Handelsvertreterentscheidung* hatte das BVerfG deutlich gemacht, dass Vertragsgerechtigkeit wahre, tatsächliche Vertragsfreiheit voraussetzt: „Wo es an einem *annähernden Kräftegleichgewicht* der Beteiligten fehlt, ist mit den *Mitteln des Vertragsrechts* allein *kein sachgerechter* Ausgleich der Interessen zu gewährleisten." BVerfGE 81, 242, 25 = NJW 1990, 1469, 1470 (Handelsvertreter). Vgl. hierzu eingehend oben S. 382ff. Hervorhebungen durch den Verfasser.

[177] BVerfG NJW 2005, 2376, 2379 (Überschussbeteiligung). Vgl. oben S. 394f.

vernünftigen Zweifel bestehen.[178] Insoweit fügt sich die Entscheidung nahtlos in die Linie der bisherigen verfassungsrechtlichen Judikatur zum Verhältnis von formaler und materieller Vertragsfreiheit ein.

7. *Weitere Entscheidungen*

Die entwickelten Ansätze hat das BVerfG in seinen nachfolgenden Entscheidungen konsequent weitergeführt.

(a) Unfallversicherungsprämie. In seiner Entscheidung zur *Unfallversicherungsprämie*[179] aus dem Jahr 2006 hat das Gericht indes eine Grundrechtsverletzung durch Abweisung eines Rückzahlungs- und Auskunftsanspruchs bezüglich der Prämien sowie eine Übertragung der in der Entscheidung zur Überschussbeteiligung entwickelten Grundsätze abgelehnt.[180] Anders als im Bereich kapitalbildender Lebensversicherungen ist für Unfallversicherungen ein Marktversagen nicht belegbar.[181] Zudem sei die Transparenz der Leistungsbedingungen bei der Unfallversicherung, bei der es im Wesentlichen um das Verhältnis zwischen Risiko und Prämienhöhe geht, erheblich besser und zudem eine Kündigung jederzeit möglich, so dass insoweit eine materielle Korrektur des Vertrages verfassungsrechtlich nicht geboten sei:[182]

„So ist die *Transparenz* der Leistungsbedingungen bei der Unfallversicherung erheblich *besser* als bei der Lebensversicherung: Letztlich geht es bei der Unfallversicherung nur um das *Verhältnis* zwischen dem vereinbarten *Risiko* und der *Höhe der Prämie*; demgegenüber führen das Zusammenspiel von Versicherungssumme und Überschussbeteiligung und die diffizilen Wege zur Berechnung der Schlussüberschüsse bei der Lebensversicherung zu erheblichen Intransparenzen, die auch einem leichten Prämienvergleich entgegenstehen. Vor allem aber wird der Unfall-VN – anders als der VN in der Lebensversicherung – nicht praktisch auf *Dauer gebunden*. Eine *Kündigung* des Versicherungsvertrags und der Wechsel zu einem anderen Versicherungsunternehmen sind in der Unfallversicherung relativ leicht möglich und sind anders als in der Lebensversicherung *nicht* mit dem *Risiko* eines erheblichen Vermögensverlustes verbunden. Schließlich ist zu berücksichtigen, dass eine Unfallversicherung nicht den gleichen Stellenwert für die *Existenzsicherung* der Bürger hat wie eine kapitalbildende Lebensversicherung."[183]

Das Ergebnis des BVerfG ist vor dem Hintergrund der vorangegangenen Entscheidungen konsequent und bestätigt den in seiner Judikatur vorgezeichneten Weg.

---

[178] Vgl. nur BVerfG NJW 2006, 1783, 1784 (Rückkaufswert).

[179] BVerfG VersR 2006, 961 (Unfallversicherungsprämie). Vgl. hierzu auch *Leuschner*, JZ 2010, 875, 514; MünchKomm/*Looschelders*, VVG (2010), § 1 VVG Rn. 94.

[180] BVerfG VersR 2006, 961, 962 f. (Unfallversicherungsprämie).

[181] BVerfG VersR 2006, 961, 963 (Unfallversicherungsprämie).

[182] Ebenda.

[183] Ebenda. Hervorhebungen durch den Verfasser.

(b) Schweigepflichtentbindung. So hat das Gericht in seiner Entscheidung zur Zulässigkeit einer in AGB enthaltenen *Schweigepflichtentbindung*[184] zugunsten von Versicherungsunternehmen aus dem gleichen Jahr eine situative Unterlegenheit der Versicherungsnehmer aufgrund der „faktisch einseitige[n] Bestimmungsmacht" der Versicherung angenommen und dabei zur Begründung auf die *erhebliche Bedeutung* des Versicherungsvertrages für die Sicherung der *persönlichen Lebensverhältnisse* der Versicherungsnehmer verwiesen und damit auch explizit wieder den Gedanken des fehlenden *Konditionenwettbewerbs* aufgegriffen:

„Eine solche *einseitige Bestimmungsmacht* eines Vertragspartners kann sich auch daraus ergeben, dass die von dem *überlegenen Vertragspartner* angebotene Leistung für den anderen Partner zur *Sicherung seiner persönlichen Lebensverhältnisse* von so *erheblicher Bedeutung* ist, dass die *denkbare Alternative*, zur Vermeidung einer zu weitgehenden Preisgabe persönlicher Informationen von einem Vertragsschluss ganz abzusehen, für ihn *unzumutbar* ist. ... Die Vertragsbedingungen der Versicherer sind praktisch *nicht verhandelbar* ... Die Versicherungsnehmer können hinsichtlich der Berufsunfähigkeits-Zusatzversicherung zwar die Produkte verschiedener Versicherer im Hinblick auf die Vertragsbedingungen vergleichen, die teilweise erheblich voneinander abweichen. Der Wettbewerb zwischen den Versicherern bezieht sich insoweit jedoch auf die Gestaltung der Voraussetzungen und des Umfangs der *Leistungspflicht*. Dass auch ein Wettbewerb über die *datenschutzrechtlichen Konditionen* im Versicherungsfall stattfände, ist dagegen nicht ersichtlich."[185]

(c) Arbeit auf Abruf. Zum Problem der Beeinträchtigung materieller Vertragsfreiheit durch AGB hat das BVerfG ebenfalls in seiner Entscheidung zur *Arbeit auf Abruf*[186] aus dem Jahr 2007 Stellung genommen. Dabei hat es für – in diesem Zusammenhang als Verbraucher iSd. § 13 BGB qualifizierte – Arbeitnehmer grundsätzlich das Bestehen eines strukturellen Ungleichgewichts angenommen, da der „einzelne Arbeitnehmer ... typischerweise ungleich stärker auf sein Arbeitsverhältnis angewiesen [ist] als der Arbeitgeber auf den einzelnen Arbeitnehmer."[187] In diesem Zusammenhang hat es deutlich gemacht, dass es den Schutzzweck der Inhaltskontrolle von AGB insbesondere im Bereich der Verbraucherverträge im

---

[184] BVerfG JZ 2007, 576 = WM 2006, 2270 = VersR 2006, 1669 (Schweigepflichtentbindung). Vgl. hierzu die Besprechungen bei *Miethaner*, AGB-Kontrolle (2010), S. 27, 35 f., 70, 72 sowie bei *Bäcker*, Der Staat 51 (2012), 91; *Egger*, VersR 2012, 810; *Kutscha*, ZRP 2010, 112; *Wendt*, NJ 2010, 350; *Neuhaus/Kloth*, NJW 2009, 1707; *Notthoff*, ZfSch 2008, 243; *Egger*, VersR 2007, 905; *Geis/Geis*, MMR 2007, 95; *Petri*, RdV 2007, 153; *Schwabe*, JZ 2007, 579; *Rixecker*, ZfSch 2007, 37; *Wallrabenstein/Przygoda*, VuR 2007, 190.

[185] BVerfG JZ 2007, 576, 577 (Schweigepflichtentbindung). Hervorhebungen durch den Verfasser.

[186] BVerfG NJW 2007, 286 (Arbeit auf Abruf). Vgl. hierzu die Besprechungen bei *Miethaner*, AGB-Kontrolle (2010), S. 27, 35 f., 169 sowie *Leuschner*, JZ 2010, 875, 881; *Leuschner*, AcP 207 (2007), 491, 527.

[187] BVerfG NJW 2007, 286, 288 (Arbeit auf Abruf).

„Ausgleich eines strukturellen Ungleichgewichts zweier Vertragspartner“[188] erblickt.[189]

(d) Preisanpassungsklausel. In seiner Entscheidung zur Zulässigkeit von *Preisanpassungsklauseln*[190] bei Gasversorgungsverträgen aus dem Jahr 2010 hat das BVerfG noch einmal eingehend zur Kompensation mangelnder Verhandlungsmacht durch richterliche Inhaltskontrolle von AGB Stellung genommen und zugleich die vom BGH entwickelten Grundsätze der ergänzenden Vertragsauslegung bei Unwirksamkeit von AGB-Klauseln gebilligt.[191] Dabei hat es deutlich gemacht, dass die AGB-Kontrolle wesensmäßig gerade auf die Herstellung der Privatautonomie beider Vertragsparteien und damit auf den Ausgleich zwischen formaler Vertragsfreiheit des AGB-Verwenders und materieller Vertragsfreiheit des Verwendungsgegners gerichtet ist und damit allen Versuchen, die richterliche Inhaltskontrolle vor allem als Bedrohung der Vertragsfreiheit zu deuten, eine deutliche Absage erteilt[192]:

„Die *Inhaltskontrolle* Allgemeiner Geschäftsbedingungen zeichnet sich gerade dadurch aus, dass sie der Herstellung *praktischer Konkordanz* zwischen der jeweils grundrechtlich geschützten *Privatautonomie* des Verwenders wie der anderen Vertragspartei dient. ... Die gesamte *Inhaltsprüfung* der Preisanpassungsklausel beruht auf der ausdrücklich formulierten Prämisse, dass Gegenstand ein Sonderkundenvertrag sei und für die inhaltliche Ausgestaltung solcher Verträge der Grundsatz der *Vertragsfreiheit* gelte. Im Übrigen zeichnet sich die *Inhaltskontrolle* Allgemeiner Geschäftsbedingungen gerade *wesensmäßig* dadurch aus, dass sie der *Privatautonomie* beider Vertragsparteien zur *Wirksamkeit* verhilft ....“[193]

Deutlich wird die freiheitsstärkende und -sichernde Zweckrichtung der Inhaltskontrolle dabei im vorliegenden Fall vor allem durch die Tatsache, dass die als unzulässig beanstandete Preisanpassungsklausel eine nachträgliche Änderung des ursprünglichen Preises und damit des vertraglich festgesetzten Äquivalenzverhältnisses ausschließlich zulasten des Vertragspartners des Versorgungsunternehmens ermöglicht hätte. Die umstrittene Preisanpassungsklausel hätte damit „ihrerseits eine unzulässige Verschiebung des vereinbarten Äquivalenzverhält-

---

[188] BVerfG NJW 2007, 286, 287 (Arbeit auf Abruf).

[189] Ebenda.

[190] BVerfG NJW 2011, 1339 (Preisanpassungsklausel). Vgl. hierzu *Oetker*, AcP 212 (2012), 202, 215f.; *Kaufhold*, ZIP 2010, 631, 1236 sowie MünchKomm/*Wurmnest*, BGB (7. Aufl. 2016), § 309 Nr. 1 Rn. 28; Staudinger/*Wendland*, Eckpfeiler (6. Aufl. 2018), E. Allgemeine Geschäftsbedingungen Rn. 74.

[191] BVerfG NJW 2011, 1339, 1339ff.

[192] Ebenso mit deutlichen Worten *Schmidt*, NJW 2011, 3329, 3330: „Es wundert daher, dass der Gesichtspunkt der Vertragsfreiheit immer wieder gegen die AGB-Kontrolle ins Feld geführt wird, zumal gerade der Gedanke des Ausgleichs zwischen den Parteien und der (Wieder-)Herstellung der Vertragsparität sich wie ein roter Faden durch die Gesetzesbegründung zieht.“

[193] BVerfG NJW 2011, 1339, 1341 (Preisanpassungsklausel). Hervorhebungen durch den Verfasser.

nisses in die umgekehrte Richtung, nämlich zugunsten der Beschwerdeführerin, bewirkt“[194].

III. Feststellung eines Ungleichgewichts durch Fallgruppenbildung

Mit seinen Entscheidungen zum Schutz der vertraglichen Selbstbestimmung *beider* Vertragspartner hat das BVerfG den verfassungsrechtlichen Rahmen abgesteckt, in dem sich die Begründung der Inhaltskontrolle von AGB notwendig bewegen muss, und damit auch die privatrechtsdogmatische Diskussion wesentlich mitbestimmt. *Erweiterung des Begriffs* der Vertragsfreiheit durch Ergänzung seiner *formalen* durch eine *materielle* Dimension, Anerkennung eines *inneren Konnex* zwischen *materieller Vertragsfreiheit* und *Vertragsgerechtigkeit* sowie die Integration der *formalen Vertragsfreiheit* des stärkeren und der *materiellen Vertragsfreiheit* des schwächeren Vertragspartners im Wege *praktischer Konkordanz* auf der Grundlage *typisierter Fallgruppen*: Diese Grundlinien werden auch bei der Entwicklung eines Begründungsmodell der Inhaltskontrolle maßgeblich zu berücksichtigen sein. Dabei kommt vor allem der Fallgruppenbildung als Maßstab für die Feststellung eines die materielle Selbstbestimmung beeinträchtigenden strukturellen Ungleichgewichtes zwischen den Parteien erhebliche Bedeutung zu.[195]

Im Hinblick auf den Ausgleich *der gegenläufigen Prinzipien* formaler und materieller Vertragsfreiheit geht das Gericht nur dann von einer Pflicht zu staatlichem Einschreiten aus, wenn es sich um eine typisierbare Fallgestaltung handelt, die *erheblich ungleiche Verhandlungspositionen* der Vertragspartner erkennen lässt.[196] Das noch in der Bürgschaftsentscheidung herangezogene Kriterium der *ungewöhnlich belastenden Vertragsfolgen*[197] als gewichtiges Indiz für eine erhebliche Beeinträchtigung des rechtsgeschäftlichen Selbstbestimmungsrechts hat das

---

194 Ebenda.

195 Auf die Notwendigkeit einer typisierenden Betrachtung hat das BVerfG schon früh hingewiesen, vgl. nur BVerfGE 81, 242, 255 = NJW 1990, 1469, 1470 (Handelsvertreter): „Auch lassen sich die Merkmale, an denen etwa erforderliche Schutzvorschriften ansetzen können, nur *typisierend* erfassen.“ Ebenso BVerfG NJW 2007, 286, 287 (Arbeit auf Abruf); BVerfG NJW 1996, 2021, 2021 (Bürgschaft III): „Handelt es sich jedoch um eine *typisierbare Fallgestaltung*, die eine strukturelle Unterlegenheit des einen Vertragsteils erkennen läßt, und sind die Folgen des Vertrags für den unterlegenen Vertragsteil ungewöhnlich belastend, so muß die Zivilrechtsordnung darauf reagieren und Korrekturen ermöglichen.“; BVerfG NJW 1994, 2749, 2750 (Bürgschaft II); BVerfGE 89, 214, 232 = NJW 1994, 36, 38 (Bürgschaft I). Hervorhebungen durch den Verfasser.

196 BVerfG NJW 2007, 286, 287 (Arbeit auf Abruf); BVerfG NJW 1996, 2021, 2021 (Bürgschaft III); BVerfG NJW 1994, 2749, 2750 (Bürgschaft II); BVerfGE 89, 214, 232 = NJW 1994, 36, 38 (Bürgschaft I); BVerfGE 81, 242, 255 = NJW 1990, 1469, 1470 (Handelsvertreter).

197 BVerfGE 89, 214, 232 = NJW 1994, 36, 39 (Bürgschaft I). Vgl. hierzu oben S. 382f.

Gericht in jüngeren Entscheidungen indes aufgegeben[198] und stellt nun vor allem unmittelbar darauf ab, ob der benachteiligte Vertragspartner auch tatsächlich die Möglichkeit hat, an der Gestaltung der Vertragsbedingungen eigenverantwortlich und gleichberechtigt mitzuwirken und auf die Gestaltung des Vertragsinhalts in der Weise Einfluss nehmen, dass seine Interessen angemessen berücksichtigt werden.[199]

Insofern wird auf das Kriterium der materiellen *Angemessenheit des Vertragsinhalts* als Indiz für eine die tatsächliche Selbstbestimmung der schwächeren Partei beeinträchtigende Ungleichgewichtslage nicht vollständig verzichtet, sondern es werden die Anforderungen zumindest an eine gerichtliche Inhaltskontrolle – ganz im Sinne des verstärkten Schutzes vor einem Missbrauch einseitiger Gestaltungsmacht – weiter abgesenkt. In der Zusammenschau der bisherigen Judikatur des BVerfG ergeben sich damit im Wesentlichen drei Fallgruppen, die das Gericht auf der Grundlage der ihm vorgelegten Fälle entwickelt hat.[200]

---

[198] So findet sich die Voraussetzung, dass „die Folgen des Vertrags für den unterlegenen Vertragsteil ungewöhnlich belastend“ sein müssen – so BVerfGE 89, 214, 232 = NJW 1994, 36, 38 (Bürgschaft I) – vor allem in den älteren Entscheidungen des BVerfG, etwa BVerfG NJW 1996, 2021, 2021 (Bürgschaft III); BVerfG NJW 1994, 2749, 2750 (Bürgschaft II); BVerfGE 89, 214, 232 = NJW 1994, 36, 38 (Bürgschaft I).

[199] Vgl. nur BVerfGE 103, 89, 105 = NJW 2001, 957, 959: „Die aus Art. 2 Abs. 1 in Verbindung mit Art. 6 Abs. 4 GG folgende Schutzpflicht hat das Oberlandesgericht in der angegriffenen Entscheidung verkannt. Es hat weder die besondere Situation beachtet, in der sich die Beschwerdeführerin als Schwangere mit schon einem Kind bei Vertragsabschluss befunden hat, noch ist es der Frage nachgegangen, ob der Ehevertrag die Beschwerdeführerin in *unangemessener Weise* belastet, obwohl der *Inhalt des Vertrages* hierfür Anlass geboten hat. ... Das Gericht hat diese Vertragskonstellation unter Hinweis auf die Eheschließungsfreiheit nicht zum Anlass für eine Kontrolle des Vertragsinhalts genommen und dadurch verkannt, dass diese Freiheit nicht die Freiheit zur *unangemessenen einseitigen vertraglichen Interessendurchsetzung* eröffnet.“ BVerfG NJW 2001, 2248, 2248 (Unterhaltsverzicht II): „Bringt jedoch der *Inhalt des Ehevertrags* ebenfalls eine Unterlegenheitsposition der nicht verheirateten Schwangeren durch ihre *einseitige vertragliche Belastung* und eine *unangemessene Berücksichtigung ihrer Interessen* zum Ausdruck, wird ihre Schutzbedürftigkeit offenkundig.“ Hervorhebungen durch den Verfasser.

[200] Zur *typisierenden Fallgruppenbildung* vgl. auch die Ansätze *Miethaner*, AGB-Kontrolle (2010), S. 34 ff. (Wettbewerbsversagen, psychische Zwangslage); *Denkinger*, Verbraucherbegriff (2007), S. 82 f. (wirtschaftliche, informationelle, psychische Unterlegenheit); *Leistner*, Richtiger Vertrag (2007), S. 298 f. (für ein empirisches Modell plädierend); *Cornils*, Ausgestaltung (2005), S. 203 (endogen: psychische Zwangslage, Willensschwäche, exogen: fehlende Auswahlmöglichkeit); *Neumann*, Widerrufsrechte (2005), S. 74 ff. (wirtschaftliche, psychische, informationelle, sonstige intellektuelle Unterlegenheit); *Larenz/Wolf*, BGB AT (9. Aufl. 2004), S. 768 f. (wirtschaftliche, informationelle, psychische Unterlegenheit); *Heinrich*, Formale Freiheit (2000), S. 364 (wirtschaftliche, intellektuelle, soziale Unterlegenheit, die sich indes nicht zwangsläufig nachteilig auf die materielle Vertragsfreiheit auswirken); *Drexl*, Selbstbestimmung (1998), S. 275 (allgemeiner Verweis auf „Erkenntnisse der Psychologie, aber auch der Ökonomie“); *Wolf*, Entscheidungsfreiheit (1970), S. 18 (wirtschaftliche, informationelle, psychologische Unterlegenheit). Vgl. hierzu auch *Kemper*, Verbraucherschutzinstrumente (1994), 33 ff., 59 ff.; *Dauner-Lieb*, Verbraucherschutz (1983), S. 65. Kritisch *Leuschner*, JZ 2010, 875, 878 f.; *Zöllner*, AcP 196 (1996), 1, 25 ff.; *Coester-Waltjen*, AcP 190 (1990), 1, 18 f.

1. Wirtschaftliche Unterlegenheit

Die erste Fallgruppe betrifft Situationen, in denen die strukturell schwächere, unterlegene Partei typischerweise ungleich stärker auf den Vertrag angewiesen ist als ihr Vertragspartner, während der insoweit überlegenen Partei eine Vielzahl weiterer Vertragspartner zur Verfügung stehen oder sie aufgrund ihrer wirtschaftlichen Stärke ohne weiteres auch ganz auf einen Vertragsschluss verzichten kann.[201] Fälle dieser Art lassen sich in Abgrenzung zur *situativen Unterlegenheit*, die zwar ebenfalls wirtschaftliche Aspekte umfasst, aber in ihrem Kern auf einem durch Informationsasymmetrie verursachten fehlenden Konditionenwettbewerb beruht, zur Fallgruppe der (ausschließlich) *wirtschaftlichen Unterlegenheit* zusammenfassen. Zu ihr gehören neben den Entscheidungen zu *Arbeitsverhältnissen* im weitesten Sinn (*Handelsvertreterentscheidung*,[202] *Arbeit auf Abruf*[203]) auch die Entscheidungen zu Klauseln in *Lebensversicherungsverträgen* (*Überschussbeteiligung*[204], *Rückkaufswert*[205], *Schweigepflichtentbindung*[206]).

So hat das BVerfG etwa in seiner *Handelsvertreterentscheidung* deutlich gemacht, dass sich eine schutzpflichtauslösende Ungleichgewichtslage bereits aus der *wirtschaftlichen Abhängigkeit*, der „allgemeinen schwächeren Stellung der Handelsvertreter"[207] ergibt, die, „obwohl sie rechtlich ebenfalls selbständige Kaufleute sind, den wirtschaftlich überlegenen Unternehmern gegenüber nicht gleichberechtigt aufzutreten"[208] vermögen und „vielfach schlechter gestellt ... [sind] als ein Angestellter"[209]. Die wirtschaftliche Abhängigkeit ergab sich dabei aus einer *monopolähnlichen Stellung* der Unternehmer[210], die sich ihren Vertragspartner nahezu nach Belieben aussuchen konnten und dabei aufgrund ihrer überlegenen Verhandlungsposition – die sich aus verhandlungstheoretischer Perspektive aus der Vielzahl möglicher Nichteinigungsoptionen als Quelle von Verhandlungsmacht ergab[211] – den auf ein Vertragsverhältnis existenziell ange-

---

201 So noch *Larenz/Wolf*, BGB AT (9. Aufl. 2004), S. 768f. Weniger deutlich dagegen *Wolf/Neuner*, BGB AT (11. Aufl. 2016), S. 543, 553ff., bei dem der entsprechende Abschnitt aus der Vorauflage fehlt.

202 BVerfGE 81, 242 = NJW 1990, 1469 (Handelsvertreter).

203 BVerfG NJW 2007, 286, 287 (Arbeit auf Abruf).

204 BVerfGE 114, 73 = NJW 2005, 2376 (Überschussbeteiligung).

205 BVerfG NJW 2006, 1783 (Rückkaufswert).

206 BVerfG JZ 2007, 576 = WM 2006, 2270 = VersR 2006, 1669 (Schweigepflichtentbindung).

207 BVerfGE 81, 242, 257 = NJW 1990, 1469, 1470 mit Verweis auf BT-Drucks. 1/3856, S. 10f.

208 BVerfGE 81, 242, 256f. = NJW 1990, 1469, 1470 mit Verweis auf BT-Drucks. 1/3856, S. 10f.

209 BVerfGE 81, 242, 257 = NJW 1990, 1469, 1470 mit Verweis auf BT-Drucks. 1/3856, S. 10f.

210 So auch *Miethaner*, AGB-Kontrolle (2010), S. 36.

211 Vgl. nur *Duve/Eidenmüller/Hacke*, Mediation (2. Aufl. 2011), S. 237, 253; *Bühring-Uhle/Eidenmüller/Nelle*, Verhandlungsmanagement (2009), S. 28.

wiesenen Handelsvertretern ungehindert einseitig benachteiligende Vertragsbedingungen diktieren konnten.

Die zwar formal als Kaufleute selbstständigen, aber faktisch wirtschaftlich abhängigen und damit nahezu rechtslos gestellten Handelsvertreter, die zur Ausübung ihres Berufes und damit zum Bestreiten ihres Lebensunterhaltes notwendig auf ein Vertragsverhältnis angewiesen waren, vermochten der Verhandlungsmacht der Unternehmer kaum etwas entgegenzusetzen. Denn – so das Gericht – die berufliche Tätigkeit, „für die Art. 12 Abs. 1 GG den erforderlichen Freiraum gewährleistet, dient nicht nur der personalen Entfaltung des arbeitenden Menschen in der Gesellschaft ..., den meisten Bürgern gewährleistet sie vor allem die Möglichkeit, sich eine wirtschaftliche Grundlage ihrer Existenz zu schaffen."[212] In ähnlicher Weise hat das Gericht in seiner *Arbeit-auf-Abruf-Entscheidung* herausgestellt, dass „der einzelne Arbeitnehmer sich beim Abschluss von Arbeitsverträgen typischerweise in einer Situation *struktureller Unterlegenheit* befindet"[213], da er – so das Gericht in der weiteren Argumentation seines Urteils – „typischerweise *ungleich stärker* auf sein Arbeitsverhältnis *angewiesen* [ist] als der Arbeitgeber auf den einzelnen Arbeitnehmer."[214]

Eine ähnliche monopolähnliche Stellung des überlegenen Unternehmers nahm das BVerfG für den Bereich der Lebens- und Berufsunfähigkeitsversicherungen an. So hat das Gericht darauf hingewiesen, dass gerade *kapitalbildenden Lebensversicherungen* ein hoher Stellenwert für die Existenzsicherung der Bürger zukommt.[215] Darüber hinaus sind die Versicherungsnehmer in der Lebensversicherung praktisch auf Dauer gebunden, eine Kündigung des Versicherungsvertrags und der Wechsel zu einem anderen Versicherungsunternehmen sind nur schwer möglich und mit dem Risiko eines erheblichen Vermögensverlustes verbunden.[216] Ähnliches gilt für die *Berufsunfähigkeitsversicherung:*

---

[212] BVerfGE 81, 242, 254 = NJW 1990, 1469, 1470 (Handelsvertreter).

[213] BVerfG NJW 2007, 286, 287. Hervorhebungen durch den Verfasser.

[214] BVerfG NJW 2007, 286, 288. Hervorhebungen durch den Verfasser.

[215] Das ergibt sich im Umkehrschluss aus BVerfG VersR 2006, 961, 963 (Unfallversicherungsprämie): „Schließlich ist zu berücksichtigen, dass eine Unfallversicherung nicht den gleichen Stellenwert für die Existenzsicherung der Bürger hat wie eine kapitalbildende Lebensversicherung."

[216] BVerfG NJW 2005, 2363, 2366 (Bestandsübertragung): „Jedenfalls im Bereich der Lebensversicherung ist es für sie meist keine zumutbare Alternative, ihre Belange durch Kündigung des Versicherungsvertrags oder Drohung mit ihr durchzusetzen, da die Auflösung des Vertrags regelmäßig mit erheblichen Nachteilen für die Versicherten verbunden ist. ... In der Folge dieser und anderer Faktoren haben die Versicherten bei einer Kündigung typischerweise nur Ansprüche mit deutlich geringerem Vermögenswert als beim Fortbestand des Vertrags." sowie BVerfG NJW 2005, 2376, 2379 (Überschussbeteiligung): „Insbesondere ist es für die Versicherungsnehmer keine wirtschaftlich sinnvolle Option, einen nicht als günstig erkannten Vertrag zu kündigen und den Versicherer zu wechseln. Die Kündigung ist regelmäßig mit erheblichen Nachteilen verbunden." sowie ebenfalls *e contrario* BVerfG VersR 2006, 961, 963 (Unfallversicherungsprämie). Näher hierzu oben S. 397f.

„Der Versicherungsnehmer einer Berufsunfähigkeitsversicherung kann nicht auf die Möglichkeit verwiesen werden, um dieses *Selbstschutzes* willen einen *Vertragsschluss zu unterlassen* oder die *Leistungsfreiheit des Versicherers hinzunehmen*. Angesichts des gegenwärtigen Niveaus gesetzlich vorgesehener Leistungen im Fall der Berufsunfähigkeit sind die meisten Berufstätigen auf *eigene Vorsorge*, insbesondere darauf *angewiesen*, für diesen Fall durch den Abschluss eines entsprechenden *Versicherungsvertrags privat vorzusorgen*, um ihren Lebensstandard zu sichern. Die Alternative, *Sozialhilfe* zu beziehen oder den *Stamm des eigenen Vermögens zu verbrauchen*, um eine Preisgabe persönlicher Informationen im Leistungsfall zu verhindern, ist diesem Personenkreis *nicht zumutbar*."[217]

2. *Psychische, intellektuelle oder emotionale Unterlegenheit*

Die zweite Fallgruppe erfasst Situationen, in denen die unterlegene Partei typischerweise aufgrund erheblichen emotionalen und familiären Drucks sowie aufgrund psychischer oder intellektueller Defizite zu einer sie objektiv benachteiligenden Vereinbarung gedrängt wird. Zu dieser Fallgruppe zählt die Entscheidung zu *Angehörigenbürgschaften*[218] sowie zum *Unterhaltsverzichtsvertrag*[219]. In beiden Fällen bestand ein enges persönliches bzw. familiäres Näheverhältnis sowie eine erhebliche psychische und intellektuelle Unterlegenheit aufseiten des schwächeren Vertragspartners, die eine tatsächlich eigenverantwortliche, informierte und umfassend selbstbestimmte rechtsgeschäftliche Entscheidung deutlich erschwerten. Charakteristisch für diese Fallgruppe ist dabei ein Zusammenspiel exogener (äußerer Druck) und endogener Faktoren (innere, persönliche Defizite), die in ihrer Kombination die tatsächliche Möglichkeit zur rechtsgeschäftlichen Selbstbestimmung in besonderer Weise beeinträchtigen.[220]

Entsprechend zieht das Verfassungsgericht einen ganzen Katalog kumulativer Kriterien heran, die in ihrer Gesamtschau eine schutzpflichtauslösende Beeinträchtigung des grundrechtlich geschützten Selbstbestimmungsrechts des schwächeren Vertragsteils begründen.[221] Dabei ist der hohe Begründungsauf-

---

217 BVerfG JZ 2007, 576, 577 (Schweigepflichtentbindung). Näher hierzu oben S. 399f.

218 BVerfG NJW 1994, 2749, 2750 (Bürgschaft II); BVerfG NJW 1996, 2021 (Bürgschaft III); BVerfGE 89, 214, 231 = NJW 1994, 36, 38 (Bürgschaft I). Vgl. hierzu eingehend oben S. 382ff.

219 BVerfG NJW 2001, 2248 (Unterhaltsverzicht II); BVerfGE 103, 89 = NJW 2001, 957 (Unterhaltsverzicht I).

220 Vgl. nur BVerfGE 103, 89, 102ff., 104f. = NJW 2001, 957, 958ff. (Unterhaltsverzicht) BVerfG NJW 1994, 2749, 2750 (Bürgschaft II); BVerfGE 89, 214, 230 = NJW 1994, 36, 38 (Bürgschaft I).

221 Ebenda sowie hierzu eingehend oben S. 382ff., 387ff. und *Miethaner*, AGB-Kontrolle (2010), S. 37. Die vom BVerfG entwickelten Kriterien können dabei nicht nur eine Ungleichgewichtslage begründen, sondern umgekehrt gegebenenfalls auch ausgleichen, wie das Gericht in BVerfGE 103, 89, 104 = NJW 2001, 957, 959 (Unterhaltsverzicht I) deutlich macht. Vgl. hierzu den Wortlaut der Entscheidung unten S. 409.

wand des Gerichtes auch durch die Tatsache bedingt, dass mit der Unzulässigkeit der Bürgschaftsübernahmen bzw. des Unterhaltsverzichtes im abgeschlossenen Ehevertrag der *Kern* des Vertragsverhältnisses und nicht lediglich eine Nebenbestimmung betroffen ist.[222] Die strengen Voraussetzungen, die das Gericht an die Feststellung einer Beeinträchtigung des Selbstbestimmungsrechts anlegt, entsprechen dabei der Schwere des Eingriffs in die *formale Vertragsfreiheit,* den das BVerfG im Sinne praktischer Konkordanz zu einem angemessenen Ausgleich bringt.a[223] Dabei handelt es sich bei den Kriterien des *familiären Näheverhältnisses* sowie der *psychischen* oder *intellektuellen* Unterlegenheit allerdings nicht um einen fest umrissenen Kriterienkatalog, sondern lediglich um *Indizien*, die auf eine Beeinträchtigung hinweisen und Anlass geben, „den Vertrag einer stärkeren richterlichen Kontrolle zu unterziehen"[224], in deren Würdigung das Gericht nach wie vor frei bleibt.[225]

Entsprechend ging das BVerfG in seiner ersten *Bürgschaftsentscheidung*[226], die die selbstschuldnerische Bürgschaft einer Tochter für ihren Vater zum Gegenstand hatte, auf die Bedeutung eines persönlichen oder familiären Näheverhältnisses nicht gesondert ein, sondern stützte sich für die Feststellung einer erheblichen Beeinträchtigung des Selbstbestimmungsrechts der Bürgin vor allem auf die in der *Person der Bürgin* angelegten Ursachen für eine *intellektuelle Unterlegenheit* – wie etwa das *geringe Alter* und das Fehlen einer *qualifizierten Berufsausbildung* – sowie auf den objektiv feststellbaren, grob benachteiligenden Charakter der Vereinbarung.[227] So bildeten im genannten Fall die massive Abweichung vom dispositiven Recht durch den „Verzicht auf nahezu alle abdingbaren Schutzvorschriften des BGB"[228], der *unangemessene Umfang* der übernommenen Verpflichtung durch die Bürgin, „der ihre wirtschaftlichen Verhältnisse weit überstieg"[229] und die *Offenkundigkeit* der *wirtschaftlichen Überforderung* ein deutliches Indiz für eine massive Beeinträchtigung des Selbstbestimmungsrechtes. Denn nach Auffassung des Gerichts „war von vornherein abzusehen und für das Kreditinstitut auch leicht feststellbar, daß die Bf. im Haftungsfall voraussichtlich *bis an ihr Lebensende* nicht in der Lage sein würde, sich aus *eigener Kraft* von der übernommenen *Schuldenlast zu befreien.* Bei dieser Sachlage mußte sich die

---

[222] Hierzu eingehend *Miethaner*, AGB-Kontrolle (2010), S. 21 f., 37.

[223] So auch *Miethaner*, AGB-Kontrolle (2010), S. 37, der darauf hinweist, dass in einem solchen Eingriff in den *Vertragskern* zugleich ein besonders schwerwiegender Eingriff in die formale Vertragsfreiheit zu sehen sei, der nur unter strengen Voraussetzungen gerechtfertigt werden kann.

[224] BVerfGE 103, 89, 104 = NJW 2001, 957, 959 (Unterhaltsverzicht I).

[225] Ebenda.

[226] BVerfGE 89, 214 = NJW 1994, 36 (Bürgschaft I).

[227] Vgl. hierzu BVerfGE 89, 214, 235f. = NJW 1994, 36, 38 (Bürgschaft I) sowie eingehend oben S. 390ff.

[228] BVerfGE 89, 214, 235 = NJW 1994, 36, 38 (Bürgschaft I).

[229] Ebenda.

Frage nach den *Voraussetzungen* und *Gründen* des Vertragsschlusses *geradezu aufdrängen* ....“[230]

In einer der nachfolgenden Kammerentscheidungen, die ebenfalls eine Angehörigenbürgschaft zum Gegenstand hatte, sah das Gericht indes Anlass, näher auf die Qualität des Näheverhältnisses und den daraus folgenden äußeren Druck zur Übernahme der die Schuldnerin weit überfordernden Verbindlichkeit einzugehen.[231] So stellte es in einer Entscheidung aus dem Jahre 1994 vor allem darauf ab, dass sich die Beschwerdeführerin „als *Tochter* der Hauptschuldner aufgrund ihrer *familiären Bindung* gedrängt fühlen [konnte], ein nach ihren wirtschaftlichen Verhältnissen *unvertretbar hohes Haftungsrisiko* zu übernehmen, um ihren Eltern die Kreditaufnahme zu ermöglichen.“[232] Gleiches nahm das Gericht für den Verlobten und späteren Ehemann der Bürgin an, der ebenfalls eine Bürgschaft übernommen hatte und „aufgrund seiner engen Beziehung zur Bf. zu 1 mittelbar ebenfalls von diesem familiären Druck betroffen sein“[233] konnte. Daneben sprach aber auch eine erhebliche *psychische* und *intellektuelle* Unterlegenheit für eine massive Beeinträchtigung der Fähigkeit zur eigenverantwortlichen Selbstbestimmung: „Ihr geringes *Lebensalter* und das Fehlen einer *qualifizierten beruflichen Vorbildung* waren *typische Anzeichen* dafür, daß sie weder über eine große *Lebenserfahrung* noch über *Gewandtheit* und *Erfahrung in Geldgeschäften* verfügten und danach das übernommene Haftungsrisiko nicht in seiner vollen Tragweite *abschätzen* konnten. ... All dies indizierte deutlich eine Vertragsunterlegenheit der Bf.“[234]

Auf ähnliche Erwägungen stützte das Gericht seine Entscheidung zur Unzulässigkeit eines *Unterhaltsverzichtsvertrags*:

„Eine Situation von *Unterlegenheit* ist regelmäßig anzunehmen, wenn eine nicht verheiratete *schwangere Frau* sich vor die *Alternative* gestellt sieht, in Zukunft entweder *allein* für das erwartete Kind Verantwortung und Sorge zu tragen oder durch *Eheschließung* den Kindesvater in die Verantwortung einzubinden, wenn auch um den Preis eines mit ihm zu schließenden, sie aber *stark belastenden Ehevertrags*. Ihre *Verhandlungsposition* wird hier *geschwächt* sein durch die *tatsächliche Lage*, in der sie sich befindet, durch ihre Rechtsstellung als ledige Mutter und insbesondere durch das Bemühen um die Sicherung der eigenen *Existenz* und der des erwarteten *Kindes*. ... Hinzu kommt für die nicht verheiratete Schwangere die Gewissheit, die alleinige Verantwortung und Sorge für das Kind tragen zu müssen. ...“[235]

---

230 BVerfGE 89, 214, 235f. = NJW 1994, 36, 38 (Bürgschaft I). Hervorhebungen durch den Verfasser.

231 BVerfG NJW 1994, 2749 (Bürgschaft II).

232 BVerfG NJW 1994, 2749, 2750 (Bürgschaft II). Hervorhebungen durch den Verfasser.

233 Ebenda.

234 Ebenda. Hervorhebungen durch den Verfasser.

235 BVerfGE 103, 89, 102f. = NJW 2001, 957, 958f. (Unterhaltsverzicht I). Hervorhebungen durch den Verfasser.

Allerdings machte das Gericht zugleich deutlich, dass die Schwangerschaft für sich allein genommen nur ein Indiz für eine Vertragsimparität darstellt und es für die verlässliche Annahme einer erheblichen Beeinträchtigung des rechtsgeschäftlichen Selbstbestimmungsrechts des unterlegenen Vertragsteils weiterer Faktoren im Sinne eines Indizienbündels bedarf.[236] Dabei können Gesichtspunkte wie etwa Vermögenslage, berufliche Qualifikation und Perspektive u.ä. bei einem entsprechenden Defizit nicht nur als Indizien für eine Verletzung der materiellen Vertragsfreiheit, sondern bei ihrem Vorliegen auch zum Ausgleich einer Ungleichgewichtslage beitragen:

„Allerdings ist die *Schwangerschaft* bei Abschluss eines Ehevertrags nur ein *Indiz* für eine *vertragliche Disparität*, das Anlass gibt, den Vertrag einer stärkeren richterlichen Kontrolle zu unterziehen. ... Die *Vermögenslage*, die *berufliche Qualifikation* und *Perspektive* sowie die von den Ehevertragsparteien ins Auge gefasste *Aufteilung von Erwerbs- und Familienarbeit* in der Ehe sind weitere maßgebliche Faktoren, die die Situation der Schwangeren bestimmen. Im Einzelfall können sie dazu führen, ihre *Unterlegenheit auszugleichen*, auch wenn im Ehevertrag gesetzliche Rechtspositionen abbedungen werden.“[237]

Im Rahmen der *Gesamtwürdigung* der einzelnen Faktoren, die als Indizien für das Bestehen eines die eigenverantwortliche Selbstbestimmung beeinträchtigenden Ungleichgewichtes gewertet werden können, wie etwa das Bestehen eines *persönlichen Näheverhältnisses* (Vaterschaft, Verlöbnis, familiäre Beziehung), eine *Lebenssituation*, die zu einer besonderen *Schutzbedürftigkeit* der Betroffenen führt (Schwangerschaft) sowie *persönliche* oder *intellektuelle* Eigenschaften und Fähigkeiten (Alter, Lebenserfahrung, geschäftliche Gewandtheit, Berufsausbildung und berufliche Perspektiven), kommt indes dem Vertragsinhalt als wesentlichem Indikator für die *Beeinträchtigung des Selbstbestimmungsrechts* eine zentrale Bedeutung zu. Aufgrund des engen Zusammenhangs zwischen *eigenverantwortlicher Selbstbestimmung* und *angemessenem Interessenausgleich*, zwischen *Vertragsfreiheit* und *Vertragsgerechtigkeit*[238] kann damit auch nur von einer Beeinträchtigung der rechtsgeschäftlichen Entscheidungsfreiheit ausgegangen werden, wenn nicht sämtliche der genannten Indizien vorliegen.

So kann selbstverständlich bereits die *Schwangerschaft* und die damit verbundene *persönliche Bindung* zum Kindsvater sowie eventuell vorhandener *Druck* und *Bedrängung* aus ihrem *sozialen Umfeld* ausreichen, um sie gleichsam zum Abschluss eines sie erheblich benachteiligenden Vertrages zu drängen.[239] Das Bestehen einer *beruflichen Ausbildung* oder *theoretische berufliche Perspektiven*

[236] BVerfGE 103, 89, 104 = NJW 2001, 957, 959 (Unterhaltsverzicht I).

[237] Ebenda. Hervorhebungen durch den Verfasser.

[238] Vgl. hierzu aus verfassungsrechtlicher Perspektive auf der Grundlage der Judikatur des BVerfG bereits oben S. 418 ff. sowie im Übrigen oben S. 159 ff.

[239] Vgl. hierzu die umfassenden Ausführungen des BVerfG zur wirtschaftlichen und sozialen Bedeutung der Schwangerschaft für die Mutter BVerfGE 103, 89, 102 ff. = NJW 2001, 957, 958 ff. (Unterhaltsverzicht I).

können somit gegenüber der *Sorge um das Kindeswohl* und dem *Wunsch nach einer Familie* entsprechend geringer ins Gewicht fallen. Ist der Ehevertrag daher für die Schwangere einseitig belastend, finden ihre Interessen in ihm keine angemessene Berücksichtigung und weist er damit einen Inhalt auf, den tatsächlich gleichberechtigte und hinreichend informierte Vertragspartner nach vernünftigem Ermessen in dieser Weise kaum abgeschlossen hätten, drängt sich die Frage nach der tatsächlichen Freiheit der Willensentschließung – der sich durch den Abschluss des Vertrages selbst schädigenden Partei – geradezu auf:

„Wenn aber auch der *Inhalt des Ehevertrags* eine solche Unterlegenheitsposition der nicht verheirateten Schwangeren zum Ausdruck bringt, wird die Schutzbedürftigkeit *offenkundig*. Dies ist der Fall, wenn der *Vertrag die Schwangere* einseitig belastet und ihre Interessen keine angemessene Berücksichtigung finden."[240]

3. *Situative Unterlegenheit*

Die dritte Fallgruppe betrifft schließlich Fälle *situativer Unterlegenheit*. In ihnen ergibt sich die Vertragsimparität nicht bereits aus der wirtschaftlichen bzw. emotionalen Stellung der Parteien zueinander oder psychischen und bzw. intellektuellen Fähigkeiten und Eigenschaften der beteiligten Personen, sondern aus der *Art und Weise* des *Vertragsschlusses* selbst.[241] Zu dieser Fallgruppe gehören die klassischen AGB-Fälle wie etwa die Entscheidungen zum *Zahnarzthonorar*[242], zur *Preisanpassungsklausel*[243], aber auch die Judikate zur *Arbeit auf Abruf*[244] und zum *Versicherungsrecht* (*Überschussbeteiligung*[245], *Rückkaufswert*[246], *Unfallversicherungsprämie*[247] und *Schweigepflichtentbindung*[248]).

240 BVerfGE 103, 89, 104f. = NJW 2001, 957, 959 (Unterhaltsverzicht I). Hervorhebungen durch den Verfasser.

241 Vgl. zur hierzu eingehend oben S. 390, unten S. 507 sowie aus dem Schrifttum *Ulmer/Habersack*, in: *Ulmer/Brandner/Hensen*, AGB-Recht (12. Aufl. 2016), Einl. Rn. 5, 48; *Fuchs*, in: *Ulmer/Brandner/Hensen*, AGB-Recht (12. Aufl. 2016), Vorb. v. § 307 Rn. 27; *Pfeiffer*, in: Wolf/Lindacher/Pfeiffer, AGB-Recht (6. Aufl. 2013), Einl. Rn. 3; *Stoffels*, AGB-Recht (3. Aufl. 2015), Rn. 72ff., 83ff.; *Leuschner*, AcP 207 (2007), 491, 494ff.; Staudinger/*Wendland*, BGB (2019), § 307 Rn. 3; *Wackerbarth*, AcP 200 (2000), 45, 55f., 82f.; *Fastrich*, Inhaltskontrolle (1992), S. 83ff., 91, 93; *Lieb*, AcP 178 (1978), 196, 201 und *Raiser*, Das Recht der AGB (1961), S. 21f.

242 BVerfG NJW 2005, 1036 (Zahnarzthonorar). Vgl. hierzu eingehend oben S. 390f.

243 BVerfG NJW 2011, 1339 (Preisanpassungsklausel). Vgl. hierzu eingehend oben S. 400f.

244 BVerfG NJW 2007, 286 (Arbeit auf Abruf). Vgl. hierzu eingehend oben S. 399f.

245 BVerfGE 114, 73 = NJW 2005, 2376 (Überschussbeteiligung). Vgl. hierzu eingehend oben S. 393f.

246 BVerfG NJW 2006, 1783 (Rückkaufswert). Vgl. hierzu eingehend oben S. 394ff.

247 BVerfG VersR 2006, 961 (Unfallversicherungsprämie). Vgl. hierzu eingehend oben S. 435f.

248 BVerfG JZ 2007, 576 = WM 2006, 2270 = VersR 2006, 1669 (Schweigepflichtentbindung). Vgl. hierzu eingehend oben S. 435f.

Damit wird deutlich, dass sich die vom BVerfG entschiedenen Fälle aufgrund der Vielgestaltigkeit der betroffenen Lebenssachverhalte einer eindeutigen Zuweisung in ein starres System vordefinierter Kategorien naturgemäß entziehen und – wenngleich in unterschiedlichem Maße – zugleich mehrere Fallgruppen betroffen sein können. So werden etwa die Vertragsbedingungen in Arbeitsverträgen regelmäßig in Form von AGB vereinbart, so dass sowohl eine *wirtschaftliche Abhängigkeit* als auch eine *situative Unterlegenheit* gegeben ist.[249] Auch zwischen Verbrauchern und Unternehmern oder Zulieferern und Herstellern besteht regelmäßig neben der AGB-bedingten *situativen Überlegenheit* ein *wirtschaftliches Ungleichgewicht*. Allerdings folgt die situative Unterlegenheit der Vertragspartner von AGB-Verwendern, wie sie in der jüngsten Zeit von der Literatur herausgearbeitet wurde[250], im Hinblick auf die sie bedingenden Ursachen einer eigenen Struktur, die sie von Fällen wirtschaftlicher Abhängigkeit unterscheidet, so dass insoweit eine Abgrenzung durch Bildung einer eigenen Fallgruppe erforderlich ist.

Maßgebliche Ursache für die *situative Unterlegenheit* des AGB-Verwendungsgegners ist eine *Informationsasymmetrie* zwischen den Parteien, die einen zielenden *Konditionenwettbewerb* und damit ein *Marktversagen* im Hinblick auf vertragliche Nebenbedingungen zur Folge hat.[251] Dabei kann das Informationsdefizit aufseiten der unterlegenen Partei sowohl auf der *Weigerung der Herausgabe* entsprechender Informationen durch den Vertragspartner als auch auf der *Unzumutbarkeit* eines umfassenden Vergleichs der AGB verschiedener Anbieter beruhen. So stellte das BVerfG in seiner Entscheidung zur *Überschussbeteiligung* fest:

„Einzelheiten der *Überschussbildung* und das *Verfahren* der *Überschussbeteiligung* waren jedoch *nicht näher geregelt* und den Versicherungsnehmern auch *nicht bekannt*. Insbesondere hatten und haben sie keine *effektiven Möglichkeiten*, entsprechende *Informationen*, etwa als Folge des *Wettbewerbs* der *Versicherungsunternehmen* untereinander, zu erhalten und beispielsweise darauf hinzuwirken, dass der *Überschussbildung* alle Vermögenswerte zu Grunde gelegt werden, die über die Prämienerhebung geschaffen

---

[249] Diese Fallkonstellation nahm das BVerfG in seiner *Arbeit-auf-Abruf-Entscheidung* in den Blick, wobei es auf beide Aspekte hingewiesen hatte: So bezweckten die angewandten Normen des AGB-Rechts zum einen „den Ausgleich eines strukturellen Ungleichgewichts zweier Vertragspartner", zum anderen befinde sich „der einzelne Arbeitnehmer ... beim Abschluss von Arbeitsverträgen typischerweise in einer Situation struktureller Unterlegenheit", da – so das Gericht in der weiteren Urteilsbegründung – der „einzelne Arbeitnehmer ... typischerweise ungleich stärker auf sein Arbeitsverhältnis angewiesen [ist] als der Arbeitgeber auf den einzelnen Arbeitnehmer." BVerfG NJW 2007, 286, 287f. (Arbeit auf Abruf).

[250] Vgl. nur *Ulmer/Habersack*, in: *Ulmer/Brandner/Hensen*, AGB-Recht (12. Aufl. 2016), Einl. Rn. 5, 48; *Fuchs*, in: *Ulmer/Brandner/Hensen*, AGB-Recht (12. Aufl. 2016), Vorb. v. § 307 Rn. 27; *Stoffels*, AGB-Recht (3. Aufl. 2015), Rn. 81 ff.; *Leuschner*, AcP 207 (2007), 491, 493 ff. Vgl. auch die umfassenden Nachweise oben S. 294 Fn. 47.

[251] Vgl. hierzu eingehend oben S. 410f. sowie unten S. 511 ff., 569 ff. Vgl. auch unten S. 779 ff.

worden sind. Der *Wettbewerb* um das Produkt ‚Lebensversicherung' funktioniert für die Versicherten nur in *beschränkter Weise. ...* Hingewiesen wird in der Literatur insbesondere auf *intransparente Leistungsbeschreibungen* verbunden mit *unbestimmten, variablen Leistungsinhalten* ... sowie auf die Bestimmung der vertragsgemäß geschuldeten Leistung durch *Bezugnahme auf bilanzrechtliche Vorschriften*, deren *leistungsvermindernde Wirkungen* für die Versicherten *nicht erkennbar* seien."[252]

In entsprechender Weise hat das Gericht auch in seiner Entscheidung zum *Rückkaufswert* die für *„autonome Entscheidung* unabdingbare[n] *Transparenz*"[253] als wesentlich erachtet, um den Parteien *„effektive Möglichkeiten* zur Durchsetzung ihrer *Interessen*"[254] zur Verfügung zu stellen. Folge des fehlenden Wettbewerbs im Hinblick auf die Vertragsbedingungen ist eine monopolähnliche Stellung des AGB-Verwenders, die es ihm erlaubt, von ihm selbst entworfene und ihn regelmäßig einseitig bevorzugende Vertragsbedingungen durchzusetzen. Auf die Gestaltung der AGB haben die Vertragspartner in der Regel keinen Einfluss:

„Im Hinblick auf den Umgang mit Bewertungsreserven bei der Überschussberechnung und auf die Art und Weise von Querverrechnungen fehlen den Versicherungsnehmern *praktisch realisierbare Möglichkeiten*, selbst und eigenständig auf Änderungen der Praxis zu ihren Gunsten *hinzuwirken*. Die *Vertragsbedingungen* der Lebensversicherer sind auch heute praktisch *nicht verhandelbar*."[255]

Im Ausgleich der auf diese Weise beschränkten *Vertragsgestaltungsfreiheit* sieht das BVerfG auch den *Zweck* der *Inhaltskontrolle* von AGB und stellt die Inhaltskontrolle damit auf ein verfassungsrechtlich abgesichertes Fundament.[256]

IV. Zusammenfassung

1. Die Vertragsfreiheit ist *verfassungsrechtlich* im Rahmen der *allgemeinen Handlungsfreiheit* nach Art. 2 Abs. 1 GG geschützt, soweit nicht der Schutzbereich eines *spezielleren Freiheitsrechts* betroffen ist. Sie hat in der verfassungsrechtlichen Rechtsprechung eine dreifache Ausprägung als *Abwehrrecht*, als *Schutzpflicht* sowie als *Institutsgarantie* erfahren.

2. Die *formale Vertragsfreiheit* berührt die Funktion des Grundrechts als *subjektives Abwehrrecht* und als *Institutsgarantie*. Dabei gewährleistet sie die *freie*

[252] BVerfGE 114, 73, 96 = NJW 2005, 2376, 2379 (Überschussbeteiligung). Hervorhebungen durch den Verfasser.

[253] BVerfG NJW 2006, 1783, 1785 (Rückkaufswert). Hervorhebungen durch den Verfasser.

[254] Ebenda. Hervorhebungen durch den Verfasser.

[255] BVerfG NJW 2005, 2376, 2379 (Überschussbeteiligung). Ebenda. Hervorhebungen durch den Verfasser.

[256] Vgl. nur BVerfG NJW 2011, 1339, 1341 (Preisanpassungsklausel): „Die gerichtliche Kontrolle der Allgemeinen Geschäftsbedingungen kompensiert die mangelnde Verhandlungsmacht des Vertragspartners des Verwenders." sowie BVerfG NJW 2005, 1036, 1037 (Zahnarzthonorar).

Entfaltung der Persönlichkeit im wirtschaftlichen und rechtlichen Bereich und damit die *Privatautonomie* als Befugnis der Parteien zur Gestaltung der Rechtsverhältnisse nach ihrem Willen. Sie eröffnet dem Einzelnen einen vor staatlichen Eingriffen grundsätzlich geschützten, angemessenen *Freiheitsraum*.

3. Da die Vertragsfreiheit der *Rechtsordnung* als *Korrelat* und damit zugleich auch der rechtlichen *Ausgestaltung* durch den Gesetzgeber bedarf, sind die Parteien insoweit auf die *Mitwirkung* des Staates angewiesen. Diesem steht zur Ausgestaltung der Privatrechtsordnung eine *Einschätzungsprärogative* und damit ein grundsätzlich weiter *Gestaltungsspielraum* zu. Dabei ist er jedoch an die objektiv-rechtlichen Vorgaben der Grundrechte gebunden. Hierzu gehören etwa der *Gleichheitsgrundsatz*, das *Sozialstaatsprinzip* sowie das vom *Verhältnismäßigkeitsgrundsatz* geforderte *Übermaßverbot*. Der *abwehrrechtliche Gehalt* der Vertragsfreiheit ist angesichts der weiten *Ausgestaltungsprärogative* des Gesetzgebers vergleichsweise *schwach* ausgeprägt und unterliegt – soweit nicht der Schutzbereich eines speziellen Freiheitsgrundrechts betroffen ist – der *Schrankentrias* der *verfassungsmäßigen Ordnung*, des *Sittengesetzes* und *kollidierender Grundrechte Dritter*.

4. Neben die abwehrrechtlich bestimmte *formale* tritt die *schutzpflichtrechtlich* qualifizierte *materielle* Vertragsfreiheit als *zweite* wesentliche *Dimension* der verfassungsrechtlichen Gewährleistung der Vertragsfreiheit. Während die *formale* Vertragsfreiheit die sich aus *staatlichen Eingriffen* ergebenden Gefahren *für* den Vertrag betrifft, erfasst die *materielle* Vertragsfreiheit jene Gefahren, die der *schwächeren* Partei aufgrund der *Fremdbestimmung* seitens ihres Vertragspartners *durch* den Vertrag erwachsen. Sie schützt die *tatsächliche* Entscheidungsfreiheit *beider* Parteien. Mit der Ausgestaltung der materiellen Vertragsfreiheit als *staatlicher Schutzpflicht* führt das BVerfG den Gehalt der Vertragsfreiheit auf ihren ursprünglichen Kern zurück: Gewährleistung rechtlicher *Selbstbestimmung* als Ausdruck menschlicher *Würde* und *Freiheit*, Entfaltung der *Persönlichkeit* im rechtlichen und wirtschaftlichen Bereich, eigenverantwortliche *Verwirklichung* der *Interessen* des Einzelnen.

5. *Formale* und *materielle* Vertragsfreiheit stehen in einem *Spannungsverhältnis*, das im Wege *praktischer Konkordanz* aufzulösen ist. Gegenüber der *formalen* kommt der *materiellen* Vertragsfreiheit aus *dogmatischer Perspektive* aufgrund der Bedeutung des *Selbstbestimmungsrechts* grundsätzlich *Vorrang* zu. Denn ist der *gemeinsame Wille* der eigentliche Legitimationsgrund der im Vertrag verwirklichten rechtlichen Bindung, so muss diese Legitimation und mit ihr notwendig auch die Bindungswirkung entfallen, wenn der Vertrag nicht auf einer *tatsächlich* freien *Entscheidung* beider Parteien beruht, sondern vielmehr das Ergebnis von *Fremdbestimmung* ist.

6. Allerdings wird dieser Grundsatz aus Gründen der *Rechtssicherheit* und des *Verkehrsschutzes* gleichsam umgekehrt. Denn zum einen werden sich tatsächliche Beeinträchtigungen der Selbstbestimmung in der Regel empirisch kaum nachweisen lassen. Zum anderen wird nicht jede Beeinträchtigung des Selbstbestimmungsrechts eine Aufhebung des Vertrages rechtfertigen können. Entsprechend nimmt auch das BVerfG eine Unwirksamkeit des Vertrages nur in jenen Fällen an, in denen – etwa aufgrund eines typischerweise bestehenden *strukturellen Ungleichgewichts* – *regelmäßig* von einer Beeinträchtigung der tatsächlichen Selbstbestimmung ausgegangen werden kann und sich diese Beeinträchtigung darüber hinaus in einem erheblichen *Missverhältnis* von *Leistung* und *Gegenleistung* niedergeschlagen hat.

7. Aus *verfassungsrechtlicher Perspektive* ist die im Rahmen der aktuellen *Reformdiskussion* verbreitete Haltung, die in der Inhaltskontrolle im b2b-Verkehr einen *per se* fragwürdigen Eingriff in die *Vertragsfreiheit* erblickt und auf eng umgrenzte Ausnahmefälle begrenzt wissen will, nicht haltbar. Die Inhaltskontrolle gewährleistet die *tatsächliche* Selbstbestimmung der Parteien und ist damit gerade *das* zentrale Instrument der Verwirklichung *tatsächlicher* Vertragsfreiheit. Darüber hinaus ist es gerade eine der *Parteien* selbst, die eine Aufhebung des Vertrages begehrt. Die im Rahmen der Reformdiskussion verbreitete Vorstellung, „der Staat“ greife mit der Inhaltskontrolle in das *Selbstbestimmungsrecht* „der Parteien“ ein, wird der Problematik nicht gerecht. Im Gegenteil ist eine Inhaltskontrolle gerade zum Schutz des Selbstbestimmungsrechts *beider* Parteien notwendig, weil sich der Vertrag hier nicht als Ergebnis tatsächlicher, gemeinschaftlicher Selbstbestimmung darstellt. Im Rahmen des Vertragsschlusses unter Verwendung von AGB ist die *Vertragsgestaltungsfreiheit* des Verwendungsgegners typischerweise vollständig, seine *Abschlussfreiheit* weitgehend auf *Null* reduziert. Ein Eingreifen des Staates ist daher zum Schutz materieller Selbstbestimmung des schwächeren Vertragspartners geboten. Entsprechend hat das BVerfG eine Inhaltskontrolle von AGB nicht nur für „verfassungsrechtlich unbedenklich“[257], sondern sogar für „nötig“[258] gehalten.

8. Die Grundzüge des Verhältnisses von *formaler* und *materieller* Vertragsfreiheit hat das BVerfG in einer Reihe von *Grundsatzentscheidungen* entwickelt und näher präzisiert. In der *Handelsvertreterentscheidung* brach es mit dem bislang herrschenden rein formalen Freiheitsverständnis und stellte klar, dass die grundgesetzlich geschützte Privatautonomie voraussetzt, „daß die Bedingungen freier Selbstbestimmung tatsächlich gegeben sind“[259] und es hierfür eines *annähernden Kräftegleichgewichts* zwischen den Parteien und damit der *Vertragsparität* bedarf. Die *Eingriffsschwelle*, ab der sich die *Gefährdungslage* zu einer *Schutzpflicht*

---

[257] BVerfG NJW 2005, 1036, 1037 (Zahnarzthonorar).
[258] BVerfG NJW 2005, 1036, 1037 (Zahnarzthonorar).
[259] BVerfGE 81, 242, 255 = NJW 1990, 1469, 1470 (Handelsvertreter).

des Staates verdichtet, lässt sich dabei nur *typisierend* erfassen, wobei etwa auf die *wirtschaftliche Unterlegenheit* und *Abhängigkeit* sowie die Problematik einer *allgemein schwächeren Stellung* der Handelsvertreter abgestellt wurde. Mit der *Handelsvertreterentscheidung* leitete das BVerfG einen *Paradigmenwechsel* ein und bestimmte den Rahmen, in dem sich die verfassungsrechtliche Judikatur seitdem bewegt: Anerkennung tatsächlicher, *materieller Vertragsfreiheit* als Voraussetzung und „zweite Dimension" grundgesetzlich geschützter *Selbstbestimmung*, Statuierung einer *staatlichen Schutzpflicht* und schließlich *Typisierung gestörter Vertragsparität* durch Anerkennung der Fallgruppe des *strukturellen Ungleichgewichts* als schutzpflichtauslösendem Kriterium.

9. In seiner *Bürgschaftsentscheidung* entwickelte das BVerfG seinen Ansatz weiter: Präzisierung der Beziehung von *formaler* und *materieller* Vertragsfreiheit im Sinne eines *Regel-Ausnahme-Verhältnisses*, Entwicklung konkreter *Kriterien* für das Auslösen einer staatlichen *Schutzpflicht*, *Begründung* der richterlichen Inhaltskontrolle durch Rückgriff auf die Grundsätze (materieller) *Vertragsfreiheit* und *Vertragsgerechtigkeit*, Bekräftigung der *inneren Verknüpfung* von Vertragsfreiheit und Vertragsgerechtigkeit sowie *de facto* Anerkennung ihrer *gegenseitigen Indizwirkung*, Berücksichtigung *persönlicher Eigenschaften* der Parteien wie der *geschäftlichen Unerfahrenheit* als relevante Kriterien für die Bestimmung der Vertragsimparität.

10. Mit der *Handelsvertreter-* und der *Bürgschaftsentscheidung* war der *verfassungsrechtliche Rahmen* zur Gewährleistung materieller Vertragsfreiheit im Wesentlichen ausgebildet und wurde in den nachfolgenden Entscheidungen dogmatisch *präzisiert* und durch *Fallgruppenbildung* weiterentwickelt. Für die Entwicklung des *AGB-Rechts* waren dabei vor allem drei Entscheidungen von größerer Bedeutung: In der *Zahnarzthonorarentscheidung*[260] bestätigte das BVerfG die verfassungsrechtliche *Unbedenklichkeit*, aber auch die *Notwendigkeit* der Inhaltskontrolle von AGB.[261] Zugleich beanstandete es die hohen *Anforderungen*, die das OLG Hamm als Vorinstanz an den Nachweis eines *Aushandelns* einer Gebührenvereinbarung stellte. Ob sich hieraus zugleich eine verallgemeinerungsfähige Kritik an der Rechtsprechung des BGH zur Auslegung des Aushandelnsbegriffs ergibt, ist indes zweifelhaft. In der *Überschussbeteiligungsentscheidung*[262] stützte das Gericht die Feststellung der Vertragsimparität nicht auf den Nachweis einer *persönlichen* oder *wirtschaftlichen* Unterlegenheit, sondern auf die *Unverhandelbarkeit* der Vertragsbedingungen, die es in einer *Informationsasymmetrie* sowie einem bestehenden *Marktversagen* begründet sah. In seiner Entscheidung zur Wirksamkeit von *Preisanpassungsklauseln*[263] hat das BVerfG

[260] BVerfG NJW 2005, 1036, 1037 (Zahnarzthonorar).
[261] BVerfG NJW 2005, 1036, 1037 (Zahnarzthonorar).
[262] BVerfGE 114, 73 = NJW 2005, 2376, 2377 (Überschussbeteiligung).
[263] BVerfG NJW 2011, 1339 (Preisanpassungsklausel).

schließlich noch einmal herausgestellt, dass die Inhaltskontrolle auf die Herstellung der Privatautonomie *beider* Vertragsparteien gerichtet ist.

11. Der Nachweis der *Vertragsimparität* erfolgt in der verfassungsgerichtlichen Judikatur durch *Fallgruppenbildung.* Dabei unterscheidet das BVerfG im Wesentlichen zwischen 1) wirtschaftlicher, 2) psychischer, intellektueller oder emotionaler sowie im Hinblick auf AGB 3) situativer Unterlegenheit und folgt damit dem dogmatischen Rahmen, in dem sich auch die *Begründung* der Inhaltskontrolle von AGB bewegt.

§ 8

Rechtlicher und dogmatischer Rahmen der Inhaltskontrolle

Nach Klärung der verfassungsrechtlichen Grundlagen ist nun zu untersuchen, wie die vom BVerfG entwickelten Vorgaben für die Inhaltskontrolle von AGB im geltenden Recht einfachgesetzlich ausgestaltet worden sind. Im Mittelpunkt der Betrachtung steht damit zugleich die Ausprägung, die das Verhältnis von *Vertragsfreiheit* und *Vertragsgerechtigkeit de lege lata* gefunden hat.

I. Rechtlicher Rahmen: Einfachrechtliche Ausgestaltung der Inhaltskontrolle

Die Bestimmung des einfachgesetzlichen Rahmens und hier vor allem des Anwendungsbereiches des AGB-Rechts ist insbesondere für die Entwicklung eines tragfähigen *Begründungsmodells der Inhaltskontrolle* von erheblicher Bedeutung, muss dieses doch in der Lage sein, die unterschiedlichen *Erscheinungsformen* der Inhaltskontrolle von AGB, wie sie im einfachen Recht *de lege lata* Gestalt angenommen haben, erklären zu können.[1] Darüber hinaus trägt die Bestandsaufnahme des einfachgesetzlichen Befundes dazu bei, möglicherweise verborgene Begründungsansätze aufzudecken[2], die bestimmten Anwendungsfällen der Inhaltskontrolle implizit zugrunde liegen.

Diese sind sodann daraufhin zu untersuchen, ob sie mit dem „eigentlichen" Schutzzweck der Inhaltskontrolle, wie sie von Gesetzgebung und Rechtsprechung verstanden werden, in Einklang stehen, ob sie als vom Schutzzweck nicht gedeckte „überschießende" Regelungen zu korrigieren sind – wie dies etwa für die strenge Rechtsprechung des BGH zur Abgrenzung von AGB und Individualabrede im unternehmerischen Geschäftsverkehr diskutiert wird[3] – oder ob nicht

---

[1] Vgl. zur *Schutzzweckdiskussion* eingehend unten S. 462ff. mwN.

[2] Diesen Ansatz verfolgt auch *Hellwege*, AGB und Rechtsgeschäftslehre (2010), S. 539.

[3] *Kritisch* hierzu *Becker*, JZ 2010, 1098, 1104ff.; *Dauner-Lieb/Axer*, ZIP 2010, 309, 310ff., 314; *Berger*, NJW 2010, 465, 465ff.; *Kaufhold*, ZIP 2010, 631, 635; *Leuschner*, JZ 2010, 875, 876, 882ff.; *Miethaner*, NJW 2010, 3121, 3127; *Acker/Bopp*, BauR 2009, 1040; *Kessel/Stomps*, BB 2009, 2666, 2675; *Lenkaitis/Löwisch*, ZIP 2009, 441, 442ff.; *Müller/Griebeler/Pfeil*, BB 2009, 2658, 2660ff.; *Kessel/Jüttner*, BB 2008, 1350, 1350ff.; *Berger/Kleine*, BB 2007, 2137, 2141; *Berger*, ZIP 2006, 2149, 2156; *Leuschner*, AcP 207 (2007), 491, 518ff.; *Lischek/Mahnken*, ZIP 2007,

vielmehr das tradierte Schutzzweckkonzept der Ergänzung bedarf.[4] Diese Überlegungen bilden eine entscheidende Weichenstellung für die letztlich vom Schutzzweck des AGB-Rechts her zu beantwortende Frage, ob und gegebenenfalls in welchem Umfang auch AGB im unternehmerischen Geschäftsverkehr einer richterlichen Inhaltskontrolle zu unterwerfen sind.[5]

Kann damit das geltende einfache Recht nicht alleiniger Maßstab für die Bestimmung des Schutzzwecks der AGB-Kontrolle sein, sondern muss sich dogmatisch selbst an einem zu entwickelnden – auch verfassungsrechtlich determinierten – tragfähigen Schutzzweckmodell richterlicher Inhaltskontrolle messen lassen, so kann die *lex lata* für die Bestandsaufnahme möglicher Schutzkonzepte gleichwohl nicht ausgeblendet werden: Sie ist Ausdruck eines konkreten Schutzzweckverständnisses, das von ganz unterschiedlichen, teilweise gegensätzlichen Einflüssen geprägt wird – wie den Forderungen des Verfassungsrechts[6], europarechtlichen Umsetzungserfordernissen[7], praktischen Anforderungen[8] des Rechtsverkehrs und nicht zuletzt den rechtspolitischen Erwägungen des Gesetzgebers[9] – und spiegelt jenes Verhältnis wider, das den Rechtsprinzipien der *Vertragsfrei-*

158, 160 ff.; *Brachert/Dietzel*, ZGS 2005, 441, 441; *Gottschalk*, NJW 2005, 2493, 2495; *Pfeiffer*, ZGS 2004, 401. *Differenzierend Oetker, AcP 212 (2012), 202*, 224 ff., 250; *Koch*, ZGS 2011, 62; *Schiffer/Weichel*, BB 2011, 1283, 1286 ff.; *Koch*, BB 2010, 1810, 1811 ff., 1815; *Günes/Ackermann*, ZGS 2010, 454, 457 ff. *Zustimmend* dagegen die zahlreichen Stellungnahmen von *Graf von Westphalen*, vgl. nur *v. Westphalen*, NJOZ 2012, 441, 441 ff., 449; *v. Westphalen*, BB 2011, 195, 196 ff., 199 f.; *v. Westphalen*, NJW 2011, 2098, 2098 ff.; *v. Westphalen*, NJW 2010, 2254, 2254 ff.; *v. Westphalen*, BB 2010, 195, 196 ff., 201 f.; *v. Westphalen*, ZIP 2010, 1110, 1112 ff.; *v. Westphalen*, in: v. Westphalen (Hrsg.), Deutsches Recht im Wettbewerb (2009), S. 127, 131 ff., 137 f.; *v. Westphalen*, NJW 2009, 2977, 2981 ff.; *v. Westphalen*, ZIP 2007, 149, 150 ff., 157 f. sowie *Koch*, ZGS 2011, 62, 64 ff., 67. Grundsätzlich zum Schutz des Schwächeren im Privatrecht *v. Westphalen*, MDR 1994, 5, 8.

[4] Vgl. hierzu insbesondere die Beiträge von *Oetker*, AcP 212 (2012), 202, 217 ff.; *Leuschner*, JZ 2010, 875, 877 ff.; *Leuschner*, AcP 207 (2007), 491, 493 ff.; *Kötz*, JuS 2003, 209; *Canaris*, AcP 200 (2000), 273, 320 ff.; *Wackerbarth*, AcP 200 (2000), 45, 48 ff.; *Locher*, JuS 1997, 389 sowie die monographischen Untersuchungen von *Axer*, AGB-Kontrolle (2012), S. 40 ff.; *Becker*, AGB und Individualvereinbarung (2011), S. 28 ff.; *Hellwege*, AGB und Rechtsgeschäftslehre (2010), S. 540 ff.; *Miethaner*, AGB-Kontrolle (2010), S. 44 f.; *Pres*, Inhaltskontrolle (2005), S. 42 ff.; *Fastrich*, Inhaltskontrolle (1992), S. 79 ff. Vgl. auch *Ulmer/Habersack*, in: *Ulmer/Brandner/Hensen*, AGB-Recht (12. Aufl. 2016), § Einl. Rn. 47 ff.; *Stoffels*, AGB-Recht (3. Aufl. 2015), Rn. 88 ff.

[5] Vgl. zur Diskussion die umfangreichen Nachweise oben S. 417 Fn. 3.

[6] Vgl. hierzu bereits eingehend oben S. 358 ff.

[7] So wurden etwa die Regelungen der §§ 310 Abs. 3 Nr. 1, 2 BGB durch die *AGBG-Novelle 1996* in Umsetzung der *Europäischen Klauselrichtlinie* (RL 93/13/EWG, ABl. EG 1993 L 95, S. 29 ff.) in das deutsche AGB-Recht aufgenommen.

[8] Vgl. zu der mit den Erfordernissen der Rechtspraxis begründeten Forderung nach einer Begrenzung der Inhaltskontrolle von AGB im unternehmerischen Geschäftsverkehr die Nachweise oben S. 417 Fn. 3.

[9] Vgl. hierzu nur die Begründung des RegE zum *AGBG*, BT-Drucks. 7/3919, S. 10 ff., zur *AGBG-Novelle 1996*, BT-Drucks. 13/2713, S. 4 ff. sowie zum *Schuldrechtsmodernisierungsgesetz* 14/6040, S. 149 ff.

heit und der *Vertragsgerechtigkeit* von der Rechtsordnung entsprechend dem aktuellen rechtspolitischen Verständnis zugewiesen wird. Wie das dem geltenden Recht zugrunde liegende Verständnis des Schutzzwecks der Inhaltskontrolle beschaffen ist, welche übrigen Schutzzweckmodelle mit dem geltenden Recht vereinbar sind und wie das geltende Recht entsprechend dem im *Allgemeinen Teil* der Untersuchung entwickelten dogmatischen Verständnis von *Vertragsfreiheit* und *Vertragsgerechtigkeit*[10] im Hinblick auf Umfang und Reichweite der Inhaltskontrolle von AGB im unternehmerischen Geschäftsverkehr gestaltet werden kann, ist auf der Grundlage einer im Folgenden in den Blick zu nehmenden Bestandsaufnahme des geltenden Rechts zu beantworten.

1. *Anwendungsbereich der Inhaltskontrolle*

Der *sachliche Anwendungsbereich* der richterlichen Inhaltskontrolle von AGB nach den §§ 307 BGB wird zunächst durch den in § 305 Abs. 1 BGB legaldefinierten *Begriff* der *Allgemeinen Geschäftsbedingungen* und die entsprechenden Abgrenzungskriterien zu den im Einzelnen ausgehandelten Individualvereinbarungen abgesteckt.[11] Nach § 310 Abs. 3 BGB werden seit der *AGBG-Novelle von 1996*[12] in Umsetzung der europäischen *Klauselrichtlinie*[13] darüber hinaus auch Vertragsbedingungen in *Verbraucherverträgen* in den Anwendungsbereich der AGB-rechtlichen Inhaltskontrolle einbezogen, die den Anforderungen des § 305 Abs. 1 BGB nicht genügen, weil sie etwa nicht als vom Verwender gestellt angesehen werden können (§ 310 Abs. 3 Nr. 1 BGB) oder nur zur *einmaligen Verwendung* bestimmt sind (§ 310 Abs. 3 Nr. 1 BGB). In der weiteren Ausnahmevorschrift des § 310 Abs. 1 BGB wird der *persönliche Anwendungsbereich* des AGB-Rechts mit Blick auf bestimmte Vorschriften (§§ 308, 309 BGB) zudem für Unternehmer, in § 310 Abs. 2 BGB der *sachliche Anwendungsbereich* für bestimmte Versorgungsverträge (Strom, Gas, Wärme, Wasser) beschränkt.

2. *Allgemeine Geschäftsbedingungen gem. § 305 Abs. 1 BGB*

Nach der wörtlich aus § 1 Abs. 1 S. 1 AGBG a. F. übernommenen Vorschrift des § 305 Abs. 1 S. 1 BGB sind AGB „alle für eine Vielzahl von Verträgen vorformulierten Vertragsbedingungen, die eine Vertragspartei (Verwender) der anderen

---

[10] Hierzu eingehend oben S. 159 ff.

[11] Vgl. hierzu eingehend MünchKomm/*Basedow*, BGB (7. Aufl. 2016), § 305 Rn. 1 ff., 5 ff.; Palandt/*Grüneberg*, BGB (77. Aufl. 2018), § 305 Rn. 2 ff.; Erman/*Roloff*, (15. Aufl. 2017), § 305 Rn. 3 ff.; *Ulmer/Habersack*, in: *Ulmer/Brandner/Hensen*, AGB-Recht (12. Aufl. 2016), § 305 Rn. 9 ff.; *Stoffels*, AGB-Recht (3. Aufl. 2015), Rn. 106 ff.; *Pfeiffer*, in: Wolf/Lindacher/Pfeiffer, AGB-Recht (6. Aufl. 2013), § 305 Rn. 4 ff.; Staudinger/*Schlosser*, BGB (2013), § 305 Rn. 3 ff.

[12] Vgl. hierzu BT-Drucks. 13/2713, S. 4 ff.

[13] RL 93/13/EWG, ABl. EG 1993 L 95, S. 29 ff.

Vertragspartei bei Abschluss eines Vertrags stellt.“ Nach § 305 Abs. 1 S. 3 BGB liegen AGB nicht vor, „soweit die Vertragsbedingungen zwischen den Vertragsparteien im Einzelnen ausgehandelt sind.“ Die mit Blick auf einen umfassenden Schutz vor missbräuchlichen AGB vom Gesetzgeber bewusst weit gefasste Definition[14] enthält insgesamt fünf kumulativ erforderliche Voraussetzungen für die Eröffnung des Anwendungsbereiches des AGB-Rechts: Es muss sich um (1) *Vertragsbedingungen* handeln, (2) die für eine *Vielzahl von Fällen*, (3) *im Voraus formuliert*, (4) von einer Partei *gestellt* und (5) nicht im Einzelnen *ausgehandelt* worden sind.[15] Die tatbestandlichen Voraussetzungen des § 305 Abs. 1 S. 1 BGB sind dabei mit Blick auf den *Schutzzweck* der Inhaltskontrolle auszulegen[16], der nach der Rechtsprechung und der ganz herrschenden Meinung in der Literatur im Schutz vor der einseitigen Inanspruchnahme der Vertragsgestaltungsfreiheit durch den Verwender zulasten seines Vertragspartners zu sehen ist.[17]

a) Vertragsbedingungen

Das Merkmal der *Vertragsbedingungen* dient dabei der Abgrenzung zu *Rechtsnormen* (Gesetze, Rechtsverordnungen oder Satzungen), unverbindlichen *Bitten* und *Hinweisen* sowie *sonstigen Rechtsgeschäften*, die im Einzelfall durchaus problematisch sein kann.[18]

---

[14] Vgl. hierzu RegE zum AGBG, BT-Drucks. 7/3919, S. 15.

[15] MünchKomm/*Basedow*, BGB (7. Aufl. 2016), § 305 Rn. 1.

[16] *Ulmer/Habersack*, in: *Ulmer/Brandner/Hensen*, AGB-Recht (12. Aufl. 2016), § 305 Rn. 5; *Stoffels*, AGB-Recht (3. Aufl. 2015), Rn. 107.

[17] BGH NJW 2010, 1277, 1278; BGHZ 130, 50, 57 = NJW 1995, 2034, 2035; BGH 126, 326, 332 = NJW 1974, 2825; MünchKomm/*Basedow*, BGB (7. Aufl. 2016), Vor § 305 Rn. 5 ff.; Palandt/*Grüneberg*, BGB (77. Aufl. 2018), Überbl. Vor § 305 Rn. 8; Erman/*Roloff*, (15. Aufl. 2017), Vor § 305–310 Rn. 1 f.; *Ulmer/Habersack*, in: *Ulmer/Brandner/Hensen*, AGB-Recht (12. Aufl. 2016), Einl. Rn. 48; *Stoffels*, AGB-Recht (3. Aufl. 2015), Rn. 89; *Pfeiffer*, in: Wolf/Lindacher/Pfeiffer, AGB-Recht (6. Aufl. 2013), § 305 Rn. 3; Staudinger/*Wendland*, BGB (2019), § 307 Rn. 2. Vgl. auch BT-Drucks. 7/3919, S. 13, 22; BR-Drucks. 338/01, S. 344, 351 ff. A. A. *Joost*, ZIP 1996, 1685, 1686 ff.; *Zöllner*, FS 100 Jahre GmbHG (1992), S. 85, 102 ff. Vgl. zur *Schutzzweckdiskussion* im Einzelnen eingehend unten S. 462 ff.

[18] So werden einseitige rechtsgeschäftliche oder sonstige rechtserhebliche Erklärungen von der Rechtsprechung in analoger Anwendung der AGB-rechtlichen Vorschriften dem Anwendungsbereich der §§ 305 ff. BGB unterstellt, wenn sie auf einer Vorformulierung des Verwenders beruhen und im Zusammenhang mit der vertraglichen Beziehung des Verwendungsgegners stehen. Vgl. nur MünchKomm/*Basedow*, BGB (7. Aufl. 2016), § 305 Rn. 9; *Ulmer/Habersack*, in: *Ulmer/Brandner/Hensen*, AGB-Recht (12. Aufl. 2016), § 305 Rn. 16; *Stoffels*, AGB-Recht (3. Aufl. 2015), Rn. 113. Zum Merkmal der *Vertragsbedingungen* eingehend MünchKomm/*Basedow*, BGB (7. Aufl. 2016), § 305 Rn. 5 ff.; Palandt/*Grüneberg*, BGB (77. Aufl. 2018), § 305 Rn. 3 ff.; Erman/*Roloff*, (15. Aufl. 2017), § 305 Rn. 3 ff.; *Ulmer/Habersack*, in: *Ulmer/Brandner/Hensen*, AGB-Recht (12. Aufl. 2016), § 305 Rn. 9 ff.; *Stoffels*, AGB-Recht (3. Aufl. 2015), Rn. 109 ff.; *Pfeiffer*, in: Wolf/Lindacher/Pfeiffer, AGB-Recht (6. Aufl. 2013), § 305 Rn. 7 ff.; Staudinger/*Wendland*, BGB (2019), § 305 Rn. 3 ff.

b) Vielzahl von Verträgen

Das Erfordernis, dass die Vertragsbedingungen für eine *Vielzahl von Verträgen* vorformuliert sein müssen, soll nach der Intention des Gesetzgebers auf die „über den Einzelvertrag hinausreichende, normenähnliche Typisierung der AGB"[19] hinweisen und knüpft an den rechtstatsächlichen Befund an, dass AGB ganz überwiegend als Phänomen des *Massenverkehrs* in Erscheinung treten und sich der für den Verwender aus der Vorformulierung erwachsende Vorteil vor allem bei Mehrfachverwendung der von ihm erstellten AGB realisiert und mit ihrer Verwendung stetig wächst.[20] Dabei ist bereits die *Absicht* der Mehrfachverwendung ausreichend, wobei nach h. M. die Absicht einer mindestens dreimaligen Verwendung genügt.[21] Auf die tatsächliche mehrmalige Verwendung der Vertragsbedingungen kommt es nicht an.

Stammen die vorformulierten Vertragsbedingungen von einem Dritten, etwa von einem Rechtsanwalt oder Notar oder hat sie der Verwender einem Formularhandbuch, einer elektronischen Datenbank oder einem von Interessenverbänden entworfenen Mustervertragsformular entnommen, so genügt indes die einmalige Verwendungsabsicht, da sie jedenfalls vom Dritten für eine Vielzahl von Verträgen vorformuliert worden sind.[22] Ob dieses Abgrenzungskriterium mit Blick auf den nach herrschender Lehre anerkannten Schutzzweck des AGB-Rechts – den Einzelnen vor der einseitigen Inanspruchnahme der Vertragsgestaltungsfreiheit zu schützen[23] – zwingend erforderlich ist oder nicht schon bei einmaliger Verwendung eine Schutzbedürftigkeit des Vertragspartners des Verwenders besteht, ist zweifelhaft.[24] Die damit aufgeworfene Frage, ob der AGB-Begriff als Systembegriff des BGB überhaupt – insbesondere vor dem Hintergrund der europäischen Rechtsentwicklung[25] – noch Bestand haben und nicht vielmehr alle ein-

---

[19] RegE zum AGBG, BT-Drucks. 7/3919, S. 16.

[20] Zum *Rationalisierungsvorteil* des Verwenders vgl. oben S. 293 ff. mwN.

[21] BAG, Urteil v. 17.4.2012 (3 AZR 380/10) = BeckRS 2012, 73016, Rn. 20; BAGE 126, 187 = NZA 2008, 1004, 105; BAG NZA-RR 2008, 358, 361; BAGE 117, 155 = NZA 2006, 746, 747; BGH NJW 2004, 1454, 1454 f.; BGH NJW 2002, 138, 139. MünchKomm/*Basedow*, BGB (7. Aufl. 2016), § 305 Rn. 18; Palandt/*Grüneberg*, BGB (77. Aufl. 2018), § 305 Rn. 9; Erman/*Roloff*, (15. Aufl. 2017), § 305 Rn. 11; *Ulmer/Habersack*, in: *Ulmer/Brandner/Hensen*, AGB-Recht (12. Aufl. 2016), § 305 Rn. 25a; *Stoffels*, AGB-Recht (3. Aufl. 2015), Rn. 128; *Pfeiffer*, in: Wolf/Lindacher/Pfeiffer, AGB-Recht (6. Aufl. 2013), § 305 Rn. 16; Staudinger/*Schlosser*, BGB (2013), § 305 Rn. 20. Kritisch *Hellwege*, AGB und Rechtsgeschäftslehre (2010), S. 572.

[22] BGHZ 144, 242 = NJW 2000, 2988, 2989; BGHZ 184, 259 = NJW 2010, 1131; BAG NJW 2010, 550, 552. MünchKomm/*Basedow*, BGB (7. Aufl. 2016), § 305 Rn. 19.

[23] Vgl. hierzu oben S. 420, Fn. 17.

[24] Kritisch ebenfalls *Hellwege*, AGB und Rechtsgeschäftslehre (2010), S. 572.

[25] So verfolgt etwa die *europäische Klauselrichtlinie* (RL 93/13/EWG, ABl. EG 1993 L 95, S. 29 ff.) einen vom deutschen AGB-Recht grundsätzlich verschiedenen Ansatz und unterwirft für den Bereich der Verbraucherverträge sämtliche vorformulierten Vertragsbedingungen unabhängig vom Bestehen einer Mehrfachverwendungsabsicht einer *richterlichen Inhaltskontrolle*. Vgl. Art. 3 RL 93/13/EWG.

seitig gestellten Vertragsbedingungen der Inhaltskontrolle zu unterwerfen sind, wird im Rahmen der Entwicklung eines Begründungsmodells der Inhaltskontrolle näher in den Blick genommen.[26]

c) Vorformulierung

Mit der Voraussetzung der *Vorformulierung* legt das Gesetz in §305 Abs. 1 S. 1 BGB ein weiteres formales Merkmal für die Abgrenzung von AGB und Individualvereinbarungen vor, das auf den am Massenverkehr ausgerichteten Charakter von AGB verweist[27] und bereits für sich genommen als starkes Indiz die einseitige Inanspruchnahme der Vertragsgestaltungsfreiheit nahelegt. Als *vorformuliert* sind Vertragsbestimmungen immer dann anzusehen, wenn sie nicht anlässlich eines konkreten Vertragsschlusses entworfen werden, sondern vom Verwender oder von einem beliebigen Dritten – etwa einem Rechtsanwalt, Notar, Fachverlag, Wirtschafts- oder Interessenverband – zeitlich *vor dem Vertragsschluss* fixiert worden sind.[28]

Dabei kommt es mit Blick auf den Schutzzweck des AGB-Rechts nicht darauf an, in welcher Form die Vertragsbedingungen vorbereitet wurden: Neben der *Schriftform* ist es für die Annahme der Vorformulierung daher ausreichend, wenn die Vertragsbedingungen zum Zweck der späteren Verwendung etwa *im Kopf* des AGB-Verwenders oder seiner Gehilfen[29], als *Textbausteine*[30] elektronisch auf dem *Computer*, in *Onlinedatenbanken* und *sonstigen Datenträgern*[31] oder aber als Text in einem *Formularhandbuch*[32] oder in handelsüblichen *Mustervertragsformularen*[33] gespeichert sind. Eine genaue sprachliche Übereinstimmung der mehrfach verwendeten Klauseln ist dabei nicht erforderlich: Die im Wesentlichen *inhaltliche Gleichartigkeit* genügt.[34]

---

[26] Vgl. hierzu *Hellwege*, AGB und Rechtsgeschäftslehre (2010), S. 528 f. mwN. sowie unten S. 655 f., 792 f.

[27] RegE zum AGBG, BT-Drucks. 7/3919, S. 16 sowie *Ulmer/Habersack*, in: *Ulmer/Brandner/Hensen*, AGB-Recht (12. Aufl. 2016), §305 Rn. 20, 23.

[28] Vgl. zum Merkmal der *Vorformulierung* eingehend Palandt/*Grüneberg*, BGB (77. Aufl. 2018), §305 Rn. 8; Staudinger/*Schlosser*, BGB (2013), §305 Rn. 21; BeckOK BGB/*Hau/Poseck*, (47. Ed. 2018), §305 Rn. 17; MünchKomm/*Basedow*, BGB (7. Aufl. 2016), §305 Rn. 13 ff.; Erman/*Roloff*, (15. Aufl. 2017), §305 Rn. 9 f.; *Ulmer/Habersack*, in: *Ulmer/Brandner/Hensen*, AGB-Recht (12. Aufl. 2016), §305 Rn. 20 ff.; *Stoffels*, AGB-Recht (3. Aufl. 2015), Rn. 119 ff.; *Pfeiffer*, in: Wolf/Lindacher/Pfeiffer, AGB-Recht (6. Aufl. 2013), §305 Rn. 14.

[29] BGHZ 141, 108, 110 = NJW 1999, 2180, 2181; BGH NJW 1988, 410, 410.

[30] BGHZ 143, 104, 106 f. = NJW 2000, 1110, 111; OLG Frankfurt NJW 1991, 1489, 1490.

[31] BeckOK BGB/*Hau/Poseck*, (44. Ed. 2018), §305 Rn. 17; MünchKomm/*Basedow*, BGB (7. Aufl. 2016), §305 Rn. 13; Palandt/*Grüneberg*, BGB (77. Aufl. 2018), §305 Rn. 8; Erman/*Roloff*, (15. Aufl. 2017), §305 Rn. 9 f.; *Pfeiffer*, in: Wolf/Lindacher/Pfeiffer, AGB-Recht (6. Aufl. 2013), §305 Rn. 14; Staudinger/*Schlosser*, BGB (2013), §305 Rn. 23.

[32] OLG Rostock NZM 2010, 42, 42; BGH NJW 1999, 418, 419.

[33] BGHZ 184, 259, 262 = NJW 2010, 1131, 1131 (für einen ADAC-Mustervertrag).

[34] OLG Düsseldorf NZG 1998, 353, 353 („Nicht die grammatikalische und orthographische Monotonie massenhaft verwendeter Regelungen begründet deren Kontrollfähigkeit

Das Merkmal der Vorformulierung ist mit dem Kriterium der *Vielzahl* der Klauseln eng verknüpft, so dass die Qualifizierung von Vertragsbedingungen als AGB ausscheidet, wenn diese lediglich für den konkreten Vertragsschluss im Einzelfall und nicht für die spätere Verwendung einer Vielzahl von Verträgen entworfen werden.[35] Die *europäische Klauselrichtlinie*[36] verzichtet indes auf die *Mehrfachverwendungsabsicht*, so dass aus der Perspektive des Unionsrechts die *Vorformulierung* als wesentliches Tatbestandsmerkmal *nicht im Einzelnen ausgehandelter Vertragsklauseln* zum entscheidenden *Anknüpfungspunkt* für die Inhaltskontrolle wird.[37] Entsprechend bezieht §310 Abs.3 Nr.2 BGB bei *Verbraucherverträgen* Vertragsbedingungen auch dann in den Anwendungsbereich des AGB-Rechts ein, „wenn diese nur zur *einmaligen Verwendung* bestimmt sind und soweit der Verbraucher auf Grund der Vorformulierung auf ihren Inhalt *keinen Einfluss nehmen* konnte.“[38]

d) Stellen

Vertragsbedingungen müssen, um als AGB iSv. §305 Abs.1 S.1 BGB einer richterlichen Inhaltskontrolle am Maßstab der §§307ff. BGB unterworfen zu werden, der anderen Vertragspartei vom Verwender bei Abschluss des Vertrages *gestellt* worden sein.[39] In der damit in den Blick genommenen *Einseitigkeit der Auferlegung* liegt nach der Auffassung des Gesetzgebers „das wesentliche Charakteristikum von AGB“[40], „der innere Grund und Ansatzpunkt für die rechtliche Sonderbehandlung von AGB gegenüber Individualabreden“[41]. Das Merk-

nach dem AGBG, sondern die massenhafte Verwendung eines inhaltlich gleichbleibenden Regelungsmodells.“); OLG Dresden BB 1999, 228, 229; Palandt/*Grüneberg*, BGB (77. Aufl. 2018), §305 Rn.8; Erman/*Roloff*, (15. Aufl. 2017), §305 Rn.9; *Stoffels*, AGB-Recht (3. Aufl. 2015), Rn.120.

[35] *Ulmer/Habersack*, in: *Ulmer/Brandner/Hensen*, AGB-Recht (12. Aufl. 2016), §305 Rn.21.

[36] Art.3 Abs.2 S.1 RL 93/13/EWG, ABl. EG 1993 L 95, S.29ff.: „Eine *Vertragsklausel* ist immer dann als nicht im Einzelnen *ausgehandelt* zu betrachten, wenn sie *im voraus abgefaßt* wurde und der Verbraucher deshalb, insbesondere im Rahmen eines vorformulierten Standardvertrags, *keinen Einfluß auf ihren Inhalt* nehmen konnte.“ Hervorhebungen durch den Verfasser.

[37] Ebenso *Miethaner*, AGB-Kontrolle (2010), S.108. Ähnlich *Hellwege*, AGB und Rechtsgeschäftslehre (2010), S.530, der in der „nicht individuell ausgehandelten Klausel“ den entscheidenden Anknüpfungspunkt erblickt.

[38] §305 Abs.1 S.1 Hs.2 BGB. Hervorhebungen durch den Verfasser.

[39] Vgl. hierzu BeckOK BGB/*Hau/Poseck*, (47. Ed. 2018), §305 Rn.26ff.; MünchKomm/*Basedow*, BGB (7. Aufl. 2016), §305 Rn.20ff.; Palandt/*Grüneberg*, BGB (77. Aufl. 2018), §305 Rn.10ff.; Erman/*Roloff*, (15. Aufl. 2017), §305 Rn.12ff.; *Ulmer/Habersack*, in: *Ulmer/Brandner/Hensen*, AGB-Recht (12. Aufl. 2016), §305 Rn.26ff.; *Stoffels*, AGB-Recht (3. Aufl. 2015), Rn.131ff.; *Pfeiffer*, in: Wolf/Lindacher/Pfeiffer, AGB-Recht (6. Aufl. 2013), §305 Rn.18ff.; Staudinger/*Schlosser*, BGB (2013), §305 Rn.26ff.

[40] RegE zum AGBG, BT-Drucks. 7/3919, S.16.

[41] Ebenda, S.15.

mal des Stellens von AGB beantwortet die Frage, wem die vorformulierten Vertragsbedingungen als Ausdruck einseitiger Inanspruchnahme von Vertragsgestaltungsmacht zuzurechnen sind und dient damit zugleich auch der Bestimmung der Person des Verwenders.[42]

Auf das Bestehen eines wirtschaftlichen, sozialen oder sonstigen, durch bestimmte Eigenschaften der Parteien begründeten *Ungleichgewichts* kommt es dabei nicht an, da das AGB-Recht – anders als es noch das BVerfG für die in der *Handelsvertreter-* und *Bürgschaftsentscheidung*[43] entschiedenen, freilich nicht dem AGB-Recht unterfallenden, Fälle angenommen hatte – nicht an eine personenbezogene Verhandlungsimparität, sondern an die mit der Verwendung von AGB verbundene *situative Überlegenheit* des Verwenders und die damit einhergehende einseitige Inanspruchnahme der Vertragsgestaltungsfreiheit anknüpft.[44] Daher ist grundsätzlich derjenige als *Verwender* anzusehen, auf dessen *Initiative* die Einbeziehung der fraglichen Klauseln in den Vertrag zurückgeht.[45] Vertragsbedingungen sind danach gestellt, wenn sie fertig in den Vertrag eingebracht und dem Kunden einseitig auferlegt werden[46], d.h. wenn eine Partei die vorformu-

---

[42] BGHZ 184, 259, 263 = BGH NJW 2010, 1131, 1131 (Gebrauchtwagenkauf). MünchKomm/*Basedow*, BGB (7. Aufl. 2016), § 305 Rn. 28 ff.; Palandt/*Grüneberg*, BGB (77. Aufl. 2018), § 305 Rn. 12; Erman/*Roloff*, (15. Aufl. 2017), § 305 Rn. 12; *Ulmer/Habersack*, in: *Ulmer/Brandner/Hensen*, AGB-Recht (12. Aufl. 2016), § 305 Rn. 27; *Stoffels*, AGB-Recht (3. Aufl. 2015), Rn. 131; *Pfeiffer*, in: Wolf/Lindacher/Pfeiffer, AGB-Recht (6. Aufl. 2013), § 305 Rn. 25; Staudinger/*Schlosser*, BGB (2013), § 305 Rn. 27.

[43] Vgl. hierzu oben S. 379 ff. (*Handelsvertreterentscheidung*), 382 ff. (*Bürgschaftsentscheidung*).

[44] BGHZ 184, 259, 264 = NJW 2010, 1131, 1132 (Gebrauchtwagenkauf): „Ein *Stellen* von Vertragsbedingungen setzt ... *nicht* voraus, dass ein *Ungleichgewicht* zwischen den Vertragsbeteiligten hinsichtlich der *vertraglichen Durchsetzungsmacht* besteht. Verwender iSv. § 305 Abs. 1 Satz 1 BGB kann vielmehr auch eine Vertragspartei sein, die der anderen weder *wirtschaftlich* noch *sonst überlegen* ist. ... Denn die im *Stellen* einer Vertragsbedingung zum Ausdruck kommende *Einseitigkeit der Auferlegung* ... *beruht nicht zwingend* auf einer solchen Überlegenheit. Als *wesentliches Charakteristikum* von Allgemeinen Geschäftsbedingungen hat der Gesetzgeber vielmehr die *Einseitigkeit ihrer Auferlegung* und den Umstand gesehen, dass der andere Vertragsteil, der mit einer solchen Regelung konfrontiert wird, auf ihre *Ausgestaltung* gewöhnlich *keinen Einfluss* nehmen kann ....“ Hervorhebungen durch den Verfasser. *Zustimmend* Bamberger/Roth/*Becker*, (3. Aufl. 2012), § 305 Rn. 26; Palandt/*Grüneberg*, BGB (77. Aufl. 2018), § 305 Rn. 10. Vgl. hierzu auch die *Schutzzweckdiskussion* unten S. 462 ff. mwN.

[45] BGHZ 130, 54, 58 = NJW 1995, 2034, 2036 (Sonderkündigungsrecht): „auf wessen *Initiative* es zurückzuführen war, daß die Maklerin das Vertragsformular vorgeschlagen hat.“; BGH NJW-RR 2010 (D & O), 39, 39: „auf dessen *Veranlassung* die Einbeziehung der vorformulierten Bedingungen in den Vertrag zurückgeht“. Ähnlich auch BGH NJW 1997, 2043, 2044 (Software-Funktionsprüfung). Zustimmend MünchKomm/*Basedow*, BGB (7. Aufl. 2016), § 305 Rn. 26; Palandt/*Grüneberg*, BGB (77. Aufl. 2018), § 305 Rn. 10; Jauernig/*Stadler*, (16. Aufl. 2015), § 305 Rn. 6; *Ulmer/Habersack*, in: *Ulmer/Brandner/Hensen*, AGB-Recht (12. Aufl. 2016), § 305 Rn. 27; Staudinger/*Schlosser*, BGB (2013), § 305 Rn. 27. Hervorhebungen durch den Verfasser.

[46] BGH NJW 2010, 1131, 1132 (Gebrauchtwagenkauf); BGH NJW 1977, 624, 625 (Mindestprovision). MünchKomm/*Basedow*, BGB (7. Aufl. 2016), § 305 Rn. 21; Erman/*Roloff*,

lierten Bedingungen in den Vertrag einführt[47] oder ihre Einbeziehung *verlangt*, indem sie etwa ein *konkretes Einbeziehungsangebot* unterbreitet.[48]

Werden vorformulierte Klauseln von einem *neutralen* Dritten – etwa einem Notar, der in keiner besonderen Geschäftsbeziehung zum Verwender steht („Hausnotar") – in die Vertragsverhandlungen eingebracht, so scheidet ein Stellen von AGB seitens der Parteien grundsätzlich aus, es sei denn, eine der Parteien muss sich die Einbeziehung dieser Klauseln als mittelbarer Verwender zurechnen lassen, etwa weil sie die Vertragsbedingungen dem Dritten benannt[49], zur Verfügung gestellt[50] oder diesen zur Vorformulierung beauftragt hat[51]. Ob dies auch gilt, wenn die etwa von einem neutralen Notar vorformulierten Klauseln eine Partei in eindeutiger und offensichtlicher Weise *begünstigen*, ist zweifelhaft.[52] Werden die vorformulierten Vertragsbedingungen einvernehmlich vereinbart oder verlangen beide Vertragsparteien unabhängig voneinander die Einbeziehung branchenüblicher, ausgewogener Klauseln, scheidet ein *Stellen* iSv. §305 Abs. 1 S. 1 BGB mangels einseitiger Inanspruchnahme der Vertragsgestaltungsfreiheit aus.[53]

(15. Aufl. 2017), §305 Rn. 12. *Differenzierend* im Hinblick auf das Merkmal des *Auferlegens* im Sinne der „einseitigen Durchsetzung" *Ulmer/Habersack*, in: *Ulmer/Brandner/Hensen*, AGB-Recht (12. Aufl. 2016), §305 Rn. 26 a. E.

[47] Staudinger/*Schlosser*, BGB (2013), §305 Rn. 27.

[48] OLG Nürnberg MDR 2011, 345, 345 (Fernwärmevertrag); BGH NJW 1985, 2477, 2477 (Bauherrenmodell). BeckOK BGB/*Hau/Poseck*, (47. Ed. 2018), §305 Rn. 26; *Ulmer/Habersack*, in: *Ulmer/Brandner/Hensen*, AGB-Recht (12. Aufl. 2016), §305 Rn. 27; Palandt/*Grüneberg*, BGB (77. Aufl. 2018), §305 Rn. 10; *Stoffels*, AGB-Recht (3. Aufl. 2015), Rn. 132.

[49] BGH NJW 1990, 576, 576.

[50] BGHZ 83, 56, 58 = NJW 1982, 1035, 1035; BGHZ 102, 152, 157f. = NJW 1988, 558, 559.

[51] BGHZ 118, 229, 239 = NJW 1992, 2160, 2162; BGHZ 130, 50, 57f. = NJW 1995, 2034, 2035. Zum Ganzen MünchKomm/*Basedow*, BGB (7. Aufl. 2016), §305 Rn. 22. Vgl. zur Zurechnung von Handlungen Dritter eingehend BeckOK BGB/*Hau/Poseck*, (47. Ed. 2018), §305 Rn. 27f.; MünchKomm/*Basedow*, BGB (7. Aufl. 2016), §305 Rn. 22ff.; Palandt/*Grüneberg*, BGB (77. Aufl. 2018), §305 Rn. 12; Erman/*Roloff*, (15. Aufl. 2017), §305 Rn. 13; *Ulmer/Habersack*, in: *Ulmer/Brandner/Hensen*, AGB-Recht (12. Aufl. 2016), §305 Rn. 31ff.; *Stoffels*, AGB-Recht (3. Aufl. 2015), Rn. 134ff.; *Pfeiffer*, in: Wolf/Lindacher/Pfeiffer, AGB-Recht (6. Aufl. 2013), §305 Rn. 31; Staudinger/*Schlosser*, BGB (2013), §305 Rn. 28ff.

[52] Verneinend BGHZ 118, 229, 240 = NJW 1992, 2160, 2163: „Denn ein von einem unabhängigen Notar entworfener Vertrag dürfte hier nicht vorliegen. Solche Verträge enthalten in aller Regel einen angemessenen Interessenausgleich der Vertragsparteien. Der von den Parteien geschlossene Vertrag enthält hingegen fast ausschließlich den Erwerber belastende Bedingungen, die über die in gängigen Formularbüchern zu findenden Bedingungen hinausgehen und zudem in ihrem rechtlichen Regelungsgehalt zweifelhaft sind …". *Zustimmend* im Sinne einer *Vermutung* der Verwendereigenschaft des begünstigten Vertragsteils Palandt/*Grüneberg*, BGB (77. Aufl. 2018), §305 Rn. 12; Erman/*Roloff*, (15. Aufl. 2017), §305 Rn. 13; *Stoffels*, AGB-Recht (3. Aufl. 2015), Rn. 137. *Offenlassend* MünchKomm/*Basedow*, BGB (7. Aufl. 2016), §305 Rn. 54. *Verneinend* Staudinger/*Schlosser*, BGB (2013), §305 Rn. 27 mwN.

[53] BGH NJW 2010, 1131, 1133 (Gebrauchtwagenkauf). *Zustimmend* MünchKomm/*Basedow*, BGB (7. Aufl. 2016), §305 Rn. 22 27; Palandt/*Grüneberg*, BGB (77. Aufl. 2018), §305 Rn. 13; Erman/*Roloff*, (15. Aufl. 2017), §305 Rn. 12; *Ulmer/Habersack*, in: *Ulmer/Brand-*

Entscheidendes Kriterium für die Zurechnung der Vertragsbedingungen als vom Verwender *gestellt* und damit für die Einseitigkeit der Auferlegung ist das Fehlen einer *freien Einbeziehungsentscheidung* des Verwendungsgegners. Entsprechend hat der BGH in einer jüngeren Entscheidung zur Auslegung des Kriteriums des *Stellens* (§ 305 Abs. 1 S. 1 BGB) und des Komplementärbegriffs des *Aushandelns* (§ 305 Abs. 1 S. 3 BGB) klargestellt, dass ein Stellen von Vertragsbedingungen nicht vorliegt, „wenn die Einbeziehung vorformulierter Vertragsbedingungen in einen Vertrag auf einer *freien Entscheidung* desjenigen beruht, der vom anderen Vertragsteil mit dem Verwendungsvorschlag konfrontiert wird.“[54] Hierfür ist erforderlich, „dass er in der *Auswahl* der in Betracht kommenden Vertragstexte frei ist und insbesondere Gelegenheit erhält, alternativ eigene Textvorschläge mit der *effektiven Möglichkeit* ihrer Durchsetzung in die Verhandlungen einzubringen.“[55]

Ob danach die Einbeziehung der vorformulierten Vertragsbedingungen in den Vertrag unter Ausschluss einer freien Entscheidung des Verwendungsgegners *verlangt* wurde, ist aus dessen Perspektive unter Berücksichtigung der allgemeinen Verkehrsanschauung nach den Grundsätzen der §§ 133, 157 BGB zu beurteilen.[56] Dabei ist davon auszugehen, dass eine Partei, die vorformulierte Vertragsbedingungen in die Vertragsverhandlungen *einführt*, d. h. gleichsam „fertig“ in die Verhandlungen einbringt, ihrem Verhandlungspartner damit regelmäßig zu verstehen gibt, dass sie nicht bereit sei, von den von ihr vorformulierten Vertragsbedingungen ganz oder teilweise abzuweichen und objektiv erklärt, dass der Vertrag entweder zu ihren Bedingungen abgeschlossen werde oder überhaupt nicht zustande komme.[57] Damit ist bereits in der *Vorlage*, dem *Einführen* vorformulierter Vertragsbedingungen in die Verhandlungen ein *Verlangen* der Einbeziehung und damit ein *Stellen* von AGB iSv. § 305 Abs. 1 S. 1 BGB zu sehen, sofern nicht konkrete Tatsachen vorgebracht werden, die ein individuelles Aushandeln der Vertragsbedingungen belegen.[58] Die *Verwendung vorformulierter Vertragsbedingungen* wirkt insoweit bereits als *widerlegbare Vermutung*, deren

---

ner/Hensen, AGB-Recht (12. Aufl. 2016), § 305 Rn. 29; *Stoffels*, AGB-Recht (3. Aufl. 2015), Rn. 143 f.; *Pfeiffer*, in: Wolf/Lindacher/Pfeiffer, AGB-Recht (6. Aufl. 2013), § 305 Rn. 25, 32. A. A.: Staudinger/*Schlosser*, BGB (2013), § 305 Rn. 31.

[54] BGHZ 184, 259, 259 = NJW 2010, 1131, 1131 (Gebrauchtwagenkauf). Ebenso jüngst OLG Frankfurt, Urteil v. 25.8.2011 (5 U 209/09); IBR 2012, 440 = BeckRS 2012, 12856 (Windkraftanlagen); OLG Nürnberg MDR 2011, 345, 345 (Fernwärmevertrag). Vgl. hierzu auch BGH NJW 1997, 2043, 2044 (Software-Funktionsprüfung). Hervorhebungen durch den Verfasser.

[55] BGHZ 184, 259, 259 = NJW 2010, 1131, 1131 (Gebrauchtwagenkauf).

[56] So ausdrücklich LG Oldenburg MMR 2012, 457, 458 = BeckRS 2012, 03552 Rn. 35 (Internet-Formularvertrag).

[57] LG Oldenburg MMR 2012, 457, 458 = BeckRS 2012, 03552 Rn. 35 (Internet-Formularvertrag); NJW 1979, 367, 368 (Vermittlungsprovision); BGH NJW 1977, 624, 625 (Mindestprovision).

[58] Ebenda.

objektiver Erklärungswert erst durch den Nachweis des Aushandelns gem. §305 Abs. 1 S. 3 BGB beseitigt werden kann.[59]

e) *Aushandeln*

Nach §305 Abs. 1 S. 3 BGB liegen keine AGB vor, soweit die vorformulierten Vertragsbedingungen im Einzelnen ausgehandelt sind. Dieses Merkmal, dem nicht nur lediglich klarstellende, sondern auch die Legaldefinition des §305 Abs. 1 S. 3 BGB beschränkende Bedeutung zukommt,[60] dient der weiteren Abgrenzung des Anwendungsbereiches des AGB-Rechts gegenüber Individualvereinbarungen und enthält darüber hinaus eine Beweislastregelung. *Aushandeln* erfordert nach der Rechtsprechung des BGH mehr als bloßes *Verhandeln.*[61] Es kann nur dann angenommen werden, „wenn der Verwender zunächst den in seinen Allgemeinen Geschäftsbedingungen enthaltenen *gesetzesfremden Kerngehalt*, also die den *wesentlichen Inhalt* der *gesetzlichen Regelung ändernden* oder *ergänzenden* Bestimmungen, inhaltlich *ernsthaft zur Disposition* stellt und dem Verhandlungspartner *Gestaltungsfreiheit* zur Wahrung eigener *Interessen* einräumt mit zumindest der *realen Möglichkeit*, die inhaltliche Ausgestaltung der Vertragsbedingungen zu beeinflussen."[62]

[59] BGH NJW 1977, 624, 625 (Maklerprovision): „Auf der anderen Seite ist für die *Abgrenzung* zwischen *Individualvereinbarung* einerseits und *AGB* oder Formularvertrag andererseits zu berücksichtigen, daß der Vertragsteil, der sein *Angebot* unter Verwendung von AGB oder eines Vertragsformulars *abgibt* oder sonstwie das von ihm vielfach verwendete Klauselwerk in die Vertragsverhandlungen *einführt*, damit – vorbehaltlich anderslautender Erklärungen – nach *allgemeiner Verkehrsanschauung* zu verstehen gibt, er sei *nicht bereit*, von seinen vorgedruckten, abschließend formulierten *Konditionen abzuweichen* und sie eventuell den gegenläufigen Interessen des Partners anzupassen oder sie zu ergänzen; entweder werde der Vertrag *zu seinen Bedingungen abgeschlossen*, oder er komme *überhaupt nicht zustande*. Diesen *objektiven Erklärungswert* der Verwendung von AGB oder Vertragsformularen muß der Verwender bei den Vertragsverhandlungen *beseitigen*, wenn er sich später darauf berufen will, der Vertrag sei entgegen dem äußeren Anschein doch ganz oder teilweise ‚*ausgehandelt*', also *individuell vereinbart* worden." Ebenso BGH NJW 1979, 367, 368 (Kreditvermittlungsvertrag). Zuletzt instruktiv LG Oldenburg MMR 2012, 457 = BeckRS 2012, 03552 (Internet-Formularvertrag). Vgl. aus dem Schrifttum etwa Erman/*Roloff*, (15. Aufl. 2017), §305 Rn. 17. Hervorhebungen durch den Verfasser.

[60] BGH NJW 1977, 624, 625 (Mindestprovision). BeckOK BGB/*Hau/Poseck*, (47. Ed. 2018), §305 Rn. 34; *Ulmer/Habersack*, in: *Ulmer/Brandner/Hensen*, AGB-Recht (12. Aufl. 2016), §305 Rn. 40ff., 43f.; *Stoffels*, AGB-Recht (3. Aufl. 2015), Rn. 147; Staudinger/*Schlosser*, BGB (2013), §305 Rn. 36. A. A. MünchKomm/*Basedow*, BGB (7. Aufl. 2016), §305 Rn. 34 und *Hellwege*, AGB und Rechtsgeschäftslehre (2010), S. 571, die dieser Vorschrift lediglich klarstellende Bedeutung zumessen.

[61] St. Rspr. BGH NZM 2013, 159, 160; BGH NJW 2005, 2543, 2544; BGHZ 153, 311, 321 = NJW 2003, 1805, 1807; BGHZ 143, 104, 111 = NJW 2000, 1110, 1111; BGH NJW 1992, 1107. Vgl. aus dem Schrifttum statt vieler nur MünchKomm/*Basedow*, BGB (7. Aufl. 2016), §305 Rn. 35; Palandt/*Grüneberg*, BGB (77. Aufl. 2018), §305 Rn. 20; *Ulmer/Habersack*, in: *Ulmer/Brandner/Hensen*, AGB-Recht (12. Aufl. 2016), §305 Rn. 48.

[62] BGH NZM 2013, 159, 160. Ebenso in st. Rspr. BGH NJW-RR 2009, 947, 948; BGH NJW 2005, 2543, 2544; BGH NJW-RR 2005, 1040, 1040; BGHZ 153, 311, 321 = NJW

Die *ernsthafte Abänderungsbereitschaft* des Verwenders – die stets konkret zu überprüfen und für den aktuellen Vertrag nachzuweisen ist – muss dabei deutlich erkennbar sein und glaubhaft nach außen in Erscheinung treten. Die allgemein geäußerte Bereitschaft, Vertragsklauseln auf Anforderung des Vertragspartners zu ändern, genügt hierfür nicht.[63] Ebenso wenig reicht es aus, dass der Verwender seinem Vertragspartner die Möglichkeit eröffnet, den Vertrag entweder unter Zugrundelegung der AGB oder gar nicht abzuschließen[64] oder ihm lediglich mehrere Entwürfe zur Auswahl zusendet.[65] Der Verwender muss sich nach der Rechtsprechung des BGH vielmehr „deutlich und ernsthaft zur gewünschten Änderung einzelner Klauseln bereit erklären“[66]. Bei der Vorlage alternativer Vertragsbedingungen zur Auswahl ist dies nur dann der Fall, wenn der Verwendungsgegner „durch die Auswahlmöglichkeit den Gehalt der Regelung mit gestalten kann und die Wahlfreiheit nicht durch Einflussnahme des Verwenders, sei es durch die Gestaltung des Formulars, sei es in anderer Weise, überlagert wird.“[67] Im Übrigen schlägt sich eine solche Bereitschaft regelmäßig in *erkennbaren Änderungen* des vorformulierten Textes nieder.[68]

Werden vorformulierte Vertragsklauseln trotz intensiver Verhandlung *unverändert* übernommen, so kann allenfalls unter *besonderen Umständen* ein Aushandeln angenommen werden.[69] Hierfür ist erforderlich, dass „der Verwender

---

2003, 1805, 1807; BGH NJW 1998, 3488, 3489. Hervorhebungen durch den Verfasser. Vgl. nur MünchKomm/*Basedow*, BGB (7. Aufl. 2016), § 305 Rn. 35; Palandt/*Grüneberg*, BGB (77. Aufl. 2018), § 305 Rn. 20; *Ulmer/Habersack*, in: *Ulmer/Brandner/Hensen*, AGB-Recht (12. Aufl. 2016), § 305 Rn. 48.

[63] BGH NJW-RR 2005, 1040, 1041; BGH NJW-RR 1986, 54, 55. Palandt/*Grüneberg*, BGB (77. Aufl. 2018), § 305 Rn. 20; Erman/*Roloff*, (15. Aufl. 2017), § 305 Rn. 18; *Ulmer/Habersack*, in: *Ulmer/Brandner/Hensen*, AGB-Recht (12. Aufl. 2016), § 305 Rn. 48; *Stoffels*, AGB-Recht (3. Aufl. 2015), Rn. 148.

[64] OLG Celle NJW-RR 2009, 1529, 1529 f.; BGH WM 1995, 1455, 1456, BGH NJW 1991, 1678, 1679. Vgl. nur MünchKomm/*Basedow*, BGB (7. Aufl. 2016), § 305 Rn. 40; Erman/*Roloff*, (15. Aufl. 2017), § 305 Rn. 18.

[65] BGH NJW 1996, 1676, 1677; BGH WM 1995, 1455, 1456. MünchKomm/*Basedow*, BGB (7. Aufl. 2016), § 305 Rn. 40; Erman/*Roloff*, (15. Aufl. 2017), § 305 Rn. 21; *Stoffels*, AGB-Recht (3. Aufl. 2015), Rn. 148. Differenzierend Staudinger/*Schlosser*, BGB (2013), § 305 Rn. 38.

[66] BGH NJW 2013, 856, 856. Ebenso in st. Rspr. BGHZ 153, 311, 321 = NJW 2003, 1805, 1807; BGHZ 143, 104, 112 = NJW 2000, 1110, 1111; BGH NJW 1988, 410, 410.

[67] BGH NJW 2008, 987, 988. Ebenso BGHZ 153, 14, 151 = NJW 2003, 1313, 1314. Vgl. hierzu MünchKomm/*Basedow*, BGB (7. Aufl. 2016), § 305 Rn. 40; *Ulmer/Habersack*, in: *Ulmer/Brandner/Hensen*, AGB-Recht (12. Aufl. 2016), § 305 Rn. 53a; Staudinger/*Schlosser*, BGB (2013), § 305 Rn. 38.

[68] St. Rspr. BGH NJW 2013, 856, 856; BGHZ 153, 311, 321 = NJW 2003, 1805, 1807; BGHZ 143, 104, 112 = NJW 2000, 1110, 1111 f. Palandt/*Grüneberg*, BGB (77. Aufl. 2018), § 305 Rn. 20; Erman/*Roloff*, (15. Aufl. 2017), § 305 Rn. 20; *Ulmer/Habersack*, in: *Ulmer/Brandner/Hensen*, AGB-Recht (12. Aufl. 2016), § 305 Rn. 47; *Stoffels*, AGB-Recht (3. Aufl. 2015), Rn. 148; *Pfeiffer*, in: Wolf/Lindacher/Pfeiffer, AGB-Recht (6. Aufl. 2013), § 305 Rn. 38; Staudinger/*Schlosser*, BGB (2013), § 305 Rn 36.

[69] BGH NJW 2013, 856, 856; BGHZ 153, 311, 321 = NJW 2003, 1805, 1807; BGHZ 143, 104, 112 = NJW 2000, 1110, 1112. MünchKomm/*Basedow*, BGB (7. Aufl. 2016), § 305 Rn. 39;

sich zur *Abänderung bereit erklärt* hat und der Vertragspartner sich dessen bei Vertragsabschluß *bewußt gewesen* ist, der Verwender also die vorformulierte Vertragsbedingung deutlich erkennbar inhaltlich zur Disposition gestellt hat."[70] Neben (1) der ernsthaften Abänderungsbereitschaft des Verwenders und (2) der *Kenntnis* des *Vertragspartners* ist darüber hinaus – jedenfalls bei umfangreichen oder nicht leicht verständlichen Klauseln – zusätzlich erforderlich, dass (3) der Verwender seinen Vertragspartner über Inhalt und Tragweite der von ihm vorformulierten Klauseln im Einzelnen *belehrt* hat.[71] Denn nur so ist gewährleistet, dass der Vertragsinhalt auch vom Verwendungsgegner „in seinen rechtsgeschäftlichen Gestaltungswillen aufgenommen worden ist, also als Ausdruck seiner rechtsgeschäftlichen Selbstbestimmung und Selbstverantwortung gewertet werden kann."[72]

Allerdings reicht auch nach erfolgter Belehrung, Erläuterung oder einem Hinweis auf die belastende Klausel ein bloßes ausdrückliches *Einverständnis* des Kunden hierfür ebenso wenig aus[73] wie dessen deklaratorische *Bestätigung*, dass die Klauseln im Einzelnen ausgehandelt worden sind.[74] Denn die „Sogwirkung"[75] vorformulierter Vertragsbedingungen und die damit verbundene Gefahr des Missbrauchs der Vertragsfreiheit durch einseitige Inanspruchnahme der Ver-

---

Palandt/*Grüneberg*, BGB (77. Aufl. 2018), § 305 Rn. 20; Staudinger/*Schlosser*, BGB (2013), § 305 Rn. 36, 44.

[70] OLG Düsseldorf, Urteil v. 28. 5. 2004 (5 W 103/03) = BeckRS 2009, 02580. Ebenso BGH NJW 1998, 2600, 2601; BGH NJW 1988, 410, 410; BGH NJW-RR 1987, 144, 145; BGH NJW 1977, 624, 625 f.; OLG Karlsruhe, VersR 1995, 645, 646. Vgl. zu den tatbestandlichen Anforderungen an das „Aushandeln" bei Annahme unveränderter AGB im Einzelnen Bamberger/Roth/*Becker*, (3. Aufl. 2012), § 305 Rn. 36; MünchKomm/*Basedow*, BGB (7. Aufl. 2016), § 305 Rn. 39; Palandt/*Grüneberg*, BGB (77. Aufl. 2018), § 305 Rn. 20; *Ulmer/Habersack*, in: *Ulmer/Brandner/Hensen*, AGB-Recht (12. Aufl. 2016), § 305 Rn. 48; *Stoffels*, AGB-Recht (3. Aufl. 2015), Rn. 148; *Pfeiffer*, in: Wolf/Lindacher/Pfeiffer, AGB-Recht (6. Aufl. 2013), § 305 Rn. 18 ff.; Staudinger/*Schlosser*, BGB (2013), § 305 Rn. 44 ff.

[71] BGH NJW 2005, 2543, 2544. MünchKomm/*Basedow*, BGB (7. Aufl. 2016), § 305 Rn. 40; Palandt/*Grüneberg*, BGB (77. Aufl. 2018), § 305 Rn. 20; *Ulmer/Habersack*, in: *Ulmer/Brandner/Hensen*, AGB-Recht (12. Aufl. 2016), § 305 Rn. 48 f.; *Pfeiffer*, in: Wolf/Lindacher/Pfeiffer, AGB-Recht (6. Aufl. 2013), § 305 Rn. 18 ff.; Staudinger/*Schlosser*, BGB (2013), § 305 Rn. 47.

[72] BGH NJW 2005, 2543, 2544. Ähnlich BGH NJW 1991, 1678, 1679.

[73] OLG Schleswig MDR 2001, 262, 263; MünchKomm/*Basedow*, BGB (7. Aufl. 2016), § 305 Rn. 40; Palandt/*Grüneberg*, BGB (77. Aufl. 2018), § 305 Rn. 20; *Ulmer/Habersack*, in: *Ulmer/Brandner/Hensen*, AGB-Recht (12. Aufl. 2016), § 305 Rn. 48; *Pfeiffer*, in: Wolf/Lindacher/Pfeiffer, AGB-Recht (6. Aufl. 2013), § 305 Rn. 37; Staudinger/*Schlosser*, BGB (2013), § 305 Rn. 47.

[74] BGH NJW 1987, 1634, 1634 f.; BGH NJW 1977, 624, 625 f.; BGH NJW 1977, 432. Bamberger/Roth/*Becker*, (3. Aufl. 2012), § 305 Rn. 37; Palandt/*Grüneberg*, BGB (77. Aufl. 2018), § 305 Rn. 20; *Ulmer/Habersack*, in: *Ulmer/Brandner/Hensen*, AGB-Recht (12. Aufl. 2016), § 305 Rn. 49; *Pfeiffer*, in: Wolf/Lindacher/Pfeiffer, AGB-Recht (6. Aufl. 2013), § 305 Rn. 40; Staudinger/*Schlosser*, BGB (2013), § 305 Rn. 47.

[75] So plastisch *Canaris*, AcP 200 (2000), 273, 323. Ähnlich bereits *Fastrich*, Inhaltskontrolle (1992), S. 85 („Sog des vorformulierten Gedankens") im Anschluss an *Wiedemann*, FS Kummer (1980), S. 175, 175.

tragsgestaltungsmacht seitens des Verwenders ist damit nicht beseitigt.[76] Auch die Tatsache, dass die Parteien die Klauseln *erörtert* und sie *gemeinsam gelesen* haben, ist für sich genommen noch kein Aushandeln iSd. § 305 Abs. 1 S. 3 BGB, wenn nicht die Bereitschaft des Verwenders erkennbar ist, die vorformulierten Vertragsbestimmungen ernsthaft zur Disposition zu stellen.[77] Der Umstand, dass der Verwendungsgegner zu einzelnen Klauseln Änderungsvorschläge unterbreitet hat, belegt nicht die Bereitschaft des Verwenders, seinem Vertragspartner eigenverantwortliche Gestaltungsmöglichkeiten einzuräumen, wenn die entsprechenden Vorschläge kategorisch abgelehnt werden.[78] Ebenso ist auch nach *intensiven Verhandlungen* ein Aushandeln ausgeschlossen, wenn der Kunde von Anfang an deutlich macht, dass er eine bestimmte Klausel für unangemessen hält, sie jedoch später dennoch akzeptiert, weil der Verwender nicht zu einer Abänderung bereit ist. Anderenfalls könnte, so der BGH, „jeder Verwender ... seinen unangemessenen Klauseln ... Wirksamkeit verschaffen, wenn er nur hartnäckig genug bei allen Gesprächen bis zum Vertragsschluß auf diesen Klauseln beharrt."[79]

Ein Aushandeln kommt bei Übernahme eines unveränderten Textes nur dann in Betracht, wenn nicht nur „der Betroffene nunmehr von der sachlichen Notwendigkeit überzeugt ist"[80], sondern der Verwender grundsätzlich zu einer Abänderung der Klausel bereit war und dies seinem Vertragspartner bei Vertragsschluss bewusst gewesen ist.[81] Dabei ist auch der *Inhalt der Klausel* zu berücksichtigen, wobei die *einseitige Berücksichtigung* der Verwenderinteressen und die erhebliche Abweichung von dem auch die Interessen des Kunden schützenden *dispositiven Recht* deutlich gegen die Annahme eines Aushandelns der betroffenen Vertragsbestimmungen sprechen.[82] Stehen *Abänderungsbereitschaft* des Verwenders und *Kenntnis* des Kunden hiervon fest, tritt dieser jedoch gleichwohl *nicht in Verhandlungen* ein, so hängt die Annahme eines Aushandelns iSv. § 305 Abs. 1 S. 3 BGB im Weiteren davon ab, ob sich Verhandlungen im konkreten Einzelfall angesichts des *Vertragsvolumens*, der geschäftlichen *Gewandtheit* und *Erfahrung* des Kunden, der zu erwartenden Veränderung der vertraglichen *Risiken* sowie der *Transaktionskosten* für den Kunden gelohnt hätten und ihm damit zumutbar gewesen sind.[83]

---

76 *Ulmer/Habersack*, in: *Ulmer/Brandner/Hensen*, AGB-Recht (12. Aufl. 2016), § 305 Rn. 49.

77 BGHZ 153, 311, 322 = NJW 2003, 1805, 1807; BGH NJW 2000, 1110, 1111. Bamberger/Roth/*Becker*, (3. Aufl. 2012), § 305 Rn. 34. Vgl. auch *Ulmer/Habersack*, in: *Ulmer/Brandner/Hensen*, AGB-Recht (12. Aufl. 2016), § 305 Rn. 49; Staudinger/*Schlosser*, BGB (2013), § 305 Rn. 44.

78 BGHZ 153, 311, 322 = NJW 2003, 1805, 1807.

79 BGH NJW 1988, 410, 411. Hierzu eingehend *Miethaner*, AGB-Kontrolle (2010), S. 139 f.

80 BGH NJW 1998, 2600, 2601. Ebenso zuletzt NJW 2010, 2827, 2829.

81 BGH NJW 1998, 2600, 2601; BGH NJW 1988, 410, 410 sowie die Nachweise oben S. 429, Fn. 70.

82 BGH NJW 1981, 2343, 2343. MünchKomm/*Basedow*, BGB (7. Aufl. 2016), § 305 Rn. 39.

83 MünchKomm/*Basedow*, BGB (7. Aufl. 2016), § 305 Rn. 37. Vgl. hierzu auch Staudinger/*Schlosser*, BGB (2013), § 305 Rn. 44.

Im Fall eines Aushandelns nach §305 Abs. 1 S. 3 BGB sind allerdings nur die Vertragsbestimmungen als Individualvereinbarungen dem Anwendungsbereich des AGB-Rechts nach den §§305 ff. BGB entzogen, die tatsächlich *Gegenstand* der Verhandlungen gewesen und von beiden Parteien in ihren jeweiligen *rechtsgeschäftlichen Gestaltungswillen* aufgenommen worden sind.[84] Etwas anderes gilt nach der wohl überwiegenden Auffassung in der Literatur richtigerweise aber dann, wenn etwa im Fall der gerade bei komplexen Verhandlungen üblichen *Paketlösungen* zwischen der infrage stehenden Vertragsbedingung und dem tatsächlichen Verhandlungsgegenstand ein Zusammenhang besteht, da sonst autonom erzielte Kompromisslösungen zugunsten des Vertragspartners des Verwenders verändert werden könnten.[85]

3. *Erfasste Fallgruppen*

Die von der Rechtsprechung auf der Grundlage des geltenden Rechts entwickelten Kriterien zur Bestimmung des Anwendungsbereiches der §§305 ff. BGB führen auf der Ebene der praktischen Anwendung aufgrund der mit ihr verbundenen Filterfunktion zur Erfassung ganz bestimmter, *typisierter Fallgruppen* vorformulierter Vertragsbedingungen als AGB, die im Folgenden vor dem Hintergrund der sodann zu untersuchenden Schutzzweckdiskussion holzschnittartig in den Blick genommen werden sollen.

a) Formularverträge und Vertragsmuster: Situative Unterlegenheit durch Informationsasymmetrie

Den AGB-rechtlichen Vorschriften der §§305 ff. BGB unterfallen zunächst die *klassischen Formularverträge*, in denen der Verwender seinem Vertragspartner von ihm selbst oder von einem Dritten vorformulierte, zur mindestens dreimaligen Verwendung bestimmte Vertragsbedingungen als *konkretes Einbezie-*

---

[84] BGHZ 84, 109, 112 = JW 1982, 2309, 2310. Bamberger/Roth/*Becker*, (3. Aufl. 2012), §305 Rn. 33; Palandt/*Grüneberg*, BGB (77. Aufl. 2018), §305 Rn. 18; MünchKomm/*Basedow*, BGB (7. Aufl. 2016), §305 Rn. 44; Erman/*Roloff*, (15. Aufl. 2017), §305 Rn. 22; *Ulmer/Habersack*, in: *Ulmer/Brandner/Hensen*, AGB-Recht (12. Aufl. 2016), §305 Rn. 55; *Pfeiffer*, in: Wolf/Lindacher/Pfeiffer, AGB-Recht (6. Aufl. 2013), §305 Rn. 41; Staudinger/*Schlosser*, BGB (2013), §305 Rn. 41.

[85] So MünchKomm/*Basedow*, BGB (7. Aufl. 2016), §305 Rn. 41. Im Ergebnis ebenso LG Frankfurt, ZGS 2003, 396, 397, das die Ablehnung eines *Aushandelns* iSd. Gesetzes im Fall eines mindestens 45 stündigen Verhandelns über den Vertragstext als „realitätsfremd" bezeichnet. Ähnlich Bamberger/Roth/*Becker*, (3. Aufl. 2012), §305 Rn. 36; MünchKomm/*Basedow*, BGB (7. Aufl. 2016), §305 Rn. 41; Palandt/*Grüneberg*, BGB (77. Aufl. 2018), §305 Rn. 22; *Ulmer/Habersack*, in: *Ulmer/Brandner/Hensen*, AGB-Recht (12. Aufl. 2016), §305 Rn. 56, 64a; Staudinger/*Schlosser*, BGB (2013), §305 Rn. 36a sowie *Kaufhold*, BB 2012, 1235, 1235; *Berger*, NJW 2010, 465, 468 f.; *Dauner-Lieb/Axer*, ZIP 2010, 309, 313 f.; *Koch*, BB 2010, 1810, 1813; *Müller/Griebeler/Pfeil*, BB 2009, 2658, 2660; *Lischek/Mahnken*, ZIP 2007, 158, 159 f.; A. A. wohl BGHZ 153, 311, 320 ff. = NJW 2003, 1805, 1807 f. BGH 2003, 1313, 3014 f.

hungsangebot unterbreitet.[86] Dabei kommt nicht es darauf an, ob das Klauselwerk vom Verwender selbst oder einem von ihm beauftragten Dritten – etwa einem Rechtsanwalt oder Notar – entworfen wurde oder ob sich der Verwender bei der Erstellung des Vertragsangebotes der in den Formularsammlungen und den Mitteilungen berufsständischer Verbände enthaltenen oder im Internet bzw. im Einzelhandel verfügbaren Vertragsmuster oder Textbausteine bedient hat.[87] Entscheidend ist, dass der Vertragspartner des Verwenders mit zur Mehrfachversendung bestimmten, vorformulierten Vertragsbedingungen konfrontiert wird, auf deren Gestaltung er entsprechend den von der Rechtsprechung entwickelten Grundsätzen letztlich keinen rechtlich erheblichen Einfluss hat.

Erfasst ist damit die idealtypische Fallgruppe „klassischer AGB", wie sie als Phänomen des Massenverkehrs rechtlich in Erscheinung treten und so maßgeblich zur Entwicklung des AGB-Rechts beitragen.[88] Begründet wird die richterliche Inhaltskontrolle dabei vor allem mit der auf einer *Informationsasymmetrie* beruhenden *situativen Unterlegenheit* des Verwendungsgegners, der regelmäßig nicht in der Lage ist, die meist umfangreichen, komplexen und für rechtliche Laien kaum verständlichen AGB zu durchschauen.[89] Mit Blick auf die für ihn ökonomisch wenig sinnvolle Relation zwischen *Transaktionskosten* und *Vertragswert* ist es ihm darüber hinaus regelmäßig auch nicht zumutbar, vor Vertragsschluss professionellen Rechtsrat in Anspruch zu nehmen und die AGB so einer eingehenden juristischen Überprüfung zu unterziehen. Die Folge ist ein *Marktversagen*, ein mangelnder *Konditionenwettbewerb*, der aus der Perspektive des Verwendungsgegners zu einer stetigen Verschlechterung der AGB-Qualität, zu einem regelrechten *„race to the bottom"* und damit zu der Konsequenz führt, dass sich der Verwender aufgrund seiner *situativen Überlegenheit* mit den seinen Vertragspartner einseitig benachteiligenden AGB letztlich typischerweise durchzusetzen vermag.[90]

b) „Garderobenmarken-, Fahrkarten- und Parkhausfälle": Situative Unterlegenheit durch Leistungsmonopol

Anders ist die Situation dagegen in jenen Konstellationen, die sich *pars pro toto* als *Garderobenmarken-, Fahrkarten- und Parkhausfälle* zu einer eigenen Fallgruppe zusammenfassen lassen.[91] Hier sind die relevanten vorformulierten Vertrags-

---

[86] Vgl. zu diesen Voraussetzungen im Einzelnen bereits oben S. 419 ff. mwN.

[87] Hierzu eingehend oben S. 422 ff. mwN.

[88] Vgl. hierzu oben S. 286 ff.

[89] Hierzu und zum Gegenüber von *Rationalisierungsfunktion* und *Risikoverlagerungstendenz* oben S. 292 ff. und zur *situativen Unterlegenheit* durch Informationsasymmetrie oben S. 511 f. sowie die Nachweise oben S. 294 Fn. 47.

[90] Näher hierzu unten S. 508 ff., 541 ff., 569 ff., 592 ff.

[91] Vgl. hierzu auch eingehend *Hellwege*, AGB und Rechtsgeschäftslehre (2010), S. 560 f.; *Leuschner*, JZ 2010, 875, 879 (der in dem mit der Durchsetzung entsprechender Änderungen verbundenen zeitlichen und gegebenenfalls finanziellen Aufwand die Ursache der situativen

bedingungen regelmäßig äußerst *einfach* und *verständlich* gehalten und häufig auch deutlich *sichtbar* angebracht, so dass der Vertragspartner des Verwe nders nicht nur über die rechtlich erforderliche *Möglichkeit* der Kenntnisnahme verfügt, sondern sie in der Praxis meist *tatsächlich* zur Kenntnis nimmt. Dazu gehören der deutlich sichtbare Anschlag an einer Garderobe („Haftung ausgeschlossen") oder in einem Parkhaus („Für Schäden wird nicht gehaftet"), entsprechende Aufdrucke auf einer Fahrkarte („Rück- und Rundfahrten ausgeschlossen"), einer Eintrittskarte („Umtausch und Erstattung ausgeschlossen") oder einem Gutschein („nicht übertragbar").[92] In diesen Situationen besteht im Gegensatz zu den klassischen Fällen komplexer Formularverträge kein Informationsgefälle, da die insoweit maßgeblichen Vertragsbedingungen dem Verwendungsgegner in einfachster und klarster Form zugänglich gemacht werden, ihm regelmäßig auch tatsächlich bekannt sind und von ihm ohne weiteres verstanden und rechtlich bewertet werden können. Die *situative Unterlegenheit* beruht hier gerade *nicht* auf einer Informationsasymmetrie zwischen dem Verwender und seinem Vertragspartner im Hinblick auf den Inhalt der Vertragsbedingungen, einem Marktversagen infolge fehlenden Koalitionswettbewerbs und der Durchsetzung einseitig benachteiligender AGB infolge eines *„race to the bottom"*.

Sie hat ihre Ursache vielmehr in einem bestehenden *Monopol* und der damit bedingten *mangelnden Verhandlungsbereitschaft* des Verwenders, der aufgrund des Fehlens zumutbarer Ausweichmöglichkeiten seinem Vertragspartner einseitig benachteiligende Vertragsbedingungen gleichsam diktieren kann und sich mit seinen Bedingungen regelmäßig ohne weiteres durchzusetzen vermag.[93] So hat

---

Unterlegenheit erblickt); *Leuschner*, AcP 207 (2007), 491, 497f. (auf den prohibitiv hohen Aufwand von Verhandlungen und auf die Tatsache hinweisend, dass sich die benachteiligende Klausel nicht ohne weiteres in einen Preis umwandeln und so mit anderen Angeboten vergleichen lässt); Staudinger/*Wendland*, BGB (2019), §307 Rn. 179 (auf die Scheinautorität des Gedruckten, das Massengeschäft, Resignation vor vermeintlicher Üblichkeit, das Vertrauen auf Nichtaktualisierung von Sekundärregelungen, Unproportionalität von Konditionenvergleich und Ausweichen als Ursachen situativer Unterlegenheit hinweisend und eine Inhaltskontrolle befürwortend); *Canaris*, AcP 200 (2000), 273, 322 (der auf die fehelnde Dispositionsbereitschaft hinweist); *Wackerbarth*, AcP 200 (2000), 45, 81, 83 (eine Inhaltskontrolle bei einer „beherrschbaren Datenmenge" ablehnend); *Fastrich*, Inhaltskontrolle (1992), S. 85 (auf die fehlenden Ausweichmöglichkeiten hinweisend); RegE zum AGBG in BT-Drucks. 7/3919, S. 16. Vgl. auch knapp knapp *Wolf/Neuner*, BGB AT (11. Aufl. 2016), S. 557; *Medicus/Petersen*, BGB AT (11. Aufl. 2016), Rn. 403. Der BGH hatte vor Inkrafttreten des AGBG hier eine Inhaltskontrolle noch abgelehnt, vgl. BGHZ 61, 17, 21; BGH BB 1970, 1504; BGH WM 1978, 791.

[92] Allerdings wird derartigen Aufdrucken – anders als etwa den zuvor genannten Aushängen – regelmäßig nur deklaratorische Bedeutung zukommen können, da die zumutbare Möglichkeit der Kenntnisnahme nach §305 Abs. 2 Nr. 2 BGB im Zeitpunkt des Vertragsschlusses vorliegen muss und nicht durch eine nachträgliche Kenntnis ersetzt werden kann. Vgl. nur *Wolf/Neuner*, BGB AT (11. Aufl. 2016), S. 557.

[93] Fälle des *Monopolmissbrauchs* – insbesondere im Hinblick auf Allgemeine Beförderungsbedingungen der Eisenbahnen und Transportanstalten (Eisenbahnreglements) – standen auch geschichtlich am Beginn des modernen AGB-Rechts. Vgl. hierzu nur oben S. 336ff., 384ff. sowie eingehend *Hellwege*, AGB und Rechtsgeschäftslehre (2010), S. 25ff.;

ein Theaterbesucher faktisch keine andere Möglichkeit, als bei der Abgabe seiner Garderobe einen Haftungsausschluss zu akzeptieren, will er eine entsprechende Leistung in Anspruch nehmen.[94] Verhandlungen mit der Garderobiere oder das Ausweichen auf alternative Angebote stehen als Handlungsoptionen typischerweise nicht zur Verfügung. Der Verzicht auf den Vertragsschluss (*„take it or leave it"*) ist dem Kunden regelmäßig nicht zumutbar, da der Verwender in diesen Fällen häufig eine für seinen Vertragspartner notwendige, unter Umständen sogar unverzichtbare Leistung anbietet. Deutlich wird dies etwa in den *Fahrkartenfällen*, in denen es um bestimmte Klauseln der *Allgemeinen Beförderungsbedingungen* geht und in denen das als Verwender auftretende Beförderungsunternehmen mit seinen Leistungen als Monopolist häufig den öffentlichen Personenverkehr einer ganzen Region abdeckt oder branchenweit einheitliche AGB verwendet werden. In diesen Fällen versagen monokausale Erklärungsmuster.[95] Bei der Entwicklung eines tragfähigen Begründungsmodells der Inhaltskontrolle ist daher die *Mehrdimensionalität* der Ursachen situativer Unterlegenheit in besonderer Weise zu berücksichtigen.

c) Einmalbedingungen: Sonderregelungen für Verbraucherverträge

Eine besondere Fallgruppe bilden Vertragsbedingungen, die lediglich zur *einmaligen* Verwendung bestimmt sind (*Einmalbedingungen*).[96] Nach der Ausnahmevorschrift des § 310 Abs. 3 Nr. 2 BGB findet bei Verbraucherverträgen auch in diesen Fällen das AGB-Recht uneingeschränkt Anwendung. Ergibt sich die *situative Überlegenheit* des Verwenders im Fall „klassischer AGB" regelmäßig gerade aus der Tatsache, dass sich für den Verwender der zeit- und kostenintensive Aufwand der Erstellung komplexer Vertragsbedingungen erst bei Mehrfachverwendung lohnt und der mit der einmaligen Investition verbundene Formulierungsvorteil mit wachsender Anzahl der Verwendungen steigt und sich damit

HKK/*Hellwege*, (2007), §§ 305–310 (II) Rn. 3 ff.; *Pohlhausen*, AGB im 19. Jh. (1978), S. 14 ff. Vgl. Zur *Monopolrechtsprechung* des RG und ihrer Rezeption durch den BGH oben S. 342 ff.

[94] Im Ergebnis ebenso *Fastrich*, Inhaltskontrolle (1992), S. 85, der die *situative Unterlegenheit* des Kunden hier der Sache nach ebenfalls in dessen *fehlender Ausweichmöglichkeit* verortet, zugleich jedoch auch auf Fälle der *Nachlässigkeit*, *Gleichgültigkeit* und *Resignation* als Folge des „Soges des vorformulierten Gedankens" sowie der „Druckerschwärze" verweist.

[95] Für eine Abkehr von monokausalen Legitimationsmodellen der Inhaltskontrolle ebenfalls *Oetker*, AcP 212 (2012), 202, 219.

[96] Vgl. hierzu eingehend Bamberger/Roth/*Becker*, (3. Aufl. 2012), § 310 Rn. 17; MünchKomm/*Basedow*, BGB (7. Aufl. 2016), § 310 Rn. 67 ff.; Palandt/*Grüneberg*, BGB (77. Aufl. 2018), § 310 Rn. 15 ff.; Erman/*Roloff*, (15. Aufl. 2017), § 310 Rn. 18 ff.; in: *Ulmer/Brandner/Hensen*, AGB-Recht (12. Aufl. 2016), § 310 Rn. 79 ff.; *Stoffels*, AGB-Recht (3. Aufl. 2015), Rn. 129 ff.; *Pfeiffer*, in: Wolf/Lindacher/Pfeiffer, AGB-Recht (6. Aufl. 2013), § 310 Abs. 3 Rn. 18 ff.; Staudinger/*Schlosser*, BGB (2013), § 310 Rn. 61 ff.

zunehmend „rechnet“[97], so fehlt dieser Vorteil im Fall von Einmal-AGB. Gleichwohl ist der Kunde auch in diesen Fällen schutzwürdig, da die mit der Verwendung vorformulierter Klauseln verbundene *situative Überlegenheit* des Verwenders auch im Fall der Einfachverwendung besteht. Darauf, dass sich der mit dem Entwurf von AGB verbundene Aufwand für den Verwender durch Mehrfachverwendung auch ökonomisch „rechnet“, kann es mit Blick auf den Schutz der Vertragsgestaltungsfreiheit des Verwendungsgegners nicht ankommen. Im Fall der hier einschlägigen Verbraucherverträge knüpft die Schutzbedürftigkeit des Kunden darüber hinaus an die *Verbrauchereigenschaft* und damit eine typisierte Fallgruppe *strukturellen Ungleichgewichts* an. Die damit verbundene Abkehr von den klassischen AGB iSd. §305 Abs. 1 S. 1 BGB als *Systembegriff* wird bei der Bestimmung des Schutzzwecks und der Frage, ob mit dem Verbraucherschutzgedanken das Schutzzweckkonzept des AGB-Rechts um eine weitere, eigenständige Legitimationsquelle ergänzt wird, zu berücksichtigen sein.[98]

d) Großvolumige Verträge im unternehmerischen Geschäftsverkehr

Das AGB-Recht unterwirft bei Vorliegen der gesetzlichen Voraussetzungen des §305 Abs. 1 S. 1, 3 BGB vorformulierte, zur Mehrfachverwendung bestimmte Klauseln der richterlichen Inhaltskontrolle am Maßstab der §§307ff. BGB, ohne dass es auf den *Vertragswert* der jeweiligen Rechtsgeschäfte ankommt. Damit unterfallen auch großvolumige Verträge im unternehmerischen Geschäftsverkehr in vollem Umfang der richterlichen Inhaltskontrolle, wenn die Voraussetzungen des *Aushandelns* iSd. §305 Abs. 1 S. 3 BGB nicht vorliegen. Die Anwendung des strengen AGB-Rechts wird in diesen Konstellationen häufig für unangemessen gehalten, da es etwa im Bereich von Unternehmenskaufverträgen regelmäßig an dem *situativen* und zudem einem *wirtschaftlichen* Ungleichgewicht der Vertragspartner fehlt, soweit man letzteres für die Legitimation der AGB-Kontrolle überhaupt für erheblich erachtet.[99]

Denn zum einen fallen bei großvolumigen Verträgen angesichts des Vertragswertes die Kosten der Rechtsberatung nicht derart hoch ins Gewicht, dass sich eine rechtliche Überprüfung des Vertrages für den Vertragspartner des Verwenders nicht lohnen würde. Im Gegenteil sind etwa M&A-Transaktionen aufgrund der hohen rechtlichen Risiken in der Praxis gerade dadurch geprägt, dass die Ver-

---

[97] Eingehend zur *Rationalisierungsfunktion* oben S. 293f. mwN.

[98] Vgl. hierzu unten S. 652ff.

[99] Vgl. zur Diskussion um den Anwendungsbereich der Inhaltskontrolle von AGB im unternehmerischen Geschäftsverkehr aus dem umfangreichen Schrifttum nur *Oetker*, AcP 212 (2012), 202; *Kaufhold*, BB 2012, 1235; *Schiffer/Weichel*, BB 2011, 1283; *Dauner-Lieb/Axer*, ZIP 2010, 309; *Günes/Ackermann*, ZGS 2010, 454; *Koch*, BB 2010, 1810; *Leuschner*, JZ 2010, 875; *Becker*, JZ 2010, 1098; *Berger*, NJW 2010, 465; *Lenkaitis/Löwisch*, ZIP 2009, 441; *Müller/Griebeler/Pfeil*, BB 2009, 2658; *Kessel/Jüttner*, BB 2008, 1350; *Leuschner*, AcP 207 (2007), 491, 877ff.; *Lischek/Mahnken*, ZIP 2007, 158; *Berger/Kleine*, BB 2007, 2137; *Berger*, ZIP 2006, 2149.

träge regelmäßig von den Anwälten beider Seiten eingehend analysiert und auch mitgestaltet werden.[100] Damit fehlt es jedoch bereits an der *situativen Unterlegenheit* des Verwendungsgegners und der damit verbundenen *einseitigen Vertragsgestaltungsmacht* des Verwenders, die nach herrschender Auffassung den maßgeblichen Legitimationsgrund für die rechtliche Sonderbehandlung von AGB bilden.

Zum anderen stehen sich bei derartigen Verträgen typischerweise zwei *strukturell* annähernd gleich starke Verhandlungspartner gegenüber, die im Hinblick auf die ihnen jeweils zur Verfügung stehenden Ressourcen ohne weiteres in der Lage sind, ihre Interessen effektiv wahrzunehmen und die Tragweite wie auch die rechtlichen und wirtschaftlichen Konsequenzen eines Vertragsschlusses realistisch einzuschätzen. Derartige Verträge der strengen Inhaltskontrolle des AGB-Rechts zu unterwerfen, um einen möglichen Missbrauch einseitiger Vertragsgestaltungsmacht des Verwenders zu begrenzen, wird von einem Teil der Literatur angesichts der häufig bestehenden *tatsächlichen Vertragsparität* für nicht sachgerecht gehalten.[101] Teilweise wird in ihr ein Wettbewerb zum Nachteil gegenüber insoweit als weniger streng erachteten Rechtsordnungen wie etwa dem Schweizer Recht[102] gesehen und vor einer Flucht in ausländische Rechtsordnungen gewarnt.[103]

---

[100] Zu den komplexen rechtlichen Problemen von M&A-Transaktionen und der Bedeutung vorformulierter Verträge vgl. eingehend oben S. 295 ff. sowie *Schiffer/Weichel*, BB 2011, 1283, 1283 ff.; *Habersack/Schürnbrand*, FS Canaris (2007), S. 359, 362 ff.; *Leuschner*, AcP 207 (2007), 491, 515 ff.; *Lischek/Mahnken*, ZIP 2007, 158. Vgl. zum M&A-Recht auch *Picot*, in: Picot (Hrsg.), Handbuch M&A (5. Aufl. 2012), S. 297 sowie *Picot/Picot*, in: Picot (Hrsg.), Handbuch M&A (5. Aufl. 2012), S. 2 ff.

[101] Vgl. nur *Oetker*, AcP 212 (2012), 202; *Schiffer/Weichel*, BB 2011, 1283; *Leuschner*, AcP 207 (2007), 491; *Leuschner*, JZ 2010, 875, 877 ff. sowie die Nachweise oben S. 435 Fn. 99.

[102] Zur Flucht in das Schweizer Recht vgl. umfassend *Trendelberend*, Vorteile des schweizerischen Rechts für AGB-Verwender (2011) sowie eingehend *Müller/Schilling*, BB 2012, 2319, 2319 ff.; *Oetker*, AcP 212 (2012), 202, 203 f., 213 f.; *Müller/Griebeler/Pfeil*, BB 2009, 2658, 2662 f.; *Brachert/Dietzel*, ZGS 2005, 441, 441 sowie *Hoffmann/Stegemann*, JuS 2013, 207, 208; *Peter*, JZ (66) 2011, 939, 941; *Berger*, NJW 2010, 465, 467; *Dauner-Lieb/Axer*, ZIP 2010, 309, 309; *Günes/Ackermann*, ZGS 2010, 400, 402; *Lenkaitis/Löwisch*, ZIP 2009, 441, 442; *Stoffels*, AGB-Recht (3. Aufl. 2015), Rn. 553; *Lischek/Mahnken*, ZIP 2007, 158, 163; *Berger*, ZIP 2006, 2149, 2149; *Hobeck*, DRiZ 2005, 177; 178; *Hobeck*, SchiedsVZ 2005, 112, 112; *v. Sachsen Gessaphe*, FS Sonnenberger (2004), S. 99, 124. Zu den mit der Wahl des schweizerischen Rechts verbundenen rechtlichen Problemen *Voser/Boog*, RIW 2009, 126; *Pfeiffer*, ZGS 2004, 401. Zur Möglichkeit der Flucht in das Schweizer Recht bei Inlandssachverhalten *Kondring*, RIW 2010, 184. Zum schweizerischen AGB-Recht *Ehle/Brunschweiler*, RIW 2012, 262, zur alten Rechtslage vor der AGB-Reform 2012 *Ulmer/Habersack*, in: *Ulmer/Brandner/Hensen*, AGB-Recht (12. Aufl. 2016), Einl. Rn. 141 f.; *Pfeiffer*, in: Wolf/Lindacher/Pfeiffer, AGB-Recht (6. Aufl. 2013), Rn. 76 f.

[103] Hierzu *Ehle/Brunschweiler*, RIW 2012, 262, 271; *Pfeiffer*, FS v. Westphalen (2010), S. 555, 567 (differenzierend); *Voser/Boog*, RIW 2009, 126, 139. Auf die Vorteile des schweizerischen Rechts weisen hin *Bühlmann*, ITRB 2014, 10, 10 ff.; *Müller*, BB 2013, 1355, 1357; *Müller/Schilling*, BB 2012, 2319, 2320 f., 2324; *Brachert/Dietzel*, ZGS 2005, 441, 441; *Hobeck*, DRiZ 2005, 177, 178. Vgl. hierzu eingehend unten S. 729 ff. mwN.

Ob diese Einschätzung indes zutrifft, das ausländische Recht – insbesondere angesichts der zum 1.7.2012 in Kraft getretenen Reform des Schweizerischen AGB-Rechts[104] – tatsächlich als permissiver angesehen werden kann, die Sorge vor einem übermäßig strengen deutschen AGB-Recht angesichts der Entwicklungen auf europäischer Ebene[105] eine hinreichende Berechtigung hat und ob etwa ein dem deutschen AGB-Recht widersprechender Haftungsausschluss für grobe Fahrlässigkeit auch bei großvolumigen M&A-Transaktionen angesichts der Interessenlage beider Parteien sachlich überhaupt sinnvoll und damit legitimierbar ist[106], bleibt abzuwarten. Zu untersuchen ist zunächst die im Einzelnen streitige Frage, ob und in welchem Umfang auch großvolumige Verträge im unternehmerischen Geschäftsverkehr tatsächlich notwendig der AGB-Kontrolle unterliegen und ob die Anwendung des AGB-Rechts nicht bereits durch eine entsprechende Vertragsgestaltung ausgeschlossen werden kann.[107] Hiervon wird ganz entscheidend abhängen, ob ein rechtspolitisches Bedürfnis für eine Neuregelung des AGB-Rechts im b2b-Verkehr besteht.[108]

Dass sich eine schematische Betrachtungsweise auch im unternehmerischen Geschäftsverkehr verbietet, zeigen Fallkonstellationen, in denen ein Schutzbedürfnis vor dem Missbrauch einseitiger Vertragsgestaltungsmacht des strukturell überlegenen Verwenders ohne weiteres bejaht werden kann. Dies betrifft etwa durchaus auch großvolumige Vertragsverhältnisse zwischen *mittelständischen Unternehmen* oder *Zulieferern* und *Großunternehmen*, die eine marktbeherrschende Stellung innehaben.[109] Hier beruht die strukturelle Unterlegenheit des Verwendungsgegners – ähnlich wie in den *Garderoben- und Fahrkartenfällen* – nicht auf einer *Informationsasymmetrie* zwischen den Parteien, denn auch der „kleine Zulieferer" oder „Mittelständler" weiß in der Regel, worauf er sich mit dem infrage stehenden Vertrag einlässt oder kann sich anwaltlich beraten lassen. Angesichts der günstigen Relation zwischen Vertragswert und Transaktionskosten ist eine rechtliche Beratung für ihn auch ökonomisch sinnvoll und möglich.

---

104 Vgl. zu den Auswirkungen der Reform des schweizerischen AGB-Rechts, das nunmehr auf die Möglichkeit einer offenen Inhaltskontrolle vorsieht, eingehend *Ehle/Brunschweiler*, RIW 2012, 262 sowie unten S. 744ff.

105 Vgl. hierzu näher unten S. 790ff., 806ff.

106 Zur Problematik eingehend *Axer*, AGB-Kontrolle (2012), S. 287ff.

107 Davon geht etwa *Koch*, BB 2010, 1810, 1814f. aus, der eine Änderung der AGB-rechtlichen Grundlagen nicht für erforderlich hält und stattdessen dafür plädiert, sachgerechte Ergebnisse auf der Basis des geltenden Rechts herbeizuführen. Ähnlich *v. Westphalen*, ZIP 2007, 149, 158.

108 Hierzu näher unten S. 691ff.

109 Auf diesen Gesichtspunkt weisen etwa *Axer*, AGB-Kontrolle (2012), S. 81; *Leuschner*, JZ 2010, 875, 876f.; *Berger*, ZIP 2006, 2149, 2155; *Wellenhofer-Klein*, ZIP 1997, 774, 776 sowie *Bunte*, NJW 1987, 921, 923 hin. Kritisch insoweit *Becker*, AGB und Individualvereinbarung (2011), S. 47, der etwa die Ursache für die Hinnahme ungünstiger Einkaufs-AGB nicht in der pauschal zu unterstellenden schwächeren Position Stellung des betroffenen Unternehmens, sondern vielmehr in dessen Absatzinteresse erblickt.

Allerdings wird er etwa aufgrund einer Monopolstellung oder sonstigen überwältigenden Marktmacht des Herstellers häufig für ihn benachteiligende AGB um des Vertragsschlusses willen notgedrungen akzeptieren. Ob derartige Fälle in den Schutz- und Anwendungsbereich des AGB-Rechts einzubeziehen sind, hängt dabei ganz entscheidend vom Schutzzweckmodell ab, das der richterlichen Inhaltskontrolle zugewiesen wird.[110] Damit ist zugleich der Kern der Auseinandersetzung um *Legitimation* und *Reichweite* der Inhaltskontrolle von AGB im unternehmerischen Geschäftsverkehr[111] angesprochen, der im Folgenden eingehend zu untersuchen sein wird.

Im Rahmen der Bestandsaufnahme des geltenden Rechts ist an dieser Stelle zunächst als Befund festzuhalten, dass dem AGB-Recht eine vertragswertabhängige Differenzierung grundsätzlich fremd ist und daher auch großvolumige Verträge im b2b-Bereich der Inhaltskontrolle der §§ 307 ff. BGB unterfallen können. Ob dies mit Blick auf den Schutzzweck des AGB-Rechts gerechtfertigt werden kann, hängt entscheidend von dem zugrunde liegenden Begründungsmodell der Inhaltskontrolle ab. Eine Schutzbedürftigkeit des Verwendungsgegners kann dabei nicht *a priori* ausgeschlossen werden. Sofern sie besteht, wird sie indes regelmäßig nicht auf einer *Informationsasymmetrie*, sondern auf der *marktbeherrschenden Stellung* des Verwenders beruhen.[112] Die Entwicklung tragfähiger Differenzierungskriterien für die Auswahl jener Fälle, in denen tatsächlich ein Schutzbedürfnis des Verwendungsgegners vorliegt ist für die die verlässliche Bestimmung des Anwendungsbereiches des AGB-Rechts von zentraler Bedeutung. Sie steht daher im Mittelpunkt der wissenschaftlichen Auseinandersetzung und soll im Folgenden eingehend in den Blick genommen werden. Sie wird entscheidend von dem Verständnis des Verhältnisses der Rechtsprinzipien der *Vertragsfreiheit* und *Vertragsgerechtigkeit* bestimmt werden. Ihr Verhältnis zueinander bildet den Ausgangspunkt für die Entwicklung eines Begründungsmodells der Inhaltskontrolle von AGB im unternehmerischen Geschäftsverkehr.

II. Dogmatischer Rahmen: Gewährleistung von Vertragsfreiheit und Vertragsgerechtigkeit als Ausgangspunkt

Nachdem mit der Untersuchung der *rechtsgeschichtlichen Grundlagen*[113] sowie der Klärung des *verfassungsrechtlichen*[114] und *einfachgesetzlichen*[115] Rahmens der Boden bereitet wurde, sollen nun die *dogmatischen Grundlagen* eines Be-

110 Hierzu eingehend unten S. 462 ff.
111 Dazu unten S. 691 ff.
112 Hierzu unten S. 514 ff. sowie aus der Perspektive des *vertragstheoretischen* Begründungsmodells S. 592 ff.
113 Dazu oben S. 328 ff.
114 Dazu oben S. 358 ff.
115 Dazu oben S. 417 ff.

gründungsmodells der richterlichen Inhaltskontrolle von AGB in den Blick genommen werden. Trotz der Vielfalt der sich in der konkreten Begründung jeweils unterscheidenden Ansätze ist sowohl im Schrifttum als auch in der Rechtsprechung weithin anerkannt, dass die richterliche Inhaltskontrolle ihre Rechtfertigung letztlich in einem *funktionalen Versagen des Vertragsmechanismus* findet, der „ihre Relevanz begründet und ihre Legitimität begrenzt."[116] Die von *Schmidt-Rimpler* entwickelte Theorie der *Richtigkeitsgewähr des Vertragsmechanismus* und das damit angesprochene Problem der Gewährleistung von *Vertragsgerechtigkeit* durch *Vertragsfreiheit* bildet dabei den „gemeinsamen Richtpunkt"[117], das „gleichsam übergeordnete[s] Dach"[118], den vertragsdogmatischen Rahmen der einzelnen Legitimationsmodelle der AGB-Kontrolle. Diese lassen sich auf der – mit Blick auf ihren Abstraktionsgrad – übergeordneten Meta-Ebene der *Rechtsprinzipien* auf ein Problem des rechten Verhältnisses von *Vertragsfreiheit* und *Vertragsgerechtigkeit* zurückführen, das in *Schmidt-Rimplers Theorie der Richtigkeitsgewähr des Vertragsmechanismus* eine jedenfalls im Grundsatz allgemein anerkannte Form gefunden hat.

Allerdings ist der im Rahmen der gegenwärtigen Diskussion weithin übliche Verweis auf das Versagen des Vertragsmechanismus noch zu grobmaschig, um eine verlässliche Grundlage für die Entwicklung eines tragfähigen Begründungsmodells der Inhaltskontrolle von AGB liefern zu können. Daher sind im Folgenden zunächst die Auswirkungen der Verwendung von AGB auf *Zweck* und *Funktion* des *Vertrages* und ihr Zusammenspiel mit den Rechtsprinzipien der *Vertragsfreiheit* und der *Vertragsgerechtigkeit* in den Blick zu nehmen. Den Ausgangspunkt bildet dabei der Befund des mehrdimensionalen *Gefahrenpotenzials* der AGB-Verwendung: So führt die Verwendung von AGB regelmäßig nicht nur zu einer Gefährdung der *Vertragsgerechtigkeit,* sondern auch zu einer Beeinträchtigung der *Vertragsfreiheit* des Verwendungsgegners. Entsprechend hat auch der Gesetzgeber mit der Vorlage des AGBG den Schutz beider Rechtsprinzipien in den Mittelpunkt der Regelung gestellt:

„Die einseitige Sicherung und Verfolgung der Interessen des Verwenders durch AGB äußert sich in einer oft schwer erträglichen Verdrängung, bisweilen sogar elementaren Mißachtung der Grundsätze der *Vertragsfreiheit* und *Vertragsgerechtigkeit* zu Lasten derjenigen Vertragsteile, die solchen vorformulierten Bedingungswerken unterworfen werden. Die im BGB vorausgesetzte Funktion der Vertragsfreiheit, durch freies Aushandeln der Vertragsbedingungen zwischen Partnern mit annähernd gleichwertiger Ausgangsposition Vertragsgerechtigkeit zu schaffen, ist dort empfindlich gestört, wo die Vertragsfreiheit für das einseitige Diktat unbilliger oder gar mißbräuchlicher AGB in Anspruch genommen wird. Eine solche Entwicklung kann der *soziale Rechtsstaat* nicht tatenlos hinnehmen."[119]

---

[116] So *Fastrich*, Inhaltskontrolle (1992), S. 91.
[117] Staudinger/*Wendland*, BGB (2019), § 307 Rn. 5.
[118] *Stoffels,* AGB-Recht (3. Aufl. 2015), Rn. 82.
[119] RegE zum AGBG, BT-Drucks. 7/3919, S. 9. Hervorhebungen durch den Verfasser.

1. Gewährleistung der Vertragsfreiheit

Die h. M. sieht im Schutz des Verwendungsgegners vor dem *Missbrauch der einseitigen Inanspruchnahme der Vertragsgestaltungsfreiheit* durch den Verwender den maßgeblichen *Schutzzweck* des AGB-Rechts.[120] Nach der von der höchstrichterlichen Rechtsprechung entwickelten Formel ist „Zweck der AGB-rechtlichen Inhaltskontrolle ... zum Ausgleich ungleicher Verhandlungspositionen und damit zur Sicherung der Vertragsfreiheit Schutz und Abwehr gegen die Inanspruchnahme einseitiger Gestaltungsmacht durch den Verwender zu gewährleisten ...“[121]. Damit ist die Gewährleistung der (materiellen) Vertragsfreiheit des Vertragspartners des Verwenders als zentrales Schutzgut des AGB-Rechts angesprochen.

Dass die richterliche Inhaltskontrolle formal wirksamer Verträge als Instrument des *Schutzes der Privatautonomie* in Dienst genommen wird, mag auf den ersten Blick verwundern, wird doch durchaus verbreitet gerade vor den Gefahren einer Beeinträchtigung der Vertragsfreiheit durch die Inhaltskontrolle, bisweilen sogar vor einem „Abschied von der Privatautonomie“[122] gewarnt. Indes weist der scheinbare Widerspruch zwischen dem Schutz der Vertragsfreiheit durch Inhaltskontrolle und ihrer damit angeblich zugleich bewirkten Gefährdung, mit anderen Worten das Problem der Beschränkung der Vertragsfreiheit zum Zwecke ihrer Gewährleistung, auf jene Antinomie zwischen der formalen Vertragsfreiheit des Verwenders und der materiellen Vertragsfreiheit seines Vertragspartners hin, die im Mittelpunkt der verfassungsrechtlichen Judikatur des BVerfG zum Schutz *materieller Privatautonomie* steht, in der sich das Gericht um den Ausgleich der widerstreitenden Rechtspositionen beider Parteien im Wege *praktischer Konkordanz* bemüht.[123] Die höchstrichterliche Rechtsprechung rückt damit die im Kontext der gegenwärtigen Diskussion erstaunlich häufig verdrängte, indes eigentlich selbstverständliche Tatsache zurück in den Mittelpunkt der Debatte, dass die Vertragsfreiheit nicht nur dem Verwender, sondern – der Natur des Vertrages als zweiseitigem Rechtsgeschäft gemäß – selbstverständlich auch dem Verwendungsgegner als dessen Vertragspartner zusteht.

---

[120] MünchKomm/*Basedow*, BGB (7. Aufl. 2016), § 305 Rn. 5 ff.; Palandt/*Grüneberg*, BGB (77. Aufl. 2018), Überbl. Vor § 305 Rn. 8; *Ulmer/Habersack*, in: *Ulmer/Brandner/Hensen*, AGB-Recht (12. Aufl. 2016), Einl. Rn. 48; *Pfeiffer*, in: Wolf/Lindacher/Pfeiffer, AGB-Recht (6. Aufl. 2013), § 305 Rn. 3; Staudinger/*Wendland*, BGB (2019), § 307 Rn. 2.

[121] BGH NJW 2010, 1277, 1278. Ähnlich BGH NJW 2010, 1131, 1132; BGH NJW 1997, 2043, 2044; BGHZ 130, 50, 57 = NJW 1995, 2034, 2035; BGH 126, 326, 332 = NJW 1974, 2825 sowie aus der verfassungsrechtlichen Rechtsprechung BVerfG NJW 2011, 1339, 1341 (Preisanpassungsklausel); BVerfG NJW 2007, 286, 287 (Arbeit auf Abruf); BVerfG NJW 2005, 1036, 1037 (Zahnarzthonorar). Hervorhebungen durch den Verfasser.

[122] *Berger*, ZIP 2006, 2149, 2149.

[123] Vgl. hierzu bereits eingehend oben S. 414 f. sowie Maunz/Dürig/*Di Fabio*, GG (81. EL. 2018), Art. 2 Abs. 1 Rn. 112.

Dass es dabei nicht um eine theoretische, formale Rechtsposition gehen kann, sondern vielmehr um die tatsächliche, materielle Möglichkeit zu *eigenverantwortlicher Selbstbestimmung* gehen muss, haben die höchstrichterliche Rechtsprechung sowie die dogmatischen Fortschritte der Rechtswissenschaft im Hinblick auf die Anerkennung der materiellen Dimension der Vertragsfreiheit deutlich gemacht. Der vieldiskutierte Trend zur Materialisierung des Privatrechts darf daher nicht im Sinne einer politischen Überformung eines – tatsächlich so nicht existierenden – sachlich „neutralen" Privatrechts fehlgedeutet werden. Er korrigiert vielmehr eine gravierende, bereits im Zeitpunkt seines Inkrafttretens heftig kritisierte Fehlentwicklung des BGB, die im Namen des Schutzes der (formalen) Vertragsfreiheit den tatsächlichen Willen der Parteien für unbeachtlich erklärte, die (materielle) Vertragsfreiheit einer der beiden Parteien – regelmäßig der schwächeren – außer Kraft setzte und den Vertrag als Instrument eigenverantwortlicher Selbstbestimmung in sein Gegenteil verkehrte und zu einem Instrument willkürlicher Fremdbestimmung machte. Es war das BVerfG, das mit seiner richtungsweisenden Bürgschaftsentscheidung mit dem Paradigma der nahezu absoluten Geltung formaler Vertragsfreiheit (des Verwenders) brach und die Fixierung auf einen rechtsgeschäftlichen Formalismus, der letztlich nur noch die Fiktion eines als bestehend vorausgesetzten Willens[124] der Parteien als Geltungsgrund genügen ließ, überwand:

„Hat einer der Vertragsteile ein so starkes *Übergewicht*, daß er den Vertragsinhalt *faktisch einseitig bestimmen* kann, bewirkt dies für den anderen Vertragsteil *Fremdbestimmung* ... Für die Zivilgerichte folgt daraus die Pflicht, bei der Auslegung und Anwendung der Generalklauseln darauf zu achten, daß Verträge nicht als *Mittel der Fremdbestimmung* dienen. Haben die Vertragspartner eine an sich zulässige Regelung vereinbart, so wird sich regelmäßig eine weitergehende Inhaltskontrolle erübrigen. Ist aber der Inhalt des Vertrages für eine Seite *ungewöhnlich belastend* und *als Interessenausgleich offensichtlich unangemessen*, so dürfen sich die Gerichte nicht mit der Feststellung begnügen: ‚Vertrag ist Vertrag'. Sie müssen vielmehr klären, ob die Regelung eine Folge *strukturell ungleicher Verhandlungsstärke* ist, und gegebenenfalls im Rahmen der *Generalklauseln* des geltenden Zivilrechts korrigierend eingreifen"[125]

Diese Erkenntnis war indes nicht neu. So hatten bereits im Rahmen der Entwurfsdiskussionen des BGB Teile der Wissenschaft vor den Folgen eines radikalen rechtsgeschäftlichen *Formalismus* für die Privatautonomie gewarnt, sich indes gegenüber der vom liberalistischen Zeitgeist der Gründerjahre und der Euphorie des Zeitalters der Industrialisierung geprägten damaligen politischen Mehrheit nicht durchsetzen können. Entsprechend bemerkte schon 1889 *Otto von Gierke,* dass schrankenlose Freiheit sich selbst zerstört, weil sie stets die *ein-*

---

[124] Vgl. zur *Fiktion* der Willenserklärung grundsätzlich *Flume*, FS 100 Jahre DJT (1960), S. 135, 171 f.

[125] BVerfGE 89, 214, 234 = NJW 1994, 36, 39 (Bürgschaft I). Hierzu eingehend oben S. 382 ff. Hervorhebungen durch den Verfasser.

seitige Freiheit des wirtschaftlich, intellektuell oder sozial Stärkeren ist und notwendig zulasten des schwächeren Verhandlungspartners ausgeübt wird.[126] Was im Gewande der Freiheit auftrat, war im Grunde nichts anderes als ihr radikales Gegenteil: *Fremdbestimmung* im Namen der *Privatautonomie*, die notwendig formal verstanden werden musste, damit sie den naturgemäß dem stärkeren Verhandlungspartner zufließenden Vorteil ausspielen konnte.

„*Schrankenlose Vertragsfreiheit* zerstört sich selbst. Eine *furchtbare Waffe* in der Hand des *Starken*, ein *stumpfes Werkzeug* in der Hand des *Schwachen*, wird sie zum *Mittel zur Unterdrückung* des Einen durch den Anderen, der schonungslosen *Ausbeutung* geistiger und wirtschaftlicher *Übermacht*. Das Gesetz, welches mit rücksichtslosem *Formalismus* aus der freien rechtsgeschäftlichen Bewegung die gewollten oder als gewollt anzunehmenden Folgen entspringen lässt, bringt unter dem *Schein einer Friedensordnung* das ‚*bellum omnium contra omnes*' in legale Formen."[127]

Dass diese Prognose keineswegs als übertrieben gelten kann, hat die rechtsgeschichtliche Entwicklung nach Inkrafttreten des BGB eindrucksvoll gezeigt. Diese war durch kontinuierliche *Korrekturen* seitens des Gesetzgebers und der Gerichte geprägt, die sich aufgrund der als kaum mehr haltbar erweisenden Rechtspraxis immer wieder zu einem Eingreifen genötigt sahen.

„Die im BGB vorausgesetzte *Funktion der Vertragsfreiheit*, durch *freies Aushandeln* der Vertragsbedingungen zwischen Partnern mit *annähernd gleichwertiger Ausgangsposition Vertragsgerechtigkeit* zu schaffen, ist dort empfindlich gestört, wo die *Vertragsfreiheit* für das *einseitige Diktat* unbilliger oder gar mißbräuchlicher AGB in Anspruch genommen wird. Eine solche Entwicklung kann der *soziale Rechtsstaat* nicht tatenlos hinnehmen. Die Wertentscheidungen für die *rechtsgeschäftliche Selbstbestimmung* des Individuums als Teil der *freien Persönlichkeitsentfaltung* einerseits und die *soziale Staatszielbestimmung* unserer Verfassungsordnung andererseits verlangen, den weit verbreiteten *Mißbräuchen der Gestaltungsfreiheit* im Privatrechtsverkehr entgegenzutreten."[128]

Mit diesen Worten wird der Gesetzgeber mit dem Erlass des AGBG am 9. Dezember 1976 – nahezu ein dreiviertel Jahrhundert nach Inkrafttreten des BGB – auf die weitgehende Rechtlosstellung der Vertragspartner von AGB Verwendern regieren, die bereits durch die korrigierende Rechtsprechung des BGH schrittweise abgemildert worden ist.[129] Mit der gesetzlichen Anerkennung des Instituts der richterlichen Inhaltskontrolle, die schließlich mit dem Schuldrechtsmodernisierungsgesetz 2002[130] aus der Sondergesetzgebung des AGBG ausgegliedert wurde und mit den §§ 305 ff. BGB Bestandteil des BGB geworden ist, wurde zugleich auch der Begriff der Vertragsfreiheit von der Schieflage eines erstarrten Forma-

---

[126] *v. Gierke*, Soziale Aufgabe (1889), S. 28 ff.
[127] *v. Gierke*, Soziale Aufgabe (1889), S. 28 f. Hervorhebungen durch den Verfasser.
[128] RegE zum AGBG, BT-Drucks. 7/3919, S. 9. Hervorhebungen durch den Verfasser.
[129] Vgl. hierzu oben S. 347 ff.
[130] Gesetz zur Modernisierung des Schuldrechts, BGBl. I 2000, S. 3138 ff., 3143 ff.

lismus befreit und auf seine ursprüngliche Bedeutung – die eigenverantwortliche rechtliche Regelung der Lebensverhältnisse als Ausdruck grundgesetzlich gewährleisteter Selbstbestimmung – zurückgeführt.[131] Dass als rechtsgeschäftlicher Geltungsgrund des Vertrages damit nicht mehr nur die rein formale Fiktion des Konsenses der Parteien genügt, sondern es vielmehr auf den tatsächlichen Willen der Parteien ankommt und diese Herrschaft des Parteiwillens durch das Instrument der richterlichen Inhaltskontrolle gesichert werden kann, ist nicht Gefährdung, sondern Gewährleistung der Privatautonomie.[132]

a) Funktion des Vertrages: Selbstbestimmung durch Interessenausgleich

Als Befund ist damit festzuhalten, dass die richterliche Inhaltskontrolle zunächst der Gewährleistung *materieller* Vertragsfreiheit des Verwendungsgegners dient, indem sie den verfassungsrechtlich gebotenen Ausgleich der gegensätzlichen Positionen *formaler Vertragsfreiheit* des Verwenders und *materieller Vertragsfreiheit* des Verwendungsgegners im Wege praktischer Konkordanz einfachgesetzlich ausgestaltet.[133] Ihre spezifische Aufgabe als Garant tatsächlicher Privatautonomie wird indes erst mit hinreichender Klarheit deutlich, wenn die *Bedeutung der Vertragsfreiheit* in ihrem Verhältnis zur *Funktion des* Vertrages in den Blick genommen wird. Denn Vertragsfreiheit wird – sowohl in ihrer formalen als auch in ihrer materiellen Dimension – nicht um *ihrer selbst* willen gewährleistet, sondern sie gewinnt ihre Berechtigung erst in Bezug auf die Funktion, die sie als Instrument eigenverantwortlicher Selbstbestimmung erfüllt.[134] Sie gründet in der grundrechtlich gewährleisteten *Privatautonomie*, dem aus der menschlichen *Freiheit* und *Würde* fließenden Recht des Einzelnen, seine Lebensverhältnisse zur Entfaltung seiner Persönlichkeit, zur Verwirklichung der in seiner Person wurzelnden Interessen in *rechtlicher* Form *eigenverantwortlich* und *selbstbestimmt* zu gestalten.[135] Dabei bedient er sich des von der Rechtsordnung hierfür zur Verfügung gestellten Instrumentes des Vertrages, der – wie das BVerfG deutlich gemacht hat – seine legitimierende Wirkung nur insoweit zu entfalten vermag, als er tatsächlich der Verwirklichung selbstbestimmten Handelns und *„nicht als Mittel der Fremdbestimmung“*[136] *dient.*

Können dem Vertrag – wie bereits im Rahmen der Untersuchung der Funktionen der Vertragsfreiheit gezeigt wurde[137] – zwar eine Vielzahl unterschiedlicher

[131] Hierzu oben S. 16ff.

[132] Eingehend hierzu auf der Grundlage der Rechtsprechung des BVerfG oben S. 358ff.

[133] Hierzu oben S. 374ff.

[134] A. A. *Hesse*, Verfassungsrecht und Privatrecht (1988), S. 37, der meint, dass (Vertrags-) freiheit „in gewisser Weise *Selbstzweck*“ sei.

[135] Eingehend hierzu oben S. 13ff. mwN.

[136] BVerfGE 89, 214, 234 = NJW 1994, 36, 39 (Bürgschaft I). Vgl. hierzu eingehend oben S. 442.

[137] Dazu oben S. 58ff.

Aufgaben zugeordnet werden, die ihm aufgrund seiner vielfältigen Wechselwirkungen mit Gesellschaft und Rechtsordnung zukommen (z. B. die Konfliktbeilegungs- und Rechtsfortbildungsfunktion), so ist der ihn primär legitimierende Hauptzweck darin zu sehen, den Parteien einen *rechtlichen Freiheitsraum* zu eröffnen, der es ihnen ermöglicht, ihre Lebensverhältnisse selbstbestimmt und eigenverantwortlich zu gestalten und der sie dazu befähigt, ihrem gemeinsamen Willen rechtlich verbindliche Gestalt zu verleihen.[138] Im Kern geht es darum, den Parteien ein *rechtliches Instrument* zur Verwirklichung ihrer *Interessen* im Verhältnis zu ihren Mitmenschen zur Verfügung zu stellen, um so die Entfaltung ihrer *Persönlichkeit* als Ausdruck menschlicher *Freiheit* und *Würde* zu ermöglichen.[139]

Mit Blick auf diesen grundlegenden *Zweck des Vertrages* im Gefüge der Rechts- und Gesellschaftsordnung klingen bereits die beiden zentralen, dogmatisch klar voneinander zu unterscheidenden Elemente des Vertragszwecks an: (1) Zum einen der auf das *Was*, das *Objekt* der rechtlichen Lebensgestaltung durch Vertrag zielende Aspekt der Verwirklichung der *Interessen* des Einzelnen als Grundlage der *Entfaltung* seiner Person, der auf einen *angemessenen Interessenausgleich*, auf die Berücksichtigung der Interessen beider Parteien und damit auf den Grundsatz der *Vertragsgerechtigkeit* hinweist und der dem Vertrag seine Legitimation entzieht, wenn er sich als Instrument der Benachteiligung, der Schädigung der Interessen einer der Parteien erweist und damit die Entfaltung der Person tatsächlich eher behindert als fördert. (2) Zum anderen der auf das *Wie* und damit auf das Verfahren zielende Aspekt der *Selbstbestimmung*, der auf die Dimension der tatsächlichen, eigenverantwortlichen und informierten rechtsgeschäftlichen Entscheidung des Einzelnen verweist und der dem Vertrag dann seine Legitimation entzieht, wenn er nicht mehr als Ausdruck eines selbstbestimmten *Willens* und damit des tatsächlichen *Konsenses* beider Parteien angesehen werden kann.

Schützt die richterliche Inhaltskontrolle grundsätzlich beide Dimensionen des *Vertragszwecks*, so steht am Ausgangspunkt der verfassungsrechtlichen wie auch der dogmatischen Diskussion zunächst der Aspekt der *Selbstbestimmung*[140] und damit die Funktion der Inhaltskontrolle als Instrument zur *Gewährleistung materieller Vertragsfreiheit*[141] des Verwendungsgegners, indem sie der einseitigen Inanspruchnahme, letztlich dem *Missbrauch* der Vertragsgestaltungsfreiheit durch den Verwender zum Zweck der Benachteiligung seines Vertragspartners entgegentreten will. Gerade mit Blick auf diese, ganz auf die Gewährleistung

---

[138] Zur *Selbstbestimmungsfunktion* der Vertragsfreiheit eingehend oben S. 59 ff. sowie *Habersack*, Vertragsfreiheit und Drittinteressen (1992), S. 41 ff.; *Hönn*, Vertragsparität (1982), S. 18 f., 21 ff.; *Wolf*, Entscheidungsfreiheit (1970), S. 19 ff., 59 ff., 75 ff.; *Bydlinski*, Privatautonomie (1967), S. 126 ff.

[139] Dazu oben S. 13 ff.

[140] Hierzu oben S. 59 ff.

[141] Hierzu oben S. 374 ff.

des eigentlichen Zweckes des Vertrages – die Ermöglichung tatsächlicher Selbstbestimmung der Parteien – ausgerichtete Funktion der Inhaltskontrolle wird in besonderer Weise deutlich, dass die Inhaltskontrolle in ihrem innersten Kern nicht als Privatautonomie gefährdender Fremdkörper im System des Privatrechts fehlgedeutet werden kann, sondern notwendiger Garant ebenjener Privatautonomie ist, auf der das Privatrecht im Wesentlichen gründet.[142] Dass das Instrument der Inhaltskontrolle in Form der klassischen Schranken der Privatautonomie – *gesetzliches Verbot*, *Sittenverstoß*, *Äquivalenzstörung* (Wucher bzw. Läsion) – seit jeher immanenter Teil des Rechts gewesen ist und die europäische Privatrechtsentwicklung vom römischen Recht über das Recht des Mittelalters bis in die Neuzeit hinein begleitet hat, wird mit Blick auf die Entwicklung der Vertragsfreiheit in ihrem geschichtlichen Wandel deutlich.[143] Diese *Garantenfunktion* zum Schutz der *Privatautonomie* erfüllt die *Inhaltskontrolle* durch die Gewährleistung ihrer *Funktionsvoraussetzungen*.

b) Funktionsvoraussetzungen der Vertragsfreiheit: Tatsächliche Selbstbestimmung und Vertragsparität

Im Hinblick auf die Ausübung der Vertragsfreiheit ist mittlerweile anerkannt, dass sie (1) *tatsächliche Selbstbestimmung* und damit (2) ein annäherndes *Kräftegleichgewicht* zwischen den Vertragspartnern voraussetzt (Vertragsparität).[144] Sind diese Funktionsvoraussetzungen der Vertragsfreiheit nicht gegeben, droht sie in ihr Gegenteil umzuschlagen: Beiderseitige *Selbstbestimmung* läuft so Gefahr, zu einseitiger *Fremdbestimmung* zu degenerieren. Obwohl diese funktionellen Voraussetzungen der Vertragsfreiheit aus dogmatischer Perspektive vor dem Hintergrund der legitimierenden Wirkung des *tatsächlichen* Parteiwillens eigentlich offenkundig sind, war die rechtliche Anerkennung der *materiellen Vertragsfreiheit* das Ergebnis eines längeren Prozesses, der mit den bereits nach Inkrafttreten des BGB erfolgenden Korrekturen durch den Gesetzgeber und die Rechtsprechung begann und in der Handelsvertreter- und der Bürgschaftsentscheidung des BVerfG seinen vorläufigen Höhepunkt gefunden hat. So hat das BVerfG bereits in seiner *Handelsvertreterentscheidung*[145] auf die überragende Bedeutung tatsächlicher Selbstbestimmung und annähernder Vertragsparität als Funktionsvoraussetzungen der Vertragsfreiheit hingewiesen:

---

[142] So im Ergebnis auch BVerfG NJW 2005, 1036, 1037 (Zahnarzthonorar), vgl. oben S. 390ff.

[143] Vgl. nur *Emmert*, Leistungspflichten (2001), S. 171ff.; *Schulze*, laesio enormis (1973), S. 17ff.; *Scherrer*, Geschichte der Vertragsfreiheit (1948), S. 9ff., 24ff. sowie die oben S. 371 Fn. 49 genannten Nachweise.

[144] Vgl. nur BVerfGE 89, 214, 233 = NJW 1994, 36, 38f. (Bürgschaft I) sowie oben S. 379ff., 386ff.

[145] BVerfGE 81, 242, 254f. = NJW 1990, 1469, 1470 (Handelsvertreter). Hierzu eingehend oben S. 379ff.

„Solche Schranken sind unentbehrlich, weil Privatautonomie auf dem Prinzip der Selbstbestimmung beruht, also *voraussetzt*, daß auch die *Bedingungen freier Selbstbestimmung tatsächlich* gegeben sind. Hat einer der Vertragsteile ein so starkes *Übergewicht*, daß er vertragliche Regelungen faktisch einseitig setzen kann, bewirkt dies für den anderen Vertragsteil *Fremdbestimmung*. Wo es an einem *annähernden Kräftegleichgewicht* der Beteiligten fehlt, ist mit den Mitteln des Vertragsrechts allein kein sachgerechter Ausgleich der Interessen zu gewährleisten. ...“[146]

In seiner *Bürgschaftsentscheidung*[147] hat es diesen Gedanken weiterentwickelt und sich zu einer deutlichen Abkehr von der Fiktion formaler Gleichheit der Parteien bekannt, die dem BGB ursprünglich zugrunde lag:

„Die Schöpfer des Bürgerlichen Gesetzbuchs gingen zwar, auch wenn sie verschiedene Schutznormen für den im Rechtsverkehr Schwächeren geschaffen haben, von einem Modell *formal gleicher Teilnehmer* am Privatrechtsverkehr aus, aber schon das *Reichsgericht* hat diese Betrachtungsweise aufgegeben und ‚in eine *materiale Ethik sozialer Verantwortung* zurückverwandelt‘ ... Heute besteht *weitgehende Einigkeit* darüber, daß die *Vertragsfreiheit* nur im Falle eines annähernd *ausgewogenen Kräfteverhältnisses* der Partner als *Mittel eines angemessenen Interessenausgleichs taugt* und daß der *Ausgleich gestörter Vertragsparität* zu den *Hauptaufgaben* des geltenden *Zivilrechts* gehört ... Im Sinne dieser Aufgabe lassen sich große Teile des Bürgerlichen Gesetzbuchs deuten ...«[148]

Die Wissenschaft hat diesen Funktionszusammenhang bisweilen sentenzartig mit der Formel „Privatautonomie verlangt Selbstbestimmung, Selbstbestimmung verlangt Gleichgewicht, bei Ungleichgewicht also keine Privatautonomie“[149] zu beschreiben versucht. Der Zusammenhang zwischen *Vertragsfreiheit*, *Selbstbestimmung* und *Vertragsparität* ist indes komplexer, als es die im Ganzen durchaus zutreffende Formel zunächst vermuten lässt, so dass die Funktionsvoraussetzungen der Vertragsfreiheit im Einzelnen näher zu betrachten sind. Betrifft die Vertragsfreiheit als besondere Ausformung der *Privatautonomie* die verfassungsrechtlich geschützte Befugnis des Einzelnen zur eigenverantwortlichen rechtlichen Gestaltung der Lebensverhältnisse durch das Instrument des Vertrages, so setzt dies unstreitig zunächst *tatsächliche Selbstbestimmung* voraus.

Voraussetzung einer solchen *Selbstbestimmung* des Einzelnen ist dabei neben (1) einem Mindestmaß an *kognitiven Fähigkeiten*, die eine bewusste, autonome und rationale Entscheidung gewährleisten sowie (2) hinreichender *Information* oder der zumutbaren Möglichkeit der Information (*personale Faktoren*) sodann (3) die *Freiheit von Zwang*, die regelmäßig bei einem annähernd *gleichen Kräfte-*

---

[146] BVerfGE 81, 242, 254 f. = NJW 1990, 1469, 1470 (Handelsvertreter). Hervorhebungen durch den Verfasser. Hierzu eingehend oben S. 379 ff.

[147] BVerfGE 89, 214, 233 = NJW 1994, 36, 38 f. (Bürgschaft I). Hierzu eingehend oben S. 382 ff.

[148] BVerfGE 89, 214, 233 = NJW 1994, 36, 38 f. (Bürgschaft I). Hervorhebungen durch den Verfasser. Vgl. hierzu eingehend oben S. 382 ff.

[149] So, indes vereinfachend *Zöllner*, AcP 196 (1996), 1, 25.

verhältnis zwischen den Vertragspartnern gegeben ist und durch *soziale* wie auch *wirtschaftliche Faktoren* beeinträchtigt werden kann. In systematischer Hinsicht sind damit *kognitive Fähigkeiten, Information* und *Freiheit von Zwang* bzw. *Vertragsparität* als Voraussetzungen tatsächlicher Selbstbestimmung auf der einen sowie auf die tatsächliche Selbstbestimmung einwirkende *personale*, *soziale* und *wirtschaftliche* Faktoren auf der anderen Seite zu unterscheiden. Beide Kategorien können und werden sich in den meisten Fällen, müssen sich indes nicht notwendigerweise überschneiden, da sie teilweise sowohl *absolut* – ohne Berücksichtigung des Kräfteverhältnisses des Vertragspartners – als auch *relativ* – mit Blick auf die Verhandlungsmacht des Vertragspartners – wirken können.

aa) Kognitive Fähigkeiten

So setzt tatsächliche Selbstbestimmung zunächst die für eine bewusste, autonome und rationale Entscheidung notwendigen *kognitiven Fähigkeiten voraus.*[150] Sind diese nicht vorhanden, so liegt bereits eine *absolute Beeinträchtigung* der tatsächlichen Selbstbestimmung vor, ohne dass es auf ein *Ungleichgewicht* zwischen den Parteien ankommt. In der Regel wird sich ein solcher Mangel an kognitiven Fähigkeiten rechtlich durch die *beschränkte Geschäftsfähigkeit* der betroffenen Partei auswirken. So liegt es etwa in dem von *Zöllner* betrachteten Beispiel zweier kontrahierender, in der Geschäftsfähigkeit beschränkter Parteien.[151] Hier ist trotz bestehender Vertragsparität – einem annähernd gleichen Verhältnis der absolut gesehen gleichwohl geringen Kräfte beider Parteien – bereits aus absoluten, *ausschließlich* in der Person der Parteien selbst liegenden Gründen eine bewusste, autonome und rationale Entscheidung und damit eine effektive Ausübung der Vertragsfreiheit durch tatsächliche Selbstbestimmung ausgeschlossen.[152] Indes bilden derartige Fälle im Rechtsverkehr die deutliche Ausnahme und bestätigen damit die grundsätzliche Regel[153] der Gleichsetzung von *Selbstbestimmung* und *Vertragsparität.*

---

[150] Zur Diskrepanz zwischen dem überoptimistischen Menschenbild des Liberalismus, der entsprechende kognitive Fähigkeiten unterstellte, und der Lebenswirklichkeit *Denkinger*, Verbraucherbegriff (2007), S. 35f. mwN. Zu den *kognitiven* Grenzen selbstbestimmten Handelns *Sedlmeier*, Selbstbestimmung (2012), S. 134ff.; *Heiderhoff*, Grundstrukturen (2004), S. 269; *Behrens*, Konsumentenverhalten (2. Aufl. 1991), S. 49ff., 128ff.; *Hönn*, Vertragsparität (1982), S. 140ff.; *Wolf*, Entscheidungsfreiheit (1970), S. 115f.; *Bydlinski*, Privatautonomie (1967), S. 167ff. Hierzu aus der Perspektive der *Verhaltensökonomie Schäfer/Ott*, Ökonomische Analyse (5. Aufl. 2012), S. 103ff.; *Hassemer*, Heteronomie und Relativität (2007), S. 230; *Lüdemann*, in: Engel (Hrsg.), Recht und Verhalten (2007), S. 7, 20ff.; *Eidenmüller*, JZ 2005, 216, 218ff.; *Eidenmüller*, Effizienz als Rechtsprinzip (3. Aufl. 2005), S. 37ff. sowie der *Verhandlungstheorie Duve/Eidenmüller/Hacke*, Mediation (2. Aufl. 2011), S. 26ff., 239f., 257; *Bühring-Uhle/Eidenmüller/Nelle*, Verhandlungsmanagement (2009), S. 38ff., 66ff.; *Thompson*, Negotiator (4. Aufl. 2009), S. 6ff., 194ff., 371f. Vgl. hierzu auch eingehend unten S. 524ff. mwN.

[151] Vgl. *Zöllner*, AcP 196 (1996), 1, 28.

[152] Ebenso *Zöllner*, AcP 196 (1996), 1, 28.

[153] Vgl. nur BVerfGE 81, 242, 254f. = NJW 1990, 1469, 1470 (Handelsvertreter) sowie oben S. 379ff.

Denn in der Regel werden sich die kognitiven Fähigkeiten der Parteien – wenn sie das für die volle Geschäftsfähigkeit erforderliche Mindestmaß überschreiten und sich damit die Frage der *absoluten* Fähigkeit zu tatsächlicher Selbstbestimmung nicht stellt – als das Verhandlungsgleichgewicht bestimmender Faktor und damit relativ mit Blick auf den jeweiligen Verhandlungspartner auswirken. So lag es in dem einer der Bürgschaftsentscheidungen des BVerfG zugrunde liegenden Fall, in dem das Gericht mit Blick auf die Beschwerdeführer davon ausging, dass „ihr geringes *Lebensalter* und das Fehlen einer *qualifizierten beruflichen Vorbildung* ... typische Anzeichen dafür [waren], daß sie weder über eine große Lebenserfahrung noch über Gewandtheit und Erfahrung in Geldgeschäften verfügten und danach das übernommene Haftungsrisiko nicht in seiner vollen Tragweite abschätzen konnten."[154] *Lebensalter* und *-erfahrung*, geschäftliche *Gewandtheit*, *Ausbildung* sowie die *persönliche Lebenssituation* (z. B. eine Schwangerschaft) beeinflussen dabei als *endogene*, in der Person selbst begründete Faktoren die spezifische *Verhandlungsstärke* einer Partei im Verhältnis zu ihrem Vertragspartner.[155]

bb) Information

Privatautonomie und damit eigenverantwortliches rechtliches Handeln setzt hinreichende *Information* voraus.[156] Denn nur dann, wenn dem Einzelnen alle vertragsrelevanten Informationen vorliegen, kann er die Tragweite und die Folgen einer vertraglichen Bindung abschätzen und eine hinreichend substantiierte Entscheidung treffen. Umfassende Information der Parteien ist dabei insbesondere mit Blick auf die stetig steigende Komplexität der Wirtschaftsgüter, der wirtschaftlichen und rechtlichen Beziehungen sowie der rechtlichen Folgen von wachsender Bedeutung. Vor diesem Hintergrund kommt *vorvertraglichen Informationspflichten*[157] und dem Ausgleich von *Informationsasymmetrien* ein besonderes Gewicht bei der Gewährleistung tatsächlicher Selbstbestimmung als Funktionsvoraussetzung materieller Vertragsfreiheit zu. Im Kontext der Inhaltskontrolle von AGB rückt der Aspekt hinreichender Information als Grundlage informierter, selbstbestimmter Entscheidung in den Mittelpunkt der Betrachtung, beruht die *situative Unterlegenheit* des Verwendungsgegners doch gerade auf dessen durch das Stellen von AGB bewirkten *Informationsdefizit* auf der einen und dem *Informationsvorsprung* des Verwenders auf der anderen Seite.[158]

---

[154] BVerfG NJW 1994, 2749, 2750 (Bürgschaft II).

[155] Hierzu oben S. 405 ff.

[156] *Sedlmeier*, Selbstbestimmung (2012), S. 119; *Dauner-Lieb*, Verbraucherschutz (1983), S. 63. Zum *liberalen Informationsmodell* im Kontext des Verbraucherschutzes *Drexl*, Selbstbestimmung (1998), S. 26 ff.; *Singer*, Selbstbestimmung (1995), S. 27 ff. sowie grundlegend *Dauner-Lieb*, Verbraucherschutz (1983), S. 51 ff.

[157] *Busch*, Informationspflichten (2008), S. 40 ff., 55 ff.; *Fleischer*, Informationsasymmetrie (2001), S. 19 ff., 82 ff.; *Schwarze*, Vorvertragliche Verständigungspflichten (2001), S. 97 ff.

[158] Vgl. hierzu eingehend unten S. 508 ff., 541 ff., 574 ff.

Und es ist ebendiese, für den Verwendungsgegner nicht mit zumutbarem Aufwand zu überwindende Informationsasymmetrie, die weithin als Ursache des mangelnden *Konditionenwettbewerbs* gesehen wird.[159]

Sind vertragsrelevante Informationen sowie die zumutbaren Möglichkeiten der Informationsbeschaffung ungleich verteilt, hat dies notwendig auch eine Verschiebung des Kräfteverhältnisses zwischen den Parteien zur Folge. *Informationsasymmetrien* bedingen damit regelmäßig eine *Verhandlungsimparität* zwischen den Parteien. Dies gilt indes nur dann, wenn das informationelle Ungleichgewicht dem insoweit stärkeren Vertragspartner auch *zugerechnet* werden kann. Verfügen beide Parteien jedenfalls annähernd über gleiche zumutbare Chancen der Informationsgewinnung, muss eine Zurechnung zulasten der besser informierten Partei entfallen, da ihr Vertragspartner sein Informationsdefizit insoweit selbst zu vertreten hat. Dies wird im Zusammenhang mit der Verwendung von AGB indes regelmäßig verneint[160], so dass die mit dem Stellen von AGB vom Verwender selbst herbeigeführte Informationsasymmetrie sowie die darauf beruhende Beeinträchtigung der tatsächlichen Selbstbestimmung des Verwendungsgegners, die in diesem Zusammenhang regelmäßig mit dem Begriff der *situativen Unterlegenheit* umschrieben wird, dem Verwender zuzurechnen ist.[161]

cc) Freiheit von Zwang bzw. wirtschaftliches und soziales Machtgleichgewicht

Verfügt der Einzelne (1) über die für eine bewusste, autonome und rationale Entscheidung notwendigen und mit Blick auf seine Vertragspartner auch annähernd gleichen *kognitiven Fähigkeiten* und ist er (2) über alle vertragsrelevanten Umstände hinreichend *informiert* oder ist ihm die Beschaffung der entsprechenden Information auf *zumutbare* Weise möglich, so ist sein rechtliches Handeln nur dann auch *tatsächlich* selbstbestimmt, wenn es (3) frei von äußerem *Zwang* erfolgt und damit ein jedenfalls annäherndes wirtschaftliches und soziales *Machtgleichgewicht* zwischen den Parteien besteht.[162] Das Gleichgewicht der Kräfte kann aus einer Vielzahl unterschiedlicher Gründe gestört sein, wobei mit Blick auf die Vertragsfreiheit vor allem *wirtschaftliche* und *soziale* Faktoren relevant sein werden.[163]

So können in *wirtschaftlicher* Hinsicht die zur Verfügung stehenden *finanziellen*, *personellen* oder *sachlichen* Ressourcen zu einem vertragsrelevanten Ungleichgewicht führen, wenn sie für die von der Entscheidungssituation betroffene

---

[159] Näher hierzu unten S. 542ff.

[160] Eingehend hierzu unten S. 508ff., 541ff., 574ff. mwN.

[161] Zur Zurechnung aufgrund des Gedankens der „*Gefährdungshaftung*" bzw. der *Risikosphären* vgl. eingehend unten S. 589ff.

[162] Vgl. hierzu *Hönn*, Vertragsparität (1982), S. 258ff.; *Wolf*, Entscheidungsfreiheit (1970), S. 101ff.

[163] Vgl. hierzu näher *Larenz/Wolf*, BGB AT (9. Aufl. 2004), S. 755f., in *Wolf/Neuner*, BGB AT (11. Aufl. 2016) leider fehlend. Vgl. zum Zusammenhang zwischen *wirtschaftlicher* Unterlegenheit und *Selbstbestimmung* auch *Wolf*, Entscheidungsfreiheit (1970), S. 30f., 105ff.

Partei von Bedeutung sind. So liegt es etwa regelmäßig im Verhältnis zwischen *Verbraucher* und *Unternehmer* oder zwischen einem mittelständischen *Zulieferer* und einem multinationalen *Konzern*, in dem der finanzkräftigere Vertragspartner einem möglichen Rechtsstreit gelassener entgegen sehen kann als die insoweit schwächere Partei, für die sich bereits die Notwendigkeit der gerichtlichen Durchsetzung eines ihr tatsächlich zustehenden Anspruchs in ökonomischer Hinsicht als existenzbedrohend erweisen kann.

Aber auch bei im Hinblick auf ihre finanziellen, personellen und sachlichen Ressourcen annähernd *gleich* starken Vertragspartnern kann ein *wirtschaftlicher Zwang* zum Vertragsschluss und damit ein erhebliches Machtungleichgewicht bestehen, wenn eine der beiden Parteien in ungleich höherem Maße, regelmäßig sogar existenziell, auf die Leistung ihres Vertragspartners *angewiesen* ist und dieser eine monopolähnliche, marktbeherrschende Stellung innehat, die es ihm erlaubt, seinem Gegenüber die Vertragskonditionen gleichsam zu diktieren.[164] Eine derartige *wirtschaftliche Abhängigkeit* hat die Rechtsprechung vor allem für die Beziehung zwischen Arbeitnehmern und Arbeitgebern anerkannt, in denen „der einzelne Arbeitnehmer typischerweise *ungleich stärker* auf sein Arbeitsverhältnis *angewiesen* [ist] als der Arbeitgeber auf den einzelnen Arbeitnehmer."[165] Und auch der wegweisenden Handelsvertreterentscheidung des BVerfG lag der Sachverhalt der wirtschaftlichen Abhängigkeit der Handelsvertreter gegenüber den Unternehmern zugrunde.[166]

Die Unterlegenheit der schwächeren Partei kann aber auf auch auf *sozialen* Faktoren, wie etwa einem besonderen persönlichen *Näheverhältnis* oder *emotionalen* und *familiären* Bindungen beruhen. So war das BVerfG in einer seiner Entscheidungen zu Angehörigenbürgschaften davon ausgegangen, dass sich die Bürgin „aufgrund ihrer *familiären Bindung* gedrängt fühlen [konnte], ein nach ihren wirtschaftlichen Verhältnissen *unvertretbar hohes Haftungsrisiko* zu übernehmen, um ihren Eltern die Kreditaufnahme zu ermöglichen"[167], während ihr Verlobter und späterer Ehemann „ebenfalls von diesem familiären Druck betroffen sein"[168] konnte.

Sind damit die Voraussetzungen tatsächlicher Selbstbestimmung und somit effektiver Ausübung der Vertragsfreiheit umrissen, so ist indes noch nicht die Frage

---

[164] Vgl. zu dieser Form der wirtschaftlichen Abhängigkeit oben S. 403 ff.

[165] BVerfG NJW 2007, 286, 288 (Arbeit auf Abruf). Hervorhebungen durch den Verfasser. Vgl. hierzu eingehend oben S. 436 ff.

[166] BVerfGE 81, 242, 256 f. = NJW 1990, 1469, 1470 (Handelsvertreter) mit Verweis auf BT-Drucks. 1/3856, S. 10 f. Vgl. hierzu oben S. 379 ff. Vgl. zum Ausgleichsanspruch des Handelsvertreters eingehend *Kindler*, Ausgleichsanspruch (1987), S. 85 ff., 119 ff. sowie *Kindler*, FS Hoffmann (2011), S. 199 ff.; *Kindler*, DB 2010, 1109, 1109 ff.; *Kindler*, JbitR 4 (1991), 25, 25 ff.; *Kindler*, RIW 1990, 358, 358 ff.

[167] BVerfG NJW 1994, 2749, 2750 (Bürgschaft II). Hervorhebungen durch den Verfasser. Hierzu näher oben S. 422 f.

[168] Ebenda.

beantwortet, welches *Maß* der Beeinträchtigung der Vertragsfreiheit als *rechtlich* zulässig angesehen wird und wann dieses Maß überschritten wird, so dass die insoweit auf einem defizitären Willen beruhende vertragliche Bindung aufzuheben ist. Angesprochen ist hiermit das Problem der *Antinomie* zwischen *formaler* und *materieller* Vertragsfreiheit und damit eines der zentralen Probleme des Privatrechts, das bereits im 19. Jh. in dem klassischen Streit zwischen *Erklärungs-* und *Willenstheorie* angeklungen ist und dem die Abwägung zwischen dem Schutz der *Selbstbestimmung* einerseits und der Gewährleistung der *Rechtssicherheit* andererseits zugrunde liegt. So hatte das BVerfG bereits in seiner *Bürgschaftsentscheidung* festgestellt, dass „schon aus Gründen der Rechtssicherheit ... ein Vertrag nicht bei jeder Störung des Verhandlungsgleichgewichts nachträglich in Frage gestellt oder korrigiert werden [darf]“[169].

Wo im Einzelnen die Grenze zu ziehen ist, hat der Gesetzgeber im Rahmen seiner Einschätzungsprärogative mit Blick auf den verfassungsrechtlich gewährleisteten Schutz des Selbstbestimmungsrechts des schwächeren Vertragspartners zu entscheiden, wobei sich das Recht zur Vertragskorrektur insbesondere im Fall einer „typisierbare[n] Fallgestaltung, die eine strukturelle Unterlegenheit des einen Vertragsteils erkennen läßt“[170], zu einer Schutzpflicht verdichten kann, wenn „die Folgen des Vertrages für den unterlegenen Vertragsteil ungewöhnlich belastend“[171] sind. Für AGB hat der Gesetzgeber die Möglichkeit einer solchen Vertragskorrektur in den Vorschriften der §§ 307 ff. BGB vorgesehen, die ihre wesentliche vertragstheoretische Rechtfertigung damit aus einem typischerweise bestehenden *Ungleichgewicht* zwischen dem Verwender und seinem Vertragspartner beziehen. Worin dieses Ungleichgewicht im Einzelnen begründet ist, ob tatbestandlich auf das Bestehen eines ungleichen *intellektuellen*, *psychischen*, *sozialen* oder *wirtschaftlichen* Kräfteverhältnisses abzustellen ist[172] oder ob es seine Ursachen vielmehr in der nicht zumutbar zu behebenden *informationellen Unterlegenheit* des Verwendungsgegners findet[173], ist eine Frage des dem AGB-Recht insgesamt zugrunde liegenden Begründungsmodells, das im Folgenden näher in den Blick zu nehmen ist.[174]

Festzuhalten ist an dieser Stelle der Befund, dass sich die *Vertragsparität* – von den praktisch wenig relevanten Fällen der Geschäftsunfähigkeit abgesehen, bei denen es entscheidend auf das Vorhandensein absoluter kognitiver Fähigkeiten ankommt – als *zentrale Funktionsvoraussetzung* tatsächlicher *Selbstbestimmung* und damit effektiver Ausübung materieller Vertragsfreiheit erweist. Die in diesem Zusammenhang zitierte Sentenz – *Privatautonomie* ist *Selbstbestimmung* ist

---

[169] BVerfGE 89, 214, 232 = NJW 1994, 36, 38 (Bürgschaft I). Hierzu näher oben S. 382 ff.
[170] Ebenda.
[171] Ebenda.
[172] Hierzu eingehend unten S. 472 ff.
[173] Vgl. hierzu unten S. 511 ff., 541 ff., 574 ff.
[174] Vgl. unten S. 462 ff., 507 ff.

Vertragsparität[175] – erweist sich damit jedenfalls für den Regelfall als zutreffend, und auch die Rechtsprechung sieht im Bestehen von Machtungleichgewichten den zentralen Rechtfertigungsgrund materieller Vertragskorrektur durch richterliche Inhaltskontrolle.[176]

2. *Gewährleistung der Vertragsgerechtigkeit*

Der Zweck der Inhaltskontrolle ist, wie eingangs mit Blick auf die Intention des historischen AGB-Gesetzgebers gezeigt wurde[177], indes keineswegs auf die Gewährleistung der *Vertragsfreiheit* beschränkt, sondern zugleich auf den Schutz der *Vertragsgerechtigkeit* gerichtet. In teleologischer Hinsicht liegt in der Gewährleistung der Vertragsgerechtigkeit sogar der eigentliche Zweck, das letzte Ziel materieller Inhaltskontrolle von Verträgen, dringt die betroffene Partei doch regelmäßig nicht deshalb auf eine Vertragskorrektur, weil sie eine abstrakte Verletzung ihres Selbstbestimmungsrechts geltend machen will, sondern vielmehr deshalb, weil sie sich durch die getroffene Vereinbarung materiell *benachteiligt* sieht. Die Verletzung des Selbstbestimmungsrechts wird dabei nicht um ihrer selbst willen, sondern letztlich gleichsam als Reflex und nur deshalb gerügt, weil sich das Defizit an rechtsgeschäftlicher Entscheidungsfreiheit für die schwächere Partei negativ in sie benachteiligenden Vertragsbedingungen ausgewirkt hat.

Während die Vertragsfreiheit das *Wie* und damit das *Mittel* zur Herbeiführung eines angemessenen Interessenausgleichs als Zweck des Vertrages betrifft, ist mit der Vertragsgerechtigkeit das *Was* und damit das eigentliche *Objekt*, das *Ziel* rechtlicher Lebensgestaltung durch Verwirklichung der Interessen des Einzelnen betroffenen. Entsprechend ist der zentrale Maßstab, nach dem sich entscheidet, ob die Bindungswirkung des Vertrages aufgehoben und eine materielle Korrektur des Vertrages herbeigeführt wird, jener der Vertragsgerechtigkeit: So sind etwa nach § 307 Abs. 1 BGB Bestimmungen in AGB unwirksam, wenn sie den Vertragspartner des Verwenders entgegen den Geboten von Treu und Glauben *unangemessen benachteiligen*.[178] Dies gilt indes nur dann, wenn der Anwendungsbereich des AGB-Rechts überhaupt eröffnet ist, was nach § 305 Abs. 1, 2 BGB der Sache nach eine Verletzung des tatsächlichen Selbstbestimmungsrechts und damit eine Beeinträchtigung materieller *Vertragsfreiheit* voraussetzt. *Vertragsfreiheit* und *Vertragsgerechtigkeit* sind als Schutzgüter der richterlichen Inhaltskon-

[175] Vgl. *Zöllner*, AcP 196 (1996), 1, 25 sowie oben S. 446.

[176] Vgl. nur BVerfGE 89, 214, 233 = NJW 1994, 36, 38 f. (Bürgschaft I) sowie eingehend oben S. 379 ff., 422 ff.

[177] Vgl. oben S. 439 ff. sowie RegE zum AGBG, BT-Drucks. 7/3919, S. 9 ff.

[178] Zu den Voraussetzungen im Einzelnen näher BeckOK/*H. Schmidt*, BGB (47. Ed. 2018), § 307 Rn. 19 ff.; MünchKomm/*Wurmnest*, BGB (7. Aufl. 2016), § 307 Rn. 21 ff.; *Fuchs*, in: *Ulmer/Brandner/Hensen*, AGB-Recht (12. Aufl. 2016), § 307 Rn. 93 ff.; *Wolf*, in: Wolf/Lindacher/Pfeiffer, AGB-Recht (6. Aufl. 2013), § 307 Rn. 74 ff.; Staudinger/*Wendland*, BGB (2019), § 307 Rn. 83 ff.; *Stoffels*, AGB-Recht (3. Aufl. 2015), Rn. 460 ff.

trolle von AGB damit auch auf der Ebene des einfachen Rechts auf das Engste miteinander verzahnt.

a) Funktion des Vertrages: Persönlichkeitsentfaltung durch gerechten Interessenausgleich

Deutlich wird dies mit Blick auf den *Zweck des Vertrages* als rechtliches Instrument der eigenverantwortlichen Entfaltung der Person, der in seiner doppelten Funktion sowohl auf die Gewährleistung von *Vertragsfreiheit* als auch auf die Verwirklichung von *Vertragsgerechtigkeit* gerichtet ist, indem er einen angemessenen Interessenausgleich *durch* selbstbestimmtes Handeln der Parteien ermöglichen soll. Diese finale Verknüpfung von *Vertragsfreiheit* und *Vertragsgerechtigkeit* steht im Zentrum der *Schmidt-Rimplerschen* Theorie der *Richtigkeitsgewähr des Vertragsmechanismus*, deren Versagen einhellig als Anknüpfungspunkt richterlicher Inhaltskontrolle angesehen wird.[179] Sie klingt darüber hinaus auch in der Rechtsprechung des BVerfG an, die mit dem Verweis auf die grundrechtliche Gewährleistung der *Privatautonomie* gem. Art. 2 Abs. 1 GG *und* des *Sozialstaatsprinzips* gem. Art. 20 Abs. 1, Art. 28 Abs. 1 GG auf den engen Zusammenhang dieser beiden grundlegenden Rechtsprinzipien hingewiesen hat.[180]

Ist – wie im Gang der bisherigen Untersuchung deutlich worden ist – mit der durch das Selbstbestimmungsrecht geschützten Vertragsfreiheit das *Wie* und damit gleichsam das *Mittel* rechtlicher Gestaltung der Lebensverhältnisse angesprochen, so betrifft die *Vertragsgerechtigkeit* das *Ob* und damit letztlich das *Objekt*, das Ziel rechtlicher Lebensgestaltung, um das es im Kern eigentlich geht. Denn Vertragsfreiheit wird nicht als *Selbstzweck*, gleichsam als abstraktes, aber materiell inhaltsloses Ziel um ihrer selbst willen gewährleistet, sondern allein mit Blick auf ihre Funktion als Instrument effektiver Verwirklichung der Interessen des Einzelnen, die im Kontext zweiseitiger Rechtsgeschäfte in einem *angemessenen* und damit der *Vertragsgerechtigkeit* entsprechenden Ergebnis rechtlich Gestalt annimmt.[181] Anders wären die klassischen Schranken der Vertragsfreiheit – gesetzliches Verbot, Sittenwidrigkeit, Äquivalenzstörung – nicht erklärbar. Der Vertrag soll den Parteien jenen rechtlichen Freiheitsraum eröffnen, der ihnen die selbstbestimmte und eigenverantwortliche Gestaltung ihrer Lebensverhältnisse

---

179 Vgl. nur *Stoffels,* AGB-Recht (3. Aufl. 2015), Rn. 82; Staudinger/*Wendland,* BGB (2019), § 307 Rn. 5 sowie oben S. 439 f. sowie unten S. 458 ff.

180 Vgl. nur BVerfGE 89, 214, 232 = NJW 1994, 36, 38 (Bürgschaft I) sowie oben S. 418 ff.

181 Hierzu grundlegend BVerfG NJW 2011, 1339, 1340 (Preisanpassungsklausel): „Maßgebliches rechtliches *Instrument* zur Verwirklichung freien und eigenverantwortlichen *Handelns* in Beziehung zu anderen ist der *Vertrag*, mit dem die Vertragspartner *selbst bestimmen*, wie ihre individuellen Interessen zueinander in einen *angemessenen* Ausgleich gebracht werden." Ebenso BVerfG NJW 2007, 286, 287 (Arbeit auf Abruf); BVerfG VersR 2006, 961, 962 (Unfallversicherungsprämie); BVerfGE 114, 73 = NJW 2005, 2376, 2378 (Überschussbeteiligung); BVerfGE 103, 89, 100 = NJW 2001, 957, 958 (Unterhaltsverzicht I). Hervorhebungen durch den Verfasser.

ermöglicht, indem sie ihre Interessen im Verhältnis zu ihren Mitmenschen verwirklichen und ihre Persönlichkeit entsprechend ihren individuellen Anlagen und Fähigkeiten entfalten können. In menschlicher *Würde* und *Freiheit* gründende *Persönlichkeitsentfaltung* und sie ermöglichende *Interessenverwirklichung*, die mit Bezug auf den jeweils anderen – will sie auch ihm jene Freiheit der Entfaltung der Person gewähren – notwendig zu einem *angemessenen* Ausgleich der gegenseitigen Interessen kommen muss: Mit dieser Formel lässt sich holzschnittartig die *interessenausgleichende Funktion* des Vertrages aus den wesentlichen Prinzipien menschlicher Seinsordnung herleiten.

Aus dieser Perspektive betrachtet bezieht der Vertrag seine Bindungswirkung gerade nicht allein aus dem übereinstimmenden Willen der Parteien, sondern darüber hinaus auch aus der *Geltungsverleihung* durch die Rechtsordnung, die das gemeinsam Gewollte mit rechtlicher Bindungswirkung versieht.[182] Der auf das Primat formaler Vertragsfreiheit verweisende Rechtssatz, dass Vereinbarungen von der Rechtsordnung anerkannt würden, weil sie auf dem Willen der Vertragschließenden beruhten, selbst wenn das Vereinbarte unter objektiven Gesichtspunkten unvernünftig oder unrichtig erscheint[183], hilft im Hinblick auf die Bestimmung des Vertragszwecks nicht weiter, weil er sich aus einer Abwägungsentscheidung zwischen den Rechtsgütern der *Rechtssicherheit* und der *Vertragsgerechtigkeit* ergibt und den Vertragszweck auf gleichsam *praktischer Ebene* damit aus Gründen der Rechtssicherheit modifiziert. Aus der Perspektive des Vertragszwecks betrachtet, hätten auch erkennbar unvernünftige oder unrichtige Verträge keinen Bestand, können denknotwendig keinen Bestand haben, wenn sie nicht der Verwirklichung der Interessen der Parteien dienen, ihr möglicherweise sogar entgegengesetzt sind. Deutlich wird dies etwa dadurch, dass den Parteien selbst unter Berücksichtigung der Belange der Rechtssicherheit die Bindungswirkung des von ihnen Vereinbarten versagt wird, wenn der Vertragsinhalt etwa gem. § 134 BGB gegen ein *gesetzliches Verbot* verstößt, dem Verdikt der *Sittenwidrigkeit* nach § 242 BGB unterfällt oder ein die Grenzen des gem. § 138 Abs. 2 BGB unzulässigen Wuchers überschreitender *ungerechter Preis* vereinbart wurde.

Bleiben Erwägungen des *Verkehrsschutzes* außer Betracht, so können mit Blick auf den Vertragszweck nur solche Vereinbarungen rechtliche Geltung beanspruchen, die – einen entsprechend weiten Gestaltungsspielraum der Parteien als sachnächsten Beteiligten vorausgesetzt – tatsächlich einen *angemessenen* Ausgleich der beiderseitigen Interessen ermöglichen, weil der Vertrag für den Einzelnen nur so zum Instrument der individuellen Interessenverwirklichung und damit der Entfaltung seiner Person werden kann. Mit anderen Worten: Im Hinblick auf den *Vertragszweck* ist die *interessenausgleichende* Wirkung des gemeinsam Verein-

---

182 *Leistner*, Richtiger Vertrag (2007), S. 178; *Lorenz*, Schutz (1997), S. 16; *Flume*, BGB AT II (3. Aufl. 1979), S. 3 ff.; *Wolf*, Entscheidungsfreiheit (1970), S. 24.

183 So etwa *Coester-Waltjen*, AcP 190 (1990), 1, 14.

barten und damit die Vertragsgerechtigkeit gleichsam „Wirksamkeitsbedingung" des Vertrages.[184] Fehlt ein angemessener Interessenausgleich und erweist sich der Vertrag für eine der beiden Parteien als benachteiligend und hat damit zur Folge, dass eine Partei in der Verwirklichung ihrer Interessen und damit der Entfaltung ihrer Person beeinträchtigt ist, der Vertrag sie möglicherweise sogar in ihrer Persönlichkeitsentfaltung hindert, statt zu fördern, ihr schadet, statt zu nützen, so verfehlt der Vertrag seinen Zweck als Instrument der Interessenverwirklichung und Persönlichkeitsentfaltung. Er ist „kein legitimes Produkt von Vertragsfreiheit, sondern bedeutet eine Pervertierung derselben"[185]. Er kann nicht mehr als (subjektives Vertrags-)Recht, sondern muss als Perversion (*corruptio*) des Rechts angesehen werden. Seiner Substanz entleert und seines Zweckes beraubt, muss ihm jede Geltung als Recht abgesprochen werden. Eine rechtliche Geltung ungerechter Verträge kann es damit aus jener grundsätzlichen Perspektive *per definitionem* eigentlich nicht geben, weil dies – wie auch der Begriff des ungerechten Rechtes – ein Widerspruch in sich wäre.

Lässt die Rechtsordnung auch ungerechte Verträge bestehen und versieht sie mit staatlich gewährleisteter Bindungswirkung, so tut sie dies vor allem aus Gründen der *Rechtssicherheit*, sieht man von dem durch einen weiten Gestaltungsspielraum gewährleisteten, jedoch ohne weiteres rechtlich beherrschbaren Problem der objektiven Bestimmung der Angemessenheit des Vertragsinhalts ab. Hinzu tritt der freilich erst auf der rechtspraktischen Ebene relevant werdende Schutz der Parteien vor paternalistischen Eingriffen in das Selbstbestimmungsrecht unter dem Vorwand der – vom intervenierenden Dritten definierten – Vertragsgerechtigkeit. Allerdings betrifft dies nicht die Frage des Vertragszwecks als solchen, sondern vielmehr das Problem der praktischen Bestimmung des Angemessenheitsmaßstabs und damit den materiellen Inhalt dessen, was als gerecht anzusehen ist. Aus rechtstheoretischer Perspektive sind für die Bestimmung des Vertragszwecks rechtspraktische Fragen der Bestimmung der Angemessenheit des Vertragsinhalts zunächst nicht relevant, die als *datum* hier vorausgesetzt wird.

Darüber hinaus wird – wie es auch die Rechtsprechung tut – jedenfalls bei *erheblicher Unangemessenheit* des Vertragsinhaltes zu fragen sein, ob – das Fehlen einer Selbstschädigungsabsicht vorausgesetzt – die übervorteilte Partei tatsäch-

---

[184] Ähnlich *Becker*, WM 1999, 709, 710: „Denn die Geltung und Verwirklichung des Willens allein enthält für sich noch keine Richtigkeitsgewähr für das Ausgehandelte. Hinzutreten muß die interessenausgleichende Wirkung des Vereinbarten. Vertragsfreiheit und Vertragsgerechtigkeit stehen in keiner Gegensatzbeziehung. Vielmehr ist diese Wirksamkeitsbedingung und Korrektiv jener." Zum Zweck des Vertrages als Mittel der Verwirklichung der Vertragsgerechtigkeit näher *Habersack*, Vertragsfreiheit und Drittinteressen (1992), S. 42 ff.; *Wolf*, Entscheidungsfreiheit (1970), S. 31 ff., 41 ff. sowie grundlegend *Schmidt-Rimpler*, AcP 147 (1941), 130, 149 ff., 156 ff.; *Schmidt-Rimpler*, FS Raiser (1974), S. 3, 5 ff.

[185] So *Becker*, WM 1999, 709, 713. Ebenso *Thomas von Aquin*, Summa Theologica, I^{a}–II^{ae} q. 95 a. 2 co.: „Unde omnis lex humanitus posita intantum habet de ratione legis, inquantum a lege naturae derivatur. Si vero in aliquo, a lege naturali discordet, iam non erit lex sed legis corruptio."

lich einen Vertrag abschließen wollte, der kaum geeignet ist, ihren eigentlichen Interessen zur Verwirklichung zu verhelfen, sondern sich für die betroffene Partei vielmehr als schädigend erweist.[186] Dass eine nachträgliche Aufhebung der Bindungswirkung derartiger Rechtsgeschäfte von der überlegenen Partei als Profiteur des benachteiligenden Vertrages mit Verweis auf „paternalistische Eingriffe“ und den Schutz der eigenen *formalen* Vertragsfreiheit vehement abgelehnt werden wird, liegt in der Natur der Sache, darf indes nicht den Blick auf die zentrale und hier entscheidende Frage verstellen, *weshalb* der Vertrag eigentlich abgeschlossen wurde, welchem Zweck – abgesehen von der Benachteiligung der unterlegenen Partei – er überhaupt diente und ob unter diesen Umständen eine Geltungsverleihung durch die Rechtsordnung überhaupt noch gerechtfertigt ist. Entsprechend gelangt auch das BVerfG in seiner Bürgschaftsentscheidung zu dem Ergebnis, dass sich „bei dieser Sachlage ... die Frage nach den Voraussetzungen und Gründen des Vertragsschlusses geradezu aufdrängen [muss]“[187]. Denn, so das Gericht, „ist ... der Inhalt des Vertrages für eine Seite ungewöhnlich belastend und als Interessenausgleich offensichtlich unangemessen, so dürfen sich die Gerichte nicht mit der Feststellung begnügen: ‚Vertrag ist Vertrag‘. Sie müssen vielmehr klären, ob die Regelung eine Folge strukturell ungleicher Verhandlungsstärke ist, und gegebenenfalls im Rahmen der Generalklauseln des geltenden Zivilrechts korrigierend eingreifen.“[188]

Festzuhalten ist damit der Befund, dass mit Blick auf den Vertragszweck eine Vereinbarung nur dann als legitimiert angesehen werden und rechtliche Geltung beanspruchen kann, wenn sie auf die Verwirklichung der individuellen Interessen *beider* Parteien gerichtet ist, die regelmäßig in einem angemessenen Interessenausgleich zum Ausdruck kommt. Auf *vertragstheoretischer* Ebene gilt vor dem Hintergrund des interessenausgleichenden Zwecks des Vertrages daher das *Primat der Vertragsgerechtigkeit*, der – wie etwa die Vorschrift des § 134 BGB zeigt – selbst ein tatsächlich vorhandener, entgegenstehender Wille der Parteien und mit ihm die materielle Vertragsfreiheit weichen muss. Erst auf der Ebene der rechtspraktischen Umsetzung wird dieses Ergebnis zum Schutz der *Rechtssicherheit* korrigiert und mit dem daraus folgenden *Primat formaler Vertragsfreiheit* in gewisser Hinsicht gleichsam in ihr Gegenteil verkehrt.[189] Mit Blick auf den

---

[186] Vgl. nur BVerfGE 89, 214, 230 f., 234 = NJW 1994, 36, 38 f. (Bürgschaft I). Hierzu näher oben S. 382 ff. Zum Zusammenhang zwischen Vertragsgerechtigkeit und Selbstbestimmung eingehend *Wolf*, Entscheidungsfreiheit (1970), S. 31 ff., 41 ff. sowie grundlegend *Schmidt-Rimpler*, AcP 147 (1941), 130, 149 ff., 156 ff.; *Schmidt-Rimpler*, FS Raiser (1974), S. 3, 5 ff. Zur Vertragsparität als Voraussetzung der Richtigkeitsgewähr vgl. oben S. 211 ff., 256 ff.

[187] BVerfGE 89, 214, 230 f., 234 = NJW 1994, 36, 38 f. (Bürgschaft I). Vgl. näher oben S. 382 ff.

[188] BVerfGE 89, 214, 230 f., 234 = NJW 1994, 36, 38 f. (Bürgschaft I).

[189] Vgl. hierzu die *Radbruchsche Formel* bei *Radbruch*, SJZ 1946, 105, 105 ff. Nachgedruckt in: *Radbruch*, in: Hassemer/Kaufmann (Hrsg.), Gesamtausgabe III (1990), S. 83 ff. sowie *Radbruch/Kaufmann*, Vorschule der Rechtsphilosophie (1965), S. 32 f.

Zweck des Vertrages kommt indes der Vertragsgerechtigkeit eine herausragende Stellung zu. Dies entspricht dem rechtsphilosophisch begründeten Ergebnis, dass wahre Freiheit nur mit Blick auf die Gerechtigkeit denkbar ist, weil Freiheit stets auch die Freiheit des anderen ist und sich jede Freiheitsausübung im Gefüge eines Geflechtes unterschiedlicher Freiheitssphären und möglicherweise gegensätzlicher Interessen vollzieht, die – verfassungsrechtlich gesprochen – im Wege praktischer Konkordanz zu einem angemessenen Ausgleich zu bringen sind.[190] Ein solcher Ausgleich der Interessen, der in der Privatrechtsordnung durch das Instrument des Vertrages herbeigeführt werden soll, ist indes nichts anderes als *Vertragsgerechtigkeit.*

b) Funktionsvoraussetzung der Vertragsgerechtigkeit: Selbstbestimmung

Ist bereits mit Blick auf die *doppelte Funktion* des Vertrages – Instrument der Verwirklichung der Vertragsgerechtigkeit durch selbstbestimmten Interessenausgleich im Wege der Vertragsfreiheit – der Aspekt der finalen Verknüpfung von *Vertragsfreiheit* und *Vertragsgerechtigkeit* angeklungen, so tritt mit der damit angesprochenen Selbstbestimmung der Parteien die für die Vertragstheorie zentrale *Funktionsvoraussetzung der Vertragsgerechtigkeit* in den Mittelpunkt der Betrachtung.[191] Zwar ist die Vertragsgerechtigkeit ihrem absoluten und damit jedenfalls im Grundsatz objektiv bestimmbaren Inhalt entsprechend nicht der Verfügungsgewalt der Parteien unterworfen, sondern selbst – wie etwa die klassischen Schranken der Vertragsfreiheit zeigen – Maßstab ihres Handelns, an dem sich die Parteien messen lassen müssen. Dennoch verwirklicht sich Vertragsgerechtigkeit im Privatrecht regelmäßig nicht durch einen Akt staatlicher Gewalt, sondern durch das eigenverantwortliche Handeln der Parteien.

Dieser Vorgang darf indes nicht dahingehend missverstanden werden, dass das Vereinbarte bereits deshalb als *gerecht* anzusehen wäre, weil die Parteien es tatsächlich wollen oder ein derartiger Konsens aufgrund des Tatbestandes formaler Einigung unterstellt wird. Nicht alles, was vereinbart wird, ist – weil es vereinbart wurde – gleichsam automatisch gerecht. Ein derartiges *wertrelativistisches* Verständnis wäre weder mit dem geltenden Recht noch mit den Grundsätzen *kommutativer, distributiver* und *legaler* Gerechtigkeit vereinbar, die der Rechtsordnung als Ganzes zugrunde liegen und die nicht außer Kraft gesetzt werden

[190] Hierzu oben S. 2ff. sowie zum Ausgleich im Wege praktischer Konkordanz oben S. 414f. sowie BVerfG NJW 2011, 1339, 1341; BVerfGE 89, 214, 232 = NJW 1994, 36, 38 (Bürgschaft I).

[191] Zum Zusammenhang zwischen *Selbstbestimmung* und *Vertragsgerechtigkeit* oben S. 159ff. sowie *Wolf*, Entscheidungsfreiheit (1970), S. 31ff., 41ff.; *Schmidt-Rimpler*, FS Raiser (1974), S. 3, 5ff.; *Schmidt-Rimpler*, AcP 147 (1941), 130, 149ff., 156ff. Vgl. aber *Wiebe*, Elektronische Willenserklärung (2002), S. 39, der indes eine doppelte Funktion des Vertrages mit Blick auf *Selbstbestimmung* und als elementaren Baustein der *Wettbewerbsordnung* erkennt.

können, ohne dass das Recht die ihm zukommende tragende Bedeutung verliert und in sein Gegenteil verkehrt wird. Die Geschichte des Rechts ist gerade die Geschichte des Ringens um Gerechtigkeit, auch um Vertragsgerechtigkeit, und damit regelmäßig der Kampf gegen bestehende, formal bindende vertragliche Vereinbarungen. So wird auch ein die betroffene Partei erheblich benachteiligendes, massiv wucherisches Rechtsgeschäft nicht dadurch gerecht, dass es abgeschlossen wurde. Im Gegenteil hat die Rechtsordnung durch Vorschriften gegen den Wucher seit jeher versucht, gerade den Abschluss missbräuchlicher Rechtsgeschäfte durch Anordnung ihrer Nichtigkeit zu verhindern.

Der Vorgang der Verwirklichung der Vertragsgerechtigkeit durch selbstbestimmtes Handeln der Parteien ist vielmehr dadurch geprägt, dass die Parteien unter den Bedingungen tatsächlicher Selbstbestimmung regelmäßig zu einem angemessenen und damit jedenfalls im Hinblick auf die Aspekte kommutativer und distributiver Gerechtigkeit fairen Ausgleich ihrer Interessen gelangen. Hinsichtlich der über den unmittelbaren Interessenausgleich hinausgehenden Gerechtigkeitsaspekte – etwa den berechtigten Interessen Dritter, gesellschaftlichen Verpflichtungen (z. B. Steuerpflicht) u. ä. – sind den Parteien regelmäßig aus Vernunftgründen – rechtsphilosophisch gesprochen durch das *lumen rationis* – die Maßstäbe richtigen und damit gerechten Handelns ohne weiteres erkennbar, die darüber hinaus meist durch rechtliche Vorschriften oder moralische Normen in der Gesellschaft und damit zugleich in der Rechtsordnung konkretisiert sind. Zumindest im Hinblick auf den mit dem Vertrag bezweckten gegenseitigen Interessenausgleich werden sich die Parteien bereits deshalb regelmäßig auf einen *angemessenen* Ausgleich ihrer Interessen einigen, weil das Zustandekommen des Vertrages von der Zustimmung des jeweils anderen Teils abhängt und sich jedenfalls *a priori* keine der Parteien auf einen Vertrag einlassen wird, durch den sie ihre Interessen nicht in angemessener Weise berücksichtigt sieht. Dem Vorgang des *Abschleifens* der gegenseitigen Interessen wohnt damit eine gewisse Wahrscheinlichkeit der Richtigkeit des gefundenen Ergebnisses inne, die den Kern der Schmidt-Rimplerschen *Theorie der Richtigkeitsgewähr des Vertragsmechanismus* bildet. Voraussetzung für das Funktionieren des Vertragsmechanismus ist indes *tatsächliche Selbstbestimmung*, die regelmäßig ihrerseits *Vertragsparität* und damit ein annähernd gleiches Kräfteverhältnis zwischen den Parteien erfordert.

3. *Versagen der Richtigkeitsgewähr des Vertragsmechanismus*

Dieser Mechanismus der Verwirklichung von *Vertragsgerechtigkeit* durch selbstbestimmtes Handeln der Parteien versagt regelmäßig bei der Verwendung von AGB.[192] Im Versagen der Richtigkeitsgewähr des Vertragsmechanismus wird da-

---

[192] *Habersack*, Vertragsfreiheit und Drittinteressen (1992), S. 109. Ähnlich *Bydlinski*, FS Kastner (1972), S. 45, 59 f., der davon ausgeht, dass die Richtigkeitsgewähr des Vertragsmecha-

mit übereinstimmend der dogmatische Grund für die Notwendigkeit einer materiellen Korrektur des Vertrages im Wege richterlicher Inhaltskontrolle gesehen.

a) Ursache: Vertragsimparität

Die Ursache bildet dabei – ebenso weitgehend unstreitig – eine Störung der *Vertragsparität* aufgrund der mit der AGB-Verwendung verbundenen situativ bedingten Unterlegenheit des Verwendungsgegners.[193] Worin die Störung des Kräftegleichgewichts zwischen den Parteien im Einzelnen besteht und ob sie den *einzigen* Grund der Inhaltskontrolle bildet, ist indes noch nicht abschließend geklärt und Gegenstand der Suche nach einem tragfähigen Begründungsmodell der Inhaltskontrolle.[194]

b) Folge: Beeinträchtigung von Vertragsfreiheit und Vertragsgerechtigkeit

Unmittelbare Folge des durch *Vertragsimparität* bewirkten Versagens des *Vertragsmechanismus* bei der Verwendung von AGB ist eine Beeinträchtigung der tatsächlichen *Selbstbestimmung* des Verwendungsgegners, die regelmäßig zu einem ihn *benachteiligenden* Vertragsergebnis führt. Der Vertrag vermag seine *Funktion* als Instrument der *Interessenverwirklichung* der Parteien als Grund-

nismus „hier nur noch in sehr geringem Maße wirksam" ist und im Anschluß an *Raiser*, FS 100 Jahre DJT (1960), S. 101, 126 von einer „sehr ‚verdünnte[n] Freiheit'" ausgeht: „Die ‚Richtigkeitsgewähr' (Schmidt-Rimpler) des Vertragsmechanismus, die im wechselseitigen Abschleifen der Interessen durch die Notwendigkeit der Einigung liegt, ist daher hier nur noch in sehr geringem Maße wirksam. Man kann zwar m. E. nicht mit Flume sagen, daß überhaupt kein Akt der Privatautonomie vorliegt ... eine sehr ‚verdünnte Freiheit', um mit Raiser zu sprechen, ist es gewiß, in der der Kunde kontrahiert." Ebenso *Stoffels*, AGB-Recht (3. Aufl. 2015), Rn. 82; Staudinger/*Wendland*, BGB (2019), § 307 Rn. 5; *Fastrich*, Inhaltskontrolle (1992), S. 91. Zum Versagen der Richtigkeitsgewähr des Vertragsmechanismus als „gemeinsame[r] Richtpunkt" – so Staudinger/*Wendland*, BGB (2019), § 307 Rn. 5. – der unterschiedlichen Begründungsansätze der Inhaltskontrolle oben S. 439 f.

[193] Vgl. nur *Axer*, AGB-Kontrolle (2012), S. 40; MünchKomm/*Basedow*, BGB (7. Aufl. 2016), Vor § 305 Rn. 5 (Informations- und Motivationsgefälle); *Fuchs*, in: *Ulmer/Brandner/Hensen*, AGB-Recht (12. Aufl. 2016), Vor § 307 Rn. 26 ff.; *Stoffels*, AGB-Recht (3. Aufl. 2015), Rn. 82 f.; *Drexl*, Selbstbestimmung (1998), S. 332 ff., 340 ff.; *Fastrich*, Inhaltskontrolle (1992), S. 82 ff., 86 ff.; *Habersack*, Vertragsfreiheit und Drittinteressen (1992), S. 103; *Hönn*, JZ 1983, 677, 679 ff.; *Hönn*, Vertragsparität (1982), S. 149 ff.; *Wolf*, Entscheidungsfreiheit (1970), S. 231.

[194] Zur Schutzzweckdiskussion vgl. eingehend unten S. 462 ff. Vgl. aus dem jüngeren monographischen Schrifttum *Axer*, AGB-Kontrolle (2012), S. 40 ff.; *Becker*, AGB und Individualvereinbarung (2011), S. 9 ff.; *Hellwege*, AGB und Rechtsgeschäftslehre (2010), S. 540 ff.; *Miethaner*, AGB-Kontrolle (2010), S. 40 ff.; *Pres*, Inhaltskontrolle (2005), S. 42 ff. sowie im Übrigen *Oetker*, AcP 212 (2012), 202, 224; *Leuschner*, JZ 2010, 875, 877 ff.; *Leuschner*, AcP 207 (2007), 491, 493 ff.; *Kötz*, JuS 2003, 209, 211 ff.; *Wackerbarth*, AcP 200 (2000), 45, 63 ff. Aus dem älteren Schrifttum *Drexl*, Selbstbestimmung (1998), S. 329 ff.; *Bydlinski*, System und Prinzipien (1996), S. 756 ff. *Fastrich*, Inhaltskontrolle (1992), S. 79 ff., 81 ff.; *Habersack*, Vertragsfreiheit und Drittinteressen (1992), S. 103 ff.; *Coester-Waltjen*, AcP 190 (1990), 1, 14 ff.; *Adams*, BB 1989, 781, 782 ff.; *Hönn*, Vertragsparität (1982), S. 147 ff.; *Wolf*, Entscheidungsfreiheit (1970), S. 230 ff.

lage ihrer jeweiligen *Persönlichkeitsentfaltung*, das auf einen *angemessenen* Ausgleich der gegenseitigen Interessen der Parteien durch selbstbestimmtes Handeln beider Vertragspartner gerichtet ist, nicht mehr zu erfüllen.

c) *Abhilfe: Vertragskorrektur durch Inhaltskontrolle*

Als Mittel zur Abhilfe sieht das AGB-Recht in den §§ 307 ff. BGB die Möglichkeit materieller Vertragskorrektur durch richterliche Inhaltskontrolle vor. Findet das Versagen des Vertragsmechanismus seine Ursache in einer bestehenden Vertragsimparität zwischen den Parteien, die ein Defizit an tatsächlicher Selbstbestimmung des Verwendungsgegners und damit eine Beeinträchtigung seiner materiellen Vertragsfreiheit zur Folge hat, die sich schließlich in einem mangelnden Interessenausgleich und damit einer Beeinträchtigung der Vertragsgerechtigkeit äußert, so greift das Instrumentarium der §§ 305 ff. BGB die beschriebene Kausalkette, *Vertragsimparität*, Beeinträchtigung der *Vertragsfreiheit*, Beeinträchtigung der *Vertragsgerechtigkeit* im Zusammenspiel zwischen Anwendungsvoraussetzungen und Beurteilungsmaßstab der Inhaltskontrolle wieder auf.

Den Ausgangspunkt bildet dabei die *Vertragsimparität* als Ursache des Versagens des Vertragsmechanismus, die durch den Tatbestand des *Stellens von AGB*[195] als normativen Anknüpfungspunkt in § 305 Abs. 1 BGB einfachgesetzlich ausgestaltet ist. Denn in der durch die AGB-Verwendung bewirkten *situativen Unterlegenheit* des Verwendungsgegners wird einhellig die Ursache des ungleichen Kräfteverhältnisses zwischen dem AGB-Verwender und seinem Vertragspartner und der Beeinträchtigung der Vertragsgestaltungsfreiheit des Verwendungsgegners gesehen.[196] Ist der Anwendungsbereich des AGB-Rechts eröffnet und steht mit der damit verbundenen AGB-Verwendung das Versagen des Vertragsmechanismus infolge einer paritätsbedingten Beeinträchtigung des tatsächlichen Selbstbestimmungsrechts des Verwendungsgegners fest, so genügt das allein noch nicht für eine Aufhebung des Vertrages, sondern ermöglicht zunächst lediglich das Eingreifen der Inhaltskontrolle, die den Inhalt des Vertrages einer Überprüfung am Maßstab der Vertragsgerechtigkeit unterzieht. Eine Aufhebung der insoweit den Vertragszweck verfehlenden Bestimmungen kommt nur dann in Betracht, wenn der auf mangelnder Selbstbestimmung beruhende Anschein eines unrichtigen Ergebnis tatsächlich bestätigt wurde und die Unrichtigkeit des Vertrags derart erheblich ist, dass unter Berücksichtigung der Belange der Rechtssicherheit eine materielle Korrektur erforderlich erscheint.

Die in dem Zusammenspiel zwischen Eröffnung des Anwendungsbereiches (§ 305 BGB) und eigentlicher Inhaltskontrolle (§§ 307 ff. BGB) einfachgesetzlich umgesetzte *Zweistufigkeit* der Prüfung entspricht der *Unschärfe* der Richtigkeits*gewähr* des Vertragsmechanismus, die gerade keine Richtigkeits*garantie* ist, son-

[195] Dazu oben S. 423 ff. sowie unten S. 681 ff.
[196] Dazu eingehend unten S. 508 ff.

dern lediglich die Wahrscheinlichkeit eines richtigen Vertragsergebnisses im Sinne eines angemessenen Interessenausgleichs nahelegt.[197] Weil das bloße *Stellen* von AGB damit nicht notwendig eine tatsächliche Benachteiligung des Verwendungsgegners zur Folge hat, sondern diese lediglich *indiziert*, bedarf es nach der Eröffnung des Anwendungsbereiches der Inhaltskontrolle gem. §305 BGB der weiteren Prüfung am Maßstab der §§307ff. BGB, ob tatsächlich eine rechtserhebliche Benachteiligung des Verwendungsgegners eingetreten ist.

In der Praxis wird dies freilich regelmäßig gegeben sein, da AGB, die eine angemessene und gerechte Verteilung der Chancen und Risiken des Vertrages vorsehen, dort kaum vorkommen: Weicht der Verwender mit den von ihm entworfenen AGB vom dispositiven Gesetzesrecht ab, geschieht dies nahezu ausschließlich zum Nachteil seines Vertragspartners.[198] Die weitgehende Ausschaltung der Vertragsgestaltungsfreiheit des Verwendungsgegners birgt daher eine hohe Wahrscheinlichkeit eines unrichtigen Ergebnisses und belegt die enge Verknüpfung von *Vertragsfreiheit* und *Vertragsgerechtigkeit*, die auch von *Schmidt-Rimpler* als Grundlage seiner *Theorie der Richtigkeitsgewähr* vorausgesetzt wird.[199] Das mit dem Stellen von AGB verbundene Gefährdungspotenzial, das durch die hohe Wahrscheinlichkeit unrichtiger Ergebnisse auch vertragstheoretisch belegbar ist[200], rechtfertigt und erfordert damit rechtspolitisch den Einsatz wirksamer Instrumente zum Schutz von Vertragsfreiheit und Vertragsgerechtigkeit, der in der richterlichen Inhaltskontrolle von AGB nach den §§307ff. BGB konkrete Gestalt angenommen hat.

III. Zusammenfassung

1. Der *sachliche Anwendungsbereich* der Inhaltskontrolle wird durch den in §305 Abs. 1 BGB legaldefinierten *AGB-Begriff* bestimmt. Für *Verbraucherverträge* enthält §310 Abs. 3 BGB eine Sonderregelung. Das AGB-Recht ist im Grundsatz auf *Verbraucher* und *Unternehmer* gleichermaßen anwendbar. Le-

---

[197] Hierzu näher *Schmidt-Rimpler*, FS Raiser (1974), S. 3, 12, der darauf hinweist, dass es sich dabei „*nicht* um eine unbedingte und unbegrenzte, sondern eine an verschiedene *Voraussetzungen* gebundene und von *Ausnahmen* durchbrochene Gewähr handelt". Der Vertrag könne nur dann als geeignetes Mittel angesehen werden, „wenn eine *erhebliche Wahrscheinlichkeit* dafür gegeben ist, daß die Richtigkeitsprüfung stattgefunden hat und so ein richtiges Ergebnis gewährleistet wird". Ebenda. Hervorhebungen durch den Verfasser.

[198] MünchKomm/*Basedow*, BGB (7. Aufl. 2016), Vor §305 – §310 Rn. 3. Vgl. hierzu auch oben S. 298.

[199] Vgl. *Schmidt-Rimpler*, FS Raiser (1974), S. 3, 5ff.; *Schmidt-Rimpler*, AcP 147 (1941), 130, 149ff., 156ff.

[200] Dass das *Stellen von AGB* typischerweise ein *Versagen der Richtigkeitsgewähr* des Vertragsmechanismus zur Folge hat, ist einhellig anerkannt, vgl. nur oben S. 460ff. sowie *Axer*, AGB-Kontrolle (2012), S. 40; *Drexl*, Selbstbestimmung (1998), S. 343; *Fastrich*, Inhaltskontrolle (1992), S. 79; *Habersack*, Vertragsfreiheit und Drittinteressen (1992), S. 109.

diglich im Hinblick auf den *Kontrollmaßstab* und die Anwendbarkeit der *Klauselverbote* der §§308, 309 BGB sieht §310 Abs. 1 BGB Beschränkungen für den *unternehmerischen Geschäftsverkehr* vor. Im Rahmen einer Bestandsaufnahme der *lex lata* wurde der vom Gesetzgeber bewusst weit definierte *AGB-Begriff* als zentraler *Systembegriff* des deutschen AGB-Rechts einer eingehenden Untersuchung unterzogen und die für die Entwicklung eines Begründungsmodells der Inhaltskontrolle wesentlichen *Strukturmerkmale* betrachtet.

2. *Vielzahl von Verträgen.* Für die *Mehrfachverwendungsabsicht* lässt die Rechtsprechung die Absicht einer mindestens *dreimaligen* Verwendung genügen. Mit Blick auf den *Schutzzweck* der Inhaltskontrolle ist das Kriterium indes problematisch, da bereits bei *einmaliger* Verwendung eine *Schutzbedürftigkeit* des Klauselgegners bestehen kann und insoweit Schutzlücken drohen. Entsprechend verzichtet die *Klauselrichtlinie* auf das *Vielzahlkriterium* und knüpft stattdessen an den Begriff der *Vorformulierung* an. Da für die Feststellung einer *Mehrfachverwendungsabsicht* nicht auf den Verwender, sondern auf den *Ersteller* abgestellt wird, unterfallen Klauseln auch dann dem AGB-Recht, wenn sie nach Absicht des Verwenders nur *einmal* zur Anwendung gelangen sollen, jedoch Handbüchern, Online-Datenbanken oder dem Internet entnommen worden sind.

3. *Vorformulierung.* Für die Annahme einer *Vorformulierung* genügt es, dass die Vertragsbestimmungen nicht anlässlich des *konkreten* Vertragsschlusses entworfen, sondern vom Verwender oder einem Dritten *vorher* fixiert worden sind. Auf die Art und Weise der Fixierung kommt es dabei nicht an, so dass neben *schriftlichen* Klauseln auch *elektronisch* gespeicherte *Textbausteine* und *Mustervertragstexte* erfasst werden.

4. *Stellen.* In der mit dem *Stellen* angesprochenen *Einseitigkeit* der *Auferlegung* liegt nach Auffassung des Gesetzgebers „das wesentliche Charakteristikum von AGB“[201] sowie „der innere Grund und Ansatzpunkt für die rechtliche Sonderbehandlung von AGB gegenüber Individualabreden“[202]. Das Merkmal dient der *Zurechnung* vorformulierter Vertragsbedingungen als Ausdruck *einseitiger Inanspruchnahme* von *Vertragsgestaltungsmacht* und bestimmt damit auch die *Person* des *Verwenders.* Verwender ist dabei derjenige, auf dessen *Initiative* die Einbeziehung der Klauseln zurückgeht. Werden sie von einem *Dritten* in die Vertragsverhandlungen eingebracht, so kommt es darauf an, ob dies einer der Parteien *zuzurechnen* ist.

5. *Aushandeln.* Das *Aushandeln* als *Komplementärbegriff* zum *Stellen* der Vertragsbedingungen ist *das* zentrale Abgrenzungskriterium zwischen AGB und Individualvereinbarungen. Entsprechend steht es im Mittelpunkt der Reform-

[201] RegE zum AGBG, BT-Drucks. 7/3919, S. 16.
[202] RegE zum AGBG, BT-Drucks. 7/3919, S. 15.

diskussion um die Bestimmung der Reichweite der Inhaltskontrolle im unternehmerischen Geschäftsverkehr. Für die Annahme des Aushandelns verlangt der BGH *mehr* als bloßes *Verhandeln.* Es setzt voraus, dass „der Verwender zunächst den in seinen Allgemeinen Geschäftsbedingungen enthaltenen *gesetzesfremden Kerngehalt*, ... inhaltlich *ernsthaft zur Disposition* stellt und dem Verhandlungspartner *Gestaltungsfreiheit* zur Wahrung eigener *Interessen* einräumt mit zumindest der *realen Möglichkeit*, die inhaltliche Ausgestaltung der Vertragsbedingungen zu beeinflussen."[203] Eine solche Bereitschaft schlägt sich nach Auffassung des BGH regelmäßig in erkennbaren *Änderungen* des vorformulierten Textes nieder. Im Fall der unveränderten Übernahme kann allenfalls unter *besonderen Umständen* ein Aushandeln angenommen werden. Dafür ist erforderlich, dass der Verwender zu einer Abänderung der Klauseln grundsätzlich *bereit* und dies seinem Vertragspartner bei Vertragsschluss auch *bewusst* gewesen ist. Bei umfangreichen oder schwer verständlichen Klauseln muss der Verwender seinen Vertragspartner entsprechend belehren.

6. Aus der Rechtsprechung des BGH ergeben sich bestimmte, typisierte Fallgruppen, die für die *Schutzzweckdiskussion* von besonderer Bedeutung sind.

a) *Formularverträge und Vertragsmuster.* Zur ersten Fallgruppe gehören die klassischen Formularverträge und Vertragsmuster im gewöhnlichen Geschäftsverkehr. Hier wird sich der für die Kenntnisnahme und Analyse erforderliche *Aufwand* mit Blick auf den *Vertragswert* für den Verwendungsgegner regelmäßig nicht lohnen, so dass eine durch *prohibitiv hohe Transaktionskosten* bedingte *Informationsasymmetrie* besteht. Der *fehlende Konditionenwettbewerb* führt zu einer *Verschlechterung* der Klauseln („race to the bottom"), so dass sich der Verwender typischerweise nicht auf Verhandlungen einlässt. Es besteht eine klassische, durch *Informationsasymmetrie* und *Vertragsimparität* bedingte *situative Unterlegenheit.*

b) *Garderobenmarken-, Fahrkarten- und Parkhausfälle.* In einer zweiten Fallgruppe lassen sich Klauseln zusammenfassen, die *einfach* und *verständlich* gehalten und typischerweise auch deutlich *sichtbar* angebracht, jedoch *unverhandelbar* gestellt sind. Hier besteht zwar eine *positive Transaktionskosten-Vertragswert-Relation* und damit kein Informationsgefälle. Aufgrund der *Verhandlungsverweigerung* bleibt die *Vertragsgestaltungsfreiheit* des Verwendungsgegners indes gleichwohl auf Null reduziert, so dass auch hier von einer *situativen Unterlegenheit* auszugehen ist.

c) *Einmalbedingungen.* Nach §310 Abs.3 Nr.2 BGB findet bei *Verbraucherverträgen* das AGB-Recht auch auf Fälle *einmaliger* Verwendungsabsicht uneingeschränkt Anwendung. Zwar fehlt der mit der Mehrfachverwendung verbundene Rationalisierungsvorteil für den Verwender. Allerdings ist dieser dem Verbraucher aufgrund der *Vorformulierung* gleichwohl *situativ* und aufgrund

[203] BGH NZM 2013, 159, 160.

seiner *Unternehmereigenschaft* auch *strukturell* überlegen, so dass der Verwendungsgegner insoweit ebenfalls *schutzbedürftig* ist.

d) *Großvolumige Verträge im unternehmerischen Geschäftsverkehr.* Für die aktuelle *Reformdiskussion* von besonderer Bedeutung ist die Fallgruppe der *großvolumigen* Verträge im *unternehmerischen Geschäftsverkehr.* Hier ist der *Vertragswert* derart hoch, dass sich für den Verwendungsgegner eine eingehende *Kenntnisnahme* und *Analyse* der Klauseln lohnen. Die Transaktionskosten sind *nicht* prohibitiv hoch, eine *Informationsasymmetrie* besteht aufgrund *positiver Transaktionskosten-Vertragswert-Relation* gerade nicht. In einer Vielzahl von Fällen stehen sich darüber hinaus auch tatsächlich *strukturell* und *wirtschaftlich* gleich starke Parteien gegenüber. Entsprechend wird teilweise ein Dispens von der Inhaltskontrolle durch *vertragswertabhängige Bereichsausnahme* vorgeschlagen. Von tatsächlicher *Vertragsparität* kann jedoch nicht in allen Fällen ausgegangen werden. So können auch bei großvolumigen Verträgen etwa zwischen einem Zulieferer und einem marktbeherrschenden Abnehmer erhebliche strukturelle und wirtschaftliche Ungleichgewichte bestehen. *Verweigert* der Verwender eine Änderung der von ihm gestellten Bedingungen, so ist hier auch der unternehmerische Kunde *schutzbedürftig.*

7. Rechtsprechung und herrschende Lehre sehen im Schutz des Verwendungsgegners vor dem *Missbrauch* der *einseitigen Inanspruchnahme* der *Vertragsgestaltungsfreiheit* durch den Verwender den maßgeblichen *Schutzzweck* der Inhaltskontrolle. Das AGB-Recht stellt sich damit als *einfachgesetzliche Ausgestaltung* des *verfassungsrechtlich* gebotenen Ausgleichs des Spannungsverhältnisses zwischen *formaler* Vertragsfreiheit des Verwenders und *materieller* Vertragsfreiheit des Verwendungsgegners im Wege *praktischer Konkordanz* dar.

8. Das AGB-Recht sichert die Erfüllung des *Vertragszwecks* in seiner zweifachen Dimension: Der *selbstbestimmten* Persönlichkeitsentfaltung durch *gerechten* Interessenausgleich. *Funktionsvoraussetzungen* der Vertragsfreiheit sind dabei *tatsächliche Selbstbestimmung* und *Vertragsparität*, die ihrerseits durch *kognitive Fähigkeiten*, *Information* sowie die Freiheit von *Zwang* oder *strukturellen Machtungleichgewichten* vermittelt werden. Die tatsächliche *Selbstbestimmung* ist insoweit ihrerseits aufgrund der engen *funktionalen Verknüpfung* beider Rechtsprinzipien *Voraussetzung* zur Herstellung der *Vertragsgerechtigkeit.*

9. Dieser *Mechanismus* zur Verwirklichung des *Vertragszwecks* – Herstellung der Vertragsgerechtigkeit bzw. Vereinbarung eines angemessenen Interessenausgleichs durch selbstbestimmtes Handeln – versagt regelmäßig bei der Verwendung von AGB. Entsprechend wird im *Versagen* der *Richtigkeitsgewähr* des *Vertragsmechanismus* nach *allgemeiner Auffassung* der übergreifende dogmatische Grund für die Notwendigkeit richterlicher Inhaltskontrolle gesehen. Den Ausgangspunkt bildet zunächst eine – durch *situative Unterlegenheit* (Informati-

onsasymmetrie, Verhandlungsverweigerung) bedingte – *Vertragsimparität*, die zu einer *Beeinträchtigung* tatsächlicher *Selbstbestimmung* aufseiten des Verwendungsgegners führt. Da der Verwendungsgegner keinen Einfluss auf die Gestaltung des Vertrages hat, fehlt das Korrektiv des wechselseitigen *Abschleifens* der gegenseitigen Interessen. Der Vertragsmechanismus versagt, so dass die vereinbarten Vertragsbedingungen nicht mehr als Ausdruck der *Vertragsgerechtigkeit* im Sinne eines *angemessenen Interessenausgleichs* angesehen werden können. Die *Abhilfe* erfolgt durch unmittelbare Herstellung *materieller Vertragsgerechtigkeit* im Wege richterlicher Inhaltskontrolle, wobei die Beeinträchtigung *materieller Vertragsfreiheit* als *Aufgreifkriterium* zur *Aktivierung des Vertragskontrollsystems* herangezogen wird.

§ 9

Der Schutzzweck der Inhaltskontrolle

Trotz ihrer gesetzlichen Verankerung in den §§ 305 ff. BGB besteht bis heute keine Einigkeit im Hinblick auf die konkrete dogmatische Begründung der Inhaltskontrolle von AGB. Kann zumindest noch als gesichert gelten, dass hinsichtlich der durch einen lediglich „verdünnten Konsens" getragenen AGB die von *Schmidt-Rimpler* vorausgesetzte *Richtigkeitsgewähr des Vertrages* versagt und die Vereinbarung daher aufgrund der *situativen Unterlegenheit* des Kunden als Verwendungsgegner der materiellen Korrektur seitens der Rechtsordnung bedarf, so ist nach wie vor unklar, worauf diese Störung der Vertragsparität im Einzelnen beruht.

Die hierfür vorgeschlagenen Begründungen sind vielfältig: Wird teilweise noch auf die tatsächliche *wirtschaftliche*, *soziale* oder *intellektuelle Unterlegenheit* des Verwendungsgegners als schwächeren Verhandlungspartners abgestellt, so verweisen neuere rechtsökonomische Begründungsansätze zunehmend auf das Problem der bestehenden *Informationsasymmetrie* aufgrund prohibitiv hoher Transaktionskosten und ein daraus folgendes *Marktversagen*, einen fehlenden *Konditionenwettbewerb*, der eine steigende Verschlechterung der AGB-Qualität und damit ein *„race to the bottom"* zur Folge hat.

Allerdings vermögen diese Ansätze nicht alle Erscheinungsformen richterlicher Inhaltskontrolle, wie etwa die Kontrolle von Einmal-Klauseln bei Verbraucherverträgen oder die materielle Korrektur in Fällen offensichtlicher Kenntnisnahme (*Garderobenmarkenfälle*), in denen gerade keine Informationsasymmetrie oder kein Marktversagen vorliegt, zu erklären. Entsprechend versucht das *vertragstheoretische* Begründungsmodell die beiden Aspekte von *Informationsasymmetrie* und *Verhandlungsimparität* in einem einheitlichen Erklärungsansatz auf der Grundlage der Beeinträchtigung der *Vertragsgestaltungs-* und *Abschlussfreiheit* zu integrieren.

Darüber hinaus werden verstärkt *überindividuelle Rechtfertigungsgründe*[1] wie etwa der *Schutz des Marktes* und des *Rechtsverkehrs*[2] vor *schlechten AGB*, die *Integrität der Rechtsordnung*[3] sowie der Schutz des Kunden vor *unrich-*

---

[1] Dazu unten S. 614 ff.
[2] Dazu unten S. 619 ff.
[3] Dazu unten S. 622 ff.

tigen Verträgen[4], die Gewährleistung von *Vertragsgerechtigkeit*[5], der *Verbraucherschutz*[6] und die Verhinderung eines *Monopolmissbrauchs*[7] oder eines *institutionellen Missbrauchs der Vertragsfreiheit*[8] durch *einseitige Inanspruchnahme der Vertragsgestaltungsfreiheit*[9] geltend gemacht, die neben den *Individualschutz* als Legitimationsgrundlage der Inhaltskontrolle treten und deren Verhältnis zueinander noch nicht vollständig geklärt ist.

Steht damit die Erforderlichkeit einer richterlichen Inhaltskontrolle im Fall des Stellens von AGB aufgrund eines imparitätsbedingten Versagens der Richtigkeitsgewähr des Vertragsmechanismus fest, so ist mit dieser Feststellung indes noch nicht die Frage beantwortet, worin das den Vertragsmechanismus außer Kraft setzende Ungleichgewicht der Parteien im Einzelnen besteht. Sie steht im Mittelpunkt der Diskussion um den Schutzzweck der Inhaltskontrolle von AGB. Dabei ist zwischen einem individualschützenden und einem überindividuellen Begründungsmodell zu differenzieren und zu untersuchen, ob sich aus ihnen – wie etwa jüngst *Hellwege* vorgeschlagen hat[10] – eine jeweils unterschiedliche Ausgestaltung der Inhaltskontrolle ergibt oder ob sie als sich gegenseitig ergänzende Rechtfertigungsgründe vielmehr nebeneinander zur Entwicklung eines Legitimationsmodells der Inhaltskontrolle herangezogen werden können.

I. Individuelle Rechtfertigung

1. Schutz der Vertragsgestaltungsfreiheit

Die Rechtsprechung und die ganz herrschenden Lehre sehen im Schutz vor der *einseitigen Inanspruchnahme*, letztlich dem *Missbrauch der Vertragsgestaltungsfreiheit* durch den AGB-Verwender zulasten seines Vertragspartners den *zentralen Schutzzweck* der AGB-rechtlichen Inhaltskontrolle[11], auch wenn vermehrt auf ergänzende Erwägungen, wie etwa das *Transaktionskostenproblem* und das *Marktversagen* infolge eines fehlenden Konditionenwettbewerbes, hingewiesen

---

4 Dazu unten S. 647 ff.

5 Dazu unten S. 647 ff.

6 Dazu unten S. 652 ff.

7 Dazu oben S. 342 ff.

8 Dazu unten S. 622 ff.

9 Dazu unten S. 468 ff.

10 *Hellwege*, AGB und Rechtsgeschäftslehre (2010), S. 563 ff., 565 f., 590.

11 Vgl. nur BGH NJW 2017, 2346, 2346; BGH NJW 1994, 2825, 2826 sowie MünchKomm/*Basedow*, BGB (7. Aufl. 2016), § 305 Rn. 5 f.; Palandt/*Grüneberg*, BGB (77. Aufl. 2018), Überbl. Vor § 305 Rn. 8; *Ulmer/Habersack*, in: *Ulmer/Brandner/Hensen*, AGB-Recht (12. Aufl. 2016), Einl. Rn. 48; *Pfeiffer*, in: Wolf/Lindacher/Pfeiffer, AGB-Recht (6. Aufl. 2013), § 305 Rn. 3; Staudinger/*Wendland*, BGB (2019), § 307 Rn. 2; Staudinger/*Gsell*, Eckpfeiler (6. Aufl. 2018), L. Rn. 20.

wird.[12] Daran anknüpfend könnte dem Verweis auf den *Missbrauch der Vertragsgestaltungsfreiheit* nicht nur ein zweifellos zutreffender Hinweis auf ein *übergreifendes Schutzprinzip*[13] gesehen werden, das vertragstheoretisch auf einer höheren Abstraktionsebene angesiedelt ist und der weiteren Konkretisierung durch differenzierte Schutzzweckkonzepte bedarf, sondern sie könnte bereits *unmittelbar* als Begründung der Inhaltskontrolle herangezogen werden.

Ein solcher Begründungsansatz erscheint *prima facie* zunächst einleuchtend, beruht die *situative Unterlegenheit* des Verwendungsgegners doch gerade auf dessen fehlender Möglichkeit, auf die Gestaltung des Vertrages Einfluss zu nehmen. Ihm bleibt lediglich die Wahl, sich den Vertragsbedingungen des Verwenders im Sinne eines „take it or leave it" zu unterwerfen oder auf den Vertragsschluss ganz zu verzichten. Ein selbstbestimmtes Handeln, das ihm mit Blick auf die Verwirklichung seiner Interessen eine eigenverantwortliche Mitgestaltung des Vertrages ermöglicht, ist ihm dabei verwehrt. Der Vertrag vermag seinen *Zweck*, den Parteien einen *angemessenen* Ausgleich ihrer Interessen als Grundlage ihrer *Persönlichkeitsentfaltung* zu ermöglichen, nicht zu erfüllen. Statt als Instrument der *Selbstbestimmung* zu dienen, wird er vom Verwender zur Durchsetzung einseitig benachteiligender Bedingungen und damit als Mittel zur *Fremdbestimmung* missbraucht.

Daher liegt es nahe, den Zweck der richterlichen Inhaltskontrolle zunächst im Schutz vor dem *institutionellen Rechtsmissbrauch der Vertragsfreiheit* durch den Verwender und somit in der *Gewährleistung der Vertragsgestaltungsfreiheit* des Verwendungsgegners zu verorten. Dafür würde insbesondere die Vorschrift des §305 Abs. 1 S. 3 BGB sprechen, wonach der Anwendungsbereich der Inhaltskontrolle gerade bei Fehlen eines Aushandelns eröffnet ist und damit offensichtlich an die mangelnde Ausübung der Vertragsgestaltungsfreiheit anknüpft.[14]

Ein solches Begründungsmodell stößt indes auf erhebliche dogmatische Probleme, ist doch die Vornahme von *Verhandlungen* und damit die tatsächliche *Ausübung der Vertragsgestaltungsfreiheit* weder *de lege lata* noch nach den dogmatischen Grundsätzen der Rechtsgeschäftslehre Voraussetzung für einen gültigen Vertragsschluss.[15] Ein Vertrag kommt auch dann wirksam zu Stande, wenn die Parteien nicht in Verhandlungen eingetreten sind, wenn einer der beiden Vertragspartner zu seinem Inhalt nichts beigetragen hat und sich seine Mitwirkung am Vertragsschluss lediglich darauf beschränkt, dass er das vorformulierte Angebot seines Gegenübers annimmt.[16]

---

[12] So etwa MünchKomm/*Basedow*, BGB (7. Aufl. 2016), §305 Rn. 5f.; *Leuschner*, JZ 2010, 875, 879f.; *Leuschner*, AcP 207 (2007), 491, 494ff.

[13] So aber *Hellwege*, AGB und Rechtsgeschäftslehre (2010), S. 546.

[14] Auf diesen Gesichtspunkt weisen insbesondere *Canaris*, AcP 200 (2000), 273, 321 und *Fastrich*, Inhaltskontrolle (1992), S. 80 hin.

[15] *Fastrich*, Inhaltskontrolle (1992), S. 80; *Coester-Waltjen*, AcP 190 (1990), 1, 21; *Zöllner*, AcP 176 (1976), 221, 235.

[16] *Fastrich*, Inhaltskontrolle (1992), S. 80.

In der Praxis ist ein solcher Verzicht auf die Ausübung der Vertragsgestaltungsfreiheit jedenfalls bei Alltagsgeschäften die Regel: Wer sich im Supermarkt mit Lebensmitteln versorgt, wird in der Regel weder in eine Verhandlung des Preises noch der sonstigen Verkaufsbedingungen eintreten können und dies auch nicht wollen. Zutreffend hat daher *Canaris* in diesem Zusammenhang darauf hingewiesen, dass die „moderne Wirtschaft ... nämlich kein Basar [ist], wo über Preise und Konditionen gefeilscht wird“[17], sondern dass sie „weitgehend auf festen und standardisierten Bedingungen [beruht], die grundsätzlich nicht verhandlungsfähig sind“[18] und dass dies „kein Missstand, sondern im Gegenteil eine selbstverständliche Voraussetzung effizienten Wirtschaftens“[19] ist.

Dass dies jedenfalls im Grundsatz nicht nur für Verbraucherverträge, sondern auch für den unternehmerischen Geschäftsverkehr gilt, ergibt sich bereits aus dem Gesichtspunkt der wirtschaftlich effizienten Nutzung der Ressourcen und der Notwendigkeit der Senkung der Transaktionskosten im Wirtschaftsverkehr.[20] So werden auch Unternehmer häufig auf zeit- und kostenintensive Verhandlungen verzichten und stattdessen etwa auf der Grundlage standardisierter Lieferbedingungen kontrahieren. Der Verzicht eines Vertragspartners auf die Ausübung der Vertragsgestaltungsfreiheit kann dabei ganz unterschiedlich motiviert sein und seine Ursache etwa darin finden, dass er Verhandlungen für zu aufwändig oder den Inhalt des Vertrages für durchaus angemessen hält. In beiden Fällen kann nicht ohne weiteres von einer Beeinträchtigung der Richtigkeitsgewähr ausgegangen werden.

Allerdings ist dies bei der Verwendung von AGB gerade nicht der Fall: Weder hat der Verwendungsgegner eine realistische Chance, mit dem Verwender in Verhandlungen über die von ihnen vorformulierten Vertragsbedingungen einzutreten und auf ihre Gestaltung effektiv Einfluss zu nehmen, noch wird er sie in ihrem Inhalt vollständig erfassen und als angemessen annehmen können. Vielmehr sind gerade AGB durch ihre – durch das Merkmal des Stellens indizierte – *Unverhandelbarkeit* sowie ihren regelmäßig *einseitig benachteiligenden* Charakter gekennzeichnet. Allerdings liegt auch darin für sich genommen noch keine für den wirksamen Vertragsschluss relevante Beeinträchtigung der materiellen Vertragsfreiheit des Verwendungsgegners, weil er zum Abschluss eines ihn derart benachteiligenden Vertrages, auf dessen Gestaltung er zudem keinen Einfluss hat, nicht gezwungen ist. Stattdessen steht es ihm grundsätzlich frei, auf das ihn benachteiligende Angebot zu verzichten und auf attraktivere Alternativangebote auszuweichen.

---

17 *Canaris*, AcP 200 (2000), 273, 323. Ebenso *Leuschner*, JZ 2010, 875, 877.
18 *Canaris*, AcP 200 (2000), 273, 323.
19 Ebenda.
20 *Leuschner*, JZ 2010, 875, 877; *Canaris*, AcP 200 (2000), 273, 323.

Die fehlende Vertragsgestaltungsfreiheit wird daher grundsätzlich durch das Bestehen negativer Abschlussfreiheit kompensiert.[21] Denn die realistische Gefahr, dass ein Vertragsangebot von möglichen zukünftigen Vertragspartnern als unangemessen abgelehnt wird, setzt einen Verhaltensanreiz aufseiten des Verwenders, die Interessen seines Vertragspartners bereits im Voraus bei der inhaltlichen Gestaltung des Vertrages oder jedenfalls nachträglich angemessen zu berücksichtigen.[22] Fehlt dem Verwendungsgegner die Möglichkeit, auf die Gestaltung des Vertrages *unmittelbar* Einfluss zu nehmen, so kann er durch sein Abschlussverhalten jedenfalls *mittelbar* den Inhalt des Vertrags beeinflussen.[23]

Dies setzt jedoch voraus, dass dem Verwendungsgegner tatsächlich realistische und zumutbare Ausweichmöglichkeiten zur Verfügung stehen, was nur unter den Bedingungen eines funktionierenden *Wettbewerbs* möglich ist.[24] Für den Bereich von AGB ist indes anerkannt, dass ein solcher Konditionenwettbewerb gerade nicht besteht, weil die Verwendungsgegner entweder den Bedeutungsgehalt der AGB nicht in für sie vernünftiger und zumutbarer Weise erfassen können oder weil sie derartigen Klauseln – etwa im Fall unangemessener Haftungsbeschränkungen in einem Parkhaus[25] – keine besondere Bedeutung beimessen, sei es, weil sie nicht mit dem Eintritt des Haftungsfalls rechnen oder weil für sie vor allem der *Preis* als Inhalt der Hauptleistungspflicht von Bedeutung ist. Die Folge ist ein *race to the bottom*, bei dem sich aufgrund der AGB-typischen Risikoverlagerungstendenz und mangels eines effektiven Korrektivs letztlich die „schlechtesten" AGB durchsetzen.

Ein tragfähiges Begründungsmodell der Inhaltskontrolle muss daher weitere, über die Beeinträchtigung der Vertragsgestaltungsfreiheit hinausgehende Gesichtspunkte berücksichtigen. Denn der bloße Verweis auf die Beeinträchtigung der Vertragsgestaltungsfreiheit des Verwendungsgegners beantwortet nicht die Frage, *warum* diese bei der Verwendung von AGB nicht – wie im Regelfall – durch die Vertragsabschlussfreiheit kompensiert wird. Darüber hinaus ist der Topos des *institutionellen Rechtsmissbrauchs* der Vertragsgestaltungsfreiheit zu unbestimmt, als dass er eine klare spezifische Begründung gerade der Inhaltskontrolle von AGB leisten könnte.

So hat bereits *Hellwege* zutreffend darauf hingewiesen, dass er keine Abgrenzung der offenen richterlichen Inhaltskontrolle von anderen Kontrollmechanismen wie dem Wucherverbot nach § 138 Abs. 2 BGB ermöglicht, dem ebenfalls der Gedanke des Schutzes vor einseitiger Inanspruchnahme der Vertragsgestaltungsfreiheit, vor einem Missbrauch einseitiger Gestaltungsmacht zugrunde liegt.[26]

[21] *Leuschner*, JZ 2010, 875, 877, 882; *Fastrich*, Inhaltskontrolle (1992), S. 80f.
[22] So *Fastrich*, Inhaltskontrolle (1992), S. 80.
[23] *Fastrich*, Inhaltskontrolle (1992), S. 80f.
[24] *Canaris*, AcP 200 (2000), 273, 323, 323. Ebenso *Fastrich*, Inhaltskontrolle (1992), S. 80f.
[25] Hierzu instruktiv *Canaris*, AcP 200 (2000), 273, 322.
[26] *Hellwege*, AGB und Rechtsgeschäftslehre (2010), S. 546.

Des Weiteren vermag der Rückgriff auf den Schutz der Vertragsgestaltungsfreiheit nicht die Beschränkung der Inhaltskontrolle auf AGB zu erklären, denn auch derjenige nimmt einseitig seine Vertragsgestaltungsfreiheit in Anspruch, der vorformulierte Vertragsbedingungen stellt, die lediglich zur *einmaligen Verwendung* bestimmt sind, wovon für Verbraucherverträge auch die Vorschrift des §310 Abs.3 Nr.2 BGB ausgeht.[27] In gleicher Weise ist auf dieser Grundlage der Ausschluss der Preiskontrolle (§307 Abs.3 S.1 BGB) nicht erklärbar, denn auch hier könnte mit der Schutzbedürftigkeit des Vertragspartners argumentiert werden, der mit nicht verhandelbaren Preisen konfrontiert wird. Es bedarf daher weitergehender Überlegungen, um den spezifischen Schutzgrund der richterlichen Inhaltskontrolle von AGB zu identifizieren.[28]

2. *Vertragsparteien: Wirtschaftliche, soziale oder intellektuelle Unterlegenheit*

Besteht im Hinblick auf die dogmatischen Grundlagen jedenfalls weitgehend Einigkeit darüber, dass die Beeinträchtigung der *Vertragsgestaltungsfreiheit* des Verwendungsgegners und das daraus resultierende *Versagen der Richtigkeitsgewähr* des Vertragsmechanismus auf einem *Ungleichgewicht* zwischen den Parteien beruht, so liegt es nahe, die Ursachen dieser Vertragsimparität zunächst in spezifischen Eigenschaften der Vertragsparteien und hier insbesondere in einer *wirtschaftlichen, sozialen* oder *intellektuellen Unterlegenheit* des Verwendungsgegners zu verorten.[29]

Der Gedanke, dass der Verwender die von ihm entworfenen AGB gegenüber seinem Vertragspartner nur aufgrund eines wirtschaftlichen, sozialen oder intellektuellen Übergewichts durchzusetzen vermag und daher eine materielle Korrektur des Vertragsergebnisses geboten sei, ist nicht neu: Er findet sich bereits Mitte des 19. Jh. in der wissenschaftlichen Literatur, wurde in der ersten Hälfte des 20. Jh. von einigen Gerichten – wenngleich in Widerspruch zur damals herrschenden Monopolrechtsprechung des Reichsgerichts – aufgegriffen, vom BGH rezipiert[30], vom Gesetzgeber – trotz des generellen persönlichen Anwendungsbereiches des AGBG – als erklärter Schutzzweck dem AGBG von 1976 zugrun-

---

[27] *Hellwege*, AGB und Rechtsgeschäftslehre (2010), S.547.

[28] Ebenda.

[29] *Damm*, JZ 1978, 173, 178; *Wolf*, JZ 1974, 465, 468ff.; *Biedenkopf*, FS Böhm (1965), S.113, 122f.

[30] BGH NJW 1976, 2345, 2346: „Die Aufstellung einseitiger und unbilliger Geschäftsbedingungen hat ihren Grund häufig in der *wirtschaftlichen Überlegenheit* und *größeren Geschäftserfahrung* eines Vertragspartners. Die *Ungleichheit* der Geschäftspartner ist aber auch *zwischen Kaufleuten* anzutreffen. Es ist daher nicht sachgerecht, zwischen den Beteiligten zu differenzieren. Die Rechtsprechung des Bundesgerichtshofs verzichtet deshalb bewußt darauf, ein *wirtschaftliches* oder *intellektuelles Übergewicht* aufseiten des Aufstellers der AGB oder die *Schutzbedürftigkeit* des anderen *Vertragspartners festzustellen*." Hervorhebungen durch den Verfasser.

de gelegt sowie vom BVerfG in einer jüngeren Entscheidung zur Begründung der Inhaltskontrolle herangezogen[31] und begleitet seither wie ein roter Faden[32] die wissenschaftliche Diskussion. Im Kontext der jüngeren Auseinandersetzung über die Reichweite von AGB-Kontrolle im unternehmerischen Geschäftsverkehr für überwunden geglaubt[33], erfährt er im jüngsten Schrifttum mittlerweile eine Renaissance.[34]

Verstärkende Impulse erhält der Imparitätsgedanke als Rechtfertigungsgrundlage der Inhaltskontrolle durch die Entwicklungen des Verbraucherschutzrechts auf *europäischer Ebene*: So geht die *Klauselrichtlinie* ebenso davon aus, dass im Rahmen der Inhaltskontrolle „besonders zu berücksichtigen [ist], welches Kräfteverhältnis zwischen den Verhandlungspositionen der Parteien bestand“[35], wie die gleichlautende Erwägung des Entwurfes der *Verbraucherrechterichtlinie*[36], die indes aufgrund des Scheiterns der mit dem Entwurf angestrebten Vollharmonisierung der Klauselkontrolle[37] keinen Eingang in die letztlich verabschiedete Richtlinie gefunden hat.[38] Und auch dem Verordnungsentwurf für ein *Gemeinsames Europäisches Kaufrecht*[39] (2011) liegt ebenso wie der finalen Outline-Edition des DCFR[40] (2009) und der auf seiner Grundlage erarbeiteten *Feasibility Study*[41] (2011) ganz offensichtlich die stets mit dem Verbraucherschutzgedanken

[31] BVerfG NJW 2007, 286, 287f. (Arbeit auf Abruf): „Dass der einzelne Arbeitnehmer sich beim Abschluss von Arbeitsverträgen *typischerweise* in einer Situation *struktureller Unterlegenheit* befindet, ist in der Rechtsprechung des BVerfG *anerkannt* ... Die von Verfassungs wegen zu berücksichtigende *strukturelle Unterlegenheit* des *Arbeitnehmers* besteht nicht nur bei der Begründung eines Arbeitsverhältnisses, sondern auch im bestehenden Arbeitsverhältnis.“ Hervorhebungen durch den Verfasser. Vgl. hierzu eingehend oben S. 436.

[32] So plastisch *Becker*, AGB und Individualvereinbarung (2011), S. 31.

[33] So noch *Leuschner*, AcP 207 (2007), 491, 494.

[34] Dies konstatierend *Leuschner*, JZ 2010, 875, 878.

[35] ErwG Nr. 16 der Richtlinie 93/13/EWG vom 5.4.1993 (Klauselrichtlinie), ABl. EG Nr. L 95 vom 21.4.1993, S. 29ff., 30.

[36] ErwG Nr. 48 des Entwurfes der Verbraucherrechterichtlinie, KOM(2008) 614 endgültig, S. 20.

[37] Hierzu eingehend unten S. 793f. sowie *Gsell/Herresthal*, in: Gsell/Herresthal (Hrsg.), Vollharmonisierung im Privatrecht (2009), S. 1, 2ff., 10ff.; *Gsell*, in: Gsell/Herresthal (Hrsg.), Vollharmonisierung im Privatrecht (2009), S. 219, 230ff., 241ff.

[38] Vgl. zu Inhalt und rechtspolitischer Genese der Verbraucherrechte-Richtlinie *Grundmann*, JZ 2013, 53, 54ff. Vgl. hierzu auch *Dettmers/Dimter*, DRiZ 2012, 24; *Heinig*, MDR 2012, 323; *Lerm*, GPR 2012, 166; *Schwab/Giesemann*, EuZW 2012, 253; *Unger*, ZEuP 2012, 270; *Reich*, ZfRV 2011, 196.

[39] KOM(2011) 635 (Vorschlag für eine Verordnung des Europäischen Parlaments und des Rates über ein Gemeinsames Europäisches Kaufrecht v. 11.10.2011).

[40] Principles, Definitions and Model Rules of European Private law: Draft Common Frame of Reference (DCFR), Outline Edition. Abrufbar unter http://ec.europa.eu/justice/policies/civil/docs/dcfr_outline_edition_en.pdf. Vgl. zu den Entwicklungen eines gemeinsamen Europäischen Zivilrechts *Kieninger*, RW 2012, 406; *Mankowski*, IHR 2012, 45; *Jansen/Zimmermann*, NJW 2009, 3401.

[41] A European contract law for consumers and businesses: Publication of the results of the feasibility study carried out by the Expert Group on European contract law for stakeholders’

verbundene Annahme eines typischen strukturellen Machtungleichgewichtes zwischen Unternehmern und Verbrauchern zugrunde, die sich in entsprechend unterschiedlichen Anforderungen an die Inhaltskontrolle im b2c-, b2b- und c2c-Kontext äußert.[42] Dass das *Gemeinsame Europäische Kaufrecht* von der noch im DCFR diskutierten, aber mit Blick auf die Prärogative des Gesetzgebers bewusst offengelassenen Möglichkeit der Einbeziehung von Individualabreden in den Anwendungsbereich der Inhaltskontrolle im b2c-Verkehr absieht, steht dem nicht entgegen. Denn der strengere Maßstab der Inhaltskontrolle im Bereich der Verbraucherverträge entspricht der dem Verbraucherschutz zugrunde liegenden Prämisse einer hier typischerweise bestehenden Vertragsimparität und findet seine Rechtfertigung in dem damit verbundenen höheren Gefährdungspotential für Verbraucher.

Die Frage, ob die Inhaltskontrolle von AGB dem Schutz eines wirtschaftlich, sozial oder intellektuell unterlegenen Vertragspartners dient, mithin nicht an die Art und Weise des Vertragsschlusses – das Stellen von AGB –, sondern an die Person der Vertragspartner anknüpft, ist nicht allein von dogmatischem Interesse, sondern steht im Mittelpunkt der Diskussion um Legitimation und Reichweite der Inhaltskontrolle im unternehmerischen Geschäftsverkehr. So wird die AGB-Kontrolle im Rechtsverkehr zwischen Unternehmen mit den auch hier bestehenden wirtschaftlichen Ungleichgewichtslagen – etwa zwischen mittelständischen Zulieferern und multinationalen Konzernen als Bestellern – und der damit verbundenen Schutzbedürftigkeit wirtschaftlich schwächerer Unternehmer begründet.[43]

Ein derartiges, an die Person des Verwendungsgegners anknüpfendes Machtungleichgewicht kann sich insbesondere daraus ergeben, (1) dass der Verwendungsgegner in weitaus stärkerem Maße als der Verwender, möglicherweise sogar existenziell, zur Befriedigung seiner grundlegenden Bedürfnisse auf den Vertragsschluss angewiesen ist[44], (2) der Verwender eine monopolähnliche, marktbeherrschende Stellung innehat, was insbesondere dann anzunehmen ist, wenn die Mehrheit der Anbieter nur zu gleichen oder ähnlichen Konditionen kontrahiert[45], oder (3) der Verwendungsgegner seinem Vertragspartner mit Blick auf die ihm zur Verfügung stehenden finanziellen, sachlichen, personellen *Res-*

---

and legal practitioners' feedback. Abgedruckt in *Schulze/Zimmermann*, Europäisches Privatrecht: Basistexte (2016), III.29. Vgl. hierzu auch Staudinger/*Gsell,* Eckpfeiler (6. Aufl. 2018), L. Rn. 4; *Lehmann*, GPR 2011, 218; *Reich*, EuZW 2011, 736; *Reich*, ZfRV 2011, 196.

[42] Vgl. zum DCFR *Becker*, AGB und Individualvereinbarung (2011), S. 39 ff. mwN.

[43] So etwa BGH NJW 1976, 2345, 2346 sowie *Lieb*, AcP 178 (1978), 196, 202.

[44] So etwa noch *Larenz/Wolf*, BGB AT (9. Aufl. 2004), S. 768. In der Neubearbeitung von *Wolf/Neuner*, BGB AT (11. Aufl. 2016) fehlend.

[45] Davon war bereits die *Monopolrechtsprechung* des RG ausgegangen, vgl. nur RGZ 115, 218, 220, darauf hinweisend, dass sich „in solchem Falle … eben der kaufmännische Verkehr gegenüber jener Unternehmergruppe in einer Zwangslage" befinde. Vgl. auch *Hellwege*, AGB und Rechtsgeschäftslehre (2010), S. 292 mwN. sowie oben S. 344 Fn. 67.

sourcen oder seine persönlichen *Fähigkeiten* und *Eigenschaften* (Geschäftserfahrung, berufliche Qualifikation, Bildungsgrad, Lebensalter) strukturell unterlegen ist.

a) Kompensation von Vertragsimparität durch Wettbewerb?

Eine Anknüpfung der Inhaltskontrolle an eine wirtschaftliche, soziale oder intellektuelle Unterlegenheit des Verwendungsgegners wird indes insbesondere mit der Begründung abgelehnt, dass ein Machtungleichgewicht zwischen den Parteien im Allgemeinen durch die neutralisierenden Marktmechanismen des Wettbewerbs ausgeglichen werde und sich damit unter den Bedingungen eines funktionierenden Wettbewerbs nicht auswirke.[46] Unterschiede in der wirtschaftlichen Macht besagten deshalb noch nichts über das Funktionieren der Richtigkeitsgewähr, weil der Mechanismus von Angebot und Nachfrage als Korrektiv gegenüber wirtschaftlichen Machtpositionen wirke[47] und der Wettbewerb ein geeignetes Steuerungsinstrument zum Ausgleich von Vertragsimparität darstelle.[48] Der Verbraucher sei keineswegs schutzlos der Macht der Unternehmerseite ausgeliefert, da er als Teilnehmer am Markt frei sei, die Offerten miteinander zu vergleichen und die günstigsten Angebote auszuwählen.[49] Daher könne auch ein finanzkräftiges Unternehmen einem nahezu mittellosen Verbraucher die Vertragsbedingungen in der Regel nicht einseitig vorgeben.[50]

Die regelmäßig – indes häufig erstaunlich kritiklos – vorgetragene Annahme, ein ungleiches Kräfteverhältnis zwischen den Parteien werde durch den Wettbewerb hinreichend kompensiert, geht indes an der Realität vorbei und ist auch mit dem geltenden Recht nicht in Einklang zu bringen. Zwar ist der Gedanke, dass die strukturell schwächere Partei ja auf einen sie benachteiligenden Vertrag verzichten und stattdessen auf Angebote ausweichen könne, die ihren Interessen besser entsprechen, mithin der Wettbewerb ohne weiteres genüge, um tatsächlich gleiche Verhandlungsmacht herzustellen, auf den ersten Blick überzeugend. Das ihm zugrunde liegende gedankliche Modell hat zudem den Vorteil, auf korrigierende hoheitliche Eingriffe, die unabhängig von ihrer individualschützenden und freiheitsgewährenden Wirkung weithin primär als Beschränkung der Vertragsfreiheit des strukturell stärkeren Vertragspartners empfunden werden, ver-

---

[46] So vor allem *Posner*, Economic analysis of law (2. Aufl. 1977), S. 85; *Grunsky*, BB 1971, 1113, 1116ff. Ebenso im Grundsatz *Miethaner*, AGB-Kontrolle (2010), S. 47ff. und *Fastrich*, Inhaltskontrolle (1992), S. 82, die jedoch sodann zur Feststellung eines *Marktversagens* beim Vertragsschluss unter Verwendung von AGB gelangen. Vgl. nur *Miethaner*, AGB-Kontrolle (2010) S. 73ff. und *Fastrich*, Inhaltskontrolle (1992), S. 86.

[47] So *Fastrich*, Inhaltskontrolle (1992), S. 82.

[48] *Miethaner*, AGB-Kontrolle (2010), S. 48.

[49] *Fastrich*, Inhaltskontrolle (1992), S. 82.

[50] *Miethaner*, AGB-Kontrolle (2010), S. 48.

zichten zu können und stattdessen auf die Selbstregulierungskräfte des Marktes zu setzen.

aa) Kein funktionierender Wettbewerb der Vertragsbedingungen.

Ein derartiger Wettbewerb existiert indes in der Rechtswirklichkeit nicht. Er mag wünschenswert sein und dem Bedürfnis nach einem Minimum an hoheitlichem Eingreifen entsprechen. In der Realität ist ein hinreichend funktionsfähiger Wettbewerb, der nicht nur die Hauptleistungspflichten, sondern gerade auch die *Vertragsbedingungen* erfasst und der ein angemessenes Maß an Vertragsparität zwischen den Parteien herstellen würde, jedoch nicht anzutreffen, er bleibt Utopie. Anders wären weite Teile des geltenden Rechts, wie im Übrigen auch die klassischen Schranken der Vertragsfreiheit, nicht erklärbar. So hat bereits *Singer* zu Recht darauf hingewiesen, dass etwa das Miet- und Arbeitsrecht, die Inhaltskontrolle von AGB und die Schutzvorschriften im Recht des Abzahlungskaufs gar nicht anders zu erklären sind, als dass sie die strukturelle Unterlegenheit eines Vertragspartners und damit eine bestehende Vertragsimparität kompensieren sollen.[51]

In den vergangenen Jahrzehnten sind weitere Rechtsgebiete, wie etwa der gesamte Bereich des *Verbraucherschutzrechts*, hinzugekommen. Hier sah sich die Rechtsordnung gezwungen, zum Schutz der materiellen Vertragsfreiheit des schwächeren und damit regelmäßig strukturell benachteiligten Vertragspartners korrigierend einzugreifen, weil die Grundbedingungen für eine hinreichende Funktion des Vertragsmechanismus, der die wesentliche Grundlage der Privatrechtsordnung bildet, weithin nicht gegeben waren und das Versagen des Vertrages als Instrument der selbstbestimmten Interessenverwirklichung gerade nicht durch den Markt kompensiert wurde. Entsprechend ist heute allgemein anerkannt, dass ein Konditionenwettbewerb im Hinblick auf AGB nicht besteht.[52]

bb) Tendenz des Marktes zur Selbstaufhebung

Die Ursache hierfür liegt in den Mechanismen des Marktes selbst, der zu seiner Funktion notwendig hoheitlicher Maßnahmen zur Gewährleistung der Wettbewerbsbedingungen bedarf. Auch hier zeigt ein Blick in die Rechtswirklichkeit, dass von einer natürlichen Selbstregulierung des Marktes nicht die Rede sein kann.[53] Insoweit ist die Feststellung *Singers* zutreffend, der dem Wettbewerb eine selbstzerstörerische, seine Funktionsbedingungen außer Kraft setzende Dyna-

---

[51] *Singer*, Selbstbestimmung (1995), S. 12.

[52] MünchKomm/*Basedow*, BGB (7. Aufl. 2016), Vor § 305 Rn. 5 f.; Staudinger/*Wendland*, BGB (2019), § 307 Rn. 4; *Fastrich*, Inhaltskontrolle (1992), S. 80, 86; *Habersack*, Vertragsfreiheit und Drittinteressen (1992), S. 107; *Adams*, BB 1989, 781, 784 f.; *Baudenbacher*, Grundprobleme (1983), S. 206 ff., 217; *Kötz*, Gutachten (1974), S. A 9, S. A 33 ff. Vgl. hierzu im Einzelnen unten S. 542 ff.

[53] *Singer*, Selbstbestimmung (1995), S. 16.

mik bescheinigt: „Ungebändigte Privatautonomie strebt im Gegenteil tendenziell zur Monopolisierung durch Kartellbildung und ermöglicht ihre Aufhebung durch eigenen Gebrauch."[54] Tatsächlich geht die Wirtschaftstheorie davon aus, dass Marktmacht nicht grundsätzlich negativ bewertet werden kann, weil die mit ihr verbundenen Gewinnmöglichkeiten zu den wesentlichen Antriebselementen des Wettbewerbs und des wirtschaftlichen Handelns zählen.[55]

Diese Perspektive ist indes zu einseitig, weil sie den Bereich des Individualschutzes ausblendet und sich letztlich weitgehend kritiklos mit einem Missstand abfindet, der keine *conditio sine qua non* für ein funktionsfähiges Wirtschaftssystem darstellt, sondern ihr in weiten Teilen sogar entgegensteht. Das Argument, dass eine rücksichtslose Verfolgung der Eigeninteressen zulasten der übrigen Teilnehmer am Wirtschaftsverkehr Energien freisetze, die durch den damit verbundenen Güteraustausch letztlich insgesamt als wohlstandsfördernd angesehen werden könnten, ist indes auch ökonomisch nicht überzeugend und wirft zugleich ohne Not wesentliche Grundsätze der Rechts- und Wirtschaftsordnung über Bord. So ist etwa anerkannt, dass ein Monopol regelmäßig mit einem Wohlfahrtverlust verbunden ist, der teilweise von den Konsumenten getragen wird, und dass dem Monopolisten darüber hinaus eine Umverteilung von Konsumenten- in Produzentenrente gelingt.[56] Funktionierender Wettbewerb bedarf daher regelmäßig eines ihn gewährleistenden Rechtsrahmens, will er der Gefahr der Selbstaufhebung entgehen.

cc) Beschränktes Instrumentarium der Wettbewerbskontrolle

Dabei ist freilich zu bedenken, dass die Möglichkeiten der Rechtsordnung, mit den Instrumenten der Wettbewerbskontrolle ausgleichend auf den Markt einzuwirken, wie ein ernüchternder Blick auf die Rechtspraxis zeigt, deutlich begrenzt sind und sich weitgehend auf die Beseitigung von erheblichen Missbräuchen reduzieren.[57] Das liegt nicht zuletzt daran, dass eine flächendeckende und lückenlose Wettbewerbskontrolle nicht möglich und darüber hinaus auch nicht wünschenswert ist, will sie den sich in rechter Weise entfaltenden Markt nicht unnötig durch übermäßige Schranken behindern. Festzuhalten ist nach alldem als Befund, dass ein idealtypischer Wettbewerb in der Praxis nicht existiert und der Markt aufgrund der ihm zugrunde liegenden Wirkmechanismen tendenziell zur Aufhebung seiner eigenen Funktionsbedingungen durch Kartellbildung tendiert. Dass der Wettbewerb allein einen hinreichenden Ausgleich struktureller Machtungleichgewichte der Vertragsparteien und eine Kompensation des damit

---

[54] *Singer*, Selbstbestimmung (1995), S. 16.
[55] *Singer*, Selbstbestimmung (1995), S. 16 mwN.
[56] *Erlei*, in: Apolte/Bender/Berg u. a. (Hrsg.), Wirtschaftstheorie und Wirtschaftspolitik (9. Aufl. 2012), S. 3, S. 86.
[57] *Singer*, Selbstbestimmung (1995), S. 16.

verbundenen Versagens der Richtigkeitsgewähr des Vertragsmechanismus nicht zu leisten vermag, ist offensichtlich.

dd) Überspannte Anforderungen an die Marktteilnehmer

Dies gilt umso mehr, als das Wettbewerbsmodell – wenn es gleichsam als Ersatz für staatlich gewährleisteten Schutz durch die Rechtsordnung als „individualschützendes“ Kompensationsinstrument für Machtungleichgewichte in Dienst genommen wird – von deutlich überspannten Anforderungen an die Marktteilnehmer ausgeht, die mit der Lebenswirklichkeit nicht in Einklang zu bringen sind. So setzt es *überdurchschnittlich* informierte, vernünftige und völlig rational handelnde Marktteilnehmer, letztlich einen „normgerechten *homo oeconomicus*“[58] voraus, der in der Rechtswirklichkeit nicht existiert.[59]

Die an die Marktteilnehmer und hier insbesondere die schwächeren Vertragspartner gestellten Anforderungen sind schon deshalb weit überspannt, weil sie regelmäßig außer Verhältnis zum erwarteten Nutzen stehen und daher schon aus ökonomischer Perspektive angesichts der damit verbundenen hohen Transaktionskosten selbst von einem modellhaft gedachten Akteur am Markt in der Regel nicht verlangt werden können. Unabhängig von theoretischen Erwägungen zeigt bereits ein Blick auf den empirischen Befund, dass die Marktteilnehmer den Anforderungen in weiten Bereichen des wirtschaftlichen und rechtlichen Lebens aufgrund rationaler Begrenzungen nicht gewachsen und daher ihrem insoweit strukturell stärkeren Vertragspartner unterlegen sind.[60]

Weite Gebiete und zahlreiche Entwicklungen des Rechts sind, worauf bereits eingangs hingewiesen wurde, nur aus dem Bemühen um einen Ausgleich bestehender Vertragsimparität erklärbar.[61] Entsprechend hatte bereits das BVerfG in seiner *Bürgschaftsentscheidung* festgestellt, dass „heute ... weitgehende Einigkeit darüber [besteht], daß die Vertragsfreiheit nur im Falle eines annähernd ausgewogenen Kräfteverhältnisses der Partner als Mittel eines angemessenen Interessenausgleichs taugt und daß der Ausgleich gestörter Vertragsparität zu den Hauptaufgaben des geltenden Zivilrechts gehört ... Im Sinne dieser Aufgabe lassen sich große Teile des Bürgerlichen Gesetzbuchs deuten ....“[62]

Zu Recht hat etwa *Singer* in diesem Zusammenhang auf die Tatsache hingewiesen, dass angesichts der Missstände im Kreditwesen, insbesondere der massenhaften Verschuldung und der Kreditaufnahme zu überteuerten und deutlich unangemessenen Konditionen, selbst unter den Bedingungen eines harten Wettbewerbs

[58] *Singer*, Selbstbestimmung (1995), S. 16.

[59] *Singer*, Selbstbestimmung (1995), S. 16. Vgl. zur Kritik am Verhaltensmodell des *homo oeconomicus* durch die interdisziplinäre Forschung der Verhaltensökonomik (*behavioral economics) unten S.* 522 ff.

[60] *Singer*, Selbstbestimmung (1995), S. 17. Eingehend hierzu unten S. 522 ff. mwN.

[61] Vgl. oben S. 475, *Singer*, Selbstbestimmung (1995), S. 12.

[62] BVerfGE 89, 214, 233 = NJW 1994, 36, 38 f. (Bürgschaft I). Vgl. hierzu eingehend oben S. 382 ff.

kein modellgerechtes Kundenverhalten erwartet werden kann.[63] In diesen Fällen sei zwar ein kaum bestreitbares Ungleichgewicht zwischen den Parteien anzuerkennen, es indes als selbstverschuldet abzutun, weil es nicht den theoretisch entwickelten Anforderungen ideal gedachten modellgerechten Verhaltens entspricht, führe nicht weiter. Eine solche Sichtweise, die auf einer Ignorierung der Wirklichkeit beruhe[64], wäre weder mit der Funktion des Vertrages als Instrument tatsächlichen Interessenausgleichs noch mit dem Zweck der Rechtsordnung und dem an sie adressierten verfassungsrechtlichen Schutzauftrag zugunsten der tatsächlichen Selbstbestimmung des Individuums vereinbar, der immer die *reale* Rechtspersönlichkeit, den realen Menschen der Lebenswirklichkeit, und nicht eine idealtypisch gedachte Modellfigur meint.

ee) Fokussierung auf Preis und Qualität

Angesichts des dargestellten Befundes und der Tatsache, dass sich weite Teile des Privatrechts nur vor dem Hintergrund der Herstellung von Vertragsparität deuten lassen, erhebt sich in der Tat die Frage, wie die doch so offenkundig durch die Realität widerlegte Annahme, der Markt genüge als Instrument zum Ausgleich von Machtungleichgewichten, derart weite Verbreitung finden konnte. Eine mögliche Antwort könnte in der Fokussierung der Diskussion wie auch des gedanklichen Modells auf die *Hauptleistungspflichten* liegen, bei denen in der Tat eine gewisse Kompensationsfunktion des Marktes erkennbar ist.

Daher ist die Beobachtung, dass ein nahezu mittelloser Verbraucher auch einem finanzkräftigen Unternehmen nicht machtlos gegenübersteht, weil er jederzeit auf die Angebote der Konkurrenz ausweichen kann, durchaus zutreffend. So herrscht etwa im Bereich des deutschen Lebensmittelmarktes ein erbitterter Preiskampf zwischen mehreren Lebensmitteldiscountern, der den Kunden, die zwischen einer Vielzahl für sie attraktiver, miteinander konkurrierender Angebote wählen können, insgesamt eine erhebliche „Marktmacht" zuweist. Indes betrifft dies lediglich die für die Kunden in erster Linie relevanten Hauptleistungspflichten – Ware und Preis – und gerade nicht die vertraglichen Nebenpflichten wie beispielsweise die Gewährleistungsrechte. Kauft ein Kunde in einem solchen Discounter etwa einen Computer, so ist es alles andere als sicher, dass ohne den Schutz des zwingenden Gewährleistungsrechts immer noch der Grundsatz gelten würde, der Kunde sei „König".

Häufig betreffen die den schwächeren Vertragspartner benachteiligenden Vereinbarungen jedoch nicht die Hauptleistungspflichten, sondern die vertraglichen Nebenabreden wie etwa weitreichende Haftungsausschlüsse, Vertragsstrafen oder Zusatzkosten, und zwar unabhängig davon, ob es sich hierbei um AGB oder individualvertragliche Vereinbarungen handelt. So lag es etwa in jenem, der Han-

---

[63] *Singer*, Selbstbestimmung (1995), S. 17.

[64] *Singer*, Selbstbestimmung (1995), S. 17 spricht in diesem Zusammenhang plastisch von *Realitätsverleugnung*.

delsvertreterentscheidung des BVerfG zugrunde liegenden Fall, in dem den wirtschaftlich unterlegenen Handelsvertretern im Rahmen eines vertraglichen Wettbewerbsverbotes für die Dauer von zwei Jahren nach Vertragsauflösung untersagt war, für ein Konkurrenzunternehmen tätig zu sein.[65] Angesichts der Tatsache, dass für den betreffenden Wirtschaftszweig und Tätigkeitsort nahezu jedes andere Unternehmen als Konkurrenzunternehmen angesehen werden konnte und dem Wettbewerbsverbot damit die Wirkung eines relativen Berufsverbotes zukam, hatte die Vereinbarung weitreichende Folgen für die berufliche und wirtschaftliche Existenz der Betroffenen. Hier von einer kompensierenden Funktion des Marktes auszugehen, erscheint lebensfremd.

In der Tat scheinen vertragliche *Nebenpflichten* dem Wettbewerb nur in sehr begrenztem Umfang zugänglich zu sein. Für AGB ist sogar allgemein anerkannt, dass ein funktionierender *Konditionenwettbewerb* nicht besteht.[66] Gestützt wird die Annahme eines Wettbewerbsversagens für den Bereich vertraglicher Nebenbestimmungen – sowohl im Hinblick auf AGB als auf Individualverträge – durch den Befund des geltenden Rechts: So betreffen bezeichnenderweise die korrigierenden Maßnahmen des Gesetzgebers zur Sicherung der materiellen Vertragsfreiheit strukturell schwächerer Vertragspartner, wie etwa im Miet-, Arbeits- und Verbraucherschutzrecht[67] sowie im Recht der AGB, vor allem vertragliche Nebenpflichten. Lediglich im Arbeitsrecht sowie im Kredit- und Kreditsicherungsrecht erfolgt mit der Inhaltskontrolle von Entgeltabreden bzw. der Wucherkontrolle ein Ausgleich von Vertragsimparität mit Blick auf die Hauptleistungspflichten von nennenswerter praktischer Bedeutung am indes sehr strengen Maßstab des § 138 Abs. 2 BGB.

Damit scheint der mit sprunghafter Bereitschaft, häufig reflexartig, formelhaft und mit Blick auf den empirischen Befund erstaunlich unkritisch vorgebrachte Verweis auf den Markt als Kompensationsinstrument bestehender Machtungleichgewichte[68] tatsächlich weitgehend auf einer Verengung der Perspektive auf die Hauptleistungspflichten der Parteien zu beruhen, deren Verhältnisse *pars pro toto* weitgehend unbesehen auf vertragliche Nebenbestimmungen übertragen werden. Die Engführung auf die Funktion der Marktmechanismen hinsichtlich der Hauptleistungspflichten hat bislang den Blick auf das Marktver-

---

[65] Vgl. hierzu eingehend BVerfGE 81, 242 = NJW 1990, 1469 (Handelsvertreter) sowie oben S. 379 ff.

[66] MünchKomm/*Basedow*, BGB (7. Aufl. 2016), Vor § 305 Rn. 5 f.; Staudinger/*Wendland*, BGB (2019), § 307 Rn. 4; *Fastrich*, Inhaltskontrolle (1992), S. 80, 86; *Habersack*, Vertragsfreiheit und Drittinteressen (1992), S. 107; *Adams*, BB 1989, 781, 784 f.; *Baudenbacher*, Grundprobleme (1983), S. 206 ff., 217; *Kötz*, Gutachten (1974), S. A 9, S. A 33 ff. Dazu näher unten S. 542 ff.

[67] Zum Verbraucherschutzrecht *Denkinger*, Verbraucherbegriff (2007), S. 78 ff., grundlegend *Dauner-Lieb*, Verbraucherschutz (1983), S. 53, 67 ff.

[68] So vor allem *Posner*, Economic analysis of law (2. Aufl. 1977), S. 85. Hierzu eingehend unten S. 535 ff.

sagen im Bereich der vertraglichen Nebenabreden weitgehend verstellt und die kritische Diskussion über die Eignung des Marktes als Instrument zum Schutz strukturell schwächerer Parteien behindert. Dem entspricht der Befund, dass der Wettbewerb im Hinblick auf vertragliche Nebenbestimmungen nicht in ausreichendem Maße funktioniert und daher als Instrument der Kompensation von Vertragsimparität versagt, erst seit Kurzem – im Kontext der Diskussion des fehlenden Konditionenwettbewerbs als Begründung der Inhaltskontrolle von AGB – in den Mittelpunkt der Diskussion gerückt ist.[69]

ff) Kein Marktversagen im Hinblick auf Hauptleistungspflichten

Das bedeutet freilich nicht, dass hinsichtlich der Hauptleistungspflichten grundsätzlich von einem funktionsfähigen Wettbewerb ausgegangen und auf rechtliche Maßnahmen zum Schutz der materiellen Vertragsfreiheit strukturell schwächerer Parteien verzichtet werden kann. So zeigt etwa ein Blick auf das *Arbeitsrecht*, dass gerade bei Vertragsverhältnissen, auf deren Abschluss eine der Parteien existenziell angewiesen ist, regelmäßig ein ungleiches Kräfteverhältnis zwischen den Parteien besteht, das auch nicht durch einen fiktiven Wettbewerb der Arbeitgeber untereinander um den Arbeitnehmer ausgeglichen wird. Entsprechend geht das BVerfG im Verhältnis zwischen Arbeitnehmern und Arbeitgebern regelmäßig von einem typischerweise bestehenden strukturellen Ungleichgewicht aus, bei dem es auf das Funktionieren oder Versagen des Wettbewerbs im konkreten Fall nicht ankommt. So hat das Gericht etwa in seiner Arbeit-auf-Abruf-Entscheidung festgestellt:

> „Dass der einzelne Arbeitnehmer sich beim Abschluss von Arbeitsverträgen typischerweise in einer Situation *struktureller Unterlegenheit* befindet, ist in der Rechtsprechung des Bundesverfassungsgerichts anerkannt ... Die von Verfassungs wegen zu berücksichtigende *strukturelle Unterlegenheit* des Arbeitnehmers besteht nicht nur bei der *Begründung* eines Arbeitsverhältnisses, sondern auch im *bestehenden* Arbeitsverhältnis. Sie endet entgegen der Auffassung der Beschwerdeführerin auch nicht durch das Erreichen des allgemeinen *Kündigungsschutzes* (§§ 1, 23 KSchG). Dieser ändert nichts an dem *ungleichen wirtschaftlichen Kräfteverhältnis* der Arbeitsvertragsparteien. Der einzelne Arbeitnehmer ist *typischerweise* ungleich *stärker auf sein Arbeitsverhältnis angewiesen* als der Arbeitgeber auf den einzelnen Arbeitnehmer."[70]

Ähnliches gilt für den Bereich des Kredit- und Kreditsicherungsrechts, in dem insbesondere Angehörigenbürgschaften in den Mittelpunkt der höchstrichterlichen Rechtsprechung getreten sind[71], sowie für das Wohnungsmietrecht, in dem

---

[69] Vgl. eingehend unten S. 542ff. sowie MünchKomm/*Basedow*, BGB (7. Aufl. 2016), Vor § 305 Rn. 5f.; *Leuschner*, JZ 2010, 875, 499, 502; Staudinger/*Wendland*, BGB (2019), § 307 Rn. 4; *Fastrich*, Inhaltskontrolle (1992), S. 80, 86; *Habersack*, Vertragsfreiheit und Drittinteressen (1992), S. 107; *Adams*, BB 1989, 781, 784f.; *Kötz*, Gutachten (1974), S. A 9, S. A 33ff.

[70] BVerfG NJW 2007, 286, 287f. (Arbeit auf Abruf). Näher hierzu oben S. 436. Hervorhebungen durch den Verfasser.

[71] Vgl. grundlegend BVerfGE 89, 214 = NJW 1994, 36 (Bürgschaft I) sowie BVerfG NJW

aufgrund der „Bedeutung der Wohnung als Mittelpunkt der menschlichen Existenz“[72] typischerweise ein strukturelles Ungleichgewicht zwischen Mieter und Vermieter besteht, das zum Schutz des Selbstbestimmungsrechts des Mieters des Ausgleichs durch gesetzliche Schutzvorschriften bedarf.

Diese Erkenntnisse sind keineswegs neu. So sah sich die Rechtsprechung nur wenige Jahre nach Inkrafttreten des BGB unter Rückgriff auf die Generalklausel des § 138 Abs. 2 BGB zu entsprechenden Korrekturen gedrängt, und dies ganz offensichtlich nur deshalb, weil durch den Markt gerade keine hinreichende Kompensation des ungleichen Kräfteverhältnisses zwischen Wohnungsmieter und Vermieter herbeigeführt werden konnte. Eindrucksvoll mag dies die Entscheidung des *Landgerichts München* aus dem Jahr 1911 illustrieren, auf die bereits *Hellwege*[73] hingewiesen hat und in dem das Gericht insbesondere mit Verweis auf die *wirtschaftliche Unterlegenheit* der Mieter das Mietvertragsformular des Münchener Grund- und Hausbesitzervereins für nichtig erklärt hat:

„Das amtsgerichtliche Urteil geht davon aus, daß das in Frage stehende Mietvertragsformular ... offensichtlich den *Zweck* verfolgt, alle zum Schutze der Mieter durch das Bürgerliche Gesetzbuch getroffenen Bestimmungen *schlechthin* und für alle Mietverträge *auszuschalten* ... Der Erstrichter erblickt in diesem Verfahren einen *Mißbrauch* der vom Gesetze gewährleisteten *Vertragsfreiheit* und sieht einen *Verstoß gegen die guten Sitten* darin, wenn ein bestimmter Interessentenkreis wie hier die Vermieter, die sich zu einer Vereinigung zusammengeschlossen haben, ihr *wirtschaftliches Übergewicht* und den in München tatsächlich vorhandenen *Wohnungsmangel* dazu benützen, durch Verwendung eines gleichheitlichen Mietvertragsformulars, *dessen Verwendung* den Mitgliedern gegenüber sogar durch Vertragsstrafe *erzwungen* werden kann, die in das Gesetz zum Schutze der Mieter aufgenommenen *sozialpolitischen Bestimmungen* durch entgegenstehende Vertragsbestimmungen *wieder aufzuheben*. Das Berufungsgericht tritt diesen Anschauungen des Erstrichters vollständig bei. In der Tat verfolgen die unter Anwendung des genannten Formulars abgeschlossenen Mietverträge nicht nur die gesetzlich zulässige Absicht, den Vermieter gegen Benachteiligungen durch den Mieter zu schützen, sondern darüber hinausgehend den Zweck, den Mieter dem Vermieter gegenüber fast *vollständig rechtlos* zu machen oder ihm wenigstens die Geltendmachung seiner Rechte *prozessual zu erschweren;* einzelne dieser Vertragsbestimmungen, insbesondere der § 16 des Formulars, *öffnen der Schikane* durch Hausbesitzer und Hausmeister gegenüber dem Mieter *Türe und Tor*. ...

Wenn nun von dieser festgesetzten Ordnung konstant abgewichen wird, so besteht für die Gerichte alle Veranlassung zu einer Prüfung in der Richtung, ob infolge geänderter Verhältnisse die vom Gesetzgeber normierte Ordnung nicht mehr den Geboten der *Billigkeit* und *Zweckmäßigkeit* entspricht und ob infolgedessen die *Parteien* in *wirklicher Ausübung ihrer Vertragsfreiheit* eine selbst gewählte an Stelle der gesetzlichen Ordnung setzen oder aber, ob die Angehörigen der einen Vertragsseite in *Mißbrauch* des etwa erlangten *wirtschaftlichen Übergewichts* in einer gegen die *guten Sitten* verstoßen-

1996, 2021 (Bürgschaft III); BVerfG NJW 1994, 2749 (Bürgschaft II). Eingehend hierzu oben S. 382 ff.

[72] MünchKomm/*Häublein*, BGB (7. Aufl. 2016), Vor §§ 535–548 BGB, Rn. 48.

[73] *Hellwege*, AGB und Rechtsgeschäftslehre (2010), S. 293 f.

den Weise auf dem Wege der *angeblichen Vertragsfreiheit* die gesetzlichen Bestimmungen aufheben, die zur Wahrung der berechtigten Interessen für die Angehörigen der anderen Vertragsseite vom Gesetzgeber aufgestellt worden sind. Wenn der Berufungsführer sich auf das Recht der gesetzlich gewährleisteten Vertragsfreiheit versteift, so muß dem gegenüber betont werden, daß in solchen Fällen die Vertragsfreiheit auf Seite der *wirtschaftlich schwächeren Vertragspartei* sich in der Regel darin erschöpft, daß sich dieselbe den ihr vom Vertragsgegner diktierten *Bedingungen zu fügen hat*, auch wenn diese noch so unbillig sind, und daß eben zum Schutz gegen einen solchen Mißbrauch der Vertragsfreiheit § 138 BGB Anwendung zu finden hat."[74]

All dies ist freilich nichts Neues. Bereits in seiner *Handelsvertreterentscheidung* hatte das BVerfG zu Recht darauf hingewiesen, dass dort, „wo es an einem annähernden Kräftegleichgewicht der Beteiligten fehlt, ... mit den Mitteln des Vertragsrechts allein kein sachgerechter Ausgleich der Interessen zu gewährleisten [ist]."[75] Wettbewerb, das freie Spiel der Kräfte, vermag damit das Ungleichgewicht der Parteien nicht effektiv zu neutralisieren. Vielmehr schlägt sich eine Vertragsimparität zwischen den Parteien regelmäßig in einem unangemessenen Interessenausgleich nieder. In seiner *Bürgschaftsentscheidung* wurde das Gericht noch deutlicher und stellte in der bekannten Urteilsformel klar, „daß die Vertragsfreiheit nur im Falle eines annähernd ausgewogenen Kräfteverhältnisses der Partner als Mittel eines angemessenen Interessenausgleichs taugt und daß der Ausgleich gestörter Vertragsparität zu den Hauptaufgaben des geltenden Zivilrechts gehört."[76]

gg) Kein Widerspruch zu den Grundwerten einer freiheitlichen Wirtschaftsordnung

Ungeachtet dieses verfassungsrechtlichen Befundes findet sich immer wieder der Hinweis, dass eine Anknüpfung der Inhaltskontrolle an das Bestehen einer wirtschaftlichen, strukturellen oder intellektuellen Unterlegenheit mit den Grundwerten einer freiheitlichen Wirtschaftsordnung nicht in Einklang zu bringen sei, ohne dass freilich deutlich wird, worin dieser Widerspruch denn im Einzelnen besteht und wie er dogmatisch begründet wird. Dies verwundert umso mehr, als das BVerfG die richterliche Inhaltskontrolle von Verträgen gerade mit Blick auf den Schutz der *Privatautonomie* als „Strukturelement einer freiheitlichen Gesellschaftsordnung"[77] nicht nur für zulässig, sondern vielmehr als „nötig"[78] erachtet

---

[74] LG München, Urteil v. 13.1.1911, SeuffBl. (76) 1911, 217, 218 f. Hierauf hinweisend *Hellwege*, AGB und Rechtsgeschäftslehre (2010), S. 293 f. Hervorhebungen durch den Verfasser.

[75] BVerfGE 81, 242, 254 f. = NJW 1990, 1469, 1470 (Handelsvertreter). Vgl. hierzu eingehend oben S. 379 ff. Hervorhebungen durch den Verfasser.

[76] BVerfGE 89, 214, 233 = NJW 1994, 36, 38 f. (Bürgschaft I). Hierzu näher oben S. 382 ff. Hervorhebungen durch den Verfasser.

[77] BVerfGE 81, 242, 254 = NJW 1990, 1469, 1470 (Handelsvertreter).

[78] So BVerfG NJW 2005, 1036, 1037 (Zahnarzthonorar): „Sie ist *nötig*, weil *Allgemeine Geschäftsbedingungen* der anderen Partei regelmäßig verwehren, eine abweichende Individualvereinbarung zu treffen. Die Kontrolle der Allgemeinen Geschäftsbedingungen *kom-*

hat. Denn Privatautonomie setzt voraus „daß auch die Bedingungen freier Selbstbestimmung *tatsächlich* gegeben sind. Hat einer der Vertragsteile ein so starkes Übergewicht, daß er vertragliche Regelungen faktisch einseitig setzen kann, bewirkt dies für den anderen Vertragsteil *Fremdbestimmung*. Wo es an einem annähernden *Kräftegleichgewicht* der Beteiligten fehlt, ist mit den Mitteln des *Vertragsrechts* allein kein sachgerechter Ausgleich der Interessen zu gewährleisten."[79]

So hat das Gericht in einer seinen *Bürgschaftsentscheidungen* unter anderem eine deutliche *intellektuelle* Unterlegenheit der Beschwerdeführerin festgestellt[80] und darauf hingewiesen, dass sich den Instanzgerichten „bei dieser Sachlage ... die Frage nach den Voraussetzungen und Gründen des Vertragsschlusses geradezu *aufdrängen* [musste], zumal sich der Parteivortrag hierauf konzentrierte. ... Ist aber der Inhalt des Vertrages für eine Seite *ungewöhnlich belastend* und als *Interessenausgleich* offensichtlich *unangemessen*, so dürfen sich die Gerichte nicht mit der Feststellung begnügen: ‚Vertrag ist Vertrag'. Sie müssen vielmehr klären, ob die Regelung eine Folge strukturell *ungleicher Verhandlungsstärke* ist, und gegebenenfalls im Rahmen der Generalklauseln des geltenden Zivilrechts *korrigierend* eingreifen."[81]

Setzt – wovon das BVerfG zu Recht ausgeht – ein sachgerechter Interessenausgleich mit den Mitteln des Vertragsrechts Vertragsparität und damit ein annähernd gleiches Kräfteverhältnis zwischen den Parteien voraus und ist dies zugleich auch die Funktionsbedingung des Vertragsmechanismus, so kann kein Zweifel daran bestehen, dass gerade mit Blick auf die Grundwerte der Privatrechtsordnung ein Ausgleich entsprechender Defekte der Vertragsparität notwendig ist, um eine selbstbestimmte Teilnahme auch strukturell schwächerer Parteien am Rechtsverkehr zu ermöglichen. Nur so ist gewährleistet, dass der Vertrag seine *Funktion* als Instrument des für die *Persönlichkeitsentfaltung* notwendigen, *angemessenen* Interessenausgleichs erfüllen kann.

Damit stellt sich erneut die Frage, wie die These, dass eine Anknüpfung der Inhaltskontrolle an das Bestehen eines wirtschaftlichen, sozialen oder intellektuellen Ungleichgewichts die Funktionsbedingungen des Wirtschaftssystems und der Privatrechtsordnung gefährde[82] und mit den Grundwerten einer freiheitlichen Wirtschaftsordnung nicht in Einklang stehe[83], derart weiten Raum gewinnen

pensiert den *Mangel an Verhandlungsmacht*." Vgl. hierzu auch oben S. 390ff. Hervorhebungen durch den Verfasser.

[79] BVerfGE 81, 242, 255 = NJW 1990, 1469, 1470 (Handelsvertreter). Vgl. hierzu oben S. 379ff. Hervorhebungen durch den Verfasser.

[80] Vgl. nur BVerfGE 89, 214, 235 = NJW 1994, 36, 39 (Bürgschaft I) sowie BVerfG NJW 1994, 2749, 2750 (Bürgschaft II).

[81] BVerfGE 89, 214, 231, 234 = NJW 1994, 36, 38f. (Bürgschaft I). Hierzu eingehend oben S. 382ff. Hervorhebungen durch den Verfasser.

[82] So – indes noch vor den maßgeblichen Entscheidungen des BVerfG – *Fastrich*, Inhaltskontrolle (1992), S. 82.

[83] *Miethaner*, AGB-Kontrolle (2010), S. 48.

konnte. Ein möglicher Grund könnte zunächst in der sich teilweise nur schrittweise vollziehenden Anerkennung der *materiellen* Dimension der Vertragsfreiheit bestehen. So fällt im Rahmen der gegenwärtigen Diskussion immer wieder auf, dass die richterliche Inhaltskontrolle häufig eher als *Gefährdung* der Vertragsfreiheit, denn als ihr *Garant* betrachtet wird. Dies verwundert umso mehr, als Rechtsprechung, Gesetzgeber und weite Teile des Schrifttums – wie bereits gezeigt wurde – in der Inhaltskontrolle das wesentliche Instrument zum Schutz der Vertragsgestaltungsfreiheit des Verwendungsgegners gegenüber dem Diktat einseitig oktroyierter Vertragsbestimmungen durch den Verwender erblicken.

Zu erklären ist dieser Widerspruch nur mit der Tatsache, dass sich die historisch bedingte Engführung des Verständnisses der Vertragsfreiheit als zunächst weithin ausschließlich *formale Vertragsfreiheit* als im Rechtsbewusstsein tiefsitzender Reflex nach wie vor hartnäckig hält und die Anerkennung der materiellen Vertragsfreiheit als dem tatsächlichen Selbstbestimmungsrecht des strukturell schwächeren Vertragspartners aus rechtshistorischer Perspektive noch vergleichsweise jung ist. Erschwert wird die Annahme der materiellen Dimension der Vertragsfreiheit dabei offensichtlich durch drei Faktoren: (1) Zum einen das komplexe, durch eine *Antinomie* geprägte Verhältnis zwischen *formaler* Vertragsfreiheit der stärkeren und *materieller* Vertragsfreiheit der schwächeren Partei, die als gegensätzliche Rechtspositionen des Ausgleichs im Rahmen praktischer Konkordanz bedürfen. (2) Weiterhin durch die tiefsitzende, indes in der Sache unbegründete Furcht vor einem ins Extrem gesteigerten staatlichen Dirigismus, der sämtliche Verträge einer richterlichen Kontrolle unterzieht, zu einer „flächendeckende[n] Einschränkung der Privatautonomie"[84] führt und dabei auch vor der Überprüfung von Preisabreden und „der Einführung eines umfassenden Kontrahierungszwangs"[85] nicht Halt macht. (3) Und schließlich durch das Interesse der wirtschaftlichen Profiteure eines minimalen Schutzes schwächerer Vertragspartner vor Übervorteilung. Gestalt angenommen hat dieses Interesse in entsprechenden Strömungen, die letztlich einer radikalen Variante des Ordoliberalismus zuzuordnen sind und die – häufig ohne, dass dies thematisiert wird oder den Beteiligten möglicherweise bewusst ist – auf die rechtswissenschaftliche Diskussion einwirken.

hh) Der Schutz der materiellen Vertragsfreiheit aus rechtshistorischer Perspektive

Dabei ist der Zusammenhang zwischen *wirtschaftlicher Unterlegenheit* und damit verbundener Beschränkung der tatsächlichen *Vertragsfreiheit* nichts wesentlich Neues und im Grundsatz schon seit Langem bekannt. Auf ihn lassen sich die Rechtsprechung des BVerfG zu Angehörigenbürgschaften und die „so-

---

[84] So *Leuschner*, JZ 2010, 875, 878 in Bezug auf die AGB-Kontrolle im unternehmerischen Geschäftsverkehr.

[85] So in diesem Zusammenhang *Miethaner*, AGB-Kontrolle (2010), S. 48.

ziale" Sondergesetzgebung in der ersten Hälfte des 20. Jh. im Miet- und Arbeitsrecht ebenso zurückführen wie das seit mindestens 1500 Jahren bis heute im europäischen Rechtskreis als *lex lata* weithin geltende Rechtsinstitut der *laesio enormis*[86], das *vellaeanische Interzessionsverbot*[87] des römischen Rechts und die *klassischen Schranken* der Vertragsfreiheit.[88] Dass die Fragen, wie die wirtschaftlich schwächere Partei gegenüber einem Missbrauch der Vertragsfreiheit durch den ihr überlegenen Vertragspartner wirkungsvoll *geschützt* werden kann, ob das Ungleichgewicht durch *Wettbewerb* ausgeglichen wird und ob in derartigen Schutzvorschriften eine *Beschränkung* oder nicht vielmehr eine *Förderung* der Vertragsfreiheit gesehen werden muss, mit ähnlichen Argumenten wie in der gegenwärtigen Diskussion bereits Mitte des 19. Jh. Gegenstand einer intensiven Auseinandersetzung gewesen sind, zeigen – wie *Hellwege* nachweisen konnte[89] – die Beratungen zum *Dresdner Entwurf* eines *Allgemeinen Deutschen Gesetzes über Schuldverhältnisse* aus dem Jahr 1866, in denen die Einführung zwingender Schutzvorschriften zugunsten von Versicherungsnehmern diskutiert wurde:

„Dagegen seien die Ansichten darüber getheilt, ob das Gesetz im *Interesse der öffentlichen Ordnung* und zum *Schutze des Versicherten* doch gewisse allgemeine sogenannte *prohibitive*, das heißt, solche Bestimmungen, welche durch die Convention der Betheiligten nicht abgeändert werden dürften, ... aufstellen solle ... ein Umstand, der um so mehr eine Würdigung verdiene, als der Versicherungsnehmer sich in einer *ungünstigeren Lage* dadurch befinde, daß er als Einzelner einer organisirten Versicherungsgesellschaft, welche die Bedingungen der Versicherungsübernahme schon zum Voraus in ihren Statuten nach *reiflicher Ueberlegung* in *ihrem Interesse* festgestellt habe, gegenüberstehe und, wenn er Versicherung nehmen wolle, diese Bedingungen so, wie sie einmal festgestellt seien, *annehmen müsse*, wenn ihm nicht die *Wahl zwischen mehreren Versicherungsgesellschaften verbleibe*, welche in ihren Statuten ihm günstigere Bedingungen stellten.

Ein Theil der Juristen verneine nun die obenerwähnte Frage, theils weil es bedenklich sei, die *öffentliche Ordnung*, welche ein undefinirter Begriff sei, zum Ausgangspunkte bei civilrechtlichen Bestimmungen zu machen, theils weil noch *kein Gesetz mit prohibitiven Vorschriften* gegen die Versicherungsgesellschaften vorgeschritten sei, theils weil schon die *Concurrenz* der Versicherungsgesellschaften dem Versicherten den Schutz gewähre, welchen man durch die gedachten prohibitiven Vorschriften erstreben wolle."[90]

Die Schutzbedürftigkeit des Versicherungsnehmers aufgrund einer in diesem Fall bestehenden situativen Unterlegenheit (*„ungünstigeren Lage"*), der die Vertrags-

---

[86] So etwa Art. 1674–1685 Code civil sowie § 934 ABGB (Österreich). Vgl. hierzu auch oben S. 147 ff.

[87] Dig. 16, 1, 2, 1 (Ulpianus 29 ad ed.). Hierzu *Kaser/Knütel*, Römisches Privatrecht (2008), S. 305.

[88] Hierzu oben S. 89 ff., 157 f.

[89] *Hellwege*, AGB und Rechtsgeschäftslehre (2010), S. 159 f.

[90] Protokolle Dresdner Entwurf (1866), S. 4568 f. Vgl. hierzu auch *Hellwege*, AGB und Rechtsgeschäftslehre (2010), S. 159 f. Hervorhebungen durch den Verfasser.

bedingungen, welche die Versicherungsgesellschaften *„zum Voraus in ihren Statuten nach reiflicher Ueberlegung in ihrem Interesse“* erstellt haben, „so, wie sie einmal festgestellt seien, annehmen müsse“, wurde dabei ebenso erkannt wie die Existenz überindividueller Schutzzwecke („im *Interesse der öffentlichen Ordnung*“) und die Möglichkeit einer Kompensation der Vertragsimparität durch den Wettbewerb, weil *„schon die Concurrenz der Versicherungsgesellschaften dem Versicherten den Schutz gewähre“*, der mit den geplanten Vorschriften intendiert war. Zugleich wurden jedoch deutlich die *Grenzen des Wettbewerbsmodells* und die freiheitsermöglichende Funktion des zwingenden Rechts erkannt:

„Ein anderer Theil der Juristen bejahe dagegen die obenerwähnte Frage, theils weil es sich *nicht* darum handle, gestützt auf die öffentliche Ordnung, *civilrechtliche Grundsätze zu biegen* oder zu *modificiren*, sondern darum, einen leicht möglichen *einseitigen nachtheiligen Einfluß bei der Convention zu paralysiren*, also die *Freiheit der Convention im wohlverstandenen Sinne noch zu fördern*, theils weil aus dem Umstande, daß bis jetzt noch kein Gesetzgeber durch Prohibitivvorschriften gegen Versicherungsgesellschaften vorgeschritten sei, noch nicht folge, daß der Gesetzgeber zur Erlassung solcher Vorschriften zu fraglichem Zwecke nicht veranlaßt sei, theils endlich, weil die *Concurrenz* der Versicherungsgesellschaften *selbstverständlich* den hier in Rede stehenden *Schutz dem Versicherten* alsdann *nicht gewähre*, wenn dieselben in ihren Statuten in den hier relevanten Punkten gleiche Bedingungen für die Versicherungsübernahme aufgestellt hätten oder etwa noch aufstellen sollten.“[91]

So ging ein Teil der an den Beratungen beteiligten Juristen davon aus, dass der Wettbewerb, die *„Concurrenz* der Versicherungsgesellschaften“, den mit der geplanten Vorschrift intendierten Schutz des Versicherungsnehmers *„selbstverständlich“* nicht gewährleisten kann, wenn im Hinblick auf die infrage stehenden Vertragsbedingungen ein Marktversagen besteht, was dann der Fall ist, wenn die Marktteilnehmer ausschließlich zu gleichen oder ähnlichen Bedingungen kontrahieren. Hier klingen bereits Gedanken an, die später – in der ersten Hälfte des 20. Jh. – vom Reichsgericht in der Monopolrechtsprechung zur Inhaltskontrolle von AGB herangezogen wurden.[92]

Die Erkenntnis, dass der Missbrauch der Vertragsfreiheit durch die stärkere jene der schwächeren Partei beeinträchtigt, die missbräuchliche Ausübung der (formalen) Vertragsfreiheit nicht nur der Vertragsgerechtigkeit widerspricht, sondern stets auch zulasten der (materiellen) Vertragsfreiheit des betroffenen Vertragspartners geht und die Inhaltskontrolle damit letztlich dem Schutz der Vertragsfreiheit dient, zieht sich seitdem wie ein roter Faden durch die Diskussion. So spricht – worauf *Hellwege*[93] hinweist – *Pappenheim* von „dem Schutze der wirtschaftlichen Schwachen und daher gegen Wegbedingung ihrer gesetzlichen

[91] Protokolle Dresdner Entwurf (1866), S. 4569. Hervorhebungen durch den Verfasser.
[92] Hierzu oben S. 342 ff.
[93] *Hellwege*, AGB und Rechtsgeschäftslehre (2010), S. 297, 305.

Rechte Wehrlosen"[94] und *Hedemann* sogar von der „Vergewaltigung des schwächeren Teiles"[95].

Nipperdey bringt den Konflikt *formaler* und materieller Vertragsfreiheit schließlich auf den Punkt, wenn er bemerkt: „Im Namen der Vertragsfreiheit wird die Vertragsfreiheit ‚sabotiert'. Die wenigen Schranken der Vertragsfreiheit, die das Bürgerliche Gesetzbuch aufgestellt hat, genügen nicht oder sind doch nur als Bestimmungen, die noch der ausfüllenden Konkretisierung bedürfen, brauchbar."[96] Bemerkt *Weber* in seiner Kommentierung, die Vertragsfreiheit verwandele sich für den Verwender in eine „Diktierfreiheit"[97], ja sogar zu einer „Gesetzgebungsfreiheit"[98], so stellt *Schmidt-Salzer* schließlich fest, dass sie für den Vertragspartner zu einer bloßen „Vertragsscheinfreiheit"[99] werde, da „die unterschiedlichen Machtverhältnisse … eine Regelung, die dem Sinngehalt der Vertragsfreiheit entspräche"[100], nicht zulassen.[101]

Vermochten Mitte des 19. Jh. erste Ansätze eines effektiven Schutzes des Verwendungsgegners vor missbräuchlichen AGB aufgrund des vorherrschenden formalen Verständnisses der „Freiheit der Convention"[102] noch nicht durchzudringen, so wurde mit der massenhaften Verwendung von AGB seit Beginn des 20. Jh. die Notwendigkeit eines korrigierenden Eingreifens der Rechtsordnung offensichtlich. Dies galt umso mehr, als sich die Vorstellung von einer gleichsam selbstregulierenden Kompensation ungleicher Verhandlungsmacht durch die Kräfte des Marktes mehr und mehr als Utopie erwies.

ii) Ausgleich von Vertragsimparität als Hauptaufgabe des Privatrechts

Machtungleichgewichte zwischen den Parteien, die eine selbstbestimmte Teilnahme am Rechtsverkehr verhindern und regelmäßig das Versagen der Richtigkeitsgewähr des Vertragsmechanismus sowie die Verfehlung des Vertragszwecks zur Folge haben, können damit grundsätzlich nicht durch den Wettbewerb kompensiert werden. Vielmehr bedarf es korrigierender Eingriffe der Rechtsordnung, um die Funktionsbedingungen der Privatautonomie *beider* Parteien wiederherzustellen und dauerhaft zu gewährleisten. Derartige Eingriffe, etwa in Form der Inhaltskontrolle, dienen damit dem Schutz der Privatautonomie als Grundlage der Privatrechtsordnung. Ihnen die politische Funktion sozialer Sicherung oder Umverteilung zuzuweisen, sie als systemfremde Eingriffe in die Privatautonomie

---

[94] *Pappenheim*, FS Cohn (1915), S. 289, 295 f.

[95] *Hedemann*, Das bürgerliche Recht und die neue Zeit (1919), S. 13.

[96] *Nipperdey*, Kontrahierungszwang (1970), S. 3.

[97] Staudinger/*Weber*, (11. Aufl. 1967), Einl. Rn. 43.

[98] Ebenda.

[99] *Schmidt-Salzer*, Recht der AGB (1967), S. 36.

[100] Ebenda.

[101] Auf diese Wortmeldungen in jüngerer Zeit hinweisend instruktiv *Hellwege*, AGB und Rechtsgeschäftslehre (2010), S. 314.

[102] Protokolle Dresdner Entwurf (1866), S. 4569.

oder gar als Fremdkörper im System des Privatrechts zu diskreditieren, wird ihrer freiheitsschützenden Funktion nicht gerecht.[103]

Selbst wenn man das korrigierende Eingreifen des Gesetzgebers zur Gewährleistung der materiellen Vertragsfreiheit strukturell schwächerer Parteien als Instrument des privilegierenden Sozialschutzes versteht, wäre zugleich zu fragen, ob es nicht aufgrund des Versagens der Selbststeuerungskräfte des Privatrechts und aus Gründen *distributiver Gerechtigkeit* auf mit Blick auf das *Sozialstaatsprinzip* verfassungsrechtlich gerechtfertigt ist. Zutreffend hat *Singer* in diesem Zusammenhang bemerkt, dass Notwendigkeit und Berechtigung sozialer Sicherung ihre Rechtfertigung gerade aus der Tatsache beziehen, dass strukturell schwächere Parteien regelmäßig nicht in der Lage sind, für eine angemessene Sicherung ihrer existenziellen Bedürfnisse durch Vertrag zu sorgen.[104]

Vor dem Hintergrund, dass sich fast alle sozialen Bedürfnisse ausschließlich durch Abschluss privater Austauschverträge erfüllen lassen[105], ist damit die Frage zu stellen, ob das Vertragsrecht seine Aufgabe, eine angemessene soziale Sicherung zu ermöglichen, hinreichend erfüllt oder ob nicht bestehende Funktionsdefizite durch privatrechtliche Instrumente zu beheben sind. Dass es sich hierbei nicht um eine rechtspolitisch motivierte Indienstnahme des Privatrechts zur Gewährleistung der staatlichen Aufgabe sozialer Sicherung, sondern vielmehr um eine Kernfrage des Privatrechts, um die originär privatrechtliche Frage des Vertragszwecks handelt, der stets auf einen angemessenen Interessenausgleich der Parteien zum Zweck der gegenseitigen Persönlichkeitsentfaltung gerichtet ist, wurde bereits im Rahmen der Betrachtung der dogmatischen Grundlagen der Inhaltskontrolle, der Gewährleistung von Vertragsfreiheit und Vertragsgerechtigkeit, gezeigt. Entsprechend hat auch das BVerfG in der bekannten Formel seiner *Bürgschaftsentscheidung* darauf hingewiesen, „daß der Ausgleich gestörter Vertragsparität zu den Hauptaufgaben des geltenden Zivilrechts gehört“[106] und dass sich „im Sinne dieser Aufgabe ... große Teile des Bürgerlichen Gesetzbuchs deuten“[107] lassen.

b) Mangelnde Konkretisierbarkeit

Steht damit fest, dass der Wettbewerb Vertragsparität nicht zu gewährleisten vermag, so ist die Tauglichkeit des Kriteriums der wirtschaftlichen, sozialen oder intellektuellen Unterlegenheit als Schutzgrund der Inhaltskontrolle noch nicht

---

[103] Ebenso *Wagner*, ZEuP 2007, 180, 198, davon ausgehend, dass die Inhaltskontrolle von AGB der Korrektur von Marktversagen und dem Schutz sozialer Gruppen oder der Umverteilung zur Herstellung distributiver Gerechtigkeit dient.

[104] *Singer*, Selbstbestimmung (1995), S. 13f.

[105] *Singer*, Selbstbestimmung (1995), S. 14.

[106] BVerfGE 89, 214, 233 = NJW 1994, 36, 38f. (Bürgschaft I). Vgl. hierzu eingehend oben S. 382ff.

[107] BVerfGE 89, 214, 233 = NJW 1994, 36, 39f. (Bürgschaft I).

bewiesen, steht ihm doch der Einwand mangelnder *Konkretisierbarkeit*, Messbarkeit, ja der Inhaltsleere entgegen.[108] Zwar lässt sich eine solche Unterlegenheit in evidenten Fällen ohne weiteres bejahen, jedoch ergeben sich in einer Vielzahl weiterer jedoch aufgrund der Vielschichtigkeit der Einflussfaktoren und bestehender Interdependenzen erhebliche Abgrenzungsschwierigkeiten.[109] Auch ist unklar, ob auf eine Gesamtabwägung im Sinne einer *Gesamtschau* der für die jeweiligen Parteien typischen, ihre Unterlegenheit kennzeichnenden Eigenschaften oder vielmehr auf eine *typisierende* Betrachtung – etwa durch Einordnung in die Kategorien *wirtschaftliche*, *soziale* oder *intellektuelle* Unterlegenheit – abzustellen ist und wie die einzelnen Faktoren in ihrem Verhältnis zueinander zu gewichten sind.[110]

So ist beispielsweise völlig unklar, wie die Frage nach der Unterlegenheit der Parteien zu beantworten ist, wenn etwa eine vermögende, wirtschaftlich überlegene mit einer armen, aber intellektuell überlegenen Partei kontrahiert. Ist *intellektuelle* Überlegenheit geeignet, *wirtschaftliche* Schwäche zu kompensieren? Oder vermag auch der noch so geschäftserfahrene, schlaue und bestens informierte Vertragspartner gegenüber einer wirtschaftlich stärkeren Partei letztlich nichts auszurichten?[111] Und wo ist die Grenze zu ziehen, ab der von einer wirtschaftlichen Überlegenheit gesprochen werden kann? Welche Vermögenswerte sind dabei zu berücksichtigen und ist eine solche Abwägung überhaupt in praktisch sinnvoller Weise möglich? Auf den Punkt gebracht: Wie reich muss die betreffende Partei sein, um als wirtschaftlich überlegen zu gelten?[112] Ist nicht auch ein verschuldeter Monopolist einem vermögenden Vertragspartner gegenüber wirtschaftlich überlegen, wenn nur er über ein Wirtschaftsgut verfügt, auf das die andere Partei dringend angewiesen ist? Ist das Kriterium der Vertragsparität überhaupt einer verallgemeinernden Betrachtung zugänglich, oder ist nicht vielmehr auf die konkreten Umstände des Einzelfalls abzustellen? So werden sich selbst gut ausgebildete und wirtschaftlich leistungsfähige Akademiker gegenüber standardisierten Arbeitsbedingungen regelmäßig nur schwer durchsetzen können.[113] Zudem wäre eine Anknüpfung an die *intellektuellen* Fähigkeiten der Parteien systemwidrig, da das BGB mit den Vorschriften über die *Geschäftsfähigkeit*

---

[108] So im Ergebnis auch *Axer*, AGB-Kontrolle (2012), S. 44; *Becker*, AGB und Individualvereinbarung (2011), S. 44ff.; *Miethaner*, AGB-Kontrolle (2010), S. 47; *Wackerbarth*, AcP 200 (2000), 45, 52f.; *Hönn*, Vertragsparität (1982), S. 149ff.

[109] *Becker*, AGB und Individualvereinbarung (2011), S. 44.

[110] *Axer*, AGB-Kontrolle (2012), S. 44; *Becker*, AGB und Individualvereinbarung (2011), S. 44.

[111] Ähnliche Fälle diskutierend *Axer*, AGB-Kontrolle (2012), S. 44; *Becker*, AGB und Individualvereinbarung (2011), S. 45; *Miethaner*, AGB-Kontrolle (2010), S. 49.

[112] So *Medicus*, Abschied von der Privatautonomie (1994), S. 20f.; Hierauf hinweisend *Becker*, AGB und Individualvereinbarung (2011), S. 45.

[113] So zutreffend *Becker*, AGB und Individualvereinbarung (2011), S. 47f.

bereits eine insoweit abschließende Regelung getroffen hat.[114] Darüber hinaus ist mit der Verwendung von AGB noch keine Aussage über die kognitiven und intellektuellen Fähigkeiten des Verwenders getroffen.[115]

Und auch die Interpretation bestimmter rechtserheblicher Handlungen als Ausdruck eines bestehenden Ungleichgewichts begegnet erheblichen praktischen Schwierigkeiten. So muss die Hinnahme von AGB nicht notwendigerweise auf einer wirtschaftlichen, sozialen oder intellektuellen Unterlegenheit beruhen, da – wie die Rechtspraxis zeigt – durchaus auch wirtschaftlich starke Unternehmen die AGB wirtschaftlich schwächerer Vertragspartner akzeptieren.[116]

Allerdings ist Zurückhaltung geboten, in diesen Fällen die Annahme eines Ungleichgewichts mit dem Hinweis abzutun, dass der Verwendungsgegner mit widerspruchslos hingenommenen AGB grundsätzlich einverstanden sei oder aus einem unternehmerischen Absatzinteresse[117] heraus handele, und ihm damit jedenfalls zum Teil eine Schutzwürdigkeit abzusprechen. Nimmt ein Unternehmer ihn benachteiligende AGB bewusst in Kauf, so spricht das gerade dafür, dass er auf den Abschluss des Vertrages in weitaus stärkerem Maße als sein Gegenüber angewiesen ist und dass er dabei regelmäßig aus einer Zwangslage heraus handelt, die gerade seine wirtschaftliche Unterlegenheit belegt. Kein anderer Sachverhalt lag etwa der *Handelsvertreterentscheidung* des BVerfG zugrunde, in der das Gericht den Handelsvertretern ihre Schutzbedürftigkeit auch nicht mit dem Verweis auf ihr wirtschaftliches Interesse abgesprochen hatte, sondern sie gerade aufgrund ihres existentiellen wirtschaftlichen Interesses und ihrer daraus erwachsenden strukturell unterlegenen Stellung als besonders schutzwürdig erachtete.[118]

c) *Typisierende Betrachtung als Ausweg?*

Allerdings ist die mangelnde Konkretisierbarkeit des Begriffs der wirtschaftlichen, sozialen oder intellektuellen Unterlegenheit allein noch kein Argument, eine solche Unterlegenheit als Schutzgrund der Inhaltskontrolle auszuschließen. Denn das Problem mangelnder Bestimmbarkeit unbestimmter Rechtsbegriffe ist dem Privatrecht keineswegs fremd. Vielmehr werden Schutzinstrumente regelmäßig aus Gründen der Rechtssicherheit typisierend erfasst.[119]

So beruhen etwa die speziellen Schutzvorschriften des Arbeits-, Miet- und Verbraucherschutzrechts gerade auf der Annahme eines typisierten Ungleichgewichtes, ohne dass es auf den Nachweis einer konkreten Unterlegenheit zwischen den Parteien ankommt. Besteht zwischen AGB-Verwendern und ihren jeweiligen

---

114 *Fastrich*, Inhaltskontrolle (1992), S. 83.

115 Ebenda.

116 *Becker*, AGB und Individualvereinbarung (2011), S. 46.

117 So *Becker*, AGB und Individualvereinbarung (2011), S. 47.

118 BVerfGE 81, 242, 257 = NJW 1990, 1469, 1470 (Handelsvertreter). Vgl. hierzu eingehend oben S. 379ff.

119 *Hellwege*, AGB und Rechtsgeschäftslehre (2010), S. 552.

Vertragspartnern typischerweise ein Ungleichgewicht an Verhandlungsmacht, so liegt es nahe, von einer typisierten Ungleichgewichtslage auszugehen und auf den Nachweis eines konkreten Ungleichgewichtes zu verzichten.[120]

Damit dringt auch der Einwand nicht durch, die wirtschaftliche, soziale oder intellektuelle Unterlegenheit des Verwendungsgegners komme als Schutzgrund der Inhaltskontrolle nicht in Betracht, weil das Gesetz in § 305 Abs. 1 S. 1 BGB an das Merkmal des *Stellens* von AGB anknüpft und nicht den Nachweis eines konkret bestehenden Ungleichgewichtes als Voraussetzung der Inhaltskontrolle verlangt.[121] Denn die Annahme einer typischerweise bestehenden, in der Person einer der Parteien begründeten Unterlegenheit liegt ausweislich der Gesetzesbegründung auch der Inhaltskontrolle des deutschen AGB-Rechts zugrunde: Hier ging der Gesetzgeber davon aus, dass zwischen den Parteien „nicht selten“[122] ein *wirtschaftliches* oder *intellektuelles Ungleichgewicht* besteht, das die durch das Stellen vorformulierter Vertragsbedingungen bewirkte *situative Unterlegenheit des* Verwendungsgegners verstärkt:

„Schon allein dieser organisatorische Vorsprung der vorgefertigten Vertragsgestaltung, deren rechtliche Tragweite der mit ihr konfrontierte andere Vertragsteil zumeist nicht voll zu überblicken vermag, schafft Überlegenheit; nicht selten wird sie aber noch dadurch verstärkt, daß der Vertragspartner, der sich den AGB unterwerfen soll, *wirtschaftlich* schwächer oder *intellektuell unterlegen* ist.“[123]

Und auch der BGH sieht in der *wirtschaftlichen Überlegenheit* des Verwenders einen wesentlichen Grund für das Stellen von AGB:

„Die Aufstellung einseitiger und unbilliger Geschäftsbedingungen hat ihren Grund häufig in der *wirtschaftlichen Überlegenheit* und *größeren Geschäftserfahrung* eines Vertragspartners. Die *Ungleichheit* der Geschäftspartner ist aber auch *zwischen Kaufleuten* anzutreffen. Es ist daher nicht sachgerecht, zwischen den Beteiligten zu differenzieren. Die Rechtsprechung des Bundesgerichtshofs verzichtet deshalb bewußt darauf, ein *wirtschaftliches* oder *intellektuelles Übergewicht* aufseiten des Aufstellers der AGB oder die *Schutzbedürftigkeit* des anderen *Vertragspartners festzustellen*.“[124]

Vor diesem Hintergrund könnte im Stellen von AGB tatsächlich ein *Indiz* für die wirtschaftliche, soziale oder intellektuelle Überlegenheit des Verwenders zu sehen sein. Denn das mit dem Stellen von AGB nach § 305 Abs. 1 S. 1 BGB verbundene Fehlen einer Dispositionsbereitschaft, mit dem der Verwender regelmäßig deutlich macht, dass er auf Verhandlungen mit seinem zukünftigen Vertragspart-

---

[120] So *Hellwege*, AGB und Rechtsgeschäftslehre (2010), S. 552, 555.

[121] So aber MünchKomm/*Basedow*, BGB (7. Aufl. 2016), Vor § 305 Rn. 4; *Fastrich*, Inhaltskontrolle (1992), S. 82, 90. A. A. *Hellwege*, AGB und Rechtsgeschäftslehre (2010), S. 552, 555.

[122] Begründung des RegE zum AGBG, BT-Drucks. 7/3919, S. 13.

[123] Begründung des RegE zum AGBG, BT-Drucks. 7/3919, S. 13. Hervorhebungen durch den Verfasser.

[124] BGH NJW 1976, 2345, 2346. Hervorhebungen durch den Verfasser.

ner nicht angewiesen ist[125], kann durchaus als typischer Ausdruck wirtschaftlicher Überlegenheit gewertet werden.[126] Allerdings zeigt bereits die Tatsache, dass jedenfalls im unternehmerischen Geschäftsverkehr nahezu sämtliche Parteien regelmäßig auf eigene AGB oder aus Textbausteinen erstellte vorformulierte Vertragsbedingungen zurückgreifen, dass diese Schlussfolgerung nicht uneingeschränkt zutrifft.[127]

Insoweit ist die *Typisierung* der Anwendungsvoraussetzungen der Inhaltskontrolle grundsätzlich dem Vorwurf der gesetzestechnischen *Unschärfe* ausgesetzt, weil sich die Inhaltskontrolle durch die Verwendung kompromissartiger Kriterien von den maßgeblichen Umständen des tatsächlichen Sachverhaltes entfernen kann.[128] Dadurch besteht das Risiko überschießender Anwendung[129] und damit die Möglichkeit, dass Verträge auch dann einer Inhaltskontrolle unterworfen werden, wenn ein Ungleichgewicht tatsächlich nicht gegeben ist. Doch ist die mit der Verwendung typisierender Fallgruppen notwendig verbundene Unschärfe ein Merkmal zahlreicher gesetzlicher Regelungsformen, die sich durch die Wahl eines geeigneten Anknüpfungskriteriums als Tatbestandsvoraussetzung hinreichend reduzieren lässt. Zugleich die Berücksichtigung der Wirkungen des Wettbewerbs als machtausgleichenden Faktor sowie ökonomischer, psychologischer und soziologischer Einflussgrößen zur Ergänzung der Typisierung als unvollkommenes Modell zu verlangen[130], geht indes zu weit und über die Anforderungen an den Gesetzgeber in vergleichbaren Fallkonstellationen deutlich hinaus.

Eine Typisierung kommt allerdings nur dann in Betracht, wenn die mit ihr notwendig verbundene Unschärfe möglichst gering ist und damit die überschießenden oder nicht erfassten Randbereiche weitgehend vernachlässigt werden können.[131] So dürfte eine Inhaltskontrolle dort nicht stattfinden, wo eine wirtschaftliche, soziale oder intellektuelle Überlegenheit typischerweise *nicht* besteht, wie dies teilweise etwa für den unternehmerischen Geschäftsverkehr oder Rechtsgeschäfte unter Verbrauchern angenommen wird.[132] Nach §310 Abs. 1 BGB kommt die Inhaltskontrolle jedoch auch im Rechtsverkehr zwischen Unternehmen, entsprechend dem generellen persönlichen Anwendungsbereich nach §305 Abs. 1 S. 1 BGB darüber hinaus bei Rechtsgeschäften unter Verbrauchern zur Anwendung, obwohl in beiden Fällen ein jedenfalls typisiertes Ungleichgewicht

[125] Vgl. nur BGH NJW 1977, 624, 625 (Mindestprovision) sowie eingehend unten S. 682f.

[126] *Leuschner*, JZ 2010, 875, 878. Näher hierzu unten S. 682f.

[127] *Leuschner*, JZ 2010, 875, 878.

[128] So *Becker*, AGB und Individualvereinbarung (2011), S. 44; *Coester-Waltjen*, AcP 190 (1990), 1, 19f.

[129] Zur ähnlichen Problematik überschießender Umsetzung von Europarecht *Gsell*, in: Gsell/Hau (Hrsg.), Zivilgerichtsbarkeit und Europäisches Justizsystem (2012), S. 123ff.

[130] So aber *Becker*, AGB und Individualvereinbarung (2011), S. 45.

[131] *Hellwege*, AGB und Rechtsgeschäftslehre (2010), S. 552.

[132] *Axer*, AGB-Kontrolle (2012), S. 44; *Hellwege*, AGB und Rechtsgeschäftslehre (2010), S. 552; *Locher*, JuS 1997, 389, 390f.

zwischen den Parteien regelmäßig nicht angenommen werden kann. Das AGB-Recht ist gerade kein reines Verbraucherschutzrecht.[133]

Zwar ist anerkannt, dass auch der unternehmerische Geschäftsverkehr von durchaus starken ungleichen Kräfteverhältnissen – etwa mit Blick auf das Verhältnis zwischen mittelständischen Zulieferern und multinationalen Konzernen als Bestellern – geprägt ist. So geht etwa der BGH in der eingangs zitierten Entscheidung von der Annahme aus, dass „die *Ungleichheit* der Geschäftspartner ... auch *zwischen Kaufleuten* anzutreffen"[134] ist. Und auch zwischen Verbrauchern sind Vertragsimparitäten keineswegs selten, aufgrund der Unterschiede in persönlichen Fähigkeiten, Geschäftserfahrung und finanziellen Ressourcen sogar die Regel. Allerdings sind solche Ungleichgewichtslagen mit Blick auf die *Person* der Parteien indes nicht typisch, weil es bei Rechtsgeschäften im unternehmerischen Geschäftsverkehr sowie unter Verbrauchern im Gegensatz zum b2c-Verkehr grundsätzlich um *symmetrische* Vertragsverhältnisse handelt, in denen sich die Unterwerfung unter AGB typischerweise nicht auf einer wirtschaftlichen Überlegenheit des Verwenders beruht.[135] Problematisch ist in diesem Zusammenhang auch die Erfassung der Fallkonstellationen *kollidierender AGB*, in denen sich die Frage, welche Partei eigentlich wirtschaftlich unterlegen ist, jedenfalls aufgrund der Hinnahme der AGB nicht eindeutig beantworten lässt.[136] Denn die Faustregel, dass derjenige, der sich den AGB seines Vertragspartners unterwirft, ihm regelmäßig auch wirtschaftlich unterlegen ist, verliert in Situationen, in denen beide Parteien gegenseitig die AGB ihres jeweiligen Vertragspartners akzeptieren, jegliche Bedeutung.

Schießt die Inhaltskontrolle bei der Annahme wirtschaftlicher und sonstiger Unterlegenheit als Schutzgrund damit durch die Erfassung des *unternehmerischen Geschäftsverkehrs* (b2b) und von *Rechtsgeschäften unter Verbrauchern* (c2c) über das Ziel ihres sachlich legitimierten Anwendungsbereiches hinaus, so bleibt sie mit der Nichterfassung von *Individualvereinbarungen* und *Preisabreden* hinter dem insoweit notwendigen Schutzniveau zurück. Denn geht es um den Ausgleich von Machtungleichgewichten aufgrund wirtschaftlicher Unterlegenheit, dürfte die Inhaltskontrolle aus Gründen eines einheitlichen Schutzniveaus nicht auf AGB beschränkt bleiben, sondern müsste auch Individualverträge erfassen. Darüber hinaus wird sich eine wirtschaftliche Unterlegenheit in der Regel auch und vor allem im Preis und damit in den *Hauptleistungspflichten* auswirken, so dass gerade der Preis einer Inhaltskontrolle zu unterwerfen wäre.[137] Dies ist nach

[133] *Locher*, JuS 1997, 389, 390f.

[134] BGH NJW 1976, 2345, 2346. Hervorhebungen durch den Verfasser.

[135] *Hellwege*, AGB und Rechtsgeschäftslehre (2010), S. 552. Instruktiv auch *Kötz*, JuS 2003, 209, 211, der darauf hinweist, dass auch wirtschaftlich überlegene Unternehmen häufig „in aller Regel ohne jeden Kommentar" die AGB ihrer Vertragspartner akzeptierten und die Hinnahme daher nicht auf der wirtschaftlichen Überlegenheit des Verwenders beruhe.

[136] Vgl. hierzu *Hellwege*, AGB und Rechtsgeschäftslehre (2010), S. 552.

[137] *Hellwege*, AGB und Rechtsgeschäftslehre (2010), S. 550f.

§307 Abs.3 S.1 BGB indes gerade nicht der Fall.[138] Hier stellt allerdings das Gesetz mit der Vorschrift des §138 Abs.2 BGB besonders hohe Anforderungen und stellt klar, dass eine einfache wirtschaftliche Unterlegenheit für eine Entgeltkontrolle nicht genügt. So muss neben der Ausbeutung einer *Zwangslage* ein *auffälliges Missverhältnis* zwischen Leistung und Gegenleistung vorliegen: Voraussetzungen, die weit über jene der bloßen wirtschaftlichen Unterlegenheit als möglichen Schutzgrund und der unangemessenen Benachteiligung als Maßstab der Inhaltskontrolle nach §307 Abs.1 BGB hinausgehen.[139] Freilich ließe sich die höhere Schwelle für richterliche Eingriffe in Preisabreden mit dem bereits erörterten Befund begründen, dass im Hinblick auf die Hauptleistungspflichten mögliche Machtungleichgewichte durch den bestehenden Wettbewerb zwischen den Anbietern kompensiert werden, während dies bei vertraglichen Nebenbestimmungen regelmäßig nicht der Fall ist.[140] Zwingend ist die Annahme einer solchen Kompensationswirkung indes nicht, so dass es bei dem Befund bleibt, dass der Ausschluss der Inhaltskontrolle für Entgeltabreden auf der Grundlage wirtschaftlicher oder sonstiger Unterlegenheit allein nicht ohne weiteres erklärbar ist.[141]

Setzt man die Kompensation wirtschaftlicher, sozialer oder intellektuelle Unterlegenheit als Schutzgrund der Inhaltskontrolle voraus, so wäre das geltende AGB-Recht im Hinblick auf die fehlende Inhaltskontrolle von *Individualvereinbarungen* und *Entgeltabreden* zu eng, hinsichtlich der überschießenden Erfassung von *Verbraucherverträgen* und von Vereinbarungen im *unternehmerischen Geschäftsverkehr* dagegen zu weit. Das geltende Recht ist auf der Grundlage eines auf dem Ausgleich wirtschaftlicher und sonstiger Ungleichgewichtslagen gegründeten Schutzkonzeptes nicht erklärbar.[142]

3. *Vertragsinhalt: Unangemessene Benachteiligung*

Begegnet ein Begründungsmodell der Inhaltskontrolle, das an das Bestehen eines *Ungleichgewichts* und damit an *personale* Aspekte der Vertragsparteien selbst anknüpft, durchgreifenden dogmatischen wie praktischen Bedenken, so liegt es nahe, stattdessen den *Vertragsinhalt* als Anknüpfungspunkt heranzuziehen. Der Rechtfertigungsgrund der Inhaltskontrolle wäre daher im Schutz des Verwendungsgegners vor unangemessenen, ihn benachteiligenden, unrichtigen und da-

---

[138] Ebenso *Leuschner*, JZ 2010, 875, 878.

[139] *Miethaner*, AGB-Kontrolle (2010), S.51; *Hellwege*, AGB und Rechtsgeschäftslehre (2010), S.552.

[140] Vgl. hierzu eingehend oben S.476ff. sowie unten S.543ff.

[141] So *Hellwege*, AGB und Rechtsgeschäftslehre (2010), S.551.

[142] Ebenso *Habersack*, Vertragsfreiheit und Drittinteressen (1992), S.104; *Hönn*, Vertragsparität (1982), S.148; *Locher*, JuS 1997, 389, 390f.

mit ungerechten Verträgen zu erblicken und damit letztlich in der Gewährleistung der *Vertragsgerechtigkeit* zu verorten.

a) Vertragsgerechtigkeit als Schutzzweck der Inhaltskontrolle

Dass das AGB-Recht neben der Gewährleistung der Vertragsfreiheit primär dem Schutz des Kunden „vor unangemessenen und missbräuchlichen Allgemeinen Geschäftsbedingungen"[143] dient, ist ausweislich der *Gesetzesbegründung*, der Stellungnahmen der *Rechtsprechung* und des *gesetzlichen Befundes* offenkundig und bedarf eigentlich keiner näheren Begründung. Nicht in erster Linie der für sich genommen inhaltlich neutrale Tatbestand der *Unterwerfung* unter vorformulierte Vertragsbedingungen, sondern vor allem ihre inhaltliche *Unangemessenheit*, ihr *benachteiligender Charakter*, letztlich die ihnen immanente *Ungerechtigkeit*, mit der die Verwender ihre Vertragspartner nahezu rechtlos stellen, bilden seit dem 19. Jh.[144] den maßgeblichen Ausgangspunkt der Kritik[145] an den mit der Verwendung von AGB verbundenen Missständen, der „Verdrängung von *Vertragsfreiheit* und *Vertragsgerechtigkeit*"[146].

Die Gefährdung des Vertragspartners des Verwenders durch unangemessene, missbräuchliche Klauseln bildet dabei neben dem Schutz der Vertragsfreiheit den zentralen Schutzgrund der AGB-rechtlichen Inhaltskontrolle, wobei der Gesetzgeber insbesondere auf die legitimierende Bedeutung der *Vertragsgerechtigkeit* für die *Vertragsfreiheit* verweist. Denn die Funktion des privaten Vertragsrechts besteht nach der Auffassung des Gesetzgebers des AGBG vor allem in der *Schaffung von Vertragsgerechtigkeit* durch rechtsgeschäftliche Selbstbestimmung:

„Das *vorrangige rechtspolitische* Ziel dieses Gesetzentwurfs liegt darin, bei der Verwendung von AGB im rechtsgeschäftlichen Wirtschaftsverkehr dem Prinzip des *angemessenen Ausgleichs* der *beiderseitigen Interessen* Geltung zu verschaffen, das nach den Grundvorstellungen des Bürgerlichen Gesetzbuches die *Vertragsfreiheit* legitimiert; denn deren *Funktion* besteht darin, durch *freies Aushandeln* von Verträgen zwischen freien und zur rechtsgeschäftlichen Selbstbestimmung fähigen Partnern *Vertragsgerech-*

---

[143] So der Auftrag des Bundesministers der Justiz, der im Dezember 1972 eine Arbeitsgruppe mit dem Auftrag einsetzte, „Wege und Lösungsmöglichkeiten zu erarbeiten, die auf eine Verbesserung des Schutzes des Letztverbrauchers vor unangemessenen und missbräuchlichen Geschäftsbedingungen gerichtet sind", *Stoffels,* AGB-Recht (3. Aufl. 2015), Rn. 34.

[144] Vgl. hierzu eingehend *Hellwege*, AGB und Rechtsgeschäftslehre (2010), S. 21 ff., 138 ff.; *Pohlhausen*, AGB im 19. Jh. (1978), 1 ff., 47 ff.

[145] Auf diesen Sachverhalt hatte der AGB-Gesetzgeber in seiner Gesetzesbegründung in besonderer Weise hingewiesen: „Die rechtswissenschaftliche und rechtspolitische Kritik an der Verdrängung von *Vertragsfreiheit* und *Vertragsgerechtigkeit* durch mißbräuchliche AGB fand vor dem Zweiten Weltkrieg ihren Höhepunkt in der von Ludwig Raiser 1935 veröffentlichten Monographie über ‚Das Recht der Allgemeinen Geschäftsbedingungen', deren Auswirkungen auf die rechtspolitische Diskussion bis heute spürbar geblieben sind." Begründung des RegE zum AGBG, BT-Drucks. 7/3919, S. 10. Hervorhebungen durch den Verfasser.

[146] Begründung des RegE zum AGBG, BT-Drucks. 7/3919, S. 10. Hervorhebungen durch den Verfasser.

tigkeit zu schaffen. Der Gesetzentwurf beabsichtigt demzufolge nichts anderes als die durch eine ungehemmte Entwicklung im Bereich der AGB gestörte *Funktion des privaten Vertragsrechts* wiederherzustellen."[147]

Anlass für das legislative Eingreifen waren dabei die aus der *Risikoverlagerungstendenz* von AGB[148] erwachsenden gravierenden Missstände, die der Gesetzgeber nicht mehr „tatenlos hinnehmen"[149] konnte.

„Mindestens ebenso stark sind AGB jedoch von dem Bestreben ihrer Verwender geprägt, auf Kosten eines *gegenseitigen Interessenausgleichs* die *eigene Rechtsposition* zu stärken und die *Rechte* der anderen Seite durch *Überbürdung der Geschäftsrisiken* zu *verkürzen*. Die *einseitige Sicherung* und *Verfolgung der Interessen* des Verwenders durch AGB äußert sich in einer oft *schwer erträglichen Verdrängung*, bisweilen sogar *elementaren Mißachtung* der Grundsätze der *Vertragsfreiheit* und *Vertragsgerechtigkeit* zu Lasten derjenigen Vertragsteile, die solchen vorformulierten Bedingungswerken unterworfen werden."[150]

Für den Gesetzgeber des AGBG beruhte die Gefährdung durch unangemessene und missbräuchliche AGB auf einer *Funktionsstörung der Vertragsfreiheit* und damit der Sache nach auf einem Versagen des Vertragsmechanismus:

„Die im BGB vorausgesetzte *Funktion der Vertragsfreiheit*, durch freies Aushandeln der Vertragsbedingungen zwischen Partnern mit *annähernd gleichwertiger Ausgangsposition Vertragsgerechtigkeit zu schaffen*, ist dort empfindlich gestört, wo die Vertragsfreiheit für das einseitige *Diktat unbilliger* oder gar *mißbräuchlicher* AGB in Anspruch genommen wird. Eine solche Entwicklung kann der *soziale Rechtsstaat* nicht *tatenlos hinnehmen*. Die *Wertentscheidungen* für die rechtsgeschäftliche Selbstbestimmung des Individuums als Teil der *freien Persönlichkeitsentfaltung* einerseits und die *soziale Staatszielbestimmung* unserer Verfassungsordnung andererseits verlangen, den weit verbreiteten *Mißbräuchen der Gestaltungsfreiheit* im Privatrechtsverkehr entgegenzutreten. Der Gesetzgeber ist deshalb aufgerufen, zum Schutze derjenigen, die unangemessenen und anstößigen AGB unterworfen werden, diese Rechtsmaterie zu regeln."[151]

Vertragsfreiheit und *Vertragsgerechtigkeit* sind daher auch nach Auffassung des Gesetzgebers auf das Engste funktional miteinander verknüpft: So ist die *Vertragsfreiheit* ihrer Funktion nach auf einen *angemessenen Ausgleich* der beiderseitigen Interessen der Parteien und damit auf die Schaffung von *Vertragsgerechtigkeit* gerichtet. Dass dies nach dem Willen des Gesetzgebers „durch freies Aushandeln der Vertragsbedingungen zwischen Partnern mit *annähernd gleichwertiger Ausgangsposition*"[152] erfolgen soll, zeigt, dass der Gesetzgeber – wie auch die Rechtsprechung und hier insbesondere die Judikatur des BVerfG[153] –

[147] RegE zum AGBG, BT-Drucks. 7/3919, S. 13. Hervorhebungen durch den Verfasser.
[148] Vgl. hierzu eingehend oben S. 297 ff.
[149] RegE zum AGBG, BT-Drucks. 7/3919, S. 9.
[150] RegE zum AGBG, BT-Drucks. 7/3919, S. 9. Hervorhebungen durch den Verfasser.
[151] RegE zum AGBG, BT-Drucks. 7/3919, S. 9. Hervorhebungen durch den Verfasser.
[152] RegE zum AGBG, BT-Drucks. 7/3919, S. 9. Hervorhebungen durch den Verfasser.
[153] Vgl. hierzu eingehend oben S. 358 ff., 374 ff.

von der *Vertragsparität* der Parteien als notwendiger Voraussetzung für eine effektive *Funktion des Vertragsmechanismus* ausgeht. Fehlt ein annähernd gleiches Kräfteverhältnis zwischen den Parteien, so hat dies ein *Funktionsversagen* der Vertragsfreiheit, letztlich eine Beeinträchtigung der *tatsächlichen Selbstbestimmung* des Verwendungsgegners zur Folge, die sich – wie bereits im Rahmen der Betrachtung der Wirkungsweise des Vertragsmechanismus gezeigt wurde – in unrichtigen, benachteiligenden, unangemessenen und damit letztlich *ungerechten* Vertragsbedingungen niederschlägt.

b) Unangemessene AGB als Indiz für ein Machtungleichgewicht

Aufgrund der funktionalen Verknüpfung von Vertragsfreiheit und Vertragsgerechtigkeit, die *Schmidt-Rimpler* in seiner Theorie der Richtigkeitsgewähr des Vertragsmechanismus eingehend beschrieben hat, ist jedoch auch der *Umkehrschluss* vom Ergebnis auf das Verfahren möglich. Setzt *Vertragsgerechtigkeit* tatsächliche *Vertragsfreiheit* und damit *Vertragsparität* voraus, vereinbaren mit anderen Worten tatsächlich freie und selbstbestimmte Parteien daher regelmäßig einen *angemessenen* Ausgleich ihrer gegenseitigen Interessen, so liegt es nahe, dass ein Vertrag, der „für eine Seite *ungewöhnlich belastend* und als Interessenausgleich *offensichtlich unangemessen*"[154] ist, der seinen *Zweck* als Instrument der Interessenverwirklichung durch *angemessenen* Interessenausgleich offenkundig verfehlt, nicht durch einen hinreichend qualifizierten Willen *beider* Parteien getragen ist und darum auch nicht als Ausdruck tatsächlicher Selbstbestimmung annähernd gleich starker Parteien gelten kann.

Missbräuchliche AGB, die keinen angemessenen Interessenausgleich gewährleisten, sind daher regelmäßig ein Indiz für strukturell ungleiche Verhandlungsstärke und somit eine Beeinträchtigung der Vertragsfreiheit der schwächeren Partei. Mit Blick auf die Bedeutung tatsächlicher Selbstbestimmung für eine angemessene Interessenverwirklichung der Parteien, die in der funktionalen Verknüpfung von Vertragsfreiheit und Vertragsgerechtigkeit dogmatisch Gestalt angenommen hat, kann dies auch gar nicht anders sein. Der *Inhalt* des Vertrages ist damit regelmäßig Ausdruck des *Kräfteverhältnisses* zwischen den Parteien.[155] Davon geht ebenfalls die Rechtsprechung, insbesondere jene des BVerfG aus, wenn sie unangemessenen Verträgen eine *Indizwirkung* für das Bestehen autonomiegefährdender Vertragsimparität zuerkennt, die eine Prüfungspflicht der Instanzgerichte im Hinblick auf die Umstände des Vertragsschlusses und damit

---

[154] BVerfGE 89, 214, 234 = NJW 1994, 36, 39 (Bürgschaft I). Vgl. hierzu näher oben S. 382 ff.
Hervorhebungen durch den Verfasser.

[155] Ebenso *Axer*, AGB-Kontrolle (2012), S. 45; *Bydlinski*, System und Prinzipien (1996), S. 758: „Denn die Verwendung von AGB ... repräsentiert bereits zureichend die relevante Ungleichheit beim Vertragsschluß, sodaß nur noch ... die inhaltliche Inäquivalenz festzustellen bleibt."

das Maß tatsächlicher Vertragsfreiheit aufseiten einer möglicherweise strukturell unterlegenen Partei auslöst:

„Ist aber der Inhalt des Vertrages für eine Seite *ungewöhnlich belastend* und als *Interessenausgleich offensichtlich unangemessen*, so dürfen sich die Gerichte nicht mit der Feststellung begnügen: ‚Vertrag ist Vertrag'. Sie müssen vielmehr klären, ob die Regelung eine Folge *strukturell ungleicher Verhandlungsstärke* ist, und gegebenenfalls im Rahmen der Generalklauseln des geltenden Zivilrechts korrigierend eingreifen."[156]

Ist ausgeschlossen oder zweifelhaft, dass sich eine vernünftige, rational handelnde Partei auf sie selbst erheblich benachteiligende Vertragsbedingungen eingelassen hätte – auch hier das Fehlen einer irrationalen Selbstschädigungsabsicht vorausgesetzt –, so ist die Frage berechtigt und muss sich geradezu aufdrängen, warum sie es dennoch getan hat und ob sie unter *mittelbarem* oder *unmittelbarem* Zwang infolge einer *strukturell unterlegenen* Verhandlungsposition gehandelt hat. Entsprechend ist in Teilen des Schrifttums etwa anerkannt, dass „es als ausgeschlossen gelten [kann], dass sich eine rationale Vertragspartei, die über den Geschäftsabschluss frei entscheiden kann, auf einen Ausschluss der Vorsatzhaftung oder der Gewährleistung für Mängel, von denen der Gegner positive Kenntnis hat, einlassen würde."[157] Enthält ein Vertrag eine Lastenverteilung, die so evident einseitig ist, dass sich bereits aus ihrem Inhalt die Annahme einer Richtigkeitsgewähr verbietet, so fordert sie bereits für sich genommen den Rückschluss auf eine Paritätsstörung heraus.[158]

Die autonomiegewährleistende Relevanz derartiger Vertragsimparität kann – freilich erst ab Erreichen einer vernünftigen Erheblichkeitsschwelle – auch nicht mit dem Hinweis abgetan werden, dass Vertragsimparität zwischen den Parteien stets bestünde, eine vollkommene Gleichheit zwischen den Parteien nie herzustellen sei und sich deshalb – so die notwendige Konsequenz – ein Ausgleich ungleicher Verhandlungsmacht verbiete. Diese Strategie der „Realitätsverleugnung"[159] wird der Bedeutung der Kräfteverhältnisse für die tatsächliche Selbstbestimmung der Parteien und damit der Gewährleistung der Privatautonomie als Grundlage der Privatrechtsordnung nicht gerecht. Im Gegenteil ist stets danach zu fragen, ob sich ein bestehendes Ungleichgewicht der Kräfteverhältnisse der Parteien in relevanter Weise auf die rechtsgeschäftliche Entscheidungsfreiheit ausgewirkt und damit die Fähigkeit der Parteien zu eigenverantwortlicher Selbstbestimmung beeinträchtigt hat. Ein maßgebliches Indiz hierfür bildet der *Vertragsinhalt* als Ausgangspunkt einer weitergehenden Prüfung durch die Gerichte.

---

[156] BVerfGE 89, 214, 234 = NJW 1994, 36, 39 (Bürgschaft I). Hierzu eingehend oben S. 382 ff.
Hervorhebungen durch den Verfasser.

[157] *Wagner*, ZEuP 2007, 180, 200.

[158] *Dauner-Lieb/Axer*, ZIP 2010, 309, 314. Anders dagegen *Axer*, AGB-Kontrolle (2012), S. 45 f.

[159] *Singer*, Selbstbestimmung (1995), S. 17.

c) Bestimmbarkeit der Angemessenheit des Interessenausgleichs

Gegen den Rückschluss vom Vertragsinhalt auf das Bestehen eines Ungleichgewichts wird indes bisweilen eingewandt, dass es letztlich keine brauchbaren Kriterien für die Bestimmung der Angemessenheit gäbe. Vielmehr existierten „in der Tat ebenso viele Faktoren, die die Angemessenheit des Vertragsinhalts bestimmen können, wie es solche für die Verteilung des Gewichts der beteiligten Personen gibt."[160] So könnten etwa die jeweilige *Zwangslage*, die *persönliche Situation* sowie der *Wille* der Parteien das Verhandlungsergebnis als angemessen erscheinen lassen.[161] Eine nach generellen Maßstäben anzunehmende Unangemessenheit könne daher durch die Umstände des Einzelfalls und den freien Willen der Parteien kompensiert werden.[162]

Mit anderen Worten: Ein Vertrag, der eine der Parteien *prima facie* benachteiligt, könnte dem Makel der Unangemessenheit deshalb entgehen, weil die betroffene Partei es ja so gewollt habe und weil sie aufgrund der Umstände des Einzelfalls etwa ein besonderes Interesse an einer einseitigen Lastenverteilung haben könnte. Nun mag es durchaus Fallkonstellationen geben, in denen eine der beiden Parteien tatsächlich freiwillig, bewusst und aus freiem Willen auf für sie wesentliche Rechtspositionen verzichtet, wie dies etwa im Rahmen von Gefälligkeitsverhältnissen oder aber auch bei großvolumigen Unternehmenskäufen der Fall ist, für die das Regelungssystem der gesetzlichen Vorschriften möglicherweise tatsächlich nicht sachgerecht erscheint und die etwa im M&A-Bereich ohnehin auf der Grundlage eines anglo-amerikanischen Grundsätzen folgenden Vertragsrechts *sui generis* abgewickelt werden.[163]

Die Regel ist dies indes nicht. Vielmehr ist die Lebenswirklichkeit, wie ein Blick in die Rechtspraxis zeigt, gerade durch Vertragsverhältnisse gekennzeichnet, in denen regelmäßig die strukturell unterlegene Partei übervorteilt und teilweise erheblich benachteiligt wird, ohne dass sie dies will und die Unangemessenheit des Vertrages mit Verweis auf die Umstände des Einzelfalls wegdiskutiert werden könnte.

Konsequent fortgeführt müsste sich aus der These, dass sich die Angemessenheit des Vertragsinhalts nicht feststellen lasse, die Schlussfolgerung ergeben, dass der Begriff der *Vertragsgerechtigkeit* wie jener der *Gerechtigkeit* als grundlegendes Prinzip der Privatrechtsordnung, ja als *Zweck des Rechts* überhaupt, letztlich bedeutungslos sei und damit zu einer bloßen Leerformel würde. Angesichts der Tatsache, dass – jedenfalls nach Auffassung des Gesetzgebers des AGBG –

[160] *Wackerbarth*, AcP 200 (2000), 45, 54 f. Ähnlich *Axer*, AGB-Kontrolle (2012), S. 46. Vgl. zu der Problematik im Kontext der rechtsphilosophischen und dogmatischen Grundlagen der Vertragsgerechtigkeit eingehend oben S. 123 ff.

[161] *Wackerbarth*, AcP 200 (2000), 45, 55.

[162] Ebenda.

[163] Vgl. hierzu *Picot,* in: Picot (Hrsg.), Handbuch M&A (5. Aufl. 2012), S. 297, 299 und *Picot/Picot,* in: Picot (Hrsg.), Handbuch M&A (5. Aufl. 2012), S. 2, 41 ff. sowie oben S. 323 f.

die *Funktion der Vertragsfreiheit* und damit auch jene des vertraglichen Privatrechts in der Herstellung von *Vertragsgerechtigkeit* besteht, die Rechtsprechung dem Gebot der *Gerechtigkeit* verpflichtet ist und die großen Fragen des Rechts in seiner Geschichte stets auch Fragen der Gerechtigkeit gewesen sind, ist eine solche Haltung, die in dieser Radikalität letztlich einem *Wertrelativismus* als Ausdruck des gegenwärtigen Zeitgeistes entspricht[164], befremdlich. Mit dem Zweck des Rechts und dem Rechtsstaatsprinzip als Grundlage auch der Privatrechtsordnung, „welches in jedem Fall gebiete[t], die Idee der Gerechtigkeit zu verwirklichen"[165], ist sie nicht in Einklang zu bringen.

Dass der *Begriff der Gerechtigkeit* als tragendes Prinzip der Rechtsordnung auf der Ebene des einfachen Rechts nicht bestimmbar wäre und damit zu einer bloßen Phrase würde, kann vor diesem Hintergrund nicht angenommen werden. Angesichts der Fülle entsprechender gesetzlicher Regelungen, der vielfachen Konkretisierungen durch die Rechtsprechung und der realen Anschauungen des Rechtsverkehrs erscheint die These, die Angemessenheit eines Vertrages sei nicht bestimmbar, mit anderen Worten es könne nicht gesagt werden, ob eine Vereinbarung angemessen oder unangemessen sei, lebensfremd und geradezu abenteuerlich. So enthält bereits der gesamte Corpus des dispositiven Gesetzesrechts Regelungen, „die der Gesetzgeber mit dem Ziel, die gegenseitigen Interessen der Vertragspartner angemessen auszugleichen"[166], erlassen hat. Und gerade das Recht der AGB enthält mit der auf den Tatbestand der *unangemessenen Benachteiligung* verweisenden Generalklausel des § 307 BGB sowie den Klauselverboten der §§ 308 f. BGB detaillierte Vorschriften, die eine Unangemessenheit des Vertragsinhaltes präzise und rechtlich handhabbar konkretisieren. So heißt es etwa in der Begründung zu dem letztlich in § 11 Nr. 15 AGBG (§ 309 Nr. 12 BGB) normierten Verbot von AGB-Klauseln, welche die Beweislast zum Nachteil des Kunden ändern:

„Die gesetzlich verankerten oder von der Rechtsprechung entwickelten Regeln über die *Beweislastverteilung* sind nicht Ausdruck formal-verfahrensrechtlicher Zweckmäßigkeitserwägungen, sondern typische Ausprägungen des *Gerechtigkeitsgebotes.*"[167]

Ähnlich äußerte sich der Gesetzgeber des AGBG zu anderen Klauselverboten, etwa dem Verbot des Ausschlusses von Leistungsverweigerungsrechten gem. § 11 Nr. 2 AGBG (§ 309 Nr. 2 BGB):

„Bei dem Leistungsverweigerungsrecht des § 320 BGB sollen der Ausschluß oder Einschränkungen in AGB generell unzulässig sein. Nach dieser Vorschrift kann die eigene

---

[164] Vgl. zum Verhältnis von *Zeitgeist* und *Recht*, Schwankungen im *Rechtsbewusstsein* sowie den Einflüssen des Zeitgeistes auf *Gesetzgebung* und *Rechtsfortbildung* die Untersuchung von *Würtenberger*, Zeitgeist und Recht (2. Aufl. 1991), 147 ff., 213 ff.

[165] BVerfG DVBl. 2007, 1435. Ebenso BVerfGE 3, 225.

[166] RegE zum AGBG, BT-Drucks. 7/3919, S. 9.

[167] RegE zum AGBG, BT-Drucks. 7/3919, S. 38, bezogen auf § 9 Nr. 15 des RegE. Hervorhebungen durch den Verfasser.

Leistung ohnehin nur wegen einer Gegenleistung aus demselben Vertrag zurückgehalten werden. Es ist ein *Gebot der Gerechtigkeit*, dem Kunden den Schutz zu bewahren, den der Gesetzgeber mit der Zug-um-Zug-Regelung des § 320 BGB erreichen wollte.“[168]

All diese Vorschriften enthalten präzise Konkretisierungen des Angemessenheitsmaßstabs, an dem letztlich die Wirksamkeit von AGB im Rahmen der Inhaltskontrolle zu messen ist. Wäre die Angemessenheit von Verträgen nicht bestimmbar, könnte mithin nicht festgestellt werden, dass bestimmte Vertragsbedingungen eine Partei „entgegen den Geboten von Treu und Glauben unangemessen benachteiligen“ (§ 307 Abs. 1 BGB), so gäbe es keine Inhaltskontrolle. Ebenso wäre die den Gerichten verfassungsrechtlich gebotene Pflicht zur Klärung der Umstände des Vertragsschlusses in Fällen *ungewöhnlich belastender* und offensichtlich *unangemessener Vereinbarungen*[169] nicht erfüllbar, wenn keinerlei Kriterien existieren würden, aufgrund derer die *Unangemessenheit* einer Vereinbarung als *Indiz* wird *strukturelles* Ungleichgewicht zwischen den Parteien feststellbar wäre. Nach der Rechtsprechung des BVerfG ist den Gerichten aber eine solche Prüfungspflicht aufgetragen. Denn „ist ... der Inhalt des Vertrages für eine Seite *ungewöhnlich belastend* und als *Interessenausgleich offensichtlich unangemessen*, so ... müssen [sie] vielmehr klären, ob die Regelung eine Folge *strukturell ungleicher Verhandlungsstärke* ist, und gegebenenfalls im Rahmen der Generalklauseln des geltenden Zivilrechts korrigierend eingreifen.“[170]

d) Das geltende Recht als Angemessenheitskriterium

Die entscheidenden *Kriterien* für die Angemessenheit einer vertraglichen Vereinbarung finden sich im *geltenden Rech*t als einfachgesetzliche Konkretisierung der Rechtsprinzipien *kommutativer*, *distributiver* und *legaler* Gerechtigkeit.[171]

aa) Angemessenheit vertraglicher Nebenabreden

Für den Bereich der *vertraglichen Nebenpflichten* enthalten die Vorschriften des zwingenden und dispositiven Gesetzesrechts für ihren jeweiligen sachlichen Anwendungsbereich Regelungen für einen typischerweise angemessenen Ausgleich der Interessen der Parteien. Da im Hinblick auf vertragliche Nebenabreden in der Regel kein funktionierender Konditionenwettbewerb besteht, mithin bestehende Machtungleichgewichte nicht durch Wettbewerb kompensierbar sind, ist der Schutz der Parteien durch die Rechtsordnung im Wege des *ius cogens* oder der richterlichen Inhaltskontrolle hier entsprechend weiter ausgestaltet als im

[168] RegE zum AGBG, BT-Drucks. 7/3919, S. 28, bezogen auf § 9 Nr. 2 des RegE. Hervorhebungen durch den Verfasser.

[169] Vgl. BVerfGE 89, 214, 234 = NJW 1994, 36, 39 (Bürgschaft I).

[170] BVerfGE 89, 214, 234 = NJW 1994, 36, 39 (Bürgschaft I). Eingehend hierzu oben S. 382 ff. Hervorhebungen durch den Verfasser.

[171] So auch *Bydlinski*, System und Prinzipien (1996), 756 f.

Bereich der Hauptleistungspflichten, die in weitaus stärkerem Maße dem Wettbewerb unterliegen.

Darüber hinaus handelt es sich bei den vom Gesetz vorgeschlagenen oder zwingend vorgesehenen Regelungen regelmäßig um Lösungen für einen Interessenausgleich, die häufig bereits aus sich selbst heraus einen derart hohen immanenten *Gerechtigkeitsgehalt* aufweisen, dass es schwerfallen würde, eine tragfähige Begründung für eine abweichende Regelung zu finden. So sind kaum rationale und unter dem Gesichtspunkt eines angemessenen Interessenausgleichs zu rechtfertigende Gründe denkbar, weshalb eine Partei für vorsätzliche Schädigung oder für Mängel, von denen sie positive Kenntnis hat, nicht haften sollte.[172]

Dass der Geschädigte in diesen Fällen den Schaden selbst tragen müsste, ist aus Gerechtigkeitsgründen nicht zu verantworten. Hier würde es grundlegenden Prinzipien der Gerechtigkeit – im Falle des Gewährleistungsausschlusses etwa dem der Austauschgerechtigkeit (*iustitia commutativa*) – widersprechen, derartige Vereinbarungen zuzulassen. Vor dem Hintergrund des konkreten, geltenden Rechts wirken daher die auf einer abstrakten Ebene verbleibenden Einwände, dass es eine Vielzahl möglicher Faktoren für die Bestimmung der Angemessenheit des Vertragsinhalts gäbe und dass es hierbei auch auf die subjektive Perspektive der Parteien ankomme, lebensfremd und vermögen nicht zu überzeugen. In den meisten Fällen sind die Interessen der Parteien im Hinblick auf die üblichen vertraglichen Nebenabreden ohnehin ohne weiteres einer Typisierung zugänglich. So wird der Käufer schon aus Gründen der Austauschgerechtigkeit und des Schutzes seiner rechtsgeschäftlichen Selbstbestimmung ein Interesse an dem Bestehen von Gewährleistungsansprüchen haben. Denn werden ihm diese vorenthalten, so hat er für den gezahlten Kaufpreis eine geringerwertigere Sache erhalten als ursprünglich vereinbart wurde.

Darüber hinaus war sein rechtsgeschäftlicher Wille auf eine mangelfreie Sache gerichtet, so dass sich bereits aus dem Wesen des Kaufvertrages selbst und den jegliche vertragliche Beziehungen bestimmenden Grundsätzen der Tauschgerechtigkeit die notwendige Existenz bestimmter rechtlicher Ansprüche ergibt. Der das geltende *ius cogens* und *ius dispositivum* umfassende Kanon an vertraglichen Sekundäransprüchen ist daher – von Einzelfällen und Detailfragen abgesehen – sachnotwendig und – freilich unter Berücksichtigung eines angemessenen gesetzgeberischen Gestaltungsspielraumes – jedenfalls in seinen Grundzügen aus Gerechtigkeitsgründen vorgegeben, wie im Übrigen auch ein vergleichender Blick in andere Rechtsordnungen zeigt, die entweder gleiche oder ähnliche Regelungen oder funktional äquivalente Rechtsinstitute enthalten. Er enthält nicht nur einen Fundus an notwendigen, für die sinnvolle Inanspruchnahme der Hauptleistung

---

172 Ebenso *Wagner*, ZEuP 2007, 180, 200: „Hier kann es als ausgeschlossen gelten, dass sich eine rationale Vertragspartei, die über den Geschäftsabschluss frei entscheiden kann, auf einen Ausschluss der Vorsatzhaftung oder der Gewährleistung für Mängel, von denen der Gegner positive Kenntnis hat, einlassen würde."

erforderlichen Rechtsansprüchen, sondern weist diese auch in angemessener und grundsätzlich äquivalenter Weise beiden Parteien zu.

Angesichts der tragenden Bedeutung der Privatautonomie für die Privatrechtsordnung legt die Rechtsordnung diesen Kanon an typisierten und grundsätzlich gerechten Lösungen für eine Vielzahl von Austauschgeschäften und Rechtsproblemen als *ius dispositivum* den Parteien gleichsam als „Standard" und von ihnen freiwillig zu übernehmendes Regelungsmodell vor. Aufgrund der Erfahrung bestehender Missbräuche und angesichts typisierter Ungleichgewichtslagen hat sie für besonders grundlegende Rechtsansprüche und typisierte Gefährdungslagen darüber hinaus *zwingende Vorschriften* vorgesehen.

Kommt dem dispositiven Gesetzesrecht damit ein eigenständiger, substantieller Gerechtigkeitsgehalt zu, so werden Abweichungen in der Regel eine entsprechende Beeinträchtigung der Vertragsgerechtigkeit zur Folge haben. Zwar ist ein Abbedingen dispositiver Vorschriften grundsätzlich möglich. Allerdings indiziert dies – insbesondere in ihrem Zusammentreffen mit weiteren Umständen, etwa der Zahl an abbedungenen Vorschriften (z. B. dem Tatbestand der völligen „Rechtlosstellung" durch Verzicht auf nahezu alle abdingbaren Vorschriften des bürgerlichen Rechts[173]) – eine tendenziell unangemessene Vereinbarung. Ob das bloße Abweichen vom dispositiven Recht und die damit zumindest indizierte Unangemessenheit des Vertrages eine Schwelle erreicht, die zu einer materiellen Korrektur nötigt, hängt dabei von der jeweiligen – gesetzlich normierten – Gefährdungslage ab. Ist der – häufig mittelbar oder unmittelbar erzwungene – Verzicht auf abdingbare Vorschriften grundsätzlich folgenlos, so kann er, wenn er im Rahmen von AGB erfolgt, in der Gesamtbetrachtung unter Berücksichtigung von Treu und Glauben den Tatbestand der unangemessenen Benachteiligung des § 307 Abs. 1 BGB erfüllen und damit dem Diktum der Unwirksamkeit unterfallen.

bb) Angemessenheit der Hauptleistung

Im Hinblick auf die Äquivalenz der Hauptleistung enthält die *lex lata* – im Wesentlichen von der Schranke des § 138 Abs. 2 BGB – indes keine für die Bestimmung der Angemessenheit relevanten Regelungen. Spiegelbildlich zu der Betrachtung der vertraglichen *Nebenpflichten*, wo ein *Marktversagen* und ein hoher immanenter *Gerechtigkeitsgehalt* sowie ein damit verbundener vordefinierter Kanon notwendiger, als äquivalent erachteter *dispositiver* und *zwingender* rechtlicher *Regelungen* festgestellt wurde – besteht hier sowohl ein funktionierender *Markt* als auch ein weiter, von den *subjektiven Präferenzen* und *Interessen* der

[173] So lag der Fall etwa in dem der *Bürgschaftsentscheidung* des BVerfG zugrunde liegenden Sachverhalt. Vgl. nur BVerfGE 89, 214, 230 = NJW 1994, 36, 38 (Bürgschaft I): „Die Bf. zu 1 übernahm darin ein außerordentlich hohes Risiko … Unter Verzicht auf nahezu alle abdingbaren Schutzvorschriften des BGB verbürgte sie sich selbstschuldnerisch für das Unternehmerrisiko ihres Vaters in einem Umfang, der ihre wirtschaftlichen Verhältnisse weit überstieg." Hierzu eingehend oben S. 382 ff.

Parteien bestimmter *Ermessensspielraum* im Hinblick auf gerechte und damit zulässige Vereinbarungen. Denn der *Inhalt* der Gegenleistung und ihr *Wert* sind – freilich in Grenzen – von den individuellen Präferenzen der Parteien abhängig.

Dies vorausgesetzt, gilt selbstverständlich auch hier der Grundsatz der *Tauschgerechtigkeit*[174], der *Äquivalenz*, des *angemessenen* Verhältnisses zwischen *Leistung* und *Gegenleistung*, der in der Regel am Marktwert, im freilich seltenen Fall des Marktversagens – wie etwa die Preisbindung bei lebensnotwendigen Gütern in Krisenzeiten[175] – nach *distributiven* Kriterien[176] zu bestimmen ist. Auch der immer wieder schlagwortartig und häufig ohne nähere Auseinandersetzung vorgebrachte, in der Sache unzutreffende[177] Hinweis, dass es einen gerechten Preis, ein *iustum pretium*, nicht gebe[178], vermag nicht darüber hinwegzutäuschen, dass die *Leistungsäquivalenz* zu den wesentlichen Anforderungen an die inhaltliche *Angemessenheit* eines Rechtsgeschäfts gehört.[179]

Aus *rechtsgeschichtlicher* Perspektive ist die Frage der rechtlichen Gewährleistung der Preisgerechtigkeit seit jeher eine der zentralen Fragen des Rechts gewesen, die mit der *laesio enormis*, deren Wertungsgesichtspunkte im Wuchertatbestand des §138 Abs.2 BGB und jenem des *wucherähnlichen Geschäfts* nach §138 Abs.1 BGB fortwirken, rechtlich Gestalt angenommen hat. Wer meint, dass die Angemessenheit des Interessenausgleichs im Hinblick auf die Hauptleistung nicht bestimmbar sei, mithin die Existenz eines – freilich am Marktwert orientierten[180] und einem entsprechenden Spielraum zugänglichen – *iustum pretium* verneint, möge die Frage[181] erwägen, ob ein regulärer Cappuccino zum Preis von dreihundert Euro bei einem Marktpreis von rund drei Euro überteuert sei oder nicht. Nach den Grundsätzen der *laesio enormis* wäre bereits der Preis zum doppelten Marktwert – ein Kaffee für sechs Euro – überteuert. Dass eine solche Sichtweise, die im Übrigen jener des Rechtsverkehrs entsprechen dürfte, völlig vernunftwidrig sein sollte, ist nicht einzusehen. Sollen die Grundsätze kommuta-

---

174 Hierzu *Oechsler*, Gerechtigkeit (1997), S.55; *Bydlinski*, System und Prinzipien (1996), S.757; *Larenz*, Richtiges Recht (1979), S, 67ff., 71ff.

175 Zum Versagen der Preisbildung in wirtschaftlichen Krisen *Oechsler*, Gerechtigkeit (1997), S.60ff. mwN.

176 Zu der grundlegenden Frage nach der Verwirklichung *distributiver* Gerechtigkeit im Privatrecht zurückhaltend *Lorenz*, Schutz (1997), S.24; *Canaris*, *Iustitia distributiva* (1997), 63ff., 78ff.

177 Vgl. hiezu nur oben S.123ff.

178 So etwa *Becker*, AGB und Individualvereinbarung (2011), S.16f.; *Säcker*, Gruppenautonomie (1972), S.207f. Vgl auch, die Vertragsgerechtigkeit insgesamt in Frage stellend *Adams*, BB 1989, 781, 782.

179 Vgl. aus *rechtsgeschichtlicher* Perspektive nur *Emmert*, Leistungspflichten (2001), S.178ff. sowie aus *rechtsphilosophischer* Perspektive oben S.122ff.

180 Im *objektiven Marktwert* erblickt auch *Bydlinski*, System und Prinzipien (1996), S.757 den entscheidenden Maßstab für die Bewertung der Äquivalenz der vertragsgegenständlichen Hauptleistungspflichten. Ebenso *Larenz*, Richtiges Recht (1979), S.71ff.

181 Dies gilt freilich nur unter den Bedingungen eines weitgehend funktionierenden Marktes.

tiver Gerechtigkeit überhaupt eine Bedeutung haben, so müssen sie auch im Hinblick auf die Hauptleistungspflichten Geltung beanspruchen.

Davon zu unterscheiden ist freilich die Frage, welche Rechtswirkungen einer Verletzung der Äquivalenz der Hauptleistung zukommen und ob ein Schutzbedürfnis strukturell unterlegener Parteien besteht, das ein Eingreifen der Privatrechtsordnung erforderlich macht. Das geltende Recht ist hier zu Recht zurückhaltend und berücksichtigt eine Störung der Preisäquivalenz in der Regel nur in den sehr engen Grenzen des Wuchertatbestandes des § 138 Abs. 1 BGB. Dem entspricht der Befund, dass – anders als bei den vertraglichen Nebenpflichten – im Bereich der *Hauptleistungspflichten* regelmäßig ein hinreichend funktionierender *Wettbewerb* besteht, der einen Ausgleich von Vertragsimparitäten ermöglicht.[182] Entsprechend sieht auch die AGB-rechtliche Inhaltskontrolle in § 307 Abs. 3 S. 1 BGB von einer Kontrolle der Hauptleistungspflichten, insbesondere des Preises, ab.[183]

cc) Fazit

Nach alledem ist als Befund festzuhalten: Der Inhaltskontrolle von AGB liegt als primärer Schutzzweck neben der Gewährleistung der *Vertragsfreiheit* der Schutz der *Vertragsgerechtigkeit* zugrunde. *Vertragsfreiheit* und *Vertragsgerechtigkeit* sind nach Auffassung des Gesetzgebers des AGBG – der Sache nach auf der Grundlage der *Schmidt-Rimplerschen Theorie der Richtigkeitsgewähr* des Vertragsmechanismus – *funktional* miteinander verknüpft. Die *Funktion der Vertragsfreiheit* besteht dabei in der Herstellung von *Vertragsgerechtigkeit* durch einen angemessenen Ausgleich der gegenseitigen Interessen der Parteien, den diese in der Regel als Partner mit annähernd gleicher Verhandlungsmacht durch freies Aushandeln der Vertragsbedingungen herbeiführen. Sie ist nur insoweit legitimiert, als sie auf die Schaffung von Vertragsgerechtigkeit gerichtet ist. Sie erfolgt missbräuchlich, wenn sie der einseitigen Durchsetzung der Interessen einer Partei zulasten ihres Vertragspartners dient.

Das zwingende wie auch das dispositive Gesetzesrecht enthalten damit hinreichend konkretisierbare Kriterien für die Bestimmung der Unangemessenheit des Vertragsinhaltes. Ein Abweichen vom *ius dispositivum* indiziert dabei in der Regel eine Unangemessenheit der Vereinbarung. Welche Folgen daraus resultieren und ob die Unangemessenheit von der Rechtsordnung noch toleriert wird oder bereits ein Maß erreicht hat, das nicht mehr hingenommen werden kann, ergibt sich aus den Sonderregelungen für spezielle Gefährdungslagen aufgrund von Vertragsimparität, insbesondere dem AGB-Recht. Als Anknüpfungspunkt für die Inhaltskontrolle ist das Abweichen vom dispositiven Gesetzesrecht damit

---

[182] Vgl. nur *Drexl*, Selbstbestimmung (1998), S. 340 f.

[183] Zu den Einzelheiten vgl. nur MünchKomm/*Wurmnest*, BGB (7. Aufl. 2016), § 307 Rn. 16 ff.; *Fuchs*, in: *Ulmer/Brandner/Hensen*, AGB-Recht (12. Aufl. 2016), § 307 Rn. 71 ff.; *Stoffels*, AGB-Recht (3. Aufl. 2015), Rn. 443 ff.

nicht geeignet, weil es selbst den Maßstab der Inhaltskontrolle bildet und nicht zugleich als ihre Voraussetzung herangezogen werden kann.[184] Darüber hinaus lässt sich mit der Anknüpfung an den Vertragsinhalt und den Schutz vor inhaltlich unangemessenen Verträgen die Inhaltskontrolle von AGB nicht von anderen privatrechtlichen Schutzinstrumenten wie der Wucherkontrolle nach §138 Abs.2 BGB sinnvoll abgrenzen.[185] Denn der Schutzzweck der Vertragsgerechtigkeit würde eine materielle Kontrolle der Hauptleistungspflichten wie auch von Individualabreden verlangen.[186] Die entsprechende Beschränkung des Anwendungsbereiches der AGB-Kontrolle lässt sich allein mit dem Rückgriff auf die Gewährleistung von Vertragsgerechtigkeit als Schutzgrund nicht erklären. Dafür, dass die Unangemessenheit des Vertragsinhaltes als für die Rechtsordnung nicht mehr hinnehmbar angesehen wird, müssen somit weitere, nicht ausschließlich im Vertragsinhalt liegende Gesichtspunkte maßgeblich sein.

4. Vertragsschlussmechanismus: Situative Unterlegenheit

Scheiden daher die Stellung der *Vertragsparteien* (wirtschaftliche, soziale oder intellektuelle Unterlegenheit) sowie der *Vertragsinhalt* (unangemessene Benachteiligung) als Anknüpfungspunkte für die Feststellung einer die *Richtigkeitsgewähr* des Vertragsmechanismus beeinträchtigenden *Vertragsimparität* aus, so liegt es nahe, die für das Machtungleichgewicht zwischen den Parteien verantwortlichen Umstände in der *Art und Weise des Vertragsschlusses* zu verorten und für die Rechtfertigung der Inhaltskontrolle an die AGB-Verwendung als spezifischen *Vertragsschlussmechanismus* anzuknüpfen.[187]

Die Anknüpfung an die „Verwendung von AGB" als maßgeblichem Aufgreifkriterium[188] drängt sich nicht zuletzt schon deshalb auf, weil die einfachgesetzliche Ausgestaltung der Inhaltskontrolle in §305 BGB – wie auch die entsprechenden Regelungen in den übrigen Rechtsordnungen Europas[189] – für die Eröffnung des Anwendungsbereiches auf den Nachweis eines konkreten Ungleichgewichtes verzichtet und stattdessen das *Stellen von AGB* genügen lässt. Und auch ein den Vertragspartner des Verwenders unangemessen benachteiligender *Vertragsinhalt* allein reicht für das Eingreifen der Inhaltskontrolle noch nicht aus, sondern bildet vielmehr den *Maßstab* einer Angemessenheitskontrolle, soweit ihr Anwendungsbereich durch das Stellen von AGB überhaupt eröffnet ist.

---

184 Ähnlich *Axer*, AGB-Kontrolle (2012), S.45.

185 So auch *Hellwege*, AGB und Rechtsgeschäftslehre (2010), S.548f.

186 Ebenda.

187 So auch die ganz h.M., vgl. nur *Axer*, AGB-Kontrolle (2012), S.46ff.; *Hellwege*, AGB und Rechtsgeschäftslehre (2010), S.569ff. sowie bereits *Lieb*, AcP 178 (1978), 196, 201ff.

188 Vgl. zu diesem Begriff – indes dort im Kontext der *Klauselrichtlinie* – näher *Drexl*, Selbstbestimmung (1998), S.346, 351, 364. Vgl. auch *Miethaner*, AGB-Kontrolle (2010), S.106ff.

189 Vgl. hierzu *Hellwege*, AGB und Rechtsgeschäftslehre (2010), S.531ff., 569 mwN.

Mit der Anknüpfung der Inhaltskontrolle an die AGB-Verwendung ist zugleich eine *widerlegbare Vermutung* für eine *typisierbare Störung* des Vertragsgleichgewichts und als Konsequenz ein *Versagen der Richtigkeitsgewähr* des Vertragsmechanismus verbunden.[190] Über die eigentliche Ursache der Vertragsimparität ist damit indes noch nichts gesagt. Daher ist die *Art und Weise* des Vertragsschlusses im Folgenden daraufhin zu untersuchen, ob sich aus ihr Anhaltspunkte für eine die tatsächliche Selbstbestimmung der Parteien beeinträchtigende *Imparität* zwischen den Parteien ergeben.

a) Situative Unterlegenheit

Den Ausgangspunkt bildet dabei die AGB-Verwendung, wie sie in ihrer tatbestandlichen Ausformung des § 305 Abs. 1 BGB Gestalt angenommen hat: das *Stellen* für eine *Vielzahl* von Verträgen *vorformulierter* Vertragsbedingungen, die zwischen den Vertragsparteien nicht im Einzelnen *ausgehandelt* sind. Die Konfrontation des jeweiligen Vertragspartners mit ausgefeilten, vorformulierten Vertragsbedingungen, die darüber hinaus regelmäßig mit Blick auf eine mehrfache Verwendung erstellt worden sind, verschafft dem Verwender eine überlegene Position, die nicht in seiner Person, sondern in dem situativen Vorteil der AGB-Verwendung selbst begründet ist und die es ihm typischerweise erlaubt, die von ihm verfassten Vertragsbedingungen gegenüber der anderen Partei durchzusetzen: Denn während der Verwender seine AGB ohne *Zeitdruck* und unter Rückgriff auf *professionellen Rechtsrat* und *Erfahrungen* möglicher vorheriger Prozesse nach *eigenen Wünschen* im Vorhinein detailliert ausarbeiten und entsprechend seiner Interessen optimieren kann, ist es dem Klauselgegner unter dem Druck einer *konkreten Abschlusssituation* regelmäßig nicht einmal in sinnvoller Weise möglich, das Vertragswerk überhaupt zu *lesen* und in seiner *Komplexität* und seinem *Bedeutungsgehalt* zu erfassen.[191] Darüber hinaus fehlt ihm als juristischen Laien in der Regel auch die Expertise, die häufig selbst für Juristen schwer durchschaubaren Klauseln überhaupt zu *verstehen* und zu *analysieren*, geschweige denn, sie mit Blick auf die eigenen Interessen adäquat zu *bewerten*.

Hinzu kommt das vielzitierte psychologische Phänomen des „Sog[s] des vorformulierten Gedankens“[192], des „Seriositätsschein[s] des allgemein Üblichen

[190] *Hellwege*, AGB und Rechtsgeschäftslehre (2010), S. 569.

[191] Vgl. aus dem insoweit einmütigen Schrifttum nur *Axer*, AGB-Kontrolle (2012), S. 49.

[192] So grundlegend *Wiedemann*, FS Kummer (1980), S. 175, 175. Vgl. auch *Wiedemann*, FS Kummer (1980), S. 175, 180. Ebenso *Ulmer/Schäfer*, in: *Ulmer/Brandner/Hensen*, AGB-Recht (12. Aufl. 2016), § 310 Rn. 86; *Medicus/Petersen*, Bürgerliches Recht (26. Aufl. 2017), Rn. 75a; *Medicus/Petersen*, BGB AT (11. Aufl. 2016), Rn. 406a; *Denkinger*, Verbraucherbegriff (2007), S. 83 Rn. 259; Staudinger/*Wendland*, BGB (2019), § 307 Rn. 3; *Canaris*, AcP 200 (2000), 273, 323; *Singer*, Selbstbestimmung (1995), S. 33 Fn. 174; *Fastrich*, Inhaltskontrolle (1992), S. 85 („Sog des vorformulierten Gedankens“); *Habersack*, Vertragsfreiheit und Drittinteressen (1992), S. 105; *Zöllner*, FS 100 Jahre GmbHG (1992), S. 85, 102 ff.; *Coester-Waltjen*, AcP 190

und Geübten"[193], der „Scheinautorität des Gedruckten"[194], der „Druckerschwärze"[195], das darauf beruht, dass ein fertig bereitliegendes Vertragswerk den „Anschein der Rechtmäßigkeit, Vollständigkeit und Ausgewogenheit"[196] verbreitet, ihm die „Assoziation der Allgemeingültigkeit und Unabänderlichkeit"[197], unter Umständen auch jene der Unwichtigkeit anhaftet[198], so dass der Klauselgegner schon von vornherein auf die Rechtmäßigkeit und Ausgewogenheit der AGB vertraut und im Übrigen bereits vor der schieren Komplexität und Professionalität der Ausarbeitung der vorgefertigten AGB kapituliert und so schon vom bloßen Versuch des Wegverhandelns Abstand nimmt.

Verschärft wird die aus der *Vorformulierung* erwachsende Vertragsimparität dabei durch den mit der *Mehrfachverwendungsabsicht* verbundenen *Rationalisierungsvorteil* des Verwenders, der mit zunehmender Zahl der Verwendungen steigt, wodurch sich der zeitliche und finanzielle Aufwand für die Erstellung rechtlich tragfähiger AGB für den Verwender überhaupt erst rechnet.[199] Für den Klauselgegner steht dagegen der mit dem Lesen und der rechtlichen Beurteilung der AGB verbundene *Aufwand* an Zeit, Mühe und Kosten regelmäßig außer Verhältnis zum Vertragswert, so dass sich für ihn eine inhaltliche Auseinandersetzung mit den AGB schon objektiv nicht lohnt. Er ist mit der angemessenen Erfassung und Beurteilung der ihm vom Verwender vorgelegten Vertragsbedingungen typischerweise intellektuell überfordert. Dies begründet nach allgemeiner Ansicht eine *situativ* bedingte „intellektuelle"[200] Unterlegenheit des Klauselgegners

(1990), 1, 20 Fn. 104; *Lieb*, DNotZ 1989, 274, 274; *Habersack*, AcP 189 (1989), 403, 418; *Hönn*, JZ 1983, 677, 678; sowie *Kramer*, ZHR 146 (1982), 105, 110.

193 *Lindacher*, BB 1972, 296, 297. Vgl. hierzu auch *Miethaner*, AGB-Kontrolle (2010), S. 79; *Axer*, AGB-Kontrolle (2012), S. 73 Fn. 281; *Wellenhofer-Klein*, ZIP 1997, 774, 778; *Fastrich*, Inhaltskontrolle (1992), S. 103; *Wiedemann*, FS Kummer (1980), S. 175, 180 Fn. 23. Ähnlich, allerdings unter dem Stichwort der „Rationalitätsdefizite" *Leuschner*, AcP 207 (2007), 491, 501, 508, 512, 514.

194 *Becker*, AGB und Individualvereinbarung (2011), S. 71; Staudinger/*Wendland*, BGB (2019), § 307 Rn. 3.

195 *Fastrich*, Inhaltskontrolle (1992), S. 85 mit Verweis auf *Schmidt-Salzer*, Bilanz (1973), S. 36 ff. Vgl. auch *Schmidt-Salzer*, AGB (2. Aufl. 1977), S. 34 („Druckerschwärzekriterium" im Kontext der Mehrfachverwendungsabsicht).

196 So BGHZ 101, 350, 354 = NJW 1988, 135, 135. Ebenso BGHZ 108, 164, 169 = NJW 1989, 2748, 2749; OLG Köln DNotZ 2012, 126, 132; KG Berlin DNotZ 2012, 126, 126.

197 *Wiedemann*, FS Kummer (1980), S. 175, 180.

198 So ausdrücklich *ebenda*.

199 MünchKomm/*Basedow*, BGB (7. Aufl. 2016), Vor § 305 Rn. 5; *Becker*, AGB und Individualvereinbarung (2011), S. 74; *Heinrich*, Formale Freiheit (2000), S. 427; *Habersack*, AcP 189 (1989), 403, 415; *Kötz*, Gutachten (1974), S. A 9, S. A 32.

200 So die freilich etwas irreführende Terminologie eines Teils des vor allem älteren Schrifttums – vgl. nur *Dauner-Lieb*, Verbraucherschutz (1983), S. 72 ff.; *Kötz*, Gutachten (1974), S. A 9, S. A 31, A 33 f.; *Raiser*, JZ 1958, 1, 7 – wobei der Begriff nicht auf die intellektuelle *Leistungsfähigkeit* und damit ein richtigerweise unerhebliches „intellektuelles Ungleichgewicht" (vgl. oben S. 472 ff.), sondern vielmehr auf die zwischen den Parteien bestehende situativ bedingte *Informationsasymmetrie* verweist. So bereits *Fastrich*, Inhaltskontrolle (1992), S. 83.

und ein damit verbundenes Versagen der Richtigkeitsgewähr des Vertragsmechanismus, das eine Korrektur im Wege der Inhaltskontrolle erfordert. Diese durch die Verwendung von AGB bedingte *situative Unterlegenheit* des Klauselgegners bildet bei allen Unterschieden in den Details den *gemeinsamen Nenner* der für die Rechtfertigung der Inhaltskontrolle von AGB im Wesentlichen herangezogenen Begründungsansätze.[201]

Der Mechanismus der situativ bedingten Unterlegenheit des Vertragsgegners ist indes, wie insbesondere *Hellwege* nachgewiesen hat[202], keineswegs neu, sondern wurde bereits im 19. Jh. eingehend in der Rechtswissenschaft diskutiert. So wurde – wie im Rahmen der rechtshistorischen Betrachtung der Inhaltskontrolle deutlich worden ist – im Rahmen der Beratungen des *Dresdner Entwurfes* eines *allgemeinen deutschen Obligationenrechts* von 1866 die Einführung zwingender Schutzvorschriften erwogen und der Sache nach insbesondere mit der beschriebenen situativen Unterlegenheit der Versicherungsnehmer begründet.[203] Ähnlich begründete *Jastrow* im Jahr 1892 im Rahmen seines zum 22. Deutschen Juristentag vorgelegten Gutachtens eine richterliche Inhaltskontrolle für Abzahlungsgeschäfte:

„Der gewerbsmäßig handelnde Theil verwendet alle seine *Sorgfalt*, um Formulare herzustellen, die *einseitig seine Interessen begünstigen*. Diese Formulare hat er in *Druckexemplaren* vorräthig. In anderer Weise *schließt er nicht ab* .... Im Uebrigen ist der Gegencontrahent dem Formular *auf Gnade oder Ungnade preisgegeben*. Der Inhalt desselben *kommt ihm auch meist gar nicht zum Bewußtsein:* er unterschreibt sehr häufig, ganz ohne es durchzulesen, weil Tausende das Gleiche schon unterschrieben haben, und wenn ihm wirklich eine Bestimmung unbillig scheint, dann denkt er: ‚zu solchem Falle kommt es ja nicht!' und der andere Theil bestärkt ihn in dieser Auffassung ....“[204]

Dass die AGB-Praxis insbesondere der Versicherungen weithin als Missstand empfunden wurde, zeigt darüber hinaus ein Pressebericht aus dem Jahr 1867:

„Wenn man als Hauptbedingung des Statuts einer Gesellschaft *Klarheit* und unbedingte *Präcision*, welche nur eine Auslegung zuläßt, und entgegengesetzter Deutungen nichtig ist, fordert, so muß man offen gestehen, daß die Statuten der meisten österreichischen Feuerversicherungs-Gesellschaften weit entfernt sind, dieser Anforderung zu entsprechen. Man nehme die betreffenden *Machwerke* zur Hand und man wird sich von der Verworrenheit des Styls, dem Mangel an Logik und der zweideutigen Fassung der Paragraphen hinreichend überzeugen, ja man wird sich in vielen Fällen nicht verhehlen können, daß die gedachte *Zweideutigkeit* offenbar eine absichtliche ist. In der That braucht auf Grund ihrer Statuten *fast keine einzige Feuerversicherungs-Gesellschaft Verpflichtungen*, welche sich auf die Bezahlung von Brandschäden beziehen, zu *erfüllen* [...]. Man

---

[201] *Stoffels*, AGB-Recht (3. Aufl. 2015), Rn. 82 („gemeinsame[r] Richtpunkt“); Staudinger/*Wendland*, BGB (2019), § 307 Rn. 5 („übergeordnete[s] Dach“). Vgl. hierzu oben S. 439 f.

[202] *Hellwege*, AGB und Rechtsgeschäftslehre (2010), S. 159 f.

[203] Vgl. hierzu Protokolle Dresdner Entwurf (1866), S. 4568 f. sowie oben S. 486 f. mwN.

[204] *Jastrow*, Gutachten (1892), S. 265, 284. Hierauf hinweisend *Hellwege*, AGB und Rechtsgeschäftslehre (2010), S. 156. Hervorhebungen durch den Verfasser.

kann nicht umhin, bei Prüfung dieser Verhältnisse in gerechtes Erstaunen darüber zu gerathen, daß dergleichen Statuten die Sanction der Regierung erhalten …"[205]

Die *Mehrfachverwendung* hat indes noch eine weitere Konsequenz, die über das Entstehen einer *Informationsasymmetrie* hinausgeht und die Frage der *Abschlussfreiheit* berührt: Hat der Verwender in die Erstellung von AGB erhebliche Zeit und Mühe investiert und finden diese in einer Vielzahl von Verträgen Verwendung, so dass sich die damit verbundenen Rechtsgeschäfte für den Verwender als *Massengeschäft*, für den Klauselgegner dagegen als *Einzelgeschäft* darstellen, so hat dies eine erhebliche Imparität im Hinblick auf das *Abschlussinteresse* beider Parteien und damit eine geringe *Dispositionsbereitschaft* des Verwenders hinsichtlich des Vertragsinhaltes zur Folge[206]: Während der Klauselgegner typischerweise auf den Vertragsschluss mit dem Verwender mangels AGB-loser Alternativanbieter angewiesen ist, kommt es dem Verwender im Massenverkehr auf den Vertragsschluss gerade mit dem konkreten Klauselgegner regelmäßig nicht an, da ihm in der Regel genügend weitere mögliche Vertragspartner zur Verfügung stehen.

Er ist daher zu einer Verhandlung über die von ihm verwendeten AGB typischerweise nicht bereit, zumal sich der Einsatz an Zeit, Kosten und Mühe für die Verhandlungen, die Abänderung der AGB und die damit erforderliche rechtliche Prüfung regelmäßig nicht lohnt. Dem *Vorteil* des Verwenders an *Zeit*, an für ihn typischerweise ohne weiteres möglichem *Beratungs- und Formulierungsaufwand*, an inhaltlicher *Gestaltungsfreiheit* und verfügbaren *Nichteinigungsalternativen* steht spiegelbildlich ein entsprechender *Nachteil* aufseiten des Klauselgegners gegenüber. Die *situative Unterlegenheit* des Verwendungsgegners beruht damit zum einen auf einer *Informationsasymmetrie*[207] zwischen den Parteien im Hinblick auf den Inhalt der AGB, zum anderen auf einer *Verhandlungsimparität*[208], die in der mangelnden Bereitschaft des Verwenders zum Ausdruck kommt, seine AGB überhaupt ernsthaft zur Disposition zu stellen. Damit sind bereits die beiden grundlegenden Dimensionen eines Begründungsmodells der Inhaltskontrolle – *Überforderung der Selbstvorsorge* und *Monopolmissbrauch* – angesprochen. Beide Aspekte bedürfen indes der näheren Betrachtung.

aa) Informationsasymmetrie

Den Anknüpfungspunkt für die zwischen dem Verwender und seinem Vertragspartner bestehende Informationsasymmetrie bildet zunächst das Merkmal der *Vorformulierung:* Die Konfrontation des Klauselgegners mit einem vom Verwender im Vorhinein und ohne Zeitdruck unter Inanspruchnahme von professionellem Rechtsrat nach dessen Wünschen erstellten Vertragswerk. Der Klauselgegner ist schon angesichts des zeitlichen Drucks der konkreten Abschlusssituation mit der inhaltlichen Erfassung wie auch der sachlichen Beurteilung der vom Verwender vorgefertigten AGB überfordert und trifft seine Abschlussentscheidung daher regelmäßig in *Unkenntnis* des Inhalts der AGB. Nun kann das Bestehen

205 PreußVersZ (1) 1867, 153, 153. Hierauf hinweisend *Hellwege*, AGB und Rechtsgeschäftslehre (2010), S. 170.

206 Zur Mehrfachverwendung als *Indiz* überlegener Verhandlungsmacht eingehend unten S. 676 ff.

207 Hierzu unten S. 511 ff., 541 f., 569, 668, 677 ff., 681.

208 Hierzu unten S. 514 ff., 557, 563 f., 592 ff., 669 f., 676, 682 f.

einer Informationsasymmetrie aufgrund der Vorformulierung des Vertragstextes allein kaum als dogmatische Begründung der Inhaltskontrolle herangezogen werden, weil die Beschaffung der für den Abschluss des Rechtsgeschäfts notwendigen Informationen über den Inhalt der Vertragsbedingungen regelmäßig in den Pflichtenkreis der Parteien fällt.[209] Die auf einem Informationsdefizit beruhende Unterlegenheit des Klauselgegners ist grundsätzlich bei jedem vorformulierten Vertrag gegeben.[210]

Sucht man nach einer dogmatisch tragfähigen Begründung der Inhaltskontrolle, die über die – insoweit nicht hinreichende – bloße Feststellung einer Informationsasymmetrie hinausgeht, so könnte zunächst darauf verwiesen werden, dass der Verwender mit der Vorformulierung des Angebotes vom klassischen Modell des Individualvertrages abweicht, bei dem der Vertragsinhalt erst anlässlich des konkreten Vertragsabschlusses *ad hoc* von den anwesenden Parteien formuliert wird.[211] Allerdings vermag eine solche Begründung schon deshalb nicht zu überzeugen, weil der Vertrag unter Anwesenden lediglich einen von mehreren möglichen Abschlusstatbeständen des BGB darstellt.[212] Anhaltspunkte für eine Privilegierung sind insoweit nicht ersichtlich. Darüber hinaus sehen der *Vertragsschluss unter Abwesenden* gem. § 147 Abs. 2 BGB wie auch das Rechtsinstitut des *kaufmännischen Bestätigungsschreibens* gerade die Vorformulierung des Angebotes durch den Antragenden vor.[213] Aber auch die Grundsätze für die *Bestimmtheit* eines Antrags sind mit der Annahme einer regelmäßig bestehenden Vertragsimparität allein aufgrund der Vorformulierung unvereinbar: Denn der Antrag muss stets so bestimmt oder jedenfalls bestimmbar sein, dass er durch ein einfaches „Ja“ oder „Einverstanden“ angenommen werden kann.[214]

Ist damit nachgewiesen, dass der Aspekt der *Vorformulierung* und die darauf beruhende Informationsasymmetrie zwischen den Parteien allein das Rechtsinstitut der Inhaltskontrolle nicht zu begründen vermag, so ist mit Blick auf die AGB-

---

[209] So im Grundsatz auch *Drexl*, Selbstbestimmung (1998), S. 334, der indes zutreffend darauf hinweist, dass bereits die Einbeziehungskontrolle nach § 2 AGBG (§ 305 Abs. 2 BGB) eine Ausnahme von diesem Grundsatz bildet und der Rechtfertigung durch ein Versagen des Konditionenwettbewerbs bedarf.

[210] So insbesondere *Fastrich*, Inhaltskontrolle (1992), S. 83. Daher die Ausdehnung der Inhaltskontrolle auf alle vorformulierten Verträge fordernd *Wiedemann*, FS Kummer (1980), S. 175, 175 ff., 180 f. Ähnlich mit Verweis auf das *sozialpsychologische Argument* des „Sogs des vorformulierten Gedankens“, das *konflikttheoretische Phänomen* der „Selbstbindung“ und die *ratio* der Vorschrift des *§ 315 Kramer*, ZHR 146 (1982), 105, 110 f. sowie *Pflug*, Kontrakt und Status (1986), S. 309 ff. Zum vergleichbaren Problem „vorformulierter Einigungen“ etwa im Rahmen der Verbraucherschlichtung nach dem Verbraucherstreitbeilegungsgesetz (VSBG) kritisch *Wendland*, KritV 2016, 301, 317 ff.

[211] So *Kramer*, ZHR 146 (1982), 105, 107.

[212] *Habersack*, Vertragsfreiheit und Drittinteressen (1992), S. 105; *Habersack*, AcP 189 (1989), 403, 418 mwN.

[213] Ebenda.

[214] Ebenda. Vgl. hierzu MünchKomm/*Busche*, BGB (7. Aufl. 2015), § 145 Rn. 6; Staudinger/*Bork*, (2015), § 145, Rn. 17.

Praxis zugleich offensichtlich, dass eine solche Argumentation den spezifischen Besonderheiten Allgemeiner Geschäftsbedingungen nicht gerecht wird: Denn die komplexen, im Massenverkehr verwendeten und regelmäßig von vornherein nicht zur Disposition des Klauselgegners stehenden AGB sind mit jenen vorformulierten Vertragsbestimmungen, welche die Vorschrift des § 147 Abs. 2 BGB als Normalfall ursprünglich im Blick hatte, wie auch mit dem vom Rechtsinstitut des kaufmännischen Bestätigungsschreibens vorausgesetzten Antrag nicht vergleichbar. Weisen AGB regelmäßig ein Maß an *Komplexität* und *Umfang* auf, das aufgrund des damit verbundenen Aufwands eine zumutbare inhaltliche Erfassung und sachliche Beurteilung durch den Verwendungsgegner typischerweise ausschließt, so setzen sowohl § 147 Abs. 2 BGB als auch das Institut des kaufmännischen Bestätigungsschreibens jedenfalls eine für den Annehmenden *zumutbare* Möglichkeit der tatsächlichen Kenntnisnahme voraus. Dem entspricht der Befund, dass das vom BGB vorausgesetzte klassische Vertragsmodell davon ausgeht, dass der Vertragsinhalt in den *Willen* beider Parteien aufgenommen und so zur seine Bindungswirkung überhaupt erst rechtfertigenden Grundlage des Vertrages gemacht wird.

Das für den Vertragsschluss unter AGB typische Phänomen des „verdünnten Konsenses“[215] bildet damit eine erhebliche Abweichung vom klassischen Vertragsmodell des bürgerlichen Rechts, der durch entsprechende Korrekturmechanismen wie der richterlichen Inhaltskontrolle zu begegnen ist. Nicht die Tatsache der *Vorformulierung* an sich, sondern der regelmäßig erhebliche *Umfang* des vorformulierten Textes, der insbesondere mit Blick auf den damit verbundenen *Aufwand* an Zeit, Kosten und Mühen den Verwender in seinen Möglichkeiten einer zumutbaren inhaltlichen Erfassung und Beurteilung überfordert, ist der maßgebliche Grund für die Beachtlichkeit der Informationsasymmetrie zwischen den Parteien und zentrale Grundlage einer Rechtfertigung der Inhaltskontrolle.[216] Den normativen Anknüpfungspunkt bildet dabei das *Vielzahlkriterium* des § 305 Abs. 1 S. 1 BGB. Denn erst die von ihm vorausgesetzte *Mehrfachverwendungsabsicht* und die damit verbundenen *Rationalisierungsvorteile* bilden die wirtschaftliche Voraussetzung für die Erstellung umfangreicher und komplexer AGB, da sich der mit ihrer Formulierung verbundene zeitliche und finanzielle Aufwand für den Verwender regelmäßig erst durch ihren Gebrauch im Massenverkehr lohnt.[217] In dieser komplexitätsfördernden Rationalisierungsfunktion liegt die eigentliche Bedeutung des sonst schwer zu rechtfertigenden *Vielzahlkriteriums.*[218]

---

[215] *Canaris*, AcP 200 (2000), 273, 321. Ähnlich *Bydlinski*, Privatautonomie (1967), S. 106, 123; *Raiser*, FS 100 Jahre DJT (1960), S. 101, 126 sowie aus der österreichischen Rechtsprechung OGH SZ 56, 62 sowie OGH RdW 2008, 382 („verdünnte Willensfreiheit“).

[216] Vgl. hierzu eingehend unten S. 668 ff.

[217] Hierzu näher unten S. 676 f.

[218] Zu den unterschiedlichen Deutungsversuchen des Schrifttums eingehend unten S. 666 ff.

Als Befund ist damit festzuhalten: Die Konfrontation des Klauselgegners mit vorformulierten Vertragsbedingungen hat eine *Informationsasymmetrie* zwischen den Parteien zur Folge, die aufgrund des erheblichen Maßes an *Komplexität* und *Umfang* der AGB nicht auf zumutbare Weise durch Informationsbeschaffung kompensiert werden kann. Die hohe Komplexität und der erhebliche Umfang der AGB ergeben sich dabei typischerweise aus dem durch *Mehrfachverwendungsabsicht* erwachsenden *Rationalisierungsvorteil* des Verwenders. Sie finden ihre *normative Anknüpfung* in den Tatbestandsmerkmalen der *Vorformulierung* und des *Vielzahlkriteriums* nach § 305 Abs. 1 S. 1 BGB, die insoweit zusammenwirken.[219] Die *intellektuelle Überforderung* des Klauselgegners hat einen *verdünnten Konsens* in Bezug auf den Inhalt der AGB zur Folge, so dass der Vertragsschluss unter AGB vom Grundfall des *klassischen Vertragsmodells* des BGB, das ein hinreichendes Maß an tatsächlicher oder zumutbar beschaffbarer Information voraussetzt, erheblich abweicht. Das durch die Vertragsimparität bedingte *Versagen der Richtigkeitsgewähr* des Vertragsmechanismus vermag die Inhaltskontrolle nicht nur zu rechtfertigen, sondern macht diese zum Schutz der Privatautonomie des Klauselgegners vielmehr erforderlich.[220]

bb) Verhandlungsimparität

Der Gesichtspunkt der Informationsasymmetrie vermag die AGB-Kontrolle indes nicht vollständig zu begründen. Denn das auf ein Ungleichgewicht hinsichtlich der zur Verfügung stehenden vertragsrelevanten Informationen gegründete Erklärungsmodell muss dort versagen, wo – etwa im Fall *kurzer*, *einfacher* und *verständlicher* AGB – eine Informationsasymmetrie gerade nicht besteht. Das betrifft etwa die bekannten *Fahrkarten- und Parkhausfälle*, in denen die vorformulierten Vertragsbedingungen – die sich häufig auf wenige Worte beschränken (z. B.: „Haftung ausgeschlossen", „nicht übertragbar", „Rück- und Rundfahrten ausgeschlossen") – in ihrem Inhalt einfach und verständlich gehalten und in der Regel auch deutlich sichtbar angebracht sind.[221] Ein Informationsgefälle liegt hier typischerweise nicht vor. Vielmehr kann in derartigen Fällen nicht nur von der – vor allem aufgrund des damit verbundenen geringen Aufwandes – *zumutbaren Möglichkeit* der Kenntnisnahme, sondern sogar von der *tatsächlichen Kenntnis* der Klauselgegner ausgegangen werden.

Dass sich die Parteien derartigen AGB dennoch widerspruchslos unterwerfen, ist daher regelmäßig nicht darin begründet, dass sie mit der inhaltlichen Erfassung und Bewertung der Vertragsbedingungen etwa aufgrund unzumutbar hoher

---

219 Zum Zusammenwirken beider Merkmale näher unten S. 676 ff. sowie *Larenz/Wolf*, BGB AT (9. Aufl. 2004), S. 762.

220 Vgl. hierzu die Rechtsprechung des BVerfG, die eine Inhaltskontrolle von AGB nicht nur für zulässig, sondern auch für „nötig" erachtet. BVerfG NJW 2005, 1036, 1037 (Zahnarzthonorar). Vgl. hierzu eingehend oben S. 390 f.

221 Vgl. hierzu eingehend bereits oben S. 432 f. mwN.

Informationsbeschaffungskosten situativ überfordert sind, sondern findet ihre Ursache vielmehr in der *Ausweglosigkeit* der Abschlusssituation[222], die sich aufgrund der mangelnden Verhandlungsbereitschaft des Verwenders, typischerweise fehlender geeigneter Alternativangebote und des Angewiesenseins des Klauselgegners auf den Vertragsschluss faktisch zu einem *Abschlusszwang* im Sinne einer *„take it or leave it"-Situation"* verdichtet. So bleibt etwa dem Nutzer eines Parkhauses, will er nicht auf die für ihn in der konkreten Situation regelmäßig notwendige Leistung verzichten, nichts anderes übrig, als etwa einen deutlich erkennbaren und leicht verständlichen Hinweis auf eine Haftungsbeschränkung zu akzeptieren[223], zumal es aufgrund der Üblichkeit derartiger Klauseln regelmäßig an entsprechenden Nichteinigungsalternativen fehlen wird.[224] Ebenso wird auch der Fahrgast eines Busses oder einer U-Bahn keine andere Möglichkeit sehen, als für ihn ungünstige AGB – etwa die fehlende Übertragbarkeit einer Monatskarte oder das Verbot von Fahrtunterbrechungen oder Rückfahrten – zu akzeptieren, da es ihm regelmäßig nicht möglich sein wird, ohne erhebliche Einschränkungen seiner Lebensführung oder zusätzliche Kosten auf die Benutzung des öffentlichen Nahverkehrs zu verzichten.

Das Problem der Verhandlungsimparität aufgrund mangelnder *Dispositionsbereitschaft* des Verwenders ist indes keineswegs auf Fälle inhaltlich klar verständlicher und deutlich sichtbarer sogenannter „Ein-Satz-AGB" beschränkt, sondern für alle Formen der AGB-Verwendung typisch. Gem. §305 Abs. 1 S. 1 BGB ist der damit angesprochene Aspekt des *Stellens* daher auch konstitutiver Bestandteil des AGB-Begriffs und damit Voraussetzung der richterlichen Inhaltskontrolle[225]. Seine normative Verankerung findet der Aspekt der einseitigen Auferlegung der AGB durch den Verwender in den Merkmalen des *Stellens*[226] (§305 Abs. 1 S. 1 BGB) und des *Nichtaushandelns*[227] (§305 Abs. 1 S. 3 BGB), die im Fehlen einer *freien Einbeziehungsentscheidung* des Verwendungsgegners auf der einen und mangelnder *Dispositionsbereitschaft* des Verwenders auf der anderen Seite zum Ausdruck kommen.[228] Aus der Perspektive des Verwenders ist seine mangelnde Bereitschaft, sich auf eine Änderung der von ihm vorformulierten AGB einzulassen, durchaus verständlich: Wird der mit der Vorformulierung und der rechtlichen Prüfung verbundene zeitliche und finanzielle Aufwand für den

---

222 So auch *Drexl*, Selbstbestimmung (1998), S. 339; *Bydlinski*, System und Prinzipien (1996), S. 759f. Hierzu aus der Perspektive des *vertragstheoretischen* Begründungsmodells näher unten S. 596ff.

223 Vgl. zu diesem Fall *Canaris*, AcP 200 (2000), 273, 322.

224 Zum Problem des *Marktversagens* bzw. mangelnden *Konditionenwettbewerbs* vgl. eingehend unten S. 542ff.

225 Zum Merkmal des Stellens eingehend oben S. 423ff. sowie unten S. 681ff.

226 Hierzu oben S. 423ff. sowie unten S. 681ff.

227 Hierzu oben S. 427ff. sowie unten S. 684f.

228 Hierzu eingehend oben S. 423ff. und unten S. 681ff. (Stellen) sowie oben S. 427ff., und unten S. 684f. (Aushandeln).

Verwender aufgrund des Rationalisierungsvorteils überhaupt erst mit der Mehrfachverwendung der von ihm erstellten AGB rentabel, so wäre für ihn jedenfalls im Massengeschäft eine Änderung der AGB aufgrund des für Verhandlungen und eine rechtliche Prüfung notwendigen Aufwandes im Einzelfall kaum in ökonomisch sinnvoller Weise möglich.

Handelt es sich bei dem Verwender um ein Unternehmen mit einer komplexen hierarchischen Entscheidungsstruktur, so wäre für eine Änderung der AGB darüber hinaus die Zustimmung der hierfür zuständigen Organe bzw. Entscheidungsgremien einzuholen, was in der Praxis regelmäßig nicht möglich sein wird. Zudem steht einem Wegverhandeln der AGB regelmäßig das typischerweise zwischen dem Verwender und seinem Vertragspartner bestehende *Motivationsgefälle* entgegen: Während für den Verwender im Massengeschäft der einzelne Vertrag kaum ins Gewicht fällt und es für ihn typischerweise günstiger ist, auf den Vertragsschluss zu verzichten, als sich auf Verhandlungen einzulassen, so ist der Klauselgegner mangels attraktiver Alternativangebote regelmäßig auf den Vertragsschluss mit dem Verwender angewiesen.[229]

Auch bei der Verwendung vorgefertigter Dritt-AGB[230] ergibt sich für den Verwender im Fall der Abänderung aufgrund der notwendigen rechtlichen Prüfung ein zeitlicher und finanzieller Aufwand, der sich negativ auf seine Verhandlungsbereitschaft auswirkt. Der Klauselgegner hat in der Folge kaum eine realistische Chance, auf den Vertragsinhalt Einfluss zu nehmen, und regelmäßig auch kaum zumutbare Nichteinigungsalternativen.[231] Ein derartig *verdünnter Konsens*[232] kann unter dem Gesichtspunkt der Privatautonomie nur sehr eingeschränkt zur Rechtfertigung der Bindungswirkung des Vertrages herangezogen werden. Das mit der Verhandlungsimparität zwischen den Parteien verbundene Versagen der Richtigkeitsgewähr rechtfertigt eine Inhaltskontrolle gerade mit Blick auf den Schutz der Privatautonomie des Klauselgegners. Aus historischer Perspektive bildet dabei der Aspekt der Verhandlungsimparität aufgrund mangelnder Dispositionsbereitschaft des Verwenders den Ausgangspunkt der rechtsgeschichtlichen Entwicklung der Inhaltskontrolle, fand diese doch ihren Ursprung in der Monopolrechtsprechung des Reichsgerichts, die vom BGH aufgegriffen und sodann weiterentwickelt wurde.[233] Allerdings sind die Begriffe der *Informationsasymmetrie* und der *Verhandlungsimparität* für sich allein genommen noch zu unspezifisch, um als Begründungsmodell der richterlichen Inhaltskontrolle von AGB

---

[229] Zum *Rationalisierungsvorteil* des Verwenders eingehend unten S. 554 f., 559 f., 733 f., 676 ff.

[230] Hierzu näher oben S. 421 f.

[231] Hierzu aus *vertragstheoretischer* Perspektive eingehend unten S. 568 ff., 596 ff.

[232] *Kramer*, FS Canaris I (2007), S. 665, 670. Ähnlich *Bydlinski*, Privatautonomie (1967), S. 106, 123 im Anschluss an *Raiser*, FS 100 Jahre DJT (1960), S. 101, 126 (verdünnte Freiheit) sowie aus der österreichischen Rechtsprechung OGH SZ 56, 62; OGH RdW 2008, 382 (verdünnte Willensfreiheit). Vgl. hierzu *Canaris*, AcP 200 (2000), 273, 321.

[233] Hierzu näher oben S. 342 ff.

herangezogen zu werden. Denn sowohl der Aspekt der mangelnden Zumutbarkeit der *Informationsbeschaffung* als auch jener der *fehlenden Handlungsalternativen* des Klauselgegners bedürfen der weiteren Konkretisierung.

5. *Rechtsökonomischer Begründungsansatz*

Einen entsprechenden Ansatz hat die *ökonomische Analyse des Rechts* (ÖAR) mit dem *ökonomischen Begründungsmodell* der Inhaltskontrolle vorgelegt.

a) Der Grundansatz der ökonomischen Analyse des Rechts

Bei der ökonomischen Analyse handelt es sich um eine vergleichsweise junge Forschungsrichtung der Rechtstheorie, die ausgehend von den USA, wo sie unter dem Begriff *law and economics* eine beachtliche Verbreitung gefunden hat[234], auch in Deutschland zunehmend an Einfluss gewinnt.[235] Im Mittelpunkt dieses Ansatzes stehen die Wechselwirkungen zwischen Recht – Rechtsnormen, Gerichtsentscheidungen und Verwaltungsakte – und menschlichem Verhalten, die zum einen auf der Grundlage ökonomischer Kriterien analysiert (Kausalanalyse der positiven ÖAR), zum anderem zur Begründung von Rechtsänderungen mit dem Ziel der Erhöhung ökonomischer Effizienz herangezogen werden (normative ÖAR).[236]

Im Kern geht es ihr dabei um die Umgestaltung und Optimierung des Rechts am Maßstab des ökonomischen Effizienzkriteriums als *Rechtsprinzip*, das je nach Ausgestaltung der Theorie als *alleiniges*, *vorrangiges* oder *komplementäres* Ziel des Rechts oder der Rechtspolitik herausgestellt wird. Dem Recht kommt dabei lediglich eine *instrumentelle Rolle* als Mittel zur effizienten Ressourcenallokation im Sinne einer ökonomischen Nutzenmaximierung zu[237]: Es ist als Sollensordnung so auszugestalten, dass ein ökonomisch effizientes Ergebnis erzielt wird.[238] Maßgeblich beeinflusst durch den englischen *Utilitarismus* nach *Bent-*

---

[234] Grundlegend *Posner*, Economic analysis of law (8. Aufl. 2011).

[235] Vgl. zur Rezeption in Deutschland *Eidenmüller*, JZ 2005, 216, 217, 224; *Eidenmüller*, Effizienz als Rechtsprinzip (3. Aufl. 2005), S. 4f., 7f. Grundlegend zur ökonomischen Analyse des Rechts *Schäfer/Ott*, Ökonomische Analyse (5. Aufl. 2012) sowie *Eidenmüller*, Effizienz als Rechtsprinzip (3. Aufl. 2005); *Assmann/Kirchner/Schanze*, Ökonomische Analyse des Rechts (1993). Zu den philosophischen Grundlagen *Mathis*, Effizienz statt Gerechtigkeit (3. Aufl. 2009), S. 108 ff.; *Eidenmüller*, Effizienz als Rechtsprinzip (3. Aufl. 2005), S. 173 ff. Vgl. auch instruktiv *Hannemann/Dietlein/Nordmeyer*, ZJS 2013, 163; *Müller*, in: Buckel/Christensen/Fischer-Lescano (Hrsg.), Ökonomische Theorie des Rechts (2. Aufl. 2009), S. 351 ff.

[236] Zur doppelfunktionalen Dimension der ökonomischen Analyse und dem Verständnis der Rechtswissenschaft als Real- und Normwissenschaft näher *Eidenmüller*, JZ 2005, 216, 217; *Eidenmüller*, JZ 1999, 53, 53 ff. Zur Zielsetzung der ökonomischen Analyse *Kirstein*, Ökonomische Analyse (2003), S. 5 ff.

[237] *Eidenmüller*, Effizienz als Rechtsprinzip (3. Aufl. 2005), S. 63, 66, 112, 225, 266, 407.

[238] *Eidenmüller*, Effizienz als Rechtsprinzip (3. Aufl. 2005), S. 63.

ham, *Smith* und *Sidgwick*[239] und in den 1960er und 70er Jahren durch die Arbeiten von *Alchian*, *Becker*, *Calabresi*, *Coase*, *Landes* und *Posner* weiterentwickelt, zielt die ökonomische Analyse auf die *Maximierung gesellschaftlichen Wohlstands* durch Gestaltung und Anwendung des Rechts nach den Kriterien ökonomischer Effizienz.

aa) Allokationseffizienz als Ziel

In einer auf Austauschbeziehungen gegründeten Wirtschaftsordnung ergibt sich die Wohlstandsmaximierung aus einer möglichst optimalen Verteilung der Wirtschaftsgüter (*Allokationseffizienz*): Knappe Ressourcen sollen dabei an den Ort ihrer sozial nützlichsten Verwendung gelangen.[240]

(1) Das Pareto-Kriterium

Den Maßstab optimaler *Allokationseffizienz* im Sinne der Wohlfahrtsökonomie bildet dabei unter Ablehnung interpersoneller Nutzenvergleiche[241] das *Pareto-Kriterium*: Danach ist eine Verteilung dann effizient, wenn es nicht mehr möglich ist, die Position des einen zu verbessern ohne zugleich jene des anderen zu verschlechtern.[242] Erhebliche Bedeutung hat das Pareto-Kriterium für die Erklärung der Marktmechanismen: So würde ein ideal funktionierender Markt unter der Abwesenheit von Transaktionskosten zu einer optimalen Verteilung der Güter im Sinne pareto-optimaler Allokationseffizienz führen.[243]

Allerdings ist das Pareto-Kriterium als universeller Entscheidungsmaßstab für die Wirtschafts- und Rechtspolitik unbrauchbar, da es dem Einzelnen ein *Vetorecht* gegen ihn belastende Maßnahmen verschafft, so dass dem Kriterium der Pareto-Effizienz in der Rechtswirklichkeit ein minimaler Anwendungsbereich verbleibt.[244] Darüber hinaus ist es blind für Fragen der *Verteilungsgerechtigkeit*[245]:

[239] Zu rechtsphilosophischen Grundlagen der ökonomischen Analyse vgl. eingehend *Mathis*, Effizienz statt Gerechtigkeit (3. Aufl. 2009), S. 108 ff.; *Eidenmüller*, Effizienz als Rechtsprinzip (3. Aufl. 2005), S. 173 ff.

[240] *Schäfer/Ott*, Ökonomische Analyse (5. Aufl. 2012), S. 84.

[241] Dazu näher *Eidenmüller*, Effizienz als Rechtsprinzip (3. Aufl. 2005), S. 42 ff. sowie *Schäfer/Ott*, Ökonomische Analyse (5. Aufl. 2012), S. 28 f.

[242] *Schäfer/Ott*, Ökonomische Analyse (5. Aufl. 2012), S. 14 ff.; *Eidenmüller*, Effizienz als Rechtsprinzip (3. Aufl. 2005), S. 48 ff. Zu der in diesem Zusammenhang unerheblichen Differenzierung zwischen *starkem* und *schwachem* Pareto-Kriterium *Schäfer/Ott*, Ökonomische Analyse (5. Aufl. 2012), S. 13; *Eidenmüller*, Effizienz als Rechtsprinzip (3. Aufl. 2005), S. 48 mwN. Zur Bedeutung des Pareto-Kriteriums für die Realisierung von Kooperationsgewinnen in Verhandlungssituationen näher *Bühring-Uhle/Eidenmüller/Nelle*, Verhandlungsmanagement (2009), S. 55; *Duve/Eidenmüller/Hacke*, Mediation in der Wirtschaft (2011), S. 188 f.

[243] *Schäfer/Ott*, Ökonomische Analyse (5. Aufl. 2012), S. 17; *Eidenmüller*, Effizienz als Rechtsprinzip (3. Aufl. 2005), S. 49 mwN; *Kirstein/Schmidtchen*, Ökonomische Analyse (2003), S. 5.

[244] *Eidenmüller*, Effizienz als Rechtsprinzip (3. Aufl. 2005), S. 49 f., 75.

[245] *Kirstein/Schmidtchen*, Ökonomische Analyse (2003), S. 7.

So kann sich eine nach dem Pareto-Kriterium als effizient bewertete Verteilung von Wirtschaftsgütern aus der Perspektive der Verteilungsgerechtigkeit als ungerecht erweisen. Sind etwa alle Wirtschaftsgüter in der Hand eines Diktators konzentriert, während alle übrigen Menschen nichts haben, so wäre eine solche ungleiche Güterverteilung nach dem Pareto-Kriterium als effizient zu beurteilen, da keiner der Untertanen besser gestellt werden könnte, ohne den Diktator schlechter zu stellen.[246]

Das Gleiche gilt für den realen Fall des sogenannten *land-grabbing* z.B. in Afrika, bei dem ausländische Agrarunternehmen und Investoren exklusive Eigentumsrechte am Land erwerben und damit die Existenzgrundlage der einheimischen Bevölkerung zerstören.[247] Das rechtsökonomische Kriterium der Pareto-Effizienz bedarf daher der Korrektur durch Kriterien der Verteilungsgerechtigkeit, wobei als verteilungspolitisches Instrument vor allem das Steuer- und das Sozialrecht, zum Teil auch das Zivilrecht in Betracht kommt.[248] Die Pareto-Effizienz ist darüber hinaus abhängig von der Ausgangsausstattung der Gesellschaftsmitglieder mit Wirtschaftsgütern, so dass sich je nach Ausgangslage viele verschiedene, voneinander stark unterscheidende pareto-effiziente Zustände ergeben können.[249] Welcher dieser Zustände vorzugswürdig ist, lässt sich auf der Grundlage des Pareto-Kriteriums allein nicht erklären.[250] Schließlich stößt die Pareto-Effizienz dort an Grenzen, wo es um die Quantifizierung von Nutzenzuwächsen und -verlusten aufgrund von Reallokationen geht: Denn auf der Grundlage des Pareto-Kriteriums wäre eine Reallokation auch dann als ineffizient anzusehen, wenn der Nutzenzuwachs des Gewinners den Nutzenverlust des Verlierers übersteigt.[251]

(2) Das Kaldor-Hicks-Kriterium

Diese Schwächen vermeidet das *Kaldor-Hicks-Kriterium*: Danach kann eine Güterverteilung auch dann als effizient und damit als wohlfahrtssteigernd angesehen werden, wenn sie sich für einen Teil der Beteiligten als Verlust darstellt, sofern die Gewinner in der Lage sind, die Verluste der Verlierer voll zu kompensieren – so dass diese im Hinblick auf den ursprünglichen Zustand indifferent wären – und den Gewinnern immer noch ein Teil des Wohlstandsgewinns als Restvorteil verbleibt.[252] Hierfür ist ausreichend, dass die Gewinner die Verlierer entschädigen *könnten*, d.h. der Wohlstandszuwachs für die Gewinner größer ist

---

246 So *Kirstein/Schmidtchen*, Ökonomische Analyse (2003), S. 7.

247 *Schäfer/Ott*, Ökonomische Analyse (5. Aufl. 2012), S. 18 mwN.

248 *Schäfer/Ott*, Ökonomische Analyse (5. Aufl. 2012), S. 18f.; *Eidenmüller*, Effizienz als Rechtsprinzip (3. Aufl. 2005), S. 273ff., 320f.; *Kirstein/Schmidtchen*, Ökonomische Analyse (2003), S. 7f.

249 *Schäfer/Ott*, Ökonomische Analyse (5. Aufl. 2012), S. 17f.

250 *Schäfer/Ott*, Ökonomische Analyse (5. Aufl. 2012), S. 18.

251 *Kirstein/Schmidtchen*, Ökonomische Analyse (2003), S. 5f.

252 *Eidenmüller*, Effizienz als Rechtsprinzip (3. Aufl. 2005), S. 51 mwN. *Schäfer/Ott*,

als die für die Entschädigung der Verlierer nötige Kompensation. Auf eine *tatsächliche* Entschädigung kommt es dagegen nicht an.[253]

Aufgrund seiner Vorteile gegenüber dem Pareto-Kriterium greift die ökonomischen Analyse daher vor allem auf das *Kaldor-Hicks-Kriterium* zurück und zieht es insbesondere zur Begründung der *Auktions-Entscheidungsregel* (Versteigerung eines knappen Gutes bzw. eines Rechtes an den Meistbietenden), des *Vermögensmaximierungsprinzips* (Effizienz eines Zustands bei Maximierung aller durch ihn bewirkten Vermögensänderungen beim Betroffenen) und von *Kosten-Nutzen-Rechnungen* (Effizienz des positivem Gesamtsaldos von Kosten und Nutzen) heran.[254] Allerdings ist auch das *Kaldor-Hicks-Kriterium* erheblichen Einwänden ausgesetzt. So hat *Scitkovsky* schon 1941 auf logische Inkonsistenzen hingewiesen, wonach unterschiedliche soziale Zustände wechselseitig den *Kaldor-Hicks-Test* bestehen können.[255]

Entsprechend hat *Gorman*[256] 1955 die Möglichkeit intransitiver Reihungen beim Vergleich von drei oder mehr Zuständen nach dem *Kaldor-Hicks-Kriterium* nachgewiesen.[257] Aber auch die Ableitungen aus dem *Kaldor-Hicks-Kriterium* werfen erhebliche Probleme auf. So ist das Ergebnis von *Posners Vermögensmaximierungsprinzip*, Güter und Rechte an den Meistbietenden zu versteigern und auch Menschenrechte zum Gegenstand eines Auktionsverfahrens zu machen, unter Gerechtigkeitsgesichtspunkten und aus der Perspektive des Grundrechtsschutzes in keiner Weise tragbar.[258] Im Hinblick auf die für die Rechtspraxis bedeutsamen Kosten-Nutzen-Analysen ergibt sich aus juristischer Perspektive darüber hinaus das Problem, wie die Vor- und Nachteile bestimmter rechtlicher Regelungen überhaupt monetär bewertet und gegeneinander abgewogen werden können[259], zumal insbesondere im Leistungsstörungsrecht das Problem der realistischen Abschätzung der Eintrittswahrscheinlichkeit hinzukommt. Wie zu

---

Ökonomische Analyse (5. Aufl. 2012), S. 20; *Kirstein/Schmidtchen*, Ökonomische Analyse (2003), S. 6.

[253] *Schäfer/Ott*, Ökonomische Analyse (5. Aufl. 2012), S. 20; *Eidenmüller*, Effizienz als Rechtsprinzip (3. Aufl. 2005), S. 51; *Kirstein/Schmidtchen*, Ökonomische Analyse (2003), S. 6.

[254] Hierzu *Schäfer/Ott*, Ökonomische Analyse (5. Aufl. 2012), S. 21 f.; *Eidenmüller*, Effizienz als Rechtsprinzip (3. Aufl. 2005), S. 51 ff.

[255] *de Scitovszky*, 9 Rev. Econ. Stud. 77 (1941).

[256] *Gorman*, Oxford Econ. Pap. N. S. 25 (1955). Vgl. hierzu auch *Schäfer/Ott*, Ökonomische Analyse (5. Aufl. 2012), S. 20 f.; *Eidenmüller*, Effizienz als Rechtsprinzip (3. Aufl. 2005), S. 53.

[257] *Eidenmüller*, Effizienz als Rechtsprinzip (3. Aufl. 2005), S. 53.

[258] Zu den mit dem *Vermögensmaximierungsprinzip* verbundenen ethischen Problemen eingehend *Coleman, in: Chapman/Pennock (Hrsg.), Ethics, economics and the law (1982), S. 83* ff. Vgl. hierzu *Schäfer/Ott*, Ökonomische Analyse (5. Aufl. 2012), S. 22.

[259] *Eidenmüller*, Effizienz als Rechtsprinzip (3. Aufl. 2005), S. 54, 78. Vgl. zu weiteren Einwänden gegenüber dem *Kaldor-Hicks-Kriterium Eidenmüller*, Effizienz als Rechtsprinzip (3. Aufl. 2005), S. 114, 134 ff., 156 ff., 182 ff., 204 ff., 225, 239 ff., 246 ff., 317 ff. sowie *Schäfer/Ott*, Ökonomische Analyse (5. Aufl. 2012), S. 25.

zeigen sein wird, liegt hierin eine erhebliche Schwäche der rechtsökonomischen Begründung der Inhaltskontrolle von AGB.[260]

bb) Der homo oeconomicus als Verhaltensmodell

Neben dem Effizienzziel – das als Maßstab für die Bewertung der Folgen rechtlicher Regelungen oder Entscheidungen in der Rechtswirklichkeit herangezogen wird – bildet das ursprünglich aus der Mikroökonomik stammende Verhaltensmodell des *homo oeconomicus* die zweite Säule der ökonomischen Analyse. Es dient als Ausgangspunkt für die Ermittlung der Auswirkungen bestimmter rechtlicher Gestaltungen auf der Grundlage spezifischer Grundannahmen menschlichen Verhaltens. Das theoretische Konstrukt des *homo oeconomicus* beschreibt dabei den zweckrational-egoistischen Nutzenmaximierer (REM-Hypothese)[261], der (1) über *umfassende Informationen* im Hinblick auf die für ihn wichtigen Entscheidungsalternativen verfügt, (2) vollkommen *rational handelt* und zudem (3) stets auf die *Maximierung seines eigenen Vorteils* bedacht ist: „Der ökonomische Mensch im allgemeinsten Sinne ist also derjenige, der in *allen* Lebensbeziehungen den Nützlichkeitswert voranstellt. Alles wird für ihn zu Mitteln der Lebenserhaltung, des naturhaften Kampfes ums Dasein und der angenehmen Lebensgestaltung."[262]

(1) Umfassende Information vs. Informationsdefizit

Der *homo oeconomicus* handelt zunächst unter der Annahme umfassender Information: So stehen ihm alle notwendigen entscheidungsrelevanten Informationen wie Kosten und Nutzen sämtlicher möglicher Handlungsalternativen oder die Kenntnis der Eintrittswahrscheinlichkeit bestimmter Ereignisse zur Verfügung. Darüber hinaus ist er ohne weiteres zur perfekten Aufnahme und effizienten Verarbeitung der Informationen in der Lage, so dass es ihm ein Leichtes ist, die für ihn beste Handlungsalternative zu finden.[263] Derart übermenschliche Fähigkeiten zur Informationsaufnahme und -verarbeitung sowie die Annahme, dass der Einzelne über umfassende Information aller entscheidungsrelevanten Umstände verfügt, entsprechen jedoch nicht der Realität. Das Verhaltensmodell des *homo oeconomicus* ist daher erheblichen Einwänden ausgesetzt, die insbesondere im Kontext des Rationalitätsprinzips relevant werden.[264]

---

[260] Vgl. hierzu unten S. 555f.

[261] REM: rational-egoistischer Mensch, im Englischen REMM: resourceful, evaluative, maximizing man.

[262] *Spranger*, Lebensformen (1966), S. 148.

[263] *Axer*, AGB-Kontrolle (2012), S. 242.

[264] Vgl. zu den Schwächen des *homo oeconomicus*-Modells oben S. 144ff., 170ff., 248ff. sowie unten S. 555ff.

(2) Rationalitätsprinzip vs. bounded rationality

Das *Rationalitätsprinzip* (*rational choice*) unterstellt, dass der so beschriebene Mensch die ihm zur Verfügung stehenden Informationen vollkommen *rational* verarbeitet und sich insbesondere nicht von Gefühlen, Intuition oder Wahrnehmungsverzerrungen leiten lässt, so dass sich sein Verhalten gleichsam als Ergebnis einer mathematischen Gleichung ergibt, in deren Form es vom wirtschaftswissenschaftlichen Schrifttum auch regelmäßig dargestellt wird. Auf der Grundlage der von dem Mathematiker *Neumann* und dem Ökonomen *Morgenstern* entwickelten Axiome setzt rationales, nutzenmaximierendes Verhalten danach *Vollständigkeit*, *Transitivität*, *Unabhängigkeit*, *Konsistenz* und *Widerspruchsfreiheit* der Präferenzentscheidung voraus.[265] Der *homo oeconomicus* trifft seine Entscheidungen dabei regelmäßig auf der Grundlage einer *Kosten-Nutzen-Analyse* unter Berücksichtigung der *primären* (Schadens- und Schadensvermeidungskosten), *sekundären* (Risikoverteilungskosten) und *tertiären* (Transaktionskosten) Kosten sowie direkter und verdeckter *Opportunitätskosten* (entgangener Nutzen aus der nächstbesten Verwendung eines Gutes) nach dem *ökonomischen Prinzip* in seinen Ausformungen als *Minimal-* (minimaler Kosteneinsatz), *Maximal-* (maximaler Nutzen) und *Optimalprinzip* (optimales Kosten-Nutzen-Verhältnis). Seine Entscheidungen können dabei zu Auswirkungen bei anderen Akteuren (*externe Effekte*) in Form von Kosten (*negative Externalitäten*) oder Nutzen (*positive Externalitäten*) führen.

(a) Normative Kritik am homo oeconomicus

Die Anwendung des ökonomischen Entscheidungsprinzips auf die ökonomische Analyse hat erhebliche Auswirkungen auf das *Normverständnis* des *homo oeconomicus*. Da er in seinem Entscheidungsverhalten ausschließlich auf Kosten und Nutzen als verhaltenssteuernde Entscheidungskriterien reagiert, existieren Rechtsnormen für ihn nur dann und insoweit, als diese mit einer Sanktion verbunden sind.[266] Eine Rechtsnorm, deren Verletzung mit keinerlei Sanktionen geahndet wird, ist für ihn nicht existent, sie steht „nur auf dem Papier."[267] Eine Befolgung von Rechtsnormen aus der Überzeugung, dass sie richtig sind oder dem Wohl der Gemeinschaft dienen, ist ihm nicht möglich. Die einzige Sprache, die der *homo oeconomicus* versteht, ist jene der Sanktion. Nur wenn Rechtsnormen sanktionsbewehrt sind und damit wie Preise wirken, entfalten sie für ihn als Handlungsrestriktionen verhaltenssteuernde Wirkung.

Aber auch dies gilt nur soweit, als sich die mit der Sanktion für ihn verbundenen Kosten als höher erweisen als der mit der Übertretung der Norm verbundene Nutzen. Ob er daher eine Norm befolgt oder nicht, entscheidet der *homo*

265 *Schäfer/Ott*, Ökonomische Analyse (5. Aufl. 2012), S. 97f.
266 *Eidenmüller*, Effizienz als Rechtsprinzip (3. Aufl. 2005), S. 34f.
267 *Eidenmüller*, Effizienz als Rechtsprinzip (3. Aufl. 2005), S. 34.

oeconomicus auf der Grundlage eines Kosten-Nutzen-Kalküls: Erweist es sich für ihn als nützlich, gegen ein gesetzliches Verbot zu verstoßen, einen Vertrag zu brechen oder die Rechte anderer zu verletzen, so wird er dies auch tun, wenn sich der daraus für ihn ergebende Nutzen die Kosten übersteigt.[268] Aus seinem Rationalitätskalkül ergibt sich damit ein „zynisches“[269] Normverständnis des *homo oeconomicus*.

Dass ein derartiges Normverständnis mit den Grundsätzen jeglicher Rechtsordnung unvereinbar sein muss, ist offensichtlich. Freilich läuft eine normative Kritik am *homo oeconomicus* – jedenfalls soweit es um das Verhaltensmodell als lediglich *analytisches* Instrumentarium der Wirklichkeit geht – weitgehend ins Leere: Denn der *homo oeconomicus* als notorischer Rechtsbrecher soll keineswegs Vertreter eines idealtypischen Menschenbildes, sondern lediglich ernüchterndes Spiegelbild der Lebenswirklichkeit sein. Und ein insoweit realistischer Blick auf die Realität der Rechtspraxis ist für jede Rechtsordnung als Sollensordnung unverzichtbar: So muss der Gesetzgeber bei der Gestaltung des geltenden Rechts die vielfältigen Möglichkeiten der Umgehung und Vermeidung mitberücksichtigen, will er dem Recht nicht nur *normativ*, sondern auch *tatsächlich* Geltung verschaffen.[7]

Nur wenn das Recht selbst – etwa in Form von Sanktionen – die zu seiner Durchsetzung notwendigen Mechanismen zur Verfügung stellt, ist es auch in der Lage, seine verhaltenssteuernde und die Gesellschaft transformierende Funktion zu erfüllen. Und auch aus ethischer und sogar theologischer Perspektive bestehen – jedenfalls mit Blick auf die analytische Funktion des *homo oeconomicus* – keine grundlegenden Bedenken, entspricht er doch ebenjener Beschreibung der Lebenswirklichkeit als *Ist-Zustand*, der von der Moralphilosophie wie auch der Theologie mit erstaunlich übereinstimmender Präzision vorausgesetzt wird und um dessen Überwindung und Transformation hin zu einem idealen *Soll-Zustand* es jeder normativen Ordnung im Kern letztlich geht.

(b) bounded rationality

Vermag eine normative Kritik am *homo oeconomicus* daher im Grundsatz nicht durchzugreifen, weil der in dieser Weise beschriebene Mensch keinen idealtypischen Soll-Zustand, sondern lediglich den Ist-Zustand der Lebenswirklichkeit beschreibt, so gilt dies nicht in gleicher Weise im Hinblick auf die Kritik an der Tauglichkeit des *homo oeconomicus* als realistisches Abbild des tatsächlichen Menschen. Denn ob Menschen tatsächlich systematisch so handeln, wie es das Verhaltensmodell des *homo oeconomicus* als rationaler, egoistischer Nutzenmaximierer verlangt, ist zweifelhaft.

---

[268] Vgl. hierzu eingehend *Eidenmüller*, Effizienz als Rechtsprinzip (3. Aufl. 2005), S. 35 f.

[269] So *Eidenmüller*, Effizienz als Rechtsprinzip (3. Aufl. 2005), S. 36, 74 mit Verweis auf *Holmes*, Harv. L. Rev. 457, 461 f. (1897).

So hat insbesondere *Simon*[270] bereits 1976 nachgewiesen, dass der jederzeit vollkommen rational handelnde, stets auf seinen eigenen Nutzen bedachte *homo oeconomicus*, der nicht nur über vollkommene *Kenntnis* aller entscheidungsrelevanten Umstände, sondern auch über nahezu unbegrenzte Fähigkeiten der *Informationsaufnahme* und *-verarbeitung* verfügt, in der Lebenswirklichkeit nicht anzutreffen ist.[271] In der Realität sind die Kapazitäten des Menschen zur Wahrnehmung, Aufnahme und Verarbeitung von Informationen, zur Bewältigung komplexer Situationen und damit zu strikt rationalen Entscheidungen aufgrund kognitiver Beschränkungen und limitierter zeitlicher und finanzieller Ressourcen begrenzt.

Darüber hinaus stehen ihm häufig nur *lückenhafte Informationen* zur Verfügung. Er ist daher nicht in der Lage, jede denkbare Entscheidungssituation unter Berücksichtigung aller relevanten Umstände und Handlungsalternativen umfassend zu analysieren und entsprechend seiner Präferenzen eine völlig rationale Entscheidung zu treffen. In der Regel wäre dies aufgrund hoher *Informationsbeschaffungs-* und *Verarbeitungskosten* sowie des damit verbundenen *zeitlichen Aufwands* auch nicht effizient und würde in der Praxis gerade bei Alltagsentscheidungen häufig auf kaum überwindbare Grenzen stoßen. Daher nimmt der *Grenznutzen* zusätzlicher Information kontinuierlich ab und wird aufgrund der mit der Verarbeitung hoher Informationsmengen verbundenen Kosten letztlich negativ, weil die kognitive Belastung des Menschen durch eine ihn überfordernde *Informationsflut* letztlich schlechtere Entscheidungen zur Folge hat.[272] Der Mensch trifft Entscheidungen daher vielmehr unter den Bedingungen vielfältiger *Unsicherheit*, *lückenhafter Information* und *begrenzter Zeit*. Statt an einem perfekt nutzenmaximierenden Ergebnis orientiert er sein Verhalten an komplexitätsreduzierenden Daumenregeln. Sein Entscheidungsverhalten ist nicht auf das Erreichen einer perfekten, nutzenmaximierenden Lösung, sondern auf ein Ergebnis gerichtet, mit dem er lediglich zufrieden ist (*satisfycing*). Das theoretisch mögliche Nutzenoptimum kann aufgrund kognitiver Begrenzungen und hoher Kosten nicht ausgereizt werden. Menschliche Entscheidungen sind damit *rational begrenzt* und damit notwendig *imperfekt*. *Simon* hat deshalb dem Modell des *homo oeconomicus* sein Konzept der „beschränkten Rationalität" (*bounded rationality*) gegenübergestellt.

---

[270] *Simon*, Administrative behavior (1947). Zuletzt *Simon*, Administrative behavior (4. Aufl. 1997). Für deine deutsche Übersetzung vgl. *Simon/Müller*, Entscheidungsverhalten (1981).

[271] Vgl. hierzu eingehend *Eidenmüller*, Effizienz als Rechtsprinzip (3. Aufl. 2005), S. 38; *Eidenmüller*, JZ 2005, 216, 218 sowie *Schäfer/Ott*, Ökonomische Analyse (5. Aufl. 2012), S. 103 ff.

[272] *Eidenmüller*, JZ 2005, 216, 218.

(c) *behavioral economics*

Die Kritik des *bounded rationality*-Ansatzes an der Rationalitätsannahme des Verhaltensmodells des *homo oeconomicus* ist in jüngerer Zeit von der *Kognitionspsychologie* und der *experimentellen Ökonomik* in empirischen Untersuchungen sowie in Laborexperimenten mit Freiwilligen bestätigt worden. Auf der Grundlage der richtungsweisenden Arbeiten unter anderem von *Ariely, Kahneman, Tversky, Thaler* und *Smith* ist mit der *Verhaltensökonomik* (*behavioral economics*) ein Teilgebiet der Wirtschaftswissenschaften entstanden, das zunehmend an Einfluss gewinnt und das Verhaltensmodell des *homo oeconomicus* sowie damit zugleich zentrale Grundannahmen der Wirtschaftswissenschaften infrage stellt[273]. Entsprechend konnte nachgewiesen werden, dass das tatsächliche Verhalten des Menschen aufgrund rationaler Begrenzungen im Hinblick auf *Wahrnehmung*, *Informationsaufnahme* und *-verarbeitung* sowie *Entscheidungsverhalten* nicht nur sporadisch, sondern systematisch vom Modell des rational-egoistischen Nutzenmaximierers abweicht.[274]

So ist der Mensch aufgrund seines Bedürfnisses nach einem widerspruchsfreien Weltbild (*Prinzip der kognitiven Konsonanz*) der kognitiven Begrenzung selektiver Wahrnehmung ausgesetzt, indem er unbewusst die Aufnahme von Informationen vermeidet, die seinen Vorstellungen widersprechen, dagegen aktiv nach jenen Informationen sucht, die seiner vorgefassten Einstellung entsprechen.[275] Die Folgen sind Überoptimismus (*overconfidence bias*), die Illusion der Überlegenheit (*superiority bias*), die Illusion der Gewissheit (*certainty bias*), das Phänomen selbsterfüllender Prophezeiungen (*self-fulfilling prophecy*) sowie weitere selbstwertdienliche Wahrnehmungsverzerrungen (*self-serving bias*). Darüber hinaus greift er regelmäßig nur auf gerade verfügbare Informationen zurück (*availability bias*), unterliegt bei ex-post-Betrachtung vergangener Ereignisse ergebnisbeeinflussten Rückschaufehlern (*hind sight bias*) und im Hinblick auf andere Menschen *attributionellen Verzerrungen* und *Schubladendenken* (*Halo-Effekt*). In der Folge werden etwa sachliche Vorschläge nicht nach ihrem Inhalt, sondern nach ihrer Herkunft beurteilt (*reactive devaluation*).

Aber auch das *Entscheidungsverhalten* des Menschen wird von vielfältigen Rationalitätsbegrenzungen beeinflusst, wie etwa Besitzeffekten (*endowment effects*), Verlustaversion (*loss aversion*), der Neigung zur Vermeidung versunkener Kosten (*sunk cost fallacy*) und zur Bevorzugung des *status quo* (*status quo bias*), der Abhängigkeit von der konkreten Formulierung der Entscheidungsparameter (*framing effect*), der Fehleinschätzung durch Orientierung an einem vorgegebenen Vergleichsstandard (*anchoring effect*), der Schwierigkeit, mit Wahrscheinlich-

---

273 So im Ergebnis *Schäfer/Ott*, Ökonomische Analyse (5. Aufl. 2012), S. 104.

274 *Schäfer/Ott*, Ökonomische Analyse (5. Aufl. 2012), S. 104.

275 *Duve/Eidenmüller/Hacke*, Mediation (2. Aufl. 2011), S. 27; *Bühring-Uhle/Eidenmüller/Nelle*, Verhandlungsmanagement (2009), S. 41 f.

keiten umzugehen und die Neigung, diese bei Entscheidungen unter den Bedingungen der Ungewissheit zu ignorieren (*probability neglect*), der Überwertung von Geldabflüssen gegenüber anderen *Opportunitätskosten*[276] sowie dem Phänomen des vereinfachenden *Szenariodenkens*, bei dem keine Gewichtung möglicher zukünftiger Zustände nach Wahrscheinlichkeiten erfolgt und damit kein rationales Urteil der Chancen und Risiken einer Entscheidung getroffen werden kann.[277]

Darüber hinaus unterliegen Parteien insbesondere in Verhandlungssituationen regelmäßig dem Nullsummenmythos (*fixed pie perception*), d. h. der Vorstellung, dass der in einer bestimmten Verhandlung zu verteilende „Wertkuchen" von vornherein begrenzt ist, sich die jeweiligen Interessen gegenseitig ausschließen und daher dem Gewinn des einen ein entsprechender Verlust des anderen gegenübersteht. Im Ergebnis wird die Möglichkeit *wertschöpfender Kooperationsgewinne* nicht erkannt und häufig eine konfrontativ-wertverteilende Verhandlungsstrategie gewählt, so dass Wertschöpfungschancen verloren gehen und häufig auch mögliche beiderseits interessengerechte Einigungen scheitern. Neben die genannten *heuristischen Schwächen* (*bounded rationality*) treten zudem *Willensschwächen* (*bounded willpower*), die etwa zeitlich inkonsistente Präferenzen oder die Überbewertung der Gegenwart zur Folge haben: So wird die Gegenwart grundsätzlich stärker diskontiert als die Zukunft, mit der Folge, dass Menschen einen objektiv hohen, jedoch subjektiv als ungewiss erwarteten Zukunftsnutzen regelmäßig einem objektiv geringeren, indes subjektiv als sicher angesehenen Gegenwartsnutzen opfern, auch wenn dies mit hohen Kosten verbunden ist.[278]

(3) Egoismus vs. Kooperation

Der *homo eoconomicus* handelt jedoch nicht nur vollkommen rational, sondern auch maximal egoistisch. Das Prinzip des *Egoismus* im engeren Sinne setzt voraus, dass der ökonomische Mensch sein gesamtes Handeln ausschließlich an der Maximierung des eigenen Nutzens ausrichtet und somit nur solche Handlungsalternativen präferiert, die seinen Nutzen vergrößern. *Altruismus,* d. h. ausschließlich fremdnütziges Handeln ist ihm grundsätzlich fremd, das Wohl anderer gleichgültig, Sympathie oder Antipathie, Mitleid und Sorge empfindet er nicht. Liebe, die sich schenkende Hingabe an den anderen, welche stets die Bedürfnisse des Gegenüber im Blick hat, diese über die eigenen stellt und in der als Gegenpol zum Egoismus die Maximierung des Nutzens des anderen zur Maxime des Handelns gemacht wird, ist ihm unbekannt.

Angesichts dieser – aus ethischer Perspektive geradezu erschreckenden – Aggregation an *Lastern* und der nahezu vollständigen Abwesenheit an *Tugenden* versteht sich von selbst, dass mit dem so beschriebenen Konstrukt kein norma-

---

[276] *Schäfer/Ott*, Ökonomische Analyse (5. Aufl. 2012), S. 106.

[277] *Schäfer/Ott*, Ökonomische Analyse (5. Aufl. 2012), S. 105.

[278] *Schäfer/Ott*, Ökonomische Analyse (5. Aufl. 2012), S. 109; *Eidenmüller*, JZ 2005, 216, 219.

tiv verbindliches, anthropologisches Menschenbild, sondern lediglich ein analytisches Modell zur Erklärung menschlichen Verhaltens in der Wirklichkeit gemeint sein kann. Gleichwohl hat die Tatsache, dass die Wirtschaftswissenschaften „das Gewicht der ökonomischen Theorie auf die Schultern dieses anrüchigen Wesens gelegt“[279] haben, zu erheblicher Kritik insbesondere vonseiten der seit jeher als Normwissenschaft verfassten Rechtswissenschaft[280] geführt, die indes mit Verweis auf den bloßen Modellcharakter des *homo oeconomicus* und die ausreichende Brauchbarkeit der REM-Hypothese, die jedenfalls im Prinzip eine hinreichende Prognosequalität ermögliche, zurückgewiesen wurde.

Gleichwohl bleibt das Kriterium der *eigenen Nutzenmaximierung* problematisch: Denn zum einen ist das Modell des rational egoistischen Menschen nicht nur ein *analytisches* Instrument, sondern zugleich eben auch Grundlage eines *rechtsgestaltenden* Programms, werden mit seiner Hilfe doch auch Empfehlungen für die zukünftige Gestaltung des geltenden Rechts ausgesprochen. In welchem Umfang auch die solchen Gestaltungsempfehlungen zugrunde liegenden Prämissen des *homo oeconomicus* auf das geltende Recht ausstrahlen und ob es überhaupt möglich ist, ihn als Verhaltensmodell den Regelungsvorschlägen zur Gestaltung des geltenden Rechts zugrunde zu legen, ohne die ihn bestimmenden Prämissen direkt oder indirekt eben doch zu akzeptieren, ist bislang völlig unklar. Zum anderen hat schon *Adam Smith* auf die Bedeutung altruistischen Handelns als einer der wesentlichen Triebkräfte menschlichen Verhaltens hingewiesen. Und auch die *empirische Kooperationsforschung* hat den Nachweis erbracht, dass es sich bei altruistischem Verhalten nicht nur um Einzelerscheinungen, sondern um ein Massenphänomen, um einen integralen Teil menschlichen Lebens handelt, der die Rechtswirklichkeit in erheblichem Maße prägt und das Leben des Menschen konstitutiv bestimmt.[281]

(a) Kooperation

Darüber hinaus haben die *Kognitionspsychologie* und die *moderne Verhandlungsforschung* die Bedeutung *kooperativen Verhaltens* gerade aus der Perspektive der allgemeinen Wohlfahrtssteigerung wie auch der individuellen Nutzenmaximierung aufgedeckt[282]: Während das Handeln des egoistischen Nutzenmaximierers

[279] *Schäfer/Ott*, Ökonomische Analyse (5. Aufl. 2012), S. 100.

[280] Zum Spannungsverhältnis zwischen dem Verständnis der Rechtswissenschaft als *Norm-* bzw. *Realwissenschaft Eidenmüller*, JZ 2005, 216, 217; *Eidenmüller*, JZ 1999, 53, 53 ff.

[281] Vgl. hierzu bereits oben S. 81 ff., 116 f., 159 f., 244 ff. sowie *Halali/Bereby-Meyer/Ockenfels*, 7 Front. Hum. Neurosci. 1 (2013); *Ockenfels/Raub*, KZfSS (Sonderheft 50) 2010, 119; *Bolton/Ockenfels*, in: Baurmann/Lahno (Hrsg.), Perspectives in Moral Science (2009), S. 199; *Bolton/Ockenfels*, in: Plott/Smith (Hrsg.), Handbook of experimental economics results I (2008), S. 531; *Bolton/Ockenfels*, 25 Econ. Theor. 957 (2005); *Güth/Kliemt/Ockenfels*, 50 J. Econ. Behav. Organ. 465 (2003); *Bolton/Ockenfels*, 90 Am. Econ. Rev. 166 (2000) sowie eingehend *Ockenfels*, Fairneß, Reziprozität und Eigennutz (1999), S. 4 ff., 37 ff., 65 ff., 131 ff.

[282] Zur wertschöpfenden Wirkung der Kooperation für die Parteien vgl. grundlegend *Fisher/Ury/Patton*, Getting to Yes (1991) sowie *Duve/Eidenmüller/Hacke*, Mediation (2. Aufl.

auf die bloße *Verteilung* bestehender Werte und die Sicherung eines möglichst großen Anteils am „Wertkuchen" gerichtet ist (*dividing the pie*[283]), jedoch keinen Beitrag zur *Wertschöpfung* zu leisten vermag und insoweit unfruchtbar bleibt, ermöglicht Kooperation die wertschöpfende Vergrößerung des zu verteilenden „Wertkuchens" (*enlarging the pie*) und – einen gleichbleibenden Verteilungsschlüssel vorausgesetzt – des jeweiligen individuellen Nutzens der Parteien.

Die nutzenmaximierende Funktion kooperativen Verhaltens ist insbesondere von der *Spieltheorie*, hier vor allem im bekannten *Gefangenendilemma*[284], nachgewiesen worden. Die Integration der gegenseitigen Interessen und die hierfür notwendige Transformation der Parteibeziehung durch Ausrichtung aufeinander hin ermöglicht damit wertschöpfende Kooperationsgewinne, die nicht nur die gesamtgesellschaftliche Wohlfahrt steigern, sondern darüber hinaus auch den individuellen Nutzen der Beteiligten vergrößern. Dies hat im Ergebnis die notwendige Berücksichtigung der Interessen des anderen und damit gerade kein ausschließlich egoistisches Verhalten zur Folge: Die Verwirklichung der eigenen Interessen schließt daher notwendig die Berücksichtigung jener des anderen mit ein, da auch der eigentlich egoistische Nutzenmaximierer zur Verwirklichung seiner Interessen auf Kooperation mit anderen Menschen angewiesen ist.

(b) homo socialis

Aus rechtssoziologischer Perspektive ist dieses Ergebnis nicht überraschend: Da der Mensch weder in einem beziehungslosen Vakuum lebt noch in einem solchen Zustand überhaupt lebensfähig wäre, sondern vielmehr in ein Gefüge von menschlichen Beziehungen eingebettet ist, die Ausrichtung auf der anderen hin daher eigentlich seiner Natur bis hin zur entsprechenden Ausformung seiner neuronalen Korrelate entspricht, erscheint ein Verhaltensmodell, das die Beziehungen zu anderen Menschen völlig ausblendet, lebensfremd. Der reale Mensch ist gerade kein *homo oeconomicus*, sondern vielmehr *homo socialis*[285]. Kooperatives Handeln ist indes mit der Prämisse egoistischen Verhaltens im engeren Sinne unvereinbar.

Entsprechend wird im Schrifttum teilweise von diesem Kriterium abgerückt und lediglich *eigennütziges Handeln* gefordert, das auch altruistisches Handeln einschließt. Dies gelingt indes nur dadurch, dass fremdnütziges Handeln zum Wohle anderer als *interdependente Nutzenfunktion* und auf diese Weise dennoch

---

2011), S. 174ff., 188ff., 206ff.; *Bühring-Uhle/Eidenmüller/Nelle*, Verhandlungsmanagement (2009), S. 54ff., 63ff.; *Thompson*, Negotiator (4. Aufl. 2009), S. 313f. sowie *Axelrod*, The Evolution of Cooperation, (1990), passim.

283 Zum Bild der Vergrößerung vs. Aufteilung des „Wertkuchens" klassisch *Fisher/Ury/Patton*, Getting to Yes (1991), S. 56f., 70, 177, 191.

284 Klassisch *Rapoport*, in: Eatwell/Milgate/Newman (Hrsg.), Game Theory (1989), S. 199ff.; *Axelrod*, 24 J. Confl. Resol. 3 (1980); *Rapoport/Chammah*, Prisoner's dilemma (1965).

285 So *Häberle*, AöR 109 36, 76. Hierzu auch *Weller*, Vertragstreue (2009), S. 362; *Fezer*, JZ 1986, 817, 818.

in eigennütziges Verhalten umgedeutet wird: So wird demjenigen, der sich für das Wohl anderer einsetzt unterstellt, dass er damit letztlich nur eigennützig handele, weil es ihm gut gehe, wenn das Wohl anderer gefördert wird. Und allein darum, um das eigene Wohlergehen, gehe es ihm. Das Wohl des anderen ist nur Zweck zur Maximierung des eigenen Nutzens. Die Tatsache, dass Menschen ausschließlich zum Wohl des anderen handeln ohne damit zugleich egoistische Ziele zu verfolgen – also ein Verhalten, dass zur Grundbedingung jeglichen ethischen Handelns unabhängig von seiner philosophischen oder theologischen Begründung gehört – ist für die Wirtschaftswissenschaften nicht fassbar.

Daher hat sich selbst die Prämisse *lediglich eigennützigen* Handelns als Eigenschaft des *homo oeconomicus* in der Ökonomik nicht durchsetzen können. Die Wirtschaftswissenschaft, so die Schlussfolgerung von *Ott* und *Schäfer*, „geht … in fast allen ihrer Anwendungsgebiete vom Menschen aus, dem das Wohl anderer gleichgültig ist, vom rationalen egoistischen Menschen, der weder Sympathie noch Antipathie empfindet."[286] Umso überzeugender ist die Begrenzung des Anwendungsbereiches des Verhaltensmodells des *homo oeconomicus* auf spezifische, eng umgrenzte Fragestellungen der Ökonomik. Als universelles Menschenbild, das einer empirischen Überprüfung zugänglich ist und damit den Anspruch erhebt, die Wirklichkeit jedenfalls in ihren Grundzügen adäquat abzubilden, vermag es nicht zu überzeugen.

(c) Gerechtigkeit

Das theoretische Konstrukt des *homo oeconomicus* als maximal egoistischen Nutzenmaximierer ist vor dem Hintergrund der Lebenswirklichkeit auch deshalb nicht überzeugend, weil sich Menschen in ihrem Handeln in ganz erheblichem Maß von Gesichtspunkten der *Moral*, der *Gerechtigkeit* und der *Reziprozität* leiten lassen. Sind Menschen moralischen Normen verpflichtet, so richten sie ihr Verhalten regelmäßig an diesen Normen und nicht am Ziel der eigenen Nutzenmaximierung aus. Darüber hinaus hat die Spieltheorie in Experimenten wie dem *Ultimatum-Spiel* nachgewiesen, dass Menschen unfaires Verhalten sanktionieren und hierfür auch bereit sind, wirtschaftliche Nachteile in Kauf zu nehmen.[287] Die verhaltensökonomische Forschung hat zudem eine Aversion vor ungleichen, nicht äquivalenten Wertverteilungen aufgedeckt. Mit dem rationalen Nutzenkalkül des egoistischen *homo oeconomicus* ist dies nicht vereinbar. Dem Menschen ist damit offensichtlich ein „*Gerechtigkeitssinn*" eingestiftet: Gerechtigkeit und Kooperation wirken dabei als verbindliche soziale Normen, die nicht aus instrumentellen, sondern aus intrinsischen Gründen verfolgt werden.[288]

---

[286] *Schäfer/Ott*, Ökonomische Analyse (5. Aufl. 2012), S. 100.

[287] *Schäfer/Ott*, Ökonomische Analyse (5. Aufl. 2012), S. 109; *Eidenmüller*, JZ 2005, 216, 219.

[288] So dezidiert für kooperatives Verhalten *Eidenmüller*, JZ 2005, 216, 219. Vgl. zur interdisziplinären *Gerechtigkeitsforschung* eingehend oben S. 159 ff.

Gleiches gilt für den *Grundsatz der Reziprozität*: So konnte nachgewiesen werden, dass menschliches Verhalten ganz erheblich von einem tief verwurzelten Grundsatz der Gegenseitigkeit geprägt ist, der in Leistungsaustauschbeziehungen die Erwartung eines gleichwertigen Ausgleichs in Form einer angemessenen Gegenleistung einschließt (*Reziprozitätserwartung*). Menschliches Verhalten ist damit erheblichen Begrenzungen ausgesetzt, die mit dem Modell des zweckrational agierenden, egoistischen Nutzenmaximierers des *homo oeconomicus* nicht in Einklang zu bringen sind. Neben Begrenzungen der Rationalität (*bounded rationality*[289]) und *des Willens* (*bounded willpower*[290]) tritt somit auch eine Beschränkung des *Eigennutzes* (*bounded selfishness*[291]). Der empirische Nachweis dieser „*three bonds of human nature*"[292] stellt die Tauglichkeit des Verhaltensmodells des *homo oeconomicus* nachhaltig infrage.

Diese Erkenntnisse sind indes keineswegs neu. Die Tatsache, dass menschliches Verhalten von *moralischen Normen*, Prinzipien der *Gerechtigkeit* sowie vom Grundsatz der *Reziprozität* geprägt ist, stellt der Perspektive der Rechtswissenschaften wie der Soziologie einen Allgemeinplatz und eine Selbstverständlichkeit dar. So bilden *soziale Normen* überhaupt die Grundlage eines jeden Gemeinwesens, ist die Gerechtigkeit als Zweck des Rechts *das* prägende Prinzip jeder Rechtsordnung und gehört der Grundsatz der Gegenseitigkeit, der in der *regula aurea*[293] eine Zeiten und Kulturen übergreifende Gestalt angenommen hat, zu *den* zentralen, das Verhalten des Menschen grundlegend bestimmenden Prinzipien. Die Forschungen der *Verhaltensökonomik* zeigen damit vor allem zwei Aspekte auf: Sie belegen zum einen, wie weit das theoretische Konstrukt des *homo oeconomicus* von der Lebenswirklichkeit entfernt ist und werfen damit zugleich die Frage auf, wie es möglich sein konnte, dass sich ein Verhaltensmodell, das so evident der Realität und den Prämissen verwandter Wissenschaften wie der Soziologie und der Rechtswissenschaft widerspricht, derart lange auch als Grundlage rechtlicher Handlungsempfehlungen unwidersprochen halten konnte.

Zum anderen ist deutlich geworden, dass es offensichtlich erst eines nur schwer widerlegbaren empirischen Nachweises bedurfte, um fundamentalen Rechtsprinzipien wie jenem der *Gerechtigkeit* Geltung und Anerkennung zu verschaffen und den ihnen zukommenden Platz im Gefüge der Rechtsordnung zu verteidigen. Dies lässt ein Maß Gleichgültigkeit gegenüber dem Recht sowie eine Einseitigkeit der Perspektive auf die Lebenswirklichkeit erkennen, die die Vorbehalte maßgeblicher Teile der Rechtswissenschaft im Kern bestätigt. Dass – ungeachtet

---

[289] Hierzu *Jolls/Sunstein/Thaler*, 50 Stan. L. Rev. 1471, 1477ff. (1998).

[290] Hierzu *Jolls/Sunstein/Thaler*, 50 Stan. L. Rev. 1471, 1479 (1998).

[291] Hierzu *Jolls/Sunstein/Thaler*, 50 Stan. L. Rev. 1471, 1479 (1998) (bounded self-interest).

[292] *Mullainathan/Thaler*, Behavioral Economics (2000), S. 5. Ebenso *Jolls/Sunstein/Thaler*, 50 Stan. L. Rev. 1471, 1476ff. (1998).

[293] Matt 7, 12: „ Alles, was ihr also von anderen erwartet, das tut auch ihnen!" (Einheitsübersetzung). Ähnlich Luk 6, 31 („Was ihr von anderen erwartet, das tut ebenso auch ihnen"); Tob. 4, 15 („Was dir selbst verhasst ist, das mute auch einem anderen nicht zu!").

der empirischen Erkenntnisse der Verhaltensökonomik – auch noch in jüngerer Zeit wesentliche Rechtsprinzipien und -grundsätze wie die der Vertragsgerechtigkeit und des angemessenen Ausgleichs „als inhaltsleere ad-hoc-Formeln"[294] qualifiziert werden, die „zur Beurteilung realer Vorgänge aufgrund ihrer Inhaltslosigkeit nicht brauchbar"[295] seien – was freilich angesichts der konkretisierenden Regelungen des Rechts erstaunt – trägt dabei keineswegs zur Beruhigung des Spannungsverhältnisses zwischen Wirtschafts- und Rechtswissenschaft bei. Vielmehr bestätigt ein derartiger Exklusivitätsanspruch die Besorgnis, dass sich im *homo oeconomicus* eben nicht nur ein instrumentell nutzbares Verhaltensmodell, sondern implizit auch ein spezifisches *Menschenbild* verbirgt, das eine erhebliche *Ausstrahlungswirkung* auf die Rechtsordnung ausübt: Im konkreten Fall durch Eliminierung der Gerechtigkeit als Rechtsprinzip und deren Substituierung durch die Maxime ökonomischer Effizienz als Ausdruck zweckrationaler Maximierung des Eigennutzens.

cc) Das Coase-Theorem als Modell effizienter Selbstregulierung

Die dritte Säule der ökonomischen Analyse bildet schließlich das von dem britischen Ökonomen *Coase* formulierte sogenannte Coase-Theorem, das die beiden ersten Säulen – das Effizienzziel und das Verhaltensmodell des *homo oeconomicus* – miteinander verbindet.[296] Danach sind die Marktteilnehmer als rational handelnde, eigennutzenmaximierende Individuen in der Lage, bei Abwesenheit von *Transaktionskosten* die vorhandenen Ressourcen *unabhängig* von ihrer ursprünglichen Zuordnung (*Invarianzthese*) durch Verhandlungen *effizient* im Sinne eines pareto-optimalen Zustandes aufzuteilen (*Effizienzthese*). Dem *Coase-Theorem* entnimmt die ökonomische Analyse das *Primat der Selbstregulierung*: Das Recht ist nach marktmäßigen Gesichtspunkten zu gestalten, indem es einen Markt an Rechtspositionen zulässt und marktmäßige Austauschgeschäfte erleichtert.[297] Den Marktteilnehmern ist grundsätzlich freie Hand zu lassen. Staatliche Interventionen sind zu vermeiden, die Rechtsordnung hat einen Markt für Rechtspositionen zuzulassen. Die Rolle des Rechts beschränkt sich darauf, im Fall prohibitiv *hoher Transaktionskosten* oder von *Ineffizienzen* aufgrund von *Marktversagen* lenkend einzugreifen.[298]

Allerdings werden das Coase-Theorem und damit auch die Grundlage der ökonomischen Analyse des Rechts durch die Forschungen der Verhaltensöko-

---

[294] *Adams*, BB 1989, 781, 782.

[295] Ebenda.

[296] *Coase*, 3 J. L. & Econ. 1, 2ff., 15ff., 26ff. (1960) sowie andeutungsweise bereits *Coase*, 2 J. L. & Econ. 1, 25 (1959).

[297] *Eidenmüller*, Effizienz als Rechtsprinzip (3. Aufl. 2005), S. 63ff., 75f. Vgl. hierzu auch *Schäfer/Ott*, Ökonomische Analyse (5. Aufl. 2012), S. 72ff.; *Eidenmüller*, Effizienz als Rechtsprinzip (3. Aufl. 2005), S. 59ff.

[298] *Rühl*, in: Krüper (Hrsg.), Grundlagen des Rechts (2. Aufl. 2013), S. 217.

nomik nachhaltig infrage gestellt.[299] So ist etwa die Invarianzthese des Coase-Theorems mit den mittlerweile auch neurowissenschaftlich nachgewiesenen[300] Besitzeffekten, der Präferenz für im Besitz befindliche Güter, unvereinbar. Denn wenn die Marktteilnehmer von vornherein bestimmte Präferenzen für im Besitz befindliche Güter haben, so ist die Anfangsallokation der Güter für ihre weitere Verteilung keineswegs irrelevant, sondern kann sie möglicherweise sogar determinieren.[301]

Aber auch die Effizienzthese, nach der die Marktteilnehmer eigenverantwortlich im Wege der Selbstregulierung durch Verhandlungen eine pareto-optimale Verteilung der Güter herbeiführen, ist vor dem Hintergrund der Forschungsergebnisse der Verhaltensökonomik nicht haltbar: Denn Wahrnehmungsverzerrungen und Rationalitätsbeschränkungen des Entscheidungsverhaltens wie *overconfidence bias, loss aversion, sunk cost fallacy* und vor allem der *Nullsummenmythos* (*fixed pie perception*) haben zur Folge, dass trotz der Möglichkeit beiderseits interessengerechter, wertschöpfender und damit effizienter Lösungen Verhandlungen scheitern.[302] Dass Verhandlungen in der Lebenswirklichkeit aufgrund konfrontativ-wertverteilender Verhandlungsstrategien häufig zu einem ineffizienten Ergebnis führen, haben empirische Untersuchungen der interdisziplinären Verhandlungsforschung gezeigt.[303]

dd) Kritik der ökonomischen Analyse des Rechts

Die ökonomische Analyse war von Anfang an, vor allem in Deutschland, erheblicher Kritik ausgesetzt, so dass sie sich – anders als in den USA – in der deutschen Rechtswissenschaft bislang nur langsam zu etablieren vermochte. Die Einwände gegen die Prämissen der ökonomischen Analyse betreffen dabei vor allem zwei Aspekte: (a) Die Beanspruchung des Effizienzziels als *normativer Standard* und Ziel der Rechtspolitik, an dessen Maßstab das Recht umzugestalten ist sowie (b) ihre *Tauglichkeit* als realistisches Modell menschlichen Verhaltens. Auf den Einwand der fehlenden Tauglichkeit wurde bereits eingegangen: Hier haben die Ergebnisse der Verhaltensökonomik wesentlichen Prämissen der ökonomischen Analyse wie dem Verhaltensmodell des *homo oeconomicus* sowie dem *Coase-Theorem* die Grundlage entzogen und ihre analytische Tauglichkeit in erheblichem Umfang infrage gestellt.[304] Dem kann freilich entgegengehalten werden, dass die Prognosegenauigkeit zwar beschränkt sei, sie den Anforderungen indes

---

299 *Eidenmüller*, JZ 2005, 216, 219, 222, 224.

300 *Knutson/Wimmer/Scott/Hollon/Prelec/Loewenstein*, 58 Neuron 814 (2008). Vgl. auch *Schäfer/Ott*, Ökonomische Analyse (5. Aufl. 2012), S. 115.

301 *Weller*, Vertragstreue (2009), S. 362; *Eidenmüller*, JZ 2005, 216, 219.

302 *Eidenmüller*, JZ 2005, 216, 222.

303 *Nadler/Thompson/Van Boven*, 49 Management Science 529 (2003); *Thompson/Hrebec*, 120 Psychological Bulletin 396 (1996). Vgl. auch *Duve/Eidenmüller/Hacke*, Mediation (2. Aufl. 2011), 43 ff., 47 ff.

304 *Eidenmüller*, JZ 2005, 216, 224.

genüge. Der normative Maßstab des ökonomischen Effizienzkalküls messe „vielleicht nicht mehr millimetergenau, aber er misst für die meisten juristischen Zwecke immer noch genau genug."[305] Gleichwohl bleibt die Verhaltensökonomik, bleibt der Ansatz der *behavioral economics* eine der zentralen Herausforderungen der ökonomischen Analyse, der eine prägende Wirkung auf die weitere Ausgestaltung der verwendeten Modelle ausüben wird.

Aus der Perspektive der Rechtswissenschaft problematischer ist dagegen das Postulat des *Effizienzziels* als *rechtspolitisches Programm*, das utilitaristische Ziel der Nutzenmaximierung als Maßstab für die am Effizienzkriterium orientierte Umformung der Rechtsordnung. Wird das Ziel ökonomischer Effizienz mit einem gleichsam radikalen Ausschließlichkeits- oder einem Primatsanspruch vertreten, der notwendig die Eliminierung oder Verdrängung klassischer Prinzipien des Rechts – wie etwa jenes der Vertragsgerechtigkeit – zur Folge hat, so ist dies schon aus verfassungsrechtlichen Gründen weder mit der geltenden Rechtsordnung noch mit Zweck und Wesen des Rechts als gerechter Ordnung vereinbar. Der Zweck jeder Rechtsordnung ist – will sie nicht ihres Wesens und innersten Kerns entleert werden – vor allem auf die Verwirklichung der Gerechtigkeit, einen gerechten Interessenausgleich, gerichtet. Zwar ist offenkundig, dass etwa Verteilungsgerechtigkeit eine effiziente Wirtschaftsordnung voraussetzt, da es sonst kaum etwas gibt, was verteilt werden kann. Hier erfüllt Effizienz im Verhältnis zur Gerechtigkeit jedoch eine rein *instrumentelle* Funktion: Sie ist lediglich *Mittel* zur Verwirklichung von mehr Verteilungsgerechtigkeit und nicht selbst letztes Ziel. Wird indes Effizienz zum alleinigen oder maßgeblichen Zweck des Rechts erhoben, so kehren sich die Verhältnisse um: Gerechtigkeit hat sich am Maßstab ökonomischer Effizienz zu messen und auch die Grundrechte besitzen nur noch instrumentellen Charakter, werden Mittel zum Zweck der Nutzenmaximierung. Dies entspricht den Forderungen des Utilitarismus, von dessen Wurzeln sich die ökonomische Analyse nicht zu lösen vermag.[306] Entsprechend werden bei *Posner* Menschenrechte zum Gegenstand von Auktionen[307], Elternrechte zur Handelsware. Dass das Effizienzkriterium zu Ergebnissen führt, die mit den Grundsätzen einer gerechten Rechts- und Wirtschaftsordnung unvereinbar sind, hat indes auch *Posner* erkannt. So geht die ökonomische Analyse regelmäßig davon aus, dass der Nutzen eines Gutes dem Betrag entspricht, den eine Person für dieses Gut zu zahlen bereit ist. Dies wird jedoch durch die Fähigkeit begrenzt, diesen Betrag überhaupt zahlen zu können. Konsequenzen zieht *Posner* freilich daraus nicht.

---

305 *Eidenmüller*, JZ 2005, 216, 224.

306 Zu rechtsphilosophischen Grundlagen der ökonomischen Analyse vgl. eingehend *Mathis*, Effizienz statt Gerechtigkeit (3. Aufl. 2009), S. 108 ff.; *Eidenmüller*, Effizienz als Rechtsprinzip (3. Aufl. 2005), S. 173 ff.

307 *Schäfer/Ott*, Ökonomische Analyse (5. Aufl. 2012), S. 22.

Zutreffend hat daher *Fezer* den monokausalen Theorieansatz der ökonomischen Analyse kritisiert und ihre Unvereinbarkeit mit dem freiheitlichen Rechtsdenken festgestellt.[308] Diesen Einwänden der Rechtswissenschaft mag nun entgegnet werden, dass sie letztlich an der Sache vorbeigingen, da die ökonomische Analyse gerade keinen normativen Anspruch erhebe, sondern sich darauf beschränke, die Wirklichkeit abzubilden. Mag dies auf den *homo oeconomicus* jedenfalls in Teilen zutreffen[309], so gilt dies dagegen nicht für das *Effizienzkriterium*. Denn dieses tritt gerade mit einem normativen Anspruch an, der zudem teilweise mit der Prämisse der Ausschließlichkeit vertreten wird. Und auch das Verhaltensmodell des *homo oeconomicus* ist keineswegs normativ neutral, dient es doch als Grundlage entsprechender Gestaltungsempfehlungen an den Gesetzgeber. Damit bleibt das Effizienzkriterium als Rechtsprinzip nach wie vor problematisch. Soweit es mit einem Ausschließlichkeits- oder Primatsanspruch verbunden wird, ist es schon aufgrund seiner Unvereinbarkeit mit dem geltenden Recht abzulehnen.[310] Tritt es aber neben andere Prinzipien des Rechts, so reduziert sich sein normativer Gehalt auf die Forderung nach der Berücksichtigung der Grundsätze ökonomischer Effizienz im Rahmen der Rechtsgestaltung durch den Gesetzgeber.

Dies ist freilich nichts grundsätzlich Neues und wird seit Langem praktiziert. Damit bleibt vor allem ihre *analytische Bedeutung* als Instrument zur zuverlässigen Ermittlung der Realfolgen gesetzlicher Regelungen. Hier hat es sich neben der rechtssoziologischen Rechtstatsachenforschung als wichtiges Hilfsmittel zur Untersuchung und Prognose der Auswirkungen des Rechts auf die Lebenswirklichkeit erwiesen.[311] Ihre Akzeptanz in der Rechtswissenschaft wird maßgeblich davon abhängen, ob die Beschränkung auf die *analytische* Funktion und der Verzicht auf den *Ausschließlichkeitsanspruch* gelingen. Allerdings wirft die nach wie vor anzutreffende Tendenz zur Verabsolutierung und die keineswegs überwundene Neigung, zentrale Rechtsprinzipien wie etwa jenes der Vertragsgerechtigkeit als „aufgrund ihrer Inhaltslosigkeit nicht brauchbar[e]"[312], „inhaltsleere ad hoc-Formeln"[313] durch jene ökonomische Effizienz zu substituieren, die Frage nach der Integrationsfähigkeit und -willigkeit der ökonomische Analyse in das Gefüge der klassischen Rechtswissenschaft auf. Angesichts der Tatsache, dass es letztlich des empirischen Beweises vonseiten der *Kognitionspsychologie* und der *experimentellen Ökonomik*[314] bedurfte, um das Effizienzkalkül des *homo oeconomicus* ins Wanken zu bringen und die Existenzberechtigung so selbstverständlich

---

308 *Fezer*, JZ 1986, 817, 823: „Ökonomische Rechtsanalyse und freiheitliches Rechtsdenken sind unvereinbar."

309 In diesem Sinne *Eidenmüller*, Effizienz als Rechtsprinzip (3. Aufl. 2005), S. 37.

310 Ebenso *Eidenmüller*, Effizienz als Rechtsprinzip (3. Aufl. 2005), S. 12, 70, 321, 490.

311 Hierzu instruktiv *Eidenmüller*, JZ 2005, 216, 217ff.

312 *Adams*, BB 1989, 781, 782.

313 Ebenda.

314 Vgl. hierzu eingehend oben S. 524ff.

grundlegender Prinzipien des Rechts wie jene der Gerechtigkeit und Reziprozität zu legitimieren, bleiben nachhaltige Zweifel.

Die Tatsache, das sich die Rechtswissenschaft mit ihren Argumenten nur schwer Gehör zu verschaffen vermochte, diese offensichtlich nicht ernsthaft in Betracht gezogen worden sind, mag insoweit nachdenklich stimmen. Umso wichtiger erscheint die Aufgabe, im Licht der *behavioral economics*-Forschung den *homo oeconomicus* „menschlicher" und das ökonomische Effizienzkriterium „rechtsnäher" auszugestalten[315] und vor allem die analytischen Möglichkeiten der ökonomischen Analyse zur Bewertung der Realfolgen des Rechts zu nutzen. Entsprechend soll daher im Folgenden der Frage nachgegangen werden, ob sich auf der Grundlage der ökonomischen Analyse ein tragfähiges Begründungsmodell für die Inhaltskontrolle von AGB ergibt.

b) Die rechtsökonomische Rechtfertigung der Inhaltskontrolle

Ist die ökonomische Analyse des Rechts als Forschungsrichtung und Strömung der Rechtswissenschaft in sich inhomogen in dem Sinne, dass es keine „einheitliche Schule der Rechtsökonomie"[316] gibt und bereits über die Gesetze des Marktes und die Grundannahmen ökonomischer Modelle Uneinigkeit besteht[317], so wird dies in besonderer Weise im Hinblick auf die unterschiedlichen Begründungsansätze der Rechtsökonomie zur Rechtfertigung der Inhaltskontrolle von AGB sichtbar.[318] Entsprechend kommen Vertreter der ökonomischen Analyse zu unterschiedlichen, teilweise gegensätzlichen Ergebnissen im Hinblick auf die Erforderlichkeit einer richterlichen Inhaltskontrolle und der bei der AGB-Verwendung wirksamen ökonomischen Mechanismen, wobei insbesondere das US-amerikanische auf der einen und das deutsche Schrifttum auf der anderen Seite zu deutlich unterschiedlichen Einschätzungen gelangen.

aa) Die Ansicht Posners: Ablehnung einer Inhaltskontrolle und Selbstregulierung durch den Markt

So lehnte etwa *Posner* als einer der führenden Vertreter und Doyen der ökonomischen Analyse eine Inhaltskontrolle von AGB zunächst mit Blick auf die Selbstregulierung des Marktes ab.[319] AGB seien durch die Kostenersparnisse des Verwenders bedingt. Der Klauselgegner werde darüber hinaus, auch wenn er auf Basis eines *„take it or leave it"*-Angebotes mit einseitigen Vertragsbedingungen konfrontiert werde, im Grunde nicht in seiner Abschlussfreiheit beeinträchtigt. Denn – Wettbewerb vorausgesetzt – habe er die freie Wahl: Ihm stehe es frei, den

[315] So *Eidenmüller*, JZ 2005, 216, 224.
[316] So *Drexl*, Selbstbestimmung (1998), S. 163.
[317] *Drexl*, Selbstbestimmung (1998), S. 163.
[318] Ebenso *Becker*, AGB und Individualvereinbarung (2011), S. 82.
[319] *Posner*, Economic analysis of law (2. Aufl. 1977), S. 85.

Vertragsschluss unter AGB in dem Wissen zu verweigern, dass ihm andere Anbieter bessere Bedingungen bieten würden, wenn dies möglich sei. Verwendet ein Anbieter daher unattraktive AGB, so stehe bereits ein anderer bereit, der dem Kunden attraktivere AGB anbieten würde. Dieser Vorgang werde sich solange wiederholen, bis sich der Markt auf ein aus der Perspektive des Kunden optimales Gleichgewicht der Vertragsbedingungen eingependelt habe.[320]

Die äußerst optimistische Einschätzung *Posners*, die Kräfte des Marktes würden ohne Eingreifen des Gesetzgebers zur Durchsetzung angemessener AGB führen, ist im deutschsprachigen Schrifttum auf erheblichen Widerspruch gestoßen und – von einigen wenigen Ausnahmen abgesehen – nahezu einhellig abgelehnt worden. So hat bereits *Drexl* treffend darauf hingewiesen, dass *Posner* „auch hier dem bekannten Fehler des Chicago School-Denkens [unterliege], wonach die Funktionsfähigkeit des Marktes schlechterdings vorausgesetzt wird, um jeder staatlichen Regelung die Berechtigung abzusprechen“[321]. Und auch *Horn*[322] hat schon früh darauf hingewiesen, dass für den Verwender kein Anreiz besteht, „dem Verbraucher günstige Konditionen anzubieten, die seine Kalkulation belasten und deren Werbewirkung gering wäre“[323]. Im Gegenteil sei bei scharfem Preiswettbewerb vielmehr mit einer Verschlechterung der Konditionen zu rechnen. Dass *Posner* nicht einmal das Problem des eingeschränkten Wettbewerbs benenne, entspreche dabei „dem empirieabgewandten Modelldenken der economic analysis“[324]. Heute ist freilich – auch und gerade in der deutschsprachigen Rechtsökonomie – einhellig anerkannt, dass ein Konditionenwettbewerb im Hinblick auf AGB nicht besteht und somit von einem Marktversagen auszugehen ist.[325] Dabei

---

320 „Many contracts … are offered on a *take-it-or-leave-it* basis. … But there are *two possible explanations* of why a seller might adopt a take-it-or-leave-it policy, and only one is sinister. The innocent explanation is that he wishes to *avoid the costs* involved in negotiating and drafting a separate agreement with each purchaser. These costs are likely to be very high for a large organization that engages in so many transactions that it must adopt routine procedures for the guidance of its line personnel. The sinister explanation is that the seller refuses to negotiate terms with each purchaser because the purchaser *has no choice but to accept his terms.* The *sinister explanation* is in *general implausible* because it implicitly *assumes the absence of competition.* If one seller offers unattractive terms to a purchaser, *a competing seller,* desiring to obtain the sale for himself, *will offer more attractive terms.* The process should continue *until the terms are optimal* from the purchaser's standpoint. Thus, the purchaser who is offered a printed contract on a take-it-or-leave-it basis *does have a real choice*: he can refuse to sign, knowing that if better terms are possible another seller will offer them to him.“ *Posner,* Economic analysis of law (2. Aufl. 1977), S. 84 f. Hervorhebungen durch den Verfasser.

321 *Drexl,* Selbstbestimmung (1998), S. 330 f.

322 *Horn,* AcP 176 (1976), 307.

323 Ebenda.

324 *Horn,* AcP 176 (1976), 307, 320 f.

325 MünchKomm/*Basedow,* BGB (7. Aufl. 2016), Vor § 305 Rn. 5 f.; Staudinger/*Wendland,* BGB (2019), § 307 Rn. 4; *Fastrich,* Inhaltskontrolle (1992), S. 80, 86; *Habersack,* Vertragsfreiheit und Drittinteressen (1992), S. 107; *Adams,* BB 1989, 781, 784 f.; *Baudenbacher,* Grundprobleme (1983), S. 206 ff., 217; *Kötz,* Gutachten (1974), S. A 9, S. A 33 ff. Hierzu näher unten S. 542 ff.

nimmt die ökonomische Analyse selbst jedenfalls im deutschsprachigen Schrifttum eine stetige Verschlechterung der AGB im Wege *adverser Selektion* an.[326]

Entsprechend geht auch *Posner* mittlerweile im Hinblick auf AGB von einem Marktversagen aus: „evidently, competition cannot be relied upon to yield the optimal form."[327] Der Wettbewerb sei daher nicht in der Lage, die Motivations- und Informationsasymmetrie zwischen den Parteien zu überwinden, da der Nutzen günstiger AGB im Hinblick auf die damit verbundenen Kosten zu gering sei.[328] Gleichwohl lehnt er offensichtlich eine Korrektur im Wege richterlicher Inhaltskontrolle weiterhin ab und erteilt Bemühungen, diese auf der Grundlage bestehender *Informationsasymmetrien*, *kognitiver Barrieren* oder *adverser Selektion* zu begründen, eine Absage.[329] Stattdessen rechtfertigt er die Existenz einseitig belastender AGB mit Kostenersparnissen für die Kunden und nimmt auf der Grundlage von Reputationseffekten – jedenfalls unter der Bedingung von Wiederholungskäufen und hinreichender Information der Kunden[330] – eine Selbstkontrolle des Marktes an, so dass eine richterliche Inhaltskontrolle nicht erforderlich sei.[331]

Nach *Posners* Ansicht hängt die Frage, ob den Kunden einseitig belastende AGB als optimale Vertragsbedingungen zu qualifizieren seien oder nicht, keineswegs von den Kosten und dem Nutzen ab, die mit den jeweiligen Klauseln verbunden sind, sondern vielmehr von der Bereitschaft, diese im Einzelfall auch durch-

326 Hierzu näher unten S. 544 ff.

327 *Posner*, Economic analysis of law (7. Aufl. 2007), S. 116.

328 „All this said, the form contracts used in consumer transactions *do tend to be one-sided* against the consumer; evidently, *competition cannot be relied upon* to yield the optimal form. Because hidden traps in the language of a contract are sprung only on the *rare occasion* in which there is a *legal dispute*, the *expected benefit* of a ‚*good' form* to the consumer is *slight* and is therefore *unlikely to figure* significantly in his decision to buy the seller's product. In contrast, the *seller*, having *much better knowledge* of the likelihood and consequences of such a dispute, *will anticipate a small gain* from imposing a ‚bad' form on his customers. *Competition cannot be relied upon to eliminate this asymmetry* because the benefits of the ‚good' form to the consumer are too slight to overcome the information costs of making those benefits an effective selling point." *Posner*, Economic analysis of law (7. Aufl. 2007), S. 116. Hervorhebungen durch den Verfasser.

329 „Scholars often try to explain them as a result of *informational problems*. Consumers could be inadequately informed about the provisions included in the contracts or their consequences. Consumers' understanding could also be distorted by the kind of *cognitive problems* that are receiving increasing attention from economists. Or sellers could be induced to offer one-sided contracts by the presence of *adverse selection* ... Must the presence of one-sided contracts in competitive markets be due to informational problems? Are courts that enforce such contracts failing to intervene when they should? Or might there be an explanation that does not depend on assuming asymmetric information in favor of sellers or other possible sources of market failure? We show *that such an explanation does exist* and that, as a result, the *normative inferences* that can be drawn from such contracts are far from being clear and straightforward." *Bebchuk/Posner*, 104 Mich. L. Rev. 827, 829 (2006). Hervorhebungen durch den Verfasser.

330 *Bebchuk/Posner*, 104 Mich. L. Rev. 827, 835 (2006).

331 *Bebchuk/Posner*, 104 Mich. L. Rev. 827, 829 ff. (2006).

zusetzen.[332] Dieses sei aber in der Praxis durch *Reputationseffekte* begrenzt.[333] Häufig stünden daher extreme, normalerweise kaum akzeptable Vertragsbedingungen lediglich auf dem Papier. Dies sei notwendig, weil es nicht möglich sei, eine ausgeglichene, beiderseits interessengerechte Vertragsbedingungen in unmissverständlicher Weise zu formulieren und es daher im Ermessen des Gerichts stehe, ob diese im Sinne des Verwenders durchgesetzt werden oder nicht. Daher sei es unter Umständen besser, dem Verwender das Ermessen zuzugestehen, eine einseitig benachteiligende Klausel auch tatsächlich durchzusetzen oder nicht, als auf eine insoweit ungewisse gerichtliche Durchsetzung zu vertrauen.[334] Entsprechend würden derartige Klauseln gerade deshalb akzeptiert, weil die Kunden damit rechnen und rechnen dürfen, dass sie vom Verwender in der Praxis regelmäßig nicht durchgesetzt werden.[335] Vertragsbedingungen, die den Kunden einseitig belasten, können daher aus ökonomischer Perspektive durchaus als optimal angesehen werden, weil sie dem Schutz des Verwenders vor extremen Pflichtverletzungen des Kunden dienen, ihm freie Hand lassen, auf mögliche Pflichtverletzungen des Kunden zu reagieren oder nicht, damit sein Risiko reduzieren und so zu einer Kostenersparnis beim Verwender führen, von der schließlich auch der Kunde in Form geringerer Produktpreise profitiere.[336]

Die These *Posners*, dass AGB, die den Kunden einseitig benachteiligen, keine Gefahr für dessen Rechte darstellten, da von ihnen in der Regel ohnehin nicht Gebrauch gemacht werde, sie vielmehr dem Schutz des Verwenders vor einer Fehlinterpretation durch die Gerichte dienten – denn angemessene AGB würden aufgrund ihrer Mehrdeutigkeit von den Gerichten leider häufig nicht im Sinne des Verwenders ausgelegt[337] – und der Kunde im Übrigen von ihnen profitiere, die Benachteiligung also ein Vorteil sei, da sein Rechtsverlust ja zu geringeren Kosten und damit zu geringeren Produktpreisen führe, ist selbst bei zurückhaltender Beurteilung als gewagt, wenn nicht als nachgerade lebensfremd zu beurteilen. Entsprechend ist sie im deutschsprachigen Schrifttum bislang auch ohne Echo geblieben und nicht weiter aufgegriffen worden. Bereits *Leyens* und *Schäfer* haben zu Recht darauf hingewiesen, dass entsprechende Reputationsmechanismen in der Praxis nicht hinreichend zum Tragen kommen.[338]

---

332 *Bebchuk/Posner*, 104 Mich. L. Rev. 827, 830 (2006).

333 Ebenda.

334 „In the circumstances we focus on, *a one-sided provision* allows the *business discretion* whether to provide the individual with protection in any given circumstances. In contrast, because a *balanced provision cannot be written in an unambiguous way*, whether protection will be provided in any given circumstances will be *influenced by the court's discretion*. In some circumstances, a strategy of *discretionary protection* is *superior* to a strategy of *judicial discretion*." *Bebchuk/Posner*, 104 Mich. L. Rev. 827, 831 (2006). Hervorhebungen durch den Verfasser.

335 *Bebchuk/Posner*, 104 Mich. L. Rev. 827, 830ff. (2006).

336 *Bebchuk/Posner*, 104 Mich. L. Rev. 827, 830ff. (2006).

337 *Bebchuk/Posner*, 104 Mich. L. Rev. 827, 831 (2006). Vgl. hierzu auch oben Fn. 270.

338 *Leyens/Schäfer*, AcP 210 (2010), 771, 784.

Beispielsweise hätte die Tatsache, dass vor allem Banken und Versicherungen in besonderer Weise auf Vertrauen und Reputation angewiesen sind, keinen Einfluss auf die offensichtlich erheblich zum Nachteil des Kunden ausgestalteten AGB-Banken gehabt, so dass die Zahl gerichtlicher Auseinandersetzungen nach Inkrafttreten des AGBG stark zugenommen habe.[339] Erst die Neufassung der AGB-Banken im Jahr 1993 f.ührte zu einer Eindämmung der Prozessflut.[340] Darüber hinaus bestehen gegenüber der Annahme einer Korrektur von Marktversagen durch *Goodwill-Mechanismen* eine Reihe grundsätzlicher Bedenken, auf die an späterer Stelle eingehend zurückzukommen sein wird.[341] Und schließlich offenbart die These *Posners* ein fragwürdiges, mit der Verfassungsordnung und den Grundsätzen des Privatrechts unvereinbares Rechtsverständnis, das individuelle Rechtsansprüche zu bloßen Kostenpositionen und damit zur reinen Manövriermasse eines theoretischen Kosten-Nutzen-Kalküls degradiert.

So geht etwa die Argumentation, dass eine unangemessene rechtliche Benachteiligung des Kunden letztlich keinen Nachteil darstelle, da von ihr in der Praxis regelmäßig kein Gebrauch gemacht werde, an Wesen und Zweck rechtlicher Ansprüche vorbei. Denn das *verbriefte Recht* als aus rechtsgeschichtlicher Perspektive in langem Ringen erkämpfte Errungenschaft des Verfassungsstaates gewährt dem Einzelnen gerade einen *unverfügbaren* Anspruch auf den Schutz seiner für die Persönlichkeitsentfaltung erforderlichen Interessen, die auf diese Weise der Willkür und dem Belieben des überlegenen Verhandlungspartners entzogen sind. Für den Kunden wird es nur ein schwacher Trost sein, auf das Wohlwollen des Verwenders vertrauen zu müssen, der ihm noch so ernsthaft versichern kann, von den ihn benachteiligenden Vertragsbedingungen keinen Gebrauch machen zu wollen.

Ist damit zunächst die Frage aufgeworfen, weshalb sie dann überhaupt vereinbart werden, wenn sie keine operative Wirksamkeit entfalten sollen, so spricht gerade das Verhaltensmodell des *homo oeconomicus*, die REM-These des zweckrational handelnden, egoistischen, den eigenen Nutzen maximierenden Menschen, gegen eine solche Annahme. In der Tat erscheint es gerade unter den Prämissen der Modellwelt der ökonomischen Analyse lebensfremd, von einem maximal egoistisch handelnden Akteur zu erwarten, dass er allein mit Blick auf mögliche, im Übrigen völlig ungewisse Reputationsverluste auf einen für ihn ohne größere Mühen greifbaren Vorteil verzichten sollte. Ähnlich wie bei der Annahme funktionierenden Wettbewerbs zeigt sich auch hier die Neigung der Chicago-School, entgegen offensichtlicher Empirie entsprechende Reputationseffekte schlichtweg zu behaupten, sie mithin ohne weiteres vorauszusetzen, ohne sich mit den damit verbundenen Problemen möglicher Wirksamkeitsgrenzen eines Reputationsmechanismus näher zu befassen.

---

[339] *Leyens/Schäfer*, AcP 210 (2010), 771, 784 f.

[340] *Leyens/Schäfer*, AcP 210 (2010), 771, 785 mwN.

[341] Vgl. hierzu unten S. 550 ff.

Auch die Annahme *Posners*, die *unangemessene Benachteiligung* des Kunden durch ihn einseitig belastende Vertragsbedingungen sei für diesen eigentlich ein *Vorteil*, weil die damit verbundene Risikoverringerung aufseiten des Verwenders zu einer Minderung seiner Kosten führe, die sich letztlich in geringeren Produktkosten niederschlage,[342] erscheint unrealistisch. Denn auch hier stellt sich die Frage, ob ein maximal nutzenorientiert handelnder *homo oeconomicus* derartige Ersparnisse tatsächlich an die Kunden weitergibt, oder nicht vielmehr – was eigentlich der REM-These entspricht – für sich selbst in Anspruch nimmt. Dies gilt umso mehr, als *Posner* offensichtlich selbst davon ausgeht, dass ein Konditionenwettbewerb gerade nicht besteht.[343]

Für den Kunden muss die Behauptung, seine Entrechtung erfolge zu seinem Besten und sei für ihn ein Vorteil, wie Hohn klingen. Wie weit eine solche Vorstellung vom realen Leben entfernt ist, zeigt ein Blick in die Rechtsgeschichte der AGB, die bereits im 19. Jh. als allgemeiner, den Kunden tatsächlich benachteiligender Missstand wahrgenommen wurden. Das Argument, dass ein entsprechender Rechtsverlust für den Klauselgegner ja durch Inkaufnahme höherer Produktkosten abgewendet werden könnte, scheitert darüber hinaus bereits an der Verfügbarkeit derartiger Angebote: Denn die deutschsprachige ökonomische Analyse gelangt zu Recht zu dem Ergebnis, dass der mangelnde Konditionenwettbewerb infolge *adverser Selektion* zu einer stetigen Verschlechterung der AGB führt. Es wirft zudem das bekannte Problem der *Kommerzialisierung* von Rechtsansprüchen auf: Denn wenn vom Kunden verlangt wird, dass er die Benachteiligung durch ihn einseitig belastende Klauseln durch Zahlung höherer Produktpreise abwenden könne, so wird der Rechtsschutz an die wirtschaftliche Leistungsfähigkeit geknüpft, die offensichtlich ebenfalls einfach vorausgesetzt wird. Dies ist indes ein Ergebnis, das mit den Grundsätzen des Rechts- und Verfassungsstaates, in dem die Gewährleistung von Rechtsansprüchen gerade nicht von der wirtschaftlichen Leistungsfähigkeit des Individuums abhängig gemacht wird und auch nicht abhängig gemacht werden darf, kaum vereinbar ist.

Und schließlich ist in diesem Zusammenhang noch auf einen weiteren Aspekt hinzuweisen: Die Versagung richterlicher Inhaltskontrolle mit dem Argument, dass missbräuchliche, einseitig belastende Klauseln dem Kunden keines-

---

[342] „Yet the *one-sided form contract* may be *optimal after all* … A one-sided contract may therefore be preferred by informed parties ex ante as a *cheaper mechanism* for inducing *efficient outcomes*, should contingencies arise during the performance of the contract, than incurring the costs of a more elaborate contract that would attempt to specify and prohibit any form of opportunistic behavior that a buyer might engage in. Contract terms that *seem to bear harshly* on hapless consumers *may further benefit them by reducing sellers' costs*. … It is *not obviously wiser* for the consumer to decide *to pay more for a product* than to decide *to give up one of his legal remedies* against the seller. Notice also that prudent consumers – those unlikely to default – are favored, because *the loss of the defense* against a holder in due course is *not a cost to someone who is not sued*.“ *Posner*, Economic analysis of law (7. Aufl. 2007), S. 116 f. Ebenso *Bebchuk/Posner*, 104 Mich. L. Rev. 827, 828 (2006).

[343] Vgl. nur *Posner*, Economic analysis of law (7. Aufl. 2007), S. 116.

wegs schaden würden, weil die Inanspruchnahme derartiger Rechte für ihn kaum von Interesse sei und vielmehr vorausgesetzt werden könne, dass er geringere Produktpreise präferiere, dass mithin Rechtsschutz aufgrund des Preisrabatts zugunsten des Kunden nicht zu gewährleisten sei, entspricht einem *ökonomischen Paternalismus*, der mit dem Primat der *Privatautonomie* kaum in Einklang zu bringen ist und der von der *Chicago School* unter anderen Vorzeichen sonst entschieden abgelehnt wird. Damit stößt die Ansicht *Posners*, der auch das deutsche rechtsökonomische Schrifttum nicht zu folgen vermag, sowohl auf *tatsächliche* als auch auf erhebliche *rechtliche* Bedenken.

bb) Prohibitive Transaktionskosten und Informationsasymmetrie

In der deutschsprachigen Literatur erblicken die Vertreter der ökonomischen Analyse den Schutzzweck der Inhaltskontrolle deshalb in einer durch prohibitiv hohe *Transaktionskosten* verursachten *Informationsasymmetrie*, die ein *Marktversagen* zur Folge hat, das der Korrektur bedarf.[344] Den Anknüpfungspunkt bildet auch hier das Problem des *unzumutbar* hohen Aufwands, der für die inhaltliche Erfassung der vom Verwender gestellten AGB erforderlich ist, das nun mit den Mitteln der ökonomischen Analyse aufbereitet wird. Die aufgrund des *zeitlichen* und im Fall der Rechtsberatung auch *finanziellen* Aufwandes für den Verwendungsgegner anfallenden hohen *Informationsbeschaffungs- und Bewertungskosten* stellen dabei *Transaktionskosten* dar, die im Rahmen einer *Kosten-Nutzen-Analyse* dem mit der Kenntnis der AGB verbundenen Nutzen gegenübergestellt werden.

Das Ergebnis dieser *Kosten-Nutzen-Rechnung* ist für den Klauselgegner regelmäßig negativ: Denn zum einen sind die Kosten für die inhaltliche Erfassung und Bewertung der AGB regelmäßig derart hoch, dass sie den *Vertragswert* sowie selbst die mit dem Vertrag verbundenen Vorteile weit übersteigen.[345] Zum anderen ist der Nutzen einer Kenntnis und Bewertung der AGB für den Klauselgegner kaum abzuschätzen, betreffen die in AGB enthaltenen Regelungen doch

---

[344] Vgl. nur MünchKomm/*Basedow*, BGB (7. Aufl. 2016), Vor §305 – §310. Rn. 4f.; *Leuschner*, JZ 2010, 875, 879f.; *Leyens/Schäfer*, AcP 210 (2010), 771, 788; *Leuschner*, AcP 207 (2007), 491, 493ff.; *Kötz*, JuS 2003, 209, 211ff.; *Wackerbarth*, AcP 200 (2000), 45, 63ff.; *Bunte*, FS Schimansky (1999), S. 19, 25ff.; *Habersack*, Vertragsfreiheit und Drittinteressen (1992), S. 106ff.; *Koller*, FS Steindorff (1990), S. 667, 668ff.; *Adams*, BB 1989, 781, 782ff.; *Köndgen*, NJW 1989, 943, 946ff.; *Baudenbacher*, Grundprobleme (1983), S. 216ff.; *Kötz*, Gutachten (1974), S. A 9, S. A 33ff. sowie ansatzweise mit Blick auf den fehlenden Konditionenwettbewerb *Kliege*, Rechtsprobleme der AGB (1966), S. 28. Aspekte des rechtsökonomischen Ansatzes im Rahmen eines multikausalen Begründungsmodells mitberücksichtigend *Oetker*, AcP 212 (2012), 202, 218; *Drexl*, Selbstbestimmung (1998), S. 329ff.; *Fastrich*, Inhaltskontrolle (1992), S. 79ff., 81ff.

[345] MünchKomm/*Basedow*, BGB (7. Aufl. 2016), Vor §305 – §310. Rn. 5; *Leuschner*, JZ 2010, 875, 879; *Leuschner*, AcP 207 (2007), 491, 496; *Bunte*, FS Schimansky (1999), S. 19, 25f.; *Habersack*, Vertragsfreiheit und Drittinteressen (1992), S. 106; *Koller*, FS Steindorff (1990), S. 667, 669f. Andeutunsgweise schon bei *Bydlinski*, FS Kastner (1972), S. 45, 47.

regelmäßig Sachverhalte mit – auf den konkreten Vertrag bezogen – grundsätzlich geringer Eintrittswahrscheinlichkeit. Eine zusätzliche Informationsbeschaffung bietet ihm daher nur geringe Vorteile.[346] Der *Grenznutzen* der Kenntnis von ABG ist gering. Daher ist es für den Klauselgegner regelmäßig rational, gar keine Informationsbeschaffungskosten aufzuwenden und die AGB unbesehen zu akzeptieren und sich damit den Bedingungen des Verwenders zu unterwerfen.[347]

Der Klauselgegner handelt daher aus „rationaler Ignoranz“[348]. Aus dem gleichen Grund erweisen sich erst recht *Verhandlungsversuche* mit dem Ziel, eine Änderung der AGB herbeizuführen, angesichts des hiermit verbundenen Aufwands und der dabei vorausgesetzten Kenntnis der AGB als unwirtschaftlich. Die Tatsache, dass sich der Verwender regelmäßig auf derartige Verhandlungen nicht einlassen wird – weil er insbesondere im Massengeschäft auf den Einzelvertrag nicht angewiesen ist und jede Änderung für ihn mit zusätzlichen Informations- und Rechtsberatungskosten verbunden wäre – erhöht die Kosten und verringert den Nutzen möglicher Verhandlungsversuche für den Verwendungsgegner. Der Verzicht auf die mit hohem Aufwand und geringem Nutzen verbundene Kenntnisnahme des Inhalts der AGB sowie das Abstandnehmen von Abänderungsversuchen im Wege der Verhandlung sind für den mit AGB konfrontierten Klauselgegner insofern die einzigen rational sinnvollen Handlungsalternativen. Für den Verwender ergibt sich hingegen eine spiegelbildlich *entgegengesetzte* Transaktionskosten-Nutzen-Relation: Aufgrund der *Mehrfachverwendung* lohnt sich für ihn der mit der Erstellung der AGB verbundene Aufwand. Zwischen dem Verwender und seinem Vertragspartner besteht damit ein *Motivationsgefälle*, das aufgrund der *prohibitiv hohen Transaktionskosten* eine *Informationsasymmetrie* im Hinblick auf die Kenntnis der AGB und ihre Bewertung nach sich zieht.[349]

cc) Marktversagen und adverse Selektion

Die Folge ist ein partielles *Marktversagen*, ein mangelnder *Konditionenwettbewerb*, der durch den Mechanismus *adverser Selektion* zu einer kontinuierlichen Verschlechterung der AGB-Qualität führt (*race to the bottom*), die durch den *Goodwill-Mechanismus* der *Qualitätskontrolle* – der von einer verminderten Nachfrage als Ergebnis von *Reputationseffekten* ausgeht – nur zu hohen sozia-

---

[346] *Adams*, in: Neumann (Hrsg.), Ansprüche, Eigentums- und Verfügungsrechte (1984), S. 655, 663.

[347] Ebenso *Leyens/Schäfer*, AcP 210 (2010), 771, 788. Dies setzt freilich voraus, dass diese keine außergewöhnlichen Klauseln, etwa ein abstraktes Schuldanerkenntnis in Höhe von 1 Million Euro, enthalten. Aus der Perspektive der ökonomischen Analyse wird dies freilich durch die äußerst geringe Eintrittswahrscheinlichkeit eines derartigen Szenarios berücksichtigt, so dass ein entsprechendes Risiko bereits in die Kosten-Nutzen-Rechnung „eingepreist“ ist.

[348] *Eidenmüller*, JZ 2005, 216, 222.

[349] MünchKomm/*Basedow*, BGB (7. Aufl. 2016), Vor § 305 – § 310. Rn. 5; *Leuschner*, JZ 2010, 875, 879 f., 882 ff.; *Leuschner*, AcP 207 (2007), 491, 496.

len Kosten vermieden werden kann. Dass im Hinblick auf AGB kein funktionierender *Konditionenwettbewerb* besteht, ist mittlerweile allgemein anerkannt.[350] Für die Rechtfertigung der Inhaltskontrolle ist daher das Bestehen eines Marktversagens wesentlich: Denn im Fall einer Störung des Wettbewerbs kann die mit dem Stellen von AGB verbundene Beschränkung der *Vertragsgestaltungsfreiheit* des Verwendungsgegners nicht mehr ohne weiteres durch Wahrnehmung der *Abschlussfreiheit* kompensiert werden. Das Marktversagen im Zusammenhang mit der Verwendung von AGB beruht dabei regelmäßig nicht auf einem *Monopol*, einer *marktbeherrschenden* Stellung oder einer rechtswidrigen Einwirkung auf die Willensentschließungsfreiheit des Verwendungsgegners wie etwa *arglistiger Täuschung* oder einer *widerrechtlichen Drohung*. Es findet seine Ursache vielmehr in der zwischen dem Verwender und seinem Vertragspartner bestehenden Informationsasymmetrie.

Kötz hat die hierfür wesentlichen Ursachen in seinem für die rechtspolitische Diskussion im Vorfeld des Erlasses des AGBG wegweisenden Gutachten zum 50. Deutschen Juristentag im Einzelnen herausgearbeitet: (1) So kämen als Wettbewerbsparameter allenfalls Bedingungen in Betracht, die leicht zu *erfassen* und mit entsprechenden Bedingungen anderer Anbieter gut zu *vergleichen* sind.[351] Eine inhaltliche Erfassung sowie ein Verständnis der Masse der übrigen, häufig selbst für Juristen nur schwer verständlichen Klauseln zu verlangen, wäre aufgrund des hiermit verbundenen Aufwands und der negativen Kosten-Nutzen-Relation indes wenig realistisch.[352] Dies habe zugleich zur Folge, dass die Wettbewerbsvorteile des Verwenders durch verbraucherfreundliche Ausgestaltung seiner AGB regelmäßig gering sind und jedenfalls geringer ausfallen, als die durch die Übernahme der Verbraucherrisiken verbundenen Kosten.[353] (2) Stattdessen orientiere sich die Kaufentscheidung an den Hauptleistungspflichten *Preis* und *Qualität*. Daher könne vom Wettbewerb kaum ein spürbarer Einfluss auf den Inhalt von AGB ausgehen.[354] (3) Schließlich sei – anders als im Hinblick auf Preis und Qualität als Gegenstand der Hauptleistung – eine Werbung mit günstigen AGB kaum in sinnvoller Weise möglich, da AGB regelmäßig die Abwicklung von Leistungsstörungen betreffen und daher eine Betonung dieser Aspekte der Werbestrategie des Unternehmens widerspreche.[355] So erweise sich etwa die

---

[350] Vgl. nur MünchKomm/*Basedow*, BGB (7. Aufl. 2016), Vor §305 Rn. 5f.; Staudinger/*Wendland*, BGB (2019), §307 Rn. 4; *Fastrich*, Inhaltskontrolle (1992), S. 80, 86; *Habersack*, Vertragsfreiheit und Drittinteressen (1992), S. 107; *Baudenbacher*, Grundprobleme (1983), S. 217; *Kötz*, Gutachten (1974), S. A 9, S. A 33 ff.

[351] *Kötz*, Gutachten (1974), S. A 9, A 34. Vgl. hierzu auch *Drexl*, Selbstbestimmung (1998), S. 330.

[352] Ebenda.

[353] *Kötz*, Gutachten (1974), S. A 9, A 35.

[354] Ebenda. Ebenso *Drexl*, Selbstbestimmung (1998), S. 330.

[355] Grundlegend *Kötz*, Gutachten (1974), S. A 9, A 35. Ebenso *Drexl*, Selbstbestimmung (1998), S. 330; *Baudenbacher*, Grundprobleme (1983), S. 217; *Horn*, AcP 176 (1976), 307, 320.

Fokussierung des Verbraucherinteresses auf die Frage, ob spätere Rechtsstreitigkeiten am Wohnort des Käufers oder des Unternehmers geführt werden, im Hinblick auf die primäre Werbeaussage, dass die Waren von hoher Qualität seien, als kontraproduktiv.[356] AGB sind daher wenig werbewirksam und als Wettbewerbsparameter ungeeignet, da sie drohten, den Kunden eher „abzustoßen“ als ihn zum Abschluss des Vertrages zu motivieren.[357]

dd) Akerlofs Markt der Zitronen und das „race to the bottom“

Steht aufgrund der Überlegungen von *Kötz* zunächst fest, dass AGB aufgrund (1) negativer Transaktionskosten-Nutzen-Relation infolge prohibitiv hoher Informationsbeschaffungs- und Bearbeitungskosten, (2) der Fokussierung auf *Preis* und *Qualität* als Inhalt der Hauptleistung sowie (3) ihrer mangelnden *Werbewirksamkeit* als Wettbewerbsparameter ungeeignet sind, so ist damit das Marktversagen aufgrund der zwischen den Parteien bestehenden Transaktionskostens- und Informationsasymmetrie aus ökonomischer Perspektive noch nicht vollständig geklärt. Als weiterführender Erklärungsansatz wird daher auf die grundlegenden Pionierarbeiten *Akerlofs* zur Funktionsweise von *„Zitronenmärkten“* verwiesen. *Akerlof* hatte 1970 in einem wegweisenden Aufsatz die Auswirkungen von Informationsasymmetrien auf den Wettbewerb untersucht und dabei die zu einem Marktversagen führenden Mechanismen aufgedeckt. *Akerlof* geht dabei beispielhaft von einem Markt für Kfz-Gebrauchtwagen aus, auf dem qualitativ „gute“ und „schlechte“ PKW – in der US-amerikanischen Umgangssprache *„peaches“* und *„lemons“* – angeboten werden.[358] Die Käufer wissen bei Abschluss des Kaufvertrages nicht, ob es sich um einen qualitativ guten oder einen schlechten Gebrauchtwagen handelt.[359]

Denn die Qualität der Gebrauchtwagen ist für sie nicht ohne weiteres erkennbar. Entsprechende Informationen sind nur nach eingehender, fachkundiger Untersuchung und damit zu unzumutbar hohen Kosten verfügbar, die regelmäßig in keinem angemessenen Verhältnis zum Nutzen des zusätzlichen Informationsgewinns und zum Vertragswert stehen. Erst nach Abschluss des Kaufes und einer gewissen Zeit der Benutzung haben auch die Käufer eine gewisse Vorstellung von der Qualität des Gebrauchtwagens.[360] Diese *ex post*-Beurteilung der Qualität des gekauften Gutes ist präziser als die vor dem Kauf mögliche *ex ante*-Einschätzung.[361] Es handelt sich damit um den von *Nelson* beschriebenen Kauf von

---

[356] *Kötz*, Gutachten (1974), S. A 9, A 35. Ebenso *Drexl*, Selbstbestimmung (1998), S. 330.

[357] In diesem Sinne *Baudenbacher*, Grundprobleme (1983), S. 217.

[358] *Akerlof*, 84 Q. J. Econ. 488, 489 (1970). Vgl. hierzu auch *Axer*, AGB-Kontrolle (2012) S. 63.

[359] *Akerlof*, 84 Q. J. Econ. 488, 489 (1970).

[360] *Akerlof*, 84 Q. J. Econ. 488, 489 (1970).

[361] *Akerlof*, 84 Q. J. Econ. 488, 489 (1970).

Erfahrungsgütern (experience goods), deren Qualität erst nach Benutzung festgestellt werden kann.[362]

Da der Verkäufer im Gegensatz zum Käufer über umfassende Informationen in Bezug auf die Qualität der Gebrauchtwagen verfügt, besteht zwischen den Parteien eine *Informationsasymmetrie*, die nun zum entscheidenden Motor einer sich verselbstständigenden Entwicklung wird: Obwohl gute und schlechte Gebrauchtwagen einen unterschiedlichen Wert besitzen, werden beide zum gleichen Preis verkauft, da der Käufer nicht zwischen beiden zu unterscheiden vermag. In der Folge verdrängen die schlechten die guten Gebrauchtwagen, weil sie zum gleichen Preis wie gute verkauft werden.[363] Das Ergebnis ist eine kontinuierliche *Verschlechterung* der Qualität der auf den Markt angebotenen Gebrauchtwagen, die letztlich sogar zum vollständigen Zusammenbruch des Marktes führen kann.[364] Der Effekt kann indes durch *counteracting institutions* wie *Garantien, Markennamen* oder *Lizensierung* reduziert werden, die eine gewisse Gewähr für eine bestimmte Mindestqualität bieten.[365]

Die ökonomische Analyse und hier vor allem wegbereitend *Adams*[366] wendet die *Akerlofsche* Beschreibung des Zitronenmarktproblems nun auf die Verwendung von AGB an und gelangt zu dem Ergebnis, dass der Vertragsschluss unter AGB als Erfahrungsgut zu einer kontinuierlichen Verschlechterung der AGB-Qualität, einem *„race to the bottom"* führe, da die AGB-Qualität kein hinreichendes Wettbewerbskriterium sei. Daher sei auch eine Korrektur durch Veränderung des Nachfrageverhaltens bei „Wiederholungskäufen" nicht möglich, so dass die Rechtsordnung im Wege der Inhaltskontrolle korrigierend eingreifen müsse: Ähnlich wie beim Gebrauchtwagenkauf vermag der Klauselgegner nämlich die Qualität der AGB aufgrund prohibitiv hoher Informationsbeschaffungskosten nicht zu beurteilen, während sie der Verwender kennt.

Die zwischen beiden Parteien bestehende Informationsasymmetrie nutzt der Verwender nun zu seinen Gunsten aus, indem er „schlechte" AGB zum gleichen Preis wie „gute" anbietet und damit „durchkommt", weil die Kunden nicht zwischen „guten" und „schlechten" AGB unterscheiden können und die Verschlechterung der AGB-Qualität damit sanktionslos bleibt. Durch das Stellen „schlechter" AGB ergibt sich für den Verwender aufgrund der damit verbundenen Kosten-

---

[362] Vgl. *Nelson*, 78 J. Pol. Econ. 311 (1970). Während *Akerlof*, 84 Q. J. Econ. 488, 489 (1970) hierauf nicht *expressis verbis* Bezug nimmt, schließt sie *Adams* in seine Überlegungen ein, vgl. *Adams*, BB 1989, 781, 784 und *Adams*, in: Neumann (Hrsg.), Ansprüche, Eigentums- und Verfügungsrechte (1984), S. 655, 663.

[363] *Akerlof*, 84 Q. J. Econ. 488, 489 f. (1970).

[364] *Akerlof*, 84 Q. J. Econ. 488, 490 (1970) „... even worse pathologies can exist. For it is quite possible to have the bad driving out the not-so-bad driving out the medium driving out the not-so-good driving out the good in such a sequence of events that no market exists at all."

[365] *Akerlof*, 84 Q. J. Econ. 488, 499 f. (1970).

[366] *Adams*, BB 1989, 781; *Adams*, in: Neumann (Hrsg.), Ansprüche, Eigentums- und Verfügungsrechte (1984), S. 655.

ersparnis (z.B. durch Abwälzen von Risiken durch Haftungsausschlüsse oder eine Beweislastumkehr) gegenüber seinen Mitbewerbern eine größere Gewinnspanne, da er bei gleichem Preis mit geringeren Kosten belastet ist.[367] Dieser Wettbewerbsvorteil erhöht nun seinerseits den Druck auf die übrigen Wettbewerber, ihre AGB ebenfalls zu verschlechtern.[368] Da Marktteilnehmer mit „guten" AGB diese nur zu höheren Grenzkosten als ihre Mitbewerber anbieten können, senken sie ihre AGB, um wettbewerbsfähig zu bleiben, auf das geringstmögliche Niveau: Ein „Wettlauf um die schlechtesten AGB" (*race to the bottom*) beginnt, der durch *adverse Selektion* zu einer stetigen Verschlechterung der AGB-Qualität führt, die schließlich eine für die Kunden derart inakzeptable Qualität erreichen, dass die Nachfrage und damit der Markt zusammenbricht.[369] Selbst wenn ein Verwender qualitative gute AGB anbieten würde, könnte er sich aufgrund der mit der höheren AGB-Qualität verbundenen zusätzlichen Kosten nicht lange auf dem Markt halten und würde von Anbietern schlechter AGB aufgrund ihres Kostenvorteils letztlich verdrängt werden.[370]

ee) Eingreifen korrigierender Goodwill-Mechanismen

Aus der Perspektive der ökonomischen Analyse wäre ein Marktzusammenbruch indes allein noch kein Grund für ein korrigierendes Eingreifen des Gesetzgebers.[371] Denn eine gesetzliche Regelung wäre entbehrlich, wenn ein Zusammenbruch des Marktes durch *Goodwill-Mechanismen* verhindert wird.

(1) Garantien und Gütesiegel

Akerlof erblickt solche *Goodwill-Mechanismen* in *counteracting institutions* wie etwa *Garantien*, im berechtigten Vertrauen, das etwa *Unternehmensketten* durch ihren *Markennamen* in Anspruch nehmen können, sowie in der *Lizensierung* (z.B. von Rechtsanwälten, Ärzten und Frisören)[372], die eine gewisse *Mindestqualität* gewährleisten.[373] Übertragen auf die AGB-Problematik kommen hier vor allem Garantien von AGB-Verwendern für die Angemessenheit der von ihnen gestellten AGB in Betracht. Darüber hinaus wäre an ein von einer neutralen, vertrauenswürdigen Institution vergebenes *Gütesiegel* zu denken, das nach entsprechender Prüfung die Unbedenklichkeit der AGB bescheinigt.

---

[367] *Adams,* in: Neumann (Hrsg.), Ansprüche, Eigentums- und Verfügungsrechte (1984), S. 655, 664.

[368] *Leuschner,* AcP 207 (2007), 491, 502. Ebenso *Adams,* in: Neumann (Hrsg.), Ansprüche, Eigentums- und Verfügungsrechte (1984), S. 655, 664 f.

[369] *Adams,* in: Neumann (Hrsg.), Ansprüche, Eigentums- und Verfügungsrechte (1984), S. 655, 665.

[370] *Adams,* in: Neumann (Hrsg.), Ansprüche, Eigentums- und Verfügungsrechte (1984), S. 655, 665.

[371] *Adams,* in: Neumann (Hrsg.), Ansprüche, Eigentums- und Verfügungsrechte (1984), S. 655, 665.

[372] So *Akerlof,* 84 Q. J. Econ. 488, 499 f. (1970).

[373] Ebenda.

Da die für eine solche Überprüfung erforderlichen Informationsbeschaffungs- und -vearbeitungskosten regelmäßig vom Verwender getragen würden, beschränkt sich für den Klauselgegner der zur Informationsbeschaffung erforderliche Aufwand auf die Vergewisserung, ob die für ihn relevanten AGB mit einem Gütesiegel ausgestattet sind oder nicht. Weil die Prüfung für eine Vielzahl von Verwendungen erfolgt, ergeben sich für die Prüfinstitution erhebliche Rationalisierungseffekte durch Mehrfachverwendung. Die hierfür erforderlichen Kosten könnte die Prüfinstitution entweder von den einzelnen Klauselgegnern, die sich über die Vergabe eines Gütesiegels informieren möchten, anteilig in Höhe einer geringen, nicht wesentlich ins Gewicht fallenden Gebühr[374] oder – was angesichts der Wettbewerbslage realistischer erscheint – im Ganzen vom Verwender erheben, der die hierfür anfallenden Kosten intern als durch entsprechende Umsatzzuwächse gerechtfertigten Werbeaufwand verrechnen kann. Im Bereich des *e-commerce* haben sich tatsächlich entsprechende Gütesiegel wie etwa *Trusted Shops*[375], *TÜV Süd s@ver shopping*[376] oder *EHI Geprüfter Online-Shop*[377] etabliert, die neben Aspekten der Datensicherheit und des *Datenschutzes*, der *Preistransparenz* und des *Kundenservice* auch die Einhaltung bestimmter *Mindeststandards* im Hinblick auf AGB überprüfen. So werden etwa die mit dem *Trusted Shop*-Siegel ausgezeichneten Unternehmen von Wirtschaftsjuristen auf der Grundlage eines Kataloges von über 100 Einzelkriterien zertifiziert.

Im Hinblick auf die Angemessenheit der AGB sind dabei indes keine allzu hohen Anforderungen zu erwarten. So beschränkt sich etwa die Überprüfung von AGB ganz überwiegend auf das Einhalten formaler Mindestanforderungen im Hinblick auf Sprache, Umfang und Struktur sowie die wiedergabefähige Speicherung der AGB. Materielle Kriterien (z.B. das Verbot, dem Verbraucher die Gefahr des Verlustes oder der Beschädigung der Ware auf dem Transport aufzuerlegen) sind nur in äußerst geringem Umfang Gegenstand der Prüfung.[378] Um

---

374 So könnten sich etwa potentielle Kunden im Internet nach Registrierung auf einer speziellen Webseite – ähnlich den gegen Gebühr online abrufbaren Testergebnissen der *Stiftung Warentest* – über die Vergabe eines Gütesiegels informieren. Freilich wäre die zweite Variante, die Finanzierung der AGB-Prüfung durch den Verwenders selbst, d.h. die Vergabe des Gütesiegels gegen eine Gebühr, deutlich praktikabler.

375 http://www.trustedshops.de

376 http://www.safer-shopping.de

377 http://www.shopinfo.net

378 Vgl. hierfür etwa die Qualitätskriterien (TS-QAL) des *Trusted Shops Gütesiegels*: „8.1 Wenn Allgemeine Geschäftsbedingungen verwendet werden, müssen diese unter einer eindeutigen Bezeichnung im Bestellvorgang, rechtzeitig vor Abgabe der Bestellung, abrufbar sein.

8.2 Sprache, Umfang, Struktur, Farben und Zeichengröße der Allgemeinen Geschäftsbedingungen sind so zu wählen, dass die Lesbarkeit und Verständlichkeit gegeben sind.

8.3 Allgemeine Geschäftsbedingungen müssen einfach in wiedergabefähiger Form (z.B. HTML, PDF) gespeichert werden können.

8.4 Der Online-Shop darf keine Regelungen oder Hinweise verwenden, durch die dem Verbraucher die Gefahr des Verlustes oder der Beschädigung der Ware auf dem Hintransportweg

dezidierte AGB-Gütesiegel handelt es sich hierbei freilich nicht. Gütesiegel für *Online-Shops* sind vielmehr auf eine konkrete Branche beschränkt und erfassen die Qualität von AGB nur sehr eingeschränkt im Hinblick auf einige wenige, für den Bereich des E-Commerce relevante Kriterien.

Allerdings ist die Annahme, dass Garantien oder Gütesiegel als *Goodwill-Mechanismen* in der Lage sind, einen Marktzusammenbruch oder jedenfalls ein Marktversagen zu verhindern, grundsätzlich problematisch: Zum einen wären sie aufgrund der Komplexität der AGB realistischerweise kaum für ganze Klauselwerke, sondern lediglich hinsichtlich einzelner Klauseln denkbar.[379] Entsprechend erfassen die Gütesiegel für Online-Shops regelmäßig nur einige wenige, für den E-Commerce relevante Klauseln, wie etwa Fragen des Gewährleistungsrechts und der Abwicklung im Fall der Warenrücksendung. Damit wäre die Informationsasymmetrie allerdings nur teilweise aufgehoben[380], die Gefahr eines Marktversagens daher nur zum Teil abgewendet. Zum anderen wären derartige Gütesiegel aufgrund der notwendigen Umlage der Zertifizierungskosten auf den Kunden mit erhöhten Transaktionskosten und daher mit einem – wenn auch im Vergleich zur eigenen Informationsbeschaffung deutlich geringeren – Aufwand verbunden, den dieser mit der widerspruchslosen Hinnahme von AGB gerade vermeiden wollte.[381]

Die Übernahme einer Garantie sowie die Verleihung eines Gütesiegels hätten damit grundsätzlich höhere Produktkosten zur Folge, da der Verwender mit den günstigeren AGB die für ihn damit einhergehenden Risiken bzw. die Gebühr für die Verleihung des Gütesiegels in den Endpreis einpreist und diese damit letztlich wieder vom Klauselgegner zu tragen wären. Ob diese Argumentation tragfähig ist, muss indes bezweifelt werden: Denn das Beispiel der Gütesiegel für *Online-Shops* zeigt zugleich, dass die mit ihnen verbundenen Kosten kaum ins Gewicht fallen und für den Endkunden kaum in entscheidungsrelevanter Weise erkennbar sind.

Allerdings bestehen gegen die Vorstellung, ein Marktzusammenbruch könnte durch Garantien oder Gütesiegel als *Goodwill-Mechanismen* verhindert werden, grundsätzliche Bedenken. So wurde bereits festgestellt, dass ein Konditionenwettbewerb gerade deshalb nicht besteht, weil die Qualität von AGB für die Entscheidung der Parteien über den Vertragsschluss nicht relevant ist. Stattdessen konzentriert sich ihr Interesse auf *Preis* und *Qualität*[382] des zu erwerbenden Pro-

---

auferlegt werden." Abrufbar unter http://www.trustedshops.de/guetesiegel/einzelkriterien.html (abgerufen am 12.6.2013).

[379] So *Axer*, AGB-Kontrolle (2012), S. 77.

[380] Ebenda.

[381] Ebenda.

[382] *Axer*, AGB-Kontrolle (2012), S. 57; MünchKomm/*Basedow*, BGB (7. Aufl. 2016), Vor § 305 – § 310 Rn. 6; Palandt/*Grüneberg*, BGB (77. Aufl. 2018), Überbl. v. § 305 Rn. 6; *Becker*, AGB und Individualvereinbarung (2011), S. 99; *Fuchs*, in: *Ulmer/Brandner/Hensen*, AGB-Recht (12. Aufl. 2016), Vorb. v. § 307 Rn. 37, 39; *v. Westphalen*, BB 2010, 195, 200; *Stoffels*,

duktes oder der Dienstleistung als Inhalt der Hauptleistung. Dem entspricht der rechtstatsächliche Befund, dass entsprechende dezidierte AGB-Garantien oder Gütesiegel außerhalb des Bereiches von *Online-Shops* in der Lebenswirklichkeit soweit ersichtlich nicht existieren. Für den Verwender ergeben sich aufgrund des Desinteresses seiner möglichen Vertragspartner zudem auch keine Verhaltensanreize, entsprechende Garantien abzugeben oder sich um die Vergabe eines Gütesiegels zu bemühen. Im Ergebnis ist ein Markt für dezidierte AGB-Gütesiegel nicht feststellbar. Im Bereich der Gütesiegel für *Online-Shops* ist die Mindestqualität der AGB nur eines von vielen Kriterien, wobei die Aspekte der *Datensicherheit* und des *Datenschutzes* für den Kunden von entscheidender Bedeutung sein dürften. Die Verwendung von Gütesiegeln bleibt daher *sektoral begrenzt.* Eine für den Gesamtmarkt relevante verhaltenssteuernde Wirkung, die zur Verbesserung der AGB-Qualität insgesamt führen würde und geeignet wäre, einen Marktzusammenbruch oder ein Marktversagen zu verhindern, geht von ihnen nicht aus.

(2) Wiederholungskäufe und Erfahrungsaustausch

Daher sind effektivere *Goodwill-Mechanismen* erforderlich, wobei insbesondere *Wiederholungskäufe* sowie ein *Erfahrungsaustausch* der Kunden untereinander in Betracht kommen.[383] Erlangen Kunden etwa nach Abschluss des Vertrages Kenntnis von der schlechten Qualität der AGB, z. B. weil sie Gewährleistungsrechte geltend machen möchten und diese durch AGB ganz oder teilweise ausgeschlossen sind, und geben sie diese Informationen – etwa in Online-Foren – an andere Kunden weiter, so würden insoweit „gebrandmarkte" Anbieter „schlechter" AGB Umsatzeinbußen hinnehmen müssen, weil sie von den insoweit informierten Kunden gemieden werden. Umgekehrt hätten Anbieter „guter" AGB aufgrund höherer Umsätze trotz der – durch die hohe AGB-Qualität bedingten – höheren internen Kosten und der damit verbundenen geringeren Gewinnspanne bei einer ausreichenden Anzahl von Wiederholungskäufen gegenüber den Anbietern „schlechter" AGB einen Wettbewerbsvorteil. Dadurch könnten positive Verhaltensanreize zur Verbesserung der AGB-Qualität gesetzt werden, die schließlich das *„race to the bottom"* beenden und ein Marktversagen verhindern könnten.

AGB-Recht (3. Aufl. 2015), Rn. 86; Staudinger/*Wendland*, BGB (2019), § 307 Rn. 132; *Basedow*, AcP 200 (2000), 445, 487; *Drexl*, Selbstbestimmung (1998), S. 330, 340; *Fastrich*, Inhaltskontrolle (1992), S. 86; *Kötz*, Gutachten (1974), S. A 9, A 34; *Grunsky*, BB 1971, 1113, 1117. Ähnlich auch *Wackerbarth*, AcP 200 (2000), 45, 77, 80. Ebenso die Rechtsprechung, vgl. nur BGH NJW-RR 2008, 818, 820 (Verbrauchserfassungsgerätevertrag): „denn der Wettbewerb um Kunden erfolgt hauptsächlich über den Preis, nicht über die Qualität von AGB".

[383] Hierzu *Axer*, AGB-Kontrolle (2012), S. 75 ff.; *Becker*, AGB und Individualvereinbarung (2011), S. 91 ff.; *Miethaner*, AGB-Kontrolle (2010), S. 74; *Adams*, BB 1989, 781, 785 f.

(3) Schwächen des Goodwill-Mechanismus

Allerdings setzt ein solcher *Goodwill-Mechanismus* die tatsächliche *Kenntnis* eines hinreichend großen Kundenkreises, die adäquate Bewertung der AGB-Qualität sowie einen funktionierenden *Informationsaustausch* voraus. Ob dies im Hinblick auf den AGB-Markt vorliegt, ist indes zweifelhaft. Denn die Qualität der AGB wird für den Kunden regelmäßig erst dann offenkundig, wenn die in ihnen geregelten Sachverhalte, etwa im Gewährleistungsfall oder im Fall eines Rechtsstreites, relevant werden. Hierfür besteht aber grundsätzlich eine geringe *Eintrittswahrscheinlichkeit,* so dass der Kreis der betroffenen Kunden vergleichsweise gering bleibt. Ob er ausreicht, um durch Wiederholungskäufe einen hinreichenden Druck auf den Verwender auszuüben, ist ungewiss. Problematisch ist hier auch der regelmäßig große *zeitliche Abstand* zwischen Vertragsschluss und dem Eintritt einer Leistungsstörung sowie der damit verbundenen Kenntnisnahme der AGB, der die Funktionsfähigkeit des Goodwill-Mechanismus erheblich gefährdet.[384]

Darüber hinaus muss es überhaupt zu Wiederholungskäufen in nennenswerter Anzahl kommen, was für größere Anschaffungen und Rechtsgeschäfte mit hohem Ertragswert regelmäßig eher selten der Fall ist.[385] Dabei sind es gerade die höhervolumigen Rechtsgeschäfte, die größeren Anschaffungen, die aufgrund der mit ihnen verbundenen hohen Kosten im Hinblick auf Wiederholungskäufe verhaltenssteuernde Wirkung entfalten können. Im Rahmen der sehr häufig auftretenden Alltagsgeschäfte ist dagegen fraglich, ob die Konfrontation mit belastenden AGB angesichts der geringen „Streitwerte" ausreicht, um entsprechende Verhaltensanreize zur Vermeidendung von Wiederholungskäufen oder zur Information anderer Kunden zu setzen. Gerade Letzteres dürfte insbesondere bei Alltagsgeschäften für die Kunden mit einem prohibitiv hohen Aufwand verbunden sein, so dass damit zu rechnen ist, dass ein Erfahrungsaustausch regelmäßig unterbleibt.

In diesem Zusammenhang ist die Frage berechtigt, ob – trotz der Möglichkeiten des Internets, des vielfältigen Angebotes an Test-Zeitschriften und der „Mund-zu-Mund-Propaganda" – angesichts des mit einem Informationsaustausch verbundenen Aufwandes (a) sowohl ein hinreichend großer Anreiz als auch (b) die tatsächliche Möglichkeit eines effektiven Informationsaustausches unter den Kunden im Hinblick auf die AGB spezieller Anbieter existiert.[386] Darüber hinaus müssten (c) AGB für die Kunden regelmäßig von derart großer Bedeutung sein, dass sie sich vor Vertragsschluss eingehend im Internet über die AGB ihrer zukünftigen Vertragspartner informieren. Dies ist vor dem Hintergrund des bisherigen Befundes indes unrealistisch: Zum einen besteht darüber

[384] *Axer*, AGB-Kontrolle (2012), S. 76; *Leyens/Schäfer*, AcP 210 (2010), 771, 784.

[385] Vgl. hierzu mit dem Beispiel des Möbelkaufs *Leyens/Schäfer*, AcP 210 (2010), 771, 784.

[386] Vgl. hierzu *Adams*, BB 1989, 781, 785; *Adams*, in: Neumann (Hrsg.), Ansprüche, Eigentums- und Verfügungsrechte (1984), S. 655, 670f., sowohl Möglichkeit als auch Interesse an einem solchen Informationsaustausch bejahend.

Einmütigkeit, dass ein Konditionenwettbewerb gerade nicht existiert. Die Ursache hierfür wurde dabei insbesondere darin gesehen, dass sich der Kunde vor allem für die Hauptleistungspflichten *Preis* und *Qualität*, nicht dagegen für die AGB interessiert.

Die *Qualität von AGB* ist damit für die Kaufentscheidung offensichtlich bedeutungslos, obgleich eine erhebliche Zahl von Kunden im Rahmen von Leistungsstörungsfällen von der Qualität der AGB Kenntnis erhält, diese – freilich im Rahmen des geltenden AGB-Rechts der §§ 307 ff. BGB – die Risiken zulasten des Kunden verschieben und zudem genügend Möglichkeiten des Erfahrungsaustausches, etwa über Informationsportale und Online-Foren im Internet, bestehen. Der korrigierenden Wirkung des seit 1976 geltenden AGB-Rechts kann dies freilich nicht zugeschrieben werden, da entsprechende Goodwill-Mechanismen auch vor Inkrafttreten des AGBG und vor der Entwicklung der entsprechenden Rechtsprechung des BGH nicht nachweisbar sind. Darüber hinaus wäre die vorherige Information möglicher Kunden über die AGB-Qualität ihrer jeweiligen Vertragspartner – auch bei der Annahme entsprechender, leicht zugänglicher Angebote im Internet – mit einem jedenfalls für Alltagsgeschäfte unvertretbar hohen Aufwand verbunden.[387] Dass der Vertragspartner des Verwenders aber aufgrund der hohen Informationsbeschaffungskosten gerade von einer vorherigen Kenntnisnahme der AGB absieht und sie stattdessen unbesehen akzeptiert, setzt auch die ökonomische Analyse voraus.[388] Schließlich ist zu hinterfragen, ob der Kunde trotz der Konfrontation mit ihn benachteiligenden AGB in einem konkreten Leistungsstörungsfall überhaupt in der Lage ist, die insoweit schlechte AGB-Qualität überhaupt zu erkennen, oder ob er sie nicht vielmehr zwar als für ihn ungünstig, jedoch üblich akzeptiert. Dies ist umso wahrscheinlicher, als er in Alltagsgeschäften aufgrund der geringen infrage stehenden Kosten von einer professionellen rechtlichen Bewertung der AGB durch Inanspruchnahme von Rechtsrat regelmäßig absehen wird.[389]

Als Befund ist damit *zusammenfassend* festzuhalten: Ein für verhaltenssteuernde Wiederholungskäufe erforderlicher Lerneffekt setzt (a) die *tatsächliche Kenntnis* und (b) die *adäquate Beurteilung* der AGB-Qualität, (c) einen *funktionierenden Informationsaustausch* geschädigter und potentieller Kunden sowie (d) eine gewisse *Relevanz* der AGB-Qualität für den Vertragsschluss (e) einer hinreichend großen Anzahl von schlechter AGB-Qualität betroffener Kunden voraus. Diese Voraussetzungen liegen indes nicht vor: Aufgrund insgesamt geringer Eintrittswahrscheinlichkeit von Leistungsstörungen werden entsprechende AGB überhaupt nur für einen Bruchteil der Marktteilnehmer relevant[390], wobei

---

[387] Ähnlich auch *Becker*, AGB und Individualvereinbarung (2011), S. 103 f.; *Miethaner*, AGB-Kontrolle (2010), S. 74.

[388] Vgl. oben S. 541 f.

[389] Dazu oben S. 508 ff., 511 f., 541 f. sowie unten S. 569 ff.

[390] *Becker*, AGB und Individualvereinbarung (2011), S. 103.

von ihnen regelmäßig wohl nur bei höhervolumigen Rechtsgeschäften oberhalb einer gewissen Erheblichkeitsschwelle Kenntnis genommen wird. Dies wird nur einen kleinen Teil der Rechtsgeschäfte betreffen und für die Mehrzahl der Alltagsgeschäfte kaum zutreffen.

Eine adäquate rechtliche Beurteilung ist darüber hinaus häufig nur durch die Inanspruchnahme von Rechtsrat möglich. Meist werden daher schlechte AGB als üblich akzeptiert. Von einem funktionierenden Informationsaustausch zwischen Geschädigten und potentiellen Kunden kann – wenn überhaupt – nur in geringem Umfang ausgegangen werden[391]: Bei Alltagsgeschäften steht der prohibitiv hohe Aufwand der Informationsweitergabe und -aufnahme entgegen. Lerneffekte stellen sich zudem erst langsam nach Ablauf einer bestimmten Zahl an Vertragsabschlussperioden und typischerweise nur im Fall von Leistungsstörungen ein.[392] Darüber hinaus ist allgemein anerkannt, dass ein Konditionenwettbewerb nicht existiert, da AGB für die Abschlussentscheidung des Kunden regelmäßig keine Relevanz besitzen.[393] Entsprechend finden sich trotz der Fülle an Verbraucherforen, in denen Preis und Qualität verschiedenster Produkte diskutiert werden, kaum entsprechenden Angebote mit Blick auf AGB. Der große zeitliche Abstand zwischen Vertragsschluss und Leistungsstörung und die vergleichsweise geringe Anzahl betroffener Kunden unterhalb der Erheblichkeitsschwelle stehen zudem einem effektiven Lerneffekt regelmäßig entgegen.

Adams hat darüber hinaus mit der Gefahr (a) der *qualitativen Diskriminierung* und (b) der *Trittbrettfahrer* auf zwei weitere Einschränkungen des *Goodwill-Mechanismus* hingewiesen: Gelingt es dem Verwender, die Bedeutung eines Kunden für die Schädigung seines zukünftigen Absatzes einzuschätzen, also die Wahrscheinlichkeit zu bestimmen, dass sich ein Kunde als informierter potentieller Wiederholungskäufer erweist, so besteht die Gefahr, dass er sich diesem Kunden gegenüber *qualitätdiskriminierend* verhält.[394] Da bestimmte Märkte im Fall möglicher rechtlicher Qualitätsdiskriminierung eine systematische Verzerrung zulasten einkommensschwacher Konsumentengruppen aufweisen, bestehe hier die Notwendigkeit zusätzlicher Umverteilungsmaßnahmen im Rahmen des

---

391 Ebenso *Axer*, AGB-Kontrolle (2012), S. 76; *Becker*, AGB und Individualvereinbarung (2011), S. 101 ff., 104, 106.

392 *Axer*, AGB-Kontrolle (2012), S. 76; *Becker*, AGB und Individualvereinbarung (2011), S. 103 f.; *Miethaner*, AGB-Kontrolle (2010), S. 74.

393 Vgl. nur oben S. 544 ff. mwN.

394 *Adams*, BB 1989, 781, 786; *Adams*, in: Neumann (Hrsg.), Ansprüche, Eigentums- und Verfügungsrechte (1984), S. 655, 670 f. Hierzu auch *Becker*, AGB und Individualvereinbarung (2011), S. 107. Zur Möglichkeit der Realisierung kurzfristiger Gewinne durch eine *fly-by-night strategy* der Qualitätsreduzierung *Shapiro*, 98 Q. J. Econ. 659, 660 f. (1983). Zur beschränkten Wirkung von Reputationseffekten in Fällen, in denen ein Unternehmenin Insolvenznähe operiert und daher auf extrem kurzfristige Strategien der Gewinnmaximierung setzt, *Eidenmüller*, JZ 2009, 641, 650.

Steuer- und Transfersystems, was freilich mit zusätzlichen sozialen Kosten und Wohlfahrtsverlusten verbunden ist.[395]

Darüber hinaus wäre es erforderlich, den Markt durch irreversibel hohe Marktzutrittskosten, die als *versunkene Kosten* wirken, vor „Trittbrettfahrern" zu schützen, die nur kurzzeitig, für eine einzige Kaufperiode, in den Markt eintreten, aufgrund schlechter AGB-Qualität hohe Gewinnmargen erzielen und nach Abschöpfen des Gewinns den Markt verlassen, bevor ein Umsatzverlust durch Wiederholungskäufe wirksam wird.[396] Häufig werden solche Marktteilnehmer versuchen, in verändertem Gewand, etwa unter einer anderen Firmenbezeichnung, erneut in den Markt einzutreten und entsprechende Gewinne abzuschöpfen, ohne sich dem Risiko von Umsatzeinbußen durch Wiederholungskäufe auszusetzen.[397] Die Folge wäre ein Fließgleichgewicht von ständig ein- und austretenden Anbietern mit schlechtestmöglicher AGB-Qualität, die Anbieter „guter" AGB aufgrund ihres Wettbewerbsvorteils vom Markt verdrängen.[398]

Für zahlreiche Branchen kann indes von derartigen Marktzutrittsschranken nicht ausgegangen werden.[399] Sollten zudem Marktzutrittsschranken durch die Erhebung irreversibler Kosten seitens der am Markt tätigen Unternehmen errichtet werden, so hätte dies zugleich einen Verlust an sozialem Überschuss durch Erhöhung der minimalen Stückkosten zur Folge.[400] Darüber hinaus erfordert ein Verhaltensanreiz zu höherer AGB-Qualität durch zukünftigen höheren Umsatz infolge belohnender Wiederholungskäufe aber auch für die bereits am Markt tätigen Verwender eine höhere Gewinnspanne, da der Verkaufspreis der Leistung die Grenzkosten übersteigen muss, um einen entsprechend hohen Sanktionsdruck gegenüber Anbietern mit schlechter AGB-Qualität aufzubauen.[401] Dies hat je-

[395] Ebenda.

[396] *Axer*, AGB-Kontrolle (2012), S. 76 f.; *Becker*, AGB und Individualvereinbarung (2011), S. 97; *Adams*, BB 1989, 781, 786; *Adams*, in: Neumann (Hrsg.), Ansprüche, Eigentums- und Verfügungsrechte (1984), S. 655, 671 f. Zur *fly-by-night strategy Shapiro, 98 Q. J. Econ. 659, 660 f. (1983).*

[397] *Axer*, AGB-Kontrolle (2012), S. 76 f.; *Adams*, BB 1989, 781, 786; *Adams*, in: Neumann (Hrsg.), Ansprüche, Eigentums- und Verfügungsrechte (1984), S. 655, 672.

[398] *Adams*, BB 1989, 781, 786; *Adams*, in: Neumann (Hrsg.), Ansprüche, Eigentums- und Verfügungsrechte (1984), S. 655, 672.

[399] *Becker*, AGB und Individualvereinbarung (2011), S. 98; *Adams*, BB 1989, 781, 786; *Adams*, in: Neumann (Hrsg.), Ansprüche, Eigentums- und Verfügungsrechte (1984), S. 655, 672. Zur Bedeutung von Martkzutrittsschranken und der *„free entry condition"* grundlegend *Shapiro*, 98 Q. J. Econ. 659, 665 ff., 678 (1983). Vgl. auch *Becker*, AGB und Individualvereinbarung (2011), S. 96 ff. sowie *Guerrieri/Shimer/Wright*, 78 Econometrica 1823, 1824, 1832, 49 ff. (2010).

[400] *Adams*, BB 1989, 781, 786; *Adams*, in: Neumann (Hrsg.), Ansprüche, Eigentums- und Verfügungsrechte (1984), S. 655, 673.

[401] Darauf weisen insbesondere *Richter/Furubotn*, Institutionenökonomik (4. Aufl. 2010), S. 277 f. hin.

doch – bedingt durch den höheren Preis – eine geringere Menge umgesetzter Leistungen und damit einen *Verlust an sozialem Überschuss* zur Folge.[402]

(4) Notwendigkeit staatlichen AGB-Rechts

Insbesondere aufgrund der mit den Goodwill-Mechanismen verbundenen *sozialen Kosten* hält die ökonomische Analyse daher ein korrigierendes Eingreifen des Gesetzgebers – etwa durch ein AGB-Gesetz – für erforderlich.[403] Eine gesetzliche Korrektur des Marktversagens würde darüber hinaus erhebliche *Wohlfahrtsgewinne* durch Senkung der *Such- und Informationsverarbeitungskosten* der Klauselgegner, *geringere Gleichgewichtspreise* sowie verminderte *Kosten der Unternehmen* ermöglichen.[404] Einem AGB-Gesetz würde in rechtstatsächlicher Hinsicht unmittelbare, verzögerungsfreie Durchsetzungskraft zukommen und es würde *diskriminierende AGB* verhindern.[405] Für die Unternehmen würden sich durch die Benutzung gesetzeskonformer, rechtlich optimierter, branchenweit geltender AGB erhebliche Kostenvorteile ergeben.[406]

Die wohlfahrtsfördernde Wirkung ergibt sich dabei aus der Senkung der *Such- und Transaktionskosten* durch Garantie einer gewissen *Mindestqualität* sowie die Verminderung des für das Funktionieren des Vertragsmechanismus erforderlichen Abstandes zwischen Preis und Grenzkosten.[407] Die Folge wäre eine gesteigerte *Effizienz* der Märkte, zumal sich für die Marktteilnehmer eine Ersparung irreversibler Marktzutrittskosten ergäbe.[408] Zwar müssten insbesondere Nachfrager schlechter AGB-Qualität aufgrund der mit dem AGB-Gesetz verbundenen Mindestqualitätsnormierung Wohlfahrtverluste, etwa durch ineffiziente Nutzung der Ressourcen, hinnehmen, doch sind diese insgesamt als gering zu bewerten, da stets die Möglichkeit des individuellen Aushandelns verbleibt.[409]

---

[402] *Adams*, BB 1989, 781, 786; *Adams*, in: Neumann (Hrsg.), Ansprüche, Eigentums- und Verfügungsrechte (1984), S. 655, 673.

[403] *Kötz*, JuS 2003, 209, 213; *Adams*, BB 1989, 781, 787 f.; *Adams*, in: Neumann (Hrsg.), Ansprüche, Eigentums- und Verfügungsrechte (1984), S. 655, 674 ff., 680. Mit Blick auf die Lösung des Transaktionskostenproblems *Leuschner*, JZ 2010, 875, 879 f., 882; *Leuschner*, AcP 207 (2007), 491, 493 ff., 508 f.

[404] *Leuschner*, AcP 207 (2007), 491, 503 ff.; *Adams*, BB 1989, 781, 787 f.; *Adams*, in: Neumann (Hrsg.), Ansprüche, Eigentums- und Verfügungsrechte (1984), S. 655, 675 ff.

[405] *Adams*, BB 1989, 781, 787; *Adams*, in: Neumann (Hrsg.), Ansprüche, Eigentums- und Verfügungsrechte (1984), S. 655, 675. Zur Transaktionskostenminimierung *Leuschner*, AcP 207 (2007), 491, 503 ff.

[406] Hierzu *Leuschner*, AcP 207 (2007), 491, 503 ff.; *Adams*, BB 1989, 781, 787; *Adams*, in: Neumann (Hrsg.), Ansprüche, Eigentums- und Verfügungsrechte (1984), S. 655, 675; *Kliege*, Rechtsprobleme der AGB (1966), S. 17 f. Zur *Rationalisierungsfunktion* eingehend oben S. 293 ff.

[407] *Adams*, BB 1989, 781, 787 f.; *Adams*, in: Neumann (Hrsg.), Ansprüche, Eigentums- und Verfügungsrechte (1984), S. 655, 675 ff.

[408] *Adams*, BB 1989, 781, 788; *Adams*, in: Neumann (Hrsg.), Ansprüche, Eigentums- und Verfügungsrechte (1984), S. 655, 678.

[409] *Adams*, in: Neumann (Hrsg.), Ansprüche, Eigentums- und Verfügungsrechte (1984), S. 655, 679. Vgl. hierzu auch *Adams*, BB 1989, 781, 788.

Der rechtsökonomische Begründungsansatz der Inhaltskontrolle enthält damit sowohl eine *individuelle* als auch eine *überindividuelle* Dimension[410]: Seine *individualschützende* Komponente stellt dabei das Schutzbedürfnis des Klauselgegners in den Vordergrund, der aufgrund der durch unzumutbar hohe Informationskosten ausgelösten *Transaktionskostenasymmetrie* sowie der durch das Marktversagen bedingten Verschlechterung der AGB im Wege adverser Selektion keine andere Möglichkeit sieht, als sich den AGB widerspruchslos zu unterwerfen. Der Tatbestand des fehlenden Konditionenwettbewerbs hat zugleich eine *überindividuelle* Seite, welche die langfristigen Auswirkungen auf den gesamtgesellschaftlichen Wohlstand betrifft[411]: Die umfassende Verschlechterung der AGB-Qualität hat erhöhte Risiken für den Kunden durch einseitig belastende Klauseln zur Folge, wodurch die Akzeptanz von AGB und damit letztlich die Leichtigkeit des Rechtsverkehrs beeinträchtigt wird, da AGB ihre Rationalisierungs- und Entlastungsfunktion gegenüber dem dispositiven Recht nicht vollständig entfalten können.[412]

c) Schwächen des rechtsökonomischen Ansatzes

Das von der Rechtsökonomie vorgelegte Begründungsmodell der Inhaltskontrolle ist indes in mehrfacher Hinsicht problematisch.

aa) Rationalitätsbegrenzungen und Kosten-Nutzen-Analyse

So begegnet etwa die ihm zugrunde liegende Rationalitätsvermutung den gleichen Bedenken, denen die REM-These des *homo oeconomicus*-Modells vonseiten der *Verhaltensökonomik* ausgesetzt ist. Hatten bereits die Untersuchungen der *behavioral economics*-Forschung nachgewiesen, dass die Annahme vollkommener Rationalität aufgrund beschränkter Fähigkeiten des Menschen zur Informationsaufnahme und -verarbeitung in der Praxis nicht haltbar ist, so trifft dies in besonderer Weise auf die vom rechtsökonomischen Begründungsmodell vorausgesetzte *Kosten-Nutzen-Analyse* des Klauselgegners zu. Denn die rationale Entscheidung des Klauselgegners, aufgrund des im Vergleich zum Vertragswert regelmäßig prohibitiv hohen Aufwandes an Mühe, Zeit und Kosten auf eine eingehende Analyse der AGB zu verzichten und diese stattdessen widerspruchslos zu akzeptieren setzt voraus, dass eine solche Kosten-Nutzen-Rechnung überhaupt möglich ist. Davon kann indes nicht ausgegangen werden, denn sie erweist sich für ihn als „Gleichung mit lauter Unbekannten“[413].

---

[410] Vgl. hierzu *Hellwege*, AGB und Rechtsgeschäftslehre (2010), S. 556f.; *Leuschner*, JZ 2010, 875, 879f.; *Leuschner*, AcP 207 (2007), 491, 493ff., 502ff.

[411] Eingehend *Leuschner*, AcP 207 (2007), 491, 502ff.

[412] Zur Einschränkung der Rationalisierungs- und Entlastungsfunktion von AGB durch verringerte Akzeptanz *Leuschner*, JZ 2010, 875, 879f.

[413] So *Drexl*, Selbstbestimmung (1998), S. 338.

So sind für den Kunden in der Regel nicht einmal die *Transaktionskosten*, d. h. der Aufwand an Mühe, Zeit und finanziellen Ressourcen abschätzbar, die für die Kenntnisnahme und die rechtliche Bewertung der AGB erforderlich sind.[414] Dies gilt umso mehr, als eine verlässliche Analyse der häufig selbst für Juristen nur schwer verständlichen Vertragsbedingungen regelmäßig ohne Inanspruchnahme rechtlichen Beistands kaum gelingen wird. Die hierfür erforderlichen Kosten wird selbst der in Anspruch genommene Rechtsanwalt verlässlich erst nach erfolgter Prüfung beziffern können. Eine Schätzung der Anwaltskosten *ex ante* kann von einem juristischen Laien in der konkreten Vertragsschlusssituation nicht erwartet werden. Dies gilt erst recht für den mit der Analyse der AGB verbundenen Nutzen. Denn der Kunde kann regelmäßig nicht einmal die Wahrscheinlichkeit der *Existenz missbräuchlicher Klauseln*, erst recht nicht ihre *Nachteiligkeit* im konkreten Fall beurteilen, da dies etwa im Fall von Leistungsstörungen von der *Eintrittswahrscheinlichkeit* eines Schadens und damit von der *Qualität des gekauften Produktes* abhängt.[415]

Entsprechend sind selbst Gerichte trotz der ihnen zur Verfügung stehenden Möglichkeiten der Beweiserhebung regelmäßig nicht in der Lage, die Risiken eines Vertrages adäquat zu beurteilen.[416] Und selbst wenn ihm diese sind, wird es dem Klauselgegner schwer fallen, einen entsprechenden rechtlichen Nutzen oder dessen Wahrscheinlichkeit zu kommerzialisieren, d. h. monetär zu bewerten, in Geld umzurechnen und so als Rechengröße in seine Kosten-Nutzen-Kalkulation einzustellen. Darüber hinaus wäre der Kunde, die Kenntnis der entsprechenden komplexen Informationen unterstellt, insbesondere unter dem Zeitdruck der konkreten Abschlussituation mit der adäquaten Verarbeitung der für das Kosten-Nutzen-Kalkül relevanten Umstände regelmäßig überfordert.

Damit setzt die vom rechtökonomischen Begründungsmodell angenommene Kosten-Nutzen-Kalkulation die Kenntnis von Informationen voraus, die dem Kunden *ex ante* gar nicht zur Verfügung stehen, und nimmt zudem Kapazitäten zur Informationsverarbeitung an, die in der Praxis kaum anzutreffen sind.[417] In diesem Zusammenhang ist zu Recht auf das Paradoxon hingewiesen worden, dass dem Klauselgegner einerseits mit Blick auf die AGB selbst zwar eine eingeschränkte Informationsverarbeitung zugestanden, andererseits jedoch mit Blick auf die für ihre Risikoeinschätzung notwendigen Umstände eine noch kom-

[414] *Hellwege*, AGB und Rechtsgeschäftslehre (2010), S. 560; *Drexl*, Selbstbestimmung (1998), S. 338. A. A. *Axer*, AGB-Kontrolle (2012), S. 71, der annimmt, dass der Kunde in der Lage ist, die Höhe der für die Kenntnisnahme der AGB erforderlichen Transaktionskosten zu bestimmen, sich seine Fähigkeiten indes darauf beschränken.

[415] *Axer*, AGB-Kontrolle (2012), S. 69; *Drexl*, Selbstbestimmung (1998), S. 338.

[416] So ausdrücklich *Drexl*, Selbstbestimmung (1998), S. 338 f. mit Verweis auf *Eidenmüller*, Effizienz als Rechtsprinzip (3. Aufl. 2005), S. 458, der die ökonomische Analyse aus diesem Grund als brauchbare Rechtsprechungstheorie ablehnt.

[417] So auch *Axer*, AGB-Kontrolle (2012), S. 69.

plexere Kosten-Nutzen-Analyse abverlangt wird.[418] Der Rationalitätsannahme, die der bewussten Entscheidung des Klauselgegners zur „rationalen Ignoranz"[419] zugrunde liegen soll, stehen damit in der Praxis erhebliche Informationsdefizite und Rationalitätsbeschränkungen entgegen.

bb) Fehlende Berücksichtigung mangelnder Dispositionsbereitschaft

Der Verweis auf ein vom *bounded-rationality*-Ansatz angenommenes Wahrscheinlichkeitsurteil im Sinne einer Daumenregel führt hier nicht weiter.[420] Denn dem Kunden fehlen regelmäßig selbst die für ein annähernd verlässliches Wahrscheinlichkeitsurteil notwendigen Informationen.[421] Darüber hinaus wäre selbst eine überschlägige Kosten-Nutzen-Rechnung mit einem unvertretbar hohen Aufwand verbunden, da jedenfalls die inhaltliche Kenntnisnahme der AGB erforderlich ist.[422] Unter diesen Voraussetzungen liegt die Versuchung nahe, derartigen Einwänden das Argument der notwendigen *Unschärfe* des ökonomischen Verhaltensmodells entgegenzuhalten: Angesichts der Komplexität menschlicher Entscheidungen wäre jedes Modell nur eine Annäherung an die Wirklichkeit im Sinne des methodologischen Individualismus.[423] Auch der ökonomische Begründungsansatz wäre daher lediglich ein unvollkommenes Modell, das notwendig von der Wirklichkeit abweichen müsse.

Dies ist zwar richtig, allerdings müssen zumindest die *Grundprämissen* der *Lebenswirklichkeit* entnommen sein. Mit anderen Worten: Zumindest die Grundstruktur des Modells muss jene der Lebenswirklichkeit funktonal abbilden. Das ist hier indes nicht der Fall, weil Transaktionskosten wie Vertragsrisiken von vornherein nicht kalkulierbar sind und damit eine rationale Kosten-Nutzen-Analyse verhindert wird.[424] In Wirklichkeit stellt der Klauselgegner nämlich entsprechende Überlegungen überhaupt nicht an[425]: AGB spielen entweder überhaupt keine Rolle, weil die Entscheidung zum Vertragsschluss mit Blick auf Qualität und Preis getroffen wird und Nebenbedingungen regelmäßig „als unwesentlich aus-

---

[418] *Axer*, AGB-Kontrolle (2012), S. 69f.

[419] *Eidenmüller*, JZ 2005, 216, 222.

[420] So aber *Miethaner*, AGB-Kontrolle (2010), S. 66f., der indes letztlich auch eine überschlägige Kosten-Nutzen-Rechnung aufgrund des mit ihr verbundenen Kosten- und Zeitaufwandes als unwirtschaftlich ablehnt.

[421] *Drexl*, Selbstbestimmung (1998), S. 338. Zu den Anforderungen an ein solches Wahrscheinlichkeitsurteil eingehend *Hastie/Dawes*, Rational choice (2. Aufl. 2010), S. 87ff.; *Kahneman/Slovic/Tversky (Hrsg.)*, Judgment under uncertainty (2008), passim; *Eisenberg*, Stan. L. Rev. 211 (1995); *Sinn*, Economic decisions under uncertainty (1989), S. 11.

[422] So *Miethaner*, AGB-Kontrolle (2010), S. 66.

[423] Vgl. zu diesem Aspekt ebenfalls kritisch *Axer*, AGB-Kontrolle (2012), S. 70; *Drexl*, Selbstbestimmung (1998), S. 335.

[424] *Axer*, AGB-Kontrolle (2012), S. 70; *Drexl*, Selbstbestimmung (1998), S. 338.

[425] Ebenso *Hellwege*, AGB und Rechtsgeschäftslehre (2010), S. 559; *Drexl*, Selbstbestimmung (1998), S. 340.

geklammert“[426] werden. Oder sie werden schlichtweg deshalb akzeptiert, weil dem Kunden keine zumutbaren Entscheidungsalternativen verbleiben. Die Unterwerfung unter die vom Verwender gestellten AGB erfolgt somit nicht etwa aufgrund eines kühlen Kosten-Nutzen-Kalküls, sondern aufgrund der Ausweglosigkeit der Entscheidungssituation.[427] Denn es bleibt ihm nichts anderes übrig, als die ihm vorgelegten AGB wohl oder übel akzeptieren, will er nicht auf das Rechtsgeschäft insgesamt verzichten.

cc) Spannungsverhältnis zwischen ökonomischer und dogmatischer Perspektive

Die aufgeworfenen Probleme haben über den Einzelfall hinaus Bedeutung für die Integration der ökonomischen Analyse in die rechtswissenschaftliche Dogmatik. Sie verweisen auf das grundsätzliche Problem, das sich aus der Übertragung von Schlussfolgerungen auf der Grundlage der begrenzten Perspektive der Ökonomik auf dogmatische Fragestellungen ergibt. Deutlich wird dies etwa mit Blick auf das im Rahmen der Schutzzweckdiskussion genannte Beispiel einer Kosten-Nutzen-Kalkulation, auf das bereits *Hellwege* hingewiesen hat. So argumentiert etwa *Kötz*, dass jeder Käufer eines Staubsaugers „ein Narr [sei], der mehr als 20 Cent in den Versuch investiert, die Transportkosten dem Verwender aufzulasten“, wenn der Rücktransport des Gerätes 20 Euro kostet und im Durchschnitt nur einer von 100 Staubsaugern fehlerhaft ist.[428]

Dabei wird indes übersehen, dass dem Verbraucher, für den sich das Rechtsgeschäft gerade nicht als Massengeschäft darstellt, eine solche betriebswirtschaftliche Modellrechnung im Gegensatz zum unternehmerisch handelnden Verwender nicht möglich ist – eine Tatsache, auf die das Schrifttum bereits in der ersten Hälfte des 20. Jh. hingewiesen hatte.[429] Für ihn ist ein Schaden von 20 Euro durchaus real, die abdiskontierten 20 Cent Schaden pro Vertrag hingegen stellen sich für ihn als fiktive Summe dar.[430] Überträgt man nun derartige ökonomische Bewertungsmaßstäbe auf von der Rechtsordnung gewährleistete Rechtsansprüche, so ist es nur ein kurzer Schritt zu der logisch folgenden Überlegung, dem Klauselgegner eine Berufung auf ihm von Rechts wegen zustehende Gewährleistungsrechte durch Versagung der Inhaltskontrolle mit Verweis auf die ökonomischen Wertlosigkeit derartiger Ansprüche zu verwehren. Dass diese Befürchtung nicht ganz unrealistisch ist, hat die Auseinandersetzung mit der Ansicht *Posners* gezeigt. Damit ergibt sich ein Spannungsverhältnis zwischen ökonomischer und juristisch-dogmatischer Perspektive.

---

[426] So *Drexl*, Selbstbestimmung (1998), S. 340.

[427] In diesem Sinne auch *Drexl*, Selbstbestimmung (1998), S. 339 f.; *Bydlinski*, System und Prinzipien (1996), S. 759 f.

[428] *Kötz*, JuS 2003, 209, 212. Zu Recht kritisch auf die damit verbundenen Widersprüche hinweisend *Hellwege*, AGB und Rechtsgeschäftslehre (2010), S. 560.

[429] So überzeugend *Hellwege*, AGB und Rechtsgeschäftslehre (2010), S. 560 mit Verweis auf *Roquette*, JW 1938, 545, 547.

[430] *Hellwege*, AGB und Rechtsgeschäftslehre (2010), S. 560.

In diesem Zusammenhang hat bereits *Hellwege* zutreffend bemerkt, dass das rechtsökonomische Begründungsmodell zwar vorgibt, die Wirklichkeit zu erklären, sie jedoch lediglich aus der Sicht eines Ökonomen interpretiert und daraus entsprechende Rückschlüsse zieht.[431] Diese Rückschlüsse sind, wie sich im weiteren Verlauf der Untersuchung zeigen wird, mit dem geltenden Recht häufig nicht vereinbar.[432] Es ist daher der *normative Anspruch* rechtsökonomischer Überlegungen, der das Verhältnis zwischen Rechtsökonomik und Dogmatik im Kern belastet.[433] Insbesondere am Beispiel der mit Blick auf die Lebenswirklichkeit nur schwer begründbaren Annahme einer rationalen Kosten-Nutzen-Abwägung wird das Bemühen erkennbar, die Wirklichkeit dem ökonomischen Begründungsmodell anzupassen und nicht umgekehrt. Hierin mag – wie etwa die Korrektur des klassischen Verhaltensmodells des *homo oeconomicus* durch die *behavioral economics-Forschung* zeigt – eine der wiederkehrenden Versuchungen der ökonomische Analyse liegen, die nur durch stetige kritische Selbstüberprüfung überwunden werden kann.

dd) Normativer Anspruch

Die wesentliche Versuchung liegt damit in dem *normativen Anspruch* rechtsökonomischer Begründungsansätze, der bisweilen zudem mit der Behauptung der Ausschließlichkeit vorgetragen wird. So lässt es etwa *Adams*, der bereits einen umfassenden Begründungsversuch der Inhaltskontrolle auf der Grundlage der ökonomischen Analyse vorgelegt hat, gerade nicht bei der bloßen *Analyse* der beim Vertragsschluss unter AGB wirkenden Mechanismen bewenden, sondern versieht seinen Ansatz mit dem Anspruch *normativer* Geltung.[434] Dabei verwirft er das vom Gesetzgeber dem AGB-Recht zugrunde gelegte Schutzkonzept der *Vertragsgerechtigkeit* und des *angemessenen Ausgleichs* der beiderseitigen Interessen „als inhaltsleere ad hoc-Formeln"[435], die „aufgrund ihrer Inhaltslosigkeit nicht brauchbar"[436] seien, um sodann an ihre Stelle sein eigenes am ökonomischen Effizienzkriterium ausgerichtetes Modell zu setzen.[437]

Ist bereits *Adams* – nicht näher substantiierte – Kritik an jenen Rechtsprinzipien problematisch, die immerhin vom Gesetzgeber dem realen AGBG als *telos* zugrunde gelegt worden sind und – man mag dies kritisieren oder nicht – jedenfalls zu den klassischen Grundprinzipien und maßgeblichen Zwecken des Rechts

---

[431] *Hellwege*, AGB und Rechtsgeschäftslehre (2010), S. 559.

[432] Vgl. hierzu insbesondere unten S. 563 ff.

[433] So auch *Drexl*, Selbstbestimmung (1998), S. 332.

[434] Kritisch hierzu *Drexl*, Selbstbestimmung (1998), S. 332.

[435] *Adams*, BB 1989, 781, 782; *Adams*, in: Neumann (Hrsg.), Ansprüche, Eigentums- und Verfügungsrechte (1984), S. 655, 660.

[436] *Adams*, BB 1989, 781, 782; *Adams*, in: Neumann (Hrsg.), Ansprüche, Eigentums- und Verfügungsrechte (1984), S. 655, 660.

[437] Vgl. *Drexl*, Selbstbestimmung (1998), S. 332.

gehören[438], so fehlt seinem Referenzmodell jedenfalls die *normative Legitimation*. Zu Recht hat daher *Drexl* deutlich gemacht, dass der rechtsökonomische Begründungsansatz, der im Kern ein Modell zur Erreichung ökonomischer Effizienz bleibt „ohne selbst normativ legitimiert zu sein, nicht das AGB-Gesetz begründen [kann]".[439] Fehlt ihm damit bereits die normative *Legitimation*, so kann er erst recht nicht zur *Delegitimierung* des Rechtsprinzips der *Vertragsgerechtigkeit* in dem Sinne herangezogen werden, dass dem Gesetzgeber das Recht abgesprochen wird, dem vom ihm erlassenen AGBG das „vorrangige rechtspolitische Ziel [zugrunde zu legen], ... dem Prinzip des angemessenen Ausgleichs der beiderseitigen Interessen Geltung zu verschaffen, das nach den Grundvorstellungen des Bürgerlichen Gesetzbuches die Vertragsfreiheit legitimiert ...."[440]

Mag man kritisch hinterfragen, ob das Ziel eines angemessenen Interessenausgleichs durch die vom dispositiven Recht vorgenommene Verteilung von Rechten, Risiken und Pflichten zwischen den Parteien gelungen ist, die Rechtsprechung diesem Anspruch in jedem Fall gerecht wird und der Gesetzgeber bei der Ausgestaltung des AGB-Rechts die richtige Balance zwischen *Privatautonomie* und angemessenem *Interessenausgleich*, *Vertragsfreiheit* und *Vertragsgerechtigkeit* gefunden hat. Eines ist jedoch vor dem Hintergrund juristischer Dogmatik nicht möglich: Dem Rechtsprinzip der Vertragsgerechtigkeit, wie dies im Kontext rechtsökonomischer Begründungsversuche geschehen ist, für die Begründung der Inhaltskontrolle jegliche Existenzberechtigung abzusprechen[441], ohne das Recht als normative Ordnung insgesamt infrage zu stellen. Dass dies nicht funktionieren kann – und freilich wohl auch nicht so gemeint war –, ist offensichtlich und bedarf an dieser Stelle keiner weitergehenden Begründung. Was aber ist es, das derart heftige Reaktionen hervorruft? Was liegt dem Spannungsverhältnis zwischen Ökonomik und Jurisprudenz, sieht man von dem divergierenden Selbstverständnis als Real- und Normwissenschaft ab, eigentlich zugrunde?[442]

Den *Ökonomen*, der gewohnt ist, reale Sachverhalte der Lebenswirklichkeit in mathematischen Gleichungen zu beschreiben, mag die vermeintlich vage Unbestimmtheit rechtlicher Kategorien wie jener der Vertragsgerechtigkeit befremden, den *Juristen* die Reduzierung des Rechts auf eine instrumentelle Funktion zur Verwirklichung wirtschaftlicher Effizienz verschrecken. Ein näherer Blick offenbart freilich ein differenzierteres Bild. So erweist sich etwa die privatrechtliche Dogmatik, setzt man sich mit ihrer Methodik eingehend auseinander, bei allen Begrenzungen[443], die es notwendig gibt, als durchaus exakte Wissenschaft.[444]

---

438 Vgl. hierzu eingehend oben S. 105 ff.

439 *Drexl*, Selbstbestimmung (1998), S. 332.

440 Begründung des RegE zum AGBG, BT-Drucks. 7/3919, S. 13.

441 *Adams*, BB 1989, 781, 782.

442 Vgl. hierzu *Eidenmüller*, Effizienz als Rechtsprinzip (3. Aufl. 2005), S. 7 f.; *Eidenmüller*, JZ 2005, 216, 217, 224.

443 Anschaulich *Schneider*, ZIP 1998, 451.

444 Hierzu instruktiv *Mecke*, Begriff und System (2009), S. 44 mwN; *Stephanitz*, Exakte

Die *Pandektistik* hatte dies im 19. Jh. mit ihrem „Rechnen mit Begriffen"[445] auf die ihr eigene Weise versucht, zur Perfektion zu bringen. Und auch der Begriff der Vertragsgerechtigkeit erweist sich keineswegs als inhaltsleer, sondern – ausgehend von den durchaus präzisen rechtsphilosophischen Grundsätzen der *iustitia commutativa, distributiva* und *legalis* – als der Konkretisierung durch spezifischere Normen in der Normenhierarchie ohne weiteres zugänglich und kann dabei auf den gesamten Corpus des Rechts verweisen, der jedenfalls seiner Zweckbestimmung entsprechend eine einfachrechtliche Konkretisierung der *Vertragsgerechtigkeit* darstellt.[446]

Er verfügt freilich über die denknotwendig erforderliche Weite, die Rechtsprinzipien seit jeher eigen ist. In diesem Zusammenhang fällt ein Widerspruch in dem Verhältnis der ökonomischen Analyse zu den Rechtsprinzipien der Vertragsfreiheit und -gerechtigkeit auf. So ist insbesondere nicht einsichtig, weshalb der Begriff der Vertragsgerechtigkeit inhaltsleerer sein sollte als jener der Vertragsfreiheit:[447] Dennoch wird gegen Letztere kaum jener Vorwurf erhoben. Es scheint, dass die Ökonomik zwar über ein sehr klares, konkretes Verständnis der *Vertragsfreiheit* verfügt, die sie auch mit Vehemenz einfordert, dieses indes versagt, sobald es um die Konkretisierung der Vertragsgerechtigkeit geht. Eine derartige Einseitigkeit ist freilich für die Integration der Ökonomik in die juristische Dogmatik kaum förderlich und steht ihrer Tauglichkeit als Begründungsmodell des geltenden AGB-Rechts im Weg.

Auf der anderen Seite hat die Auseinandersetzung mit der ökonomischen Analyse sowie den Ansätzen einer rechtsökonomischen Begründung der Inhaltskontrolle gezeigt, dass die teilweise mit dem Anspruch mathematischer Präzision vorgetragenen Überlegungen mit der Lebenswirklichkeit in wesentlichen Punkten nicht in Einklang zu bringen sind. Die Genauigkeit, die von der Rechtsökonomie mit Blick auf die von ihr verwendeten Verhaltensmodelle in Anspruch genommen wird, erweist sich in Wirklichkeit als *Scheingenauigkeit*, die – wie etwa in Zusammenhang mit der Annahme eines bewussten Kosten-Nutzen-Kalküls des Verwendungsgegners – den Blick auf die tatsächlichen Wirkmechanismen – hier etwa die Ausweglosigkeit der Entscheidungssituation des Klauselgegners – verstellt.[448] Dabei ist freilich eine differenzierte Sichtweise geboten: So hat die

---

Wissenschaft und Recht (1970), passim sowie zum Verständnis der Rechtswissenschaft als Realwissenschaft *Eidenmüller*, JZ 2005, 216, 217; *Eidenmüller*, JZ 1999, 53, 53ff.

[445] *Savigny*, Beruf unsrer Zeit (1814), S. 29: „Die Begriffe und Sätze ihrer Wissenschaft erscheinen ihnen nicht wie durch ihre Willkühr hervorgebracht, es sind wirkliche Wesen, deren Daseyn und deren Genealogie ihnen durch langen vertrauten Umgang bekannt geworden ist. Darum eben hat ihr ganzes *Verfahren* eine *Sicherheit*, wie sie sich sonst außer der *Mathematik* nicht findet, und man kann ohne Uebertreibung sagen, daß sie mit ihren *Begriffen rechnen*." Hervorhebungen durch den Verfasser.

[446] Vgl. hierzu oben S. 157f.

[447] Hierzu bereits eingehend oben S. 150f.

[448] Kritisch auch *Becker*, JZ 2010, 1098, S. 63, der in der Ökonomik keine „exakte Wissen-

Rechtsökonomie einen plausiblen Erklärungsansatz für die Informationsasymmetrie in klassischen AGB-Fällen sowie für das Versagen des Wettbewerbs vorgelegt. Problematisch ist jedoch die Reduzierung auf diesen Aspekt im Sinne eines monokausalen Erklärungsmodells und das völlige Ausblenden anderer Aspekte wie jenem des Monopolmissbrauchs.[449]

Es scheint bisweilen, dass die ökonomische Analyse dazu neigt, in der Begeisterung über die Erkenntnis bestimmter ökonomischer Wirkmechanismen diese in paradigmatischer Weise zu verabsolutieren, sie als die allein maßgeblichen Gesichtspunkte in den Vordergrund ihrer Überlegungen zu stellen, sie an die Stelle bisheriger, klassischer Erklärungsansätze und Rechtsprinzipien zu setzen, damit zugleich den Blick auf die Lebenswirklichkeit zu verengen und so dem Recht gleichsam das Kriterium ökonomischer Effizienz als alleiniges oder primäres Ziel überzustülpen.[450] Dass der Versuch, das ökonomische Effizienzprinzip als alleiniges oder zumindest primäres Ziel der Rechtspolitik zu rechtfertigen, als gescheitert angesehen werden muss, hat *Eidenmüller* überzeugend nachgewiesen.[451]

Zu Recht weist er darauf hin, dass die *ökonomische Analyse* akzeptieren muss, dass das *ökonomische Effizienzkriterium* lediglich *einen* Maßstab zur Bewertung rechtlicher Folgen bietet, er indes nicht der einzige ist, und dass sie bereit sein müsse, die institutionellen Gegebenheiten des deutschen Rechts zur Kenntnis zu nehmen.[452] Dazu gehört auch, jene Rechtsprinzipien anzunehmen, auf denen das Privatrecht gründet. Sie als „beliebte Konzepte“[453], die „aufgrund ihrer Inhaltslosigkeit nicht brauchbar“[454] seien zu verwerfen, dürfte dabei kaum zur Integration der ökonomischen Analyse in die juristische Dogmatik beitragen. Hierfür ist vielmehr erforderlich, das System des geltenden Privatrechts in seinen konstituierenden Grundprinzipien als Ganzes anzunehmen, was die Annahme des Rechtsprinzips der Vertragsgerechtigkeit als verbindliches *datum* einschließt. Nur dann besteht die Chance, dass die ökonomische Analyse nicht nur eine Theorie der Ökonomik bleiben, sondern auch eine des Rechts werden kann.

---

schaft“ erblickt. Ebenso *Hellwege*, AGB und Rechtsgeschäftslehre (2010), S. 560 sowie bereits *Horn*, AcP 176 (1976), 307, 320f. (emperieabgewandtes Modelldenken).

[449] Darauf hinweisend *Drexl*, Selbstbestimmung (1998), S. 339.

[450] Kritisch auch *Hellwege*, AGB und Rechtsgeschäftslehre (2010), S. 560: „Die ökonomische Analyse pickt sich aus dem Strauß von Gründen, die den Vertragspartner dazu veranlassen, auf ein Studium der AGB und auf Vertragsverhandlungen zu verzichten, einen einzigen heraus und erklärt diesen zum allein maßgeblichen Grund.“

[451] *Eidenmüller*, Effizienz als Rechtsprinzip (3. Aufl. 2005), S. 455.

[452] *Eidenmüller*, Effizienz als Rechtsprinzip (3. Aufl. 2005), S. 490.

[453] *Adams*, BB 1989, 781, 782.

[454] Ebenda.

ee) Mangelnder Maßstab für Inhaltskontrolle

Dass der ökonomischen Analyse als Theorie des Rechts immanente Grenzen gesetzt sind, zeigt sich mit besonderer Deutlichkeit, wenn man sie auf ihre Eignung zur Konkretisierung der Maßstäbe der Inhaltskontrolle hin überprüft. Denn eine Inhaltskontrolle setzt voraus, dass ein Maßstab existiert, an dem sich die vom Verwender gestellten AGB überprüfen lassen. Da etwa *Adams* in seinem rechtsökonomischen Ansatz das Rechtsprinzip der Vertragsgerechtigkeit als unbrauchbar verwirft[455] und damit notwendig auch die auf dieser Grundlage ausgestalteten Klauselverbote ablehnen muss, bedarf es eines anderen geeigneten Maßstabs zur Überprüfung infrage stehender AGB. Weil der ökonomischen Analyse ein normativer Maßstab im Sinne der Richtigkeit fehlt, wäre stattdessen der hypothetische Parteiwille bei Fehlen einer Transaktionskostenasymmetrie maßgeblich.[456]

Damit würde jedoch, worauf *Drexl* zutreffend hinweist, das von der Ökonomik definierte Interesse des zweckrational und maximal egoistisch handelnden *homo oeconomicus* an einer Maximierung seines eigenen Nutzens, mit anderen Worten die wirtschaftliche Vernunft eines rationalen, nutzenmaximierenden Modellwesens und damit letztlich das ökonomische Effizienzkriterium zum Maßstab einer materiellen Überprüfung von AGB erhoben.[457] Die Inhaltskontrolle würde so zum Mittel der Optimierung von Verträgen anhand des Kriteriums wirtschaftlicher Effizienz, die zudem als Präferenz der Parteien vorausgesetzt wird. Auf den vom Gesetzgeber beabsichtigten Schutz des Verwendungsgegners vor unangemessenen, ihn einseitig belastenden Klauseln durch Missbrauch der Vertragsgestaltungsfreiheit seitens des Verwenders[458] kommt es dabei nicht an. Ein derartiges Ergebnis ist mit dem geltenden Recht nicht vereinbar.

ff) Keine Inhaltskontrolle bei Fehlen einer Informationsasymmetrie

Probleme bereiten indes nicht nur die Prämissen der von der Rechtsökonomik vorausgesetzten Kosten-Nutzen-Rechnung, sondern auch die Konsequenzen, die sich aus ihr ergeben würden. So müsste notwendigerweise eine Inhaltskontrolle unterbleiben, wenn eine Informationsasymmetrie gerade nicht besteht. Dies ist etwa bei den Ein-Satz-AGB bzw. den *Garderobenmarken-*, *Fahrkarten-* und *Parkhaus-AGB* der Fall, in denen die entsprechenden Vertragsbedingungen – meist Haftungsausschlüsse oder Leistungsbeschränkungen – inhaltlich *kurz*, *einfach* und *verständlich* gehalten und regelmäßig auch deutlich sichtbar angebracht

[455] Ebenda.

[456] So auch *Drexl*, Selbstbestimmung (1998), S. 333. *Adams* schlägt in diesem Zusammenhang vor „... einzelne Klauselverbote aus dem AGB-Gesetz herauszugreifen und diese im Zusammenwirken mit den entsprechenden Vorschriften des BGB und möglicher effizienter Vertragsalternativen zu untersuchen."

Adams, BB 1989, 781, 782; *Adams*, in: Neumann (Hrsg.), Ansprüche, Eigentums- und Verfügungsrechte (1984), S. 655, 657.

[457] *Drexl*, Selbstbestimmung (1998), S. 333.

[458] Vgl. nur oben S. 439ff., 468ff. sowie unten S. 567ff.

sind.[459] Eine Informationsasymmetrie besteht hier aufgrund der zu vernachlässigenden Informationsbeschaffungskosten gerade nicht. Gleichwohl sieht das Gesetz in diesen Fällen zu Recht eine Inhaltskontrolle vor, weil der Klauselgegner auch in diesen Fällen in seiner Vertragsgestaltungsfreiheit beeinträchtigt ist.

Denn aufgrund der fehlenden Dispositionsbereitschaft des Verwenders bleibt ihm auch hier nichts anderes übrig, als sich den AGB widerspruchslos zu unterwerfen. Weil der *monokausale* rechtsökonomische Begründungsansatz von der Vielzahl möglicher Ursachen für die situative Unterlegenheit des Verwendungsgegners lediglich die Informationsasymmetrie als maßgeblichem Grund akzeptiert, wird das Problem der *Verhandlungsimparität* aufgrund mangelnder *Dispositionsbereitschaft* nicht erfasst.[460] Weshalb Verträge in diesen Fällen einer Inhaltskontrolle unterworfen werden, vermag die ökonomische Analyse nicht zu erklären.

Darüber hinaus müsste eine Inhaltskontrolle auch in jenen Fällen versagt werden, in denen eine positive Transaktionskosten-Vertragswert-Relation besteht, so dass sich für den Verwendungsgegner eine eingehende Analyse der AGB lohnt. Dies ist etwa bei *großvolumigen Verträgen* wie z. B. einem Haus-, Wohnungs- oder Autokauf oder bei *Dauerschuldverhältnissen* wie Unfall-, Berufsunfähigkeits-, Lebens- und Rentenversicherungen, Miet-, Darlehens- oder Bürgschaftsverträgen der Fall. Hier kann der mit der Kenntnisnahme der Vertragsbedingungen und sogar der durch eine Inanspruchnahme von professionellem Rechtsrat bedingte *Aufwand* angesichts des hohen *Vertragswerts* und der erheblichen, mit dem Vertrag verbundenen *Risiken* durchaus in einem angemessenen Verhältnis zu dem erwarteten *Nutzen* stehen.[461] Die ökonomische Analyse müsste in diesen Fällen eine Inhaltskontrolle versagen.[462]

Ein solches Ergebnis würde freilich nicht nur dem geltenden Recht widersprechen, dem eine am Vertragswert orientierte Absenkung des Schutzniveaus fremd ist, es wäre auch mit den verfassungsrechtlichen Vorgaben nicht vereinbar. So hält das BVerfG eine Inhaltskontrolle von AGB nicht nur für „verfassungsrechtlich unbedenklich“[463], sondern zum Schutz der Privatautonomie des Verwendungsgegners und zur Kompensation seines mangels an Verhandlungsmacht vielmehr für „nötig“[464], d. h. für verfassungsrechtlich geboten. Dass dies in besonderem Maße für Verträge mit hohen *Risiken* und hohem *Vertragswert* sowie mit erheblicher Bedeutung für die *Existenzsicherung* des Einzelnen gelten muss, hat das Ge-

---

459 Vgl. hierzu oben S. 432 ff., 514 ff. sowie unten S. 682 ff. Hierzu *Hellwege*, AGB und Rechtsgeschäftslehre (2010), S. 560, 583.

460 *Hellwege*, AGB und Rechtsgeschäftslehre (2010), S. 560.

461 *Hellwege*, AGB und Rechtsgeschäftslehre (2010), S. 558 f.

462 *Hellwege*, AGB und Rechtsgeschäftslehre (2010), S. 559 f.

463 BVerfG NJW 2005, 1036, 1037 (Zahnarzthonorar). Vgl. hierzu eingehend unten S. 390 f.

464 Ebenda.

richt in seinen Entscheidungen zu Bürgschafts- und Versicherungsverträgen[465] deutlich gemacht, bei denen unter anderem eine Inhaltskontrolle am insoweit deutlich geringeren Maßstab der §§ 138, 242 BGB im Raum stand.

Erst recht muss dies für die Inhaltskontrolle von AGB nach den §§ 305 ff. BGB gelten. Damit führt das rechtsökonomische Begründungsmodell zu dem paradoxen Ergebnis, dass es gerade in jenen Fällen, in denen aufgrund des hohen Vertragswertes und der erheblichen vertraglichen Risiken ein erhöhtes Schutzbedürfnis der Kunden besteht, eine Inhaltskontrolle aufgrund der hier regelmäßig gegebenen positiven Transaktionskosten-Vertragswert-Relation versagen muss, sie für Alltagsgeschäfte mit geringem Vertragswert dagegen bejaht.[466] Weil die Inhaltskontrolle nach dem rechtsökonomische Ansatz an eine negative Transaktionskosten-Vertragswert-Relation geknüpft ist, verhalten sich das – hier durch die erheblichen vertraglichen Risiken indizierte – Schutzbedürfnis des Klauselgegners und der tatsächlich gewährleistete Schutz durch die Inhaltskontrolle zueinander umgekehrt proportional: Je höher die Risiken, desto eher wird eine Inhaltskontrolle versagt. Je geringer die Risiken, desto eher wird sie gewährt. Ein Ergebnis, das sowohl aus sachlicher als auch aus verfassungsrechtlicher Perspektive nicht zu befriedigen vermag und mit dem Zweck des AGB-Rechts kaum in Einklang zu bringen ist.

Aber auch mit weiteren Fallgruppen, die über den Standardfall klassischer AGB hinausgehen, tut sich das rechtsökonomische Begründungsmodell schwer. Probleme bereitet dabei etwa die Begründung der Inhaltskontrolle von nicht im Einzelnen ausgehandelten Vertragsbedingungen, die nach § 310 Abs. 3 Nr. 2 BGB zur *einmaligen* Verwendung bestimmt sind. Denn hier entfällt der durch die Mehrfachverwendung bedingte Rationalisierungsvorteil des Verwenders, so dass die Transaktionskosten beider Parteien annähernd gleich sind.[467] Ein Informations- und Motivationsgefälle besteht hier gerade nicht, so dass auf der Grundlage des Ansatzes der ökonomischen Analyse eine Inhaltskontrolle versagt werden müsste.[468] Dies wäre indes angesichts der Vorschrift des § 310 Abs. 3 Nr. 2 BGB weder mit dem geltenden deutschen noch mit dem europäischen[469] Recht vereinbar.

Auch vor dem Hintergrund der weiten Auslegung des Vielzahlkriteriums durch Rechtsprechung und herrschende Lehre, die für die Annahme von AGB eine dreimalige Verwendung genügen lassen, ergeben sich insoweit Probleme.

---

[465] Vgl. BVerfG NJW 1996, 2021 (Bürgschaft III); BVerfG NJW 1994, 2749 (Bürgschaft II); BVerfGE 89, 214 = NJW 1994, 36 (Bürgschaft I) sowie BVerfG NJW 2006, 1783 (Rückkaufswert); BVerfGE 114, 73 = NJW 2005, 2376 (Überschussbeteiligung).

[466] So auch *Hellwege*, AGB und Rechtsgeschäftslehre (2010), S. 560.

[467] *Hellwege*, AGB und Rechtsgeschäftslehre (2010), S. 561. Zum Entfallen dieser „Waffengleichheit" zwischen den Parteien im Fall der Mehrfachverwendung *Fastrich*, Inhaltskontrolle (1992), S. 84.

[468] *Hellwege*, AGB und Rechtsgeschäftslehre (2010), S. 561.

[469] Vgl. Art. 3 Abs. 2 RL 93/13/EWG, ABl. EG Nr. L 95 S. 29 ff.

Denn hier wird der Rationalisierungsvorteil des Verwenders aufgrund der geringen Anzahl an Verwendungsfällen und damit auch das Transaktionskostengefälle zwar nicht aufgehoben, jedoch vergleichsweise gering sein. Für den Verwender dürfte sich das Stellen von AGB in derartigen Fällen nur dann lohnen, wenn er entweder mit einer höheren Zahl von Verwendungsfällen rechnet oder die für die Erstellung der AGB aufgewandten Kosten – etwa durch Verwendung entsprechender Musterformulare – entsprechend gering sind. Ähnliches gilt für sämtliche Fälle geringer Transaktionskosten auf Verwenderseite, die regelmäßig bei Verwendung von Mustervertragstexten in Betracht kommen. Vor dem Hintergrund des rechtsökonomischen Begründungsmodells ergibt sich für die Inhaltskontrolle hier nur eine schwache Legitimationswirkung.

Der Versuch einer rechtsökonomischen Legitimation der Inhaltskontrolle sieht sich damit erheblichen Bedenken ausgesetzt.[470] Auch wenn derartige Begründungsansätze aufgrund ihrer scheinbaren Plausibilität in jüngerer Zeit verstärkt im Schrifttum aufgegriffen worden sind[471], so hat eine nähere Auseinandersetzung mit ihren Prämissen indes gezeigt, dass sich auf ihrer Grundlage das geltende AGB-Recht nicht erklären lässt.[472] In wesentlichen Punkten ist das rechtsökonomische Begründungsmodell darüber hinaus mit dem geltenden Recht unvereinbar und mit der Lebenswirklichkeit nicht in Einklang zu bringen. Insbesondere in jenen Fällen, in denen es eine bewusste Kosten-Nutzen-Kalkulation des Verwendungsgegners verlangt und die Inhaltskontrolle von einer positiven Transaktionskosten-Vertragswert-Relation abhängig macht, kann ihm nicht gefolgt werden.[473]

Zwar ist die Erklärung der Wirkmechanismen der Informationsasymmetrie im Übrigen zutreffend, jedoch führt das Ausblenden des Gedankens des *Monopolmissbrauchs* zu einer unzuverlässigen Verengung auf lediglich eine der möglichen Ursachen situativer Unterlegenheit.[474] Damit reduziert sich der Erkenntnisgewinn der rechtsökonomischen Begründung der Inhaltskontrolle auf die Präzisierung der die Informationsasymmetrie[475] und das Marktversagen[476] verursachenden Mechanismen. Hier hat die ökonomische Analyse – von den dargelegten Schwächen abgesehen – jedenfalls im Grundsatz ein tragfähiges Erklä-

---

470 Ebenfalls kritisch *Axer*, AGB-Kontrolle (2012), S. 78 f.; *Becker*, JZ 2010, 1098, S. 68 f., 124; *Hellwege*, AGB und Rechtsgeschäftslehre (2010), S. 559 ff., 562 f.; *Miethaner*, AGB-Kontrolle (2010), S. 76 f., 99, 268 f.

471 Dies konstatierend schon *Drexl*, Selbstbestimmung (1998), S. 334. Vgl. hierzu nur MünchKomm/*Basedow*, BGB (7. Aufl. 2016), Vor § 305 – § 310. Rn. 4 f.; *Leuschner*, JZ 2010, 875, 879 f.; *Leyens/Schäfer*, AcP 210 (2010), 771, 788; *Leuschner*, AcP 207 (2007), 491, 493 ff.; *Kötz*, JuS 2003, 209, 211 ff.; *Wackerbarth*, AcP 200 (2000), 45, 63 ff.

472 Hierzu eingehend oben S. 555 ff.

473 Hierzu oben S. 555 ff.

474 Hierzu oben S. 557 ff.

475 Hierzu oben S. 541 f.

476 Hierzu oben S. 542 ff.

rungsmodell für die zwischen den Parteien bestehende Informationsasymmetrie und das Versagen von Wettbewerb vorgelegt.

Beide Aspekte sind indes nichts grundlegend Neues: Dass sich für den Klauselgegner der für die Kenntnisnahme und Bewertung der regelmäßig komplexen AGB notwendige Aufwand mit Blick auf den Vertragswert regelmäßig nicht lohnt und damit ein Informationsgefälle zwischen den Parteien besteht, ist seit Langem bekannt und war bereits im 19. Jh. Gegenstand der rechtswissenschaftlichen Diskussion.[477] Und dass der Wettbewerb im Hinblick auf AGB versagt, wurde bereits 1867 im Zuge der Vorarbeiten zum Dresdner Entwurf als Argument für die Einführung zwingenden Rechts vorgebracht.[478] Der Ertrag der von der ökonomischen Analyse vorgelegten Ergebnisse ist damit im Hinblick auf die Begründung der AGB-Kontrolle äußerst begrenzt. Angesichts der tatsächlichen und dogmatischen Schwierigkeiten des rechtsökonomischen Begründungsansatzes liegt es daher nahe, eine Rechtfertigung der Inhaltskontrolle mit den klassischen Mitteln des Privatrechts zu unternehmen.

6. *Vertragstheoretischer Begründungsansatz*

Den Ausgangspunkt der vertragstheoretischen Überlegungen bildet dabei die mit dem Stellen von AGB verbundene *situative Unterlegenheit* des Verwendungsgegners, die – soweit der Befund der bisherigen Untersuchung – ihre Ursache in einer *Informationsasymmetrie* sowie in einer auf mangelnder Dispositionsbereitschaft des Verwenders beruhenden *Verhandlungsimparität* zwischen den Parteien findet.[479] Die Folge ist ein *Machtungleichgewicht* zwischen den Parteien, das die tatsächliche *Privatautonomie* des Verwendungsgegners durch die einseitige Inanspruchnahme der Vertragsgestaltungsfreiheit des Verwenders beeinträchtigt und damit zu einem *Versagen der Richtigkeitsgewähr* des Vertrages führt, so dass eine *materielle Korrektur* im Wege der *Inhaltskontrolle* erforderlich wird.

Sind damit die wesentlichen Eckpunkte eines vertragstheoretischen Begründungsmodells der Inhaltskontrolle in ihren Grundzügen umrissen, so bleibt nach wie vor unklar, worauf die Beeinträchtigung der Privatautonomie des Klauselgeg-

---

[477] Hierzu *Dernburg*, Bürgerliches Recht, Bd. II/1 (3. Aufl. 1906), S. 183; *Schneider*, AcP 85 (1896), 295, 302 f.; *Jastrow*, Gutachten (1892), S. 265, 284; PreußVersZ (1) 1867, 153, 153; Protokolle Dresdner Entwurf (1866), S. 4568 f. sowie unten S. 577 f.

[478] Protokolle Dresdner Entwurf (1866), S. 4569. Vgl. hierzu oben S. 487.

[479] Vgl. hierzu bereits eingehend oben S. 508 ff. Zu vertragstheoretischen Begründungsmodellen vgl. *Axer*, AGB-Kontrolle (2012), S. 50 ff.; *Oetker*, AcP 212 (2012), 202, 219 f.; *Becker*, AGB und Individualvereinbarung (2011), S. 29 ff., 69 ff., 106 ff.; *Hellwege*, AGB und Rechtsgeschäftslehre (2010), S. 563 ff., 575; *Miethaner*, AGB-Kontrolle (2010), S. 40 ff.; *Pres*, Inhaltskontrolle (2005), S. 42 ff., 117 ff., 169 f.; *Drexl*, Selbstbestimmung (1998), S. 332 ff.; *Fastrich*, Inhaltskontrolle (1992), S. 86 ff. (Normative Rechtfertigung der Inhaltskontrolle); *Habersack*, Vertragsfreiheit und Drittinteressen (1992), S. 103 ff., 108 f.; *Lieb*, AcP 178 (1978), 196, 201 ff.

ners als von der Rechtsprechung[480] und dem herrschenden Schrifttum[481] in Anspruch genommener Schutzgrund der Inhaltskontrolle denn nun im Einzelnen beruht. Die *ökonomische Analyse* hat mit ihrem Verweis auf die *prohibitiv hohen Informationskosten*, das sich aus der *negativen Transaktionskosten-Vertragswert-Relation* ergebende *Marktversagen* im Sinne eines *fehlenden Konditionenwettbewerbs* und die Verschlechterung der *AGB-Qualität* durch *adverse Selektion* die hierbei wirkenden Mechanismen – die dem Grundsatz nach freilich seit Langem bekannt waren – nunmehr im *Detail* aufgedeckt und plausibel erklärt.[482]

Allerdings weist der Ansatz – im Hinblick auf seine fehlende Übereinstimmung mit der Lebenswirklichkeit und der mangelnden Vereinbarkeit mit dem geltenden Recht – erhebliche Schwächen auf, so dass er als taugliches Rechtfertigungsmodell der Inhaltskontrolle ausscheidet. Warum der Verwendungsgegner in seiner Vertragsgestaltungsfreiheit nun tatsächlich verletzt ist und warum eine entsprechende Beeinträchtigung nicht ohne weiteres durch Inanspruchnahme der Abschlussfreiheit kompensiert werden kann, vermochte die ökonomische Analyse nicht vollständig zu erklären.[483] Hier gilt es nun anzuknüpfen und dabei die Ursachen für die Beeinträchtigung der Vertragsgestaltungs- und Abschlussfreiheit des Verwendungsgegners näher in den Blick zu nehmen.

a) *Beeinträchtigung der Vertragsgestaltungsfreiheit*

Im Zusammenhang mit der Untersuchung der situativen Unterlegenheit wurden aa) eine *Informationsasymmetrie* zwischen den Parteien und bb) die auf mangelnder Dispositionsbereitschaft beruhende *Vertragsimparität* als die beiden wesentlichen Ursachen einer Beeinträchtigung der Vertragsfreiheit des Verwendungsgegners identifiziert.[484] Beide Aspekte sind im Folgenden mit Blick auf ihren Einfluss auf die Vertragsgestaltungsfreiheit des Klauselgegners zu untersuchen.

---

[480] BGH NJW 2010, 1277, 1278; BGH NJW 1997, 2043, 2044; BGHZ 130, 50, 57 = NJW 1995, 2034, 2035 sowie BVerfG NJW 2011, 1339, 1341 (Preisanpassungsklausel); BVerfG NJW 2007, 286, 287 (Arbeit auf Abruf); BVerfG NJW 2005, 1036, 1037 (Zahnarzthonorar).

[481] MünchKomm/*Basedow*, BGB (7. Aufl. 2016), § 305 Rn. 5 ff.; Palandt/*Grüneberg*, BGB (77. Aufl. 2018), Überbl. Vor § 305 Rn. 8; *Ulmer/Habersack*, in: *Ulmer/Brandner/Hensen*, AGB-Recht (12. Aufl. 2016), Einl. Rn. 48; *Pfeiffer*, in: Wolf/Lindacher/Pfeiffer, AGB-Recht (6. Aufl. 2013), § 305 Rn. 3; Staudinger/*Wendland*, BGB (2019), § 307 Rn. 2.

[482] Vgl. nur MünchKomm/*Basedow*, BGB (7. Aufl. 2016), Vor § 305 – § 310. Rn. 4 f.; *Leuschner*, JZ 2010, 875, 879 f.; *Leyens/Schäfer*, AcP 210 (2010), 771, 788; *Leuschner*, AcP 207 (2007), 491, 493 ff.; *Kötz*, JuS 2003, 209, 211 ff.; *Wackerbarth*, AcP 200 (2000), 45, 63 ff.; *Habersack*, Vertragsfreiheit und Drittinteressen (1992), S. 106 ff.; *Adams*, BB 1989, 781, 782 ff.; *Kötz*, Gutachten (1974), S. A 9, S. A 33 ff. Hierzu oben S. 541 ff.

[483] Etwa im Hinblick auf Fälle, bei denen gerade keine *Informationsasymmetrie* besteht, vgl. nur oben S. 557 ff.

[484] Vgl. oben S. 508 ff.

aa) *Informationsasymmetrie*

Im Kontext des Stellens von AGB kann die Informationsasymmetrie zwischen dem Verwender und seinem Vertragspartner auf zwei unterschiedlichen Ursachen beruhen: Der Verwendungsgegner wird sich (1) entweder überhaupt *keine* Gedanken machen und die in den AGB enthaltenen vertraglichen Risiken vollständig ausblenden. Oder er wird (2) – aus welchen Gründen auch immer – *bewusst* auf die Kenntnisnahme der AGB verzichten.

(1) *Mangelnde Berücksichtigung der AGB*

Der zunächst in den Blick zu nehmende Fall, dass sich der Verwendungsgegner überhaupt keine Gedanken macht und damit auch keine *bewusste* Entscheidung zum Verzicht auf die Kenntnisnahme trifft[485], muss auf der Grundlage eines rechtsökonomischen Begründungsmodells verständlicherweise unberücksichtigt bleiben. Der von diesem vorausgesetzte *homo oeconomicus* zeichnet sich gerade dadurch aus, dass er in Kenntnis aller vertragsrelevanten Umstände eine perfekte, rationale Entscheidung trifft.[486] Im Schrifttum ist dagegen zu Recht darauf hingewiesen worden, dass dies in der Praxis regelmäßig nicht der Fall ist.[487]

Denn häufig werden sich die Klauselgegner überhaupt keine Gedanken über den möglichen Inhalt, die Risiken sowie Kosten und Nutzen einer Kenntnisnahme der AGB machen. Erscheint schon eine umfassende Kosten-Nutzen-Analyse jedenfalls bei Alltagsgeschäften als lebensfremd[488], so werden potentielle Klauselgegner häufig nicht einmal überschlägig entsprechende Überlegungen anstellen oder aufgrund ihrer Erfahrungen entsprechende Kosten-Nutzen-Erwägungen intuitiv anwenden. Vielmehr haben sie die Tatsache, dass im Rahmen eines konkreten Rechtsgeschäfts auch AGB mit im Spiel sind, überhaupt nicht auf ihrem „Radar“, sondern als gleichsam intuitives „sachgedankliches Mitbewusstsein“ und ständiges Begleitwissen allenfalls „im Hinterkopf“. Es ist jedenfalls nicht Gegenstand rationaler Überlegungen.

Die Ursachen hierfür können wie im Fall des bewussten Verzichts auf die Kenntnisnahme höchst unterschiedlich sein: Wird in beiden Fällen teilweise auf „eine gewisse Nachlässigkeit oder Gleichgültigkeit der Teilnehmer am Rechtsverkehr“[489] oder ihre „scheinbare Sorglosigkeit“[490] verwiesen, so werden Kunden häufig schon deshalb keine näheren Erwägungen zu AGB anstellen, weil sie ihre Entscheidung zum Vertragsschluss nicht an den als Wettbewerbsparametern un-

---

[485] *Hellwege*, AGB und Rechtsgeschäftslehre (2010), S. 559.

[486] *Schäfer/Ott*, Ökonomische Analyse (5. Aufl. 2012), S. 97 f., *Eidenmüller*, Effizienz als Rechtsprinzip (3. Aufl. 2005), S. 29. Vgl. hierzu oben S. 521 f.

[487] *Hellwege*, AGB und Rechtsgeschäftslehre (2010), S. 559; *Drexl*, Selbstbestimmung (1998), S. 340. Vgl. hierzu oben S. 557.

[488] Vgl. oben S. 555 f.

[489] *Fastrich*, Inhaltskontrolle (1992), S. 85.

[490] *Axer*, AGB-Kontrolle (2012), S. 70.

geeigneten AGB, sondern vielmehr an *Preis* und *Qualität* als Inhalt der Hauptleistungspflichten orientieren.[491]

Hinzu kommt die Tatsache, dass die mit der Verwendung von AGB verbundenen vertraglichen *Risiken* für eine Vielzahl von Marktteilnehmern aufgrund der grundsätzlichen *geringen Eintrittswahrscheinlichkeit* von Leistungsstörungen bislang keine Rolle gespielt haben.[492] Aufgrund mangelnder *persönlicher Betroffenheit* ist es daher nachvollziehbar, dass sie AGB als *für sie* bislang regelmäßig nicht vertragsrelevante Informationen ausblenden und sich stattdessen auf den Vergleich der Hauptleistungspflichten konzentrieren. Darüber hinaus kann auch die Erfahrung des unzumutbar hohen *Aufwands* für eine Kenntnisnahme und Analyse von AGB in vorangegangenen Rechtsgeschäften dazu beitragen, dass Marktteilnehmer den „Problemkomplex AGB" für sich „abhaken" und als vertragsrelevanten Umstand bei zukünftigen Rechtsgeschäften ausblenden.

Schließlich kann die fehlende Berücksichtigung von AGB aber auch auf einem *Grundvertrauen*, auf einer auf *Erfahrungswissen* gestützten *berechtigten Sorglosigkeit* und der als Begleitwissen stetig präsenten und daher nicht bei jedem Vertragsschluss aktualisierungsbedürftigen *Überzeugung* beruhen, dass die Rechtsordnung einen für den reibungslosen Wirtschaftsverkehr notwendigen *Mindestschutz* der Parteien vor massiver und überraschender Beeinträchtigung ihrer wesentlichen Interessen gewährleistet.[493] Denn wäre der Vertragsschluss unter AGB tatsächlich mit unvertretbar hohen Risiken verbunden, so ist damit zu rechnen, dass dieser Umstand den Marktteilnehmern bekannt geworden wäre. Ist dies indes nicht der Fall, weil Tausende andere Marktteilnehmer ebenfalls am Rechtsverkehr teilnehmen ohne dadurch massivem Rechtsverlust und Risiken ausgesetzt zu sein, weil – wie *Jastrow* schon 1892 bemerkte, „Tausende das Gleiche schon unterschrieben haben"[494] – so berechtigt dieses Erfahrungswissen zu der Annahme, dass auch der konkrete Vertragsschluss „sicher" ist und damit kein unvertretbar hohes Risiko für die Klauselgegner darstellt.[495] Zur Ver-

---

[491] *Axer*, AGB-Kontrolle (2012), S. 57; MünchKomm/*Basedow*, BGB (7. Aufl. 2016), Vor § 305 – § 310 Rn. 6; Palandt/*Grüneberg*, BGB (77. Aufl. 2018), Überbl. v. § 305 Rn. 6; *Fuchs*, in: *Ulmer/Brandner/Hensen*, AGB-Recht (12. Aufl. 2016), Vorb. v. § 307 Rn. 37, 39; *Stoffels*, AGB-Recht (3. Aufl. 2015), Rn. 86; Staudinger/*Wendland*, BGB (2019), § 307 Rn. 132; *Basedow*, AcP 200 (2000), 445, 487; *Drexl*, Selbstbestimmung (1998), S. 330, 340; *Fastrich*, Inhaltskontrolle (1992), S. 86; *Kötz*, Gutachten (1974), S. A 9, A 34; *Grunsky*, BB 1971, 1113, 1117.

[492] *Becker*, AGB und Individualvereinbarung (2011), S. 74, 76, 99, 104; *Adams*, BB 1989, 781, 784. Ähnlich auch *Hellwege*, AGB und Rechtsgeschäftslehre (2010), S. 562. So schon *Jastrow*, Gutachten (1892), S. 265, 284: „... und wenn ihm wirklich eine Bestimmung unbillig scheint, dann denkt er: ‚zu solchem Falle kommt es ja nicht!' und der andere Theil bestärkt ihn in dieser Auffassung ..." Hierauf hinweisend *Hellwege*, AGB und Rechtsgeschäftslehre (2010), S. 156. Vgl. hierzu oben S. 510.

[493] Vgl. hierzu *Pres*, Inhaltskontrolle (2005), S. 60; *Coester-Waltjen*, AcP 190 (1990), 1, 190; *Raiser*, Das Recht der AGB (1961), S. 19 sowie eingehend unten S. 579 ff.

[494] *Jastrow*, Gutachten (1892), S. 265, 284. Hierauf hinweisend *Hellwege*, AGB und Rechtsgeschäftslehre (2010), S. 156.

[495] Vgl. hierzu eingehend unten S. 579 ff.

meidung eines Zirkelschlusses muss dies freilich unter der Voraussetzung gelten, dass ein Schutz des Rechtsverkehrs durch das AGB-Recht und seine Vorläufer gerade nicht besteht.[496]

(2) Bewusster Verzicht auf Kenntnisnahme

Häufig werden sich mit AGB konfrontierte Marktteilnehmer indes der AGB-Problematik im Kontext eines konkreten Vertragsschlusses durchaus bewusst sein, jedoch auf eine nähere Kenntnisnahme der AGB verzichten. Der maßgebliche Grund hierfür ist seit Langem bekannt[497] und bildet als Ursache der *situativen Unterlegenheit* des Klauselgegners den gemeinsamen Ausgangspunkt der unterschiedlichen Ansätze zur Rechtfertigung der Inhaltskontrolle: Es ist der mit Blick auf das konkrete Geschäft unvertretbar hohe *Aufwand*, der mit dem *Lesen* und der juristischen *Bewertung* der häufig äußerst umfangreichen und komplexen Klauseln verbunden ist, und der sich angesichts des Zeitdrucks der konkreten Abschlusssituation und des vergleichsweise geringen Nutzens für den Klauselgegner regelmäßig nicht lohnt.[498]

Die ökonomische Analyse hat diesen Tatbestand – der Sache nach identisch – mit den Begriffen der Ökonomik beschrieben und so das ökonomische Verhaltensmodell für die AGB-Problematik fruchtbar gemacht: Der Aufwand (*Transaktionskosten)* steht zu dem von der Kenntnisnahme erwarteten Nutzen (*Erwartungsnutzen*) außer Verhältnis (*negative Transaktionskosten-Nutzen-Relation*), so dass der Klauselgegner von einer näheren Kenntnisnahme der AGB abgehalten wird (*prohibitive Wirkung der Transaktionskosten*).[499] Das Missverhältnis zwischen Aufwand und Nutzen einer Analyse der vom Verwender gestellten AGB durch seinen Vertragspartner hat weitreichende Konsequenzen: Für den Verwendungsgegner erweist sich die Investition entsprechender Informationsbeschaffungskosten als ökonomisch unvernünftig und daher rechtlich nicht zumutbar. Mit dem Verzicht auf eine eingehende Kenntnisnahme der AGB handelt er in „legitimer Unkenntnis"[500]. Faktisch stehen ihm nämlich mit Blick auf die Behebung der Informationsasymmetrie keine sinnvollen Handlungsalternativen zur Verfügung. Ihm bleibt in der konkreten Situation nichts anderes übrig, als sich wohl oder übel den vom Verwender gestellten AGB zu unterwerfen. Er ist durch die Konfrontation mit AGB in seiner Selbstvorsorge typischerweise überfordert.

---

[496] *Axer*, AGB-Kontrolle (2012), S. 79.

[497] Vgl. nur Protokolle Dresdner Entwurf (1866), S. 4568 f. sowie oben S. 486 f.

[498] Vgl. eingehend oben S. 508 ff.

[499] Vgl. eingehend oben S. 541 f.

[500] Ähnlich *Miethaner*, AGB-Kontrolle (2010), S. 63 ff. (legitime Ignoranz) sowie *Eidenmüller*, JZ 2005, 216, 222 (rationale Ignoranz).

(a) Fehlen einer Kosten-Nutzen-Kalkulation

Der Unterschied zum rechtsökonomischen Begründungsmodell besteht nun darin, dass die klassische vertragstheoretische Begründung auf die – für das Funktionieren des ökonomischen Verhaltensmodells zwingend erforderliche – Annahme einer bewussten, rationalen und konkreten Kosten-Nutzen-Kalkulation verzichtet und so die Lebenswirklichkeit deutlich realistischer abzubilden vermag. Dieser *prima facie* geringe Unterschied im Erklärungsmodell hat indes erhebliche Auswirkungen im Ergebnis zur Folge: Denn mit dem Verzicht auf eine Kosten-Nutzen-Kalkulation entfällt zugleich die Notwendigkeit, eine Inhaltskontrolle im Fall einer positiven Transaktionskosten-Nutzen-Relation zu versagen, wie dies nach dem rechtsökonomischen Begründungsansatz erforderlich ist.[501] Damit wird zugleich das im Ergebnis unbefriedigende und mit dem geltenden Recht nicht in Einklang zu bringende Paradoxon vermieden, dass eine Inhaltskontrolle gerade bei besonderer Schutzbedürftigkeit ausscheidet. Denn wer die Inhaltskontrolle mit der Erwägung begründet, dass die Transaktionskosten in *concreto* den Erwartungsnutzen einer Kenntnis der AGB übersteigen, der muss sie folgerichtig versagen, wenn sich die Investition der Transaktionskosten angesichts der hohen vertraglichen Risiken im konkreten Vertrag für den Klauselgegner lohnt.[502]

Nun wird mit eben diesem Argument *de lege ferenda* eine Beschränkung der Inhaltskontrolle im unternehmerischen Geschäftsverkehr jedenfalls bei großvolumigen Rechtsgeschäften begründet und die Einführung einer entsprechenden gesetzlichen Wertgrenze vorgeschlagen. Ob dies angesichts des Verzichts auf eine derartige Begrenzung im nichtunternehmerischen Geschäftsverkehr zu überzeugen vermag, ist angesichts der damit verbundenen Widersprüche des Begründungsmodells fraglich, muss hier jedoch noch nicht entschieden werden.[503] Gerade der entsprechende Gesetzgebungsvorschlag zeigt, dass eine entsprechende wertmäßige Differenzierung dem geltenden Recht fremd ist. *De lege lata* ist die Annahme einer Kosten-Nutzen-Kalkulation und damit letztlich die Bindung der Inhaltskontrolle an den Vertragswert nicht mit dem gesetzlichen Befund in Einklang zu bringen und bietet daher keinen tragfähigen Begründungsansatz des geltenden AGB-Rechts.

---

[501] Vgl. hierzu *Hellwege*, AGB und Rechtsgeschäftslehre (2010), S. 558 f. sowie oben S. 563 ff.

[502] Mit dieser Begründung lehnen daher Vertreter rechtsökonomischer Begründungsansätze eine Inhaltskontrolle für großvolumige Rechtsgeschäfte im unternehmerischen Geschäftsverkehr ab einer bestimmten Vertragswertgrenze ab, vgl. nur *Becker*, AGB und Individualvereinbarung (2011), S. 105 ff., 165 ff., 168 ff.; *Leuschner*, JZ 2010, 875, 882 ff., 884; *Leyens/Schäfer*, AcP 210 (2010), 771, 790 f.; *Müller/Griebeler/Pfeil*, BB 2009, 2658, 2662; *Leuschner*, AcP 207 (2007), 491, 524 f. Vgl. hierzu auch *Ulmer/Habersack*, in: *Ulmer/Brandner/Hensen*, AGB-Recht (12. Aufl. 2016), § 305 Rn. 64a; *Miethaner*, AGB-Kontrolle (2010), S. 209 ff. Kritisch *Oetker*, AcP 212 (2012), 202, 218 f., 230 f., 233 f.; *Koch*, BB 2010, 1810, 1812 Fn. 35.

[503] Vgl. hierzu eingehend unten S. 912 ff.

(b) Fälle positiver Transaktionskosten-Vertragswert-Relation

Dies führt indes zu der berechtigten Frage, warum das Schutzkonzept der §§305ff. BGB eine Inhaltskontrolle auch dann vorsieht, wenn – ohne Rückgriff auf eine *konkrete* Kosten-Nutzen-Rechnung – von vornherein zumindest bei einer objektiven *ex-post-Betrachtung offenkundig* ist, dass sich angesichts der vertraglichen Risiken und des erheblichen Vertragswertes für den Klauselgegner eine eingehende Analyse der AGB oder sogar die Inanspruchnahme professionellen Rechtsrats lohnen würde. Eine Antwort auf diese Frage fällt mit Blick auf die AGB-Praxis nicht schwer, wenn neben der *Informationsasymmetrie* auch die mangelnde *Verhandlungsbereitschaft* des Verwenders berücksichtigt wird.[504] Denn die Schutzbedürftigkeit des Klauselgegners beruht gerade nicht ausschließlich auf einer Informationsasymmetrie, sondern eben auch auf der Tatsache, dass sich der Verwender regelmäßig nicht auf eine Abänderung der von ihm gestellten AGB einlässt. Dass dies auch und gerade bei großvolumigen Verträgen im unternehmerischen Geschäftsverkehr der Fall ist, haben die Stellungnahmen im Rahmen der aktuellen Reformdiskussion eindrucksvoll gezeigt.[505] So weisen insbesondere kleine und mittelständische Unternehmen übereinstimmend darauf hin, dass man mit einem wirtschaftlich überlegenen Verwender noch so lange versuchen könne zu verhandeln, letztlich jedoch keine reale Einflussmöglichkeit auf die von ihm gestellten Klauselwerke habe.[506]

In der Tat erscheint es in erheblichem Maße lebensfremd anzunehmen, man müsse nur die Zeit investieren und die Klauseln studieren und schon ließen sich die vertraglichen Risiken im Rahmen von Verhandlungen reduzieren. Wer dies nicht tue, sei daher für mögliche Rechtsverluste selbst verantwortlich und somit nicht schutzwürdig. Er müsse daher die damit verbundenen Konsequenzen eigenverantwortlichen Handelns selbst tragen, so dass ihm der Schutz durch die Inhaltskontrolle zu versagen sei.[507] Eine solche Sichtweise, die sich aus der Kosten-Nutzen-Kalkulation der ökonomischen Analyse ergibt, ist mit der Lebenswirklichkeit nicht vereinbar. In der Realität hat der Kunde nämlich regelmäßig keine Chance, in irgendeiner Weise auf den Inhalt der Vertragsbedingungen Einfluss zu nehmen.[508] Ihm bleibt im Sinne einer *„take it or lave it"-Entscheidung* lediglich die Wahl, sich ihnen zu unterwerfen oder vom Vertrag Abstand zu nehmen, da ihm aufgrund des fehlenden Konditionenwettbewerbs selbst die Möglich-

---

[504] Vgl. hierzu oben S. 514ff., 557f. sowie unten S. 592ff., 596ff., 669, 671ff., 682f., 596.

[505] *Axer*, AGB-Kontrolle (2012), S. 81 mwN.

[506] Ebenda. *v. Westphalen*, ZIP 2007, 149, 149, 153.

[507] Auf eine derartige Argumentationsmöglichkeit hinweisend *Miethaner*, AGB-Kontrolle (2010), S. 64; *Fastrich*, Inhaltskontrolle (1992), S. 89f.

[508] Vgl. hierzu aus *rechtsgeschichtlicher* Perspektive die anhaltende Problematik der einseitigen Inanspruchnahme der Vertragsgestaltungsfreiheit durch den Verwender oben S. 485ff.

keit des Ausweichens auf Alternativanbieter genommen ist.[509] Rechtsökonomische Begründungsansätze können diese Aspekte freilich nicht berücksichtigen, da sie den Aspekt der prohibitiv hohen Transaktionskosten und damit die Frage der Informationsasymmetrie in den Mittelpunkt ihrer Überlegungen stellen.

(c) Fehlende subjektive Erkennbarkeit aus ex-ante-Perspektive

Der Verzicht des AGB-Rechts auf eine wertmäßige Differenzierung des Schutzbereichs der Inhaltskontrolle lässt sich jedoch auch unabhängig vom Aspekt der *Verhandlungsverweigerung* mit Blick auf den Aspekt der *Informationsasymmetrie* erklären. So ist dem Verwendungsgegner – wie in Bezug auf die ökonomischen Analyse bereits deutlich geworden ist – eine verlässliche Kosten-Nutzen-Kalkulation aufgrund des Fehlens der hierfür erforderlichen Informationen und – zumal in der konkreten Situation – beschränkter Verarbeitungskapazitäten regelmäßig überhaupt nicht möglich, so dass sie ihm auch nicht abverlangt werden kann. Es besteht eine nicht von ihm, sondern vom Verwender zu verantwortende Informationsasymmetrie, die einen Ausgleich des aus ihr resultierenden Machtungleichgewichts im Wege der Inhaltskontrolle erforderlich macht.[510]

Diese Fallgruppe betrifft damit Fälle, in denen sich der mit der Informationsbeschaffung verbundene Aufwand für den Verwendungsgegner zwar *objektiv* lohnen würde, dies für ihn indes *subjektiv* nicht erkennbar ist, so dass er die entsprechenden Investitionen nicht tätigt und auf eine Kenntnisnahme der AGB verzichtet. Derartige Fälle werden in der Praxis allerdings nicht allzu häufig vorkommen, steht der mit der Kenntnisnahme der AGB verbundene Aufwand in den die „klassische" AGB-Problematik prägenden Alltagsgeschäften doch regelmäßig in keinem vertretbaren Verhältnis zu dem damit verbundenen Nutzen. Geht es aber um Ausnahmefälle und nicht um die Regel, so würde sich das gleiche Ergebnis schon auf der Grundlage der für eine abstrakt-generelle Regelung notwendigen Typisierung ergeben.

(d) Abschreckende Wirkung von AGB

Damit bleiben als zu untersuchende Fallgruppe jene Situationen, in denen der Vertragswert und die mit einem Vertragsschluss einhergehenden Risiken derart hoch sind, dass von vornherein *offenkundig* ist, dass sich der für eine eingehende Analyse der AGB erforderliche Aufwand für den Verwendungsgegner lohnt. Allerdings kann es auch hier nicht auf das objektive Kosten-Nutzen-Kalkül, sondern allein auf die *subjektive Wahrnehmung* des Verwendungsgegners und damit auf die *verhaltenssteuernde Wirkung* der AGB ankommen. Denn geht es um die

---

509 Zur fehlenden Möglichkeit der Kompensation mangelnder Vertragsgestaltungsfreiheit durch Inanspruchnahme der Vertragsabschlussfreiheit unten S. 596 ff.

510 Zum Gedanken der „Risikosphären" und der „Gefährdungshaftung" infolge des „Inverkehrbringens von AGB" eingehend unten S. 589 ff.

Auswirkungen von AGB auf den Rechtsverkehr, so kann als Maßstab für die Frage der Schutzbedürftigkeit nicht entscheidend sein, wie sich der Rechtsverkehr richtigerweise verhalten *soll*, sondern vielmehr wie er sich *tatsächlich* verhält. Lässt sich der Verwendungsgegner regelmäßig von des „Sog[s] des vorformulierten Gedankens“[511], der „Scheinautorität des Gedruckten“[512], dem „Seriositätsschein des allgemein Üblichen und Geübten“[513] oder schlicht von der Komplexität der Klauseln derart beeindrucken, dass er von vornherein von einer näheren Kenntnisnahme der AGB absieht, so ist eine *Schutzbedürftigkeit* des Rechtsverkehrs *tatsächlich* gegeben. Denn dem Rechtsverkehr insgesamt ein rechtlich nicht hinnehmbares Verhalten zu unterstellen, ist kaum begründbar.

Entfalten AGB damit eine derart abschreckende Wirkung, dass die Marktteilnehmer auch dann auf eine eingehende Analyse verzichten, wenn für sie eigentlich offenkundig ist, dass sich eine Kenntnisnahme der AGB für sie lohnen würde, so liegt eine *Rationalitätsbeschränkung*[514] vor, die ihre Ursache in der verhaltenssteuernden Wirkung des „Inverkehrbringens von AGB“ findet, deren Folgen – nämlich die Inhaltskontrolle – auch der Verwender als derjenige zu tragen hat, dem das insoweit „legitim sorglose“ Verhalten des Rechtsverkehrs zuzurechnen ist.

Entscheidend ist damit nicht, ob bei einer *ex-post*-Betrachtung auf der Grundlage einer umfassenden, alle vertragsrelevanten Umstände berücksichtigenden Kosten-Nutzen-Kalkulation dem Verwendungsgegner zuzumuten wäre, etwa angesichts eines hohen Vertragswertes entsprechende Informationsbeschaffungskosten aufzuwenden und die ihm vom Verwender vorgelegten AGB gründlich zu analysieren. Maßgeblich ist vielmehr, ob der Klauselgegner bei einer *ex-ante-Betrachtung* unter dem Druck der konkreten Abschlusssituation angesichts des aus

---

[511] Grundlegend *Wiedemann*, FS Kummer (1980), S. 175, 175. Ihm folgend etwa *Canaris*, AcP 200 (2000), 273, 323; *Fastrich*, Inhaltskontrolle (1992), S. 85; *Habersack*, Vertragsfreiheit und Drittinteressen (1992), S. 105; *Zöllner*, FS 100 Jahre GmbHG (1992), S. 85, 102 ff.; *Coester-Waltjen*, AcP 190 (1990), 1, 20 Fn. 104; *Kramer*, ZHR 146 (1982), 105, 110.

[512] Staudinger/*Wendland*, BGB (2019), § 307 Rn. 3; *Becker*, AGB und Individualvereinbarung (2011), S. 71.

[513] *Lindacher*, BB 1972, 296, 297. Ebenso *Miethaner*, AGB-Kontrolle (2010), S. 79; *Axer*, AGB-Kontrolle (2012), S. 73 Fn. 281; *Wellenhofer-Klein*, ZIP 1997, 774, 778; *Fastrich*, Inhaltskontrolle (1992), S. 103; *Wiedemann*, FS Kummer (1980), S. 175, 180 Fn. 23.

[514] Von derartigen „zusätzliche[n] Rationalitätsdefizite[n] als Voraussetzung einer individuellen Rechtfertigung“ geht auch *Leuschner*, AcP 207 (2007), 491, 501 aus, ohne diese freilich näher zu bestimmen. Auf Rationalitätsdefizite hinweisend auch Staudinger/*Wendland*, BGB (2019), § 307 Rn. 3 („Scheinautorität des Gedruckten“); *Fastrich*, Inhaltskontrolle (1992), S. 85, 87 f. („eine gewisse Nachlässigkeit“, „Sog des vorformulierten Gedankens“, „Druckerschwärze“); *Drexl*, Selbstbestimmung (1998), S. 341; *Wiedemann*, FS Kummer (1980), S. 175, 175 („Sog des vorformulierten Gedankens“); ebenda, S. 180 („Assoziation der Allgemeingültigkeit und Unabänderlichkeit“); *Lindacher*, BB 1972, 296, 297 („Seriositätsschein des allgemein Üblichen und Geübten“); *Schmidt-Salzer*, AGB (2. Aufl. 1977), S. 34 („Druckerschwärzekriterium“) sowie BGHZ 101, 350, 354 = NJW 1988, 135, 135 („Anschein der Rechtmäßigkeit, Vollständigkeit und Ausgewogenheit“). Vgl. hierzu auch oben S. 509.

seiner Perspektive zu erwartenden Aufwandes von vornherein von einer Kenntnisnahme der AGB Abstand nehmen durfte.

Mit anderen Worten: Ist die mit dem Stellen von AGB verbundene „abschreckende Wirkung" derart hoch, dass insbesondere juristisch nicht gebildete Marktteilnehmer selbst bei großvolumigen Verträgen von einer eingehenden Analyse der AGB abgehalten werden, so kommt es auf eine positive Kosten-Nutzen-Kalkulation im Einzelfall auch bei ihrer Offenkundigkeit gar nicht an. Auch für diese Fallgruppe gilt aufgrund ihres Ausnahmecharakters darüber hinaus das Argument der *Typisierung*. So werden Fallkonstellationen, in denen für alle Beteiligten völlig offensichtlich ist, dass sich eine nähere Kenntnisnahme der AGB für den Verwendungsgegner lohnen würde, in der Praxis des Rechtsverkehrs insgesamt eher die Ausnahme darstellen. Insbesondere mit Blick auf die Gewährleistung eines einheitlichen Schutzniveaus ist damit auf der Grundlage einer typisierenden Betrachtung eine Einbeziehung dieser Tatbestände geboten. Angesichts der Schwierigkeiten, derartige Fallkonstellationen mit hinreichender Zuverlässigkeit normativ zu erfassen, erscheint ihre Einbeziehung in den Schutzbereich der Inhaltskontrolle sinnvoll. Dies gilt umso mehr, als das Bestehen einer *Informationsasymmetrie* nicht den einzigen Schutzgrund der Inhaltskontrolle darstellt, sondern die Vertragsgestaltungsfreiheit des Verwendungsgegners darüber hinaus regelmäßig auch durch die fehlende *Verhandlungsbereitschaft* des Verwenders beeinträchtigt wird.[515]

(e) Bereitschaft zur Kenntnisnahme von AGB

Nun mag es als insoweit letzte Fallgruppe schließlich Situationen geben – etwa AGB in Unternehmenskaufverträgen, im Werks- und Anlagenbau sowie im Rahmen von M&A-Transaktionen –, in denen eine positive Transaktionskosten-Nutzen-Relation nicht nur offenkundig und subjektiv erkennbar ist, sondern in denen der Verwendungsgegner sogar bereit ist, die AGB einer eingehenden rechtlichen Prüfung zu unterziehen und der Verwender darüber hinaus die entsprechenden Klauseln auch zur Disposition stellt.[516] Aufgrund der strengen Anforderungen des BGH an das Kriterium des Aushandelns[517] würden diese Fälle –

---

[515] Vgl. hierzu oben S. 514 ff., 557 f. sowie unten S. 592 ff., 596 ff., 669, 671 ff., 682 f.

[516] Hierzu eingehend *Leuschner*, AcP 207 (2007), 491, 515 ff., 529, der in derartigen Fällen aufgrund der positiven Transaktionskosten-Vertragswert-Relation eine unwiderlegbare Vermutung des „Aushandelns" i. S. d. § 305 Abs. 1 S. 3 BGB annimmt. Zur Bedeutung der AGB-Problematik im Kontext von M&A-Transaktionen näher *Schiffer/Weichel*, BB 2011, 1283, 1283 ff.; *Habersack/Schürnbrand*, FS Canaris (2007), S. 359, 362 ff.; *Lischek/Mahnken*, ZIP 2007, 158. Allgemein zum M&A-Recht *Picot*, in: Picot (Hrsg.), Handbuch M&A (5. Aufl. 2012), S. 297; *Picot/Picot*, in: Picot (Hrsg.), Handbuch M&A (5. Aufl. 2012), S. 2 ff. Hierzu eingehend oben S. 323, 435 ff.

[517] Vgl. BGHZ 184, 259, 263 ff. = NJW 2010, 1131, 1132 f. (Gebrauchtwagenkauf); BGHZ 143, 104, 106 f. = NJW 2000, 1110, 111. Aus dem Schrifttum vgl. nur *Axer*, AGB-Kontrolle (2012), S. 162 ff.; *Becker*, AGB und Individualvereinbarung (2011), S. 5 ff., 131 ff.; *Ulmer/Habersack*, in: *Ulmer/Brandner/Hensen*, AGB-Recht (12. Aufl. 2016), § 305 Rn. 40 ff.; *Leuschner*,

häufig entgegen dem Wunsch der Beteiligten – gleichwohl einer Inhaltskontrolle unterliegen. Allerdings ist die Einbeziehung dieser, in der Praxis in ihrem Verhältnis zum Rechtsverkehr vergleichsweise wohl eher seltenen, wirtschaftlich indes bedeutenden Fallgruppe durch den Typisierungsgedanken gedeckt. Damit lässt sich jedenfalls das geltende AGB-Recht mühelos auf der Grundlage eines vertragstheoretischen Ansatzes mit Blick auf die bestehende Informationsasymmetrie erklären. Ob *de lege ferenda* eine tatbestandliche Ausgliederung dieser Fallgruppe geboten erscheint und ob dies ohne eine Beeinträchtigung des allgemeinen Schutzniveaus möglich ist, wird im weiteren Gang der Untersuchung zu diskutieren sein.

(f) Fokussierung auf Hauptleistungspflichten und Aussichtslosigkeit von Verhandlungen

Neben dem offenkundig *unzumutbar hohen Aufwand* der Kenntnisnahme, der subjektiv fehlenden *Erkennbarkeit* einer positiven Transaktionskosten-Vertragswert-Relation sowie *Rationalitätsbeschränkungen* aufgrund der *abschreckenden Wirkung* von AGB („Sog des vorformulierten Gedankens“[518], „Seriositätsschein des allgemein Üblichen und Geübten“[519]) beruht der Verzicht des Verwendungsgegners auf eine Kenntnisnahme der AGB darüber hinaus auf weiteren Erwägungen, die bereits Ende des 19. Jh. im Schrifttum diskutiert worden sind.

So hatte *Jastrow*, worauf *Hellwege* hinweist[520], bereits 1892 in seinem Gutachten zum 22. Deutschen Juristentag festgestellt:

> „Im Uebrigen ist der Gegencontrahent dem Formular auf Gnade oder Ungnade preisgegeben. Der Inhalt desselben kommt ihm auch meist gar nicht zum Bewußtsein; er unterschreibt sehr häufig, ganz *ohne es durchzulesen*, weil *Tausende das Gleiche schon unterschrieben haben*, und wenn ihm wirklich eine Bestimmung unbillig scheint, dann denkt er: ‚*zu solchem Falle kommt es ja nicht*!‘ und der andere Theil bestärkt ihn in dieser Auffassung, häufig gar nicht arglistig, sondern sich selbst bewußt, daß er seine Rechte nur *wohlwollend* handhabt, bis einmal ein Fall der Meinungsverschiedenheit oder eine Veränderung in den Interessen des einen Theiles eintritt.“[521]

Schneider gelangt 1896 zu einer ähnlichen Einschätzung:

JZ 2010, 875, 875 ff.; *Miethaner*, AGB-Kontrolle (2010), S. 83 f., 106 ff. Hierzu eingehend oben S. 427 ff.

[518] *Wiedemann*, FS Kummer (1980), S. 175, 175. Vgl. hierzu auch eingehend oben S. 508 sowie dort Fn. 128 mwN.

[519] *Lindacher*, BB 1972, 296, 297. Ebenso *Miethaner*, AGB-Kontrolle (2010), S. 79; *Axer*, AGB-Kontrolle (2012), S. 73 Fn. 281; *Wellenhofer-Klein*, ZIP 1997, 774, 778; *Fastrich*, Inhaltskontrolle (1992), S. 103; *Wiedemann*, FS Kummer (1980), S. 175, 180 Fn. 23. Vgl. hierzu auch eingehend oben S. 509 sowie dort Fn. 129 mwN.

[520] *Hellwege*, AGB und Rechtsgeschäftslehre (2010), S. 156.

[521] *Jastrow*, Gutachten (1892), S. 265, 284 f. Hierauf hinweisend *Hellwege*, AGB und Rechtsgeschäftslehre (2010), S. 156. Hervorhebungen durch den Verfasser.

„Ganz gewiß aber sind die Versicherungslustigen nur selten in der Lage, den Wust der gewöhnlich auch recht undeutlich gedruckten Bedingungen *zu verstehen* und sie in ihrer eigentlichen Tragweite zu deuten. Sie schließen außerdem in der *Hoffnung* ab, ein *Verwirkungsfall* werde bei gutem Willen ihrerseits doch *wohl nicht eintreten* oder von der Anstalt gegen sie *nicht geltend gemacht* werden, – was in manchen Fällen dann ja auch thatsächlich aus Anstandsgefühl oder infolge der durch den Wettbewerb beflügelten Kulanz unterbleibt."[522]

Und auch *Dernburg* beschreibt bereits 1906 in seinem Lehrbuch des bürgerlichen Rechts im Hinblick auf AGB in Mietverträgen die Situation in vergleichbarer Weise:

„Sind Wohnungen angeboten, so lassen sich die Vermieter Abänderungen der Formulare gefallen. Doch der Mieter sieht meist mehr auf *niedrigen Zins* und *leichte Zahlungsbedingungen*, als auf die *rechtlichen Klauseln*, denen er *besonderen Wert selten beilegt.*"[523]

Wie in jenen Fällen, in denen sich die Marktteilnehmer überhaupt keine näheren Gedanken im Hinblick auf die AGB-Problematik machen[524], kommt auch hier die für den fehlenden Konditionenwettbewerb[525] mitverantwortliche *Fokussierung* auf *Preis* und *Qualität*[526] als Inhalt der Hauptleistungspflichten zum Tragen. Da AGB für den einzelnen Verwendungsgegner aufgrund der geringen Eintrittswahrscheinlichkeit von Leistungsstörungen in der Praxis typischerweise nur äußerst selten relevant werden, spielen sie aufgrund fehlender *persönlicher Betroffenheit* in der konkreten Abschlusssituation regelmäßig keine Rolle. Bestärkt durch das Erfahrungswissen einer Vielzahl erfolgreicher und komplikationslos abgeschlossener Rechtsgeschäfte, vertrauen die Marktteilnehmer regelmäßig auf einen *reibungslosen Ablauf* des Geschäfts oder zumindest auf die *Kulanz* des Verwenders. Darüber hinaus wird die Entscheidung der Marktteilnehmer, auf eine Kenntnisnahme oder eine eingehende Analyse der AGB zu verzichten, regelmäßig entscheidend durch die fehlende *Abänderungsbereitschaft*

---

522 *Schneider*, AcP 85 (1896), 295, 302 f. Hierauf hinweisend *Hellwege*, AGB und Rechtsgeschäftslehre (2010), S. 155. Hervorhebungen durch den Verfasser.

523 *Dernburg*, Bürgerliches Recht, Bd. II/1 (3. Aufl. 1906), S. 183. Hierauf hinweisend *Hellwege*, AGB und Rechtsgeschäftslehre (2010), S. 145. Hervorhebungen durch den Verfasser.

524 Hierzu oben S. 569 ff.

525 Hierzu eingehend oben S. 542 ff. sowie aus dem umfangreichen Schrifttum nur MünchKomm/*Basedow*, BGB (7. Aufl. 2016), Vor § 305 Rn. 5 f.; Staudinger/*Wendland*, BGB (2019), § 307 Rn. 4; *Fastrich*, Inhaltskontrolle (1992), S. 80, 86; *Kötz*, Gutachten (1974), S. A 9, S. A 33 ff.

526 Vgl. nur MünchKomm/*Basedow*, BGB (7. Aufl. 2016), Vor § 305 – § 310 Rn. 6; Palandt/*Grüneberg*, BGB (77. Aufl. 2018), Überbl. v. § 305 Rn. 6; *Fuchs*, in: *Ulmer/Brandner/Hensen*, AGB-Recht (12. Aufl. 2016), Vorb. v. § 307 Rn. 37, 39; Staudinger/*Wendland*, BGB (2019), § 307 Rn. 132; *Basedow*, AcP 200 (2000), 445, 487; *Drexl*, Selbstbestimmung (1998), S. 330, 340; *Fastrich*, Inhaltskontrolle (1992), S. 86; *Kötz*, Gutachten (1974), S. A 9, A 34. Hierzu *Axer*, AGB-Kontrolle (2012), S. 75 ff.; *Becker*, AGB und Individualvereinbarung (2011), S. 91 ff.; *Miethaner*, AGB-Kontrolle (2010), S. 74; *Adams*, BB 1989, 781, 785 f.

des Verwenders beeinflusst. Weshalb sollte der Vertragspartner des Verwenders auch Kosten, Zeit und Mühe zum Studium oder sogar zur juristischen Analyse und Bewertung des vom Verwender vorformulierten Klauselwerkes aufwenden, wenn dieser – was in der Praxis die Regel darstellt – von vornherein zu einer Abänderung der von ihm gestellten Bedingungen nicht bereit ist?

(g) Berechtigtes Vertrauen

Der rechtsgeschichtliche Rückblick auf die Diskussion um 1900 hat neben der *Fokussierung* auf die *Hauptleistungspflichten* und der *Aussichtslosigkeit* von *Verhandlungen* indes noch einen weiteren Aspekt in den Mittelpunkt gerückt, der näherer Betrachtung bedarf: Wenn – lange vor Inkrafttreten des AGBG und der Entwicklung der Monopolrechtsprechung des Reichsgerichts – davon die Rede ist, dass die Klauselgegner auf eine Kenntnisnahme der AGB in der Hoffnung verzichten, „zu solchem Falle kommt es ja nicht“[527], wenn sie davon ausgehen, „ein *Verwirkungsfall* werde bei gutem Willen ihrerseits doch *wohl nicht eintreten* oder ... gegen sie *nicht geltend gemacht* werden“[528], wenn auch heute noch „eine gewisse Nachlässigkeit oder Gleichgültigkeit der Teilnehmer am Rechtsverkehr“[529] oder eine „scheinbare Sorglosigkeit“[530] festgestellt wird, rückt ein Gesichtspunkt in den Vordergrund, dem in der bisherigen Diskussion bislang keine tragende Bedeutung zugemessen wurde.

(h) „Massenhafter Leichtsinn“ und die Ordnungsaufgabe des Privatrechts

Lediglich *Fastrich* hat sich eingehender mit dem Phänomen „der verbreiteten Nachlässigkeiten“[531] auseinandergesetzt und auf den Zusammenhang zwischen der *Ordnungsaufgabe* des Privatrechts und dem *generellen Versagen der Richtigkeitsgewähr* aufgrund des allgemeinen „Leichtsinn[s] der Teilnehmer am Rechtsverkehr“[532] hingewiesen. Demnach sei eine Inhaltskontrolle nicht nur dann geboten, wenn sich der einzelne Vertragspartner als schutzbedürftig erweist, sondern auch in jenen Fällen, in denen aufgrund von Leichtsinn und Nachlässigkeit der Marktteilnehmer zwar eigentlich kein Schutzbedürfnis besteht, ein entsprechendes Verhalten im Rechtsverkehr indes derart verbreitet ist, dass sich die Rechtsordnung zur Verhinderung gravierender Missstände zum Einschreiten gezwungen sieht.[533]

[527] *Jastrow*, Gutachten (1892), S. 265, 284. Hierauf hinweisend *Hellwege*, AGB und Rechtsgeschäftslehre (2010), S. 156.

[528] *Dernburg*, Bürgerliches Recht, Bd. II/1 (3. Aufl. 1906), S. 183. Hervorhebungen durch den Verfasser.

[529] *Fastrich*, Inhaltskontrolle (1992), S. 85.

[530] *Axer*, AGB-Kontrolle (2012), S. 70.

[531] *Fastrich*, Inhaltskontrolle (1992), S. 89.

[532] *Fastrich*, Inhaltskontrolle (1992), S. 89.

[533] *Fastrich*, Inhaltskontrolle (1992), S. 89.

Denn eine systematische Ausbeutung des Leichtsinns und der Nachlässigkeit der Marktteilnehmer könne sie auf Dauer jedenfalls dann nicht hinnehmen, wenn es sich nicht um Einzelfälle, sondern um ein *Massenphänomen* handelt.[534] Daher stehe einer Inhaltskontrolle auch nicht die Vorschrift des § 138 Abs. 2 BGB entgegen, weil sich diese lediglich mit „Ausreißern" befasst und im Übrigen von einer grundsätzlich funktionierenden Richtigkeitsgewähr ausgeht.[535] Entsprechend habe sich die Rechtsprechung auch mit Blick auf Warentermingeschäfte gezwungen gesehen, eine systematische Ausbeutung des Leichtsinns des Rechtsverkehrs im Wege richterlicher Rechtsfortbildung zu unterbinden.[536]

Angesprochen sind damit die überindividuellen Schutzgründe der *Leichtigkeit* des *Rechtsverkehrs*[537] sowie der *Integrität der Rechtsordnung*[538]. Denn in der Tat kann die Privatrechtsordnung eine massenhafte Ausbeutung ihrer Glieder, deren Schutz ihr von Verfassung wegen aufgetragen ist, nicht hinnehmen, will sie nicht ihre eigenen Grundlagen infrage stellen.[539] Eine normative Ordnung kann eine dauerhafte und systematische Übertretung der Normen nicht ohne Schaden für ihre eigene Integrität tolerieren. Der massenhafte Normverstoß ist hier in einer Verlagerung der vertraglichen Rechte, Risiken und Lasten zu sehen, die dem vom dispositiven Recht getroffenen Interessenausgleich in weitem Umfang widerspricht und aufgrund ihrer Einseitigkeit – im Schrifttum, den Gesetzesmaterialien und in der Rechtsprechung ist von der Rechtlosstellung des Klauselgegners[540] sowie dem Verzicht auf beinahe sämtliche abdingbaren Rechte des bürgerlichen Rechts die Rede[541] – weithin als missbräuchlich, unangemessen und ungerecht empfunden wird. Ist damit bereits der etwa von *Adams* im Rahmen seines rechtsökonomischen Begründungsansatzes vorgetragene Einwand der „Inhaltslosigkeit" des Begriffs der Vertragsgerechtigkeit gleichsam empirisch widerlegt[542], so wird auf diese Weise zugleich der Zusammenhang zwi-

---

534 *Fastrich*, Inhaltskontrolle (1992), S. 89.

535 *Fastrich*, Inhaltskontrolle (1992), S. 89.

536 *Fastrich*, Inhaltskontrolle (1992), S. 89. mit Verweis auf u. a. BGH NJW 1987, 641; BGH NJW 1986, 123; BGH NJW 1982, 2815; BGH NJW 1981, 1440; BGHZ 80, 84.

537 Hierzu unten S. 619 ff.

538 Hierzu unten S. 622 ff.

539 Vgl. nur die Begründung des RegE zum AGBG, BT-Drucks. 7/3919, S. 9: „Die im BGB vorausgesetzte *Funktion der Vertragsfreiheit*, durch freies Aushandeln der Vertragsbedingungen zwischen Partnern mit annähernd gleichwertiger Ausgangsposition *Vertragsgerechtigkeit* zu schaffen, ist dort empfindlich gestört, wo die Vertragsfreiheit für das *einseitige* Diktat *unbilliger* oder gar *mißbräuchlicher* AGB in Anspruch genommen wird. Eine solche Entwicklung kann der *soziale Rechtsstaat* nicht *tatenlos hinnehmen*." Hervorhebungen durch den Verfasser.

540 Vgl. etwa RegE zum AGBG, BT-Drucks. 7/3919, S. 32.

541 Vgl. nur BVerfGE 89, 214, 230 = NJW 1994, 36, 38 (Bürgschaft I). Hierzu eingehend oben S. 382 ff.

542 Hierzu auch oben S. 169 ff.

schen Inhaltskontrolle und der Gewährleistung materieller Vertragsgerechtigkeit als wesentlichem Schutzgrund deutlich.

Dass anhaltende Missstände auf den Widerstand des Rechtsverkehrs stoßen müssen, so dass die Rechtsordnung durch entsprechende Rechtsprechung oder gesetzliche Maßnahmen zur Reaktion gezwungen ist, hat nicht zuletzt die geschichtliche Entwicklung des AGB-Rechts eindrucksvoll zeigt.[543] Formierte sich in der zweiten Hälfte des 19. Jh. zunächst im Schrifttum und auf politischer Ebene Widerstand, der in der Rechtsprechung nur teilweise aufgegriffen wurde[544] und trotz entsprechender Diskussionen in der Gesetzgebung[545] zunächst noch nicht durchzudringen vermochte, so trat mit der Jahrhundertwende und der zunehmenden Verbreitung von AGB als Massenphänomen das Problem der nicht mehr hinnehmbaren Rechtlosstellung der Vertragspartner der AGB-Verwender zunehmend in das Bewusstsein von Wissenschaft, Rechtsprechung und Gesetzgebung.[546] Die Folge war eine intensive rechtswissenschaftliche Auseinandersetzung mit dem Phänomen der AGB, die über die Einführung *zwingenden Rechts*, die *Monopolrechtsprechung* des Reichsgerichts und ihre *Weiterentwicklung* durch den BGH schließlich zum Entwurf des *AGB-Gesetzes* geführt hat.

Vor diesem geschichtlichen Hintergrund kann daher auch das geltende AGB-Recht als Reaktion auf die verbreiteten Missstände gerechtfertigt werden, die sich aus der einseitig benachteiligenden und damit missbräuchlichen Verwendung von AGB ergeben, ohne dass es noch auf eine am Maßstab der zumutbaren Eigenverantwortung zu messende *Schutzbedürftigkeit* der Marktteilnehmer ankommt. Führt das Stellen von AGB zu einer verbreiteten Rechtlosstellung der Marktteilnehmer im Rechtsverkehr, wird der Missbrauch der Vertragsgestaltungsfreiheit durch den Verwender zu einem Massenphänomen, das allgemein als Missstand wahrgenommen wird, so *sind* die betroffenen Parteien schutzbedürftig. In diesem Fall ist nicht das Verhalten der Klauselgegner, sondern der Maßstab zu hinterfragen, der an ein zumutbares Verhalten angelegt wird und auf dessen Grund-

---

543 Vgl. hierzu eingehend *Hellwege*, AGB und Rechtsgeschäftslehre (2010), S. 138ff., 287ff.; *Pohlhausen*, AGB im 19. Jh. (1978), S. 47ff., 164ff. sowie oben S. 335ff., 341ff.

544 Zum *Reglementstreit* und den Bemühungen der rheinischen Gerichte um eine effektive Inhaltskontrolle der Betriebsreglements etwa der Eisenbahngesellschaften oben S. 336ff.

545 Vgl. nur die Diskussionen zum *Dresdner Entwurf* eines Allgemeinen Deutschen Gesetzes über Schuldverhältnisse, vgl. Protokolle Dresdner Entwurf (1866), S. 4568f. sowie oben S. 529f.

546 Exemplarisch hierfür sind die teilweise heftigen Reaktionen des Schrifttums jener Zeit, vgl. nur *Dernburg*, Bürgerliches Recht, Bd. II/1 (3. Aufl. 1906), S. 183; *Schneider*, AcP 85 (1896), 295, 302f.; *Jastrow*, Gutachten (1892), S. 265, 284; PreußVersZ (1) 1867, 153, 153 sowie später *Nipperdey*, Kontrahierungszwang (1970), S. 3; *Hedemann*, Das bürgerliche Recht und die neue Zeit (1919), S. 13; *Pappenheim*, FS Cohn (1915), S. 289, 295f.; Staudinger/*Weber*, (11. Aufl. 1967), Einl. Rn. 43. Hierauf hinweisend *Hellwege*, AGB und Rechtsgeschäftslehre (2010), S. 297, 144f., 155f., 170f., 305. Ähnlich auch die Rechtsprechung, vgl. nur LG München, Urteil v. 13. 1. 1911, SeuffBl. (76) 1911, 217, 218f. Hierauf hinweisend *Hellwege*, AGB und Rechtsgeschäftslehre (2010), S. 294. Hierzu eingehend oben S. 529f., 577ff.

lage sich erst entscheiden kann, ob etwa ein Verzicht auf die Kenntnis der AGB als Nachlässigkeit oder Leichtsinn zu qualifizieren ist oder nicht.

Im Ergebnis bleibt damit festzuhalten, dass bereits die mit der Verlagerung der vertraglichen Risiken zulasten des Verwendungsgegners einhergehende Benachteiligung als Massenphänomen zur Rechtfertigung der Inhaltskontrolle herangezogen werden kann. Tragende Schutzgründe sind dabei die *Leichtigkeit des Rechtsverkehrs* sowie die *Integrität der Privatrechtsordnung.* Festzuhalten ist weiterhin, dass die Rechtsordnung zur Bewahrung ihrer Integrität und zum Schutz der Leichtigkeit des Rechtsverkehrs notwendig auf entsprechende Missstände reagieren muss, die ihre Ursache in einer massenhaften Benachteiligung des Verwendungsgegners infolge verbreiteter Infragestellung des vom dispositiven Recht getroffenen vertraglichen Interessenausgleichs finden. Beide Feststellungen haben erhebliche Bedeutung für die Frage, ob dem Verwendungsgegner tatsächlich der Vorwurf der Nachlässigkeit bzw. des Leichtsinns gemacht werden kann oder ob er nicht vielmehr auf den Schutz der Rechtsordnung *vertrauen* darf.[547] Diesem Aspekt gilt es nun näher nachzugehen.

(i) Überindividuelle Schutzgründe und das Absatzinteresse des Verwenders als Vertrauenstatbestand

Die der Beeinträchtigung der Vertragsgestaltungsfreiheit des Verwendungsgegners zugrunde liegende Informationsasymmetrie zwischen den Parteien hat, wie sich im Gang der bisherigen Überlegungen gezeigt hat, ganz unterschiedliche Ursachen. Wird überwiegend auf den unzumutbar hohen *Aufwand* der Kenntnisnahme von AGB und die damit verbundene negative *Transaktionskosten-Vertragswert-Relation* verwiesen[548], so beruht die *legitime Ignoranz*[549] des Klauselgegners häufig aber auch auf *Rationalitätsbegrenzungen*, etwa der *abschreckenden Wirkung* von AGB (hohe Komplexität, „Sog des vorformulierten Gedankens“[550], „Seriositätsschein des allgemein Üblichen und Geübten“[551]) sowie der *Aussichtslosigkeit von Verhandlungen* aufgrund *fehlender Abänderungsbereitschaft* des Verwenders.[552] Daneben ist indes auch eine erstaunlich verbreitete *Fokussierung*

---

[547] Zum „berechtigte[n] Grundvertrauen“, indes aufgrund von Reputationseffekten, näher *Becker*, JZ 2010, 1098, 1103.

[548] So etwa MünchKomm/*Basedow*, BGB (7. Aufl. 2016), Vor § 305 – § 310. Rn. 4 f.; *Leuschner*, JZ 2010, 875, 879 ff.; *Habersack*, Vertragsfreiheit und Drittinteressen (1992), S. 106 ff. Hierzu eingehend oben S. 541 ff.

[549] *Miethaner*, AGB-Kontrolle (2010), S. 63 ff. Ähnlich auch *Eidenmüller*, JZ 2005, 216, 222 (rationale Ignoranz).

[550] *Wiedemann*, FS Kummer (1980), S. 175, 175. Vgl. hierzu auch eingehend oben S. 508 sowie dort Fn. 128 mwN.

[551] *Lindacher*, BB 1972, 296, 297. Ebenso *Miethaner*, AGB-Kontrolle (2010), S. 79; *Axer*, AGB-Kontrolle (2012), S. 73 Fn. 281; *Wellenhofer-Klein*, ZIP 1997, 774, 778; *Fastrich*, Inhaltskontrolle (1992), S. 103; *Wiedemann*, FS Kummer (1980), S. 175, 180 Fn. 23. Vgl. hierzu auch eingehend oben S. 509 sowie dort Fn. 129 mwN.

[552] Vgl. hierzu oben S. 514 ff., 557 f. sowie unten S. 592 ff., 596 ff., 669, 671 ff., 682 f.

auf Preis und Qualität als Inhalt der Hauptleistungspflichten[553] und eine damit verbundene *Verdrängung der AGB-Problematik* feststellbar, die durch das *Erfahrungswissen* fehlender *persönlicher Betroffenheit*, die geringe *Eintrittswahrscheinlichkeit* von Leistungsstörungen, die *Hoffnung* auf den reibungslosen *Ablauf des Geschäftes* sowie die *Kulanz* des Verwenders gefördert wird.

Eben diese Hoffnung darauf, dass „schon alles gut gehen werde“[554], bildet offensichtlich den Anknüpfungspunkt der Kritik an der „Nachlässigkeit“[555], „Gleichgültigkeit“[556], dem „Leichtsinn“[557] der Marktteilnehmer. Diese Einschätzung steht freilich im Widerspruch zu der gleichzeitigen Anerkennung einer „legitimen Ignoranz“[558] des Klauselgegners. Kann ein und dieselbe Handlung nicht *legitim* und *nachlässig* zugleich sein, so weist die Kritik in Wirklichkeit weniger auf den Verzicht auf die Kenntnisnahme infolge unzumutbar hohen Aufwands als auf ein offensichtlich verbreitetes blindes Vertrauen, ein Ausblenden der mit der Verwendung von AGB verbundenen Risiken, auf eben jene Hoffnung, es werde schon alles gut gehen, die in der Fokussierung der Parteien auf Preis und Qualität

---

553 Vgl. hierzu oben S. 577ff. sowie aus dem umfangreichen Schrifftum *Axer*, AGB-Kontrolle (2012), S. 57; MünchKomm/*Basedow*, BGB (7. Aufl. 2016), Vor § 305 – § 310 Rn. 6 sowie aus der Rechtsprechung BGH NJW-RR 2008, 818, 820 (Verbrauchserfassungsgerätevertrag). Für weitere Nachweise vgl. oben S. 548 Fn. 318.

554 Vgl. nur *Jastrow*, Gutachten (1892), S. 265, 284: „und wenn ihm wirklich eine Bestimmung unbillig scheint, dann denkt er: ‚zu solchem Falle kommt es ja nicht!‘ und der andere Theil bestärkt ihn in dieser Auffassung ….“ Hierauf hinweisend *Hellwege*, AGB und Rechtsgeschäftslehre (2010), S. 156. Vgl. auch oben S. 555.

555 *Miethaner*, AGB-Kontrolle (2010), S. 64f., 79; *Wackerbarth*, AcP 200 (2000), 45, 83; *Fastrich*, Inhaltskontrolle (1992), S. 85, 89. Vgl. hierzu auch Staudinger/*Wendland*, BGB (2019), § 307 Rn. 6 mit Verweis auf BGH BB 1984, 941, 942; BGH ZIP 1997, 282, 285 sowie OLG Köln NJW 1983, 1002, 1003. Zur Bedeutung der *Verantwortung* in der Rechtsgeschäftslehre *Wolf*, Entscheidungsfreiheit (1970), S. 76 mwN.

556 *Becker*, AGB und Individualvereinbarung (2011), S. 71; *Pres*, Inhaltskontrolle (2005), S. 60; *Wackerbarth*, AcP 200 (2000), 45, 83; Soergel/*Wolf*, (13. Aufl. 1999), Vor § 145 Rn. 20; *Fastrich*, Inhaltskontrolle (1992), S. 85; *Habersack*, Vertragsfreiheit und Drittinteressen (1992), S. 108; *Hönn*, Vertragsparität (1982), S. 150; *Kötz*, Gutachten (1974), S. A 9, S. A 31. So auch schon *Raiser*, Das Recht der AGB (1961), S. 19, 283. Kritisch gegenüber dem Vorwurf der *Gleichgültigkeit Wolf*, Entscheidungsfreiheit (1970), S. 16: „Wenn sich die Vertragspartner gleichwohl gegenüber den Allgemeinen Geschäftsbedingungen nicht zur Wehr setzen, so beruht dies nicht nur auf Gleichgültigkeit und geschäftlicher Ungewandtheit oder der Sorge, durch eine Ablehnung unangenehm aufzufallen.“ Zu den Folgen der „Gleichgültigkeit“ bzw. Unkenntnis auf die Reichweite der Einbeziehung von AGB näher *Bydlinski*, FS Kastner (1972), S. 45, 59: „Es kann dem Erklärenden nur in Grenzen gleichgültig sein, was er genau erklärt; daß er schlechthin alles Erdenkliche billigen und in Kraft setzen will, kann niemand annehmen. Unübliche und unzumutbare Klauseln, mit deren Vorhandensein nicht gerechnet zu werden braucht, werden daher … von der globalen Unterwerfungserklärung nicht erfaßt …“

557 So *Fastrich*, Inhaltskontrolle (1992), S. 89. Ebenso *Pres*, Inhaltskontrolle (2005), S. 100 Fn. 203; *Fastrich*, RdA 1997, 65, 69; *Singer*, Selbstbestimmung (1995), S. 41; So bereits *Raiser*, Das Recht der AGB (1961), S. 278; *v. Gierke*, Soziale Aufgabe (1889), S. 24.

558 So *Miethaner*, AGB-Kontrolle (2010), S. 63ff. Ähnlich *Eidenmüller*, JZ 2005, 216, 222 (rationale Ignoranz).

und dem damit verbundenen Versagen des Konditionenwettbewerbs einen greifbaren Ausdruck gefunden hat.

Ist die Unterwerfung unter AGB als Reaktion auf eine Situation der *Ausweglosigkeit* noch verständlich, so mag das mehr oder weniger vollständige *Ausblenden* der AGB-Problematik im Rahmen der Vertragsschlusssituation als kaum mehr verantwortbar erscheinen. Besteht im ersten Fall weitgehend Einigkeit darüber, dass der Klauselgegner aufgrund der Überforderung seiner Selbstvorsorge des Schutzes durch richterliche Inhaltskontrolle bedarf, so kann davon bei einem bewussten Ausblenden der AGB-Problematik *prima facie* nicht mehr ohne weiteres ausgegangen werden. Allerdings ist ein vorschnelles Versagen eines Schutzbedürfnisses der Marktteilnehmer mit Verweis auf ihre augenfällige Sorglosigkeit problematisch, weil es sich hier gerade nicht um Einzelfälle, sondern um ein Massenphänomen handelt. *Fastrich* hatte in diesem Fall die Notwendigkeit einer Inhaltskontrolle bejaht, jedoch der Sache nach mit dem Schutz der Leichtigkeit des Rechtsverkehrs und mit der Integrität der Privatrechtsordnung begründet. Trotz des Leichtsinns und der Nachlässigkeit der Marktteilnehmer sei daher zur Abwendung gravierender Missstände eine Inhaltskontrolle geboten.

Dies ist aus der Perspektive eines *überindividuellen* Schutzkonzeptes zweifellos richtig. Wie wäre aber die Situation zu beurteilen, wenn sich das Verhalten der Marktteilnehmer gerade nicht als leichtsinnig, sondern vielmehr als *rational* und *sorgfaltsgerecht* erweist?[559] Ist den Teilnehmern am Rechtsverkehr das Recht zuzugestehen, die mit der Verwendung von AGB verbundenen vertraglichen Risiken bei ihrer Entscheidung zu einem Vertragsschluss weitgehend auszublenden, oder ist von ihnen vielmehr zu verlangen, sich bei jedem der Rechtsgeschäfte zumindest ansatzweise mit der AGB-Problematik auseinanderzusetzen? Die Tatsache, dass der Rechtsverkehr ebendies in weitem Umfang nicht tut, vermag zwar keine tragfähige Legitimierung für Sorgfaltspflichtverstöße zu liefern. Sie sollte jedoch Anlass geben, die Annahme einer vorwerfbaren Leichtfertigkeit kritisch zu hinterfragen und den Ursachen eines entsprechenden Verhaltens näher auf den Grund zu gehen.[560] Diese werden deutlich, wenn die *Interessen* der Marktteilnehmer in den Blick genommen werden.

So hat der Rechtsverkehr zunächst ein primäres Interesse an der *reibungslosen Abwicklung* der für den wirtschaftlichen Güteraustausch notwendigen Rechtsgeschäfte.[561] Dazu gehört nicht nur die effektive Durchführung des *Leistungsaustauschs* oder die Behebung von Leistungsstörungen, sondern vor allem auch die Reduzierung der rechtlichen *Transaktionskosten* im Vorfeld des Vertragsschlus-

---

[559] Dies ist die Konsequenz aus der durch *Überforderung der Selbstvorsorge* ausgelösten *situativen Unterlegenheit* des Klauselgegners, vgl. nur oben S. 508 ff., 541 ff., 569 ff. sowie unten S. 592 ff., 667 ff., 676 ff., 681 ff. mwN.

[560] Hierzu *Fastrich*, Inhaltskontrolle (1992), S. 89.

[561] Vgl. nur *Stoffels*, AGB-Recht (3. Aufl. 2015), Rn. 312, 552; Soergel/*Wolf*, (13. Aufl. 1999), Vor § 145 Rn. 20; *Wolf*, Entscheidungsfreiheit (1970), S. 29; *Bydlinski*, Privatautonomie (1967), S. 92.

ses.[562] Den Marktteilnehmern geht es damit vor allem um einen effektiven Güteraustausch, der im unternehmerischen Geschäftsverkehr der Erhaltung der wirtschaftlichen Existenzgrundlage, im b2c-Bereich regelmäßig der Befriedigung essenzieller Grundbedürfnisse dient. Mit komplexen Klauselwerken will sich der Klauselgegner dabei gerade nicht beschäftigen. Zwar hat er selbstverständlich ein Interesse an einem angemessenen Ausgleich der gegenseitigen Interessen und vertraglichen Risiken.[563]

Dieses Interesse ist jedoch ausschließlich instrumenteller Natur und tritt gegenüber dem eigentlichen Hauptzweck, dem wirtschaftlichen Güteraustausch, weitgehend in den Hintergrund. Nun mag dies grundsätzlich für alle Rechtsgeschäfte gelten, die kaum um ihrer selbst willen abgeschlossen werden, sondern lediglich als rechtliches Instrument der Gewährleistung eines wirtschaftlichen Austausches dienen. Allerdings ergibt sich im Hinblick auf AGB eine Sondersituation, die sich vom Grundmodell des Vertrages, so wie es dem bürgerlichen Recht allgemein zugrunde liegt, deutlich entfernt hat.[564]

Sind die vertraglichen Risiken beim Individualvertrag aufgrund des Abschleifens der gegenseitigen Interessen jedenfalls im Modellfall regelmäßig annährend gleichmäßig verteilt – wovon *Schmidt-Rimplers Theorie der Richtigkeitsgewähr des Vertragsmechanismus* grundsätzlich ausgeht[565] – und von ihrem Umfang her für beide Parteien beherrschbar, so ist dies bei AGB aufgrund ihrer Komplexität[566] und der ihnen eigenen *Risikoverlagerung*[567] zulasten des Verwendungsgegners typischerweise gerade nicht der Fall. Der für ihre Kenntnisnahme erforderliche Aufwand führt zu einer dramatischen Erhöhung der Transaktionskosten und drängt damit rechtliche Probleme in den Vordergrund, die für die Marktteilnehmer eigentlich in diesem Umfang nicht relevant sind.[568] Die sich daraus ergebende Transaktionskostenasymmetrie bildet bekanntlich die Grundlage der situativen Unterlegenheit des Verwendungsgegners.[569]

---

562 Zur transaktionskostensenkenden Wirkung von AGB *Leuschner*, AcP 207 (2007), 491, 503f.; Begründung des RegE zum AGBG, BT-Drucks. 7/3919, S. 9; *Kliege*, Rechtsprobleme der AGB (1966), S. 17f. sowie zur *Rationalisierungsfunktion* von AGB oben S. 293ff.

563 Hierin liegt neben dem Aspekt der *Selbstbestimmung* regelmäßig der *Zweck* des Vertrages, vgl. oben S. 453ff.

564 Zur Abweichung des Vertragsschlusses unter AGB vom klassischen Vertragsmodell des BGB vgl. oben S. 557f. sowie unten S. 650, 702, 705f.

565 Zur Theorie der Richtigkeitsgewähr vgl. eingehend *Schmidt-Rimpler*, FS Raiser (1974), S. 3, 5ff.; *Schmidt-Rimpler*, AcP 147 (1941), 130, 149ff., 156ff.

566 Zur Wirkung des Komplexitätsphänomens von AGB auf den Verwendungsgegner vgl. eingehend oben S. 508ff., zu seiner tatbestandlichen Erfassung vgl. unten S. 667ff.

567 Zur *Risikoverlagerungstendenz* vgl. *Ulmer/Habersack*, in: *Ulmer/Brandner/Hensen*, AGB-Recht (12. Aufl. 2016), Einl. Rn. 5; *Pfeiffer*, in: Wolf/Lindacher/Pfeiffer, AGB-Recht (6. Aufl. 2013), Einl. Rn. 3; *Stoffels*, AGB-Recht (3. Aufl. 2015), Rn. 72ff. sowie eingehend oben S. 297ff. mwN.

568 Vgl. hierfür nur oben S. 511ff., 541ff., 569ff. sowie unten S. 668, 677ff., 681f.

569 Eingehend hierzu oben S. 511ff., 541ff., 569ff. mwN.

Sie hat aber – und darauf kommt es im vorliegenden Fall entscheidend an – noch eine weitere Konsequenz. Ist der Rechtsverkehr an einer in ihrem Ausmaß unverhältnismäßigen Auseinandersetzung mit den für ihn lediglich *instrumentell* bedeutsamen Klauseln regelmäßig nicht interessiert, wird er jedoch durch die Konfrontation mit AGB dazu gezwungen, sich mit ihnen eingehend auseinanderzusetzen, so ist die damit einhergehende Beeinträchtigung der *Leichtigkeit des Rechtsverkehrs*[570] derart offenkundig, dass die Marktteilnehmer offensichtlich jedenfalls intuitiv darauf vertrauen, dass ein Verzicht auf diesen Aufwand und eine Konzentration auf den Güteraustausch als eigentliches, dem Rechtsgeschäft zugrunde liegendes Motiv ohne größere nachteilige Folgen möglich sein muss.

Mit anderen Worten: Der Rechtsverkehr, der aus der Position des Klauselgegners mit der AGB-Problematik eigentlich nichts zu tun haben will und für den sich eine inhaltliche Auseinandersetzung mit komplexen Klauselwerken wirtschaftlich nicht lohnt, will sich eine damit verbundene Erhöhung der Transaktionskosten nicht aufzwingen lassen und verweigert sich ihr offenkundig in erheblichem Umfang. Und er tut dies offenbar in dem *Vertrauen* darauf, dass die Rechtsordnung in Anerkennung dieses Schutzbedürfnisses zur Gewährleistung der Funktionsfähigkeit und Leichtigkeit des Rechtsverkehrs eine massenweise Benachteiligung der Marktteilnehmer nicht zulassen wird. Denn die wirtschaftlichen, rechtlichen, politischen und gesellschaftlichen Folgen verbreiteter Missstände wären derart gravierend und würden so offenkundig gegen elementare Grundsätze der Vertragsgerechtigkeit verstoßen, dass die Rechtsordnung gezwungen wäre, zum Schutz der Markteilnehmer einzugreifen.[571]

Die AGB-Verwendung verändert daher den an das Verhalten der Verwendungsgegner anzulegenden Sorgfaltsmaßstab.[572] Wäre es unter den gewöhnli-

---

570 Zum Schutz der Leichtigkeit des Rechtsverkehrs als überindividuellen Schutzgrund vgl. *Fuchs*, in: *Ulmer/Brandner/Hensen*, AGB-Recht (12. Aufl. 2016), Vor § 307 Rn. 29 Fn. 95; *Fastrich*, Inhaltskontrolle (1992), S. 91, 93; *Raiser*, Das Recht der AGB (1961), S. 97 sowie eingehend unten S. 619 ff.

571 Dem entspricht die Motivation des Gesetzgebers des AGBG, der darauf hingewiesen hat, dass „eine solche Entwicklung ... der *soziale Rechtsstaat* nicht tatenlos hinnehmen" kann. RegE zum AGBG, BT-Drucks. 7/3919, S. 9.

572 Dies ist mit Blick auf die „rationale Ignoranz" des Verwendungsgegners – Eidenmüller, JZ 2005, 216, 222 – in Schrifttum und Rechtsprechung allgemein anerkannt, wenngleich zur Begründung unterschiedliche Erklärungsansätze herangezogen werden, vgl. nur *Axer*, AGB-Kontrolle (2012), S. 48 ff., 59 ff., 78 f.; MünchKomm/*Basedow*, BGB (7. Aufl. 2016), Vor § 305 – § 310. Rn. 5; *Oetker*, AcP 212 (2012), 202, 217 ff.; *Becker*, AGB und Individualvereinbarung (2011), S. 69 ff.; *Leuschner*, JZ 2010, 875, 879 f.; *Miethaner*, AGB-Kontrolle (2010), S. 63 ff.; *Leuschner*, AcP 207 (2007), 491, 495 f.; *Kötz*, JuS 2003, 209, 211 f.; *Wackerbarth*, AcP 200 (2000), 45, 63 ff., 70 f.; *Bunte*, FS Schimansky (1999), S. 19, 25 ff.; *Drexl*, Selbstbestimmung (1998), S. 329 ff.; *Fastrich*, Inhaltskontrolle (1992), S. 79 ff., 81 ff.; *Habersack*, Vertragsfreiheit und Drittinteressen (1992), S. 106 ff.; *Koller*, FS Steindorff (1990), S. 667, 668 ff.; *Adams*, BB 1989, 781, 782 ff.; *Köndgen*, NJW 1989, 943, 946 ff.; *Kötz*, Gutachten (1974), S. A 9, S. A 33 ff. Vgl. aus der Rechtsprechung nur BGH NJW 2010, 1277, 1278; BGH NJW 2010, 1131, 1132; BGH NJW 1997, 2043, 2044 sowie BVerfG NJW 2011, 1339, 1341 (Preisanpassungsklausel);

chen Umständen eines Individualvertrages bei abstrakter Betrachtung in der Tat unverantwortlich, gleichsam blind Vereinbarungen in Unkenntnis ihres Inhalts zu unterzeichnen, weil sich daraus erhebliche Verpflichtungen und vertragliche Risiken ergeben können, so ist dies im Hinblick auf AGB gerade nicht der Fall. Wer etwa einen Mobilfunkvertrag unterzeichnet läuft regelmäßig nicht Gefahr, dass ihm etwa ein abstraktes Schuldanerkenntnis in Höhe von 10 Millionen Euro untergeschoben wird. Denn das Ergebnis wäre so absurd, dass es vor der Rechtsordnung kaum Bestand haben dürfte. Die vertraglichen Risiken, die der Rechtsverkehr durch den nur scheinbar sorglosen Umgang mit AGB eingeht, sind daher in Wirklichkeit begrenzt. Sie sind begrenzt, weil die Rechtsordnung, wie *Fastrich* überzeugend gezeigt hat[573], gar nicht anders kann, als im Fall gravierender Missstände korrigierend einzugreifen.

Die Richtigkeit dieser Annahme belegt der *rechtsgeschichtliche* Befund, der als Reaktion auf verbreitet wahrgenommene *Missstände* zunächst die *wissenschaftliche Bestandsaufnahme* und *Analyse*, sodann das *korrigierende Eingreifen* von *Rechtsprechung* und *Gesetzgebung* aufgezeigt hat. Der Rechtsverkehr darf sich daher im *berechtigten Vertrauen,* dass der wirtschaftlich notwendige Güteraustausch ohne Eingehen massiver vertraglicher Risiken möglich bleiben muss, zu Recht auf den Inhalt der Hauptleistungspflichten als den tatsächlich wettbewerbsrelevanten Faktoren konzentrieren, ohne sich bei Vertragsschluss mit einer vertieften Auseinandersetzung mit der AGB-Problematik belasten zu müssen. Freilich kann dieser Schlussfolgerung der Einwand entgegengehalten werden, dass sein Vertrauen auf die Reaktion der Rechtsordnung dem Einzelnen kaum etwas nützen wird, weil diese nicht auf Einzelfälle, sondern lediglich auf Missstände mit größerer Tragweite und auch hier nur mit erheblicher zeitlicher Verzögerung und keinesfalls rückwirkend zu reagieren vermag. Entsprechende Hilfe käme daher regelmäßig zu spät. Mag man diesen Bedenken zunächst mit dem Verweis auf eine mögliche Abhilfe durch die *Rechtsprechung* im Wege einer ein Mindestmaß an Einzelfallgerechtigkeit gewährleistenden Auslegung begegnen, so liegt angesichts des Befundes der Rechtspraxis gleichwohl die Annahme nahe, dass das Vertrauen auf den Schutz durch die Rechtsordnung nicht die einzige Ursache der scheinbaren Sorglosigkeit des Marktes ist.

Das berechtigte Vertrauen der Parteien wird darüber hinaus nämlich auch durch die Tatsache getragen, dass nicht nur der Verwendungsgegner, sondern auch der Verwender selbst primär an einem reibungslosen Güteraustausch und nicht an einer unangemessenen Benachteiligung seines Vertragspartners interessiert ist. Denn ungeachtet möglicher Reputationseffekte[574] wird bereits aus

---

BVerfG NJW 2007, 286, 287 (Arbeit auf Abruf); BVerfG NJW 2005, 1036, 1037 (Zahnarzthonorar). *Berger*, ZIP 2006, 2149, 2149.

[573] *Fastrich*, RdA 1997, 65, 89f.

[574] Zur mangelnden *Effektivität* von *Reputationseffekten* als Mittel zur Kompensation des Versagens des *Konditionenwettbewerbs* eingehend oben S. 546ff. sowie *Axer*, AGB-

wirtschaftlicher Perspektive kein Unternehmen auf Dauer bestehen können, dass nicht den Handel mit entsprechenden Produkten, sondern den zweifelhaften und ökonomisch begrenzten „Vorteil" aus einer Benachteiligung ihrer Vertragspartner zur Geschäftsgrundlage gemacht hat.

AGB dienen daher auch dem Verwender lediglich zur Absicherung möglicher vertraglicher Risiken, die er freilich in weitem Umfang oder vollständig auf seine Vertragspartner verlagert, die sich hiergegen kaum zu wehren vermögen.[575] Jedoch werden derartige Risiken aufgrund der geringen Eintrittswahrscheinlichkeit von Schadensfällen[576] sowie dem häufig anzutreffenden, umsatzfördernden Interesse des Verwenders an kulanten Regelungen[577] für den einzelnen Marktteilnehmer in der Praxis nur selten relevant. Er darf daher in zweifacher Weise auf eine glatte Abwicklung des Rechtsgeschäfts vertrauen, ohne dass ihm der Vorwurf sorgfaltswidrigen Verhaltens entgegengehalten werden kann. Wer einen Mobilfunkvertrag abschließt, ohne die mit ihm verbundenen umfangreichen und komplexen Vertragsbedingungen zu studieren, mag zwar damit rechnen, dass das Mobilfunkunternehmen versuchen wird, eine Reihe vertraglicher Risiken auf den Kunden abzuwälzen.

Er handelt jedoch schon aufgrund der allgemeinen *Üblichkeit* derartiger Bedingungen – auch wenn er das geltende AGB-Recht und seine Vorläufer hinwegdenkt – insoweit in dem *berechtigten Vertrauen*, dass er mit der Unterschrift unter den Vertrag nicht zugleich seine vollständige Rechtlosstellung besiegelt. Auch wenn dieser Aspekt freilich nicht alle Fälle der Unterwerfung des Verwendungsgegners unter ihn benachteiligende AGB zu erklären vermag und etwa auf Fälle massiver Ausbeutung etwa im Mietrecht des späten 19. Jh. kaum anwendbar sein

---

Kontrolle (2012), S. 75 ff.; *Becker*, AGB und Individualvereinbarung (2011), S. 91 ff., 106 ff.; *Leyens/Schäfer*, AcP 210 (2010), 771, 784 f.; *Miethaner*, AGB-Kontrolle (2010), S. 74. Optimistisch dagegen *Bebchuk/Posner*, 104 Mich. L. Rev. 827, 830 (2006); *Adams*, BB 1989, 781, 785 ff.

575 Zur *Risikoverlagerungstendenz* von AGB vgl. nur *Ulmer/Habersack*, in: *Ulmer/Brandner/Hensen*, AGB-Recht (12. Aufl. 2016), Einl. Rn. 5; *Pfeiffer*, in: Wolf/Lindacher/Pfeiffer, AGB-Recht (6. Aufl. 2013), Einl. Rn. 3; *Grünberger*, Jura 2009, 249, 249; *Stoffels*, AGB-Recht (3. Aufl. 2015), Rn. 72 ff.; *Kötz*, Gutachten (1974), S. A 9, A 25 f.; *Raiser*, Das Recht der AGB (1961), S. 21 f. sowie eingehend oben S. 297 ff. mwN.

576 *Becker*, AGB und Individualvereinbarung (2011), S. 74, 76, 99, 104; *Hellwege*, AGB und Rechtsgeschäftslehre (2010), S. 156, 562; *Adams*, BB 1989, 781, 784; *Jastrow*, Gutachten (1892), S. 265, 284.

577 Der Gedanke der *Kulanz* steht im Mittelpunkt der Überlegungen von *Bebchuk/Posner*, 104 Mich. L. Rev. 827, 830 ff. (2006), die darauf hinweisen, dass extreme Klauseln nur „auf dem Papier" stünden, die Kunden jedoch damit rechnen und rechnen dürfen, dass sie in der Praxis nicht durchgesetzt werden. Ähnlich schon *Schneider*, AcP 85 (1896), 295, 302 f.: „Sie schließen außerdem in der Hoffnung ab, ein Verwirkungsfall werde bei gutem Willen ihrerseits doch wohl nicht eintreten oder von der Anstalt gegen sie nicht geltend gemacht werden, – was in manchen Fällen dann ja auch thatsächlich aus Anstandsgefühl oder infolge der durch den Wettbewerb beflügelten Kulanz unterbleibt." Hierauf hinweisend *Hellwege*, AGB und Rechtsgeschäftslehre (2010), S. 155.

wird[578], so vermag er doch gerade jene Fallgruppen zu erklären, in denen sich die Marktteilnehmer den AGB nicht notgedrungen unterwerfen, sondern diese in scheinbarer Sorglosigkeit als für den konkreten Vertragsschluss unerheblich weitgehend ausblenden.

(j) Der Gedanke gegenseitiger „Risikosphären“ und der „Gefährdungshaftung“

In diesem Zusammenhang kommt ein weiterer Begründungsansatz der Inhaltskontrolle zum Tragen, der hier indes nicht an das Verhalten des Verwendungsgegners, sondern an jenes des Verwenders anknüpft. Es ist der Gedanke der *Zurechnung von Risikosphären* und der *Gefährdungshaftung*, der mit Blick auf die diskutierten überindividuellen Schutzgründe der *Leichtigkeit des Rechtsverkehrs*[579] und der *Integrität der Privatrechtsordnung*[580] im Kontext der Inhaltskontrolle von AGB nun eine neue, aktuelle Bedeutung erlangt.[581]

Hatte *Fastrich* eine Inhaltskontrolle von AGB unter anderem mit der Erwägung begründet, dass das Stellen von AGB regelmäßig mit einer einseitigen Inanspruchnahme der Vertragsfreiheit durch den Verwender verbunden sei[582] und „die Rechtsordnung es nicht auf Dauer hinnehmen [könne], daß dies zu gravierenden Mißständen führt, weil die Nachlässigkeit oder der Leichtsinn systematisch ausgenützt wird.“[583], so verweist er damit auf die „Ordnungsaufgabe des Privatrechts“[584] und der Sache nach auf einen typischen Tatbestand der „Gefahrenabwehr“: Durch das Stellen von AGB hat der Verwender eine Gefährdungslage geschaffen, die typischerweise zu einer Beschränkung der Vertragsgestaltungsfreiheit seiner Vertragspartner und somit zu einer einseitigen Risikoverlagerung zugunsten des Verwenders führt, die deutlich von dem im dispositiven Recht vorgesehenen Grundmuster des vertraglichen Interessenausgleichs abweicht. Diese einseitige Verlagerung der vertraglichen Chancen und Lasten führt auf der Ebene des Individualschutzes zu einer Gefährdung der Rechtspositionen des Klauselgegners und damit zu einer Beeinträchtigung der Vertragsgerechtigkeit.[585]

Auf der Ebene überindividueller Schutzgründe hat sie – wie *Fastrich* überzeugend nachgewiesen hat – eine Gefährdung der *Leichtigkeit des Rechtsverkehrs*

---

578 Hierzu näher *Hellwege*, AGB und Rechtsgeschäftslehre (2010), S. 185f.

579 Hierzu eingehend unten S. 619ff.

580 Hierzu eingehend unten S. 622ff., 647ff.

581 Vgl. hierzu auch *Habersack*, Vertragsfreiheit und Drittinteressen (1992), S. 108f. der insoweit ähnlich mit dem Gedanken der Zurechenbarkeit der Störung zulasten des Verwenders argumentiert.

582 *Fastrich*, Inhaltskontrolle (1992), S. 79.

583 *Fastrich*, Inhaltskontrolle (1992), S. 89.

584 Ebenda.

585 Vgl. hierzu nur oben S. 452ff. Zum *Versagen der Richtigkeitsgewähr* durch *situativ* bedingte Vertragsimparität eingehend oben S. 439, 458ff. sowie *Stoffels*, AGB-Recht (3. Aufl. 2015), Rn. 82; Staudinger/*Wendland*, BGB (2019), § 307 Rn. 5; *Fastrich*, Inhaltskontrolle (1992), S. 91; *Habersack*, Vertragsfreiheit und Drittinteressen (1992), S. 109; *Bydlinski*, FS Kastner (1972), S. 45, 59f.

und der *Integrität der Privatrechtsordnung* zur Folge.[586] Beide Gefährdungslagen bilden nicht zuletzt vor dem Hintergrund des verfassungsrechtlichen Schutzauftrags des Staates eine hinreichende Grundlage für eine richterliche Inhaltskontrolle als geeignetes Mittel zur Abwendung der mit dem Stellen von AGB verbundenen Gefahren.

Freilich ist sie wie jede Intervention der Rechtsordnung zum Schutz strukturell – d. h. wirtschaftlich oder situativ – schwächerer Parteien dem Einwand der Beschränkung der Privatautonomie des Verwenders ausgesetzt. Vermag dies schon im Ansatz aufgrund der offenkundigen Schutzbedürftigkeit des Klauselgegners regelmäßig kaum zu überzeugen, so kann dem Einwand der unzulässigen staatlichen Intervention nun das Argument der Zurechnung von *Risikosphären* sowie der *Gefährdungshaftung* entgegengehalten werden. Denn die Missstände, die ein Eingreifen der Rechtsordnung zum Schutz individueller und überindividueller Schutzgüter erforderlich machen, haben ihre Ursache ausschließlich im *Verhalten* des Verwenders, der diese Gefährdungen durch das Stellen von AGB, das Inverkehrbringen von zumeist komplexen und selbst für Experten nur schwer durchschaubaren, in jedem Fall aber nicht verhandelbaren Vertragsbedingungen letztlich selbst verursacht hat.

Die von AGB ausgehenden Gefahren – für den einzelnen Klauselgegner wie für den Rechtsverkehr und die Integrität der Rechtsordnung insgesamt – haben ihre Ursache daher in der *Sphäre des Verwenders*, dem die daraus erwachsenden Risiken und Gefährdungen deshalb auch zuzurechnen sind.[587] Darüber hinaus ist der Verwender auch Profiteur und Nutznießer der von ihm selbst geschaffenen Situation: Durch das Stellen von AGB ist er in der Lage, die Vertragsbedingungen seinen eigenen Interessen entsprechend zu gestalten und sie seinem Vertragspartner gleichsam zu diktieren, dem typischerweise nichts anderes übrig bleibt, als sich ihnen wohl oder übel zu unterwerfen. In einer derartigen, für den Verwender äußerst komfortablen Situation des *verdünnten Konsenses*[588] überhaupt noch von einem klassischen Vertrag zu sprechen, erscheint aufgrund der erheblichen Abweichung vom klassischen Vertragsmodell des BGB gewagt. Entsprechend findet die Inhaltskontrolle ihre Grundlage im Versagen der *Richtigkeitsgewähr* des Vertragsmechanismus und damit der Verfehlung des *Vertragszwecks*. Zwischen den Parteien besteht eine deutliche *Asymmetrie* im Hinblick auf die tat-

---

586 *Fastrich*, Inhaltskontrolle (1992), S. 91 f.

587 Ähnlich *Habersack*, Vertragsfreiheit und Drittinteressen (1992), S. 109: „Die dem Verwender *zurechenbare* Ursache der Störung des Vertragsgleichgewichts und dementsprechend die dem Kunden *unzumutbaren Aufwendungen* zur Wiederherstellung der Parität sind also die Gründe, die einer Verantwortung des Kunden für den Inhalt der AGB entgegenstehen und ein entsprechendes Schutzbedürfnis hinsichtlich der Gefahr des Mißbrauchs der einseitig vom Verwender in Anspruch genommenen Vertragsgestaltungsfreiheit begründen."

588 *Canaris*, AcP 200 (2000), 273, 321. Ähnlich *Bydlinski*, Privatautonomie (1967), S. 106, 123; *Raiser*, FS 100 Jahre DJT (1960), S. 101, 126 (verdünnte Freiheit). Vgl. hierzu näher oben S. 321, Fn. 234 mwN.

sächlichen Möglichkeiten der Ausübung der *Vertragsgestaltungsfreiheit*, die eine materielle Korrektur im Wege der Inhaltskontrolle nicht nur *rechtfertigt*, sondern angesichts der verfassungsrechtlichen Vorgaben auch *erforderlich* macht.[589]

Mit Blick auf die *Risikosphären* der Parteien ist es daher nur folgerichtig, wenn derjenige, der nahezu die gesamten Vorteile des Vertrages für sich selbst in Anspruch nimmt und damit erhebliche *Risiken* der Gefährdung der Rechtsgüter seines Vertragspartners schafft, zugleich auch die sich aus der damit erforderlichen Inhaltskontrolle ergebenden Folgen zu tragen hat – die sich im Übrigen auf nicht mehr und nicht weniger als die ohnehin nur begrenzt mögliche Angleichung der vertraglichen Risikoverteilung an das sonst geltende *dispositive Recht* beschränken.[590]

Wer die *Vertragsgestaltungsfreiheit* seines Vertragspartners faktisch auf Null reduziert[591], sie ihm damit letztlich gänzlich abspricht und durch ein seinen Vertragspartner einseitig belastendes Klauselwerk die Vertragsgerechtigkeit erheblich beeinträchtigt, so dass der Vertrag seine eigentliche *Funktion* als Mittel zum angemessenen *Interessenausgleich*[592] nicht mehr zu erfüllen vermag, wer mit anderen Worten das Versagen der *Richtigkeitsgewähr* des Vertrages und zugleich die Verfehlung des *Vertragszwecks zu verantworten* hat, dem muss es versagt bleiben, sich durch Ablehnung der Inhaltskontrolle einer Korrektur der von ihm verursachten Gefährdungen zu entziehen. Genießt er die aus der *Rationalisierungsfunktion*[593] von AGB fließenden Vorteile, so muss er sich auch die aus der *Risikoverlagerungstendenz*[594] resultierenden Gefährdungen zurechnen lassen und als notwendige Folge eine entsprechende Korrektur des kaum durch einen gemeinsamen Willen getragenen und damit legitimierten Klauselwerkes im Wege der Inhaltskontrolle in Kauf nehmen. Die richterliche Inhaltskontrolle von AGB ist damit – bezogen auf das Verhalten des Verwenders – auf der Grundlage eines vertragstheoretischen Legitimationsmodells mit dem Gedanken der *Zurechnung von Risikosphären* und der *Gefährdungshaftung* begründbar.

---

[589] So im Ergebnis auch BVerfG NJW 2005, 1036, 1037 (Zahnarzthonorar). Vgl. hierzu eingehend oben S. 390 f.

[590] Zum Gerechtigkeitsgehalt des *dispositiven Rechts* eingehend oben S. 502 ff.

[591] Vgl. nur oben S. 568 ff.

[592] Hierzu oben S. 452 ff.

[593] Hierzu oben S. 293 f. mwN. sowie *Ulmer/Habersack*, in: *Ulmer/Brandner/Hensen*, AGB-Recht (12. Aufl. 2016), Einl. Rn. 5; *Pfeiffer*, in: Wolf/Lindacher/Pfeiffer, AGB-Recht (6. Aufl. 2013), Einl. Rn. 3; *Stoffels*, AGB-Recht (3. Aufl. 2015), Rn. 72 f.; *Leuschner*, AcP 207 (2007), 491, 503 ff.; *Adams*, BB 1989, 781, 787; *Adams*, in: Neumann (Hrsg.), Ansprüche, Eigentums- und Verfügungsrechte (1984), S. 655, 675; *Kliege*, Rechtsprobleme der AGB (1966), S. 17 f.; *Raiser*, Das Recht der AGB (1961), S. 21 f.

[594] Hierzu oben S. 297 ff. mwN. Zur *Risikoverlagerungstendenz* vgl. auch MünchKomm/*Basedow*, BGB (7. Aufl. 2016), Vor § 305 Rn. 3; Palandt/*Grüneberg*, BGB (77. Aufl. 2018), Überbl. v. § 305 Rn. 6; Soergel/*Stein*, (12. Aufl. 1991), Einl. AGBG Rn. 3 sowie *Kötz*, Gutachten (1974), S. A 9, A 26 ff.

bb) Verhandlungsimparität

Die situative Unterlegenheit des Verwendungsgegners beruht indes nicht allein auf einer *Informationsasymmetrie* zwischen den Parteien, sondern findet seine Ursache darüber hinaus in einer durch mangelnde Dispositionsbereitschaft des Verwenders bedingten *Vertragsimparität,* die ihre normative Verankerung im Merkmal des Stellens gem. § 305 Abs. 1 S. 1 BGB findet.[595] So hatte *Jastrow* schon 1892 bemerkt:

> „Der gewerbsmäßig handelnde Theil verwendet *alle seine Sorgfalt*, um Formulare herzustellen, die *einseitig seine Interessen begünstigen*. Diese Formulare hat er in Druckexemplaren vorräthig. *In anderer Weise schließt er nicht ab*, es sei denn, daß ihm ganz ausnahmsweise ein Gegencontrahent gegenübersteht, der *wirthschaftlich besonders werthvoll* ist und der zugleich über die *ausreichende Bildung* verfügt, um geeignete Gegenvorschläge zu machen. Im Uebrigen ist der Gegencontrahent dem Formular auf *Gnade oder Ungnade preisgegeben.*“[596]

Es ist daher nicht allein der mit dem Lesen und der rechtlichen Analyse der AGB verbundene und im Vergleich zum begrenzten Nutzen unverhältnismäßig hohe Aufwand, der dem Kunden keine andere Wahl lässt, als sich den Vertragsbedingungen des Verwenders zu unterwerfen. Vielmehr ist der Klauselgegner deshalb in einer ausweglosen Situation, weil sich der Verwender von vornherein nicht auf Verhandlungen oder eine Änderung der von ihm gestellten AGB einlässt. Aus diesem Grund vermochte auch der rechtsökonomische Begründungsansatz nicht zu überzeugen, weil er durch seine ausschließliche Fokussierung auf den Aspekt der Informationsasymmetrie und die Reduzierung der AGB-Problematik auf ein bloßes Transaktionskostenproblem den Aspekt der Verhandlungsverweigerung völlig ausblendet.[597] Damit kann er zwangsläufig die Erforderlichkeit der Inhaltskontrolle in jenen Fällen nicht erklären, in denen – wie etwa im Fall der Ein-Satz-AGB – eine Informationsasymmetrie gerade nicht besteht, der Verwendungsgegner aber aufgrund der mangelnden Abänderungsbereitschaft des Verwenders keine Möglichkeit hat, auf den Inhalt der AGB Einfluss zu nehmen.

Denn selbst wenn sich der Kunde die Mühe einer eingehenden Analyse der AGB auf sich nehmen würde, eine Informationsasymmetrie daher nicht besteht, wäre der betriebene Aufwand aufgrund der Verhandlungsverweigerung des Verwenders regelmäßig vergeblich.[598] Diese Fallkonstellationen – fehlende

---

[595] Zum Problemkomplex der *Verhandlungsimparität* vgl. auch oben S. 514 ff., 557 f. sowie unten S. 596 ff., 669, 671 ff., 682 f.

[596] *Jastrow*, Gutachten (1892), S. 265, 284. Hierauf hinweisend *Hellwege*, AGB und Rechtsgeschäftslehre (2010), S. 156. Hervorhebungen durch den Verfasser.

[597] Vgl. hierzu oben S. 557 f. Ebenso *Hellwege*, AGB und Rechtsgeschäftslehre (2010), S. 558 f.

[598] So auch *Hellwege*, AGB und Rechtsgeschäftslehre (2010), S. 558 f.: „Stellen wir uns als Referenz einen Markt vor, in dem die Vertragspartner die AGB der Anbieter kennen. Zu-

Informationsasymmetrie bei bestehender *Verhandlungsverweigerung* – ist gerade für den *unternehmerischen Geschäftsverkehr* typisch. So werden am Markt tätige kleinere oder mittelständische Unternehmen oder Zulieferer im Verhältnis zu einem Automobilhersteller die entsprechenden, für sie häufig ungünstigen Vertragsbedingungen und Haftungsausschlüsse in der Regel sehr wohl kennen und auch inhaltlich durchschauen. Gleichwohl müssen sie typischerweise entsprechende Bedingungen akzeptieren, weil sich der Verwender aufgrund seiner wirtschaftlichen Überlegenheit und Marktmacht auf eine Änderung der von ihm gestellten Bedingungen nicht einlässt. Auf den Inhalt der AGB-Klauseln haben die Verwendungsgegner daher trotz ihrer Kenntnis in der Regel keine reale Einflussmöglichkeit.[599]

Zu der Fallgruppe der nicht auf einer *Informationsasymmetrie*, sondern *ausschließlich* auf der *Verhandlungsverweigerung* des Verwenders beruhenden *situativen Unterlegenheit* des Verwendungsgegners gehören auch die bereits diskutierten Fälle der Ein-Satz-AGB, die *Garderobenmarken-*, *Fahrkarten-* und *Parkhausfälle*[600], in denen die Vertragsbedingungen äußerst kurz, einfach und verständlich gehalten sind und von denen der Verwendungsgegner – häufig aufgrund ihrer deutlich sichtbaren Anbringung – regelmäßig ohne weiteres Kenntnis erlangen kann.

Die Ursache für die fehlende Abänderungsbereitschaft des Verwenders liegt hier regelmäßig in seiner wirtschaftlichen Überlegenheit bzw. einer Monopolstellung: So kann etwa ein Nahverkehrsunternehmen, ein Parkhausbetreiber oder der Inhaber einer Garderobe – der seine Leistungen als Massengeschäft anbietet – deshalb auf seinen Vertragsbedingungen bestehen, weil er auf den konkreten Vertragsschluss mit dem einzelnen Kunden nicht angewiesen ist, während dieser – für den sich der entsprechende Vertrag gerade nicht als Massengeschäft darstellt – auf die angebotene Leistung nicht ohne weiteres verzichten kann.[601] Aufgrund der Mehrfachverwendungsabsicht im Hinblick auf die AGB besteht zwischen den Parteien angesichts ihres unterschiedlich starken Interesses am Abschluss des konkreten Vertrages ein Motivationsgefälle, das eine Verschiebung des Machtgleichgewichts zugunsten des Verwenders zur Folge hat.

---

dem ist es ihnen möglich, die durch die AGB verursachten Nachteile zu beziffern und dem Preis der Produkte hinzuzurechnen. Eine Informationsasymmetrie besteht nicht. Dennoch kann der Vertragspartner die AGB aufgrund seiner wirtschaftlichen Unterlegenheit nicht wegverhandeln."

[599] *Axer*, AGB-Kontrolle (2012), S. 81.

[600] Vgl. hierzu oben S. 432 ff., 514 ff; 563 ff. sowie unten S. 682 ff. Hierzu auch *Hellwege*, AGB und Rechtsgeschaftslehre (2010), S. 560, 583; RegE zum AGBG in BT-Drucks. 7/3919, S. 16. Vgl. auch knapp *Wolf/Neuner*, BGB AT (11. Aufl. 2016), S. 557; *Medicus/Petersen*, BGB AT (11. Aufl. 2016), Rn. 411.

[601] Plastisch *Canaris*, AcP 200 (2000), 273, 322: „... was soll z. B. der Benutzer eines Parkhauses, der bei der Einfahrt mit einer – unübersehbaren und unmißverständlichen – Haftungsbeschränkung konfrontiert wird, sinnvollerweise unternehmen, um sich gegen diese zur Wehr zu setzen?!"

Aber auch dann, wenn zwischen den Parteien eine Informationsasymmetrie besteht, ist der Verwender regelmäßig nicht zur Abänderung seiner Vertragsbedingungen bereit. Wird dies auch in diesen Fällen häufig auf seiner wirtschaftlichen Überlegenheit beruhen, so wirkt gerade im Fall komplexer und umfangreicher AGB die bestehende Informationsasymmetrie hemmend auf die Dispositionsbereitschaft des Verwenders ein. So wird sich der Verwender häufig schon deshalb nicht auf eine Verhandlung einlassen, weil er jedenfalls in der konkreten Abschlusssituation die komplexen Bedingungen selbst nicht im Einzelnen durchschaut.[602]

Das ist insbesondere dann der Fall, wenn er die AGB – was gerade bei komplexen AGB sowie im b2c- und b2b-Verkehr die Regel sein wird – nicht selbst verfasst, sondern den Entwurf an einen Rechtsanwalt oder Notar delegiert hat. Handelt es sich bei dem Verwender um ein Unternehmen, so wird der einzelne, mit dem Kunden befasste Mitarbeiter ohnehin nicht über ausreichende Kenntnisse der AGB verfügen und darüber hinaus regelmäßig auch nicht zu ihrer Abänderung befugt sein.[603] Für den Verwender, für den sich der Vertrag als Teil eines Massengeschäfts darstellt, ist der für eine Abänderung seiner AGB erforderliche zeitliche und finanzielle Aufwand – der typischerweise eine eingehende juristische Prüfung der damit verbundenen rechtlichen Risiken, die Zustimmung der entsprechenden Gremien und Organe sowie die Verhandlungen mit dem Kunden und die schriftliche Fixierung des Ergebnisses umfasst – prohibitiv hoch: Er steht in keinem angemessenen Verhältnis zu dem mit ihm verbundene Nutzen.

Insoweit ergibt sich für den Verwender eine ähnlich negative Transaktionskosten-Vertragswert-Relation wie für seinen Vertragspartner, weil er im Verhandlungsfall die an eine Mehrfachverwendung geknüpften Rationalisierungsvorteile seiner AGB[604] nur begrenzt – nämlich nur im Umfang seines tatsächlichen Wissensvorsprungs – für sich in Anspruch nehmen kann. Ein entsprechender Aufwand wird sich für den Verwender regelmäßig nur bei Geschäften mit hohem Ertragswert – etwa mit Unternehmenskunden oder im Rahmen von M&A-Transaktionen[605] – lohnen. Hier stellt sich die AGB-Verwendung für den Verwender in typischerweise nicht als Massengeschäft dar, so dass der durch Mehrfachverwendung bedingte Rationalisierungsvorteil entfällt und aufgrund annähernd gleicher

602 *Fastrich*, Inhaltskontrolle (1992), S. 85.

603 So auch *Miethaner*, AGB-Kontrolle (2010), S. 68 f.; *Stoffels*, AGB-Recht (3. Aufl. 2015), Rn. 273; *Fastrich*, Inhaltskontrolle (1992), S. 85; *Kötz*, Gutachten (1974), S. A 9, S. A 32.

604 Vgl. zum *Rationalisierungsvorteil* des Verwenders eingehend oben S. 293 ff., 554 f., 559 f. und unten S. 733 f., 676 ff.

605 Hierzu eingehend oben S. 323, 435 ff. sowie *Leuschner*, AcP 207 (2007), 491, 515 ff., 529; *Schiffer/Weichel*, BB 2011, 1283, 1283 ff.; *Habersack/Schürnbrand*, FS Canaris (2007), S. 359, 362 ff.; *Lischek/Mahnken*, ZIP 2007, 158, 158. Zu den Rechtsproblemen bei M&A-Transaktionen *Picot*, in: Picot (Hrsg.), Handbuch M&A (5. Aufl. 2012), S. 297; *Picot/Picot*, in: Picot (Hrsg.), Handbuch M&A (5. Aufl. 2012), S. 2 ff.

Transaktionskosten zwischen den Parteien auch keine Informationsasymmetrie besteht.

Die Qualifizierung der Vertragsbedingungen als AGB beruht dabei vor allem auf der strengen Rechtsprechung des BGH im Hinblick auf das Merkmal des *Aushandelns*[606], weshalb auch die Verwendung von in elektronischen Datenbanken gespeicherten Mustervertragstexten dem AGB-Recht unterfällt.[607] Darüber hinaus stellt sich für den Verwender das Problem der mangelnden *Kommerzialisierbarkeit* einzelner Klauseln, das sich bereits im Hinblick auf die Annahme einer rationalen Kosten-Nutzen-Rechnung als problematisch erwiesen hat. So wird der Verwender im Fall von Verhandlungen mit der Schwierigkeit konfrontiert, den konkreten Wert einer Klausel bestimmen zu müssen, um ihn bei einem entsprechenden Nachgeben bei der Bestimmung des Produktpreises berücksichtigen zu können.

Ähnliche Probleme ergeben sich aber auch auf der Verwendergegenseite: So setzt ein Wegverhandeln belastender Vertragsbedingungen auch aufseiten des Klauselgegners einen prohibitiv hohen Aufwand an Informationsbeschaffungs- und Verhandlungskosten voraus, der sich – wie bereits gezeigt wurde – für ihn gerade nicht lohnt. Gerade deshalb besteht zwischen den Parteien eine Informationsasymmetrie. Darüber hinaus ist für den Verwendungsgegner jeder Verhandlungsversuch häufig mit dem Risiko der Vertragsverweigerung seitens des Verwenders verbunden.[608] Vor allem bei großer Nachfrage wird der Verwender zur Vermeidung künftiger Probleme eher auf den Vertragsschluss mit einem möglicherweise querulatorischen Vertragspartner verzichten, als sich auf das ungewisse Risiko zukünftiger Abwicklungsprobleme einzulassen.

Der Verwendungsgegner befindet sich damit in einer ausweglosen Situation[609]: Selbst wenn er die ihm gestellten AGB versteht, kann er auf ihren Inhalt keinen Einfluss nehmen, weil sich der Verwender regelmäßig nicht auf Verhandlungen einlässt. Ihm bleibt daher nichts anderes übrig, als sich den ihm im Sinne

---

[606] Vgl. hierzu eingehend oben S. 427 ff. sowie zur Diskussion im Schrifttum die Nachweise oben S. 417, Fn. 3. Vgl. auch aus der Rechtsprechung BGHZ 184, 259, 263 ff. = NJW 2010, 1131, 1132 f. (Gebrauchtwagenkauf); BGHZ 143, 104, 106 f. = NJW 2000, 1110, 111 sowie aus dem Schrifttum nur *Axer*, AGB-Kontrolle (2012), S. 162 ff.; *Oetker*, AcP 212 (2012), 202, 224 ff., 250; *Becker*, AGB und Individualvereinbarung (2011), S. 5 ff., 131 ff.; *Koch*, ZGS 2011, 62; *Schiffer/Weichel*, BB 2011, 1283, 1286 ff.; *Ulmer/Habersack*, in: *Ulmer/Brandner/Hensen*, AGB-Recht (12. Aufl. 2016), § 305 Rn. 40 ff.; *Dauner-Lieb/Axer*, ZIP 2010, 309, 310 ff., 314; *Berger*, NJW 2010, 465, 465 ff.; *Kaufhold*, ZIP 2010, 631, 635; *Leuschner*, JZ 2010, 875, 876, 882 ff.; *Miethaner*, AGB-Kontrolle (2010), S. 83 f., 106 ff.

[607] MünchKomm/*Basedow*, BGB (7. Aufl. 2016), § 305 Rn. 13; Palandt/*Grüneberg*, BGB (77. Aufl. 2018), § 305 Rn. 8; *Pfeiffer*, in: Wolf/Lindacher/Pfeiffer, AGB-Recht (6. Aufl. 2013), § 305 Rn. 14; Staudinger/*Schlosser*, BGB (2013), § 305 Rn. 23. Hierzu oben S. 289 f., 421 ff., 595.

[608] *Hellwege*, AGB und Rechtsgeschäftslehre (2010), S. 559.

[609] *Drexl*, Selbstbestimmung (1998), S. 339; *Bydlinski*, System und Prinzipien (1996), S. 759 f.

einer *„take it or leave it"-Entscheidung* präsentierten Vertragsbedingungen bedingungslos zu unterwerfen oder ganz auf den Vertrag zu verzichten. Der *Verzicht* – entweder auf den Vertrag mit dem konkreten Verwender durch *Ausweichen auf* Alternativanbieter oder durch das *Abstandnehmen* von dem ins Auge gefassten Rechtsgeschäft insgesamt – könnte allerdings eine zumutbare Alternative für den Klauselgegner darstellen. Denn dass eine Partei nur zu bestimmten Vertragsbedingungen kontrahieren will und ihren Vertragspartner insoweit mit einer *„take it or leave it"-Situation* konfrontiert, reicht allein nicht aus, um eine Inhaltskontrolle zu rechtfertigen.[610] Den Parteien muss es unter der Geltung der Privatautonomie grundsätzlich freistehen, Verträge nur zu den von ihnen gewünschten Bedingungen abzuschließen. Zwar ist die Vertragsgestaltungsfreiheit des Verwendungsgegners in diesem Fall erheblich beeinträchtigt bzw. infolge der Verhandlungsverweigerung faktisch auf Null reduziert. Nach dem klassischen, vom BGB vorausgesetzten Vertragsmodell kann die betroffene Partei hierauf jedoch durch Gebrauch ihrer *negativen Abschlussfreiheit* reagieren, indem sie auf Alternativanbieter ausweicht oder insgesamt von dem geplanten Rechtsgeschäft Abstand nimmt. Ist dies der Fall, so wäre die Beeinträchtigung der *Vertragsgestaltungsfreiheit* durch Inanspruchnahme der *Vertragsabschlussfreiheit* hinreichend kompensiert.[611]

b) Beeinträchtigung der Vertragsabschlussfreiheit

Eine derartige Kompensation eingeschränkter Vertragsgestaltungsmacht des Klauselgegners durch Inanspruchnahme der Vertragsabschlussfreiheit setzt indes voraus, dass diese auch *tatsächlich* und nicht nur formal besteht. Insoweit stehen ihm aa) mit dem Ausweichen auf Alternativanbieter und bb) dem Verzicht auf den Vertragsschluss insgesamt zwei Handlungsalternativen zur Verfügung.

aa) Ausweichen auf Alternativanbieter

Die erste Handlungsoption setzt auf die *Selbstregulierung* des AGB-Problems durch den Markt. Von dieser Möglichkeit waren insbesondere *Grunsky*[612] und *Posner*[613] ausgegangen: So könne der Verwendungsgegner auf nicht verhandelbare und aus seiner Sicht unangemessene AGB dadurch reagieren, dass er ein-

---

610 *Axer*, AGB-Kontrolle (2012), S. 52; *Becker*, AGB und Individualvereinbarung (2011), S. 76 f.; *Medicus/Petersen*, BGB AT (11. Aufl. 2016), Rn. 397; *Becker*, JZ 2010, 1098, 1099 f.; *Zöllner*, AcP 196 (1996), 1, 31; *Wackerbarth*, AcP 200 (2000), 45, 64; *Canaris*, FS Steindorff (1990), S. 519, 548; *Grunsky*, BB 1971, 1113, 1116. Zur Beeinträchtigung der rechtsgeschäftlichen Entscheidungsfreiheit des Verwendungsgegners in AGB-typischen *„take it or leave it"-Situationen* vgl. auch *Wolf*, Entscheidungsfreiheit (1970), S. 15.

611 *Becker*, AGB und Individualvereinbarung (2011), S. 77; *Leuschner*, AcP 207 (2007), 491, 498; *Becker*, JZ 2010, 1098, 1100; *Canaris*, AcP 200 (2000), 273, 323; *Fastrich*, Inhaltskontrolle (1992), S. 80; *Koller*, FS Steindorff (1990), S. 667, 676; *Coester-Waltjen*, AcP 190 (1990), 1, 21.

612 *Grunsky*, BB 1971, 1113, 1117 f.

613 *Posner*, Economic analysis of law (2. Aufl. 1977), S. 84 f. Vgl. hierzu oben S. 535 f.

fach auf andere Anbieter ausweicht, die ihm bessere Bedingungen bieten würden. Dies setze – so *Grunsky* – voraus, dass die Verwendungsgegner „die Angebote miteinander vergleichen und die Unterschiede bei der Bildung des Kaufentschlusses eine Rolle spielen."[614]

Denn der Wettbewerb „kann nur dann zu einem interessengerechten Einpendeln der auseinanderlaufenden Bestrebungen der Vertragspartner führen, wenn in der Verbraucherschaft das Bewußtsein vorhanden ist, auf welche Punkte es beim Vertragsabschluß ankommt."[615] Habe der Wettbewerb nicht zur Folge, „daß unbillige Klauseln ‚von allein' verschwunden sind"[616], so fehle es den Verbrauchern an dem notwendigen *Wettbewerbsbewusstsein*, das vor allem durch *Aufklärung* gefördert werden müsse.[617]

Ähnlich ging ursprünglich auch *Posner* davon aus, dass im Fall unbilliger AGB bereits ein konkurrierender Anbieter bereitsteht, der – getrieben durch sein Interesse an einem Vertragsschluss – dem Verwendungsgegner günstigere AGB anbieten würde.[618] Der Wettbewerb würde die Anbieter dazu zwingen, die AGB an die Interessen ihrer jeweiligen Vertragspartner anzupassen.[619] Folgt man dieser Argumentation, so wäre dem Verwendungsgegner damit zugleich ein Druckmittel an die Hand gegeben, um mit Verweis auf ein mögliches Ausweichen zur Konkurrenz auf eine Abänderung der AGB hinzuwirken.[620] Dem entspricht der von der interdisziplinären *Verhandlungsforschung* herausgearbeitete Befund, dass gute *Nichteinigungsalternativen* die wichtigste Quelle von Verhandlungsmacht darstellen.[621]

(1) Fehlender Konditionenwettbewerb

Dass eine derart optimistische Vorstellung von der Selbstregulierung des Marktes nicht der Lebenswirklichkeit entspricht und – wie ein rechtshistorischer Rückblick in die Entwicklung seit dem 19. Jh. zeigt[622] – noch nie entsprochen hat, ist

---

[614] *Grunsky*, BB 1971, 1113, 1117.

[615] Ebenda.

[616] Ebenda.

[617] Ebenda.

[618] *Posner*, Economic analysis of law (2. Aufl. 1977), S. 84f. Näher hierzu oben S. 535f.

[619] Ebenda.

[620] Darauf weist insbesondere *Axer*, AGB-Kontrolle (2012), S. 55 hin. Ebenso schon *Fastrich*, Inhaltskontrolle (1992), S. 80. Zur grundsätzlichen Kompensation fehlender Vertragsgestaltungs- durch Inanspruchnahme der Abschlussfreiheit oben S. 595f., 596 Fn. 547.

[621] *Duve/Eidenmüller/Hacke*, Mediation (2. Aufl. 2011), S. 237; *Bühring-Uhle/Eidenmüller/Nelle*, Verhandlungsmanagement (2009), S. 67.

[622] Skeptisch schon die Protokolle Dresdner Entwurf (1866), S. 4569: „... daß der Gesetzgeber zur Erlassung solcher Vorschriften zu fraglichem Zwecke nicht veranlaßt sei, theils endlich, weil die *Concurrenz* der Versicherungsgesellschaften selbstverständlich den hier in Rede stehenden *Schutz dem Versicherten* alsdann nicht gewähre, wenn dieselben in ihren Statuten in den hier relevanten Punkten *gleiche Bedingungen* für die *Versicherungsübernahme* aufgestellt hätten oder etwa noch aufstellen sollten." Hervorhebungen durch den Verfasser.

heute allgemein anerkannt.[623] Der empirische Befund zeigt, dass ein Konditionenwettbewerb gerade nicht besteht.[624] Dass ein Wettbewerb der Vertragsbedingungen aufgrund der kaum überbrückbaren Informationsasymmetrie zwischen Parteien auch nicht funktionieren kann, hat *Akerlof* durch seine wegbereitenden Arbeiten überzeugend nachgewiesen.[625] Entsprechend geht mittlerweile auch *Posner* von einem Marktversagen aus[626], wenngleich er aufgrund der von ihm angenommenen Reputationseffekte eine Inhaltskontrolle gleichwohl ablehnt und so – über Umwege – dennoch zur Annahme einer funktionierenden Selbstregulierung des Marktes gelangt.[627] *Grunsky* hingegen hatte sich für den nun eingetretenen Fall, „daß das geäußerte Vertrauen in den Wettbewerb ungerechtfertigt ist“[628], von vornherein für eine Inhaltskontrolle ausgesprochen.[629]

Damit ist dem Verwendungsgegner die Möglichkeit des Ausweichens auf Alternativanbieter regelmäßig verwehrt. Denn der hierfür erforderliche Vergleich der jeweiligen AGB unterschiedlicher Anbieter ist ihm aufgrund des damit verbundenen prohibitiv hohen Aufwands der Kenntnisnahme und der juristischen Bewertung der einzelnen Klauseln nicht auf zumutbare Weise möglich. Besteht bereits aufgrund der negativen Transaktionskosten-Vertragswert-Relation im Hinblick auf den *einzelnen* Vertrag eine situative Unterlegenheit des Klauselgegners, so gilt dies aufgrund der Potenzierung der schon mit Blick auf einen einzelnen Vertrag unzumutbar hohen Transaktionskosten erst recht für einen umfassenden AGB-Vergleich.

Darüber hinaus stellt sich für den Klauselgegner zugleich das komplexe *Abwägungsproblem* des notwendigen Einpreisens der Vor- und Nachteile unterschiedlicher AGB: So erfordert ein Vergleich der AGB der jeweiligen Anbieter nicht nur die Kenntnisnahme und gründliche Analyse der entsprechenden Klauselwerke, sondern auch eine Entscheidung der häufig selbst für Experten nur schwer zu beantwortenden Frage, ob eine nachteilige Klausel in dem einen eine vorteilhafte Klausel in einem anderen Vertrag aufwiegt.[630] Die angesichts der *Komplexität*

---

623 Vgl. zum fehlenden Konditionenwettbewerb nur MünchKomm/*Basedow*, BGB (7. Aufl. 2016), Vor § 305 Rn. 5 f.; Staudinger/*Wendland*, BGB (2019), § 307 Rn. 4; *Fastrich*, Inhaltskontrolle (1992), S. 80, 86; *Habersack*, Vertragsfreiheit und Drittinteressen (1992), S. 107; *Adams*, BB 1989, 781, 784 f.; *Baudenbacher*, Grundprobleme (1983), S. 206 ff., 217; *Kötz*, Gutachten (1974), S. A 9, S. A 33 ff. sowie oben S. 542 ff.

624 Vgl. nur die Nachweise oben S. 598 Fn. 559.

625 *Akerlof*, 84 Q. J. Econ. 488, 489 ff. (1970). Vgl. hierzu eingehend oben S. 544 ff.

626 *Posner*, Economic analysis of law (7. Aufl. 2007), S. 116: „… evidently, competition cannot be relied upon to yield the optimal form.“ Vgl. Hierzu oben S. 537 f.

627 *Bebchuk/Posner*, 104 Mich. L. Rev. 827, 829 ff. (2006). Vgl. hierzu oben S. 538 f.

628 Grunsky, BB 1971, 1113, 1118.

629 Ebenda: „Sollte sich wider Erwarten erweisen, daß das geäußerte Vertrauen in den Wettbewerb ungerechtfertigt ist, so werde ich der erste sein, der für eine staatliche Kontrolle der Allgemeinen Geschäftsbedingungen – sei es durch die Gerichte oder durch eine besondere Behörde – eintritt.“

630 Hierauf weist *Miethaner*, AGB-Kontrolle (2010), S. 67 hin.

der Vertragsbedingungen regelmäßig erheblich eingeschränkte *Vergleichbarkeit* der AGB, das Problem der *monetären* Bewertung rechtlicher Vor- und Nachteile sowie das Erfordernis *komplexer Abwägungen* stellen neben der Kenntnisnahme und Analyse der einzelnen Vertragsbedingungen zusätzliche Anforderungen dar, die den Klauselgegner *regelmäßig überfordern* und aufgrund des damit verbundenen Aufwands in keinem angemessenen Verhältnis zu dem erwarteten Nutzen stehen.[631]

Dies gilt umso mehr, als dem Verwendungsgegner selbst die umfassende Kenntnis der am Markt verwendeten AGB – aufgrund branchenweit weitgehend einheitlicher Vertragsbedingungen – regelmäßig kaum etwas nützen wird. Denn aufgrund des *fehlenden Konditionenwettbewerbs* kommt es im Wege *adverser Selektion* zu einer fortwährenden Verschlechterung der am Markt üblichen AGB, zu einem „Unlauterkeitswettbewerb"[632], einem „Wettbewerb um die schlechtesten Vertragsbedingungen"[633], einem „‚Konditionenwettbewerb' verschiedener AGB-Verwender ‚nach unten'"[634], einem „race to the bottom"[635], so dass „die durch Wettbewerb nicht kontrollierte Kautelarpraxis zu immer groteskeren Steigerungen in der Suche nach Bedingungsvorteilen"[636] eskaliert.[637]

Zudem sieht sich der Verwendungsgegner auch hier mit dem Problem der mangelnden *Verhandlungsbereitschaft* des Verwenders konfrontiert: Zusätzlich zum Fehlen zumutbarer Möglichkeiten der *Kenntnisnahme* und der regelmäßig geringen *Qualität* der am Markt verfügbaren AGB wird er aufgrund der Verhandlungsverweigerung der AGB-Verwender in der Regel auch auf den Inhalt der Klauselwerke alternativer Anbieter keinen Einfluss nehmen können. Er kann daher genauso gut die ihm ursprünglich angebotenen AGB annehmen. Das *Ausweichen auf Alternativanbieter* stellt für den Klauselgegner lediglich eine rein *theoretische* und *formale*, jedoch keine *tatsächliche* Handlungsalternative dar.[638] Die

---

[631] *Miethaner*, AGB-Kontrolle (2010), S. 67.

[632] Staudinger/*Wendland*, BGB (2019), § 307 Rn. 4.

[633] *Wackerbarth*, AcP 200 (2000), 45, 71. Ähnlich auch *Fastrich*, Inhaltskontrolle (1992), S. 92.

[634] So plastisch BGH NJW-RR 2008, 818, 820. Ähnlich schon *Drexl*, Selbstbestimmung (1998), S. 337.

[635] *Axer*, AGB-Kontrolle (2012), S. 66; *Schäfer/Ott*, Ökonomische Analyse (5. Aufl. 2012), S. 373, 488; *Becker*, AGB und Individualvereinbarung (2011), S. 85; *Fuchs*, in: *Ulmer/Brandner/Hensen*, AGB-Recht (12. Aufl. 2016), Vorb. v. § 307 Rn. 34; *Becker*, JZ 2010, 1098, 1101 Fn. 1101; *Leyens/Schäfer*, AcP 210 (2010), 771, 784; *Miethaner*, AGB-Kontrolle (2010), S. 73; *Leuschner*, AcP 207 (2007), 491, 502; *Kötz*, JuS 2003, 209, 213; *Drexl*, Selbstbestimmung (1998), S. 337.

[636] Staudinger/*Schlosser*, BGB (2013), Vor §§ 305 ff. Rn. 4.

[637] So instruktiv *Becker*, AGB und Individualvereinbarung (2011), S. 78.

[638] *Axer*, AGB-Kontrolle (2012), S. 52; *Miethaner*, AGB-Kontrolle (2010), S. 72 f.; *Bydlinski*, System und Prinzipien (1996), S. 759 f. („Zwangslage"). Treffend auch *Drexl*, Selbstbestimmung (1998), S. 339: „Er hat das nicht kalkulierbare Risiko der Annahme von AGB einzugehen oder vom Vertrag Abstand zu nehmen. Letzteres ist kaum jemals eine brauchbare Alternative, da bei der heutigen Verbreitung von AGB damit zugleich der Verzicht auf die

mit dem Stellen von AGB verbundene Beeinträchtigung der Vertragsgestaltungsfreiheit, die aufseiten des Klauselgegners faktisch auf Null reduziert ist, wird somit *nicht* durch die Möglichkeit eines alternativen Vertragsschlusses kompensiert. Wie er sich auch entscheidet: Der Vertragspartner des Verwenders kann seiner Unterwerfung unter ihn einseitig benachteiligende, unbillige Klauseln nicht entgehen, will er nicht gänzlich auf das Rechtsgeschäft verzichten. Er ist in einer „Unentrinnbarkeitssituation"[639], „einer als ausweglos erkannten Situation"[640] gefangen.

(2) Ausweichen auf AGB-lose Anbieter

Im Hinblick auf die Kompensation mangelnder Vertragsgestaltungsmacht durch das Ausweichen auf alternative Anbieter hat insbesondere *Leuschner* auf die Möglichkeit des Vertragsschlusses mit AGB-losen Anbietern auf der Grundlage des dispositiven Rechts hingewiesen.[641] Dabei verweist er zunächst auf den insoweit erstaunlichen Befund, dass trotz der mit der AGB-Verwendung für den Verwendungsgegner verbundenen Risiken keine Verdrängung von AGB-Verwendern durch AGB-lose Anbieter stattfindet.[642] Dies könne mit der Annahme eines Informationsproblems nicht erklärt werden. Denke man jedoch zur Vermeidung eines Zirkelschlusses die Inhaltskontrolle hinweg, so wäre von einem solchen Szenario letztlich auszugehen:[643] Denn AGB-lose Anbieter hätten gegenüber den ausschließlich unter der Verwendung von AGB kontrahierenden Akteuren einen *Wettbewerbsvorteil*, weil angenommen werden könne, dass rational handelnde, in den Möglichkeiten der Informationsaufnahme und -verarbeitung

---

Befriedigung zum Teil elementarer Bedürfnisse verbunden wäre (Bsp.: Wohnraum)." sowie *Fastrich*, Inhaltskontrolle (1992), S. 85: „Somit bleibt als theoretische Alternative für den Vertragsgegner nur der Verzicht auf den Vertragsschluß, der allerdings vielfach auch keine realistische Alternative darstellt, weil niemand auf Dauer auf die Leistungen von Kfz-Werkstätten, Reinigungen usw. verzichten kann und die Verwendung Allgemeiner Geschäftsbedingungen ihrerseits vielfach unverzichtbar ist und branchenweit erfolgt." Ebenso *Bork*, BGB AT (4. Aufl. 2016), Rn. 1744, der darauf hinweist, dass „zwar die Vertragsfreiheit *formal* auch bei Verwendung von AGB gewahrt" bleibe, jedoch „das Fehlen des vertraglichen Verhandlungsprozesses als Mittel zur Herstellung eines gerechten Interessenausgleichs ... einem Missbrauch der Vertragsgestaltungsfreiheit Tür und Tor" öffne und dies „eine um Gerechtigkeit und Interessenausgleich bemühte Rechtsordnung nicht hinnehmen" könne. Hierzu auch *Becker*, AGB und Individualvereinbarung (2011), S. 79 f.

639 So treffend *Bydlinski*, AcP 204 (2004), 309, 366. Ähnlich, indes mit Hinblick auf die unentrinnbare Abhängigkeit des Einzelnen von „wirtschaftlichen und gesellschaftlichen Mächten", schon *Raiser*, JZ 1958, 1, 4, der unter anderem mit dieser Erwägung die Inhaltskontrolle begründet: „Andererseits aber trägt das Recht der unentrinnbaren Abhängigkeit des Einzelnen von wirtschaftlichen und gesellschaftlichen Mächten dadurch Rechnung, daß es frei geschlossene Verträge seiner Kontrolle unterwirft und den schwächeren Vertragsteil zu entlasten versucht."

640 *Drexl*, Selbstbestimmung (1998), S. 339.

641 *Leuschner*, AcP 207 (2007), 491, 498 ff.

642 *Leuschner*, AcP 207 (2007), 491, 499.

643 *Leuschner*, AcP 207 (2007), 491, 500.

beschränkte Marktteilnehmer nicht bereit seien, unter der Verwendung von AGB zu kontrahieren, deren *Qualität* sie nicht mit zumutbarem Aufwand beurteilen könnten und denen zudem die Vermutung der *Einseitigkeit* anhafte.[644] Aufgrund der unterschiedlichen *Risikopräferenzen* der Teilnehmer am Rechtsverkehr sei damit letztlich mit der Etablierung *AGB-loser Anbieter* zu rechnen, die ausschließlich auf der Grundlage des *dispositiven Rechts* kontrahierten. Da für einen solchen Wettbewerb keine Beurteilung der AGB-Qualität, sondern lediglich eine „Kenntnis der Unkenntnis" erforderlich sei, bestehe gerade kein Informationsproblem.[645]

Die Annahme eines solchen Marktes hätte entscheidende Auswirkungen auf die *vertragstheoretische Rechtfertigung* der Inhaltskontrolle: Denn wenn dem Verwendungsgegner die Möglichkeit offenstünde, auf AGB-lose Anbieter auszuweichen, so wäre die mit dem Stellen von AGB verbundene Beeinträchtigung der Vertragsgestaltungsfreiheit des Verwendungsgegners durch die Möglichkeit der Inanspruchnahme seiner Abschlussfreiheit hinreichend kompensiert, so dass insoweit die Rechtfertigung der Inhaltskontrolle entfällt.[646] Entsprechend verneint *Leuschner* jedenfalls für diejenigen Branchen, in denen aufgrund einschlägiger Regelungen ein Vertragsschluss auf der Grundlage des dispositiven Rechts möglich ist, das von *Akerlof* angenommene Marktversagen, da AGB-Verwender dort einen „Zusammenbruch ihrer Branche"[647] durch Verzicht auf AGB und das Ausweichen auf das dispositive Recht abwenden würden.[648]

Die Schlussfolgerungen *Leuschners* sind zunächst im Ansatz richtig: Können die Marktteilnehmer einer Beeinträchtigung ihrer Vertragsgestaltungsfreiheit durch nicht verhandelbare, einseitig benachteiligende AGB dadurch entgehen, dass sie einfach auf AGB-lose Anbieter ausweichen, so ließe sich eine Inhaltskontrolle nur dann rechtfertigen, wenn von einer solchen Ausweichmöglichkeit keine praktischen Auswirkungen auf die tatsächliche AGB-Praxis ausgehen würden. Allerdings ist die Annahme einer solchen Handlungsoption problematisch: Denn ein entsprechender, hinreichend relevanter Markt AGB-loser Anbieter ist – wie *Leuschner* selbst feststellt – in der Praxis nicht aufzufinden.[649] Vielmehr sind AGB in der Rechtswirklichkeit allgegenwärtig: Aufgrund ihrer *Rationalisierungswirkung* sind sie in der Rechtspraxis zum kaum entrinnbaren *Massenphänomen,* der Individualvertrag dagegen zur deutlichen Ausnahme geworden. Aufgrund der strengen Rechtsprechung des BGB zur Auslegung des Tatbestandsmerkmals des *Stellens* und der zunehmenden Möglichkeiten der Verwendung elektronisch gespeicherter *Mustervertragstexte* ist darüber hinaus mit einer Zunahme der AGB-

[644] *Leuschner,* AcP 207 (2007), 491, 500.
[645] *Leuschner,* AcP 207 (2007), 491, 499f.
[646] So auch *Axer,* AGB-Kontrolle (2012), S. 58f.
[647] So *Leuschner,* AcP 207 (2007), 491, 503.
[648] *Leuschner,* AcP 207 (2007), 491, 503.
[649] *Leuschner,* AcP 207 (2007), 491, 499.

Verwendung im Alltag des Rechtsverkehrs zu rechnen. Für die Annahme einer Etablierung eines Marktes für AGB-lose Anbieter besteht damit kein Raum.

Dies gilt insbesondere auch dann, wenn die *korrigierende Funktion* der AGB-rechtlichen Inhaltskontrolle hinweg gedacht wird.[650] Denn selbst vor Inkrafttreten des AGBG ist auf der Grundlage des empirischen Befundes kein entsprechender Wettbewerb feststellbar. Mit der „normativen Verfälschung"[651] durch die das Gesetz vorbereitende Rechtsprechung des BGH – namentlich die richterliche Inhaltskontrolle nach §§ 138, 242 BGB – ist sein Fehlen nicht erklärbar. So wurden bereits seit Mitte des 19. Jh., als an eine AGB-rechtliche Vorläuferrechtsprechung noch nicht zu denken war, die mit der Verwendung von AGB verbundenen Missstände als derart gravierend empfunden, dass weite Teile der Literatur ein korrigierendes Eingreifen des Gesetzgebers für erforderlich hielten und sich jedenfalls die *rheinischen Gerichte* mit Verweis auf das *französische Recht* entgegen der damals herrschenden Meinung zu einem Eingreifen genötigt sahen.[652]

Der eindeutige *empirische* und *rechtsgeschichtliche* Befund ist indes nicht überraschend. Er ergibt sich notwendig aus den gleichen Gründen, die bereits einem effektiven Konditionenwettbewerb entgegenstehen[653]: So kann bereits deshalb kein Markt für AGB-lose Anbieter entstehen, weil es aufgrund der Irrelevanz vertraglicher Nebenbedingungen – mögen sie auf dem dispositiven Recht oder einseitig benachteiligenden AGB beruhen – für die Vertragsschlussentscheidung der Marktteilnehmer an der hierfür notwendigen Nachfrage fehlt. Aufgrund der geringen Eintritts- und Betroffenheitswahrscheinlichkeit von Leistungsstörungen[654] sind die Verkehrsteilnehmer regelmäßig nicht am Inhalt vertraglicher Nebenbedingungen interessiert, sondern blenden diese weitgehend als für sie unbedeutend aus und fokussieren ihr Interesse stattdessen auf Preis und Qualität als Inhalt der Hauptleistung.[655]Darüber hinaus kommt auch hier die geringe Werbewirksamkeit vertraglicher Nebenbedingungen zum Tragen, die vor allem Regelungen zur Abwicklung von Leistungsstörungen zum Gegenstand haben.

---

[650] Auf eine solche das Ergebnis „verfälschende" Wirkung der Inhaltskontrolle hinweisend *Leuschner*, AcP 207 (2007), 491, 498 f. Fn. 25.

[651] So *Leuschner*, AcP 207 (2007), 491, 499 Fn. 25.

[652] Hierzu eingehend oben S. 336 ff. sowie *Hellwege*, AGB und Rechtsgeschäftslehre (2010), S. 147 ff.; *Pohlhausen*, AGB im 19. Jh. (1978), S. 47 ff. mwN.

[653] Vgl. hierzu oben S. 542 ff. mwN.

[654] *Becker*, AGB und Individualvereinbarung (2011), S. 74, 76, 99, 104; *Hellwege*, AGB und Rechtsgeschäftslehre (2010), S. 156, 562; *Adams*, BB 1989, 781, 784 sowie oben S. 570.

[655] Vgl. nur MünchKomm/*Basedow*, BGB (7. Aufl. 2016), Vor § 305 – § 310 Rn. 6; Palandt/*Grüneberg*, BGB (77. Aufl. 2018), Überbl. v. § 305 Rn. 6; *Fuchs*, in: *Ulmer/Brandner/Hensen*, AGB-Recht (12. Aufl. 2016), Vorb. v. § 307 Rn. 37, 39; Staudinger/*Wendland*, BGB (2019), § 307 Rn. 132 sowie aus dem monographischen Schrifttum *Axer*, AGB-Kontrolle (2012), S. 57; *Stoffels*, AGB-Recht (3. Aufl. 2015), Rn. 86; *Drexl*, Selbstbestimmung (1998), S. 330, 340; *Fastrich*, Inhaltskontrolle (1992), S. 86; *Kötz*, Gutachten (1974), S. A 9, A 34. Vgl. hierzu näher oben S. 598, 577 ff. Hierzu *Axer*, AGB-Kontrolle (2012), S. 75 ff.; *Becker*, AGB und Individualvereinbarung (2011), S. 91 ff.; *Miethaner*, AGB-Kontrolle (2010), S. 74; *Adams*, BB 1989, 781, 785 f.

Selbst wenn die richterliche Inhaltskontrolle des geltenden AGB-Rechts oder eines entsprechenden Äquivalents entfiele, wäre daher nicht mit der Etablierung eines Marktes für AGB-lose Anbieter zu rechnen.

Dies gilt umso mehr, als AGB aufgrund der mit ihnen verbundenen Möglichkeit der Risikoverlagerung für den Verwender verlockende Möglichkeiten einer einseitigen Durchsetzung seiner Interessen bieten. Auf diese Möglichkeiten würden AGB-Verwender kaum zugunsten ungewisser und in ihrer monetären Werthaltigkeit begrenzter Wettbewerbsvorteile durch den Vertragsschluss auf der Grundlage des dispositiven Rechts verzichten. Von einer wirtschaftlichen Tätigkeit als AGB-loser Anbieter würden daher, selbst wenn man das – mangels Nachfrage wiederlegte – Funktionieren eines solchen Marktes unterstellt, zu geringe Verhaltensanreize ausgehen, als dass mit der Etablierung eines entsprechenden Marktes gerechnet werden könnte.

Darüber hinaus begegnet auch die Annahme, die mit dem Stellen von AGB verbundene Benachteiligung der Verwendungsgegner ließe sich durch bloßes Ausweichen auf das dispositive Recht kompensieren, dem Problem der *Vertragsimparität* infolge nicht zumutbar abwendbarer *Informationsasymmetrie*: Denn die Möglichkeit eines solchen Ausweichens setzt voraus, dass die Verwendungsgegner das dispositive Recht jedenfalls insoweit in seinen Grundzügen kennen, dass sie ihm deutlich mehr Vertrauen entgegenbringen als den vom Verwender gestellten AGB. Vorauszusetzen wären zumindest Kenntnisse darüber, ob das dispositive Gesetzesrecht überhaupt eine anwendbare Regelung für das ins Auge gefasste Rechtsgeschäft bereithält. Das ist außerhalb des Anwendungsbereiches der typengesetzlichen Verträge, etwa im Leasing- oder Franchisingrecht, regelmäßig nicht der Fall, so dass der Rückgriff auf AGB in ihrer Lückenausfüllungsfunktion erforderlich ist. Hier kommt ein Verzicht auf AGB von vornherein nicht in Betracht.[656]

Dass die Marktteilnehmer über derartige Kenntnisse verfügen bzw. sich der für die Verschaffung der entsprechenden Kenntnisse erforderliche Aufwand für sie regelmäßig lohnt, ist indes zweifelhaft.[657] Die Annahme, die Marktteilnehmer könnten den mit dem Vertragsschluss unter AGB verbundenen Risiken dadurch entgehen, dass sie einfach auf AGB-lose Anbieter ausweichen, stößt somit auf dasselbe Problem, an dem bereits *Posners* ursprünglicher Ansatz gescheitert war: Sie unterliegt dem „bekannten Fehler des Chicago School-Denkens“[658], die Funktionsfähigkeit des Marktes – hier eines Marktes für AGB-lose Anbieter – einfach vorauszusetzen, um auf dieser Grundlage jedweden staatlichen Regelungen, etwa einer richterlichen Inhaltskontrolle, die Legitimation abzusprechen.[659]

---

[656] Vgl. auch *Miethaner*, AGB-Kontrolle (2010) S. 71.

[657] Ebenso *Miethaner*, AGB-Kontrolle (2010) S. 71.

[658] *Drexl*, Selbstbestimmung (1998), S. 330.

[659] So mit Blick auf *Posners*, eine richterliche AGB-Kontrolle ablehnende Argumentation *Drexl*, Selbstbestimmung (1998), S. 330f.

Dem Verwendungsgegner stehen damit keine zumutbaren Möglichkeiten des Ausweichens auf Alternativanbieter zur Verfügung. Er bleibt in einer „Unentrinnbarkeitssituation“[660] gefangen.

bb) Verzicht auf den Vertragsschluss

Allerdings steht dem Verwendungsgegner in Situationen, in denen ihm ein Ausweichen auf Alternativanbieter verwehrt ist, zumindest theoretisch die Möglichkeit der *Flucht in den Nichtabschluss* offen. Allerdings ist fraglich, ob ihm ein Verzicht auf das angestrebte Rechtsgeschäft durch Abstandnahme vom Vertragsschluss überhaupt zumutbar ist. Denn im Gegensatz zum klassischen, dem bürgerlichen Recht zugrunde liegenden Modell des Individualvertrages[661], das von einem funktionierenden Markt und der jedenfalls grundsätzlichen Möglichkeit des Vertragsschlusses mit Alternativanbietern ausgeht, bildet bei der Verwendung von AGB der Verzicht auf das Rechtsgeschäft insgesamt infolge des mangelnden Konditionenwettbewerbs in der Regel tatsächlich die *einzige* Möglichkeit, einer Unterwerfung unter einseitig belastende AGB zu entgehen.

(1) Zumutbarkeit der Abstandnahme vom Vertrag

Gleichwohl wird die Unzumutbarkeit des Verzichts auf den Vertragsschluss teilweise bezweifelt. Zur Begründung wird darauf verwiesen, dass dem Verwendungsgegner die Gleichförmigkeit der Markt vorkommenden AGB gerade nicht bewusst sei und er sich deshalb nicht unfreiwillig und „zähneknirschend“[662] auf den Vertrag einlasse, sondern den AGB vielmehr gleichgültig gegenüberstehe.[663] Die Einbeziehung der AGB empfinde er dabei keineswegs als seine Entschließungsfreiheit beeinträchtigende Kopplung mit einer von ihm benötigten Hauptleistung.[664] Daneben wird die *Unbestimmtheit* des Begriffs des existenziellen Angewiesenseins auf den Vertragsschluss geltend gemacht und mit Blick auf das Bestehen anderweitiger Alternativen darauf verwiesen, dass – offensichtlich im Fall von Wohnungsmietverträgen – die „Tonne des Diogenes ... stets zur Wahl“[665] stehe.

Schließlich wird gegen die fehlende Zumutbarkeit einer Flucht in den Nichtabschluss eingewandt, dass es mit der Annahme einer Unzumutbarkeit nicht so sehr um den Schutz vor Fremdbestimmung gehe, sondern vielmehr darum zu verhindern, dass sich die Marktteilnehmer bestimmte Güter aufgrund prohibitiv hoher Transaktionskosten nicht *leisten* könnten.[666] Ob sich hieraus eine individuelle

---

660 *Bydlinski*, AcP 204 (2004), 309, 366. Ähnlich *Raiser*, JZ 1958, 1, 4.

661 So *Habersack*, Vertragsfreiheit und Drittinteressen (1992), S. 105. Darauf, dass der Vertrag auch im Einzelnen ausgehandelt ist, kommt es indes nicht an. Ebenda.

662 *Habersack*, Vertragsfreiheit und Drittinteressen (1992), S. 108.

663 Ebenda.

664 Ebenda.

665 *Coester-Waltjen*, AcP 190 (1990), 1, 23.

666 *Leuschner*, AcP 207 (2007), 491, 500f.

Rechtfertigung der AGB-Kontrolle ableiten lässt, sei zweifelhaft, denn mit dieser Begründung ließen sich auch umfassende Eingriffe in die Preisgestaltungsfreiheit rechtfertigen.[667] Folgt man dieser Argumentation, so würde ein individuelles Schutzbedürfnis des Verwendungsgegners entfallen, da er jederzeit darauf verwiesen werden kann, eben auf den Vertrag zu verzichten, wenn ihm die vom Verwender gestellten AGB nicht behagen. Schließlich würde ihn niemand zwingen, den von ihm ins Auge gefassten Vertrag abzuschließen. Ist dem Vertragspartner zumutbar, auf die AGB-Problematik durch Abstandnahme vom Vertrag zu reagieren, so wäre die mit dem Stellen von AGB verbundene Beeinträchtigung der Vertragsgestaltungsfreiheit durch die Möglichkeit der Inanspruchnahme negativer Abschlussfreiheit – den Verzicht auf das Rechtsgeschäft – hinreichend kompensiert. Einer vertragstheoretischen Rechtfertigung der Inhaltskontrolle wäre damit der Boden entzogen.

Eine derartige Argumentation vermag indes nicht zu überzeugen. So ist bereits die Annahme, dass den von AGB betroffenen Marktteilnehmern die branchenweite Gleichförmigkeit der von den Verwendern gestellten AGB und damit die Kopplung unbilliger AGB mit der Hauptleistung nicht bewusst sei, mit der tatsächlichen Rechtspraxis nicht in Einklang zu bringen. Zwar ist die Beobachtung richtig, dass die vorbehaltlose Annahme von AGB zu weiten Teilen auf einer verbreiteten Gleichgültigkeit der Marktteilnehmer beruht, die vor allem am Inhalt der Hauptleistungspflichten – Preis und Qualität[668] – und gerade nicht am Inhalt der weitgehend Leistungsstörungen regelnden AGB interessiert sind. Allerdings haben die bisherige Diskussion[669] wie auch der rechtsgeschichtliche Befund[670] gezeigt, dass die Annahme einer verbreiteten Gleichgültigkeit keinesfalls im Sinne eines monokausalen Erklärungsansatzes verallgemeinerungsfähig ist. Wäre dies der Fall, so ließe sich die richterliche Inhaltskontrolle von AGB nicht mehr auf der Grundlage des gängigen Informationsmodells rechtfertigen. Denn das klassische Begründungsmodell der Inhaltskontrolle geht gerade davon aus, dass die Verwendungsgegner deshalb auf eine Kenntnisnahme und eingehende Analyse der AGB verzichten, weil dies für sie mit einem unzumutbar hohen Aufwand verbunden ist. Das setzt jedoch voraus, dass ihnen die AGB-Problematik überhaupt bewusst ist.

[667] *Leuschner*, AcP 207 (2007), 491, 501.

[668] Hierzu oben S. 598, 577 ff.

[669] Vgl. nur die Fälle der Verhandlungsimparität oben S. 514 ff., 557 f., 592 ff., 596 ff. sowie unten S. 669, 671 ff., 682 f.

[670] Vgl. etwa *Jastrow*, Gutachten (1892), S. 265, 284: „Der gewerbsmäßig handelnde Theil verwendet alle seine *Sorgfalt*, um Formulare herzustellen, die *einseitig seine Interessen begünstigen*. Diese Formulare hat er in *Druckexemplaren* vorräthig. In anderer Weise *schließt er nicht ab* .... Im Uebrigen ist der Gegencontrahent dem Formular *auf Gnade oder Ungnade preisgegeben*." Hierauf hinweisend *Hellwege*, AGB und Rechtsgeschäftslehre (2010), S. 156. Hervorhebungen durch den Verfasser.

Eine Reduzierung des AGB-Problems auf das völlige Ausblenden der AGB als für den Vertragsschluss irrelevante Informationen wird der Komplexität des für die situative Unterlegenheit des Verwendungsgegners verantwortlichen Ursachenzusammenhangs nicht gerecht. Denn in vielen Fällen werden sich die Parteien sehr wohl unfreiwillig und „zähneknirschend" auf den Vertrag einlassen müssen. Dies trifft vor allem auf jene Fälle – wie die Ein-Satz-AGB bzw. Garderobenmarken-, Fahrkarten- und Parkhausfälle – zu, in denen eine *Informationsasymmetrie* gerade nicht besteht, der Verwendungsgegner aber aufgrund der *Verhandlungsverweigerung* des Verwenders bei gleichzeitigem Angewiesensein auf die Leistung sich den von diesem gestellten Bedingungen wohl oder übel unterwerfen muss.

Im *unternehmerischen Geschäftsverkehr* wird dies insbesondere bei Bestehen wirtschaftlicher Ungleichgewichtslagen sogar regelmäßig der Fall sein: Tritt etwa ein kleineres oder mittelständisches Unternehmen in Geschäftsbeziehung mit einem multinationalen Konzern, so ist sich dieses Unternehmen des benachteiligenden Charakters der von ihm zu akzeptierenden Vertragsbedingungen in der Regel sehr wohl bewusst. Gleichwohl wird es typischerweise über keine realistischen Möglichkeiten verfügen, auf den Inhalt der Klauseln Einfluss zu nehmen.[671] Da auch ein Vertragsschluss mit Alternativanbietern aufgrund des mangelnden Konditionenwettbewerbs keine substantielle Abhilfe zu schaffen vermag, bleibt die Frage der Zumutbarkeit des Nichtabschlusses nach wie vor relevant.

Sie lässt sich auch nicht dadurch vermeiden, dass man sie mit der Begründung, der Begriff *des existenziellen Angewiesenseins* auf den Vertragsschluss sei nicht hinreichend konkret bestimmbar, als *de facto* „unbeantwortbar" verdrängt. Die Existenz unbestimmter Rechtsbegriffe ist keineswegs ein dem Recht völlig fremdes Phänomen, sondern Kennzeichen zahlreicher gesetzlicher Tatbestände, etwa des § 20 Abs. 2 GWB, der eben jene existenzielle Abhängigkeit normativ erfasst.[672] Darüber hinaus hat insbesondere die Rechtsprechung des BVerfG wiederholt die Notwendigkeit einer Inhaltskontrolle vor allem für jene Verträge bekräftigt, die in besonderem Zusammenhang mit der Sicherung existenzieller Lebensbedürfnisse stehen.[673] Mit Verweis auf die stets offen stehende Alternative der „Tonne des Diogenes"[674] das Kriterium des existentiellen Angewiesen-

[671] Vgl. *Axer*, AGB-Kontrolle (2012), S. 81; *Berger*, ZIP 2006, 2149, 2155; *Wellenhofer-Klein*, ZIP 1997, 774, 776 sowie *Bunte*, NJW 1987, 921, 923 Vgl. hierzu auch oben S. 437, 573 sowie unten S. 759 ff., 763 ff., 765 ff., 779 ff.

[672] Hierzu aus der Perspektive der AGB-Problematik eingehend *Wellenhofer-Klein*, ZIP 1997, 774, 775 ff.

[673] Vgl. nur BVerfG NJW 2007, 286, 288 (Arbeit auf Abruf), hierzu eingehend oben S. 436 f.: „Der einzelne Arbeitnehmer ist typischerweise ungleich stärker auf sein Arbeitsverhältnis angewiesen als der Arbeitgeber auf den einzelnen Arbeitnehmer."; BVerfG VersR 2006, 961, 963 (Unfallversicherungsprämie), hierzu eingehend oben S. 435 f.: „Schließlich ist zu berücksichtigen, dass eine Unfallversicherung nicht den gleichen Stellenwert für die Existenzsicherung der Bürger hat wie eine kapitalbildende Lebensversicherung."

[674] *Coester-Waltjen*, AcP 190 (1990), 1, 23.

seins[675] infrage zu stellen, weil nicht klar sei, auf welchem Niveau diese Alternativen bestünden und „jede Entscheidung in mehr oder weniger starkem Maß die Existenz des Einzelnen"[676] berühre, wird dabei dem verfassungsrechtlich gebotenen Schutzauftrag nicht gerecht.

Mit Blick auf den verfassungsrechtlich gebotenen Schutz der *materiellen Vertragsfreiheit*[677] des Verwendungsgegners vermag schließlich auch das Argument nicht zu überzeugen, dass die Annahme der Unzumutbarkeit des vollständigen Verzichts auf den Vertrag der Sache nach nicht dem Schutz des Verwendungsgegners vor *Fremdbestimmung* diene, sondern es vielmehr darum gehe zu verhindern, dass sich dieser bestimmte Güter aufgrund prohibitiv hoher Transaktionskosten nicht mehr *leisten* könne.[678] Dieser Ansicht liegt offensichtlich der Gedanke zugrunde, dass die situative Unterlegenheit des mit AGB konfrontierten Verwendungsgegners vor allem auf einem Informationsdefizit infolge prohibitiv hoher Transaktionskosten beruht, d. h. dass sich der Verwendungsgegner lediglich scheue, die für ihn unzumutbar hohen Informationsbeschaffungskosten aufzuwenden, die er sich aufgrund der negativen Transaktionskosten-Vertragswert-Relation „nicht leisten" kann.

Folgt man dieser Logik, so ließe sich die situative Unterlegenheit ohne weiteres dadurch beheben, dass der Verwendungsgegner sich der Mühe unterzieht, die für ihn normalerweise prohibitiv hohen Transaktionskosten aufzuwenden und so die Informationsasymmetrie auszugleichen. Die durch das Stellen von AGB bedingte situative Unterlegenheit des Verwendungsgegners beruht indes nicht allein darauf, dass dieser lediglich nicht hinreichend informiert ist, weil er sich die unzumutbar hohen Informationsbeschaffungskosten nicht leisten kann.[679] Denn selbst eine umfassende Kenntnis der AGB nützt dem Verwendungsgegner regelmäßig nichts, weil sich der Verwender auf eine Abänderung der von ihm gestellten AGB typischerweise gerade nicht einlässt. Er kann sich noch so sehr um eine Kenntnis der AGB bemühen: Auch wenn er sich den mit der Informationsbeschaffung verbundenen Aufwand „leistet", vermag er auf den Inhalt der AGB regelmäßig keinen Einfluss zu nehmen.

---

675 Vgl. hierzu auch oben S. 403 f.

676 Ebenda.

677 Hierzu grundlegend BVerfGE 81, 242, 255 = NJW 1990, 1469, 1470 (Handelsvertreter); BVerfGE 89, 214, 231 ff. = NJW 1994, 36, 38 (Bürgschaft I); BVerfGE 103, 89, 100 = NJW 2001, 957, 958 (Unterhaltsverzicht I) sowie aus dem Schrifttum Maunz/Dürig/*Di Fabio*, GG (81. EL. 2018), Art. 2 Abs. 1 Rn. 107 ff., 110 ff.; *Miethaner*, AGB-Kontrolle (2010), S. 23 ff.; *Cornils*, Ausgestaltung (2005), S. 176 ff.; *Ruffert*, Vorrang (2001), S. 141 ff., 326 ff., 335 ff.; *Canaris*, AcP 200 (2000), 273, 278 ff., 282 ff.; *Gellermann*, Grundrechte (2000), S. 144 ff.; *Heinrich*, Formale Freiheit (2000), S. 109 ff.; *Canaris*, Grundrechte und Privatrecht (1999), S. 27 f.; *Lorenz*, Schutz (1997), S. 21; *Höfling*, Vertragsfreiheit (1991), S. 44 ff. Vgl. hierzu auch eingehend oben S. 374 ff.

678 *Leuschner*, AcP 207 (2007), 491, 500 f.

679 So aber *Leuschner*, AcP 207 (2007), 491, 500 f.

Auch hier zeigt sich wiederum die Einseitigkeit der vom rechtsökonomischen Ansatz vorgenommenen Reduzierung der AGB-Problematik auf ein reines Informations- und Transaktionskostenproblem[680], wobei die Dimension fehlender Dispositionsbereitschaft[681] – die nach der Monopolrechtsprechung des Reichsgerichts[682] den Schwerpunkt der Legitimation der Inhaltskontrolle bildet – weitgehend ausgeblendet wird. Zudem bleibt diese Argumentation nicht ohne innere Widersprüche zum rechtsökonomischen Ansatz selbst: Denn auch die ökonomische Analyse geht von der Unzumutbarkeit der Investition prohibitiv hoher Informationsbeschaffungskosten aus und begründet vor allem mit dieser Erwägung die AGB-Kontrolle.[683]

Dem Verwendungsgegner wird nach diesem Ansatz gerade deshalb der gesetzliche Schutz der Inhaltskontrolle gewährt, weil er sich die hierfür erforderlichen Transaktionskosten nicht *leisten* kann.[684] Dass dieses *Leistenkönnen* hier dem Verwendungsgegner nicht zuzumuten, eine Flucht in den Nichtabschluss dagegen zumutbar sein soll, ist nicht einsichtig. In diesem Zusammenhang vermag auch der Einwand nicht zu überzeugen, dass sich mit dieser Begründung sonst auch umfassende Eingriffe in die Preisgestaltungsfreiheit rechtfertigen ließen, hat doch gerade die ökonomische Analyse auf der Grundlage der Arbeiten *Akerlofs*[685] den Nachweis erbracht, dass im Gegensatz zu Preis und Qualität[686] als Inhalt der Hauptleistungspflichten im Hinblick auf AGB ein Konditionenwettbewerb eben nicht besteht.[687] Wird etwa die mangelnde Dispositionsbereitschaft des Verwenders im Hinblick auf die Hauptleistungspflichten durch einen entsprechenden Wettbewerb kompensiert, so begründet das Marktversagen im Bereich von AGB gerade die Schutzbedürftigkeit des Verwendungsgegners, dem ein Ausweichen

---

680 Zur Kritik vgl. eingehend oben S. 555 ff. sowie insbesondere 557 f.

681 Hierzu oben S. 514 ff., 557 f., 592 ff., 596 ff. sowie unten S. 669, 671 ff., 682 f.

682 RGZ 133, 388, 391; RGZ 106, 386; RGZ 115, 253, 258; RGZ 102, 396; RGZ 103, 82; RGZ, 81, 316, 320; RGZ 83, 9, 14; RGZ 79, 224, 229; RGZ 62, 264, 265 f. sowie bereits RGZ 20, 115, 117. Vgl. hierzu oben S. 342 ff.

683 Vgl. nur MünchKomm/*Basedow*, BGB (7. Aufl. 2016), Vor § 305 – § 310. Rn. 4 f.; *Leuschner*, JZ 2010, 875, 879 f.; *Leuschner*, AcP 207 (2007), 491, 493 ff.; *Kötz*, JuS 2003, 209, 211 ff.; *Wackerbarth*, AcP 200 (2000), 45, 63 ff.; *Bunte*, FS Schimansky (1999), S. 19, 25 ff.; *Habersack*, Vertragsfreiheit und Drittinteressen (1992), S. 106 ff.; *Adams*, BB 1989, 781, 782 ff.; *Köndgen*, NJW 1989, 943, 946 ff.; *Kötz*, Gutachten (1974), S. A 9, S. A 33 ff. Vgl. hierzu eingehend oben S. 541 f.

684 *Leuschner*, AcP 207 (2007), 491, 500 f. Vgl. auch oben S. 0.

685 *Akerlof*, 84 Q. J. Econ. 488, 489 ff. (1970). Hierzu eingehend oben S. 544 ff.

686 *Axer*, AGB-Kontrolle (2012), S. 57; *Becker*, AGB und Individualvereinbarung (2011), S. 99; *v. Westphalen*, BB 2010, 195, 200; *Stoffels*, AGB-Recht (3. Aufl. 2015), Rn. 86; *Basedow*, AcP 200 (2000), 445, 487; *Drexl*, Selbstbestimmung (1998), S. 330, 340; *Fastrich*, Inhaltskontrolle (1992), S. 86; *Kötz*, Gutachten (1974), S. A 9, A 34; *Grunsky*, BB 1971, 1113, 1117. Vgl. auch aus der Rechtsprechung BGH NJW-RR 2008, 818, 820 (Verbrauchserfassungsgerätevertrag). Hierzu eingehend oben S. 598, 577 ff. Hierzu *Axer*, AGB-Kontrolle (2012), S. 75 ff.; *Becker*, AGB und Individualvereinbarung (2011), S. 78 f. sowie oben S. 270 f., 543 f., 598 f., 577 f.

687 Hierzu eingehend oben S. 542 ff. mwN.

auf alternative Anbieter aufgrund branchenweit weitgehend einheitlicher AGB regelmäßig nicht möglich ist.

Schließlich wird mit dieser Argumentation auch eine *Kommerzialisierung* von Rechtsansprüchen vorausgesetzt, die mit dem verfassungsrechtlich gebotenen Schutz der materiellen Privatautonomie des Verwendungsgegners kaum vereinbar ist. Denn der hohe, für die Kenntnisnahme und die rechtliche Bewertung der AGB erforderliche Aufwand hindert den Verwendungsgegner daran, in zumutbarer Weise vom Inhalt der AGB Kenntnis oder auf sie Einfluss zu nehmen. Unabhängig von der Tatsache, dass der Verwendungsgegner aufgrund der mangelnden Dispositionsbereitschaft des Verwenders ohnehin nicht in der Lage ist, den Inhalt der AGB mitzugestalten, bedingt bereits das *Nichtleistenkönnen* der prohibitiv hohen Transaktionskosten die – letztlich für die Legitimation der Inhaltskontrolle maßgebliche – *Fremdbestimmung* des Verwendungsgegners. Wie man das angesprochene Problem auch dreht und wendet: Man kommt nicht an der Tatsache vorbei, dass der Verwendungsgegner auf den Inhalt der AGB regelmäßig keinen Einfluss hat und das Ausweichen auf alternative Anbieter aufgrund einheitlich schlechter AGB-Qualität infolge *adverser Selektion* keine zumutbare Alternative bildet. Die Beeinträchtigung der Vertragsgestaltungsfreiheit des Verwendungsgegners wird daher mit Blick auf die Möglichkeit eines alternativen Vertragsschlusses auch nicht durch eine entsprechende Abschlussfreiheit kompensiert. Dem Vertragspartner des Verwenders bleibt buchstäblich nichts anderes übrig, als sich den ihm vorgelegten Vertragsbedingungen zu unterwerfen oder gänzlich auf das Rechtsgeschäft und die damit verbundene Interessenverwirklichung zu verzichten.

(2) Unzumutbarkeit bei existenznotwendigen Gütern

Entsprechend gehen Teile des Schrifttums davon aus, dass es für den Verwender jedenfalls bei Verträgen über existenznotwendige Güter – wie etwa bei Wohnungsmiet- und Arbeitsverträgen – nicht zumutbar ist, auf den Vertragsschluss zu verzichten.[688] Zutreffend hatte *Fastrich* in diesem Zusammenhang darauf hingewiesen, dass „der Verzicht auf den Vertragsschluß ... vielfach auch keine realistische Alternative darstellt, weil niemand auf Dauer auf die Leistungen von Kfz-Werkstätten, Reinigungen usw. verzichten kann und die Verwendung Allgemeiner Geschäftsbedingungen ihrerseits vielfach unverzichtbar ist und bran-

[688] *Berger*, ZIP 2006, 2149, 2155; *Wellenhofer-Klein*, ZIP 1997, 774, 775; *Zöllner*, AcP 196 (1996), 1, 33; *Singer*, Selbstbestimmung (1995), S. 15; *Fastrich*, Inhaltskontrolle (1992), S. 85. Ähnlich schon *Raiser*, Das Recht der AGB (1935), S. 287, der sich allerdings nicht auf den Schutz existenznotwendiger Güter beschränkt, sondern – ähnlich wie *Bydlinski*, FS Kastner (1972), S. 45, 60, indes mit Bezug auf *Wilburg's* bewegliches System – am Grad der ökonomischen und sozialen Wichtigkeit sowie der Unentbehrlichkeit der entsprechenden Güter orientiert und umso eher eine Notwendigkeit der Inhaltskontrolle annimmt, je unentbehrlicher und bedeutsamer die vertragsgegenständlichen Rechte sind. Ähnlich mit Blick auf die ergänzende Vertragsauslegung *Schäfer/Ott*, Ökonomische Analyse (5. Aufl. 2012), S. 453.

chenweit erfolgt."[689] *Wolf* hat die durch den Verzicht auf den Vertrag beeinträchtigten Interessen des Verwendungsgegners mit Blick auf den Verbraucher und den Unternehmer näher herausgearbeitet.[690] Dabei unterscheidet er für den Verbraucher zwischen *lebensnotwendigen Bedürfnissen* (v. a. Daseinsvorsorge), *sozialen Bedürfnissen,* die sich aus den gesellschaftlichen Lebensformen sowie der Einbettung in die Sozialgemeinschaft ergeben und vor allem zum allgemeinen Lebensstandard gehörende Güter umfassen sowie *persönlichen Bedürfnissen*, die der Individualsphäre des Einzelnen angehören und individuellen Neigungen und Bestrebungen entspringen.[691]

Ein Schutzbedürfnis erkennt *Wolf* dabei lediglich im Hinblick auf die beiden erstgenannten Verbraucherinteressen an. So hätten etwa Gesetzgeber, Rechtsprechung und Literatur die sich aus den *lebensnotwendigen Bedürfnissen* ergebenen Interessen des Verbrauchers durch Anerkennung eines *Kontrahierungszwangs* als schutzwürdig angesehen.[692] Die Schutzbedürftigkeit des *sozialen Bedürfnisses* der Teilhabe am allgemeinen Lebensstandard finde ihre Grundlage dagegen in der *freien Entfaltung der Persönlichkeit,* die nicht nur auf einen mit Blick auf die Menschenwürde unverzichtbaren Kernbereich geistig-sittlicher Freiheit verweise, sondern gem. Art. 2 Abs. 1 GG auch die allgemeine Handlungsfreiheit umfasse.[693] Im Hinblick auf die *persönlichen* Bedürfnisse sei dem Verbraucher dagegen ein Verzicht auf den Vertragsschluss zuzumuten.[694] Der Unternehmer sei dagegen vor dem Hintergrund der Rechtsprechung zum eingerichteten und ausgeübten Gewerbebetrieb lediglich im Hinblick auf sein Interesse an *unternehmerischer Berufsausübung* und der *Erhaltung des Unternehmens* schutzwürdig, so dass auch nur in diesen Fällen eine Inhaltskontrolle in Betracht kommt.[695] Im Hinblick auf sein *Gewinninteresse* ist ihm ein Abstandnehmen vom Vertrag zuzumuten, da hierdurch seine rechtsgeschäftliche Entscheidungsfreiheit nicht beeinträchtigt werde.[696]

Die Verknüpfung der Inhaltskontrolle mit der Bedeutung der vertragsrelevanten Interessen des Verwendungsgegners bietet auf den ersten Blick einen überzeugenden Ansatz zur Konkretisierung des Kriteriums der *Zumutbarkeit* einer Abstandnahme vom Vertrag.[697] Denn die Berücksichtigung der dem Vertrag ei-

---

689 *Fastrich*, Inhaltskontrolle (1992), S. 85.
690 *Wolf*, Entscheidungsfreiheit (1970), S. 232 ff.
691 *Wolf*, Entscheidungsfreiheit (1970), S. 232.
692 *Wolf*, Entscheidungsfreiheit (1970), S. 232.
693 *Wolf*, Entscheidungsfreiheit (1970), S. 233.
694 *Wolf*, Entscheidungsfreiheit (1970), S. 238.
695 *Wolf*, Entscheidungsfreiheit (1970), S. 245 ff.
696 *Wolf*, Entscheidungsfreiheit (1970), S. 243.
697 Hierzu auch *Axer*, AGB-Kontrolle (2012), S. 52; *Becker*, AGB und Individualvereinbarung (2011), S. 80; *Miethaner*, AGB-Kontrolle (2010), S. 69 ff.; *Hellwege*, AGB und Rechtsgeschäftslehre (2010), S. 566 f.; *Drexl*, Selbstbestimmung (1998), S. 339; *Bydlinski*, System und Prinzipien (1996), S. 759; *Fastrich*, Inhaltskontrolle (1992), S. 85. Vgl. auch *Bork*, BGB

gentlich zugrunde liegenden Bedürfnisse des Vertragspartners des Verwenders verweist auf den *Vertragszweck* und damit auf den eigentlichen *Schutzgrund* der Inhaltskontrolle: den Schutz der *Vertragsfreiheit* als Instrument der *Interessenverwirklichung* zum Ziel der *Persönlichkeitsentfaltung*. Stellt der Vertrag den Parteien ein rechtliches Instrumentarium zur Verwirklichung ihrer Interessen im Verhältnis zu ihren Mitmenschen zur Verfügung, um so die Entfaltung ihrer *Persönlichkeit* als Ausdruck menschlicher *Freiheit* und *Würde* zu ermöglichen, und wird diese Funktion dadurch beeinträchtigt, dass dem Verwendungsgegner versagt wird, auf die inhaltliche Gestaltung des Vertrages Einfluss zu nehmen, so wird die damit verbundene Störung des Vertragszwecks umso unerheblicher, je weniger elementare, für die Persönlichkeitsentfaltung des Verwendungsgegners erforderliche Interessen betroffen sind.

(3) Grundsätzliche Unzumutbarkeit der Abstandnahme vom Vertrag

Allerdings erscheint es problematisch, die Schutzbedürftigkeit des Verwendungsgegners und damit die Inhaltskontrolle von AGB an eine wie auch immer zu bestimmende *Erheblichkeit* oder *Bedeutung* des Vertrages für die Persönlichkeitsentfaltung des Einzelnen zu knüpfen. Das damit verbundene Urteil Dritter über das, was für das Individuum als *erheblich* und *bedeutsam* anzusehen sei, impliziert einen *Paternalismus*, der mit der Bedeutung des Selbstbestimmungsrechts nur schwer in Einklang zu bringen ist – und der unter anderen Vorzeichen mit Blick auf eine vorgeblich zu weitgehende Inhaltskontrolle gerade abgelehnt wird.[698] Darüber hinaus stößt eine Versagung der Inhaltskontrolle hinsichtlich des Zieles eines *einheitlichen Schutzniveaus* und unter dem Aspekt der *Rechtssicherheit* auf erhebliche Schwierigkeiten – und wäre mit dem geltenden Recht unvereinbar, das eine derartige Differenzierung gerade nicht vornimmt. Entsprechend sehen auch die Vorschriften der §§305ff. BGB davon ab, den infrage stehenden Vertrag auf seine Erheblichkeit für die Persönlichkeitsentfaltung des Verwendungsgegners hin zu untersuchen und die Inhaltskontrolle von einem positiven Ausgang einer entsprechenden Prüfung abhängig zu machen. Das geltende Recht ist mit einem Begründungsmodell, das dem Verwendungsgegner unter bestimmten Umständen einen Verzicht auf den Vertragsschluss zumutet, nicht erklärbar.

Daher lehnt ein Teil des Schrifttums zu Recht die Annahme eines zumutbaren Vertragsverzichts ab und geht davon aus, dass die Beeinträchtigung der Vertragsgestaltungsfreiheit des Verwendungsgegners nicht dadurch aufgehoben wird, dass dieser vom Rechtsgeschäft insgesamt Abstand nimmt.[699] So hatte bereits

AT (4. Aufl. 2016), Rn. 1744; *Leuschner*, AcP 207 (2007), 491, 498; *Coester-Waltjen*, AcP 190 (1990), 1, 21.

[698] Zu „paternalistischen" Tendenzen mit dem Ziel einer Zurückdrängung der Inhaltskontrolle vgl. *Posner*, Economic analysis of law (7. Aufl. 2007), S. 116f.; *Bebchuk/Posner*, 104 Mich. L. Rev. 827, 828 (2006). Hierzu oben S. 539ff. 541.

[699] *Lenkaitis/Löwisch*, ZIP 2009, 441, 443; *Drexl*, Selbstbestimmung (1998), S. 339; *Byd-*

Bydlinski darauf hingewiesen, dass „der Verzicht auf die erwogene Anschaffung überhaupt ... sicher unzumutbar [ist], wenn es sich um die Befriedigung existenzieller Bedürfnisse, aber doch wohl auch, wenn es sich um nach heutigem Lebensstandard ganz normalen Bedarf handelt."[700] Und auch *Drexl* geht davon aus, dass die Möglichkeit, vom Vertrag Abstand zu nehmen, „*kaum jemals* eine brauchbare Alternative [sei], da bei der heutigen Verbreitung von AGB damit zugleich der Verzicht auf die Befriedigung zum Teil elementarer Bedürfnisse verbunden wäre."[701] Weist diese Argumentation – ähnlich dem Ansatz von *Wolf* – vor allem auf die *instrumentale* Funktion der Vertragsfreiheit als Mittel der Sicherung der Interessenverwirklichung mit dem Ziel der Entfaltung der Persönlichkeit hin, so berührt der Verweis auf die Zumutbarkeit der Abstandnahme vom Vertrag in besonderer Weise auch die *Substanz* der Vertragsfreiheit selbst. Denn diese steht dem Einzelnen keineswegs nur dann zu, wenn der Vertrag der Befriedigung elementarer Grundbedürfnisse dient, sondern sie ist mit Blick auf den konkreten Gegenstand des Vertrages dem Einzelnen gegenüber grundsätzlich *bedingungslos* gewährleistet.[702]

Zwar erscheint es auf den ersten Blick leicht, dem Verwendungsgegner nahezulegen, doch einfach auf den Vertrag und die damit verbundene Anschaffung zu verzichten, wenn ein Vertragsschluss nur zu einseitig belastenden Bedingungen möglich ist, denn er sei ja zum Abschluss eines Vertrages mit dem konkreten Verwender keineswegs gezwungen. Dabei wird indes übersehen, dass der Verwendungsgegner mit Blick auf die Hauptleistung den Vertrag aber gerade abschließen *will*, er jedoch keinerlei Einfluss auf die in den AGB enthaltenen Vertragsbedingungen hat – und typischerweise auch niemals haben wird. Dieser Beeinträchtigung seiner *Vertragsgestaltungsfreiheit* kann er eben gerade nicht entgehen, ohne bei Alternativanbietern mit ähnlichen Bestimmungen konfrontiert zu werden[703] oder auf das Rechtsgeschäft gänzlich verzichten zu müssen – und sich dadurch letztlich selbst von der Teilhabe am wirtschaftlichen Verkehr auszuschließen. Unter der Geltung der *Privatautonomie* ist eine derart weitreichende Entrechtung[704] einer Vertragspartei nicht mehr hinnehmbar.

---

linski, System und Prinzipien (1996), S. 759; *Bydlinski*, FS Kastner (1972), S. 45, 59 f. Ähnlich auch *Bork*, BGB AT (4. Aufl. 2016), Rn. 1744, der darauf hinweist, dass die Vertragsfreiheit durch die Möglichkeit des Verzichts des Kunden auf den Vertragsschluss zwar formal gewahrt bleibe, gleichwohl von einer fehlenden Kompensation einseitiger Gestaltungsmacht des Verwenders ausgeht, die eine um Gerechtigkeit und Interessenausgleich bemühte Rechtsordnung nicht hinnehmen könne.

[700] *Bydlinski*, System und Prinzipien (1996), S. 759.

[701] *Drexl*, Selbstbestimmung (1998), S. 339. Hervorhebungen durch den Verfasser.

[702] Vgl. zu *Wesen* und *Bedeutung* der *Vertragsfreiheit* bereits eingehend oben S. 13 ff., 21 ff., 25 ff. sowie aus verfassungsrechtlicher Perspektive 30 ff., 358 ff.

[703] Zum fehlenden Konditionenwettbewerb vgl. nur oben S. 542 ff.

[704] Vgl. zu den teilweise heftigen Reaktionen des Schrifttums oben S. 488 f. sowie etwa *Pappenheim*, FS Cohn (1915), S. 289, 295 f. („Wegbedingung ihrer gesetzlichen Rechte Wehrlosen"); *Hedemann*, Das bürgerliche Recht und die neue Zeit (1919), S. 13 („Vergewaltigung

In einer rechtsstaatlich orientierten Wirtschaftsordnung muss es für jeden Rechtsträger möglich sein, in substantiellem Umfang am Rechts- und Wirtschaftsverkehr teilzunehmen, ohne vor die Wahl gestellt zu werden, entweder erhebliche *Beeinträchtigungen* bzw. aufgrund der Reduzierung seiner Gestaltungsmöglichkeiten auf Null den vollständigen *Verlust* seiner Vertragsgestaltungsfreiheit in Kauf zu nehmen und sich dem Diktat unbilliger Vertragsbedingungen zu unterwerfen oder insoweit eben auf die Teilhabe am Güteraustausch zu verzichten. Dies wäre aber die Konsequenz, wollte man vom Verwendungsgegner den Verzicht auf den konkreten Vertragsschluss verlangen. Die Annahme, dass die Abstandnahme vom Vertrag für den Verwendungsgegner eine zumutbare Alternative darstelle, wird daher der Bedeutung der grundrechtlich geschützten Privatautonomie des Verwendungsgegners nicht gerecht. Den engen Zusammenhang zwischen der Teilhabe am Wirtschaftsverkehr und der Vertragsfreiheit des Klauselgegners hatte bereits *Bydlinski* herausgestellt:

„Die ‚Richtigkeitsgewähr' (Schmidt-Rimpler) des Vertragsmechanismus, die im wechselseitigen Abschleifen der Interessen durch die Notwendigkeit der Einigung liegt, ist daher hier nur noch *in sehr geringem Maße wirksam.* Man kann zwar m. E. nicht mit Flume sagen, daß *überhaupt kein Akt der Privatautonomie* vorliegt: In aller Regel nämlich wenn nicht gerade lebenswichtige Interessen auf dem Spiel stehen kann der Kunde auf den Vertragsschluß immerhin *verzichten*; gegebenenfalls auf dem Markt auf einen anderen Vertragspartner oder ein anderes Produktl ausweichen. Eine zweite Frage ist freilich, ob ihm auch stets *zuzumuten* ist, auf die *Befriedigung seines Bedarfes* zu verzichten, nur um einer *allgemeinen Geschäftsbedingungsklausel* zu entgehen, die ihm nicht paßt, die aber vielleicht von allen potentiellen Vertragspartnern gefordert wird. Kurz: eine sehr *‚verdünnte Freiheit'*, um mit Raiser zu sprechen, ist es gewiß, in der der Kunde kontrahiert."[705]

Es ist eben diese „verdünnte Freiheit"[706], die der Richtigkeitsgewähr des Vertragsmechanismus die Grundlage entzieht und damit eine materielle Überprüfung des Vertrages im Wege der Inhaltskontrolle erforderlich macht. Ist dem Verwendungsgegner mangels Abänderungsbereitschaft des Verwenders die *Vertragsgestaltungsfreiheit* letztlich vollständig entzogen und gewinnt er aufgrund weitgehend einheitlich schlechter AGB durch Ausweichen auf Alternativanbieter nichts an Gestaltungsmacht hinzu, bleibt ihm als Substrat der von *Raiser* erwähnten „verdünnten Freiheit"[707] im Grunde nichts weiter übrig, als auf den Vertrag und damit letztlich auf die Teilhabe am Rechts- und Wirtschaftsver-

---

des schwächeren Teiles"); *Nipperdey*, Kontrahierungszwang (1970), S. 3 („Im Namen der Vertragsfreiheit wird die Vertragsfreiheit ‚sabotiert'.) Hierauf hinweisend *Hellwege*, AGB und Rechtsgeschäftslehre (2010), S. 297, 305.

[705] *Bydlinski*, FS Kastner (1972), S. 45, 59f. Hervorhebungen durch den Verfasser.

[706] *Bydlinski*, FS Kastner (1972), S. 45, 60; *Bydlinski*, Privatautonomie (1967), S. 106, 123; *Raiser*, FS 100 Jahre DJT (1960), S. 101, 126. Ähnlich *Kramer*, FS Canaris I (2007), S. 665, 670. Vgl. hierzu näher *Canaris*, AcP 200 (2000), 273, 321 sowie oben S. 320, Fn. 234 mwN.

[707] *Raiser*, FS 100 Jahre DJT (1960), S. 101, 126. Vgl. auch oben S. 320, Fn. 234 mwN.

kehr zu verzichten. Zwar ist auch der Verzicht auf die Vertragsfreiheit – die Abstandnahme von der Gestaltung der eigenen Rechtsverhältnisse durch den Einzelnen nach seinem Willen[708] – ein Akt der Freiheit in der Form der negativen Vertragsabschlussfreiheit.

Hierin kann und darf sich der Gehalt grundrechtlich gewährleisteter Privatautonomie indes nicht erschöpfen. Reduziert sich die Vertragsfreiheit auf die *Möglichkeit* ihres *Verzichts*, so ist sie letztlich ihrer Substanz beraubt. Daher wird auch der durch das Stellen von AGB bedingte Verlust der Vertragsgestaltungsfreiheit durch die bloße Möglichkeit des Verwendungsgegners, durch Abstandnahme vom Vertrag auf die privatautonome Regelung seiner Rechtsverhältnisse im Hinblick auf ein bestimmtes Rechtsgeschäft insgesamt und damit zugleich auf die Teilnahme am Rechtsverkehr zu verzichten, nicht kompensiert.

Für den Verwendungsgegner besteht damit ein *faktischer Abschlusszwang* aufgrund mangelnder *Nichteinigungsalternativen*. Der Verlust der *Vertragsgestaltungsfreiheit* hat aufgrund der damit verbundenen *Vertragsimparität* ein Versagen der *Richtigkeitsgewähr* des Vertrages und – soweit die angemessene Verwirklichung seiner Interessen behindert wird – auch eine Verfehlung des *Vertragszwecks* zur Folge, so dass eine *materielle Korrektur* im Wege der Inhaltskontrolle geboten ist. Dies entspricht der Rechtsprechung des BVerfG, die im Ausgleich derartiger Situationen gestörter Vertragsparität eine der „Hauptaufgaben des geltenden Zivilrechts“[709] erblickt.

II. Überindividuelle Rechtfertigung

Im Rahmen der bisherigen Überlegungen stand vor allem die *individualschützende* Funktion der Inhaltskontrolle im Vordergrund. Zugleich wurde – etwa mit Blick auf das Problem des fehlenden Konditionenwettbewerbs – deutlich, dass im Kontext der Suche nach einem tragfähigen Begründungsmodell der Inhaltskontrolle *überindividuelle* Schutzgüter zumindest mit angesprochen sind.[710] In der Tat lässt sich die AGB-Kontrolle nicht nur mit dem Schutz der individuellen Ver-

---

[708] So zum Begriff der Vertragsfreiheit *Flume*, BGB AT II (3. Aufl. 1979), S. 1 sowie BVerfGE 72, 155, 170 (Handelsgeschäft) = NJW 1986, 1859, 1860. Vgl. auch Staudinger/*Schiemann*, Eckpfeiler (6. Aufl. 2018), C. Rn. 1; *Larenz/Wolf*, BGB AT (9. Aufl. 2004), S. 26; *Busche*, Privatautonomie (1999), S. 13 mwN; *Lorenz*, Schutz (1997), S. 15; *Singer*, Selbstbestimmung (1995), S. 1; *Wolf*, Entscheidungsfreiheit (1970), S. 19; *Bydlinski*, Privatautonomie (1967), S. 173; *v. Hippel*, Privatautonomie (1936), S. 62 sowie oben S. 16f.

[709] BVerfGE 89, 214, 233 = NJW 1994, 38 (Bürgschaft I).

[710] Zur *überindividuellen* Rechtfertigung der Inhaltskontrolle vgl. nur *Hellwege*, AGB und Rechtsgeschäftslehre (2010), S. 540ff., 556ff., 563ff., 583ff.; *Miethaner*, AGB-Kontrolle (2010), S. 73ff.; *Leuschner*, JZ 2010, 875, 879; *Leuschner*, AcP 207 (2007), 491, 502ff.; *Raiser*, Das Recht der AGB (1961), S. 93ff., 290ff.; *Raiser*, in: Summum ius, summa iniuria (1963), S. 145, 146ff.

tragsgestaltungsfreiheit des Verwendungsgegners erklären, sondern darüber hinaus auch auf überindividuelle Schutzgründe stützen.

Aus *rechtsgeschichtlicher* Perspektive standen überindividuelle Rechtfertigungsansätze sogar am Beginn der Entwicklung des modernen AGB-Rechts: So hatte etwa *Raiser* die Inhaltskontrolle von AGB noch mit Verweis auf Gemeinwohlbelange gerechtfertigt.[711] Im weiteren Verlauf der Diskussion wurde die Debatte sodann mehr und mehr von individuellen Schutzzwecküberlegungen beherrscht. Erst in jüngerer Zeit tritt im Kontext der zunehmenden Rezeption rechtsökonomischer Begründungsansätze – etwa mit der Untersuchung der wohlfahrtssteigernden Wirkung einer transaktionskostensenkenden Vertragskontrolle – die überindividuelle Dimension der Inhaltskontrolle wieder verstärkt in den Mittelpunkt des wissenschaftlichen Interesses.

Dabei war sie durch die – *individuelle* und *überindividuelle* – „Doppelnatur" der Inhaltskontrolle schon seit Langem in der klassischen Formel des Schutzes des Verwendungsgegners vor dem Missbrauch der einseitigen Inanspruchnahme der Vertragsgestaltungsfreiheit durch den Verwender angelegt. *Schutz des Vertragspartners* und *institutioneller Schutz* sind damit auf das Engste miteinander verknüpft, so dass individuelle und überindividuelle Rechtfertigung der Inhaltskontrolle gleichsam „zwei Seiten derselben Medaille" bilden. Im Folgenden sollen daher die wichtigsten *überindividuellen* Rechtfertigungsgründe in ihren Grundzügen in den Blick genommen werden.

1. *Schutz des Gemeinwohls*

Verfolgt man die Entwicklung des AGB-Rechts bis in die erste Hälfte des 20. Jh. zurück und nimmt dabei die für das moderne Verständnis von AGB prägenden Arbeiten *Raisers*[712] in den Blick, so wird deutlich, dass die Inhaltskontrolle zunächst weniger als Instrument des Individualschutzes, denn als Element eines die Funktionsfähigkeit der Gesamtwirtschaft gewährleistenden *Gemeinwohlschutzes* betrachtet wurde. Nach der Auffassung *Raisers* berührt die Verwendung von AGB aufgrund ihrer massenhaften Verbreitung im Wirtschaftsverkehr in besonderer Weise *öffentliche Interessen*, da sie aufgrund ihrer branchenweiten *Einheitlichkeit* in ihren Folgen nicht auf das Einzelgeschäft zwischen den Parteien beschränkt sind, sondern gesamtwirtschaftliche Auswirkungen haben:

„Entscheidend für die Beurteilung ist, was die AGB für die *Gesamtwirtschaft* und das *soziale Leben* des Volkes bedeuten. An ihrer Verbreitung und Wirkungsweise ist das öffentliche Interesse noch stärker und unmittelbarer beteiligt als an der beliebiger In-

[711] Vgl. nur *Raiser*, Das Recht der AGB (1961), S. 93ff. sowie eingehend hierzu unten S. 615ff.

[712] Grundlegend *Raiser*, Das Recht der AGB (1935). Vgl. auch *Raiser*, in: Summum ius, summa iniuria (1963), S. 145.

dividualverträge, da sie stets für eine große Reihe von Einzelgeschäften maßgebend sein sollen oder sogar den Rechtszustand ganzer Geschäftszweige beherrschen. Das öffentliche Interesse wächst, je größer der Kundenkreis ist, an den sich der Unternehmer mit seinen AGB richtet, und je weniger geschäftliche Erfahrung und besondere Fachkunde bei diesem Kreis vorausgesetzt werden kann."[713]

Das damit verbundene öffentliche Interesse rechtfertige, so *Raiser*, zur Verhinderung von Missbräuchen eine Inhaltskontrolle von AGB:

„Aus dieser Wirtschaftsverfassung brauchen die AGB nicht verbannt zu werden. ... Nur findet diese *Freiheit* da ihre *Grenze*, wo der Gebrauch die Gemeinschaft schädigt. Über der Einhaltung dieser Grenze zu wachen, ist Recht und Pflicht des Staates. Er muß sich also, um Mißbräuche zu verhindern, einen wirksamen Einfluß auf die Abfassung und Handhabung der AGB verschaffen. [...] Die Erscheinung der AGB als solche zu bekämpfen, besteht kein Grund ... Nur muß dafür Sorge getragen werden, daß bei ihrer Ausgestaltung und Handhabung das öffentliche Interesse, die Rücksicht auf das Gesamtwohl und das Rechtsbewußtsein der Gemeinschaft nachdrücklich zur Geltung kommt. Es muß verhindert werden, daß sich ein Unternehmer in seinen AGB durch List oder wirtschaftlichen Druck eigennützige Vorteile sichert, die den Kunden ungebührlich belasten, der Gesamtwirtschaft schaden und das Recht verletzen. Die Mittel dazu sind eine wirksame *Kontrolle* durch Verwaltungsbehörden und durch die staatliche Gerichtsbarkeit, die auf diesem Gebiet nicht beliebig zurückgedrängt werden darf."[714]

Die Konsequenzen, die sich aus einer überindividuellen Rechtfertigung der Inhaltskontrolle auf der Grundlage des Gemeinwohls ergeben, hat *Hellwege* überzeugend aufgezeigt.[715] So würde die Inhaltskontrolle sowohl AGB im unternehmerischen als auch im nichtunternehmerischen Rechtsverkehr erfassen, sich jedoch nicht auf Individualvereinbarungen erstrecken, da es hier aufgrund mangelnder Berührung öffentlicher Interessen insoweit am notwendigen Gemeinwohlbezug fehlt.[716] Auf ein konkretes Schutzbedürfnis des Verwendungsgegners kommt es dabei nicht an. Allerdings ist die Schlussfolgerung *Hellweges*, dass auf der Grundlage eines am Gemeinwohl orientierten überindividuellen Schutzkonzeptes auch Preisvereinbarungen der Inhaltskontrolle unterliegen würden, nicht zwingend.

Zwar geht auch *Raiser* davon aus, dass im Hinblick auf die Frage, „ob die Regelung der Lebensverhältnisse, wie sie die AGB vorsehen, dem Rechtsempfinden des Volkes entspricht und dem Gesamtwohl zuträglich ist oder nicht"[717], ob also das öffentlich Interesse betroffen ist, „auch die Höhe des Entgelts eine Rolle spielen"[718] kann. Zugleich weist er jedoch darauf hin, dass dies nicht zwingend ist:

713 *Raiser*, Das Recht der AGB (1961), S. 93. Hervorhebungen im Original.
714 *Raiser*, Das Recht der AGB (1961), S. 95, 98. Hervorhebungen im Original.
715 *Hellwege*, AGB und Rechtsgeschäftslehre (2010), S. 540ff.
716 *Hellwege*, AGB und Rechtsgeschäftslehre (2010), S. 540.
717 *Raiser*, Das Recht der AGB (1961), S. 290.
718 Ebenda.

Denn „sie braucht es nicht zu tun, und sie ist jedenfalls nicht allein wesentlich.“[719] Dies entspricht dem Befund, dass im Hinblick auf den Preis als Hauptleistungspflicht regelmäßig ein funktionierender Wettbewerb gewährleistet ist[720], so dass – anders als hinsichtlich der in AGB enthaltenen Nebenleistungspflichten und des hier feststellbaren fehlenden Konditionenwettbewerbs[721] – ein korrigierendes Eingreifen des Gesetzgebers jedenfalls im Grundsatz nicht erforderlich ist.[722]

Probleme bereiten allerdings die beschränkte Wirkung des lediglich *inter partes* wirkenden Urteils im Individualverfahren sowie die fehlende Berücksichtigung *konkret-individueller Umstände* bei der Angemessenheitsprüfung gem. 310 Abs. 3 Nr. 3 BGB.[723] So könnte etwa argumentiert werden, dass das Gemeinwohl durch das Instrument der Inhaltskontrolle nur unzureichend geschützt wird, da ein mögliches Urteil lediglich für die Verfahrensbeteiligten bindend sei.[724] Allerdings würde dies bedeuten, dass gerichtlichen Entscheidungen keine verhaltenssteuernde Lenkungswirkung zukommt: Eine Annahme, die aufgrund der *Leitbildfunktion* gerichtlicher Entscheidungen kaum zu überzeugen vermag. Darüber hinaus haben die intensive Diskussion der Rechtsprechung des BGH zum Merkmal des Aushandelns nach §305 Abs. 1 S. 3 BGB und die diskutierten Konsequenzen einer „Flucht in das schweizerische Recht“ gezeigt, dass von der Rechtsprechung erhebliche verhaltenssteuernde Wirkungen auf den Rechtsverkehr ausgehen können. Aber auch die nach 310 Abs. 3 Nr. 3 BGB geforderte Berücksichtigung konkret-individueller Umstände im Rahmen der Inhaltskontrolle ist mit einem am Gemeinwohl orientierten Schutzkonzept nicht schlechterdings unvereinbar.

Im Gegenteil steht die Tatsache, dass für die Inhaltskontrolle nach den §§307ff. BGB im *Grundsatz* gerade eine typisierende, generell-abstrakte Beurteilung maßgeblich ist und die konkreten Umstände des Einzelfalls unberücksichtigt bleiben[725], im Einklang mit einem überindividuellen, gemeinwohlorientierten Rechtfertigungsansatz der Inhaltskontrolle. Und auch im Rahmen des 310 Abs. 3 Nr. 3 BGB ist zunächst ein generell-abstrakter Beurteilungsmaßstab maßgeblich, der erst auf einer zweiten Prüfungsstufe durch eine konkret-individuelle Betrachtungsweise *ergänzt* – nicht ersetzt – wird.[726]

[719] Ebenda.

[720] Hierzu oben S. 481 ff.

[721] Vgl. hierzu eingehend oben S. 542 ff.

[722] Entsprechend findet nach §307 Abs. 3 S. 1 BGB eine Inhaltskontrolle von Preisvereinbarungen nicht statt. Vgl. hierzu eingehend MünchKomm/*Wurmnest*, BGB (7. Aufl. 2016), §307 Rn. 16ff.; *Fuchs*, in: *Ulmer/Brandner/Hensen*, AGB-Recht (12. Aufl. 2016), §307 Rn. 71ff.; *Hellwege*, AGB und Rechtsgeschäftslehre (2010), S. 576f.; *Stoffels*, AGB-Recht (3. Aufl. 2015), Rn. 443ff.

[723] Vgl. hierzu *Hellwege*, AGB und Rechtsgeschäftslehre (2010), S. 541.

[724] So *Hellwege*, AGB und Rechtsgeschäftslehre (2010), S. 541.

[725] *Fuchs*, in: *Ulmer/Brandner/Hensen*, AGB-Recht (12. Aufl. 2016), §307 Rn. 110 mwN.

[726] MünchKomm/*Basedow*, BGB (7. Aufl. 2016),310 Rn. 77ff., 80f.; Palandt/*Grüneberg*, BGB (77. Aufl. 2018), §310 Rn. 19; *Fuchs*, in: *Ulmer/Brandner/Hensen*, AGB-Recht (12. Aufl.

Der sich daraus ergebene Befund, dass dem AGB-Recht im Grundsatz als Maßstab der Inhaltskontrolle eine *generell-abstrakte Beurteilung*, im Rahmen von Verbraucherverträgen dagegen ausnahmsweise eine *konkret-individuelle* Betrachtungsweise zugrunde liegt, ist mit dem Gemeinwohlgedanken ohne weiteres vereinbar. Dies gilt umso mehr, wenn man in Ablehnung *monokausaler Erklärungsansätze* davon ausgeht, dass dem geltenden AGB-Recht unterschiedliche, sich *gegenseitig ergänzende Schutzzweckkonzepte* zugrunde liegen.[727] Damit lässt sich das geltende AGB-Recht der §§ 305 ff. auf der Grundlage von Gemeinwohlerwägungen weitgehend vollständig abbilden. Insbesondere das *Verbandsklageverfahren* sowie die *Förderung des Transparenzgedankens* sind dabei Ausdruck überindividueller Schutzzweckerwägungen, die auf die Wahrung allgemeiner marktwirtschaftlicher Belange gerichtet sind.[728]

Gleichwohl wird die Betonung des „Gemeinschaftsgedankens"[729] – auch wenn eine wettbewerbsschützende Funktion der Inhaltskontrolle nicht rundweg abgelehnt wird – teilweise als zeitbedingte Erscheinung angesehen und nicht zu den tragenden Schutzgründen der Inhaltskontrolle gezählt.[730] Dahinter steht offensichtlich das zunächst zutreffende Verständnis, dass eine völlige Verneinung individueller Schutzansprüche, gleichsam ein Aufgehen des Individuums in der Gemeinschaft als Ganzem, mit einem auf Freiheit und Würde des Einzelnen gegründeten Schutz der Privatautonomie nicht vereinbar ist. Freilich darf die – völlig zu Recht erfolgende – Ablehnung des einen Extrems nicht in ein anderes umschlagen.

So läuft auf der anderen Seite ein ganz überwiegend *individualistisch* orientiertes Verständnis der Inhaltskontrolle Gefahr, berechtigte Gemeinwohlbelange und Gefährdungen des öffentlichen Interesses auszublenden und das Begründungsmodell der Inhaltskontrolle so um wesentliche Aspekte zu verkürzen. Denn dass die verbreitete Verwendung von AGB als Massenphänomen des Rechtsverkehrs die öffentlichen Interessen und damit das Gemeinwohl berührt, dürfte nicht zu-

2016), § 307 Rn. 402 („Kombinationslösung"); *c Pfeiffer,* in: Wolf/Lindacher/Pfeiffer, AGB-Recht (6. Aufl. 2013), § 310 Rn. 33, 36 (keine Verdrängung, dreistufige Prüfung); Staudinger/*Wendland*, BGB (2019), § 310 Rn. 70.

[727] So auch *Oechsler*, Gerechtigkeit (1997), S. 219; *Stoffels,* AGB-Recht (3. Aufl. 2015), Rn. 85 ff., 88 ff.; *Fuchs,* in: *Ulmer/Brandner/Hensen*, AGB-Recht (12. Aufl. 2016), Vorb. v. § 307 Rn. 26 ff., 31 ff.; *Heinrich*, Formale Freiheit (2000), 205 ff.; *Drexl*, Selbstbestimmung (1998), S. 332 f., 339, 342; *Fastrich*, Inhaltskontrolle (1992), S. 86 ff., 90 f. („Keiner der beiden unmittelbaren Schutzzwecke darf allerdings verabsolutiert werden", ebenda, S. 91).

[728] *Fuchs*, in: *Ulmer/Brandner/Hensen*, AGB-Recht (12. Aufl. 2016), Vorb. v. § 307 Rn. 76.

[729] Grundlegend *v. Gierke*, Soziale Aufgabe (1889), S. 13 („Ein gemeines Privatrecht, das seinen Beruf erfüllen will, muß tief genug gegründet und hoch genug gewölbt sein, um alle diese Sonderrechte in seinen Gedankenbau aufzunehmen. Dann aber muß der Gemeinschaftsgeist das Privatrecht von unten auf durchdringen") sowie *Raiser*, Das Recht der AGB (1961), S. 93 ff., 278 ff. Kritisch hierzu *Stoffels,* AGB-Recht (3. Aufl. 2015), Rn. 18 („zeitbedingt zu verstehen").

[730] So etwa *Stoffels*, AGB-Recht (3. Aufl. 2015), Rn. 18 im Anschluss an *Flume*, BGB AT II (3. Aufl. 1979), S. 671.

letzt aufgrund des Handlungsdrucks, dem sich der AGB-Gesetzgeber ausgesetzt sah und der „eine solche Entwicklung ... nicht tatenlos hinnehmen“[731] konnte, außer Frage stehen. Allerdings ist der Begriff des *Gemeinwohls* noch zu unspezifisch, als dass er als tragfähige Grundlage eines Schutzkonzepts der Inhaltskontrolle herangezogen werden könnte. Mit den Gedanken des *Missbrauchs der Vertragsfreiheit* und des *Schutzes der Wirtschaftsordnung* hat *Raiser* bereits zwei wesentliche Gesichtspunkte herausgestellt, die in der gegenwärtigen Diskussion – wenngleich mit unterschiedlicher Gewichtung – einer *überindividuellen Begründung* der Inhaltskontrolle zugrunde gelegt werden. Ihnen ist im Folgenden nachzugehen.

2. *Schutz des Marktes und des Rechtsverkehrs*

Auf die Belange des *Schutzes des Marktes und des Rechtsverkehrs* hatte bereits *Raiser* hingewiesen und sie neben dem Gedanken des *Missbrauchs der Vertragsfreiheit* zu einer der beiden tragenden Begründungen seines gemeinwohlorientierten Schutzzweckkonzeptes gemacht:

„Erkennt man das *Rationalisierungsbedürfnis* der Unternehmer als in der Konsequenz unseres Wirtschaftssystems liegend an, so muß auf der anderen Seite auf die Gefahr der Erstarrung hingewiesen werden, in die das Wirtschaftsleben gerät, wenn das persönliche Moment zu weit zurückgedrängt, die Elastizität der Verhandlungsführung unterbunden wird. [...] Da die Rationalisierung nicht nach einheitlichem Plan für die ganze Wirtschaft, sondern – wiederum entsprechend unserer Wirtschaftsverfassung – von den einzelnen Unternehmern oder Wirtschaftsgruppen je für sich betrieben wird, so ist das Ergebnis für die Volkswirtschaft nicht notwendig ein leichteres Ineinander, sondern oft im Gegenteil ein noch schrofferes *Gegeneinander* der wirtschaftlichen Kräfte. Das Geschäftsbedingungswesen kann, aufs Ganze gesehen, ebensowohl *Zersplitterung* und *Kampf* wie Befriedung und Vereinheitlichung bedeuten.“[732]

Aber auch im gegenwärtigen Schrifttum ist die „institutionelle, marktbezogene Schutzfunktion“[733] der Inhaltskontrolle, die „überindividuelle Komponente“[734] der „Wahrung allgemeiner, marktwirtschaftlicher Belange“[735], „eine überindividuelle (oder auch rechtsverhältnisexterne) Erklärung“[736] der Inhaltskontrolle überaus präsent, die auf „die langfristigen Auswirkungen der AGB-Kontrolle auf das Allgemeinwohl abstellt“[737] und dabei die Auswirkungen der §§ 305 ff. BGB „auf die Funktionstüchtigkeit von Märkten und deren Bedeutung für die Wohl-

[731] Begründung des RegE zum AGBG, BT Drucks. 7/3919, S. 9.
[732] *Raiser*, Das Recht der AGB (1961), S. 93 f. Hervorhebungen im Original.
[733] *Fuchs*, in: *Ulmer/Brandner/Hensen*, AGB-Recht (12. Aufl. 2016), Vorb. v. § 307 Rn. 29.
[734] *Fuchs*, in: *Ulmer/Brandner/Hensen*, AGB-Recht (12. Aufl. 2016), Vorb. v. § 307 Rn. 76.
[735] Ebenda.
[736] *Leuschner*, AcP 207 (2007), 491, 494.
[737] Ebenda.

standsoptimierung“[738] betont.[739] Die damit angesprochene überindividuelle, marktschützende Dimension der Inhaltskontrolle wird dabei, wenngleich mit unterschiedlicher Akzentuierung, sowohl im Rahmen des *rechtsökonomischen* wie auch des *vertragstheoretischen* Begründungsansatzes relevant. So hat etwa die *ökonomische Analyse* die transaktionskostensenkende Wirkung von AGB, die damit verbundene Steigerung ihrer Akzeptanz zum Zwecke der Transaktionskostenminimierung[740] und die so mögliche Gewährleistung *optimaler Allokationseffizienz*[741] herausgearbeitet sowie auf die Bedeutung der Inhaltskontrolle als Instrument zur Kompensation eines Versagens des Konditionenwettbewerbs hingewiesen.[742] Durch Senkung der Such- und Informationsverarbeitungskosten, geringere Gleichgewichtspreise und verminderte Kosten der Unternehmen ergibt sich ein *sozialer Wohlfahrtsgewinn*, der nicht auf Umverteilung, sondern auf der Vermeidung von Verschwendung „in einem weniger vorteilhaften sozialen ‚Arrangement'“[743] beruht.[744]

Aus *vertragstheoretischer* Perspektive dient die Inhaltskontrolle mit Blick auf überindividuelle Schutzzweckerwägungen vor allem dem Schutz des Rechtsverkehrs vor einer massenhaften Beeinträchtigung der *Vertragsgestaltungsfreiheit*[745] der von AGB betroffenen Marktteilnehmer, dem damit verbundenen verbreiteten *Versagen der Richtigkeitsgewähr*[746] des Vertragsmechanismus sowie der Verfehlung des *Vertragszwecks*.[747] Stellt die Rechtsordnung zur eigenverantwortlichen, rechtlichen Gestaltung der eigenen Lebensverhältnisse das Instrument des Vertrages zur Verfügung, so muss sie durch geeignete Maßnahmen sicherstellen, dass der Vertrag seine Funktion als Mittel des *angemessenen In-*

---

738 Ebenda.

739 Ebenso *Leyens/Schäfer*, AcP 210 (2010), 771, 787 ff.; *Hellwege*, AGB und Rechtsgeschäftslehre (2010), S. 540 ff., 556 ff., 563 ff., 583 ff.; *Miethaner*, AGB-Kontrolle (2010), S. 73 ff.; *Leuschner*, JZ 2010, 875, 879.

740 Vgl. nur *Leuschner*, AcP 207 (2007), 491, 503 ff. sowie oben S. 541 f.

741 Vgl. hierzu oben S. 518 ff.

742 Vgl. nur *Kötz*, JuS 2003, 209, 212 ff.; *Adams*, BB 1989, 781, 782 ff. sowie oben S. 542 ff.

743 *Adams*, in: Neumann (Hrsg.), Ansprüche, Eigentums- und Verfügungsrechte (1984), S. 655, 660.

744 *Leuschner*, AcP 207 (2007), 491, 503 ff.

745 MünchKomm/*Basedow*, BGB (7. Aufl. 2016), § 305 Rn. 5 ff.; *Ulmer/Habersack*, in: Ulmer/Brandner/Hensen, AGB-Recht (12. Aufl. 2016), Einl. Rn. 48; *Pfeiffer*, in: Wolf/Lindacher/Pfeiffer, AGB-Recht (6. Aufl. 2013), § 305 Rn. 3 sowie aus der Rechtssprechung BGH NJW 2010, 1277, 1278; BGH NJW 2010, 1131, 1132; BGH NJW 1997, 2043, 2044. Aus der verfassungsrechtlichen Judikatur BVerfG NJW 2011, 1339, 1341 (Preisanpassungsklausel); BVerfG NJW 2007, 286, 287 (Arbeit auf Abruf); BVerfG NJW 2005, 1036, 1037 (Zahnarzthonorar). Vgl. hierzu oben S. 440 ff., 567 ff.

746 Vgl. nur *Habersack*, Vertragsfreiheit und Drittinteressen (1992), S. 109. Ähnlich *Bydlinski*, FS Kastner (1972), S. 45, 59 f.; *Stoffels*, AGB-Recht (3. Aufl. 2015), Rn. 82; Staudinger/*Wendland*, BGB (2019), § 307 Rn. 5; *Fastrich*, Inhaltskontrolle (1992), S. 91 sowie oben S. 478, S. 458 ff.

747 Vgl. hierzu eingehend oben S. 440 ff., 452 ff.

teressenausgleichs auch erfüllen kann. Diese *Funktion des Vertrages* als grundlegendes Element der Privatrechtsordnung ist gefährdet, wenn eine der Parteien typischerweise keine Möglichkeit hat, auf den *Inhalt der Vereinbarung* Einfluss zu nehmen, mangels Konditionenwettbewerb nicht auf andere Anbieter ausweichen und ihm auch nicht zugemutet werden kann, mit Blick auf das ins Auge gefasste Rechtsgeschäft auf die Teilhabe am Rechtsverkehr insgesamt verzichten. Dies gilt umso mehr, wenn es sich nicht um Einzelfälle, sondern aufgrund der zunehmenden Verbreitung von AGB um ein Massenphänomen handelt. Den faktischen Verlust der Vertragsgestaltungsfreiheit eines erheblichen Teils der Marktteilnehmer kann und darf die Rechtsordnung zum Schutz des Rechtsverkehrs nicht hinnehmen.

Individualschutz ist damit zugleich auch *überindividueller* Schutz des Rechtsverkehrs durch Bewahrung der Verkehrsteilnehmer vor Beeinträchtigungen ihrer *Vertragsgestaltungsfreiheit*, durch Schutz des *Vertrages* selbst als Instrument des angemessenen Interessenausgleichs und durch die grundsätzliche Gewährleistung der *Funktion des Vertragsmechanismus* im Wege des Ausgleichs von Vertragsimparitäten sowie der Gewährleistung der *Privatautonomie* des Verwendungsgegners. Darüber hinaus dient die Inhaltskontrolle auch hier dem Schutz des Rechtsverkehrs vor missbräuchlichen Klauseln durch Gewährleistung einer *Mindestqualität* von AGB und damit der Förderung der *Attraktivität* und *Akzeptanz* von AGB, die so ihre auf der Rationalisierungsfunktion beruhende, transaktionskostensenkende gesamtwirtschaftliche Wirkung entfalten können. Damit einher geht zugleich der Schutz vor *unrichtigen* Verträgen und damit die Gewährleistung der *Vertragsgerechtigkeit*, die durch eine Reduzierung entsprechender Risiken eine Teilnahme am Rechts- und Wirtschaftsverkehr fördert und auf diese Weise insgesamt *wohlfahrtsteigernd* wirken.

Im Hinblick auf die Kongruenz mit dem geltenden AGB-Recht ergibt sich derselbe Befund wie für das Gemeinwohl als überindividuellem Schutzgut: Während AGB im unternehmerischen und nichtunternehmerischen Rechtsverkehr erfasst sind, ist eine Inhaltskontrolle von Individualverträgen sowie von Preisabsprachen nicht möglich.[748] Im Hinblick auf die Problempunkte der beschränkten Bindungswirkung der Inhaltskontrolle *inter partes* und der *konkret-individuellen Betrachtungsweise* bei der Inhaltskontrolle von Verbraucherverträgen nach § 310 Abs. 3 Nr. 3 BGB ergibt sich das gleiche Ergebnis wie bei der Betrachtung eines allgemein auf das Gemeinwohl gestützten Schutzkonzeptes.[749] Da der Aspekt des Schutzes des Marktes und des Rechtsverkehrs bereits im Begriff des Gemeinwohls enthalten ist, ist dieses Ergebnis nur folgerichtig. Das geltende Recht lässt sich damit ohne weiteres auf der Grundlage eines – freilich *ergänzend* neben die individualschützende Funktion der Inhaltskontrolle tretenden – markt- und rechts-

---

[748] *Hellwege*, AGB und Rechtsgeschäftslehre (2010), S. 540 ff., 543.

[749] Vgl. hierzu oben S. 617 f.

verkehrschützenden, überindividuellen Begründungsmodells erklären. Dass sich diese Aspekte nicht ausblenden lassen, sondern als notwendige Auswirkung ihrer individualschützenden Dimension mit der Inhaltskontrolle untrennbar verbunden sind, hat die aktuelle Schutzzweckdiskussion anschaulich gezeigt.[750]

3. *Institutioneller Schutz von Vertragsfreiheit und Vertragsgerechtigkeit*

Der Blick auf den Schutz des Marktes und des Rechtsverkehrs aus der Perspektive des vertragstheoretischen Begründungsmodells der Inhaltskontrolle hat bereits einen engen Zusammenhang zwischen dem institutionellen Schutz von *Vertragsfreiheit* und *Vertragsgerechtigkeit* auf der einen und dem des Marktes auf der anderen Seite aufgezeigt: Ein effektiver Wirtschafts- und Rechtsverkehr setzt eine uneingeschränkte *Funktion* des privatrechtlichen Institutes des *Vertrages* ohne funktionale Mängel seiner *Richtigkeitsgewähr* und damit die Gewährleistung tatsächlicher *Vertragsfreiheit* voraus.

Durch das Stellen von AGB wird die *Vertragsgestaltungsfreiheit* des Verwendungsgegners indes typischerweise auf Null reduziert: Eine Beeinträchtigung tatsächlicher Gestaltungsmacht, die mangels zumutbarer Alternativen auch nicht durch Inanspruchnahme negativer Abschlussfreiheit der betroffenen Marktteilnehmer kompensiert werden kann. Die Konsequenz ist eine vom Vertragspartner des Verwendungsgegners nicht selbstständig behebbare *Vertragsimparität*, die ein *Versagen des Vertragsmechanismus* und infolge *missbräuchlicher*, den Verwendungsgegner einseitig benachteiligender Klauseln darüber hinaus auch eine Beeinträchtigung der *Vertragsgerechtigkeit* zur Folge hat. Geschieht dies nicht nur vereinzelt, sondern wie im Fall von AGB massenweise, so ist nicht nur der Rechtsverkehr sondern auch die Privatrechtsordnung mit Blick auf die institutionelle Gewährleistung von *Vertragsfreiheit* und *Vertragsgerechtigkeit* betroffen.

a) *Schutz vor einem Missbrauch der Vertragsfreiheit*

Der Einwand des *Rechtsmissbrauchs* wurde im Zusammenhang mit dem Stellen einseitig benachteiligender AGB im AGB-rechtlichen Schrifttum bereits Ende des 19. Jh. erhoben.[751] So hatte schon *Jastrow* 1892 die Verfallklausel bei Abzahlungsgeschäften als „bestimmte Art einer weit verbreiteten Form des *Mißbrauchs*

[750] Überindividuelle Schutzaspekte berücksichtigend etwa *Hellwege*, AGB und Rechtsgeschäftslehre (2010), S. 540 ff., 556 ff., 563 ff., 583 ff.; *Miethaner*, AGB-Kontrolle (2010), S. 73 ff.; *Leuschner*, JZ 2010, 875, 879; *Leuschner*, AcP 207 (2007), 491, 502 ff.

[751] Außerhalb der AGB-Problematik taucht der Gedanke des Missbrauchs der Vertragsfreiheit indes bereits in der ersten Hälfte des 19. Jh. auf. Vgl. nur mit Blick auf gesetzliche Regelungen zur Beschränkung fingierter Terminkäufe die Beilage zur Allgemeinen Zeitung Nr. 175 (1825), S. 682: „Nicht die Freiheit des Handels wolle man beschränken, bloß dem Missbrauch der Freiheit wehren."

der Vertragsfreiheit“[752] gegeißelt, eine Einschätzung, der sich *Schneider* fünf Jahre später für das Versicherungsrecht anschloss.[753]

b) Rezeption durch die Rechtsprechung

Und auch das *Reichsgericht* griff in seiner *Monopolrechtsprechung* den Gedanken des Rechtsmissbrauchs in Bezug auf die Vertragsfreiheit – der durch die Rechtsordnung Schranken gesetzt seien[754] – auf, wenn es etwa in einer Entscheidung aus dem Jahr 1912 feststellt, dass „es bei dem tatsächlichen Monopol der Beklagten bezüglich der Lieferung elektrischen Stromes und bei der großen wirtschaftlichen Bedeutung der Elektrizität auch für den einzelnen ein gegen die guten Sitten verstoßender *Mißbrauch der Vertragsfreiheit* sein [würde], wenn die Beklagte den Abnehmern *unbillige* und *unverhältnismäßige Bedingungen* vorschreiben wollte.“[755]

Auf dieser Grundlage entwickelte es jene Formel, die in ihren Grundzügen für nahezu ein halbes Jahrhundert die reichsgerichtliche Monopolrechtsprechung prägen sollte, nämlich dass, „wo der einzelne ein ihm tatsächlich zustehendes *Monopol* oder den Ausschluß einer Konkurrenzmöglichkeit dazu *mißbraucht*, dem allgemeinen Verkehr *unbillige, unverhältnismäßige Opfer aufzuerlegen, unbillige und unverhältnismäßige Bedingungen vorzuschreiben*, ... dieselben rechtliche Anerkennung *nicht finden [können].*“[756] Und auch die Instanzgerichte griffen den Gedanken des Missbrauchs der Vertragsfreiheit im Zusammenhang mit AGB früh auf, wenngleich entsprechende Judikate vereinzelt geblieben sind.[757] So stellte das *Landgericht München* 1911 fest:

> „Wenn der Berufungsführer sich auf das Recht der gesetzlich gewährleisteten *Vertragsfreiheit* versteift, so muß dem gegenüber betont werden, daß in solchen Fällen die *Vertragsfreiheit* auf Seite der *wirtschaftlich schwächeren Vertragspartei* sich in der Regel darin erschöpft, daß sich dieselbe den ihr vom Vertragsgegner *diktierten Bedingungen zu fügen* hat, auch wenn diese noch so *unbillig* sind, und daß eben zum Schutz gegen einen solchen *Mißbrauch* der Vertragsfreiheit der § 138 BGB Anwendung zu finden hat.“[758]

Der BGH, der zunächst an die Monopolrechtsprechung des Reichsgerichts anknüpfte, rezipierte den Gedanken des Missbrauchs der Vertragsfreiheit und entwickelte auf seiner Grundlage das Schutzkonzept einer umfassenden richterli-

---

752 *Jastrow*, Gutachten (1892), S. 265, 282. Hierauf hinweisend *Hellwege*, AGB und Rechtsgeschäftslehre (2010), S. 156. Hervorhebungen durch den Verfasser.

753 *Schneider*, AcP 85 (1896), 295, 298. Hierauf hinweisend *Hellwege*, AGB und Rechtsgeschäftslehre (2010), S. 144.

754 RGZ 62, 264, 265.

755 RGZ 79, 224, 229.

756 RGZ 62, 264, 265 f. Vgl. hierzu oben S. 342 ff. Hervorhebungen durch den Verfasser.

757 *Hellwege*, AGB und Rechtsgeschäftslehre (2010), S. 294.

758 LG München, Urteil v. 13. 1. 1911, SeuffBl. (76) 1911, 217, 218 f. Hierauf hinweisend *Hellwege*, AGB und Rechtsgeschäftslehre (2010), S. 294. Hervorhebungen durch den Verfasser.

chen Inhaltskontrolle von AGB, die dem AGBG entscheidend den Weg bereitete. Klingt in der Entscheidung des 1. Senates des BGH aus dem Jahr 1953 das Konzept des Missbrauchs der Vertragsfreiheit in seinen Grundzügen bereits an, wenn das Gericht darauf hinweist, dass „besondere Gründe, die hiernach etwa aus dem Gesichtspunkt des Mißbrauchs monopolartiger Machtstellungen oder einer sonstigen im *Mißbrauch der Vertragsfreiheit* wurzelnden Gemeinschaftswidrigkeit die hier in Betracht kommenden Freizeichnungsklauseln ... rechtsungültig erscheinen lassen könnten, ... nicht ersichtlich [sind]“[759], so wird der Gedanke in den darauf folgenden Entscheidungen, etwa jener des 8. Senates aus dem Jahr 1969, weiter entfaltet, zur tragenden Begründung eines Schutzkonzeptes der Inhaltskontrolle ausgeformt und jene Formel entwickelt, die für die Rechtsprechung bis heute prägend geblieben ist:

„Wer allgemeine Geschäftsbedingungen aufstellt, nimmt die *Vertragsfreiheit*, soweit sie die Gestaltung des Vertragsinhalts betrifft, *für sich allein in Anspruch*. Er ist daher nach *Treu und Glauben* verpflichtet, schon bei der *Abfassung* der allgemeinen Geschäftsbedingungen die *Interessen seiner künftigen* Vertragspartner angemessen zu *berücksichtigen*. Bringt er nur seine *eigenen Interessen* zur Geltung, so *mißbraucht er die Vertragsfreiheit*. Insoweit ist die Vertragsfreiheit durch § 242 BGB eingeschränkt.“[760]

Nahezu zehn Jahre später – in einer Entscheidung aus dem Jahr 1978 – knüpft das Gericht an diese Formel an, wobei es den Aspekt der Begrenzung der „an sich bestehende[n] Vertragsfreiheit“[761] näher herausarbeitet:

„An den Inhalt *Allgemeiner Geschäftsbedingungen* sind *strengere Anforderungen* zu stellen als an frei ausgehandelte Verträge. Derjenige, der Allgemeine Geschäftsbedingungen *aufstellt*, nimmt die *an sich bestehende Vertragsfreiheit*, soweit sie die *Gestaltung des Vertragsinhalts* betrifft, *für sich allein in Anspruch*. Er ist daher nach *Treu* und *Glauben* verpflichtet, schon bei der *Abfassung* der Bedingungen die *Interessen seiner künftigen Vertragspartner angemessen zu berücksichtigen*. Bringt er nur seine *eigenen Interessen zur Geltung*, so *mißbraucht* er die *Vertragsfreiheit*, die insoweit durch § 242 BGB eingeschränkt ist.“[762]

An diesen Grundsätzen hat sich seitdem, fast ein halbes Jahrhundert später, nichts geändert.[763] So stellte der BGH in seinem Urteil vom 24. Oktober 2012 fest:

„Eine Klausel ist *unangemessen* iSv. § 307 Abs. 1 Satz 1 BGB, wenn der Verwender die *Vertragsgestaltung einseitig für sich in Anspruch nimmt* und *eigene Interessen* missbräuchlich *auf Kosten des Vertragspartners* durchzusetzen versucht, ohne von vorn-

---

759 BGH vom 20.11.1953 (I ZR 269/52) = JurionRS 1953, 12790, V. 1. Hervorhebungen durch den Verfasser.

760 BGH NJW 1965, 246, 246. Hervorhebungen durch den Verfasser.

761 BGH WM 1978, 723.

762 BGH WM 1978, 723. Hervorhebungen durch den Verfasser.

763 St. Rspr. Vgl. nur BGH VersR 2013, 197, 198; NJW 2012, 2501, 2502; NJW 1981, 1211, 1211.

herein die *Interessen seines Partners* hinreichend *zu berücksichtigen* und ihm einen *angemessenen Ausgleich* zuzugestehen.“[764]

c) Institutioneller Schutz des Vertrags

Setzt rechtsmissbräuchliches Verhalten „im individuellen Sinn“[765] die Verletzung spezifischer Rücksichtnahmepflichten voraus, die sich aus den persönlichen Verhältnissen der Parteien oder früherem, gegensätzlichem Verhalten ergeben[766] und vermag darüber hinaus lediglich eine Ausübungs-, jedoch keine Inhaltskontrolle zu rechtfertigen[767], so verweist der Begriff des Missbrauchs der Vertragsfreiheit auf den Missbrauch des *Rechtsinstituts* der Vertragsfreiheit selbst und damit auf die *institutionelle* Dimension rechtsmissbräuchlichen Verhaltens.[768]

aa) Der Ansatz Raisers und die Institutionenlehre

Die damit angesprochene *Lehre vom Institutsmissbrauch*[769] ist grundlegend von *Raiser* für die Begründung der Inhaltskontrolle fruchtbar gemacht worden.[770] Sie untersucht die immanenten Schranken der das Privatrecht beherrschenden Rechtsinstitute, die sich aus ihrer *Ordnungsfunktion* im Gefüge der Gesamtrechtsordnung ergeben. Die Inhaltskontrolle von AGB rechtfertigt sich dabei als Reaktion der Rechtsordnung auf einen Gebrauch des *Instituts der Privatautonomie*, der mit der ihr von der Rechtsordnung zugewiesenen Funktion objektiv nicht in Einklang steht.[771]

(1) Individualrechtsschutz und Ordnungsfunktion des Rechts

Den Ausgangspunkt für *Raisers* Ansatz bildet dabei die Erkenntnis der Institutionenlehre, dass das Privatrecht neben der klassischen Antinomie zwischen *ius strictum* und *aequitas* von einem zweiten Spannungsverhältnis ergänzt und bisweilen überlagert wird, das ebenso wie jenes seine Ursache in der Dichotomie zwischen *Individualgerechtigkeit* und dem *Schutz allgemeiner Werte* findet:

---

[764] BGH VersR 2013, 197, 198. Hervorhebungen durch den Verfasser.

[765] So *Raiser*, in: Summum ius, summa iniuria (1963), S. 145, 150.

[766] *Raiser*, in: Summum ius, summa iniuria (1963), S. 145, 150. Vgl. hierzu auch *Esser/Schmidt*, Schuldrecht AT I (8. Aufl. 1995), S. 173 ff.; Soergel/*Teichmann*, (12. Aufl. 1990), § 242 Rn. 25 ff. mw.N.

[767] So zu Recht auch *Fastrich*, Inhaltskontrolle (1992), S. 47.

[768] Ebenso *Fastrich*, Inhaltskontrolle (1992), S. 48; Soergel/*Teichmann*, (12. Aufl. 1990), § 242 Rn. 15 ff.

[769] Vgl. hierzu eingehend unten S. 625 ff. sowie *Rüthers*, Institutionelles Rechtsdenken (1970), S. 18 ff.; *Teichmann*, Gestaltungsfreiheit (1970), S. 22 ff.; *Mueller-Freienfels*, Ehe und Recht (1962), S. 73 ff., 84 f.; *Esser*, Grundsatz und Norm (1956), S. 189 ff., 244 ff., 248 ff., 321 ff. Zur soziologischen Institutionenlehre vgl. nur die Beiträge in *Schelsky*, Theorie der Institution (2. Aufl. 1973), insbesondere *Schelsky*, in: Schelsky (Hrsg.), Theorie der Institution (2. Aufl. 1973), S. 9.

[770] Vgl. hierzu *Raiser*, in: Summum ius, summa iniuria (1963), S. 145, 145 ff.

[771] *Habersack*, Vertragsfreiheit und Drittinteressen (1992), S. 37.

Dem Nebeneinander der Systemgedanken des *Individual-* und des *Institutionenschutzes.*[772] Obwohl schon im Systemdenken *Savignys* grundgelegt, war diese Einsicht alles andere als selbstverständlich: Denn die Privatrechtsdogmatik wurde entsprechend dem Vorbild der Pandektenwissenschaft unter dem Einfluss des politischen *Liberalismus* zunächst vom Systemgedanken des *Individualrechtsschutzes* – eines Systems subjektiver Rechte des Einzelnen zur Sicherung seiner Freiheitssphäre – beherrscht.[773] Allerdings wird die Lebenswirklichkeit damit nicht vollständig erfasst und die Aufgabe des Privatrechts zu einseitig gesehen, da subjektive Rechte ihre Bedeutung erst mit Blick auf ihre spezifische Ordnungsfunktion im Gefüge der Gesamtrechtsordnung gewinnen.[774]

(2) Rückbezug auf außerrechtliche Ordnungen

Diese Perspektive auf die *anthropologische* und *soziologische* Dimension des Rechts ist für *Raiser* die entscheidende Voraussetzung für das Verständnis der *teleologischen Bedeutung* der Institute des Privatrechts. Im Kern geht es dabei um die Erkenntnis, dass das positive Recht zwar aus Gründen der Abstraktion notwendig von der Fiktion eines autonom und isoliert handelnden Individuums ausgeht, seine Bedeutung indes erst mit Blick auf die reale, soziale Lebenswirklichkeit verständlich wird, deren Regelung ihm aufgetragen ist. So weist *Raiser* ausdrücklich darauf hin, dass „auch die Privatrechtswissenschaft ... sich der Einsicht heutiger Anthropologie und Soziologie öffnen [muss] ... daß das *Personsein des Menschen* sich nur im *mitmenschlichen Zueinander* und *Füreinander* entfaltet und daß darum auch alles menschliche Planen, Entscheiden und Handeln von vornherein in *Zuwendung* oder *Abwehr* auf den *Mitmenschen bezogen* ist, sich also im *Beziehungsnetz* der engeren oder weiteren Gruppen vollzieht, denen der Handelnde angehört.“[775]

Das Recht, so *Raiser,* dient der *Regelung des menschlichen Zusammenlebens*, das jedoch eigenen habituell ausgebildeten Regeln und auf Dauer angelegten Handlungsschemata und Beziehungsformen – den *sozialen Institutionen* – folgt, die einer dem *Wesen des Menschen* selbst entsprechenden *Eigengesetzlichkeit* entspringen. Das Recht bildet diese Institutionen der sozialen Lebenswirklichkeit nach, spiegelt sie gleichsam wieder und verleiht ihnen für die Gemeinschaft verbindliche und damit rechtliche Wirksamkeit.[776] Ihren Ursprung finden sie, ihrer „organischen Natur“[777] entsprechend, daher im *Wesen des Menschen* selbst und

---

[772] *Raiser,* in: Summum ius, summa iniuria (1963), S. 145, 145ff.

[773] *Raiser,* in: Summum ius, summa iniuria (1963), S. 145, 146.

[774] *Raiser,* in: Summum ius, summa iniuria (1963), S. 145, 146f.

[775] *Raiser,* in: Summum ius, summa iniuria (1963), S. 145, 147.

[776] *Raiser,* in: Summum ius, summa iniuria (1963), S. 145, 147.

[777] So *Raiser,* in: Summum ius, summa iniuria (1963), S. 145, 147 mit Verweis auf *Savigny,* System I (1840), S. 4ff., 9ff., 331ff., 334ff. Vgl. auch *Savigny,* System I (1840), S. 291 sowie ebenda, S. 9f.: „Denn auch die Rechtsregel, so wie deren Ausprägung im Gesetz, hat ihre tiefere Grundlage in der *Anschauung des Rechtsinstituts,* und auch dessen *organische Natur* zeigt

in den vorgegebenen Lebensverhältnissen menschlichen Zusammenlebens. Das Recht ist damit an die Struktur und den Zweck der Lebenssachverhalte, die es zu regeln bestimmt ist, gebunden.[778] Aus dieser Gebundenheit ergeben sich zugleich Struktur und Zweck der Privatrechtsinstitute, wie etwa der *Ehe*, des *Vertrages* oder des *Eigentums.*[779]

Raisers Ansatz bewegt sich ganz im Rahmen der freilich facettenreichen *Institutionenlehre.* War die institutionelle Betrachtungsweise bereits in den bis in das 19. Jh. reichenden Arbeiten von Juristen wie *von Savigny*, *Stahl*, *von Stein*, *Hariou*, *Mayer*, *Fleiner*, *Kaufmann* und *Schmitt* angelegt[780], so erhielt sie entscheidende Anstöße vonseiten der Soziologie, insbesondere von *Schelsky*, *Luhmann* und *Gehlen*, die in der Rechtswissenschaft neben *Raiser* etwa von *Esser*, *Larenz*, *Callies*, *Forsthoff* und in neuer Zeit von *Habersack* aufgegriffen wurden. Vor diesem Hintergrund erweisen sich *Institutionen* als in der Gesellschaft verfügbare „Kommunikationsmuster“[781], „soziale Organisationsformen“[782], „auf kürzere oder längere Dauer angelegte[n] Beziehungsformen“[783] im Sinne „gesellschaftlich verwirklichter Verhaltensmuster“.[784]

Dass sich die Bedeutung der Rechtsinstitute indes nicht in einem *faktischen Institutsbegriff*[785], einer positivrechtlichen Spiegelung gesellschaftlich verwirklichte und von einem gesellschaftlichen Konsens getragener Verhaltensmuster[786] erschöpfen kann, haben *Esser* und *Schmidt* aufgezeigt. Sie weisen darauf hin, dass die dem institutionellen Rechtsdenken zugrunde liegenden „Verhaltensschemata, ... als Strukturelemente unserer Gesellschaftsordnung zwar positive Anerkennung finden, damit zugleich aber auch in ihr verankert sind.“[787] In die gleiche Richtung weist *Raiser*, wenn er feststellt, dass mit der Fokussierung auf den Aspekt des Individualrechtsschutzes der Privatrechtsdogmatik „das Gefühl dafür verlorengegangen [ist], daß das Recht in jedem Rechtsinstitut ein typisches Lebensverhältnis, eine im soziologischen Sinne institutionalisierte Verhaltens-

---

sich sowohl in dem *lebendigen Zusammenhang* der Bestandtheile, als in seiner *fortschreitenden Entwicklung*. Wenn wir also nicht bey der unmittelbaren Erscheinung stehen bleiben, sondern auf das *Wesen der Sache* eingehen, so erkennen wir, daß in der That jedes Rechtsverhältniß unter einem entsprechenden Rechtsinstitut als seinem *Typus* steht, und von diesem auf gleiche Weise beherrscht wird, wie das einzelne Rechtsurtheil von der Rechtsregel.“ Hervorhebungen durch den Verfasser.

[778] *Raiser*, in: Summum ius, summa iniuria (1963), S. 145, 151 f.

[779] *Raiser*, in: Summum ius, summa iniuria (1963), S. 145, 147 ff., 151 f., 164. Vgl. hierzu auch *Esser/Schmidt*, Schuldrecht AT I (8. Aufl. 1995), S. 171.

[780] So *Rüthers*, Institutionelles Rechtsdenken (1970), S. 33.

[781] *Esser/Schmidt*, Schuldrecht AT I (8. Aufl. 1995), S. 291 f.

[782] Ebenda.

[783] Ebenda.

[784] *Wiebe*, Elektronische Willenserklärung (2002), S. 36.

[785] Dazu eingehend *Rüthers*, Institutionelles Rechtsdenken (1970), S. 34 f.

[786] So *Rüthers*, Institutionelles Rechtsdenken (1970), S. 34.

[787] *Esser/Schmidt*, Schuldrecht AT I (8. Aufl. 1995), S. 171.

weise, also ein sinnhaftes, von menschlichem Leben erfülltes soziales Gebilde durch rechtliche Anerkennung zugleich *wertet* und dieser Wertung entsprechend *ordnet.*"[788]

Der *Begriff der Institution* darf daher nicht im Sinne einer „einseitigen Wirkrichtung von der Wirklichkeit auf das Recht"[789] missverstanden werden. Vielmehr sind Rechts- und Sozialordnung auf komplexe Weise miteinander verwoben, wobei *normativen* Gesichtspunkten eine zentrale Bedeutung zukommt. Damit ist der einfache Schluss vom *Sein* auf das *Sollen*, wie es einem vom wertphilosophischen *Relativismus* inspirierten *faktischen* Institutionenbegriff entsprechen würde[790], ausgeschlossen. Andererseits verhindert die „Bindung an den Sinngehalt der verfügbaren Kommunikationsmuster"[791] wesensändernde Übergriffe des Normgebers und entzieht die Rechtsinstitute des Privatrechts so dem unbeschränkten Zugriff der Rechtspolitik. Auch das gegensätzliche Extrem, der Schluss vom – rechtspolitisch bestimmten – *Sollen* auf das *Sein* – wird der Bedeutung rechtlicher *Institutionen* in ihrer komplexen Wechselwirkung zwischen Lebenswirklichkeit und Rechtsordnung nicht gerecht.

Der Sinngehalt der Institution kann sich daher auch nicht – wie es dem *normativen* Institutionenbegriff entspricht – auf das systembildende Substrat des geltenden Rechts im Sinne des Inbegriffs jener Rechtsnormen beschränken, die sich auf ein bestimmtes Rechtsverhältnis oder einen typisierbaren Lebenssachverhalt im Sinne einer sozialen Institution beziehen.[792] Denn dann wäre die Bedeutung des Institutionenbegriffs auf das bloße Abbild des geltenden Rechts reduziert. Damit ist jedoch der Kern des institutionellen Rechtsdenkens nur unzureichend erfasst. So ging schon *Savigny* im Anschluss an *Stahl* von einer gewissen Verbindlichkeit des Inhalts der Rechtsinstitute aus[793], wenn er die Aufgabe des Gesetzgebers darin erblickt, die Normen des positiven Rechts dem jeweiligen Rechtsinstitut möglichst anzugleichen.[794]

---

788 *Raiser*, in: Summum ius, summa iniuria (1963), S. 145, 148. Hervorhebungen durch den Verfasser.

789 So plastisch *Wiebe*, Elektronische Willenserklärung (2002), S. 37.

790 So ausdrücklich *Rüthers*, Institutionelles Rechtsdenken (1970), S. 35.

791 So *Esser/Schmidt*, Schuldrecht AT I (8. Aufl. 1995), S. 171.

792 So im Hinblick auf den *normativen Institutionsbegriff Habersack*, Vertragsfreiheit und Drittinteressen (1992), S. 38; *Rüthers*, Institutionelles Rechtsdenken (1970), S. 37.

793 So *Teichmann*, Gestaltungsfreiheit (1970), S. 23.

794 *Teichmann*, Gestaltungsfreiheit (1970), S. 23 mit Verweis auf *Savigny*, System I (1840), S. 44, 291 f., der freilich eine naturrechtliche Determinierung der Rechtsinstitute ablehnt und davon ausgeht, dass sich „unser positives Recht aus sich selbst ergänzt, indem wir in demselben eine organisch bildende Kraft annehmen." *Savigny*, System I (1840), S. 290. Vgl. auch *Savigny*, System I (1840), S. 44: „Dadurch entsteht indessen ein Missverhältniß zwischen dem Gesetz und dem Rechtsinstitut, dessen *organische Natur* in jener *abstrakten Form* unmöglich erschöpft werden kann. Dennoch muß dem Gesetzgeber die *vollständigste Anschauung* des *organischen Rechtsinstituts* vorschweben, wenn das Gesetz seinem Zweck entsprechen soll, und er muß durch einen künstlichen Prozeß aus dieser *Totalanschauung* die abstracte Vor-

Das *Sollen* wird damit weder ausschließlich vom *Sein* noch vom *Gesetzgeber* allein bestimmt, sondern ist in seinem Kerngehalt *unverfügbar*, weil es einer überpositiven, auch die Lebenswirklichkeit transzendierenden, vorgegebenen Ordnung als Metasystem entspringt. Den Rechtsinstituten der Privatrechtsordnung liegt damit eine im *Wesen des Menschen* selbst angelegte *Idee*, ein *Urbild*[795], ein ewiges Bild zugrunde, das Rechtsinstitute in ihrem Kerngehalt der Verfügung des Gesetzgebers sowie der Rechtsunterworfenen entzieht und in die Sphäre „höheren Daseins"[796] erhebt.[797] Der damit angesprochene *metaphysische Institutionenbegriff*[798], der lange Zeit für die institutionelle Begriffsbildung der Rechtsprechung prägend gewesen ist und dem die Rechtsprechung teilweise auch heute noch folgt, ist damit in der Lage, in seinem Kerngehalt langfristig stabile, von gesellschaftspolitischen wie rechtspolitischen Einwirkungen weitgehend unabhängige Wertsysteme darzustellen.

Dass der mit einem absoluten Geltungsanspruch versehene Gedanke der *Unverfügbarkeit* der Rechtinstitute ohne weiteres mit dem geltenden Recht in Einklang zu bringen ist, zeigt die verfassungsrechtliche Gewährleistung der Institutsgarantien und nicht zuletzt die Rechtsprechung des BVerfG zum Schutz materieller Privatautonomie, die auf die *Funktion* der Vertragsfreiheit als Instrument der Persönlichkeitsentfaltung im Gefüge der Gesamtrechtsordnung Bezug nimmt. Den greifbarsten Ausdruck des in seinem Kern dem Zugriff der Rechtspolitik unverfügbar entzogenen Institutsgedankens bildet etwa der Wesensgehalt der *Grundrechte*, bei dem die Annahme eines lediglich positivrechtlich bestimmten Normbegriffs, der sich in der bloßen systembildenden Wiedergabe des geltenden Rechts erschöpft, schlechthin undenkbar ist. Das Recht kommt, will es sich in seinem Wesen nicht selbst aufgeben, daher ohne das Minimum eines Kernbestandes unverfügbar gewährleisteter Rechtsinstitute nicht aus, mag man dies über den Umweg verfassungsrechtlich vorgegebener Grundgewährleistungen begründen oder – was es der Sache nach in Wirklichkeit, wenn auch unausgesprochen ist – das Bekenntnis zur naturrechtlichen Fundierung des institutionellen Rechtsdenkens wagen. Und auch die Rechtsprechung des BGH[799] bewegte sich lange Zeit im Anschluss an das Reichsgericht – wie auch das BVerfG[800] – in weiten Teilen, wenn auch nicht ausnahmslos, auf der Grund-

---

schrift des Gesetzes bilden ...." Instruktiv auch *Fischer*, Renaissance (2002), S. 8ff. Hervorhebungen durch den Verfasser.

795 So ausdrücklich *Savigny*, System I (1840), S. 291.

796 Ähnlich *Teichmann*, Gestaltungsfreiheit (1970), S. 22.

797 In diesem Sinne *Teichmann*, Gestaltungsfreiheit (1970), S. 22.

798 Vgl. hierzu eingehend *Rüthers*, Institutionelles Rechtsdenken (1970), S. 35f.

799 So etwa in seinen eherechtlichen Entscheidungen vgl. nur BGH NJW 1986, 3083, 3084 (Ehenichtigkeitsklage wegen Doppelehe); BGHZ 18, 13, 20f. (beachtlicher Widerspruch gegen Scheidungsbegehren); BGHZ 2, 68, 70ff. (willkürliche Ehezerrüttung).

800 Vgl. nur die Entscheidungen zur institutionellen Gewährleistung der Privatautomomie oben S. 374 sowie *Ruffert*, Vorrang (2001), S. 306f.

lage eines von einer überpositiven, vorgegebenen Ordnung ausgehenden metaphysischen Institutionenbegriffs.[801]

(3) Zweckwidriger Institutsgebrauch als immanente Grenze subjektiver Rechte

Erfüllen Rechtsinstitute eine bestimmte *Funktion*, die wesentlich von der *Natur* der sie regelnden Lebenssachverhalte bestimmt wird, so muss ihr *Gebrauch*, soll er von der Rechtsordnung anerkannt und mit verbindlicher Wirkung ausgestattet werden, den mit ihnen verbundenen *Zwecken* entsprechen. Zweckwidriger Gebrauch, so *Raiser*, „ist ‚Rechtsüberschreitung', ‚Handeln ohne Recht', dem die Anerkennung versagt bleibt."[802] Denn „wer die ihm vom Recht eingeräumte Befugnis oder Freiheit mißbraucht, handelt damit notwendig nicht nur sittenwidrig, sondern zugleich *rechtswidrig*, darf also rechtlich *nicht geschützt* werden."[803]

Subjektive Rechte finden damit ihre *immanente Grenze* im *objektiven Zweck* der von ihnen in Anspruch genommenen Rechtsinstitute: „Die Ausübung subjektiver Rechte muß sich den objektiven, mit der Ordnung des Rechtsinstituts gesetzten Zwecken einordnen; zweckwidriger Gebrauch wird als Mißbrauch empfunden und erhält darum keinen Rechtsschutz."[804] Entscheidend ist damit allein der *objektive Fehlgebrauch* des Rechtsinstituts. Auf die Verwirklichung subjektiver Merkmale kommt es dabei nicht an.[805] Die Bindung an den Zweck erzeugt, so auch *Esser* und *Schmidt*, „eine allgemeine objektive Leitlinie für die individuelle Interessenwahrnehmung: Jede Rechtsausübung hat sich im Rahmen des mit der Ordnung des jeweiligen Rechtsinstituts gesetzten Zwecks zu bewegen."[806]

Wurden *Selbstbestimmung* und *angemessener Interessenausgleich* als zentrale Elemente des Vertragszwecks identifiziert, so muss jeder Gebrauch des Rechtsinstituts des Vertrages, der die Selbstbestimmung einer der beiden Parteien erheblich beeinträchtigt und dadurch einen angemessenen Interessenausgleich verhindert, eine Überschreitung des Vertragszwecks und damit als Institutsmissbrauch

---

[801] So ausdrücklich *Rüthers*, Institutionelles Rechtsdenken (1970), S. 35 mit Blick auf das Wesen der Ehe.

[802] *Raiser*, in: Summum ius, summa iniuria (1963), S. 145, 152, Fn. 15.

[803] *Raiser*, Das Recht der AGB (1961), S. 282. Hervorhebungen durch den Verfasser.

[804] *Raiser*, in: Summum ius, summa iniuria (1963), S. 145, 152. Vgl. auch ebenda, S. 164: „Wo die *Zweckbindung* aber erkennbar ist, insbesondere sich aus der *Funktion* des betreffenden Rechtsinstituts innerhalb der *Privatrechtsordnung* erschließen läßt, muß der *zweckwidrige Gebrauch* als *Mißbrauch* des *Rechtsinstituts* mißbilligt, das betreffende Geschäft also für *unwirksam* erklärt werden." Hervorhebungen durch den Verfasser.

[805] *Raiser*, in: Summum ius, summa iniuria (1963), S. 145, 166 mit Verweis auf die Missbrauchsverbote der §§ 12, 17, 22 GWB a. F.: „Denn dann braucht das wirtschaftliche Verhalten der Marktteilnehmer nicht … nach den *Absichten des Handelnden* beurteilt und auch nicht auf seine Sittenwidrigkeit geprüft zu werden, sondern ist nach rein *objektiven Merkmalen* daran zu messen, ob es mit Sinn und Zweck des vom Gesetz geschützten Ordnungsgefüges im Einklang steht oder dagegen verstößt." Hervorhebungen durch den Verfasser. Vgl. auch *Habersack*, Vertragsfreiheit und Drittinteressen (1992), S. 37; *Esser/Schmidt*, Schuldrecht AT I (8. Aufl. 1995), S. 171.

[806] *Esser/Schmidt*, Schuldrecht AT I (8. Aufl. 1995), S. 171.

angesehen werden. Dies ist beim Stellen von AGB typischerweise der Fall: Da der Verwendungsgegner aufgrund der unzumutbar hohen Informationsbeschaffungskosten und der fehlenden Abänderungsbereitschaft des Verwenders regelmäßig keine Möglichkeit hat, auf den Inhalt der AGB Einfluss zu nehmen, ist seine Vertragsgestaltungsfreiheit typischerweise auf Null reduziert. Bedingt durch das Versagen des Konditionenwettbewerbs kann die fehlende Vertragsgestaltungsfreiheit mangels zumutbarer Alternativen auch nicht durch Inanspruchnahme der Abschlussfreiheit kompensiert werden, so dass ein faktischer Abschlusszwang mit der Folge besteht, dass die tatsächliche *Selbstbestimmung* des Klauselgegners auf ein Minimum reduziert ist.

Liegt die zentrale *Funktion* der Vertragsfreiheit in der rechtlichen *Effektuierung* der *Selbstbestimmung* des Einzelnen als Ausdruck seines in Freiheit und Würde gründenden Anspruchs auf freie Entfaltung seiner Persönlichkeit, so kann das Stellen von Vertragsbedingungen, die kaum mehr als Ausdruck der Selbstbestimmung gelten können, sondern vielmehr „als Mittel der Fremdbestimmung"[807] angesehen werden müssen, kaum noch als rechtmäßiger, dem Vertragszweck entsprechender Gebrauch des Rechtsinstituts angesehen werden.

Dies gilt umso mehr, als die Rechtsordnung den Parteien mit dem Instrument des Vertrages ein Rechtsinstitut zur Verfügung stellt, das ihnen einen rechtlichen Freiheitsraum zur eigenverantwortlichen Gestaltung ihrer Interessen eröffnen und sie befähigen soll, ihrem *gemeinsamen* Willen rechtlich verbindliche Gestalt zu verleihen, um ihnen so die Entfaltung ihrer Persönlichkeit als Ausdruck menschlicher Freiheit und Würde zu ermöglichen.[808] Dieser Zweck – Persönlichkeitsentfaltung durch selbstbestimmte und rechtsverbindliche Verwirklichung ihrer Interessen – wird verfehlt, wenn durch das Stellen von AGB diese Befugnis nur einseitig von *einer* Partei in Anspruch genommen wird. Aber auch das zweite Element des Vertragszwecks, die Verwirklichung der *Vertragsgerechtigkeit* durch einen angemessenen Interessenausgleich, wird grundlegend verfehlt, wenn der Vertrag seinem Inhalt nach lediglich einseitig die Interessen einer der beiden Parteien berücksichtigt.

Der Institutsmissbrauch durch Verfehlung des Vertragszwecks ist indes keine auf Ausnahmefälle beschränkte Folge exzessiven Handelns des Verwenders, sondern bereits strukturell in der Natur der AGB angelegt und damit gleichsam vorprogrammiert. Hohe Komplexität, Vorformulierung, durch Mehrfachverwendungsabsicht bedingte Rationalisierungsvorteile, fehlende Abänderungsbereitschaft des Verwenders und Alternativlosigkeit des Angebotes durch mangelnden Konditionenwettbewerb haben eine *situative Unterlegenheit* des Verwendungsgegners und damit Vertragsimparität zur Folge und schaffen auf diese Weise Bedingungen, die eine effektive Wahrnehmung der Vertragsfreiheit

---

[807] BVerfGE 89, 214, 234 = NJW 1994, 36, 39 (Bürgschaft I). Vgl. hierzu eingehend oben S. 481.

[808] Vgl. hierzu oben S. 13f., 23f., 444ff., 453ff.

durch den Verwendungsgegner sowie einen angemessenen Interessenausgleich verhindern. Das Stellen von AGB stellt damit typischerweise einen *Missbrauch* des *Rechtsinstituts* des Vertrages dar. Aufgrund der *Zweckverfehlung* vermag es seine *Ordnungsaufgabe* im Gefüge der Gesamtrechtsordnung – als rechtliches Instrument eine effektive Persönlichkeitsentfaltung durch selbstbestimmten, angemessenen Interessenausgleich zu ermöglichen – nicht zu erfüllen. Dies wiegt umso schwerer, als durch die naturgemäß massenhafte Verwendung die Auswirkungen auf den Rechtsverkehr und damit auf die Gesamtrechtsordnung erheblich sind.

Die Lehre vom *Institutsmissbrauch* erweitert damit die Perspektive der Rechtsinstitute, wie etwa jenes der Vertragsfreiheit, von ihrer Funktion als Instrumente des *individuellen* Rechtsschutzes hin zu ihrer *Ordnungsaufgabe* innerhalb der Gesamtrechtsordnung. Aus ihren Aufgaben als „Mittel zur Ordnung des Gemeinschaftslebens“[809], aus ihrer Ordnungsfunktion ergeben sich notwendig immanente Schranken, weil sie sich in das System der Gesamtrechtsordnung einfügen müssen, will das Recht seine Ordnungsaufgabe erfüllen.[810] Immanente Begrenzungen der Vertragsfreiheit resultieren damit gleichsam als „natürliche Folge“[811] zwangsläufig dort, wo die von ihrer Funktion vorgegebenen Grenzen überschritten werden und die insoweit zweckwidrige Indienstnahme des Instituts daher mit seiner Ordnungsaufgabe für die Gesamtrechtsordnung in Konflikt gerät.[812]

bb) Kritik der Institutionenlehre

Auch wenn zugegeben wird, dass sie unbestreitbar einen „berechtigten Kern“[813] enthalte und „der Institutionenschutz heute zu den weitgehend unangefochtenen Elementen des Wettbewerbs- und Kartellrechts“[814] gehöre, so sieht sich die Institutionenlehre indes zwei grundlegenden Einwänden ausgesetzt[815]: Zum einen der Befürchtung, dass der Begriff der *Funktion des Rechtsinstituts* als „Leerformel“[816] zum Einfallstor für willkürliche, nicht notwendig aus der Rechtsord-

---

809 So plastisch *Wolf*, Entscheidungsfreiheit (1970), S. 39.
810 *Wolf*, Entscheidungsfreiheit (1970), S. 40.
811 So *Wolf*, Entscheidungsfreiheit (1970), S. 40.
812 Ebenda. Vgl. auch *Bydlinski*, Privatautonomie (1967), S. 105; *v. Hippel*, Privatautonomie (1936), S. 77 f. („… so ist darüber hinaus auch … eine Anerkennung von Rechtsgeschäften, von willkürlichen Selbstregelungen der Rechtsgenossen bezüglich ihres wechselseitigen Zukunftsverhaltens, unter allen Umständen ausgeschlossen, sobald die fragliche Privatordnung den Anforderungen gerechter Ordnung offenbar widerstreiten würde ….“, ebenda, S. 78). Vgl. zu den *immanenten Schranken der Vertragsfreiheit* oben S. 26 ff., 33 ff., 57 ff., 367 ff., 370 ff.
813 *Fastrich*, Inhaltskontrolle (1992), S. 48.
814 *Fastrich*, Inhaltskontrolle (1992), S. 48 f.
815 Dazu *Habersack*, Vertragsfreiheit und Drittinteressen (1992), S. 38 ff. Vgl. auch *Miethaner*, AGB-Kontrolle (2010), S. 56 ff.
816 So *Fastrich*, Inhaltskontrolle (1992), S. 50.

nung folgende Wertungen des Rechtsanwenders wird, der mit Verweis auf einen möglichen Missbrauch des Rechtsinstituts die gesetzlichen Wertungen außer Kraft setzt und sich so zum „mächtigen Konkurrenten des Gesetzgebers"[817] aufschwingt.[818] Zum anderen der Sorge, dass die Berufung auf einen institutionellen Rechtsmissbrauch eben jene Freiheit beschränkt, die das Rechtsinstitut eigentlich gewähren will.[819]

(1) Flucht in den normativen Institutionsbegriff?

Beiden Einwänden versucht die Institutionenlehre teilweise durch Rückgriff auf den *normativen Institutionsbegriff* zu begegnen.[820] Wird der Begriff des Rechtsinstituts nicht *soziologisch* oder *metaphysisch*, sondern *normativ* als Inbegriff jener Rechtsvorschriften des geltenden Rechts verstanden, die sich auf einen bestimmten Lebenssachverhalt, ein bestimmtes Rechtsverhältnis beziehen[821], so ist mit dem damit verbundenen Verzicht auf außerpositive Bezüge eine Vermischung der Rollen des Gesetzgebers und des Rechtsanwenders – insbesondere in Form der rechtsprechenden Gewalt – ausgeschlossen. Der Bedeutungsgehalt der Rechtsinstitute kann dabei im Wege einer umfassenden Auslegung der das Institut betreffenden Einzelnormen sowie der entsprechenden Rechtsprechung durch induktive Ableitung erschlossen werden.[822] Da sich aus dem geltenden Recht, dem Privatrecht wie auch dem Verfassungsrecht, hinreichende Anhaltspunkte für eine normative Bestimmung des materiellen Gehalts des Instituts der Vertragsfreiheit ergeben, könnte man es dabei bewenden lassen und einer näheren Auseinandersetzung mit der Kritik der Institutionenlehre durch die Flucht in den *normativen* Institutionenbegriff entgehen.

Freilich setzt sich ein solches Vorgehen dem Einwand des Zirkelschlusses aus, weil es die im Wege der Rechtsfortbildung gewonnene materielle Aufladung der Rechtsinstitute als normativen Bestand voraussetzt. Dabei ist es gerade die Rechtsprechung, die auf der Grundlage außerpositiver Bezüge zu Sinn, Zweck und Wesen der Rechtsinstitute ihren Inhalt auf der Grundlage einer überpositiven, als bestehend vorausgesetzten Werteordnung häufig metaphysisch und gerade nicht normativ bestimmt. Als eindringlichstes Beispiel mag hier die *Bürgschaftsrecht-*

817 *Rüthers*, Institutionelles Rechtsdenken (1970), S. 43. Vgl. auch ebenda, S. 45ff.

818 *Miethaner*, AGB-Kontrolle (2010), S. 56ff.; *Fastrich*, Inhaltskontrolle (1992), S. 50f.; *Rüthers*, Institutionelles Rechtsdenken (1970), S. 43ff., 45ff. Vgl. hierzu auch *Habersack*, Vertragsfreiheit und Drittinteressen (1992), S. 38ff.

819 Plastisch hierzu *Fastrich*, Inhaltskontrolle (1992), S. 50 im Anschluss an *Bydlinski*, Methodenlehre (2. Aufl. 1991), S. 427, der darauf hinweist, dass die Vertragsfreiheit dann lediglich im Sinne des jeweils „richtigen Gebrauchs gewährt und damit in Wahrheit zur Disposition gestellt wird." Ebenso *Habersack*, Vertragsfreiheit und Drittinteressen (1992), S. 38ff.

820 *Habersack*, Vertragsfreiheit und Drittinteressen (1992), S. 38ff.

821 So *Habersack*, Vertragsfreiheit und Drittinteressen (1992), S. 38. Vgl. zum *normativen Institutionenbegriff* auch *Rüthers*, Institutionelles Rechtsdenken (1970), S. 37ff.

822 *Habersack*, Vertragsfreiheit und Drittinteressen (1992), S. 38f.

sprechung des BVerfG[823] dienen, die das Verständnis der Vertragsfreiheit durch rechtsbewehrte Anerkennung der materiellen Dimension der Privatautonomie[824] grundlegend veränderte und sich – sicher nicht zufällig – den gleichen Einwänden ausgesetzt sah, denen die Institutionenlehre gegenübersteht. Die Diskussion der zum damaligen Zeitpunkt geradezu paradigmatischen Entwicklung der Rechtsprechung des BVerfG ist mittlerweile abgeebbt, das von ihr neu definierte Verständnis des Instituts der Privatautonomie ist heute Gemeingut, seine Grundlinien sind fester Bestandteil des kommenden europäischen Vertragsrechts als *ius commune*.

Die Tatsache, dass die Anerkennung materieller Vertragsfreiheit der strukturell unterlegenen Partei als immanente Schranke formaler Vertragsfreiheit des strukturell Stärkeren heute zum unangefochtenen Grundbestand des geltenden Rechts gehört, vermag indes nicht die Tatsache zu verdecken, dass diese grundlegende Neubestimmung des Instituts der Privatautonomie in einem gleichsam revolutionären, jedoch längst überfälligen Akt verfassungsgerichtlicher Rechtsfortbildung eben nicht aus dem vorhandenen Normbestand gewonnen, sondern auf der Grundlage eines diese normative Ordnung transzendierenden Wertesystems – also strenggenommen „ideologisch", auf metaphysischem Wege, letztlich im Grunde naturrechtlich – entwickelt wurde. Folgt man dem normativen, streng am geltenden (Gesetzes)recht orientierten Institutionenbegriff, so müsste man, will man die Gefahr eines Zirkelschlusses vermeiden, eigentlich im Sinne eines „Verwertungsverbotes" auf die Berücksichtigung des insoweit durch außerpositive Bezüge „kontaminierten" Rechtsprechungsbestandes – und damit auf wesentliche, schon von Verfassung wegen unverzichtbare Teile des geltenden Rechts – verzichten.

Man mag dem Gedanken, dass dem geltenden Recht eine dem Gesetzgeber und damit der Rechtspolitik entzogene, überpositive Werteordnung zugrunde liegt, skeptisch gegenüberstehen. Dies allein schon deshalb, weil der normative Gehalt einer solchen Werteordnung juristisch nur begrenzt fassbar, noch weniger „kontrollierbar" ist, und ein Terrain betreten wird, in dem Rechtswissenschaft, Sozialwissenschaft und Rechtsphilosophie ineinander übergehen. Indes wird man um die Tatsache nicht herumkommen können, dass sich das geltende Recht nicht gleichsam wie in einem *perpetuum mobile* aus sich selbst heraus generiert[825], sondern vielmehr aus dem Gefüge einer bestehenden Kultur, einer konkreten Werteordnung heraus geboren wird und den Geist, die „DNA", die wesentlichen

---

[823] Grundlegend BVerfGE 89, 214 = NJW 1994, 36 (Bürgschaft I). Hierzu eingehend oben S. 382 ff. Vgl. auch BVerfG NJW 1996, 2021 (Bürgschaft III); BVerfG NJW 1994, 2749 (Bürgschaft II). Hierzu eingehend oben S. 422 f.

[824] Hierzu eingehend oben S. 374 ff.

[825] So aber offensichtlich noch *Savigny*, System I (1840), S. 290: „Nach der zweyten Meynung wird *unser positives Recht aus sich selbst ergänzt*, indem wir in demselben eine organisch bildende Kraft annehmen." Hervorhebungen durch den Autor.

Grundprinzipien dieser Werteordnung in sich trägt. Es ist offenkundig, dass es ebendiese Werteordnung ist, aus deren Substanz der Gesetzgeber bei der Konkretisierung der Freiheits- und Gerechtigkeitsanforderungen schöpft und auf deren Inhalt die Rechtsprechung tastend zurückgreift, wenn sie mit Begriffen wie dem *Wesen*, dem *Sinn* und *Zweck* sowie dem *Kerngehalt* die materielle Bedeutung der Rechtsinstitute des Privatrechts zu bestimmen versucht.

Auch hier gilt das bekannte Diktum *Böckenfördes*, dass „der freiheitliche, säkularisierte Staat von Voraussetzungen [lebt], die er selbst nicht garantieren kann."[826] Dies, so *Böckenförde*, „ist das große Wagnis, das er, um der Freiheit willen, eingegangen ist."[827] Rückblickend, über dreißig Jahre später, bringt *Böckenförde* diesen Gedanken noch schärfer auf den Punkt, wenn er formuliert, dass „vom Staat her gedacht, … die freiheitliche Ordnung ein verbindendes Ethos [braucht], eine Art ‚Gemeinsinn' bei denen, die in diesem Staat leben. Die Frage ist dann: Woraus speist sich dieses Ethos, das vom Staat weder erzwungen noch hoheitlich durchgesetzt werden kann? Man kann sagen: zunächst von der gelebten Kultur. Aber was sind die Faktoren und Elemente dieser Kultur? Da sind wir dann in der Tat bei Quellen wie Christentum, Aufklärung und Humanismus. Aber nicht automatisch bei jeder Religion."[828] Es sind ebenjene „*Wertvorstellungen*, die der verfassungsmäßigen Rechtsordnung *immanent*, aber in den Texten der geschriebenen Gesetze nicht oder nur unvollkommen zum Ausdruck gelangt sind."[829]

Das BVerfG geht damit selbst davon aus, dass die Rechtsprechung bei der Ausfüllung von Gesetzeslücken notwendig auf außerpositive Wertgrundsätze zurückzugreifen hat, indem sie sich darum bemüht, diese Wertvorstellungen „in einem Akt des *bewertenden Erkennens*, dem auch *willenhafte Elemente* nicht fehlen, ans Licht zu bringen und in Entscheidungen zu realisieren. Der Richter muß sich dabei von *Willkür* freihalten; seine Entscheidung muß auf *rationaler Argumentation* beruhen. Es muß einsichtig gemacht werden können, daß das geschriebene Gesetz seine Funktion, ein Rechtsproblem gerecht zu lösen, nicht erfüllt. Die richterliche Entscheidung schließt dann diese Lücke nach den Maßstäben der *praktischen Vernunft* und den ‚fundierten allgemeinen *Gerechtigkeitsvorstellungen* der Gemeinschaft'"[830] Ein solcher Akt bewertenden Erkennens, der an die den Rechtsinstituten zugrunde liegenden Urbilder *Stahls*[831]

---

826 *Böckenförde*, in: Böckenförde (Hrsg.), Staat, Gesellschaft, Freiheit (1976), S. 42, 60.

827 *Böckenförde*, in: Böckenförde (Hrsg.), Staat, Gesellschaft, Freiheit (1976), S. 42, 60.

828 *Frankfurter Rundschau* v. 2.10.2010, S. 32.

829 BVerfGE 34, 269, 287 (Soraya) = NJW 1973, 1221, 1225. Hervorhebungen durch den Verfasser.

830 BVerfGE 34, 269, 287 (Soraya) = NJW 1973, 1221, 1225. Hervorhebungen durch den Verfasser.

831 *Stahl*, Philosophie des Rechts II/1 (2. Aufl. 1845), S. 76ff., 80ff., 92f., 330. Vgl. auch *Stahl*, Philosophie des Rechts II/1 (1. Aufl. 1833), S. 41 („Das Urbild kann nun ein solches seyn, das schon verwirklicht ist, bevor sein Ebenbild geschaffen wurde ….") sowie ebenda,

und *Savignys*[832] erinnert und sich an den Maßstäben praktischer Vernunft – in der thomasischen Terminologie dem *lumen rationis*[833] – sowie den fundierten *Gerechtigkeitsvorstellungen* der Gemeinschaft orientiert, ist mit einem *normativen Institutionsverständnis* unvereinbar, wird er doch von diesem gerade als weltanschaulich bzw. ideologisch[834] abgelehnt. Gleichwohl ist er – sogar als verfassungsrechtlich gebotenes Handlungsgebot an die Judikative – unverzichtbarer Bestandteil des geltenden Rechts.

(2) Der Diskurs zwischen Rechtspositivismus und Naturrecht als Grundlage

Der Gang der bisherigen Diskussion lässt erahnen, dass sich hinter der Kritik der Institutionenlehre und der Auseinandersetzung um einen tauglichen Institutionenbegriff in Wirklichkeit ein grundlegenderes Problem, ja die *Grundfrage des Rechts überhaupt* verbirgt: Die Frage nach dem *Wesen des Rechts* selbst, die in den Auseinandersetzungen zwischen *Rechtspositivismus* und *Naturrecht* geschichtliche Gestalt angenommen hat und als Spannungsverhältnis vielen Auseinandersetzungen der Privatrechtsdogmatik immanent zugrunde liegt. Kann diese Diskussion hier nicht weiter vertieft werden, so wird doch deutlich, dass einer Bestimmung der Rechtsinstitute des Privatrechts durch Rückgriff auf Wertungen außerhalb des positiven Gesetzesrechts, wie es etwa weiten Teilen der Rechtsprechung zugrunde liegt, unter der Prämissen eines positivistischen Rechtsverständnisses die Anerkennung versagt werden muss. Der *normative Institutionenbegriff* ist die notwendige Konsequenz eines *positivistischen Blicks* auf die Rechtsordnung.

Dass eine solche positivistische Perspektive gerade mit dem Schutz freiheitlicher Gewährleistungen begründet wird, mag angesichts der Wehrlosigkeit des Positivismus gegenüber der Willkür totalitärer Regime[835] verwundern. Verständlich wird er nur auf der Grundlage einer befürchteten Beliebigkeit rechtlicher Wertpostulate, der Furcht vor der „Willkür"[836] des Rechtsanwenders, letztlich des Richters, vor der „Gefahr, dass vom Ergebnis her argumentiert wird"[837] und damit Institutsfunktionen unterstellt werden, mit deren Hilfe sich das als zweck-

S. 166 („Es ist nicht eine feststehende abgegrenzte allgemeine Regel als Vorausetzung eines Gesetzes, welches zur analogen Anwendung berechtigt, sondern ein lebendiger, sich selbst erweiternder Trieb eines Rechtsinstituts ....").

[832] *Savigny*, System I (1840), 291 f. („Erstlich wenn ein neues, bisher unbekanntes, Rechtsverhältniß erscheint, für welches daher ein *Rechtsinstitut als Urbild*, in dem bisher ausgebildeten positiven Recht nicht enthalten ist. Hier wird ein solches *urbildliches Rechtsinstitut* nach dem Gesetze innerer Verwandtschaft mit schon bekannten, neu gestaltet werden.", ebenda, S. 291). Hervorhebungen durch den Verfasser.

[833] *Thomas v. Aquin*, Summa Theologica, I^{a}–II^{ae} q. 91 a. 2 co.

[834] So *Rüthers*, Institutionelles Rechtsdenken (1970), S. 37. Vgl. auch ebenda, S. 43 ff.

[835] So plastisch *Fechner*, Rechtsphilosophie (2. Aufl. 1962), S. 286.

[836] So *Miethaner*, AGB-Kontrolle (2010), S. 56.

[837] Ebenda.

mäßig erscheinende Resultat begründen lässt.[838] Denn auf diese Weise, so die Befürchtung, ließen sich massive Einschnitte in garantierte Freiheitsrechte ohne nennenswerten Begründungsaufwand rechtfertigen und das austarierte System des positiven Rechts umgehen.[839]

Dass für derartige, letztlich abstrakt gebliebene Sorgen kein Anlass besteht, hat die praktische Umsetzung des metaphysischen Institutionenbegriffs durch die höchstrichterliche Rechtsprechung, angefangen bei der Monopolrechtsprechung des Reichsgerichts[840] über die Judikatur des BGH[841] bis hin zur Bürgschaftsrechtsprechung des BVerfG[842], eindrucksvoll gezeigt. Letztlich dürfte der bisweilen deutlich werdenden Scheu eines Teils des Schrifttums wie auch der praktischen Juristen – weniger der Rechtsprechung – vor einem metaphysischen, rechtsphilosophischen Zugang zu den Grundlagen des positiven Rechts offenkundig das bekannte Kommunikationsproblem, die kulturelle Divergenz zwischen dem Selbstverständnis der Rechtswissenschaft als exakter *Normwissenschaft*[843] und der Rechtsphilosophie als metaphysischer *Realwissenschaft* und damit letztlich das Spannungsverhältnis zwischen formaler, positivistisch verstandener *Freiheit* und materieller, naturrechtlich konzipierter *Gerechtigkeit* zugrunde liegen. So hatte schon Fechner festgestellt:

„Der *praktische Jurist* steht der *Rechtsphilosophie* oft fremd und ablehnend gegenüber. Sie enttäuscht ihn, weil sie ihm weder fertige Lösung gibt, noch eine sichere, risikolose Methode, sie zu finden. Er ist dem *geltenden Recht* und dem einzelnen *Streitfall* verpflichtet; das Recht aber soll Sicherheit gewähren. Daher schätzt er die Antwort der Präjudizien mehr als die Offenheit des Fragens. Und so erscheint ihm die *Rechtsmetaphysik* nebelhaft, lebensfremd und unbrauchbar. Das ist verständlich, nicht nur weil *Rechtssicherheit* eine der wichtigsten *Funktionen* jeder positiven *Rechtsordnung* ist, sondern auch wegen der Flut der *Alltagsarbeit*, die auf *Technisierung* und *Rationalisierung* des Betriebes drängt. Technisierung aber ist als Routinierung unmetaphysisch."[844]

---

838 *Miethaner*, AGB-Kontrolle (2010), S. 56 f.; *Fastrich*, Inhaltskontrolle (1992), S. 50.

839 *Miethaner*, AGB-Kontrolle (2010), S. 57.

840 Vgl. nur RGZ 133, 388, 391; RGZ 106, 386; RGZ 115, 253, 258; RGZ 62, 264, 265 f. sowie eingehend oben S. 342 ff.

841 Vgl. BGH NJW 2010, 1277, 1278; BGH NJW 2010, 1131, 1132; BGH NJW 1997, 2043, 2044; BGHZ 130, 50, 57 = NJW 1995, 2034, 2035 sowie eingehend oben S. 347 ff.

842 Vgl. hierzu grundlegend BVerfGE 89, 214 = NJW 1994, 36 (Bürgschaft I) sowie BVerfG NJW 1996, 2021 (Bürgschaft III); BVerfG NJW 1994, 2749 (Bürgschaft II). Hierzu eingehend oben S. 382 ff.

843 Zum Verständnis der Rechtswissenschaft als exakter Wissenschaft vgl. bereits oben S. 561 sowie grundlegend *Savigny*, Beruf unsrer Zeit (1814), S. 29. Vgl. auch *Mecke*, Begriff und System (2009), S. 44 mwN; *Stephanitz*, Exakte Wissenschaft und Recht (1970), passim. Zum Selbstverständnis der Rechtswissenschaft als Realwissenschaft *Eidenmüller*, JZ 2005, 216, 217 sowie *Eidenmüller*, JZ 1999, 53, 53 ff.

844 *Fechner*, Rechtsphilosophie (2. Aufl. 1962), S. 286. Hervorhebungen durch den Verfasser.

Und doch, so *Fechner*, „empfinden viele praktische Juristen das Bedürfnis, sich der Grundfrage des Rechts immer erneut zu stellen."[845] Dass die Auseinandersetzung mit jenen „*Wertvorstellungen*, die der verfassungsmäßigen Rechtsordnung *immanent*"[846] zugrunde liegen, für *Verständnis*, *Auslegung* und *Gestaltung* des geltenden Rechts und seiner Rechtsinstitute unverzichtbar ist und sich keineswegs in der Beliebigkeit austauschbarer, zweckorientierter Begriffe erschöpft, wird in besonderer Weise mit Blick auf die funktionale Bestimmung des *Zwecks* der *Privatautonomie* als *Rechtinstitut* deutlich.

Der Willkür des Rechtsanwenders sind schon deshalb Grenzen gesetzt, weil die außerpositive Ordnung, auf die der Rechtsanwender für die funktionale Bestimmung der Rechtsinstitute zurückgreift, gerade eine *Ordnung* darstellt und sich nicht im Vakuum eines wertfreien Raumes vollzieht, sondern vielmehr an ein ganz konkretes, spezifisches Wertesystem gebunden ist, das sich der konkretisierenden Bestimmung erschließt. Es kann schon deshalb nicht willkürlich sein, weil es – so der Ansatz der Rechtsprechung[847] – in sich *stimmig*, *angemessen*, *gerecht* und damit für die Rechtsgemeinschaft *annahmefähig* sein muss und darüber hinaus der inneren Logik, dem System der Gesamtrechtsordnung folgt. Überzeugend wird dieser Zusammenhang – gegen den stets der bisweilen reflexhafte Einwand der Beliebigkeit und der Unbestimmtheit dessen, was gerecht ist, erhoben werden kann – freilich nicht in der *abstrakten* Betrachtung, sondern erst in der *konkreten* Umsetzung.

So kann etwa die Annahme, dass dem Rechtsinstitut der *Vertragsfreiheit* im Gefüge der Gesamtrechtsordnung die Funktion zugewiesen ist, die für die *Persönlichkeitsentfaltung* notwendige Befriedigung der Bedürfnisse der Vertragspartner durch *selbstbestimmten*, beiderseits *interessengerechten* und damit *angemessenen* Interessenausgleich zu gewährleisten[848], kaum als willkürlich, in unzulässiger Weise freiheitsbeschränkend und arbiträr bezeichnet werden. Gängige Praxis ist der Rückbezug des Rechts auf die es selbst konstituierende Wertordnung ohnehin seit jeher. Es ist das Wesen des Rechts, dass seine positivrechtliche Konkretisierung notwendig einer sie tragenden Werteordnung bedarf, aus der heraus es sich erst konstituiert.[849] Dieser Rechtswirklichkeit wird ein positivistisches Verständnis der Rechtsinstitute des Privatrechts nicht gerecht. Dass freilich auch hier die weitere Einsicht *Radbruchs*, das grundsätzliche Primat des positiven Rechts zum Schutz der Rechtssicherheit, gelten muss, ist offenkundig.[850]

---

[845] Ebenda.

[846] BVerfGE 34, 269, 287 (Soraya) = NJW 1973, 1221, 1225. Hervorhebungen durch den Verfasser.

[847] BVerfGE 34, 269, 287 (Soraya) = NJW 1973, 1221, 1225.

[848] Hierzu eingehend oben S. 59, 60f. 444ff., 453ff.

[849] Vgl. nur das bekannte *Diktum Böckenfördes* oben S. 635f. sowie *Böckenförde,* in: Böckenförde (Hrsg.), Staat, Gesellschaft, Freiheit (1976), S. 42, 60.

[850] *Radbruch*, SJZ 1946, 105, 107 („Der Konflikt zwischen der Gerechtigkeit und der Rechtssicherheit dürfte dahin zu lösen sein, daß das positive, durch Satzung und Macht gesi-

Daher ist bei der Bestimmung der Institute des Privatrechts in der Tat zunächst auf den Gesamtbestand der Einzelvorschriften des positiven Rechts zurückzugreifen, wobei aus ihnen auf induktivem Wege die sie tragenden Systemprinzipien gewonnen und für die Konkretisierung der Rechtsinstitute herangezogen werden. Entscheidend ist jedoch, nicht beim Gesetzesrecht allein *stehen zu bleiben*, sondern dort, wo die Definition der Rechtsinstitute unergiebig ist, die Grenze des Rechts zu überschreiten und jene Bewertungsgrundlage fruchtbar zu machen, die dem Gesetzesrecht selbst immanent zugrunde liegt. Aus diesem wechselseitigen Bezug zwischen *Rechts-* und *Werteordnung* ergibt sich die *rechtsschöpfende* Fruchtbarkeit richterlicher *Rechtsfortbildung*.

Auf den erstgenannten Einwand der *Kritik* der Institutionenlehre ist daher zu antworten, dass die gesetzlichen Wertungen gerade nicht durch solche des Rechtsanwenders ersetzt werden, sondern die Rechtsinstitute des Privatrechts gerade im Licht jener Wertordnung betrachtet werden, der das positive Recht selbst zugrunde liegt und deren Geist es „atmet".[851] Bei diesem Zusammenhang handelt es sich nicht um eine dogmatisch zu entscheidende Streitfrage, der man zustimmen oder die man ablehnen kann, sondern um einen zentralen Wirkmechanismus des Rechts selbst. Das geltende Recht kann nur auf der Grundlage jener Werteordnung verstanden und erfasst werden, die ihm immanent zugrunde liegt und aus der es selbst hervorgegangen ist.[852] Die Verbindung zwischen diesem jeder Gesellschaft und jeder Rechtsordnung zugrunde liegenden Wertesystem und dem sie konkretisierenden Recht bildet damit auch den Schlüssel zum Verständnis der Rechtsinstitute des Privatrechts. Die Tatsache, dass nicht jeder Gebrauch eines Rechtsinstituts von dessen Gewährleistungsgehalt erfasst ist, dass es also einen *rechten* – sich innerhalb der Schranken eines Instituts vollziehenden – und einen *falschen* Gebrauch gibt[853], der jene Schranken überschreitet, entspricht dem Wesen von Freiheitsrechten wie auch dem freiheitsgewährender Rechtsinstitute.

---

cherte Recht auch dann den Vorrang hat, wenn es inhaltlich ungerecht und unzweckmäßig ist, es sei denn, daß der Widerspruch des positiven Gesetzes zur Gerechtigkeit ein so unerträgliches Maß erreicht, daß das Gesetz als ‚unrichtiges Recht' der Gerechtigkeit zu weichen hat.") Ebenso *Radbruch/Kaufmann*, Vorschule der Rechtsphilosophie (1965), S. 30f., 32f., 34.

[851] Anders dagegen *Habersack*, Vertragsfreiheit und Drittinteressen (1992), S. 38f., der dem Einwand durch Verweis auf den *normativen* Institutionenbegriff begegen will.

[852] Vgl. nur BVerfGE 34, 269, 287 (Soraya) = NJW 1973, 1221, 1225 sowie *Böckenförde*, in: Böckenförde (Hrsg.), Staat, Gesellschaft, Freiheit (1976), S. 42, 60.

[853] Vgl. nur *Raiser*, Das Recht der AGB (1961), S. 279: „Die Erkenntnis nun, daß die bloße Einsetzung jener Befugnisse und Freiheiten nicht von selbst auch der Gemeinschaft zugute kommt, muß dazu führen, nicht nur einzelne, durch die Rücksicht auf das gesellschaftliche Zusammenleben gebotene Beschränkungen als Ausnahmen anzuerkennen, sondern allgemein zwischen *rechtem* und *falschem* Gebrauch der Befugnisse und Freiheiten zu unterscheiden. Nur zum *rechten* Gebrauch sind sie verliehen. Der *falsche* ist *nicht* mehr *rechtmäßig*. Und zwar ist falsch ein der Gemeinschaft schädlicher, ihren Wertungen zuwiderlaufender Gebrauch. Hier liegt die rechtliche Schranke für die Betätigung des Individuums."

Im Kern liegt daher auch dem zweiten Einwand jene Sorge des ersten, wenngleich in neuem Gewand, zugrunde, ist er doch dessen Konsequenz: Die Befürchtung, dass der Freiheitsgehalt der von der Rechtsordnung garantierten Rechtsinstitute durch willkürlichen Verweis auf normativ nur schwer fassbare und nur metaphysisch, gleichsam tastend zugängliche außerpositive Wertgrundsätze beschränkt werden kann. Letztlich ist es die Angst vor dem „*Missbrauch des Instituts des Rechtsmissbrauchs*“, die dem zweiten Einwand der Kritik der Institutionenlehre zugrunde liegt.[854] Diese Sorge verfolgt mit dem Schutz des Rechtsinstituts vor willkürlichen Übergriffen vonseiten des Rechtsanwenders, d. h. vor allem der Rechtsprechung, ein grundsätzlich berechtigtes Anliegen.

Es ist offenkundig, dass auch der Prozess des Rückbezuges auf außerpositive Wertungen, welche die gesamte Rechtsordnung durchziehen und welche die Rechtsprechung mit Begriffen wie *Sinn*, *Zweck* und *Wesen* tastend zu erfassen versucht, seinerseits Schranken und Mindeststandards unterworfen sein muss, die das BVerfG freilich bereits angedeutet hat: Freiheit von *Willkür*, *rationale* Argumentation, Maßstäbe praktischer *Vernunft*, allgemeine *Gerechtigkeitsvorstellungen* der Gemeinschaft.[855] Und vor allem „muß *einsichtig* gemacht werden können, daß das geschriebene Gesetz seine Funktion, ein Rechtsproblem gerecht zu lösen, nicht erfüllt.“[856] Bei näherer Betrachtung erweist sich damit die materielle Bestimmung des Inhalts der Rechtsinstitute auf der Grundlage der das positive Gesetzesrecht konstituierenden Werteordnung keineswegs als willkürlich, sondern als geordneter, schrankenbewehrter Prozess, der für die Rechtsordnung einsichtig gemacht und damit in gewisser Weise – soweit damit nicht zugleich unverzichtbare Freiheitsgewährleistungen preisgegeben werden – auch konsentiert sein muss.

Und auf einen weiteren Aspekt ist in diesem Zusammenhang hinzuweisen: Vor dem geschichtlichen Hintergrund der bundesdeutschen Privatrechtsentwicklung in der zweiten Hälfte des 20. Jh. und vor allem angesichts eines in der Grundtendenz formal-liberal geprägten Normbestandes des bürgerlichen Rechts scheint die Gefahr einer freiheitsbeschränkenden Definition der Rechtsinstitute durch das *positive Recht* fernliegend. Freiheitsbeschränkungen werden daher weniger durch das positive Recht als vielmehr durch eine sich aus außerpositiven Quellen speisende *Materialisierung* der in formaler Hinsicht grundsätzlich weiten Freiheitsgewährleistungen des positiven Rechts erwartet. Die Debatte über die *Krise des Vertragsdenkens*[857], den *Abschied der Privatautonomie*[858] hat hier ihren Ursprung.[859]

---

[854] Zu diesen Befürchtungen vgl. nur *Miethaner*, AGB-Kontrolle (2010), S. 56f.; *Fastrich*, Inhaltskontrolle (1992), S. 50; *Habersack*, Vertragsfreiheit und Drittinteressen (1992), S. 38.

[855] BVerfGE 34, 269, 287 (Soraya) = NJW 1973, 1221, 1225.

[856] BVerfGE 34, 269, 287 (Soraya) = NJW 1973, 1221, 1225. Hervorhebungen durch den Verfasser.

[857] *Kramer*, Krise (1974), S. 9.

[858] *Berger*, ZIP 2006, 2149; *Medicus*, Abschied von der Privatautonomie (1994).

[859] Vgl. zur Diskussion eingehend *Lorenz*, Schutz (1997), S. 22ff.

Dabei gerät indes aus dem Blick, dass eine – tatsächliche oder aufgrund einer spezifischen Interessenlage nur einseitig empfundene – Beschränkung garantierter Freiheitsräume freilich nicht nur seitens der *Rechtsprechung*, sondern auch durch den Gesetzgeber möglich ist. *Radbruch* und mit ihm weite Teile der Rechtswissenschaft wie auch die Rechtsprechung haben – vor dem Hintergrund des nationalsozialistischen Unrechtsregimes – im Rückbezug auf überpositive Grundsätze der Gerechtigkeit den einzigen noch verbliebenen, wirksamen Schutz gegen legislatives Unrecht gesehen. So ist für *Fechner* „in diesem Gefahrenkreis die Rechtsmetaphysik die *Beunruhigerin* gegenüber aller *falschen Sicherheit* und *Wächterin* darüber, dass in vielen Fällen, in denen das Recht nicht klar am Tage liegt, alle nur erdenklichen Antworten vor der schließlichen Lösung erwogen werden und daß der Zweifel nicht erlahme.“[860] Die Flucht in die vermeintliche Sicherheit des normativen Institutionenbegriffs ist daher nicht ohne Gefahr: Sie setzt gerade jene Freiheit aufs Spiel, deren Beschränkung sie eigentlich abwenden sollte. Dass mit jedem Überschreiten der Grenze des positiven Rechts zugleich das Problem der *Rechtssicherheit* und ihres Verhältnisses zur *Gerechtigkeit* aufgeworfen wird, steht außer Frage. Den damit verbundenen Problemen hat indes das BVerfG mit seinen Vorgaben hinreichend Rechnung getragen.[861]

Als Ergebnis der vorangegangenen Überlegungen ist damit festzuhalten, dass sich die Befürchtungen der Kritik der Institutionenlehre als unbegründet erwiesen haben. Dabei wurde die Antinomie zwischen *Rechtspositivismus* und *Naturrecht* als das der Diskussion zugrunde liegende Spannungsverhältnis identifiziert und festgestellt, dass ein ausschließlich normativ-positivistisches Verständnis der Rechtsinstitute des Privatrechts der Rechtswirklichkeit und insbesondere der Wechselwirkung zwischen Rechts- und Werteordnung nicht gerecht wird. Die Flucht in den *normativen Institutionsbegriff* erweist sich damit nicht als angemessene Reaktion auf die Kritik der Institutionenlehre.

Vielmehr muss eine argumentative Auseinandersetzung mit der Kritik bereits bei der Anerkennung der vielfältigen Wechselwirkungen zwischen Rechts- und der sie konstituierenden Werteordnung sowie dem Diktum *Böckenfördes* ansetzen, dass „der freiheitliche, säkularisierte Staat von Voraussetzungen [lebt], die er selbst nicht garantieren kann.“[862] Der Inhalt der Rechtsinstitute wird daher auf der Grundlage eines *metaphysischen Institutionenbegriffes*, dem auch die Rechtsprechung weitgehend folgt, mit Blick auf jene Werteordnung bestimmt, der das positive Recht insgesamt zugrunde liegt. Allerdings bildet aus Gründen der Rechtssicherheit freilich eine umfassende Gesamtschau des positiven Rechts zunächst den Ausgangspunkt. Lediglich soweit sich dieses als nicht ergiebig erweist oder zu untragbaren Ergebnissen führt, wird auf überpositive Wertungen

[860] *Fechner*, Rechtsphilosophie (2. Aufl. 1962), S. 286. Hervorhebungen durch den Verfasser.

[861] Vgl. nur BVerfGE 34, 269, 287 (Soraya) = NJW 1973, 1221, 1225 sowie oben S. 639.

[862] *Böckenförde*, in: Böckenförde (Hrsg.), Staat, Gesellschaft, Freiheit (1976), S. 42, 60.

zurückgegriffen. Dabei unterliegt der Prozess der Inhaltsbestimmung allerdings selbst den vom BVerfG grundlegend in seiner *Soraya-Entscheidung* bestimmten Grenzen, die einen wirksamen Schutz vor willkürlichen Beschränkungen der von Rechtsinstituten garantierten Freiheiten gewährleisten.[863]

(3) Tauglichkeit der Institutionenlehre als Begründungsmodell der Inhaltskontrolle

Hat sich damit die *grundsätzliche* Kritik der Institutionenlehre als unbegründet erwiesen, sieht sie sich gleichwohl Bedenken im Hinblick auf ihre Tauglichkeit als Begründungsmodell der *Inhaltskontrolle* ausgesetzt. So ist insbesondere das von der Rechtsprechung des BGH an den Verwender gerichtete Gebot, „die Interessen seiner künftigen Vertragspartner angemessen zu berücksichtigen“[864], mit der Begründung kritisiert worden, dass damit dem Verwender eine schon fast *hoheitliche* Rolle als „Funktionär der Rechtsordnung“[865] zugeschrieben und damit die Verantwortung für einen angemessenen Interessenausgleich faktisch einer der Vertragsparteien auferlegt werde.[866] Darüber hinaus werde dem Verwender rechtsmissbräuchliches Verhalten allein aufgrund der Tatsache vorgeworfen, dass er in den AGB seine Interessen verfolge, worauf der Vertrag indes gerade angelegt sei.[867] Die Inhaltskontrolle von AGB könne daher nicht mit Verweis auf den institutionellen Rechtsmissbrauch begründet werden.

An diesem Einwand ist zweifellos richtig, dass vor dem Hintergrund des Vertragsmodells des bürgerlichen Rechts beide Parteien gleichermaßen die Verantwortung für einen angemessenen Interessenausgleich tragen – soweit man sie denn auch lässt. Allerdings ist eine solche Argumentation schon deshalb nicht überzeugend, weil sie die besondere Konstellation der *situativen Unterlegenheit*[868] sowie des AGB-typischen *verdünnten Konsenses*[869] völlig ausblendet und offensichtlich davon ausgeht, dass es sich bei dem Vertragsschluss unter AGB um einen Vertrag wie jeden anderen handelt, der im Hinblick auf das Funktionieren des Vertragsmechanismus keinerlei Besonderheiten aufweist. Dass hiervon tatsächlich keine Rede sein kann, sondern im Hinblick auf AGB eine erhebliche Abweichung vom klassischen Vertragsmodell des BGB besteht, der durch den Korrekturmechanismus der richterlichen Inhaltskontrolle zu begegnen ist, ist allgemein anerkannt.[870]

---

863 Hierzu eingehend BVerfGE 34, 269, 287 (Soraya) = NJW 1973, 1221, 1225 sowie oben S. 640f.

864 BGH NJW 1965, 246, 246.

865 So *Miethaner*, AGB-Kontrolle (2010), S. 57 im Anschluss an *Biedenkopf*, FS Böhm (1965), S. 113, 116f., 133f.

866 *Miethaner*, AGB-Kontrolle (2010), S. 57.

867 Ebenda.

868 Vgl. hierzu oben S. 508ff.

869 *Kramer*, FS Canaris I (2007), S. 665, 670. Ähnlich *Bydlinski*, Privatautonomie (1967), S. 106, 123; *Raiser*, FS 100 Jahre DJT (1960), S. 101, 126.

870 Vgl. hierzu nur MünchKomm/*Basedow*, BGB (7. Aufl. 2016), Vor § 305 Rn. 5; *Fuchs*,

Darüber hinaus ist bereits im Rahmen der Diskussion des vertragstheoretischen Begründungsmodells unter dem Aspekt der *Risikosphären* und der *„Gefährdungshaftung"* deutlich geworden, dass die höhere Verantwortlichkeit des Verwenders für ein Mindestmaß an Angemessenheit des Vertragsinhalts seine Ursache nicht in einem Akt unbegründeter Willkür höchstrichterlicher Rechtsprechung, sondern in dem die Rechtssphäre des Klauselgegners gefährdenden Verhalten des Verwenders selbst findet.[871] Sie ergibt sich als notwendige Konsequenz aus der Tatsache, dass der Verwender durch sein eigenes Verhalten eine Situation geschaffen hat, die erheblich vom klassischen Vertragsmodell des bürgerlichen Rechts abweicht und dieses in weiten Teilen in ihr Gegenteil verkehrt.

Denn ein Vertrag, auf dessen – den Klauselgegner typischerweise einseitig benachteiligenden – Inhalt die andere Partei keinerlei Einfluss hat, bei dem ihre Vertragsgestaltungsfreiheit regelmäßig auf Null reduziert ist und bei dem mangels zumutbarer Alternativen gleichsam eine Art „Kontrahierungszwang" besteht, weil der Klauselgegner auf den Vertrag angewiesen ist und mangels zumutbarer Alternativen auch nicht auf ihn zu verzichten vermag, kann kaum noch als Ausdruck der *Privatautonomie* beider Parteien angesehen werden. Ohne einen hinreichend substantiierten Willen der Parteien fehlt dem Vertrag indes die seine Bindung legitimierende Grundlage.

Eine Inhaltskontrolle ist vor diesem Hintergrund nicht nur zulässig, sondern – worauf das BVerfG ausdrücklich hinweist – auch notwendig.[872] Wer die Vertragsgestaltungsfreiheit von vornherein einseitig in Anspruch nimmt, eine Mitwirkung seines zukünftigen Vertragspartners an der inhaltlichen Gestaltung des Vertrages überhaupt nicht vorsieht und seine einseitige Gestaltungsmacht dazu missbraucht, die andere Partei durch sie einseitig benachteiligende Regelungen zu schädigen, muss damit rechnen, dass ihm zumindest die Pflicht auferlegt wird, die Interessen derjenigen Partei angemessen zu berücksichtigen, die er selbst an der Wahrnehmung ihrer Interessen durch eigenes, bewusstes und zielgerichtetes Handeln gehindert hat. Dem Verwender wird dabei keineswegs die Rolle eines „Funktionär[s] der Gesamtrechtsordnung"[873] zugedacht, sondern lediglich die Verantwortung für eigenes, seinen Vertragspartner schädigendes Verhalten übertragen.

Darüber hinaus hat der Begriff des „Funktionär[s] der Gesamtrechtsordnung"[874] bei *Biedenkopf* einen anderen, weiter reichenden Sinn: Wer die von der

---

in: *Ulmer/Brandner/Hensen*, AGB-Recht (12. Aufl. 2016), Vor § 307 Rn. 26 ff.; *Stoffels*, AGB-Recht (3. Aufl. 2015), Rn. 82 f.; *Drexl*, Selbstbestimmung (1998), S. 332 ff., 340 ff.; *Fastrich*, Inhaltskontrolle (1992), S. 82 ff., 86 ff.; *Habersack*, Vertragsfreiheit und Drittinteressen (1992), S. 103; *Hönn*, Vertragsparität (1982), S. 149 ff.; *Wolf*, Entscheidungsfreiheit (1970), S. 231.

[871] Vgl. hierzu eingehend oben S. 589 ff.

[872] BVerfG NJW 2005, 1036, 1037 (Zahnarzthonorar). Vgl. hierzu eingehend oben S. 390 f.

[873] *Biedenkopf*, FS Böhm (1965), S. 113, 116, 134.

[874] Ebenda.

Rechtsordnung für bestimmte Zwecke zur Verfügung gestellten Institute des Privatrechts in Anspruch nimmt und somit gleichsam „als ‚Funktionär der Gesamtrechtsordnung', also als Begünstigter einer Institution auftritt"[875], ist damit zugleich an die mit ihnen verbundenen Zwecke gebunden. Daher ist es „an ihm zu zeigen, daß er mit seinem Begehren im Rahmen der beanspruchten Institution bleibt und sein Anspruch den Zweck der Institution nicht verfehlt, für deren Verwirklichung er zugleich handelt."[876] Jede Indienstnahme rechtlicher Institutionen für Zwecke, die nicht ihrer Funktion im Gefüge der Gesamtrechtsordnung entsprechen – etwa weil sie nicht als Instrument des angemessenen Interessenausgleichs, sondern vielmehr der einseitigen Schädigung zukünftiger Vertragspartner missbraucht werden – stellt sich damit notwendig als Rechtsmissbrauch dar.

Dass die Rechtsordnung eine solche Entwicklung „nicht tatenlos hinnehmen"[877] kann, darf den Verwender daher nicht überraschen. Denn die Reduzierung der Vertragsgestaltungsfreiheit des Verwendungsgegners auf Null stellt keineswegs einen „Unfall" oder eine beiläufige Nebenerscheinung eines sonst rechtmäßigen Verhaltens im Sinne berechtigter Wahrnehmung eigener Interessen dar, sondern ist das Ergebnis bewussten Handelns und gerade das mit dem Stellen von AGB verfolgte Ziel des Verwenders. Um es offen auszusprechen: Der Verwender hat typischerweise die Absicht seinen Vertragspartner zu schädigen, ihn durch eine einseitige Verlagerung der Risiken zu benachteiligen, um selbst einen Vorteil daraus zu ziehen. Dies ist die notwendige Konsequenz aus der für den Verwender vorteilhaften Position als den Vertrag vorformulierende Seite und der damit verbundenen *Risikoverlagerungstendenz*. In diesem Zusammenhang bleibt der ernüchternde Befund, dass dort, wo sich Missbrauchsmöglichkeiten ergeben, diese auch genutzt werden.[878] Das Recht hat hier die Aufgabe, dieser Entwicklung Einhalt zu gebieten, und zwar in besonderer Weise mit Blick auf das den Verwendungsgegner schädigende und gefährdende Handeln des Verwenders. Davon, dass ihm damit gleichsam eine organähnliche Funktion als „Hüter der Rechtsordnung"[879] und ihrer Institutionen zugewiesen werde und sich sein Handeln lediglich darauf beschränke, seine eigenen Interessen wahrzunehmen, kann daher keine Rede sein.

Insofern bestehen auch hinsichtlich der spezifischen Situation der Inhaltskontrolle von AGB keine grundlegenden Bedenken gegen die Rechtsmissbrauchs-

[875] *Biedenkopf*, FS Böhm (1965), S. 113, 134.

[876] Ebenda.

[877] Begründung des RegE zum *AGBG*, BT-Drucks. 7/3919, S. 9.

[878] So MünchKomm/*Basedow*, BGB (7. Aufl. 2016), Vor § 305 – § 310 Rn. 3: „Soweit sie [die AGB] von vorhandenem positivem Recht abweichen, tun sie dies fast immer zum Nachteil des Kunden ...."

[879] So – indes mit Blick auf den Staat – *Raiser*, in: Summum ius, summa iniuria (1963), S. 145, 153.

lehre als Begründungsmodell. Fraglich ist jedoch, ob die Lehre vom institutionellen Rechtsmissbrauch überhaupt in der Lage ist, das geltende AGB-Recht adäquat abzubilden. Dies ist wiederholt bestritten worden.[880] In der Tat begegnet der Begründungsansatz dem Problem, dass sich die Inhaltskontrolle bei einem Rückgriff auf den institutionellen Rechtsmissbrauch nicht auf AGB beschränken dürfte, sondern auch Individualverträge erfassen müsste.[881] Denn auch in diesen Fällen kommt es zu einer *einseitigen* Inanspruchnahme und damit zu einem *Missbrauch* der Vertragsfreiheit.[882] Darüber hinaus ist auf der Grundlage der Rechtsmissbrauchslehre die Kontrolle von Preisabreden sowie der weite Anwendungsbereich der Inhaltskontrolle bei Verbraucherverträgen nach § 310 Abs. 2, 3 BGB nicht erklärbar, die auch lediglich zur einmaligen Verwendung bestimmte sowie von einem neutralen Dritten vorformulierte Vertragsbedingungen erfasst.[883] *Hellwege* hat daher darauf hingewiesen, dass die Figur des Missbrauchs der Vertragsfreiheit allenfalls *ein übergreifendes Schutzprinzip* beschreibt, das der weiteren *Konkretisierung* bedarf und nicht den konkreten Schutzgrund der offenen richterlichen Inhaltskontrolle darstellt.[884]

cc) Die eigenständige Bedeutung des Schutzes vor institutionellem Rechtsmissbrauch

Allerdings erschöpft sich die Relevanz der Institutionenlehre für das AGB-Recht keineswegs in der Bedeutung eines übergreifenden Schutzprinzips. Denn der massenhafte Missbrauch der Vertragsfreiheit führt zu einer Gefährdungslage, die sich deutlich von dem bei jedem Vertrag möglichen punktuellen Missbrauchsbestand unterscheidet: Wird angesichts der *massenhaften Verbreitung* von AGB, die im Rechtsverkehr mittlerweile den Standard darstellen, der Missbrauch von Rechtsinstituten zur *Regel*, das klassische Vertragsmodell[885] des bürgerlichen Rechts dagegen zur *Ausnahme*[886], so hat dies Auswirkungen auf die Funktion des vertraglichen Interessenausgleichs im Gefüge der Gesamtrechtsordnung, die in besonderer Weise eine Reaktion der Rechtsordnung im Wege der Inhaltskontrolle herausfordern.[887]

---

[880] Vgl. nur *Miethaner*, AGB-Kontrolle (2010), S. 58 f.; *Hellwege*, AGB und Rechtsgeschäftslehre (2010), S. 546 f.; *Stoffels*, AGB-Recht (3. Aufl. 2015), Rn. 84; *Lieb*, AcP 178 (1978), 196, 201.

[881] *Miethaner*, AGB-Kontrolle (2010), S. 58; *Hellwege*, AGB und Rechtsgeschäftslehre (2010), S. 546 f.; *Lieb*, AcP 178 (1978), 196, 201.

[882] *Hellwege*, AGB und Rechtsgeschäftslehre (2010), S. 547.

[883] *Miethaner*, AGB-Kontrolle (2010), S. 58; *Hellwege*, AGB und Rechtsgeschäftslehre (2010), S. 547.

[884] *Hellwege*, AGB und Rechtsgeschäftslehre (2010), S. 546.

[885] Vgl. zur Abweichung des Vertragsschlusses unter AGB vom *klassischen Vertragsmodell* des BGB S. 557 f. sowie unten S. 650, 702, 705 f.

[886] So – indes mit Blick auf die Abweichung des Vereinbarten vom *dispositiven Recht* – *Coester-Waltjen*, AcP 190 (1990), 1, 24. Vgl. hierzu eingehend unten S. 647 ff.

[887] Vgl. hierzu nur RegE zum AGBG, BT-Drucks. 7/3919, S. 9.

Eine Vertragspraxis, die standardmäßig eine effektive Wahrnehmung der *Vertragsgestaltungsfreiheit* einer Partei völlig ausschaltet[888], inhaltlich durch eine die Interessen einer Partei schädigende, einseitige *Risikoverlagerung*[889] gekennzeichnet ist und aufgrund eines fehlenden Konditionenwettbewerbs letztlich zu einem faktischen *Abschlusszwang*[890] führt und damit letztlich eine weitgehende Ausschaltung der Vertragsgestaltungs- und Abschlussfreiheit des strukturell unterlegenen Verwendungsgegners voraussetzt, kann ohne Schaden für die Privatrechtsordnung nicht auf Dauer toleriert werden.[891] Der Institutsmissbrauch führt hier aufgrund seines Massencharakters zu einer Gefährdung der Privatrechtsordnung und zu einer Beeinträchtigung des Rechtsverkehrs, die nicht hingenommen werden kann.[892]

Vor dem Hintergrund der massenhaften Verwendung als Anknüpfungspunkt kommt der Lehre vom *institutionellen Rechtsmissbrauch* unter dem Aspekt des Schutzes der Integrität der Privatrechtsordnung indes eine eigenständige Bedeutung zu. Die Beschränkung der Inhaltskontrolle auf AGB lässt sich aus dieser Perspektive daher damit erklären, dass erst durch die naturgemäß *massenhafte Verwendung* von AGB eine Gefährdungslage für die *Integrität* des Rechtsinstituts des *Vertrages* insgesamt eintritt, die im Hinblick auf Individualverträge gerade nicht besteht. Beim Stellen von Vertragsbedingungen, die lediglich zur *einmaligen* Verwendung bestimmt sind, kommt es aufgrund der einseitigen Ausübung der Vertragsgestaltungsmacht zwar ebenfalls zu einem Missbrauch der Vertragsfreiheit. Dieser führt indes aufgrund der Singularität der Verwendung typischerweise nicht zu einer Gefährdung der *Integrität der Privatrechtsordnung.* Denn eine solche Gefährdung tritt gerade dadurch ein, dass das klassische, auf tatsächlichem *Konsens* und einem grundsätzlich angemessenen *Interessenausgleich* beruhende Vertragsmodell des bürgerlichen Rechts durch eine Praxis ersetzt wird, die es durch „verdünnten Konsens" und unangemessenen Inhalt in sein Gegenteil verkehrt.

Die Erweiterung der Inhaltskontrolle auf *Verbraucherverträge* lässt sich auf dieser Grundlage freilich nicht erklären, sondern beruht auf dem Verbraucherschutzgedanken als eigenständigem Schutzgrund und Bestandteil eines multikausalen Begründungsmodells. Die Lehre vom *institutionellen Missbrauch* der Vertragsfreiheit, die nach der Rechtsprechung einen zentralen Schutzgrund der Inhaltskontrolle darstellt, lässt sich daher als *überindividuelle* Rechtfertigungsgrundlage ohne weiteres für die Begründung der Inhaltskontrolle fruchtbar machen. Zwar vermag sie die *situative Unterlegenheit* des Verwendungsgegners und damit den eigentlichen Schutzgrund der Inhaltskontrolle nicht hinreichend de-

---

888 Vgl. nur oben S. 568 ff.
889 Hierzu oben S. 297 ff.
890 Vgl. oben S. 596 ff., 611 ff.
891 So eindringlich RegE zum AGBG, BT-Drucks. 7/3919, S. 9.
892 Ähnlich *Fastrich*, Inhaltskontrolle (1992), S. 89 f.

tailliert zu erfassen. Da sie indes an die den AGB naturgemäß eigene *massenhafte* Verwendung anknüpft und somit auf die Gewährleistung der Integrität der Privatrechtsordnung gerichtet ist, erfasst sie eine Dimension des überindividuellen „Schutzbereiches" der Inhaltskontrolle, der von einem individualschützend ausgerichteten vertragstheoretischen Begründungsmodell nicht berücksichtigt werden kann. Ihr kommt daher zu Recht eine eigenständige, den vertragstheoretischen Legitimationsansatz der Inhaltskontrolle ergänzende Bedeutung zu.

d) Institutionelle Gewährleistung der Vertragsgerechtigkeit

Aus der untrennbaren Verknüpfung von *Vertragsfreiheit* und *Vertragsgerechtigkeit* insbesondere mit Blick auf den *Zweck* des Vertrages – der auf die Persönlichkeitsentfaltung durch *selbstbestimmten* und *angemessenen* Ausgleich der gegenseitigen Interessen gerichtet ist – folgt, dass ein institutioneller Missbrauch der Vertragsfreiheit zwangsläufig Auswirkungen auf die institutionelle Gewährleistung der Vertragsgerechtigkeit und damit auf die *Integrität* der *Privatrechtsordnung* haben muss.[893] So ist bereits Anfang des 20. Jh. die Forderung nach einer Inhaltskontrolle von AGB mit dem *Schutz der Rechtsordnung* begründet worden, da durch die Ausschaltung gesetzlicher Regelungen durch AGB das Verhältnis der *Regel* zur *Ausnahme* in sein Gegenteil verkehrt wird.[894] Das *Ansehen des Gesetzes*, so etwa *Pappenheim*, „muss leiden, wenn es die Lebensverhältnisse, zu deren Regelung es bestimmt ist, tatsächlich nicht mehr beherrscht."[895]

Der Gedanke, dass die *Integrität der Rechtsordnung* durch *massenhafte Normverstöße* beschädigt und der Rechtsordnung als Normensystem so letztlich die Grundlagen entzogen werden, ist zunächst vor allem im *öffentlichen Recht* und hier insbesondere im *Strafrecht* von Bedeutung.[896] Auf das *Privatrecht* scheint diese Argumentationslinie aufgrund der durch die Privatautonomie gewährleisteten Möglichkeit, vom dispositiven Recht abweichende Vereinbarungen zu treffen, auf den ersten Blick zunächst nur eingeschränkt anwendbar zu sein. Soweit es um *Individualvereinbarungen* geht, trifft diese Schlussfolgerung auch ohne weiteres zu:[897] So sind die Schranken rechtswirksamer Vereinbarungen mit den Vorschriften der §§ 138, 242 BGB denkbar weit gezogen. Im Hinblick auf die Ver-

---

[893] Hierzu *Hellwege*, AGB und Rechtsgeschäftslehre (2010), S. 543; *Fastrich*, RdA 1997, 65, 78; *Fastrich*, Inhaltskontrolle (1992), S. 88 ff., 90 ff., 130; *Coester-Waltjen*, AcP 190 (1990), 1, 24; *Zöllner*, RdA 1989, 152, 157; *Helm*, FS Schnorr von Carolsfeld (1973), S. 125, 129; *Raiser*, Das Recht der AGB (1961), S. 293 ff. sowie KOM (2000) 248 endg., S. 14.

[894] *Helm*, FS Schnorr von Carolsfeld (1973), S. 125, 129. Darauf hinweisend *Hellwege*, AGB und Rechtsgeschäftslehre (2010), S. 543. Ebenso *Coester-Waltjen*, AcP 190 (1990), 1, 24; *Zöllner*, RdA 1989, 152, 157.

[895] *Pappenheim*, FS Cohn (1915), S. 289, 291 f. Hierauf hineisend *Hellwege*, AGB und Rechtsgeschäftslehre (2010), S. 295.

[896] Vgl. für die entsprechenden Systemgedanken nur Bethge, in: *Isensee/Kirchhof*, HBdStR IX (3. Aufl. 2011), § 203, S. 1127, 1198.

[897] Ebenso etwa *Helm*, JuS 1965, 121, 126 f.; *Raiser*, Das Recht der AGB (1961), S. 293 ff.

wendung von AGB zeigt indes bereits die Möglichkeit der materiellen Inhaltskontrolle nach §§ 305 ff. BGB, dass hier von einer anderen „Gefährdungslage" auszugehen ist.[898] Denn die mit der massenhaften Verwendung einheitlicher Vertragsbedingungen verbundene Gleichförmigkeit der Verträge hat eine „ordnende Wirkung der AGB"[899] zur Folge, die „vielfach ausnahmsloser und strenger [ist] als die von dispositiven Gesetzen."[900] Entsprechend ist der Gedanke des Schutzes der Integrität der Rechtsordnung vor einer schleichenden Entwertung aufgrund massenhafter Ersetzung des dispositiven Rechts durch ihm widersprechende Parteivereinbarungen im Privatrecht auch heute noch von erheblicher Bedeutung.

So sieht etwa *Zöllner* den Grund für die AGB-Kontrolle darin, dass mit der Verwendung von AGB „eine *massenweise Beiseiteschiebung* dessen erfolgt, was als *gute Ordnung* zu gelten hat, insbesondere was der Gesetzgeber in dispositiver Regelung als diese gute Ordnung selbst aufgestellt hat."[901] *Fastrich* erblickt in der Verhinderung des Missbrauchs der Vertragsfreiheit durch AGB zugleich den Schutz der *Integrität der Rechtsordnung*[902] und auch die Kommission ging in ihrem Bericht über die Anwendung der *Klauselrichtlinie*[903] davon aus, dass die Verwendung vertraglicher Klauseln, „die das *Gleichgewicht* der vertraglichen Beziehungen zwischen den Parteien *signifikant stören*, nicht nur die Interessen der ... benachteiligten Partei ..., sondern auch die allgemeine Wirtschafts- und *Rechtsordnung*"[904] schädigen kann. Denn „allgemeine Vertragsklauseln haben prinzipiell den Anspruch, die vom Gesetzgeber geschaffenen rechtlichen Lösungen zu ersetzen, wobei gleichzeitig die gesellschaftlichen Maßstäbe für *Gerechtigkeit* durch Lösungen *ersetzt* werden, die einseitig die *maximale Sicherung von Eigeninteressen* einer der Parteien anstreben."[905] Neben dem AGB-Recht ist der Gedanke des Schutzes der *Integrität der Rechtsordnung* darüber hinaus im *Gesellschafts- und Kapitalmarktrecht* in besonderer Weise präsent.[906]

---

[898] Im Ergebnis ebenso *Helm*, FS Schnorr von Carolsfeld (1973), S. 125, 129 f.; *Raiser*, Das Recht der AGB (1961), S. 293 ff.

[899] *Helm*, FS Schnorr von Carolsfeld (1973), S. 125, 129.

[900] Ebenda.

[901] *Zöllner*, RdA 1989, 152, 157. Hervorhebungen durch den Verfasser.

[902] *Fastrich*, Inhaltskontrolle (1992), S. 88 ff., 90 ff., 130.

[903] Richtlinie 93/13/EWG, ABl. EG Nr. L 95, S. 29 ff.

[904] KOM (2000) 248 endg., S. 14. Hervorhebungen durch den Verfasser.

[905] Ebenda. Hervorhebungen durch den Verfasser.

[906] Vgl. nur *Hofmann*, Minderheitsschutz im Gesellschaftsrecht (2011), S. 376 (zur Begründung der Inhaltskontrolle von Ausschlussklauseln beim unfreiwilligen Ausscheiden des Gesellschafters einer Kommanditgesellschaft); *Krolop*, Delisting (2005), S. 222 (Schutz des Vertrauens in die gute Ordnung des Kapitalmarkts als spezielle Ausprägung des allgemeinen Prinzips des Schutzes des Vertrauens in die Integrität der Rechtsordnung); *Westermann*, FS Stimpel (1985), S. 69, 74; *Reuter*, AcP 181 (1981), 1, 12 (darauf hinweisend, dass Minderheitenschutz zugleich die *Privatrechtstauglichkeit* des Verbandes sichert); *Westermann*, FS Stimpel (1985), S. 69 (Inhaltskontrolle als notwendige Reaktion der Rechtsordnung auf Missbrauch der faktisch bestehenden Vertragsgestaltungsfreiheit „unter dem Gesichtspunkt, daß gesamt-

Tatsächlich ist ein massenhaftes Abweichen vom dispositiven Recht, bei dem die Wertungen der Rechtsordnung durch jene des Verwenders ersetzt werden, im Hinblick auf die *Integrität der Privatrechtsordnung* äußerst problematisch. Dies muss umso mehr gelten, wenn es sich dabei nicht um die Interessen beider Parteien näher konkretisierende und damit der unscharfen Lösung abstrakter gesetzlicher Regelungen überlegene Vereinbarungen, sondern um missbräuchliche, aufgrund ihres einseitig belastenden Charakters unangemessene Klauseln handelt. *Coester-Waltjen* hat die Folgen, die ein massenhaftes Abweichen „von dem, was recht und billig ist"[907] nach sich zieht, näher präzisiert:

„Es geht also um das Phänomen, daß neben dem dispositiven Recht praktisch ein Regelungsmuster entsteht, welches dem dispositiven Recht diametral gegenübersteht und keine billigen und gerechten Lösungen enthält. Wenn aber das *Unbillige* und *Ungerechte* als das *Übliche* angesehen wird, dann verschieben sich insgesamt die Wertmaßstäbe in der Rechtsordnung. Dann verändert sich auch der Maßstab, an dem der Einzelne im Vertragskompromiß seine Vor- und Nachteile mißt. Sein Vorverständnis für das, was man üblicherweise als Nachteil hinzunehmen habe, wird zu seinen Lasten geprägt. Der Vertragsmechanismus wird dadurch gestört, die Richtigkeitsgewähr ist nicht mehr gegeben. Merkmal ist hier nicht die konkrete Unbilligkeit der zu untersuchenden Klausel, sondern das typischerweise in bestimmten Rechtsverhältnissen anzutreffende Regelungsmuster."[908]

Im Kern geht es damit um die Frage, in welchem Umfang die Privatrechtsordnung eine Umkehrung ihrer Wertmaßstäbe in ihr Gegenteil verkraften kann, ohne dass ihr diese tragende Grundlage entzogen wird. Auf den Punkt gebracht ist damit die Frage aufgeworfen, welches Maß an vertraglichem Unrecht mit Verweis auf die jedenfalls formal bestehende Privatautonomie der Parteien überhaupt tragbar ist. Besondere Bedeutung kommt dabei der Bestimmung des *Unangemessenheitsmaßstabes* zu, da nicht jede Abweichung vom dispositiven Recht notwendig als unangemessene Benachteiligung des Verwendungsgegners zu qualifizieren sein wird. Hinzu tritt das Problem, dass die *subsidiäre* Geltung des dispositiven Rechts gerade voraussetzt, dass von ihm zulässigerweise abgewichen werden kann. Allerdings ist der Gesetzgeber bei der Gewährung dieser Befugnis offensichtlich vom klassischen Vertragsmodell des BGB – dem Individualvertrag – ausgegangen. Erfolgt die Substituierung gesetzlicher Regelungen durch Vertragsklauseln indes nicht im Einzelfall, sondern *massenweise*, so ergibt sich eine grundlegend andere *Gefährdungslage*. Entsprechend geht auch *Raiser* von einem erhöhten Geltungsanspruch des dispositiven Rechts aus:

„Dieses dispositive Gesetzesrecht spricht sich zwar selbst nur *subsidiäre Geltung* hinter den Vertragsordnungen zu, aber es ist doch *keine beliebige Ordnung*, sondern ‚*Recht*'

---

wirtschaftlich motivierte Erwartungen in Bezug auf die Anlage risikotragenden Kapitals tunlichst nicht enttäuscht werden" und zum Schutz der Funktionsfähigkeit der Massen-KG).

[907] *Coester-Waltjen*, AcP 190 (1990), 1, 24.

[908] Ebenda. Hervorhebungen durch den Verfasser.

in dem besonderen Sinn einer *Objektivierung der Rechtsidee* durch die Gesamtrechtsgemeinschaft, das heißt: es darf im allgemeinen – abgesehen von den Fällen eines Wandels der Rechtsüberzeugung – als der *angemessene, natürliche Ausgleich* der widerstrebenden Partei- und der übergeordneten Gemeinschaftsinteressen angesehen werden, als die *‚normale' Ordnung* des betreffenden Lebensverhältnisses. Dieser Rechtscharakter verleiht den Dispositivnormen die Tendenz, sich auch gegenüber den Vertragsordnungen immer wieder durchzusetzen ...“[909]

Wann AGB dem dispositiven Recht zu weichen haben, hängt nach *Raiser* vom *Gerechtigkeitsgehalt* der infrage stehenden dispositiven Normen ab.[910] Dienen diese lediglich dazu, (1) überhaupt eine *allgemeine* und *vorhersehbare* Regelung zu treffen, ohne dass es auf das *Wie* der Regelung ankommt, so ist eine abweichende Vereinbarung durch AGB ohne weiteres möglich.[911] Das Gleiche gilt für Fälle, in denen (2) AGB eine *Lückenausfüllungs-* und *Typisierungsfunktion*[912] zukommt, weil es um die Regelung neuer, gesetzlich noch nicht erfasster Vertragstypen und Rechtsverhältnisse geht. Hier ist der Verwender in der Ausgestaltung der AGB grundsätzlich frei, wobei indes die fundamentalen *Grundsätze* und *Wertungen* des Privatrechts zu beachten sind.[913] Geht es schließlich um Dispositivnormen, die eine *gerechte Verteilung* der *Rechte* und *Pflichten* der Parteien anstreben, so gilt der Grundsatz, dass „der Gerechtigkeitsgedanke des Gesetzes nicht durchkreuzt werden dürfe.“[914]

Gegen diesen Ansatz ist der Einwand erhoben worden, dass er zum einen *retrospektiv* angelegt sei und eine *gewisse Verbreitung* unbilliger Klauseln voraussetze.[915] Zum anderen gebe er den Parteien keine hinreichenden Anhaltspunkte dafür, ob ihre Vereinbarung unter ein besonderes Angemessenheitsgebot falle oder nicht, da ihnen möglicherweise die Unangemessenheit der Vertragsmuster nicht bekannt ist.[916] Vor dem Hintergrund der Praxis des modernen AGB-Rechts erscheinen diese Bedenken indes wenig überzeugend: Weil die Inhaltskontrolle einen typisierenden Schutz vor den mit der Verwendung von AGB verbundenen Gefahren für den Rechtsverkehr zur Verfügung stellt, kann es nicht auf die spezifische Verbreitung der infrage stehenden AGB, sondern vielmehr nur auf die generelle Relevanz des AGB-Problems für den Rechtsverkehr insgesamt ankommen. Hieran können angesichts der massenhaften und in der Tendenz zunehmenden Verwendung von AGB in der Rechtspraxis keine Zweifel bestehen.[917] Darüber

[909] *Raiser*, Das Recht der AGB (1961), S. 293. Hervorhebungen durch den Verfasser. Vgl. auch ebenda, S. 294.
[910] Ebenda, S. 295.
[911] Ebenda.
[912] Vgl. hierzu oben S. 295 ff.
[913] *Raiser*, Das Recht der AGB (1961), S. 296.
[914] *Raiser*, Das Recht der AGB (1961), S. 295.
[915] *Coester-Waltjen*, AcP 190 (1990), 1, 24.
[916] Ebenda.
[917] Zur AGB-Verwendung als Massenphänomen vgl. nur MünchKomm/*Basedow*, BGB (7. Aufl. 2016), Vor § 305 – § 310 Rn. 1; *Ulmer/Habersack*, in: *Ulmer/Brandner/Hensen*, AGB-

hinaus ist angesichts der differenzierenden und gefestigten Rechtsprechung sowie mit Blick auf die normativ klar umrissenen Klauselverbote der §§ 308 f. BGB ein hinreichendes Maß an *Vorhersehbarkeit* und *Rechtsicherheit* gewährleistet, so dass dem Verwender zuverlässige Anhaltspunkte für die Bewertung der Zulässigkeit der von ihm verwendeten Klausel zur Verfügung stehen.

Die Inhaltskontrolle erweist sich damit als notwendiges und unverzichtbares Instrument des überindividuellen Schutzes der Integrität der Privatrechtsordnung vor substantieller Entwertung. Das den Parteien von der Rechtsordnung zur Verfügung gestellte Instrument des Vertrages hat den Zweck, dem Einzelnen den für die Entfaltung seiner Persönlichkeit und die Entwicklung seiner Anlagen und Talente notwendigen rechtlichen Rahmen zur Befriedigung seiner Bedürfnisse und zur Verwirklichung seiner Interessen zur Verfügung zu stellen. Dies kann nur durch ein Vertragsverhältnis geschehen, das einen *angemessenen* und damit *gerechten* Ausgleich der gegenseitigen Interessen ermöglicht. Führt der Vertrag durch einseitige Risikoverlagerung indes nicht zu einer Verwirklichung, sondern stattdessen zu einer Schädigung der Interessen einer der beiden Parteien, so vermag er die ihm zugedachte Funktion als Instrument der Persönlichkeitsentfaltung des mit Freiheit und Würde ausgestatteten Individuums nicht zu erfüllen.

Geschieht dies massenweise, so dass neben dem dispositiven Recht eine paralleles, mit ihm konkurrierendes Ordnungssystem entsteht, das in seinen fundamentalen *Wertungen* und *Grundsätzen* der Rechtsordnung diametral widerspricht, weil sie mit den Grundsätzen der Billigkeit und des Rechts unvereinbar ist[918], wird also mit anderen Worten *Recht* durch *Unrecht* ersetzt und vermag sich die Rechtsordnung jedenfalls mit ihrem im dispositiven Recht enthaltenen Geltungsanspruch nicht in der erforderlichen Weise durchzusetzen, so „kann der soziale Rechtsstaat [dies] nicht tatenlos hinnehmen."[919] Es bedarf eines gleichsam „heilenden" Verfahrens, um eine pathologische Fehlentwicklung der tatsächlichen Rechtspraxis zu beheben und sie wieder an die „gesunde Norm" anzugleichen. Das damit angesprochene Bedürfnis des Schutzes der *Integrität der Rechtsordnung* als Grundanliegen jeder normativen Ordnung ist bereits im 19. Jh. mit Blick auf den Zivilprozess gesehen und mit Verweis auf die Deutung des Zivilprozesses als „Heilverfahren" plastisch beschrieben worden:

„Das Civilprozeßverfahren ist im Grunde nur ein *Heilverfahren*. Bei der Krankheit auf dem Rechtsgebiete sind es die Juristen welche vermöge ihrer Rechtskenntnisse die Klagen über Verletzungen zu prüfen, die Elemente des Unrechtes zu entfernen und die *Integrität der Rechtsordnung zu schützen* haben. … Es liegt in dem Begriffe und *inneren Wesen* der Rechtspflege, daß sie *Verwirklichung des Rechtes, Purifikation des*

Recht (12. Aufl. 2016), Einl. Rn. 6; *Stoffels*, AGB-Recht (3. Aufl. 2015), Rn. 1; *Kötz*, Gutachten (1974), S. A 9, S. A 23 sowie oben S. 286 ff.

918 *Coester-Waltjen*, AcP 190 (1990), 1, 24.

919 Begründung des RegE zum AGBG, BT-Drucks. 7/3919, S. 9.

Rechtsgebietes von allen Auswüchsen des Unrechtes sei; es darf daher bei ihren Operationen nichts geduldet werden, was die Erreichung des Zieles hemmen oder gar vereiteln könnte.

Alle zur Thätigkeit berufenen Kräfte müssen von demselben guten Willen, das Recht zu schützen und ihm gegen das Unrecht zum Siege zu verhelfen, geleitet und durchdrungen sein. Es dürfen sich nicht fremdartige Interessen denen die Verzögerung des Rechtsganges willkommen wäre, einmischen; allen ungehörigen, aus Mißverständnis, Gleichgültigkeit oder eigennützigen Absichten hervorgehenden Aberrationen von dem festgesteckten Zielpunkte hat ein centripetales Streben, der sich thatkräftig bekundende Vorsatz der Sache auf den Grund zu sehen und je eher je lieber den Anforderungen des *materiellen Rechtes* Genüge zu thun, zu begegnen."[920]

Wird der *institutionelle Rechtsmissbrauch* im Kontext der Inhaltskontrolle von AGB überwiegend mit Blick auf die Gewährleistung der Vertragsgestaltungsfreiheit betrachtet, so hat die bisherige Untersuchung gezeigt, dass aufgrund der untrennbaren funktionalen Verknüpfung von *Vertragsfreiheit* und *Vertragsgerechtigkeit* mit dem Schutz der *Integrität der Privatrechtsordnung* zugleich die institutionelle Gewährleistung der *Vertragsgerechtigkeit* betroffen ist. Neben dem institutionellen Schutz des *Selbstbestimmungsrechts* des Verwendungsgegners kommt ihr als überindividueller Schutzgrund der AGB-Kontrolle in einem *multikausalen* Begründungsmodell der Inhaltskontrolle eine zentrale Bedeutung zu.

4. Verbraucherschutz

Mit der Umsetzung der *Klauselrichtlinie* durch die AGBG-Novelle 1996 und die Einführung der verbraucherschutzrechtlichen Sondervorschrift des § 24a AGBG, deren Regelungsgehalt in § 310 Abs. 3 BGB unverändert übernommen wurde, ist zum Kanon überindividueller Schutzgründe der Inhaltskontrolle der Gedanke des *Verbraucherschutzes* hinzugetreten. Damit ist zugleich die Frage der *Kompatibilität* aufgeworfen: Liegt der Klauselrichtlinie mit dem Anliegen des *Verbraucherschutzes* ein wesentlich neues, vom System des deutschen AGB-Rechts grundlegend verschiedenes Schutzkonzept im Sinne einer teleologischen Neuorientierung zugrunde[921] oder handelt es sich lediglich um unterschiedliche Ausprägungen und Akzentuierungen eines einheitlichen Begründungsmodells[922]?

---

[920] ZGRBay (8) 1862, 294, 298 f. Hervorhebungen durch den Verfasser.

[921] So Palandt/*Grüneberg*, BGB (77. Aufl. 2018), Überbl. V. § 305 Rn. 9 (zweites tragendes Schutzprinzip des AGB-Rechts); *Hellwege*, AGB und Rechtsgeschäftslehre (2010), S. 565 (unvereinbare Schutzkonzepte); Staudinger/*Schlosser*, BGB (2013), Vor §§ 307–309, Rn. 7, § 310, Rn. 24 (andere Schutzkonzeption); Staudinger/*Wendland*, BGB (2019), § 307 Rn. 6 f. („… zwei Interventionsansätze, die sich weitgehend im Ziel decken, dies jedoch auf unterschiedlichem Weg zu erreichen versuchen."); *Hommelhoff/Wiedemann*, ZIP 1993, 562, 564 ff., 570 f.; *Bunte*, FS Locher (1990), S. 325, 330 ff.

[922] So *Miethaner*, AGB-Kontrolle (2010), S. 101 ff., 112; *Leuschner*, AcP 207 (2007), 491, 505 ff.; *Tenreiro/Karsten*, in: Schulte-Nölke/Schulze (Hrsg.), Europäische Rechtsangleichung

Und sind im Fall einer Divergenz der Schutzgründe Umfang und Reichweite des deutschen AGB-Rechts mit dem europarechtlichen Schutzkonzept der Inhaltskontrolle missbräuchlicher Klauseln vereinbar? Diese Frage ist für das nationale AGB-Recht von entscheidender Bedeutung, weil der Klauselrichtlinie als unmittelbar anwendbarem sekundärem Unionsrecht prinzipieller Vorrang vor dem nationalen Recht zukommt.

Die *Erwägungsgründe* der Richtlinie geben im Hinblick auf das ihr zugrunde liegende Schutzkonzept mit den beiden Aspekten des *Schutzes der Verbraucher vor einem Machtmissbrauch der Unternehmer*[923] und der Erleichterung der *Errichtung des Binnenmarktes*[924] lediglich eine grobe Orientierung. So verweisen beide Regelungsziele zunächst auf die *Verbraucherschutz- und Binnenmarktkompetenz* und damit auf die der Richtlinie zugrunde liegende sekundärrechtliche Kompetenzgrundlage. Verbraucherschutz und Gewährleistung eines funktionierenden Binnenmarktes sind dabei Schutzzwecke, die mit dem im Gang der Untersuchung herausgearbeiteten vertragstheoretischen Begründungsmodell des deutschen AGB-Rechts ohne weiteres vereinbar sind: So stellt sich die Schutzbedürftigkeit des *Verbrauchers* als spezielle Ausprägung rollenspezifischer, struktureller Unterlegenheit dar, so dass der Schutz vor „einseitig festgelegten Standardverträgen und vor dem mißbräuchlichen Ausschluß von Rechten in Verträgen"[925] offensichtlich auch auf die Gewährleistung materieller Vertragsfreiheit des Verbrauchers als *individuellem* Schutzgrund der Inhaltskontrolle gerichtet ist. Das Anliegen des Schutzes des *Binnenmarktes* erinnert dagegen an den *überindividuellen* Schutzgrund des Schutzes des Marktes bzw. des Rechtsverkehrs vor missbräuchlichen Klauseln und damit an die Förderung der AGB-Verwendung durch Reduzierung der mit ihr verbundenen Risiken, auch wenn das von der Klauselrichtlinie hierfür in Dienst genommene Mittel – die Teilharmonisierung der nationalen Rechtsvorschriften – insoweit vergleichsweise unspezifisch ist und sich in dieser Form auch in einer Vielzahl anderer, das Vertragsrecht betreffender Richtlinien[926] findet.

a) Gemeinsamer dogmatischer Rahmen für Verbraucherschutz im AGB-Recht

Allerdings sind diese Erklärungen noch zu grobmaschig, als dass sie eine tragfähige Begründung für das der europarechtlichen Inhaltskontrolle missbräuchlicher Klauseln zugrunde liegende Schutzkonzept liefern könnten. Eine Annähe-

(1999), S. 223, 227f.; *Heinrichs*, NJW 1996, 1381, 153ff.; *Damm*, JZ 1994, 161, 167; *Heinrichs*, NJW 1993, 1817, 1818; *Ulmer*, EuZW 1993, 337, 341.

923 So ausdrücklich ErwG Nr. 9 Klausel-RL. Ähnlich ErwG Nr. 4, 6, 8, 10 Klausel-RL. Vgl. hierzu auch *Miethaner*, AGB-Kontrolle (2010), S. 102.

924 So die ErwG Nr. 1, 2, 5, 6, 7 Klausel-RL. Vgl. auch *Miethaner*, AGB-Kontrolle (2010), S. 102.

925 ErwG Nr. 9 Klausel-RL.

926 So auch *Miethaner*, AGB-Kontrolle (2010), S. 105.

rung kann nur auf der Grundlage des hinter dem Verbraucherschutz stehenden dogmatischen Rahmens gelingen. So geht das *Verbraucherleitbild* von der *strukturellen Unterlegenheit* des aufgrund von *Informationsasymmetrie*, *wirtschaftlicher Überlegenheit* des Unternehmers und tendenziellem *Angewiesensein* auf die angebotene Leistung schutzbedürftigen Verbrauchers aus.[927]

Den Anknüpfungspunkt bilden dabei nicht etwa Eigenschaften, die in der *Person* des Verbrauchers begründet sind, sondern vielmehr dessen *situative* Betroffenheit als Partei eines Rechtsgeschäfts, das nicht seiner gewerblichen oder beruflichen Tätigkeit zuzuordnen ist, § 13 BGB, Art. 2 b) Klausel-RL.[928] Dass derartige Rechtsgeschäfte regelmäßig mit einer wirtschaftlichen Überlegenheit und dem Angewiesensein des Verbrauchers auf die angebotene Leistung verbunden sind, steht einer situativen Anknüpfung nicht entgegen, sondern ist vielmehr ihre Folge. Dabei fallen bereits die Ähnlichkeit der Ausgangssituation mit jener des Verwendungsgegners und die Vergleichbarkeit der relevanten, die jeweiligen Schutzzwecke tragenden Aspekte auf: So findet die *wirtschaftliche Überlegenheit* des Unternehmers seine Entsprechung in jener des Verwenders, der über seine – durch seinen Informationsvorsprung gegenüber dem Verwendungsgegner begründete – *situative Überlegenheit* hinaus auf den einzelnen Vertrag mit einem konkreten Verwendungsgegner – anders als dieser – regelmäßig nicht angewiesen und daher zu einer Abänderung seiner AGB nicht bereit ist.

Der damit angesprochene Gedanke des *Missbrauchs der Vertragsgestaltungsfreiheit* bildet einen der tragenden Pfeiler des vertragstheoretischen Begründungsmodells und stand mit der *Monopolrechtsprechung* des Reichsgerichts am Beginn der Entwicklung der richterlichen AGB-Kontrolle. Aber auch das *Angewiesensein* des Verbrauchers auf die vom Unternehmer angebotene Leistung entspricht der situativen Unterlegenheit des Verwendungsgegners, dem aufgrund des fehlenden Konditionenwettbewerbs häufig nichts anderes übrig bleibt, als sich den vom Verwender gestellten AGB zu unterwerfen.

Am deutlichsten werden die Parallelen zwischen Verbraucherschutz und AGB-Recht indes mit Blick auf den Aspekt der typischerweise bestehenden *Informationsasymmetrie* zwischen Verbraucher und Unternehmer. Hat diese unter dem Aspekt des Verbraucherschutzes ihre Ursache im *organisatorischen Vorsprung*, der *überlegenen Erfahrung* und den größeren *wirtschaftlichen Ressourcen* des Unternehmers[929], so ist sie bei Verwendung von AGB typischerweise durch die *Vorformulierung* und dem durch *Mehrfachverwendung möglichen Rationalisierungsvorteil* bedingt. In beiden Fällen ist die auf einer Informationsasym-

---

[927] Vgl. zum *Verbraucherleitbild* eingehend *Denkinger*, Verbraucherbegriff (2007), S. 109 ff., *Drexl*, Selbstbestimmung (1998), 414 ff.; *Dauner-Lieb*, Verbraucherschutz (1983), S. 63 ff.

[928] *Leuschner*, AcP 207 (2007), 491, 505; *Hommelhoff/Wiedemann*, ZIP 1993, 562, 565.

[929] *Leuschner*, AcP 207 (2007), 491, 506 (auf die professionelle Beschäftigung mit der betreffenden Materie, überlegene Erfarung und überlegenes Wissen verweisend).

metrie beruhende strukturelle Unterlegenheit *situationsbezogen* und damit *rollenspezifisch* auf der Grundlage der Rollen des *Verbrauchers* bzw. des *Verwenders* definiert.[930]

Dem Verbraucherschutz wie auch dem AGB-Recht liegt daher ein in seinen Grundzügen identisches Schutzkonzept zugrunde[931]: Der Schutz des infolge seiner rollenspezifischen oder situationsbezogenen Betroffenheit aufgrund eines *Informationsdefizits* oder geringer *wirtschaftlicher Verhandlungsmacht* strukturell Unterlegenen. Bemerkenswert ist dabei, dass der Verbraucherschutz neben dem Aspekt der *Informationsasymmetrie* mit der *wirtschaftlichen Überlegenheit* im Sinne eines *Monopolmissbrauchs* den zweiten tragenden Grund der Inhaltskontrolle von AGB erfasst. Diese wirtschaftlich überlegene Stellung aufgrund größerer Marktmacht äußert sich vor allem in dem strukturell und damit situativ bedingten Motivationsgefälle zwischen den Parteien, das seine Begründung in der Tatsache findet, dass der *Verbraucher* bzw. *Verwendungsgegner* wesentlich stärker auf den Vertragsschluss *angewiesen* ist als der Unternehmer bzw. Verwender, für den sich der konkrete Vertragsschluss als Massengeschäft darstellt und der daher zur Abänderung seiner Vertragsbedingungen typischerweise nicht bereit ist.

b) Vorformulierung als zentraler Anknüpfungspunkt nach §310 Abs.3 Nr.2 BGB und Art.3 Abs.1, 2. S.1 Klausel-RL

Dieser dogmatische Befund wird mit Blick auf die Regelung des §310 Abs.3 Nr.2 BGB und der ihr zugrunde liegenden Vorschriften des Art.3 Abs.1, 2. S.1 Klausel-RL bestätigt. Zwar ist der Klauselrichtlinie und damit auch der verbraucherrechtlich geprägten Umsetzungsvorschrift des §310 Abs.3 Nr.2 BGB der *AGB-Begriff* als Systembegriff fremd.[932] Dies ist angesichts eines vermuteten gemeinsamen Schutzkonzeptes indes schon deshalb nicht problematisch, weil der AGB-Begriff sich insbesondere hinsichtlich des Vielzahlkriteriums erheblichen Einwänden vonseiten des Schrifttums ausgesetzt sieht und hinterfragt wird, ob er vor dem Hintergrund des Schutzzwecks der Inhaltskontrolle in der bisherigen Form überhaupt noch Bestand haben könne.[933] Darüber hinaus zeigt ein Blick in die einzelnen Regelungen, dass der klassische AGB-Begriff des §305 Abs.1 BGB

---

[930] So auch *Leuschner*, AcP 207 (2007), 491, 505 (darauf hinweisend, dass der Verbraucherschutz durch Übernahme bestimmter Rollen am Markt aktiviert wird); *Hommelhoff/Wiedemann*, ZIP 1993, 562, 565. Zum rollenspezifischen Schutz des Verbrauchers Staudinger/*Wendland*, BGB (2019), §307 Rn.6 mwN. Dauner-Lieb, Verbraucherschutz 141ff.

[931] Ebenso *Leuschner*, AcP 207 (2007), 491, 505.

[932] *Hellwege*, AGB und Rechtsgeschäftslehre (2010), S.528, 530. Ebenso *Axer*, AGB-Kontrolle (2012), S.91f.; *Miethaner*, AGB-Kontrolle (2010), S.106; *Leuschner*, AcP 207 (2007), 491, 506f.

[933] *Hellwege*, AGB und Rechtsgeschäftslehre (2010), S.528. Für eine Inhaltskontrolle aller nicht ausgehandelten Vertragsbedingungen *Kramer*, ZHR 146 (1982), 105; *Bunte*, NJW 1987, 921. Kritisch im Hinblick auf das *Vielzahlkriterium Axer*, AGB-Kontrolle (2012), S.91ff.; *Miethaner*, AGB-Kontrolle (2010), S.110; *Leuschner*, AcP 207 (2007), 491, 507.

auf der einen wie auch der Begriff der *vorformulierten Vertragsbedingungen* des § 310 Abs. 3 Nr. 2 BGB bzw. jener der *nicht im Einzelnen ausgehandelten Klausel* nach Art. 3 Abs. 1, 2. S. 1 Klausel-RL auf der anderen Seite auf ähnlichen Schutzzwecküberlegungen beruhen, auch wenn sie das ihnen aufgetragene Regelungsziel auf unterschiedlichem Weg zu erreichen suchen.[934]

So verzichtet die Vorschrift des § 310 Abs. 3 Nr. 2 BGB auf das Kriterium der Mehrfachverwendungsabsicht und stellt stattdessen das Merkmal der *Vorformulierung* als zentrales Aufgreifkriterium in den Mittelpunkt. Damit ist für den Rechtsverkehr zwischen Unternehmern und Verbrauchern eine Erweiterung der Inhaltskontrolle auf vorformulierte Einzelverträge verbunden, die den Verbraucher vor den mit der *Vorformulierung* verbundenen Gefahren schützen soll. Die Vorformulierung verweist dabei auf die AGB-typische *situative Unterlegenheit* des Klauselgegners: Während der Verwender die AGB weit im Vorfeld der konkreten Abschlusssituation ohne Zeitdruck und regelmäßig unter Inanspruchnahme von professionellem Rechtsrat nach Maßgabe seiner eigenen Interessen gestalten kann, ist dem Verwendungsgegner schon unter dem zeitlichen Druck einer *konkreten Abschlusssituation* eine eingehende Analyse, erst recht eine sinnvolle rechtliche Analyse der oft komplizierten Klauseln, kaum möglich. Zwar ist die Vorformulierung eines Vertragsangebotes dem bürgerlichen Recht keineswegs fremd, sondern stellt, wie ein Blick auf die Vorschrift des § 147 Abs. 2 BGB zeigt, beim Vertragsschluss unter Abwesenden sogar den Normalfall dar.[935]

Auch das Gebot der *Bestimmtheit*, wonach ein Angebot derart bestimmt formuliert sein muss, dass es durch ein schlichtes „Ja" angenommen werden kann, sowie die Regelung des kaufmännischen Bestätigungsschreibens zeigen, dass die Vorformulierung des Angebotes vom klassischen Vertragsmodell des bürgerlichen Rechts vorausgesetzt wird.[936] Wie im Gang der bisherigen Untersuchung deutlich geworden ist, wird eine solche abstrakte und schematische Betrachtung des Vertragsschlusses der Rechtswirklichkeit der AGB-Praxis indes nicht gerecht. Diese ist gerade durch einseitig vorformulierte Vertragsbedingungen geprägt, die von ihrem *Umfang* und ihrer *Komplexität* her eine zumutbare Kenntnisnahme wie auch eine substantiierte Willensbildung durch den Verwendungsgegner ausschließen und damit dessen Vertragsgestaltungsfreiheit erheblich beschränken. Die Abweichung des Vertragsschlusses unter AGB vom klassischen Vertragsmodell des bürgerlichen Rechts beruht daher weniger auf der Tatsache der *Vorformulierung* an sich als auf dem typischerweise erheblichen *Umfang* und der *Komplexität* der vorformulierten Vertragsbedingungen. Erst dadurch entsteht jener

---

934 Ähnlich Staudinger/*Wendland*, BGB (2019), § 307 Rn. 7 („... zwei Interventionsansätze, die sich weitgehend im Ziel decken, dies jedoch auf unterschiedlichem Weg zu erreichen versuchen.").

935 Im Ergebnis ebenso *Fastrich*, Inhaltskontrolle (1992), S. 101; *Habersack*, Vertragsfreiheit und Drittinteressen (1992), S. 105.

936 *Habersack*, Vertragsfreiheit und Drittinteressen (1992), S. 105.

unzumutbare Aufwand an prohibitiv hohen Informationsbeschaffungskosten, der die Informationsasymmetrie zwischen den Parteien und damit die Beschränkung der Vertragsgestaltungsfreiheit des Klauselgegners zur Folge hat.

Normativ „eingefangen" wird der Aspekt der hohen *Komplexität* und des erheblichen *Umfangs* der Vertragsbedingungen im nationalen AGB-Recht in §305 Abs. 1 S. 1 BGB durch das Merkmal der *Mehrfachverwendungsabsicht.* Denn erst durch die *Mehrfachverwendung* vermag der Verwender den mit der Vorformulierung von AGB verbundenen *Rationalisierungsvorteil* zu realisieren, da sich für ihn mit steigender Anzahl der Verwendungen der mit dem Erstellen der AGB verbundene Aufwand zunehmend lohnt und häufig so überhaupt erst rechnet.[937] Das Merkmal der Vorformulierung scheint damit für sich genommen den eigentlichen Schutzgrund der Inhaltskontrolle nur unzureichend zu erfassen. Erst in der *Kombination* von *Vorformulierung* und *Mehrfachverwendungsabsicht* lässt sich der Tatbestand der situativen Unterlegenheit des AGB-Verwendungsgegners zuverlässig eingrenzen.[938] Dies gilt umso mehr, als der Verwender mit der Mehrfachverwendung von AGB deutlich macht, dass er auf die Verhandlung seiner standardisierten Vertragsbedingungen nicht angewiesen ist und darüber hinaus offensichtlich auch über eine entsprechende Verhandlungsmacht verfügt, um diese Bedingungen mehrfach ohne Änderungen verwenden und damit gegenüber seinem Vertragspartner durchsetzen zu können.[939]

Allerdings gilt dies nur unter der Prämisse einer annährend *gleichen Erfahrung* der Parteien im Hinblick auf die durch den konkreten Vertragsschluss berührten Rechtsfragen.[940] Nur dann kann davon ausgegangen werden, dass der für die Erstellung der AGB und deren Analyse erforderliche Aufwand – d. h. die *Vorformulierungs-* und *Analysekosten* als *Transaktionskosten* – annähernd gleich ist, so dass sich ein relevanter Vorformulierungsvorteil des Verwenders, der aufgrund der damit verbundenen Informationsasymmetrie das Machtgleichgewicht zwischen den Parteien verschiebt, erst durch die Mehrfachverwendung der Vertragsbedingungen ergibt.[941] Verfügt der Verwender dagegen über einschlägige *Geschäftserfahrung*, professionelles *Branchenwissen* und einen effektiven Zugang zu spezialisiertem, anwaltlichem *Rechtsrat* – wie dies im Rahmen von Verbraucherverträgen für die Unternehmerseite typisch ist – ist er aufgrund des damit verbundenen Erfahrungs- und Kenntnisvorsprungs regelmäßig in der Lage, AGB mit deutlich geringerem Aufwand vorzuformulieren, als es für die Analyse durch einen branchenfremden Verbraucher erforderlich wäre.[942] Daher besteht im Rechtsverkehr

[937] Vgl. hierzu bereits oben S. 509. Ebenso *Leuschner*, AcP 207 (2007), 491, 507; *Habersack*, Vertragsfreiheit und Drittinteressen (1992), S. 107.

[938] So auch *Hellwege*, AGB und Rechtsgeschäftslehre (2010), S. 551.

[939] *Larenz/Wolf*, BGB AT (9. Aufl. 2004), S. 762.

[940] *Leuschner*, AcP 207 (2007), 491, 507.

[941] *Hellwege*, AGB und Rechtsgeschäftslehre (2010), S. 561; *Leuschner*, AcP 207 (2007), 491, 507; *Fastrich*, Inhaltskontrolle (1992), S. 100f.

[942] Ebenda.

zwischen Verbrauchern und Unternehmern bereits bei *Einzelverträgen* ein erhebliches Transaktionskosten- und Motivationsgefälle[943] zwischen den Parteien, so dass der Verwendungsgegner aufgrund der daraus erwachsenden Informationsasymmetrie dem Verwender auch dann situativ unterlegen ist, wenn dieser seine Vertragsbedingungen lediglich zur *einmaligen* Verwendung vorformuliert hat.[944] Auf eine Mehrfachverwendungsabsicht kommt es hier nicht an.

Der Verzicht auf das Vielzahlkriterium in § 310 Abs. 3 Nr. 2 BGB und Art. 3 Abs. 1, 2. S. 1 Klausel-RL und die damit verbundene Fokussierung auf das Merkmal der *Vorformulierung* als zentralem Anknüpfungspunkt der AGB-Kontrolle stellt daher keineswegs eine teleologische Neuorientierung dar, sondern fügt sich mit der Anerkennung der Informationsasymmetrie als gefährdungsbegründendem Schutzgrund nahtlos in das Schutzkonzept des geltenden AGB-Rechts ein. Dafür spricht nicht zuletzt die Aufweichung des Kriteriums der Mehrfachverwendungsabsicht, die Literatur und Rechtsprechung im Wege einer *weiten Auslegung* dieses Tatbestandsmerkmals vorgenommen haben und das sich schon seit längerer Zeit erheblichen Einwänden vonseiten des Schrifttums ausgesetzt sieht.[945] So soll zu seiner Bejahung bereits die – nahezu symbolische – Absicht der *dreimaligen* Verwendung genügen.[946] Darüber hinaus liegen AGB nach der Rechtsprechung des BGH bereits dann vor, wenn sie von einem *Dritten* für eine Vielzahl von Verträgen vorformuliert sind, auch wenn der Verwender selbst sie nur in einem *einzigen Vertrag* verwenden will.[947] Ergibt sich aus Inhalt und Gestaltung der Vertragsbedingungen – etwa formelhaften Wendungen zur Regelung typisch konfliktgefährdeter Sachverhalte, die nicht auf das konkrete Rechtsgeschäft zugeschnitten sind – ein vom Verwender zu widerlegender Anschein dafür, dass sie zur Mehrfachverwendung vorformuliert worden sind, so ist dies nach der Rechtsprechung des BGH für die Annahme der Mehrfachverwendungsabsicht ausreichend.[948] Die inhaltlichen Anforderungen an das Merkmal der Mehrfachverwendungsabsicht sind daher denkbar gering, so dass ihm für die Bestimmung des AGB-Begriffs keine tragende Bedeutung zukommt.[949] Dem entspricht die geringe praktische Relevanz des Tatbestandsmerkmals als Abgrenzungskriterium,

[943] Ähnlich MünchKomm/*Basedow*, BGB (7. Aufl. 2016), Vor § 305–310 Rn. 4.

[944] *Leuschner*, AcP 207 (2007), 491, 507. A. A. *Hellwege*, AGB und Rechtsgeschäftslehre (2010), S. 561, der diesen Aspekt unberücksichtigt lässt.

[945] Vgl. *Kramer*, ZHR 146 (1982), 105, 109; *Lieb*, AcP 178 (1978), 196, 202 Fn. 18.

[946] Vgl. nur BAGE 126, 187 = NZA 2008, 1004, 105; BGH NJW 2004, 1454, 1454 f.; MünchKomm/*Basedow*, BGB (7. Aufl. 2016), § 305 Rn. 18; Palandt/*Grüneberg*, BGB (77. Aufl. 2018), § 305 Rn. 9; *Ulmer/Habersack*, in: *Ulmer/Brandner/Hensen*, AGB-Recht (12. Aufl. 2016), § 305 Rn. 25a sowie eingehend oben S. 421 f., 675 f.

[947] BGHZ 184, 259, 263 = NJW 2010, 1131, 1131 (Gebrauchtwagenkauf); BGH ZIP 2005, 1604; BGH NJW 2000, 2988, 2989.

[948] BGH ZIP 2005, 1604; BGH NJW 2004, 502, 503; BGHZ 118, 229, 238 f. = NJW 1992, 2160, 2162.

[949] Ebenso *Miethaner*, AGB-Kontrolle (2010), S. 111, der darauf hinweist, dass keine sinnvolle Funktion des Vielzahlkriteriums erkennbar ist.

da entsprechende vorformulierte Vertragsbedingungen in der Rechtswirklichkeit regelmäßig zur mehrfachen Verwendung im Massenverkehr bestimmt sind.

Die Regelung des §310 Abs. 3 Nr. 2 BGB folgt mit seiner Anknüpfung an das Merkmal der Vorformulierung Art. 3 Abs. 1, 2. S. 1 Klausel-RL. Zwar unterwirft Art. 3 Abs. 1 Klausel-RL alle Vertragsklauseln, „die nicht im Einzelnen ausgehandelt" wurden, der Inhaltskontrolle und setzt damit augenscheinlich nicht am Kriterium der Vorformulierung an. Die Vorschrift des Art. 3 Abs. 2 S. 1 Klausel-RL präzisiert den Tatbestand jedoch durch eine *Legaldefinition des Aushandelns*[950] näher, indem sie eine Vertragsklausel immer dann als „im Einzelnen ausgehandelt"[951] betrachtet, wenn diese „*im Voraus abgefasst* wurde und der Verbraucher *deshalb*, insbesondere im Rahmen eines vorformulierten Standardvertrags, *keinen Einfluß* auf ihren Inhalt nehmen konnte".[952] Damit ist die Richtlinie letztlich doch wieder beim Merkmal der Vorformulierung als zentralem normativen Anknüpfungspunkt der Kontrolle angelangt, die freilich durch das beschränkende Erfordernis eines besonderen *Gefahrzusammenhangs* in Form einer notwendigen *Kausalität* zwischen Vorformulierung und fehlender Einflussnahme ergänzt wird.[953] Weist der Begriff des *Standardvertrages* in Art. 3 Abs. 2 S. 1 Klausel-RL rudimentär auf den Aspekt der Mehrfachverwendung hin und scheint so bereits eine Ähnlichkeit mit dem AGB-Begriff des §305 Abs. 1 S. 1 BGB auf, so ist es gerade dieser Kausalzusammenhang, der die Ähnlichkeit der Schutzkonzepte der Klauselrichtlinie und des deutschen AGB-Rechts belegt. Denn noch deutlicher als im deutschen Recht wird in Art. 3 Abs. 2 S. 1 Klausel-RL die Gefährdung der Vertragsgestaltungsfreiheit durch die Vorformulierung der vom Unternehmer verwendeten Vertragsbedingungen herausgestellt, wenn verlangt wird, dass der Verwendungsgegner *„deshalb"*, aufgrund der Vorformulierung, *„keinen Einfluß* auf ihren Inhalt nehmen konnte". *Schutzgut* der europäischen Klauselkontrolle ist damit neben dem *überindividuellen* Schutz des (Binnen-)Marktes die *individuelle* Gewährleistung materieller Vertragsgestaltungsfreiheit des Verwenders. Die Grundzüge des vertragstheoretischen Begründungsmodells der AGB-Kontrolle des deutschen Rechts sind daher ohne weiteres auf die europäische Klauselkontrolle übertragbar. Beiden liegt somit ein in seinen Grundzügen weitgehend deckungsgleiches Schutzkonzept zugrunde.

c) Verzicht auf das Merkmal des Stellens nach §310 Abs. 3 Nr. 1 BGB und Art. 3 Abs. 1, 2. S. 1 Klausel-RL

Mit der Anknüpfung der Klauselkontrolle an das Merkmal der Vorformulierung in Art. 3 Abs. 1, 2 Klausel-RL verzichtet die Richtlinie zugleich auf das dem deut-

---

950 So *Miethaner*, AGB-Kontrolle (2010), 106 mwN.

951 Art. 3 Abs. 1 Klausel-RL.

952 Art. 3 Abs. 2 S. 1 Klausel-RL. Hervorhebungen durch den Verfasser.

953 Ebenso *Miethaner*, AGB-Kontrolle (2010), S. 109.

schen AGB-Recht eigene Tatbestandsmerkmal des „Stellens". Da eine zentrale Funktion dieses Kriteriums in der Festlegung der Rolle des Verwenders und damit in der Kontrollrichtung der Inhaltskontrolle liegt, der Verbraucher in seinem Verhältnis zum Unternehmer indes als generell schutzwürdig gilt, ist das Tatbestandsmerkmal insoweit tatsächlich entbehrlich.[954] Darüber hinaus ist das Kriterium der Vorformulierung als zentraler Anknüpfungspunkt der AGB-Kontrolle weit genug, um auch jene Fälle zu erfassen, in denen die situative Unterlegenheit des Verwendungsgegners nicht auf einer *Informationsasymmetrie*, sondern vielmehr auf der fehlenden *Verhandlungs- und Abänderungsbereitschaft* des Verwenders beruht. Auch hier konnte der Verwender deshalb „keinen Einfluß auf ihren Inhalt nehmen"[955], weil die Klauseln „im Voraus abgefasst"[956] wurden und der Verwender diese somit nicht zur Disposition stellt.

Entsprechend fingiert die Umsetzungsvorschrift des § 310 Abs. 3 Nr. 1 BGB in Verbraucherverträgen das Merkmal des Stellens zulasten des Verwenders, so dass es letztlich keine praktische Bedeutung zu entfalten vermag. Relevant wird die Fiktion dabei vor allem für die Fälle von Dritt-AGB, die bei Verbraucherverträgen nun generell einer Inhaltskontrolle unterworfen werden. Denn auch in diesen Fällen, in denen die AGB nicht vom Unternehmer, sondern von einem Dritten in den Vertrag eingeführt worden sind, besteht die Gefahr missbräuchlicher Klauseln, da die mit der Erstellung derartiger AGB befassten Dritten häufig in einer Geschäftsbeziehung mit dem Unternehmer stehen oder – etwa im Fall von Interessenverbänden – in sonstiger Weise seiner Interessensphäre angehören.[957] Freilich hat die Rechtsprechung auch außerhalb von Verbraucherverträgen bei Zweifeln an der Neutralität der Dritten die von diesen erstellten AGB dem Verwender zugerechnet, so dass sich der Unterschied zum bisherigen AGB-Recht auf die typisierende Annahme der Parteilichkeit des Dritten und die daraus folgende Zurechnung der Dritt-AGB zulasten des Verwenders beschränkt.[958]

d) *Konkret-individueller Prüfungsmaßstab nach § 310 Abs. 3 Nr. 3 BGB und Art. 4 Abs. 1 Klausel-RL*

Im Anschluss an Art. 4 Abs. 1 Klausel-RL, wonach die Missbräuchlichkeit einer Vertragsklausel unter Berücksichtigung „der Art der Güter oder Dienstleistungen, die Gegenstand des Vertrages sind, aller den Vertragsabschluß begleitenden Umstände sowie aller anderen Klauseln desselben Vertrages oder eines anderen Vertrages, von dem die Klausel abhängt" beurteilt wird, ordnet die Vorschrift des § 310 Abs. 3 Nr. 3 BGB an, dass „bei der Beurteilung der unangemessenen Be-

[954] *Miethaner*, AGB-Kontrolle (2010), S. 109.

[955] Art. 3 Abs. 2 S. 1 Klausel-RL.

[956] Ebenda.

[957] So auch *Axer*, AGB-Kontrolle (2012), S. 90; *Leuschner*, AcP 207 (2007), 491, 506; *Heinrichs*, NJW 1995, 153, 158.

[958] *Axer*, AGB-Kontrolle (2012), S. 91; *Leuschner*, AcP 207 (2007), 491, 506.

nachteiligung nach § 307 Abs. 1 und 2 … *auch* die den Vertragsschluss begleitenden Umstände zu berücksichtigen“[959] sind. Im Gegensatz zu der für das deutsche AGB-Recht typischen objektiv-generalisierenden Betrachtungsweise der §§ 307–309 BGB ist damit bei Verbraucherverträgen ein konkret-individueller Prüfungsmaßstab der Inhaltskontrolle maßgebend, der freilich den nach wie vor geltenden allgemeinen generell-abstrakten Maßstab der §§ 307 ff. BGB keineswegs ersetzt, sondern diesen auf einer zweiten Stufe der Abwägung lediglich *ergänzt.*[960]

Dass das deutsche AGB-Recht im Gegensatz zur Klauselrichtlinie zur Beurteilung der Angemessenheit von AGB einen generell-abstrakten Prüfungsmaßstab gewählt hat, ist allein historisch vor dem Hintergrund der heute überkommenen Rechtsprechung des BGH erklärbar, der zur Rechtfertigung ihrer Überprüfbarkeit in der Revision nach § 545 ZPO AGB aus zivilprozessrechtlichen Gründen gezwungen war, AGB als normähnliche Regelwerke zu qualifizieren.[961] Daneben trat die Überlegung, dass der Verwender aufgrund der Gleichförmigkeit der von ihm gestellten AGB, die als einheitliche vertragliche Grundlage für eine Vielzahl von Verträgen dienen, die typisierten Interessen seiner künftigen Vertragspartner zu berücksichtigen hat. Dies sei darüber hinaus *auch vor dem* Hintergrund des Rationalisierungszwecks von AGB erforderlich, da nur ein einheitlicher, abstrakt-genereller Prüfungsmaßstab dem Verwender die gerade im Massenverkehr kaum zu leistende konkret-individuelle Berücksichtigung der Interessen seiner Vertragspartner erspare.[962] Mit Inkrafttreten des AGBG ist dieser Begründungsansatz freilich weitgehend obsolet geworden, denn eine normähnliche Deutung von AGB zur Begründung der Inhaltskontrolle als eine Art abstrakter Normenkontrolle ist heute nicht mehr erforderlich.

Darüber hinaus wird die Berücksichtigung der konkret-individuellen Umstände des Einzelfalls in der Praxis mangels *hinreichenden Auslegungsstoffs und des damit verbundenen Aufwands nur selten in Betracht kommen.*[963] Da dem konkret-individuellen Prüfungsmaßstab lediglich ergänzende Bedeutung zukommt und sich für den Verwender bereits auf der Grundlage einer *generell-abstrakten* Betrachtungsweise ausreichende Anhaltspunkte für die Wirksamkeit der Klausel ergeben, bestehen insoweit auch vor dem Hintergrund der Belange der Rechtssicherheit gegen die Berücksichtigung konkret-individueller Umstände im Sinne einer „Kombinationslösung“[964] keine Bedenken. Das verbleibende – in der

---

[959] § 310 Abs. 3 Nr. 3 BGB. Hervorhebungen durch den Verfasser.

[960] Ganz h. M., vgl. nur MünchKomm/*Basedow*, BGB (7. Aufl. 2016), § 310 Rn. 80. Zustimmend Staudinger/*Schlosser*, BGB (2013), § 310 Rn. 70.

[961] So MünchKomm/*Basedow*, BGB (7. Aufl. 2016), § 310 Rn. 80. Zustimmend Staudinger/*Schlosser*, BGB (2013), § 310 Rn. 70.

[962] Auf diese Argumentationsstrukturen hinweisend MünchKomm/*Basedow*, BGB (7. Aufl. 2016), § 310 Rn. 80.

[963] So auch MünchKomm/*Basedow*, BGB (7. Aufl. 2016), § 310 Rn. 80. Zustimmend Staudinger/*Schlosser*, BGB (2013), § 310 Rn. 70.

[964] Palandt/*Grüneberg*, BGB (77. Aufl. 2018), § 310 Rn. 19; *Fuchs*, in: *Ulmer/Brandner/*

Praxis freilich als äußerst gering zu bewertende – Restrisiko, dass die Klausel trotz ihrer generell-abstrakten Zulässigkeit unter Berücksichtigung der konkret-individuellen Umstände des Einzelfalls als unzulässig anzusehen ist, hat der Verwender nach den Grundsätzen der „Gefährdungshaftung" und der Risikosphären[965] selbst zu tragen, da er auch den mit dem Rationalisierungsvorteil der AGB verbundenen Nutzen für sich selbst in Anspruch nimmt.[966] Das Anliegen eines umfassenden Verbraucherschutzes gebietet daher das Schließen möglicher Schutzlücken durch die Einführung eines konkret-individuellen Prüfungsmaßstabes.

Angesichts der vor allem historisch erklärbaren abstrakt-generellen Inhaltskontrolle des deutschen AGB-Rechts nach den §§ 307 ff. BGB, seines vor dem Hintergrund des Schutzzwecks der Inhaltskontrolle keineswegs zwingenden Charakters sowie der geringen praktischen Bedeutung konkret-individueller Beurteilungskriterien ergibt sich der Befund, dass sich auch die Forderung nach einer Berücksichtigung der besonderen Umstände des Einzelfalls als Maßstab der Angemessenheitskontrolle mühelos in das AGB-rechtliche Schutzkonzept eines vertragstheoretischen Begründungsmodells der Inhaltskontrolle einfügt. Dabei lässt sich aus dem Aspekt der „Gefährdungshaftung" und der Zurechnung der *Risikosphären* eine überzeugende Begründung dafür herleiten, warum der Verwender das Risiko der Unangemessenheit der von ihm gestellten AGB bei einem Auseinanderfallen der Bewertungen auf der Grundlage eines abstrakt-generellen und konkret-individuellen Prüfungsmaßstabs zu tragen hat.

Darüber hinaus sind – mit Ausnahme der „den Vertragsschluss begleitenden Umstände"[967] – viele der in Art. 4 Abs. 1 sowie in Erwägungsgrund 16 der Klausel-RL enthaltenen Kriterien bereits im Prüfungsmaßstab des § 307 Abs. 1, 2 BGB angelegt und auch außerhalb von Verbraucherverträgen zu beachten.[968] Dass eine konkret-individuelle Betrachtungsweise nicht allein maßgeblich sein kann, sondern neben einen generell-abstrakten Prüfungsmaßstab treten muss, ergibt sich schließlich auch aus der Richtlinie selbst, die in Erwägungsgrund 16 eine Inhaltskontrolle nach einer anhand generell festgelegter Kriterien erfolgenden Beurteilung der Missbräuchlichkeit von Klauseln sowie „die Möglichkeit einer globalen Bewertung der Interessenlagen der Parteien" fordert. Damit weicht das Regelungsprogramm der Klauselrichtlinie mit Blick auf den anzuwendenden Prüfungsmaßstab im Rahmen der Angemessenheitskontrolle auch in normativer Hinsicht jedenfalls nicht grundsätzlich vom System des deutschen AGB-Rechts ab. Ein generell-abstrakter Prüfungsmaßstab wird auch von der Klauselrichtlinie

Hensen, AGB-Recht (12. Aufl. 2016), § 307 Rn. 402; *Stoffels,* AGB-Recht (3. Aufl. 2015), Rn. 477, 479.

965 Vgl. hierzu bereits eingehend oben S. 589 ff.

966 So auch *Axer*, AGB-Kontrolle (2012), S. 340.

967 Art. 4 Abs. 1 Klausel-RL.

968 So ausdrücklich *Fuchs,* in: *Ulmer/Brandner/Hensen*, AGB-Recht (12. Aufl. 2016), § 307 Rn. 398. Vgl. zu den einzelnen Kriterien bei generalisierender und typisierender Betrachtungsweise ebenda, Rn. 110 ff.

vorgesehen. Seine Ausschließlichkeit nach deutschem AGB-Recht ist dagegen vor allem historisch bedingt und wird von dem ihm zugrunde liegenden Begründungsmodell keineswegs zwingend vorausgesetzt.[969]

Damit ergibt sich insbesondere mit Blick auf die Regelung des Prüfungsmaßstabes der Inhaltskontrolle nach § 310 Abs. 3 Nr. 3 BGB und Art. 4 Abs. 1 Klausel-RL zusammenfassend das Ergebnis, dass sowohl der europäischen Klauselkontrolle als auch dem deutschen AGB-Recht ein in seinen wesentlichen Grundzügen identisches Schutzkonzept zugrunde liegt, das auf die Gewährleistung der materiellen Vertragsgestaltungsfreiheit des Verwendungsgegners gerichtet ist. Mit der Integration des Verbraucherschutzrechts in das Regelungssystem der §§ 305 ff. BGB hat daher kein grundlegend neues Schutzkonzept Einzug in das bisher geltende AGB-Recht gehalten. Vielmehr ist mit der Betonung des Verbraucherschutzgedankens lediglich eine *Akzentuierung* eines einheitlichen Legitimationsansatzes erfolgt, die sich nahtlos in das vertragstheoretische Begründungsmodell des deutschen AGB-Rechts einfügt.

III. Das Verhältnis von individueller und überindividueller Rechtfertigung

Im Gang der bisherigen Untersuchung ist deutlich geworden, dass dem Begründungsmodell der Inhaltskontrolle mit dem *individuellen* und dem *überindividuellen* Rechtfertigungsansatz zwei grundlegend verschiedene, sich indes spiegelbildlich ergänzende Konzepte zugrunde liegen.[970] Während die *individuelle* Rechtfertigung der Inhaltskontrolle auf den Aspekt der Gewährleistung der materiellen *Vertragsgestaltungsfreiheit* des Verwendungsgegners sowie eines Mindestmaßes an *Vertragsgerechtigkeit* gerichtet ist, nimmt der *überindividuelle* Rechtfertigungsansatz den Schutz des Gemeinwohls, insbesondere des Marktes und des Rechtsverkehrs, sowie den *institutionellen Schutz* von *Vertragsfreiheit* und *Vertragsgerechtigkeit* in den Blick.

Dass beide Schutzkonzepte untrennbar miteinander verwoben sind, hat dabei die Untersuchung des *vertragstheoretischen* Begründungsmodells der Inhaltskontrolle gezeigt: So ist etwa die Tatsache, dass die substantielle Beeinträchtigung der Vertragsgestaltungsfreiheit des Verwendungsgegners mangels zumutbarer Alternativen nicht durch die Inanspruchnahme negativer Abschlussfreiheit kompensiert wird, ohne die Berücksichtigung des überindividuellen Aspekts des Marktversagens bzw. fehlenden Konditionenwettbewerbs nicht erklärbar. Eben so ist mit Blick auf die Umsetzung der Klauselrichtlinie deutlich geworden, dass

---

[969] Vgl. hierzu überzeugend MünchKomm/*Basedow*, BGB (7. Aufl. 2016), § 310 Rn. 80; Staudinger/*Schlosser*, BGB (2013), § 310 Rn. 70.

[970] Im Ergebnis ebenso *Leuschner*, JZ 2010, 875, 879; *Leuschner*, AcP 207 (2007), 491, 494 f.

mit dem individualschützenden *Verbraucherschutz* und dem überindividuellen Schutz des *Binnenmarktes* zwei sich komplementär ergänzende Dimensionen angesprochen sind. Aufgrund der naturgemäßen Komplexität der AGB-typischen Gefährdungslage sowie der massenhaften Verbreitung von AGB in der Rechtswirklichkeit lassen sich individuelle und überindividuelle Dimension des AGB-Problems nicht sinnvoll voneinander trennen. Jede Veränderung des AGB-rechtlichen Schutzsystems hat aufgrund der weitreichenden Üblichkeit von AGB als Massenphänomen unmittelbar rechtsverhältnisexterne Auswirkungen auf die Rechts- und Wirtschaftsordnung und berührt damit zugleich stets öffentliche Belange.

Auf diese „Doppelnatur"[971] des AGB-Rechts wie auch der AGB-Problematik insgesamt hat freilich schon *Raiser* lange vor Inkrafttreten des AGBG hingewiesen und in ihnen die konkrete Ausprägung der beiden das Privatrecht prägenden Systemgedanken des *Individualrechts-* und des *Institutionenschutzes* erkannt.[972] Dass das Recht seit jeher von den sich komplementär ergänzenden Systemgedanken des Schutzes individueller und überindividueller Rechtsgüter geprägt wird, zeigt insbesondere mit Blick auf das AGB-Problem der *rechtsgeschichtliche* Befund: Waren in der Diskussion des 19. Jh. mit Überlegungen zum Individualrechtsschutz sowie zum überindividuellen Schutz des Marktes und des Rechtsverkehrs beide Aspekte gleichermaßen präsent, so traten mit der *Monopolrechtsprechung* des Reichsgerichts und der Konjunktur der *Normtheorien* zunehmend überindividuelle Gesichtspunkte in den Vordergrund, die schließlich von *Raiser* aufgegriffen und mit Bezug auf den Schutz des *Gemeinwohls* zum Ausgangspunkt seines Begründungsmodells der Inhaltskontrolle gemacht worden sind.

Im Verlauf der weiteren Entwicklung gewannen wiederum *individualschützende* Aspekte der Gewährleistung materieller Vertragsgestaltungsfreiheit des Verwendungsgegners zunehmend an Bedeutung, so dass die klassische Formel des Schutzes des Verwendungsgegners vor dem Missbrauch der einseitigen Inanspruchnahme der *Vertragsgestaltungsfreiheit* durch den Verwender *individuelle* und *überindividuelle* Schutzaspekte miteinander verknüpft und so zum sinnfälligen Ausdruck der spiegelbildlichen *Komplementarität* der beiden sich ergänzenden Systemgedanken des Privatrechts geworden ist.[973] In jüngerer Zeit sind in der Folge der Konjunktur rechtsökonomischer Ansätze in der Rechtswissenschaft allerdings vor allem die überindividuellen Aspekte des AGB-Problems wieder in den Mittelpunkt der Diskussion getreten, wobei insbesondere

---

971 So auch mit Verweis auf die Inhaltskontrolle *Becker*, WM 1999, 709, 713.

972 Vgl. nur *Raiser*, in: Summum ius, summa iniuria (1963), S. 145, 145 ff., 148 f. sowie eingehend oben S. 622 ff., 625 ff., sowie zur Kritik oben S. 632 ff.

973 Ähnlich auch *Fastrich*, Inhaltskontrolle (1992), S. 90 f., der feststellt, dass sich der doppelte Schutzzweck der Inhaltskontrolle „in den zwei unterschiedlichen Begründungen der Inhaltskontrolle in der Rechtsprechung des BGH widerspiegelt.", *Fastrich*, Inhaltskontrolle (1992), S. 91.

die wohlfahrtssteigernde Wirkung der transaktionskostensenkenden Inhaltskontrolle in den Blick genommen wird, Aspekte des Institutionenschutzes dagegen weitgehend in den Hintergrund treten.

Individuelle und *überindividuelle* Ansätze zur Rechtfertigung der Inhaltskontrolle schließen sich – entgegen einer teilweise vertretenen Auffassung[974] – daher keineswegs gegenseitig aus, sondern sind untrennbar ineinander verschränkt und bilden gleichsam zwei Seiten derselben Medaille, zwei Aspekte des gleichen Phänomens. Kommt der *individualschützenden* Dimension der Inhaltskontrolle aufgrund der Ordnung des Privatrechts als eines „System[s] subjektiver Rechte des einzelnen zur Sicherung seiner Freiheitssphäre"[975] schon von Verfassung wegen ein besonderer Stellenwert zu, so wird die Bedeutung der *überindividuellen Rechtfertigung der Inhaltskontrolle* vor allem mit Blick auf die massenhaften Verwendung von AGB in besonderer Weise deutlich. Aufgrund der Verbreitung von AGB als Massenphänomen haben individualschützende Instrumente der Inhaltskontrolle zugleich Auswirkungen auf den Rechtsverkehr insgesamt und berühren damit stets auch überindividueller Aspekte der Privatrechtsordnung.

Entsprechend nehmen die Begründungsansätze in der Literatur mit dem Dualismus, dem „doppelten Schutzzweck"[976] des „Schutz[es] des Vertragsgegners des Verwenders vor den Gefahren, die aus der Verwendung Allgemeiner Geschäftsbedingungen resultieren"[977] und der „Verhinderung des Mißbrauchs der Vertragsfreiheit"[978] die auf die „Sicherheit und Leichtigkeit des Rechtsverkehrs sowie die Integrität der Privatautonomie"[979] gerichtet ist, mit dem Versagen der „formalen *Privatautonomie* und des *Wettbewerbs*"[980] zugleich die individuellen wie auch die überindividuellen Aspekte des AGB-Problems in den Blick. Zwar kann der normative Befund der §§ 305 ff. BGB mithilfe des vertragstheoretischen Begründungsmodells in seinen Grundzügen adäquat abgebildet werden. Vollständig erfassen lässt sich das Problem der Rechtfertigung der Inhaltskontrolle von AGB – insbesondere mit Blick auf die Intention des Gesetzgebers und Ausgestaltung durch die Rechtsprechung – indes nur auf der Grundlage eines multi-

---

974 So *Hellwege*, AGB und Rechtsgeschäftslehre (2010), S. 563 ff., der davon ausgeht, dass der *Individualschutz* und der *Schutz überindividueller* Güter eine jeweils *unterschiedliche Ausgestaltung* der Inhaltskontrolle verlangen und daher klar voneinander zu *trennen* sind. Kritisch hierzu *Leuschner*, JZ 2010, 875, 879.

975 *Raiser*, in: Summum ius, summa iniuria (1963), S. 145, 146.

976 So *Fastrich*, Inhaltskontrolle (1992), S. 93. Vgl. auch ebenda, S. 90 f.

977 *Fastrich*, Inhaltskontrolle (1992), S. 93.

978 *Fastrich*, Inhaltskontrolle (1992), S. 93.

979 *Fastrich*, Inhaltskontrolle (1992), S. 93: „Der *Schutzzweck der Inhaltskontrolle* erschöpft sich jedoch nicht im *Schutz* der in ihrer *Selbstvorsorge überforderten Partei.* Sie dient vielmehr zum anderen *auch* der *Verhinderung* des *Mißbrauchs der Vertragsfreiheit. Schutzobjekt* ist insoweit die *Sicherheit und Leichtigkeit des Rechtsverkehrs* sowie die *Integrität der Privatautonomie. Beide Schutzzwecke* sind Ausprägungen des *Gedankens der Richtigkeitsgewähr*, der ihren Inhalt und ihre Grenzen bestimmt." Hervorhebungen durch den Verfasser.

980 *Drexl*, Selbstbestimmung (1998), S. 329. Hervorhebungen durch den Verfasser.

dimensionalen Schutzkonzeptes, das individuelle und überindividuelle Schutzgründe gleichermaßen berücksichtigt und sie als Bestandteile eines umfassenden Begründungsmodells integriert.

IV. Das Regelungskonzept der §§ 305 ff. BGB im Licht des vertragstheoretischen Schutzzweckmodells

Wurde im bisherigen Gang der Untersuchung versucht, aus dem *Gesamtzusammenhang* der AGB-rechtlichen Vorschriften der §§ 305 ff. BGB die Grundzüge des ihnen zugrunde liegenden Schutzkonzeptes herauszuarbeiten, so soll nun umgekehrt der Versuch unternommen werden, Umfang und Reichweite des geltenden AGB-Rechts *in concreto* auf seine Vereinbarkeit mit dem hier vertretenen vertragstheoretischen Begründungsmodell[981] der AGB-Kontrolle hin zu untersuchen.[982]

1. Vorformulierung

Die Vorschrift des § 305 Abs. 1 S. 1 BGB unterwirft zunächst jene Vertragsbedingungen einer Inhaltskontrolle, die vom Verwender oder unter bestimmten Voraussetzungen auch von einem Dritten *vorformuliert* worden sind.[983] Im Zusammenhang mit der Integration des Verbraucherschutzes in das deutsche AGB-Recht durch § 310 Abs. 3 BGB wurde das Kriterium der Vorformulierung für den Bereich der Verbraucherverträge bereits als zentraler *Anknüpfungspunkt* der Inhaltskontrolle identifiziert.

Ein Teil des Schrifttums sieht daher im Anschluss an die Rechtsprechung des BGH zur Inhaltskontrolle notariell beurkundeter Verträge in der *Vorformulierung* das entscheidende, die situative Unterlegenheit des Verwendungsgegners hinreichend erfassende Aufgreifkriterium der AGB-Kontrolle.[984] Entsprechend wird teilweise auf das Vorliegen der übrigen Merkmale der *Mehrfachverwendungsabsicht* sowie des *Stellens* der AGB verzichtet und die Inhaltskontrolle im

981 Vgl. hierzu eingehend oben S. 567 ff.

982 Zur Vermeidung einer *petitio principii* werden dabei die tragenden Grundlinien des geltenden AGB-Rechts als *datum* vorausgesetzt, so dass sich die Untersuchung auf die *Einzelheiten* der konkreten Ausgestaltung der AGB-rechtlichen Vorschriften beschränkt. Vgl. hierzu die ähnlichen Ansätze bei *Hellwege*, AGB und Rechtsgeschäftslehre (2010), S. 569 ff., 573; *Miethaner*, AGB-Kontrolle (2010), S. 77 ff.; *Leuschner*, AcP 207 (2007), 491, 506 f., 521 ff.; *Habersack*, Vertragsfreiheit und Drittinteressen (1992), S. 105 f.

983 Zur Vereinbarkeit des Kriteriums mit dem Schutzzweck der Inhaltskontrolle vgl. eingehend *Hellwege*, AGB und Rechtsgeschäftslehre (2010), S. 570; *Miethaner*, AGB-Kontrolle (2010), S. 77 f.; *Habersack*, Vertragsfreiheit und Drittinteressen (1992), S. 105 f.

984 So etwa *Miethaner*, AGB-Kontrolle (2010), S. 78 ff., 82. Vgl. hierzu eingehend *Habersack*, Vertragsfreiheit und Drittinteressen (1992), S. 105.

Ergebnis auf alle vorformulierten Verträge ausgedehnt.[985] Begründet wird diese, mit den Vorschriften der §§305 Abs. 1 S. 1, 310 Abs. 3 BGB freilich nicht in Einklang stehende Auffassung dabei mit dem „Sog des vorformulierten Gedankens“[986], dem generalisierenden Charakter, der eine Berücksichtigung der besonderen Interessenlage des Einzelfalles nicht erlaube[987], mit der Gefahr, dass die Verfasser juristischer Formularsammlungen, die unbillige Klauseln enthalten, nicht gezwungen seien, ihre Entwürfe der veränderten Rechtsprechung anzupassen[988] sowie mit dem Verweis auf den Rechtsgedanken des §315 BGB[989], wonach eine einseitige Leistungsbestimmungskompetenz wegen der damit typischerweise gefährdeten Richtigkeitsgewähr durch eine Billigkeitskontrolle begrenzt werden müsse.[990]

a) *Situative Unterlegenheit als Schutzgrund*

Freilich wird mit diesen Überlegungen der eigentliche Schutzgrund der Inhaltskontrolle nur unzureichend erfasst. Denn wie im Zusammenhang mit der Diskussion der Vorschrift des §310 Abs. 3 Nr. 2 BGB im Kontext der Integration des Verbraucherschutzes in das deutsche AGB-Recht deutlich geworden ist, erschließt sich die Bedeutung des Merkmals der Vorformulierung als Indiz für die *situative Unterlegenheit* des Verwendungsgegners erst mit Blick auf die durch vorformulierte Vertragsbedingungen bewirkte Gefahr der *Informationsasymmetrie*: Während der Verwender die von ihm verwendeten Vertragsbedingungen außerhalb des Drucks der konkreten Abschlusssituation und häufig auch mit Rückgriff auf anwaltlichen Rat seinen eigenen Interessen entsprechend gestalten kann, ist der Verwender unter dem zeitlichen und situativen Druck des konkreten Vertragsschlusses regelmäßig schon mit dem bloßen Erfassen der häufig komplexen Klauseln und erst recht mit deren rechtlicher Analyse und Bewertung typischerweise überfordert.

Dies gilt umso mehr, als der für die Erfassung und Analyse der Vertragsbedingungen erforderliche Aufwand regelmäßig in keinem sinnvollen Verhältnis zum Vertragswert steht und die Kenntnisnahme des Verwendungsgegners von den vorformulierten Vertragsbedingungen daher mit prohibitiv hohen Transaktionskosten verbunden ist. Zwar ist zu Recht darauf hingewiesen worden, dass – wie §147 Abs. 2 BGB zeigt – die Vorformulierung des Angebotes vom klassischen Vertragsmodell des bürgerlichen Rechts als Normalfall vorausgesetzt

[985] *Pflug*, Kontrakt und Status (1986), S. 309ff.; *Kramer*, ZHR 146 (1982), 105, 111; *Wiedemann*, FS Kummer (1980), S. 175. Hierzu eingehend, eine solche Ausdehnung indes ablehnend *Fastrich*, Inhaltskontrolle (1992), S. 100ff.

[986] *Wiedemann*, FS Kummer (1980), S. 175, 175.

[987] *Wiedemann*, FS Kummer (1980), S. 175, 180.

[988] *Wiedemann*, FS Kummer (1980), S. 175, 181.

[989] *Kramer*, ZHR 146 (1982), 105, 111.

[990] Eingehend *Fastrich*, Inhaltskontrolle (1992), S. 99.

wird.[991] Allerdings wurde zugleich deutlich, dass im Kontext der Verwendung von AGB die vorformulierten Vertragsbedingungen einen Umfang und eine Komplexität aufweisen, die eine – von § 147 Abs. 2 BGB implizit vorausgesetzte – sinnvolle Kenntnisnahme ausschließen und der Vertragsschluss unter AGB daher erheblich vom klassischen Vertragsmodell des BGB abweicht.

aa) Informationsasymmetrie

Daraus ergibt sich der Befund, dass eine vertragsfreiheitbeschränkende Gefährdung des Verwendungsgegners nicht aus der Vorformulierung als solcher, sondern vielmehr aus dem erheblichen Umfang und der Komplexität der vorformulierten Vertragsbedingungen erwächst, die eine zumutbare Möglichkeit der Kenntnisnahme regelmäßig ausschließen.[992] *Gefährlich* ist damit nicht die Vorformulierung selbst, sondern vielmehr das *Maß*, in dem sie erfolgt. Wer daher das Merkmal der Vorformulierung als den zentralen, maßgeblichen Anknüpfungspunkt der AGB-rechtlichen Inhaltskontrolle in den Vordergrund stellt, setzt implizit ein Mindestmaß an jenem Umfang und jener Komplexität voraus, die erforderlich sind, um aufgrund prohibitiv hoher Informationsbeschaffungskosten für den Verwendungsgegner eine Informationsasymmetrie zwischen den Parteien zu bewirken.

Mag dies faktisch für die Mehrzahl der AGB in der Realität auch durchaus zutreffen, so vermag das Tatbestandsmerkmal der Vorformulierung als solches eine derartige Begrenzung nicht zu leisten. Entsprechend kommt die Regelung des § 310 Abs. 3 Nr. 2 BGB nur deshalb ohne zusätzliche Beschränkungen wie etwa eine Mehrfachverwendungsabsicht oder das Merkmal des Stellens aus, weil die implizite Voraussetzung des erheblichen *Umfangs* bereits durch das Kriterium des Verbrauchervertrages in § 310 Abs. 3 S. 1 Hs. 1 BGB erfasst wird. Denn Vertragsbedingungen, die von einem Unternehmer in Rechtsgeschäften mit Verbrauchern verwendet werden, weisen typischerweise einen Umfang und eine Komplexität auf, die eine zumutbare Kenntnisnahme durch den Verbraucher regelmäßig ausschließt und damit eine seine Vertragsgestaltungsfreiheit gefährdende Informationsasymmetrie bewirkt.[993] Dies wird insbesondere dann der Fall sein, wenn die Vorformulierung zeitlich deutlich im Vorfeld des Vertragsschlusses erfolgt, so dass daraus für den Verwender gegenüber seinem zukünftigen Vertragspartner bereits ein organisatorischer und zeitlicher Vorsprung erwächst.[994]

---

[991] *Habersack*, Vertragsfreiheit und Drittinteressen (1992), S. 105; *Habersack*, AcP 189 (1989), 403, 418 mwN. Vgl. hierzu oben S. 572.

[992] So auch *Lieb*, AcP 178 (1978), 196, 202, der freilich darauf hinweist, dass diese Begründung im Fall kurzer, verständlicher AGB nicht greift.

[993] Vgl. nur oben S. 624 ff.

[994] Darauf weisen *Larenz/Wolf*, BGB AT (9. Aufl. 2004), S. 762 f. hin.

bb) Inhaltliche Unangemessenheit

Darüber hinaus ergibt sich die besondere Gefährlichkeit vorformulierter Vertragsbedingungen für den Verwendungsgegner aus der für sie typischen *Risikoverlagerungstendenz*. Der Entwurf eines umfangreichen Klauselwerkes eröffnet dem Verwender die Möglichkeit, die Vertragsbedingungen unabhängig von der Mitwirkung zukünftiger Vertragspartner weitgehend frei zu gestalten und ihren Inhalt am Maßstab der eigenen Interessen auszurichten. Dass der Verwender von dieser Möglichkeit in nahezu allen Fällen auch Gebrauch macht, die unbeschränkte Möglichkeit des Missbrauchs daher nahezu zwangsläufig auch *tatsächlich* einen Missbrauch nach sich zieht, hat die AGB-Praxis eindrucksvoll gezeigt: Beiderseits interessengerechte AGB kommen in der Praxis kaum vor.[995] Abweichungen vom *ius dispositivum* erfolgen regelmäßig zulasten des Verwendungsgegners.[996] Die durch die einseitige Verlagerung der Risiken vom Verwender auf den Verwendungsgegner bedingte Missbräuchlichkeit ist damit für AGB prägend und die damit verbundenen Missstände sind derart unhaltbar, dass sie den AGB-Gesetzgeber auf den Plan gerufen haben.[997] Umfangreichen und komplexen vorformulierten Vertragsklauseln wohnt daher aufgrund der ihnen eigenen Risikoabwälzungstendenz die Gefahr der materiellen Unangemessenheit inne.

cc) Mangelnde Dispositionsbereitschaft

Vorformulierte Vertragsbedingungen bilden indes nicht nur ein *Indiz* für ein *informationelles Ungleichgewicht* zwischen den Parteien sowie ihre inhaltliche *Unangemessenheit*. Vielmehr indizieren sie zugleich das Fehlen substantieller Verhandlungs- und Dispositionsbereitschaft des Verwenders: Denn durch die einseitig begünstigende Vorformulierung des Vertragstextes gibt der Verwender regelmäßig zu erkennen, dass er auf Vertragsverhandlungen wie auch auf die Abänderung der von ihm vorformulierten Bedingungen nicht angewiesen ist und zugleich über die hierfür erforderliche Verhandlungsmacht verfügt, sie auch gegenüber dem Verwendungsgegner durchzusetzen.[998]

Dass diese Schlussfolgerung nicht auf Fälle der Mehrfachverwendung beschränkt ist[999], sondern auch auf Einzelverträge zutreffen *kann*, zeigt die Über-

---

[995] MünchKomm/*Basedow*, BGB (7. Aufl. 2016), Vor §305–310 Rn. 3. Vgl. hierzu eingehend oben S. 298f.

[996] Ebenda.

[997] *Schmidt*, JuS 1987, 929, 931.

[998] So – freilich mit Bezug auf die Kombination von *Vorformulierung* und *Mehrfachverwendung* – *Larenz/Wolf*, BGB AT (9. Aufl. 2004), S. 762. Ähnlich *Hellwege*, AGB und Rechtsgeschäftslehre (2010), S. 573, der jedoch auch bei Einzelverträgen ein Schutzbedürfnis des Verwendungsgegners sieht.

[999] So aber *Larenz/Wolf*, BGB AT (9. Aufl. 2004), S. 762. Deutlich weiter dagegen *Axer*, AGB-Kontrolle (2012), S. 92 und *Hellwege*, AGB und Rechtsgeschäftslehre (2010), S. 571, die darauf hinweisen, dass auch Einzelverträge einseitig gestellt werden können und insoweit ein Schutzbedürfnis des Vertragspartners besteht.

legung, dass derjenige, der Vertragsbedingungen für den Einzelfall formuliert und damit wegen des Verzichts auf die durch Mehrfachverwendung bedingten Rationalisierungsvorteile einen erheblichen Aufwand an Zeit, Mühe und Kosten investiert, damit gerade ein erhebliches Interesse an dem Rechtsgeschäft demonstriert.[1000] Die von ihm vorformulierten Bedingungen sind regelmäßig mit Bedacht ausgewählt und individuell auf das konkrete Rechtsgeschäft zugeschnitten.[1001] Daher liegt es nahe davon auszugehen, dass der Verwender auch in diesen Fällen kaum bereit sein wird, von ihm eigens auf das Rechtsgeschäft zugeschnittene Bedingungen abzuändern.[1002]

Zwar ist diese Annahme keineswegs zwingend[1003] und wird im Fall des *einfachen* vorformulierten Antrags nach § 147 Abs. 2 BGB ebenso wenig Geltung beanspruchen können[1004] wie für umfangreiche Unternehmenskaufverträge im unternehmerischen Geschäftsverkehr, bei denen typischerweise eine der regelmäßig wirtschaftlich und strukturell gleich starken Parteien den Entwurf des anschließend abgeänderten Vertrages übernimmt.[1005] Für den Rechtsverkehr prägend sind diese Ausnahmen freilich nicht. So sind AGB-Verwender regelmäßig weder im Kontext von Einzelverträgen im b2c-Verkehr noch im sonstigen Massenverkehr bereit, ihre vorformulierten Vertragsbedingungen zur Disposition zu stellen.

Vor diesem Hintergrund ergibt sich aus der Vorformulierung jedenfalls dann, wenn es sich um umfangreiche und komplexe Regelwerke handelt und sie zeitlich im Vorfeld des eigentlichen Vertragsschlusses erfolgt[1006], ein *widerlegbares Indiz* für das Bestehen einer *Informationsasymmetrie*, für die *inhaltliche Unangemessenheit* der Klausel sowie für die *fehlende Dispositionsbereitschaft*. In den damit angesprochenen Gefährdungen der *Vertragsgestaltungsfreiheit* und der *Vertragsgerechtigkeit*, die ihre Ursache in einem *Versagen der Richtigkeitsgewähr* des Ver-

---

1000 So etwa *Miethaner*, AGB-Kontrolle (2010), S. 80.

1001 *Miethaner*, AGB-Kontrolle (2010), S. 80.

1002 *Miethaner*, AGB-Kontrolle (2010), S. 80; *Kramer*, ZHR 146 (1982), 105, 109. Ähnlich, aber auch Fälle der Mehrfachverwendung einbeziehend *Axer*, AGB-Kontrolle (2012), S. 92; *Hellwege*, AGB und Rechtsgeschäftslehre (2010), S. 571. Allerdings wird die Bereitschaft des Verwenders zur Abänderung im Massenverkehr häufig durch die für ihn damit verbundenen häufig unzumutbar hohen Abänderungskosten begrenzt.

1003 So weist bereits *Miethaner*, AGB-Kontrolle (2010), S. 80 mit Verweis auf *Pfeiffer*, in: Grabitz/Hilf, EUV/EG (62. El. 2017), A 5, Art. 3 Rn. 29 auf den tatsächlichen Erfahrungssatz hin, dass bei mehrfach verwendeten Standardklauseln regelmäßig keine Aushandlung stattfindet. Ebenso *Bülow*, EWS 1997, 155, 163. *Larenz/Wolf*, BGB AT (9. Aufl. 2004), S. 762 gehen umgekehrt gerade bei Mehrfachverwendungsabsicht von einer fehlenden Dispositionsbereitschaft aus. Darauf hinweisend, dass diese sowohl bei Einzelverträgen als auch bei mehrfach verwendeten vorformulierten Klauseln vorliegen kann *Axer*, AGB-Kontrolle (2012), S. 92; *Hellwege*, AGB und Rechtsgeschäftslehre (2010), S. 571.

1004 Zur fehlenden Informationsasymmetrie bei einfachen Ein-Satz-AGB *Lieb*, AcP 178 (1978), 196, 202, Fn. 18.

1005 Vgl. hierzu *Lischek/Mahnken*, ZIP 2007, 158, 159.

1006 So *Larenz/Wolf*, BGB AT (9. Aufl. 2004), S. 762 f.

tragsmechanismus haben, liegt der eigentliche Schutzgrund der Inhaltskontrolle mit Blick auf das Merkmal der Vorformulierung. Das Kriterium der Vorformulierung vermag als notwendiges, wenngleich nicht hinreichendes Tatbestandsmerkmal die AGB-typische Gefährdungslage situativer Unterlegenheit jedenfalls in ihrem Kern vollständig typisierend zu erfassen.[1007] Zugleich ist freilich deutlich geworden, dass sie jedenfalls außerhalb von Verbraucherverträgen als *alleiniges* Merkmal zur Bestimmung der situativen Unterlegenheit des Verwendungsgegners nicht ausreicht.[1008] Hierfür erweist sie sich als zu weit, weil mit einfachen vorformulierten Angeboten iSv. § 147 Abs. 2 BGB mehr Fälle erfasst, als vom Schutzzweck der Inhaltskontrolle eigentlich gedeckt sind.

b) Erforderlichkeit einer tatbestandlichen Beschränkung

Es bedarf daher zusätzlicher begrenzender Kriterien, um *einfache* vorformulierte Angebote iSd. § 147 Abs. 2 BGB von *umfangreichen* und *komplexen* vorformulierten Vertragsbedingungen zu unterscheiden. Dies gilt umso mehr, als selbst bei letztgenannten Klauseln jedenfalls dann eine Schutzbedürftigkeit des Verwendungsgegners verneint wird, wenn diese zur *einmaligen* Verwendung bestimmt sind. Denn in diesem Fall vermag der Verwender von dem sich aus der Mehrfachverwendung ergebenden Rationalisierungsvorteil der AGB[1009] regelmäßig keinen Gebrauch zu machen, so dass der für die Erstellung des vorformulierten Vertragstextes und der für dessen Analyse erforderliche Aufwand einander entsprechen.[1010] Dies gilt freilich nur unter der Prämisse eines wirtschaftlichen und strukturell annähernd *gleichen Kräfteverhältnisses.* Nur weil das etwa im Verhältnis zwischen Unternehmer und Verbraucher regelmäßig *nicht* der Fall ist, konnte sich die Vorschrift des § 310 Abs. 3 Nr. 2 BGB zu Recht auf die Vorformulierung als zentrales Aufgreifkriterium beschränken.

Zwar spricht einiges dafür, bereits bei *einmaliger* Verwendung komplexer vorformulierter Vertragsbedingungen aufgrund des mit ihnen verbundenen *Überrumpelungseffektes* eine situative Unterlegenheit des Verwendungsgegners anzunehmen. Denn auch wenn dieser jedenfalls theoretisch die Möglichkeit hätte, mit einem Aufwand, der jenem des Verwenders beim Stellen der Klauseln entspricht, vom Inhalt der Vertragsbedingungen Kenntnis zu nehmen, so ließe sich argumentieren, dass ihm dies unter dem *situativen* und *zeitlichen* Druck der konkreten Abschlusssituation regelmäßig nur schwer möglich ist.[1011]

1007 Ebenso *Miethaner*, AGB-Kontrolle (2010), S. 78; *Wackerbarth*, AcP 200 (2000), 45, 81.

1008 So auch *Hellwege*, AGB und Rechtsgeschaftslehre (2010), S. 570.

1009 Hierzu *Miethaner*, AGB-Kontrolle (2010), S. 81.

1010 *Hellwege*, AGB und Rechtsgeschäftslehre (2010), S. 561; *Leuschner*, AcP 207 (2007), 491, 506 f.; *Fastrich*, Inhaltskontrolle (1992), S. 100 f.

1011 Darauf weist bereits *Fastrich*, Inhaltskontrolle (1992), S. 83 hin, der freilich deutlich macht, dass die damit verbundene *intellektuelle Unterlegenheit* des Verwendungsgegners nach der Rechtsgeschäfts- und Vertragslehre des BGB lediglich im Rahmen der Vorschriften

Untersucht man die in Betracht kommenden Fälle indes näher, so wird schnell deutlich, dass der Vertragsschluss bei der *Einmalverwendung* komplexer AGB außerhalb von Verbraucherverträgen mit der AGB-typischen Situation informativer Überforderung regelmäßig nicht vergleichbar ist. Denn ist der gesamte Bereich der Verbraucherverträge vom Anwendungsbereich dieser Fallgruppe ausgenommen, so bleiben mit den b2b- und c2c-Geschäften letztlich Vertragskonstellationen übrig, bei denen eine wirtschaftliche Unterlegenheit zwar grundsätzlich möglich ist, jedoch bei typisierender Betrachtung von vornherein *nicht* von einem wirtschaftlichen Ungleichgewicht zwischen den Parteien ausgegangen werden kann. Und auch die Möglichkeit der situativen Unterlegenheit des Verwendungsgegners ist bei der Einmalverwendung auf ein Minimum reduziert, da es sich tendenziell um ein Rechtsgeschäft von größerer Bedeutung für die Parteien handeln wird, weil sich sonst der für die Erstellung der AGB erforderliche Aufwand für den Verwender regelmäßig nicht lohnen würde.[1012] In diesem Fall ist dem Verwendungsgegner zuzumuten, jedenfalls für die Kenntnisnahme und Analyse der vorformulierten Vertragsbedingungen zumindest dieselben Transaktionskosten einzusetzen, die der Verwender für ihre Erstellung aufgewendet hat.[1013]

Als Befund ist damit *zusammenfassend* festzuhalten, dass sich das Merkmal der Vorformulierung als *alleiniger* Anknüpfungspunkt der Inhaltskontrolle von AGB als nicht tragfähig erwiesen hat. Aufgrund der mit vorformulierten Vertragsbedingungen im rechtstatsächlichen Kontext der Verwendung von AGB verbundenen Gefahr der *Informationsasymmetrie*, der *inhaltlichen Unangemessenheit* sowie der *fehlenden Dispositionsbereitschaft* des Verwenders bildet es jedoch ein notwendiges, wenngleich nicht hinreichendes Kriterium, um die AGB-typische situative Unterlegenheit des Verwenders angemessen zu erfassen. Da das Merkmal der Vorformulierung mit Blick auf die Inhaltskontrolle von AGB implizit einen erheblichen *Umfang* sowie eine hohe *Komplexität* der vorformulierten Vertragsbedingungen voraussetzt, bedarf es zur Abgrenzung von *einfachen* vorformulierten Angeboten iSd. § 147 Abs. 2 BGB zusätzlicher einschränkender Tatbestandsmerkmale.

2. *Mehrfachverwendungsabsicht*

Die Regelung des § 305 Abs. 1 S. 1 BGB greift zur Beschränkung des mit dem Merkmal der Vorformulierung zunächst eröffneten weiten Anwendungsbereiches der Inhaltskontrolle auf die Kriterien der *Mehrfachverwendungsabsicht*

---

der §§ 104 ff., 138 BGB von Bedeutung ist. Weitergehend indes *Pflug*, Kontrakt und Status (1986), 309 ff.; *Kramer*, ZHR 146 (1982), 105, 111; *Wiedemann*, FS Kummer (1980), S. 175, 175.

[1012] Ebenso *Miethaner*, AGB-Kontrolle (2010), S. 80.

[1013] Ähnlich *Miethaner*, AGB-Kontrolle (2010), S. 80.

(„Vielzahl von Verträgen") sowie des *Stellens* zurück. Der insoweit notwendige Bezug zu Inhalt und Struktur der vorformulierten Vertragsbedingungen findet sich dabei vor allem im Merkmal der *Mehrfachverwendungsabsicht*, wohingegen das Tatbestandsmerkmal des *Stellens* auf die Verhandlungsbereitschaft des Verwenders verweist. Wurden als Ursache der situativen Unterlegenheit des Verwendungsgegners der typischerweise erhebliche Umfang und die hohe Komplexität der vorformulierten Klauseln identifiziert, so ist zu untersuchen, ob sich dieser Sachverhalt durch das Kriterium der *Mehrfachverwendungsabsicht* zutreffend erfassen lässt. Über die Bedeutung dieses Tatbestandsmerkmals[1014], das teilweise gänzlich abgelehnt[1015], von der Rechtsprechung[1016] und der herrschenden Lehre[1017] hingegen extensiv ausgelegt und damit faktisch bis zur Grenze des normativ zulässigen Maßes aufgeweicht wird, konnte bis heute keine Einigkeit erzielt werden.[1018]

Während in ihm zum Teil ein „rein beobachtend gewonnenes Tatbestandsmerkmal ohne spezielle Aussagekraft"[1019] gesehen wurde, deuteten es andere als Reaktion auf eine besondere Gefährlichkeit, die gerade aus der Mehrfachverwendung vorformulierter Klauseln erwächst. So erwecke – in Abwandlung des Arguments vom „Sog des vorformulierten Gedankens"[1020] – die weite Verbreitung mehrfach verwendeter Klauseln den „Seriositätsschein des allgemein Üblichen und Geübten"[1021] und verleite daher den Verwendungsgegner zur gutgläubigen Hinnahme der vorformulierten Klauseln. Die Mehrfachverwendung lasse ein

---

1014 Vgl. hierzu eingehend oben S. 421 f.

1015 *Miethaner*, AGB-Kontrolle (2010), S. 78 ff., 82; *Hellwege*, AGB und Rechtsgeschäftslehre (2010), 571 ff.; *Drexl*, Selbstbestimmung (1998), S. 344 ff., 347, 351, 364, 412; *Kramer*, ZHR 146 (1982), 105, 107 ff., 110 f. Kritisch auch *Lieb*, AcP 178 (1978), 196, 202, Fn. 18, der bezweifelt, „ob es zwischen der vom Gesetz geforderten Vorformulierung für eine ‚Vielzahl von Verträgen'" und der Schutzbedürftigkeit des Vertragspartners ausreichende Verbindungslinien gibt" und in ihm „ein rein beobachtend gewonnenes Tatbestandsmerkmal ohne spezielle Aussagekraft" erblickt.

1016 So etwa zum Merkmal der mindestens dreimaligen Verwendung BAG, Urteil v. 17.4.2012 (3 AZR 380/10) = BeckRS 2012, 73016, Rn. 20; BGH NJW 2004, 1454, 1454 f.; BGH NJW 2002, 138, 139.

1017 MünchKomm/*Basedow*, BGB (7. Aufl. 2016), § 305 Rn. 18; Palandt/*Grüneberg*, BGB (77. Aufl. 2018), § 305 Rn. 9; *Ulmer/Habersack*, in: *Ulmer/Brandner/Hensen*, AGB-Recht (12. Aufl. 2016), § 305 Rn. 25a; *Stoffels*, AGB-Recht (3. Aufl. 2015), Rn. 128; *Pfeiffer*, in: Wolf/Lindacher/Pfeiffer, AGB-Recht (6. Aufl. 2013), § 305 Rn. 16; Staudinger/*Schlosser*, BGB (2013), § 305 Rn. 20.

1018 Vgl. zu den unterschiedlichen Deutungsversuchen des Merkmals der Mehrfachverwendungsabsicht *Hellwege*, AGB und Rechtsgeschäftslehre (2010), S. 571 ff.; *Leuschner*, JZ 2010, 875, 879; *Miethaner*, AGB-Kontrolle (2010), S. 78 ff., 82; *Leuschner*, AcP 207 (2007), 491, 506 ff., 522; *Drexl*, Selbstbestimmung (1998), S. 344 ff., 347, 351, 364, 412; *Kramer*, ZHR 146 (1982), 105, 107 ff., 110 f.; *Lieb*, AcP 178 (1978), 196, 202, Fn. 18.

1019 So *Lieb*, AcP 178 (1978), 196, 202, Fn. 18.

1020 *Wiedemann*, FS Kummer (1980), S. 175, 175. Vgl. hierzu auch eingehend oben S. 508 sowie dort Fn. 192 mwN.

1021 *Lindacher*, BB 1972, 296, 297. Vgl. hierzu eingehend oben S. 575 Fn. 513.

„Interesse des Verwenders an einheitlicher Ausgestaltung der Verträge unter Ablehnung von Änderungswünschen“[1022], d. h. eine mangelnde Dispositionsbereitschaft erwarten, sie sei „ein wesentliches Indiz für Verhandlungsmacht“[1023], da der Verwender durch die inhaltliche Gleichartigkeit deutlich mache, dass er sich „unabhängig von den Umständen des Einzelfalls durchzusetzen gewillt ist.“[1024] Andere sehen im Merkmal der Mehrfachverwendung eine Anknüpfung an den Charakter der AGB als *Massenphänomen*, dessen Missbräuche zu unterbinden seien.[1025] Und schließlich wird auf den mit der Mehrfachverwendung verbundenen *Rationalisierungsvorteil* des Verwenders verwiesen, der erst zu einem Transaktionskostengefälle und damit zu einer Informationsasymmetrie zwischen den Parteien führe, da sich die Kosten-Nutzen-Relation mit steigender Zahl der Verwendungen zugunsten des Verwenders verbessert.[1026] *Seriositätsschein des Üblichen*, *Verhandlungsmacht* und fehlende *Dispositionsbereitschaft*, überindividueller Schutz des *Massenverkehrs* und *Informationsasymmetrie* durch *Rationalisierungsvorteil* des Verwenders: Mit diesen Stichworten lassen sich die wesentlichen Grundlinien der Deutungsversuche des Tatbestandsmerkmals der Mehrfachverwendungsabsicht umreißen.

a) Seriositätsschein des allgemein Üblichen

Vor dem Hintergrund der gerade aus dem Umstand des erheblichen Umfangs und der hohen Komplexität erwachsenden Gefährlichkeit vorformulierter Vertragsbedingungen vermögen sie indes nur teilweise zu überzeugen. So ist zwar zutreffend, dass von mehrfach verwendeten Vertragsbedingungen, vor allem dann, wenn sie massenhaft eingesetzt werden und eine – freilich durch den fehlenden Konditionenwettbewerb bedingte – gewisse branchenweite Einheitlichkeit besteht, auf psychologischer Ebene ein durchaus erheblicher *Seriositätsschein* ausgeht, der vor allem geschäftlich unerfahrene Teilnehmer am Rechtsverkehr zur Hinnahme missbräuchlicher Klauseln verleiten kann. Solange indes die Grenze zur arglistigen Täuschung oder zum Verstoß gegen die Vorschriften des UWG nicht überschritten wurde, vermögen derartige Rationalitätsdefizite indes noch keine, eine Inhaltskontrolle rechtfertigende Beeinträchtigung der rechtsgeschäftlichen Selbstbestimmung des Verwendungsgegners zu begründen. Im

---

[1022] *Ulmer/Habersack*, in: *Ulmer/Brandner/Hensen*, AGB-Recht (12. Aufl. 2016), § 305 Rn. 25a.

[1023] *Pfeiffer*, in: Wolf/Lindacher/Pfeiffer, AGB-Recht (6. Aufl. 2013), § 305 Rn. 17.

[1024] Ebenda.

[1025] *Stoffels*, AGB-Recht (3. Aufl. 2015), Rn. 126; *Braun*, BB 1979, 689.

[1026] MünchKomm/*Basedow*, BGB (7. Aufl. 2016), Vor § 305 Rn. 5; *Becker*, AGB und Individualvereinbarung (2011), S. 74; *Heinrich*, Formale Freiheit (2000), S. 427; *Habersack*, AcP 189 (1989), 403, 415; *Kötz*, Gutachten (1974), S. A 9, S. A 32. Vgl. hierzu auch unten S. 554 f., 657 f., 677 ff. Vgl. zur *Rationalisierungsfunktion* oben S. 293 f. mwN.

Hinblick auf die eigene Leichtgläubigkeit oder Nachlässigkeit ist der Vertragspartner des Verwenders grundsätzlich nicht schutzwürdig.[1027]

Dies gilt umso mehr, als die Angemessenheit der vorformulierten Klausel am Maßstab der Interessen des Verwendungsgegners und des dispositiven Rechts jedenfalls bei Inanspruchnahme von Rechtsrat für den Verwendungsgegner ohne weiteres erkennbar ist. Dass der damit verbundene Aufwand die Zumutbarkeitsgrenze überschreiten kann und dem Verwendungsgegner eine Kenntnisnahme der infrage stehenden Klauseln dadurch *de facto* kaum möglich sein wird, ist dagegen eine Frage, die mit Blick auf den Aspekt der Informationsasymmetrie zu beantworten ist und die in keinem Zusammenhang zum Seriositätsschein mehrfach verwendeter Klauseln steht.[1028] Darüber hinaus wird ein derartiger *Anschein der Angemessenheit* der Klausel in der Regel nur bei allgemein anerkannten Klauselwerken wie etwa den VOB/B oder den ADSp in Betracht kommen, die in einem paritätisch besetzten Verfahren entstanden sind und damit eine gewisse Gewähr für einen angemessenen Interessenausgleich bieten.[1029] Zudem wird man eine gewisse Verbreitung voraussetzen müssen, die bei einer lediglich dreimaligen Verwendung, die Rechtsprechung und Literatur für die Bejahung der Mehrfachverwendungsabsicht genügen lassen, jedenfalls nicht gegeben sein dürfte.

b) Anknüpfung an den Charakter der AGB als Massenphänomen

Vor diesem Hintergrund ist auch jener Ansatz zu hinterfragen, der das Erfordernis der Mehrfachverwendung als Verweis auf den tatsächlichen *Massencharakter* von AGB deutet.[1030] Denn eine derartige Argumentation ist nicht sehr weit entfernt von der Feststellung *Liebs*, bei dem Kriterium handele es sich um ein „rein beobachtend gewonnenes Tatbestandsmerkmal ohne spezielle Aussagekraft"[1031]. Ein bloßer Verweis auf die rechtstatsächliche massenhafte Verwendung mag zwar den sozialpolitischen Hintergrund missbräuchlicher Klauseln und die mit ihnen verbundenen Gefahren für den Rechtsverkehr betonen und damit die überindividuelle Dimension des Schutzzwecks der Inhaltskontrolle in den Vordergrund rücken.[1032] Als Erklärung der normativen Bedeutung des Tatbestandsmerkmals kann er freilich nicht herangezogen werden, da eben kein massenhafter Gebrauch gefordert ist, sondern lediglich eine mindestens dreimalige Verwendung genügen soll. Darüber hinaus wird eine letztlich primär überindividuelle Deutung der Mehrfachverwendungsabsicht dem individualschützenden Charakter der Vorschrift des §305 Abs. 1 S. 1 BGB nicht gerecht.

1027 *Miethaner*, AGB-Kontrolle (2010), S 79.
1028 Vgl. hierzu eingehend oben S. 575 f.
1029 Ebenso *Miethaner*, AGB-Kontrolle (2010), S. 79.
1030 Vgl. nur *Stoffels*, AGB-Recht (3. Aufl. 2015), Rn. 126; *Braun*, BB 1979, 689.
1031 So *Lieb*, AcP 178 (1978), 196, 202, Fn. 18.
1032 Ebenso *Axer*, AGB-Kontrolle (2012), S. 93.

c) Mehrfachverwendung als Indiz überlegener Verhandlungsmacht

Überzeugender erscheint dagegen das Argument, dass die Mehrfachverwendung typischerweise eine *überlegene Verhandlungsmacht des* Verwenders indiziert, da derjenige, der in einer Vielzahl von Fällen vorformulierte Standardbedingungen verwendet, deutlich macht, dass er zu einer Abänderung der von ihm gestellten Bedingungen nicht bereit ist und darüber hinaus über die notwendige Verhandlungsmacht verfügt, diese durchzusetzen.[1033] Zwar trifft die Tendenz einer mangelnden Dispositionsbereitschaft auch auf vorformulierte *Einzelverträge* zu, weil die fehlende Verhandlungs- und Abänderungsbereitschaft sich als prägendes Merkmal aus dem Tatbestand der Vorformulierung ergibt und damit *Einzel-* und *Massenverträge* grundsätzlich gleichermaßen betrifft.

Allerdings scheint das Phänomen im Kontext der Mehrfachverwendung in wesentlich stärkerem Maße zum Tragen zu kommen als bei Einzelverträgen im b2b oder c2c-Bereich, da im Fall der Einmalverwendung der mit zunehmender Zahl der Verwendungen steigende Rationalisierungsvorteil des Verwenders entfällt und daher aufgrund des Fehlens eines Transaktionskostengefälles jedenfalls keine informatorische Unterlegenheit des Verwendungsgegners besteht. Auch die Tatsache, dass der Vertrag offensichtlich speziell für das konkrete Rechtsgeschäft entworfen wurde, spricht eher für ein annähernd gleiches Kräfteverhältnis zwischen den Parteien sowie einen tendenziell hohen Vertragswert, so dass sich für den Verwendungsgegner die Kenntnisnahme und Analyse des Vertragstextes regelmäßig lohnt.

Freilich gilt dies aufgrund der organisatorischen und personellen Überlegenheit des Unternehmers nicht im Anwendungsbereich von Verbraucherverträgen, bei denen §310 Abs.3 Nr.2 BGB konsequenterweise auch auf das Merkmal der Mehrfachverwendungsabsicht verzichtet. Dem entspricht der rechtstatsächliche Befund, dass „bei Standardklauseln regelmäßig keine Aushandlung im Einzelnen stattfindet“[1034], ein Erfahrungssatz, der sich für Einzelverträge jedenfalls außerhalb des Kontextes von Verbrauchergeschäften so nicht ohne weiteres formulieren lässt.[1035] Die Tatsache, *dass* der Verwender bei Mehrfachverwendung seiner Klauseln in einer Vielzahl von Rechtsgeschäften typischerweise zu einer Verhandlung und Abänderung der von ihm gestellten Vertragsbedingungen nicht bereit ist, beantwortet freilich noch nicht die Frage, *warum* er dies nicht tut. Die Frage nach der *Ursache* fehlender Dispositionsbereitschaft bedarf daher einer weitergehenden Untersuchung.

[1033] So *Pfeiffer*, in: Wolf/Lindacher/Pfeiffer, AGB-Recht (6. Aufl. 2013), §305 Rn.17; *Larenz/Wolf*, BGB AT (9. Aufl. 2004), S.762.

[1034] *Pfeiffer*, in: Grabitz/Hilf, EUV/EG (62. El. 2017), A 5, Art.3 Rn.29. Ebenso *Bülow*, EWS 1997, 155, 163. Ähnlich *Miethaner*, AGB-Kontrolle (2010), S.80.

[1035] *Pfeiffer*, in: Grabitz/Hilf, EUV/EG (62. El. 2017), A 5, Art.3 Rn.29.

d) Informationsasymmetrie durch Mehrfachverwendung

Einen brauchbaren Ansatz zur Begründung des Ursachenzusammenhangs und damit auch der situativen Unterlegenheit des Verwendungsgegners bildet dagegen der Verweis auf die Verbindung zwischen *Mehrfachverwendung*[1036], *Rationalisierungsvorteil*[1037] und *Informationsasymmetrie*[1038]. Denn während bei Einzelverträgen das Erstellen der vorformulierten Vertragsbedingungen für den Verwender regelmäßig mit ebenso viel Aufwand verbunden ist, wie der Verwendungsgegner für die Analyse und rechtliche Bewertung aufbringen muss, so dass aufgrund des Fehlens eines Transaktionskostengefälles keine Informationsasymmetrie zwischen den Parteien besteht, so verschiebt sich die Kosten-Nutzen-Relation im Fall der Mehrfachverwendung deutlich zum Vorteil des Verwenders.

Denn mit steigender Zahl der Verwendungen kommt zunehmend der aus der Mehrfachverwendung erwachsende Rationalisierungsvorteil zugunsten des Verwenders zum Tragen, so dass dessen Transaktionskosten für das jeweils einzelne Rechtsgeschäft deutlich sinken.[1039] Für den Verwendungsgegner bleibt der mit der Kenntnisnahme und der rechtlichen Analyse der vorformulierten Vertragsbedingungen verbundene Aufwand dagegen gleich: Er ist für ihn insbesondere mit Blick auf den Vertragswert typischerweise unzumutbar hoch, so dass es sich für ihn aufgrund der ungünstigen Transaktionskosten-Vertragswert-Relation nicht lohnt, die hierfür erforderlichen Kosten an Zeit, Mühe und finanziellen Ressourcen aufzuwenden. Das Transaktionskostengefälle zwischen dem Verwender und seinem Vertragspartner hat damit typischerweise eine Informationsasymmetrie zwischen den Parteien zur Folge, die eine effektive Ausübung der Vertragsgestaltungsfreiheit durch den Verwendungsgegner verhindert.

Wie im Zusammenhang mit der Erörterung der Integration des Verbraucherschutzes in das deutsche AGB-Recht durch §310 Abs.3 BGB deutlich geworden ist, gilt dies freilich nur bei einem annähernd gleichen wirtschaftlichen und strukturellen Kräfteverhältnis zwischen den Parteien. Verfügt der Verwender – wie dies bei Verbraucherverträgen auf Unternehmerseite regelmäßig der Fall ist – hingegen über langjährige praktische Erfahrung, einschlägiges Branchenwissen sowie die notwendigen organisatorischen und finanziellen Ressourcen, so ist er aufgrund seines organisatorischen Vorsprunges in der Lage, auch im Rahmen von Einzelverträgen Vertragsbedingungen zu deutlich günstigeren Trans-

---

1036 Hierzu oben S. 421ff., 673ff.

1037 Zum *Rationalisierungsvorteil* des Verwenders eingehend oben S. 554f., 559f., 733f., 676ff.

1038 Vgl. hierzu eingehend oben S. 511ff., 541ff., 569ff., 668ff. sowie unten S. 681f.

1039 MünchKomm/*Basedow*, BGB (7. Aufl. 2016), Vor §305 Rn.5; *Becker*, AGB und Individualvereinbarung (2011), S. 74; *Heinrich*, Formale Freiheit (2000), S. 427; *Habersack*, AcP 189 (1989), 403, 415; *Kötz*, Gutachten (1974), S. A 9, S. A 32. Vgl. auch zur *Rationalisierungsfunktion* oben S. 293f. mwN.

aktionskosten zu formulieren, als dies für die Analyse durch einen Verbraucher möglich ist. Abgesehen von dieser Sonderkonstellation bleibt es freilich bei dem Befund, dass die Mehrfachverwendung eine Verschiebung des Transaktionskostengefälles und damit eine Informationsasymmetrie zwischen den Parteien zur Folge hat, die dem Verwendungsgegner eine effektive Inanspruchnahme seiner Vertragsgestaltungsfreiheit verwehrt. Damit ist ein hinreichend tragfähiger Zusammenhang zwischen *Mehrfachverwendung* und *Selbstbestimmung* nachgewiesen, der die Einbeziehung dieses Tatbestandsmerkmals in den AGB-Begriff des § 305 Abs. 1 S. 1 BGB legitimiert.

Die *extensive* Auslegung des Kriteriums der Mehrfachverwendungsabsicht durch Rechtsprechung und herrschende Lehre erklärt sich dabei ohne weiteres aus der geringen *Erheblichkeitsschwelle* der Mehrfachverwendung, da sich bereits bei *jedem* über die einmalige Verwendung hinausgehenden Gebrauch vorformulierter Vertragsbedingungen der Rationalisierungsvorteil der Mehrfachverwendung realisiert und sich damit das Transaktionskostengleichgewicht zwischen Formulierungs- und Analysekosten zugunsten des Verwenders verschiebt. Vor diesem sachlichen Hintergrund wäre es daher sogar gerechtfertigt, bereits die *zweifache* Verwendung standardisierter Klauseln für das Vorliegen der Mehrfachverwendungsabsicht genügen zu lassen, da sich die mit der Erstellung der Klauseln verbundenen Kosten pro Rechtsgeschäft für den Verwender halbieren und damit bereits ein Transaktionskostengefälle vorliegt. Allerdings scheitert eine insoweit sachlich gebotene Ausweitung des Tatbestandsmerkmals an der Wortlautgrenze des § 305 Abs. 1 S. 1 BGB, der gerade eine „Vielzahl" und nicht lediglich eine „Mehrzahl" verlangt.[1040]

Mit Blick auf die Gefahr einer Beeinträchtigung der Vertragsgestaltungsfreiheit des Verwendungsgegners durch eine Transaktionskostenasymmetrie ist die herrschende, weite Auslegung der Mehrfachverwendungsabsicht nur konsequent, die das Vorliegen des Tatbestandsmerkmals bereits dann bejaht, wenn sich der Verwender nicht selbst der Mühe der Vorformulierung der von ihm verwendeten Vertragsklauseln unterzogen hat, sondern stattdessen auf vorgefertigte Textbausteine und Vertragsmuster *Dritter* zurückgreift.[1041] Hier genügt bereits die *einmalige* Verwendungsabsicht des Verwenders für den *konkreten* Vertrag, da die Klauseln jedenfalls von dem *Dritten* für eine *Vielzahl* von Verträgen vorformuliert worden sind. Eine Mehrfachverwendungsabsicht beim Verwender selbst ist

---

[1040] Darauf, dass freilich auch eine mindestens *dreimalige* Verwendung mit dem *allgemeinen Sprachgebrauch* kaum vereinbar ist und damit die Wortlautgrenze auf das gerade noch zulässige Maximum ausgedehnt wird, hat zutreffend *Hellwege*, AGB und Rechtsgeschäftslehre (2010), S. 572 hingewiesen: „Nenne ich drei Uhren mein eigen und erzähle, ich hätte eine Vielzahl von Uhren, würden mich die meisten Zeitgenossen einen Aufschneider schimpfen."

[1041] Vgl. nur BGHZ 184, 259, 263 = NJW 2010, 1131, 1131 (Gebrauchtwagenkauf); BGH NJW 2000, 2988, 2989 (Kündigung des Auftraggebers); MünchKomm/*Basedow*, BGB (7. Aufl. 2016), § 305 Rn. 19, sowie eingehend oben S. 458 f.

nicht erforderlich, da er sich durch den Rückgriff auf vorformulierte Vertragsmuster den für die eigenständige Formulierung der Klauseln erforderlichen Aufwand erspart hat, während der Verwendungsgegner für die Kenntnisnahme und Analyse die gleichen Kosten aufwenden muss, die mit dem eigenständigen Entwurf der Klausel verbunden wären. Der Gebrauch vorformulierter *Vertragsmuster* Dritter führt damit bereits bei *einmaliger* Verwendung zu einem Transaktionskostengefälle zwischen den Parteien. Die Folge ist eine Informationsasymmetrie und damit zugleich eine erhebliche Beeinträchtigung der Vertragsgestaltungsfreiheit des Verwendungsgegners.

Steht die Geltung dieser Grundsätze jedenfalls für den Verwender einseitig *begünstigender* Klauselwerke, die von Interessenverbänden branchenweit organisierter Verwender – wie etwa Hauseigentümern, Vermietern etc. – entworfen worden sind, außer Frage, so muss dies jedenfalls a priori auch für *neutrale* Vertragsmuster gängiger Formularhandbücher oder elektronischer Datenbanken entsprechender Anbieter gelten.[1042] Zwar wird der Verwender derartige Vertragswerke in der Regel nicht unverändert übernehmen, wenn er eine einseitige Verlagerung der vertraglichen Risiken beabsichtigt und auf diese Weise eine die Inhaltskontrolle rechtfertigende Gefährdung des Verwendungsgegners herbeiführt. Jedoch bleibt der mit dem Rückgriff auf bestehende Vertragsmuster verbundene Rationalisierungsvorteil auch bei einer Überarbeitung für den Verwender bestehen, da die bloße Abänderung bestehender Klauseln mit einem deutlich geringeren Aufwand verbunden ist als die eigenständige Erstellung eines umfangreichen Klauselwerkes.

Zusammenfassend erweist sich das Merkmal der *Mehrfachverwendungsabsicht* als taugliches Kriterium, um in *Kombination* mit dem Tatbestandsmerkmal der *Vorformulierung* die AGB-typische *situative Unterlegenheit* des Verwendungsgegners und damit auch die Gefährdung seiner *Vertragsgestaltungsfreiheit* sachgerecht zu erfassen. Obschon auch die Mehrfachverwendung – freilich unter bestimmten, eng umgrenzten Bedingungen – den Seriositätsschein des allgemein Üblichen[1043] und damit den Anschein der Angemessenheit zu erwecken vermag und sicherlich ein starkes Indiz überlegener Verhandlungsmacht und mangelnder Dispositionsbereitschaft des Verwenders darstellt, so ist hierin nicht die eigentliche Bedeutung des Tatbestandsmerkmals zu sehen. Diese liegt vielmehr in dem erst durch Mehrfachverwendung möglichen Rationalisierungsvorteil des Verwenders, der so seine Transaktionskosten für den jeweils einzelnen Vertrag zu redu-

---

[1042] Zum Merkmal des Stellens nach §305 Abs. 1 S. 1 BGB und der Zurechnung zulasten des Verwenders in Fällen, in denen die vorformulierten Vertragsbedimgungen von einem *neutralen* Dritten in die Vertragsverhandlungen eingebracht werden, vgl. nur oben S. 425 f.

[1043] *Lindacher*, BB 1972, 296, 297. Vgl. auch *Miethaner*, AGB-Kontrolle (2010), S. 79; *Axer*, AGB-Kontrolle (2012), S. 73 Fn. 281; *Wellenhofer-Klein*, ZIP 1997, 774, 778; *Fastrich*, Inhaltskontrolle (1992), 103; *Wiedemann*, FS Kummer (1980), S. 175, 180 Fn. 23. Vgl. hierzu oben S. 509 f., 575 f.

zieren vermag. Die Folge ist eine auf einem *Transaktionskostengefälle* beruhende *Informationsasymmetrie* zwischen den Parteien, die eine *informierte* und *selbstbestimmte* Mitwirkung des Verwendungsgegners an der inhaltlichen Gestaltung des Vertrages verhindert und damit dessen materielle *Vertragsgestaltungsfreiheit* nicht nur erheblich beeinträchtigt, sondern letztlich auf Null reduziert. In diesem Zusammenhang zwischen *Mehrfachverwendungsabsicht* und *Selbstbestimmung* ist die eigentliche Bedeutung des Tatbestandsmerkmals begründet. Damit erfasst das Merkmal der Mehrfachverwendungsabsicht zugleich das implizit von der Vorformulierung vorausgesetzte hohe Maß an *Komplexität* und *Umfang* der vorformulierten Klauseln.

Zwar ist grundsätzlich auch bei *Einzelverträgen* eine relevante Beeinträchtigung der Vertragsgestaltungsfreiheit möglich. Auf der Grundlage des vertragstheoretischen Begründungsmodells setzt dies jedoch entweder eine *Informationsasymmetrie* oder eine *Verhandlungsverweigerung* seitens des Verwenders voraus. Der letztgenannte Gesichtspunkt wird typischerweise durch das Tatbestandsmerkmal des *Stellens* nach § 305 Abs. 1 S. 1 BGB erfasst. Zwar bildet die Mehrfachverwendungsabsicht ein gewichtiges Indiz für fehlende Abänderungsbereitschaft, doch ist der damit angesprochene *Konnex* zwischen *Mehrfachverwendungsabsicht* und *Selbstbestimmung* als Aufgreifkriterium zu schwach, um als Rechtfertigungsgrundlage der Inhaltskontrolle herangezogen werden zu können. Damit bleibt es bei der *Informationsasymmetrie* als relevantem *Anknüpfungspunkt*, die jedoch im Rahmen von *Einzelverträgen* unter Annahme eines annähernd gleichen strukturellen und wirtschaftlichen Kräfteverhältnisses aufgrund gleicher Vorformulierungs- und Analysekosten regelmäßig nicht gegeben sein wird. Besteht dagegen ein strukturelles oder wirtschaftliches Machtungleichgewicht, so bedarf es hierfür eines typisierbaren Anknüpfungspunktes, wie etwa des Charakters des Rechtsgeschäftes als Verbrauchervertrag, so dass § 310 Abs. 3 Nr. 2 BGB auf das Merkmal der Mehrfachverwendung verzichten kann und stattdessen lediglich an das Kriterium der Vorformulierung anknüpft.

Für Rechtsgeschäfte zwischen Verbrauchern (c2c-Verkehr) oder Unternehmern (b2b-Verkehr) ist ein derartiger typisierbarer Anknüpfungspunkt indes nicht ersichtlich, so dass es sachgerecht erscheint, vorformulierte Einzelverträge von der Inhaltskontrolle auszunehmen. Aufgrund der weiten Auslegung des Merkmals der Mehrfachverwendungsabsicht bei dem Rückgriff auf vorformulierte Vertragsmuster und Textbausteine Dritter, die eine *einmalige* Verwendung im *konkreten* Vertrag genügen lässt und damit *faktisch* eine Inhaltskontrolle auch für vorformulierte Einzelverträge anordnet, ist der Verwendungsgegner auch bei Einzelverträgen hinreichend vor einer Beeinträchtigung seiner Vertragsgestaltungsfreiheit geschützt.

3. Stellen

Neben der Vorformulierung und der Absicht der Mehrfachverwendung verlangt das geltende AGB-Recht nach §305 Abs. 1 S. 1 BGB zusätzlich, dass der Verwender die für eine Vielzahl von Verträgen vorformulierten Vertragsbedingungen „der anderen Vertragspartei bei Abschluss eines Vertrags *stellt*“[1044]. Angesprochen ist mit diesem Tatbestandsmerkmal die AGB-typische *Einseitigkeit der Auferlegung* als „wesentliche[s] Charakteristikum von AGB“[1045] sowie als „innere[r] Grund und Ansatzpunkt für die rechtliche Sonderbehandlung von AGB gegenüber Individualabreden“[1046]. Dabei gelten Vertragsbedingungen dann als gestellt, wenn sie fertig in den Vertrag eingebracht sowie dem Kunden einseitig auferlegt werden[1047], wovon immer dann auszugehen ist, wenn eine der Parteien die vorformulierten Klauseln entweder in den Vertrag einführt[1048] oder – etwa durch Unterbreitung eines konkreten Einbeziehungsangebotes[1049] – ihre Einbeziehung verlangt. Durch das Merkmal des Stellens erfolgt daher eine *Zurechnung* der vorformulierten Vertragsbedingungen und damit zugleich die Bestimmung der Person des Verwenders sowie der Kontrollrichtung der Inhaltskontrolle.[1050]

a) Informationsasymmetrie

Als zentrales Zurechnungskriterium des Merkmals des *Stellens* erweist sich dabei das Fehlen einer freien *Einbeziehungsentscheidung* des Verwendungsgegners, die nur dann gegeben ist, wenn dieser „in der *Auswahl* der in Betracht kommenden Vertragstexte frei ist und insbesondere Gelegenheit erhält, alternativ eigene Textvorschläge mit der *effektiven Möglichkeit* ihrer Durchsetzung in die Verhandlungen einzubringen.“[1051] Dient die Vorschrift daher in besonderer Weise dem Schutz der Vertragsgestaltungsfreiheit des Verwendungsgegners und liegt

---

[1044] §305 Abs. 1 S. 1 BGB, Hervorhebungen durch den Verfasser.

[1045] RegE zum AGBG, BT-Drucks. 7/3919, S. 16.

[1046] Ebenda, S. 15.

[1047] BGH NJW 2010, 1131, 1132 (Gebrauchtwagenkauf); Erman/*Roloff*, (15. Aufl. 2017), §305 Rn. 12. *Differenzierend* im Hinblick auf das Merkmal des *Auferlegens* im Sinne der „einseitigen Durchsetzung“ *Ulmer/Habersack*, in: *Ulmer/Brandner/Hensen*, AGB-Recht (12. Aufl. 2016), §305 Rn. 26 a. E. Vgl. hierzu bereits eingehend oben S. 423 ff.

[1048] Staudinger/*Schlosser*, BGB (2013), §305 Rn. 27.

[1049] OLG Nürnberg MDR 2011, 345, 345 (Fernwärmevertrag); BGH NJW 85, 2477, 2477 (Bauherrenmodell). Bamberger/Roth/*Becker*, (3. Aufl. 2012), §305 Rn. 25; *Ulmer/Habersack*, in: *Ulmer/Brandner/Hensen*, AGB-Recht (12. Aufl. 2016), §305 Rn. 27; Palandt/*Grüneberg*, BGB (77. Aufl. 2018), §305 Rn. 10; *Stoffels*, AGB-Recht (3. Aufl. 2015), Rn. 132.

[1050] BGHZ 184, 259, 263 = NJW 2010, 1131, 1131 (Gebrauchtwagenkauf). MünchKomm/*Basedow*, BGB (7. Aufl. 2016), §305 Rn. 28 ff.; Palandt/*Grüneberg*, BGB (77. Aufl. 2018), §305 Rn. 12; *Ulmer/Habersack*, in: *Ulmer/Brandner/Hensen*, AGB-Recht (12. Aufl. 2016), §305 Rn. 27; *Pfeiffer*, in: Wolf/Lindacher/Pfeiffer, AGB-Recht (6. Aufl. 2013), §305 Rn. 25; Staudinger/*Schlosser*, BGB (2013), §305 Rn. 27.

[1051] BGHZ 184, 259, 259 = NJW 2010, 1131, 1131 (Gebrauchtwagenkauf).

„in der hierhin zum Ausdruck gebrachten Einseitigkeit der Auferlegung ... der innere Grund und Ansatzpunkt“[1052] der richterlichen Inhaltskontrolle von AGB, so stellt sich die Frage, worin im Einzelnen der besondere *Konnex* zwischen dem Stellen der AGB und der Beeinträchtigung des *Selbstbestimmungsrechts* des Verwendungsgegners zu sehen ist.

Da das Stellen – ähnlich dem einseitigen Normsetzungsakt eines Normgebers, wie es die freilich zu Recht abgelehnten Normtheorien tatsächlich verstanden hatten – implizit das *„Inverkehrbringen“, das Einführen eines umfassenden, vorformulierten Vertragstextes* voraussetzt, verweist es zunächst auf die zwischen dem Verwender und seinem Vertragspartner bestehende Informationsasymmetrie und ist damit ein starkes Indiz für das Bestehen einer *informationellen Unterlegenheit* als Benachteiligungslage. Denn wer vorformulierte Vertragsbedingungen stellt, indem er sie in den Vertrag einführt oder ihre Einbeziehung verlangt, konnte sie bereits im Vorfeld des Vertrages individuell an seine eigenen Interessen anpassen, während der jeweilige Vertragspartner, insbesondere in der konkreten Abschlusssituation, regelmäßig mit der inhaltlichen Erfassung wie auch mit der rechtlichen Bewertung und Analyse der häufig komplexen und umfangreichen Klauseln überfordert ist. Allerdings ist die auf einem Transaktionskostengefälle basierende Informationsasymmetrie keineswegs eine notwendige oder sogar typische Folge des einseitigen Stellens, sondern – wie im Gang der bisherigen Untersuchung deutlich geworden ist – Ergebnis der Vorformulierung in Verbindung mit der Mehrfachverwendungsabsicht. Denn erst ab einer mindestens zweimaligen Verwendung besteht, jedenfalls unter der Annahme eines annähernd gleichen strukturellen oder wirtschaftlichen Kräfteverhältnisses, ein für das Entstehen einer Informationsasymmetrie hinreichend großes Transaktionskostengefälle zwischen den Parteien.

b) *Fehlende Dispositionsbereitschaft*

Aus diesem Grund erscheint es auch nicht überzeugend, in dem Merkmal des einseitigen Stellens – unter Verdrängung der Kriterien der Vorformulierung und der Mehrfachverwendungsabsicht – das allein entscheidende oder auch nur vorrangige Merkmal des AGB-Begriffs zu verorten.[1053] Vielmehr soll das Tatbestandsmerkmal des einseitigen *Stellens* das Fehlen der *Dispositionsbereitschaft* erfassen und damit jenes Diktat, jene einseitige Auferlegung, jene unmissverständliche Aufforderung zur – im Hinblick auf den Inhalt weitgehend blinden – Hinnahme der vom Verwender vorgelegten Klauseln in den Blick nehmen, die für AGB als Massenphänomen seit jeher typisch gewesen ist und die neben der

[1052] RegE zum AGBG, BT-Drucks. 7/3919, S. 15.

[1053] So aber *Hellwege*, AGB und Rechtsgeschäftslehre (2010), S. 570 f., 573, 575. Ähnlich *Drexl*, Selbstbestimmung (1998), S. 334 f., 339 f., 341 f., 345 f., 363 f. („Das Kriterium des einseitigen Stellens ist anderen Regelungsalternativen allemal überlegen.“, ebenda, S. 341 f.).

Informationsasymmetrie den zweiten Schutzgrund der Inhaltskontrolle bildet. Dem entspricht die Rechtsprechung des BGH, der davon ausgeht, dass derjenige, der „das von ihm vielfach verwendete Klauselwerk in die Vertragsverhandlungen einführt, damit … nach allgemeiner Verkehrsanschauung zu verstehen gibt, er sei nicht bereit, von seinen vorgedruckten, abschließend formulierten Konditionen abzuweichen und sie eventuell den gegenläufigen Interessen des Partners anzupassen oder sie zu ergänzen“[1054] und damit zum Ausdruck bringt, dass der Vertrag „entweder … zu seinen Bedingungen abgeschlossen [werde], oder … überhaupt nicht zustande [komme]“[1055].

Sind die Kriterien der *Vorformulierung* und der *Mehrfachverwendungsabsicht* auf die typisierende Erfassung der *Informationsasymmetrie* gerichtet, so greift das Merkmal des *Stellens* den Aspekt der fehlenden *Verhandlungsbereitschaft* des Verwenders auf, der auf der Grundlage des vertragstheoretischen Begründungsmodells als zweiter tragender Schutzzweck der Inhaltskontrolle identifiziert worden ist.

Der Aspekt fehlender Dispositionsbereitschaft schließt dabei verbleibende Schutzlücken, indem er mit den vor allem für die *Garderobenmarken-, Fahrkarten- und Parkhaus-AGB* typischen Ein-Satz-AGB jene Fallgruppe erfasst, in der die situative Unterlegenheit nicht auf einer Informationsasymmetrie, sondern schlicht auf der Verhandlungsverweigerung des Verwenders beruht. Darüber hinaus wirkt die fehlende Dispositionsbereitschaft des Verwenders aufgrund der untrennbaren Verknüpfung beider Schutzaspekte als insoweit notwendige Bedingung zugleich auf den Aspekt der Informationsasymmetrie zurück: Denn ein zwischen den Parteien bestehendes Informationsgefälle vermag auf der Grundlage des vertragstheoretischen Begründungsmodells nur dann als tragfähiger Rechtfertigungsgrund der Inhaltskontrolle herangezogen werden, wenn die durch das Informationsdefizit des Verwendungsgegners bedingte Beeinträchtigung seiner Vertragsgestaltungsfreiheit nicht durch die Inanspruchnahme negativer Abschlussfreiheit kompensierbar ist.

Mit anderen Worten ist die durch den unzumutbaren Aufwand an Informationsbeschaffungskosten bedingte Informationsasymmetrie nur deshalb als Schutzgrund relevant, weil der Verwender zu einer Abänderung seiner Vertragsbedingungen nicht bereit ist und der Verwendungsgegner aufgrund des – durch massenhafte Abänderungsverweigerung verursachten – fehlenden Konditionenwettbewerbs nicht auf Alternativanbieter ausweichen kann. Das Merkmal des *Stellens* vorformulierter Vertragsbedingungen erweist sich damit als geeignetes Kriterium, im Zusammenspiel mit den ergänzenden Tatbestandsmerkmalen der *Vorformulierung* und der *Mehrfachverwendungsabsicht* der *situativen Unterle-*

[1054] BGH NJW 1977, 624, 625 (Mindestprovision). Ebenso LG Oldenburg MMR 2012, 457, 458 = BeckRS 2012, 03552 Rn. 35 (Internet-Formularvertrag); NJW 1979, 367, 368 (Vermittlungsprovision).

[1055] BGH NJW 1977, 624, 625 (Mindestprovision).

genheit des Verwendungsgegners – mit Schwerpunkt auf der fehlenden Dispositionsbereitschaft des Verwenders – entsprechende Konturen zu verleihen und sie sachgerecht zu erfassen.

4. Aushandeln gem. § 305 Abs. 1 S. 3 BGB

Gleiches gilt im Grundsatz für das weitgehend komplementäre Merkmal des *Aushandelns* nach § 305 Abs. 1 S. 3 BGB. Auch hier steht der Aspekt der fehlenden *Dispositionsbereitschaft* des Verwenders im Vordergrund, während die Dimension der *Informationsasymmetrie* gleichsam *en passant* miterfasst wird. Deutlich wird dies in der strengen Rechtsprechung des BGH, der im *Aushandeln* mehr als ein bloßes *Verhandeln* erblickt und hierfür verlangt, dass „der Verwender zunächst den in seinen Allgemeinen Geschäftsbedingungen enthaltenen *gesetzesfremden Kerngehalt*, also die den *wesentlichen Inhalt* der *gesetzlichen Regelung ändernden* oder *ergänzenden* Bestimmungen, inhaltlich *ernsthaft zur Disposition* stellt und dem Verhandlungspartner *Gestaltungsfreiheit* zur Wahrung eigener *Interessen* einräumt mit zumindest der *realen Möglichkeit*, die inhaltliche Ausgestaltung der Vertragsbedingungen zu beeinflussen."[1056]

Die hohen Anforderungen des BGH an das Vorliegen einer *ernsthaften Abänderungsbereitschaft* des Verwenders und der damit grundsätzlich weite Anwendungsbereich der Inhaltskontrolle entsprechen dabei dem hohen Stellenwert des auf der Grundlage der Rechtsprechung des BVerfG verfassungsrechtlich gebotenen Schutzes der materiellen Privatautonomie des Verwendungsgegners. Zugleich ist es ebendiese Rechtsprechung des BGH, die im Mittelpunkt der Kritik und zugleich der Diskussion um Rechtfertigung und Reichweite der Inhaltskontrolle im unternehmerischen Geschäftsverkehr steht. Denn auch wenn der strenge Maßstab des BGH seine Rechtfertigung im Anliegen eines möglichst umfassenden, lückenfreien Schutzes des Verwendungsgegners vor Beeinträchtigungen seiner Vertragsgestaltungsfreiheit findet, so stellt sich damit zugleich die Frage, ob die typisierende Abgrenzung des Anwendungsbereiches der Inhaltskontrolle mit Blick auf den unternehmerischen Geschäftsverkehr und hier insbesondere im Bereich großvolumiger Transaktionen gelungen ist.

Im Folgenden ist daher der Frage nachzugehen, welche Konsequenzen sich aus dem vertragstheoretischen Begründungsmodell für die Auslegung des Tatbestandsmerkmals des Aushandelns nach § 305 Abs. 1 S. 3 BGB ergeben. Im Kern wird es dabei um die Frage gehen, ob die Inhaltskontrolle von AGB als einheitli-

[1056] BGH NZM 2013, 159, 160. Ebenso in st. Rspr. BGH NJW-RR 2009, 947, 948; BGH NJW 2005, 2543, 2544; BGH NJW-RR 2005, 1040, 1040; BGHZ 153, 311, 321 = NJW 2003, 1805, 1807; BGH NJW 1998, 3488, 3489. Vgl. auch MünchKomm/*Basedow*, BGB (7. Aufl. 2016), § 305 Rn. 35; Palandt/*Grüneberg*, BGB (77. Aufl. 2018), § 305 Rn. 20; *Ulmer/Habersack*, in: *Ulmer/Brandner/Hensen*, AGB-Recht (12. Aufl. 2016), § 305 Rn. 48. Hervorhebungen durch den Verfasser.

ches System des Schutzes materieller Privatautonomie des Verwendungsgegners ausschließlich an vertrags- und situationsspezifische Eigenschaften anzuknüpfen ist oder ob stattdessen die Kontrolldichte in Abhängigkeit von den Parteien selbst differenziert werden muss, mit der Folge, dass weite Teile des unternehmerischen Geschäftsverkehrs von der Inhaltskontrolle auszunehmen wären. Aufgeworfen ist damit letztlich die Frage der Bestimmung des angemessenen Verhältnisses von *Vertragsfreiheit* und *Vertragsgerechtigkeit* im Geschäftsverkehr zwischen Unternehmen – eine Frage, die auf der Grundlage des im Gang der bisherigen Untersuchung erarbeiteten rechtstheoretischen und verfassungsrechtlichen Befundes zu beantworten sein wird.

V. Zusammenfassung

1. Rechtsprechung und h. L. erblicken im Schutz vor der *einseitigen Inanspruchnahme der Vertragsgestaltungsfreiheit* den zentralen *Schutzzweck* des AGB-Rechts. Allerdings lässt sich die *Erforderlichkeit* der Inhaltskontrolle hiermit nicht ohne dogmatische Brüche begründen. Einerseits ist die Ausübung der *Vertragsgestaltungsfreiheit de lege lata* nicht Voraussetzung für den Vertragsschluss. Andererseits wird *fehlende Vertragsgestaltungsfreiheit* in der Regel durch das Bestehen *negativer Abschlussfreiheit* kompensiert. Es sind daher über die Beeinträchtigung der *Vertragsgestaltungsfreiheit* hinausreichende Gesichtspunkte zu berücksichtigen.

2. Den dogmatischen *Ausgangspunkt* bildet das durch *Vertragsimparität* bedingte *Versagen* des *Vertragsmechanismus.* Damit wird die Frage nach *Ursache* und *Qualität* der *Vertragsimparität* zum Schlüssel für die Entwicklung eines Begründungsmodells der Inhaltskontrolle. Daher liegt es nahe, zunächst an die *spezifischen Eigenschaften* der *Parteien*, vor allem an eine *wirtschaftliche, soziale* oder *intellektuelle Unterlegenheit* anzuknüpfen. Der Ansatz scheint *prima facie* plausibel, da zwar anerkannt ist, dass Vertragsimparitäten durch *Wettbewerb* ausgeglichen werden, jedoch von einem *funktionierenden Konditionenwettbewerb* gerade nicht ausgegangen werden kann. Allerdings ist der Ansatz mit dem geltenden AGB-Recht, das gerade *nicht* an ein derartiges Ungleichgewicht anknüpft, unvereinbar. Den eigentlichen, AGB-spezifischen Schutzgrund trifft dieser Ansatz nicht, weshalb er zu Recht allgemein abgelehnt wird.

3. Entsprechend liegt es nahe, stattdessen auf die *Unangemessenheit* des *Vertragsinhalts* abzustellen. Hierfür spricht insbesondere die Tatsache, dass die Rechtsprechung hierin ein *Indiz* für das Bestehen eines *Machtungleichgewichts* erblickt. Die Unangemessenheit der AGB könnte dabei insbesondere an eine Abweichung vom *dispositiven Recht* geknüpft werden. Allerdings bildet das Abweichen vom dispositiven Gesetzesrecht bereits den *Maßstab* der Inhaltskontrolle und kann da-

mit nicht gleichzeitig als *Voraussetzung* herangezogen werden. Zudem ließe sich die Inhaltskontrolle so nicht sinnvoll vom *Wucherverbot* abgrenzen und müsste auch *Entgeltabreden* erfassen.

4. Scheidet ein Rückgriff auf die *Vertragsparteien* wie auf den *Vertragsinhalt* als Anknüpfungspunkt der Inhaltskontrolle aus, kommt schließlich die *Art und Weise des Vertragsschlusses* selbst als Ursache der *Vertragsimparität* in Betracht. Entsprechend sehen auch Rechtsprechung und h. L. in der *situativen Unterlegenheit* des Verwendungsgegners den maßgeblichen Schutzgrund der Inhaltskontrolle. Während der Verwender ohne *Zeitdruck* und unter Rückgriff auf *professionellen Rechtsrat* die Vertragsbedingungen *im Vorhinein* ausarbeiten und nach seinen Wünschen gestalten kann, ist sein Vertragspartner unter dem *Druck der konkreten Abschlusssituation* mit *Kenntnisnahme* und *Analyse* der AGB regelmäßig überfordert. Es besteht eine *Informationsasymmetrie*, die den Verwendungsgegner an der effektiven Inanspruchnahme seiner *Vertragsgestaltungsfreiheit* hindert. Daneben ist der Verwender typischerweise zu einer *Abänderung* der Klauseln nicht bereit, so dass seinem Vertragspartner im Sinne einer *„take it or leave it"-Entscheidung* nur noch die Wahl bleibt, den Vertrag anzunehmen oder ganz auf einen Vertragsschluss zu verzichten. Mit der *Informationsasymmetrie* und der *Verhandlungsimparität* sind dabei die beiden wesentlichen Ursachen *situativer Unterlegenheit* des Klauselgegners angesprochen.

5. Einen Versuch der weiteren Konkretisierung hat die *ökonomische Analyse des Rechts* (ÖAR) mit dem *rechtsökonomischen Begründungsmodell* vorgelegt. Danach ist aufgrund prohibitiv hoher *Transaktionskosten* der *Grenznutzen* einer Kenntnisnahme und Analyse der AGB gering. Als Ergebnis einer rationalen *Kosten-Nutzen-Analyse* gelangt der Verwendungsgegner daher zum Ergebnis einer *negativen Transaktionskosten-Vertragswert-Relation* und verzichtet auf eine nähere Auseinandersetzung mit den AGB. Seine *rationale Ignoranz* hat eine *Informationsasymmetrie* zur Folge, die eine effektive Wahrnehmung seiner *Vertragsgestaltungsfreiheit* verhindert und daher zu seiner *situativen Unterlegenheit* führt. Unter Rückgriff auf *Akerlof* wird von einem *Versagen des Konditionenmarktes* ausgegangen, der im Wege *adverser Selektion* zu einer stetigen Verschlechterung der *AGB-Qualität* und damit zum *Zusammenbruch* des *Marktes* führt, der nicht durch korrigierende *Goodwill-Mechanismen* verhindert werden kann. Zur *Kompensation* des *Marktversagens* ist daher ein Eingreifen des Gesetzgebers erforderlich.

6. Der Ansatz vermag indes nicht zu überzeugen. So bestehen bereits gegenüber der ÖAR und dem Verhaltensmodell des *homo oeconomicus* erhebliche methodische Bedenken. So steht etwa die *Invarianzthese* des *Coase-Theorems* im Widerspruch zu den empirisch nachgewiesenen Besitzeffekten. Zudem hat die interdisziplinär ausgerichtete *Verhaltensökonomik* das *homo oeconomicus-Modell*

widerlegt und seine Unvereinbarkeit mit der Lebenswirklichkeit aufgezeigt. So sind die Voraussetzungen für *rationales Entscheidungsverhalten* aufgrund *begrenzter Information* sowie *wirksamer Wahrnehmungsverzerrungen* und *Rationalitätsdefizite* in der Realität nicht gegeben. Zugleich hat die *Gerechtigkeits- und Kooperationsforschung* den Nachweis erbracht, dass Menschen ihr Verhalten sehr viel stärker an *Gerechtigkeitsmaßstäben* ausrichten, als es die *REM-Hypothese* des nutzenmaximierenden *homo oeconomicus* überhaupt zulässt. Schließlich bestehen aufgrund des *normativen Anspruchs* der ÖAR und dem *Postulat des Effizienzziels* als normativem Standard erhebliche Zweifel an der Vereinbarkeit mit dem *freiheitlichen Rechtsdenken.* Seine *analytische Bedeutung* ist dagegen aufgrund der Schwächen des *homo oeconomicus*-Modells begrenzt und geht in der Regel kaum über ohnehin bekannte Einsichten in wirtschaftliche Zusammenhänge hinaus.

7. Aber auch der rechtsökonomische Begründungsansatz der Inhaltskontrolle selbst ist nicht überzeugend. So blendet er durch seine *Fokussierung* auf den Aspekt transaktionskostenbedingter *Informationsasymmetrie* das Problem der *Verhandlungsimparität* aufgrund mangelnder *Dispositionsbereitschaft* des Verwenders völlig aus – mit gravierenden Konsequenzen. So müsste etwa bei Bestehen einer *positiven Transaktionskosten-Vertragswert-Relation* eine Inhaltskontrolle zwingend unterbleiben. Betroffen wären hiervon nicht nur die sog. Ein-Satz-AGB der *Garderobenmarken-, Fahrkarten- und Parkhausfälle,* sondern auch *großvolumige Verträge.* In diesen Fällen besteht die situative Unterlegenheit des Verwendungsgegners jedoch nicht in *mangelnder Information*, sondern gerade darin, dass er aufgrund der *Verhandlungsverweigerung* des Verwenders auf den Inhalt der Vertragsbedingungen keinerlei Einfluss hat. Die Vorstellung, der Verwendungsgegner müsste sich nur eingehend mit den AGB vertraut machen, um auf sie Einfluss zu nehmen, ist lebensfremd. Der Ansatz würde zu dem kaum haltbaren Ergebnis führen, dass gerade dann, wenn der Kunde besonders *hohen Risiken* ausgesetzt ist, weil es um *hohe Vertragswerte* geht, eine Inhaltskontrolle ausscheidet. Dies ist mit dem geltenden Recht unvereinbar, so dass schon deshalb der Ansatz der ÖAR abzulehnen ist.

8. Eine tragfähige Begründung der Inhaltskontrolle kann daher nur auf der Grundlage eines *vertragstheoretischen* Legitimationsmodells gelingen, das beide Aspekte – *Informationsasymmetrie* und *Verhandlungsimparität* – in einem einheitlichen Ansatz integriert. Im Hinblick auf die Dimension der *Informationsasymmetrie* kann – jedenfalls in den Grundzügen – auf den Befund der ÖAR zurückgegriffen werden. Allerdings ist schon bei der Frage nach der *Ursache* der *Informationsasymmetrie* weiter zu differenzieren. Denn der von der ÖAR vorgeschlagene Verweis auf ein *Transaktionskostengefälle* erweist sich als zu vereinfachend, die Annahme einer *rationalen Kosten-Nutzen-Kalkulation* durch den Verwendungsgegner als lebensfremd.

9. Tatsächlich wird sich der Verwendungsgegner über den möglichen Inhalt der Klauseln häufig überhaupt *keine Gedanken* machen. Vor dem Hintergrund einer *Vielzahl erfolgreicher Geschäfte*, in denen die AGB-Problematik nicht relevant war, spielen Nebenbedingungen beim Vertragsschluss regelmäßig keine Rolle. Aufgrund seines Interesses an einem *schnellen* und *reibungslosen* Güteraustausch, des *Erfahrungswissens* erfolgreicher Rechtsgeschäfte, der fehlenden *persönlichen Betroffenheit* und der geringen *Eintrittswahrscheinlichkeit* von *Leistungsstörungen*, der stets präsenten *Hoffnung* auf einen *reibungslosen Ablauf* des Geschäftes sowie dem *berechtigten Grundvertrauen* auf einen *Mindestschutz* durch die *Rechtsordnung* wird die AGB-Problematik verdrängt und für das konkrete Rechtsgeschäft häufig auch nicht mehr bewusst reflektiert. Stattdessen sind für den Kunden vor allem *Preis* und *Qualität* als Inhalt der Hauptleistungspflichten relevant.

10. Aber auch dann, wenn dem Verwendungsgegner die AGB-Problematik bewusst ist, wird er typischerweise auf eine eingehende Kenntnisnahme und Analyse der Klauseln *verzichten*. Neben der auf *Schätzung*, nicht auf einer *rationalen Kosten-Nutzen-Rechnung* basierenden Überzeugung, dass sich der hierfür erforderliche Aufwand nicht lohnt, verhindert häufig schon die *abschreckende Wirkung* der AGB (hohe Komplexität, „Scheinautorität des Gedruckten“[1057]) eine eingehende Auseinandersetzung mit den Klauseln. Zudem wird der Verwendungsgegner in der Regel schon deshalb auf die Kenntnisnahme der AGB verzichten, weil sich der Verwender ohnehin nicht auf eine *Abänderung* der von ihm eingeführten Klauseln einlässt. Aufgrund der *Aussichtslosigkeit* von Verhandlungen und der fehlenden *Abänderungsbereitschaft* des Verwenders werden die Klauseln als *unabänderlich* hingenommen, der Kunde fügt sich in das *Unvermeidliche*.

11. Der Aspekt der *Informationsasymmetrie* vermag die *situative Unterlegenheit* des Verwendungsgegners indes nur teilweise zu erklären. Denn selbst wenn sich dieser dem Aufwand einer Analyse der AGB unterzieht, ist die Mühe aufgrund der *Verhandlungsverweigerung* des Verwenders in der Regel vergeblich. Aufgrund des *fehlenden Konditionenwettbewerbs* besteht für diesen kein Anlass, sich auf eine *Abänderung* der für ihn vorteilhaften Klauseln einzulassen. *Informationsasymmetrie* und *Verhandlungsimparität* sind damit *funktional* miteinander verknüpft, da die *Untauglichkeit* der Vertragsbedingungen als Wettbewerbsparameter gerade auf der fehlenden *Kenntnisnahme* und der dadurch bedingten *Informationsasymmetrie* beruht.

12. Ist damit die *Vertragsgestaltungsfreiheit* des Verwendungsgegners typischerweise auf *Null* reduziert, so stellt sich die Frage der möglichen *Kompensation* durch Inanspruchnahme *negativer Abschlussfreiheit*, entweder (1) durch *Ausweichen* auf *Alternativanbieter* oder (2) durch *Abstandnahme* vom geplanten Rechts-

[1057] Staudinger/*Wendland*, BGB (2019), § 307 Rn. 3.

geschäft insgesamt. Insbesondere vonseiten der Rechtsökonomik wird dabei auf das Ausweichen auf *AGB-lose Alternativanbieter* verwiesen. Dies muss allerdings schon deshalb ausscheiden, weil gerade aufgrund des *fehlenden Konditionenwettbewerbs* von der Existenz entsprechender Anbieter nicht ausgegangen werden kann. Aus diesem Grund kommt erst Recht auch kein Ausweichen auf andere *AGB-Anbieter* in Betracht, da aufgrund des „race to the bottom" von der *branchenweiten Geltung* weithin *einheitlicher* AGB ausgegangen werden muss. Der völlige *Verzicht* auf den *Vertragsschluss* wird – unabhängig davon, ob es sich um lebensnotwendige Güter handelt oder nicht – für den Kunden kaum eine zumutbare Alternative darstellen, da hiermit letztlich ein Ausschluss vom Rechtsverkehr verbunden ist. Seine *Vertragsgestaltungsfreiheit* ist vollständig, seine *Abschlussfreiheit* nahezu auf Null reduziert. Eine derart *weitreichende Entrechtung* einer Vertragspartei ist mit dem *verfassungsrechtlich* garantierten *Selbstbestimmungsrecht* nicht vereinbar und von der Rechtsordnung auch nicht hinnehmbar, so dass eine Korrektur durch Inhaltskontrolle geboten ist.

13. Die Integration des *Verbraucherschutzes* durch Umsetzung der *Klauselrichtlinie* in das deutsche AGB-Recht hat nicht zur Einführung eines grundlegend neuen *Schutzkonzeptes* geführt. Europäischer Klauselkontrolle und deutschem AGB-Recht liegt damit ein in seinen wesentlichen Grundzügen identisches Legitimationsmodell der Inhaltskontrolle zugrunde.

14. Neben die *individuelle Rechtfertigung* treten *überindividuelle Rechtfertigungsgründe*, die auf den Schutz des *Gemeinwohls*, des *Marktes* und des *Rechtsverkehrs* sowie auf den *institutionellen* Schutz von *Vertragsfreiheit* und *Vertragsgerechtigkeit* gerichtet sind. Indem sie auf zwei zentrale *Dimensionen* des AGB-Problems verweisen, sind sie untrennbar miteinander verbunden. Die Rechtfertigung der Inhaltskontrolle lässt sich erst unter Berücksichtigung beider Dimensionen des Rechtfertigungsmodells *vollständig* erfassen.

15. Das Regelungskonzept des deutschen *AGB-Rechts* nach den §§ 305 ff. BGB hat sich vor dem Hintergrund des *vertragstheoretischen* Begründungsmodells insgesamt als tragfähig, der *AGB-Begriff* als *Systembegriff* als geeignet erwiesen, Fälle AGB-bedingter *situativer Unterlegenheit* angemessen zu erfassen und so einen *effektiven Schutz* durch richterliche Inhaltskontrolle zu ermöglichen.

§ 10

Die Inhaltskontrolle von AGB im unternehmerischen Geschäftsverkehr

Mit der Klärung der *rechtstheoretischen* (§ 5), *rechtsgeschichtlichen* (§ 6) und *verfassungsrechtlichen* Grundlagen (§ 7), des *rechtlichen* und *dogmatischen Rahmens* (§ 8) sowie des *Schutzzwecks der Inhaltskontrolle* (§ 9) ist der Boden bereitet, um die Bewältigung eines Problems anzugehen, das zum Kristallisationspunkt der aktuellen Diskussion um die Bestimmung des rechten Verhältnisses von Vertragsfreiheit und Vertragsgerechtigkeit im AGB-Recht geworden ist: Die Frage nach Rechtfertigung und Reichweite der Inhaltskontrolle von AGB im unternehmerischen Geschäftsverkehr. Angesprochen ist damit das derzeit wohl am heftigsten diskutierte Problem des AGB-Rechts, das wie kaum eine zweite Fragestellung zugleich die teleologischen und verfassungsrechtlichen Grundlagen der Inhaltskontrolle berührt und damit das Spannungsverhältnis zwischen *Vertragsfreiheit* und *Vertragsgerechtigkeit* am Beispiel eines Rechtsproblems von hoher rechtspolitsicher Aktualität konkretisiert.

Aufgeworfen ist damit zugleich ein ganzes Bündel an Rechtsfragen, die tief in Dogmatik und Praxis der AGB-Kontrolle hineinreichen: Bedarf die Inhaltskontrolle im Rechtsverkehr zwischen Unternehmern zum Schutz der *formalen Vertragsfreiheit* und der Gewährleistung wirtschaftlicher Freiheit der Beschränkung? Oder ist sie gerade zur Garantie der *materiellen Vertragsfreiheit*, der tatsächlichen rechtsgeschäftlichen Entscheidungsfreiheit des strukturell schwächeren Unternehmers nach wie vor in dem bestehenden Umfang geboten? Welche Konsequenzen ergeben sich aus der *grundrechtlichen Gewährleistung* formaler und materieller Vertragsfreiheit für den b2b-Verkehr? Ist die – je nach Auffassung geringere bzw. gleichwohl bestehende – *Schutzbedürftigkeit* des unternehmerischen Klauselgegners überhaupt ein zulässiger Legitimationsgrund? Oder kann es vor dem Hintergrund der §§ 305 ff. BGB auf die wirtschaftliche Unterlegenheit des Klauselgegners gar nicht ankommen? Bedarf das *Legitimationsmodell* der Inhaltskontrolle, das auf der Annahme einer durch Informationsasymmetrie und sich daraus ergebender Verhandlungsimparität bedingten *situativen Unterlegenheit* des Klauselgegners beruht, im unternehmerischen Geschäftsverkehr der Modifikation? Oder muss es für die Inhaltskontrolle bei einem einheitlichen Schutzzweck für den b2c- und den b2b-Verkehr bleiben? Welche Konsequenzen ergeben sich aus dem Differenzierungsgebot des § 310 Abs. 1 S. 2 Hs. 2 BGB? Wird die derzeitige *höchstrichterliche Rechtsprechung* sowohl dem Schutzzweck als auch dem gesetzlichen *Differenzierungsgebot* gerecht oder sind vielmehr Korrekturen geboten?

Zur Bewältigung der aufgeworfenen Probleme soll der Ertrag der bisherigen Untersuchung herangezogen, praktisch umgesetzt und so in einer Synthese fruchtbar gemacht werden.

I. Legitimation der Inhaltskontrolle im unternehmerischen Geschäftsverkehr

1. Ausgangspunkt: Die aktuelle rechtspolitische Diskussion

Während über die grundsätzliche *Berechtigung* der AGB-Kontrolle im b2b-Verkehr sowie die Notwendigkeit einer *Differenzierung* gegenüber dem b2c-Verkehr weitgehend Einigkeit besteht, sind die *Legitimationsgründe*, die eine Inhaltskontrolle im Rechtsverkehr zwischen Unternehmen rechtfertigen, und die *Reichweite* der gerichtlichen Kontrolle von AGB-Klauseln im Einzelnen heftig umstritten.[1] Insbesondere wird die Frage diskutiert, ob das geltende AGB-

[1] Für eine Reform des AGB-Rechts insbesondere *Axer*, AGB-Kontrolle (2012), S. 265 ff., 348 ff.; *Becker*, AGB und Individualvereinbarung (2011), S. 131 ff., 150 ff., 165 ff., 173 f.; *Miethaner*, AGB-Kontrolle (2010), S. 201 ff., 270 f.; *Kondring*, BB 2013, 73; *Müller*, BB 2013, 1355; *Dauner-Lieb*, AnwBl. 2013, 845; *Pfeiffer*, NJW 2012, 2609, 2611; *Fornasier*, in: FIW (Hrsg.), Schwerpunkte des Kartellrechts 2011 (2012), S. 113, 119 ff., 126; *Deutscher Anwaltverein*, AnwBl. 2012, 402; *Becker*, JZ 2010, 1098; *Berger*, NJW 2010, 465; *Dauner-Lieb/Axer*, ZIP 2010, 309, 314; *Miethaner*, NJW 2010, 3121; *Leuschner*, JZ 2010, 875; *Leyens/Schäfer*, AcP 210 (2010), 771, 802 f.; *Müller/Griebeler/Pfeil*, BB 2009, 2658; *Berger/Kleine*, NJW 2007, 3526; *Leuschner*, AcP 207 (2007), 491; *Berger*, ZIP 2006, 2149; *Brachert/Dietzel*, ZGS 2005, 441; *Pfeiffer*, ZGS 2004, 401. Vgl. auch *Schwenzer/Lübberl*, AnwBl. 2012, 292; *Schauer*, AnwBl. 2012, 690; *Salger/Schröder*, AnwBl. 2012, 683; *Pfeiffer*, NJW 2012, 2609, 2611; *Müller/Schilling*, BB 2012, 2319; *Martin*, AnwBl. 2012, 352; *Kieninger*, AnwBl. 2012, 301; *Kessel*, AnwBl. 2012, 293; *Hannemann*, AnwBl. 2012, 314; *Frankenberger*, AnwBl. 2012, 318; *Bubrowski*, AnwBl. 2012, 980; *Peter*, JZ (66) 2011, 939; *Dauner-Lieb*, in: Schmoeckel/Kanzleiter (Hrsg.), Vertragsschluss, Vertragstreue, Vertragskontrolle (2010), S. 51; *Acker/Bopp*, BauR 2009, 1040. Gegen eine Änderung des deutschen AGB-Rechts *Fuchs*, FS Blaurock (2013), S. 91; *v. Westphalen*, AnwBl. 2013, 850; *v. Westphalen*, BB 2013, 1357; *v. Westphalen*, BB 2013, 67; *Schäfer*, BB 2012, 1231, 1232 ff.; *Meller-Hannich*, Anwbl. 2012, 676, 682; *v. Westphalen*, AnwBl. 2012, 668; *v. Westphalen*, NJOZ 2012, 441; *Schmidt*, NJW 2011, 3329, 3334; *Schiffer/Weichel*, BB 2011, 1283, 1290; *v. Westphalen*, ZIP 2011, 1985; *v. Westphalen*, FS Streck (2011), S. 833; *v. Westphalen*, ZIP 2011, 983; *v. Westphalen*, BB 2011, 1; *v. Westphalen*, BB 2011, 195; *Günes/Ackermann*, ZGS 2010, 400, 406; *Günes/Ackermann*, ZGS 2010, 454, 460; *v. Westphalen*, BB 2010, 195; *v. Westphalen*, ZIP 2010, 1110; *v. Westphalen*, in: v. Westphalen (Hrsg.), Deutsches Recht im Wettbewerb (2009), S. 127; *v. Westphalen*, ZIP 2007, 149; *v. Westphalen*, ZGS 2006, 81. Für eine Anpassung der Rechtsprechung auf der Grundlage des geltenden Rechts *Koch*, BB 2010, 1810, 1815; *Lenkaitis/Löwisch*, ZIP 2009, 441, 450 f.; *Kessel/Stomps*, BB 2009, 2666, 2675; *Kessel/Jüttner*, BB 2008, 1350, 1355; *Lischek/Mahnken*, ZIP 2007, 158, 163; *Pres*, Inhaltskontrolle (2005), S. 203 ff., 228 f.; *Wackerbarth*, AcP 200 (2000), 45, 91. Vermittelnd auch *Schmidt-Kessel*, AnwBl. 2012, 308, 311 ff. (Schärfung bestehender Anwendungsgrenzen); *Kaufhold*, BB 2012, 1235, 1240 ff.; *Kaufhold*, ZIP 2010, 631, 634. Vgl. zur Diskussion MünchKomm/*Base*-

Recht – die gesetzlichen Regelungen der §§305ff. BGB sowie die entsprechende höchstrichterliche Rechtsprechung des BGH – sowohl den Anforderungen des rechtsgeschäftlichen Verkehrs entspricht als auch mit dem ursprünglichen Schutzzweck der Inhaltskontrolle vereinbar ist.

Die Scheidelinie der Diskussion zieht sich dabei quer durch Praxis und Wissenschaft: Während ein Teil der Literatur die derzeitige Klauselkontrolle für ein „Unding"[2] hält, Standortnachteile oder sogar einen „Abschied von der Privatautonomie im unternehmerischen Geschäftsverkehr"[3] befürchtet und daher mit Nachdruck für eine tiefgreifende Reform des AGB-Rechts eintritt[4], sieht das übrige Schrifttum keinen Bedarf für eine weitgehende Liberalisierung der AGB-Kontrolle im b2b-Verkehr.[5] Es weist vielmehr darauf hin, dass im Gegenteil gerade kleine und mittlere Unternehmen auf einen effektiven Schutz vor Konditionenmissbrauch und Knebelverträgen durch gerichtliche Inhaltskontrolle angewiesen sind.[6] Das hohe Schutzniveau des deutschen AGB-Rechts, das sich als Ergebnis einer längeren Rechtsprechungsentwicklung als angemessen bewährt habe, sollte nicht leichtfertig aufs Spiel gesetzt werden.[7] Einer Überdehnung der Kontrolldichte sei bereits auf der Grundlage des *geltenden Rechts* durch entsprechende Anpassung des Anwendungsbereiches sowie des Kontrollmaßstabs der Inhaltskontrolle zu begegnen.[8]

---

dow, BGB (7. Aufl. 2016), Vor §305 Rn.4ff.; *Ulmer/Habersack*, in: *Ulmer/Brandner/Hensen*, AGB-Recht (12. Aufl. 2016), Einl. Rn.47ff. und *Fuchs*, in: *Ulmer/Brandner/Hensen*, AGB-Recht (12. Aufl. 2016), Vorb. v. §307 Rn.26ff. Eingehend zur Diskussion unten S.713ff.

[2] *Hopt*, Handelsblatt 19. Februar 2013, Nr.35, 11.

[3] So *Berger*, ZIP 2006, 2149.

[4] Vgl. hierzu die oben Fn.1 genannten Nachweise sowie eingehend unten S.717ff.

[5] *Fuchs*, FS Blaurock (2013), S.91; *v. Westphalen*, AnwBl. 2013, 850; *v. Westphalen*, BB 2013, 1357; *v. Westphalen*, BB 2013, 67; *Schäfer*, BB 2012, 1231, 1234; *Meller-Hannich*, Anwbl. 2012, 676, 682; *v. Westphalen*, AnwBl. 2012, 668; *v. Westphalen*, NJOZ 2012, 441; *Niebling*, MDR 2011, 1399, 1399, 1407; *Schmidt*, NJW 2011, 3329, 3334; *Schiffer/Weichel*, BB 2011, 1283, 1290; *v. Westphalen*, ZIP 2011, 1985; *v. Westphalen*, FS Streck (2011), S.833; *v. Westphalen*, ZIP 2011, 983; *v. Westphalen*, BB 2011, 1; *v. Westphalen*, BB 2011, 195; *Günes/Ackermann*, ZGS 2010, 400, 406; *Günes/Ackermann*, ZGS 2010, 454, 460; *v. Westphalen*, BB 2010, 195; *v. Westphalen*, ZIP 2010, 1110; *v. Westphalen*, in: v. Westphalen (Hrsg.), Deutsches Recht im Wettbewerb (2009), S.127; *v. Westphalen*, ZIP 2007, 149; *v. Westphalen*, ZGS 2006, 81. Für eine Anpassung der Rechtsprechung auf der Grundlage des geltenden Rechts *Koch*, BB 2010, 1810, 1815; *Lenkaitis/Löwisch*, ZIP 2009, 441, 450f.; *Kessel/Stomps*, BB 2009, 2666, 2675; *Kessel/Jüttner*, BB 2008, 1350, 1355; *Lischek/Mahnken*, ZIP 2007, 158, 163; *Pres*, Inhaltskontrolle (2005), S.203ff., 228f.; *Wackerbarth*, AcP 200 (2000), 45, 91. Vermittelnd auch *Schmidt-Kessel*, AnwBl. 2012, 308, 311ff.; *Kaufhold*, BB 2012, 1235, 1240ff.; *Kaufhold*, ZIP 2010, 631, 634 sowie eingehend unten S.719ff.

[6] So insbesondere *Schäfer*, BB 2012, 1231, 1232ff. Zur Schutzbedürftigkeit des unternehmerischen Klauselgegners vgl. unten S.759ff., 763ff., 765ff., 779ff.

[7] *Schäfer*, BB 2012, 1231, 1234. Ähnlich *v. Westphalen*, BB 2013, 67, 67, 74.

[8] *Koch*, BB 2010, 1810, 1815; *Lenkaitis/Löwisch*, ZIP 2009, 441, 450f.; *Kessel/Stomps*, BB 2009, 2666, 2675; *Kessel/Jüttner*, BB 2008, 1350, 1355; *Lischek/Mahnken*, ZIP 2007, 158, 163; *Pres*, Inhaltskontrolle (2005), S.203ff., 228f.; *Wackerbarth*, AcP 200 (2000), 45, 91.

Eingebettet ist die rechtspolitisch höchst aktuelle wie auch dogmatisch grundlegende Diskussion in übergeordnete rechtliche und wirtschaftliche *Entwicklungslinien*, die bei der Suche nach einer angemessenen Balance zwischen *Vertragsfreiheit* und *Vertragsgerechtigkeit* im deutschen AGB-Recht des unternehmerischen Verkehrs zu berücksichtigen sind. In *rechtlicher* Hinsicht wird sie bestimmt durch eine grundlegende Tendenz zur *Materialisierung* des Rechts, die auf europäischer Ebene in Rechtsakten wie der Klauselrichtlinie und Projekten der Rechtsvereinheitlichung wie dem DCFR sowie dem Verordnungsentwurf zum GEK Gestalt angenommen hat. Hinzu kommt ein sich verstärkender *Wettbewerb der Rechtsordnungen*, der insbesondere international tätigen Unternehmen jedenfalls bei Geschäften mit Auslandsberührung die Möglichkeit des *forum shopping* und damit der Flucht in das ausländische – etwa das schweizerische Recht – bietet.

In *wirtschaftlicher* Hinsicht vollzieht sie sich – der Sorge über ein international nicht wettbewerbsfähiges deutsches AGB-Recht zum Trotz – vor dem Hintergrund einer anhaltenden positiven *wirtschaftlichen Entwicklung*, die Deutschland aktuell auf Rang 4 der weltweit wettbewerbsfähigsten Staaten geführt hat.[9] Damit liegt Deutschland im Hinblick auf seine *wirtschaftliche Wettbewerbsfähigkeit* weit vor anderen EU-Staaten mit einem liberaleren AGB-Recht, wie dem Vereinigten Königreich (Rang 10), Belgien (Rang 17) oder Frankreich (Rang 23).[10] Zugleich ist die wirtschaftliche Entwicklung in den vergangenen Jahrzehnten durch eine starke *Konzentration der Märkte* gekennzeichnet, die zu erheblichen Unterschieden in der Verhandlungsmacht etwa zwischen einigen wenigen großen Abnehmern und einer Vielzahl kleiner und mittlerer Zulieferer geführt hat. Entlang dieser Scheidelinie – Großunternehmen und ihre Syndici sowie Vertreter internationaler Anwaltskanzleien auf der einen und mittelständische Unternehmen auf der anderen Seite – verlaufen im Hinblick auf die Praxis daher im Wesentlichen auch die Fronten der aktuellen rechtspolitischen Diskussion. Der so abgesteckte rechtliche und wirtschaftliche Rahmen wird bei der Bestimmung der Kontrolldichte der Inhaltskontrolle im Rechtsverkehr zwischen Unternehmern in besonderer Weise zu berücksichtigen sein.

Eine sachgerechte Lösung des aufgeworfenen Problems ist indes nur auf der Grundlage des *Schutzzwecks* der AGB-Kontrolle und seiner Aktualisierung in Bezug auf den b2b-Verkehr möglich.

---

[9] The Global Competitiveness Index 2013–2014 rankings: *World Economic Forum*, The Global Competitiveness Report 2013–2014 (2013), S. 15.

[10] The Global Competitiveness Index 2013–2014 rankings: *World Economic Forum*, The Global Competitiveness Report 2013–2014 (2013), S. 15. Vgl. aber Rang 1 f.ür die Schweiz.

2. *Entstehungsgeschichte: Die Diskussion vor Inkrafttreten des AGBG*

Hinweise auf den Geltungsgrund der Inhaltskontrolle von AGB im unternehmerischen Geschäftsverkehr kann ein Blick in die *Entstehungsgeschichte* des geltenden Rechts und hier vor allem die rechtspolitische *Diskussion* vor Inkrafttreten des AGBG geben. Diese bildete den Schlusspunkt einer längeren *historischen Entwicklung*, die bereits im 19. Jh. begann.

a) Rechtsgeschichtliche Ausgangslage: Günstiger Zeitpunkt für gesetzliche Regelung

Hatte sich die Literatur bereits seit Mitte des 19. Jh. mit Blick auf die Eisenbahn-, Post- und Telegrafenreglements vereinzelt mit dem Problem der freilich noch nicht massenhaft auftretenden AGB beschäftigt[11], so rückte das AGB-Problem mit der gründerzeitlichen Jahrhundertwende und dem Auftreten vorformulierter Klauseln als Massenphänomen zunehmend in den Fokus der *Rechtswissenschaft*. In einer stetig anschwellenden Flut von Beiträgen wurden die dogmatischen und soziologischen Grundlagen des AGB-Rechts ausgemessen und das AGB-Phänomen wissenschaftlich erfasst und dogmatisch durchdrungen[12]: Eine Entwicklung, die 1935 mit der richtungsweisenden Arbeit *Ludwig Raisers*[13] ihren Höhepunkt fand und durch zahlreiche Einzeluntersuchungen, etwa von *Kliege*[14], *Rehbinder*[15] und *Schmidt-Salzer*[16], fortgeführt wurde.[17]

In der *Rechtsprechung* setzte sich – nach ersten zaghaften, zunächst gescheiterten Versuchen der rheinischen Gerichte, anlässlich des *Reglementstreits*[18] Mitte des 19. Jh. eine umfassende Inhaltskontrolle zu etablieren – das Reichsgericht

---

[11] *Schneider*, AcP 85 (1896), 295, 302f.; *Jastrow*, Gutachten (1892), S. 265, 284; *Falk*, Rechtsgrundsätze im Versicherungswesen (1885), S. VIf.; *Endemann*, BuschA 42 (1882), 191, 245f.; *Kräwel*, ZGPÖR 1878, 409; *Laband*, ZHR (17) 1872, 466; ZGRBay (8) 1862, 294, 298f.; *Koch*, Deutschlands Eisenbahnen (1860), S. 307ff.; *v. Gerber*, JhJb 3 (1859), 411, 412f.; *Hermann*, Rechtscharakter (1858), S. 62; *Beschorner*, Eisenbahnrecht (1858), 261ff., 271.

[12] Vgl. nur *Hamann*, MDR 1949, 209; *Schmidt-Loßberg*, MDR 1949, 609; *Herschel*, DGWR 1942, 251; *Herschel*, DR 1941, 753; *Roquette*, JW 1938, 545; *v. Hippel*, Privatautonomie (1936); *Grossmann-Doerth*, Selbstgeschaffenes Recht der Wirtschaft (1933); *Hamelbeck*, Begriff (1930); *Stoll*, in: Nipperdey (Hrsg.), Grundrechte und Grundpflichten (1930), S. 175.

[13] *Raiser*, Das Recht der AGB (1935).

[14] *Kliege*, Rechtsprobleme der AGB (1966).

[15] *Rehbinder*, AGB und die Kontrolle ihres Inhalts (1972).

[16] *Schmidt-Salzer*, Bilanz (1973); *Schmidt-Salzer*, AGB (2. Aufl. 1977); *Schmidt-Salzer*, Recht der AGB (1967).

[17] Vgl. auch die Untersuchungen von *Raiser*, Formularbedingungen (1966); *Esser*, Grundsatz und Norm (1956) sowie die Beiträge von *Helm*, JuS 1965, 121; *Fischer*, BB 1957, 481 sowie die rechtsvergleichenden Untersuchungen in *Hauss (Hrsg.)*, Richterliche Kontrolle von AGB (1968) mit Beiträgen von *Hauss*, *Lando*, *Martin*, *Meckling*, *Merz*, *Neumayer*, L. *Raiser*, *Wilson* und *Yadin*.

[18] Vgl. hierzu eingehend oben S. 336ff.

mit seiner *Monopolrechtsprechung*[19] durch und schuf so die Grundlage, an die der BGH mit seiner Rechtsprechung zur *offenen Inhaltskontrolle*[20] am Maßstab des §242 BGB anknüpfen konnte. Bis zum Jahr 1976 hatte sich die Judikatur des BGH so zum einem umfassenden Schutzsystem entwickelt, das differenzierte Regelungen zum Schutz vor unangemessenen Klauseln enthielt. Damit war der Boden bereitet und die Zeit reif, das austarierte System des richterrechtlich entwickelten AGB-Rechts auf eine normative Grundlage zu stellen.

Die Einbeziehung von Kaufleuten in den Anwendungsbereich des AGBG gehörte zu den rechtspolitisch umstrittensten Fragen und dominierte die entscheidenden Debatten des 50. DJT 1974 in Hamburg. Die Heftigkeit der Debatte war überraschend, bestand doch mit Blick auf die Rechtsprechung und die vorangegangene Diskussion im Schrifttum weitgehend Einigkeit darüber, dass jedenfalls bei der Beteiligung von Minderkaufleuten auch AGB im unternehmerischen Geschäftsverkehr der richterlichen Inhaltskontrolle unterliegen.

b) Rechtsprechung: Keine Differenzierung zwischen b2c- und b2b-Verkehr

So hat die höchstrichterliche *Rechtsprechung* des BGH die Inhaltskontrolle nicht nur auf Kaufleute und Verbraucher gleichermaßen erstreckt, sondern seine Judikatur zum AGB-Recht gerade auf der Grundlage von Verträgen zwischen Kaufleuten entwickelt.[21] Mögen in früheren Entscheidungen noch Tendenzen zu einer Differenzierung zwischen b2b- und b2c-Verkehr angeklungen sein[22], so hat die spätere Rechtsprechung eine entsprechende Unterscheidung nicht nur nicht mehr vorgenommen[23], sondern darüber hinaus auch ausdrücklich abgelehnt:

---

[19] Vgl. nur RGZ 25, 104, 105, 107; 62, 264, 265; 94, 107, 109 f.; 99, 107; 102, 396; 103, 82; 106, 386; 115, 253, 258; 128, 92, 96; 133, 388, 391 sowie eingehend oben S. 342 ff.

[20] Vgl. BGHZ 52, 171, 178; BGHZ 48, 264; BGH NJW 1963, 1148, 1149; BGH MDR 1959, 750; BGH BB 1956, 58. Ebenso schon OLG München, OLG München NJW 1955, 1319, 1320. Hierzu eingehend oben S. 347 ff.

[21] BGH NJW 1976, 2345; NJW 1973, 1190; NJW 1971, 1034; NJW 1970 1596; NJW 1969, 230. Vgl. hierzu auch *Bunte*, NJW 1987, 921, 925; *Schmidt-Salzer*, BB 1975, 680, 681; *Schmidt-Salzer*, Diskussion 50. DJT (1974), S. H 72, H 75; *Bastian/Böhm*, BB 1974, 110, 112; *Eith*, NJW 1974, 16, 17 sowie die Begründung des Gesetzentwurfs des BACDJ (GAGB-E) zu §25 GAGB-E, BB Beilage 9/1974, 1, 13.

[22] BGHZ 22, 90, 97 = NJW 1957, 17 (Abzahlungskauf) („Für die Rechtsbeziehungen zwischen den einzelnen *Produktionsstufen der Industrie* mögen andere Grundsätze gelten wie für die Rechtsbeziehungen zwischen *Industrie* und *Handel* oder zwischen *Großhandel* und *Einzelhandel* und wiederum andere Grundsätze für die Rechtsbeziehungen zwischen *Handel* und dem *letzten Abnehmer* (*Verbraucher*). Aber auch für die Rechtsbeziehungen zwischen Handel und letztem Abnehmer sind Unterschiede denkbar, je nachdem welche Ware den Gegenstand des Kaufvertrages bildet, namentlich ob es sich hierbei um eine gebrauchte Sache (z. B. gebrauchte Kraftwagen oder Immobilien) oder ob es sich um eine fabrikneue Sache handelt.“); NJW 1958, 419. Vgl. hierzu *Pauly*, BB 1976, 534, 536. Hervorhebungen durch den Verfasser.

[23] Vgl. nur BGH NJW 1976, 2345; NJW 1973, 1190; NJW 1971, 1034; NJW 1970, 1596;

„Die Aufstellung einseitiger und unbilliger Geschäftsbedingungen hat ihren Grund häufig in der *wirtschaftlichen Überlegenheit* und *größeren Geschäftserfahrung* eines Vertragspartners. Die *Ungleichheit* der Geschäftspartner ist aber auch *zwischen Kaufleuten* anzutreffen. Es ist daher nicht sachgerecht, zwischen den Beteiligten zu differenzieren. Die Rechtsprechung des Bundesgerichtshofs verzichtet deshalb bewußt darauf, ein *wirtschaftliches* oder *intellektuelles Übergewicht* aufseiten des Aufstellers der AGB oder die *Schutzbedürftigkeit* des anderen *Vertragspartners festzustellen.*“[24]

Die Erstreckung der Inhaltskontrolle auf Kaufleute war damit geltendes Recht und wurde auch in der Literatur kaum infrage gestellt.[25] Da sie ihre Grundlage in der Bindung der Parteien an die auch für Kaufleute geltenden Grundsätze von Treu und Glauben nach §242 BGB fand, war ein Ausschluss der Kaufleute von der Inhaltskontrolle rechtlich nicht möglich.[26] Lediglich mit Blick auf die Einbeziehungsvoraussetzungen waren Kaufleute durch geringere Anforderungen privilegiert.[27]

c) Literatur: Konsens für richterliche Inhaltskontrolle im b2b-Verkehr

Auch in der *Literatur* war nach nahezu allgemeiner Auffassung[28] anerkannt, dass jedenfalls Minderkaufleute in den Schutzbereich der richterlichen Inhaltskontrolle mit einzuschließen sind.[29] Umstritten war lediglich die Frage, ob die Einbeziehung von Vollkaufleuten an den Nachweis individueller oder typisierter *Schutzwürdigkeit,* etwa aufgrund eines bestehenden Machtungleichgewichts – z.B. im Verhältnis zwischen mittelständische Anbietern und monopolistischem Abnehmer –, zu knüpfen sei, oder ob auf das Kriterium der Schutzbedürftigkeit aus Gründen der Verkehrssicherheit generell verzichtet werden sollte.[30] Für eine

---

NJW 1969, 230. So auch *Schmidt-Salzer*, BB 1975, 680, 681; *Schmidt-Salzer*, Diskussion 50. DJT (1974), S. H 72, H 75; *Bastian/Böhm*, BB 1974, 110, 112.

[24] BGH NJW 1976, 2345, 2346. Hervorhebungen durch den Verfasser.

[25] Plastisch zur Rezeption der BGH-Rechtsprechung im AGB-Recht *Lindacher*, BB 1972, 296, 296f.: „Diese Rechtsprechung darf als Muster geglückter richterlicher Rechtsfortbildung gekennzeichnet werden. Sie wird dem Grundsatz nach fast nur noch von ‚Lobbyisten‘ der Kautelarjurisprudenz angefeindet und ist bereits so gefestigt, daß der Streit um die rechtliche Ortung judizieller AGB-Kontrolle nur noch die Bedeutung hat, wie die entsprechende Befugnis der Gerichte dogmatisch zu ‚erklären‘ ist.“

[26] Darauf weist auch der CDU/CSU-Entwurf zum AGBG, BT-Drucks. 7/3200, S. 19f. hin. Ebenso der RegE zum AGBG, BT-Drucks. 7-3919, S. 14 sowie die Begründung des Gesetzentwurfs des BACDJ (GAGB-E) zu §25 GAGB-E, BB Beilage 9/1974, 1, 13.

[27] Hierzu eingehend *Bastian/Böhm*, BB 1974, 110, 112.

[28] Ebenso *Eith*, NJW 1974, 16, 17.

[29] Vgl. nur *Schmidt-Salzer*, BB 1975, 680, 681; *Bastian/Böhm*, BB 1974, 110; *Dietlein*, NJW 1974, 969; *Löwe*, FS Larenz (1973), S. 373; *Nicklisch*, BB 1974, 941; *Stötter*, BB 1974, 434; *Wolf*, JZ 1974, 41, 43f.; *Brandner*, JZ 1973, 613; *Trinkner*, BB 1973, 1501; *Emmerich*, JuS 1972, 361; *Lindacher*, BB 1972, 296; *Schmidt-Salzer*, NJW 1971, 1010, 1014; *Wolf*, Entscheidungsfreiheit (1970), 258ff.; *Raiser*, Formularbedingungen (1966), 160; *Raiser*, JZ 1958, 1, 7. So auch *Helm*, BB 1977, 1109; *Pauly*, BB 1976, 534.

[30] Vgl. die Nachweise unten Fn. 31 und Fn. 33.

Einbeziehung der Vollkaufleute in die richterliche Inhaltskontrolle ohne Rücksicht auf eine nachzuweisende Schutzbedürftigkeit trat vor allem *Schmidt-Salzer* ein.[31]

Allerdings vermochte sich diese Auffassung – die später Gesetz werden sollte[32] – in der rechtspolitischen Diskussion noch nicht durchzusetzen. Überwiegend wurde stattdessen gefordert, die Inhaltskontrolle an die *Schutzbedürftigkeit* des Vollkaufmanns zu knüpfen.[33] Dass auch Vollkaufleute in bestimmten Fallkonstellationen des Schutzes durch richterliche Kontrolle bedürfen, stand nach nahezu allgemeiner Ansicht außer Zweifel.[34] Weitgehend einig war sich das Schrifttum ferner auch darüber, dass mit Blick auf den Maßstab der Inhaltskontrolle die *Besonderheiten des kaufmännischen Rechtsverkehrs* zu berücksichtigen sind.[35]

Lediglich vereinzelt wurde – freilich „in völligem Gegensatz zu der Rechtsprechung des Bundesgerichtshofs"[36] – die Meinung vertreten, dass *de lege ferenda* die Inhaltskontrolle auf Verträge zwischen Unternehmern und Verbrauchern beschränkt werden sollte. Angesichts der gefestigten und auf §242 BGB gestützten Rechtsprechung des BGH hätte eine derartige Beschränkung der Inhaltskontrolle im AGBG indes wohl kaum praktische Auswirkungen nach sich gezogen. Vielmehr würden Klauseln im unternehmerischen Geschäftsverkehr weiterhin der offenen Inhaltskontrolle nach §242 BGB unterliegen[37], was eher ein höheres Maß an Rechtsunsicherheit zur Folge gehabt hätte.[38] Insgesamt abgelehnt wurde die AGB-Kontrolle dagegen wohl nur von *Grunsky*, der stattdessen auf die *Selbstregulierung* durch den Markt und die Förderung des notwendigen Wettbewerbsbewusstseins durch Aufklärung setzte.[39]

Für den Fall des Marktversagens hielt jedoch auch er eine Inhaltskontrolle für zulässig: „Sollte sich wider Erwarten erweisen, daß das geäußerte Vertrau-

---

31 *Schmidt-Salzer*, NJW 1971, 1010. Ebenso *Eith*, NJW 1974, 16; *Trinkner*, BB 1973, 1501.

32 Vgl. §24 AGBG.

33 *Helm*, BB 1977, 1109; *Pauly*, BB 1976, 534; *Brandner*, JZ 1973, 613; *Lindacher*, BB 1972, 296; *Grunsky*, Jura 1969, 87; *Raiser*, Formularbedingungen (1966); *Brandner*, AcP 162 (1963), 137; *Raiser*, JZ 1958, 1, 7.

34 Vgl. nur die Nachweise oben Fn. 29.

35 *Pauly*, BB 1976, 534; *Eith*, NJW 1974, 16; *Nicklisch*, BB 1974, 941; *Emmerich*, JuS 1972, 361. A. A. *Bastian/Böhm*, BB 1974, 110. Vgl. für den Zeitraum nach Inkrafttreten des AGBG auch *Ebenroth*, DB 1978, 2109.

36 So zu Recht *Nicklisch*, BB 1974, 941, 945.

37 So auch *BMJ (Hrsg.)*, Erster Teilbericht Arbeitsgruppe AGB (1974), S. 99.

38 Hierzu auch BT-Drucks. 7-3919, S. 14; BT-Drucks. 7/3200, S. 19f.

39 *Grunsky*, BB 1971, 1113, 1117f. Kritisch hierzu *Kötz*, Gutachten (1974), S. A 9, A 33ff.; *Ulmer*, Referat 50. DJT (1974), S. H 8, H 19; *Wolf*, JZ 1974, 41, 43 Fn. 17; *Lindacher*, BB 1972, 296, 296 Fn. 5; *Löwe*, BB 1972, 185 mit Erwiderung von *Grunsky*, BB 189; *Rebe*, BB 1972, 889. Bereits auf das Problem eines Marktversagens hinweisend *Brandner*, JZ 1973, 613, 615; *Held*, BB 1973, 573, 573; *Rehbinder*, AGB und die Kontrolle ihres Inhalts (1972), 7f.; *Reich/Tonner*, HJbWG 18 (1973), 213, 232; *v. Hippel*, BB 1973, 993, 993f.; *Kliege*, Rechtsprobleme der AGB (1966), 27f.

en in den Wettbewerb ungerechtfertigt ist, so werde ich der erste sein, der für eine staatliche Kontrolle der Allgemeinen Geschäftsbedingungen – sei es durch die Gerichte oder durch eine besondere Behörde – eintritt."[40] Aufgrund des fehlenden Konditionenwettbewerbs ist dieser Fall bei der Verwendung von AGB regelmäßig gegeben und bildet die Grundlage des *Legitimationsmodells der Inhaltskontrolle*.[41]

Zusammenfassend ergibt die Diskussion damit ein klares Bild: Auf der Grundlage der geltenden Rechtsprechung des BGH, der nicht zwischen b2c- und b2b-Verkehr differenzierte, sprach sich das ganz überwiegende Schrifttum für eine *Einbeziehung* des kaufmännischen Rechtsverkehrs in den Anwendungsbereich einer gesetzlich normierten Inhaltskontrolle aus. Dabei bestand Konsens darüber, dass mit Blick auf den Maßstab der Inhaltskontrolle die *Besonderheiten des unternehmerischen Geschäftsverkehrs* zu berücksichtigen sind. Streitig war lediglich die Frage, wie das *Differenzierungsgebot* im Einzelnen auszugestalten sei und ob die Inhaltskontrolle an eine individuell nachzuweisende oder typisierbare *Schutzbedürftigkeit* der von AGB betroffenen Kaufleute geknüpft werden sollte.

d) Die Diskussion auf dem 50. Deutschen Juristentag 1974: Votum für eine Inhaltskontrolle des b2b-Verkehrs

Entscheidende Bedeutung für den weiteren Gang des Gesetzgebungsverfahrens kam der Diskussion auf dem 50. Deutschen Juristentag 1974 in Hamburg zu. Insbesondere der Vortrag *Ulmers*[42] und sein Plädoyer für eine Einbeziehung des kaufmännischen Geschäftsverkehrs in die gesetzlich normierte Inhaltskontrolle[43] stellte eine weitreichende Weichenstellung dar und ebnete schließlich den Weg zu einer Ausdehnung des persönlichen Anwendungsbereiches des AGBG auf den b2b-Verkehr. Im Gegensatz zu *Kötz*, der sich in seinem Gutachten ausschließlich auf den Endverbraucher „und nur den Endverbraucher"[44] beschränkte, stellte *Ulmer* die Grundsatzfrage nach dem persönlichen Anwendungsbereich des zukünftigen AGBG in den Mittelpunkt seines Vortrages und sprach sich mit Nachdruck für eine entsprechende Einbeziehung des kaufmännischen Rechtsverkehrs in den Anwendungsbereich des AGBG ein. Dies war insofern von entscheidender Bedeutung für das laufende Gesetzgebungsverfahren, als sowohl die Themenstellung an die *Abteilung Allgemeine Geschäftsbedingungen* des 50. DJT[45] als auch der Auftrag an die *Arbeitsgruppe AGB-Recht* beim BMJ sowie

---

[40] Ebenda.
[41] Vgl. hierzu eingehend oben S. 462 ff.
[42] *Ulmer*, Referat 50. DJT (1974), S. H 8 ff.
[43] *Ulmer*, Referat 50. DJT (1974), S. H 8, 21 ff.
[44] So ausdrücklich *Kötz*, Gutachten (1974), S. A 9, A 9.
[45] So *Ulmer*, Referat 50. DJT (1974), S. H 8.

der Referentenentwurf des BMJ[46] noch von der Konzeption des AGBG als reines *Verbraucherschutzgesetz* ausgegangen waren.

Ulmer stellte diese Engführung in seinen Thesen 9–12[47] grundsätzlich infrage, wobei er vor allem auf die „*Schutzbedürftigkeit* der Masse der Vollkaufleute"[48], den *Schutzzweck* der Inhaltskontrolle, *Abgrenzungsprobleme* sowie die *Folgewirkungen* einer Konzeption des AGBG als Verbraucherschutzregelung für das Privatrecht verwies. So stellte er klar, dass Vollkaufleute nicht nur ebenso wie Verbraucher des Schutzes vor unangemessenen Klauseln bedürften, sondern darüber hinaus von der Durchsetzung unbilliger AGB aufgrund des insoweit ungleich größeren wirtschaftlichen Gewichtes vertraglicher Klauseln wesentlich stärker berührt würden, als dies bei Verbrauchern der Fall sei.[49] Eine Beschränkung auf reine Verbrauchergeschäfte hätte „als Freibrief der wirtschaftlich Stärkeren verstanden werden und zu einer weiteren Verstärkung der Konzentrationstendenzen beitragen"[50] können. Des Weiteren wies er darauf hin, dass der maßgebliche Geltungsgrund der Inhaltskontrolle von AGB im *Missbrauch der Vertragsgestaltungsfreiheit*, der Ausnutzung der vom anderen Teil im *Rationalisierungsinteresse* akzeptierten Verwendung von AGB zu einer hiervon nicht gedeckten *Risikoverlagerung* und gerade nicht in der Unterlegenheit des Kunden zu sehen sei.[51] Eine sinnvolle Abgrenzung zwischen b2c- und b2b-Verkehr sei ferner aufgrund der „rechtspolitische(n) Fragwürdigkeit des Kaufmannsbegriffs"[52] nur schwer möglich.[53]

Schließlich sei auch der Ansatz der Konzeption des AGBG als reine *Verbraucherschutzregelung* falsch und begegne grundsätzlichen Bedenken, da sich aus ihr eine „unzureichend bedachte Weichenstellung für die Zukunft"[54] ergeben könnte.[55] Eine spezielle Verbrauchergesetzgebung auf dem Gebiet der AGB hätte die Herausbildung eines *Sonderrechts des privaten Massenverkehrs* zur Folge, das neben das bürgerliche und das Handelsrecht trete, zur stetigen Erweiterung tendiere und letztlich zur Einbeziehung von *Individualvereinbarungen* in den Anwendungsbereich richterlicher Inhaltskontrolle führen würde:[56] „Was mit

---

[46] *Ulmer*, Referat 50. DJT (1974), S. H 8. Vgl. zum ersten Teilbericht der „Arbeitsgruppe zur Verbesserung des Verbraucherschutzes gegenüber Allgemeinen Geschäftsbedingungen" beim BMJ *BMJ (Hrsg.)*, Erster Teilbericht Arbeitsgruppe AGB (1974) sowie instruktiv *Hensen*, FS Heinrichs (1998), S. 335, zum Referentenentwurf I DB Beilage 18/1974, 1 ff. Zu dieser Thematik unten S. 703 ff.

[47] *Ulmer*, Referat 50. DJT (1974), S. H 8, H 39 ff.

[48] *Ulmer*, Referat 50. DJT (1974), S. H 8, H 25. Hervorhebungen durch den Verfasser.

[49] *Ulmer*, Referat 50. DJT (1974), S. H 8, H 25.

[50] *Ulmer*, Referat 50. DJT (1974), S. H 8, H 25.

[51] *Ulmer*, Referat 50. DJT (1974), S. H 8, H 22 f., H 40 f.

[52] *Ulmer*, Referat 50. DJT (1974), S. H 8, H 24.

[53] *Ulmer*, Referat 50. DJT (1974), S. H 8, H 24, H 41.

[54] *Ulmer*, Referat 50. DJT (1974), S. H 8, H 21.

[55] *Ulmer*, Referat 50. DJT (1974), S. H 8, H 21 f., H 40.

[56] *Ulmer*, Referat 50. DJT (1974), S. H 8, H 21, H 40.

einer verbraucherbezogenen AGB-Regelung begonnen hätte, könnte bei der Herausbildung eines umfassenden zivilen Verbraucherrechts enden, zu dessen unvermeidlichen Begleiterscheinungen dann aber auch Kontrahierungszwang und diktierter Vertrag gehören würden."[57] Das bisherige Recht der richterlichen Inhaltskontrolle würde dagegen einen systemkonformen und sachlich angemessenen Ansatz für einen effektiven Schutz vor einseitiger Vertragsgestaltung bieten, für dessen Aufgabe keine sachlichen Gründe erkennbar seien.[58] Neben erheblicher Rechtsunsicherheit[59] hätte eine Beschränkung des Anwendungsbereiches des AGBG auf Verbraucher eine Missachtung wesentlicher Aspekte des Markenartikelbetriebs zur Folge und würde daher zu einer funktionswidrigen Aufspaltung bestehender Absatzketten führen.[60]

Ulmers Votum für eine umfassende, auch den kaufmännischen Rechtsverkehr einschließende gesetzliche Regelung der richterlichen Inhaltskontrolle wurde kontrovers diskutiert, fand jedoch auch breite Unterstützung. So warnte *Schier* vor einem „Abbau an Rechtsschutz"[61] im Bereich des Handelsverkehrs, sollte das zukünftige AGB auf Verbraucher beschränkt bleiben, und befürwortete die Verschränkung der AGB-Kontrolle mit dem *Wettbewerbsschutz*. Dadurch würde „Mißständen entgegengetreten werden, die sich im Bürgerlichen Recht durch eine teilweise Pervertierung des Grundsatzes der Vertragsfreiheit ergeben haben."[62] *Schmidt-Salzer* wies auf die *Schutzbedürftigkeit* kaufmännischer Abnehmer und die Notwendigkeit eines *umfassenden* persönlichen Schutzbereiches gesetzlich normierter AGB-Kontrolle hin. Es sei „noch schlichtweg die Gedankenwelt der Jahrhundertwende, zu sagen, vollkaufmännische Parteien bedürften keines Schutzes vor wirtschaftlicher und/oder intellektueller Übervorteilung."[63], eine Ausklammerung der Vollkaufleute sei „schlichtweg wirklichkeitsfremd".[64] Die notwendige Unschärfe einer gesetzlichen Regelung müsse hingenommen werden, denn es sei „technisch nicht möglich, ein soziales Schutzgesetz 100 % so zu formulieren, daß es genau die schutzbedürftigen Parteien, aber auch *nur* die schutzbedürftigen Parteien erfaßt."[65]

Deshalb, so *Schmidt-Salzer*, sei es besser „daß ein vollkaufmännisches Großunternehmen mit einer brillanten Rechtsabteilung sich gegebenenfalls gegenüber den gegnerischen Einkaufsbedingungen auf die Inhaltskontrolle berufen kann, als daß hunderte oder tausende von mittelständischen Unternehmen, die praktisch überhaupt keine Abwehrmöglichkeiten haben, hoffnungslos den geg-

57 *Ulmer*, Referat 50. DJT (1974), S. H 8, H 21.
58 *Ulmer*, Referat 50. DJT (1974), S. H 8, H 22f.
59 *Ulmer*, Referat 50. DJT (1974), S. H 8, H 24, 26f., H 41.
60 *Ulmer*, Referat 50. DJT (1974), S. H 8, H 215f., H 41.
61 *Schier*, Diskussion 50. DJT (1974), S. H 53, H 55.
62 *Schier*, Diskussion 50. DJT (1974), S. H 53, H 56.
63 *Schmidt-Salzer*, Diskussion 50. DJT (1974), S. H 72, H 74.
64 *Schmidt-Salzer*, Diskussion 50. DJT (1974), S. H 72, H 74.
65 *Schmidt-Salzer*, Diskussion 50. DJT (1974), S. H 72, H 74.

nerischen Geschäftsbedingungen ausgesetzt sind, weil man sagt, Vollkaufleute bedürfen keines Schutzes."[66] Schließlich warnte auch *Brandner*[67] vor einer Beschränkung auf ein bloßes Verbraucherschutzgesetz. Für eine Beschränkung des persönlichen Anwendungsbereiches auf Verbraucher bestehe kein ausreichender Grund.[68] Die Fokussierung auf den Aspekt des Ausgleichs wirtschaftlicher, sozialer und intellektueller Überlegenheit, sei – wie die Überwindung der Monopolrechtsprechung des RG zeige – überholt.[69] Auch eine rechtspolitisch motivierte, lediglich vorläufige Herausnahme des kaufmännischen Rechtsverkehrs aus dem AGBG sollte vermieden werden, denn es handele sich „nicht um eine punktuelle gesetzgeberische Maßnahme zur Regelung eines aktuellen Tagesproblems, sondern um eine tiefgreifende Festschreibung eines Fundamentalgrundsatzes im Rahmen der Fortentwicklung des bürgerlichen Rechts."[70]

Andere Teilnehmer des Juristentages vermochten sich dieser Begründung nicht anzuschließen.[71] So stellte *Dietlein* als Vertreter des BMJ die besondere Schutzbedürftigkeit des Endverbrauchers[72], den beschränkten Auftrag an das Ministerium sowie die politischen Prioritäten heraus, aus denen zwangsläufig ein differenzierter Schutz resultiere.[73] Ähnlich wies *Reich* darauf hin, dass sich das Schutzbedürfnis von Konsumenten und Kaufleuten aufgrund der unterschiedlichen Eigentumsformen, des verbandlichen Organisationsgrades sowie des Vertragszwecks – Selbstverwirklichung durch Konsum vs. Profitmaximierung – deutlich voneinander unterscheide[74], weshalb das AGBG als Verbraucherschutzgesetz auszugestalten sei.[75] Andere stellten die geringere Schutzbedürftigkeit[76] der in der Regel verbandsmäßig organisierten sowie geschäftlich erfahrenen Kaufleute in den Mittelpunkt ihrer Beiträge und betonten die Schwierigkeiten, angesichts der Vielgestaltigkeit wirtschaftlicher Sachverhalte die Unangemessenheit von Klauseln im kaufmännischen Geschäftsverkehr zu definieren.[77] Ein Teil der beteiligten Juristen vertrat schließlich eine *vermittelnde*

---

66 *Schmidt-Salzer*, Diskussion 50. DJT (1974), S. H 72, H 74.

67 *Brandner*, Diskussion 50. DJT (1974), S. H 82ff.

68 *Brandner*, Diskussion 50. DJT (1974), S. H 82, H 82.

69 *Brandner*, Diskussion 50. DJT (1974), S. H 82, H 83.

70 Ebenda.

71 *Böttcher*, Diskussion 50. DJT (1974), S. H 89; *Dietlein*, Diskussion 50. DJT (1974), S. H 49; *Junge*, Diskussion 50. DJT (1974), S. H 80ff.; *Molls*, Diskussion 50. DJT (1974), S. H 92ff.; *Reich*, Diskussion 50. DJT (1974), S. H 86ff.; *Schwappach*, Diskussion 50. DJT (1974), S. H 84ff.; *Stern*, Diskussion 50. DJT (1974), S. H 90ff.

72 *Reich*, Diskussion 50. DJT (1974), S. H 86, H 87f.

73 *Dietlein*, Diskussion 50. DJT (1974), S. H 49, H 49.

74 *Reich*, Diskussion 50. DJT (1974), S. H 86, H 88.

75 *Reich*, Diskussion 50. DJT (1974), S. H 86, H 86.

76 So *Junge*, Diskussion 50. DJT (1974), S. H 80, H 80f.; *Schwappach*, Diskussion 50. DJT (1974), S. H 84, H 84f.

77 *Junge*, Diskussion 50. DJT (1974), S. H 80, H 81. Im Ergebnis ähnlich *Molls*, Diskussion 50. DJT (1974), S. H 92, H 92f.; *Stern*, Diskussion 50. DJT (1974), S. H 90, H 91.

Auffassung und sprach sich für eine Einbeziehung jedenfalls der Minderkaufleute aus.[78] Die Frage nach einer auch Vollkaufleute umfassenden gesetzlichen Regelung unterstellten sie dabei dem Vorbehalt des politischen Kalküls. Mit Blick auf eine schnelle Lösung wäre zu entscheiden, ob man „ohne übermäßigen Schaden zunächst die Vollkaufleute herauslassen kann."[79]

Versucht man die wesentlichen Entwicklungslinien der Diskussion zusammenzufassen, so standen drei wesentliche Fragen im Mittelpunkt der Auseinandersetzung: die *Schutzbedürftigkeit* der Kaufleute, die praktische Möglichkeit einer *Differenzierung* sowie die Folgen einer *verbraucherschützenden Sondergesetzgebung* für das Privatrecht. Das Ergebnis der Diskussion war eindeutig: Mit großer Mehrheit (211 zu 156 Stimmen bei 15 Enthaltungen)[80] sprach sich der Juristentag – vorbehaltlich sachlich gebotener zusätzlicher Regelungen zum Schutz der Endverbraucher – für einen grundsätzlich *unbeschränkten persönlichen Anwendungsbereich* eines zukünftigen AGBG und damit die *Einbeziehung des kaufmännischen Rechtsverkehrs* in die gesetzlich normierte richterliche Inhaltskontrolle aus.

e) Die Reaktion des Gesetzgebers: Vom Verbraucherschutzgesetz zur umfassenden AGB-Kontrolle

Die Beschlüsse des 50. DJT 1974 übten einen entscheidenden Einfluss auf den weiteren Gang des Gesetzgebungsverfahrens[81] aus. Sie führten zu einer Erweiterung des persönlichen Anwendungsbereiches des zukünftigen AGBG, das ursprünglich als reines *Verbraucherschutzgesetz* konzipiert war, hin zu einem umfassenden Schutzsystem vor unangemessenen Klauseln, das auf Kaufleute und Verbraucher gleichermaßen Anwendung fand. So hatte sich die „Arbeitsgruppe zur Verbesserung des Verbraucherschutzes gegenüber Allgemeinen Geschäftsbedingungen" beim BMJ, die im Anschluss an den *Bericht der Bundesregierung zur Verbraucherpolitik*[82] im Dezember 1972 gebildet wurde, in ihrem im März 1974 erschienenen *ersten Teilbericht*[83], der auch dem *ersten Referentenentwurf* (Referentenentwurf I)[84] vom Juni 1974 zugrunde lag, zwar zunächst noch für

---

[78] *Zimmermann*, Diskussion 50. DJT (1974), S. H 89, H 89f.

[79] *Zimmermann*, Diskussion 50. DJT (1974), S. H 89, H 90.

[80] *DJT (Hrsg.)*, Diskussion 50. DJT (1974), S. H 46, H 231.

[81] Hierzu eingehend *Ulmer/Habersack*, in: *Ulmer/Brandner/Hensen*, AGB-Recht (12. Aufl. 2016), Einl. Rn. 16ff.; *Brandner*, in: *Ulmer/Brandner/Hensen*, AGB-Gesetz (1. Aufl. 1977), § 24 Rn. 2ff.; *v. Westphalen*, in: Löwe/Westphalen/Trinkner, AGB-Gesetz (1977), § 24 Rn. 1ff. sowie *Baudenbacher*, JA 1987, 217, 218.

[82] Bericht der Bundesregierung zur Verbraucherpolitik vom 18. 10. 1971, BT-Drucks. 7/3919, S. 47ff.

[83] *BMJ (Hrsg.)*, Erster Teilbericht Arbeitsgruppe AGB (1974). Hierzu instruktiv *Hensen*, FS Heinrichs (1998), S. 335.

[84] Referentenentwurf I zum AGBG, DB Beilage 18/1974, 1ff.

ein reines Verbraucherschutzgesetz unter Ausschluss des (voll)kaufmännischen Rechtsverkehrs ausgesprochen.[85]

Während Vollkaufleute dabei vom Anwendungsbereich des AGBG gänzlich ausgenommen waren, waren Minderkaufleute – mit Ausnahme einiger Klauselverbote[86] – durch das AGBG geschützt.[87] Zur Begründung wurde auf das auf Verbraucherschutz *beschränkte Mandat*, das höhere *Schutzbedürfnis von Verbrauchern* und die Möglichkeit einer *wirksameren Ausgestaltung der Schutzvorschriften* in einem reinen Verbraucherschutzgesetz verwiesen, da eine Einbeziehung von Kaufleuten zu einer Abschwächung des Schutzniveaus der Inhaltskontrolle geführt hätte.[88] Jedoch gab schon der *zweite Referentenentwurf* (Referentenentwurf II)[89] vom März 1975, der die Stellungnahmen von rund 150 Wirtschafts- und Verbraucherverbänden berücksichtigte[90], diesen Ansatz auf und sah eine Regelung vor, die im Wesentlichen – bis auf die im weiteren Gesetzgebungsverfahren hinzugefügte Klarstellung in § 24 Abs. 2 AGBG a. F. (1976) – der letztlich in Kraft getretenen Vorschrift des § 24 Abs. 2 AGBG a. F. (1976) entsprach:[91] Einbeziehung von *Verbrauchern und Kaufleuten* gleichermaßen in den persönlichen Anwendungsbereich des AGBG. Für Kaufleute *erleichterte Ein-*

---

85 Vgl. § 12 Abs. 1 a) AGBG-E: „Die Vorschriften dieses Gesetzes finden keine Anwendung a) auf Allgemeine Geschäftsbedingungen, die gegenüber einem in das Handelsregister eingetragenen Kaufmann verwendet werden, sofern der Vertrag zum Betriebe seines Handelsgewerbes gehört ...". *BMJ (Hrsg.)*, Erster Teilbericht Arbeitsgruppe AGB (1974), 30 f. Ähnlich § 12 Abs. 1 Nr. 1 AGBG-E des Referentenentwurfes I zum AGBG, DB Beilage 18/1974, 1, 4: „Die Vorschriften dieses Gesetzes finden keine Anwendung, 1. wenn der Kunde ein in das Handelsregister eingetragener Kaufmann ist, sofern der Vertrag zum Betriebe seines Handelsgewerbes gehört ...".

86 Vgl. § 12 Abs. 2 AGBG-E: „§ 8 Nr. 1, § 8 Nr. 6 und § 8 Nr. 9 Buchstabe d finden auch dann keine Anwendung, wenn Allgemeine Geschäftsbedingungen gegenüber einem *nicht in das Handelsregister eingetragenen Kaufmann* verwendet werden, sofern der Vertrag zum *Betriebe seines Handelsgewerbes* gehört. Unter den gleichen Voraussetzungen gilt § 8 Nr. 12 Buchstabe a mit der Maßgabe, daß an die Stelle der Frist von einem Jahr eine solche von fünf Jahren tritt, § 8 Nr. 12 Buchstabe b mit der Maßgabe, daß an die Stelle der Frist von drei Monaten eine solche von einem Jahr tritt." *BMJ (Hrsg.)*, Erster Teilbericht Arbeitsgruppe AGB (1974), 30 f. Ähnlich § 12 Abs. 1 Nr. 1 AGBG-E des Referentenentwurfes I zum AGBG, DB Beilage 18/1974, 1, 4: § 8 Nr. 1, Nr. 6 und Nr. 9 Buchstabe e finden auch dann keine Anwendung, wenn der Kunde den Vertrag in Ausübung einer *Erwerbstätigkeit* abschließt ...". Hervorhebungen durch den Verfasser.

87 *Brandner*, in: *Ulmer/Brandner/Hensen*, AGB-Gesetz (1. Aufl. 1977), § 24 Rn. 2.

88 *BMJ (Hrsg.)*, Erster Teilbericht Arbeitsgruppe AGB (1974), 9 f. Ähnlich die Begründung des Referentenentwurfes I zum AGBG, DB Beilage 18/1974, 1, 23.

89 Der Referentenentwurf II ist unveröffentlicht geblieben. Vgl. hierzu und zu seinem Inhalt *Baudenbacher*, JA 1987, 217, 218 sowie *Brandner*, in: *Ulmer/Brandner/Hensen*, AGB-Gesetz (1. Aufl. 1977), § 24 Rn. 4; *Ulmer/Habersack*, in: *Ulmer/Brandner/Hensen*, AGB-Recht (12. Aufl. 2016), Einl. Rn. 17.

90 *Ulmer/Habersack*, in: *Ulmer/Brandner/Hensen*, AGB-Recht (12. Aufl. 2016), Einl. Rn. 17.

91 *Brandner*, in: *Ulmer/Brandner/Hensen*, AGB-Gesetz (1. Aufl. 1977), § 24 Rn. 4.

beziehungsvoraussetzungen sowie die *Dispensierung* von der *Indizwirkung der Klauselverbote.*[92]

Begründet wurde der mit der Einbeziehung der Kaufleute vollzogene radikale Kurswechsel mit Verweis auf §242 BGB als normativer Grundlage der Inhaltskontrolle. Die Vorschriften des Entwurfs seien „Ausprägung des die gesamte Rechtsordnung beherrschenden Grundsatzes von Treu und Glauben. Deshalb ist es nicht möglich, etwa Handelsgeschäfte von Kaufleuten vom Anwendungsbereich schlechthin auszunehmen.“[93] Allerdings seien die Bedürfnisse des Geschäftsverkehrs zu differenziert, „um sie in Ansehung aller Detailregelungen des Entwurfs mit den Anforderungen des Rechtsverkehrs mit dem Letztverbraucher auf einen gemeinsamen Nenner zu bringen“[94], weshalb Kaufleute von der Geltung der Klauselverbote ausgenommen würden. Denn entsprechende Klauseln „sind bei Verträgen zwischen Kaufleuten nicht stets und immer zu mißbilligen.“[95] Unbeschränkt geltende gemeinsame Schutzvorschriften für den b2c- und b2b-Verkehr würden darüber hinaus die Gefahr bergen, „daß entweder der kaufmännische Rechtsverkehr zu stark eingeschnürt oder der Schutz der Letztverbraucher zu weitgehend ausgehöhlt wird.“[96] Mit einigen wenigen Änderungen wurde der Text als *Regierungsentwurf* in das parlamentarische Gesetzgebungsverfahren eingebracht und mit geringfügigen, jedoch gewichtigen Änderungen – etwa der vom Rechtsausschuss angeregten Einfügung des §24 S. 2 Hs. 2 AGBG-E[97] – beschlossen.

Parallel hierzu hatte auch der Bundesarbeitskreis Christlich-Demokratischer Juristen (BACDJ) im März 1974 einen Entwurf für ein *Gesetz über Allgemeine Geschäftsbedingungen* (GAGB)[98] vorgelegt, der ohne wesentliche Änderungen als *Entwurf der CDU/CSU-Fraktion*[99] in den Bundestag eingebracht wurde. Er sah, ebenso wie der Referentenentwurf II und der Regierungsentwurf, eine Einbeziehung der Voll- und Minderkaufleute in den Anwendungsbereich der gesetzlichen AGB-Kontrolle vor und schränkte mit Blick auf den Kontrollmaßstab die Geltung der Klauselverbote für den kaufmännischen Geschäftsverkehr ein.[100] In seiner konzeptionellen Ausrichtung – Einbeziehung von Kaufleuten und Abkehr von einem reinen Verbraucherschutzgesetz – stützte der Entwurf

---

92 §12 RegE zum AGBG, BT-Drucks. 7/3919, S. 7: „Die Vorschriften der §§2, 8, 9 und 10 finden keine Anwendung auf Allgemeine Geschäftsbedingungen, 1. die gegenüber einem Kaufmann verwendet werden, wenn der Vertrag zum Betriebe seines Handelsgewerbes gehört ....“

93 Begründung des RegE zum AGBG BT-Drucks. 7-3919, S. 43.

94 Ebenda.

95 Ebenda.

96 Ebenda.

97 BT-Drucks. 7/5422, S. 14.

98 BB Beilage 9/1974, 1.

99 BT-Drucks. 7/3200.

100 Vgl. §25 GAGB-E, BB Beilage 9/1974, 1, 4: „Die Vorschriften der §§8, 9, 11, 16, 17, 19, §21 Abs. 1 Nr. 2 bis 5, §22 finden auf ein Handelsgeschäft eines Kaufmannes keine Anwen-

damit die rechtspolitische Linie, die nun auch die Bundesregierung im Anschluss an die Beschlüsse des 50. DJT und die Stellungnahmen aus der Praxis mit ihrem Regierungsentwurf eingeschlagen hatte. Am 1. April 1977 trat schließlich das neue „Gesetz zur Regelung des Rechts der Allgemeinen Geschäftsbedingungen" (AGBG) in Kraft.

f) Die weitere Entwicklung der gesetzlichen Regelung: Kaum inhaltliche Änderungen

Die in § 24 AGBG (1977) geschaffene Grundkonzeption des AGB-Rechts, die einen umfassenden – Verbraucher wie Kaufleute einschließenden – persönlichen Anwendungsbereich, jedoch einen differenzierten Kontrollmaßstab – Klauselverbote im b2c-Verkehr, Generalklausel und Differenzierungsgebot im b2b-Vekehr – vorsah, wurde in der weiteren Entwicklung des Gesetzes beibehalten. In den folgenden Jahren vorgenommene Änderungen betrafen mit Blick auf den unternehmerischen Geschäftsverkehr lediglich geringfügige Anpassungen an das europäische Rahmenrecht bzw. die Integration in das BGB im Rahmen des Schuldrechtsmodernisierungsgesetzes[101]: So wurde das AGBG mit der *AGBG-Novelle 1996*[102] an die Vorgaben der europäischen *Klauselrichtlinie*[103] angepasst und in § 24a AGBG (1996) (heute § 310 Abs. 3 BGB) eine Legaldefinition des Unternehmers sowie des Verbrauchers eingefügt, die jedoch noch nicht den persönlichen Anwendungsbereich des Gesetzes nach § 24 AGBG, sondern ausschließlich das Verbrauchergeschäft betraf. Eine Erweiterung des persönlichen Anwendungsbereiches von Kaufleuten auf Unternehmer erfolgte jedoch bereits zwei Jahre später mit dem *Handelsrechtsreformgesetz 1998*[104] durch Verlagerung der Legaldefinition des Unternehmers nach § 24 S. 1 Nr. 1 AGBG (1998). Damit wurde neben der gewerblichen auch die selbstständige berufliche Tätigkeit in die Privilegierung nach § 24 AGBG (1998) einbezogen.[105] Die weiteren Gesetzesänderungen, etwa

dung, soweit die Vertragsbestimmungen unter Berücksichtigung der im Handelsverkehr geltenden Gewohnheiten und Gebräuche nicht nach § 7 unwirksam sind. Auf Handelsgeschäfte eines Kaufmanns, der im Handelsregister eingetragen ist, sind auch die Vorschriften der § 2 Abs. 1, §§ 18 und 23 nicht anzuwenden." Zu den weiteren Einzelheiten der Bewertung vgl. *Ulmer/Habersack*, in: *Ulmer/Brandner/Hensen*, AGB-Recht (12. Aufl. 2016), Einl. Rn. 18; *Brandner*, in: *Ulmer/Brandner/Hensen*, AGB-Gesetz (1. Aufl. 1977), § 24 Rn. 4; *v. Westphalen*, in: Löwe/Westphalen/Trinkner, AGB-Gesetz (1977), § 24 Rn. 2.

101 Hierzu *Ulmer/Habersack*, in: *Ulmer/Brandner/Hensen*, AGB-Recht (12. Aufl. 2016), Einl. Rn. 26 ff.; *Schauer*, AnwBl. 2012, 690, 692 f.

102 Gesetz zur Änderung des AGB-Gesetzes und der Insolvenzordnung, v. 19. 7. 1996, BGBl. I 1996, 1036.

103 Richtlinie 93/13/EWG über missbräuchliche Klauseln in Verbraucherverträgen v. 5. 4. 1993, ABl. EG 1993 L 95, S. 29 ff.

104 Handelsrechtsreformgesetz v. 22. 6. 1998, BGBl. 1999 I, 1474. Hierzu eingehend *Pfeiffer*, NJW 1999, 169, 169 ff.

105 *Ulmer/Habersack*, in: *Ulmer/Brandner/Hensen*, AGB-Recht (12. Aufl. 2016), Einl. Rn. 27; *Schauer*, AnwBl. 2012, 690, 692; *Pfeiffer*, NJW 1999, 169, 170 f.

durch das *Gesetz über Fernabsatzverträge* 2000[106] sowie das *Schuldrechtsmodernisierungsgesetz* 2001[107], führten zu keinen inhaltlichen Änderungen.[108]

Zwar hatte der Bundesrat im Gesetzgebungsverfahren zum *Schuldrechtsmodernisierungsgesetz* die Bundesregierung aufgefordert „zu prüfen, wie sichergestellt werden kann, dass die Neuregelungen des Gesetzes nicht zu einer unangemessenen Beeinträchtigung der Vertragsfreiheit von Unternehmen bei der Gestaltung ihrer Vertragsbeziehungen untereinander führen."[109] Denn die Entwicklung der AGB-Kontrolle im unternehmerischen Geschäftsverkehr bereite aufgrund des aktuellen Gesetzesentwurfs, der – freilich im Rahmen der ausschließlich für Verbraucher geltenden Klauselverbote – eine Verschärfung zugunsten der Käufer und Werkbesteller vorsah, „der deutschen Wirtschaft größte Sorge"[110]. Befürchtet wurde „eine gleichartige Verschiebung der Gewichte anhand der AGB-Kontrolle auch zwischen Unternehmen"[111], obwohl hier kein entsprechendes Schutzbedürfnis vorhanden sei, sowie „ein zunehmender Druck zum Ausweichen auf ausländisches Recht"[112]. Daher solle die Vorschrift des § 310 Abs. 1 S. 2 BGB n. F. nach dem Wort „Gebräuche" durch die Worte „sowie die geringere Schutzbedürftigkeit" ergänzt werden.[113] Allerdings lehnte es die Bundesregierung ab, die Inhaltskontrolle von AGB im unternehmerischen Geschäftsverkehr unter den Vorbehalt geringerer Schutzbedürftigkeit der Unternehmen zu stellen.[114] Dass für derartige Geschäfte ein flexiblerer Kontrollmaßstab gelte, würde sich bereits aus § 310 Abs. 1 BGB n. F. ergeben. Darüber hinaus „würde ein Hinweis auf die „Schutzbedürftigkeit" von Unternehmen nur zusätzliche Rechtsunsicherheit hervorrufen"[115].

Eine geringfügige Änderung der gesetzlichen Regelung erfolgte – auf Initiative des Rechtsausschusses des Bundestages – schließlich durch das *Forderungssicherungsgesetz*[116] 2008, das die Vorschrift durch *eine Privilegierung der VOB/B* in § 310 Abs. 1 S. 1 BGB ergänzte.[117] Danach sind im unternehmerischen Geschäfts-

---

[106] Gesetz über Fernabsatzverträge und andere Fragen des Verbraucherrechts sowie zur Umstellung von Vorschriften auf Euro v. 27. 6. 2000, BGBl. 2000 I, 897.

[107] Gesetz zur Modernisierung des Schuldrechts v. 26. 11. 2001, BGBl. 2001 I, 3138.

[108] *Ulmer/Habersack*, in: *Ulmer/Brandner/Hensen*, AGB-Recht (12. Aufl. 2016), Einl. Rn. 28 ff.; *Schauer*, AnwBl. 2012, 690, 692 f.

[109] Stellungnahme des Bundesrates vom 13. 7. 2001 zum RegE des Schuldrechtsmodernisierungsgesetzes, BT-Drucks. 14/6857, S. 17.

[110] Ebenda.

[111] Ebenda.

[112] Ebenda.

[113] Ebenda.

[114] RegE zum Schuldrechtsmodernisierungsgesetz, BT-Drucks. 14/6857, S. 54.

[115] Ebenda.

[116] Gesetz zur Sicherung von Werkunternehmeransprüchen und zur verbesserten Durchsetzung von Forderungen v. 23. 10. 2008, BGBl. 2008 I, 2022.

[117] Hierzu *Ulmer/Habersack*, in: *Ulmer/Brandner/Hensen*, AGB-Recht (12. Aufl. 2016), Einl. Rn. 38; *Schauer*, AnwBl. 2012, 690, 693.

verkehr für Verträge, in welche die jeweils geltenden VOB/B ohne inhaltliche Änderung einbezogen worden sind, die Vorschriften der Inhaltskontrolle nach § 307 Abs. 1 und 2 BGB nicht anwendbar. Dadurch sollte Planungssicherheit[118] für die Unternehmen gewährleistet und der Kritik der Literatur[119] sowie den Vorgaben der Rechtsprechung[120] Rechnung getragen werden.

Die jüngste Fortentwicklung des AGB-Rechts erfolgt im Rahmen der Umsetzung[121] der *Zahlungsverzugs-Richtlinie*[122] im Jahr 2014 durch Einfügung spezieller Klauselverbote für den b2b-Verkehr in den §§ 308 Nr. 1a) und b) BGB. Die Neuregelung ist für das deutsche AGB-Recht in mehrfacher Hinsicht von besondere Bedeutung: Zum einen führt sie mit der Normierung eigener Klauselverbote für den b2b-Verkehr zu einer grundlegenden Neuordnung der Systematik der Inhaltskontrolle, die bislang im Rahmen einer abgestuften Regelung im Sinne eines *lex generalis/lex specialis-Verhältnisses* zwischen Verbraucher- und Unternehmerverkehr differenziert hatte.[123] Dieses Stufenverhältnis ist mit der Neuregelung durchbrochen, da die Klauselverbote als *leges speciales* nun nicht mehr auf den b2c-Verkehr beschränkt sind. Für die bislang klar gegliederte Systematik des Regelungskomplexes der §§ 307 ff. BGB kommt dies einem Paradigmenwechsel gleich. Bemerkenswert ist in diesem Zusammenhang die Tatsache, dass der Gesetzgeber es nicht bei der Umsetzung der Mindestanforderungen der Richtlinie belassen, sondern – der geltenden Rechtsprechung folgend – die zulässige Höchstfrist für die Erfüllung von Entgeltforderungen in AGB-Klauseln von 60 auf 30 Tage halbiert hat.[124] Damit hat er die besondere Schutzbedürftigkeit unternehmerischer Klauselgegner und zugleich die Bedürfnisse der KMU[125] als Maßstab für die weitere Gestaltung des AGB-Rechts anerkannt. Von dogmatische Bedeutung ist in diesem Zusammenhang darüber hinaus die Tatsache, dass die *Zahlungsverzugs*-Richtlinie mit dem Gedanken des *Missbrauchs der Vertragsfreiheit* in ihren *Erwägungsgründen* auf den maßgeblichen vertragstheoretischen Schutzzweck der Inhaltskontrolle[126] Bezug nimmt

---

[118] BT-Drucks. 16/9787, S. 18.

[119] Vgl. hierzu *Schauer*, AnwBl. 2012, 690, 693.

[120] BGHZ 178, 1= ZIP 2008, 1729.

[121] Zum Umsetzungsgesetz vgl. BGBl. I 2014, S. 1218 ff. (Gesetz zur Bekämpfung von Zahlungsverzug im Geschäftsverkehr) sowie BT-Drucks. 18/1309. Vgl. hierzu auch *Haspl*, BB 2014, 771; *Spitzer*, MDR 2014, 933; *v. Westphalen*, BB 14/2014, Die erste Seite; *Pfeiffer*, BB 2013, 323; *v. Westphalen*, BB 2013, 515.

[122] Richtlinie 2011/7/EU zur Bekämpfung von Zahlungsverzug im Geschäftsverkehr (Neufassung) v. 16. 2. 2011, ABl. EU 2011 L 48, S. 1 ff.

[123] Zum bisherigen Stufenverhältnis eingehend unten S. 935.

[124] Vgl. § 308 Nr. 1a BGB, BT-Drucks. 18/1309, S. 20 f.

[125] Auf die Bedeutung der KMU weisen sowohl der deutsche Gesetzgeber als auch der europäische Verordnungsgeber hin, vgl. BT-Drucks. 18/1309, S. 8, 16 sowie ErwG Nr. 6 der Zahlungsverzugs-RL.

[126] Vgl. hierzu eingehend unten S. 440 f., 567 ff.

und ihn auf diese Weise für die Entwicklung des europäischen Vertragsrechts in Dienst nimmt.[127]

Zusammenfassend ergibt sich für die weitere Entwicklung der Befund, dass der Gesetzgeber an der Grundkonzeption des deutschen AGB-Rechts als einem umfassenden, sowohl den b2c- als auch b2c-Verkehr umfassenden Schutzsystem vor unangemessenen Klauseln festgehalten hat. Dabei hat er Versuchen, die geringere Schutzbedürftigkeit von Kaufleuten als zu berücksichtigenden Faktor bei der Bestimmung des Kontrollmaßstabs mit Verweis auf Bedenken der Wirtschaft und die Gefahr der Flucht in das ausländische Recht[128] gesetzlich zu verankern, eine Absage erteilt, da bereits die bestehende Regelung eine flexible Anwendung der Prüfkriterien gewährleiste.[129]

g) Rezeption durch Wissenschaft und Praxis: Differenziertes Bild

Bestand aus Sicht des Gesetzgebers kein Anlass für eine Änderung der gesetzlichen Rechtslage durch eine Absenkung des Schutzniveaus der Inhaltskontrolle im unternehmerischen Geschäftsverkehr, so erhebt sich zugleich die Frage, wie das neue AGB-Recht in der *Rechtswissenschaft* und von der *Wirtschaftspraxis* aufgenommen wurde. Hat es sich bewährt, stellt es eine „gelungene und geglückte Rechtsfortbildung"[130], eine Errungenschaft des 20. Jh.[131] dar oder ist es vielmehr zum „Sand im Getriebe unternehmerischen Handelns"[132] geworden? Bietet das AGB-Recht die notwendige Garantie dafür, dass beide Parteien gleichermaßen tatsächlich von ihrer Vertragsfreiheit Gebrauch machen können, oder droht ein „Abschied von der Privatautonomie im unternehmerischen Geschäftsverkehr"[133], in einem Wort: Ist die Balance zwischen *Vertragsfreiheit* und *Vertragsgerechtigkeit* gelungen? Es ist ebendiese Frage, die im Zentrum der gegenwärtigen rechtspolitischen Auseinandersetzung um Legitimation und Reichweite der AGB-Kontrolle im unternehmerischen Geschäftsverkehr steht. Blickt man auf die Diskussion nach Inkrafttreten des AGBG und zieht nach einer fast 40-jährigen Geltung Bilanz, so ergibt sich ein *differenziertes* Stimmungsbild, ein Mosaik mit unterschiedlichen Schattierungen:

So gelangen etwa *Habersack* und *Ulmer* zu einem zwiespältigen Urteil, wobei ihre Kritik nicht gegen einen fehlerhaften Ansatz des AGB-Rechts, sondern vielmehr gegen seine *mangelnde Durchsetzung* in der Praxis gerichtet ist:[134]

---

[127] Vgl. hierzu eingehend unten S. 440f., 567ff.

[128] RegE zum Schuldrechtsmodernisierungsgesetz, BT-Drucks. 14/6857, S. 17.

[129] RegE zum Schuldrechtsmodernisierungsgesetz, BT-Drucks. 14/6857, S. 51.

[130] *v. Westphalen*, AnwBl. 2013, 850, 857.

[131] Hierzu *Hellwege*, AGB und Rechtsgeschäftslehre (2010), S. 11.

[132] So *Stumpf*, BB 1985, 963.

[133] So *Berger*, ZIP 2006, 2149.

[134] *Ulmer/Habersack*, in: *Ulmer/Brandner/Hensen*, AGB-Recht (12. Aufl. 2016), Einl. Rn. 79ff.

Den insgesamt positiven Erfahrungen mit dem AGBG und seiner Anwendung durch die Gerichte stehen dabei die nur langsame Durchsetzung des Gesetzes insbesondere im unternehmerischen Geschäftsverkehr sowie die Zurückhaltung der Wirtschaftsverbände und Kammern gegenüber, von der Möglichkeit der Verbandsklage Gebrauch zu machen.[135] Zwar sei die außerordentlich große Zahl von Entscheidungen zum AGBG bemerkenswert, wobei indes eine gewisse Spannweite zwischen den verschiedenen Zivilsenaten des BGH erkennbar sei.[136] Auch komme dem AGB-Recht eine Breitenwirkung sowie eine gewisse ihm innewohnende Dynamik zu.[137] Von seiner flächendeckenden Durchsetzung sei man jedoch noch weit entfernt.[138] Insbesondere sei nach wie vor offen, inwieweit sich das AGB-Recht im Verkehr zwischen Unternehmern durchgesetzt habe.[139] Jedenfalls lege der Befund der Rechtsprechung, die sich nach wie vor in einer vergleichsweise großen Anzahl von Urteilen mit unangemessenen Klauseln im kaufmännischen Geschäftsverkehr auseinandersetzen muss, nahe, dass „eine Selbstregulierung der AGB-Problematik im kaufmännischen Verkehr nicht in Sicht ist."[140] Daher stehen *Habersack* und *Ulmer* „engagierte(n) Warnungen aus Wirtschaftskreisen"[141] vor den wirtschaftlichen Folgen einer Überreaktion bei der Anwendung des AGBG skeptisch gegenüber.[142]

Schlosser zog dagegen schon Mitte der achtziger Jahre eine positive Bilanz und stellte fest, das Ziel des Gesetzes sei binnen weniger Jahre „mit einer solchen Nachhaltigkeit erreicht worden, daß man darüber schon nicht mehr spricht."[143] Die Grundsatzkritik sei nahezu vollständig verstummt.[144] Vor allem aber gebe es „auf dem Markt keine unseriösen Klauseln mehr, sondern im schlimmsten Falle noch einige zweifelhafte sowie gelegentlich sorglos redigierte Quisquilien."[145] Binnen weniger Jahre sei es Dank der Verbandsklage gelungen, die Masse ein-

---

135 *Ulmer/Habersack*, in: *Ulmer/Brandner/Hensen*, AGB-Recht (12. Aufl. 2016), Einl. Rn. 79.

136 *Ulmer/Habersack*, in: *Ulmer/Brandner/Hensen*, AGB-Recht (12. Aufl. 2016), Einl. Rn. 79.

137 *Ulmer/Habersack*, in: *Ulmer/Brandner/Hensen*, AGB-Recht (12. Aufl. 2016), Einl. Rn. 79; *Ulmer*, in: Heinrichs (Hrsg.), Zehn Jahre AGB-Gesetz (1987), S. 1, 9 ff.

138 *Ulmer/Habersack*, in: *Ulmer/Brandner/Hensen*, AGB-Recht (12. Aufl. 2016), Einl. Rn. 80.

139 *Ulmer/Habersack*, in: *Ulmer/Brandner/Hensen*, AGB-Recht (12. Aufl. 2016), Einl. Rn. 50, 80.

140 *Ulmer/Habersack*, in: *Ulmer/Brandner/Hensen*, AGB-Recht (12. Aufl. 2016), Einl. Rn. 50.

141 *Ulmer/Habersack*, in: *Ulmer/Brandner/Hensen*, AGB-Recht (12. Aufl. 2016), Einl. Rn. 80.

142 *Ulmer/Habersack*, in: *Ulmer/Brandner/Hensen*, AGB-Recht (12. Aufl. 2016), Einl. Rn. 50, 80.

143 *Schlosser*, ZIP 1985, 449, 449.

144 Ebenda.

145 Ebenda.

deutig gesetzwidriger Klauseln vom Markt zu fegen.[146] Allerdings sei die Rechtsprechung „mit Eifer, ja gelegentlich sogar mit Übereifer“[147] darum bemüht, den Anwendungsbereich der Inhaltskontrolle zu bejahen. Insbesondere sei eine „Parallelisierung von Kaufleuten und Privaten im Rahmen der Generalklausel des § 9 AGBG“[148], ein geringer „besonderer Bewegungsspielraum“[149] unter Kaufleuten festzustellen, so dass eine substantielle Privilegierung der Kaufleute im Rechtsverkehr untereinander zu einer „ausgesprochenen Ausnahmeerscheinung“[150] geworden sei. Allerdings sieht *Schlosser* wiederum darin kein Problem. Denn die Entwicklung der Rechtsprechung habe gezeigt, dass „die meisten substantiellen Aussagen des Gesetzes auch dem kaufmännischen Verkehr frommen“.[151] Besser hätte nicht bestätigt werden können, so *Schlosser*, „daß die Entscheidungen des Gesetzgebers ins Schwarze trafen.“[152]

Teile der Literatur bewerteten das AGB-Recht hingegen skeptisch und beklagten eine extreme Rechtsprechung.[153] Dadurch drohe „die Gefahr, daß Allgemeine Geschäftsbedingungen kaum mehr aufgestellt und praktisch nicht mehr verwertet werden können.“[154] Das AGB-Recht solle sich darauf beschränken, extreme Auswüchse abzubauen.[155] Der Gesetzgeber sei aufgerufen, dieser für die Wirtschaft nachteiligen Entwicklung Einhalt zu gebieten.[156] Die Erfahrungen mit dem AGBG seien überwiegend erheblich negativ.[157] Ein wichtiges Gesetz von erkennbar miserabler Qualität hätte zu einer „Rechtsprechungs- und Literaturlawine von nicht mehr beherrschbarer Größenordnung geführt.“[158]

Im wissenschaftlichen Schrifttum sind diese Äußerungen indes kritisch aufgenommen worden.[159] Tatsächlich sind sie mit der Wirklichkeit kaum in Einklang zu bringen[160] und wohl eher gegen das AGBG selbst gerichtet, das insgesamt als störend empfunden wird.[161] Wie weit derartige Einschätzungen von

---

[146] Ebenda.

[147] *Schlosser*, ZIP 1985, 449, 458.

[148] *Schlosser*, ZIP 1985, 449, 460.

[149] *Schlosser*, ZIP 1985, 449, 459.

[150] *Schlosser*, ZIP 1985, 449, 461.

[151] *Schlosser*, ZIP 1985, 449, 462.

[152] Ebenda.

[153] *Stumpf*, BB 1985, 963, 965.

[154] Ebenda.

[155] Ebenda.

[156] Ebenda.

[157] *Thamm/Pilger (Hrsg.)*, Taschenkommentar (1998), S. 47.

[158] *Thamm/Pilger (Hrsg.)*, Taschenkommentar (1998), S. 5. Skeptisch *Ulmer/Habersack*, in: *Ulmer/Brandner/Hensen*, AGB-Recht (12. Aufl. 2016), Einl. Rn. 50.

[159] *Ulmer/Habersack*, in: *Ulmer/Brandner/Hensen*, AGB-Recht (12. Aufl. 2016), Einl. Rn. 50.

[160] Ebenso *Ulmer/Habersack*, in: *Ulmer/Brandner/Hensen*, AGB-Recht (12. Aufl. 2016), Einl. Rn. 50.

[161] So *Ulmer/Habersack*, in: *Ulmer/Brandner/Hensen*, AGB-Recht (12. Aufl. 2016), Einl. Rn. 80.

der Wirklichkeit entfernt sind, zeigt etwa die Bemerkung, es möge sein, „daß es in früheren Jahren *vereinzelt* Geschäftsbedingungen gegeben hat, in denen die Interessen des Verwenders überwogen. In solchen *Einzelfällen* reichte jedenfalls eine Korrektur dieser Bedingungen durch die Rechtsprechung aus."[162] Angesichts der weiten Verbreitung von AGB als Massenphänomen und der nahezu allseits als Missstand empfundenen Benachteiligung des Klauselgegners, die durch das „einseitige Diktat unbilliger oder gar mißbräuchlicher AGB"[163] ein Ausmaß angenommen hatte, das „der soziale Rechtsstaat nicht tatenlos hinnehmen"[164] konnte und den Gesetzgeber zum Eingreifen veranlasste[165], hält eine derart weitreichende Kritik der Realität nicht stand.[166]

Andere gelangten aus entgegengesetzten Gründen ebenfalls zu einer negativen Bestandsaufnahme. Beklagte die Wirtschaft eine zu *weitreichende* Einschränkung unternehmerischen Handelns infolge gerichtlicher Inhaltskontrolle, so kritisierten Teile des Schrifttums gerade die *mangelhafte Durchsetzung* des AGB-Rechts im unternehmerischen Geschäftsverkehr.[167]

Eine *zusammenfassende* Bewertung ist angesichts des diffusen Meinungsbildes und der unterschiedlichen, sich teilweise widersprechenden Einschätzungen nicht einfach. Gleichwohl sind einige zentrale Entwicklungslinien erkennbar: Scheidet man die überzeichnende, nachweislich mit der Rechtswirklichkeit kaum vereinbare Kritik eines Teils des Schrifttums und der gewerblichen Wirtschaft aus, so ergibt sich zunächst im Grundsatz eine *positive Bilanz*. Die Notwendigkeit einer Einbeziehung des unternehmerischen Geschäftsverkehrs in den Anwendungsbereich der Inhaltskontrolle wird kaum ernsthaft infrage gestellt. Insbesondere die anfängliche Kritik an einer Integration des unternehmerischen Geschäftsverkehrs in das AGBG vonseiten des Verbraucherschutzes ist nahezu verstummt.[168] Das AGB-Recht scheint durchaus eine bereinigende Wirkung auf den Markt auszuüben, wenngleich die Regelungen im b2b-Vekehr im Vergleich zum b2c-Verkehr offensichtlich nur sehr beschränkt greifen.[169] Hier ergeben sich Durchset-

---

[162] *Stumpf*, BB 1985, 963, 965. Hierauf hinweisend *Ulmer/Habersack*, in: *Ulmer/Brandner/Hensen*, AGB-Recht (12. Aufl. 2016), Einl. Rn. 80 Fn. 196. Hervorhebungen durch den Verfasser.

[163] Begründung des RegE zum AGBG, BT-Drucks. 7/3919, S. 9.

[164] Ebenda.

[165] Vgl. nur ebenda, S. 8 ff.

[166] So auch *Ulmer/Habersack*, in: *Ulmer/Brandner/Hensen*, AGB-Recht (12. Aufl. 2016), Einl. Rn. 50.

[167] *Ulmer/Habersack*, in: *Ulmer/Brandner/Hensen*, AGB-Recht (12. Aufl. 2016), Einl. Rn. 81; *Bohle/Micklitz*, BB Beilage 11/1985, 2, 7; *Bunte*, DB Beilage 13/1982, 1; *Ulmer*, BB 1982, 584; *Bunte*, AcP 181 (1981), 31, 35; Differenzierend *Bunte*, NJW 1987, 921, 922 (Missstände vor allem dort, wo Einflussnahme der Verbände fehlt).

[168] *Ulmer/Habersack*, in: *Ulmer/Brandner/Hensen*, AGB-Recht (12. Aufl. 2016), Einl. Rn. 49.

[169] Vgl. nur *Ulmer/Habersack*, in: *Ulmer/Brandner/Hensen*, AGB-Recht (12. Aufl. 2016), Einl. Rn. 50, 80; *Bunte*, AcP 181 (1981), 31, 35.

zungsdefizite, für die auch die Rechtsprechung beeindruckendes Fallmaterial bietet.[170] Die weitgehende Gleichbehandlung von Verbraucher- und Unternehmergeschäften durch die Rechtsprechung wird teilweise kritisch gesehen, wobei ganz überwiegend systemimmanente Korrekturen vorgeschlagen werden.[171]

3. *Die aktuelle Reformdiskussion*

Der nachgezeichnete entwicklungsgeschichtliche Hintergrund bildet den Ausgangspunkt der aktuellen Diskussion um Legitimation und Reichweite der Inhaltskontrolle von AGB im unternehmerischen Geschäftsverkehr. Wenn auch die Kritik an der weitgehenden Gleichbehandlung von b2c- und b2b-Verkehr nie völlig verstummt ist[172], so waren angesichts der ganz überwiegend befürwortenden Rezeption des AGB-Rechts Heftigkeit und Zeitpunkt der nach fast 30 Jahren plötzlich aufbrechenden Reformdebatte gleichwohl überraschend. Dies galt umso mehr, als die einschlägige Kommentarliteratur trotz Kritik an der strengen Rechtsprechung des BGH entsprechenden Reformvorhaben eher zurückhaltend gegenüberstand.[173] Die aktuelle Diskussion, die etwa ab dem Jahr 2004[174] mit ersten Stellungnahmen einsetzte und sich in drei Wellen mit Höhepunkten in den Jahren 2007[175], 2009/2010[176] und 2012/2013[177] zunehmend verstärkte[178], wurde

---

[170] Vgl. die Nachweise bei *Ulmer/Habersack*, in: *Ulmer/Brandner/Hensen*, AGB-Recht (12. Aufl. 2016), Einl. Rn. 49.

[171] So schon *Bunte*, NJW 1987, 921, 925. Vgl. differenzierend *Schlosser*, ZIP 1985, 449, 460 ff.

[172] Vgl. nur *Wolf*, FS 50 Jahre BGH (2000), S. 111, 119 ff.; *v. Westphalen*, RIW 1/1999, Die Erste Seite, 1; *Thamm/Pilger (Hrsg.)*, Taschenkommentar (1998), S. 5, 47 f.; *Stumpf*, BB 1985, 963.

[173] Zurückhaltend *Ulmer/Habersack*, in: *Ulmer/Brandner/Hensen*, AGB-Recht (12. Aufl. 2016), Einl. Rn. 50; offenlassend Palandt/*Grüneberg*, BGB (77. Aufl. 2018), Vor §§ 305 ff., Rn. 11; *Pfeiffer*, in: Wolf/Lindacher/Pfeiffer, AGB-Recht (6. Aufl. 2013), § 310 Rn. 1 ff. Lediglich für *systemimmanente Korrekturen* MünchKomm/*Basedow*, BGB (7. Aufl. 2016), § 310 Rn. 14 ff., 18. *Kritisch, aber zurückhaltend*, Staudinger/*Schlosser*, (2013), Vor §§ 305 ff., Rn. 24, § 310 Rn. 1 ff., 12 ff.

[174] Vgl. nur *Abels/Lieb (Hrsg.)*, AGB und Vertragsgestaltung nach der Schuldrechtsreform: AGB-Symposium 2004 (2005); *Pfeiffer*, ZGS 2004, 401.

[175] *Abels/Lieb (Hrsg.)*, AGB im Spannungsfeld zwischen Kautelarpraxis und Rechtsprechung: Linklaters AGB-Symposien 2005 und 2006 (2007); *Berger/Kleine*, NJW 2007, 3526; *Berger/Kleine*, BB 2007, 2137; *Habersack/Schürnbrand*, FS Canaris (2007), S. 359; *Leuschner*, AcP 207 (2007), 491; *v. Westphalen*, ZIP 2007, 149.

[176] *Becker*, JZ 2010, 1098; *Berger*, NJW 2010, 465; *Brauch*, FS v. Westphalen (2010), S. 31 ff.; *Dauner-Lieb/Axer*, ZIP 2010, 309; *Drettmann*, FS v. Westphalen (2010), S. 73 ff.; *Günes/Ackermann*, ZGS 2010, 400; *Günes/Ackermann*, ZGS 2010, 454; *Hellwege*, AGB und Rechtsgeschäftslehre (2010); *Kondring*, RIW 2010, 184; *Koch*, BB 2010, 1810; *Kaufhold*, ZIP 2010, 631; *Lorenz*, DAR 2010, 314; *Leyens/Schäfer*, AcP 210 (2010), 771; *Leuschner*, JZ 2010, 875; *Miethaner*, NJW 2010, 3121; *Miethaner*, AGB-Kontrolle (2010); *Niebling*, MDR 2010, 961; *Pfeiffer*, FS v. Westphalen (2010), S. 555; *Pfeiffer*, LMK 2010, 304510; *Rodemann/Schwenker*, ZfBR 2010, 419; *Vogt*, TranspR 2010, 15; *Acker/Bopp*, BauR 2009, 1040; *Kessel/Stomps*, BB 2009, 2666; *Kieninger*, RabelsZ 73 (2009), 793; *Lenkaitis/Löwisch*, ZIP 2009, 441; *Müller/*

durch die rechtspolitischen Rahmenbedingungen in den vergangenen Jahren noch einmal beschleunigt.[179] So forderte im Mai 2011 die 82. Konferenz der Landesjustizminister das Bundesjustizministerium auf, das AGB-Recht im unternehmerischen Geschäftsverkehr „in geeigneter Weise zu überprüfen und gegebenenfalls erforderliche Änderungen vorzuschlagen, um es für die Unternehmen rechtssicherer zu regeln.[180]

a) Symposium und 69. Deutscher Juristentag 2012

Im Januar 2012 wurde die Frage der Reformbedürftigkeit des deutschen AGB-Rechts im b2b-Verkehr auf einem gemeinsamen *Symposium* von Deutschem Anwaltsverein (DAV) und Deutschem Juristentag (DJT) kontrovers diskutiert, ohne dass über die wesentlichen Streitfragen Einigkeit erzielt werden konnte.[181] Sowohl im Hinblick auf die Frage, ob überhaupt Reformbedarf besteht, als auch mit Blick auf die Frage möglicher *Reformmaßnahmen* oder des *Schutzzwecks der Inhaltskontrolle* waren Anwälte wie Vertreter der Spitzenverbände von Industrie und Handwerk höchst unterschiedlicher Auffassung.[182] Wenn das Symposium zu einem eindeutigen Ergebnis geführt hat, dann war es die Erkenntnis, dass auch in der Wirtschaft selbst über die Frage der Reformbedürftigkeit des

---

Griebeler/Pfeil, BB 2009, 2658; *Rösler*, RabelsZ 73 (2009), 889; *Stoffels*, AGB-Recht (3. Aufl. 2015); *Tacou*, ZRP 2009, 140; *Thüsing*, in: Heinrich (Hrsg.), Krisen im Aufschwung (2009), S. 117; *Voser/Boog*, RIW 2009, 126; *v. Westphalen*, NJW 2010, 2254; *v. Westphalen*, BB 2010, 195; *v. Westphalen*, ZIP 2010, 1110; *v. Westphalen*, in: v. Westphalen (Hrsg.), Deutsches Recht im Wettbewerb (2009), S. 127; *v. Westphalen*, NJW 2009, 2977.

177 *Dauner-Lieb*, AnwBl. 2013, 845; *Fuchs*, FS Blaurock (2013), S. 91; *Hopt*, Handelsblatt 19. Februar 2013, Nr. 35, 11; *Kieninger*, FS Blaurock (2013), S. 177; *Kondring*, BB 2013, 73; *Müller*, BB 2013, 1355; *Müller*, LMK 2013, 342776; *Schütt*, BB 2013, 403; *v. Westphalen*, BB 2013, 67; *v. Westphalen*, BB 2013, 1357; *v. Westphalen*, AnwBl. 2013, 850; *v. Westphalen*, NJW 2013, 2239; *Axer*, AGB-Kontrolle (2012); *Bubrowski*, AnwBl. 2012, 980; *Deutscher Anwaltverein*, AnwBl. 2012, 402; *Frankenberger*, AnwBl. 2012, 318; *Hannemann*, AnwBl. 2012, 314; *Kaufhold*, BB 2012, 1235; *Kessel*, AnwBl. 2012, 293; *Kessel*, Referat 69. DJT (2012), S. I 57; *Kieninger*, AnwBl. 2012, 301; *Martin*, AnwBl. 2012, 352; *Meller-Hannich*, Anwbl. 2012, 676; *Müller/Schilling*, BB 2012, 2319; *Oetker*, AcP 212 (2012), 202; *Pfeiffer*, NJW 2012, 1169; *Salger/Schröder*, AnwBl. 2012, 683; *Schäfer*, BB 2012, 1231; *Schauer*, AnwBl. 2012, 690; *Schmidt-Kessel*, AnwBl. 2012, 308; *Schmitz*, Diskussion 69. DJT (2012), S. I 164; *Schwenzer/Lübberl*, AnwBl. 2012, 292; *Steinberger*, Diskussion 69. DJT (2012), S. I 162; *v. Westphalen*, NJOZ 2012, 441; *v. Westphalen*, AnwBl. 2012, 668; *v. Westphalen*, NJW 2012, 2243.

178 Vgl. hierzu etwa *Abels/Lieb (Hrsg.)*, AGB im Spannungsfeld zwischen Kautelarpraxis und Rechtsprechung: Linklaters AGB-Symposien 2005 und 2006 (2007) sowie *Abels/Lieb (Hrsg.)*, AGB im Wirtschaftsverkehr: Kölner AGB-Symposien 2007 und 2008 (2011).

179 Hierzu näher im Folgenden S. 714 ff.

180 TOP I.16 der 82. Konferenz der Justizministerinnen und Justizminister am 18. und 19. Mai 2011 in Halle (Saale), abrufbar unter www.justiz.bayern.de/media/pdf/i_16_agb_b2b.pdf. Vgl. auch *Bubrowski*, AnwBl. 2012, 980, 980.

181 Vgl. hierzu *Schwenzer/Lübberl*, AnwBl. 2012, 292; *Martin*, AnwBl. 2012, 352.

182 *Schwenzer/Lübberl*, AnwBl. 2012, 292, 292; *Martin*, AnwBl. 2012, 352, 353.

AGB-Rechts keine Einigkeit besteht.[183] Damit war zugleich jenen Argumenten *ad populum* der Boden entzogen, die mit Verweis auf einen angeblich bestehenden Konsens oder eine überwiegende Meinung der Wirtschaft („die Wirtschaft beklagt das schon lange“[184]) für eine deutliche Liberalisierung des Schutzniveaus der AGB-Kontrolle im b2b-Verkehr eintreten. Der Aussage, dass *„die deutsche Wirtschaft“* schon lange die strenge Kontrolle ihrer Klauseln nach dem AGB-Recht beklage und mit Verweis auf Rechtsunsicherheiten und Standortnachteile eine Flucht in das ausländische Recht befürchte[185], könnte in gleicher Weise die Sorge der *Wirtschaft* vor einer *„Aufweichung der Kontrolle“*[186] entgegengehalten werden.

Vor diesem Hintergrund ist erst recht eine differenzierte Bewertung des Problems geboten. Die Scheidelinie verläuft dabei quer durch Wirtschaft und Anwaltschaft, wobei Großunternehmen und ihre Syndici sowie Vertreter größerer Wirtschaftskanzleien tendenziell eine Liberalisierung der Inhaltskontrolle fordern,[187] während kleinere und mittlere Unternehmen (KMU) sowie Vertreter kleinerer Anwaltskanzleien für die Beibehaltung des geltenden Schutzniveaus eintreten.[188] Begleitet wird die Diskussion von entsprechenden Interessenverbänden, die sich in der *Initiative zur Fortentwicklung des AGB-Rechts im unternehmerischen Geschäftsverkehr* (Frankfurter Initiative),[189] die von den Verbänden VDMA[190], ZVEI[191] und der Industrie- und Handelskammer Frankfurt/Main getragen wird, sowie der *Initiative pro AGB-Recht*[192], die Unternehmen aus Mittelstand, Handwerk sowie Handelsverbände vertritt, zusammengeschlossen haben.

Vorbereitet durch eine Fülle von Beiträgen befasste sich der 69. Deutsche Juristentag 2012 in München intensiv mit der Frage der Reformbedürftigkeit des AGB-Rechts im unternehmerischen Geschäftsverkehr.[193] Während die Befürworter einer Reform auf die Korrekturbedürftigkeit der Inhaltskontrolle im b2b-Verkehr hinwiesen, eine empfindliche Beschneidung der Vertragsfreiheit durch das enge „Korsett“[194] des BGB und seine Auslegung sowie die Gefahr einer Flucht

---

[183] Ebenda.

[184] *Hopt*, Handelsblatt 19. Februar 2013, Nr. 35, 11.

[185] Vgl. nur *Hopt*, Handelsblatt 19. Februar 2013, Nr. 35, 11.

[186] *Schäfer*, BB 2012, 1231, 1234.

[187] Exemplarisch hierfür die *Initiative zur Fortentwicklung des AGB-Rechts im unternehmerischen Geschäftsverkehr.* Hierzu näher *Kessel*, AnwBl. 2012, 293.

[188] So etwa *Schäfer*, BB 2012, 1231, 1232ff. (Gesamtverband der deutschen Textil- und Modeindustrie e. V.).

[189] Vgl. hierzu *Kessel*, AnwBl. 2012, 293.

[190] Verband deutscher Maschinen- und Anlagenbau, http://www.vdma.org.

[191] Zentralverband Elektrotechnik- und Elektronikindustrie, http://www.zvei.org.

[192] http://www.pro-agb-recht.de. Vgl. auch *Schäfer*, BB 2012, 1231.

[193] Hierzu *Bubrowski*, AnwBl. 2012, 980, 980f.

[194] *Kessel*, Referat 69. DJT (2012), S. I 57, I 64. Ähnlich *Bubrowski*, AnwBl. 2012, 980, 981.

in das ausländische Recht beklagten und „mehr Luft zum Atmen für Unternehmer"[195] forderten, warnten die Befürworter des Status quo vor den Folgen einer Absenkung des Schutzniveaus des AGB-Rechts, da dies gerade „den Kleinen die Luft"[196] zum Atmen nehme. Vor allem für mittelständische Unternehmen habe sich das AGB-Recht als wirksames und notwendiges Schutzinstrument bewährt und sollte daher nicht aufgegeben werden.[197]

Gleichwohl sprach sich im Ergebnis die Mehrheit der Teilnehmer für eine *Reform des AGB-Rechts* im b2b-Bereich aus: Die von der Rechtsprechung entwickelte weitgehende Gleichbehandlung von b2c- und b2b-Verkehr, insbesondere die *Indizwirkung der Klauselverbote* der §§ 308, 309 BGB, wurde abgelehnt (41 zu 25 Stimmen bei 11 Enthaltungen).[198] Des Weiteren wurde gefordert, die Anforderungen an das *Aushandeln* von Vertragsbedingungen den Gepflogenheiten unternehmerischer Vertragsverhandlungen anzupassen (51 zu 20 Stimmen bei 6 Enthaltungen).[199] Schließlich sollte sich der *Maßstab der Inhaltskontrolle* im b2b-Verkehr an der guten unternehmerischen Praxis (*good commercial practice*) einer Branche, eines Industriesektors bzw. eines Wirtschaftszweiges orientieren (43 zu 27 Stimmen bei 7 Enthaltungen).[200]

b) Wesentliche Argumentationslinien der Diskussion

Mit den drei Beschlüssen des 69. Deutschen Juristentages 2012 sind zugleich die drei wesentlichen *Entwicklungslinien* des AGB-Rechts angesprochen, an denen sich die aktuelle Reformdebatte entzündet und die nun im Mittelpunkt der rechtspolitischen Diskussion stehen: 1) der durch die hohen Anforderungen der Rechtsprechung an das Merkmal des „Aushandelns" bedingte *weite Anwendungsbereich* des AGB-Rechts, 2) die weitgehende Angleichung des *Maßstabs der Inhaltskontrolle* im Unternehmerverkehr an jene des b2c-Verkehrs, insbesondere durch Übertragung der *Indizwirkung* der Klauselverbote auf den b2b-Bereich sowie 3) die Ignorierung des *Differenzierungsgebotes* des § 310 Abs. 1 S. 2 Hs. 2 BGB und die Umkehrung des Regel-Ausnahme-Verhältnisses in ihr Gegenteil durch mangelnde Berücksichtigung der *Bedürfnisse des unternehmerischen Geschäftsverkehrs.*[201]

---

[195] So *Steinberger*, Diskussion 69. DJT (2012), S. I 162, I 163; *Bubrowski*, AnwBl. 2012, 980, 980 f. Ebenso *Müller*, BB 2013, 1355, 1356.

[196] *Schmitz*, Diskussion 69. DJT (2012), S. I 164, I 164.

[197] *Bubrowski*, AnwBl. 2012, 980, 981.

[198] *Ständige Deputation des Deutschen Juristentages (Hrsg.)*, Verhandlungen des 69. DJT, Band II/1: Referate und Beschlüsse (2012), S. I 90.

[199] Ebenda.

[200] Ebenda.

[201] Vgl. exemplarisch *Hannemann*, AnwBl. 2012, 314, 316; *Kessel*, Referat 69. DJT (2012), S. I 57 ff.

aa) Kritik des geltenden AGB-Rechts

Im Hinblick auf den *Anwendungsbereich* der AGB-Kontrolle würde die strenge Rechtsprechung des BGH im Ergebnis dazu führen, dass nahezu jedes Klauselwerk als AGB zu qualifizieren sei.[202] Die AGB-Kontrollen würden zur Regel, kontrollfreie Verträge zur Ausnahme.[203] Da Verträge in der Regel auf der Grundlage vorformulierter Formulare und elektronisch gespeicherter Textbausteine bewährter Klauseln zusammengestellt und praktisch kaum noch eigenständig formuliert werden, sei das Merkmal der *Vorformulierung* fast immer gegeben.[204] Die hohen Anforderungen an das Merkmal des *Aushandelns*, das vom dem vertrauten Begriff des *Verhandelns* abweiche, würden zu einem hohen Maß an Rechtsunsicherheit bei der Abgrenzung von AGB und Individualabrede führen.[205] Da sich das Aushandeln in der Regel in Textänderungen niederschlagen müsse, seien „die in der Praxis von Vertragsverhandlungen völlig üblichen, geradezu unverzichtbaren Paketlösungen"[206] kaum mehr möglich, ohne dass der Anwendungsbereich des AGB-Rechts eröffnet und der Vertrag einer Inhaltskontrolle unterworfen werde.[207] Darüber hinaus drohe der Verwender, der eine Individualvereinbarung abschließen möchte, in die „AGB-Falle" zu geraten, wenn der Klauselgegner bewusst oder unbewusst eine inhaltliche Auseinandersetzung mit dem Vertragstext unterlässt, um sich später mit Verweis auf ein fehlendes Aushandeln auf die Unwirksamkeit bestimmter Klauseln nach dem AGB-Recht zu berufen.[208]

Im Hinblick auf den *Maßstab der Inhaltskontrolle* werde zudem das Differenzierungsgebot des § 310 Abs. 1 S. 2 Hs. 2 BGB durch die faktische *Gleichbehandlung* von Verbraucher- und Unternehmerverkehr und insbesondere die Anwendung der *Indizwirkung der Klauselverbote* auf den unternehmerischen Geschäftsverkehr neutralisiert.[209] Damit werde der vom Gesetzgeber ursprünglich intendier-

---

[202] *Kessel*, AnwBl. 2012, 293, 293.

[203] *Dauner-Lieb*, AnwBl. 2013, 845, 845; *Leuschner*, JZ 2010, 875, 878.

[204] *Kessel*, AnwBl. 2012, 293, 293.

[205] *Kessel*, AnwBl. 2012, 293, 293 ff.; *Berger*, NJW 2010, 465, 467; *Miethaner*, AGB-Kontrolle (2010), S. 163; *Stumpf*, BB 1985, 963, 963. A. A. *v. Westphalen*, BB 2013, 67, 70.

[206] *Kessel*, Referat 69. DJT (2012), S. I 57, I 61.

[207] *Kessel*, Referat 69. DJT (2012), S. I 57, I 61.

[208] Zur Problematik der AGB-Falle eingehend *Weischer*, Vertragsfreiheit und Inhaltskontrolle (2013), 142 ff., *Axer*, AGB-Kontrolle (2012), S. 348; *Kaufhold*, BB 2012, 1235, 1237; *Kessel*, AnwBl. 2012, 293, I 70 ff.; *Kessel*, AnwBl. 2012, 293, 298; *Kieninger*, AnwBl. 2012, 301, 302; *v. Westphalen*, Allgemeine Verkaufsbedingungen (2012), S. 20; *Berger*, NJW 2010, 465, 465; *Lorenz*, DAR 2010, 314, 317; *Müller/Griebeler/Pfeil*, BB 2009, 2658, 2660; *Kessel/Jüttner*, BB 2008, 1350, 1351; *Berger/Kleine*, BB 2007, 2137, 2141; *Rabe*, NJW 1987, 1978, 1979. Ebenso die Stellungnahme des Zivilrechtsausschusses des Deutschen Anwaltvereins „Änderung des AGB-Rechts im unternehmerischen Rechtsverkehr: Deutsches Recht stärken", *Deutscher Anwaltverein*, AnwBl. Online 2012, 180, 188.

[209] *Dauner-Lieb*, AnwBl. 2013, 845, 845.

te Regel-Ausnahme-Charakter in sein Gegenteil verkehrt.[210] Zwar bestehe die theoretische Möglichkeit der Relativierung der Klauselverbote, jedoch werde hiervon kaum Gebrauch gemacht.[211] Das in § 310 Abs. 1 S. 2 Hs. 2 BGB gesetzlich angeordnete Differenzierungsgebot, das eine angemessene Berücksichtigung der im Handelsverkehr geltenden Gewohnheiten und Gebräuche verlange, bleibe letztlich wirkungslos. Faktisch werde über die *Leitbildfunktion des dispositiven* Rechts *ius dispositivum* in *ius cogens* umgedeutet[212] und der Unternehmerverkehr letztlich am Maßstab des Verbraucherrechts gemessen. Durch die extensive Auslegung des *Transparenzgebotes* und die Figur *kontrollbedürftiger Preisnebenabreden* komme es zu einer Ausdehnung der Inhaltskontrolle in dem nach § 307 Abs. 3 BGB eigentlich kontrollfreien Raum des Preis-Leistungs-Verhältnisses.[213]

Die Folge sei eine *Erosion der Vertragsgestaltungsfreiheit* im b2b-Verkehr, eine *Behinderung unternehmerischen Handelns*[214] und eine realitätsfremde Rechtsprechung, die an der Praxis und den Bedürfnissen des unternehmerischen Geschäftsverkehrs vorbeigehe.[215] Es komme zu unsachgemäßen Belastungen der deutschen Wirtschaft und zu einer Benachteiligung kleiner und mittlerer Unternehmen (KMU), die sich keine eigene Rechtsabteilung und damit auch nicht den Aufwand eines den Anforderungen der Rechtsprechung genügenden Aushandelns von Individualabreden leisten könnten.[216] Darüber hinaus stelle das deutsche AGB-Recht einen *Standortnachteil,* eine schlechte Position im *Wettbewerb der Rechtsordnungen*[217] dar, der einer Flucht in das ausländische, insbesondere das deutlich liberalere *Schweizer Recht*[218] und damit dem *forum shopping* Vorschub leiste.[219] Die internationale *Attraktivität* des deutschen Rechts

---

[210] *Hannemann*, AnwBl. 2012, 314, 316.

[211] *Dauner-Lieb/Axer*, ZIP 2010, 309, 311.

[212] Ähnlich *Dauner-Lieb*, AnwBl. 2013, 845, 846 („Erstarken weiter Bereiche des dispositiven Rechts zum zwingenden Recht").

[213] *Dauner-Lieb*, AnwBl. 2013, 845, 845.

[214] *Stumpf*, BB 1985, 963, 963 („Sand im Getriebe unternehmerischen Handelns").

[215] Hierzu plastisch *Frankenberger*, AnwBl. 2012, 318, 318 f. („AGB im B2B-Geschäft: Wenn die Wirklichkeit das Recht überholt.").

[216] *Kessel*, AnwBl. 2012, 293, 293.

[217] *Dauner-Lieb*, AnwBl. 2013, 845, 845; *Kieninger*, FS Blaurock (2013), S. 177; *Axer*, AGB-Kontrolle (2012), S. 269; *Dauner-Lieb/Axer*, ZIP 2010, 309, 309; *Berger*, NJW 2010, 465, 466; *Berger/Kleine*, NJW 2007, 3526.

[218] *Dauner-Lieb*, AnwBl. 2013, 845, 846; *Müller*, BB 2013, 1355; *Pfeiffer*, FS v. Westphalen (2010), S. 555; *Kondring*, RIW 2010, 184; *Acker/Bopp*, BauR 2009, 1040; *Hobeck*, SchiedsVZ 2005, 112; *Lischek/Mahnken*, ZIP 2007, 158; *Lenkaitis/Löwisch*, ZIP 2009, 441; *Brachert/Dietzel*, ZGS 2005, 441. Darauf hinweisend: *Schauer*, AnwBl. 2012, 690, 694.

[219] *Dauner-Lieb*, AnwBl. 2013, 845, 846; *Müller*, BB 2013, 1355; *Brachert/Dietzel*, ZGS 2005, 441; *Eckhoff*, GWR 2013, 80, 82; *Frankenberger*, AnwBl. 2012, 318, 319; *Kessel*, AnwBl. 2012, 293, 293; *Landbrecht*, RIW 2011, 291; *Berger*, NJW 2010, 465; *Müller/Griebeler/Pfeil*, BB 2009, 2658; *Kollmann*, NJW 2011, 1324; *Kollmann*, NJOZ 2011, 625; *Kondring*, RIW 2010, 184; *Müller/Schilling*, BB 2012, 2319. Hierzu *Kieninger*, AnwBl. 2012, 301, 303; *Berger/Kleine*, NJW 2007, 3526; *Kaufhold*, BB 2012, 1235 mwN. Vgl. auch BT-Drucks. 14/6857, S. 17.

werde dadurch beeinträchtigt, der Erfolg der Initiative *Law made in Germany* gefährdet.[220]

bb) Beibehaltung des gegenwärtigen Schutzniveaus

Die Fundamentalkritik des geltenden AGB-Rechts und die Forderung nach einer weitgehenden Einschränkung der Inhaltskontrolle im unternehmerischen Geschäftsverkehr wird von einem Teil des Schrifttums und der Rechtspraxis indes nicht geteilt[221] und ist teilweise sogar auf deutlichen Widerspruch gestoßen.[222] Mit einer Liberalisierung des AGB-Rechts im Unternehmerverkehr würden eine geglückte und bewährte Rechtsentwicklung aufgegeben und gerade kleine und mittlere Unternehmen (KMU) schutzlos gestellt[223], „der Schutz des Schwächeren faktisch abgeschafft"[224]. Die höhere geschäftliche *Erfahrung* von Unternehmern ändere nichts an ihrer *situativen Unterlegenheit*, da eine eingehende Kenntnisnahme und rechtliche Bewertung der AGB auch im unternehmerischen Rechtsverkehr kaum möglich und auch nicht zumutbar sei.[225] Darüber hinaus würden insbesondere kleinere Unternehmen regelmäßig mit nicht verhandelbaren, sie benachteiligenden *Knebelverträgen* konfrontiert, so dass sie in besonderer Weise des Schutzes des AGB-Rechts bedürften.[226] Die Vertragspartner begegneten sich hier in der Regel nicht auf Augenhöhe.[227] Im Fall eines strukturellen Machtungleichgewichtes, etwa infolge einer marktbeherrschenden Position des wirtschaftlich überlegenen Verwenders, sei der Klauselgegner auch im Unternehmer-

---

220 *Müller*, LMK 2013, 342776; *Kieninger*, AnwBl. 2012, 301, 304; *Brauch*, FS v. Westphalen (2010), S. 31, 54; *Dauner-Lieb/Axer*, ZIP 2010, 309, 309.

221 Vgl. nur *Fuchs*, FS Blaurock (2013), S. 91; *v. Westphalen*, AnwBl. 2013, 850; *v. Westphalen*, BB 2013, 1357; *v. Westphalen*, BB 2013, 67; *Schäfer*, BB 2012, 1231, 1232ff.; *Meller-Hannich*, Anwbl. 2012, 676, 682; *v. Westphalen*, AnwBl. 2012, 668; *v. Westphalen*, NJOZ 2012, 441; *Niebling*, MDR 2011, 1399, 1399; *Niebling*, MDR 2011, 1399, 1399; *Schmidt*, NJW 2011, 3329, 3334; *Schiffer/Weichel*, BB 2011, 1283, 1290; *v. Westphalen*, ZIP 2011, 1985; *v. Westphalen*, FS Streck (2011), S. 833; *v. Westphalen*, ZIP 2011, 983; *v. Westphalen*, BB 2011, 1; *v. Westphalen*, BB 2011, 195; *Günes/Ackermann*, ZGS 2010, 400, 406; *Günes/Ackermann*, ZGS 2010, 454, 460; *v. Westphalen*, BB 2010, 195; *v. Westphalen*, ZIP 2010, 1110; *v. Westphalen,* in: v. Westphalen (Hrsg.), Deutsches Recht im Wettbewerb (2009), S. 127; *v. Westphalen*, ZIP 2007, 149; *v. Westphalen*, ZGS 2006, 81. Für eine Anpassung der Rechtsprechung auf der Grundlage des geltenden Rechts *Koch*, BB 2010, 1810, 1815; *Lenkaitis/Löwisch*, ZIP 2009, 441, 450f.; *Kessel/Stomps*, BB 2009, 2666, 2675; *Kessel/Jüttner*, BB 2008, 1350, 1355; *Lischek/Mahnken*, ZIP 2007, 158, 163; *Pres*, Inhaltskontrolle (2005), S. 203ff., 228f.; *Wackerbarth*, AcP 200 (2000), 45, 91. Vermittelnd auch *Schmidt-Kessel*, AnwBl. 2012, 308, 311ff.; *Kaufhold*, BB 2012, 1235, 1240ff.; *Kaufhold*, ZIP 2010, 631, 634 sowie eingehend unten S. 719ff.

222 Vgl. nur *v. Westphalen*, AnwBl. 2013, 850, 850ff.; *v. Westphalen*, BB 2013, 1357, 1357ff.; *Schäfer*, BB 2012, 1231, 1232ff.

223 Hierzu *Axer*, AGB-Kontrolle (2012), S. 81.

224 *Schäfer*, BB 2012, 1231,1234.

225 Hierzu *Schäfer*, BB 2012, 1231,1232f. sowie zur Schutzbedürftigkeit des unternehmerischen Klauselgegners unten S. 759ff., 763ff., 765ff., 779ff.

226 *Axer*, AGB-Kontrolle (2012), S. 81; *Schäfer*, BB 2012, 1231,1233.

227 *Schäfer*, BB 2012, 1231,1233.

verkehr *schutzbedürftig*.[228] Würde die AGB-Kontrolle entfallen, könnte etwa „der Händler den Hersteller melken“[229]. Da das Kartellrecht bei der Bekämpfung des Konditionenmissbrauchs nicht greife, komme dem AGB-Recht insoweit eine wichtige Funktion zu, die neben jene des Schutzes vor *situativer Unterlegenheit* infolge klauselbedingter Informationsasymmetrie trete.[230]

Darüber hinaus sei das Leitbild „der vernünftigen unternehmerischen Praxis“[231] zur Konkretisierung des Differenzierungsgebotes schon deshalb ungeeignet, weil es sich nicht um einen *rechtlichen* Begriff, sondern um ein *faktisches datum* handle, das empirische Untersuchungen nötig mache, wie denn die Praxis der Unternehmen beschaffen sei.[232] Würde der Maßstab des demokratisch legitimierten Gesetzesrechts durch das Leitbild vernünftiger unternehmerischer Praxis ersetzt, wäre damit eine Abkehr von der *Leitbildfunktion des dispositiven Rechts* und letztlich sogar die Legalisierung gesetzwidrigen Verhaltens verbunden.[233] Die *Bedürfnisse des Rechtsverkehrs*, auf die als Maßstab immer wieder verwiesen werde, reflektierten zudem fast ausschließlich die *Bedürfnisse des Verwenders*.[234] Mit der Inhaltskontrolle des unternehmerischen Geschäftsverkehrs wurde eine jahrzehntelange Rechtsprechung auf Basis des auch im Unternehmensverkehr geltenden Grundsatzes von Treu und Glauben nach § 242 BGB in Gesetzesrecht gegossen, so dass eine grundsätzliche Aufgabe des bestehenden Schutzmodells kaum denkbar sei.[235] Sie hätte eine Rückkehr zur offenen Inhaltskontrolle auf Grundlage des § 242 BGB und damit ein deutlich geringeres Maß an Rechtssicherheit zur Folge.[236]

Schließlich sei die bisherige Rechtsprechung auch im Ergebnis überzeugend. Insbesondere mit Blick auf die heftig kritisierten *Haftungsbegrenzungsklauseln* stelle sich die Frage, mit welcher Begründung und in welchen Branchen bei Einführung des Tatbestandsmerkmals der „vernünftigen unternehmerischen Praxis“ die Grenzen der Freizeichnung zum Nachteil des Kunden noch verschoben wer-

---

[228] So schon im Rahmen der Diskussion vor Erlass des AGBG *Eith*, NJW 1974, 16, 20; *Bastian/Böhm*, BB 1974, 110, 110 ff.; *Pinger*, MDR 1974, 705, 708; *Stötter*, BB 1974, 434, 434 ff.; *Nicklisch*, BB 1974, 941, 945 ff.; *Weber*, DB 1974, 1801, 1804; *Brandner*, JZ 1973, 613, 614; *Helm*, FS Schnorr von Carolsfeld (1973), S. 125, 144 ff. Hierzu eingehend unten S. 759 ff., 763 ff., 765 ff., 779 ff.

[229] *Schäfer*, BB 2012, 1231,1233.

[230] Vgl. *Schäfer*, BB 2012, 1231,1233.

[231] So der DAV-Vorschlag *Deutscher Anwaltverein*, AnwBl. 2012, 402, 402; *Deutscher Anwaltverein*, AnwBl. Online 2012, 180, 180, 187. Vgl. hierzu unten S. 759 f., 972 f.

[232] So *v. Westphalen*, NJOZ 2012, 441, 446. Ebenso bereits mit Blick auf ähnliche Formulierungen *v. Westphalen*, AnwBl. 2013, 850, 851; *v. Westphalen*, BB 2010, 195, 196.

[233] *v. Westphalen*, AnwBl. 2013, 850, 851.

[234] *v. Westphalen*, AnwBl. 2013, 850, 856. Hierzu eingehend unten S. 722 f.

[235] Hierzu *Niebling*, MDR 2011, 1399, 1399.

[236] Zu dieser Problematik *Niebling*, MDR 2011, 1399, 1399. Vgl. auch Begründung des RegE zum AGBG, BT-Drucks. 7/3919, S. 14 („Die Vorschriften verstehen sich im wesentlichen als Ausprägung des die Rechtsordnung insgesamt beherrschenden Grundsatzes von Treu und Glauben“).

den sollten.[237] Ein Standortnachteil deutscher Unternehmen aufgrund des AGB-Rechts sei nicht erkennbar.[238] Jedenfalls hätten etwa „die Banken keinen wirklichen Schaden erlitten, als sie sich dieser strengen Judikatur vor fast 20 Jahren unterworfen haben."[239] Eine AGB-bedingte Schwäche der deutschen Wirtschaft sei nicht zu erkennen.[240] Im Gegenteil sei Deutschland gut durch die Wirtschaftskrise gekommen und stehe besser da als die meisten anderen europäischen Staaten, „und zwar wegen und nicht trotz der AGB-Rechtsprechung."[241] Schließlich sei zweifelhaft, ob es die häufig behauptete Flucht in das Schweizer Recht überhaupt in nennenswertem Umfang gäbe.[242] Aufgrund der mit der Anwendbarkeit ausländischen Rechts verbundenen Rechtsunsicherheit würden 99,9 % aller Verträge im unternehmerischen Geschäftsverkehr vermutlich nach deutschem Recht geschlossen.[243] Würden die Parteien im Einzelfall gleichwohl eine ausländische Rechtsordnung wählen, so wäre dies keinesfalls ein Grund, das deutsche Recht infrage zu stellen und so das „das Kind mit dem Bade auszuschütten."[244] Darüber hinaus sei der Maßstab der Inhaltskontrolle im b2b-Verkehr des § 307 BGB mit jenem des Art. 86 GEK-E praktisch identisch, so dass das deutsche AGB-Recht „auf diesem Wege seine supranationale ‚Weihe' erhalten" habe.[245]

c) Grundtendenzen der gegenwärtigen Diskussion

Bevor die Untersuchung in eine eingehende Auseinandersetzung mit den aufgeworfenen Problemen – im entsprechenden dogmatischen Kontext – eintreten kann, ist eine Stellungnahme zu einigen übergreifenden Aspekten der aktuellen rechtspolitischen Diskussion erforderlich, die für die Debatte prägend geworden und für eine sachgerechte Bewältigung des Problems entscheidend sind. Dabei kann auf den Befund der bisherigen Untersuchung zurückgegriffen und sein Ertrag mit Blick auf die angesprochenen Probleme aktualisiert und so fruchtbar gemacht werden.

aa) Fokussierung auf formaler und Ausblenden materieller Vertragsfreiheit

Aus rechtsdogmatischer Perspektive auffällig und für die aktuelle rechtspolitische Diskussion prägend ist – zumindest aufseiten der Kritiker der geltenden Rechtslage – zunächst eine Überbetonung *formaler Vertragsfreiheit* und ein deutliches Ausblenden der *materiellen Vertragsfreiheit* des Verwendungsgeg-

---

[237] *v. Westphalen*, AnwBl. 2013, 850, 852.
[238] So *Schäfer*, BB 2012, 1231, 1232.
[239] *v. Westphalen*, AnwBl. 2013, 850, 853.
[240] *Schäfer*, BB 2012, 1231, 1232.
[241] *Schäfer*, BB 2012, 1231, 1232.
[242] *Schäfer*, BB 2012, 1231, 1232.
[243] *Schäfer*, BB 2012, 1231, 1232.
[244] *Schäfer*, BB 2012, 1231, 1232.
[245] *v. Westphalen*, AnwBl. 2013, 850, 857.

ners. Wird die Vertragsfreiheit thematisiert – und sie ist ein Schlüsselbegriff der aktuellen Debatte – so ist nahezu ausschließlich jene des *Verwenders* gemeint, und zwar regelmäßig im Kontext ihrer vermeintlichen *Beschränkung* durch ein übermäßig strenges AGB-Recht. Die Klage über einen „Abschied von der Vertragsfreiheit“[246], über eine „Gefahr für die Vertragsfreiheit“[247] ist mittlerweile zum geflügelten Wort in der Diskussion geworden. Auch wenn mit Blick auf den allgemein anerkannten Schutzzweck der Inhaltskontrolle konzediert wird, dass das AGB-Recht dem Schutz vor der einseitigen Inanspruchnahme der Vertragsgestaltungsfreiheit durch den Verwender diene, ist es ebenfalls die Vertragsfreiheit des *Verwendungsgegners* um die es geht. Ein Eingriff in die Vertragsfreiheit, so scheint es, ist offensichtlich ausschließlich aufseiten des Verwenders denkbar.

Dass durch missbräuchliche Klauseln, Knebelverträge und fehlende Verhandlungsbereitschaft selbstverständlich auch die Vertragsfreiheit des Verwendungsgegners beeinträchtigt wird und genau dies – die Knebelung des unterlegenen Vertragspartners durch den oft wirtschaftlich stärkeren Klauselverwender – das Hauptproblem kleiner und mittlerer Unternehmen in der Praxis darstellt, bleibt dabei völlig unberücksichtigt.[248] Eine derart einseitige Perspektive auf das Problem der Inhaltskontrolle im unternehmerischen Geschäftsverkehr wird der Rechtspraxis und den tatsächlichen Bedürfnissen des Rechtsverkehrs – und dazu gehören gerade nicht nur die als Verwender auftretenden Unternehmen, sondern auch die unternehmerischen Kunden als Verwendungsgegner – nicht gerecht.

Die einseitige Überbetonung *formaler Vertragsfreiheit* ausschließlich der *Verwenderseite* verwundert umso mehr, als das AGB-Recht nach der Intention des historischen Gesetzgebers gerade dem Schutz vor „einer oft schwer erträglichen Verdrängung, bisweilen sogar elementaren Mißachtung der Grundsätze der *Vertragsfreiheit* und *Vertragsgerechtigkeit*“[249] durch missbräuchliche Klauseln dienen sollte. Die Vertragsfreiheit wird nach Auffassung des Gesetzgebers dabei nicht durch das AGB-Recht, sondern vielmehr durch *missbräuchliche AGB* selbst gefährdet. Eine Gefahr, der die Rechtsordnung gerade mithilfe des AGB-Rechts zu begegnen versucht. Angesichts des Rückgriffs beider Seiten auf das Prinzip der Vertragsfreiheit erhebt sich unwillkürlich die Frage, was denn nun gelten solle: Dient das AGB-Recht dem Schutz der Vertragsfreiheit oder bedroht sie diese? Die Antwort wurde im Rahmen der Untersuchung der verfassungsrechtlichen[250] und dogmatischen[251] Grundlagen der Inhaltskontrolle bereits gegeben: Die Inhaltskontrolle von AGB dient dem Schutz der *materiellen Vertragsfreiheit* des

---

[246] *Brauch*, FS v. Westphalen (2010), S. 31, 31.
[247] *Wildhaber*, SJZ 2011, 537, 537.
[248] Hierzu anschaulich *Schäfer*, BB 2012, 1231, 1231 ff.
[249] Begründung des RegE zum AGBG, BT-Drucks. 7/3919, S. 9. Hervorhebungen durch den Verfasser.
[250] Vgl. hierzu oben S. 359 ff., 374 ff.
[251] Vgl. hierzu oben S. 462 ff., 507 ff., 567 ff.

Kunden, dessen Vertragsgestaltungsfreiheit typischerweise auf Null reduziert ist und der aufgrund des fehlenden Konditionenwettbewerbs auch nicht darauf verwiesen werden kann, auf andere Anbieter auszuweichen.[252] Selbst der Verzicht auf einen Vertragsschluss stellt regelmäßig keine zumutbare Alternative dar, da dies faktisch den Ausschluss des Kunden vom Rechtsverkehr zur Folge hätte.[253]

Der Schutz der *materiellen Vertragsfreiheit* des Kunden hat allerdings seinen Preis: Er erfordert notwendig eine Beschränkung der *formalen Vertragsfreiheit* des Verwenders. Eine unzulässige Beschränkung der Parteiautonomie ist darin freilich im Grundsatz nicht zu sehen, wie die Untersuchung der *verfassungsrechtlichen* und *dogmatischen Grundlagen* der Inhaltskontrolle gezeigt hat.[254] Denn sie kompensiert lediglich ein *Versagen der Richtigkeitsgewähr* des *Vertragsmechanismus*[255] und hat damit letztlich ein höheres, kein geringeres Maß an Freiheit beider Parteien zur Folge. Dies gilt umso mehr, als die Vertragsfreiheit wie jede Freiheitsgewährleistung von vornherein lediglich in dem Rahmen gewährleistet wird, den die Rechtsordnung ihr vorgibt, und ihre Schranke damit notwendig in der ebenfalls zu schützenden Vertragsfreiheit des jeweils anderen Vertragspartners findet.[256] Erfolgt der vertragliche Interessenausgleich unter der Bedingung *tatsächlicher, materieller* Vertragsfreiheit aufseiten beider Vertragspartner als Voraussetzung der Richtigkeitsgewähr des Vertragsmechanismus, so führt dies regelmäßig zu einem *angemessenen Ausgleich* der gegenseitigen Interessen und hat damit *Vertragsgerechtigkeit* zur Folge.[257] *Vertragsfreiheit* und *Vertragsgerechtigkeit* sind – wie mit Blick auf die Grundlagen der Inhaltskontrolle gezeigt wurde[258] – damit auf das Engste in der Weise miteinander verknüpft, dass sich Vertragsgerechtigkeit gleichsam als *Kehrseite* tatsächlicher materieller Vertragsfreiheit beider Parteien darstellt. So war es das Bundesverfassungsgericht, das in seiner *Bürgschaftsentscheidung* deutlich gemacht hat, „daß die *Vertragsfreiheit* nur im Falle eines annähernd ausgewogenen *Kräfteverhältnisses* der Partner als Mittel eines *angemessenen Interessenausgleichs* taugt und daß der Ausgleich *gestörter Vertragsparität* zu den *Hauptaufgaben* des geltenden Zivilrechts gehört … Im Sinne dieser Aufgabe lassen sich große Teile des Bürgerlichen Gesetzbuchs deuten."[259]

---

[252] Vgl. hierzu oben S. 568 ff., 596 ff., 611 ff.

[253] Vgl. hierzu oben S. 611 ff.

[254] Vgl. hierzu oben S. 439 ff., 458 ff., 462 ff., 507 ff., 567 ff.

[255] Hierzu Vertragsmechanismus *Schmidt-Rimpler*, FS Raiser (1974), S. 3, 5 ff.; *Schmidt-Rimpler*, FS Nipperdey (1955), S. 1, 6 ff.; *Schmidt-Rimpler*, AcP 147 (1941), 130, 151 ff. sowie eingehend oben S. 208 ff., 458 ff., zur Kritik oben S. 221 ff.

[256] Zur Auflösung des Spannungsverhältnisses im Wege praktischer Konkordanz vgl. BVerfGE 89, 214, 232 = NJW 1994, 36, 38 sowie oben S. 414 ff.

[257] Vgl. zur grundsätzlichen *Richtigkeitsgewähr* des Vertragsmechanismus *Schmidt-Rimpler*, FS Raiser (1974), S. 3, 5 f.; *Schmidt-Rimpler*, AcP 147 (1941), 130, 151 f., 156, 160 sowie oben S. 233 ff., 243 ff., 256 ff.

[258] Vgl. oben S. 159 ff., 181 ff., 174 f., 234 ff.

[259] BVerfGE 89, 214, 233 = NJW 1994, 36, 38 f. (Bürgschaft I). Hervorhebungen durch den Verfasser.

Vor diesem dogmatischen und verfassungsrechtlichen Hintergrund kann nicht schon jede notwendige Beschränkung *formaler* zum Schutz *materieller* Vertragsfreiheit gleichsam reflexhaft als „Abschied von der Privatautonomie"[260] gewertet werden. Selbstverständlich ist auch im Rahmen der richterlichen Inhaltskontrolle von AGB sorgfältig zu prüfen, ob sie mit Blick auf *Anwendungsbereich* und *Kontrolldichte* erforderlich ist, um ein *Versagen der Richtigkeitsgewähr des Vertragsmechanismus* zu kompensieren, oder ob sie nicht vielmehr über ihr Ziel hinausschießt. Eine derartige Bewertung setzt indes eine differenzierte Auseinandersetzung mit der tatsächlichen Funktion des Vertragsmechanismus voraus und muss daher notwendig die Frage einschließen, ob und in welchem Umfang der Verwendungsgegner auch tatsächlich die Möglichkeit hat, von der ihm formal eingeräumten Vertragsfreiheit auch tatsächlich Gebrauch zu machen. Dass gerade dieser Aspekt systematisch ausgeblendet und damit nicht in der gebotenen Weise berücksichtigt wird, ist das dogmatisch und verfassungsrechtlich verstörende Moment der aktuellen rechtspolitischen Diskussion. Ihr ist durch eine dogmatisch umfassendere und ausgewogenere Bewältigung der Problematik zu begegnen, die Einseitigkeiten vermeidet und – entsprechend den dogmatischen und verfassungsrechtlichen Vorgaben – auch die *materielle Vertragsfreiheit* des Verwendungsgegners in angemessener Weise berücksichtigt.

bb) Fokussierung auf großvolumige Transaktionen wirtschaftlich gleich starker Vertragspartner

Eng verknüpft mit dem Problem der einseitigen Überbetonung der formalen Vertragsfreiheit des Verwenders und dem Ausblenden der materiellen Vertragsfreiheit des unternehmerischen Verwendungsgegners ist das Phänomen der Fokussierung auf *großvolumige Transaktionen* wirtschaftlich gleich starker Vertragspartner. So fällt auf, dass im Rahmen der rechtspolitischen Diskussion die Forderungen nach einer Liberalisierung der Inhaltskontrolle im b2b-Verkehr – zwar nicht ausschließlich, jedoch häufig – mit Fallbeispielen aus dem Bereich von M&A-Transaktionen[261], dem Kraftwerks- und Anlagenbau[262] sowie dem Handel mit Emissionsrechten[263] unter Beteiligung mehrerer Staaten begründet werden. In diesen Fällen, so die Argumentation, würde die Anwendung des

[260] *Berger*, ZIP 2006, 2149.

[261] *Berger*, NJW 2010, 465, 466; *Brauch*, FS v. Westphalen (2010), S. 31, 52; *Miethaner*, AGB-Kontrolle (2010), S. 210; *Leuschner*, AcP 207 (2007), 491, 515 ff.; *Habersack/Schürnbrand*, FS Canaris (2007), S. 359, 359 ff.; *Lischek/Mahnken*, ZIP 2007, 158, 158. Kritisch jedoch *Axer*, AGB-Kontrolle (2012), S. 171 („M&A-Verträge sind freilich nicht repräsentativ für den üblichen unternehmerischen Geschäftsverkehr"). Dass auch für M&A-Verträge eine sachgerechte Lösung auf der Grundlage des geltenden Rechts möglich ist, haben *Schiffer/Weichel*, BB 2011, 1283, 1283 ff., 1290 aufgezeigt.

[262] *Kondring*, BB 2013, 73, 76; *Berger*, NJW 2010, 465, 466, 468; *Müller/Griebeler/Pfeil*, BB 2009, 2658, 2664.

[263] *Müller/Griebeler/Pfeil*, BB 2009, 2658, 2664.

AGB-Rechts die Gestaltungsfreiheit der Parteien – etwa mit Blick auf vertragliche Haftungsbeschränkungen – in unzulässiger Weise beeinträchtigen. Dies sei sachlich nicht gerechtfertigt, da sich die – in der Regel wirtschaftlich annähernd gleich starken Vertragspartner – auf Augenhöhe begegneten, die aufgrund der Inhaltskontrolle unwirksamen Klauseln tatsächlich von beiden Parteien gewollt seien und ein Schutzbedürfnis daher nicht bestehe.[264] Derartige Vertragswerke der Klauselkontrolle nach dem AGB-Recht der §§ 307 ff. BGB zu unterstellen, sei nicht sachgerecht.[265]

Dass ein allzu weiter Anwendungsbereich des AGB-Rechts sowie ein zu strenger Kontrollmaßstab den Bedürfnissen der Parteien in derartigen Fällen nicht gerecht werden, steht außer Zweifel, wenngleich auch hier sicherlich im Einzelnen zu prüfen sein wird, ob die vereinbarten Haftungsbegrenzungsklauseln oder etwa umfangreiche Vertragsstrafen mit dem Prinzip der Vertragsäquivalenz tatsächlich vereinbar und vom Vertragszweck gedeckt sind. Ist dies nicht der Fall, so wird zu prüfen sein, unter welchen Bedingungen der Vertrag überhaupt zustande gekommen ist und ob die benachteiligte Partei von ihrer materiellen Vertragsfreiheit überhaupt tatsächlich Gebrauch machen konnte. So sind auch bei großvolumigen Transaktionen Knebelverträge möglich und selbst grundsätzlich wirtschaftlich starke Parteien können etwa aufgrund einer im konkreten Fall unterlegenen Marktposition gegenüber einem Monopolisten im Einzelfall schutzbedürftig sein. In der Regel kann bei derartigen Transaktionen aufgrund annähernd gleicher Verhandlungsmacht jedoch nicht von vornherein von einem Versagen des Vertragsmechanismus ausgegangen werden. Klar ist in diesem Zusammenhang jedoch auch, dass derartige Fälle – trotz hoher absoluter Zahlen – mit Blick auf die große Masse der Rechtsgeschäfte im unternehmerischen Geschäftsverkehr schon aufgrund ihres besonderen Charakters sicherlich die Ausnahme bilden.

Der unternehmerische Rechtsverkehr wird in Deutschland nicht durch große Unternehmenskauf-, Kraftwerks- und Anlagenbauverträge oder den zwischenstaatlichen Handel von Emissionsrechten, sondern durch den Mittelstand geprägt: So gehören von den in Deutschland umsatzsteuerpflichtigen Unternehmen 99,7 % zu den KMU (unter 500 Beschäftigte, unter 50 Millionen Euro Umsatz pro Jahr) und mit 87,8 % die sogar ganz überwiegende Anzahl zu den kleinen Unternehmen (bis 9 Beschäftigte, bis 1 Million Euro Umsatz pro Jahr).[266] Bei der Mehrzahl der von diesen kleinen Unternehmen abgeschlossenen

---

[264] *Berger*, NJW 2010, 465, 466, 468 ff. Ähnlich *Brauch*, FS v. Westphalen (2010), S. 31, 52 ff.; *Miethaner*, AGB-Kontrolle (2010), S. 210.

[265] Für eine Herausnahme großvolumiger Verträge aus der Inhaltskontrolle, indes auch mit Verweis auf eine positive Transaktionskosten-Vertragswert-Relation *Becker*, AGB und Individualvereinbarung (2011), S. 164 f.; *Becker*, JZ 2010, 1098, 1105 f.; *Leuschner*, JZ 2010, 875, 884; *Miethaner*, AGB-Kontrolle (2010), S. 209 ff.; *Miethaner*, NJW 2010, 3121, 3127; *Müller/Griebeler/Pfeil*, BB 2009, 2658, 2662; *Leuschner*, AcP 207 (2007), 491, 524 f. Befürwortend auch *Müller*, BB 2013, 1355, 1357.

[266] *Günterberg*, Unternehmensgrößenstatistik (2012), S. 11.

Verträge wird es sich darüber hinaus naturgemäß nicht um Unternehmenskaufverträge, sondern um den üblichen Geschäftsverkehr im Rahmen der gewöhnlichen Geschäftstätigkeit handeln. Von volkswirtschaftlich und rechtspraktisch sehr viel größerer Bedeutung als die genannten Verträge zwischen Großunternehmen sind damit Verträge der KMU und hier vor allem der kleineren Unternehmen mit maximal 9 Beschäftigten und bis zu 1 Million Euro Jahresumsatz. Die einseitige Fokussierung auf Rechtsgeschäfte zwischen Großunternehmen wird der Problematik mit Blick auf die Rechtswirklichkeit daher nicht gerecht. Die Bewältigung der aufgeworfenen Problemstellungen muss somit vor dem rechtspraktischen Hintergrund des ganz überwiegend durch KMU geprägten Rechtsverkehrs erfolgen.[267] Hier sind Fallgestaltungen, in denen wirtschaftlich annähernd gleich starke Parteien ein umfangreiches Vertragswerk verhandeln und sich eine intensive rechtliche Bewertung und anwaltliche Begleitung angesichts des hohen Vertragswertes auch lohnt, in der täglichen Vertragspraxis insbesondere kleinerer Unternehmen sicherlich die deutliche Ausnahme. Entsprechend schlägt ein Teil des Schrifttums eine Liberalisierung des AGB-Rechts im b2b-Verkehr erst ab einem bestimmten Volumen – etwa von 500.000 Euro[268], 1 Million[269] oder 3 Millionen Euro[270] – vor.[271]

cc) Breites Spektrum unterschiedlicher Fallkonstellationen (echte und unechte AGB)

Der Vertragswert ist indes nicht das einzige Kriterium, das die in der Diskussion dominierenden Fallbeispiele kennzeichnet. Angeklungen ist bereits, dass es sich hier regelmäßig um Rechtsgeschäfte zwischen wirtschaftlich annähernd *gleich starken* Verhandlungspartnern handelt, die „auf Augenhöhe" miteinander kontrahieren, in denen die Vertragsbedingungen tatsächlich intensiv *verhandelt* werden und die durch eine grundsätzliche *Dispositionsbereitschaft* auf beiden Seiten gekennzeichnet ist. *Vertragsparität*, *intensive Verhandlungen* und *Dispositionsbereitschaft* bilden damit die prägenden, typisierenden Merkmale derartiger Rechtsgeschäfte. Im Kern geht es hier daher um Vertragsbedingungen, die nicht einseitig vom Verwender im Sinn eines *„take it or leave it"* gestellt werden, sondern in denen eine der beiden Parteien einen Vertragsentwurf – regelmäßig auf der Grundlage elektronisch gespeicherter Vertragsmuster und -klauseln – als Verhandlungsgrundlage vorlegt, der sodann in einem intensiven Verhandlungsverfahren – in der Praxis typischerweise durch den Austausch von Markup-Ver-

---

[267] Hierzu *Schäfer*, BB 2012, 1231, 1232.

[268] *Becker*, AGB und Individualvereinbarung (2011), S. 164 f.; *Becker*, JZ 2010, 1098, 1105 f.

[269] *Müller*, BB 2013, 1355, 1357; *Leuschner*, JZ 2010, 875, 884; *Miethaner*, AGB-Kontrolle (2010), S. 209; *Miethaner*, NJW 2010, 3121, 3127; *Müller/Griebeler/Pfeil*, BB 2009, 2658, 2662; *Leuschner*, AcP 207 (2007), 491, 524 f.

[270] *Pfeiffer*, ZGS 2004, 401, 401.

[271] Vgl. hierzu eingehend oben S. 752 ff., 912 ff.

sionen des Vertragstextes per E-Mail – zwischen den Parteien bzw. ihren Anwälten oder Rechtsabteilungen abgestimmt wird.[272]

Prägend für die breite *Masse der Rechtsgeschäfte* deutscher Unternehmen, von denen 99,7 % zu den KMU und 87,8 % zu den kleinen Unternehmen gehören[273], sind derart komplexe Verhandlungen indes nicht. Im Massengeschäft ist vielmehr die routinemäßige Verwendung standardisierter Liefer-, Bestell-, Versicherungs- und sonstiger allgemeiner Vertragsbedingungen die Regel, die von vornherein nicht zur Disposition stehen und bei denen tatsächliche Vertragsverhandlungen aufgrund des damit verbundenen ökonomisch kaum sinnvollen Aufwandes auch von keiner Seite beabsichtigt sind.[274] So ist etwa der Verwender häufig weder willens noch überhaupt in der Lage, im Massengeschäft einzelne Vertragsbedingungen auszuhandeln oder abzuändern. Und auch der unternehmerische Kunde wird weder die Zeit noch die Kosten aufwenden wollen und können, die im Rahmen seines gewöhnlichen Geschäftsbetriebs relevant werdenden AGB seiner Geschäftspartner eingehend zu überprüfen, geschweige denn, stets zu verhandeln. Zwar wird sowohl der mittlere als auch der Kleinunternehmer für ihn wichtige Verträge – etwa bedeutende Transaktionen oder Dauerschuldverhältnisse – sorgfältig prüfen und gegebenenfalls verhandeln. Allerdings wird er diesen Aufwand nur im Ausnahmefall leisten können. Für den laufenden Geschäftsbetrieb ist eine solche Vorgehensweise hingegen kaum praktikabel und praktisch nicht umsetzbar. Die Entscheidung zum Vertragsschluss erfolgt vielmehr auf der Grundlage von *Preis* und *Qualität*.[275] Es besteht eine negative *Transaktionskosten-Vertragswert-Relation* und eine durch *Informationsasymmetrie* bedingte *situative Unterlegenheit* auch des unternehmerischen Klauselgegners, die eine Inhaltskontrolle legitimiert.[276]

Zwischen diesen beiden extremen Polen des *Massengeschäfts* auf der einen und *komplexer Vertragsverhandlungen*[277] auf der anderen Seite stehen Rechtsgeschäfte, bei denen sich Kenntnisnahme, rechtliche Bewertung sowie Verhandlungen der relevanten Vertragsklauseln durchaus lohnen, diese jedoch vom in der Regel wirtschaftlich überlegenen unternehmerischen Vertragspartner nicht zur Disposition gestellt werden. Erfasst sind damit die typischen *Knebelverträge* in

---

[272] Eingehend zu den entsprechenden Verhandlungsverfahren in der Praxis *Lischek/Mahnken*, ZIP 2007, 158, 159f.

[273] *Günterberg*, Unternehmensgrößenstatistik (2012), S. 11. Vgl. hierzu oben S. 725f.

[274] *Lischek/Mahnken*, ZIP 2007, 158, 159.

[275] *Axer*, AGB-Kontrolle (2012), S. 57; *Becker*, AGB und Individualvereinbarung (2011), S. 99; *v. Westphalen*, BB 2010, 195, 200; *Stoffels*, AGB-Recht (3. Aufl. 2015), Rn. 86; *Basedow*, AcP 200 (2000), 445, 487; *Drexl*, Selbstbestimmung (1998), S. 330, 340; *Fastrich*, Inhaltskontrolle (1992), S. 86; *Kötz*, Gutachten (1974), S. A 9, A 34; *Grunsky*, BB 1971, 1113, 1117. Vgl. auch aus der Rechtsprechung BGH NJW-RR 2008, 818, 820 (Verbrauchserfassungsgerätevertrag). Vgl. hierzu eingehend oben S. 598, 577ff.

[276] Hierzu eingehend oben S. 439ff., 508ff., 569ff.

[277] Auf die Problematik hinweisend *Kaufhold*, BB 2012, 1235, 1238ff.; *Koch*, BB 2010, 1810, 1810.

Fällen struktureller Machtasymmetrien, etwa zwischen Lieferanten und Abnehmern. Aufgrund der *zunehmenden Konzentration* der Märkte in vielen Branchen dürften derartige Fallkonstellationen von wachsender Bedeutung für die Rechtspraxis sein.[278]

Angesichts des breiten Spektrums unterschiedlicher Fallkonstellationen, in denen die Frage nach bestehender positiver *Transaktionskosten-Vertragswert-Relation*, *Schutzbedürftigkeit* des Klauselgegners sowie der *Kontrolldichte* richterlicher Inhaltskontrolle jeweils unterschiedlich zu beantworten sein wird, ist eine typisierende Differenzierung zwischen den einzelnen Fallgruppen erforderlich.[279] Im Anschluss an *Kaufhold*[280] ist dabei zwischen *echten AGB*, bei denen das AGB-Recht auch im b2b-Verkehr mit grundsätzlich hoher Kontrolldichte zur Anwendung gelangt, und *unechten AGB*, die einem flexibleren Kontrollmaßstab unterliegen oder gänzlich aus dem Anwendungsbereich des AGB-Rechts herausgenommen werden, zu unterscheiden. *Echte AGB* würden dabei den gesamten Bereich des *Massenverkehrs* sowie komplexerer, jedoch nicht verhandelbarer Verträge – bei denen es sich häufig um regelrechte Knebelverträge handelt – erfassen. Entsprechende Vertragsverhältnisse sind typischerweise durch strukturelle *Vertragsimparität*, fehlende *Dispositionsbereitschaft* des Verwenders sowie fehlende substantielle *Verhandlungen* gekennzeichnet.[281]

Bei *unechten AGB* handelt es sich komplexe Verträge, in der Regel Einzelverträge, die intensiv von den Parteien verhandelt worden sind und lediglich aufgrund des weiten Anwendungsbereiches des AGB-Rechts sowie der strengen Anforderungen des BGH an das Aushandeln und das Merkmal der Vorformulierung – wofür bereits die Verwendung elektronisch gespeicherter Textbausteine genügt[282] – der AGB-rechtlichen Inhaltskontrolle unterliegen. Sie sind spiegelbildlich typischerweise durch *Vertragsparität*, bestehende *Dispositionsbereitschaft* des Verwenders sowie regelmäßig *intensive Verhandlungen* zwischen Parteien gekennzeichnet. Mit Blick auf die statistische Verteilung der Unternehmensgrößen in der Wirtschaftspraxis, die ganz überwiegend – zu 87,8 %[283] – von

---

[278] Vgl. nur *Schäfer*, BB 2012, 1231, 1233 f. sowie die vom Wirtschaftsverband Stahl- und Metallverarbeitung veröffentlichte Liste häufig verwendeter Einkaufsbedingungen marktmächtiger Kunden gegenüber Lieferanten, die rechtlich zu beanstanden sind („List of Pains"), www.wsm-net.de/uploads/media/WSM_List_of_Pains_Stand_Aug_2011.pdf (abgerufen am 22.2.2014).

[279] Hierfür auch *Kaufhold*, BB 2012, 1235, 1236 ff.; *Lischek/Mahnken*, ZIP 2007, 158, 159.

[280] *Kaufhold*, BB 2012, 1235, 1236 f.

[281] Vgl. *Kaufhold*, BB 2012, 1235, 1236, die indes maßgeblich auf die *a priori* bestehende *Verhandelbarkeit* der Vertragsbedingungen abstellt.

[282] BGHZ 143, 104, 106 f. = NJW 2000, 1110, 111; OLG Frankfurt NJW 1991, 1489, 1490; BGHZ 184, 259, 263 = NJW 2010, 1131, 1131 (Gebrauchtwagenkauf); BGH NJW 2000, 2988, 2989 (Kündigung des Auftraggebers); MünchKomm/*Basedow*, BGB (7. Aufl. 2016), § 305 Rn. 19. Vgl. hierzu auch *Lischek/Mahnken*, ZIP 2007, 158, 159 sowie oben S. 287 ff., 422 ff., 431 ff.

[283] *Günterberg*, Unternehmensgrößenstatistik (2012), S. 11. Vgl. hierzu oben S. 791 f.

kleinen Unternehmen geprägt wird, dürften *unechte AGB* die deutliche Ausnahme darstellen.

Für den Massenverkehr sind und bleiben dagegen die *echten AGB* prägend. Im Hinblick auf die rechtspolitische Diskussion ergeben sich somit zwei entscheidende Konsequenzen: Zum einen ist deutlich geworden, dass eine undifferenzierte *Liberalisierung* der Inhaltskontrolle nicht entscheidend auf die für den Rechtsverkehr keinesfalls prägenden unechten AGB gestützt werden kann. Die Fokussierung auf *großvolumige Transaktionen* bedarf der Korrektur durch einen *Perspektivwechsel*, der auch und gerade den *Massenverkehr* sowie die Fallgruppe der *Knebelverträge* in den Blick nimmt.[284] Zum anderen wird eine sorgfältige *Differenzierung* erforderlich sein, die mit Blick auf die tatsächliche Schutzbedürftigkeit der Parteien und damit unter Rückgriff auf den Schutzzweck der Inhaltskontrolle den vergleichsweise kleinen Bereich unechter AGB von der überwiegenden Masse echter AGB durch geeignete Differenzierungskriterien abzugrenzen vermag. Der im Rahmen der rechtspolitischen Diskussion populäre Ruf nach einer *undifferenzierten* Liberalisierung der Inhaltskontrolle im b2b-Verkehr muss einem differenzierten, an den tatsächlichen Bedürfnissen des Rechtsverkehrs orientierten Schutzmodell weichen.[285]

dd) Forum Shopping und Flucht in das ausländische Recht

Ein weiteres prägendes Merkmal der gegenwärtigen rechtspolitischen Diskussion bildet der Verweis auf die Möglichkeit der Flucht in das *ausländische* und hier vor allem das *schweizerische Recht*, die Unternehmen im grenzüberschreitenden Rechtsverkehr zunehmend empfohlen wird, um eine richterliche Inhaltskontrolle nach dem insoweit strengeren deutschen AGB-Recht zu vermeiden.[286] Das Argument der drohenden *Rechtsflucht* aufgrund der vermeintlichen Unattraktivität des deutschen Rechts im internationalen Vergleich ist von wachsender Bedeutung in der gegenwärtigen Diskussion und selbst vom Gesetzgeber aufgegriffen worden.[287] Danach stelle die weitgehende Gleichbehandlung von b2c- und b2b-Verkehr mit Blick auf die Inhaltskontrolle von AGB einen *Standortnachteil* im sich verschärfenden Wettbewerb der Rechtsordnungen dar, der letztlich zu ei-

---

[284] Hierzu bereits oben S. 724 f.

[285] Vgl. hierzu unten S. 858 ff., 904 ff., 933 ff., 964 ff.

[286] Vgl. nur *Staffelbach/Hengstler*, ITRB 2013, 21, 23; *Ehle/Brunschweiler*, RIW 2012, 262, 271; *Pfeiffer*, FS v. Westphalen (2010), S. 555, 567 (differenzierend); *Voser/Boog*, RIW 2009, 126, 139. Ebenso damals noch *v. Westphalen*, RIW 1/1999, Die Erste Seite: „Meidet das deutsche Recht!“. Auf die Vorteile des schweizerischen Rechts hinweisend *Bühlmann*, ITRB 2014, 10, 10 ff.; *Müller*, BB 2013, 1355, 1357; *Müller/Schilling*, BB 2012, 2319, 2320 f., 2324; *Brachert/Dietzel*, ZGS 2005, 441, 441; *Hobeck*, DRiZ 2005, 177, 178. A. A. *v. Westphalen*, AnwBl. 2013, 850, 852 ff.; *v. Westphalen*, BB 2013, 67, 67 ff.; *v. Westphalen*, BB 2010, 195, 195 ff.; *v. Westphalen*, NJW 2009, 2977, 2977 ff., 2982.

[287] Stellungnahme des Bundesrates vom 13.7.2001 zum RegE des Schuldrechtsmodernisierungsgesetzes, BT-Drucks. 14/6857, S. 17.

ner Vermeidung des deutschen Rechts durch *forum shopping* führen würde.[288] Das deutsche Recht, das „Produkt“ *Law made in Germany,* würde so an Attraktivität einbüßen, „international zunehmend bedeutungslos“[289], der Rechts- und Wirtschaftsstandort Deutschland an Bedeutung verlieren.[290] Daher bedürfe das deutsche AGB-Recht dringend der Reform durch eine weitgehende *Liberalisierung* der Inhaltskontrolle im b2b-Verkehr, um die insoweit übermäßig beschränkte *Vertragsfreiheit* und damit die *Attraktivität* des deutschen Rechts wieder herzustellen.[291]

Mit dem Rechtsflucht-Argument wurde die rechtspolitische Diskussion nicht nur um eine *kollisionsrechtliche Perspektive* erweitert, sondern zugleich eine Frage von erheblicher *dogmatischer* und *verfassungsrechtlicher* Bedeutung aufgeworfen: Die Frage nach den maßgeblichen Gestaltungskräften und Prinzipien des Rechts, an denen sich die Rechtsetzung des Gesetzgebers zu orientieren hat, sowie dem Einfluss ausländischer Rechtsordnungen auf die Gestaltung des inländischen Rechts. Es geht um die Frage, ob sich die Bestimmung des rechten Verhältnisses zwischen *Vertragsfreiheit* und *Vertragsgerechtigkeit* aus der Perspektive des Verwendungsgegners am kleinsten gemeinsamen Nenner, am niedrigsten Schutzstandard oder anders gewendet am größtmöglichen Maß an Freiheit für die Verwenderseite zu orientieren hat. Oder ob die Gestaltung des Privatrechts nicht vielmehr schon zur Vermeidung eines *race to the bottom* den die gesamte Rechtsordnung bestimmenden verfassungsrechtlichen Vorgaben folgen muss, deren Konkretisierung und Aktualisierung dem einfachen Recht, jedenfalls im deutschen Verfassungsstaat, seit jeher aufgetragen ist. Mit anderen Worten: Kann und darf der Verweis darauf, dass das schweizerische Recht äußerst *verwendergünstig* ausgestaltet ist, als Argument für eine weitgehende Liberalisierung des deutschen AGB-Rechts im unternehmerischen Rechtsverkehr herangezogen werden? Angesichts der verfassungsrechtlichen Vorgaben mit Blick auf den Schutz *materieller Vertragsfreiheit* und die Tatsache, dass auch die richterliche Inhaltskontrolle von AGB im unternehmerischen Geschäftsverkehr „Ausprägung des *die gesamte Rechtsordnung beherrschenden Grundsatzes* von

---

[288] Stellungnahme des Bundesrates vom 13.7.2001 zum RegE des Schuldrechtsmodernisierungsgesetzes, BT-Drucks. 14/6857, S. 17 („Es wird ein zunehmender Druck zum Ausweichen auf ausländisches Recht befürchtet, was nicht Ziel des deutschen Gesetzgebers sein kann.“).

[289] *Lischek/Mahnken*, ZIP 2007, 158, 163.

[290] *Dauner-Lieb*, AnwBl. 2013, 845, 846; *Müller*, BB 2013, 1355; *Brachert/Dietzel*, ZGS 2005, 441; *Eckhoff*, GWR 2013, 80, 82; *Frankenberger*, AnwBl. 2012, 318, 319; BT-Drucks. 14/6857, S. 17; *Kessel*, AnwBl. 2012, 293, 293; *Landbrecht*, RIW 2011, 291; *Berger*, NJW 2010, 465; *Müller/Griebeler/Pfeil*, BB 2009, 2658; *Kollmann*, NJW 2011, 1324; *Kollmann*, NJOZ 2011, 625; *Kondring*, RIW 2010, 184; *Müller/Schilling*, BB 2012, 2319, 2319 ff. Hierzu auch *Kieninger*, AnwBl. 2012, 301, 303; *Berger/Kleine*, NJW 2007, 3526; *Kaufhold*, BB 2012, 1235 mwnN.

[291] Ebenda.

Treu und Glauben"[292] ist, bleiben erhebliche Zweifel. Damit besteht genügend Anlass, das Argument der drohenden Gefahr der Rechtsflucht in das schweizerische Recht im Kontext der aktuellen Reformdebatte näher in den Blick zu nehmen.

(1) Vorteile der Wahl schweizerischen Rechts für den Verwender

Der Verweis auf die Möglichkeit der Flucht in das schweizerische Recht ist nicht nur von theoretischer Bedeutung für die gegenwärtige Debatte, sondern hat einen realen rechtspraktischen Hintergrund: So wird den Parteien seit längerem die Wahl schweizerischen Rechts zur Vermeidung der Inhaltskontrolle nach dem deutschen AGB-Recht empfohlen.[293] Zahlreiche Unternehmen machen hiervon auch Gebrauch, wenngleich dies vor allem größere Unternehmen betreffen dürfte.[294]

Auch wenn die Verwenderfreundlichkeit des schweizerischen AGB-Rechts bei aller Euphorie einer nüchternen, differenzierten und kritischen Betrachtung bedarf, die AGB-Kontrolle in der Schweiz im Rahmen der Reform 2012[295] – bezeichnenderweise mit Blick auf das insoweit als vorbildlich angesehene deutsche Modell[296] – im b2c-Bereich noch einmal verschärft wurde und auch in der Schweiz keinesfalls „die Bäume der AGB-rechtlichen Gestaltungsfreiheit unbe-

---

[292] Begründung des RegE zum AGBG BT-Drucks. 7-3919, S. 43. Hervorhebungen durch den Verfasser.

[293] *Staffelbach/Hengstler*, ITRB 2013, 21, 23; *Ehle/Brunschweiler*, RIW 2012, 262, 271; *Pfeiffer*, FS v. Westphalen (2010), S. 555, 567 (differenzierend); *Voser/Boog*, RIW 2009, 126, 139. Ebenso damals noch *v. Westphalen*, RIW 1/1999, Die Erste Seite: „Meidet das deutsche Recht!". Anders dagegen *v. Westphalen*, AnwBl. 2013, 850, 852ff.; *v. Westphalen*, BB 2013, 67, 67ff.; *v. Westphalen*, BB 2010, 195, 195ff.; *v. Westphalen*, NJW 2009, 2977, 2977ff., 2982. *Hobeck*, DRiZ 2005, 177, 178 weist darauf hin, dass der *Verband deutscher Maschinen- und Anlagenbau (VDMA)* seinen 3000 Mitgliedsfirmen empfiehlt, im grenzüberschreitenden Rechtsverkehr schweizerisches Recht zu vereinbaren (Empfehlung der Abteilung Recht an die Mitglieder des VDMA-Rechtsausschusses vom 14. 11. 2003). Auf die Vorteile des schweizerischen Rechts hinweisend *Bühlmann*, ITRB 2014, 10, 10ff.; *Müller*, BB 2013, 1355, 1357; *Müller/Schilling*, BB 2012, 2319, 2320f., 2324; *Brachert/Dietzel*, ZGS 2005, 441, 441; *Hobeck*, DRiZ 2005, 177, 178.

[294] So *Hobeck*, DRiZ 2005, 177, 178 („zumindest die großen Unternehmen folgen dieser Empfehlung").

[295] Eingehend *Ferrari Hofer/Vasella*, in: Amstutz/Roberto/Trüeb (Hrsg.), Handkommentar zum Schweizer Privatrecht, (3. Auflage 2016), Art. 8 UWG Rn. 1 mwN; *Thouvenin*, BSK, UWG 8 N. 68ff.; *Brunner*, in: Brunner/Schnyder/Eisner-Kiefer (Hrsg.), AGB nach neuem Schweizer Recht (2014), S. 13; *Vischer*, AJP 2014, 964; *Ehle/Brunschweiler*, RIW 2012, 262, 262ff.; *Hess/Ruckstuhl*, AJP 2012, 1188; *Schmid*, ZBJV 2012, 1; *Ehle/Brunschweiler*, RIW 2012, 262, 271; *Thouvenin*, Jusletter 29. 10. 12; *Wildhaber*, SJZ 2011, 537, 537. Vgl. zum schweizerischen AGB-Recht eingehend *Schwenzer*, Obligationenrecht AT (7. Aufl. 2016), Rn. 44.01ff.

[296] Hierzu *Ehle/Brunschweiler*, RIW 2012, 262, 267 („Die Schweizer Lehre postuliert deshalb seit Jahrzehnten die Einführung einer effektiven Inhaltskontrolle analog dem deutschen Modell.").

grenzt in den Himmel wachsen“:[297] Das schweizerische AGB-Recht ist jedenfalls im b2b-Bereich im Hinblick auf *Anwendungsbereich* und *Kontrollmaßstab* deutlich verwenderfreundlicher, „liberaler“ und „flexibler“ als das deutsche Recht.[298]

Das schweizerische AGB-Recht ist nicht umfassend kodifiziert, sondern beruht weitgehend auf Richterrecht und speziellen, in verschiedenen Regelungswerken enthaltenen Einzelvorschriften.[299] Neben Art. 8 des *schweizerischen Bundesgesetzes gegen den unlauteren Wettbewerb* (UWG) kommt vor allem den *Generalklauseln des Zivilrechts*[300] – etwa mit Blick auf die Gesetzes- und Sittenwidrigkeit sowie den *Ordre Public* – und speziellen *Klauselverboten*[301] größere Bedeutung im Rahmen der Inhaltskontrolle von AGB zu. Ein dem deutschen AGB-Recht entsprechendes umfassendes und wirksames System zum Schutz vor missbräuchlichen Klauseln fehlt dagegen bislang. Darüber hinaus beschränkte sich bereits vor der Reform 2012[302] das eigentlich *dreistufige Kontrollsystem*[303] (Geltungs-, Auslegungs- und Inhaltskontrolle) des schweizerischen AGB-Rechts weitgehend auf eine Geltungs- und Auslegungskontrolle. Eine AGB-spezifische Inhaltskontrolle fand in der Praxis kaum statt, da bis zur UWG-Reform im Jahre 2012 Art. 8 a. F. UWG (Schweiz) für die Annahme einer Unlauterkeit verlangte, dass die Klauseln „in irreführender Weise zum Nachteil einer Vertragspartei“ vom dispositiven Gesetzesrecht erheblich abweichen oder „eine der Vertragsnatur erheblich widersprechende Verteilung von Rechten und Pflichten vorsehen“[304] müssen: Ein Nachweis, den kaum eine Partei zu führen in der Lage war und der außerhalb eines *obiter dictum* soweit ersichtlich von der Rechtsprechung wohl nie bejaht worden ist.[305]

Zwar wurde die Vorschrift des Art. 8 UWG im Rahmen der Reform 2012 durch Verzicht auf das Erfordernis der Irreführung erheblich verschärft und an § 307 BGB angeglichen. Allerdings wurde der unternehmerische Geschäftsver-

---

[297] So zutreffend *Pfeiffer*, FS v. Westphalen (2010), S. 555, 567.

[298] Ebenso *Ehle/Brunschweiler*, RIW 2012, 262, 263 ff., 271; *Pfeiffer*, FS v. Westphalen (2010), S. 555, 567 f.

[299] Hierzu und zum schweizerischen AGB-Recht *Ehle/Brunschweiler*, RIW 2012, 262, 263 ff.; *Müller/Schilling*, BB 2012, 2319, 2320 ff.; *Wildhaber*, SJZ 2011, 537, 537 ff., 540 ff.; *Pfeiffer*, FS v. Westphalen (2010), S. 555, 557 ff.; *Müller/Griebeler/Pfeil*, BB 2009, 2658, 2662 f.; *Voser/Boog*, RIW 2009, 126, 127 ff.; *Ramstein*, RIW 1988, 440, 440 ff. Aus der Perspektive des IT-Rechts *Bühlmann*, ITRB 2014, 10, 10 ff.; *Staffelbach/Hengstler*, ITRB 2013, 21, 21 ff.

[300] Art. 19 f. OR (Schweiz) sowie Art. 27 ZGB (Schweiz), vgl. *Pfeiffer*, FS v. Westphalen (2010), S. 555, 559.

[301] So z. B. Art. 256 Abs. 2, 288 Abs. 2 a OR (Schweiz), Art. 35 VVG (Schweiz), Art. 4 PRG (Schweiz). Vgl. hierzu *Ehle/Brunschweiler*, RIW 2012, 262, 263 f.; *Pfeiffer*, FS v. Westphalen (2010), S. 555, 560.

[302] Hierzu näher *Ehle/Brunschweiler*, RIW 2012, 262, 262 ff.

[303] *Ehle/Brunschweiler*, RIW 2012, 262, 263.

[304] Art. 8 a. F. UWG (Schweiz). Hierzu *Ehle/Brunschweiler*, RIW 2012, 262, 267.

[305] *Ehle/Brunschweiler*, RIW 2012, 262, 267.

kehr vom Anwendungsbereich der Regelung ausgenommen, so dass es im b2b-Verkehr weiterhin bei dem liberalen Kontrollmaßstab nach den allgemeinen Vorschriften bleibt.[306] Hat eine Klausel im Rechtsverkehr zwischen Unternehmern erst einmal die vergleichsweise niedrigen Hürden der Unklarheiten- und Ungewöhnlichkeitsregel[307] genommen, so ist sie nur äußerst begrenzt auf eine bestehende Missbräuchlichkeit überprüfbar. Möglichkeit bleibt indes stets die – insbesondere vom schweizerischen Bundesgericht praktizierte – *verdeckte Inhaltskontrolle* im Rahmen der Geltungs- und Auslegungskontrolle.[308]

Auch im Hinblick auf den *Anwendungsbereich* des AGB-Rechts sind die Anforderungen nach schweizerischem Recht tendenziell geringer.[309] So lässt etwa die schweizerische Rechtsprechung – im Gegensatz zu den strengen Anforderungen des BGH – das bloße *Verhandeln* der Parteien für die Annahme einer Individualvereinbarung genügen und auch eine textlich unveränderte Klausel kann als Individualabrede gewertet werden, sofern die Parteien *bewusst* auf eine *Textänderung* verzichtet haben.[310]

Aufgrund des ebenfalls deutlich beschränkten Kontrollmaßstabes sind auch die für die Praxis relevanten *Haftungsfreizeichnungen* in teilweise größerem Umfang wirksam als dies nach deutschem AGB-Recht der Fall wäre.[311] Allerdings ist gerade im Hinblick auf Haftungsbegrenzungen mit Blick auf den konkreten Einzelfall sorgfältig zu differenzieren. So sind die entsprechenden Regelungen des schweizerischen Rechts, insbesondere Art. 100 OR (Schweiz), in ihrem Anwendungsbereich deutlich weiter gefasst als die Klauselverbote der §§ 308 f. BGB, da sie nicht auf AGB beschränkt sind, sondern auch für Individualverträge gelten.[312] Auch im Hinblick auf die Weite vertraglicher Gestaltung ergeben sich erhebliche Unterschiede. Während nach dem strengen Art. 100 Abs. 2 OR (Schweiz) wie auch im deutschen Recht gem. §§ 307, 309 Nr. 7 BGB Haftungsausschlüsse für *Vorsatz* und *grobe Fahrlässigkeit* stets unwirksam sind[313], so ist nach Art. 101

---

[306] *Ehle/Brunschweiler*, RIW 2012, 262, 271.

[307] Hierzu näher *Ehle/Brunschweiler*, RIW 2012, 262, 265 ff.; *Pfeiffer*, FS v. Westphalen (2010), S. 555, 560 f.

[308] *Ehle/Brunschweiler*, RIW 2012, 262, 265; *Wildhaber*, SJZ 2011, 537, 538 mwN. Eingehend zur verdeckten Inhaltskontrolle aus rechtsgeschichtlicher Perspektive mit Bezug auf das deutsche Recht *Hellwege*, AGB und Rechtsgeschäftslehre (2010), S. 256 ff.

[309] So auch *Ehle/Brunschweiler*, RIW 2012, 262, 264. Zurückhaltend dagegen *Pfeiffer*, FS v. Westphalen (2010), S. 555, 557 f. („Inwieweit dem schweizerischem Recht ein engerer AGB-Begriff … zugrunde liegt als dem deutschen Recht, dürfte weithin offen sein").

[310] *Ehle/Brunschweiler*, RIW 2012, 262, 264. Vgl. zu den Anforderungen an den AGB-Begriff nach schweizerischem Recht *Pfeiffer*, FS v. Westphalen (2010), S. 555, 558.

[311] *Kondring*, RIW 2010, 184, 185; *Müller/Griebeler/Pfeil*, BB 2009, 2658, 2662 f., 2664; *Ostendorf/Neumann/Ventsch*, IHR 2006, 21, 25.

[312] Hierzu *Trendelberend*, Vorteile des schweizerischen Rechts für AGB-Verwender (2011), S. 137 ff.

[313] Näher *Trendelberend*, Vorteile des schweizerischen Rechts für AGB-Verwender (2011), S. 137 ff.

Abs. 2 OR (Schweiz) eine Haftungsbeschränkung für Erfüllungsgehilfen in weitem Umfang möglich.[314] Nach § 309 Nr. 7 BGB, dem die Rechtsprechung im unternehmerischen Geschäftsverkehr Indizwirkung zuerkennt[315], kann sich der Verwender dagegen jedenfalls dann nicht von der Haftung für grobes Verschulden seiner einfachen Erfüllungsgehilfen exkulpieren, wenn es sich um die Verletzung einer Kardinalpflicht handelt.[316] Darüber hinaus ist nach Art. 199 OR (Schweiz) eine Abbedingung *kaufvertraglicher Gewährleistungspflichten* mit Ausnahme der Fälle der Arglist möglich, da die Rechtsprechung hier wohl von einer Spezialität des Art. 199 OR (Schweiz) gegenüber Art. 100 OR (Schweiz) ausgeht, wenngleich Unsicherheiten bleiben.[317]

Der Verweis auf die – anders als im deutschen AGB-Recht – bestehende Möglichkeit der *geltungserhaltenden Reduktion*, die früher als Argument für die Wahl des schweizerischen Rechts herangezogen wurde[318], greift nach geltendem schweizerischen Recht indes nicht mehr:[319] Im Gegensatz zur herrschenden Lehre[320] und zur älteren Rechtsprechung[321], die eine geltungserhaltende Reduktion grundsätzlich für zulässig erachtet haben, folgt die neuere höchstrichterliche Rechtsprechung seit Ende 2008 dem deutschen Recht.[322] Allerdings bleibt abzuwarten, ob die Rechtsprechung diese Linie beibehält.[323]

Schließlich ähnelt das als *neutrale* Rechtsordnung geltende schweizerische Recht in seiner *Struktur* und seinen *Rechtsinstituten* dem deutschen Recht deutlich mehr als andere, mit Blick auf das AGB-Recht im b2b-Verkehr ebenfalls liberale Rechtsordnungen – wie etwa die Rechte des romanischen[324] oder des anglo-amerikanischen Rechtskreises[325] – und bietet sich damit als Ausweichrechtsordnung für den Verwender an.[326] Darüber hinaus ist die dem schweizeri-

---

[314] Hierzu *Trendelberend*, Vorteile des schweizerischen Rechts für AGB-Verwender (2011), S. 142 ff.

[315] BGHZ 174, 1, 4 f. = NJW 2007, 3774, 3775 (Gebrauchtwagenkaufvertrag). MünchKomm/*Wurmnest*, BGB (7. Aufl. 2016), § 309 Nr. 7 Rn. 34, 33.

[316] Vgl. nur MünchKomm/*Wurmnest*, BGB (7. Aufl. 2016), § 309 Nr. 7 Rn. 34, 36.

[317] Eingehend hierzu *Pfeiffer*, FS v. Westphalen (2010), S. 555, 562 mwN.

[318] Vgl. nur *Kondring*, RIW 2010, 184, 185; *Voser/Boog*, RIW 2009, 126, 135.

[319] So auch *Ehle/Brunschweiler*, RIW 2012, 262, 269.

[320] Vgl. die Nachweise bei *Ehle/Brunschweiler*, RIW 2012, 262, 269.

[321] Vgl. die Nachweise bei *Ehle/Brunschweiler*, RIW 2012, 262, 269.

[322] Urteil des schweizerischen Bundesgerichts v. 18. 12. 2008 (4A_404/2008, E. 5.6.3.2.1). Ebenso *Ehle/Brunschweiler*, RIW 2012, 262, 269; *Rusch*, SZW 2012, 439, 443; *Schott*, ST 2012, 78, 80; *Wildhaber*, SJZ 2011, 537, 539 Fn. 15. AA. jedoch ohne nähere Auseinandersetzung mit dem Urteil *Trendelberend*, Vorteile des schweizerischen Rechts für AGB-Verwender (2011), S. 213 f.; *Kondring*, RIW 2010, 184, 185; *Voser/Boog*, RIW 2009, 126, 135.

[323] Ebenso *Schott*, ST 2012, 78, 80 (unsicher, ob mit dieser Entscheidung ein genereller Richtungswechsel verbunden ist).

[324] Hierzu *Müller/Schilling*, BB 2012, 2319, 2319 f.

[325] Hierzu *Müller/Schilling*, BB 2012, 2319, 2320 f.; *Müller/Griebeler/Pfeil*, BB 2009, 2658, 2663 ff.

[326] *Kondring*, RIW 2010, 184, 185; *Pfeiffer*, FS v. Westphalen (2010), S. 555, 556.

schen Recht jedenfalls in weitem Umfang eigene *deutsche Sprache* deutschen Juristen vertraut und ermöglicht ihnen nicht nur einen deutlich leichteren Zugang zu Literatur und Rechtsprechung, sondern vereinfacht auch die Kommunikation mit Fachanwälten aus der Schweiz.[327] Zwar wird die englische Sprache als *lingua franca* des internationalen Rechts- und Wirtschaftsverkehrs den meisten Parteien und beteiligten Anwälten ohne weiteres geläufig sein, jedoch bleibt sie gleichwohl Fremd- und nicht Muttersprache. Rudimentäre *Inhaltskontrolle* im b2b-Verkehr, enger *Anwendungsbereich* des AGB-Rechts, umfassendere Möglichkeiten der *Haftungsfreizeichnung* vor allem für Erfüllungsgehilfen und hinsichtlich kaufrechtlicher *Gewährleistungspflichten*, strukturelle *Ähnlichkeit* mit dem deutschen Recht und eine vertraute *Sprache*: Die Wahl des schweizerischen Rechts bietet dem Verwender neben rechtlichen auch eine ganze Reihe praktischer *Vorteile.*

(2) Kollisionsrechtliche Probleme der Wahl schweizerischen Rechts

Allerdings ist eine Flucht in das ausländische Recht aus kollisionsrechtlichen Gründen nicht in allen Fällen möglich. So scheidet bei reinen *Inlandssachverhalten,* in denen ein Auslandsbezug fehlt – der z. B. durch einen ausländischen Ort der Hauptniederlassung, einen Erfüllungsort oder einen gewöhnlichen Aufenthalt im Ausland begründet werden kann[328] – eine Flucht in das schweizerische Recht zur Umgehung des deutschen AGB-Rechts aus. Denn nach Art. 3 Abs. 3 Rom I-VO bleiben in diesen Fällen die Vorschriften des einfach zwingenden Rechts von der Rechtswahl unberührt. Statt *kollisionsrechtliche* entfaltet die Rechtswahl – soweit zwingendes Recht des Einbettungsstatuts entgegensteht – lediglich *materiell-rechtliche Wirkung* mit der Folge, dass die dispositiven und zwingenden Normen des gewählten Vertragsstatuts – hier des Schweizer Rechts – durch entgegenstehende zwingende Bestimmungen des Einbettungsstatuts verdrängt werden.[329]

Zu diesen *zwingenden Bestimmungen*, von denen gem. Art. 3 Abs. 3 Rom I-VO nicht durch Vereinbarung abgewichen werden kann, gehören neben den international zwingenden Vorschriften (Eingriffsnormen) auch die einfach zwingenden Bestimmungen des Einbettungsstaates, d. h. jene Vorschriften, die im nationalen

---

327 *Kondring*, RIW 2010, 184, 185.

328 Staudinger/*Magnus*, (2016), Art. 3 Rom I-VO Rn. 138; MünchKomm/*Martiny,* BGB (7. Aufl. 2018), Art. 3 Rom I-VO Rn. 93; Rauscher/*v. Hein,* (5. Aufl. 2017), Art. 3 Rom I-VO Rn. 108, 115.

329 Vgl. nur *Dicey/Morris/Collins*, The Conflict of Laws II (2012), Rn. 032–46, 32–087; Staudinger/*Magnus*, (2016), Art. 3 Rom I-VO Rn. 145; Rauscher/*v. Hein,* (5. Aufl. 2017), Art. 3 Rom I-VO Rn. 100, 121; *v. Hoffmann/Thorn*, Internationales Privatrecht (9. Aufl. 2007), S. 43; *Kropholler*, Internationales Privatrecht (6. Aufl. 2006), S. 299; *Kegel/Schurig*, Internationales Privatrecht (9. Aufl. 2004), S. 654; *v. Bar*, Internationales Privatrecht II (1991), Rn. 417 f. A. A. dagegen *Pfeiffer*, EuZW 2008, 622, 624; *Fiedler*, Stabilisierungsklauseln (2001), S. 202; *Lorenz*, RIW 1987, 569.

Recht nicht abbedungen werden können. Erfasst ist damit auch das gesamte deutsche AGB-Recht der §§ 305 ff. BGB.[330] Haben die Parteien daher in einem deutschen Inlandssachverhalt, der mit Ausnahme der insoweit nicht maßgeblichen Rechtswahl[331] keine Auslandsberührung aufweist, das schweizerische Recht als Vertragsstatut vereinbart, so gelangt mit Blick auf das Vertragsverhältnis zwar grundsätzlich das schweizerische Recht in seinen *dispositiven* und *zwingenden* Normen zur Anwendung. Zugleich ist auf den Vertrag jedoch neben anderen zwingenden Bestimmungen des deutschen Rechts das deutsche AGB-Recht anzuwenden, das sich im Kollisionsfall gegenüber dem liberaleren schweizerischen Recht durchsetzt.[332] Soweit der Anwendungsbereich der zwingenden Normen des deutschen Rechts reicht, unterliegt der Vertrag damit einer *Rechtswahlbeschränkung*.[333] Die im Übrigen kollisionsrechtlich wirkende Rechtswahl hat hier nur die Wirkung einer materiellrechtlichen Verweisung.[334]

Weist der Sachverhalt dagegen Auslandsberührung auf, so dass Art. 3 Abs. 3 Rom I-VO nicht zur Anwendung gelangt, so ist die Wahl des schweizerischen Rechts in vollem Umfang kollisionsrechtlich wirksam.[335] Ein Schweizer Gericht wird die nach Art. 116 IPRG getroffene Rechtswahl der Parteien respektieren.[336] Eine Anwendung des deutschen AGB-Rechts etwa aufgrund des Ordre Public-Vorbehalts des Art. 19 IPRG kommt nicht in Betracht, da es sich bei dem AGB-Recht wohl nicht um international zwingende Eingriffsnormen handelt.[337] Darüber hinaus scheidet auch eine Anwendung des deutschen AGB-Rechts im Rahmen einer Anpassungslösung aufgrund Normenmangels aus.[338] Zwar sind die zentralen AGB-rechtlichen Normen des deutschen und des schweizerischen Rechts von ihrem Gesetzeswortlaut scheinbar unterschiedlich qualifiziert: Während das deutsche AGB-Recht der §§ 305 ff. BGB *vertragsrechtlich*

330 *Kondring*, RIW 2010, 184, 186.

331 Staudinger/*Magnus*, (2016), Art. 3 Rom I-VO Rn. 137; Soergel/*v. Hoffmann*, (12. Aufl. 1996), Art. 27 EGBGB Rn. 85; *v. Bar*, Internationales Privatrecht II (1991), Rn. 419 f.

332 *Kondring*, RIW 2010, 184, 186.

333 *Dicey/Morris/Collins*, The Conflict of Laws II (2012), Rn. 032–46, 32–087; MünchKomm/*Martiny*, BGB (7. Auflage 2018), Art. 3 Rom I-VO Rn. 91; Staudinger/*Magnus*, (2016), Art. 3 Rom I-VO Rn. 131; Rauscher/*v. Hein*, (2010), Art. 3 Rom I-VO Rn. 100.

334 *Dicey/Morris/Collins*, The Conflict of Laws II (2012), Rn. 032–46, 32–087; Staudinger/*Magnus*, (2016), Art. 3 Rom I-VO Rn. 145; MünchKomm/*Martiny*, BGB (7. Auflage 2018), Art. 3 Rom I-VO Rn. 91; Soergel/*v. Hoffmann*, (12. Aufl. 1996), Art. 27 EGBGB Rn. 85.

335 Vgl. zur Rechtswahlbeschränkung bei Inlandssachverhalten *Kindler*, IPR des Wirtschaftsverkehrs (2009), S. 11.

336 Vgl. nur *Ehle/Brunschweiler*, RIW 2012, 262, 270.

337 BGH NJW 2009, 3371, 3373 f. („Den §§ 307 bis 309 BGB lässt sich ein ohne Rücksicht auf das auf den Vertrag anzuwendende Recht international zwingender Geltungsanspruch, wie er bei so genannten Eingriffsnormen in Betracht kommt, nicht entnehmen."); *Ehle/Brunschweiler*, RIW 2012, 262, 271; Staudinger/*Magnus*, (2016), Art. 3 Rom I-VO Rn. 151; MünchKomm/*Martiny*, BGB (7. Auflage 2018), Art. 3 Rom I-VO Rn. 86; Soergel/*v. Hoffmann*, (12. Aufl. 1996), Art. 34 EGBGB Rn. 56.

338 Ebenso *Pfeiffer*, FS v. Westphalen (2010), S. 555, 566.

konzipiert wurde, ist die zentrale AGB-rechtliche Vorschrift des Art. 8 UWG (Schweiz) Teil des *Wettbewerbsrechts*.[339] In Fällen, in denen die für ein Rechtsverhältnis anwendbaren Regelungen nicht zum Tragen kommen, weil die Normen in den einzelnen Rechtsordnungen unterschiedlich qualifiziert sind, kommt nach den allgemeinen international-privatrechtlichen Grundsätzen eine Anpassungslösung aufgrund *Normenmangels* in Betracht.[340] Allerdings besteht mit Blick auf das deutsche und schweizerische AGB-Recht kein Normenmangel, da neben Art. 8 UWG (Schweiz) auch die Generalklauseln des schweizerischen Vertragsrechts sowie einzelne im OR (Schweiz) sowie im ZGB (Schweiz) geregelte Klauselverbote, wie etwa die Regelung des Art. 100 OR (Schweiz), zur Anwendung gelangen. Das schweizerische AGB-Recht ist damit zwar *auch*, aber keineswegs *ausschließlich* wettbewerbsrechtlich konzipiert und enthält sowohl vertragsrechtliche als auch wettbewerbsrechtliche Regelungen.[341] Darüber hinaus hat die schon vor der Reform kaum praktisch relevante[342] Vorschrift des Art. 8 UWG (Schweiz) spätestens seit der UWG-Reform 2012[343] jedenfalls für den b2b-Verkehr aufgrund der Beschränkung des persönlichen Anwendungsbereiches auf Verbraucherverträge jegliche Bedeutung verloren.[344] Eine Anwendung des deutschen AGB-Rechts kommt bei einer zulässigen Wahl des schweizerischen Rechts bei Sachverhalten mit Auslandsberührung daher auch aus Schweizer Perspektive nicht in Betracht.[345]

Schließlich bleibt auch der im Schrifttum immer wieder in Betracht gezogene Weg der Flucht in das schweizerische Recht bei gleichzeitiger Vereinbarung eines *Schiedsverfahrens* für den Verwender nach vor risikoreich. Zwar sieht die Vorschrift des § 1051 ZPO, über die bei der Belegenheit des Schiedsortes in Deutschland das schweizerische Recht zur Anwendung gelangt, keine der Regelung des Art. 3 Abs. 3 Rom I-VO entsprechende Rechtswahlbeschränkung für Inlandsfälle vor. Allerdings gehört die hier nicht zu entscheidende Frage, ob die Inlandsklausel des Art. 3 Abs. 3 Rom I-VO auch im Rahmen des § 1051 ZPO Geltung

---

339 *Pfeiffer*, FS v. Westphalen (2010), S. 555, 565.

340 Vgl. *Pfeiffer*, FS v. Westphalen (2010), S. 555, 566 sowie *Rauscher*, Internationales Privatrecht (5. Aufl. 2017), Rn. 550 ff.; *v. Hoffmann/Thorn*, Internationales Privatrecht (9. Aufl. 2007), S. 230 ff.; *Kropholler*, Internationales Privatrecht (6. Aufl. 2006), S. 234 ff.; *Kegel/Schurig*, Internationales Privatrecht (9. Aufl. 2004), S. 357 ff.; *v. Bar/Mankowski*, Internationales Privatrecht I (2. Aufl. 2003), S. 706 ff.

341 Vgl. hierzu eingehend oben S. 732 f. sowie eingehend *Ehle/Brunschweiler*, RIW 2012, 262, 263 ff.; *Müller/Schilling*, BB 2012, 2319, 2320 ff.; *Wildhaber*, SJZ 2011, 537, 537 ff., 540 ff.; *Pfeiffer*, FS v. Westphalen (2010), S. 555, 557 ff.; *Müller/Griebeler/Pfeil*, BB 2009, 2658, 2662 f.; *Voser/Boog*, RIW 2009, 126, 127 ff., *Ramstein*, RIW 1988, 440, 440 ff. Ebenso *Pfeiffer*, FS v. Westphalen (2010), S. 555, 555 f.

342 Vgl. oben S. 0 f. sowie *Ehle/Brunschweiler*, RIW 2012, 262, 267.

343 Vgl. hierzu oben S. 731 ff., unten S. 744 ff. sowie eingehend *Ehle/Brunschweiler*, RIW 2012, 262, 262 ff.; *Wildhaber*, SJZ 2011, 537, 537 ff.

344 Hierzu oben S. 0 sowie *Ehle/Brunschweiler*, RIW 2012, 262, 267 ff., 271.

345 *Pfeiffer*, FS v. Westphalen (2010), S. 555, 556.

beanspruchen kann, zu den umstrittensten Problemen des internationalen Zivilverfahrensrechts.[346] Zwar betrachtet die herrschende Auffassung die Vorschrift des § 1051 ZPO als eine *Sonderkollisionsnorm*, die einen Rückgriff auf das Allgemeine Kollisionsrecht der Art. 3 ff. Rom I-VO ausschließt, so dass eine Flucht in das schweizerische Recht unter Umgehung des deutschen AGB-Rechts durch Rechtswahl im Schiedsverfahren grundsätzlich möglich wäre.[347] Indes geht ein Teil des Schrifttums gleichwohl von einem *Vorrang* des Art. 3 Rom I-VO gegenüber § 1051 ZPO mit der Folge aus, dass auch im Schiedsverfahren die Inlandsklausel des Art. 3 Abs. 3 Rom I-VO und damit auch die Regelungen des deutschen AGB-Rechts als einfach zwingende Bestimmungen des Einbettungsstatuts zur Anwendung gelangen.[348] Vermittelnde Auffassungen wollen schließlich das allgemeine Kollisionsrecht *analog* heranziehen[349], den Anwendungsbereich des § 1051 ZPO unter Berücksichtigung des Allgemeinen Kollisionsrechts *teleologisch reduzieren*[350] oder aber die Wertungen der Rom I-VO im Rahmen der *Auslegung* berücksichtigen („persuasive authority").[351] Wie sich die Gerichte in diesem Streit positionieren werden, ist mangels höchstrichterlicher Rechtsprechung jedoch völlig unklar, die Rechtswahl nach wie vor unsicher. Zwar kann man mit überzeugenden Gründen der Sonderanknüpfungslösung folgen, einen Vorrang des Art. 3 Abs. 3 Rom I-VO vor § 1051 ZPO ablehnen und die Parteien auch in Inlandsfällen auf das Schiedsverfahren verweisen. Für den Verwender bleibt dieser Weg indes ein Vabanquespiel mit ungewissem Ausgang.

(3) Risiken der Wahl schweizerischen Rechts für beide Parteien

Die Wahl des schweizerischen Rechts birgt für *beide* Parteien – und damit auch für den Verwender – darüber hinaus erhebliche Risiken. So stellt sich die geringere Kontrolldichte des deutlich liberaleren schweizerischen AGB-Rechts für den Klauselgegner als erheblicher Nachteil und Risiko für seine *materielle Vertrags-*

---

[346] Vgl. zu Problem und Meinungsstand nur *Kondring*, RIW 2010, 184, 186 ff.

[347] Musielak/Voit/*Voit*, (14. Aufl. 2017), § 1051 ZPO Rn. 3; MünchKomm/*Martiny*, BGB (7. Aufl. 2018), Vor Art. 1 Rom I-VO Rn. 100; *Kondring*, RIW 2010, 184, 186 ff., 189 ff., 191; *Ostendorf*, SchiedsVZ 2010, 234, 237; *Pfeiffer*, in: Westphalen (Hrsg.), Deutsches Recht im Wettbewerb (2009), S. 178, 189; *Wegen*, (2009), S. 933, 942 f.; *Beulker*, Eingriffsnormen (2005), S. 225 ff., 228; *Zobel*, Schiedsgerichtsbarkeit und Gemeinschaftsrecht (2005), S. 18, 20 ff., 107; *Solomon*, RIW 1997, 982, 989; *Voit*, JZ 1998, 120, 123.

[348] Zöller/*Geimer*, (32. Aufl. 2018), § 1051 ZPO Ren. 3; *Geimer (Hrsg.)*, IZPR (6. Aufl. 2009), Rn. 3869; *Mankowski*, RIW 2011, 30, 30 ff., 44; *Ebbing*, Private Zivilgerichte (2003), S. 264; *Weihe*, Schutz der Verbraucher (2005), S. 299 ff.; *Baldus*, Schiedsabrede (2004), S. 144, 146; *Wagner*, FS Schumann (2001), S. 535, 535 ff.; *Weigand*, WiB 1997, 1273, 1276 f.

[349] *Hausmann*, FS v. Hoffmann (2011), S. 971, 984.

[350] MünchKomm/*Münch*, ZPO (5. Aufl. 2017), § 1051 Rn. 18 ff.; *Handorn*, Sonderkollisionsrecht (2005), S. 159 ff., 166.

[351] Saenger/*Saenger*, (7. Aufl. 2017), § 1051 Rn. 1 f. (den Vorrang von Art. 3 Rom I-VO im Wesentlichen auf § 1051 Abs. 2 ZPO beschränkend); *Pfeiffer*, NJW 2012, 1169, 1170; Reithmann/Martiny/*Martiny*, (8. Aufl. 2015), Internationales Vertragsrecht Rn. 59; *Pfeiffer*, EuZW 2008, 622, 623; *Kropholler*, Internationales Privatrecht (6. Aufl. 2006), S. 50.

freiheit dar. Dem Vorteil größerer Gestaltungsmacht für den Verwender steht spiegelbildlich ein Mangel an tatsächlicher Vertragsfreiheit aufseiten des Verwendungsgegners gegenüber, der nun einer erhöhten Gefahr der *Benachteiligung* durch *einseitige Verlagerung* vertraglicher Risiken und damit einem *Missbrauch* der einseitig in Anspruch genommenen *Vertragsgestaltungsfreiheit* durch Knebelverträge ausgesetzt ist. Letztlich entspricht das größere Maß an Vertragsfreiheit für den Verwender einem *geringeren Schutz* des unternehmerischen Kunden vor missbräuchlichen Klauseln. Als vorteilhaft, flexibel und empfehlenswert erweist sich das schweizerische AGB-Recht damit vor allem für den *Verwender*, da es ihm erlaubt, seine Interessen möglichst weitgehend zulasten seines Vertragspartners zu verwirklichen. Die Empfehlung zur Flucht in das schweizerische Recht beruht damit weitgehend auf einer Engführung durch Fokussierung auf die Interessen der Verwenderseite. Fälle, in denen sich das schweizerische Recht aufgrund seiner geringeren Kontrolldichte für *beide* Parteien als vorteilhaft erweist, dürften vor allem auf intensiv verhandelte, großvolumige Transaktionen beschränkt sein und daher mit Blick auf den Massenverkehr die deutliche Ausnahme bilden.

Aber auch für den *Verwender* ist die Wahl des schweizerischen Rechts keineswegs ausschließlich vorteilhaft. So ergeben sich für ihn zunächst die allgemeinen Nachteile der Wahl ausländischen Rechts: *Höhere Transaktionskosten* durch typischerweise erhöhten Informations- und Rechtsberatungsbedarf, höhere Kommunikationskosten aufgrund des notwendigen Informationsaustauschs mit Anwälten im Ausland sowie – bei einer regelmäßig anzunehmenden Wahl eines schweizerischen Gerichtsstandes – höhere Kosten im Fall eines Rechtsstreits vor einem schweizerischen Gericht, die für die in Deutschland ansässige Partei schon aufgrund des Prozessortes im Ausland anfallen.[352]

Darüber hinaus birgt bereits die Aufgabe des vertrauten deutschen Rechts und die Wahl einer völlig anderen Rechtsordnung eine ganze Reihe *rechtlicher Risiken*. So gelangt, soweit keine vertraglichen Regelungen eingreifen, neben den ohnehin anwendbaren *zwingenden* Bestimmungen das gesamte *dispositive Recht* der Schweiz zur Anwendung – mit Folgen für das Vertragsverhältnis, die den Parteien in der Regel nicht bewusst sind.[353] Dabei verstärken sich die mit der Anwendung des schweizerischen Rechts verbundenen Probleme, wenn es zu einem Rechtsstreit vor deutschen Gerichten kommt, etwa weil die Parteien einen deutschen Gerichtsstand vereinbart haben. So wird in der Regel nicht nur zweckmäßigerweise die Beauftragung *Schweizer Anwälte*, sondern darüber hinaus auch das Einholen entsprechender *Rechtsgutachten* gem. § 293 S. 2 ZPO durch das Gericht erforderlich sein, sofern die für den Rechtsstreit zuständigen deutschen Richter nicht selbstständig in der Lage sind, den Rechtsstreit nach schweizerischem Recht

[352] Vgl. zu den Kosten der Rechtswahlfreiheit *Rühl*, RabelsZ 71 (2007), 559, 567ff.
[353] *Voser/Boog*, RIW 2009, 126, 127.

zu entscheiden. Die Anwendung ausländischen Rechts führt damit typischerweise nicht nur zu einer *Verzögerung* des Rechtsstreits, sondern auch zu steigenden *Transaktionskosten*.[354]

Zwar ist das schweizerische Recht dem deutschen Recht in Struktur und zentralen Instituten durchaus *ähnlich*, jedoch keineswegs *identisch*. In zentralen Fragen bestehen *erhebliche Unterschiede*, die von den Parteien vor der Rechtswahl eigentlich umfassend zu berücksichtigen wären: So unterscheidet das schweizerische Recht ebenso wenig zwischen Kauf- und Werkvertrag wie zwischen Handels- und Verbrauchsgüterkauf.[355] Zwar gilt es grundsätzlich als verkäuferfreundlich,[356] doch enthält es durchaus auch explizit käuferfreundliche Bestimmungen – wie etwa die Kausalhaftung für Mangelfolgeschäden nach Art. 208 Abs. 2 OR (Schweiz) –, die teilweise in ihrem Schutzniveau über das des deutschen Rechts hinausgehen.[357]

Ferner ist mit der Wahl des schweizerischen Rechts die Wahl einer Rechtsordnung verbunden, die schon aufgrund der überschaubaren Größe des Landes und der geringeren Bevölkerungszahl einen deutlich *schmaleren Fundus an Rechtsprechung* vorzuweisen hat und entsprechend weniger rechtlich und dogmatisch durchdrungen ist, als das in hohem Maß ausdifferenzierte deutsche Recht.[358] Daher ist eine verlässliche Klärung der Rechtslage für zahlreiche Fallkonstellationen bereits aufgrund fehlender Rechtsprechung deutlich schwieriger als in Deutschland[359], so dass tendenziell ein höheres Maß an *Rechtsunsicherheit* besteht. Und schließlich erscheint es fraglich, ob sich das schweizerische Recht im konkreten Fall für den Verwender tatsächlich als günstiger erweist als das deutsche Recht. So ist etwa nach schweizerischem Recht gem. Art. 100 S. 1 OR (Schweiz) eine Freizeichnung von der Haftung für Vorsatz und grobe Fahrlässigkeit anders als im deutschen Recht[360] (§ 276 Abs. 3 BGB) auch nicht durch Individualabrede möglich.[361] Ob die Wahl schweizerischen Rechts daher für den Verwender einen Vorteil oder gar einen Nachteil darstellt, ist auf der Grundlage des konkreten Vertragsverhältnisses im Einzelfall zu überprüfen. Dies ist jedoch mit entsprechenden *Rechtsberatungskosten* verbunden.

Mit den durch die Wahl ausländischen Rechts bedingten höheren *Transaktionskosten* (Rechtsberatung durch ausländische Anwälte, Kommunikation, Reisekosten), den rechtlichen Risiken einer *fremden Rechtsordnung*, die sich im Einzelnen stark vom deutschen Recht unterscheidet, die aufgrund einer über-

---

354 Instruktiv zu den Kosten der Rechtswahlfreiheit *Rühl*, RabelsZ 71 (2007), 559, 567 ff.

355 *Voser/Boog*, RIW 2009, 126, 127.

356 *Voser/Boog*, RIW 2009, 126, 139.

357 *Voser/Boog*, RIW 2009, 126, 139.

358 *Pfeiffer*, FS v. Westphalen (2010), S. 555, 556.

359 *Pfeiffer*, FS v. Westphalen (2010), S. 555, 556.

360 Vgl. nur MünchKomm/*Grundmann*, BGB (7. Aufl. 2016), § 276 Rn. 182; BeckOK/*Lorenz*, BGB (47. Ed. 2018), § 276 Rn. 46; Staudinger/Löwisch/Caspers, (2014), § 276 Rn. 120 ff.

361 *Voser/Boog*, RIW 2009, 126, 133.

schaubareren Rechtsprechung ein geringeres Maß an *Rechtssicherheit* gewährt und auch *AGB-rechtlich* nicht ausnahmslos verwenderfreundlich ausgestaltet ist, ergeben sich für den Verwender eine Reihe von Nachteilen, die Anlass zu Zweifeln an der Überzeugungskraft des Rechtsfluchtargumentes geben. Das im Rahmen der gegenwärtigen Diskussion fast schon reflexartig vorgebrachte, plakative Argument der drohenden Rechtsflucht erweist sich damit bei näherer Analyse als weniger überzeugend, als es auf den ersten Blick scheinen mag. Für die Praxis erhebt sich somit die Frage, ob die Flucht in eine insoweit völlig fremde Rechtsordnung angesichts der damit verbundenen *Kosten* und *Risiken* überhaupt eine *realistische* Alternative darstellt.

(4) Rechtspolitische Relevanz des Arguments der Rechtsflucht

Angesichts der Risiken, die mit der Wahl des schweizerischen Rechts auch für den Verwender verbunden sind, verwundert es nicht, dass die *praktische Bedeutung* der Rechtsflucht vor dem teilweise als zu streng empfundenen deutschen AGB-Recht im Schrifttum bezweifelt wird. So wird etwa infrage gestellt, ob es die häufig behauptete Flucht in das schweizerische Recht „überhaupt in nennenswertem Umfang gibt."[362] Tatsächlich sind belastbare empirische Daten nicht vorhanden.[363] Bloße Behauptungen in der Literatur reichen indes nicht aus, um eine hinreichende empirische Relevanz des Rechtsfluchtphänomens zu belegen. Dies gilt umso mehr, als insbesondere im Bereich der KMU von *gegenteiligen Erfahrungen* berichtet wird.[364] Entsprechend geht ein Teil des Schrifttums sogar davon aus, dass „mindestens 99,9 % aller B2B-Verträge nach deutschem Recht geschlossen [werden], weil sich weder Unternehmen noch Berater auf das unsichere Gebiet einer fremden Rechtsordnung begeben wollen."[365] Zwar stehen statistische Daten nicht zur Verfügung, doch spricht vieles für die Plausibilität der Annahme, dass es sich bei dem Rechtsfluchtphänomen im Vergleich zu den im unternehmerischen Rechtsverkehr geschlossenen Geschäften um eine Randerscheinung handelt. So ist eine Rechtswahl aufgrund der Inlandsklausel des Art. 3 Abs. 3 Rom-I VO ohnehin nur bei Geschäften mit Auslandsberührung sinnvoll. Grenzüberschreitende Geschäfte mögen unter größeren Unternehmen die Regel darstellen. Im Bereich der KMU und insbesondere der kleinen Unternehmen, zu denen immerhin 87,8 % aller in Deutschland umsatzsteuerpflichtigen Unternehmen gehören[366], dürften grenzüberschreitende Rechtsgeschäfte nicht die Regel darstellen.

Hinzu kommt, dass die Annahme, Unternehmer würden gezielt das deutsche AGB-Recht meiden und ihre Verträge einer ausländischen Rechtsordnung un-

[362] *Schäfer*, BB 2012, 1231, 1232.
[363] *Schäfer*, BB 2012, 1231, 1232.
[364] Ebenda („Die Erfahrungen des Verfassers decken sich mit denen von Kollegen der anderen Verbände, die sich gegen eine AGB-Reform aussprechen.").
[365] Ebenda.
[366] *Günterberg*, Unternehmensgrößenstatistik (2012), S. 11. Vgl. hierzu oben S. 791 f.

terstellen, von einem funktionierenden Konditionenwettbewerb ausgeht. Auch wenn den Vertragsbedingungen im b2b-Verkehr sicherlich eine größere Rolle zukommen dürfte als dies im b2c-Verkehr der Fall ist, so gilt auch im Rechtsverkehr zwischen Unternehmern der Befund, dass ein *funktionierender Konditionenwettbewerb* nicht existiert.[367] Im Gegenteil werden sich auch Unternehmer jedenfalls bei den üblichen unternehmerischen Alltagsgeschäften mit Blick auf die Entscheidung zum Vertragsschluss häufig an *Preis* und *Qualität*, weniger an den Vertragskonditionen orientieren. Insbesondere im Hinblick auf die Rechtswahl besteht aufgrund des mit einem Rechtsvergleich verbundenen hohen Aufwands ein „rationales Desinteresse"[368], das mögliche Rechtswahlentscheidungen in der Praxis erschwert.[369] *Risiko*, *Aufwand*, hohe *Transaktionskosten*, fehlender *Konditionenwettbewerb* und vor allem die *„rationale Ignoranz"*[370] auch unternehmerischer Marktteilnehmer sprechen gegen eine nennenswerte praktische Bedeutung der Flucht in das schweizerische Recht mit Blick auf die Masse der im Rechtsverkehr geschlossenen Verträge.

In noch stärkerem Maße dürfte dies für die Rechtswahl durch Vereinbarung einer *Schiedsabrede* gelten. Spricht in reinen Inlandsfällen bereits die unklare Rechtslage gegen eine Vereinbarung ausländischen Rechts[371] im Wege einer entsprechenden Schiedsvereinbarung, so legen auch die Fallstatistiken nahe, dass der Schiedsgerichtsbarkeit in der Rechtspraxis bislang nur eine untergeordnete Rolle zukommt. So steht die jährliche Zahl neuer Verfahren anerkannter Schiedsinstitutionen wie etwa der *Deutschen Institution für Schiedsgerichtsbarkeit* (DIS) oder des *International Court of Arbitration* der *International Chamber of Commerce* (ICC) in Paris mit 121 (DIS)[372] bzw. 759 (ICC)[373] Schiedsverfahren etwa für das Jahr 2012 in keinem Verhältnis zu den Fallzahlen deutscher Zivilgerichte (Neuzugänge 2012: Amtsgerichte ca. 1,2 Millionen, Landgerichte erstinstanzlich ca. 356.000, Rechtsmittel ca. 57.000, Oberlandesgerichte ca. 53.000, BGH ca. 4.000).[374] Selbst unter Berücksichtigung der für das Schiedsverfahren typischer-

---

[367] Vgl. nur MünchKomm/*Basedow*, BGB (7. Aufl. 2016), Vor § 305 Rn. 5 f.; Staudinger/*Wendland*, BGB (2019), § 307 Rn. 4; *Fastrich*, Inhaltskontrolle (1992), S. 80, 86; *Habersack*, Vertragsfreiheit und Drittinteressen (1992), S. 107; *Baudenbacher*, Grundprobleme (1983), S. 217; *Kötz*, Gutachten (1974), S. A 9, S. A 33 ff. sowie eingehend oben S. 542 ff.

[368] So *Eidenmüller*, JZ 2009, 641, 650 (auf den Zusammenhang zwischen Rechtswahlfreiheit und „rationalem Desinteresse" bzw. „rationaler Apathie" hinweisend).

[369] *Eidenmüller*, JZ 2009, 641, 650.

[370] *Eidenmüller*, JZ 2005, 216, 222. Ähnlich *Miethaner*, AGB-Kontrolle (2010), S. 63 ff. (legitime Ignoranz). Hierzu *Becker*, AGB und Individualvereinbarung (2011), S. 72 ff.; *Schön*, FS Canaris I (2007), S. 1191, 1192, 1212.

[371] Vgl. hierzu eingehend oben S. 737 f.

[372] DIS-Statistik 2011, abrufbar unter http://www.dis-arb.de/de/39/content/statistik-id54 (abgerufen am 25. 2. 2014).

[373] ICC International Court of Arbitration Bulletin, Vol. 23/No. 1 (2012).

[374] *Statistisches Bundesamt*, Rechtspflege: Zivilgerichte, Fachserie 10 Reihe 2.1 (2012), S. 13, 37, 75, 96.

weise hohen Streitwerte ist sie für den unternehmerischen Geschäftsverkehr insgesamt von nur geringer praktischer Bedeutung. Angesichts der sehr geringen, im Verhältnis zur Masse des unternehmerischen Rechtsverkehrs durchaus als *marginal* zu qualifizierenden praktischen Bedeutung entsprechender Rechtswahl- und Schiedsvereinbarungen erscheint es kaum gerechtfertigt, einen derart tiefgreifenden Eingriff in das bestehende System des AGB-Rechts, wie es einige Reformvorschläge vorsehen[375], mit dem Verweis auf die drohende Gefahr der Flucht in das ausländische Recht zu rechtfertigen. Dies gilt umso mehr, als die Motivation für die bestehenden Rechtswahlentscheidungen mangels empirischer Daten letztlich unklar bleibt.

Darüber hinaus begegnet der Grundansatz des Rechtsfluchtarguments auch aus *dogmatischen* und *verfassungsrechtlichen* Gründen erheblichen Bedenken. Zwar handelt es sich bei der Bestimmung der Reichweite der Inhaltskontrolle um eine Entscheidung, die jedenfalls im Grundsatz letztlich dem rechtspolitischen Ermessen des Gesetzgebers unterstellt ist. Allerdings ist auch der Gesetzgeber im Hinblick auf seine rechtspolitischen Gestaltungentscheidungen keineswegs frei, sondern an den verfassungsrechtlichen und dogmatischen Rahmen gebunden, den die Rechtsordnung vorgibt. So besteht bereits aus verfassungsrechtlichen Gründen eine staatliche Verpflichtung zur Gewährleistung eines Mindestmaßes an materieller Vertragsfreiheit auch im unternehmerischen Geschäftsverkehr und damit zum Schutz des unternehmerischen Klauselgegners vor missbräuchlichen AGB. In Konkretisierung dieses Schutzauftrages hat die Rechtsprechung über die Generalklausel des §242 BGB bereits in den 1960er und 1970er Jahren die Grundzüge richterlicher Inhaltskontrolle gerade auf der Grundlage von Fällen des unternehmerischen Geschäftsverkehrs herausgearbeitet.[376]

Selbst wenn der Gesetzgeber zu der Entscheidung gelangen sollte, die Inhaltskontrolle im b2b-Verkehr zu beschränken, wird er aufgrund der Indisponibilität der berührten grundgesetzlich geschützten Rechtsgüter – insbesondere der *materiellen Vertragsfreiheit* des Verwendungsgegners – das verfassungsrechtlich gebotene Mindestniveau an Schutz vor missbräuchlichen Klauseln nicht unterschreiten können. Vor diesem Hintergrund erscheint das Argument, dass ausländische Rechtsordnungen ein geringeres Schutzniveau für den unternehmerischen Kunden bzw. ein höheres Maß an Vertragsfreiheit für den Verwender vorsehen, nur wenig überzeugend. Dies gilt umso mehr, als es sich dabei um ein *rechtspolitisches* Argument handelt, das gegen jedwede rechtliche Regelung in Position gebracht werden kann. Der Gesetzgeber wird sich in diesem Kontext entscheiden

---

[375] Vgl. zu den einzelnen Reformvorschlägen eingehend unten S. 747f., 904ff., 964ff.

[376] Vgl. nur BGH NJW 1976, 2345; NJW 1973, 1190; NJW 1971, 1034; NJW 1970 1596; NJW 1969, 230. Vgl. hierzu auch *Bunte*, NJW 1987, 921, 925; *Schmidt-Salzer*, BB 1975, 680, 681; *Schmidt-Salzer*, Diskussion 50. DJT (1974), S. H 72, H 75; *Bastian/Böhm*, BB 1974, 110, 112; *Eith*, NJW 1974, 16, 17 sowie die Begründung des Gesetzentwurfs des BACDJ (GAGB-E) zu §25 GAGB-E, BB Beilage 9/1974, 1, 13. Zum Ganzen eingehend oben S. 347ff., 696ff.

müssen, ob er sich mit Verweis auf einen tatsächlich bestehenden oder lediglich vermeintlich praktisch relevanten *Wettbewerb der Rechtsordnungen* gleichsam auf den „kleinsten gemeinsamen Nenner" herunterhandeln lässt und sich unter dem Druck des *forum shopping* an einem *race to the bottom* beteiligt oder die Gestaltung der eigenen Rechtsordnung souverän an jenen Grundsätzen orientiert, die ihr insgesamt zugrunde liegen. Aus dogmatischer und verfassungsrechtlicher Perspektive ist in diesem Kontext festzuhalten, dass den rechtlichen Gestaltungsmöglichkeiten des Gesetzgebers insoweit durch die Rechtsordnung selbst vorgegebene Grenzen gesetzt sind.[377]

Wurde bislang das deutsche AGB-Recht im Kontext des „Rechtswettbewerbes" von den Befürwortern einer Reform vor allem als *Standortnachteil* bewertet, erhebt sich damit zugleich die Frage nach der Plausibilität der Nachteilsthese. Betrachtet man in diesem Zusammenhang den empirischen Befund der *wirtschaftlichen Entwicklung*, so sind Zweifel angebracht. Bereits hingewiesen[378] wurde auf die positive wirtschaftliche Entwicklung, in deren Ergebnis Deutschland nicht nur die Wirtschaftskrisen der vergangenen Jahre im europäischen Vergleich überdurchschnittlich gut bewältigt hat, sondern weit vor dem Vereinigten Königreich, Belgien oder Frankreich mit Rang 4 zu den weltweit wettbewerbsfähigsten Staaten gehört.[379] Dass das deutsche AGB-Recht der wirtschaftlichen Entwicklung in größerem Umfang geschadet habe, ist angesichts dieses Befundes nicht plausibel. Vielmehr ist umgekehrt zu fragen, ob das hohe Maß an Wettbewerbsfähigkeit der deutschen Wirtschaft möglicherweise auch „wegen und nicht trotz der AGB-Rechtsprechung"[380] besteht. Geht man davon aus, dass die wirtschaftliche Entwicklung eines Staates ganz überwiegend vom *Mittelstand* und weniger von *einzelnen Großunternehmen* getragen wird, wie bereits der mit 99,7 % sehr hohe Anteil von KMU an den in Deutschland umsatzsteuerpflichtigen Unternehmen zeigt[381], so ist durchaus plausibel, dass ein höheres Maß an *Rechtssicherheit* durch effektiven Schutz vor missbräuchlichen Klauseln ganz erheblich zur *Wettbewerbsfähigkeit* des Rechts- und Wirtschaftsstandortes Deutschland und damit auch zur wirtschaftlichen Entwicklung beiträgt.[382]

(5) Rechtspolitische Diskussion in der Schweiz

Gestützt wird diese Annahme durch eine bemerkenswerte Entwicklung, die bezeichnenderweise im Zusammenhang mit dem Rechtsfluchtargument steht. So wurde etwa das Versagen der Inhaltskontrolle nach § 8 a. F. UWG (Schweiz) in

---

377 Zum verfassungsrechtlichen Rahmen vgl. oben S. 359 ff., 374 f., zum dogmatischen Rahmen oben S. 439 f., 458 ff., 462 ff., 567 ff.

378 Vgl. oben S. 694.

379 The Global Competitiveness Index 2013–2014 rankings: *World Economic Forum*, The Global Competitiveness Report 2013–2014 (2013), S. 15. Vgl. aber Rang 1 f.ür die Schweiz.

380 So *Schäfer*, BB 2012, 1231,1232.

381 *Günterberg*, Unternehmensgrößenstatistik (2012), S. 11.

382 Ähnlich ebenda.

der Praxis im Rahmen der rechtspolitischen Diskussion in der Schweiz keineswegs als Errungenschaft des Rechtsstaats, sondern als Fehlentwicklung wahrgenommen und jedenfalls für den b2c-Verkehr eine effektive Inhaltskontrolle analog dem deutschen Modell gefordert.[383] Es entbehrt nicht einer gewissen Ironie, dass die rechtspolitische Diskussion in Deutschland um eine Liberalisierung des AGB-Rechts unter stetigem Verweis auf das schweizerische Recht mit einer Verschärfung des AGB-Rechts in der Schweiz durch die UWG-Reform 2012 unter Verweis auf das deutsche Modell zusammenfällt. Allerdings kann die Diskussion in der Schweiz für den rechtspolitischen Diskurs in Deutschland nur sehr begrenzt fruchtbar gemacht werden: Zu komplex und differenziert ist die Entwicklung, die sich derzeit im schweizerischen Recht vollzieht.

So wurde die bislang praktisch wirkungslose Inhaltskontrolle nach Art. 8 UWG (Schweiz), die nach bisheriger Rechtslage sowohl den b2c- als auch den b2b-Verkehr umfasste, gerade mit Verweis auf den Schutz der Vertragsfreiheit – freilich jener des Verwenders – ausdrücklich auf den b2c-Verkehr beschränkt und der Unternehmerverkehr gänzlich vom Anwendungsbereich der wettbewerbsrechtlichen Inhaltskontrolle ausgenommen. Damit ist die zentrale AGB-rechtliche Vorschrift des schweizerischen Rechts auf ein reines *Verbraucherschutzinstrument* zurückgestuft. Überzeugende Argumente für eine entsprechende Liberalisierung des AGB-Rechts in Deutschland lassen sich daraus indes nicht ziehen: So ging der ursprüngliche Entwurf des schweizerischen Bundesrates für eine UWG-Reform gerade von einem *umfassenden persönlichen Anwendungsbereich* entsprechend dem deutschen Modell aus. Sowohl Verbraucher als auch Unternehmer sollten vor den Folgen missbräuchlicher, einseitig belastender Klauseln geschützt werden. Dabei wurde die Einbeziehung von Unternehmern in den Schutzbereich des Art. 8 UWG (Schweiz) gerade mit der *Schutzbedürftigkeit* der häufig auch strukturell schwächeren KMU begründet.[384] Erst im *Differenzbereinigungsverfahren* im Frühjahr 2011 wurde im Rahmen eines Kompromisses der ursprünglich weite Anwendungsbereich der Vorschrift auf den b2c-Verkehr beschränkt, „um die AGB-Inhaltskontrolle insgesamt zu retten".[385] Davon unberührt bleiben die offene Inhaltskontrolle auf der Grundlage der zivilgerichtlichen Generalklauseln am Maßstab des Art. 100 OR (Schweiz)[386] sowie weitere spezielle Klauselverbote[387].

Damit ist auch das AGB-Recht der Schweiz Gegenstand tiefgreifender Umbrüche, die in Verlauf und Ergebnis differenziert zu bewerten sind: Während die Initiative des schweizerischen *Bundesrates* eine Verschärfung der Inhaltskontrolle sowohl im b2c- als auch im b2b-Verkehr und damit eine Angleichung an

---

383 *Ehle/Brunschweiler*, RIW 2012, 262, 267.

384 *Wildhaber*, SJZ 2011, 537, 541 mwN.

385 *Wildhaber*, SJZ 2011, 537, 541.

386 Näher *Trendelberend*, Vorteile des schweizerischen Rechts für AGB-Verwender (2011), S. 137ff.

387 *Pfeiffer*, FS v. Westphalen (2010), S. 555, 559ff. mwN.

deutsche Schutzstandards vorsah, führte die *endgültige Fassung* des Art. 8 UWG (Schweiz) zu einer Beschränkung auf den Rechtsverkehr mit Verbrauchern unter Beibehaltung allgemeiner Kontrollinstrumente im Unternehmerverkehr. Auch wenn die weitere Entwicklung in der Schweiz unklar bleibt, so dürfte feststehen, dass ein pauschaler, gleichsam reflexhafter Verweis auf das vermeintlich liberale schweizerische AGB-Recht so nicht mehr möglich ist. Im Gegenteil lässt sich die Entwicklung in der Schweiz durchaus als Versuch einer Angleichung an deutsche Standards, als Ausdruck einer alle europäischen Rechtsordnungen in mehr oder minder starkem Umfang erfassenden Tendenz zur *Materialisierung* und zum Schutz *materieller Vertragsfreiheit* werten, die sich zwar derzeit noch nicht endgültig politisch durchzusetzen vermochte, jedoch zunehmend an Bedeutung gewinnt. Dies gilt umso mehr, als der Verzicht auf die Einbeziehung des unternehmerischen Geschäftsverkehrs in den Schutzbereich der Inhaltskontrolle nach Art. 8 UWG (Schweiz) im schweizerischen Schrifttum auf Widerspruch gestoßen ist.[388]

Für die rechtspolitische Diskussion in Deutschland bedeutet dies, dass Tendenzen einer Angleichung an den „kleinsten gemeinsamen Nenner" bzw. das „niedrigste Schutzniveau" mit der gebotenen Skepsis zu begegnen ist, die allein den Weg zu einer nüchternen und differenzierten Betrachtung sowohl der Entwicklung in der Schweiz als auch der Relevanz des Rechtsfluchtarguments im Kontext des „Wettbewerbs der Rechtsordnungen" eröffnet. Selbst wenn man – was aus grundsätzlichen Erwägungen durchaus bedenklich wäre – das Recht als bloßes „Produkt" begreift, das sich im Wettbewerb mit anderen Rechtsordnungen zu bewähren habe, so bedarf der Maßstab, an dem die vermeintliche „Qualität" des Rechts zu messen ist, der sorgfältigen Bestimmung. Hier ist der Versuchung zu widerstehen, dem populären Ruf nach Liberalisierung im Interesse einer spezifischen Interessengruppe – hier der Verwenderseite – zu folgen, die von einer Reform überdurchschnittlich profitieren würde, dabei jedoch die Interessen der für die wirtschaftliche Entwicklung und den Massenverkehr entscheidenden KMU zu vernachlässigen.

Dass eine Überprüfung des geltenden AGB-Rechts selbstverständlich auch jener Fallgruppe gerecht werden muss, in der – wie etwa im Rahmen komplexer Vertragsverhandlungen im Kontext von Unternehmenskaufverträgen oder dem Kraftwerks- und Anlagenbau – *beide* Parteien an einer Freistellung von AGB-rechtlichen Vorgaben interessiert sind, steht völlig außer Zweifel. Hierzu bedarf es indes einer sachlichen, nüchternen und differenzierten Annäherung an das Problem der Inhaltskontrolle im b2b-Verkehr, die eine Korrektur einseitiger *Grundtendenzen* in der gegenwärtigen rechtspolitischen Diskussion erforderlich macht: (1) die Fokussierung auf *formaler* und das Ausblenden *materieller*

---

388 Vgl. nur *Wildhaber*, SJZ 2011, 537, 541 („Es ist deshalb zu bedauern, dass Art. 8 E-UWG die offene Inhaltskontrolle von B2B-Verträgen nicht umfasst.").

Vertragsfreiheit[389], (2) die Fokussierung auf *großvolumige Transaktionen* wirtschaftlich gleich starker Vertragspartner[390] statt (3) Berücksichtigung des *breiten Spektrums* unterschiedlicher Fallkonstellationen (echte und unechte AGB)[391] sowie (4) der Verweis auf das *Forum Shopping* und die *Flucht in das ausländische Recht*.[392] Damit ist der Boden bereitetet, um die unterschiedlichen Vorschläge zur Reform des AGB-Rechts im unternehmerischen Geschäftsverkehr typisierend in den Blick zu nehmen.

4. Reformansätze

Waren die ersten Wortmeldungen zu Beginn der rechtspolitischen Diskussion noch überwiegend auf die Kritik an der als zu restriktiv empfundenen Rechtsprechung des BGH[393] – weiter Anwendungsbereich des AGB-Rechts und weitgehende Gleichbehandlung von b2c- und b2b-Verkehr – und das Anmahnen entsprechender Korrekturen in der Judikatur *de lege lata* beschränkt[394], so folgten schon bald die ersten konkreten Vorschläge zu einer Reform des AGB-Rechts *de lege ferenda*.[395] Das vom Deutschen Anwaltverein (DAV) im Januar 2012 veranstaltete Symposium zum AGB-Recht und der 69. Deutsche Juristentag im gleichen Jahr regten die bereits bestehende Diskussion noch einmal in entscheidender Weise an, so dass mittlerweile eine Vielzahl unterschiedlicher Gesetzesvorschläge zur Reform des AGB-Rechts im unternehmerischen Geschäftsverkehr vorliegt. Eine systematische Typisierung der im Einzelnen kaum mehr überschaubaren Fülle unterschiedlicher Reformmodelle ist aufgrund zahlreicher Überschneidungen und der Kombination unterschiedlicher Gestaltungselemente schwierig. Dennoch sollen zum Zweck des Vergleichs in einem ersten Überblick die Grundlinien der einzelnen Reformansätze herausgearbeitet und typi-

---

[389] Vgl. oben S. 722 ff.

[390] Vgl. oben S. 724 f.

[391] Vgl. oben S. 726 ff.

[392] Vgl. oben S. 729 ff.

[393] Hierzu eingehend unten S. 813 ff., 828 ff., 915 ff., 923 ff.

[394] Für eine Anpassung der Rechtsprechung auf der Grundlage des geltenden Rechts *Koch*, BB 2010, 1810, 1815; *Lenkaitis/Löwisch*, ZIP 2009, 441, 450 f.; *Kessel/Stomps*, BB 2009, 2666, 2675; *Kessel/Jüttner*, BB 2008, 1350, 1355; *Lischek/Mahnken*, ZIP 2007, 158, 163; *Pres*, Inhaltskontrolle (2005), S. 203 ff., 228 f.; *Wackerbarth*, AcP 200 (2000), 45, 91.

[395] Vgl. nur *Kondring*, BB 2013, 73; *Müller*, BB 2013, 1355; *Dauner-Lieb*, AnwBl. 2013, 845; *Pfeiffer*, NJW 2012, 2609, 2611; *Fornasier*, in: FIW (Hrsg.), Schwerpunkte des Kartellrechts 2011 (2012), S. 113, 119 ff., 126; *Deutscher Anwaltverein*, AnwBl. 2012, 402; *Becker*, JZ 2010, 1098; *Berger*, NJW 2010, 465; *Miethaner*, NJW 2010, 3121; *Leuschner*, JZ 2010, 875; *Leyens/Schäfer*, AcP 210 (2010), 771, 802 f.; *Müller/Griebeler/Pfeil*, BB 2009, 2658; *Berger/Kleine*, NJW 2007, 3526; *Leuschner*, AcP 207 (2007), 491; *Berger*, ZIP 2006, 2149; *Brachert/Dietzel*, ZGS 2005, 441; *Pfeiffer*, ZGS 2004, 401. Für einen Überblick vgl. auch MünchKomm/*Basedow*, BGB (7. Aufl. 2016), § 310 Rn. 15; *Fornasier*, in: FIW (Hrsg.), Schwerpunkte des Kartellrechts 2011 (2012), S. 113, 117 ff.; *Günes/Ackermann*, ZGS 2010, 454, 456 f.

sierend erfasst werden, um sodann am dogmatisch richtigen Ort in eine nähere Auseinandersetzung mit den einzelnen Regelungsmodellen einzutreten.

Von größerer Bedeutung für die Diskussion ist insbesondere der 2012 vom Deutschen Anwaltverein (DAV) vorgelegte Reformansatz (DAV-Vorschlag)[396], der starken Widerhall im Schrifttum gefunden hat.[397] In systematischer Hinsicht greifen die Reformvorschläge die drei zentralen Kritikpunkte der aktuellen rechtspolitischen Diskussion – 1) den weiten *Anwendungsbereich* des AGB-Rechts, 2) die weitgehende Angleichung des *Maßstabs* der Inhaltskontrolle im b2b- an jenen des b2c-Verkehrs, insbesondere durch Anwendung der *Indizwirkung der Klauselverbote* auch im unternehmerischen Geschäftsverkehr, sowie 3) die Aushebelung des *Differenzierungsgebotes* des § 310 Abs. 1 S. 2 Hs. 2 BGB – auf und schlagen entsprechende Korrekturen auf gesetzlicher Ebene vor. Dabei erweisen sich die beiden Aspekte der *Gleichbehandlung* von Verbraucher- und Unternehmerverkehr (mit dem Schwerpunkt der Indizwirkung der Klauselverbote) sowie die Ignorierung des *Differenzierungsgebotes* des § 310 Abs. 1 S. 2 Hs. 2 BGB durch die Umkehrung des Regel-Ausnahme-Verhältnisses in sein Gegenteil (mit dem Schwerpunkt der Berücksichtigung der Bedürfnisse des unternehmerischen Geschäftsverkehrs) gleichsam als zwei Seiten „derselben Medaille“, so dass sich insgesamt zwei zentrale Regelungsbereiche ergeben, an denen die Reformvorschläge ansetzen: der *Anwendungsbereich* sowie der *Maßstab* der Inhaltskontrolle.

a) Anwendungsbereich der Inhaltskontrolle

Die Bestimmung des Anwendungsbereiches nach § 305 Abs. 1 BGB und damit die Abgrenzung zwischen AGB und kontrollfreien Individualvereinbarungen bildet einen besonders geeigneten Ansatzpunkt für die Liberalisierung des AGB-Rechts, weil sie die Eingangsschwelle bestimmt, ab der überhaupt eine Inhaltskontrolle stattfindet. Hier sehen die Reformvorschläge entweder eine *flexible Absenkung der Anforderungen* an das „Aushandeln“[398] – etwa durch die Definition gesetzlicher Abgrenzungskriterien[399], häufig auf Grundlage einer *Vermutungsregelung*[400] –, oder die pauschalisierende Beschränkung des Anwendungsbereiches[401] im Sinne einer vom Vertragswert[402], der Unternehmensgrö-

---

[396] *Deutscher Anwaltverein*, AnwBl. 2012, 402; *Deutscher Anwaltverein*, AnwBl. Online 2012, 180.

[397] Vgl. nur *v. Westphalen*, AnwBl. 2013, 850; *Bubrowski*, AnwBl. 2012, 980; *Kondring*, BB 2013, 73; *Meller-Hannich*, Anwbl. 2012, 676; *Salger/Schröder*, AnwBl. 2012, 683; *Dauner-Lieb*, AnwBl. 2013, 845.

[398] Vgl. hierzu im Folgenden S. 749 ff.

[399] Vgl. hierzu unten S. 750 ff.

[400] Vgl. hierzu unten S. 750 ff.

[401] Vgl. hierzu unten S. 752 ff.

[402] Vgl. hierzu unten S. 752 ff.

ße[403] oder dem grenzüberschreitenden Charakter[404] abhängigen *Bereichsausnahme* vor.

aa) Flexible Absenkung der Anforderungen an das Aushandeln

Für die flexible Absenkung der Anforderungen an das Merkmal des „Aushandelns" nach §305 Abs.1 S.1 BGB werden im Wesentlichen zwei Wege beschritten: Während ein Teil der Vorschläge den weiten Begriff des *Aushandelns* durch jenen des *Verhandelns* ersetzen möchte und teilweise eine Klarstellung mit Blick auf *fehlende Textänderungen* vorsieht,[405] bemüht sich ein anderer Ansatz darum, die Anforderungen an das Aushandeln auf der Grundlage eines *umfangreichen Kriterienkataloges* und der widerlegbaren Vermutung des Aushandelns zu konkretisieren.[406] Ein weiterer Ansatz sieht schließlich einen Schutzmechanismus gegen die Gefahr der *AGB-Falle* vor, indem die Berufung auf die Unwirksamkeit einer Klausel mit Verweis auf ein mangelndes Aushandeln unter bestimmten Voraussetzungen als unzulässig verworfen wird.[407]

(1) Aushandeln als Verhandeln und Zulässigkeit fehlender Textänderungen

In Reaktion auf die strenge Rechtsprechung des BGH, wonach „Aushandeln gem. §305 Absatz 1 S.3 BGB mehr als Verhandeln"[408] voraussetzt, wird gleichsam spiegelbildlich vertreten, dass bloßes *Verhandeln* für die Annahme des „Aushandelns" genügen soll.[409] So schlägt etwa *Berger* die Einfügung eines zusätzlichen S.4 in §305 Abs.1 BGB mit folgendem Inhalt vor:

---

[403] Vgl. hierzu unten S.753f.

[404] Vgl. hierzu unten S.755f.

[405] Vgl. hierzu die im Folgen auf S.817 Fn.409 genannten Nachweise.

[406] *Müller/Griebeler/Pfeil*, BB 2009, 2658, 2662 sowie unten S.751.

[407] Vgl. hierzu *Deutscher Anwaltverein*, AnwBl. 2012, 402, 402 sowie unten S.752f.

[408] St. Rspr. BGH NZM 2013, 159, 160; BGH NJW 2005, 2543, 2544; BGHZ 153, 311, 321 = NJW 2003, 1805, 1807.

[409] Entsprechende detaillierte Gesetzesvorschläge haben vorgelegt *Axer*, AGB-Kontrolle (2012), S.277; *Deutscher Anwaltverein*, AnwBl. 2012, 402, 402, 407 (umfangreicher Gesetzesvorschlag mit weiteren Elementen); *Kaufhold*, BB 2012, 1235, 1241; *Kieninger*, AnwBl. 2012, 301, 307; *Berger*, NJW 2010, 465, 467; *Miethaner*, NJW 2010, 3121, 3127; *Miethaner*, AGB-Kontrolle (2010), S.202ff. Ähnlich, jedoch von einem „Kriterienkatalog" ausgehend, *Müller/Griebeler/Pfeil*, BB 2009, 2658, 2662; *Wackerbarth*, AcP 200 (2000), 45, 82ff. (aber keine Abänderungsbereitschaft erforderlich, Berücksichtigung der fraglichen Bestimmungen bei Abschlussentscheidung des Kunden ausreichend). Ebenfalls für eine Absenkung der Anforderungen auf bloßes „Verhandeln" *Schauer*, AnwBl. 2012, 690, 696; *Koch*, BB 2010, 1810, 1811 (Absenkung der Anforderungen schon *de lege lata* möglich, Gesetzesänderung nur „letzter Ausweg"); *Lischek/Mahnken*, ZIP 2007, 158, 160. Für generell weitere Anforderungen an das Aushandeln Palandt/*Grüneberg*, BGB (77. Aufl. 2018), §305 Rn 22 (angemessene Verhandlungsmöglichkeiten, für Kunden Möglichkeit der Wahrnehmung seiner Rechte mit zumutbarem Aufwand); Staudinger/*Schlosser*, (2013), §305 Rn.36af., 44; *Müller/Schilling*, BB 2012, 2319, 2323. Differenzierend dagegen *Dauner-Lieb*, AnwBl. 2013, 845, 849 (Kurskorrektur schon *de lege lata* möglich und geboten, sonst Gesetzesänderung erforderlich); *Kessel/Stomps*, BB 2009, 2666, 2672ff. (für eine Rechtsprechungsänderung); *Tettinger*, AcP 205 (2005), 1,

„Wird eine Vertragsbedingung gegenüber einem Unternehmer, einer juristischen Person des öffentlichen Rechts oder einem öffentlich-rechtlichen Sondervermögen verwendet, so *gilt sie als ausgehandelt*, wenn die Vertragsparteien über sie im Einzelnen oder im Zusammenhang mit anderen Bestimmungen desselben Vertrags in einer dem Gegenstand des Vertrags und den Umständen des Vertragsschlusses angemessenen Weise *verhandelt* haben.“[410]

In die gleiche Richtung weist der DAV-Vorschlag, der darüber hinaus auch eine Klarstellung vorsieht, wonach vorher im Einzelnen verhandelte Vertragsbedingungen auch dann als ausgehandelt gelten, wenn sie *unverändert* in einen neuen Vertrag übernommen worden sind. So sieht der DAV in seinem Vorschlag für die Neufassung des §305 Abs.1 BGB folgende Regelung vor:

„§§305 bis 309 finden auf Vertragsbedingungen, die gegenüber einem Unternehmer, einer juristischen Person des öffentlichen Rechts oder einem öffentlich-rechtlichen Sondervermögen verwendet werden, nur mit folgender Maßgabe Anwendung:
1. Allgemeine Geschäftsbedingungen liegen nicht vor,
   (a) wenn über den Vertrag zwischen den Parteien im Einzelnen verhandelt worden ist oder
   (b) soweit über Vertragsbedingungen zwischen den Parteien zuvor im Einzelnen verhandelt worden ist, auch wenn gleichlautende Vertragsbedingungen ohne erneute Verhandlungen unverändert in einen neuen Vertrag zwischen denselben Parteien übernommen werden.“[411]

Ähnlich lässt auch *Axer* in einem neuen, als §305 Abs.1a BGB zu formulierenden §305 Abs.1 S.3 BGB genügen, dass in angemessener Weise über die Vertragsbedingungen *verhandelt* worden ist, wobei es einer *Abänderung* des vorformulierten Vertragstextes nicht bedarf:

„Vorformulierte Vertragsbedingungen sind keine Allgemeine Geschäftsbedingungen im Sinne des Absatzes 1, soweit ihre Vereinbarung Ausdruck der *selbstbestimmten Entscheidungsfreiheit* beider Vertragsparteien ist. Werden Vertragsbedingungen gegenüber einem Verbraucher verwendet, gilt ihre Vereinbarung als Ausdruck selbstbestimmter Entscheidungsfreiheit, soweit die Vertragsbedingungen zwischen den Parteien im Einzelnen ausgehandelt sind. Werden Vertragsbedingungen gegenüber einem *Unternehmer* verwendet und betrifft der Vertrag den *Kernbereich* der von einem Unternehmer seiner Branche zu führenden Rechtsgeschäfte, wird eine selbstbestimmte Entscheidung *vermutet*, wenn der Kunde *keine Änderungsvorschläge* unterbreitet, obwohl ihm die Vertragsbedingungen mit ausreichendem Vorlauf zur Verfügung gestellt wurden und

31f. (Individualvertragsnähe) sowie *Wolf*, FS 50 Jahre BGH (2000), S.111, 120ff. (gesetzesfremder Kerngehalt muss erkennbar zur Disposition stehen). Zurückhaltend *Hannemann*, AnwBl. 2012, 314, 317. A. A. *Fuchs*, FS Blaurock (2013), S. 91, 94f.; *Schäfer*, BB 2012, 1231, 1234; *Schmidt-Kessel*, AnwBl. 2012, 308, 311; *v. Westphalen*, BB 2010, 195, 197ff., 201f.; *v. Westphalen*, ZIP 2010, 1110, 1113ff.; *v. Westphalen*, NJW 2009, 2977, 2981; *v. Westphalen*, ZIP 2007, 149, 152ff.; *Fastrich*, Inhaltskontrolle (1992), S. 273.

[410] *Berger*, NJW 2010, 465, 467. Hervorhebungen durch den Verfasser.

[411] *Deutscher Anwaltverein*, AnwBl. 2012, 402, 402; *Deutscher Anwaltverein*, AnwBl. Online 2012, 180, 180.

der Verwender seine *Abänderungsbereitschaft* signalisiert hat. Schlägt der unternehmerische Kunde *Änderungen* der ihm vorgelegten Vertragsbedingungen vor, wird eine *selbstbestimmte Entscheidung vermutet*, soweit die Parteien über einzelne Vertragsbedingungen oder das Vertragswerk insgesamt in *angemessener* Weise *verhandelt* haben. Einer *Abänderung* des vorformulierten Vertragstextes *bedarf es hierfür nicht*."[412]

Andere Reformvorschläge, wie etwa der Ansatz von *Kaufhold*, sind indes enger und verlangen über das Verhandeln hinaus, dass die Vertragsbedingungen zusätzlich „aufgrund einer bewussten Erklärung beider Vertragsparteien vereinbart wurden"[413].

Durch die Liberalisierung der Anforderungen an eine Individualabrede sollen der bislang sehr *weite Anwendungsbereich* des AGB-Rechts beschränkt und die Möglichkeiten der Vertragsgestaltung erweitert werden. So würde es den Parteien offen stehen, ihren Vertrag durch eingehende Verhandlungen der Inhaltskontrolle zu entziehen, ohne dass damit zugleich der Schutz unternehmerischer Klauselgegner, insbesondere kleiner und mittlerer Unternehmen, ausgehöhlt würde.[414]

(2) Kriterienkatalog: Indizien für eine widerlegbare Vermutung des Aushandelns

Einen differenzierteren Ansatz haben *Müller*, *Griebeler* und *Pfeil*[415] vorgelegt: Auf der Grundlage eines *Kriterienkataloges* definieren sie eine Reihe von Indizien, bei deren Vorliegen ein Aushandeln der entsprechenden Vertragsbedingung widerleglich *vermutet* wird. Für einen neu einzufügenden § 305 Abs. 1a BGB sehen sie folgende Regelung vor:

„(1a) Bei Verträgen zwischen Unternehmen wird widerlegbar vermutet, dass eine Vertragsbedingung zwischen den Parteien ausgehandelt worden ist, wenn
1. die Verhandlungen der Parteien über den Vertrag länger als zwei Monate angedauert haben,
2. die andere Vertragspartei einen Vertragsentwurf, in dem die Vertragsbedingung enthalten war, wenigstens einmal schriftlich kommentiert hat,
3. das Geschäft einen Wert von wenigstens 1 Million Euro hat,
4. die andere Vertragspartei beim Abschluss des Vertrages anwaltlich beraten war,
5. die andere Vertragspartei mindestens eine Änderung an dem vorgeschlagenen Text der Vertragsbedingung durchgesetzt hat oder
6. die Vertragsbedingung im Wesentlichen einer Vertragsbedingung entspricht, die der Verwender und die andere Vertragspartei zu einem früheren Zeitpunkt ausgehandelt haben."[416]

---

[412] *Axer*, AGB-Kontrolle (2012), S. 277. Hervorhebungen durch den Verfasser.

[413] *Kaufhold*, BB 2012, 1235, 1241: „Allgemeine Geschäftsbedingungen liegen nicht vor, soweit die Vertragsbedingungen zwischen den Vertragsparteien individuell verhandelt und aufgrund einer bewussten Erklärung beider Vertragsparteien vereinbart wurden."

[414] Vgl. zu diesen Vorschlägen eingehend die Stellungnahme unten S. 890ff., 904ff.

[415] *Müller/Griebeler/Pfeil*, BB 2009, 2658, 2662.

[416] *Müller/Griebeler/Pfeil*, BB 2009, 2658, 2662. Hervorhebungen durch den Verfasser.

(3) Schutzmechanismus gegen die AGB-Falle

Teilweise wird darüber hinaus ein Schutzmechanismus gegen die Gefahr der *AGB-Falle* vorgesehen, die darin besteht, dass der Klauselgegner zunächst auf eine inhaltliche Auseinandersetzung mit den Vertragsbedingungen verzichtet und sich später unter Berufung auf ein fehlendes Aushandelns auf die Unwirksamkeit einzelner Vertragsklauseln beruft. So sieht der DAV-Vorschlag in einer neu zu fassenden Vorschrift des § 305 Abs. 1 Nr. 4 BGB folgende Regelung vor:

„Die andere Vertragspartei kann sich auf eine Unwirksamkeit gemäß § 307 Abs. 1 und 2 nicht berufen, wenn sie entgegen den Geboten von Treu und Glauben
(a) Verhandlungen im Sinne der Nummer 1 nicht verlangt oder
(b) ein Angebot des Verwenders zu Verhandlungen im Sinne der Nummer 1 (a) nicht angenommen hat;
dies gilt nicht für den Fall des § 307 Abs. 1 Satz 2“[417]

bb) Pauschalierende Beschränkung des Anwendungsbereiches der Inhaltskontrolle

Neben der flexiblen Absenkung der Anforderungen an ein Aushandeln sehen andere Ansätze eine *pauschalierende Beschränkung* des Anwendungsbereiches der Inhaltskontrolle – etwa auf Grundlage des Vertragswertes, der Unternehmensgröße oder der Auslandsberührung als Differenzierungskriterien – vor.

(1) Vertragswert als Differenzierungskriterium

So will ein Teil des Schrifttums Rechtsgeschäfte mit einem besonders hohen Vertragsvolumen generell vom Anwendungsbereich der AGB-rechtlichen Inhaltskontrolle ausnehmen.[418] Als Schwellenwerte wurden dabei Vertragsvolumen von mindestens 500.000[419], einer Million[420] oder sogar drei Millionen Euro[421] vorgeschlagen oder auf die Festlegung eines konkreten Schwellenwertes verzichtet[422]. Teilweise ist ein bestimmter Vertragswert als Wertgrenze auch Teil eines umfangreichen *Kriterienkataloges*, wobei das Vorliegen einzelner Kriterien zu einer widerlegbaren Vermutung des Aushandelns führen soll.[423]

---

[417] *Deutscher Anwaltverein*, AnwBl. 2012, 402, 402. Hervorhebungen durch den Verfasser.

[418] *Becker*, AGB und Individualvereinbarung (2011), S. 150 ff., 165; *Becker*, JZ 2010, 1098, 1105 f.; *Leyens/Schäfer*, AcP 210 (2010), 771, 792 ff.; *Miethaner*, AGB-Kontrolle (2010), S. 209; *Miethaner*, NJW 2010, 3121, 3127; *Leuschner*, AcP 207 (2007), 491, 883 ff.; *Müller/Griebeler/Pfeil*, BB 2009, 2658, 2662; *Pfeiffer*, ZGS 2004, 401, 401.

[419] Becker, AGB und Individualvereinbarung (2011), S. 164 f.; Becker, JZ 2010, 1098, 1105 f.

[420] *Leuschner*, JZ 2010, 875, 884; *Miethaner*, AGB-Kontrolle (2010), S. 209; *Miethaner*, NJW 2010, 3121, 3127; *Müller/Griebeler/Pfeil*, BB 2009, 2658, 2662; *Leuschner*, AcP 207 (2007), 491, 524 f. Befürwortend auch *Müller*, BB 2013, 1355, 1357.

[421] *Pfeiffer*, ZGS 2004, 401, 401.

[422] *Leyens/Schäfer*, AcP 210 (2010), 771, 792 ff., 803 (Schwellenwert von 550.000 Euro vermutlich zu niedrig).

[423] So *Müller/Griebeler/Pfeil*, BB 2009, 2658, 2662.

Begründet wird dieser Ansatz mit dem *Schutzzweck* der Inhaltskontrolle, die vor allem auf den Ausgleich klauselbedingter *Informationsasymmetrien* gerichtet sei.[424] Das Abstellen auf einen bestimmten Vertragswert als normatives Element führe zu einer Reduktion der AGB-Problematik auf ein *Transaktionskostenproblem*, da bei einer positiven *Transaktionskosten-Vertragswert-Relation* keine *situative Unterlegenheit* mehr bestehe und damit der Schutzzweck der Inhaltskontrolle entfalle.[425]

Anders gewendet stehen bei einem hohen Vertragsvolumen Aufwand und Nutzen einer Kenntnisnahme und eingehenden Prüfung der AGB nicht außer Verhältnis, so dass dem Klauselgegner zugemutet werden könne, sich eingehend mit den AGB auseinanderzusetzen.[426] Teilweise wird darüber hinaus auch rechtsvergleichend auf den Vorschlag der *Law Commissions von England und Schottland* verwiesen, der als Untergrenze für kontrollfreie Individualvereinbarungen ein Vertragsvolumen von mindestens £ 500.000 (ca. 606.500 Euro)[427] vorsieht.[428]

(2) Unternehmensgröße als Differenzierungskriterium

Mit Blick auf die schutzbedürftigkeitsabhängige Differenzierung der Kontrolldichte innerhalb des unternehmerischen Geschäftsverkehrs bietet sich ferner an, die Inhaltskontrolle auf *kleine* und *mittlere Unternehmen* (KMU) zu beschränken und *Großunternehmen* von der Inhaltskontrolle auszunehmen.[429] In der rechtspolitischen Diskussion in Deutschland waren derartige Vorschläge indes von marginaler Bedeutung.[430] Entsprechende Ansätze finden sich vor allem im Ausland: So hatte die *Law Commissions von England und Schottland* vorgeschlagen, die Inhaltskontrolle auf Unternehmen mit maximal neun Arbeitnehmern zu beschränken.[431]

---

[424] *Leuschner*, JZ 2010, 875, 883; *Leuschner*, AcP 207 (2007), 491, 524.

[425] *Leuschner*, JZ 2010, 875, 883 f.; *Leuschner*, AcP 207 (2007), 491, 524.

[426] *Leuschner*, JZ 2010, 875, 884.

[427] Kurs vom 28.1.2014.

[428] *English and Scottish Law Commissions*, Unfair Terms in Contracts, Report No. 292/Report No. 199, 2005, Rn. 5.24, 5.54 ff., http://lawcommission.justice.gov.uk/docs/lc292_Unfair_Terms_In_Contracts.pdf. Vgl. hierzu MünchKomm/*Basedow*, BGB (7. Aufl. 2016), §310 Rn. 15 Fn. 31; *Kieninger*, AnwBl. 2012, 301, 302; *Becker*, AGB und Individualvereinbarung (2011), S. 160; *Becker*, JZ 2010, 1098, 1105; *Jansen*, ZEuP 2010, 69, 91 f.; *Leyens/Schäfer*, AcP 210 (2010), 771, 792 ff., 803.

[429] Vgl. hierzu *English and Scottish Law Commissions*, Unfair Terms in Contracts, Report No. 292/Report No. 199, 2005, Rn. 5.40 ff., 8.55. Sowie Art. 6:235 (1) B. W. (Niederlande). Ablehnend *Kieninger*, AnwBl. 2012, 301, 303.

[430] Auf entsprechende Vorschläge aus dem Ausland hinweisend lediglich *Kieninger*, AnwBl. 2012, 301, 303.

[431] *English and Scottish Law Commissions*, Unfair Terms in Contracts, Report No. 292/Report No. 199, 2005, Rn. 5.40 ff., 8.55 http://lawcommission.justice.gov.uk/docs/lc292_Unfair_Terms_In_Contracts.pdf. Hierzu *Kieninger*, AnwBl. 2012, 301, 303.

In den *Niederlanden* existiert bereits eine entsprechende Regelung, die Unternehmen, die zur Veröffentlichung einer Jahresbilanz verpflichtet sind oder mindestens 50 Mitarbeiter beschäftigen, von der Inhaltskontrolle ausnimmt.[432] Hinter derartigen Ansätzen steht der Gedanke, dass eine Inhaltskontrolle bei größeren Unternehmen nicht erforderlich sei, da diese aufgrund ihrer wirtschaftlichen Stärke nicht des Schutzes vor missbräuchlichen Klauseln bedürften. Allerdings ist ein solcher Ansatz nicht nur aufgrund seines notwendigerweise arbiträren Charakters, sondern vor allem aus dogmatischen Gründen problematisch. Denn die *situative Unterlegenheit* des Klauselgegners aufgrund klauselbedingter *Informationsasymmetrie* entfällt nicht bereits ab einer bestimmten Unternehmensgröße.[433]

Auch für ein Großunternehmen wird es sich in der Regel nicht lohnen, bei Alltagsgeschäften mit geringem Vertragswert die entsprechenden AGB eingehend zu überprüfen oder auch nur zur Kenntnis zu nehmen. Auf die *wirtschaftliche Überlegenheit* kommt es – wie bereits die Untersuchung des Begründungsmodells der Inhaltskontrolle gezeigt hat[434] – mit Blick auf den Aspekt der *Informationsasymmetrie* im Kontext des *Schutzzwecks* der Inhaltskontrolle hingegen nicht an. Selbst einem Großunternehmen werden trotz der ihm zur Verfügung stehenden Ressourcen einer eigenen Rechtsabteilung nicht die mit der *Kenntnisnahme* und der eingehenden rechtlichen Prüfung der Vertragsbedingungen erforderlichen Transaktionskosten erspart: Kosten, die unabhängig von der Unternehmensgröße anfallen und regelmäßig außer Verhältnis zu dem mit ihrem Aufwand verbundenen Nutzen stehen werden. Dass ein wirtschaftlich starkes Unternehmen über eine eigene Rechtsabteilung verfügt, mag es in die Lage versetzen, eine entsprechende Prüfung zu etwas niedrigeren internen Kosten durchzuführen. *Kostenneutral* ist eine solche Prüfung auch für ein Großunternehmen nicht. Am Bestehen einer negativen Transaktionskosten-Vertragswert-Redaktion vermag die Unternehmensgröße daher regelmäßig nichts zu ändern.[435]

(3) Auslandsberührung als Differenzierungskriterium

Teilweise wird darüber hinaus vorgeschlagen, *grenzüberschreitende Geschäfte allgemein* von der Inhaltskontrolle auszunehmen.[436] Ein anderer Ansatz sieht mit Verweis auf eine ähnliche Regelung des *englischen Rechts* vor, die Inhaltskontrolle dann entfallen zu lassen, wenn deutsches Recht durch einer *Rechtswahl der Parteien* und nicht kraft objektiver Anknüpfung zur Anwendung ge-

---

[432] Art. 6:235 (1) B. W. (Niederlande); *Kieninger*, AnwBl. 2012, 301, 303.

[433] Ähnlich *Kieninger*, AnwBl. 2012, 301, 303.

[434] Vgl. oben S. 472 f.

[435] Zur Problematik der Informationsasymmetrie im Kontext der Schutzbedürftigkeit unternehmerischer Klauselgegner eingehend unten S. 765 ff., 779 ff.

[436] Hierzu eingehend *Kieninger*, AnwBl. 2012, 301, 303 f.; *Berger*, NJW 2010, 465, 467.

langt.[437] Die Vorschläge sind eine Reaktion auf das *Rechtsfluchtargument*, das von einem Standortnachteil des deutschen Rechts im Wettbewerb der Rechtsordnungen aufgrund des strengen AGB-Rechts ausgeht.[438]

Dieses stelle einen *Wettbewerbsnachteil* dar, da etwa Haftungsausschlüsse angesichts der strengen Anforderungen des BGH kaum wirksam vereinbart werden könnten und deutsche Unternehmen entsprechende Risiken im Preis berücksichtigen müssten.[439] Wegen der damit verbundenen höheren Preise seien deutsche Unternehmen im Vergleich zu ausländischen Konkurrenten weniger *wettbewerbsfähig*.[440] Darüber hinaus bereite auch das „Durchstellen" der nach ausländischem Recht formulierten AGB auf deutsche Subunternehmer erhebliche praktische Schwierigkeiten.[441] Diese unterliegen dem strengeren deutschen AGB-Recht und sind daher häufig vom Verdikt der Unwirksamkeit bedroht.

Die beiden Ansätze haben ihren Ursprung im ausländischen, insbesondere im *englischen* und *niederländischen* Recht. So nimmt etwa Art. 26 Abs. 1, 3 des *Unfair Contract Terms Act 1977* wie auch Art. 6:247 (2) B. W. (Niederlande) Rechtsgeschäfte, bei denen nicht beide Parteien ihren Sitz bzw. gewöhnlichen Aufenthalt im Inland – d. h. in England bzw. den Niederlanden – haben, vom Anwendungsbereich der Inhaltskontrolle aus.[442] Art. 27 Abs. 1 des *Unfair Contract Terms Act 1977*[443] sieht darüber hinaus eine Bereichsausnahme für jene Verträge vor, die lediglich kraft Rechtswahl und nicht aufgrund objektiver Anknüpfung nationalem englischen Recht unterliegen.[444]

Beide Vorschläge sind indes aufgrund ihrer mangelnden Vereinbarkeit mit dem Schutzzweck der Inhaltskontrolle sowie ihrem Konflikt mit dem Kollisionsrecht der Rom-I VO nicht überzeugend.[445] So entfällt die situative Unterlegenheit des Klauselgegners nicht bereits dadurch, dass es sich bei der Transaktion um ein grenzüberschreitendes Rechtsgeschäft handelt. Die prohibitiv hohen Transaktionskosten und die damit verbundene Informationsasymmetrie bleiben grundsätzlich bestehen. Die Inhaltskontrolle als Reaktion auf das Transaktionskostenproblem bleibt deshalb zur Kompensation eines Marktversagens nach wie vor erforderlich.[446]

---

[437] *Landbrecht*, RIW 2011, 291, 293 ff.; *Kieninger*, AnwBl. 2012, 301, 303 f.

[438] Eingehend hierzu bereits oben S. 729 ff. mwN.

[439] *Kieninger*, AnwBl. 2012, 301, 303.

[440] *Kieninger*, AnwBl. 2012, 301, 303.

[441] *Kieninger*, AnwBl. 2012, 301, 303.

[442] Hierzu *Kieninger*, AnwBl. 2012, 301, 303; *Berger*, NJW 2010, 465, 467; *Landbrecht*, RIW 2011, 291, 293 ff.

[443] „Where the law applicable to a contract is the law of any part of the United Kingdom only by choice of the parties (and apart from that choice would be the law of some country outside the United Kingdom) sections 2 to 7 and 16 to 21 of this Act do not operate as part of the law applicable to the contract."

[444] Hierzu *Kieninger*, AnwBl. 2012, 301, 304; *Landbrecht*, RIW 2011, 291, 293 ff.

[445] *Kieninger*, AnwBl. 2012, 301, 303 f.

[446] Im Ergebnis ebenso *Kieninger*, AnwBl. 2012, 301, 303.

Daran vermag im Übrigen auch der Einwand nichts zu ändern, dass Transaktionen im grenzüberschreitenden Rechtsverkehr häufig ein tendenziell höheres Vertragsvolumen aufweisen, als dies bei reinen Inlandsgeschäften typischerweise der Fall ist. Abgesehen von der mangelnden empirischen Evidenz dieser Annahme[447] und der Frage, ab welchem Betrag von einer positiven Transaktionskosten-Vertragswert-Relation ausgegangen werden kann, wäre der Anknüpfungspunkt in diesem Fall des *Vertragsvolumen* und nicht der *grenzüberschreitende* Charakter.

Im Hinblick auf den hier entscheidenden Aspekt des Marktversagens ist das Kriterium der Auslandsberührung bedeutungslos. Im Gegenteil spricht gerade die Tatsache, dass deutsche Unternehmen ihre – aufgrund des strengeren AGB-Rechts – tendenziell faireren AGB auch im grenzüberschreitenden Verkehr nicht als Wettbewerbsvorteil nutzen können, für das Bestehen eines Marktversagens auch im grenzüberschreitenden Verkehr.[448] Eine Angleichung der hohen Standards des deutschen AGB-Rechts an jene des „kleinsten gemeinsamen Nenners" würde zu einem *race to the bottom*[449] führen und wäre rechtspolitisch auch mit Blick auf die einheitliche europäische Rechtsentwicklung äußerst bedenklich.[450] Im Ergebnis würden die negativen Folgen missbräuchlicher Klauseln – insbesondere nicht kompensierte Schäden – von den Vertragspartnern deutscher Exportunternehmen getragen werden.[451] Ob dies letztlich zur Wettbewerbsfähigkeit der deutschen Exportwirtschaft beiträgt, muss bezweifelt werden.

Darüber hinaus ist fraglich, ob eine entsprechende Regelung überhaupt zu den gewünschten *positiven wirtschaftlichen Effekten* führt. So würde etwa eine Bereichsausnahme für grenzüberschreitende Verträge das Problem des „Durchstellens" ausländischer AGB an deutsche Subunternehmer in keinster Weise lösen, da es sich hierbei um ausschließlich nationale Verträge handelt.[452] Wegen Art. 3 Abs. 3 Rom I-VO kann das deutsche AGB-Recht auch nicht im Wege der Rechtswahl umgangen werden.[453] Aber auch der zweite Vorschlag, der eine Bereichsausnahme für jene Verträge vorsieht, die nur aufgrund einer Rechtswahlvereinbarung der Parteien und nicht kraft objektiver Anknüpfung deutschem Recht als Vertragsstatut unterliegen, ist mit Blick auf seine Wirkungen problematisch. So würde er vor allem Importgeschäfte erfassen und aufgrund wirksamer Haftungsausschlüsse insbesondere inländische Kunden und Versicherungen treffen.[454]

Durchgreifende Bedenken bestehen aber vor allem aus *kollisionsrechtlichen Gründen*. So würde eine Regelung, die im Fall einer Anwendung deutschen Rechts

---

[447] Zweifelnd *Kieninger*, AnwBl. 2012, 301, 304.
[448] *Kieninger*, AnwBl. 2012, 301, 304.
[449] So auch *Kieninger*, AnwBl. 2012, 301, 304.
[450] Im Ergebnis ebenso *Kieninger*, AnwBl. 2012, 301, 304; *Berger*, NJW 2010, 465, 467.
[451] *Kieninger*, AnwBl. 2012, 301, 304; *Berger*, NJW 2010, 465, 467.
[452] *Kieninger*, AnwBl. 2012, 301, 303.
[453] *Kieninger*, AnwBl. 2012, 301, 303.
[454] *Kieninger*, AnwBl. 2012, 301, 304.

aufgrund Rechtswahl eigentlich *intern zwingendes* deutsches AGB-Recht außer Kraft setzt, der *Systematik der Rom I-VO* diametral widersprechen, die über die Inlandsklausel des Art. 3 Abs. 3 Rom I-VO gerade intern zwingende Vorschriften des Einbettungsstatuts für anwendbar erklärt.[455] Wird dieser Grundsatz durch eine nationale Regelung durchbrochen, so würde damit die *preasumptio multitudinis*, die Annahme der grundsätzlichen Gleichwertigkeit der Rechtsordnungen, als Grundlage des Kollisionsrechts ausgehöhlt.[456]

Mit dem *einheitlichen Europäischen Kollisionsrecht* der Rom I-VO ist die Gestaltung des Kollisionsrechts nicht mehr allein Sache der nationalen Gesetzgeber.[457] Dies gilt umso mehr, als eine entsprechende nationale Kollisionsnorm – um die es sich bei einer solchen Bereichsausnahme unabhängig von ihrem Standort im AGB-Recht handeln würde[458] – einheitlichem europäischen Kollisionsrecht widerspricht.[459] Denn die Rom I-VO verdrängt nach ihrem Art. 1 Abs. 1 in ihrem Anwendungsbereich nationales Kollisionsrecht der Mitgliedstaaten, so dass für eine negative einseitige Kollisionsnorm nach nationalem Recht kein Raum mehr bleibt.[460] Die vorgeschlagenen Reformansätze sind daher auch aus kollisionsrechtlichen Gründen abzulehnen.[461]

(4) Individualvertraglicher Verzicht auf Inhaltskontrolle

Nicht einmal ernsthaft zu diskutieren, sondern aufgrund offensichtlicher Ungeeignetheit von vornherein zu verwerfen ist die Überlegung, Verträge dann von der Inhaltskontrolle freizustellen, wenn die Parteien auf den Schutz durch das AGB-Recht durch Individualvereinbarung *verzichten*. Hier gilt das Gleiche wie für entsprechende Klauseln, in denen die Parteien versichern, dass der Vertrag im Einzelnen ausgehandelt worden sei.[462] Derartige Erklärungen und Vereinbarungen sind aufgrund der hohen *Missbrauchsgefahr* letztlich wertlos und berühren im Gegenteil den Kern des AGB-Rechts, das gerade vor der vermeintlich einvernehmlichen Abbedingung zentraler Rechtspositionen zum Nachteil des Klauselgegners schützen soll.

---

[455] *Kieninger*, AnwBl. 2012, 301, 304.
[456] *Kieninger*, AnwBl. 2012, 301, 304.
[457] *Kieninger*, AnwBl. 2012, 301, 304.
[458] *Kieninger*, AnwBl. 2012, 301, 304; *Berger*, NJW 2010, 465, 467.
[459] So auch *Kieninger*, AnwBl. 2012, 301, 304; *Berger*, NJW 2010, 465, 467.
[460] *Berger*, NJW 2010, 465, 467.
[461] Ebenso *Kieninger*, AnwBl. 2012, 301, 304; *Berger*, NJW 2010, 465, 467.
[462] Hierz BGH NJW 1987, 1634, 1634 f.; BGH NJW 1977, 624, 625 f.; BGH NJW 1977, 432. Bamberger/Roth/*Becker*, (3. Aufl. 2012), § 305 Rn. 37; Palandt/*Grüneberg*, BGB (77. Aufl. 2018), § 305 Rn. 20; *Ulmer/Habersack*, in: *Ulmer/Brandner/Hensen*, AGB-Recht (12. Aufl. 2016), § 305 Rn. 49; *Pfeiffer*, in: Wolf/Lindacher/Pfeiffer, AGB-Recht (6. Aufl. 2013), § 305 Rn. 40; Staudinger/*Schlosser*, BGB (2013), § 305 Rn. 47 sowie oben S. 430.

b) *Maßstab der Inhaltskontrolle*

Einen zweiten Ansatzpunkt für eine Liberalisierung des AGB-Rechts bietet neben der Bestimmung des *Anwendungsbereiches* der *Maßstab* der Inhaltskontrolle und hier insbesondere das Differenzierungsgebot des § 310 Abs. 1 S. 2 Hs. 2 BGB.[463] Hier finden sich im Wesentlichen drei Grundlinien, denen die einzelnen Reformvorschläge folgen: die Berücksichtigung der – insoweit unterstellten – *geringeren Schutzbedürftigkeit* unternehmerischer Kunden, der Verzicht auf die *Indizwirkung der Klauselverbote* der §§ 308, 309 BGB sowie die Verpflichtung zur Berücksichtigung der *Besonderheiten des unternehmerischen Geschäftsverkehrs*. Zur Konkretisierung der für den b2b-Verkehr charakteristischen Kontrollschwelle wird dabei auf die „Gegebenheiten des unternehmerischen Geschäftsverkehrs"[464] oder den Maßstab der „guten"[465] bzw. „vernünftigen unternehmerischen Praxis"[466] zurückgegriffen.

So schlägt etwa *Berger* vor, den bisherigen § 310 Abs. 1 S. 2 Hs. 2 BGB zu einem selbständigen Satz 3 mit folgendem Inhalt zu ergänzen:

„Im Handelsverkehr geltende Gewohnheiten und Gebräuche sowie *Gegebenheiten des unternehmerischen Geschäftsverkehrs*, insbesondere die im Vergleich zu Verbrauchern geringere *Schutzbedürftigkeit* bestimmter Unternehmer, sind zu beachten."[467]

Müller, *Griebeler* und *Pfeil* sehen eine alternative Formulierung für die Vorschrift des § 310 Abs. 1 S. 2 Hs. 2 BGB vor, wonach „auf die Bedürfnisse des unternehmerischen Verkehrs ... angemessen Rücksicht zu nehmen"[468] sei. Und *Kondring* stellt auf die „gute unternehmerische Praxis"[469] als Maßstab für die Inhaltskontrolle im unternehmerischen Geschäftsverkehr ab. Der DAV-Vorschlag geht schließlich noch weiter, indem er eine unangemessene Benachteiligung iSv. § 307 Abs. 1, 2 BGB unter bestimmten Voraussetzungen gänzlich verneint:

„Eine unangemessene Benachteiligung im Sinne des § 307 Abs. 1 und 2 liegt nicht vor, wenn die Bedingung unter Berücksichtigung des Gesamtinhalts des Vertrages und der den Vertragsschluss begleitenden Umstände sowie der *Gegebenheiten des betroffenen Wirtschaftszweigs* von *vernünftiger unternehmerischer Praxis* nicht erheblich abweicht."[470]

---

[463] Vgl. zur Stellungnahme vgl. eingehend unten S. 976 ff.

[464] *Berger*, NJW 2010, 465, 469. Kritisch hierzu *v. Westphalen*, NJOZ 2012, 441, 445 f.

[465] *Hopt*, Handelsblatt 19. Februar 2013, Nr. 35, 11, 11; *Kondring*, BB 2013, 73, 75; *Müller*, BB 2013, 1355, 1357; *Kollmann*, NJOZ 2011, 625, 629.

[466] *Deutscher Anwaltverein*, AnwBl. 2012, 402, 402; *Deutscher Anwaltverein*, AnwBl. Online 2012, 180, 180, 187. Zustimmend *Hannemann*, AnwBl. 2012, 314, 317; *Kieninger*, AnwBl. 2012, 301, 307; *Salger/Schröder*, AnwBl. 2012, 683, 686.

[467] *Berger*, NJW 2010, 465, 469. Hervorhebungen durch den Verfasser.

[468] *Müller/Griebeler/Pfeil*, BB 2009, 2658, 2658.

[469] *Kondring*, BB 2013, 73, 73 ff.

[470] *Deutscher Anwaltverein*, AnwBl. 2012, 402, 402. Zustimmend *Salger/Schröder*, AnwBl. 2012, 683, 686. Hervorhebungen durch den Verfasser.

Darüber hinaus regt der DAV-Vorschlag einen vollständigen Verzicht auf die Indizwirkung der Klauselverbote der §§308, 309 BGB an. Die derzeitige Vorschrift des §310 Abs. 1 S. 2 Hs. 1 BGB wird dabei ersatzlos gestrichen.[471]

5. Geltung des Schutzzwecks der Inhaltskontrolle im unternehmerischen Geschäftsverkehr

Mit den vom Schrifttum vorgelegten Reformansätzen liegt ein umfangreiches Instrumentarium zur Korrektur der Reichweite der Inhaltskontrolle im b2b-Verkehr vor, das teilweise erhebliche Eingriffe in das bestehende Gefüge des geltenden AGB-Rechts vorsieht. Ihre Rechtfertigung muss sich vor allem am *Schutzzweck* der Inhaltskontrolle messen lassen. Dabei ist in besonderer Weise die Frage in den Blick zu nehmen, ob und in welchem Umfang das Begründungsmodell der Inhaltskontrolle auch im unternehmerischen Geschäftsverkehr Geltung beanspruchen kann.

a) Relevanz persönlicher Schutzbedürftigkeit im AGB-Recht

Nach dem vertragstheoretischen Begründungsmodell bildet die durch *Informationsasymmetrie* und *Verhandlungsimparität* bedingte *situative Unterlegenheit* des Verwendungsgegners den maßgeblichen Schutzzweck der Inhaltskontrolle.[472] Aufgrund dieser situativ bedingten Unterlegenheit ist die *Vertragsgestaltungsfreiheit* des Verwendungsgegners regelmäßig auf Null reduziert und wird mangels zumutbarer Alternativen auch nicht durch Inanspruchnahme negativer *Abschlussfreiheit* kompensiert.[473] Der einseitige Verlust an rechtsgeschäftlicher Gestaltungsmacht beeinträchtigt die *Richtigkeitsgewähr des Vertragsmechanismus* und hat damit typischerweise inhaltlich unangemessene Ergebnisse zur Folge[474]: Die einseitige Inanspruchnahme der Vertragsgestaltungsfreiheit durch den Verwender realisiert sich in der *Risikoverlagerungstendenz*[475] von AGB.

---

[471] *Deutscher Anwaltverein*, AnwBl. 2012, 402, 402: „§305 Abs. 2 und 3 sowie die §§308 und 309 finden keine Anwendung. §307 Abs. 1 und 2 bleiben unberührt."

[472] Vgl. hierzu eingehend oben S. 462ff., 508ff., 567ff., 592ff.

[473] Vgl. hierzu oben S. 596ff. So aber *Becker*, AGB und Individualvereinbarung (2011), S. 77; *Leuschner*, AcP 207 (2007), 491, 498; *Becker*, JZ 2010, 1098, 1100; *Canaris*, AcP 200 (2000), 273, 323; *Fastrich*, Inhaltskontrolle (1992), S. 80; *Koller*, FS Steindorff (1990), S. 667, 676; *Coester-Waltjen*, AcP 190 (1990), 1, 21.

[474] Vgl. Staudinger/*Wendland*, BGB (2019), §307 Rn. 5; *Stoffels*, AGB-Recht (3. Aufl. 2015), Rn. 82 sowie eingehend oben S. 439f., 458ff.

[475] Vgl. zur *Risikoverlagerungstendenz* nur *Ulmer/Habersack*, in: *Ulmer/Brandner/Hensen*, AGB-Recht (12. Aufl. 2016), Einl. Rn. 5; *Pfeiffer*, in: Wolf/Lindacher/Pfeiffer, AGB-Recht (6. Aufl. 2013), Einl. Rn. 3; *Grünberger*, Jura 2009, 249, 249; *Stoffels*, AGB-Recht (3. Aufl. 2015), Rn. 72ff.; *Kötz*, Gutachten (1974), S. A 9, A 25f.; *Raiser*, Das Recht der AGB (1961), S. 21f. sowie eingehend oben S. 297ff.

Der Vertrag vermag seine Funktion des – angemessenen und gegenseitigen – Interessenausgleichs zum Zweck der Persönlichkeitsentfaltung nicht oder nur eingeschränkt zu erfüllen.[476] Bedingt durch die enge funktionale Verknüpfung von *Vertragsfreiheit* und *Vertragsgerechtigkeit*[477] realisiert sich der Verlust an Vertragsfreiheit in einer Beeinträchtigung der Vertragsgerechtigkeit. Der Verwendungsgegner bedarf daher des Schutzes seiner *materiellen Vertragsfreiheit*, die durch richterliche Inhaltskontrolle der AGB gem. §§ 305 ff. BGB gewährleistet wird.[478] Das AGB-Recht reagiert damit auf ein rollenspezifisches Defizit an rechtsgeschäftlicher Gestaltungsmacht, indem es die klauselbedingte *situative Unterlegenheit* des Verwendungsgegners kompensiert. Auf eine möglicherweise bestehende *wirtschaftliche*, *soziale* oder *intellektuelle Unterlegenheit* des Verwendungsgegners kommt es dagegen nicht an.[479]

Umso mehr müssen Forderungen verwundern, die Inhaltskontrolle im b2b-Verkehr aufgrund der verbreitet unterstellten *geringeren Schutzbedürftigkeit*[480] von Unternehmen zu begrenzen oder bestimmte Rechtsgeschäfte im unternehmerischen Geschäftsverkehr gänzlich der Inhaltskontrolle zu entziehen.[481] Denn der Verweis auf die mangelnde Schutzbedürftigkeit als Legitimation für eine Liberalisierung der Inhaltskontrolle steht *prima facie* in direktem Widerspruch zu dem im Rahmen der Schutzzweckdiskussion nahezu allgemein anerkannten Befund, dass es mit Blick auf die Inhaltskontrolle gerade nicht auf die persönlichen Eigenschaften des Klauselgegners, insbesondere seine wirtschaftliche, soziale oder intellektuelle Unterlegenheit, ankommt.[482] Die Inhaltskontrolle gewährt vielmehr einen *rollenspezifischen* Schutz vor einer ausschließlich *situativ* bedingten Unterlegenheit.[483] Dass das AGB-Recht grundsätzlich schutzbedürftigkeits-

---

476 Hierzu oben S. 439 ff. sowie aus rechtsphilosophischer Perspektive oben S. 122 ff., 140 ff.

477 Vgl. hierzu oben S. 159 ff., 174 f., 234 ff.

478 Zur verfassungsrechtlichen Begründung der Inhaltkontrolle oben S. 359 ff., 374 ff. sowie zur einfachrechtlichen Ausgestaltung S. 417 ff.

479 Vgl. hierzu nur oben S. 472 ff.

480 Kritisch hierzu BeckOK BGB/*H. Schmidt*, (47. Ed. 2018), § 307 Rn. 94 f.; *Wellenhofer-Klein*, ZIP 1997, 774, 775; *Dauner-Lieb*, Verbraucherschutz (1983), S. 29; *Nicklisch*, BB 1974, 941, 946. Gegen eine pauschale Annahme *geringerer Schutzbedürftigkeit* und jedenfalls eine teilweise Einbeziehung der Kaufleute in das AGB-Recht schon vor Inkrafttreten des AGBG *Eith*, NJW 1974, 16, 20; *Bastian/Böhm*, BB 1974, 110, 110 ff.; *Pinger*, MDR 1974, 705, 708; *Stötter*, BB 1974, 434, 434 ff.; *Nicklisch*, BB 1974, 941, 945 ff.; *Weber*, DB 1974, 1801, 1804; *Brandner*, JZ 1973, 613, 614; *Helm*, FS Schnorr von Carolsfeld (1973), S. 125, 144 ff. Vgl. zur *Schutzbedürftigkeit unternehmerischer Klauselgegner* eingehend unten S. 759 ff., 763 ff., 765 ff., 779 ff.

481 So für *Kerngeschäfte unternehmerischer Tätigkeit* etwa *Berger*, ZIP 2006, 2149, 2155. Vgl. auch *Axer*, AGB-Kontrolle (2012), S. 125 ff., 136 ff., 148 ff. Hierzu näher unten S. 784 ff.

482 Vgl. hierzu oben S. 472 ff. mwN.

483 Zur *situativen Unterlegenheit* eingehend unten S. 508 ff. Vgl. auch oben S. 409 ff., 440 ff., 468 ff., 568 ff. sowie unten S. 759 ff., 779 ff. mwN. Grundlegend hierzu *Fastrich*, Inhaltskontrolle (1992), S. 83 ff., 91, 93; *Lieb*, AcP 178 (1978), 196, 201 und *Raiser*, Das Recht der AGB (1961), S. 21 f. Vgl. auch *Ulmer/Habersack*, in: *Ulmer/Brandner/Hensen*, AGB-Recht (12. Aufl. 2016), Einl. Rn. 5, 48; *Fuchs*, in: *Ulmer/Brandner/Hensen*, AGB-Recht (12. Aufl.

neutral ausgestaltet ist, steht daher außer Zweifel,[484] wie bereits der umfassende persönliche Anwendungsbereich der §§305 ff. BGB zeigt, der nicht zwischen b2c-, b2b- und c2c-Verkehr unterscheidet.[485]

Gleichwohl ist der Aspekt der *Schutzbedürftigkeit* des unternehmerischen Kunden nicht nur nach wie vor in der rechtspolitischen Diskussion präsent, sondern bildet vielmehr ihren zentralen *Ankerpunkt*.[486] Wie ein Blick in die *Entwicklungsgeschichte* des geltenden AGB-Rechts zeigt, ist dies keineswegs ein spezifisches Merkmal des rechtspolitischen Diskurses der Gegenwart. Vielmehr zieht sich die Frage nach der „Schutzbedürftigkeit des Kaufmanns" wie ein roter Faden durch das AGB-Recht und bildete eine der zentralen Fragen, die in den 1970er Jahren im Rahmen des Gesetzgebungsverfahrens mit Blick auf die Einbeziehung des kaufmännischen Rechtsverkehrs diskutiert worden sind.[487] Und auch die Rechtsprechung hat bereits vor Inkrafttreten des AGBG die Einbeziehung der Kaufleute in die offene Inhaltskontrolle auf Grundlage des §242 BGB mit dem auch im kaufmännischen Rechtsverkehr bestehenden *wirtschaftlichen* und *intellektuellen* Ungleichgewicht und damit im Kern mit der Schutzbedürftigkeit kaufmännischer Klauselgegner begründet:

„Die Aufstellung einseitiger und unbilliger Geschäftsbedingungen hat ihren Grund häufig in der *wirtschaftlichen Überlegenheit* und *größeren Geschäftserfahrung* eines Vertragspartners. Die *Ungleichheit* der Geschäftspartner ist aber auch zwischen *Kaufleuten* anzutreffen. Es ist daher nicht sachgerecht, zwischen den Beteiligten zu differenzieren. Die Rechtsprechung des Bundesgerichtshofs verzichtet deshalb bewußt darauf, ein *wirtschaftliches* oder *intellektuelles Übergewicht* aufseiten des Aufstellers der AGB oder die *Schutzbedürftigkeit* des anderen *Vertragspartners festzustellen*."[488]

Dass die Frage nach der „Schutzbedürftigkeit des Kaufmanns" nicht gänzlich unerheblich ist, legt bereits das Differenzierungsgebot des §310 Abs. I S. 2 Hs. 2 BGB nahe, wonach auf die im *Handelsverkehr* geltenden *Gewohnheiten* und *Gebräuche* angemessen Rücksicht zu nehmen ist. Wenn selbst der Gesetzgeber – in augenscheinlichem Widerspruch zur Irrelevanz subjektiver Faktoren –

2016), Vorb. v. §307 Rn. 27; *Leuschner*, JZ 2010, 875, 879; *Hellwege*, AGB und Rechtsgeschäftslehre (2010), S. 554; *Pfeiffer*, in: Wolf/Lindacher/Pfeiffer, AGB-Recht (6. Aufl. 2013), Einl. Rn. 3; *Stoffels*, AGB-Recht (3. Aufl. 2015), Rn. 72 ff., 83 ff.; *Leuschner*, AcP 207 (2007), 491, 494 ff.; Staudinger/*Wendland*, BGB (2019), §307 Rn. 3; *Canaris*, AcP 200 (2000), 273, 312 ff.; *Wackerbarth*, AcP 200 (2000), 45, 55 f., 82 f. Vgl. auch die Nachweise oben S. 293 Fn. 47.

[484] Vgl. nur *Axer*, AGB-Kontrolle (2012), S. 89.

[485] *Axer*, AGB-Kontrolle (2012), S. 89.

[486] So schon in der Diskussion vor Inkraftreten des AGBG, vgl. nur *Eith*, NJW 1974, 16, 20; *Bastian/Böhm*, BB 1974, 110, 110 ff.; *Pinger*, MDR 1974, 705, 708; *Stötter*, BB 1974, 434, 434 ff.; *Nicklisch*, BB 1974, 941, 945 ff.; *Weber*, DB 1974, 1801, 1804; *Brandner*, JZ 1973, 613, 614; *Helm*, FS Schnorr von Carolsfeld (1973), S. 125, 144 ff. Vgl. zu den Grundzügen der aktuellen Diskussion oben S. 716 ff., zur Schutzbedürftigkeit unternehmerischer Klauselgegner unten S. 759 ff., 763 ff., 765 ff. sowie oben S. 779 ff.

[487] Vgl. hierzu die oben S. 761 Fn. 486 genannten Nachweise.

[488] BGH NJW 1976, 2345, 2346. Hervorhebungen durch den Verfasser.

offensichtlich die spezifische Schutzbedürftigkeit der Unternehmer zur Grundlage der Differenzierung der Kontrolldichte gemacht hat[489], erhebt sich die Frage, in welchen Zusammenhang die gruppenspezifische Schutzbedürftigkeit zur situativen Unterlegenheit steht, vor der das AGB-Recht den Vertragspartner des Verwenders gerade schützen will.

Einen geeigneten Anknüpfungspunkt für eine Lösung des augenscheinlichen Widerspruchs bilden die Aspekte der *Informationsasymmetrie* und der *Verhandlungsimparität* als zentrale Koordinaten des vertragstheoretischen Begründungsmodells der Inhaltskontrolle.[490] Denn sollten an einen Unternehmer höhere Anforderungen an Kenntnisnahme- und Prüfungsobliegenheiten zu stellen sein, so könnte jene Informationsasymmetrie entfallen, die eine richterliche Inhaltskontrolle überhaupt erst legitimiert. Das Gleiche könnte für den Bereich der Verhandlungsimparität gelten, wenn davon ausgegangen werden muss, dass unternehmerische Kunden aufgrund ihrer höheren geschäftlichen Gewandtheit und Erfahrung eher in der Lage sind, die typischerweise mangelnde Dispositionsbereitschaft des Verwenders zu überwinden oder nachteilige Klauseln zu kompensieren.

Eine derartige geringere Schutzbedürftigkeit des Unternehmers – wie sie im Rahmen der Diskussion häufig pauschal unterstellt wird[491] – kann aus dogmatischen Gründen indes nicht ohne weiteres vorausgesetzt werden. Denn eine derartige Annahme würde das Prinzip der formal-abstrakten Gleichheit aller Privatrechtsubjekte durchbrechen.[492] Daher ist zu untersuchen, ob sich Anhaltspunkte für eine entsprechende Differenzierung zwischen Verbrauchern und Unternehmern aus dem *Gesetz* oder aus der *Praxis* des unternehmerischen Rechtsverkehrs ergeben.[493]

---

489 Deutlich die Stellungnahme des Bundesrates vom 13.7.2001 zum RegE des SchuldRModG, BT-Drucks. 14/6857, S. 17: „In § 310 BGB-E sollte dem in geeigneter Weise Rechnung getragen werden, etwa indem die (in aller Regel) *deutlich geringere Schutzbedürftigkeit* bei der Verwendung von Allgemeinen Geschäftsbedingungen gegenüber Unternehmen herausgestellt wird. So könnten etwa in Absatz 1 Satz 2 nach dem Wort „Gebräuche" die Worte *‚sowie die geringere Schutzbedürftigkeit'* eingefügt werden." Der Vorschlag des Bundesrates wurde indes letztlich abgelehnt, vgl. nur die Bründung zum SchuldRModG, BT-Drucks. 14/6857, S. 54: „Die Bundesregierung hält es nicht für geboten, die Überprüfung Allgemeiner Geschäftsbedingungen, die *Unternehmen* untereinander verwenden, unter den Vorbehalt *geringerer Schutzbedürftigkeit* der Unternehmen zu stellen. Dass beiderseitige Handelsgeschäfte *flexibleren Prüfungskriterien* unterliegen als Verbrauchergeschäfte, ergibt sich bereits aus § 310 Abs. 1 BGB-RE. Im Übrigen würde ein Hinweis auf die ‚Schutzbedürftigkeit' von Unternehmen nur zusätzliche *Rechtsunsicherheit* hervorrufen." Hierzu eingehend unten S. 942 f. Hervorhebungen durch den Verfasser.

490 Hierzu eingehend oben S. 508 ff., 569 ff., 592 ff.

491 Vgl. nur Palandt/*Grüneberg*, BGB (77. Aufl. 2018), Überbl. v. § 305, Rn. 13, § 307 Rn. 39; *Lenkaitis/Löwisch*, ZIP 2009, 441, 443; *Wolf*, in: Wolf/Lindacher/Pfeiffer, AGB-Recht (6. Aufl. 2013), § 310 Abs. 1 Rn. 3; *Berger/Kleine*, BB 2007, 2137, 2138; *Berger*, ZIP 2006, 2149, 2156. Hierzu auch oben S. 763 ff.

492 *Axer*, AGB-Kontrolle (2012), S. 123, 131; *Dauner-Lieb*, Verbraucherschutz (1983), S. 28 ff.

493 So auch *Axer*, AGB-Kontrolle (2012), S. 125 ff., 133 ff.

b) Geringere Schutzbedürftigkeit des Unternehmers?

Als Anknüpfungspunkt für ein mögliches *gesetzliches Unternehmerleitbild* bietet sich zunächst das Handelsrecht an.[494] Eine Zusammenschau der relevanten handelsrechtlichen Vorschriften ergibt zunächst den Befund, dass das Handelsrecht offensichtlich von einer *gesteigerten Selbstverantwortung* der Kaufleute im Rechtsverkehr ausgeht.[495] Aufgrund ihrer größeren geschäftlichen Gewandtheit und Erfahrung ist von Kaufleuten, die sich im Wettbewerb behaupten müssen[496], in weitaus größerem Maße als von Verbrauchern zu verlangen, Chancen und Risiken realistisch einzuschätzen, sich über alle vertragsrelevanten wirtschaftlichen und rechtlichen Aspekte hinreichend zu informieren und entsprechend zu handeln.[497] Mit dem höheren Maß an Selbstverantwortung korrespondieren der Ausschluss bestimmter Schutzvorschriften und besondere Sorgfaltspflichten, wie etwa die Erweiterung des allgemeinen Maßstabs des §276 Abs.1 S.2 BGB durch §347 HGB, die Lockerung der Formvorschriften für Bürgschaft, Schuldversprechen und Schuldanerkenntnis durch §350 HGB oder die fehlende Möglichkeit der Herabsetzung eines Vertragsstrafeversprechens durch Urteil nach §348 HGB.[498]

Die erhöhte Selbstverantwortlichkeit des Kaufmanns steht in engem Zusammenhang zu den Anforderungen des Handelsverkehrs, der durch die Charakteristika der *Einfachheit* und *Schnelligkeit*, der *Publizität* und des gesteigerten *Verkehrsschutzes* sowie der *Praxisnähe* und der *Internationalität* gekennzeichnet ist.[499] Gerade weil der Handelsverkehr auf eine einfache, schnelle und verlässliche Abwicklung der Rechtsgeschäfte angewiesen ist, wird dem Kaufmann ein höheres Maß an *Selbstverantwortung* zugemutet als den übrigen Teilnehmern am Rechtsverkehr. Die verschärften Anforderungen an Kaufleute im Vergleich zu Verbrauchern erwachsen damit aus der unterschiedlichen Zielsetzung von Handels- und Verbraucherverkehr.

Der gesteigerte Sorgfaltsmaßstab des Kaufmanns und die Charakteristika des Handelsverkehrs sind auf diese Weise *funktional* miteinander verknüpft. Dies

---

494 Vgl. auch *Axer*, AGB-Kontrolle (2012), S. 125ff.; *Dauner-Lieb*, Verbraucherschutz (1983), S. 30ff.

495 Baumbach/Hopt/*Hopt*, HGB (37. Aufl. 2016), Einl. Vor §1 Rn.4; Koller/Kindler/Roth/Morck/*Roth*, HGB (8. Aufl. 2015), Einl. Vor §1 Rn.5. Zur rechtlichen Bedeutung der Kaufmannseigenschaft Ebenroth/Boujong/Joost/Strohn/*Kindler*, HGB (3. Aufl. 2014), Vorb. Rn.26ff. Vgl. auch *Axer*, AGB-Kontrolle (2012), S. 129.

496 Baumbach/Hopt/*Hopt*, HGB (37. Aufl. 2016), Einl. Vor §1 Rn.4.

497 *Axer*, AGB-Kontrolle (2012), S. 129. Vgl. auch Baumbach/Hopt/*Hopt*, HGB (37. Aufl. 2016), Einl. vor §1 Rn.4.

498 Hierzu Ebenroth/Boujong/Joost/Strohn/*Kindler*, HGB (3. Aufl. 2014), Vor §§1–7 HGB, Rn.29; *Axer*, AGB-Kontrolle (2012), S. 129.

499 Baumbach/Hopt/*Hopt*, HGB (37. Aufl. 2016), Einl. Vor §1 Rn.4ff.; Koller/Kindler/Roth/Morck/*Roth*, HGB (8. Aufl. 2015), Einl. Vor §1 HGB Rn.5ff.; MünchKomm/*Kindler*, BGB (7. Aufl. 2018), Internationales Handels- und Gesellschaftsrecht, Rn.151; MünchKomm/*K. Schmidt*, HGB (4. Aufl. 2016), Vor §1 Rn.38; *Axer*, AGB-Kontrolle (2012), S. 126ff.

bedeutet indes zugleich, dass die ohnehin nicht sehr zahlreichen handelsrechtlichen Sondervorschriften für Kaufleute ihre Ursache nicht in persönlichen Besonderheiten des Kaufmanns – etwa spezifischen intellektuellen Fähigkeiten oder höherer geschäftlicher Erfahrung und Gewandtheit – finden, sondern vor allem *sachbezogen* sind. Der Kaufmann wird daher nicht etwa aufgrund *persönlicher Charakteristika*, sondern aufgrund seiner *Beteiligung am Handelsverkehr* verschärften Anforderungen an die ihm obliegende Selbstverantwortung unterworfen, und zwar unabhängig davon, ob er aufgrund seiner persönlichen Fähigkeiten diesen Anforderungen im Einzelnen gerecht zu werden vermag oder nicht. Damit ergibt sich der Befund, dass jedenfalls das Handelsrecht von einer tendenziell geringeren Schutzbedürftigkeit des Kaufmanns ausgeht, die jedoch grundsätzlich sach- und nicht personenbezogen begründet ist, also nicht auf tatsächlich vorhandenen, empirisch nachweisbaren Fähigkeiten des Kaufmanns, sondern den vom Handelsverkehr vorgegebenen Anforderungen beruht.[500]

c) Handelsrechtlich geprägtes Unternehmerleitbild?

Allerdings ist fraglich, ob das vom Handelsrecht definierte, normativ und nicht empirisch geprägte Anforderungsprofil des Kaufmanns mit dem gesetzlichen Unternehmerleitbild gleichgesetzt werden kann.[501] Dagegen spricht bereits der Befund, dass der Kaufmannsbegriff lediglich eine Teilmenge des erheblich weiteren Unternehmerbegriffs erfasst und daher keineswegs ausschließlich für die Bestimmung des Unternehmerleitbildes herangezogen werden kann. Darüber hinaus ist in diesem Zusammenhang zu berücksichtigen, dass sich der *Kaufmannsbegriff* rechtspolitisch auf dem Rückzug befindet und in vielen Bereichen durch den Begriff des *Unternehmers* ersetzt wird[502], der nicht auf den *Status*, sondern auf die gewerbliche oder selbstständige berufliche *Tätigkeit* abstellt, § 14 Abs. 1 BGB. Entsprechend vertritt auch die Rechtsprechung ein empirisches, marktbezogenes Verständnis des Unternehmerleitbildes, das auf die tatsächlichen persönlichen Eigenschaften des Unternehmens abstellt.[503] Damit rückt die Frage in den Mittelpunkt, ob sich aus den tätigkeits- und marktbezogenen persönlichen Eigenschaften und Besonderheiten des Unternehmers Rückschlüsse auf seine AGB-spezifische Schutzbedürftigkeit ergeben.

aa) Schutzbedürftigkeitsmindernde Eigenschaften

In der gegenwärtigen rechtspolitischen Diskussion dominieren – anders als noch in der deutlich differenzierteren Debatte vor Erlass des AGBG in den 1970er Jah-

500 Ähnlich *Axer*, AGB-Kontrolle (2012), S. 130 f.

501 Ablehnend *Axer*, AGB-Kontrolle (2012), S. 132.

502 Hierzu eingehend Ebenroth/Boujong/Joost/Strohn/*Kindler*, HGB (3. Aufl. 2014), Vorb. Rn. 27.

503 BGHZ 40, 42, 42 ff.; OLG Düsseldorf NJW-RR 1995, 501, 501 f.; *Axer*, AGB-Kontrolle (2012), S. 133; *Reymann*, Sonderprivatrecht (2009), S. 295.

ren[504] – zunächst die *schutzbedürftigkeitsmindernden* Eigenschaften des Unternehmers. Sie stehen im Mittelpunkt der Diskussion und bilden den argumentativen Ankerpunkt für entsprechende Forderungen nach einer Liberalisierung der Inhaltskontrolle im b2b-Verkehr.

(1) Geschäftliche Erfahrung

Als schutzbedürftigkeitsmindernd wird hierbei vor allem auf die *größere geschäftliche Erfahrung* und *Branchenkenntnis* von Unternehmern verwiesen, die sich aus dem häufigen, in der Regel täglichen Umgang mit Klauselwerken und Verhandlungssituationen ergibt.[505] Während sich der Verbraucher typischerweise nur gelegentlich – etwa bei größeren Anschaffungen oder dem Abschluss von Versicherungsverträgen – mit dem Inhalt von Klauselwerken auseinandersetzt, wird der Unternehmer im Rahmen seiner Tätigkeit regelmäßig mit der AGB-Problematik konfrontiert. Aufgrund seiner *Branchenkenntnis* und seines unternehmerischen *Know-how* ist er daher sehr viel eher in der Lage, den Inhalt entsprechender Klauselwerke zur Kenntnis zu nehmen und zu bewerten. Dies gilt umso mehr, als viele Unternehmen über eigene Rechtsabteilungen oder Rahmenvereinbarungen mit Anwaltskanzleien verfügen, so dass ihnen im Bedarfsfall entsprechender *professioneller Rechtsrat* zur Verfügung steht. Darüber hinaus sind Unternehmer in der Regel sehr viel eher als Verbraucher dazu bereit, *gerichtlichen Rechtsschutz* in Anspruch zu nehmen.[506] Geschäftliche *Erfahrung* und *Gewandtheit*, unternehmerisches *Know-how* und *Organisationsvorteile* sowie einfacher *Zugang* zu *Rechtsrat* und zur *Rechtsdurchsetzung* könnten sich damit grundsätzlich mindernd auf die Schutzbedürftigkeit des Unternehmers auswirken.

Allerdings ist fraglich, ob dadurch auch die *situative Unterlegenheit* des unternehmerischen Kunden gegenüber dem Verwender als Geltungsgrund der Inhaltskontrolle entfällt. Dies wäre nur dann der Fall, wenn die durch prohibitiv hohe Transaktionskosten bedingte *Informationsasymmetrie* zwischen den Parteien aufgehoben und auch mit Blick auf den Konditionenwettbewerb kein *Marktversagen* feststellbar wäre, so dass die mangelnde Dispositionsbereitschaft des Verwenders nicht zu einer *Verhandlungsimparität* der Parteien führt. In beiden Fällen sind Zweifel angebracht. So beruht die *situative Unterlegenheit* des Klauselgegners gerade darauf, dass dieser unter dem zeitlichen Druck einer konkreten

---

504 Vgl. nur *Eith*, NJW 1974, 16, 20; *Bastian/Böhm*, BB 1974, 110, 110ff.; *Pinger*, MDR 1974, 705, 708; *Stötter*, BB 1974, 434, 434ff.; *Nicklisch*, BB 1974, 941, 945ff.; *Weber*, DB 1974, 1801, 1804; *Brandner*, JZ 1973, 613, 614; *Helm*, FS Schnorr von Carolsfeld (1973), S. 125, 144ff. sowie oben S. 694ff.

505 So etwa *Dauner-Lieb/Axer*, ZIP 2010, 309, 313; *Kötz*, JuS 2003, 209, 210; *Dauner-Lieb*, Verbraucherschutz (1983), S. 45; *Bydlinski*, FS Kastner (1972), S. 45, 47. Vgl. hierzu auch *Axer*, AGB-Kontrolle (2012), S. 101; *Schäfer*, BB 2012, 1231, 1231.

506 Kritisch hierzu *Schäfer*, BB 2012, 1231,1233, der auf das Problem hinweist, dass Zulieferer kaum gegen ihre Abnehmer vorgehen werden.

Abschlusssituation schon mit der Kenntnisnahme der häufig sehr umfangreichen Klauseln situativ überfordert ist.[507] Häufig ist bereits die *Kenntnisnahme* umfangreicher Klauselwerke mit einem Aufwand verbunden, der in keinem Verhältnis zu dem sich daraus möglicherweise ergebenden Nutzen steht.[508] Die mit einer Analyse der AGB verbundenen Transaktionskosten sind jedenfalls bei unternehmerischen Alltagsgeschäften häufig derart hoch, dass eine eingehende rechtliche Bewertung der Klauseln nicht nur unzumutbar, sondern wirtschaftlich sogar unsinnig wäre.[509]

Die höhere *geschäftliche Erfahrung* und *Branchenkenntnis* des Unternehmers wirkt sich insoweit für diesen kaum vorteilhaft aus, da sie auch einem äußerst erfahrenen Unternehmer nicht den Aufwand erspart, den Inhalt der AGB sorgfältig zur Kenntnis zu nehmen. Geschäftliche Erfahrung und Branchenkenntnis mögen sicherlich dazu beitragen, dass dem betreffenden Unternehmer die Analyse komplexer Regelwerke etwas leichter fällt als einem branchenunkundigen Verbraucher. Allerdings wird auch ein erfahrener Unternehmer die ihm vorgelegten Klauseln nicht lediglich kursorisch überfliegen, sondern eingehend prüfen müssen, um sie zur Grundlage einer informierten Entscheidung machen zu können. Im Hinblick auf den zur Kenntnisnahme und Analyse notwendigen Aufwand ergeben sich für den Unternehmer damit gegenüber einem Verbraucher keine nennenswerten Vorteile. Seine geschäftliche Erfahrung und Branchenkenntnis kommen ihm insoweit kaum zugute, die sorgfältige *Kenntnisnahme* der Klauseln bleibt ihm nicht erspart. An den prohibitiv hohen Informationsbeschaffungskosten der Kenntnisnahme vermag auch eine noch so große geschäftliche Erfahrung nichts zu ändern.[510] Die situative Unterlegenheit des Klauselgegners bleibt bestehen. Ein Entfallen der Informationsasymmetrie kommt dagegen erst bei einer *positiven Transaktionskosten-Vertragswert-Relation* in Betracht, was insbesondere bei sehr hohen Vertragswerten gegeben sein dürfte. Das Fehlen der situativen Unterlegenheit des Klauselgegners beruht in diesem Fall jedoch ausschließlich auf dem *hohen Vertragsvolumen* und nicht auf einer höheren geschäftlichen Erfahrung des Unternehmers, die sich insoweit nicht schutzbedürftigkeitsmindernd auswirken kann.

Vorteile ergeben sich für den Unternehmer allenfalls mit Blick auf die *rechtliche Bewertung* branchenüblicher Klauseln, da ihr Verständnis von einem gewissenhaften Unternehmer, der sich am Markt zu bewähren hat, erwartet wer-

---

507 Vgl. hierzu oben S. 511 ff., 569 ff.

508 Vgl. oben S. 511 ff.

509 Daher handelt der Verwender in „rationale Ignoranz". Vgl. *Eidenmüller*, JZ 2005, 216, 222. Ähnlich *Miethaner*, AGB-Kontrolle (2010), S. 63 ff. (legitime Ignoranz). Hierzu *Becker*, AGB und Individualvereinbarung (2011), S. 72 ff.; *Schön*, FS Canaris I (2007), S. 1191, 1192, 1212.

510 Ebenso *Axer*, AGB-Kontrolle (2012), S. 171; *Ulmer*, in: *Ulmer/Brandner/Hensen*, AGB-Recht (12. Aufl. 2016), § 305 Rn. 44.

den kann.[511] Allerdings kann auch diese Annahme nicht uneingeschränkt gelten. So wird man ein gewisses Maß an rechtlichem Vorverständnis ausschließlich für jene Vertragsbedingungen verlangen können, die klar und verständlich formuliert sowie *branchenüblich* ausgestaltet sind. Angesichts der Tatsache, dass viele Klauselwerke ein derart hohes Maß an Komplexität aufweisen, dass sie selbst für Juristen nur schwer verständlich sind[512], dürfen die Anforderungen an den Unternehmer keineswegs überspannt werden. Entsprechend werden auch Unternehmer eine verantwortbare Entscheidung über die Zustimmung jedenfalls zu rechtlich komplexeren Vertragsbedingungen erst nach Inanspruchnahme professionellen Rechtsrats treffen können. Dies gilt umso mehr, als ein Verzicht auf eine sorgfältige und zuverlässige rechtliche Bewertung durch fachlich qualifizierte Experten jedenfalls bei Bestehen entsprechender Organpflichten bei Personen- und Kapitalgesellschaften eine schadensersatzbewährte und unter Umständen sogar strafrechtlich relevante Pflichtverletzung der handelnden Organe darstellt. Die Grenzen einer eigenverantwortlichen, allein mit „Bordmitteln" zu bewältigenden rechtlichen Bewertung des Unternehmers sind damit eng gesteckt. Der Geschäftsführer oder Vorstand einer Personen- oder Kapitalgesellschaft wird in der Regel gut daran tun, sich nicht auf seine eigene geschäftliche Erfahrung zu verlassen, sondern zumindest bei größeren Transaktionen professionellen Rechtsrat einzuholen und sich so rechtlich abzusichern.[513]

Damit ergibt sich im Hinblick auf den Aspekt der *rechtlichen Bewertung* der einem Unternehmer gestellten Vertragsbedingungen der Befund, dass höhere geschäftliche Erfahrung und Branchenkenntnis die rechtliche Bewertung der relevanten Klauseln zwar grundsätzlich innerhalb bestimmter Grenzen erleichtern. Der gegenüber Verbrauchern bestehende Erfahrungs- und Wissensvorsprung des Unternehmers ist jedoch begrenzt: So kommt ihm seine geschäftliche Erfahrung lediglich im Hinblick auf *branchenübliche* Klauseln im Rahmen des *Kerngeschäfts* seiner unternehmerischen Tätigkeit zugute.[514] Im Hinblick auf *nicht* branchenübliche Vertragsbedingungen wird sein typischerweise höheres juristisches Grundverständnis zwar die Erfassung des Inhaltes entsprechender Klauseln erleichtern. Es dürfte in der Regel indes nicht ausreichen, eine verantwortbare Entscheidung letztlich auf der Grundlage juristischer Laienkenntnisse zu treffen. Darüber hinaus vermag auch die Fähigkeit des geschäftlich erfahrenen Unternehmers zur leichteren juristischen Bewertung und Erfassung des Sinngehaltes

---

[511] So jedenfalls für die jeweiligen Kerngeschäfte unternehmerischer Tätigkeit *Axer*, AGB-Kontrolle (2012), S. 136.

[512] Instruktiv hierzu aus der Praxis *Hofbauer*, in: Balensiefen/Geiger/Schaller u. a. (Hrsg.), Rechtshandbuch Immobilienpraxis (2009), S. 745, 745 („Dieser soll vor den selbst für Juristen nur schwer und für Nichtjuristen kaum mehr verständlichen Bestimmungen im ‚Kleingedruckten' geschützt werden.").

[513] Zum Vertrauen auf fachkundigen Rechtsrat vgl. MünchKomm/*Fleischer*, GmbHG (2. Aufl. 2016), § 43 Rn. 42 mwN.

[514] Hierzu *Axer*, AGB-Kontrolle (2012), S. 136 ff.

der ihm gestellten Klauseln nichts daran zu ändern, dass der damit verbundene Aufwand in der Regel außer Verhältnis zu dem häufig ungewissen Nutzen einer eingehenden Kenntnisnahme und Bewertung der entsprechenden Klauseln stehen wird. Auch juristische Kenntnisse des Unternehmers vermögen in der Regel nichts an der gleichwohl bestehenden negativen *Transaktionskosten-Vertragswert-Relation* zu ändern.[515]

Denn das Problem liegt hier in erster Linie nicht im mangelnden rechtlichen Verständnis der Klauseln, sondern vielmehr in dem für die bloße *Kenntnisnahme* und *inhaltliche Erfassung* erforderlichen Aufwand. Ist bereits das Lesen der häufig umfangreichen und komplexen Vertragsbedingungen derart aufwändig, dass es sich für den Unternehmer aufgrund der hierfür notwendigen Transaktionskosten im Verhältnis zu dem erwarteten Nutzen nicht lohnt, so bleibt die *Informationsasymmetrie* zwischen den Parteien trotz gegenüber einem Verbraucher höherer geschäftlicher Erfahrung und Gewandtheit des unternehmerischen Klauselgegners bestehen. Dem kann auch nicht entgegengehalten werden, dass der Unternehmer aufgrund höherer Anforderungen an seine Selbstverantwortlichkeit zur Kenntnisnahme der Vertragsbedingungen verpflichtet sei. Denn eine derartige Verpflichtung würde regelmäßig in direktem Widerspruch zu den Anforderungen des *Handelsverkehrs* stehen, der in besonderem Maße auf *Einfachheit* und *Schnelligkeit* ausgerichtet ist. Jedenfalls in unternehmerischen Alltagsgeschäften ist die Forderung nach einem eingehenden Studium der relevanten AGB lebensfremd und mit den Anforderungen des unternehmerischen Geschäftsverkehrs nicht vereinbar. Der Unternehmer ist hier den gleichen Risiken ausgesetzt wie jeder Klauselverwender, was auch dem umfassenden persönlichen Anwendungsbereich des AGB-Rechts entspricht.

Dass der Unternehmer in der Regel – sei es durch eigene Rechtsabteilungen oder entsprechende Rahmenvereinbarungen mit einer Anwaltskanzlei – über einfacheren *Zugang* zu *professionellem Rechtsrat* als etwa ein Verbraucher verfügt, vermag an seiner *situativen Unterlegenheit* nichts zu ändern. Denn der mit einer rechtlichen Überprüfung von AGB verbundene *finanzielle* und *zeitliche* Aufwand entfällt nicht dadurch, dass er an Rechtsanwälte oder Unternehmensjuristen delegiert wird. Er ist letztlich vom Unternehmer zu tragen und bedingt gerade jene hohen *Transaktionskosten*, die eine rechtliche Überprüfung der Klauseln unwirtschaftlich erscheinen lassen und damit zu einer *Informationsasymmetrie* als Ursache *situativer Unterlegenheit* führen.[516]

---

[515] Eingehend zum Problem der Informationsasymmetrie oben S. 511 ff., 569 ff.

[516] Vgl. zur *situativen Unterlegenheit* eingehend oben S. 508 ff. Vgl. auch oben S. 409 ff., 440 ff., 468 ff., 568 ff., 759 ff. sowie unten S. 779 ff. mwN. Grundlegend *Fastrich*, Inhaltskontrolle (1992), S. 83 ff., 91, 93; *Lieb*, AcP 178 (1978), 196, 201 und *Raiser*, Das Recht der AGB (1961), S. 21 f. sowie *Ulmer/Habersack*, in: *Ulmer/Brandner/Hensen*, AGB-Recht (12. Aufl. 2016), Einl. Rn. 5, 48; *Fuchs*, in: *Ulmer/Brandner/Hensen*, AGB-Recht (12. Aufl. 2016), Vorb. v. § 307 Rn. 27; *Leuschner*, JZ 2010, 875, 879; *Hellwege*, AGB und Rechtsgeschäftslehre (2010), S. 554; *Pfeiffer*, in: Wolf/Lindacher/Pfeiffer, AGB-Recht (6. Aufl. 2013), Einl.

Zusammenfassend ist damit als Befund festzuhalten, dass höhere *geschäftliche Erfahrung* und *Branchenkenntnis* die *situative Unterlegenheit* des unternehmerischen Kunden nicht zu beseitigen vermögen. Auf den für die *Kenntnisnahme* und *Analyse* der AGB notwendigen Aufwand bleiben sie regelmäßig ohne nennenswerte Auswirkungen. Denn auch dem erfahrenen Unternehmer bleibt es nicht erspart, die ihm vorgelegten AGB zur Vermeidung einer Informationsasymmetrie sorgfältig zu überprüfen. Dies widerspricht jedoch den *Anforderungen* des *unternehmerischen Geschäftsverkehrs*, der auf *Einfachheit* und *Schnelligkeit* ausgerichtet ist. Geringe Vorteile ergeben sich dagegen im Hinblick auf die *rechtliche Bewertung*, jedoch fallen diese mit Blick auf den gleichwohl erforderlichen Aufwand der Kenntnisnahme in der Summe der aufzuwendenden *Transaktionskosten* kaum ins Gewicht. Der Unternehmer kann zudem von seiner Geschäftserfahrung und Branchenkenntnis nur im Hinblick auf branchenübliche und einfach strukturierte Klauseln profitieren. Geht es dagegen um komplexe juristische Fragen, so ist auch er auf die Inanspruchnahme *professionellen Rechtsrats* angewiesen. Der prohibitiv hohe Aufwand an Informationskosten lässt sich insoweit nicht durch Delegation der AGB-Prüfung an Rechtsanwälte und Unternehmensjuristen reduzieren, da die *zeitlichen* und *finanziellen* Nachteile beim Unternehmer verbleiben.

(2) Geschäftliche Gewandtheit und Durchsetzungsfähigkeit

Allerdings wird auch eine noch so exzellente geschäftliche Erfahrung und Branchenkenntnis dem Unternehmer kaum etwas nützen, wenn sein Vertragspartner letztlich nicht zur Abänderung der von ihm gestellten Vertragsbedingungen bereit ist. Dies entspricht den Erfahrungen insbesondere kleinerer und mittlerer Unternehmen, die darauf verweisen, dass ihre Unterlegenheit keineswegs darauf beruhe, dass sie unzureichend informiert seien, sondern schlicht darauf, dass ihnen in einem Umfeld zunehmender *Marktkonzentration* und *wirtschaftlicher Abhängigkeit* einseitig belastende *Knebelverträge* aufgezwungen werden.[517] Damit ist zugleich das *marktbezogene Informationsmodell*[518] infrage gestellt, das von der Annahme ausgeht, die Marktteilnehmer müssten nur ausreichend informiert sein, um ihre Interessen effektiv wahrzunehmen.[519] Spätestens die AGB-

Rn. 3; *Stoffels,* AGB-Recht (3. Aufl. 2015), Rn. 72 ff., 83 ff.; *Leuschner,* AcP 207 (2007), 491, 494 ff.; Staudinger/*Wendland,* BGB (2019), § 307 Rn. 3; *Canaris,* AcP 200 (2000), 273, 312 ff.; *Wackerbarth,* AcP 200 (2000), 45, 55 f., 82 f. Vgl. auch die Nachweise oben S. 294 Fn. 47.

517 Hierzu aus der Sicht der Praxis *Schäfer,* BB 2012, 1231,1233 f. Ähnlich bereits *Kessel/Stomps,* BB 2009, 2666, 2673; *Wellenhofer-Klein,* ZIP 1997, 774, 776. Zur wettbewerbsrechtlichen Dimension des Problems *Schmidt-Kessel,* AnwBl. 2012, 308, 313. Vgl. auch *Fornasier,* in: FIW (Hrsg.), Schwerpunkte des Kartellrechts 2011 (2012), S. 113, 121 ff.

518 Zum *liberalen Informationsmodell* näher Drexl, Selbstbestimmung (1998), S. 26 ff.; Singer, Selbstbestimmung (1995), S. 27 ff. sowie grundlegend Dauner-Lieb, Verbraucherschutz (1983), S. 62 ff.

519 Hierzu grundlegend *Dauner-Lieb,* Verbraucherschutz (1983), S. 62 ff.

Praxis des unternehmerischen Massenverkehrs hat gezeigt, dass diese Annahme, die wie ein Rückfall in die längst überwunden geglaubte Grundmaxime des formal-liberalen Rechtsverständnisses des „freien Spiel der Kräfte" des 19. Jh. erscheint, mit der Realität des tatsächlichen Wirtschaftsverkehrs kaum in Einklang zu bringen ist.

Neben der geschäftlichen Erfahrung wird daher zugleich auf die höhere *geschäftliche Gewandtheit* und *Durchsetzungsfähigkeit* von Unternehmern verwiesen, die ihre Schutzbedürftigkeit in Zweifel ziehe.[520] Als am Markt tätige Rechtssubjekte, die sich im Wettbewerb zu bewähren haben, würden Unternehmer typischerweise über ein höheres Verhandlungsgeschick verfügen und seien daher eher als Verbraucher in der Lage, ihre Interessen gegenüber anderen Unternehmern durchzusetzen.[521] Allerdings ist zweifelhaft, ob die Unternehmern grundsätzlich zu unterstellende höhere *geschäftliche Gewandtheit* und *Durchsetzungsfähigkeit* ihre situative Unterlegenheit gegenüber AGB-Klauselverwendern tatsächlich aufzuheben vermag. Zwar ist die Annahme, dass Unternehmer regelmäßig über ein höheres Maß an geschäftlicher Gewandtheit und Durchsetzungsfähigkeit verfügen als dies bei Verbrauchern typischerweise der Fall ist, zumindest abstrakt und gruppenspezifisch betrachtet durchaus zutreffend. Allerdings wird auch der geschäftlich gewandteste und durchsetzungsstärkste Lieferant gegenüber einem wirtschaftlich überlegenen Abnehmer nichts ausrichten können, wenn dieser nicht zu einer Abänderung seiner AGB bereit ist, weil er aufgrund des fehlenden Konditionenwettbewerbs über eine insoweit überlegene, letztlich unanfechtbare Verhandlungsposition verfügt. Die *Verhandlungsimparität* als Ursache *situativer Unterlegenheit* des mit einem *„take it or leave it"*-Angebot konfrontierten Verwendungsgegners, dem lediglich die Alternative verbleibt, das ihn benachteiligende Vertragsangebot anzunehmen oder gänzlich auf den Vertragsschluss zu verzichten, wird durch persönliche Fähigkeiten des handelnden Unternehmers – etwa besonderes Verhandlungsgeschick – nicht aufgehoben.

Dies muss umso mehr gelten, als aufgrund des fehlenden *Konditionenwettbewerbs* und insoweit branchenweit einheitlicher – den Klauselgegner regelmäßig einseitig benachteiligender AGB[522] – ein Ausweichen auf Alternativanbieter re-

[520] *Axer*, AGB-Kontrolle (2012), S. 138; *Berger*, FS v. Westphalen (2010), S. 13, 15; *Koch*, BB 2010, 1810, 1815.

[521] So ausdrücklich *Axer*, AGB-Kontrolle (2012), S. 138 („typischerweise ... größere[n] wirtschaftliche[n] Durchsetzungsfähigkeit des Unternehmerkunden gegenüber einem Verbraucherkunden). Vgl. auch *Nicklisch*, BB 1974, 941, 946 „oft die Situation eines annähernden Gleichgewichts zwischen den Vertragspartnern); *Pauly*, BB 1976, 534, 536 („... es kann und muß daher jedem Kaufmann zugemutet werden, seine Interessen bei der Vertragsgestaltung selbst in dem erforderlichen Maße wahrzunehmen."). Differenzierend dagegen *Wolf*, JZ 1974, 41, 43 f. („Eine abschließende Typologie ist deshalb nicht möglich.").

[522] Zur *Risikoverlagerungstendenz* vgl. nur *Ulmer/Habersack*, in: *Ulmer/Brandner/Hensen*, AGB-Recht (12. Aufl. 2016), Einl. Rn. 5; *Pfeiffer*, in: Wolf/Lindacher/Pfeiffer, AGB-Recht (6. Aufl. 2013), Einl. Rn. 3; *Grünberger*, Jura 2009, 249, 249; *Stoffels*, AGB-Recht

gelmäßig nicht in Betracht kommt. Der dogmatische Befund entspricht auch der *Realität des Wirtschaftsverkehrs*, in der es weniger auf das individuelle Verhandlungsgeschick als auf die „harten Fakten" des *Preises*, der *Qualität* und der *wirtschaftlichen Stärke* der Parteien ankommt. Vor diesem Hintergrund wäre es lebensfremd anzunehmen, dass der wirtschaftlich unterlegene Klauselgegner nur ein höheres Verhandlungsgeschick aufwenden müsste, um ihn einseitig belastende Vertragsklauseln „wegzuverhandeln".[523] Das Verhandlungsgeschick mag zwischen Parteien, die sich auf Augenhöhe begegnen, etwa in den vom Schrifttum immer wieder ins Spiel gebrachten Transaktionen im M&A-Bereich[524] sowie im Kraftwerks- und Anlagenbau[525], durchaus eine Rolle spielen. Für die ganz überwiegende Masse der am Markt tätigen Unternehmen, bei denen es sich zu 99,7 % um KMU und zu 87,8 % um kleine Unternehmen handelt,[526] ist dies dagegen regelmäßig nicht der Fall.[527] Dass auch unternehmerische Kunden den von ihnen abgeschlossenen Rechtsgeschäften ihre eigenen AGB zugrunde legen und damit das Problem *kollidierender AGB*[528] relevant wird, vermag an dem Ergebnis nichts zu ändern. Denn unabhängig von der insoweit akademisch anmutenden Frage, wie das Problem kollidierender AGB im Einzelnen zu lösen ist, wird sich in der Praxis ohnehin der wirtschaftlich überlegene Vertragspartner mit den von ihm gestellten Klauseln durchsetzen, so dass sich die Kollisionsfrage hier häufig gar nicht erst stellt. Sollte es tatsächlich zu einer echten Kollision gegensätzlicher AGB kommen, so kommt nach der Rechtsprechung[529], erst recht bei Vorliegen der typischerweise in beiden AGB enthaltenen Abwehrklauseln, ohnehin *dispositives Recht* zur Anwendung, so dass die AGB-Problematik auch insoweit nicht relevant wird.[530]

Zusammenfassend ergibt sich damit auch für den Aspekt der idealtypisch angenommenen höheren geschäftlichen Gewandtheit und Durchsetzungsfähigkeit von Unternehmern der Befund, dass entsprechende persönliche Eigenschaften,

(3. Aufl. 2015), Rn. 72 ff.; *Kötz*, Gutachten (1974), S. A 9, A 25 f.; *Raiser*, Das Recht der AGB (1961), S. 21 f. sowie eingehend oben S. 297 ff.

[523] Auf die Problem mangelnder Verhandelbarkeit bestimmter Klauseln im b2b-Verkehr hinweisend *Schäfer*, BB 2012, 1231,1233 ff.

[524] Hierzu *Berger*, NJW 2010, 465, 466; *Brauch*, FS v. Westphalen (2010), S. 31, 52; *Miethaner*, AGB-Kontrolle (2010), S. 210; *Leuschner*, AcP 207 (2007), 491, 515 ff.; *Habersack/Schürnbrand*, FS Canaris (2007), S. 359, 359 ff.; *Lischek/Mahnken*, ZIP 2007, 158, 158. Kritisch indes *Axer*, AGB-Kontrolle (2012), S. 171 Vgl. auch *Schiffer/Weichel*, BB 2011, 1283, 1283 ff., 1290.

[525] *Kondring*, BB 2013, 73, 76; *Berger*, NJW 2010, 465, 466, 468; *Müller/Griebeler/Pfeil*, BB 2009, 2658, 2661.

[526] *Günterberg*, Unternehmensgrößenstatistik (2012), S. 11. Vgl. hierzu oben S. 791 f.

[527] Ähnlich *Axer*, AGB-Kontrolle (2012), S. 171 („M&A-Verträge sind freilich nicht repräsentativ für den üblichen unternehmerischen Geschäftsverkehr.").

[528] Hierzu eingehend *Stoffels*, AGB-Recht (3. Aufl. 2015), Rn. 313 ff. mwN.

[529] BGH NJW 1995, 1671; BGHZ 61, 282 = NJW 1973, 2106.

[530] *Axer*, AGB-Kontrolle (2012), S. 147; *Schwab*, AGB-Recht (2. Aufl. 2014), Rn. 260 f.

selbst wenn sie tatsächlich vorhanden sein sollten, die *situative Unterlegenheit* des unternehmerischen Kunden nicht aufheben. Denn die Verhandlungsimparität zwischen dem Verwender und seinem Vertragspartner beruht vor allem darauf, dass er aufgrund des fehlenden *Konditionenwettbewerbes* zu einer Abänderung der von ihm gestellten Klauseln nicht bereit ist. Auch eine noch so hohe geschäftliche Gewandtheit und Durchsetzungsfähigkeit vermag an dem bestehenden *Marktversagen* und der darauf beruhenden fehlenden *Dispositionsbereitschaft* des Verwenders nichts zu ändern. Denn in einer wettbewerbsorientierten Marktwirtschaft werden unternehmerische Entscheidungen in der Regel aufgrund ökonomischer Parameter, insbesondere des Preises und der Qualität, nicht dagegen aufgrund besonderer persönlicher Fähigkeiten und des Verhandlungsgeschickes einzelner Marktteilnehmer getroffen, so dass auch ein erfahrener Unternehmer die fehlende Verhandlungs- und Abänderungsbereitschaft des Verwenders typischerweise nicht allein durch Verhandlungsgeschick zu überwinden vermag. Hinzu kommt, dass entsprechende persönliche Fähigkeiten auch für die Verwenderseite anzunehmen sind, so dass insoweit *Waffengleichheit* besteht und sich für den unternehmerischen Kunden jedenfalls kein typisierbarer strategischer Vorteil ergibt. Da sich die Parteien aufgrund zunehmender Konzentrationstendenzen auf den Märkten häufig nicht auf Augenhöhe begegnen, ist für den Massenverkehr[531] in der Regel vielmehr von einer *strukturellen Unterlegenheit* des Verwendungsgegners gegenüber dem Verwender auszugehen, die eine *situative Unterlegenheit* des Klauselgegners noch verschärft.

(3) Kompensation durch Versicherung

Vermag der unternehmerische Kunde seine situative Unterlegenheit gegenüber dem Verwender nicht durch höhere geschäftliche Erfahrung oder besonderes Verhandlungsgeschick zu überwinden, so könnte er jedoch möglicherweise darauf verwiesen werden, ihn einseitig benachteiligende Klauseln eher in Kauf zu nehmen, da sich ihm im Wege der *Versicherung* und entsprechender *Kalkulation* vielfältige Möglichkeiten bieten, entsprechende Nachteile wirtschaftlich zu kompensieren.[532] Ist bereits der Ansatz fragwürdig, auf einer Verletzung materieller *Vertragsgestaltungsfreiheit* des Verwendungsgegners beruhende Benachteiligungen mit Verweis darauf zu rechtfertigen, dass sich die benachteiligte Partei eben gegen derartige Rechtsverletzungen entsprechend versichern kann, so bestehen darüber hinaus auch durchgreifende praktische Bedenken.

Zunächst ist bereits die Logik des Verweises auf bessere Kompensationsmöglichkeiten benachteiligter Unternehmer wenig überzeugend, da dies an der Tatsache der rechtlichen *Benachteiligung* nichts zu ändern vermag, vor der

---

[531] Vgl. zum Anteil der KMU am Rechtsverkehr oben S. 791 f. sowie *Günterberg*, Unternehmensgrößenstatistik (2012), S. 11.

[532] *Axer*, AGB-Kontrolle (2012), S. 139. Vgl. auch *Stoffels*, AGB-Recht (3. Aufl. 2015), Rn. 491 ff.; *Berger*, ZIP 2006, 2149, 2154.

das AGB-Recht gerade schützen soll.[533] Es ist von vornherein fragwürdig, eine Rechtsverletzung mit dem Hinweis zu tolerieren, dass das Opfer ja geeignete Maßnahmen zur Kompensation des eingetretenen Schadens treffen könne. Eine derartige Logik stellt die *Ordnungsfunktion des Rechts* und seinen *Geltungsanspruch* insgesamt infrage und ist daher entschieden abzulehnen. Im Gegenteil spricht die Kompensationsbedürftigkeit eingetretener Rechtsnachteile gerade für das Schutzbedürfnis unternehmerischer Kunden und damit für den umfassenden persönlichen Anwendungsbereich des geltenden AGB-Rechts.

Darüber hinaus bestehen erhebliche *praktische Bedenken*. So sind etwa die Möglichkeiten der *Versicherung* und *Versicherbarkeit* der aufgrund weitreichender Haftungsfreizeichnung vom unternehmerischen Kunden selbst zu tragenden Schadenskosten typischerweise äußerst begrenzt.[534] Denn die Haftungsrisiken entstammen typischerweise dem Verantwortungs- und Geschäftsbereich des Verwenders und sind nur von ihm beeinflussbar. Der unternehmerische Kunde ist daher dem Handeln des Verwenders nahezu schutzlos ausgeliefert und kann auch im Hinblick auf eine denkbare *Schadensminderung* nicht von seiner geschäftlichen Erfahrung profitieren. Stellt sich damit bereits die *Billigkeitsfrage*, auf welcher Grundlage überhaupt ein Kunde den von ihm nicht verursachten Schaden tragen soll, auf dessen Eintritt er zudem – anders als der Verwender – keinerlei Einfluss hat, so ist zugleich danach zu fragen, ob die Übernahme eines derartigen Haftungsrisikos für den Verwendungsgegner überhaupt wirtschaftlich sinnvoll oder auch nur verantwortbar wäre. Vor diesem Hintergrund erscheint es fraglich, ob und zu welchen Konditionen derartige Haftungsrisiken überhaupt *versicherbar* sind. Zudem kann eine Versicherung ohnehin nur dann in Betracht kommen, wenn die vertraglichen Risiken mit hinreichender Bestimmtheit kommerzialisierbar sind und in konkreten Kosten ausgedrückt werden können.[535]

In jedem Fall verbleibt dem Verwendungsgegner infolge der durch AGB bewirkten Risikoverlagerung ein – in der Regel erheblicher – Nachteil: Ein Nachteil, vor dem das AGB-Recht den Verwendungsgegner gerade schützen will. Dass die Schutzwürdigkeit des unternehmerischen Kunden dadurch entfällt, dass er in der Lage sein soll, durch entsprechende Versicherung für die vernehmlich verursachten Schäden einzutreten, ist somit nicht überzeugend. Dies gilt umso mehr, als sich die Frage stellt, warum nicht der Verwender, in dessen *Risikosphäre* der Schaden typischerweise auftritt, zur Kompensation oder zum Tragen der Versicherungslast herangezogen werden sollte.[536] Darüber hinaus setzt die Versicherung durch den Verwendungsgegner eine eingehende *Risikoanalyse* und damit die *Kenntnisnahme* der AGB voraus: Bedingungen, die aufgrund des damit verbun-

---

533 Vgl. zur *Schutzzweckdiskussion* eingehend unten S. 462 ff. mwN.

534 Eine Ausnahme bildet der Werftwerkvertragsfall, vgl. BGHZ 103, 316, 328 f. = NJW 1988, 1785, 1788 (Werftwerkvertrag).

535 Zweifelnd *Axer*, AGB-Kontrolle (2012), S. 140.

536 Ebenso *Axer*, AGB-Kontrolle (2012), S. 139.

denen unzumutbar hohen Aufwandes und der daraus resultierenden prohibitiv hohen Transaktionskosten in der Regel nicht gegeben sind.[537]

Zusammenfassend ist damit als Befund festzuhalten, dass die *situative Unterlegenheit* des unternehmerischen Verwendungsgegners auch nicht dadurch entfällt, dass er auf die Möglichkeit der *Versicherung* der mit dem Vertragsschluss verbundenen Nachteile verwiesen wird.[538] Ist bereits der Grundansatz des Arguments bedenklich – Zulässigkeit einseitiger Benachteiligungen aufgrund Versicherung der Nachteile durch das Opfer[539] –, so ergibt sich das Ergebnis schon aus durchgreifenden *praktischen Bedenken*. Da die Haftungsrisiken typischerweise dem Verantwortungs- und Geschäftsbereich des Verwenders entstammen und vom unternehmerischen Kunden nicht beeinflusst werden können, ist die Übernahme eines derartigen *Haftungsrisikos* wirtschaftlich kaum sinnvoll und verantwortbar.[540]

Entsprechend zweifelhaft ist die *Versicherbarkeit* entsprechender Risiken, die bereits aufgrund der häufig anzunehmenden mangelnden Kommerzialisierbarkeit der jeweiligen Risiken fraglich erscheint. Schließlich setzt eine *Kompensation durch Versicherung* eine eingehende *Kenntnisnahme* und *Analyse* der AGB voraus, die indes regelmäßig an dem damit verbundenen unzumutbar hohen Aufwand scheitert. An der zwischen den Parteien weiterhin bestehenden *Informationsasymmetrie* und der daraus erwachsenden *situativen Unterlegenheit* des Verwendungsgegners vermag auch die – häufig nicht einmal realistisch bestehende – theoretische Kompensationsmöglichkeit durch Versicherung seitens des unternehmerischen Kunden letztlich nichts zu ändern.

(4) Kompensation durch Kalkulation

Entsprechendes gilt für die Annahme, der Unternehmer sei deshalb weniger schutzwürdig, weil er die mit einseitig benachteiligenden AGB verbundenen Risiken in seiner *Kalkulation* berücksichtigen und so entsprechend kompensieren kann.[541] Auch hier vermögen noch so ausdifferenzierte Kompensationsmöglichkeiten des unternehmerischen Kunden nichts daran zu ändern, dass er aufgrund missbräuchlicher AGB rechtliche Nachteile erleidet, vor denen das AGB-Recht ihn gerade schützen will. Zudem steht das Kompensationsargument in keinem

---

[537] Vgl. zur *situativen Unterlegenheit* aufgrund Informationsasymmetrie eingehend oben S. 511 ff., 569 ff.

[538] Ebenfalls skeptisch *Axer*, AGB-Kontrolle (2012), S. 139.

[539] Ähnlich *Axer*, AGB-Kontrolle (2012), S. 139 („Die Stichhaltigkeit dieses Argumentes und seine Berücksichtigungsfähigkeit im Rahmen einer abwägenden Inhaltskontrolle relativieren sich allerdings zusätzlich durch die entscheidende Frage, ob nicht eher der Verwender gerechterweise die Versicherungslast auf sich nehmen müsse.").

[540] Zum Gedanken der „Risikosphären" und der „Gefährdungshaftung" infolge des „Inverkehrbringens von AGB" eingehend aus dogmatischer Perspektive eingehend oben S. 589 ff.

[541] Hierzu eingehend *Axer*, AGB-Kontrolle (2012), S. 139 ff.

Zusammenhang zur *situativen Unterlegenheit.* Im Gegenteil spricht gerade die typischerweise bestehende *situative Überforderung* des Verwendungsgegners dafür, dass er entsprechende Kalkulationen und Überlegungen in der Praxis kaum anstellen wird, da der hierfür erforderliche Aufwand regelmäßig prohibitiv hohe Transaktionskosten verursacht, die in keinem vernünftigen Verhältnis zu dem damit verbundenen Nutzen stehen.[542]

Dies ist in der Praxis bereits aus zwei Gründen der Fall: Zum einen setzt eine Kompensation vertraglicher Risiken durch entsprechende unternehmerische Kalkulation zunächst voraus, dass der Unternehmer die betreffenden Klauseln überhaupt zur *Kenntnis* genommen und zutreffend *rechtlich bewertet* hat. Davon kann aber – wie bereits gezeigt wurde[543] – gerade nicht ausgegangen werden. Stehen bereits im Verbraucherverkehr Aufwand und Nutzen der Kenntnisnahme und Analyse von AGB in keinem vernünftigen Verhältnis zueinander, so muss dies erst recht für den auf *Einfachheit* und *Schnelligkeit* ausgerichteten[544] unternehmerischen Geschäftsverkehr gelten. Die *situative Unterlegenheit* des Klauselgegners besteht gerade darin, dass sich für ihn aufgrund der *negativen Transaktionskosten-Vertragswert-Relation* eine nähere Auseinandersetzung mit den vom Verwender gestellten Klauseln regelmäßig nicht lohnt.[545] Dies mag bei besonders *hohen Vertragswerten* anders sein[546], doch hat dies mit der Unternehmereigenschaft nichts zu tun, sondern beruht ausschließlich auf dem positiven Verhältnis zwischen Transaktionskosten und Vertragswert und müsste daher ebenfalls für den b2c-Verkehr gelten. Im Normalfall wird sich auch für den unternehmerischen Kunden eine nähere Auseinandersetzung mit den vom Verwender vorgelegten AGB angesichts des damit verbundenen zeitlichen und finanziellen Aufwandes wirtschaftlich nicht lohnen. Damit entfällt bereits die *Grundlage* für eine entsprechende *Kalkulation.*

---

542 *Axer*, AGB-Kontrolle (2012), S. 140. Vgl. oben S. 511 ff., 569 ff.

543 Hierzu oben S. 765 ff.

544 Vgl. nur Baumbach/Hopt/*Hopt,* HGB (37. Aufl. 2016), Einl. Vor § 1 Rn. 4 ff.; Koller/Kindler/Roth/Morck/*Roth,* HGB (8. Aufl. 2015), Einl. Vor § 1 Rn. 5 ff.; MünchKomm/*Kindler,* BGB (7. Aufl. 2018), Internationales Handels- und Gesellschaftsrecht, Rn. 151; MünchKomm/*K. Schmidt*, HGB (4. Aufl. 2016), Vor § 1 Rn. 38; *Axer*, AGB-Kontrolle (2012), S. 126 ff. sowie eingehend oben 763 ff.

545 Hierzu eingehend oben S. 511 ff., 569 ff. sowie grundlegend *Fastrich*, Inhaltskontrolle (1992), S. 83 ff., 91, 93; *Lieb*, AcP 178 (1978), 196, 201 und *Raiser*, Das Recht der AGB (1961), S. 21 f. Vgl. auch *Ulmer/Habersack*, in: *Ulmer/Brandner/Hensen*, AGB-Recht (12. Aufl. 2016), Einl. Rn. 5, 48; *Fuchs*, in: *Ulmer/Brandner/Hensen*, AGB-Recht (12. Aufl. 2016), Vorb. v. § 307 Rn. 27; *Leuschner*, JZ 2010, 875, 879; *Hellwege*, AGB und Rechtsgeschäftslehre (2010), S. 554; *Pfeiffer*, in: Wolf/Lindacher/Pfeiffer, AGB-Recht (6. Aufl. 2013), Einl. Rn. 3; *Stoffels*, AGB-Recht (3. Aufl. 2015), Rn. 72 ff., 83 ff.; *Leuschner*, AcP 207 (2007), 491, 494 ff.; Staudinger/*Wendland*, BGB (2019), § 307 Rn. 3; *Canaris*, AcP 200 (2000), 273, 312 ff.; *Wackerbarth*, AcP 200 (2000), 45, 55 f., 82 f.

546 Hierzu und zur *positiven Transaktionskosten-Vertragswert-Relation* oben S. 563 ff., 573 f. sowie unten S. 901 ff. Zu entsprechenden Reformvorschlägen vgl. oben S. 752 f. sowie unten S. 912 ff.

Aber selbst wenn sich der Unternehmer der *Mühe* unterzieht, *Zeit* und *finanzielle Ressourcen* für eine eingehende *Analyse* und *rechtliche Bewertung* der ihm gestellten Vertragsbedingungen *aufzuwenden*, scheitert eine verlässliche Kalkulation regelmäßig bereits an der Tatsache, dass die Vertragsbedingungen häufig nicht *kommerzialisierbar* sind und sich somit kaum als Kosten ausdrücken lassen.[547] Hierin lag gerade die Ursache für das Scheitern des *rechtsökonomischen Begründungsansatzes*.[548] Selbst unter der in der Praxis kaum vorhandenen Bedingung perfekter und umfassender Information erfordert eine verlässliche Kalkulation jenes *Wahrscheinlichkeitsurteil* über den Eintritt *zukünftiger Ereignisse*, die den Verwendungsgegner typischerweise intellektuell überfordert.[549] Er kann zwar pauschal und reflexhaft entsprechende Risiken einkalkulieren und überschlägig Rücklagen anlegen. Hierin einen Grund für die Minderung der Schutzbedürftigkeit zu sehen, ist indes kaum überzeugend.

Auch die Möglichkeiten der Verlagerung entsprechender Risiken durch den Unternehmer an seine Kunden, insbesondere *nachfolgende Handelsstufen*[550], sind äußerst begrenzt.[551] So stellt sich bereits hier die rechtspolitisch und dogmatische relevante Frage, ob es überhaupt Zweck rechtlicher Regelungen sein kann, auf für die jeweils benachteiligte Partei interessenwidrige Verlagerungen vertraglicher Risiken zu spekulieren und damit jene Missbräuche einseitiger Inanspruchnahme der Vertragsgestaltungsfreiheit zu tolerieren, die zu beseitigen das AGB-Recht ursprünglich angetreten war.[552] Darüber hinaus ist eine Verlagerung von Risiken und Kosten in vielen Fällen ohnehin nicht möglich und würde den betroffenen Unternehmer wie auch den Letztabnehmer unangemessen benachteiligen. So kommt eine Abwälzung vertraglicher Risiken auf die nächste Handelsstufe bereits in jenen Fällen nicht in Betracht, in denen eine nachfolgende Handelsstufe gar nicht existiert und der Unternehmer zugleich *Letztabnehmer* ist.[553] Zudem sind ent-

[547] Ebenso *Axer*, AGB-Kontrolle (2012), S. 141.

[548] Hierzu eingehend oben S. 555 ff.

[549] Zur *Rationalitätsbegrenzungen* und den *praktischen Schwierigkeiten* einer *Kosten-Nutzen-Analyse* eingehend oben S. 555 ff. sowie *Hellwege*, AGB und Rechtsgeschäftslehre (2010), S. 560; *Drexl*, Selbstbestimmung (1998), S. 338. Vgl. hierzu auch *Axer*, AGB-Kontrolle (2012), S. 141.

[550] Den Unternehmer auf diese Möglichkeit grundsätzlich verweisend *Wolf*, in: Wolf/Lindacher/Pfeiffer, AGB-Recht (6. Aufl. 2013), § 307 Rn. 189; MünchKomm/*Basedow*, BGB (4. Aufl. 2003), § 307 Rn. 71; *Lutz*, AGB-Kontrolle (1991), S. 5. Hierzu eingehend *Axer*, AGB-Kontrolle (2012), S. 141 ff.; *Berger*, ZIP 2006, 2149, 2154; *Pres*, Inhaltskontrolle (2005), S. 200 f.; *v. Westphalen*, in: Löwe/Westphalen/Trinkner, AGB-Gesetz (2. Aufl. 1983), § 24 Rn. 18.

[551] *Axer*, AGB-Kontrolle (2012), S. 141 f.; *Pres*, Inhaltskontrolle (2005), S. 200 f. Ebenfalls auf die Grenzen hinweisend *Wolf*, in: Wolf/Lindacher/Pfeiffer, AGB-Recht (6. Aufl. 2013), § 307 Rn. 189 („Schließlich findet die Kostenüberwälzung auf die Abnehmer auf darin eine Grenze, dass sie letztlich den Endverbraucher treffen und diese nicht mit unangemessenen Nachteilen belastet werden darf."); *Kliege*, Rechtsprobleme der AGB (1966), S. 74.

[552] Vgl. nur die Begründung des RegE zum AGBG, BT-Drucks. 7/3919, S. 9, 9 f.

[553] *Axer*, AGB-Kontrolle (2012), S. 142 Fn. 538; *Wolf*, in: Wolf/Lindacher/Pfeiffer, AGB-Recht (6. Aufl. 2013), § 307 Rn. 189.

sprechenden Risikoabwälzungen insbesondere im Hinblick auf Verbraucher zu Recht *verbraucherschutzrechtliche Grenzen* gesetzt.[554] Daher trifft hier die Haftungsverlagerung vor allem den *Einzelhändler*, der zwischen rechtlich geschütztem Verbraucher auf der einen und übermächtigem Großabnehmer oder Produzenten auf der anderen Seite gleichsam eingezwängt, „in die Zange"[555] genommen wird, so dass den Letzten „die Hunde beißen"[556]. Zwar wäre er im Kaufvertragsrecht durch die zwingenden Vorschriften der §§478, 479 BGB ausreichend geschützt.[557] In anderen Fallkonstellationen, wie den von §309 Nr. 8 BGB erfassten sonstigen Haftungsausschlüssen bei Pflichtverletzung, etwa bei Werkverträgen, bleibt das Problem *seitengleichen Regresses*[558] indes nach wie vor bestehen.[559] Eine Berücksichtigung vertraglicher Risiken in der Preisgestaltung beeinträchtigt dagegen die *Wettbewerbsposition* des betroffenen Unternehmers, da er entsprechende Leistungen möglicherweise nur zu einem höheren Preis als seine Mitbewerber anbieten kann.[560] Zudem wäre der Leidtragende der Haftungsverlagerung letztlich wiederum der Verbraucher, der für entsprechende Risiken mit einem höheren Preis einzustehen hätte.[561]

Nicht zu überzeugen vermag schließlich auch jenes Argument, das die Risikoverlagerung auf den unternehmerischen Kunden von einem *Nachteil* in einen *Vorteil* umdeutet.[562] So ist das insbesondere von *rechtsökonomischer Seite* vorgetragene Argument, *benachteiligende Klauseln* würden in Wirklichkeit gar keinen Nachteil, sondern letztlich sogar einen Vorteil darstellen, da die Haftungsverlagerung zu einer *günstigeren Preisgestaltung* führen würde, die damit letztlich dem Kunden zugutekäme, geradezu zynisch und paternalistisch anmaßend. Denn zum einen verschweigt es die Tatsache, dass der benachteiligte Kunde in diesem Fall zwar einen geringeren Preis zahlen mag, hierfür jedoch im Gegenzug mit den *Kosten* der ihn *benachteiligenden Klauseln* und entsprechenden *Haftungsrisiken* belastet wird, deren wirtschaftliche Relevanz das Kalkulationsargument gerade

---

554 Vgl. hierzu nur *Axer*, AGB-Kontrolle (2012), S. 142f.; *Pres*, Inhaltskontrolle (2005), S. 201.

555 MünchKomm/*Basedow*, BGB (7. Aufl. 2016), §310 Rn. 8; *v. Westphalen*, AnwBl. 2013, 850, 857; *Axer*, AGB-Kontrolle (2012), S. 142; *Lenkaitis/Löwisch*, ZIP 2009, 441, 446, Fn. 49; *v. Westphalen*, in: v. Westphalen (Hrsg.), Deutsches Recht im Wettbewerb (2009), S. 127, 136; *Berger*, ZIP 2006, 2149, 2154; *v. Westphalen*, ZGS 2006, 81, 81.

556 *Lenkaitis/Löwisch*, ZIP 2009, 441, 446. Der Sache nach ebenso *Axer*, AGB-Kontrolle (2012), S. 142ff.

557 Ebenso *Axer*, AGB-Kontrolle (2012), S. 142.

558 Hierzu *Axer*, AGB-Kontrolle (2012), S. 142; *v. Westphalen*, in: Löwe/Westphalen/Trinkner, AGB-Gesetz (2. Aufl. 1983), §24 Rn. 18.

559 *Axer*, AGB-Kontrolle (2012), S. 143.

560 *Axer*, AGB-Kontrolle (2012), S. 142.

561 So schon die *Stellungnahme des Rechtsausschusses* im Gesetzgebungsverfahren zum AGBG, BT-Drucks 7/5422, S. 4 („Der Ausschuß ist sich darüber im klaren, daß alle Erschwernisse des Handelsverkehrs letztlich zu Lasten des Verbrauchers gehen."). Ebenso *Axer*, AGB-Kontrolle (2012), S. 142.

562 *Bebchuk/Posner*, 104 Mich. L. Rev. 827, 830ff. (2006). Hierzu eingehend oben S. 538f.

voraussetzt. Zum anderen erscheint die Annahme, die klauselbedingte Entlastung des Verwenders von Haftungsrisiken durch Risikoabwälzung auf den Kunden würde weitgehend an diesen weitergegeben und nicht etwa als Gewinn durch den Verwender selbst vereinnahmt, vor dem Hintergrund einer wettbewerbsorientierten Marktwirtschaft lebensfremd. Entsprechend lehnt auch die ganz überwiegende Auffassung einen Dispens von der Anwendung des AGB-Rechts in diesen Fällen insbesondere mit der Begründung ab, dass der vom Verwender behauptete Preisvorteil nicht nachprüfbar sei.[563] Eine Ausnahme sei nur dann zuzulassen, wenn der Verwender seinem Vertragspartner im Wege einer „offenen Tarifwahl" beide Alternativen – kundenfreundliche AGB zu einem hohen Preis sowie kundenunfreundliche AGB zu einem niedrigen Preis – zur Wahl stellt.[564] Allerdings würde auch eine entsprechende Wahlmöglichkeit an der *situativen Unterlegenheit* des unternehmerischen Kunden nichts ändern. Denn auch hier erfordert eine entsprechende *informierte Entscheidung* des betroffenen Unternehmers eine *Kenntnisnahme* und *Bewertung* der betroffenen Vertragsbedingungen mit einem Aufwand, der sich für ihn aufgrund prohibitiv hoher *Transaktionskosten* und ungewissen *Nutzens* typischerweise nicht lohnt.

Zusammenfassend ergibt sich damit der Befund, dass die Möglichkeit der Kompensation der mit eindeutig belastenden AGB verbundenen Nachteile durch entsprechende *Kalkulation* seitens des unternehmerischen Kunden seine *situative Unterlegenheit* nicht aufzuheben vermag.[565] Ist bereits der Grundansatz des Kompensationsarguments – Zulässigkeit einseitiger Benachteiligungen aufgrund entsprechender Kombinationsmöglichkeiten des Opfers – rechtspolitisch und *dogmatisch* fraglich[566], so scheitert eine entsprechende *Schadenskalkulation* schon daran, dass hierfür eine eingehende *Analyse* der AGB erforderlich ist, die sich aufgrund des damit verbundenen unverhältnismäßig hohen Aufwands für den unternehmerischen Kunden nicht lohnt.[567] Darüber hinaus ist eine *Kommerzialisierung* rechtlicher Nachteile regelmäßig nur schwer möglich, da sich Vertragsbestimmungen häufig kaum in Kosten ausdrücken lassen und der Unternehmer mit dem hierfür notwendigen *Wahrscheinlichkeitsurteil* über den Eintritt *zukünftiger Ereignisse* typischerweise intellektuell überfordert ist.[568] Eine Ver-

---

[563] *Axer*, AGB-Kontrolle (2012), S. 140; *Fuchs*, in: *Ulmer/Brandner/Hensen*, AGB-Recht (12. Aufl. 2016), Vorb. v. § 307 Rn. 145; Palandt/*Grüneberg*, BGB (77. Aufl. 2018), § 307 Rn. 18. Vgl. hierzu aber *Trinkner*, BB 1973, 1501, 1502, der es für zulässig hält, das ein Abweichen vom dispositiven Recht zulasten des Klauselgegners durch einen Preisvorteil ausgeglichen wird.

[564] BGH NJW-RR 1989, 243, Palandt/*Grüneberg*, BGB (77. Aufl. 2018), § 307 Rn. 18; *Axer*, AGB-Kontrolle (2012), S. 140.

[565] Im Ergebnis ebenso *Axer*, AGB-Kontrolle (2012), S. 139 ff., 141.

[566] So auch für den Aspekt der Versicherbarkeit *Axer*, AGB-Kontrolle (2012), S. 139.

[567] Vgl. zur *situativen Unterlegenheit* aufgrund Informationsasymmetrie eingehend oben S. 511 ff., 569 ff.

[568] Zu der Problematik im Kontext der ökonomischen Analyse eingehend oben S. 555 ff. sowie *Hellwege*, AGB und Rechtsgeschäftslehre (2010), S. 560; *Drexl*, Selbstbestimmung (1998), S. 338. Vgl. hierzu auch *Axer*, AGB-Kontrolle (2012), S. 141.

lagerung der *Haftungsrisiken* auf nachfolgende *Handelsstufen* ist zudem weder wünschenswert noch in allen Fällen tatsächlich möglich und rechtlich zulässig. Ein aufgrund ungünstiger AGB gewährter *Preisnachlass* stellt für den unternehmerischen Kunden regelmäßig keinen Vorteil dar, da er mit den Kosten der Haftungsverlagerung belastet wird und sich der sonst angemessene Preis im Übrigen nur schwer bestimmen lässt. Stehen ihm mehrere Alternativen im Wege einer „offenen Tarifwahl" zur Verfügung, so bleibt es bei dem ursprünglichen Problem, dass der für die Prüfung der AGB erforderliche Aufwand typischerweise außer Verhältnis zu dem damit verbundenen, ungewissen Nutzen steht.

bb) Schutzbedürftigkeitsbegründende Eigenschaften

Ist damit zumindest im Hinblick auf die rollenspezifische, situative Unterlegenheit des unternehmerischen Klauselgegners eine mangelnde Schutzbedürftigkeit kaum begründbar, so erhebt sich die Frage, ob sich stattdessen *schutzbedürftigkeitsbegründende* Eigenschaften ergeben, die über die Negation der angesprochenen schutzbedürftigkeitsmindernden Aspekte hinausgehen.

(1) Informationsasymmetrie und Verhandlungsimparität

Im Hinblick auf die Dimensionen der *Informationsasymmetrie* und *Verhandlungsimparität* als zentrale Koordinaten des vertragstheoretischen Begründungsmodells der Inhaltskontrolle[569] hat die bisherige Untersuchung keine durchgreifenden Besonderheiten des unternehmerischen Klauselgegners aufgedeckt, die Anlass zu einer Absenkung des Schutzniveaus geben.[570] So wirken sich die höhere *geschäftliche Erfahrung* und *Branchenkenntnis* im Ergebnis kaum auf die bestehende *Informationsasymmetrie* zwischen Verwender und Klauselgegner aus, da auch dem unternehmerischen Kunden eine eingehende Auseinandersetzung mit den ihm gestellten Klauseln nicht erspart bleibt.[571] Der hierfür erforderliche Aufwand steht jedoch auch hier typischerweise in keinem vernünftigen Verhältnis zu dem damit verbundenen, regelmäßig ungewissen Nutzen, so dass sich auch der Unternehmer auf die *rationale Ignoranz*[572] gegenüber ihm gestellten Vertragsbedingungen berufen kann. Eine Obliegenheit, entsprechende Vertragsbedingungen gleichwohl zur Kenntnis zu nehmen, besteht grundsätzlich nicht, da dies mit dem Grundsatz der *Einfachheit* und *Schnelligkeit* als Charakteristika des unternehmerischen Geschäftsverkehrs[573] kollidieren würde. Auch und gera-

---

569 Eingehend hierzu oben S. 439 ff., 508 ff., 569 ff., 592 ff.

570 Vgl. nur oben S. 763 ff., 765 ff., 779 ff.

571 Hierzu oben S. 765 ff.

572 So *Eidenmüller*, JZ 2005, 216, 222. Ähnlich *Miethaner*, AGB-Kontrolle (2010), S. 63 ff. (legitime Ignoranz). Hierzu *Becker*, AGB und Individualvereinbarung (2011), S. 72 ff.; *Schön*, FS Canaris I (2007), S. 1191, 1192, 1212.

573 Vgl. nur Baumbach/Hopt/*Hopt*, HGB (37. Aufl. 2016), Einl. Vor § 1 Rn. 4 ff.; Koller/Kindler/Roth/Morck/*Roth*, HGB (8. Aufl. 2015), Einl. Vor § 1 Rn. 5 ff.; MünchKomm/*Kindler*, BGB (7. Aufl. 2018), Internationales Handels- und Gesellschaftsrecht, Rn. 151; Münch-

de der Unternehmer darf nicht mit für ihn wirtschaftlich unsinnigen Prüfungsobliegenheiten belastet werden.

Vermag seine Stellung als Unternehmer bereits nichts an der bestehenden klauselbedingten *Informationsasymmetrie* zu ändern, so gilt dies in gleicher Weise für die durch mangelnde Dispositionsbereitschaft bedingte *Verhandlungsimparität.* Weder *Verhandlungsgeschick* noch *Durchsetzungsstärke* vermögen das durch den fehlenden Konditionenwettbewerb verursachte Marktversagen zu kompensieren und den Verwender zur Änderung seiner Klauseln zu bewegen. Die *Vertragsgestaltungsfreiheit* des unternehmerischen Kunden bleibt auf Null reduziert und lässt sich mangels zumutbarer Alternativen auch nicht durch Inanspruchnahme negativer *Vertragsabschlussfreiheit* kompensieren.[574] Im Gegenteil dürfte der unternehmerische Kunde von ihn benachteiligenden AGB tendenziell in weitaus stärkerem Maße betroffen sein als der Verbraucher, so dass ihn die damit verbundenen Nachteile existenziell in seiner wirtschaftlichen Tätigkeit berühren. Vor diesem Hintergrund ließ sich jedenfalls für strukturell schwächere Unternehmer – wie dies etwa insbesondere bei kleineren Unternehmen der Fall ist – sogar ein *gesteigertes Schutzbedürfnis* begründen.

(2) Marktkonzentration und wirtschaftliche Abhängigkeit

Eine derartige Schutzbedürftigkeit unternehmerischer Kunden kann sich insbesondere in Branchen ergeben, die in besonderer Weise von *der Konzentration der Märkte* betroffen sind und in denen ein hohes Maß an wirtschaftlicher Abhängigkeit gegenüber einigen wenigen, *marktbeherrschenden, strukturell überlegenen* Unternehmen besteht.[575] So ist in jüngerer Zeit in zahlreichen Branchen eine zunehmende Konzentration der Märkte zu beobachten, in denen wenige Abnehmer und zahlreichen Anbietern gegenüberstehen. Im Lebensmitteleinzelhandel etwa beherrschen derzeit vier Handelsunternehmen 85 % des Marktes.[576] Ähnliche Entwicklungen sind in zahlreichen anderen Branchen wie dem Automobilbau, der Zulieferindustrie oder dem Textileinzelhandel erkennbar.[577] Angesichts dieser Entwicklungen kommt dem AGB-Recht mittlerweile eine unverzichtbare Funktion im Hinblick auf die effektive Verhinderung des Konditionenmissbrauchs zu.[578] Im unternehmerischen Geschäftsverkehr ist das AGB-

Komm/*K. Schmidt*, HGB (4. Aufl. 2016), Vor § 1 Rn. 38; *Axer*, AGB-Kontrolle (2012), S. 126 ff. sowie eingehend oben 763 ff., 768 f., 775 f.

[574] Zur fehlenden Möglichkeit der Kompensation mangelnder Vertragsgestaltungsfreiheit durch Inanspruchnahme der Vertragsabschlussfreiheit vgl. oben S. 596 ff.

[575] Hierzu oben S. 780 ff. sowie *Schäfer*, BB 2012, 1231, 1233.

[576] http://www.bundeskartellamt.de/SharedDocs/Meldung/DE/Pressemitteilungen/2011/14_02_2011_SU-LEH.html

[577] *Schäfer*, BB 2012, 1231, 1233.

[578] Zur Funktion des AGB-Rechts als „Ersatzkartellrecht“ oben S. 780 f. sowie *Schäfer*, BB 2012, 1231, 1233; *Kessel/Stomps*, BB 2009, 2666, 2676; *Wellenhofer-Klein*, ZIP 1997, 774, 776. Zur wettbewerbsrechtlichen Dimension des Problems *Schmidt-Kessel*, AnwBl. 2012, 308,

Recht inzwischen in die Funktion eines *Ersatzkartellrechts* hineingewachsen.[579] Es füllt damit ein Vakuum auf, das durch die Funktionsdefizite kartellrechtlicher Missbrauchsaufsicht entstanden ist.[580] So kommt der Bekämpfung des Konditionenmissbrauchs im Kartellrecht bislang nur eine untergeordnete Rolle zu.[581]

Entsprechend wird teilweise ein *wettbewerbsorientierter Paradigmenwechsel* diskutiert, der für den Fall einer marktbeherrschenden Stellung iSv. Art. 102 AEUV und § 19 GWB eine Inhaltskontrolle am Maßstab des § 307 BGB vorsieht.[582] Verfahrensrechtlich wird dabei vorgeschlagen, die Inhaltskontrolle durch bindende *Feststellung der Kontrollschwelle* kraft Verwaltungsakt, *Freistellungsentscheidungen* für Bedingungspakete und *schwarze Listen* unzulässiger Klauseln verfahrensrechtlich abzusichern.[583] Auch wenn es sich dabei lediglich um rechtspolitisch umstrittene Vorschläge mit zweifelhafter Aussicht auf Umsetzung handelt, so wird gleichwohl deutlich, dass der Schutz des unternehmerischen Kunden gegenüber marktbeherrschenden Verwendern als zentrale Aufgabe des AGB-Rechts zunehmend in den Mittelpunkt der Diskussion rückt.[584] Entsprechend wird der durch die Inhaltskontrolle vermittelte Schutz vor Konditionenmissbrauch von Vertretern kleiner und mittlerer Unternehmen für unverzichtbar gehalten.[585] Würde sie entfallen, so könnte etwa „der Händler den Hersteller melken“[586]. Eine Aufweichung der Inhaltskontrolle käme nur wenigen durchsetzungsstarken Großunternehmen zugute, deren Mehr an Vertragsfreiheit „auf Kosten von Millionen kleinerer und mittlerer Unternehmen“[587] ginge, die unkalkulierbare Risiken zu tragen hätten.[588] Vor dem Hintergrund des *Monopolmissbrauchs*, des Missbrauchs einer *marktbeherrschenden Stellung* sowie der zunehmenden *Konzentration der Märkte* erscheint es insoweit keineswegs übertrieben, von einem spezifischen, gesteigerten Schutzbedürfnis insbesondere kleinerer und mittlerer Unternehmen gegenüber wirtschaftlich überlegenen Verwendern auszugehen.

---

313. Vgl. auch *Fornasier,* in: FIW (Hrsg.), Schwerpunkte des Kartellrechts 2011 (2012), S. 113, 121 ff.

[579] So zutreffend *Schäfer,* BB 2012, 1231, 1233.

[580] Hierzu *Wellenhofer-Klein,* ZIP 1997, 774, 776 f.

[581] *Wellenhofer-Klein,* ZIP 1997, 774, 776 f.

[582] *Schmidt-Kessel,* AnwBl. 2012, 308, 313. Ähnlich bereits *Kessel/Stomps,* BB 2009, 2666, 2673; *Wellenhofer-Klein,* ZIP 1997, 774, 776 (§ 26 Abs. 2 Satz 2 GWB als Gradmesser existentieller Abhängigkeit). Vgl. auch *Fornasier,* in: FIW (Hrsg.), Schwerpunkte des Kartellrechts 2011 (2012), S. 113, 121 ff.

[583] Ebenda.

[584] Vgl. hierzu nur *Schäfer,* BB 2012, 1231, 1233, *Schmidt-Kessel,* AnwBl. 2012, 308, 313; *Fornasier,* in: FIW (Hrsg.), Schwerpunkte des Kartellrechts 2011 (2012), S. 113, 121 ff.; *Kessel/Stomps,* BB 2009, 2666, 2676; *Wellenhofer-Klein,* ZIP 1997, 774, 776.

[585] *Schäfer,* BB 2012, 1231, 1234.

[586] *Schäfer,* BB 2012, 1231, 1233.

[587] *Schäfer,* BB 2012, 1231, 1234.

[588] *Schäfer,* BB 2012, 1231, 1234.

cc) *Differenzierung innerhalb des b2b-Verkehrs?*

Damit rückt die Frage in den Mittelpunkt, ob und in welchem Umfang innerhalb des persönlichen Anwendungsbereiches des AGB-Rechts zwischen Unternehmern größerer und minderer Schutzbedürftigkeit zu differenzieren ist. Ein derartiges *doppeltes Differenzierungsgebot*, das neben einer Differenzierung zwischen b2c- und b2b-Verkehr auch eine Differenzierung innerhalb des b2b-Verkehrs vorsieht,[589] ist bereits im Rahmen der rechtspolitischen Diskussion der 1970er Jahre vor Erlass des AGBG mit der Unterscheidung zwischen Voll- und Minderkaufleuten angeklungen.[590] Während Minderkaufleute aufgrund ihrer typischen Schutzbedürftigkeit nach wohl überwiegender Auffassung Verbrauchern grundsätzlich gleichgestellt werden sollten, wurde für Vollkaufleute ein Schutzbedürfnis lediglich „in Fällen wirtschaftlicher Abhängigkeit, insbesondere Monopolen, bei im wesentlichen einheitlichen Geschäftsbedingungen aufgrund von Konditionsempfehlungen oder aus gleichem Verhalten"[591] bejaht.[592]

In jüngerer Zeit ist die Forderung nach einer doppelten Differenzierung insbesondere von *Berger* aufgegriffen worden.[593] Ausgehend von der Beobachtung, dass die Schutzbedürftigkeit aufgrund höchst unterschiedlicher *intellektueller, wirtschaftlicher* und *organisatorischer* Voraussetzungen auch innerhalb des b2b-Verkehrs stark variiert, schlägt *Berger* die Bildung „homogene[r] Kundengruppen"[594] vor, wobei nach dem wirtschaftlichen Umfeld sowie nach Kundentypen zu differenzieren sei.[595] Als Wertungsgesichtspunkte sollen der Differenzierung dabei etwa die Zugehörigkeit zum *Kern der produktiven Tätigkeit*[596], *Kapitalkraft* und *Finanzausstattung*[597] sowie die Möglichkeit der Beratung

---

589 Vgl. hierzu *Axer*, AGB-Kontrolle (2012), S. 150 ff.; *Kessel/Stomps*, BB 2009, 2666, 2672; *Berger/Kleine*, NJW 2007, 3526, 2138; *Berger/Kleine*, BB 2007, 2137, 3527 ff.; *Berger*, ZIP 2006, 2149, 2155.

590 Für eine Einbeziehung jedenfalls der Minderkaufleute *Schmidt-Salzer*, BB 1975, 680, 681; *Bastian/Böhm*, BB 1974, 110; *Dietlein*, NJW 1974, 969; *Löwe*, FS Larenz (1973), S. 373; *Nicklisch*, BB 1974, 941; *Stötter*, BB 1974, 434; *Wolf*, JZ 1974, 41, 43 f.; *Brandner*, JZ 1973, 613; *Trinkner*, BB 1973, 1501; *Emmerich*, JuS 1972, 361; *Lindacher*, BB 1972, 296; *Schmidt-Salzer*, NJW 1971, 1010, 1014; *Wolf*, Entscheidungsfreiheit (1970), 258 ff.; *Raiser*, Formularbedingungen (1966), 160; *Raiser*, JZ 1958, 1, 7. So auch *Helm*, BB 1977, 1109; *Pauly*, BB 1976, 534. Vgl. zur Diskussion eingehend oben S. 694 ff.

591 *Lindacher*, BB 1972, 296, 18.

592 Auf die konkrete Schutzbedürftigkeit der Vollkaufleute abstellend *Helm*, BB 1977, 1109; *Pauly*, BB 1976, 534; *Brandner*, JZ 1973, 613; *Lindacher*, BB 1972, 296; *Grunsky*, Jura 1969, 87; *Raiser*, Formularbedingungen (1966); *Brandner*, AcP 162 (1963), 137; *Raiser*, JZ 1958, 1, 7. Für die grundsätzliche Einbeziehung auch der Vollkaufleute *Eith*, NJW 1974, 16; *Trinkner*, BB 1973, 1501; *Schmidt-Salzer*, NJW 1971, 1010.

593 *Berger/Kleine*, BB 2007, 2137, 2138 f.; *Berger*, ZIP 2006, 2149, 2155. Kritisch hierzu *Lenkaitis/Löwisch*, ZIP 2009, 441, 447; *v. Westphalen*, ZIP 2007, 149, 156 f.

594 *Berger/Kleine*, BB 2007, 2137, 2139.

595 *Berger/Kleine*, BB 2007, 2137, 2139.

596 *Berger*, ZIP 2006, 2149, 2155.

597 *Berger*, ZIP 2006, 2149, 2155.

durch eigene *Rechtsabteilungen* oder *externe Anwälte*[598] zugrunde gelegt werden. Zur Begründung verweist *Berger* dabei auf die Vorschrift des §310 Abs.1 S.2 Hs.2 BGB, der er – trotz ihres insoweit missverständlichen Wortlautes[599] – das Gebot zu einer schutzbedürftigkeitsabhängigen Differenzierung innerhalb des b2b-Verkehrs entnimmt. Darüber hinaus würden die Materialien zum AGBG und zur Schuldrechtsmodernisierung belegen, dass die Inhaltskontrolle im unternehmerischen Geschäftsverkehr flexibel anzuwenden sei.[600] Der Ansatz *Bergers* ist in der Literatur auf Kritik gestoßen.[601] Und tatsächlich bestehen gegenüber einer Differenzierung auf der Grundlage individueller oder typisierter Schutzbedürftigkeit innerhalb des b2b-Verkehrs erhebliche *dogmatische* und *sachliche* Bedenken.

(1) Differenzierungskriterien

So ist bereits zweifelhaft, ob eine Differenzierung mit Blick auf die jeweilige Schutzbedürftigkeit des Unternehmers überhaupt mit dem *Schutzzweck der Inhaltskontrolle* vereinbar ist.[602] Denn nach dem herrschenden vertragstheoretischen Begründungsmodell erwächst die Schutzbedürftigkeit des Klauselgegners aus seiner *rollenspezifischen*, *situativen Unterlegenheit*, die ihre Ursache in klauselbedingter *Informationsasymmetrie* und *Verhandlungsimparität* findet.[603] Auf eine intellektuelle, wirtschaftliche oder sonstige strukturelle Unterlegenheit des Klauselgegners kommt es dagegen *nicht* an.[604] Der Vertragspartner des Verwenders ist damit von vornherein gerade aufgrund der Konfrontation mit ihm gestellten AGB *situativ* schutzbedürftig.[605] Dass eine schutzbedürftigkeitsabhängige Differenzierung innerhalb des b2b-Verkehrs mit der Dogmatik des AGB-Rechts, insbesondere dem Geltungsgrund der Inhaltskontrolle, nicht in Einklang zu bringen ist, wird in besonderer Weise anhand der von *Berger* vorgeschlagenen *Differenzierungskriterien* deutlich, die bei ihrem Vorliegen nicht

---

598 *Berger*, ZIP 2006, 2149, 2155.

599 *Berger/Kleine*, BB 2007, 2137, 2138.

600 *Berger/Kleine*, BB 2007, 2137, 2138.

601 *Lenkaitis/Löwisch*, ZIP 2009, 441, 447; *v. Westphalen*, ZIP 2007, 149, 156f.

602 Zur *Schutzzweckdiskussion* eingehend unten S.462ff., 507ff., 567ff. mwN.

603 Eingehend unten S.508ff., 569ff., 592ff.

604 Eingehend oben S.472ff. mwN.

605 So die h. L., vgl. nur grundlegend *Fastrich*, Inhaltskontrolle (1992), S.83ff., 91, 93; *Lieb*, AcP 178 (1978), 196, 201 und *Raiser*, Das Recht der AGB (1961), S.21f. sowie *Ulmer/Habersack*, in: *Ulmer/Brandner/Hensen*, AGB-Recht (12. Aufl. 2016), Einl. Rn.5, 48; *Fuchs*, in: *Ulmer/Brandner/Hensen*, AGB-Recht (12. Aufl. 2016), Vorb. v. §307 Rn.27; *Leuschner*, JZ 2010, 875, 879; *Hellwege*, AGB und Rechtsgeschäftslehre (2010), S.554; *Pfeiffer*, in: Wolf/Lindacher/Pfeiffer, AGB-Recht (6. Aufl. 2013), Einl. Rn.3; *Stoffels*, AGB-Recht (3. Aufl. 2015), Rn.72ff., 83ff.; *Leuschner*, AcP 207 (2007), 491, 494ff.; Staudinger/*Wendland*, BGB (2019), §307 Rn.3; *Canaris*, AcP 200 (2000), 273, 312ff.; *Wackerbarth*, AcP 200 (2000), 45, 55f., 82f. Vgl. auch die Nachweise oben S.293 Fn.47. Zum Ganzen eingehend oben S.508ff. sowie oben S.409ff., 440ff., 468ff., 568ff., 759ff., 779ff. mwN.

geeignet sind, die *situativ* bedingte *Informationsasymmetrie* und *Verhandlungsimparität* des unternehmerischen Kunden zu beheben.

(a) Kerngeschäfte unternehmerischer Tätigkeit

So wurde zunächst vorgeschlagen, die Kontrolldichte innerhalb des b2b-Verkehrs nach dem „wirtschaftlichen Umfeld“[606], d.h. vor allem danach zu differenzieren, ob das betreffende Geschäft zum *Kernbereich* der Tätigkeit des Unternehmers gehört.[607] Ist dies der Fall, so sei aufgrund seiner *Branchenkenntnis* und seiner insoweit spezifischen *geschäftlichen Erfahrung* von einer *geringeren Schutzbedürftigkeit* des Unternehmers auszugehen.[608] Denn von ihm sei zu erwarten, dass er die in der Branche üblichen Vertragsbedingungen kennt und die sich daraus ergebenden Risiken adäquat zu beurteilen vermag.[609]

Allerdings greift – wie bereits im Rahmen der bisherigen Untersuchung deutlich geworden ist[610] – ein derartiger pauschaler Verweis mit Blick auf den Schutzzweck der Inhaltskontrolle nicht durch. Weder eingehende Branchenkenntnis noch geschäftliche Erfahrung sind geeignet, das durch die prohibitiv hohe *Transaktionskosten* verursachte *Informationsgefälle* zwischen dem Verwender und seinem Vertragspartner aufzuheben. Die Schutzwürdigkeit des Klauselgegners ergibt sich nämlich nicht etwa aufgrund seiner mangelnden Rechtskenntnis, sondern aufgrund des bereits mit der *Kenntnisnahme* und der eingehenden *Analyse* der Klauseln verbundenen Aufwands.[611] Dass dies nicht anders sein kann zeigt bereits der Umstand, dass selbst ein mit dem AGB-Recht vertrauter Jurist nicht umhin kommt, die zum Teil äußerst komplexen AGB überhaupt eingehend zur Kenntnis zu nehmen und sorgfältig zu analysieren. Auch dem unternehmerischen Kunden bleibt daher der mit der Kenntnisnahme und Analyse der AGB verbundene Aufwand keineswegs erspart, woran weder Branchenkenntnis noch geschäftliche Erfahrung etwas zu ändern vermögen. Er kann auch nicht darauf verwiesen werden, dass eine Kenntnisnahme der AGB im Einzelnen nicht erforderlich sei, da ohnehin davon auszugehen ist, dass diese branchenübliche Klauseln enthalten. Eine gleichsam *blinde Akzeptanz* entsprechender Klauseln wäre nicht nur in hohem Maße fahrlässig, sondern insbesondere bei Personen- und Kapitalgesellschaften im Hinblick auf die entsprechende Organverantwortung pflichtwidrig und gegebenenfalls sogar strafbar.[612]

Ein Vorteil dürfte sich allenfalls mit Blick auf den insoweit geringeren Aufwand der rechtlichen Analyse ergeben, der indes angesichts des bereits für die

---

606 *Berger*, ZIP 2006, 2149, 2155.

607 *Berger*, ZIP 2006, 2149, 2155.

608 *Axer*, AGB-Kontrolle (2012), S. 125 ff., 136 ff., 148 ff., 185.

609 *Axer*, AGB-Kontrolle (2012), S. 129.

610 Vgl. eingehend oben S. 764 ff., 779 ff.

611 Eingehend oben S. 511 ff., 569 ff.

612 Vgl. zur Notwendigkeit fachkundigen Rechtsrates nur MünchKomm/*Fleischer*, GmbHG (2. Aufl. 2016), § 43 Rn. 42 mwN.

Kenntnisnahme der AGB erheblichen Aufwands regelmäßig kaum ins Gewicht fallen dürfte. An der negativen *Transaktionskosten-Vertragswert-Relation* vermögen auch Branchenkenntnis und geschäftliche Erfahrung letztlich nichts zu ändern. Dies gilt umso mehr, als sich der für den unternehmerischen Kunden aus der Kenntnisnahme und Analyse der AGB ergebende Nutzen aufgrund der hierfür erforderlichen Wahrscheinlichkeitsurteile über zukünftige Ereignisse kaum zuverlässig bestimmen, erst recht nicht in konkreten Zahlen ausdrücken lassen wird.[613] Insoweit ist es bezeichnend, dass die vermeintlich geringere Schutzbedürftigkeit unternehmerischer Kunden im Bereich ihrer Kerngeschäfte lediglich pauschal behauptet, nicht jedoch mit Blick auf den *Schutzzweck* der Inhaltskontrolle, insbesondere die Aspekte der Informationsasymmetrie und Vertragsimparität, begründet wird.

Zudem spricht ein weiterer wichtiger Gesichtspunkt gegen die Relevanz der Zugehörigkeit des betreffenden Geschäfts zum *Kernbereich* der unternehmerischen Tätigkeit des betroffenen Klauselgegners. Denn in der Praxis tritt die Problematik der *Informationsasymmetrie* aufgrund der starken wirtschaftlichen Abhängigkeitsverhältnisse regelmäßig deutlich hinter jene der *Verhandlungsimparität* zurück. So besteht das primäre Problem kleinerer Unternehmen nicht darin, dass sie über den Inhalt der Klauseln unzureichend informiert wären, sondern vor allem darin, dass der wirtschaftlich überlegene Verwender nicht zur Abänderung der von ihm gestellten Klauseln bereit ist und sie sich genötigt sehen, regelrechte Knebelverträge zu akzeptieren, um ihre wirtschaftliche Tätigkeit aufrechterhalten zu können.[614] Auf die *Dispositionsbereitschaft* des Verwenders hingegen hat die Tatsache, ob es sich um ein *Kerngeschäft* des Verwendungsgegners handelt oder nicht, keinen wesentlichen Einfluss. Der betroffene Unternehmer kann die im Kernbereich seiner Tätigkeit erworbenen Kenntnisse und Fähigkeiten daher aufgrund seiner wirtschaftlichen Unterlegenheit regelmäßig nicht zur Geltung bringen. Das Differenzierungskriterium des Kerngeschäfts ist somit bereits aus Gründen der fehlenden *Sachgerechtigkeit*, darüber hinaus aber auch aus *dogmatischen* Gründen – aufgrund seiner Unvereinbarkeit mit dem *Schutzzweck* der Inhaltskontrolle – abzulehnen.

(b) Kapitalkraft, Finanzausstattung, Organisationsvorteil

Neben dem Verweis auf das wirtschaftliche Umfeld wurde des Weiteren vorgeschlagen, eine Differenzierung nach *Kundentypen* vorzunehmen, wobei als Kriterium letztlich die *wirtschaftliche Stärke* des unternehmerischen Kunden he-

---

613 Zur *Rationalitätsbegrenzungen* und den *praktischen Schwierigkeiten* einer *Kosten-Nutzen-Analyse* im Kontext der ökonomischen Analyse des Rechts eingehend oben S. 555 ff. sowie *Hellwege*, AGB und Rechtsgeschäftslehre (2010), S. 560; *Drexl*, Selbstbestimmung (1998), S. 338. Vgl. hierzu auch *Axer*, AGB-Kontrolle (2012), S. 141.

614 Vgl. aus der Perspektive der Praxis nur *Schäfer*, BB 2012, 1231, 1233 f. Grundsätzlich zum Problem der Verhandlungsverweigerung oben S. 514 ff., 592 ff.

rangezogen werden soll.[615] Diese soll anhand seiner *Kapitalkraft*, der *Finanzausstattung* sowie *organisatorischen Vorteilen* – etwa dem Bestehen einer Rechtsabteilung oder des leichten Zugangs zu *externer Rechtsberatung* – bestimmt werden.[616]

Im Hinblick auf den Aspekt der *Informationsasymmetrie* als Ursache seiner rollenspezifischen, situativen Unterlegenheit ergeben sich für den betroffenen unternehmerischen Kunden jedoch insoweit keine wesentlichen Vorteile. Denn seine wirtschaftliche Stärke vermag nichts an der Tatsache zu verändern, dass der für Kenntnisnahme und rechtliche Analyse der AGB erforderliche Aufwand typischerweise außer Verhältnis zu dem damit verbundenen Nutzen steht. Zwar kann ein wirtschaftlich starkes Unternehmen auch außer Verhältnis stehende Kosten leichter „wegstecken" als ein wirtschaftlich schwächeres Unternehmen. Es kann jedoch nicht zu wirtschaftlich unsinnigen Ausgaben gezwungen werden. Denn eine aufgrund unterstellter geringerer Schutzbedürftigkeit angenommene Prüfungspflicht im Hinblick auf AGB würde den unternehmerischen Kunden zwingen, einen Kostenaufwand zu verursachen, der typischerweise in keinem wirtschaftlich vernünftigen Verhältnis zu dem erwarteten Nutzen steht.[617] Die wirtschaftliche Stärke hat daher keinen Einfluss auf die Transaktionskosten-Vertragswert-Relation und steht damit in keinem funktionellen Zusammenhang zur klauselbedingten Informationsasymmetrie.[618] Auch die Verlagerung der AGB-Prüfung auf die Rechtsabteilung oder externe Anwälte ändert nichts an dem damit verbundenen *Zeit-* und *Kostenaufwand* für das betroffene Unternehmen.[619]

Wie bereits gezeigt wurde, vermag an dem Ergebnis auch die Annahme nichts zu ändern, wirtschaftlich stärkere Unternehmen würden überwiegend großvolumige Transaktionen mit insoweit positiver Transaktionskosten-Vertragswert-Relation abschließen.[620] Denn das relevante Differenzierungskriterium wäre hier nicht die wirtschaftliche Stärke, sondern der *Vertragswert* selbst.[621] Ob sich überhaupt ein konkreter Schwellenwert bestimmen lässt, ist jedoch angesichts der Komplexität der Sachverhalte sowie der unvermeidbaren Rationalitätsbeschränkungen äußerst fraglich.[622] Darüber hinaus werden bei Fehlen einer Informationsasymmetrie aufgrund mangelnder Dispositionsbereitschaft des Verwenders

---

615 *Berger*, ZIP 2006, 2149, 2155.

616 *Berger*, ZIP 2006, 2149, 2155.

617 Vgl. hierzu bereits eingehend oben S. 765 ff., 779 ff. sowie zum Problem der Informationsasymmetrie eingehend oben S. 508 ff., 569 ff.

618 So bereits oben S. 765 ff. mit Blick auf die höhere geschäftliche Erfahrung, Gewandtheit und Durchsetzungsfähigkeit des Unternehmers.

619 Vgl. hierzu oben S. 765 ff.

620 Hierzu oben S. 775 f.

621 Hierzu oben S. 846 f. Vgl. zu Reformmodellen vertragswertspezifischer Bereichsausnahmen oben S. 752 ff. sowie unten S. 912 ff.

622 Vgl. hierzu unten S. 912 ff.

umso mehr Fragen der *Verhandlungsimparität* und damit die Funktion des AGB-Rechts als *Ersatzkartellrecht* relevant.[623]

Vor diesem Hintergrund kann allenfalls für den Aspekt der *Verhandlungsimparität* ein Einfluss der *wirtschaftlichen Stärke* auf die *Schutzbedürftigkeit* des unternehmerischen Kunden angenommen werden. Ein Entfallen der situativen Unterlegenheit käme dabei überhaupt nur in jenen Fällen in Betracht, in denen aufgrund des sehr hohen Vertragswertes eine positive *Transaktionskosten-Vertragswert*-Relation besteht und sich beide Parteien aufgrund annähernd gleicher wirtschaftlicher Stärke auf Augenhöhe begegnen. Angesichts der Tatsache, dass der unternehmerische Geschäftsverkehr weit überwiegend von kleinen und mittleren Unternehmen (KMU) geprägt ist[624] und großvolumige Transaktionen im Vergleich zur Masse der Handelsgeschäfte keineswegs die Regel darstellen[625], betreffen die verbleibenden Fälle mangelnder konkreter Schutzbedürftigkeit daher weitgehend Ausnahmesituationen. Für diesen vergleichsweise kleinen Teilbereich des unternehmerischen Geschäftsverkehrs im Wege einer Ausnahmeregelung eine geringere Kontrolldichte der Inhaltskontrolle vorzusehen, erscheint angesichts der kaum beherrschbaren *Abgrenzungsprobleme* weder geboten noch sinnvoll.[626] So ist bereits völlig unklar, wie die unbestimmten Rechtsbegriffe der ausreichenden *Kapitalkraft*, der *finanziellen Ausstattung* sowie der *wirtschaftlichen Überlegenheit* zu konkretisieren sind. Ab welchem verfügbaren Unternehmenskapital kann überhaupt von einer – eine AGB-rechtliche Schutzbedürftigkeit ausschließenden – wirtschaftlichen Überlegenheit ausgegangen werden? Ist diese *absolut* oder *relativ* im Vergleich zu dem jeweiligen Vertragspartner zu bestimmen und nach welcher Methode soll das Vermögen des Unternehmens ermittelt werden? Angesichts der kaum zu bewältigenden *Abgrenzungsprobleme* dürfte ein entsprechend flexibler Maßstab die bereits mit Bezug auf das geltende Recht beklagte *Rechtsunsicherheit*[627] noch vermehren. Darüber hinaus fehlt es für eine derartige Differenzierung an der hierfür erforderlichen *gesetzlichen Grundlage*, denn aus der Vorschrift des §310 Abs.1 S.2 Hs.2 BGB lässt sich die Befugnis zu einer *Liberalisierung der Kontrolldichte* vermeintlich wirtschaftlich starker Un-

---

[623] Hierzu oben S.780f. sowie *Schäfer*, BB 2012, 1231, 1233; *Kessel/Stomps*, BB 2009, 2666, 2676; *Wellenhofer-Klein*, ZIP 1997, 774, 776. Zur wettbewerbsrechtlichen Dimension des Problems *Schmidt-Kessel*, AnwBl. 2012, 308, 313. Vgl. auch *Fornasier*, in: FIW (Hrsg.), Schwerpunkte des Kartellrechts 2011 (2012), S.113, 121ff.

[624] Vgl. hierzu *Günterberg*, Unternehmensgrößenstatistik (2012), S.11. sowie eingehend oben S.791f.

[625] So auch *Axer*, AGB-Kontrolle (2012), S.171.

[626] Vgl. *Schmidt-Salzer*, Diskussion 50. DJT (1974), S. H 72, H 74: „Die gesetzgeberische Erfahrung und Beobachtung der Kodifizierung der letzten 100 Jahre dürfte eines gezeigt haben: Es ist technisch nicht möglich, ein soziales Schutzgesetz 100% so zu formulieren, daß es genau die schutzbedürftigen Parteien, aber auch nur die schutzbedürftigen Parteien erfaßt." Vgl. zur entsprechenden Diskussion auf dem 50. DJT.

[627] *Kessel*, AnwBl. 2012, 293, 293ff.; *Berger*, NJW 2010, 465, 467; *Miethaner*, AGB-Kontrolle (2010), S.163; *Stumpf*, BB 1985, 963, 963. A.A. *v. Westphalen*, BB 2013, 67, 70.

ternehmen nicht entnehmen. Im Gegenteil ist die AGB-Kontrolle – mit Blick auf eine personenbezogene Schutzbedürftigkeit, etwa aufgrund wirtschaftlicher Unterlegenheit – *schutzbedürftigkeitsneutral* ausgestaltet.[628] Anwendungsbereich und Maßstab der Inhaltskontrolle sind abstrakt-generell, nicht individuell-konkret bestimmt.[629] Der Maßstab der *wirtschaftlichen Stärke* als Kriterium zur Differenzierung innerhalb des b2b-Verkehrs ist daher abzulehnen.[630]

(c) Unternehmensgröße

Aus den gleichen Gründen kommt auch ein Rückgriff auf die *Unternehmensgröße* als Differenzierungskriterium und mittelbarer Indikator wirtschaftlicher Stärke nicht in Betracht. Zwar finden sich im Ausland, insbesondere in *England* und *Schottland* sowie den *Niederlanden* entsprechende Ansätze.[631] Allerdings sind gerade diese Ansätze ein überzeugender Beleg für die mit ihnen verbundenen Schwierigkeiten und zeigen auf eindrückliche Weise die durch entsprechende Bereichsausnahmen aufgeworfenen Abgrenzungsprobleme auf. Denn während der Vorschlag der *Law Commissions von England und Schottland* vorsieht, die Inhaltskontrolle auf Unternehmen mit maximal neun Arbeitnehmern zu beschränken[632], liegt die Kontrollschwelle in den Niederlanden, wo alle Unternehmen von der Inhaltskontrolle ausgenommen sind, die zur Veröffentlichung einer Jahresbilanz verpflichtet sind oder mindestens 50 Mitarbeiter beschäftigen, mehr als fünfmal so hoch.[633] Aufgrund welcher Kriterien die individuelle Schutzbedürftigkeit im Einzelnen bestimmt werden soll, ist dabei nicht erkennbar. Die Grenzziehung erscheint *arbiträr.* Mit dem geltenden Recht wäre eine Differenzierung aufgrund der Unternehmensgröße ohnehin nicht vereinbar, da es insoweit an der hierfür notwendigen *gesetzlichen Grundlage* fehlt. Aber auch eine entsprechende Bereichsausnahme *de lege ferenda* wäre mit dem Schutzzweck der Inhaltskontrolle kaum in Einklang zu bringen.

Denn ob sich die Parteien auf Augenhöhe begegnen, hängt keineswegs von der absoluten Größe des Unternehmens und der damit indizierten wirtschaftlichen Stärke, sondern vom *individuellen Kräfteverhältnis* der beiden Vertrags-

---

[628] Vgl. nur oben S. 419 ff., 439 ff., 472 ff., 507 ff., 567 ff. 666 ff. Ebenso *Axer*, AGB-Kontrolle (2012), S. 89, 345.

[629] Zum Anwendungsbereich der Inhaltskontrolle *de lege lata* eingehend oben S. 419 ff. sowie unten S. 811 ff.

[630] Vgl. hierzu auch aus dogmatischer Perspektive oben S. 472 ff.

[631] Vgl. hierzu oben S. 788 ff. sowie *English and Scottish Law Commissions*, Unfair Terms in Contracts, Report No. 292/Report No. 199, 2005, Rn. 5.40 ff., 8.55 http://lawcommission.justice.gov.uk/docs/lc292_Unfair_Terms_In_Contracts.pdf; *Kieninger*, AnwBl. 2012, 301, 303. Für die Niederlande vgl. Art. 6:235 (1) B. W. (Niederlande); *Kieninger*, AnwBl. 2012, 301, 303.

[632] *English and Scottish Law Commissions*, Unfair Terms in Contracts, Report No. 292/Report No. 199, 2005, Rn. 5.40 ff., 8.55 http://lawcommission.justice.gov.uk/docs/lc292_Unfair_Terms_In_Contracts.pdf. Hierzu *Kieninger*, AnwBl. 2012, 301, 303.

[633] Art. 6:235 (1) B. W. (Niederlande); *Kieninger*, AnwBl. 2012, 301, 303.

partner zueinander ab. So kann zwischen zwei miteinander kontrahierenden Kleinunternehmen ohne weiteres *Verhandlungsparität* bestehen, während auch zwischen großen Unternehmen derart erhebliche Unterschiede im Hinblick auf ihre wirtschaftliche Stärke und Abhängigkeit bestehen können, dass eine Schutzbedürftigkeit und weiteres zu bejahen wäre. Schließlich würde das Abstellen auf die Unternehmensgröße die Tatsache verdecken, dass die mangelnde Dispositionsbereitschaft des Verwenders nicht ausschließlich auf seiner wirtschaftlichen Überlegenheit beruht, sondern ganz entscheidend auf den fehlenden *Konditionenwettbewerb* zurückzuführen ist, der sich gerade aus einem durch die prohibitiv hohen Transaktionskosten bedingten Informationsgefälle zwischen dem Verwender und seinem Vertragspartner ergibt. Die Fälle einer *positiven Transaktionskosten-Vertragswert-Relation* fallen dabei aufgrund ihres Ausnahmecharakters im Vergleich zur Masse des Rechtsverkehrs kaum ins Gewicht, so dass sie auf den Konditionenwettbewerb keinen entscheidenden Einfluss ausüben.

(2) Kritik der an der These der „doppelten Differenzierung"

Angesichts der durchgreifenden Bedenken an der Eignung der vorgeschlagenen Abgrenzungskriterien ist die These des doppelten Differenzierungsgebotes auch im Schrifttum zu Recht auf Widerstand gestoßen.[634] Denn bereits die erheblichen *Abgrenzungsschwierigkeiten* verschärfen die ohnehin bestehende Rechtsunsicherheit in einem Maß, das mit dem Bedürfnis des Rechtsverkehrs nach Vorhersehbarkeit und Zuverlässigkeit kaum vereinbar ist. Darüber hinaus ist völlig unklar, wie im Streitfall etwa über die Kapitalkraft, Finanzausstattung oder die wirtschaftliche Überlegenheit Beweis erhoben werden soll. Entsprechende Differenzierungskriterien würden daher zu einer erheblichen Steigerung der *Darlegungs- und Beweislast* sowie aufwändigen, langwierigen und letztlich kaum mehr beherrschbaren Beweisaufnahmen[635] in Rechtsstreitigkeiten führen, bei denen es im Kern lediglich um die Wirksamkeit einer AGB-Klausel geht.[636]

Unabhängig von den *sachlichen* und *zivilprozessualen* Schwierigkeiten fehlt es – wie bereits gezeigt wurde[637] – zudem an der für eine derartige Differenzierung erforderlichen *gesetzlichen Grundlage*, denn weder aus der Vorschrift des § 310 Abs. 1 S. 2 Hs. 2 BGB noch aus den Gesetzesmaterialien lässt sich die Befugnis, erst recht kein Gebot[638], zur Differenzierung der Kontrolldichte innerhalb des b2b-Verkehrs herleiten. Im Gegenteil gehen sowohl Rechtsprechung als auch Schrifttum davon aus, dass es auf die *wirtschaftliche*, *intellektuelle* oder sonstige *strukturelle Unterlegenheit* des Verwendungsgegners nicht ankommt, sondern

---

[634] *Lenkaitis/Löwisch*, ZIP 2009, 441, 447; *v. Westphalen*, ZIP 2007, 149, 156f.

[635] *v. Westphalen*, ZIP 2007, 149, 156f.

[636] *v. Westphalen*, ZIP 2007, 149, 156f.

[637] Vgl. nur oben S. 787f.

[638] So aber wohl *Berger/Kleine*, BB 2007, 2137, 2138f.; *Berger/Kleine*, NJW 2007, 3526, 3527; *Berger*, ZIP 2006, 2149, 2154f.

die Inhaltskontrolle ihre Rechtfertigung stattdessen gerade in seiner *rollenspezifischen*, *situativen* Unterlegenheit findet.[639]

Davon unberührt bleibt freilich die Anwendung des für die jeweiligen Verkehrskreise spezifischen Sorgfaltsmaßstabs im Hinblick auf die *Auslegungs-* und *Geltungskontrolle*, insbesondere das *Transparenzgebot*. Hier differenziert die Rechtsprechung zu Recht zwischen b2c- und b2b Verkehr, indem sie bei Unternehmern etwa ein höheres Maß an Verständnis und Sorgfalt voraussetzt und dieses bei der *Auslegung* der AGB-Klauseln sowie der Frage der *Einbeziehung* in den Vertrag berücksichtigt.[640] Hier ist eine Differenzierung ohne Konflikte mit dem Schutzzweck der Inhaltskontrolle möglich, da die Kernfrage der *situativen Unterlegenheit* noch nicht berührt wird.

II. Europarechtlicher Rahmen

Die rechtspolitische Diskussion in Deutschland vollzieht sich gerade mit Blick auf den das nationale Recht überschreitenden europäischen Rahmen keineswegs in einem rechtlichen Vakuum. Sie wird vielmehr begleitet von Entwicklungen der *Mindestharmonisierung* und *Rechtsvereinheitlichung* auf europäischer Ebene, die zwar nicht unmittelbar, jedoch auf vielfältige Weise *mittelbar* auf die Fortentwicklung des deutschen AGB-Rechts einwirken.[641] In einem kurzen Überblick sollen daher holzschnittartig die wesentlichen *Entwicklungslinien* der Klauselkontrolle auf europarechtlicher Ebene nachgezeichnet werden, um zu untersuchen, ob sich aus ihnen Impulse für die Gestaltung des nationalen AGB-Rechts im b2b-Verkehr ergeben. Die Analyse beginnt dabei 1.) mit den *Unionsrechtsakten* – insbesondere a) der *Klauselrichtlinie* und b) der *Verbraucherrechte-Richtlinie* – als geltendem Sekundärrecht, um schließlich 2.) die *rechtsvereinheitlichenden Kodifikationen* des europäischen Vertragsrechts in den Blick zu nehmen.

1. Unionsrechtsakte

Der Korpus unionsrechtsrechtlicher Klauselkontrolle ist aus kompetenzrechtlichen Gründen vor allem durch den *Verbraucherschutz* geprägt. Von Bedeutung sind in diesem Zusammenhang in zunächst die *Klauselrichtlinie* aus dem Jahr 1993 sowie die 2011 verabschiedete *Verbraucherrechte-Richtlinie*.

---

639 Vgl. nur oben S. 412 ff; 507 ff., 569 ff., 592 ff.

640 BGH NJW 1999, 942; NJW 1983, 1491; *Fuchs*, in: *Ulmer/Brandner/Hensen*, AGB-Recht (12. Aufl. 2016), § 307 Rn. 345 mwN.

641 Vgl. hierzu im Folgenden S. 790 ff.

a) Das verbraucherorientierte Schutzkonzept der Klauselrichtlinie

Die *Klauselrichtlinie* vom 5. April 1993[642], umgesetzt 1996 insbesondere durch die Vorschrift des §24a AGBG a. F.[643], die im heutigen §310 Abs. 3 BGB[644] aufgegangen ist, stellt als geltendes europäisches Sekundärrecht die bedeutendste AGB-rechtliche Regelung auf europäischer Ebene dar. Allerdings können ihr aufgrund der Beschränkung des persönlichen Anwendungsbereiches auf den b2c-Verkehr keine Aussagen für die Bestimmung der Reichweite der Inhaltskontrolle im unternehmerischen Geschäftsverkehr entnommen werden. Insbesondere lässt sich die Tatsache, dass es sich um eine ausschließlich verbraucherschützende Regelung handelt, nicht im Umkehrschluss zur Begründung der Kontrollfreiheit des b2b-Verkehrs heranziehen. Die Beschränkung auf den Bereich des *Verbraucherschutzes* hat ausschließlich *kompetenzrechtliche* Gründe, da der europäische Gesetzgeber gem. Art. 114 Abs. 1, 3 AEUV (Art. 95 Abs. 1, 3 EGV = ex-Art. 100a Abs. 1, 3 EGV) zu einer umfassenden Gesetzgebung im Bereich des Privatrechtes überhaupt nicht befugt ist und daher lediglich auf Maßnahmen im Bereich des Verbraucherschutzes beschränkt bleibt.[645]

Impulse für eine Reform des AGB-Rechts könnten sich allenfalls aus der vom persönlichen Anwendungsbereich nur begrenzt[646] berührten Frage des *sachlichen Anwendungsbereiches* der Klauselkontrolle, insbesondere ihren tatbestandlichen Voraussetzungen ergeben. So knüpft etwa die Klauselrichtlinie nicht an den *AGB-Begriff* als *Systembegriff*, sondern stattdessen an den Begriff der „nicht im Einzelnen ausgehandelten Klausel" an.[647]

„Artikel 3: Gebot von Treu und Glauben

(1) Eine Vertragsklausel, die nicht im Einzelnen ausgehandelt wurde, ist als mißbräuchlich anzusehen, wenn sie entgegen dem Gebot von Treu und Glauben zum Nachteil des Verbrauchers ein erhebliches und ungerechtfertigtes Mißverhältnis der vertraglichen Rechte und Pflichten der Vertragspartner verursacht.

(2) Eine Vertragsklausel ist immer dann als nicht im Einzelnen ausgehandelt zu betrachten, wenn sie im voraus abgefasst wurde und der Verbraucher deshalb, insbesondere

---

642 Richtlinie 93/13/EWG über missbräuchliche Klauseln in Verbraucherverträgen v. 5. 4. 1993, ABl. EG 1993 L 95, S. 29 ff. Vgl. hierzu näher Staudinger/*Gsell*, Eckpfeiler (6. Aufl. 2018), L. Rn. 20.

643 Vgl. hierzu den RegE BT-Drucks. 13/2713 sowie die Stellungnahme des Rechtsausschusses BT-Drucks. 13/4699. Eingehend *Ulmer/Schäfer*, in: *Ulmer/Brandner/Hensen*, AGB-Recht (12. Aufl. 2016), §310 Rn. 41 ff.

644 Durch das SchuldRModG, BT-Drucks. 14-6857, S. 16 f.

645 Ebenso hierauf hinweisend *Wildhaber*, SJZ 2011, 537, 540; *Miethaner*, AGB-Kontrolle (2010), S. 103.

646 Da es im b2b-Verkehr nicht der Bestimmung der kontrollunterworfenen Verwenderseite bedarf, wurde auf das insoweit differenzierende Merkmal des *Stellens* verzichtet, so dass sich die verbraucherschützende Ausrichtung der Klauselrichtlinie auch in der Bestimmung der tatbestandlichen Voraussetzungen des „AGB-Begriffs" auswirkt. Näher hierzu *Miethaner*, AGB-Kontrolle (2010), S. 110 f.

647 Art. 3 Abs. 2 Klausel-RL.

im Rahmen eines vorformulierten Standardvertrags, keinen Einfluß auf ihren Inhalt nehmen konnte. Die Tatsache, daß bestimmte Elemente einer Vertragsklausel oder eine einzelne Klausel im Einzelnen ausgehandelt worden sind, schließt die Anwendung dieses Artikels auf den übrigen Vertrag nicht aus, sofern es sich nach der Gesamtwertung dennoch um einen vorformulierten Standardvertrag handelt. Behauptet ein Gewerbetreibender, daß eine Standardvertragsklausel im Einzelnen ausgehandelt wurde, so obliegt ihm die Beweislast.

(3) Der Anhang enthält eine als Hinweis dienende und nicht erschöpfende Liste der Klauseln, die für mißbräuchlich erklärt werden können."[648]

Im Gegensatz zu § 305 Abs. 1 S. 1 BGB fehlen hier die Merkmale der *Mehrfachverwendungsabsicht* („Vielzahl") und des *Stellens*.[649] Stattdessen rückt das Aufgreifkriterium der *Vorformulierung* in den Mittelpunkt: Nach Art. 3 Abs. 2 S. 1 Klausel-RL ist eine „Vertragsklausel ... immer dann als nicht im Einzelnen ausgehandelt zu betrachten, wenn sie *im voraus abgefasst* wurde und der Verbraucher deshalb, insbesondere im Rahmen eines vorformulierten Standardvertrags, *keinen Einfluß* auf ihren *Inhalt* nehmen konnte."[650] Dabei bleibt freilich unklar, ob das Merkmal der *Vorformulierung* in diesem Zusammenhang als *Legaldefinition*[651] oder als *Regelbeispiel*[652] des Aushandelns zu verstehen ist. Allerdings sind die Systemunterschiede zwischen beiden Regelungsmodellen – europarechtlicher Klauselkontrolle und deutschem AGB-Recht – zu groß, als dass sich aus der Klauselrichtlinie Anhaltspunkte für eine sachgerechtere Abgrenzung zwischen kontrollunterworfenen AGB und kontrollfreien Individualabreden nach den §§ 305 ff. BGB gewinnen ließen. Ein die Diskussion bereichernder Ertrag kann sich allenfalls bei Aufgabe des AGB-Begriffs als *Systembegriff* ergeben: Eine Forderung, die aufgrund der unvermeidbaren Systembrüche in der gegenwärtigen Diskussion jedoch zu Recht kaum Widerhall gefunden hat.[653] Damit muss das Regelungskonzept der Klauselrichtlinie für die Bestimmung der Reichweite der Inhaltskontrolle im b2b-Verkehr außer Betracht bleiben.

---

648 Art. 3 Abs. 2 Klausel-RL. Hervorhebungen durch den Verfasser.

649 Eingehend hierzu *Miethaner*, AGB-Kontrolle (2010), S. 110 f.

650 Näher hierzu *Miethaner*, AGB-Kontrolle (2010), S. 106 ff. Hervorhebungen durch den Verfasser.

651 So BGH NJW 2250, 2252; *Miethaner*, AGB-Kontrolle (2010), S. 107 f.; *Kriebitzsch*, Inhaltskontrolle (2008), S. 71 f.; *Damm*, JZ 1994, 161, 163; *Hommelhoff/Wiedemann*, ZIP 1993, 562, 566; *Ulmer*, EuZW 1993, 337, 342. Ebenso wohl auch *Kötz*, Europäisches Vertragsrecht I (1996), S. 220 ff.

652 So *Wolf*, in: Wolf/Lindacher/Pfeiffer, AGB-Recht (6. Aufl. 2013), Art. 3 Klausel-RL Rn. 24; *Pfeiffer*, in: Grabitz/Hilf, EUV/EG (62. El. 2017), Art. 3 Rn. 6, 22 ff.; *Riesenhuber*, Europäisches Vertragsrecht (2. Aufl. 2006), S. 236 f.; *Wackerbarth*, AcP 200 (2000), 45, 86.

653 Kritisch allenfalls *Hellwege*, AGB und Rechtsgeschäftslehre (2010), S. 527 ff., 530 f., 565.

b) Der Versuch der Vollharmonisierung durch die Verbraucherrechte-Richtlinie

Besondere Bedeutung für die Entwicklung der europäischen Klauselkontrolle kam dagegen dem *Vorschlag für eine Richtlinie über Rechte der Verbraucher* (Verbraucherrechte-RL-Entwurf)[654] zu, den die europäische Kommission 2008 vorgelegt hatte. Im Gegensatz zur Klauselrichtlinie[655] strebte die Verbraucherrechte-Richtlinie nicht nur eine Mindest-, sondern eine *Vollharmonisierung*[656] an, indem sie den Mitgliedstaaten die Möglichkeit entzog, in ihren nationalen Rechtsordnungen über die Regelungen der Richtlinie hinauszugehen und so ein strengeres Schutzsystem vor missbräuchlichen Klauseln zu etablieren.[657] Die Richtlinie sollte bestehende verbraucherbezogene Regelungen wie die Fernabsatz-Richtlinie, die Haustürwiderrufs-Richtlinie, die Klauselrichtlinie sowie die Verbrauchsgüterkauf-Richtlinie durch eine einheitliche Regelung ersetzen. Während angesichts der auf Verbraucherschutz beschränkten *kompetenzrechtlichen Grundlage* mit Blick auf den *persönlichen Anwendungsbereich* im Vergleich zur Klauselrichtlinie keine Änderungen möglich waren, sah sie im Hinblick auf den *sachlichen Anwendungsbereich* erhebliche konzeptionelle Änderungen vor:

„Artikel 30: Geltungsbereich

(1) Dieses Kapitel gilt für Vertragsklauseln, die vom Gewerbetreibenden oder einem Dritten im Voraus abgefasst wurden und denen der Verbraucher zugestimmt hat, ohne die Möglichkeit gehabt zu haben, ihren Inhalt zu beeinflussen, insbesondere wenn diese Vertragsklauseln Bestandteil eines vorformulierten Standardvertrages sind.

(2) Die Tatsache, dass der Verbraucher die Möglichkeit hatte, den Inhalt bestimmter Elemente einer Vertragsklausel oder eine einzelne Klausel zu beeinflussen, schließt die Anwendung dieses Kapitels auf die übrigen Klauseln, die Bestandteil des Vertrags sind, nicht aus. …“[658]

Der Entwurf sah mit der Anknüpfung an das Merkmal der *Vorformulierung* sowie der *fehlenden Einflussnahme* auf den Vertragsinhalt ein weitgehend *neues Schutzkonzept* vor, das nicht mehr den Begriff der „nicht im Einzelnen ausgehan-

---

[654] Vorschlag für eine Richtlinie über Rechte der Verbraucher v. 8. 10. 2008, KOM(2008) 614 endg., abrufbar unter http://ec.europa.eu/consumers/rights/docs/COMM_PDF_COM_2008_0614_F_DE_PROPOSITION_DE_DIRECTIVE.pdf. Näher hierzu *Berger*, ZEuP 2009, 451; *Kieninger*, RabelsZ 73 (2009), 793; *Rösler*, RabelsZ 73 (2009), 889, 910f.; *Schinkels*, JZ 2009, 774; *Tacou*, ZRP 2009, 140; *Tonner/Tamm*, JZ 2009, 277; *Zypries*, ZEuP 2009, 225 sowie eingehend *Miethaner*, AGB-Kontrolle (2010), S. 133ff.

[655] Zu dem mit der Verbraucherrechte-Richtlinie vorgenommenen Strategiewechsel der Europäischen Kommission eingehend *Gsell/Herresthal*, in: Gsell/Herresthal (Hrsg.), Vollharmonisierung im Privatrecht (2009), S. 1, 2ff.; *Gsell/Schellhase*, JZ 2009, 20, 20ff.

[656] Hierzu eingehend und kritisch *Gsell/Herresthal*, in: Gsell/Herresthal (Hrsg.), Vollharmonisierung im Privatrecht (2009), S. 1, 10ff.; *Gsell*, in: Gsell/Herresthal (Hrsg.), Vollharmonisierung im Privatrecht (2009), S. 219, 230ff., 241ff.; *Gsell/Schellhase*, JZ 2009, 20, 23ff.

[657] *Miethaner*, AGB-Kontrolle (2010), S. 134.

[658] KOM(2008) 614 endg., S. 37. Hervorhebungen durch den Verfasser.

delten Klausel" in den Mittelpunkt stellte und die Anknüpfung an das *fehlende Aushandeln* vollständig aufgab. Sieht man mit einem Teil des Schrifttums und der Rechtsprechung[659] in dem Verweis auf die Vorformulierung in Art. 3 Abs. 2 S. 1 Klausel-RL die *Legaldefinition* des Aushandelns, so war der mit Art. 30 Abs. 1 des Entwurfs der Verbraucherrechte-Richtlinie vollzogene Schritt zur Aufgabe des Merkmals des Aushandelns nur konsequent. Denn nach dieser Auslegung ging bereits im Rahmen der Klauselrichtlinie der Begriff des *Aushandelns* vollständig in jenem der *Vorformulierung* sowie der *dadurch* bewirkten fehlenden *Möglichkeit der Einflussnahme* auf den Vertragsinhalt durch den Verwendungsgegners auf.[660]

Umso bemerkenswerter ist die Tatsache, dass die europäische Rechtsentwicklung mit Blick auf die *rechtsvereinheitlichenden Kodifikationsprojekte* und den Entwurf eines *Gemeinsamen Europäischen Kaufrechts* (GEK) einen anderen Weg eingeschlagen und das Merkmal der *Vorformulierung* mittlerweile stark an Bedeutung verloren hat: Wurde das Kriterium der Vorformulierung in Art. II.-1:110 Abs. 1 DCFR durch Einfügen der Wendung „in particular" noch von einer *Legaldefinition* zu einem bloßen Regelbeispiel zurückgestuft, so ist es in Art. 7 Abs. 1 GEK-E vollständig verschwunden und im Merkmal des *Stellens* aufgegangen.[661] Zwar impliziert das *Stellen* von Vertragsbedingungen in der Regel, dass diese auch *vorformuliert* sind. Zwingend ist dies indes nicht, wie das Beispiel spontan formulierter Vertragsbedingungen zeigt. Dafür spricht auch das Verständnis des Begriffs des Stellens iSv. § 305 Abs. 1 S. 1 BGB als *Komplementärbegriff* zum Aushandeln nach § 305 Abs. 1 S. 3 BGB. Beibehalten wurde das Merkmal der Vorformulierung lediglich im DCFR zur Bestimmung des Begriffs der Standardvertragsbedingung (*standard term*) nach Art. II-1:109 DCFR, der in Art. II-9:405 DCFR als Anknüpfungspunkt für die Inhaltskontrolle im b2b-Verkehr herangezogen wird. Allerdings wurde dieses Regelungsmodell im nachfolgenden GEK-E wieder aufgegeben, der in Art. 86 Abs. 1 a) GEK-E auch für den b2b-Verkehr nicht an den Begriff der Standardvertragsbedingung, sondern den der *nicht individuell ausgehandelten Vertragsbestimmung* anknüpft und damit auf das Merkmal der Vorformulierung verzichtet.

Von Bedeutung für die rechtspolitische Diskussion ist darüber hinaus Erwägungsgrund Nr. 45 der Richtlinie, der auf die besonderen Voraussetzungen eingeht, bei deren Vorliegen ein *Aushandeln* bejaht werden kann:

„(45) Es ist notwendig, die Verbraucher vor missbräuchlichen Vertragsklauseln zu schützen, die *nicht individuell ausgehandelt* werden, wie dies etwa *bei allgemeinen Ver-*

---

[659] So BGH NJW 2250, 2252; *Miethaner*, AGB-Kontrolle (2010), S. 107 f.; *Kriebitzsch*, Inhaltskontrolle (2008), S. 71 f.; *Damm*, JZ 1994, 161, 163; *Hommelhoff/Wiedemann*, ZIP 1993, 562, 566; *Ulmer*, EuZW 1993, 337, 342. Wohl auch *Kötz*, Europäisches Vertragsrecht I (1996), S. 220 ff.

[660] Ebenda.

[661] Vgl. hierzu eingehend oben S. 655 ff. 659 ff.

tragsbedingungen der Fall ist. Die Vorschriften über missbräuchliche Klauseln sollten *nicht* für Vertragsbedingungen gelten, denen der Verbraucher nach einer *vorhergehenden Verhandlung* zugestimmt hat. Die Möglichkeit, zwischen verschiedenen, vom Gewerbetreibenden oder von einem Dritten in dessen Auftrag abgefassten Klauseln *zu wählen*, sollte nicht als Vertragsverhandlung gelten."[662]

Bemerkenswert ist in diesem Zusammenhang der Hinweis, dass die Klauselkontrolle dann nicht eingreift, wenn der Verbraucher den Vertragsbedingungen „nach einer vorhergehenden Verhandlung"[663] zugestimmt hat. Der Richtlinienvorschlag stützt damit jene Reformmodelle, die in Abkehr von der strengen Rechtsprechung des BGH dafür plädieren, für ein *Aushandeln* ein bloßes *Verhandeln* genügen zu lassen.[664]

Allerdings kann dem Richtlinienvorschlag insoweit nicht mehr als ein lediglich unverbindlicher legislatorischer Impuls entnommen werden, dessen Gewicht darüber hinaus durch die weitere Entwicklung an Überzeugungskraft verloren hat. Denn der von der Kommission vorgelegte Entwurf einer Verbraucherrechte-Richtlinie und das damit verbundene Konzept einer *Vollharmonisierung* haben sich im weiteren Gesetzgebungsverfahren nicht durchsetzen können. Die 2011 schließlich verabschiedete *Richtlinie über die Rechte der Verbraucher* (Verbraucherrechte-RL)[665] beschränkte sich auf die Schaffung einheitlicher *Verbraucherinformationspflichten* sowie von *Widerrufsrechten* für Fernabsatz- und Haustürgeschäfte. Der Bereich der Klauselkontrolle wurde dagegen – bis auf geringfügige Änderungen der Klausel-RL mit Blick auf Mitteilungspflichten der Mitgliedstaaten gegenüber der Kommission[666] – vom Anwendungsbereich der Verbraucherrechte-Richtlinie ausgenommen.[667] Damit vermag lediglich der *Richtlinienvorschlag*[668] einen begrenzten, wenngleich wichtigen konzeptionellen Beitrag zur gegenwärtigen rechtspolitischen Diskussion zu leisten.[669]

---

662 KOM(2008) 614 endg., S. 19. Hervorhebungen durch den Verfasser.

663 Ebenda.

664 Vgl. hierzu oben S. 750f.

665 Richtlinie 2011/83/EU über die Rechte von Verbrauchern v. 25.10.2011, ABl. EU 2011 L 304, S. 64ff. Hierzu *Dettmers/Dimter*, DRiZ 2012, 24; *Grundmann*, JZ 2013, 53; *Heinig*, MDR 2012, 323; *Lerm*, GPR 2012, 166; *Pfeiffer*, NJW 2012, 2609, 2610ff.; *Schwab*, notar 2012, 172; *Schwab/Giesemann*, EuZW 2012, 253; *Schmidt*, NJW 2011, NJW-aktuell Nr. 43, 14. Vgl. zum deutschen Umsetzungsgesetz *Brönneke/Schmidt*, VuR 2014, 3; *Glöckner*, BauR 2014, 411; *Schomburg*, VuR 2014, 18; *Tamm*, VuR 2014, 9; *Tonner*, VuR 2014, 23; *Wendehorst*, NJW 2014, 577; *Bierekoven/Crone*, MMR 2013, 687; *Föhlisch/Dyakova*, MMR 2013, 71; *Leier*, VuR 2013, 457; *Schmidt-Kessel/Sorgenfrei*, GPR 2013, 242; *Tonner*, VuR 2013, 443.

666 Vgl. Art. 32 Verbraucherrechte-RL (ABl. EU 2011 L 304, S. 83).

667 Art. 32 Verbraucherrechte-RL (ABl. EU 2011 L 304, S. 83).

668 Vorschlag für eine Richtlinie über Rechte der Verbraucher v. 8.10.2008, KOM(2008) 614 endg.

669 Instruktiv hierzu *Miethaner*, AGB-Kontrolle (2010), S. 133f.

2. *Kodifikationsprojekte zur europäischen Rechtsvereinheitlichung*

Impulse für die gegenwärtige rechtspolitische Diskussion können sich jedoch aus den Kodifikationsprojekten der europäischen *Rechtsvereinheitlichung* ergeben, die in den vergangenen Jahrzehnten als Vorarbeiten für die Schaffung eines einheitlichen europäischen Vertragsrechts von Rechtswissenschaftlern sowie der Europäischen Kommission erarbeitet worden sind. Von besonderer Bedeutung sind dabei vor allem die *Grundregeln des Europäischen Vertragsrechts* (Principles of European Contract Law, PECL),[670] die *Grundregeln des bestehenden Vertragsrechts der Europäischen Gemeinschaft* (Acquis-Principles, ACQP)[671], der Entwurf eines *Gemeinsamen Referenzrahmens* (Draft Common Frame of Reference, DCFR)[672] sowie der Verordnungsentwurf für ein *Gemeinsames Europäisches Kaufrecht* (GEK-E)[673]. Der *methodische Ansatz* der einzelnen Entwürfe ist dabei höchst unterschiedlich: Während einige Entwürfe wie etwa die PECL auf *rechtsvergleichender* Grundlage die wesentlichen Gestaltungselemente der unterschiedlichen nationalen Rechtsordnungen in einer Synthese zu gemeinsamen Prinzipien – dem *common core* – zusammenführen, orientieren sich die Acquis-Principles an den bestehenden Rechtsquellen und der Rechtsprechung des *europäischen Unionsrechts,* aus denen im Wege der Verallgemeinerung allgemeine Grundregeln des europäischen Vertragsrechts entwickelt werden.[674] Der DFCR und darauf aufbauend der GEK-E führen schließlich beide Ansätze zusammen, indem sie sowohl den *rechtsvergleichend* erarbeiteten Bestand der nationalen Rechtstraditionen als auch den *unionsrechtsrechtlichen* Acquis berücksichtigen.[675]

---

670 *Schulze/Zimmermann*, Europäisches Privatrecht: Basistexte (2016), III.10. Eingehend hierzu unten S. 797 ff.

671 *Schulze/Zimmermann*, Europäisches Privatrecht: Basistexte (2016), III.20. Eingehend hierzu unten S. 799 ff.

672 *v. Bar/Clive/Schulte-Nölke (Hrsg.)*, DCFR (Outline Edition) (2009); *Schulze/Zimmermann*, Europäisches Privatrecht: Basistexte (2016), III.25. Eingehend hierzu unten S. 801 ff.

673 Vorschlag für eine Verordnung über ein Gemeinsames Europäisches Kaufrecht vom 11.10.2011, KOM(2011) 635 endg. Eingehend hierzu unten S. 806 ff. Zu den nach dem Scheitern des GEK auf den Weg gebrachten Nachfolgeinstrumenten, dem Vorschlag für eine Richtlinie des Europäischen Parlaments und des Rates über bestimmte vertragsrechtliche Aspekte des Online-Warenhandels und anderer Formen des Fernabsatzes von Waren v. 9.12.2015, KOM(2015) 635 endg. sowie dem Vorschlag für eine Richtlinie des Europäischen Parlaments und des Rates über bestimmte vertragsrechtliche Aspekte der Bereitstellung digitaler Inhalte v. 9.12.2015, KOM(2015) 634 endg. *Schmidt-Kessel/Erler/Grimm/Kramme*, GPR 2016, 2 ff.; *Schmidt-Kessel/Erler/Grimm/Kramme*, GPR 2016, 54 ff.; *Wendland*, EuZW 2016, 126 ff.; *Wendland*, GPR 2016, 8 ff.

674 Hierzu *Miethaner*, AGB-Kontrolle (2010), S. 128; *Csehi*, in: Heun/Lipp (Hrsg.), Europäisierung des Rechts (2008), S. 59, 63.

675 *v. Bar/Clive/Schulte-Nölke (Hrsg.)*, DCFR (Outline Edition) (2009), S. 30 ff. Vgl. zur Entwicklung von den PECL und den ACQP zum DCFR auch *Pfeiffer*, ZEuP 2008, 679.

a) Principles of European Contract Law (PECL)

Die zwischen 1995 und 2002 in mehreren Etappen veröffentlichten *Grundregeln des europäischen Vertragsrechts* (Principles of European Contract Law, PECL)[676] beschränken sich im Hinblick auf die Klauselkontrolle auf eine einzige Vorschrift, die sämtliche Regelungen des sachlichen und persönlichen *Anwendungsbereiches* sowie den *Kontrollmaßstab* enthält:

„Artikel 4:110: Unangemessene Bedingungen, die nicht individuell ausgehandelt wurden

(1) Eine Partei kann eine Bedingung, die nicht individuell ausgehandelt wurde, anfechten, wenn sie entgegen den Geboten von Treu und Glauben und des redlichen Geschäftsverkehrs zu einem wesentlichen Ungleichgewicht der vertraglichen Rechte und Pflichten zum Nachteil dieser Partei führt, wobei die Natur der nach dem Vertrag zu erbringenden Leistung, alle anderen Bedingungen des Vertrages und die Umstände zum Zeitpunkt des Vertragsschlusses zu berücksichtigen sind.

(2) Dieser Artikel findet keine Anwendung auf:
   (a) eine Bedingung, die den Hauptgegenstand des Vertrages bestimmt, sofern die Bedingung in einfacher und verständlicher Sprache abgefaßt ist; oder
   (b) die wertmäßige Angemessenheit der Verpflichtungen der einen Partei im Vergleich mit dem Wert der Verpflichtungen der anderen Partei.“[677]

Für die Klauselkontrolle sehen die PECL damit ein umfassendes Schutzsystem vor, das weder im persönlichen Anwendungsbereich noch im Kontrollmaßstab zwischen b2c- und b2b-Verkehr differenziert. Damit sind die PECL jedenfalls von der normativen Ausgangslage her deutlich weiter gefasst als das deutsche AGB-Recht, das in §310 Abs.1 S.2 Hs.2 BGB jedenfalls *de lege lata* ein entsprechendes Differenzierungsgebot enthält. Ebenfalls weiter gefasst als die Vorschrift des §305 Abs.1 S.1 BGB und als der selbst über das deutsche Recht hinausgehende Art.3 Abs.2 S.1 Klausel-RL ist der *sachliche Anwendungsbereich* der Klauselkontrolle der PECL. Mit der Anknüpfung an den zentralen Tatbestand des *Nicht-Aushandelns* verzichtet die Vorschrift des Art.4:110 Abs.1 PECL nicht nur auf die im deutschen Recht mit Blick auf den AGB-Begriff vorgesehenen Voraussetzungen der *Vielzahl* und des *Stellens*[678], sondern auch auf das noch von der Klauselrichtlinie vorausgesetzte Aufgreifkriterium der *Vorformulierung*.[679]

---

[676] Die PECL wurden in unterschiedlichen Etappen veröffentlicht: Vgl. für die Teile I und II: *Lando/Beale (Hrsg.)*, Principles of European Contract Law: Parts I and II (2000); dt. Übersetzung: *v. Bar/Zimmermann*, Grundregeln des Europäischen Vertragsrechts: Teile I und II (2002); Teil III (2002): *Lando/Brie/Prüm/Zimmermann (Hrsg.)*, Principles of European Contract Law: Part III (2003); dt. Übersetzung: *v. Bar/Zimmermann*, Grundregeln des Europäischen Vertragsrechts: Teil III (2005); ZEuP 2003, 895ff. Vgl. für den Gesamttext *Schulze/Zimmermann*, Europäisches Privatrecht: Basistexte (2016), III.10f. Vgl. eingehend hierzu *Zimmermann*, ZeuP 2003, 441; *Blase*, Grundregeln des Europäischen Vertragsrechts (2001).

[677] Hervorhebungen durch den Verfasser.

[678] Hierzu oben S.421ff., 423ff.

[679] Hierzu bereits oben S.655ff.

Damit erfasst die Klauselkontrolle der PECL auch *spontan formulierte* und zur *einmaligen Verwendung* bestimmte, nicht im Einzelnen ausgehandelte Klauseln und zieht damit den Kreis des sachlichen Anwendungsbereiches weiter als das deutsche AGB-Recht im b2b-Bereich und die Klauselrichtlinie[680]. Im Hinblick auf die für die rechtspolitische Diskussion zentrale Frage der sachgerechten Abgrenzung von kontrollbedürftigen Klauseln und kontrollfreien Individualabreden[681] vermag die Regelung der PECL hingegen keinen entscheidenden Beitrag zu leisten. Ähnlich wie § 305 Abs. 1 S. 3 BGB sieht auch Art. 4:110 Abs. 1 PECL keine weiteren Tatbestandsmerkmale zur Konkretisierung des Begriffs des *Aushandelns* vor, so dass es insoweit auf die Auslegung durch die Rechtsprechung ankommen wird.

Der *Kontrollmaßstab* des Art. 4:110 Abs. 1 PECL entspricht im Wesentlichen jenem der Generalklausel des § 307 Abs. 1 BGB. Der Maßstab der „Gebote von Treu und Glauben" wird dabei durch jenen des „redlichen Geschäftsverkehrs" ergänzt, so dass eine gewisse Differenzierung mit Blick auf den unternehmerischen Geschäftsverkehr möglich wird. Allerdings fehlen konkretisierende Begrenzungen der Inhaltskontrolle, die im deutschen AGB-Recht etwa durch die Regelung des § 307 Abs. 2 BGB sowie durch die Klauselverbote der §§ 308, 309 BGB umgesetzt werden. Insoweit verbleibt ein deutlich höheres Maß an Rechtsunsicherheit, da die Bestimmung der Reichweite der Inhaltskontrolle im Hinblick auf den Kontrollmaßstab letztlich der Rechtsprechung überlassen bleibt. Die Herausnahme der Leistungsbeschreibungen und des Preis-Leistungs-Verhältnisses nach Art. 4:110 Abs. 2 PECL entspricht dagegen im Wesentlichen dem deutschen AGB-Recht nach § 307 Abs. 3 BGB.

Zusammenfassend ergibt sich für die PECL der Befund eines Schutzsystems gegen missbräuchliche Klauseln, das insgesamt deutlich über jenes des deutschen AGB-Rechts hinausgeht. Eine ausdrückliche Differenzierung zwischen b2c- und b2b-Verkehr findet weder im Hinblick auf den *Anwendungsbereich* noch im Hinblick auf den *Kontrollmaßstab* statt. Die Vorschrift gilt für alle Rechtsgeschäfte unabhängig davon, ob es sich beim Klauselgegner um einen Verbraucher oder einen Unternehmer handelt. Ansatzpunkte für eine Berücksichtigung der Bedürfnisse des unternehmerischen Geschäftsverkehrs ergeben sich allenfalls aus dem in Art. 4:110 Abs. 1 PECL vorgesehenen Maßstab, der die Wirksamkeit der Klausel an der Berücksichtigung der „Gebote[n]... des redlichen Geschäftsverkehrs" misst. Im Vergleich zum deutschen AGB-Recht ist der *persönliche Anwendungsbereich* identisch, der *sachliche Anwendungsbereich* weiter und der *Kontrollmaßstab* mangels entsprechender Konkretisierungen unbestimmter und jedenfalls auf der Grundlage des Wortlautes letztlich wohl auch weiter. Im Ergebnis kommt es insoweit auf die Auslegung durch die Rechtsprechung an, so dass ein erhebliches Maß an Rechtsunsicherheit verbleibt.

---

680 Hierzu oben S. 791 ff.

681 Vgl. hierzu nur oben S. 713 ff.

b) Acquis-Principles (ACQP)

Die 2007 veröffentlichten *Grundregeln des bestehenden Vertragsrechts der Europäischen Gemeinschaft* (Acquis-Principles, ACQP)[682] sehen im Gegensatz zu den PECL ein komplexeres Normengefüge vor, dem sogar ein eigenes Kapitel gewidmet ist und das sich inhaltlich an dem bestehenden europäischen Unionsrecht orientiert:

„*Artikel 6:101: Gegenstand*

(1) Die folgenden Bestimmungen finden Anwendung auf *Vertragsklauseln*, die *nicht im Einzelnen ausgehandelt* wurden, einschließlich *Standardvertragsklauseln*.

(2) Eine von einer Partei (dem Verwender) unterbreitete Klausel ist *nicht im Einzelnen ausgehandelt* worden, wenn die andere Partei *keinen Einfluss auf ihren Inhalt* nehmen konnte, *weil* sie *im Voraus abgefasst* wurde, insbesondere als *Teil eines vorformulierten Standardvertrags*. Wenn in Verträgen zwischen einem Unternehmer und einem Verbraucher die Klauseln von einem *Dritten* abgefasst wurden, wird der *Unternehmer als der Verwender* betrachtet, es sei denn, der Verbraucher hat diese Klauseln in den Vertrag eingeführt.

(3) *Standardvertragsklauseln* sind Klauseln, die *im Voraus für mehrere Geschäfte* mit unterschiedlichen Parteien abgefasst und nicht von den Parteien im Einzelnen ausgehandelt worden sind.

(4) Der Verwender trägt die Beweislast für seine Behauptung, dass eine Standardvertragsklausel im Einzelnen ausgehandelt wurde.

…

Abschnitt 3: Wirksamkeit von Klauseln

Artikel 6:301: Missbräuchlichkeit von Klauseln

(1) Eine *nicht im Einzelnen ausgehandelte* Vertragsklausel wird als missbräuchlich angesehen, wenn sie die andere Partei *benachteiligt*, indem sie entgegen dem Gebot von *Treu und Glauben* ein *wesentliches Ungleichgewicht* der vertraglichen *Rechte* und *Pflichten* der Parteien herbeiführt. Unbeschadet der Bestimmung über kollektive Verfahren sind bei der Beurteilung der Missbräuchlichkeit einer Vertragsklausel die *Art* der nach dem Vertrag *zu liefernden Waren* oder zu *erbringenden Dienstleistungen*, alle den Vertragsschluss begleitenden *Umstände* sowie alle *anderen Klauseln* desselben Vertrages oder eines anderen Vertrages, von dem der Vertrag abhängt, zu beachten.

(2) Eine nicht im Einzelnen ausgehandelte Klausel in einem *Vertrag zwischen Unternehmern* ist nur dann als missbräuchlich anzusehen, wenn ihre Verwendung *erheblich* von *guter Handelspraxis* abweicht.“[683]

Im Hinblick auf den *persönlichen Anwendungsbereich* ergeben sich keine Unterschiede zum deutschen AGB-Recht: Wie auch § 305 Abs. 1 S. 1 BGB und Art. 4:110

---

[682] *Schulze/Zimmermann*, Europäisches Privatrecht: Basistexte (2016), III.20; *European Research Group on the Existing EC Private Law*, Principles of the Existing EC Contract Law (Acquis Principles): Contract II (2009); *European Research Group on the Existing EC Private Law*, Principles of the existing EC Contract Law (Acquis principles): Contract I (2007). Vgl. hierzu *Jansen/Zimmermann*, JZ 2007, 1113.

[683] Hervorhebungen durch den Verfasser.

Abs. 1 PECL differenzieren die ACQP insoweit nicht zwischen b2c- und b2b-Verkehr. Mit der Einbeziehung des unternehmerischen Geschäftsverkehrs sind die ACQP damit deutlich weiter gefasst als die lediglich verbraucherschützenden Regelungen der Klauselrichtlinie. Der *sachliche Anwendungsbereich* entspricht mit der an Art. 3 Abs. 2 S. 1 Klausel-RL angelehnten Anknüpfung an das Merkmal der *Vorformulierung* als zentralem Aufgreifkriterium im Wesentlichen jenem der Klauselrichtlinie.[684] Er ist damit deutlich enger als jener der PECL, die in Art. 4:110 Abs. 1 PECL für das Eingreifen der Klauselkontrolle lediglich das Fehlen eines individuellen Aushandelns genügen lassen. Er reicht damit zugleich weiter als der sachliche Anwendungsbereich des deutschen AGB-Rechts, das an den AGB-Begriff als Systembegriff anknüpft und darüber hinaus eine Mehrfachverwendungsabsicht verlangt.[685]

Lediglich im Hinblick auf das in Art. 6:101 Abs. 2 S. 1 ACQP enthaltene Merkmal der *Unterbreitung der Klausel* gehen die ACQP über die Klauselrichtlinie hinaus, die als ausschließlich verbraucherschützende Vorschrift noch auf die Bestimmung der Verwenderseite verzichten konnte. Der Begriff der Standardvertragsklausel wird in Art. 6:101 Abs. 3 unter Rückgriff auf die Merkmale der Vorformulierung und der Mehrfachverwendungsabsicht zwar definiert. Er bleibt indes für die Bestimmung des Anwendungsbereiches der Inhaltskontrolle nach Art. 6:301 ACQP ohne Bedeutung. Ebenso wenig wie die PECL vermögen auch die ACQP einen Beitrag zur sachgerechten *Abgrenzung* von kontrollunterworfenen Klauseln und kontrollfreien Individualabreden zu leisten, da der Begriff des *Aushandelns* lediglich durch jenen der *Vorformulierung* konkretisiert wird. Für eine Klärung der Auslegung des Aushandelnsbegriffs des § 305 Abs. 1 S. 1 BGB[686] gibt die Vorschrift des Art. 6:101 Abs. 2 S. 1 ACQP aufgrund der bestehenden Systemunterschiede und des hohen Abstraktionsgrades nichts her.

Eine deutliche Differenzierung zwischen b2c- und b2b-Verkehr findet indes mit Blick auf den *Maßstab* der Inhaltskontrolle statt, der in Art. 6:301 Abs. 2 ACQP für die Unwirksamkeit einer Klausel eine erhebliche Abweichung von „guter Handelspraxis“ verlangt. Insoweit unterscheidet sich die Regelung der ACQP deutlich von der Klauselkontrolle der PECL, die in Art. 4:110 Abs. 1 PECL noch keine Differenzierung zwischen b2c- und b2b-Verkehr vorgesehen hatten. Damit ist der Maßstab zugleich auch deutlich weiter und flexibler als jener der Vorschrift des § 310 Abs. 1 S. 2 Hs. 2 BGB, die eine angemessene Berücksichtigung „der im Handelsverkehr geltenden Gewohnheiten und Gebräuche“ vorsieht. Für den Verbraucherverkehr bleibt es in Art. 6:101 Abs. 1 S. 1 ACQP dagegen weitgehend bei der dem Modell der Generalklausel des § 307 Abs. 2 BGB entsprechenden Regelung, wonach eine Klausel nur dann als missbräuchlich anzusehen ist, wenn „sie

---

[684] Zur *Vorformulierung* als zentralem Anknüpfungspunkt nach § 310 Abs. 3 Nr. 2 BGB und Art. 3 Abs. 1, 2. S. 1 Klausel-RL eingehend oben S. 655 ff.

[685] Näher hierzu oben S. 419 ff.

[686] Hierzu eingehend unten S. 811 ff., 858 ff.

entgegen dem Gebot von Treu und Glauben ein wesentliches Ungleichgewicht der vertraglichen Rechte und Pflichten der Parteien herbeiführt." Für den Rechtsverkehr zwischen *Unternehmern* und *Verbrauchern* sehen die ACQP schließlich in Art. 6:304 f. ACQP eine den Klauselverboten der §§ 308, 309 BGB funktional entsprechende Liste missbräuchlicher Klauseln vor. Für den unternehmerischen Geschäftsverkehr fehlt eine entsprechende Regelung, was dem Verzicht auf die Indizwirkung der Klauselverbote nach § 310 Abs. 1 S. 1 BGB entspricht.

Zusammenfassend stellt sich damit die Klauselkontrolle nach den ACQP als Schutzsystem vor missbräuchlichen Klauseln dar, das im Hinblick auf den *persönlichen Anwendungsbereich* weitgehend der gesetzlichen Regelung des deutschen AGB-Rechts nach den §§ 305 ff. BGB sowie der PECL entspricht. Im Hinblick auf den *sachlichen Anwendungsbereich* sind die ACQP durch ihre enge Anlehnung an die Klauselrichtlinie mit ihrer Anknüpfung an das Merkmal der *Vorformulierung* als Aufgreifkriterium enger als die PECL, gehen jedoch deutlich über den Anwendungsbereich des deutschen Rechts hinaus. Das Gleiche gilt für den *Kontrollmaßstab*, der durch seinen Bezug auf die „gute Handelspraxis" eine flexiblere Berücksichtigung der Besonderheiten des unternehmerischen Geschäftsverkehrs ermöglicht, jedoch zugleich ein höheres Maß an Rechtsunsicherheit bedingt. Anders als die PECL differenzieren die ACQP zwischen b2c- und b2b-Verkehr und nähern sich so der Regelung des § 310 Abs. 1 S. 1 BGB an. Allerdings wird es auch hier darauf ankommen, wie die Rechtsprechung ein entsprechendes Regelungskonzept letztlich anwenden würde. Gerade die rechtspolitische Diskussion in Deutschland[687] hat gezeigt, dass sich dem Gesetzeswortlaut selbst nur sehr begrenzt Aussagen über die tatsächliche Reichweite der Inhaltskontrolle entnehmen lassen.

c) Draft Common Frame of Reference (DCFR)

Der 2009 vorgelegte Entwurf eines *Gemeinsamen Referenzrahmens* (Draft Common Frame of Reference, DCFR)[688] nimmt im Vergleich zu den übrigen rechtsvereinheitlichenden Kodifikationsprojekten sowohl hinsichtlich seines methodischen Ansatzes als auch mit Blick auf seine Bedeutung eine *Sonderstellung* ein. Als Baustein eines zukünftigen gemeinsamen europäischen Zivilrechts[689] ist er von erheblicher rechtspolitischer Bedeutung und bildet die Grundlage entsprechender rechtsvereinheitlichender Rechtsakte, wie etwa dem Verordnungsentwurf für ein Gemeinsames Europäisches Kaufrecht (GEK-E). Darüber hinaus führt er die verschiedenen methodischen Ansätze und Vorarbeiten anderer Forschergruppen zusammen und enthält eine ganze Reihe komplexer klauselrecht-

687 Hierzu oben S. 713 ff.

688 *v. Bar/Clive/Schulte-Nölke (Hrsg.)*, DCFR (Outline Edition) (2009); *Schulze/Zimmermann*, Europäisches Privatrecht: Basistexte (2016), III.25.

689 So *Miethaner*, AGB-Kontrolle (2010), S. 133.

licher Vorschriften, die ganz überwiegend in einem eigenen Kapitel zusammengefasst sind:

„II.-1:109: Standard terms

A ‚standard term' is a term which has been formulated in advance for several transactions involving different parties and which has not been individually negotiated by the parties.

II.-1:110: Terms ‚not individually negotiated'

(1) A term supplied by one party is not individually negotiated if the other party has not been able to influence its content, in particular because it has been drafted in advance, whether or not as part of standard terms.
(2) If one party supplies a selection of terms to the other party, a term will not be regarded as individually negotiated merely because the other party chooses that term from that selection.
(3) If it is disputed whether a term supplied by one party as part of standard terms has since been individually negotiated, that party bears the burden of proving that it has been.
(4) In a contract between a business and a consumer, the business bears the burden of proving that a term supplied by the business has been individually negotiated.
(5) In contracts between a business and a consumer, terms drafted by a third person are considered to have been supplied by the business, unless the consumer introduced them to the contract.

…

II.-9:405: Meaning of ‚unfair' in contracts between businesses

A term in a contract between businesses is unfair for the purposes of this Section only if it is a term forming part of standard terms supplied by one party and of such a nature that its use grossly deviates from good commercial practice, contrary to good faith and fair dealing."[690]

Wie schon die PECL und die ACQP folgt auch der DCFR im Hinblick auf den *persönlichen Anwendungsbereich* dem umfassenden Ansatz des deutschen AGB-Rechts und verzichtet insoweit auf eine Differenzierung zwischen b2c- und b2b-Verkehr.[691] *Der sachliche Anwendungsbereich* scheint sich in Art. II.-1:110 Abs. 1 DCFR *prima facie* zunächst an der Vorschrift des Art. 3 Abs. 2 S. 1 Klausel-RL zu orientieren. Allerdings wurde durch das Einfügen der Wendung *„in particular"* in Art. II.-1:110 Abs. 1 DCFR klargestellt, dass das Merkmal der Vorformulierung lediglich ein Regelbeispiel des fehlenden Aushandelns darstellt und damit auch die Inhaltskontrolle spontan formulierter oder zur einmaligen Verwendung bestimmter Klauseln möglich ist.[692] Ähnlich wie der deutlich weitere Art. 4:110 Abs. 1 PECL erweitert Art. II.-1:110 DCFR damit auf den ersten Blick

690 Hervorhebungen durch den Verfasser.

691 Zur historischen Entwicklung und der Diskussion vor Inkrafttreten des AGBG eingehend oben S. 347 ff., 694 ff., 703 ff.

692 Zur entsprechenden, wenngleich insoweit umstrittenen Auslegung des Art. 3 Abs. 2 S. 1 Klausel-RL *Wolf*, in: Wolf/Lindacher/Pfeiffer, AGB-Recht (6. Aufl. 2013), Art. 3 Klausel-

den Kreis kontrollunterworfener Vertragsbedingungen im Vergleich zur Klauselrichtlinie wie auch zum deutschen AGB-Recht.

Allerdings erfährt der sachliche Anwendungsbereich im b2b-Verkehr dadurch eine deutliche Beschränkung, dass die Inhaltskontrolle hier nicht wie im b2c-Verkehr nach Art. II.-9:403 DCFR an den Begriff der *nicht im Einzelnen ausgehandelten Klausel*, sondern gem. Art. II.-9:405 DCFR an den Begriff der *Standardvertragsbedingung* (*standard term*) anknüpft. Hierfür sind jedoch – ähnlich wie mit Blick auf den deutschen AGB-Begriff nach §305 Abs. 1 S. 1 BGB – gem. Art. II.-1:109 DCFR *Vorformulierung* (*formulated in advance*) und *Mehrfachverwendungsabsicht* (*for several transactions involving different parties*) erforderlich. Für den b2c-Verkehr ergibt sich damit eine Erweiterung, für den b2b-Verkehr hingegen eine Beschränkung des sachlichen Anwendungsbereiches der Inhaltskontrolle. Da Art. II.-1:109 DCFR für das Vorliegen einer Standardvertragsbedingung nicht nur die Absicht einer mehrfachen Verwendung verlangt, sondern darüber hinaus fordert, dass die entsprechende Klausel in *mehreren Transaktionen* mit *unterschiedlichen Parteien* zum Einsatz kommen soll, geht der vom DCFR geforderte Maßstab sogar über jenen des §305 Abs. 1 S. 1 BGB hinaus. Denn nach deutschem AGB-Recht reicht die Absicht der mindestens dreifachen Verwendung gegenüber demselben Vertragspartner zur Annahme der AGB-Qualität einer Klausel aus.[693] Im Vergleich zum deutschen AGB-Recht wie auch zu den PECL und den ACQP führt der DCFR somit zu einer deutlichen Beschränkung der Inhaltskontrolle im b2c-Verkehr.

Im Gegensatz zu den PECL, den ACQP und der Klauselrichtlinie finden sich in Art. II.-1:110 DCFR jedoch eine Reihe weiterer Regelungen zur *Konkretisierung* des Aushandelnsbegriffs, die vor allem für den b2c-Verkehr von Bedeutung sind. So kommt es nach Art. II.-1:110 Abs. 1 DCFR für die Annahme des fehlenden Aushandelns (*not individually negotiated*) entscheidend darauf an, dass der Verwendungsgegner keinen Einfluss auf den Inhalt nehmen konnte. Zwar findet sich eine entsprechende Regelung bereits in Art. 6:101 Abs. 2 S. 1 ACQP und Art. 3 Abs. 2 S. 1 Klausel-RL. Allerdings geht das Merkmal der *fehlenden Einflussnahme* auf den Vertragsinhalt hier jedenfalls dann weitgehend im Merkmal der Vorformulierung auf, wenn man mit dem Wortlaut der jeweiligen Vorschriften in der Vorformulierung nicht ein Regelbeispiel, sondern eine *Legaldefinition* des fehlenden Aushandelns sieht.[694] Die ausdrückliche Qualifikation des Merkmals

---

RL Rn. 24; *Pfeiffer*, in: Grabitz/Hilf, EUV/EG (62. El. 2017), Art. 3 Rn. 6, 22 ff.; *Riesenhuber*, Europäisches Vertragsrecht (2. Aufl. 2006) sowie oben S. 720 f., 792 f.

693 Vgl. nur BGH NJW 2004, 1454; BAG NJW 2007, 3018; MünchKomm/*Basedow*, BGB (7. Aufl. 2016), §305 Rn. 18; Staudinger/*Schlosser*, (2013), §305 Rn. 20. Hierzu eingehend oben S. 421 f.

694 So zu Recht So BGH NJW 2250, 2252; *Miethaner*, AGB-Kontrolle (2010), S. 107 f.; *Kriebitzsch*, Inhaltskontrolle (2008), S. 71 f.; *Damm*, JZ 1994, 161, 163; *Hommelhoff/Wiedemann*, ZIP 1993, 562, 566; *Ulmer*, EuZW 1993, 337, 342. Ebenso wohl auch *Kötz*, Europäisches Vertragsrecht I (1996), S. 220 ff. Vgl. hierzu oben S. 720 f., 865 f.

der Vorformulierung als bloßes Regelbeispiel in Art. II.-1:110 Abs. 1 DCFR führt damit bereits mit Blick auf den Wortlaut zu einer erheblichen Erweiterung des Anwendungsbereiches der Vorschrift.

Neu hinzugekommen sind darüber hinaus die weitergehenden *Klarstellungen* hinsichtlich der Annahme eines Aushandelns, die sich in Art. II.-1:110 Abs. 2–5 DCFR finden. So stellt die Vorschrift des Art. II.-1:110 Abs. 2 DCFR klar, dass ein Aushandeln nicht bereits aufgrund der Tatsache angenommen werden kann, dass dem Verwendungsgegner mehrere mögliche Vertragsklauseln zur Wahl gestellt worden sind.[695] Im b2c-Verkehr werden dem Unternehmer nach Art. II.-1:110 Abs. 5 DCFR zudem *Drittbedingungen* als von ihm gestellte Bedingungen zugerechnet, es sei denn, sie wurden vom Verbraucher in den Vertrag eingeführt.[696] Die Vorschriften des Art. II.-1:110 Abs. 3–4 DCFR enthalten darüber hinaus Beweislastregelungen im Hinblick auf das Bestehen einer kontrollfreien Individualabrede. Im Vergleich zum deutschen AGB-Recht fällt mit der Betonung der *Einflussnahme auf den Vertragsinhalt* der inhaltliche Gleichklang mit dem *Schutzzweck der Inhaltskontrolle* auf, der nach herrschender Lehre vor allem im Schutz vor der einseitigen Inanspruchnahme der Vertragsgestaltungsfreiheit durch den Verwender gesehen wird. Dass dem Verwendungsgegner die Möglichkeit zur Einflussnahme auf den Vertragsinhalt offen stehen muss, verweist dabei auf die *Gewährleistung materieller Vertragsfreiheit*[697], die bei der Weiterentwicklung des DCFR zu konkreten Rechtsakten – wie etwa dem GEK – auf diese Weise eine positivrechtliche Verankerung auf unionsrechtsrechtlicher Ebene findet. Für die rechtspolitisch bedeutsame Frage der sachgerechten Abgrenzung von kontrollunterworfenen Klauseln und kontrollfreien Vertragsabreden ergeben sich aus dem DCFR daher einige wenige, wenn auch nicht sehr ergiebige Impulse.

Im Hinblick auf den b2c-Verkehr führt der DCFR gegenüber dem ACQP sowie §305 Abs. 1 S. 1 BGB mit der Rückstufung des Merkmals der *Vorformulierung* auf ein bloßes *Regelbeispiel* und der damit verbundenen Einbeziehung *spontan formulierter* sowie *einmalig verwendeter Vertragsbedingungen* zu einer deutlichen Ausweitung des *sachlichen Anwendungsbereiches* der Inhaltskontrolle. Die Klauselkontrolle wurde zusätzlich dadurch ausgedehnt, dass die Vorschrift des Art. II.-9:403 DCFR die Frage offengelassen hat, ob die Inhaltskontrolle auch auf Individualabreden erweitert werden sollte.[698]

---

[695] BGH NJW 2014, 206, 207; BGH NJW 2010, 1131, 1133; BGH NJW 1996, 1676, 1677. BGH NJW 2003, 1313, 1314 sowie *Ulmer/Habersack*, in: *Ulmer/Brandner/Hensen*, AGB-Recht (12. Aufl. 2016), §305 Rn. 53ff. Eingehend hierzu unten S. 818ff. sowie 892ff.

[696] Vgl. zur *Zurechnung* von *Drittbedingungen* nach dem deutschen AGB-Recht oben S. 425ff.

[697] Hierzu aus *verfassungsrechtlicher* Perspektive oben S. 374ff.

[698] *v. Bar/Clive/Schulte-Nölke (Hrsg.)*, DCFR (Outline Edition) (2009), S. 46. Vgl. Art. II. – 9:403 DCFR: „Meaning of ‚unfair' in contracts between a business and a consumer: In a contract between a business and a consumer, a term [*which has not been individually negotiated*] is unfair for the purposes of this Section if it is supplied by the business and if it signifi-

Im Hinblick auf den *Kontrollmaßstab* sieht der DCFR dagegen – wie schon die ACQP und das deutsche AGB-Recht, jedoch im Gegensatz zu den PECL – eine klare Differenzierung zwischen b2c- und b2b-Verkehr vor: Während die Wirksamkeit vertraglicher Klauseln im Verkehr zwischen Verbrauchern und Unternehmern gem. Art. II.-9:403 DCFR daran gemessen wird, ob diese den Verbraucher entgegen der Gebote von Treu und Glauben sowie des redlichen Geschäftsverkehrs erheblich benachteiligen, unterfallen Vertragsklauseln im unternehmerischen Geschäftsverkehr nach Art. II.-9:405 DCFR erst dann dem Verdikt der Unwirksamkeit, wenn ihre Verwendung unter Verstoß gegen das Gebot von Treu und Glauben und des redlichen Geschäftsverkehrs gröblich von der „guten Handelspraxis" abweicht[699]. Der DCFR folgt damit den ACQP, die bereits in Art. 6:301 Abs. 2 ACQP eine entsprechende Regelung vorsehen. Darüber hinaus enthält Art. II.-9:410 DCFR für den b2c-Verkehr einen Katalog „verbotener Klauseln", für die eine *Vermutung* der Unfairness besteht, und greift damit im Wesentlichen das Regelungskonzept der Klauselverbote der §§ 308, 309 BGB und ihre grundsätzliche Nichtanwendbarkeit im b2b-Verkehr nach § 310 Abs. 1 S. 1 Hs. 1 BGB auf.

Zusammenfassend ergibt sich damit für den DCFR der Befund eines Schutzsystems, das hinsichtlich des *persönlichen Anwendungsbereiches* den Regelungen der PECL, der ACQP sowie des deutschen AGB-Rechts entspricht. Im Hinblick auf den *sachlichen Anwendungsbereich* führt der DCFR im b2b-Verkehr im Vergleich zu den drei genannten Regelungskomplexen aufgrund der Anknüpfung an den Begriff der Standardvertragsbedingungen – die Vorformulierung und Mehrfachverwendungsabsicht verlangen – zu einer erheblichen Beschränkung. Dagegen geht er im b2c-Verkehr mit Blick auf den sachlichen Anwendungsbereich aufgrund der Rückstufung des Merkmals der Vorformulierung auf ein bloßes Regelbeispiel über die Regelungen der ACQP sowie des deutschen AGB-Rechts hinaus. Einbezogen sind damit auch spontan formulierte sowie einmalig verwendete Vertragsbedingungen. Ob im b2c-Verkehr auch Individualabreden der Klauselkontrolle unterworfen werden sollten, wurde ausdrücklich offengelassen.

Im Hinblick auf den *Kontrollmaßstab* geht der DCFR indes zum Teil deutlich weiter als die genannten Regelungen. Ähnlich wie die ACQP sieht auch der DCFR eine klare Differenzierung des *Kontrollmaßstabes* zwischen b2c- und b2b-Verkehr vor, wobei für den unternehmerischen Geschäftsverkehr mit dem Verweis auf die „gute Handelspraxis" sowie dem Verzicht auf die Vermutungswirkung der Klauselverbote ein flexibler und denkbar weiter Kontrollmaßstab gilt.

---

cantly disadvantages the consumer, contrary to good faith and fair dealing." Hervorhebungen durch den Verfasser.

[699] Art. II. – 9:405 DCFR „... grossly deviates from good commercial practice, contrary to good faith and fair dealing."

d) Verordnungsentwurf für ein Gemeinsames Europäisches Kaufrecht (GEK)

Der 2011 von der europäischen Kommission vorgelegte, am 16.12.2014 jedoch wieder zurückgezogene[700] Verordnungsentwurf für ein Gemeinsames Europäisches Kaufrecht (GEK)[701] folgt im Wesentlichen dem DCFR und der darauf aufbauenden Machbarkeitsstudie (*feasibility study*)[702], die ebenfalls 2011 von einer Expertengruppe im Auftrag der Kommission erstellt worden ist. Die Regelungen der Klauselkontrolle[703] sind – wie schon in den ACQP und im DCFR – weitgehend in einem eigenen Kapitel zusammengefasst:

„Artikel 7: Nicht individuell ausgehandelte Vertragsbestimmungen

(1) Eine Vertragsbestimmung ist nicht individuell ausgehandelt, wenn sie von einer Partei gestellt wurde und die andere Partei nicht in der Lage war, ihren Inhalt zu beeinflussen.

(2) Stellt eine Partei der anderen Partei eine Auswahl an Vertragsbestimmungen zur Verfügung, so wird die Bestimmung nicht allein deshalb als individuell ausgehandelt angesehen, weil die andere Partei diese Bestimmung ausgewählt hat.

(3) Behauptet eine Partei, eine als Teil von Standardvertragsbestimmungen gestellte Vertragsbestimmung sei nach der erstmaligen Bereitstellung individuell ausgehandelt worden, so trägt diese Partei die Beweislast dafür.

(4) In einem Vertrag zwischen einem Unternehmer und einem Verbraucher trägt der Unternehmer die Beweislast dafür, dass eine vom Unternehmer gestellte Vertragsbestimmung individuell ausgehandelt wurde.

Abschnitt 3: Unfaire Vertragsbestimmungen bei Verträgen zwischen Unternehmern

---

[700] Arbeitsprogramm der Kommission 2015: Ein neuer Start, KOM(2014) 910 endg., Anhang 2, Nr. 60 (Liste der zurückzuziehenden oder zu ändernden Vorschläge).

[701] Vorschlag für eine Verordnung über ein Gemeinsames Europäisches Kaufrecht vom 11.10.2011, KOM(2011) 635 endg. Vgl. hierzu eingehend *Gsell*, in: Gebauer (Hrsg.), Gemeinsames Europäisches Kaufrecht (2013), S. 105, 111 f.; *Wendelstein*, GPR 2013, 70; *Flessner*, ZEuP 2012, 726; *Fornasier*, RabelsZ 76 (2012), 401; *Gsell*, in: Remien/Herrler/Limmer (Hrsg.), Gemeinsames Europäisches Kaufrecht für die EU? (2012), S. 145 ff.; *Kindler*, JZ 2012, 712, 712 ff., 716; *Leible*, RabelsZ 76 (2012), 374, 396 ff.; *Roth*, EWS 2012, 12; *Busch*, EuZW 2011, 655. Zur Bedeutung des GEK-E für die Reform des AGB-Rechts vgl. *Fornasier*, in: FIW (Hrsg.), Schwerpunkte des Kartellrechts 2011 (2012), S. 113, 125 f.; *v. Westphalen*, NJOZ 2012, 441, 442 ff.

[702] A European contract law for consumers and businesses: Publication of the results of the feasibility study carried out by the Expert Group on European contract law for stakeholders' and legal practitioners' feedback. Abgedruckt in *Schulze/Zimmermann*, Europäisches Privatrecht: Basistexte (2016), III.29. Vgl. auch Staudinger/*Gsell*, Eckpfeiler (6. Aufl. 2018), L. Rn. 4; *Lehmann*, GPR 2011, 218; *Reich*, EuZW 2011, 736; *Reich*, ZfRV 2011, 196.

[703] Vgl. hierzu *Gsell*, in: Gebauer (Hrsg.), Gemeinsames Europäisches Kaufrecht (2013), S. 105, 111 f. (auf die Verteilung der *Konkretisierungskompetenz* zwischen EuGH und mitgliedstaatlichen Gerichten eingehend: externe Klauseln – mitgliedstaatliche Gerichte, interne Klauseln – EuGH); *Ernst*, in: Remien/Herrler/Limmer (Hrsg.), Gemeinsames Europäisches Kaufrecht für die EU? (2012), S. 93 ff.

Artikel 86: Bedeutung von „unfair" in Verträgen zwischen Unternehmern

(1) In einem Vertrag zwischen Unternehmern gilt eine Vertragsbestimmung für die Zwecke dieses Abschnitts nur dann als unfair, wenn
   (a) sie Bestandteil von nicht individuell ausgehandelten Vertragsbestimmungen iSv. Artikel 7 ist und
   (b) so beschaffen ist, dass ihre Verwendung unter Verstoß gegen das Gebot von Treu und Glauben und des redlichen Geschäftsverkehrs gröblich von der guten Handelspraxis abweicht.

..."[704]

Im Hinblick auf den *persönlichen Anwendungsbereich* ergeben sich gegenüber den bisher besprochenen Kodifikationsprojekten – dem PECL, den ACQP sowie dem DCFR – keine Änderungen: Das GEK folgt einem umfassenden Schutzkonzept und schließt damit sowohl den b2c- als auch den b2b-Verkehr ein. Die Bestimmung des *sachlichen Anwendungsbereiches* orientiert sich weitgehend an der entsprechenden Vorschrift des Art. II.-1:110 Abs. 1 DCFR, weicht jedoch in Bezug auf einen zunächst unscheinbaren, aber letztlich entscheidenden Punkt von der Vorlage des DCFR ab: So folgt die Vorschrift des Art. 7 Abs. 1 GEK-E zwar zunächst dem Vorbild des Art. II.-1:110 Abs. 1 DCFR, indem sie für die Frage des Aushandelns an die Möglichkeit der Beeinflussung des Inhalts der Vertragsbestimmungen durch den Verwendungsgegner anknüpft. Allerdings fehlt der in Art. II.-1:110 Abs. 1 DCFR sowie ebenfalls noch in Art. 5 Abs. 1 der *feasibility study*[705] vorgesehene Hinweis auf das Merkmal der *Vorformulierung* als Regelbeispiel fehlenden Aushandelns. Stattdessen wird das fehlende Aushandeln der Vertragsbestimmungen daran geknüpft, dass die Klausel vom Verwender *gestellt* wurde und die andere Partei nicht in der Lage war, ihren *Inhalt zu beeinflussen.* Der neu hinzugekommene Begriff des *Stellens* stellt dabei keinesfalls ein Synonym für das Merkmal der Vorformulierung dar, da beide Begriffe zwar teilweise, jedoch nicht vollständig deckungsgleich sind. So wird eine vom Verwender gestellte Klausel zwar in der Regel vorformuliert sein, allerdings ist dies keinesfalls zwingend. Daher werden von der Vorschrift – wie schon in Art. II.-1:110 Abs. 1 DCFR – auch spontan formulierte Vertragsbedingungen erfasst und der Anwendungsbereich damit gegenüber § 305 Abs. 1 S. 1 BGB deutlich erweitert. Anstelle des schon im DCFR im Hinblick auf die Bestimmung der *nicht im Einzelnen ausgehandelten Klauseln* in seiner Bedeutung deutlich zurückgestuften Merkmals der Vorformulierung sind in Art. 7 Abs. 1 GEK-E die Tatbestandsvoraussetzungen des *Stellens* und des *fehlenden Einflusses auf den Vertragsinhalt* in den Mittelpunkt gerückt.

---

[704] Hervorhebungen durch den Verfasser.

[705] A European contract law for consumers and businesses: Publication of the results of the feasibility study carried out by the Expert Group on European contract law for stakeholders' and legal practitioners' feedback. Abgedruckt in *Schulze/Zimmermann*, Europäisches Privatrecht: Basistexte (2016), III.29. Vgl. auch Staudinger/*Gsell*, Eckpfeiler (6. Aufl. 2018), L. Rn. 4; *Lehmann*, GPR 2011, 218; *Reich*, EuZW 2011, 736; *Reich*, ZfRV 2011, 196.

Im Hinblick auf die begriffliche Bestimmung der *nicht individuell ausgehandelten Vertragsbestimmungen* dürfte sich aufgrund des lediglich beispielhaften Charakters dieses Merkmals gegenüber dem DCFR letztlich nichts ändern. In systematischer Hinsicht stellt der Verzicht auf das Regelbeispiel des Merkmals der Vorformulierung, dessen Ausgestaltung in Art. 3 Abs. 2 S. 1 Klausel-RL noch als Legaldefinition des Aushandelns gedeutet werden konnte[706], eine deutliche begriffliche Aufweichung des Aushandelnsbegriffs dar. Jedes Missverständnis, das zu einer einschränkenden Auslegung des Begriffs des *Aushandelns* Anlass gegeben hätte, ist durch den Wortlaut des Art. 7 Nr. 1 GEK-E nun ausgeschlossen.

Für die Bestimmung des *sachlichen Anwendungsbereiches* ist jedoch eine weitere Änderung gegenüber dem DCFR von weitaus größerer Bedeutung. Hatte der DCFR im Gegensatz zu den PECL und den ACQP die Inhaltskontrolle auch im unternehmerischen Geschäftsverkehr noch daran geknüpft, dass es sich um *Standardvertragsbedingungen* (*standard terms*) handelt, für die nach Art. II.-1:109 bisher die Merkmale der *Vorformulierung* und der *Mehrfachverwendungsabsicht* vorgesehen waren, so wurde diese Konstruktion im GEK-E wieder aufgegeben. Stattdessen wurde die Inhaltskontrolle ausschließlich an das Merkmal des *fehlenden Aushandelns* geknüpft, so dass es nun weder auf eine *Vorformulierung* noch auf eine *Mehrfachverwendungsabsicht* ankommt. Damit nimmt der GEK-E – nach einer vom DCFR vollzogenen Kehrtwende in Richtung des deutschen AGB-Begriffs – die von Art. 6:101 Abs. 2 ACQP vorgezeichnete Entwicklung wieder auf, wonach nicht die Qualität als Teil eines vorformulierten *Standardvertrages*, sondern ausschließlich das *Fehlen des Aushandelns* als zentrales Tatbestandsmerkmal über die Reichweite des sachlichen Anwendungsbereiches entscheidet.

Mit Blick auf den *Maßstab* der Inhaltskontrolle folgt der GEK-E der durch die entsprechenden Regelungen der ACQP und des DCFR vorgezeichneten Entwicklung und sieht eine deutliche Differenzierung zwischen b2c- und b2b-Verkehr vor: Während im Rechtsverkehr zwischen Verbrauchern und Unternehmern nach Art. 83 Abs. 1 GEK-E eine vom Unternehmer gestellte Vertragsbestimmung dann als unfair und damit unwirksam anzusehen ist, „wenn sie entgegen dem Gebot von Treu und Glauben und des redlichen Geschäftsverkehrs in Bezug auf die vertraglichen Rechte und Verpflichtungen der Vertragsparteien ein erhebliches Ungleichgewicht zu Lasten des Verbrauchers herstellt", gilt im unternehmerischen Geschäftsverkehr ein deutlich weiterer Maßstab. Das Merkmal des *erheblichen Ungleichgewichts* zu Lasten des Verwendungsgegners ist hier gem. Art. 86 Abs. 1 a) GEK-E durch jenes der *gröblichen Abweichung* von der *guten*

[706] So BGH NJW 2250, 2252; *Miethaner*, AGB-Kontrolle (2010), S. 107 f.; *Kriebitzsch*, Inhaltskontrolle (2008), S. 71 f.; *Damm*, JZ 1994, 161, 163; *Hommelhoff/Wiedemann*, ZIP 1993, 562, 566; *Ulmer*, EuZW 1993, 337, 342. Ebenso wohl auch *Kötz*, Europäisches Vertragsrecht I (1996), S. 220 ff. Vgl. hierzu oben S. 792.

Handelspraxis ersetzt. Damit folgt der GEK-E entsprechenden Regelungen des Art. 6:301 Abs. 2 ACQP und Art. II.-9:405 DCFR, die ebenfalls auf den Maßstab der „guten Handelspraxis" bzw. „good commercial practice" abstellen. Entscheidender Maßstab ist damit nicht mehr das *Äquivalenzverhältnis*[707], das vertragliche Gleichgewicht zwischen Vorteilen und Belastungen mit Blick auf vertragliche Nebenbestimmungen, sondern die *gute Handelspraxis*. Der *vertragsinterne* Maßstab der Äquivalenz wird dabei durch eine *vertragsexterne* Norm ersetzt. Unklar bleibt indes, ob der Begriff der guten „Handelspraxis" lediglich *empirisch* zu bestimmen ist oder ob er auch *normative* Elemente enthalten kann bzw. sogar enthalten muss. In der gegenwärtigen rechtspolitischen Diskussion wird dieser – durch entsprechende Reformvorschläge neu aufgeworfenen – Frage[708] eine entscheidende Rolle zukommen.[709]

Zusammenfassend stellt sich damit die Klauselkontrolle nach dem GEK-E als Schutzsystem gegen missbräuchliche Klauseln dar, das in seinem umfassenden *persönlichen Anwendungsbereich* jenem der PECL, der ACQP, des DCFR sowie des deutschen AGB-Rechts entspricht, indem es sowohl den b2c- als auch den b2b-Verkehr der Inhaltskontrolle unterwirft. Im Hinblick auf den *sachlichen Anwendungsbereich* löst sich der GEK-E von der noch im DCFR vorgesehenen Anknüpfung an den Begriff der *Standardvertragsklauseln* – der neben der *Vorformulierung* auch eine *Mehrfachverwendungsabsicht* verlangt – und stellt stattdessen das Merkmal des *fehlenden Aushandelns* in den Mittelpunkt.

Danach ist der sachliche Anwendungsbereich der Inhaltskontrolle stets eröffnet, wenn es sich um Vertragsbedingungen handelt, die vom Verwender *gestellt* worden sind und auf deren Inhalt der Verwendungsgegner *keinen Einfluss* nehmen konnte. Der sachliche Anwendungsbereich schließt somit auch *spontan formulierte Klauseln* sowie lediglich zur *einmaligen Verwendung* bestimmte Vertragsbedingungen ein und geht damit deutlich weiter als jener der ACQP, des DCFR sowie des § 305 Abs. 1 S. 1 BGB[710]. Hinsichtlich des *Maßstabs* der Inhaltskontrolle differenziert der GEK-E dagegen zwischen Unternehmern und Verbrauchern als Klauselgegnern und sieht für den unternehmerischen Geschäftsverkehr neben den Geboten von Treu und Glauben sowie des redlichen Geschäftsverkehrs den weiteren Maßstab der *groblichen Abweichung* von der *„guten Handelspraxis"* vor und folgt damit entsprechenden Regelungen der ACQP sowie des DCFR.

[707] Vgl. hierzu aus *rechtsphilosophischer* Perspektive oben S. 122 ff.

[708] Hierzu eingehend oben S. 758 f. sowie sowie unten S. 983 ff. Kritisch zu entsprechenden Verweisen auf die „Handelspraxis" als *faktisches datum v. Westphalen*, AnwBl. 2013, 850, 851; *v. Westphalen*, NJOZ 2012, 441, 446; *v. Westphalen*, BB 2010, 195, 196.

[709] Eingehend hierzu *de lege ferenda* unten S. 983 ff.

[710] Hierzu eingehend oben S. 421 ff., 666 f., 673 ff.

3. Schlussfolgerungen und Impulse für die rechtspolitische Diskussion

Welche Schlussfolgerungen lassen sich mit Blick auf die gegenwärtige rechtspolitische Diskussion aus der Untersuchung des unionsrechtsrechtlichen Rahmens ziehen? Welche Impulse ergeben sich aus den rechtsvereinheitlichenden Kodifikationsprojekten? Der Vergleich der unterschiedlichen Rechtsakte und Kodifikationen hat ergeben, dass die Unterwerfung des unternehmerischen Geschäftsverkehrs unter die Klauselkontrolle keineswegs einen Anachronismus darstellt, wie es das *Rechtsfluchtargument*[711] vielleicht nahelegen mag. Im Gegenteil gehen sowohl sämtliche Kodifikationsprojekte als auch in der Vergangenheit geplante Rechtsakte wie der am 16.12.2014 wieder zurückgezogene[712] Verordnungsentwurf für ein Gemeinsames Europäisches Kaufrecht (GEK) ganz selbstverständlich von der *Notwendigkeit der Klauselkontrolle* auch im Rechtsverkehr zwischen Unternehmern aus. Bemerkenswert ist dagegen – nimmt man den DCFR als „Ausreißer" von der Betrachtung aus – die Tendenz der untersuchten Kodifikationsprojekte, den *sachlichen Anwendungsbereich* der Inhaltskontrolle insbesondere durch Verzicht auf die Merkmale der *Vorformulierung* und der *Mehrfachverwendungsabsicht* sogar über den Rahmen des §305 Abs.1 S.1 BGB hinaus auszudehnen. Dies gilt umso mehr, als sich die rechtspolitische Diskussion in Deutschland gerade um eine Beschränkung des sachlichen Anwendungsbereiches der Inhaltskontrolle bemüht.

Zwar mag die Inhaltskontrolle in Deutschland mit Blick auf ihre normativen Voraussetzungen aufgrund der restriktiven Rechtsprechung des BGH zur Auslegung des Merkmals des *Aushandelns* letztlich doch weiter reichen, als dies für die untersuchten Regelungen auf der Grundlage ihres Wortlautes bei einer weniger restriktiven Auslegung der Fall wäre. Mit dem Verzicht auf die Merkmale der *Vorformulierung* und der *Mehrfachverwendungsabsicht* – wodurch auch *ad hoc* formulierte sowie zur einmaligen Verwendung bestimmte Klauseln erfasst werden – und die offengelassene Möglichkeit der *Inhaltskontrolle von Individualvereinbarungen* im b2c-Verkehr durch den DCFR ist der sachliche Anwendungsbereich in einigen Punkten jedoch definitiv weiter als jener des §305 Abs.1 S.1 BGB. Damit nähren die besprochenen Kodifikationen die Zweifel an der

[711] Vgl. hierzu eingehend oben S.729ff. sowie *Staffelbach/Hengstler*, ITRB 2013, 21, 23; *Ehle/Brunschweiler*, RIW 2012, 262, 271; *Pfeiffer*, FS v. Westphalen (2010), S.555, 567 (differenzierend); *Voser/Boog*, RIW 2009, 126, 139. Ebenso damals noch *v. Westphalen*, RIW 1/1999, Die Erste Seite: „Meidet das deutsche Recht!". Anders dagegen *v. Westphalen*, AnwBl. 2013, 850, 852ff.; *v. Westphalen*, BB 2013, 67, 67ff.; *v. Westphalen*, BB 2010, 195, 195ff.; *v. Westphalen*, NJW 2009, 2977, 2977ff., 2982. *Hobeck*, DRiZ 2005, 177, 178. Auf die Vorteile des schweizerischen Rechts hinweisend *Bühlmann*, ITRB 2014, 10, 10ff.; *Müller*, BB 2013, 1355, 1357; *Müller/Schilling*, BB 2012, 2319, 2319ff.

[712] Arbeitsprogramm der Kommission 2015: Ein neuer Start, KOM(2014) 910 endg., Anhang 2, Nr.60 (Liste der zurückzuziehenden oder zu ändernden Vorschläge).

Tauglichkeit des *AGB-Begriffs* als *Systembegriff*[713] und geben Anlass, die Forderungen nach einer Liberalisierung des Anwendungsbereiches der Inhaltskontrolle noch einmal zu überdenken. Allerdings wird eine Abkehr vom geltenden AGB-Begriff aufgrund der zu erwartenden Systembrüche weder möglich noch wünschenswert sein. Damit rückt letztlich die Frage der *inhaltlichen Bestimmung* des Begriffs des *Aushandelns* in den Mittelpunkt, für deren Lösung auch die Kodifikationsprojekte kaum Substantielles beizutragen vermögen.

Weitaus größere Bedeutung kommt dagegen der *Differenzierung* zwischen b2c-und b2b-Verkehr sowie mit Blick auf den *Maßstab der Inhaltskontrolle* dem Merkmal der „guten Handelspraxis" zu, das mittlerweile in abgewandelter Form auch durch die jüngeren Reformvorschläge, wie etwa den DAV-Vorschlag[714], aufgegriffen worden ist.[715] Hier können den Kodifikationsprojekten wichtige *Impulse* für die aktuelle rechtspolitische Diskussion entnommen werden, die im Folgenden nun in ihrem jeweiligen dogmatischen Kontext näher zu untersuchen sind.

III. Anwendungsbereich der Inhaltskontrolle im b2b-Verkehr

Die *Reformdiskussion* – ausgehend von der Debatte vor Inkraftkrafttreten des AGBG in der 1970er Jahren (I.2.)[716] bis zum 70. Deutschen Juristentag 2012 (I.3.)[717] – hat gezeigt, dass sich das System der Inhaltskontrolle der §§ 305 ff. BGB, insbesondere in der Ausgestaltung, die es in einer mittlerweile fast vierzigjährigen Rechtsprechungsentwicklung durch den BGH erfahren hat, im Ganzen bewährt hat.[718] Durch ihre Verankerung in der – auf die Konkretisierung der Gebote von *Treu* und *Glauben* nach § 242 BGB gegründeten[719] – langjährigen Rechtsprechung steht die Inhaltskontrolle auch im unternehmerischen Geschäftsverkehr auf dogmatisch sicherem Fundament.[720]

---

[713] Zweifelnd bereits *Hellwege*, AGB und Rechtsgeschäftslehre (2010), S. 527 ff., 530 f., 565. Hierzu oben S. 865.

[714] *Deutscher Anwaltverein*, AnwBl. 2012, 402; *Deutscher Anwaltverein*, AnwBl. Online 2012, 180. Hierzu eingehend oben S. 749 ff.

[715] Vgl. eingehend oben S. 752 ff.

[716] Hierzu oben S. 695 ff.

[717] Hierzu oben S. 714 ff.

[718] So insbesondere *v. Westphalen*, AnwBl. 2013, 850, 850 ff.; *v. Westphalen*, ZIP 2007, 149, 157 ff. sowie *Ulmer/Habersack*, in: *Ulmer/Brandner/Hensen*, AGB-Recht (12. Aufl. 2016), Einl. Rn. 67 ff. So auch der Gesetzgeber zum bisherigen Recht im Rahmen der AGBG-Novelle 1996, BT-Drucks. 13/2713, S. 6. Hierzu *Ulmer/Habersack*, in: *Ulmer/Brandner/Hensen*, AGB-Recht (12. Aufl. 2016), Einl. Rn. 80.

[719] Hierzu RegE zum AGBG, BT-Drucks. 7/3919, S. 14 „Die Vorschriften des Entwurfs sind jedoch Ausprägung des die gesamte Rechtsordnung beherrschenden Grundsatzes von Treu und Glauben. Deshalb ist es nicht möglich, etwa Handelsgeschäfte von Kaufleuten vom Anwendungsbereich schlechthin auszunehmen."

[720] Vgl. zur Rechtsprechung des BGH vor Inkrafttreten des AGBG, der die Inhaltskontrolle gerade auf der Grundlage von Verträgen zwischen Kaufleuten entwickelte BGH NJW

Zugleich ist, insbesondere durch die ab dem Jahr 2004 verstärkt einsetzende Kritik[721] und die daran anknüpfenden *Reformvorschläge* (I.4.)[722], ein erneuter Klärungsbedarf mit Blick auf die Bestimmung der Reichweite der Inhaltskontrolle im unternehmerischen Geschäftsverkehr deutlich geworden. Eine Neuorientierung im Hinblick auf die Kontrolldichte im b2b-Verkehr bedarf indes der Rückbindung an den *Schutzzweck der Inhaltskontrolle*[723], dessen Geltung auch für den unternehmerischen Geschäftsverkehr auf der Grundlage des vertragstheoretischen Begründungsmodells überprüft und bejaht worden ist (I.5).[724]

Dabei hat sich gezeigt, dass auch der unternehmerische Klauselgegner aufgrund nach wie vor bestehender *Informationsasymmetrie* und *Verhandlungsimparität* und daraus resultierender *situativer Unterlegenheit* des Schutzes durch das AGB-Recht bedarf,[725] das im b2b-Verkehr zunehmend die Funktion eines *Ersatzkartellrechts* angenommen hat.[726] Die Untersuchung des *europarechtlichen Rahmens* hat schließlich den Grundansatz des deutschen AGB-Rechts im b2b-Verkehr bestätigt, zugleich jedoch Wege für eine Feinabstimmung des *Anwendungsbereiches* sowie des *Maßstabs* der Inhaltskontrolle aufgezeigt (II.).[727] Damit ist der Boden bereitet, um *Erforderlichkeit* und *Umfang* einer *Neubestimmung* der *Reichweite* der Inhaltskontrolle im unternehmerischen Geschäftsverkehr im Einzelnen näher in den Blick zu nehmen.

Einen ersten Ansatzpunkt der entsprechenden Reformbemühungen bildet die Absenkung der Voraussetzungen des *sachlichen Anwendungsbereiches* nach § 305 Abs. 1 S. 1, 3 BGB. Hierzu sind als Reaktion auf die als zu streng empfundene Rechtsprechung des BGH in Bezug auf die Auslegung des Tatbestandsmerkmals des *Aushandelns* iSv. § 305 Abs. 1 S. 3 BGB im Schrifttum verschiedene Reformmodelle vorgelegt worden.[728] Im Folgenden soll daher zunächst die aktuelle *höchstrichterliche Rechtsprechung* aus der Perspektive der Reformdiskussion nachgezeichnet werden (III.1.)[729], um sodann unter Berücksichtigung der

---

1976, 2345; NJW 1973, 1190; NJW 1971, 1034; NJW 1970 1596; NJW 1969, 230. Vgl. hierzu auch *Bunte*, NJW 1987, 921, 925; *Schmidt-Salzer*, BB 1975, 680, 681; *Schmidt-Salzer*, Diskussion 50. DJT (1974), S. H 72, H 75; *Bastian/Böhm*, BB 1974, 110, 112; *Eith*, NJW 1974, 16, 17 sowie oben S. 347 ff., 696 f.

[721] Hierzu eingehend oben S. 717ff.

[722] Hierzu eingehend oben S. 747 ff.

[723] Vgl. zur *Schutzzweckdiskussion* im Einzelnen eingehend oben S. 462 ff.

[724] Hierzu eingehend oben S. 759 ff.

[725] Zur *Schutzbedürftigkeit* des unternehmerischen Klauselgegners vgl. oben S. 759 ff., 763 ff., 765 ff., 779 ff.

[726] Vgl. hierzu oben S. 780 f. sowie *Schäfer*, BB 2012, 1231, 1233; *Schmidt-Kessel*, AnwBl. 2012, 308, 313; *Fornasier*, in: FIW (Hrsg.), Schwerpunkte des Kartellrechts 2011 (2012), S. 113, 121 ff.; *Kessel/Stomps*, BB 2009, 2666, 2676; *Wellenhofer-Klein*, ZIP 1997, 774, 776.

[727] Hierzu eingehend oben S. 790 ff.

[728] Hierzu eingehend oben S. 747 ff.

[729] Hierzu eingehend unten S. 813 ff.

Kritik (III.2.)[730] die Frage nach der Notwendigkeit einer *Neuorientierung* zu beantworten (III.3.)[731].

1. Der restriktive Ansatz der Rechtsprechung

Der BGH geht in mittlerweile ständiger – von einem Teil des Schrifttums als zu restriktiv kritisierter[732] – Rechtsprechung für die Abgrenzung von AGB und Individualvereinbarung von einer Formel aus, in der er die beiden komplementären Aspekte der ernsthaften *Dispositionsbereitschaft* des Verwenders und der *freien Einbeziehungsentscheidung* des Kunden in den Mittelpunkt stellt.

a) Dispositionsbereitschaft des Verwenders und freie Einbeziehungsentscheidung des Kunden als Ausgangspunkt

Nach der vom BGH entwickelten Formel liegt ein Aushandeln iSv. §305 Abs. 1 S. 3 BGB nur dann vor,

> „... wenn der Verwender zunächst den in seinen Allgemeinen Geschäftsbedingungen enthaltenen *‚gesetzesfremden Kerngehalt‘*, also die den *wesentlichen Inhalt* der *gesetzlichen Regelung* ändernden oder ergänzenden Bestimmungen, *inhaltlich ernsthaft zur Disposition stellt* und dem Verhandlungspartner *Gestaltungsfreiheit* zur *Wahrung eigener Interessen* einräumt mit zumindest der *realen Möglichkeit*, die *inhaltliche Ausgestaltung* der Vertragsbedingungen *zu beeinflussen*. Er muss sich also *deutlich* und *ernsthaft* zur gewünschten *Änderung einzelner Klauseln* bereit erklären.“[733]

Umgekehrt soll ein *Stellen* iSv. §305 Abs. 1 S. 1 BGB dann entfallen, wenn feststeht, dass die Einbeziehung der Vertragsbedingungen auf der Grundlage einer freien Entscheidung des Verwendungsgegners erfolgt ist:

> „An dem hierin durch *einseitige Ausnutzung der Vertragsgestaltungsfreiheit* einer Vertragspartei zum Ausdruck kommenden *Stellen* vorformulierter Vertragsbedingungen *fehlt es* jedoch, wenn deren *Einbeziehung* sich als das *Ergebnis einer freien Entscheidung* desjenigen darstellt, der vom anderen Vertragsteil mit dem Verwendungsvorschlag konfrontiert wird.“[734]

Ernsthafte *Dispositionsbereitschaft* des Verwenders auf der einen und tatsächliche freie *Einbeziehungsentscheidung* des Verwenders auf der anderen Seite bil-

---

730 Hierzu eingehend unten S. 828ff.

731 Hierzu eingehend unten S. 858ff.

732 Vgl. hierzu im Einzelnen unten S. 828 ff mwN.

733 BGH WuM 2013, 293. Ebenso in st. Rspr. BGH NZM 2013, 159, 160; BGH NJW-RR 2009, 947, 948; BGH NJW 2005, 2543, 2544; BGH NJW-RR 2005, 1040, 1040; BGHZ 153, 311, 321 = NJW 2003, 1805, 1807; BGH NJW 1998, 3488, 3489. Hervorhebungen durch den Verfasser.

734 BGH NJW 2010, 1131, 1133; BGH, NJW 1997, 2034. Hervorhebungen durch den Verfasser.

den damit die beiden zentralen Ankerpunkte des Ansatzes des BGH. Mit Blick auf den *Schutzzweck* der Inhaltskontrolle[735] und den sie bestimmenden *verfassungsrechtlichen Rahmen*[736] ist dieser Ansatz nur folgerichtig. So kompensiert die vom Verwender zu fordernde *Dispositionsbereitschaft* vor dem Hintergrund des vertragstheoretischen Begründungsmodells die durch den fehlenden *Konditionenwettbewerb* bedingte *Verhandlungsimparität* zwischen den Parteien.[737]

Die Voraussetzung der *freien Einbeziehungsentscheidung* des Verwenders konkretisiert dagegen den durch Art. 2 Abs. 1 GG gewährleisteten Schutz der *materiellen Vertragsfreiheit*[738] des Verwendungsgegners und nimmt zugleich das Problem der *Transaktionskostenasymmetrie*[739] auf, die aufgrund des bestehenden Informationsgefälles eine freie Einbeziehungsentscheidung in der Regel ausschließt. Angesichts des – in den vorangegangenen Abschnitten der Untersuchung eingehend in den Blick genommenen – *dogmatischen*[740] und *verfassungsrechtlichen*[741] Befundes ist der vom BGH gewählte Ansatz nicht nur unbedenklich, sondern im Gegenteil geradezu zwingend.[742] Eine Aufweichung des Kontrollmaßstabes erscheint insoweit kaum möglich.

b) Bedeutung des Parteiverhaltens für die Annahme eines Aushandelns

Entscheidend wird daher sein, unter welchen konkreten Umständen von einer *freien Einbeziehungsentscheidung* des Verwendungsgegners ausgegangen werden kann. Umgekehrt wird es darauf ankommen, welches Parteiverhalten für die Annahme der *ernsthaften Dispositionsbereitschaft* des Verwenders konkret zu verlangen sein wird.

aa) Verhandlungen

In ständiger Rechtsprechung – schon zum AGBG – geht der BGH davon aus, dass ein „Aushandeln mehr als verhandeln"[743] bedeutet. Dass die Parteien über die einzelnen Vertragsbedingungen verhandeln, ist damit zwar in der Regel eine notwendige, aber keineswegs hinreichende Bedingung für das Vorliegen eines

---

[735] Hierzu eingehend oben S. 462 ff.

[736] Hierzu eingehend oben S. 359 ff., 374 ff.

[737] Hierzu eingehend oben S. 439 ff., 507 ff., 569 ff., 592 ff.

[738] Vgl. nur oben S. 374 ff.

[739] Vgl. hierzu oben S. 541 ff., 569 ff.

[740] Vgl. hierzu oben S. 439 ff.

[741] Vgl. hierzu oben S. 359 ff.

[742] Vgl. insoweit nur BVerfG NJW 2005, 1036, 1037 (Zahnarzthonorar) sowie zu den Anforderungen an eine staatliche *Schutzpflicht* oben S. 374 ff.

[743] BGHZ WuM 2013, 293; St. Rspr. BGH NZM 2013, 159, 160; BGH NJW 2005, 2543, 2544; BGHZ 153, 311, 321 = NJW 2003, 1805, 1807; BGHZ 143, 104, 111 = NJW 2000, 1110, 1111; BGH NJW 1992, 1107. Vgl. auch MünchKomm/*Basedow*, BGB (7. Aufl. 2016), § 305 Rn. 35; Palandt/*Grüneberg*, BGB (77. Aufl. 2018), § 305 Rn. 20; *Ulmer/Habersack*, in: *Ulmer/Brandner/Hensen*, AGB-Recht (12. Aufl. 2016), § 305 Rn. 48.

Aushandelns iSv. §305 Abs. 1 S. 3 BGB. Entsprechende *Verhandlungen* zwischen den Parteien müssen daher *tatsächlich stattgefunden* haben und können nicht lediglich aufgrund einer entsprechenden Erklärung als gegeben unterstellt werden. Die Parteien müssen tatsächlich in die Einzelerörterung der vorformulierten Vertragsbedingungen und möglicher Alternativen eingetreten sein[744], wofür die bloße Belehrung über die Bedeutung der einzelnen Vertragsbedingungen durch einen Notar keineswegs ausreicht.[745]

Die schriftliche Bestätigung des Verwendungsgegners, dass die Klauseln im Einzelnen ausgehandelt seien, reicht damit für den Tatbestand des §305 Abs. 1 S. 3 BGB ebenso wenig aus[746] wie die bloße formularmäßige Erklärung des Verwenders, er sei zur Änderung der AGB bereit.[747] Allenfalls kann in der „Bestätigung des Aushandelns" durch den Verwendungsgegner ein entsprechendes Beweisanzeichen gesehen werden, das jedoch keineswegs eine Umkehr der Beweislast bewirkt.[748] Aus den gleichen Gründen kann auch der Erklärung beider Parteien, dass es sich bei dem Vertrag um einen *Individualvertrag* handelt, keine rechtserhebliche Bedeutung zukommen, „da die §§305 ff. BGB selbst im unternehmerischen Rechtsverkehr nicht der Disposition der Vertragsparteien unterliegen, sondern zwingendes Recht sind."[749] Schließlich ist auch die Tatsache, dass die Vertragsbedingungen dem Verwendungsgegner lediglich *erläutert* worden sind, er von ihnen *Kenntnis* hat, sie *nicht auf Bedenken* stoßen oder einfach *hingenom-*

---

[744] OLG München DB 1982, 1003, 1004; *Ulmer/Habersack,* in: *Ulmer/Brandner/Hensen*, AGB-Recht (12. Aufl. 2016), §305 Rn. 48.

[745] Deutlich insoweit BGH NJW 1984, 2094, 2095 („ohne ausführliche Belehrung *und* eingehende Erörterung"); BGH NJW 1977, 624, 625 („Daß Erörterung und Rechtsfolgenbelehrung die Rechtsnatur von AGB und Formularverträgen allein nicht zu ändern vermögen, war auch bisher schon der Standpunkt der Rechtsprechung des BGH. Obwohl nämlich der Notar ... zur Belehrung der Parteien verpflichtet ist, hat der BGH in der Form der notariellen Beurkundung eines Formularvertrages kein Hindernis gesehen, diesen der richterlichen Inhaltskontrolle zu unterwerfen)". Ebenso *Ulmer/Habersack,* in: *Ulmer/Brandner/Hensen*, AGB-Recht (12. Aufl. 2016), §305 Rn. 48.

[746] BGH NJW 1987, 1634, 1634 f.; BGH NJW 1977, 624, 625 f.; BGH NJW 1977, 432. Bamberger/Roth/*Becker,* (3. Aufl. 2012), §305 Rn. 37; Palandt/*Grüneberg,* BGB (77. Aufl. 2018), §305 Rn. 20; *Ulmer/Habersack,* in: *Ulmer/Brandner/Hensen*, AGB-Recht (12. Aufl. 2016), §305 Rn. 49; *Pfeiffer,* in: Wolf/Lindacher/Pfeiffer, AGB-Recht (6. Aufl. 2013), §305 Rn. 40; Staudinger/*Schlosser,* BGB (2013), §305 Rn. 47.

[747] BGH NJW-RR 2005, 1040, 1041; BGH NJW-RR 1986, 54, 55. Palandt/*Grüneberg,* BGB (77. Aufl. 2018), §305 Rn. 20; Erman/*Roloff,* (15. Aufl. 2017), §305 Rn. 18; *Ulmer/Habersack,* in: *Ulmer/Brandner/Hensen*, AGB-Recht (12. Aufl. 2016), §305 Rn. 48; *Stoffels,* AGB-Recht (3. Aufl. 2015), Rn. 148. Vgl. auch *Miethaner,* AGB-Kontrolle (2010), S. 137.

[748] BGH NJW 1977, 624, 625 f. („Einer derartigen ‚Bestätigung' kann vielmehr nur der Wert eines Beweisanzeichens beigemessen werden, das im Zusammenhang mit dem übrigen Inhalt der gesamten Verhandlungen und dem Ergebnis einer etwaigen Beweisaufnahme zu würdigen ist und dessen Stärke von den Besonderheiten des konkreten Einzelfalls – insbesondere der Person des bestätigenden Partners selbst (z. B.: Kaufmannseigenschaft) – abhängt."); Hierzu eingehend *Miethaner,* AGB-Kontrolle (2010), S. 137.

[749] BGHZ 200, 326 = NJW 2014, 1725, 1728 (Rn. 28).

men werden, für die Annahme eines Aushandelns keinesfalls ausreichend.[750] Denn dies vermag an der *prägenden Wirkung* der vorformulierten Klauseln, dem „Sog des vorformulierten Gedankens“[751] mit seinem „Seriositätsschein des allgemein Üblichen und Geübten“[752] und den damit für den Verwendungsgegner einhergehenden Gefahren nichts zu ändern.[753]

Aber selbst wenn die Parteien tatsächlich miteinander *verhandelt* haben, kann darin nicht ohne weiteres ein *Aushandeln* iSv. § 305 Abs. 1 S. 3 BGB gesehen werden. Deshalb können auch *intensive* und *langwierige* Verhandlungen ein Aushandeln ausschließen, wenn der Verwendungsgegner „bei Erörterung der Klausel von Anfang an deutlich gemacht hat, daß er die Klausel für unangemessen hält.“[754] Andernfalls, so der BGH, „könnte jeder Verwender – ohne sich der Mühe des in § 1 II AGB-Gesetz genannten Aushandelns unterziehen zu müssen – seinen unangemessenen Klauseln über den Umweg des § 242 BGB Wirksamkeit verschaffen, wenn er nur hartnäckig genug bei allen Gesprächen bis zum Vertragsschluß auf diesen Klauseln beharrt.“[755] Dass der Verwendungsgegner daher die Vertragsbedingungen letztlich doch akzeptiert hat, kann ihm nicht als mit dem Verbot des *venire contra factum proprium* unvereinbarer Rechtsmissbrauch iSv. § 242 BGB entgegengehalten werden. Dies gilt selbst dann, „wenn er sich vorher keine Gedanken über einen angemessenen Interessenausgleich gemacht hat.“[756]

Ein *Aushandeln* iSv. § 305 Abs. 1 S. 3 BGB kann daher nur dann angenommen werden, wenn der Verwender den „gesetzesfremden Kerngehalt“ der jeweiligen Vertragsbedingungen wirklich inhaltlich zur Disposition stellt und seinem Verhandlungspartner die reale Möglichkeit einräumt, auf ihre inhaltliche Ausgestaltung zur Wahrung seiner eigenen Interessen Einfluss zu nehmen.[757] An dem Erfordernis ernsthafter, substantieller Abänderungsbereitschaft kommt der Verwender nicht vorbei. Deshalb kann es für die Annahme des Aushandelns keinesfalls ausreichen, dass der Verwendungsgegner selbst Änderungsvorschläge unterbreitet hat, wenn diese letztlich deshalb ins Leere laufen, weil sie vom Ver-

---

750 BGH NJW-RR 1987, 144, 145; *Ulmer/Habersack*, in: *Ulmer/Brandner/Hensen*, AGB-Recht (12. Aufl. 2016), § 305 Rn. 49.

751 *Wiedemann*, FS Kummer (1980), S. 175, 175. Vgl. hierzu auch eingehend oben S. 508 sowie dort Fn. 128 mwN.

752 *Lindacher*, BB 1972, 296, 297. Ebenso *Miethaner*, AGB-Kontrolle (2010), S. 79; *Axer*, AGB-Kontrolle (2012), S. 73 Fn. 281; *Wellenhofer-Klein*, ZIP 1997, 774, 778; *Fastrich*, Inhaltskontrolle (1992), S. 103; *Wiedemann*, FS Kummer (1980), S. 175, 180 Fn. 23. Vgl. hierzu auch eingehend oben S. 509 sowie dort Fn. 129 mwN.

753 *Ulmer/Habersack*, in: *Ulmer/Brandner/Hensen*, AGB-Recht (12. Aufl. 2016), § 305 Rn. 49.

754 BGH NJW-RR 1987, 144, 145.

755 BGH NJW 1988, 410, 411.

756 BGH NJW 1988, 410, 411.

757 St. Rspr. BGH WuM 2013, 293; BGH NZM 2013, 159, 160; NJW-RR 2009, 947, 948; BGH NJW 2005, 2543, 2544 sowie die oben in Fn. 733, S. 813 genannten Nachweise.

wender kategorisch abgelehnt werden.[758] Denn damit bringt der Verwender zum Ausdruck, dass er keineswegs bereit ist, seinem Verhandlungspartner mit Blick auf die entsprechenden Vertragsbedingungen Gestaltungsmacht einzuräumen.[759] Ein Aushandeln iSv. §305 Abs.1 S.3 BGB setzt daher die *tatsächliche* und *substantielle Abänderungsbereitschaft* des Verwenders voraus, die sich jedoch keinesfalls darin erschöpfen darf, dass dem Verwendungsgegner lediglich eine bloße Verhandlungsmöglichkeit eingeräumt wird.[760]

Es reicht somit nicht aus, dass der Verwender seinem Vertragspartner seine ernsthafte Verhandlungsbereitschaft mitteilt und dieser die vorformulierten Klauseln ohne vorherige, eingehende Verhandlung annimmt.[761] Denn in diesem Fall kann von einem *Aushandeln*, das eine eingehende Erörterung der entsprechenden Klauseln voraussetzt, nicht ausgegangen werden.[762] Zwar hatte der BGH in seiner früheren Rechtsprechung in Fällen bestehender Abänderungsbereitschaft bei fehlender Verhandlung ein Aushandeln offenbar für möglich gehalten.[763] Allerdings ist er dieser Linie auch in früheren Judikaten nicht vollständig gefolgt und hat teilweise darüber hinaus verlangt, dass Vertragsbestimmungen jedenfalls dann, wenn sie erheblich in die Rechtsposition des Verwendungsgegners eingreifen, „der eingehenden vorherigen Erörterung zwischen den Vertragsparteien und sich daran anschließender eindeutiger Niederlegung im Vertrag [bedürfen], wenn sie als Individualabrede gelten soll[en].“[764] Die neuere Rechtsprechung hat den weiten Maßstab seiner früheren Entscheidungen nicht wieder aufgegriffen und verlangt nunmehr, dass der Verwender seine Abänderungsbereitschaft hinreichend konkretisiert. Die pauschale Erklärung des Verwenders, er sei zur

---

[758] BGHZ 153, 311, 322 = NJW 2003, 1805, 1808.

[759] BGHZ 153, 311, 322 = NJW 2003, 1805, 1808.

[760] *Ulmer/Habersack,* in: *Ulmer/Brandner/Hensen*, AGB-Recht (12. Aufl. 2016), §305 Rn.50.

[761] *Ulmer/Habersack,* in: *Ulmer/Brandner/Hensen*, AGB-Recht (12. Aufl. 2016), §305 Rn.50.

[762] *Ulmer/Habersack,* in: *Ulmer/Brandner/Hensen*, AGB-Recht (12. Aufl. 2016), §305 Rn.50.

[763] So wohl BGH NJW 1983, 385, 386 („Dazu wäre erforderlich gewesen, daß auch die Bekl. hinsichtlich des Vertragsinhalts Gestaltungsfreiheit zur Wahrung eigener berechtigter Interessen gehabt hätte, es ihr also *möglich* gewesen wäre, die *inhaltliche Ausgestaltung der Vertragsbedingungen* zu beeinflussen.“); BGH BB 1981, 756, 757 („Unerläßliche Voraussetzung für die Annahme eines Individualvertrages in solchen Fällen ist es indessen, daß der Verwender bei Zustandekommen des Vertrages zur *Änderung seiner vorformulierten Klauseln bereit* war und daß sein Vertragspartner das *wußte*.“); BGH NJW 1977, 624, 625 („Für das Zustandekommen einer Individualvereinbarung ist es vielmehr erforderlich, daß der Verwender von AGB oder Vertragsformularen zur Abänderung seiner Bedingungen *bereit ist* und der Geschäftspartner dies bei den Vertragsverhandlungen *weiß*.“). Ebenso BAG v. 12.12.2013, 8 AZR 829/12, Rn.31. Instruktiv zum Streitfall BGH NJW 1979, 367, 368. Vgl. hierzu *Ulmer/Habersack*, in: *Ulmer/Brandner/Hensen*, AGB-Recht (12. Aufl. 2016), §305 Rn.50. Hervorhebungen durch den Verfasser.

[764] BGH NJW 1979, 1406, 1407.

Abänderung der von ihm vorformulierten Klauseln, insbesondere eines umfangreicheren Vertragswerkes, grundsätzlich bereit, reicht hierfür nicht aus.[765] Vielmehr muss er seinem Verhandlungspartner in der Regel *konkrete Alternativen* zu den von ihm vorformulierten Klauseln anbieten.[766]

Ausnahmsweise kann indes auf ein tatsächliches *Verhandeln* verzichtet werden.[767] Denn nach Auffassung des BGH kommt es für ein Aushandeln „nicht darauf an, ob die Vertragsparteien über den Text der Klauseln *verhandelt* haben. Vielmehr kann auch eine vorformulierte Vertragsbedingung ausgehandelt sein, wenn sie der Verwender als eine von mehreren Alternativen anbietet, zwischen denen der Vertragspartner die Wahl hat .... Erforderlich ist, dass er durch die Auswahlmöglichkeit den Gehalt der Regelung mit gestalten kann und die Wahlfreiheit nicht durch Einflussnahme des Verwenders, sei es durch die Gestaltung des Formulars, sei es in anderer Weise überlagert wird.“[768]

bb) Einräumen von Wahlmöglichkeiten

Entsprechend kann eine vorformulierte Vertragsbedingung daher „ausgehandelt sein, wenn sie der Verwender als eine von mehreren Alternativen anbietet, zwischen denen der Vertragspartner die Wahl hat.“[769] Allerdings stellt der BGH an die vom Verwender angebotenen Wahlmöglichkeiten hohe Anforderungen, wenn sie als Aushandeln iSv. § 305 Abs. 1 S. 3 BGB anerkannt werden sollen. Denn „auch die Eröffnung von Wahlmöglichkeiten zwischen mehreren vorformulierten Vertragsbedingungen macht die vom Vertragspartner gewählte Alternative grundsätzlich noch nicht zur Individualabrede.“[770] So ist zunächst erforderlich, dass es sich nicht lediglich um die Möglichkeit unselbstständiger Ergänzungen – wie etwa das Einfügen von Namen und Vertragsobjekt – handelt. Vielmehr muss der Verwender eine *substantielle inhaltliche Änderung* der entsprechenden Klauseln anbieten.

Eine dem Erfordernis des Aushandelns genügende Konkretisierung der Abänderungsbereitschaft des Verwenders liegt daher insbesondere dann vor, wenn

---

[765] BGH NJW-RR 2005, 1040, 1041; OLG Celle NJW 326, 327. Zustimmend Staudinger/*Schlosser*, BGB (2013), § 305 Rn. 44; *Ulmer/Habersack*, in: *Ulmer/Brandner/Hensen*, AGB-Recht (12. Aufl. 2016), § 305 Rn. 50; *Pfeiffer*, in: Wolf/Lindacher/Pfeiffer, AGB-Recht (6. Aufl. 2013), § 305 Rn. 38; *Stoffels*, AGB-Recht (3. Aufl. 2015), Rn. 148.

[766] So wohl auch *Ulmer/Habersack*, in: *Ulmer/Brandner/Hensen*, AGB-Recht (12. Aufl. 2016), § 305 Rn. 50 („Dabei muss – insbesondere durch das Angebot mehrerer Alternativen – über den Inhalt der entsprechenden Klausel disponiert werden können ....“).

[767] BGH NJW 2008, 987, 989.

[768] BGH NJW 2008, 987, 989.

[769] BGH NJW 2003, 1313, 1314. Eingehend hierzu *Ulmer/Habersack*, in: *Ulmer/Brandner/Hensen*, AGB-Recht (12. Aufl. 2016), § 305 Rn. 53 ff. Zu undifferenziert indes *Miethaner*, AGB-Kontrolle (2010), S. 138 f., der davon ausgeht, dass die Eröffnung von Wahlmöglichkeiten für die Annahme eines *Aushandelns* iSv. § 305 Abs. 1 S. 3 BGB nicht ausreicht.

[770] BGH NJW 2014, 206, 207; BGH NJW 2010, 1131, 1133; BGH NJW 1996, 1676, 1677.

der Verwender seinem Verhandlungspartner Wahlmöglichkeiten im Hinblick auf eine ganz *bestimmte Vertragsbedingung* und die entsprechende *Gegenleistung* anbietet.[771] Denn, so der BGH, „ein durchschlagender Grund, Vertragsalternativen mit unterschiedlichen Entgeltsregelungen der Aushandlungsmöglichkeit nach § 1 II AGBG zu entziehen und sie unterschiedslos als Allgemeine Geschäftsbedingungen zu behandeln, besteht nicht."[772] Auszuschließen ist allein die Gefahr, dass „Wahlfreiheit nicht durch Einflussnahme des Verwenders, sei es durch die Gestaltung des Formulars, sei es in anderer Weise, überlagert wird."[773] Daher kann der Verwender seinem Verhandlungspartner durchaus Wahlmöglichkeiten – etwa im Hinblick auf im Vertrag vorgesehene Haftungsregelungen in Verbindung mit entsprechenden Zu- oder Abschlägen beim Preis – anbieten.[774] Klauselabhängige Tarifalternativen sind damit grundsätzlich zulässig.[775] Im Übrigen bleibt es dabei, dass „eine Klausel in Allgemeinen Geschäftsbedingungen eines von dem Vertragspartner des Verwenders angenommenen Angebots nicht dadurch zu einer individuell ausgehandelten Vertragsbedingung [wird], dass der Vertragspartner des Verwenders auch ein ihm unterbreitetes Alternativangebot mit abweichenden Allgemeinen Geschäftsbedingungen hätte annehmen können."[776]

Vor dem Hintergrund der anhaltenden Kritik an der als zu restriktiv empfundenen Rechtsprechung des BGH ist in diesem Zusammenhang die Tatsache bemerkenswert, dass die *rechtsvereinheitlichenden Kodifikationsprojekte* das bloße Einräumen von Wahlmöglichkeiten durch den Verwender nicht als *Aushandeln* genügen lassen. So stellt Art. II.-1:110 Abs. 2 DCFR klar:

„(2) If one party supplies a *selection of terms* to the other party, *a term will not be regarded* as individually negotiated *merely because* the other party *chooses* that term from that selection."[777]

Eine entsprechende Regelung findet sich in Art. 7 Abs. 2 GEK-E:

„(2) Stellt eine Partei der anderen Partei eine *Auswahl an Vertragsbestimmungen* zur Verfügung, so wird die Bestimmung *nicht* allein deshalb als individuell ausgehandelt angesehen, weil die andere Partei diese Bestimmung *ausgewählt* hat."[778]

---

[771] BGH NJW 2003, 1313, 1314.

[772] BGH NJW 2003, 1313, 1314.

[773] BGH NJW 2003, 1313, 1314. Ebenso BGH NJW 1998, 1066, 1068; BGH NJW-RR 1997, 1000, 1000 f.; BGH NJW 1996, 1676, 1677; BGH NJW 1992, 503, 504.

[774] *Ulmer/Habersack,* in: *Ulmer/Brandner/Hensen*, AGB-Recht (12. Aufl. 2016), § 305 Rn. 53a.

[775] Ebenso *Ulmer/Habersack,* in: *Ulmer/Brandner/Hensen*, AGB-Recht (12. Aufl. 2016), § 305 Rn. 53, die jedoch zusätzlich ein „sachlich berechtigtes Interesse des Verwenders an der wirksamen Offenhal-tung derartiger Gestaltungsmöglichkeiten trotz der Vielzahl der von ihm geschlossenen Verträge über bestimmte Lieferungen oder Leistungen" verlangen.

[776] BGH NJW 2014, 206, 208.

[777] Hervorhebungen durch den Verfasser.

[778] Hervorhebungen durch den Verfasser.

Und auch Art. 30 Abs. 2 des letztlich nicht in dieser Form verabschiedeten Entwurfs einer Verbraucherrechte-Richtlinie[779] ließ das Einräumen von Wahlmöglichkeiten für die Annahme des Aushandelns nicht genügen:

(2) Die Tatsache, dass der Verbraucher die *Möglichkeit* hatte, den Inhalt *bestimmter Elemente* einer Vertragsklausel oder eine *einzelne Klausel* zu beeinflussen, schließt die Anwendung dieses Kapitels auf die *übrigen Klauseln*, die Bestandteil des Vertrags sind, nicht aus. ...“[780]

Damit ist die Rechtsprechung des BGH zumindest im Hinblick auf diesen Aspekt teilweise weiter als entsprechende europäische Regelungsvorschläge. Zwar handelt es sich bei den genannten Kodifikationsprojekten und Entwürfen (noch) nicht um geltendes europäisches Recht. Die genannten Regelungen, die zum Teil auf rechtsvergleichender Grundlage die nationalen Rechtsordnungen berücksichtigen und das europäische Rahmenrecht aufgreifen, können jedoch als Spiegel eines allgemeinen Grundkonsenses gelten, der jedenfalls eine grundsätzliche Angemessenheit der entsprechenden Regelungen impliziert. Im Hinblick auf die Vorschrift des Art. 7 Abs. 2 GEK-E steht darüber hinaus ein konkreter Rechtsakt im Raum, so dass mit einer entsprechenden Rahmenregelung auf europäischer Ebene in Form eines optionalen Vertragsrechtsinstruments zu rechnen ist.[781]

cc) Unveränderte Übernahme des Vertragstextes

Heftige Kritik vonseiten des Schrifttums erfährt die Rechtsprechung des BGH dagegen in einem anderen Punkt: Der Frage, ob ein *Aushandeln* iSv. § 305 Abs. 1 S. 3 BGB zwingend eine tatsächliche *Änderung des Textes* erfordert oder ob auch die *unveränderte Übernahme* eines vorformulierten Textes den Anforderungen an ein *Aushandeln* genügt. Der BGH beantwortet diese Frage differenziert und verweist in ständiger, seit Inkrafttreten des AGBG weitgehend konsistenter Rechtsprechung auf das Regel-Ausnahme-Verhältnis beider Alternativen. Danach soll die Dispositionsbereitschaft des Verwenders regelmäßig in einer Änderung der vorformulierten Vertragsbedingungen zum Ausdruck kommen:

„In aller Regel schlägt sich eine solche Bereitschaft auch in *erkennbaren Änderungen des vorformulierten Textes* nieder. Allenfalls unter *besonderen Umständen* kann eine Vertragsklausel auch dann als Ergebnis eines Aushandelns gewertet werden, wenn es schließlich nach *gründlicher Erörterung* bei dem gestellten Entwurf verbleibt.“[782]

---

779 KOM(2008) 614 endg., S. 37.

780 Hervorhebungen durch den Verfasser.

781 Vgl. zu den kollisionsrechtlichen Aspekten eingehend *Fornasier*, in: FIW (Hrsg.), Schwerpunkte des Kartellrechts 2011 (2012), S. 113 ff.

782 BGH NJW 2013, 856, 856 (bring-or-pay). Ebenso BGHZ 153, 311, 321 = NJW 2003, 1805, 1807; BGHZ 143, 103, 104, 112 = NJW 2000, 1110, 1111 f.; BGH NJW-RR 1987, 144, 145; BGHZ 84, 108, 111 = NJW 1982, 2309, 2309; BGH NJW 1977, 624, 625. Hervorhebungen durch den Verfasser.

Nur ausnahmsweise, unter „besonderen Umständen“, kann es für ein *Aushandeln* genügen, dass der vom Verwender vorformulierte Text von seinem Verhandlungspartner unverändert übernommen wird.[783] Welche besonderen Umstände die Annahme eines Aushandelns rechtfertigen, hat der BGH vor Kurzem in seiner sogenannten *bring-or-pay-Entscheidung*[784] klargestellt. Neben der gründlichen *Erörterung* der entsprechenden Vertragsbedingungen ist hierfür erforderlich, dass der Verwendungsgegner seine gegebenenfalls bestehenden „ursprünglichen Einwände und Vorbehalte gegen die Klausel fallengelassen und diese in einer Weise als *sachlich berechtigt* akzeptiert hat, die … auf eine individuell ausgehandelte Vertragsbedingung schließen lassen könnte.“[785] Bereits das *OLG Hamm* als Vorinstanz war davon ausgegangen, dass eine „als *nicht verhandelbar* gestellte Vertragsklausel gleichwohl individuell ausgehandelt sein könne, wenn die andere Partei sich den Inhalt der Klausel unter dem Eindruck der Vertragsverhandlungen *zu Eigen gemacht* und *als sachlich berechtigt* akzeptiert habe oder wenn zwischen den Vertragspartnern über viele Aspekte eines *komplexen Vertrages* umfangreich und langwierig *verhandelt* wurde und die streitige Vertragsklausel *stehen geblieben* ist, weil beispielsweise an anderer Stelle des Vertrages eine *Kompensation* stattgefunden hat.“[786]

Entscheidend ist daher, dass der Verwendungsgegner die entsprechenden Vertragsbedingungen als *sachlich richtig* und *gerechtfertigt* anerkennt und sie aufgrund einer tatsächlich freien Einbeziehungsentscheidung zur Grundlage des mit dem Verwender abgeschlossenen Vertrages machen will. Er muss ihnen daher aus Überzeugung zustimmen und darf sich nicht lediglich in das Unvermeidliche fügen. Werden Vertragsbedingungen vom Verwendungsgegner unverändert übernommen, so ist für die Frage, ob ein *Aushandeln* iSv. §305 Abs. 1 S. 3 BGB vorliegt, auch der Inhalt der Klausel zu berücksichtigen. Wird sie zu einer einseitigen Belastung des Verwendungsgegners und weicht sie erheblich von dem auch die Interessen des Kunden schützenden dispositiven Recht ab, so spricht dies deutlich gegen die Annahme eines Aushandelns.[787]

Keinesfalls ausreichend ist für die Qualifizierung als Individualabrede darüber hinaus, dass die Parteien die entsprechenden Klauseln eingehend *erörtert* und ausführlich *verhandelt* haben und der Verwendungsgegner den Vertrag erst nach intensiver *juristischer Prüfung* gebilligt hat.[788] Denn keine noch so intensive Verhandlung, eingehende juristische Prüfung und umfassende rechtliche Beratung vermag dem Verhandlungspartner des Verwenders jene Vertragsgestaltungsfrei-

783 BGH NJW 2013, 856, 856 (bring-or-pay); NJW 2003, 1805, 1807; BGH NJW 2000, 1110, 1113.

784 BGH NJW 2013, 856 (bring-or-pay).

785 BGH NJW 2013, 856, 857 (bring-or-pay). Hervorhebungen durch den Verfasser.

786 OLG Hamm v. 9. 1. 2012, 2 U 104/11, Rn. 123. Hierauf Bezug nehmend BGH NJW 2013, 856, 857 (bring-or-pay). Hervorhebungen durch den Verfasser.

787 BGH NJW 1981, 2343, 2343; MünchKomm/*Basedow*, BGB (7. Aufl. 2016), §305 Rn. 39.

788 BGH NJW 2013, 856, 857 (bring-or-pay).

heit zu verleihen, die der Gewährleistung des Art. 2 Abs. 1 GG entspricht und die Bindungswirkung des Vertrages überhaupt erst rechtfertigt, wenn der Verwender eine Änderung der vorformulierten Klauseln kategorisch ablehnt. In diesem Fall ist und bleibt die Gestaltungsmacht des Verwendungsgegners auf Null reduziert. Er bleibt lediglich auf die Inanspruchnahme negativer Abschlussfreiheit verwiesen, so dass ihm als Alternative zum Vertragsschluss lediglich die Möglichkeit offensteht, vom Vertragsschluss insgesamt Abstand zu nehmen.[789] Damit wird angesichts des fehlenden *Konditionenwettbewerbs*[790] und regelmäßig branchenweit einheitlicher Vertragsbedingungen sein Defizit an *Vertragsgestaltungsfreiheit* indes nicht kompensiert.[791]

Unschädlich ist seine mangelnde Einflussnahme auf den Inhalt des Vertrages nur dann, wenn zwischen beiden Parteien ohnehin ein *Konsens* über die *Sachgerechtigkeit* der entsprechenden Klauseln besteht. Ein solcher Konsens muss dabei nicht von vornherein bestanden haben, sondern kann auch durch argumentative Überzeugung des Verwendungsgegners herbeigeführt werden. Ein Aushandeln iSv. §305 Abs. 1 S. 3 BGB kann daher auch dann vorliegen, wenn der Vertragspartner des Verwenders seine Bedenken gegen die vom Verwender in den Vertrag eingefügte Klausel „als Ergebnis des Verhandlungsprozesses aufgegeben und die Klausel schließlich als in der Sache gerechtfertigt in … [seinen] rechtsgeschäftlichen Willen aufgenommen hat."[792] In einem solchen Fall einer Willensübereinstimmung zwischen dem Verwender und seinem Vertragspartner entfällt die *situativ* bedingte *Schutzbedürftigkeit* des Klauselgegners.[793] Hierfür ist jedoch der Verwender darlegungs- und beweispflichtig.[794] Somit hält der BGH nach der *bring-or-pay-Entscheidung*[795] die Dispositionsbereitschaft des Verwenders für die Annahme eines Aushandelns ausnahmsweise dann für entbehrlich, wenn zwischen beiden Parteien ein tatsächlicher Konsens über die Sachgerechtigkeit der entsprechenden Klauseln besteht. Er knüpft dabei an eine Argumentationslinie an, die er bereits 1992 f.ür den unternehmerischen Geschäftsverkehr vertreten hat. Hier war der BGH davon ausgegangen, dass „im kaufmännischen Verkehr … ein individuelles Aushandeln im Übrigen auch dann vorliegen [kann], wenn der Verwender eine bestimmte Klausel als unabdingbar erklärt."[796] Zwar

789 Hierzu oben S. 596 ff.

790 Zum fehlenden Konditionenwettbewerb vgl. nur MünchKomm/*Basedow*, BGB (7. Aufl. 2016), Vor §305 Rn. 5 f.; Staudinger/*Wendland*, BGB (2019), §307 Rn. 4; *Fastrich*, Inhaltskontrolle (1992), S. 80, 86; *Habersack*, Vertragsfreiheit und Drittinteressen (1992), S. 107; *Adams*, BB 1989, 781, 784 f.; *Baudenbacher*, Grundprobleme (1983), S. 206 ff., 217; *Kötz*, Gutachten (1974), S. A 9, S. A 33 ff. sowie oben S. 542 ff.

791 Hierzu eingehend oben S. 596 ff., 0 ff., 611 ff.

792 BGH NJW 2013, 856, 857 (bring-or-pay).

793 Hierzu oben S. 439 ff., 508 ff., 567 ff.

794 BGH NJW 2013, 856, 857 (bring-or-pay).

795 BGH NJW 2013, 856, 857 (bring-or-pay).

796 BGH NJW 1992, 2283, 2285.

betraf die *bring-or-pay-Entscheidung* den Rechtsverkehr zwischen Unternehmern. Allerdings fehlt eine ausdrückliche Stellungnahme zu der Frage, ob die Lockerung der Anforderungen für die Annahme eines Aushandelns in Fällen fehlender Textänderung allgemeine Geltung beansprucht oder auf den b2b-Verkehr beschränkt bleibt. Festzuhalten ist damit, dass jedenfalls im unternehmerischen Geschäftsverkehr eine gewisse Liberalisierung der Anforderungen des §305 Abs. 1 S. 3 BGB erfolgt ist.

Gleichwohl ist das Spannungsverhältnis zwischen der Annahme eines derartigen materiellen Konsenses und dem Schutz des Verwendungsgegners vor den Gefahren missbräuchlicher Klauseln unverkennbar: Denn die Tatsache, dass sich der Verwendungsgegner mit den entsprechenden Klauseln einverstanden erklärt hat, also ein formaler Konsens besteht, wird vom Verwender regelmäßig als Beleg für die Geltung seiner – den Klauselgegner häufig einseitig belastenden – AGB herangezogen werden. Die *Schutzbedürftigkeit* des Klauselgegners erwächst daher gerade aus der *Bindungswirkung* des formalen Konsenses, der in der Regel aufgrund der situativen Unterlegenheit des Verwendungsgegners erhebliche Defizite im Hinblick auf *Information* und *rechtsgeschäftliche Entscheidungsfreiheit* aufweist. Entsprechend hohe Anforderungen sind an den Nachweis eines tatsächlichen, materiellen Konsenses zwischen beiden Parteien zu stellen. Er darf nicht lediglich unterstellt werden. Vielmehr muss sich aus den Äußerungen oder dem Verhalten des Verwendungsgegners zweifelsfrei ergeben, dass dieser tatsächlich von der *Richtigkeit* der vom Verwender vorformulierten Vertragsbedingungen überzeugt ist und sich ihnen nicht allein aufgrund mangelnder Handlungsalternativen unterworfen hat. Hiervon wird in der Regel nur in Ausnahmefällen auszugehen sein.

Höhere Anforderungen stellt indes das BAG an die Annahme eines Aushandelns bei unveränderter Übernahme eines vorformulierten Textes:

> „Bleibt es nach Erörterung bei dem vorformulierten Text, weil der Betroffene nunmehr mit diesem *einverstanden* ist, so kann der Vertrag gleichfalls als das Ergebnis eines *Aushandelns* betrachtet werden. Voraussetzung dafür ist aber, dass sich der Verwender *deutlich* und *ernsthaft* zu eventuell gewünschten *Abänderungen* der zu treffenden Vereinbarung *bereit erklärt* und dass dies dem anderen Teil bei Abschluss des Vertrags *bewusst* war."[797]

Werden die Vertragsbedingungen vom Verwendungsgegner unverändert übernommen, so setzt ein *Aushandeln* iSv. §305 Abs. 1 S. 3 BGB neben tatsächlichen *Verhandlungen* – d.h. einer eingehenden *Erörterung* des vorformulierten Textes – und dem *Einverständnis* des Verwendungsgegners darüber hinaus die *Abänderungsbereitschaft* des Verwenders voraus, die seinem Verhandlungspartner zudem bewusst gewesen sein muss.[798] Erforderlich ist die „Möglichkeit der Ein-

[797] BAG NJW 2014, 2138, 2140. Hervorhebungen durch den Verfasser.

[798] BAG NJW 2014, 2138, 2140 („Voraussetzung dafür ist aber, dass sich der Verwen-

flussnahme"[799], die sich auf die konkrete, im Streit stehende Klausel beziehen muss. Sie verlangt, dass der Verwender die von ihm vorformulierten Vertragsbedingungen ernsthaft zur Disposition stellt und seinem Verhandlungspartner Gestaltungsfreiheit zur Wahrung seiner Interessen einräumt.[800] Im Zivilverfahren unterliegt es dem Verwender, die entsprechenden Tatsachen nach den Grundsätzen der *abgestuften Darlegungslast* vorzutragen und zu beweisen.[801] Dabei muss er konkret darlegen, „wie er Klauseln zur Disposition gestellt hat und aus welchen Umständen darauf geschlossen werden kann, der Verwendungsgegner habe die Klauseln freiwillig akzeptiert."[802]

Diese Voraussetzungen werden auch vom BGH dem Begriff des Aushandelns zugrunde gelegt, soweit nicht der besprochene Ausnahmefall des materiellen Konsenses zwischen Parteien gegeben ist. Bemerkenswert ist in diesem Zusammenhang die Argumentation, die der BGH bereits kurz nach Inkrafttreten des AGBG für die entsprechenden Fälle entwickelt hat.[803] Dabei begründet er die hohen Anforderungen an die Erkennbarkeit des Abänderungswillens des Verwenders für seinen Vertragspartner mit dem Erfordernis der Widerlegung des *objektiven Erklärungswerts*, der mit dem Stellen von AGB selbst verbunden ist:

„Auf der anderen Seite ist für die Abgrenzung zwischen *Individualvereinbarung* einerseits und *AGB* oder Formularvertrag andererseits zu berücksichtigen, daß der Vertragsteil, der sein Angebot unter Verwendung von AGB oder eines Vertragsformulars angibt ... damit – vorbehaltlich anderslautender Erklärungen – nach allgemeiner Verkehrsanschauung *zu verstehen gibt*, er sei *nicht bereit*, von seinen vorgedruckten, abschließend formulierten Konditionen *abzuweichen* und sie eventuell den gegenläufigen Interessen des Partners anzupassen oder sie zu ergänzen; entweder werde der Vertrag zu seinen Bedingungen abgeschlossen, oder er komme überhaupt nicht zustande. Diesen *objektiven Erklärungswert* der Verwendung von AGB oder Vertragsformularen muß der Verwender bei den Vertragsverhandlungen *beseitigen*, wenn er sich später darauf berufen will, der Vertrag sei entgegen dem äußeren Anschein doch ganz oder teilweise ‚ausgehandelt', also individuell vereinbart worden. ...

Für das Zustandekommen einer Individualvereinbarung ist es vielmehr erforderlich, daß der Verwender von AGB oder Vertragsformularen zur *Abänderung* seiner Bedingungen *bereit* ist und der Geschäftspartner dies bei den Vertragsverhandlungen *weiß*. Das wird insbesondere dann angenommen werden können, wenn der Verwender dem Partner seine trotz vorformulierten Klauseltextes vorhandene Änderungsbereitschaft *hinreichend deutlich zu erkennen gegeben* hat."[804]

---

der deutlich und ernsthaft zu eventuell gewünschten Abänderungen der zu treffenden Vereinbarung bereiterklärt und dass dies dem anderen Teil bei Abschluss des Vertrags bewusst war."); BAG, NZA-RR 2009, 519, 521; BGH NJW 1998, 2600, 2601.

[799] BAG NJW 2014, 2138, 2140.

[800] BAG NJW 2014, 2138, 2140.

[801] BAG NJW 2014, 2138, 2140. Hierzu näher BAG NJW 2010, 2827, 2829.

[802] BAG v. 12.12.2013, 8 AZR 829/12, Rn. 31. Ebenso BAG NJW 2010, 2827, 2829; BAG NJW 2005, 3305, 3310.

[803] BGH NJW 1979, 367, 368; BGH NJW 1977, 624, 625.

[804] BGH NJW 1977, 624, 625. Ebenso BGH NJW 1979, 367, 368.

Damit bleibt es auch aus der Sicht des BGH bei dem Grundsatz, dass unverändert übernommene Vertragsbedingungen nur im Ausnahmefall als Individualvereinbarungen zu qualifizieren sind. Voraussetzungen hierfür sind die *Erörterung* der entsprechenden Klauseln, das aus der Einsicht in die Sachgerechtigkeit der Klauseln erwachsende *Einverständnis* des Verwendungsgegners sowie die hinreichend deutlich erkennbare *Abänderungsbereitschaft* des Verwenders, die seinem Verhandlungspartner darüber hinaus auch *bewusst* gewesen sein muss. Für als *unverhandelbar* gestellte Vertragsbedingungen kann nach der aktuellen bring-or-pay-Entscheidung des BGH[805] und der vorangegangenen Entscheidung des *OLG Hamm*[806] nur im seltenen Ausnahmefall ein Aushandeln iSv. § 305 Abs. 1 S. 3 BGB angenommen werden, wenn sich der Verwendungsgegner diese zu eigen *gemacht* und als *sachlich berechtigt* akzeptiert hat oder wenn eine anderweitige Kompensation im Rahmen einer Paketlösung stattgefunden hat.

dd) Umfang der Abänderungsbereitschaft des Verwenders

Nicht bereits jede *Bereitschaft* des Verwenders zur *Abänderung* der verwendeten Klauseln genügt für die Annahme einer im Einzelnen ausgehandelten Individualvereinbarung. Erforderlich ist vielmehr, dass der Verwender „den in seinen Allgemeinen Geschäftsbedingungen enthaltenen ‚gesetzesfremden Kerngehalt', also die den wesentlichen Inhalt der gesetzlichen Regelung ändernden oder ergänzenden Bestimmungen, inhaltlich ernsthaft zur Disposition stellt".[807] Lediglich *unselbständige Ergänzungen*, die den sachlichen Gehalt der Regelung nicht beeinflussen, stellen den Charakter der Klauseln als AGB nicht infrage.[808]

So wird eine Vertragsbedingung nicht bereits dadurch zur Individualabrede, dass sich der Verwender zu einer Änderung der Formulierung bereit erklärt oder den Kerngehalt der Regelung nicht berührende Modalitäten zur Disposition stellt. Entsprechend hat der BGH etwa Minderungen einer Tagespreisklausel[809], die Ergänzung des Namens des Schuldners[810] oder der Hauptforderung der entsprechenden Bürgschaft[811], die Bezeichnung des Objekts in einem Bauträgervertrag[812], die Höhe einer Vertragsstrafe[813] sowie die Fälligkeitsregelung in einem

[805] BGH NJW 2013, 856, 857 (bring-or-pay).

[806] OLG Hamm v. 9.1.2012, 2 U 104/11, Rn. 123.

[807] BGH WuM 2013, 293. Ebenso in st. Rspr. BGH NZM 2013, 159, 160; BGH NJW-RR 2009, 947, 948; BGH NJW 2005, 2543, 2544; BGH NJW-RR 2005, 1040, 1040; BGHZ 153, 311, 321 = NJW 2003, 1805, 1807.

[808] BGH NJW 2013, 1668, 1669; BGH NJW 1988, 558, 559; BGH NJW 1983, 1603, 1604. Vgl. eingehend hierzu MünchKomm/*Basedow*, BGB (7. Aufl. 2016), § 305 Rn. 41; Staudinger/*Schlosser*, BGB (2013), § 305 Rn. 42, *Ulmer/Habersack*, in: *Ulmer/Brandner/Hensen*, AGB-Recht (12. Aufl. 2016), § 305 Rn. 56.

[809] BGH NJW 1983, 1603, 1604.

[810] BGH NJW 1992, 1822, 1823.

[811] BGH NJW 1998, 2815, 2816.

[812] BGH NJW 1992, 2160, 2161.

[813] BGH NJW 1998, 2600, 2601.

Bauvertrag[814] als für die Beurteilung eines Aushandelns nicht relevante unselbstständige Ergänzungen gewertet.[815]

Das Gleiche gilt für *planmäßige Abweichungen*, bei denen der Verwender seinem Vertragspartner als Extremposition zunächst eindeutig inhaltlich unangemessene Klauseln anbietet, um ihm sodann scheinbar entgegenzukommen und die vereinbarten Klauseln auf diese Weise der Inhaltskontrolle zu entziehen.[816] Mit dieser – dem *Anchoring*[817], dem aus der Verhandlungsforschung bekannten „Werfen" von Wahrnehmungsankern verwandten – Technik wird der Verwendungsgegner letztlich getäuscht und damit in seiner Vertragsgestaltungsfreiheit beeinträchtigt.

ee) Informations- und Belehrungspflichten

Eine weitere Verschärfung der Anforderungen an ein Aushandeln iSv. § 305 Abs. 1 S. 3 BGB ist schließlich durch ein Urteil aus dem Jahre 2005 eingetreten, in dem der BGH jedenfalls bei komplexeren Vertragsbedingungen eine *Informations- und Belehrungspflicht* des Verwenders verlangt:

> „Im Hinblick darauf, dass der Kunde die reale Möglichkeit erhalten muss, den Inhalt der Vertragsbedingungen zu beeinflussen, ist vielmehr – jedenfalls bei umfangreichen bzw. nicht leicht verständlichen Klauseln – selbstverständliche (zusätzliche) Voraussetzung für die Qualifizierung als ‚ausgehandelt', dass der Verwender die andere Vertragspartei über den *Inhalt* und die *Tragweite* der Klausel[n] *im Einzelnen belehrt hat* ... oder sonstwie erkennbar geworden ist, dass der andere Vertragspartner *deren Sinn wirklich erfasst* hat. Nur so ist auch *gewährleistet*, dass der *Vertragsinhalt*, den der vorformulierte Text ergibt, nicht nur vom Verwender, sondern ebenso *vom Kunden* in seinen *rechtsgeschäftlichen Gestaltungswillen aufgenommen* worden ist, also als Ausdruck seiner *rechtsgeschäftlichen Selbstbestimmung* und *Selbstverantwortung* gewertet werden kann ...."[818]

Vor dem Hintergrund des *vertragstheoretischen Begründungsmodells* wie auch der nach Art. 2 Abs. 1 GG verfassungsrechtlich gebotenen Gewährleistung *materieller Vertragsfreiheit* ist die Etablierung einer solchen Voraussetzung nur folgerichtig. Die Zuweisung der *Informations- und Belehrungslast* an den Verwender entspricht dem mit dem Stellen von AGB verbundenen und von ihm auch zu verantwortenden Risiko für die Rechtspositionen seines Vertragspartners.[819] Al-

---

[814] BGH NJW 1992, 1107, 1108.

[815] Zu den genannten Fällen im Einzelnen *Ulmer/Habersack*, in: *Ulmer/Brandner/Hensen*, AGB-Recht (12. Aufl. 2016), § 305 Rn. 50, 56.

[816] BGH BB 1977, 59, 60.

[817] Vgl. hierzu *Duve/Eidenmüller/Hacke*, Mediation in der Wirtschaft (2011), S. 48, 217 f., 239, 275; *Lax/Sebenius*, The Manager as Negotiator (1986), S. 134 f.; *Bühring-Uhle/Eidenmüller/Nelle*, Verhandlungsmanagement (2009), S. 38 f., 71 ff.

[818] BGH 2005, 2543, 2544; OLG Celle BB 1976, 1287. Hierzu MünchKomm/*Basedow*, BGB (7. Aufl. 2016), § 305 Rn. 40; *Miethaner*, AGB-Kontrolle (2010), S. 146 f. Hervorhebungen durch den Verfasser.

[819] Vgl. zum Gedanken der „Risikosphären" und der „Gefährdungshaftung" vgl. bereits oben S. 589 ff.

lerdings erscheint es fraglich, ob die zum b2c-Verkehr ergangene Entscheidung auf den unternehmerischen Geschäftsverkehr überhaupt übertragbar ist. Jedenfalls für die zum Kernbereich des Unternehmens gehörenden Geschäfte wird von einer hinreichenden Information des unternehmerischen Kunden auszugehen sein, so dass eine entsprechende Informations- und Belehrungspflicht entfallen dürfte.

ff) Ausstrahlungswirkung und Paketlösungen

Nach §305 Abs.1 S.3 BGB liegen AGB „nicht vor, *soweit* die Vertragsbedingungen zwischen den Vertragsparteien im Einzelnen ausgehandelt sind."[820] Dem Wortlaut der Vorschrift folgend, geht der BGH in ständiger Rechtsprechung davon aus, dass das Aushandeln für jede Vertragsbedingung *gesondert* festzustellen ist.[821] Daher können Vertragsbestimmungen als Individualvereinbarungen nur dann der Inhaltskontrolle entzogen werden, wenn sie *tatsächlich* Gegenstand der *Verhandlungen* gewesen sind und sie der Verwendungsgegner in seinen *rechtsgeschäftlichen Gestaltungswillen* aufgenommen hat.[822] Eine *Ausstrahlungswirkung* ausgehandelter Klauseln auf die übrigen, nicht in die Vertragsverhandlungen einbezogenen Klauseln besteht dagegen nicht.[823]

Damit sind auch sogenannte Paketlösungen (*package-deals*), bei denen die Zustimmung in einem Punkt durch ein Entgegenkommen in einem anderen kompensiert wird, nach bisheriger etablierter Rechtsprechung grundsätzlich nicht möglich.[824] Die in der früheren Rechtsprechung angeklungene Möglichkeit, dass ein Aushandeln einer textlich unverändert übernommenen Klausel auch dann angenommen werden kann, wenn an anderer Stelle eine Kompensation erfolgt[825], ist vom BGH später nicht wieder aufgegriffen worden.[826] Daran hat auch die

---

820 Hervorhebungen durch den Verfasser.

821 BGH NJW 2006, 2116, 2117; BGH NJW-RR 1996, 783, 786; BGHZ 84, 109, 112 = NJW 1982, 2309, 2310.

822 BGHZ 84, 109, 112 = NJW 1982, 2309, 2310. Bamberger/Roth/*Becker*, (3. Aufl. 2012), §305 Rn.33; Palandt/*Grüneberg*, BGB (77. Aufl. 2018), §305 Rn.18; MünchKomm/*Basedow*, BGB (7. Aufl. 2016), §305 Rn.41, 44; Erman/*Roloff*, (15. Aufl. 2017), §305 Rn.22; *Ulmer/Habersack*, in: *Ulmer/Brandner/Hensen*, AGB-Recht (12. Aufl. 2016), §305 Rn.55; *Pfeiffer*, in: Wolf/Lindacher/Pfeiffer, AGB-Recht (6. Aufl. 2013), §305 Rn.41; Staudinger/*Schlosser*, BGB (2013), §305 Rn.41. A.A. LG Frankfurt/Main ZGS 2003, 396, 397 („Im vorliegenden Fall haben die Klägerin und HS ... mind. 45 Stunden über den Vertragstext verhandelt. ... Diese Anforderung erscheint auf den vorliegenden Fall bezogen realitätsfremd.").

823 *Ulmer/Habersack*, in: *Ulmer/Brandner/Hensen*, AGB-Recht (12. Aufl. 2016), §305 Rn.55.

824 BGH NJW 2003, 1805, 1807f. Ablehnend MünchKomm/*Basedow*, BGB (7. Aufl. 2016), §305 Rn.41. Differenzierend *Ulmer/Habersack*, in: *Ulmer/Brandner/Hensen*, AGB-Recht (12. Aufl. 2016), §305 Rn.55 (Änderung des Vertrages an mehreren zentralen Stellen als Indiz für Aushandeln aller damit in Zusammenhang stehenden AGB-Teile oder sogar des gesamten Vertragsinhalts.).

825 BGH NJW 1988, 410, 411.

826 *Miethaner*, AGB-Kontrolle (2010), S.158.

bring-or-pay-Entscheidung[827] des BGH nichts geändert. Zwar prüft das Gericht anhand einzelner Klauseln sorgfältig, ob diese geeignet sind, die sich aus der bring-or-pay-Verpflichtung des Kunden ergebenden Nachteile *angemessen zu kompensieren*.[828] Allerdings betrifft diese Kompensation den bereits in früheren Entscheidungen[829] angeklungenen Nachteilsausgleich im Rahmen der Angemessenheitsprüfung im Rahmen des § 307 Abs. 1 BGB und damit den *Kontrollmaßstab*. Die Frage, ob ein Aushandeln iSv. § 305 Abs. 1 S. 3 BGB vorliegt und der sachliche Anwendungsbereich der Inhaltskontrolle überhaupt eröffnet ist, bleibt dagegen hiervon unberührt.

2. *Kritik an der geltenden Rechtslage und Reformvorschläge*

Ist die Rechtsprechung des BGH zur Auslegung des Kriteriums des *Aushandelns* iSv. § 305 Abs. 1 S. 3 BGB seit der Einführung des AGBG nahezu 30 Jahre lang – von vereinzelt gebliebenem Widerspruch abgesehen[830] – ohne nennenswerte negative Resonanz geblieben[831], so stößt sie bei einem – in den vergangenen Jahren stetig wachsenden – Teil der Literatur auf mitunter heftige Kritik.[832] Im Mittelpunkt der um das Jahr 2004 aufbrechenden[833] und sich seitdem stetig verstärkenden Reformdebatte[834] steht dabei mit Blick auf die Bestimmung des *sachlichen Anwendungsbereiches* der Inhaltskontrolle die Forderung nach einer stärkeren Berücksichtigung der *Bedürfnisse des unternehmerischen Rechtsverkehrs*, wobei es im Kern vor allem um die Bedürfnisse des *Verwenders* und sein Interesse an

---

[827] BGH NJW 2013, 856 (bring-or-pay).

[828] BGH NJW 2013, 856, 858 (bring-or-pay) („Die sich aus der „bring-or-pay-Verpflichtung" für die Bekl. ergebenden Nachteile werden durch die weiteren Regelungen des Anlieferungsvertrags nicht angemessen kompensiert. … Ebenfalls keinen angemessenen Ausgleich stellt schließlich die der Bekl. durch die ‚bring-or-pay-Klausel' eingeräumte Möglichkeit dar, die Bezahlung von Fehlmengen durch entsprechende Nachlieferungen innerhalb des ersten Monats des Folgequartals zu vermeiden."). Hierzu *v. Westphalen*, NJW 2013, 2239, 2240.

[829] BGH, NJW 1993, 532, 532f. („Das OLG hätte berücksichtigen müssen, daß auch jeweils für sich unbedenkliche Klauseln einen *Summierungseffekt* haben und in ihrer Gesamtwirkung zu einer unangemessenen Benachteiligung führen können."). Hervorhebungen durch den Verfasser.

[830] Vgl. nur *Stumpf*, BB 1985, 963, 963ff.

[831] Ähnlich bereits *v. Westphalen*, NJW 2009, 2977, 2981. Vgl. auch die regelmäßigen Mehrjahresbilanzen *Ulmer/Habersack*, in: *Ulmer/Brandner/Hensen*, AGB-Recht (12. Aufl. 2016), Einl. Rn. 79ff.; *Ulmer*, in: AGB-Gesetz (6. Aufl. 1990), Einl. Rn. 57ff.; *Ulmer*, in: *Ulmer/Brandner/Hensen*, (5. Aufl. 1987), Einl. Rn. 45ff.; *Ulmer*, in: *Ulmer/Brandner/Hensen*, AGB-Gesetz (4. Aufl. 1982), Einl. Rn. 44ff.

[832] Vgl. zur Reformdiskussion und den Wellen entsprechender Beiträge oben S. 713ff. mwN.

[833] *Abels/Lieb (Hrsg.)*, AGB und Vertragsgestaltung nach der Schuldrechtsreform: AGB-Symposium 2004 (2005); *Pfeiffer*, ZGS 2004, 401.

[834] Hierzu eingehend oben S. 713ff. mwN.

einer Vermeidung der Inhaltskontrolle bzw. einer Absenkung der Kontrollmaßstäbe geht.[835]

Ganz überwiegend folgt die Kritik einer in ihren Grundzügen weitgehend einheitlichen Argumentation, die den Grundsatz der *formalen Vertragsfreiheit in* den Mittelpunkt stellt.[836] Sie erblickt in der Anwendung der Inhaltskontrolle durch den BGH zugunsten der materiellen Vertragsfreiheit des Kunden einen zu weitreichenden und damit unzulässigen Eingriff in die *rechtsgeschäftliche Selbstbestimmung* der Parteien, wobei auch hier maßgeblich auf die formale Vertragsfreiheit der *Verwenderseite* abgestellt wird. Zentrale Konstanten der häufig pauschal bleibenden Kritik bilden dabei die Topoi der *geringeren Schutzbedürftigkeit des Unternehmers*[837], der *Behinderung des unternehmerischen Handelns*[838] durch vermeintlich unflexible und *realitätsfremde Kriterien der Rechtsprechung*[839], der *Standortnachteil deutscher Unternehmen*[840] und die Flucht in das ausländische, insbesondere das *Schweizer Recht*[841] sowie das *Schiedsverfahren*.[842]

So sei aufgrund der geringeren Schutzbedürftigkeit unternehmerischer Kunden im Rechtsverkehr zwischen Unternehmern ein deutlich flexibleres Kontrollniveau erforderlich als im b2c-Verkehr.[843] Die strenge Rechtsprechung des BGH

---

[835] Hierzu und zu den weiteren Grundtendenzen der gegenwärtigen Diskussion oben S. 721 ff.

[836] Hierzu oben S. 722 ff.

[837] Zur Schutzbedürftigkeit des unternehmerischen Klauselgegners vgl. oben S. 759 ff., 763 ff., 765 ff., 779 ff sowie *Dauner-Lieb/Axer*, ZIP 2010, 309, 313; *Kötz*, JuS 2003, 209, 210; *Dauner-Lieb*, Verbraucherschutz (1983), S. 45; *Bydlinski*, FS Kastner (1972), S. 45, 47. Vgl. hierzu auch *Axer*, AGB-Kontrolle (2012), S. 101; *Schäfer*, BB 2012, 1231, 1231.

[838] Vgl. nur *Stumpf*, BB 1985, 963, 963 („Sand im Getriebe unternehmerischen Handelns").

[839] So etwa LG Frankfurt/M., ZGS 2003, 396, 397; *Dauner-Lieb*, AnwBl. 2013, 845, 846; *Berger*, NJW 2010, 465, 468.

[840] *Dauner-Lieb*, AnwBl. 2013, 845, 846; *Müller*, BB 2013, 1355; *Brachert/Dietzel*, ZGS 2005, 441; *Eckhoff*, GWR 2013, 80, 82; *Frankenberger*, AnwBl. 2012, 318, 319; BT-Drucks. 14/6857, S. 17; *Kessel*, AnwBl. 2012, 293, 293; *Landbrecht*, RIW 2011, 291; *Berger*, NJW 2010, 465; *Müller/Griebeler/Pfeil*, BB 2009, 2658; *Kollmann*, NJW 2011, 1324; *Kollmann*, NJOZ 2011, 625; *Kondring*, RIW 2010, 184; *Müller/Schilling*, BB 2012, 2319. Hierzu *Kieninger*, AnwBl. 2012, 301, 303; *Berger/Kleine*, NJW 2007, 3526; *Kaufhold*, BB 2012, 1235 mwnN. *Dauner-Lieb*, AnwBl. 2013, 845, 846; *Müller*, BB 2013, 1355; *Brachert/Dietzel*, ZGS 2005, 441; *Pfeiffer*, FS v. Westphalen (2010), S. 555; *Kondring*, RIW 2010, 184; *Acker/Bopp*, BauR 2009, 1040; *Hobeck*, SchiedsVZ 2005, 112; *Lischek/Mahnken*, ZIP 2007, 158; *Lenkaitis/Löwisch*, ZIP 2009, 441. Hierauf hinweisend: *Schauer*, AnwBl. 2012, 690, 694.

[841] Vgl. hierzu eingehend oben S. 729 ff. sowie *Staffelbach/Hengstler*, ITRB 2013, 21, 23; *Ehle/Brunschweiler*, RIW 2012, 262, 271; *Pfeiffer*, FS v. Westphalen (2010), S. 555, 567 (differenzierend); *Voser/Boog*, RIW 2009, 126, 139. Ebenso damals noch *v. Westphalen*, RIW 1/1999, Die Erste Seite: „Meidet das deutsche Recht!". Anders dagegen *v. Westphalen*, AnwBl. 2013, 850, 852 ff.; *v. Westphalen*, BB 2013, 67, 67 ff.; *v. Westphalen*, BB 2010, 195, 195 ff.; *v. Westphalen*, NJW 2009, 2977, 2977 ff., 2982. *Hobeck*, DRiZ 2005, 177, 178. Auf die Vorteile des schweizerischen Rechts hinweisend *Bühlmann*, ITRB 2014, 10, 10 ff.; *Müller*, BB 2013, 1355, 1357; *Müller/Schilling*, BB 2012, 2319, 2319 ff.

[842] Vgl. für einen instruktiven Überblick über die argumentativen Grundlinien der Kritik MünchKomm/*Basedow*, BGB (7. Aufl. 2016), § 310 Rn. 14; *Schäfer*, BB 2012, 1231, 1234.

[843] *Dauner-Lieb/Axer*, ZIP 2010, 309, 313; *Kötz*, JuS 2003, 209, 210; *Dauner-Lieb*, Ver-

behindere daher das unternehmerische Handeln.[844] Die Anforderungen des BGH seien zu unflexibel und gingen an der Realität des unternehmerischen Geschäftsverkehrs und seinen Bedürfnissen vorbei.[845] Das deutsche AGB-Recht stelle einen Standortnachteil im Wettbewerb der Rechtsordnungen dar, so dass Unternehmen zunehmend gezwungen seien, ausländisches, insbesondere schweizerisches Recht[846] oder Schiedsklauseln[847] zu vereinbaren. Teilweise wird die Kritik dahingehend konkretisiert, dass etwa auf die fehlende Möglichkeit der Berücksichtigung der im Wirtschaftsverkehr üblichen *Paketlösungen*[848], *zivilverfahrensrechtliche Beweisschwierigkeiten*[849] sowie das *Ungleichgewicht* im Hinblick auf die *Selbstverantwortung* zwischen dem Verwender und seinem Vertragspartner[850] hingewiesen wird. Eine umfassende und eingehende Auseinandersetzung mit der Rechtsprechung findet dagegen nur vereinzelt statt.[851] In der Zusammenschau betrifft die Kritik zum einen die vom BGH entwickelten *Kriterien* selbst (a), zum anderen ihre *Anwendung* (b).

a) Kritik an den vom BGH entwickelten Kriterien: Zu hohe Anforderungen

aa) Bedeutungsverlust der Individualabrede

Bedenken ergeben sich aus den hohen Anforderungen des BGH zunächst mit Blick auf das Verhältnis zwischen *AGB* und *Individualvereinbarung*, zwischen nach § 305 Abs. 1 S. 1 BGB *gestellten* und nach § 305 Abs. 1 S. 1 BGB *ausgehandelten* Vertragsbedingungen. So wird insbesondere kritisiert, dass die Anforderungen an ein Aushandeln mittlerweile derart anspruchsvoll seien, dass für eine Individualvereinbarung kaum noch Raum verbleibe. Entsprechend hat die Literatur darauf hingewiesen, „daß Entscheidungen, die ein individuelles Aushandeln bejahen, kaum bekannt geworden sind"[852], „eine aus einem Mustervertragstext übernommene Klausel nahezu immer als AGB gilt und der Inhaltskontrolle unterliegt"[853] und sich unweigerlich die Frage stelle, „unter welchen Umständen § 305 Abs. 1 S. 3 BGB noch zur Anwendung kommen soll."[854] Zwar hat der BGH in mehreren Fällen durchaus das Vorliegen einer kontrollfreien Individualverein-

---

braucherschutz (1983), S. 45; *Bydlinski*, FS Kastner (1972), S. 45, 47. Vgl. hierzu auch *Axer*, AGB-Kontrolle (2012), S. 101; *Schäfer*, BB 2012, 1231, 1231 ff.

844 Klassisch etwa *Stumpf*, BB 1985, 963, 963 („Sand im Getriebe unternehmerischen Handelns").

845 So etwa *Dauner-Lieb*, AnwBl. 2013, 845, 846; *Berger*, NJW 2010, 465, 468.

846 Vgl. hierzu eingehend oben S. 729 ff. mwN.

847 Hierzu *Pfeiffer*, NJW 2012, 1169, 1169 f.; *Brachert/Dietzel*, ZGS 2005, 441, 441.

848 *Kessel*, Referat 69. DJT (2012), S. I 57, I 61.

849 *Miethaner*, AGB-Kontrolle (2010), S. 165.

850 *Miethaner*, AGB-Kontrolle (2010), S. 148 ff.

851 Vgl. hierzu *Miethaner*, AGB-Kontrolle (2010), S. 156 ff.

852 *Wolf*, FS 50 Jahre BGH (2000), S. 111, 121.

853 *Lischek/Mahnken*, ZIP 2007, 158, 160.

854 *Kessel/Jüttner*, BB 2008, 1350, 1350.

barung bejaht.[855] Allerdings sind entsprechende Urteile tatsächlich die deutliche Ausnahme geblieben.

Ob dieser Befund allein auf die hohen Anforderungen der Rechtsprechung an das Vorliegen einer Individualabrede zurückzuführen ist und die Voraussetzungen des BGH daher als zu hoch einzustufen sind, ist indes fraglich. Denn so zutreffend der Hinweis auch sein mag, dass die Rechtsgeschäftslehre des BGB von der *Individualabrede* als *Normalfall* ausgeht, so ist doch zugleich unverkennbar, dass die Rechtswirklichkeit – vor allem im Massenverkehr – ganz erheblich durch die Verwendung vorformulierter Vertragstexte geprägt ist.[856] Die vom BGB eigentlich als Normalfall vorausgesetzte Individualvereinbarung, das Modell des im Einzelnen individuell ausgehandelten und ausformulierten Vertrags, ist selbst im Rechtsverkehr unter Verbrauchern zur absoluten Ausnahme geworden. Die Parteien greifen daher zunehmend auf im Internet angebotene oder von Verbänden und Anwälten zur Verfügung gestellte Vertragsmuster, Textbausteine und in sonstiger Weise vorformulierte Klauseln zurück.[857] Der Rechtsverkehr wird daher *tatsächlich* durch die massenweise Verwendung von vorformulierten Klauseln dominiert, was sich notwendig auch in der Rechtsprechung niederschlagen muss. Wenn die Rechtsprechung daher bislang wenig Gelegenheit hatte, das Vorliegen einer Individualabrede zu bejahen, so ist dies vor allem auch der Tatsache geschuldet, dass eben die ganz überwiegende Vielzahl der Rechtsgeschäfte unter Rückgriff auf vorformulierte Vertragsbedingungen und Musterverträge abgeschlossen wird.

Hinzu kommt die Tatsache, dass insbesondere Rechtsgeschäfte mit sehr hohen Vertragswerten – wie etwa M&A-Transaktionen[858] oder Rechtsgeschäfte im Kraftwerks- und Anlagenbau[859] –, bei denen sich aufgrund der positiven Transaktionskosten-Vertragswert-Relation ein Aushandeln im Einzelnen für beide Parteien lohnt[860], aufgrund der hier üblichen Vereinbarungen von Schiedsabre-

---

[855] BGH NJW-RR 2009, 947; NJW 2008, 987; BGH NJW 1996, 1208; BGH NJW 1992, 2283; BGH BB 1986, 21; BGH WM 1994, 1136. Vgl. hierzu eingehend die instruktive Darstellung bei *Miethaner*, AGB-Kontrolle (2010), S. 147 ff.

[856] Vgl. hierzu sowie insbesondere zur *rechtstatsächlichen* Verbreitung von AGB eingehend oben S. 286 mwN. sowie *Ulmer/Habersack*, in: *Ulmer/Brandner/Hensen*, AGB-Recht (12. Aufl. 2016), Einl. Rn. 6 f.; *Stoffels*, AGB-Recht (3. Aufl. 2015), Rn. 1; *Kötz*, Gutachten (1974), S. A 9, S. A 12 ff.

[857] Hierzu oben S. 287 sowie *Berger/Kleine*, BB 2007, 2137, 2137; *Lischek/Mahnken*, ZIP 2007, 158, 158 ff. Vgl. auch *Leuschner*, JZ 2010, 875, 875 f.

[858] Hierzu *Berger*, NJW 2010, 465, 466; *Brauch*, FS v. Westphalen (2010), S. 31, 52; *Miethaner*, AGB-Kontrolle (2010), S. 210; *Leuschner*, AcP 207 (2007), 491, 515 ff.; *Habersack/Schurnbrand*, FS Canaris (2007), S. 359, 359 ff.; *Lischek/Mahnken*, ZIP 2007, 158, 158. Vgl. hierzu oben S. 724 ff.

[859] *Kondring*, BB 2013, 73, 76; *Berger*, NJW 2010, 465, 466, 468; *Müller/Griebeler/Pfeil*, BB 2009, 2658, 2664.

[860] Zur *positiven Transaktionskosten-Vertragswert-Relation* vgl. oben S. 563 ff., 573 f. sowie unten S. 901 ff. Zu entsprechenden Reformvorschlägen vgl. oben S. 752 f. sowie unten S. 912 ff.

den[861] regelmäßig nicht vor die staatlichen Gerichte gelangen.[862] Der BGH hat daher nur selten Gelegenheit, zu entsprechenden Entscheidungen Stellung zu nehmen[863], und ist daher nur mit einer für den Rechtsverkehr keineswegs repräsentativen Auswahl an Fallmaterial befasst.

bb) Abänderungsbereitschaft und Überzeugung von sachlicher Richtigkeit

In diesem Zusammenhang ist auch der bisweilen geäußerte Einwand zurückzuweisen, die hohen Anforderungen an das Aushandeln würden nicht zu den anerkannten Grundsätzen des Vertragsrechts passen.[864] So wird etwa darauf hingewiesen, dass der Individualvertrag als Modelltypus des BGB für die Gültigkeit einer individualvertraglichen Regelung die bloße *Einbeziehung* in den Vertrag genügen lasse, die bereits durch ein schlichtes, auch konkludent erfolgendes „Ja" des Vertragspartners wirksam werde.[865] Demgegenüber für ein Aushandeln iSv. § 305 Abs. 1 S. 3 BGB derart anspruchsvolle Kriterien wie die *Abänderungsbereitschaft* des Verwenders und die Überzeugung des Verwendungsgegners von der *sachlichen Richtigkeit* der Klausel zu verlangen, stelle eine erhebliche Abweichung von dem vom BGB vorausgesetzten Normalfall da, die durch die AGB-spezifischen Gefahren und Besonderheiten nicht gerechtfertigt sei.[866] Allenfalls seien nur solche Voraussetzungen für ein Aushandeln legitimiert, die dem AGB-spezifischen Risiko „der geringeren Übersichtlichkeit und Verständlichkeit vorformulierter Klauseln und der gesteigerten Komplexität der Vertragsentscheidung des Verwendungsgegners Rechnung tragen."[867]

Mit Blick auf den *Schutzzweck* der Inhaltskontrolle vor dem Hintergrund des *vertragstheoretischen Begründungsmodells* kann die Kritik indes keinen Bestand haben. Sie verfällt in ihrer Reduzierung der AGB-Problematik auf ein reines *Informations- und Transaktionskostenproblem* der bekannten Einseitigkeit des *rechtsökonomischen* Begründungsansatzes der Inhaltskontrolle, der die Dimension der *Vertragsimparität* aufgrund fehlender *Dispositionsbereitschaft* des Verwenders weitgehend ausgeblendet.[868] Die vollständige Aufhebung der der *Vertragsgestaltungsfreiheit* auch des wohlinformierten Kunden, der vor allem deshalb auf den Inhalt des Vertrages keinen Einfluss nehmen kann, weil der Verwender eine Änderung der von ihm gestellten Bedingungen kategorisch ablehnt und sich dies – und das ist entscheidend – aufgrund des fehlenden *Konditionenwett-*

---

861 *Pfeiffer*, NJW 2012, 1169, 1169 f.; *Lenkaitis/Löwisch*, ZIP 2009, 441, 447 f.; *Brachert/Dietzel*, ZGS 2005, 441, 441.

862 *Bubrowski*, AnwBl. 2012, 980, 981; *Berger*, NJW 2010, 465, 465 f.

863 *Bubrowski*, AnwBl. 2012, 980, 981; *Berger*, NJW 2010, 465, 466.

864 So *Miethaner*, AGB-Kontrolle (2010), S. 156.

865 *Miethaner*, AGB-Kontrolle (2010), S. 156. Ebenso *Günes/Ackermann*, ZGS 2010, 454, 455.

866 *Günes/Ackermann*, ZGS 2010, 454, 455; *Miethaner*, AGB-Kontrolle (2010), S. 156.

867 *Günes/Ackermann*, ZGS 2010, 454, 455; *Miethaner*, AGB-Kontrolle (2010), S. 156.

868 Hierzu eingehend oben S. 557 f.

bewerbs auch „leisten“ kann, bildete bereits nach der *Monopolrechtsprechung* des Reichsgerichts den Schwerpunkt der Legitimation der Inhaltskontrolle.[869] Die Tatsache, dass das AGB-Recht insbesondere im b2b-Verkehr mittlerweile in die Funktion eines *Ersatzkartellrechts* hineingewachsen ist[870], belegt dabei, dass das Problem der Beeinträchtigung der Vertragsgestaltungsfreiheit infolge mangelnder Verhandlungsparität für die Praxis von zunehmender Bedeutung ist.

Daher vermag auch die Forderung nicht zu überzeugen, im Geschäftsverkehr zwischen Unternehmern eher *Verhandlungsbereitschaft* zu *unterstellen* als im b2c-Verkehr.[871] Auch hier muss sie *tatsächlich* vorliegen und darf nicht lediglich *fingiert* werden, um eine einseitige Benachteiligung des Verwendungsgegners zu vermeiden. Ebenso sind weder die *Bereitschaft* über bestimmte Vertragsbedingungen zu verhandeln noch das Vorliegen *tatsächlicher* Verhandlungen[872] geeignet, den klauselbedingten Verlust der Vertragsgestaltungsfreiheit des Verwendungsgegners zu kompensieren, wenn nicht eine *substantielle Abänderungsbereitschaft* des Verwenders hinzutritt. Denn auch noch so langwierige Verhandlungen nützen dem Vertragspartner des Verwenders nichts, wenn sie lediglich zum Schein erfolgten und der Verwender nach dem Grundsatz *suaviter in modo, fortiter in re* letztlich in der Sache „hart“ bleibt, die Verhandlungen ins Leere laufen lässt und eine Abänderung der Klauseln letztlich kategorisch ablehnt. In all diesen Fällen bleibt die *Vertragsgestaltungsfreiheit* des Verwendungsgegners auf Null reduziert. Der Inhalt des Vertrages wird ausschließlich vom Verwender bestimmt, der die Vertragsgestaltungsmacht einseitig und regelmäßig zum eigenen Vorteil zulasten seines Vertragspartners in Anspruch nimmt und damit letztlich *missbraucht*.[873]

Daher bleibt es bei dem bereits mit Blick auf die *Schutzbedürftigkeit* von Unternehmern herausgearbeiteten Befund[874], dass auch der unternehmerische Kunde nicht nur deshalb *situativ unterlegen* ist, weil er lediglich unzureichend informiert ist, sondern vor allem deshalb, weil sich der Verwender auf eine Abänderung der von ihm regelmäßig im Sinne eines „take it or leave it“ gestellten Klauseln

---

[869] RGZ 133, 388, 391; RGZ 106, 386; RGZ 115, 253, 258; RGZ 102, 396; RGZ 103, 82; RGZ, 81, 316, 320; RGZ 83, 9, 14; RGZ 79, 224, 229; RGZ 62, 264, 265f. sowie bereits RGZ 20, 115, 117. Vgl. hierzu oben S. 342ff.

[870] Vgl. hierzu oben S. 780f. sowie *Schäfer*, BB 2012, 1231, 1233; *Schmidt-Kessel*, AnwBl. 2012, 308, 313; *Fornasier*, in: FIW (Hrsg.), Schwerpunkte des Kartellrechts 2011 (2012), S. 113, 121ff.; *Kessel/Stomps*, BB 2009, 2666, 2676; *Wellenhofer-Klein*, ZIP 1997, 774, 776.

[871] So *Lischek/Mahnken*, ZIP 2007, 158, 162.

[872] Ein bloßes *Verhandeln* als *Aushandeln* genügen lassend *Kessel*, AnwBl. 2012, 293, 296; *Schauer*, AnwBl. 2012, 690, 696; *Dauner-Lieb/Axer*, ZIP 2010, 309, 314; *Lischek/Mahnken*, ZIP 2007, 158, 160. A. A. *Grünberger*, Jura 2009, 249, 256; *Müller/Griebeler/Pfeil*, BB 2009, 2658, 2660; *v. Westphalen*, NJW 2009, 2977, 2981.

[873] Zur Schutzzweckdiskussion vgl. oben S. 439ff., 462ff. Zum Aspekt des Missbrauchs der Vertragsgestaltungsfreiheit aus der Perspektive der *Lehre vom institutionellen Rechtsmissbrauch* und *Raisers* Ansatz zur Begründung der der Inhaltskontrolle oben S. 622ff.

[874] Vgl. oben S. 759ff., 763ff., 765ff., 779ff.

nicht einlässt und angesichts des *Versagens* des *Konditionswettbewerbs*[875] auch nicht einlassen muss.[876] Das *marktorientierte Informationsmodell* reicht somit als Ansatz für die Begründung der Inhaltskontrolle keinesfalls aus.[877] Insbesondere im unternehmerischen Geschäftsverkehr sind wettbewerbsrechtliche Aspekte von besonderer Bedeutung.[878] Daher muss mit Blick auf den *Schutzzweck* der Inhaltskontrolle die Konkretisierung des Begriffs des Aushandelns iSv. §305 Abs.1 S.3 BGB notwendig auf das Problem der *Verhandlungsimparität* reagieren.[879] Dass der BGH neben der *Dispositionsbereitschaft* des Verwenders in den Sonderfällen der unveränderten Übernahme vorformulierter Texte auch die Überzeugung von der *sachlichen Richtigkeit* durch den Kunden verlangt, ist deshalb insbesondere mit Blick auf die Gewährleistung *materieller Vertragsfreiheit* nach Art.2 Abs.1 GG nicht zu beanstanden.[880]

Der Ausnahmecharakter der Individualvereinbarung bei Verwendung vorformulierter Vertragstexte und die insoweit an das Aushandeln zu stellenden höheren Anforderungen stehen somit keineswegs in einem Wertungswiderspruch zu den Grundsätzen des Vertragsrechts und insbesondere der *Rechtsgeschäftslehre*, die den Individualvertrag als Modelltypus voraussetzt. Ein höheres Schutzniveau durch richterliche Inhaltskontrolle beim Vertragsschluss unter AGB, das die Ursachen situativer Unterlegenheit kompensiert – die auch durch Verhandlungsimparität aufgrund der Abänderungsverweigerung des Verwenders und des konditionenbezogenen Marktversagens bedingt wird – ist nicht nur zulässig, sondern aus verfassungsrechtlicher Perspektive sogar „nötig“[881].

cc) Konflikt mit unternehmerischen Geschäftsmodellen

Teilweise wird das Kriterium der *Abänderungsbereitschaft* des Verwenders mit der Begründung infrage gestellt, dass es mit den Erfordernissen freien unternehmerischen Handelns nicht vereinbar sei und insbesondere mit dem jeweiligen *Geschäftsmodell* des Verwenders kollidieren könne.[882] So seien bestimmte Klauseln etwa auf der kalkulatorischen Grundlage eines bestimmten Geschäfts-

---

875 Zum Versagen des Konditionenwettbewerbs vgl. nur MünchKomm/*Basedow*, BGB (7. Aufl. 2016), Vor §305 Rn.5f.; Staudinger/*Wendland*, BGB (2019), §307 Rn.4; *Fastrich*, Inhaltskontrolle (1992), S.80, 86; *Habersack*, Vertragsfreiheit und Drittinteressen (1992), S.107; *Adams*, BB 1989, 781, 784f.; *Baudenbacher*, Grundprobleme (1983), S.206ff., 217; *Kötz*, Gutachten (1974), S.A9, S.A33ff. sowie oben S.542ff.

876 Hierzu eingehend oben S.596ff., 611ff.

877 Vgl. zum *vertragstheoretischen* Begründungsmodell eingehend oben S.567ff., 596ff.

878 Vgl. hierzu eingehend oben sowie *Schäfer*, BB 2012, 1231, 1233; *Schmidt-Kessel*, AnwBl. 2012, 308, 313; *Fornasier*, in: FIW (Hrsg.), Schwerpunkte des Kartellrechts 2011 (2012), S.113, 121ff.; *Kessel/Stomps*, BB 2009, 2666, 2673; *Wellenhofer-Klein*, ZIP 1997, 774, 776.

879 Hierzu oben S.592ff.

880 Vgl. zu den *verfassungsrechtlichen* Anforderungen oben S.374ff.

881 BVerfG NJW 2005, 1036, 1037 (Zahnarzthonorar). Vgl. hierzu eingehend oben S.390ff.

882 *Dauner-Lieb*, AnwBl. 2013, 845, 845, 848ff.; *Müller*, LMK 2013, 342776; *Müller*, BB

modells von vornherein nicht verhandelbar, soll der Verwender nicht gezwungen werden, sein Geschäftsmodell ganz aufzugeben.[883] Zur Begründung wird dabei auf die *bring-or-pay*-Entscheidung[884] des BGH verwiesen. Darin hat der BGH die in einem Entsorgungsvertrag einer Müllverbrennungsanlage enthaltene Klausel, die den Lieferanten bei Unterschreitung einer Mindestmenge zu einer Ausgleichszahlung verpflichtete, ohne dass es auf einen nachzuweisenden Schaden beim Verwender ankam, für unwirksam erachtet.[885]

Entsprechend wurde die Entscheidung in Teilen des Schrifttums mit dem Argument kritisiert, dass sie das entsprechende Geschäftsmodell infrage stellen[886] und die Annahme der Dispositionsbereitschaft als Voraussetzung eines Aushandelns einem „generellen Verbot"[887] dieses Geschäftsmodells gleichkommen würde. Allerdings ist es gerade die *bring-or-pay*-Entscheidung selbst, die dieses Argument widerlegt. So hat der BGH die entsprechende Klausel aus guten Gründen für unwirksam erklärt:

„Sie verlagert das *unternehmerische Risiko* der Klägerin, die Finanzierung der neu errichteten Müllverbrennungsanlage und ihre Rentabilität durch eine ausreichende Auslastung abzusichern, hinsichtlich der mit der Beklagten vereinbarten Liefermengen vollständig auf diese. Darüber hinaus eröffnet sie der Klägerin die Möglichkeit, die von der Beklagten nicht genutzten, gleichwohl aber voll bezahlten Kapazitäten anderweitig gewinnbringend einzusetzen, ohne dass die Beklagte hiervon profitieren kann. Auf diese Weise dient die ‚bring-or-pay-Verpflichtung' nicht nur der Absicherung von Risiken, sondern sie begründet zugleich zusätzliche *Erwerbschancen* für die Klägerin, die sich allein zu Lasten der Beklagten gerade dann ergeben, wenn die Klägerin ihre in §3 des Anlieferungsvertrages niedergelegte Verpflichtung zur Abnahme der festgelegten Abfallmengen nicht erfüllen muss.

Ein solches Regelungssystem ist mit *wesentlichen Grundgedanken* der gesetzlichen Regelung nicht in Einklang zu bringen. Danach ist die Beklagte gemäß §280 Abs. 1, §281 Abs. 1 BGB zum Schadensersatz verpflichtet, wenn sie die in §2 des Anlieferungsvertrages quartalsbezogen festgelegten Abfallmengen aus in ihre Verantwortung fallenden Gründen nicht zur Entsorgung bei der Klägerin anliefert und auch keine zeitgerechten Nachlieferungen vornimmt (§2 Ziffer 2. a) des Anlieferungsvertrages).

Bei der Berechnung des erstattungspflichtigen Schadens sind nach allgemeinen Grundsätzen des Schadensrechts nur diejenigen vermögenswerten Nachteile zu berücksichtigen, die sich ursächlich aus der vertragswidrigen Nichtanlieferung von Abfall ergeben. Darüber hinaus muss sich die Klägerin die durch die Nichtanlieferung ersparten Aufwendungen und gegebenenfalls den hierdurch ermöglichten anderweitigen Erwerb anrechnen lassen. Dadurch ist sichergestellt, dass die Klägerin durch den finanziellen Ausgleich für eine vertragswidrig hinter den vertraglich festgeschriebenen

---

2013, 1355, 1357 Fn. 16 („Damit wird – unter dem Deckmantel des AGB-Rechts – ein sinnvolles Geschäftsmodell verboten."); *Miethaner*, AGB-Kontrolle (2010), S. 168.

[883] *Dauner-Lieb*, AnwBl. 2013, 845, 848f.

[884] BGH NJW 2013, 856 (bring-or-pay).

[885] BGH NJW 2013, 856 (bring-or-pay).

[886] In diesem Sinne *Dauner-Lieb*, AnwBl. 2013, 845, 848.

[887] So *Müller*, LMK 2013, 342776.

Mengen zurückbleibende Abfallanlieferung nicht besser gestellt wird, als sie stünde, wenn die Beklagte vertragsgerecht geliefert hätte. Die ‚bring-or-pay-Klausel' *setzt diese Grundsätze*, wie das Berufungsgericht richtig erkennt, zugunsten der Klägerin *weitgehend außer Kraft* und *verschafft ihr eine Rechtsposition*, deren vertragliche Durchsetzung nach der Rechtsordnung keinen Schutz verdient."[888]

Die Beobachtung, dass das Geschäftsmodell des Verwenders so, wie er es in seinen Klauseln vorsah, infrage gestellt wird, die Entscheidung damit zu einem „Verbot" entsprechender Geschäftsmodelle führt, ist daher ebenso zutreffend wie die Feststellung, dass mit ihr die unternehmerische Handlungsfreiheit des Verwenders beschränkt wird. Sie wird auch vom BGH geteilt, der hierfür indes eine überzeugende Begründung liefert: Derartige Geschäftspraktiken können deshalb nicht die Anerkennung der Rechtsordnung erlangen, weil sie „mit wesentlichen Grundgedanken"[889] ebendieser Rechtsordnung nicht in Einklang zu bringen sind und daher „nach der Rechtsordnung keinen Schutz"[890] verdienen. Es handelt sich um einen typischen *Knebelvertrag*, der den Betroffenen grundsätzliche, ihm von der Rechtsordnung gewährte Rechtspositionen planmäßig entzieht und dem Verwender – auf Kosten und zum Nachteil seines Vertragspartners – zusätzliche Erwerbschancen[891] eröffnet.

Wer so handelt, kann und darf nicht erwarten, dass er zur Durchsetzung derartiger Geschäftspraktiken auch noch die Rechtsordnung in Anspruch nehmen darf. Die Privatrechtsordnung dient nicht der Durchsetzung von Knebelverträgen, sondern der Gewährleistung eines angemessenen *Interessenausgleichs*.[892] Es kann nicht Aufgabe des Kunden sein, das *Betreiber- und Finanzierungsrisiko* des Verwenders zu tragen.[893] Denn wer sich auf die formale Vertragsfreiheit beruft, dem kann in einer marktwirtschaftlich orientierten Wettbewerbswirtschaft auch zugemutet werden, das unternehmerische Risiko selbst zu übernehmen. Von einem Unternehmer muss und kann daher erwartet werden, dass er sich in dem an den Kriterien von *Preis* und *Qualität* orientierten *Wettbewerb* auf der Grundlage der von ihm angebotenen *Leistungen* und seines *unternehmerischen Geschicks* behauptet und sich nicht auf der Grundlage von Knebelverträgen einen unzulässigen Wettbewerbsvorteil verschafft. Dass die Rechtsordnung derartige Praktiken unterbindet, ist nicht zu beanstanden.

Selbstverständlich steht es unter der Herrschaft der *Privatautonomie* jedem Vertragspartner grundsätzlich frei, auch ihn einseitig belastende Vertragsbedingungen anzunehmen und sich selbst durch den Abschluss eines Knebelvertrages

---

[888] BGH NJW 2013, 856, 858 (bring-or-pay). Hervorhebungen durch den Verfasser.

[889] BGH NJW 2013, 856, 858 (bring-or-pay).

[890] BGH NJW 2013, 856, 858 (bring-or-pay).

[891] So BGH NJW 2013, 856, 858 (bring-or-pay).

[892] Vgl. auch zur *Interessenverwirklichung* als Zweck des Vertrages eingehend unten S. 60ff., 141ff., 236ff., 242ff., 453ff.

[893] So zu Recht *v. Westphalen*, NJW 2013, 2239, 2240.

zu schädigen. Allerdings ist in derartigen Fällen und insbesondere dann, wenn eine erhebliche *Unangemessenheit* des Vertragsinhalts feststellbar ist, die Frage berechtigt, unter welchen *Voraussetzungen* ein derartiger Vertrag zustande gekommen ist und ob die andere Partei tatsächlich frei und in Ausübung der ihr zustehenden Vertragsfreiheit gehandelt hat.[894] Dies ist – jedenfalls bei dem grundsätzlich zu unterstellenden Fehlen einer Selbstschädigungsabsicht – aufgrund der *funktionalen Verknüpfung* von *Vertragsfreiheit* und *Vertragsgerechtigkeit*[895] umso mehr zu bezweifeln, je unangemessener sich der Vertragsinhalt im Hinblick auf eine gerechte Lastenverteilung[896] erweist. Auf dieser Prämisse beruhen letztlich auch die Schmidt-Rimplersche These von der *Richtigkeitsgewähr des Vertragsmechanismus*[897] und die darauf aufbauenden Mechanismen der Vertragskontrolle des Privatrechts[898].

Ist – wie im vorliegenden Fall und typischerweise bei Verwendung von AGB[899] – die *Vertragsgestaltungsfreiheit* des Kunden auf Null reduziert, so steht die *Legitimität* der *Bindungswirkung* eines solchen Knebelvertrages erst recht infrage. Die Kritik ist vor diesem Hintergrund umso weniger überzeugend, als sie eine eingehende Auseinandersetzung mit der aufgeworfenen Problematik weitgehend vermeidet und einseitig die Interessen der Verwenderseite in den Mittelpunkt rückt. Hier werden in besonderer Weise die bereits eingehend angesprochenen Grundtendenzen der rechtspolitischen Diskussion deutlich[900], die aus *dogmatischen* und *verfassungsrechtlichen* Gründen mit Blick auf den *Schutzzweck* der Inhaltskontrolle als Fehlentwicklung der Korrektur bedürfen.

Darüber hinaus ist in diesem Zusammenhang auf den – in der Kritik freilich nicht näher thematisierten – Befund hinzuweisen, dass die unternehmerische Handlungsfreiheit durch die Rechtsprechung des BGH schon deshalb nicht in unzulässiger Weise eingeschränkt wird, weil entsprechende Geschäftsmodelle ohne weiteres möglich bleiben, jedoch unter Verzicht auf missbräuchliche Vertragsgestaltungen. So wurde im Abschluss an die Argumentation des BGH zu Recht darauf hingewiesen, dass das *Betreiber- und Finanzierungsrisiko* Sache des Verwenders ist und bleibt.[901] So steht es dem Betreiber einer Müllverbrennungsanlage frei, seine Vertragspartner zur Lieferung bestimmter Mengen zu verpflichten. Erfüllen sie diese Verpflichtung nicht, so liegt darin eine schuldhafte Pflicht-

---

[894] BVerfGE 89, 214, 234 = NJW 1994, 36, 39 (Bürgschaft I). Vgl. hierzu oben S. 382 ff.

[895] Hierzu eingehend oben S. 159 ff., 174 ff., 181 ff., 234 ff.

[896] Hierzu auf der Grundlage des *Äquivalenzgedankens* als Ausprägung der *Austauschgerechtigkeit* (iustitia commutativa) oben S. 122 ff.

[897] Vgl. hierzu *Schmidt-Rimpler*, FS Raiser (1974), S. 3, 5 ff.; *Schmidt-Rimpler*, FS Nipperdey (1955), S. 1, 6 ff.; *Schmidt-Rimpler*, AcP 147 (1941), 130, 151 ff. sowie eingehend oben S. 208 ff., zur Kritik oben S. 221 ff.

[898] Hierzu eingehend oben S. 157 ff. sowie aus dogmatischer *Perspektive* oben S. 458.

[899] Vgl. hierzu nur eingehend oben S. 439 ff., 508 ff., 567 ff.

[900] Hierzu oben S. 721 ff.

[901] *v. Westphalen*, NJW 2013, 2239, 2240; BGH NJW 2013, 856, 858 (bring-or-pay).

verletzung iSd. §280 Abs.1 S.2 BGB, die den Verwender zur Geltendmachung eines Schadensersatzanspruches berechtigt, worauf bereits der BGH in seiner Entscheidung ausdrücklich hingewiesen hat.[902]

Der unternehmerische Kunde ist dabei zur Zahlung eines Schadensersatzes verpflichtet, der unter Berücksichtigung etwaiger ersparter Aufwendungen den tatsächlich entstandenen Schaden – und auch nur diesen Schaden – kompensiert. Indes darf der Schadensersatzanspruch keinesfalls dazu missbraucht werden, „die Finanzierung der neu errichteten Müllverbrennungsanlage und ihre Rentabilität durch eine ausreichende Auslastung abzusichern"[903] oder „zusätzliche Erwerbschancen"[904] zu begründen. Wie vor diesem Hintergrund ernsthaft von einer unangemessenen Beschränkung des unternehmerischen Handelns gesprochen werden kann, ist kaum verständlich.

Insbesondere der Einwand, die Rechtsprechung des BGH verlange vom Verwender „im Kern Konzeptlosigkeit oder – dem Vertrauen zwischen Vertragspartnern nicht gerade förderlich – Scheingefechte"[905] geht in der Sache fehl. Jeder Unternehmer tut gut daran, sein Geschäftsmodell am geltenden Recht auszurichten und Knebelverträge zu vermeiden. Möchte er eine Inhaltskontrolle vermeiden, so muss er die entsprechenden Vertragsbedingungen zur Disposition stellen und sich darum bemühen einen Vertragspartner zu finden, der derartige Klauseln freiwillig akzeptiert. Ein solches unternehmerisches Risiko ist von jedem Marktteilnehmer zu verlangen. Scheut er dieses Risiko, indem er ausschließlich zu insoweit unverhandelbar gestellten AGB kontrahiert und die Vorteile des Versagens des Konditionenwettbewerbs für sich allein in Anspruch nimmt, so muss er auch das daraus erwachsende Risiko einer Unwirksamkeit seines Knebelvertrages in Kauf nehmen. Den Rechtsverkehr von gerade solchen missbräuchlichen Klauseln freizuhalten, ist darüber hinaus eines der zentralen *überindividuellen* Ziele des AGB-Rechts. Insbesondere mit Blick auf den *Schutzzweck* der Inhaltskontrolle vermag die Kritik daher nicht zu überzeugen.

dd) Ungleichgewicht zwischen Selbstverantwortung des Verwenders und des Kunden

Eine andere Frage ist indes, welche Anforderungen an den *Nachweis* der Abänderungsbereitschaft des Verwenders zu stellen sind und ob diese mit der gebotenen Verteilung der Obliegenheiten zur Wahrnehmung eigener Interessen im Rechtsverkehr im Einklang stehen. So ist in der Literatur ein *Ungleichgewicht* zwischen *überspannten Anforderungen* an die Eigenverantwortung des Verwenders auf der einen und einer weitgehenden *Ignorierung* der entsprechenden Verantwortlich-

---

[902] BGH NJW 2013, 856, 858 (bring-or-pay).
[903] BGH NJW 2013, 856, 858 (bring-or-pay).
[904] BGH NJW 2013, 856, 858 (bring-or-pay).
[905] *Dauner-Lieb*, AnwBl. 2013, 845, 858.

keit des Kunden auf der anderen Seite beklagt worden.[906] Insbesondere vom unternehmerischen Kunden könne daher erwartet werden, dass er in Eigeninitiative Verhandlungsmöglichkeiten auslotet sowie sich ihm bietende Wahlmöglichkeiten ausforscht und nutzt.[907] Das vom EuGH der Verwirklichung des Verbraucherschutzes zugrunde gelegte *Informationsmodell* verlange bei Unternehmern eine noch stärkere Beachtung.[908]

Anstatt zu fordern, dass der Verwender den gesetzesfremden Kerngehalt der AGB *aktiv* zur Disposition *stellt*, solle daher genügen, dass dieser erkennbar zur Disposition *steht*.[909] Denn die realen Möglichkeiten einer angemessenen Interessenwahrnehmung seien nicht allein vom Verhalten des Verwenders abhängig, sondern könnten auch aufgrund der *objektiven Umstände* – etwa der Marktstärke, der Marktmacht sowie dem kompromisshaften Aushandeln mit gegenseitigem Geben und Nehmen – vorliegen oder bereits durch ein sachgerechtes Ergebnis *indiziert* sein.[910] Vom unternehmerischen Kunden könne daher erwartet werden, dass er solche Umstände ausnutzt, sofern dies ihm mit zumutbarem Aufwand möglich sei.[911]

Richtig an diesem Einwand ist die Forderung, von einem unternehmerischen Kunden grundsätzlich ein höheres Maß an *Selbstverantwortung* einzufordern und ihm die Obliegenheit aufzuerlegen, sich ihm bietende *zumutbare* Verhandlungsmöglichkeiten auch zu nutzen.[912] Im unternehmerischen Geschäftsverkehr ist dem Verwendungsgegner daher ein höheres Maß an Eigeninitiative abzuverlangen, als dies in der Regel von einem Verbraucher verlangt werden kann. Allerdings kommt es auch hier entscheidend darauf an, dass eine Verhandlung für den unternehmerischen Verwendungsgegner *zumutbar* ist. Dies dürfte aufgrund der negativen *Transaktionskosten-Vertragswert-Relation* jedenfalls im unternehmerischen Massenverkehr typischerweise nicht der Fall sein. Denn der Vertragspartner des Verwenders ist auch im b2b-Verkehr aufgrund seiner *situativen Unterlegenheit* schutzbedürftig, da sich für ihn in der Regel der für das Lesen sowie die rechtliche Analyse und Bewertung der ihm vorgelegten Klauseln erforderliche Aufwand nicht lohnt.[913]

---

906 *Lischek/Mahnken*, ZIP 2007, 158, 162; *Wolf*, FS 50 Jahre BGH (2000), S. 111, 121.

907 *Wolf*, FS 50 Jahre BGH (2000), S. 111, 121.

908 *Wolf*, FS 50 Jahre BGH (2000), S. 111, 121.

909 *Wolf*, FS 50 Jahre BGH (2000), S. 111, 121.

910 *Wolf*, FS 50 Jahre BGH (2000), S. 111, 121.

911 *Wolf*, FS 50 Jahre BGH (2000), S. 111, 121.

912 In diesem Sinne *Lischek/Mahnken*, ZIP 2007, 158, 162; *Wolf*, FS 50 Jahre BGH (2000), S. 111, 121.

913 Vgl. zur *situativen Unterlegenheit* eingehend oben S. 508 ff. Vgl. auch oben S. 409 ff., 440 ff., 468 ff., 568 ff., 759 ff., 779 ff. mwN. Grundlegend *Fastrich*, Inhaltskontrolle (1992), S. 83 ff., 91, 93; *Lieb*, AcP 178 (1978), 196, 201 und *Raiser*, Das Recht der AGB (1961), S. 21 f. sowie *Ulmer/Habersack*, in: *Ulmer/Brandner/Hensen*, AGB-Recht (12. Aufl. 2016), Einl. Rn. 5, 48; *Fuchs*, in: *Ulmer/Brandner/Hensen*, AGB-Recht (12. Aufl. 2016), Vorb. v. § 307 Rn. 27; *Leuschner*, JZ 2010, 875, 879; *Hellwege*, AGB und Rechtsgeschäftslehre (2010), S. 554; *Pfeif-*

In diesem Zusammenhang ist der verbreiteten Versuchung zu widerstehen, dem Vertragsschluss im unternehmerischen Geschäftsverkehr gedanklich die Verhandlung komplexer Regelwerke zugrunde zu legen.[914] Auch in dem auf *Schnelligkeit* und *Einfachheit* ausgerichteten Rechtsverkehr zwischen Unternehmern wird sich schon angesichts der Masse der abgeschlossenen Geschäfte in vielen Fällen eine eingehende Kenntnisnahme der entsprechenden Vertragsbedingungen für den Unternehmer nicht lohnen. Dass der unternehmerische Kunde insoweit ähnlich wie ein Verbraucher schutzbedürftig ist, wurde im Gang der Untersuchung bereits gezeigt.

Allenfalls bei Rechtsgeschäften mit sehr *hohen Vertragswerten*, bei denen tendenziell von einer positiven *Transaktionskosten-Vertragswert-Relation* ausgegangen werden kann oder in Fällen, in denen sich die Verhandlung aufgrund eines *Verhandlungsangebotes* des Verwenders auf einige wenige *konkrete* und *überschaubare* Punkte beschränkt, kann dem unternehmerischen Verwendungsgegner zugemutet werden, selbst ein Verhandlungsangebot zu unterbreiten und die Abänderung der entsprechenden Klauseln zu verlangen. Angesichts der Tatsache, dass der Rechtsverkehr nach wie vor ganz überwiegend durch *kleine* und *mittlere Unternehmen* geprägt ist[915], werden Fälle mit positiver Transaktionskosten-Vertragswert-Relation indes die deutliche Ausnahme, keinesfalls die Regel darstellen.[916]

Allerdings werden derartige Fallkonstellationen mangels geeigneter Abgrenzungskriterien ohnehin von akademischer Bedeutung bleiben. Denn die Frage, wann überhaupt eine positive Transaktionskosten-Vertragswert-Relation besteht, wann sich also für den Kunden die eingehende Auseinandersetzung mit den ihm gestellten Klauseln lohnt, dürfte auch für die Gerichte nur unter erheblichen *praktischen Schwierigkeiten* zu beantworten sein. So hat bereits die *Behavioral Economics*-Forschung eindrucksvoll gezeigt, dass sich der konkrete Nutzen bestimmter Verhaltensoptionen aufgrund beschränkter Information und Rationalität sowie der Ungewissheit des Eintritts zukünftiger Ereignisse kaum zuverlässig bestimmen lässt.[917]

---

fer, in: Wolf/Lindacher/Pfeiffer, AGB-Recht (6. Aufl. 2013), Einl. Rn. 3; *Stoffels*, AGB-Recht (3. Aufl. 2015), Rn. 72 ff., 83 ff.; *Leuschner*, AcP 207 (2007), 491, 494 ff.; Staudinger/*Wendland*, BGB (2019), § 307 Rn. 3; *Canaris*, AcP 200 (2000), 273, 312 ff.; *Wackerbarth*, AcP 200 (2000), 45, 55 f., 82 f. Vgl. auch die Nachweise oben S. 293 Fn. 47.

914 Vgl. zu der Problematik der Fokussierung der Diskussion auf komplexe und großvolumige Verträge oben S. 724 ff.

915 *Günterberg*, Unternehmensgrößenstatistik (2012), S. 11. Vgl. hierzu oben S. 791 f.

916 Ebenso *Axer*, AGB-Kontrolle (2012), S. 171 („M&A-Verträge sind freilich nicht repräsentativ für den üblichen unternehmerischen Geschäftsverkehr.").

917 Zur *Rationalitätsbegrenzungen* und den *praktischen Schwierigkeiten* einer *Kosten-Nutzen-Analyse* eingehend oben S. 555 ff. sowie *Hellwege*, AGB und Rechtsgeschäftslehre (2010), S. 560; *Drexl*, Selbstbestimmung (1998), S. 338. Vgl. hierzu auch *Axer*, AGB-Kontrolle (2012), S. 141.

Dass der BGH vor diesem Hintergrund für den wohl nur Ausnahmefälle betreffenden Bereich der Zumutbarkeit konkreter Verhandlungsobliegenheiten des Kunden von einer Differenzierung absieht und stattdessen einen einheitlichen hohen Standard zugrunde legt, ist daher nicht zu beanstanden. Abzulehnen ist in diesem Zusammenhang jedoch der Vorschlag,[918] die *Abänderungsbereitschaft* des Verwenders aus *objektiven Umständen* wie etwa der *Marktmacht* oder der *Marktstärke* herzuleiten. Wie ein Blick auf den *Schutzzweck* der Inhaltskontrolle zeigt, kommt es für die Eröffnung des Anwendungsbereiches des AGB-Rechts gerade nicht auf die *wirtschaftliche Unterlegenheit* des Verwendungsgegners an. Angesichts der Tatsache, dass die zuverlässige Bestimmung von Marktmacht und Marktstärke die Gerichte vor kaum lösbare praktische Schwierigkeiten stellen dürfte, vermag dieser Ansatz daher nicht zu überzeugen.

ee) Gefahr der AGB-Falle

Eng verknüpft mit der Frage *ob* und *wann* vom Verwendungsgegner verlangt werden kann, zumutbare Verhandlungsmöglichkeiten auszunutzen, ist die Problematik der sogenannten *AGB-Falle*.[919] So wurde etwa darauf hingewiesen, dass die Rechtsprechung des BGH dazu führe, dass der Verwendungsgegner auf die Verhandlung ihn benachteiligender Klauseln bewusst verzichtet, um ihre Qualifikation als AGB herbeizuführen und sich im Anschluss daran auf ihre Unwirksamkeit zu berufen.[920] Das aus dieser „AGB-Falle" für den Verwender erwachsende Risiko der Unwirksamkeit der von ihm gestellten Vertragsbedingungen hätte daher in der Praxis absurde und geradezu paradoxe Vorschläge zur Folge. So wäre dem Verwender zu raten, gerade jene Klauseln ernsthaft zur Disposition zu stellen, an denen er ein besonderes Interesse habe und auf die er keinesfalls verzichten wolle.[921] Umgekehrt sei dem Verwendungsgegner zu raten, auf die Verhandlung ebendieser – ihn in der Regel einseitig benachteiligenden – Klauseln zu verzichten, um ihre AGB-rechtliche Unwirksamkeit nicht zu gefährden.[922]

---

[918] *Wolf*, FS 50 Jahre BGH (2000), S. 111, 121.

[919] Hierzu eingehend *Weischer*, Vertragsfreiheit und Inhaltskontrolle (2013), 142 ff., *Axer*, AGB-Kontrolle (2012), S. 348; *Kaufhold*, BB 2012, 1235, 1237; *Kessel*, AnwBl. 2012, 293, I 70 ff.; *Kessel*, AnwBl. 2012, 293, 298; *Kieninger*, AnwBl. 2012, 301, 302; *v. Westphalen*, Allgemeine Verkaufsbedingungen (2012), S. 20; *Berger*, NJW 2010, 465, 465; *Lorenz*, DAR 2010, 314, 317; *Miethaner*, AGB-Kontrolle (2010), S. 179 185, 188; *Müller/Griebeler/Pfeil*, BB 2009, 2658, 2660; *Kessel/Jüttner*, BB 2008, 1350, 1351; *Berger/Kleine*, BB 2007, 2137, 2141; *Rabe*, NJW 1987, 1978, 1979. Ebenso die Stellungnahme des Zivilrechtsausschusses des Deutschen Anwaltvereins „Änderung des AGB-Rechts im unternehmerischen Rechtsverkehr: Deutsches Recht stärken", *Deutscher Anwaltverein*, AnwBl. Online 2012, 180, 188.

[920] Vgl. nur *Kessel*, AnwBl. 2012, 293, I 70 ff.; *Kessel*, AnwBl. 2012, 293, 298; *Kessel/Jüttner*, BB 2008, 1350, 1351.

[921] *Günes/Ackermann*, ZGS 2010, 454, 456. Ebenso *Pfeiffer*, ZGS 2003, 378; *Müller/Griebeler/Pfeil*, BB 2009, 2658, 2660; *Kessel/Jüttner*, BB 2008, 1350, 1351; *Rabe*, NJW 1987, 1978, 1979.

[922] *Pfeiffer*, ZGS 2003, 378.

Derartige Indizien einer „verkehrten Welt"[923] würden deshalb die grundsätzliche Frage nach der Berechtigung der strengen Anforderungen des BGH aufwerfen.[924]

(1) Keine AGB-Falle bei „echten AGB"

Die Kritik an der Paradoxität der den Parteien aufgrund ihrer Interessenlage zur Verfügung stehenden Verhaltensoptionen ist grundsätzlich berechtigt. Allerdings ist das für den unternehmerischen Massenverkehr sicherlich keinesfalls typische Sonderproblem der AGB-Falle mit Augenmaß und im Kontext des gesamten Schutzsystems der Inhaltskontrolle zu betrachten. Wie auch mit Blick auf die übrige Kritik der Literatur so gilt auch hier, dass praxisfremde Einseitigkeiten zu vermeiden sind und daher der in der Debatte weit verbreiteten Neigung zu widerstehen ist, bei der Beurteilung der Anforderungen des BGH im Hinblick auf das Merkmal des Aushandelns die Diskussion allein auf den für den Massenverkehr keineswegs typischen Ausnahmefall der *positiven* Transaktionskosten-Vertragswert-Relation zu verengen.[925] Anders gewendet sind die Anforderungen des BGH nicht allein am Maßstab „unechter AGB"[926] und der fast schon paradigmatischen Fälle der M&A-Transaktionen und komplexen Vertragsverhandlungen im Kraftwerks- und Anlagenbau, sondern auch und vor allem an den für den unternehmerischen Massenverkehr typischen „echten AGB"[927], etwa standardisierten Lieferbedingungen, zu messen.

Im unternehmerischen *Massenverkehr* kann dem Verwendungsgegner typischerweise schon deshalb kein vorsätzlicher Verzicht auf ihm mögliche Verhandlungen vorgeworfen werden, weil sich für ihn bereits die *Kenntnisnahme* der AGB und erst recht entsprechende *Verhandlungen* aufgrund des damit verbundenen *Aufwands* und der prohibitiv hohen *Transaktionskosten* in der Regel gar nicht lohnen dürften.[928] In diesem Zusammenhang ist der eigentliche *Schutzzweck* der Inhaltskontrolle in Erinnerung zu rufen, der gerade nicht primär im Schutz vor der wirtschaftlichen Übermacht des Verwender, sondern in der *situativen Unterlegenheit* besteht, die aus der klauselbedingten *Informationsasymmetrie* und jener *Verhandlungsimparität* resultiert, die sich aus einem Marktversagen, dem fehlenden Konditionenwettbewerb ergibt.[929]

Darüber hinaus ist zu bedenken, dass die Vorschrift des § 305 Abs. 1 S. 3 BGB mit Blick auf den jeweiligen Vertragswert keine Differenzierung trifft und die

---

923 So plastisch *Pfeiffer*, ZGS 2003, 378.

924 So im Ergebnis *Pfeiffer*, ZGS 2003, 378. Vgl. zur Kritik an der Rechtsprechung des BGH eingehend oben S. 713 ff., 828 ff.

925 Zu der entsprechenden Grundtendenz in der Diskussion eingehend oben S. 721 ff. Kritisch hierzu *Axer*, AGB-Kontrolle (2012), S. 171.

926 Hierzu *Kaufhold*, BB 2012, 1235, 1236 f. sowie oben S. 726 ff., 728.

927 Hierzu *Kaufhold*, BB 2012, 1235, 1236 f. sowie oben S. 726, 728.

928 Vgl. hierzu eingehend oben S. 765 ff., 779 ff. Zum Problem der *Informationssymmetrie* eingehend oben S. 511 ff., 569 ff.

929 Vgl. Hierzu oben S. 542 ff.

vom BGH entwickelten Anforderungen daher geeignet sein müssen, *alle* Fallkonstellationen des unternehmerischen Geschäftsverkehrs, den Massenverkehr wie auch komplexe Vertragsverhandlungen im Rahmen von M&A-Transaktionen, „echte" wie „unechte AGB", sachgerecht zu erfassen. Dass der BGH hierbei seine Rechtsprechung an den für die Praxis vor allem relevanten Fällen des unternehmerischen Massenverkehrs und kaufmännischer Alltagsgeschäfte als Leitbild orientiert, ist verständlich. Dies gilt umso mehr, als gerade komplexe Vertragsverhandlungen mit hohem Vertragswert aufgrund der üblichen Vereinbarung von *Schiedsklauseln*[930] nur selten vor die staatlichen Gerichte gelangen[931] und der unternehmerische Rechtsverkehr in der Masse vor allem von kleinen und mittleren Unternehmen geprägt wird.[932]

(2) Fehlen einer umfassenden Lösung

Diesem rechtstatsächlichen Befund wird die Kritik eines Teils des Schrifttums nicht gerecht. Vor diesem Hintergrund und der sehr großen Spannweite zwischen „echten AGB" auf der einen und „unechten AGB"[933] auf der anderen Seite ist nur verständlich, dass von der Rechtsprechung entwickelte abstrakt-generelle Kriterien von vornherein nicht in der Lage sein können, alle denkbaren Fallkonstellationen zu erfassen. Dies ist kein Versäumnis der Rechtsprechung, sondern Folge der unvermeidbaren legislatorischen Unschärfe des Gesetzesrechts.[934] Eine Abhilfe könnte nur dann geschaffen werden, wenn zwischen unterschiedlichen Fallkonstellationen innerhalb des b2b-Verkehrs differenziert wird, wie es ein Teil der Literatur fordert.[935] Dies ist auf der Grundlage des geltenden Rechts indes nicht möglich[936], so dass die Kritik an der Rechtsprechung insoweit fehlgeht. Die Rechtsprechung des BGH, die *allen* Fallkonstellationen und vor allem den für den Rechtsverkehr prägenden[937] „echten AGB"[938] gerecht werden muss, stets mit Verweis auf die für den b2b-Verkehr sicherlich nicht prägenden komplexen Ver-

[930] Hierzu *Pfeiffer*, NJW 2012, 1169, 1169f.; *Brachert/Dietzel*, ZGS 2005, 441, 441.

[931] *Bubrowski*, AnwBl. 2012, 980, 981; *Berger*, NJW 2010, 465, 465f.

[932] Vgl. hierzu oben S. 791f. sowie *Günterberg*, Unternehmensgrößenstatistik (2012), S. 11.

[933] Hierzu *Kaufhold*, BB 2012, 1235, 1236f. sowie oben S. 726.

[934] Vgl. nur *Schmidt-Salzer*, Diskussion 50. DJT (1974), S. H 72, H 74: „Es ist technisch nicht möglich, ein soziales Schutzgesetz 100% so zu formulieren, daß es genau die schutzbedürftigen Parteien, aber auch *nur* die schutzbedürftigen Parteien erfaßt."). Hierzu oben S. 0.

[935] Vgl. hierzu *Axer*, AGB-Kontrolle (2012), S. 150ff.; *Kessel/Stomps*, BB 2009, 2666, 2672; *Berger/Kleine*, NJW 2007, 3526, 2138; *Berger/Kleine*, BB 2007, 2137, 3527ff.; *Berger*, ZIP 2006, 2149, 2155. Zur entsprechenden Diskussion vor Inkrafttreten des AGBG vgl. oben S. 694ff., 782.

[936] Vgl. nur oben S. 788. Ebenfalls kritisch *Lenkaitis/Löwisch*, ZIP 2009, 441, 447; *v. Westphalen*, ZIP 2007, 149, 156f.

[937] Hierzu eingehend oben S. 286ff., 287ff., 432.

[938] Hierzu *Kaufhold*, BB 2012, 1235, 1236f. sowie oben S. 726, 794.

tragsverhandlungen zu kritisieren, ohne eine tragfähige Lösung auch für „echte AGB" anzubieten, ist nicht überzeugend.

Ob eine *Bereichsausnahme* für besonders hohe Vertragswerte, wie sie teilweise von einigen Reformansätzen gefordert wird[939], geeignet ist, dieses Problem auf angemessene Weise zu bewältigen, bleibt zu untersuchen.[940] Jedenfalls ist auch eine solche Lösung aufgrund ihres Ausnahmecharakters mit einer gewissen legislatorischen Unschärfe verbunden. Je nachdem, wo die Wertgrenze letztendlich gezogen wird, würde sie entweder Fälle mit negativer Transaktionskosten-Vertragswert-Relation vom Schutz der Inhaltskontrolle ausschließen oder aber überschießende Fälle mit positiver Transaktionskosten-Vertragswert-Relation der Inhaltskontrolle unterwerfen.[941] Bezeichnenderweise hat die Literatur gerade hinsichtlich der AGB-Falle bislang keine tragfähige Alternativlösung vorlegen können. Dies würde zunächst voraussetzen, dass der Blick über die Sonderfälle positiver Transaktionskosten-Vertragswert-Relation hinaus auf die für die Masse des unternehmerischen Geschäftsverkehrs prägenden „echten AGB" geweitet wird. Auf diese Problematik geht die auf die AGB-Falle verweisende Kritik des Schrifttums an der Rechtsprechung des BGH indes nicht ein. Sie vermag daher nicht zu überzeugen.

(3) Konflikt mit dem Schutzzweck der Inhaltskontrolle

Zu warnen ist in diesem Zusammenhang darüber hinaus vor einer Verschiebung der Maßstäbe, vor einer „verkehrten Welt"[942] unter anderen Vorzeichen: Setzt man sich näher mit der Kritik der Literatur im Kontext der AGB-Falle auseinander, so entsteht der Eindruck, dass das zentrale Problem in diesem Zusammenhang darin besteht, dass der Verwender offensichtlich vor erheblichen Gefahren und Risiken zu schützen ist, die ihm dadurch drohen, dass die von ihm vorformulierten Klauseln der richterlichen Inhaltskontrolle unterworfen werden und deshalb dem Verdikt der Unwirksamkeit unterfallen, weil sie seinen Vertragspartner unangemessen benachteiligen. Verursacher dieses Risikos soll – so die zwangsläufige Konsequenz dieser Argumentation – insoweit der Kunde sein. Zwar wird er mit ihn selbst einseitig benachteiligenden AGB konfrontiert, doch soll er den Verwender offensichtlich dadurch versuchen zu schädigen, dass er auf die Abänderung der ihn benachteiligenden AGB ganz bewusst in dem Wissen verzichtet, dass die entsprechenden Klauseln unwirksam sind und er dies in einem nachfolgenden Zivilprozess – den er nach diesem Argumentationsmuster vorausschauend plant, im Streitfall anzustrengen – auch durchzusetzen vermag. Das Beispiel AGB-Falle zeigt deutlich, zu welchen argumentativen Verrenkungen sich die Kritik an der BGH-Rechtsprechung genötigt sieht.

---

939 Zu entsprechendenden *Reformmodellen* vgl. oben S. 752 ff.
940 Zur Stellungnahme eingehend unten S. 912 ff.
941 *Schmidt-Salzer*, Diskussion 50. DJT (1974), S. H 72, H 74.
942 So plastisch *Pfeiffer*, ZGS 2003, 378.

Natürlich ist die AGB-Falle ein theoretisch mögliches Szenario. Allerdings bedarf es auch hier des nötigen Augenmaßes, um zu angemessenen Ergebnissen zu gelangen. So ist mit Blick auf den Schutzzweck der Inhaltskontrolle zunächst einmal festzuhalten, dass die Unwirksamkeit einseitig benachteiligender Klauseln aus der Perspektive der Gesamtrechtsordnung keine „Gefahr" oder ein „Risiko" darstellt, vor dem der Verwender zu schützen sei, um Schäden von seinen Rechtsgütern abzuwenden. Aus der Perspektive des Gesetzgebers ist vielmehr das Gegenteil der Fall: Es ist der Verwender, der durch die missbräuchliche Inanspruchnahme der Vertragsfreiheit zur Durchsetzung einseitig benachteiligender Klauseln erhebliche Gefahren und Risiken für die Rechtspositionen seiner Vertragspartner schafft.[943] Durch die einseitige Risikoverlagerung zum eigenen Nutzen und auf Kosten des Kunden schafft er eine Situation, in der „die Vertragsfreiheit für das einseitige Diktat unbilliger oder gar mißbräuchlicher AGB in Anspruch genommen wird."[944] Eine Situation, die „der soziale Rechtsstaat nicht tatenlos hinnehmen"[945] kann. Daher verlangen „die Wertentscheidungen für die rechtsgeschäftliche Selbstbestimmung des Individuums als Teil der freien Persönlichkeitsentfaltung einerseits und die soziale Staatszielbestimmung unserer Verfassungsordnung andererseits ..., den weit verbreiteten Mißbräuchen der Gestaltungsfreiheit im Privatrechtsverkehr entgegenzutreten."[946] Die Gefahr, das Risiko, das dem Verwender „droht", besteht daher allein darin, dass er an der Durchsetzung missbräuchlicher AGB zum eigenen Vorteil und auf Kosten seines Vertragspartners durch einseitige Risikoabwälzung auf den Klauselgegner gehindert wird.

Das Schlimmste, das dem Verwender insoweit widerfahren kann, ist daher die Anwendung des *dispositiven* Rechts der geltenden Privatrechtsordnung, wobei die Rechtsprechung durchaus auf die besonderen *Bedürfnisse des unternehmerischen Geschäftsverkehrs* Rücksicht nimmt.[947] Das dispositive Gesetzesrecht aber ist aufgrund des ihm eigenen *Gerechtigkeitsgehaltes*[948] von vornherein auf einen *angemessenen Interessenausgleich* und eine *gerechte Lastenverteilung* im vertraglichen Austauschverhältnis angelegt.[949] Es fällt daher schwer, ein „berechtigtes Interesse" des Verwenders an missbräuchlichen Klauseln anzuerkennen. Zwar wird in der Kritik immer wieder vorgetragen, dass der BGH in der Anwendung der Inhaltskontrolle die Bedürfnisse des unternehmerischen Geschäftsverkehrs insbesondere im Hinblick auf Haftungsbegrenzungen in eklatanter Weise verkenne und die Rechtsprechung daher den Anforderungen des Rechtsverkehrs

[943] Vgl. hierzu den RegE zum AGBG, BT-Drucks. 7/3919, S. 9.

[944] RegE zum AGBG, BT-Drucks. 7/3919, S. 9.

[945] RegE zum AGBG, BT-Drucks. 7/3919, S. 9.

[946] RegE zum AGBG, BT-Drucks. 7/3919, S. 9.

[947] Vgl. hierzu unten S. 920ff.

[948] BGHZ 41, 151 = NJW 1964, 1123, 1123.

[949] Vgl. RegE zum AGBG, BT-Drucks. 7/3919, S. 9, 26, 40. Zur *Äquivalenzprinzip* eingehend oben S. 122ff.

nicht gerecht werde.[950] In der einschlägigen Kommentarliteratur, insbesondere zur Indizwirkung der Klauselverbote im b2b-Verkehr, wird diese harsche Kritik indes in dieser Form nicht geteilt.[951] Darüber hinaus ist zu bedenken, dass es der Verwender ist, der durch das Inverkehrbringen einseitig benachteiligender Klauseln für das Risiko ihrer Unwirksamkeit selbst verantwortlich ist.[952]

Wer *missbräuchliche* Klauseln *in Verkehr bringt* muss daher damit rechnen, dass diese dem Verdikt der *Unwirksamkeit* unterfallen können, zumal die seit Langem gefestigte Rechtsprechung des BGH bekannt ist. Dass sich der Vertragspartner des Verwenders auf die Unwirksamkeit beruft, ist dabei sein gutes Recht. Eine Obliegenheit, in jedem Fall auf eine Abänderung entsprechender Klauseln hinzuwirken, kann – wie gezeigt wurde[953] – bereits deshalb nicht bestehen, weil ihm die Klauseln – anders als dem Verwender – nicht bekannt sind und er für die *Kenntnisnahme* und rechtliche *Bewertung* einen *Aufwand* investieren muss, der sich für ihn in aller Regel nicht lohnt.[954] Gerade darin besteht die *situative Unterlegenheit* des Klauselgegners und damit der Geltungsgrund der AGB-rechtlichen Inhaltskontrolle.[955] Die verbleibenden Fälle, in denen der Vertragspartner des Verwenders im Kontext *komplexer Vertragsverhandlungen* die drohende Unwirksamkeit der Klausel kennt und sie ganz bewusst arglistig verschweigt, dürften in der Rechtspraxis schon aufgrund der hierfür erforderlichen *positiven* Transaktionskosten-Vertragswert-Relation von geringer praktischer Bedeutung sein.[956] Angesichts dieses Befundes ist die Kritik der Literatur mit Verweis auf die sogenannte AGB-Falle daher nicht überzeugend. Dies gilt umso mehr, als bislang keine tragfähige Lösung für das Problem vorgelegt worden ist.

ff) Umfang der Abänderungsbereitschaft

Auf den ersten Blick überzeugender erscheint dagegen die Kritik, soweit sie die *konkreten Umstände* betrifft, für die der BGH eine Abänderungsbereitschaft des

---

950 Zur Kritik mit Blick auf beschränkte Möglichkeiten der Haftungsbegrenzung *Eckhoff*, GWR 2013, 80, 80 ff.; *Kollmann*, NJOZ 2011, 625, 625 ff.; *Frankenberger*, AnwBl. 2012, 318, 319; *Leuschner*, JZ 2010, 875, 876.

951 Vgl. nur Staudinger/*Coester-Waltjen*, BGB (2013), § 308 Nr. 1 Rn. 21; MünchKomm/*Wurmnest*, BGB (7. Aufl. 2016), § 308 Rn. 6, 9; § 308 Nr. 1 Rn. 15; § 308 Nr. 2 Rn. 8; § 308 Nr. 7 Rn. 14; § 309 Nr. 7 Rn. 33; *Schmidt*, in: *Ulmer/Brandner/Hensen*, AGB-Recht (12. Aufl. 2016), § 308 Nr. 7 Rn. 24; *Christensen*, in: *Ulmer/Brandner/Hensen*, AGB-Recht (12. Aufl. 2016), § 309 Nr. 7 Rn. 43; *Dammann*, in: Wolf/Lindacher/Pfeiffer, AGB-Recht (6. Aufl. 2013), § 308 Nr. 2 Rn. 40 sowie selbst *Dammann*, in: Wolf/Lindacher/Pfeiffer, AGB-Recht (6. Aufl. 2013), § 309 Nr. 7 Rn. 135 ff.

952 Zum Gedanken der „Risikosphären" und der „Gefährdungshaftung" infolge des „Inverkehrbringens von AGB" eingehend oben S. 589 ff.

953 Vgl. hierzu oben S. 842 ff.

954 Vgl. hierzu oben S. 920 ff. sowie allgemein zur *Informationsasymmetrie* oben S. S. 511 ff., 569 ff.

955 Vgl. zur *situativen Unterlegenheit* eingehend oben S. 508 ff. Vgl. auch oben S. 409 ff., 440 ff., 468 ff., 568 ff., 759 ff., 779 ff. jeweils mwN.

956 Ebenso für M&A-Verfahren *Axer*, AGB-Kontrolle (2012), S. 171.

Verwenders annimmt. So setzt die Rechtsprechung für das Vorliegen der *Dispositionsbereitschaft* auf Verwenderseite voraus, dass der Verwender den gesamten „in seinen Allgemeinen Geschäftsbedingungen enthaltenen ‚gesetzesfremden Kerngehalt', also die den wesentlichen Inhalt der gesetzlichen Regelung ändernden oder ergänzenden Bestimmungen, inhaltlich ernsthaft zur Disposition stellt".[957] Erforderlich ist damit eine Änderung des *rechtlichen* Gehalts der Klausel. Die Bereitschaft zur Änderung ausschließlich *wirtschaftlicher* Komponenten – wie etwa die Herabsetzung der *Vertragsstrafe* oder der *Haftungshöchstgrenze* – genügt dagegen nicht.[958] Entsprechende Änderungen gelten lediglich als *unselbständige Ergänzungen*, die den sachlichen Gehalt der Regelung nicht beeinflussen und damit den Charakter der Klausel als AGB nicht infrage stellen.[959] Für den unternehmerischen Kunden sind diese Parameter jedoch entscheidend und eine insoweit bestehende substantielle Abänderungsbereitschaft des Verwenders für eine positive Abschlussentscheidung in der Regel auch ausreichend.[960]

Allerdings kann hiervon nicht in allen Fallkonstellationen ausgegangen werden. So stellt eine *Haftungsbeschränkung* stets eine erhebliche *Beeinträchtigung* der Rechtspositionen des Verwendungsgegners dar, da sie letztlich einen unkompensierten Schaden zur Folge hat.[961] Darüber hinaus kann der unternehmerische Kunde durchaus ein berechtigtes Interesse daran haben, dass eine Vertragsstrafe von nicht mehr als 5% des Auftragspreises vereinbart wird, wie es im Übrigen geltendem AGB-Recht entspricht. Würde man die Bereitschaft zur substantiellen Abänderung einer Vertragsstrafeklausel als *selbstständige Ergänzung* für ein Aushandeln iSv. §305 Abs.1 S.3 BGB genügen lassen, so müssten hierfür – um den Schutz der Inhaltskontrolle nach dem geltenden Recht nicht zu unterlaufen – die gleichen Grundsätze wie für den Maßstab der Inhaltskontrolle nach §307ff. BGB gelten. Damit würden aber *Anwendungsbereich* und *Maßstab* der Inhaltskontrolle miteinander vermengt. Es erscheint daher aus dogmatischen und praktischen

---

[957] BGH WuM 2013, 293. Ebenso in st. Rspr. BGH NZM 2013, 159, 160; BGH NJW-RR 2009, 947, 948; BGH NJW 2005, 2543, 2544; BGH NJW-RR 2005, 1040, 1040; BGHZ 153, 311, 321 = NJW 2003, 1805, 1807; BGH NJW 1998, 3488, 3489. Hervorhebungen durch den Verfasser.

[958] Vgl. BGH NJW 1998, 2815, 2816 (Hauptforderung einer Bürgschaft); BGH NJW 1998, 2600, 2601 (Höhe einer Vertragsstrafe); BGH NJW 1992, 1822, 1823 (Namens des Schuldners); BGH NJW 1992, 2160, 2161 (Objekt in Bauträgervertrag); BGH NJW 1991, 1678, 1679 („Er hat somit nicht die vorformulierte Eigenverkaufsklausel, sondern nur die Höhe der darin vorgesehenen Provision zur Disposition gestellt."); BGH NJW 1983, 1603, 1604 (Tagespreisklausel). Vgl. hierzu *Ulmer/Habersack*, in: *Ulmer/Brandner/Hensen*, AGB-Recht (12. Aufl. 2016), §305 Rn.50, 56.

[959] Vgl. nur BGH NJW 2013, 1668, 1669; BGH NJW 1988, 558, 559 sowie eingehend MünchKomm/*Basedow*, BGB (7. Aufl. 2016), §305 Rn.41; Staudinger/*Schlosser*, BGB (2013), §305 Rn.42; *Ulmer/Habersack*, in: *Ulmer/Brandner/Hensen*, AGB-Recht (12. Aufl. 2016), §305 Rn.56.

[960] *Kessel*, AnwBl. 2012, 293, 296.

[961] *Schäfer*, BB 2012, 1231, 1234.

Gründen sinnvoller, die sich aus einem möglicherweise zu weiten Anwendungsbereich der Inhaltskontrolle ergebenden Probleme auf der Ebene des Kontrollmaßstabes zu lösen. Vor diesem Hintergrund unterliegt die insoweit konsequente Rechtsprechung des BGH keinen Bedenken.

gg) Keine Berücksichtigung von Paketlösungen und Belehrungspflicht

Deutliche Kritik hat auch die bisherige Weigerung der Rechtsprechung erfahren, eine *Ausstrahlungswirkung* im Einzelnen ausgehandelter Klauseln auf damit im Zusammenhang stehende, nicht geänderte oder erörterte Vertragsbedingungen oder sogar das gesamte Vertragswerk anzuerkennen.[962] Denn damit sei auch die kontrollfreie Vereinbarung der in der Praxis üblichen *Paketlösungen*, mit der Nachteile in einer Klausel durch Vorteile einer anderen kompensiert werden, ausgeschlossen.[963]

Die Kritik ist im Kern berechtigt, setzt aber – soweit eine Ausstrahlungswirkung bejaht wird – dogmatisch an der falschen Stelle an. Denn auch für jene Vertragsbedingungen ein Aushandeln anzunehmen, die tatsächlich *nicht* Gegenstand der Verhandlung gewesen sind, liefe auf eine bloße *Fingierung* des Aushandelns hinaus. Die Annahme einer entsprechenden Ausstrahlungswirkung wäre daher mit dem *Schutzzweck* der Inhaltskontrolle nicht vereinbar und würde darüber hinaus auch an der *Wortlautgrenze* des § 305 Abs. 1 S. 3 BGB („soweit") scheitern. Für die Anerkennung der in der Praxis üblichen Paketlösungen wäre der Umweg über eine Ausstrahlungswirkung indes gar nicht erforderlich, da in diesen Fällen typischerweise sämtliche Bestandteile des endgültigen Einigungspaketes in den rechtsgeschäftlichen Willen beider Parteien aufgenommen worden und daher vom Aushandeln umfasst sind. Erforderlich ist hierfür

[962] Palandt/BGB (77. Aufl. 2018), § 305 Rn. 22; *Schauer*, AnwBl. 2012, 690, 695; *Günes/Ackermann*, ZGS 2010, 454, 456; *Miethaner*, AGB-Kontrolle (2010), S. 157 f.; *Müller/Griebeler/Pfeil*, BB 2009, 2658, 2658; *Berger/Kleine*, BB 2007, 2137, 2137; *Lischek/Mahnken*, ZIP 2007, 158, 161; *Rabe*, NJW 1987, 1978, 1979 f. So im Übrigen schon *Schnur*, MDR 1978, 92, 93; *Löwe*, JuS 1977, 421, 423 („Dies kann durchaus auch in der Weise geschehen, daß der Verwender bei einer anderen Klausel nachgibt, so daß eine schließlich ausgehandelte Klausel auch dann ausgehandelt sein kann, wenn sie zwar völlig unverändert geblieben ist, dem Kunden aber bei einer anderen Klausel oder beim Preis entgegen gekommen worden ist"); *Trinkner*, BB 1977, 717, 178 (bei ausreichendem Sachzusammenhang sogar das Nachgeben in anderen Verträgen genügend lassend); *v. Westphalen*, DB 1977, 943, 947 sowie die ältere Kommentarliteratur, vgl. nur *Dietlein*, in: Dietlein/Rebmann, AGB aktuell (1976), § 1 AGBG Rn. 10; *Schlosser*, in: Schlosser/Coester-Waltjen/Graba, AGBG (1977), § 1 Rn. 29. A. A. *Braun*, BB 1979, 689, 692; *v. Falkenhausen*, BB 1977, 1124, 1127; *Koch/Stübing*, AGBG (1977), § 1 Rn. 41. Differenzierend *Habersack/Schürnbrand*, FS Canaris (2007), S. 359, 374 (keine Ausstrahlungswirkung aber Indiz für Aushandeln).

[963] Vgl. nur *Kessel*, Referat 69. DJT (2012), S. I 57, I 61. Zur AGB-rechtlichen Zulässigkeit von *Paketlösungen* eingehend oben S. 469 f., 782 f., 848 ff., 931 f. sowie oben 944 f. Hierzu aus rechtsökonomischer Perspektive *Bebchuk/Posner*, 104 Mich. L. Rev. 827, 830 ff. (2006) sowie eingehend oben S. 538 f.

regelmäßig eine *Erörterung*[964] und *Abänderung*[965] der einzelnen Klauseln, andernfalls der Nachweis, dass der Verwendungsgegner sämtliche Bestandteile der Paketlösung *kennt*, sie materiell *verstanden* hat und von ihrer *sachlichen Richtigkeit* überzeugt ist.[966]

Die Annahme, ein Aushandeln einzelner Klauseln führe dazu, dass der Vertrag insgesamt als Individualvereinbarung zu qualifizieren sei, dass ein Aushandeln im Einzelnen deshalb auf den Vertrag insgesamt ausstrahle, ist indes abzulehnen.[967] Denn hier wird für Vertragsbedingungen eine *Vertragsgestaltungsmacht* des Verwendungsgegners *fingiert*, die *tatsächlich* nicht bestand. Mit dem Schutzzweck der Inhaltskontrolle ist eine solche Annahme nicht vereinbar.[968] Der Grundansatz der Rechtsprechung ist daher nicht zu beanstanden. Allerdings wäre in Bezug auf die Anerkennung von Paketlösungen ein großzügigerer Maßstab mit Blick auf die Berücksichtigung inhaltlich zusammenhängender Klauseln wünschenswert. Dies muss erst recht deshalb gelten, weil die Annahme einer mit dem Wortlaut des § 305 Abs. 1 S. 3 BGB kaum vereinbaren Ausstrahlungswirkung für die Zulässigkeit von Paketlösungen gar nicht erforderlich ist, sondern bereits die Absenkung der Anforderungen an die Einbeziehung der einzelnen Bestandteile eines insgesamt erörterten und gebilligten Einigungspakets in den rechtsgeschäftlichen Willen beider Parteien genügt.

hh) Überspannte Informations- und Belehrungspflicht

Überspannte Anforderungen stellt der BGH jedoch mit Blick auf die neuerdings eingeführte Informations- und Belehrungspflicht des Verwenders, wenn er verlangt, dass – „jedenfalls bei umfangreichen bzw. nicht leicht verständlichen Klauseln – selbstverständliche (zusätzliche) Voraussetzung für die Qualifizierung als ‚ausgehandelt' [ist], dass der Verwender die andere Vertragspartei über den *Inhalt* und die *Tragweite* der Klausel(n) *im Einzelnen belehrt hat* ... oder sonstwie erkennbar geworden ist, dass der andere Vertragspartner *deren Sinn wirklich erfasst* hat."[969] Im unternehmerischen Geschäftsverkehr kann jedenfalls für die

---

[964] OLG München DB 1982, 1003, 1004; *Ulmer/Habersack*, in: *Ulmer/Brandner/Hensen*, AGB-Recht (12. Aufl. 2016), § 305 Rn. 48. Hierzu oben S. 814 ff.

[965] BGH NJW 2013, 856, 856 (bring-or-pay). Ebenso BGHZ 153, 311, 321 = NJW 2003, 1805, 1807; BGHZ 143, 103, 104, 112 = NJW 2000, 1110, 1111 f.; BGH NJW-RR 1987, 144, 145; BGHZ 84, 108, 111 = NJW 1982, 2309, 2309; BGH NJW 1977, 624, 625.

[966] OLG Hamm v. 9. 1. 2012, 2 U 104/11, Rn. 123. Hierauf Bezug nehmend BGH NJW 2013, 856, 857 (bring-or-pay). Vgl. hierzu oben S. 820 ff.

[967] Ebenso die h. M., vgl. nur BGHZ 84, 109, 112 = JW 1982, 2309, 2310; Bamberger/Roth/*Becker*, (3. Aufl. 2012), § 305 Rn. 33; Palandt/*Grüneberg*, BGB (77. Aufl. 2018), § 305 Rn. 18; MünchKomm/*Basedow*, BGB (7. Aufl. 2016), § 305 Rn. 44; Erman/*Roloff*, (15. Aufl. 2017), § 305 Rn. 22; *Ulmer/Habersack*, in: *Ulmer/Brandner/Hensen*, AGB-Recht (12. Aufl. 2016), § 305 Rn. 55; *Pfeiffer*, in: Wolf/Lindacher/Pfeiffer, AGB-Recht (6. Aufl. 2013), § 305 Rn. 41; Staudinger/*Schlosser*, BGB (2013), § 305 Rn. 41. Vgl. hierzu auch oben S. 827 ff.

[968] Vgl. zur *Schutzzweckdiskussion* oben S. 439 ff., 468 ff., 567 ff.

[969] BGH 2005, 2543, 2544; OLG Celle BB 1976, 1287. Hierzu MünchKomm/*Basedow*,

Kerngeschäfte des Unternehmers von einer entsprechenden *Obliegenheit* des unternehmerischen Kunden ausgegangen werden, sich hinreichend über die Bedeutung branchenüblicher Klauseln zu informieren.

Die Annahme einer entsprechenden Informations- und Belehrungspflicht des Verwenders ist mit der gesteigerten *Selbstverantwortung* des Unternehmers und seiner größeren geschäftlichen *Erfahrung* nicht vereinbar.[970] Dies steht nicht im Widerspruch zu dem Befund der bisherigen Untersuchung, dass auch der unternehmerische Kunde aufgrund seiner *situativen Unterlegenheit* schutzbedürftig ist und hieran auch jede noch so große geschäftliche Erfahrung nichts zu ändern vermag.[971] Denn die Schutzbedürftigkeit erwächst aus der klauselbedingten *Informationsasymmetrie* und *Vertragsimparität*, die ihre wesentliche Ursache in den prohibitiv hohen *Transaktionskosten* einer Kenntnisnahme und eingehenden Analyse der Klauseln haben, auf die geschäftliche Erfahrung und Branchenkenntnis des Unternehmers jedoch ohne Einfluss bleiben.[972] Im unternehmerischen Geschäftsverkehr sollte daher auf eine Informations- und Belehrungspflicht des Verwenders jedenfalls mit Blick auf Vertragsbedingungen verzichtet werden, die den *Kernbereich* der geschäftlichen Tätigkeit des unternehmerischen Kunden berühren.

ii) Strenge Anforderungen bei fehlender Textänderung

Als problematisch werden darüber hinaus auch die strengen Anforderungen an das Vorliegen einer Individualvereinbarung bei *fehlender* Änderung des vorformulierten Textes beurteilt.[973] In diesen Fällen kann nach der Rechtsprechung des BGH ein Aushandeln iSv. § 305 Abs. 1 S. 1 BGB nur unter „besonderen Umständen"[974] angenommen werden, wenn der Klauselgegner nach gründlicher Erörterung seine „ursprünglichen Einwände und Vorbehalte gegen die Klausel fallengelassen und diese in einer Weise als *sachlich berechtigt* akzeptiert hat, die ... auf eine individuell ausgehandelte Vertragsbedingung schließen lassen könnte."[975]

Allerdings ist zu Recht darauf hingewiesen worden, dass bislang keine Entscheidungen bekannt geworden sind, in der die Rechtsprechung derartige besondere Umstände und damit ein Aushandeln bei fehlender Textänderung an-

BGB (7. Aufl. 2016), § 305 Rn. 40; *Miethaner*, AGB-Kontrolle (2010), S. 146 f. Hervorhebungen durch den Verfasser.

970 Ebenfalls kritisch *Gottschalk*, NJW 2005, 2493, 2495.

971 Zur Schutzbedürftigkeit des unternehmerischen Klauselgegners vgl. oben S. 759 ff., 763 ff., 765 ff., 779 ff. sowie *Dauner-Lieb/Axer*, ZIP 2010, 309, 313; *Kötz*, JuS 2003, 209, 210; *Dauner-Lieb*, Verbraucherschutz (1983), S. 45; *Bydlinski*, FS Kastner (1972), S. 45, 47. Vgl. hierzu auch *Axer*, AGB-Kontrolle (2012), S. 101; *Schäfer*, BB 2012, 1231, 1231.

972 Vgl. nur oben S. 765 ff., 779 f.

973 Vgl. nur *Kessel*, AnwBl. 2012, 293, 296, 300; *Miethaner*, AGB-Kontrolle (2010), S. 218 ff.

974 BGH NJW 2013, 856, 856. Ebenso BGHZ 153, 311, 321 = NJW 2003, 1805, 1807; BGHZ 143, 103, 104, 112 = NJW 2000, 1110, 1111 f.; BGH NJW-RR 1987, 144, 145; BGHZ 84, 108, 111 = NJW 1982, 2309, 2309; BGH NJW 1977, 624, 625.

975 BGH NJW 2013, 856, 857 (bring-or-pay). Hervorhebungen durch den Verfasser.

genommen hätte.[976] Die Kritik kann daher insoweit lediglich die *Anwendung* der Kriterien durch die Rechtsprechung, nicht jedoch die *Kriterien selbst* betreffen. Denn dass bei fehlender Textänderung die tatsächliche Überzeugung des Verwendungsgegners von der *sachlichen Richtigkeit* der Klauseln verlangt wird, erscheint mit Blick auf den *Schutzzweck* der Inhaltskontrolle durchaus sachgerecht. Andernfalls würde bei einer Aufweichung bestehender Schutzstandards die Gefahr drohen, dass tatsächlich fehlende Vertragsgestaltungsfreiheit des Verwendungsgegners lediglich *fingiert* wird. Eine sachgerechte Lösung ist somit auf der *Ebene der Anwendung* der entsprechenden Kriterien durch die Rechtsprechung, die keinesfalls überspannt werden dürfen nicht dagegen bei der *Definition der Kriterien* selbst zu suchen.

Denn die Grundannahme des BGH, dass sich eine tatsächlich bestehende Abänderungsbereitschaft regelmäßig auch in einer Abänderung der entsprechenden Klauseln niederschlägt, ist nachvollziehbar und sachgerecht. Angesichts der Tatsache, dass sich kaum ein Vertragspartner freiwillig auf ihn belastende Vertragsklauseln einlassen wird, ist sogar zu erwarten, dass eine Abänderungsbereitschaft in nahezu allen Fällen zu einer tatsächlichen Änderung der entsprechenden Klauseln führt. Bleiben sie dagegen bestehen, so dürfte dies auf der Grundlage der Schmidt-Rimplerschen Theorie von der *Richtigkeitsgewähr des Vertragsmechanismus*[977] aufgrund des gegenseitigen Abschleifens der Interessen ein starkes Indiz für die inhaltliche *Angemessenheit* der Vertragsbedingungen darstellen. In diesem Fall hat der Verwender indes eine Unwirksamkeit seiner Klauseln nach § 307 Abs. 1 BGB in der Regel nicht zu befürchten.

Klar ist jedoch auch, dass die strengen Anforderungen des BGH in einem *Spannungsverhältnis* zu der im unternehmerischen Geschäftsverkehr üblichen *Praxis* stehen. Denn hier kommt es nicht selten vor, dass der unternehmerische Kunde bewusst auf eine Abänderung bestimmter Klauseln *verzichtet*. Allerdings wird dies für die ihn tendenziell einseitig belastenden Klauseln in der Regel nur dann angenommen werden können, wenn etwaige Nachteile durch Vorteile an anderer Stelle kompensiert werden, es sich somit um *Paketlösungen* handelt. Die angesprochene Problematik lässt sich damit bereits durch die Anerkennung der Ausstrahlungswirkung ausgehandelter Klauseln auf mit ihr zusammenhängende Vertragsbedingungen sachgerecht lösen. Einer Aufweichung der Anforderungen an eine Individualabrede bei unveränderter Übernahme vorformulierter Texte bedarf es dafür nicht.

Sie wäre auch nicht sachgerecht, weil in diesen Fällen – insbesondere im b2c-Verkehr, im b2b-Verkehr bei erheblichen Machtungleichgewichten sowie im unternehmerischen Massenverkehr – sonst die Gefahr besteht, dass die Vertrags-

976 *Müller/Griebeler/Pfeil*, BB 2009, 2658, 2660; *v. Westphalen*, NJW 2009, 2977, 2977.

977 Vgl. hierzu *Schmidt-Rimpler*, FS Raiser (1974), S. 3, 5 ff.; *Schmidt-Rimpler*, FS Nipperdey (1955), S. 1, 6 ff.; *Schmidt-Rimpler*, AcP 147 (1941), 130, 151 ff. sowie eingehend oben S. 208 ff., zur Kritik oben S. 221 ff.

gestaltungsfreiheit des Kunden lediglich *fingiert* wird. Damit scheint bereits das Grundproblem auf, das der Kritik der Literatur an der Rechtsprechung des BGH implizit zugrunde liegt und das sich auf der Grundlage des geltenden Rechts nicht widerspruchsfrei lösen lässt: Die Tatsache, dass sich die Rechtsprechung bei der Bestimmung des *sachlichen Anwendungsbereiches* des AGB-Rechts mit der Herausforderung konfrontiert sieht, auf der Grundlage *einheitlicher* Kriterien ein Spektrum von Fallkonstellationen abzudecken, das breiter kaum sein könnte. Es reicht von klassischen AGB im Massenverkehr („echte AGB")[978] zwischen Unternehmern und Verbrauchern bis hin zu den in komplexen Vertragsverhandlungen im Rahmen von M&A-Transaktionen zwischen Großunternehmen verhandelten Klauseln („unechte AGB")[979]. Dass dieser Spagat auf der Grundlage einheitlicher Kriterien nicht ohne Verwerfungen gelingen kann, ist offenkundig. Gleichzeitig ist es der Rechtsprechung aufgrund der Wortlautgrenze des § 305 Abs. 1 S. 3 BGB verwehrt, zwischen b2c- und b2b-Verkehr zu differenzieren oder innerhalb des unternehmerischen Geschäftsverkehrs eine Unterscheidung zwischen echten und unechten AGB vorzunehmen.[980] Dies gilt es mit Blick auf die – aus der Perspektive der unternehmerischen Praxis durchaus verständliche – Kritik an der Rechtsprechung des BGH zu bedenken. Eine sachgerechte Lösung hinsichtlich des *sachlichen Anwendungsbereichs* der Inhaltskontrolle lässt sich daher nur beschränkt auf der Grundlage des geltenden Rechts realisieren.

jj) Praktische Probleme

Die dargestellten Kritikpunkte führen in ihrer Gesamtheit zu erheblichen *praktischen Problemen* im unternehmerischen Geschäftsverkehr. So versagen sie etwa dann, „wenn der andere Vertragsteil keinen Vertragsentwurf vorlegt, wenn kein Gespräch geführt wird, wenn keine Berater hinzugezogen werden oder wenn Geschäftsführer zwar zur Unterzeichnung des Vertrages, aber nicht für den Prozess des Aushandelns zur Verfügung stehen."[981] Darüber hinaus erfordern sie *Dokumentations- und Protokollpflichten*, die gerade in dem auf *Einfachheit* und *Schnelligkeit* ausgerichteten Geschäftsverkehr[982] zwischen Unternehmen kaum realistisch umzusetzen sind. Aber selbst bei Einhaltung entsprechender Dokumentationspflichten ergeben sich aufgrund der Natur der Kriterien selbst nur

---

[978] Hierzu *Kaufhold*, BB 2012, 1235, 1236 f. sowie oben S. 726, 794.

[979] Hierzu *Kaufhold*, BB 2012, 1235, 1236 f. sowie oben S. 726, 794.

[980] Hierzu oben S. 861 f.

[981] *Schauer*, AnwBl. 2012, 690, 695.

[982] Vgl. nur Baumbach/Hopt/*Hopt*, HGB (37. Aufl. 2016), Einl. Vor § 1 Rn. 4 ff.; Koller/Kindler/Roth/Morck/*Roth*, HGB (8. Aufl. 2015), Einl. Vor § 1 Rn. 5 ff.; MünchKomm/*Kindler*, BGB (7. Aufl. 2018), Internationales Handels- und Gesellschaftsrecht, Rn. 151; MünchKomm/*K. Schmidt*, HGB (4. Aufl. 2016), Vor § 1 Rn. 38; *Axer*, AGB-Kontrolle (2012), S. 126 ff. sowie eingehend oben 763 ff.

schwer überwindbare Beweisschwierigkeiten.[983] So bleibt etwa völlig unklar, wie *subjektive Kriterien* – etwa die *Überzeugung* von der *Sachgerechtigkeit* unverändert gebliebener Klauseln oder die *Kenntnis* des Klauselgegners von der *Abänderungsbereitschaft* des Verwenders – überhaupt prozesssicher zu beweisen sein sollen.[984] Darüber hinaus ist eine mehrfache Verwendung einmal ausgehandelter Klauseln als Individualabrede ausgeschlossen.[985] Sie gelten als AGB, wenn sie von den Parteien einem weiteren Rechtsgeschäft erneut zugrunde gelegt werden. Insgesamt – so die Kritik – lassen sich die strengen Anforderungen des BGH „in der unternehmerischen Praxis kaum erfüllen."[986]

b) Kritik an der Anwendung der Kriterien: Inkonsistenz und Widersprüchlichkeit

Als problematisch wurden jedoch nicht nur die ohnehin schon strengen Kriterien des BGH, sondern auch ihre *inkonsistente* und *widersprüchliche* Anwendung betrachtet.[987] So ist etwa kritisiert worden, dass der BGH seinen Entscheidungen wechselnde Beurteilungsmaßstäbe zugrunde legt, indem er aus einem Pool verschiedener Kriterien für die Beurteilung im Einzelfall jeweils wechselnde Kriterien heranzieht.[988] Zweifelhaft sei darüber hinaus die Neigung des BGH, die Anforderungen an ein Aushandeln – soweit sie lediglich abstrakt beschrieben und im konkreten Fall nicht relevant werden – deutlich weiter zu fassen, als dies dann der Fall sei, wenn es auf diese Kriterien tatsächlich ankommt.[989] So solle es nach der Rechtsprechung des BGH für ein Aushandeln bei unveränderter Übernahme vorformulierter Texte genügen, dass der Klauselgegner seine „ursprünglichen Einwände und Vorbehalte gegen die Klausel fallengelassen und diese in einer Weise als *sachlich berechtigt* akzeptiert hat, die ... auf eine individuell ausgehandelte Vertragsbedingung schließen lassen könnte."[990] Ist dies jedoch der Fall, ziehe der BGH andere Kriterien heran und verlange etwa, dass der Verwender auf den gesetzesfremden Kerngehalt gänzlich verzichte.[991]

Die Kritik vermag indes nicht vollständig zu überzeugen. So hat der BGH etwa im Hinblick auf die Anforderungen an Individualvereinbarungen bei fehlender Textänderung stets deutlich gemacht, dass dies voraussetzt, dass der Verwender den „gesetzesfremden Kerngehalt, also die den wesentlichen Inhalt der

---

983 *Günes/Ackermann*, ZGS 2010, 454, 456; *Berger/Kleine*, BB 2007, 2137, 2152; *Berger*, ZIP 2006, 2149, 2149; *Langer*, WM 2006, 1233, 1236f.

984 *Kessel*, AnwBl. 2012, 293, 296; *Miethaner*, AGB-Kontrolle (2010), S. 165.

985 *Müller/Griebeler/Pfeil*, BB 2009, 2658, 2660.

986 *Berger*, ZIP 2006, 2149, 2152.

987 Vgl. hierzu instruktiv *Miethaner*, AGB-Kontrolle (2010), S. 161ff.

988 *Günes/Ackermann*, ZGS 2010, 454, 455; *Miethaner*, AGB-Kontrolle (2010), S. 161.

989 *Miethaner*, AGB-Kontrolle (2010), S. 161.

990 BGH NJW 2013, 856, 856 (bring-or-pay). Hervorhebungen durch den Verfasser.

991 *Miethaner*, AGB-Kontrolle (2010), S. 161.

gesetzlichen Regelung ändernden oder ergänzenden Bestimmungen, inhaltlich ernsthaft zur Disposition stellt und dem Verhandlungspartner Gestaltungsfreiheit zur Wahrung eigener Interessen einräumt."[992] Bei den darüber hinaus beim Fehlen von Textänderungen zu fordernden „besonderen Umständen" handelt es sich dagegen um *zusätzliche Voraussetzungen*, wie aus dem Zusammenhang des Urteilstextes deutlich wird.[993] Das Gleiche gilt für die Annahme, der BGH würde einerseits betonen, es komme statt des Verhandelns auf die Abänderungsbereitschaft des Verwenders und deren Kundgabe an, jedoch bei nachgewiesener Abänderungsbereitschaft plötzlich ein Verhandeln und Erörtern als zusätzliche unverzichtbare Voraussetzungen verlangen.[994]

Stattdessen hat der BGH stets deutlich gemacht, dass *Aushandeln* mehr als *Verhandeln* bedeutet[995], d. h. dass er ein *Verhandeln* im Sinne einer *umfassenden Erörterung* als notwendige, jedoch keineswegs hinreichende Bedingung regelmäßig voraussetzt.[996] Zwar hat der BGH in seiner früheren Rechtsprechung die bloße Abänderungsbereitschaft in Fällen tatsächlicher Verhandlungen für die Annahme eines Aushandelns genügen lassen.[997] Allerdings hat er im Anschluss an entsprechende Kritik der Literatur[998] diese Linie in seiner neueren Rechtspre-

[992] BGH NJW 2013, 856, 858 (bring-or-pay).

[993] Vgl. nur BGH NJW 2013, 856, 857; BGHZ 153, 311, 321 = NJW 2003, 1805, 1807; BGHZ 143, 103, 104, 112 = NJW 2000, 1110, 1111 f.; BGH NJW-RR 1987, 144, 145; BGHZ 84, 108, 111 = NJW 1982, 2309, 2309; BGH NJW 1977, 624, 625. Unzutreffend insoweit die Schlussfolgerung von *Miethaner*, AGB-Kontrolle (2010), S. 161 f.

[994] So *Miethaner*, AGB-Kontrolle (2010), S. 162 mit Bezug auf BGH NJW-RR 1996, 783, 787.

[995] BGHZ WuM 2013, 293; St. Rspr. BGH NZM 2013, 159, 160; BGH NJW 2005, 2543, 2544; BGHZ 153, 311, 321 = NJW 2003, 1805, 1807; BGHZ 143, 104, 111 = NJW 2000, 1110, 1111; BGH NJW 1992, 1107. Vgl. auch MünchKomm/*Basedow*, BGB (7. Aufl. 2016), § 305 Rn. 35; Palandt/*Grüneberg*, BGB (77. Aufl. 2018), § 305 Rn. 20; *Ulmer/Habersack*, in: *Ulmer/Brandner/Hensen*, AGB-Recht (12. Aufl. 2016), § 305 Rn. 48.

[996] Vgl. nur BGH NJW 1984, 2094, 2095. Ebenso OLG München DB 1982, 1003, 1004; *Ulmer/Habersack*, in: *Ulmer/Brandner/Hensen*, AGB-Recht (12. Aufl. 2016), § 305 Rn. 48.

[997] So wohl BGH NJW 1983, 385, 386 („Dazu wäre erforderlich gewesen, daß auch die Bekl. hinsichtlich des Vertragsinhalts Gestaltungsfreiheit zur Wahrung eigener berechtigter Interessen gehabt hätte, es ihr also *möglich* gewesen wäre, die *inhaltliche Ausgestaltung der Vertragsbedingungen* zu beeinflussen."); BGH BB 1981, 756, 757 („Unerläßliche Voraussetzung für die Annahme eines Individualvertrages in solchen Fällen ist es indessen, daß der Verwender bei Zustandekommen des Vertrages zur *Änderung seiner vorformulierten Klauseln bereit* war und daß sein Vertragspartner das *wußte*."); BGH NJW 1977, 624, 625 („Für das Zustandekommen einer Individualvereinbarung ist es vielmehr erforderlich, daß der Verwender von AGB oder Vertragsformularen zur Abänderung seiner Bedingungen *bereit ist* und der Geschäftspartner dies bei den Vertragsverhandlungen *weiß*."). Ebenso BAG v. 12. 12. 2013, 8 AZR 829/12, Rn. 31. Instruktiv zum Streitfall BGH NJW 1979, 367, 368. Vgl. hierzu *Ulmer/Habersack*, in: *Ulmer/Brandner/Hensen*, AGB-Recht (12. Aufl. 2016), § 305 Rn. 50. Hervorhebungen durch den Verfasser.

[998] MünchKomm/*Basedow*, BGB (7. Aufl. 2016), § 305 Rn. 35; *Ulmer/Habersack*, in: *Ulmer/Brandner/Hensen*, AGB-Recht (12. Aufl. 2016), § 305 Rn. 50; *Pfeiffer*, in: Wolf/Lindacher/Pfeiffer, AGB-Recht (6. Aufl. 2013), § 305 Rn. 38. A. A. dagegen Staudinger/*Schlosser*, BGB (2013), § 305 Rn. 44.

chung wieder aufgegeben und verlangt nunmehr eine hinreichende Konkretisierung der Abänderungsbereitschaft, die letztlich eine Erörterung der entsprechenden Klauseln voraussetzt.[999] Dass sich die Rechtsprechung im Verlauf einer nahezu 30-jährigen Entwicklung in Reaktion auf Kritik des Schrifttums graduell durchaus ändern kann, muss dem BGH zugestanden werden.

Als problematisch muss jedoch die Einführung völlig neuer, vorher nicht absehbarer Kriterien – wie etwa die neu eingeführte Informations- und Belehrungspflicht bei umfangreichen und nicht leicht verständlichen Klauseln[1000] – gesehen werden. Dies gilt jedenfalls dann, wenn unklar bleibt, ob diese zusätzlichen Voraussetzungen auf den b2c-Verkehr beschränkt bleiben oder auch im unternehmerischen Geschäftsverkehr zur Anwendung gelangen.[1001] Eine derartige Verschärfung der Anforderungen erhöht die Rechtsunsicherheit und erschwert eine verlässliche Prognose darüber, ob es sich im Einzelfall um der Inhaltskontrolle unterworfene AGB oder stattdessen um eine Individualvereinbarung handelt.

c) Verfassungsrechtliche Bedenken: Die Zahnarzthonorarentscheidung des BVerfG

Kritik an den strengen Anforderungen des BGH kommt jedoch nicht nur aus dem Schrifttum, sondern ist auch von verfassungsgerichtlicher Seite erhoben worden. So hat sich das BVerfG in seiner Zahnarzthonorarentscheidung[1002], die erstaunlicherweise in der rechtspolitischen Diskussion zur Reform des AGB-Rechts wie auch in der Rechtsprechung der Fachgerichte kaum aufgegriffen wurde[1003], eingehend mit den vom BGH entwickelten Kriterien auseinandergesetzt. In dem der Entscheidung zugrunde liegenden Sachverhalt hatte das OLG Hamm als Vorinstanz die von der Gebührenordnung für Zahnärzte (GOZ) abweichende Honorarvereinbarung eines Zahnarztes mangels Aushandelns als AGB qualifiziert und wegen Verstoßes gegen §9 Abs. 2 S. 1 AGBG (§307 Abs. 2 S. 1 BGB) für unwirksam erachtet. Der Inhalt einer möglichen Individualvereinbarung war dabei lediglich auf das Einsetzen der in Betracht kommenden Gebührenziffern und auf die für sie jeweils vereinbarten Gebührensätze beschränkt, da die Vorgaben des Verordnungsgebers nach §2 Abs. 2 GOZ keinen erläuternden Text und

---

999 BGH NJW 1983, 385, 386; *Ulmer/Habersack*, in: *Ulmer/Brandner/Hensen*, AGB-Recht (12. Aufl. 2016), §305 Rn. 50. So schon BGH NJW 1979, 1406, 1407. Vgl. hierzu BGH NJW-RR 1987, 144, 145.

1000 BGH 2005, 2543, 2544. So schon OLG Celle BB 1976, 1287.

1001 Unklar insoweit BGH 2005, 2543, 2544 (Anwendung im b2c-Verkehr im konkreten Fall, Übertragung auf den b2b-Verkehr dagegen unklar).

1002 BVerfG NJW 2005, 1036 (Zahnarzthonorar).

1003 So auch *Miethaner*, AGB-Kontrolle (2010), S. 168. Eine Ausnahme bilden *v. Westphalen/Thüsing*, Vertragsrecht und AGB-Klauselwerke (2017), Stromlieferverträge Rn. 74; *Miethaner*, AGB-Kontrolle (2010), S. 168 ff.; Staudinger/*Schlosser*, BGB (2013), §305 Rn. 36a a.E; *Leuschner*, JZ 2010, 875, 881; *Leuschner*, AcP 207 (2007), 491, 527. Vgl. auch *Oetker*, AcP 212 (2012), 202, 216.

keine ergänzenden Vertragsvereinbarungen zuließen.[1004] Das BVerfG sah in der Entscheidung des OLG Hamm „eine gravierende Einschränkung des von der Berufsausübungsfreiheit umfassten Preisbestimmungsrechts“[1005], die faktisch ausgehöhlt werde.

Denn es sei, so das BVerfG, „nicht mehr gewährleistet, dass dem Beschwerdeführer überhaupt noch Raum für individuelle Vereinbarungen bleibt.“[1006] Zu beanstanden sei insbesondere, dass „das Oberlandesgericht für das Vorliegen einer Individualabrede zusätzliche Indizien [verlangt], für die es in den maßgeblichen Regelungen keine Stütze gibt und die auch verfassungsrechtlich nicht gerechtfertigt werden können.“[1007] Dabei verwies es insbesondere darauf, dass der Zahnarzt „das Überschreiten der Gebührenordnung ernsthaft zur Disposition stellen und dem Vertragspartner eine Gestaltungsmöglichkeit zur Wahrung der eigenen Interessen mit der realen Möglichkeit einräumen [soll], die inhaltliche Ausgestaltung der Vertragsbedingungen zu beeinflussen.“[1008] Darüber hinaus kritisierte das BVerfG, dass das OLG dem Arzt „einseitig die Beweislast für den Vorgang des Aushandelns auf[erlegt], obwohl es keine Möglichkeit zu vertraglicher Fixierung des Vorgangs gibt.“[1009]

Die vom OLG geforderten hohen Anforderungen hätten in dem konkreten Fall zur Folge, dass eine Individualvereinbarung nur noch dann bejaht werden könnte, wenn um die zu vereinbarenden Gebührensätze *gefeilscht* wird, wobei der Vorgang des Feilschens dabei nach §2 Abs. 2 Satz 2 GOZ nicht im Vertrag selbst schriftlich festgehalten werden darf, und damit letztlich vor Zeugen erfolgen müsse.[1010] Die theoretisch denkbare Möglichkeit, dass der Zahnarzt vor den Augen des Patienten ein Schriftstück neu schreibt, hält das BVerfG für praxisfern, zumal die GOZ selbst davon spricht, dass dem Patienten ein „Abdruck“ des „Schriftstücks“ auszuhändigen sei.[1011] Damit seien nach Auffassung des BVerfG die Anforderungen, die das OLG an das Vorliegen einer Individualabrede stellt, „insgesamt so hoch, dass es praktisch kaum noch zu beweisbaren Vereinbarungen kommen kann, die einer Überprüfung durch die Gerichte standhalten.“[1012]

Inwieweit die Entscheidung des BVerfG eine verallgemeinerungsfähige Kritik an der Rechtsprechung des BGH enthält, ist nicht ohne weiteres zu beantworten, da im konkreten Fall die aufgrund der GOZ geltenden rechtlichen Besonderheiten von entscheidender Bedeutung waren. So hat das BVerfG etwa selbst darauf hingewiesen, dass „die Identität der ausgehandelten Verträge, die ihren Aus-

---

1004 BVerfG NJW 2005, 1036, 1037 (Zahnarzthonorar).
1005 BVerfG NJW 2005, 1036, 1038 (Zahnarzthonorar).
1006 BVerfG NJW 2005, 1036, 1038 (Zahnarzthonorar).
1007 BVerfG NJW 2005, 1036, 1037 (Zahnarzthonorar).
1008 BVerfG NJW 2005, 1036, 1037 (Zahnarzthonorar).
1009 BVerfG NJW 2005, 1036, 1037 (Zahnarzthonorar).
1010 BVerfG NJW 2005, 1036, 1038 (Zahnarzthonorar).
1011 BVerfG NJW 2005, 1036, 1038 (Zahnarzthonorar).
1012 BVerfG NJW 2005, 1036, 1038 (Zahnarzthonorar).

druck im Formular findet, ... Ergebnis der Normbindung und daher kein Indiz für das Vorliegen von Allgemeinen Geschäftsbedingungen“[1013] ist. Die Handlungsmöglichkeiten der Parteien waren nach §2 Abs. 2 Satz 2 GOZ von vornherein letztlich auf das Ausfüllen des Formulars mit den vereinbarten Gebührenziffern und Gebührensätzen beschränkt. Es ist daher davon auszugehen, dass nicht die strengen Anforderungen des BGH für den Normalfall, sondern ihre uneingeschränkte Anwendung auf die *konkrete Fallkonstellation* zu dem beanstandeten Verfassungsverstoß geführt haben. Ob die Kritik des BVerfG daher verallgemeinerungsfähig ist, bleibt zweifelhaft.

Gegen die Verallgemeinerungsfähigkeit der Entscheidung spricht vor allem die Tatsache, dass das Gericht das Kriterium der Abänderungsbereitschaft in einer Folgeentscheidung zur Inhaltskontrolle von AGB – der *„Arbeit auf Abruf“ – Entscheidung*[1014] – nicht infrage gestellt hat. Im Gegenteil lässt sich diese Entscheidung durchaus als Bestätigung der Rechtsprechung des BGH deuten. So hat das BVerfG mit Blick auf den Schutzzweck der Inhaltskontrolle die Anforderungen an eine Individualabrede dahingehend konkretisiert, dass die nach §310 Abs. 3 Nr. 2 BGB erforderliche Einflussnahmemöglichkeit voraussetzt, „dass eine *reale Möglichkeit* besteht, den Vertragsinhalt zur Durchsetzung eigener Interessen zu verändern.“[1015] Worin diese Möglichkeit der Einflussnahme auf den Vertrag im Einzelnen besteht, hat das Gericht offengelassen. Doch wird man hierfür jedenfalls ein Mindestmaß an Abänderungsbereitschaft verlangen müssen, da das Kriterium der Einflussnahme sonst leerliefe.

Zwar nimmt das Gericht mit der *Möglichkeit der Einflussnahme* auf den Wortlaut der Vorschrift des §310 Abs. 3 Nr. 2 BGB und nicht auf den Begriff des *Aushandelns* nach §305 Abs. 1 S. 3 BGB Bezug. Nach zutreffender herrschender Auffassung entspricht das Tatbestandsmerkmal der *Einflussnahme* gem. §310 Abs. 3 Nr. 2 BGB jedoch dem verwandten Kriterium des *Aushandelns* iSv. §305 Abs. 1 S. 3 BGB[1016], da sonst für Verbraucherverträge iSv. §310 Abs. 3 Nr. 2 BGB geringere Anforderungen gelten würden[1017] als nach der Vorschrift des §305

1013 BVerfG NJW 2005, 1036, 1037 (Zahnarzthonorar).

1014 BVerfG NJW 2007, 286 (Arbeit auf Abruf). Vgl. hierzu *Miethaner*, AGB-Kontrolle (2010), S. 27, 35 f., 169 sowie *Leuschner*, JZ 2010, 875, 881; *Leuschner*, AcP 207 (2007), 491, 527.

1015 BVerfG NJW 2007, 286, 287 (Arbeit auf Abruf). Hervorhebungen durch den Verfasser.

1016 Vgl. nur BAG NJW 2010, 2827, 2829 (Das Merkmal des „Einflussnehmens“ in §310 III Nr. 2 BGB entspricht dem „Aushandeln“ in §§305 I 3 BGB“); BAG NJW 2005, 3305, 3310; MünchKomm/*Basedow*, BGB (7. Aufl. 2016), §310 Rn. 69; *Pfeiffer*, in: Wolf/Lindacher/Pfeiffer, AGB-Recht (6. Aufl. 2013), Art. 3 Klausel-RL Rn. 21 (S. 2277 f.); Erman/*Hager/Roloff*, (15. Aufl. 2017), §310 Rn. 20; Palandt/*Grüneberg*, BGB (77. Aufl. 2018), §310 Rn. 17 (im Ergebnis kein Unterschied); *Wackerbarth*, AcP 200 (2000), 45, 85 ff.; *Coester-Waltjen*, FS Medicus (1999), S. 63, 69; *Kaufhold*, DNotZ 1998, 254, 263; *Heinrichs*, NJW 1997, 1407, 1409; *Bunte*, DB 1996, 1389; *Heinrichs*, NJW 1996, 2190, 2193; *von Westphalen*, BB 1996, 2101, 2102. A. A. *Ulmer/Schäfer*, in: *Ulmer/Brandner/Hensen*, AGB-Recht (12. Aufl. 2016), §310 Rn. 85. Differenzierend Staudinger/*Schlosser*, BGB (2013), §310 Rn. 64.

1017 So aber *Ulmer/Schäfer*, in: *Ulmer/Brandner/Hensen*, AGB-Recht (12. Aufl. 2016),

Abs. 1 S. 3 BGB, die auch auf Rechtsgeschäfte im unternehmerischen Geschäftsverkehr Anwendung findet. Dies wäre mit dem Regelungsziel der *Klauselrichtlinie*, die durch die Vorschrift des § 310 Abs. 3 Nr. 2 BGB umgesetzt wird, indes nicht vereinbar. Für die Konkretisierung der Auslegung des Begriffs des *Aushandelns* iSv. § 305 Abs. 1 S. 3 BGB insbesondere im unternehmerischen Geschäftsverkehr bleibt die verfassungsgerichtliche Rechtsprechung damit im Ergebnis unergiebig.

3. *Ansatzpunkte für eine Neuorientierung*

Angesichts der anhaltenden Kritik des Schrifttums stellt sich die Frage einer Neuorientierung im Hinblick auf die Bestimmung des *sachlichen Anwendungsbereiches* der Inhaltskontrolle. Dabei ist zunächst zu untersuchen, welche Spielräume sich auf der Grundlage des geltenden Rechts für die Auslegung des Tatbestandsmerkmals des Aushandelns iSv. § 305 Abs. 1 S. 3 BGB ergeben.[1018] Darauf aufbauend sind sodann Möglichkeiten einer Neubestimmung der Reichweite der Inhaltskontrolle im unternehmerischen Geschäftsverkehr *de lege ferenda* in den Blick zu nehmen.[1019] Den entscheidenden Maßstab bildet dabei der *dogmatische*[1020] und *verfassungsrechtliche*[1021] Rahmen, der im vorangegangenen Teil der Untersuchung mit der Bestimmung des *Schutzzwecks* der Inhaltskontrolle[1022] sowie ihrer verfassungsrechtlichen Grundlagen entwickelt worden ist.

a) *Auslegung des Merkmals des Aushandelns*

Für die Auslegung des Tatbestandsmerkmals des *Aushandelns* nach § 305 Abs. 1 S. 3 BGB sind zunächst die klassischen Auslegungsmethoden, die aa) *grammatische* und bb) *historische,* cc) die *systematische* sowie die dd) *teleologische Interpretation* heranzuziehen.

aa) *Grammatische Auslegung*

Hatte der *Duden* 1993 den Begriff des *Aushandelns* noch mit der Umschreibung „durch Verhandlungen / in Abwägung der Interessen vereinbaren"[1023] definiert, so begnügt er sich 2012 mit dem Hinweis, dass Aushandeln „durch Ver-

---

§ 310 Rn. 85; *Klaas*, FS Brandner (1996), S. 247, 254 ff., 257; *Wolf*, FS Brandner (1996), S. 299, 304.

[1018] Vgl. hierzu unten S. 859 ff.

[1019] Vgl. hierzu unten S. 904 ff.

[1020] Vgl. hierzu oben S. 439 ff., 462 ff., 507 ff., 567 ff.

[1021] Vgl. hierzu oben S. 359 ff., 374 ff.

[1022] Vgl. hierzu oben S. 439 ff., 462 ff., 507 ff., 567 ff.

[1023] *Dudenredaktion (Hrsg.)*, Duden: Das große Wörterbuch der deutschen Sprache (2. Aufl. 1993), Bd. 1.

handeln erreichen, zustande bringen"[1024] bedeute.[1025] *Verhandeln* sei dabei als „etwas eingehend erörtern, besprechen, sich über etwas, in einer bestimmten Angelegenheit eingehend beraten, um zu einer Klärung, Einigung zu kommen" zu verstehen.[1026] Teilweise wird der Begriff des Aushandelns auch als Synonym für „übereinkommen, sich einigen, vereinbaren, absprechen"[1027] angesehen und auf Situationen bezogen, in denen die Parteien einen Konsens herbeiführen, um etwas Gemeinsames zu erreichen.[1028]

Von seinem Wortlaut her bezeichnet der Begriff des *Aushandelns* somit einen *Kommunikationsvorgang*, der auf eine *Einigung durch Verhandeln* gerichtet ist.[1029] Die beiden Wortbestandteile *„aus"* und *„handeln"* verweisen auf die *kausal-aktive* und die *finale* Komponente der beschriebenen Tätigkeit: So muss der Vorgang des Aushandelns *final* auf das Herbeiführen einer *Einigung* gerichtet sein, die sich *kausal* aus einem vorangegangenen *Verhandeln* ergibt.[1030]

(1) Etymologische Herkunft

Die Silbe „Aus" verweist dabei auf den *Abschluss* des vorangegangenen „Handelns", d. h. die Beendigung der Einigungsbemühungen, die in einem bestimmten Erfolg – nämlich der Einigung selbst – münden. Der Begriff *Aushandeln* bedeutet damit zugleich, dass der Streitgegenstand zu Ende verhandelt, dass „die Partie ausgereizt"[1031] ist und weitere Verhandlungen keinen Erfolg versprechen.[1032] Dies entspricht auch der *etymologischen* Bedeutung des Wortes. So deutet *Campe* 1807 in seinem *Wörterbuch der deutschen Sprache*[1033] den Begriff als „aufhören zu handeln"[1034], eine Bedeutung, die ihm schon im Frühneuhochdeutschen zukam, wo er als „fertig behandeln"[1035] im Sinne des „Abschließens" verstanden

[1024] *Dudenredaktion (Hrsg.)*, Duden: Das große Wörterbuch der deutschen Sprache (4. Aufl. 2012).

[1025] Vgl. zu grammatischen Auslegung des Begriffs des Aushandelns iSv. §305 Abs. 1 S. 3 BGB eingehend *Axer*, AGB-Kontrolle (2012), S. 165 ff.; *Miethaner*, AGB-Kontrolle (2010), S. 172 ff.; *Pfeiffer*, Aushandeln im Transportrecht (2004), S. 60 ff. jeweils mwN.

[1026] Ebenda.

[1027] *Harras/Winkler/Erb/Proost*, Handbuch deutscher Kommunikationsverben I (2004), S. 250.

[1028] Ebenda.

[1029] Ebenso *Pfeiffer*, Aushandeln im Transportrecht (2004), S. 61.

[1030] So auch *Axer*, AGB-Kontrolle (2012), S. 165 f.; *Miethaner*, AGB-Kontrolle (2010), S. 173; *Pfeiffer*, Aushandeln im Transportrecht (2004), S. 61.

[1031] So *v. Falkenhausen*, BB 1977, 1124, 1127. Ähnlich *Miethaner*, AGB-Kontrolle (2010), S. 173.

[1032] *Miethaner*, AGB-Kontrolle (2010), S. 173.

[1033] *Campe*, Wörterbuch der deutschen Sprache I (1807), S. 303.

[1034] *Campe*, Wörterbuch der deutschen Sprache I (1807), S. 303. Ebenso *Kaltschmidt*, Wörterbuch (1834), S. 71 („aufhören zu handeln", „herunterbringen").

[1035] *Dietz*, Wörterbuch I (1870), S. 170; *Goebel/Reichmann (Hrsg.)*, Frühneuhochdeutsches Wörterbuch II (1993), S. 1078.

worden war.[1036] Die Deutung des Aushandelns als *Abschließen* scheint dabei durchaus die ursprüngliche, ältere Bedeutung des Wortes zu umschreiben, denn sie lässt sich bereits Mitte des 16. Jh. nachweisen.[1037] Darüber hinaus hatte bereits 1691 *v. Stieler* den Begriff des Aushandelns auch auf die *Aufgabe des Handelsgewerbes* („*mercaturam deserere*")[1038] iSd. Beendigung der Tätigkeit als Kaufmann bezogen: „Er hat längst ausgehandelt" („*nundinationibus jamdudum nuncium remisit*").[1039] Das Motiv des *Aufgebens*, des *Abschließens* wurde dabei auch in einem weiteren Sinne verwendet, wie die Gebrüder *Grimm* in ihrem *Deutschen Wörterbuch* 1854[1040] nachgewiesen haben, wo sie den Begriff des Aushandelns auch im Sinne eines *Weggebens* verstehen: „Lass einen alten Freund nicht *unausgehandelt*, denk an die erste Gunst, hat er sich gleich verwandelt."[1041]

Zugleich wiesen sie darauf hin, dass dem Begriff des Aushandelns auch der des *Verhandelns* und *Verkaufens* („*vendere*")[1042] zukam. Entsprechend verweist die Silbe „Handeln" auf ein aktives Tun, eine bestimmte Handlung, so dass die bloße Zustimmung beider Parteien für ein Aushandeln nicht genügt.[1043] Hierfür spricht bereits die etymologische Bedeutung des Begriffs, der auf eine aktive Verrichtung mit der „Hand" bezogen ist.[1044] Gleichzeitig verweist der Begriff auf den Handel und das Handeln und damit den kaufmännischen Verkehr. Diese Bedeutung wird bereits angedeutet in dem Wörterbuch *v. Stieler* aus dem Jahr 1691, in dem er das Aushandeln auch als die Ablehnung eines Angebotes („*conditiones respuere, repudiare*")[1045] beschreibt. Später tritt dagegen der Aspekt des *Verhandelns*, des *Handeltreibens*, des kaufmännischen *Handelns, des Abschlusses* eines Handelsgeschäfts zunehmend in den Mittelpunkt. So berichten etwa 1750 die *Kurzgefassten Historischen Nachrichten*, dass „die Großhändler mit Kramwaren diejenigen [sind], die ... größere Partien von inländischen fabrizierten Manufakturwaren voraus bestellen oder gleich *aushandeln*".[1046] Im 19. Jh. scheint sich die Bedeutung des Aushandelns als *Verhandeln* neben jener des *Abschließens* einer Handlung mehr und mehr durchzusetzen, wobei vermehrt auch *konfrontative* Elemente wie

---

1036 Ebenda.

1037 Vgl. nur das Rechenbuch von *Rudolff/Stifel*, Die Coss Christoff's Rudolff's (1553), S. 46 („durch aus handeln bey allen puncten").

1038 *v. Stieler*, Der Teutschen Sprache Stammbaum (1691), S. 756.

1039 *v. Stieler*, Der Teutschen Sprache Stammbaum (1691), S. 756.

1040 *Grimm/Grimm*, Deutsches Wörterbuch I (1854), S. 881.

1041 Nach *Grimm/Grimm*, Deutsches Wörterbuch I (1854), S. 881 (das Zitat wurde vom Verfasser an die Gegenwartssprache angepasst): „lasz einen alten freund anjetzt *unausgehandelt*, denk an die erste gunst, hat er sich gleich verwandelt". Nach einem Gedicht von *Martin Opitz*, abgedruckt in *Ramler*, Singgedichte (1766), S. 39. Hervorhebungen durch den Verfasser.

1042 *Grimm/Grimm*, Deutsches Wörterbuch I (1854), S. 881.

1043 *Miethaner*, AGB-Kontrolle (2010), S. 173.

1044 *Pfeiffer*, Aushandeln im Transportrecht (2004), S. 61.

1045 *v. Stieler*, Der Teutschen Sprache Stammbaum (1691), S. 756.

1046 Kurzgefasste Historische Nachrichten (1750), Januar 1750, S. 146. Das Zitat wurde vom Verfasser an die Gegenwartssprache angepasst. Hervorhebungen durch den Verfasser.

das „Überbieten“[1047], das Argumentieren („*arguere*“)[1048], das Beschuldigen und Tadeln („*reprehendere, increpare*“)[1049] hinzutreten.[1050] Jedoch scheint in der Umgangssprache die Bedeutung als *Verhandeln* vorherrschend gewesen zu sein.[1051]

Damit ergeben sich für den Begriff des Aushandelns mit den Dimensionen des *Abschließens*, des *Verhandelns* und des konfrontativen *Beschuldigens* drei wesentliche Bedeutungsebenen, wobei im 19. Jh. jene des – ein Handelsgeschäft – abschließenden *Verhandelns* in den Mittelpunkt tritt. Im Laufe der sprachlichen Entwicklung kam es dabei offensichtlich zu einer *Verschmelzung* der sich gegenseitig beeinflussenden Bedeutungsebenen, so dass dem *Aushandeln* im Sinne des *Verhandelns* eine gewisse *Finalität* mit Blick auf ein bestimmtes Ergebnis, den Abschluss eines Rechtsgeschäfts innewohnt. *Wurm* hat diese drei Ebenen in seinem *Wörterbuch der deutschen Sprache* 1859 deutlich herausgearbeitet:

> „I. Aushandeln, 1) neutr. Mit haben, aufhören zu handeln oder markten um eine Waare und den Handel abschließen. Der Verkäufer bietet die Waare, der Käufer legt ein Gebot darauf, und wenn sie über den Preis übereinkommen, so haben sie *ausgehandelt*. Wir wollen erst *aushandeln*. Auch aktiv. Das Pferd wurde zu acht Carolins geboten und um 7 habe ich's *ausgehandelt*. 2) Aufhören Handel zu treiben. 3) Im bayer. Walde, act. Einen marktend aushandeln, ihn überbieten; ... II. Aushandeln ... einem *Verweise geben*.“[1052]

Damit ergibt sich für die Auslegung des Begriffs des Aushandelns iSv. §305 Abs. 1 S. 3 BGB auf der Grundlage seines Wortlautes und seines etymologischen Verständnisses der folgende Befund: Aushandeln ist als *Einigen durch Verhandeln* zu verstehen. Beim Aushandeln handelt es sich somit um einen *kommunikativen Vorgang*, der *kausal* ein Verhandeln voraussetzt und *final* auf eine Einigung als Ergebnis gerichtet ist. Er setzt eine Verhandlung, ein eingehendes Erörtern und Besprechen der Vertragsbedingungen mit Blick auf eine angestrebte Einigung voraus. Mit der modernen *Verhandlungsforschung* kann das Verhandeln dabei als komplexes Zusammenwirken von Vorschlägen und Entscheidungen, als strukturierte und vorbereitende Kommunikation im Hinblick auf eine mögliche Einigung zwischen den Parteien konkretisiert werden.[1053] Da Aushandeln mehr als Verhandeln bedeutet, darf es sich indes nicht auf den *Vorgang* des Ver-

---

[1047] *Schmeller/Frommann*, Bayerisches Wörterbuch I (1872), S. 1125.

[1048] *Schmeller/Frommann*, Bayerisches Wörterbuch I (1872), S. 1125.

[1049] *Schmeller/Frommann*, Bayerisches Wörterbuch I (1872), S. 1125.

[1050] *Schmeller/Frommann*, Bayerisches Wörterbuch I (1872), S. 1125.

[1051] Vgl. nur den Reisebericht von *Waltl*, Reise durch Tyrol (1835), S. 47 („Man muß daher nothwendig zuvor *aushandeln*, bevor man ißt, dann kommt man billig zu.“). Hervorhebungen durch den Verfasser.

[1052] *Wurm*, Wörterbuch (1859), S. 957.

[1053] *Bühring-Uhle/Eidenmüller/Nelle*, Verhandlungsmanagement (2009), S. 4. Vgl. auch *Thompson*, 108 Psychol. Bull. 515, 516 (1990) („Negotiation is the process whereby people attempt to settle what each shall give and take or perform and receive in a transaction between them.“).

handelns beschränken: Die Verhandlung muss durch eine *Einigung* als Ergebnis abgeschlossen worden sein.[1054]

Dass sich die Einigung in *textlichen Änderungen* niedergeschlagen haben *muss*, lässt sich dem Wortlaut jedoch nicht entnehmen.[1055] So kann die Einigung auch darauf beruhen, dass der Vertragspartner des Verwenders die Vertragsbedingungen ausdrücklich gebilligt hat, weil er von ihrer sachlichen *Richtigkeit* überzeugt ist. In diesem Fall schlägt sich die Einigungsentscheidung der Parteien *nicht* in textlichen Änderungen der gestellten Klauseln nieder. Entscheidend ist, dass sich die Parteien tatsächlich aufgrund einer freien und informierten Entscheidung geeinigt haben. Dies setzt zwingend voraus, dass die Einigung von einem hinreichend substantiierten rechtsgeschäftlichen Willen getragen ist und beide Parteien das Einigungsergebnis auch *tatsächlich* in ihren rechtsgeschäftlichen Willen aufgenommen haben. Hierfür wird man jedenfalls die *Kenntnis* beider Parteien vom Vertragsinhalt sowie ein entsprechendes *Verständnis* der rechtlichen Bedeutung der Klauseln, auf die sich beide Parteien geeinigt haben, verlangen müssen. Dass der Verwender zu einer *Abänderung* seiner Klauseln bereit gewesen sein muss, lässt sich aufgrund des Wortlautes allein indes nicht begründen. Denn für den *Abschluss* der Einigung, den der Begriff des *Aushandelns* verlangt,[1056] ist es unerheblich, ob eine der Parteien auf der Durchsetzung bestimmter Vertragsbedingung bestanden hat oder nicht. Zur Klärung der Frage, ob der Begriff des Aushandelns iSv. § 305 Abs. 1 S. 3 BGB eine *textliche Änderung* der Vertragsbedingungen verlangt oder nicht, sind weitere, über die reine Wortlautinterpretation hinausgehende Aspekte wie etwa die *Entstehungsgeschichte*[1057] der Norm, ihre *systematische* Stellung[1058] sowie ihr *Sinn* und *Zweck*[1059] heranzuziehen.

(2) Auslegung zur Zeit des Inkrafttretens des AGBG

Zur Zeit des Inkrafttretens des AGBG Ende der 1970er Jahre wurde allerdings verbreitet eine weitaus engere Auslegung des Begriffs des Aushandelns vertreten. Zwar hatte man die beiden Aspekte des *Verhandelns* und der *Einigung* zutreffend als die zentralen Aspekte des Wortlautes des *Aushandelns* herausgearbeitet, wie insbesondere in der Darstellung von *Trinkner* deutlich wird:

1054 Ebenso *Miethaner*, AGB-Kontrolle (2010), S. 173; *Pfeiffer*, Aushandeln im Transportrecht (2004), S. 61; *Trinkner*, BB 1977, 717, 718. A. A. *v. Falkenhausen*, BB 1977, 1124, 1128, der auf den Aspekt des – auch ergebnislosen – bloßen Abschlusses der Verhandlungen abstellt.

1055 Ebenso *Axer*, AGB-Kontrolle (2012), S. 166; *Miethaner*, AGB-Kontrolle (2010), S. 174; *Jaeger*, NJW 1979, 1569, 1570; *Wolf*, NJW 1977, 1937, 1939; *v. Falkenhausen*, BB 1977, 1124, 1127. A. A. *Braun*, BB 1979, 689, 692; *Löwe*, JuS 1977, 421, 423; *Schnur*, MDR 1978, 92, 93; *Trinkner*, BB 1977, 717, 718; *v. Westphalen*, DB 1977, 943, 947.

1056 Vgl. hierzu nur oben S. 859 ff. sowie *Axer*, AGB-Kontrolle (2012), S. 165 f.; *Miethaner*, AGB-Kontrolle (2010), S. 173; *Pfeiffer*, Aushandeln im Transportrecht (2004), S. 61; *v. Falkenhausen*, BB 1977, 1124, 1127.

1057 Hierzu unten S. 866 ff.

1058 Hierzu unten S. 872 ff.

1059 Hierzu unten S. 875 ff.

„Geht man von der Wortbedeutung des Begriffes ‚Aushandeln' aus, so ergibt sich, daß darunter *mehr* zu verstehen ist als *bloßes Verhandeln*. Die mit einem Verb verbundene *Vorsilbe ‚aus'* hat nämlich in der deutschen Sprache u. a. die Bedeutung ‚bis zum Ende', ‚völlig'. Dies läßt sich an einer Reihe von Verben deutlich nachweisen: So bedeutet z. B. ‚ausrotten' ‚völlig vernichten'; ‚ausspionieren' z. B. hat eine intensivere Bedeutung als bloßes ‚spionieren'; ‚aussagen' ist mehr als bloßes ‚sagen'; auch der Begriff ‚ausrechnen' enthält im Gegensatz zum bloßen ‚rechnen' eine Intensivierung.

Diese Beispiele lassen sich durch einen Blick in die Wörterbücher der deutschen Sprache beliebig vermehren. Dem größten Teil der mit ‚aus' gebildeten Verben ist gemeinsam, daß es sich dabei entweder um *erfolgsbezogene Termini* handelt oder zumindest um Termini, die den Bedeutungsgehalt des Verbums *verstärken*. Im Gegensatz dazu kommt den nicht durch diese Vorsilbe erweiterten Verben oft nur durative Bedeutung zu, die lediglich den Vorgang selbst umschreiben, nicht aber auf das Ende, den Erfolg der Handlung, abzielen. So beschreibt z. B. der Begriff ‚rechnen' lediglich den *Rechenvorgang selbst*, während der Begriff ‚ausrechnen' entweder den *Erfolg* dieses Rechenvorganges mit umfaßt oder ein intensives *Rechnen* andeutet. Dasselbe gilt auch für den Begriff ‚Aushandeln', der auf das Ergebnis des ‚Verhandelns' hinweist oder zumindest ein intensiveres Verhandeln umschreibt. Die *bloße Möglichkeit* zu verhandeln, erschöpft daher den Begriffsumfang des ‚Aushandelns' nicht."[1060]

Allerdings wurde für den *Erfolg* des Verhandelns, auf den das Aushandeln gerichtet ist, ganz überwiegend verlangt, dass der Verwendungsgegner *tatsächlich* auf die endgültige Gestaltung der Klausel eingewirkt haben, d. h. wirklich auf ihn Einfluss genommen haben muss.[1061] Der überwiegende Teil des Schrifttums forderte hierfür einen „Moment des beiderseitigen Gebens und Nehmens als Ergebnis des Verhandelns"[1062], der sich in einer Änderung des ausgehandelten Textes niederschlägt.[1063] Hierfür sollte es jedoch ausreichen, dass eine im Einzelnen verhandelte, letztlich jedoch unverändert gebliebene Vertragsbedingung durch Zugeständnisse an anderer Stelle kompensiert wird, wodurch die Möglichkeit von *Paketlösungen* anerkannt wurde.[1064] Teilweise wurde sogar ein *Nachgeben*[1065]

1060 *Trinkner*, BB 1977, 717, 717. Hervorhebungen durch den Verfasser.

1061 *Braun*, BB 1979, 689, 692; *Jaeger*, NJW 1979, 1569, 1574; *Schnur*, MDR 1978, 92, 93; *Löwe*, JuS 1977, 421, 423; *Trinkner*, BB 1977, 717, 718; *v. Falkenhausen*, BB 1977, 1124, 1127 f. A. A. *Wolf*, NJW 1977, 1937, 1939 („Möglichkeit der Einflußnahme").

1062 *Schnur*, MDR 1978, 92, 93. Ebenso *Löwe*, JuS 1977, 421, 423; *Trinkner*, BB 1977, 717, 718; *v. Westphalen*, DB 1977, 943, 947; *Löwe*, in: Löwe/Westphalen/Trinkner, AGB-Gesetz (1977), § 1 Rn. 22. A. A. *v. Falkenhausen*, BB 1977, 1124, 1127; *Schmidt-Salzer*, NJW 1977, 129, 132.

1063 *Braun*, BB 1979, 689, 692; *Löwe*, JuS 1977, 421, 423; *Schnur*, MDR 1978, 92, 93; *Trinkner*, BB 1977, 717, 718; *v. Westphalen*, DB 1977, 943, 947. A. A. *Jaeger*, NJW 1979, 1569, 1570; *Wolf*, NJW 1977, 1937, 1939; *v. Falkenhausen*, BB 1977, 1124, 1127.

1064 *Schnur*, MDR 1978, 92, 93; *Löwe*, JuS 1977, 421, 423; *Trinkner*, BB 1977, 717, 718; *v. Westphalen*, DB 1977, 943, 947 sowie die ältere Kommentarliteratur, vgl. nur *Dietlein*, in: Dietlein/Rebmann, AGB aktuell (1976), § 1 AGBG Rn. 10; *Schlosser*, in: Schlosser/Coester-Waltjen/Graba, AGBG (1977), § 1 Rn. 29. A. A. *Braun*, BB 1979, 689, 692; *v. Falkenhausen*, BB 1977, 1124, 1127; *Koch/Stübing*, AGBG (1977), § 1 Rn. 41.

1065 *Schnur*, MDR 1978, 92, 93; *Trinkner*, BB 1977, 717, 718. A. A. *v. Falkenhausen*, BB 1977, 1124, 1127.

des Verwenders verlangt, während andere für eine textliche Änderung jedenfalls dann eine *Verschlechterung* der Position des Verwendungsgegners genügen ließen, wenn diese durch ein Entgegenkommen in anderen Punkten oder in der Hauptleistung kompensiert wird.[1066] Umstritten war, ob das bloße Einräumen von *Wahlmöglichkeiten* für die Annahme eines Aushandelns genügen sollte oder nicht.[1067] Mit Blick auf die unveränderte Übernahme vom Verwender gestellter Klauseln ist die Kommentarliteratur der Auffassung, dass für ein Aushandeln eine *textliche Änderung* der Klauseln erforderlich sei, in der Tendenz, wenngleich nicht uneingeschränkt gefolgt.[1068]

Allerdings war diese Sichtweise schon damals keineswegs unangefochten. So hatte etwa *Jaeger* darauf hingewiesen, dass sich die Frage, worin der Verhandlungserfolg im Einzelnen zu sehen sei, nicht bereits vom Sprachgebrauch des Begriffs des Aushandelns her beantworten lässt.[1069] Denn der Wortsinn des Aushandelns sei so weit, dass er sowohl den *Kompromiss* im Sinne eines gegenseitigen Nachgebens als auch die *Durchsetzung* der Bedingungen nur einer Seite umfasse, wenn die insoweit „unterlegene" Partei deren Berechtigung anerkannt habe.[1070] Teilweise wurde darüber hinaus die durchführbare und zumutbare *Möglichkeit* der Einflussnahme auf Vertragsbedingungen durch den Verwendungsgegner als ausreichend angesehen, wobei auf die *Abänderungsbereitschaft* des Verwenders sowie die *Abänderungsfähigkeit* seines Verhandlungspartners abgestellt wurde.[1071] Andere – wie etwa *v. Falkenhausen* – deuteten den Sinn des *Aushandelns* dagegen nicht im Sinne einer *ergebnisorientierten*, sondern einer lediglich *abgeschlossenen* Verhandlung:

„Zwei Deutungen bieten sich sprachlich an: Das *Aushandeln*, wie ein *Preis ausgehandelt* wird, dessen schärfste Form das *Feilschen* ist, und das *Aus-ver-handeln* in dem Sinne, wie eine Sache *ausdiskutiert* oder *ausgeschrieben* ist. In diesem Sinne wäre ein Vertrag ausgehandelt, wenn beide Seiten sich darüber klar werden, daß die Partie *ausgereizt* ist, und *abschließen*, weil sie sich von einer Fortsetzung der Verhandlung nichts mehr ver-

---

1066 So Schlosser, in: Schlosser/Coester-Waltjen/Graba, AGBG (1977), § 1 Rn. 29.

1067 Dafür *Braun*, BB 1979, 689, 693; *Löwe*, in: Löwe/Westphalen/Trinkner, AGB-Gesetz (1977), § 1 Rn. 25; *Ulmer*, in: in: *Ulmer/Brandner/Hensen*, AGB-Gesetz (1977), § 1 Rn. 25. Ebenso die Rechtsprechung, vgl. nur OLG Celle BB 1976, 1287, 1288. Dagegen *Dietlein*, in: Dietlein/Rebmann, AGB aktuell (1976), § 1 Rn. 10 (allerdings Prüfung des Inhalts und der Umstände des Einzelfalles verlangend); *Dittmann/Stahl*, AGB (1977), Rn. 49; *Schlosser*, in: Schlosser/Coester-Waltjen/Graba, AGBG (1977), § 1 Rn. 29.

1068 *Koch/Stübing*, AGBG (1977), § 1 Rn. 42; *Schlosser*, in: Schlosser/Coester-Waltjen/Graba, AGBG (1977), § 1 Rn. 29 („Als Individualabmachung zu werten ist ein Vertrag oder einer seiner Bestandteile fast nur, jedenfalls aber immer dann, wenn er im Vergleich zu den vorformulierten Bedingungen Abweichungen aufweist …"). Wohl auch *Dietlein*, in: Dietlein/Rebmann, AGB aktuell (1976), § 1 Rn. 10. Differenzierend *Ulmer*, in: in: *Ulmer/Brandner/Hensen*, AGB-Gesetz (1977), § 1 Rn. 26 (Textänderung als widerlegbares Indiz für ein Aushandeln). Offenlassend *Dittmann/Stahl*, AGB (1977), Rn. 49.

1069 *Jaeger*, NJW 1979, 1569, 1570.

1070 *Jaeger*, NJW 1979, 1569, 1570.

1071 *Wolf*, NJW 1977, 1937, 1939; *Nicklisch*, BB 1974, 941, 942 ff., 944 ff.

sprechen. Die bisherige Argumentation beschränkt sich, soweit erkennbar, auf die erstere Deutung, obwohl nach den Ausführungen in der Begründung des Regierungs-Entwurfs zu §1 Abs. 2 eigentlich die letztere näher zu liegen scheint. …

Die Vorsilbe ‚aus-' bedeutet in erster Linie ‚heraus' oder ‚hinaus', in zweiter u. U. ‚am Ende' oder ‚bis zum Ende'. Eine *Intensivierung* der Bedeutung gegenüber dem nicht so erweiterten Verb wird man jedoch nicht allgemein unterstellen dürfen, mag sie sich auch aus der Kombination mit dessen Grundbedeutung gelegentlich als Tatsachenfolge ergeben. Das zeigen auch die von Trinkner angeführten Beispiele: ‚ausspionieren' ist nicht oder doch nur insofern ein Mehr gegenüber dem ‚spionieren', als hier etwas aus dem gegnerischen Geheimnisbereich *herausgeholt* wird oder herausgeholt werden soll, ‚ausrotten' kommt von reuten oder roden, meint also aus dem Boden heraushacken oder jäten, mit der zwangsläufigen Folge, daß das Unkraut entfernt ist und vergeht, mithin ausgerottet ist. Aushandeln bedeutet also auch danach, daß bis zum *Ende verhandelt* und eine Einigung herausgeholt werden soll. Daß diese Einigung nur in einem *beiderseitigen Nachgeben* bestehen könne oder überhaupt ein *Nachgeben* einschließen müsse, ist jedoch nirgends gesagt. Nachgeben mag als Indiz für die Beweisführung Bedeutung haben, materiell kommt es darauf jedoch nicht an. Es ist durchaus möglich, daß das Angebot trotz und einschließlich aller AGB vorteilhaft genug ist, um angenommen zu werden. Dann könnte der Vertragsgegner in der Verhandlung hiervon überzeugt werden, im Einzelnen feststellen, daß Abstriche nicht durchzusetzen sind und deshalb das Ganze annehmen. Auch das könnte das Ergebnis des Aushandelns sein."[1072]

Jedoch ist diese Auffassung vereinzelt geblieben. Für die Zeit nach dem unmittelbaren Inkrafttreten des AGBG ergibt sich damit *zusammenfassend* der Befund, dass der Wortsinn des Aushandelns ganz überwiegend in einem *Einigungsergebnis* als *Abschluss* vorangegangener Verhandlungen gesehen wurde, der von einem hinreichend substantiierten rechtsgeschäftlichen Willen beider Parteien getragen wird. Wurde hierfür überwiegend eine textliche Änderung der Vertragsbedingungen verlangt, so genügte nach anderer Auffassung bei Fehlen von Textänderungen bereits die Überzeugung des Verwendungsgegners von der Richtigkeit der Vertragsbedingungen. Insgesamt war das Verständnis des Aushandelnsbegriffs in der Tendenz damit enger als nach der der aktuellen Rechtsprechung des BGH.[1073]

bb) Historische Auslegung

Neben dem *Wortlaut* kommt dem *Willen* des historischen Gesetzgebers für die Auslegung des Begriffs des Aushandelns besondere Bedeutung zu. Dies gilt umso mehr, als die Entstehungsgeschichte der Vorschrift von Vertretern unterschiedlicher Auffassungen – mit jeweils unterschiedlichem Ergebnis – in Anspruch genommen worden ist.[1074] Ein erster Anhaltspunkt für die Auslegung ergibt sich

---

[1072] *v. Falkenhausen*, BB 1977, 1124, 1127f. Hervorhebungen durch den Verfasser.

[1073] Ähnlich *Miethaner*, AGB-Kontrolle (2010), S. 173.

[1074] So etwa gegen das Erfordernis textlicher Änderungen als Voraussetzung des Aushandelns *Jaeger*, NJW 1979, 1569, 1571; *Ulmer*, in: *Ulmer/Brandner/Hensen*, AGB-Gesetz (3. Aufl. 1978), §1 Rn. 29 sowie dafür *Löwe*, NJW 1977, 1328, 1329; *Trinkner*, BB 1977, 717,

aus den Ausführungen zum komplementären Begriff des *Stellens*, den die Begründung des Regierungsentwurfes in den Kontext der *Einseitigkeit der Auferlegung* als *wesentlichem Charakteristikum* von AGB stellt:

„Es muß sich um Vertragsbedingungen handeln, ‚die eine Vertragspartei (Verwender) der anderen Vertragspartei bei Abschluß eines Vertrages stellt'. In der hierin zum Ausdruck gebrachten *Einseitigkeit* der *Auferlegung* liegt der *innere Grund* und Ansatzpunkt für die rechtliche Sonderbehandlung von AGB gegenüber Individualabreden. AGB werden zwischen den Vertragsparteien nicht ausgehandelt, sondern von einer Vertragspartei *fertig in den Vertrag* eingebracht. Der andere Vertragsteil, der mit einer solchen Regelung konfrontiert wird, kann auf ihre *Ausgestaltung* gewöhnlich *keinen Einfluß* nehmen. Die *Einseitigkeit* der Auferlegung ist mithin das *wesentliche Charakteristikum* von AGB."[1075]

Angesprochen ist in der Gesetzesbegründung neben der Einseitigkeit der Auferlegung als innerer Grund und Ansatzpunkt der Inhaltskontrolle zugleich die fehlende Möglichkeit der *Einflussnahme* des Verwendungsgegners auf den Vertragsinhalt. Hieraus ergeben sich notwendig entsprechende Anforderungen an den spiegelbildlichen Komplementärbegriff des *Aushandelns*, auf die der Gesetzgeber sodann mit Blick auf § 1 Abs. 1 des Regierungsentwurfes zum AGBG – der in geänderter Form[1076] den Regelungen § 1 Abs. 2 AGB bzw. § 305 Abs. 2 S. 3 BGB entspricht – auch ausdrücklich hinweist:

„Absatz 2 grenzt den Anwendungsbereich des Gesetzes gegenüber den sog. *Individualabreden* ab. Wenn und soweit Vereinbarungen das Ergebnis einer *selbstverantwortlichen Prüfung*, *Abwägung* und *möglichen Einflußnahme* beider Vertragsseiten sind, sollen sie den Beschränkungen des Gesetzes auch dann nicht unterliegen, wenn im Übrigen die Merkmale des Absatzes 1 gegeben sind."[1077]

Verweist der Aspekt der *selbstverantwortlichen Prüfung* und *Abwägung* auf die Dimension der Überwindung der *Informationsasymmetrie*[1078], so betrifft die *mögliche Einflussnahme* beider Vertragsseiten das Problem der *Vertragsimpari-*

717; *v. Westphalen*, DB 1977, 943, 945 (insbesondere unter Verweis auf *Däubler-Gmelin*, in: Stenographisches Protokoll des Rechtsausschusses, 7.1972/76, 97. Sitzung v. 5.5.1976, S. 87). Differenzierend *Löwe*, JuS 1977, 421, 423 (bei Fehlen textlicher Änderungen jedenfalls Entgegenkommen beim Preis oder bei anderen Klauseln erforderlich). Für Textänderungen, aber die fehlende Fundierung dieser Ansicht in der Materialien erkennend dagegen *Braun*, BB 1979, 689, 693. Vgl. hierzu auch *Axer*, AGB-Kontrolle (2012), S. 177 f.

1075 Begründung des RegE zum AGBG, BT-Drucks. 7/3919, S. 15 f. Hervorhebungen durch den Verfasser.

1076 Vgl. hierzu die Stellungnahme des Bundesrates zum AGBG, BT-Drucks. 7/3919, S. 47 sowie das zustimmende Votum des Rechtsausschusses BT-Drucks. 7/5422, S. 4 und *Thürk*, in: Stenographisches Protokoll des Rechtsausschusses, 7.1972/76, 97. Sitzung v. 5.5.1976, S. 84 ff. sowie ebenda, S. 90.

1077 Begründung des RegE zum AGBG, BT-Drucks. 7/3919, S. 17. Hervorhebungen durch den Verfasser.

1078 Hierzu eingehend oben S. 511 ff., 541 ff., 569 ff., 779 f.

tät[1079][1080]. Damit sind die zwei wesentlichen Ursachen der *situativen Unterlegenheit* des Verwendungsgegners und zugleich die zentralen Schutzgründe der Inhaltskontrolle nach dem vertragstheoretischen Begründungsmodell vom Gesetzgeber angesprochen.[1081] Allerdings zeigt die Diskussion des Regierungsentwurfes im Rechtsausschuss, dass beide Aspekte der Regelung zwar insgesamt – bewusst oder unbewusst – zugrunde gelegt worden sind, über die dogmatische Begründung der Abgrenzungskriterien zwischen AGB und Individualabrede sowie über die Auslegung des Begriffs des Aushandelns selbst im Rechtsausschuss indes keine Klarheit bestand. Zu neu war offensichtlich das Thema, zu wenig dogmatisch durchdrungen die rechtliche Problematik, so dass sich die Ausschussmitglieder – einschließlich der Vertreter des BMJ, die den Regierungsentwurf federführend verantwortet hatten – nur tastend dem juristischen Neuland des AGB-Rechts nähern konnten. Einigkeit bestand zunächst darüber, dass die Inhaltskontrolle vor allem auf das Problem der Informationsasymmetrie reagieren musste, so dass dem Aspekt der tatsächlichen, materiellen *Kenntnisnahme* der Vertragsbedingungen bei der Abgrenzung zwischen AGB und Individualabrede besondere Bedeutung zugemessen wurde. So stellte etwa der Abgeordnete *Thürk* als Berichterstatter der CDU/CSU-Bundestagsfraktion in der 97. Sitzung des Rechtsausschusses am 5. Mai 1976 fest:

„Es komme darauf an, durch die Gestaltung der Allgemeinen Geschäftsbedingungen zu verhindern, daß im Geschäftsverkehr der einen, *weniger rechtskundigen Partei* durch die andere Seite zu viele *Bedingungen unterschoben* würden, von denen sie bei der Geschäftsabwicklung zwar *formal*, nicht aber *materiell* Kenntnis zu nehmen pflege. Man müsse im Auge behalten, daß all das, was während der Beratungen aus den Allgemeinen Geschäftsbedingungen ausgeschlossen werde, gleichwohl durch den *Individualvertrag* wieder eingeführt werden könne; dadurch würde aber dem Partner, dem die Bedingungen *vorgelegt* würden, *deutlich, was er unterschreibe.*“[1082]

Mit Blick auf den Begriff des Aushandelns in § 1 Abs. 2 des Regierungsentwurfes meinte er,

„daß Abs. 2 des Regierungsentwurfs die logische Folge des soeben angenommenen Abs. 1 sei. Die Frage sei, was unter ‚*ausgehandelt*‘ zu verstehen sei. Von verschiedener Seite, insbesondere vom Anwaltsverein, sei vorgeschlagen worden, stattdessen das Wort ‚*verhandelt*‘ zu wählen. ‚Aushandeln‘ bedeute seiner Meinung nach, daß man Bestimmung für Bestimmung und *Zeile für Zeile erörtere.*“[1083]

1079 Hierzu eingehend oben S. 459 ff., 514 ff., 592 ff., 780 f.

1080 Hierzu eingehend oben S. 459 ff., 514 ff., 592 ff., 780 f.

1081 Hierzu eingehend oben S. 508 ff., 569 ff., 592 ff.

1082 *Thürk*, in: Stenographisches Protokoll des Rechtsausschusses, 7.1972/76, 97. Sitzung v. 5. 5. 1976, S. 77. Hervorhebungen durch den Verfasser.

1083 *Thürk*, in: Stenographisches Protokoll des Rechtsausschusses, 7.1972/76, 97. Sitzung v. 5. 5. 1976, S. 87. Hervorhebungen durch den Verfasser.

Mit der *Erörterung* der Vertragsbedingungen im Einzelnen tritt damit neben den Aspekt der bloßen *tatsächlichen* Kenntnisnahme jener der darüber hinausgehenden inhaltlichen *Analyse* und des materiellen *Verständnisses* der Klauseln. Dass hierin einer der Regelungsschwerpunkte der Vorschrift lag, hatte der Vertreter des BMJ *Dietlein* deutlich gemacht:

„Mit dem Wort ‚ausgehandelt' habe man sich an die *Rechtsprechung des Bundesgerichtshofs* angelehnt. Man könne bei einem Streit, ob Individualabreden oder Allgemeine Geschäftsbedingungen vorlägen, keine Regeln aufstellen, vielmehr komme es darauf an, inwieweit die vorformulierten Vertragsbedingungen von den Parteien *ausgeleuchtet* worden seien ob, bei allen Parteien *Klarheit* über *Inhalt* und *Tragweite* des Klauselwerkes bestanden habe. Es brauche deshalb *nicht* über *jedes einzelne Klauselwerk* gesprochen worden zu sein. Wenn sich bei einem Klauselwerk mit 12 Punkten die Parteien über die Punkte 1, 3, 5 und 7 unterhalten und die übrigen Punkte nicht für erörterungsbedürftig gehalten hätten, dann sei das Klauselwerk insgesamt von ihnen ausgehandelt worden und damit nicht mehr nach dem Maßstab des AGB-Gesetzes zu messen."[1084]

In ähnlicher Weise stellte die *Begründung des Regierungsentwurfes* klar, dass an die Annahme des Aushandelns

„... *verschärfte Anforderungen* zu stellen [sind]. Absatz 2 hebt dies durch die Worte ‚im Einzelnen ausgehandelt' besonders hervor. So wird beispielsweise das *bloße Vorlesen* umfangreicher und für den Kunden nicht leicht verständlicher Bestimmungen, verbunden mit der Erklärung des Verwenders, er sei bereit, mit dem Kunden hierüber zu verhandeln, in der Regel *nicht* ausreichen. Vielmehr setzt ein ‚Aushandeln' namentlich bei risikoreichen Klauseln (wie z. B. der in den §§ 8 und 9 genannten Art) voraus, daß der Kunde *eingehend* und *unmißverständlich* über ihren Inhalt und ihre rechtliche Tragweite aufgeklärt wird ...."[1085]

Allerdings lässt sich aus dem Raum, den die Diskussion des Problems der *Informationsasymmetrie* zwischen den Parteien einnahm, keineswegs im Umkehrschluss die Schlussfolgerung ziehen, dass dem Aspekt der Möglichkeit der *tatsächlichen Einflussnahme* beider Parteien auf den Vertragsinhalt keine Bedeutung zukommen würde.[1086] Die Annahme, dem Gesetzgeber wäre es vor allem darauf angekommen, mit der Inhaltskontrolle auf das Problem der mangelnden Kenntnisnahme der AGB durch den Verwendungsgegner zu reagieren[1087], steht

---

[1084] *Dietlein*, in: Stenographisches Protokoll des Rechtsausschusses, 7.1972/76, 97. Sitzung v. 5.5.1976, S. 88. Hervorhebungen durch den Verfasser.

[1085] Begründung des RegE zum AGBG, BT-Drucks. 7/3919, S. 17. Hervorhebungen durch den Verfasser.

[1086] So aber *Axer*, AGB-Kontrolle (2012), S. 178 f. Für das Erfordernis der tatsächlichen Möglichkeit der Einflussnahme auf den Vertragsinhalt dagegen zu Recht *Löwe*, JuS 1977, 421, 423 („Wie der Ausdruck Aushandeln zeigt, hat der Gesetzgeber damit zum Ausdruck bringen wollen, daß der Kunde auch in irgendeiner Weise auf die endgültige Gestaltung der jeweiligen Klausel eingewirkt haben muß."); *v. Falkenhausen*, BB 1977, 1124, 1128.

[1087] *Miethaner*, AGB-Kontrolle (2010), S. 178 f.

mit dem Befund der Gesetzgebungsmaterialien nicht in Einklang.[1088] Zwar wurde die damit aufgeworfene Frage der *Änderungsbereitschaft*, des Zur-Disposition-Stellens der Vertragsbedingungen durch den Verwender nicht *expressis verbis* diskutiert. Sie klingt jedoch in den Hinweisen auf den Aspekt der einseitigen *Auferlegung* der Vertragsbedingungen, des *Oktroyierens* der Vertragsbedingungen an und liegt auch der Forderung nach der „*möglichen Einflußnahme* beider Vertragsseiten“[1089] implizit zugrunde.

So hatte etwa *Dietlein* im Rahmen der Beratungen des Rechtsausschusses darauf hingewiesen, „daß diese abstrakt aufgestellten Bedingungen von einer Vertragspartei im Rahmen des individuellen, konkreten Vertrages *oktroyiert* würden. Durch das Tatbestandsmerkmal der Bedingungen, die *gestellt* würden, habe die *Einseitigkeit* zum Ausdruck gebracht werden sollen, die den Allgemeinen Geschäftsbedingungen im Einzelvertrag anhafte.“[1090] Und auch *Thürk* wies darauf hin, dass der Gesichtspunkt beachtlich sei, „daß derjenige getroffen werden solle, der einseitig von einem wirtschaftlich übermächtigen Partner solche Bedingungen *oktroyiert* bekomme.“[1091] Die Einsicht, dass es nicht allein auf die bloße *Kenntnisnahme* ankommen kann, scheint in besonderer Deutlichkeit in der Stellungnahme des Abgeordneten *Erhard* auf, der auf die Parallele des – insoweit wenig effektiven – Vorlesens bei notariell zu beurkundenden Rechtsgeschäften hinwies:

„Es gebe keine Bank, die ihre Urkunden über eine Grundschuld oder Hypothek aushandeln lasse. Die Urkunden würden vielmehr den Notaren als Formulare zugeschickt. Die Notare hätten lediglich dieses oder jenes Wort zu *streichen* und sich im Übrigen beim *Vorlesen* den Mund fusselig zu reden. Dies könne *kein Bürger verstehen*, wenn er sich nicht zufällig im Insolvenzrecht oder Sachenrecht *gut auskenne*. All dieses lasse sich mit einem einzigen Wort gut umschreiben: Das Ganze sei nichts als ein *Wortwerk*, damit dann, wenn es dem Schuldner schwerfalle zu bezahlen, diesem das Fell über die Ohren gezogen werde und die Bank nichts einbüße. Hier handele es sich um einen *ausgehandelten* und *vorgelesenen* Vertrag.“[1092]

Auch wenn die Frage der *Abänderungsbereitschaft* des Verwenders von den Beteiligten – die sich über Bedeutung des Begriffs des Aushandelns ganz offensichtlich selbst nicht im Klaren waren[1093] – nicht ausdrücklich diskutiert worden ist,

[1088] So im Ergebnis auch *Miethaner*, AGB-Kontrolle (2010), S. 178 („Möglichkeit der Einflussnahme“).

[1089] Begründung des RegE zum AGBG, BT-Drucks. 7/3919, S. 17. Hervorhebungen durch den Verfasser.

[1090] *Dietlein*, in: Stenographisches Protokoll des Rechtsausschusses, 7.1972/76, 97. Sitzung v. 5.5.1976, S. 85. Hervorhebungen durch den Verfasser.

[1091] *Thürk*, in: Stenographisches Protokoll des Rechtsausschusses, 7.1972/76, 97. Sitzung v. 5.5.1976, S. 88. Hervorhebungen durch den Verfasser.

[1092] *Erhard*, in: Stenographisches Protokoll des Rechtsausschusses, 7.1972/76, 97. Sitzung v. 5.5.1976, S. 88. Hervorhebungen durch den Verfasser.

[1093] So *Jaeger*, NJW 1979, 1569, 1571 Fn. 33 („Nach der Lektüre des Kurzprotokolls über diese Sitzung gewinnt man den Eindruck, daß die Ausschußmitglieder keine klare Vorstel-

so gelangten sie doch mit der Ablehnung des Begriffs des *Verhandelns* zugunsten jenes des *Aushandelns* gleichsam intuitiv zu dem entsprechenden Ergebnis. So wies die Abgeordnete Däubler-Gmelin darauf hin,

„daß auch nach ihrem Verständnis das Wort ‚*verhandelt*' milder wäre als das Wort ‚*ausgehandelt*'. Sie sehe den Sinn von Abs. 2 in der Fassung des Bundesrates darin, Individualabreden herauszunehmen. Individualabreden lägen nur dann vor, wenn beide Parteien *wüßten*, worum es sich im Einzelnen handele. Wenn die Auffassung vertreten werde, daß ‚*verhandeln*' weniger sei als ‚*aushandeln*', so komme es ihr gerade auf dieses *Mehr* an. Sie bestehe darauf, daß es ‚*ausgehandelt*' heißen müsse."[1094]

Damit ist der Ansatz der Rechtsprechung, die eine Gleichsetzung des Aushandelnsbegriffes mit dem des Verhandelns ablehnt und davon ausgeht, dass „Aushandeln gem. § 305 Absatz 1 S. 3 BGB mehr als Verhandeln"[1095] bedeute, von der Entstehungsgeschichte der Vorschrift und dem darin zum Ausdruck kommenden Willen des Gesetzgebers gedeckt. Den Gesetzesmaterialien lassen sich darüber hinaus auch die beiden Aspekte der *Informationsasymmetrie* sowie der *Verhandlungsimparität*, die in den von der Rechtsprechung geforderten Kriterien der *Erörterung* der Vertragsbedingungen[1096] einerseits sowie der *Abänderungsbereitschaft* des Verwenders[1097] andererseits ihre Entsprechung finden, als zentrale Kriterien für die Abgrenzung von AGB und Individualabreden auf der Grundlage des Begriffes des Aushandelns entnehmen. Allerdings bleiben die Materialien insoweit vage, entsprechende Schlussfolgerungen lassen sich nur mittelbar ziehen.

Konkrete Abgrenzungskriterien können sich aus ihnen schon deshalb nicht ergeben, weil über zentrale Fragen – wie etwa die der *Ausstrahlungswirkung* eines Aushandelns auf nicht erörterte Klauseln – jedenfalls in den Diskussionen des Rechtsausschusses keine Einigung erzielt werden konnte bzw. aufgeworfene Streitfragen nicht weiter verfolgt worden sind. So ging etwa der Abgeordnete *Thürk* davon aus, dass „‚Aushandeln' … seiner Meinung nach [bedeute], daß man Bestimmung für Bestimmung und Zeile für Zeile erörtere"[1098], während *Dietlein*

lung vom Begriff ‚Aushandeln' hatten."). Ähnlich *Braun*, BB 1979, 689, 693 („Die oben angestellten Erwägungen machen nämlich deutlich, daß die Auslegungsschwierigkeiten, die § 1 Abs. 2 AGB-Gesetz bietet, im Gesetzgebungsverfahren kaum gesehen worden sind.") sowie *Axer*, AGB-Kontrolle (2012), S. 177.

1094 *Däubler-Gmelin*, in: Stenographisches Protokoll des Rechtsausschusses, 7.1972/76, 97. Sitzung v. 5. 5. 1976, S. 87. Hervorhebungen durch den Verfasser.

1095 St. Rspr. BGH NZM 2013, 159, 160; BGH NJW 2005, 2543, 2544; BGHZ 153, 311, 321 = NJW 2003, 1805, 1807.

1096 Vgl. oben S. 814 ff. sowie OLG München DB 1982, 1003, 1004; *Ulmer/Habersack*, in: *Ulmer/Brandner/Hensen*, AGB-Recht (12. Aufl. 2016), § 305 Rn. 48.

1097 Vgl. oben S. 825 f. sowie BGH NZM 2013, 159, 160; BGH NJW-RR 2009, 947, 948; BGH NJW 2005, 2543, 2544; BGH NJW-RR 2005, 1040, 1040; BGHZ 153, 311, 321 = NJW 2003, 1805, 1807; BGH NJW 1998, 3488, 3489.

1098 *Thürk*, in: Stenographisches Protokoll des Rechtsausschusses, 7.1972/76, 97. Sitzung v. 5. 5. 1976, S. 87. Hervorhebungen durch den Verfasser.

als Vertreter des federführenden BMJ meinte, es brauche „*nicht* über *jedes einzelne Klauselwerk* gesprochen worden zu sein. Wenn sich bei einem Klauselwerk mit 12 Punkten die Parteien über die Punkte 1, 3, 5 und 7 unterhalten und die übrigen Punkte *nicht für erörterungsbedürftig* gehalten hätten, dann sei das Klauselwerk *insgesamt* von ihnen ausgehandelt worden“[1099]. Diese Auffassung steht indes im Widerspruch zu der insoweit verbindlicheren Begründung des Regierungsentwurfes, der davon ausgeht, dass „der Nachweis, daß typisierte Klauseln gleichwohl ausgehandelt sind, grundsätzlich *hinsichtlich jeder Einzelklausel* eines Formulars zu führen (‚soweit‘) [sei].“[1100]

Nachweisbar ist ein Konsens damit allenfalls für die groben Grundlinien der Regelung. So sollte das Gesetz an die *Rechtsprechung* des BGH anknüpfen, auf die im Übrigen auch der Begriff des *Aushandelns* zurückgeht.[1101] Dabei wurde darauf hingewiesen, „dass für diese Materie seit Jahrzehnten eine *detaillierte Rechtsprechung* und auch eine Flut beachtlicher *Aufsätze*“[1102] existiere. Ausdrückliche Erwähnung fand in der Regierungsbegründung darüber hinaus die Frage, ob die Annahme eines Aushandelns eine textliche Änderung der Vertragsbedingungen voraussetze. So wurde etwa darauf hingewiesen, dass:

„Zahlreiche *Einfügungen* oder *Änderungen* in einem vorformulierten Text ... im Einzelfall den Beweis erleichtern [können], daß das ganze Klauselwerk ausgehandelt ist. Andererseits ist eine Änderung des vom Klauselverwender ursprünglich vorgeschlagenen *Wortlauts* der Vertragsbestimmungen keineswegs Voraussetzung für die Annahme einer Individualvereinbarung. Der *Rechtsprechung* muß es überlassen bleiben, im Zweifelsfall zu entscheiden, ob und inwieweit der andere Vertragsteil trotz Verwendung eines Musters so viel Einfluß auf die Abmachungen genommen hat, daß diese als individuelle Abrede angesehen werden können.“[1103]

Abgesehen von einigen wenigen Einzelfragen bleibt der entwicklungsgeschichtliche Befund mit Blick auf den eindeutig erkennbaren Willen des historischen Gesetzgebers hinsichtlich der konkreten Auslegung des Begriffs des Aushandelns daher weitgehend unergiebig.[1104] Damit ist zu prüfen, ob sich aus der Sys-

---

[1099] *Dietlein*, in: Stenographisches Protokoll des Rechtsausschusses, 7.1972/76, 97. Sitzung v. 5.5.1976, S. 88. Hervorhebungen durch den Verfasser.

[1100] Begründung des RegE zum AGBG, BT-Drucks. 7/3919, S. 17. Hervorhebungen durch den Verfasser.

[1101] Vgl. *Dietlein*, in: Stenographisches Protokoll des Rechtsausschusses, 7.1972/76, 97. Sitzung v. 5.5.1976, S. 88. („Mit dem Wort ‚ausgehandelt‘ habe man sich an die Rechtsprechung des Bundesgerichtshofs angelehnt.“).

[1102] *Däubler-Gmelin*, in: Stenographisches Protokoll des Rechtsausschusses, 7.1972/76, 97. Sitzung v. 5.5.1976, S. 83. Hervorhebungen durch den Verfasser.

[1103] Begründung des RegE zum AGBG, BT-Drucks. 7/3919, S. 17. Hervorhebungen durch den Verfasser.

[1104] Ebenso *Schnur*, MDR 1978, 92, 93 („Die Gesetzesmaterialien zu § 1 II AGBG sind unvollständig und teilweise widersprüchlich.“); *v. Westphalen*, DB 1977, 943, 945 („Übersehen wird jedoch dabei, daß diese Begründung keineswegs in sich eindeutig und widerspruchsfrei ist.“).

tematik des Gesetzes oder teleologischen Erwägungen insoweit konkrete Anhaltspunkte für die inhaltliche Bestimmung des Aushandelnsbegriffs ergeben.

cc) Systematische Auslegung

Haben sich aus der *grammatischen* und *historischen* Auslegung zwar erste grobe Anhaltspunkte, jedoch keine *konkreten* Kriterien für die Auslegung des Begriffs des *Aushandelns* ergeben, so ist zu untersuchen, ob die *Systematik* des Gesetzes einen ergiebigeren Ansatz für die Bestimmung der Reichweite der Inhaltskontrolle bietet. So hat eine bislang vereinzelt gebliebene Auffassung in der Literatur aus der systematischen Stellung der Vorschrift des § 305 Abs. 1 S. 3 BGB zu § 305 Abs. 1 S. 1 BGB die Schlussfolgerung gezogen, dass eine *textliche Änderung* der Vertragsbedingungen für die Annahme eines Aushandelns nicht erforderlich sei.[1105] Denn komme es zu einer Änderung des vorformulierten Textes, so würden bereits keine AGB iSv. § 305 Abs. 1 S. 1 BGB vorliegen, da der auf diese Weise entstandene Text in der Regel in dem *konkreten* und damit lediglich in einem *einzigen* Fall zur Anwendung gelangen soll.[1106] Aufgrund der fehlenden Mehrfachverwendungsabsicht handle es sich nicht um AGB, sondern lediglich um eine *Einzelvereinbarung*. Die Regelung des § 305 Abs. 1 S. 3 BGB erfasse daher die Fälle der unveränderten Übernahme vorformulierter Vertragsklauseln.[1107]

Diese Argumentation vermag indes nicht zu überzeugen, denn sie verkennt die Bedeutung der Vorschrift des § 305 Abs. 1 S. 3 BGB vor dem Hintergrund ihres systematischen Verhältnisses zu § 305 Abs. 1 S. 1 BGB: Während eine Mindermeinung dem *Aushandeln* iSv. § 305 Abs. 1 S. 3 BGB gegenüber dem *Stellen* iSv. § 305 Abs. 1 S. 1 BGB aufgrund der scheinbaren Komplementarität der beiden Begriffe lediglich deklaratorische, klarstellende Bedeutung zuerkennt, sieht die h. M. hierin zu Recht eine *Beschränkung* des Anwendungsbereiches des AGB-Begriffs. Die Vorschrift des § 305 Abs. 1 S. 3 BGB enthält daher mit Blick auf ihre systematische Stellung eine Bereichsausnahme zum sachlichen Anwendungsbereich des AGB-Rechts nach § 305 Abs. 1 S. 1 BGB, die der Abgrenzung zwischen AGB und Individualvereinbarung dient. Eigenständige Bedeutung kommt der Vorschrift vor allem für solche Bedingungen zu, bei denen es sich im Zeitpunkt des Stellens zunächst um AGB gehandelt hat, die jedoch im weiteren Verlauf im Wege des Aushandelns ihre AGB-Qualität verloren haben.[1108]

Hierfür spricht zunächst der *Wortlaut* der Vorschrift, der die Qualifikation der Vertragsbedingungen als Individualvereinbarung an den Begriff des *Aushandelns* und damit an ein Tatbestandsmerkmal knüpft, das dem *Stellen* zeitlich nachfolgt. Damit impliziert bereits der Wortlaut jenes *Stufenverhältnis* der bei-

---

1105 *Koch*, BB 2010, 1810, 1812; *Kessel/Jüttner*, BB 2008, 1350, 1351. Zurückhaltend *Axer*, AGB-Kontrolle (2012), S. 166 („Zwingend ist dieser Schluss indes nicht.“).

1106 *Koch*, BB 2010, 1810, 1812; *Kessel/Jüttner*, BB 2008, 1350, 1351.

1107 *Koch*, BB 2010, 1810, 1812; *Kessel/Jüttner*, BB 2008, 1350, 1351.

1108 Vgl. nur *Stoffels*, AGB-Recht (3. Aufl. 2015), Rn. 147.

den Vorschriften, von dem auch die Rechtsprechung und die herrschende Lehre zu Recht ausgehen: Dass nämlich zunächst vom Verwender gestellte, als AGB zu qualifizierende Vertragsbedingungen diesen Charakter *nachträglich* durch *Aushandeln* im Einzelnen wieder verlieren können.

Dies entspricht auch der *Intention* des historischen *Gesetzgebers*, der die Funktion des Aushandelns darin erblickte, „den Anwendungsbereich des Gesetzes gegenüber den sog. Individualabreden“[1109] abzugrenzen. Dabei ging er davon aus, dass Vertragsbedingungen im Fall des Aushandelns „den Beschränkungen des Gesetzes auch dann nicht unterliegen [sollen], wenn im Übrigen die Merkmale des Absatzes 1 gegeben sind.“[1110] Auch die Systematik des Gesetzes spricht gegen eine bloße Komplementarität, denn die Vorschrift des §305 Abs. 1 S. 3 BGB wäre überflüssig, wenn sie sich in der – freilich spiegelbildlich negativen – lediglich deklaratorischen Wiederholung der Vorschrift des §305 Abs. 1 S. 1 BGB erschöpfen würde.[1111]

Auf der Grundlage des herrschenden Verständnisses der systematischen Stellung des §305 Abs. 1 S. 3 BGB würden textlich geänderte Vertragsbedingungen nicht nur ohne weiteres vom Anwendungsbereich der Vorschrift erfasst werden. Sie würden darüber hinaus einen geradezu klassischen Anwendungsfall der von §305 Abs. 1 S. 3 BGB geregelten Fallgruppen darstellen: Ebenjenen AGB, die erst durch Aushandeln ihren AGB-Charakter verlieren und zu Individualabreden werden. Dass diese Deutung der Vorschrift auch dem Willen des historischen Gesetzgebers entspricht, zeigt die Gesetzesbegründung, die gerade auf den Fall textlich geänderter Klauseln als Beispiel für ein Aushandeln im Sinne der Vorschrift verweist: „Zahlreiche Einfügungen oder Änderungen in einem vorformulierten Text können im Einzelfall den Beweis erleichtern, daß das ganze Klauselwerk ausgehandelt ist.“[1112] Auf den systematischen Zusammenhang zwischen den Vorschriften des §305 Abs. 1 S. 1 und S. 3 BGB lässt sich die Annahme, ein Aushandeln scheide bei textlichen Veränderungen aus, daher nicht stützen.[1113]

Einen weiteren Ansatz, die Systematik des Gesetzes für die Bestimmung der Reichweite des Anwendungsbereiches der Inhaltskontrolle auf der Grundlage konkreter Abgrenzungskriterien heranzuziehen, hat *Trinkner* vorgelegt.[1114] Er erblickt in den Tatbestandsmerkmalen „soweit“ und „im Einzelnen“ eine Begrenzung des Umfangs des *Aushandelns* mit der Folge, dass ein Aushandeln iSd. §305 Abs. 1 S. 3 BGB voraussetzt, dass der Verwendungsgegner tatsächlich Einfluss auf die Gestaltung der einzelnen Vertragsbedingungen genommen hat.[1115]

[1109] RegE zum AGBG, BT-Drucks. 7/3919, S. 17 (zu §1 AGBG a. F.).
[1110] RegE zum AGBG, BT-Drucks. 7/3919, S. 17 (zu §1 AGBG a. F.).
[1111] Ähnlich *Miethaner*, AGB-Kontrolle (2010), S. 183; *Jaeger*, NJW 1979, 1569, 1571.
[1112] RegE zum AGBG, BT-Drucks. 7/3919, S. 17 (zu §1 AGBG a. F.).
[1113] Ebenfalls skeptisch *Axer*, AGB-Kontrolle (2012), S. 166.
[1114] *Trinkner*, BB 1977, 717, 717 f.
[1115] *Trinkner*, BB 1977, 717, 718.

Denn nach dem Wortlaut dieser Vorschrift würden Vertragsbedingungen ihren Charakter als AGB nur dann verlieren, wenn sie im Einzelnen ausgehandelt sind, was nicht für das Vertragswerk als Ganzes, sondern vielmehr Klausel für Klausel erfolgen müsse.[1116] Daher sei auch die Abänderungsbereitschaft des Verwenders für die Annahme des Aushandelns keineswegs ausreichend.[1117] Umso mehr sei ein gegenseitiges Nehmen und Geben, ein echtes Nachgeben des Verwenders erforderlich, das sich nicht auf die im Einzelnen ausgehandelte Klausel beschränken müsse, sondern auch in anderen Vertragsbedingungen oder sogar in anderen Verträgen erfolgen könne.[1118]

Der Ansatz ist indes nicht überzeugend, da der Zusammenhang des Begriffes des Aushandelns zu den Tatbestandsmerkmalen „soweit" und „im Einzelnen" eine derart weitgehende Deutung keinesfalls zulässt.[1119] So ist nicht ersichtlich, warum ein Aushandeln nicht bereits dann gegeben sein soll, wenn der Verwendungsgegner auf eine textliche Änderung verzichtet, etwa weil er die entsprechenden Vertragsbedingungen in seinen rechtsgeschäftlichen Willen aufgenommen hat.[1120] Denn auch dann ist eine Klausel ausgehandelt, weil sich beide Parteien hierauf geeinigt haben.[1121] Dass auch der Gesetzgeber von dieser Annahme ausgeht, zeigt die Gesetzesbegründung, in der er darauf hinweist, dass „eine Änderung des vom Klauselverwender ursprünglich vorgeschlagenen Wortlauts der Vertragsbestimmungen keineswegs Voraussetzung für die Annahme einer Individualvereinbarung"[1122] ist.

Die *Systematik* des Gesetzes bleibt damit für die nähere Bestimmung des Begriffes des Aushandelns iSv. § 305 Abs. 1 S. 3 BGB letztlich unergiebig. Ihr lässt sich lediglich die Aussage entnehmen, dass es sich bei ausgehandelten Vertragsbedingungen um Klauseln handeln muss, die ihren AGB-Charakter erst nachträglich, im weiteren Verlauf des Vertragsschlusses durch Interaktion beider Parteien – das Aushandeln – verloren haben. Dazu, was unter dem Aushandeln im Einzelnen zu verstehen ist, ergeben sich aus der Systematik keine Hinweise.[1123]

dd) Teleologische Auslegung

Damit kommt der teleologischen Auslegung die entscheidende Bedeutung für die Auslegung des Begriffs des Aushandelns nach § 305 Abs. 1 S. 3 BGB und die

1116 *Trinkner*, BB 1977, 717, 718.

1117 *Trinkner*, BB 1977, 717, 718.

1118 *Trinkner*, BB 1977, 717, 718.

1119 Vgl. demgegenüber zum Ansatz des BGH oben S. 813 ff.

1120 Hierzu oben S. 820 ff. sowie OLG Hamm v. 9. 1. 2012, 2 U 104/11, Rn. 123. Hierauf Bezug nehmend BGH NJW 2013, 856, 857 (bring-or-pay).

1121 OLG Hamm v. 9. 1. 2012, 2 U 104/11, Rn. 123. Hierauf Bezug nehmend BGH NJW 2013, 856, 857 (bring-or-pay).

1122 Ebenfalls skeptisch *Axer*, AGB-Kontrolle (2012), S. 166.

1123 Im Ergebnis ebenso *Axer*, AGB-Kontrolle (2012), S. 166, *Miethaner*, AGB-Kontrolle (2010), S. 181 ff.

Bestimmung der Reichweite der Inhaltskontrolle zu. Im Folgenden ist daher zu überprüfen, ob die von der Rechtsprechung entwickelten Kriterien zur Konkretisierung des *Aushandelns* noch vom *Schutzzweck* der Inhaltskontrolle gedeckt sind oder ob dieser nicht vielmehr eine Absenkung der Anforderungen erlaubt. Als Maßstab soll der Untersuchung dabei das *vertragstheoretische Begründungsmodell*[1124] der Inhaltskontrolle unter Berücksichtigung der Besonderheiten des unternehmerischen Geschäftsverkehrs zugrunde gelegt werden.

(1) Schutzzweck nach dem vertragstheoretischen Begründungsmodell

Nähert man sich dem Schutzzweck der Inhaltskontrolle aus der gebotenen *verfassungsrechtlichen Perspektive,* so stellt sie sich *zusammenfassend* zunächst als notwendiges Instrument der Gewährleistung *materieller Vertragsfreiheit* des Verwendungsgegners dar, das im Sinne praktischer Konkordanz notwendig in die *formale Vertragsfreiheit* eingreift und sie damit begrenzt.[1125] Die Inhaltskontrolle ausschließlich aus der Perspektive eines *Eingriffs* in die Privatautonomie, in die *formale* Vertragsfreiheit des Verwenders zu betrachten, wird daher der Realität nicht gerecht. Vielmehr stellt sie das ins Ungleichgewicht geratene Verhältnis zwischen den Freiheitssphären beider Parteien wieder her, das durch die *einseitige Inanspruchnahme* der Vertragsgestaltungsfreiheit[1126] durch den Verwender und die *Reduzierung* der Vertragsgestaltungsfreiheit seines Vertragspartners auf Null[1127] eingetreten ist. Aufgrund der übermäßigen und einseitigen Inanspruchnahme der Vertragsfreiheit durch den Verwender zum Nachteil seines Vertragspartners ist sie primär auf die Herstellung und Gewährleistung *materieller Vertragsfreiheit* des Klauselgegners gerichtet, indem sie einen Verlust an Vertragsgestaltungsfreiheit durch *Verwirklichung der Vertragsgerechtigkeit* kompensiert.[1128] Damit stellt sie die notwendige innere Verknüpfung von *Vertragsfreiheit* und *Vertragsgerechtigkeit*[1129] durch Ausgleich eines *Versagens der Richtigkeitsgewähr* des *Vertragsmechanismus*[1130] wieder her.

Für die Bestimmung der Grenze des *Anwendungsbereiches des Inhaltskontrolle* ergibt sich daraus der Grundsatz, dass diese dann ausscheiden muss – und entsprechend ein Aushandeln iSv. §305 Abs. 1 S. 3 BGB zu bejahen ist – wenn der Verwendungsgegner von seinem *rechtsgeschäftlichen Selbstbestimmungsrecht tatsächlich* Gebrauch machen konnte, seine *materielle Vertragsfreiheit* nicht gefähr-

[1124] Hierzu oben S. 567ff.

[1125] Hierzu aus *verfassungsrechtlicher* Perspektive oben S. 374ff.

[1126] Hierzu oben S. 439ff., 568ff.

[1127] Hierzu oben S. 439ff., 568ff.

[1128] Eingehend zur Vertragsgerechtigkeit oben S. 100ff.

[1129] Eingehend hierzu oben S. 159ff., 174ff., 181ff., 208ff.

[1130] Vgl. zum Vertragsmechanismus *Schmidt-Rimpler,* FS Raiser (1974), S. 3, 5ff.; *Schmidt-Rimpler,* FS Nipperdey (1955), S. 1, 6ff.; *Schmidt-Rimpler,* AcP 147 (1941), 130, 151ff. sowie eingehend oben S. 208ff., zur Kritik oben S. 221ff. Für einen Alternativansatz vgl. oben S. 234ff.

det und damit auch die *Richtigkeitsgewähr des Vertragsmechanismus* nicht beeinträchtigt ist. Denn in diesem Fall ist ein *angemessener Inter*essenausgleich und damit die Erfüllung des *Vertragszwecks* gewährleistet, da der Inhalt des Vertrages auf einer hinreichend substantiierten, freien und informierten rechtsgeschäftlichen Entscheidung *beider* Parteien beruht.[1131] Eine hinreichende Verknüpfung von *Vertragsfreiheit* und *Vertragsgerechtigkeit* ist damit gewährleistet.

(a) Informationsasymmetrie

Überträgt man diese Grundsätze auf die konkretere Abstraktionsebene des *vertragstheoretischen Begründungsmodells* der Inhaltskontrolle, so ist ein *Aushandeln* gem. § 305 Abs. 1 S. 3 BGB immer dann anzunehmen, wenn eine AGB-spezifische Gefährdungslage im Sinne einer klauselbedingten *situativen Unterlegenheit* des Verwendungsgegners nicht gegeben ist. Dies ist dann der Fall, wenn weder eine durch die Verwendung von AGB bedingte *Informationsasymmetrie* noch eine *Verhandlungsimparität* bestehen.[1132] Wie bereits im Rahmen der Herleitung des vertragstheoretischen Begründungsmodells gezeigt wurde[1133], kommt die Informationsasymmetrie, das AGB-typische Information- und Motivationsgefälle[1134] zwischen dem Verwender und seinem Vertragspartner, vor allem durch die sich aus der *Vorformulierung* sowie der *Mehrfachverwendungsabsicht* ergebenden Vorteile für den Verwender zustande:

Während der *Verwender* das von ihm gestellte Klauselwerk im Vorhinein und ohne Zeitdruck nach seinen Wünschen erstellen konnte, ist der *Klauselgegner* aufgrund des *zeitlichen Drucks* der konkreten Abschlusssituation schon mit der *inhaltlichen Erfassung*, dem Lesen, erst recht mit der rechtlichen *Beurteilung* der vom Verwender gestellten AGB überfordert.[1135] Aufgrund *prohibitiv hoher Transaktionskosten* ist es ihm darüber hinaus typischerweise auch nicht möglich, die damit einhergehende Überforderung zu überwinden und die bestehende Informationsasymmetrie auszugleichen. Denn der mit der *Kenntnisnahme* und der rechtlichen *Analyse* der AGB verbundene Aufwand an Zeit, Kosten und Mühe ist regelmäßig derart hoch, dass er sich für den Verwendungsgegner nicht lohnt.[1136]

[1131] Vgl. hierzu eingehend oben S. 446 ff.

[1132] Vgl. hierzu eingehend oben S. 459 ff., 514 ff., 592 ff., 780 f.

[1133] Vgl. hierzu eingehend oben S. 511 ff., 668 f., 677 ff.

[1134] MünchKomm/*Basedow*, BGB (7. Aufl. 2016), § 310 Rn. 15.

[1135] Hierzu oben S. 508 ff., 569 ff. sowie *Fastrich*, Inhaltskontrolle (1992), S. 83.

[1136] Zur Problematik der *transaktionskostenbedingten Informationsasymmetrie* eingehend oben S. 511 ff., 569 ff. sowie grundlegend *Fastrich*, Inhaltskontrolle (1992), S. 83 ff., 91, 93; *Lieb*, AcP 178 (1978), 196, 201 und *Raiser*, Das Recht der AGB (1961), S. 21 f. Vgl. auch *Ulmer/Habersack*, in: *Ulmer/Brandner/Hensen*, AGB-Recht (12. Aufl. 2016), Einl. Rn. 5, 48; *Fuchs*, in: *Ulmer/Brandner/Hensen*, AGB-Recht (12. Aufl. 2016), Vorb. v. § 307 Rn. 27; *Leuschner*, JZ 2010, 875, 879; *Hellwege*, AGB und Rechtsgeschäftslehre (2010), S. 554; *Pfeiffer*, in: Wolf/Lindacher/Pfeiffer, AGB-Recht (6. Aufl. 2013), Einl. Rn. 3; *Stoffels*, AGB-Recht (3. Aufl. 2015), Rn. 72 ff., 83 ff.; *Leuschner*, AcP 207 (2007), 491, 494 ff.; Staudinger/*Wendland*,

Dies trifft in besonderer Weise für den auf *Einfachheit* und *Schnelligkeit* ausgerichteten unternehmerischen Massenverkehr zu.[1137] Dem Klauselgegner mangelt es daher sowohl an *Kenntnis* als auch an *materiellem Verständnis* der ihm gestellten Klauseln. Auf dieser Grundlage ist er nicht in der Lage, von der ihm eigentlich zustehenden rechtsgeschäftlichen Entscheidungsfreiheit, seinem verfassungsrechtlich gewährleisteten *Selbstbestimmungsrecht* in rechtlichen Angelegenheiten, überhaupt in vernünftiger Weise Gebrauch zu machen. Ihm fehlt – aufgrund seiner *situativen Unterlegenheit,* bedingt durch sein AGB-spezifisches Informationsdefizit – die Fähigkeit zu rechtsgeschäftlicher Selbstbestimmung als Voraussetzung zur Ausübung der Vertragsfreiheit. Wo Vertragsfreiheit indes nur einseitig ausgeübt wird, muss notwendig die *Richtigkeitsgewähr des Vertragsmechanismus* versagen.[1138] Eine Korrektur durch richterliche Inhaltskontrolle ist dann nicht nur zulässig, sondern sogar geboten.[1139]

Eine Ausnahme kann nur für solche Fälle angenommen werden, in denen der Vertragswert derart hoch ist, dass sich auch für den Vertragspartner des Verwenders die eingehende *Kenntnisnahme* und die *rechtliche Bewertung* der ihm gestellten Vertragsbedingungen lohnen.[1140] Allerdings wird man hierfür voraussetzen müssen, dass die positive Transaktionskosten-Vertragswert-Relation für den Verwendungsgegner ohne weiteres *erkennbar* oder sogar *offenkundig* ist.

(b) Verhandlungsimparität

Die situative Unterlegenheit des Verwendungsgegners beruht indes nicht allein auf der klauselbedingten *Informationsasymmetrie* gegenüber dem Verwender. Sie erwächst nach dem *vertragstheoretischen Begründungsmodell* darüber hinaus aus einer *Verhandlungsimparität* zwischen den Parteien, die typischerweise eine fehlende *Abänderungsbereitschaft* des Verwenders zur Folge hat und ihre Ursache im Versagen eines *funktionierenden Konditionenwettbewerbs* findet.[1141] So

---

BGB (2019), §307 Rn.3; *Canaris*, AcP 200 (2000), 273, 312ff.; *Wackerbarth*, AcP 200 (2000), 45, 55f., 82f.

[1137] Vgl. nur Baumbach/Hopt/*Hopt,* HGB (37. Aufl. 2016), Einl. Vor §1 Rn.4ff.; Koller/Kindler/Roth/Morck/*Roth,* HGB (8. Aufl. 2015), Einl. Vor §1 Rn.5ff.; MünchKomm/*Kindler,* BGB (7. Aufl. 2018), Internationales Handels- und Gesellschaftsrecht, Rn.151; MünchKomm/*K. Schmidt*, HGB (4. Aufl. 2016), Vor §1 Rn.38; *Axer,* AGB-Kontrolle (2012), S.126ff. sowie eingehend oben 763ff.

[1138] Hierzu oben S.236f., 459ff.

[1139] BVerfG NJW 2005, 1036, 1037 (Zahnarzthonorar). Vgl. hierzu eingehend unten S.390f.

[1140] Für eine Herausnahme großvolumiger Verträge aus der Inhaltskontrolle aufgrund *positiver Transaktionskosten-Vertragswert-Relation Becker*, AGB und Individualvereinbarung (2011), S.164f.; *Becker*, JZ 2010, 1098, 1105f.; *Leuschner*, JZ 2010, 875, 884; *Miethaner*, AGB-Kontrolle (2010), S.209ff.; *Miethaner*, NJW 2010, 3121, 3127; *Müller/Griebeler/Pfeil*, BB 2009, 2658, 2662; *Leuschner*, AcP 207 (2007), 491, 524f. Befürwortend auch *Müller*, BB 2013, 1355, 1357. Vgl. zu entsprechenden *Reformmodellen* eingehend oben S.752ff. sowie unten S.912ff.

[1141] Vgl. zum Problem des *fehlenden Konditionenwettbewerbs* oben S.542ff. sowie

besteht das Problem des Verwendungsgegners, der mit vorformulierten, ihn regelmäßig einseitig belastenden Klauseln konfrontiert wird, nicht nur darin, dass er mangelhaft informiert ist. Er sieht sich darüber hinaus in einer geradezu ausweglosen Situation, weil sich der Verwender typischerweise auf eine Abänderung der von ihm gestellten Klauseln nicht einlässt und häufig schon Verhandlungen kategorisch ablehnt.[1142]

Der Verwender kann sich ein derartiges – auch vom BGB nicht als Normalfall vorausgesetztes – Verhalten deshalb leisten, weil ein funktionierender *Konditionenwettbewerb* nicht besteht.[1143] Denn aufgrund der durch das Stellen von AGB bedingten Informationsasymmetrie ist den Verwendungsgegnern als Marktteilnehmern eine Beurteilung der Vertragsbedingungen als Produktmerkmal typischerweise nicht möglich, so dass sich der Wettbewerb auf *Preis* und *Qualität* als Inhalt der Hauptleistungspflichten beschränkt. Da die Vertragsbedingungen damit nicht den begrenzenden Mechanismen des Marktes unterliegen, hat der Verwender letztlich eine unbeschränkte Kontrolle über die Gestaltung der von ihm vorformulierten Klauseln. Seinem Vertragspartner bleibt aufgrund des Marktversagens daher gar nichts anderes übrig, als den ihn einseitig belastenden Vertrag anzunehmen, will er nicht auf das Rechtsgeschäft überhaupt verzichten.

Dies ist für ihn bei unverzichtbaren Rechtsgeschäften ohnehin keine sinnvolle Handlungsalternative und im Übrigen wohl kaum jemals zumutbar, will er nicht auf die Teilnahme am Rechtsverkehr insgesamt verzichten. Da nahezu alle Rechtsgeschäfte mittlerweile unter der Verwendung von AGB abgeschlossen werden und aufgrund des Versagens des Konditionenmarktes typischerweise branchenweit weitgehend einheitliche Vertragsbedingungen Verwendung finden, befindet sich der Klauselgegner regelmäßig in einer „*take it or leave it*"-Situation. Ist damit schon seine Vertrags*gestaltungsfreiheit* aufgrund der mangelnden Abänderungsbereitschaft des Verwenders auf Null reduziert, so wird sie auch nicht durch Inanspruchnahme der Vertrags*abschlussfreiheit* kompensiert. Denn eine sinnvolle Ausübung der Abschlussfreiheit ist dem Verwendungsgegner aufgrund branchenweit weitgehend einheitlicher Konditionen kaum mehr möglich. Ihm bleibt lediglich die Wahl zwischen „Pest" und „Cholera".

Damit hat die mangelnde *Abänderungsbereitschaft* des Verwenders gravierende Folgen für die *rechtsgeschäftliche Selbstbestimmung* seines Vertragspartners: Von einer nennenswerten *Vertragsgestaltungsfreiheit* kann unter diesen Voraussetzungen keine Rede mehr sein. Sie ist durch ihre Reduzierung auf Null faktisch *beseitigt* und wird ausschließlich *einseitig* vom Verwender in Anspruch genom-

---

MünchKomm/*Basedow*, BGB (7. Aufl. 2016), Vor § 305 Rn. 5 f.; Staudinger/*Wendland*, BGB (2019), § 307 Rn. 4; *Fastrich*, Inhaltskontrolle (1992), S. 80, 86; *Habersack*, Vertragsfreiheit und Drittinteressen (1992), S. 107; *Adams*, BB 1989, 781, 784 f.; *Baudenbacher*, Grundprobleme (1983), S. 206 ff., 217; *Kötz*, Gutachten (1974), S. A 9, S. A 33 ff.

[1142] Hierzu oben S. 514 f., 682 f., 592 ff.

[1143] Hierzu oben S. 542 ff.

men. Die Vertragsfreiheit ist aufgrund fehlender sinnvoller Alternativen zwar noch formal vorhanden, bleibt materiell aber weitgehend ohne Substanz. Aufgrund des mangelnden Konditionenwettbewerbs und branchenweit einheitlicher Vertragsbedingungen bleibt dem Verwendungsgegner von seiner Abschlussfreiheit typischerweise nicht mehr als eine inhaltsleere, formale Hülle. Der mit vorformulierten Vertragsbedingungen konfrontierte Klauselgegner ist daher nicht mehr in der Lage, von seinem ihm eigentlich zustehenden rechtsgeschäftlichen Selbstbestimmungsrecht[1144], seiner Vertragsfreiheit[1145] in sinnvoller Weise Gebrauch zu machen. Unter diesen Umständen kann nicht mehr von einer *funktionierenden Richtigkeitsgewähr* des Vertragsmechanismus ausgegangen werden, da sie eine *tatsächlich* selbstbestimmte Einigungsentscheidung beider Parteien und ein wechselseitiges *Abschleifen* der gegenseitigen Interessen voraussetzt.[1146]

Die innere Verknüpfung von *Vertragsfreiheit* und *Vertragsgerechtigkeit* ist aufgelöst.[1147] Ein *angemessener Interessenausgleich* als *Zweck des Vertrages* gefährdet.[1148] Auch hier bedarf es notwendig richterlicher Inhaltskontrolle, um das durch einseitige Inanspruchnahme der Vertragsgestaltungsfreiheit durch den Verwender bedingte Versagen der Richtigkeitsgewähr des Vertragsmechanismus zumindest durch Gewährleistung inhaltlich angemessener Ergebnisse zu kompensieren. Damit wird die für jede Rechtsordnung notwendige innere Verknüpfung zwischen *Vertragsfreiheit* und *Vertragsgerechtigkeit* durch Eingriff auf der *Rechtsfolgenseite* im Wege der Gewährleistung *materieller Vertragsgerechtigkeit* wiederhergestellt.

Aus der Perspektive des *Schutzzwecks* der Inhaltskontrolle kann auf eine derartige Kompensation bestehender Vertragsimparität nur dann verzichtet werden, wenn die *Gefahr des Versagens der Richtigkeitsgewähr* des Vertragsmechanismus nicht mehr besteht. Dies ist nur dann der Fall, wenn zugunsten des Vertragspartners des Verwenders ein substantielles Maß an Vertragsgestaltungsfreiheit gewährleistet ist und dieser von dem ihm von Verfassung wegen eigentlich zustehenden rechtsgeschäftlichen Selbstbestimmungsrecht auch *tatsächlich* Gebrauch machen kann. Davon kann allerdings nur dann ausgegangen werden, wenn er in irgendeiner Weise *tatsächlich* auf den Inhalt des Vertrages *Einfluss nehmen* kann. Die tatsächliche Möglichkeit der Einflussnahme setzt aufseiten des Verwenders spiegelbildlich notwendig die Bereitschaft zur Abänderung der von ihm gestellten Vertragsbedingungen voraus. Diese *Abänderungsbereitschaft* muss dabei *tat-*

1144 Hierzu aus *verfassungsrechtlicher* Perspektive oben S. 30ff., 360ff.

1145 Hierzu eingehend oben S. 13ff.

1146 Vgl. zum Funktionsmodell des Vertragsmechanismus eingehend *Schmidt-Rimpler*, FS Raiser (1974), S. 3, 5ff.; *Schmidt-Rimpler*, FS Nipperdey (1955), S. 1, 6ff.; *Schmidt-Rimpler*, FS Nipperdey (1955), S. 1, 28; *Schmidt-Rimpler*, AcP 147 (1941), 130, 155; *Schmidt-Rimpler*, AcP 147 (1941), 130, 151ff. sowie eingehend oben S. 208ff., zur Kritik oben S. 221ff.

1147 Hierzu eingehend oben S. 159ff., 174ff., 181ff., 234ff.

1148 Zur *Interessenverwirklichung* als *Zweck* des Vertrages eingehend oben S. 141ff., 236ff., 242ff., 453ff.

sächlich und darf nicht lediglich *formal* bestehen.[1149] Das Schutzbedürfnis des Verwendungsgegners entfällt daher nur dann, wenn der Verwender seinem Vertragspartner tatsächlich und substantiell die *Abänderung* der von ihm gestellten Vertragsbedingungen gestattet.[1150]

(2) Teleologische Anforderungen an ein Aushandeln

Aus den schutzzweckbezogenen Überlegungen auf der Grundlage des vertragstheoretischen Begründungsmodells ergeben sich damit konkrete Anforderungen an ein Aushandeln iSv. § 305 Abs. 1 S. 3 BGB. Diese lassen sich mit den beiden Dimensionen der *Abänderungsfähigkeit* des Verwendungsgegners und der *Abänderungsbereitschaft* des Verwenders beschreiben, die im Begriff der *Möglichkeit der tatsächlichen Einflussnahme* des Verwendungsgegners auf den Vertragsinhalt, auf den sie final gerichtet sind, zusammenfließen: Ist der Verwendungsgegner zunächst subjektiv zu einer Abänderung der Vertragsbedingungen in der Lage, weil er die Klauseln *kennt* und *versteht*, und ist der Verwender seinerseits zu einer Änderung der Klauseln bereit, so dass im Ergebnis die *Möglichkeit der tatsächlichen Einflussnahme* des Verwendungsgegners auf den Vertragsinhalt besteht, so kann von einem Aushandeln iSv. § 305 Abs. 1 S. 3 BGB ausgegangen werden. In diesem Fall ist der Verwendungsgegner nicht schutzwürdig, so dass eine Inhaltskontrolle nicht in Betracht kommt.[1151]

(a) Abänderungsfähigkeit

Beruht die *situative Unterlegenheit* des Vertragspartners des Verwenders zunächst auf der klauselbedingten Informationsasymmetrie, die aufgrund der typischerweise hohen Komplexität der Klauseln und prohibitiv hoher Transaktionskosten sowohl eine *positive Kenntnis* als auch ein *materielles Verständnis* der Vertragsbedingungen ausschließen, so kann ein Aushandeln iSv. § 305 Abs. 1 S. 3 BGB nur dann angenommen werden, wenn eine Informationsasymmetrie entweder nicht mehr besteht oder mit zumutbarem Aufwand behoben werden kann. Erforderlich ist hierfür, dass der Verwender von den Vertragsbedingungen tatsächlich *Kenntnis* genommen hat und er darüber hinaus auch in der Lage ist, ihren materiellen Gehalt zu *verstehen* und sie in ihrer *wirtschaftlichen* und *rechtlichen* Tragweite sowie ihren Folgen für seine eigenen *Rechtspositionen* und *Interessen* zu erfassen.[1152] Dabei wird indes kein juristisches Fachwissen zu verlangen sein. Ausreichend aber auch notwendig ist eine entsprechende *Parallelwertung* in

---

1149 Zu den Anforderungen der *Rechtsprechung* eingehend oben S. 813 f.

1150 St. Rspr. BGH NZM 2013, 159, 160; BGH NJW-RR 2009, 947, 948; BGH NJW 2005, 2543, 2544; BGH NJW-RR 2005, 1040, 1040; BGHZ 153, 311, 321 = NJW 2003, 1805, 1807; BGH NJW 1998, 3488, 3489.

1151 Vgl. zu den hier relevanten Aspekten der *Informationsasymmetrie* und *Verhandlungsimparität* eingehend oben S. 508 ff., 569 ff., 592 ff.

1152 Ähnlich *Miethaner*, AGB-Kontrolle (2010), S. 205.

der Laiensphäre, die jedoch voraussetzt, dass der Verwendungsgegner die Auswirkungen der Vertragsbedingungen auf seine Interessen und Rechte jedenfalls in den Grundzügen adäquat verstanden hat.[1153]

Im *unternehmerischen Geschäftsverkehr* sind dabei jedenfalls für Geschäfte, die den *Kernbereich* des Unternehmens des Verwendungsgegners betreffen, deutlich geringere Anforderungen zu stellen als im b2c-Verkehr. Denn aufgrund seiner höheren *geschäftlichen Erfahrung* und seiner *Branchenkenntnis* – die nicht tatsächlich-individuell nachzuweisen, sondern normativ-abstrakt zu fordern ist und damit ohne weiteres unterstellt werden kann – kann von ihm zumindest erwartet werden, dass er die branchenüblichen Vertragsbedingungen kennt und auch unter *wirtschaftlichen* und *rechtlichen* Gesichtspunkten sachgerecht zu beurteilen vermag. Ist dies nicht der Fall, so muss er professionellen Rechtsrat in Anspruch nehmen. Hat der unternehmerische Kunde daher von den ihm gestellten Klauseln umfassend *Kenntnis* und ist er auch in der Lage, ihre rechtliche und wirtschaftliche Bedeutung zu erfassen, so besteht jedenfalls keine *Informationsasymmetrie*. Damit ist er *von sich* aus in der Lage, von seiner Vertragsgestaltungsfreiheit auch Gebrauch zu machen. Die für das Aushandeln erforderliche *Abänderungsfähigkeit* liegt vor. Zumindest mit Blick auf die Gefahr klauselbedingter Informationsasymmetrie besteht insoweit kein Schutzbedürfnis, so dass eine Inhaltskontrolle ausscheidet, wenn zugleich die Abänderungsbereitschaft des Verwenders gegeben ist. Voraussetzung ist indes auch hier, dass *positive Kenntnis* und *materielles Verständnis* der Klauseln durch den Verwendungsgegner *nachweisbar* feststehen.

Allerdings sind Fälle, in denen der mit vorformulierten Vertragsbedingungen konfrontierte Verwendungsgegner die ihm gestellten Vertragsbedingungen *tatsächlich kennt* und sie auch *inhaltlich versteht*, in der Praxis sehr selten. Hiervon kann nur bei sehr einfach gehaltenen Klauseln – etwa den für die Garderobenmarken-, Fahrkarten- und Parkhausfälle typischen Ein-Satz-AGB[1154] – ohne weiteres ausgegangen werden. Darüber hinaus wird der unternehmerische Kunde bei *komplexen Klauselwerken* im Rahmen von Transaktionen mit sehr *hohen Vertragswerten*[1155] – etwa bei M&A-Verträgen[1156] – die Vertragsbedingungen regelmäßig rechtlich prüfen, wobei diese Aufgabe typischerweise auf Rechtsabteilungen oder externe Rechtsberater ausgelagert wird.

1153 Ebenso *Miethaner*, AGB-Kontrolle (2010), S. 205.

1154 Vgl. hierzu oben 432ff., 563ff., 593, 606, 683 sowie *Lieb*, AcP 178 (1978), 196, 202, Fn. 18.

1155 Zu Reformmodellen *vertragswertspezifischer Bereichsausnahmen* vgl. oben S. 752ff. sowie unten S. 912ff.

1156 Hierzu *Berger*, NJW 2010, 465, 466; *Brauch*, FS v. Westphalen (2010), S. 31, 52; *Miethaner*, AGB-Kontrolle (2010), S. 210; *Leuschner*, AcP 207 (2007), 491, 515ff.; *Habersack/Schürnbrand*, FS Canaris (2007), S. 359, 359ff.; *Lischek/Mahnken*, ZIP 2007, 158, 158. Auf den *Ausnahmecharakter* derartiger Verträge hinweisend *Axer*, AGB-Kontrolle (2012), S. 171. Vgl. auch *Schiffer/Weichel*, BB 2011, 1283, 1283ff., 1290.

In der ganz überwiegenden Zahl der Rechtsgeschäfte wird der Verwendungsgegner die ihm vom Verwender gestellten Klauseln jedoch gar nicht kennen, erst recht nicht inhaltlich verstehen. Dies betrifft typischerweise vor allem die Fälle der sogenannten „echten AGB“[1157], der Einkaufs-, Liefer- und sonstigen standardisierten Vertragsbedingungen im unternehmerischen Massenverkehr. Hier kommt es für die *Abänderungsfähigkeit* des Verwendungsgegners entscheidend darauf an, ob ihm eine Kenntnisnahme der Vertragsbedingungen sowie eine rechtliche Analyse *zumutbar* sind.[1158] Dies ist in der Regel aufgrund der prohibitiv hohen Transaktionskosten nicht der Fall. Denn bereits das Lesen der häufig sehr komplexen Klauselwerke ist typischerweise mit einem derart hohen *Aufwand* an Zeit, Kosten und Mühe verbunden, dass sich dies für den Verwendungsgegner regelmäßig nicht lohnt. Dies gilt erst recht für unternehmerische Kunden, da gerade der unternehmerische Massenverkehr auf *Einfachheit* und *Schnelligkeit* ausgerichtet ist.[1159]

Darüber hinaus hat die Untersuchung der Schutzbedürftigkeit von Unternehmern gezeigt, dass auch dem unternehmerischen Klauselgegner keine noch so große geschäftliche Erfahrung und *Branchenkenntnis* die Zeit und Mühe erspart, die bereits mit der bloßen Kenntnisnahme der Vertragsbedingungen verbunden sind.[1160] Lediglich im Hinblick auf die rechtliche *Bewertung* der Klauseln kommen ihm – jedenfalls im *Kernbereich* seiner unternehmerischen Tätigkeit – die ihm eigene *geschäftliche Erfahrung* und *Branchenkenntnis* zugute. Im Hinblick auf den bereits für die Kenntnisnahme der Vertragsbedingungen aufzuwendenden Aufwand fällt der Erfahrungsvorteil des unternehmerischen Verwendungsgegners indes kaum ins Gewicht. Der für eine sorgfältige Kenntnisnahme und Analyse erforderliche Aufwand bleibt unzumutbar hoch, die Höhe der *Transaktionskosten* entfaltet eine *prohibitive Wirkung* und setzt so *negative Verhaltensanreize*.[1161] Gerade für den unternehmerischen Kunden wäre es in der Regel völlig irrational und wirtschaftlich unvernünftig, vor jedem Rechtsgeschäft im unternehmerischen Massenverkehr eingehend die hierfür geltenden Vertragsbedingungen zu studieren, sie rechtlich zu bewerten und gegebenenfalls in Vertragsverhandlungen einzutreten. In der unternehmerischen Alltagspraxis wäre eine solche Strategie nicht nur unvernünftig, sondern schlicht unmöglich. Mit seinem Verzicht auf eine eingehende Auseinandersetzung mit den für jedes Rechts-

---

1157 Hierzu *Kaufhold*, BB 2012, 1235, 1236 f. sowie oben S. 726, 794.

1158 Hierzu *Kaufhold*, BB 2012, 1235, 1236 f. sowie oben S. 726, 794.

1159 Vgl. hierzu eingehend oben 763 ff. sowie Baumbach/Hopt/*Hopt*, HGB (37. Aufl. 2016), Einl. Vor § 1 Rn. 4 ff.; Koller/Kindler/Roth/Morck/*Roth*, HGB (8. Aufl. 2015), Einl. Vor § 1 Rn. 5 ff.; MünchKomm/*Kindler*, BGB (7. Aufl. 2018), Internationales Handels- und Gesellschaftsrecht, Rn. 151; MünchKomm/*K. Schmidt*, HGB (4. Aufl. 2016), Vor § 1 Rn. 38; *Axer*, AGB-Kontrolle (2012), S. 126 ff.

1160 Vgl. hierzu oben S. 765 ff., 779 f.

1161 Vgl. hierzu eingehend oben S. 511 ff., 541 ff., 569 ff., 779 f.

geschäft geltenden AGB handelt der unternehmerische Kunde daher in *rationaler Ignoranz*.[1162]

Dies gilt umso mehr, als der Rechtsverkehr gerade im Massenverkehr auf die Entlastung von Prüfungspflichten in Bezug auf standardisierte Vertragsbedingungen angewiesen ist. Die *Leichtigkeit des Rechtsverkehrs* erfordert geradezu eine Konzentration des Wettbewerbs auf *Preis* und *Qualität* als Inhalt der Hauptleistungspflichten und zentralen wirtschaftlich relevanten Parametern. Vor diesem Hintergrund handelt der unternehmerische Kunde nicht nur in *rationaler Ignoranz*, sondern auch im *berechtigten Vertrauen*[1163] darauf, dass er mit dem Verzicht auf die regelmäßig nicht wirtschaftliche Prüfung der AGB beim Abschluss von Rechtsgeschäften im unternehmerischen Massenverkehr keine unvertretbar hohen Risiken eingeht. Damit sind ihm nicht nur angesichts unvertretbar *hoher Transaktionskosten*, sondern auch mit Blick auf die *Leichtigkeit des Rechtsverkehrs* und sein *berechtigtes Vertrauen* eine *Kenntnisnahme* sowie eine rechtliche *Analyse* der ihm gestellten AGB typischerweise nicht zumutbar. Erst recht können von ihm keine *Verhandlungen* oder *Änderungsvorschläge* erwartet werden.

(aa) Prüfungsobliegenheit bei positiver Transaktionskosten-Vertragswert-Relation

Eine *Obliegenheit* zur Kenntnisnahme und rechtlichen Prüfung der AGB kommt daher nur *ausnahmsweise* und nur unter bestimmten Voraussetzungen in Betracht. So kann etwa bei sehr *hohen Vertragswerten* die *negative Transaktionskosten-Vertragswert-Relation* entfallen, so dass sich angesichts der mit dem Vertrag verbundenen Chancen und Risiken für den unternehmerischen Kunden die eingehende Prüfung und Analyse des Klauselwerkes lohnt. Kenntnisnahme und rechtliche Bewertung sind dem Verwendungsgegner in diesen Fällen *zumutbar*, so dass eine entsprechende *Obliegenheit* besteht.[1164] In der Regel wird es sich bei derartigen Fällen nicht um standardisierte Vertragsbedingungen im Sinne „echter AGB“[1165] handeln, wie sie im Massenverkehr Verwendung finden. Stattdessen werden sogenannte „unechte AGB“ vorliegen, d. h. auf die konkrete Transaktion hin maßgeschneiderte Klauselwerke, die – wie in der Rechtspraxis üblich – ihrerseits auf entsprechenden Vertragsmustern oder elektronisch gespeicherten Textbausteinen beruhen, die entweder von der Rechtsabteilung eines der beteiligten

---

1162 *Eidenmüller*, JZ 2005, 216, 222. Ähnlich *Miethaner*, AGB-Kontrolle (2010), S. 63 ff. (legitime Ignoranz). Hierzu *Becker*, AGB und Individualvereinbarung (2011), S. 72 ff.; *Schön*, FS Canaris I (2007), S. 1191, 1192, 1212.

1163 Hierzu eingehend oben S. 579 f.

1164 Zum Entfallen des *prohibitiven* Charakters der Transaktionskosten bei *positiver Transaktionskosten-Vertragswert-Relation* oben S. 563 ff., 573 f. sowie unten S. 901 ff. Zu Reformvorschlägen einer *vertragswertabhängigen Bereichsausnahme* vgl. oben S. 752 f. sowie unten S. 912 ff.

1165 Hierzu *Kaufhold*, BB 2012, 1235, 1236 f. sowie oben S. 726, 794.

Unternehmen oder von externen Rechtsberatern zu einem eigenständigen Vertragswerk zusammengestellt worden sind.[1166]

Derartige Klauselwerke sind zwar auf das konkrete Rechtsgeschäft abgestimmt, unterfallen jedoch gleichwohl dem AGB-Begriff des § 305 Abs. 1 S. 1 BGB, weil sie auf entsprechenden vorformulierten Textmustern beruhen. Über die eingehende Kenntnisnahme und rechtliche Prüfung hinaus kann vom unternehmerischen Kunden in diesen Fällen verlangt werden, dass er seine Interessen aktiv wahrnimmt, gegebenenfalls in *Verhandlungen* mit dem Verwender eintritt und ihm konkrete *Änderungsvorschläge* unterbreitet.

Wie das Entfallen der *negativen Transaktionskosten-Vertrags-Relation* festzustellen, ab welcher *Wertgrenze* eine Zumutbarkeit zu bejahen ist und ob diese Ausnahme bereits auf der Grundlage des *geltenden Rechts* einzugreifen vermag, wird im Kontext der Konsequenzen für die Auslegung des Aushandelnsbegriffs zu untersuchen sein wird. Dabei ist insbesondere der Frage nachzugehen, ob sich die – *teleologisch* begründete – Ausnahme mit Blick auf die Gewährleistung von Rechtssicherheit und die Vermeidung *arbiträrer* Ergebnisse auch gesetzestechnisch sachgerecht umsetzen lässt. Im Hinblick auf die teleologischen Anforderungen an die Abgrenzung zwischen AGB und Individualabrede ist eine *Abänderungsfähigkeit* bei positiver Transaktionskosten-Vertragswert-Relation indes grundsätzlich gegeben. Damit ist allerdings noch nichts über die Annahme einer Individualabrede im konkreten Einzelfall gesagt. Dies hängt entscheidend davon ab, ob das zusätzliche Kriterium der *Abänderungsbereitschaft*[1167] des Verwenders gegeben ist.

(bb) Fokussierung auf bestimmte Klauseln

Eine zweite Ausnahme ist in den Fällen anzunehmen, in denen der Fokus des Interesses der Parteien auf einige wenige, überschaubare Klauseln begrenzt ist und sich eine Kenntnisnahme und rechtliche Prüfung für den unternehmerischen Kunden daher lohnen.[1168] Hiervon kann insbesondere dann ausgegangen werden, wenn etwa der Verwender seinem Vertragspartner Änderungsvorschläge zu *bestimmten* Klauseln unterbreitet und es sich für den Kunden daher im konkreten Fall lohnt, sich eingehend mit den entsprechenden Klauseln auseinanderzusetzen. Die Diskussion ist in diesen Fällen auf ein bestimmtes Thema – etwa die Haftungsbegrenzung[1169] – fixiert, so dass der für die Kenntnisnahme und die rechtliche Prüfung der entsprechenden Klauseln erforderliche Aufwand überschaubar bleibt. In diesen Fällen ist es dem unternehmerischen Kunden in der Re-

---

[1166] Hierzu *Kaufhold*, BB 2012, 1235, 1236 f. sowie oben S. 726, 794.

[1167] Vgl. hierzu im Einzelnen unten S. 885 f.

[1168] Hierzu *Berger*, NJW 2010, 465, 469; *Habersack/Schürnbrand*, FS Canaris (2007), S. 359, 373 f.; *Berger*, ZIP 2006, 2149, 2150, 2152; *Heinrichs*, NJW 1995, 153, 158; *Canaris*, JZ 1987, 993, 1003.

[1169] Hierzu eingehend *Eckhoff*, GWR 2013, 80; *Axer*, AGB-Kontrolle (2012), S. 287 ff.

gel zumutbar, die entsprechenden Klauseln zur Kenntnis zu nehmen, sie rechtlich zu prüfen, gegebenenfalls in Vertragsverhandlungen zu treten sowie Änderungsvorschläge zu unterbreiten. Allerdings verbietet sich auch hier mit Blick auf den gebotenen Schutz des Klauselgegners eine *schematische Betrachtungsweise.*

So kann eine Verhandlung über bestimmte Positionen jedenfalls dann nicht verlangt werden, wenn dies für den unternehmerischen Kunden *ausnahmsweise* dennoch mit einem unzumutbar hohen Aufwand verbunden wäre. Andernfalls besteht die Gefahr, dass der Verwender durch eine pauschal geäußerte Abänderungsbereitschaft, die auch auf einzelne vertragliche Elemente beschränkt werden kann, eine Verhandlungsobliegenheit seines Vertragspartners provoziert, die dieser nicht in der Lage ist, in vernünftiger Weise zu erfüllen. Auch hier kommt es letztlich auf das Bestehen einer *positiven Transaktionskosten-Vertragswert-Relation*[1170] an, die bei der Beschränkung auf einige wenige Klauseln aufgrund der entsprechend geringeren Transaktionskosten für den unternehmerischen Kunden im Einzelfall durchaus günstiger ausfallen kann als bei der Gesamtbetrachtung des ganzen Vertrages.

(b) Abänderungsbereitschaft

Wie bereits im Rahmen der Untersuchung des Schutzzwecks der Inhaltskontrolle deutlich geworden ist, bildet die Informationsasymmetrie keineswegs die einzige oder maßgebliche Ursache der situativen Unterlegenheit des Klauselgegners. Vielmehr ist seine Vertragsgestaltungsfreiheit deshalb auf Null reduziert, weil sich der Verwender typischerweise auf eine Abänderung der von ihm gestellten Klausel nicht einlässt, sie in der Regel sogar im Vorhinein ablehnt. Dem unternehmerischen Kunden bleibt daher regelmäßig gar nichts anderes übrig, als den Vertrag abzuschließen, wenn er nicht gänzlich auf das Rechtsgeschäft und damit letztlich auf die Teilnahme am Rechtsverkehr verzichten will. Dass ein Ausweichen auf andere Anbieter keine realistische Alternative ist, hat bereits *Fastrich* überzeugend nachgewiesen.[1171] Aufgrund des mangelnden Konditionenwettbewerbs und branchenweit weitgehend einheitlicher Vertragsbedingungen vermag der unternehmerische Kunde den Verlust seiner Vertragsgestaltungsfreiheit auch nicht durch Inanspruchnahme negativer Abschlussfreiheit und dem damit verbundenen Ausweichen auf alternative Anbieter zu kompensieren.[1172] Eine substantielle rechtsgeschäftliche Selbstbestimmung im Sinne einer tatsächlichen Einflussnahme auf den Vertragsinhalt ist dem Verwendungsgegner daher nur unter Mitwirkung des Verwenders möglich. Die für die situative Unterlegenheit des Verwendungsgegners neben der Informationsasymmetrie in gleicher Weise verantwortliche Verhandlungsimparität kann daher nur dadurch über-

---

1170 Zur *positiven Transaktionskosten-Vertragswert-Relation* vgl. oben S. 563 ff., 573 f. sowie unten S. 901 ff.

1171 *Fastrich*, Inhaltskontrolle (1992), S. 273.

1172 *Fastrich*, Inhaltskontrolle (1992), S. 273. Hierzu eingehend oben S. 600 ff.

wunden werden, dass sich der Verwender zu einer *Abänderung* der von ihm gestellten Klauseln bereit erklärt.[1173] Aus teleologischer Perspektive reicht die bloße *Verhandlungsbereitschaft* des Verwenders für eine Überwindung der Verhandlungsimparität dagegen keinesfalls aus.[1174] Andernfalls droht die Gefahr, dass sich der Verwender nur zum Schein auf Verhandlungen einlässt, um den Schutz seines Vertragspartners durch das AGB-Recht zu umgehen. *Substantielle Gestaltungsmacht* wird dem Verwendungsgegner daher ausschließlich durch die Abänderungsbereitschaft des Verwenders, nicht dagegen durch eine bloße Verhandlungsbereitschaft eingeräumt.[1175]

ee) Konsequenzen für die Auslegung des Aushandelns

Auf der Grundlage des durch den Schutzzweck der Inhaltskontrolle vorgegebenen teleologischen Rahmens soll der Befund der bisherigen Untersuchung nun auf die Auslegung des Tatbestandsmerkmals des Aushandelns iSv. § 305 Abs. 1 S. 3 BGB angewendet werden. Als Maßstab dienen dabei die Schlüsselbegriffe der *Einflussnahmemöglichkeit* sowie der *Abänderungsfähigkeit* und *-bereitschaft*, die als grundlegende Anforderungen an den Begriff des *Aushandelns* aus *teleologischer Perspektive* herausgearbeitet worden sind: Danach entfällt die Schutzbedürftigkeit des Verwendungsgegners nur dann, wenn ihm die tatsächliche *Möglichkeit der Einflussnahme auf den Vertragsinhalt*[1176] als Ergebnis des Zusammenspiels seiner *Abänderungsfähigkeit* und der *Abänderungsbereitschaft* des Verwenders offenstand. Darüber hinaus müssen die Anforderungen an den *Wortlaut* des Aushandelns iSv. § 305 Abs. 1 S. 3 BGB erfüllt sein.

(1) Information und Belehrung

Da die *situative Unterlegenheit* des Verwendungsgegners ihre Ursache in der AGB-spezifischen Informationsasymmetrie zwischen beiden Vertragsparteien findet[1177], wäre zunächst daran zu denken, das Informationsdefizit auf der

---

[1173] Hierzu auf der Grundlage der Rechtsprechung des BGH eingehend oben S. 813 ff.

[1174] So schon *Wolf*, NJW 1977, 1937, 1939 („Möglichkeit der Einflußnahme"). Dagegen eine tatsächliche Einwirkung auf die Gestaltung der Klausel fordernd *Braun*, BB 1979, 689, 692; *Jaeger*, NJW 1979, 1569, 1574; *Schnur*, MDR 1978, 92, 93; *Löwe*, JuS 1977, 421, 423; *Trinkner*, BB 1977, 717, 718; *v. Falkenhausen*, BB 1977, 1124, 1127 f.

[1175] Vgl. hierzu näher *Habersack/Schürnbrand*, FS Canaris (2007), S. 359, 372 mwN.

[1176] Ebenso bereits Art. 6:101 ACQP, Art. II.-1:110 Abs. 1 DCFR, Art. 7 Abs. 1 GEK-E. Vgl. hierzu aus *dogmatischer* Perspektive *Wolf*, Entscheidungsfreiheit (1970), S. 119, 138 sowie oben 197 f.

[1177] Vgl. zur *situativen Unterlegenheit* eingehend oben S. 508 ff. Vgl. auch oben S. 409 ff., 440 ff., 468 ff., 568 ff., 759 ff., 779 ff. mwN. Grundlegend *Fastrich*, Inhaltskontrolle (1992), S. 83 ff., 91, 93; *Lieb*, AcP 178 (1978), 196, 201 und *Raiser*, Das Recht der AGB (1961), S. 21 f. sowie *Ulmer/Habersack*, in: *Ulmer/Brandner/Hensen*, AGB-Recht (12. Aufl. 2016), Einl. Rn. 5, 48; *Fuchs*, in: *Ulmer/Brandner/Hensen*, AGB-Recht (12. Aufl. 2016), Vorb. v. § 307 Rn. 27; *Leuschner*, JZ 2010, 875, 879; *Hellwege*, AGB und Rechtsgeschäftslehre (2010), S. 554; *Pfeiffer*, in: Wolf/Lindacher/Pfeiffer, AGB-Recht (6. Aufl. 2013), Einl. Rn. 3; *Stoffels*, AGB-Recht (3. Aufl. 2015), Rn. 72 ff., 83 ff.; *Leuschner*, AcP 207 (2007), 491, 494 ff.; Staudin-

Kundenseite durch aktive Information – etwa durch einen entsprechenden *Hinweis* des Verwenders auf die Klausel, ein *Vorlesen* oder gar eine *Belehrung* durch eingehendes Erörtern und Erläutern der einzelnen Vertragsbedingungen – auszugleichen. Allerdings ist hier sorgfältig zu differenzieren: Festzuhalten ist zunächst, dass sich ein Ausgleich des Informationsdefizits durch Information und Belehrung des Verwendungsgegners ausschließlich auf dessen *Abänderungsfähigkeit* auswirkt. Da seine *situative Unterlegenheit* aufgrund der Reduzierung seiner Vertragsgestaltungsfreiheit auf Null nicht nur in einer *Informationsasymmetrie,* sondern zudem in einer *Verhandlungsimparität* gegenüber dem Verwender begründet ist[1178], muss zur hinreichenden Information des Verwendungsgegners auch eine entsprechende *Abänderungsbereitschaft* des Verwenders hinzutreten. Die Abänderungsfähigkeit des unternehmerischen Kunden ist damit grundsätzlich zwar eine *notwendige*, aber keine *hinreichende* Bedingung für ein Aushandeln.

Dies vorausgeschickt kommt es im Hinblick auf den Ausgleich bestehender Informations- und Verständnisdefizite zunächst auf die *Zumutbarkeit* für den unternehmerischen Kunden an. Handelt es sich um „echte AGB", d. h. standardisierte Bestell-, Liefer- und sonstige Vertragsbedingungen im unternehmerischen Massenverkehr, so kann dem Verwendungsgegner typischerweise nicht zugemutet werden, sich überhaupt auf entsprechende Informations- und Belehrungsangebote einzulassen.[1179] Dies wäre für ihn mit einem unwirtschaftlich hohen Aufwand verbunden und daher aus betriebswirtschaftlicher Perspektive in der Regel kaum verantwortbar. Von einer mangelnden Abänderungsfähigkeit muss daher grundsätzlich auch dann ausgegangen werden, wenn der Verwender seinem Vertragspartner erläuternde Informationen – etwa in schriftlicher Form – zur Verfügung stellt oder pauschal eine eingehende Erläuterung und Erklärung der jeweiligen Klauseln anbietet. Auch im unternehmerischen Geschäftsverkehr kann weder eine solche Informationspflicht noch eine entsprechende tatsächliche Information unterstellt werden.

Ausnahmsweise kann eine *Zumutbarkeit* der Information indes dann in Betracht kommen, wenn sich der Austausch auf eine *überschaubare Anzahl* von Klauseln beschränkt.[1180] Hierfür kann bereits genügen, dass der Verwender auf eine bestimmte Klausel hinweist, Verhandlungsbereitschaft signalisiert oder sie im Einzelnen erläutert. Zwar vermag die Verhandlungsbereitschaft das Fehlen einer substantiellen Abänderungsbereitschaft des Verwenders keineswegs zu er-

---

ger/*Wendland*, BGB (2019), §307 Rn.3; *Canaris*, AcP 200 (2000), 273, 312ff.; *Wackerbarth*, AcP 200 (2000), 45, 55f., 82f.

[1178] Eingehend hierzu oben S.459ff., 514ff., 592ff., 780f.

[1179] Hierzu oben S.779f.

[1180] Vgl. hierzu *Berger*, NJW 2010, 465, 469; *Habersack/Schürnbrand*, FS Canaris (2007), S.359, 373f.; *Berger*, ZIP 2006, 2149, 2150, 2152; *Heinrichs*, NJW 1995, 153, 158; *Canaris*, JZ 1987, 993, 100 sowie eingehend oben S.885.

setzen. Sie reicht jedoch aus, um die Aufmerksamkeit auf bestimmte Klauseln zu lenken und die Voraussetzungen für eine zumutbare Kenntnisnahme der entsprechenden Klauseln zu schaffen. Allerdings wird es auch in diesen Fällen darauf ankommen, ob im unternehmerischen Geschäftsverkehr eine Kenntnisnahme selbst einzelner Klauseln zumutbar ist. Dies kann bei einem geringen Vertragswert im Massenverkehr durchaus zweifelhaft sein, etwa wenn eine Fülle von Rechtsgeschäften abzuschließen ist, denen jeweils kurze, aber in der Masse gleichwohl erhebliche Erläuterungen beiliegen. Dass sich die entsprechenden Erläuterungen möglicherweise wiederholen, ist dabei unerheblich, da zur Feststellung entsprechender Abweichungen gleichwohl eine sorgfältige Kenntnisnahme im Einzelnen erforderlich ist.

Andererseits wird eine Zumutbarkeit der Kenntnisnahme typischerweise dann ausscheiden, wenn dem Verwendungsgegner *komplexe* und *umfangreiche Erläuterungen* zur Verfügung gestellt werden und er sich daher mit dem Problem der Bewältigung der *Informationsflut*, der informationellen Überforderung konfrontiert sieht.[1181] Hier werden die für eine Kenntnisnahme erforderlichen Transaktionskosten typischerweise zu hoch sein, um eine Zumutbarkeit rechtfertigen zu können. Handelt es sich dagegen um Rechtsgeschäfte mit sehr *hohem Vertragswert*, so dass regelmäßig eine positive Transaktionskosten-Vertragswert-Relation besteht, so ist es dem Verwendungsgegner regelmäßig zumutbar, sich eingehend mit den entsprechenden Klauseln auseinanderzusetzen.[1182] Denn hier ist der sich für ihn ergebende Nutzen angesichts des erheblichen Vertragsvolumens typischerweise derart hoch, dass sich der Aufwand einer rechtlichen Prüfung für ihn regelmäßig lohnt.

Haben dagegen entsprechende Bemühungen um einen Ausgleich des bestehenden Informations- und Verständnisdefizits *tatsächlich* stattgefunden, beispielsweise indem dem Verwendungsgegner der Inhalt der entsprechenden Klauseln eingehend erläutert wurde oder er etwa von einem Notar über ihre Bedeutung belehrt worden ist[1183], so kann unabhängig von der *Zumutbarkeit* entsprechender Informationsbemühungen in der Regel von einer entsprechenden *Abänderungsfähigkeit* des unternehmerischen Kunden ausgegangen werden.[1184] Dabei sind im Hinblick auf den Aspekt des *inhaltlichen Verständnisses* der entsprechenden Klauseln jedenfalls für den *Kernbereich* der geschäftlichen Tätigkeit des Unternehmers denkbar geringe Anforderungen zu stellen.[1185] Ein Ausgleich entspre-

1181 Zu komplexen Einzelveträgen eingehend oben S. 289 ff.

1182 Zur *positiven Transaktionskosten-Vertragswert-Relation* oben S. 563 ff., 573 f. sowie unten S. 901 ff. Zu Reformvorschlägen einer *vertragswertabhängigen Bereichsausnahme* vgl. oben S. 752 f. sowie unten S. 912 ff.

1183 Vgl. insoweit zur *Rechtsprechung* des BGH oben S. 814 ff., 826 sowie zur Problematik aus der Perspektiv des *vertragstheoretischen* Begründungsmodells oben S. 886 ff.

1184 Davon zu unterscheiden ist jedoch die *Äbanderungsbereitschaft*, vgl. nur oben S. 813 f.

1185 Hierzu oben S. 765 ff., 779 ff., 784 ff. Zu weit gehend aber *Axer*, AGB-Kontrolle

chender Informationsdefizite kann sich hier auf die *tatsächliche Kenntnisnahme* der Klauseln durch den Verwendungsgegner beschränken. Davon, dass der unternehmerische Kunde diese auch inhaltlich versteht, ist zumindest bei branchenüblichen Klauseln auszugehen.[1186] Daher ist der Verwender in diesen Fällen nicht verpflichtet, den unternehmerischen Kunden – auch bei umfangreichen und komplexen Vertragswerken – über den Inhalt und die Tragweite der Klauseln im Einzelnen zu belehren und so sicherzustellen, dass er ihren Sinn tatsächlich erfasst hat. Die in jüngerer Zeit vom BGH eingeführte *Informations- und Belehrungspflicht* bei *komplexen Vertragsbedingungen*[1187] ist somit nicht auf Kerngeschäfte des Unternehmers im b2b-Verkehr zu übertragen. Handelt es sich hingegen um nicht branchenübliche Klauseln, so hängt die Abänderungsfähigkeit des Kunden davon ab, ob ihm eine eingehende Auseinandersetzung mit den Klauseln mit Blick auf die damit verbundenen Transaktionskosten in dem auf *Einfachheit* und *Schnelligkeit* ausgerichteten unternehmerischen Geschäftsverkehr zugemutet werden kann.[1188]

Kann die *Abänderungsfähigkeit* bejaht werden, so liegt eine zentrale, vom Schutzzweck der Inhaltskontrolle geforderte Voraussetzung für ein *Aushandeln* iSv. §305 Abs. 1 S. 3 BGB vor. Allerdings müssen für die tatsächliche Annahme eines Aushandelns noch weitere Tatbestandsmerkmale, etwa die *Abänderungsbereitschaft* des Verwenders, eine *Einigung* sowie ein tatsächliches *Verhandeln*, hinzutreten. Die bloße *Information*, *Erläuterung* oder *Belehrung* des Kunden über die Vertragsbedingungen allein reicht für die Annahme eines Aushandelns somit – schon nach allgemeiner Ansicht[1189] – keinesfalls aus. Der Rechtsprechung des BGH kann daher – mit Ausnahme der neueren Informations- und Belehrungspflicht bei komplexen Verträgen[1190] – gefolgt werden.

(2) Verhandlungen

Die Frage, ob für die Annahme einer Individualvereinbarung ein bloßes Verhandeln genügt oder ob darüber hinaus weitere tatbestandliche Voraussetzun-

---

(2012), S. 125 ff., 136 ff., 148 ff., 185; *Berger*, ZIP 2006, 2149, 2155, die insoweit von einer geringeren Schutzbedürftigkeit ausgehen.

[1186] Ebenso *Axer*, AGB-Kontrolle (2012), S. 125 ff., 136 ff., 148 ff., 185; *Berger*, ZIP 2006, 2149.

[1187] BGH 2005, 2543, 2544. So schon OLG Celle BB 1976, 1287. Vgl. zur Kritik bereitrs oben S. 826 mwN.

[1188] Hierzu Baumbach/Hopt/*Hopt*, HGB (37. Aufl. 2016), Einl. Vor § 1 Rn. 4 ff.; Koller/Kindler/Roth/Morck/*Roth*, HGB (8. Aufl. 2015), Einl. Vor § 1 Rn. 5 ff.; MünchKomm/*Kindler*, BGB (7. Aufl. 2018), Internationales Handels- und Gesellschaftsrecht, Rn. 151; MünchKomm/*K. Schmidt*, HGB (4. Aufl. 2016), Vor § 1 Rn. 38; *Axer*, AGB-Kontrolle (2012), S. 126 ff. sowie eingehend oben 763 ff.

[1189] Vgl. nur BGH NJW 1984, 2094, 2095; BGH NJW 1977, 624, 625; *Ulmer/Habersack*, in: *Ulmer/Brandner/Hensen*, AGB-Recht (12. Aufl. 2016), § 305 Rn. 48 sowie oben S. 814 ff.

[1190] Vgl. BGH 2005, 2543, 2544; OLG Celle BB 1976, 1287 sowie zur Kritik bereitrs oben S. 826 mwN.

gen – wie etwa die *Abänderungsbereitschaft* des Verwenders – vorliegen müssen, steht im Mittelpunkt der aktuellen Reformdiskussion und ist Gegenstand entsprechender Reformvorschläge.[1191] Auf der Grundlage des hier zu beurteilenden *geltenden Rechts* scheidet die Gleichsetzung des *Aushandelns* mit einem bloßen *Verhandeln* indes aus.[1192] Eine entsprechende Auslegung scheitert bereits an der *Wortlautgrenze*, da der Begriff des *Aushandelns* – wie sich bereits im Rahmen der grammatischen Auslegung gezeigt hat[1193] – zwar ein *Verhandeln* voraussetzt, sich jedoch darin nicht erschöpft, sondern darüber hinaus mit der Einigung ein *finales* Element erfordert.[1194] Ein *Aushandeln* setzt daher voraus, dass beide Parteien die entsprechende Klausel in ihren rechtsgeschäftlichen Gestaltungswillen aufgenommen haben, d. h. die tatsächliche *Möglichkeit der Einflussnahme* auf den Vertragsinhalt bestand.[1195] Darüber sagt ein bloßes Verhandeln indes nichts aus. Auch aus teleologischen Gründen kann daher ein bloßes Verhandeln zur Annahme eines *Aushandelns* iSv. § 305 Abs. 1 S. 3 BGB keinesfalls ausreichen. Denn auch ein noch so umfassendes Erörtern der entsprechenden Klauseln verschafft dem Verwendungsgegner noch keine Vertragsgestaltungsfreiheit, solange sich der Verwender nicht auf eine Abänderung der von ihm gestellten Klauseln einlässt.[1196]

Dabei ist es unerheblich, *wie lange* die Vertragsverhandlungen gedauert haben und wie *intensiv* sie gewesen sind. Denn damit ist die Gefahr nicht gebannt, dass der Verwender nach dem Grundsatz *suaviter in modo, fortiter in re* seinen

---

[1191] Vgl. für konkrete Gesetzesvorschläge nur *Axer*, AGB-Kontrolle (2012), S. 277; *Deutscher Anwaltverein*, AnwBl. 2012, 402, 402, 407; *Kaufhold*, BB 2012, 1235, 1241; *Kieninger*, AnwBl. 2012, 301, 307; *Berger*, NJW 2010, 465, 467; *Miethaner*, NJW 2010, 3121, 3127; *Miethaner*, AGB-Kontrolle (2010), S. 202 ff. Ähnlich *Müller/Griebeler/Pfeil*, BB 2009, 2658, 2662; *Wackerbarth*, AcP 200 (2000), 45, 82 ff. Allgemein für eine Absenkung der Anforderungen auf bloßes „Verhandeln" *Schauer*, AnwBl. 2012, 690, 696; *Koch*, BB 2010, 1810, 1811; *Lischek/Mahnken*, ZIP 2007, 158, 160. Für generell weitere Anforderungen an das Aushandeln Palandt/*Grüneberg*, BGB (77. Aufl. 2018), § 305 Rn 22; Staudinger/*Schlosser*, (2013), § 305 Rn. 36a f., 44; *Müller/Schilling*, BB 2012, 2319, 2323. Differenzierend *Dauner-Lieb*, AnwBl. 2013, 845, 849; *Kessel/Stomps*, BB 2009, 2666, 2672 ff.; *Tettinger*, AcP 205 (2005), 1, 31 f. sowie *Wolf*, FS 50 Jahre BGH (2000), S. 111, 120 ff. Zurückhaltend *Hannemann*, AnwBl. 2012, 314, 317. A. A. dagegen *Fuchs*, FS Blaurock (2013), S. 91, 94 f.; *Schäfer*, BB 2012, 1231, 1234; *Schmidt-Kessel*, AnwBl. 2012, 308, 311; *v. Westphalen*, BB 2010, 195, 197 ff., 201 f.; *v. Westphalen*, ZIP 2010, 1110, 1113 ff.; *v. Westphalen*, NJW 2009, 2977, 2981; *v. Westphalen*, ZIP 2007, 149, 152 ff.; *Fastrich*, Inhaltskontrolle (1992), S. 273. Vgl. hierzu oben S. 750 ff.

[1192] Ebenso *Fuchs*, FS Blaurock (2013), S. 91, 94 f.; *Schäfer*, BB 2012, 1231, 1234; *Schmidt-Kessel*, AnwBl. 2012, 308, 311; *v. Westphalen*, BB 2010, 195, 197 ff., 201 f.; *v. Westphalen*, ZIP 2010, 1110, 1113 ff.; *v. Westphalen*, NJW 2009, 2977, 2981; *v. Westphalen*, ZIP 2007, 149, 152 ff.; *Fastrich*, Inhaltskontrolle (1992), S. 273.

[1193] Vgl. hierzu eingehend oben S. 859 ff.

[1194] *Axer*, AGB-Kontrolle (2012), S. 165 f.; *Miethaner*, AGB-Kontrolle (2010), S. 173; *Pfeiffer*, Aushandeln im Transportrecht (2004), S. 61.

[1195] So schon *Wolf*, Entscheidungsfreiheit (1970), S. 119, 138. Ähnlich wohl auch *Schmidt-Rimpler*, AcP 147 (1941), 130, 157 f. Fn. 34. Vgl. hierzu oben S. 199 f., 236 ff. Aus *verfasssungsrechtlicher* Perspektive vgl. oben S. 374 ff.

[1196] Zur *Verhandlungsimparität* eingehend oben S. 459 ff., 514 ff., 592 ff., 780 f.

Vertragspartner lediglich hinhält, in der Sache letztlich „hart" bleibt und ihn so lange in Scheinverhandlungen verstrickt, letztlich „Mikado"[1197] spielt, bis sich dieser – entnervt – zu einer Annahme der letztlich nicht verhandelbaren Klauseln bereit erklärt. Folgerichtig hatte der BGH in einem entsprechenden Fall darauf hingewiesen, dass „anderenfalls ... jeder Verwender – ohne sich der Mühe des ... Aushandelns unterziehen zu müssen – seinen unangemessenen Klauseln über den Umweg des §242 BGB Wirksamkeit verschaffen [könne], wenn er nur hartnäckig genug bei allen Gesprächen bis zum Vertragsschluß auf diesen Klauseln beharrt."[1198]

Daher kann es auch nicht darauf ankommen, dass der Verwendungsgegner *professionellen Rechtsrat* in Anspruch genommen hat oder bei den Vertragsverhandlungen durch einen *Anwalt* vertreten worden ist. Denn auch die Mitwirkung eines Anwalts vermag dem Verwendungsgegner nicht die ihm durch das Stellen von AGB entzogene Vertragsgestaltungsfreiheit zu verschaffen, wenn der Verwender eine Abänderung der Vertragsbedingungen kategorisch ablehnt.[1199] Anwaltliche Beratung kann daher allenfalls ein *Informations-* und *Verständnisdefizit*, nicht jedoch die fehlende Möglichkeit der Einflussnahme auf den Vertragsinhalt aufgrund mangelnder Abänderungsbereitschaft des Verwenders zu kompensieren.

Haben Verhandlungen *tatsächlich* stattgefunden, so ist dies daher allenfalls ein Indiz dafür, dass sich der Verwendungsgegner eingehend mit den entsprechenden Klauseln, die Gegenstand der Verhandlung gewesen sind, auseinandergesetzt, sie zur *Kenntnis* genommen und typischerweise auch *verstanden* hat. Verhandlungen zwischen dem Verwender und dem Klauselgegner sind daher eine *notwendige*, jedoch keinesfalls *hinreichende* Bedingung für ein Aushandeln iSv. §305 Abs. 1 S. 3 BGB. Sie sind vom *Wortlaut* der Vorschrift her mit Blick auf das Verhandlungselement des Begriffs des *Aushandelns* erforderlich und gewährleisten mit Bezug auf die zugleich notwendige *Abänderungsfähigkeit* eine hinreichende Information sowie ein materielles Verständnis jedenfalls der erörterten Vertragsbedingungen.

Allerdings ist für die Annahme des Aushandelns erforderlich, dass entsprechende Verhandlungen zwischen den Parteien auch *tatsächlich* stattgefunden haben. Die schriftliche Bestätigung des Verwenders, dass die Vertragsbedingungen verhandelt oder sogar „ausgehandelt" worden seien, reicht daher für die Annahme eines Aushandelns nicht aus.[1200] Allenfalls kann hierin ein – indes als Nach-

---

1197 So plastisch *v. Westphalen*, NJOZ 2012, 441, 442 („Verhandeln kann – das weiß jeder Anwalt zur Genüge – stundenlang dauern, ohne dass sich die eine oder die andere Partei bewegt; jeder spielt „Mikado". Was das mit einer privatautonomen Selbstbestimmung beider Parteien – und das sind die Insignien des Individualvertrags – noch zu tun hat, bleibt dunkel.").

1198 BGH NJW 1988, 410, 411. Vgl. hierzu auch *Miethaner*, AGB-Kontrolle (2010), S. 139f.

1199 Zum Problem der Vertragsimparität oben S. 459ff., 514ff., 592ff., 780f.

1200 BGH NJW 1987, 1634, 1634f.; BGH NJW 1977, 624, 625f.; BGH NJW 1977, 432.

weis einer Verhandlung für sich genommen keinesfalls ausreichendes – *Beweisanzeichen* dafür gesehen werden, dass entsprechende Verhandlungen tatsächlich stattgefunden haben.[1201] Im Hinblick auf das Erfordernis entsprechender Verhandlungen entspricht die Rechtsprechung daher, insbesondere aus der Perspektive des *Schutzzwecks* der Inhaltskontrolle[1202], den *gesetzlichen Anforderungen* an den Begriff des Aushandelns.

(3) Einräumen von Wahlmöglichkeiten

Als problematisch erweisen sich jedoch insbesondere Fälle, in denen der Verwender seinem Vertragspartner Wahlmöglichkeiten eröffnet und ihm dabei Gelegenheit gibt, sich zwischen verschiedenen zur Auswahl stehenden Klauselvarianten zu entscheiden. Die Rechtsprechung[1203], die h. M. im Schrifttum[1204] sowie die rechtsvereinheitlichenden Kodifikationen auf europäischer Ebene – soweit sie zu dieser Frage überhaupt Stellung genommen haben, wie etwa Art. II.-1:110 DCFR und Art. 7 Abs. 2 GEK-E – lehnen das Einräumen entsprechender Wahlmöglichkeiten als Indiz für ein Aushandeln zu Recht ab. Zwar kann in diesen Fällen, jedenfalls im Hinblick auf die zur Auswahl stehenden Klauselvarianten, von einer *Kenntnisnahme* und typischerweise auch von einem *materiellen Verständnis* der entsprechenden Klausel ausgegangen werden. Dies gilt vor allem für Klauseln, die das *Kerngeschäft* des unternehmerischen Kunden betreffen sowie allgemein für Vertragsbedingungen, die ohne weiteres nachvollziehbar und übersichtlich gestaltet sind. Von einer *Abänderungsfähigkeit* des Verwendungsgegners kann hier aufgrund seiner typischerweise anzunehmenden Kenntnis und des materiellen Verständnisses im Hinblick auf die zur Auswahl stehenden Klauseln regelmäßig ausgegangen werden.

Allerdings vermag ihm die bloße Wahlmöglichkeit zwischen unterschiedlichen, jeweils vorformulierten und nicht abänderbaren Klauseln noch keinen substantiellen Einfluss auf die Gestaltung des Inhalts der entsprechenden Vertragsbedingungen zu verschaffen. Tatsächliche *rechtsgeschäftliche Entscheidungsfreiheit*, ein substantielles Maß an *Vertragsgestaltungsfreiheit* erlangt der Verwendungsgegner nicht bereits dadurch, dass ihm verschiedene vorformulierte und jeweils unverhandelbare Klauselvarianten vorgesetzt werden. Hierin kann noch

---

Bamberger/Roth/*Becker*, (3. Aufl. 2012), § 305 Rn. 37; Palandt/*Grüneberg*, BGB (77. Aufl. 2018), § 305 Rn. 20; *Ulmer/Habersack*, in: *Ulmer/Brandner/Hensen*, AGB-Recht (12. Aufl. 2016), § 305 Rn. 49; *Pfeiffer*, in: Wolf/Lindacher/Pfeiffer, AGB-Recht (6. Aufl. 2013), § 305 Rn. 40; Staudinger/*Schlosser*, BGB (2013), § 305 Rn. 47. Hierzu oben S. 814 ff.

[1201] BGH NJW 1977, 624, 625 f. Vgl. hierzu auch *Miethaner*, AGB-Kontrolle (2010), S. 137 sowie oben S. 814 ff.

[1202] Hierzu eingehend oben S. 439 ff., 508 ff., 567 ff.

[1203] BGH NJW 2014, 206, 207; BGH NJW 2010, 1131, 1133; BGH NJW 1996, 1676, 1677.

[1204] Vgl. nur MünchKomm/*Basedow*, BGB (7. Aufl. 2016), § 305 Rn. 41; *Ulmer/Habersack*, in: *Ulmer/Brandner/Hensen*, AGB-Recht (12. Aufl. 2016), § 305 Rn. 53 ff.; *Pfeiffer*, in: Wolf/Lindacher/Pfeiffer, AGB-Recht (6. Aufl. 2013), § 305 Rn. 40 jeweils mwN.

kein *Aushandeln* iSv. § 305 Abs. 1 S. 3 BGB gesehen werden. Denn dem Verwender ist es ein Leichtes, die seinen Vertragspartner einseitig belastenden und ihn unangemessen benachteiligenden Klauseln geringfügig so abzuändern oder umzuformulieren, dass er dem Klauselgegner unterschiedliche, sich jeweils *unwesentlich* voneinander unterscheidende Klauselalternativen zur Wahl stellen kann, ohne in der Sache selbst in nennenswerter Weise nachgegeben zu haben. Dass die auf diese Weise zur Wahl gestellten Klauseln zur kontrollfreien Individualabrede werden sollen, ist nicht überzeugend. Andernfalls wäre es für den Verwender ein Leichtes, die strengen Anforderungen an ein Aushandeln durch geringfügige Abänderung, durch in der Sache unerhebliche Scheinänderung seiner Klauseln zu umgehen. Aber selbst wenn er tatsächlich zu erheblichen Zugeständnissen bereit sein sollte bleibt er es, der die Bedingungen diktiert und die Vertragsgestaltungsmacht für sich allein in Anspruch nimmt. Von einem tatsächlichen Einfluss seines Vertragspartners auf den Inhalt des Vertrages kann hier in keinster Weise die Rede sein.

Die teilweise vertretene Gegenansicht vermag schon deshalb nicht zu überzeugen, weil sie die für die AGB-Problematik eigentlich zentrale Frage der tatsächlichen Vertragsgestaltungsfreiheit des Verwendungsgegners ausklammert und stattdessen den Aspekt der *Kenntnisnahme* und des materiellen *Verständnisses* der Klauseln in den Mittelpunkt rückt. Sie folgt mit der Fokussierung auf den Teilaspekt der Informationsasymmetrie jener *Einseitigkeit*, die bereits zur Ablehnung des *rechtsökonomischen* Begründungsansatzes geführt hat.[1205] Schon zu Beginn der wissenschaftlichen Auseinandersetzung mit der AGB-Problematik Ende des 19. Jh. war anerkannt, dass die situative Unterlegenheit des Verwendungsgegners nicht lediglich auf mangelnder Information, sondern vor allem auf der fehlenden Abänderungsbereitschaft des Verwenders beruht. So hatte etwa *Jastrow* 1892 darauf hingewiesen, dass der Kunde „dem Formular auf Gnade oder Ungnade preisgegeben“[1206] sei, denn „in anderer Weise schließt … [der Verwender] nicht ab.“[1207] Die durch einseitige Inanspruchnahme der Vertragsgestaltungsfreiheit durch den Verwendungsgegner bedingte situative Unterlegenheit eines Vertragspartners kann letztlich nur dadurch behoben werden, dass ihm eben ein substantielles Maß an vertraglicher Gestaltungsmacht eingeräumt wird, er damit tatsächlich Einfluss auf den Inhalt des Vertrages erhält. Hierfür ist indes ein weitaus höheres Maß an Gestaltungsfreiheit als die bloße Wahl zwischen zwei vorformulierten und unverhandelbaren Alternativen zu verlangen.

[1205] Vgl. hierzu oben S. 557 ff. Zu eng daher *Miethaner*, AGB-Kontrolle (2010), S. 240 ff., der die Frage der tatsächlichen Gestaltungsmacht des Verwendungsgegners hier unberücksichtigt lässt.

[1206] *Jastrow*, Gutachten (1892), S. 265, 284. Hierauf hinweisend *Hellwege*, AGB und Rechtsgeschäftslehre (2010), S. 156.

[1207] Ebenda.

Dies gilt insbesondere auch dann, wenn einzelne Klauselalternativen an eine bestimmte Preisgestaltung gekoppelt, wenn also die Vor- und Nachteile bestimmter Vertragsbedingungen bereits eingepreist sind.[1208] Hier bejahen die Rechtsprechung[1209] sowie ein Teil des Schrifttums[1210] ausnahmsweise ein Aushandeln iSv. §305 Abs. 1 S. 3 BGB, solange der Verwendungsgegner „durch die Auswahlmöglichkeit den Gehalt der Regelung mit gestalten kann und die Wahlfreiheit nicht durch Einflussnahme des Verwenders, sei es durch die Gestaltung des Formulars, sei es in anderer Weise, überlagert wird."[1211] Dieser Auffassung kann mit Blick auf den *Schutzzweck* der Inhaltskontrolle indes nicht uneingeschränkt gefolgt werden.[1212]

Denn ob die Nachteile einer bestimmten Klauselvariante etwa durch einen niedrigeren Preis wieder ausgeglichen werden oder nicht, ist eine Frage der *Angemessenheit*, nicht des *sachlichen Anwendungsbereiches* der Inhaltskontrolle.[1213] Auch ein günstigerer Preis vermag dem Klauselgegner nicht die Vertragsgestaltungsfreiheit zurückzugeben, die ihm durch das Stellen vorformulierter, unverhandelbarer Klauseln genommen wurde, auch wenn ihm das Recht eingeräumt wird, aus einem Vorrat vorformulierter Klauseln zu wählen. Selbst wenn der Klauselgegner vor die Alternative gestellt wird, zwischen „schlechten AGB" zu einem günstigen Preis und „guten AGB" zu einem höheren Preis zu wählen[1214], so bleibt es doch bei einer „take it or leave it"-Entscheidung, bei der letztlich der Verwender das „Heft des Handelns" in der Hand behält und die Vertragsgestaltungsmacht nahezu ausschließlich für sich selbst beansprucht. Allerdings kann – wie auch in den übrigen Fällen der unveränderten Übernahme vorformulierter Texte – ein Aushandeln jedenfalls dann angenommen werden, wenn der Verwender von der sachlichen Richtigkeit der getroffenen Wahl überzeugt ist und sich nicht lediglich dem Unvermeidlichen beugt, indem er letztlich zwischen zwei für ihn gleichermaßen benachteiligenden Alternativen wählt. Die *Aufweichung* der Anforderungen seitens des BGH für die von ihm anerkannten Sonderfälle ist aus teleologischer Perspektive daher bedenklich und steht in einem *Spannungsver-*

1208 Hierzu eingehend *Ulmer/Habersack,* in: *Ulmer/Brandner/Hensen*, AGB-Recht (12. Aufl. 2016), §305 Rn. 53 a.

1209 BGH NJW 2008, 987, 989; BGH NJW 2003, 1313, 1314.

1210 Staudinger/*Schlosser,* BGB (2013), Vor §§305 ff. Rn. 38; MünchKomm/*Basedow*, BGB (7. Aufl. 2016), §305 Rn. 39; *Ulmer/Habersack,* in: *Ulmer/Brandner/Hensen*, AGB-Recht (12. Aufl. 2016), §305 Rn. 53 a; *Miethaner,* AGB-Kontrolle (2010), S. 240 ff.; *Stoffels,* AGB-Recht (3. Aufl. 2015), Rn. 148.

1211 BGH NJW 2008, 987, 989. Ebenso BGH NJW 2003, 1313, 1314; *Ulmer/Habersack,* in: *Ulmer/Brandner/Hensen*, AGB-Recht (12. Aufl. 2016), §305 Rn. 53 a.

1212 Ebenso *Habersack/Schürnbrand*, FS Canaris (2007), S. 359, 375.

1213 Vgl. nur BGH NJW 2013, 856, 858 (bring-or-pay).

1214 So plastisch *Axer,* AGB-Kontrolle (2012), S. 140; *Schiffer/Weichel*, BB 2011, 1283, 1290; *Ulmer/Habersack,* in: *Ulmer/Brandner/Hensen*, AGB-Recht (12. Aufl. 2016), §305 Rn. 54; *Habersack/Schürnbrand*, FS Canaris (2007), S. 359, 375; *Leuschner,* AcP 207 (2007), 491, 502. Ähnlich *Schäfer/Ott*, Ökonomische Analyse (5. Aufl. 2012), 553.

hältnis zu den sonst sehr hohen Anforderungen an die *Abänderungsbereitschaft* des Verwenders.

(4) Unveränderte Übernahme des Vertragstextes

Erhebliche Probleme werfen darüber hinaus Fälle auf, in denen es zu keinerlei Textänderungen gekommen ist und die Vertragsbedingungen vom Kunden unverändert übernommen worden sind.[1215] Denn nach ihrem äußeren Gepräge handelt es sich bei derartigen Fallgestaltungen gerade um jene Vertragsabschlusssituationen, vor denen das AGB-Recht schützen will: Dass der Klauselgegner auf den Inhalt der typischerweise unverhandelbaren Klauseln keinerlei Einfluss hat, sie daher so, wie sie sind, im Sinne einer „take it or leave it"-Entscheidung akzeptieren muss, ist für den Vertragsschluss unter AGB kennzeichnend.[1216] Umso schwieriger gestaltet sich die Abgrenzung zu jenen Fällen, in denen das Klauselwerk unverändert geblieben ist, weil der Verwendungsgegner mit ihm vollkommen einverstanden ist. Angesichts der *Risikoverlagerungstendenz* und der prohibitiv hohen *Transaktionskosten*, die mit der *Kenntnisnahme* und *Analyse* vorformulierter Klauselwerke typischerweise verbunden sind, ist auch angesichts der tatsächlichen Klauselpraxis die Annahme eher fernliegend, dass der Verwender die von ihm gestellten Klauseln neutral oder sogar für seinen Vertragspartner vorteilhaft formuliert hat. Wird vom dispositiven Gesetzesrecht abgewichen, so erfolgt dies nahezu ausnahmslos zum einseitigen Nachteil des Verwendungsgegners.[1217] Daher spricht eine erste Vermutung gegen die Kenntnisnahme und das inhaltliche Verständnis der Klausel durch den Verwendungsgegner. Erst recht kann typischerweise davon ausgegangen werden, dass ein tatsächliches Einverständnis in die ihn regelmäßig einseitig benachteiligenden Klauseln nicht vorliegt. Die Annahme von AGB bildet in derartigen Fällen den Normalfall, die Individualabrede die Ausnahme.

Für die Annahme eines Aushandelns iSv. §305 Abs. 1 S. 3 BGB bedarf es in diesen Fällen daher besonderer Anhaltspunkte, die den ersten Anschein der AGB-Qualität mit hinreichender Sicherheit widerlegen. Zu Recht hat der BGH hierfür gefordert, dass der Verwendungsgegner seine „ursprünglichen Einwände und Vorbehalte gegen die Klausel fallengelassen und diese in einer Weise als *sachlich berechtigt* akzeptiert hat, die ... auf eine individuell ausgehandelte Vertragsbedingung schließen lassen könnte."[1218] Denn nur dann ist sichergestellt, dass dem Vertragspartner des Verwenders ein hinreichendes Maß an Vertragsgestaltungsfreiheit zustand, er daher tatsächlich auf den Vertragsinhalt Einfluss nehmen konnte. Dass dieser Nachweis für den insoweit darlegungs- und beweislastigen Verwen-

---

[1215] Hierzu eingehend oben S. 820ff.

[1216] Hierzu eingehend oben S. 459ff., 514ff., 592ff., 780f.

[1217] MünchKomm/*Basedow*, BGB (7. Aufl. 2016), Vor §305–310 Rn. 3. Vgl. hierzu auch oben S. 298.

[1218] BGH NJW 2013, 856, 857 (bring-or-pay). Hervorhebungen durch den Verfasser.

der nur schwer zu finden sein wird, ist verständlich. Allerdings haben die *Beweisschwierigkeiten* ihre Ursache nicht etwa in zu hohen Anforderungen der Rechtsprechung, sondern sind vielmehr in der Tatsache begründet, dass die objektiven, äußeren Beweisanzeichen auf den geradezu klassischen Fall zu Recht der Inhaltskontrolle unterworfener AGB hinweisen und der Nachweis innerer, ausschließlich subjektiver Sachverhaltselemente grundsätzlich schwer zu führen ist. Die Beweisproblematik erweist sich damit als natürliche Folge des Stellens von AGB und ist somit dem Verantwortungsbereich des Verwenders zuzuordnen.[1219] Dieser hat dadurch, dass er seine Verträge nur unter der Verwendung von ihm vorformulierter Vertragsbedingungen abschließt, durch seine eigene, frei verantwortliche Entscheidung bereits den *äußeren Anschein*[1220] für die AGB-Qualität seiner Klauseln gesetzt und muss daher auch die Nachteile in Kauf nehmen, die sich für ihn daraus mit Blick auf den Nachweis des Aushandelns ergeben.[1221]

Hier kommen in besonderer Weise die Überlegungen zur den Risikosphären und der Risikoverursachung zum Tragen, die bereits im Rahmen des vertragstheoretischen Begründungsmodells für die Begründung der Verantwortlichkeit des Verwenders herangezogen worden sind und die sich nun auch zivilprozessual auf den Umfang seiner Darlegungs- und Beweispflicht auswirken. Daher kann der Rechtsprechung insoweit nicht der Vorwurf gemacht werden, zu hohe Anforderungen an den Nachweis des Aushandelns im Einzelnen zu stellen. Denn die *Beweisschwierigkeiten* sind in der Natur *subjektiver Tatbestandsmerkmale* und dem *objektiven Anschein* des *Stellens* vorformulierter Vertragsbedingungen begründet, für die allein der Verwender durch das Inverkehrbringen der von ihm vorformulierten AGB verantwortlich ist. Die Rechtsprechung des BGH[1222] verdient daher insoweit uneingeschränkte Zustimmung. Besonderheiten können sich auch nicht für den unternehmerischen Geschäftsverkehr ergeben, da sich hier – wie bereits im Hinblick auf die Untersuchung der Schutzbedürftigkeit des Unternehmers gezeigt worden ist[1223] – die Problematik der Möglichkeit der tatsächlichen Einflussnahme auf den Vertragsinhalt aus der Perspektive der Verhandlungsimparität in gleicher Weise stellt wie im b2b-Verkehr.

Abzugrenzen sind die Fälle der fehlenden Textänderungen jedoch von jenen Fallkonstellationen, in denen die Parteien entsprechende Klauseln unstreitig ausgehandelt haben und in folgenden Transaktionen *weiterverwenden*.[1224] Hier besteht aufgrund der existierenden Geschäftsbeziehung ein relevanter *Konnex*

1219 Zum Gedanken der „Risikosphären" und der „Gefährdungshaftung" infolge des „Inverkehrbringens von AGB" eingehend oben S. 589ff.

1220 Ähnlich – Anschein der Mehrverwendungsabsicht durch formelhaft verwendete Klauseln – MünchKomm/*Basedow*, BGB (7. Aufl. 2016), §305 Rn. 18; *v. Westphalen*, NJW 2004, 1993, 1993.

1221 Vgl. hierzu eingehend oben S. 589ff.

1222 Hierzu eingehend oben S. 813ff. mwN.

1223 Hierzu eingehend oben S. S. 759ff., 763ff., 765ff., 779ff.

1224 Hierzu eingehend oben S. 896.

zwischen den einzelnen Verträgen, so dass in dem erneuten Vertragsschluss eine *Aktualisierung* des vorangegangenen Aushandelns zu sehen ist. Ein erneutes Aushandeln der einmal ausgehandelten Vertragsbedingungen ist daher auch aus der Perspektive des *Schutzzwecks* der Inhaltskontrolle nicht erforderlich.[1225]

(5) Umfang der Abänderungsbereitschaft

Geht es bei der Abgrenzung zwischen AGB und Individualabrede maßgeblich um die Frage, ob dem Verwendungsgegner vom Verwender ein hinreichendes Maß an Vertragsgestaltungsmacht eingeräumt worden ist, so kann sich die Abänderungsbereitschaft folgerichtig keinesfalls auf lediglich unwesentliche Randfragen beschränken. Völlig zu Recht verlangt die Rechtsprechung des BGH daher, dass der Verwender den „in seinen Allgemeinen Geschäftsbedingungen enthaltenen ‚gesetzesfremden Kerngehalt', also die den wesentlichen Inhalt der gesetzlichen Regelung ändernden oder ergänzenden Bestimmungen, inhaltlich ernsthaft zur Disposition stellt".[1226] Die vom BGH vorgenommene Differenzierung zwischen *selbstständigen* und *unselbstständigen* Ergänzungen[1227] ist dabei insbesondere mit der Begründung angegriffen worden, dass eine allzu feinsinnige Differenzierung unterbleiben müsse, um sachlich zusammengehörige Aspekte nicht aufzuspalten.[1228] Darüber hinaus würde sich der Verwendungsgegner etwa bei dem Eintragen der Höhe der Vertragsstrafe durchaus auch insgesamt mit der Frage der Vertragsstrafe beschäftigen, so dass eine Differenzierung zwischen dem kontrollunterworfenen „Ob" und dem kontrollfreien „Wie" nicht sachgerecht erscheine.[1229]

Die Kritik vermag indes nicht zu überzeugen, da sie die AGB-Problematik wiederum auf ein bloßes *Informationsproblem* reduziert und den hier entscheidenden Aspekt der Möglichkeit der tatsächlichen Einflussnahme des Verwendungsgegners auf den Vertrag weitgehend ausblendet.[1230] So ist zwar durchaus davon auszugehen, dass sich ein Kunde, der sich mit der *Höhe der Vertragsstrafe* auseinandersetzt, zugleich auch Gedanken über das „Ob" einer Vertragsstrafenregelung machen wird. Allerdings gilt auch hier, dass die bloße *Kenntnis* der entsprechenden Vertragsbedingungen ihm noch keinen tatsächlichen Einfluss auf die

---

[1225] Ebenso *Ulmer/Habersack,* in: *Ulmer/Brandner/Hensen,* AGB-Recht (12. Aufl. 2016), § 305 Rn. 45 *Miethaner,* AGB-Kontrolle (2010), S. 250.

[1226] BGH WuM 2013, 293. Ebenso in st. Rspr. BGH NZM 2013, 159, 160; BGH NJW-RR 2009, 947, 948; BGH NJW 2005, 2543, 2544; BGH NJW-RR 2005, 1040, 1040; BGHZ 153, 311, 321 = NJW 2003, 1805, 1807.

[1227] Hierzu oben S. 825 f. sowie BGH NJW 2013, 1668, 1669; BGH NJW 1988, 558, 559; BGH NJW 1983, 1603, 1604; MünchKomm/*Basedow,* BGB (7. Aufl. 2016), § 305 Rn. 41; Staudinger/*Schlosser,* BGB (2013), § 305 Rn. 42; *Ulmer/Habersack,* in: *Ulmer/Brandner/Hensen,* AGB-Recht (12. Aufl. 2016), § 305 Rn. 56.

[1228] *Miethaner,* AGB-Kontrolle (2010), S. 234.

[1229] *Miethaner,* AGB-Kontrolle (2010), S. 234.

[1230] Vgl. hierzu schon mit Blick auf den *rechtsökonomischen Begründungsansatz* oben S. 555 ff. Zur Vertragsimparität oben S. 459 ff., 514 ff., 592 ff., 780 f.

Gestaltung der Klauseln verschafft. Ein Aushandeln im Hinblick auf das „Ob" der Vertragsstrafe kann daher nur dann angenommen werden, wenn der Verwender neben der Vertragsstrafenhöhe auch die *Voraussetzungen* einer Vertragsstrafe zur Disposition stellt. Andernfalls droht die Gefahr, dass dem mit den Klauseln konfrontierten Verwendungsgegner eine Vertragsgestaltungsfreiheit unterstellt wird, über die er tatsächlich nicht verfügt, sie damit letztlich *fingiert* wird. Die Rechtsprechung des BGH bewegt sich somit in dem vom *Schutzzweck* der Kontrolle vorgegebenen Rahmen und ist insoweit überzeugend. Diese wäre indes mit der Bedeutung des *vertraglichen Selbstbestimmungsrechts* des Verwendungsgegners, dem Schutz seiner *materiellen Vertragsfreiheit* nicht vereinbar.

(6) Ausstrahlungswirkung und Paketlösungen

Im Hinblick auf die Problematik der *Ausstrahlungswirkung* nicht im Einzelnen erörterter Klauseln sowie die Anerkennung von *Paketlösungen*[1231] weist die Rechtsprechung des BGH zunächst in die richtige Richtung. So ist es mit Blick auf den *Schutzzweck* der Inhaltskontrolle sowie den Wortlaut des § 305 Abs. 1 S. 3 BGB („soweit") nur folgerichtig, dass der BGH die Voraussetzung des Aushandelns für jede einzelne Klausel gesondert prüft.[1232] Eine *Ausstrahlungswirkung* in dem Sinn, dass ein Aushandeln auch für solche Vertragsbedingungen anzunehmen sei, die nicht Gegenstand der Verhandlung gewesen und auch nicht nachweisbar in den rechtsgeschäftlichen Willen des Verwenders aufgenommen worden sind, ist daher abzulehnen.[1233] Das Gleiche gilt für die Annahme, dass ein Aushandeln einzelner Klauseln zur Qualifizierung des Vertrages insgesamt als Individualvereinbarung führen soll. In beiden Fällen droht die Gefahr, dass die *Abänderungsbereitschaft* des Verwenders lediglich fingiert und dem Verwendungsgegner ein Einfluss auf die Vertragsbedingungen unterstellt wird, über den er in Wirklichkeit nie verfügt hat.

Insbesondere im Hinblick auf *Paketlösungen*, bei denen Nachteile der einen durch Vorteile der anderen Klausel ausgeglichen werden, darf ein Aushandeln nicht leichtfertig unterstellt werden. Auch hier ist selbstverständlich erforderlich, dass beide Vertragsparteien alle Elemente des Einigungsergebnisses in ihren rechtsgeschäftlichen *Gestaltungswillen* aufgenommen haben. Daher ist die Grundlinie der Rechtsprechung, die eine Ausstrahlungswirkung verneint und

---

[1231] Zur AGB-rechtlichen Zulässigkeit von *Paketlösungen* vgl. eingehend oben S. 469 f., 782 f.; 848 ff., 931 f., 944 f. Hierzu aus rechtsökonomischer Perspektive *Bebchuk/Posner*, 104 Mich. L. Rev. 827, 830 ff. (2006) sowie eingehend oben S. 538 f.

[1232] Vgl. hierzu BGH NJW 2006, 2116, 2117; BGH NJW-RR 1996, 783, 786; BGHZ 84, 109, 112 = NJW 1982, 2309, 2310 sowie oben S. 827 ff.

[1233] Ebenso Palandt/*Grüneberg*, BGB (77. Aufl. 2018), § 305 Rn. 18; MünchKomm/*Basedow*, BGB (7. Aufl. 2016), § 305 Rn. 41, 44; Erman/*Roloff*, (15. Aufl. 2017), § 305 Rn. 22; *Miethaner*, AGB-Kontrolle (2010), S. 251; *Ulmer/Habersack*, in: *Ulmer/Brandner/Hensen*, AGB-Recht (12. Aufl. 2016), § 305 Rn. 55, *Pfeiffer*, in: Wolf/Lindacher/Pfeiffer, AGB-Recht (6. Aufl. 2013), § 305 Rn. 41.

auf einem *individuellen Nachweis* des Aushandelns für alle relevanten Klauseln besteht, gerade aus teleologischer Perspektive konsequent und folgerichtig. Dieses Ergebnis kann nur im Sinne des Rechtsverkehrs sein: Denn wenn sich die Parteien tatsächlich auf eine Paketlösung geeinigt haben, so sollte es eigentlich selbstverständlich sein, dass *beide* Parteien *sämtliche Elemente* des gemeinsam geschnürten Pakets in ihren rechtsgeschäftlichen Willen aufgenommen haben. Nur dann kann von einem hinreichend substantiierten *Konsens* gesprochen werden, der die *Bindungswirkung* des Vertragsschlusses überhaupt erst rechtfertigt.

Allerdings sollte das Vorliegen eines Aushandelns dann konsequenterweise auch für solche Klauseln bejaht werden, die zwar *unverändert* geblieben sind, aber als Bestandteil des Einigungsergebnisses in einem sachlichen *Zusammenhang* zu textlich geänderten Klauseln stehen und darüber hinaus von den Parteien *erörtert* worden sind. In derartigen Fällen sollte es keiner ausdrücklichen Erklärung seitens des Verwendungsgegners bedürfen, dass er von der sachlichen Richtigkeit der nicht geänderten Klauseln überzeugt ist.[1234] Denn dies kommt im Rahmen einer Paketlösung bereits durch die Zustimmung zum gesamten Einigungspaket mit hinreichender Bestimmtheit zum Ausdruck.

Zusammenfassend ist der Grundlinie der Rechtsprechung daher zuzustimmen, wobei im Hinblick auf Einzelfragen eine leichte Korrektur geboten erscheint: Die im Rahmen der rechtspolitischen Diskussion populäre Forderung, Paketlösungen durch eine Anerkennung von Ausstrahlungswirkungen auf nicht ausgehandelte Klauseln anzuerkennen,[1235] ist mit dem *Schutzzweck der Inhaltskontrolle* nicht vereinbar. Dies gilt umso mehr, als sich derartige Forderungen nicht in hinreichender Weise mit der Frage auseinandersetzen, inwieweit der Verwendungsgegner *tatsächlich* Einfluss auf den Vertragsinhalt nehmen konnte und ihm damit vom Verwender überhaupt ein substantielles Maß an Vertragsgestaltungsfreiheit eingeräumt worden ist. Gerade wenn dem Verwendungsgegner unterstellt wird, er habe einer umfassenden Paketlösung zugestimmt, so ist als Mindestanforderung an ein derartiges Einverständnis ein hinreichend substantiierter Konsens mit Blick auf *sämtliche* im Einigungsergebnis enthaltenen Vertragselemente zu verlangen. Das eigentliche Kernproblem der „package-deal"-Fälle liegt daher nicht in der Anerkennung einer möglichen *Ausstrahlungswirkung*, sondern vielmehr in der Frage, welche Anforderungen an den Nachweis einer *tatsäch-*

[1234] Ebenso *Miethaner*, AGB-Kontrolle (2010), S. 252.

[1235] LG Frankfurt/Main ZGS 2003, 396, 397. Grundsätzlich für die Anerkennung von Paketlösungen *Kessel*, Referat 69. DJT (2012), S. I 57, I 61. *Müller/Griebeler/Pfeil*, BB 2009, 2658; Palandt/BGB (77. Aufl. 2018), § 305 Rn. 22; *Schauer*, AnwBl. 2012, 690, 695; *Günes/Ackermann*, ZGS 2010, 454, 456; *Miethaner*, AGB-Kontrolle (2010), S. 157 f.; *Müller/Griebeler/Pfeil*, BB 2009, 2658, 2658; *Berger/Kleine*, BB 2007, 2137, 2137; *Lischek/Mahnken*, ZIP 2007, 158, 161; *Rabe*, NJW 1987, 1978, 1979 f. *Trinkner*, BB 1977, 717, 178; *v. Westphalen*, DB 1977, 943, 947 sowie die ältere Kommentarliteratur, vgl. nur *Dietlein*, in: Dietlein/Rebmann, AGB aktuell (1976), § 1 AGBG Rn. 10; *Schlosser*, in: Schlosser/Coester-Waltjen/Graba, AGBG (1977), § 1 Rn. 29.

lichen Zustimmung zu unverändert gebliebenen Klauseln zu stellen sind. Hier sollte genügen, dass unverändert gebliebene Klauseln als Teil des Gesamtpaketes *erörtert* worden sind und der Verwendungsgegner in Kenntnis der entsprechenden Vertragsbedingungen dem Gesamtpaket zugestimmt hat.

(7) Sonderfälle

Von besonderer Bedeutung sind indes die nach wie vor problematischen Sonderfälle, in denen sich die Vertragsverhandlungen auf eine *bestimmte Klausel* beschränken, in denen eine *positive Transaktionskosten-Vertragswert-Relation* besteht sowie die Fälle möglicher *Informations- und Verhandlungsobliegenheiten*.

(a) Fokussierung auf bestimmte Klauseln

Beschränkt sich die Verhandlung zwischen den Parteien auf eine einzelne oder einige wenige und zugleich überschaubare Klauseln, so wurde bereits festgestellt, dass insoweit von der Zumutbarkeit einer Kenntnisnahme und Analyse der entsprechenden Klauseln ausgegangen werden kann.[1236] Denn der hierfür aufzuwendende Aufwand wird typischerweise überschaubar bleiben, so dass in der Regel eine positive *Transaktionskosten-Vertragswert-Relation* vorliegt.[1237] Hat der Verwender den unternehmerischen Kunden auf bestimmte Klauseln hingewiesen, so ergibt sich für diesen hieraus eine *Obliegenheit*, die entsprechenden Vertragsbedingungen eingehend zur *Kenntnis* zu nehmen und sich mit ihnen analytisch auseinanderzusetzen.[1238] Hiervon darf der Verwendungsgegner nur dann *ausnahmsweise* abzusehen, wenn im Einzelfall der Vertragswert derart gering ist, dass sich für ihn eine eingehende Kenntnisnahme der Klauseln oder die Aufnahme von Vertragsverhandlungen typischerweise nicht lohnt.[1239]

Allerdings ist mit der Annahme der *Abänderungsfähigkeit* des Verwendungsgegners noch nichts über seine tatsächliche Möglichkeit zur Einflussnahme auf den Vertragsinhalt und damit das Maß seiner *Vertragsgestaltungsfreiheit* gesagt. Dies hängt vielmehr entscheidend davon ab, ob der Verwender auch *tatsächlich* zu einer Abänderung der betreffenden Vertragsbedingungen bereit ist. Unterbreitet er seinem Verhandlungspartner ein Änderungsangebot, so trifft diesen eine *Obliegenheit*, hierauf substantiiert zu reagieren. Stimmt er zu, so kann die auf diese

---

[1236] Vgl. hierzu oben S. 885. Ebenso *Berger*, NJW 2010, 465, 469; *Habersack/Schürnbrand*, FS Canaris (2007), S. 359, 373 f.; *Berger*, ZIP 2006, 2149, 2150, 2152; *Heinrichs*, NJW 1995, 153, 158; *Canaris*, JZ 1987, 993, 1003.

[1237] Vgl. nur S. 885. Zur *positiven Transaktionskosten-Vertragswert-Relation* vgl. oben S. 563 ff., 573 f. sowie unten S. 901 ff. Zu Reformvorschlägen einer *vertragswertabhängigen Bereichsausnahme* vgl. oben S. 752 f. sowie unten S. 912 ff.

[1238] Ebenso *Axer*, AGB-Kontrolle (2012), S. 182; *Kessel/Jüttner*, BB 2008, 1350, 1353 f. (System wechselnder Verhandlungsobliegenheiten).

[1239] Diesen Aspekt übersehen *Axer*, AGB-Kontrolle (2012), S. 182; *Kessel/Jüttner*, BB 2008, 1350, 1353 f.

Weise abgeänderte Klausel als *ausgehandelt* gelten.[1240] Lehnt er das Änderungsangebot ab, so trifft ihn eine Obliegenheit, dem Verwender seinerseits ein Änderungsangebot vorzulegen. Tut er dies nicht, so muss ihm die Berufung auf die AGB-rechtlichen Schutzvorschriften versagt bleiben.[1241] Legt er dagegen seinerseits dem Verwender ein entsprechendes Änderungsangebot vor, so kommt es für die Annahme eines Aushandelns entscheidend darauf an, ob sich der Verwender auf den Änderungsvorschlag einlässt oder nicht. Nur wenn dies der Fall ist und er dem Änderungsvorschlag des Klauselgegners zustimmt, liegt ein hinreichend substantiierter *Konsens* zwischen den Parteien vor, der die Annahme einer Individualabrede zu rechtfertigen vermag.

(b) Positive Transaktionskosten-Vertragswert-Relation

Der zweite Sonderfall betrifft Rechtsgeschäfte mit positiver *Transaktionskosten-Vertragswert-Relation*.[1242] Hier ist der *Vertragswert* derart hoch, dass sich für den Verwendungsgegner der für eine eingehende Kenntnisnahme und rechtliche Analyse erforderliche Aufwand des gesamten Vertragswerkes typischerweise lohnt.[1243] Für derartige Fallkonstellationen wird vorgeschlagen, sie im Rahmen einer *Bereichsausnahme* insgesamt aus dem Anwendungsbereich des AGB-Rechts herauszunehmen und ein Aushandeln zu verneinen.[1244] Dies ist allerdings bereits aus *dogmatischen* Gründen mit Blick auf den *Schutzzweck* der Inhaltskontrolle problematisch. Denn das Bestehen einer positiven Transaktionskosten-Vertragswert-Relation vermag zwar über die zwischen den Parteien bei der Verwendung von AGB normalerweise bestehende Informationsasymmetrie hinwegzuhelfen, weil dem Verwendungsgegner eine rechtliche Analyse der Vertragsbedingungen zugemutet werden kann und er damit nicht schutzwürdig ist. Allerdings hat sie keine unmittelbaren Auswirkungen auf die *Abänderungsbereitschaft* des Verwenders und damit auch auf die *Verhandlungsimparität* als zweiter wesentlicher Ursache der *situativen Unterlegenheit* des Verwendungsgegners.[1245] Es besteht lediglich eine gewisse Wahrscheinlichkeit für die Annahme weitgehender Verhandlungsparität, da bei sehr hohen Vertragswerten die Vertragsbedingungen zunehmend in den Mittelpunkt des Interesses der Parteien rücken und damit auch die Gefahr eines Marktversagens im Hinblick auf den Konditionenwettbewerb deutlich geringer ist als in den Fällen echter AGB mit negativer Transaktionskosten-Vertragswert-Relation. Allerdings müssen diese Überlegungen *de lege lata* unberücksichtigt bleiben, da die Vorschrift des §305 Abs.1 S.3 BGB

1240 So zu Recht *Axer*, AGB-Kontrolle (2012), S. 182; *Kessel/Jüttner*, BB 2008, 1350, 1354.

1241 *Axer*, AGB-Kontrolle (2012), S. 182; *Kessel/Jüttner*, BB 2008, 1350, 1354.

1242 Vgl. hierzu *positiven Transaktionskosten-Vertragswert-Relation* oben S. 563ff., 573f.

1243 Ebenda.

1244 Zu Reformvorschlägen einer *vertragswertabhängigen Bereichsausnahme* vgl. oben S. 752f. sowie unten S. 912ff.

1245 Vgl. hierzu eingehend oben S. 459ff., 514ff., 592ff., 780f.

eine *vertragswertabhängige Differenzierung* nicht zulässt. Entsprechende Regelungsoptionen müssen daher dem Gesetzgeber überlassen bleiben und können lediglich *de lege ferenda* diskutiert werden.[1246]

(c) Informations- und Verhandlungsobliegenheit

Diskutiert wird im Rahmen der aktuellen rechtspolitischen Diskussion insbesondere ein System *gegenseitiger Verhandlungsobliegenheiten*, dass zur Lösung des Abgrenzungsproblems herangezogen wird.[1247] Mit Blick auf den *dogmatischen Rahmen*, der für die *Abänderungsfähigkeit* des Verwendungsgegners und die *Abänderungsbereitschaft* des Verwenders erarbeitet wurde[1248], kann eine Informations-und Verhandlungsobliegenheit des Verwendungsgegners ausschließlich bei *positiver* Transaktionskosten-Vertragswert-Relation angenommen werden.[1249] Dabei werden lediglich die untersuchten Fälle der *Fokussierung* auf bestimmte Vertragsbedingungen[1250] sowie *großvolumige* Transaktionen in Betracht kommen. Hier besteht eine Obliegenheit des unternehmerischen Kunden, die entsprechenden Vertragsbedingungen zur *Kenntnis* zu nehmen und rechtlich zu *prüfen*.[1251] Darüber hinaus wird man von ihm in diesen Fällen erwarten können, dass er seine Interessen *aktiv* wahrnimmt und dem Verwender konkrete *Änderungsvorschläge* unterbreitet, wenn die jeweiligen Klauseln nicht seinen Vorstellungen und Interessen entsprechen.[1252] Tut er dies nicht, so muss ihm die Berufung auf die Unwirksamkeit der entsprechenden Vertragsbedingungen versagt bleiben.[1253] Denn in diesem Fall kann – insbesondere im unternehmerischen Geschäftsverkehr – davon ausgegangen werden, dass er die jeweiligen Klauseln auch ohne textliche Änderung in seinen rechtsgeschäftlichen Willen aufgenommen hat.

Damit wird zugleich das Problem der *AGB-Falle* entschärft, das dadurch entsteht, dass der Verwendungsgegner in dem Wissen um die mögliche Unwirksamkeit der Klauseln „stillhält" und auf Änderungsvorschläge verzichtet, um sich anschließend auf die Unwirksamkeit der jeweiligen Klauseln zu berufen.[1254] Un-

---

[1246] Vgl. hierzu vgl. oben S. 752 f. sowie unten S. 912 ff.

[1247] *Axer*, AGB-Kontrolle (2012), S. 182; *Kessel/Jüttner*, BB 2008, 1350, 1353 f.

[1248] Vgl. hierzu oben S. 880 ff., 885 ff.

[1249] Vgl. hierzu oben S. 885.

[1250] Eingehend hierzu oben S. 902.

[1251] Hierzu oben 900 ff.

[1252] Ebenso, jedoch ohne Differenzierung nach Zumutbarkeit *Axer*, AGB-Kontrolle (2012), S. 182; *Kessel/Jüttner*, BB 2008, 1350, 1353 f.

[1253] *Axer*, AGB-Kontrolle (2012), S. 182; *Kessel/Jüttner*, BB 2008, 1350, 1353. Vgl. hierzu auch oben 900 ff.

[1254] Zur AGB-Falle vgl. oben S. 841 ff. sowie *Weischer*, Vertragsfreiheit und Inhaltskontrolle (2013), 142 ff., *Axer*, AGB-Kontrolle (2012), S. 348; *Kaufhold*, BB 2012, 1235, 1237; *Kessel*, AnwBl. 2012, 293, I 70 ff.; *Kessel*, AnwBl. 2012, 293, 298; *Kieninger*, AnwBl. 2012, 301, 302; *v. Westphalen*, Allgemeine Verkaufsbedingungen (2012), S. 20; *Berger*, NJW 2010, 465, 465; *Lorenz*, DAR 2010, 314, 317; *Müller/Griebeler/Pfeil*, BB 2009, 2658, 2660; *Kessel/Jüttner*,

terbreitet er dem Verwender dagegen konkrete Änderungsvorschläge, so kommt es für die Annahme einer Individualabrede iSv. §305 Abs. 1 S. 3 BGB entscheidend auf das weitere Verhalten des Verwenders an. Lässt er sich auf die Änderungsvorschläge seines Verhandlungspartners ein, so sind die Klauseln ausgehandelt. Lehnt er eine Änderung ab, so unterfallen die entsprechenden Klauseln der Inhaltskontrolle.[1255]

Ein derartiges System *wechselnder Verhandlungsobliegenheiten*[1256] für Fälle *positiver* Transaktionskosten-Vertragswert-Relation ist bereits auf der Grundlage des *geltenden Rechts* möglich und bietet daher einen geeigneten Ansatz für eine Anpassung der Rechtsprechung an die Bedürfnisse des unternehmerischen Geschäftsverkehrs. Allerdings ist die *Feststellung* der Transaktionskosten-Vertragswert-Relation sowohl mit Blick auf den Vertragswert als auch hinsichtlich der Bestimmung des mit der Prüfung der AGB verbundenen *Nutzens* notwendig mit weiteren Abgrenzungsschwierigkeiten verbunden.[1257] Eine den Anforderungen an die Rechtssicherheit genügende Lösung des Problems könnte in der Beschränkung auf *Ausnahmefälle* bestehen, bei denen – wie etwa im Rahmen von M&A-Transaktionen – der Vertragswert derart hoch ist, dass keine Zweifel daran bestehen, dass sich für den Verwendungsgegner eine eingehende Prüfung und Verhandlung der AGB lohnt. Damit bestehen bereits auf der Grundlage des *geltenden Rechts* geeignete Ansatzpunkte für die im Rahmen der aktuellen rechtspolitischen Diskussion geforderte Differenzierung der Inhaltskontrolle im b2b-Verkehr.

b) Regelungsmöglichkeiten de lege ferenda

Die Möglichkeiten einer Flexibilisierung des Anwendungsbereiches der Inhaltskontrolle auf der Grundlage des geltenden Rechts sind indes begrenzt. Zwar lässt der Begriff des Aushandelns iSv. §305 Abs. 1 S. 3 BGB weitere Spielräume zu, als die Rechtsprechung des BGH derzeit anerkennt. Allerdings sind den Liberalisierungsbemühungen jedenfalls mit dem *Wortlaut* der Vorschrift objektive Grenzen gesetzt.[1258] Entsprechend vielfältig sind die Vorschläge, die im Rahmen der

---

BB 2008, 1350, 1351; *Berger/Kleine*, BB 2007, 2137, 2141; *Rabe*, NJW 1987, 1978, 1979. Ebenso die Stellungnahme des Zivilrechtsausschusses des Deutschen Anwaltvereins „Änderung des AGB-Rechts im unternehmerischen Rechtsverkehr: Deutsches Recht stärken", *Deutscher Anwaltverein*, AnwBl. Online 2012, 180, 188.

[1255] Vgl. zur Problematik wechselseitiger Verhandlungsobliegenheiten *Axer*, AGB-Kontrolle (2012), S. 182; *Kessel/Jüttner*, BB 2008, 1350, 1353f.

[1256] So, allerdings ohne Berücksichtigung der Zumutbarkeit *Axer*, AGB-Kontrolle (2012), S. 182; *Kessel/Jüttner*, BB 2008, 1350, 1353f.

[1257] Vgl. zur *Rationalitätsbegrenzungen* und den *praktischen Schwierigkeiten* einer *Kosten-Nutzen-Analyse* eingehend oben S. 555ff. sowie *Hellwege*, AGB und Rechtsgeschäftslehre (2010), S. 560; *Drexl*, Selbstbestimmung (1998), S. 338. Hierzu auch *Axer*, AGB-Kontrolle (2012), S. 141.

[1258] Hierzu oben S. 859ff.

aktuellen rechtspolitischen Diskussion mit Blick auf eine gesetzliche Neuregelung des AGB-Rechts im unternehmerischen Geschäftsverkehr vorgelegt worden sind.[1259] Allerdings sind auch die Regelungsvorschläge *de lege ferenda* an den vom *Schutzzweck* des AGB-Rechts[1260] sowie der verfassungsrechtlich gebotenen Gewährleistung materieller Vertragsfreiheit[1261] des Verwendungsgegners vorgegebenen Rahmen gebunden. Im Folgenden ist daher ihre Tauglichkeit und Vereinbarkeit mit dem teleologischen Befund und den verfassungsrechtlichen Anforderungen, die im Gang der bisherigen Untersuchung herausgearbeitet worden sind, näher zu untersuchen.

aa) Flexible Absenkung der Anforderungen an eine Individualabrede

Ein verbreiteter Ansatz setzt bei der Bestimmung des *Anwendungsbereiches* der Inhaltskontrolle als zentraler *Stellschraube* einer Liberalisierung an und versucht, die als zu starr empfundene Hürde des Aushandelns durch eine flexible Absenkung der Anforderungen an eine Individualabrede aufzuweichen.[1262]

(1) Verhandeln statt Aushandeln

Eine zentrale Forderung bildet dabei der Vorschlag, den Begriff des *Aushandelns* durch jenen des *Verhandelns* zu ersetzen.[1263] Begründet wird die Forderung mit dem Argument, dass das Erfordernis der *Abänderungsbereitschaft* des Verwenders „lebensfremd und interessenwidrig sei“[1264]. Die Vertragsbedingungen des Verwenders seien „aus zahlreichen Gründen eben nicht beliebig und nicht in je-

[1259] Vgl. zu den entsprechenden Reformansätzen oben S. 748ff.

[1260] Hierzu oben S. 439ff., 462ff., 507ff., 567ff.

[1261] Hierzu oben S. 374ff.

[1262] Hierzu eingehend oben S. 749ff.

[1263] Vgl. für konkrete Gesetzesvorschläge nur *Axer*, AGB-Kontrolle (2012), S. 277; *Deutscher Anwaltverein*, AnwBl. 2012, 402, 402, 407; *Kaufhold*, BB 2012, 1235, 1241; *Kieninger*, AnwBl. 2012, 301, 307; *Berger*, NJW 2010, 465, 467; *Miethaner*, NJW 2010, 3121, 3127; *Miethaner*, AGB-Kontrolle (2010), S. 202ff. Ähnlich *Müller/Griebeler/Pfeil*, BB 2009, 2658, 2662; *Wackerbarth*, AcP 200 (2000), 45, 82ff. Allgemein für eine Absenkung der Anforderungen auf bloßes „Verhandeln“ *Schauer*, AnwBl. 2012, 690, 696; *Koch*, BB 2010, 1810, 1811; *Lischek/Mahnken*, ZIP 2007, 158, 160. Für generell weitere Anforderungen an das Aushandeln Palandt/*Grüneberg*, BGB (77. Aufl. 2018), §305 Rn 22; Staudinger/*Schlosser*, (2013), §305 Rn. 36af., 44; *Müller/Schilling*, BB 2012, 2319, 2323. Differenzierend *Dauner-Lieb*, AnwBl. 2013, 845, 849; *Kessel/Stomps*, BB 2009, 2666, 2672ff.; *Tettinger*, AcP 205 (2005), 1, 31f. sowie *Wolf*, FS 50 Jahre BGH (2000), S. 111, 120ff. Zurückhaltend *Hannemann*, AnwBl. 2012, 314, 317. A. A. dagegen *Fuchs*, FS Blaurock (2013), S. 91, 94f.; *Schäfer*, BB 2012, 1231, 1234; *Schmidt-Kessel*, AnwBl. 2012, 308, 311; *v. Westphalen*, BB 2010, 195, 197ff., 201f.; *v. Westphalen*, ZIP 2010, 1110, 1113ff.; *v. Westphalen*, NJW 2009, 2977, 2981; *v. Westphalen*, ZIP 2007, 149, 152ff.; *Fastrich*, Inhaltskontrolle (1992), S. 273. Vgl. hierzu oben S. 750ff. Ebenso *Fuchs*, FS Blaurock (2013), S. 91, 94f.; *Schäfer*, BB 2012, 1231, 1234; *Schmidt-Kessel*, AnwBl. 2012, 308, 311; *v. Westphalen*, BB 2010, 195, 197ff., 201f.; *v. Westphalen*, ZIP 2010, 1110, 1113ff.; *v. Westphalen*, NJW 2009, 2977, 2981; *v. Westphalen*, ZIP 2007, 149, 152ff.; *Fastrich*, Inhaltskontrolle (1992), S. 273.

[1264] *Deutscher Anwaltverein*, AnwBl. Online 2012, 180, 186.

dem Punkt disponibel"[1265], denn jede Partei versuche in Vertragsverhandlungen, die eigene Vorstellung durchzusetzen.[1266] Könne der Verwender im Wege von Verhandlungen eine Abänderung der vorformulierten Klauseln nicht durchsetzen, so habe er zu entscheiden, ob er den Vertrag trotzdem abschließen möchte oder eben nicht.[1267] Dass er eine unverändert gebliebene Vertragsbestimmung als notwendig erkenne und annehme, sei lebensfremd.[1268]Auch wenn er eine erfolglos beanstandete Regelung „zähneknirschend" akzeptiere, tue er dies bewusst und selbstbestimmt.[1269] Dadurch nehme der Verwender die Vertragsgestaltungsfreiheit keineswegs einseitig in Anspruch, da eine solche Regelung ebenfalls Ergebnis von Verhandlungen sei.[1270]

Die Forderung, die AGB-rechtliche Inhaltskontrolle durch Substituierung des Begriffs des *Aushandelns* mit jenem des *Verhandelns* bereits im Hinblick auf ihren Anwendungsbereich aufzuweichen, ist indes nicht überzeugend. Eine solche Regelung wäre nicht nur mit dem einfachrechtlichen *Schutzzweck* der Inhaltskontrolle unvereinbar, sondern würde darüber hinaus auch mit Blick auf den *verfassungsrechtlich* gebotenen Schutz der materiellen Vertragsfreiheit des Verwendungsgegners auf unüberwindliche Hürden stoßen. So „harmlos" und geringfügig die vorgeschlagene begriffliche Änderung auch erscheinen mag: Sie setzt mit dem Verzicht auf die *Abänderungsbereitschaft* des Verwenders am zentralen Element des Schutzgrundes der Inhaltskontrolle – der Gewährleistung tatsächlicher *Vertragsgestaltungsmacht* des Verwendungsgegners – an und hat nicht weniger als die Abkehr vom geltenden System des AGB-Rechts zur Folge. Bezeichnend ist insofern die Begründung, dass eine Abänderungsbereitschaft des Verwenders schon deshalb „lebensfremd"[1271] sei, weil jede Partei selbstverständlich versuchen wird, „die eigene Vorstellung durchzusetzen"[1272]. Nun ist das Bemühen um eine Verwirklichung der eigenen Interessen sicherlich ein Charakteristikum jeglicher Vertragsverhandlungen, wie die Begründung dieses Vorschlages auch nahelegt.

Allerdings übersieht und verschweigt der Ansatz die entscheidende Tatsache, dass es sich beim Vertragsschluss unter Verwendung von AGB eben *nicht* um den vom BGB vorgesehenen *Normalfall* des Vertragsschlusses zwischen zwei annähernd gleich starken Vertragspartnern handelt, die über die einzelnen Vertragsbestimmungen selbstbestimmt verhandeln.[1273] Von einer auch nur annähernden Vertragsparität kann bereits deshalb nicht die Rede sein, weil der Verwendungsgegner gegenüber dem Verwender aufgrund der Konfrontation mit vorformu-

[1265] *Deutscher Anwaltverein*, AnwBl. Online 2012, 180, 186.
[1266] *Deutscher Anwaltverein*, AnwBl. Online 2012, 180, 186.
[1267] *Deutscher Anwaltverein*, AnwBl. Online 2012, 180, 186.
[1268] *Deutscher Anwaltverein*, AnwBl. Online 2012, 180, 186.
[1269] *Deutscher Anwaltverein*, AnwBl. Online 2012, 180, 186.
[1270] *Deutscher Anwaltverein*, AnwBl. Online 2012, 180, 186.
[1271] *Deutscher Anwaltverein*, AnwBl. Online 2012, 180, 186.
[1272] *Deutscher Anwaltverein*, AnwBl. Online 2012, 180, 186.
[1273] Vgl. hierzu bereits oben S. 512ff.

lierten, typischerweise unverhandelbaren Vertragsbedingungen *situativ unterlegen* ist.[1274] Die situative Unterlegenheit des Verwendungsgegners gegenüber dem AGB-Verwender ist aber der eigentliche Schutzgrund der Inhaltskontrolle. Eine durch prohibitiv hohe Transaktionskosten bedingte Informationsasymmetrie und eine regelmäßig nicht überwindbare Verhandlungsimparität, die ihre Ursache im Versagen des Konditionswettbewerbs findet, haben zur Folge, dass die Vertragsgestaltungsfreiheit des Verwendungsgegners auf Null reduziert ist und mangels zumutbarer Alternativen auch durch eine Inanspruchnahme der bloßen Abschlussfreiheit nicht mehr kompensiert werden kann.[1275]

Angesichts dieser seit Langem bekannten Zusammenhänge,[1276] die den maßgeblichen Grund für die hohen Anforderungen des *Gesetzgebers* wie auch der *Rechtsprechung* an ein Aushandeln darstellen, verwundert die Tatsache, dass die Begründung der entsprechenden Vorschläge eine Auseinandersetzung mit der hier eigentlich entscheidenden Problematik vermeidet. Stattdessen werden mögliche Einwände dadurch umgangen, dass das Problem der situativen Unterlegenheit des Verwendungsgegners völlig ausgeblendet und ohne nähere Begründung der Vertragsschluss unter Verwendung von AGB dem vom BGB vorausgesetzten Normalfall des Abschlusses eines Individualvertrages faktisch *gleichgestellt* wird. Durch diesen argumentativen Kunstgriff gelingt es den Vertretern dieses Ansatzes, die *Abänderungsbereitschaft* des Verwenders als kaum begründbare Absonderlichkeit darzustellen, die in der Dogmatik des bürgerlichen Rechts deshalb keine Stütze finden könne, weil es dem Verwendungsgegner ja frei stehe, ob er „den Vertrag trotzdem schließt oder eben nicht."[1277]

Dabei wird indes verschwiegen, dass dem Verwendungsgegner typischerweise gerade gar keine andere zumutbare Möglichkeit bleibt, als den Vertrag abzuschließen, da – bedingt durch die typische Informationsasymmetrie zwischen den Parteien – ein funktionierender *Konditionenwettbewerb* nicht existiert.[1278]

[1274] Vgl. zur *situativen Unterlegenheit* eingehend oben S. 508 ff. Vgl. auch oben S. 409 ff., 440 ff., 468 ff., 568 ff., 759 ff., 779 ff. mwN. Grundlegend *Fastrich*, Inhaltskontrolle (1992), S. 83 ff., 91, 93; *Lieb*, AcP 178 (1978), 196, 201 und *Raiser*, Das Recht der AGB (1961), S. 21 f. sowie *Ulmer/Habersack*, in: *Ulmer/Brandner/Hensen*, AGB-Recht (12. Aufl. 2016), Einl. Rn. 5, 48; *Fuchs*, in: *Ulmer/Brandner/Hensen*, AGB-Recht (12. Aufl. 2016), Vorb. v. § 307 Rn. 27; *Leuschner*, JZ 2010, 875, 879; *Hellwege*, AGB und Rechtsgeschäftslehre (2010), S. 554; *Pfeiffer*, in: Wolf/Lindacher/Pfeiffer, AGB-Recht (6. Aufl. 2013), Einl. Rn. 3; *Stoffels*, AGB-Recht (3. Aufl. 2015), Rn. 72 ff., 83 ff.; *Leuschner*, AcP 207 (2007), 491, 494 ff.; Staudinger/*Wendland*, BGB (2019), § 307 Rn. 3; *Canaris*, AcP 200 (2000), 273, 312 ff.; *Wackerbarth*, AcP 200 (2000), 45, 55 f., 82 f.

[1275] Hierzu oben S. 596 ff.

[1276] Vgl. zur *geschichtlichen* Entwicklung der Inhaltskontrolle eingehend oben S. 335 ff.

[1277] *Deutscher Anwaltverein*, AnwBl. Online 2012, 180, 186.

[1278] Vgl. zum Versagen des Konditionenwettbewerbs oben S. 542 ff. sowie MünchKomm/*Basedow*, BGB (7. Aufl. 2016), Vor § 305 Rn. 5 f.; Staudinger/*Wendland*, BGB (2019), § 307 Rn. 4; *Fastrich*, Inhaltskontrolle (1992), S. 80, 86; *Habersack*, Vertragsfreiheit und Drittinteressen (1992), S. 107; *Adams*, BB 1989, 781, 784 f.; *Baudenbacher*, Grundprobleme (1983), S. 206 ff., 217; *Kötz*, Gutachten (1974), S. A 9, S. A 33 ff.

Die entsprechenden Zusammenhänge wurden im Rahmen der Entwicklung des *vertragstheoretischen Begründungsmodells* bereits eingehend untersucht: Aufgrund branchenweit weitgehend einheitlicher Konditionen bleibt dem Verwendungsgegner in der Regel gar nichts anderes übrig, als die ihn einseitig belastenden Klauseln hinzunehmen oder vom Vertrag Abstand zu nehmen und damit letztlich auf die Teilnahme am Rechtsverkehr insgesamt zu verzichten.[1279] Denn aufgrund der prohibitiv hohen Informationsbeschaffungskosten findet in der Regel eine nähere Auseinandersetzung mit den Vertragsbedingungen nicht statt, so dass lediglich im Hinblick auf *Preis* und *Qualität* als Inhalt der Hauptleistungspflichten von einem relevanten Wettbewerb ausgegangen werden kann. Die Existenz eines funktionierenden Wettbewerbes ist aber Voraussetzung für ein gegenseitiges *Abschleifen der Interessen* und damit das Funktionieren der *Richtigkeitsgewähr des Vertrages.*[1280] Setzt ein angemessener Interessenausgleich durch Vertrag ein Mindestmaß an Vertragsparität voraus, so können in einer marktwirtschaftlich orientierten Wirtschaftsordnung Imparitäten in der Regel durch *Wettbewerb* ausgeglichen werden. Wo dieser indes nicht besteht, muss notwendig eine Kompensation durch Eingreifen des Gesetzgebers erfolgen.[1281]

Dass dies verfassungsrechtlich nicht nur zulässig, sondern auch geboten ist, hat bereits die Untersuchung der verfassungsrechtlichen Grundlagen der Inhaltskontrolle gezeigt: So hat das Bundesverfassungsgericht in seiner *Bürgschaftsentscheidung* darauf hingewiesen, dass „heute ... weitgehende Einigkeit darüber [besteht], daß die *Vertragsfreiheit* nur im Falle eines annähernd *ausgewogenen Kräfteverhältnisses* der Partner als Mittel eines angemessenen Interessenausgleichs taugt und daß der Ausgleich gestörter Vertragsparität zu den Hauptaufgaben des geltenden Zivilrechts gehört ... Im Sinne dieser Aufgabe lassen sich große Teile des Bürgerlichen Gesetzbuchs deuten ....“[1282] Insbesondere die Inhaltskontrolle von AGB sei daher nicht nur zulässig, sondern vielmehr „nötig“[1283]. Die mit Blick

---

[1279] Vgl. oben S. 596ff.

[1280] Hierzu *Schmidt-Rimpler*, FS Raiser (1974), S. 3, 5ff.; *Schmidt-Rimpler*, FS Nipperdey (1955), S. 1, 6ff.; *Schmidt-Rimpler*, AcP 147 (1941), 130, 151ff. sowie eingehend oben S. 208ff., zur Kritik oben S. 221ff.

[1281] So schon der *rechtsökonomische Begründungsansatz* vgl. oben S. 535ff., 554f. sowie *Kötz*, JuS 2003, 209, 213; *Adams*, BB 1989, 781, 787f.; *Adams*, in: Neumann (Hrsg.), Ansprüche, Eigentums- und Verfügungsrechte (1984), S. 655, 674ff., 680. Vgl. auch mit Blick auf die Lösung des Transaktionskostenproblems *Leuschner*, JZ 2010, 875, 879f., 882; *Leuschner*, AcP 207 (2007), 491, 493ff., 508f.

[1282] BVerfGE 89, 214, 233 = NJW 1994, 36, 38f. (Bürgschaft I). Hervorhebungen durch den Verfasser.

[1283] So BVerfG NJW 2005, 1036, 1037 (Zahnarzthonorar): „Sie ist *nötig*, weil *Allgemeine Geschäftsbedingungen* der anderen Partei regelmäßig verwehren, eine abweichende Individualvereinbarung zu treffen. Die Kontrolle der Allgemeinen Geschäftsbedingungen *kompensiert* den *Mangel an Verhandlungsmacht.*“ Vgl. hierzu auch oben S. 390ff. Hervorhebungen durch den Verfasser.

auf den Gehalt der *materiellen* Vertragsfreiheit schon in sich widersprüchliche Aussage, dass derjenige, der eine erfolglos beanstandete Regelung „zähneknirschend"[1284] annimmt, sie „bewusst und selbstbestimmt"[1285] akzeptiere, ist daher nicht haltbar.

Insofern folgt die Argumentation jenen Tendenzen, die bereits als zu korrigierende Einseitigkeiten der aktuellen rechtspolitischen Diskussion aufgedeckt wurden: Die Fokussierung auf die *formale* und das Ausblenden der *materiellen* Vertragsfreiheit, die sprachliche Gleichsetzung der „Interessen der Parteien" mit jener des *Verwenders* sowie insgesamt eine deutliche Überbetonung der Interessen der Verwenderseite bei gleichzeitigem Ausblenden der Interessen und Bedürfnisse des *Verwendungsgegners*, dessen Schutz doch eigentlich im Mittelpunkt der Überlegungen der Rechtsprechung wie des Gesetzgebers steht. Zur Vermeidung der hiermit verbundenen Einseitigkeiten bedarf es daher einer besonderen Wachsamkeit und der entsprechenden Korrektur durch Berücksichtigung der Dimension der *materiellen Vertragsfreiheit* sowie der Beachtung des *verfassungsrechtlichen Rahmens*.[1286]

All dies ist – wie bereits im Rahmen der rechtsgeschichtlichen Untersuchung deutlich geworden ist – keineswegs neu. So wurde bereits Mitte des 19. Jh. im Zuge der Beratungen zum Dresdner Entwurf eines Allgemeinen Deutschen Gesetzes über Schuldverhältnisse 1866 festgestellt, dass der Verwendungsgegner „sich in einer *ungünstigeren Lage* dadurch befinde, daß er … diese Bedingungen so, wie sie einmal festgestellt seien, *annehmen müsse*, wenn ihm nicht die *Wahl zwischen mehreren Versicherungsgesellschaften verbleibe*, welche in ihren Statuten ihm günstigere Bedingungen stellten."[1287] Und auch *Jastrow* wies 1892 auf das Problem mangelnder Abänderungsbereitschaft des Verwenders hin:

> „Der gewerbsmäßig handelnde Theil verwendet *alle seine Sorgfalt*, um Formulare herzustellen, die *einseitig seine Interessen begünstigen*. Diese Formulare hat er in Druckexemplaren vorräthig. *In anderer Weise schließt er nicht ab*, es sei denn, daß ihm ganz ausnahmsweise ein Gegencontrahent gegenübersteht, der *wirthschaftlich besonders werthvoll* ist und der zugleich über die *ausreichende Bildung* verfügt, um geeignete Gegenvorschläge zu machen. Im Uebrigen ist der Gegencontrahent dem Formular auf *Gnade oder Ungnade preisgegeben*."[1288]

Auch hier gilt der bereits im Rahmen der Auslegung des Tatbestandsmerkmals des *Aushandelns* iSv. § 305 Abs. 1 S. 3 BGB entwickelte Befund, dass ein bloßes *Verhandeln* dem Verwendungsgegner in keiner Weise die ihm zustehende Ver-

---

[1284] So *Deutscher Anwaltverein*, AnwBl. Online 2012, 180, 186.

[1285] *Deutscher Anwaltverein*, AnwBl. Online 2012, 180, 186.

[1286] Vgl. oben S. 374 ff.

[1287] Protokolle Dresdner Entwurf (1866), S. 4568 f. Vgl. hierzu auch *Hellwege*, AGB und Rechtsgeschäftslehre (2010), S. 159 f. Hervorhebungen durch den Verfasser.

[1288] *Jastrow*, Gutachten (1892), S. 265, 284. Hierauf hinweisend *Hellwege*, AGB und Rechtsgeschäftslehre (2010), S. 156. Hervorhebungen durch den Verfasser.

tragsgestaltungsfreiheit auch *tatsächlich* einräumt.[1289] Eine wirkliche Einflussnahme auf den Vertrag ist ihm erst dann möglich, wenn sich der Verwender auf eine Abänderung der von ihm vorformulierten Vertragsbedingungen einlässt. Dies mit Blick auf AGB regelmäßig anzunehmen, erscheint indes lebensfremd. Denn die *situative Unterlegenheit* des Verwendungsgegners besteht typischerweise gerade darin, dass seine Vertragsgestaltungsfreiheit dadurch beseitigt wird, dass er mit unverhandelbar gestellten Vertragsbedingungen im Sinne einer „take it or leave it"-Entscheidung konfrontiert wird.[1290]

Dies wird freilich auch nicht in Abrede gestellt. Allerdings wird zur Rechtfertigung auf die Inanspruchnahme *negativer Abschlussfreiheit* verwiesen, denn – so die Argumentation – es stehe dem Verwendungsgegner frei, die ihm vom Verwender gestellten Vertragsbedingungen anzunehmen oder eben nicht.[1291] Dass sich gerade der Verwendungsgegner in einer ausweglosen Situation befindet, weil ihm ein Ausweichen auf Alternativanbieter aufgrund branchenweit weitgehend einheitlicher Konditionen typischerweise nicht möglich ist[1292], wird indes durch fiktive Gleichstellung mit einem „normalen" Individualvertrag ausgeblendet. Damit wird aufseiten des Verwendungsgegners ein Maß an Selbstbestimmung fingiert, das tatsächlich nicht existiert.

Mit Blick auf den *Schutzzweck* der Inhaltskontrolle und die von Verfassung wegen gebotene Gewährleistung materieller Vertragsfreiheit des Verwendungsgegners kommt daher eine Substituierung des Begriffs des *Aushandelns* durch jenen des *Verhandelns* nicht in Betracht. Es bleibt bei dem Befund, dass derjenige, der seinem Vertragspartner für eine Vielzahl von Verträgen vorformulierte Vertragsbedingungen stellt, die Vertragsgestaltungsfreiheit einseitig für sich selbst – und regelmäßig auch zum eigenen Vorteil auf Kosten der anderen Partei – in Anspruch nimmt. In diesem Fall versagt die Richtigkeitsgewähr des Vertragsmechanismus, die das tatsächliche Selbstbestimmungsrecht beider Vertragsparteien voraussetzt. Die Rechtsordnung ist hier – zur Gewährleistung des Vertragszwecks[1293] – zur Inhaltskontrolle nicht nur berechtigt, sondern auch verpflichtet. Will der Verwender diese Folgen vermeiden, so muss er seinem Verhandlungspartner ein Mindestmaß an Vertragsgestaltungsfreiheit, d. h. die Möglichkeit einräumen, auf den Inhalt des Vertrages tatsächlich einzuwirken. Dies ist aber nichts anderes als ein *Aushandeln* iSd. *Rechtsprechung* des BGH, so dass aus teleologischer und verfassungsrechtlicher Perspektive wohl kein Weg an dem bislang geltenden Regelungssystem vorbeiführt.

[1289] Hierzu oben S. 890ff.

[1290] Hierzu oben S. 459ff., 514ff., 592ff., 780f.

[1291] *Deutscher Anwaltverein*, AnwBl. Online 2012, 180, 186.

[1292] Vgl. hierzu nur oben S. 596ff., 611ff.

[1293] Zur Interessenverwirklichung als Zweck des Vertrages eingehend oben S. 141ff., 236ff., 242ff., 453ff.

(2) Fingierte Zustimmung bei unveränderter Übernahme von Vertragsbedingungen

Aus den gleichen Gründen kann es für die Annahme einer Individualvereinbarung keinesfalls genügen, dass auch dann, „wenn gleichlautende Vertragsbedingungen ohne erneute Verhandlungen unverändert in einen neuen Vertrag zwischen denselben Parteien übernommen werden"[1294], über die entsprechenden Vertragsbedingungen lediglich *verhandelt* worden ist.[1295] Denn die unveränderte Übernahme eines vorformulierten Vertragstextes belegt gerade die *Einseitigkeit* der *Inanspruchnahme* der *Vertragsgestaltungsfreiheit* des Verwenders.[1296] Erforderlich ist mit Blick auf die Gewährleistung *materieller Vertragsfreiheit* des Verwendungsgegners, dass dieser den unverändert gebliebenen Klauseln auch *tatsächlich* zugestimmt hat, etwa weil er von ihrer *sachlichen Richtigkeit* überzeugt ist.[1297] Dass ein entsprechender Nachweis innerer Motivationen indes nur schwer zu führen sein wird, liegt auf der Hand. Allerdings sind die Beweisschwierigkeiten – wie gezeigt worden ist[1298] – die spiegelbildliche Konsequenz des mit dem Stellen von AGB verbundenen objektiven Anscheins der einseitigen Inanspruchnahme der Vertragsgestaltungsmacht durch den Verwender. Wer die sich aus der Verwendung von AGB ergebenden Vorteile in Anspruch nehmen will, muss auch die daraus folgenden Nachteile tragen. Dies muss umso mehr gelten, als der Verwender für die entsprechenden Beweisschwierigkeiten selbst verantwortlich ist, da er den objektiven Anschein der einseitigen Inanspruchnahme vertraglicher Gestaltungsmacht durch das Stellen von AGB selbst gesetzt hat. Der Schutz der Vertragsgestaltungsfreiheit des Verwendungsgegners gebietet es daher, bei *Fehlen textlicher Änderungen* das Bestehen eines tatsächlichen Einverständnisses mit besonderer *Sorgfalt* zu prüfen.[1299]

(3) Kriterienkatalog

Als problematisch erweist sich ebenfalls der von *Müller*, *Griebeler* und *Pfeil* und damit vonseiten der Anwaltschaft vorgelegte Kriterienkatalog, der eine Reihe von Indizien definiert, bei deren Vorliegen ein Aushandeln widerleglich vermutet

---

[1294] *Deutscher Anwaltverein*, AnwBl. 2012, 402, 402; *Deutscher Anwaltverein*, AnwBl. Online 2012, 180, 180.

[1295] So aber *Deutscher Anwaltverein*, AnwBl. 2012, 402, 402; *Deutscher Anwaltverein*, AnwBl. Online 2012, 180, 180.

[1296] Vgl. zur Problematik oben S. 820 ff., 885 f.

[1297] OLG Hamm v. 9.1.2012, 2 U 104/11, Rn. 123. Hierauf Bezug nehmend BGH NJW 2013, 856, 857 (bring-or-pay).

[1298] Vgl. hierzu nur oben S. 896 ff.

[1299] Entsprechend nimmt die Rechtsprechung in derartigen Fällen ein *Aushandeln* nur unter „besonderen Umständen" an, vgl. nur BGH NJW 2013, 856, 856; BGHZ 153, 311, 321 = NJW 2003, 1805, 1807; BGHZ 143, 104, 112 = NJW 2000, 1110, 1112. Vgl. auch MünchKomm/*Basedow*, BGB (7. Aufl. 2016), § 305 Rn. 39; Palandt/*Grüneberg*, BGB (77. Aufl. 2018), § 305 Rn. 20; Staudinger/*Schlosser*, BGB (2013), § 305 Rn. 36, 44.

werden soll.[1300] Zu den entsprechenden, jeweils alternativ gültigen Indizien gehören neben mindestens *zweimonatigen Vertragsverhandlungen*, schriftlichen *Kommentaren* des gegnerischen Vertragsentwurfes, einem *Vertragswert* von über 1 Million Euro, der *anwaltlichen Beratung* des Verwendungsgegners, dem *Durchsetzen* von mindestens einer *Änderung* an dem vorgeschlagenen Text sowie die *Identität* der Vertragsbedingungen mit einem zu einem früheren Zeitpunkt ausgehandelten *Vertragstext*. In diesen Fällen ein Aushandeln widerlegbar zu vermuten wird weder dem Schutzzweck der Inhaltskontrolle noch dem verfassungsrechtlich gebotenen Schutz des Selbstbestimmungsrechts des Verwendungsgegners gerecht.

Denn weder durch bloße Vertragsverhandlungen, auch wenn diese sehr lang angedauert haben, noch durch schriftliche Kommentare oder eine anwaltliche Beratung wird dem Verwendungsgegner tatsächlich Vertragsgestaltungsfreiheit eingeräumt. Vielmehr ist in diesen Fällen lediglich gewährleistet, dass sich der Verwendungsgegner eingehend mit den Vertragsbedingungen *auseinandergesetzt* hat, so dass vom Fehlen einer *Informationsasymmetrie* auszugehen ist. Allerdings ist bereits im Rahmen der Entwicklung des *vertragstheoretischen Begründungsmodells* deutlich geworden, dass sich die AGB-Problematik nicht auf ein bloßes Informationsproblem reduzieren lässt, sondern sich die *situative Unterlegenheit* zugleich als Folge der zwischen den Parteien bestehenden Vertragsimparität darstellt, die allein dadurch ausgeglichen werden kann, dass dem Verwendungsgegner tatsächlich ein substantielles Maß an Vertragsgestaltungsfreiheit eingeräumt wird.

Die Möglichkeit des tatsächlichen Einflusses auf den Vertragsinhalt muss dabei für jede im Einzelnen ausgehandelte Vertragsbedingung festgestellt werden. Dass „die andere Vertragspartei mindestens eine Änderung an dem vorgeschlagenen Text der Vertragsbedingung durchgesetzt hat“[1301] spricht zwar dafür, dass der Verwendungsgegner die geänderte Vertragsbedingung mitgestalten konnte. Eine Aussage darüber, welchen tatsächlichen Einfluss er auf die *übrigen* Bestandteile des Vertrages hatte, lässt sich daraus indes nicht entnehmen. Auch hier gilt der bereits hergeleitete Befund, dass eine *Ausstrahlungswirkung* ausgehandelter Klauseln auf nicht ausgehandelte Vertragsbestandteile auch aus teleologischen Gründen ausscheidet, so dass eine gesetzliche Regelung insoweit auf dogmatische Schwierigkeiten stößt. Lediglich die Tatsache, dass die entsprechenden Vertragsbedingungen bereits zu einem früheren Zeitpunkt ausgehandelt worden sind, vermag bei Bestehen einer entsprechenden, beide Verträge umfassenden Geschäftsbeziehung für die Annahme einer Individualvereinbarung genügen. Ob es hierfür indes einer gesetzlichen Regelung bedarf, ist angesichts der breiten Zustimmung des Schrifttums und des Fehlens entgegenstehender Judikate fraglich.

1300 *Müller/Griebeler/Pfeil*, BB 2009, 2658, 2662.
1301 *Müller/Griebeler/Pfeil*, BB 2009, 2658, 2662.

Umsetzbar ist eine entsprechende Abgrenzung damit bereits auf der Grundlage des geltenden Rechts.

bb) Vertragswertabhängige Bereichsausnahme

Kommt eine flexible Absenkung der Anforderungen an eine Individualabrede nicht in Betracht, so könnte eine Lösung des Differenzierungsproblems in einer pauschalierenden Bereichsausnahme bestehen. Da die *Unternehmensgröße* und der Tatbestand der *Auslandsberührung* als Differenzierungskriterien – wie sich bereits im Gang der bisherigen Untersuchung gezeigt hat[1302] – ausscheiden, könnte eine pauschalierende Bereichsausnahme am *Vertragswert* als Differenzierungskriterium ansetzen. Entsprechende Vorschläge sind im Rahmen der aktuellen Reformdiskussion vielfach vorgelegt worden, wobei Schwellenwerte von jeweils 500.000[1303], 1 Million[1304] oder sogar drei Millionen Euro[1305] vorgeschlagen wurden oder auf die Festlegung eines konkreten Schwellenwertes verzichtet worden ist[1306]. Aus teleologischer Perspektive ist eine derartige Bereichsausnahme grundsätzlich möglich: Denn bei sehr hohen Vertragswerten wird sich der für die Kenntnisnahme, die rechtliche Analyse und das Verhandeln der entsprechenden Vertragsbedingungen erforderliche Aufwand für den Verwendungsgegner in aller Regel lohnen, so dass eine *Informationsasymmetrie* zwischen den Parteien typischerweise nicht mehr besteht.[1307]

Zwar verschafft dies allein dem Verwendungsgegner noch keinen tatsächlichen Einfluss auf den Vertragsinhalt. Die Kompensation der Informationsasymmetrie hat damit keine unmittelbaren Auswirkungen auf die Abänderungsbereitschaft des Verwenders und damit auf die Verhandlungsimparität. Allerdings besteht in den Fällen, in denen eine Informationsasymmetrie aufgrund einer positiven Transaktionskosten-Vertragswert-Relation typischerweise – und nicht lediglich als Ausnahmefall – ausscheidet, jedenfalls eine gewisse Wahrscheinlichkeit für ein Funktionieren des Konditionenwettbewerbs. Denn da sich beide Parteien in der Regel eingehend mit den Vertragsbedingungen auseinandersetzen und sie zur Kenntnis nehmen, ist der Wettbewerb nicht lediglich auf *Preis* und *Qualität*[1308]

1302 Vgl. zur *Unternehmensgröße* oben S. 753, zur *Auslandsberührung* S. 755758 ff.

1303 *Becker*, AGB und Individualvereinbarung (2011), S. 164 f.; *Becker*, JZ 2010, 1098, 1105 f.

1304 *Leuschner*, JZ 2010, 875, 884; *Miethaner*, AGB-Kontrolle (2010), S. 209; *Miethaner*, NJW 2010, 3121, 3127; *Müller/Griebeler/Pfeil*, BB 2009, 2658, 2662; *Leuschner*, AcP 207 (2007), 491, 524 f. Befürwortend auch *Müller*, BB 2013, 1355, 1357.

1305 *Pfeiffer*, ZGS 2004, 401, 401.

1306 *Leyens/Schäfer*, AcP 210 (2010), 771, 792 ff., 803 (Schwellenwert von 550.000 Euro vermutlich zu niedrig).

1307 Zur *positiven Transaktionskosten-Vertragswert-Relation* oben S. 563 ff., 573 f., 901 ff.

1308 Zur Fokussierung auf *Preis* und *Qualität* als Inhalt der Hauptleistungspflichten eingehend oben S. 598, 577 ff. sowie *Axer*, AGB-Kontrolle (2012), S. 57; *Becker*, AGB und Individualvereinbarung (2011), S. 99; *v. Westphalen*, BB 2010, 195, 200; *Stoffels*, AGB-Recht (3. Aufl. 2015), Rn. 86; *Basedow*, AcP 200 (2000), 445, 487; *Drexl*, Selbstbestimmung (1998), S. 330, 340;

beschränkt, sondern wird tendenziell die übrigen *Vertragsbedingungen* mit einschließen. Dies kann jedoch nur bei Vorliegen einer positiven Transaktionskosten-Vertragswert-Relation angenommen werden.

Sind damit die dogmatischen Hürden für eine entsprechende Regelung genommen, so begegnet ihre *rechtspraktische Umsetzung* doch erheblichen Schwierigkeiten. Als problematisch erweist sich vor allem die Festlegung eines *Schwellenwertes.* Denn die rechnerisch genaue Bestimmung einer positiven Transaktionskosten-Vertragswert-Relation ist aufgrund beschränkter Information sowie des ungewissen Eintritts zukünftiger Ereignisse praktisch nicht möglich.[1309] So hat bereits die *behavioral economics*-Forschung nachgewiesen, dass sich die insoweit erforderliche *Kosten-Nutzen-Analyse* des Klauselgegners als „Gleichung mit lauter Unbekannten"[1310] erweist.[1311] Sind schon die *Transaktionskosten* kaum verlässlich bestimmbar, so gilt dies erst recht für den sich aus der *Kenntnisnahme* und der rechtlichen *Analyse* ergebenden Nutzen für den Klauselgegner. Denn die Wahrscheinlichkeit des Eintritts zukünftiger, im Vertrag zu regelnder Ereignisse, wie etwa möglicher Haftungsfälle oder sonstiger Leistungsstörungen, ist dem Klauselgegner regelmäßig nicht bekannt und typischerweise auch nicht mit hinreichender Sicherheit zu ermitteln. Daher kann die Annahme einer positiven Transaktionskosten-Vertragswert-Relation allenfalls auf groben Schätzungen beruhen und mit der erforderlichen Sicherheit allenfalls für evidente Fälle angenommen werden.

Darüber hinaus ist völlig unklar, wie der Vertragswert etwa bei sich *wiederholenden Transaktionen* oder *Dauerschuldverhältnissen* zu bestimmen sein soll. Ist hier auf den Gegenstandswert der einzelnen Transaktion abzustellen oder soll vielmehr jede Transaktion einzeln betrachtet werden?[1312] Denn bei wiederholten Transaktionen sinken die Transaktionskosten aufgrund der – mit der wiederholten Verwendung einmal ausgehandelter Vertragsbedingungen verbundenen – Skaleneffekte, so dass auch der für die Bereichsausnahme maßgebliche Schwellenwert entsprechend sinkt.[1313]

Dass die verlässliche Bestimmung des insoweit entscheidenden Schwellenwertes auf nicht zu unterschätzende Schwierigkeiten stößt, zeigen bereits die in

---

Fastrich, Inhaltskontrolle (1992), S. 86; *Kötz*, Gutachten (1974), S. A 9, A 34; *Grunsky*, BB 1971, 1113, 1117. Vgl. auch BGH NJW-RR 2008, 818, 820 (Verbrauchserfassungsgerätevertrag).

1309 Zur *Rationalitätsbegrenzungen* und den *praktischen Schwierigkeiten* einer *Kosten-Nutzen-Analyse* eingehend oben S. 555 ff. sowie *Hellwege*, AGB und Rechtsgeschäftslehre (2010), S. 560; *Drexl*, Selbstbestimmung (1998), S. 338. Vgl. hierzu auch *Axer*, AGB-Kontrolle (2012), S. 141.

1310 So *Drexl*, Selbstbestimmung (1998), S. 338.

1311 Vgl. hierzu oben S. 525 f., 555 ff. sowie *Eidenmüller*, JZ 2005, 216, 218 ff. mwN.

1312 Gegen eine isolierte Berücksichtigung lediglich des Geschäftswerts der konkreten Transaktion MünchKomm/*Basedow*, BGB (7. Aufl. 2016), § 310 Rn. 17.

1313 *Fornasier*, in: FIW (Hrsg.), Schwerpunkte des Kartellrechts 2011 (2012), S. 113, 119; MünchKomm/*Basedow*, BGB (7. Aufl. 2016), § 310 Rn. 17.

der Literatur diskutierten Beträge, die zwischen 500.000[1314] und drei Millionen Euro[1315] schwanken. Entsprechend wird das Modell der pauschalierenden Bereichsausnahme mit dem Argument abgelehnt, dass die Grenzziehung insoweit *arbiträr* sei.[1316] Allerdings vermag dieser Einwand nicht vollständig zu überzeugen. So mag zwar zutreffen, dass die Festlegung eines bestimmten Grenzwertes letztlich eine mehr oder weniger willkürliche Entscheidung des Gesetzgebers verlangt und aufgrund der unvermeidbaren legislatorischen Unschärfe notwendig zu einer überschießenden oder hinter dem Schutzzweck zurückbleibenden Regelung führt. Solange eine entsprechende Regelung nicht überschießenden Charakter hätte, wäre dies mit Blick auf den von Verfassung wegen gebotenen Schutz der *materiellen Vertragsfreiheit* des Klauselgegners jedoch nicht zu beanstanden, da das Problem der Arbitrarität bei der Bestimmung jeglicher gesetzlicher Grenzwerte auftritt und damit dem Recht keinesfalls fremd ist. Allerdings ergeben sich insoweit Spannungen zur Gewährleistung formaler Vertragsfreiheit des Verwenders, als der Vertrag einer Inhaltskontrolle auch in jenen Fällen unterworfen wird, in denen eine Schutzbedürftigkeit des Verwendungsgegners nicht besteht und eine richterliche Vertragskorrektur daher auch nicht hinreichend legitimiert ist.

Als problematischer erweist sich indes ein anderer Gesichtspunkt: So steuert die Vorschrift des §305 Abs.1 S.3 BGB nicht nur die Reichweite des *sachlichen Anwendungsbereiches* der *Inhaltskontrolle*, sondern darüber hinaus auch die *Transparenzkontrolle* sowie die Anwendung der *contra proferentem-Regel*. Damit führt das Modell der pauschalierenden vertragswertabhängigen Bereichsausnahme zu letztlich unbefriedigenden *Alles-oder-nichts-Lösungen*.[1317] Die vom Rechtsverkehr gewünschte Flexibilität wird damit nicht erreicht und vor allem wird man der großen Spannweite unterschiedlicher Fallkonstellationen auch im b2b-Verkehr nicht gerecht, die von echten AGB – wie etwa standardisierten Lieferbedingungen – bis hin zu unechten AGB – z.B. komplexen M&A-Verträgen – reicht. Als geeigneter scheint es daher, für eine Differenzierung am Maßstab der Inhaltskontrolle und hier insbesondere an der Generalklausel des §307 BGB anzusetzen. Der flexible Prüfungsmaßstab der Generalklauseln bietet in Kombination mit dem Differenzierungsgebot des §310 Abs.1 S.2 Hs.2 BGB einen denkbar geeigneteren Rahmen, der höchst unterschiedlichen Bandbreite der Fall-

---

1314 So etwa *Becker*, AGB und Individualvereinbarung (2011), S.164f.; *Becker*, JZ 2010, 1098, 1105f.

1315 *Pfeiffer*, ZGS 2004, 401, 401. Für eine Wertgrenze von 1 Million Euro vgl. *Müller*, BB 2013, 1355, 1357; *Leuschner*, JZ 2010, 875, 884; *Miethaner*, AGB-Kontrolle (2010), S.209; *Miethaner*, NJW 2010, 3121, 3127; *Müller/Griebeler/Pfeil*, BB 2009, 2658, 2662; *Leuschner*, AcP 207 (2007), 491, 524f.

1316 So insbesondere *Fornasier*, in: FIW (Hrsg.), Schwerpunkte des Kartellrechts 2011 (2012), S.113, 119; MünchKomm/*Basedow*, BGB (7. Aufl. 2016), §310 Rn.17.

1317 *Fornasier*, in: FIW (Hrsg.), Schwerpunkte des Kartellrechts 2011 (2012), S.113; MünchKomm/*Basedow*, BGB (7. Aufl. 2016), §310 Rn.17.

konstellationen sowie der Schutzbedürftigkeit im b2b-Verkehr angemessen Rechnung zu tragen.[1318]

IV. Maßstab der Inhaltskontrolle im b2b-Verkehr

Bietet der *sachliche Anwendungsbereich* aus teleologischen Gründen nur vergleichsweise enge Spielräume für eine Flexibilisierung des Kontrollniveaus im unternehmerischen Geschäftsverkehr, so könnten die Regelungen des *Maßstabs* der Inhaltskontrolle einen insoweit deutlich geeigneteren Ansatzpunkt darstellen. Tatsächlich ist bereits die gesetzliche Ausgangslage im Hinblick auf die Schwelle des Aushandelns nach §305 Abs. 1 S. 3 BGB wesentlich günstiger. So ist schon das *Differenzierungsgebot* des §310 Abs. 1 S. 2 Hs. 2 BGB auf eine flexible Anwendung des Kontrollmaßstabes im unternehmerischen Geschäftsverkehr hin angelegt.

Darüber hinaus bietet die Generalklausel des §307 BGB aufgrund der Weite des Angemessenheitsmaßstabes die Möglichkeit, auch innerhalb des unternehmerischen Geschäftsverkehrs auf die Besonderheiten unterschiedlicher typisierter Fallkonstellationen einzugehen. Im Folgenden ist daher zu untersuchen, welche Möglichkeiten einer Berücksichtigung der Besonderheiten des unternehmerischen Geschäftsverkehrs bereits *de lege lata* bestehen. In einem zweiten Schritt werden die Optionen in den Blick genommen, die dem Gesetzgeber *de lege ferenda* zur Flexibilisierung der Maßstäbe im b2b-Verkehr zur Verfügung stehen. Dabei werden insbesondere die im Rahmen der aktuellen rechtspolitischen Diskussion vorgelegten Regelungsvorschläge daraufhin überprüft, ob sie mit dem Schutzzweck der AGB-rechtlichen Inhaltskontrolle und der verfassungsrechtlich gebotenen Gewährleistung materieller Vertragsfreiheit im Einklang stehen und daher als Regelungsoptionen in Betracht kommen.

1. Der differenzierende Ansatz der Rechtsprechung

Die Rechtsprechung des BGH folgt mit Blick auf die Ausformung des Kontrollmaßstabes einem differenzierenden Ansatz, der an die bereits vor Erlass des AGBG am Maßstab des Grundsatzes von *Treu* und *Glauben* entwickelte *offene Inhaltskontrolle*[1319] anknüpft. Zentrale Bedeutung kommt dabei den im b2b-Verkehr nicht *unmittelbar* anwendbaren Klauselverboten der §§308, 309 BGB

[1318] Ebenso MünchKomm/*Basedow*, BGB (7. Aufl. 2016),310 Rn. 17; *Fornasier,* in: FIW (Hrsg.), Schwerpunkte des Kartellrechts 2011 (2012), S. 113, 119. Die Vorteile eines solchen Ansatzes betonend ebenfalls *Axer*, AGB-Kontrolle (2012), S. 204. 208f. Vgl. hierzu auch die Regelungsvorschläge oben S. 758f.

[1319] Hierzu eingehend oben S. 347ff.

zu, denen überwiegend[1320], jedoch keinesfalls ausschließlich[1321], *Indizwirkung* im Hinblick auf die inhaltliche Unangemessenheit iSv. § 307 Abs. 1 S. 1 BGB zuerkannt wird. Die „Gewohnheiten und Gebräuche" des unternehmerischen Geschäftsverkehrs werden dabei im Rahmen der Vorschrift des § 310 Abs. 1 S. 2 Hs. 2 BGB berücksichtigt, so dass eine – sonst anzunehmende – Unangemessenheit der Klausel aufgrund der Besonderheiten des b2b-Verkehrs ausnahmsweise entfallen kann.

a) Gesetzliche Ausgangslage

Lässt man die Sonderregelungen für den unternehmerischen Geschäftsverkehr zunächst außer Betracht, so sieht das AGB-Recht als Maßstab der Inhaltskontrolle iSv. *leges speciales* vor allem die speziellen Klauselverbote ohne (§ 309 BGB) und mit Wertungsmöglichkeit (§ 308 BGB) vor, die gegenüber der Generalklausel des § 307 BGB als Konkretisierung des Unangemessenheitsmaßstabes vorrangig zu prüfen sind.[1322] Sie enthalten eine Reihe praxisrelevanter Klauseln, die aufgrund ihrer besonders benachteiligenden Wirkung (§ 309 BGB)[1323] oder aufgrund ihres Inhalts im speziellen vertraglichen Kontext (§ 308 BGB)[1324] typischerweise für unangemessen und damit regelmäßig für unwirksam erachtet werden. Greifen die speziellen Klauselverbote nicht ein, so gelangt die Generalklausel des § 307 Abs. 1 BGB zur Anwendung, wonach eine in AGB enthaltene Vertragsbedingung dann als unwirksam anzusehen ist, wenn sie den Vertragspartner des Verwenders entgegen den Geboten von Treu und Glauben unangemessen benachteiligt. Dieser freilich noch sehr unbestimmte Maßstab wird in den Vorschriften des § 307 Abs. 2 Nr. 1 und 2 BGB dahingehend konkretisiert, dass eine unangemessene Benachteiligung *im Zweifel* dann anzunehmen ist, wenn eine Bestimmung mit wesentlichen Grundgedanken der gesetzlichen Regelung, von der abgewichen wird, nicht zu vereinbaren ist (§ 307 Abs. 2 Nr. 1 BGB) oder wesentliche Rechte oder Pflichten, die sich aus der Natur des Vertrags ergeben, derart einschränkt werden, dass dadurch die Erreichung des Vertragszwecks gefährdet wird (§ 307 Abs. 2 Nr. 2 BGB).

Für dieses Kontrollsystem – die *speziellen Klauselverbote* der §§ 308, 309 BGB und die *Generalklausel* des § 307 BGB – trifft die Vorschrift des § 310 Abs. 1

1320 Vgl. nur BGH NJW 2008, 1148, 1149 sowie Staudinger/*Coester-Waltjen*, BGB (2013), § 308 Nr. 1 Rn. 21; MünchKomm/*Wurmnest*, BGB (7. Aufl. 2016), § 308 Rn. 6; § 308 Nr. 1 Rn. 15; § 308 Nr. 2 Rn. 8; § 308 Nr. 7 Rn. 14; § 309 Nr. 7 Rn. 33; *Schmidt*, in: *Ulmer/Brandner/Hensen*, AGB-Recht (12. Aufl. 2016), § 308 Nr. 7 Rn. 24; *Christensen*, in: *Ulmer/Brandner/Hensen*, AGB-Recht (12. Aufl. 2016), § 309 Nr. 7 Rn. 43; *Dammann*, in: Wolf/Lindacher/Pfeiffer, AGB-Recht (6. Aufl. 2013), § 308 Nr. 2 Rn. 40.

1321 Vgl. nur OLG Frankfurt v. 6. 10. 2011 (6 U 267/10) Rn. 27 ff. zu § 309 Nr. 9 BGB.

1322 MünchKomm/*Wurmnest*, BGB (7. Aufl. 2016), § 308 Rn. 3.

1323 MünchKomm/*Wurmnest*, BGB (7. Aufl. 2016), § 309 Rn. 2.

1324 Vgl. MünchKomm/*Wurmnest*, BGB (7. Aufl. 2016), § 308 Rn. 1.

S. 1 BGB eine *Sonderregelung*, indem sie die unmittelbare Anwendung der §§ 308 und 309 BGB – mit Ausnahme der im Jahr 2014 neu eingefügten §§ 308 Nr. 1a) und b) BGB[1325] – im unternehmerischen Geschäftsverkehr ausschließt. Damit bleibt es für Rechtsgeschäfte zwischen Unternehmern bei der Anwendung der Vorschriften der Generalklausel des § 307 Abs. 1 und 2 BGB, was durch die Regelung des § 310 Abs. 1 S. 2 Hs. 1 BGB klargestellt wird. Allerdings ist hierbei nach § 310 Abs. 1 S. 2 Hs. 2 BGB auf die „im Handelsverkehr geltenden Gewohnheiten und Gebräuche" angemessen Rücksicht zu nehmen.

b) Indizwirkung der Klauselverbote im b2b-Verkehr

Der Systematik des Gesetzes folgend, stützt die Rechtsprechung die Inhaltskontrolle im unternehmerischen Geschäftsverkehr auf die Generalklausel des § 307 Abs. 1 und 2 BGB, zieht jedoch aufgrund der unbestimmten Weite des Unangemessenheitsmaßstabes zur Konkretisierung die in den Klauselverboten der §§ 308, 309 BGB „zum *Ausdruck kommenden Wertungen*"[1326] heran, soweit sie übertragbar sind. Dabei misst sie den Klauselverboten *grundsätzlich* Indizwirkung für die Unwirksamkeit der entsprechenden Klauseln zu.

„Allerdings sind die Klauselverbote des § 309 Nr. 7 Buchst. a und b BGB hier *nicht unmittelbar* anwendbar, weil es sich bei dem Kläger nach den unangegriffenen Feststellungen des Berufungsgerichts um einen *Unternehmer* handelt. ... Solche Geschäftsbedingungen unterliegen jedoch der *Inhaltskontrolle* nach § 307 Abs. 1 und 2 BGB, und zwar auch insoweit, als dies zur *Unwirksamkeit von Vertragsbestimmungen* führt, die in § 309 BGB aufgeführt sind; dabei ist auf die im *Handelsverkehr* geltenden *Gewohnheiten* und *Bräuche* angemessen Rücksicht zu nehmen (§ 310 Abs. 1 Satz 2 BGB).

Diese Bestimmung, die dem früheren § 24 AGBG entspricht, bedeutet, dass bei der Inhaltskontrolle im unternehmerischen Verkehr die in den Klauselverboten *zum Ausdruck kommenden Wertungen* berücksichtigt werden sollen, *soweit* sie *übertragbar* sind ... Nach der Rechtsprechung des Bundesgerichtshofs zu § 11 AGBG (jetzt § 309 BGB) kommt den strikten Klauselverboten im Rahmen der Inhaltskontrolle nach § 9 AGBG (jetzt § 307 BGB) *Indizwirkung* für die Unwirksamkeit der Klausel auch im *unternehmerischen Geschäftsverkehr* zu .... Daran hält der Senat fest. Fällt eine Klausel bei ihrer Verwendung gegenüber Verbrauchern unter eine Verbotsnorm des § 309 BGB, so ist dies ein *Indiz* dafür, dass sie auch im Falle der Verwendung gegenüber Unternehmern zu einer *unangemessenen Benachteiligung* führt, *es sei denn*, sie kann wegen der *besonderen Interessen* und *Bedürfnisse* des unternehmerischen Geschäftsverkehrs *ausnahmsweise* als angemessen angesehen werden."[1327]

[1325] Vgl. hierzu BT-Drucks. 18/1309, S. 20 f. sowie Richtlinie 2011/7/EU zur Bekämpfung von Zahlungsverzug im Geschäftsverkehr (Neufassung) v. 16.2.2011, ABl. EU 2011 L 48, S. 1 ff. Eingehend hierzu auch *Haspl*, BB 2014, 771; *Spitzer*, MDR 2014, 933; *v. Westphalen*, BB 14/2014, Die erste Seite; *Pfeiffer*, BB 2013, 323; *v. Westphalen*, BB 2013, 515 sowie oben S. 6.

[1326] BGHZ 174, 1, 4 = NJW 2007, 3774, 3775 (Gebrauchtwagenkaufvertrag).

[1327] BGHZ 174, 1, 4 f. = NJW 2007, 3774, 3775 (Gebrauchtwagenkaufvertrag). Hervorhebungen durch den Verfasser.

Den Grundsatz der *Indizwirkung der Klauselverbote* hatte der BGH bereits im Rahmen der *Glaubersalztankentscheidung*[1328] aus dem Jahre 1984 entwickelt:

„Fällt eine Klausel bei Verwendung gegenüber Nichtkaufleuten unter eine der Verbotsnormen des § 11 AGBG, so ist dies ein *Indiz* dafür, daß sie auch im Falle der *Verwendung unter Kaufleuten* zu einer *unangemessenen Benachteiligung* des Vertragspartners führt, es sei denn, sie kann wegen der besonderen *Interessen* und *Bedürfnisse* des kaufmännischen Geschäftsverkehrs *ausnahmsweise* als angemessen angesehen werden.“[1329]

Zur Begründung wies der BGH darauf hin, dass die Rechtsprechung eine formularmäßige Verkürzung der ohnehin bereits verhältnismäßig kurzen gesetzlichen Verjährungsfristen gegenüber Kaufleuten bereits *vor Geltung des AGBG* als unwirksam angesehen habe.[1330] Darüber hinaus treffe auf Kaufleute „der in der gesetzlichen Regelung zum Ausdruck gekommene Gerechtigkeitsgedanke gleichermaßen zu“[1331], so dass der *kaufmännische Verkehr* insoweit *keine Besonderheiten* aufweise.[1332] Im Ergebnis knüpft der BGH damit an die bereits auf der Grundlage der offenen Inhaltskontrolle nach § 242 BGB entwickelte Rechtsprechung an, wobei er die Klauselverbote als gesetzliche Konkretisierung konsequenterweise heranzieht und sie im Wege der Indizwirkung jedenfalls *mittelbar* zur Anwendung bringt.

Allerdings gilt die Annahme einer Indizwirkung der Klauselverbote *nicht generell*. Sie ist vom BGH sowohl für die strikten Klauselverbote als auch für jene mit Wertungsmöglichkeit – etwa die §§ 308 Nr. 1[1333], 309 Nr. 7a), b)[1334], Nr. 8 b) ff)[1335] BGB – bejaht, für andere – etwa § 309 Nr. 9 a)[1336] und c)[1337], Nr. 12 a)[1338] BGB – dagegen ausdrücklich verneint worden. Die bisweilen im Schrifttum pauschalisierend vertretene Annahme, der BGH würde den Klauselverboten eine *generelle Indizwirkung* zusprechen,[1339] wird – trotz der bisweilen durchaus missverständlichen Formulierungen und einer entsprechenden Tendenz

---

[1328] BGHZ 90, 273, 278 = NJW 1984, 1750, 1751 (Glaubersalztank).

[1329] BGHZ 90, 273, 278 = NJW 1984, 1750, 1751 (Glaubersalztank). Vgl. auch BGH NJW 1985, 3016, 3017 (Textilveredelungsfall). Hervorhebungen durch den Verfasser.

[1330] BGHZ 90, 273, 276 = NJW 1984, 1750, 1751 (Glaubersalztank).

[1331] BGHZ 90, 273, 277 = NJW 1984, 1750, 1751 (Glaubersalztank).

[1332] BGHZ 90, 273, 277 = NJW 1984, 1750, 1751 (Glaubersalztank).

[1333] BGH NJW-RR 2013, 1028, 1032 (Erbbaurecht).

[1334] BGHZ 174, 1, 3 ff. = NJW 2007, 3774, 3775 (Gebrauchtwagenkaufvertrag); BGHZ 103, 316, 328 = NJW 1988, 1785, 1788 (Werftwerkvertrag) (zu § 11 Nr. 7 AGBG).

[1335] BGHZ 90, 273, 278 = NJW 1984, 1750, 1751 (Glaubersalztank) (zu § 11 Nr. 10 f. AGBG).

[1336] BGH NJW-RR 2012, 626, 627. Ebenso zu § 11 Nr. 12 a AGBG: BGH NJW 2003, 886, 886; BGH NJW-RR 1997, 942, 942; BGHZ 120, 108, 114 = NJW 1993, 326, 328; BGH NJW 1985, 2693, 2695.

[1337] BGH NJW-RR 2012, 626, 627.

[1338] Zu § 11 Nr. 15a AGBG: BGH NJW 1985, 3016, 3017 (Textilveredelungsfall).

[1339] Vgl. nur *Axer*, AGB-Kontrolle (2012), S. 224 ff.; *Berger/Kleine*, BB 2007, 2137, 2139; *Berger*, ZIP 2006, 2149, 2153.

in der früheren Rechtsprechung[1340] – dem differenzierenden Ansatz der Rechtsprechung nicht gerecht. Auf diesen Zusammenhang hat insbesondere das *OLG Frankfurt* in einer jüngeren Entscheidung zu Recht hingewiesen:

„Die hier in Frage stehende Regelung des § 309 Nr. 9 BGB entfaltet allerdings … *keine Indizwirkung* …. Der Bundesgerichtshof hat zwar in der zitierten Entscheidung vom 19. September 2007 eine solche Indizwirkung für Klauselverbote ohne Wertungsmöglichkeit angenommen …. Diese Entscheidung bezog sich jedoch ungeachtet der *verallgemeinernden Formulierungen* in Textziffer 12 sowie dem *Leitsatz 1* dieser Entscheidung lediglich auf die Regelung des § 307 Buchst. a) und b) BGB, also auf den Haftungsausschluss bei der Verletzung von Leben, Köper und Gesundheit einerseits und für grobes Verschulden andererseits. … Diese Argumentation lässt sich auf die Regelungen zur Laufzeit von Dauerschuldverhältnissen *nicht übertragen*.

Darüber hinaus ist nicht ersichtlich, dass der Bundesgerichtshof mit der zitierten Entscheidung von der Entscheidung des X. Zivilsenats des Bundesgerichtshofs vom 17. Dezember 2002 … abweichen wollte. Dort hatte der Bundesgerichtshof zu der Vertragslaufzeitklausel des § 11 Nr. 12 a AGBG (jetzt § 309 Nr. 9 Buchst. a) BGB) ausdrücklich und unter Berufung auf eine ältere Entscheidung … entschieden, dass insoweit *kein Indiz* für eine entsprechende Geltung solcher Klauseln *auch im geschäftlichen Verkehr* besteht. Vielmehr sei *im Einzelfall* zu prüfen, ob die als allgemeine Geschäftsbedingung vereinbarte Laufzeit den Anforderungen der Generalklausel des § 9 Abs. 1 AGBG (jetzt § 307 Abs. 1 BGB) genügt …“[1341]

Ob einem bestimmten Klauselverbot eine Indizwirkung zukommt, hängt damit davon ab, ob sich die dem Klauselverbot zugrunde liegenden *Wertungen* auf den unternehmerischen Geschäftsverkehr *übertragen* lassen. Insoweit ergeben sich für die Rechtsprechung bereits an dieser Stelle der Konkretisierung des Unangemessenheitsmaßstabes der Generalklausel des § 307 BGB erhebliche Spielräume für eine *flexible* Anwendung der Inhaltskontrolle im b2b-Verkehr, wovon der BGH auch Gebrauch macht.[1342]

1340 Vgl. nur BGHZ 90, 273, 278 = NJW 1984, 1750, 1751 (Glaubersalztank): „Fällt eine Klausel bei Verwendung gegenüber Nichtkaufleuten *unter eine der Verbotsnormen* des § 11 AGB-Gesetz, *so ist dies ein Indiz dafür*, daß sie auch im Falle der Verwendung unter Kaufleuten zu einer unangemessenen Benachteiligung des Vertragspartners führt, es sei denn, sie kann wegen der besonderen Interessen und Bedürfnisse des kaufmännischen Geschäftsverkehrs ausnahmsweise als angemessen angesehen werden.“ *Differenzierender* bereits BGH NJW 1985, 2693, 2695 (Bierlieferungsvertrag I): „Der Bestimmung des § 11 Nr. 12a AGB-Gesetz kommt hier keine Bedeutung zu. Dabei kann dahinstehen, ob die Erfüllung einer der Verbotsnormen des § 11 AGB-Gesetz stets ein Indiz für die Unangemessenheit der Klausel im Falle ihrer Verwendung unter Kaufleuten sein muß … und ob dies auch für die Vorschrift des § 11 Nr. 12a AGB-Gesetz zu gelten hat.“ Hervorhebungen durch den Verfasser.

1341 OLG Frankfurt v. 6. 10. 2011 (6 U 267/10) Rn. 27 ff. Hervorhebungen durch den Verfasser.

1342 Vgl. nur BGHZ 103, 316 = NJW 1988, 1785, 1786 ff. (Werftwerkvertrag). Eingehend hierzu oben S. 954 ff.

c) Das Berücksichtigungsgebot des § 310 Abs. 1 S. 2 Hs. 2 BGB

Eine zweite Stellschraube für die flexible und differenzierende Berücksichtigung der Besonderheiten des unternehmerischen Geschäftsverkehrs bietet die Vorschrift des § 310 Abs. 1 S. 2 Hs. 2 BGB, wonach „auf die im Handelsverkehr geltenden Gewohnheiten und Gebräuche … angemessen Rücksicht zu nehmen" ist.[1343] Daher prüft der BGH selbst dann, wenn er die Indizwirkung eines bestimmten Klauselverbotes bejaht, ob die jeweilige Vertragsbedingung in den entsprechenden Verkehrskreisen nicht etwa *branchenüblich* ist.[1344] Ist dies der Fall, so ist die *Indizwirkung* des eingreifenden Klauselverbotes widerlegt und eine *Unangemessenheit* der Klausel scheidet regelmäßig aus:

„Zutreffend ist das Berufungsgericht davon ausgegangen, daß die im nichtkaufmännischen Geschäftsverkehr zwingende *Verbotsnorm* des § 11 Nr. 7 AGBG im *kaufmännischen Geschäftsverkehr* nicht anwendbar ist (§ 24 Satz 1 Nr. 1 AGBG), daß ihr aber insoweit eine *indizielle Bedeutung* für die Annahme einer unangemessenen Benachteiligung – auch des kaufmännischen – Vertragspartners zukommt ….

Es hat jedoch auf die *Besonderheiten* hingewiesen, die sich für den kaufmännischen Verkehr aus der Regelung des § 24 Satz 2 Halbsatz 2 AGBG ergeben; danach ist bei der Anwendung der *Generalklausel* des § 9 AGBG auf die im Handelsverkehr geltenden *Gewohnheiten* und *Gebräuche* angemessen Rücksicht zu nehmen. Soweit das Berufungsgericht hieraus folgert, die *Branchenüblichkeit* einer seit langem verwendeten AGB-Klausel sei bei der Bestimmung des Maßstabes für die Inhaltskontrolle nach § 9 AGBG zu berücksichtigen, der angesichts seines generalklauselartigen Charakters von vornherein einen *Wertungsspielraum* für *branchentypische Differenzierungen* zulasse, ist dies aus Rechtsgründen nicht zu beanstanden."[1345]

Erst recht greift das Berücksichtigungsgebot des § 310 Abs. 1 S. 2 Hs. 2 BGB (§ 24 Satz 2 Halbs. 2 AGBG) dann ein, wenn die drohende Unwirksamkeit nicht auf der Indizwirkung eines Klauselverbotes beruht, sondern sich unmittelbar aus der Anwendung der Generalklausel des § 307 BGB (§ 9 AGBG) ergibt.

„Nach § 24 Satz 2 Halbs. 2 AGBG ist bei der Beurteilung, ob eine in Allgemeinen Geschäftsbedingungen enthaltene Klausel wegen Verstoßes gegen § 9 AGBG unwirksam ist, auf die *im Handelsverkehr geltenden Gewohnheiten und Gebräuche* angemessen Rücksicht zu nehmen. Dementsprechend kann auch die *Branchenüblichkeit* einer *seit langem geübten Haftungsfreizeichnungspraxis* bei der Bestimmung des Maßstabes für die Inhaltskontrolle nach § 9 AGBG, der angesichts seines generalklauselartigen Charakters von vornherein einen *Wertungsspielraum* für *branchentypische Differenzie-*

[1343] Hierzu eingehend MünchKomm/*Basedow*, BGB (7. Aufl. 2016), § 310 Rn. 9 ff.; Staudinger/*Schlosser*, BGB (2013), § 310 Rn. 13; *Ulmer/Schäfer*, in: *Ulmer/Brandner/Hensen*, AGB-Recht (12. Aufl. 2016), § 310 Rn. 26; *Pfeiffer*, in: Wolf/Lindacher/Pfeiffer, AGB-Recht (6. Aufl. 2013), Einl. Rn. 3 f.

[1344] Zur *Branchenüblichkeit* als Maßstab vgl. nur BGH NJW-RR 1996, 783, 785; BGH NJW-RR 1997, 1253, 1255 (Seefrachtvertrag); BGHZ 103, 316 = NJW 1988, 1785, 1786 ff. (Werftwerkvertrag).

[1345] BGHZ 103, 316, 328 f. = NJW 1988, 1785, 1788 (Werftwerkvertrag). Hervorhebungen durch den Verfasser.

rungen zuläßt, Berücksichtigung finden. Daraus folgt, daß besondere Interessen und Bedürfnisse eine im nichtkaufmännischen Verkehr unzulässige Klausel unter Kaufleuten – wenn auch nur in *Ausnahmefällen* – als angemessen erscheinen lassen können, es sei denn, der Klauselverwender versucht mißbräuchlich, einseitig eigene Interessen auf Kosten des Vertragspartners durchzusetzen, ohne dessen Belange hinreichend zu berücksichtigen. ... Im Streitfall ist davon auszugehen, daß im Seehandelsrecht bei Fallgestaltungen der vorliegenden Art eine *Haftungsfreizeichnung handelsüblich* ist.“[1346]

Bei der Bewertung der Frage, ob eine entsprechende *Branchenüblichkeit* gegeben ist, vermeidet der BGH zu Recht Pauschalisierungen und bemüht sich um eine differenzierte Beurteilung unter Berücksichtigung der konkreten Umstände des Einzelfalls. So hat er etwa auch im Rechtsverkehr zwischen Unternehmen eine *Verkürzung der Gewährleistungsfrist* für Arbeiten bei Bauwerken von fünf auf zwei Jahre aufgrund der unangemessenen Benachteiligung des unternehmerischen Kunden für unwirksam erachtet.[1347] Denn „insoweit werden Kaufleute im Betrieb ihres Handelsgewerbes von Bauwerksmängeln, auch solchen, die aus Planungs- oder Überwachungsfehlern resultieren, nicht weniger betroffen als Nichtkaufleute.“[1348] Die besonderen *Interessen* und *Bedürfnisse* des *unternehmerischen Geschäftsverkehrs* und die dort geltenden Maßstäbe seien für das typische Auftraggeberrisiko bei Bauwerken insoweit ohne Belang.[1349] Denn „der Kaufmann ist im allgemeinen nicht etwa imstande, verborgene Baumängel früher zu bemerken als Nichtkaufleute.“[1350] In einem anderen Fall hatte der BGH in einer vollständigen Haftungsfreizeichnung für *Vorsatz* und *grobe Fahrlässigkeit* bei sonstigen Schäden auch im unternehmerischen Geschäftsverkehr eine unangemessene Benachteiligung gesehen:

„Ein *Unternehmer* darf ebenso wie ein *Verbraucher* darauf *vertrauen*, dass sein Vertragspartner ihn nicht grob fahrlässig oder gar vorsätzlich *schädigt*. Auch insoweit fehlt eine *sachliche Rechtfertigung* dafür, hinsichtlich der Haftungsfolgen für grobes Verschulden danach zu differenzieren, ob von dem Verschulden des Vertragspartners ein *Unternehmer* oder ein *Verbraucher* betroffen ist. Deshalb besteht auch im *Geschäftsverkehr mit Unternehmern* ein Verbot der umfassenden Freizeichnung von der Haftung für grobes Verschulden ....“[1351]

[1346] BGH NJW-RR 1997, 1253, 1255 (Seefrachtvertrag). Hervorhebungen durch den Verfasser.

[1347] BGH NJW 2014, 206, 208 (Ingenieurvertrag); BGHZ 90, 273, 278 = NJW 1984, 1750, 1751 (Glaubersalztank).

[1348] BGH NJW 2014, 206, 208 (Ingenieurvertrag). Ebenso bereits BGHZ 90, 273, 278 = NJW 1984, 1750, 1751 (Glaubersalztank): „Kaufleute werden im Betrieb ihres Handelsgewerbes von Bauwerksmängeln nicht minder betroffen als Nichtkaufleute“.

[1349] BGH NJW 2014, 206, 208 (Ingenieurvertrag); BGHZ 90, 273, 278f. = NJW 1984, 1750, 1751.

[1350] BGHZ 90, 273, 279 = NJW 1984, 1750, 1751. Ähnlich BGH NJW 2014, 206, 208 (Ingenieurvertrag).

[1351] BGHZ 174, 1, 6 = NJW 2007, 3774, 3775 (Gebrauchtwagenkaufvertrag). Hervorhebungen durch den Verfasser.

Andererseits hat das Gericht dann, wenn eine entsprechende Klausel seit Langem verwendet wurde und damit als branchenüblich angesehen werden konnte, trotz Bestehens der Indizwirkung eines eingreifenden Klauselverbotes eine unangemessene Benachteiligung des unternehmerischen Vertragspartners verneint.[1352] So lag es etwa im Fall eines *Werftwerkvertrages*, der einen formularmäßigen Haftungsausschluss bei grobem Verschulden vorsah. Hier hat das Gericht auf die Besonderheiten von Werftwerkverträgen hingewiesen, „bei denen das Bestehen eines praktisch *lückenlosen Kaskoversicherungsschutzes* für Schiffe *branchenüblich* ist und das von *gefahrgeneigten Arbeiten* am Schiff typischerweise *ausgehende Schadensrisiko* vonseiten des Werftkunden (Reeders oder Schiffseigners) weitgehend *mitbeherrscht* werden kann“[1353]. Da den Werftkunden aufgrund ihrer Möglichkeit, auf den Gefahreintritt einzuwirken, durch entsprechende Haftungsausschlüsse im Ergebnis keine nennenswerten Nachteile entstehen, stellte ein entsprechender Haftungsausschluss nach Auffassung des BGH keine mit den Geboten von Treu und Glauben unvereinbare unangemessene Benachteiligung dar.[1354] Denn es sei nicht feststellbar, „daß die Freizeichnung einer mißbräuchlichen, allein den Geschäftsinteressen der Werften nützlichen Zielrichtung dient und die schutzwürdigen Belange der Werftkunden außer acht läßt.“[1355]

In ähnlicher Weise hat der BGH etwa die zehnjährige Bezugsbindung in einem formularmäßigen *Bierlieferungsvertrag* mit Hinweis auf die Finanzierungsfunktion derartiger Verträge gebilligt.[1356] Denn da dem Gastwirt mit dem Bierlieferungsvertrag typischerweise zugleich ein Darlehen zur Verfügung gestellt wird, „das dem Aufbau oder der Fortführung der Gastwirtschaft dient und das durch den kontinuierlichen Getränkebezug amortisiert wird, ist eine solche Bindung unter Berücksichtigung der im Handelsverkehr geltenden Gewohnheiten und Gebräuche (§ 24 S. 2, 2. HS AGBG) sowie der beiderseitigen Interessen und Bedürfnisse der Parteien hinzunehmen ....“[1357] Entsprechende Judikate finden sich darüber hinaus etwa für das *Preisbestimmungsrecht* des Unternehmers[1358] oder die *Haftungsbeschränkung* des Spediteurs nach den ADSp[1359]. Mit der *Übertragbarkeit* der den Klauselverboten zugrunde liegenden *Wertungen* und der *Berücksichtigung* der im Handelsverkehr geltenden Gewohnheiten und Gebräuche stehen der Rechtsprechung damit zwei praktisch handhabbare Ansatzpunkte zur Konkretisierung des Angemessenheitsmaßstabs der Generalklausel des

---

1352 BGHZ 103, 316, 329 = NJW 1988, 1785, 1788 (Werftwerkvertrag).

1353 BGHZ 103, 316, 329 = NJW 1988, 1785, 1788 (Werftwerkvertrag). Hervorhebungen durch den Verfasser.

1354 BGHZ 103, 316, 330 = NJW 1988, 1785, 1788 (Werftwerkvertrag).

1355 BGHZ 103, 316, 329 = NJW 1988, 1785, 1788 (Werftwerkvertrag).

1356 BGHZ 147, 279, 283 = NJW 2001, 2331, 2331 (Bierlieferungsvertrag II).

1357 BGHZ 147, 279, 283 = NJW 2001, 2331, 2331 (Bierlieferungsvertrag II).

1358 BGHZ 92, 200 = NJW 1985, 426, 427 f. (Preisbestimmungsrecht).

1359 BGH NJW-RR 1997, 1253, 1255 (Seefrachtvertrag); BGHZ 127, 275 = NJW 1995, 1490, 1492 (Simultandolmetscheranlage).

§ 307 BGB zur Verfügung. Diese erlauben eine *differenzierte* und *flexible* Anpassung des Kontrollmaßstabes an die unterschiedlichen Fallgestaltungen im Spektrum des unternehmerischen Geschäftsverkehrs und werden von der Rechtsprechung auch entsprechend angewendet.[1360]

2. *Kritik an der geltenden Rechtslage und Reformvorschläge*

Während ein Teil der Literatur der höchstrichterlichen Rechtsprechung des BGH uneingeschränkt[1361] oder zumindest weitgehend[1362] folgt, stößt sie bei einem Teil des Schrifttums auf erhebliche Kritik.[1363] Insbesondere im Rahmen der aktuellen rechtspolitischen Diskussion zur Reform des AGB-Rechts[1364] wird die Rechtsprechung zur Indizwirkung der Klauselverbote im unternehmerischen Geschäftsverkehr vor allem von Befürwortern einer Reform in Zweifel gezogen.[1365]

a) *Weitgehende Gleichbehandlung von b2b-und b2c-Verkehr*

So habe die Anerkennung einer Indizwirkung eine weitgehende *Gleichbehandlung* von b2b- und b2c-Verkehr zur Folge.[1366] Die Indizwirkung bezweifelnde Urteile seien „nicht bekannt“[1367]. „Nur ganz selten“[1368] würde die indizierte Unangemessenheit einer Klausel aufgrund der unternehmerischen Besonderheiten in anderem Licht erscheinen.[1369] Der BGH nehme „so gut wie nie“[1370] eine vom b2c-Verkehr abweichende Risikoverteilung vor. Die *Privatautonomie* reiche daher im Bereich der §§ 308, 309 BGB im Rechtsverkehr zwischen Unter-

---

1360 Vgl. nur BGH NJW-RR 1997, 1253, 1255 (Seefrachtvertrag); BGHZ 103, 316, 329 = NJW 1988, 1785, 1788 (Werftwerkvertrag); BGHZ 92, 200 = NJW 1985, 426, 427 f. (Preisbestimmungsrecht).

1361 Vgl. Staudinger/*Coester-Waltjen*, BGB (2013), § 308 Nr. 1 Rn. 21; MünchKomm/*Wurmnest*, BGB (7. Aufl. 2016), § 308 Rn. 6; § 308 Nr. 1 Rn. 15; § 308 Nr. 2 Rn. 8; § 308 Nr. 7 Rn. 14; § 309 Nr. 7 Rn. 33; *Schmidt*, in: *Ulmer/Brandner/Hensen*, AGB-Recht (12. Aufl. 2016), § 308 Nr. 7 Rn. 24; *Christensen*, in: *Ulmer/Brandner/Hensen*, AGB-Recht (12. Aufl. 2016), § 309 Nr. 7 Rn. 43; *Dammann*, in: Wolf/Lindacher/Pfeiffer, AGB-Recht (6. Aufl. 2013), § 308 Nr. 2 Rn. 40.

1362 Vgl. etwa *Dammann*, in: Wolf/Lindacher/Pfeiffer, AGB-Recht (6. Aufl. 2013), § 309 Nr. 7 Rn. 135.

1363 Vgl. nur *Dauner-Lieb*, AnwBl. 2013, 845, 845; *Axer*, AGB-Kontrolle (2012), S. 215; *Hannemann*, AnwBl. 2012, 314, 316; *Dauner-Lieb/Axer*, ZIP 2010, 309, 310 f.; *Leuschner*, JZ 2010, 875, 876; *Lenkaitis/Löwisch*, ZIP 2009, 441, 442; *Kessel/Stomps*, BB 2009, 2666, 2668.

1364 Hierzu eingehend oben S. 713 ff., 716 ff.

1365 Vgl. nur oben S. 717 ff. sowie die in Fn. 1366 genannten Nachweise.

1366 *Axer*, AGB-Kontrolle (2012), S. 218; *Berger*, ZIP 2006, 2149, 2150.

1367 So unzutreffend *Axer*, AGB-Kontrolle (2012), S. 212, der freilich selbst auf Gegenbeispiele hinweist, vgl. nur *Axer*, AGB-Kontrolle (2012), S. 214 Fn. 807, 215, Fn. 810.

1368 *Axer*, AGB-Kontrolle (2012), S. 215.

1369 *Axer*, AGB-Kontrolle (2012), S. 215.

1370 *Axer*, AGB-Kontrolle (2012), S. 215.

nehmen „nicht wesentlich weiter“[1371] als im b2c-Verkehr. Zwar weise die Rechtsprechung auf *die theoretische Möglichkeit* einer Relativierung der Wertungen der Klauselverbote hin, jedoch habe der Topos der unternehmerischen Interessen und Bedürfnisse in der Folgezeit keine nennenswerte praktische Bedeutung gefunden.[1372] Dadurch würde jedoch das *Differenzierungsgebot* des § 310 Abs. 1 S. 2 Hs. 2 BGB weitgehend *neutralisiert*.[1373] Das vom Gesetzgeber ausdrücklich gewollte *Regel-Ausnahme-Verhältnis* würde durch die mangelnde Berücksichtigung der Bedürfnisse des unternehmerischen Geschäftsverkehrs in sein Gegenteil verkehrt.[1374] Die Rechtsprechung sei daher „rechtssystematisch zweifelhaft und tatsächlich *kontraproduktiv*“[1375]. Sie lasse sich darüber hinaus auch nicht in ein überzeugendes, pragmatisches Konzept der Inhaltskontrolle integrieren.[1376]

b) Fehlende Berücksichtigung der Bedürfnisse des b2b-Verkehrs

Die weitgehende Gleichbehandlung von b2c- und b2b-Verkehr widerspräche darüber hinaus dem *Willen des Gesetzgebers*, der durch die Dispensierung der unmittelbareren Anwendbarkeit der Klauselverbote im unternehmerischen Geschäftsverkehr gerade die Möglichkeit eröffnen wollte, dessen Besonderheiten und Bedürfnissen Rechnung zu tragen.[1377] Sie verstoße darüber hinaus auch gegen das gesetzliche *Leitbild des geringeren Unternehmerschutzes* und erschwere so den auf einfache, schnelle und flexible Strukturen angewiesenen unternehmerischen Geschäftsverkehr.[1378] Darüber hinaus seien die „verbraucherschutzorientierten Klauselverbote“[1379] auf die *Bedürfnisse des privaten Geschäftsverkehrs* bezogen und würden auf den unternehmerischen b2b-Verkehr nicht ohne weiteres passen.[1380]

Das Bemühen der Gerichte um Rechtssicherheit habe zu einem Verlust an Flexibilität und zur Schaffung eines *quasi-zwingenden Rechts* in zentralen Bereichen des b2b-Verkehrs geführt, das in krassem Widerspruch zu den unternehmeri-

---

[1371] *Axer*, AGB-Kontrolle (2012), S. 215.

[1372] *Dauner-Lieb/Axer*, ZIP 2010, 309, 311.

[1373] *Dauner-Lieb/Axer*, ZIP 2010, 309, 310.

[1374] *Hannemann*, AnwBl. 2012, 314, 316; *Kessel*, Referat 69. DJT (2012), S. I 57 ff.

[1375] *Lenkaitis/Löwisch*, ZIP 2009, 441, 443. Der Rechtsprechung zustimmend dagegen *Baudenbacher*, JA 1987, 217, 224 f. („Angesichts der sprachlichen Offenheit des § 24 AGBG ist aber der Weg, den die Gerichte nun eingeschlagen haben, durchaus vertretbar.“).

[1376] So *Axer*, AGB-Kontrolle (2012), S. 218. Kritisch auch *Pres*, Inhaltskontrolle (2005), S. 21, der in der Annahme, die Inhaltskontrolle erfolge im b2c- und b2b-Verkehr nach einheitlichen Maßstäben und unterscheide sich nur in der Intensität, eine *petitio principii* erblickt.

[1377] In diese Richtung *Rabe*, NJW 1987, 1978, 1982; *Schlechtriehm*, FS Duden (1977), S. 571, 577 ff., 579 (größerer Wertungsspielraum der Gerichte).

[1378] *Lenkaitis/Löwisch*, ZIP 2009, 441, 443. Vgl. auch *Axer*, AGB-Kontrolle (2012), S. 218.

[1379] So *Lenkaitis/Löwisch*, ZIP 2009, 441, 445.

[1380] Soergel/*Stein*, (12. Aufl. 1996), § 24 AGBG Rn. 11; *Axer*, AGB-Kontrolle (2012), S. 218; *Berger*, ZIP 2006, 2149, 2150; *Bunte*, NJW 1987, 921, 925; *Rabe*, NJW 1987, 1978, 1982.

schen Bedürfnissen stehe.[1381] Die Eigenständigkeit der Inhaltskontrolle erfordere vielmehr „eine genaue Ermittlung, Bewertung und Gewichtung der Interessen bezogen auf die Bedürfnisse des kaufmännischen Geschäftsverkehrs."[1382] Bei den strikten Klauselverboten handele es sich um *kompensationsunfähige* Klauseln, die von der Rechtsordnung selbst dann nicht toleriert würden, wenn dem Vertragspartner hierfür an anderer Stelle im Vertrag Vorteile eingeräumt werden.[1383] Dies passe jedoch nicht auf den kaufmännischen Geschäftsverkehr, in dem durch den „Zusammenhang mit einer Vielzahl von Geschäften"[1384] durch „Vorteile anderer Art"[1385] ein Ausgleich für Benachteiligungen erfolgen könne.[1386] Gerade bei *Haftungsfreizeichnungen* seien die Bedürfnisse zu differenziert, um einen „gemeinsamen Nenner" mit dem b2c-Verkehr herzustellen.[1387]

c) Rechtsunsicherheit und methodische Bedenken

Während die Kritik eine differenzierte Berücksichtigung der Bedürfnisse des unternehmerischen Geschäftsverkehrs vermisst, bemängelt sie zugleich mit Blick auf die Rechtsprechung ein hohes Maß an *Unberechenbarkeit* und den Verlust an *Rechtssicherheit*.[1388] Gerichte würden daher der Versuchung ausgesetzt, – ohne die Besonderheiten des b2b-Verkehrs zu berücksichtigen – pauschal auf die in den Klauselverboten der §§ 308, 309 BGB enthaltenen Wertungen zurückzugreifen und ein solches Vorgehen mit Hinweis auf die rechtspolitische Funktion des AGB-Rechts zu legitimieren.[1389]

Schließlich stößt der Ansatz der Rechtsprechung auch auf *methodische* Bedenken.[1390] So wird darauf hingewiesen, dass sich in der Judikatur des BGH kaum eine klare Linie erkennen lasse: Während einige Urteile offensichtlich von einer *generellen Indizwirkung* der *Klauselverbote* ausgingen, würden diese in ande-

---

[1381] *Berger/Kleine*, NJW 2007, 3526, 2137. Vgl. auch *Axer*, AGB-Kontrolle (2012), S. 218.

[1382] *Bunte, NJW 1987, 921, 925*. Hierzu auch *Axer*, AGB-Kontrolle (2012), S. 218; *Rabe*, NJW 1987, 1978, 1982. Ähnlich bereits *Schlechtriehm*, FS Duden (1977), S. 571, 579f. (keine schematische Anwendung, Berücksichtigung der Umstände des Einzelfalls).

[1383] *Bunte*, NJW 1987, 921, 925.

[1384] Begründung des RegE zum AGBG, BT-Drucks. 7/3919, S. 43.

[1385] Begründung des RegE zum AGBG, BT-Drucks. 7/3919, S. 43.

[1386] *Bunte*, NJW 1987, 921, 925 mit Verweis auf die Begründung des RegE zum AGBG, BT-Drucks 7/3919, S. 43.

[1387] *Bunte*, NJW 1987, 921, 925.

[1388] *Lenkaitis/Löwisch*, ZIP 2009, 441, 444; *Berger/Kleine*, BB 2007, 2137, 2137; *Pres*, Inhaltskontrolle (2005), S. 21; *Grunsky*, BB 1971, 1113, 115f.; *Baudenbacher*, JA 1987, 217, 224f. („Dass die permanente Rechtsfortbildung die Rechtssicherheit unterhöhlt, liegt auf der Hand."). Zurückhaltend dagegen *Fastrich*, Inhaltskontrolle (1992), S. 92 (auf die Unsicherheiten für die Abgrenzung zwischen AGB und Individualabrede hinweisend, jedoch zugleich Lösungsvorschläge aufzeigend).

[1389] So schon *Pauly*, BB 1976, 534, 535. Hierauf hinweisend *Axer*, AGB-Kontrolle (2012), S. 218; *Rabe*, NJW 1987, 1978, 1982.

[1390] So vor allem *Axer*, AGB-Kontrolle (2012), S. 213f.

ren Urteilen über die Vorschriften der §§ 310 Abs. 1 S. 1, 307 BGB Geltung erlangen, zur Ausfüllung der Inhaltskontrolle herangezogen werden oder müssten aufgrund ihrer konkretisierenden Ausgestaltung Berücksichtigung finden.[1391] Darüber hinaus würde sich die Rechtsprechung äußerst selten auf die unterschiedlichen *Varianten* der *Generalklausel* des § 307 BGB beziehen, so dass weitgehend unklar bleibe, ob sich die Indizwirkung der Klauselverbote dogmatisch aus § 307 Abs. 1 BGB oder aus § 307 Abs. 2 Nr. 1 BGB herleite.[1392]

d) Stellungnahme

Die Kritik wird indes von weiten Teilen des Schrifttums[1393] wie auch von der ganz überwiegenden Kommentarliteratur[1394] – jedenfalls in dieser Schärfe – zu Recht nicht geteilt. Sie wird in ihrer Pauschalität dem *differenzierenden Ansatz* der Rechtsprechung[1395] nicht gerecht und geht von *unzutreffenden Tatsachen*[1396] aus. Darüber hinaus lässt sie die Tatsache unberücksichtigt, dass die Judikatur des BGH dogmatisch im – sowohl im b2c- als auch im b2b-Verkehr übergreifend geltenden – Grundsatz von *Treu* und *Glauben* verwurzelt ist[1397] und an die bereits vor Erlass des AGBG geltende Rechtsprechung anknüpft.[1398]

aa) Keine pauschale Gleichbehandlung von b2c- und b2b-Verkehr

So ist bereits die – mittlerweile als wiederkehrendes Motiv in der aktuellen rechtspolitischen Diskussion – verbreitet anzutreffende These von der weitgehenden Gleichbehandlung von b2b-und b2c-Verkehr ebenso unzutreffend wie

---

1391 *Axer*, AGB-Kontrolle (2012), S. 213.

1392 *Axer*, AGB-Kontrolle (2012), S. 213.

1393 Vgl. nur *Fuchs*, FS Blaurock (2013), S. 91., 92 ff.; *v. Westphalen*, AnwBl. 2013, 850; *v. Westphalen*, BB 2013, 1357; *v. Westphalen*, BB 2013, 67; *Schäfer*, BB 2012, 1231, 1234; *Meller-Hannich*, Anwbl. 2012, 676, 682; *v. Westphalen*, AnwBl. 2012, 668; *v. Westphalen*, NJOZ 2012, 441.

1394 Staudinger/*Coester-Waltjen*, BGB (2013), § 308 Nr. 1 Rn. 21; MünchKomm/*Wurmnest*, BGB (7. Aufl. 2016), § 308 Rn. 6; § 308 Nr. 1 Rn. 15; § 308 Nr. 2 Rn. 8; § 308 Nr. 7 Rn. 14; § 309 Nr. 7 Rn. 33; *Schmidt*, in: *Ulmer/Brandner/Hensen*, AGB-Recht (12. Aufl. 2016), § 308 Nr. 7 Rn. 24; *Christensen*, in: *Ulmer/Brandner/Hensen*, AGB-Recht (12. Aufl. 2016), § 309 Nr. 7 Rn. 43; *Dammann*, in: Wolf/Lindacher/Pfeiffer, AGB-Recht (6. Aufl. 2013), § 308 Nr. 2 Rn. 40.

1395 Vgl. hierzu nur oben S. 915 ff.

1396 Vgl. zu einer differenzierenden Berücksichtigung der *Gewohnheiten* und *Gebräuche* des unternehmerischen Geschäftsverkehrs nur BGH NJW-RR 1997, 1253, 1255 (Seefrachtvertrag); BGHZ 103, 316 = NJW 1988, 1785, 1786 ff. (Werftwerkvertrag); BGHZ 92, 200 = NJW 1985, 426, 427 f. (Preisbestimmungsrecht).

1397 Vgl. nur RegE zum AGBG, BT-Drucks. 7/3919, S. 14.

1398 BGH NJW 1976, 2345; NJW 1973, 1190; NJW 1971, 1034; NJW 1970 1596; NJW 1969, 230. Vgl. hierzu auch *Bunte*, NJW 1987, 921, 925; *Schmidt-Salzer*, BB 1975, 680, 681; *Schmidt-Salzer*, Diskussion 50. DJT (1974), S. H 72, H 75; *Bastian/Böhm*, BB 1974, 110, 112; *Eith*, NJW 1974, 16, 17 sowie die Begründung des Gesetzentwurfs des BACDJ (GAGB-E) zu § 25 GAGB-E, BB Beilage 9/1974, 1, 13. Vgl. hierzu oben S. 696 f.

die Aussage, dass die Indizwirkung bezweifelnde Urteile „nicht bekannt“[1399] seien. Unterzieht man die Rechtsprechung tatsächlich einer sorgfältigen Analyse, so zeigt sich sehr deutlich, dass die Annahme, der BGH gehe von einer generellen und ausnahmslosen Indizwirkung der Klauselverbote aus, mit der Realität nicht in Einklang steht. Auch wenn sich einige wenige Urteile aufgrund entsprechender verallgemeinernder Formulierungen in diese Richtung deuten lassen[1400], nimmt der BGH *tatsächlich* nur insofern eine entsprechende Indizwirkung der Klauselverbote an, sofern die ihnen zugrunde liegenden Wertungen auf den unternehmerischen Geschäftsverkehr übertragbar sind. Konsequenterweise hat er daher für einige Klauselverbote – etwa für die §§ 308 Nr. 1[1401], 309 Nr. 7a), b)[1402], Nr. 8 b) ff)[1403] BGB – eine Indizwirkung bejaht, für andere – etwa § 309 Nr. 9 a)[1404] und c)[1405], Nr. 12 a)[1406] BGB – dagegen ausdrücklich verneint. Dabei war es unerheblich, ob es sich um strikte Klauselverbote iSv. § 309 BGB oder um Klauselverbote mit Wertungsmöglichkeit iSv. § 308 BGB handelte. Damit ist zugleich die Aussage widerlegt, die Indizwirkung bezweifelnde Urteile seien nicht bekannt.[1407]

bb) Tatsächliche Berücksichtigung der Bedürfnisse des b2b-Verkehrs

Darüber hinaus zeigt eine eingehende Analyse der entsprechenden Urteile, dass sich die Rechtsprechung mit durchaus bemerkenswerter Sorgfalt um eine Berücksichtigung der Bedürfnisse und Besonderheiten des unternehmerischen Geschäftsverkehrs bemüht und teilweise geradezu um ein sachgerechtes Ur-

---

1399 So unzutreffend *Axer*, AGB-Kontrolle (2012), S. 212, der freilich selbst auf Gegenbeispiele hinweist, vgl. nur ebenda, S. 214 Fn. 807, 215, Fn. 810.

1400 BGHZ 174, 1, 6 = NJW 2007, 3774, 3775 (Gebrauchtwagenkaufvertrag) („Nach der Rechtsprechung des BGH ... kommt den strikten Klauselverboten im Rahmen der Inhaltskontrolle ... Indizwirkung für die Unwirksamkeit der Klausel auch im unternehmerischen Geschäftsverkehr zu.“); BGHZ 103, 316, 328 = NJW 1988, 1785, 1788 (Werftwerkvertrag). Deutlich differenzierter dagegen etwa BGH NJW 2014, 206, 208 (Ingenieurvertrag) („Dem strikten Klauselverbot des § AGBG § 11 Nr. AGBG § 11 Nummer 10 f. AGBG kommt nach der Rechtsprechung des BGH im Rahmen des § AGBG § 9 AGBG Indizwirkung für die Unwirksamkeit einer entsprechenden Klausel zu.“); BGH NJW-RR 2013, 1028, 1032 (Erbbaurecht); BGH NJW 2008, 1148, 1149; BGHZ 90, 273, 278 = NJW 1984, 1750, 1751 (Glaubersalztank).

1401 BGH NJW-RR 2013, 1028, 1032 (Erbbaurecht).

1402 BGHZ 174, 1, 3 ff. = NJW 2007, 3774, 3775 (Gebrauchtwagenkaufvertrag); BGHZ 103, 316, 328 = NJW 1988, 1785, 1788 (Werftwerkvertrag) (zu § 11 Nr. 7 AGBG).

1403 BGHZ 90, 273, 278 = NJW 1984, 1750, 1751 (Glaubersalztank) (zu § 11 Nr. 10 f. AGBG).

1404 BGH NJW-RR 2012, 626, 627. Ebenso zu § 11 Nr. 12 a AGBG: BGH NJW 2003, 886, 886; BGH NJW-RR 1997, 942, 942; BGHZ 120, 108, 114 = NJW 1993, 326, 328; BGH NJW 1985, 2693, 2695.

1405 BGH NJW-RR 2012, 626, 627.

1406 Zu § 11 Nr. 15a AGBG: BGH NJW 1985, 3016, 3017 (Textilveredelungsfall).

1407 So *Axer*, AGB-Kontrolle (2012), S. 212, indes selbst auf Gegenbeispiele hinweisend, vgl. nur ebenda, S. 214 Fn. 807, 215, Fn. 810.

teil ringt.[1408] Indem sich die Kritik weitgehend auf das *Ergebnis* der Unwirksamkeit der vom Verwender gestellten Klauseln konzentriert, blendet sie den hier doch eigentlich zentralen *Vorgang* des sorgfältigen Abwägens der konkreten Umstände des Einzelfalls aus und fällt in jene Pauschalisierung, die sie der Rechtsprechung selbst vorwirft. Dabei verstrickt sie sich mit sich gegenseitig ausschließenden Forderungen in unauflösbare *Widersprüche*: Denn während sie einerseits eine mangelnde Differenzierung mit Blick auf die Bedürfnisse des Unternehmensverkehrs und eine pauschale Gleichbehandlung zwischen b2c- und b2b-Verkehr bemängelt[1409], beklagt sie zugleich die angebliche *Unberechenbarkeit* der Rechtsprechung und den Mangel an einheitlichen und verlässlichen *Maßstäben*.[1410]

Dass differenzierende *Einzelfallgerechtigkeit* jedoch nur um den Preis einer – die *Rechtssicherheit* notwendigerweise belastenden – Komplexität richterlicher Entscheidungen zu haben sein kann, gehört zu den grundlegenden methodischen Einsichten der Verhaltenssteuerung durch Recht. Die mit einer höheren, differenzierenden Treffsicherheit notwendig verbundene Rechtsunsicherheit ist in der Natur rechtlicher Regelung begründet und kann daher keinesfalls der Rechtsprechung angelastet werden. Dabei ist durchaus bemerkenswert, dass die schlagwortartig wiederholte Annahme einer unzumutbar hohen *Rechtsunsicherheit* sowie einer *Unberechenbarkeit* der Rechtsprechung[1411] im Hinblick auf die Wirksamkeit der Klauselverbote jedenfalls in der einschlägigen Kommentarliteratur keineswegs geteilt wird.[1412]

Im Gegenteil zeigen die entsprechenden Kommentierungen, dass die Frage nach der Wirksamkeit oder der Unwirksamkeit bestimmter Klauseln im unternehmerischen Geschäftsverkehr – trotz der Vielgestaltigkeit und der großen Bandbreite unterschiedlicher Fallkonstellation von „echten" AGB im Massenver-

---

[1408] Eindrücklich etwa BGHZ 103, 316, 328 = NJW 1988, 1785, 1788 (Werftwerkvertrag); BGHZ 90, 273, 278 = NJW 1984, 1750, 1751 (Glaubersalztank).

[1409] Vgl. zur Kritik nur *Dauner-Lieb*, AnwBl. 2013, 845, 845; *Axer*, AGB-Kontrolle (2012), S. 215; *Hannemann*, AnwBl. 2012, 314, 316; *Dauner-Lieb/Axer*, ZIP 2010, 309, 310 f.; *Leuschner*, JZ 2010, 875, 876; *Lenkaitis/Löwisch*, ZIP 2009, 441, 442; *Kessel/Stomps*, BB 2009, 2666, 2668 sowie oben S. 927 ff.

[1410] *Lenkaitis/Löwisch*, ZIP 2009, 441, 444; *Axer*, AGB-Kontrolle (2012), S. 213 ff.; *Miethaner*, AGB-Kontrolle (2010), S. 161 ff.; *Berger/Kleine*, BB 2007, 2137, 2137; *Pres*, Inhaltskontrolle (2005), S. 21; *Grunsky*, BB 1971, 1113, 115 f.; *Baudenbacher*, JA 1987, 217, 224 f.

[1411] Vgl. nur *Lenkaitis/Löwisch*, ZIP 2009, 441, 444; *Berger/Kleine*, BB 2007, 2137, 2137; *Pres*, Inhaltskontrolle (2005), S. 21; *Grunsky*, BB 1971, 1113, 115 f.; *Baudenbacher*, JA 1987, 217, 224 f. Zurückhaltend dagegen *Fastrich*, Inhaltskontrolle (1992), S. 92.

[1412] Staudinger/*Coester-Waltjen*, BGB (2013), § 308 Nr. 1 Rn. 21; MünchKomm/*Wurmnest*, BGB (7. Aufl. 2016), § 308 Rn. 6; § 308 Nr. 1 Rn. 15; § 308 Nr. 2 Rn. 8; § 308 Nr. 7 Rn. 14; § 309 Nr. 7 Rn. 33; *Schmidt*, in: *Ulmer/Brandner/Hensen*, AGB-Recht (12. Aufl. 2016), § 308 Nr. 7 Rn. 24; *Christensen*, in: *Ulmer/Brandner/Hensen*, AGB-Recht (12. Aufl. 2016), § 309 Nr. 7 Rn. 43; *Dammann,* in: Wolf/Lindacher/Pfeiffer, AGB-Recht (6. Aufl. 2013), § 308 Nr. 2 Rn. 40.

kehr[1413] bis hin zu „unechten AGB“ etwa bei M&A-Verträgen[1414] – jedenfalls weitgehend mit hinreichender Sicherheit beantwortet werden kann.[1415] Mit der fast 40-jährigen AGB-rechtlichen Rechtsprechung auf der Grundlage des AGBG bzw. der §§305ff. BGB und einer noch weiter zurückreichenden Judikatur auf der Grundlage der §§138, 242 BGB liegt mittlerweile ein Corpus an Entscheidungsmaterial vor, das den am Rechtsverkehr beteiligten Parteien eine hinreichend genaue Prognose über die Zulässigkeit entsprechender AGB erlaubt. Dass diese Rechtsprechung selbstverständlich *komplex* ist und mit Blick auf die einzelnen Klauselverbote durchaus zu differenzierenden Ergebnissen gelangt, ist in der Komplexität der Kautelarjurisprudenz selbst begründet und letztlich vom AGB-Verwender zu verantworten, der entsprechend komplexe Klauselwerke in den Rechtsverkehr eingeführt hat.[1416] Gerade angesichts der hohen *Komplexität* der unterschiedlichen Fallgestaltungen lässt sich umgekehrt ein erstaunlich hohes Maß an *Rechtssicherheit* feststellen. Die Rechtsprechung des BGH kann vor diesem Hintergrund – gerade mit Blick auf das insofern deutlich rechtsunsichere schweizerische Recht – durchaus als Errungenschaft der hiesigen Rechtstradition gelten.[1417]

Darüber hinaus zeigt ein Blick auf die *konkreten Urteile*[1418], dass von einer die Bedürfnisse des Rechtsverkehrs in grober Weise verkennenden Judikatur nicht gesprochen werden kann.[1419] So gelangt die Rechtsprechung – in der Regel unter sorgfältiger Abwägung der einzelnen Aspekte und Umstände des Einzelfalls – häufig zu gut vertretbaren und auch einleuchtenden Ergebnissen. Dass etwa der BGH eine *Verkürzung der Gewährleistungsfrist* für Arbeiten bei Bauwerken von fünf auf zwei Jahre auch im unternehmerischen Geschäftsverkehr für unwirksam gehalten hat[1420], ist selbst mit Blick auf die besonderen Bedürfnisse des unternehmerischen Geschäftsverkehrs nicht zu beanstanden. Im Gegenteil war hier gerade zum Schutz des Unternehmers ein Gleichlauf mit den für den b2c-Verkehr entwickelten Grundsätzen geradezu geboten. Denn die Besonderheiten des unternehmerischen Geschäftsverkehrs kommen in diesem Fall in keiner Weise zum

---

1413 Hierzu *Kaufhold*, BB 2012, 1235, 1236f. sowie oben S. 726, 794.

1414 Hierzu *Kaufhold*, BB 2012, 1235, 1236f. sowie oben S. 726, 794.

1415 Vgl. nur die oben in Fn. 1412 genannten Nachweise.

1416 Zum Gedanken der „Risikosphären“ und der „Gefährdungshaftung“ infolge des „Inverkehrbringens von AGB“ eingehend oben S. 589ff.

1417 Hierzu *Hellwege*, AGB und Rechtsgeschäftslehre (2010), S. 11.

1418 Vgl. nur BGHZ 103, 316, 328 = NJW 1988, 1785, 1788 (Werftwerkvertrag); BGHZ 90, 273, 278 = NJW 1984, 1750, 1751 (Glaubersalztank).

1419 Vgl. hierfür nur die ganz überwiegend befürwortende Kommentarliteratur Staudinger/*Coester-Waltjen*, BGB (2013), §308 Nr. 1 Rn. 21; MünchKomm/*Wurmnest*, BGB (7. Aufl. 2016), §308 Rn. 6; §308 Nr. 1 Rn. 15; §308 Nr. 2 Rn. 8; §308 Nr. 7 Rn. 14; §309 Nr. 7 Rn. 33; *Schmidt*, in: *Ulmer/Brandner/Hensen*, AGB-Recht (12. Aufl. 2016), §308 Nr. 7 Rn. 24; *Christensen*, in: *Ulmer/Brandner/Hensen*, AGB-Recht (12. Aufl. 2016), §309 Nr. 7 Rn. 43; *Dammann*, in: Wolf/Lindacher/Pfeiffer, AGB-Recht (6. Aufl. 2013), §308 Nr. 2 Rn. 40.

1420 BGH NJW 2014, 206, 208 (Ingenieurvertrag).

Tragen. Zutreffend hat der BGH daher festgestellt, dass auch „der Kaufmann ... im allgemeinen nicht etwa imstande [ist], verborgene Baumängel früher zu bemerken als Nichtkaufleute."[1421] Das Gleiche gilt für die in der Praxis wichtigen *Haftungsausschlüsse*. So hat der BGH etwa zu Recht klargestellt, dass „ein Unternehmer ... ebenso wie ein Verbraucher darauf vertrauen [darf], dass sein Vertragspartner ihn nicht grob fahrlässig oder gar vorsätzlich schädigt.

Auch insoweit fehlt eine sachliche Rechtfertigung dafür, hinsichtlich der Haftungsfolgen für grobes Verschulden danach zu differenzieren, ob von dem Verschulden des Vertragspartners ein Unternehmer oder ein Verbraucher betroffen ist."[1422] In beiden Fällen kam es daher zu einem von den Reformbefürwortern bemängelten *Gleichlauf* zwischen b2c-und b2b-Verkehr, der jedoch sachlich nicht nur berechtigt, sondern mit Blick auf den Schutz des materiellen Vertragsrechts des unternehmerischen Kunden sogar geboten sein dürfte. Der pauschale Hinweis auf eine angeblich unzulässige Gleichbehandlung von b2c- und b2b-Verkehr geht damit ins Leere und verdeckt den Blick auf die hier eigentlich relevanten dogmatischen Gründe für eine entsprechende parallele Wertung. Eine eingehende dogmatische Auseinandersetzung wird auf diese Weise vermieden.

Dies gilt umso mehr, als sich in der Rechtsprechung zugleich überzeugende Beispiele für als wirksam erachtete Klauseln finden.[1423] Dabei sollte freilich dem BGH das Recht zugestanden werden, nicht auf einen diffusen Verweis auf die flexibel zu bewertenden Bedürfnisse des unternehmerischen Geschäftsverkehrs[1424] – bei denen es sich wie bereits gezeigt in Wirklichkeit häufig um Verwenderinteressen handeln dürfte[1425] –, sondern ausschließlich auf *hard facts*, belastbare Anhaltspunkte für die Annahme einer Angemessenheit der entsprechender Klauseln zu reagieren. Hierfür jedenfalls eine auf langjähriger Übung gründende *Branchenüblichkeit* zu verlangen, stellt keine unverhältnismäßig hohe Hürde dar. Allerdings liegt es am Verwender, den hierfür erforderlichen Nachweis zu erbringen.[1426]

[1421] BGH NJW 2014, 206, 208 (Ingenieurvertrag). Ähnlich BGHZ 90, 273, 279 = NJW 1984, 1750, 1751: „Der Kaufmann ist im allgemeinen nicht etwa imstande, verborgene Baumängel früher zu bemerken als Nichtkaufleute."

[1422] BGHZ 174, 1, 6 = NJW 2007, 3774, 3775 (Gebrauchtwagenkaufvertrag).

[1423] BGHZ 147, 279 = NJW 2001, 2331, 2331 (Bierlieferungsvertrag II); BGH NJW-RR 1997, 1253, 1255 (Seefrachtvertrag); BGHZ 127, 275 = NJW 1995, 1490, 1491 f. (Simultandolmetscheranlage); BGHZ 103, 316 = NJW 1988, 1785, 1785 ff. (Werftwerkvertrag); BGHZ 92, 200 = NJW 1985, 426, 427 (Preisbestimmungsrecht).

[1424] So aber die im Rahmen der aktuellen Diskussion entsprechenden Regelungsvorschläge, vgl. nur *Hopt*, Handelsblatt 19. Februar 2013, Nr. 35, 11, 11; *Kondring*, BB 2013, 73, 75; *Müller*, BB 2013, 1355, 1357; *Deutscher Anwaltverein*, AnwBl. 2012, 402, 402; *Deutscher Anwaltverein*, AnwBl. Online 2012, 180, 180, 187; *Kollmann*, NJOZ 2011, 625, 629; *Berger*, NJW 2010, 465, 469. Zustimmend *Hannemann*, AnwBl. 2012, 314, 317; *Kieninger*, AnwBl. 2012, 301, 307; *Salger/Schröder*, AnwBl. 2012, 683, 686. Vgl. hierzu oben S. 758 f. sowie unten 972 ff.

[1425] Hierzu oben S. 722 ff.

[1426] Baumbach/Hopt/*Hopt*, HGB (37. Aufl. 2016), § 346 Rn. 13; Ebenroth/Boujong/Joost/Strohn/*Joost*, HGB (2. Aufl. 2009), § 346 Rn. 24 ff.

cc) *Risikoverlagerung als Ursache häufiger Unwirksamkeit*

Dass die Rechtsprechung gleichwohl in vielen Fällen zum Ergebnis der Unwirksamkeit entsprechender Klauseln gelangt, muss dabei nicht unbedingt an zu strengen Maßstäben seitens der Gerichte liegen. Die überzeugendere Erklärung hierfür dürfte – worauf bereits hingewiesen wurde[1427] – darin zu sehen sein, dass die Verwendung von AGB typischerweise mit einer *Risikoverlagerung* verbunden ist, die eine einseitige *Benachteiligung* des Verwendungsgegners zum einseitigen Vorteil des Verwenders zur Folge hat. Anders gewendet: Werden Vertragsbedingungen einseitig im Vorfeld des Vertragsschlusses formuliert, so bestehen aufgrund der den AGB eigenen Risikoverlagerungstendenz[1428] typischerweise wenig Anreize dafür, die Interessen des Kunden angemessen zu berücksichtigen. Dies wird durch die Vertragspraxis bestätigt: Wird vom dispositiven Recht abgewichen, so geschieht dies in aller Regel zulasten des Verwendungsgegners.[1429] Nimmt der Verwender durch die Vorformulierung der von ihm gestellten AGB die Vertragsgestaltungsfreiheit einseitig in Anspruch, so hat dies typischerweise eine einseitige Benachteiligung seines Vertragspartners zur Folge.[1430] Vor diesem Hintergrund kann der Befund kaum überraschen, dass sich die Rechtsprechung entsprechend häufig genötigt sieht, die vom Verwender gestellten AGB im Wege der Inhaltskontrolle zu korrigieren und unangemessene Klauseln für unwirksam zu erklären. Hierin primär unverhältnismäßig hohe Anforderungen des BGH zu erblicken, verkennt die spezifischen Gefahren, die aufgrund der *situativen Unterlegenheit* des Verwendungsgegners mit dem Stellen von AGB verbunden sind.

Auch der Vorwurf, die Rechtsprechung des BGH sei *rechtssystematisch* und *methodisch* zweifelhaft[1431], vermag nicht zu überzeugen. Denn das Gericht stützt sein Unwirksamkeitsverdikt stets auf die insoweit einschlägige *Generalklausel* des §307 BGB und folgt damit exakt der Systematik des Gesetzes. Dass es zur *Konkretisierung* des Unangemessenheitsmaßstabes auf die *Klauselverbote* als *Aufgreifkriterien*[1432] zurückgreift, kann nicht ernsthaft beanstandet werden, zumal sie lediglich von *indizieller* Bedeutung sind. Dies gilt umso mehr, als die Gerichte ohnehin frei wären, die *Angemessenheit* – losgelöst von den übrigen

---

[1427] Vgl. eingehend oben S. 297ff., 589ff.

[1428] Zur *Risikoverlagerungstendenz* vgl. nur *Ulmer/Habersack*, in: *Ulmer/Brandner/Hensen*, AGB-Recht (12. Aufl. 2016), Einl. Rn. 5; *Pfeiffer*, in: Wolf/Lindacher/Pfeiffer, AGB-Recht (6. Aufl. 2013), Einl. Rn. 3; *Grünberger*, Jura 2009, 249, 249; *Stoffels*, AGB-Recht (3. Aufl. 2015), Rn. 72ff.; *Kötz*, Gutachten (1974), S. A 9, A 25f.; *Raiser*, Das Recht der AGB (1961), S. 21f. sowie eingehend oben S. 297ff.

[1429] MünchKomm/*Basedow*, BGB (7. Aufl. 2016), Vor §305–310 Rn. 3. Vgl. ierzu auch oben S. S. 297f.

[1430] Vgl. nur oben S. 297ff.

[1431] So etwa *Axer*, AGB-Kontrolle (2012), S. 213ff.; *Miethaner*, AGB-Kontrolle (2010), S. 161ff.

[1432] Vgl. hierzu näher *Fuchs*, in: *Ulmer/Brandner/Hensen*, AGB-Recht (12. Aufl. 2016), §307 Rn. 382; *Miethaner*, AGB-Kontrolle (2010), S. 106ff.; *Drexl*, Selbstbestimmung (1998), S. 346, 351, 364.

gesetzlichen Wertungen – allein am Maßstab der Generalklausel des § 307 BGB zu überprüfen. Ob damit aber ein höheres Maß an *Rechtssicherheit* und ein größerer Einklang mit dem gesetzgeberischen Willen verbunden wären, muss bezweifelt werden. Insoweit ist es nur folgerichtig, dass das Gericht mit dem Rückgriff auf die den Klauselverboten zugrunde liegenden *Wertungen* auf Richtungsentscheidungen Bezug nimmt, die der Gesetzgeber im entsprechenden Kontext des AGB-Rechts ohnehin bereits getroffen hat und die aufgrund des in ihnen zum Ausdruck kommenden *Gerechtigkeitsgehaltes*[1433] geeignete *Konkretisierungen* des *unbestimmten Rechtsbegriffs* der *Angemessenheit* der Klauseln darstellen.

Mit anderen Worten: Berücksichtigt man die Tatsache, dass der hier entscheidende Maßstab der Unangemessenheit der Vertragsbedingungen im Einzelnen weitgehend unbestimmt ist und daher notwendig der Konkretisierung bedarf, so ist es absolut folgerichtig und geradezu notwendig, dass die Gerichte zur Konkretisierung dieses unbestimmten Rechtsbegriffs auf jene Wertungen des Gesetzgebers zurückgreifen, die dieser bereits für die streitgegenständliche, typisierte Fallkonstellation getroffen hat. Dass dabei natürlich individuell zu untersuchen ist, ob die entsprechenden Klauselverbote auch auf den unternehmerischen Geschäftsverkehr übertragbar sind oder nicht, steht außer Frage und wird vom BGH konsequenterweise auch sorgfältig geprüft.[1434]

dd) Dogmatische Fundierung der Rechtsprechung im Grundsatz von Treu und Glauben

Die vom BGH gewählte *Methodik*, zunächst vom *Wortlaut* des Gesetzes und den entsprechenden *Wertungen* des Gesetzgebers auszugehen und erst in einem zweiten Schritt die mögliche *Übertragbarkeit* der entsprechenden *Klauselverbote* auf den unternehmerischen Geschäftsverkehr zu prüfen, ist dogmatisch wohlbegründet. Denn die Vorschriften zur Inhaltskontrolle verstehen sich – worauf bereits der Gesetzgeber hingewiesen hat – unabhängig von der künstlichen Differenzierung zwischen b2c- und b2b-Verkehr „im wesentlichen als Ausprägung des die Rechtsordnung insgesamt beherrschenden Grundsatzes von Treu und Glauben."[1435] Insoweit ist zu bedenken, dass zahlreiche der von den §§ 308, 309 BGB erfassten Klauselgestaltungen bereits vor Inkrafttreten des AGBG von der Rechtsprechung im Rahmen der offenen Inhaltskontrolle am Maßstab der §§ 138, 242 BGB auch im unternehmerischen Geschäftsverkehr für unwirksam erachtet

---

[1433] Zum Gerechtigkeitsgehalt des *dispositiven Rechts* vgl. BGHZ 41, 151 = NJW 1964, 1123, 1123; RegE zum AGBG, BT-Drucks. 7/3919, S. 9, 26, 40 sowie eingehend oben S. 502 ff.

[1434] Vgl. nur BGHZ 147, 279 = NJW 2001, 2331, 2331 (Bierlieferungsvertrag II); BGH NJW-RR 1997, 1253, 1255 (Seefrachtvertrag); BGHZ 127, 275 = NJW 1995, 1490, 1491 f. (Simultandolmetscheranlage); BGHZ 103, 316 = NJW 1988, 1785, 1785 ff. (Werftwerkvertrag); BGHZ 92, 200 = NJW 1985, 426, 427 (Preisbestimmungsrecht).

[1435] RegE zum AGBG, BT-Drucks. 7/3919, S. 14.

worden sind.[1436] Darüber hinaus hat der BGH seine Rechtsprechung zur Unwirksamkeit bestimmter vertraglicher Klauseln nicht nur auf den Rechtsverkehr zwischen Unternehmern erstreckt, sondern vielmehr überhaupt erst am Beispiel des unternehmerischen Geschäftsverkehrs entwickelt.[1437]

Bei den Klauselverboten der §§308, 309 BGB handelt es sich damit keineswegs um Normen, deren Wertungen ausschließlich im Kontext von Verbrauchergeschäften Geltung beanspruchen können.[1438] Vielmehr findet die Unwirksamkeit zahlreicher, von den §§308, 309 BGB erfasster Klauselgestaltungen ihre Grundlage in einer Rechtsprechung, die bereits in die Zeit *vor Inkrafttreten des AGBG* zurückreicht[1439], vor allem am Beispiel des *kaufmännischen Verkehrs* entwickelt wurde[1440] und ihre dogmatische Wurzel im übergreifenden Grundsatz von *Treu* und *Glauben* findet.[1441] Vor diesem Hintergrund wäre es im Gegenteil kaum verständlich, wenn die Rechtsprechung bereits existierende gesetzliche Wertungen und die bisherige Judikatur ignorieren und sich gleichsam „im luftleeren Raum“ um eine Konkretisierung des Unangemessenheitsmaßstabes des §307 BGB bemühen würde. Vor diesem Hintergrund kann der vom BGH eingeschlagene Weg – insbesondere mit Blick auf die dogmatische Fundierung der Rechtsprechung im Grundsatz von Treu und Glauben, die Anknüpfung an die ältere, vor Erlass des AGBG ergangene Judikatur und die Berücksichtigung der Wertungen des Gesetzgebers sowie der Bedürfnisse der Rechtssicherheit – durchaus als gelungen und ausgewogen gewertet werden.

3. *Ansatzpunkte für eine Neuorientierung*

Vermag die grundsätzliche Kritik[1442] an der Rechtsprechung des BGH[1443] nicht durchzugreifen, so stellt sich gleichwohl die Frage, welche Möglichkeiten sich für die von einem Teil des Schrifttums geforderte[1444] Flexibilisierung des Maßstabs

---

[1436] Vgl. zur Rechtsprechung vor Inkrafttreten des AGBG eingehend oben S. 347ff., 696f.

[1437] Vgl. hierzu eingehend oben S. 696f. sowie BGH NJW 1976, 2345; NJW 1973, 1190; NJW 1971, 1034; NJW 1970 1596; NJW 1969, 230. Vgl. hierzu auch *Bunte*, NJW 1987, 921, 925; *Schmidt-Salzer*, BB 1975, 680, 681; *Schmidt-Salzer*, Diskussion 50. DJT (1974), S. H 72, H 75; *Bastian/Böhm*, BB 1974, 110, 112; *Eith*, NJW 1974, 16, 17. Vgl. auch die Begründung des Gesetzentwurfs des BACDJ (GAGB-E) zu §25 GAGB-E, BB Beilage 9/1974, 1, 13.

[1438] So aber *Lenkaitis/Löwisch*, ZIP 2009, 441, 445.

[1439] Hierzu oben S. 347ff., 696f.

[1440] Hierzu oben S. 696f.

[1441] Vgl. hierzu die Begründung des RegE zum AGBG, BT-Drucks. 7/3919, S. 14.

[1442] Vgl. nur *Dauner-Lieb*, AnwBl. 2013, 845, 845; *Axer*, AGB-Kontrolle (2012), S. 215; *Hannemann*, AnwBl. 2012, 314, 316; *Dauner-Lieb/Axer*, ZIP 2010, 309, 310f.; *Leuschner*, JZ 2010, 875, 876; *Lenkaitis/Löwisch*, ZIP 2009, 441, 442; *Kessel/Stomps*, BB 2009, 2666, 2668 sowie oben S. 717ff., 923ff.

[1443] Vgl. nur oben S. 915ff.

[1444] Zu den einzelnen *Reformvorschlägen* vgl. oben S. 758f. sowie nur *Hopt*, Handels-

der Inhaltskontrolle ergeben. Dabei sollen zunächst die *de lege lata* bestehenden Spielräume untersucht werden, um sodann die Regelungsmöglichkeiten *de lege ferenda* in den Blick zu nehmen.

a) Auslegung des Differenzierungsgebotes des § 310 Abs. 1 S. 1, 2 BGB

Den Ausgangspunkt bildet zunächst die Auslegung des *Differenzierungsgebotes* des § 310 Abs. 1 S. 1, S. 2 Hs. 2 BGB, dessen Reichweite mit Blick auf die *klassischen Auslegungsmethoden* zu bestimmen ist.

aa) Grammatische Auslegung

Im Gegensatz zum Begriff des *Aushandelns* nach § 305 Abs. 1 S. 3 BGB bietet der Wortlaut des § 310 Abs. 1 S. 1, S. 2 BGB kaum „Material" für eine eingehendere grammatische Auslegung.[1445] Die Vorschrift enthält drei unterschiedliche, jedoch eng miteinander verbundene Regelungen: Während § 310 Abs. 1 S. 1 BGB die Anwendung der Klauselverbote der §§ 308, 309 BGB – mit Ausnahme der im Jahr 2014 neu eingefügten §§ 308 Nr. 1a) und b) BGB[1446] – für den unternehmerischen Geschäftsverkehr ausschließt, stellt § 310 Abs. 1 S. 2 Hs. 1 BGB klar, dass dies keineswegs der Anwendung der Generalklausel des § 307 BGB in jenen Fällen entgegensteht, in denen die Klauselverbote zur Unwirksamkeit der Vertragsbestimmungen führen würden.[1447] Die Vorschrift des § 310 Abs. 1 S. 2 Hs. 2 BGB verpflichtet das Gericht darüber hinaus, im Rahmen der Inhaltskontrolle auf die im Handelsverkehr geltenden Gewohnheiten und Gebräuche angemessen Rücksicht zu nehmen.

Mit Blick auf den Normbestand ist die höchstrichterliche Rechtsprechung vom Wortlaut des § 310 Abs. 1 S. 1, S. 2 Hs. 1 BGB gedeckt. Da der BGH stets betont, dass die Klauselverbote der §§ 308, 309 BGB nicht *unmittelbar* zur Anwendung gelangen[1448], sondern er sie lediglich zur Konkretisierung des Unangemessenheitsmaßstabes der Generalklausel des § 307 Abs. 1 BGB heranzieht, ist damit den Anforderungen des Wortlautes der Vorschrift genüge getan. Dies gilt umso mehr,

blatt 19. Februar 2013, Nr. 35, 11, 11; *Kondring*, BB 2013, 73, 75; *Müller*, BB 2013, 1355, 1357; *Deutscher Anwaltverein*, AnwBl. 2012, 402, 402; *Deutscher Anwaltverein*, AnwBl. Online 2012, 180, 180, 187; *Kollmann*, NJOZ 2011, 625, 629; *Berger*, NJW 2010, 465, 469. Zustimmend *Hannemann*, AnwBl. 2012, 314, 317; *Kieninger*, AnwBl. 2012, 301, 307; *Salger/Schröder*, AnwBl. 2012, 683, 686.

[1445] Vgl. zur *grammatischen* Auslegung des *Aushandelnsbegriffs* eingehend oben S. 859 ff.

[1446] Vgl. hierzu BT-Drucks. 18/1309, S. 20 f. sowie Richtlinie 2011/7/EU zur Bekämpfung von Zahlungsverzug im Geschäftsverkehr (Neufassung) v. 16.2.2011, ABl. EU 2011 L 48, S. 1 ff. Eingehend oben S. 7.

[1447] Auch im Rahmen dieser Klarstellungsregelung wurden die neuen Klauselverbote für den b2b-Verkehr der §§ 308 Nr. 1a) und b) BGB ausgenommen.

[1448] BGH NJW-RR 2013, 1028, 1032 (Erbbaurecht); BGH NJW 2008, 1148, 1149; BGH NJW 1985, 914, 915 (Haftung für Erfüllungsgehilfen); BGHZ 90, 273, 277 = NJW 1984, 1750, 1751 (Glaubersalztank); BGH NJW 1981, 1510, 1510.

als die Indizwirkung der Klauselverbote gerade die in §310 Abs. 1 S. 2 Hs. 1 BGB geregelte Fallkonstellation betrifft.

Den von §310 Abs. 1 S. 2 Hs. 2 BGB geforderten Anforderungen entspricht die Rechtsprechung darüber hinaus – jedenfalls formal – durch die entsprechende Berücksichtigung der *Gewohnheiten* und *Gebräuche* des Handelsverkehrs. Dass der BGH diese Prüfung ernst nimmt belegt die Tatsache, dass das Fehlen einer entsprechenden Prüfung sogar zur Zurückverweisung an das Berufungsgericht führen kann.[1449] Nicht vom Wortlaut der Vorschrift gedeckt ist dagegen die Annahme, die Vorschrift verlange neben der Rücksichtnahme auf die im Handelsverkehr üblichen Gewohnheiten und Gebräuche auch die Berücksichtigung der unternehmerischen *Interessen* und *Bedürfnisse*[1450]. Ein solches Verständnis überschreitet die Wortlautgrenze und ist – freilich ausschließlich aus der Perspektive der grammatischen Auslegung – daher mit dem geltenden Recht nicht vereinbar.

bb) Historische Auslegung

Deutlich ergiebiger scheint dagegen ein Blick in die *Entstehungsgeschichte* der Vorschrift zu sein. Sie ist das Ergebnis einer *Kompromisslösung*, die durch die ursprüngliche Konzeption des AGBG als reines Verbraucherschutzgesetz und die erst im Gesetzgebungsverfahren erfolgte nachträgliche Einbeziehung von Kaufleuten in den Anwendungsbereich des Gesetzes bedingt ist.[1451] Hatte der *Referentenentwurf I*[1452] (1974) den persönlichen Anwendungsbereich des zukünftigen AGBG noch ausschließlich auf Verbraucher beschränkt, so sahen bereits der *BACDJ-Entwurf*[1453] (1974) sowie der im Wesentlichen hierauf beruhende Entwurf der *CDU/CSU-Fraktion*[1454] (1975) eine grundsätzlich unterschiedslose Einbeziehung auch der Kaufleute vor, wobei lediglich einzelne Klauselverbote für unanwendbar erklärt wurden. Mit dem *Referentenentwurf II*[1455] (1975) nahm schließlich auch die Bundesregierung vom Konzept eines reinen Verbraucherschutzgesetzes Abschied und bezog die Kaufleute in den Anwendungsbereich des neuen AGBG ein. Mit nur wenigen Änderungen wurde der

---

1449 BGH DB 1986, 1063. Vgl. hierzu *Axer*, AGB-Kontrolle (2012), S. 214.

1450 Wenngleich auch die Rechtsprechung auf diesen Begriff zurückgreift, ist der tatsächlich zugrunde gelegte Maßstab indes enger, vgl. BGHZ 174, 1, 4f. = NJW 2007, 3774, 3775 (Gebrauchtwagenkaufvertrag); BGHZ 147, 279 = NJW 2001, 2331, 2331 (Bierlieferungsvertrag II); BGH NJW-RR 1997, 1253, 1255 (Seefrachtvertrag); BGHZ 103, 316 = NJW 1988, 1785, 1788 (Werftwerkvertrag); BGHZ 90, 273 = NJW 1984, 1750, 1751 (Glaubersalztank).

1451 Vgl. zur Entstehungsgeschichte und zur Diskussion vor Inkrafttreten des AGBG oben S. 695ff.

1452 Referentenentwurf I zum AGBG, DB Beilage 18/1974, 1ff.

1453 BB Beilage 9/1974, 1.

1454 BT-Drucks. 7/3200.

1455 Der Referentenentwurf II ist unveröffentlicht geblieben. Vgl. hierzu und zu seinem Inhalt *Baudenbacher*, JA 1987, 217, 218 sowie *Brandner*, in: *Ulmer/Brandner/Hensen*, AGB-Gesetz (1. Aufl. 1977), §24 Rn. 4; *Ulmer/Habersack*, in: *Ulmer/Brandner/Hensen*, AGB-Recht (12. Aufl. 2016), Einl. Rn. 17.

Text schließlich als *Regierungsentwurf*[1456] (1975) in den Bundestag eingebracht. Im Gesetzgebungsverfahren wurde auf Anregung des Rechtsausschusses in § 12 S. 2 AGBG-E das Gebot zur angemessenen Berücksichtigung der im Handelsverkehr geltenden Gewohnheiten und Gebräuche[1457] (§ 24 S. 2 Hs. 2 AGBG[1458], heute § 310 Abs. 1 S. 2 Hs. 2 BGB) eingefügt, so dass der von der Bundesregierung eingebrachte Gesetzgebungsvorschlag in geänderter Form am 1. April 1977 in Kraft treten konnte.[1459]

(1) § 310 Abs. 1 S. 1, S. 2 Hs. 1 BGB: Unanwendbarkeit der §§ 308, 309 BGB

Angesichts dieses *entstehungsgeschichtlichen* Hintergrunds wird verständlich, dass die Einbeziehung der Kaufleute in eine ursprünglich als Verbraucherschutzgesetz konzipierte Regelung im Hinblick auf den Kontrollmaßstab erhebliche Probleme aufwerfen musste. Denn die Bedürfnisse des Geschäftsverkehrs – insbesondere zwischen Gewerbetreibenden der verschiedenen Produktions- und Vertriebsebenen – erwiesen sich als „zu differenziert, um sie in Ansehung aller Detailregelungen des Entwurfs mit den Anforderungen des Rechtsverkehrs mit dem Letztverbraucher auf einen gemeinsamen Nenner zu bringen."[1460] Vor diesem Hintergrund barg der Versuch, für den b2c- und den b2b-Verkehr gleichermaßen geltende Klauselverbote zu schaffen, „die Gefahr, daß entweder der kaufmännische Rechtsverkehr zu stark eingeschnürt oder der Schutz der Letztverbraucher zu weitgehend ausgehöhlt wird."[1461] Entsprechend entschied sich der Gesetzgeber mit Blick auf die notwendige Differenzierung zwischen Verbraucher- und Unternehmerverkehr für eine abgestufte Regelung im Sinne eines *lex generalis / lex specialis-Verhältnisses*, die erst im Zuge der Umsetzung der *Zahlungsverzugs-Richtlinie* im Jahr 2014 durch eigene Klauselverbote für den b2b-Verkehr durchbrochen worden ist.[1462]

[1456] RegE zum AGBG, BT-Drucks. 7/3919.

[1457] BT-Drucks. 7/5422, S. 14.

[1458] In der vom Rechtsausschuss vorgeschlagenen, vom Bundestag sodann beschlossenen neunummerierten Fassung, vgl. BT-Drucks. 7/5412, S. 9.

[1459] Vgl. § 30 des AGBG a. F. (1976), vgl. BGBl. I 1976, S. 3317, 3324. Nach § 30 AGBG a. F. (1976), sollten § 14 Abs. 2, §§ 16, 17 AGBG a. F. (1976) am Tag nach der Verkündigung in Kraft treten.

[1460] Begründung des RegE zum AGBG, BT-Drucks. 7/3919, S. 43. Ähnlich ebenda, S. 23 sowie die Begründung des Gesetzentwurfs des BACDJ (GAGB-E), BB Beilage 9/1974, 1, 13 („Dies zeigt, daß die Schutzbedürftigkeit von Kaufleuten gegenüber unbilligen AGB zwar im Verhältnis zu Letztverbrauchern *differenziert* beurteilt, aber keinesfalls überhaupt verneint werden kann.") und der *CDU/CSU-Entwurf*, BT-Drucks. 7/3200, S. 8 („Der Entwurf bejaht indessen die Notwendigkeit, für Handelsgeschäfte von Kaufleuten eine *differenzierte*, ihren *besonderen Verhältnissen Rechnung tragende*, Regelung vorzusehen (§ 25)". Hervorhebungen durch den Verfasser.

[1461] Begründung des RegE zum AGBG, BT-Drucks. 7/3919, S. 43.

[1462] § 308 Nr. 1a) und b) BGB. Vgl. hierzu BT-Drucks. 18/1309, S. 20 f. sowie Richtlinie 2011/7/EU zur Bekämpfung von Zahlungsverzug im Geschäftsverkehr (Neufassung) v. 16.2.2011, ABl. EU 2011 L 48, S. 1 ff. Eingehend hierzu oben S. 7.

Während grundsätzlich, insbesondere im Rechtsverkehr zwischen Verbrauchern und Kaufleuten, der Maßstab der Unangemessenheit durch die Klauselverbote der §§8, 9 AGBG-E (heute §§308, 309 BGB) konkretisiert wurde, sollte es im kaufmännischen Rechtsverkehr bei der Anwendung der Generalklausel des §7 AGBG-E (heute §307 BGB) bleiben. Zur Begründung führte der Gesetzgeber aus:

„Die in den §§8 und 9 genannten Klauseln sind bei Verträgen zwischen Kaufleuten *nicht stets und immer* zu mißbilligen. Risikoverlagerungen, die sich in einem Vertrag mit einem Letztverbraucher als unangemessene Benachteiligung des Kunden erweisen, können im *kaufmännischen Geschäftsverkehr tragbar sein*, weil sie dort im Zusammenhang mit einer *Vielzahl von Geschäften* zwischen den Vertragsparteien zu sehen sind und *durch Vorteile anderer Art ausgeglichen* werden können, die dem privaten Letztverbraucher bei einmaligem Vertragsabschluß über eine einmalige Leistung nicht zuteilwerden.

Andererseits können die in den §§8 und 9 genannten Klauseln den Vertragspartner aber auch bei einem kaufmännischen Rechtsgeschäft *derart benachteiligen*, daß ein *angemessener Interessenausgleich verneint* werden muß. Deshalb darf aus der Regelung des §12 Satz 1 keinesfalls gefolgert werden, die im Bereich der Verbrauchergeschäfte stets unwirksamen Klauseln der §§8 und 9 seien im Bereich kaufmännischer Geschäfte stets wirksam.

Zur Vermeidung einer solchen Folgerung stellt §12 Satz 2 ausdrücklich klar, daß die Anwendbarkeit der Generalklausel auch im *kaufmännischen Rechtsverkehr* in keiner Weise eingeschränkt ist und im Einzelfall zur *Unwirksamkeit* auch solcher AGB-Bestimmungen führen kann, die der Entwurf generell nur im Zusammenhang mit *Verbrauchergeschäften* verbieten will.“[1463]

Danach ging der Gesetzgeber zwar zunächst davon aus, dass die heute in den §§308, 309 BGB geregelten Klauselverbote im unternehmerischen Geschäftsverkehr zwar nicht uneingeschränkt, „nicht stets und immer“[1464] Anwendung finden sollten. Gleichzeitig stellte er jedoch klar, dass ein Umkehrschluss auf eine generelle Zulässigkeit der von Klauselverboten erfassten Vertragsbedingungen im b2b-Verkehr in keinem Fall möglich, „die Anwendbarkeit der Generalklausel auch im kaufmännischen Rechtsverkehr in keiner Weise eingeschränkt ist“[1465]. Vielmehr könne „im Einzelfall“[1466] eine nach den Klauselverboten unzulässige Vertragsbedingung auch im unternehmerischen Geschäftsverkehr als unwirksam angesehen werden. Mit Blick auf die Möglichkeit einer *Indizwirkung* der Klauselverbote bleibt indes auch die Gesetzesbegründung trotz ihrer differenzierten Argumentation weitgehend konturlos. Sie lässt sich im Ergebnis in der Feststellung zusammenfassen, dass die Fallgestaltungen des unternehmerischen Geschäftsverkehrs viel zu unterschiedlich sind, um sie durch vordefinierte Klau-

---

1463 Begründung des RegE zum AGBG, BT-Drucks. 7/3919, S.43f. Hervorhebungen durch den Verfasser.

1464 Begründung des RegE zum AGBG, BT-Drucks. 7/3919, S.43.

1465 Begründung des RegE zum AGBG, BT-Drucks. 7/3919, S.43.

1466 Begründung des RegE zum AGBG, BT-Drucks. 7/3919, S.44.

selverbote, die stets und immer Geltung beanspruchen, „einzufangen". Vielmehr bedarf es eines flexiblen Ansatzes, um der Vielgestaltigkeit der unternehmerischen Bedürfnisse angemessen Rechnung zu tragen.

Für den *differenzierenden* Ansatz der Rechtsprechung verbleibt damit auch aus entwicklungsgeschichtlicher Perspektive genügend Raum. Zwar scheint der Verweis darauf, dass den Klauselverboten entsprechende Vertragsbedingungen im unternehmerischen Geschäftsverkehr „im Einzelfall"[1467] als unwirksam angesehen werden können, bei unbefangener Betrachtung zunächst gegen eine *Indizwirkung* zu sprechen. Allerdings stünde eine solche Schlussfolgerung im Widerspruch zu der Aussage, dass sich die Vorschriften „im wesentlichen als Ausprägung des die Rechtsordnung insgesamt beherrschenden Grundsatzes von Treu und Glauben"[1468] verstehen. Das AGBG soll daher nahtlos an die bereits zuvor ergangene Rechtsprechung des BGH zur Inhaltskontrolle am Maßstab der §§ 138, 242 BGB anknüpfen und ganz offensichtlich nicht – auch nicht im kaufmännischen Geschäftsverkehr – hinter das bereits erreichte Schutzniveau zurückfallen.[1469] Dies wäre jedoch der Fall, wenn ein entsprechendes Regel-Ausnahme-Verhältnis postuliert würde und in der Folge die Anforderungen an die Unangemessenheit einer Klausel im b2b-Verkehr deutlich erhöht werden würden. Denn ob eine bestimmte Vertragsbedingung auch im Rechtsverkehr zwischen Kaufleuten als unangemessen anzusehen ist oder nicht, hatte der BGH für eine Vielzahl von Fallgestaltungen bereits vor Erlass des AGBG auf der Grundlage der offenen Inhaltskontrolle festgestellt.[1470]

Mit der Einfügung der speziellen Klauselverbote der §§ 308 Nr. 1a) und b) BGB[1471] für den b2b-Verkehr im Zuge der Umsetzung[1472] der *Zahlungsverzugs-Richtlinie*[1473] im Jahr 2014 hat der Gesetzgeber für einige abgegrenzte Fallgestaltungen die bestehende Rechtsprechung in Gesetzesform gegossen und damit die *Schutzbedürftigkeit* unternehmerischer Klauselgegner anerkannt. Als Argument gegen die Annahme einer Indizwirkung der übrigen Klauselverbote für den b2b-Verkehr lässt sich die Neuregelung dagegen nicht heranziehen. Denn sie betrifft mit der Regelung zulässiger Höchstfristen für die Erfüllung von Entgeltforderung eine spezifische Fallkonstellation, die gerade für den b2b-, nicht jedoch für

---

1467 Begründung des RegE zum AGBG, BT-Drucks. 7/3919, S. 44.

1468 Begründung des RegE zum AGBG, BT-Drucks. 7/3919, S. 14.

1469 Vg. zur Diskussion vor Inkraftreten des AGBG eingehend oben S. 694 f. sowie zur Rechtsprechung vor Inkrafttreten des AGBG oben S. 347 ff., 696 f.

1470 Vgl. nur BGH NJW 1976, 2345; NJW 1973, 1190; NJW 1971, 1034; NJW 1970 1596; NJW 1969, 230 sowie oben S. 347 ff., 696 f.

1471 Vgl. hierzu BT-Drucks. 18/1309, S. 20 f. Vgl. hierzu auch *Haspl*, BB 2014, 771; *Spitzer*, MDR 2014, 933; *v. Westphalen*, BB 14/2014, Die erste Seite; *Pfeiffer*, BB 2013, 323; *v. Westphalen*, BB 2013, 515.

1472 Zum Umsetzungsgesetz vgl. BGBl. I 2014, S. 1218 ff. (Gesetz zur Bekämpfung von Zahlungsverzug im Geschäftsverkehr) sowie BT-Drucks. 18/1309.

1473 Richtlinie 2011/7/EU zur Bekämpfung von Zahlungsverzug im Geschäftsverkehr (Neufassung) v. 16.2.2011, ABl. EU 2011 L 48, S. 1 ff.

den b2b-Verkehr typisch ist. Denn im Rechtsverkehr zwischen Unternehmern und Verbrauchern, in dem es ganz überwiegend um Austauschgeschäfte zum Erwerb von Konsumgütern geht, ist es nicht der Unternehmer, sondern gerade der Verbraucher, der eine Entgeltforderung schuldet.[1474] Vor diesem Hintergrund fehlte es gerade an einem entsprechenden, auf den b2c-Verkehr zugeschnittenen Klauselverbot, für das eine Indizwirkung zu diskutieren wäre. Die Frage der Indizwirkung der den b2c-Verkehr betreffenden Klauselverbote bleibt damit von der Neuregelung im Rahmen der Umsetzung der *Zahlungsverzugs-Richtlinie* unberührt.

Im Ergebnis ergibt sich mit Blick auf die Entstehungsgeschichte der Befund, dass sich der von der Rechtsprechung entwickelte differenzierende Ansatz in dem vom historischen Gesetzgeber gezogenen Rahmen bewegt. Für die Frage, ob die vom BGH angenommene Indizwirkung der Klauselverbote zulässig ist oder nicht, bleiben die *Gesetzesmaterialien* dagegen letztlich unergiebig. Eine weitergehende Interpretation der insoweit ohnehin konturlosen Gesetzesbegründung liefe Gefahr, die historische Auslegung teleologisch aufzuladen und die einzelnen Auslegungsebenen miteinander zu vermengen. Wie schon im Hinblick auf die Auslegung des Merkmals des Aushandelns iSv. §305 Abs. 1 S. 2 BGB wird die entscheidende Bedeutung daher *systematischen* und vor allem *teleologischen* Gesichtspunkten zukommen müssen.

(2) §310 Abs. 1 S. 2 Hs. 2 BGB: Berücksichtigung der im Handelsverkehr geltenden Gewohnheiten und Gebräuche

Die Vorschrift des §310 Abs. 1 S. 2 Hs. 2 BGB, wonach auf die im Handelsverkehr geltenden Gewohnheiten und Gebräuche angemessen Rücksicht zu nehmen ist, wurde erst auf Vorschlag des *Rechtsausschusses* im Verlauf des Gesetzgebungsverfahrens in den Regierungsentwurf eingefügt.[1475] Eine inhaltlich entsprechende Regelung war bereits in §25 S. 1 Hs. 2 des *BACDJ-Entwurfs*[1476] (1974) sowie dem weitgehend textidentischen Entwurf der *CDU/CSU-Fraktion*[1477] (1975) enthalten. Die Begründung beschränkte sich dabei auf einen in einem Klammerzusatz enthaltenen Verweis auf §346 BGB.[1478] Deutlich konturenschärfer war die

---

[1474] Auf die besondere Bedeutung des Schutzes von KMU als Gläubiger von Entgeltforderungen weisen sowohl der deutsche Gesetzgeber als auch der europäische Verordnungsgeber hin, vgl. BT-Drucks. 18/1309, S. 8, 16 sowie ErwG Nr. 6 der Zahlungsverzugs-RL.

[1475] *Stellungnahme des Rechtsausschusses* im Gesetzgebungsverfahren zum AGBG, BT-Drucks. 7/5422, S. 14.

[1476] BB Beilage 9/1974, 1, 4. §25 S. 1 GAGB-E: „Die Vorschriften der §§8, 9, 11, 16, 17, 19, 21 Abs. 1 Nr. 2 bis 5, §22 finden auf ein Handelsgeschaft eines Kaufmanns keine Anwendung, soweit die Vertragsbestimmungen unter Berücksichtigung der im Handelsverkehr geltenden Gewohnheiten und Gebräuche nicht nach §7 unwirksam sind."

[1477] BT-Drucks. 7/3200, S. 5.

[1478] Begründung des Gesetzentwurfs des BACDJ (GAGB-E) zu §25 GAGB-E, BB Beilage 9/1974, 1, 13: „Die in Satz 1 vorgesehene Einschränkung betrifft alle Kaufleute ohne Rücksicht darauf, ob sie Vollkaufleute mit oder ohne Eintragung im Handelsregister oder Minder-

Stellungnahme des Rechtsausschusses zur Änderung des Regierungsentwurfes, der auf die Notwendigkeit einer differenzierten Anwendung der Generalklausel im unternehmerischen Geschäftsverkehr gerade in von zwingenden Klauselverboten erfassten Fällen hinwies:

„Die vom Ausschuß einmütig vorgeschlagene Ergänzung des Satzes 2, wonach bei Anwendung der Generalklausel (§ 9) auf die im Handelsverkehr geltenden *Gewohnheiten und Gebräuche* angemessen *Rücksicht zu nehmen* ist, stellt klar, daß eine vom Verbrauchergeschäft *differenzierte Anwendung* der Generalklausel auf Geschäfte zwischen Kaufleuten namentlich dann geboten ist, wenn es um die Beurteilung von Vertragsbestimmungen geht, die bei Verwendung *gegenüber Nichtkaufleuten* ohne weiteres nach § 11 unwirksam wären.“[1479]

Konkrete Anhaltspunkte dafür, wie die *unbestimmten Rechtsbegriffe* der *Gewohnheiten* und *Gebräuche* des *Handelsverkehrs* auszufüllen sind, ergeben sich aus der Stellungnahme des Rechtsausschusses dagegen nicht. Ebenso wenig kann sie dahingehend verstanden werden, dass eine Unwirksamkeit entsprechender Vertragsbedingungen auf der Grundlage der Generalklausel in jenen Fällen aufgrund des Differenzierungsgebotes ausgeschlossen sei. Zwar könnte der Wortlaut der insoweit missverständlichen Begründung für die vorgeschlagene Änderung in § 25 S. 1 Hs. 2 AGBG-E durchaus in dieser Weise verstanden werden.

Allerdings stünde die Vorschrift bei einem solchen Verständnis in direktem Widerspruch zu § 310 Abs. 1 S. 2 Hs. 1 BGB, der unmissverständlich klarstellt, dass die Generalklausel auch insoweit zur Anwendung gelangt, als dies zur Unwirksamkeit der in den Klauselverboten genannten Vertragsbestimmungen führt. Darüber hinaus wäre es mit der ebenfalls in der Gesetzesbegründung zum AGBG erwähnten[1480] dogmatischen Fundierung der Inhaltskontrolle im Grundsatz von *Treu und Glauben* nicht in Einklang zu bringen, die Klauselverbote gleichsam spiegelbildlich als in jedem Fall erlaubte Vertragsbedingungen zu deuten. Eine derart starre Anwendung der Generalklausel wäre nicht nur mit der Forderung nach einem *differenzierten* und *flexiblen* Kontrollmaßstab im unternehmerischen Geschäftsverkehr unvereinbar[1481], sondern würde auch in Widerspruch zu der *vor Inkrafttreten des AGBG* entwickelten Rechtsprechung treten, die für zahl-

---

kaufleute sind. In diesem Bereich ist die Wirksamkeit von AGB-Bestimmungen, soweit sie nicht auch hier unter die verbleibenden stets verbotenen Klauseln fallen, unter Heranziehung der gesamten Vertragsbestimmungen lediglich nach der Generalklausel des § 7 und den bei deren Auslegung allerdings zu berücksichtigenden Gewohnheiten und Gebräuchen des Handelsverkehrs (§ 346 HGB) zu beurteilen.“

[1479] *Stellungnahme des Rechtsausschusses im Gesetzgebungsverfahren zum AGBG*, BT-Drucks. 7/5422, S. 14. Hervorhebungen durch den Verfasser.

[1480] Vgl. die Begründung des RegE zum AGBG, BT-Drucks. 7/3919, S. 14.

[1481] Dies ist gerade eine der Hauptforderungen der Reformbefürworter in der aktuellen Reformdiskussion, vgl. nur oben S. 717 ff., 923 f. Vgl. zur Kritik nur *Dauner-Lieb*, AnwBl. 2013, 845, 845; *Axer*, AGB-Kontrolle (2012), S. 215; *Hannemann*, AnwBl. 2012, 314, 316; *Dauner-Lieb/Axer*, ZIP 2010, 309, 310 f.; *Leuschner*, JZ 2010, 875, 876; *Lenkaitis/Löwisch*, ZIP 2009, 441, 442; *Kessel/Stomps*, BB 2009, 2666, 2668.

reiche in den Klauselverboten genannte Vertragsbedingungen auch und gerade im Rechtsverkehr zwischen Kaufleuten eine Unwirksamkeit wegen Verstoßes gegen den Grundsatz von Treu und Glauben angenommen hatte.[1482]

Dass mit dem Zusatz lediglich die *Notwendigkeit* einer *flexiblen, differenzierten Anwendung der Generalklausel* im unternehmerischen Geschäftsverkehr herausgestellt werden sollte, zeigt auch die Diskussion der entsprechenden Regelung im *Rechtsausschuss*. So wies die Abgeordnete *Däubler-Gmelin* in der 100. Sitzung des Rechtsausschusses am 2. Juni 1976 darauf hin, dass

> „im Rahmen der Systematik des Regierungsentwurfs ... die Generalklausel des Satzes 2 vollkommen aus[reiche]. Dadurch werde die für den Handelsverkehr notwendige *Flexibilität* sichergestellt. Damit das besonders *deutlich* zum *Ausdruck komme*, habe die Koalition im Übrigen in Ziffer 8 ihrer Änderungsanträge vorgeschlagen, diesen Satz 2 nach dem Wort ‚führt' wie folgt zu ergänzen: auf die im Handelsverkehr geltenden Gewohnheiten und Gebräuche ist Rücksicht zu nehmen."[1483]

Der Ausschuss beschloss die Änderung daraufhin in der vom Abgeordneten *Thürk* vorgeschlagenen Fassung, dass „auf die im Handelsverkehr geltenden Gewohnheiten und Gebräuche ... angemessen Rücksicht zu nehmen"[1484] sei. Dem Differenzierungsgebot des § 310 Abs. 1 S. 2 Hs. 1 BGB kommt damit lediglich *deklaratorische* Wirkung zu, da sich die Verpflichtung zur Berücksichtigung der Besonderheiten, Gewohnheiten und Gebräuche des Handelsverkehrs bereits aus dem Angemessenheitsmaßstab der Generalklausel des § 307 Abs. 1 BGB ergibt.[1485] Denn ohne eine entsprechende, die Besonderheiten des Rechtsverkehrs unter Unternehmern berücksichtigende Abwägung lässt sich die Angemessenheit der zu überprüfenden Klauseln nicht zuverlässig bestimmen.

Damit reduziert sich der bestimmbare Wille des historischen *Gesetzgebers* auf die bereits im *Wortlaut* des Gesetzes zum Ausdruck gebrachte Forderung, bei Anwendung der Generalklauseln im unternehmerischen Geschäftsverkehr die im Handelsverkehr üblichen Gewohnheiten und Gebräuche angemessen zu berücksichtigen. Ein über den Gesetzeswortlaut hinausgehender Gehalt, der vor allem zur *Konkretisierung* des Berücksichtigungsmaßstabes herangezogen werden könnte, lässt sich der Begründung daher nicht entnehmen. Insbesondere wur-

[1482] Vgl. nur BGH NJW 1976, 2345; NJW 1973, 1190; NJW 1971, 1034; NJW 1970 1596; NJW 1969, 230 sowie oben S. 347 ff., 696 f.

[1483] *Däubler-Gmelin*, in: Stenographisches Protokoll des Rechtsausschusses, 7.1972/76, 100. Sitzung v. 2. 6. 1976, S. 35. Hervorhebungen durch den Verfasser.

[1484] *Thürk*, in: Stenographisches Protokoll des Rechtsausschusses, 7.1972/76, 100. Sitzung v. 2. 6. 1976, S. 35.

[1485] So auch *Dietlein* in: Stenographisches Protokoll des Rechtsausschusses, 7.1972/76, 100. Sitzung v. 2. 6. 1976, S. 34: „Die in Satz 2 des Regierungsentwurfs enthaltene Generalklausel trage den Fällen der Einzelvorschriften, die Abg. Thürk genannt habe, sehr wohl Rechnung. ... Die Generalklausel werde den äußerst unterschiedlichen Verhältnissen am besten gerecht."

de der noch im *BACDJ-Entwurf*[1486] (1974) sowie im Entwurf der *CDU/CSU-Fraktion*[1487] (1975) enthaltene Verweis auf die Vorschrift des § 346 HGB *nicht* übernommen.

Als kaum ergiebiger erweisen sich schließlich die Erwägungen, mit denen der Gesetzgeber im Rahmen des *Schuldrechtsmodernisierungsgesetzes* den Verzicht auf eine Änderung der Vorschrift begründete:

„Die Bundesregierung hält es nicht für geboten, die Überprüfung Allgemeiner Geschäftsbedingungen, die *Unternehmen* untereinander verwenden, unter den Vorbehalt *geringerer Schutzbedürftigkeit* der Unternehmen zu stellen. Dass beiderseitige Handelsgeschäfte *flexibleren Prüfungskriterien* unterliegen als Verbrauchergeschäfte, ergibt sich bereits aus § 310 Abs. 1 BGB-RE. Im Übrigen würde ein Hinweis auf die ‚Schutzbedürftigkeit' von Unternehmen nur zusätzliche *Rechtsunsicherheit* hervorrufen."[1488]

Mit dem Verweis auf *flexiblere Prüfungskriterien* bestätigt der Gesetzgeber zwar das Berücksichtigungsgebot des § 310 Abs. 1 S. 2 Hs. 2 BGB. Hinweise darauf, worin diese Kriterien konkret bestehen, finden sich in der Entwurfsbegründung dagegen nicht.

cc) Systematische Auslegung

Zu Recht wird der Vorschrift des § 310 Abs. 1 S. 2 Hs. 1 BGB mit Blick auf ihre systematische Stellung zu § 310 Abs. 1 S. 1 BGB lediglich *klarstellende Funktion* zuerkannt.[1489] Für die Annahme eines Konkurrenzverhältnisses bleibt schon deshalb kein Raum, weil Kriterien für die Auflösung eines möglichen Konkurrenzverhältnisses fehlen. Dieser Befund wird darüber hinaus durch den *Wortlaut* und die *Begründung* des historischen Gesetzgebers gestützt, der die – aus seiner Sicht[1490] – naheliegende Möglichkeit eines Umkehrschlusses vermeiden wollte.[1491]

Als problematisch erweist sich indes die *dogmatische Bedeutung* des Berücksichtigungsgebotes des § 310 Abs. 1 S. 2 Hs. 2 BGB.[1492] Aufgrund seiner *Wortgleichheit* mit § 346 HGB wird die Bedeutung der Vorschrift teilweise darin

[1486] BB Beilage 9/1974, 1, 4. § 25 S. 1 GAGB-E: „Die Vorschriften der §§ 8, 9, 11, 16, 17, 19, 21 Abs. 1 Nr. 2 bis 5, § 22 finden auf ein Handelsgeschäft eines Kaufmanns keine Anwendung, soweit die Vertragsbestimmungen unter Berücksichtigung der im Handelsverkehr geltenden Gewohnheiten und Gebräuche nicht nach § 7 unwirksam sind."

[1487] BT-Drucks. 7/3200, S. 5.

[1488] BT-Drucks. 14/6857, S. 54. Hervorhebungen durch den Verfasser.

[1489] Staudinger/*Schlosser*, BGB (2013), § 310 Rn. 12; MünchKomm/*Basedow*, BGB (7. Aufl. 2016), § 310 Rn. 7; *Axer*, AGB-Kontrolle (2012), S. 105. Vgl. auch mit Blick auf die Enstehungsgeschichte Begründung des RegE zum AGBG, BT-Drucks. 7/3919, S. 43.

[1490] Zu Recht für fernliegend halten diese Gefahr *Axer*, AGB-Kontrolle (2012), S. 105; MünchKomm/*Basedow*, BGB (7. Aufl. 2016), § 310 Rn. 7; *Oetker*, AcP 212 (2012), 202, 232.

[1491] Begründung des RegE zum AGBG, BT-Drucks. 7/3919, S. 43.

[1492] Hierzu Staudinger/*Schlosser*, BGB (2013), § 310 Rn. 13; MünchKomm/*Basedow*, BGB (7. Aufl. 2016), § 310 Rn. 9; *Wolf*, in: Wolf/Lindacher/Pfeiffer, AGB-Recht (6. Aufl. 2013), § 310 Abs. 1 Rn. 24 ff.; *Axer*, AGB-Kontrolle (2012), S. 107 ff.; *Drettmann*, FS v. Westphalen (2010),

gesehen, dass im Rahmen der Inhaltskontrolle des §307 BGB lediglich Handelsbräuche iSv. §346 HGB berücksichtigt werden sollten.[1493] Eine solche Deutung der Regelung vermag indes nicht zu überzeugen, da unklar bleibt, welcher – über jenen des ohnehin im Handelsverkehr geltenden §346 HGB hinausgehende – Sinn der Vorschrift dann überhaupt noch zukommen soll.[1494] Denn Handelsbräuche erlangen bereits über §346 HGB im Handelsverkehr Geltung. §310 Abs.1 S.2 Hs.2 BGB würde nach diesem Verständnis lediglich bekräftigen, was kraft Handelsrechts ohnehin schon gilt.[1495]

Auch für die Einbeziehung der als Unternehmer tätigen *Nichtkaufleute* wäre die Vorschrift nicht erforderlich, da Handelsbräuche nach der Rechtsprechung auch im Rechtsverkehr unter Nichtkaufleuten gelten, sofern dort eine vergleichbare Verkehrssitte besteht[1496] oder der Nichtkaufmann wie ein Kaufmann am Geschäftsverkehr teilnimmt und eine Kenntnis des Handelsbrauchs erwartet werden kann.[1497] Sieht man in der Vorschrift lediglich einen Verweis auf §346 HGB, so wäre sie überflüssig.[1498]

Der Bedeutungsgehalt der Vorschrift kann sich daher aus systematischen Gründen nicht lediglich in einem Verweis auf die Vorschrift des §346 HGB erschöpfen. Entsprechend möchte ein Teil des Schrifttums der Regelung des §310 Abs.1 S.2 Hs.2 BGB insoweit einen eigenen Regelungsgehalt zuerkennen, als dies notwendig ist, um den Handelsbräuchen auch gegenüber der zwingenden Vorschrift des §307 BGB Geltung zu verschaffen.[1499] Denn gem. §346 HGB vermögen sich Handelsbräuche zwar gegenüber dispositivem, nicht jedoch gegen-

---

S.73, 73ff.; *v. Westphalen*, BB 2010, 195, 195f.; *Basedow*, ZHR 150 (1986), 469, 490; *Rabe*, NJW 1987, 1978, 1983.

[1493] *Baudenbacher*, JA 1987, 217, 218 Fn.15 („Die Vorschrift geht in der Sache nicht über §346 HGB hinaus …“) mit Verweis auf MünchKomm/*Kötz*, BGB (2. Aufl. 1984), §24 AGBG Rn.7; *Koch/Stübing*, AGBG (1977), §9 Rn.9; *Brandner*, in: *Ulmer/Brandner/Hensen*, AGB-Gesetz (1977), §9 Rn.78; schon *Pauly*, BB 1976, 534, 536.

[1494] So schon *v. Westphalen*, in: Löwe/Westphalen/Trinkner, AGB-Gesetz (1977), §24 Rn.14 („Damit ist aber eine Leerformel in Bezug genommenen.“). Ebenso Staudinger/*Schlosser*, BGB (2013), §310 Rn.13 („Mit vager Bezugnahme des Gesetzestextes auf die im Handelsverkehr ‚geltenden‘ Gewohnheiten und Gebräuche … scheinen die Gesetzesverfasser keine sehr greifbare Vorstellung verbunden zu haben“); *Axer*, AGB-Kontrolle (2012), S.113, 280 („Redaktionsversehen“, „keinen sinnvollen Zweck“ erfüllend); *Rabe*, NJW 1987, 1978, 1983 („gedankenlos aus §346 HGB übernommene Definition“).

[1495] Ebenso MünchKomm/*Schmidt*, HGB (3. Aufl. 2013), §346 Rn.10; *Rabe*, NJW 1987, 1978, 1983.

[1496] OLG Koblenz NJW-RR 1988, 1306, 1306; OLG Hamm NJW-RR 2002, 1348, 1349; Baumbach/Hopt/*Hopt*, HGB (37. Aufl. 2016), §346 Rn.4; Koller/Kindler/Roth/Morck/*Roth*, HGB (8. Aufl. 2015), §346 Rn.6; *Kindler*, Handels- und Gesellschaftsrecht (6. Aufl. 2012), S.160.

[1497] BGH WM 80, 1123; Baumbach/Hopt/*Hopt*, HGB (37. Aufl. 2016), §346 Rn.4ff.

[1498] Vgl. hierzu *Rabe*, NJW 1987, 1978, 1983.

[1499] MünchKomm/*Basedow*, BGB (7. Aufl. 2016), §310 Rn.9; *Basedow*, ZHR 150 (1986), 469, 490.

über zwingendem Recht durchzusetzen.[1500] Ohne die Vorschrift des § 310 Abs. 1 S. 2 Hs. 2 BGB wären Handelsbräuche somit bei der Prüfung der Unangemessenheit einer Klausel am Maßstab des § 307 BGB unbeachtlich.[1501] Erst das Berücksichtigungsgebot des § 310 Abs. 1 S. 2 Hs. 2 BGB führe dazu, dass Handelsbräuche bei der Auslegung und Anwendung des zwingenden Rechts, insbesondere der Inhaltskontrolle nach § 307 BGB, zu beachten seien.[1502]

Aber auch diese Deutung der Vorschrift vermag nicht zu überzeugen. Denn sie übersieht, dass es auf die „Durchsetzung" der zwingenden Vorschrift des § 307 BGB gar nicht ankommt, weil der Maßstab, der über die Wirksamkeit einer Vertragsbedingung letztlich entscheidet, im Gebot von Treu und Glauben gründet.[1503] Ein dem Gebot von Treu und Glauben widersprechender Handelsbrauch ist jedoch schon begrifflich nicht denkbar.[1504] Dass eine Vertragsbedingung, die auf einer „gleichmäßigen, einheitlichen und freiwilligen Übung der beteiligten Kreise für vergleichbare Geschäftsvorfälle über einen angemessenen Zeitraum hinweg beruht und der eine einheitliche Auffassung der Beteiligten zugrunde liegt"[1505] zugleich einen der Vertragspartner entgegen den Geboten von Treu und Glauben in unangemessener Weise benachteiligt, ist kaum vorstellbar.[1506]

Daher bestimmen nicht nur die Vorschriften des dispositiven Gesetzesrechts, sondern auch *Handelsbräuche* das für die *Angemessenheit* von AGB-Klauseln maßgebliche *Vertragsleitbild*, so dass bei Bestehen eines entsprechenden Handelsbrauches für eine Unwirksamkeit nach Maßgabe des § 307 BGB kein Raum verbleibt.[1507] Besteht ein Handelsbrauch, so wird er regelmäßig bereits *ohne ausdrückliche Einbeziehung* durch die Parteien und unabhängig davon, ob er in AGB enthalten ist oder nicht, insofern Bestandteil des Vertrages, als er bei der *Auslegung* von Willenserklärungen, zum Schließen etwaiger *Vertragslücken* sowie bei sonstigen *Handlungen* und *Unterlassungen* zu beachten ist.[1508] Damit wäre

[1500] MünchKomm/*Basedow*, BGB (7. Aufl. 2016), § 310 Rn. 9; *Basedow*, ZHR 150 (1986), 469, 490; *Kindler*, Handels- und Gesellschaftsrecht (6. Aufl. 2012), S. 160.

[1501] MünchKomm/*Basedow*, BGB (7. Aufl. 2016), § 310 Rn. 9; *Basedow*, ZHR 150 (1986), 469, 490; *Kindler*, Handels- und Gesellschaftsrecht (6. Aufl. 2012), S. 160.

[1502] MünchKomm/*Basedow*, BGB (7. Aufl. 2016), § 310 Rn. 9; *Basedow*, ZHR 150 (1986), 469, 490; *Kindler*, Handels- und Gesellschaftsrecht (6. Aufl. 2012), S. 160.

[1503] Vgl. nur die Begründung des RegE zum AGBG, BT-Drucks. 7/3919, S. 14 sowie zur Rechtsprechung vor Inkrafttreten des AGBG eingehend oben S. 347 ff., 696 f.

[1504] So auch *Axer*, AGB-Kontrolle (2012), S. 112; *Horn* in: Wolf/Lindacher/Pfeiffer, AGB-Recht (4. Aufl. 1999), § 24 Rn. 20.

[1505] Baumbach/Hopt/*Hopt*, HGB (37. Aufl. 2016), § 346 Rn. 1.

[1506] In diese Richtung BGH, NJW 1974, 852, 855 („urch die Praktizierung widerrechtlicher Beschlüsse eines Kartells mit derart monopolähnlicher Stellung kann sich aber nicht ein rechtlich erheblicher, dem dispositiven Gesetzesrecht vorgehender Handelsbrauch bilden. Ein Handelsbrauch wird nicht begründet, durch eine lediglich einseitige Übung und schon gar nicht durch ein Diktat einer Seite.").

[1507] MünchKomm/*Schmidt*, HGB (3. Aufl. 2013), § 346 Rn. 10.

[1508] Baumbach/Hopt/*Hopt*, HGB (37. Aufl. 2016), § 346 Rn. 1; Koller/Kindler/Roth/

die Vorschrift selbst dann, wenn sie ihren Regelungsgehalt lediglich in der Durchsetzung von Handelsbräuchen gegenüber §307 BGB als zwingendem Recht erblickt[1509], überflüssig. Darüber hinaus spricht bereits die *Systematik* der Regelung gegen eine entsprechende Annahme. So hat die Vorschrift des §310 Abs. 1 S. 2 Hs. 2 BGB nicht etwa zur Folge, dass die Generalklausel des §307 BGB als zwingendes Recht derogiert wird, sondern sie verweist vielmehr auf die ohnehin geltende Rechtslage, dass Handelsbräuche im Rahmen der Inhaltskontrolle berücksichtigt werden.[1510]

Vor diesem Hintergrund vermag auch die im Schrifttum bisweilen vertretene Auffassung nicht zu überzeugen, die zwar einräumt, dass sich Handelsbräuche in Abweichung vom dispositiven Recht herausbilden können, jedoch zugleich davon ausgeht, dass sie nicht – auch nicht über §310 Abs. 1 S. 2 Hs. 2 BGB – geeignet seien, die zwingende Vorschrift des §307 BGB außer Kraft zu setzen.[1511] Dies ist zwar grundsätzlich zutreffend, erfasst jedoch nicht den Kern des Problems: Denn da Handelsbräuche auf *freiwilliger* Übung und *allgemeiner* Anerkennung basieren, werden sie typischerweise kaum jemals eine der Vertragsparteien in treuwidriger Weise unangemessen benachteiligen. Sie werden daher regelmäßig den Angemessenheitstest des §307 BGB bestehen, so dass es auf eine „Durchsetzung“ gegenüber der AGB-rechtlichen Generalklausel als *ius cogens* gar nicht ankommt. Damit bleibt es bei dem Befund, dass für die an §307 BGB zu messende Unwirksamkeit einer Vertragsbedingung, die einem Handelsbrauch iSv. §346 HGB entspricht, kein Raum ist. Dafür spricht nicht zuletzt auch die Tatsache, dass in dem Verstoß einer Klausel gegen einen Handelsbrauch zu Recht ein Indiz für ihre Unangemessenheit nach §307 Abs. 2 Nr. 1 BGB gesehen wird.[1512]

Damit ist die Frage nach der *dogmatischen Bedeutung* der Vorschrift zunächst wieder offen. Sie lässt sich auch nicht mit dem Hinweis umgehen, dass Handelsbräuche durch die Verwendung allgemeiner Geschäftsbedingungen abgelöst worden seien.[1513] Denn die damit verbundene Annahme, bestimmte Klauselgestaltungen hätten faktisch den Charakter von „Handelsbräuchen“ und seien daher schon deshalb stets als nach §307 BGB wirksam anzusehen, weil sie massenhaft Verwendung fänden und ganze Branchen beherrschten, steht in diametralem Gegensatz zu der Intention des Gesetzgebers, den massenhaften Missbrauch von

Morck/*Roth*, HGB (8. Aufl. 2015), §346 Rn. 16; *Kindler*, Handels- und Gesellschaftsrecht (6. Aufl. 2012), S. 160; Ebenroth/Boujong/Joost/Strohn/*Joost*, (3. Aufl. 2015), §346 Rn. 21 ff.; *Axer*, AGB-Kontrolle (2012), S. 112.

1509 So aber MünchKomm/*Basedow*, BGB (7. Aufl. 2016), §310 Rn. 9; *Basedow*, ZHR 150 (1986), 469, 490.

1510 Ebenso MünchKomm/*Schmidt*, HGB (3. Aufl. 2013), §346 Rn. 10.

1511 So *v. Westphalen*, BB 2010, 195, 195 unter Verweis auf BGH, NJW 1974, 852, 855.

1512 *v. Westphalen*, BB 2010, 195, 195; *Fuchs*, in: *Ulmer/Brandner/Hensen*, AGB-Recht (12. Aufl. 2016), §307 Rn. 140.

1513 So aber *Axer*, AGB-Kontrolle (2012), S. 113; *Müller/Griebeler/Pfeil*, BB 2009, 2658, 2659; *Basedow*, ZHR 150 (1986), 469, 490.

Vertragsgestaltungsmacht durch missbräuchliche AGB einzudämmen.[1514] Die Verwendung brancheneinheitlicher – den Verwendungsgegner zum Vorteil des Verwenders einseitig benachteiligender – AGB wird aufgrund des mangelnden Konditionswettbewerbes und des damit verbundenen „race to the bottom" regelmäßig keinesfalls Zeichen allgemeiner Anerkennung, sondern im Gegenteil Ausweis eines besonders gravierenden Missbrauchs sein.[1515] Maßgeblich ist auch hier die bereits von *Graf von Westphalen* herausgestellte Tatsache, dass weder durch einseitige Übung noch durch Klauseldiktat Handelsbräuche begründet werden können.[1516] Insoweit fehlt es an der *allgemeinen Anerkennung* und *freiwilligen Übung*, die nicht bereits durch die formale Zustimmung begründet werden, sondern ein Mindestmaß an *Konditionenwettbewerb* und damit an *materieller Vertragsfreiheit* voraussetzen dürften.[1517] Im Wege einseitiger Durchsetzung aufgrund einer wirtschaftlich überlegenen Machtstellung kann ein Handelsbrauch daher nicht entstehen.[1518]

Kann sich der Regelungsgehalt der Vorschrift damit aus systematischen Gründen weder in einem bloßen Verweis auf §346 HGB erschöpfen noch in der vermeintlich notwendigen Durchsetzung gegenüber §307 BGB als zwingendem Recht gesehen werden – in beiden Fällen wäre die Regelung überflüssig –, so muss ihr, wenn ihr ein substantieller normativer Gehalt verbleiben soll, zumindest die Bedeutung eines Differenzierungsgebotes, eines Hinweises auf den *flexiblen Prüfungsmaßstab* im unternehmerischen Geschäftsverkehr zukommen. Zwar gerät eine solche Interpretation in gewisse Spannungen mit dem *Wortlaut* der Vorschrift, doch wird sie von der *Entstehungsgeschichte* der Regelung gestützt.[1519] So war die Einfügung des Halbsatzes ausweislich des Sitzungsprotokolls der entscheidenden Sitzung des *Rechtsausschusses* dadurch motiviert, „die für den Handelsverkehr notwendige Flexibilität ... besonders deutlich zum Ausdruck"[1520]

[1514] Vgl. nur die Begründung des RegE zum AGBG, BT-Drucks. 7/3919, S. 9f.

[1515] Zur Problematik des *fehlenden Konditionenwettbewerbs* vgl. oben S. 542ff. sowie MünchKomm/*Basedow*, BGB (7. Aufl. 2016), Vor §305 Rn. 5f.; Staudinger/*Wendland*, BGB (2019), §307 Rn. 4; *Fastrich*, Inhaltskontrolle (1992), S. 80, 86; *Habersack*, Vertragsfreiheit und Drittinteressen (1992), S. 107; *Adams*, BB 1989, 781, 784f.; *Baudenbacher*, Grundprobleme (1983), S. 206ff., 217; *Kötz*, Gutachten (1974), S. A 9, S. A 33ff. Zum „race to the bottom" eingehend oben S. 544ff., 597ff.

[1516] So zu Recht *v. Westphalen*, BB 2010, 195, 195. Ebenso speziell zum Aspekt der einseitigen Übung OLG Hamm NJW-RR 1993, 1444, 1444f.; MünchKomm/*Schmidt*, HGB (3. Aufl. 2013), §346 Rn. 14; Oetker/*Pamp*, HGB (5. Aufl. 2017), §346 Rn. 10; Ebenroth/Boujong/Joost/Strohn/*Joost*, (3. Aufl. 2015), §346 Rn. 8.

[1517] Vgl. hierzu eingehend Oetker/*Pamp*, HGB (5. Aufl. 2017), §346 Rn. 10 (Bewusstsein der Freiwilligkeit bei der Mehrheit des beteiligten Verkehrskreises).

[1518] MünchKomm/*Schmidt*, HGB (3. Aufl. 2013), §346 Rn. 14; Oetker/*Pamp*, HGB (5. Aufl. 2017), §346 Rn. 10; Ebenroth/Boujong/Joost/Strohn/*Joost*, (3. Aufl. 2015), §346 Rn. 8.

[1519] Vgl. hierzu eingehend oben S. 935ff.

[1520] *Däubler-Gmelin*, in: Stenographisches Protokoll des Rechtsausschusses, 7.1972/76, 100. Sitzung v. 2.6.1976: „Im Rahmen der Systematik des Regierungsentwurfs reiche die Ge-

zu bringen. Zu welchen dogmatischen Konsequenzen der pragmatische Bezug auf §346 HGB führt, war dem Gesetzgeber dabei offensichtlich nicht vollständig klar.[1521] Trotz des missverständlichen Wortlautes, der letztlich als *Redaktionsversehen*[1522] zu bewerten ist, folgt damit aus der Vorschrift für die Gerichte die Verpflichtung, bestimmte branchenübliche Vertragsbedingungen aufgrund ihrer Nähe zu Handelsbräuchen jedenfalls als *Indiz* für eine mögliche Wirksamkeit der Klausel angemessen zu berücksichtigen. Voraussetzungen hierfür sollten jedoch ganz offensichtlich eine gewisse *Branchenüblichkeit*, eine länger anhaltende *Übung* sowie ein gewisses Maß an allgemeiner *Anerkennung* sein.[1523]

Damit wären neben Handelsbräuchen im technischen Sinn auch *branchenübliche Klauselgestaltungen* erfasst, die sich noch nicht zu einem Handelsbrauch verdichtet haben.[1524] Allerdings kann solchen Vertragsbedingungen im Rahmen der nach §307 Abs. 1 BGB gebotenen *Abwägungsentscheidung* kein den Handelsbräuchen vergleichbares Gewicht zukommen. Allenfalls dürfte ihnen eine gewisse *Indizwirkung* zur Widerlegung der sich aus den §§308, 309 BGB ergebenden Schlussfolgerungen zuerkannt werden. Sie sind daher in besonderer Weise an den Geboten von *Treu* und *Glauben* zu messen. Als *Aufgreifkriterien*[1525] bieten sie jedoch Anlass für eine eingehendere und besonders sorgfälti-

---

neralklausel des Satzes 2 vollkommen aus. Dadurch werde die für den Handelsverkehr notwendige Flexibilität sichergestellt. Damit, daß dies besonders deutlich zum Ausdruck komme, habe die Koalition im Übrigen in Ziffer 8 ihrer Änderungsanträge vorgeschlagen, diesen Satz 2 nach dem Wort ‚führt' wie folgt zu ergänzen: ‚Auf die im Handelsverkehr geltenden Gewohnheiten und Gebräuche ist Rücksicht zu nehmen.' Abgeordneter Türk (CDU/CSU) akzpetiert diesen Zusatz, schlägt aber vor, zu formulieren: ‚ist angemessen Rücksicht zu nehmen.' Der Ausschuß beschließt entsprechend."

[1521] Deutlich Staudinger/*Schlosser,* BGB (2013), §310 Rn. 13 („Mit vager Bezugnahme des Gesetzestextes auf die im Handelsverkehr ‚geltenden' Gewohnheiten und Gebräuche bei der nach §307 durchzuführenden Inhaltskontrolle scheinen die Gesetzesverfasser *keine sehr greifbare Vorstellung* verbunden zu haben."). Hervorhebungen durch den Verfasser.

[1522] So ausdrücklich *Axer*, AGB-Kontrolle (2012), S. 113, 280 („Redaktionsversehen", „keinen sinnvollen Zweck" erfüllend). Ebenso Staudinger/*Schlosser,* BGB (2013), §310 Rn. 13; *Rabe*, NJW 1987, 1978, 1983 („gedankenlos aus §346 HGB übernommene Definition"); *v. Westphalen*, in: Löwe/Westphalen/Trinkner, AGB-Gesetz (1977), §24 Rn. 14 („Damit ist aber eine Leerformel in Bezug genommenen.").

[1523] Vgl. hierfür die für Handelsbräuche geltenden strengen Anforderungen MünchKomm/*Schmidt,* HGB (3. Aufl. 2013), §346 Rn. 14; Oetker/*Pamp,* HGB (5. Aufl. 2017), §346 Rn. 10; Ebenroth/Boujong/Joost/Strohn/*Joost,* (3. Aufl. 2015), §346 Rn. 8.

[1524] Ebenso Staudinger/*Schlosser,* BGB (2013), §310 Rn. 13 („branchenübliche Klauselgestaltungen, die sich noch nicht zu einem Handelsbrauch verdichtet haben."); *Fuchs,* in: *Ulmer/Brandner/Hensen*, AGB-Recht (12. Aufl. 2016), §307 Rn. 143 (auch Verkehrssitten einbeziehend). Vgl. auch Palandt/*Grüneberg,* BGB (77. Aufl. 2018), §307 Rn. 39 (unterschiedliche Interessenlagen und Geschäftserfahrung können zu Untergruppierungen führen, deren jeweilige Besonderheiten im Rahmen der Inhaltskontrolle zu berücksichtigen sind).

[1525] Hierzu *Fuchs,* in: *Ulmer/Brandner/Hensen*, AGB-Recht (12. Aufl. 2016), §307 Rn. 382; *Miethaner,* AGB-Kontrolle (2010), S. 106ff.; *Drexl,* Selbstbestimmung (1998), S. 346, 351, 364. Zum Gerechtigkeitsgehalt des *dispositiven Rechts* vgl. BGHZ 41, 151 = NJW 1964, 1123, 1123; RegE zum AGBG, BT-Drucks. 7/3919, S. 9, 26, 40 sowie eingehend oben S. 502ff.

ge Prüfung, ob die Klausel im konkreten Einzelfall trotz ihres Verstoßes gegen ein als Indiz heranzuziehendes Klauselverbot gleichwohl eine im unternehmerischen Geschäftsverkehr als angemessen anzusehende Regelung darstellt.[1526] Dies könnte insbesondere dann angenommen werden, wenn die mit ihr verbundenen Nachteile im Rahmen einer Paketlösung auf andere Art und Weise kompensiert werden.[1527]

Zu weit ginge es dagegen, in der Vorschrift des §310 Abs. 1 S. 2 Hs. 2 BGB ein allgemeines Differenzierungsgebot in dem Sinne zu sehen, dass neben Handelsbräuchen ganz allgemein auch die *Interessen* und *Bedürfnisse* des unternehmerischen Geschäftsverkehrs zu berücksichtigen seien.[1528] Die Annahme eines derart weiten Prüfungsmaßstabs ist weder mit der dargestellten Systematik des Gesetzes noch mit dem Willen des Gesetzgebers zu vereinbaren und überschreitet deutlich die *Wortlautgrenze*.[1529] Aus diesem Grund steht die Forderung nach einer entsprechenden Vorschrift *de lege ferenda* auch im Mittelpunkt der aktuellen Reformdiskussion[1530] und wird mit Blick auf die dem Gesetzgeber zur Verfügung stehenden Regelungsoptionen näher zu untersuchen sein.[1531] Zwar weist der BGH in seiner Rechtsprechung regelmäßig darauf hin, dass die „besonderen Interessen und Bedürfnisse des unternehmerischen Geschäftsverkehrs"[1532] ausnahmsweise die Indizwirkung der Klauselverbote zu widerlegen vermögen und damit zur Angemessenheit der Vertragsbedingung führen können.[1533] Allerdings verwendet das Gericht den Bezug auf die unternehmerischen *Interessen* und *Bedürfnisse* gerade nicht als *terminus technicus* im Sinne eines Einfallstors für jedwede Erwägungen und Abwägungsfaktoren. Vielmehr verlangt es materiell zumindest „Branchenüblichkeit"[1534] bzw. „Handelsüblichkeit"[1535], wofür eine seit

---

[1526] Vgl. insoweit nur BGHZ 103, 316, 328 = NJW 1988, 1785, 1788 (Werftwerkvertrag); BGHZ 90, 273, 278 = NJW 1984, 1750, 1751 (Glaubersalztank) sowie oben S. 928 ff.

[1527] Zur AGB-rechtlichen Zulässigkeit von *Paketlösungen* eingehend unten S. 469 f., 782 f., 848 ff., 931 f., 944 f. Hierzu aus rechtsökonomischer Perspektive *Bebchuk/Posner*, 104 Mich. L. Rev. 827, 830 ff. (2006) sowie eingehend unten S. 538 f. Aus der Perspektive des *modernen Verhandlungsmanagements* vgl. *Duve/Eidenmüller/Hacke*, Mediation (2. Aufl. 2011), S. 193, 210, 255 ff., 262; *Bühring-Uhle/Eidenmüller/Nelle*, Verhandlungsmanagement (2009), S. 61; *Moore*, M. Q. no. 16, 87, 98 (1987); *Fuller*, 44 S. Cal. L. Rev. 305, 318 (1971).

[1528] So aber *Axer*, AGB-Kontrolle (2012), S. 107 ff., 120.

[1529] Hierzu eingehend oben S. 934 ff. (grammatische Auslegung), S. 942 ff. (systematische Auslegung).

[1530] Zu den unterschiedlichen *Reformvorschlägen* eingehend oben S. 758 f.

[1531] Eingehend hierzu unten S. 964 ff.

[1532] BGHZ 174, 1, 5 = NJW 2007, 3774, 3775 (Gebrauchtwagenkaufvertrag).

[1533] Vgl. zu vom BGH als wirksam angesehenen Klauseln etwa BGHZ 147, 279 = NJW 2001, 2331, 2331 (Bierlieferungsvertrag II); BGH NJW-RR 1997, 1253, 1255 (Seefrachtvertrag); BGHZ 127, 275 = NJW 1995, 1490, 1491 f. (Simultandolmetscheranlage); BGHZ 103, 316 = NJW 1988, 1785, 1785 ff. (Werftwerkvertrag); BGHZ 92, 200 = NJW 1985, 426, 427 (Preisbestimmungsrecht).

[1534] BGHZ 103, 316 = NJW 1988, 1785, 1788 (Werftwerkvertrag).

[1535] So BGH NJW-RR 1997, 1253, 1255 (Seefrachtvertrag).

Langem *geübte Praxis* und offensichtlich auch ein gewisses Maß an *allgemeiner Anerkennung*[1536] erforderlich sein dürften.

Die Maßgeblichkeit des zuletzt genannten Gesichtspunktes hat der BGH etwa im *Seefrachturteil*[1537] angedeutet, indem er darauf hingewiesen hat, dass entsprechende Klauseln Eingang in internationale Abkommen gefunden haben und darüber hinaus „Rechtsprechung und Schrifttum ... nahezu einhellig“[1538] von der AGB-Konformität dieser Vertragsbedingungen ausgehen. Die tatsächliche Praxis der Rechtsprechung legt damit an eine auf die Vorschrift des §310 Abs. 1 S. 2 Hs. 2 BGB gestützte ausnahmsweise anzunehmende Angemessenheit von AGB-Klauseln hohe Anforderungen an und stützt damit den sich aus der Systematik der Vorschrift ergebenden Befund eines *eingeschränkten Differenzierungsgebotes*: Neben Handelsbräuchen sind bei der Prüfung der Angemessenheit einer Klausel am Maßstab des §307 Abs. 1 BGB daher darüber hinaus auch *branchenübliche Klauselgestaltungen* zu berücksichtigen, die zwar auf *langjähriger Praxis* und einem gewissen Maß an *allgemeiner Anerkennung* beruhen, sich jedoch noch nicht zu einem Handelsbrauch verdichtet haben.[1539]

dd) Teleologische Auslegung

Mit Blick auf den *Schutzzweck* der Inhaltskontrolle kommt dem *Kontrollmaßstab* eine zentrale Rolle zu: Stand im Rahmen der Bestimmung des *sachlichen Anwendungsbereiches* auf der Grundlage des Merkmals des *Aushandelns* noch die Frage nach dem Maß der materiellen *Vertragsfreiheit* des Verwendungsgegners im Zentrum des Interesses[1540], so tritt mit Blick auf den Kontrollmaßstab mit dem Merkmal der *Angemessenheit* des Vertragsinhalts nun die Frage nach der *Vertragsgerechtigkeit*[1541] in den Mittelpunkt.

(1) Funktionale Verknüpfung von Vertragsfreiheit und Vertragsgerechtigkeit als Ausgangspunkt

Diese Akzentverschiebung resultiert aus der inneren Verknüpfung von *Vertragsfreiheit* und *Vertragsgerechtigkeit*, die in der Schmidt-Rimplerschen Theorie von der *Richtigkeitsgewähr des Vertragsmechanismus*[1542] eine von Schrift-

[1536] BGHZ 103, 316 = NJW 1988, 1785, 1787 (Werftwerkvertrag): „entsprechend allgemeiner Branchenübung tatsächlich bestehenden Versicherungsschutz“).

[1537] BGH NJW-RR 1997, 1253, 1255 (Seefrachtvertrag).

[1538] BGH NJW-RR 1997, 1253, 1255 (Seefrachtvertrag).

[1539] Ebenso Staudinger/*Schlosser*, BGB (2013), §310 Rn. 13; *Fuchs*, in: *Ulmer/Brandner/Hensen*, AGB-Recht (12. Aufl. 2016), §307 Rn. 143. Ähnlich auch Palandt/*Grüneberg*, BGB (77. Aufl. 2018), §307 Rn. 39.

[1540] Vgl. hierzu oben S. 875 ff.

[1541] Vgl. hierzu eingehend oben S. 100 ff., 117 ff.

[1542] Vgl. zum Vertragsmechanismus *Schmidt-Rimpler*, FS Raiser (1974), S. 3, 5 ff.; *Schmidt-Rimpler*, FS Nipperdey (1955), S. 1, 6 ff.; *Schmidt-Rimpler*, AcP 147 (1941), 130, 151 ff. sowie eingehend oben S. 208 ff., zur Kritik oben S. 221 ff.

tum und Rechtsprechung gleichermaßen anerkannte[1543] Ausprägung gefunden hat: Besteht zwischen den Parteien *Verhandlungsimparität*, so dass die Vertragsgestaltungsfreiheit im Wesentlichen von einer Partei einseitig in Anspruch genommen wird, so fehlt mit der *beiderseitigen* rechtsgeschäftlichen Gestaltungsfreiheit eine der wesentlichen Grundbedingungen für das Funktionieren des Vertragsmechanismus. Der Inhalt des Vertrages ist dann nicht mehr Ausdruck eines beiderseitigen *Abschleifens der gegenseitigen Interessen*, sondern vielmehr Resultat des einseitigen Diktats des Verwenders. Dieser ist aufgrund seiner überlegenen Stellung, die auf der *Vorformulierung* und dem Versagen des *Konditionenwettbewerbes* beruht, nicht darauf angewiesen, die Interessen seines Vertragspartners angemessen zu berücksichtigen, sondern letztlich frei, den Inhalt des Vertrages nach seinen eigenen Wünschen, Interessen und Vorstellungen zu gestalten.[1544] Der Mangel an Vertragsgestaltungsfreiheit aufseiten des Verwendungsgegners schlägt sich damit typischerweise in einem Defizit an *Vertragsgerechtigkeit*, einem *ungerechten Vertrag* nieder, der nicht geeignet ist, einen *angemessenen Interessenausgleich* herbeizuführen und damit letztlich auch seinen *Zweck* verfehlt, worauf schon der Wortlaut der Vorschrift des § 307 Abs. 2 Nr. 2 BGB hinweist.

(2) Funktion des Angemessenheitsmerkmals als Indikator der Vertragsgestaltungsfreiheit

Das Ausmaß der *Ungerechtigkeit* des Vertrages, das durch die Abweichung von wesentlichen Grundgedanken der gesetzlichen Regelung (§ 307 Abs. 2 Nr. 1 BGB) oder die vertragszweckgefährdende Einschränkung wesentlicher, sich aus der Natur des Vertrages ergebender Rechte und Pflichten (§ 307 Abs. 2 Nr. 2 BGB) indiziert wird, ist damit zugleich Ausdruck des mangels an Vertragsgestaltungsfreiheit, die dem Verwendungsgegner bei Vertragsschluss eigentlich zusteht.[1545] *Vertragsfreiheit* und *Vertragsgerechtigkeit* sind auf diese Weise proportional miteinander verknüpft: Je mehr Vertragsgestaltungsfreiheit beiden Parteien zukommt, desto höher ist die Gewähr für die *Richtigkeit* iSd. *Gerechtigkeit* des

---

1543 Vgl. hierzu nur oben S. 439 f. sowie mit Blick auf das AGB-Recht *Stoffels*, AGB-Recht (3. Aufl. 2015), Rn. 82 („gemeinsame[r] Richtpunkt"); Staudinger/*Wendland*, BGB (2019), § 307 Rn. 5 („übergeordnete[s] Dach") mwN.

1544 Zur damit angesprochenen *situativen Unterlegenheit* eingehend oben S. 508 ff. Vgl. auch oben S. 409 ff., 440 ff., 468 ff., 568 ff., 759 ff., 779 ff. mwN. Grundlegend *Fastrich*, Inhaltskontrolle (1992), S. 83 ff., 91, 93; *Lieb*, AcP 178 (1978), 196, 201 und *Raiser*, Das Recht der AGB (1961), S. 21 f. sowie *Ulmer/Habersack*, in: *Ulmer/Brandner/Hensen*, AGB-Recht (12. Aufl. 2016), Einl. Rn. 5, 48; *Fuchs*, in: *Ulmer/Brandner/Hensen*, AGB-Recht (12. Aufl. 2016), Vorb. v. § 307 Rn. 27; *Leuschner*, JZ 2010, 875, 879; *Hellwege*, AGB und Rechtsgeschäftslehre (2010), S. 554; *Pfeiffer*, in: Wolf/Lindacher/Pfeiffer, AGB-Recht (6. Aufl. 2013), Einl. Rn. 3; *Stoffels*, AGB-Recht (3. Aufl. 2015), Rn. 72 ff., 83 ff.; *Leuschner*, AcP 207 (2007), 491, 494 ff.; Staudinger/*Wendland*, BGB (2019), § 307 Rn. 3; *Canaris*, AcP 200 (2000), 273, 312 ff.; *Wackerbarth*, AcP 200 (2000), 45, 55 f., 82 f.

1545 Vgl. BVerfG (hatte auf diesen Zusammenhang aufmerksam gemacht, ihn angedeutet).

Vertrags.[1546] Je weniger Einfluss eine der Parteien auf den Vertrag nehmen konnte, desto geringer ist die Gewähr dafür, dass die Interessen *beider* Parteien in angemessener Weise berücksichtigt werden konnten.[1547] Die inhaltliche *Unangemessenheit* des Vertrages ist damit zugleich ein Indikator für das Maß an *Vertragsgestaltungsfreiheit*, über das der situativ unterlegene Verwendungsgegner verfügt[1548], und bildet damit auch die Schwelle für das zum Schutz seiner *materiellen Vertragsfreiheit* nach Art. 2 Abs. 1 GG[1549] erforderliche Einschreiten des Gesetzgebers. Denn nur dann, wenn der Verwender tatsächlich einseitig von seiner Vertragsgestaltungsfreiheit Gebrauch gemacht hat, ist der Verwendungsgegner *schutzwürdig* und damit eine Inhaltskontrolle des Vertrages geboten.[1550]

Darüber hinaus stellt die Prüfung am Maßstab der Angemessenheit sicher, dass eine Inhaltskontrolle dann und auch nur dann erfolgt, wenn sich der Mangel an Vertragsgestaltungsfreiheit aufseiten des Verwendungsgegners tatsächlich negativ auf den Inhalt und damit auch den Zweck des Vertrages *ausgewirkt* hat. Aus teleologischer Perspektive wäre der Verwendungsgegner damit nicht schutzwürdig, wenn die ihm gestellten AGB trotz der einseitigen Inanspruchnahme der Vertragsgestaltungsfreiheit durch den Verwender gleichwohl *angemessen* sind und zu einem tatsächlichen *Ausgleich* der gegenseitigen *Interessen* führen. Damit legt das *mittelbar* auf den Aspekt der *Vertragsfreiheit*, *unmittelbar* auf die Dimension der *Vertragsgerechtigkeit* gerichtete Merkmal der *Unangemessenheit* die *Erheblichkeitsschwelle* fest, nach der sich entscheidet, ob aus teleologischen Gründen eine Inhaltskontrolle überhaupt zulässig, aber auch notwendig ist.

(3) Vertragsgerechtigkeit im unternehmerischen Geschäftsverkehr

Vor diesem teleologischen Hintergrund muss das Unangemessenheitskriterium des § 307 Abs. 1 BGB letztlich „nur" die Abgrenzung zwischen den für die Rechtsordnung aus Gerechtigkeitsgründen akzeptablen und jenen als unangemessen zu verwerfenden Vertragsinhalten leisten. Für die hier entscheidende Frage, wann eine Vertragsbedingung als angemessen, d. h. als gerecht angesehen werden kann und wann die Vertragsgerechtigkeit mit derart gravierenden Defiziten behaftet ist, dass die Schwelle zur Angemessenheit überschritten wird, kann

---

[1546] Vgl. zur Verknüpfung von *Vertragsfreiheit* und *Vertragsgerechtigkeit* oben S. 159 ff., 174 f., 234 ff., zur *Richtigkeitsgewähr* oben S. 233 ff., 243ff., 256 ff.

[1547] Zur Vertragsparität als Voraussetzung der Richtigkeitsgewähr oben S. 236 ff., 256 ff.

[1548] Deutlich insoweit BVerfGE 89, 214, 234 = NJW 1994, 36, 39 (Bürgschaft I): „Ist aber der Inhalt des Vertrages für eine Seite *ungewöhnlich belastend* und als Interessenausgleich *offensichtlich unangemessen*, so dürfen sich die Gerichte nicht mit der Feststellung begnügen: ‚*Vertrag ist Vertrag*'. Sie müssen vielmehr klären, ob die Regelung eine Folge strukturell ungleicher Verhandlungsstärke ist, und gegebenenfalls im Rahmen der Generalklauseln des geltenden Zivilrechts korrigierend eingreifen." Hervorhebungen durch den Verfasser. Hierzu eingehend oben S. 382 ff.

[1549] Hierzu aus *verfassungsrechtlicher* Perspektive eingehend oben S. 374 ff.

[1550] Zur *Schutzzweckdiskussion* vgl. oben S. 439 ff., 462 ff., 507 ff., 567 ff.

auf die im Rahmen der dogmatischen Untersuchung der *Vertragsgerechtigkeit* entwickelten Ergebnisse zurückgegriffen werden.[1551] Aus der Perspektive der Gerechtigkeitstheorie besteht eine Vertragsbedingung jedenfalls dann den Angemessenheitstest, wenn sie den klassischen Grundsätzen der Austauschgerechtigkeit (*iustitia commutativa*), der Verteilungsgerechtigkeit (*iustitia distributiva*) oder der Verfahrensgerechtigkeit (*iustitia legalis*) entspricht.[1552] Von besonderer Bedeutung sind im unternehmerischen Geschäftsverkehr aus sachlichen Gründen vor allem die Austausch- und die Verfahrensgerechtigkeit. Die Verteilungsgerechtigkeit spielt dagegen vor allem bei dem Ausgleich von *Marktversagen* eine entscheidende Rolle und liegt daher der AGB-rechtlichen Inhaltskontrolle insgesamt zugrunde.

Die *Austauschgerechtigkeit* verlangt die *Gleichwertigkeit* von Leistung und Gegenleistung in synallagmatischen Austauschbeziehungen.[1553] Angemessen und damit gerecht ist ein vertraglicher Austausch nur dann, wenn sich Leistung und Gegenleistung wertmäßig entsprechen. Dies gilt nicht nur für den Inhalt der *Hauptleistungspflichten*, sondern vor allem auch für die vertraglichen Nebenpflichten. Denn sie sind inhaltlich auf das Engste mit den Hauptleistungspflichten verknüpft, weil sie die *Äquivalenz* des Leistungsaustausches auch im Fall von *Leistungsstörungen* aufrechterhalten sollen.[1554] In den Vertragsnebenbedingungen muss sich daher die Äquivalenz des synallagmatischen Austauschverhältnisses der Hauptleistungspflichten fortsetzen.

So muss dem Kunden aus Gründen der Austauschgerechtigkeit etwa notwendig ein *Gewährleistungsanspruch* zustehen, da ein Sachmangel den Wert der Hauptleistung mindert und damit das von den Parteien ursprünglich vereinbarte synallagmatischen Äquivalenzverhältnis gestört ist. Erst ein Gewährleistungsanspruch gleicht das nachträglich aufgrund des Sachmangels eingetretene Äquivalenzgefälle aus und stellt das ursprüngliche Äquivalenzverhältnis wieder her. Vertragsbedingungen, die eine Aufrechterhaltung der vereinbarten synallagmatischen Äquivalenz zwischen Leistung und Gegenleistung ausschließen, sind damit grundsätzlich bedenklich. Ob sie noch als angemessen angesehen werden können, hängt von ihrem Umfang und der konkreten Ausgestaltung ab. So werden Gewährleistungsrechte aus Gründen der Rechtssicherheit typischerweise nur für einen bestimmten Zeitraum gewährt. Allerdings muss dieser Zeitraum ausreichend lang sein, um den Parteien eine substantielle Möglichkeit zur Inanspruchnahme entsprechender Gewährleistungsrechte zu eröffnen.[1555]

1551 Eingehend hierzu oben S. 122 ff., 123 ff.

1552 Eingehend hierzu oben S. 122 ff., 123 ff. mwN.

1553 Vgl. hierzu auch *rechtsphilosophischer* Perspektive klassisch *Thomas v. Aquin*, Summa Theologica, II^{a}–II^{ae} q. 61 a. 2 co., q. 77 a. 1 co., q. 77 a. 2 ad 3. sowie oben S. 122 ff., 123 ff.

1554 Vgl. hierzu oben S. 502 ff.

1555 Entsprechend fallen bestimmte Gewährleistungsausschlüsse unter das Klauselverbot des § 309 Nr. 8 BGB, vgl. nur MünchKomm/*Wurmnest*, BGB (7. Aufl. 2016), § 309 Nr. 8 Rn. 1 ff.; Staudinger/*Wendland*, BGB (2019), § 309 Nr. 8 Rn. 1 ff., 52 ff.

Dabei ist in besonderer Weise zu beachten, dass es sich bei den Leistungsstörungsrechten nicht um eine Art „Bonus“ oder großzügige Zugeständnisse zugunsten des Kunden handelt. Sie stellen vielmehr Rechtspositionen dar, die der Aufrechterhaltung der Leistungsäquivalenz, also des ursprünglich vereinbarten Vertragsinhaltes dienen und auf diese Weise den Kern des Vertrages mit Blick auf seinen *Zweck*[1556], den ihm zugrunde liegenden *Konsens*[1557] und damit zugleich die *Legitimation* der *Bindungswirkung*[1558] betreffen. Aus diesem Grund kann auch im unternehmerischen Geschäftsverkehr mit Blick auf die Gewährleistung der Austauschgerechtigkeit kein geringerer Maßstab gelten. Auch und gerade ein Unternehmer hat ein Interesse daran, dass der Vertrag den *Zweck*, zu dem er abgeschlossen wurde, erfüllt und damit das ursprünglich vereinbarte Äquivalenzverhältnis im Fall einer Leistungsstörung aufrechterhalten wird.

Aus diesem Grund hatte der BGH im Rechtsverkehr zwischen Unternehmern eine Verkürzung der Gewährleistungsfrist für Arbeiten bei Bauwerken von fünf auf zwei Jahre nach §307 Abs.1 BGB für unwirksam erachtet und dabei auf die Indizwirkung des strikten Klauselverbotes des §309 Nr.8 b) ff) BGB zurückgegriffen.[1559] Er stellte klar, dass „die besonderen Interessen und Bedürfnisse des kaufmännischen Verkehrs und die dort geltenden Maßstäbe … für das typische Auftraggeberrisiko bei Bauwerken ohne Belang [sind]. Der Kaufmann ist im allgemeinen nicht etwa imstande, verborgene Baumängel früher zu bemerken als Nichtkaufleute.“[1560]

(4) Keine Absenkung des Angemessenheitsmaßstabs im unternehmerischen Geschäftsverkehr

Festzuhalten ist damit zunächst der Befund, dass die Berücksichtigung der Besonderheiten des unternehmerischen Geschäftsverkehrs im Rahmen des Maßstabs der Inhaltskontrolle nach §307 BGB in keinster Weise von der Bindung an die Gebote der *Vertragsgerechtigkeit*, insbesondere der *Austauschgerechtigkeit*, dispensiert. Anders gewendet darf der für den Rechtsverkehr zwischen Unternehmern geforderte *flexiblere Prüfungsmaßstab* nicht zu einem geringeren Maß an Vertragsgerechtigkeit, an *angemessenem Interessenausgleich* führen. Die Gebote der Gerechtigkeit gelten selbstverständlich für alle Rechtssubjekte, unabhängig von ihrer spezifischen Funktion und Stellung.[1561] Auch und gerade der Unternehmer verfolgt mit dem von ihm abgeschlossenen Vertrag einen ganz spe-

---

[1556] Zur *Interessenverwirklichung* als Zweck des Vertrages eingehend oben S.141ff., 236ff., 242ff., 453ff.

[1557] Hierzu oben S.16ff., 21ff., 25ff.

[1558] Vgl. hierzu aus *dogmatischer* oben S.26ff. sowie aus verfassungsrechtlicher Perspektive oben S.S.374ff.

[1559] Vgl. zu §11 Nr.10 f) AGBG insoweit BGH NJW 2014, 206, 208 (Ingenieurvertrag); BGHZ 90, 273, 278 = NJW 1984, 1750, 1751 (Glaubersalztank).

[1560] BGHZ 90, 273, 278 = NJW 1984, 1750, 1751 (Glaubersalztank).

[1561] Eingehend zur *Vertragsgerechtigkeit* oben S.100ff., 111ff., 118ff., 123ff.

zifischen, auf die Verwirklichung seiner *wirtschaftlichen Interessen* gerichteten *Zweck*, der nicht durch ihn einseitig benachteiligende Klauseln gefährdet werden darf. Daher darf „ein Unternehmer … ebenso wie ein Verbraucher darauf vertrauen, dass sein Vertragspartner ihn nicht grob fahrlässig oder gar vorsätzlich schädigt."[1562]

Vor diesem Hintergrund ist etwa vor einem allzu großzügigen Maßstab insbesondere im Hinblick auf *Haftungsbeschränkungen* zu warnen. Denn jede Haftungsbeschränkung lässt zunächst einen *unkompensierten Schaden* zurück, der letztlich von der geschädigten Partei getragen werden muss, obwohl sie für den Schaden nicht verantwortlich ist.[1563]

Die Annahme, ein unternehmerischer Kunde sei aufgrund seiner Unternehmerstellung – etwa wegen seiner geschäftlichen Erfahrung, seiner Branchenkenntnis oder aufgrund der Tatsache, dass er Schäden versichern[1564], einkalkulieren[1565] und so besser „wegstecken" könne – weniger schutzwürdig und müsse daher auch ungerechte Vertragsgestaltungen hinnehmen, ist dogmatisch nicht haltbar.[1566] Dies zeigt sich nicht zuletzt in der Rechtsprechung des BGH vor Inkrafttreten des AGBG, der – worauf auch der Gesetzgeber in seiner Begründung zum AGBG Bezug nahm[1567] – die offene Inhaltskontrolle auf die Grundlage des die Rechtsordnung insgesamt beherrschenden Grundsatzes von *Treu* und *Glauben* gestützt und dabei im Grundsatz nicht zwischen *Verbrauchern* und *Unternehmern* differenziert hatte.[1568]

(5) Berücksichtigung der Komplexität synallagmatischer Austauschverhältnisse zwischen Unternehmern

Wenn die *Flexibilisierung* des Prüfungsmaßstabes im b2b-Verkehr nicht durch *Absenkung* der grundsätzlichen Anforderungen des Angemessenheitsmaßstabes erreicht werden kann, so stellt sich die Frage, wie sich die geforderte Berücksichtigung der Besonderheiten des unternehmerischen Geschäftsverkehrs im Rahmen der Inhaltskontrolle gleichwohl verwirklichen lässt. Geeignete Anhaltspunkte hierfür ergeben sich aus der Rechtsprechung des BGH. So hat das Gericht in seiner *Werftwerkvertragsentscheidung*[1569] einen Haftungsausschluss auch für

[1562] BGHZ 174, 1, 6 = NJW 2007, 3774, 3775 (Gebrauchtwagenkaufvertrag).

[1563] *Schäfer*, BB 2012, 1231, 1234.

[1564] Hierzu eingehend oben S. 772 ff. sowie *Axer*, AGB-Kontrolle (2012), S. 139; *Stoffels*, AGB-Recht (3. Aufl. 2015), Rn. 491 ff.; *Berger*, ZIP 2006, 2149, 2154.

[1565] Hierzu eingehend oben S. 774 ff. sowie *Axer*, AGB-Kontrolle (2012), S. 139 ff.

[1566] Hierzu eingehend oben S. 664 ff.

[1567] Begründung des RegE zum AGBG, BT-Drucks. 7/3919, S. 14.

[1568] Vgl. hierzu eingehend oben S. 696 f. sowie BGH NJW 1976, 2345; NJW 1973, 1190; NJW 1971, 1034; NJW 1970 1596; NJW 1969, 230. Vgl. hierzu auch *Bunte*, NJW 1987, 921, 925; *Schmidt-Salzer*, BB 1975, 680, 681; *Schmidt-Salzer*, Diskussion 50. DJT (1974), S. H 72, H 75; *Bastian/Böhm*, BB 1974, 110, 112; *Eith*, NJW 1974, 16, 17. Vgl. auch die Begründung des Gesetzentwurfs des BACDJ (GAGB-E) zu § 25 GAGB-E, BB Beilage 9/1974, 1, 13.

[1569] BGHZ 103, 316 = NJW 1988, 1785 (Werftwerkvertrag).

durch schwerwiegendes Verschulden einfacher Erfüllungsgehilfen verursachte Schäden aufgrund entsprechender Branchenüblichkeit deshalb für zulässig gehalten, weil von einer unangemessenen Risikoverlagerung gerade nicht ausgegangen werden konnte.

So konnte „das von gefahrgeneigten Arbeiten am Schiff typischerweise ausgehende Schadensrisiko vonseiten des Werftkunden (Reeders oder Schiffseigners) weitgehend mitbeherrscht werden".[1570] Darüber hinaus gewährleistete der „allgemeiner Branchenübung entsprechende, praktisch lückenlose und auch im vorliegenden Fall bestehende Kaskoversicherungsschutz des Schiffseigners"[1571] eine angemessene Kompensation des eingetretenen Schadens. *Versicherungsschutz* und *Mitbeherrschung* des Schadensrisikos hatten damit zur Folge, dass ein Haftungsausschluss nicht zu einer unangemessenen *Äquivalenzstörung* und Risikoverlagerung führte, so dass ein Schutzbedürfnis des Schiffseigners nur unter Einschränkungen zu bejahen war. Nicht die Absenkung des Schutzniveaus, sondern die Berücksichtigung der Besonderheiten, der individuellen Umstände des konkreten Falles bildete die Grundlage für eine Flexibilisierung des Kontrollmaßstabes.

In ähnlicher Weise hat der BGH die Haftungsfreizeichnung in einem *Seefrachtvertrag*[1572] aufgrund entsprechender Branchenüblichkeit für zulässig gehalten, da sich für den betreffenden Zeitraum die Güter „häufig nicht in der Obhut des Verfrachters befinden, sondern in derjenigen eines selbständigen Dritten, auf den der Verfrachter meistens keinen unmittelbaren Einfluß hat. Er ist daher … kaum in der Lage, dafür zu sorgen, daß das Transportgut keinen Schaden erleidet."[1573] Darüber hinaus hat er die entsprechende, in den ADSp enthaltene Haftungsbeschränkung in den Gesamtkontext des Haftungssystems der ADSp gestellt und dieses mit Blick auf die angemessene Verteilung von Rechten und Pflichten sowie die Zuweisung von Risiken einer *umfassenden Würdigung* unterzogen:

„Es bedarf also einer *umfassenden Würdigung* des gesamten, dem *Haftungs- und Versicherungssystem* der ADSp zugrunde liegenden *wirtschaftlichen Sachverhalts*. Die einzelne Klausel kann nicht isoliert am Gerechtigkeitsgehalt einer Norm des dispositiven Rechts gemessen werden; vielmehr ist die *beiderseitige Interessenlage* im Zusammenhang mit dem *Gesamtgefüge* der ADSp zu werten. Wird aber hiervon ausgegangen, so kann bei dem *ineinandergreifenden* und *aufeinander abgestellten Haftungssystem* der ADSp mit einerseits *Haftungsbeschränkungen* und *Beweiserleichterungen* andererseits den *angepaßten Vergütungen*, *Versicherungsbedingungen* und *Versicherungsprämien* nicht ohne weiteres eine *Inkongruenz* und *unangemessene Benachteiligung* der verladenden Wirtschaft angenommen werden. Für die Annahme einer Unangemessen-

[1570] BGHZ 103, 316 = NJW 1988, 1785, 1788 (Werftwerkvertrag).
[1571] BGHZ 103, 316 = NJW 1988, 1785, 1787 (Werftwerkvertrag).
[1572] BGH NJW-RR 1997, 1253 (Seefrachtvertrag).
[1573] BGH NJW-RR 1997, 1253, 1255 (Seefrachtvertrag).

heit bedarf es besonderer Gründe, die hier angesichts der im Seefrachtrecht bestehenden Besonderheiten gerade fehlen."[1574]

Die Berücksichtigung der *Komplexität* synallagmatischer Austauschverhältnisse – etwa die *Gesamtwürdigung* des im Klauselwerk enthaltenen *Haftungssystems*, die des wirtschaftlichen *Sachverhaltes* und der beiderseitigen *Interessenlage* –, nicht dagegen die Annahme von Inkongruenzen bilden damit die Grundlage eines differenzierten, auf die Besonderheiten des unternehmerischen Geschäftsverkehrs abstellenden Kontrollmaßstabes.[1575]

(6) Indizwirkung der Klauselverbote der §§308, 309 BGB

Aus teleologischer Sicht ist damit der von der Rechtsprechung gewählte Ansatz eines Rückgriffs auf die unmittelbar nur im b2c-Verkehr geltenden Klauselverbote der §§308, 309 BGB zur Konkretisierung des Unangemessenheitsmaßstabs des §307 Abs. 1 BGB folgerichtig.[1576] Denn die in den Klauselverboten geregelten Fallkonstellationen erfassen exemplarisch die für den jeweiligen Sachverhalt typische Verteilung von vertraglichen Rechten und Pflichten, Chancen und Risiken und sehen eine *Unangemessenheitsschwelle* vor, die jedenfalls für den Normalfall im b2c-Verkehr einen angemessenen Interessenausgleich und damit *gerechte* Vertragsinhalte gewährleistet. Aufgrund ihres idealtypischen Charakters und des ihnen eigenen *Gerechtigkeitsgehaltes*[1577] ist es daher naheliegend, dass die von ihnen vorausgesetzte Risikoverteilung im Grundsatz auch auf den unternehmerischen Geschäftsverkehr Anwendung finden muss. Denn die Geltung des *Äquivalenzprinzips* ist nicht auf den Rechtsverkehr zwischen Verbrauchern und Unternehmern beschränkt.[1578] Ausnahmen von dieser Regel können nur dort angenommen werden, wo die Besonderheiten des jeweiligen Sachverhaltes oder der entsprechenden Branche auf andere Art und Weise in hinreichendem Maße eine Kongruenz zwischen Leistung und Gegenleistung auch mit Blick auf die vertraglichen Nebenpflichten gewährleisten.

Dabei kann sich die Zulässigkeit bestimmter Vertragsbedingungen auch aus *höheren Anforderungen* ergeben, die an die Vertragserfüllung durch einen unternehmerischen Kunden zu stellen sind. Auf diese Weise werden etwa *Vertragsstrafeversprechen* im unternehmerischen Geschäftsverkehr eher als angemessen

---

[1574] BGH NJW-RR 1997, 1253, 1255 (Seefrachtvertrag). Hervorhebungen durch den Verfasser.

[1575] Vgl. zum differenzierenden Ansatz des BGH eingehend oben S. 920ff. sowie BGHZ 103, 316, 328 = NJW 1988, 1785, 1788 (Werftwerkvertrag); BGHZ 90, 273, 278 = NJW 1984, 1750, 1751 (Glaubersalztank).

[1576] Vgl. hierzu oben S. 917ff.

[1577] Zum Gerechtigkeitsgehalt des *dispositiven Rechts* vgl. BGHZ 41, 151 = NJW 1964, 1123, 1123; RegE zum AGBG, BT-Drucks. 7/3919, S. 9, 26, 40 sowie eingehend oben S. 502ff.

[1578] Zur *Schutzbedürftigkeit* des unternehmerischen Klauselgegners vgl. nur oben S. 763ff., Zum Aspekt der Interessenverwirklichung als Zweck des Vertrages eingehend oben S. 141ff., 236ff., 242ff., 453ff.

angesehen werden können als im Rechtsverkehr zwischen Unternehmern und Verbrauchern. Auch hier ergibt sich der unterschiedliche Maßstab keineswegs daraus, dass einem Unternehmer eher Abstriche an das vertragliche Äquivalenzverhältnis zugemutet werden können. Vielmehr führt etwa das existenzielle Interesse des Bestellers einer Werkleistung an einer fristgemäßen Fertigstellung zu höheren Anforderungen an die Erbringung der versprochenen Werkleistung, so dass bereits – und darauf kommt es aus *dogmatischer Perspektive* entscheidend an – eine *Unangemessenheit* gerade aufgrund *bestehender Äquivalenz* zu verneinen ist. Allerdings wird auch hier der Maßstab der Angemessenheit durch die Notwendigkeit anerkennenswerter *schutzwürdiger Interessen* begrenzt. Daher ist die Vereinbarung etwa von Vertragsstrafen auch im unternehmerischen Geschäftsverkehr nicht schrankenlos möglich, sondern unterliegt sowohl dem *Grunde* nach als auch in ihrer *Höhe* spezifischen Begrenzungen.[1579]

Vor diesem teleologischen Hintergrund liegt es nahe, zur Konkretisierung des Unangemessenheitsmaßstabes des §307 Abs.1 BGB zunächst auf die bereits vorliegenden gesetzlichen Wertungen der §§308, 309 BGB als Ausgangsfall zurückzugreifen.[1580] Gebieten die Besonderheiten des unternehmerischen Geschäftsverkehrs entweder typischerweise oder im konkreten Fall eine abweichende Beurteilung der Angemessenheit, so kann den Klauselverboten ohne weiteres die *Indizwirkung* versagt werden.[1581] Das durch die Indizwirkung der Klauselverbote etablierte *Regel-Ausnahme-Modell* eröffnet damit gegenüber der freien Konkretisierung der Generalklausel des §307 BGB durch die Rechtsprechung einen Weg zur Bestimmung des Prüfungsmaßstabes der Inhaltskontrolle, der ein deutlich höheres Maß an Rechtssicherheit bietet und sich stärker an den Wertungen des Gesetzes orientiert.[1582] Durch die Möglichkeit, die Indizwirkung aufgrund der Besonderheiten der jeweiligen Fallkonstellationen zu widerlegen, ist

---

1579 Vgl. etwa zum Verbot der *Kumulation* von *Vertragsstrafe* und *Schadensersatzansprüchen* auch im unternehmerischen Geschäftsverkehr BGH NJW-RR 2009, 1404, 1405; NJW 1992, 1096, 1097 sowie Staudinger/*Coester-Waltjen*, BGB (2013), §309 Nr.6 Rn.28; Rn.28; MünchKomm/*Wurmnest*, BGB (7. Aufl. 2016), §309 Nr.6 Rn.8; *Fuchs*, in: *Ulmer/Brandner/Hensen*, AGB-Recht (12. Aufl. 2016), §309 Nr.6 Rn.36; *Dammann*, in: Wolf/Lindacher/Pfeiffer, AGB-Recht (6. Aufl. 2013), §309 Nr.6 Rn.104.

1580 So ausdrücklich BGHZ 174, 1, 4 = NJW 2007, 3774, 3775 (Gebrauchtwagenkaufvertrag) („... dass bei der Inhaltskontrolle im unternehmerischen Verkehr die in den Klauselverboten zum Ausdruck kommenden *Wertungen* berücksichtigt werden sollen, soweit sie übertragbar sind.“); OLG Frankfurt v. 6.10.2011 (6 U 267/10) Rn.26. („Dies bedeutet, dass die in den Klauselverboten zum Ausdruck kommenden Wertungen der §§308f. BGB im unternehmerischen Verkehr berücksichtigt werden sollen, soweit sie übertragbar sind.“). Hervorhebungen durch den Verfasser.

1581 Vgl. hierfür nur BGHZ 103, 316 = NJW 1988, 1785, 1788 (Werftwerkvertrag).

1582 Auf die Gefahren eines allzu flexiblen Maßstabes für die *Rechtssicherheit* mit Verweis auf die vermeintliche geringere Schutzbedürftigkeit von Unternehmern hat bereits der Gesetzgeber des SchuldRModG hingewiesen, vgl. Begründung des RegE zum SchuldRModG, BT-Drucks. 14/6857, S.54. Vgl. hierzu oben S.762 Fn.489 sowie oben S.928f. So schon *v. Westphalen*, ZIP 2007, 149, 157.

darüber hinaus auch ein hinreichendes Maß an *Flexibilität* gewährleistet, um den spezifischen Anforderungen des unternehmerischen Geschäftsverkehrs gerecht zu werden.[1583] Dies ist bereits ohne Rückgriff auf das – insoweit lediglich deklaratorische[1584] – Berücksichtigungsgebot des § 310 Abs. 1 S. 2 Hs. 2 BGB möglich, da die Vorschrift des § 307 Abs. 1 BGB ausreichend Spielraum für eine entsprechende Differenzierung bietet. Denn ob eine bestimmte Vertragsbedingung als den Geboten von Treu und Glauben widersprechende, unangemessene Benachteiligung angesehen werden muss, kann für den unternehmerischen Geschäftsverkehr anders zu beantworten sein als für den Rechtsverkehr zwischen Unternehmern und Verbrauchern. Die für die Bestimmung des Äquivalenzverhältnisses auch mit Blick auf die vertraglichen Nebenbestimmungen und die Verteilung der Chancen und Risiken erforderliche umfassende Würdigung des Gesamtgefüges des Vertrages setzt bereits notwendig die Berücksichtigung jener spezifischen Sachverhaltselemente voraus, die überhaupt Anlass für eine entsprechende Differenzierung mit Blick auf den Prüfungsmaßstab bieten können.

(7) Das Berücksichtigungsgebot des § 310 Abs. 1 S. 2 Hs. 2 BGB

Die Vorschrift des § 310 Abs. 1 S. 2 Hs. 2 BGB, die fordert, auf die im Handelsverkehr geltenden Gewohnheiten und Gebräuche angemessen Rücksicht zu nehmen, bekräftigt, was nach § 307 Abs. 1 BGB ohnehin schon gilt: Denn die Angemessenheit der Vertragsbedingungen lässt sich ohne einen Rückgriff auf die Umstände des konkreten Rechtsgeschäfts einschließlich seines wirtschaftlichen Hintergrundes und insbesondere der Unternehmereigenschaft der Parteien nicht zuverlässig bestimmen.[1585] Dass der Wortlaut der Vorschrift deutlich enger ist als der Spielraum, der sich aus der erheblich weiteren Generalklausel des § 307 Abs. 1 BGB ergibt, ist dabei aus teleologischer Perspektive unerheblich: Wenn sich die Prüfung an dem Grundsatz orientiert, dass auch im unternehmerischen Geschäftsverkehr das *Äquivalenzverhältnis* zwischen Leistung und Gegenleistung mit Blick auf die vertraglichen Nebenbedingungen sowie eine angemessene Verteilung der Chancen und Risiken gewahrt bleiben muss[1586], so dient bereits

[1583] Zur Kritik und entsprechenden Forderungen der Reformbefürworter vgl. nur oben S. 717 ff., 923 ff.

[1584] In diese Richtung Staudinger/*Schlosser*, BGB (2013), § 310 Rn. 13; *Axer*, AGB-Kontrolle (2012), S. 113, 280 („Redaktionsversehen"). *Rabe*, NJW 1987, 1978, 1983 („gedankenlos … übernommene Definition"); *v. Westphalen*, in: Löwe/Westphalen/Trinkner, AGB-Gesetz (1977), § 24 Rn. 14 („Leerformel"). Vgl. hierzu oben S. 799 f.

[1585] Vgl. zu den Besonderheiten im b2b-Verkehr Staudinger/*Wendland*, BGB (2019), § 307 Rn. 112; MünchKomm/*Wurmnest*, BGB (7. Aufl. 2016), § 307 rn. 75 ff.; *Fuchs*, in: *Ulmer/Brandner/Hensen*, AGB-Recht (12. Aufl. 2016), Vorb. v. § 307 Rn. 371 ff.; *Wolf*, in: Wolf/Lindacher/Pfeiffer, AGB-Recht (6. Aufl. 2013), § 307 Rn. 185 ff., zur Berücksichtigung individueller Umstände des konkreten Vertragsverhältnisses *Wolf*, in: Wolf/Lindacher/Pfeiffer, AGB-Recht (6. Aufl. 2013), § 307 Rn. 86 ff.

[1586] Zur *Interessenverwirklichung* als *Zweck* des Vertrages eingehend oben S. 141 ff., 236 ff., 242 ff., 453 ff.

das sich aus den Forderungen der Austauschgerechtigkeit ergebende Äquivalenzgebot[1587] als innere *Schranke* und Begrenzung des Prüfungsmaßstabes.

Darüber hinaus gerät die Inhaltskontrolle in ernste *dogmatische* und *verfassungsrechtliche* Schwierigkeiten, wenn sie auf eine angemessene Berücksichtigung der Besonderheiten des unternehmerischen Geschäftsverkehrs verzichtet. In diesem Fall droht eine *überschießende* Anwendung der Inhaltskontrolle, die von ihrem Schutzzweck – der Gewährleistung materieller Vertragsfreiheit – nicht mehr gedeckt und damit auch nicht mehr legitimiert ist.[1588] Da sie insoweit zur Gewährleistung materieller Vertragsfreiheit nach Art. 2 Abs. 1 GG nicht erforderlich ist, gleichwohl in die formale Vertragsfreiheit des Anwenders eingreift, ergeben sich hieraus indes verfassungsrechtliche Bedenken.[1589]

Allerdings wird man schon aufgrund der notwendigen Unschärfe der Gesetzesanwendung an die Feststellung einer überschießenden Inhaltskontrolle hohe Anforderungen stellen müssen. Denn die optimale Mitte zwischen überschießender und hinter dem Schutzzweck zurückbleibender Inhaltskontrolle wird sich häufig in der Praxis kaum mit hinreichender Sicherheit bestimmen lassen. Darüber hinaus sind die Folgen, die sich mit Blick auf die Gefährdungssituation aus einer zu kurz greifenden Inhaltskontrolle für den Verwendungsgegner ergeben, erheblich gravierender als die sich lediglich am Gerechtigkeitsgehalt des dispositiven Gesetzesrechts orientierende Vertragskorrektur im Wege der Inhaltskontrolle. Denn wie bereits im Kontext des *sachlichen Anwendungsbereiches* der Inhaltskontrolle gezeigt wurde[1590], wäre das „Schlimmste", was dem Verwender als Folge der Inhaltskontrolle geschehen könnte, die Anwendung des sonst ohnehin geltenden dispositiven Gesetzesrechts. Dieses sieht jedoch aufgrund des ihm eigenen Gerechtigkeitsgehaltes einen grundsätzlich angemessenen Ausgleich zwischen den jeweiligen Interessen der Parteien vor.[1591]

Dass der Verwender dabei Einschränkungen in Kauf nehmen muss, ist mit Blick auf die Gefahren, denen der Verwendungsgegner ausgesetzt ist, das kleinere Übel und von ihm als Verursacher grundsätzlich eher hinzunehmen, da er die einseitig benachteiligenden Vertragsbedingungen überhaupt erst in Verkehr gebracht hat.[1592] Dem Verwendungsgegner, dessen Vertragsgestaltungsfreiheit typischerweise auf Null reduziert ist und der mangels realistischer Alternativen

---

1587 Vgl. hierzu oben S. 122 ff., 123 ff.

1588 Zur Gewährleistung *materieller Vertragsfreiheit* aus verfassungsrechtlicher Perspektive vgl. eingehend oben S. 374 ff.

1589 Zur Gewährleistung *formaler Vertragsfreiheit* aus verfassungsrechtlicher Perspektive vgl. eingehend oben S. 360 ff., zum Ausgleich im Wege *praktischer Konkordanz* vgl. oben 414 ff.

1590 Vgl. oben S. 845 f.

1591 Zum Gerechtigkeitsgehalt des *dispositiven Rechts* vgl. BGHZ 41, 151 = NJW 1964, 1123, 1123; RegE zum AGBG, BT-Drucks. 7/3919, S. 9, 26, 40 sowie eingehend oben S. 502 ff.

1592 Zum Gedanken der *„Risikosphären"* und der *„Gefährdungshaftung"* infolge des „Inverkehrbringens von AGB" eingehend oben S. 589 ff.

auch nicht in zumutbarer Weise von seiner Abschlussfreiheit Gebrauch zu machen vermag, droht dagegen die Verfehlung des *Vertragszwecks*, da er aufgrund einseitig benachteiligender Klauseln an der Verwirklichung seiner Interessen effektiv gehindert ist.[1593] Vor diesem Hintergrund ist mit Blick auf den Schutzzweck der Inhaltskontrolle für die Berücksichtigung der Besonderheiten des unternehmerischen Geschäftsverkehrs vor allem die deutlich flexiblere Vorschrift des §307 Abs.1 BGB maßgeblich. Soweit sich aus §310 Abs.1 S.2 Hs.2 BGB Begrenzungen ergeben, sind diese – aus teleologischer Perspektive – unbeachtlich.

ee) Konsequenzen für die Auslegung des Differenzierungsgebotes

Die Analyse des Differenzierungsgebotes des §310 Abs.1 S.1, S.2 Hs.2 BGB im Kontext des Kontrollmaßstabes des §307 BGB und der Indizwirkung der Klauselverbote der §§308, 309 BGB aus der Perspektive der unterschiedlichen Auslegungsmethoden hat einen differenzierten Befund erbracht[1594], dessen Einzelelemente entsprechend ihrer Bedeutung gewichtet und nun im Rahmen einer *Gesamtwürdigung* zusammengeführt werden sollen.

(1) Indizwirkung der Klauselverbote der §§308, 309 BGB im b2b-Verkehr

Im Hinblick auf den von der Rechtsprechung entwickelten differenzierenden Ansatz[1595] der Indizwirkung der Klauselverbote der §§308, 309 BGB im unternehmerischen Geschäftsverkehr gelangt die grammatische[1596], historische[1597], systematische[1598] und teleologische[1599] Auslegung zu einem einheitlichen Befund: Der vom BGH gewählte Weg, den Kontrollmaßstab der Unangemessenheit nach §307 Abs.1 BGB durch Rückgriff auf die in den Klauselverboten der §§308, 309 BGB enthaltenen Wertungen des Gesetzgebers im Sinne eines – durch die widerlegbare Indizwirkung vermittelten – Regel-Ausnahme-Verhältnisses zu konkretisieren, erweist sich nicht nur als unbedenklich, sondern im Gegenteil als erforderlich und sinnvoll.

Vom *Wortlaut* der §§307 Abs.1 und 2, 310 Abs.1 S.1, 2 Hs.1 BGB ist der Rückgriff auf die im unternehmerischen Geschäftsverkehr nicht unmittelbar anwendbaren Klauselverbote der §§308, 309 BGB ohne weiteres gedeckt.[1600] Er steht auch im Einklang mit dem *Willen des Gesetzgebers*, der zwar den vom BGH später entwickelten Ansatz der *Indizwirkung* noch nicht vor Augen haben konnte,

1593 Zum Aspekt der *Interessenverwirklichung* als *Zweck* des Vertrages eingehend oben S.141ff., 236ff., 242ff., 453ff.

1594 Eingehend hierzu oben S.934ff.

1595 Eingehend hierzu oben S.915ff.

1596 Vgl. hierzu oben S.934f.

1597 Vgl. hierzu oben S.935ff.

1598 Vgl. hierzu oben S.942ff.

1599 Vgl. hierzu oben S.949ff.

1600 Zur *grammatischen* Auslegung des *Maßstabs* der Inhaltskontrolle eingehend oben S.934f.

jedoch ausdrücklich von der Möglichkeit der Unwirksamkeit von Vertragsbedingungen auch in den von den Klauselverboten erfassten Fallgestaltungen ausgegangen ist. Denn die in den Klauselverboten „genannten Klauseln sind bei Verträgen zwischen Kaufleuten *nicht stets und immer* zu mißbilligen“[1601]. Daher könne die Generalklausel „im Einzelfall“[1602] auch zur Unwirksamkeit jener Vertragsbestimmungen führen, die in den Klauselverboten enthalten sind. Dieser Aspekt war für den Gesetzgeber von derart großer Bedeutung, dass er zur Vermeidung von Missverständnissen – insbesondere eines Umkehrschlusses aus § 310 Abs. 1 S. 1 BGB[1603] – in der Vorschrift des § 310 Abs. 1 S. 2 Hs. 1 BGB klarstellte, dass die Generalklausel auch in den von den Klauselverboten erfassten Fällen uneingeschränkt zur Anwendung gelangt.[1604] Der differenzierende Ansatz des BGH entspricht damit auch der *Systematik* des durch die Generalklausel des § 307 BGB, den unmittelbaren Anwendungsausschluss der Klauselverbote in § 310 Abs. 1 S. 1 BGB und schließlich die Klarstellung in § 310 Abs. 1 S. 2 Hs. 1 BGB abgesteckten Regelungsrahmens.

Schließlich ist der Rückgriff auf die Klauselverbote der §§ 308, 309 BGB zur *Konkretisierung* des Unangemessenheitsmaßstabes des § 307 Abs. 1 BGB auch mit dem *Schutzzweck* der Inhaltskontrolle ohne weiteres vereinbar. Ein faktischer Gleichlauf zwischen b2c- und b2b-Verkehr wird durch die Möglichkeit der *Widerlegung* der *Indizwirkung* der Klauselverbote verhindert, wovon der BGH – entgegen im Schrifttum verbreitet vertretener Pauschalisierungen[1605] – auch tatsächlich Gebrauch macht.[1606] Damit lässt der weite und flexible Maßstab der Generalklausel des § 307 Abs. 1 BGB für eine angemessene Berücksichtigung der Besonderheiten des unternehmerischen Geschäftsverkehrs hinreichend Raum.

Ein Rückgriff auf die Klauselverbote ist aus teleologischer Perspektive darüber hinaus auch sinnvoll, da die den Klauselverboten zugrunde liegenden *Wer-*

[1601] Begründung des RegE zum AGBG, BT-Drucks. 7/3919, S. 43. Hervorhebungen durch den Verfasser.

[1602] Begründung des RegE zum AGBG, BT-Drucks. 7/3919, S. 44.

[1603] So ausdrücklich Begründung des RegE zum AGBG, BT-Drucks. 7/3919, S. 43. Diese Gefahr zu Recht für fernliegend haltend *Axer*, AGB-Kontrolle (2012), S. 105; MünchKomm/*Basedow*, BGB (7. Aufl. 2016), § 310 Rn. 7; *Oetker*, AcP 212 (2012), 202, 232.

[1604] Begründung des RegE zum AGBG, BT-Drucks. 7/3919, S. 43. Zur *Klarstellungsfunktion* der Vorschrift vgl. nur Staudinger/*Schlosser*, BGB (2013), § 310 Rn. 12; MünchKomm/*Basedow*, BGB (7. Aufl. 2016), § 310 Rn. 7; *Axer*, AGB-Kontrolle (2012), S. 105.

[1605] Vgl. zur Kritik nur *Dauner-Lieb*, AnwBl. 2013, 845, 845; *Axer*, AGB-Kontrolle (2012), S. 215; *Hannemann*, AnwBl. 2012, 314, 316; *Dauner-Lieb/Axer*, ZIP 2010, 309, 310 f.; *Leuschner*, JZ 2010, 875, 876; *Lenkaitis/Löwisch*, ZIP 2009, 441, 442; *Kessel/Stomps*, BB 2009, 2666, 2668 sowie oben S. 927 ff.

[1606] Vgl. nur BGHZ 103, 316, 328 = NJW 1988, 1785, 1788 (Werftwerkvertrag); BGHZ 90, 273, 278 = NJW 1984, 1750, 1751 (Glaubersalztank). Zu weiteren als wirksam erachteten Klauseln vgl. etwa BGHZ 147, 279 = NJW 2001, 2331, 2331 (Bierlieferungsvertrag II); BGH NJW-RR 1997, 1253, 1255 (Seefrachtvertrag); BGHZ 127, 275 = NJW 1995, 1490, 1491 f. (Simultandolmetscheranlage); BGHZ 92, 200 = NJW 1985, 426, 427 (Preisbestimmungsrecht). Zum Ganzen vgl. oben S. 928 ff.

tungen aufgrund des ihnen eigenen *Gerechtigkeitsgehaltes* im Grundsatz auf den unternehmerischen Geschäftsverkehr übertragbar sind, sofern sich nicht ausnahmsweise aufgrund der Besonderheiten der entsprechenden Fallkonstellation ein abweichendes Ergebnis ergibt. Dies folgt bereits aus der Tatsache, dass zur Gewährleistung eines angemessenen Äquivalenzverhältnisses mit Blick auf die vertraglichen Nebenbedingungen auch im unternehmerischen Geschäftsverkehr keine Absenkung des Schutzniveaus möglich ist. Der Grundsatz der *Austauschgerechtigkeit* gilt auch und gerade im Rechtsverkehr zwischen Unternehmern, was die uneingeschränkte Geltung des Grundsatzes von *Treu* und *Glauben* als übergreifendes, die gesamte Rechtsordnung erfassendes Prinzip belegt.[1607] Lediglich mit Blick auf die Berücksichtigung der Einzelaspekte, aus denen sich eine gegenüber den §§ 308, 309 BGB abweichende Wertung des Äquivalenzverhältnisses ergeben kann, ist ein flexibler Maßstab möglich und geboten.[1608] Damit ergeben sich bereits auf der Grundlage des geltenden Rechts hinreichend Möglichkeiten für eine flexible, die Besonderheiten des unternehmerischen Geschäftsverkehrs angemessen berücksichtigende Inhaltskontrolle. Für eine darüber hinausgehende Neuorientierung besteht daher kein Bedürfnis.[1609]

(2) Berücksichtigung der Gewohnheiten und Gebräuche des Handelsverkehrs, § 310 Abs. 1 Satz 2 BGB

Als problematischer erweist sich dagegen die Auslegung des Differenzierungsgebotes des § 310 Abs. 1 Satz 2 BGB. Hier ergeben sich kaum überbrückbare Spannungen zwischen den einzelnen Auslegungsmethoden. So lässt der *Wortlaut* der Vorschrift lediglich die Berücksichtigung von *Handelsbräuchen* im technischen Sinn gem. § 346 HGB zu und engt damit den deutlich weiteren und fle-

---

1607 Vgl. hierzu die Begründung des RegE zum AGBG, BT-Drucks. 7/3919, S. 14. Zur Rechtsprechung vor Inkrafttreten des AGBG eingehend oben S. 347 ff., 696 f., 782. Zur Entwicklung der offenen Inhaltskontrolle vor allem auf der Grundlage des Fallmaterials des b2b-Verkehrs vgl. BGH NJW 1976, 2345; NJW 1973, 1190; NJW 1971, 1034; NJW 1970 1596; NJW 1969, 230 sowie *Bunte*, NJW 1987, 921, 925; *Schmidt-Salzer*, BB 1975, 680, 681; *Schmidt-Salzer*, Diskussion 50. DJT (1974), S. H 72, H 75; *Bastian/Böhm*, BB 1974, 110, 112; *Eith*, NJW 1974, 16, 17. Vgl. hierzu auch die Begründung des Gesetzentwurfs des BACDJ (GAGB-E) zu § 25 GAGB-E, BB Beilage 9/1974, 1, 13.

1608 Vgl. zur Berücksichtigung der Besonderheiten des b2b-Verkehr im Rahmen des Kontrollmaßstabs der Inhaltskontrolle nach § 307 BGB Staudinger/*Wendland*, BGB (2019), § 307 Rn. 112; MünchKomm/*Wurmnest*, BGB (7. Aufl. 2016), § 307 rn. 75 ff.; *Fuchs*, in: *Ulmer/Brandner/Hensen*, AGB-Recht (12. Aufl. 2016), Vorb. v. § 307 Rn. 371 ff.; *Wolf*, in: Wolf/Lindacher/Pfeiffer, AGB-Recht (6. Aufl. 2013), § 307 Rn. 185 ff., zur Berücksichtigung individueller Umstände des konkreten Vertragsverhältnisses *Wolf*, in: Wolf/Lindacher/Pfeiffer, AGB-Recht (6. Aufl. 2013), § 307 Rn. 86 ff.

1609 Ebenso, allenfalls für eine Anpassung der Rechtsprechung auf der Grundlage des geltenden Rechts *Koch*, BB 2010, 1810, 1815; *Lenkaitis/Löwisch*, ZIP 2009, 441, 450 f.; *Kessel/Stomps*, BB 2009, 2666, 2675; *Kessel/Jüttner*, BB 2008, 1350, 1355; *Lischek/Mahnken*, ZIP 2007, 158, 163; *Pres*, Inhaltskontrolle (2005), S. 203 ff., 228 f.; *Wackerbarth*, AcP 200 (2000), 45, 91. Vermittelnd *Schmidt-Kessel*, AnwBl. 2012, 308, 311 ff.; *Kaufhold*, BB 2012, 1235, 1240 ff.; *Kaufhold*, ZIP 2010, 631, 634 sowie eingehend oben S. 719 ff.

xibleren Maßstab der Generalklausel des § 307 Abs. 1 BGB erheblich ein.[1610] Der enge Wortlaut steht im Widerspruch zu dem erklärten *Willen des Gesetzgebers*, der mit der erst durch den Rechtsausschuss eingefügten Vorschrift offensichtlich lediglich „die für den Handelsverkehr notwendige Flexibilität“[1611] sicherstellen wollte, die sich bereits aus der als vollkommen ausreichend angesehenen Generalklausel ergibt.[1612]

Die Einführung der Vorschrift sollte damit lediglich sicherstellen, „daß dies besonders deutlich zum Ausdruck komme“[1613]. Entsprechend ist davon auszugehen, dass der Gesetzgeber mit der Vorschrift offensichtlich keine Begrenzung der Generalklauseln herbeiführen, sondern vielmehr im Gegenteil ihre weitere *Flexibilität* unterstreichen wollte. Die dogmatischen Folgen, die sich aus dem Gleichklang mit dem Wortlaut des § 346 HGB ergeben, waren ihm ganz offenkundig nicht bewusst, so dass von einem *Redaktionsversehen* des Gesetzgebers auszugehen ist.[1614] Dies wird durch die Gesetzesbegründung zum *Schuldrechtsmodernisierungsgesetz* bestätigt, in deren Rahmen der Gesetzgeber eine Änderung der Vorschrift mit Verweis auf die im unternehmerischen Geschäftsverkehr ohnehin geltenden „flexibleren Prüfungskriterien“[1615] ablehnt und die Regelung damit offensichtlich im Sinn eines allgemeinen Differenzierungsgebotes deutet.[1616]

Entsprechend hat auch die systematische Auslegung ergeben, dass der Regelungsgehalt der Vorschrift über einen bloßen Verweis auf Handelsbräuche iSv. § 346 HGB hinausgehen muss und daher letztlich nur im Sinn eines – mit Blick auf den Wortlaut freilich beschränkten – Differenzierungsgebotes gedeutet werden kann. Aus *teleologischer* Perspektive ist das Differenzierungsgebot indes – wie schon die Entstehungsgeschichte nahelegt[1617] – vollkommen überflüssig, da bereits die Generalklausel des § 307 Abs. 1 BGB eine flexible Berücksichtigung der Besonderheiten des unternehmerischen Geschäftsverkehrs nicht nur ermöglicht, sondern mit Blick auf die sorgfältige, auf den Einzelfall zugeschnittene Bestimmung des Äquivalenzverhältnisses sogar gebietet. Allerdings erscheint – im Einklang mit den Erwägungen des Gesetzgebers – ein entsprechender klarstellender Hinweis aus rechtspraktischen Gründen sinnvoll, um die – eigentlich ohnehin

---

[1610] Vgl. hierzu oben S. 934 f.

[1611] *Däubler-Gmelin*, in: Stenographisches Protokoll des Rechtsausschusses, 7.1972/76, 100. Sitzung v. 2. 6. 1976, S. 35.

[1612] *Däubler-Gmelin*, in: Stenographisches Protokoll des Rechtsausschusses, 7.1972/76, 100. Sitzung v. 2. 6. 1976, S. 35.

[1613] *Däubler-Gmelin*, in: Stenographisches Protokoll des Rechtsausschusses, 7.1972/76, 100. Sitzung v. 2. 6. 1976, S. 35.

[1614] So ausdrücklich *Axer*, AGB-Kontrolle (2012), S. 113, 280. Der Sache nach ebenso Staudinger/*Schlosser*, BGB (2013), § 310 Rn. 13; *Rabe*, NJW 1987, 1978, 1983; *v. Westphalen*, in: Löwe/Westphalen/Trinkner, AGB-Gesetz (1977), § 24 Rn. 14. Vgl. hierzu eingehend oben S. 946 f.

[1615] BT-Drucks. 14/6857, S. 54.

[1616] Hierfür *Axer*, AGB-Kontrolle (2012), S. 107 ff., 120.

[1617] Vgl. hierzu oben S. 939 ff.

selbstverständliche – Notwendigkeit einer differenzierenden Berücksichtigung der Besonderheiten des unternehmerischen Geschäftsverkehrs im Rahmen der Inhaltskontrolle noch einmal besonders hervorzuheben.

Vor diesem Hintergrund erweist sich das *Spannungsverhältnis* zwischen dem *Wortlaut* sowie den übrigen Auslegungsmethoden als problematisch. Eine „Uminterpretation" der Vorschrift im Sinne eines allgemeinen, nicht lediglich beschränkten Differenzierungsgebotes stünde zwar im Einklang mit dem *Willen des Gesetzgebers*, der *Systematik* der Vorschrift und dem *Schutzzweck der Inhaltskontrolle*, kommt jedoch aufgrund der damit verbundenen Überschreitung der *Wortlautgrenze* nicht in Betracht.[1618] Allerdings würde dies nur dann gelten, wenn die Vorschrift des § 310 Abs. 1 S. 2 Hs. 2 BGB in systematischer Hinsicht tatsächlich als Beschränkung der Generalklausel des § 307 Abs. 1 BGB als der für den Prüfungsmaßstab maßgeblichen Vorschrift gedeutet werden könnte. Dies ist indes – wie bereits gezeigt wurde – nicht der Fall.[1619] Ein solches Verständnis wäre darüber hinaus sowohl *dogmatisch*[1620] als auch *verfassungsrechtlich*[1621] äußerst problematisch, da sich ohne Rückgriff auf die konkreten Umstände des Einzelfalls und damit zugleich auch die Besonderheiten des unternehmerischen Geschäftsverkehrs die Angemessenheit einer Vertragsbedingung kaum mit hinreichender Sicherheit bestimmen lässt. Damit ergibt sich der Befund, dass bereits das *geltende Recht* eine angemessene Berücksichtigung der Besonderheiten des unternehmerischen Geschäftsverkehrs erlaubt. Allerdings bleiben aufgrund des problematischen Wortlauts der Vorschrift erhebliche Unsicherheiten im Hinblick auf die Rechtsanwendung bestehen. Die Rechtslage *de lege lata* erweist sich damit letztlich – wenngleich lediglich aus rechtspraktischen Gründen – als unbefriedigend. Daher wird im Folgenden zu prüfen sein, ob sich *de lege ferenda* geeignete Ansatzpunkte für eine Neuorientierung ergeben.

b) Regelungsmöglichkeiten de lege ferenda

Im Rahmen der aktuellen rechtspolitischen Diskussion sind eine Reihe von Vorschlägen zur Reform des Maßstabs der Inhaltskontrolle vorgelegt worden, die – wie bereits gezeigt worden ist[1622] – im Wesentlichen drei Regelungsbereiche betreffen: aa) die im Vergleich zu Verbrauchern unterstellte *geringere Schutzbedürftigkeit* von Unternehmern, bb) die Geltung der *Indizwirkung der Klauselverbote* der §§ 308, 309 BGB sowie schließlich cc) die Frage nach

---

1618 Hierzu oben S. 934 f.

1619 Vgl. hierzu oben S. 942 ff. mwN.

1620 Vgl. zum *Schutzzweck* der Inhaltskontrolle eingehend oben S. 439 ff., 462 ff., 507 ff., 567 ff., 596 ff., zur *Schutzbedürftigkeit* des unternehmerischen Klauselgegners oben S. S. 759 ff., 763 ff., 765 ff., 779 ff.

1621 Vgl. hierzu oben S. 374 ff.

1622 Vgl. hierzu oben S. 758 f.

der Berücksichtigung der sachlichen *Besonderheiten des unternehmerischen Geschäftsverkehrs.*

aa) geringere Schutzbedürftigkeit von Unternehmern

Konkrete Reformvorschläge zur Berücksichtigung der in diesem Zusammenhang unterstellten *geringeren Schutzbedürftigkeit* von Unternehmern haben *Axer*[1623] und *Berger*[1624] vorgelegt.[1625] Dabei soll das bisher in §310 Abs. 1 S. 2 Hs. 2 BGB geregelte Differenzierungsgebot um eine Verpflichtung erweitert werden, „die gegenüber Verbrauchern in der Regel *verminderte Schutzbedürftigkeit* von Unternehmern bei der abschließenden Interessenabwägung des §307 Abs. 1 stets angemessen zu berücksichtigen"[1626] bzw. „die im Vergleich zu Verbrauchern *geringere Schutzbedürftigkeit* bestimmter Unternehmer ... zu beachten."[1627] Der denkbar weiten Bandbreite unterschiedlicher Fallkonstellationen, die aufgrund ausnahmsweise bestehender Schutzbedürftigkeit im Einzelfall eine Differenzierung innerhalb des b2b-Verkehrs erfordern[1628], soll dabei durch eine entsprechende Formulierung der Regelung Rechnung getragen werden. So geht etwa *Axer* von einer „*in der Regel* verminderten Schutzbedürftigkeit"[1629] von Unternehmern aus, während *Berger* die Beachtung der „geringere[n] Schutzbedürftigkeit *bestimmter* Unternehmer" fordert.[1630]

(1) Ansätze für eine schutzbedürftigkeitsabhängige Differenzierung

Gänzlich neu sind diese Vorschläge indes nicht. So wurde bereits im Rahmen der Diskussion vor Inkrafttreten des AGBG in den 1970er Jahren eine Anknüpfung der Inhaltskontrolle an eine nachzuweisende oder typisierte Schutzbedürftigkeit der Kaufleute diskutiert[1631]. Allerdings vermochte sich dieser Ansatz aufgrund der damit verbundenen praktischen Schwierigkeiten des hierfür erforderlichen Nachweises im Gesetzgebungsverfahren letztlich nicht durchzusetzen.[1632] Al-

---

1623 *Axer*, AGB-Kontrolle (2012), S. 281.

1624 *Berger*, NJW 2010, 465, 469.

1625 Vgl. zu den Einzelheiten eingehend oben S. 758f.

1626 *Axer*, AGB-Kontrolle (2012), S. 281. Hervorhebungen durch den Verfasser.

1627 *Berger*, NJW 2010, 465, 469. Hervorhebungen durch den Verfasser.

1628 *Berger/Kleine*, NJW 2007, 3526, 2138; *Berger/Kleine*, BB 2007, 2137, 3527ff.; *Berger*, ZIP 2006, 2149, 2155. Vgl. hierzu auch *Axer*, AGB-Kontrolle (2012), S. 150ff.; *Kessel/Stomps*, BB 2009, 2666, 2672 sowie eingehend oben S. 782ff.

1629 *Axer*, AGB-Kontrolle (2012), S. 281. Hervorhebungen durch den Verfasser.

1630 *Berger*, NJW 2010, 465, 469. Hervorhebungen durch den Verfasser.

1631 Eine konkrete Schutzbedürftigkeit der Vollkaufleute verlangend *Helm*, BB 1977, 1109; *Pauly*, BB 1976, 534; *Brandner*, JZ 1973, 613; *Lindacher*, BB 1972, 296; *Grunsky*, Jura 1969, 87; *Raiser*, Formularbedingungen (1966); *Brandner*, AcP 162 (1963), 137; *Raiser*, JZ 1958, 1, 7. Für eine grundsätzliche Einbeziehung auch der Vollkaufleute *Eith*, NJW 1974, 16; *Trinkner*, BB 1973, 1501; *Schmidt-Salzer*, NJW 1971, 1010.

1632 Vgl. zur Diskussion einbgehend oben S. 694ff., zur Enstehungsgeschichte des AGBG oben S. 703ff.

lerdings betrafen derartige Vorschläge nicht den *Maßstab der Inhaltskontrolle,* sondern ihren *sachlichen Anwendungsbereich* und damit die Frage, ob überhaupt eine Inhaltskontrolle stattfindet. Eine Berücksichtigung vermeintlich verminderter Schutzbedürftigkeit von Unternehmern im Rahmen des *Maßstabs* der Inhaltskontrolle wurde dagegen erst später, insbesondere im Rahmen des Gesetzgebungsverfahrens zum Schuldrechtsmodernisierungsgesetz, eingehend diskutiert.

So hatte der Bundesrat in seiner Stellungnahme zum Schuldrechtsmodernisierungsgesetz darum gebeten, „im weiteren Gesetzgebungsverfahren zu prüfen, wie sichergestellt werden kann, dass die Neuregelungen des Gesetzes nicht zu einer unangemessenen Beeinträchtigung der *Vertragsfreiheit* von Unternehmen bei der Gestaltung ihrer Vertragsbeziehungen untereinander führen."[1633] Zur Begründung wurde darauf verwiesen, dass mit den Neuregelungen des Schuldrechtsmodernisierungsgesetzes eine erhebliche Verschärfung der bestehenden gesetzlichen Regelungen zugunsten der Käufer und der Werkbesteller verbunden sei.[1634] Damit bestehe die Gefahr, dass „dass eine gleichartige *Verschiebung der Gewichte* anhand der AGB-Kontrolle auch zwischen Unternehmen herbeigeführt wird, obwohl dort *kein entsprechendes Schutzbedürfnis* vorhanden"[1635] sei.

Diese Entwicklung bereite „deshalb der deutschen Wirtschaft größte Sorge"[1636], die einem zunehmenden „Druck zum Ausweichen auf ausländisches Recht"[1637] ausgesetzt sei, was nicht Ziel des deutschen Gesetzgebers sein könne.[1638] Dem solle in § 310 BGB n. F. „in geeigneter Weise Rechnung getragen werden, etwa indem die (in aller Regel) deutlich geringere Schutzbedürftigkeit bei der Verwendung von Allgemeinen Geschäftsbedingungen gegenüber Unternehmen

1633 Stellungnahme des Bundesrates vom 13.7.2001 zum RegE des SchuldRModG, BT-Drucks. 14/6857, S. 17. Hervorhebungen durch den Verfasser.

1634 Stellungnahme des Bundesrates vom 13.7.2001 zum RegE des SchuldRModG, BT-Drucks. 14/6857, S. 17.

1635 Stellungnahme des Bundesrates vom 13.7.2001 zum RegE des SchuldRModG, BT-Drucks. 14/6857, S. 17. Hervorhebungen durch den Verfasser.

1636 Stellungnahme des Bundesrates vom 13.7.2001 zum RegE des SchuldRModG, BT-Drucks. 14/6857, S. 17.

1637 Stellungnahme des Bundesrates vom 13.7.2001 zum RegE des SchuldRModG, BT-Drucks. 14/6857, S. 17. Vgl. nur *Staffelbach/Hengstler*, ITRB 2013, 21, 23; *Ehle/Brunschweiler*, RIW 2012, 262, 271; *Pfeiffer*, FS v. Westphalen (2010), S. 555, 567 (differenzierend); *Voser/Boog*, RIW 2009, 126, 139. Ebenso damals noch *v. Westphalen*, RIW 1/1999, Die Erste Seite: „Meidet das deutsche Recht!". Auf die Vorteile des schweizerischen Rechts hinweisend *Bühlmann*, ITRB 2014, 10, 10ff.; *Müller*, BB 2013, 1355, 1357; *Müller/Schilling*, BB 2012, 2319, 2320f., 2324; *Brachert/Dietzel*, ZGS 2005, 441, 441; *Hobeck*, DRiZ 2005, 177, 178. A. A. *v. Westphalen*, AnwBl. 2013, 850, 852ff.; *v. Westphalen*, BB 2013, 67, 67ff.; *v. Westphalen*, BB 2010, 195, 195ff.; *v. Westphalen*, NJW 2009, 2977, 2977ff., 2982. Eingehend zur Tragfähigkeit des *Rechtsfluchtarguments* oben S. 729ff.

1638 Stellungnahme des Bundesrates vom 13.7.2001 zum RegE des SchuldRModG, BT-Drucks. 14/6857, S. 17.

herausgestellt"[1639] werde. So könnte etwa in §310 Abs. 1 S. 2 BGB n. F. ein entsprechender Hinweis auf die geringere Schutzbedürftigkeit von Unternehmern eingefügt werden.[1640] §310 Abs. 1 S. 2 Hs. 2 hätte dann den Wortlaut: „Auf die im Handelsverkehr geltenden Gewohnheiten und Gebräuche sowie *die geringere Schutzbedürftigkeit* ist angemessen Rücksicht zu nehmen."

Die *Bundesregierung* ist dem Vorschlag indes nicht gefolgt und hat eine entsprechende Regelung unter Verweis auf den bereits bestehenden *flexiblen Kontrollmaßstab* und die sonst drohende *Rechtsunsicherheit* abgelehnt:[1641] Sie „hält es nicht für geboten, die Überprüfung Allgemeiner Geschäftsbedingungen, die Unternehmen untereinander verwenden, unter den Vorbehalt geringerer Schutzbedürftigkeit der Unternehmen zu stellen."[1642] Denn dass Handelsgeschäfte „flexibleren Prüfungskriterien"[1643] unterliegen, würde sich bereits aus §310 Abs. 1 BGB n. F. ergeben.[1644] Darüber hinaus würde „ein Hinweis auf die ‚Schutzbedürftigkeit' von Unternehmen nur zusätzliche Rechtsunsicherheit hervorrufen."[1645]

(2) Situative Unterlegenheit als Geltungsgrund der Inhaltskontrolle

Dem ist nur wenig hinzuzufügen. Die erstaunlich weit verbreitete und insbesondere im Rahmen der aktuellen Reformdiskussion regelmäßig pauschalisierend vorgetragene These ist in der Literatur daher zum Teil auf heftige Kritik gestoßen.[1646] Auch im Gang der bisherigen Untersuchung wurde nachgewiesen, dass die Annahme einer geringeren Schutzbedürftigkeit von Unternehmern nicht haltbar ist.[1647] Denn sie beruht auf der irrtümlichen – mit dem Schutzzweck der Inhaltskontrolle grundsätzlich unvereinbaren Vorstellung – dass der mit AGB

1639 Stellungnahme des Bundesrates vom 13.7.2001 zum RegE des SchuldRModG, BT-Drucks. 14/6857, S. 17.

1640 Stellungnahme des Bundesrates vom 13.7.2001 zum RegE des SchuldRModG, BT-Drucks. 14/6857, S. 17.

1641 RegE zum SchuldRModG, BT-Drucks. 14/6857, S. 54.

1642 RegE zum SchuldRModG, BT-Drucks. 14/6857, S. 54.

1643 RegE zum SchuldRModG, BT-Drucks. 14/6857, S. 54.

1644 RegE zum SchuldRModG, BT-Drucks. 14/6857, S. 54.

1645 RegE zum SchuldRModG, BT-Drucks. 14/6857, S. 54.

1646 Vgl. nur BeckOK/*H. Schmidt*, BGB (47. Ed. 2018), §307 Rn. 101 („Dass schlussendlich die These, Unternehmer seien wegen ihrer typischen Professionalität grds. nur eingeschränkt schutzwürdig, unbewiesen ist, belegen spezifisch unternehmensbezogene Schutzregelungen des nationalen ... sowie des europäischen Rechts ...."); *Wellenhofer-Klein*, ZIP 1997, 774, 775; *Dauner-Lieb*, Verbraucherschutz (1983), S. 29 („... wobei allerdings die ohne weiteres unterstellte geringere Schutzbedürftigkeit des Kaufmanns mit Hinweis auf seine größere Geschäftserfahrung abgetan wird."); *Nicklisch*, BB 1974, 941, 946 („Die Existenz derartiger Fallgruppen zeigt, daß man der Ansicht, bei Verträgen zwischen Vollkaufleuten sei eine Inhaltskontrolle mangels Schutzbedürftigkeit auszuschließen, weder de lege lata noch de lege ferenda folgen kann. Allerdings kann auch nicht der umgekehrte Schluß gezogen werden, daß auch Vollkaufleute bei der Verwendung von AGB generell schutzbedürftig seien.").

1647 Vgl. nur oben S. 759 ff., 763 ff., 765 ff., 779 ff.

konfrontierte Vertragspartner des Verwenders aufgrund seiner intellektuellen, wirtschaftlichen oder sonstigen strukturellen Unterlegenheit des Schutzes durch das AGB-Recht bedarf.[1648]

Allerdings besteht in Rechtsprechung und Schrifttum – unabhängig von den im Übrigen vertretenen Begründungsmodellen – jedenfalls dahingehend Einigkeit, dass die Inhaltskontrolle ihre Grundlage keineswegs in einem – personenbezogenen – intellektuellen, wirtschaftlichen oder strukturellen Machtungleichgewicht zwischen den Parteien findet, sondern stattdessen an die – rollenspezifische – situative Unterlegenheit des Klauselgegners anknüpft.[1649] Für eine Differenzierung des Kontrollmaßstabs mit Blick auf eine vermeintlich geringere Schutzbedürftigkeit aufgrund mangelnder wirtschaftlicher Überlegenheit bleibt damit kein Raum. Denn wie im Rahmen der Regelung des vertragstheoretischen Begründungsmodells gezeigt worden ist[1650], findet die Inhaltskontrolle ihre Rechtfertigung zunächst in der durch die prohibitiv hohen Transaktionskosten bedingten Informationsasymmetrie, die aufgrund der damit einhergehenden negativen Transaktionskosten-Vertragswert-Relation eine eingehende Kenntnisnahme und Analyse der Vertragsbedingungen praktisch ausschließt und geradezu als unvernünftig erscheinen lässt.[1651]

(3) Keine geringere AGB-spezifische Schutzbedürftigkeit des Unternehmers

Dass sich für den unternehmerischen Klauselgegner gegenüber einem Verbraucher insoweit keine nennenswerten Vorteile ergeben, wurde im Rahmen der Untersuchung der Geltung des vertragstheoretischen Begründungsmodells der Inhaltskontrolle im unternehmerischen Geschäftsverkehr nachgewiesen[1652]: So ersparen weder größere *geschäftliche Erfahrung* noch umfangreiche *Branchenkenntnis* dem Unternehmer den Aufwand, der für die eingehende Kenntnisnahme und Analyse der Vertragsbedingungen erforderlich ist.[1653] Denn eine sorgfältige Analyse komplexer Vertragsbedingungen ist selbst für einen erfahrenen und

---

[1648] Zu diesem Ansatz näher oben S. 472 ff.

[1649] Vgl. zur *situativen Unterlegenheit* eingehend oben S. 508 ff. Vgl. auch oben S. 409 ff., 440 ff., 468 ff., 568 ff., 759 ff., 779 ff. mwN. Grundlegend *Fastrich*, Inhaltskontrolle (1992), S. 83 ff., 91, 93; *Lieb*, AcP 178 (1978), 196, 201 und *Raiser*, Das Recht der AGB (1961), S. 21 f. sowie *Ulmer/Habersack*, in: *Ulmer/Brandner/Hensen*, AGB-Recht (12. Aufl. 2016), Einl. Rn. 5, 48; *Fuchs*, in: *Ulmer/Brandner/Hensen*, AGB-Recht (12. Aufl. 2016), Vorb. v. § 307 Rn. 27; *Leuschner*, JZ 2010, 875, 879; *Hellwege*, AGB und Rechtsgeschäftslehre (2010), S. 554; *Pfeiffer*, in: Wolf/Lindacher/Pfeiffer, AGB-Recht (6. Aufl. 2013), Einl. Rn. 3; *Stoffels*, AGB-Recht (3. Aufl. 2015), Rn. 72 ff., 83 ff.; *Leuschner*, AcP 207 (2007), 491, 494 ff.; Staudinger/*Wendland*, BGB (2019), § 307 Rn. 3; *Canaris*, AcP 200 (2000), 273, 312 ff.; *Wackerbarth*, AcP 200 (2000), 45, 55 f., 82 f. jeweils mwN.

[1650] Vgl. oben S. 0 f., 462 ff., 507 ff., 541 ff., 568 ff. 596 ff.

[1651] Zum Topos der „rationalen Ignoranz" *Eidenmüller*, JZ 2005, 216, 222. Ähnlich *Miethaner*, AGB-Kontrolle (2010), S. 63 ff.; *Becker*, AGB und Individualvereinbarung (2011), S. 72 ff.; *Schön*, FS Canaris I (2007), S. 1191, 1192, 1212.

[1652] Vgl. eingehend oben S. 759 ff., 763 ff., 765 ff., 779 ff.

[1653] Vgl. nur oben S. 765 ff., 779 ff.

insoweit spezialisierten Juristen mit erheblichem Aufwand verbunden.[1654] Zwar mag ein geschäftlich erfahrener und wohlinformierter Unternehmer branchenübliche Klauseln besser *verstehen* als ein Verbraucher, so dass insoweit der entsprechende Rechercheaufwand entfallen mag.

Dies fällt indes angesichts des ohnehin erforderlichen zeitlichen Aufwands der *Kenntnisnahme* in der Regel nicht erheblich ins Gewicht, so dass sich an der negativen Transaktionskosten-Vertragswert-Relation typischerweise nichts ändert.[1655] Handelt es sich um komplexe Klauselwerke und kompliziert konstruierte Klauseln – die häufig selbst für Experten nur schwer zu durchschauen sind – wird auch ein Unternehmer gut daran tun, sich nicht auf die eigenen Kenntnisse zu verlassen, sondern professionellen Rechtsrat in Anspruch zu nehmen. Handelt es sich um das Organ einer Personen- oder Kapitalgesellschaft, so wird dies – jedenfalls bei insoweit risikoreichen Verträgen – schon zur Vermeidung zivil- oder strafrechtlicher Konsequenzen in besonderer Weise geboten sein.[1656]

Dass die Überprüfung der AGB an eine interne Rechtsabteilung oder an externe Anwälte delegiert wird, ändert nichts an der Tatsache, dass der hierfür erforderliche zeitliche und finanzielle Aufwand gleichwohl anfällt und letztlich vom Unternehmer zu tragen ist.[1657] Im Gegenteil dürften die Weitergabe entsprechender Fälle an oder externe Experten, die Herstellung der jeweiligen Gutachten und ihre Kenntnisnahme durch den Kunden sowie die insoweit erforderliche Kommunikation und der Verwaltungsaufwand die Transaktionskosten noch erhöhen. Darüber hinaus wurde nachgewiesen, dass weder die mögliche *Versicherbarkeit* entsprechender Risiken noch die Existenz entsprechender *Kompensationsmöglichkeiten* im Wege betrieblicher Kalkulation an der situativen Unterlegenheit des Unternehmers etwas zu ändern vermögen.[1658]

Das Gleiche gilt für den Aspekt der *Vertragsimparität*,[1659] bei dem zwar ein Machtungleichgewicht zwischen den Parteien im Vordergrund steht, dieses seine Ursache jedoch in erster Linie im Versagen des Konditionenwettbewerbs findet, der seinerseits wiederum durch die transaktionskostenbedingte Informationsasymmetrie zwischen den Parteien verursacht wird. Vor diesem Hintergrund ist nicht einleuchtend, warum ein Unternehmer insoweit weniger schutzbedürftig

---

1654 Hierzu aus der Praxis *Hofbauer*, in: Balensiefen/Geiger/Schaller/Bönker (Hrsg.), Rechtshandbuch Immobilienpraxis (2009), S. 745, 745 („Dieser soll vor den selbst für Juristen nur schwer und für Nichtjuristen kaum mehr verständlichen Bestimmungen im ‚Kleingedruckten' geschützt werden."). Vgl. auch oben S. 511 ff.

1655 Hierzu oben S. 765 ff., 779 ff.

1656 Zu den rechtlichen Anforderungen an einen GmbH-Geschäftsführer etwa mit Blick auf das Einholen fachkundigen Rechtsrates vgl. etwa MünchKomm/*Fleischer*, GmbHG (2. Aufl. 2016), § 43 Rn. 42 mwN.

1657 Vgl. hierzu oben S. 765 ff., 786 f.

1658 Eingehend hierzu oben S. 772 ff., 774 ff.

1659 Hierzu eingehend oben S. 459 ff., 514 ff., 592 ff., 780 f. sowie *Schäfer*, BB 2012, 1231, 1233 ff.

sein sollte als ein Verbraucher. Denn dass im unternehmerischen Geschäftsverkehr ein funktionierender Konditionenwettbewerb existiert, ist nicht erkennbar. Zwar ist im Hinblick auf die Dimension der Vertragsimparität neben der Informationsasymmetrie auch die *wirtschaftliche* Stärke der beteiligten Vertragsparteien von Bedeutung. Allerdings kann gerade im unternehmerischen Geschäftsverkehr von regelmäßig bestehenden annähernd gleichen wirtschaftlichen Machtverhältnissen nicht die Rede sein.[1660]

Im Gegenteil wird der unternehmerische Geschäftsverkehr insbesondere aufgrund der zunehmenden Konzentration der Märkte derart von wirtschaftlichen Machtungleichgewichten geprägt, dass das AGB-Recht als effektives Instrument zur Eindämmung des Konditionenmissbrauchs mittlerweile die Funktion eines Ersatzkartellrechts einnimmt.[1661] Dies gilt umso mehr, als der reale unternehmerische Massenverkehr ganz überwiegend durch die kleinen und mittleren Unternehmen (KMU) geprägt wird, zu denen 99,7 % der in Deutschland umsatzsteuerpflichtigen Unternehmen zählen. Die Vorstellung, Unternehmer würden sich regelmäßig auf Augenhöhe begegnen und wären daher nicht schutzbedürftig, ist mit der Realität des wirtschaftlichen Verkehrs somit nicht vereinbar. Stattdessen ist die Praxis von einer großen Bandbreite unterschiedlicher Machtverhältnisse geprägt. Angesichts der Tatsache, dass der Rechtsverkehr im Wesentlichen von kleinen und mittleren Unternehmen geprägt wird, die nur wenigen großen Unternehmen gegenüberstehen und der damit verbundenen Konzentrationstendenzen auf den Märkten dürften annähernd gleiche Machtverhältnisse die deutliche Ausnahme darstellen.

Dass selbst Befürworter einer Reform des AGB-Rechts letztlich an dem Befund tatsächlich bestehender Schutzbedürftigkeit auch unternehmerischer Kunden nicht vorbeikommen, zeigt etwa der Vorschlag *Bergers*: So geht er von einer entsprechenden Bandbreite unterschiedlicher Machtverhältnissen auch im Unternehmerverkehr aus und schlägt daher innerhalb des b2b-Verkehrs eine schutzbedürftigkeitsabhängige Differenzierung im Rahmen eines „doppelten Differenzierungsgebotes“ vor.[1662] Mit einem solchen Vorschlag ist die Annahme einer grundsätzlichen, typischerweise bestehenden geringeren Schutzbedürftigkeit von Unternehmern indes nicht vereinbar.[1663] Nach alldem vermag der Vorschlag, eine vermeintlich geringere Schutzbedürftigkeit von Unternehmern als Abwä-

---

[1660] Vgl. hierzu eingehend *Schäfer*, BB 2012, 1231, 1233 ff. sowie oben S. 780 f.

[1661] Hierzu oben S. 780 f. sowie *Schäfer*, BB 2012, 1231, 1233; *Kessel/Stomps*, BB 2009, 2666, 2676; *Wellenhofer-Klein*, ZIP 1997, 774, 776. Zur wettbewerbsrechtlichen Dimension des Problems *Schmidt-Kessel*, AnwBl. 2012, 308, 313. Vgl. auch *Fornasier*, in: FIW (Hrsg.), Schwerpunkte des Kartellrechts 2011 (2012), S. 113, 121 ff.

[1662] *Berger/Kleine*, NJW 2007, 3526, 2138; *Berger/Kleine*, BB 2007, 2137, 3527 ff.; *Berger*, ZIP 2006, 2149, 2155. Vgl. hierzu auch *Axer*, AGB-Kontrolle (2012), S. 150 ff.; *Kessel/Stomps*, BB 2009, 2666, 2672 sowie eingehend oben S. 782 ff.

[1663] So aber *Berger*, NJW 2010, 465, 469.

gungskriterium im Differenzierungsgebot des § 310 Abs. 1 S. 2 Hs. 2 BGB zu verankern, nicht zu überzeugen und ist daher abzulehnen.[1664]

bb) Ausschluss der Indizwirkung der Klauselverbote

Im Zentrum der Kritik am geltenden Recht steht im Rahmen der gegenwärtigen Reformdiskussion vor allem die vom BGH entwickelte *Indizwirkung* der Klauselverbote der §§ 308, 309 BGB. In Reaktion hierauf sieht der DAV-Vorschlag einen Verzicht auf eine entsprechende Indizwirkung vor, indem die derzeitige Vorschrift des § 310 Abs. 1 S. 2 Hs. 1 BGB ersatzlos gestrichen wird.[1665] Dieser Vorschlag ist indes aus mehreren Gründen nicht überzeugend. So ist zum einen bereits fraglich, ob der BGH überhaupt gesetzlich daran gehindert werden kann, zur Präzisierung des Angemessenheitsmaßstabes der Generalklausel des § 307 Abs. 1 BGB auf die Wertungen der §§ 308, 309 BGB zurückzugreifen. Denn in der Wahl ihrer Auslegungsmethoden ist die Rechtsprechung gesetzlich frei.

Darüber hinaus wurde bereits darauf hingewiesen, dass gewichtige sachliche Gründe dafür sprechen, bei der Anwendung der Generalklauseln auf die für die entsprechenden Fallkonstellationen sachlich einschlägigen, jedoch nicht unmittelbar anwendbaren Normen und die ihnen zugrunde liegenden Wertungen zurückzugreifen.[1666] Denn sie finden ihre Grundlage in dem „die Rechtsordnung insgesamt beherrschenden Grundsatz von Treu und Glauben"[1667], der – unbeschadet der insoweit gebotenen differenzierenden Anwendung – damit grundsätzlich für den b2c- und b2b-Verkehr gleichermaßen gilt. Und letztlich kann der Verzicht auf die *Indizwirkung* der Klauselverbote keine sinnvolle und realistische Alternative zur geltenden Rechtslage darstellen, da sonst die Prüfung der Angemessenheit losgelöst von bestehenden gesetzlichen Wertungen aufgrund der insoweit freien Würdigung des Gerichtes erfolgen würde, womit ein deutlich geringeres Maß an *Rechtssicherheit* und *Vorhersehbarkeit* der Entscheidungen verbunden wäre.

[1664] Eine pauschale Annahme *geringerer Schutzbedürftigkeit* unternehmersicher Klauselgegner verneinend ebenfalls BeckOK/*H. Schmidt*, BGB (47. Ed. 2018), § 307 Rn. 101; *Wellenhofer-Klein*, ZIP 1997, 774, 775; *Dauner-Lieb*, Verbraucherschutz (1983), S. 29; *Nicklisch*, BB 1974, 941, 946. Gegen eine pauschale Annahme *geringerer Schutzbedürftigkeit* und jedenfalls eine teilweise Einbeziehung der Kaufleute in das AGB-Recht schon vor Inkrafttreten des AGBG *Eith*, NJW 1974, 16, 20; *Bastian/Böhm*, BB 1974, 110, 110ff.; *Pinger*, MDR 1974, 705, 708; *Stötter*, DB 1974, 434, 434ff.; *Nicklisch*, BB 1974, 941, 945ff.; *Weber*, DB 1974, 1801, 1804; *Brandner*, JZ 1973, 613, 614; *Helm*, FS Schnorr von Carolsfeld (1973), S. 125, 144ff. Vgl. zur *Schutzbedürftigkeit unternehmerischer Klauselgegner* eingehend oben S. 759ff., 763ff., 765ff., 779ff.

[1665] *Deutscher Anwaltverein*, AnwBl. 2012, 402, 402.

[1666] Vgl. hierzu nur oben S. 956ff.

[1667] Begründung des RegE zum AGBG, BT-Drucks. 7/3919, S. 14.

cc) Berücksichtigung der Besonderheiten des b2b-Verkehrs

Schließlich wurde von den Befürwortern einer Reform eine Neufassung des in § 310 Abs. 1 S. 2 Hs. 2 BGB enthaltenen Differenzierungsgebotes dahingehend vorgeschlagen, dass nicht mehr lediglich die „Gewohnheiten und Gebräuche", sondern vielmehr die *sachlichen Besonderheiten* des unternehmerischen Geschäftsverkehrs angemessen zu berücksichtigen sein sollten. Die hierzu vorgelegten Formulierungsvorschläge sind äußerst vielgestaltig und reichen von dem Gebot der angemessenen Berücksichtigung der „Bedürfnisse"[1668], der „Gegebenheiten"[1669] und der „sachlichen Besonderheiten"[1670] des unternehmerischen Geschäftsverkehrs bis hin zu der Forderung, die Angemessenheit von Vertragsbedingungen am Maßstab der „guten"[1671] oder „vernünftigen unternehmerischen Praxis"[1672] zu messen.

Einen Sonderweg geht der DAV-Vorschlag, der sich nicht auf ein bloßes Berücksichtigungsgebot beschränkt, sondern darüber hinaus im Rahmen einer negativen Formulierung ein Regel-Ausnahme-Verhältnis statuiert, indem er eine Regelung vorsieht, wonach „eine unangemessene Benachteiligung im Sinne des § 307 Abs. 1 und 2 ... nicht vor[liegt], wenn die Bedingung unter Berücksichtigung des Gesamtinhalts des Vertrages und der den Vertragsschluss begleitenden Umstände sowie der Gegebenheiten des betroffenen Wirtschaftszweigs von vernünftiger unternehmerischer Praxis *nicht erheblich* abweicht."[1673] Mit dem Verweis auf den Schlüsselbegriff der „vernünftigen unternehmerischen Praxis" – nicht jedoch im Hinblick auf seine Struktur – lehnt sich der Vorschlag ebenso wie die Regelungsentwürfe, die einen unmittelbaren Verweis auf die „gute unternehmerische Praxis" vorsehen[1674], dabei an Art. 86 Abs. 1 (b) GEK-E („gute Handelspraxis") bzw. Art. II.-9:405 DCFR („good commercial practice") an.

(1) Erforderlichkeit einer Neuregelung

Im Rahmen der bisherigen Untersuchung hat sich gezeigt, dass bereits das Differenzierungsgebot des § 310 Abs. 1 S. 2 Hs. 2 BGB mit Blick auf den weiten Angemessenheitsmaßstab der Generalklausel des § 307 Abs. 1 BGB letztlich überflüssig ist. Denn die nach § 307 Abs. 1 BGB erforderliche Interessenabwägung am

---

[1668] *Müller/Griebeler/Pfeil*, BB 2009, 2658, 2658. Vgl. hierzu oben S. 758 f.

[1669] *Berger*, NJW 2010, 465, 469.

[1670] *Axer*, AGB-Kontrolle (2012), S. 281.

[1671] *Hopt*, Handelsblatt 19. Februar 2013, Nr. 35, 11, 11; *Kondring*, BB 2013, 73, 75; *Müller*, BB 2013, 1355, 1357; *Kollmann*, NJOZ 2011, 625, 629.

[1672] *Deutscher Anwaltverein*, AnwBl. 2012, 402, 402; *Deutscher Anwaltverein*, AnwBl. Online 2012, 180, 180, 187. Zustimmend *Hannemann*, AnwBl. 2012, 314, 317; *Kieninger*, AnwBl. 2012, 301, 307; *Salger/Schröder*, AnwBl. 2012, 683, 686.

[1673] *Deutscher Anwaltverein*, AnwBl. 2012, 402, 402; *Deutscher Anwaltverein*, AnwBl. Online 2012, 180, 180, 187. Hervorhebungen durch den Verfasser.

[1674] So etwa *Kondring*, BB 2013, 73, 75; *Müller*, BB 2013, 1355, 1357; *Kollmann*, NJOZ 2011, 625, 629. Ähnlich *Hopt*, Handelsblatt 19. Februar 2013, Nr. 35, 11, 11 („gute Handelspraxis").

Maßstab der Gebote von Treu und Glauben erfordert bereits eine sorgfältige Abwägung der Interessen beider Parteien unter Berücksichtigung aller Umstände des Falles sowie des gesamten Vertragsinhaltes.[1675]

Daher ist angesichts der an eine sorgfältige Interessenabwägung anzulegenden Maßstäbe von vornherein nicht möglich die Angemessenheit einer Vertragsbedingung zu überprüfen, ohne die besonderen *Interessen* und *Bedürfnisse* des unternehmerischen Geschäftsverkehrs zu berücksichtigen, wenn sie als besonders zu berücksichtigende Umstände im konkreten Fall von Bedeutung sind. Entsprechend stellt auch der BGH in ständiger Rechtsprechung die „besonderen Interessen und Bedürfnisse des unternehmerischen Geschäftsverkehrs“[1676] als zwingend zu berücksichtigende Faktoren in die Abwägungsentscheidung mit Blick auf die Angemessenheit einer Klausel am Maßstab des § 310 Abs. 1 BGB ein:

> „Fällt eine Klausel bei ihrer Verwendung gegenüber Verbrauchern unter eine Verbotsnorm des § 309 BGB, so ist dies ein *Indiz* dafür, dass sie auch im Falle der Verwendung gegenüber Unternehmern zu einer *unangemessenen Benachteiligung* führt, *es sei denn*, sie kann wegen der *besonderen Interessen* und *Bedürfnisse* des unternehmerischen Geschäftsverkehrs *ausnahmsweise* als angemessen angesehen werden.“[1677]

Die Berücksichtigung der *Interessen* und *Bedürfnisse* des unternehmerischen Geschäftsverkehrs – nicht lediglich von *Handelsbräuchen* iSv. § 346 HGB[1678] – ist damit bereits jetzt schon geltendes Recht[1679], wenngleich die Rechtsprechung der Sache nach zumindest „Branchenüblichkeit“[1680] bzw. „Handelsüblichkeit“[1681]

1675 MünchKomm/*Wurmnest*, BGB (7. Aufl. 2016), § 307 Rn. 33.

1676 BGHZ 174, 1, 4 f. = NJW 2007, 3774, 3775 (Gebrauchtwagenkaufvertrag). Vgl. hierzu auch die Nachweise unten in Fn. 1677.

1677 BGHZ 174, 1, 4 f. = NJW 2007, 3774, 3775 (Gebrauchtwagenkaufvertrag). Hervorhebungen durch den Verfasser. Ebenso BGHZ 103, 316 = NJW 1988, 1785, 1788 (Werftwerkvertrag); BGHZ 147, 279 = NJW 2001, 2331, 2331 (Bierlieferungsvertrag II); BGH NJW-RR 1997, 1253, 1255 (Seefrachtvertrag); BGHZ 90, 273 = NJW 1984, 1750, 1751 (Glaubersalztank), OLG Brandenburg v. 19. 12. 2012 (4 U 126/11), Rn. 93; OLG Karlsruhe NJW-RR 2009, 1322, 1323; LG Frankfurt/M. v. 11. 5. 2011 (3–08 O 140/10), Rn. 141.

1678 Ebenso Palandt/*Grüneberg*, BGB (77. Aufl. 2018), § 307 Rn. 39 (unterschiedliche Interessenlagen und Geschäftserfahrung können zu Untergruppierungen führen, deren jeweilige Besonderheiten im Rahmen der Inhaltskontrolle zu berücksichtigen sind); Staudinger/*Schlosser*, BGB (2013), § 310 Rn. 13 („Echte Geltung kraft Handelsbrauches liegt außerhalb der Inhaltskontrolle des AGB-Rechts ... Der Hinweis in Abs 1 aE betrifft daher branchenübliche Klauselgestaltungen, die sich noch nicht zu einem Handelsbrauch verdichtet haben.“); *Fuchs*, in: *Ulmer/Brandner/Hensen*, AGB-Recht (12. Aufl. 2016), § 307 Rn. 143 (auch Verkehrssitten einbeziehend). A. A. einen Verweis auf Handelsbräuche iSv. § 346 HGB annehmend Beck-OK/*Becker*, BGB (47. Ed. 2018), § 310 Rn. 4; MünchKomm/*Basedow*, BGB (7. Aufl. 2016), § 310 Rn. 9 ff.; Erman/*Hager/Roloff*, (15. Aufl. 2017), Vor §§ 305–310 Rn. 8; *Wolf*, in: Wolf/Lindacher/Pfeiffer, AGB-Recht (6. Aufl. 2013), § 310 Abs. 1 Rn. 24 ff. Vgl. hierzu eingehend oben S. 942 ff.

1679 Vgl. hierfür nur die oben in Fn. 1677 genannten Nachweise.

1680 BGHZ 103, 316 = NJW 1988, 1785, 1788 (Werftwerkvertrag).

1681 So BGH NJW-RR 1997, 1253, 1255 (Seefrachtvertrag).

verlangt.[1682] Dies entspricht – wie gezeigt worden ist[1683] – auch der *Systematik* der Vorschrift des § 310 Abs. 1 S. 2 Hs. 2 BGB, die sich nicht in einem sonst überflüssigen Verweis auf § 346 HGB erschöpfen kann[1684], sowie dem Willen des historischen *Gesetzgebers*[1685], der mit der Vorschrift lediglich die *differenzierte Anwendung* der Generalklauseln im b2b-Verkehr *klarstellen*[1686] und auf diese Weise gewährleisten wollte, dass „die für den Handelsverkehr notwendige Flexibilität … besonders deutlich zum Ausdruck komme“[1687].

Dass die Rechtsprechung von dem gebotenen differenzierenden Kontrollmaßstab auch *tatsächlich* Gebrauch macht und die besonderen Interessen und Bedürfnisse des unternehmerischen Geschäftsverkehrs im Rahmen der Angemessenheitsprüfung des § 307 Abs. 1 BGB – wenngleich anhand eines vergleichsweise strengen Maßstabes[1688] – berücksichtigt, ist im Rahmen der Untersuchung des differenzierenden Ansatzes der Rechtsprechung deutlich geworden.[1689] Die weitgehend pauschalisierende Kritik der Befürworter des Reformansatzes wird insoweit der Rechtswirklichkeit nicht gerecht.[1690]

Damit bleibt es bei dem Befund, der von einem beachtlichen Teil insbesondere der Kommentarliteratur geteilt wird: Dass eine „Reform der §§ 305 ff. … nicht geboten ist, [da sich] der unternehmerischen Freiheit … bereits auf der Grundlage der bestehenden Vorschriften angemessen Rechnung tragen“[1691] lässt, dass die vom BGH entwickelte Rechtsprechung zu tragfähigen Ergebnissen führt und eine in der Literatur geforderte Kehrtwende nicht erforderlich ist[1692], dass „von einer Hypertrophie … aufs Ganze gesehen, die notfalls die Wahl eines anderen … Rechts, nahelege … ebensowenig die Rede sein [könne] wie davon, dass

---

[1682] Hierzu oben S. 942 ff., 948 f.

[1683] Hierzu oben S. 942 ff.

[1684] Hierzu oben S. 945 ff.

[1685] Hierzu oben S. 939 ff.

[1686] *Stellungnahme des Rechtsausschusses* im Gesetzgebungsverfahren zum AGBG, BT-Drucks. 7/5422, S. 14 („Die vom Ausschuß einmütig vorgeschlagene Ergänzung … *stellt klar*, daß eine vom Verbrauchergeschäft *differenzierte Anwendung* der Generalklausel auf Geschäfte zwischen Kaufleuten namentlich dann geboten ist, wenn es um die Beurteilung von Vertragsbestimmungen geht, die bei Verwendung *gegenüber Nichtkaufleuten* ohne weiteres nach § 11 unwirksam wären.“). Hervorhebungen durch den Verfasser. Vgl. hierzu eingehend oben S. 939 ff.

[1687] *Däubler-Gmelin*, in: Stenographisches Protokoll des Rechtsausschusses, 7.1972/76, 100. Sitzung v. 2.6.1976, S. 35. Vgl. hierzu eingehend oben S. 937 f.

[1688] Vgl. hierzu oben S. 942 ff., 1037 f.

[1689] Vgl. hierzu oben S. 915 ff.

[1690] Zur Kritik vgl. nur *Dauner-Lieb*, AnwBl. 2013, 845, 845; *Axer*, AGB-Kontrolle (2012), S. 215; *Hannemann*, AnwBl. 2012, 314, 316; *Dauner-Lieb/Axer*, ZIP 2010, 309, 310 f.; *Leuschner*, JZ 2010, 875, 876; *Lenkaitis/Löwisch*, ZIP 2009, 441, 442; *Kessel/Stomps*, BB 2009, 2666, 2668 sowie oben S. 927 ff.

[1691] MünchKomm/*Basedow*, BGB (7. Aufl. 2016), § 310 Rn. 16.

[1692] So ausdrücklich Palandt/*Grüneberg*, BGB (77. Aufl. 2018), § 307 Rn. 38.

‚die' Klauselkontrolle eine Einschränkung der Vertragsfreiheit darstelle"[1693], weil die „Vertragsfreiheit ... immer von den Blickpunkten beider Vertragspartner aus gesehen werden"[1694] muss und dass angesichts der Entwicklungen auf europäischer Ebene, insbesondere dem GEK-E, „das Argument, die ‚deutsche' Klauselkontrolle lasse sich im Ausland schwer vermitteln ... wenig einleuchten"[1695] will. Das Schrifttum – und hier insbesondere die Wissenschaft – erweist sich damit in weitaus geringerem Umfang als die monolithische Phalanx, als die sie im Rahmen der heftig ausgetragenen aktuellen rechtspolitischen Debatte bisweilen erscheint.

Eine Neuregelung des §310 Abs. 1 S. 2 Hs. 2 BGB ist damit nicht erforderlich, weil bereits die Generalklausel des §307 Abs. 1 BGB aufgrund der erheblichen Weite des Angemessenheitsmaßstabes eine hinreichend flexible Berücksichtigung der sachlichen Besonderheiten des unternehmerischen Geschäftsverkehrs gewährleistet. Gleichwohl stellt sich angesichts der mit der aktuellen Diskussion verschärften Unsicherheiten sowie der kontroversen Bewertung der Rechtsprechung in der Literatur die Frage, ob eine behutsame Anpassung des Differenzierungsgebotes nicht dennoch sinnvoll wäre – und zwar aus den gleichen Gründen, die ursprünglich Anlass für die Regelung des §24 S. 2 Hs. 2 AGBG a. F. (1976) waren: Um die *differenzierte Anwendung* der Generalklauseln im b2b-Verkehr klarzustellen[1696] sowie die für den unternehmerischen Geschäftsverkehr notwendige Flexibilität des Prüfungsmaßstabs besonders deutlich zum Ausdruck zu bringen.[1697]

Das Differenzierungsgebot des §310 Abs. 1 S. 2 Hs. 2 BGB würde damit – wie im Übrigen auch bisher, jedoch nunmehr in deutlicherer Form – klarstellen, was auf Grundlage der Rechtsprechung des BGH ohnehin bereits gilt: Dass die sachlichen Besonderheiten im Rechtsverkehr zwischen Unternehmern bei der Anwendung der Inhaltskontrolle angemessen zu berücksichtigen sind und dass auch von der Indizwirkung der Klauselverbote erfasste Vertragsbedingungen „wegen der besonderen Interessen und Bedürfnisse des unternehmerischen Geschäftsverkehrs ausnahmsweise als angemessen angesehen werden"[1698] können.

[1693] BeckOK/*H. Schmidt*, BGB (47. Ed. 2018), §307, Rn. 97.

[1694] *Ebenda.*

[1695] *Ebenda.*

[1696] *Stellungnahme des Rechtsausschusses* im Gesetzgebungsverfahren zum AGBG, BT-Drucks. 7/5422, S. 14 („Die vom Ausschuß einmütig vorgeschlagene Ergänzung ... *stellt klar*, daß eine vom Verbrauchergeschäft *differenzierte Anwendung* der Generalklausel auf Geschäfte zwischen Kaufleuten namentlich dann geboten ist, wenn es um die Beurteilung von Vertragsbestimmungen geht, die bei Verwendung *gegenüber Nichtkaufleuten* ohne weiteres nach §11 unwirksam waren."). Hervorhebungen durch den Verfasser. Vgl. hierzu eingehend oben S. 939ff.

[1697] *Däubler-Gmelin*, in: Stenographisches Protokoll des Rechtsausschusses, 7.1972/76, 100. Sitzung v. 2. 6. 1976, S. 35. Vgl. hierzu eingehend oben S. 1029f.

[1698] BGHZ 174, 1, 4f. = NJW 2007, 3774, 3775 (Gebrauchtwagenkaufvertrag). Hervorhebungen durch den Verfasser. Ebenso BGHZ 103, 316 = NJW 1988, 1785, 1788 (Werftwerkvertrag); BGHZ 147, 279 = NJW 2001, 2331, 2331 (Bierlieferungsvertrag II); BGH

(2) Inhalt einer Neuregelung

Als Maßstab einer entsprechenden Neuregelung könnte dabei auf den Begriff der „Interessen und Bedürfnisse des unternehmerischen Geschäftsverkehrs" zugegriffen werden, so dass das Differenzierungsgebot des § 310 Abs. 1 S. 2 Hs. 2 BGB durch die folgende Regelung zu ersetzen wäre:

„auf die Interessen und Bedürfnisse des unternehmerischen Geschäftsverkehrs angemessen Rücksicht zu nehmen."

Der Gesetzesvorschlag findet im Schrifttum soweit ersichtlich bislang kein Vorbild und weicht in seiner Formulierung von den insoweit vorgelegten Ansätzen ab, die auf die „Gegebenheiten"[1699] und die „sachlichen Besonderheiten"[1700] des unternehmerischen Geschäftsverkehrs abstellen oder vorschlagen, die Angemessenheit von Vertragsbedingungen am Maßstab der „guten"[1701] oder „vernünftigen unternehmerischen Praxis"[1702] zu messen. Lediglich *Müller*, *Griebeler* und *Pfeil* verweisen darauf, dass „auf die Bedürfnisse des unternehmerischen Verkehrs … angemessen Rücksicht zu nehmen"[1703] sei, scheiden jedoch die *Interessen* als zu berücksichtigenden Maßstab aus.

(a) Rechtssicherheit und Anknüpfung an die bestehende Rechtsprechung

Für den vorgelegten Gesetzesvorschlag sprechen jedoch mehrere Gründe: So knüpft er in seiner Formulierung an die – in ihren Grundzügen seit den 1980er Jahren – gängige Formel der Rechtsprechung an, wonach Vertragsbedingungen auch dann, wenn sie unter eines der Klauselverbote der §§ 308, 309 BGB fallen und damit die Indizwirkung der Klauselverbote eingreift, „wegen der besonderen Interessen und Bedürfnisse des unternehmerischen Geschäftsverkehrs ausnahmsweise als angemessen angesehen werden"[1704] können. Damit greift die Formulierung die ständige höchstrichterliche *Rechtsprechung* des BGH auf und

NJW-RR 1997, 1253, 1255 (Seefrachtvertrag); BGHZ 90, 273 = NJW 1984, 1750, 1751 (Glaubersalztank), OLG Brandenburg v. 19. 12. 2012 (4 U 126/11), Rn. 93; OLG Karlsruhe NJW-RR 2009, 1322, 1323; LG Frankfurt/M. v. 11. 5. 2011 (3–08 O 140/10), Rn. 141.

[1699] *Berger*, NJW 2010, 465, 469.

[1700] *Axer*, AGB-Kontrolle (2012), S. 281.

[1701] *Hopt*, Handelsblatt 19. Februar 2013, Nr. 35, 11, 11; *Kondring*, BB 2013, 73, 75; *Müller*, BB 2013, 1355, 1357; *Kollmann*, NJOZ 2011, 625, 629.

[1702] *Deutscher Anwaltverein*, AnwBl. 2012, 402, 402; *Deutscher Anwaltverein*, AnwBl. Online 2012, 180, 180, 187. Zustimmend *Hannemann*, AnwBl. 2012, 314, 317; *Kieninger*, AnwBl. 2012, 301, 307; *Salger/Schröder*, AnwBl. 2012, 683, 686.

[1703] *Müller/Griebeler/Pfeil*, BB 2009, 2658, 2658.

[1704] BGHZ 174, 1, 4 f. = NJW 2007, 3774, 3775 (Gebrauchtwagenkaufvertrag). Hervorhebungen durch den Verfasser. Ebenso BGHZ 103, 316 = NJW 1988, 1785, 1788 (Werftwerkvertrag); BGHZ 147, 279 = NJW 2001, 2331, 2331 (Bierlieferungsvertrag II); BGH NJW-RR 1997, 1253, 1255 (Seefrachtvertrag); BGHZ 90, 273 = NJW 1984, 1750, 1751 (Glaubersalztank), OLG Brandenburg v. 19. 12. 2012 (4 U 126/11), Rn. 93; OLG Karlsruhe NJW-RR 2009, 1322, 1323; LG Frankfurt/M. v. 11. 5. 2011 (3–08 O 140/10), Rn. 141.

vermeidet die mit einer von der Rechtsprechung abweichenden Begrifflichkeit unvermeidlich verbundene *Rechtsunsicherheit*.

Darüber hinaus korrigiert sie den missglückten, weithin als Redaktionsversehen[1705] gewerteten Wortlaut des bisherigen Differenzierungsgebotes des § 310 Abs. 1 S. 2 Hs. 2 BGB, indem sie den missverständlichen und sachlich unzutreffenden Gleichlauf mit § 346 HGB beseitigt und die Vorschrift an die Rechtsprechung anpasst. Eine klarstellende Korrektur der Regelung wäre vor allem deshalb sinnvoll, weil im Schrifttum und insbesondere in der für die Rechtspraxis wichtigen Kommentarliteratur nach wie vor Unklarheit über die Bedeutung des Differenzierungsgebotes besteht: Während ein Teil des Schrifttums in der Norm einen Verweis auf Handelsbräuche im technischen Sinn des § 346 HGB erblickt, deuten andere sie im Sinne eines Bezuges auf „branchenübliche Klauselgestaltungen, die sich noch nicht zu einem Handelsbrauch verdichtet haben“[1706] oder sogar als allgemeines „Differenzierungsgebot zu Gunsten des unternehmerischen Verkehrs.“[1707]

Die weite Bandbreite unterschiedlicher Deutungen der Vorschrift hat erhebliche Folgen für die *Rechtssicherheit*. Problematisch ist dies vor allem deshalb, weil die Interpretation der Regelung als Verweis auf Handelsbräuche iSv. § 346 HGB die flexible Weite der Generalklausel des § 307 Abs. 1 BGB ohne Not und deutlich über das von der Rechtsprechung vorgegebene Maß hinaus einengt. Für die Rechtspraxis führt dies zu einer erheblichen Begrenzung rechtlich eigentlich zulässiger Gestaltungsspielräume, da Handelsbräuche im technischen Sinn des § 346 HGB nur selten und im Ausnahmefall angenommen werden können.[1708] Eine derart enge Sichtweise wird zudem auch der Rechtsprechung des BGH nicht gerecht, die – wie im Gang der Untersuchung deutlich geworden ist[1709] – auch *die Branchenüblichkeit*[1710] bzw. *Handelsüblichkeit*[1711] bestimmter Klauseln berücksichtigt und entsprechende Vertragsbedingungen auch dann als angemessen achtet, wenn sie von den Klauselverboten der §§ 308, 309 BGB erfasst werden, für die Klauselgestaltung aber sachlich gerechtfertigte Gründe vorliegen.[1712]

Entsprechend hatte der BGH etwa in seiner *Werftwerkvertragsentscheidung*[1713] einen nach § 11 Nr. 7 AGBG bzw. § 309 Nr. 7 b) BGB eigentlich unzulässigen, je-

---

[1705] So ausdrücklich *Axer*, AGB-Kontrolle (2012), S. 113. Ähnlich Staudinger/*Schlosser*, BGB (2013), § 310 Rn. 13; *Rabe*, NJW 1987, 1978, 1983.

[1706] Staudinger/*Schlosser*, BGB (2013), § 310 Rn. 13.

[1707] *Axer*, AGB-Kontrolle (2012), S. 117. Vgl. auch ebenda, S. 107 ff.

[1708] Vgl. zu den für Handelsbräuche geltenden strengen Anforderungen MünchKomm/*Schmidt*, HGB (3. Aufl. 2013), § 346 Rn. 14; Oetker/*Pamp*, HGB (5. Aufl. 2017), § 346 Rn. 10; Ebenroth/Boujong/Joost/Strohn/*Joost*, (3. Aufl. 2015), § 346 Rn. 8.

[1709] Vgl. nur oben S. 973 ff.

[1710] BGHZ 103, 316 = NJW 1988, 1785, 1788 (Werftwerkvertrag). Vgl. hierzu oben S. 1065 f.

[1711] BGH NJW-RR 1997, 1253, 1255 (Seefrachtvertrag). Vgl. hierzu oben S. 1065 f.

[1712] BGH NJW-RR 1997, 1253, 1255 (Seefrachtvertrag); BGHZ 103, 316 = NJW 1988, 1785, 1788 (Werftwerkvertrag) sowie oben S. 1065 ff.

[1713] BGHZ 103, 316 = NJW 1988, 1785 (Werftwerkvertrag).

doch branchenüblichen Haftungsausschluss für die durch schwerwiegendes Verschulden einfacher Erfüllungsgehilfen verursachten Schäden ausnahmsweise deshalb für zulässig gehalten, weil das Schadensrisiko von den Schiffseignern als Werftkunden typischerweise mitbeherrscht werden kann und im Übrigen ein branchenüblicher, praktisch lückenloser Kaskoversicherungsschutz des Schiffseigners bestand.[1714] Damit hat das Gericht die sachlichen Besonderheiten, die „Interessen und Bedürfnisse des kaufmännischen Geschäftsverkehrs"[1715] bei der Anwendung der Generalklausel berücksichtigt damit gerade jenen flexiblen Prüfungsmaßstab zugrunde gelegt, den die Kritik eines Teils des Schrifttums einfordert. Ist damit die Rechtsprechung tatsächlich *flexibler* und *weiter* als der Wortlaut des insoweit missverständlichen § 310 Abs. 1 S. 2 Hs. 2 BGB vermuten lässt, so erscheint eine Neuregelung auf der Grundlage der geltenden Rechtsprechung umso sinnvoller.

(b) Verhältnis von faktischen und normativen Kriterien

Für die Übernahme der von der Rechtsprechung entwickelten Formel der *Berücksichtigung der Interessen und Bedürfnisse des unternehmerischen Geschäftsverkehrs* sprechen indes auch weitere gewichtige Gründe. Während der Verweis auf die „Gegebenheiten des unternehmerischen Geschäftsverkehrs"[1716] sowie auf die „gute"[1717] oder „vernünftige unternehmerische Praxis"[1718] die Gefahr in sich birgt, dass eine tatsächliche – unter Umständen sogar gegen Treu und Glauben verstoßende und damit zu Recht unzulässige – Vertragspraxis zur Norm erhoben wird und damit ein rein faktisches *datum* zu normativer Geltung gelangt[1719], verweist der Begriff der Interessen und Bedürfnisse auf die einer bestimmten Vertragspraxis selbst zugrunde liegende *Sachverhaltsebene.*

Anders gewendet: Während es sich bei der bestehenden Vertragspraxis um eine Tatsache handelt, die bereits aufgrund ihrer faktischen Geltung mit dem Anspruch *normativer Anerkennung* verbunden ist, handelt es sich bei den Interessen und Bedürfnissen der Parteien dagegen um Tatsachen, die erst aufgrund einer auf sie anzuwendenden *normativen Wertung* zu normativer Geltung gelangen – oder eben nicht. In ihrer Struktur bestehen zwischen den beiden Regelungsalternativen – Gegebenheiten des unternehmerischen Verkehrs und bestehende Vertrags-

---

[1714] BGHZ 103, 316 = NJW 1988, 1785, 1788 (Werftwerkvertrag).

[1715] BGHZ 103, 316 = NJW 1988, 1785, 1788 (Werftwerkvertrag).

[1716] *Berger,* NJW 2010, 465, 469.

[1717] *Hopt,* Handelsblatt 19. Februar 2013, Nr. 35, 11, 11; *Kondring,* BB 2013, 73, 75; *Müller,* BB 2013, 1355, 1357; *Kollmann,* NJOZ 2011, 625, 629.

[1718] *Deutscher Anwaltverein,* AnwBl. 2012, 402, 402; *Deutscher Anwaltverein,* AnwBl. Online 2012, 180, 180, 187. Zustimmend *Hannemann,* AnwBl. 2012, 314, 317; *Kieninger,* AnwBl. 2012, 301, 307; *Salger/Schröder,* AnwBl. 2012, 683, 686. Hervorhebungen durch den Verfasser.

[1719] Kritisch insoweit *v. Westphalen,* AnwBl. 2013, 850, 851.

praxis auf der einen sowie *Interessen* und *Bedürfnisse* des Rechtsverkehrs auf der anderen Seite – erhebliche strukturelle und dogmatisch relevante Unterschiede. So handelt es sich bei den Interessen und Bedürfnissen der Parteien zwar ebenfalls um Tatsachen, d.h. um Kriterien aus der Sphäre des rein Faktischen. Von ihrer Struktur und ihrem Wesen her sind sie jedoch nicht auf *normative* Geltung ausgerichtet und aufgrund ihres hohen Abstraktionsgrades mangels entsprechender Rechtsfolgen rechtlich nicht handhabbar. Sie bilden stattdessen die Grundlage, auf der die Parteien im Idealfall – gerade im Wege des wechselseitigen *Abschleifens*[1720] der gegenseitigen Interessen und Bedürfnisse – zu einer rechtlichen vertraglichen Vereinbarung gelangen.

Ob diese Vereinbarung normativen Charakter erhält, d.h. über ihre gleichsam *provisorische* Anerkennung aufgrund der bestehenden *formalen* Bindung hinaus von der Rechtsordnung auch *endgültig* als *materiell* wirksam anerkannt wird, hängt davon ab, ob sie mit dem geltenden Recht in Einklang steht oder nicht. Hierfür ist indes das Maß an *Vertragsgerechtigkeit* maßgeblich, deren Verwirklichung die Privatrechtsordnung dient. Gerecht ist die Vereinbarung jedoch nur dann, wenn sie einen *angemessenen Ausgleich* der gegenseitigen Bedürfnisse und Interessen der Parteien ermöglicht, was zugleich dem idealtypischen *Zweck* jedes Vertrages entspricht.[1721] Dass ein entsprechend *gerechtes* Ergebnis zugleich ein hinreichendes Maß an *Vertragsfreiheit* bei Vertragsschluss indiziert, umgekehrt nur ein Mindestmaß an *Vertragsfreiheit* eine den Grundsätzen der *Vertragsgerechtigkeit* entsprechende Vereinbarung gewährleistet, wurde bereits im Rahmen der Untersuchung des Verhältnisses von Vertragsfreiheit und Vertragsgerechtigkeit gezeigt.[1722] Vor diesem dogmatischen Hintergrund – der hier nur holzschnittartig in seinen wesentlichen Grundzügen angedeutet werden konnte – wird deutlich, dass nur ein Maßstab, der auf die der vertraglichen Vereinbarung zugrunde liegende Sachverhaltsebene verweist, für die Konkretisierung des Differenzierungsgebotes des §310 Abs.1 S.2 Hs.2 BGB in Betracht kommen kann. Dies gilt umso mehr, als es sich bei den Interessen und Bedürfnissen der Parteien gerade um jene Sachverhaltselemente handelt, die für die Verwirklichung des *Vertragszwecks*[1723], die Gewährleistung der *Vertragsgerechtigkeit*[1724] sowie – un-

---

[1720] Vgl. hierzu *Schmidt-Rimpler*, AcP 147 (1941), 130, 162 Fn.41. Zum parallel verwendeten Bild des „Paralysierens" der gegenseitigen Ansprüche vgl. *Schmidt-Rimpler*, FS Raiser (1974), S.3, 5; *Schmidt-Rimpler*, FS Nipperdey (1955), S.1, 28; *Schmidt-Rimpler*, AcP 147 (1941), 130, 155.

[1721] Vgl. hierzu oben S.141ff., 236ff., 242ff., 453ff.

[1722] Zur Vertragsparität als Voraussetzung der Richtigkeitsgewähr oben S.236ff., 256ff. Zum Verhältnis von *Vertragsfreiheit* und *Vertragsgerechtigkeit* vgl. eingehend oben S.S.159ff., 174f., 234ff.

[1723] Zur Interessenverwirklichung als Zweck des Vertrages eingehend oben S.141ff., 236ff., 242ff., 453ff.

[1724] Eingehend zur *Vertragsgerechtigkeit* oben S.100ff., 109ff., 111ff., 117ff.

trennbar hiermit verbunden[1725] – schließlich auch für die *tatsächliche* Ausübung der *Vertragsfreiheit*[1726] maßgeblich sind.

Darüber hinaus spricht auch ein zweiter Gesichtspunkt für den Verweis auf die Interessen und Bedürfnisse des unternehmerischen Geschäftsverkehrs als geeigneten Maßstab des Differenzierungsgebotes. Denn im Gegensatz zu der *tatsächlichen* Vertragspraxis, die fair oder unfair, missbräuchlich oder auswogen, knebelnd oder freiheitsgewährend ausgestaltet und damit auch lediglich auf die Interessen und Bedürfnisse *einer* der beiden Parteien beschränkt sein kann – und dies in der Regel auch ist[1727] –, nimmt der Bezug auf die Interessen und Bedürfnisse des unternehmerischen Geschäftsverkehrs von vornherein gerade die konkreten sachlichen Gegebenheiten *beider* Parteien in den Blick. Dieser Maßstab allein wird den Anforderungen des Angemessenheitsmaßstabs der Generalklausel des § 307 Abs. 1 BGB gerecht, der – im Übrigen insoweit dem Zugriff des Gesetzgebers entzogen – in dem „die Rechtsordnung insgesamt beherrschenden Grundsatz von Treu und Glauben"[1728] wurzelt.

Vor diesem Hintergrund erscheint es sogar fraglich, ob es dem Gesetzgeber überhaupt freisteht, ohne effektive normative Korrektive auf eine bestehende Vertragspraxis zu verweisen und deren Berücksichtigung einzufordern. Denn an der Verwurzelung der Inhaltskontrolle im Grundsatz von *Treu und Glauben*[1729], der verfassungsrechtlich gebotenen Gewährleistung *materieller Vertragsfreiheit* des Verwendungsgegners[1730] und der Notwendigkeit *materieller Korrektur* von aus Gerechtigkeitsgründen – und damit indizierten Defiziten der Vertragsfreiheit – unhaltbaren Verträgen vermag auch jeder noch so kühne Federstreich des Gesetzgebers nichts zu ändern. Entsprechend wurde zu Recht davor gewarnt, dass mit der zwingenden Berücksichtigung einer bestehenden Vertragspraxis ein Verhalten prämiert werde, „welches sich schlicht als Gesetzeswidrigkeit erweist"[1731]. Zwar sehen die entsprechenden Vorschläge in Anlehnung an Art. 86 Abs. 1 (b) GEK-E („gute Handelspraxis") bzw. Art. II. – 9:405 DCFR („good commercial practice") mit dem Verweis auf die „gute"[1732] oder „vernünftige unternehmerische Praxis"[1733] ein gewisses normatives Element vor, das offenkundig

---

[1725] Hierzu oben S. 159 ff., 174 f., 234 ff.

[1726] Zur *Vertragsfreiheit* eingehend oben S. 13 ff., 30 ff., 58 ff., 77 ff. Zur Gewährleistung *materieller Vertragsfreiheit* eingehend oben S. 97, 236 ff., 256 ff., 374 ff., 446 ff., 507 ff., 567 ff., 596 ff., 780 ff.

[1727] Vgl. nur MünchKomm/*Basedow*, BGB (7. Aufl. 2016), Vor § 305–310 Rn. 3 sowie oben S. 297 f.

[1728] Begründung des RegE zum AGBG, BT-Drucks. 7/3919, S. 14.

[1729] Begründung des RegE zum AGBG, BT-Drucks. 7/3919, S. 14. Vgl. zur Rechtsprechung vor Inkrafttreten des AGBG eingehend oben S. 347 ff., 696 f.

[1730] Vgl. hierzu oben S. 374 ff.

[1731] *v. Westphalen*, AnwBl. 2013, 850, 851.

[1732] *Hopt*, Handelsblatt 19. Februar 2013, Nr. 35, 11, 11; *Kondring*, BB 2013, 73, 75; *Müller*, BB 2013, 1355, 1357; *Kollmann*, NJOZ 2011, 625, 629.

[1733] *Deutscher Anwaltverein*, AnwBl. 2012, 402, 402; *Deutscher Anwaltverein*, AnwBl.

auf der Grundlage des Grundsatzes von Treu und Glauben konkretisiert werden soll. Welcher Mehrwert gegenüber der bisherigen Regelung mit dem Verweis auf die tatsächliche Vertragspraxis verbunden sein soll, wenn diese ihrerseits wieder unter dem Vorbehalt von Treu und Glauben steht, ist dabei indes nicht erkennbar.

Dass die hiermit verbundenen dogmatischen Probleme von den Befürwortern der entsprechenden Vorschläge im Rahmen der aktuellen Diskussion um eine AGB-Reform nicht thematisiert worden sind zeigt umso deutlicher, dass „sich eine auf das Merkmal der ‚vernünftigen unternehmerischen Praxis' abstellende richterliche Inhaltskontrolle wegen seiner faktischen Grundlegung meilenweit von der seit den 60er Jahren des vorigen Jahrhunderts gefestigten Rechtsprechung des BGH entfernt."[1734] Diese Einschätzung dürfte dabei noch eine vorsichtige Formulierung für die Folgen darstellen, die mit einer entsprechenden Regelung verbunden wären. Denn wenn sich das Korrektiv der „guten" oder „vernünftigen" unternehmerischen Praxis letztlich in dem Vorbehalt des ohnehin geltenden Grundsatzes von Treu und Glauben erschöpft und damit überflüssig ist, so ergibt die Regelung nur dann einen Sinn, wenn die tatsächliche unternehmerische Praxis als faktisches *datum* zu normativer Anerkennung gelangt und insoweit in besonderer Weise Berücksichtigung findet. Ein solcher Einbruch faktischer Realitäten mit normativem Anspruch in das geltende Recht ist jedoch mit der Dogmatik des AGB-Rechts sowie mit den tragenden Prinzipien der Privatrechtsordnung nur schwer vereinbar. Denn dann besteht die Gefahr der Umgehung des Grundsatzes von Treu und Glauben bzw. der Berücksichtigung der tatsächlichen Vertragspraxis auch in jenen Fällen, die bislang als rechtswidrig angesehen worden sind.

Unklar bleibt bei einer entsprechenden Neuregelung auch die Frage wie zu verfahren ist, wenn die unternehmerische Praxis ihrerseits gegen die Grundsätze von *Treu* und *Glauben* verstößt, wenn ausschließlich oder überwiegend die Interessen und Bedürfnisse des *Verwenders* berücksichtigt und die *materielle Vertragsfreiheit* des Verwendungsgegners beeinträchtigt wird. Können derartige Verträge gleichwohl als zulässig erachtet werden, weil sie gängiger unternehmerischer Praxis in den jeweiligen Branchen entsprechen? Ist eine gängige auch eine in jedem Fall „gute" und „vernünftige unternehmerische Praxis"? Dabei ist zu bedenken, dass angesichts der zunehmenden Konzentration der Märkte[1735] und der Marktmacht einiger weniger Akteure auch eindeutig missbräuchliche Knebelverträge „branchenüblich" sein können.[1736]

Online 2012, 180, 180, 187. Zustimmend *Hannemann*, AnwBl. 2012, 314, 317; *Kieninger*, AnwBl. 2012, 301, 307; *Salger/Schröder*, AnwBl. 2012, 683, 686. Hervorhebungen durch den Verfasser.

[1734] *v. Westphalen*, AnwBl. 2013, 850, 852.

[1735] Vgl. hierzu *Schäfer*, BB 2012, 1231, 1233 ff. sowie oben S. 780 f.

[1736] Zur damit angesprochenen Funktion des AGB-Rechts als „Ersatzkartellrecht" oben S. 780 f. sowie *Schäfer*, BB 2012, 1231, 1233; *Kessel/Stomps*, BB 2009, 2666, 2676; *Wellenhofer-Klein*, ZIP 1997, 774, 776. Zur wettbewerbsrechtlichen Dimension des Problems *Schmidt-*

In diesem Zusammenhang sind etwa Situationen denkbar, bei denen innerhalb eines bestimmten Marktsegments eindeutig rechtswidrige und damit eigentlich unwirksame Vertragsbedingungen gleichwohl weite Verbreitung finden können, weil die wirtschaftlich unterlegenen Unternehmen existenziell auf entsprechende Vertragsbeziehungen angewiesen sind und deshalb auf die gerichtliche Durchsetzung ihrer Rechte verzichten, weil sie die Reaktion der betroffenen Unternehmen fürchten und dies unter Umständen faktisch einen Ausschluss vom Markt zu Folge hätte.[1737] Dass bestimmte Klauseln innerhalb spezifischer Verkehrskreise der unternehmerischen Praxis entsprechen ist daher allein noch kein Ausweis ihrer Angemessenheit. Im Gegenteil kann darin ebenso ein Beleg für massenhafte *Gesetzwidrigkeit* und damit ein *Versagen des Wettbewerbes* gesehen werden, der eine Korrektur durch effektive Instrumente der Eindämmung des Konditionenmissbrauchs im Wege der Inhaltskontrolle erfordert.[1738]

Ein Blick in die *geschichtliche Entwicklung* der Inhaltskontrolle zeigt, dass sich der Gesetzgeber gerade aufgrund der massenhaften Verbreitung missbräuchlicher Klauseln zum Eingreifen genötigt sah[1739] und dass die Bereinigung des Marktes von missbräuchlichen Klauseln zu den Hauptzielen der AGB-rechtlichen Gesetzgebung gehörte.[1740] Vor diesem Hintergrund kann der tatsächlichen Vertragspraxis selbst keine besondere, erst recht keine normativ wirksame Bedeutung als Maßstab der Inhaltskontrolle zukommen. Im Gegenteil ist es gerade die tatsächliche Vertragspraxis, die ihrerseits am Maßstab von Treu und Glauben zu messen ist. Wenn daher dem Begriff der unternehmerischen Praxis keine eigenständige Bedeutung zukommt und er selbst unter dem Vorbehalt des Grundsatzes von Treu und Glauben steht, so ist eine entsprechende Regelung nicht nur überflüssig, sondern missverständlich. Denn sie weist der „unternehmerischen Praxis" als rein faktischem *datum* eine normative Bedeutung zu, die ihr tatsächlich nicht zusteht. Darüber hinaus begegnet eine solche Regelung dem Problem, dass das Gericht gezwungen wäre, über das Bestehen einer entsprechenden unternehmerischen Pra-

---

Kessel, AnwBl. 2012, 308, 313. Vgl. auch *Fornasier*, in: FIW (Hrsg.), Schwerpunkte des Kartellrechts 2011 (2012), S. 113, 121 ff.

[1737] Vgl. nur *Schäfer*, BB 2012, 1231, 1233 („Der Grund liegt in der sog. Ross-und-Reiter-Problematik: Kein Mittelständler beschwert sich beim Kartellamt über die AGB seiner wichtigen Abnehmer. Es droht nämlich die Beendigung der Geschäftsbeziehung und dies kann für den Lieferanten existenzgefährdend sein.").

[1738] Vgl. zum Problem der massenhaften Verwendung missbräuchlicher Klauseln und zur Bereinigung des Marktes von entsprechenden Klauselwerken als Zweck des AGB-Rechts Begründung des RegE zum AGBG, BT-Drucks. 7/3919, S. 9 ff. sowie die regelmäßigen Mehrjahresbilanzen *Ulmer/Habersack*, in: *Ulmer/Brandner/Hensen*, AGB-Recht (12. Aufl. 2016), Einl. Rn. 79 ff.; *Ulmer*, in: AGB-Gesetz (6. Aufl. 1990), Einl. Rn. 56; *Ulmer*, in: *Ulmer/Brandner/Hensen*, (5. Aufl. 1987), Einl. Rn. 45 ff.; *Ulmer*, in: *Ulmer/Brandner/Hensen*, AGB-Gesetz (4. Aufl. 1982), Einl. Rn. 44 ff.

[1739] Vgl. nur die Begründung des RegE zum AGBG, BT-Drucks. 7/3919, S. 9 („Eine solche Entwicklung kann der soziale Rechtsstaat nicht tatenlos hinnehmen.").

[1740] Vgl. die oben Fn. 1738 genannten Nachweise.

xis Beweis zu erheben. Abgesehen von den Schwierigkeiten, eine tatsächliche unternehmerische Praxis empirisch nachzuweisen[1741], sind es damit letztlich wieder Sachverständige, die im Ergebnis „das letzte Wort“[1742] haben werden. Die insoweit vorgelegten Regelungsvorschläge sind daher aus dogmatischen wie aus praktischen Gründen abzulehnen.

(3) Integration der Interessen und Bedürfnisse des b2b-Verkehrs in die Abwägungsentscheidung

Bleibt es damit bei dem Verweis auf die „*Interessen* und *Bedürfnisse* des unternehmerischen Geschäftsverkehrs“ als Inhalt eines insoweit neuzufassenden Differenzierungsgebotes in §310 Abs.1 S.2 Hs.2 BGB, so stellt sich die Frage der Integration der damit angesprochenen Kriterien in die nach §307 Abs.1 BGB geforderte Abwägungsentscheidung. Hingewiesen wurde bereits auf die Tatsache, dass die Berücksichtigung der Interessen und Bedürfnisse des unternehmerischen Geschäftsverkehrs notwendig die Einbeziehung *beider* Parteien gleichermaßen erfordert. Damit ist es ausgeschlossen, dass etwa eine – durchaus gängige – *Praxis* umfassender, einseitig benachteiligender Haftungsbeschränkungen zum *Bedürfnis* des unternehmerischen Geschäftsverkehrs erklärt und damit zum *Maßstab* der Inhaltskontrolle gemacht wird. Vielmehr wird es sich hierbei regelmäßig um die Interessen und Bedürfnisse des *Verwenders*[1743] handeln, deren einseitige Durchsetzung im Wege vorformulierter Klauseln gerade den Anlass für die Schaffung des gesetzlichen Schutzsystems des AGB-Rechts bildete.[1744]

Darüber hinaus erfolgt die Bestimmung der Interessen und Bedürfnisse der Parteien nicht ausschließlich subjektiv, sondern – wie es im Grunde auch dem Vorgehen der Rechtsprechung entspricht – aus der Perspektive einer *objektivierenden Betrachtungsweise*, die auch *normative Elemente* umfasst. Zwar vollzieht sich die Ermittlung der Parteiinteressen auf der Grundlage der konkreten *Umstände des Einzelfalls* einschließlich der *individuellen Situation* der Beteiligten.[1745] Allerdings vollzieht sich ihre Berücksichtigung im Rahmen der von §307 Abs.1 BGB geforderten Abwägung auf der Grundlage einer *normativen* und da-

---

[1741] Kritisch einem Verweisen auf die „Handelspraxis“ als *faktischem datum v. Westphalen*, AnwBl. 2013, 850, 851; *v. Westphalen*, NJOZ 2012, 441, 446; *v. Westphalen*, BB 2010, 195, 196. Vgl. hierzu oben S.720f.

[1742] So *v. Westphalen*, AnwBl. 2013, 850, 851.

[1743] Zur Fokussierung auf die Verwenderinteressen als Grundtendenz der aktuellen Diskussion eingehend oben S.722ff.

[1744] Vgl. nur die Begründung des RegE zum AGBG, BT-Drucks. 7/3919, S.9ff. sowie zur rechtsgeschichtlichen Entwicklung oben S.309ff., 695ff., 699ff., 703ff.

[1745] Zu den Besonderheiten im b2b-Verkehr vgl. Staudinger/*Wendland*, BGB (2019), §307 Rn.112; MünchKomm/*Wurmnest*, BGB (7. Aufl. 2016), §307 rn. 75ff.; *Fuchs*, in: *Ulmer/Brandner/Hensen*, AGB-Recht (12. Aufl. 2016), Vorb. v. §307 Rn.371ff.; *Wolf*, in: Wolf/Lindacher/Pfeiffer, AGB-Recht (6. Aufl. 2013), §307 Rn.185ff. sowie zur Berücksichtigung individueller Umstände des konkreten Vertragsverhältnisses *Wolf*, in: Wolf/Lindacher/Pfeiffer, AGB-Recht (6. Aufl. 2013), §307 Rn.86ff.

mit zugleich *wertenden* Betrachtungsweise. So wird etwa das Interesse des Verwenders an einer möglichst weitreichenden Verlagerung der vertraglichen Risiken auf seinen Vertragspartner als solches ebenso wenig Berücksichtigung finden können wie etwa das Interesse des Verwendungsgegners an einer möglichst weitreichenden Unwirksamkeit ihn belastender Klauseln. Daher vermag auch die bloße *Branchenüblichkeit* die Angemessenheit entsprechender Vertragsbedingungen nicht zu begründen, wenn dies nicht durch *berechtigte Interessen* der Parteien gerechtfertigt ist.

Welche Interessen Berücksichtigung finden können, hat der BGH in seiner insoweit paradigmatischen *Werftwerkvertragsentscheidung*[1746] ausgeführt. So hatte er einen weitreichenden Haftungsausschluss des Werftunternehmers für grobes Verschulden der von einfachen Erfüllungsgehilfen verursachten Schäden nicht etwa deshalb ausnahmsweise für zulässig gehalten, weil er branchenüblich gewesen ist. Denn dies allein sagt noch nichts über die *Angemessenheit* der Regelung und ihre Vereinbarkeit mit dem Grundsatz von *Treu* und *Glauben* aus.[1747] Vielmehr hielt es den Haftungsausschluss unter anderem deshalb für angemessen, weil der Schiffseigner – im Gegensatz zur der typischen, vom Klauselverbot des §309 Nr.7 b) BGB erfassten Situation – das Schadensrisiko typischerweise mit beherrschen konnte und es damit selbst in der Hand hatte, ob ein Schaden eintritt oder nicht. Eine Abweichung von der sonst üblichen Verteilung der *Risiko- und Einflusssphären* musste somit – insoweit sogar notwendig – gerade aus Gerechtigkeitsgründen zu einer korrespondierenden Abweichung von der sonst üblichen Verteilung der *Verantwortlichkeiten* führen.[1748]

Die sachlichen Besonderheiten des unternehmerischen Geschäftsverkehrs, die als besondere Interessen und Bedürfnisse der Parteien hier zu berücksichtigen waren, lagen in der für Werftwerkverträge typischen Verteilung der *Risiko- und Einflusssphären*, die durch die beim Schiffsbau notwendigen organisatorischen Abläufe bedingt waren. Die Berücksichtigung der spezifischen unternehmerischen Interessen und Bedürfnisse erfolgte damit nicht etwa deshalb, weil Unternehmen ein niedrigeres Niveau an Vertragsgerechtigkeit zugemutet werden kann. Dass dies nicht der Fall ist und gerade der unternehmerische Klauselgegner ein schützenswertes Interesse an der Verwirklichung des Vertragszwecks hat, ist bereits gezeigt worden.[1749] Sie erfolgt vielmehr deshalb, weil nur auf diese Weise die *Vertragsäquivalenz*[1750] gesichert und ein *angemessener Ausgleich* der Interessen

[1746] BGHZ 103, 316 = NJW 1988, 1785 (Werftwerkvertrag). Vgl. hierzu oben S. 920ff.

[1747] Vgl. zur Verwurzelung der Inhaltskontrolle in dem „die Rechtsordnung insgesamt beherrschenden Grundsatz von Treu und Glauben" eingehend Begründung des RegE zum AGBG, BT-Drucks. 7/3919, S. 14.

[1748] BGHZ 103, 316 = NJW 1988, 1785, 1786 (Werftwerkvertrag).

[1749] Zur *Schutzbedürftigkeit des unternehmerischen Klauselgegners* vgl. eingehend oben S.759ff., 763ff., 765ff., 779ff. Zur Interessenverwirklichung als Zweck des Vertrages eingehend oben S. 141ff., 236ff., 242ff., 453ff.

[1750] Hierzu eingehend oben S. 122ff., 123ff., 504ff.

herbeigeführt werden kann. Mit der Herstellung der Vertragsgerechtigkeit wird dabei jenes Defizit an Vertragsfreiheit ausgeglichen, das zum Versagen der *Richtigkeitsgewähr des Vertragsmechanismus*[1751] geführt und damit die Notwendigkeit einer Kompensation durch richterliche Inhaltskontrolle begründet hat.

Damit hat sich der mit der Untersuchung durchschrittene Kreis wieder geschlossen, der mit der Betrachtung des Verhältnisses von *Vertragsfreiheit* und *Vertragsgerechtigkeit* seinen Anfang genommen, über die Betrachtung der *rechtsgeschichtlichen*[1752], *verfassungsrechtlichen*[1753] und *dogmatischen*[1754] Begründung der Inhaltskontrolle führte und schließlich in der Untersuchung der Reichweite der Kontrolle im unternehmerischen Geschäftsverkehr *de lege lata* und *de lege ferenda* zum Abschluss gekommen ist. Die Reichweite der Inhaltskontrolle zwischen Unternehmen kann dabei nicht auf der Grundlage rechtspolitischer Forderungen, sondern allein am Maßstab der Grundsätze der *Vertragsfreiheit* und Vertragsgerechtigkeit[1755] als den prägenden Gestaltungskräften der Privatrechtsordnung bestimmt werden. Mit den *Interessen* und *Bedürfnissen* des unternehmerischen Geschäftsverkehrs liegen Kriterien vor, die – in rechter Weise verstanden[1756] – als konstituierende Grundlage mit dem *Vertragszweck*[1757], in ihrem Verhältnis zueinander mit der *Vertragsgerechtigkeit* und in ihrer Verwirklichung mit der *Vertragsfreiheit* auf das Engste verknüpft sind. Ihre Berücksichtigung im Rahmen der von der Generalklausel des §307 Abs. 1 BGB geforderten umfassenden Interessenabwägung entspricht bereits *geltendem Recht*, dies klarzustellen, ist Ziel der vorgeschlagenen Regelung *zukünftigen Rechts*. Vor allem aber sollte eine Reform des AGB-Rechts einem Ziel dienen – nämlich jenem, dem es seine Entstehung verdankt: Der Herstellung einer angemessenen Balance zwischen Vertragsfreiheit und Vertragsgerechtigkeit als Grundlage und Aufgabe der Privatrechtsordnung.

1751 Vgl. *Schmidt-Rimpler*, FS Raiser (1974), S. 3, 5ff.; *Schmidt-Rimpler*, FS Nipperdey (1955), S. 1, 6ff.; *Schmidt-Rimpler*, AcP 147 (1941), 130, 151ff. sowie eingehend oben S. 208ff., zur Kritik oben S. 221ff.

1752 Hierzu eingehend oben S. 329ff.

1753 Hierzu eingehend oben S. 359ff.

1754 Hierzu eingehend oben S. 439ff., 462ff., 507ff., 567ff., 596ff.

1755 Zum Verhältnis von *Vertragsfreiheit* und *Vertragsgerechtigkeit* eingehend oben S. 159ff., 174f., 234ff.

1756 Vgl. hierzu oben S. 1037ff.

1757 Zur der *Interessenverwirklichung* als Zweck des *Vertrages* eingehend oben S. 141ff., 236ff., 242ff., 453ff.

V. Zusammenfassung

1. Zur Klärung der *Legitimationsgrundlagen* der Inhaltskontrolle im b2b-Verkehr wurde zunächst die *Entstehungsgeschichte* des geltenden AGB-Rechts in den Blick genommen. Der BGH hat die Inhaltskontrolle nicht nur auf *Kaufleute* und *Verbraucher* gleichermaßen erstreckt, sondern das damals geltende AGB-Recht gerade auf der Grundlage des *Rechtsverkehrs zwischen Kaufleuten* entwickelt. Eine *Differenzierung* zwischen b2b- und b2c-Verkehr hat der BGH ausdrücklich abgelehnt.

2. Im *Schrifttum* war im Rahmen der Diskussion in den 1970er Jahren nahezu allgemein anerkannt, dass jedenfalls die *Minderkaufleute* in den Anwendungsbereich der Inhaltskontrolle einzubeziehen und die *Besonderheiten des kaufmännischen Geschäftsverkehrs* im Rahmen des *Kontrollmaßstabes* zu berücksichtigen sind. Umstritten waren lediglich die Ausgestaltung des *Maßstabs* der Inhaltskontrolle sowie die Frage, ob die Einbeziehung von Kaufleuten an den Nachweis der *Schutzbedürftigkeit* geknüpft werden sollte. Entscheidende Bedeutung für die weitere Entwicklung kam der Diskussion auf dem 50. DJT 1974 in Hamburg zu. So sollte zwar nach der *Themenstellung* an den DJT sowie dem *Referentenentwurf I* das AGBG als *reines Verbraucherschutzgesetz* auf den b2c-Verkehr beschränkt bleiben. Im Anschluss an das Grundsatzreferat von *Ulmer* sprach sich der DJT indes für die Einbeziehung des b2b-Verkehrs in den Anwendungsbereich der Inhaltskontrolle aus.

3. In Reaktion auf die Beschlüsse des DJT gab der *Gesetzgeber* seine *verbraucherschutzorientierte Konzeption* des AGB-Rechts auf und erweiterte den *persönlichen Anwendungsbereich* des AGBG um den b2b-Verkehr, nahm diesen jedoch von der Geltung der *Klauselverbote* aus. Mit der vom *Rechtsausschuss* angeregten Einfügung des *Differenzierungsgebotes* des § 24 S. 2 Hs. 2 AGBG-E[1758] trat das AGBG schließlich am 1. April 1977 in Kraft. Trotz der weitgehenden *Zustimmung*, die das AGB-Recht auch mit Blick auf die Inhaltskontrolle im b2b-Verkehr erfahren hat, sieht sich insbesondere die Rechtsprechung des BGH mit Blick auf *Anwendungsbereich* und *Maßstab* der Inhaltskontrolle im unternehmerischen Geschäftsverkehr in jüngerer Zeit erheblicher *Kritik* ausgesetzt. Beginnend mit ersten Stellungnahmen ab dem Jahr 2004 setzte in den vergangenen Jahren eine intensivere Diskussion ein, die insbesondere durch den *69. DJT 2012* an Dynamik gewonnen hat. So sprachen sich die Teilnehmer des 69. DJT mehrheitlich 1) für eine Absenkung der *Anforderungen* an das *Aushandeln*, 2) eine stärkere *Differenzierung* zwischen b2b- und b2c-Verkehr durch *Beschränkung* der *Indizwirkung* der *Klauselverbote* und 3) eine stärkere *Akzentuierung* des *Differenzierungsgebotes* des § 310 Abs. 1 S. 2 Hs. 2 BGB durch Rückgriff auf

[1758] BT-Drucks. 7/5422, S. 14.

die *gute unternehmerische Praxis* als Differenzierungsmaßstab aus. Mit den Reformbeschlüssen griff der DJT die wesentlichen *Argumentationslinien* der Reformbefürworter auf.

4. Ein Teil des Schrifttums sowie der Praxis lehnt dagegen eine *Absenkung des Schutzniveaus* des AGB-Rechts im b2b-Verkehr ab. Gerade *kleine* und *mittlere Unternehmen* (KMU) würden *schutzlos* gestellt, der *Schutz des Schwächeren* faktisch abgeschafft und die Gefahr *benachteiligender Knebelverträge* erhöht. Auch *Unternehmer* seien *schutzbedürftig*, da höhere *geschäftliche Erfahrung* an der *situativen Unterlegenheit* nichts ändere und dem AGB-Recht gerade die *Funktion* eines *Ersatzkartellrechts* zukomme. Die Rechtsprechung des BGH auf der Grundlage von *Treu und Glauben* habe sich bewährt. Schließlich bestünden *Zweifel*, ob es die *Flucht* in das *schweizerische Recht* überhaupt in nennenswertem Umfang gibt.

5. Eine *Bestandsaufnahme* des *schweizerischen AGB-Rechts* hat zwar die Annahme entsprechender *Vorteile* für den Verwender bestätigt, jedoch zugleich die *Nachteile* einer entsprechenden Rechtswahl aufgezeigt. Das Argument eines *geringeren Schutzstandards* als *Maßstab* für die Gestaltung des deutschen Rechts hat sich als dogmatisch nicht tragfähig erwiesen. Zudem ist das schweizerische AGB-Recht tiefgreifenden *Umbrüchen* unterworfen, wobei sich Reformen gerade am deutschen AGB-Recht orientieren. Auch wenn eine geplante *Verschärfung des AGB*-Rechts im b2b-Verkehr im Rahmen der *UWG-Reform 2012* am Widerstand insbesondere des Nationalrates scheiterte, bleibt es bei deutlichen Tendenzen zur Verschärfung des Schutzstandards auch im unternehmerischen Geschäftsverkehr.

6. Standen am Beginn der Reformdiskussion noch systemimmanente Korrekturen im Rahmen der *lex lata* im Vordergrund, so folgten schon bald die ersten Gesetzesvorschläge für eine Reform des AGB-Rechts *de lege ferenda*. Im Hinblick auf den *Anwendungsbereich* sehen die Reformvorschläge entweder 1) eine *flexible Absenkung* der Anforderungen an das „Aushandeln" – durch die Definition *gesetzlicher Abgrenzungskriterien*, etwa auf Grundlage einer *Vermutungsregelung* – oder 2) die Beschränkung des Anwendungsbereiches durch *pauschalisierende Bereichsausnahme* in Abhängigkeit vom *Vertragswert*, der *Unternehmensgröße* oder dem *grenzüberschreitenden Charakter* des Rechtsgeschäfts vor. Im Hinblick auf den *Maßstab der Inhaltskontrolle* wird in Bezug auf § 310 Abs. 1 S. 2 Hs. 2 BGB 1) die Berücksichtigung einer *geringeren Schutzbedürftigkeit* unternehmerischer Kunden, 2) der Verzicht auf die *Indizwirkung der Klauselverbote* sowie 3) die Verpflichtung zur *Berücksichtigung* der *Besonderheiten* des *unternehmerischen Geschäftsverkehrs* vorgeschlagen. Zur Konkretisierung wird dabei auf die *Gegebenheiten des unternehmerischen Geschäftsverkehrs* oder den Maßstab der *guten* bzw. *vernünftigen unternehmerischen Praxis* zurückgegriffen.

7. Die Untersuchung der Schutzbedürftigkeit des unternehmerischen Verwendungsgegners hat gezeigt, dass der *Schutzzweck* der Inhaltskontrolle auch im b2b-Verkehr weitgehend *uneingeschränkt* Geltung beansprucht. Auf die *individuelle* oder *typisierte Schutzbedürftigkeit* des unternehmerischen Kunden kommt es – wie auch allgemein im AGB-Recht – gerade nicht an. Größere *geschäftliche Erfahrung* und *Gewandtheit, Branchenkenntnis* sowie höhere *Durchsetzungsfähigkeit* haben auf die durch *Informationsasymmetrie* und *Verhandlungsimparität* bedingte *situative Unterlegenheit* des Verwendungsgegners regelmäßig *keinen* Einfluss. Auch dem unternehmerischen Kunden bleibt der typischerweise außer Verhältnis stehende Aufwand der *Kenntnisnahme* und *Analyse* der AGB *nicht erspart.* Die Möglichkeit der *Kompensation* klauselbedingter Nachteile durch *Versicherung* und entsprechende *Kalkulation* wirkt sich *nicht schutzbedürftigkeitsmindernd* aus.

8. Mit Blick auf die zunehmende *Konzentration der Märkte* sowie das Problem des *Konditionenmissbrauchs* im Kontext *wirtschaftlicher Abhängigkeit* ist dem AGB-Recht die *Funktion* eines *Ersatzkartellrechts* zugewachsen. Das Problem der *Verhandlungsimparität* ist im b2b-Verkehr von *besonderer Bedeutung.* Jedenfalls für *kleine und mittlere Unternehmen* kann aufgrund ihrer existenziellen Betroffenheit sogar ein *gesteigertes Schutzbedürfnis* angenommen werden. Die These der *doppelten Differenzierung* iSe. abgestuften, schutzbedürftigkeitsabhängigen Kontrollmaßstabes innerhalb des b2b-Verkehrs ist mit dem überwiegenden Schrifttum abzulehnen.

9. Auf *europäischer Ebene* gehen insbesondere von den *rechtsvereinheitlichenden Kodifikationsprojekten* – PECL, ACQP, DCFR, GEK-E – Impulse für die Gestaltung der Klauselkontrolle im b2b-Verkehr aus. Mit Ausnahme des DCFR ist eine deutliche Tendenz erkennbar, den *sachlichen Anwendungsbereich* der Inhaltskontrolle durch Verzicht auf die Merkmale der *Vorformulierung* und der *Mehrfachverwendungsabsicht* sogar über den Rahmen des § 305 Abs. 1 BGB hinaus auszudehnen. Im Hinblick auf den Kontrollmaßstab sehen außer den PECL alle untersuchten Kodifikationsprojekte für den b2b-Verkehr den Verzicht auf die *Klauselverbote* sowie einen *flexibleren Kontrollmaßstab* vor, wobei auf die *„erhebliche"* (ACQP) bzw. *„gröbliche"* (DCFR, GEK-E) Abweichung von *guter Handelspraxis* abgestellt wird.

10. Die Rechtsprechung des BGH hat im Hinblick auf die Bestimmung des sachlichen *Anwendungsbereiches* der Inhaltskontrolle, insbesondere die Auslegung des Merkmals des *Aushandelns,* heftige *Kritik* erfahren, die mit Blick auf die Ergebnisse der *grammatischen, historischen, systematischen* und *teleologischen Auslegung* indes kaum zu überzeugen vermag. Die *Grundlinie der Rechtsprechung* steht mit dem geltenden Recht im Einklang, lediglich im Hinblick auf Einzelfragen – etwa die neu statuierte *Informations- und Belehrungspflicht* – erscheint

eine leichte Korrektur geboten. Die in der Literatur vorgeschlagenen Ansätze einer *Liberalisierung des Anwendungsbereiches* der Inhaltskontrolle *de lege ferenda* begegnen durchgreifenden *dogmatischen* und *verfassungsrechtlichen* Bedenken. So ist etwa der Versuch einer *flexiblen Absenkung* der Anforderungen an die Individualabrede durch Substituierung des *Aushandelnsbegriffs* mit dem des *Verhandelns* bereits mit dem *Schutzzweck* der Inhaltskontrolle nicht in Einklang zu bringen. Denn auch noch so langwierige Verhandlungen nützen dem Vertragspartner des Verwenders nichts, wenn sie lediglich zum Schein erfolgten und der Verwender nach dem Grundsatz *suaviter in modo, fortiter in re* letztlich in der Sache „hart" bleibt, die Verhandlungen ins Leere laufen lässt und eine Abänderung der Klauseln am Ende kategorisch ablehnt.

Das Gleiche muss für den Vorschlag gelten, bei *unveränderter Übernahme gleichlautender*, jedoch zuvor *verhandelter* Klauseln von einer Individualabrede auszugehen. Auch der Vorschlag, auf der Grundlage eines *Kriterienkataloges* das Vorliegen des Aushandelns *widerleglich* zu *vermuten*, vermag nicht zu überzeugen, da auch hier der tatsächliche Einfluss des Klauselgegners auf den *Vertragsinhalt* lediglich *fingiert* wird. Schließlich erweist sich auch der Ansatz einer *vertragswertabhängigen Bereichsausnahme* als nicht sachgerecht. So ist eine verlässliche Bestimmung des *Schwellenwertes* aufgrund beschränkter Information praktisch nicht möglich. Zudem ist völlig unklar, wie etwa der Vertragswert bei sich *wiederholenden Transaktionen* oder *Dauerschuldverhältnissen* zu bestimmen sein soll. Schließlich würde der Ansatz zu unbefriedigenden *Alles-oder-Nichts-Lösungen* führen.

11. Auch im Hinblick auf den *Maßstab* der Inhaltskontrolle sieht sich der BGH erheblicher Kritik ausgesetzt. Dabei wird insbesondere auf die weitgehende *Gleichbehandlung* von b2b- und b2c-Verkehr hingewiesen und die fehlende *Berücksichtigung* der *Bedürfnisse* des *unternehmerischen Geschäftsverkehrs* beklagt. Allerdings hat eine nähere Untersuchung der Judikatur gezeigt, dass die Kritik dem *differenzierenden Ansatz* der *Rechtsprechung* nicht gerecht wird. So zieht der BGH die in den Klauselverboten enthaltenen *Wertungen* nur dann als *Indiz* für eine *Unangemessenheit* im b2b-Verkehr heran, wenn sie aufgrund einer *vergleichbaren Interessenlage* auch tatsächlich *übertragbar* sind. Die im Schrifttum verbreitet vorgetragene Annahme einer *pauschalen Gleichbehandlung* von b2b- und b2c-Verkehr ist mit der Realität der Rechtsprechung nicht in Einklang zu bringen. Darüber hinaus zeigt die Analyse der Judikatur, dass sich der BGH mit durchaus bemerkenswerter Sorgfalt um eine *Berücksichtigung* der *Besonderheiten* des *unternehmerischen Geschäftsverkehrs* bemüht.

Mit Blick auf den *Wortlaut*, die *Entstehungsgeschichte*, die *Systematik* und den *Schutzzweck* des Differenzierungsgebotes erweist sich der Ansatz des BGH nicht nur als *unbedenklich*, sondern im Gegenteil als *erforderlich*. Aufgrund der Verwurzelung der Inhaltskontrolle in dem das gesamte Privatrecht bestimmenden

Grundsatz von *Treu und Glauben* wäre es kaum verständlich, wenn die Rechtsprechung bereits *existierende* gesetzliche *Wertungen* ignorieren und sich gleichsam im „luftleeren Raum" um eine *Konkretisierung* des Unangemessenheitsmaßstabes des § 307 BGB bemühen würde. Dies gilt umso mehr, als mit einem Verzicht auf die *Indizwirkung* der *Klauselverbote* ein deutlich geringeres Maß an *Rechtssicherheit* verbunden wäre. Den *Besonderheiten* des *unternehmerischen Geschäftsverkehrs* trägt die Rechtsprechung durch Rückgriff auf die Vorschrift des § 310 Abs. 1 S. 2 Hs. 2 BGB Rechnung, die es faktisch im Sinne eines *beschränkten Differenzierungsgebotes* deutet und dabei bloße *Branchenüblichkeit* genügen lässt.

12. Aus diesem Grund vermögen auch Ansätze nicht zu überzeugen, die *de lege ferenda* einen *Ausschluss* der *Indizwirkung* der *Klauselverbote* fordern oder die Angemessenheit der Vertragsbedingungen am Maßstab der *guten* oder *vernünftigen unternehmerischen Praxis* messen wollen. Denn zum einen ist die Berücksichtigung der *Bedürfnisse und Interessen* des *unternehmerischen Geschäftsverkehrs* schon jetzt *geltendes Recht*, so dass eine Neuregelung nicht erforderlich ist. Zum anderen würde mit dem Verweis auf die unternehmerische *Praxis* ein rein *faktisches datum* zu *normativer Geltung* gelangen. Allenfalls wäre – indes lediglich aus *Klarstellungsgründen* – ein Verweis in § 310 Abs. 1 S. 2 Hs. 2 BGB auf die Interessen und Bedürfnisse des unternehmerischen Rechtsverkehrs denkbar, der lediglich die *bisherige Rechtsprechung* des BGH aufgreifen würde. Mit einem beachtlichen Teil der *Kommentarliteratur* ist damit als Befund festzuhalten, dass eine *Absenkung des Schutzstandards der Inhaltskontrolle* im unternehmerischen Geschäftsverkehr nicht geboten ist und den spezifischen *Besonderheiten des unternehmerischen Geschäftsverkehres* bereits auf der Grundlage der *bestehenden Regelungen* angemessen Rechnung getragen werden kann.

§ 11

Gesamtergebnis und Thesen

Das im Rahmen der aktuellen Reformdebatte diskutierte Problem der *Legitimation* und *Reichweite* der Inhaltskontrolle im unternehmerischen Geschäftsverkehr wurde auf das ihm zugrunde liegende Spannungsverhältnis von *Vertragsfreiheit* und *Vertragsgerechtigkeit* zurückgeführt und aus rechtsphilosophischer, rechtsgeschichtlicher, verfassungsrechtlicher, europarechtlicher und dogmatischer Perspektive in den Blick genommen. Dabei hat sich gleichsam *en passant* Klärungsbedarf im Hinblick auf ein dem Stand der interdisziplinären Forschung entsprechendes dogmatisches Verständnis des Konzeptes der *Vertragsgerechtigkeit* sowie des *Vertragsmodells* ergeben. Für die sich insoweit anbietenden Ergänzungen – eine Erweiterung der klassischen aristotelisch-thomasischen Gerechtigkeitstheorie um den *suum cuique-Grundsatz* und die *regula aurea* sowie das *vertragszweckorientierte Reziprozitätsmodell* als Fortführung der *Schmidt-Rimplerschen Theorie der Richtigkeitsgewähr des Vertragsmechanismus* – wurden jeweils eigene Ansätze vorgelegt.

Zur empirischen Fundierung wurden dabei der *interdisziplinäre Befund* der modernen Verhandlungs- und Gerechtigkeitsforschung, insbesondere das *Harvard-Modell* interessenorientierter Verhandlung, sowie *Kohlbergs entwicklungspsychologisches Stufenmodell* fruchtbar gemacht und damit methodisch ein längst überfälliger Gleichlauf mit einer parallelen Entwicklung in der Ökonomik hergestellt. Hatte die Verhaltensökonomik (*behavioral economics*) die Grundannahmen des bis dahin nahezu unangefochten geltenden Verhaltensmodells des *homo oeconomicus* unter Verweis auf den Befund der interdisziplinären Forschung widerlegt, so kann diese Entwicklung für die Privatrechtslehre nicht ohne Folgen bleiben. Dies gilt umso mehr, als das Verhaltensmodell des *homo oeconomicus* auch dem *Vertragsmodell des BGB* implizit zugrunde liegt und mit der wachsenden Verbreitung der Mediation in Rechtspraxis die empirischen Befunde der modernen *Verhandlungsforschung* im Zivilrecht zunehmend an Bedeutung gewinnen. Aus der Integration dieser Entwicklungslinien in die Privatrechtsdogmatik ergeben sich Konsequenzen für das AGB-Recht vor allem mit Blick auf die Bestimmung der Reichweite der Inhaltskontrolle im unternehmerischen Geschäftsverkehr. Die Inhaltskontrolle im b2b-Verkehr wird damit zum dogmatischen Zielpunkt, in dem die sich aus der Dichotomie zwischen *Vertragsfreiheit* und *Vertragsgerechtigkeit* ergebenden Spannungen wie in einem Brennglas zusammenlaufen. Und sie bildet jenen Eckstein, an dem sich die Tauglichkeit des vorgelegten Vertragsmodells erweisen wird.

Die *wesentlichen Ergebnisse* des mit den aufgezeigten Eckpunkten holzschnittartig umrissenen Untersuchungsprogramms finden sich in den jeweiligen Zusammenfassungen am Ende eines jeden Kapitels. Über diese dem Gang der Untersuchung folgende Darstellung der Ergebnisse hinaus lässt sich der wesentliche Ertrag der Arbeit aus *systematischer Perspektive* in *sieben Thesen* wie folgt zusammenfassen.

1. Dem im Rahmen der aktuellen Reformdebatte diskutierten Problem der *Legitimation* und *Reichweite* der Inhaltskontrolle im unternehmerischen Geschäftsverkehr liegt im Kern die Frage nach dem *Verhältnis* der Gestaltungskräfte der *Vertragsfreiheit* und *Vertragsgerechtigkeit* als *Grundantinomie der Privatrechtsordnung* und damit die Frage nach dem dogmatischen Verständnis des *Vertragsmodells* zugrunde.

2. Vor diesem Hintergrund wurde eine Untersuchung des Rechtsprinzips der *Vertragsgerechtigkeit* im Privatrecht vorgelegt und eine Neukonzeption der ihm zugrunde liegenden Dogmatik unternommen. Unter Rückgriff auf die klassische aristotelisch-thomasische *Gerechtigkeitstheorie* wurden mit dem römischrechtlichen *suum cuique-Grundsatzes* sowie der *regula aurea* die zwei zentralen, die europäische Privatrechtlehre wie auch die Rechtsphilosophie prägenden Entwicklungslinien in das Konzept der Vertragsgerechtigkeit im Rahmen eines *Dreistufen-Modells* integriert.

a) Der *suum cuique-Grundsatz* als Ausgangspunkt schlägt dabei auf der höchsten Abstraktionsebene eine Brücke zum römischen Privatrecht und kann damit an den Ursprung der europäischen Privatrechtstradition anknüpfen. Mit der *regula aurea* als universalem Prinzip gerechten Handelns steht auf der zweiten Stufe ein praktisch handhabbarer Maßstab und prozeduraler Mechanismus der Bestimmung des Inhalts der Vertragsgerechtigkeit zur Verfügung. Die klassische aristotelisch-thomasische *Gerechtigkeitstheorie* konkretisiert schließlich auf der untersten Abstraktionsebene mit den Ausdifferenzierungen der Verteilungs- (*iustitia distributiva*) und der Tauschgerechtigkeit (*iustitia commutativa*) die sich aus der *regula aurea* ergebenden Handlungsgebote für spezifische Lebensbereiche.

b) Zur empirischen Fundierung und praktischen Umsetzung der vorgelegten dogmatischen Neukonzeption der Vertragsgerechtigkeit wurde auf den *interdisziplinären Befund* der Verhaltens-, Kognitions- und Entwicklungspsychologie sowie der Spieltheorie zurückgegriffen. Er liegt auch der modernen Verhandlungstheorie, der Verhaltensökonomik sowie der Gerechtigkeits- und Kooperationsforschung zugrunde und hat zentrale Grundannahmen der Vertragsgerechtigkeit – wie etwa den Maßstab des *duplum* der *laesio enormis ultra dimidum*, auf den auch der BGH im Rahmen des § 138 Abs. 2 BGB zurückgreift[1] – sowie die

---

[1] Vgl. BGH NJW-RR 2016, 1251, 1251; NJW 2014, 1652, 1652; NJW 2001, 1127, 1128; NJW 1995, 2635, 2636; NJW 1992, 899, 900.

zentrale Bedeutung der Vertragsgerechtigkeit für das rechtsgeschäftliche Handeln des Einzelnen und die Bestimmung des Vertragszwecks nachgewiesen.

c) Dass mit dem Reziprozitätsprinzip der *regula aurea* tatsächlich ein praktisch anwendbares und zugleich universales Prinzip gerechten Handelns zur Verfügung steht, wird durch die *moderne Verhandlungsforschung* und *Kohlbergs Stufenmodell* bestätigt. So bildet der von der *regula aurea* vorausgesetzte multilaterale Rollentausch den Kern des von der modernen Verhandlungsforschung entwickelten *Harvard Modells interessenorientierter Verhandlung*, das letztlich auf die Herstellung eines gerechten und damit angemessenen Ausgleich der gegenseitigen Interessen gerichtet ist. Zugleich bildet der *multilaterale Rollentausch*, den der reife Gebrauch der *regula aurea* voraussetzt, die höchste Stufe und damit den Schlusspunkt der kognitiven und moralischen Entwicklung des Menschen nach *Kohlbergs Stufenmodell*. Dies deutet darauf hin, dass mit der *regula aurea* tatsächlich ein praktisch handhabbares und universal geltendes Prinzip gerechten Handelns des Menschen – und damit auch seines rechtsgeschäftlichen Handelns durch Vertrag – vorliegt. Aus der Integration der *regula aurea* in das Konzept der Vertragsgerechtigkeit ergeben sich weitreichende Konsequenzen für die Privatrechtsdogmatik: Sie bildet die Grundlage für die Weiterentwicklung des *Schmidt-Rimplerschen Vertragsmodells* und bietet eine dogmatisch schlüssige Erklärung für aktuelle Probleme des Vertragsrechts.

3. In Fortentwicklung der *Schmidt-Rimplerschen Theorie der Richtigkeitsgewähr* als Grundlage des geltenden Vertragsmodells im Privatrecht wurde das *vertragszweckorientierte Reziprozitätsmodell* vorgelegt. In ihm wurde der interdisziplinäre Befund der Verhandlungs- und empirischen Gerechtigkeitsforschung sowie der Verhaltensökonomik integriert und mit dem römisch-rechtlichen *suum-cuique-Grundsatz* sowie der *regula aurea* als zentralen Bausteinen des neuentwickelten Konzeptes der Vertragsgerechtigkeit verknüpft.

a) Der *interdisziplinäre Rückgriff* auf die Verhaltens-, Kognitions- und Entwicklungspsychologie sowie die Spieltheorie zur Fortentwicklung und empirischen Fundierung der Privatrechtsdogmatik erscheint nicht zuletzt deshalb notwendig, weil sich die Privatrechtsdogmatik mit dem *rechtlichen* Handeln des Menschen und insoweit mit einem Ausschnitt menschlichen *Verhaltens* befasst, das durch spezifische Eigenschaften und Gesetzmäßigkeiten bestimmt wird. Mit Blick auf entsprechende Entwicklungen in der Ökonomik als Lehre vom *wirtschaftlichen* Handeln des Menschen erscheint ein solcher Schritt als längst überfällig. Dies gilt umso mehr, als das dem BGB zugrunde liegende Vertragsmodell von empirisch widerlegten Grundannahmen auf der Grundlage des überholten Verhaltensmodells des *homo oeconomicus* ausgeht. Zwar wurde die mangelnde Tragfähigkeit des auf dem *homo oeconomicus*-Modell beruhenden formal-liberalen Grundansatzes des BGB bald erkannt und seine Folgen dogmatisch bewältigt. Ein tragfähiges, empirisch fundiertes Verhaltens- und Vertragsmodell wurde für das Privatrecht indes bislang nicht vorgelegt. Diese Lücke soll mit der Untersuchung geschlossen werden.

b) Im Mittelpunkt des *vertragszweckorientierten Reziprozitätsmodells* steht der *Vertragszweck* als Bindeglied zwischen Vertragsfreiheit und Vertragsgerechtigkeit. Ausgehend von *Lon L. Fullers Verfahrens- und Institutionenlehre* wurde die primäre Funktion des Vertrages als Instrument sozialer Ordnung in der Persönlichkeitsentfaltung durch selbstbestimmte Interessenverwirklichung verortet. Dies setzt eine Integration der gegenseitigen *Interessen* in Form eines angemessenen, beiderseitig vorteilhaften Interessenausgleichs und damit *Vertragsgerechtigkeit* voraus, womit die bereits von die *Thomas v. Aquin* herausgearbeitete *utilitas communis* aufscheint. Vertragszweck und Bindungswirkung sowie Vertragsfreiheit und Vertragsgerechtigkeit sind damit funktional miteinander verknüpft. Für die sich hieraus ergebende Annahme der Richtigkeitsgewähr des Vertragsmechanismus bietet sich nicht – wie noch von *Schmidt-Rimpler* angenommen – ein Verweis auf die aus heutiger Sicht ineffiziente Logik des „Abschleifens" der gegenseitigen Interessen, sondern vielmehr ein Rückgriff auf jenes Verfahren an, das im Kern gerade auf die Herstellung eines angemessenen, pareto-optimalen Interessenausgleichs gerichtet ist: Die *interessenorientierte Verhandlung* nach dem *Harvard Modell.*

c) Mit dem *Reziprozitätsprinzip* des *multilateralen Rollentauschs* steht im Mittelpunkt des *Harvard Modells* und damit auch des Vertragsmechanismus des *vertragszweckorientierten Reziprozitätsmodells* die *regula aurea* als Kern des Vertragsmodells. Das *Harvard Modell* interessenorientierter Verhandlung erweist sich damit als ein Verfahren, das eine praktisch handhabbare Umsetzung der *regula aurea* als universales Prinzip gerechten Handelns in Konflikten und Vertragsverhandlungen ermöglicht. Auf der Grundlage des interdisziplinären, empirischen Befundes der Verhaltens- und Kognitionspsychologie sowie der Spieltheorie bietet es ein effektives Instrument zur Überwindung von Wahrnehmungsverzerrungen und emotionalen Barrieren als Einigungshindernissen.

4. Die *Inhaltskontrolle* von AGB lässt sich allein auf der Grundlage eines *vertragstheoretischen* Begründungsmodells, das die Aspekte der Informationsasymmetrie und der Vertragsimparität als die beiden zentralen Dimensionen *situativer Unterlegenheit* des Verwendungsgegners in einem einheitlichen Ansatz integriert, dogmatisch widerspruchsfrei begründen. Auf diese Weise werden zugleich *Selbstbestimmung* und angemessener *Interessenausgleich* als *Zweck des Vertrages* sowie *Vertragsfreiheit* und *Vertragsgerechtigkeit* als Grunddeterminanten der Privatrechtsordung in ihrer funktionalen Verknüpfung zu einem angemessenen Ausgleich gebracht. Der *rechtsökonomische* Begründungsansatz vermag die Inhaltskontrolle des geltenden Rechts nicht vollständig zu erklären und begegnet darüber hinaus durchgreifenden methodischen Bedenken. Die situative Unterlegenheit des von missbräuchlichen Klauseln betroffenen Kunden lässt sich gerade

nicht auf ein bloßes Informationsproblem und damit auf den Aspekt der Informationsasymmetrie reduzieren. Ebenso wichtig und in der Praxis letztlich entscheidend ist vielmehr der Aspekt der *Vertragsimparität*, die mangelnde Abänderungsbereitschaft des Verwenders. Im Ergebnis ist die Vertragsgestaltungsfreiheit des Verwendungsgegners auf Null, seine Abschlussfreiheit nahezu auf Null reduziert. Vor diesem Hintergrund kann nicht mehr von einer selbstbestimmten Verwirklichung der Interessen auch des Verwendungsgegners als Vertragszweck ausgegangen werden.

5. Eine effektive Inhaltskontrolle ist auch im *unternehmerischen Geschäftsverkehr* erforderlich. Der unternehmerische Kunde ist – wovon auch der Gesetzgeber im Rahmen der Umsetzung der *Zahlungsverzugs-Richtlinie* mit Blick auf die verschärften Anforderungen des neu eingefügten § 308 Nr. 1a BGB ausgeht – allgemeinen Geschäftsbedingungen in der Regel ebenso schutzlos ausgeliefert wie der Verbraucher und damit jedenfalls im Grundsatz mindestens in gleicher Weise schutzbedürftig. Sein größeres unternehmerisches Geschick und seine Branchenkenntnis haben auf die AGB-spezifische situative Unterlegenheit in der Regel keinen Einfluss, da auch ihm jedenfalls die eingehende Kenntnisnahme der Klauseln nicht erspart bleibt.

6. Für die Bestimmung der Reichweite der Inhaltskontrolle kommt es auf die intellektuellen Fähigkeiten des unternehmerischen Kunden, geschäftliches Sonderwissen oder sonstige persönliche Eigenschaften der Parteien grundsätzlich nicht an, da die §§ 305 ff. BGB an die situative, nicht die intellektuelle Unterlegenheit anknüpfen. Darüber hinaus bestehen auch und gerade im unternehmerischen Geschäftsverkehr *Machtungleichgewichte*, so dass auch Unternehmer aufgrund der fehlenden Dispositionsbereitschaft des Verwenders auf den Inhalt der Klauseln in der Regel keinen Einfluss nehmen können. Fällen positiver Transaktionskosten-Vertragswert-Relation – wie etwa den in diesem Zusammenhang häufig genannten M&A-Transaktionen oder Verträgen im Kraftwerks- und Anlagenbau – kommt in dem zu 99,7 % Prozent von KMU geprägten Rechtsverkehr keine tragende Bedeutung zu. Dass sich die Gestaltung des AGB-Rechts daher vor allem an den Bedürfnissen der den Rechtsverkehr weitgehend prägenden KMU orientieren sollte, hat der Gesetzgeber zuletzt durch die hohen Anforderungen des neu eingefügten Klauselverbotes des § 308 Nr. 1a BGB deutlich gemacht, das über die Mindestanforderungen der Zahlungsverzugs-Richtlinie weit hinausgeht.

7. Eine Absenkung der Anforderungen an das Tatbestandsmerkmal des *Aushandelns* iSd. § 305 Abs. 1 S. 1 BGB ist nicht geboten. Die Rechtsprechung des BGH mit Blick auf die Berücksichtigung der Besonderheiten des b2b-Verkehrs erweist sich als hinreichend differenziert, um auch den Bedürfnissen von Unternehmen angemessen Rechnung zu tragen. Den Besonderheiten des b2b-Verkehrs kann bereits im Rahmen des geltenden Rechts angemessen Rechnung getragen werden.

§ 12

Ausblick

Welche Schlussfolgerungen ergeben sich hieraus für die weitere Entwicklung des AGB-Rechts durch den Gesetzgeber? Die Forderung nach einer Absenkung des Schutzniveaus der Inhaltskontrolle im b2b-Verkehr bedarf der *Überprüfung* am Corpus der Judikatur des BGH[1] und muss sich nicht zuletzt am Maßstab des vom BVerfG vorgegebenen verfassungsrechtlichen Rahmens[2] messen lassen. Im Ergebnis ist mit dem überwiegenden Schrifttum[3] eine Beschränkung der Inhaltskontrolle im unternehmerischen Geschäftsverkehr weder geboten noch in der geforderten Weite mit Blick auf den *verfassungsrechtlich* gewährleisteten Schutz des Selbstbestimmungsrechts des Kunden sowie den Schutzzweck der Inhaltskontrolle zulässig.[4] Die Inhaltskontrolle ist und bleibt erforderlich, auch und gerade im unternehmerischen Geschäftsverkehr: Nicht zur Beschränkung der Privatautonomie, sondern zum Zweck ihrer *Gewährleistung*. Denn auch im Rechtsverkehr zwischen Unternehmern muss es dabei bleiben, dass die rechtsgeschäftliche Bindung einen entsprechenden *Konsens* zwischen den Parteien voraussetzt, der nicht fingiert werden darf, sondern *tatsächlich* vorliegen muss. Im Kern wird es indes letztlich immer um die Frage gehen müssen, welcher Stellenwert den funktional miteinander verknüpften Prinzipien der *Vertragsfreiheit* und *Vertragsgerechtigkeit* im Gefüge der Privatrechtsordnung auch im unternehmerischen Schriftverkehr zukommt. Die Erkenntnis, dass auch hier die Vertragsfreiheit im Dienst eines angemessenen Ausgleichs der gegenseitigen Interessen beider Parteien steht, dass die Verwirklichung des Vertragszwecks tatsächliche und damit materielle Vertragsfreiheit voraussetzt, bildet dabei Grundlage und Maßstab für jede zukünftige Fortentwicklung des AGB-Rechts.

---

[1] Vgl. hierzu oben S. 813 ff., 915 ff. Zur Kritik oben S. 828 ff., 923 ff. sowie zur eigenen Stellungnahme oben S. 858 ff., 933 ff. Beispielhaft insoweit *v. Westphalen*, AnwBl. 2013, 850, 850 ff.

[2] Hierzu eingehend oben S. 359, 374 ff.

[3] So etwa BeckOK/*H. Schmidt*, BGB (47. Ed. 2018), § 307, Rn. 97; Palandt/*Grüneberg*, BGB (77. Aufl. 2018), § 307 Rn. 38; MünchKomm/*Basedow*, BGB (7. Aufl. 2016), § 310 Rn. 16; MünchKomm/*Wurmnest*, BGB (7. Aufl. 2016), § 307 Rn. 73 ff.; *Ulmer/Habersack*, in: *Ulmer/Brandner/Hensen*, AGB-Recht (12. Aufl. 2016), Einl. Rn. 81. Vgl. auch *Ulmer/Habersack*, in: *Ulmer/Brandner/Hensen*, AGB-Recht (12. Aufl. 2016), Einl. Rn. 50, 67. Für systemimmanente Korrekturen *Pfeiffer*, in: Wolf/Lindacher/Pfeiffer, AGB-Recht (6. Aufl. 2013), § 305 Rn. 39. Für eine gesetzliche *Neuorientierung* Staudinger/*Schlosser*, BGB (2013), 305 Rn. 36 a E.

[4] Hierzu eingehend oben S. 904 ff., 964 ff., 986 ff.

Literaturverzeichnis

Abel, Udo/Winkens, Sabine, Zum Auskunftsanspruch des Versicherten über die Gewinnermittlung bei der Rentenversicherung, EWiR 2008, 389ff.

Abels, Michael/Lieb, Manfred (Hrsg.), AGB und Vertragsgestaltung nach der Schuldrechtsreform (AGB-Symposium 2004), 2005.

– (Hrsg.), AGB im Spannungsfeld zwischen Kautelarpraxis und Rechtsprechung (Linklaters AGB-Symposien 2005 und 2006), 2007.

– (Hrsg.), AGB im Wirtschaftsverkehr: Herausforderung und Hürde (Kölner AGB-Symposien 2007 und 2008), 2011.

Acker, Wendelin/Bopp, Claudia, Führt eine zu enge Anwendung des AGB-Rechtes zu Nachteilen unserer Rechtsordnung im internationalen Rechtsverkehr? Ist das bisher verwandte gesetzliche Leitbild wirklich stimmig? Eine provokante Betrachtung, BauR 2009, 1040ff.

Acquis Group, Principles of the existing EC contract law (Acquis Principles). Contract I: Pre-contractual Obligations, Conclusion of Contract, Unfair Terms, 2007.

Adams, Michael, Ökonomische Analyse des Gesetzes zur Regelung des Rechts der Allgemeinen Geschäftsbedingungen (AGB-Gesetz), in: Neumann, Manfred (Hrsg.), Ansprüche, Eigentums- und Verfügungsrechte: Arbeitstagung des Vereins für Socialpolitik Gesellschaft für Wirtschafts- und Sozialwissenschaften in Basel vom 26. bis 28. September 1983, 1984, S. 655ff.

–, Ökonomische Begründung des AGB-Gesetzes: Verträge bei asymmetrischer Information, BB 1989, 781ff.

Akerlof, George A., The Market for „Lemons": Quality Uncertainty and the Market Mechanism, 84 Q.J. Econ. 488 (1970).

Albrecht, Peter/Bartels, Hans-Jochen/Heiss, Helmut (Hrsg.), Das Urteil des Bundesverfassungsgerichts vom 26. Juli 2005 (1BvR 80/95): 30. Mannheimer Versicherungswissenschaftliche Jahrestagung, 2006.

Alexy, Robert, Theorie der Grundrechte, 1985.

Anonym, Reszension und Anzeige zu: Bomhard, Civilrechtspflege in der Pfalz 1861, ZGRBay (8) 1862, 294.

–, PreußVersZ (1) 1867, 153.

Aristoteles, Nikomachische Ethik (hrsg. und übersetzt von Ursula Wolf), 2006.

Armbrüster, Christian, Eigentumsschutz im Kapitalgesellschaftsrecht: Auswirkungen der Judikatur des BVerfG zur Lebensversicherung, ZGR 2006, 683ff.

–, Kehrtwende des BGH bei der AGB-Kontrolle in der Lebensversicherung, NJW 2012, 3001ff.

Armgardt, Matthias, Zur Dogmengeschichte der laesio enormis – eine historische und rechtsvergleichende Betrachtung, in: Riesenhuber, Karl/Karakostas, Ioannis K. (Hrsg.), Inhaltskontrolle im nationalen und europäischen Privatrecht: Deutsch-griechische Perspektiven, 2009, S. 3ff.

Arnold, Stefan, Vertrag und Verteilung: Die Bedeutung der iustitia distributiva im Vertragsrecht, 2014.

Arrow, Kenneth J. u. a., Barriers to Conflict Resolution, 1995.

Artz, Markus Privatvermieter und Wohnraummieter als AGB-Verwender, ZGS 2010, 209ff.

Assmann, Heinz-Dieter, Zur Steuerung gesellschaftlich-ökonomischer Entwicklung durch Recht, in: Assmann, Heinz-Dieter u. a. (Hrsg.), Wirtschaftsrecht als Kritik des Privatrechts: Beiträge zur Privat- und Wirtschaftsrechtstheorie, 1980, S. 239ff.

Assmann, Heinz-Dieter/Kirchner, Christian/Schanze, Erich (Hrsg.), Ökonomische Analyse des Rechts, 1993.

Auer, Marietta, Materialisierung, Flexibilisierung, Richterfreiheit: Generalklauseln im Spiegel der Antinomien des Privatrechtsdenkens, 2005.

Axelrod, Robert M., Effective Choice in the Prisoner's Dilemma, 24 J. Confl. Resol. 3 (1980).

–, The Evolution of Cooperation, 1990.

Axer, Constantin, Rechtfertigung und Reichweite der AGB-Kontrolle im unternehmerischen Geschäftsverkehr, 2012.

Bachmann, Gregor, Private Ordnung: Grundlagen ziviler Regelsetzung, 2006.

Bachof, Otto, Begriff und Wesen des sozialen Rechtsstaates: Der soziale Rechtsstaat in verwaltungsrechtlicher Sicht, VVDStRL 12 (1954), 37

Bäcker, Carsten, Gerechtigkeit im Rechtsstaat: Das Bundesverfassungsgericht an der Grenze des Grundgesetzes, 2015.

Bäcker, Matthias Grundrechtlicher Informationsschutz gegen Private, Der Staat 51 (2012), 91

Badura, Peter, Arbeit als Beruf Art. 12 Abs. 1 GG), in: Hanau, Peter u. a. (Hrsg.), Festschrift für Wilhelm Herschel zum 85. Geburtstag, 1982, S. 21ff.

Baldus, Bianca Nathalie, Der elektronisch geschlossene Vertrag mit Schiedsabrede: Zulässigkeit und anwendbares Recht in nationalen und internationalen Schiedsverfahren, 2004.

Baldus, Christian/Kronke, Herbert/Mager, Ute (Hrsg.), Heidelberger Thesen zu Recht und Gerechtigkeit, 2013.

Basedow, Jürgen, Handelsbräuche und AGB-Gesetz, ZHR 150 (1986), 469

–, Das BGB im künftigen europäischen Privatrecht: Der hybride Kodex, AcP 200 (2000), 445

Bastian, Günther/Böhm, Klaus R., Schutz der Kaufleute vor Allgemeinen Geschäftsbdingungen, BB 1974, 110ff.

Baudenbacher, Carl, Wirtschafts-, schuld- und verfahrensrechtliche Grundprobleme der Allgemeinen Geschäftsbedingungen, 1983.

–, Zur Bedeutung der Klauselkataloge des AGB-Gesetzes für den kaufmännischen Verkehr, JA 1987, 217ff.

Bäuerle, Michael, Privatautonome Interessenwahrnehmung und Schutzpflichten des Staates: Die Urteile des Bundesverfassungsgerichts zur Kapitallebensversicherung und ihre Konsequenzen für den vertragsrechtlichen Verbraucherschutz, VuR 2005, 401ff.

Baumann, Horst, Lebensversicherungen mit Überschussbeteiligung und Bestandsübertragungen nach den Urteilen des Bundesverfassungsgerichts vom 26.7.2005, RuS 2005, 401ff.

Baumbach, Adolf/Hopt, Klaus J. (Hrsg.), Handelsgesetzbuch mit GmbH & Co., Handelsklauseln, Bank- und Börsenrecht, Transportrecht (ohne Seerecht), 37. Aufl. 2016.

Bebchuk, Lucian/Posner, Richard A., One-Sided Contracts in Competitive Consumer Markets, 104 Mich. L. Rev. 827 (2006).

Bechtold, Stefan, Die Grenzen zwingenden Vertragsrechts: Ein rechtsökonomischer Beitrag zu einer Rechtsetzungslehre des Privatrechts, 2012.

Beck'scher Online-Kommentar, Hrsg. von Georg *Bamberger/Herbert Roth/Wolfgang Hau/Roman Poseck*, 44. Edition, 2018.

Becker, Christoph, Die Lehre von der laesio enormis in der Sicht der heutigen Wucherproblematik Ausgewogenheit als Vertragsinhalt und § 138 BGB, 1993.

Becker, Felix, Die Reichweite der AGB-Inhaltskontrolle im unternehmerischen Geschäftsverkehr aus teleologischer Sicht, JZ 2010, 1098 ff.

–, Die gebotene Grenze zwischen AGB und Individualvereinbarungen im unternehmerischen Geschäftsverkehr, 2011.

Becker, Michael, Vertragsfreiheit, Vertragsgerechtigkeit und Inhaltskontrolle, WM 1999, 709 ff.

–, Der unfaire Vertrag: Verfassungsrechtlicher Rahmen in privatrechtlicher Ausfüllung, 2003.

Behrens, Gerold, Konsumentenverhalten: Entwicklung, Abhängigkeiten, Möglichkeiten, 2. Aufl. 1991.

Beilage zur Allgemeinen Zeitung Nr. 175, 1825.

Benda, Ernst, Der soziale Rechtsstaat, in: Benda, Ernst/Maihofer, Werner/Vogel, Hans Jochen (Hrsg.), Handbuch des Verfassungsrechts der Bundesrepublik Deutschland, 2. Aufl. 1994, S. 719 ff.

Berger, Klaus Peter, Aushandeln von Vertragsbedingungen im kaufmännischen Geschäftsverkehr: Stellen, Handeln, Behandeln, Verhandeln, Aushandeln?, NJW 2001, 2152 ff.

–, Abschied von der Privatautonomie im unternehmerischen Geschäftsverkehr? Zum Differenzierungsgebot im AGB-Recht, ZIP 2006, 2149 ff.

–, Für eine Reform des AGB-Rechts im Unternehmerverkehr, NJW 2010, 465 ff.

–, Schiedsgerichtsbarkeit und AGB-Recht, in: Genzow, F. Christian/Grunewald, Barbara/Schulte-Nölke, Hans (Hrsg.), Zwischen Vertragsfreiheit und Verbraucherschutz: Festschrift für Friedrich Graf von Westphalen zum 70. Geburtstag, 2010, S. 13 ff.

Berger, Klaus Peter/Kleine, Lucas, AGB-Gestaltung und Transparenzgebot: Beispiele aus der jüngeren BGH-Rechtsprechung zum unternehmerischen Geschäftsverkehr, NJW 2007, 3526 ff.

–, AGB-Kontrolle im unternehmerischen Geschäftverkehr, BB 2007, 2137 ff.

Berger, Maria, Zu europäischen Entwicklungen im Internationalen Privatrecht und im Verbraucherschutz, ZEuP 2009, 451 ff.

Bergmann, Andreas, Die Rechtsfolgen des ungerechten Vertrages, 2014.

Bergschneider, Ludwig, Zur Inhaltskontrolle bei Eheverträgen: Das Urteil des BVerfG vom 6.2.2001 und seine Konsequenzen für die Praxis, FamRZ 2001, 1337 ff.

Bernstorff, Christoph Graf von, Risikomanagement im Auslandsgeschäft: Internationale Geschäfte sicher abschließen, Forderungsausfälle vermeiden. Für Unternehmen und Firmenkundenbetreuer von Banken, 4. Aufl. 2008.

Beschorner, Julius Hermann, Das deutsche Eisenbahnrecht: Mit besonderer Berücksichtigung des Actien- und Expropriationsrechtes, 1858.

Betti, Emilio, Der Typenzwang bei den römischen Rechtsgeschäften und die sogenannte Typenfreiheit des heutigen Rechts, in: Wenger, Leopold/San Nicolò, Mariano (Hrsg.), Festschrift für Leopold Wenger zu seinem 70. Geburtstag, dargebracht von Freunden, Fachgenossen und Schülern, Bd. 1, 1944, S. 249 ff.

Beulker, Jette, Die Eingriffsnormenproblematik in internationalen Schiedsverfahren: Parallelen und Besonderheiten im Vergleich zur staatlichen Gerichtsbarkeit, 2005.

Biedenkopf, Kurt. H., Über das Verhältnis wirtschaftlicher Macht zum Privatrecht, in: Coing, Helmut/Kronstein, Heinrich/Mestmäcker, Ernst-Joachim (Hrsg.), Wirtschaftsordnung und Rechtsordnung, 1965, S. 113 ff.

Bierbrauer, Günter/Falke, Josef/Koch, Klaus-Friedrich, Konflikt und Konfliktbeilegung: Eine interdisziplinäre Studie über Rechtsgrundlage und Funktion der Schiedsmannsinstitution, in: Bierbrauer, Günter u. a. (Hrsg.), Zugang zum Recht, 1978, S. 141 ff.

Bierekoven, Christiane/Crone, Andreas, Umsetzung der Verbraucherrechterichtlinie: Neuerungen im deutschen Schuldrecht – Ein erster Überblick MMR 2013, 687 ff.

Blackstone, W. T., The Golden Rule: A Defense, 3 SJP 172 (1965).

Blase, Friedrich, Die Grundregeln des Europäischen Vertragsrechts als Recht grenzüberschreitender Verträge, 2001.

BMJ (Hrsg.), Vorschläge zur Verbesserung des Schutzes der Verbraucher gegenüber allgemeinen Geschäftsbedingungen: Erster Teilbericht der Arbeitsgruppe beim Bundesminister der Justiz, 1974.

Böckenförde, Ernst-Wolfgang, Die Entstehung des Staates als Vorgang der Säkularisation, in: Böckenförde, Ernst-Wolfgang (Hrsg.), Staat, Gesellschaft, Freiheit: Studien zur Staatstheorie und zum Verfassungsrecht, 1976, S. 42 ff.

Boehmer, Gustav, Einführung in das bürgerliche Recht, 2. Aufl. 1965.

Bohle, Wolfgang/Micklitz, Hans W., Erfahrungen mit dem AGB-Gesetz im nichtkaufmännischen Bereich: Eine Zwischenbilanz nach sechs Jahren, BB Beilage 11/1985, 2 ff.

Bolton, Gary E./Ockenfels, Axel, ERC – A Theory of Equity, Reciprocity and Competition, 90 Am. Econ. Rev. 166 (2000).

–, A Stress Test of Fairness Measures in Theories of Social Utility, 25 Econ. Theor. 957 (2005).

–, Self-centered Fairness in Games with More than Two Players, in: Plott, Charles R./Smith, Vernon L. (Hrsg.), Handbook of experimental economics results, Bd. 1, 2008, S. 531 ff.

–, Testing and Modeling Fairness Motives, in: Baurmann, Michael/Lahno, Bernd (Hrsg.), Perspectives in Moral Science: Contributions from Philosophy, Economics, and Politics in Honour of Hartmut Kliemt, 2009, S. 199 ff.

Bork, Reinhard, Allgemeiner Teil des Bürgerlichen Gesetzbuchs, 4. Aufl. 2016.

Böttcher, Hans-E., Diskussionsbeitrag auf dem 50. Deutschen Juristentag, in: Ständige Deputation des Deutschen Juristentages (Hrsg.), Verhandlungen des fünfzigsten Deutschen Juristentages. Band 2: Sitzungsberichte, 1974, S. H 89 ff.

Brachert, Sebastian/Dietzel, Andreas, Deutsche AGB-Rechtsprechung und Flucht ins Schweizer Recht: Quod licet Iovi, non licet bovi, ZGS 2005, 441 ff.

Brandner, Hans Erich, Die Umstände des einzelnen Falles bei der Auslegung und Beurteilung von allgemeinen Geschäftsbedingungen, AcP 162 (1963), 137

–, Wege und Zielvorstellungen auf dem Gebiet der Allgemeinen Geschäftsbedingungen, JZ 1973, 613 ff.

–, Diskussionsbeitrag auf dem 50. Deutschen Juristentag, in: Ständige Deputation des Deutschen Juristentages (Hrsg.), Verhandlungen des fünfzigsten Deutschen Juristentages. Band 2: Sitzungsberichte, 1974, S. H 82 ff.

Brauch, Michael, AGB im unternehmerischen Geschäftsverkehr: Bringt das E-Commerce-Recht einen weiteren Schritt auf dem Weg zum Abschied von der Vertragsfreiheit?, in: Genzow, F. Christian/Grunewald, Barbara/Schulte-Nölke, Hans (Hrsg.), Zwischen Vertragsfreiheit und Verbraucherschutz: Festschrift für Friedrich Graf von Westphalen zum 70. Geburtstag, 2010, S. 31 ff.

Braun, Johann, Die Stellung des AGB-Gesetzes im System des Privatrechts, BB 1979, 689 ff.

Breidenbach, Stephan, Mediation: Struktur, Chancen und Risiken von Vermittlung im Konflikt, 1995.

Brödermann, meyer, C Eckart Risikomanagement in der internationalen Vertragsgestaltung: Handlungsempfehlung für ein zunehmend wichtiges Praxisthema, NJW 2012, 971 ff.

Brömmelmeyer, Christoph, Zur Grundrechtsverletzung durch die Regelungen zur Ermittlung der Überschussbeteiligung bei einer Kapitallebensversicherung und zur Bestandsübertragung von Lebensversicherungsverträgen, WuB IV F §2 ALB 1.06, 2006

Brönneke, Tobias/Schmidt, Fabian Der Anwendungsbereich der Vorschriften über die besonderen Vertriebsformen nach Umsetzung der Verbraucherrechterichtlinie, VuR 2014, 3 ff.

Brülisauer, Bruno, Die Goldene Regel: Analyse einer dem Kategorischen Imperativ verwandten Grundnorm, Kant-Studien 71 (1980), 325

Brunner, Alexander, Entwicklung des schweizerischen Rechts der allgemeinen Geschäftsbedingungen, in: Brunner, Alexander/Schnyder, Anton K./Eisner-Kiefer, Andrea (Hrsg.), Allgemeine Geschäftsbedingungen nach neuem Schweizer Recht, 2014, S. 13 ff.

Bruns, Alexander, Die Vertragsfreiheit und ihre Grenzen in Europa und den USA – Movement from Contract to Status?, JZ 2007, 385 ff.

Bubrowski, Helene, AGB im B2B-Verkehr: Alles nur ein Schaulaufen? Der Deutsche Juristentag hat im September klar für Reformen plädiert – doch jetzt ist klar: Eine schnelle Reform ist nicht zu erwarten, AnwBl. 2012, 980 ff.

Bühlmann, Lukas, Cross Border E-Commerce: Schweiz, ITRB 2014, 10 ff.

Bühring-Uhle, Christian/Eidenmüller, Horst/Nelle, Andreas, Verhandlungsmanagement: Analyse, Werkzeuge, Strategie, 2009.

Bülow, Peter, Beweislast und Beweismaß im Recht der Europäischen Gemeinschaften, EWS 1997, 155 ff.

Bumke, Christian, Ausgestaltung von Grundrechten: Grundlagen und Grundzüge einer Dogmatik der Grundrechtsausgestaltung unter besonderer Berücksichtigung der Vertragsfreiheit, 2009.

Bundestag, Deutscher/Bundesarchiv, Der Parlamentarische Rat: 1948–1949. Akten und Protokolle. 5 II: Ausschuß für Grundsatzfragen., 1993.

Bunte, Hermann-Josef, Entwicklungen im Recht der Allgemeinen Geschäftsbedingungen: Ein Erfahrungsbericht nach 5 Jahren AGB-Gesetz, DB Beilage 13/1982, 1 ff.

–, Erfahrungen mit dem AGB-Gesetz: Eine Zwischenbilanz nach 4 Jahren, AcP 181 (1981), 31

–, Zehn Jahre AGB-Gesetz: Rückblick und Ausblick, NJW 1987, 921 ff.

–, Gedanken zur Rechtsharmonisierung in der EG auf dem Gebiet der mißbräuchlichen Klauseln in Verbraucherverträgen, in: Löffelmann, Peter (Hrsg.), Festschrift für Horst Locher zum 65. Geburtstag, 1990, S. 325 ff.
–, Die EG-Richtlinie über mißbräuchliche Klauseln in Verbraucherverträgen und ihre Umsetzung durch das Gesetz zur Änderung des AGB-Gesetzes, DB 1996, 1389 ff.
–, Das Transparenzgebot in der Rechtsprechung des XI. Zivilsenates, in: Horn, Norbert/Schimansky, Herbert (Hrsg.), Bankrecht: Schwerpunkte und Perspektiven. Festschrift für Herbert Schimansky, 1999, S. 19 ff.
Busch, Christoph, Informationspflichten im Wettbewerbs- und Vertragsrecht: Parallelen in UWG und BGB, 2008.
–, Kollisionsrechtliche Weichenstellungen für ein Optionales Instrument im Europäischen Vertragsrecht, EuZW 2011, 655 ff.
Busche, Jan, Privatautonomie und Kontrahierungszwang, 1999.
–, Privatautonomie und Kontrahierungszwang, 1999.
Büttner, Helmut, Zur gerichtlichen Kontrolle von Eheverträgen, FF 2001, 65 ff.
Bydlinski, Franz, Privatautonomie und objektive Grundlagen des verpflichtenden Rechtsgeschäftes, 1967.
–, Zur Einordnung der Allgemeinen Geschäftsbedingungen im Vertragsrecht, in: Loebenstein, Edwin u. a. (Hrsg.), Wirtschaftspraxis und Rechtswissenschaft: Festschrift für Walther Kastner zum 70. Geburtstag, 1972, S. 45 ff.
–, Juristische Methodenlehre und Rechtsbegriff, 2. Aufl. 1991.
–, System und Prinzipien des Privatrechts, 1996.
–, Die Suche nach der Mitte als Daueraufgabe der Privatrechtswissenschaft, AcP 204 (2004), 309
Bydlinski, Peter, Bürgschaften vermögensloser Angehöriger, WuB I F 1 a Bürgschaft 4.94, 1994.
Calliess, Christian/Ruffert, Matthias (Hrsg.), EUV/AEUV: Das Verfassungsrecht der Europäischen Union mit Europäischer Grundrechtecharta, Kommentar, 5. Aufl. 2016.
Cadoux, A. T., The Implications of the Golden Rule, 22 Int. J. Ethics 272 (1912).
Campe, Joachim Heinrich, Wörterbuch der deutschen Sprache. Erster Theil: A-E, 1807.
Canaris, Claus-Wilhelm, Die Nacherfüllung durch Lieferung einer mangelfreien Sache beim Stückkauf, JZ 1983, 993 ff.
–, Grundrechte und Privatrecht, AcP 184 (1984), 201
–, Verstöße gegen das verfassungsrechtliche Übermaßverbot im Recht der Geschäftsfähigkeit und im Schadensersatzrecht, JZ 1987, 993 ff.
–, Gesamtunwirksamkeit und Teilgültigkeit rechtsgeschäftlicher Regelungen, in: Baur, Jürgen F. (Hrsg.), Festschrift für Ernst Steindorff zum 70. Geburtstag am 13. März 1990, 1990, S. 519 ff.
–, Verfassungs- und europarechtliche Aspekte der Vertragsfreiheit in der Privatrechtsgesellschaft, in: Badura, Peter/Scholz, Rupert (Hrsg.), Wege und Verfahren des Verfassungslebens: Festschrift für Peter Lerche zum 65. Geburtstag, 1993, S. 874 ff.
–, Die Bedeutung der iustitia distributiva im deutschen Vertragsrecht, 1997.
–, Grundrechte und Privatrecht. Eine Zwischenbilanz. Stark erweiterte Fassung des Vortrags gehalten vor der Juristischen Gesellschaft zu Berlin am 10. Juni 1998, 1999.
–, Wandlungen des Schuldvertragsrechts: Tendenzen zu seiner „Materialisierung“, AcP 200 (2000), 273

–, Die AGB-rechtliche Leitbildfunktion des neuen Leistungsstörungsrechts, in: Habersack, Mathias u. a. (Hrsg.), Festschrift für Peter Ulmer zum 70. Geburtstag am 2. Januar 2003, 2003, S. 1073 ff.

Caro, Leopold, Der Wucher: Eine socialpolitische Studie, 1893.

Coase, R. H., The Federal Communications Commission, 2 J. L. & Econ. 1 (1959).

–, The Problem of Social Cost, 3 J. L. & Econ. 1 (1960).

Coester-Waltjen, Dagmar, Die Inhaltskontrolle von Verträgen außerhalb des AGBG, AcP 190 (1990), 1

–, Inhaltskontrolle von „einfachen Geschäftsbedingungen" in Verbraucherverträgen, in: Beuthien, Volker u. a. (Hrsg.), Festschrift für Dieter Medicus zum 70. Geburtstag, 1999, S. 63 ff.

Coleman, Jules L., The Economic Analysis of Law, in: Chapman, John/Pennock, James Roland (Hrsg.), Ethics, economics and the law, 1982, S. 83 ff.

Cornils, Matthias, Die Ausgestaltung der Grundrechte: Untersuchungen zur Grundrechtsbindung des Ausgestaltungsgesetzgebers, 2005.

Csehi, Zoltán, Über die Zukunft der Möglichkeit im europäischen und ungarischen Zivilrecht., in: Heun, Werner/Lipp, Volker (Hrsg.), Europäisierung des Rechts: Deutsch-Ungarisches Kolloquium Budapest 2007, 2008, S. 59 ff.

Damm, Reinhard, Verbraucherrechtliche Sondergesetzgebung und Privatrechtssystem, JZ 1978, 173 ff.

–, Europäisches Verbrauchervertragsrecht und AGB-Recht: Zur Umsetzung der EG-Richtlinie über mißbräuchliche Klauseln in Verbraucherverträgen, JZ 1994, 161 ff.

Dauner-Lieb, Barbara, Verbraucherschutz durch Ausbildung eines Sonderprivatrechts für Verbraucher: Systemkonforme Weiterentwicklung oder Schrittmacher der Systemveränderung?, 1983.

–, Reichweite und Grenzen der Privatautonomie im Ehevertragsrecht, AcP 201 (2001), 295

–, Eheverträge im Spannungsfeld zwischen Privatautonomie und verfassungsrechtlicher Aufwertung der Familienarbeit, FF 2002, 151 ff.

–, Vertragsgestaltung zwischen zwingendem Recht und richterlicher Inhaltskontrolle, in: Schmoeckel, Mathias/Kanzleiter, Rainer (Hrsg.), Vertragsschluss, Vertragstreue, Vertragskontrolle: Fünfte Verleihung des Helmut-Schippel-Preises, 2010, S. 51 ff.

–, Vertragsfreiheit zwischen Unternehmen: AGB-Recht ihr Garant oder ihr Totengräber? Ein Aufruf an den neuen Deutschen Bundestag zur Reform des AGB-Rechts, AnwBl. 2013, 845 ff.

Dauner-Lieb, Barbara/Axer, Constantin, Quo vadis AGB-Kontrolle im unternehmerischen Geschäftsverkehr?, ZIP 2010, 309 ff.

de Scitovszky, T., A Note on Welfare Propositions in Economics, 9 Rev. Econ. Stud. 77 (1941).

Denkinger, Fleur, Allgemeine Geschäftsbedingungen und ihre rechtliche Bewältigung – Quo vadis, Europa? Zugleich ein Beitrag zu Vertragsfreiheit und Vertragsgerechtigkeit, 2004.

–, Der Verbraucherbegriff: Eine Analyse persönlicher Geltungsbereiche von verbraucherrechtlichen Schutzvorschriften in Europa, 2007.

Dernburg, Heinrich, Die allgemeinen Lehren des bürgerlichen Rechts des Deutschen Reichs und Preußens. Bd. II/1, 3. Aufl. 1906.

Dettmers, Wiebke/Dimter, Gero, Die EU-Verbraucherrechterichtlinie, DRiZ 2012, 24 ff.

Deutscher Anwaltverein, Zivilrechtsausschuss, Änderung des AGB-Rechts im unternehmerischen Rechtsverkehr: Deutsches Recht stärken – Stellungnahme des Zivilrechtsausschusses des Deutschen Anwaltvereins, AnwBl. Online 2012, 180ff.

–, Änderung des AGB-Rechts im unternehmerischen Rechtsverkehr: Deutsches Recht stärken – Stellungnahme des Zivilrechtsausschusses des Deutschen Anwaltvereins, AnwBl. 2012, 402ff.

Dicey, Albert Venn/Morris, John Humphrey Carlile/Collins, Lawrence, The Conflict of Laws II, 15. Aufl. 2012.

Diehl, Heinz, Anmerkung zur Entscheidung des Bundesgerichtshofes vom 17.02.2010, VIII ZR 67/09, ZfSch 2010, 445ff.

Dieterich, Thomas, Bundesverfassungsgericht und Bürgschaft, WM 2000, 11ff.

Dietlein, Georg, Diskussionsbeitrag auf dem 50. Deutschen Juristentag, in: Ständige Deputation des Deutschen Juristentages (Hrsg.), Verhandlungen des fünfzigsten Deutschen Juristentages. Band 2: Sitzungsberichte, 1974, S. H 49ff.

Dietlein, Max, Neue Rechtsmaßstäbe für Allgemeine Geschäftsbedingungen?, NJW 1974, 969ff.

Dietlein, Max Josef/Rebmann, Eberhard (Hrsg.), AGB aktuell: Erläuterungen zum Gesetz zur Regelung des Rechts dwe Allgemeinen Geschäftsbedingungen, 1976.

Dietz, Philipp, Wörterbuch zur Dr. Martin Luther. Bd. 1: A-F, 1870.

Dilcher, Hermann, Der Typenzwang im mittelalterlichen Vertragsrecht, ZRG Rom. Abt. 1960, 270ff.

–, Entwicklung von Typenfreiheit und Gestaltungsfreiheit. Allgemeine Geschäftsbedingungen. Sozialstaatlichkeit. Wettbewerbsfreiheit, NJW 1960, 1040ff.

Diogenes, Laertios, Leben und Lehre der Philosophen (übers. von Fritz Jürß), 2. Aufl. 2010.

Dittmann, Klaus/Stahl, Henning, Allgemeine Geschäftsbedingungen (AGB): Kommentar für d. Geschäftsverkehr in Handel, Industrie, Handwerk u Dienstleistungsgewerbe, 1977.

DJT (Hrsg.), Diskussion: Sitzung am 24. September 1974, 1974.

Dreier, Ralf, Der Begriff des Rechts, NJW 1986, 890ff.

–, Gustav Radbruch, Hans Kelsen, Carl Schmitt, in: Haller, Herbert/Winkler, Günther (Hrsg.), Staat und Recht: Festschrift für Günther Winkler, 1997, S. 193ff.

Drettmann, Fritz, Handelsbräuche und Allgemeine Geschäftsbedingungen, in: Genzow, F. Christian/Grunewald, Barbara/Schulte-Nölke, Hans (Hrsg.), Zwischen Vertragsfreiheit und Verbraucherschutz: Festschrift für Friedrich Graf von Westphalen zum 70. Geburtstag, 2010, S. 73ff.

Drexl, Josef, Die wirtschaftliche Selbstbestimmung des Verbrauchers: Eine Studie zum Privat- und Wirtschaftsrecht unter Berücksichtigung gemeinschaftsrechtlicher Bezüge, 1998.

Dudenredaktion (Hrsg.), Duden: Das große Wörterbuch der deutschen Sprache, hrsg. und bearbeitet vom Wissenschaftlichen Rat und den Mitarbeiten der Dudenredaktion unter Leitung von *Günter Drosdowski*, 2. Aufl. 1993.

– (Hrsg.), Duden: Das große Wörterbuch der deutschen Sprache, hrsg. und bearbeitet von der Dudenredaktion unter Leitung von *Werner Scholze-Stubenrecht*, 4. Aufl. 2012.

Durkheim, Emile, Physik der Sitten und des Rechts: Vorlesungen zur Soziologie der Moral, 1991.

Duve, Christian/Eidenmüller, Horst/Hacke, Andreas, Mediation in der Wirtschaft: Wege zum professionellen Konfliktmanagement, 2. Aufl. 2011.

–, Mediation in der Wirtschaft: Wege zum professionellen Konfliktmanagement, 2. Aufl. 2011.

Ebbing, Frank, Private Zivilgerichte: Möglichkeiten und Grenzen privater (schiedsgerichtlicher) Zivilrechtsprechung, 2003.

Ebenroth, Carsten Thomas, Inhaltliche Schranken in Leasing-Formularverträgen auf Grund des AGB-Gesetzes, DB 1978, 2109ff.

Ebenroth, Carsten Thomas u. a. (Hrsg.), Handelsgesetzbuch: Bd. 1 §§1–342 e (Kommentar), 3. Aufl. 2014.

Eberstein, Hans Hermann, Die zweckmäßige Ausgestaltung von Allgemeinen Geschäftsbedingungen: Anleitung mit Klauselvorschlägen für Allgemeine Lieferbedingungen, 1974.

Eckhoff, Lars, Haftung ohne Grenzen? Möglichkeiten der Haftungsbegrenzung für Lieferanten, GWR 2013, 80ff.

Egger, Matthes, Schweigepflichtentbindung in privater Berufsunfähigkeits- und Krankenversicherung, VersR 2007, 905ff.

–, Auskunftspflicht und Schweigerecht in privater Berufsunfähigkeit- und Krankheitskostenversicherung, VersR 2012, 810ff.

Ehle, Bernd/Brunschweiler, André, Schweizer AGB-Recht im Umbruch, RIW 2012, 262ff.

Eidenmüller, Horst, Rechtswissenschaft als Realwissenschaft, JZ 1999, 53ff.

–, Der homo oeconomicus und das Schuldrecht: Herausforderungen durch Behavioral Law and Economics, JZ 2005, 216ff.

–, Effizienz als Rechtsprinzip: Möglichkeiten und Grenzen der ökonomischen Analyse des Rechts, 3. Aufl. 2005.

–, Recht als Produkt, JZ 2009, 641ff.

Eisenberg, Melvin Aron, The Limits of Cognition and the Limits of Contract, Stan. L. Rev. 211 (1995).

Eith, Wolfgang, Zum Schutzbedürfnis gegenüber Allgemeinen Geschäftsbedingungen, NJW 1974, 16ff.

Emmerich, Volker, Die Problematik der Allgemeinen Geschäftsbedingungen, JuS 1972, 361ff.

–, Rechtsprechungsübersicht: Sittenwidrigkeit der Bürgschaft naher Angehöriger, JuS 1994, 251ff.

Emmert, Jochen, Auf der Suche nach den Grenzen vertraglicher Leistungspflichten. Die Rechtsprechung des Reichsgerichts 1914–1923, 2001.

Endemann, Wilhelm, Die Rechtsgrundlagen des Eisenbahntransportgeschäfts, BuschA 42 (1882), 191

Enderlein, Wolfgang, Rechtspaternalismus und Vertragsrecht, 1996.

Engeländer, Stefan, Der Nichtannahmebeschluss des BVerfG zu Rückkaufwerten, VersR 2009, 1308ff.

Enneccerus, Ludwig, Rechtsgeschäft, Bedingung und Anfangstermin, 1889.

Erlei, Mathias, Mikroökonomik, in: Apolte, Thomas u. a. (Hrsg.), Vahlens Kompendium der Wirtschaftstheorie und Wirtschaftspolitik: Bd. 2, 9. Aufl. 2012, S. 3ff.

Erman, Bürgerliches Gesetzbuch. Bd. 1: §§1–758 BGB, AGG, UKlaG, 15. Aufl. 2017.

Ernst, Wolfgang, Das AGB-Recht des Gemeinsamen Europäischen Kaufrechts, in: Remien, Oliver/Herrler, Sebastian/Limmer, Peter (Hrsg.), Gemeinsames Europäisches

Kaufrecht für die EU? Analyse des Vorschlags der Europäischen Kommission für ein optionales Europäisches Vertragsrecht vom 11. Oktober 2011. Wissenschaftliches Symposium am 20. Januar 2012 in Würzburg, 2012, S. 93 ff.

Esser, Josef, Grundsatz und Norm in der richterlichen Fortbildung des Privatrechts: Rechtsvergleichende Beiträge zur Rechtsquellen- und Interpretationslehre, 1956.

Esser, Josef/Schmidt, Eike, Schuldrecht: Ein Lehrbuch. Band 1: Schuldrecht. Allgemeiner Teil. Teilband 1: Entstehung, Inhalt und Beendigung von Schuldverhältnissen, 8. Aufl. 1995.

European Research Group on the Existing EC Private Law, Principles of the existing EC Contract Law (Acquis principles): Contract I, 2007.

–, Principles of the Existing EC Contract Law (Acquis Principles): Contract II, 2009.

Falk, F., Rechtsgrundsätze im Versicherungswesen: aus den Erkenntnissen des Reichs-Ober-Handels-Gerichts und Reichs-Gerichte. Teil 2: See-Versicherung, 1885.

Fastrich, Lorenz, Richterliche Inhaltskontrolle im Privatrecht, 1992.

–, Inhaltskontrolle im Arbeitsrecht nach der Bürgschaftsentscheidung des Bundesverfassungsgerichts vom 19. 10. 1993, RdA 1997, 65 ff.

Fechner, Erich, Rechtsphilosophie: Soziologie und Metaphysik des Rechts, 1956.

–, Rechtsphilosophie: Soziologie und Metaphysik des Rechts, 2. Aufl. 1962.

Fezer, Karl-Heinz, Aspekte einer Rechtskritik an der economic analysis of law und am property rights approach, JZ 1986, 817 ff.

Fiedler, Patrick, Stabilisierungsklauseln und materielle Verweisung im Internationalen Vertragsrecht, 2001.

Fikentscher, Wolfgang, Vertrag und wirtschaftliche Macht, in: Möhring, Philipp/Ulmer, Peter/Wilde, Günther (Hrsg.), Neue Entwicklungen im Wettbewerbs- und Warenzeichenrecht: Festschrift für Wolfgang Hefermehl zum 65. Geburtstag am 18. September 1971, 1971, S. 41 ff.

Fischer, Bonifatius u. a. (Hrsg.), Biblia sacra iuxta Vulgatam versionem, 5. Aufl. 2007.

Fischer, Christian, Europäisierung der nationalen Zivilrechte: Renaissance des institutionellen Rechtsdenkens. Freiburger Diskussionspapiere zur Ordnungsökonomik Nr. 02/8., 2002.

Fischer, Max, Der Begriff der Vertragsfreiheit, 1952.

Fischer, Robert, Die allgemeinen Geschäfts- und Lieferbedingungen, BB 1957, 481 ff.

Fisher, Roger/Ury, William/Patton, Bruce, Getting to Yes: Negotiating Agreement without Giving In, 2 Aufl. 1991.

Fleischer, Holger, Informationsasymmetrie im Vertragsrecht: Eine rechtsvergleichende und interdisziplinäre Abhandlung zu Reichweite und Grenzen vertragsschlußbezogener Aufklärungspflichten, 2001.

Flessner, Axel, Der Status des Gemeinsamen Europäischen Kaufrechts: Kommentar zu Sabine Corneloup, ZEuP 2012, 726 ff.

Flume, Werner, Rechtsgeschäft und Privatautonomie, in: Caemmerer, Ernst von/Friesenhahn, Ernst/Lange, Richard (Hrsg.), Hundert Jahre deutsches Rechtsleben: Festschrift zum hundertjährigen Bestehen des Deutschen Juristentages, 1860–1960, Bd. 1, 1960, S. 135 ff.

–, Allgemeiner Teil des Bürgerlichen Rechts: Das Rechtsgeschäft. Band 2, 3. Aufl. 1979.

Föhlisch, Carsten/Dyakova, Tanya, Änderungen nach dem Referentenentwurf zur Umsetzung der Verbraucherrechterichtlinie, MMR 2013, 71 ff.

Fornasier, Matteo, „28." versus „2. Regime" – Kollisionsrechtliche Aspekte eines optionalen europäischen Vertragsrechts, RabelsZ 76 (2012), 401

–, Die Klauselkontrolle im unternehmerischen Geschäftsverkehr – Für eine Neubestimmung der zivil- und kartellrechtlichen Grenzen der Vertragsfreiheit, in: FIW, Forschungsinstitut für Wirtschaftsverfassung und Wettbewerb e. V. Köln (Hrsg.), Schwerpunkte des Kartellrechts 2011: Referate des 39. FIW Seminars, 2012, S. 113 ff.

Fouillée, Alfred, La science sociale contemporaine, 1880.

Fox, Erica L., Alone in the Hallway: Challenges to Effective Self-Representation in Negotiation, 1 Harv. Negot. L. Rev. 85 (1996).

Frankenberger, Anke, AGB im B2B-Geschäft: Wenn die Wirklichkeit das Recht überholt. Die Grenzen des AGB-Rechts am Beispiel eines Anbieters von Windenergieanlagen AnwBl. 2012, 318 ff.

Frick, Siegfried, Der freundliche Staat: Kooperative Politik im institutionellen Wettbewerb, 2001.

Fuchs, Andreas, Der Anwendungsbereich der AGB-Kontrolle im unternehmerischen Geschäftsverkehr – Überlegungen zur normzweckkonformen Konkretisierung des „Aushandelns" i. S. d. § 305 Abs. 1 Satz 3 BGB, in: Jung, Peter u. a. (Hrsg.), Einheit und Vielheit im Unternehmensrecht: Festschrift für Uwe Blaurock zum 70. Geburtstag, 2013, S. 91 ff.

Fuhrmann, Lambertus J./Fuhrmann, Wälzholz (Hrsg.), Formularbuch Gesellschaftsrecht: Muster und Erläuterungen für alle Rechtsformen, Konzerne und Umwandlungen mit Steuer- und Kostenanmerkungen, 2012.

Fuller, Lon L., Adjudication and the Rule of Law, 54 Am. Soc'y Int'l L. Proc. 1 (1960).

–, Collective Bargaining and the Arbitrator, 1963 Wis. L. Rev. 3 (1963).

–, Mediation: Its Forms and Functions, 44 S. Cal. L. Rev. 305 (1971).

–, The Forms and Limits of Adjudication, 92 Harv. L. Rev. 353 (1978).

–, The Role of Contract in the Ordering Processes of Society Generally, in: Fuller, Lon L./Winston, Kenneth I. (Hrsg.), The Principles of Social Order, 1981, S. 169 ff.

Geimer, Reinhold (Hrsg.), Internationales Zivilprozessrecht, 6. Aufl. 2009.

Geis, Ivo/Geis, Esther, Verfassungswidrigkeit einer Obliegenheit zur Schweigepflichtentbindung, MMR 2007, 95 ff.

Gellermann, Martin, Grundrechte in einfachgesetzlichem Gewande: Untersuchung zur normativen Ausgestaltung der Freiheitsrechte, 2000.

Glöckner, Jochen, Die Folgen der Verbraucherrechterichtlinie und ihrer Umsetzung für Bauverträge, BauR 2014, 411 ff.

Goebel, Ulrich/Reichmann, Oskar (Hrsg.), Frühneuhochdeutsches Wörterbuch, Band 2, 1993.

Goffman, Erving, Interaction Ritual: Essays on Face-to-Face Behavior, 1982.

Gohl, Christopher/Meister, Hans-Peter, Politische Mediation bei Infrastrukturprojekten: Das Beispiel des Ausbaus des Flughafens Frankfurt 1998–2008, 2012.

Golann, Dwight, Cognitive Barriers to Effective Negotiation and How to Overcome Them, 6 ADR Currents 6 (2001).

Gorman, W. M., The Intransitivity of Certain Criteria Used in Welfare Economics, Oxford Econ. Pap. N. S. 25 (1955).

Göttlicher, Doris Regine, Auf der Suche nach dem gerechten Preis: Vertragsgerechtigkeit und humanitas als Daueraufgabe des römischen Rechts, 2004.

Gottschalk, Eckart, Neues zur Abgrenzung zwischen AGB und Individualabrede, NJW 2005, 2493 ff.

Grabitz, Eberhard, Freiheit und Verfassungsrecht, 1976.

*Grabitz, Eberhard/Hilf, Meinhard (*Hrsg.), Das Recht der Europäischen Union: Kommentar, Loseblattsammlung, Band 4: Sekundärrecht, 62. El. 2017.

Greger, Reinhard, Abschlussbericht zur Evaluation des Modellversuchs Güterichter, 2007.

–, Justiz und Mediation: Entwicklungslinien nach Abschluss der Modellprojekte, NJW 2007, 3258ff.

Grimm, Jakob/Grimm, Wilhelm, Deutsches Wörterbuch. Band 1: A-Biermolke, 1854.

Grossmann-Doerth, Hans, Selbstgeschaffenes Recht der Wirtschaft und staatliches Recht, 1933.

Grote, Joachim, Die Abschlusskostenklausel und der Lebensversicherungsvertrag, VersR 2006, 957ff.

Grün, Beate, Die Generalklauseln als Schutzinstrumente der Privatautonomie am Beispiel der Kreditmithaftung von vermögenslosen nahen Angehörigen: Zugleich eine Besprechung von BVerfG WM 1993, 2199 sowie BGH WM 1994, 676 und 680, 1994, 713ff.

Grünberger, Michael Der Anwendungsbereich der AGB-Kontrolle, Jura 2009, 249ff.

Grundmann, Stefan, Die EU-Verbraucherrechte-Richtlinie: Optimierung, Alternative oder Sackgasse?, JZ 2013, 53ff.

Grunsky, Wolfgang, Neue Literatur und Rechtsprechung zum Recht der Allgemeinen Geschäftsbedingungen, Jura 1969, 87ff.

–, Allgemeine Geschäftsbedingungen und Wettbewerbswirtschaft, BB 1971, 1113ff.

–, Erwiderung auf Löwe, BB 1987, S. 185ff., BB 1972, 189ff.

Gsell, Beate, Vollharmonisiertes Verbraucherkaufrecht nach dem Vorschlag für eine Horizontalrichtlinie, in: Gsell, Beate/Herresthal, Carsten (Hrsg.), Vollharmonisierung im Privatrecht: Die Konzeption der Richtlinie am Scheideweg?, 2009, S. 219ff.

–, Der Verordnungsentwurf für ein Gemeinsames Europäisches Kaufrecht und die Problematik seiner Lücken, in: Remien, Oliver/Herrler, Sebastian/Limmer, Peter (Hrsg.), Gemeinsames Europäisches Kaufrecht für die EU? Analyse des Vorschlags der Europäischen Kommission für ein optionales Europäisches Vertragsrecht vom 11. Oktober 2011. Wissenschaftliches Symposium am 20. Januar 2012 in Würzburg, 2012, S. 145ff.

–, Verbraucherrealitäten und Verbraucherrecht im Wandel, JZ 2012, 814ff.

–, Vorlageverfahren und überschießende Umsetzung von Europarecht, in: Gsell, Beate/Hau, Wolfgang (Hrsg.), Zivilgerichtsbarkeit und Europäisches Justizsystem – Institutionelle und prozedurale Rahmenbedingungen des Vorabentscheidungsverfahrens nach Art. 267 AEUV auf dem Prüfstand, 2012, S. 123ff.

–, Interne und externe Lücken des GEK – Die Rolle des EuGH und der mitgliedstaatlichen Gerichte bei der Lückenfüllung, in: Gebauer, Martin (Hrsg.), Gemeinsames Europäisches Kaufrecht – Anwendungsbereich und kollisionsrechtliche Einbettung, 2013, S. 105ff.

–, Pacta sunt servanda? Die Vertragsrechtsprechung des Reichsgerichts zu Preisturbulenzen auf Rohstoffmärkten und Geldentwertung infolge des Ersten Weltkrieges, in: Stelmach, Jerzy (Hrsg.), Krakauer-Augsburger Rechtsstudien: Die Rolle des Rechts in der Zeit der wirtschaftlichen Krise, Bd. 6, 2013, S. 37ff.

Gsell, Beate/Ernst, Wolfgang, Kritisches zum Stand der Schuldrechtsmodernisierung – Beispiele fragwürdiger Richtlinienumsetzung, ZIP 2001, 1389ff.

Gsell, Beate/Herresthal, Carsten, Einleitung, in: Gsell, Beate/Herresthal, Carsten (Hrsg.), Vollharmonisierung im Privatrecht: Die Konzeption der Richtlinie am Scheideweg?, 2009, S. 1 ff.

Gsell, Beate/Schellhase, Martin, Vollharmonisiertes Verbraucherkreditrecht – Ein Vorbild für die weitere europäische Angleichung des Verbrauchervertragsrechts, JZ 2009, 20 ff.

Guerrieri, Veronica/Shimer, Robert/Wright, Randall, Adverse Selection in Competitive Search Equilibrium, 78 Econometrica 1823 (2010).

Günes, Menderes/Ackermann, Tobias, Der Anwendungsbereich des AGB-Rechts im unternehmerischen Geschäftsverkehr: Zur Abgrenzung von Individualvereinbarung und AGB am Merkmal „Aushandeln" i. S. v. § 305 Abs. 1 Satz 3 BGB, ZGS 2010, 454 ff.

–, Die Indizwirkung der §§ 308 und 309 BGB im unternehmerischen Geschäftsverkehr, ZGS 2010, 400 ff.

Günterberg, Brigitte, Unternehmensgrößenstatistik: Unternehmen, Umsatz und sozialversicherungspflichtig Beschäftigte 2004 bis 2009 in Deutschland, Ergebnisse des Unternehmensregisters (URS 95), 2012.

Güth, Werner/Kliemt, Hartmut/Ockenfels, Axel, Fairness vs. Efficiency – An Experimental Study of (Mutual) Gift Giving, 50 J. Econ. Behav. Organ. 465 (2003).

Häberle, Peter, Die Wesensgehaltsgarantie des Artikel 19 Abs. 2 Grundgesetz. Zugleich ein Beitrag zum institutionellen Verständnis der Grundrechte und zur Lehre vom Gesetzesvorbehalt, 1962.

–, Vielfalt der Property Rights und der verfassungsrechtliche Eigentumsbegriff, AöR 109 (1984), 36

Habersack, Mathias, Richtigkeitsgewähr notariell beurkundeter Verträge, AcP 189 (1989), 403

–, Vertragsfreiheit und Drittinteressen: Eine Untersuchung zu den Schranken der Privatautonomie unter besonderer Berücksichtigung der Fälle typischerweise gestörter Vertragsparität, 1992.

Habersack, Mathias/Giglio, Francesco, Sittenwidrigkeit der Bürgschaft wegen krasser finanzieller Überforderung des Bürgen? Eine rechtsvergleichende und europarechtliche Skizze, WM 2000, 1100 ff.

Habersack, Mathias/Schürnbrand, Jan, Unternehmenskauf im Wege des Auktionsverfahrens aus AGB-rechtlicher Sicht, in: Heldrich, Andreas u. a. (Hrsg.), Festschrift für Claus-Wilhelm Canaris zum 70. Geburtstag, Band 1, 2007, S. 359 ff.

Hackl, Karl, Vertragsfreiheit und Kontrahierungszwang im deutschen, im österreichischen und im italienischen Recht, 1980.

Haffke, Bernhard, Legalität von Mediation im deutschen Rechtsraum, in: Duss-von Werdt, Josef/Mähler, Gisela/Mähler, Hans-Georg (Hrsg.), Mediation: Die andere Scheidung. Ein interdisziplinärer Überblick, 1995, S. 65 ff.

Hager, Günter, Konflikt und Konsens: Überlegungen zu Sinn, Erscheinung und Ordnung der alternativen Streitschlichtung, 2001.

Halali, Eliran/Bereby-Meyer, Yoella/Ockenfels, Axel, Is it all about the self? The effect of self-control depletion on ultimatum game proposers (doi: 10.3389/fnhum.2013.00240), 7 Front. Hum. Neurosci. 1 (2013).

Hamann, Andreas, Über die Verbindlichkeit der „Allgemeinen Deutschen Spediteurbedingungen" (ADSp), MDR 1949, 209 ff.

Hamelbeck, Bernhard, Begriff, Arten und Verbindlichkeit der allgemeinen Geschäftsbedingungen, 1930.
Handorn, Boris, Das Sonderkollisionsrecht der deutschen internationalen Schiedsgerichtsbarkeit zur Bestimmung des anwendbaren materiellen Rechts gemäß § 1051 Abs. 1 und 2 Zivilprozessordnung, 2005.
Hannemann, Jan-Gero Alexander/Dietlein, Georg/Nordmeyer, Arne, Gerechtigkeit als Kostenfrage oder Kosten als Gerechtigkeitsfrage? Eine Einführung in die ökonomische Analyse des Rechts, ZJS 2013, 163 ff.
Hannemann, Thomas R., AGB: Der Maßstab der Inhaltskontrolle und der Wille des Gesetzgebers. AGB im unternehmerischen Rechtsverkehr: Gesetzgeber gefordert – Regelungsvorschlag AnwBl. 2012, 314 ff.
Harras, Gisela u. a., Handbuch deutscher Kommunikationsverben, Teil 1: Wörterbuch, 2004.
Hart, Dieter, Vom bürgerlichen Recht zur politischen Verwaltung: Zum Funktionswandel des Privatrechts, KJ 1974, 274 ff.
Häsemeyer, Ludwig, Die gesetzliche Form der Rechtsgeschäfte, 1971.
Haspl, Rüdiger, Der Entwurf eines Gesetzes zur Bekämpfung von Zahlungsverzug im Geschäftsverkehr – engere Schranken für die Vertragsfreiheit, BB 2014, 771 ff.
Hassemer, Michael, Heteronomie und Relativität in Schuldverhältnissen: Zur Haftung des Herstellers im europäischen Verbrauchsgüterkaufrecht, 2007.
Hastie, Reid/Dawes, Robyn M., Rational choice in an uncertain world: The psychology of judgment and decision making, 2. Aufl. 2010.
Hausmann, Rainer, Anwendbares Recht vor deutschen und italienischen Schiedsgerichten: Bindung an die Rom I-Verordnung oder Sonderkollisionsrecht?, in: Kronke, Herbert/Thorn, Karsten (Hrsg.), Grenzen überwinden – Prinzipien bewahren: Festschrift für Bernd von Hoffmann zum 70. Geburtstag am 28. Dezember 2011, 2011, S. 971 ff.
Hauss, Fritz (Hrsg.), Richterliche Kontrolle von allgemeinen Geschäftsbedingungen: Verhandlungen der Fachgruppen für Grundlagenforschung und Zivilrechtsvergleichung anläßlich der Tagung für Rechtsvergleichung in Berlin vom 27. bis 30. September 1967, 1968.
Heck, Phillip, Weshalb besteht ein von dem bürgerlichen Rechte gesondertes Handelsprivatrecht?, AcP 92 (1902), 438
Hedemann, Justus Wilhelm, Das bürgerliche Recht und die neue Zeit, 1919.
Heiderhoff, Bettina, Europäisches Privatrecht, 3. Aufl. 2012.
Heiderhoff, Bettina Susanne, Grundstrukturen des nationalen und europäischen Verbrauchervertragsrechts: Insbesondere zur Reichweite europäischer Auslegung, 2004.
Heiligenthal, Roman, Goldene Regel: Neues Testament und frühes Christentum, in: Müller, Gerhard (Hrsg.), Theologische Realenzyklopädie, Bd. 13, 1984, S. 573 ff.
Heinig, Jens, Verbraucherschutz: Schwerpunkte der EU-Verbraucherrechte-Richtlinie, MDR 2012, 323 ff.
Heinrich, Christian, Formale Freiheit und materiale Gerechtigkeit: Die Grundlagen der Vertragsfreiheit und Vertragskontrolle am Beispiel ausgewählter Probleme des Arbeitsrechts, 2000.
Heinrichs, Helmut, Die EG-Richtlinie über mißbräuchliche Klauseln in Verbraucherverträgen, NJW 1993, 1817 ff.

–, Umsetzung der EG-Richtlinie über mißbräuchliche Klauseln in Verbraucherverträgen durch Auslegung: Erweiterung des Anwendungsbereichs der Inhaltskontrolle, NJW 1995, 153ff.
–, Das Gesetz zur Änderung des AGB-Gesetzes Umsetzung der EG-Richtlinie über mißbräuchliche Klauseln in Verbraucherverträgen durch den Bundesgesetzgebe, NJW 1996, 2190ff.
–, Die Entwicklung des Rechts der Allgemeinen Geschäftsbedingungen im Jahre 1995, NJW 1996, 1381ff.
–, Die Entwicklung des Rechts der Allgemeinen Geschäftsbedingungen im Jahre 1996, NJW 1997, 1407ff.
Held, Philipp, Verbraucherschutz gegenüber Allgemeinen Geschäftsbedingungen, BB 1973, 573ff.
Hellwege, Phillip, Allgemeine Geschäftsbedingungen, einseitig gestellte Vertragsbedingungen und die allgemeine Rechtsgeschäftslehre, 2010.
Helm, Johann Georg, Private Norm und staatliches Recht beim Massenvertrag, JuS 1965, 121ff.
–, Grundlagen einer normativen Theorie allgemeiner Geschäftsbedingungen, in: Hubmann, Heinrich/Hübner, Heinz (Hrsg.), Festschrift für Ludwig Schnorr von Carolsfeld zum 70. Geburtstag: 26. Januar 1973, 1973, S. 125ff.
–, Zur Inhaltskontrolle von Allgemeinen Geschäftsbedingungen bei Verwendung gegenüber Kaufleuten, BB 1977, 1109ff.
Hensen, Horst Dieter, Zur Entstehung des AGB-Gesetzes, in: Heldrich, Andreas/Schlechtriehm, Peter/Schmidt, Eike (Hrsg.), Recht im Spannungsfeld von Theorie und Praxis: Festschrift für Helmut Heinrichs zum 70. Geburtstag, 1998, S. 335ff.
Hermann, Róbert, Der Rechtscharakter der Actienvereine, 1858.
Herschel, Wilhelm, Die Vertragsordnung als Rechtsnorm: Zur praktischen Bedeutung der neuen Lehre von den allgemeinen Geschäftsbedingungen, DR 1941, 753ff.
–, Rechtsnatur und Verbindlicherklärung der Vertragsordnung, DGWR 1942, 251ff.
Hess, Markus/Ruckstuhl, Lea, AGB-Kontrolle nach dem neuen Art. 8 UWG, AJP 2012, 1188ff.
Hesse, Konrad, Verfassungsrecht und Privatrecht, 1988.
Hillgruber, Christian, Grundrechtsschutz im Vertragsrecht, AcP 191 (1991), 69
Historisch-kritischer Kommentar zum BGB, Hrsg. von *Joachim Rückert*, *Mathias Schmoeckel* und *Reinhard Zimmermann*, Band 2, Teilband 2: §§ 305–432 BGB, 2007.
Hobeck, Paul, Zum „Aushandeln" einer Vertragsbestimmung in Verträgen zwischen Unternehmen: Anmerkung zum Zwischen- und Teilschiedsspruch des Internationalen Schiedsgerichtshofs der ICC vom 29. Januar 2001 – Schiedsverfahren Nr. 10279, SchiedsVZ 2005, 112ff.
Hobeck, Paul Flucht aus der deutschen Gerichtsbarkeit bei wirtschaftsrechtlichen Streitigkeiten – warum?, DRiZ 2005, 177ff.
Hoche, Hans-Ulrich, Die Goldene Regel seit Kant, in: Ritter, Joachim/Gründer, Karlfried (Hrsg.), Historisches Wörterbuch der Philosophie, 1992, S. 450ff.
Hoche, Hans-Ulrich Die Goldene Regel: Neue Aspekte eines alten Moralprinzips, ZphF 32 (1978), 355
Hofbauer, Peter, AGB-Recht, in: Balensiefen, Gotthold u. a. (Hrsg.), Rechtshandbuch für die Immobilienpraxis: Erwerb, Entwicklung, Bestandshaltung, Vermarktung, 2009, S. 745ff.

Hofer, Sibylle, Freiheit ohne Grenzen? Privatrechtstheoretische Diskussionen im 19. Jahrhundert, 2001.

Hoffmann-Riem, Wolfgang, Justizdienstleistungen im kooperativen Staat, JZ 1999, 421 ff.

Hoffmann, Hermann/Stegemann, Lars, Die Parteiautonomie im internationalen Schuldvertragsrecht: Grundlagen der Rechtswahlfreiheit vor staatlichen und privaten Gerichten, JuS 2013, 207 ff.

Höfling, Wolfram, Vertragsfreiheit: Eine grundrechtsdogmatische Studie, 1991.

Hofmann, Christian, Der Minderheitsschutz im Gesellschaftsrecht, 2011.

Hohmann-Dennhardt, Christine, Möglichkeiten und Grenzen der Gestaltung von Eheverträgen, KritV 2005, 197 ff.

Hollerbach, Alexander, in: Görres-Gesellschaft (Hrsg.), Staatslexikon: Recht – Wirtschaft – Gesellschaft, Bd. 2, 7. Aufl. 1986, S. 889 ff.

Holmes, Oliver W., The Path of the Law, Harv. L. Rev. 457 (1897).

Hommelhoff, Peter, Zivilrecht unter dem Einfluß europäischer Rechtsangleichung, AcP 192 (1992), 71

Hommelhoff, Peter/Wiedemann, Kai-Udo, Allgemeines Geschäftsbedingungen gegenüber Kaufleuten und unausgehandelte Klauseln, ZIP 1993, 562 ff.

Hönn, Günther, Kompensation gestörter Vertragsparität, 1982.

–, Wirksamkeitskontrolle als Instrument des allgemeinen Privatrechts zur Bewältigung von Ungleichgewichtslagen: Zugleich zur Problematik der Verwendung von Vertragsmustern durch Notare, JZ 1983, 677 ff.

Honsell, Heinrich, Zur Mithaftung von vermögenslosen Ehegatten, EWiR 1994, 531 ff.

Hoppenz, Rainer, Die Ausübungskontrolle des Gütertrennungsvertrages: Konkludente Ehegatteninnengesellschaft, ehebezogene Zuwendung und familienrechtlicher Kooperationsvertrag nur noch Auslaufmodelle?, FamRZ 2011, 1697 ff.

Hopt, Klaus J., Klauselkontrolle ist für Kaufleute ein Unding, Handelsblatt 19. Februar 2013, Nr. 35, 11 ff.

Hopt, Klaus J./Steffek, Felix (Hrsg.), Mediation: Rechtstatsachen, Rechtsvergleich, Regelungen, 2008.

Horn, Norbert, Zur ökonomischen Rationalität des Privatrechts: Die privatrechtstheoretische Verwertbarkeit der „Economic Analysis of Law", AcP 176 (1976), 307

Hruschka, Joachim, Die Konkurrenz von Goldener Regel und Prinzip der Verallgemeinerung in der juristischen Diskussion des 17./18. Jahrhunderts als geschichtliche Wurzel von Kants kategorischem Imperativ, JZ 1987, 941 ff.

–, Kants Bearbeitung der Goldenen Regel im Kontext der vorangegangenen und der zeitgenössischen Diskussion, in Strafgerechtigkeit, in: Haft, Fritjof (Hrsg.), Strafgerechtigkeit: Festschrift für Arthur Kaufmann zum 70. Geburtstag, 1993, S. 129 ff.

Isensee, Josef, Privatautonomie, in: Isensee, Josef/Kirchhof, Paul (Hrsg.), Handbuch des Staatsrechts der Bundesrepublik Deutschland. Band 7: Freiheitsrechte, 3. Aufl. 2009, S. 150 ff.

–, Das Grundrecht als Abwehrrecht und als staatliche Schutzpflicht, in: Isensee, Josef/Kirchhof, Paul (Hrsg.), Handbuch des Staatsrechts der Bundesrepublik Deutschland. Band 9: Allgemeine Grundrechtslehren, 3. Aufl. 2011, S. 413 ff.

Isensee, Josef/Kirchhof, Paul (Hrsg.), Handbuch des Staatsrechts der Bundesrepublik Deutschland. Band IX: Allgemeine Grundrechtslehren, 3. Aufl. 2011.

Jaeger, Wolfgang, „Stellen" und „Aushandeln" vorformulierter Vertragsbedingungen, NJW 1979, 1569 ff.

Jansen, Nils, Klauselkontrolle im europäischen Privatrecht: Ein Beitrag zur Revision des Verbraucheracquis, ZEuP 2010, 69ff.

Jansen, Nils/Zimmermann, Reinhard, Grundregeln des bestehenden Gemeinschaftsprivatrechts?, JZ 2007, 1113ff.

–, Was ist und wozu der DCFR?, NJW 2009, 3401ff.

Jarass, Hans D., Charta der Grundrechte der Europäischen Union: Kommentar, 3. Aufl. 2016.

Jastrow, Wie ist den Mißbräuchen, welche sich bei den Abzahlungsgeschäften herausgestellt haben, entgegen zu wirken?, in: Juristentages, Ständige Deputation des Deutschen (Hrsg.), Verhandlungen des Zweiundzwanzigsten deutschen Juristentages. Bd. 1: Gutachten, 1892, S. 265ff.

Jauernig, Othmar; Berger, Christian (Hrsg.), Bürgerliches Gesetzbuch mit Allgemeinem Gleichbehandlungsgesetz (Auszug), Kommentar, 16. Aufl. 2015.

Jhering, Rudolf von, Der Kampf um's Recht, 1992.

Jolls, Christine/Sunstein, Cass R./Thaler, Richard, A Behavioral Approach to Law and Economics, 50 Stan. L. Rev. 1471 (1998).

Joost, Detlev, Der Ausschluss der Inhaltskontrolle bei Entgeltregelungen in Allgemeinen Geschäftsbedingungen, ZIP 1996, 1685ff.

Junge, Werner, Diskussionsbeitrag auf dem 50. Deutschen Juristentag, in: Ständige Deputation des Deutschen Juristentages (Hrsg.), Verhandlungen des fünfzigsten Deutschen Juristentages. Band 2: Sitzungsberichte, 1974, S. H 80ff.

Kaeding, Nadja, Die Inhaltskontrolle von Geschäftsbedingungen im unternehmerischen Geschäftsverkehr, BB 2016, 450ff.

Kahneman, Daniel/Slovic, Paul/Tversky, Amos (Hrsg.), Judgment under uncertainty: Heuristics and biases, 2008.

Kalb, Herbert, Laesio enormis im gelehrten Recht: Kanonistische Studien zur Läsionsanfechtung, 1992.

Kaltschmidt, Jacob Heinrich, Kurzgefaßtes vollständiges stamm- und sinnverwandtschaftliches Gesammt-Wörterbuch der deutschen Sprache aus allen ihren Mundarten und mit allen Fremdwörtern ein Hausschatz der Muttersprache für alle Stände des Deutschen Volkes, 1834.

Kaser, Max, Das römische Privatrecht. Bd. 1: Das altrömische, das vorklassische und das klassische Recht, 2. Aufl. 1971.

Kaser, Max/Knütel, Rolf, Römisches Privatrecht: Ein Studienbuch, 19. Aufl. 2008.

Katz, Alfred, Staatsrecht: Grundkurs im öffentlichen Recht, 18. Aufl. 2010.

Kaufhold, Sylvia, Verbraucherschutz durch europäisches Vertragsrecht – materielle und institutionelle Bezüge zur notariellen Praxis, DNotZ 1998, 254ff.

–, Zu den Voraussetzungen eines Stellens von AGB, ZIP 2010, 631ff.

–, „Echte" und „unechte" AGB in der Klauselkontrolle: Vertragsgestaltung mittels (vor-)formulierter Vertragsbedingungen, BB 2012, 1235ff.

Kegel, Gerhard/Schurig, Klaus, Internationales Privatrecht: Ein Studienbuch, 9. Aufl. 2004.

Kemper, Rainer, Verbraucherschutzinstrumente, 1991.

Kessel, Christian, AGB oder Individualvereinbarung – Relevanz und Reformbedarf. AGB im unternehmerischen Rechtsverkehr: Wie aus der Schwäche des deutschen Rechts eine Stärke wird, AnwBl. 2012, 293ff.

–, Zur Frage einer Reform des AGB-Rechts im unternehmerischen Rechtsverkehr, in: Beschlüsse, Verhandlungen des 69. Deutschen Juristentages: München 2012. Band

II/1: Sitzungsberichte – Referate und (Hrsg.), Ständige Deputation des Deutschen Juristentages", 2012, S. I 57ff.

Kessel, Christian/Jüttner, Andreas, Der Vorbehalt der Individualabrede im unternehmerischen Geschäftsverkehr: Zur Abgrenzung von Individualvereinbarung und AGB, BB 2008, 1350ff.

Kessel, Christian/Stomps, Andreas, Haftungsklauseln im Geschäftsverkehr zwischen Unternehmern: Plädoyer für eine Änderung der Rechtsprechung, BB 2009, 2666ff.

Kieninger, Eva-Maria, Die Vollharmonisierung des Rechts der Allgemeinen Geschäftsbedingungen – eine Utopie?, RabelsZ 73 (2009), 793

–, AGB bei B2B-Verträgen: Rückbesinnung auf die Ziele des AGB-Rechts. Konkrete Perspektiven für eine Änderung der AGB-Kontrolle im unternehmerischen Geschäftsverkehr AnwBl. 2012, 301ff.

–, Kodifikationsidee und Europäisches Privatrecht, RW 2012, 406ff.

–, AGB-Kontrolle von grenzüberschreitenden Geschäften im unternehmerischen Verkehr, in: Jung, Peter u. a. (Hrsg.), Einheit und Vielheit im Unternehmensrecht: Festschrift für Uwe Blaurock zum 70. Geburtstag, 2013, S. 177ff.

Kind, Sandra, Die Grenzen des Verbraucherschutzes durch Information: Aufgezeigt am Teilzeitwohnrechtegesetz, 1998.

Kindler, Peter, Der Ausgleichsanspruch des Handelsvertreters im deutsch-italienischen Warenverkehr: Eine rechtsvergleichende und kollisionsrechtliche Untersuchung, 1987.

–, Neues deutsches Handelsvertreterrecht, RIW 1990, 358ff.

–, Umsetzung der EG-Richtlinie 653/86: Harmonisiertes Handelsvertreterrecht in der Bundesrepublik Deutschland und Italien?, JbitR 4 (1991), 25

–, Einführung in das neue IPR des Wirtschaftsverkehrs: Praxishandbuch mit 9 Übersichten, 2009.

–, Die Entwicklung des Handelsvertreter- und Vertragshändlerrechts seit 2005, DB 2010, 1109ff.

–, Handelsvertreterrichtlinie und Rom I, in: Kronke, Herbert/Thorn, Karsten (Hrsg.), Grenzen Überwinden – Prinzipien bewahren: Festschrift für Bernd von Hoffmann zum 70. Geburtstag am 28. Dezember 2011, 2011, S. 199ff.

–, Grundkurs Handels- und Gesellschaftsrecht, 6. Aufl. 2012.

–, Von Pavia über Tucumán nach Brüssel – Anregungen aus der neuen Welt für das Gemeinsame europäische Kaufrecht, JZ 2012, 712ff.

Kirstein, Roland, Ökonomische Analyse des Rechts, CSLE Discussion Paper, No. 2003–06, Center for the Study of Law and Economics: 2003.

Kirstein, Roland/Schmidtchen, Dieter, Ökonomische Analyse des Rechts, CSLE Discussion Paper, No. 2003–04, Center for the Study of Law and Economics: 2003.

Kittner, Michael, Die Rechtsprechung des BVerfG zur „Wiederherstellung gestörter Vertragsparität" im Lichte der ökonomischen Analyse des Rechts und von Deregulierungspostulaten, in: Hanau, Peter/Heither, Friedrich/Kühling, Jürgen (Hrsg.), Richterliches Arbeitsrecht: Festschrift für Thomas Dieterich zum 65. Geburtstag, 1999, S. 279ff.

Klaas, Christoph, Zur EG-Richtlinie über missbräuchliche Klauseln in Verbraucherverträgen. „Stellen" von AGB, insbesondere Inhaltskontrolle notarieller Verbraucherverträge?, in: Pfeiffer, Gerd/Kummer, Joachim/Scheuch, Silke (Hrsg.), Festschrift für Hans Erich Brandner zum 70. Geburtstag, 1996, S. 247ff.

Kliege, Helmut, Rechtsprobleme der allgemeinen Geschäftsbedingungen in wirtschaftswissenschaftlicher Analyse unter besonderer Berücksichtigung der Freizeichnungsklauseln, 1966.

Knappmann, Ulrich, BVerfG stärkt Stellung der Versicherten in der Lebensversicherung, NJW 2005, 2892 ff.

Knobel, Ulrike, Wandlungen im Verständnis der Vertragsfreiheit, 2000.

Knutson, Brian u. a., Neural Antecedents of the Endowment Effect, 58 Neuron 814 (2008).

Koch, Eckart/Stübing, Jürgen, Allgemeine Geschäftsbedingungen: Kommentar zum Gesetz zur Regelung des Rechtes der Allgemeinen Geschäftsbedingungen, 1977.

Koch, Elisabeth, Richterliche Kontrolle von Eheverträgen: Zugleich Anmerkung zu BGH – XII ZR 265/02, NotBZ 2004, 152, 2004, 147 ff.

Koch, Raphael, Das AGB-Recht im unternehmerischen Verkehr: Zu viel des Guten oder Bewegung in die richtige Richtung?, BB 2010, 1810 ff.

–, Der Anwendungsbereich der AGB-Kontrolle bei Geschäften zwischen Verbrauchern, ZGS 2011, 62 ff.

Koch, Wilhelm, Deutschlands Eisenbahnen. Bd. 2: Die den Betrieb der deutschen Eisenbahnen betreffenden Rechtsverhältnisse, 1860.

–, Deutschlands Eisenbahnen: Versuch einer systematischen Darstellung der Rechtsverhältnisse aus der Anlage und dem Betriebe derselben Abth. 2 Die den Betrieb der deutschen Eisenbahnen betreffenden Rechtsverhältnisse, 1860.

Kohlberg, Lawrence, The Philosophy of Moral Development: Moral Stages and the Idea of Justice, 1981.

Köhler, Michael, Recht und Gerechtigkeit: Grundzüge einer Rechtsphilosophie der verwirklichten Freiheit, 2017.

Koller, Ingo, Das Transparenzgebot als Kontrollmaßstab Allgemeiner Geschäftsbedingungen, in: Baur, Jürgen F./Hopt, Klaus J./Mailänder, K. Peter (Hrsg.), Festschrift für Ernst Steindorff zum 70. Geburtstag am 13. März 1990, 1990, S. 667 ff.

Koller, Ingo/Kindler, Peter/Roth, Wulf-Henning/Morck, Winfried (Hrsg.), Handelsgesetzbuch (Kommentar), 8. Aufl. 2015.

Kollmann, Andreas, AGB: Nicht nur theoretische Probleme (in) der Praxis, NJOZ 2011, 625 ff.

–, AGB: Nicht nur theoretische Probleme (in) der Praxis, NJW 2011, 1324 ff.

Köndgen, Johannes, Grund und Grenzen des Transparenzgebots im AGB-Recht: Bemerkungen zum „Hypothekenzins-“ und zum „Wertstellungs-Urteil“ des BGH NJW 1989, 943 ff.

Köndgen, Johannes Mitverpflichtung einkommensloser und vermögensloser Angehöriger bei Bankkrediten, EWiR 1994, 23 ff.

Kondring, Jörg, Flucht vor dem deutschen AGB-Recht bei Inlandsverträgen, RIW 2010, 184 ff.

–, Die „gute unternehmerische Praxis“ in einem möglichen künftigen AGB-Recht für den unternehmerischen Rechtsverkehr BB 2013, 73 ff.

Koppenfels-Spies, Katharina Die Zulässigkeit selbstgeschaffener Versorgungslücken, JR 2003, 221 ff.

Kötz, Hein, Welche gesetzgeberischen Maßnahmen empfehlen sich zum Schutze des Endverbrauchers gegenüber Allgemeinen Geschäftsbedingungen und Formularverträgen? Gutachten A zum 50. Deutschen Juristentag, in: Ständige Deputation des

Deutschen Juristentages (Hrsg.), Verhandlungen des fünfzigsten Deutschen Juristentages. Band 1: Gutachten, 1974, S. A 9 ff.
–, Europäisches Vertragsrecht, Band 1: Abschluß, Gültigkeit und Inhalt des Vertrages, die Beteiligung Dritter am Vertrag, 1996.
–, Der Schutzzweck der AGB-Kontrolle: Eine rechtsökonomische Skizze, JuS 2003, 209 ff.
Kramer, Ernst A., Grundfragen der vertraglichen Einigung: Konsens, Dissens und Erklärungsirrtum als dogmatische Probleme des österreichischen, schweizerischen und deutschen Vertragsrechts, 1972.
Kramer, Ernst August, Die „Krise" des liberalen Vertragsdenkens: Eine Standortbestimmung, 1974.
–, Nichtausgehandelten Individualvertrag, notariell beurkundeter Vertrag und AGBG, ZHR 146 (1982), 105
–, Hans-Joachim Pflug: Kontrakt und Status im Recht der Allgemeinen Geschäftsbedingungen, AcP 188 (1988), 423
–, Anmerkungen zum Konsenserfordernis bei zweiseitig verpflichtenden Verträgen, in: Ahrens, Hans-Jürgen u. a. (Hrsg.), Festschrift für Claus-Wilhelm Canaris: Zum 70. Geburtstag. Band I., 2007, S. 665 ff.
Krause, Peter, Die Rechtsprechung des Bundesverfassungsgerichts zum Privatrecht – Teil 2, JZ 1984, 711 ff.
Kräwel, v., Ueber die Beseitigung der den Versicherten besonders nachtheiligen Bestimmungen in den Statuten der Versicherungsgesellschaften, ZGPÖR 1878, 409 ff.
Kriebitzsch, Malte, Die Inhaltskontrolle von Allgemeinen Arbeitsbedingungen anhand der §§ 305 ff. BGB, 2008.
Krolop, Kaspar, Der Rückzug vom organisierten Kapitalmarkt (Delisting): ZTugleich eine Untersuchung des kapitalmarktrechtlichen Anlegerschutzes im Verhältnis zum gesellschaftsrechtlichen Aktionärsschutz anhand der Auslegung von § 38 IV BörsG, 2005.
Kropholler, Jan, Internationales Privatrecht: Einschließlich der Grundbegriffe des Internationalen Zivilverfahrensrechts, 6. Aufl. 2006.
Kühl, Kristian, Rückblick auf die Renaissance des Naturrechts nach dem 2. Weltkrieg, in: Köbler, Gerhard/Heinze, Meinhard/Schapp, Jan (Hrsg.), Geschichtliche Rechtswissenschaft: Ars tradendo innovandoque aequitatem sectandi. Freundesgabe für Alfred Söllner zum 60. Geburtstag am 5. 2. 1990, 1990, S. 331 ff.
Kutscha, Martin, Mehr Datenschutz – aber wie?, ZRP 2010, 112 ff.
Laband, Paul, Die Handel-Usancen, ZHR 1872, 466 ff.
Landbrecht, Johannes, Ein Sonderprivatrecht für internationale Verträge, RIW 2011, 291 ff.
Lando, Ole/Beale, Hugh (Hrsg.), Principles of European Contract Law: Parts I and II, 2000.
Lando, Ole u. a. (Hrsg.), Principles of European Contract Law: Part III, 2003.
Lange, Friederike Valerie, Grundrechtsbindung des Gesetzgebers eine rechtsvergleichende Studie zu Deutschland, Frankreich und den USA, 2010.
Langenfeld, Gerrit, Wandlungen des Ehevertrags, NJW 2011, 966 ff.
Langer, Oliver Haftungsausschluss und Haftungsbegrenzung gegenüber Unternehmern in Allgemeinen Geschäftsbedingungen, WM 2006, 1233 ff.
Langer, Vera Isabella, Laesio enormis: Ein Korrektiv im Römischen Recht, 2009.

Larenz, Karl, Rechtsperson und subjektives Recht, in: Larenz, Karl (Hrsg.), Grundfragen der neuen Rechtswissenschaft, 1935, S. 225 ff.
–, Vertrag und Unrecht, 1936.
–, Richtiges Recht: Grundzüge einer Rechtsethik, 1979.
Larenz, Karl/Wolf, Manfred, Allgemeiner Teil des bürgerlichen Rechts, 9. Aufl. 2004.
Lax, David A./Sebenius, James K., The Manager as Negotiator: Bargaining for Cooperation and Competitive Gain, 1986.
Lehmann-Richter, Arnold, Stellen", „Aushandeln" und „Verbrauchervertrag" oder: Die Lehren aus der „Gebrauchtwagen"-Entscheidung BGH, NJW 2010, 1131, NZM 2011, 57 ff.
Lehmann, Matthias, Auf dem Weg zu einem europäischen Vertragsrecht: Die „Feasibility Study" der Expert Group on European Contract Law, GPR 2011, 218 ff.
Leible, Stefan, Kollisionsrecht und vertikaler Regulierungswettbewerb, RabelsZ 76 (2012), 374
Leier, Barbara, Die Rückabwicklung des widerrufenen Vertrags – Neuerungen durch das Gesetz zur Umsetzung der Verbraucherrechterichtlinie, VuR 2013, 457 ff.
Leisner, Walter, Grundrechte und Privatrecht, 1960.
Leistner, Matthias, Richtiger Vertrag und lauterer Wettbewerb: Eine grundlagenorientierte Studie unter besonderer Berücksichtigung der europäischen Perspektive, 2007.
Lenkaitis, Karlheinz/Löwisch, Stephan, Zur Inhaltskontrolle von AGB im unternehmerischen Geschäftsverkehr: Ein Plädoyer für eine dogmatische Korrektur, ZIP 2009, 441 ff.
Lensing, Burkard, Die Anwartschaft auf Überschussbeteiligung in der kapitalbildenden Lebensversicherung, VuR 2006, 249 ff.
Lenz, Sebastian, Vorbehaltlose Freiheitsrechte: Stellung und Funktion vorbehaltloser Freiheitsrechte in der Verfassungsordnung, 2006.
Lerm, Verena Die Verbraucherrecht-Richtlinie im Widerspruch zur Kompetenzordnung des europäischen Primärrechts, GPR 2012, 166 ff.
Leuschner, Lars, Gebotenheit und Grenzen der AGB-Kontrolle, AcP 207 (2007), 491
–, AGB-Kontrolle im unternehmerischen Verkehr: Zu den Grundlagen einer Reformdebatte, JZ 2010, 875 ff.
–, Reformvorschläge für die AGB-Kontrolle im unternehmerischen Rechtsverkehr, ZIP 2015, 1045
–, AGB-Recht für Verträge zwischen Unternehmen – unter besonderer Berücksichtigung von Haftungsbeschränkungen, Forschungsprojekt im Auftrag des Bundesministeriums der Justiz und für Verbraucherschutz, Abschlussbericht vom 30. September 2014
–, Noch einmal: Reformvorschläge für die AGB-Kontrolle im unternehmerischen Rechtsverkehr: Replik zum Beitrag von Graf von Westphalen, Schwellenwert und Neuregelung einer vertraglichen Haftungsbegrenzung – ist das der „Königsweg" einer Reform des AGB-Rechts?, ZIP 2015, 1316
–, Die Kontrollstrenge des AGB-Rechts: Empirische Belege für eine systematische Fehleinschätzung in der unternehmerischen Praxis, NJW 2016, 1222
Leyens, Patrick C./Schäfer, Hans-Bernd, Inhaltskontrolle allgemeiner Geschäftsbedingungen: Rechtskönomische Überlegungen zu einer einheitlichen Konzeption von BGB und DCFR, AcP 210 (2010), 771
Lieb, Manfred, Sonderprivatrecht für Ungleichgewichtslagen?, AcP 178 (1978), 196
–, Schutzbedürftigkeit oder Eigenverantwortlichkeit?, DNotZ 1989, 274 ff.

Limbach, Jutta, Das Rechtsverständnis in der Vertragslehre, JuS 1985, 10ff.

Lindacher, Walter F., Richterliche Inhaltskontrolle von AGB und Schutzbedürftigkeit des Kunden. Insbesondere zur Frage, ob und wann der richterliche Schutz auch Kaufleuten zuteil wird., BB 1972, 296ff.

Lischek, Volker/Mahnken, Jan, Vertragsverhandlungen zwischen Unternehmen und AGB – Anmerkungen aus der Sicht der Praxis: Zugleich Stellungnahme zu Graf von Westphalen, 30 Jahre AGB-Recht – Eine Erfolgsbilanz, ZIP 2007, 149, ZIP 2007, 158ff.

Locher, Horst, Begriffsbestimmung und Schutzzweck nach dem AGB-Gesetz, JuS 1997, 389ff.

Lorenz, Egon, Die Rechtswahlfreiheit im internationalen Schuldvertragsrecht, RIW 1987, 569ff.

Lorenz, Stephan, Der Schutz vor dem unerwünschten Vertrag: Eine Untersuchung von Möglichkeiten und Grenzen der Abschlußkontrolle im geltenden Recht, 1997.

–, Der private Verkauf von gebrauchten Kraftfahrzeugen: Reichweite und Grenzen der Privatautonomie bei der Verwendung von Musterverträgen, DAR 2010, 314ff.

Löwe, Walter, Verstärkter Schutz des Kunden vor unbilligen Allgemeinen Geschäftsbedingungen durch Wettbewerb?, BB 1972, 185ff.

–, Der Schutz des Verbrauchers vor Allgemeinen Geschäftsbedingungen: Eine Aufgabe für den Gesetzgeber. Eine rechtspolitische Betrachtung, in: Paulus, Gotthard/Diederichsen, Uwe/Canaris, Claus-Wilhelm (Hrsg.), Festschrift für Karl Larenz zum 70. Geburtstag, 1973, S. 373ff.

–, Das Gesetz zur Regelung des Rechts der Allgemeinen Geschäftsbedingungen (AGB-Gesetz), JuS 1977, 421ff.

–, Voraussetzungen für das Aushandeln von AGB, NJW 1977, 1328ff.

–, Bürgen in Sippenhaft dürfen aufatmen, ZIP 1993, 1759ff.

–, Zur Überschussbeteiligung bei der Kapitallebensversicherung, EWiR 2005, 703ff.

Löwe, Walter/Westphalen, Friedrich von/Trinkner, Reinhold (Hrsg.), Kommentar zum Gesetz zur Regelung des Rechts der Allgemeinen Geschäftsbedingungen, 1977.

–, Großkommentar zum AGB-Gesetz, Bd. 2, 2. Aufl. 1983.

Lüdemann, Jörn, Die Grenzen des homo oeconomicus und die Rechtswissenschaft, in: Engel, Christoph (Hrsg.), Recht und Verhalten: Beiträge zu Behavioral Law and Economics, 2007, S. 7ff.

Luhmann, Niklas, Legitimation durch Verfahren, 1969.

–, Kommunikation über Recht in Interaktionssystemen, in: Luhmann, Niklas (Hrsg.), Ausdifferenzierung des Rechts: Beiträge zur Rechtssoziologie und Rechtstheorie, 1999, S. 53ff.

Luig, Klaus, in: Bergfeld, Christoph u. a. (Hrsg.), Vertragsfreiheit und Äquivalenzprinzip im gemeinen Recht und im BGB: Bemerkungen zur Vorgeschichte des § 138 Abs. 2 BGB, 1982, S. 171ff.

–, Vertragsfreiheit und Äquivalenzprinzip im gemeinen Recht und im BGB: Bemerkungen zur Vorgeschichte des § 138 II BGB, in: Bergfeld, Christoph u. a. (Hrsg.), Aspekte europäischer Rechtsgeschichte: Festgabe für Helmut Coing zum 70. Geburtstag, 1982, S. 171ff.

Lurger, Brigitta, Vertragliche Solidarität: Entwicklungschance für das allgemeine Vertragsrecht in Österreich und in der Europäischen Union, 1998.

Lutz, Reinhard, AGB-Kontrolle im Handelsverkehr unter Berücksichtigung der Klauselverbote, 1991.

Mager, Ute, Einrichtungsgarantien: Entstehung, Wurzeln, Wandlungen und grundgesetzgemäße Neubestimmung einer dogmatischen Figur des Verfassungsrechts, 2003.

Maine, Henry James Sumner, Ancient Law: Its connection with the early history of society and its relation to modern ideas., 4. Aufl. 1870.

Maier-Reimer, Georg, AGB-Recht im unternehmerischen Rechtsverkehr – Der BGH überdreht die Schraube, NJW 2017, 1

Mankowski, Peter, Rom I-VO und Schiedsverfahren, RIW 2011, 30ff.

–, CESL – who needs it?, IHR 2012, 45ff.

Manssen, Gerrit, Privatrechtsgestaltung durch Hoheitsakt: Verfassungsrechtliche und verwaltungsrechtliche Grundfragen, 1994.

Martin, Christine, Gemeinsames Symposium des Deutschen Anwaltvereins mit dem Deutschen Juristentag – viel Kritik aus der anwaltlichen Praxis, AnwBl. 2012, 352ff.

Martini, Mario Zwischen Vertragsfreiheit und gesetzlicher Bindung: Entgeltkontrolle im Energiewirtschaftsrecht und die Suche nach dem pretium iustum im Recht, DVBl 2008, 21ff.

Mathis, Klaus, Effizienz statt Gerechtigkeit? Auf der Suche nach den philosophischen Grundlagen der Ökonomischen Analyse des Rechts, 3. Aufl. 2009.

Maunz, Theodor; Dürig, Günter (Begr.), Grundgesetz. Kommentar, 81. EL. 2017.

Mayer-Maly, Theo, Der gerechte Preis, in: Frotz, Gerhard/Ogris, Werner (Hrsg.), Festschrift Heinrich Demelius zum 80. Geburtstag, 1973, S. 139ff.

–, Renaissance der laesio enormis?, in: Canaris, Claus-Wilhelm/Diederichsen, Uwe/Larenz, Karl (Hrsg.), Festschrift für Karl Larenz zum 80. Geburtstag am 23. April 1983, 1983, S. 395ff.

–, Der Weg der Goldenen Regel, in: Köbler, Gerhard/Heinze, Meinhard/Hromadka, Wolfgang (Hrsg.), Europas universale rechtsordnungspolitische Aufgabe im Recht des dritten Jahrtausends: Festschrift für Alfred Söllner zum 70. Geburtstag 2000, S. 755ff.

Mecke, Christoph-Eric, Begriff und System des Rechts bei Georg Friedrich Puchta, 2009.

Medicus, Dieter, Der Grundsatz der Verhältnismäßigkeit im Privatrecht, AcP 192 (1992), 35

–, Abschied von der Privatautonomie im Schuldrecht? Erscheinungsformen, Gefahren, Abhilfen., 1994.

Medicus, Dieter/Petersen, Jens, Bürgerliches Recht: Eine nach Anspruchsgrundlagen geordnete Darstellung zur Examensvorbereitung, 26. Aufl. 2017.

–, Allgemeiner Teil des BGB, 11. Aufl. 2016.

Mehde, Veith, Kooperatives Regierungshandeln, AöR 127 (2002), 655

Meller-Hannich, Caroline, Die Zukunft des AGB-Rechts für Verbraucher: Entwicklungslinien und Tendenzen im nationalen und europäischen Recht, Anwbl. 2012, 676ff.

Menke, Thomas, Das Transaktionsrecht als Rechtsmaterie, KSzW 2011, 347ff.

Menkel Meadow, Carrie, The Lawyer's Role(s) in Deliberative Democracy, 5 Nev. L.J. 347 (2005).

Mertens, Hans-Joachim, Leges praeter legem: Helmut Coing zum 70. Geburtstag, AG 1982, 29ff.

Messner, Johannes, Das Naturrecht: Handbuch der Gesellschaftsethik, Staatsethik und Wirtschaftsethik, 5. Aufl. 1966.

Meyer, Jürgen (Hrsg.), Charta der Grundrechte der Europäischen Union, 4. Aufl. 2014.
Meyer-Cording, Ulrich, Die Rechtsnormen, 1971.
Miethaner, Tobias, AGB-Kontrolle versus Individualvereinbarung: Zweck und Grenzen der Inhaltskontrolle vorformulierter Klauseln, 2010.
–, AGB oder Individualvereinbarung – die gesetzliche Schlüsselstelle „im Einzelnen ausgehandelt", NJW 2010, 3121 ff.
Mnookin, Robert H., Why Negotiations Fail: An Exploration of Barriers to the Resolution of Conflict, 8 Ohio St. J. on Disp. Resol. 235 (1993).
–, Strategic Barriers to Dispute Resolution: A Comparison of Bilateral and Multilateral Negotiations, 8 Harv. Negot. L. Rev. 1 (2003).
Molls, Werner, Diskussionsbeitrag auf dem 50. Deutschen Juristentag, in: Ständige Deputation des Deutschen Juristentages (Hrsg.), Verhandlungen des fünfzigsten Deutschen Juristentages. Band 2: Sitzungsberichte, 1974, S. H 92 ff.
Moore, Christopher W., The Caucus: Private Meetings that Promote Settlement, M. Q. no. 16, 87 (1987).
Mueller-Freienfels, Wolfram, Ehe und Recht, 1962.
Mülbert, Peter O., Privatrecht, Die EG-Grundfreiheiten und der Binnenmarkt, ZHR 159 (1995), 2
Mülbert, Peter O./Leuschner, Lars, Die verfassungsr^^echtlichen Vorgaben der Art 14 GG und Art 2 Abs 1 GG für die Gesellschafterstellung – wo bleibt die Privatautonomie? Zu den objektiv-rechtlichen Grenzen Gestaltungsvorgaben der Art 2 Abs 1, 14 GG nach den Entscheidungen des BVerfG zur Kapitallebensversicherung, ZHR 170 (2006), 615
Mullainathan, Sendhil/Thaler, Richard, Behavioral Economics, Working Paper No. 00–27, Cambridge, MA: 2000.
Müller-Graff, Peter-Christian, Privatrecht und europäisches Gemeinschaftsrecht, 2. Aufl. 1991.
Müller, Felix, Ökonomische Theorie des Rechts, in: Buckel, Sonja/Christensen, Ralph/ Fischer-Lescano, Andreas (Hrsg.), Neue Theorien des Rechts, 2. Aufl. 2009, S. 351 ff.
Müller, Werner, Anmerkung zum BGH-Urteil vom 22. 11. 2012 (VII ZR 222/12, MDR 2013, 203): Zur Frage der unangemessenen Benachteiligung eines Vertragspartners durch die pring-or-pay-Klausel eines Abfallentsorgungsunternehmens zur Zahlung des vollen Entgelts trotz Minderanlieferung ohne Ausgleich LMK 2013, 342776 ff.
–, Die AGB-Kontrolle im unternehmerischen Geschäftsverkehr: Standortnachteil für das deutsche Recht BB 2013, 1355 ff.
–, Plädoyer für eine weniger starre AGB-Kontrolle im unternehmerischen Geschäftsverkehr am Beispiel des Gewerberaummietrechts, NZM 2016, 185
Müller, Werner/Griebeler, Carsten/Pfeil, Julia, Für eine maßvolle AGB-Kontrolle im unternehmerischen Geschäftsverkehr, BB 2009, 2658 ff.
Müller, Werner/Schilling, Alexander, AGB-Kontrolle im unternehmerischen Geschäftsverkehr: Eine rechtsvergleichende Betrachtung, BB 2012, 2319 ff.
Münch, Christof, Vertragsfreiheit und Inhaltskontrolle von Eheverträgen, KritV 2005, 208 ff.
Münch, Ingo von, Staatsrecht, Band 1: Einführung, Deutschland, Teilung und Vereinigung, Staatsform, Staatsorgane, Deutschland in der Europäischen Gemeinschaft, 6. Aufl. 2000.
Münchener Kommentar zum Bürgerlichen Gesetzbuch Bd. 1. Allgemeiner Teil (§§ 1–240), AGB-Gesetz, 2. Aufl. 1984.

–, Münchener Kommentar zum Bürgerlichen Gesetzbuch, 4. Aufl. München 2003, 7. Aufl. München 2015, 2016.
–, Münchener Kommentar zum Gesetz betreffend die Gesellschaften mit beschränkter Haftung – GmbHG, München 2012.
–, Münchener Kommentar zum Handelsgesetzbuch, 3. Aufl. München 2013.
–, Münchener Kommentar zur Zivilprozessordnung: Mit Gerichtsverfassungsgesetz und Nebengesetzen, 5. Aufl. München 2016, 2017.
Nadler, Janice/Thompson, Leigh/Van Boven, Leaf, Learning Negotiation Skills: Four Models of Knowledge Creation and Transfer, 49 Management Science 529 (2003).
Nelson, Philipp, Information and Consumer Behavior, 78 J. Pol. Econ. 311 (1970).
Neuhaus, Kai-Jochen/Kloth, Andreas, Gesundheitsdaten(schutz) im Versicherungsrecht: Der aktuelle Stand, NJW 2009, 1707ff.
Neumann, Barbara/Schwebe, Ingela, Entgeltumwandlung: Absicherung der Versorgungszusage durch gezillmerte Lebensversicherung, ZIP 2007, 981ff.
Neumann, Nils, Bedenkzeit vor und nach Vertragsabschluss: Verbraucherschutz durch Widerrufsrechte und verwandte Instrumente im deutschen und im französischen Recht, 2005.
Nicklisch, Fritz, Zum Anwendungsbereich der Inhaltskontrolle Allgemeiner Geschäftsbedingungen, BB 1974, 941ff.
Niebling, Jürgen, Der Pkw-Verkauf unter Privaten als AGB-rechtliches Problem, ZfSch 2010, 482ff.
–, Wird das Mietrecht AGB freie Zone?, ZMR 2010, 509ff.
–, Zum AGB-Schutz bei der Einbeziehung auf Vorschlag des Kunden, NJ 2010, 301ff.
–, AGB-Verwendung bei Geschäftsbeziehungen zwischen Unternehmen (b2b), MDR 2011, 1399ff.
–, Die Entwicklung des Rechts der AGB im Jahre 2010, NJ 2011, 177ff.
–, Aktuelle Entwicklungen im AGB-Recht, MDR 2010, 961ff.
Nipperdey, Hans Carl, Kontrahierungszwang und diktierter Vertrag, 1970.
Notthoff, Martin, Die Zukunft genereller Schweigepflichtentbindungserklärungen in der Berufsunfähigkeitszusatzversicherung, ZfSch 2008, 243ff.
Nowak, Martin A./Highfield, Roger, SuperCooperators: Altruism, evolution, and why we need each other to succeed, 2011.
Nowak, Martin A./Page, Karen, M./Sigmund, Karl, Fairness Versus Reason in the Ultimatum Game, 289 Science 1773 (2000).
Nowak, Martin A. u. a., Emergence of cooperation and evolutionary stability in finite populations, 428 Nature 646 (2004).
Ockenfels, Axel, Fairneß, Reziprozität und Eigennutz: Ökonomische Theorie und experimentelle Evidenz, 1999.
Ockenfels, Axel/Raub, Werner, Rational und Fair, KZfSS (Sonderheft 50) 2010, 119ff.
Oechsler, Jürgen, Gerechtigkeit im modernen Austauschvertrag: Die theoretischen Grundlagen der Vertragsgerechtigkeit und ihr praktischer Einfluß auf Auslegung, Ergänzung und Inhaltskontrolle des Vertrages, 1997.
Oetker, Hartmut, AGB-Kontrolle im Zivil- und Arbeitsrecht, AcP 212 (2012), 202
Ohly, Ansgar, „Volenti non fit iniuria" die Einwilligung im Privatrecht, 2002.
Ostendorf, Patrick, Wirksame Wahl ausländischen Rechts auch bei fehlendem Auslandsbezug im Fall einer Schiedsgerichtsvereinbarung und ausländischem Schiedsort?, SchiedsVZ 2010, 234ff.

Ostendorf, Patrick/Neumann, Nils/Ventsch, Verena, Möglichkeiten und Grenzen von Haftungsbeschränkungen in internationalen Lieferverträgen zwischen Unternehmern, IHR 2006, 21 ff.

Oster, Stefan, Mit-Mensch-Sein: Phänomenologie und Ontologie der Gabe bei Ferdinand Ulrich, 2004.

Osterkamp, Thomas, Juristische Gerechtigkeit: Rechtswissenschaft jenseits von Positivismus und Naturrecht, 2004.

Palandt, Otto (Begr.), Bürgerliches Gesetzbuch, 77. Aufl. München 2017.

Pampel, Jochen R./Glage, Dietmar, Unternehmensrisiken und Risikomanagement, in: Hauschka, Christoph E./Besch, Christoph (Hrsg.), Corporate Compliance: Handbuch der Haftungsvermeidung im Unternehmen, 2. Aufl. 2010, S. 84 ff. ff.

Pappenheim, Max, Die Vertragsfreiheit und die moderne Entwicklung des Verkehrsrechts, in: Staatswissenschaftliche Fakultät der Universität Zürich (Hrsg.), Festschrift für Georg Cohn zu seinem 70. Geburtstage, 1915, S. 289 ff.

Patton, Bruce, Negotiation, in: Moffitt, Michael L./Bordone, Robert C. (Hrsg.), The Handbook of Dispute Resolution, 2005, S. 279 ff.

Pauly, Hans-Joachim, Anwendung des AGB-Gesetzes auch auf Kaufleute?, BB 1976, 534 ff.

Pawlowski, Hans-Martin, Rechtsgeschäftliche Folgen nichtiger Willenserklärungen (Amts- und Parteinichtigkeit von Rechtsgeschäften). Zum Verhältnis von Privatautonomie und objektivem Recht., 1966.

Peter, Alexander F., Warum die Initiative „Law Made in German" bislang zum Scheitern verurteilt ist, JZ 2011, 939 ff.

Petri, Thomas, Datenschutzrechtliche Einwilligung im Massengeschäftsverkehr, RdV 2007, 153 ff.

Pfeiffer, Thomas, Vom kaufmännischen Verkehr zum Unternehmensverkehr: Die Änderungen des AGB-Gesetzes durch das Handelsrechtsreformgesetz, NJW 1999, 169 ff.

–, Die stillschweigende Unterlegung von AGB durch Individualabreden, ZGS 2003, 378 ff.

–, Neues Schuldrecht – Neues Leitbild im AGB-Recht, in: Dauner-Lieb, Barbara/Konzen, Horst/Schmidt, Karsten (Hrsg.), Das neue Schuldrecht in der Praxis: Akzente, Brennpunkte, Ausblick, 2003, S. 225 ff.

–, Aushandlung und Verhandlung von Vertragsklauseln im Unternehmensverkehr: Die Korrekturbedürftigkeit des deutschen AGB-Begriffs (Editorial), ZGS 2004, 401 ff.

–, Das Aushandeln im Transportrecht: Ein Beitrag zum Verhandeln im Recht, 2004.

–, Neues Internationales Vertragsrecht: Zur Rom I-Verordnung, EuZW 2008, 622 ff.

–, Von den Principles of European Contract Law zum Draft Common Frame of Reference, ZEuP 2008, 679 ff.

–, Internationales Vertragsrecht vor Schiedsgerichten: Zur Bedeutung der Rom I-Verordnung in der Schiedsgerichtsbarkeit, in: Westphalen, Friedrich von (Hrsg.), Arbeitsgemeinschaft für Internationalen Rechtsverkehr: Deutsches Recht im Wettbewerb: 20 Jahre transnationaler Dialog, 2009, S. 178 ff.

–, Flucht ins schweizerische Recht? Zu den AGB-rechtlichen Folgen der Wahl schweizerischen Rechts, in: Genzow, F. Christian/Grunewald, Barbara/Schulte-Nölke, Hans (Hrsg.), Zwischen Vertragsfreiheit und Verbraucherschutz: Festschrift für Friedrich Graf von Westphalen zum 70. Geburtstag, 2010, S. 555 ff.

–, Kein Stellen von AGB bei freier Zustimmung des Vertragspartners zum verwandten Mustervertrag, LMK 2010, 304510 ff.

–, Die Abwahl des deutschen AGB-Rechts in Inlandsfällen bei Vereinbarung eines Schiedsverfahren, NJW 2012, 1169 ff.

–, Die Abwahl des deutschen AGB-Rechts in Inlandsfällen bei Vereinbarung eines Schiedsverfahrens, NJW 2012, 1169 ff.

–, Verbraucherrecht mit vielen Säulen: Auf der Suche nach funktionsgerechten Konstruktionsprinzipien eines Rechtsgebiets, NJW 2012, 2609 ff.

–, Formularmäßige Zahlungsfristen nach künftigem Recht: Zur AGB-rechtlichen Bedeutung des Entwurfs für einen § 271a BGB, BB 2013, 323 ff.

Pflug, Hans-Joachim, Kontrakt und Status im Recht der Allgemeinen Geschäftsbedingungen, 1986.

Philippidēs, Leōnidas Iōannou, Die „Goldene Regel" religionsgeschichtlich untersucht, 1929.

Philippidēs, Leonidas Joh, Religionswissenschaftliche Forschungsberichte über die „goldene Regel", 1933.

Picot, Gerhard, Der Unternehmenskaufvertrag: Vertragliche Gestaltung und Abschluss, in: Picot, Gerhard (Hrsg.), Handbuch Mergers & Acquisitions: Planung, Durchführung, Integration, 5. Aufl. 2012, S. 297 ff.

Picot, Gerhard/Picot, Moritz, Wirtschaftliche und wirtschaftsrechtliche Aspekte bei der Planung der Mergers & Acquisitions, in: Picot, Gerhard (Hrsg.), Handbuch Mergers & Acquisitions: Planung, Durchführung, Integration, 5. Aufl. 2012, S. 2 ff.

Pinger, Winfried, Die rechtspolitische Diskussion über eine Kontrolle der Allgemeinen Geschäftsbedingungen, MDR 1974, 705 ff.

Pohlhausen, Robert, Zum Recht der allgemeinen Geschäftsbedingungen im 19. Jahrhundert, 1978.

Posner, Richard A., Economic analysis of law, 2. Aufl. 1977.

–, Economic analysis of law, 8. Aufl. 2011.

Pound, Roscoe, The Causes of Popular Dissatisfaction with the Administration of Justice, 29 A. B. A. Rep. 395 (1906).

–, The Causes of Popular Dissatisfaction with the Administration of Justice, in: Levin, A. Leo/Wheeler, Russell R. (Hrsg.), The Pound Conference: Perspectives on Justice in the Future. Proceedings of the National Conference on the Causes of Popular Dissatisfaction with the Administration of Justice, 1979, S. 377 ff.

Prause, Matthias, A Methodology for the Determination of the MRI (Mediation Receptivity Index), 22 Ohio St. J. on Disp. Resol. 610 (2007).

–, The Oxymoron of Measuring the Immeasurable: Potential and Challenges of Determining Mediation Developments in the U. S., 13 Harv. Negot. L. Rev. 131 (2008).

Preis, Ulrich, Grundfragen der Vertragsgestaltung im Arbeitsrecht, 1993.

Pres, Florian, Maßgaben für die Inhaltskontrolle Allgemeiner Geschäftsbedingungen im Handelsverkehr, 2005.

Preußner, Joachim/Becker, Florian, Ausgestaltung von Risikomanagementsystemen durch die Geschäftsleitung: Zur Konkretisierung einer haftungsrelevanten Organisationspflicht, NZG 2002, 846 ff.

Probst, Martin, Anmerkung zur Entscheidung des BGH vom 17.02.2010 (VIII ZR 67/09; ZIP 2010, 628) – Zur Frage einer einvernehmlichen Verwendung vorformulierter Vertragsbedingungen, JR 2011, 213 ff.

Protocolle der Commission zur Ausarbeitung eines allgemeinen deutschen Obligationenrechtes [Dresdner Entwurf], Bände 260–324, 1866.
Rabe, Dieter, Die Auswirkungen des AGB-Gesetzes auf den kaufmännischen Verkehr, NJW 1987, 1978ff.
Radbruch, Gustav, Rechtsphilosophie, 3. Aufl. 1932.
–, Gesetzliches Unrecht und übergesetzliches Recht, SJZ 1946, 105ff.
–, Rechtsphilosophie, 6. Aufl. 1963.
–, Gesetzliches Unrecht und übergesetzliches Recht, in: Hassemer, Winfried/Kaufmann, Arthur (Hrsg.), Gustav Radbruch Gesamtausgabe, Bd. 3: Rechtsphilosophie III, 1990, S. 83ff.
–, Rechtsphilosophie, in: Kaufmann, Arthur (Hrsg.), Gustav Radbruch Gesamtausgabe, Bd. 2: Rechtsphilosophie II, 1993, S. 206ff.
Radbruch, Gustav/Kaufmann, Arthur, Vorschule der Rechtsphilosophie, 3. Aufl. 1965.
Raiser, Gottfried, Die gerichtliche Kontrolle von Formularbedingungen im amerikanischen und deutschen Recht, 1966.
Raiser, Ludwig, Das Recht der allgemeinen Geschäftsbedingungen, 1935.
–, Vertragsfreiheit heute, JZ 1958, 1ff.
–, Vertragsfunktion und Vertragsfreiheit, in: Caemmerer, Ernst von/Friesenhahn, Ernst/Lange, Richard (Hrsg.), Hundert Jahre deutsches Rechtsleben: Festschrift zum hundertjährigen Bestehen des Deutschen Juristentages, 1860–1960, Bd. 1, 1960, S. 101ff.
–, Das Recht der allgemeinen Geschäftsbedingungen, 1961.
–, Rechtsschutz und Institutionenschutz im Privatrecht, in: Summum ius, summa iniuria: Individualgerechtigkeit und der Schutz allgemeiner Werte im Rechtsleben. Ringvorlesung gehalten von Mitgliedern der Tübinger Juristenfakultät im Rahmen des Dies academicus, Wintersemester 1962/63, 1963, S. 145ff.
–, Die Zukunft des Privatrechts: Vortrag gehalten vor der Berliner Juristischen Gesellschaft am 21. April 1971, 1971.
Raiser, Thomas, Das lebende Recht: Rechtssoziologie in Deutschland, 3. Aufl. 1999.
–, Grundlagen der Rechtssoziologie, 6. Aufl. 2013.
Ramler, Karl Wilhelm, Sammlung der besten Sinngedichte der deutschen Poeten. Erster Theil, 1766.
Ramstein, Christoph R., Allgemeine Geschäftsbedingungen in der Schweiz, RIW 1988, 440ff.
Rand, D. G. u. a., Positive interactions promote public cooperation, 325 Science 1272 (2009).
Rand, D. G. u. a., Religious motivations for cooperation: an experimental investigation using explicit primes, 4 Religion. Brain. Behav. 31 (2014).
Rand, D. G. u. a., Social heuristics shape intuitive cooperation, 5 Nature Comm. 1 (2014).
Rapoport, Anatol, Prisoner's Dilemma, in: Eatwell, John/Milgate, Murray/Newman, Peter (Hrsg.), Game Theory, 1989, S. 199ff.
Rapoport, Anatol/Chammah, Albert M., Prisoner's dilemma: A study in conflict and cooperation, 1965.
Rauscher, Thomas, Grenzen der Vertragsfreiheit im Unterhaltsrecht: Konsequenzen aus der Rechtsprechung des BVerfG, DNotZ 2001, 751ff.
–, Europäisches Zivilprozess- und Kollisionsrecht EuZPR, 2010.
–, Internationales Privatrecht: Mit internationalem Verfahrensrecht, 5. Aufl. 2017.

Rebe, Bernd, Privatrechtsgestaltung durch Wettbewerb?, BB 1972, 889ff.
Rehbinder, Manfred, Allgemeine Geschäftsbedingungen und die Kontrolle ihres Inhalts, 1972.
Rehm, Gebhard M., Aufklärungspflichten im Vertragsrecht, 2003.
Rehmann, Meret, Grenzen vertraglicher Haftungsbeschränkungen: Kriterien für eine allgemeine vertragliche Inhaltskontrolle, SJZ 2017, 129ff.
Reich, Norbert, Diskussionsbeitrag auf dem 50. Deutschen Juristentag, in: Ständige Deputation des Deutschen Juristentages (Hrsg.), Verhandlungen des fünfzigsten Deutschen Juristentages. Band 2: Sitzungsberichte, 1974, S. H 86ff.
–, Zivilrechtstheorie, Sozialwissenschaften und Verbraucherschutz, ZRP 1974, 187ff.
–, Zur Theorie des Europäischen Verbraucherrechtes, ZEuP 1994, 381ff.
–, EU-Verbraucherkaufrecht in neuen Dokumenten und in einem Optionalen Instrument, ZfRV 2011, 196ff.
Reich, Norbert Variationen des Verbraucherkaufrechts in der EU, EuZW 2011, 736ff.
Reich, Norbert/Tonner, Klaus, Rechtstheoretische und rechtspolitische Überlegungen zum Problem der Allgemeinen Geschäftsbedingungen, HJbWG 18 (1973), 213
Reifner, Udo, Alternatives Wirtschaftsrecht am Beispiel der Verbraucherverschuldung: Realitätsverleugnung oder soziale Auslegung im Zivilrecht, 1979.
Reinecke, Heinrich, Eheverträge: Gesetzliche Regelungen und Rechtsprechung, Teil 1, ZFE 2009, 168ff.
Reiner, Hans, Die „Goldene Regel", ZphF 3 (1948), 74
–, Die goldene Regel: Die Bedeutung einer sittlichen Grundformel der Menschheit, ZphF 3 (1948), 74
Reinhardt, Rudolf, Vereinigung subjektiver und objektiver Gestaltungskräfte im Vertrag, in: Universität Bonn, Rechts- und Staatswissenschaftliche Fakultät (Hrsg.), Festschrift zum 70. Geburtstag von Walter Schmidt-Rimpler, 1957, S. 115ff.
Internationales Vertragsrecht: Das internationale Privatrecht der Schuldverträge, 7. Aufl. 2010.
Remien, Oliver, Zwingendes Vertragsrecht und Grundfreiheiten des EG-Vertrages, 2003.
Reuter, Dieter, Die Bestandssicherung von Unternehmen: Ein Schlüssel zur Zukunft des Handelsgesellschaftsrechts, AcP 181 (1981), 1
–, Anmerkungen zu den Entscheidungen des BAG vom 8.12.1981, SAE 1983, 201ff.
–, Die ethischen Grundlagen des Privatrechts – formale Freiheitsethik oder materiale Verantwortungsethik?, AcP 189 (1989), 199
Reymann, Christoph, Das Sonderprivatrecht der Handels- und Verbraucherverträge: Einheit, Freiheit und Gleichheit im Privatrecht, 2009.
Richter, Rudolf/Furubotn, Eirik Grundtvig, Neue Institutionenökonomik: Eine Einführung und kritische Würdigung, 4. Aufl. 2010.
Riesenhuber, Karl, Europäisches Vertragsrecht, 2. Aufl. 2006.
–, Inhaltskontrolle im Common Frame of Reference (CFR) für ein Europäisches Privatrecht, in: Riesenhuber, Karl/Karakostas, Ioannis K. (Hrsg.), Inhaltskontrolle im nationalen und europäischen Privatrecht: Deutsch-griechische Perspektiven, 2009, S. 49ff.
Ritter, Ernst-Hasso, Der kooperative Staat: Bemerkungen zum Verhältnis von Staat und Wirtschaft, AÖR 1979, 389ff.
Rittner, Fritz, Über das Verhältnis von Vertrag und Wettbewerb, AcP 188 (1988), 101
–, Die wirtschaftsrechtliche Ordnung der EG und das Privatrecht, JZ 1990, 838ff.

–, Die gestörte Vertragsparität und das Bundesverfassungsgericht, NJW 1994, 3330ff.

Rixecker, Roland, Amerkung zum Beschluss des BVerfG vom 2006–10–23, 1 BvR 2027/02, ZfSch 2007, 37ff.

Rodemann, Tobias/Schwenker, Hans Christian, Vor einer Neubewertung des „Stellens“ Allgemeiner Geschäftsbedingungen i.S.d. §305 Abs.1 Satz 1 BGB?- zugleich Anm. zu BGH, Urt. v. 17.02.2010 – VIII ZR 67/09 –, ZfBR 2010, 419ff.

Röhl, Klaus F., Rechtssoziologie, 1987.

Roquette, Herrmann, Die Typisierung des Vertragsinhalts durch allgemeine Vertragsbedingungen, JW 1938, 545ff.

Roscher, Falk, Vertragsfreiheit als Verfassungsproblem: Dargestellt am Beispiel der Allgemeinen Geschäftsbedingungen, 1974.

Rösler, Hannes, Schutz des Schwächeren im europäischen Vertragsrecht, RabelsZ 73 (2009), 889

Ross, Lee, Barriers to Conflict Resolution, 7 Negotiation J. 389 (1991).

Roth, Herbert, Zur gerichtlichen Inhaltskontrolle von Finanzierungs-Leasingverträgen, AcP 190 (1990), 292

Roth, Wulf-Henning, Der „Vorschlag für eine Verordnung über ein Gemeinsames Europäisches Kaufrecht“ (KOM (2011) 635 endg. – Stellungnahme für den Rechtsausschuss des Deutschen Bundestages, EWS 2012, 12ff.

Röthel, Anne, Möglichkeiten und Grenzen der Gestaltung von Eheverträgen, NJW 2001, 1334ff.

Rudolff, Christoff/Stifel, Michael, Die Coss Christoffs Rudolffs: Mit schönen Exempeln der Coss, 1553.

Ruffert, Matthias, Vorrang der Verfassung und Eigenständigkeit des Privatrechts: Eine verfassungsrechtliche Untersuchung zur Privatrechtswirkung des Grundgesetzes, 2001.

Rühl, Giesela, Die Kosten der Rechtswahlfreiheit: Zur Anwendung ausländischen Rechts durch deutsche Gerichte, RabelsZ 71 (2007), 559

Rühl, Gisela, Ökonomische Analyse des Rechts, in: Krüper, Julian (Hrsg.), Grundlagen des Rechts, 2. Aufl. 2013, S. 217ff.

Rusch, Arnold F., Schadensabwälzungsklauseln in der Inhaltskontrolle, SZW 2012, 439ff.

Rüthers, Bernd, „Institutionelles Rechtsdenken“ im Wandel der Verfassungsepochen, 1970.

–, Die unbegrenzte Auslegung: Zum Wandel der Privatrechtsordnung im Nationalsozialismus, 7. Aufl. 2012.

Rüthers, Bernd/Fischer, Christian/Birk, Axel, Rechtstheorie mit juristischer Methodenlehre, 6. Aufl. 2011.

Sachs, Michael, Rechtsprechungsübersicht: Entschädigungsloses Wettbewerbsverbot für Handelsvertreter, JuS 1990, 930ff.

Säcker, Franz Jürgen, Gruppenautonomie und Übermachtkontrolle im Arbeitsrecht, 1972.

–, Kollektivklagen bei Verstößen gegen Wettbewerbs- und Verbraucherschutzvorschriften nach dem Opt-in und Opt-out-Modell, in: Martinek, Michael/Rawert, Peter/Weitemeyer, Birgit (Hrsg.), Festschrift für Dieter Reuter zum 70. Geburtstag am 16. Oktober 2010, 2010, S. 325ff.

Saenger, Ingo (Hrsg.), Zivilprozessordnung: FamFG, europäisches Verfahrensrecht (Handkommentar), 7. Aufl. 2017.

Salger, Hanns-Christian/Schröder, Sönke, AGB im unternehmerischen Rechtsverkehr: Schwäche oder Stärke des deutschen Rechts? Der Maßstab der Inhaltskontrolle – Plädoyer für eine Reform des AGB-Rechts, AnwBl. 2012, 683 ff.
Sander, Frank E. A., Developing the MRI (Mediation Receptivity Index), 22 Ohio St. J. On Disp. Resol. 599 (2007).
Sassenberg, Thomas, Rechtsfragen des Einsatzes von Wissensmanagement in Anwaltskanzleien, 2005.
Savigny, Friedrich Carl von, Vom Beruf unsrer Zeit für Gesetzgebung und Rechtswissenschaft, 1814.
–, System des heutigen Römischen Rechts. Band 1, 1840.
Schäfer, Christoph, Anerkannt, gut und bewährt: Eine Analyse des Kampfs um das „Kleingedruckte" BB 2012, 1231 ff.
Schäfer, Hans-Bernd/Ott, Claus, Lehrbuch der ökonomischen Analyse des Zivilrechts, 4. Aufl. 2005.
–, Lehrbuch der ökonomischen Analyse des Zivilrechts, 5. Aufl. 2012.
Schaub, Günter/Schrader, Ulrich (Hrsg.), Arbeitsrechtliches Formular- und Verfahrenshandbuch, 9. Aufl. 2008.
Schauer, Manuel, AGB im unternehmerischen Geschäftsverkehr: Plädoyer für eine Gesetzesänderung. Wie die Praxis mit einem AGB-Recht umgeht, das sich von den Zielen weit entfernt hat, AnwBl. 2012, 690 ff.
Schellhammer, Kurt, Schuldrecht nach Anspruchsgrundlagen: Samt BGB Allgemeiner Teil, 8. Aufl. 2011.
Schelling, Thomas C., The Strategy of Conflict, 1980.
Schelsky, Helmut, Zur soziologischen Theorie der Institution, in: Schelsky, Helmut (Hrsg.), Zur Theorie der Institution, 2. Aufl. 1973, S. 9 ff.
–, Zur Theorie der Institution, 2. Aufl. 1973.
Scherrer, Werner, Die geschichtliche Entwicklung des Prinzips der Vertragsfreiheit, 1948.
Schervier, Joachim, Wissensmanagement im Notariat, MittBayNot 2003, 442 ff.
Schier, Wolfgang, Diskussionsbeitrag auf dem 50. Deutschen Juristentag, in: Ständige Deputation des Deutschen Juristentages (Hrsg.), Verhandlungen des fünfzigsten Deutschen Juristentages. Band 2: Sitzungsberichte, 1974, S. H 53 ff.
Schiffer, Jack/Weichel, Mario, AGB-Kontrolle im Rahmen von Unternehmenskaufverträgen? Aktuelle Rechtsprechung, neue Entwicklungen und Hinweise für die Praxis, BB 2011, 1283 ff.
Schimansky, Herbert, Bankvertragsrecht und Privatautonomie, WM 1995, 461 ff.
Schinkels, Boris, Der Kommissionsentwurf einer Verbraucherrechte-Richtlinie und seine Sprengkraft für § 355 BGB, JZ 2009, 774 ff.
Schlechtriehm, Peter, Der Kaufmann im Gesetz zur Regelung des Rechts der Allgemeinen Geschäftsbedingungen, in: Pawlowski, Hans-Martin/Wiese, Günther (Hrsg.), Festschrift für Konrad Duden zum 70. Geburtstag, 1977, S. 571 ff.
Schlosser, Peter, Entwicklungstendenzen im Recht der Allgemeinen Geschäftsbedingungen, ZIP 1985, 449 ff.
Schlosser, Peter/Coester-Waltjen, Dagmar/Graba, Hans-Ulrich (Hrsg.), Kommentar zum Gesetz zur Regelung des Rechts der allgemeinen Geschäftsbedingungen, 1977.
Schmeller, Johann Andreas/Frommann, Georg Carl, Bayerisches Wörterbuch, Band 1, Unveränd. Nachdr. d. 2., unter Berücks. d. vom Verfasser hinterlassenen Nachträge von G. Karl Frommann bearb. Ausg. München 1872–1877. Aufl. 1872.

Schmid, Jörg, Die Inhaltskontrolle Allgemeiner Geschäftsbedingungen: Überlegungen zum neuen Art. 8 UWG, ZBJV 2012, 1 ff.

Schmid, Michael J., Formularmietverträge zwischen Privaten unterliegen nicht immer der Klauselkontrolle, Grundeigentum 2010, 741 ff.

Schmidt-Kessel, Martin, AGB im unternehmerischen Geschäftsverkehr: Marktmacht begrenzen. Überlegungen zur Neuausrichtung des Anwendungsbereichs der AGB-Kontrolle, AnwBl. 2012, 308 ff.

Schmidt-Kessel, Martin u. a., Die Richtlinienvorschläge der Kommission zu Digitalen Inhalten und Online-Handel – Teil 1, GPR 2016, 2 ff.

–, Die Richtlinienvorschläge der Kommission zu Digitalen Inhalten und Online-Handel – Teil 2, GPR 2016, 54 ff.

Schmidt-Kessel, Martin/Sorgenfrei, Ramona, Änderungen nach dem Referentenentwurf zur Umsetzung der Verbraucherrechterichtlinie, GPR 2013, 242 ff.

Schmidt-Leithoff, Christian, Gedanken über die Privatrechtsordnungen als Grundlage zum EWG-Vertrag, in: Löwisch, Manfred/Schmidt-Leithoff, Christian/Schmiedel, Burkhard (Hrsg.), Beiträge zum Handels- und Wirtschaftsrecht: Festschrift für Fritz Rittner zum 70. Geburtstag, 1991, S. 596 ff.

Schmidt-Loßberg, Werner, Die Geltung der Allgemeinen Deutschen Spediteur-Bedingungen (ADSp), MDR 1949, 609 ff.

Schmidt-Rimpler, Walter, Grundfragen einer Erneuerung des Vertragsrechts, AcP 147 (1941), 130

–, Zum Problem der Geschäftsgrundlage, in: Dietz, Rolf/Hueck, Alfred/Reinhardt, Rudolf (Hrsg.), Festschrift für Hans Carl Nipperdey zum 60. Geburtstag am 21. Januar 1955, 1955, S. 1 ff.

–, Zum Vertragsproblem, in: Baur, Fritz u. a. (Hrsg.), Funktionswandel der Privatrechtsinstitutionen: Festschrift für Ludwig Raiser zum 70. Geburtstag, 1974, S. 3 ff.

Schmidt-Salzer, Joachim, Das Recht der Allgemeinen Geschäfts- und Versicherungsbedingungen, 1967.

–, Allgemeine Geschäftsbedingungen, NJW 1971, 1010 ff.

–, Rechtspolitische Grenzen der zivilrechtlichen Vertragsfreiheit, NJW 1971, 173 ff.

–, Allgemeine Geschäftsbedingungen: Bilanz und rechtspolitische Folgerungen (Vortrag gehalten vor dem Handelsrechtsausschuß des Deutschen Anwaltvereins e. V. am 1. Juni 1973 in Hamburg). 1973.

–, Diskussionsbeitrag auf dem 50. Deutschen Juristentag, in: Ständige Deputation des Deutschen Juristentages (Hrsg.), Verhandlungen des fünfzigsten Deutschen Juristentages. Band 2: Sitzungsberichte, 1974, S. H 72 ff.

–, Zur gesetzlichen Regelung des Rechts der Allgemeinen Geschäftsbedingungen, BB 1975, 680 ff.

–, Allgemeine Geschäftsbedingungen, 2. Aufl. 1977.

–, Das Gesetz zur Regelung des Rechts der Allgemeinen Geschäftsbedingungen, NJW 1977, 129 ff.

–, Recht der AGB und der mißbräuchlichen Klauseln: Grundfragen, JZ 1995, 223 ff.

Schmidt, Eike, AGB-Gesetz und Schuldvertragsrecht des BGB: Ranggleiches Nebeneinander oder modifizierter status quo ante?, ZIP 1987, 1505 ff.

–, Grundlagen und Grundzüge der Inzidentkontrolle allgemeiner Geschäftsbedingungen nach dem AGB-Gesetz, JuS 1987, 929 ff.

–, Inhaltskontrolle von Schuldverträgen, DRiZ 1991, 81 ff.

Schmidt, Helmut, Die Lehre von der Sittenwidrigkeit der Rechtsgeschäfte in historischer Sicht, 1973.

Schmidt, Hubert, Einbeziehung von AGB im unternehmerischen Geschäftsverkehr, NJW 2011, 3329ff.

Schmidt, Jan Peter, Zivilrechtskodifikation in Brasilien: Strukturfragen und Regelungsprobleme in historisch-vergleichender Perspektive, 2009.

Schmidt, Stefanie, Was lange währt – die EU-Verbraucherrechte-Richtlinie, NJW 2011, NJW-aktuell Nr. 43, 14ff.

Schmitt Glaeser, Walter, Der freiheitliche Staat des Grundgesetzes eine Einführung, 2. Aufl. 2012.

Schmitz, Klaus, Diskussionsbeitrag auf dem 69. Deutschen Juristentag, in: Ständige Deputation des Deutschen Juristentages (Hrsg.), Verhandlungen des 69. Deutschen Juristentages: München 2012. Band II/2: Sitzungsberichte – Diskussion und Beschlussfassung, 2012, S. I 164ff.

Schmoeckel, Mathias, Die Jugend der Justitia: Archäologie der Gerechtigkeit im Prozessrecht der Patristik, 2013.

Schneider, Egon, Zurück ins archaische Recht?, ZIP 1998, 451ff.

Schneider, Jens-Peter, Kooperative Verwaltungsverfahren, VerwArch 1996, 38ff. ff.

Schneider, K., Die Beschränkung der Vertragsfreiheit: Ueber die Verträge mit den deutschen Viehversicherungsgesellschaften, AcP 85 (1896), 295

–, Zur Beschränkung der Vertragsfreiheit. Ueber die Verträge mit den deutschen Viehversicherungsgesellschaften, AcP 85 (1896), 295

Schnur, Hansjürgen, Zur Bedeutung des § 1 Absatz 2 AGB-Gesetz, MDR 1978, 92ff.

Schomburg, Gerhard, Mehr Verbraucherschutz bei Kosten für Nebenleistungen: Die Regelungen des neuen § 312a Abs. 2 bis 6 BGB, VuR 2014, 18ff.

Schön, Wolfgang, Zwingendes Recht oder informierte Entscheidung – zu einer (neuen) Grundlage unserer Zivilrechtsordnung in: Ahrens, Hans-Jürgen u. a. (Hrsg.), Festschrift für Claus-Wilhelm Canaris: Zum 70. Geburtstag. Band I., 2007, S. 1191ff.

Schott, Ansgar, Missbräuchliche Allgemeine Geschäfts-Bedingungen – Zur Inhaltskontrolle: Insbesondere zu den Allgemeinen Geschäftsbedingungen der Banken, ST 2012, 78ff.

Schrey, Heinz-Horst, Goldene Regel: Historisch und ethisch, in: Müller, Gerhard (Hrsg.), Theologische Realenzyklopädie, Bd. 13, 1984, S. 575ff.

Schröder, Jan, Stille Reserven als Quelle der Überschussbeteiligung: Die transparente Zukunft der Kapitallebensversicherung nach dem BVG-Urteil VW 2005, 1226ff.

Schubel, Christian, Schuldrechtsreform: Perspektivenwechsel im Bürgerlichen Recht und AGB-Kontrolle für den Handelskauf, JZ 2001, 1113ff.

Schubert, Peter, Wirksamkeit von Unterhaltsverzichts- und -freistellungserklärungen: Zugleich Anmerkung zum Urteil des BVerfG vom 6.2.2001–1 BvR 12/92, FamRZ 2001, 733ff.

Schuhmann, Ralph, Die AGB-rechtliche Beurteilung von Anlagenverträgen, ZfBR 1999, 246ff.

Schulz, Martin, Wissensmanagement: Herausforderung und Chance für Anwälte, NJW 2005, 2049ff.

Schulz, Martin/Klugmann, Marcel, Wissensmanagement für Anwälte, 2. Aufl. 2006.

Schulze-Fielitz, Helmuth, Der Leviathan auf dem Wege zum nützlichen Haustier?, in: Voigt, Rüdiger (Hrsg.), Abschied vom Staat – Rückkehr zum Staat?, 2. Aufl. 1998, S. 95ff.

Schulze, Reiner, Grundsätze des Vertragsschlusses im Acquis communautaire, GPR 2005, 56ff.

Schulze, Reiner/Zimmermann, Reinhard, Europäisches Privatrecht: Basistexte, 4. Aufl. 2012.

Schulze, Wolfgang Georg, Die laesio enormis in der deutschen Privatrechtsgeschichte, 1973.

Schütt, Philipp, Anmerkung zum BGH-Urteil vom 22.11.2012 (VII ZR 222/12, BB 2013, 403): Zur Frage der Wirksamkeit so genannter Bing-or-Pay-Klauseln in Allgemeinen Geschäftsbedingungen BB 2013, 403ff.

Schütze, Rolf A./Bartels, Joachim F. (Hrsg.), Münchener Vertragshandbuch, Band 4: Wirtschaftsrecht III, 7. Aufl. 2012.

Schwab, Andreas, Die neue EU-Verbraucherrechte-Richtlinie, notar 2012, 172ff.

Schwab, Andreas/Giesemann, Amelie, Die Verbraucherrechte-Richtlinie: Ein wichtiger Schritt zur Vollharmonisierung im Binnenmarkt, EuZW 2012, 253ff.

Schwab, Dieter Zur gerichtlichen Inhaltskontrolle von ehevertraglichen Unterhaltsvereinbarungen, FamRZ 2001, 349ff.

Schwab, Martin, AGB-Recht, 2. Aufl. 2014.

Schwabe, Jürgen, Datenschutz im privaten Versicherungsrecht, JZ 2007, 579ff.

Schwappach, Jürgen, Diskussionsbeitrag auf dem 50. Deutschen Juristentag, in: Ständige Deputation des Deutschen Juristentages (Hrsg.), Verhandlungen des fünfzigsten Deutschen Juristentages. Band 2: Sitzungsberichte, 1974, S. H 84ff.

Schwarze, Roland, Vorvertragliche Verständigungspflichten, 2001.

Schwenzer, Ingeborg H., Schweizerisches Obligationenrecht: Allgemeiner Teil, 7. Aufl. 2016.

Schwenzer, Ingeborg/Lübberl, Friedwald, Neues AGB-Recht im unternehmerischen Rechtsverkehr? Die Diskussion ist eröffnet: Gemeinsames Symposium von DAV und DJT, AnwBl. 2012, 292ff.

Schwerdtner, Peter, Das Persönlichkeitsrecht in der deutschen Zivilrechtsordnung: Offene Probleme einer juristischen Entdeckung, 1976.

Schwintowski, Hans-Peter, Überschussbeteiligung in der kapitalbildenden Lebensversicherung, VuR 2005, 305ff.

Sedlmeier, Kathleen, Rechtsgeschäftliche Selbstbestimmung im Verbrauchervertrag, 2012.

Sen, Amartya, Rational Fools, A Critique of the Behavioural Foundations of Economic Theory, in: Sen, Amartya (Hrsg.), Choice, Welfare and Measurement, 1982, S. 86ff.

Shapiro, Carl, Premiums for High Quality Products as Returns to Reputations, 98 Q. J. Econ. 659 (1983).

Sigmund, K./Nowak, Martin A., Emergence of cooperation and evolutionary stability in finite populations, 414 Nature 403 (2001).

Simon, Herbert Alexander, Administrative behavior: A study of decision-making processes in administrative organization, 1947.

–, Administrative behavior: A study of decision-making processes in administrative organizations, 4. Aufl. 1997.

Simon, Herbert Alexander/Müller, Wolfgang, Entscheidungsverhalten in Organisationen: Eine Untersuchung von Entscheidungsprozessen in Management und Verwaltung, 1981.

Singer, Marcus George, Golden Rule, in: Borchert, Donald M. (Hrsg.), Encyclopedia of Philosophy, Band 4: Just war theory, 2. Aufl. 2006, S. 144ff.

Singer, Reinhard, Selbstbestimmung und Verkehrsschutz im Recht der Willenserklärungen, 1995.
–, Vertragsfreiheit, Grundrechte und der Schutz des Menschen vor sich selbst, 1995, 1133 ff.
Sinn, Hans-Werner, Economic decisions under uncertainty, 2nd ed. Aufl. 1989.
Sintenis, Carl Friedrich Ferdinand, Siebenter Theil der Pandecten: 47. und 48. Buch, in: Otto, Carl Eduard/Schilling, Bruno/Sintenis, Carl Friedrich Ferdinand (Hrsg.), Das Corpus Juris Civilis: In's Deutsche übersetzt von einem Vereine Rechtsgelehrter, 1831, S. 811 ff.
Smith, Adam, An inquiry into the nature and causes of the wealth of nations (1776), in: Campbell, R. H./Skinner, A. S. (Hrsg.), The Glasgow Edition of the Works and Correspondence of Adam Smith, Bd. 2/1, 1976, S. 1 ff.
Soergel, Bürgerliches Gesetzbuch mit Einführungsgesetz und Nebengesetzen, 13. Aufl. 1999.
Solomon, Dennis, Das vom Schiedsgericht in der Sache anzuwendende Recht nach dem Entwurf eines Gesetzes zur Neuregelung des Schiedsverfahrensrechts, RIW 1997, 982 ff.
Spendel, Günter, Die Goldene Regel als Rechtsprinzip, in: Esser, Josef/Thieme, Hans (Hrsg.), Festschrift für Fritz von Hippel zum 70. Geburtstag, 1967, S. 491 ff.
Spindler, Gerald, Gerichtsnahe Mediation in Niedersachsen: Eine juristisch-rechtsökonomische Analyse. Abschlussbericht im Auftrag des Niedersächsischen Ministeriums für Justiz und des Niedersächsischen Ministeriums für Wissenschaft und Kultur, 2006.
Spitzer, Albert, Das Gesetz zur Bekämpfung von Zahlungsverzug im Geschäftsverkehr, MDR 2014, 933 ff.
Spranger, Eduard, Lebensformen: Geisteswissenschaftliche Psychologie und Ethik der Persönlichkeit, 9. Aufl. 1966.
Staffelbach, Oliver/Hengstler, Arndt, Haftungsbegrenzungsklauseln nach schweizer Recht: Mehr Spielraum für IT-Vertragsgestalter?, ITRB 2013, 21 ff.
Stahl, Friedrich Julius, Die Philosophie des Rechts nach geschichtlicher Ansicht, Band 2: Christliche Rechts- und Staatslehre Erste Abtheilung, 1833.
–, Die Philosophie des Rechts, Band 2: Rechts-und Staatslehre auf der Grundlage christlicher Weltanschauung, 1. Abtheilung: Die allgemeinen Lehren und das Privatrecht, 2. Aufl. 1845.
Ständige Deputation des Deutschen Juristentages (Hrsg.), Verhandlungen des 69. Deutschen Juristentages: München 2012. Band II/1: Sitzungsberichte – Referate und Beschlüsse, 2012.
Statistisches Bundesamt, Rechtspflege: Zivilgerichte, Fachserie 10 Reihe 2.1, 2012.
J. von *Staudingers* Kommentar zum Bürgerlichen Gesetzbuch mit Einführungsgesetz und Nebengesetzen, 2011, 2013, 2019.
J. von *Staudingers* Kommentar zum Bürgerlichen Gesetzbuch mit Einführungsgesetz und Nebengesetzen: Eckpfeiler des Zivilrechts, 6. Aufl. 2018.
Steinberger, Christian, Diskussionsbeitrag auf dem 69. Deutschen Juristentag, in: Ständige Deputation des Deutschen Juristentages (Hrsg.), Verhandlungen des 69. Deutschen Juristentages: München 2012. Band II/2: Sitzungsberichte – Diskussion und Beschlussfassung, 2012, S. I 162 ff.
Stephanitz, Dieter von, Exakte Wissenschaft und Recht: Der Einfluß von Naturwissenschaft und Mathematik auf Rechtsdenken und Rechtswissenschaft in zweieinhalb Jahrtausenden. Ein historischer Grundriß, 1970.

Stern, Carsten, Diskussionsbeitrag auf dem 50. Deutschen Juristentag, in: Ständige Deputation des Deutschen Juristentages (Hrsg.), Verhandlungen des fünfzigsten Deutschen Juristentages. Band 2: Sitzungsberichte, 1974, S. H 90ff.
Stoffels, Markus, Gesetzlich nicht geregelte Schuldverträge: Rechtsfindung und Inhaltskontrolle, 2001.
–, AGB-Recht, 3. Aufl. 2015.
Stoll, Heinrich, Vertragsfreiheit, in: Nipperdey, Hans Carl (Hrsg.), Die Grundrechte und Grundpflichten der Reichsverfassung: Kommentar zum zweiten Teil der Reichsverfassung. Band 3, 1930, S. 175ff.
Stötter, Viktor, Richterliche Kontrolle allgemeiner Geschäftsbedingungen: Erwiderung auf Löwe BB 1974, 97, BB 1974, 434ff.
Stumpf, Herbert Sand im Getriebe unternehmerischen Handelns: Eine kritische Betrachtung anhand einiger Beispiele aus der jüngeren Rechtsprechung zum AGB-Gesetz, BB 1985, 963ff.
Tacou, Theofani Verbraucherschutz auf hohem Niveau oder Mogelpackung? Der Vorschlag für eine Richtlinie über Rechte der Verbraucher, ZRP 2009, 140ff.
Tamm, Marina, Verbraucherschutzrecht: Europäisierung und Materialisierung des deutschen Zivilrechts und die Herausbildung eines Verbraucherschutzprinzips, 2011.
–, Informationspflichten nach dem Umsetzungsgesetz zur Verbraucherrechterichtlinie, VuR 2014, 9ff.
Taupitz, Jochen, Die Standesordnungen der freien Berufe: Geschichtliche Entwicklung, Funktionen, Stellung im Rechtssystem, 1991.
–, Besprechung von Wolfran Höfling: Vertragsfreiheit. Eine grundrechtsdogmatische Studie, AcP 192 (1992), 341
Teichmann, Arndt, Gestaltungsfreiheit in Gesellschaftsverträgen, 1970.
Tenreiro, Mário/Karsten, Jens, in: Schulte-Nölke, Hans/Schulze, Reiner (Hrsg.), Europäische Rechtsangleichung und nationale Privatrechte, 1999, S. 223ff.
Tettinger, Peter Wolfgang, Zu den Freizeichnungsmöglichkeiten des Verkäufers einer mangelhaften Sache, AcP 205 (2005), 1
Teubner, Gunther, in Fall von struktureller Korruption? Die Familienbürgschaft in der Kollision unverträglicher Handlungslogiken (BVerfGE 89, 214ff), KritV 2000, 388ff.
Thamm, Manfred/Pilger, Gerhard (Hrsg.), Taschenkommentar zum AGB-Gesetz, 1998.
Thomas v. Aquin, Summa theologica: Die deutsche Thomas-Ausgabe, deutsch-lateinische Ausgabe, Band 18: Recht und Gerechtigkeit, 1953.
Thompson, Leigh/Hrebec, Dennis, Lose-Lose Agreements in Interdependent Decision Making, 120 Psychological Bulletin 396 (1996).
Thompson, Leigh L., An Examination of Naive and Experienced Negotiators, 59 J. Pers. Soc. Psychol. 82 (1990).
–, Negotiation Behavior and Outcomes: Empirical Evidence and Theoretical Issues, 108 Psychol. Bull. 515 (1990).
–, The Mind and Heart of the Negotiator, 5. Aufl. 2014.
Thompson, Leigh L./Hastie, Reid, Social Perception in Negotiation, 47 Organ. Behav. Hum. Dec. Proc. 98 (1990).
Thompson, Leigh L./Hrebec, Dennis, Lose-Lose Agreements in Interdependent Decision Making, 120 Psychol. Bull. 396 (1996).

Thüsing, Gregor, AGB und AGG: Arbeitsrechtliche Schranken der Vertragsfreiheit und ihre Berechtigung, in: Heinrich, Christian (Hrsg.), Krisen im Aufschwung: Symposion Insolvenz- und Arbeitsrecht, 2009, S. 117ff.

Tigges, Michael, Geschichte und Entwicklung der Versicherungsaufsicht, 1985.

Tonner, Klaus, Das Gesetz zur Umsetzung der Verbraucherrechterichtlinie – unionsrechtlicher Hintergrund und Überblick, VuR 2013, 443ff.

–, Die Umsetzung der Verbraucherrechterichtlinie – Auswirkungen der Vollharmonisierung, VuR 2014, 23ff.

Tonner, Klaus/Tamm, Marina, Der Vorschlag einer Richtlinie über Rechte der Verbraucher und seine Auswirkungen auf das nationale Verbraucherrecht, JZ 2009, 277ff.

Trendelberend, Daniela, Die Vorteile des schweizerischen Rechts für AGB-Verwender im internationalen B2B-Verkehr, 2011.

Trinkner, Reinhold, Vorschlag einer Generalklausel zu den Allgemeinen Geschäftsbedingungen (Inhaltskontrolle), BB 1973, 1501ff.

–, Anmerkung zu BGH BB 1977, 715, BB 1977, 717ff.

Ulmer, Peter, Referat auf dem 50. Deutschen Juristentag, in: Ständige Deputation des Deutschen Juristentages (Hrsg.), Verhandlungen des fünfzigsten Deutschen Juristentages. Band 2: Sitzungsberichte, 1974, S. H 8ff.

–, Erfahrungen mit dem AGB-Gesetz: Zwischenbilanz nach fünfjähriger Geltung, BB 1982, 584ff.

–, Zur Anpassung des AGB-Gesetzes an die EG-Richtlinie über mißbräuchliche Klauseln in Verbraucherverträgen, EuZW 1993, 337ff.

Ulmer, Peter Zehn Jahre AGB-Gesetz: Rückblick und Ausblick, in: Heinrichs, Helmut (Hrsg.), Zehn Jahre AGB-Gesetz, 1987, S. 1ff.

Ulmer, Peter/Brandner, Hans Erich/Hensen, Horst-Diether (Hrsg.), AGB-Gesetz: Kommentar zum Gesetz zur Regelung des Rechts der Allgemeinen Geschäftsbedingungen, 1. Aufl. 1977, 4. Aufl. 1982, 12. Aufl. 2016.

Unger, Oliver, Die Richtlinie über die Rechte der Verbraucher: Eine systematische Einführung, ZEuP 2012, 270ff.

Utz, A. F., Anmerkungen, in: Summa theologica: Die deutsche Thomas-Ausgabe, deutsch-lateinische Ausgabe, Band 18: Recht und Gerechtigkeit, 1953, S. 401ff.

–, Kommentar, in: Summa theologica: Die deutsche Thomas-Ausgabe, deutsch-lateinische Ausgabe, Band 18: Recht und Gerechtigkeit, 1953, S. 423ff.

v. Arnim, Hans Herbert, Leistungsstaat contra Rechtsstaat: Sozialstaatliche Errungenschaften zwischen Freiheitsverwirklichung und Freiheitsgefährdung, in: Randelzhofer, Albrecht/Süß, Werner (Hrsg.), Konsens und Konflikt: 35 Jahre Grundgesetz. Vorträge und Diskussionen einer Veranstaltung der Freien Universität Berlin vom 6. – 8. Dezember 1984, 1986, S. 117ff.

v. Bar, Christian, Internationales Privatrecht. Band 2: Besonderer Teil, 1991.

v. Bar, Christian/Clive, Eric/Schulte-Nölke, Hans (Hrsg.), Principles, Definitions and Model Rules of European Private Law: Draft Common Frame of Reference (DCFR). Outline Edition, 2009.

v. Bar, Christian/Mankowski, Peter, Internationales Privatrecht. Band 1: Allgemeine Lehren, 2. Aufl. 2003.

v. Bar, Christian/Zimmermann, Reinhard, Grundregeln des Europäischen Vertragsrechts: Teile I und II, 2002.

–, Grundregeln des Europäischen Vertragsrechts: Teil III (Principles of European Law), 2005.

v. Bargen, Jan Malte, Gerichtsinterne Mediation: Eine Kernaufgabe der rechtsprechenden Gewalt, 2008.
v. Falkenhausen, Kurt. H., Zur Auslegung des AGB-Gesetzes, BB 1977, 1124ff.
v. Gerber, Carl Friedrich, Nachträgliche Erörterungen zur Lehre v. der Autonomie, JhJb 3 (1859), 411
v. Gierke, Otto, Die soziale Aufgabe des Privatrechts: Vortrag, gehalten am 5. April 1889 in der juristischen Gesellschaft zu Wien, 1889.
v. Hippel, Eike, Besserer Schutz des Verbrauchers vor unlauteren Geschäftsbedingungen, BB 1973, 993ff.
v. Hippel, Fritz, Das Problem der rechtsgeschäftlichen Privatautonomie: Beiträge zu einem natürlichen System des privaten Verkehrsrechts und zur Erforschung der Rechtstheorie des 19. Jahrhunderts, 1936.
v. Hoffmann, Bernd/Thorn, Karsten, Internationales Privatrecht: Einschließlich der Grundzüge des internationalen Zivilverfahrensrechts, 9. Aufl. 2007.
v. Mangoldt, Hermann/Klein, Friedrich/Starck, Christian (Hrsg.), Kommentar zum Grundgesetz. Band 2: Artikel 20–82, 6. Aufl. 2010.
v. Münch, Ingo, Rechtsstaat versus Gerechtigkeit?, Der Staat 33 (1994), 165
v. Sachsen Gessaphe, Karl August, Neues Kaufrecht und Lieferbedingungen im unternehmerischen Geschäftsverkehr, in: Coester, Michael/Martiny, Dieter/v. Sachsen Gessaphe, Karl August (Hrsg.), Privatrecht in Europa: Vielfalt, Kollision, Kooperation. Festschrift für Hans Jürgen Sonnenberger zum 70. Geburtstag, 2004, S. 99ff.
v. Stieler, Caspar, Der Teutschen Sprache Stammbaum und Fortwachs oder Teutscher Sprachschatz: Worinnen alle und iede teutsche Wurzeln oder Stammwörter ... befindlich. Samt einer Hochteutschen Letterkunst, Nachschuß und teutschem Register, 1691.
v. Vogel, Alexander, Verbrauchervertragsrecht und allgemeines Vertragsrecht: Fragen der Kohärenz in Europa, 2006.
v. Westphalen, Friedrich Graf, Editorial, RIW 1/1999, Die Erste Seite ff.
–, 30 Jahre AGB-Recht – Eine Erfolgsbilanz: Zugleich Stellungnahme zu Berger, Abschied v. der Privatautonomie im unternehmerischen Geschäftsverkehr? ZIP 2006, 2149, ZIP 2007, 149ff.
–, AGB-Kontrolle – kein Standortnachteil, BB 2013, 1357ff.
–, AGB-Recht im Jahr 2003, NJW 2004, 1993ff.
–, AGB-Recht im Jahr 2009, NJW 2010, 2254ff.
–, AGB-Recht im Jahr 2010, NJW 2011, 2098ff.
–, AGB-Recht im Jahr 2011, NJW 2012, 2243ff.
–, AGB-Recht im Jahr 2012, NJW 2013, 2239ff.
–, AGB-rechtliche Reformbestrebungen und das Europäische Kaufrecht, NJOZ 2012, 441ff.
–, AGB-rechtliche Schutzschranken im unternehmerischen Verkehr: Rückblick und Ausblick BB 2011, 195ff.
–, Allgemeine Verkaufsbedingungen, 7. Aufl. 2012.
–, Das optionale Europäische Kaufrecht – eine Chance für Verbraucher und Unternehmer?, ZIP 2011, 1985ff.
–, Das Recht des Stärkeren und seine grundsätzliche Beschränkung, MDR 1994, 5ff.
–, Der angebliche „Standortnachteil" des deutschen Rechts aufgrund des AGB-Rechts: Analyse der Fallbeispiele der Reformer BB 2013, 67ff.
–, Ein wirklich mutiger Vorschlag zum Europäischen Vertragsrecht, ZIP 2011, 983ff.

–, Europäisches Vertragsrecht ante portas (Editorial), BB 2011, 1 ff.
–, Geglücktes und Gelungenes im AGB-Recht: Plädoyer anhand konkreter Beispiele für ein Festhalten am Status-quo, AnwBl. 2013, 850 ff.
–, Grenzziehung zwischen Allgemeinen Geschäftsbedingungen und Individualvereinbarungen, DB 1977, 943 ff.
–, Misslungene Umsetzung der Zahlungsverzugs-Richtlinie – §271a BGB-E BB 2013, 515 ff.
–, Plädoyer für ein Beibehalten der strengen Rechtsprechung zur AGB-Klauselkontrolle im unternehmerischen Bereich am Beispiel des Gewerberaummietrechts NZM 2016, 369
–, Schattenseiten des Verbraucherschutzes, DB 1981, 61 ff.
–, Schutz des Schwächeren im CFR und AGB-Recht, in: v. Westphalen, Friedrich Graf (Hrsg.), Deutsches Recht im Wettbewerb – 20 Jahre transnationaler Dialog, 2009, S. 127 ff.
–, Stellen vs Aushandeln v. AGB-Klauseln im unternehmerischen Geschäftsverkehr – der BGH weist die Lösung: Zugleich Besprechung BGH v 17.2.2010 – VIII ZR 67/09, ZIP 2010, 628, ZIP 2010, 1110 ff.
–, Transformation der Zahlungsverzugs-Richtlinie – ein Schritt in die richtige Richtung, BB 14/2014, Die erste Seite
–, Trennlinie zwischen AGB-Klauseln im Verbraucherrecht und im unternehmerischen Bereich: Zugleich eine Besprechung der BGH-Urteile vom 4.7.2017 – XI ZR 562/15 und XI ZR 233/16, BB 2017, 2058 ff. (in diesem Heft)
–, Verbraucherschutz als Triebfeder der Entwicklung des Rechts? Kleine Fälle beim BGH können im Kauf- und AGB-Recht kein großes Recht schaffen, AnwBl. 2012, 668 ff.
–, Vertragsfreiheit aufgrund zwingenden Rechts und der Schutz des Schwächeren als Grundlage eines europäischen Verbraucherleitbilds, in: Binnewies, Burkhard/Spatscheck, Rainer (Hrsg.), Festschrift für Michael Streck zum 70. Geburtstag, 2011, S. 833 ff.
–, Wider die angebliche Unattraktivität des AGB-Rechts BB 2010, 195 ff.
–, Wider einen Reformbedarf beim AGB-Recht im Unternehmerverkehr, NJW 2009, 2977 ff.
–, Zwingendes Recht v. Vertragsfreiheit (Editorial), ZGS 2006, 81 ff.
v. Westphalen, Friedrich Graf/Thüsing, Gregor, Vertragsrecht und AGB-Klauselwerke, 39. Aufl. 2017.
Vischer, Markus, Zur generell-abstrakten AGB-Kontrolle nach UWG, AJP 2014, 964 ff.
Vogel, Christian, Vom Anlegerschutz zum Verbraucherschutz: Informationspflichten im europäischen Kapitalmarkt-, Anlegerschutz- und Verbraucherschutzrecht, 2005.
Vogt, Susanne AGB im kaufmännischen Verkehr: Grundsätze und Grenzen, TranspR 2010, 15 ff.
Voigt, Rüdiger (Hrsg.), Der kooperative Staat: Krisenbewältigung durch Verhandlung?, 1995.
Voit, Wolfgang, Privatisierung der Gerichtsbarkeit, JZ 1998, 120 ff.
von Westphalen, Friedrich Graf, Die Novelle zum AGB-Gesetz, BB 1996, 2101 ff.
Voser, Nathalie/Boog, Christopher, Die Wahl des Schweizer Rechts: Was man wissen sollte, RIW 2009, 126 ff.
Wackerbarth, Ulrich, Unternehmer, Verbraucher und die Rechtfertigung der Inhaltskontrolle vorformulierter Verträge, AcP 200 (2000), 45

Wagner, Gerhard, Rechtswahlfreiheit im Schiedsverfahren: Ein Probierstein für die juristische Methodenlehre, in: Gottwald, Peter (Hrsg.), Festschrift für Ekkehard Schumann zum 70. Geburtstag, 2001, S. 535 ff.

–, Die soziale Frage und der Gemeinsame Referenzrahmen, ZEuP 2007, 180 ff.

Wagner, Stephan, Die Bestellung von Grundpfandrechten durch nahe Angehörige – Causa finita?, AcP 205 (2005), 715

Wallrabenstein, Astrid/Przygoda, Jan, Zum Schutz der informationellen Selbstbestimmung bei Entbindungen von der Schweigepflicht im Rahmen von Versicherungsverträgen, VuR 2007, 190 ff.

Waltl, Joseph, Reise durch Tyrol, Oberitalien und Piemont nach dem südlichen Spanien nebst einem Anhange zoologischen Inhalts, 1835.

Wattles, Jeffrey, The Golden Rule, 1996.

Weber-Rey, Daniela/Ressos, Alexander/Mönnich, Ulrike, Lebensversicherung vor Veränderungen, ZfV 2005, 494 ff.

Weber, Wilhelm, Zur gesetzlichen Regelung der Allgemeinen Geschäftsbedingungen, DB 1974, 1801 ff.

Wegen, Gerhard, Die objektive Anknüpfung von Verträgen in deutschen internationalen Schiedsverfahren nach Inkrafttreten der Rom I-Verordnung, in: Baur, Jürgen F. u. a. (Hrsg.), Festschrift für Gunther Kühne zum 70. Geburtstag, 2009, S. 933 ff.

Weigand, Frank-Bernd, Das neue deutsche Schiedsverfahrensrecht: Umsetzung des UNCITRAL-Modellgesetzes, WiB 1997, 1273 ff.

Weihe, Lars, Der Schutz der Verbraucher im Recht der Schiedsgerichtsbarkeit, 2005.

Weischer, Jan-Willem, Das Grundrecht auf Vertragsfreiheit und die Inhaltskontrolle von Absatzmittlungsverträgen: Zum Maßstab der AGB-Inhaltskontrolle des Bundesgerichtshofs, 2013.

Wellenhofer-Klein, Marina, Strukturell ungleiche Verhandlungsmacht und Inhaltskontrolle von Verträgen, ZIP 1997, 774 ff.

Weller, Marc-Philippe, Die Vertragstreue: Vertragsbindung, Naturalerfüllungsgrundsatz, Leistungstreue, 2009.

Wendehorst, Christiane, Das neue Gesetz zur Umsetzung der Verbraucherrechterichtlinie, NJW 2014, 577 ff.

Wendelstein, Christoph, Ein gestörtes Zusammenspiel zwischen Europäischem IPR und dem GEK? – Probleme der Vorschaltlösung, GPR 2013, 70 ff.

Wendland, Matthias, Mediation und Zivilprozess: Dogmatische Grundlagen einer allgemeinen Konfliktbehandlungslehre, 2017.

–, Abschied von der Privatautonomie durch Verbraucherschlichtung? Zur Kritik des neuen Verbraucherstreitbeilegungsgesetzes (VSBG) aus der Perspektive der interdisziplinären Schlichtungsforschung KritV 2016, 301 ff.

–, Ein neues Vertragsrecht für den Online-Handel? Die Richtlinienvorschläge der Kommission über die Bereitstellung digitaler Inhalte und Fernabsatzgeschäfte mit Waren, EuZW 2016, 126 ff.

–, GEK 2.0? Der neue europäische Rechtsrahmen für einen Digitalen Binnenmarkt – Zum Kommissionsvorschlag einer Richtlinie über Verträge zur Bereitstellung digitaler Inhalte (Digitalgüter-Richtlinie), GPR 2016, 8 ff.

–, Das Modell einer allgemeinen Konfliktbehandlungslehre als Ausgangspunkt einer zukünftigen ADR-Dogmatik, in: Kriegel-Schmidt, Katharina (Hrsg.), Mediation als Wissenschaftszweig: Im Spannungsfeld von Fachexpertise und Interdisziplinarität, 2017, S. 171 ff.

–, Von Aristoteles über Kohlbergs Stufenlehre zum Harvard-Modell: Zur rechtsphilosophischen Begründung des Mediationsverfahrens, in: Kriegel-Schmidt, Katharina (Hrsg.), Mediation als Wissenschaftszweig: Im Spannungsfeld von Fachexpertise und Interdisziplinarität, 2017, S. 131 ff.

Wendt, Domenik Henning, Anmerkung zum BGH-Urteil vom 28.10.2009 (IV ZR 140/08; NJ 2010, 349): Zur Frage der Täuschung des Versicherers bei der Beantwortung von Gesundheitsfragen, NJ 2010, 350 ff.

Wertenbruch, Wilhelm, Erwägungen zur materiellen Rechtsstaatlichkeit, in: Carstens, Karl Maria Alfons/Peters, Hans (Hrsg.), Festschrift Hermann Jahrreiß zu seinem siebzigsten Geburtstag, 19. August 1964, gewidmet, 1964, S. 487 ff.

Westermann, Harm Peter, Die geltungserhaltende Reduktion im System der Inhaltskontrolle im Gesellschaftsrecht, in: Lutter, Marcus (Hrsg.), Festschrift für Walter Stimpel zum 68. Geburtstag am 29. November 1985, 1985, S. 69 ff.

–, Das neue Kaufrecht einschließlich des Verbrauchsgüterkaufs, JZ 2001, 530 ff.

Wieacker, Franz, Das Sozialmodell der klassischen Privatrechtsgesetzbücher und die Entwicklung der modernen Gesellschaft, 1953.

–, Privatrechtsgeschichte der Neuzeit: Unter besonderer Berücksichtigung der deutschen Entwicklung, 2. Aufl. 1967.

–, Industriegesellschaft und Privatrechtsordnung, 1975.

Wiebe, Andreas, Die elektronische Willenserklärung: Kommunikationstheoretische und rechtsdogmatische Grundlagen des elektronischen Geschäftsverkehrs, 2002.

Wiedemann, Herbert, Inhaltskontrolle vorformulierter Verträge, in: Merz, Hans/Schluep, Walter René (Hrsg.), Recht und Wirtschaft heute: Festgabe zum 65. Geburtstag von Max Kummer, 1980, S. 175 ff.

–, Verfassungsrechtliche Inhaltskontrolle privatrechtlicher Verträge, JZ 1994, 411 ff.

Wiedemann, Herbert Zur Verfassungswidrigkeit des HGB § 90a Abs 2 S 2 und eines vertraglich vereinbarten Berufsverbots sowie zur Bedeutung der Grundrechte für das Vertragsrecht und die richterliche Inhaltskontrolle von Verträgen, JZ 1990, 695 ff.

Wiegand, Marc Andr, Unrichtiges Recht: Gustav Radbruchs rechtsphilosophische Parteienlehre, 2004.

Wilburg, Walter, Die Elemente des Schadensrechts, 1941.

–, Entwicklung eines beweglichen Systems im Bürgerlichen Recht. Rede, gehalten bei der Inauguration als Rector magnificus der Karl-Franzens-Universität in Graz am 22. November 1950, 1951.

Wildhaber, Isabelle, Inhaltskontrolle von Allgemeinen Geschäftsbedingungen im unternehmerischen Verkehr: Gefahr für die Vertragsfreiheit?, SJZ 2011, 537 ff.

Winston, Kenneth I., The Principles of Social Order: Introduction, in: Fuller, Lon L./Winston, Kenneth I. (Hrsg.), The Principles of Social Order, 1981, S. 11 ff.

Wolf, Klaus, Potenziale derzeitiger Risikomanagementsysteme, DStR 2002, 1729 ff.

–, Zur Anforderung eines internen Kontroll- und Risikomanagementsystems im Hinblick auf den (Konzern-) Rechnungslegungsprozess gemäß BilMoG, DStR 2009, 920 ff.

Wolf, Manfred, Rechtsgeschäftliche Entscheidungsfreiheit und vertraglicher Interessenausgleich, 1970.

–, Die Privatautonomie, in: Emmerich, Volker (Hrsg.), Grundlagen des Vertrags- und Schuldrechts, 1974, S. 19 ff.

–, Gesetz und Richterrecht bei Allgemeinen Geschäftsbedingungen, JZ 1974, 465 ff.

–, Vorschläge für eine gesetzliche Regelung der Allgemeinen Geschäftsbedingungen, JZ 1974, 41 ff.
–, Individualvereinbarungen im Recht der Allgemeinen Geschäftsbedingungen, NJW 1977, 1937 ff.
–, Die Vorformulierung als Voraussetzung der Inhaltskontrolle, in: Pfeiffer, Gerd/Kummer, Joachim/Scheuch, Silke (Hrsg.), Festschrift für Hans Erich Brandner zum 70. Geburtstag, 1996, S. 299 ff.
–, Vertragsfreiheit und Vertragsrecht im Lichte der AGB-Rechtsprechung des Bundesgerichtshofs, in: Canaris, Claus-Wilhelm/Heldrich, Andreas (Hrsg.), 50 Jahre Bundesgerichtshof: Festgabe aus der Wissenschaft. Band 1: Bürgerliches Recht, 2000, S. 111 ff.
Wolf, Manfred/Lindacher, Walter F./Pfeiffer, Thomas (Hrsg.), AGB-Recht, Kommentar, 12. Aufl. 2013.
Wolf, Manfred/Neuner, Jörg, Allgemeiner Teil des bürgerlichen Rechts, 11. Aufl. 2016.
World Economic Forum, The Global Competitiveness Report 2013–2014, 2013.
Wurm, Christian Friedrich, Wörterbuch der deutschen Sprache von der Druckerfindung bis zum heutigen Tage, 1859.
Würtenberger, Thomas, Zeitgeist und Recht, 2. Aufl. 1991.
Zimmermann, Herbert, Diskussionsbeitrag auf dem 50. Deutschen Juristentag, in: Ständige Deputation des Deutschen Juristentages (Hrsg.), Verhandlungen des fünfzigsten Deutschen Juristentages. Band 2: Sitzungsberichte, 1974, S. H 89 ff.
Zimmermann, Reinhard, Grundstrukturen eines europäischen Bereicherungsrechts, ZeuP 2003, 441 ff.
Zippelius, Reinhold, Rechtsphilosophie: Ein Studienbuch, 6. Aufl. 2011.
Zobel, Petra, Schiedsgerichtsbarkeit und Gemeinschaftsrecht: Im Spannungsverhältnis zwischen Integration und Exklusion, 2005.
Zöller, Richard (Begr.), Zivilprozessordnung mit FamFG (§§ 1–185, 200–270, 433–484) und Gerichtsverfassungsgesetz, den Einführungsgesetzen, mit internationalem Zivilprozessrecht, EU-Verordnungen, Kostenanmerkungen (Kommentar), 32. Aufl. 2017.
Zöllner, Wolfgang, Privatautonomie und Arbeitsverhältnis: Bemerkungen zu Parität und Richtigkeitsgewähr beim Arbeitsvertrag, AcP 176 (1976), 221
–, Immanente Grenzen arbeitsvertraglicher Regelungen, RdA 1989, 152 ff.
–, Inhaltsfreiheit bei Gesellschaftsverträgen, in: Lutter, Marcus (Hrsg.), Festschrift 100 Jahre GmbH-Gesetz, 1992, S. 85 ff.
–, Die Privatrechtsgesellschaft im Gesetzes- und Richterstaat, 1996.
–, Regelungsspielräume im Schuldvertragsrecht: Bemerkungen zur Grundrechtsanwendung im Privatrecht und zu den sogenannten Ungleichgewichtslagen, AcP 196 (1996), 1
–, Die Bürgschaft des Nichtunternehmers, WM 2000, 1 ff.
Zweigert, Konrad, „Rechtsgeschäft" und „Vertrag" heute, in: Caemmerer, Ernst von (Hrsg.), Ius privatum gentium: Festschrift für Max Rheinstein zum 70. Geburtstag am 5. Juli 1969, Band 2: Nationales und vergleichendes Privatrecht, 1969, S. 493 ff.
Zweigert, Konrad/Kötz, Hein, Einführung in die Rechtsvergleichung: Auf dem Gebiete des Privatrechts, 3. Aufl. 1996.
Zypries, Brigitte, Der Vorschlag für eine Richtlinie über Verbraucherrechte, ZEuP 2009, 225 ff.

Personenregister

Sachregister

Jus Privatum

Beiträge zum Privatrecht

Die Schriftenreihe *Jus Privatum. Beiträge zum Privatrecht* (JusPriv) soll den privatrechtlichen Habilitationsschriften, aber auch Monographien der Ordinarien, eine ansprechende Heimstatt geben. Die Reihe deckt das Bürgerliche Recht ebenso ab wie das Handels- und Gesellschaftsrecht, das Wirtschaftsrecht, das Arbeitsrecht und das Verfahrensrecht. Das schließt fächerübergreifende, aber auch fachgebietsübergreifende Themenstellungen nicht aus, solange der Schwerpunkt der Arbeit im Privatrecht zu finden ist. Kaum eine Arbeit beschränkt sich auf das deutsche Recht, denn die Fragestellungen sind oft vom Europarecht beeinflusst und auch der rechtsvergleichende Blick in fremde Rechtsordnungen gewinnt zunehmend an Bedeutung. Die anspruchsvolle und auch äußerlich ansprechende Reihe bietet mehr als nur einen zufälligen Ausschnitt gegenwärtiger Forschung im Zivilrecht: Sie spiegelt auch den Standard dessen wider, was (Privat-)Rechtswissenschaft gegenwärtig in Deutschland bedeutet und ist deshalb schon in kurzer Zeit im In- und Ausland zu einem Begriff geworden.

ISSN: 0940-9610
Zitiervorschlag: JusPriv

Alle lieferbaren Bände finden Sie unter *www.mohrsiebeck.com/juspriv*

Mohr Siebeck
www.mohrsiebeck.com